AF617454

# Guía práctica para la reclamación de accidente de tráfico desde el 26 de julio de 2025

## Adaptado a las Reformas Procesales y Sustantivas

Doctrina, Preguntas y Respuestas, Cuadros y Esquemas y Formularios
**Normativa con texto íntegro de todas las tablas**

**Marta López Valverde**
Directora de **Sepín** Responsabilidad Civil, Seguro y Tráfico

A FORUM MEDIA GROUP COMPANY
C/ Mahón, 8
28290 Las Rozas (Madrid)
Tel.: 91 352 75 51
www.sepin.es
sac@sepin.es

Precio: 59,90 euros (4 % IVA no incluido)

ISBN: 978-84-1053-943-3
Depósito legal: M-20134-2025

Producción gráfica: **sepín**, S. L.

Impresión: Service Point, S. A.

# Presentación

Han transcurrido más de 20 años desde la entrada en vigor del conocido como Baremo de Tráfico 35/2015, durante los cuales, diversas reformas de ámbito comunitario han hecho necesaria la actualización del mismo. Por ello y aunque con casi dos años de retraso, se aprueba la Ley 5/2025, de 24 de julio, por la que se modifican el Texto Refundido de la Ley sobre Responsabilidad Civil y Seguro en la Circulación de Vehículos a Motor, aprobado por el RD Legislativo 8/2004, de 29 de octubre, y la Ley 20/2015, de 14 de julio, de Ordenación, Supervisión y Solvencia de las Entidades Aseguradoras y Reaseguradoras.

Esta norma marca un hito en la evolución del régimen jurídico del seguro obligatorio de responsabilidad civil derivado de la circulación de vehículos a motor en España. Esta reforma, que responde a la necesidad de transponer la Directiva (UE) 2021/2118, no solo adapta el marco normativo nacional a los estándares europeos, sino que también introduce mejoras sustanciales en la protección de las víctimas, la definición de los vehículos asegurables y la eficiencia del sistema indemnizatorio.

La presente guía ofrece un análisis detallado de las modificaciones introducidas en el Texto Refundido aprobado por el Real Decreto Legislativo 8/2004, de 29 de octubre. Entre los aspectos más relevantes se introduce la ampliación del concepto de vehículo a motor, que incluye nuevos medios de transporte, aplicando la línea jurisprudencial del TJUE para ampliar la protección, incluso en zonas privadas si el uso del vehículo es conforme a su función de transporte, la redefinición del hecho de la circulación, que extiende la cobertura del seguro a situaciones antes excluidas, reforzando la protección jurídica de las víctimas.

La adaptación de las coberturas mínimas del seguro obligatorio, con importes significativamente superiores para daños personales y materiales; la incorporación de mecanismos para garantizar la indemnización en caso de insolvencia de aseguradoras, mediante la intervención del Consorcio de Compensación de Seguros y OFESAUTO.

La actualización del sistema de valoración de daños personales, con criterios más equitativos y adaptados a la realidad socioeconómica actual, incorporando las recomendaciones del Informe Razonado de la Comisión de Seguimiento del Sistema de Valoración, para mejorar la equidad y rapidez y encargando diversas funciones a este organismo, que va a ser vital en la aplicación del mejorado sistema de valoración.

En acompañamiento a las reformas procesales y fiscales del 2025, se refuerza el procedimiento de oferta y respuesta motivada del asegurador para facilitar acuerdos extrajudiciales, se agiliza el acceso a la documentación médica y policial, y se reconoce expresamente la exención de IRPF. Por último, se introduce un nuevo Título dedicado al tratamiento de datos personales, con el objetivo de garantizar mayor seguridad jurídica.

Para facilitar su manejo y debido a la extensión de la reforma, esta Guía Práctica se ha dividido en dos partes. En la primera, D. Miquel Martín Casals, al que quiero agradecer su colaboración, incluso en plena época vacacional, nos cuenta las principales novedades del nuevo Baremo 2025.

A continuación, se han realizado una serie de preguntas y respuestas sobre estas modificaciones, unos esquemas visuales y prácticos que destacan los cambios clave, sin olvidar los formularios adaptados a los últimos cambios procesales y sustantivos.

La última parte se ha dedicado a la legislación, con el texto íntegro de la norma tras la reforma y con el contenido de todas las Tablas del Baremo actualizadas con entrada en vigor a partir del 26 de julio de 2025, incluidas las del Lucro cesante por dedicación a tareas del hogar.

Definitivamente, esta guía es un compendio de instrucciones claras para calcular indemnizaciones por daños personales, dirigida a profesionales del derecho, del sector asegurador, y a todos aquellos interesados en comprender el alcance y las implicaciones de una reforma que moderniza y fortalece el sistema de responsabilidad civil en el ámbito de la circulación vial.

**Marta López Valverde**
Directora de **sepín** Responsabilidad Civil,
Seguro y Tráfico

# Sumario

## Preguntas y Respuestas

## Cuadros y Esquemas

## Texto normativo y Tablas

## Indemnizaciones por secuelas (Tabla II) (SP/DOCT/128652)

# Doctrina

# Panorámica del nuevo sistema valorativo legal (SVL 2025 o baremo 2025)

SP/DOCT/128675

**Miquel Martín Casals**

*Catedrático de Derecho Civil en la Universidad de Girona.*
*Presidente del Grupo de Trabajo Jurídico de la Comisión de Seguimiento del Sistema de Valoración*

*En recuerdo a Óscar, que nos dejó el mismo día en que se aprobaba "nuestra" Ley.*
*Los compañeros de la Comisión de Seguimiento te echamos y te echaremos de menos.*

## I. Líneas generales de la Ley 5/2025, de 24 de julio

La Ley 5/2025, de 24 de julio (SP/LEG/45599), por la que se modifican el Texto Refundido de la Ley sobre Responsabilidad Civil y Seguro en la Circulación de Vehículos a Motor, aprobado por el Real Decreto Legislativo 8/2004, de 29 de octubre (SP/LEG/2821), y la Ley 20/2015, de 14 de julio, de Ordenación, Supervisión y Solvencia de las Entidades Aseguradoras y Reaseguradoras (SP/LEG/18117) (BOE n.º 178, de 25 de julio de 2025, pp. 99306 a 99517) tiene un propósito múltiple:

(1) En primer lugar, tiene por objeto transponer la Directiva (UE) 2021/2118 del Parlamento Europeo y del Consejo, de 24 de noviembre de 2021 (SP/LEG/35820), por la que se modifica la Directiva 2009/103/CE relativa al seguro de la responsabilidad civil que resulta de la circulación de vehículos automóviles (SP/LEG/5703), así como al control de la obligación de la misma.

(2) En segundo lugar, la ley incorpora las recomendaciones del "Informe Razonado" publicado por la Comisión de Seguimiento del Sistema de Valoración (en adelante, CS), creada por la Orden comunicada de los Ministerios de Economía y Competitividad y de Justicia, de 27 de octubre de 2016. Tales recomendaciones no alteran la estructura ni los principios generales del sistema introducido por la Ley 35/2015, de 22 de septiembre, de reforma del sistema para la valoración de los daños y perjuicios causados a las personas en accidentes de circulación (SP/LEG/18457) (BOE n.º 228, de 23 de septiembre de 2015, en adelante, SVL 2015 o baremo 2015), sino que incorporan modificaciones del texto legal que, en general, tan solo comportan pequeños ajustes o mejoras sustanciales en algunas de las reglas ya establecidas por el baremo 2015 con el objeto de incrementar el nivel de protección de los perjudicados. Las modificaciones son el resultado de un acuerdo unánime de todos los participantes en dicha Comisión, que representan los distintos intereses y sensibilidades sobre la materia, y no han sufrido ninguna alteración relevante a lo largo del trámite del proceso legislativo de la Ley.

(3) La Ley crea, en tercer lugar, un nuevo Título V en el Texto Refundido de la Ley sobre Responsabilidad Civil y Seguro de la Circulación de Vehículos a Motor, dedicado a la protección de datos personales, y que está dirigido a dar una mayor seguridad jurídica en el tratamiento de tales datos.

(4) En cuarto lugar, crea en su Disposición Adicional Primera un seguro obligatorio de responsabilidad civil para los llamados "*vehículos personales ligeros*" (VPL) no incluidos dentro del concepto legal de "*vehículo a motor*", y regula en ella sus elementos esenciales. Además, encomienda a la Comisión de Seguimiento la emisión en el plazo máximo de seis meses a partir del día siguiente al de la publicación de esta ley en el «Boletín Oficial del Estado», de un "*Informe Razonado*" que contenga una propuesta de desarrollo reglamentario del dicho seguro obligatorio. Hay que señalar que, dos días antes de la publicación de la Ley, el Grupo de Trabajo Jurídico de dicha Comisión ya hizo entrega a la Dirección General de Seguros y Fondo de Pensiones de un primer borrador de dicho Reglamento, que figura en el Anexo de un Informe razonado de unas cien páginas, que deberá ser analizado por el Plenario de la CS tras el período vacacional.

(5) Finalmente, la Ley introduce modificaciones en la Ley 20/2015, de 14 de julio, de ordenación, supervisión y solvencia de las entidades aseguradoras y reaseguradoras (BOE n.º 168, de 15 de julio de 2015), a la que incorpora una nueva regulación sobre la honorabilidad y aptitud de quienes ejerzan la dirección efectiva o desempeñen funciones que integran el sistema de gobierno de la entidad, y se incluye la figura de los planes preventivos de recuperación.

Las páginas que siguen se limitarán a dar cuenta de las principales modificaciones que afectan al sistema valorativo legal introducido por la Ley 35/2015 (baremo 2015) que determina que de ahora en adelante tengamos que hablar de un "*SVL 2025*" o de un "*baremo 2025*".

La disposición final novena, relativa a la entrada en vigor, establece una regla general de entrada en vigor de la Ley, que es la del "*día siguiente al de su publicación en el «Boletín Oficial del Estado»*" —es decir, el día 26 de julio—, y algunas reglas especiales sobre su aplicación que, en lo que aquí interesa sobre el sistema valorativo legal, se establecen en el apartado 1.c de la misma disposición. Dicho apartado dispone que "*[c) [L]as modificaciones al título IV del texto refundido de la Ley sobre responsabilidad civil y seguro en la circulación de vehículos a motor, aprobado por Real Decreto Legislativo 8/2004, de 29 de octubre, se aplicarán a los accidentes de circulación ocurridos tras la entrada en vigor de esta ley, de conformidad con lo establecido en el artículo 38.2 del mencionado texto refundido y sin perjuicio de lo previsto en el artículo 49.2 del mismo texto refundido*". Ello significa dos cosas (1) Que como dispone el art. 38.2 LRCSCVM, respecto al momento de determinación de las circunstancias para la valoración del daño, "*[L]os conceptos perjudiciales indemnizables, los criterios para su determinación y los demás elementos relevantes para la aplicación del sistema, en defecto de regla específica*" son los vigentes a la fecha del accidente. Así, por ejemplo, como se indicará más adelante, la Ley 5/2025 introduce el nuevo concepto perjudicial de "*perjuicio sexual del cónyuge o pareja estable*" (art. 110.2 LRCSCVM) o un nuevo sistema de tramos de indemnización para valorar el lucro cesante en los casos de incapacidad total (art. 129.b) LRCSCVM), reglas que, en mi opinión, solo se podrán aplicar a los accidentes producidos tras la entrada en vigor del baremo 2025. (2) No obstante, respecto a las tablas de lucro cesante y de ayuda de tercera persona, para los accidentes ocurridos con anterioridad, "*se aplicarán las tablas vigentes en el momento del fallecimiento o de la estabilización de las secuelas actualizadas en el momento del pago con el índice general de precios al consumo aplicable*" (art. 49.2 LRCSCVM), respetando en todo caso lo establecido en el art. 38.2 LRSCVM.

Dicho lo anterior, deben realizarse todavía dos matizaciones más que, en mi opinión resultan muy relevantes. La primera es que los aspectos procedimentales nuevos que introduce la Ley, como por ejemplo la obligación de entrega gratuita de atestados y las cuestiones relativas a los informes forenses, y que se indican más abajo en el apdo. 2 de esta panorámica, al no pertenecer a ese título IV, siguen la regla general de entrada en vigor al día siguiente de la publicación de la Ley en el BOE y, por lo tanto, ya han entrado en vigor respecto de todas las actuaciones que se hayan llevado a cabo a partir del 26 de julio. La segunda matización es que, si bien de acuerdo con lo anterior, las modificaciones del Título IV introducidas por la Ley 5/2025 solo se aplicarán a los accidentes de circulación ocurridos tras la entrada en vigor de la nueva ley, tal limitación, según la reciente STS Pleno 951/2025, de 17 de junio, no regirá en los casos de aplicación orientativa del baremo en ámbitos ajenos a la circulación de vehículos a motor. Aunque dicha sentencia predicaba esta consecuencia del baremo 2015, al no existir todavía el baremo 2025, no se ve ninguna razón para no considerarla también aplicable a la nueva regulación. Por esta razón, en mi opinión, debe entenderse que el nuevo baremo 2025 es aplicable con carácter orientativo a hechos sucedidos con anterioridad a su entrada en vigor en ámbitos ajenos a la circulación, respecto de todas las demandas o reclamaciones en vía extrajudicial que se hayan presentado a partir del pasado 26 de julio.

## II. Panorámica general de las principales modificaciones del SVL 2015 introducidas por la Ley 5/2025

### 1. Introducción

Las modificaciones del SVL 2015 introducidas por la Ley 5/2025 tienen su origen en una evaluación *ex post* contenida en el "*Informe Razonado*", dictado en cumplimiento de la disposición adicional primera de la Ley 35/2015 y elaborado por la CS. El informe había analizado el funcionamiento del nuevo sistema valorativo durante los tres primeros años de su aplicación en sus aspectos procedimentales, jurídicos sustantivos, médicos, económicos y actuariales (véanse https://dgsfp.mineco.gob.es/es/DireccionGeneral/Publicaciones%20°Comisin%20Baremo/informe%20razonado.pdf). También había examinado el impacto económico del SVL 2015 con datos de las entidades aseguradoras que suponían un 87 % de cuota de mercado, comparando los importes económicos de indemnizaciones por siniestros a los que ya se había aplicado el nuevo baremo, ocurridos en 2016, 2017 y, en la medida de lo posible, en 2018, frente a los importes de indemnizaciones por siniestros ocurridos en 2015, a los que se aplicó el anterior baremo 1995. Dicho informe se publicó en el mes de julio de 2020 y formuló 50 recomendaciones, que habían sido adoptadas por unanimidad por la Comisión de Seguimiento y que, junto a alguna otra recomendación surgida a lo largo de los años transcurridos, se han incluido casi en su integridad en el nuevo SVL 2025.

### 2. Cuestiones procedimentales

Las cuestiones procedimentales que han sido objeto de reforma por la Ley 5/2025 afectan fundamentalmente al art. 7 LRCSCVM.

Así, respecto al:

a) Contenido de la reclamación extrajudicial, se establece:

- *"La reclamación extrajudicial no requerirá estar cuantificada incluso si el reclamante dispusiera de todos los elementos para poder calcularla y cuantificarla"*.

b) Deber de comunicar el siniestro al asegurador y la reclamación extrajudicial. Se establece:

- *"La comunicación por parte del perjudicado también deberá producirse cuando se inicie un procedimiento penal a instancia de este y se equiparará a la reclamación extrajudicial prevista en el párrafo anterior"*, y que
- *"No será necesaria reclamación extrajudicial cuando el procedimiento se inicie de oficio, debiendo practicarse en tal caso la correspondiente notificación por el órgano judicial"*.
- *"Esta reclamación, comunicación o notificación interrumpirá el cómputo del plazo de prescripción desde el momento en que se presente al asegurador obligado a satisfacer el importe de los daños sufridos al perjudicado. En el momento en el que se notifique fehacientemente la oferta o la respuesta motivada se iniciará un nuevo plazo de prescripción de un año"*.

c) Respecto a los atestados, la nueva redacción del art. 7.1, apdo. 7, LRCSCVM establece el deber de entregar los atestados y su gratuidad al señalar:

- *"Las Fuerzas y Cuerpos de Seguridad encargadas de la vigilancia del tráfico facilitarán de forma gratuita, a petición de los perjudicados, entidades aseguradoras, o sus representantes, y del Consorcio de Compensación de Seguros, copia del atestado o informe equivalente en el que conste toda la información sobre las circunstancias del accidente, incluso cuando lo hayan remitido a la autoridad judicial competente"*.

d) En lo que se refiere al informe médico pericial definitivo como requisito para la validez de la oferta motivada, el nuevo art. 7.3 LRCSCVM dispone:

- "3. *Para que sea válida a los efectos de esta ley, la oferta motivada deberá cumplir los siguientes requisitos: (...) c) Contendrá, de forma desglosada y detallada, los documentos, informes o cualquier otra información de que se disponga para la valoración de los daños, incluyendo el informe médico pericial definitivo, e identificará aquellos en que se ha basado para cuantificar de forma precisa la indemnización ofertada, de manera que el perjudicado tenga los elementos de juicio necesarios para decidir su aceptación o rechazo. El incumplimiento de este deber impedirá la aportación de informes médicos periciales definitivos en el posterior proceso judicial*". El último inciso del precepto se introduce en aras a potenciar la transparencia y la buena fe, y ahora es más relevante que nunca en la medida en que el legislador, mediante esta regla especial, ha resuelto en sentido contrario a como había dictaminado recientemente la STS 991/2025, de 23 de junio (SP/SENT/1259839) en atención a las reglas generales de los arts. 336 y 337 LEC (SP/LEG/2012).

e) Respecto a los pagos a cuenta a perjudicados pendientes de estabilización cuando se emita respuesta motivada porque no se puede determinar el alcance total de las secuelas, dispone ahora el art. 7.4.1. a) *in fine* LRCSCVM:

- "*(...) Estos pagos deberán ajustarse al importe de todos los perjuicios cuya consolidación esté ya constatada*".

f) Especial relevancia tienen las nuevas reglas respecto a la actuación de los institutos de medicina legal.

Así, respecto al informe forense, establece el art. 7.5 LRCSCVM:

- "*5. En caso de disconformidad del perjudicado con la oferta motivada, o en caso de que la entidad aseguradora haya emitido una respuesta motivada indicando que el perjudicado no ha sufrido lesiones a causa del accidente, las partes, de común acuerdo y a costa del asegurador, podrán pedir informes periciales complementarios, incluso al Instituto de Medicina Legal y Ciencias Forenses siempre que no hubiese intervenido previamente tras el ejercicio de acciones judiciales*".

En relación con los plazos para el reconocimiento del lesionado y para la emisión del correspondiente informe, el art. 7.6 LRCSCVM establece ahora:

- "*6. El lesionado deberá ser reconocido, desde la presentación de la solicitud a los Institutos de Medicina Legal y Ciencias Forenses, en el plazo de tres meses. El informe deberá emitirse en el plazo de un mes desde el reconocimiento*".

## 3. Cuestiones generales

a) Entre las principales cuestiones generales destacan las siguientes:

- Se matiza la definición de sujetos perjudicados (art. 36.1 LRCSCVM).
- Se aclara que "*[E]n ningún caso se considerará perjudicado al conductor responsable exclusivo del accidente*" (art. 36.1 *in fine* LRCSCVM).
- Se amplían de 6 a 12 meses los gastos de tratamiento médico y psicológico para los familiares de víctimas fallecidas o grandes lesionados (art. 36.3 LRCSCVM).
- Se aclara que el informe médico del art. 37 LRCSCVM es "*pericial*" [sistemáticamente a lo largo de toda la Ley, se aclara el carácter "*pericial*" o "*asistencial*" de los informes médicos).
- Se adapta el art. 41.2 LRCSCVM a la nueva terminología de la discapacidad (personas con discapacidad con medidas de apoyo) porque ha desaparecido del Código civil la antigua "*capacidad modificada*".

b) Mención especial merecen las modificaciones al art. 45 LRCSCVM, relativo a "*la indemnización por secuelas en caso de fallecimiento del lesionado y antes de fijarse la indemnización*" en el que, además, se incorpora un nuevo apartado segundo.

En su apartado primero establece:

*"Artículo 45. Indemnización por secuelas en caso de fallecimiento del lesionado y antes de fijarse la indemnización.*

*1. En el caso de lesionados con secuelas que fallecen tras la estabilización y antes de fijarse la indemnización, sus herederos perciben la suma de las cantidades que resultan de las reglas siguientes:*

*a) En concepto de daño inmediato, el quince por ciento del perjuicio personal básico y de los perjuicios particulares que corresponden al lesionado de acuerdo con las tablas 2.A.1, 2.A.2 y 2.B, con excepción del de pérdida de feto a consecuencia del accidente, que se resarce en su integridad, y de la cantidad resultante de la aplicación de la tabla 2.C en lo relativo al lucro cesante y ayuda de tercera persona.*

*b) Las cantidades que correspondan al porcentaje restante del perjuicio personal básico y a la aplicación de las tablas 2.B y 2.C en lo relativo al lucro cesante y ayuda de tercera persona, en proporción al tiempo transcurrido desde la fecha de la estabilización hasta el fallecimiento, teniendo en cuenta la esperanza de vida del fallecido en la fecha de la estabilización de acuerdo con la tabla técnica de esperanzas de vida (TT2) incluida en el anexo".*

De este primer apartado, referido a los casos de fallecimiento después de la estabilización, debe destacarse lo siguiente:

- El 15 % de "*daño inmediato*" se refiere no solo al perjuicio personal básico, sino que ahora se proyecta también sobre los perjuicios particulares que corresponden al lesionado con arreglo a la tabla 2.B, con excepción del de pérdida de feto a consecuencia del accidente, que se resarce en su integridad, y se extiende también al lucro cesante y a la ayuda de tercera persona (tabla 2.C).
- Las cantidades que correspondan al 85 % restante de tales perjuicios se resarcen en proporción al tiempo transcurrido desde la fecha de la estabilización hasta la muerte, teniendo en cuenta la esperanza de vida del fallecido establecida de acuerdo con la tabla TT2.

El nuevo apartado segundo del art. 45 LRCSCVM se refiere a aquellos casos en que el lesionado hubiera fallecido antes de la estabilización y dispone:

- "*2. En el caso de lesionados que resulten con lesiones como amputaciones, secciones medulares completas, resección de órganos o estados de coma vigil o vegetativos crónicos irreversibles u otras de gravedad análoga, cuya irreversibilidad se pueda acreditar sin esperar a la estabilización, y fallezcan transcurridos al menos treinta días desde la fecha del accidente sin que se hubiesen estabilizado las secuelas, sus herederos perciben el importe a que se refiere el apartado 1, en concepto de daño inmediato y proporcional, si bien a contar desde la fecha del accidente hasta el fallecimiento y solo en relación con los perjuicios personal básico y perjuicios particulares de las tablas 2.A.1, 2.A.2 y 2.B y con la excepción de los perjuicios particulares por pérdida de calidad de vida previstos en el artículo 107*".

Precepto del que debe destacarse lo siguiente:

- Solo es aplicable en caso de lesionados que resulten con alguna de las graves lesiones previstas en el art. 113.3 letras a), c) (estados de coma vigil o vegetativos crónicos; lesiones medulares graves, etc.) y d) en lo que se refiere a amputaciones exclusivamente, así como a la resección de órganos, si bien deja abierta la posibilidad de una aplicación a casos de lesiones irreversibles de gravedad análoga.
- Que los lesionados fallezcan transcurridos al menos treinta días desde la fecha del accidente sin que sus lesiones se hubieran estabilizado.
- Se resarce tanto el 15 % en concepto de daño inmediato como el 85 % restante en concepto de daño proporcional. No obstante, ambos solo se proyectan sobre el perjuicio personal básico y los perjuicios particulares (tablas 2.A.1+2.A.2 y 2.B), con excepción de los perjuicios particulares por pérdida de calidad de vida del art. 107 LRCSCM (para evitar una duplicidad con el perjuicio temporal por pérdida de calidad de

vida [cf. arts. 137, 138 y 139 LRCSCVM]). Por su parte, el perjuicio proporcional se computa desde la fecha del accidente hasta la fecha de fallecimiento.

Finalmente, para todos los casos:

- Se suprime el último inciso de la anterior redacción del art. 45 LRCSCVM que establecía la regla de que *"[A] los efectos de este cálculo se considera que la esperanza de vida de víctimas de más de ochenta años es siempre de ocho años"*.

c) Respecto a las bases técnicas actuariales (en adelante, BTA), que contienen el procedimiento de cálculo y las hipótesis económico-financieras y biométricas para cuantificar las indemnizaciones de lucro cesante y ayuda de tercera persona, la Ley 5/2025 desarrolla el anterior art. 48 LRCSCVM estableciendo ahora que las BTA:

- *"(...) se elaborarán por la Comisión de Seguimiento del Sistema de Valoración, y se aprobarán mediante orden ministerial de la persona titular del Ministerio de Economía, Comercio y Empresa"* (art. 48.1 LRCSCVM).
- *"(...) se revisarán cada cinco años, a contar desde la entrada en vigor de la actualización anterior, salvo circunstancias excepcionales adecuadamente justificadas"* (art. 48.2 LRCSCVM). Las actuales bases técnicas se hallan establecidas en la Orden ETD/949/2022, de 29 de septiembre (SP/LEG/38378), por la que se actualizan las bases técnicas actuariales que sustentan los cálculos del sistema para la valoración de los daños y perjuicios causados a las personas en accidentes de circulación contenido en el anexo del texto refundido de la Ley sobre responsabilidad civil y seguro en la circulación de vehículos a motor, aprobado por el Real Decreto Legislativo 8/2004, de 29 de octubre (BOE núm. 240, de 6 de octubre de 2022), y es previsible que sean objeto de una nueva revisión en los próximos meses para ajustarlas a aspectos puntuales de la Ley 5/2025.
- *"La Dirección General de Seguros y Fondos de Pensiones hará públicas en su sede electrónica las bases técnicas actuariales para su conocimiento y aplicación"* (art. 48.3 LRCSCVM).
- Cuestión distinta son las llamadas *"tablas técnicas"*, de coeficientes actuariales para la conversión entre capitales y rentas vitalicias (TT1) y de capitalización de prótesis y órtesis (TT3), que permanecen inalteradas, y la de esperanzas de vida (TT2), que se adapta y figura en el Anexo de la Ley 5/2025.

d) Respecto a las actualizaciones de las cuantías y límites indemnizatorios, el nuevo art 49 LRCSCVM dispone:

- Debe distinguirse entre *"actualizaciones"* y *"modificaciones"*: todas las tablas se actualizan, salvo las de lucro cesante y de ayuda de tercera persona, que se modifican.
- Las tablas de lucro cesante y de ayuda de tercera persona se modifican de acuerdo con la revisión periódica de las BTA anteriormente señalada, si bien las indemnizaciones que se establezcan en su aplicación deberán actualizarse en el momento del pago con el IPC.
- Todas las tablas que se actualizan (salvo la de gasto de asistencia sanitaria futura, que tiene un régimen especial de actualización) quedan automáticamente actualizadas con efecto desde el uno de enero de cada año, de acuerdo con el IPC.
- La Comisión de Seguimiento del Sistema de Valoración realizará los cálculos.
- Los cálculos se harán públicos por Resolución de la Dirección General de Seguros y Fondos de Pensiones en su sitio web y en el de los del Ministerio de la Presidencia, Justicia y Relaciones con las Cortes para facilitar su conocimiento y aplicación.
- Finalmente, "*[L]a tabla de gasto de asistencia sanitaria futura se actualiza, en su caso, de acuerdo con lo que se establezca en los convenios sanitarios que se suscriban con los servicios públicos de salud según lo establecido en el artículo 114, y teniendo en cuenta la variación de los costes soportados por los servicios sanitarios*" (art. 49.3 LRCSCVM).

## 4. Fallecimiento

### A) Perjuicios particulares

a) El art. 74.2 LRCSCVM añade como nuevo perjuicio particular la muerte de dos o más familiares perjudicados del art. 62 LRCSCVM, con lo que deja fuera de ese perjuicio a los allegados que no sean familiares, perjuicio que hasta ahora solo estaba previsto para la muerte de ambos progenitores en el mismo accidente.

- *"En los demás casos de fallecimiento en el mismo accidente de dos o más familiares incluidos en el artículo 62 también existe un perjuicio particular que se resarce mediante un incremento del veinticinco por ciento del perjuicio básico por muerte de cada uno de los familiares fallecidos"*.

b) Respecto al perjuicio particular por pérdida de feto, el nuevo art. 76 LRCSCVM divide en dos el tramo de pérdida de feto trascurridas las doce semanas de gestación, para introducir una mayor indemnización para la pérdida del feto que tiene lugar transcurridas treinta y dos semanas de gestación, por considerar que tiene mayor gravedad.

### B) Perjuicios patrimoniales y cómputo de cuotas

a) El art. 83.1 LRCSCVM, relativo al multiplicando en caso de víctimas con ingresos de trabajo personal o en situación de desempleo, suprime la calificación de "natural" respecto al año de cómputo.

b) Se añade un nuevo apartado 3 en el artículo 83 LRCSCVM que establece que para ese computo "*[E]n todo caso, el ingreso mínimo que siempre se tendrá en cuenta será un salario mínimo interprofesional anual*".

c) Se añade un tercer apartado al art. 84 LRCSCVM, relativo al multiplicando en el caso de víctimas con dedicación exclusiva a las tareas del hogar de la unidad familiar, para indicar que "*[L]a fecha inicial del cómputo será a partir de los treinta años, incluso si la fecha del fallecimiento es anterior al cumplimiento de esa edad*", para concordarlo así con el art. 130.1 LRCSCVM, que considera a las personas menores de treinta años con dedicación a las tareas del hogar como personas que todavía no han accedido al mercado laboral.

d) Se modifica el art. 87.2 LRCSCVM para que, al calcular el lucro cesante, no se incluya en el cómputo de cuotas ni la cuota del conductor responsable ni el cónyuge separado o excónyuge que tenga derecho a pensión.

- "*c) No se considera en el cómputo de cuotas al conductor responsable del accidente, al no tener la consideración de perjudicado de conformidad con lo dispuesto en el último párrafo del artículo 36.1*". (Obsérvese, no obstante, que el 36.1 LRCSCVM excluye de tal condición de perjudicado solo al "conductor responsable *exclusivo* del accidente" (énfasis añadido), por lo que este precepto debe interpretarse en el mismo sentido.
- "*d) Tampoco se considera en el cómputo de cuotas al cónyuge separado o al excónyuge que tenga derecho a percibir pensión compensatoria que se extinga por el fallecimiento de la víctima*".

e) Modificación de los criterios de reparto de cuotas para evitar disfunciones

Se modifica el sistema de reparto por cuotas para establecer un nuevo criterio de reparto que evite las posibles disfunciones del anterior art. 87.3 LRCSCVM que, en determinados casos podía dar lugar a que globalmente se distribuyera una cantidad indemnizatoria menor cuando aumentaba el número de perjudicados. Así, el nuevo art. 87.3 LRCSCVM establece:

- *"3. Cuando la suma de las cuotas de los perjudicados sea superior al noventa por ciento, la indemnización de cada perjudicado se reducirá en proporción al exceso de cuotas sobre el noventa por ciento, dando lugar a la correspondiente reducción de la indemnización de cada uno de ellos. Si la indemnización total resultante para el conjunto de los perjudicados es inferior a la indemnización más elevada de las que pudieran resultar de no existir exceso de cuotas, se indemnizará este último importe, que se distribuirá de un modo proporcional a las indemnizaciones que les hubieran correspondido según sus cuotas"*.

f) Víctimas dedicadas a las tareas del hogar (nuevo art. 88.4. LRCSCVM y nueva tabla)

Se crea una tabla específica (la nueva 1.C.H) para evitar el cálculo a ojo de buen cubero que realizaba el anterior art. 88.4. LRCSCVM, que aplicaba la tabla general del trabajo remunerado, en la que, en detrimento de los perjudicados, se deducían unas pensiones que la víctima no hubiera cobrado jamás y que luego el precepto intentaba compensar a los perjudicados incrementando la cuantía resultante en un 25 %. El art. 88.4 LRCSCVM dispone ahora:

· "*4. Al perjudicado por el fallecimiento de una víctima que no obtenía ingresos por dedicarse en exclusiva a las tareas del hogar de su unidad familiar se le aplicarán las indemnizaciones por lucro cesante previstas en las tablas 1.C.H específicas para dicho trabajo no remunerado*".

## 5. Secuelas

### A) Perjuicio personal básico

a) Se modifica ligeramente la fórmula que utilizaba el art. 98 LRCSCVM para determinar la puntuación de las secuelas concurrentes, por lo que ahora cuando hay más de dos secuelas las operaciones se realizarán en orden decreciente de mayor a menor para una mejor protección de los lesionados.

b) El art. 102.2 a) LRCSCVM añade el estado vegetativo permanente y las tetraplejias más severas como ejemplos que determinan un perjuicio estético de grado importantísimo.

### B) Perjuicios particulares

a) En el art. 106.1 LRCSCVM se rebajan de 36 a 31 los puntos necesarios para que pueda apreciarse la existencia de un perjuicio particular por daños morales complementarios en caso de perjuicio estético.

b) En el art. 108.5 LRCSCVM, relativo al perjuicio moral por pérdida de calidad de vida en grado leve, se explicita que la afectación a una sola actividad es suficiente, se suprime la limitación anterior que indicaba que las actividades específicas afectadas debían tener "especial trascendencia" en el desarrollo personal del lesionado, y se convierte la prohibición de reconocerlo en caso de secuelas de seis o menos puntos en una simple presunción "iuris tantum" de que no existe perjuicio. Así:

· "*5. El perjuicio leve es aquel en el que la víctima pierde la posibilidad de llevar a cabo actividad o actividades específicas de su desarrollo personal. El perjuicio moral por la limitación o pérdida parcial de la actividad laboral o profesional que se venía ejerciendo se considera perjuicio leve con independencia del número de puntos que se otorguen a las secuelas. En los demás casos, cuando se produzcan secuelas de seis o menos puntos se presume que no existe pérdida de calidad de vida, salvo que el perjudicado la acredite*".

c) En la medición de todos los grados de perjuicio moral por pérdida de calidad de vida se suprime el solapamiento de cuantías entre las distintas horquillas indemnizatorias que establecía el anterior art. 109.3 LRCSCVM.

d) Se añade en el art. 110 LRCSCVM, como nuevo perjuicio personal particular, el perjuicio sexual que, como víctima secundaria o por repercusión, sufre el cónyuge o pareja estable del lesionado. Los principales ejes de este nuevo perjuicio son los siguientes:

· Concepto: "*2. El perjuicio sexual del cónyuge o pareja estable compensa la sustancial alteración que las secuelas que padece el lesionado le causan en su vida sexual o reproductiva*" (art. 110.2 LRCSCVM).

· Parámetros a tener en cuenta para su cuantificación: "*En el caso de perjuicio sexual, el grado y la intensidad de su afectación a la vida sexual o reproductiva del cónyuge o pareja estable del lesionado y la edad de ambos*" [art. 110.3 b) LRCSCVM].

· Legitimación para reclamar: Como en el caso de perjuicio moral por pérdida de calidad de vida de familiares de grandes lesionados, "*[L]a legitimación para reclamar la reparación de estos perjuicios se atribuye en exclusiva al lesionado, que debe destinar la indemnización a compensar los perjuicios sufridos por las personas afectadas*" (art. 110.4 LRCSCVM).

### C) Perjuicios patrimoniales

*a) Daño emergente (gastos)*

1. Respecto al resarcimiento de los gastos de asistencia sanitaria futura en el ámbito hospitalario y ambulatorio, el art. 114 LRCSCVM añade que las entidades aseguradoras también podrán abonar esos gastos a las mutuas colaboradoras con la Seguridad Social y las equipara a los servicios públicos de salud en los demás aspectos que prevé el artículo.

2. El art. 115.5 LRCSCVM, relativo al resarcimiento al lesionado del importe de las prótesis y órtesis, se limita a corregir el error de la redacción anterior que indicaba que la tabla TT3 estaba incluida en las bases actuariales cuando, en realidad, ya figuraba en el anexo de la Ley 35/2015.

3. Se añaden al art. 116 LRCSCVM, relativo a los gastos de rehabilitación domiciliaria y ambulatoria, los nuevos apartados 5 y 6.

El primero introduce unas reglas (en mi opinión personal, excesivamente complejas y, que, tras el límite cuantitativo general existente, introducen una nueva limitación) para determinar el importe máximo a indemnizar cuando concurran secuelas que puedan encuadrarse en grupos distintos.

El segundo permite la capitalización de dichos importes usando la tabla técnica de coeficientes actuariales de conversión entre rentas y capitales (TT1).

4. Se añade un nuevo apartado 4 en el artículo 117 LRCSCVM, relativo al resarcimiento de los importes correspondientes a las ayudas técnicas o productos de apoyo para la autonomía personal, para indicar que podrán capitalizarse usando la tabla técnica de coeficientes de capitalización de prótesis y órtesis (TT3).

5. Respecto a la ayuda de tercera persona:

- El art. 123 LRCSCVM, que redondeaba las fracciones horarias a la hora más alta, pasa a hacerlo en todos los casos a la media hora más alta, lo que, si bien comporta un retroceso, se mejora en la Tabla 2.C.3 al pasar de tramos de cuartos de hora a medias horas.
- Se modifica el art. 126.1 LRCSCVM para matizar que lo que consta en la tabla 2.C.3 es el "*capital*".
- Se modifica el art. 126.6 LRCSCVM para clarificar que la llamada popularmente "*ventana*" que establece el baremo para poder acreditar la percepción de prestaciones públicas para ayuda de tercera persona distintas a las estimadas solo se puede abrir en favor del perjudicado, por lo que solo "*el perjudicado puede acreditar la percepción de prestaciones distintas a las estimadas*".

*b) Lucro cesante*

1. Ingreso mínimo computable (modificaciones al art. 128. *Cómputo de ingresos del lesionado por trabajo personal*): Se generaliza la referencia a que "*[E]n todo caso, el ingreso mínimo que siempre se tendrá en cuenta será el salario mínimo interprofesional*" que en la redacción anterior se refería tan solo a los casos en que el lesionado estuviera en situación de desempleo en el momento del accidente o lo hubiera estado en cualquiera de los tres años anteriores al mismo, por lo que pasa a ser un criterio general. Por esta razón, cuando se computen ingresos por trabajo personal el ingreso mínimo a computar ahora será siempre de un SMI.

2. Se modifica la letra b) del artículo 129 LRCSCVM, relativo al multiplicando de ingresos por trabajo personal en los casos de incapacidad total, que constituye una modificación importante en beneficio de las víctimas. En la redacción anterior se establecían dos tramos de edad para determinar el porcentaje de perjuicio que sufría le lesionado. En el primero, hasta los 55 años, se consideraba que era del 55 % de sus ingresos y, en el segundo, a partir de esa edad, del 75 %. La nueva regulación establece ahora tres tramos; del 55 % hasta los 45 años; del 70 % de los 45 a los 55 años y del 90 % a partir de los 55 años.

3. Se modifica el título y el contenido del artículo 130 LRCSCVM, que se refiere ahora a los "*lesionados menores de treinta años que no han accedido al mercado laboral*" para:

· Indicar que se incluyen dentro de este concepto las personas menores de treinta años con dedicación a las tareas del hogar (art. 130.1 inciso final LRCSCVM).

· Incorporar las nuevas reglas de cómputo de pérdida de ingresos en caso de incapacidad total señaladas anteriormente para que el cálculo de pérdida de ingresos no sea estático, sino que se vaya acompasando a los sucesivos tramos de edad por los que el menor de 30 años irá pasando a lo largo de su vida [art. 130.2 d) LRCSCVM].

· Establecer, en el nuevo art. 130.3 LRCSCVM, una regla que considera que la discrepancia sobre si el menor se halla todavía pendiente o no de acceder al mercado laboral se resuelve en beneficio del menor aplicando las reglas que establece el propio artículo: "3. *En caso de que existan discrepancias sobre si el menor de treinta años se halla todavía pendiente o no de acceder al mercado laboral, se aplicará como ingreso mínimo el cómputo de ingresos que establecen las letras c) y d) del apartado anterior y que se refleja, respectivamente, en las tablas 2.C.7 y 2.C.8*".

4. En relación con el art. 131 LRCSCVM, relativo al "*multiplicando en caso de lesionados con dedicación a las tareas del hogar de la unidad familiar*":

· Se modifica el art. 131.1 LRCSCVM, para matizar que esa incapacidad absoluta es una incapacidad "*permanente*", y para indicar que se refiere a un lesionado "*mayor de 30 años*", ya que según el nuevo (art. 130.1 inciso final LRCSCVM), como se ha indicado más arriba, las personas menores de treinta años con dedicación a las tareas del hogar se incluyen en el concepto de personas que todavía no han accedido al mercado laboral.

· Se modifica el art. 131.2 LRCSCVM para adaptarlo a los nuevos tramos de la incapacidad total señalados anteriormente.

Respecto a los criterios a aplicar para determinar el multiplicador en caso de lesiones, se modifican los apartados 4 y 5 del artículo 132 LRCSCVM para:

· Reproducir en este ámbito la regla indicada más arriba (*cfr.* art. 125.6 LRCSCVM) de que solo el "*perjudicado puede acreditar la percepción de pensiones distintas a las estimadas*" (art. 132.4 LRCSCVM).

– Indicar que, en caso de lesionados dedicados en exclusiva a las tareas del hogar, si son mayores de 30 años, se aplicarán las nuevas reglas y tablas específicas y, si son menores de 30 años, las reglas y las tablas de las personas que todavía no han accedido al mercado laboral. En este sentido, el nuevo art 132.5 LRCSCVM dispone: "5. *Al lesionado mayor de treinta años que no obtenía ingresos por dedicarse en exclusiva a las tareas del hogar de su unidad familiar se le aplicarán las indemnizaciones por lucro cesante previstas en las tablas 2.C.4.H y 2.C.5.H específicas para dicho trabajo no remunerado. Si el lesionado tenía menos de treinta años, se aplicarán las tablas 2.C.7 y 2.C.8 relativas a las personas que no han accedido al mercado laboral*".

## 6. Lesiones temporales

a) Las llamadas anteriormente "*secuelas temporales*", que aparecían en nota en una tabla, pasan a denominarse ahora, con más propiedad, "*síntomas persistentes temporales*" y se recogen en el art. 134.2 LRCSCVM:

· "*2. Los síntomas persistentes temporales que subsisten tras la estabilización y que están llamados a curarse a corto o medio plazo también se valoran como lesiones temporales computando los efectos que producen y su duración hasta su total curación*".

· (El resto de modificaciones de dicho artículo obedece únicamente a una renumeración de sus diversos apartados).

b) Se intercala un apartado en el art. 141 LRCSCVM, relativo a los gastos de asistencia sanitaria –que comporta la remuneración de los apartados que le siguen–, referido a la libre elección de centro por parte del lesionado y a las reglas a aplicar en este caso, que dispone:

- *"3. Las entidades aseguradoras garantizarán la libre elección de centro por parte del lesionado y le reembolsarán las cantidades que haya pagado, siempre que las cantidades pagadas estén debidamente justificadas y sean médicamente razonables en atención a la lesión sufrida y a sus circunstancias. En este caso regirán las reglas propias de la responsabilidad civil y, en caso de concurrencia de culpas o culpa exclusiva del lesionado, podrá reducirse o excluirse el pago de acuerdo con lo dispuesto en el artículo 1.2".*

b) Dedicación a las tareas del hogar: Se suprime la ignominiosa limitación del resarcimiento del lucro cesante a una sola mensualidad y se aclara que en caso de lesiones temporales se siguen también los criterios generales de la Ley para este tipo de trabajo no remunerado, al indicar en el art. 143.4 LRCSCVM:

- *"4. La dedicación exclusiva a los trabajos del hogar se valorará en la cantidad diaria de un salario mínimo interprofesional anual, que podrá incrementarse de acuerdo con los criterios y límites previstos en los artículos 84.2 y 131.1 a) y b). En los casos de dedicación parcial a las tareas del hogar también regirá el criterio de cálculo previsto en los artículos 85 y 131.3".*

## 7. Conclusiones

A falta de un análisis en mayor profundidad que vaya más allá de esta primera aproximación descriptiva de urgencia, creo que pueden apuntarse las siguientes conclusiones:

- El nuevo baremo 2015 no fue una modificación del baremo 1995, sino un nuevo sistema que introducía criterios y conceptos que eran novedosos en nuestro país (extensión y redefinición del círculo de perjudicados por muerte; reorganización de la ayuda de tercera persona con incrementos sustanciales; tratamiento específico del lucro cesante y de sus reglas; consideración del trabajo doméstico y del lucro cesante de menores que no han accedido al mercado aboral, etc.) que, si bien racionalizaban el sistema valorativo legal, abrían la puerta a numerosas incertidumbres.
- Tras el análisis de impacto *ex post* realizado entre finales de 2018 y mediados de 2020, y plasmado en el "*Informe razonado*" mencionado al inicio de ese trabajo, se pudo constatar que las innovaciones no habían provocado dificultades insuperables y que, salvo algunas excepciones aisladas, habían sido objeto de una práctica adecuada.
- El nuevo baremo 2025 recoge las 50 propuestas consensuadas por la Comisión de Seguimiento en ese "*Informe Razonado*" ---e incluso mejora algunas de ellas-- e incorpora la mayor parte de las puntualizaciones de la "*Guía de Buenas Prácticas*", también elaborada por dicha Comisión.
- Aunque las reformas que se plasman en este nuevo baremo 2025 no tienen ni la envergadura ni el calado de las llevadas a cabo por el baremo 2015, suponen un segundo paso hacia una importante mejora del sistema. Un paso, en mi opinión, previsible, pero que, en aras a la prudencia, no se pudo dar en el baremo 2015 por el temor que suscitaban algunas de las medidas de carácter más innovador.
- No obstante, tras casi diez años de aplicación, creo que pude decirse ahora que el baremo 2015 ha funcionado razonablemente bien, y que ahora es de esperar que este remozado baremo 2025 puede funcionar todavía mejor.

En Girona, a 31 de julio de 2025

# Criterios de actualización y Guía de la Comisión del Baremo

# Cambios en el Baremo de tráfico y entrada en vigor

SP/DOCT/128643

**Marta López Valverde**

*Directora de* **sepín** *Responsabilidad Civil, Seguro y Tráfico*

El 25 de julio se publica en el BOE la tan ansiada, y pendiente desde hace más de dos años, reforma del conocido de forma coloquial como "Baremo de tráfico", mediante la Ley 5/2025, de 24 de julio (SP/LEG/45599), por la que se modifica el Texto Refundido de la Ley sobre Responsabilidad Civil y Seguro en la Circulación de Vehículos a Motor, aprobado por el Real Decreto Legislativo 8/2004 (SP/LEG/2821) y otras normas, que trataremos más detenidamente en otros documentos.

Esta reforma era necesaria para la transposición de la Directiva (UE) 2021/2118 del Parlamento Europeo y del Consejo, de 24 de noviembre de 2021 (SP/LEG/35820). Se presenta un pequeño resumen de las reformas de calado, ya esperadas, introducidas en la normativa de tráfico.

De inicio, se modifica el concepto más importante "***la responsabilidad civil***" y se incorporan las definiciones de "***vehículo a motor***" y "***hecho de la circulación***", en línea con sentencias del Tribunal de Justicia de la Unión Europea para ofrecer mayor protección a las víctimas. Antes se recogían en el Reglamento sobre la Responsabilidad Civil y Seguro en la Circulación de Vehículos a Motor (SP/LEG/2560), que también será objeto de reforma para el año 2026.

Se establece qué vehículos necesitan o no el seguro, sin embargo, ahora vehículos que antes no requerían seguro obligatorio (por ej., algunos sin autorización administrativa) deberán suscribirlo. A mi juicio, esto podría dar problemas de concurrencias de seguros, pues los vehículos industriales deberán tener seguro de circulación, con coberturas concurrentes con el de responsabilidad civil en accidentes de trabajo.

Se fija un plazo de seis meses para que los propietarios contraten el seguro obligatorio; se crea un seguro obligatorio de responsabilidad civil para los daños causados por vehículos a motor durante su fabricación y transporte como mercancía. Durante este período transitorio, no podrán ser sancionados por la falta de suscripción del seguro, y se les considerará como vehículos a motor no asegurados, por lo que las indemnizaciones a los perjudicados estarán cubiertas por el Consorcio de Compensación de Seguros, sin perjuicio de la facultad de este de repetir contra los responsables civilmente.

Mediante una Disposición Adicional se obliga a un **seguro obligatorio de responsabilidad civil específico para "vehículos personales ligeros"**, no incluidos en el concepto legal de "*vehículo a motor*", que deberá tener su desarrollo reglamentario.

Se introducen controles de seguro utilizando nuevas tecnologías como el reconocimiento de matrículas, garantizando la no discriminación y la privacidad de los datos. Se recoge el tratamiento de los datos para emitir las certificaciones de antecedentes siniestrales y se asegura que las aseguradoras no discriminen a los titulares de pólizas por su nacionalidad, residencia anterior o lugar de expedición de la certificación.

Se extiende la protección a las víctimas de accidentes causados por vehículos asegurados en entidades aseguradoras insolventes dentro del Espacio Económico Europeo. El Consorcio de Compensación de Seguros y OFESAUTO asumirán la indemnización en estos casos.

En referencia al Sistema de Valoración de Daños Personales (Baremo), se incorporan las recomendaciones del Informe Razonado de la Comisión de Seguimiento del Sistema de Valoración.

En el **procedimiento extrajudicial**, la reclamación no requerirá estar cuantificada, se garantiza el acceso gratuito y accesible a atestados e informes sobre las circunstancias del accidente para las víctimas. En la oferta y respuesta motivada, el informe médico pericial definitivo deberá cuantificar de forma precisa la indemnización o no se podrá aportar, posteriormente, en el procedimiento. Además, se da un plazo máximo de tres meses para el reconocimiento por los Institutos de Medicina Legal y Ciencias Forenses y de un mes para la elaboración del informe.

En la **actualización** de cantidades se sustituye el Índice de Revalorización de las Pensiones (IRP) por el Índice de Precios al Consumo (IPC).

En las **indemnizaciones por fallecimiento, secuelas y lesiones temporales**, se introducen mejoras, se clarifican conceptos y se aumentan algunas indemnizaciones, incluyendo el cálculo de ingresos para que no sea inferior al salario mínimo interprofesional.

Se modifica la protección de los herederos de las víctimas en el caso de lesionados que fallecen antes de fijarse la indemnización. Y a los efectos de la determinación del multiplicando, se explica cómo se calcula el cómputo de ingresos de trabajo personal o en situación de desempleo en casos de fallecimiento o secuelas, respectivamente, para que en ningún caso dicho cómputo de ingresos sea inferior al salario mínimo interprofesional.

Se mejoran los aspectos relacionados con el baremo médico, el tratamiento de gastos médicos futuros de lesionados graves y se reconoce la libertad de elección de centro sanitario, con derecho a ser posteriormente reembolsado por la aseguradora del vehículo responsable del accidente.

Se matizan aspectos de las tablas, se incrementa el porcentaje de perjuicio por lucro cesante en caso de incapacidad total para mayores de 50 años, y se incluyen tablas simplificadas para casos de incapacidad y fallecimiento en personas dedicadas a tareas del hogar.

Se incorporan unas tablas específicas simplificadas para los casos de incapacidad absoluta y total y fallecimiento, que permiten acreditar el lucro cesante, y se suprime el límite del mes de indemnización del lucro cesante en caso de curación sin secuelas o con secuelas iguales o inferiores a tres puntos.

Además, se clarifica que también deben gozar de exención a efectos del **Impuesto sobre la Renta de las Personas Físicas (IRPF)** todas las indemnizaciones pagadas por daños a las personas derivados de hechos de la circulación, incluidas las que sean pagadas por el Consorcio de Compensación de Seguros.

Se añade un nuevo título sobre al **tratamiento de datos personales en el ámbito del seguro de automóviles**, y se refuerza la evaluación continua de la idoneidad de quienes dirigen o forman parte del sistema de gobierno de las entidades aseguradoras, permitiendo al supervisor suspender o cesar a personas que no cumplan los requisitos.

Finalmente, se introduce la obligación de que las entidades aseguradoras cuenten con planes preventivos para anticipar y gestionar posibles situaciones de deterioro financiero, mejorando la gestión de crisis.

La **entrada en vigor** de estas modificaciones va a tener distintas etapas, así:

a) Lo dispuesto en el art. 2.7, párrafos segundo, tercero y cuarto, se aplicará a partir del 26 de julio.

Si, es posterior, a partir de la fecha de aplicación de la normativa europea que especifique el contenido de la certificación acreditativa de los siniestros de los que se derive responsabilidad frente a terceros.

b) La actualización conforme al IPC del art. 49.1, a partir del 1 de enero siguiente a la entrada en vigor de la ley (1 de enero de 2026).

c) Las modificaciones al **sistema para la valoración de los daños y perjuicios causados a las personas en accidentes de circulación**, se aplican a los accidentes de circulación ocurridos tras la entrada en vigor de esta ley, esto fue el 26 de julio de 2025.

d) El seguro obligatorio de responsabilidad civil específico para "*vehículos personales ligeros*", no incluidos en el concepto legal de "*vehículo a motor*", con entrada en vigor el 2 de enero de 2026.

# Guía de buenas prácticas para la aplicación del baremo de autos

SP/DOCT/70070

De acuerdo con el texto refundido de la Ley sobre responsabilidad civil y seguro en la circulación de vehículos a motor, aprobado por Real Decreto Legislativo 8/2004, de 29 de octubre (en adelante LRCSCVM).

## PRESENTACIÓN

**I.-** En el seno de las instituciones de la Unión Europea y de la mayoría de los países de la OCDE se viene llevando a cabo desde hace años una política conocida como "regular mejor" (better regulation) o "legislación inteligente" (smart regulation) que se plantea no sólo incrementar la calidad técnica de las normas y simplificar el ordenamiento jurídico, sino también potenciar su eficacia y eficiencia mediante el uso de métodos de evaluación durante su elaboración (ex ante) y una vez han entrado en vigor (ex post).

Esta forma de trabajar pretende garantizar que las decisiones políticas se preparen con los mejores conocimientos socioeconómicos posibles y de un modo abierto y transparente, con el respaldo de la participación amplia de grupos de interés que representen a todos los colectivos potencialmente afectados. Con ello se aspira a cubrir todo el ciclo de la política legislativa, que abarca desde el diseño, adopción y elaboración de políticas de actuación, su plasmación en las correspondientes normas jurídicas, hasta la implementación o puesta en práctica de las normas ya aprobadas. Para cada fase del ciclo de la política legislativa, existen una serie de principios, objetivos, instrumentos y procedimientos que tienen por finalidad conseguir la mejor legislación posible y que se refieren a la planificación, la evaluación de impacto normativo, la consulta de las partes interesadas, la implementación y la evaluación *ex post*.

**II.-** La Ley 39/2015, de 1 de octubre, *del Procedimiento Administrativo Común de las Administraciones Públicas* ha introducido en el panorama administrativo español una nueva regulación orientada no solo a atenuar la dispersión normativa que pudiera existir, sino también a reforzar la participación ciudadana, la seguridad jurídica y la revisión del ordenamiento.

Con estos objetivos, se establecen en ella por primera vez las bases con arreglo a las cuales se ha de desenvolver la iniciativa legislativa y la potestad reglamentaria de las Administraciones Públicas con el objeto de asegurar su ejercicio de acuerdo con los principios de buena regulación, garantizar de modo adecuado la audiencia y participación de los ciudadanos en la elaboración de las normas y lograr la predictibilidad y evaluación pública del ordenamiento, como corolario imprescindible del derecho constitucional a la seguridad jurídica[1].

En esta línea, el artículo 130.1 de la Ley 39/2015, de 1 de octubre, relativo a la Evaluación normativa y adaptación de la normativa vigente a los principios de buena regulación, dispone que:

---

[1]) Con esta regulación se siguen las recomendaciones que en esta materia ha formulado la Organización para la Cooperación y el Desarrollo Económicos (OCDE) en su informe emitido en 2014 «Spain: From Administrative Reform to Continous Improvement».

*"1. Las Administraciones Públicas revisarán periódicamente su normativa vigente para adaptarla a los principios de buena regulación y para comprobar la medida en que las normas en vigor han conseguido los objetivos previstos y si estaba justificado y correctamente cuantificado el coste y las cargas impuestas en ellas.*

*El resultado de la evaluación se plasmará en un informe que se hará público, con el detalle, periodicidad y por el órgano que determine la normativa reguladora de la Administración correspondiente."*

Esta norma fortalece la **evaluación ex post**, puesto que junto con el deber de revisar de forma continua la adaptación de la normativa a los principios de buena regulación, se impone la obligación de evaluar periódicamente la aplicación de las normas en vigor, con el objeto de comprobar si han cumplido los objetivos perseguidos, cuál ha sido su impacto social y si el coste y cargas derivados de ellas estaba justificado y adecuadamente valorado.

**III.-** Uno de los muchos instrumentos técnicos que pueden servir para guiar una evaluación ex post son las **recomendaciones de buenas prácticas.** Tales recomendaciones son el resultado del acuerdo de los diversos colectivos que intervienen en la aplicación de una nueva normativa, con la participación, en ocasiones de la Administración. No tienen por objeto substituir la tarea interpretativa de los tribunales en la aplicación del Derecho, sino servir de herramienta a los operadores jurídicos para fomentar la colaboración, la buena fe y la transparencia generalizadas en la aplicación de la normativa. Gozan del respaldo que les otorga ser el resultado de un proceso participativo en el que interactúan los representantes de todos los sectores implicados y por ello generan un sentido de pertenencia y de auto-vinculación. El análisis de su seguimiento y de su cumplimiento generalizado espontáneo o de su rechazo proporciona también un indicador importante respecto a las propuestas de mejora de la regulación que puedan realizarse al final del proceso de evaluación *ex post.*

**IV.-** En estos puntos, la Ley 35/2015, de 22 de septiembre, *de reforma del sistema para la valoración de los daños y perjuicios causados a las personas en accidentes de circulación* ha sido pionera reproduciendo esa voluntad evaluativa de las políticas públicas y su normativa mediante la creación en la disposición adicional primera de una **Comisión de Seguimiento del Sistema de Valoración** con el objeto de analizar su puesta en marcha, sus repercusiones jurídicas y económicas y el sistema de actualización previsto en dicha norma.

La Comisión de Seguimiento, presenta a continuación sugerencias de buenas prácticas aprobadas por el Pleno de la Comisión.

*Acuerdos de la Comisión de14 de septiembre de 2017.*

## BUENAS PRÁCTICAS

## 1. PRINCIPIOS GENERALES

Las buenas prácticas requieren que las relaciones entre asegurador y perjudicado, y de todos los profesionales que participan en los procedimientos de reclamación de daños personales, estén presididas por los principios de colaboración, buena fe y transparencia. La Comisión de Seguimiento recomienda también que todas las actuaciones se ajusten además a las buenas prácticas específicas que vaya estableciendo.

## 2. CAPÍTULO JURÍDICO

### 2:1. RECLAMACION EXTRAJUDICIAL PREVIA A LA INTERPOSICIÓN DE LA DEMANDA

#### 2:1:1. Contenido de la reclamación

La buena práctica requiere que la reclamación extrajudicial previa contenga todos los datos de los que disponga el perjudicado. Constituye una práctica que contraviene el deber de colaboración del perjudicado establecido en los arts. 7 y 37 LRCSCVM la presentación de reclamaciones ocultando información de la que se disponga y que dificulte la determinación de la responsabilidad o la cuantificación del daño.

#### 2:1:2. Validez de la reclamación extrajudicial no cuantificada

Dado que de acuerdo con el art. 7.1 LRCSCVM no corresponde al perjudicado llevar a cabo la cuantificación de su reclamación, la buena práctica exige admitir la reclamación extrajudicial previa que no contenga la cuantificación de la indemnización que se solicita, incluso en el caso de que el reclamante disponga de todos los elementos para poder calcularla y cuantificarla.

#### 2:1:3. Inicio de procedimiento penal a instancia de parte y reclamación previa.

La buena práctica requiere que el lesionado -o, en caso de fallecimiento, el perjudicado- o el representante de cualquiera de ellos que inicie un procedimiento penal en el que reclame la indemnización que le corresponda lo comunique a la entidad aseguradora del vehículo responsable y que tal comunicación equivalga a la reclamación previa del art. 7.1 LRCSCVM. (*Acuerdos de la Comisión de 16 de Septiembre de 2019).*

### 2:2. OFERTA MOTIVADA

#### 2:2:1. "Ofrecimiento" a la víctima por procedimientos distintos de la oferta motivada

La buena práctica exige que no se lleven a cabo "ofrecimientos" resarcitorios al perjudicado que no se materialicen a través del procedimiento de la oferta motivada, ni que se condicione el contenido de la oferta motivada a la aceptación de "ofrecimientos" previos telefónicos, verbales o por escrito. La oferta motivada prevista en el art. 7. 2 y 3 LRCSCVM, su forma, contenido, plazos y demás requisitos constituyen un mecanismo esencial de protección de los intereses de los perjudicados que se considera insustituible.

**2:2:2. Contenido de la oferta motivada**

2:2:2-1. La buena práctica exige que la oferta motivada prevista en el art. 7.2 y 3 LRCSCVM contenga de forma estructurada y desglosada los distintos conceptos que se indemnizan y sus correspondientes importes, de forma que el perjudicado pueda conocer con claridad el importe total de la indemnización ofrecida y el desglose de los importes parciales que componen dicha indemnización. Constituye una práctica que contraviene el deber de colaboración del asegurador previsto en los arts. 7 y 37 LRCSCVM la presentación de ofertas motivadas ocultando información de la que se disponga y que dificulte la determinación de la responsabilidad o la cuantificación del daño.

2:2:2-2. En particular, la buena práctica demanda:

a) Respecto de las secuelas, que la oferta motivada o el informe médico definitivo que se adjunte a ella contenga su relación, los puntos asignados a cada una y la codificación que les corresponda.

b) Respecto a las lesiones temporales, que consten, en su caso, los grados del perjuicio personal por pérdida temporal de calidad de vida previstos en el art. 138 LRCSCVM.

c) De acuerdo con el art. 7.3.d) LRCSCVM, el pago de la oferta motivada no puede condicionarse a la renuncia de futuras acciones. No obstante, se considera una práctica admisible el acuerdo de renuncia de futuras acciones después de emitida la oferta y pagada la indemnización. Se excluye de dicho acuerdo, conforme al artículo 43 de la LRCSCVM, la reclamación por alteraciones sustanciales de las circunstancias que determinaron la fijación de la indemnización o por la aparición de daños sobrevenidos.

*Acuerdos de la Comisión de 27 de noviembre de 2017.*

## 2:3. APORTACIÓN DE INFORME MEDICO EN EL CASO DE OFERTA O RESPUESTA MOTIVADA

**2:3:1. Informe médico en los casos de coincidencia entre la reclamación previa y la oferta motivada**

Si los conceptos e importes que constan en la oferta motivada coinciden con los solicitados en la reclamación, tanto en el caso de lesiones temporales como de secuelas, la buena práctica permite considerar la información médica aportada por el lesionado como informe médico definitivo a los efectos del art. 37.3 LRCSCVM.

**2:3:2. Informe médico en los casos de oferta motivada en que solo se produzcan lesiones temporales**

2:3:2-1. En los casos en que solo se reclamen lesiones temporales, si no hay cuantificación o no existe acuerdo sobre la reclamación, la buena práctica permite que la aseguradora base su oferta motivada en la documentación médica aportada por el lesionado con explicación detallada de los criterios empleados.

2:3:2-2. No obstante, si el lesionado aporta informe médico pericial, la entidad tendrá que aportar informe médico definitivo conforme al art. 37.3 LRCSCVM.

**2:3:3. Informe médico en los casos de oferta motivada relativa a las secuelas**

2:3:3-1. En los casos de reclamación de secuelas, si el lesionado aporta un informe médico asistencial o pericial, de acuerdo con lo que dispone el art. 7. 1 LRCSCVM, la entidad siempre tendrá que aportar informe médico definitivo. En estos casos, si el lesionado aporta un informe médico pericial con la puntuación otorgada y la codificación de secuelas, la buena práctica exige que en el informe médico definitivo de la entidad también se indiquen los puntos asignados a cada secuela y la codificación que le corresponda.

2:3:3-2. No obstante, en el caso de secuelas que deriven de un traumatismo menor de columna vertebral, solo será necesario que la entidad aporte informe médico definitivo si el lesionado aporta informe médico pericial concluyente que acredite la existencia de la secuela, de acuerdo con lo que establece el art. 135.2 LRCSCVM. De acuerdo con lo indicado en el apartado 2:2:2-2, a) en este caso la buena práctica permite que los puntos asignados a cada una de las secuelas y la codificación que les corresponda consten en la oferta motivada o en el informe médico definitivo que se adjunte a ella. En los casos de traumatismos menores de columna vertebral sin secuelas, la buena práctica permite que la entidad base su oferta motivada en la documentación médica aportada por el lesionado.

**2:3:4. Aportación de informe médico en los casos de respuesta motivada**

2:3:4-1. La buena práctica no requiere que la entidad aseguradora incluya informe médico alguno en los casos en que no se pueda cuantificar el daño en su totalidad previstos en el párrafo segundo del art. 7.4.a) LRCSCVM.

2:3:4-2. Por el contrario, la entidad aseguradora deberá aportar el informe médico definitivo que requiere el art. 7.4.b) LRCSCVM en los casos en que la respuesta motivada se base en la negación de la existencia de lesiones temporales o secuelas o del nexo causal respecto a ellas.

2:3:4-3. En el caso de lesiones temporales o secuelas que deriven de un traumatismo menor de columna vertebral, la buena práctica no demanda el informe médico definitivo en la respuesta motivada que se base en que la sintomatología no apareció en tiempo médicamente explicable, atendiendo al criterio cronológico del art. 135.1.b) LRCSCVM.

*Acuerdos de la Comisión de 6 de marzo de 2018.*

**2:3:5. Deberes de diligencia y colaboración**

2:3:5-1. El artículo 7.2. LRCSCVM establece en su quinto y penúltimo párrafo que el asegurador deberá observar desde el momento en que conozca, por cualquier medio, la existencia del siniestro, una conducta diligente en la cuantificación del daño y la liquidación de la indemnización. Por esta razón, aunque no haya reclamación del perjudicado, la buena práctica requiere que:

a) Cuando el asegurador tenga conocimiento de la existencia de daños corporales en un siniestro que pueda afectarle, despliegue, en cumplimiento de tal deber, la actividad necesaria para cuantificar el daño y, cuando le corresponda, liquidar la indemnización lo antes posible.

b) El lesionado preste la colaboración necesaria que prevé el art. 37.2 LRCSCVM para que los servicios médicos designados por el asegurador le reconozcan cuando éste lo solicite, con la periodicidad medicamente adecuada y sin dilaciones injustificadas, y de forma que no perturbe sus actividades ni comporte riesgo para su salud o integridad física.

2:3:5-2. En todo caso, haya o no reclamación del perjudicado, la buena práctica requiere que, una vez consolidadas las secuelas o producida la curación, los servicios médicos designados por el asegurador proporcionen al lesionado sin dilaciones injustificadas el informe médico definitivo que prevé el art. 37.3 LRCSCVM, sin necesidad de tener que esperar a la oferta o, en su caso, respuesta motivada.

*Acuerdos de la Comisión de 2 de octubre de 2018.*

## 2:4. Buenas prácticas en la valoración de determinados perjuicios

### 2:4:1. Buenas prácticas en la valoración de la indemnización del lucro cesante por dedicación a las tareas del hogar de la unidad familiar en caso de muerte, secuelas y lesiones temporales

2:4:1-1.La regulación de la indemnización del lucro cesante por dedicación a las tareas del hogar de la unidad familiar responde a lo largo de la ley a los mismos criterios básicos. Por esa razón, la buena práctica requiere.

a) Que por dedicación a las tareas del hogar en los casos previstos de los artículos 84, 131 y 143.4 LRSCVM debe entenderse que es trabajo doméstico para atender las necesidades de la unidad familiar tal como lo entiende el art. 60 LRSCCVM.

b) Que los incrementos para unidades familiares de más de dos personas previstos en los artículos 84.2 y 131.1.b) LRCSCVM se aplican también en todos los casos de lesiones temporales con independencia de la existencia o no de secuelas y de su puntación.

c) Que en los casos de lesiones temporales con secuelas superiores a tres puntos no existe el límite de los treinta días y también se aplican las reglas que tienen en cuenta siempre la cantidad diaria de un salario mínimo interprofesional anual y el tamaño de la unidad familiar previstas en el art. 131.1 a) y b) LRCSCVM, sin necesidad de que el número de puntos conduzca a una incapacidad permanente absoluta o total.

d) Que la regla relativa a la dedicación parcial en caso de reducción de jornada o de trabajo a tiempo parcial de los artículos 85 y 131.3 LRCSCVM se aplica a todos los casos previstos en el art. 143.4 LRCSCVM.

e) En caso de secuelas, la regla del art. 131.3 LRCSCVM en materia de dedicación parcial a las tareas del hogar debe entenderse referida a los mismos supuestos de reducción de la jornada o de desempeño de trabajo a tiempo parcial para atender las necesidades de la unidad familiar.

2:4:1-2.La duración del perjuicio por lucro cesante por dedicación a las tareas del hogar de la unidad familiar en los supuestos de incapacidad permanente absoluta o total es hasta los 67 años. No obstante, si el lesionado había cumplido los 67 años en el momento del accidente, pero seguía dedicándose a las tareas del hogar de la unidad familiar, sin estar percibiendo pensión contributiva por jubilación o incapacidad permanente, la duración del perjuicio es de dos años.

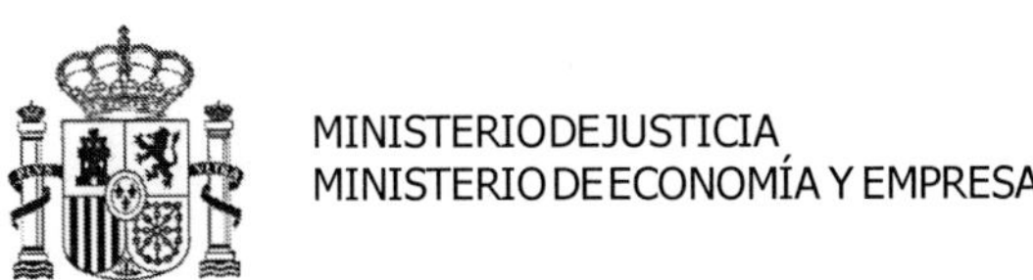


2:4:1-3.En los supuestos de lesiones temporales el lucro cesante por dedicación total o parcial a las tareas del hogar de la unidad familiar, se aplicará, cuando a causa del accidente exista un perjuicio por pérdida temporal de calidad de vida muy grave, grave o moderado y no se esté percibiendo pensión contributiva por jubilación o incapacidad permanente.

2:4:1-4.En los supuestos de lesiones temporales de lesionados de más de 67 años, se indemnizará el lucro cesante por dedicación total o parcial a las tareas del hogar de la unidad familiar, con el límite establecido en los supuestos de curación sin secuelas o con secuelas iguales o inferiores a tres puntos, salvo que se acredite que el estado de salud de la víctima no le permitía realizar las tareas del hogar antes del accidente.

2:4:1-5.La prueba de la dedicación a las tareas domésticas puede llevarse a cabo por todos los medios admitidos en Derecho. En todo caso, la buena práctica considera prueba documental suficiente de la dedicación a las tareas domésticas la acreditación de las cuatro circunstancias mencionadas en los apartados a) a d) siguientes a través de la aportación de la documentación que se señala, respectivamente, en cada uno de ellos:

a) No estar trabajando en el momento de producción del accidente, mediante Informe de vida laboral de la Tesorería General de la Seguridad Social.

b) No estar inscrito como demandante de empleo en la fecha del accidente o estar inscrito como desempleado de larga duración (más de 12 meses), mediante certificado del SEPE

c) No estar percibiendo prestación contributiva por jubilación o incapacidad permanente, mediante certificado de la Seguridad Social.

d) La convivencia en una unidad familiar que reúna los requisitos del art. 60 LRCSCVM en la que pueda desempeñar tales tareas, mediante certificado de empadronamiento.

2:4:1-6.La percepción de las prestaciones contributivas por desempleo, jubilación o incapacidad permanente que correspondan a un trabajo remunerado a tiempo parcial serán compatibles con la indemnización del lucro cesante correspondiente a la dedicación parcial a las tareas del hogar del art. 131.3 LRCSCVM.

*Acuerdos de la Comisión de 20 de febrero de 2019.*

**2:4:2.- Criterios de buena práctica para la determinación del acceso al mercado laboral de menores de treinta años a los efectos del art. 130 LRCSCVM**

2:4:2-1. La buena práctica requiere que para determinar si un menor de treinta años se haya incorporado al mercado laboral a los efectos del art. 130 LRCSCVM se tenga en cuenta si la actividad que desempeñaba en el momento del accidente comportaba el derecho a recibir pensión contributiva.
a) En caso negativo, se considerará que no estaba incorporado
b) En caso afirmativo, se considerará que estaba incorporado, a menos que la actividad laboral que desempeñaba tuviera carácter esporádico, discontinuo, o complementario de una actividad de formación o estudio.

*Acuerdos de la Comisión de 15 de julio de 2020*

2:4:2-2. En caso de que existan discrepancias sobre si se ha producido o no incorporación al mercado laboral, la buena práctica requiere que se aplique como mínimo el cómputo de ingresos que establece el art. 130, letras c) y d) LRCSCVM y que se refleja, respectivamente, en las tablas 2.C.7 y 2.C.8 del sistema.

*Acuerdos de la Comisión de 21 de julio de 2020*

**2:4:3.- Criterios de buena práctica para la determinación y cuantificación de la indemnización por necesidad de adecuación de la vivienda y por incremento en los costes de movilidad prevista en los artículos 118 y 119.**

2:4:3-1. En los casos en que, a la vista de la entidad de las lesiones sufridas y de la consiguiente gravedad de la pérdida de autonomía personal del lesionado que las padece, resulten manifiestos la necesidad de la adecuación de la vivienda o el incremento de los costes de movilidad del lesionado, constituye buena práctica por parte de la entidad aseguradora la realización de las actuaciones precisas para calcular el importe a indemnizar por dichos conceptos e incluirlos en la oferta motivada, sin necesidad de que el lesionado los cuantifique o tenga que aportar documentos que soporten la cuantificación.

2:4:3-2. Constituye igualmente buena práctica por parte del lesionado colaborar con la entidad aseguradora para facilitar a ésta la determinación de los importes a indemnizar. En el caso de necesidad de adecuación de la vivienda, deberá permitir a la entidad aseguradora el acceso a la misma, si así se le solicita.

**2.4.4.- Buenas prácticas en el pago de la indemnización por necesidad de adecuación de vivienda e incremento de costes de movilidad prevista en los artículos 118 y 119.**

2:4:4-1. Constituye buena práctica abonar la indemnización por adecuación de la vivienda y por incremento en los costes de movilidad sin requerir al lesionado que incurra previamente en los gastos correspondientes para posteriormente proceder al reembolso al lesionado de los importes que hubiese adelantado.

*Acuerdos de la Comisión de 15 de julio de 2020.*

## 2:5. Buenas prácticas en asistencia sanitaria

### 2:5:1. Buenas prácticas sobre la libre elección del centro asistencial por parte del lesionado

2:5:1-1 El art. 141 LRCSCVM establece en su primer apartado que se resarcen al lesionado los gastos de asistencia sanitaria y el importe de las prótesis, órtesis, ayudas técnicas y productos de apoyo para la autonomía personal que por prescripción facultativa necesite en caso de lesiones temporales, siempre que se justifiquen debidamente y sean médicamente razonables en atención a la lesión sufrida y a sus circunstancias y, en su apartado segundo, faculta a las entidades aseguradoras a pagar directamente esos gastos a centros de asistencia sanitaria mediante firma de convenios, sin que ello suponga un menoscabo a la libre elección de centro sanitario por parte de la víctima quien, por lo tanto, no queda obligada a dirigirse necesariamente a los centros concertados.

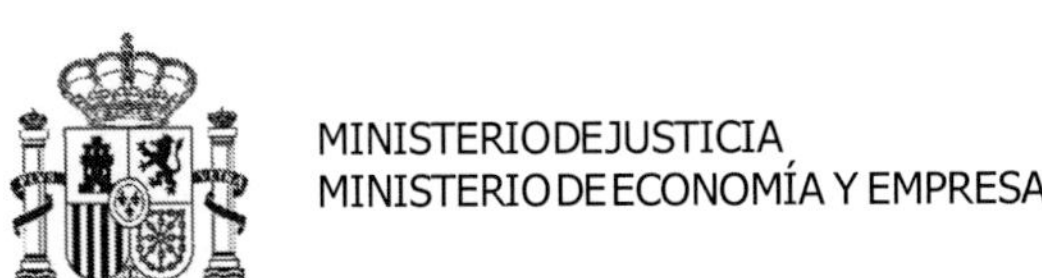


2:5:1-2 En este sentido, la buena práctica requiere que las entidades garanticen la libre elección de centro por parte del lesionado y le reembolsen las cantidades que haya pagado, siempre que no exista convenio sanitario entre la entidad aseguradora y el centro sanitario que le ha atendido, y que las cantidades pagadas estén debidamente justificadas y sean médicamente razonables en atención a la lesión sufrida y a sus circunstancias. No obstante, bajo criterios de responsabilidad, en caso de concurrencia de culpa o culpa exclusiva del lesionado, podrá reducirse el pago o excluirse de acuerdo con lo dispuesto en el art. 1.2 LRCSCVM.

*Acuerdos de la Comisión de 6 de febrero de 2018.*

### 2:5:2. Buenas prácticas sobre la no repetición contra la víctima en los casos de convenios de asistencia sanitaria

2:5:2-1. La buena práctica en los convenios de asistencia sanitaria requiere una interpretación estricta de la regla que impide la repetición de los gastos sanitarios más allá de las excepciones que expresamente se prevén relativas a las personas jurídicas y conductores de motocicleta, ciclomotor o vehículo asimilable en siniestros con participación de dos vehículos de los que uno de ellos sea de tercera categoría.

*Acuerdos de la Comisión de 15 de julio de 2020.*

2:5:2-2. En consecuencia, la buena práctica requiere que, en los casos de personas físicas, en ningún caso, ni siquiera cuando haya incurrido en culpa exclusiva, proceda la repetición de los gastos sanitarios contra la propia víctima.

*Acuerdos de la Comisión de 21 de julio de 2020.*

## 3. CAPÍTULO

## ACTUARIAL 3:1. BASES TÉCNICAS ACTUARIALES

### 3:1:1. Publicación de las Bases Técnicas Actuariales

La buena práctica requiere que para resolver aquellos casos en los que la Ley establece que deben usarse las bases técnicas actuariales a efectos de cálculo (cf. arts. 88.3, 125.6 y 132.4) se utilicen las publicadas por la Dirección General de Seguros y Fondos de Pensiones. Las Bases Técnicas Actuariales a las que se refiere el artículo 48, que contienen las hipótesis económico- financieras y biométricas del cálculo de los coeficientes actuariales, son las presentadas en Junta Consultiva de Seguros y Fondos de Pensiones.

Con ellas se realizaron todos los cálculos que contiene el modelo actuarial al que se refiere la Ley para hallar todas las tablas, coeficientes y factores actuariales insertas como Anexos. Dichas Bases Técnicas Actuariales están publicadas en la página web de la DGSFP en la siguiente dirección electrónica:

https://www.dgsfp.mineco.es/Direcciongeneral/JuntaConsultiva/Documentos/JCOrden12122014 / B a ses_Tecnicas_Actuariales BaremoIAE 20140606_ VF.PDF

### 3:1:2. Interpretación de las Bases Técnicas Actuariales

La buena práctica requiere:

a) Que las Bases Técnicas Actuariales sean siempre interpretadas en el contexto de la LRCSCVM y de su articulado sobre el sistema para la valoración de los daños y perjuicios causados a las personas en accidentes de circulación.

b) Que todas y cada una de las hipótesis que contienen las Bases Técnicas Actuariales sean interpretadas en su conjunto, y nunca separada o aisladamente.

c) Que las hipótesis actuariales definidas en la propia LRCSCVM y las contenidas en las Bases Técnicas Actuariales no sean objeto de modificación, salvo los supuestos previstos en la Ley y con sus limitaciones (cf. arts. 88.3, 125.6 y 132.4).

d) Los ingresos netos de la víctima para calcular el multiplicando son los que se acrediten y no forman parte ni de las hipótesis actuariales definidas en la propia LRCSCVM ni de las Bases Técnicas Actuariales. Para realizar el cálculo actuarial del lucro cesante en los casos de ingresos netos que superen el importe de 120.000 euros recogido en todas las tablas 1.C, referidas al lucro cesante en caso de fallecimiento, y en las tablas 2.C.4, 2.C.5 y 2.C.6, referidas al lucro cesante en supuestos de incapacidad, se considerará el tiempo durante el cual pueda razonablemente preverse que se hubiera mantenido la generación de dichos ingresos. No obstante lo anterior, en aquellos casos en los que la duración del perjuicio se encuentre definida en la ley y ésta la limite a un número determinado de anualidades, la proyección temporal no podrá superar dicha limitación.

*Acuerdos de la Comisión de 6 de marzo de 2018.*

e) Que, a los efectos de la reducción del perjuicio del lucro cesante (arts. 88.1 y 132.1.a LRCSCVM) o del daño emergente (art. 125.4.a), los sistemas basados en regímenes especiales de la Seguridad Social, las prestaciones públicas para ayuda de tercera persona y los sistemas de previsión social alternativos al régimen especial de trabajadores autónomos tengan la consideración de pensiones o prestaciones públicas

f) Que la facultad de acreditar una pensión o prestación pública distinta de la prevista en las Bases Técnicas Actuariales, tal y como establecen los artículos 88.3, 125.6 y 132.4 y la correspondiente solicitud para que se realice un nuevo cálculo actuarial en su beneficio corresponda exclusivamente al perjudicado.

*Acuerdos de la Comisión de 15 de julio de 2020.*

## 3:2. INFORMES

### 3:2:1. Informe actuarial

La buena práctica requiere que, para acreditar el derecho del perjudicado en aquellos casos que marca la Ley (cf. arts. 88.3, 125.6 y 132.4) y en aquellos que conforme al punto 3.1.2.d) anterior necesite de cálculo actuarial, se presente un informe actuarial que se ajuste a los criterios y modelos de cálculo establecidos por las Bases Técnicas Actuariales. El informe actuarial será realizado y suscrito por un actuario, desestimándose o rechazándose aquellos otros que no reúnan tal requisito.

## 3:3. TABLAS

### 3:3:1. Método de interpolación lineal para el cálculo de coeficientes comprendidos entre los años marcados por la tabla técnica TT3

La tabla técnica TT3 se refiere a los coeficientes de capitalización actuarial de prótesis y ortesis. Los periodos de recambio que recoge la tabla son 1, 3, 5, 7, 10, 15 y 20 años.

Se considera una buena práctica para hallar un coeficiente cuando la vida útil se encuentre entre dos valores de la tabla TT3 utilizar el siguiente método de interpolación lineal:

Sea (X; Y) = [años de recambio; coeficiente actuarial]

Entonces:

(Y2-Y1) : (Y3-Y1) = (X2-X1) : (X3-X1)

Y2 = Y1 + {(Y3-Y1)*(X2-X1) : (X3-X1)}

Un ejemplo: se quiere hallar el coeficiente actuarial a aplicar para un lesionado de 40 años para un reemplazamiento cada 12 años con pérdida de autonomía grave.

De las tablas se obtienen los coeficientes actuariales para 10 y 15 años de reemplazamiento para una edad de 40 años.

(X1; Y1) = [10; 2,8594]

(X3; Y3) = [15; 2,0902]

El nuevo coeficiente actuarial Y2, correspondiente a 12 años de reemplazamiento, se encuentra entre (X1; Y1) y (X3; Y3)

Es decir: (X2; Y2) = (12; Y2).

Y2 = 2,8594 + {(2,0902-2,8594)* (12-10)/ (15-10)} = 2,8594 - 2,0902 * 2/5 = 2,8594 – 0,3168 = 2,5517

Por consiguiente:

(X2; Y2) = (12; 2,5517)

En conclusión, el nuevo coeficiente actuarial a aplicar para un lesionado de 40 años para un reemplazamiento cada 12 años con pérdida de autonomía grave es de 2,5517.

### 3:3:2. Utilización de la Tabla TT3 para el cálculo de las ayudas técnicas o productos de apoyo para la autonomía personal

La buena práctica ampara que el importe de los gastos del artículo 117 de la LRCSCVM correspondientes a ayudas técnicas o productos de apoyo para la autonomía personal pueda indemnizarse en forma de capital utilizándose para su cálculo el factor actuarial de las tablas TT3 incluidas en las bases técnicas actuariales a las que se refiere el artículo 48 de la LRCSCVM con el importe máximo establecido en la Tabla 2C.

*Acuerdos de la Comisión de 20 de febrero de 2019*

### 3:3:3. Buena práctica respecto a la aplicación a determinados casos del sustancial incremento del SMI producido para 2019

3.3.3-1 El Real Decreto 1462/2018, de 21 de diciembre, por el que se fija el salario mínimo interprofesional para 2019 (BOE núm. 312, de 27.12.2018) llevó a cabo un

incremento muy significativo del salario mínimo interprofesional, fijando en la cantidad mensual de 900 euros, lo que supone un incremento del 22,3% respecto del vigente en el año 2018.

3:3:3-2 Tal actualización se aplica de forma automática en los supuestos de los artículos 83.2 y 84.1 y 2 LRCSCVM, referidos a los casos de muerte, y 128.3 y 131 LRCSCVM, referidos a los supuestos de secuelas, por la propia estructura de las tablas de lucro cesante de muerte y de secuelas. Además, también se aplica directamente en los supuestos del artículo 143.4 LRCSCVM referido al lucro cesante de las personas con dedicación a las tareas del hogar en caso de lesiones temporales.

3:3:3-3 No obstante, en determinados supuestos, el SMI es un factor que opera de forma indirecta al encontrarse subsumido en el cálculo requerido por el artículo 125.3 LRCSCVM, referido al multiplicando del coste de los servicios de ayuda de tercera persona, que se refleja en la tabla 2.C.3 y el artículo 130 c) y d) LRCSCVM, referido al multiplicando aplicable para calcular el lucro cesante de los lesionados pendientes de acceder al mercado laboral menores de treinta años, y que se refleja en el cálculo contenido en las tablas 2.C.7 y 2.C.8.

3:3:3-4 La aplicación directa de un nuevo SMI, en unos casos, y el mantenimiento de un SMI antiguo en las cuantías contenidas en las tablas actuales, en otros, genera en este caso concreto una situación que es necesario subsanar de forma inmediata desde la fecha de entrada en vigor del significativo aumento del SMI producido, sin esperar a una eventual actualización de las base técnicas actuariales.

3:3:3-5 Con el fin de resolver de modo no restrictivo para los perjudicados las dudas que genera esta situación, la Comisión de Seguimiento considera que la buena práctica requiere que se calcule la indemnización correspondiente en los casos de los artículos 125.3 y 130 c) y d) LRCSCVM de acuerdo con el SMI vigente, respetando en todo caso todas las hipótesis económico-financieras y biométricas contenidas en las bases técnicas actuariales señaladas en el punto 3.1.1 de esta Guía.

*Acuerdos de la Comisión de 27 de noviembre de 2018*

3:3:3-6 Para determinar el momento de aplicación de las tablas (2.C.3, 2.C.7 y 2.C.8) calculadas con nuevos importes del SMI- 2019, se considera buena práctica aplicar las nuevas tablas a los accidentes ocurridos a partir del 1 de enero de 2019 y a los lesionados de accidentes ocurridos anteriormente cuyas secuelas se hayan estabilizado a partir de esa fecha. (*Acuerdos de la Comisión de 16 de Septiembre de 2019).*

## 3:4. DEFINICIÓN Y CÁLCULO DE LOS INGRESOS NETOS

### 3:4:1. Fallecimiento y secuelas

3:4:1-1.En trabajadores por cuenta ajena

En el caso de fallecimiento o secuelas de trabajadores por cuenta ajena, la buena práctica requiere considerar como ingresos netos los rendimientos íntegros del trabajo personal declarados, una vez deducidas las cotizaciones a la seguridad social correspondientes al trabajador y las retenciones tributarias practicadas por IRPF, e incrementados o reducidos, según corresponda, en su cuota diferencial.

En el caso de que la cuota líquida se vea afectada significativamente por rendimientos distintos de los del trabajo personal, la buena práctica requiere que el interesado pueda acreditar como en derecho proceda la parte de la cuota líquida que estrictamente corresponda a los rendimientos íntegros del trabajo personal.

3:4:1-2.En trabajadores por cuenta propia

En el caso de fallecimiento o secuelas de trabajadores por cuenta propia, la buena práctica requiere considerar como ingresos netos los rendimientos netos de actividades económicas o profesionales declarados en su IRPF, calculados en estimación directa o estimación objetiva, e incrementados o reducidos, según corresponda, en su cuota líquida.
En el caso de que la cuota líquida se vea afectada significativamente por rendimientos distintos de las actividades económicas o profesionales, la buena práctica requiere también en este caso que el interesado pueda acreditar, como en derecho proceda, la parte de la cuota líquida que estrictamente corresponde a rendimientos distintos de las actividades económicas o profesionales.

3:4:1-3.Criterios adicionales en caso de fallecimiento y secuelas

La definición de todos los conceptos anteriores es la derivada de la normativa tributaria del IRPF.
El resultado de los ingresos netos nunca podrá ser negativo y siempre, como mínimo, se aplicará el salario mínimo interprofesional anual.
El periodo de cómputo de los conceptos anteriores es el que corresponda conforme los artículos 83 y 128 la Ley 35/2015. En ambos casos, si existe un cambio significativo de ingresos que es favorable al perjudicado, la buena práctica admite que éste pueda optar por el cómputo de los doce meses anteriores al accidente.

**3:4:2. Lesiones temporales**

3:4:2-1.En trabajadores por cuenta ajena

En el caso de lesiones temporales de trabajadores por cuenta ajena, a los efectos de la definición de ingresos netos, se considera buena práctica tomar como referencia el importe líquido a percibir de las nóminas de los doce meses anteriores a la fecha del accidente.

3:4:2-2.En trabajadores por cuenta propia

En el caso de lesiones temporales de trabajadores por cuenta propia, a los efectos de la definición de ingresos netos, se considera buena práctica tomar como referencia la facturación neta de costes variables (sin deducción de costes fijos) (*Acuerdos de la Comisión de 17 de Diciembre de 2019*) y de contribuciones al sistema de seguridad social o sistemas alternativos y tributos de su actividad de los doce meses anteriores a la fecha del accidente. Alternativamente, a elección del perjudicado, la buena práctica también admite que se pueda tomar como referencia el ingreso neto anual calculado de acuerdo con los criterios relativos a las secuelas.

3:4:2-3.Criterios adicionales en caso de lesiones temporales

En todos los casos, el resultado obtenido se dividirá por 365 y se multiplicará por el número de días de lesión temporal en los que no pudo desempeñar su trabajo, actividad económica o profesional.

En aquellos supuestos en los que se perciban ingresos netos variables por actividades de temporada o análogas, éstos se computarán de acuerdo con lo establecido en el art. 143.2 LRCSCVM, y no se dividirán por 365, sino por los días correspondientes al período de la temporalidad en que se perciban, y el resultado se multiplicará por el número de días de lesión temporal.

# Preguntas
# y Respuestas

# Modificaciones y nuevos conceptos en responsabilidad civil y vehículos a motor

**SP/DOCT/128722**

## 1. ¿Se ha modificado el fundamento de la responsabilidad civil? (art. 1)

Sí, ahora la responsabilidad del conductor se basa en el riesgo creado por "los hechos de la circulación", no por "la conducción".

## 2. ¿Se ha añadido alguna definición o concepto nuevo en la responsabilidad civil? (art. 1)

Se especifica que es sujeto perjudicado toda persona que tiene derecho a la indemnización de los daños y perjuicios causados por un vehículo. Aunque en el resto de la norma se van especificando los perjudicados para recibir las indemnizaciones por muerte, secuela o lesiones temporales.

Al introducir el concepto de "vehículo a motor" y "hecho de la circulación", desaparece la remisión al reglamento.

## 3. ¿Han variado los criterios para considerar una indemnización como fiscalmente deducible? (art. 1)

Las indemnizaciones pagadas por aseguradoras o el Consorcio de Compensación de Seguros (CCS) se consideran indemnizaciones legalmente reconocidas a efectos fiscales.

## 4. ¿Qué es un vehículo a motor? (art. 1 bis)

a) Todo vehículo automóvil accionado exclusivamente mediante una fuerza mecánica que circula por el suelo y que no utiliza una vía férrea, con:

- una velocidad máxima de fabricación superior a 25 km/h, o
- un peso neto máximo superior a 25 kg y una velocidad máxima de fabricación superior a 14 km/h.

b) Todo remolque y semirremolque tanto enganchado como no enganchado.

## 5. ¿Qué es un vehículo personal ligero (VPL)? (DA Primera)

Son aquellos que circulan por suelo mediante una o más ruedas, dotados de una única plaza y propulsados exclusivamente por motores eléctricos:

- alcanza una velocidad entre 6 y 25 km/h de velocidad, y pesa < de 25 kg, o
- alcanza una velocidad máxima de fabricación entre 6 y 14 km por hora, y pesa > 25 kg.

Equipados con un asiento o sillín si están dotados de sistema de autoequilibrado.

### 6. ¿Los vehículos agrícolas o industriales son vehículos a motor?

Según la anterior definición, la respuesta es afirmativa, pues, en la práctica, casi todos los tractores, cosechadoras y remolques agrícolas, enganchados o no, superan dichos umbrales y quedan integrados en la definición legal.

### 7. ¿Los vehículos agrícolas autopropulsados o los autónomos (sin conductor) son vehículos a motor?

También entrarían en dicho concepto algunos de los vehículos agrícolas autopropulsados, que tienen motor propio y no necesitan ser remolcados por tractor, o los vehículos o tractores autónomos.

### 8. ¿Qué no entra dentro de la definición de vehículo a motor? (art. 1 bis)

a) Los ferrocarriles, tranvías y otros vehículos que circulen por vías que les sean propias.

b) Las sillas de ruedas y otros vehículos motorizados específicos de apoyo a la movilidad de personas con movilidad reducida, que son destinados exclusivamente a tales personas. En todo caso, son vehículos a motor aquellos que, cumpliendo la definición, hayan sido adaptados para su uso por personas con movilidad reducida.

### 9. ¿Qué NO es un vehículo personal ligero (VPL)? (DA Primera)

a) Vehículos diseñados y fabricados para ser utilizados exclusivamente por las Fuerzas Armadas.

b) Vehículos motorizados o elementos de apoyo a la movilidad y autonomía personal para ser utilizados por personas con discapacidad o con movilidad reducida.

c) Ciclos o las bicicletas de pedales con pedaleo asistido con un motor eléctrico auxiliar de potencia < o = a 250 w, que se interrumpa antes de alcanzar los 25 km/h o si el ciclista deja de pedalear.

### 10. ¿Qué es un "hecho de la circulación"? (art. 1 bis y DA Primera)

Toda utilización de un vehículo a motor que sea conforme con la función del vehículo como medio de transporte en el momento del accidente, con independencia de las características de este, del terreno en el que se utilice el vehículo y de si está parado o en movimiento.

Toda utilización de un vehículo personal ligero que sea conforme con la función del vehículo como medio de transporte en el momento del accidente, con independencia de las características de este, del terreno en el que se utilice el vehículo y de si está parado o en movimiento.

### 11. ¿Se considera "hecho de la circulación" el accidente cuando el vehículo está parado? (art. 1 bis)

Sí, si se está usando como medio de transporte en ese momento.

### 12. ¿Se considera "hecho de la circulación" el accidente con maquinaria agrícola o industrial que no circula por vía pública?

Sí, si se está usando como medio de transporte al momento del siniestro y aunque solo funcione en terreno privado y nunca circule por vía pública.

Se generarán problemas en accidentes laborales con este tipo de vehículos si el siniestro se produce durante un uso "conforme a la función de transporte".

### 13. ¿Qué NO es un "hecho de la circulación" (art. 1 bis)

a) Los derivados de la utilización de vehículos en eventos y actividades automovilísticos, tales como carreras y competiciones, así como entrenamientos, pruebas y demostraciones que, con la debida autorización, tengan lugar en zonas restringidas y demarcadas o se desarrollen en itinerarios o en circuitos especialmente destinados o habilitados para dichas actividades.

b) La utilización de un vehículo a motor como medio para causar deliberadamente daños a las personas o en los bienes, sin perjuicio de la obligación de indemnización del Consorcio de Compensación de Seguros.

c) Los desplazamientos de vehículos a motor utilizados exclusivamente en determinadas zonas de acceso restringido de puertos y aeropuertos.

### 14. ¿Quiénes pueden ejercer ahora la acción de repetición tras el pago de la indemnización? (art. 10)

Ahora no es solo el asegurador, también el CCS podrá repetir una vez efectuado el pago de la indemnización. Y OFESAUTO, en su condición de organismo de indemnización español.

### 15. ¿Cómo se regula la responsabilidad en conjuntos articulados de vehículo y remolque? (art. 7)

Hay nueva regulación sobre accidente causado por un conjunto de vehículos formado por una cabeza tractora y el remolque o semirremolque a ella enganchado, o dos remolques o semirremolques.

El asegurador de cada remolque o semirremolque, salvo que le corresponda la indemnización íntegra, deberá informar al perjudicado, a petición de este, sin demora indebida de:

a) La identidad del asegurador de la cabeza tractora, o

b) el deber de indemnización a cargo del Consorcio de Compensación de Seguros, de acuerdo con lo establecido en el art. 11.1 a), cuando el asegurador del remolque o semirremolque no pueda identificar al asegurador de la cabeza tractora.

Y si el remolque o semirremolque puede ser identificado, pero no el vehículo que lo arrastraba, el perjudicado podrá presentar su reclamación directamente a la aseguradora que haya asegurado el remolque o semirremolque, sin perjuicio de las coberturas del CCS en los casos de accidente causado por vehículo desconocido.

# Novedades en el seguro obligatorio de automóvil

**SP/DOCT/128723**

## 16. ¿Se extiende la obligatoriedad de seguro a nuevos vehículos? (art. 2)

Sí, también deberán asegurar su responsabilidad los propietarios de:

a) Ciclos de motor diseñados para funcionar a pedal que cuentan con propulsión auxiliar de velocidad máxima superior a 25 km/h.

b) Cualquier otro vehículo definido dentro de la categoría L1e-B del anexo I del Reglamento (UE) n.º 168/2013 del Parlamento Europeo y del Consejo, de 15 de enero de 2013.

c) Cualquier otro vehículo diseñado para funcionar a pedal que no puede incluirse en ninguna de las categorías L1e del anexo I del Reglamento (UE) n.º 168/2013 del Parlamento Europeo y del Consejo, de 15 de enero de 2013, por contar con propulsión auxiliar de velocidad máxima superior a los 45 km/h establecida genéricamente como límite para los vehículos de la categoría L1e.

d) Todos los vehículos que cumplan los parámetros del art. 1 bis, incluidos los agrícolas o industriales, y los autónomos. Se producirá una concurrencia de seguros de responsabilidad civil patronal y de automóvil en accidentes de trabajo.

e) Los vehículos personales ligeros que cuenten con un certificado de circulación, estén inscritos en el Registro de Vehículos de la DGT y ostenten una etiqueta identificativa con el número de inscripción asignado o, matrícula, a partir del 2 de enero de 2026.

f) Los vehículos personales ligeros que sean maquinaria de uso industrial y la destinada a obras y servicios si cuenta con un certificado de circulación, está inscrita en el Registro de Vehículos de la Dirección General de Tráfico y ostenta una etiqueta identificativa con el número de inscripción asignado o, en su caso, matrícula.

## 17. ¿Qué implica "mantener en vigor" el seguro?

Que no basta con contratarlo una vez, sino que debe estar vigente mientras el vehículo esté en uso.

## 18. ¿Qué vehículos quedan fuera del seguro obligatorio? (art. 2)

a) Los vehículos que requieran autorización administrativa para circular, pero que no se usen como medio de transporte y que hayan sido dados de baja de forma temporal o definitiva del Registro de Vehículos de la Dirección General de Tráfico.

b) Los remolques y semirremolques que no excedan de 750 kilogramos de masa máxima autorizada.

c) Los vehículos a motor durante su fabricación y transporte como mercancía. Para estos vehículos, en tanto sean mercancía, debe existir un seguro, aval o garantía financiera equivalente que cubra la responsabilidad civil por los daños que puedan causar dichas mercancías, conforme a los límites mínimos siguientes:

- en los daños a las personas, 6.450.000 euros por siniestro, cualquiera que sea el número de víctimas;
- en los daños a los bienes, 1.300.000 euros por siniestro.

## 19. ¿Cuándo se considera un vehículo de la categoría L1e (vehículo de motor de dos ruedas ligero)? (art. 2)

Se dividen en dos subcategorías: L1e-A y L1e-B:

1. L1e-A: Ciclo de motor: para autorizar su circulación, deberán estar homologados y matriculados.

Ciclos diseñados para funcionar a pedal que cuentan con una propulsión auxiliar cuyo objetivo principal es ayudar al pedaleo.

La potencia de la propulsión auxiliar se interrumpe a una velocidad del vehículo ≤ 25 km/h.

La potencia nominal o neta continua máxima ≤ 1.000 W.

Los ciclos de motor de tres o cuatro ruedas que cumplan los criterios específicos de subclasificación adicionales se clasifican como equivalentes técnicamente a los vehículos L1e-A de dos ruedas.

2. L1e-B: Ciclomotor de dos ruedas:

Cualquier otro vehículo de categoría L1e que no pueda clasificarse con arreglo a los criterios de vehículos.

## 20. ¿Se mantiene el seguro temporal para vehículos importados desde el Espacio Económico Europeo? (art. 2)

Sí, pero podrá ser un seguro en frontera o se podrá elegir entre asegurar el vehículo en el Estado miembro de matriculación o, tras la aceptación de la entrega por el comprador, asegurarlo en España.

## 21. ¿El seguro obligatorio tiene un límite? (art. 4)

Sí, 70 millones de euros por daños a personas y 15 millones de euros por daños a bienes.

Estas cantidades no podrán ser inferiores a los que la Comisión Europea establezca, y, en caso de que así sucediera, la persona titular del Ministerio de Economía, Comercio y Empresa deberá modificarlos por orden ministerial.

En el caso de hecho de la circulación por vehículo personal ligero, los importes de la cobertura del seguro obligatorio serán como mínimo:

- en los daños a las personas, 6.450.000 euros por siniestro, cualquiera que sea el número de víctimas;
- en los daños a los bienes, 1.300.000 euros por siniestro.

## 22. ¿Pueden las aseguradoras considerar el historial de siniestros al fijar la prima? (art. 2)

Sí, pero deben publicar en su sitio web una sinopsis general de las políticas que apliquen en relación con el uso de las certificaciones por siniestralidad.

## 23. ¿Puede ser nulas las cláusulas del seguro obligatorio? (art. 6)

Será nula de pleno derecho la norma o cláusula contractual que contenga alguna exclusión de la cobertura del seguro de suscripción obligatoria, pactada o no, distinta de:

1. Los daños y perjuicios ocasionados por las lesiones o fallecimiento del conductor del vehículo causante del accidente.

2. Los daños en los bienes sufridos por el vehículo asegurado, por las cosas en él transportadas ni por los bienes de los que resulten titulares el tomador, el asegurado, el propietario o el conductor, así como los del cónyuge o los parientes hasta el tercer grado de consanguinidad o afinidad de los anteriores.

3. Los daños personales y materiales de quienes sufrieran daños con motivo de la circulación del vehículo causante, si hubiera sido robado.

## 24. ¿Se introducen controles de seguro en vehículos extranjeros? (art. 2)

Sí. Aunque no deben requerir detener el vehículo y serán para:

- Vehículos del Espacio Económico Europeo (EEE).
- Vehículos de terceros países que entren desde un Estado miembro.

Se realizarán controles no sistemáticos, no discriminatorios, necesarios y proporcionados que sean parte de controles generales o no dirigidos exclusivamente al seguro.

# Información sobre vehículos implicados en accidentes

**SP/DOCT/128724**

## 25. ¿En qué consiste la certificación acreditativa de los siniestros? (art. 2)

Las aseguradoras deberán expedir a favor del propietario del vehículo y del tomador del seguro, en caso de ser persona distinta de aquel, previa solicitud de cualquiera de ellos, y en el plazo de quince días hábiles siguientes a la solicitud, certificación acreditativa de los siniestros de los que se derive responsabilidad civil correspondientes a los cinco últimos años de seguro, si los hubiere o, en su caso, una certificación de ausencia de siniestros.

El contenido y formato de dichas certificaciones está pendiente de que la Dirección General de Seguros y Fondos de Pensiones, mediante resolución, publique en su página web la normativa europea que especifique el contenido de la certificación.

## 26. ¿Tienen las aseguradoras obligación de remitir información sobre sus vehículos asegurados implicados en accidentes? (art. 2)

Sí, para permitir que los implicados en un accidente conozcan rápidamente qué aseguradora cubre a cada vehículo, las aseguradoras remitirán al Consorcio de Compensación de Seguros la información.

La novedad es que estará disponible para su consulta a través de la web del Consorcio de manera inmediata.

## 27. ¿Qué autoridad centraliza ahora el control del seguro?

Ahora es el Consorcio de Compensación de Seguros.

## 28. ¿Qué información será accesible sobre el seguro del automóvil? (art. 2)

Si el vehículo está asegurado o no, así como la aseguradora y el historial del seguro del vehículo.

# Variaciones en la fase extrajudicial

**SP/DOCT/128725**

## 29. ¿Qué cambia en la reclamación extrajudicial? (art. 7)

1. La cuantificación: No hará falta que la reclamación extrajudicial esté cuantificada incluso si el reclamante dispusiera de todos los elementos para poder calcularla y cuantificarla.

2. Procedimiento penal a instancia del perjudicado: Este deberá realizar una comunicación a la aseguradora y se equiparará a la reclamación extrajudicial. Si el procedimiento se inicia de oficio, no será necesaria reclamación extrajudicial, debiendo practicarse en tal caso la correspondiente notificación por el órgano judicial.

3. Interrupción y cómputo del plazo de prescripción: No solo la reclamación, sino que una comunicación o notificación interrumpirá el plazo desde el momento en que se presente al asegurador obligado a satisfacer el importe de los daños sufridos al perjudicado.

En el momento en el que se notifique fehacientemente la oferta o la respuesta motivada, se iniciará un nuevo plazo de prescripción de un año.

4. El atestado: Será gratuita la copia del atestado o informe equivalente en el que conste toda la información sobre las circunstancias del accidente, incluso cuando se haya remitido a la autoridad judicial competente.

Los interesados, perjudicados, aseguradoras, o sus representantes, deberán pedirlo al Consorcio de Compensación de Seguros o a las Fuerzas y Cuerpos de Seguridad encargadas de la vigilancia del tráfico.

La aseguradora incursa en un procedimiento concursal o de liquidación, o su administrador o liquidador, informará al organismo de indemnización competente cuando indemnice o rechace su responsabilidad en relación con las reclamaciones recibidas.

## 30. ¿En la oferta motivada hay modificaciones? (art. 7)

1. Reglamentariamente, podrá precisarse el contenido.

2. Solicitud de informes periciales por la aseguradora: si considera que la documentación aportada por el lesionado es insuficiente para la cuantificación del daño, debe solicitar previamente los informes periciales privados que considere pertinentes, que deberán efectuarse por servicios propios o concertados de la aseguradora.

En caso contrario, será sancionada de acuerdo con lo establecido en la Ley 20/2015, de 14 de julio, de ordenación, supervisión y solvencia de las aseguradoras y reaseguradoras.

3. Aportación de informes médicos en el juicio: La novedad es que los informes médicos definitivos en la oferta motivada deben ser periciales y que no se permite su aportación en el posterior proceso judicial si la oferta no los contiene de forma desglosada y detallada.

Si el perjudicado no está de acuerdo con la oferta o la respuesta motivada, ¿hay alteraciones en la solicitud de informes periciales complementarios al Instituto de Medicina Legal y Ciencias Forenses?

1. Si las partes se ponen de acuerdo, la solicitud de los informes periciales complementarios será siempre que el Instituto no hubiese intervenido previamente tras el ejercicio de acciones judiciales.

2. Si es el lesionado el que los solicita a su costa, deberá ser reconocido, desde la presentación de la solicitud, en el plazo de tres meses y el informe deberá emitirse en el plazo de un mes desde el reconocimiento.

## 31. ¿Qué cambia en la respuesta motivada? (art. 7)

1. Reglamentariamente, podrá precisarse el contenido.

2. La referencia a los pagos a cuenta o pagos parciales anticipados a cuenta de la indemnización deberán ajustarse al importe de todos los perjuicios cuya consolidación esté ya constatada, cuando la respuesta se da por la dilatación en el tiempo del proceso de curación del perjudicado y no fuera posible determinar el alcance total de las secuelas padecidas a causa del accidente o porque, por cualquier motivo, no se pudiera cuantificar plenamente el daño, la respuesta motivada deberá incluir:

1.º La referencia a los pagos a cuenta o pagos parciales anticipados a cuenta de la indemnización resultante final, atendiendo a la naturaleza y entidad de los daños. Estos pagos deberán ajustarse al importe de todos los perjuicios cuya consolidación esté ya constatada.

2.º El compromiso del asegurador de presentar oferta motivada de indemnización tan pronto como se hayan cuantificado los daños y, hasta ese momento, de informar motivadamente de la situación del siniestro cada dos meses desde el envío de la respuesta.

3. Se impedirá la aportación de informes médicos periciales definitivos en el posterior proceso judicial si no contiene, de forma desglosada y detallada, los documentos, informes o cualquier otra información de que se disponga, incluyendo el informe médico pericial definitivo, que acrediten las razones de la aseguradora para no dar una oferta motivada.

## 32. ¿Hay novedades en caso de disconformidad? (art. 7)

En caso de disconformidad de la oferta o la respuesta motivada, y a salvo del derecho a pedir informe periciales complementarios, o transcurrido el plazo para su emisión, el perjudicado podrá bien acudir a uno de los medios adecuados de solución de controversias en vía no jurisdiccional o bien acudir a la vía jurisdiccional oportuna.

## 33. ¿Cómo se adapta el requisito de procedibilidad? (art. 7)

No se admitirán a trámite, de conformidad con el art. 403 de la Ley 1/2000, de 7 de enero, de Enjuiciamiento Civil, las demandas en las que no se acompañen los documentos que acrediten la oferta o respuesta motivada, si se hubiese emitido por el asegurador o, en caso de no haberse emitido, la reclamación previa al asegurador, que no requerirá cuantificación.

¿Qué pasa con los medios de solución de controversias en vía no jurisdiccional en los casos de disconformidad con la oferta o respuesta motivada (art. 14)?

Establece que, en lugar de acudir a mediación, se acuda a todo medio de solución de controversias en vía no jurisdiccional en casos de disconformidad con la oferta o respuesta motivada.

# Las funciones del Consorcio de Compensación de Seguros

**SP/DOCT/128726**

### 34. ¿Hay alguna novedad en la fiscalidad? (art. 1.4)

Sí, si reconoce que las indemnizaciones pagadas por el Consorcio tendrán la consideración de indemnizaciones en la cuantía legalmente reconocida, a los efectos del IRPF.

### 35. ¿Qué cambia de las funciones del Consorcio de Compensación de Seguros?

Va a ser el organismo encargado del control del seguro obligatorio y el que facilitará al perjudicado y otros organismos los datos obtenidos a través de la DGT o la aseguradora, que los proporcionará según lo establecido en el nuevo Título V. Incluida la información de si un vehículo está o no asegurado en determinado momento, de la entidad aseguradora y del historial de aseguramiento del vehículo (art. 2).

Podrá solicitar los atestados, que ahora serán gratuitos, a las Fuerzas y Cuerpos de Seguridad encargadas de la vigilancia del tráfico (art. 7).

Se introduce la posibilidad de que pueda repetir por el art. 10 y específicamente contra el causante de los daños producidos en España por un vehículo a motor utilizado como medio para causar deliberadamente daños (art. 11.3).

En los supuestos en los que le corresponde indemnizar, además, remitirá a la autoridad competente en materia sancionadora los datos y documentos que resulten necesarios a los efectos del ejercicio por dicha autoridad de sus potestades sancionadoras.

Podrá celebrar acuerdos con los organismos correspondientes de los demás Estados miembros para intercambiar información y reembolsar las indemnizaciones que estos hubieran anticipado a los perjudicados que residan en su territorio si la aseguradora española es insolvente. Estos pagos se efectuarán en el plazo máximo de seis meses desde la solicitud de reembolso, salvo que exista otro acuerdo por escrito con el organismo de indemnización correspondiente.

Cuando sea española la aseguradora incursa en un procedimiento concursal o de liquidación, informará con prontitud del inicio del procedimiento a los organismos de indemnización de los Estados miembros.

En accidentes con vehículos desconocidos, se especifica que, para considerarse como daños personales significativos, la estancia hospitalaria debe ser superior a tres días.

### 36. ¿Hay supuestos nuevos en los que indemniza el Consorcio? (art. 11)

Sí; a lo largo del articulado, se enumeran los siguientes:

1. En el caso de la utilización de un vehículo a motor como medio para causar deliberadamente daños a las personas o en los bienes (art. 1 bis).

2. Cuando el asegurador del remolque o semirremolque no pueda identificar al asegurador de la cabeza tractora [art. 7.10 b)].

3. Concurre con la aseguradora del remolque o semirremolque en caso de accidente causado por una cabeza tractora y el remolque o semirremolque a ella enganchado o dos remolques o semirremolques, cuando cualquier remolque o semirremolque pueda ser identificado, pero no el vehículo que lo arrastraba (art. 7.11).

4. Accidentes con vehículos no asegurados con estacionamiento habitual en España, cuando:

- El accidente ocurre con un vehículo a motor con estacionamiento habitual en España.

- El vehículo no está asegurado.

Quedan excluidos los que ocuparan voluntariamente el vehículo a motor causante del siniestro, conociendo que no estaba asegurado. Recae la carga de la prueba sobre el Consorcio.

5. Accidentes en territorio español causados por vehículos con estacionamiento habitual en un tercer país no firmante del Acuerdo entre oficinas nacionales de seguros, cuando:

- Las víctimas son personas con residencia habitual en España o bienes de su propiedad situados en España.

- El vehículo no está asegurado.

Quedan excluidos los que ocuparan voluntariamente el vehículo a motor causante del siniestro, conociendo que no estaba asegurado. Recae la carga de la prueba sobre el Consorcio.

6. Accidentes en España causados por vehículos no asegurados dados de baja (temporal o definitiva) en el registro de vehículos de la DGT o autoridad equivalente de otro Estado miembro, cuando:

- El vehículo circula sin autorización.

- El CCS podrá reclamar el reembolso al organismo del Estado correspondiente.

Quedan excluidos los que ocuparan voluntariamente el vehículo a motor causante del siniestro, conociendo que no estaba asegurado. Recae la carga de la prueba sobre el Consorcio.

7. Accidentes en zonas de acceso restringido de puertos y aeropuertos, cuando:

- El vehículo se utiliza exclusivamente en estas zonas.

- No se ha suscrito el seguro, aval o garantía financiera correspondiente [art. 1.bis.4 c)].

Quedan excluidos los que ocuparan voluntariamente el vehículo a motor causante del siniestro, conociendo que no estaba cubierto por garantía. Recae la carga de la prueba sobre el Consorcio.

8. Accidentes durante eventos y actividades automovilísticas (incluyendo entrenamientos, pruebas o demostraciones), cuando:

- No se ha cumplido con la obligación de contratar el seguro, aval o garantía financiera [art. 1.bis.4 a)].

- El Consorcio indemniza a terceros (espectadores y transeúntes), pero excluye a conductores y vehículos participantes.

- El Consorcio tiene derecho a reclamar a los organizadores el importe de las indemnizaciones.

Quedan excluidos los que ocuparan voluntariamente el vehículo a motor causante del siniestro, conociendo que no estaba asegurado. Recae la carga de la prueba sobre el Consorcio.

9. En caso de accidente con vehículo robado, pero asegurado, quedan excluidos los que ocuparan voluntariamente el vehículo a motor causante del siniestro, conociendo que no estaba asegurado o cubierto por garantía. Recae la carga de la prueba sobre el Consorcio.

10. En caso de controversia entre el CCS y la aseguradora.

11. Si la aseguradora ha sido declarada judicialmente en concurso o, habiendo sido disuelta y encontrándose en situación de insolvencia, estuviera sujeta a un procedimiento de liquidación intervenida o esta hubiera sido asumida por el propio CCS, cuando:

- La aseguradora insolvente sea española.
- La aseguradora sea de un Estado miembro de origen que no sea España.
- El CCS podrá anticipar los pagos y solicitar el reembolso.

12. Accidente con un vehículo a motor no asegurado e importado a España desde otro Estado miembro del Espacio Económico Europeo, siempre que el vehículo a motor no esté asegurado, cuando:

- Haya ocurrido dentro del plazo de treinta días desde que se aceptó la entrega del vehículo.
- No se haya elegido el Estado miembro de matriculación.

## 37. ¿Y en el reembolso?

Podrá solicitar el reembolso en caso de insolvencia de una entidad aseguradora.

Indemnizar a las personas perjudicadas residentes en España los daños causados a las personas y en los bienes por los accidentes ocasionados en España por un vehículo a motor asegurado en una entidad aseguradora cuyo Estado miembro de origen no sea España, desde el momento en que la entidad aseguradora insolvente esté incursa en un procedimiento concursal de quiebra o de liquidación por insolvencia, y ello con independencia del Estado miembro en que tenga estacionamiento habitual el vehículo.

Reembolsar las indemnizaciones satisfechas a los perjudicados residentes en otros Estados del Espacio Económico Europeo por los organismos de indemnización, en los siguientes supuestos:

1.º Cuando el vehículo a motor causante del accidente tenga su estacionamiento habitual en España, en el caso de que no esté asegurado.

2.º Cuando el accidente haya ocurrido en España, en el caso de que no pueda identificarse al vehículo a motor causante.

3.º Cuando el accidente haya ocurrido en España, en el caso de vehículos a motor con estacionamiento habitual en terceros países adheridos al sistema de certificado internacional del seguro del automóvil (en adelante, carta verde) y no pueda identificarse a la entidad aseguradora.

# Funciones de OFESAUTO

**SP/DOCT/128727**

## 38. ¿Qué nuevo rol tiene OFESAUTO? (art. 2)

Se encargará de la gestión electrónica de certificados internacionales de seguro y seguros en frontera y la celebración de acuerdos con autoridades aduaneras, de tráfico, seguridad vial y Fuerzas y Cuerpos de Seguridad, con la finalidad de facilitar controles de seguros.

## 39. ¿Qué varía en las reclamaciones ante OFESAUTO en su condición de organismo de indemnización español? (art. 27)

Cuando ocurre un siniestro en un país distinto a España y la aseguradora del vehículo responsable está en concurso o liquidación, OFESAUTO:

1. Informa de la reclamación a la aseguradora, su administrador o liquidador, y al organismo del Estado miembro encargado de indemnizar en caso de insolvencia.

2. Puede solicitar el reembolso de la indemnización pagada al perjudicado al organismo del Estado miembro correspondiente.

3. Puede establecer acuerdos con organismos de otros países para intercambiar información y gestionar indemnizaciones por insolvencia.

4. En un plazo de tres meses, debe:

   - presentar una oferta motivada de indemnización si se confirma su responsabilidad y el daño está cuantificado;

   - o bien dar una respuesta motivada si no es responsable, no se ha determinado claramente la responsabilidad o el daño no está completamente cuantificado.

5. Solicitar el reembolso de indemnizaciones pagadas.

# Correcciones en el Sistema para la Valoración de los daños y perjuicios causados a las personas

**SP/DOCT/128728**

## I. En los criterios generales

### 40. ¿Quiénes son considerados perjudicados para la determinación de la indemnización? (art. 36)

- La persona lesionada víctima del accidente, en caso de lesiones temporales o secuelas.
- Las personas mencionadas en el art. 62 en caso de fallecimiento de la víctima.

En ningún caso se considerará perjudicado al conductor responsable exclusivo del accidente.

### 41. ¿Se amplía el resarcimiento de gastos por alteraciones psíquicas a familiares de víctimas fallecidas y grandes lesionados? (art. 36)

Se amplía a un máximo de doce meses.

### 42. ¿Qué requisito formal debe cumplir el informe médico definitivo? (art. 37)

Debe ser pericial.

### 43. ¿Hay cambios en la indemnización mediante renta vitalicia? (arts. 41 y 42)

El juez, de oficio, puede acordar la renta vitalicia, aunque sea parcial, para menores o personas con discapacidad que requieran medidas de apoyo para el ejercicio de su capacidad jurídica.

Se actualizará cada año de acuerdo con las hipótesis de inflación establecidas en las bases técnicas actuariales.

### 44. ¿Se reforman los supuestos de indemnización por secuelas en caso de fallecimiento del lesionado y antes de fijarse la indemnización? (art. 45)

Sí. La pérdida de feto a consecuencia del accidente se considera daño inmediato que se resarce en su integridad, aplicando la tabla 2.C en lo relativo al lucro cesante y ayuda de tercera persona.

Si el accidentado fallece transcurridos treinta días desde la fecha del accidente sin que se hubiesen estabilizado las secuelas, y había sufrido amputaciones, secciones medulares completas, resección de órganos o estados de coma vigil o vegetativos crónicos irreversibles u otras de gravedad análoga, cuya irreversibilidad se pueda acreditar sin esperar a la estabilización; sus herederos perciben el importe en concepto de daño inmediato y proporcional (15 %), desde la fecha del accidente hasta el fallecimiento y solo en relación con los perjuicios personal básico y perjuicios particulares de las tablas 2.A.1, 2.A.2 y 2.B y con la excepción de los perjuicios particulares por pérdida de calidad de vida.

## 45. ¿En qué consisten las bases técnicas actuariales y quién las va a elaborar, aprobar y revisar, y con qué frecuencia? (art. 48)

Se determina que sirven para cuantificar las indemnizaciones de lucro cesante y ayuda de tercera persona.

Se elaborarán por la Comisión de Seguimiento del Sistema de Valoración.

Se aprobarán mediante orden ministerial del Ministerio de Economía, Comercio y Empresa.

Se revisarán cada cinco años, a contar desde la entrada en vigor de la actualización anterior, salvo circunstancias excepcionales. La última actualización fue en el año 2022, por lo que la siguiente debería ser en el año 2027.

La Dirección General de Seguros y Fondos de Pensiones las hará públicas en su sede electrónica.

## 46 ¿Qué índice se aplica y qué tablas se actualizan? (art. 49)

Se mantiene la actualización automática y con efecto desde el 1 de enero de cada año, pero aplicando el porcentaje del índice general de precios al consumo (IPC) correspondiente al año natural inmediatamente anterior para las siguientes tablas:

TABLA 1.A - Perjuicio Personal Básico - MUERTE.

TABLA 1.B - Perjuicio Personal Particular - MUERTE.

TABLA 1.C - Perjuicio Patrimonial - MUERTE.

TABLA 2.A.2 - Baremo Económico - SECUELAS.

TABLA 2.B - Perjuicio Personal Particular - SECUELAS.

TABLA 2.C - Perjuicio Patrimonial - Daño Emergente - SECUELAS.

TABLA 3.A y 3.B - LESIONES TEMPORALES.

Los cálculos se realizarán por la Comisión de Seguimiento del Sistema de Valoración.

Se publicará por Resolución de la Dirección General de Seguros y Fondos de Pensiones en los sitios web del Ministerio de la Presidencia, Justicia y Relaciones con las Cortes y de la Dirección General de Seguros y Fondos de Pensiones.

El Consejo de Ministros puede modificar todas las tablas del anexo.

No se actualizan las tablas de lucro cesante y de ayuda de tercera persona, sino que se modifican tras cada revisión de las bases técnicas. Para los accidentes ocurridos con anterioridad a cada modificación, se aplicarán las tablas vigentes en el momento del fallecimiento o de la estabilización de las secuelas actualizadas en el momento del pago con el IPC. Estas tablas son:

Tabla 1.C.1.H - Lucro cesante del cónyuge (fallecido con dedicación a tareas del hogar).

Tabla 1.C.1.H.d - Lucro cesante del cónyuge con discapacidad (fallecido con

dedicación a tareas del hogar).

Tabla 1.C.2.H - Lucro cesante del hijo/a (fallecido con dedicación a tareas del hogar).

Tabla 1.C.2.H.d - Lucro cesante del hijo/a con discapacidad (fallecido con dedicación a tareas del hogar).

Tabla 1.C.3.H - Lucro cesante del padre/madre (fallecido con dedicación a tareas del hogar).

Tabla 1.C.4.H - Lucro cesante del hermano/a (fallecido con dedicación a tareas del hogar).

Tabla 1.C.4.H.d - Lucro cesante del hermano/a con discapacidad (fallecido con dedicación a tareas del hogar).

Tabla 1.C.5.H - Lucro cesante del abuelo/a (fallecido con dedicación a tareas del hogar).

Tabla 1.C.6.H - Lucro cesante del nieto/a (fallecido con dedicación a tareas del hogar).

Tabla 1.C.6.H.d - Lucro cesante del nieto/a con discapacidad (fallecido con dedicación a tareas del hogar).

Tabla 1.C.7.H - Lucro cesante del allegado/a (fallecido con dedicación a tareas del hogar).

Tabla 1.C.7.H.d - Lucro cesante del allegado/a con discapacidad (fallecido con dedicación a tareas del hogar).

Tabla 2.C.2 - Horas diarias de necesidad de ayuda de tercera persona según secuela del art. 123.

Tabla 2.C.3 - Necesidad de ayuda de tercera persona.

Tabla 2.C.4 - Lucro cesante por incapacidad para realizar cualquier trabajo o actividad profesional (absoluta).

Tabla 2.C.4.H - Lucro cesante por incapacidad para realizar cualquier trabajo o actividad profesional (absoluta) y dedicación a tareas del hogar.

Tabla 2.C.5 - Lucro cesante por incapacidad para realizar su trabajo o actividad profesional (total).

Tabla 2.C.5.H - Lucro cesante por incapacidad para realizar su trabajo o actividad profesional (total) con dedicación a tareas del hogar.

Tabla 2.C.6 - Lucro cesante por incapacidad que dé origen a una disminución parcial de ingresos en el ejercicio de su trabajo o actividad habitual (parcial).

Tabla 2.C.7 - Lucro cesante por incapacidad absoluta de lesionados pendientes de acceder al mercado laboral.

Tabla 2.C.8 - Lucro cesante por incapacidad total de lesionados pendientes de acceder al mercado laboral.

TT1 - Tabla técnica de coeficientes actuariales de conversión.

TT2 - Tabla técnica esperanzas de vida.

TT3 - Tabla técnica de coeficientes de capitalización de prótesis y ortesis.

Y la tabla de gasto de asistencia sanitaria futura se rige por los convenios sanitarios que se suscriben con los servicios públicos de salud.

## II. En las indemnizaciones por causa de muerte

### 47 ¿Quiénes son los perjudicados por fallecimiento de ambos progenitores o de dos o más familiares en el mismo accidente y hay un incremento del perjuicio particular? (art. 74)

Los perjudicados deben ser el cónyuge viudo, los ascendientes, los descendientes, los hermanos y los allegados o quien, de hecho y de forma continuada, ejerce las funciones que, por incumplimiento o inexistencia, no ejerce la persona perteneciente a una categoría concreta o asume su posición.

Se reconoce un incremento del 25 % del perjuicio básico por muerte de cada uno de los familiares fallecidos.

### 48. ¿Se ajusta la indemnización en el perjuicio particular por pérdida de feto cuando la madre muere tras 32 semanas de gestación? (art. 74)

Se incrementa la indemnización si la pérdida del feto tiene lugar transcurridas 32 semanas de gestación.

### 49. ¿Cuál es el ingreso mínimo en el perjuicio patrimonial en caso de víctimas con ingresos de trabajo personal? (art. 83)

El ingreso mínimo considerado será un salario mínimo interprofesional anual.

### 50. ¿Cuándo se inicia el cómputo en el perjuicio patrimonial de víctimas con dedicación exclusiva a las tareas del hogar de la unidad familiar? (art. 84)

La fecha inicial del cómputo será a partir de los treinta años, incluso si era menor de esa edad a la fecha del fallecimiento.

### 51. ¿Se modifican los criterios de distribución de cuotas entre perjudicados en el perjuicio patrimonial? (art. 87)

Se excluye en el cómputo de cuotas al conductor responsable del accidente y al cónyuge separado o al excónyuge que tenga derecho a percibir pensión compensatoria que se extinga por el fallecimiento de la víctima.

SI la suma de las cuotas es superior al 90 %, se reducirá la indemnización de cada perjudicado en proporción al exceso de cuotas sobre ese 90 %.

En caso de que la indemnización resultante fuera inferior a la indemnización de no existir exceso de cuotas, se tendrá en cuenta esta y se distribuirá de un modo proporcional a las indemnizaciones que les hubieran correspondido según sus cuotas.

### 52. ¿Existen tablas para el cálculo del lucro cesante en caso de muerte de víctimas dedicadas al hogar? (art. 88)

Se crean las tablas 1.C.H específicas para indemnizaciones por lucro cesante para perjudicado por fallecimiento de una víctima que se dedicaba en exclusiva a las tareas del hogar.

## III. En las indemnizaciones por secuelas

### 53. ¿Cómo se valoran las secuelas concurrentes? (art. 98)

Se especifica que para el uso de la fórmula de Balthazar se parte de la secuela de mayor puntuación y las operaciones se realizan en orden decreciente de mayor a menor a su importancia.

### 54. ¿Se varían los grados de perjuicio estético? (art. 102)

Se incluyen en el grado Importantísimo el estado vegetativo permanente y las tetraplejias más severas.

### 55. ¿Cuál es la puntuación para el resarcimiento de los daños morales complementarios por perjuicio estético? (art. 106)

Se rebaja la puntuación de 36 a 31 puntos para su resarcimiento.

## 56. ¿En qué consiste el perjuicio leve en el perjuicio moral por pérdida de calidad de vida? (art. 108)

Se aclara que el perjuicio leve es aquel en el que la víctima pierde la posibilidad de llevar a cabo actividad o actividades específicas de su desarrollo personal.

Y que las secuelas de seis o menos puntos no conllevan pérdida de calidad de vida, salvo que el perjudicado la acredite.

## 57. ¿Qué es el perjuicio sexual del cónyuge o pareja estable y cómo se compensa? (art. 110)

Se añade el perjuicio sexual del cónyuge o pareja estable que compensa la sustancial alteración que las secuelas que padece el lesionado le causan en su vida sexual o reproductiva.

Se cuantifica mediante una horquilla indemnizatoria y para fijar su importe se tiene en cuenta el grado y la intensidad de su afectación a la vida sexual o reproductiva del cónyuge o pareja estable del lesionado y la edad de ambos.

Se puede reclamar por la persona afectada, que ya no tiene que ser un familiar.

## 58. ¿Cómo varía la indemnización por pérdida de feto? (art. 111)

Hay un incremento de la indemnización si la pérdida del feto tiene lugar transcurridas treinta y dos semanas de gestación.

## 59. ¿Se amplía la lista de entidades a las que pagar la asistencia hospitalaria y ambulatoria? (art. 114)

Se añade a las mutuas colaboradoras con la Seguridad Social como organismos a los que abonar los gastos o con quienes suscribir acuerdos específicos al objeto de facilitar el pago.

## 60. ¿Cómo se indemniza ahora la rehabilitación domiciliaria y ambulatoria? (art. 114)

El importe máximo resarcible de cada grupo de secuelas es el fijado en la tabla 2.C.

Si concurren dos o más secuelas de un mismo grupo, la indemnización de todas ellas no podrá superar el 25 % del importe máximo de la tabla para las secuelas de ese grupo.

Si concurren secuelas de grupos distintos, pueden ser:

a) Secuelas del grupo a) con el resto de los grupos: el importe máximo será del 100 % del previsto para el grupo a).

b) Secuelas del grupo b), con secuelas de los grupos c) o d): el importe máximo será del 100 % del grupo b) y el 75 % del grupo c) o el 50 % del grupo d), sin que la suma pueda superar el máximo para las secuelas del grupo a).

c) Secuelas del grupo c) y d): el importe máximo será del 100 % del grupo c) y el 75 % del grupo d), sin que la suma pueda superar el máximo para las secuelas del grupo b).

## 61. ¿Se cambia la indemnización de las ayudas técnicas o productos de apoyo para la autonomía personal? (art. 117)

El importe de estos gastos se podrá indemnizar en forma de capital, utilizándose el correspondiente factor actuarial de conversión establecido en la tabla TT3.

### 62. ¿Cómo se redondea la determinación del número de horas necesarias de ayuda de tercera persona? (art. 123)

Si el resultado de las operaciones para su cálculo ofrece fracciones decimales, se redondea la fracción a la media hora más alta.

### 63. ¿Cómo se tienen en cuenta las prestaciones públicas en la determinación de la cuantía indemnizatoria por ayuda de tercera persona? (art. 125)

Se especifica que las prestaciones públicas para ayuda de tercera persona a las que tenga derecho el lesionado producen el efecto de reducir el perjuicio y se estiman de acuerdo con las bases técnicas actuariales, pero el perjudicado puede acreditar la percepción de prestaciones distintas a las estimadas.

### 64. ¿Qué ingresos se tienen en cuenta por trabajo personal? (art. 128)

Se concreta que, en todo caso, el ingreso mínimo que siempre se tendrá en cuenta será el salario mínimo interprofesional.

### 65. ¿Se gradúa, en caso de incapacidad, el multiplicando de ingresos por trabajo personal? (art. 129)

Se gradúa el perjuicio para el lesionado que queda incapacitado para realizar su trabajo o actividad profesional habitual en:

- 55 % de sus ingresos hasta los 45 años;
- 75 % de sus ingresos desde los 45 hasta los 55 años.
- 90 % a partir de los 45 años.

### 66. ¿Hay algún nuevo tipo de lesionado? (art. 130)

Sí; ahora se incluyen los menores de 30 años con dedicación a las tareas del hogar.

Se definen cono aquellos menores de 30 años que, en el momento del accidente, no desempeñan una actividad laboral que comporte el derecho a percibir una pensión contributiva, o, en caso de comportarlo, tiene carácter esporádico, discontinuo o complementario de otra de formación o estudio.

La fecha inicial del cómputo será a partir de los treinta años, incluso si la estabilización es posterior al cumplimiento de esa edad.

Se gradúa la indemnización si el lesionado tiene incapacidad permanente total y se computa como ingreso dejado de obtener el 50 % de la cantidad señalada en la letra c) hasta antes de cumplir los 45 años; del 70 % desde los 45 hasta antes de cumplir los 55 años; y del 90 % a partir de esta última edad.

Y se especifica que, en caso de que existan discrepancias sobre si se halla todavía pendiente o no de acceder al mercado laboral, se aplicará como ingreso mínimo el cómputo de ingresos que establecen las letras c) y d) del apartado anterior y que se refleja, respectivamente, en las tablas 2.C.7 y 2.C.8.

### 67. ¿Cómo varía el multiplicando en caso de lesionados con dedicación a las tareas del hogar de la unidad familiar? (art. 131)

Se adecúa a la terminología laboral y se indica que la incapacidad es "permanente" absoluta, y se delimita que, en este caso, el lesionado debe ser mayor de 30 años.

Para la permanente total, se pasa a computar por los siguientes tramos el ingreso dejado de obtener:

- el 55 % de la cantidad señalada en el apartado anterior hasta antes de cumplir los 45 años;
- del 75 % desde los 45 hasta antes de cumplir los 55 años;
- y del 90 % a partir de los 55 años.

### 68. ¿Cómo afectan las pensiones públicas en el multiplicador en caso de lesionados con dedicación a las tareas del hogar de la unidad familiar? (art. 132)

Ahora, las pensiones públicas a las que tenga derecho el lesionado siguen reduciendo el perjuicio, pero se estiman de acuerdo con las bases técnicas actuariales y se reconoce que es el perjudicado el que debe acreditar la percepción de otras pensiones.

Se determinan dos categorías de perjudicados por edad a los que son de aplicación las nuevas tablas por lucro cesante.

- Al lesionado mayor de 30 años se le aplican las tablas 2.C.4.H y 2.C.5.H.
- Al menor de 30 años se le aplican las tablas 2.C.7 y 2.C.8.

## IV. Indemnizaciones por lesiones temporales

### 69. ¿Cómo se define la lesión temporal y qué elementos deben tenerse en cuenta para valorar su indemnización? (art. 134)

Serán lesión temporal los síntomas persistentes temporales que subsisten tras la estabilización y que están llamados a curarse a corto o medio plazo, computando los efectos que producen y su duración hasta su total curación.

### 70. ¿Qué nuevos derechos tiene el lesionado respecto a los gastos médicos y en qué supuestos la aseguradora puede reducir o denegar el reembolso? (art. 141)

Las aseguradoras deben garantizar la libre elección de centro por parte del lesionado y el reembolso de las cantidades pagadas, que deben estar debidamente justificadas y ser médicamente razonables en atención a la lesión sufrida y a sus circunstancias.

En caso de concurrencia de culpas o culpa exclusiva del lesionado, podrá reducirse o excluirse el pago de estos gastos.

### 71. ¿Cómo se determina el lucro cesante para víctimas con dedicación exclusiva o parcial a las tareas del hogar? (art. 143)

Se mantiene para la dedicación exclusiva a las tareas del hogar la cantidad diaria de un salario mínimo interprofesional anual, y para su incremento se remite a las reglas en caso de muerte o secuelas de los arts. 84.2 y 131.1 a) y b).

Si el lesionado tenía dedicación parcial a las tareas del hogar, también regirá el criterio de cálculo previsto en caso de muerte o secuelas de los arts. 85 y 131.3.

# Protección de datos en los seguros de circulación de vehículos a motor

**SP/DOCT/128729**

## I. En la celebración del contrato de seguro

### 72. ¿Qué datos puede solicitar la entidad aseguradora y con qué finalidad?

Puede requerir de los interesados toda información necesaria, idónea y proporcional para determinar y cuantificar el riesgo asegurado.

Tratará esos datos como responsable del tratamiento para formular la proposición de seguro.

Este tratamiento se ampara en el art. 6.1 b) del Reglamento (UE) 2016/679 por interés legítimo.

### 73. ¿Puede obtener la aseguradora información adicional y bajo qué condiciones puede tratarla?

Puede recabar datos de los sistemas comunes de información regulados en el Capítulo II del título correspondiente.

Puede tratar información procedente de terceros siempre que cuente con base jurídica conforme al RGPD y a la Ley Orgánica 3/2018.

Actúa en todos los casos como responsable del tratamiento, exclusivamente con la finalidad de evaluar el riesgo.

### 74. ¿Qué sucede con los datos si finalmente no se firma la póliza?

La aseguradora debe bloquear los datos, conforme a la Ley Orgánica 3/2018.

No podrá emplearlos para otros fines distintos a la proposición del seguro, salvo que exista una base jurídica independiente.

Si existe dicha base, el tratamiento solo continuará para las finalidades específicas amparadas por ella.

### 75. ¿Con qué datos y para qué finalidades se puede seguir tratando la información una vez firmado el contrato?

Se puede mantener el tratamiento de los datos obtenidos en la fase de proposición y de los generados en la ejecución del contrato con la finalidad de mantenimiento, desarrollo y revisión de la póliza, tarificación del riesgo y determinación de primas.

También se podrán procesar datos para otras finalidades legítimas siempre que disponga de base jurídica adecuada, informe al interesado y, cuando proceda, obtenga su consentimiento.

## II. Durante la vigencia del seguro y para la valoración, gestión y tramitación de siniestros

### 76. ¿Qué información pueden procesar las aseguradoras como responsables después de firmar la póliza?

Las aseguradoras procesan los datos de tomadores, asegurados y conductores que constan en el contrato, así como todos los que se generan durante su ejecución.

Estos datos se usan para el adecuado mantenimiento, desarrollo, gestión y revisión de la póliza, y para cualquier otra finalidad permitida por la Ley 20/2015 o amparada en una base jurídica válida según la normativa de protección de datos.

### 77. ¿Qué datos pueden tratar en la tramitación de un siniestro y en qué se fundamenta ese tratamiento?

Las aseguradoras tratan todos los datos necesarios, idóneos y proporcionales para cumplir sus obligaciones contractuales y cuantificar la indemnización y para elaborar la propuesta de indemnización o la respuesta motivada.

La base legal es el art. 6.1 c) RGPD (cumplimiento de una obligación legal) y se extiende a la información aportada por el perjudicado y a los informes periciales complementarios solicitados conforme al art. 7.2.

Se incluyen los datos personales que sean facilitados por el perjudicado en el momento de efectuar la solicitud de indemnización, así como los resultantes de los informes periciales complementarios que aquellos hubieran podido aportar o solicitar.

### 78. ¿Las aseguradoras pueden obtener atestados de la Policía y peritaciones externas y bajo qué condiciones?

Sí. Pueden recabar y tratar los datos contenidos en los informes periciales y atestados de las Fuerzas y Cuerpos de Seguridad cuando sean necesarios, proporcionales e idóneos para determinar la indemnización.

Si contratan a terceros para investigación o peritación, esos proveedores actúan como encargados de tratamiento y deben suscribir con la aseguradora el contrato exigido por el art. 28.3 RGPD. Lo mismo aplica a reaseguradoras que participen en esas tareas.

### 79. ¿Con qué objetivos se procesan los datos personales derivados del siniestro?

Se tratan para dar cumplimiento a la obligación legal de indemnizar al perjudicado y para satisfacer las exigencias regulatorias de la Ley 20/2015.

El tratamiento está amparado en el art. 6.1 c) RGPD, dado que es necesario para ejecutar las obligaciones del contrato de seguro.

### 80. ¿Qué información comparten las aseguradoras cuando aplican convenios de indemnización directa de daños materiales?

Si la aseguradora del perjudicado ha pagado la indemnización o a la prestación del servicio, puede comunicar a la del causante los datos usados en el cálculo, junto a los informes periciales correspondientes.

Si la aseguradora del perjudicado no efectuó el pago, debe facilitar, mediante sistemas seguros con medidas de seguridad reforzadas y cifrado, la información necesaria, idónea y proporcional para que la aseguradora del causante realice el cálculo y valoración de la indemnización que permita la formulación de la oferta motivada y repare el daño.

En todo caso, cada aseguradora responde de la exactitud de los datos que proporciona.

Los sistemas de intercambio de información deberán contar con medidas de control de accesos, a fin de garantizar la confidencialidad, integridad y disponibilidad de los datos, procediéndose al intercambio de información entre las entidades de forma cifrada o bien utilizando cualquier otro mecanismo que garantice que la información no sea inteligible ni manipulable por terceros.

### 81. ¿Cómo será el tratamiento de los datos para el control de seguro en vehículos extranjeros? (art. 2)

Para ello, se ejecutará el tratamiento de datos personales con todas las garantías con las siguientes consecuencias:

- Si el vehículo está asegurado: Supresión inmediata de los datos.
- Si no se puede determinar: Conservación limitada al tiempo necesario para verificar.
- Si no está asegurado:
    - Conservación hasta que se resuelvan procedimientos administrativos o judiciales.
    - Eliminación de los datos una vez asegurado el vehículo.

## III. Tratamiento de datos de salud en caso de siniestro

### 82. ¿Qué tipo de información médica de los perjudicados pueden procesar las aseguradoras?

Las aseguradoras pueden tratar los datos de salud de quienes hayan sufrido daños personales, incluyendo el informe médico pericial definitivo, los registros de la asistencia sanitaria dispensada y el seguimiento de la evolución del perjudicado.

### 83. ¿Qué sucede si la aseguradora está adherida a convenios de asistencia sanitaria o de indemnización?

Se aplica lo dispuesto en el art. 146.5. Esto es:

Si la aseguradora del perjudicado ha pagado la indemnización o a la prestación del servicio, puede comunicar a la del causante los datos usados en el cálculo, junto a los informes periciales correspondientes.

Si la aseguradora del perjudicado no efectuó el pago, debe facilitar, mediante sistemas seguros con medidas de seguridad reforzadas y cifrado, la información necesaria, idónea y proporcional para que la aseguradora del causante realice el cálculo y valoración de la indemnización que permita la formulación de la oferta motivada y repare el daño.

En todo caso, cada aseguradora responde de la exactitud de los datos que proporciona.

Los sistemas de intercambio de información deberán contar con medidas de control de accesos, a fin de garantizar la confidencialidad, integridad y disponibilidad de los datos, procediéndose al intercambio de información entre las entidades de forma cifrada o bien utilizando cualquier otro mecanismo que garantice que la información no sea inteligible ni manipulable por terceros.

### 84. ¿Cómo garantizan las aseguradoras la seguridad y confidencialidad en la transmisión de datos de salud?

Recibida la documentación, corresponde a la aseguradora el establecimiento de un sistema que proteja los datos de manera efectiva, que aseguren la confidencialidad, integridad y disponibilidad de estos.

Pueden poner a disposición de los abogados de los lesionados plataformas seguras de intercambio de información que garanticen:

- Trazabilidad de las reclamaciones.
- Cumplimiento de la normativa de protección de datos personales.

## IV. Sistemas comunes de información

### 85. ¿Quién puede crear y gestionar los sistemas comunes de información para la certificación?

Las aseguradoras, bajo el amparo del art. 99.7 de la Ley 20/2015, pueden diseñar y operar sistemas comunes de información que recojan datos de siniestralidad de vehículos para dar cumplimiento a las obligaciones de certificación.

Este tratamiento se basa en el art. 6.1 c) del Reglamento (UE) 2016/679, al ser necesario para cumplir la obligación de emitir certificaciones de siniestralidad según el art. 2.7 de la Ley de Seguros.

### 86. ¿Qué datos pueden incorporarse y cuánto tiempo se conservan?

Datos permitidos:

- Identificativos del tomador.
- Referencia del contrato y fecha de emisión.
- Alcance personal o material de los daños.
- Importe de la indemnización.
- Información prevista en la certificación de antecedentes siniestrales.

El plazo de conservación será de los siniestros de los últimos cinco años. Transcurrido ese período, el sistema debe ejecutar automáticamente la supresión segura de la información.

### 87. ¿Qué requisitos debe cumplir una aseguradora para consultar el sistema de información?

La aseguradora solicitante debe aportar un factor reforzado de verificación, consistente en:

- Un dato personal identificativo del interesado.
- Una información adicional que solo el interesado pueda conocer.

### 88. ¿Pueden emplearse los datos de siniestralidad para cualquier propósito?

No. Los datos solo pueden usarse para:

- Gestionar la solicitud de aseguramiento del interesado.
- Tarificar y valorar el riesgo asegurado.
- Cuantificar la prima correspondiente.

Queda prohibido destinarlos a fines distintos de la valoración y emisión del contrato de seguro.

## 89. ¿Qué amparo legal permite crear sistemas comunes de información para prevenir el fraude?

Las aseguradoras pueden establecerlos al amparo del art. 99.7 de la Ley 20/2015, de 14 de julio, con el fin de cumplir obligaciones de prevención, detección e información sobre conductas fraudulentas en seguros conforme al art. 100 de la misma ley.

El tratamiento de datos se fundamenta en el art. 6.1 c) del Reglamento (UE) 2016/679, en cuanto responde a una obligación legal.

## 90. ¿Qué información y alertas integran estos sistemas comunes de información para prevenir el fraude y qué limitaciones existen?

Datos necesarios, idóneos y proporcionales:

- Información sobre perjudicados, sin incluir datos de salud.

Se establecerán mecanismos de alerta para detectar conductas inconsistentes o anómalas en:

- Solicitudes de aseguramiento de vehículos.
- Siniestros declarados previamente.

Las aseguradoras definen antes de la puesta en marcha qué datos y tipos de alerta se incorporan, y si adoptan un código de conducta, deberá describir explícitamente los datos y alertas que alimentan el sistema.

## 91. ¿Qué procedimientos aseguran que los datos sean válidos y cuánto tiempo se conservan?

Las aseguradoras deben mantener los datos exactos y actualizados, implantando verificaciones periódicas para reflejar fielmente las pólizas contratadas y la siniestralidad declarada.

Los siniestros y sus pólizas asociadas se suprimen automáticamente cuando superan los cinco años de antigüedad, mediante mecanismos que garanticen su eliminación segura.

## 92. ¿Con qué propósito pueden las aseguradoras acceder a los datos y qué terceros pueden hacerlo?

Las aseguradoras podrán consultar los datos para:

- En la solicitud del seguro, podrán identificar anomalías y riesgo de fraude de tomadores, asegurados, beneficiarios, titulares o perjudicados, para tarificar el riesgo.
- Para tomar decisiones en siniestros con indicios de fraude.

Los terceros encargados del tratamiento pueden acceder para:

- Investigar medidas de seguridad y técnicas de los vehículos.
- Identificar vehículos robados.
- Impartir formación a profesionales del sector automovilístico y asegurador.

### 93. ¿Con quién se comparte la información y bajo qué condiciones?

La información contenida en los sistemas de prevención del fraude podrá ser comunicada a:

- Las Fuerzas y Cuerpos de Seguridad y órganos de la Administración Pública de los que dependen, y bajo las siguientes circunstancias:
  - La información estará ajustada a los datos que resulten precisos para la tramitación de un expediente determinado.
  - Prohibición de accesos masivos o indiscriminados.
  - Siempre conforme a la normativa de protección de datos aplicable.
- A la Dirección General de Tráfico:

  Para la verificación de los datos contenidos en el Registro de Vehículos.

## V. Disposiciones comunes a los sistemas comunes de información

### 94. ¿Qué responsabilidad asumen las aseguradoras como corresponsables del tratamiento?

Las aseguradoras que participan adquieren la condición de responsables y deben suscribir el acuerdo previsto en el art. 26 RGPD. En concreto, responden de:

- La exactitud de los datos que aportan al sistema.
- Que la antigüedad de la información no supere los límites legales.
- La existencia de una base jurídica adecuada para cada consulta de datos.

### 95. ¿Pueden encomendar la operación de los sistemas comunes de información a proveedores y bajo qué condiciones?

Sí. Las aseguradoras pueden nombrar a terceras entidades como encargados del tratamiento, suscribiendo con ellos el contrato exigido por el art. 28.3 RGPD. Además, podrán confiarles la gestión de los derechos ARCO (arts. 15 a 22 RGPD). Si esos encargados subcontratan servicios, se aplicará lo dispuesto en el art. 28.2 RGPD.

### 96. ¿Qué uso pueden hacer las asociaciones de aseguradoras de estos datos?

Pueden tratar los datos para elaborar estudios técnicos y actuariales, así como estadísticas del sector asegurador. Este tratamiento lo realizarán directamente o con la colaboración de los encargados del tratamiento que designen.

# Cuadros y Esquemas

# Cuadro comparativo

**SP/DOCT/128649**

<table>
<tr><th colspan="3">LEY 5/2025, de 24 de julio, por la que se modifican el texto refundido de la Ley sobre responsabilidad civil y seguro en la circulación de vehículos a motor, aprobado por el Real Decreto Legislativo 8/2004, de 29 de octubre, y la Ley 20/2015, de 14 de julio, de ordenación, supervisión y solvencia de las entidades aseguradoras y reaseguradoras (SP/LEG/45599)</th></tr>
<tr><th colspan="3">Artículo primero. Modificación del texto refundido de la Ley sobre responsabilidad civil y seguro en la circulación de vehículos a motor, aprobado por el Real Decreto Legislativo 8/2004, de 29 de octubre</th></tr>
<tr><th colspan="3">Modificaciones en el TÍTULO I-Ordenación civil<br>CAPÍTULO I-Disposiciones generales (art. 1)</th></tr>
<tr><th>Ley 5/2025<br>(SP/LEG/45599)</th><th>Real Decreto Legislativo 8/2004, de 29 de octubre<br>TEXTO ANTERIOR<br>(SP/LEG/2821)</th><th>Real Decreto Legislativo 8/2004, de 29 de octubre<br>TEXTO POSTERIOR<br>(SP/LEG/2821)</th></tr>
<tr><td rowspan="5">Uno<br><br>Se modifican los apartados 1 y 5 y se suprime el apartado 6 del artículo 1:</td><td>Artículo 1. De la responsabilidad civil<br><br>1. El conductor de vehículos a motor es responsable, en virtud del riesgo creado por la conducción de estos, de los daños causados a las personas o en los bienes con motivo de la circulación.</td><td>Artículo 1. De la responsabilidad civil<br><br>1. El conductor de vehículos a motor es responsable, en virtud del riesgo creado por los hechos de la circulación de tales vehículos, de los daños causados a las personas o en los bienes como consecuencia de esos hechos.</td></tr>
<tr><td>En el caso de daños a las personas, de esta responsabilidad sólo quedará exonerado cuando pruebe que los daños fueron debidos a la culpa exclusiva del perjudicado o a fuerza mayor extraña a la conducción o al funcionamiento del vehículo; no se considerarán casos de fuerza mayor los defectos del vehículo ni la rotura o fallo de alguna de sus piezas o mecanismos.</td><td>En el caso de daños a las personas, de esta responsabilidad sólo quedará exonerado cuando pruebe que los daños fueron debidos a la culpa exclusiva del perjudicado o a fuerza mayor extraña a la conducción o al funcionamiento del vehículo; no se considerarán casos de fuerza mayor los defectos del vehículo ni la rotura o fallo de alguna de sus piezas o mecanismos.</td></tr>
<tr><td>En el caso de daños en los bienes, el conductor responderá frente a terceros cuando resulte civilmente responsable según lo establecido en los artículos 1.902 y siguientes del Código Civil, artículos 109 y siguientes del Código Penal, y según lo dispuesto en esta Ley.</td><td>En el caso de daños en los bienes, el conductor responderá frente a terceros cuando resulte civilmente responsable según lo establecido en los artículos 1.902 y siguientes del Código Civil, artículos 109 y siguientes del Código Penal, y según lo dispuesto en esta ley.</td></tr>
<tr><td></td><td>Es sujeto perjudicado toda persona que tiene derecho a la indemnización de los daños y perjuicios causados por un vehículo.</td></tr>
<tr><td>2. Sin perjuicio de que pueda existir culpa exclusiva de acuerdo con el apartado 1, cuando la víctima capaz de culpa civil sólo contribuya a la producción del daño se reducirán todas las indemnizaciones, incluidas las relativas a los gastos en que se haya incurrido en los supuestos de muerte, secuelas y lesiones temporales, en atención a la culpa concurrente hasta un máximo del setenta y cinco por ciento.</td><td>2. Sin perjuicio de que pueda existir culpa exclusiva de acuerdo con el apartado 1, cuando la víctima capaz de culpa civil sólo contribuya a la producción del daño se reducirán todas las indemnizaciones, incluidas las relativas a los gastos en que se haya incurrido en los supuestos de muerte, secuelas y lesiones temporales, en atención a la culpa concurrente hasta un máximo del setenta y cinco por ciento.</td></tr>
</table>

| | | |
|---|---|---|
| | Se entiende que existe dicha contribución si la víctima, por falta de uso o por uso inadecuado de cinturones, casco u otros elementos protectores, incumple la normativa de seguridad y provoca la agravación del daño.<br><br>En los supuestos de secuelas y lesiones temporales, la culpa exclusiva o concurrente de víctimas no conductoras de vehículos a motor que sean menores de catorce años o que sufran un menoscabo físico, intelectual, sensorial u orgánico que les prive de capacidad de culpa civil, no suprime ni reduce la indemnización y se excluye la acción de repetición contra los padres, tutores y demás personas físicas que, en su caso, deban responder por ellas legalmente. Tales reglas no procederán si el menor o alguna de las personas mencionadas han contribuido dolosamente a la producción del daño.<br><br>Las reglas de los dos párrafos anteriores se aplicarán también si la víctima incumple su deber de mitigar el daño. La víctima incumple este deber si deja de llevar a cabo una conducta generalmente exigible que, sin comportar riesgo alguno para su salud o integridad física, habría evitado la agravación del daño producido y, en especial, si abandona de modo injustificado el proceso curativo.<br><br>3. El propietario no conductor responderá de los daños a las personas y en los bienes ocasionados por el conductor cuando esté vinculado con este por alguna de las relaciones que regulan los artículos 1.903 del Código Civil y 120.5 del Código Penal. Esta responsabilidad cesará cuando el mencionado propietario pruebe que empleó toda la diligencia de un buen padre de familia para prevenir el daño.<br><br>El propietario no conductor de un vehículo sin el seguro de suscripción obligatoria responderá civilmente con el conductor del mismo de los daños a las personas y en los bienes ocasionados por éste, salvo que pruebe que el vehículo le hubiera sido sustraído.<br><br>4. Los daños y perjuicios causados a las personas como consecuencia del daño corporal ocasionado por hechos de la circulación regulados en esta Ley, se cuantificarán en todo caso con arreglo a los criterios del Título IV y dentro de los límites indemnizatorios fijados en el Anexo.<br><br>5. Las indemnizaciones pagadas con arreglo a lo dispuesto en el apartado 4 | Se entiende que existe dicha contribución si la víctima, por falta de uso o por uso inadecuado de cinturones, casco u otros elementos protectores, incumple la normativa de seguridad y provoca la agravación del daño.<br><br>En los supuestos de secuelas y lesiones temporales, la culpa exclusiva o concurrente de víctimas no conductoras de vehículos a motor que sean menores de catorce años o que sufran un menoscabo físico, intelectual, sensorial u orgánico que les prive de capacidad de culpa civil, no suprime ni reduce la indemnización y se excluye la acción de repetición contra los padres, tutores y demás personas físicas que, en su caso, deban responder por ellas legalmente. Tales reglas no procederán si el menor o alguna de las personas mencionadas han contribuido dolosamente a la producción del daño.<br><br>Las reglas de los dos párrafos anteriores se aplicarán también si la víctima incumple su deber de mitigar el daño. La víctima incumple este deber si deja de llevar a cabo una conducta generalmente exigible que, sin comportar riesgo alguno para su salud o integridad física, habría evitado la agravación del daño producido y, en especial, si abandona de modo injustificado el proceso curativo.<br><br>3. El propietario no conductor responderá de los daños a las personas y en los bienes ocasionados por el conductor cuando esté vinculado con este por alguna de las relaciones que regulan los artículos 1.903 del Código Civil y 120.5 del Código Penal. Esta responsabilidad cesará cuando el mencionado propietario pruebe que empleó toda la diligencia de un buen padre de familia para prevenir el daño.<br><br>El propietario no conductor de un vehículo sin el seguro de suscripción obligatoria responderá civilmente con el conductor del mismo de los daños a las personas y en los bienes ocasionados por éste, salvo que pruebe que el vehículo le hubiera sido sustraído.<br><br>4. Los daños y perjuicios causados a las personas como consecuencia del daño corporal ocasionado por hechos de la circulación regulados en esta Ley, se cuantificarán en todo caso con arreglo a los criterios del Título IV y dentro de los límites indemnizatorios fijados en el Anexo.<br><br>5. Las indemnizaciones pagadas con arreglo a lo dispuesto en el apartado 4 |

| | | |
|---|---|---|
| | tendrán la consideración de indemnizaciones en la cuantía legalmente reconocida, a los efectos de la Ley 35/2006, de 28 de noviembre, del Impuesto sobre la Renta de las Personas Físicas y de modificación parcial de las leyes de los Impuestos sobre Sociedades, sobre la Renta de no Residentes y sobre el Patrimonio, en tanto sean abonadas por una entidad aseguradora como consecuencia de la responsabilidad civil de su asegurado.<br><br>6. Reglamentariamente, se definirán los conceptos de vehículos a motor y hecho de la circulación, a los efectos de esta Ley. En todo caso, no se considerarán hechos de la circulación los derivados de la utilización del vehículo a motor como instrumento de la comisión de delitos dolosos contra las personas y los bienes. | tendrán la consideración de indemnizaciones en la cuantía legalmente reconocida, a los efectos de la Ley 35/2006, de 28 de noviembre, del Impuesto sobre la Renta de las Personas Físicas y de modificación parcial de las leyes de los Impuestos sobre Sociedades, sobre la Renta de no Residentes y sobre el Patrimonio, en tanto sean abonadas por una entidad aseguradora como consecuencia de la responsabilidad civil de su asegurado, **o, en su caso, por el Consorcio de Compensación de Seguros**. |
| ***Dos***<br><br>*Se incorpora un nuevo artículo 1 Bis:* | | **Artículo 1 bis. Definición de vehículo a motor y hecho de la circulación a los efectos de esta ley y su normativa de desarrollo**<br><br>**1. Se entiende por vehículo a motor:**<br><br>**a) Todo vehículo automóvil accionado exclusivamente mediante una fuerza mecánica que circula por el suelo y que no utiliza una vía férrea, con:**<br><br>**i. una velocidad máxima de fabricación superior a 25 km/h, o**<br><br>**ii. un peso neto máximo superior a 25 kg y una velocidad máxima de fabricación superior a 14 km/h.**<br><br>**b) Todo remolque y semirremolque destinado a ser utilizado con uno de los vehículos a que se refiere la letra a), tanto enganchado como no enganchado.**<br><br>**2. No son vehículos a motor:**<br><br>**a) Los ferrocarriles, tranvías y otros vehículos que circulen por vías que les sean propias.**<br><br>**b) Las sillas de ruedas y otros vehículos motorizados específicos de apoyo a la movilidad de personas con movilidad reducida, que son destinados exclusivamente a tales personas. En todo caso, son vehículos a motor aquellos que cumpliendo la definición hayan sido adaptados para su uso por personas con movilidad reducida.** |

| | | |
|---|---|---|
| | | 3. A efectos de la responsabilidad civil derivada de los hechos de la circulación y de la cobertura del seguro obligatorio regulado en esta ley, se entiende por hecho de la circulación toda utilización de un vehículo a motor que sea conforme con la función del vehículo como medio de transporte en el momento del accidente, con independencia de las características de éste, del terreno en el que se utilice el vehículo y de si está parado o en movimiento.<br><br>4. No son hechos de la circulación:<br><br>a) Los derivados de la utilización de vehículos en eventos y actividades automovilísticos, tales como carreras y competiciones, así como entrenamientos, pruebas y demostraciones que, con la debida autorización, tengan lugar en zonas restringidas y demarcadas o se desarrollen en itinerarios o en circuitos especialmente destinados o habilitados para dichas actividades. El organizador de la actividad deberá disponer de un seguro, aval o garantía financiera que ofrezca una protección a terceros equivalente a la ofrecida por el seguro regulado en esta ley, incluidos los espectadores y otros transeúntes, con los mismos límites establecidos en el artículo 4, aunque no cubra necesariamente los daños a los conductores participantes y sus vehículos. Mediante Orden Ministerial se podrán desarrollar los requisitos del seguro, aval o garantía financiera.<br><br>b) La utilización de un vehículo a motor como medio para causar deliberadamente daños a las personas o en los bienes, sin perjuicio de la obligación del Consorcio de Compensación de Seguros de indemnización en los términos establecidos en el artículo 11.1.g.<br><br>c) Los desplazamientos de vehículos a motor utilizados exclusivamente en determinadas zonas de acceso restringido de puertos y aeropuertos, sin perjuicio de la obligatoriedad de disponer de un seguro, aval o garantía financiera equivalente que garantice una protección a terceros equivalente a la ofrecida por el seguro regulado en esta ley, con los mismos límites establecidos en el artículo 4. |

| | | |
|---|---|---|
| | | **5. A los efectos de esta ley, toda referencia efectuada en la misma y en su normativa de desarrollo a "vehículo", se entenderá realizada a "vehículo a motor".** |
| Modificaciones en el CAPÍTULO II-Del aseguramiento obligatorio<br>SECCIÓN 1.ª-Del deber de suscripción del seguro obligatorio (arts. 2 a 3) | | |
| *Tres*<br><br>*Se modifican los apartados 1, 2, 3, 4, y 7 y se añade un nuevo apartado 8 en el artículo 2:* | **Artículo 2. De la obligación de asegurarse**<br><br>1. Todo propietario de vehículos a motor que tenga su estacionamiento habitual en España estará obligado a suscribir y mantener en vigor un contrato de seguro por cada vehículo de que sea titular, que cubra, hasta la cuantía de los límites del aseguramiento obligatorio, la responsabilidad civil a que se refiere el artículo 1.<br><br>No obstante, el propietario quedará relevado de tal obligación cuando el seguro sea concertado por cualquier persona que tenga interés en el aseguramiento, quien deberá expresar el concepto en que contrata. Se entiende que el vehículo tiene su estacionamiento habitual en España:<br><br>a) Cuando tiene matrícula española, independientemente de si dicha matrícula es definitiva o temporal. | **Artículo 2. De la obligación de asegurarse**<br><br>1. Todo propietario de vehículos a motor que tenga su estacionamiento habitual en España estará obligado a suscribir y mantener en vigor un contrato de seguro por cada vehículo de que sea titular, que cubra hasta la cuantía de los límites del aseguramiento obligatorio, la responsabilidad civil a que se refiere el artículo 1.<br><br>**También deberán asegurar su responsabilidad civil en las mismas condiciones establecidas en el párrafo anterior los propietarios de:**<br><br>**a) Ciclos de motor diseñados para funcionar a pedal que cuentan con propulsión auxiliar de velocidad máxima superior a 25 km/hora.**<br><br>**b) Cualquier otro vehículo definido dentro de la categoría L1e-B del anexo I del Reglamento (UE) n.º 168/2013 del Parlamento Europeo y del Consejo, de 15 de enero de 2013.**<br><br>**c) Cualquier otro vehículo diseñado para funcionar a pedal que no puede incluirse en ninguna de las categorías L1e del anexo I del Reglamento (UE) n.º 168/2013 del Parlamento Europeo y del Consejo, de 15 de enero de 2013 por contar con propulsión auxiliar de velocidad máxima superior a los 45 km/hora establecida genéricamente como límite para los vehículos de la categoría L1e.**<br><br>No obstante, el propietario quedará relevado de tal obligación cuando el seguro sea concertado por cualquier persona que tenga interés en el aseguramiento, quien deberá expresar el concepto en que contrata. Se entiende que el vehículo tiene su estacionamiento habitual en España:<br><br>a) Cuando tiene matrícula española, independientemente de si dicha matrícula es definitiva o temporal. |

| | | |
|---|---|---|
| | b) Cuando se trate de un tipo de vehículo para el que no exista matrícula, pero lleve placa de seguro o signo distintivo análogo a la matrícula y España sea el Estado donde se ha expedido esta placa o signo. | b) Cuando se trate de un tipo de vehículo para el que no exista matrícula, pero lleve placa de seguro o signo distintivo análogo a la matrícula y España sea el Estado donde se ha expedido esta placa o signo. |
| | c) Cuando se trate de un tipo de vehículo para el que no exista matrícula, placa de seguro o signo distintivo y España sea el Estado del domicilio del usuario. | c) Cuando se trate de un tipo de vehículo para el que no exista matrícula, placa de seguro o signo distintivo y España sea el Estado del domicilio del usuario. |
| | d) A efectos de la liquidación del siniestro, en el caso de accidentes ocasionados en territorio español por vehículos sin matrícula o con una matrícula que no corresponda o haya dejado de corresponder al vehículo. Reglamentariamente se determinará cuando se entiende que una matrícula no corresponde o ha dejado de corresponder al vehículo. | d) A efectos de la liquidación del siniestro, en el caso de accidentes ocasionados en territorio español por vehículos sin matrícula o con una matrícula que no corresponda o haya dejado de corresponder al vehículo. Reglamentariamente se determinará cuándo se entiende que una matrícula no corresponde o ha dejado de corresponder al vehículo. |
| | e) Cuando se trate de un vehículo importado desde otro Estado miembro del Espacio Económico Europeo, durante un período máximo de 30 días, a contar desde que el comprador aceptó la entrega del vehículo, aunque éste no ostente matrícula española. A tal efecto dichos vehículos podrán ser asegurados temporalmente mediante un seguro de frontera. | e) Cuando se trate de un vehículo importado desde otro Estado miembro del Espacio Económico Europeo, durante un período máximo de treinta días a contar desde que el comprador aceptó la entrega del vehículo, aunque éste no ostente matrícula española. A tal efecto dichos vehículos podrán ser asegurados temporalmente mediante un seguro en frontera. |
| | | **No obstante lo anterior, durante dicho periodo máximo de treinta días, la persona responsable de suscribir y mantener en vigor el seguro de responsabilidad civil podrá elegir entre asegurar el vehículo en el Estado miembro de matriculación o, tras la aceptación de la entrega por el comprador, asegurarlo en España.** |
| | 2. Con el objeto de controlar el efectivo cumplimiento de la obligación a que se refiere el apartado 1 y de que las personas implicadas en un accidente de circulación puedan averiguar con la mayor brevedad posible las circunstancias relativas a la entidad aseguradora que cubre la responsabilidad civil de cada uno de los vehículos implicados en el accidente, las entidades aseguradoras remitirán al Ministerio de Economía y Hacienda, a través del Consorcio de Compensación de Seguros, la información sobre los contratos de seguro que sea necesaria con los requisitos, en la forma y con la periodicidad que se determine reglamentariamente. El incumplimiento de esta obligación constituirá infracción administrativa muy grave o grave de acuerdo con lo dispuesto, respectivamente, en los artículos 40.3.s) | 2. Con el fin de controlar el efectivo cumplimiento de la obligación a que se refiere el apartado 1 y de que las personas implicadas en un accidente de circulación puedan averiguar con la mayor brevedad posible las circunstancias relativas a la entidad aseguradora que cubre la responsabilidad civil de cada uno de los vehículos implicados en el accidente, las entidades aseguradoras remitirán al **Consorcio de Compensación de Seguros**, la información sobre los contratos de seguro que sea necesaria con los requisitos, en la forma y con la periodicidad que se determine reglamentariamente. El incumplimiento de esta obligación constituirá infracción administrativa muy grave o grave de acuerdo con lo dispuesto, respectivamente, en los artículos **194.20 y 195.22 de la Ley 20/2015, de 14 de** |

| | | |
|---|---|---|
| | y 40.4.u) del Texto Refundido de la Ley de Ordenación y Supervisión de los Seguros Privados, aprobado por el Real Decreto Legislativo 6/2004, de 29 de octubre. El Ministerio de Economía y Hacienda coordinará sus actuaciones con el Ministerio del Interior para el adecuado ejercicio de sus respectivas competencias en este ámbito. | **julio,** de ordenación, supervisión y solvencia de las entidades aseguradoras y reaseguradoras. |
| | | **La información a la que se refiere el párrafo anterior será objeto de tratamiento automatizado por el Consorcio de Compensación de Seguros y estará disponible para su consulta a través de su sitio web, de acuerdo con lo que se determine reglamentariamente. El Consorcio de Compensación de Seguros establecerá las medidas adecuadas para facilitar el acceso a la información con inmediatez. Reglamentariamente se establecerán los casos en los que la información deba referirse exclusivamente a si un vehículo está o no asegurado en determinado momento y aquellos otros en los que, además, proceda informar de la entidad aseguradora y del historial de aseguramiento del vehículo.** |
| | | **El Consorcio de Compensación de Seguros y el Ministerio del Interior, a través de la Dirección General de Tráfico, coordinarán sus actuaciones para el adecuado ejercicio de sus respectivas competencias en este ámbito, y podrán acceder con tal fin a los datos que figuren en sus ficheros correspondientes.** |
| | Quien, con arreglo al apartado 1, haya suscrito el contrato de seguro deberá acreditar su vigencia para que las personas implicadas en un accidente de circulación puedan averiguar con la mayor brevedad posible las circunstancias relativas al contrato y a la entidad aseguradora, sin perjuicio de las medidas administrativas que se adopten al indicado fin. Todo ello en la forma que se determine reglamentariamente. | Quien, con arreglo al apartado 1, haya suscrito el contrato de seguro deberá acreditar su vigencia para que las personas implicadas en un accidente de circulación puedan averiguar con la mayor brevedad posible las circunstancias relativas al contrato y a la entidad aseguradora, sin perjuicio de las medidas administrativas que se adopten al indicado fin. Todo ello en la forma que se determine reglamentariamente. |
| | 3. Las autoridades aduaneras españolas serán competentes para comprobar la existencia y, en su caso, exigir a los vehículos extranjeros de países no miembros del Espacio Económico Europeo que no estén adheridos al Acuerdo entre las oficinas nacionales de seguros de los Estados miembros del Espacio Económico Europeo y de otros Estados asociados, y que pretendan acceder al territorio nacional, la suscripción de un seguro obligatorio que reúna, al menos, las | 3. Las autoridades aduaneras españolas serán competentes para comprobar la existencia y, en su caso, exigir a los vehículos extranjeros de países no miembros del Espacio Económico Europeo que no estén adheridos al Acuerdo entre las oficinas nacionales de seguros de los Estados miembros del Espacio Económico Europeo y de otros Estados asociados, y que pretendan acceder al territorio nacional por una vía aérea, terrestre o marítima **desde un Estado que no sea** |

| | | |
|---|---|---|
| | condiciones y garantías establecidas en la legislación española. En su defecto, deberán denegarles dicho acceso. | **miembro del Espacio Económico Europeo**, la suscripción de un seguro obligatorio que reúna, al menos, las condiciones y garantías establecidas en la legislación española. En su defecto, deberán denegarles dicho acceso.<br><br>**La Oficina Española de Aseguradores de Automóviles (OFESAUTO) gestionará procedimientos de emisión y de registro electrónicos de certificados internacionales de seguro y de seguros en frontera y estará facultada para celebrar acuerdos de colaboración y de intercambio de información con las autoridades aduaneras, con las de tráfico y seguridad vial y con las Fuerzas y Cuerpos de Seguridad para facilitar los controles previstos en el párrafo anterior.** |
| | 4. En el caso de vehículos con estacionamiento habitual en el territorio de un Estado miembro del Espacio Económico Europeo o vehículos que teniendo su estacionamiento habitual en el territorio de un tercer país entren en España desde el territorio de otro Estado miembro, se podrán realizar controles no sistemáticos del seguro siempre que no sean discriminatorios y se efectúen como parte de un control que no vaya dirigido exclusivamente a la comprobación del seguro. | 4. En el caso de vehículos con estacionamiento habitual en el territorio de un Estado miembro del Espacio Económico Europeo o vehículos que teniendo su estacionamiento habitual en el territorio de un tercer país entren en España desde el territorio de otro Estado miembro, se podrán realizar controles no sistemáticos del seguro siempre que no sean discriminatorios, **sean necesarios y proporcionados para alcanzar el objetivo perseguido**, y se efectúen como parte de un control que no vaya dirigido exclusivamente a la comprobación del seguro, **o formen parte de un sistema general de controles en el territorio nacional que también se efectúen con respecto a vehículos que tengan su estacionamiento habitual en España, y no requieran que el vehículo se detenga.**<br><br>**Con esta finalidad, las autoridades podrán proceder al tratamiento de datos personales cuando sea necesario a efectos de impedir la conducción de vehículos sin seguro en España estableciendo también las medidas adecuadas para preservar los derechos y libertades y los intereses legítimos del interesado y respetando todas las garantías establecidas por la legislación de protección de datos en cuanto a seguridad, los principios de necesidad, proporcionalidad y limitación de la finalidad, y el periodo de conservación de datos mínimos imprescindibles.**<br><br>**Los datos personales tratados en virtud de este apartado con el fin de llevar a cabo exclusivamente un control del seguro solo se** |

| | | |
|---|---|---|
| | | **conservarán mientras sean necesarios para ello y se suprimirán inmediatamente en su totalidad tan pronto como se logre ese fin. Cuando un control del seguro muestre que un vehículo está cubierto por el seguro obligatorio en virtud de este artículo, el responsable del control suprimirá inmediatamente dichos datos. Cuando un control no permita determinar si un vehículo está cubierto por el seguro obligatorio los datos solo se conservarán por un período limitado que no supere el número de días necesarios para determinar si existe una cobertura de seguro. En el caso de que se hubiese comprobado que el vehículo no se encuentra asegurado, los datos se conservarán hasta que se hubiesen resuelto los procedimientos administrativos o judiciales y el vehículo hubiese sido asegurado.** |
| | 5. Además de la cobertura indicada en el apartado 1, la póliza en que se formalice el contrato de seguro de responsabilidad civil de suscripción obligatoria podrá incluir, con carácter potestativo, las coberturas que libremente se pacten entre el tomador y la entidad aseguradora con arreglo a la legislación vigente.<br><br>6. En todo lo no previsto expresamente en esta Ley y en sus normas reglamentarias de desarrollo, el contrato de seguro de responsabilidad civil derivada de la circulación de vehículos de motor se regirá por la Ley 50/1980, de 8 de octubre, de Contrato de Seguro.<br><br>7. Las entidades aseguradoras deberán expedir a favor del propietario del vehículo y del tomador del seguro del vehículo asegurado, en caso de ser persona distinta de aquél, previa petición de cualquiera de ellos, y en el plazo de quince días hábiles, certificación acreditativa de los siniestros de los que se derive responsabilidad frente a terceros, correspondientes a los cinco últimos años de seguro, si los hubiere o, en su caso, una certificación de ausencia de siniestros. | 5. Además de la cobertura indicada en el apartado 1, la póliza en que se formalice el contrato de seguro de responsabilidad civil de suscripción obligatoria podrá incluir, con carácter potestativo, las coberturas que libremente se pacten entre el tomador y la entidad aseguradora con arreglo a la legislación vigente.<br><br>6. En todo lo no previsto expresamente en esta Ley y en sus normas reglamentarias de desarrollo, el contrato de seguro de responsabilidad civil derivada de la circulación de vehículos de motor se regirá por la Ley 50/1980, de 8 de octubre, de Contrato de Seguro<br><br>7. Las entidades aseguradoras deberán expedir a favor del propietario del vehículo y del tomador del seguro del vehículo asegurado, en caso de ser persona distinta de aquél, previa solicitud de cualquiera de ellos, y en el plazo de quince días hábiles siguientes a la solicitud, certificación acreditativa de los siniestros de los que se derive responsabilidad civil correspondientes a los cinco últimos años de seguro, si los hubiere o, en su caso, una certificación de ausencia de siniestros.<br><br>**El contenido y formato de dichas certificaciones se ajustará a lo establecido en la normativa aprobada por la Comisión Europea. La Dirección General de Seguros y Fondos de Pensiones, mediante resolución, publicará en su página web la normativa europea que especifique el contenido de la certificación mencionada, una vez sea aprobada.** |

| | | |
|---|---|---|
| | | Las entidades aseguradoras, al tener en cuenta las certificaciones de antecedentes siniestrales, se abstendrán de efectuar discriminaciones o de aplicar recargos o descuentos en sus primas en razón de la nacionalidad de los titulares de las pólizas o basándose únicamente en el anterior Estado miembro de residencia o de expedición de la certificación.<br><br>Las entidades aseguradoras que tengan en cuenta la certificación de antecedentes siniestrales en la determinación de las primas de sus seguros publicarán en su sitio web una sinopsis general de las políticas que apliquen en relación con el uso de dichas certificaciones, con el contenido que reglamentariamente se determine.<br><br>8. Se exceptúan de la obligación de aseguramiento:<br><br>a) Los vehículos que requieran autorización administrativa para circular pero que no se usen como medio de transporte, y que hayan sido dados de baja de forma temporal o definitiva del registro de vehículos de la Dirección General de Tráfico.<br><br>b) Los remolques y semirremolques que no excedan de 750 kilogramos de masa máxima autorizada.<br><br>c) Los vehículos a motor durante su fabricación y transporte como mercancía. Para estos vehículos, en tanto sean mercancía, debe existir un seguro, aval o garantía financiera equivalente que cubra la responsabilidad civil por los daños que puedan causar dichas mercancías, conforme a los límites mínimos siguientes:<br><br>i. en los daños a las personas, 6.450.000 euros por siniestro, cualquiera que sea el número de víctimas;<br><br>ii. en los daños a los bienes, 1.300.000 euros por siniestro.<br><br>Cuando la Comisión Europea establezca mediante acto delegado de acuerdo con el procedimiento de revisión de importes mínimos establecido en el artículo 9.2 de la Directiva 2009/103/CE del Parlamento Europeo y del Consejo, de 16 de septiembre de 2009, nuevos importes mínimos a efectos de la mencionada |

| | | |
|---|---|---|
| | | **directiva, la persona titular del Ministerio de Economía, Comercio y Empresa podrá modificar por orden ministerial los importes mínimos señalados en los apartados i y ii hasta el nivel de los nuevos mínimos fijados.** |
| **Modificaciones en la SECCIÓN 2.ª-Ámbito del aseguramiento obligatorio (arts. 4 a 6)** | | |
| ***Cuatro***<br><br>*Se modifica el apartado 2 del artículo 4:* | **Artículo 4. Ámbito territorial y límites cuantitativos**<br><br>1. El seguro obligatorio previsto en esta Ley garantizará la cobertura de la responsabilidad civil en vehículos terrestres automóviles con estacionamiento habitual en España, mediante el pago de una sola prima, en todo el territorio del Espacio Económico Europeo y de los Estados adheridos al Acuerdo entre las oficinas nacionales de seguros de los Estados miembros del Espacio Económico Europeo y de otros Estados asociados.<br><br>Dicha cobertura incluirá cualquier tipo de estancia del vehículo asegurado en el territorio de otro Estado miembro del Espacio Económico Europeo durante la vigencia del contrato.<br><br>2. Los importes de la cobertura del seguro obligatorio serán:<br><br>a) en los daños a las personas, 70 millones de euros por siniestro, cualquiera que sea el número de víctimas.<br><br>b) en los daños en los bienes, 15 millones de euros por siniestro.<br><br>Los importes anteriores se actualizarán en función del índice de precios de consumo europeo, en el mismo porcentaje que comunique la Comisión Europea para la revisión de los importes mínimos recogidos en el apartado 2 del artículo 1 de la Directiva 84/5/CEE del Consejo, de 30 de diciembre de 1983, relativa a la aproximación de las legislaciones de los Estados miembros sobre el seguro de responsabilidad civil que resulta de la circulación de vehículos automóviles. A estos efectos, mediante resolución de la Dirección General de Seguros y Fondos de Pensiones se dará publicidad al importe actualizado. | **Artículo 4. Ámbito territorial y límites cuantitativos**<br><br>1. El seguro obligatorio previsto en esta Ley garantizará la cobertura de la responsabilidad civil en vehículos terrestres automóviles con estacionamiento habitual en España, mediante el pago de una sola prima, en todo el territorio del Espacio Económico Europeo y de los Estados adheridos al Acuerdo entre las oficinas nacionales de seguros de los Estados miembros del Espacio Económico Europeo y de otros Estados asociados.<br><br>Dicha cobertura incluirá cualquier tipo de estancia del vehículo asegurado en el territorio de otro Estado miembro del Espacio Económico Europeo durante la vigencia del contrato.<br><br>2. Los importes de la cobertura del seguro obligatorio serán:<br><br>a) en los daños a las personas, 70 millones de euros por siniestro, cualquiera que sea el número de víctimas.<br><br>b) en los daños en los bienes, 15 millones de euros por siniestro.<br><br>**En todo caso, los importes de cobertura del seguro obligatorio no podrán ser inferiores a los que la Comisión Europea establezca mediante acto delegado de acuerdo con el procedimiento de revisión de importes mínimos establecido en el artículo 9.2 de la Directiva 2009/103/CE del Parlamento Europeo y del Consejo de 16 de septiembre de 2009. Si los importes indicados en las letras a) y b) llegaran a ser inferiores a los nuevos importes mínimos modificados por la Comisión Europea, se faculta a la persona titular del Ministerio de Economía, Comercio y Empresa para modificar por orden ministerial los citados importes hasta el nivel de los nuevos mínimos fijados.** |

| | | |
|---|---|---|
| | 3. La cuantía de la indemnización cubierta por el seguro obligatorio en los daños causados a las personas se determinará con arreglo a lo dispuesto en el apartado 4 del artículo 1 de esta Ley.<br><br>Si la cuantía de las indemnizaciones resultase superior al importe de la cobertura del seguro obligatorio, se satisfará, con cargo a éste, dicho importe máximo, y el resto hasta el montante total de la indemnización quedará a cargo del seguro voluntario o del responsable del siniestro, según proceda.<br><br>4. Cuando el siniestro sea ocasionado en un Estado adherido al Acuerdo entre las oficinas nacionales de seguros de los Estados miembros del Espacio Económico Europeo y de otros Estados asociados, distinto de España, por un vehículo que tenga su estacionamiento habitual en España, se aplicarán los límites de cobertura fijados por el Estado miembro en el que tenga lugar el siniestro. No obstante, si el siniestro se produce en un Estado miembro del Espacio Económico Europeo, se aplicarán los límites de cobertura previstos en el apartado 2, siempre que estos sean superiores a los establecidos en el Estado donde se haya producido el siniestro. | 3. La cuantía de la indemnización cubierta por el seguro obligatorio en los daños causados a las personas se determinará con arreglo a lo dispuesto en el apartado 4 del artículo 1 de esta Ley.<br><br>Si la cuantía de las indemnizaciones resultase superior al importe de la cobertura del seguro obligatorio, se satisfará, con cargo a éste, dicho importe máximo, y el resto hasta el montante total de la indemnización quedará a cargo del seguro voluntario o del responsable del siniestro, según proceda.<br><br>4. Cuando el siniestro sea ocasionado en un Estado adherido al Acuerdo entre las oficinas nacionales de seguros de los Estados miembros del Espacio Económico Europeo y de otros Estados asociados, distinto de España, por un vehículo que tenga su estacionamiento habitual en España, se aplicarán los límites de cobertura fijados por el Estado miembro en el que tenga lugar el siniestro. No obstante, si el siniestro se produce en un Estado miembro del Espacio Económico Europeo, se aplicarán los límites de cobertura previstos en el apartado 2, siempre que estos sean superiores a los establecidos en el Estado donde se haya producido el siniestro. |
| ***Cinco***<br><br>*Se modifica el párrafo 1 del artículo 6*: | **Artículo 6. Inoponibilidad por el asegurador**<br><br>El asegurador no podrá oponer frente al perjudicado ninguna otra exclusión, pactada o no, de la cobertura distinta de las recogidas en el artículo anterior.<br><br>En particular, no podrá hacerlo respecto de aquellas cláusulas contractuales que excluyan de la cobertura la utilización o conducción del vehículo designado en la póliza por quienes carezcan de permiso de conducir, incumplan las obligaciones legales de orden técnico relativas al estado de seguridad del vehículo o, fuera de los supuestos de robo, utilicen ilegítimamente vehículos de motor ajenos o no estén autorizados expresa o tácitamente por su propietario.<br><br>Tampoco podrá oponer aquellas cláusulas contractuales que excluyan de la cobertura del seguro al ocupante sobre la base de que éste supiera o debiera haber sabido que el conductor del vehículo se encontraba bajo los | **Artículo 6. Inoponibilidad por el asegurador**<br><br>El asegurador no podrá oponer frente al perjudicado ninguna otra exclusión **de la cobertura**, pactada o no, distinta de las recogidas en el artículo anterior, **siendo nula de pleno derecho la norma o cláusula contractual que la contenga.**<br><br>En particular, no podrá hacerlo respecto de aquellas cláusulas contractuales que excluyan de la cobertura la utilización o conducción del vehículo designado en la póliza por quienes carezcan de permiso de conducir, incumplan las obligaciones legales de orden técnico relativas al estado de seguridad del vehículo o, fuera de los supuestos de robo, utilicen ilegítimamente vehículos de motor ajenos o no estén autorizados expresa o tácitamente por su propietario.<br><br>Tampoco podrá oponer aquellas cláusulas contractuales que excluyan de la cobertura del seguro al ocupante sobre la base de que éste supiera o debiera haber sabido que el conductor del vehículo se encontraba bajo los |

| | | |
|---|---|---|
| | efectos del alcohol o de otra sustancia tóxica en el momento del accidente.<br><br>El asegurador no podrá oponer frente al perjudicado la existencia de franquicias.<br><br>No podrá el asegurador oponer frente al perjudicado, ni frente al tomador, conductor o propietario, la no utilización de la declaración amistosa de accidente. | efectos del alcohol o de otra sustancia tóxica en el momento del accidente.<br><br>El asegurador no podrá oponer frente al perjudicado la existencia de franquicias.<br><br>No podrá el asegurador oponer frente al perjudicado, ni frente al tomador, conductor o propietario, la no utilización de la declaración amistosa de accidente. |
| **Modificaciones en el CAPÍTULO III-Satisfacción de la indemnización en el ámbito del seguro obligatorio (arts. 7 a 11)** | | |
| ***Seis***<br><br>*Se modifican los apartados 1, 2, 3, 4, 5, 6, 8 y se añaden cuatro nuevos apartados 9, 10, 11 y 12 en el artículo* | **Artículo 7. Obligaciones del asegurador y del perjudicado**<br><br>1. El asegurador, dentro del ámbito del aseguramiento obligatorio y con cargo al seguro de suscripción obligatoria, habrá de satisfacer al perjudicado el importe de los daños sufridos en su persona y en sus bienes, así como los gastos y otros perjuicios a los que tenga derecho según establece la normativa aplicable. Únicamente quedará exonerado de esta obligación si prueba que el hecho no da lugar a la exigencia de responsabilidad civil conforme al artículo 1 de la presente Ley.<br><br>El perjudicado o sus herederos tendrán acción directa para exigir al asegurador la satisfacción de los referidos daños, que prescribirá por el transcurso de un año.<br><br>No obstante, con carácter previo a la interposición de la demanda judicial, deberán comunicar el siniestro al asegurador, pidiendo la indemnización que corresponda. Esta reclamación extrajudicial contendrá la identificación y los datos relevantes de quien o quienes reclamen, una declaración sobre las circunstancias del hecho, la identificación del vehículo y del conductor que hubiesen intervenido en la producción del mismo de ser conocidas, así como cuanta información médica asistencial o pericial o de cualquier otro tipo tengan en su poder que permita la cuantificación del daño. | **Artículo 7. Obligaciones del asegurador y del perjudicado**<br><br>1. El asegurador, dentro del ámbito del aseguramiento obligatorio y con cargo al seguro de suscripción obligatoria, habrá de satisfacer al perjudicado el importe de los daños sufridos en su persona y en sus bienes, así como los gastos y otros perjuicios a los que tenga derecho según establece la normativa aplicable. Únicamente quedará exonerado de esta obligación si prueba que el hecho no da lugar a la exigencia de responsabilidad civil conforme al artículo 1.<br><br>El perjudicado o sus herederos tendrán acción directa para exigir al asegurador la satisfacción de los referidos daños, que prescribirá por el transcurso de un año.<br><br>No obstante, con carácter previo a la interposición de la demanda judicial, deberán comunicar el siniestro al asegurador, pidiendo la indemnización que corresponda. Esta reclamación extrajudicial contendrá la identificación y los datos relevantes de quien o quienes reclamen, una declaración sobre las circunstancias del hecho, la identificación del vehículo y del conductor que hubiesen intervenido en la producción del mismo de ser conocidas, así como cuanta información médica asistencial o pericial **o de cualquier otro tipo tengan en su poder que permita la cuantificación del daño. La reclamación extrajudicial no requerirá estar cuantificada incluso si el reclamante dispusiera de todos los elementos para poder calcularla y cuantificarla.**<br><br>**La comunicación por parte del perjudicado también deberá producirse cuando se inicie un procedimiento penal a instancia de este y se equiparará a la reclamación** |

| | | |
|---|---|---|
| | | **extrajudicial prevista en el párrafo anterior.**<br><br>**No será necesaria reclamación extrajudicial cuando el procedimiento se inicie de oficio, debiendo practicarse en tal caso la correspondiente notificación por el órgano judicial.** |
| | Esta reclamación interrumpirá el cómputo del plazo de prescripción desde el momento en que se presente al asegurador obligado a satisfacer el importe de los daños sufridos al perjudicado. Tal interrupción se prolongará hasta la notificación fehaciente al perjudicado de la oferta o respuesta motivada definitiva. | Esta reclamación, **comunicación o notificación** interrumpirá el cómputo del plazo de prescripción desde el momento en que se presente al asegurador obligado a satisfacer el importe de los daños sufridos al perjudicado. **En el momento en el que se notifique fehacientemente la oferta o la respuesta motivada se iniciará un nuevo plazo de prescripción de un año.** |
| | La información de interés contenida en los atestados e informes de las Fuerzas y Cuerpos de Seguridad encargadas de la vigilancia del tráfico que recojan las circunstancias del accidente podrá ser facilitada por éstas a petición de las partes afectadas, perjudicados o entidades aseguradoras, salvo en el caso en que las diligencias se hayan entregado a la autoridad judicial competente para conocer los hechos, en cuyo caso deberán solicitar dicha información a ésta. | **Las Fuerzas y Cuerpos de Seguridad encargadas de la vigilancia del tráfico facilitarán de forma gratuita, a petición de los perjudicados, entidades aseguradoras, o sus representantes, y del Consorcio de Compensación de Seguros, copia del atestado o informe equivalente en el que conste toda la información sobre las circunstancias del accidente, incluso cuando lo hayan remitido a la autoridad judicial competente.** |
| | | **La entidad aseguradora incursa en un procedimiento concursal o de liquidación, o su administrador o liquidador, informará al organismo de indemnización competente cuando indemnice o rechace su responsabilidad en relación con las reclamaciones recibidas.** |
| | 2. En el plazo de tres meses desde la recepción de la reclamación del perjudicado, tanto si se trata de daños personales como en los bienes, el asegurador deberá presentar una oferta motivada de indemnización si entendiera acreditada la responsabilidad y cuantificado el daño, que cumpla los requisitos del apartado 3 de este artículo. En caso contrario, o si la reclamación hubiera sido rechazada, dará una respuesta motivada que cumpla los requisitos del apartado 4 de este artículo. | 2. En el plazo de tres meses desde la recepción de la reclamación del perjudicado, tanto si se trata de daños personales como en los bienes, el asegurador deberá presentar una oferta motivada de indemnización si entendiera acreditada la responsabilidad y cuantificado el daño, que cumpla los requisitos del apartado 3. En caso contrario, o si la reclamación hubiera sido rechazada, dará una respuesta motivada que cumpla los requisitos del apartado 4. |
| | A estos efectos, el asegurador, a su costa, podrá solicitar previamente los informes periciales privados que considere pertinentes, que deberá efectuar por servicios propios o concertados, si considera que la documentación aportada por el | A estos efectos, el asegurador, a su costa, podrá solicitar previamente los informes periciales privados que considere pertinentes, que deberá efectuar por servicios propios o concertados, si considera que la documentación aportada por el |

| | | |
|---|---|---|
| | lesionado es insuficiente para la cuantificación del daño. | lesionado es insuficiente para la cuantificación del daño. |
| | El incumplimiento de esta obligación constituirá infracción administrativa grave o leve. | El incumplimiento de esta obligación constituirá infracción administrativa **y será sancionado de acuerdo con lo establecido en la Ley 20/2015, de 14 de julio, de ordenación, supervisión y solvencia de las entidades aseguradoras y reaseguradoras.** |
| | Trascurrido el plazo de tres meses sin que se haya presentado una oferta motivada de indemnización por una causa no justificada o que le fuera imputable al asegurador, se devengarán intereses de demora, de acuerdo con lo previsto en el artículo 9 de esta Ley. Estos mismos intereses de demora se devengarán en el caso de que, habiendo sido aceptada la oferta por el perjudicado, ésta no sea satisfecha en el plazo de cinco días, o no se consigne para pago la cantidad ofrecida. | Trascurrido el plazo de tres meses sin que se haya presentado una oferta motivada de indemnización por una causa no justificada o que le fuera imputable al asegurador, se devengarán intereses de demora, de acuerdo con lo previsto en el artículo 9. Estos mismos intereses de demora se devengarán en el caso de que, habiendo sido aceptada la oferta por el perjudicado, esta no sea satisfecha en el plazo de cinco días, o no se consigne para pago la cantidad ofrecida. |
| | El asegurador deberá observar desde el momento en que conozca, por cualquier medio, la existencia del siniestro, una conducta diligente en la cuantificación del daño y la liquidación de la indemnización. | El asegurador deberá observar desde el momento en que conozca, por cualquier medio, la existencia del siniestro, una conducta diligente en la cuantificación del daño y la liquidación de la indemnización. |
| | Lo dispuesto en el presente apartado será de aplicación para los accidentes que puedan indemnizarse por el sistema de las oficinas nacionales de seguro de automóviles, en cuyo caso toda referencia al asegurador se entenderá hecha a la Oficina Española de Aseguradores de Automóviles (Ofesauto) y a las entidades corresponsales autorizadas para representar a entidades aseguradoras extranjeras. | |
| | 3. Para que sea válida a los efectos de esta Ley, la oferta motivada deberá cumplir los siguientes requisitos: | 3. Para que sea válida a los efectos de esta ley, la oferta motivada deberá cumplir los siguientes requisitos: |
| | a) Contendrá una propuesta de indemnización por los daños en las personas y en los bienes que pudieran haberse derivado del siniestro. En caso de que concurran daños a las personas y en los bienes figurará de forma separada la valoración y la indemnización ofertada para unos y otros. | a) Contendrá una propuesta de indemnización por los daños en las personas y en los bienes que pudieran haberse derivado del siniestro. En caso de que concurran daños a las personas y en los bienes figurará de forma separada la valoración y la indemnización ofertada para unos y otros. |
| | b) Los daños y perjuicios causados a las personas se calcularán según los criterios e importes que se recogen en el Título IV y el Anexo de esta Ley. | b) Los daños y perjuicios causados a las personas se calcularán según los criterios e importes que se recogen en el título IV y el anexo. |
| | c) Contendrá, de forma desglosada y detallada, los documentos, informes o cualquier otra información de que se | c) Contendrá, de forma desglosada y detallada, los documentos, informes o cualquier otra información de que se |

| | | |
|---|---|---|
| | disponga para la valoración de los daños, incluyendo el informe médico definitivo, e identificará aquéllos en que se ha basado para cuantificar de forma precisa la indemnización ofertada, de manera que el perjudicado tenga los elementos de juicio necesarios para decidir su aceptación o rechazo. | disponga para la valoración de los daños, incluyendo el informe médico **pericial** definitivo, e identificará aquellos en que se ha basado para cuantificar de forma precisa la indemnización ofertada, de manera que el perjudicado tenga los elementos de juicio necesarios para decidir su aceptación o rechazo. **El incumplimiento de este deber impedirá la aportación de informes médicos periciales definitivos en el posterior proceso judicial.** |
| | d) Se hará constar que el pago del importe que se ofrece no se condiciona a la renuncia por el perjudicado del ejercicio de futuras acciones en el caso de que la indemnización percibida fuera inferior a la que en derecho pueda corresponderle. | d) Se hará constar que el pago del importe que se ofrece no se condiciona a la renuncia por el perjudicado del ejercicio de futuras acciones en el caso de que la indemnización percibida fuera inferior a la que en derecho pueda corresponderle. |
| | e) Podrá consignarse para pago la cantidad ofrecida. La consignación podrá hacerse en dinero efectivo, mediante un aval solidario de duración indefinida y pagadero a primer requerimiento emitido por entidad de crédito o sociedad de garantía recíproca o por cualquier otro medio que, a juicio del órgano jurisdiccional correspondiente, garantice la inmediata disponibilidad, en su caso, de la cantidad consignada. | e) Podrá consignarse para pago la cantidad ofrecida. La consignación podrá hacerse en dinero efectivo, mediante un aval solidario de duración indefinida y pagadero a primer requerimiento emitido por entidad de crédito o sociedad de garantía recíproca o por cualquier otro medio que, a juicio del órgano jurisdiccional correspondiente, garantice la inmediata disponibilidad, en su caso, de la cantidad consignada. |
| | 4. En el supuesto de que el asegurador no realice una oferta motivada de indemnización, deberá dar una respuesta motivada ajustada a los siguientes requisitos: | 4. En el supuesto de que el asegurador no realice una oferta motivada de indemnización, deberá dar una respuesta motivada ajustada a los siguientes requisitos: |
| | a) Dará contestación suficiente a la reclamación formulada, con indicación del motivo que impide efectuar la oferta de indemnización, bien sea porque no esté determinada la responsabilidad, bien porque no se haya podido cuantificar el daño o bien porque existe alguna otra causa que justifique el rechazo de la reclamación, que deberá ser especificada. | a) Dará contestación suficiente a la reclamación formulada, con indicación del motivo que impide efectuar la oferta de indemnización, bien sea porque no esté determinada la responsabilidad, bien porque no se haya podido cuantificar el daño o bien porque existe alguna otra causa que justifique el rechazo de la reclamación, que deberá ser especificada. |
| | Cuando dicho motivo sea la dilatación en el tiempo del proceso de curación del perjudicado y no fuera posible determinar el alcance total de las secuelas padecidas a causa del accidente o porque, por cualquier motivo, no se pudiera cuantificar plenamente el daño, la respuesta motivada deberá incluir: | Cuando dicho motivo sea la dilatación en el tiempo del proceso de curación del perjudicado y no fuera posible determinar el alcance total de las secuelas padecidas a causa del accidente o porque, por cualquier motivo, no se pudiera cuantificar plenamente el daño, la respuesta motivada deberá incluir: |
| | 1.º La referencia a los pagos a cuenta o pagos parciales anticipados a cuenta de la indemnización resultante final, atendiendo a la naturaleza y entidad de los daños. | 1.º La referencia a los pagos a cuenta o pagos parciales anticipados a cuenta de la indemnización resultante final, atendiendo a la naturaleza y entidad de los daños. **Estos pagos deberán ajustarse al importe de todos los** |

| | | |
|---|---|---|
| | | **perjuicios cuya consolidación esté ya constatada.** |
| | 2.º El compromiso del asegurador de presentar oferta motivada de indemnización tan pronto como se hayan cuantificado los daños y, hasta ese momento, de informar motivadamente de la situación del siniestro cada dos meses desde el envío de la respuesta. | 2.º El compromiso del asegurador de presentar oferta motivada de indemnización tan pronto como se hayan cuantificado los daños y, hasta ese momento, de informar motivadamente de la situación del siniestro cada dos meses desde el envío de la respuesta. |
| | b) Contendrá, de forma desglosada y detallada, los documentos, informes o cualquier otra información de que se disponga, incluyendo el informe médico definitivo, que acrediten las razones de la entidad aseguradora para no dar una oferta motivada. | b) Contendrá, de forma desglosada y detallada, los documentos, informes o cualquier otra información de que se disponga, incluyendo el informe médico **pericial** definitivo, que acrediten las razones de la entidad aseguradora para no dar una oferta motivada. **El incumplimiento de este deber impedirá la aportación de informes médicos periciales definitivos en el posterior proceso judicial.** |
| | c) Incluirá una mención a que no requiere aceptación o rechazo expreso por el perjudicado, ni afecta al ejercicio de cualesquiera acciones que puedan corresponderle para hacer valer sus derechos. | c) Incluirá una mención a que no requiere aceptación o rechazo expreso por el perjudicado, ni afecta al ejercicio de cualesquiera acciones que puedan corresponderle para hacer valer sus derechos. |
| | 5. En caso de disconformidad del perjudicado con la oferta motivada, las partes, de común acuerdo y a costa del asegurador, podrán pedir informes periciales complementarios, incluso al Instituto de Medicina Legal siempre que no hubiese intervenido previamente. | 5. En caso de disconformidad del perjudicado con la oferta motivada, **o en caso de que la entidad aseguradora haya emitido una respuesta motivada indicando que el perjudicado no ha sufrido lesiones a causa del accidente,** las partes, de común acuerdo y a costa del asegurador, podrán pedir informes periciales complementarios, incluso al Instituto de Medicina Legal **y Ciencias Forenses** siempre que no hubiese intervenido previamente **tras el ejercicio de acciones judiciales.** |
| | Esta misma solicitud al Instituto de Medicina Legal podrá realizarse por el lesionado aunque no tenga el acuerdo de la aseguradora, y con cargo a la misma. El Instituto de Medicina Legal que deba realizar el informe solicitará a la aseguradora que aporte los medios de prueba de los que disponga, entregando copia del informe pericial que emita a las partes. | Esta misma solicitud al Instituto de Medicina Legal y Ciencias Forenses podrá realizarse por el lesionado, aunque no tenga el acuerdo de la aseguradora, y con cargo a la misma. El Instituto de Medicina Legal **y Ciencias Forenses** que deba realizar el informe solicitará a la aseguradora que aporte los medios de prueba de los que disponga, entregando copia del informe pericial que emita a las partes. |
| | Asimismo, el perjudicado también podrá solicitar informes periciales complementarios, sin necesidad de acuerdo del asegurador, siendo los mismos, en este caso, a su costa. | Asimismo, el perjudicado también podrá solicitar informes periciales complementarios, sin necesidad de acuerdo del asegurador, siendo los mismos, en este caso, a su costa. |
| | Esta solicitud de intervención pericial complementaria obligará al asegurador a efectuar una nueva oferta motivada en | Esta solicitud de intervención pericial complementaria obligará al asegurador a efectuar una nueva oferta motivada en |

| | | |
|---|---|---|
| | el plazo de un mes desde la entrega del informe pericial complementario, continuando interrumpido el plazo de prescripción para el ejercicio de las acciones judiciales. En todo caso, se reanudará desde que el perjudicado conociese el rechazo de solicitud por parte del asegurador de recabar nuevos informes. | el plazo de un mes desde la entrega del informe pericial complementario, continuando interrumpido el plazo de prescripción para el ejercicio de las acciones judiciales. En todo caso, se reanudará desde que el perjudicado conociese el rechazo de solicitud por parte del asegurador de recabar nuevos informes. |
| | 6. Reglamentariamente podrá precisarse el contenido de la oferta motivada y de la respuesta motivada, así como las cuestiones relativas al procedimiento de solicitud, emisión, plazo y remisión de entrega del informe emitido por el Instituto de Medicina Legal correspondiente. Igualmente, dicha normativa garantizará la especialización de los Médicos Forenses en la valoración del daño corporal a través de las actividades formativas pertinentes. | **6. El lesionado deberá ser reconocido, desde la presentación de la solicitud a los Institutos de Medicina Legal y Ciencias Forenses, en el plazo de tres meses. El informe deberá emitirse en el plazo de un mes desde el reconocimiento.** |
| | 7. En todo caso, el asegurador deberá afianzar las responsabilidades civiles y abonar las pensiones que por la autoridad judicial fueren exigidas a los presuntos responsables asegurados, de acuerdo con lo establecido en los artículos 764 y 765 de la Ley de Enjuiciamiento Criminal. | 7. En todo caso, el asegurador deberá afianzar las responsabilidades civiles y abonar las pensiones que por la autoridad judicial fueren exigidas a los presuntos responsables asegurados, de acuerdo con lo establecido en los artículos 764 y 765 de la Ley de Enjuiciamiento Criminal. |
| | Las pensiones provisionales se calcularán de conformidad con los límites establecidos en el Anexo de esta Ley. | Las pensiones provisionales se calcularán de conformidad con los límites establecidos en el Anexo de esta Ley. |
| | 8. Una vez presentada la oferta o la respuesta motivada, en caso de disconformidad y a salvo del derecho previsto en el apartado 5 de este precepto, o transcurrido el plazo para su emisión, el perjudicado podrá bien acudir al procedimiento de mediación previsto en el artículo 14 para intentar solucionar la controversia, o bien acudir a la vía jurisdiccional oportuna para la reclamación de los daños y perjuicios correspondientes. | 8. Una vez presentada la oferta o la respuesta motivada, en caso de disconformidad y a salvo del derecho previsto en el apartado 5, o transcurrido el plazo para su emisión, el perjudicado podrá bien acudir a **uno de los medios adecuados de solución de controversias en vía no jurisdiccional** en los términos del artículo 14 para intentar solventar la controversia, o bien acudir a la vía jurisdiccional oportuna para la reclamación de los daños y perjuicios correspondientes. |
| | No se admitirán a trámite, de conformidad con el artículo 403 de la Ley de Enjuiciamiento Civil, las demandas en las que no se acompañen los documentos que acrediten la presentación de la reclamación al asegurador y la oferta o respuesta motivada, si se hubiera emitido por el asegurador | No se admitirán a trámite, de conformidad con el artículo 403 de la Ley 1/2000, de 7 de enero, de Enjuiciamiento Civil, las demandas en las que no se acompañen los documentos que acrediten la oferta o respuesta motivada, si se hubiese emitido por el asegurador **o, en caso de no haberse emitido, la reclamación previa al asegurador, que no requerirá cuantificación.** |
| | | **9. Reglamentariamente podrá precisarse el contenido de la oferta motivada y de la respuesta motivada.** |

| | | |
|---|---|---|
| | | **10. En caso de accidente causado por un conjunto de vehículos formado por una cabeza tractora y el remolque o semirremolque a ella enganchado, o dos remolques o semirremolques, el asegurador de cada remolque o semirremolque, salvo que le corresponda la indemnización íntegra, deberá informar al perjudicado, a petición de este, sin demora indebida de:**<br><br>**a) La identidad del asegurador de la cabeza tractora, o**<br><br>**b) El deber de indemnización a cargo del Consorcio de Compensación de Seguros, de acuerdo con lo establecido en el artículo 11.1.a), cuando el asegurador del remolque o semirremolque no pueda identificar al asegurador de la cabeza tractora.**<br><br>**11. En caso de accidente causado por un conjunto de vehículos formado por una cabeza tractora y el remolque o semirremolque a ella enganchado o dos remolques o semirremolques, cuando cualquier remolque o semirremolque pueda ser identificado pero no el vehículo que lo arrastraba, el perjudicado podrá presentar su reclamación directamente a la entidad aseguradora que haya asegurado el remolque o semirremolque, sin perjuicio de las coberturas del Consorcio de Compensación de Seguros en los casos de accidente causado por vehículo desconocido.**<br><br>**12. Lo dispuesto en este artículo será aplicable al Consorcio de Compensación de Seguros, a OFESAUTO, a las entidades corresponsales autorizadas y a los representantes designados para la tramitación y liquidación de siniestros, cuando les corresponda conforme a esta ley según sus respectivas funciones, entendiéndose realizada a los mismos toda referencia al asegurador.** |
| ***Siete***<br><br>*Se modifica el primer párrafo del artículo 10:* | **Artículo 10. Facultad de repetición**<br><br>El asegurador, una vez efectuado el pago de la indemnización, podrá repetir:<br><br>a) Contra el conductor, el propietario del vehículo causante y el asegurado, si el daño causado fuera debido a la | **Artículo 10. Facultad de repetición**<br><br>El asegurador o**, en su caso, el Consorcio de Compensación de Seguros,** una vez efectuado el pago de la indemnización, podrá repetir:<br><br>a) Contra el conductor, el propietario del vehículo causante y el asegurado, si el daño causado fuera debido a la |

<table>
<tr>
<td></td>
<td>conducta dolosa de cualquiera de ellos o a la conducción bajo la influencia de bebidas alcohólicas o de drogas tóxicas, estupefacientes o sustancias psicotrópicas.<br><br>b) Contra el tercero responsable de los daños.<br><br>c) Contra el tomador del seguro o asegurado, por las causas previstas en la Ley 50/1980, de 8 de octubre, de Contrato de Seguro, y, conforme a lo previsto en el contrato, en el caso de conducción del vehículo por quien carezca del permiso de conducir.<br><br>d) En cualquier otro supuesto en que también pudiera proceder tal repetición con arreglo a las leyes.<br><br>La acción de repetición del asegurador prescribe por el transcurso del plazo de un año, contado a partir de la fecha en que hizo el pago al perjudicado.</td>
<td>conducta dolosa de cualquiera de ellos o a la conducción bajo la influencia de bebidas alcohólicas o de drogas tóxicas, estupefacientes o sustancias psicotrópicas.<br><br>b) Contra el tercero responsable de los daños.<br><br>Contra el tomador del seguro o asegurado, por las causas previstas en la Ley 50/1980, de 8 de octubre, de Contrato de Seguro, y, conforme a lo previsto en el contrato, en el caso de conducción del vehículo por quien carezca del permiso de conducir.<br><br>En cualquier otro supuesto en que también pudiera proceder tal repetición con arreglo a las leyes.<br><br>La acción de repetición prescribe por el transcurso del plazo de un año, contado a partir de la fecha en que hizo el pago al perjudicado.</td>
</tr>
<tr>
<td>***Ocho***<br><br>*Se modifican los apartados 1, 3 y 4 del artículo 11:*</td>
<td>**Artículo 11. Funciones del Consorcio de Compensación de Seguros**<br><br>1. Corresponde al Consorcio de Compensación de Seguros, dentro del ámbito territorial y hasta el límite cuantitativo del aseguramiento obligatorio:<br><br>a) Indemnizar a quienes hubieran sufrido daños en sus personas, por siniestros ocurridos en España, en aquellos casos en que el vehículo causante sea desconocido.<br><br>No obstante, si como consecuencia de un accidente causado por un vehículo desconocido se hubieran derivado daños personales significativos, el Consorcio de Compensación de Seguros habrá de indemnizar también los eventuales daños en los bienes derivados del mismo accidente. En este último caso, podrá fijarse reglamentariamente una franquicia no superior a 500 euros. Se considerarán daños personales significativos la muerte, la incapacidad permanente o la incapacidad temporal que requiera, al menos, una estancia hospitalaria superior a siete días.<br><br>b) Indemnizar los daños en las personas y en los bienes, ocasionados con un vehículo que tenga su estacionamiento habitual en España, así como los ocasionados dentro del territorio español a personas con residencia habitual en España o a bienes de su propiedad situados en España con un</td>
<td>**Artículo 11. Funciones del Consorcio de Compensación de Seguros**<br><br>1. Corresponde al Consorcio de Compensación de Seguros, dentro del ámbito territorial y hasta el límite cuantitativo del aseguramiento obligatorio:<br><br>a) Indemnizar a quienes hubieran sufrido daños en sus personas, por siniestros ocurridos en España, en aquellos casos en que el vehículo **a motor** causante sea desconocido.<br><br>No obstante, si como consecuencia de un accidente causado en este supuesto se hubieran derivado daños personales significativos, el Consorcio de Compensación de Seguros habrá de indemnizar también los eventuales daños en los bienes derivados del mismo accidente. En este último caso, podrá fijarse reglamentariamente una franquicia no superior a 500 euros. Se considerarán daños personales significativos la muerte, la incapacidad permanente o la incapacidad temporal que requiera, al menos, una estancia hospitalaria superior a **tres** días.<br><br>b) Indemnizar los daños en las personas y en los bienes, **en los siguientes supuestos:**<br><br>**i. Los accidentes ocasionados con un vehículo a motor que tenga su estacionamiento habitual en España, así como los ocasionados dentro del**</td>
</tr>
</table>

| | | |
|---|---|---|
| | vehículo con estacionamiento habitual en un tercer país no firmante del Acuerdo entre las oficinas nacionales de seguros de los Estados miembros del Espacio Económico Europeo y de otros Estados asociados, en ambos casos cuando dicho vehículo no esté asegurado. | **territorio español a personas con residencia habitual en España o a bienes de su propiedad situados en España con un vehículo a motor con estacionamiento habitual en un tercer país no firmante del Acuerdo entre las oficinas nacionales de seguros de los Estados miembros del Espacio Económico Europeo y de otros Estados asociados, en ambos casos cuando dicho vehículo a motor no esté asegurado.**<br><br>**ii. Los accidentes ocasionados en España por cualquier vehículo a motor no asegurado que circule a pesar de no disponer de autorización para hacerlo por estar dado de baja temporal o definitivamente en el registro de vehículos de la Dirección General de Tráfico o autoridad equivalente del Estado miembro distinto de España en el que tenga su estacionamiento habitual. En este último caso, el Consorcio de Compensación de Seguros solicitará el reembolso al organismo que corresponda del Estado en que tuviera su estacionamiento habitual.**<br><br>**iii. Los accidentes ocasionados en España por vehículos utilizados exclusivamente en las zonas de acceso restringido de puertos y aeropuertos y que no hubiesen suscrito el seguro, aval o garantía financiera a que se refiere el artículo 1.bis.4.c).**<br><br>**iv. Los accidentes ocasionados en España por el uso de vehículos en eventos y actividades automovilísticas, así como entrenamientos, pruebas o demostraciones, en el caso de incumplimiento de la obligación de suscribir un seguro, aval o garantía financiera a que se refiere el artículo 1.bis.4.a). En este caso el Consorcio de Compensación de Seguros indemnizará los daños a terceros, incluyendo espectadores y transeúntes y excluyendo a los conductores y vehículos participantes, y tendrá derecho a recobrar de los organizadores de las pruebas el importe de las indemnizaciones que hubiera satisfecho.**<br><br>**Sin perjuicio de la indemnización que le corresponda abonar con arreglo a lo señalado en los párrafos anteriores y del ejercicio de su derecho de recobro de los importes indemnizados, el Consorcio de Compensación de Seguros remitirá a** |

| | | |
|---|---|---|
| | | **la autoridad competente en materia sancionadora, en la forma que reglamentariamente se determine, los datos y documentos que resulten necesarios de entre los que hubieran fundamentado la gestión de la indemnización a los efectos del ejercicio por dicha autoridad de sus potestades sancionadoras.** |
| | c) Indemnizar los daños, a las personas y en los bienes, ocasionados en España por un vehículo que esté asegurado y haya sido objeto de robo o robo de uso.<br><br>Los daños a las personas y en los bienes ocasionados en otro Estado por un vehículo con estacionamiento habitual en España que esté asegurado y haya sido robado o robado de uso se indemnizarán por el Consorcio de Compensación de Seguros cuando el fondo nacional de garantía de ese Estado no asuma funciones de indemnización de los daños producidos por vehículos robados. | c) Indemnizar los daños a las personas y en los bienes ocasionados en España por un vehículo a motor que esté asegurado y haya sido objeto de robo o robo de uso.<br><br>Los daños a las personas y en los bienes ocasionados en otro Estado por un vehículo a motor con estacionamiento habitual en España que esté asegurado y haya sido robado o robado de uso se indemnizarán por el Consorcio de Compensación de Seguros cuando el fondo de garantía de ese Estado no asuma funciones de indemnización de los daños producidos por vehículos a motor robados. |
| | d) Indemnizar los daños a las personas y en los bienes cuando, en supuestos incluidos dentro del ámbito del aseguramiento de suscripción obligatoria <u>o en los párrafos precedentes de este artículo</u>, surgiera controversia entre el Consorcio de Compensación de Seguros y la entidad aseguradora acerca de quién debe indemnizar al perjudicado. No obstante lo anterior, si ulteriormente se resuelve o acuerda que corresponde indemnizar a la entidad aseguradora, ésta reembolsará al Consorcio de Compensación de Seguros la cantidad indemnizada más los intereses legales, incrementados en un 25 por 100, desde la fecha en que abonó la indemnización. | d) Indemnizar **a las personas perjudicadas** los daños a las personas y en los bienes cuando, en supuestos incluidos dentro del ámbito del aseguramiento de suscripción obligatoria **o en los supuestos establecidos en las letras a), b) y c) del presente apartado**, surgiera controversia entre el Consorcio de Compensación de Seguros y la entidad aseguradora acerca de quién debe indemnizar al perjudicado. No obstante lo anterior, si ulteriormente se resuelve o acuerda que corresponde indemnizar a la entidad aseguradora, ésta reembolsará al Consorcio de Compensación de Seguros la cantidad indemnizada más los intereses legales, incrementados en un 25 por 100, desde la fecha en que abonó la indemnización. |
| | e) Indemnizar los daños a las personas y en los bienes cuando la entidad española aseguradora del <u>vehículo con estacionamiento habitual en España</u> hubiera sido declarada judicialmente en concurso o, habiendo sido disuelta y encontrándose en situación de insolvencia, estuviera sujeta a un procedimiento de liquidación intervenida o ésta hubiera sido asumida por el propio Consorcio de Compensación de Seguros. | e) Indemnizar los daños a las personas y en los bienes cuando la entidad española aseguradora del vehículo **a motor** hubiera sido declarada judicialmente en concurso o, habiendo sido disuelta y encontrándose en situación de insolvencia, estuviera sujeta a un procedimiento de liquidación intervenida o ésta hubiera sido asumida por el propio Consorcio de Compensación de Seguros. **El Consorcio de Compensación de Seguros podrá celebrar acuerdos con los organismos correspondientes de los demás Estados miembros para intercambiar información y reembolsar a dichos organismos aquellas** |

| | | |
|---|---|---|
| | | indemnizaciones que éstos hubieran anticipado a los perjudicados que residan en su territorio por los daños materiales o corporales ocasionados por un vehículo a motor asegurado en la aseguradora española insolvente. Estos pagos se efectuarán en el plazo máximo de seis meses desde la solicitud de reembolso, salvo que exista otro acuerdo por escrito con el organismo de indemnización correspondiente.<br><br>f) Indemnizar a las personas perjudicadas residentes en España los daños causados a las personas y en los bienes por los accidentes ocasionados en España por un vehículo a motor asegurado en una entidad aseguradora cuyo Estado miembro de origen no sea España, desde el momento en que la entidad aseguradora insolvente esté incursa en un procedimiento concursal de quiebra o de liquidación por insolvencia, y ello con independencia del Estado miembro en que tenga estacionamiento habitual el vehículo. Al recibir la reclamación, informará de su recepción a la entidad aseguradora incursa en el procedimiento concursal o de liquidación, o a su administrador o liquidador, y al organismo equivalente del Estado miembro de origen de la entidad. Una vez abonada la indemnización al perjudicado, se faculta al Consorcio de Compensación de Seguros a solicitar y obtener el reembolso íntegro de la cantidad pagada en concepto de indemnización al organismo correspondiente del Estado miembro de origen de la entidad aseguradora creado o autorizado en este para indemnizar a los perjudicados en caso de insolvencia de una entidad aseguradora.<br><br>El Consorcio de Compensación de Seguros podrá celebrar acuerdos con los organismos de otros Estados miembros para cooperar en el intercambio de información y en la gestión de las indemnizaciones en los casos de insolvencia de aseguradoras de vehículos automóviles.<br><br>g) Indemnizar los daños a las personas y en los bienes ocasionados en España por un vehículo a motor utilizado como medio para causar deliberadamente estos daños. |

| | | |
|---|---|---|
| | f) Reembolsar las indemnizaciones satisfechas a los perjudicados residentes en otros Estados del Espacio Económico Europeo por los organismos de indemnización, en los siguientes supuestos: | **h)** Reembolsar las indemnizaciones satisfechas a los perjudicados residentes en otros Estados del Espacio Económico Europeo por los organismos de indemnización, en los siguientes supuestos: |
| | 1.º Cuando el vehículo causante del accidente tenga su estacionamiento habitual en España, en el caso de que no pueda identificarse a la entidad aseguradora. | 1.º Cuando el vehículo **a motor** causante del accidente tenga su estacionamiento habitual en España, en el caso de que no esté asegurado. |
| | 2.º Cuando el accidente haya ocurrido en España, en el caso de que no pueda identificarse al vehículo causante. | 2.º Cuando el accidente haya ocurrido en España, en el caso de que no pueda identificarse al vehículo a motor causante. |
| | 3.º Cuando el accidente haya ocurrido en España, en el caso de vehículos con estacionamiento habitual en terceros países adheridos al sistema de certificado internacional del seguro del automóvil (en adelante, carta verde) y no pueda identificarse a la entidad aseguradora. | 3.º Cuando el accidente haya ocurrido en España, en el caso de vehículos a motor con estacionamiento habitual en terceros países adheridos al sistema de certificado internacional del seguro del automóvil (en adelante, carta verde) y no pueda identificarse a la entidad aseguradora. |
| | g) Indemnizar los daños a las personas y en los bienes derivados de accidentes ocasionados por un vehículo importado a España desde otro Estado miembro del Espacio Económico Europeo, siempre que el vehículo no esté asegurado y el accidente haya ocurrido dentro del plazo de 30 días a contar desde que el comprador aceptó la entrega del vehículo. | **i)** Indemnizar los daños a las personas y en los bienes derivados de accidentes ocasionados por un vehículo a motor importado a España desde otro Estado miembro del Espacio Económico Europeo, siempre que el vehículo a motor no esté asegurado, el accidente haya ocurrido dentro del plazo de **treinta** días a contar desde que el comprador aceptó la entrega del vehículo a motor **y la persona obligada a suscribir el seguro de responsabilidad civil no haya elegido el Estado miembro de matriculación conforme a los dispuesto en el artículo 2.1.e).** |
| | En los supuestos previstos en los párrafos b) y c), quedarán excluidos de la indemnización por el Consorcio los daños a las personas y en los bienes sufridos por quienes ocuparan voluntariamente el vehículo causante del siniestro, conociendo que éste no estaba asegurado o que había sido robado, siempre que el Consorcio probase que aquellos conocían tales circunstancias. | En los supuestos previstos en **las letras** b) y c), quedarán excluidos de la indemnización por el Consorcio los daños a las personas y en los bienes sufridos por quienes ocuparan voluntariamente el vehículo a motor causante del siniestro, conociendo, **según los casos**, que éste no estaba asegurado **o cubierto por garantía**, o que había sido robado, siempre que el Consorcio probase que aquellos conocían tales circunstancias **y, en estos casos, la cobertura del seguro de suscripción obligatoria no alcanzará tampoco a los daños y perjuicios ocasionados por las lesiones o fallecimiento de dichas personas.** |
| | 2. El Consorcio de Compensación de Seguros asumirá las funciones que como organismo de información le | 2. El Consorcio de Compensación de Seguros asumirá las funciones que como organismo de información le |

| | | |
|---|---|---|
| | atribuyen los artículos 24 y 25 de esta Ley.<br><br>3. El perjudicado tendrá acción directa contra el Consorcio de Compensación de Seguros en los casos señalados en este artículo, y éste podrá repetir en los supuestos definidos en el artículo 10 de esta Ley, así como contra el propietario y el responsable del accidente cuando se trate de vehículo no asegurado, o contra los autores, cómplices o encubridores del robo o robo de uso del vehículo causante del siniestro, así como contra el responsable del accidente que conoció de la sustracción de aquel.<br><br>4. En los casos de repetición por el Consorcio de Compensación de Seguros será de aplicación el plazo de prescripción establecido en el artículo 10 de esta Ley.<br><br>5. El Consorcio no podrá condicionar el pago de la indemnización a la prueba por parte del perjudicado de que la persona responsable no puede pagar o se niega a hacerlo.<br><br>6. Corresponde al Consorcio de Compensación de Seguros el fomento del aseguramiento de suscripción obligatoria de los vehículos a motor. | atribuyen los artículos 24 y 25 de esta Ley.<br><br>3. El perjudicado tendrá acción directa contra el Consorcio de Compensación de Seguros en los casos señalados en este artículo.<br><br>**Por su parte, el Consorcio de Compensación de Seguros** podrá repetir en los supuestos definidos en el artículo 10. **También podrá repetir contra el** propietario y el responsable del accidente cuando se trate de un vehículo a motor no asegurado, **contra** los autores, cómplices o encubridores del robo o robo de uso del vehículo a motor causante del siniestro, contra el responsable del accidente que conoció la sustracción de aquel, **y contra el causante de los daños producidos en España por un vehículo a motor utilizado como medio para causar deliberadamente daños a las personas y a los bienes, así como en cualquier otro supuesto en que también pudiera proceder tal repetición con arreglo a las leyes.**<br><br>4. En los casos de repetición por el Consorcio de Compensación de Seguros **previstos en el apartado 3** será de aplicación el plazo de prescripción establecido en el artículo 10.<br><br>5. El Consorcio no podrá condicionar el pago de la indemnización a la prueba por parte del perjudicado de que la persona responsable no puede pagar o se niega a hacerlo.<br><br>6. Corresponde al Consorcio de Compensación de Seguros el fomento del aseguramiento de suscripción obligatoria de los vehículos a motor. |
| Modificaciones en el TÍTULO II-Ordenamiento procesal civil<br>CAPÍTULO ÚNICO-De las diligencias preparatorias y el ejercicio judicial de la acción ejecutiva (arts. 12 a 19) | | |
| ***Nueve***<br><br>*Se modifica el título y el contenido del artículo 14:* | **Artículo 14. Procedimiento de mediación en los casos de controversia**<br><br>1. En caso de disconformidad con la oferta o la respuesta motivada y, en general, en los casos de controversia, las partes podrán acudir al procedimiento de mediación de conformidad con lo previsto en la Ley 5/2012, de 6 de julio, de mediación en asuntos civiles y mercantiles. | **Artículo 14. Medios de solución de controversias en vía no jurisdiccional en los casos de disconformidad con la oferta o respuesta motivada.**<br><br>1. En caso de disconformidad con la oferta o la respuesta motivada y, en general, en los supuestos de controversia, las partes podrán acudir a **todo medio adecuado de solución de controversias en vía no jurisdiccional**. |

| | | |
|---|---|---|
| | 2. A tal efecto, será el perjudicado quién podrá solicitar el inicio de una mediación, en el plazo máximo de dos meses, a contar desde el momento que hubiera recibido la oferta o la respuesta motivada o los informes periciales complementarios si se hubieran pedido. | 2. A tal efecto, **cualquiera de las partes** podrá solicitar el inicio de **un medio adecuado de solución de controversias en vía no jurisdiccional**, desde el momento en que el perjudicado hubiera recibido la oferta o la respuesta motivada o los informes periciales complementarios si se hubieran pedido. |
| | 3. Podrán ejercer esta modalidad de mediación profesionales especializados en responsabilidad civil en el ámbito de la circulación y en el sistema de valoración previsto en esta Ley, que cuenten con la formación específica para ejercer la mediación en este ámbito. El mediador, además de facilitar la comunicación entre las partes y velar porque dispongan de la información y el asesoramiento suficientes, desarrollará una conducta activa tendente a posibilitar un acuerdo entre ellas. | 3. **Podrán intervenir en estos medios adecuados de solución** profesionales especializados en responsabilidad civil en el ámbito de la circulación y en el sistema de valoración previsto en esta ley, que cuenten con la formación específica en este ámbito |
| | 4. Recibida la solicitud de mediación, el mediador o la institución de mediación citará a las partes para la celebración de la sesión informativa. En particular, el mediador informará a las partes de que son plenamente libres de alcanzar o no un acuerdo y de desistir del procedimiento en cualquier momento, así como que la duración de la mediación no podrá ser superior a tres meses, que el acuerdo que eventualmente alcancen será vinculante y podrán instar su elevación a escritura pública al objeto de configurarlo como un título ejecutivo. | |
| **Modificaciones en el TÍTULO III-De los siniestros ocurridos en un Estado distinto al de residencia del perjudicado, en relación con el aseguramiento obligatorio CAPÍTULO III-Organismo de información (arts. 24 a 25)** | | |
| ***Diez*** *Se modifica el apartado 2 del artículo 25:* | **Artículo 25. Obtención de información del Consorcio de Compensación de Seguros** 1. El Consorcio de Compensación de Seguros prestará asistencia y facilitará la información a la que se refiere el artículo 24.1.a) a los perjudicados de accidentes de circulación ocurridos en un país distinto al de su residencia habitual, siempre que se cumpla alguna de las condiciones siguientes: a) Que el perjudicado tenga su residencia en España. b) Que el vehículo causante del siniestro tenga su estacionamiento habitual en España. | **Artículo 25. Obtención de información del Consorcio de Compensación de Seguros** 1. El Consorcio de Compensación de Seguros prestará asistencia y facilitará la información a la que se refiere el artículo 24.1.a) a los perjudicados de accidentes de circulación ocurridos en un país distinto al de su residencia habitual, siempre que se cumpla alguna de las condiciones siguientes: a) Que el perjudicado tenga su residencia en España. b) Que el vehículo causante del siniestro tenga su estacionamiento habitual en España. |

| | | |
|---|---|---|
| | c) Que el siniestro se haya producido en España.<br><br>2. El Consorcio de Compensación de Seguros facilitará, asimismo, al perjudicado el nombre y la dirección del propietario, del conductor habitual o del titular legal del vehículo con estacionamiento habitual en España, si aquel tuviera un interés legítimo en obtener dicha información. A estos efectos, la Dirección General de Tráfico o la entidad aseguradora proporcionará estos datos al Consorcio de Compensación de Seguros, y se establecerán, en todo caso, las medidas técnicas y organizativas necesarias para asegurar la confidencialidad, seguridad e integridad de los datos y las garantías, obligaciones y derechos reconocidos en la Ley Orgánica 15/1999, de 13 de diciembre, de Protección de Datos de Carácter Personal. | c) Que el siniestro se haya producido en España.<br><br>2. El Consorcio de Compensación de Seguros facilitará, asimismo, al perjudicado el nombre y la dirección del propietario, del conductor habitual o del titular legal del vehículo con estacionamiento habitual en España, si aquel tuviera un interés legítimo en obtener dicha información. A estos efectos, la Dirección General de Tráfico o la entidad aseguradora proporcionará estos datos al Consorcio de Compensación de Seguros, y se establecerán, en todo caso, las medidas técnicas y organizativas necesarias para asegurar la confidencialidad, seguridad e integridad de los datos y las garantías, obligaciones y derechos reconocidos en el **Reglamento (UE) 2016/679 del Parlamento Europeo y del Consejo, de 27 de abril de 2016, relativo a la protección de las personas físicas en lo que respecta al tratamiento de datos personales y a la libre circulación de estos datos y por el que se deroga la Directiva 95/46/CE, y en la Ley Orgánica 3/2018, de 5 de diciembre, de Protección de Datos Personales y garantía de los derechos digitales, de acuerdo con lo establecido en el título V.** |
| | A la información de que disponga el Consorcio de Compensación de Seguros tendrán acceso, además de los perjudicados, los aseguradores de éstos, los organismos de información de otros Estados miembros del Espacio Económico Europeo, la Oficina Española de Aseguradores de Automóviles, en su calidad de organismo de indemnización, y los organismos de indemnización de otros Estados miembros del Espacio Económico Europeo, así como los fondos de garantía de otros Estados miembros del Espacio Económico Europeo. Tendrán también acceso a dicha información los centros sanitarios y servicios de emergencias médicas que suscriban convenios con el Consorcio de Compensación de Seguros y las entidades aseguradoras para la asistencia a lesionados de tráfico. | A la información de que disponga el Consorcio de Compensación de Seguros tendrán acceso, además de los perjudicados, los aseguradores de estos, los organismos de información de otros Estados miembros del Espacio Económico Europeo, la Oficina Española de Aseguradores de Automóviles, los organismos de indemnización de otros Estados miembros del Espacio Económico Europeo, así como los fondos de garantía de otros Estados miembros del Espacio Económico Europeo, incluyendo los organismos de indemnización de otros Estados miembros del Espacio Económico Europeo en caso de insolvencia de la entidad aseguradora. **Tendrán también acceso a dicha información los centros sanitarios y servicios de emergencias médicas que suscriban convenios con el Consorcio de Compensación de Seguros y las entidades aseguradoras para la asistencia a lesionados de tráfico.** |

| Modificaciones en el CAPÍTULO IV-Organismo de indemnización (arts. 26 a 29) | | |
|---|---|---|
| *Once* | | |
| *Se modifican los apartados 1 y 2 y se añade un nuevo apartado 5 en el artículo 27:* | **Artículo 27. Reclamaciones ante Ofesauto en su condición de organismo de indemnización español**<br><br>1. Los perjudicados con residencia en España podrán presentar ante Ofesauto, en su condición de organismo de indemnización español, reclamación en los siguientes supuestos:<br><br>a) Si en el plazo de tres meses, a partir de la fecha en que el perjudicado haya presentado su reclamación de indemnización a la entidad aseguradora del vehículo causante del accidente o a su representante para la tramitación y liquidación de siniestros designado en España, ninguno de los dos ha formulado respuesta motivada a lo planteado en la reclamación; o<br><br>b) Si la entidad aseguradora no hubiera designado representante para la tramitación y liquidación de siniestros en España, salvo que el perjudicado haya presentado una reclamación de indemnización directamente a la entidad aseguradora del vehículo causante del accidente y haya recibido de esta una respuesta motivada en los tres meses siguientes a la presentación de la reclamación.<br><br>No obstante, el perjudicado no podrá presentar una reclamación a Ofesauto, en su condición de organismo de indemnización, si ha ejercitado el derecho de acción directa contra la aseguradora. | **Artículo 27. Reclamaciones ante Ofesauto en su condición de organismo de indemnización español**<br><br>1. Los perjudicados con residencia en España podrán presentar ante OFESAUTO, en su condición de organismo de indemnización español, reclamación en los siguientes supuestos:<br><br>a) Si en el plazo de tres meses, a partir de la fecha en que el perjudicado haya presentado su reclamación de indemnización a la entidad aseguradora del vehículo causante del accidente o a su representante para la tramitación y liquidación de siniestros designado en España, ninguno de los dos ha formulado respuesta motivada a lo planteado en la reclamación.<br><br>b) Si la entidad aseguradora no hubiera designado representante para la tramitación y liquidación de siniestros en España, salvo que el perjudicado haya presentado una reclamación de indemnización directamente a la entidad aseguradora del vehículo causante del accidente y haya recibido de esta una respuesta motivada en los tres meses siguientes a la presentación de la reclamación.<br><br>**c) Si el siniestro se ha producido en un Estado distinto a España y la entidad aseguradora del vehículo responsable está incursa en un procedimiento concursal o de liquidación tal y como se define en los artículos 183 a 189 de la Ley 20/2015, de 14 de julio. Al recibir la reclamación, informará de su recepción a la entidad aseguradora, o a su administrador o liquidador, y al organismo del Estado miembro de origen de la entidad creado o autorizado en este para indemnizar a los perjudicados en caso de insolvencia de una entidad aseguradora. Una vez abonada la indemnización al perjudicado, se faculta a OFESAUTO para solicitar y obtener el reembolso íntegro de la cantidad pagada en concepto de indemnización al organismo del Estado miembro de origen de la entidad aseguradora.**<br><br>**OFESAUTO podrá celebrar acuerdos con los organismos de otros Estados miembros para cooperar en el intercambio de información y en la gestión de las indemnizaciones en los casos de insolvencia de aseguradoras de vehículos automóviles.** |

| | | |
|---|---|---|
| | | **En este caso OFESAUTO en el plazo de tres meses presentará bien una oferta motivada de indemnización cuando determine que es responsable de indemnizar con arreglo a los apartados 1.a) o 1.b), no se haya impugnado la reclamación y se haya cuantificado parcial o totalmente el daño, o bien dará una respuesta motivada a lo planteado en la reclamación cuando determine que no es responsable de indemnizar por no estar incursa la entidad aseguradora del vehículo responsable en un procedimiento de concurso o de liquidación o en el supuesto de que se haya rechazado o no se haya determinado claramente la responsabilidad o no se haya cuantificado totalmente el daño por dilatarse en el tiempo el proceso curativo del lesionado.** |
| | 2. Ofesauto, en su condición de organismo de indemnización, dará respuesta a la reclamación de indemnización en un plazo de dos meses, a contar desde la fecha en que le sea presentada por el perjudicado residente en España, sin que pueda condicionar el pago de la indemnización a la prueba por parte del perjudicado residente en España de que la persona responsable no puede pagar o se niega a hacerlo. No obstante, pondrá término a su intervención si la entidad aseguradora o su representante para la tramitación y liquidación de siniestros designado en España da, con posterioridad, una respuesta motivada a la reclamación, o si tiene conocimiento con posterioridad de que el perjudicado ha ejercitado el derecho de acción directa contra la aseguradora del vehículo responsable. | 2. OFESAUTO, en los supuestos previstos en los apartados 1.a) y b), y en su condición de organismo de indemnización, dará respuesta a la reclamación de indemnización en un plazo de dos meses, a contar desde la fecha en que le sea presentada por el perjudicado residente en España, sin que pueda condicionar el pago de la indemnización a la prueba por parte del perjudicado residente en España de que la persona responsable no puede pagar o se niega a hacerlo. No obstante, pondrá término a su intervención si la entidad aseguradora o su representante para la tramitación y liquidación de siniestros designado en España da, con posterioridad, una respuesta motivada a la reclamación, o si tiene conocimiento con posterioridad de que el perjudicado ha ejercitado el derecho de acción directa contra la aseguradora del vehículo responsable. |
| | 3. Ofesauto, en su condición de organismo de indemnización español, informará inmediatamente a la entidad aseguradora del vehículo causante del accidente o a su representante para la tramitación y liquidación de siniestros designado en España, al organismo de indemnización del Estado en que esté ubicado el establecimiento de la entidad aseguradora que emitió la póliza y, de conocerse su identidad, a la persona causante del accidente de que ha recibido una reclamación del perjudicado y de que dará respuesta a dicha reclamación en un plazo de dos meses a contar desde la fecha de su presentación. | 3. Ofesauto, en su condición de organismo de indemnización español, informará inmediatamente a la entidad aseguradora del vehículo causante del accidente o a su representante para la tramitación y liquidación de siniestros designado en España, al organismo de indemnización del Estado en que esté ubicado el establecimiento de la entidad aseguradora que emitió la póliza y, de conocerse su identidad, a la persona causante del accidente de que ha recibido una reclamación del perjudicado y de que dará respuesta a dicha reclamación en un plazo de dos meses a contar desde la fecha de su presentación. |

| | | |
|---|---|---|
| | 4. La intervención de Ofesauto, en su condición de organismo de indemnización español, se limita a los supuestos en los que la entidad aseguradora no cumpla sus obligaciones, y será subsidiaria de esta. | 4. La intervención de Ofesauto, en su condición de organismo de indemnización español, se limita a los supuestos en los que la entidad aseguradora no cumpla sus obligaciones, y será subsidiaria de esta.<br><br>**5. Una vez abonadas a los perjudicados las indemnizaciones, OFESAUTO exigirá el reembolso íntegro de la cantidad pagada en concepto de indemnización al organismo correspondiente del Estado miembro de origen de la entidad aseguradora que esté incursa en un proceso concursal o de liquidación.** |
| **Modificaciones en el CAPÍTULO V-Colaboración y acuerdos entre organismos. Ley aplicable y jurisdicción competente (arts. 30 a 31)** | | |
| ***Doce***<br><br>*Se modifica el apartado 1 del artículo 30:* | **Artículo 30. Colaboración y acuerdos entre organismos**<br><br>1. El Consorcio de Compensación de Seguros colaborará con el resto de organismos de información del Espacio Económico Europeo para facilitar el acceso a su información a los residentes en otros países distintos a España.<br><br>Para el adecuado cumplimiento de las funciones que se atribuyen en esta ley, el Consorcio podrá celebrar acuerdos con organismos de información, con organismos de indemnización y con aquellas organizaciones e instituciones creadas o designadas para la gestión de los siniestros a que se refiere el artículo 20 en otros Estados miembros del Espacio Económico Europeo.<br><br>2. Ofesauto podrá celebrar acuerdos con los organismos de indemnización, con organismos de información o con otras instituciones creadas o designadas para la gestión de los siniestros a que se refiere el artículo 20 en otros Estados miembros del Espacio Económico Europeo. | **Artículo 30. Colaboración y acuerdos entre organismos**<br><br>1. El Consorcio de Compensación de Seguros colaborará con el resto de organismos de información del Espacio Económico Europeo para facilitar el acceso a su información a los residentes en otros países distintos a España.<br><br>**En el supuesto de entidades aseguradoras españolas incursas en un procedimiento concursal o de liquidación, el Consorcio de Compensación de Seguros informará con prontitud del inicio del procedimiento a los organismos de indemnización de los Estados miembros.**<br><br>Para el adecuado cumplimiento de las funciones que se atribuyen en esta ley, el Consorcio podrá celebrar acuerdos con organismos de información, con organismos de indemnización y con aquellas organizaciones e instituciones creadas o designadas para la gestión de los siniestros a que se refiere el artículo 20 en otros Estados miembros del Espacio Económico Europeo.<br><br>2. Ofesauto podrá celebrar acuerdos con los organismos de indemnización, con organismos de información o con otras instituciones creadas o designadas para la gestión de los siniestros a que se refiere el artículo 20 en otros Estados miembros del Espacio Económico Europeo. |

| Modificaciones en el TÍTULO IV-Sistema para la valoración de los daños y perjuicios causados a las personas en accidentes de circulación<br>CAPÍTULO I-Criterios generales para la determinación de la indemnización del daño corporal<br>SECCIÓN 1.ª-Disposiciones generales (arts. 32 a 49) | | |
|---|---|---|
| ***Trece***<br><br>*Se modifican los apartados 1 y 3 del artículo 36* | **Artículo 36. Sujetos perjudicados**<br><br>1. Tienen la condición de sujetos perjudicados:<br><br>a) La víctima del accidente.<br><br>b) Las categorías de perjudicados mencionadas en el artículo 62, en caso de fallecimiento de la víctima.<br><br>2. A los efectos de esta Ley, se considera que sufre el mismo perjuicio resarcible que el cónyuge viudo el miembro supérstite de una pareja de hecho estable constituida mediante inscripción en un registro o documento público o que haya convivido un mínimo de un año inmediatamente anterior al fallecimiento o un período inferior si tiene un hijo en común.<br><br>3. Excepcionalmente, los familiares de víctimas fallecidas mencionados en el artículo 62, así como los de grandes lesionados, tienen derecho a ser resarcidos por los gastos de tratamiento médico y psicológico que reciban durante un máximo de seis meses por las alteraciones psíquicas que, en su caso, les haya causado el accidente. | **Artículo 36. Sujetos perjudicados**<br><br>1. **A efectos de los daños y perjuicios causados a las personas**, tienen la condición de sujetos perjudicados:<br><br>**a) La persona lesionada víctima del accidente, en caso de lesiones temporales o secuelas;**<br><br>**b) Las personas mencionadas en el artículo 62 en caso de fallecimiento de la víctima**.<br><br>En ningún caso se considerará perjudicado al conductor responsable exclusivo del accidente<br><br>2. A los efectos de esta Ley, se considera que sufre el mismo perjuicio resarcible que el cónyuge viudo el miembro supérstite de una pareja de hecho estable constituida mediante inscripción en un registro o documento público o que haya convivido un mínimo de un año inmediatamente anterior al fallecimiento o un período inferior si tiene un hijo en común.<br><br>3. Excepcionalmente, **son también perjudicados** los familiares de víctimas fallecidas mencionados en el artículo 62, así como los de grandes lesionados, que tienen derecho a ser resarcidos por los gastos de tratamiento médico y psicológico que reciban durante un máximo de **doce** meses por las alteraciones psíquicas que, en su caso, les haya causado el accidente. |
| ***Catorce***<br><br>*Se modifica el apartado 3 del artículo 37:* | **Artículo 37. Necesidad de informe médico y deberes recíprocos de colaboración**<br><br>1. La determinación y medición de las secuelas y de las lesiones temporales ha de realizarse mediante informe médico ajustado a las reglas de este sistema.<br><br>2. El lesionado debe prestar, desde la producción del daño, la colaboración necesaria para que los servicios médicos designados por cuenta del eventual responsable lo reconozcan y sigan el curso evolutivo de sus lesiones. El incumplimiento de este deber constituye causa no imputable a la entidad aseguradora a los efectos de la regla 8.ª del artículo 20 de la Ley de Contrato de Seguro, relativa al devengo de intereses moratorios. | **Artículo 37. Necesidad de informe médico y deberes recíprocos de colaboración**<br><br>1. La determinación y medición de las secuelas y de las lesiones temporales ha de realizarse mediante informe médico ajustado a las reglas de este sistema.<br><br>2. El lesionado debe prestar, desde la producción del daño, la colaboración necesaria para que los servicios médicos designados por cuenta del eventual responsable lo reconozcan y sigan el curso evolutivo de sus lesiones. El incumplimiento de este deber constituye causa no imputable a la entidad aseguradora a los efectos de la regla 8.ª del artículo 20 de la Ley de Contrato de Seguro, relativa al devengo de intereses moratorios. |

| | | |
|---|---|---|
| | 3. Los servicios médicos proporcionarán tanto a la entidad aseguradora como al lesionado el informe médico definitivo que permita valorar las secuelas, las lesiones temporales y todas sus consecuencias personales. A los efectos del artículo 7.3.c) de esta Ley, carecerá de validez la oferta motivada que no adjunte dicho informe, salvo que éste se hubiera entregado con anterioridad. | 3. Los servicios médicos proporcionarán tanto a la entidad aseguradora como al lesionado el informe médico **pericial** definitivo que permita valorar las secuelas, las lesiones temporales y todas sus consecuencias personales. A los efectos del artículo 7.3.c), carecerá de validez la oferta motivada que no adjunte dicho informe, salvo que éste se hubiera entregado con anterioridad. |
| ***Quince***<br><br>*Se modifica el apartado. 2 del artículo 41* | **Artículo 41. Indemnización mediante renta vitalicia**<br><br>1. En cualquier momento las partes pueden convenir o el juez acordar, a petición de cualquiera de ellas, la sustitución total o parcial de la indemnización fijada de acuerdo con el sistema establecido en esta Ley por la constitución de una renta vitalicia en favor del perjudicado.<br><br>2. En todo caso, el juez puede acordar de oficio tal sustitución, al menos parcial, cuando se trate del resarcimiento de los perjuicios padecidos por menores o personas con capacidad modificada judicialmente y la estime necesaria para proteger más eficazmente sus intereses. | **Artículo 41. Indemnización mediante renta vitalicia**<br><br>1. En cualquier momento las partes pueden convenir o el juez acordar, a petición de cualquiera de ellas, la sustitución total o parcial de la indemnización fijada de acuerdo con el sistema establecido en esta Ley por la constitución de una renta vitalicia en favor del perjudicado.<br><br>2. En todo caso, el juez puede acordar de oficio tal sustitución, al menos parcial, cuando se trate del resarcimiento de los perjuicios padecidos por menores o personas **con discapacidad que requieran medidas de apoyo para el ejercicio de su capacidad jurídica**, y la estime necesaria para proteger más eficazmente sus intereses. |
| ***Dieciséis***<br><br>*Se modifica el apartado 1 del artículo 42:* | **Artículo 42. Cálculo de la renta vitalicia**<br><br>1. Si la indemnización se establece en forma de renta vitalicia, su importe se calcula de modo que sea equivalente al capital de la indemnización que resulta de este sistema de acuerdo con la tabla técnica de coeficientes actuariales de conversión entre rentas y capitales (TT1) incluida en las bases técnicas actuariales a las que se refiere el artículo 48. Dicha renta se actualizará cada año de acuerdo con el porcentaje del índice de revalorización de las pensiones previsto en la Ley de Presupuestos Generales del Estado.<br><br>2. La renta vitalicia anual equivalente a la indemnización en capital se calcula dividiéndolo por un coeficiente actuarial que tiene en cuenta:<br><br>a) la duración vitalicia,<br><br>b) el riesgo de fallecimiento del perjudicado o del lesionado, que se determina mediante las tablas actuariales de mortalidad utilizadas en esta Ley, y | **Artículo 42. Cálculo de la renta vitalicia**<br><br>1. Si la indemnización se establece en forma de renta vitalicia, su importe se calcula de modo que sea equivalente al capital de la indemnización que resulta de este sistema de acuerdo con la tabla técnica de coeficientes actuariales de conversión entre rentas y capitales (TT1) incluida en el anexo. Dicha renta se actualizará cada año de acuerdo **con las hipótesis de inflación establecidas en las bases técnicas actuariales**<br><br>2. La renta vitalicia anual equivalente a la indemnización en capital se calcula dividiéndolo por un coeficiente actuarial que tiene en cuenta:<br><br>a) la duración vitalicia,<br><br>b) el riesgo de fallecimiento del perjudicado o del lesionado, que se determina mediante las tablas actuariales de mortalidad utilizadas en esta Ley, y |

| | | |
|---|---|---|
| | c) la tasa de interés de descuento, que tiene en cuenta la inflación.<br><br>3. La renta anual puede fraccionarse en períodos inferiores, dividiéndose en tal caso por meses o por el período temporal que corresponda. | c) la tasa de interés de descuento, que tiene en cuenta la inflación.<br><br>3. La renta anual puede fraccionarse en períodos inferiores, dividiéndose en tal caso por meses o por el período temporal que corresponda. |
| ***Diecisiete***<br><br>*Se modifica el título y el contenido artículo 45:* | **Artículo 45. Indemnización por secuelas en caso de fallecimiento del lesionado tras la estabilización y antes de fijarse la indemnización**<br><br>En el caso de lesionados con secuelas que fallecen tras la estabilización y antes de fijarse la indemnización, sus herederos perciben la suma de las cantidades que resultan de las reglas siguientes:<br><br>a) En concepto de daño inmediato, el quince por ciento del perjuicio personal básico que corresponde al lesionado de acuerdo con las tablas 2.A.1 y 2.A.2.<br><br>b) Las cantidades que correspondan al porcentaje restante del perjuicio personal básico y a la aplicación de las tablas 2.B y 2.C en lo relativo al lucro cesante, en proporción al tiempo transcurrido desde la fecha de la estabilización hasta el fallecimiento, teniendo en cuenta la esperanza de vida del fallecido en la fecha de la estabilización, de acuerdo con la tabla técnica de esperanzas de vida (TT2) incluida en las bases técnicas actuariales a las que se refiere el artículo 48.<br><br>A los efectos de este cálculo se considera que la esperanza de vida de víctimas de más de ochenta años es siempre de ocho años. | **Artículo 45. Indemnización por secuelas en caso de fallecimiento del lesionado y antes de fijarse la indemnización.**<br><br>1. En el caso de lesionados con secuelas que fallecen tras la estabilización y antes de fijarse la indemnización, sus herederos perciben la suma de las cantidades que resultan de las reglas siguientes:<br><br>a) En concepto de daño inmediato, el quince por ciento del perjuicio personal básico y de los perjuicios particulares que corresponden al lesionado de acuerdo con las tablas 2.A.1, 2.A.2 y 2.B, **con excepción del de pérdida de feto a consecuencia del accidente, que se resarce en su integridad, y de la cantidad resultante de la aplicación de la tabla 2.C en lo relativo al lucro cesante y ayuda de tercera persona.**<br><br>b) Las cantidades que correspondan al porcentaje restante del perjuicio personal básico y a la aplicación de las tablas 2.B y 2.C en lo relativo al lucro cesante y ayuda de tercera persona, en proporción al tiempo transcurrido desde la fecha de la estabilización hasta el fallecimiento, teniendo en cuenta la esperanza de vida del fallecido en la fecha de la estabilización de acuerdo con la tabla técnica de esperanzas de vida (TT2) incluida en el anexo.<br><br>**2. En el caso de lesionados que resulten con lesiones como amputaciones, secciones medulares completas, resección de órganos o estados de coma vigil o vegetativos crónicos irreversibles u otras de gravedad análoga, cuya irreversibilidad se pueda acreditar sin esperar a la estabilización, y fallezcan transcurridos al menos treinta días desde la fecha del accidente sin que se hubiesen estabilizado las secuelas, sus herederos perciben el importe a que se refiere el apartado 1, en concepto de daño inmediato y proporcional, si bien a contar desde la fecha del accidente hasta el fallecimiento y solo en relación con los perjuicios personal básico y perjuicios particulares de las tablas 2.A.1, 2.A.2** |

| | | |
|---|---|---|
| | | **y 2.B y con la excepción de los perjuicios particulares por pérdida de calidad de vida previstos en el artículo 107.** |
| ***Dieciocho***<br><br>*Se modifica el artículo 48:* | **Artículo 48. Bases técnicas actuariales**<br><br>Las bases técnicas actuariales, que contienen las hipótesis económico-financieras y biométricas del cálculo de los coeficientes actuariales, se establecerán por el Ministro de Economía y Competitividad. | **Artículo 48. Bases técnicas actuariales.**<br><br>**1.** Las bases técnicas actuariales, que contienen el procedimiento de cálculo y las hipótesis económico-financieras y biométricas **para cuantificar las indemnizaciones de lucro cesante y ayuda de tercera persona**, se **elaborarán por la Comisión de Seguimiento del Sistema de Valoración, y se aprobarán mediante orden ministerial de la persona titular del Ministerio de Economía, Comercio y Empresa.**<br><br>**2. Las bases técnicas actuariales se revisarán cada cinco años, a contar desde la entrada en vigor de la actualización anterior, salvo circunstancias excepcionales adecuadamente justificadas.**<br><br>**3. La Dirección General de Seguros y Fondos de Pensiones hará públicas en su sede electrónica las bases técnicas actuariales para su conocimiento y aplicación.** |
| ***Diecinueve***<br><br>*Se modifica el título y el contenido del artículo 49:* | **Artículo 49. Actualizaciones**<br><br>1. A partir del año siguiente a la entrada en vigor de esta Ley, las cuantías y límites indemnizatorios fijados en ella y en sus tablas quedan automáticamente actualizadas con efecto a 1 de enero de cada año en el porcentaje del índice de revalorización de las pensiones previsto en la Ley de Presupuestos Generales del Estado.<br><br>2. No obstante, las tablas de lucro cesante y de ayuda de tercera persona, | **Artículo 49. Actualizaciones y modificaciones.**<br><br>1. Las cuantías y límites indemnizatorios fijados en esta ley y en sus tablas, **salvo las tablas de lucro cesante y de ayuda de tercera persona, que se rigen por lo dispuesto en el apartado siguiente**, quedan automáticamente actualizadas con efecto desde el uno de enero de cada año, **incluido, en el porcentaje del índice general de precios al consumo correspondiente al año natural inmediatamente anterior.**<br><br>**La Comisión de Seguimiento del Sistema de Valoración realizará los cálculos a los que se refiere el párrafo anterior y estos se harán públicos por Resolución de la Dirección General de Seguros y Fondos de Pensiones en los sitios web del Ministerio de la Presidencia, Justicia y Relaciones con las Cortes y de la Dirección General de Seguros y Fondos de Pensiones para facilitar su conocimiento y aplicación.**<br><br>2. Las tablas de lucro cesante y de ayuda de tercera persona no se actualizan, **sino que se modifican** |

<table>
<tr>
<td></td>
<td>por su naturaleza, se actualizan conforme a las bases técnicas actuariales.</td>
<td>mediante la correspondiente revisión de las bases técnicas actuariales. Para los accidentes ocurridos con anterioridad a cada modificación, se aplicarán las tablas vigentes en el momento del fallecimiento o de la estabilización de las secuelas actualizadas en el momento del pago con el índice general de precios al consumo aplicable. Las tablas de lucro cesante y ayuda de tercera persona que resulten modificadas tras cada revisión de las bases técnicas se aprobarán por orden ministerial de la persona titular del Ministerio de Economía, Comercio y Empresa, sin perjuicio de la facultad del Consejo de Ministros para modificar todas las tablas del anexo de acuerdo con lo previsto en la disposición final segunda.</td>
</tr>
<tr>
<td></td>
<td>Asimismo la tabla de gasto de asistencia sanitaria futura se actualiza, en su caso, de acuerdo con lo que se establezca en los convenios sanitarios que se suscriban con los servicios públicos de salud según lo establecido en el artículo 114, y teniendo en cuenta la variación de los costes soportados por los servicios sanitarios.</td>
<td>3. La tabla de gasto de asistencia sanitaria futura se actualiza, en su caso, de acuerdo con lo que se establezca en los convenios sanitarios que se suscriban con los servicios públicos de salud según lo establecido en el artículo 114, y teniendo en cuenta la variación de los costes soportados por los servicios sanitarios.</td>
</tr>
<tr>
<td></td>
<td>3. La Dirección General de Seguros y Fondos de Pensiones hará públicas por resolución las cuantías indemnizatorias actualizadas para facilitar su conocimiento y aplicación.</td>
<td></td>
</tr>
<tr>
<td colspan="3">Modificaciones en el CAPÍTULO II-Reglas para la valoración del daño corporal<br>SECCIÓN 1.ª- Indemnizaciones por causa de muerte (arts. 61 a 92)<br>SUBSECCIÓN 2.ª- Perjuicio personal particular (Disposiciones relativas a la tabla 1.B) (arts. 68 a 77)</td>
</tr>
<tr>
<td>Veinte<br><br>Se modifica el título y el contenido del artículo 74:</td>
<td>Artículo 74. Perjuicio particular por fallecimiento de ambos progenitores en el mismo accidente<br><br>El fallecimiento de ambos progenitores en el mismo accidente constituye un perjuicio particular que se resarce mediante un incremento de la indemnización por perjuicio personal básico por la muerte de cada progenitor del:<br><br>a) Setenta por ciento, en el caso de hijos de hasta veinte años.<br><br>b) Treinta y cinco por ciento, en el caso de hijos mayores de veinte años.</td>
<td>Artículo 74. Perjuicio particular por fallecimiento de ambos progenitores o de dos o más familiares incluidos en el artículo 62 en el mismo accidente.<br><br>1. El fallecimiento de ambos progenitores en el mismo accidente constituye un perjuicio particular que se resarce mediante un incremento de la indemnización por perjuicio personal básico por la muerte de cada progenitor del:<br><br>a) Setenta por ciento, en el caso de hijos de hasta veinte años.<br><br>b) Treinta y cinco por ciento, en el caso de hijos mayores de veinte años.<br><br>2. En los demás casos de fallecimiento en el mismo accidente</td>
</tr>
</table>

| | | |
|---|---|---|
| | | **de dos o más familiares incluidos en el artículo 62 también existe un perjuicio particular que se resarce mediante un incremento del veinticinco por ciento del perjuicio básico por muerte de cada uno de los familiares fallecidos.** |
| ***Veintiuno***<br><br>*Se modifica el título y el contenido del artículo 76:* | **Artículo 76. Perjuicio particular por fallecimiento de víctima embarazada con pérdida de feto**<br><br>El fallecimiento de víctima embarazada con pérdida de feto a consecuencia del accidente constituye un perjuicio particular que se resarce mediante una cantidad fija que percibe el cónyuge. Dicha cantidad es superior si la pérdida de feto tiene lugar una vez transcurridas doce semanas de gestación. | **Artículo 76. Perjuicio particular por pérdida de feto a consecuencia del fallecimiento de la víctima embarazada.**<br><br>La pérdida de feto a consecuencia del fallecimiento de la víctima embarazada a causa del accidente constituye un perjuicio particular que se resarce con la cantidad que fija la tabla y que percibe el cónyuge. Esta cantidad es superior si la pérdida del feto tiene lugar una vez transcurridas doce semanas de gestación **y aún mayor si la pérdida del feto tiene lugar transcurridas 32 semanas de gestación.** |
| **Modificaciones en la SUBSECCIÓN 3.ª-Perjuicio patrimonial (Disposiciones relativas a la tabla 1.C) (arts. 78 a 92)** | | |
| ***Veintidós***<br><br>*Se modifica el apartado 2 del artículo 82:* | **Artículo 82. Personas perjudicadas**<br><br>1. A efectos de esta Ley se consideran persona perjudicada el cónyuge y los hijos menores de edad y se presume que también lo son, salvo prueba en contrario, los hijos de hasta treinta años.<br><br>2. En los demás casos sólo tienen la condición de personas perjudicadas las incluidas en el artículo 62 que acrediten que dependían económicamente de la víctima y los cónyuges separados o ex cónyuges que tengan derecho a percibir pensión compensatoria que se extinga por el fallecimiento de la víctima. | **Artículo 82. Personas perjudicadas**<br><br>1. A efectos de esta Ley se consideran persona perjudicada el cónyuge y los hijos menores de edad y se presume que también lo son, salvo prueba en contrario, los hijos de hasta treinta años.<br><br>2. En los demás casos sólo tienen la condición de personas perjudicadas las incluidas en el artículo 62 que acrediten que dependían económicamente de la víctima y los cónyuges separados o **excónyuge**s que tengan derecho a percibir pensión compensatoria que se extinga por el fallecimiento de la víctima |
| ***Veintitrés***<br><br>*Se modifica el apartado 1 y se añade un nuevo apartado 3 en el artículo 83:* | **Artículo 83. Multiplicando en caso de víctimas con ingresos de trabajo personal o en situación de desempleo**<br><br>1. En el caso de víctimas con ingresos de trabajo personal el multiplicando consiste en los ingresos netos acreditados de la víctima fallecida percibidos durante el año natural anterior al fallecimiento o la media de los obtenidos durante los tres años naturales inmediatamente anteriores al accidente, si fuera superior, que se proyectará hasta la edad de jubilación y, a partir de ésta, en la pensión de jubilación estimada. Si la víctima estaba | **Artículo 83. Multiplicando en caso de víctimas con ingresos de trabajo personal o en situación de desempleo**<br><br>1. En el caso de víctimas con ingresos de trabajo personal el multiplicando consiste en los ingresos netos acreditados de la víctima fallecida percibidos durante el año anterior al fallecimiento o la media de los obtenidos durante los tres años inmediatamente anteriores al accidente, si fuera superior, que se proyectará hasta la edad de jubilación y, a partir de esta, en la pensión de jubilación estimada. Si la víctima estaba jubilada, consiste en el |

| | | |
|---|---|---|
| | jubilada, consiste en el importe anual neto de la pensión que percibía en el momento de su fallecimiento.<br><br>2. Si la víctima hubiera estado en situación de desempleo en cualquiera de los tres años anteriores al fallecimiento, para el cálculo de los ingresos previstos en el apartado anterior se tendrán en cuenta las prestaciones de desempleo que haya percibido y, en caso de no haberlas percibido, se computará como ingreso un salario mínimo interprofesional anual. | importe anual neto de la pensión que percibía en el momento de su fallecimiento.<br><br>2. Si la víctima hubiera estado en situación de desempleo en cualquiera de los tres años anteriores al fallecimiento, para el cálculo de los ingresos previstos en el apartado anterior se tendrán en cuenta las prestaciones de desempleo que haya percibido y, en caso de no haberlas percibido, se computará como ingreso un salario mínimo interprofesional anual.<br><br>**3. En todo caso, el ingreso mínimo que siempre se tendrá en cuenta será un salario mínimo interprofesional anual.** |
| ***Veinticuatro***<br><br>*Se añade un nuevo apartado 3 en el artículo 84:* | **Artículo 84. Multiplicando en el caso de víctimas con dedicación exclusiva a las tareas del hogar de la unidad familiar**<br><br>1. El trabajo no remunerado de la víctima que no obtenía ingresos por ser la persona que contribuía al sostenimiento de su unidad familiar mediante la dedicación exclusiva a las tareas del hogar se valora en el equivalente a un salario mínimo interprofesional anual.<br><br>2. En unidades familiares de más de dos personas la equivalencia establecida en el apartado anterior se incrementará en un diez por ciento del salario mínimo interprofesional anual por perjudicado adicional menor de edad, persona con discapacidad o mayor de sesenta y siete años que conviva en la unidad familiar de la víctima sin que ese incremento adicional pueda superar el importe de otro medio salario mínimo interprofesional anual. | **Artículo 84. Multiplicando en el caso de víctimas con dedicación exclusiva a las tareas del hogar de la unidad familiar**<br><br>1. El trabajo no remunerado de la víctima que no obtenía ingresos por ser la persona que contribuía al sostenimiento de su unidad familiar mediante la dedicación exclusiva a las tareas del hogar se valora en el equivalente a un salario mínimo interprofesional anual.<br><br>2. En unidades familiares de más de dos personas la equivalencia establecida en el apartado anterior se incrementará en un diez por ciento del salario mínimo interprofesional anual por perjudicado adicional menor de edad, persona con discapacidad o mayor de sesenta y siete años que conviva en la unidad familiar de la víctima sin que ese incremento adicional pueda superar el importe de otro medio salario mínimo interprofesional anual.<br><br>**3. La fecha inicial del cómputo será a partir de los treinta años, incluso si la fecha del fallecimiento es anterior a esa edad.** |
| ***Veinticinco.***<br><br>*Se modifican los apartados 2 y 3 del artículo 87:* | **Artículo 87. Variable relativa a la cuota del perjudicado**<br><br>1. El multiplicando que resulta de los criterios que establecen los artículos 83 a 85 se distribuye entre los perjudicados teniendo en cuenta que la víctima destinaba una parte a cubrir sus propias necesidades (quota sibi) que se cifra, como mínimo, en un diez por ciento. | **Artículo 87. Variable relativa a la cuota del perjudicado**<br><br>1. El multiplicando que resulta de los criterios que establecen los artículos 83 a 85 se distribuye entre los perjudicados teniendo en cuenta que la víctima destinaba una parte a cubrir sus propias necesidades (quota sibi) que se cifra, como mínimo, en un diez por ciento. |

| | | |
|---|---|---|
| | 2. Los criterios de distribución son los siguientes:<br><br>a) Cuando exista cónyuge o un solo perjudicado, su cuota será del sesenta por ciento.<br><br>b) Cuando exista más de un perjudicado, la cuota del cónyuge será del sesenta por ciento, la de cada hijo del treinta por ciento y la de cualquier otro perjudicado del veinte por ciento, <u>incluido el cónyuge separado o el ex cónyuge que tenga derecho a percibir una pensión compensatoria que se extinga por el fallecimiento de la víctima.</u> | 2. Los criterios de distribución son los siguientes:<br><br>a) Cuando exista cónyuge o un solo perjudicado, su cuota será del sesenta por ciento.<br><br>b) Cuando exista más de un perjudicado, la cuota del cónyuge será del sesenta por ciento, la de cada hijo del treinta por ciento y la de cualquier otro perjudicado del veinte por ciento.<br><br>c) **No se considera en el cómputo de cuotas al conductor responsable del accidente, al no tener la consideración de perjudicado de conformidad con lo dispuesto en el último párrafo del artículo 36.1.**<br><br>**d) Tampoco se considera en el cómputo de cuotas al cónyuge separado o al excónyuge que tenga derecho a percibir pensión compensatoria que se extinga por el fallecimiento de la víctima.** |
| | 3. Cuando la suma de las cuotas de los perjudicados sea superior al noventa por ciento, <u>se redistribuirán de modo proporcional,</u> dando lugar a la correspondiente reducción de la indemnización de cada uno de ellos. | 3. Cuando la suma de las cuotas de los perjudicados sea superior al noventa por ciento, **la indemnización de cada perjudicado se reducirá en proporción al exceso de cuotas sobre el noventa por ciento**, dando lugar a la correspondiente reducción de la indemnización de cada uno de ellos. **Si la indemnización total resultante para el conjunto de los perjudicados es inferior a la indemnización más elevada de las que pudieran resultar de no existir exceso de cuotas, se indemnizará este último importe, que se distribuirá de un modo proporcional a las indemnizaciones que les hubieran correspondido según sus cuotas.** |
| | 4. En caso de perjudicado único al que se refiere el apartado 2.a), la indemnización correspondiente a la cuota del sesenta por ciento se calcula multiplicando por dos el importe resultante de la tabla 1.C correspondiente, cuando se trate de hijo, y por tres en los demás casos. | 4. En caso de perjudicado único al que se refiere el apartado 2.a), la indemnización correspondiente a la cuota del sesenta por ciento se calcula multiplicando por dos el importe resultante de la tabla 1.C correspondiente, cuando se trate de hijo, y por tres en los demás casos. |
| ***Veintiséis***<br><br>*Se modifica el apartado 4 al artículo 88:* | **Artículo 88. Variable relativa a pensiones públicas a favor del perjudicado**<br><br>1. Las pensiones públicas a las que tengan derecho los perjudicados por el fallecimiento de la víctima, tales como las de viudedad u orfandad, producen el efecto de reducir el perjuicio. | **Artículo 88. Variable relativa a pensiones públicas a favor del perjudicado**<br><br>1. Las pensiones públicas a las que tengan derecho los perjudicados por el fallecimiento de la víctima, tales como las de viudedad u orfandad, producen el efecto de reducir el perjuicio. |

| | | |
|---|---|---|
| | 2. En todo caso, las pensiones públicas futuras que deban ser tenidas en cuenta para el cálculo se estiman de acuerdo con las bases técnicas actuariales.<br><br>3. El perjudicado por el fallecimiento de una víctima con ingresos del trabajo personal podrá acreditar que no tiene derecho a pensión pública alguna o que tiene derecho a una pensión distinta de la prevista en las bases técnicas actuariales del multiplicador.<br><br>4. Al perjudicado por el fallecimiento de una víctima que no obtenía ingresos por dedicarse en exclusiva a las tareas del hogar de su unidad familiar, aunque no percibe pensiones públicas, se le aplicarán las indemnizaciones por lucro cesante previstas en las tablas 1.C para víctimas con ingresos, si bien incrementadas en un veinticinco por ciento. | 2. En todo caso, las pensiones públicas futuras que deban ser tenidas en cuenta para el cálculo se estiman de acuerdo con las bases técnicas actuariales.<br><br>3. El perjudicado por el fallecimiento de una víctima con ingresos del trabajo personal podrá acreditar que no tiene derecho a pensión pública alguna o que tiene derecho a una pensión distinta de la prevista en las bases técnicas actuariales del multiplicador.<br><br>4. Al perjudicado por el fallecimiento de una víctima que no obtenía ingresos por dedicarse en exclusiva a las tareas del hogar de su unidad familiar se le aplicarán las indemnizaciones por lucro cesante **previstas en las tablas 1.C.H específicas para dicho trabajo no remunerado.** |
| ***Veintisiete***<br>*Se modifica el apartado 2 del artículo 92:* | **Artículo 92. Duración de la dependencia de otros perjudicados**<br><br>1. En el caso de allegados con dependencia económica acreditada, se considera que la dependencia se habría prolongado tres años.<br><br>2. Si el fallecimiento provoca la extinción de la pensión que tenía derecho a percibir el cónyuge separado o el ex cónyuge, su perjuicio se concreta en el importe correspondiente a dicha pensión durante un máximo de tres años. | **Artículo 92. Duración de la dependencia de otros perjudicados**<br><br>1. En el caso de allegados con dependencia económica acreditada, se considera que la dependencia se habría prolongado tres años<br><br>2. Si el fallecimiento provoca la extinción de la pensión que tenía derecho a percibir el cónyuge separado o el **excónyuge**, su perjuicio se concreta en el importe correspondiente a dicha pensión durante un máximo de tres años. |
| **Modificaciones en la SECCIÓN 2.ª Indemnizaciones por secuelas (arts. 93 a 133)** | | |
| ***Veintiocho***<br><br>*Se modifican los apartados 1 y 2 del artículo 98:* | **Artículo 98. Secuelas concurrentes**<br><br>1. En el caso de concurrencia de secuelas derivadas del mismo accidente, la puntuación final del perjuicio psicofísico es la resultante de aplicar la fórmula:<br><br>[[(100 – M) x m] / 100] + M<br><br>Donde "M" es la puntuación de la secuela mayor y "m" la puntuación de la secuela menor.<br><br>2. De ser las secuelas más de dos, para el uso de la expresada fórmula se parte de la secuela de mayor puntuación y las operaciones se realizan en orden inverso a su importancia. Los cálculos sucesivos se realizan con la indicada fórmula, correspondiendo el término "M" | **Artículo 98. Secuelas concurrentes**<br><br>1. En el caso de concurrencia de **dos** secuelas derivadas del mismo accidente, la puntuación final del perjuicio psicofísico es la resultante de aplicar la fórmula:<br><br>[[(100 – M) x m] / 100] + M<br><br>Donde "M" es la puntuación de la secuela mayor y "m" la puntuación de la secuela menor.<br><br>2. De ser las secuelas más de dos, para el uso de la expresada fórmula se parte de la secuela de mayor puntuación y las operaciones se realizan **en orden decreciente de mayor a menor a su importancia**. Los cálculos sucesivos se realizan con la indicada fórmula, correspondiendo el término "M" a la |

| | | |
|---|---|---|
| | a la puntuación resultante de la operación inmediatamente anterior.<br><br>3. Si, al efectuarse los cálculos, se obtienen fracciones decimales, el resultado de cada operación se redondea a la unidad más alta.<br><br>4. La puntuación final obtenida se lleva a la tabla 2.A.2 para fijar el valor económico del perjuicio psicofísico en función de la edad del lesionado de acuerdo con lo previsto en el artículo 104.4. | puntuación resultante de la operación inmediatamente anterior.<br><br>3. Si, al efectuarse los cálculos, se obtienen fracciones decimales, el resultado de cada operación se redondea a la unidad más alta.<br><br>4. La puntuación final obtenida se lleva a la tabla 2.A.2 para fijar el valor económico del perjuicio psicofísico en función de la edad del lesionado de acuerdo con lo previsto en el artículo 104.4. |
| ***Veintinueve***<br><br>*Se modifica la letra a) del apartado 2 del artículo 102:* | **Artículo 102. Grados de perjuicio estético**<br><br>1. La medición del perjuicio estético se realiza mediante la asignación de una horquilla de puntuación a cada uno de los grados teniendo en cuenta, de modo particular, los factores siguientes:<br><br>a) el grado de visibilidad ordinaria del perjuicio,<br><br>b) la atracción a la mirada de los demás,<br><br>c) la reacción emotiva que provoque y<br><br>d) la posibilidad de que ocasione una alteración en la relación interpersonal del perjudicado.<br><br>2. Los grados de perjuicio estético, ordenados de mayor a menor, son los siguientes:<br><br>a) Importantísimo, que corresponde a un perjuicio estético de enorme gravedad, como el que producen las grandes quemaduras, las grandes pérdidas de sustancia y las grandes alteraciones de la morfología facial o corporal.<br><br>b) Muy importante, que corresponde a un perjuicio estético de menor entidad que el anterior, como el que produce la amputación de dos extremidades o la tetraplejia.<br><br>c) Importante, que corresponde a un perjuicio estético de menor entidad que el anterior, como el que produce la amputación de alguna extremidad o la paraplejia.<br><br>d) Medio, que corresponde a un perjuicio estético de menor entidad que el anterior, como el que produce la amputación de más de un dedo de las | **Artículo 102. Grados de perjuicio estético**<br><br>1. La medición del perjuicio estético se realiza mediante la asignación de una horquilla de puntuación a cada uno de los grados teniendo en cuenta, de modo particular, los factores siguientes:<br><br>a) el grado de visibilidad ordinaria del perjuicio,<br><br>b) la atracción a la mirada de los demás,<br><br>c) la reacción emotiva que provoque y<br><br>d) la posibilidad de que ocasione una alteración en la relación interpersonal del perjudicado.<br><br>2. Los grados de perjuicio estético, ordenados de mayor a menor, son los siguientes:<br><br>a) Importantísimo, que corresponde a un perjuicio estético de enorme gravedad, como el que producen las grandes quemaduras, las grandes pérdidas de sustancia, las grandes alteraciones de la morfología facial o corporal, **el estado vegetativo permanente y las tetraplejias más severas.**<br><br>b) Muy importante, que corresponde a un perjuicio estético de menor entidad que el anterior, como el que produce la amputación de dos extremidades o la tetraplejia.<br><br>c) Importante, que corresponde a un perjuicio estético de menor entidad que el anterior, como el que produce la amputación de alguna extremidad o la paraplejia.<br><br>d) Medio, que corresponde a un perjuicio estético de menor entidad que el anterior, como el que produce la amputación de más de un dedo de las |

| | | |
|---|---|---|
| | manos o de los pies, la cojera relevante o las cicatrices especialmente visibles en la zona facial o extensas en otras zonas del cuerpo.<br><br>e) Moderado, que corresponde a un perjuicio estético de menor entidad que el anterior, como el que producen las cicatrices visibles en la zona facial, las cicatrices en otras zonas del cuerpo, la amputación de un dedo de las manos o de los pies o la cojera leve.<br><br>f) Ligero, que corresponde a un perjuicio estético de menor entidad que el anterior, como el que producen las pequeñas cicatrices situadas fuera de la zona facial.<br><br>3. Los perjuicios estéticos no mencionados en los distintos grados señalados en el apartado anterior se incluyen en el grado que corresponda en atención a su entidad, según criterios de proporcionalidad y analogía. | manos o de los pies, la cojera relevante o las cicatrices especialmente visibles en la zona facial o extensas en otras zonas del cuerpo.<br><br>e) Moderado, que corresponde a un perjuicio estético de menor entidad que el anterior, como el que producen las cicatrices visibles en la zona facial, las cicatrices en otras zonas del cuerpo, la amputación de un dedo de las manos o de los pies o la cojera leve.<br><br>f) Ligero, que corresponde a un perjuicio estético de menor entidad que el anterior, como el que producen las pequeñas cicatrices situadas fuera de la zona facial.<br><br>3. Los perjuicios estéticos no mencionados en los distintos grados señalados en el apartado anterior se incluyen en el grado que corresponda en atención a su entidad, según criterios de proporcionalidad y analogía. |
| ***Treinta.***<br>*Se modifica el apartado 1 de artículo 106:* | **Artículo 106. Daños morales complementarios por perjuicio estético**<br><br>1. Se entienden ocasionados los daños morales complementarios por perjuicio estético cuando éste ha recibido una puntuación que alcance al menos treinta y seis puntos.<br><br>2. La extensión e intensidad del perjuicio estético y la edad del lesionado constituyen los dos parámetros fundamentales para su cuantificación, sin que pueda tenerse en cuenta la afectación en sus actividades.<br><br>3. Este perjuicio se cuantifica mediante una horquilla indemnizatoria que establece un mínimo y un máximo expresado en euros. | **Artículo 106. Daños morales complementarios por perjuicio estético**<br><br>1. Se entienden ocasionados los daños morales complementarios por perjuicio estético cuando éste ha recibido una puntuación que alcance al menos **treinta y un** puntos.<br><br>2. La extensión e intensidad del perjuicio estético y la edad del lesionado constituyen los dos parámetros fundamentales para su cuantificación, sin que pueda tenerse en cuenta la afectación en sus actividades.<br><br>3. Este perjuicio se cuantifica mediante una horquilla indemnizatoria que establece un mínimo y un máximo expresado en euros. |
| ***Treinta y uno***<br><br>*Se modifica el apartado 5 del artículo 108:* | **Artículo 108. Grados del perjuicio moral por pérdida de calidad de vida**<br><br>1. El perjuicio por pérdida de calidad de vida puede ser muy grave, grave, moderado o leve.<br><br>2. El perjuicio muy grave es aquél en el que el lesionado pierde su autonomía personal para realizar la casi totalidad de actividades esenciales en el desarrollo de la vida ordinaria.<br><br>3. El perjuicio grave es aquél en el que el lesionado pierde su autonomía personal para realizar algunas de las | **Artículo 108. Grados del perjuicio moral por pérdida de calidad de vida**<br><br>1. El perjuicio por pérdida de calidad de vida puede ser muy grave, grave, moderado o leve.<br><br>2. El perjuicio muy grave es aquél en el que el lesionado pierde su autonomía personal para realizar la casi totalidad de actividades esenciales en el desarrollo de la vida ordinaria.<br><br>3. El perjuicio grave es aquél en el que el lesionado pierde su autonomía personal para realizar algunas de las |

| | | |
|---|---|---|
| | actividades esenciales en el desarrollo de la vida ordinaria o la mayor parte de sus actividades específicas de desarrollo personal. El perjuicio moral por la pérdida de toda posibilidad de realizar una actividad laboral o profesional también se considera perjuicio grave.<br><br>4. El perjuicio moderado es aquél en el que el lesionado pierde la posibilidad de llevar a cabo una parte relevante de sus actividades específicas de desarrollo personal. El perjuicio moral por la pérdida de la actividad laboral o profesional que se venía ejerciendo también se considera perjuicio moderado.<br><br>5. El perjuicio leve es aquél en el que el lesionado con secuelas de más de seis puntos pierde la posibilidad de llevar a cabo actividades específicas que tengan especial trascendencia en su desarrollo personal. El perjuicio moral por la limitación o pérdida parcial de la actividad laboral o profesional que se venía ejerciendo se considera perjuicio leve con independencia del número de puntos que se otorguen a las secuelas. | actividades esenciales en el desarrollo de la vida ordinaria o la mayor parte de sus actividades específicas de desarrollo personal. El perjuicio moral por la pérdida de toda posibilidad de realizar una actividad laboral o profesional también se considera perjuicio grave.<br><br>4. El perjuicio moderado es aquél en el que el lesionado pierde la posibilidad de llevar a cabo una parte relevante de sus actividades específicas de desarrollo personal. El perjuicio moral por la pérdida de la actividad laboral o profesional que se venía ejerciendo también se considera perjuicio moderado.<br><br>5. El perjuicio leve es aquel en el que la víctima pierde la posibilidad de llevar a cabo actividad o actividades específicas **de su desarrollo personal**. El perjuicio moral por la limitación o pérdida parcial de la actividad laboral o profesional que se venía ejerciendo se considera perjuicio leve con independencia del número de puntos que se otorguen a las secuelas. **En los demás casos, cuando se produzcan secuelas de seis o menos puntos se presume que no existe pérdida de calidad de vida, salvo que el perjudicado la acredite.** |
| ***Treinta y dos***<br><br>*Se suprime el apartado 3 del artículo 109:* | **Artículo 109. Medición del perjuicio por pérdida de calidad de vida**<br><br>1. Cada uno de los grados del perjuicio se cuantifica mediante una horquilla indemnizatoria que establece un mínimo y un máximo expresado en euros.<br><br>2. Los parámetros para la determinación de la cuantía del perjuicio son la importancia y el número de las actividades afectadas y la edad del lesionado que expresa la previsible duración del perjuicio.<br><br>3. El máximo de la horquilla correspondiente a cada grado de perjuicio es superior al mínimo asignado al perjuicio del grado de mayor gravedad precedente. | **Artículo 109. Medición del perjuicio por pérdida de calidad de vida**<br><br>1. Cada uno de los grados del perjuicio se cuantifica mediante una horquilla indemnizatoria que establece un mínimo y un máximo expresado en euros.<br><br>2. Los parámetros para la determinación de la cuantía del perjuicio son la importancia y el número de las actividades afectadas y la edad del lesionado que expresa la previsible duración del perjuicio. |
| ***Treinta y tres.***<br>*Se modifica el título y el contenido del artículo 110:* | **Artículo 110. Perjuicio moral por pérdida de calidad de vida de familiares de grandes lesionados**<br><br>1. El perjuicio moral por pérdida de calidad de vida de familiares de grandes lesionados compensa la sustancial alteración que causa en sus vidas la | **Artículo 110. Perjuicio moral por pérdida de calidad de vida de familiares de grandes lesionados y perjuicio sexual del cónyuge o pareja estable**<br><br>1. El perjuicio moral por pérdida de calidad de vida de familiares de grandes lesionados compensa la sustancial alteración que causa en sus vidas la |

| | | |
|---|---|---|
| | prestación de cuidados y la atención continuada de dichos lesionados cuando han perdido la autonomía personal para realizar la casi totalidad de actividades esenciales en el desarrollo de la vida ordinaria.<br><br>2. Excepcionalmente, esta indemnización también procede en los supuestos de secuelas muy graves que alcancen, al menos, los ochenta puntos y en las que se demuestre que el lesionado requiere la prestación a la que se refiere el apartado anterior. | prestación de cuidados y la atención continuada de dichos lesionados cuando han perdido la autonomía personal para realizar la casi totalidad de actividades esenciales en el desarrollo de la vida ordinaria.<br><br>Excepcionalmente, esta indemnización también procede en los supuestos de secuelas muy graves que alcancen, al menos, los ochenta puntos y en las que se demuestre que el lesionado requiere la prestación a la que se refiere este apartado.<br><br>**2. El perjuicio sexual del cónyuge o pareja estable compensa la sustancial alteración que las secuelas que padece el lesionado le causan en su vida sexual o reproductiva.** |
| | Este perjuicio se cuantifica mediante una horquilla indemnizatoria que establece un mínimo y un máximo expresado en euros y los parámetros a tener en cuenta para fijar su importe son la dedicación que tales cuidados o atención familiares requieran, la alteración que produzcan en la vida del familiar y la edad del lesionado. | 3. **Estos perjuicios** se cuantifican mediante una horquilla indemnizatoria que establece un mínimo y un máximo expresado en euros y los parámetros a tener en cuenta para fijar sus importes son:<br><br>**a) En el caso de perjuicio moral por pérdida de calidad de vida de familiares,** la dedicación que tales cuidados o atención familiares requieran, la alteración que produzcan en la vida del familiar y la edad del lesionado.<br><br>**b) En el caso de perjuicio sexual, el grado y la intensidad de su afectación a la vida sexual o reproductiva del cónyuge o pareja estable del lesionado y la edad de ambos.** |
| | 4. La legitimación para reclamar la reparación de este perjuicio se atribuye en exclusiva al lesionado, quien deberá destinar la indemnización a compensar los perjuicios sufridos por los familiares afectados. | 4. La legitimación para reclamar la reparación de estos perjuicios se atribuye en exclusiva al lesionado, quien deberá destinar la indemnización a compensar los perjuicios sufridos por las **personas afectadas.** |
| ***Treinta y cuatro.***<br><br>*Se modifica el apartado 1 del artículo 111:* | **Artículo 111. Pérdida de feto a consecuencia del accidente**<br><br>1. La pérdida de feto a consecuencia del accidente constituye un perjuicio que se resarce con una cantidad fija. Dicha cantidad es superior si la pérdida de feto tiene lugar una vez transcurridas doce semanas de gestación.<br><br>2. La indemnización corresponde a la mujer embarazada que sufre la pérdida | **Artículo 111. Pérdida de feto a consecuencia del accidente**<br><br>1.La pérdida de feto a consecuencia del accidente constituye un perjuicio que se resarce con una cantidad fija. Dicha cantidad es superior si la pérdida del feto tiene lugar transcurridas doce semanas de gestación; **además, será superior, a su vez, a esta última si la pérdida del feto tiene lugar transcurridas treinta y dos semanas de gestación**.<br><br>2. La indemnización corresponde a la mujer embarazada que sufre la pérdida |

| | | |
|---|---|---|
| | del feto, añadiéndose a la que, en su caso, perciba por las lesiones padecidas. | del feto, añadiéndose a la que, en su caso, perciba por las lesiones padecidas. |
| ***Treinta y cinco***<br><br>*Se modifica el apartado 1 del artículo 113:* | **Artículo 113. Gastos previsibles de asistencia sanitaria futura**<br><br>1. Los gastos de asistencia sanitaria futura compensan, respecto de las secuelas a que se refieren los apartados 2, 3 y 4 de este artículo, el valor económico de las prestaciones sanitarias en el ámbito hospitalario y ambulatorio que precise el lesionado de forma vitalicia después de que se produzca la estabilización de las lesiones y también aquellas prestaciones sanitarias que se produzcan en el ámbito domiciliario que, por su carácter especializado, no puedan ser prestadas con la ayuda de tercera persona prevista en los artículos 120 y siguientes.<br><br>2. Los gastos de rehabilitación en régimen hospitalario se resarcen de acuerdo con las reglas del artículo 114, mientras que los de rehabilitación domiciliaria y ambulatoria se resarcen de conformidad con el artículo 116.<br><br>3. Las secuelas que, en todo caso, dan lugar a la compensación de los gastos de asistencia sanitaria futura son:<br><br>a) Los estados de coma vigil o vegetativos crónicos.<br><br>b) Las secuelas neurológicas en sus grados muy grave y grave.<br><br>c) Las lesiones medulares iguales o superiores a cincuenta puntos.<br><br>d) Las amputaciones u otras secuelas que precisen la colocación de prótesis.<br><br>4. Se presume, salvo prueba en contrario, que da lugar a compensación de gastos de asistencia sanitaria futura la secuela que sea igual o superior a cincuenta puntos y las secuelas concurrentes y las interagravatorias que sean iguales o superen los ochenta.<br><br>5. En las secuelas iguales o superiores a treinta puntos y que por su naturaleza pueden requerir un tratamiento periódico, deberá demostrarse mediante prueba pericial médica la previsibilidad de dichos gastos futuros.<br><br>6. La periodicidad y cuantía de los gastos de asistencia sanitaria futura deberán acreditarse mediante el correspondiente informe médico de | **Artículo 113. Gastos previsibles de asistencia sanitaria futura**<br><br>1. Los gastos de asistencia sanitaria futura compensan, respecto de las secuelas a que se refieren los apartados **3, 4 y 5,** el valor económico de las prestaciones sanitarias en el ámbito hospitalario y ambulatorio que precise el lesionado de forma vitalicia después de que se produzca la estabilización de las lesiones y también aquellas prestaciones sanitarias que se produzcan en el ámbito domiciliario que, por su carácter especializado, no puedan ser prestadas con la ayuda de tercera persona prevista en los artículos 120 y siguientes.<br><br>2. Los gastos de rehabilitación en régimen hospitalario se resarcen de acuerdo con las reglas del artículo 114, mientras que los de rehabilitación domiciliaria y ambulatoria se resarcen de conformidad con el artículo 116.<br><br>3. Las secuelas que, en todo caso, dan lugar a la compensación de los gastos de asistencia sanitaria futura son:<br><br>a) Los estados de coma vigil o vegetativos crónicos.<br><br>b) Las secuelas neurológicas en sus grados muy grave y grave.<br><br>c) Las lesiones medulares iguales o superiores a cincuenta puntos.<br><br>d) Las amputaciones u otras secuelas que precisen la colocación de prótesis.<br><br>4. Se presume, salvo prueba en contrario, que da lugar a compensación de gastos de asistencia sanitaria futura la secuela que sea igual o superior a cincuenta puntos y las secuelas concurrentes y las interagravatorias que sean iguales o superen los ochenta.<br><br>5. En las secuelas iguales o superiores a treinta puntos y que por su naturaleza pueden requerir un tratamiento periódico, deberá demostrarse mediante prueba pericial médica la previsibilidad de dichos gastos futuros.<br><br>6. La periodicidad y cuantía de los gastos de asistencia sanitaria futura deberán acreditarse mediante el correspondiente informe médico de |

| | | |
|---|---|---|
| | conformidad con las secuelas estabilizadas de las lesiones.<br><br>7. Los gastos que no sean previsibles de acuerdo con las reglas anteriores sólo serán resarcibles en los supuestos previstos en el artículo 43 en materia de modificación de las indemnizaciones fijadas. | conformidad con las secuelas estabilizadas de las lesiones.<br><br>7. Los gastos que no sean previsibles de acuerdo con las reglas anteriores sólo serán resarcibles en los supuestos previstos en el artículo 43 en materia de modificación de las indemnizaciones fijadas. |
| ***Treinta y seis***<br><br>*Se modifica el artículo 114:* | **Artículo 114. Resarcimiento de los gastos de asistencia sanitaria futura en el ámbito hospitalario y ambulatorio**<br><br>1. Los gastos de asistencia sanitaria futura serán abonados por las entidades aseguradoras a los servicios públicos de salud conforme a la legislación vigente y los convenios o acuerdos suscritos, dentro de los límites establecidos en la tabla 2.C.1 y el lesionado podrá recibir las prestaciones de asistencia sanitaria por parte de centros públicos o, por parte de centros sanitarios privados que hayan suscrito conciertos con los servicios públicos de salud, también conforme a lo estipulado en dicha legislación y convenios.<br><br>2. Las entidades aseguradoras y los servicios públicos de salud podrán suscribir acuerdos específicos al objeto de facilitar el pago a que se refiere el apartado anterior y garantizar las prestaciones sanitarias a los lesionados. Los servicios públicos, a su vez, podrán concertar la asistencia sanitaria futura con centros privados que cuenten con los medios materiales y humanos necesarios y suficientes para prestarla.<br><br>3. Las entidades aseguradoras abonarán a los servicios públicos de salud los gastos que garanticen la asistencia sanitaria futura con carácter vitalicio, aun en caso de traslado temporal o definitivo de residencia u otros supuestos que puedan suponer un cambio del centro de asistencia, dentro del marco del régimen de prestaciones previsto en la Ley 16/2003, de 28 de mayo, de cohesión y calidad del Sistema Nacional de Salud. | **Artículo 114. Resarcimiento de los gastos de asistencia sanitaria futura en el ámbito hospitalario y ambulatorio**<br><br>1. Los gastos de asistencia sanitaria futura serán abonados por las entidades aseguradoras a los servicios públicos de salud **o a las mutuas colaboradoras con la Seguridad Social** conforme a la legislación vigente y los convenios o acuerdos suscritos, dentro de los límites establecidos en la tabla 2.C.1, y el lesionado podrá recibir las prestaciones de asistencia sanitaria por parte de centros públicos o por parte de centros sanitarios privados que hayan suscrito conciertos con los servicios públicos de salud, también conforme a lo estipulado en dicha legislación y convenios.<br><br>2. Las entidades aseguradoras y los servicios públicos de salud **o las mutuas colaboradoras con la Seguridad Social** podrán suscribir acuerdos específicos al objeto de facilitar el pago a que se refiere el apartado anterior y garantizar las prestaciones sanitarias a los lesionados. Los servicios públicos, a su vez, podrán concertar la asistencia sanitaria futura con centros privados que cuenten con los medios materiales y humanos necesarios y suficientes para prestarla.<br><br>3. Las entidades aseguradoras abonarán a los servicios públicos de salud o **a las mutuas colaboradoras con la Seguridad Social** los gastos que garanticen la asistencia sanitaria futura con carácter vitalicio, aun en caso de traslado temporal o definitivo de residencia u otros supuestos que puedan suponer un cambio del centro de asistencia, dentro del marco del régimen de prestaciones previsto en la Ley 16/2003, de 28 de mayo, de cohesión y calidad del Sistema Nacional de Salud. |
| ***Treinta y siete***<br><br>*Se modifica el apartado 5 del artículo 115:* | **Artículo 115. Prótesis y órtesis**<br><br>1. Se resarce directamente al lesionado el importe de las prótesis y órtesis que, por el correspondiente informe médico, | **Artículo 115. Prótesis y órtesis**<br><br>1. Se resarce directamente al lesionado el importe de las prótesis y órtesis que, por el correspondiente informe médico, |

| | | |
|---|---|---|
| | precise el lesionado a lo largo de su vida.<br><br>2. La necesidad, periodicidad y cuantía de los gastos de prótesis y órtesis futuras deberán acreditarse mediante el correspondiente informe médico desde la fecha de estabilización de las secuelas.<br><br>3. La valoración tendrá en cuenta el tipo de secuela, la edad del lesionado, la periodicidad de la renovación de la prótesis u órtesis en función de su vida útil y el coste de las mismas, atendiendo a las necesidades y circunstancias personales del lesionado.<br><br>4. El importe máximo resarcible es el fijado en la tabla 2.C para este tipo de gastos.<br><br>5. El importe de estos gastos se podrá indemnizar en forma de capital utilizándose el correspondiente factor actuarial de conversión establecido en la tabla técnica de coeficientes de capitalización de prótesis y órtesis (TT3) incluida en las bases técnicas actuariales a las que se refiere el artículo 48. | precise el lesionado a lo largo de su vida.<br><br>2. La necesidad, periodicidad y cuantía de los gastos de prótesis y órtesis futuras deberán acreditarse mediante el correspondiente informe médico desde la fecha de estabilización de las secuelas.<br><br>3. La valoración tendrá en cuenta el tipo de secuela, la edad del lesionado, la periodicidad de la renovación de la prótesis u órtesis en función de su vida útil y el coste de las mismas, atendiendo a las necesidades y circunstancias personales del lesionado.<br><br>4. El importe máximo resarcible es el fijado en la tabla 2.C para este tipo de gastos.<br><br>5. El importe de estos gastos se podrá indemnizar en forma de capital utilizándose el correspondiente factor actuarial de conversión establecido en la tabla técnica de coeficientes de capitalización de prótesis y órtesis (TT3) incluida **en el anexo**. |
| ***Treinta y ocho***<br><br>*Se modifican los apartados 1, 3 y 4, se cambia la numeración del anterior apartado 5 y se añaden los apartados. 5 y 6 del artículo 116:* | **Artículo 116. Rehabilitación domiciliaria y ambulatoria**<br><br>1. Se resarce directamente al lesionado el importe de los gastos de rehabilitación futura que, por el correspondiente informe médico, precise el lesionado en el ámbito domiciliario o ambulatorio respecto de las secuelas a que se refieren las letras a), b) y c) del apartado 3 del artículo 113, después de que se produzca la estabilización.<br><br>2. La necesidad, periodicidad y cuantía de los gastos de rehabilitación futura deberán acreditarse mediante el correspondiente informe médico desde la fecha de estabilización de las secuelas.<br><br>3. El importe máximo resarcible es el fijado en la tabla 2.C para este tipo de gastos.<br><br>4. El estado vegetativo crónico y tetraplejia igual o por encima de C4 se indemnizará hasta un máximo de trece mil quinientos euros anuales. Los casos en los que coincidan tetraparesias graves, secuelas graves de lenguaje y trastornos graves neuropsicológicos los gastos de rehabilitación futura se | **Artículo 116. Rehabilitación domiciliaria y ambulatoria**<br><br>1. Se resarce directamente al lesionado el importe de los gastos de rehabilitación futura que, por el correspondiente informe médico, precise el lesionado en el ámbito domiciliario o ambulatorio respecto de las secuelas a que se refieren las letras a), b), c) **y d)** del apartado 3 del artículo 113, después de que se produzca la estabilización.<br><br>2. La necesidad, periodicidad y cuantía de los gastos de rehabilitación futura deberán acreditarse mediante el correspondiente informe médico desde la fecha de estabilización de las secuelas.<br><br>3. El importe máximo resarcible **de cada grupo de secuelas es el fijado** en la tabla 2.C para este tipo de gastos.<br><br>4. **Cuando concurran dos o más secuelas de un mismo grupo de los indicados en la Tabla 2.C, la indemnización de todas ellas no podrá superar el veinticinco por ciento del importe máximo que establece la tabla para las secuelas de ese grupo.** |

| | | |
|---|---|---|
| | indemnizarán con un máximo de nueve mil quinientos euros anuales. El resto de supuestos se indemnizarán con un máximo de cinco mil ochocientos cincuenta euros anuales. | **5. Cuando concurran secuelas que puedan encuadrarse en grupos distintos, se aplicarán las reglas siguientes:**<br><br>**a) Cuando concurran secuelas del grupo a) con el resto de los grupos, el importe máximo a indemnizar será del cien por cien del previsto para el grupo a).**<br><br>**b) Cuando concurran secuelas del grupo b), con secuelas de los grupos c) o d), el importe máximo a indemnizar será del cien por cien del grupo b) y el setenta y cinco por ciento del grupo c) o el cincuenta por ciento del grupo d), sin que la suma de estos importes pueda superar el máximo establecido en la tabla 2.C para las secuelas del grupo a).**<br><br>**c) Cuando concurran secuelas del grupo c) y d), el importe máximo a indemnizar será del cien por cien del grupo c) y el setenta y cinco por ciento del grupo d), sin que la suma de estos importes pueda superar el máximo establecido en la tabla 2.C para las secuelas del grupo b).** |
| | 5. El importe de estos gastos se podrá indemnizar en forma de capital utilizándose un factor actuarial de conversión establecido en la tabla técnica de coeficientes actuariales de conversión entre rentas y capitales (TT1) incluida en las bases técnicas actuariales a las que se refiere el artículo 48. | 6. El importe de estos gastos se podrá indemnizar en forma de capital utilizándose un factor actuarial de conversión establecido en la tabla técnica de coeficientes actuariales de conversión entre rentas y capitales (TT1) incluida en el anexo. |
| ***Treinta y nueve***<br><br>*Se añade un nuevo apartado 4 en el artículo 117:* | **Artículo 117. Ayudas técnicas o productos de apoyo para la autonomía personal**<br><br>1. Se resarce directamente al lesionado el importe de las ayudas técnicas y los productos de apoyo para la autonomía personal que, por el correspondiente informe médico, precise el lesionado a lo largo de su vida por pérdida de autonomía personal muy grave o grave, con un importe máximo fijado en la tabla 2.C para este tipo de gastos.<br><br>2. La necesidad, periodicidad y cuantía de las ayudas técnicas y de los productos de apoyo para la autonomía personal deberán acreditarse mediante el correspondiente informe médico desde la fecha de estabilización de las secuelas.<br><br>3. La valoración tendrá en cuenta el tipo de secuela, la edad del lesionado, la | **Artículo 117. Ayudas técnicas o productos de apoyo para la autonomía personal**<br><br>1. Se resarce directamente al lesionado el importe de las ayudas técnicas y los productos de apoyo para la autonomía personal que, por el correspondiente informe médico, precise el lesionado a lo largo de su vida por pérdida de autonomía personal muy grave o grave, con un importe máximo fijado en la tabla 2.C para este tipo de gastos.<br><br>2. La necesidad, periodicidad y cuantía de las ayudas técnicas y de los productos de apoyo para la autonomía personal deberán acreditarse mediante el correspondiente informe médico desde la fecha de estabilización de las secuelas.<br><br>3. La valoración tendrá en cuenta el tipo de secuela, la edad del lesionado, la |

| | | |
|---|---|---|
| | periodicidad de la renovación de las ayudas técnicas y los productos de apoyo para la autonomía personal en función de su vida útil y el coste de las mismas, atendiendo a las necesidades y circunstancias personales del lesionado. | periodicidad de la renovación de las ayudas técnicas y los productos de apoyo para la autonomía personal en función de su vida útil y el coste de las mismas, atendiendo a las necesidades y circunstancias personales del lesionado.<br><br>**4. El importe de estos gastos se podrá indemnizar en forma de capital utilizándose el correspondiente factor actuarial de conversión establecido en la tabla técnica de coeficientes de capitalización de prótesis y órtesis (TT3) incluida en el anexo.** |
| ***Cuarenta***<br><br>*Se modifica el apartado 3 y se añade un nuevo apartado 4 en el artículo. 123* | **Artículo 123. Determinación del número de horas necesarias de ayuda de tercera persona.**<br><br>1. Las horas necesarias de ayuda de tercera persona se determinan mediante la aplicación de la tabla 2.C.2 de Ayuda de Tercera Persona, que expresa la ayuda en horas en función de la secuela.<br><br>2. Si existe más de una secuela que requiera ayuda de tercera persona se aplicarán las siguientes reglas:<br><br>a) Para secuelas con necesidad de ayuda de tercera persona con un número de hasta seis horas, la valoración total del tiempo necesario se obtiene de sumar a las horas correspondientes a la secuela mayor el cincuenta por ciento de las horas establecidas en cada una de las otras.<br><br>b) Para secuelas con necesidad de ayuda de tercera persona con un número superior a seis horas, la valoración total del tiempo necesario se obtiene de sumar a las horas correspondientes a la secuela mayor el veinticinco por ciento de las horas establecidas en cada una de las otras.<br><br>3. En los casos que exista una situación de necesidad de ayuda de tercera persona por un estado previo al accidente que resulte agravado, el número de horas de ayuda de tercera persona resulta de aplicar la fórmula (H – h) / [1 – (h / 100)], donde "H" es el resultado de aplicar a las horas correspondientes a todas las secuelas lo establecido en el apartado 2 de este artículo y "h" las horas asociadas al estado previo al accidente. Si el resultado ofrece fracciones decimales, se redondea a la hora más alta. | **Artículo 123. Determinación del número de horas necesarias de ayuda de tercera persona**<br><br>1. Las horas necesarias de ayuda de tercera persona se determinan mediante la aplicación de la tabla 2.C.2 de Ayuda de Tercera Persona, que expresa la ayuda en horas en función de la secuela.<br><br>2. Si existe más de una secuela que requiera ayuda de tercera persona se aplicarán las siguientes reglas:<br><br>a) Para secuelas con necesidad de ayuda de tercera persona con un número de hasta seis horas, la valoración total del tiempo necesario se obtiene de sumar a las horas correspondientes a la secuela mayor el cincuenta por ciento de las horas establecidas en cada una de las otras.<br><br>b) Para secuelas con necesidad de ayuda de tercera persona con un número superior a seis horas, la valoración total del tiempo necesario se obtiene de sumar a las horas correspondientes a la secuela mayor el veinticinco por ciento de las horas establecidas en cada una de las otras.<br><br>3. En los casos que exista una situación de necesidad de ayuda de tercera persona por un estado previo al accidente que resulte agravado, el número de horas de ayuda de tercera persona resulta de aplicar la fórmula (H – h) / [1 – (h / 100)], donde "H" es el resultado de aplicar a las horas correspondientes a todas las secuelas lo establecido en el apartado 2 de este artículo y "h" las horas asociadas al estado previo al accidente.<br><br>**4. Si el resultado de las operaciones previstas en los apartados 2 y 3 ofrece fracciones decimales, se** |

| | | |
|---|---|---|
| | | **redondea la fracción a la media hora más alta.** |
| ***Cuarenta y uno***<br><br>*Se modifican los apartados 1 y 6 del artículo. 125* | **Artículo 125. Determinación de la cuantía indemnizatoria mediante multiplicando y multiplicador**<br><br>1. El importe de la indemnización por ayuda de tercera persona es el que consta en la tabla 2.C.3 en la intersección de la fila del número de horas necesarias y la columna de edad correspondiente.<br><br>2. Esta cuantía se obtiene de multiplicar el multiplicando del coste de los servicios por el coeficiente del multiplicador.<br><br>3. El multiplicando del coste de los servicios se obtiene de calcular, en cómputo anual, el coste económico de las horas necesarias de ayuda de tercera persona. El precio hora de estos servicios se establece en el equivalente a 1,3 veces la hora del salario mínimo interprofesional anual.<br><br>4. El multiplicador es el coeficiente que para cada lesionado resulta de combinar los factores siguientes:<br><br>a) las percepciones públicas para ayuda de tercera persona a las que tenga derecho el lesionado,<br><br>b) la duración de la necesidad de ayuda de tercera persona, establecida desde la fecha de estabilización de las secuelas hasta el fallecimiento de la víctima,<br><br>c) los factores de incremento de necesidad de ayuda de tercera persona en función de la edad, previstos en el artículo 124,<br><br>d) el riesgo de fallecimiento y<br><br>e) la tasa de interés de descuento, que tiene en cuenta la inflación.<br><br>5. A los efectos de determinar el multiplicador podrán establecerse reglamentariamente otros criterios complementarios que tengan en cuenta otras contingencias relativas al lesionado y que sirvan a la mejor individualización del perjuicio.<br><br>6. Las prestaciones públicas para ayuda de tercera persona a las que tenga derecho el lesionado se estiman de acuerdo con las bases técnicas actuariales, pero puede acreditarse la | **Artículo 125. Determinación de la cuantía indemnizatoria mediante multiplicando y multiplicador**<br><br>1. El importe de la indemnización por ayuda de tercera persona es **el capital** que consta en la tabla 2.C.3 en la intersección de la fila del número de horas necesarias y la columna de edad correspondiente<br><br>2. Esta cuantía se obtiene de multiplicar el multiplicando del coste de los servicios por el coeficiente del multiplicador.<br><br>3. El multiplicando del coste de los servicios se obtiene de calcular, en cómputo anual, el coste económico de las horas necesarias de ayuda de tercera persona. El precio hora de estos servicios se establece en el equivalente a 1,3 veces la hora del salario mínimo interprofesional anual.<br><br>4. El multiplicador es el coeficiente que para cada lesionado resulta de combinar los factores siguientes:<br><br>a) las percepciones públicas para ayuda de tercera persona a las que tenga derecho el lesionado,<br><br>b) la duración de la necesidad de ayuda de tercera persona, establecida desde la fecha de estabilización de las secuelas hasta el fallecimiento de la víctima,<br><br>c) los factores de incremento de necesidad de ayuda de tercera persona en función de la edad, previstos en el artículo 124,<br><br>d) el riesgo de fallecimiento y<br><br>e) la tasa de interés de descuento, que tiene en cuenta la inflación.<br><br>5. A los efectos de determinar el multiplicador podrán establecerse reglamentariamente otros criterios complementarios que tengan en cuenta otras contingencias relativas al lesionado y que sirvan a la mejor individualización del perjuicio.<br><br>6. Las prestaciones públicas para ayuda de tercera persona a las que tenga derecho el lesionado **producen el efecto de reducir el perjuicio y se estiman de acuerdo** con las bases técnicas actuariales, pero **el** |

| | | |
|---|---|---|
| | percepción de prestaciones distintas a las estimadas. | **perjudicado** puede acreditar la percepción de prestaciones distintas a las estimadas. |
| ***Cuarenta y dos***<br><br>*Se modifican los apartados 3 y 4 del artículo 128 y se añade un apartado 5:* | **Artículo 128. Cómputo de ingresos del lesionado por trabajo personal**<br><br>1. Para el cálculo del lucro cesante se tendrá en cuenta, a los efectos de determinar el multiplicando, la pérdida de ingresos de trabajo personal del lesionado que corresponda por su grado de incapacidad laboral de acuerdo con lo establecido en el artículo siguiente.<br><br>2. Los ingresos a tener en cuenta a los efectos del cálculo del lucro cesante son los percibidos durante el año anterior al accidente o la media de los obtenidos en los tres años anteriores al mismo, si ésta fuera superior.<br><br>3. Si el lesionado estuviera en situación de desempleo en el momento del accidente o lo hubiera estado en cualquiera de los tres años anteriores al mismo, se utilizará también para el cálculo de los ingresos previsto en el apartado anterior, las prestaciones de desempleo que haya percibido y, en caso de no haberlas percibido, se computará como ingreso un salario mínimo interprofesional anual. En todo caso, el ingreso mínimo que siempre se tendrá en cuenta será un salario mínimo interprofesional anual.<br><br>4. La fecha inicial del cómputo es la de estabilización de las secuelas, excepto en el caso de lesionados pendientes de acceder al mercado laboral previsto en el artículo 130, que se computa a partir de la edad de treinta años. | **Artículo 128. Cómputo de ingresos del lesionado por trabajo personal**<br><br>1. Para el cálculo del lucro cesante se tendrá en cuenta, a los efectos de determinar el multiplicando, la pérdida de ingresos de trabajo personal del lesionado que corresponda por su grado de incapacidad laboral de acuerdo con lo establecido en el artículo siguiente.<br><br>2. Los ingresos a tener en cuenta a los efectos del cálculo del lucro cesante son los percibidos durante el año anterior al accidente o la media de los obtenidos en los tres años anteriores al mismo, si ésta fuera superior.<br><br>3. Si el lesionado estuviera en situación de desempleo en el momento del accidente o lo hubiera estado en cualquiera de los tres años anteriores al mismo, se **utilizarán** también para el cálculo de los ingresos previsto en el apartado anterior, las prestaciones de desempleo que haya percibido.<br><br>**4.** En todo caso, el ingreso mínimo que siempre se tendrá en cuenta será **el salario mínimo interprofesional.**<br><br>5. La fecha inicial del cómputo es la de estabilización de las secuelas, excepto en el caso de lesionados pendientes de acceder al mercado laboral previsto en el artículo 130, que se computa a partir de la edad de treinta años. |
| ***Cuarenta y tres***<br>*Se modifica la letra b) del artículo 129:* | **Artículo 129. Multiplicando de ingresos por trabajo personal**<br><br>La pérdida de ingresos de trabajo personal del lesionado en función del grado de incapacidad se determina de acuerdo con las reglas siguientes:<br><br>a) En los supuestos en que el lesionado queda incapacitado para realizar cualquier tipo de trabajo o actividad profesional se considera que el perjuicio que sufre es del cien por cien de sus ingresos.<br><br>b) En los supuestos en que el lesionado queda incapacitado para realizar su trabajo o actividad profesional habitual se considera que el perjuicio que sufre es del cincuenta y cinco por ciento de sus ingresos, hasta los cincuenta y cinco | **Artículo 129. Multiplicando de ingresos por trabajo personal**<br><br>La pérdida de ingresos de trabajo personal del lesionado en función del grado de incapacidad se determina de acuerdo con las reglas siguientes:<br><br>a) En los supuestos en que el lesionado queda incapacitado para realizar cualquier tipo de trabajo o actividad profesional se considera que el perjuicio que sufre es del cien por cien de sus ingresos.<br><br>b) En los supuestos en que el lesionado queda incapacitado para realizar su trabajo o actividad profesional habitual se considera que el perjuicio que sufre es del cincuenta y cinco por ciento de sus ingresos hasta los **cuarenta y cinco** |

| | | |
|---|---|---|
| | años, y del setenta y cinco por ciento, a partir de esta edad.<br><br>c) En los supuestos en que las secuelas que padezca el lesionado disminuyan parcialmente sus ingresos o su rendimiento normal en el ejercicio de su trabajo o actividad profesional habituales de forma acusada se considera que el perjuicio que sufre equivale al importe de los ingresos correspondientes a dos anualidades. Se presume que la disminución es acusada cuando es igual o superior al treinta y tres por ciento de los ingresos o del rendimiento normal para el trabajo o actividad profesional habitual. | **años; del setenta por ciento de sus ingresos desde los cuarenta y cinco hasta los cincuenta y cinco años; y del noventa por ciento a partir de esta última edad.**<br><br>c) En los supuestos en que las secuelas que padezca el lesionado disminuyan parcialmente sus ingresos o su rendimiento normal en el ejercicio de su trabajo o actividad profesional habituales de forma acusada se considera que el perjuicio que sufre equivale al importe de los ingresos correspondientes a dos anualidades. Se presume que la disminución es acusada cuando es igual o superior al treinta y tres por ciento de los ingresos o del rendimiento normal para el trabajo o actividad profesional habitual. |
| ***Cuarenta y cuatro***<br>*Se modifica el título y el contenido del artículo 130:* | **Artículo 130. Lesionados pendientes de acceder al mercado laboral menores de treinta años**<br><br>La pérdida de la capacidad de obtener ganancias de aquellos lesionados menores de treinta años pendientes de acceder al mercado laboral se determina de acuerdo con las reglas siguientes:<br><br>a) Sólo se tiene en cuenta la pérdida de la capacidad de obtener ganancias en los supuestos de incapacidad absoluta y total.<br><br>b) La fecha inicial del cómputo será a partir de los treinta años.<br><br>c) En los supuestos de incapacidad absoluta se computa como ingreso dejado de obtener, a los efectos de determinar el multiplicando, un salario mínimo interprofesional anual y medio.<br><br>d) En los supuestos de incapacidad total se computa como ingreso dejado de | **Artículo 130. Lesionados menores de treinta años que no han accedido al mercado laboral.**<br><br>1. **Son lesionados que no han accedido al mercado laboral aquellos menores de treinta años que en el momento del accidente no desempeñan una actividad laboral que comporte el derecho a percibir una pensión contributiva o en caso de comportarlo, tiene carácter esporádico, discontinuo, o complementario de otra de formación o estudio. Se incluyen dentro de este concepto las personas menores de treinta años con dedicación a las tareas del hogar.**<br><br>2. La pérdida de la capacidad de obtener ganancias de aquellos lesionados menores de treinta años pendientes de acceder al mercado laboral se determina de acuerdo con las reglas siguientes:<br><br>a) Solo se tiene en cuenta la pérdida de la capacidad de obtener ganancias en los supuestos de incapacidad absoluta y total.<br><br>b) La fecha inicial del cómputo será a partir de los treinta años**, incluso si la estabilización es posterior al cumplimiento de esa edad.**<br><br>c) En los supuestos de incapacidad permanente absoluta se computa como ingreso dejado de obtener, a los efectos de determinar el multiplicando, un salario mínimo interprofesional anual y medio.<br><br>d) En los supuestos de incapacidad permanente total se computa como |

| | | |
|---|---|---|
| | obtener el cincuenta y cinco por ciento de la cantidad señalada en el apartado anterior. A estos efectos, se entiende por incapacidad total la imposibilidad de llevar a cabo una gran cantidad y variedad de actividades laborales. | ingreso dejado de obtener el cincuenta y cinco por ciento de la cantidad señalada en la **letra c) hasta antes de cumplir los cuarenta y cinco años; del setenta por ciento desde los cuarenta y cinco hasta antes de cumplir los cincuenta y cinco años; y del noventa por ciento a partir de esta última edad.** A estos efectos, se entiende por incapacidad permanente total la imposibilidad de llevar a cabo una gran cantidad y variedad de actividades laborales. |
| | e) Las cantidades anteriores podrán incrementarse hasta un veinte por ciento si el lesionado tuviere un nivel de formación superior. | e) Las cantidades anteriores podrán incrementarse hasta un veinte por ciento si el lesionado tuviere un nivel de formación superior.<br><br>**3. En caso de que existan discrepancias sobre si el menor de treinta años se halla todavía pendiente o no de acceder al mercado laboral, se aplicará como ingreso mínimo el cómputo de ingresos que establecen las letras c) y d) del apartado anterior y que se refleja, respectivamente, en las tablas 2.C.7 y 2.C.8** |
| ***Cuarenta y cinco***<br><br>*Se modifican los apartados 1 y 2 del artículo 131:* | **Artículo 131. Multiplicando en caso de lesionados con dedicación a las tareas del hogar de la unidad familiar**<br><br>1. En los supuestos de incapacidad absoluta, respecto del trabajo no remunerado del lesionado que no obtenía ingresos por ser la persona que contribuía al sostenimiento de su unidad familiar mediante la dedicación exclusiva a las tareas del hogar, se seguirán las reglas siguientes:<br><br>a) Se valora dicho trabajo no remunerado en el equivalente a un salario mínimo interprofesional anual.<br><br>b) En unidades familiares de más de dos personas dicha equivalencia se incrementa en un diez por ciento del salario mínimo interprofesional anual por cada persona menor de edad, con discapacidad o mayor de sesenta y siete años que conviva con el lesionado en la unidad familiar, sin que ese incremento adicional pueda superar el importe de un salario mínimo interprofesional anual y medio.<br><br>2. En los supuestos de incapacidad total se computa como ingreso dejado de obtener el cincuenta y cinco por ciento de las cantidades señaladas en el apartado anterior. A estos efectos, se entiende por incapacidad total la | **Artículo 131. Multiplicando en caso de lesionados con dedicación a las tareas del hogar de la unidad familiar**<br><br>1. En los supuestos de incapacidad **permanente** absoluta, respecto del trabajo no remunerado del lesionado **mayor de treinta años** que no obtenía ingresos por ser la persona que contribuía al sostenimiento de su unidad familiar mediante la dedicación exclusiva a las tareas del hogar, se seguirán las reglas siguientes:<br><br>a) Se valora dicho trabajo no remunerado en el equivalente a un salario mínimo interprofesional anual.<br><br>b) En unidades familiares de más de dos personas, dicha equivalencia se incrementa en un diez por ciento del salario mínimo interprofesional anual por cada persona menor de edad, con discapacidad o mayor de sesenta y siete años que conviva con el lesionado en la unidad familiar, sin que ese incremento adicional pueda superar el importe de un salario mínimo interprofesional anual y medio.<br><br>2. En los supuestos de incapacidad **permanente** total se computa como ingreso dejado de obtener el cincuenta y cinco por ciento **de la cantidad señalada** en el apartado anterior **hasta antes de cumplir los cuarenta y cinco** |

| | | |
|---|---|---|
| | imposibilidad de llevar a cabo las tareas fundamentales del hogar siempre que pueda realizar otras distintas.<br><br>3. Si el lesionado estaba acogido a una reducción de la jornada de trabajo para compatibilizar el trabajo remunerado con las tareas del hogar y el cuidado de la familia, la cantidad a percibir será de un tercio de la que resulte de realizar todas las operaciones de cálculo del lucro cesante con el multiplicando del apartado 1. | **años; del setenta por ciento desde los cuarenta y cinco hasta antes de cumplir los cincuenta y cinco años; y del noventa por ciento a partir de esta última edad.** A estos efectos, se entiende por incapacidad **permanente** total la imposibilidad de llevar a cabo las tareas fundamentales del hogar siempre que pueda realizar otras distintas.<br><br>3. Si el lesionado estaba acogido a una reducción de la jornada de trabajo para compatibilizar el trabajo remunerado con las tareas del hogar y el cuidado de la familia, la cantidad a percibir será de un tercio de la que resulte de realizar todas las operaciones de cálculo del lucro cesante con el multiplicando del apartado 1. |
| ***Cuarenta y seis***<br><br>*Se modifican los apartados 4 y 5 del artículo 132:* | **Artículo 132. Multiplicador**<br><br>1. El multiplicador es el coeficiente que para cada lesionado resulta de combinar los factores siguientes:<br><br>a) las pensiones públicas de incapacidad permanente absoluta, total o parcial a las que tenga derecho el lesionado,<br><br>b) la duración del perjuicio,<br><br>c) el riesgo de fallecimiento en función de su grado de incapacidad, y<br><br>d) la tasa de interés de descuento, que tiene en cuenta la inflación.<br><br>2. Los factores mencionados se calculan de acuerdo con las bases técnicas actuariales establecidas según lo dispuesto en el artículo 48.<br><br>3. A los efectos de determinar el multiplicador podrán establecerse reglamentariamente otros factores complementarios que tengan en cuenta otras contingencias relativas al lesionado y que sirvan a la mejor individualización del perjuicio.<br><br>4. Las pensiones públicas a las que tenga derecho el lesionado, tales como las de incapacidad permanente, absoluta, total o parcial, son objeto de estimación, pero puede acreditarse la percepción de pensiones distintas a las estimadas. En los supuestos de gran invalidez sólo se computará en el multiplicador la parte correspondiente a la pensión de incapacidad permanente absoluta. | **Artículo 132. Multiplicador**<br><br>1. El multiplicador es el coeficiente que para cada lesionado resulta de combinar los factores siguientes:<br><br>a) las pensiones públicas de incapacidad permanente absoluta, total o parcial a las que tenga derecho el lesionado,<br><br>b) la duración del perjuicio,<br><br>c) el riesgo de fallecimiento en función de su grado de incapacidad, y<br><br>d) la tasa de interés de descuento, que tiene en cuenta la inflación.<br><br>2. Los factores mencionados se calculan de acuerdo con las bases técnicas actuariales establecidas según lo dispuesto en el artículo 48.<br><br>3. A los efectos de determinar el multiplicador podrán establecerse reglamentariamente otros factores complementarios que tengan en cuenta otras contingencias relativas al lesionado y que sirvan a la mejor individualización del perjuicio.<br><br>4. Las pensiones públicas a las que tenga derecho el lesionado, tales como las de incapacidad permanente, absoluta, total o parcial, producen el efecto de reducir el perjuicio **y se estiman de acuerdo con las bases técnicas actuariales, pero el perjudicado puede acreditar** la percepción de pensiones distintas a las estimadas. En los supuestos de gran invalidez solo se computará en el multiplicador la parte correspondiente a la pensión de incapacidad permanente absoluta. |

| | | |
|---|---|---|
| | 5. Al lesionado que no obtenía ingresos por dedicarse en exclusiva a las tareas del hogar de su unidad familiar, aunque no percibe pensiones públicas, se le aplicarán las indemnizaciones por lucro cesante previstas en las tablas 2.C para lesionados con ingresos, si bien incrementadas en un veinticinco por ciento. | 5. Al lesionado **mayor de treinta años** que no obtenía ingresos por dedicarse en exclusiva a las tareas del hogar de su unidad familiar **se le aplicarán las indemnizaciones por lucro cesante previstas en las tablas 2.C.4.H y 2.C.5.H específicas para dicho trabajo no remunerado. Si el lesionado tenía menos de treinta años, se aplicarán las tablas 2.C.7 y 2.C.8 relativas a las personas que no han accedido al mercado laboral**. |
| **Modificaciones en la SECCIÓN 3.ª-Indemnizaciones por lesiones temporales (arts. 134 a 143)** | | |
| ***Cuarenta y siete*** *Se modifican los apartados 2 y 3 y se añade un apartado. 4 del artículo 134:* | **Artículo 134. Valoración de la indemnización por lesiones temporales**<br><br>1. Son lesiones temporales las que sufre el lesionado desde el momento del accidente hasta el final de su proceso curativo o hasta la estabilización de la lesión y su conversión en secuela.<br><br>2. La indemnización por lesiones temporales es compatible con la que proceda por secuelas o, en su caso, por muerte y se cuantifica conforme a las disposiciones y reglas que se establecen en este Capítulo y que se reflejan en los distintos apartados de la tabla 3 que figura como Anexo.<br><br>3. La tabla 3 contiene tres apartados:<br><br>a) La tabla 3.A establece la cuantía del perjuicio personal básico de acuerdo con los criterios y reglas de este sistema.<br><br>b) La tabla 3.B establece la cuantía de los perjuicios personales particulares de acuerdo con los criterios y reglas de este sistema.<br><br>c) La tabla 3.C establece la cuantía de los perjuicios patrimoniales, distinguiendo las categorías del daño emergente y del lucro cesante, de acuerdo con los criterios y reglas de este sistema. | **Artículo 134. Valoración de la indemnización por lesiones temporales**<br><br>1. Son lesiones temporales las que sufre el lesionado desde el momento del accidente hasta el final de su proceso curativo o hasta la estabilización de la lesión y su conversión en secuela.<br><br>**2. Los síntomas persistentes temporales que subsisten tras la estabilización y que están llamados a curarse a corto o medio plazo también se valoran como lesiones temporales computando los efectos que producen y su duración hasta su total curación.**<br><br>**3.** La indemnización por lesiones temporales es compatible con la que proceda por secuelas o, en su caso, por muerte y se cuantifica conforme a las disposiciones y reglas que se establecen en este capítulo y que se reflejan en los distintos apartados de la tabla 3 que figura en el anexo.<br><br>**4.** La tabla 3 contiene tres apartados:<br><br>a) La tabla 3.A establece la cuantía del perjuicio personal básico de acuerdo con los criterios y reglas de este sistema.<br><br>b) La tabla 3.B establece la cuantía de los perjuicios personales particulares de acuerdo con los criterios y reglas de este sistema.<br><br>c) La tabla 3.C establece la cuantía de los perjuicios patrimoniales, distinguiendo las categorías del daño emergente y del lucro cesante, de acuerdo con los criterios y reglas de este sistema. |

| | | |
|---|---|---|
| ***Cuarenta y ocho***<br><br>*Se modifica el apartado 3 y se añade el apartado 4 del artículo 141:* | **Artículo 141. Gastos de asistencia sanitaria**<br><br>1. Se resarcen los gastos de asistencia sanitaria y el importe de las prótesis, órtesis, ayudas técnicas y productos de apoyo para la autonomía personal que por prescripción facultativa necesite el lesionado hasta el final del proceso curativo o estabilización de la lesión y su conversión en secuela, siempre que se justifiquen debidamente y sean médicamente razonables en atención a la lesión sufrida y a sus circunstancias.<br><br>2. Las entidades aseguradoras podrán pagar directamente a los centros sanitarios los gastos de asistencia sanitaria y, en su caso, los demás gastos previstos en el apartado anterior, mediante la firma de convenios sanitarios.<br><br>3. Se asimilan a los gastos de asistencia los relativos a los desplazamientos que el lesionado realice con ocasión de la asistencia sanitaria de sus lesiones temporales. | **Artículo 141. Gastos de asistencia sanitaria**<br><br>1. Se resarcen los gastos de asistencia sanitaria y el importe de las prótesis, órtesis, ayudas técnicas y productos de apoyo para la autonomía personal que por prescripción facultativa necesite el lesionado hasta el final del proceso curativo o estabilización de la lesión y su conversión en secuela, siempre que se justifiquen debidamente y sean médicamente razonables en atención a la lesión sufrida y a sus circunstancias.<br><br>2. Las entidades aseguradoras podrán pagar directamente a los centros sanitarios los gastos de asistencia sanitaria y, en su caso, los demás gastos previstos en el apartado anterior, mediante la firma de convenios sanitarios.<br><br>**3. Las entidades aseguradoras garantizarán la libre elección de centro por parte del lesionado y le reembolsarán las cantidades que haya pagado, siempre que las cantidades pagadas estén debidamente justificadas y sean médicamente razonables en atención a la lesión sufrida y a sus circunstancias. En este caso regirán las reglas propias de la responsabilidad civil y, en caso de concurrencia de culpas o culpa exclusiva del lesionado, podrá reducirse o excluirse el pago de acuerdo con lo dispuesto en el artículo 1.2.**<br><br>4. Se asimilan a los gastos de asistencia los relativos a los desplazamientos que el lesionado realice con ocasión de la asistencia sanitaria de sus lesiones temporales. |
| ***Cuarenta y nueve***<br><br>*Se modifica el apartado 4 en el artículo 143:* | **Artículo 143. Lucro cesante por lesiones temporales**<br><br>1. En los supuestos de lesiones temporales el lucro cesante consiste en la pérdida o disminución temporal de ingresos netos provenientes del trabajo personal del lesionado o, en caso de su dedicación exclusiva a las tareas del hogar, en una estimación del valor de dicha dedicación cuando no pueda desempeñarlas. La indemnización por pérdida o disminución de dedicación a las tareas del hogar es incompatible con el resarcimiento de los gastos generados por la sustitución de tales tareas. | **Artículo 143. Lucro cesante por lesiones temporales**<br><br>1. En los supuestos de lesiones temporales el lucro cesante consiste en la pérdida o disminución temporal de ingresos netos provenientes del trabajo personal del lesionado o, en caso de su dedicación exclusiva a las tareas del hogar, en una estimación del valor de dicha dedicación cuando no pueda desempeñarlas. La indemnización por pérdida o disminución de dedicación a las tareas del hogar es incompatible con el resarcimiento de los gastos generados por la sustitución de tales tareas. |

| | | |
|---|---|---|
| | 2. La pérdida de ingresos netos variables se acreditará mediante la referencia a los percibidos en períodos análogos del año anterior al accidente o a la media de los obtenidos en los tres años inmediatamente anteriores al mismo, si ésta fuera superior.<br><br>3. De las cantidades que resultan de aplicar los criterios establecidos en los dos apartados anteriores se deducen las prestaciones de carácter público que perciba el lesionado por el mismo concepto.<br><br>4. La dedicación a las tareas del hogar se valorará en la cantidad diaria de un salario mínimo interprofesional anual hasta el importe máximo total correspondiente a una mensualidad en los supuestos de curación sin secuelas o con secuelas iguales o inferiores a tres puntos. En los demás casos se aplicarán los criterios previstos en el artículo 131 relativos al multiplicando aplicable en tales casos. | 2. La pérdida de ingresos netos variables se acreditará mediante la referencia a los percibidos en períodos análogos del año anterior al accidente o a la media de los obtenidos en los tres años inmediatamente anteriores al mismo, si ésta fuera superior.<br><br>3. De las cantidades que resultan de aplicar los criterios establecidos en los dos apartados anteriores se deducen las prestaciones de carácter público que perciba el lesionado por el mismo concepto.<br><br>4. La dedicación exclusiva a las tareas del hogar se valorará en la cantidad diaria de un salario mínimo interprofesional anual, **que se podrá incrementar de acuerdo con los criterios y los límites previstos en los artículos 84.2 y 131.1 a) y b). En los casos de dedicación parcial a las tareas del hogar también regirá el criterio de cálculo previsto en los artículos 85 y 131.3.** |
| **TÍTULO V- Protección de datos personales<br>CAPÍTULO I- Disposiciones generales** | | |
| ***Cincuenta***<br><br>*Se añade un nuevo Título V:* | | **Artículo 144. Normativa aplicable**<br><br>**1. Los tratamientos de datos personales llevados a cabo por las entidades aseguradoras, el Consorcio de Compensación de Seguros y cualesquiera otras personas, entidades o Administraciones Públicas en el contexto de las previsiones de la presente ley se someten a lo dispuesto en el Reglamento (UE) 2016/679 del Parlamento Europeo y del Consejo, de 27 de abril de 2016, relativo a la protección de las personas físicas en lo que respecta al tratamiento de datos personales y a la libre circulación de estos datos y por el que se deroga la Directiva 95/46/CE, y en la Ley Orgánica 3/2018, de 5 de diciembre, de Protección de Datos Personales y garantía de los derechos digitales, así como a lo dispuesto en el presente título.**<br><br>**Será igualmente de aplicación a los tratamientos de datos personales efectuados por las entidades aseguradoras en el marco de esta ley lo dispuesto en los artículos 99 y 100 de la Ley 20/2015, de 14 de julio, de ordenación, supervisión y solvencia de las entidades aseguradoras y reaseguradoras.** |

| | | |
|---|---|---|
| | | 2. A los efectos previstos en el presente título, las referencias a las entidades aseguradoras deberán considerarse efectuadas igualmente al Consorcio de Compensación de Seguros, así como a OFESAUTO en su condición de organismo de indemnización. |
| | | Artículo 145. Tratamiento de datos personales en el marco de la celebración del contrato de seguro.<br><br>1. Las entidades aseguradoras podrán pedir a los interesados que hubieran solicitado la contratación con aquellas del contrato de seguro regulado en la presente ley cuanta información resulte necesaria, idónea y proporcional para poder determinar y cuantificar el riesgo asegurado. Las entidades tratarán como responsables del tratamiento los datos facilitados con la finalidad de poder realizar la proposición de seguro establecida en el artículo tercero de la Ley 50/1980, de 8 de octubre, de Contrato de Seguro, encontrándose el citado tratamiento amparado en lo dispuesto en el artículo 6.1.b) del Reglamento (UE) 2016/679.<br><br>2. Con la misma finalidad establecida en el apartado anterior, las entidades aseguradoras podrán recabar y tratar como responsables la información que se contiene en los sistemas comunes de información, en los términos regulados en el capítulo II del presente título.<br><br>Igualmente, y con la misma finalidad, podrán recabar y tratar como responsables información procedente de terceros, siempre que cuenten con base jurídica para ello conforme al Reglamento (UE) 2016/679 y la Ley Orgánica 3/2018, de 5 de diciembre.<br><br>3. Las entidades aseguradoras únicamente tratarán los datos mencionados con la finalidad mencionada en el apartado 1.<br><br>En caso de que no llegue a celebrarse el contrato, las entidades aseguradoras procederán al bloqueo de los datos personales en los términos previstos en la Ley Orgánica 3/2018, de 5 de diciembre, no tratando los datos de los solicitantes para otros fines distintos a menos que cuenten con una base jurídica adecuada para ello, en cuyo |

| | | |
|---|---|---|
| | | caso podrán proseguir en el tratamiento únicamente para las finalidades respecto de las que exista dicha base jurídica.<br><br>4. En caso de que llegue finalmente a celebrarse el contrato, las entidades aseguradoras podrán seguir tratando como responsables del tratamiento los datos mencionados en los apartados 1 y 2 anteriores, y de los que se originen como consecuencia de la ejecución del contrato y sean necesarios, idóneos y proporcionales para las finalidades relacionadas con su mantenimiento, desarrollo y revisión, así como para la tarificación del riesgo y la determinación de las primas.<br><br>Igualmente, podrán tratar los datos para otras finalidades legítimas siempre que cuenten con una base jurídica adecuada para ello, los interesados hayan sido debidamente informados de dichas finalidades y, cuando sea exigible, se haya recabado su consentimiento de conformidad con lo previsto en la normativa de protección de datos personales |
| | | Artículo 146. Tratamiento de los datos personales durante la vigencia del seguro y para la valoración, gestión y tramitación de siniestros.<br><br>1. Las entidades aseguradoras tratarán como responsables del tratamiento los datos de los tomadores, asegurados y conductores que figuren en los contratos celebrados con las mismas, así como de cuantos otros se deriven del desenvolvimiento del contrato para las finalidades relacionadas con su adecuado mantenimiento, desarrollo, gestión y revisión y para las restantes finalidades establecidas en la Ley 20/2015, de 14 de julio y su normativa de desarrollo, o respecto de las que dispongan de una base jurídica que las legitime de conformidad con lo establecido en la normativa de protección de datos personales.<br><br>2. En caso de producirse un siniestro, las entidades aseguradoras tratarán como responsables del tratamiento todos los datos personales que resulten necesarios, idóneos y proporcionales para cumplir con las obligaciones derivadas del contrato de seguro y, en su caso, cuantificar el importe de la indemnización |

| | | |
|---|---|---|
| | | correspondiente al mismo y para elaborar la propuesta de indemnización o la respuesta motivada prevista en el artículo 7.2 de esta ley. El tratamiento de los datos personales se fundará en el artículo 6.1.c) del Reglamento (UE) 2016/679, al ser necesario para el cumplimiento por la entidad aseguradora del causante del siniestro de las obligaciones establecidas en esta ley.<br><br>Igualmente tratarán como responsables, con dicha finalidad y sobre la misma base jurídica, los datos personales que sean facilitados por el perjudicado en el momento de efectuar la solicitud de indemnización, así como los resultantes de los informes periciales complementarios que aquellos hubieran podido aportar o solicitar conforme al párrafo segundo del artículo 7.2 de esta ley.<br><br>3. Las entidades aseguradoras podrán recabar y tratar como responsables, con la finalidad a la que se refiere el apartado 2 anterior, los datos contenidos en cuantos informes periciales y atestados emitidos por las Fuerzas y Cuerpos de Seguridad encargadas de la vigilancia del tráfico que resulten necesarios, proporcionales e idóneos para la determinación de la indemnización.<br><br>A estos efectos, en caso de acudir a terceras entidades para la investigación, peritación y valoración de los daños, estas tendrán la condición de encargados del tratamiento de las aseguradoras, debiendo suscribir con las mismas el contrato o acto jurídico regulado por el artículo 28.3 del Reglamento (UE) 2016/679. Esta misma exigencia será aplicable cuando las entidades aseguradoras recurran para la realización de estas tareas a entidades reaseguradoras.<br><br>4. Las entidades aseguradoras tratarán como responsables del tratamiento los datos personales a los que se refiere el apartado 2 con la finalidad de dar cumplimiento a su obligación legal de indemnización a los perjudicados y de las obligaciones regulatorias establecidas en la Ley 20/2015, de 14 de julio, encontrándose amparado el tratamiento en el artículo 6.1.c) del Reglamento (UE) 2016/679. |

| | | |
|---|---|---|
| | | **5. En los supuestos en los que sea de aplicación lo dispuesto en el artículo 8 de esta ley, en lo que respecta a los convenios de indemnización directa de daños materiales, la entidad aseguradora del perjudicado que haya procedido al abono de la indemnización o a la prestación del servicio, podrá comunicar a la entidad aseguradora del causante del siniestro los datos utilizados para el cálculo y valoración de aquella, así como los informes periciales en que se contengan los mismos, a fin de proceder a la compensación de la misma.**<br><br>**En caso de que la entidad aseguradora del perjudicado no haya procedido al abono de la indemnización o a la prestación del servicio, facilitará a la entidad aseguradora del causante del siniestro, a través de sistemas seguros y dotados de medidas de seguridad reforzadas, la información que resulte necesaria, idónea y proporcional para el cálculo y valoración de la indemnización, a fin de que por la misma se dé cumplimiento a la obligación legal de elaborar la correspondiente oferta de indemnización y, en su caso, proceder a la reparación de los daños.**<br><br>**Las entidades aseguradoras responderán en todo caso de la exactitud de los datos facilitados en virtud de lo dispuesto en este apartado.**<br><br>**Los sistemas de intercambio de información deberán en todo caso contar con medidas de control de accesos, a fin de garantizar la confidencialidad, integridad y disponibilidad de los datos, procediéndose al intercambio de información entre las entidades de forma cifrada o bien utilizando cualquier otro mecanismo que garantice que la información no sea inteligible ni manipulable por terceros.** |
| | | **Artículo 147. Tratamiento de datos de salud en caso de siniestro**<br><br>**1. Las entidades aseguradoras podrán proceder como responsables al tratamiento de los datos relativos a la salud de los perjudicados que hubieran sufrido daños personales con ocasión de un siniestro con la finalidad de dar cumplimiento a la** |

| | | |
|---|---|---|
| | | obligación legal de indemnización establecida en esta ley.<br><br>El tratamiento por las entidades aseguradoras de estos datos, incluyendo el informe médico pericial definitivo, al que se refieren los artículos 7.3 c) y 7.4 b) de esta ley, y los resultantes de la asistencia sanitaria que hubiera sido dispensada al perjudicado y el seguimiento de su evolución, se encuentra amparado en los artículos 6.1 c) y 9.2 f) del Reglamento (UE) 2016/679, como consecuencia de la acción directa reconocida al perjudicado por el artículo 7.1 de esta ley y de ser necesario para atender a su derecho a la indemnización, y en el artículo 99.1 de la Ley 20/2015, de 14 de julio.<br><br>2. Será de aplicación lo previsto en el artículo 146.5 de esta ley en los supuestos en que se haya producido la adhesión por las entidades aseguradoras a los convenios sectoriales de asistencia sanitaria para lesionados de tráfico o a los convenios de indemnización de daños personales. La comunicación de datos relacionados con la salud realizada como consecuencia de la adhesión a dichos convenios se encontrará igualmente amparada en el artículo 9.2 f) del Reglamento (UE) 2016/679, en relación el artículo 6.1 c) de dicho Reglamento, como consecuencia de las obligaciones legales que han de ser observadas por las entidades aseguradoras.<br><br>3. Las entidades aseguradoras garantizarán al perjudicado que la comunicación y transmisión de los datos a los que se refiere este artículo se pueda llevar a cabo de forma segura. Recibida la documentación, corresponde a la entidad aseguradora el establecimiento de un sistema que proteja los datos de manera efectiva, y que considere en especial lo establecido en los artículos 25 y 32 del Reglamento (UE) 2016/679.<br><br>A estos efectos, las entidades aseguradoras podrán poner a disposición de los abogados que representen a los lesionados en accidentes de tráfico plataformas seguras de intercambio de información que garantizarán en todo momento la trazabilidad de las reclamaciones y el cumplimiento de la normativa en materia de protección de datos personales. |

| | | |
|---|---|---|
| | | **CAPÍTULO II**<br>**Sistemas comunes de información** |
| | | **Artículo 148. Sistemas comunes de información para el cumplimiento de lo establecido en el artículo 2.7 de esta ley**<br><br>**1. Las entidades aseguradoras podrán establecer, al amparo de lo dispuesto en el artículo 99.7 de la Ley 20/2015, de 14 de julio, sistemas comunes de información en los que se incorporen los datos relacionados con la siniestralidad de los vehículos con la finalidad de dar cumplimiento a las obligaciones de certificación establecidas en el artículo 2.7 de esta ley. El tratamiento se encontrará amparado en el artículo 6.1.c) del Reglamento (UE) 2016/679.**<br><br>**2. Los datos se limitarán únicamente a los identificativos del tomador, al contrato celebrado y la fecha y al alcance, personal o material, de los daños producidos e importe de la indemnización, así como los que se contuvieran en la certificación de antecedentes siniestrales regulada en el artículo 16 de la Directiva (UE) 2021/2118. Estos datos se referirán únicamente a los siniestros producidos en los últimos cinco años. Transcurrido este plazo, los sistemas deberán incorporar mecanismos seguros y automáticos que garanticen la supresión de los datos.**<br><br>**3. Para la consulta de los sistemas de información será imprescindible que la entidad aseguradora consultante incorpore en su petición un factor reforzado de verificación de la existencia de una solicitud de un interesado, incluyendo, además de un dato personal que lo identifique, alguna otra información que solo pudiera obrar en poder de aquel.**<br><br>**4. Las entidades aseguradoras únicamente podrán tratar los datos a los que hubieran accedido para su consideración en relación con la solicitud de aseguramiento efectuada por el interesado, no pudiendo aplicarlos para una finalidad distinta de la gestión de la solicitud de aseguramiento, la tarificación y valoración del riesgo asegurado y la cuantificación de la prima** |
| | | **Artículo 149. Sistemas comunes de información para la prevención del fraude en el seguro.** |

| | | |
|---|---|---|
| | | 1. Las entidades aseguradoras podrán establecer, al amparo de lo dispuesto en el artículo 99.7 de la Ley 20/2015, de 14 de julio, sistemas comunes de información para el cumplimiento de sus obligaciones legales de prevenir, impedir, identificar, detectar, informar y remediar conductas fraudulentas relativas a seguros, conforme a lo dispuesto en el artículo 100 de la citada ley.<br><br>El tratamiento de los datos personales incluidos en los citados sistemas de información se amparará en el artículo 6.1.c) del Reglamento (UE) 2016/679, en relación con la citada obligación legal.<br><br>2. Los datos contenidos en el sistema serán los necesarios, idóneos y proporcionales para el cumplimiento de la finalidad a la que se refiere el apartado anterior. Se podrán establecer sistemas comunes de información relativos a perjudicados, sin incluir dato alguno referente a la salud.<br><br>A tal efecto, los sistemas establecerán mecanismos de generación de alertas que permitan a las entidades aseguradoras la detección de conductas inconsistentes o anómalas tanto en relación con el vehículo respecto del que se solicitase un aseguramiento como respecto de los siniestros que hubieran sido declarados a las entidades aseguradoras.<br><br>Las entidades aseguradoras determinarán con carácter previo a la puesta en funcionamiento de los sistemas los datos que sean necesarios, idóneos y proporcionales para el adecuado funcionamiento del sistema, así como las alertas que pudieran generarse como consecuencia del funcionamiento del mismo. En caso de que las entidades aseguradoras adoptasen un código de conducta para la creación y regulación del sistema de información, conforme a lo indicado en el artículo 150.5 de esta ley, deberá incorporarse al mismo la descripción de los datos que habrán de suministrarse al sistema y las alertas que justificarán la consulta de los datos por las entidades aseguradoras.<br><br>3. Los datos proporcionados por las entidades aseguradoras deberán ser |

| | | |
|---|---|---|
| | | **exactos, debiendo procederse, cuando corresponda, a su actualización, a fin de reflejar fielmente la información referida a las pólizas contratadas y la siniestralidad efectivamente declarada. Para ello deberán adoptar cuantas medidas y procedimientos sean necesarios para verificar periódicamente la exactitud de los datos comunicados a los Sistemas comunes de prevención del fraude.**<br><br>**Se procederá a la supresión en los sistemas comunes de Información de los datos referidos a siniestros y las pólizas a ellos asociados que tuvieran una antigüedad superior a cinco años, adoptándose medidas que permitan la citada supresión de forma automática.**<br><br>**4. Las entidades aseguradoras podrán consultar los datos incluidos en los sistemas comunes de prevención del fraude con la finalidad de poder identificar situaciones de anomalía y de riesgo de fraude por parte del tomador, asegurado, beneficiario, titular del vehículo o perjudicado, a fin de poder valorar las solicitudes de suscripción de una póliza y, en su caso, la tarificación del riesgo, así como adoptar las decisiones que resulten necesarias en relación con la tramitación de un siniestro con posible riesgo de fraude.**<br><br>**Asimismo, las entidades aseguradoras podrán encomendar a terceros que actúen como encargados del tratamiento de aquellas el acceso a los datos de los sistemas comunes de información contra el fraude para la investigación de las medidas de seguridad y técnicas de los vehículos, identificación de los vehículos robados, así como para la impartición de formación a los profesionales, colaboradores y trabajadores del sector automovilístico y asegurador.**<br><br>**5. La información contenida en los sistemas de prevención del fraude podrá ser comunicada a las Fuerzas y Cuerpos de Seguridad, así como a los órganos de las Administraciones Públicas de las que los mismos dependen para el ejercicio de sus funciones en la prevención y lucha contra el fraude, o, requerida por los mismos, a fin de que por aquellos sea posible contrastar los datos del sistema con los que consten en las denuncias que se hubieran** |

| | | |
|---|---|---|
| | | formulado como consecuencia del siniestro. La información a proporcionar deberá ser de carácter específico en cada caso, ajustada a los datos que resulten precisos para la tramitación de un expediente determinado, sin que pueda tratarse de un acceso masivo o indiscriminado. Dicho tratamiento de datos se realizará, en todo caso, de acuerdo con la normativa de protección de datos que sea aplicable a dicho tratamiento.<br><br>Igualmente, la Dirección General de Tráfico podrá acceder a los datos contenidos en los sistemas de información con el objetivo de prevenir el fraude y la verificación de los datos contenidos en el Registro de Vehículos, amparándose asimismo el acceso en el artículo 6.1.e) del Reglamento (UE) 2016/679. |
| | | Artículo 150. Disposiciones comunes a los sistemas comunes de información.<br><br>1. Las entidades aseguradoras que participen en los sistemas comunes de información regulados por este capítulo tendrán la condición de corresponsables del tratamiento, debiendo suscribir a tal efecto el acuerdo regulado por el artículo 26 del Reglamento (UE) 2016/679.<br><br>En particular, las entidades aseguradoras serán responsables de la exactitud de los datos que faciliten al sistema, así como de que la antigüedad de los mismos no sea superior a la establecida en la presente ley. Igualmente responderán de la existencia de una base jurídica adecuada para realizar las consultas de los datos previstas en la misma.<br><br>2. Las entidades aseguradoras podrán encomendar la gestión de los sistemas comunes de información a terceras entidades que ostentarán, en todo caso, la condición de encargados del tratamiento, debiendo suscribir con las mismas el contrato previsto en el artículo 28.3 del Reglamento (UE) 2016/679.<br>Asimismo, podrán encomendar a la entidad encargada del tratamiento la gestión, por cuenta de las entidades aseguradoras, de los derechos establecidos en los artículos 15 a 22 del Reglamento (UE) 2016/679. |

| | | |
|---|---|---|
| | | En caso de que se produjera la subcontratación de dicho servicio se estará a lo dispuesto a tal efecto en el artículo 28.2 del Reglamento (UE) 2016/679.<br><br>3. Las asociaciones representativas de las entidades aseguradoras podrán tratar los datos contenidos en los sistemas comunes de información para la realización de estudios técnicos y actuariales y la elaboración de estadísticas del sector asegurador, directamente o con la colaboración de los encargados del tratamiento que aquellas hubieran designado.<br><br>A tal fin los datos deberán ser previamente sometidos a un procedimiento que garantice que los mismos no pueden vincularse a una persona física identificada o identificable, teniendo en cuenta las directrices que a tal efecto hayan sido adoptadas por la Agencia Española de Protección de Datos o por el Comité Europeo de Protección de Datos para la anonimización y seudonimización de los datos personales. En caso de que los datos permitieran la singularización del interesado, pudiendo ser identificado recurriendo a otras informaciones adicionales, se adoptarán medidas que garanticen la imposibilidad de revertir el procedimiento de seudonimización.<br><br>4. Antes de proceder a la transmisión de datos personales a los sistemas comunes de información, las entidades aseguradoras deberán informar al interesado, en los términos previstos en el artículo 13 del Reglamento (UE) 2016/679, acerca de esta comunicación, así como de la posibilidad de que se produzca un acceso posterior a los datos por otras entidades aseguradoras adheridas a los sistemas.<br><br>5. Las entidades aseguradoras, con carácter previo a la creación de sistemas comunes de información, deberán dar cumplimiento a las obligaciones de responsabilidad proactiva establecidas en el artículo 4 del Reglamento (UE) 2016/679. A tal efecto, las entidades aseguradoras podrán adoptar códigos de conducta reguladores de los citados sistemas comunes de información para su sometimiento a lo dispuesto en el citado reglamento y en la Ley Orgánica 3/2018, de 5 de diciembre. |

**Disposición adicional primera**
**Seguro obligatorio de responsabilidad civil para vehículos personales ligeros que no estén incluidos en el concepto legal de «vehículo a motor»**

**1. Se crea el seguro obligatorio de responsabilidad civil para vehículos personales ligeros que puedan circular por contar con un certificado de circulación, estar inscritos en el Registro de Vehículos de la Dirección General de Tráfico y ostentar una etiqueta identificativa con el número de inscripción asignado o, en su caso, matrícula, con la finalidad de garantizar la cobertura de las indemnizaciones por los daños personales y materiales a los perjudicados por accidentes en los que intervengan este tipo de vehículos. Todo propietario de un vehículo personal ligero que cumpla los requisitos legales para circular antes señalados estará obligado a suscribir y mantener en vigor un contrato de seguro que cubra la responsabilidad civil hasta la cuantía mínima prevista en el apartado 6 por cada vehículo del que sea titular.**

**2. Se consideran vehículos personales ligeros, a efectos del seguro obligatorio de responsabilidad civil, los vehículos que circulan por suelo mediante una o más ruedas, dotados de una única plaza y propulsados exclusivamente por motores eléctricos que pueden proporcionar al vehículo una velocidad máxima de fabricación entre 6 y 25 km/h, si su peso es inferior a 25 kg, o una velocidad máxima de fabricación entre 6 y 14 km por hora, si su peso es superior a 25 kg. Solo pueden estar equipados con un asiento o sillín si están dotados de sistema de autoequilibrado.**

**3. Se excluyen de la definición de vehículo personal ligero:**

**a) los vehículos diseñados y fabricados para ser utilizados exclusivamente por las Fuerzas Armadas,**

**b) los vehículos motorizados o elementos de apoyo a la movilidad y autonomía personal que son destinados exclusivamente para ser utilizados por personas con discapacidad o con movilidad reducida.**

**c) los ciclos o las bicicletas de pedales con pedaleo asistido equipadas con un motor eléctrico auxiliar de potencia nominal continua máxima inferior o igual a 250 w, cuya potencia disminuya progresivamente y que finalmente se interrumpa antes de que la velocidad del vehículo alcance los 25 km/h o si el ciclista deja de pedalear.**

**4. Mediante orden de la persona titular del Ministerio de Economía, Comercio y Empresa previa consulta al Ministerio del Interior, se podrán regular otras inclusiones de vehículos personales ligeros a efectos del seguro obligatorio que cuenten para ello con un certificado de circulación y el adecuado sistema de registro público e identificación.**

**5. A efectos de la responsabilidad civil derivada de los hechos de la circulación y de la cobertura del seguro obligatorio creado en el apartado 1, se entiende por hecho de la circulación toda utilización de un vehículo personal ligero que sea conforme con la función del vehículo como medio de transporte en el momento del accidente, con independencia de las características de este, del terreno en el que se utilice el vehículo y de si está parado o en movimiento.**

**6. Los vehículos personales ligeros que circulen por el territorio nacional estarán sujetos, con las adaptaciones necesarias derivadas del tipo de vehículo y su utilización, y en tanto no sean objeto de una regulación específica, al régimen de responsabilidad civil y seguro del texto refundido de la Ley sobre responsabilidad civil y seguro en la circulación de vehículos a motor, y del Reglamento del seguro obligatorio de responsabilidad civil en la circulación de vehículos a motor, aprobado por el Real Decreto 1507/2008, de 12 de septiembre, con las particularidades siguientes:**

**a) Las sanciones pecuniarias que sean de aplicación serán un tercio de las establecidas en el artículo 3.1.c).**

**b) El ámbito territorial del seguro obligatorio será España. No será de aplicación el título III de la Ley sobre responsabilidad civil y seguro en la circulación de vehículos a motor.**

**c) Los importes de la cobertura del seguro obligatorio serán como mínimo:**

**i. en los daños a las personas, 6.450.000 euros por siniestro, cualquiera que sea el número de víctimas;**

**ii. en los daños a los bienes, 1.300.000 euros por siniestro.**

**La persona titular del Ministerio de Economía, Comercio y Empresa está facultada para modificar mediante orden los importes mínimos señalados en los apartados i y ii para adaptarlos a la inflación una vez hayan transcurrido cinco años desde la última modificación. En su defecto, se considerarán automáticamente actualizados cuando lo hagan los importes indicados en el artículo 9 de la Directiva 2009/103/CE, relativa al seguro de la responsabilidad civil que resulta de la circulación de vehículos automóviles, así como al control de la obligación de asegurar esta responsabilidad.**

**d) No serán de aplicación los convenios de indemnización directa de daños materiales suscritos entre entidades aseguradoras.**

**e) Será de aplicación la facultad de repetición regulada en el artículo 10 del texto refundido de la Ley de responsabilidad civil y seguro en la circulación de vehículos a motor, pudiendo ejercerse, además, contra aquellos usuarios que hubieran manipulado las características técnicas del vehículo, siempre que esta manipulación haya contribuido al acaecimiento del siniestro o a su agravamiento.**

**f) La intervención del Consorcio de Compensación de Seguros regulada en el artículo 11, apartados 1, 3, 4, 5 y 6 de la ley sobre responsabilidad civil y seguro en la circulación de vehículos a motor, se circunscribirá a los daños personales que requieran atención sanitaria, en caso de lesiones, o derivados del fallecimiento de la víctima, que se ocasionen por vehículos personales ligeros, no siendo de aplicación las funciones establecidas en la letra h) del apartado 1 de dicho artículo. Reglamentariamente el Gobierno podrá extender estas funciones a la cobertura de daños materiales, y a los daños causados por la circulación de vehículos personales ligeros utilizados sin cumplir los requisitos legales para circular, sin perjuicio del ejercicio de su derecho de recobro de los importes indemnizados. Para el ejercicio de estas funciones como fondo de garantía, el Consorcio de Compensación de Seguros percibirá los recargos que se determinen mediante resolución de la Dirección General de Seguros y Fondos de Pensiones.**

**El Consorcio de Compensación de Seguros podrá asumir la contratación de la cobertura de los riesgos de los vehículos personales ligeros que, siendo susceptibles de aseguramiento, no sean aceptados por las entidades aseguradoras, en los términos y bajo las condiciones que reglamentariamente se determinen.**

**7. Reglamentariamente el Consejo de Ministros regulará el registro público de vehículos personales ligeros del Organismo Autónomo Jefatura Central de Tráfico y los medios de identificación obligatorios que permitan su individualización. Esta regulación deberá entrar en vigor antes del 2 de enero de 2026.**

**8. La regulación contenida en esta disposición adicional podrá desarrollarse mediante un reglamento del Consejo de Ministros, sin perjuicio de las habilitaciones reglamentarias específicas contenidas en los apartados anteriores. Se encomienda a la Comisión de Seguimiento del Sistema de Valoración, creada por Orden comunicada de los Ministerios de Economía y Competitividad y de Justicia, de 27 de octubre de 2016, la emisión, en el plazo máximo de seis meses a partir del día siguiente al de la publicación de esta ley en el «Boletín Oficial del Estado», de un informe razonado que contenga una propuesta de desarrollo reglamentario del seguro obligatorio establecido en el apartado 1.**

**9. La maquinaria de uso industrial y la destinada a obras y servicios solo estará sujeta a la obligación de contar con el seguro obligatorio de responsabilidad civil para vehículos personales ligeros previsto en el apartado 1 si cuenta con un certificado de circulación, está inscrita en el Registro de Vehículos de la Dirección General de Tráfico y ostenta una etiqueta identificativa con el número de inscripción asignado o, en su caso, matrícula.**

### Disposición adicional segunda. Medidas de transparencia para garantizar la estabilidad del seguro para vehículos destinados a la prestación del servicio de interés público de transporte de viajeros en taxi

**1. En la suscripción de los contratos de seguro para vehículos con licencia de autotaxi, sin perjuicio de las obligaciones generales de información a los tomadores establecidas en la Ley 20/2015, de 14 de julio, de ordenación, supervisión y solvencia de las entidades aseguradoras y reaseguradoras, y en el Real Decreto 1060/2015, de 20 de noviembre de ordenación, supervisión y solvencia de las entidades aseguradoras y reaseguradoras, el asegurador deberá proporcionar**

al tomador, por escrito, o en soporte electrónico duradero, información clara, comprensible y accesible sobre los siguientes extremos:

– Los factores objetivos de riesgo utilizados para calcular las primas en cada renovación del contrato.

– Las condiciones en las que el asegurador puede resolver el contrato y, en su caso, oponerse a la prórroga en las renovaciones del contrato de seguro.

2. El asegurador, como mínimo con dos meses de anticipación al vencimiento del contrato, deberá comunicar al tomador, en cada una de las renovaciones, la prima correspondiente a la renovación del contrato de seguro para vehículos con licencia de autotaxi. Esta comunicación deberá incluir, al menos, la siguiente información:

a) Importe de la prima.

b) Desglose de los componentes de la prima y comparación con el desglose de dichos componentes para el periodo anterior.

c) Variación del coste de los siniestros considerada en el contrato y su comparación con la variación media de la siniestralidad para vehículos con licencia autotaxi de la entidad aseguradora.

3. Las entidades aseguradoras tendrán en cuenta las certificaciones de antecedentes siniestrales en la determinación de las primas para vehículos automóviles con licencia de autotaxi, tanto en la suscripción del contrato como en sus prórrogas y publicarán en su sitio web una sinopsis general de las políticas aplicadas al uso de dichas certificaciones.

4. Dadas las especiales características como servicio público de los vehículos automóviles con licencia de autotaxi, de acuerdo con lo dispuesto en la letra b) del apartado 1 del artículo 11 del texto refundido del Estatuto Legal del Consorcio de Compensación de Seguros, aprobado por Real Decreto Legislativo 7/2004, de 29 de octubre, el Consorcio de Compensación de Seguros asumirá, cuando estos la soliciten, la contratación de cobertura de las obligaciones derivadas de la responsabilidad civil del aseguramiento de estos vehículos, exclusivamente dentro de los límites indemnizatorios fijados para el seguro de responsabilidad civil en la circulación de vehículos a motor de suscripción obligatoria. En estos casos, dicha entidad no se podrá oponer a la prórroga del contrato regulada en el artículo 22 de la Ley 50/1980 de 8 de octubre, de Contrato de Seguro.

5. Las entidades de seguros y los intermediarios que elaboren productos de seguro para vehículos con licencia de autotaxi, incorporarán al menos los siguientes elementos en las políticas de control y gobernanza de los citados productos:

a) El procedimiento seguido para la determinación del precio.

b) Relación de factores de riesgo específicos que influyen en el precio del producto.

c) Identificación de los costes y gastos que se incorporan al precio.

d) Procedimientos que aseguren que en las renovaciones los productos siguen cumpliendo con necesidades de los asegurados.

Estas políticas de control y gobernanza de los productos de seguros con licencia de autotaxi estarán a disposición de la Dirección General de Seguros y Fondos de Pensiones, que podrá requerirlas en cualquier momento.

6. La Dirección General de Seguros y Fondos de Pensiones elaborará y publicará anualmente un informe sobre la situación del aseguramiento de los vehículos con licencia de autotaxis, que contendrá, al menos, la evolución de los siguientes datos por provincias:

a) Primas medias contratadas, diferenciando entre renovaciones y nuevas altas, y entre vehículos eléctricos y convencionales.

b) Tasa de siniestralidad anual: cociente entre la siniestralidad y las primas imputadas.

c) Primas medias para alta y baja siniestralidad. A estos efectos, se entenderá por alta siniestralidad aquella en la que se hayan registrado más de cuatro partes durante el período de referencia, y por baja siniestralidad aquella en la que se hayan registrado cuatro partes o menos en el mismo período.

d) Número de entidades aseguradoras que ofertan la cobertura de estos riesgos.

e) Volumen de primas anuales.

f) Volumen de aseguramiento suscrito por el Consorcio de Compensación de Seguros.

7. Lo dispuesto en los apartados anteriores estará sujeto a la supervisión de la Dirección General de Seguros y Fondos de Pensiones, en los términos establecidos en la Ley 20/2015, de 14 de julio, de ordenación, supervisión y solvencia de las entidades aseguradoras y reaseguradoras.

## Disposición transitoria. Suscripción del seguro obligatorio en virtud de la ampliación del concepto de vehículo a motor

1. Los vehículos que antes de la entrada en vigor de esta ley no tuviesen la consideración de vehículos a motor y que, de acuerdo con lo previsto en su artículo primero, apartado dos, pasen a ser considerados vehículos a motor, dispondrán del plazo de seis meses, contados a partir del día siguiente al de su publicación en el «Boletín Oficial del Estado», para suscribir el seguro obligatorio de responsabilidad civil de la circulación de vehículos a motor en los términos del texto refundido de la Ley sobre responsabilidad civil y seguro en la circulación de vehículos a motor aprobado por Real Decreto Legislativo 8/2004, de 29 de octubre.

2. Durante el período transitorio no les será de aplicación lo dispuesto en el artículo 3 del texto refundido de la Ley sobre responsabilidad civil y seguro en la circulación de vehículos a motor.

3. Hasta que se proceda a la suscripción del seguro obligatorio, tales vehículos serán considerados vehículos a motor no asegurados a efectos de lo previsto en el artículo 11 del texto refundido de la Ley sobre responsabilidad civil y seguro en la circulación de vehículos a motor. El Consorcio de Compensación de Seguros solo podrá repetir contra el causante del daño en caso de que hubiera incurrido en culpa de acuerdo con los artículos 1.902 y siguientes del Código civil o en caso de dolo.

## Disposición derogatoria única. Derogación normativa

Quedan derogadas cuantas disposiciones de igual o inferior rango se opongan a lo establecido en esta ley y, en particular, los artículos 1 y 2 del Reglamento del seguro obligatorio de responsabilidad civil en la circulación de vehículos a motor aprobado por el Real Decreto 1507/2008, de 12 de septiembre.

## Disposición final primera. Habilitación reglamentaria para la identificación de vehículos a motor que antes de la entrada en vigor de esta ley no tenían esa consideración

Reglamentariamente se podrá determinar, en caso de que se considere necesario por no existir otro medio de identificación inequívoco, un medio de identificación que permita la individualización de los vehículos a motor que a partir de la entrada en vigor de esta ley pasen a tener esta consideración, y no la hubieran tenido anteriormente.

## Disposición final sexta. Beneficios fiscales aplicables a la «IV Conferencia Internacional sobre la Financiación para el Desarrollo (FfD) de la ONU

1. La «IV Conferencia Internacional sobre la Financiación para el Desarrollo (FfD) de la ONU» tendrá la consideración de acontecimiento de excepcional interés público a efectos de lo dispuesto en el artículo 27 de la Ley 49/2002, de 23 de diciembre, de régimen fiscal de las entidades sin fines lucrativos y de los incentivos fiscales al mecenazgo.

2. La duración del programa de apoyo a este acontecimiento abarcará desde el 1 de abril hasta el 30 de septiembre de 2025.

**3. La certificación de la adecuación de los gastos realizados a los objetivos y planes del programa se efectuará de conformidad con lo dispuesto en la citada Ley 49/2002, de 23 de diciembre.**

**4. Las actuaciones a realizar serán las que aseguren el adecuado desarrollo del acontecimiento. El desarrollo y concreción en planes y programas de actividades específicas se realizarán por el órgano competente de conformidad con lo dispuesto en la Ley 49/2002, de 23 de diciembre.**

**5. Los beneficios fiscales de este programa serán los máximos establecidos en el artículo 27.3 de la Ley 49/2002, de 23 de diciembre.**

## Disposición final octava. Incorporación de derecho de la Unión Europea

**Mediante esta ley se completa la transposición al derecho español de la Directiva (UE) 2021/2118 del Parlamento Europeo y del Consejo, de 24 de noviembre de 2021, por la que se modifica la Directiva 2009/103/CE relativa al seguro de la responsabilidad civil que resulta de la circulación de vehículos automóviles.**

## Disposición final novena. Entrada en vigor

**Esta ley entrará en vigor el día siguiente al de su publicación en el «Boletín Oficial del Estado», salvo en lo que sigue:**

**1. Respecto del artículo primero de la ley:**

**a) lo dispuesto en su apartado tres, referido al artículo 2.7 párrafos segundo, tercero y cuarto del texto refundido de la Ley sobre responsabilidad civil y seguro en la circulación de vehículos a motor, aprobado por Real Decreto Legislativo 8/2004, de 29 de octubre, se aplicará a partir del día siguiente al de la publicación de esta ley en el «Boletín Oficial del Estado» o, si es posterior, a partir de la fecha de aplicación de la normativa europea que especifique el contenido de la certificación acreditativa de los siniestros de los que se derive responsabilidad frente a terceros;**

**b) lo dispuesto en su apartado diecinueve, relativo a la actualización conforme al índice general de precios al consumo prevista en la modificación del artículo 49.1 del texto refundido de la Ley sobre responsabilidad civil y seguro en la circulación de vehículos a motor, aprobado por Real Decreto Legislativo 8/2004, de 29 de octubre, producirá efectos a partir del 1 de enero siguiente a la entrada en vigor de la ley.**

**c) Las modificaciones al título IV del texto refundido de la Ley sobre responsabilidad civil y seguro en la circulación de vehículos a motor, aprobado por Real Decreto Legislativo 8/2004, de 29 de octubre, se aplicarán a los accidentes de circulación ocurridos tras la entrada en vigor de esta ley, de conformidad con lo establecido en el artículo 38.2 del mencionado texto refundido y sin perjuicio de lo previsto en el artículo 49.2 del mismo texto refundido.**

**2. Lo establecido en la disposición adicional primera entrará en vigor el 2 de enero de 2026, salvo que la norma reglamentaria del Consejo de Ministros que la desarrolle entre en vigor antes, en cuyo caso se tomará esta última fecha.**

# Listado de modificaciones

**SP/DOCT/128674**

| Artículo primero. Modificación del texto refundido de la Ley sobre responsabilidad civil y seguro en la circulación de vehículos a motor, aprobado por el Real Decreto Legislativo 8/2004, de 29 de octubre | |
|---|---|
| TÍTULO I-Ordenación civil<br>CAPÍTULO I-Disposiciones generales (art. 1) | |
| Artículo 1. De la responsabilidad civil | Se modifican los apartados 1 y 5 y se suprime el apartado 6 |
| Artículo 1 bis. Definición de vehículo a motor y hecho de la circulación a los efectos de esta ley y su normativa de desarrollo. | Se incorpora un nuevo artículo 1 bis |
| CAPÍTULO II-Del aseguramiento obligatorio<br>SECCIÓN 1.ª-Del deber de suscripción del seguro obligatorio (arts. 2 a 3) | |
| Artículo 2. De la obligación de asegurarse | Se modifican los apartados 1, 2, 3, 4, y 7 y se añade un nuevo apartado 8 |
| SECCIÓN 2.ª-Ámbito del aseguramiento obligatorio (arts. 4 a 6) | |
| Artículo 4. Ámbito territorial y límites cuantitativos | Se modifica el apartado 2 |
| Artículo 6. Inoponibilidad por el asegurador | Se modifica el párrafo 1 |
| CAPÍTULO III-Satisfacción de la indemnización en el ámbito del seguro obligatorio (arts. 7 a 11) | |
| Artículo 7. Obligaciones del asegurador y del perjudicado | Se modifican los apartados 1, 2, 3, 4, 5, 6, 8 y se añaden cuatro nuevos apartados 9, 10, 11 y 12 |
| Artículo 10. Facultad de repetición | Se modifica el primer párrafo |
| Artículo 11. Funciones del Consorcio de Compensación de Seguros | Se modifican los apartados 1, 3 y 4 |
| TÍTULO II-Ordenamiento procesal civil<br>CAPÍTULO ÚNICO-De las diligencias preparatorias y el ejercicio judicial de la acción ejecutiva (arts. 12 a 19) | |
| Artículo 14. Medios de solución de controversias en vía no jurisdiccional en los casos de disconformidad con la oferta o respuesta motivada | Se modifica el título y el contenido |
| TÍTULO III-De los siniestros ocurridos en un Estado distinto al de residencia del perjudicado, en relación con el aseguramiento obligatorio<br>CAPÍTULO III-Organismo de información (arts. 24 a 25) | |

| | |
|---|---|
| Artículo 25. Obtención de información del Consorcio de Compensación de Seguros | Se modifica el apartado 2 |
| CAPÍTULO IV-Organismo de indemnización (arts. 26 a 29) | |
| Artículo 27. Reclamaciones ante Ofesauto en su condición de organismo de indemnización español | Se modifican los apartados 1 y 2 y se añade un nuevo apartado 5 |
| CAPÍTULO V-Colaboración y acuerdos entre organismos. Ley aplicable y jurisdicción competente (arts. 30 a 31) | |
| Artículo 30. Colaboración y acuerdos entre organismos | Se modifica el apartado 1 |
| TÍTULO IV-Sistema para la valoración de los daños y perjuicios causados a las personas en accidentes de circulación<br>CAPÍTULO I-Criterios generales para la determinación de la indemnización del daño corporal<br>SECCIÓN 1.ª-Disposiciones generales (arts. 32 a 49) | |
| Artículo 36. Sujetos perjudicados | Se modifican los apartados 1 y 3 |
| Artículo 37. Necesidad de informe médico y deberes recíprocos de colaboración | Se modifica el apartado 3 |
| Artículo 41. Indemnización mediante renta vitalicia | Se modifica el apartado. 2 |
| Artículo 42. Cálculo de la renta vitalicia | Se modifica el apartado. 1 |
| Artículo 45. Indemnización por secuelas en caso de fallecimiento del lesionado y antes de fijarse la indemnización. | Se modifica el título y el contenido |
| Artículo 48. Bases técnicas actuariales. | Se modifica el artículo |
| Artículo 49. Actualizaciones y modificaciones. | Se modifica el título y el contenido |
| CAPÍTULO II-Reglas para la valoración del daño corporal<br>SECCIÓN 1.ª- Indemnizaciones por causa de muerte (arts. 61 a 92)<br>SUBSECCIÓN 2.ª- Perjuicio personal particular (Disposiciones relativas a la tabla 1.B) (arts. 68 a 77) | |
| Artículo 74. Perjuicio particular por fallecimiento de ambos progenitores o de dos o más familiares incluidos en el artículo 62 en el mismo accidente. | Se modifica el título y el contenido |
| Artículo 76. Perjuicio particular por pérdida de feto a consecuencia del | Se modifica el título y el contenido |

| fallecimiento de la víctima embarazada | |
|---|---|
| SUBSECCIÓN 3.ª-Perjuicio patrimonial (Disposiciones relativas a la tabla 1.C) (arts. 78 a 92) | |
| Artículo 82. Personas perjudicadas | Se modifica el apartado. 2 |
| Artículo 83. Multiplicando en caso de víctimas con ingresos de trabajo personal o en situación de desempleo | Se modifica el apartado. 1 y se añade un nuevo apartado. 3 |
| Artículo 84. Multiplicando en el caso de víctimas con dedicación exclusiva a las tareas del hogar de la unidad familiar | Se añade un nuevo apartado 3 |
| Artículo 87. Variable relativa a la cuota del perjudicado | Se modifican los apartados 2 y 3 |
| Artículo 88. Variable relativa a pensiones públicas a favor del perjudicado | Se modifica el apartado 4 |
| Artículo 92. Duración de la dependencia de otros perjudicados | Se modifica el apartado 2 |
| SECCIÓN 2.ª Indemnizaciones por secuelas (arts. 93 a 133) | |
| Artículo 98. Secuelas concurrentes | Se modifican los apartados 1 y 2 |
| Artículo 102. Grados de perjuicio estético | Se modifica la letra a) del apartado 2 |
| Artículo 106. Daños morales complementarios por perjuicio estético | Se modifica el apartado 1 |
| Artículo 108. Grados del perjuicio moral por pérdida de calidad de vida | Se modifica el apartado 5 |
| Artículo 109. Medición del perjuicio por pérdida de calidad de vida | Se suprime el apartado 3 |
| Artículo 110. Perjuicio moral por pérdida de calidad de vida de familiares de grandes lesionados y perjuicio sexual del cónyuge o pareja estable | Se modifica el título y el contenido |
| Artículo 111. Pérdida de feto a consecuencia del accidente | Se modifica el apartado 1 |
| Artículo 113. Gastos previsibles de asistencia sanitaria futura | Se modifica el apartado 1 |
| | Se modifica el artículo |

| | |
|---|---|
| Artículo 114. Resarcimiento de los gastos de asistencia sanitaria futura en el ámbito hospitalario y ambulatorio | |
| Artículo 115. Prótesis y órtesis | Se modifica el apartado 5 |
| Artículo 116. Rehabilitación domiciliaria y ambulatoria | Se modifican los apartados 1, 3 y 4, se cambia la numeración del anterior apartado 5 y se añaden los apartados. 5 y 6 |
| Artículo 117. Ayudas técnicas o productos de apoyo para la autonomía personal | Se añade un nuevo apartado 4 |
| Artículo 123. Determinación del número de horas necesarias de ayuda de tercera persona. | Se modifica el apartado 3 y se añade un nuevo apartado 4 |
| Artículo 125. Determinación de la cuantía indemnizatoria mediante multiplicando y multiplicador | Se modifican los apartados 1 y 6 |
| Artículo 128. Cómputo de ingresos del lesionado por trabajo personal | Se modifican los apartados. 3 y 4 del art. 128 y se añade un apartado. 5 |
| Artículo 129. Multiplicando de ingresos por trabajo personal | Se modifica la letra b) |
| Artículo 130. Lesionados menores de treinta años que no han accedido al mercado laboral | Se modifica el título y el contenido |
| Artículo 131. Multiplicando en caso de lesionados con dedicación a las tareas del hogar de la unidad familiar | Se modifican los apartados 1 y 2 |
| Artículo 132. Multiplicador | Se modifican los apartados 4 y 5 |
| SECCIÓN 3.ª-Indemnizaciones por lesiones temporales (arts. 134 a 143) | |
| Artículo 134. Valoración de la indemnización por lesiones temporales | Se modifican los apartados 2 y 3 y se añade un apartado. 4 |
| Artículo 141. Gastos de asistencia sanitaria | Se modifica el apartado. 3 y se añade el apartado. 4 |
| Artículo 143. Lucro cesante por lesiones temporales | Se modifica el apartado 4 |
| TÍTULO V<br>Protección de datos personales<br>CAPÍTULO I<br>Disposiciones generales | |
| Artículo 144. Normativa aplicable. | Se añade un nuevo Título V |
| Artículo 145. Tratamiento de datos personales en el marco de la celebración del contrato de seguro. | Se añade un nuevo Título V |

| | |
|---|---|
| Artículo 146. Tratamiento de los datos personales durante la vigencia del seguro y para la valoración, gestión y tramitación de siniestros. | Se añade un nuevo Título V |
| Artículo 147. Tratamiento de datos de salud en caso de siniestro. | Se añade un nuevo Título V |
| CAPÍTULO II<br>Sistemas comunes de información | Se añade un nuevo Título V |
| Artículo 148. Sistemas comunes de información para el cumplimiento de lo establecido en el artículo 2.7 de esta ley | Se añade un nuevo Título V |
| Artículo 149. Sistemas comunes de información para la prevención del fraude en el seguro. | Se añade un nuevo Título V |
| Artículo 150. Disposiciones comunes a los sistemas comunes de información. | Se añade un nuevo Título V |
| ANEXO | |
| Tablas del Anexo | Se modifican y se crean las tablas del anexo |

# Hecho de la circulación

**SP/DOCT/128685**

RDL 8/2004, de 29 de octubre, por el que se aprueba el texto refundido de la Ley sobre responsabilidad civil y seguro en la circulación de vehículos a motor (SP/LEG/2821)

| | |
|---|---|
| **Hecho de la circulación** (art.1 bis) | Toda utilización de un vehículo a motor que sea conforme con la función del vehículo como medio de transporte en el momento del accidente, con independencia de las características de éste, del terreno en el que se utilice el vehículo y de si está parado o en movimiento.<br><br>Toda utilización de un vehículo personal ligero que sea conforme con la función del vehículo como medio de transporte en el momento del accidente, con independencia de las características de este, del terreno en el que se utilice el vehículo y de si está parado o en movimiento. |

| | |
|---|---|
| **NO hecho de la circulación** (art.1 bis) | Carreras y competiciones, entrenamientos, pruebas y demostraciones autorizadas, y en zonas restringidas y demarcadas o en itinerarios o en circuitos especialmente destinados o habilitados<br><br>La utilización de un vehículo a motor como medio para causar deliberadamente daños a las personas o en los bienes<br><br>Desplazamientos de vehículos a motor en zonas de acceso restringido de puertos y aeropuertos |

# Vehículo a motor y vehículos personales ligeros

**SP/DOCT/128686**

RDL 8/2004, de 29 de octubre, por el que se aprueba el texto refundido de la Ley sobre responsabilidad civil y seguro en la circulación de vehículos a motor (SP/LEG/2821))

| | |
|---|---|
| **Vehículo a motor** (art. 1 bis) | a) Vehículo automóvil accionado exclusivamente mediante una fuerza mecánica que circula por el suelo y que no utiliza una vía férrea:<br>- Alcanza >25 km/h de velocidad de fabricación<br>- Pesa >25 kg y alcanza >14 km/h de velocidad máxima de fabricación<br>b) Remolques y semirremolques destinados a esos vehículos (enganchado o no)<br>c) Sillas de ruedas y vehículos motorizados específicos para movilidad reducida (PMR). que hayan sido adaptados para su uso y cumplan alguno de los apartados anteriores |
| **NO Vehículo a motor** (art. 1 bis) | a) Ferrocarriles, tranvías u otros que circulen por vías propias<br>b) Sillas de ruedas y vehículos motorizados específicos para movilidad reducida (PMR). |
| **Vehículos personales ligeros** (DA Primera Ley 5/2025) | Circulan por suelo mediante una o más ruedas, dotados de una única plaza y propulsados exclusivamente por motores eléctricos:<br>- Alcanza una velocidad entre 6 y 25 km/h de velocidad, y pesa < de 25 kg, o<br>- Alanza una velocidad máxima de fabricación entre 6 y 14 km por hora, y pesa > 25 kg.<br>Equipados con un asiento o sillín si están dotados de sistema de autoequilibrado |
| **NO Vehículos personales ligeros** (DA Primera Ley 5/2025) | a) Vehículos diseñados y fabricados para ser utilizados exclusivamente por las Fuerzas Armadas,<br>b) Vehículos motorizados o elementos de apoyo a la movilidad y autonomía personal para ser utilizados por personas con discapacidad o con movilidad reducida.<br>c) Ciclos o las bicicletas de pedales con pedaleo asistido con un motor eléctrico auxiliar de potencia < o = a 250 w, que se interrumpa antes de alcanzar los 25 km/h o si el ciclista deja de pedalear. |

# Seguro obligatorio de vehículo a motor

**SP/DOCT/128716**

RDL 8/2004, de 29 de octubre, por el que se aprueba el texto refundido de la Ley sobre responsabilidad civil y seguro en la circulación de vehículos a motor (SP/LEG/2821)

| | | |
|---|---|---|
| **Vehículos seguro obligatorio** (art. 2) | Vehículos a motor con estacionamiento habitual en España | Con velocidad máxima > 25 km/h.<br>Con peso neto > 25 kg y velocidad > 14 km/h.<br>Remolques y semirremolques, enganchados o no. |
| | Vehículos importados desde otro Estado miembro del EEE | Durante los 30 días siguientes a la entrega.<br>Pueden asegurarse mediante seguro en frontera. |
| | Ciclos de motor con propulsión auxilia | Velocidad máxima superior a 25 km/h. |
| | Vehículos de categoría L1e-B del Reglamento (UE) 168/2013. | |
| | Vehículos a pedal | Con propulsión auxiliar > 45 km/h. |
| | Vehículos agrícolas o industriales, y los autónomos. | Con velocidad máxima > 25 km/h.<br>Con peso neto > 25 kg y velocidad > 14 km/h.<br>Remolques y semirremolques, enganchados o no. |
| | Vehículos autónomos | Con velocidad máxima > 25 km/h.<br>Con peso neto > 25 kg y velocidad > 14 km/h. |

| | | |
|---|---|---|
| | | Remolques y semirremolques, enganchados o no. |
| | Vehículos personales ligeros | Con certificado de circulación,<br><br>Inscritos en el Registro de Vehículos de la DGT<br>Tienen etiqueta identificativa con el número de inscripción asignado o, matrícula |
| | Vehículos personales ligeros que sean maquinaria de uso industrial y la destinada a obras y servicios | Con certificado de circulación,<br><br>Inscritos en el Registro de Vehículos de la DGT<br><br>Tienen etiqueta identificativa con el número de inscripción asignado o, matrícula |
| | Vehículos dados de baja | Baja temporal o definitiva en el registro de la DGT.<br><br>Siempre que no se usen como medio de transporte. |
| **Vehículos NO seguro obligatorio** (art.2) | Remolques y semirremolques | ≤ 750 kg de masa máxima autorizada. |
| | Vehículos durante su fabricación y transporte como mercancía | Deberán terne un seguro, aval o garantía financiera equivalente. |
| | Ferrocarriles, tranvías. | |
| | Sillas de ruedas y vehículos específicos para movilidad reducida (excepto si han sido adaptados). | |

# Vehículos personales ligeros

**SP/DOCT/128717**

RDL 8/2004, de 29 de octubre, por el que se aprueba el texto refundido de la Ley sobre responsabilidad civil y seguro en la circulación de vehículos a motor (SP/LEG/2821)

| | |
|---|---|
| **Normativa** | Ley sobre responsabilidad civil y seguro en la circulación de vehículos a motor<br><br>Reglamento del seguro obligatorio de responsabilidad civil en la circulación de vehículos a motor |

| | |
|---|---|
| **Vehículos personales ligeros** *(no incluidos como vehículo a motor)* | Circulan por suelo mediante una o más ruedas, dotados de una única plaza y propulsados exclusivamente por motores eléctricos:<br><br>- Alcanza una velocidad entre 6 y 25 km/h de velocidad, y pesa < de 25 kg, o<br><br>- Alanza una velocidad máxima de fabricación entre 6 y 14 km por hora, y pesa > 25 kg.<br><br>Equipados con un asiento o sillín si están dotados de sistema de autoequilibrado |

| | |
|---|---|
| **No es vehículo personal ligero** | a) Vehículos diseñados y fabricados para ser utilizados exclusivamente por las Fuerzas Armadas,<br><br>b) Vehículos motorizados o elementos de apoyo a la movilidad y autonomía personal para ser utilizados por personas con discapacidad o con movilidad reducida.<br><br>c) Ciclos o las bicicletas de pedales con pedaleo asistido con un motor eléctrico auxiliar de potencia < o = a 250 w, que se interrumpa antes de alcanzar los 25 km/h o si el ciclista deja de pedalear. |

| | |
|---|---|
| **Hecho de la circulación** | Si en el momento del accidente la función del vehículo era de medio de transporte, con independencia de sus características de, del terreno en el que se utilice el vehículo y de si está parado o en movimiento. |

| | | |
|---|---|---|
| **Intervención del Consorcio de Compensación de Seguros** | Fondo de garantía | Por daños personales que requieran atención sanitaria<br><br>Por fallecimiento de la víctima<br><br>Reglamentariamente se extenderá para los que no cumplen los requisitos legales para circular,<br>Tendrá derecho de recobro |

| | | |
|---|---|---|
| | Asegurador directo | Para vehículos personales ligeros que, siendo susceptibles de aseguramiento, no sean aceptados por las entidades aseguradoras, en los términos y bajo las condiciones que reglamentariamente se determinen. |
| **Repetición** | Contra aquellos usuarios que hubieran manipulado las características técnicas del vehículo, siempre que esta manipulación haya contribuido al acaecimiento del siniestro o a su agravamiento | |
| **Registro** | Reglamentariamente se regulará el registro público de vehículos personales ligeros del Organismo Autónomo Jefatura Central de Tráfico y los medios de identificación obligatorios que permitan su individualización.<br><br>Deberá entrar en vigor antes del 2 de enero de 2026. | |
| **Seguro obligatorio de responsabilidad civil** | Obligados | Todo propietario de un vehículo personal ligero que tenga un VPL con:<br><br>- Certificado de circulación,<br><br>- Inscrito en el Registro de Vehículos de la DGT<br><br>- Tenga etiqueta identificativa con el número de inscripción asignado o, en su caso, matrícula, |
| | Coberturas (serán como mínimo) | i. en los daños a las personas, 6.450.000 euros por siniestro, cualquiera que sea el número de víctimas;<br><br>ii. en los daños a los bienes, 1.300.000 euros por siniestro. |
| | Sanciones | |

| | |
|---|---|
| | Por falta de seguro: Un tercio de la sanción pecuniaria de 601 a 3.005 euros de multa del art. 3.1.c). |
| Exclusión de seguro | La maquinaria de uso industrial y la destinada a obras y servicios |

# Certificación de siniestralidad

**SP/DOCT/128718**

RDL 8/2004, de 29 de octubre, por el que se aprueba el texto refundido de la Ley sobre responsabilidad civil y seguro en la circulación de vehículos a motor (SP/LEG/2821)

| | |
|---|---|
| **Obligación de emisión** (art.2.7) | Las entidades aseguradoras deberán expedir la certificación acreditativa de los siniestros de los que se derive responsabilidad civil o de su ausencia |
| **Contenido y Formato** (art.2.7) | Se certificará los siniestros de los que se derive responsabilidad civil en los últimos cinco años.<br>Se certificará la ausencia de siniestros.<br>Vendrá establecido en la normativa europea aprobada por la Comisión Europea. |
| **Solicitantes** (art.2.7) | Propietario del vehículo.<br>Tomador del seguro en caso de ser distinto al propietario |
| **Plazo de emisión** (art.2.7) | 15 días hábiles desde la solicitud. |
| **Principios de no discriminación** (art.2.7) | Las aseguradoras no podrán aplicar recargos o descuentos** en las primas por razón de la nacionalidad del titular de la póliza ni por el Estado miembro de residencia o de expedición de la certificación. |
| **Transparencia** (art.2.7) *(Las aseguradoras que utilicen la certificación de antecedentes siniestrales para determinar primas deberán)* | Publicar en su sitio web una "sinopsis general de sus políticas" sobre el uso de dichas certificaciones.<br>El contenido de esta sinopsis se determinará reglamentariamente. |
| **Sistemas comunes de información de las aseguradoras** (Art.148) | Incluirán:<br>- Datos identificativos del tomador.<br>- Contrato celebrado.<br>- Fecha y alcance de los daños.<br>- Importe de la indemnización.<br>Solo se conservarán datos de los últimos cinco años |

# Acción de repetición y/o de reembolso en el marco del seguro obligatorio de vehículos

**SP/DOCT/128714**

RDL 8/2004, de 29 de octubre, por el que se aprueba el texto refundido de la Ley sobre responsabilidad civil y seguro en la circulación de vehículos a motor (SP/LEG/2821)

| | |
|---|---|
| **El asegurador** (efectuado el pago de la indemnización) (art. 10) | a) Contra el conductor, el propietario del vehículo causante y el asegurado, si el daño causado fuera debido a la conducta dolosa de cualquiera de ellos o a la conducción bajo la influencia de bebidas alcohólicas o de drogas tóxicas, estupefacientes o sustancias psicotrópicas.<br><br>b) Contra el tercero responsable de los daños.<br><br>c) Contra el tomador del seguro o asegurado, por las causas previstas en la Ley 50/1980, de 8 de octubre, de Contrato de Seguro, y, conforme a lo previsto en el contrato, en el caso de conducción del vehículo por quien carezca del permiso de conducir.<br><br>d) En cualquier otro supuesto en que también pudiera proceder tal repetición con arreglo a las leyes. |

| | |
|---|---|
| **El Consorcio de Compensación de Seguros con** (efectuado el pago de la indemnización) (arts. 10 y 11) | a) Contra el conductor, el propietario del vehículo causante y el asegurado, si el daño causado fuera debido a la conducta dolosa de cualquiera de ellos o a la conducción bajo la influencia de bebidas alcohólicas o de drogas tóxicas, estupefacientes o sustancias psicotrópicas.<br><br>b) Contra el tercero responsable de los daños.<br><br>c) Contra el tomador del seguro o asegurado, por las causas previstas en la Ley 50/1980, de 8 de octubre, de Contrato de Seguro, y, conforme a lo previsto en el contrato, en el caso de conducción del vehículo por quien carezca del permiso de conducir.<br><br>d) Contra el organismo que corresponda del Estado en que tuviera su estacionamiento habitual el vehículo dado de baja temporal o definitivamente en el registro de vehículos.<br><br>e) Contra el propietario y el responsable del accidente cuando se trate de un vehículo a motor no asegurado, contra los autores, cómplices o encubridores del robo o robo de uso del vehículo a motor causante del siniestro,<br><br>f) Contra el responsable del accidente que conoció la sustracción de aquel,<br><br>g) Contra el causante de los daños producidos en España por un vehículo a motor utilizado como medio para causar deliberadamente daños a las personas y a los bienes |

| | |
|---|---|
| | h) Contra la aseguradora a quien correspondía indemnizar en caso de duda y se adelantó la indemnización<br><br>i) Contra el organismo correspondiente del Estado miembro de origen de la entidad aseguradora creado o autorizado para indemnizar a los perjudicados en caso de insolvencia de esta.<br><br>j) Cualquier otro supuesto en que también pudiera proceder tal repetición con arreglo a las leyes. |
| **OFESAUTO**<br>(arts.27 y 28) | a) Una vez abonadas a los perjudicados las indemnizaciones pedirá el reembolso al organismo correspondiente del Estado miembro de origen de la aseguradora en concurso o en liquidación.<br><br>b) Una vez haya indemnizado al perjudicado residente en España, tendrá derecho a reclamar del organismo de indemnización del Estado miembro en que se encuentre el establecimiento de la entidad aseguradora que emitió la póliza el reembolso del importe satisfecho en concepto de indemnización.<br><br>c) Una vez que haya reembolsado al organismo de indemnización del Estado de residencia del perjudicado el importe en concepto de indemnización, se subrogará en los derechos del perjudicado. |
| **Plazo de prescripción**<br>(arts. 10 y 11) | Un año, contado a partir de la fecha en que hizo el pago al perjudicado. |

# Reclamación extrajudicial

SP/DOCT/128669

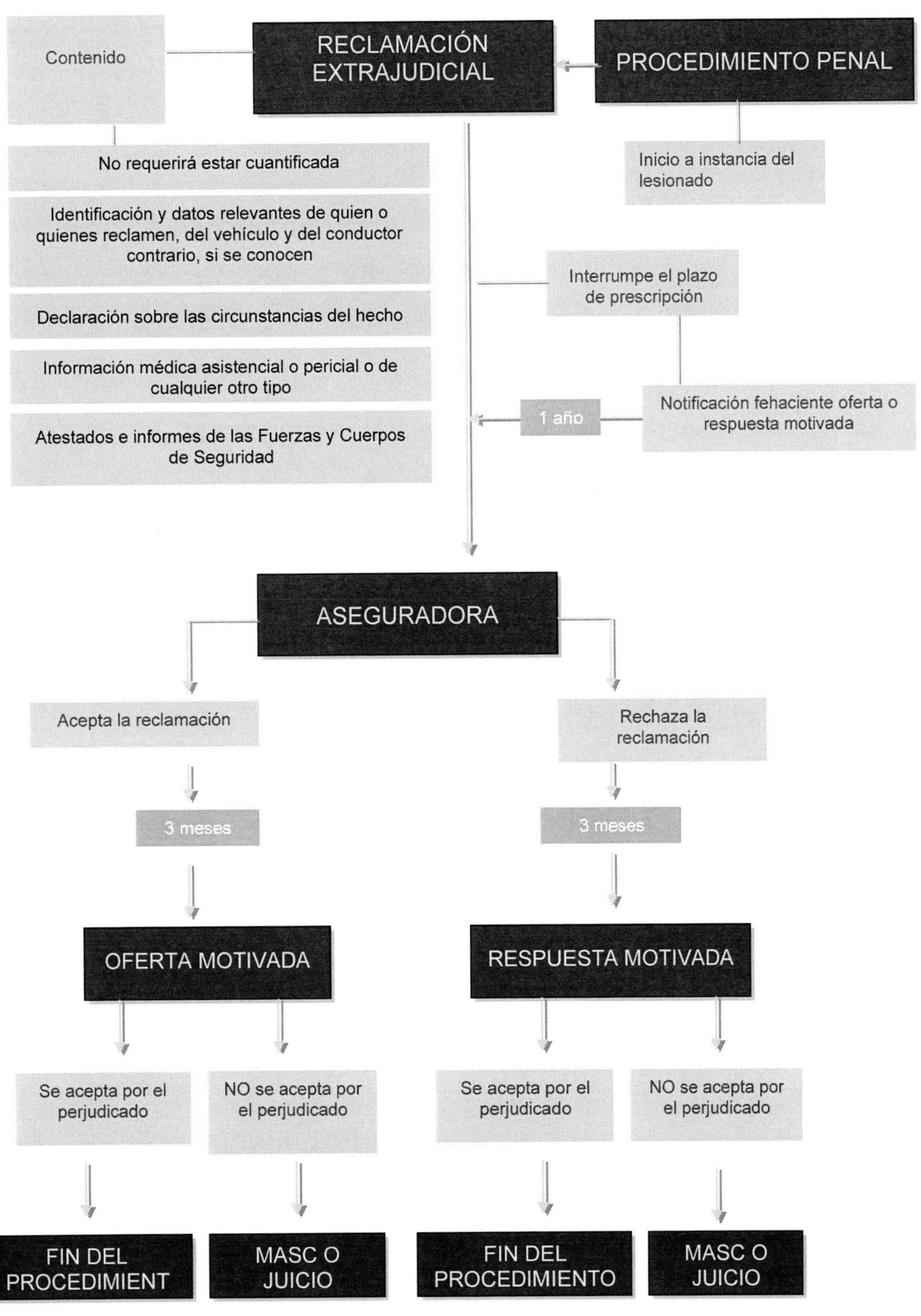

## ANALISIS PRÁCTICO DE LA RECLAMACION EXTRAJUDICIAL

(Art. 7 RDL 8/2004, de 29 de octubre, por el que se aprueba el texto refundido de la Ley sobre responsabilidad civil y seguro en la circulación de vehículos a motor (SP/LEG/2821)))

**No se admitirán a trámite, las demandas en las que no se acompañen los documentos que acrediten la oferta o respuesta motivada, si se hubiese emitido por el asegurador o, en caso de no haberse emitido, la reclamación previa al asegurador, que no requerirá cuantificación.**

### SUJETOS

- **El perjudicado o sus herederos** con carácter previo a la interposición de la demanda judicial, deberán comunicar el siniestro al asegurador, pidiendo la indemnización que corresponda.
- La **entidad aseguradora incursa en un procedimiento concursal o de liquidación, o su administrador o liquidador**, informará al organismo de indemnización competente cuando indemnice o rechace su responsabilidad en relación con las reclamaciones recibidas.
- Será aplicable al **Consorcio de Compensación de Seguros, a OFESAUTO, a las entidades corresponsales autorizadas** y a los representantes designados para la tramitación y liquidación de siniestros, cuando les corresponda según sus respectivas funciones, entendiéndose realizada a los mismos toda referencia al asegurador.

### VEHICULO ARTICULADO

- En caso de accidente causado por un conjunto de vehículos formado por una cabeza tractora y el remolque o semirremolque a ella enganchado, o dos remolques o semirremolques, el asegurador de cada remolque o semirremolque, salvo que le corresponda la indemnización íntegra, deberá informar al perjudicado, a petición de este, sin demora indebida de:
  a) La identidad del asegurador de la cabeza tractora, o
  b) El deber de indemnización a cargo del Consorcio de Compensación de Seguros, de acuerdo con lo establecido en el art, 11.1.a), cuando el asegurador del remolque o semirremolque no pueda identificar al asegurador de la cabeza tractora.
- En caso de accidente causado por un conjunto de vehículos formado por una cabeza tractora y el remolque o semirremolque a ella enganchado o dos remolques o semirremolques, cuando cualquier remolque o semirremolque pueda ser identificado pero no el vehículo que lo arrastraba, el perjudicado podrá presentar su reclamación directamente a la entidad aseguradora que haya asegurado el remolque o semirremolque, sin perjuicio de las coberturas del Consorcio de Compensación de Seguros en los casos de accidente causado por vehículo desconocido.

## CONTENIDO

- **No requerirá estar cuantificada** incluso si el reclamante dispusiera de todos los elementos para poder calcularla y cuantificarla.
- La identificación y los datos relevantes de quien o quienes reclamen,
- Una declaración sobre las circunstancias del hecho,
- La identificación del vehículo y del conductor que hubiesen intervenido en la producción del mismo de ser conocidas
- Cuanta información médica asistencial o pericial o de cualquier otro tipo tengan en su poder que permita la cuantificación del daño.
- Las Fuerzas y Cuerpos de Seguridad encargadas de la vigilancia del tráfico facilitarán de forma gratuita, a petición de los perjudicados, entidades aseguradoras, o sus representantes, y del Consorcio de Compensación de Seguros, copia del atestado o informe equivalente en el que conste toda la información sobre las circunstancias del accidente, incluso cuando lo hayan remitido a la autoridad judicial competente.
- Reglamentariamente podrá precisarse el contenido de la oferta motivada y de la respuesta motivada.

## PROCEDIMIENTO PENAL

- La comunicación por parte del perjudicado también deberá producirse cuando se inicie un procedimiento penal a instancia de este y se equiparará a la reclamación extrajudicial prevista en el párrafo anterior.
- No será necesaria reclamación extrajudicial cuando el procedimiento se inicie de oficio, debiendo practicarse en tal caso la correspondiente notificación por el órgano judicial.

## PRESCRIPCION

- Interrumpirá el cómputo del plazo de prescripción desde el momento en que se presente al asegurador obligado a satisfacer el importe de los daños sufridos al perjudicado. Tal interrupción se prolongará hasta la notificación fehaciente al perjudicado de la oferta o respuesta motivada definitiva.
- En el momento en el que se notifique fehacientemente la oferta o la respuesta motivada se iniciará un nuevo plazo de prescripción de un año.

## CONTESTACION ASEGURADORA

- En el plazo de tres meses desde la recepción de la reclamación del perjudicado, tanto si se trata de daños personales como en los bienes, el asegurador deberá presentar una oferta motivada de indemnización si entendiera acreditada la responsabilidad y cuantificado el daño.

- En caso contrario, o si la reclamación hubiera sido rechazada, dará una respuesta motivada
- El asegurador, a su costa, podrá solicitar previamente los informes periciales privados que considere pertinentes, que deberá efectuar por servicios propios o concertados, si considera que la documentación aportada por el lesionado es insuficiente para la cuantificación del daño.
- El incumplimiento de esta obligación será sancionado de acuerdo con lo establecido en la Ley 20/2015, de 14 de julio, de ordenación, supervisión y solvencia de las entidades aseguradoras y reaseguradoras.
- El asegurador deberá observar desde el momento en que conozca, por cualquier medio, la existencia del siniestro, una conducta diligente en la cuantificación del daño y la liquidación de la indemnización.

## INTERESES DEMORA

- Trascurrido el plazo de tres meses sin que se haya presentado una oferta motivada de indemnización por una causa no justificada o que le fuera imputable al asegurador, se devengarán intereses de demora.
- Estos mismos intereses de demora se devengarán en el caso de que, habiendo sido aceptada la oferta por el perjudicado, ésta no sea satisfecha en el plazo de 5 días, o no se consigne para pago la cantidad ofrecida.

## OFERTA MOTIVADA

- **Requisitos**
  - Contendrá una propuesta de indemnización por los daños en las personas y en los bienes que pudieran haberse derivado del siniestro. En caso de que concurran daños a las personas y en los bienes figurará de forma separada la valoración y la indemnización ofertada para unos y otros.
  - Los daños y perjuicios causados a las personas se calcularán según los criterios e importes que se recogen en el sistema de valoración de daños y perjuicios causados a las personas en accidentes de circulación.
  - Contendrá, de forma desglosada y detallada, los documentos, informes o cualquier otra información de que se disponga para la valoración de los daños, incluyendo el informe médico definitivo, e identificará aquéllos en que se ha basado para cuantificar de forma precisa la indemnización ofertada, de manera que el perjudicado tenga los elementos de juicio necesarios para decidir su aceptación o rechazo. El incumplimiento de este

deber impedirá la aportación de informes médicos periciales definitivos en el posterior proceso judicial.

- Se hará constar que el pago del importe que se ofrece no se condiciona a la renuncia por el perjudicado del ejercicio de futuras acciones en el caso de que la indemnización percibida fuera inferior a la que en derecho pueda corresponderle.
- Podrá consignarse para pago la cantidad ofrecida. La consignación podrá hacerse en dinero efectivo, mediante un aval solidario de duración indefinida y pagadero a primer requerimiento emitido por entidad de crédito o sociedad de garantía recíproca o por cualquier otro medio que, a juicio del órgano jurisdiccional correspondiente, garantice la inmediata disponibilidad, en su caso, de la cantidad consignada.

## RESPUESTA MOTIVADA

❖ Si el asegurador no realiza una oferta motivada de indemnización, deberá dar una respuesta motivada ajustada a los siguientes requisitos:

- Dará contestación suficiente a la reclamación formulada, con indicación del motivo que impide efectuar la oferta de indemnización, bien sea porque no esté determinada la responsabilidad, bien porque no se haya podido cuantificar el daño o bien porque existe alguna otra causa que justifique el rechazo de la reclamación, que deberá ser especificada.
- Cuando dicho motivo sea la dilatación en el tiempo del proceso de curación del perjudicado y no fuera posible determinar el alcance total de las secuelas padecidas a causa del accidente o porque, por cualquier motivo, no se pudiera cuantificar plenamente el daño, la respuesta motivada deberá incluir:
    - La referencia a los pagos a cuenta o pagos parciales anticipados a cuenta de la indemnización resultante final, atendiendo a la naturaleza y entidad de los daños. Estos pagos deberán ajustarse al importe de todos los perjuicios cuya consolidación esté ya constatada.
    - El compromiso del asegurador de presentar oferta motivada de indemnización tan pronto como se hayan cuantificado los daños y, hasta ese momento, de informar motivadamente de la situación del siniestro cada dos meses desde el envío de la respuesta.
- Contendrá, de forma desglosada y detallada, los documentos, informes o cualquier otra información de que se disponga, incluyendo el informe médico definitivo, que acrediten las razones de la entidad aseguradora para no dar una oferta motivada.
- Incluirá una mención a que no requiere aceptación o rechazo expreso por el perjudicado, ni afecta al ejercicio de cualesquiera acciones que puedan corresponderle para hacer valer sus derechos.

## INTERVENCIÓN PERICIAL COMPLEMENTARIA

- En caso de disconformidad del perjudicado con la oferta motivada, las partes, de común acuerdo y a costa del asegurador, podrán pedir informes periciales complementarios, incluso al Instituto de Medicina Legal y Ciencias Forense siempre que no hubiese intervenido previamente.
- Esta misma solicitud al Instituto de Medicina Legal y Ciencias Forense podrá realizarse por el lesionado aunque no tenga el acuerdo de la aseguradora, y con cargo a la misma. El Instituto de Medicina Legal y Ciencias Forense que deba realizar el informe solicitará a la aseguradora que aporte los medios de prueba de los que disponga, entregando copia del informe pericial que emita a las partes.
- Asimismo, el perjudicado también podrá solicitar informes periciales complementarios, sin necesidad de acuerdo del asegurador, siendo los mismos, en este caso, a su costa.
- Esta solicitud de intervención pericial complementaria obligará al asegurador a efectuar una nueva oferta motivada en el plazo de un mes desde la entrega del informe pericial complementario, continuando interrumpido el plazo de prescripción para el ejercicio de las acciones judiciales. En todo caso, se reanudará desde que el perjudicado conociese el rechazo de solicitud por parte del asegurador de recabar nuevos informes.
- El lesionado deberá ser reconocido, desde la presentación de la solicitud a los Institutos de Medicina Legal y Ciencias Forenses, en el plazo de tres meses. El informe deberá emitirse en el plazo de un mes desde el reconocimiento.

## AFIANZAMIENTO

- En todo caso, el asegurador deberá afianzar las responsabilidades civiles y abonar las pensiones que por la autoridad judicial fueren exigidas a los presuntos responsables asegurados, de acuerdo con lo establecido en los arts. 764 y 765 de la Ley de Enjuiciamiento Criminal.
- Las pensiones provisionales se calcularán de conformidad con los límites establecidos en el Anexo del RDL 8/2004.

## MASC O JUICIO

- Una vez presentada la oferta o la respuesta motivada, en caso de disconformidad y a salvo del derecho a la intervención pericial complementaria, o transcurrido el plazo para su emisión, el perjudicado podrá:

- Acudir a uno de los medios adecuados de solución de controversias en vía no jurisdiccional
- Acudir a la vía jurisdiccional oportuna.

# Oferta motivada

SP/DOCT/128670

**ANALISIS PRACTICO DE LA OFERTA MOTIVADA**

Art. 7 RDL 8/2004, de 29 de octubre, por el que se aprueba el texto refundido de la Ley sobre responsabilidad civil y seguro en la circulación de vehículos a motor (SP/LEG/2821))

## RECLAMACION EXTRAJUDICIAL
(ART.7)

- **El perjudicado o sus herederos** con carácter previo a la interposición de la demanda judicial, deberán comunicar el siniestro al asegurador, pidiendo la indemnización que corresponda.
- Esta reclamación extrajudicial **contendrá** la identificación y los datos relevantes de quien o quienes reclamen, una declaración sobre las circunstancias del hecho, la identificación del vehículo y del conductor que hubiesen intervenido en la producción del mismo de ser conocidas, así como cuanta información médica asistencial o pericial o de cualquier otro tipo tengan en su poder que permita la cuantificación del daño.
- **No requerirá estar cuantificada** incluso si el reclamante dispusiera de todos los elementos para poder calcularla y cuantificarla.
- La **entidad aseguradora incursa en un procedimiento concursal o de liquidación, o su administrador o liquidador**, informará al organismo de indemnización competente cuando indemnice o rechace su responsabilidad en relación con las reclamaciones recibidas.
- Será aplicable al **Consorcio de Compensación de Seguros, a OFESAUTO, a las entidades corresponsales autorizadas** y a los representantes designados para la tramitación y liquidación de siniestros, cuando les corresponda según sus respectivas funciones, entendiéndose realizada a los mismos toda referencia al asegurador.

## CONTESTACION ASEGURADORA

- En el plazo de tres meses desde la recepción de la reclamación del perjudicado, tanto si se trata de daños personales como en los bienes, el asegurador deberá presentar una oferta motivada de indemnización si entendiera acreditada la responsabilidad y cuantificado el daño.
- En caso contrario, o si la reclamación hubiera sido rechazada, dará una respuesta motivada
- El asegurador, a su costa, podrá solicitar previamente los informes periciales privados que considere pertinentes, que deberá efectuar por servicios propios o concertados, si considera que la documentación aportada por el lesionado es insuficiente para la cuantificación del daño.

- El incumplimiento de esta obligación será sancionado de acuerdo con lo establecido en la Ley 20/2015, de 14 de julio, de ordenación, supervisión y solvencia de las entidades aseguradoras y reaseguradoras.
- El asegurador deberá observar desde el momento en que conozca, por cualquier medio, la existencia del siniestro, una conducta diligente en la cuantificación del daño y la liquidación de la indemnización.

## OFERTA MOTIVADA

- **Requisitos**
    - Contendrá una propuesta de indemnización por los daños en las personas y en los bienes que pudieran haberse derivado del siniestro. En caso de que concurran daños a las personas y en los bienes figurará de forma separada la valoración y la indemnización ofertada para unos y otros.
    - Los daños y perjuicios causados a las personas se calcularán según los criterios e importes que se recogen en el sistema de valoración de daños y perjuicios causados a las personas en accidentes de circulación.
    - Contendrá, de forma desglosada y detallada, los documentos, informes o cualquier otra información de que se disponga para la valoración de los daños, incluyendo el informe médico definitivo, e identificará aquéllos en que se ha basado para cuantificar de forma precisa la indemnización ofertada, de manera que el perjudicado tenga los elementos de juicio necesarios para decidir su aceptación o rechazo. El incumplimiento de este deber impedirá la aportación de informes médicos periciales definitivos en el posterior proceso judicial.
    - Se hará constar que el pago del importe que se ofrece no se condiciona a la renuncia por el perjudicado del ejercicio de futuras acciones en el caso de que la indemnización percibida fuera inferior a la que en derecho pueda corresponderle.
    - Podrá consignarse para pago la cantidad ofrecida. La consignación podrá hacerse en dinero efectivo, mediante un aval solidario de duración indefinida y pagadero a primer requerimiento emitido por entidad de crédito o sociedad de garantía recíproca o por cualquier otro medio que, a juicio del órgano jurisdiccional correspondiente, garantice la inmediata disponibilidad, en su caso, de la cantidad consignada.

## INTERVENCIÓN PERICIAL COMPLEMENTARIA

- En caso de disconformidad del perjudicado con la oferta motivada, las partes, de común acuerdo y a costa del asegurador, podrán pedir informes periciales complementarios, incluso al Instituto de Medicina Legal y Ciencias Forense siempre que no hubiese intervenido previamente.

- Esta misma solicitud al Instituto de Medicina Legal y Ciencias Forense podrá realizarse por el lesionado aunque no tenga el acuerdo de la aseguradora, y con cargo a la misma. El Instituto de Medicina Legal y Ciencias Forense que deba realizar el informe solicitará a la aseguradora que aporte los medios de prueba de los que disponga, entregando copia del informe pericial que emita a las partes.
- Asimismo, el perjudicado también podrá solicitar informes periciales complementarios, sin necesidad de acuerdo del asegurador, siendo los mismos, en este caso, a su costa.
- Esta solicitud de intervención pericial complementaria obligará al asegurador a efectuar una nueva oferta motivada en el plazo de un mes desde la entrega del informe pericial complementario, continuando interrumpido el plazo de prescripción para el ejercicio de las acciones judiciales. En todo caso, se reanudará desde que el perjudicado conociese el rechazo de solicitud por parte del asegurador de recabar nuevos informes.
- El lesionado deberá ser reconocido, desde la presentación de la solicitud a los Institutos de Medicina Legal y Ciencias Forenses, en el plazo de tres meses. El informe deberá emitirse en el plazo de un mes desde el reconocimiento.

## AFIANZAMIENTO

- En todo caso, el asegurador deberá afianzar las responsabilidades civiles y abonar las pensiones que por la autoridad judicial fueren exigidas a los presuntos responsables asegurados, de acuerdo con lo establecido en los arts. 764 y 765 de la Ley de Enjuiciamiento Criminal.
- Las pensiones provisionales se calcularán de conformidad con los límites establecidos en el Anexo del RDL 8/2004.

## MASC O JUICIO

- Una vez presentada la oferta o la respuesta motivada, en caso de disconformidad y a salvo del derecho a la intervención pericial complementaria, o transcurrido el plazo para su emisión, el perjudicado podrá:
  - Acudir a uno de los medios adecuados de solución de controversias en vía no jurisdiccional
  - Acudir a la vía jurisdiccional oportuna.

# Respuesta motivada

SP/DOCT/128671

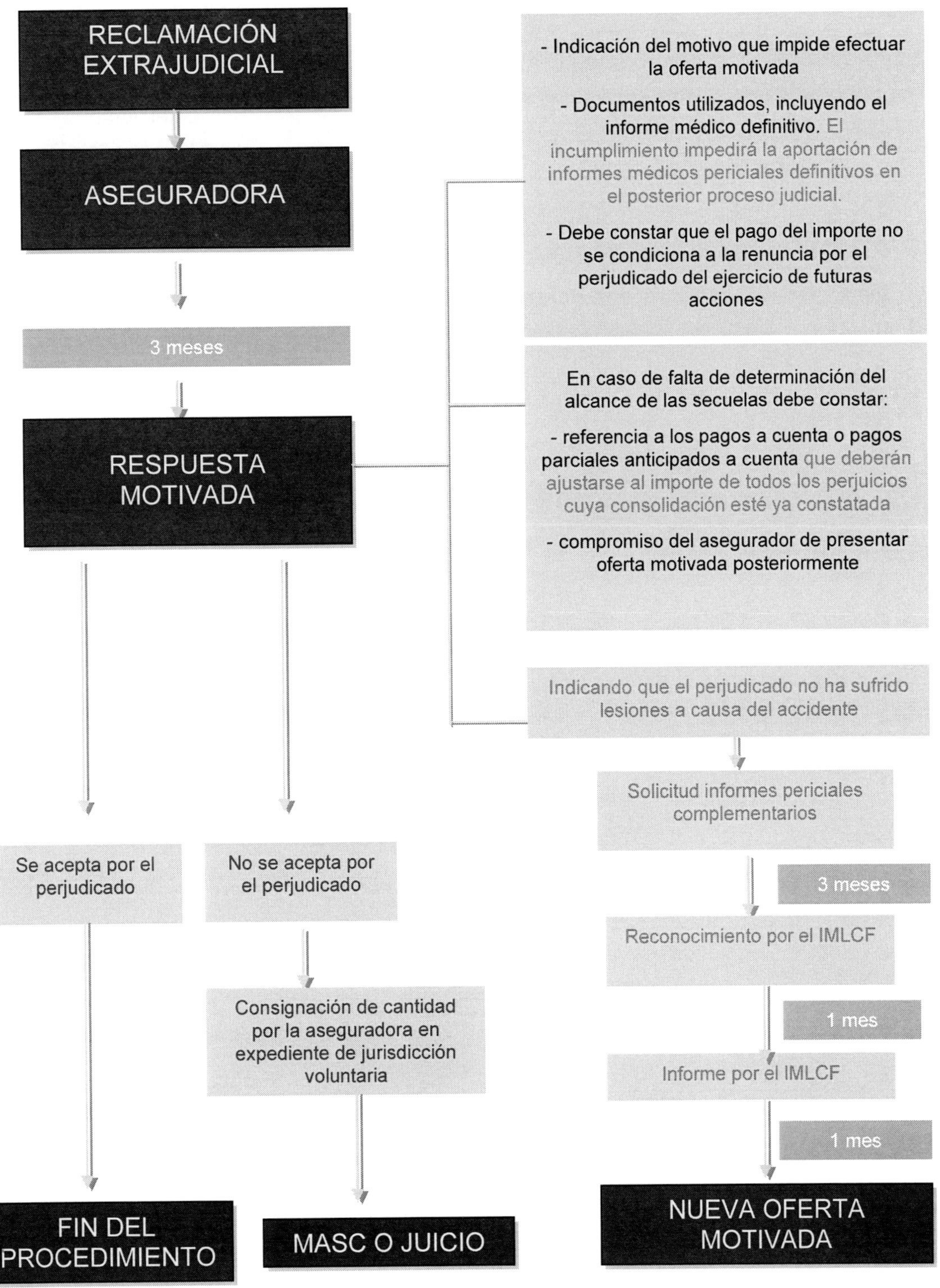

## ANALISIS PRACTICO DE LA RESPUESTA MOTIVADA

Art. 7 RDL 8/2004, de 29 de octubre, por el que se aprueba el texto refundido de la Ley sobre responsabilidad civil y seguro en la circulación de vehículos a motor (SP/LEG/2821))

### RECLAMACION EXTRAJUDICIAL

- **El perjudicado o sus herederos** con carácter previo a la interposición de la demanda judicial, deberán comunicar el siniestro al asegurador, pidiendo la indemnización que corresponda.
- Esta reclamación extrajudicial **contendrá** la identificación y los datos relevantes de quien o quienes reclamen, una declaración sobre las circunstancias del hecho, la identificación del vehículo y del conductor que hubiesen intervenido en la producción del mismo de ser conocidas, así como cuanta información médica asistencial o pericial o de cualquier otro tipo tengan en su poder que permita la cuantificación del daño.
- **No requerirá estar cuantificada** incluso si el reclamante dispusiera de todos los elementos para poder calcularla y cuantificarla.
- La **entidad aseguradora incursa en un procedimiento concursal o de liquidación, o su administrador o liquidador**, informará al organismo de indemnización competente cuando indemnice o rechace su responsabilidad en relación con las reclamaciones recibidas.
- Será aplicable al **Consorcio de Compensación de Seguros, a OFESAUTO, a las entidades corresponsales autorizadas** y a los representantes designados para la tramitación y liquidación de siniestros, cuando les corresponda según sus respectivas funciones, entendiéndose realizada a los mismos toda referencia al asegurador.

### CONTESTACION ASEGURADORA

- En el plazo de tres meses desde la recepción de la reclamación del perjudicado, tanto si se trata de daños personales como en los bienes, el asegurador deberá presentar una oferta motivada de indemnización si entendiera acreditada la responsabilidad y cuantificado el daño.
- En caso contrario, o si la reclamación hubiera sido rechazada, dará una respuesta motivada
- El asegurador, a su costa, podrá solicitar previamente los informes periciales privados que considere pertinentes, que deberá efectuar por servicios propios o concertados, si considera que la documentación aportada por el lesionado es insuficiente para la cuantificación del daño.

- ❖ El incumplimiento de esta obligación será sancionado de acuerdo con lo establecido en la Ley 20/2015, de 14 de julio, de ordenación, supervisión y solvencia de las entidades aseguradoras y reaseguradoras.
- ❖ El asegurador deberá observar desde el momento en que conozca, por cualquier medio, la existencia del siniestro, una conducta diligente en la cuantificación del daño y la liquidación de la indemnización.

## RESPUESTA MOTIVADA

- ❖ Si el asegurador no realiza una oferta motivada de indemnización, deberá dar una respuesta motivada ajustada a los siguientes requisitos:
  - Dará contestación suficiente a la reclamación formulada, con indicación del motivo que impide efectuar la oferta de indemnización, bien sea porque no esté determinada la responsabilidad, bien porque no se haya podido cuantificar el daño o bien porque existe alguna otra causa que justifique el rechazo de la reclamación, que deberá ser especificada.
  - Indicando que el perjudicado no ha sufrido lesiones a causa del accidente
  - Cuando dicho motivo sea la dilatación en el tiempo del proceso de curación del perjudicado y no fuera posible determinar el alcance total de las secuelas padecidas a causa del accidente o porque, por cualquier motivo, no se pudiera cuantificar plenamente el daño, la respuesta motivada deberá incluir:
    - La referencia a los pagos a cuenta o pagos parciales anticipados a cuenta de la indemnización resultante final, atendiendo a la naturaleza y entidad de los daños. Estos pagos deberán ajustarse al importe de todos los perjuicios cuya consolidación esté ya constatada.
    - El compromiso del asegurador de presentar oferta motivada de indemnización tan pronto como se hayan cuantificado los daños y, hasta ese momento, de informar motivadamente de la situación del siniestro cada dos meses desde el envío de la respuesta.
  - Contendrá, de forma desglosada y detallada, los documentos, informes o cualquier otra información de que se disponga, incluyendo el informe médico definitivo, que acrediten las razones de la entidad aseguradora para no dar una oferta motivada. El incumplimiento de este deber impedirá la aportación de informes médicos periciales definitivos en el posterior proceso judicial.
  - Incluirá una mención a que no requiere aceptación o rechazo expreso por el perjudicado, ni afecta al ejercicio de cualesquiera acciones que puedan corresponderle para hacer valer sus derechos.

- SI la negativa es que el perjudicado no ha sufrido lesiones a causa del accidente, las partes, de común acuerdo y a costa del asegurador, podrán pedir informes periciales complementarios, incluso al Instituto de Medicina Legal y Ciencias Forenses siempre que no hubiese intervenido previamente tras el ejercicio de acciones judiciales. El lesionado deberá ser reconocido, desde la presentación de la solicitud a los Institutos de Medicina Legal y Ciencias Forenses, en el plazo de tres meses. El informe deberá emitirse en el plazo de un mes desde reconocimiento. Esta solicitud de intervención pericial complementaria obligará al asegurador a efectuar una nueva oferta motivada en el plazo de un mes desde la entrega del informe pericial complementario, continuando interrumpido el plazo de prescripción para el ejercicio de las acciones judiciales. En todo caso, se reanudará desde que el perjudicado conociese el rechazo de solicitud por parte del asegurador de recabar nuevos informes.

## AFIANZAMIENTO

- En todo caso, el asegurador deberá afianzar las responsabilidades civiles y abonar las pensiones que por la autoridad judicial fueren exigidas a los presuntos responsables asegurados, de acuerdo con lo establecido en los arts. 764 y 765 de la Ley de Enjuiciamiento Criminal.
- Las pensiones provisionales se calcularán de conformidad con los límites establecidos en el Anexo del RDL 8/2004.

## MASC O JUICIO

- Una vez presentada la oferta o la respuesta motivada, en caso de disconformidad y a salvo del derecho a la intervención pericial complementaria, o transcurrido el plazo para su emisión, el perjudicado podrá:
  - Acudir a uno de los medios adecuados de solución de controversias en vía no jurisdiccional (MASC)
  - Acudir a la vía jurisdiccional oportuna

# Opción de masc por accidente de tráfico

**SP/DOCT/128672**

## ❖ ANALISIS PRÁCTICO DE LA OPCION DE MEDIOS ADECUADOS DE SOLUCIÓN DE CONTROVERSIAS EN VÍA NO JURISDICCIONAL (MASC)

(ART.7 y 14 RDL 8/2004, de 29 de octubre, por el que se aprueba el texto refundido de la Ley sobre responsabilidad civil y seguro en la circulación de vehículos a motor (SP/LEG/2821))

- La reclamación extrajudicial no requerirá estar cuantificada incluso si el reclamante dispusiera de todos los elementos para poder calcularla y cuantificarla.
- Contendrá:
  - la identificación y los datos relevantes de los que reclamen
  - una declaración sobre las circunstancias del hecho
  - de ser conocidas, la identificación del vehículo y del conductor que hubiesen intervenido
  - información médica asistencial o pericial o de cualquier otro tipo que permita la cuantificación del daño
- Sera necesario presentarla en un procedimiento penal a instancia de parte, pero no si se inicia de oficio

**MASC O JUICIO**

- Una vez presentada la oferta o la respuesta motivada, en caso de disconformidad y a salvo del derecho a la intervención pericial complementaria, o transcurrido el plazo para su emisión, el perjudicado podrá:
  - Acudir a cualquier medio adecuado de solución de controversias en vía no jurisdiccional.
  - Acudir a la vía jurisdiccional oportuna

**SUJETOS**

- En caso de disconformidad con la oferta o la respuesta motivada y, en general, en los supuestos de controversia, las partes podrán acudir a todo medio adecuado de solución de controversias en vía no jurisdiccional.

- A tal efecto, cualquiera de las partes podrá solicitar el inicio de un medio adecuado de solución de controversias en vía no jurisdiccional, desde el momento en que el perjudicado hubiera recibido la oferta o la respuesta motivada o los informes periciales complementarios si se hubieran pedido.

- Podrán intervenir en estos medios adecuados de solución profesionales especializados en responsabilidad civil en el ámbito de la circulación y en el sistema de valoración previsto en esta Ley, que cuenten con la formación específica en este ámbito.

# Reglas generales del baremo

**SP/DOCT/128681**

RDL 8/2004, de 29 de octubre, por el que se aprueba el texto refundido de la Ley sobre responsabilidad civil y seguro en la circulación de vehículos a motor (SP/LEG/2821)

## Ámbito, alcance y aplicación

Valorar todos los perjuicios causados a las personas como consecuencia del daño corporal ocasionado por hechos de la circulación.

Tratamiento separado e individualizado de los distintos conceptos y partidas resarcitorias por los daños tanto extrapatrimoniales como patrimoniales.

## Principios fundamentales

| | |
|---|---|
| La reparación íntegra del daño | Tiene por finalidad asegurar la total indemnidad de los daños y perjuicios padecidos. Las indemnizaciones de este sistema tienen en cuenta cualesquiera circunstancias personales, familiares, sociales y económicas de la víctima, incluidas las que afectan a la pérdida de ingresos y a la pérdida o disminución de la capacidad de obtener ganancias.<br><br>Rige no sólo las consecuencias patrimoniales del daño corporal sino también las morales o extrapatrimoniales e implica en este caso compensar, mediante cuantías socialmente suficientes y razonables que respeten la dignidad de las víctimas, todo perjuicio relevante de acuerdo con su intensidad. |
| La Reparación vertebrada | El principio de vertebración requiere que se valoren por separado los daños patrimoniales y los no patrimoniales y, dentro de unos y otros, los diversos conceptos perjudiciales. |
| La objetivación en la valoración del daño | Supone que se indemniza conforme a las reglas y límites establecidos en el sistema, por lo que no pueden fijarse indemnizaciones por conceptos o importes distintos de los previstos en él. No obstante, los perjuicios relevantes, ocasionados por circunstancias singulares y no contemplados conforme a las reglas y límites del sistema, se indemnizan como perjuicios excepcionales. |

## Necesidad de informe médico y deberes recíprocos de colaboración

La determinación y medición de las secuelas y de las lesiones temporales ha de realizarse mediante informe médico

El lesionado debe prestar la colaboración necesaria para que los servicios médicos designados por cuenta del eventual responsable lo reconozcan y sigan el curso evolutivo de sus lesiones. El incumplimiento de este deber eximirá a la aseguradora del devengo de intereses moratorios.

Los servicios médicos proporcionarán tanto a la entidad aseguradora como al lesionado el informe médico pericial definitivo

La oferta motivada debe adjuntar dicho informe, salvo que éste se hubiera entregado con anterioridad.

## Daños objeto de valoración

| | |
|---|---|
| Muerte, las secuelas y las lesiones temporales | Tablas 1, 2 y 3 |
| Perjuicios personales básicos | Tablas 1.A, 2.A y 3.A |
| Perjuicios personales particulares | Tablas 1.B, 2.B y 3.B |
| Perjuicios patrimoniales | Tablas 1.C, 2.C y 3.C |

## Sujetos perjudicados

La persona lesionada víctima del accidente, en caso de lesiones temporales o secuelas

El cónyuge viudo, los ascendientes, los descendientes, los hermanos y los allegados, o quien, de hecho y de forma continuada, ejerce las funciones que por incumplimiento o inexistencia no ejerce la persona perteneciente a una categoría concreta o asume su posición, en caso de fallecimiento de la víctima.

El miembro supérstite de una pareja de hecho o cónyuge viudo

Los familiares de víctimas fallecidas o de los de grandes lesionados, tienen derecho a ser resarcidos por los gastos de tratamiento médico y psicológico con un máximo de12 meses por las alteraciones psíquicas

No se considerará perjudicado al conductor responsable exclusivo del accidente.

## Fecha de la determinación de las circunstancias

| | |
|---|---|
| Para la determinación de los conceptos perjudiciales indemnizables | La fecha del accidente |
| Para la edad de la víctima y de los perjudicados | La fecha del accidente |
| Cómputo de edades | De fecha a fecha<br>Las edades previstas se alcanzan pasadas las cero horas del día en que se cumplen los años correspondientes.<br>Las horquillas de edades comprenden desde que se alcanza la edad inicial hasta las cero horas del día en que se cumple la edad final.<br>La referencia a que alguien tenga más de un cierto número de años se entiende hecha a que haya alcanzado esa edad |

## Fecha de determinación de la cuantía

| | |
|---|---|
| Para determinar los importes del sistema de valoración | La fecha del accidente |

## Actualizaciones

La actualización corresponde al año en que se determine el importe por acuerdo extrajudicial o por resolución judicial. No procederá a partir del momento en que se inicie el devengo de cualesquiera intereses moratorios. Esto afectara igualmente a las partidas de gastos realizados, partiendo del nominal satisfecho en la fecha de su desembolso.

A partir del año siguiente a la entrada en vigor de esta ley, salvo las tablas de lucro cesante y de ayuda de tercera persona, quedan automáticamente actualizadas con efecto desde el uno de enero de cada año, incluido, en el porcentaje del índice general de precios al consumo correspondiente al año natural inmediatamente anterior.

La Comisión de Seguimiento del Sistema de Valoración realizará los cálculos a los que se refiere el párrafo anterior y estos se harán públicos por Resolución de la Dirección General de Seguros y Fondos de Pensiones en los sitios web del Ministerio de la Presidencia, Justicia y Relaciones con las Cortes y de la Dirección General de Seguros y Fondos de Pensiones para facilitar su conocimiento y aplicación.

| | |
|---|---|
| Pagos a cuenta | Se actualizarán de acuerdo con lo anterior y se deducirán del importe global. |
| Tablas de lucro cesante y de ayuda de tercera persona | No se actualizan, sino que se modifican mediante la correspondiente revisión de las bases técnicas actuariales.<br><br>Para los accidentes ocurridos con anterioridad a cada modificación, se aplicarán las tablas vigentes en el momento del fallecimiento o de la estabilización de las secuelas actualizadas en el momento del pago con el índice general de precios al consumo aplicable.<br><br>Las tablas de lucro cesante y ayuda de tercera persona que resulten modificadas tras cada revisión de las bases técnicas se aprobarán por orden ministerial de la persona titular del Ministerio de Economía, Comercio y Empresa, sin perjuicio de la facultad del Consejo de Ministros para modificar todas las tablas. |
| Tabla de gasto de asistencia sanitaria futura | Por lo que se establezca en los convenios sanitarios que se suscriban con los servicios públicos de salud |

## Renta vitalicia

Bajo petición cabe la sustitución total o parcial de la indemnización por una renta vitalicia

El juez puede acordar de oficio la renta vitalicia, al menos parcial, cuando se trate de menores o personas con discapacidad que requieran medidas de apoyo para el ejercicio de su capacidad jurídica

La anual puede fraccionarse en períodos inferiores, dividiéndose en tal caso por meses o por el período temporal que corresponda.

Se actualizará cada año de acuerdo con las hipótesis de inflación establecidas en las bases técnicas actuariales

| | |
|---|---|
| **Cálculo:** equivalente al capital de la indemnización de acuerdo con la tabla técnica de coeficientes actuariales de conversión entre rentas y capitales (TT1) incluida en las bases técnicas actuariales. | Se calcula dividiéndolo por un coeficiente actuarial que tiene en cuenta:<br><br>a) la duración vitalicia,<br><br>b) el riesgo de fallecimiento del perjudicado o del lesionado, que se determina mediante las tablas actuariales de mortalidad utilizadas en esta ley, y<br><br>c) la tasa de interés de descuento, que tiene en cuenta la inflación. |

## Modificación de las indemnizaciones fijadas

Sólo puede revisarse la indemnización por la alteración sustancial de las circunstancias o por la aparición de daños sobrevenidos.

## Fallecimiento del lesionado antes de fijarse la indemnización

| | |
|---|---|
| Indemnización por lesiones temporales | La indemnización que deben percibir los herederos se fijará de acuerdo con el tiempo transcurrido desde el accidente hasta la estabilización de sus lesiones, o en su caso, hasta su fallecimiento, si éste es anterior. |
| Indemnización por secuelas | En el caso de lesionados con secuelas que fallecen antes de fijarse la indemnización sus herederos perciben la suma de las cantidades que resultan de las reglas siguientes:<br><br>a) En concepto de daño inmediato, el 15% del perjuicio personal básico que corresponde al lesionado de acuerdo con las tablas 2 A.1 y 2.A.2 con excepción del de pérdida de feto a consecuencia del accidente, que se resarce en su integridad, y de la cantidad resultante de la aplicación de la tabla 2.C en lo relativo al lucro cesante y ayuda de tercera persona.<br><br>b) Las cantidades que correspondan al porcentaje restante del perjuicio personal básico<br><br>En el caso de lesionados que resulten con lesiones como amputaciones, secciones medulares completas, resección de órganos o estados de coma vigil o vegetativos crónicos irreversibles u otras de gravedad análoga, cuya irreversibilidad se pueda acreditar sin esperar a la estabilización, y fallezcan transcurridos al menos treinta días desde la fecha del accidente sin que se hubiesen estabilizado las secuelas, sus herederos perciben el importe en concepto de daño inmediato y proporcional, si bien a contar desde la fecha del accidente hasta el fallecimiento y solo en relación con los perjuicios personal básico y perjuicios particulares de las tablas 2.A.1, 2.A.2 y 2.B y con la excepción de los perjuicios particulares por pérdida de calidad de vida. |
| Indemnización de gastos | La indemnización por gastos resarcibles comprende exclusivamente aquellos en los que se haya incurrido hasta la fecha del fallecimiento. |
| Compatibilidad de la indemnización a los herederos con la indemnización a los perjudicados por la muerte del lesionado | En el caso de que el fallecimiento del lesionado se haya producido por causa de las lesiones padecidas y antes de fijarse la indemnización, la indemnización que corresponda a sus herederos según lo previsto en los |

artículos anteriores es compatible con la que corresponda a los perjudicados por su muerte.

## Bases técnicas actuariales

Las bases técnicas actuariales, que contienen el procedimiento de cálculo y las hipótesis económico-financieras y biométricas para cuantificar las indemnizaciones de lucro cesante y ayuda de tercera persona, se elaborarán por la Comisión de Seguimiento del Sistema de Valoración, y se aprobarán mediante orden ministerial de la persona titular del Ministerio de Economía, Comercio y Empresa.

Se revisarán cada cinco años, a contar desde la entrada en vigor de la actualización anterior, salvo circunstancias excepcionales adecuadamente justificadas.

La Dirección General de Seguros y Fondos de Pensiones hará públicas en su sede electrónica las bases técnicas actuariales para su conocimiento y aplicación.

# Definiciones

**SP/DOCT/128719**

RDL 8/2004, de 29 de octubre, por el que se aprueba el texto refundido de la Ley sobre responsabilidad civil y seguro en la circulación de vehículos a motor (SP/LEG/2821)

| | |
|---|---|
| **Pérdida de autonomía personal** | El menoscabo físico, intelectual, sensorial u orgánico que impide o limita la realización de las actividades esenciales de la vida ordinaria. |
| **Actividades esenciales de la vida ordinaria** | Comer, beber, asearse, vestirse, sentarse, levantarse y acostarse, controlar los esfínteres, desplazarse, realizar tareas domésticas, manejar dispositivos, tomar decisiones y realizar otras actividades análogas relativas a la autosuficiencia física, intelectual, sensorial u orgánica. |
| **Gran lesionado** | Quien no puede llevar a cabo las actividades esenciales de la vida ordinaria o la mayor parte de ellas. |
| **Pérdida de desarrollo personal** | El menoscabo físico, intelectual, sensorial u orgánico que impide o limita la realización de actividades específicas de desarrollo personal. |
| **Actividades específicas de desarrollo personal** | Las relativas al disfrute o placer, a la vida de relación, a la actividad sexual, al ocio y la práctica de deportes, al desarrollo de una formación y al desempeño de una profesión o trabajo, que tienen por objeto la realización de la persona como individuo y como miembro de la sociedad. |
| **Asistencia sanitaria** | La prestación de servicios médicos, hospitalarios, farmacéuticos, así como las prestaciones complementarias que se requieran para el diagnóstico o tratamiento de las lesiones y el transporte necesario para poder prestar la asistencia. A menos que sea objeto de una partida resarcitoria específica, se entiende que también incluye la prestación de servicios de rehabilitación. |

| | |
|---|---|
| **Prótesis** | Los productos sanitarios, implantables o externos, cuya finalidad es sustituir total o parcialmente una estructura corporal o bien modificar, corregir o facilitar su función fisiológica. |
| **Órtesis** | Los productos sanitarios no implantables que, adaptados individualmente al paciente, se destinan a modificar las condiciones estructurales o funcionales del sistema sensorial, neuromuscular o del esqueleto. |
| **Ayudas técnicas y productos de apoyo para la autonomía personal para personas con discapacidad** | Los instrumentos, equipos o sistemas utilizados por una persona con discapacidad, fabricados especialmente o disponibles en el mercado, que potencian la autonomía personal o que tienen por objeto prevenir, compensar, controlar, mitigar o neutralizar deficiencias, limitaciones en la actividad y restricciones en la vida de relación. También se incluyen aquellos que potencien su autonomía personal. |
| **Medios técnicos** | Ayudas técnicas y productos de apoyo para la autonomía personal para personas con discapacidad |
| **Unidad familiar** | A efectos de esta Ley se entiende por unidad familiar, en caso de matrimonio o pareja de hecho estable, la integrada por los cónyuges o miembros de la pareja y, en su caso, por los hijos, ascendientes y demás familiares y allegados que convivan con ellos. También es unidad familiar la que conlleve, por lo menos, la convivencia de un ascendiente con un descendiente o entre hermanos. |

# Indemnizacion por muerte

**SP/DOCT/128678**

Téngase en cuenta que la cuantía de las partidas será la vigente a la fecha del accidente, pero, una vez establecido el importe por acuerdo extrajudicial o por resolución judicial, se debe aplicar la actualización correspondiente.

## INDEMNIZACION POR CAUSA DE MUERTE
## Tabla 1

### Perjuicio personal básico
### Tabla 1.A

| | |
|---|---|
| **Perjudicados** | El cónyuge viudo<br>Los ascendientes<br>Los descendientes<br>Los hermanos<br>Los allegados: aquellos que sin tener la condición de perjudicados hubieran convivido familiarmente con la víctima durante un mínimo de 5 años inmediatamente anteriores al fallecimiento y fueran especialmente cercanas a ella en parentesco o afectividad.<br>Quien ejerce las funciones que por incumplimiento o inexistencia no ejerce alguna de las anteriores o asume su posición. |

**Indemnización**

| | | |
|---|---|---|
| **El cónyuge viudo**<br>(categoría 1) | No separado legalmente | Importe fijo hasta los 15 años de convivencia, y un incremento por cada año adicional o fracción. |
| | Pareja de hecho estable que contrajo matrimonio | Años de convivencia + los de matrimonio. |

| | | |
|---|---|---|
| | La separación de hecho y la presentación de la demanda de nulidad, separación o divorcio | = separación legal |
| | Concurrencia de cónyuges o parejas de hecho estables | El importe fijo dividido en partes iguales<br><br>Incrementos adicionales: se toma el incremento mayor y se distribuye en proporción a los años adicionales de convivencia. |
| **Los ascendientes**<br><br>(categoría 2) | Cada progenitor | Importe fijo variable si tenía + o - 30 años |
| | Cada abuelo (En caso de premoriencia del progenitor de su rama familiar) | Una cantidad fija |
| **Los descendientes**<br><br>(categoría 3) | Cada hijo | Cantidad fija según edad:<br><br>a) hasta 14 años,<br>b) desde 14 hasta 20 años,<br>c) desde 20 hasta 30, y<br>d) a partir de 30 años. |
| | Nietos (en caso de premoriencia del progenitor que fuera hijo del abuelo fallecido) | Una cantidad fija. |
| **Cada Hermano**<br><br>(categoría 4)<br>El hermano de vínculo sencillo se equipara al de doble vínculo. | | Cantidad según tenía + o - 30 años |
| **Los allegados** | | Una cantidad fija |

| (categoría 5) | |
|---|---|

## Perjuicio personal particular
## Tabla 1.B

| | |
|---|---|
| **Resarcimiento** | Por criterios específicos que incrementan la indemnización básica (tabla 1.A)<br><br>Los perjuicios particulares son acumulables.<br><br>En el caso del allegado el único perjuicio particular resarcible es, el de su discapacidad física, intelectual y sensorial |

| | |
|---|---|
| **Discapacidad física, intelectual o sensorial del perjudicado**<br><br>*Puede ser previa al accidente o a resultas del mismo*<br><br>*Se requiere como mínimo un grado de discapacidad del 33 %, que se acredita mediante resolución administrativa o cualquier otro medio de prueba admitido en Derecho* | Mediante un incremento que oscilará entre el 25 y el 75 %, en atención al grado de discapacidad, la intensidad de la alteración y la edad de perjudicado |

| | | |
|---|---|---|
| **Convivencia del perjudicado con la víctima** | Cónyuge y víctimas o perjudicados menores de 30 años | Ya ponderada en la indemnización por perjuicio personal básico. |
| | Abuelo o el nieto de la víctima | Incremento en un 50 %. |
| | En los demás casos que se tenga + 30 años | (La indemnización de perjudicado de menos de 30 años de su misma categoría) – (La que le corresponde por el mismo concepto) |

| | |
|---|---|
| **Perjudicado único de su categoría** (con la excepción del cónyuge) | Incremento del 25 % |
| **Perjudicado familiar único** | Incremento del 25 % |

| | | |
|---|---|---|
| **Fallecimiento del progenitor único** | Hijos de hasta 20 años | Incremento del 50 % |
| | Hijos mayores de 20 años | Incremento del 25 % |
| **Fallecimiento de ambos progenitores** | Hijos de hasta 20 años | Incremento del 70 % |
| | Hijos mayores de 20 años | Incremento del 35 % |
| **Fallecimiento del hijo único** | | Incremento del 25 % |
| **Fallecimiento de víctima embarazada con pérdida de feto** | | Cantidad fija que percibe el cónyuge (superior transcurridas 12 semanas de gestación) |
| **Perjuicio excepcional** | | Incremento del 25 % |

## Perjuicio patrimonial Tabla.1.C

| | |
|---|---|
| **Perjudicados** | El cónyuge y los hijos de hasta 30 años.<br><br>Los que acrediten que dependían económicamente de la víctima y los cónyuges separados o ex cónyuges que tengan derecho a percibir pensión compensatoria que se extinga por el fallecimiento de la víctima. |

## Daño emergente

| | |
|---|---|
| **Perjuicio patrimonial básico (cada perjudicado)** | Cantidad actualizada anualmente desde 400 euros por el desplazamiento, la manutención, el alojamiento y otros análogos. Si el importe de dichos gastos es superior, su resarcimiento requiere justificación. |

| | |
|---|---|
| **Gastos específicos** | Gastos de traslado del fallecido, entierro y funeral conforme a los usos y costumbres del lugar donde se preste el servicio. Se abonan igualmente los gastos de repatriación del fallecido al país de origen |

## Lucro cesante

| | |
|---|---|
| **Lucro cesante de cada perjudicado**<br>(Pérdidas netas que sufren aquellos que dependían económicamente de los ingresos de la víctima y tienen la condición de perjudicados) | Se multiplican los ingresos netos de la víctima (multiplicando), por el coeficiente actuarial (multiplicador) que corresponda a cada perjudicado. Cuando se encuentre entre dos niveles de ingreso neto se asigna el superior |

| | | |
|---|---|---|
| **Tablas de Lucro cesante** | Del cónyuge (duración del matrimonio de 15 a 85 años) | Tabla.1.C.1 |
| | Del cónyuge con discapacidad | Tabla.1.C.1.d |
| | Del Hijo/a | Tabla.1.C.2 |
| | Del Hijo/a con discapacidad | Tabla.1.C.2.d |
| | Del padre/madre | Tabla.1.C.3 |
| | Del hermano/a | Tabla.1.C.4 |
| | Del hermano/a con discapacidad | Tabla.1.C.4.d |
| | Del abuelo/a | Tabla.1.C.5 |
| | Del nieto/a | Tabla.1.C.6 |

| | | |
|---|---|---|
| | Del nieto/a con discapacidad | Tabla.1.C.6.d |
| | Del allegado/a | Tabla.1.C.7 |
| | Del allegado/a con discapacidad | Tabla.1.C.7.d |
| Tablas de Lucro cesante del fallecido con dedicación a tareas del hogar | Del cónyuge (duración del matrimonio de 15 a 85 años) | Tabla.1.C.1.h |
| | Del cónyuge con discapacidad | Tabla.1.C.1.d.h |
| | Del Hijo/a | Tabla.1.C.2.h |
| | Del Hijo/a con discapacidad | Tabla.1.C.2.d.h |
| | Del padre/madre | Tabla.1.C.3.h |
| | Del hermano/a | Tabla.1.C.4.h |
| | Del hermano/a con discapacidad | Tabla.1.C.4.d.h |
| | Del abuelo/a | Tabla.1.C.5.h |
| | Del nieto/a | Tabla.1.C.6.h |
| | Del nieto/a con discapacidad | Tabla.1.C.6.d.h |

| | | |
|---|---|---|
| | Del allegado/a | Tabla.1.C.7.h |
| | Del allegado/a con discapacidad | Tabla.1.C.7.d.h |

**Multiplicando (ingresos netos de la víctima)**

| | | |
|---|---|---|
| **Víctimas con ingresos de trabajo personal o en situación de desempleo** | Ingresos de trabajo personal | Ingresos netos acreditados durante el año natural anterior o la media de los obtenidos durante los 3 años naturales anteriores al accidente que se proyectará hasta la edad de jubilación y, a partir de ésta, en la pensión de jubilación estimada<br><br>El ingreso mínimo que siempre se tendrá en cuenta será un salario mínimo interprofesional anual. |
| | Jubilación | Importe anual neto de la pensión que percibía en el momento de su fallecimiento. |
| | Desempleo en cualquiera de los 3 años anteriores | Para el cálculo de los ingresos se tendrán en cuenta las prestaciones de desempleo y, en caso de no haberlas percibido, el salario mínimo interprofesional anual |
| **Víctimas con dedicación exclusiva a las tareas del hogar de la unidad familiar** | Dedicación exclusiva | El equivalente a un salario mínimo interprofesional anual |
| | Unidades familiares de más de 2 personas | Se incrementará en un 10 % del salario mínimo interprofesional anual por perjudicado adicional menor de edad, persona con discapacidad o mayor de 67 años que conviva en el hogar familiar de la víctima sin se pueda superar el importe de otro medio salario mínimo interprofesional anual |
| | Fecha inicial del cómputo | A partir de los treinta años, incluso si la fecha del fallecimiento es anterior a esa edad |

| | | |
|---|---|---|
| **Víctimas con dedicación parcial a las tareas del hogar de la unidad familiar** (con reducción de la jornada de trabajo o trabajo a tiempo parcial) | | 1/3 de la que resulte del cálculo como víctimas con dedicación exclusiva a las tareas del hogar de la unidad familiar |
| **Variable relativa a la cuota del perjudicado**<br><br>El multiplicando se distribuye entre los perjudicados teniendo en cuenta que la víctima destinaba una parte a cubrir sus propias necesidades (quota sibi) que se cifra, como mínimo, en un 10 %. | Cónyuge o un solo perjudicado | Su cuota será del 60 %, que en caso de perjudicado único se calcula multiplicando por 2 el importe resultante de la tabla 1.C correspondiente, cuando se trate de hijo, y por 3 en los demás casos |
| | Más de un perjudicado | La cuota del cónyuge será del 60%, cada hijo del 30% y la de cualquier otro perjudicado del 20%,<br><br>Cuando la suma de las cuotas sea superior al 90 %, la indemnización de cada perjudicado se reducirá en proporción al exceso de cuotas sobre el 90 %.<br><br>Si la indemnización total resultante para el conjunto de los perjudicados es inferior a la indemnización más elevada de las que pudieran resultar de no existir exceso de cuotas, se indemnizará este último importe, que se distribuirá de un modo proporcional a las indemnizaciones que les hubieran correspondido según sus cuotas |
| **Variable relativa a pensiones públicas a favor del perjudicado** | | Reducen el perjuicio.<br><br>Las pensiones públicas futuras que deban ser tenidas en cuenta para el cálculo se estiman de acuerdo con las bases técnicas actuariales.<br><br>Se podrá acreditar que no tiene derecho a pensión pública alguna o que tiene derecho a una pensión distinta de la prevista en las bases técnicas actuariales del multiplicador.<br><br>Perjudicado dedicado en exclusiva a las tareas del hogar de su unidad familiar, aunque no percibe pensiones públicas, se le aplicarán las indemnizaciones por lucro cesante previstas en las tablas 1.C.H específicas para dicho trabajo no remunerado.. |

| Variable de dependencia económica | Perjudicado | Duración |
|---|---|---|
| **Variable de dependencia económica**<br><br>(Es un perjuicio temporal y se calcula sobre el periodo de tiempo que se estime que habría durado la situación de dependencia económica) | Progenitores, abuelos y personas con discapacidad | Vitalicia |
| | Cónyuge viudo | Se considera una duración mínima del matrimonio de 15 años<br><br>Duración superior a los 15 años = mismo número de años |
| | Hijos, nietos y hermanos | Se habría prolongado hasta cumplir los 30 años y siempre por un período de al menos 3 años como en el caso del perjudicado mayo de 30 años. |
| | Allegados | La dependencia se habría prolongado 3 años. |
| | Cónyuge separado o el ex cónyuge | El importe correspondiente a la pensión durante un máximo de 3 años. |

**Multiplicador**
**(coeficiente actuarial que se obtiene para cada perjudicado)**

Resulta de combinar los factores, que se calculan de acuerdo con las bases técnicas actuariales, siguientes:

a) la cuota del perjudicado de acuerdo con las reglas en materia de cálculo de cuotas,

b) las pensiones públicas a las que tenga derecho el perjudicado por el fallecimiento de la víctima,

c) la duración de su dependencia económica,

d) el riesgo de su fallecimiento, y

e) la tasa de interés de descuento, que tiene en cuenta la inflación.

Podrán establecerse reglamentariamente otros factores complementarios

# Indemnizacion por secuelas

**SP/DOCT/128679**

RDL 8/2004, de 29 de octubre, por el que se aprueba el texto refundido de la Ley sobre responsabilidad civil y seguro en la circulación de vehículos a motor (SP/LEG/2821)

Téngase en cuenta que la cuantía de las partidas será la vigente a la fecha del accidente, pero, una vez establecido el importe por acuerdo extrajudicial o por resolución judicial, se debe aplicar la actualización correspondiente.

## INDEMNIZACION POR SECUELAS
## Tabla 2

| | |
|---|---|
| Secuelas | Las deficiencias físicas y psíquicas y los perjuicios estéticos que derivan de una lesión y permanecen una vez finalizado el proceso de curación. También el material de osteosíntesis que permanece al término de este proceso. |
| Perjudicados | ▪ Los lesionados que padecen las secuelas.<br>▪ Los familiares de grandes lesionados excepcionalmente. |

## Perjuicio personal básico
## Tabla 2.a

| | | |
|---|---|---|
| **Determinación de la indemnización del perjuicio personal básico** | Tabla 2.A. | Valoración económica del perjuicio personal básico en caso de secuelas |
| | Tabla 2.A.1 | Determinación de las secuelas y de su gravedad e intensidad |
| | Tabla 2.A.2 | La indemnización por secuelas |

## Régimen de valoración económica de las secuelas

El régimen de valoración económica del perjuicio psicofísico, con el daño moral ordinario, y del perjuicio estético se contiene en el baremo económico de la tabla 2.A.2.

Esta valoración es inversamente proporcional a la edad del lesionado y se incrementa a medida que aumenta la puntuación.

Las filas de puntuación se articulan de punto en punto desde 1 hasta 100 y las columnas de edad de año en año desde 0 hasta 100.

El importe del perjuicio psicofísico consta en la intersección de la fila y columna correspondientes.

Este importe es el resultado de haber multiplicado el valor de cada punto, en función de la edad del lesionado, por el número total de puntos obtenidos de acuerdo con el baremo médico.

El importe del perjuicio estético consta en la intersección de la fila y columna correspondientes. Este importe es el resultado de haber multiplicado el valor de cada punto, en función de la edad del lesionado, por el número total de puntos obtenidos de acuerdo con el baremo médico, teniendo en cuenta el máximo de 50 puntos.

La indemnización básica por secuelas, en su doble dimensión psicofísica y estética, está constituida por el importe que resulta de sumar las cantidades de los dos apartados anteriores.

## El baremo médico
## Tabla 2.A.1

Relación de las secuelas con su clasificación, descripción y medición, y el perjuicio estético

**Perjuicio psicofísico**

| | |
|---|---|
| **Medición del perjuicio psicofísico** | Mediante un porcentaje en puntos, con un máximo de 100. |
| **Reglas de aplicación** | La puntuación otorgada al perjuicio psicofísico de cada secuela, según criterio clínico, tiene en cuenta su intensidad y gravedad desde el punto de vista anatómico-funcional, sin tomar en consideración la edad o el sexo del lesionado, ni la repercusión de la secuela en sus diversas actividades.<br><br>Se adjudica a cada secuela una puntuación fija o la que corresponda dentro de una horquilla con una puntuación mínima y máxima.<br><br>Una secuela debe valorarse una sola vez, aunque su sintomatología se encuentre descrita en varios apartados del baremo médico, sin perjuicio de lo establecido respecto del perjuicio estético. No se valoran las secuelas que estén incluidas o se deriven de otras, aunque estén descritas de forma independiente.<br><br>La puntuación de una o varias secuelas de una articulación, miembro, aparato o sistema no puede sobrepasar la correspondiente a su pérdida total. |

| | |
|---|---|
| | Las secuelas no incluidas en ninguno de los conceptos del baremo médico se miden con criterios analógicos a los previstos en él. |
| **Secuelas concurrentes**<br><br>(concurrencia de secuelas derivadas del mismo accidente) | La puntuación final del perjuicio psicofísico es la resultante de aplicar la fórmula [[(100 – M) x m] / 100] + M, donde "M" es la puntuación de la secuela mayor y "m" la puntuación de la secuela menor.<br><br>De ser las secuelas más de dos, para el uso de la expresada fórmula se parte de la secuela de mayor puntuación y las operaciones se realizan en orden decreciente de mayor a menor a su importancia. Los cálculos sucesivos se realizan con la indicada fórmula, correspondiendo el término "M" a la puntuación resultante de la operación inmediatamente anterior.<br><br>Si, al efectuarse los cálculos, se obtienen fracciones decimales, el resultado de cada operación se redondea a la unidad más alta.<br>La puntuación final obtenida se lleva a la tabla 2.A.2 |
| **Secuelas interagravatorias**<br><br>(secuelas concurrentes que, derivadas del mismo accidente y afectando funciones comunes, producen por su recíproca influencia una agravación significativa de cada una de ellas) | La puntuación adjudicada a las secuelas bilaterales en la tabla 2.A.1, incluye la valoración de su efecto interagravatorio.<br><br>En defecto, la puntuación de las secuelas interagravatorias se valorará incrementando en un 10 % la puntuación que resulta de aplicar la fórmula para las secuelas concurrentes, redondeando a la unidad más alta y con el límite de 100 puntos. |
| **Secuelas agravatorias de estado previo** | Si ya está prevista en el baremo médico se mide con la puntación asignada específicamente para ella. Sino, la puntuación es la resultante de aplicar la fórmula (M – m) / [1 – (m/100)], donde "M" es la puntuación de la secuela en el estado actual y "m" es la puntuación de la secuela preexistente. Si el resultado ofrece fracciones decimales, se redondea a la unidad más alta. |

**Perjuicio estético**

Cualquier modificación que empeora la imagen de la persona. Es un perjuicio distinto del psicofísico que le sirve de sustrato y comprende tanto la dimensión estática como la dinámica

Es el existente a la finalización del proceso de curación.

La imposibilidad de corregir el perjuicio estético incrementa su intensidad.

El resarcimiento es compatible con el del coste de las intervenciones de cirugía plástica necesarias para su corrección.

| | |
|---|---|
| **Medición del perjuicio estético** | Mediante un porcentaje en puntos, con un máximo de 50, que corresponde a un porcentaje del 100 %. |
| **Medición** | Mediante una horquilla de puntuación a cada uno de los grados teniendo en cuenta, los factores siguientes:<br>a) el grado de visibilidad ordinaria del perjuicio,<br>b) la atracción a la mirada de los demás,<br>c) la reacción emotiva que provoque, y<br>d) la posibilidad de que ocasione una alteración en la relación interpersonal del perjudicado. |

| | | |
|---|---|---|
| **Grados de perjuicio estético**<br><br>(Los no mencionados se incluyen en el grado que corresponda en atención a su entidad, según criterios de proporcionalidad y analogía) | **Importantísimo** | Perjuicio estético de enorme gravedad, como las grandes quemaduras, las grandes pérdidas de sustancia y las grandes alteraciones de la morfología facial o corporal, el estado vegetativo permanente y las tetraplejias más severas. |
| | **Muy importante** | Perjuicio estético de menor entidad que el anterior, como la amputación de dos extremidades o la tetraplejia. |
| | **Importante** | Perjuicio estético de menor entidad que el anterior, como la amputación de alguna extremidad o la paraplejia. |

| | |
|---|---|
| **Medio** | Perjuicio estético de menor entidad que el anterior, como la amputación de más de un dedo de las manos o de los pies, la cojera relevante o las cicatrices especialmente visibles en la zona facial o extensas en otras zonas del cuerpo. |
| **Moderado** | Perjuicio estético de menor entidad que el anterior, como las cicatrices visibles en la zona facial, las cicatrices en otras zonas del cuerpo, la amputación de un dedo de las manos o de los pies o la cojera leve. |
| **Ligero** | Perjuicio estético de menor entidad que el anterior, como las pequeñas cicatrices situadas fuera de la zona facial. |
| **Reglas de aplicación** | Si un perjuicio psicofísico permanente comporta, a su vez, la existencia de un perjuicio estético, se fija separadamente la puntuación que corresponde a uno y a otro.<br><br>La puntuación se realiza con el capítulo especial de la tabla 2.A.1 mediante su ponderación conjunta, sin atribuir puntuación a cada uno de sus componentes.<br><br>Ni la edad ni el sexo de la persona lesionada se tendrán en cuenta<br>No incluye la ponderación de su incidencia sobre las diversas actividades del lesionado, cuyo específico perjuicio se valora a través del perjuicio particular de pérdida de calidad de vida.<br><br>La puntuación establecida se lleva a la tabla 2.A.2 |

## Perjuicio personal particular
## Tabla 2.b

### Daños morales complementarios

| | |
|---|---|
| **Por perjuicio psicofísico, orgánico y sensorial** | Cuando una sola secuela alcance al menos 60 puntos o el resultado de las concurrentes, tras aplicar la fórmula de Balthazar, alcance al menos 80 puntos. Las secuelas bilaterales recogidas en la tabla 2.A.1 constituyen una sola secuela a los efectos de este artículo. |
| **Por perjuicio psicofísico, orgánico y sensorial** | La extensión e intensidad del perjuicio psicofísico, orgánico y sensorial y la edad del lesionado constituyen los dos parámetros fundamentales para su cuantificación, sin que pueda tenerse en cuenta la afectación en sus actividades. También se ponderan, en su caso, los dolores extraordinarios y las secuelas que no hayan sido valoradas por haberse alcanzado la puntuación de 100. |
| | Este perjuicio se cuantifica mediante una horquilla indemnizatoria que establece un mínimo y un máximo expresado en euros. |

| | |
|---|---|
| **Por perjuicio estético** | Cuando se ha recibido una puntuación que alcance al menos 31 puntos. |
| | La extensión e intensidad del perjuicio estético y la edad del lesionado constituyen los dos parámetros fundamentales para su cuantificación |
| | Se cuantifica mediante una horquilla indemnizatoria que establece un mínimo y un máximo expresado en euros. |

### Perjuicio por pérdida de calidad de vida

Para compensar el perjuicio moral particular que sufre la víctima por las secuelas que impiden o limitan su autonomía personal para realizar las actividades esenciales de la vida diaria o su desarrollo personal mediante actividades específicas.

| | | |
|---|---|---|
| **Grados** | **Muy grave** | Aquél en el que el lesionado pierde su autonomía personal para realizar la casi totalidad de actividades esenciales de la vida diaria. |

| | |
|---|---|
| **Grave** | Aquél en el que el lesionado pierde su autonomía personal para realizar algunas de las actividades esenciales de la vida diaria o la mayor parte de sus actividades específicas de desarrollo personal. El perjuicio moral por la pérdida de toda posibilidad de realizar una actividad laboral o profesional también se considera perjuicio grave. |
| **Moderado** | Aquél en el que el lesionado pierde la posibilidad de llevar a cabo una parte relevante de sus actividades específicas de desarrollo personal. El perjuicio moral por la pérdida de la actividad laboral o profesional que se venía ejerciendo también se considera perjuicio moderado. |
| **Leve** | Aquél en el que la víctima pierde la posibilidad de llevar a cabo actividad **o** actividades específicas de su desarrollo personal. El perjuicio moral por la limitación o pérdida parcial de la actividad laboral o profesional que se venía ejerciendo se considera perjuicio leve con independencia del número de puntos que se otorguen a las secuelas. En los demás casos, cuando se produzcan secuelas de 6 o menos puntos se presume que no existe pérdida de calidad de vida, salvo que el perjudicado la acredite. |
| **Medición** | Cada uno de los grados del perjuicio se cuantifica mediante una horquilla indemnizatoria que establece un mínimo y un máximo expresado en euros.<br><br>Los parámetros para la determinación de la cuantía del perjuicio son la importancia y el número de las actividades afectadas y la edad del lesionado que expresa la previsible duración del perjuicio. |
| **Perjuicio moral por pérdida de calidad de vida de familiares de grandes lesionados**<br><br>(Compensa la prestación de cuidados y la atención continuada de los lesionados cuando han perdido la autonomía personal) | Esta indemnización también procede en los supuestos de secuelas muy graves que alcancen, al menos, los 80 puntos y se requiera atención.<br><br>El perjuicio sexual del cónyuge o pareja estable compensa la sustancial alteración que las |

| | |
|---|---|
| | secuelas que padece el lesionado le causan en su vida sexual o reproductiva.<br><br>Se cuantifica mediante una horquilla indemnizatoria y los parámetros son:<br><br>a) En el caso de perjuicio moral por pérdida de calidad de vida de familiares, la dedicación que tales cuidados o atención familiares requieran, la alteración que produzcan en la vida del familiar y la edad del lesionado.<br><br>b) En el caso de perjuicio sexual, el grado y la intensidad de su afectación a la vida sexual o reproductiva del cónyuge o pareja estable del lesionado y la edad de ambos.<br><br>La legitimación para reclamar la reparación de este perjuicio se atribuye en exclusiva al lesionado, quien deberá destinar la indemnización a compensar los perjuicios sufridos por las personas afectados. |
| **Pérdida de feto a consecuencia del accidente** | Se resarce con una cantidad fija. Dicha cantidad es superior si la pérdida de feto tiene lugar una vez transcurridas 12 semanas de gestación, y será superior, si la pérdida del feto tiene lugar transcurridas 32 semanas de gestación<br>La indemnización corresponde a la mujer embarazada que sufre la pérdida del feto, añadiéndose a la que, en su caso, perciba por las lesiones padecidas. |
| **Perjuicio excepcional** | Se indemnizan con criterios de proporcionalidad, con un límite máximo de incremento del 25% de la indemnización por perjuicio personal básico. |

## Perjuicio patrimonial
## Tabla 2.c

### Gastos de asistencia sanitaria futura

Valor económico de las prestaciones sanitarias en el ámbito hospitalario y ambulatorio que precise el lesionado de forma vitalicia después de que se produzca la estabilización de las lesiones y también aquellas prestaciones sanitarias que se produzcan en el ámbito domiciliario que, por su carácter especializado, no puedan ser prestadas con la ayuda de tercera persona prevista.

- Da lugar a compensación la secuela que sea igual o superior a 50 puntos y las secuelas concurrentes y las interagravatorias que sean iguales o superen los 80.
- En las secuelas iguales o superiores a 30 puntos, deberá demostrarse mediante prueba pericial médica la previsibilidad de dichos gastos futuros.
- La periodicidad y cuantía de los gastos de asistencia sanitaria futura deberán acreditarse mediante la correspondiente prescripción médica de conformidad con las secuelas estabilizadas de las lesiones.
- Los gastos que no sean previsibles de acuerdo con las reglas anteriores sólo serán resarcibles en los supuestos previstos de modificación de las indemnizaciones fijadas.

| | |
|---|---|
| **Por rehabilitación en régimen hospitalario** | Como los gastos de asistencia sanitaria futura en el ámbito hospitalario y ambulatorio |
| **Por rehabilitación domiciliaria y ambulatoria** | Como los gastos de asistencia sanitaria futura en el ámbito hospitalario y ambulatorio |
| **Secuelas que, en todo caso, dan lugar a la compensación** | a) Los estados de coma vigil o vegetativos crónicos.<br>b) Las secuelas neurológicas en sus grados muy grave y grave.<br>c) Las lesiones medulares iguales o superiores a 50 puntos.<br>d) Las amputaciones u otras secuelas que precisen la colocación de prótesis. |
| **Por gastos de asistencia sanitaria futura en el ámbito hospitalario y ambulatorio** | Serán abonados por las entidades aseguradoras a los servicios públicos de salud o a las mutuas colaboradoras con la Seguridad Social conforme a la legislación vigente y los convenios o acuerdos suscritos, dentro de los límites establecidos en la tabla 2.C.1 y el lesionado podrá recibir las prestaciones de asistencia sanitaria por parte de centros públicos o, por parte de centros sanitarios privados que hayan suscrito conciertos con los servicios públicos de salud, también conforme a lo estipulado en dicha legislación y convenios.<br><br>Las entidades aseguradoras, las mutuas colaboradoras con la Seguridad Social y los servicios públicos de salud podrán suscribir acuerdos específicos al objeto de facilitar el pago a que se refiere el apartado anterior y garantizar las prestaciones sanitarias a los |

| | |
|---|---|
| | lesionados. Los servicios públicos, a su vez, podrán concertar la asistencia sanitaria futura con centros privados que cuenten con los medios materiales y humanos necesarios y suficientes para prestarla.<br><br>Las entidades aseguradoras abonarán a los servicios públicos de salud o a las mutuas colaboradoras con la Seguridad Social los gastos que garanticen la asistencia sanitaria futura con carácter vitalicio, aun en caso de traslado temporal o definitivo de residencia u otros supuestos que puedan suponer un cambio del centro de asistencia, dentro del marco del régimen de prestaciones previsto en la Ley 16/2003, de 28 de mayo, de cohesión y calidad del Sistema Nacional de Salud. |
| **Prótesis y ortesis** | Se resarce directamente al lesionado el importe de las prótesis y ortesis que, por prescripción facultativa, precise el lesionado a lo largo de su vida.<br><br>Deberán acreditarse mediante la correspondiente prescripción médica desde la fecha de estabilización de las secuelas.<br><br>La valoración tendrá en cuenta el tipo de secuela, la edad del lesionado, la periodicidad de la renovación de la prótesis u ortesis en función de su vida útil y el coste de las mismas, atendiendo a las necesidades y circunstancias personales del lesionado.<br><br>El importe máximo era de 50.000.000 por recambio, debiendo aplicar la actualización correspondiente.<br><br>El importe de estos gastos se podrá indemnizar en forma de capital utilizándose el correspondiente factor actuarial de conversión establecido en la tabla técnica de coeficientes de capitalización de prótesis y ortesis (TT3) incluida en las bases técnicas actuariales a las que se refiere el anexo. |
| **Rehabilitación domiciliaria y ambulatoria** | Se resarce directamente al lesionado el importe de los gastos de rehabilitación futura que, por prescripción facultativa, precise el lesionado en el ámbito domiciliario o ambulatorio respecto de las secuelas a que se |

refieren los apartados 3.a, 3 b. y 3.c del art. 113, después de que se produzca la estabilización.

La necesidad, periodicidad y cuantía de los gastos de rehabilitación futura deberán acreditarse mediante la correspondiente prescripción médica desde la fecha de estabilización de las secuelas.

La valoración tendrá en cuenta el tipo de secuela, el número necesario de horas de rehabilitación y su coste, dependiendo de si ésta es domiciliaria o ambulatoria.

El importe máximo resarcible de cada grupo de secuelas es el fijado en la tabla 2.C para este tipo de gastos.

Cuando concurran dos o más secuelas de un mismo grupo de los indicados en la Tabla 2.C, la indemnización de todas ellas no podrá superar el veinticinco por ciento del importe máximo que establece la tabla para las secuelas de ese grupo.

Cuando concurran secuelas que puedan encuadrarse en grupos distintos, se aplicarán las reglas siguientes:

a) Cuando concurran secuelas del grupo a) con el resto de los grupos, el importe máximo a indemnizar será del 100% del previsto para el grupo a).

b) Cuando concurran secuelas del grupo b), con secuelas de los grupos c) o d), el importe máximo a indemnizar será del 100% del grupo b) y el 75% del grupo c) o el 50% del grupo d), sin que la suma de estos importes pueda superar el máximo establecido en la tabla 2.C para las secuelas del grupo a).

c) Cuando concurran secuelas del grupo c) y d), el importe máximo a indemnizar será del 100% del grupo c) y el 75% del grupo d), sin que la suma de estos importes pueda superar el máximo establecido en la tabla 2.C para las secuelas del grupo b).

El importe de estos gastos se podrá indemnizar en forma de capital utilizándose un factor actuarial de conversión establecido en la tabla técnica de coeficientes actuariales de conversión entre rentas y capitales (TT1) incluida en las bases técnicas actuariales a las que se refiere el Anexo.

## Ayudas técnicas o productos de apoyo para la autonomía personal

Se resarce directamente al lesionado el importe de los productos de apoyo para la autonomía personal que, por prescripción facultativa, precise el lesionado a lo largo de su vida por pérdida de autonomía personal muy grave o grave, con un importe máximo que se actualiza anualmente desde los 150.000 euros del año 2015.

La necesidad, periodicidad y cuantía de las ayudas técnicas o de los productos de apoyo para la autonomía personal deberán acreditarse mediante informe médico desde la fecha de estabilización de las secuelas.

La valoración tendrá en cuenta el tipo de secuela, la edad del lesionado, la periodicidad de la renovación de las ayudas técnicas o los productos de apoyo para la autonomía personal en función de su vida útil y el coste de las mismas, atendiendo a las necesidades y circunstancias personales del lesionado.

El importe de estos gastos se podrá indemnizar en forma de capital utilizándose el correspondiente factor actuarial de conversión establecido en la tabla técnica de coeficientes de capitalización de prótesis y órtesis (TT3) incluida en el anexo.

### Adecuación de vivienda

Se resarce el importe de las obras de adecuación de la vivienda a las necesidades de quien sufre una pérdida de autonomía personal muy grave o grave, incluyendo los medios técnicos con un importe máximo de que se actualiza anualmente desde los 150.000 euros del año 2015.

Si no fuera posible la adecuación de vivienda y se debiera adquirir o arrendar otra vivienda adaptada de características similares, se resarce la diferencia del valor en venta o de la renta capitalizada de ambas viviendas y los gastos que tal operación genere hasta el límite establecido en el apartado anterior. Las características similares se refieren a la ubicación de la vivienda, su tamaño y sus calidades constructivas.

### Perjuicio patrimonial por el incremento de costes de movilidad.

El perjuicio patrimonial derivado del incremento de los costes de movilidad se resarce hasta un importe de 60.000 euros en función de los criterios siguientes:

a) Grado de pérdida de autonomía personal del lesionado, en función de cómo le afecta a su movilidad.

b) Posibilidad de adaptación del vehículo que utilice el lesionado o, en caso de que ello no sea posible, necesidad de adquisición de un vehículo nuevo adaptado que, dentro de la gama de ese tipo de vehículos, guarde una cierta proporción con el vehículo sustituido. En caso de sustitución se descontará el valor venal del vehículo sustituido.

c) Necesidad de futuras adaptaciones en función de la edad del lesionado y de la vida útil de las adaptaciones o del vehículo que, a estos efectos, se cifra en 10 años.

d) Sobrecoste de desplazamiento del lesionado, en caso de no adaptación o no adquisición de vehículo, cuando por la pérdida de autonomía personal tenga serias dificultades para utilizar medios de transporte público para seguir desarrollando sus actividades habituales.

## Ayuda de tercera persona

La indemnización de los gastos de ayuda de tercera persona compensa el valor económico de las prestaciones no sanitarias que precisa el lesionado cuando resulta con secuelas que implican una pérdida de autonomía personal.

No tienen la consideración de ayuda de tercera persona las prestaciones sanitarias en el ámbito hospitalario, ambulatorio o domiciliario, que pueda precisar el lesionado que, en su caso, se indemnizarán en concepto de gasto sanitario posterior a la estabilización de las secuelas.

El valor económico de la ayuda de tercera persona se compensa con independencia de que las prestaciones sean o no retribuidas.

| | |
|---|---|
| **Necesidad de ayuda de tercera persona**<br><br>(Para supuestos no previstos en la tabla sólo se podrá indemnizar si se acredita mediante prueba pericial médica una pérdida de autonomía personal análoga a la producida por las secuelas previstas en la misma) | Se fija en la tabla 2.C.2 de Ayuda de Tercera Persona cuando:<br><br>a) el perjuicio psicofísico de una secuela es igual o superior a 50 puntos o el resultado de las secuelas concurrentes, una vez aplicada la fórmula correspondiente, sea igual o superior a los 80; o<br><br>b) a pesar de no alcanzarse la puntuación indicada en el apartado anterior, se considera que tal ayuda es necesaria por verse especialmente afectada la autonomía personal. |

| | | |
|---|---|---|
| **Sustitución de la indemnización por atención sanitaria o socio-sanitaria de la víctima** | **Ingreso con carácter permanente** | Si la entidad aseguradora asume los gastos asistenciales correspondientes, no procederá con carácter adicional la indemnización de ayuda a tercera persona. |
| | **Sin ingreso** | Podrá acordar con la entidad aseguradora que, en lugar de la indemnización por ayuda de tercera persona, la entidad le preste el servicio en su domicilio con carácter vitalicio. |

| | | |
|---|---|---|
| **Determinación del número de horas necesarias de ayuda de tercera persona**<br><br>(mediante la aplicación de la tabla 2.C.2 de Ayuda de Tercera Persona, que expresa la ayuda en horas en función de la secuela.) | **Más de una secuela** | Se aplicarán las siguientes reglas:<br><br>a) Para secuelas con necesidad de ayuda de tercera persona con un número de hasta 6 horas, la valoración total del tiempo necesario se obtiene de sumar a las horas correspondientes a la secuela mayor el 50 % de las horas establecidas en cada una de las otras.<br><br>b) Para secuelas con necesidad de ayuda de tercera persona con un número superior a 6 horas, la valoración total del tiempo necesario se obtiene de sumar a las horas correspondientes a la secuela mayor el 25 % de las horas establecidas en cada una de las otras.<br><br>Si el resultado de las operaciones ofrece fracciones decimales, se redondea la fracción a la media hora más alta. |
| | **Estado previo agravado** | El número de horas de ayuda de tercera persona resulta de aplicar la fórmula (H – h) / [1 – (h / 100)], donde “H” es el resultado de aplicar a las horas correspondientes a todas las secuelas lo establecido en el apartado 2 de este artículo y “h” las horas asociadas al estado previo al accidente. Si el resultado de las operaciones ofrece fracciones decimales, se redondea la fracción a la media hora más alta. |
| | **Momento de determinación** | La determinación del número de horas necesarias de ayuda de tercera persona se lleva a cabo a la fecha de estabilización de las secuelas. |

| | | |
|---|---|---|
| | **Factores de incremento posterior** | A partir de los 50 años de edad del lesionado, se produce un incremento de necesidad de ayuda de tercera persona, en función de la edad, que se valora de acuerdo con los factores correctores de aumento siguientes:<br><br>a) desde 50 hasta sesenta años, se aplica un factor corrector del 1,10,<br><br>b) desde sesenta hasta setenta años, se aplica un factor corrector del 1,15 y<br><br>c) a partir de setenta años se aplica un factor corrector del 1,30. |
| **Importe de la indemnización** | | El que consta en la tabla 2.C.3 en la intersección de la fila del número de horas necesarias y la columna de edad correspondiente.<br><br>Esta cuantía se obtiene de multiplicar el multiplicando del coste de los servicios por el coeficiente del multiplicador. |
| **Determinación de la cuantía mediante multiplicando y multiplicador** | **Multiplicando del coste de los servicios** | Se obtiene de calcular, en cómputo anual, el coste económico de las horas necesarias de ayuda de tercera persona. El precio hora de estos servicios se establece en el equivalente a 1,3 veces la hora del salario mínimo interprofesional anual. |

| | |
|---|---|
| **Multiplicador** | El coeficiente que para cada lesionado resulta de combinar los factores siguientes:<br><br>a) las percepciones públicas para ayuda de tercera persona a las que tenga derecho el lesionado producen el efecto de reducir el perjuicio (se estiman de acuerdo con las bases técnicas actuariales, pero puede acreditarse la percepción de prestaciones distintas a las estimadas),<br><br>b) la duración de la necesidad de ayuda de tercera persona, establecida desde la fecha de estabilización de las secuelas hasta el fallecimiento de la víctima,<br><br>c) los factores de incremento de necesidad de ayuda de tercera persona en función de la edad, previstos en el art. 124,<br><br>d) el riesgo de fallecimiento, y<br><br>e) la tasa de interés de descuento, que tiene en cuenta la inflación.<br><br>A los efectos de determinar el multiplicador podrán establecerse reglamentariamente otros criterios complementarios que tengan en cuenta otras contingencias relativas al lesionado y que sirvan a la mejor individualización del perjuicio. |

**Lucro cesante**

En los supuestos de secuelas el lucro cesante consiste en la pérdida de capacidad de ganancia por trabajo personal y, en particular, en el perjuicio que sufre el lesionado por la pérdida o disminución neta de ingresos provenientes de su trabajo.

| | |
|---|---|
| **Cálculo** | Se multiplican sus ingresos netos o una estimación del valor de su dedicación a las tareas del hogar o de su capacidad de obtener ganancias, como multiplicando, por el coeficiente actuarial que, como multiplicador, corresponda según las reglas que se establecen en los artículos siguientes.<br><br>Cuando el ingreso neto del lesionado se encuentre entre dos niveles de ingreso neto previstos las tablas 2.C que correspondan, se asigna el lucro cesante correspondiente al límite superior. |

Para determinar el multiplicando:

La pérdida de ingresos de trabajo personal del lesionado que corresponda por su grado de incapacidad laboral de acuerdo con lo establecido en el artículo siguiente.

Los ingresos son los percibidos durante el año anterior al accidente o la media de los obtenidos en los tres años anteriores al mismo, si ésta fuera superior.

**Cómputo de ingresos del lesionado por trabajo personal**

Si el lesionado estuviera en situación de desempleo en el momento del accidente o lo hubiera estado en cualquiera de los 3 años anteriores al mismo, se utilizará también para el cálculo de los ingresos las prestaciones de desempleo que haya percibido. En todo caso, el ingreso mínimo que siempre se tendrá en cuenta será un salario mínimo interprofesional anual.

La fecha inicial del cómputo es la de estabilización de las secuelas, excepto en el caso de lesionados pendientes de acceder al mercado laboral, que se computa a partir de la edad de 30 años.

**Multiplicando de ingresos por trabajo personal**

La pérdida de ingresos de trabajo personal del lesionado en función del grado de incapacidad se determina con las reglas siguientes:

a) En los supuestos en que el lesionado queda incapacitado para realizar cualquier tipo de trabajo o actividad profesional se considera que el perjuicio que sufre es del 100 % de sus ingresos.

b) En los supuestos en que el lesionado queda incapacitado para realizar su trabajo o actividad profesional habitual se considera que el perjuicio que sufre es del 55 % de sus ingresos, hasta los 45 años, y del 75%, desde los 45 hasta los 55 años; y del 90 % a partir de esta última edad.

c) En los supuestos en que las secuelas que padezca el lesionado disminuyan parcialmente sus ingresos o su rendimiento normal en el ejercicio de su trabajo o actividad profesional habituales de forma acusada se considera que el perjuicio que sufre equivale al importe de los ingresos correspondientes a 2 anualidades. Se presume que la disminución es acusada cuando es igual o superior al 33 % de los ingresos o del rendimiento normal para el trabajo o actividad profesional habitual.

**Lesionados menores de 30 años que no han accedido al mercado laboral.**
(*en el momento del accidente no desempeñan una actividad laboral que comporte el derecho a percibir una pensión contributiva o en caso de comportarlo, tiene carácter esporádico, discontinuo, o complementario de otra de formación o estudio. Se incluyen dentro de este concepto las personas menores de treinta años con dedicación a las tareas del hogar*)

La pérdida de la capacidad de obtener ganancias de estos se determina con las reglas siguientes:

a) Sólo se tiene en cuenta la pérdida de la capacidad de obtener ganancias en los supuestos de incapacidad absoluta y total.

b) La fecha inicial del cómputo será a partir de los 30 años.

c) En los supuestos de incapacidad absoluta se computa como ingreso dejado de obtener, a los efectos de determinar el multiplicando, un salario mínimo interprofesional anual y medio.

d) En los supuestos de incapacidad total se computa como ingreso dejado de obtener el 55 % de la cantidad señalada en el apartado anterior. A estos efectos, se entiende por incapacidad total la imposibilidad de llevar a cabo una gran cantidad y variedad de actividades laborales.

e) Las cantidades anteriores podrán incrementarse hasta un 20 % si el lesionado tuviere un nivel de formación superior.

En caso de que existan discrepancias sobre si el menor de 30 años se halla todavía pendiente o no de acceder al mercado laboral, se aplicará como ingreso mínimo el cómputo de ingresos que establecen las letras c) y d) del apartado anterior y que se refleja, respectivamente, en las tablas 2.C.7 y 2.C.8.

| | |
|---|---|
| **Multiplicando en caso de lesionados con dedicación a las tareas del hogar de la unidad familiar** | En los supuestos de incapacidad permanente absoluta el trabajo no remunerado del lesionado mayor de 30 años que no obtenía ingresos por ser la persona que contribuía al sostenimiento de su unidad familiar mediante la dedicación exclusiva a las tareas del hogar se seguirán las reglas siguientes:<br><br>a) Se valora dicho trabajo no remunerado en el equivalente a un salario mínimo interprofesional anual.<br><br>b) En unidades familiares de más de dos personas dicha equivalencia se incrementa en un 10 % del salario mínimo interprofesional anual por perjudicado adicional menor de edad, persona con discapacidad o mayor de 77 años que conviva en la unidad familiar del lesionado, sin que ese incremento adicional pueda superar el importe de un salario mínimo interprofesional anual y medio.<br><br>En los supuestos de incapacidad permanente total se computa como ingreso dejado de obtener el 55 % de la cantidad señalada en el apartado anterior, hasta antes de cumplir los 45 años; del 70 % desde los 45 hasta antes de cumplir los 55 años; y del 90% a partir de esta última edad.<br><br>A estos efectos, se entiende por incapacidad permanente total la imposibilidad de llevar a cabo las tareas fundamentales del hogar siempre que pueda realizar otras distintas.<br><br>Si el lesionado estaba acogido a una reducción de la jornada de trabajo para compatibilizar el trabajo remunerado con las tareas del hogar y el cuidado de la familia, la cantidad a percibir será de un tercio de la que resulte del cálculo del apartado primero. |
| **Multiplicador** | El multiplicador es el coeficiente que para cada lesionado resulta de combinar los factores siguientes:<br><br>a) las pensiones públicas de incapacidad permanente absoluta, total o parcial a las que tenga derecho el lesionado,<br><br>b) la duración del perjuicio, |

| | | |
|---|---|---|
| | | c) el riesgo de fallecimiento en función de su grado de incapacidad, y<br><br>d) la tasa de interés de descuento, que tiene en cuenta la inflación.<br><br>Los factores mencionados se calculan de acuerdo con las bases técnicas actuariales.<br><br>A los efectos de determinar el multiplicador podrán establecerse reglamentariamente otros factores complementarios que tengan en cuenta otras contingencias relativas al lesionado y que sirvan a la mejor individualización del perjuicio.<br><br>Las pensiones públicas a las que tenga derecho el lesionado, tales como las de incapacidad permanente, absoluta, total o parcial, son objeto de estimación, pero puede acreditarse la percepción de pensiones distintas a las estimadas. En los supuestos de gran invalidez sólo se computará en el multiplicador la parte correspondiente a la pensión de incapacidad permanente absoluta.<br><br>Al lesionado mayor de 30 años que no obtenía ingresos por dedicarse en exclusiva a las tareas del hogar de su unidad familiar se le aplicarán las indemnizaciones por lucro cesante previstas en las tablas 2.C.4.H y 2.C.5.H específicas para dicho trabajo no remunerado. Si el lesionado tenía menos de 30 años, se aplicarán las tablas 2.C.7 y 2.C.8 relativas a las personas que no han accedido al mercado laboral |
| **Duración del perjuicio** | **Incapacidad permanente absoluta o total** | La duración del perjuicio finaliza a la edad de jubilación. Si el lesionado había superado la edad de jubilación en el momento del accidente, pero seguía teniendo ingresos por trabajo personal, la duración del perjuicio es de 1 año. |
| | **Incapacidad permanente parcial** | La duración es de 2 años. |

# Indemnizacion por lesiones temporales

**SP/DOCT/128680**

RDL 8/2004, de 29 de octubre, por el que se aprueba el texto refundido de la Ley sobre responsabilidad civil y seguro en la circulación de vehículos a motor (SP/LEG/2821)

Téngase en cuenta que la cuantía de las partidas será la vigente a la fecha del accidente, pero, una vez establecido el importe por acuerdo extrajudicial o por resolución judicial, se debe aplicar la actualización correspondiente.

**INDEMNIZACION POR LESIONES TEMPORALES**
**Tabla 3**

| | |
|---|---|
| **Lesiones temporales**<br>(Es compatible con la que proceda por secuelas o, por muerte) | Las que sufre el lesionado desde el momento del accidente hasta el final de su proceso curativo o hasta la estabilización de la lesión y su conversión en secuela<br><br>Los síntomas persistentes temporales que subsisten tras la estabilización y que están llamados a curarse a corto o medio plazo computando los efectos que producen y su duración hasta su total curación |
| **Indemnización por traumatismos menores de la columna vertebral**<br><br>(Necesario un informe médico que acredite su existencia tras el período de lesión temporal) | Se indemnizan si se dan los criterios siguientes:<br><br>a) Que no medie otra causa que justifique totalmente la patología.<br><br>b) Que la sintomatología aparezca en tiempo médicamente explicable (que se hayan manifestado los síntomas dentro de las 72 horas posteriores al accidente o que el lesionado haya sido objeto de atención médica en este plazo).<br><br>c) Que haya una relación entre la zona corporal afectada por el accidente y la lesión sufrida<br><br>d) Adecuación entre la lesión sufrida y el mecanismo de su producción |

**Perjuicio personal básico**
**Tabla 3.a**

| | | |
|---|---|---|
| **Determinación de la indemnización** | Perjuicio personal básico por lesión temporal | El perjuicio común que se padece desde la fecha del accidente hasta el final del proceso curativo o hasta la estabilización de la lesión y su conversión en secuela. |
| | Valoración económica | Cantidad diaria establecida en la tabla 3.A |

## Perjuicio personal particular
## Tabla 3.b

| | | |
|---|---|---|
| **Perjuicio personal por pérdida temporal de calidad de vida.** | | El perjuicio moral particular que sufre la víctima por el impedimento o la limitación que las lesiones sufridas o su tratamiento producen en su autonomía o desarrollo personal. |
| **Grados**<br>El impedimento psicofísico para llevar a cabo la actividad laboral o profesional se reconduce a uno de los tres grados.<br>Los grados son excluyentes entre sí y aplicables de modo sucesivo. En todo caso, se asignará un único grado a cada día. | **Muy grave** | El lesionado pierde temporalmente su autonomía personal para realizar la casi totalidad de actividades esenciales de la vida diaria. El ingreso en una unidad de cuidados intensivos constituye un perjuicio de este grado. |
| | **Grave** | El lesionado pierde temporalmente su autonomía personal para realizar una parte relevante de las actividades esenciales de la vida diaria o la mayor parte de sus actividades específicas de desarrollo personal. La estancia hospitalaria constituye un perjuicio de este grado. |
| | **Moderado** | El lesionado pierde temporalmente la posibilidad de llevar a cabo una parte relevante de sus actividades específicas de desarrollo personal. |
| **Medición** | **Valoración económica** | Mediante la cantidad diaria establecida en la tabla 3. B para cada uno de sus grados. |
| | **Cuantía diaria** | La establecida para cada uno de los grados incorpora ya el importe del perjuicio personal básico. |
| **Causado por intervenciones quirúrgicas** | | Por cada intervención con una cantidad entre el mínimo y el máximo según la tabla 3 B. |

## Perjuicio patrimonial
## Tabla 3.c

| | |
|---|---|
| **Gastos de asistencia sanitaria** | Los gastos de asistencia sanitaria y el importe de las prótesis, ortesis y productos de apoyo para la autonomía personal que por prescripción facultativa |

necesite el lesionado hasta el final del proceso curativo o estabilización de la lesión y su conversión en secuela

Las aseguradoras podrán pagar directamente a los centros sanitarios los gastos de asistencia sanitaria y, los demás gastos mediante convenios sanitarios.

Se asimilan los desplazamientos con ocasión de la asistencia sanitaria de sus lesiones temporales.

Las aseguradoras garantizarán la libre elección de centro por el lesionado y le reembolsarán las cantidades que haya pagado, siempre que estén debidamente justificadas y sean médicamente razonables en atención a la lesión sufrida y a sus circunstancias. En caso de concurrencia de culpas o culpa exclusiva del lesionado, podrá reducirse o excluirse el pago.

**Gastos diversos resarcibles**

Gastos que la lesión produce en el desarrollo ordinario de la vida diaria siempre que se justifiquen y sean razonables en atención a sus circunstancias personales y familiares.

Los incrementos de los costes de movilidad del lesionado, los desplazamientos de familiares para atenderle cuando su condición médica o situación personal lo requiera y, en general, los necesarios para que queden atendidos él o los familiares menores o especialmente vulnerables de los que se ocupaba.

**Lucro cesante por lesiones temporales**

(Pérdida o disminución temporal de ingresos netos provenientes del trabajo personal del lesionado o, en caso de su dedicación exclusiva a las tareas del hogar, en una estimación del valor de dicha dedicación cuando no pueda desempeñarlas)

La indemnización por pérdida o disminución de dedicación a las tareas del hogar es incompatible con el resarcimiento de los gastos generados por la sustitución de tales tareas.

Se acreditará mediante la referencia a los percibidos en períodos análogos del año anterior al accidente o a la media de los obtenidos en los tres años inmediatamente anteriores al mismo, si ésta fuera superior.

De las cantidades de los dos apartados anteriores se deducen las prestaciones de carácter público que perciba el lesionado por el mismo concepto.

La dedicación exclusiva a las tareas del hogar se valorará en la cantidad diaria de un salario mínimo interprofesional anual, que se podrá incrementar para:

a) En un 10 % del salario mínimo interprofesional anual por perjudicado adicional menor de edad, persona con discapacidad o mayor de 67 años que conviva en la unidad familiar de más de dos personas de la víctima, sin que ese incremento adicional pueda superar el importe de otro medio salario mínimo interprofesional anual.

b) En los supuestos de incapacidad permanente absoluta, del lesionado mayor de 30 años se valora en el equivalente a un salario mínimo interprofesional anual.

En los casos de dedicación parcial a las tareas del hogar:

a) Si el lesionado tenía reducción de la jornada de trabajo para compatibilizar el trabajo remunerado con las tareas del hogar; la cantidad será de un tercio de la que resulte de realizar todas las operaciones de cálculo del lucro cesante con el multiplicando de la dedicación a las tareas del hogar. El mismo criterio se aplicará en todos los casos en que demuestre que desempeñaba un trabajo a tiempo parcial por los mismos motivos. (art.85)

b) En los supuestos de incapacidad permanente absoluta, respecto del trabajo no remunerado del lesionado mayor de 30 años, la cantidad será de un tercio de la que resulte de realizar todas las operaciones de cálculo del lucro cesante según las reglas siguientes:

Se valora dicho trabajo no remunerado en el equivalente a un salario mínimo interprofesional anual.

En unidades familiares de más de dos personas, dicha equivalencia se incrementa en un 10% del salario mínimo interprofesional anual por cada persona menor de edad, con discapacidad o mayor de 67 años que conviva con el lesionado en la unidad familiar, sin que ese incremento adicional pueda superar el importe de un salario mínimo interprofesional anual y medio.

# Perjuicio patrimonial básico

SP/DOCT/128677

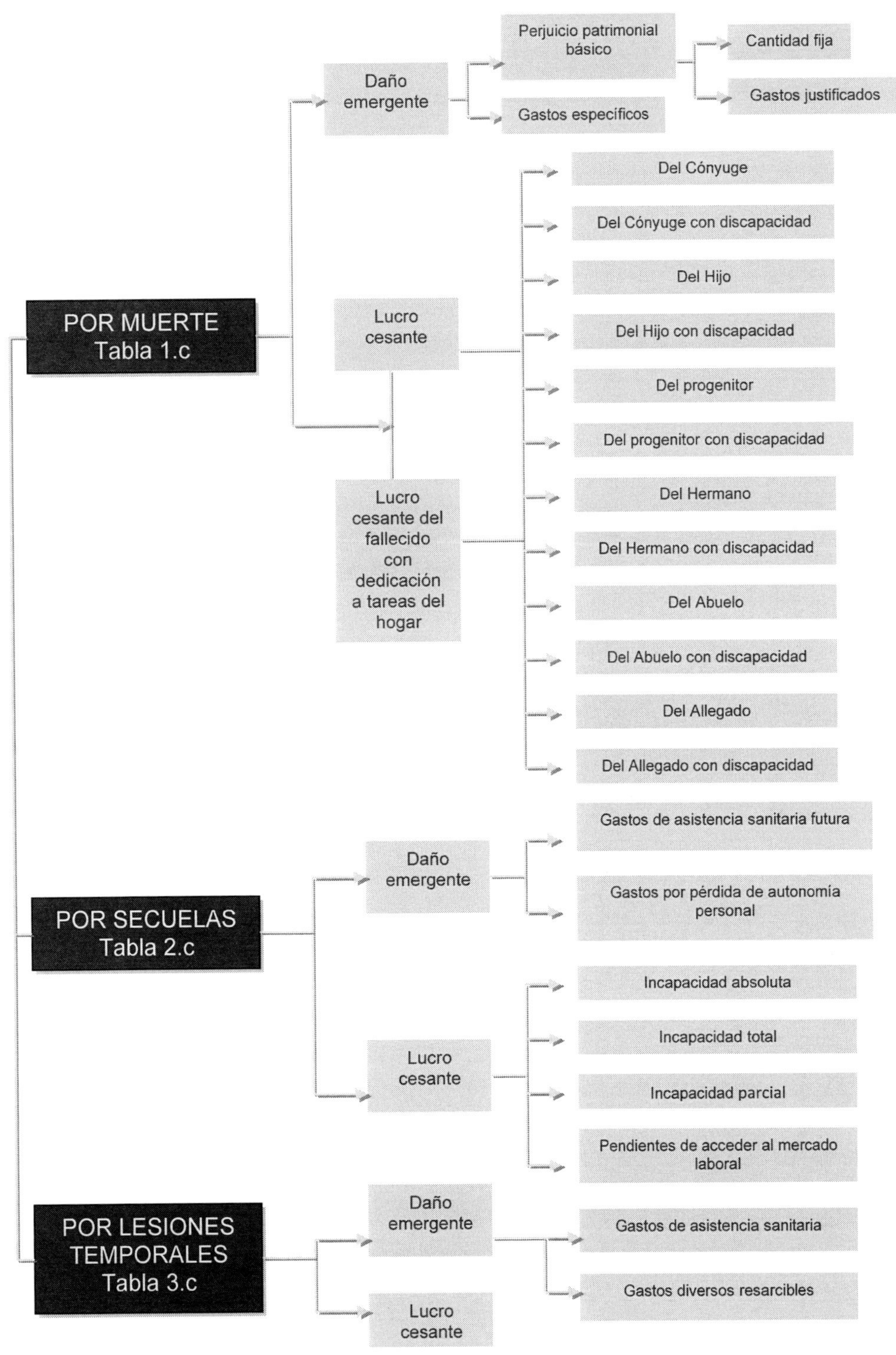

**ANÁLISIS PRÁCTICO DEL CALCULO DEL PERJUICIO PATRIMONIAL**

RDL 8/2004, de 29 de octubre, por el que se aprueba el texto refundido de la Ley sobre responsabilidad civil y seguro en la circulación de vehículos a motor (SP/LEG/2821)

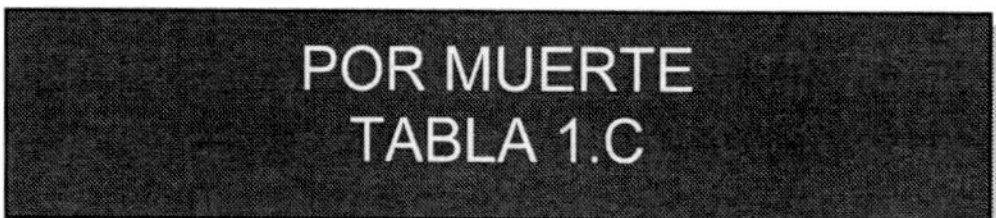


❖ **DAÑO EMERGENTE** (ARTS. 78 y 79)

- **Perjuicio patrimonial básico**:
  - Sin necesidad de justificación, por los gastos razonables que cause el fallecimiento, como el desplazamiento, la manutención, el alojamiento y otros análogos:
    - En el 2025: 508,03 €.
  - Si es superior su resarcimiento requiere justificación.

- **Gastos específicos**:
  - Los gastos de traslado del fallecido, entierro, funeral y repatriación conforme a los usos y costumbres del lugar donde se preste el servicio.
  - Los gastos de repatriación del fallecido al país de origen.

❖ **LUCRO CESANTE (ARTS 80 a 92)**

- **Concepto**:
  - En los supuestos de muerte el lucro cesante consiste en las pérdidas netas que sufren aquellos que dependían económicamente de los ingresos de la víctima y que por ello tienen la condición de perjudicados.

- **Cálculo**:
  - Se multiplican los ingresos netos de la víctima como multiplicando, por el coeficiente actuarial que, como multiplicador, corresponda a cada perjudicado.
  - Cuando el ingreso neto de la víctima se encuentre entre dos niveles de ingreso neto de la tabla 1.C se asigna el lucro cesante correspondiente al límite superior.
  - En todo caso, el ingreso mínimo que siempre se tendrá en cuenta será un salario mínimo interprofesional anual.

- **Perjudicados**:

    - El cónyuge y los hijos menores de edad y los hijos de hasta treinta años.
    - Ascendientes, descendientes, hermanos, o allegados que acrediten que dependían económicamente de la víctima.
    - Los cónyuges separados o excónyuges que tengan derecho a percibir pensión compensatoria que se extinga por el fallecimiento de la víctima.

- **Tablas del lucro cesante**:

    - Del cónyuge (duración del matrimonio de 15 a 85 años): Tabla.1.C.1.
    - Del cónyuge con discapacidad: Tabla.1.C.1.d.
    - Del Hijo: Tabla.1.C.2.
    - Del Hijo con discapacidad: Tabla.1.C.2.d.
    - Del progenitor: Tabla.1.C.3.
    - Del hermano: Tabla.1.C.4.
    - Del hermano con discapacidad: Tabla.1.C.4.d.
    - Del abuelo: Tabla.1.C.5.
    - Del nieto: Tabla.1.C.6.
    - Del nieto con discapacidad: Tabla.1.C.6.d.
    - Del allegado: Tabla.1.C.7.
    - Del allegado con discapacidad: Tabla.1.C.7.d.
    - Del cónyuge (fallecido con dedicación a tareas del hogar). Tabla 1.c.1.h
    - Del cónyuge con discapacidad (fallecido con dedicación a tareas del hogar). Tabla 1.c.1.h.d
    - Del hijo/a (fallecido con dedicación a tareas del hogar). Tabla 1.c.2.h
    - Del hijo/a con discapacidad (fallecido con dedicación a tareas del hogar). Tabla 1.c.2.h.d
    - Del padre/madre (fallecido con dedicación a tareas del hogar). Tabla 1.c.3.h
    - Del hermano/a (fallecido con dedicación a tareas del hogar). Tabla 1.c.4.h
    - Del hermano/a con discapacidad (fallecido con dedicación a tareas del hogar). Tabla 1.c.4.h.d
    - Del abuelo/a (fallecido con dedicación a tareas del hogar). Tabla 1.c.5.h
    - Del nieto/a (fallecido con dedicación a tareas del hogar). Tabla 1.c.6.h
    - Del nieto/a con discapacidad (fallecido con dedicación a tareas del hogar). Tabla 1.c.6.h.d
    - Del allegado/a (fallecido con dedicación a tareas del hogar). Tabla 1.c.7.h
    - Del allegado/a con discapacidad (fallecido con dedicación a tareas del hogar). Tabla 1.c.7.h.d

- **Multiplicando**:

- Víctimas con ingresos de trabajo personal: los ingresos netos acreditados de la víctima fallecida percibidos durante el año natural anterior al fallecimiento o la media de los obtenidos durante los tres años naturales inmediatamente anteriores al accidente, si fuera superior, que se proyectará hasta la edad de jubilación y, a partir de ésta, en la pensión de jubilación estimada.
- Víctima jubilada: el importe anual neto de la pensión que percibía en el momento de su fallecimiento.
- Víctima en situación de desempleo en cualquiera de los tres años anteriores al fallecimiento: para el cálculo de los ingresos se tendrán en cuenta las prestaciones de desempleo que haya percibido y, en caso de no haberlas percibido, se computará como ingreso un salario mínimo interprofesional anual.
- Víctima con dedicación exclusiva a las tareas del hogar: equivalente a un salario mínimo interprofesional anual. En unidades familiares de más de dos personas se incrementará en un 10 % el salario mínimo interprofesional anual por perjudicado adicional menor de edad, persona con discapacidad o mayor de 67 años que conviva en la unidad familiar de la víctima sin que ese incremento adicional pueda superar el importe de otro medio salario mínimo interprofesional anual. La fecha inicial del cómputo será a partir de los 30 años, incluso si la fecha del fallecimiento es anterior a esa edad.
- Víctimas con dedicación parcial a las tareas del hogar de la unidad familiar: la cantidad a percibir será de 1/3 de la correspondiente a víctima con dedicación exclusiva a las tareas del hogar, y que será compatible con la que corresponda por lucro cesante. El mismo criterio se aplicará en todos los casos en que demuestre que desempeñaba un trabajo a tiempo parcial por los mismos motivos.

- **Multiplicador**:

  - Se obtiene para cada perjudicado y que resulta de combinar los factores siguientes:
  - La cuota del perjudicado de acuerdo con las reglas previstas en el art. 87, en materia de cálculo de cuotas.
  - Las pensiones públicas a las que tenga derecho el perjudicado por el fallecimiento de la víctima.
  - La duración de su dependencia económica.
  - El riesgo de su fallecimiento.
  - La tasa de interés de descuento, que tiene en cuenta la inflación.

- **Variable relativa a la cuota del perjudicado**:

- El multiplicando se distribuye entre los perjudicados teniendo en cuenta que la víctima destinaba una parte a cubrir sus propias necesidades (quota sibi) que se cifra, como mínimo, en un 10 %.
- Cuando exista cónyuge o un solo perjudicado, su cuota será del 60 %.
- Cuando exista más de un perjudicado, la cuota del cónyuge será del 60 %, la de cada hijo del 30 % y la de cualquier otro perjudicado del 20 %, incluido el cónyuge separado o el excónyuge que tenga derecho a percibir una pensión compensatoria que se extinga por el fallecimiento de la víctima.
- Cuando la suma de las cuotas de los perjudicados sea superior al 90 % la indemnización de cada perjudicado se reducirá en proporción al exceso de cuotas sobre el noventa por ciento, dando lugar a la correspondiente reducción de la indemnización de cada uno de ellos. Si la indemnización total resultante para el conjunto de los perjudicados es inferior a la indemnización más elevada de las que pudieran resultar de no existir exceso de cuotas, se indemnizará este último importe, que se distribuirá de un modo proporcional a las indemnizaciones que les hubieran correspondido según sus cuotas.
- En caso de perjudicado único, la indemnización correspondiente a la cuota del 60%, se calcula multiplicando por 2 el importe resultante de la tabla 1.C correspondiente, cuando se trate de hijo, y por 3 en los demás casos.
- No se considera en el cómputo de cuotas al conductor responsable del accidente, al no tener la consideración de perjudicado
- No se considera en el cómputo de cuotas al cónyuge separado o al excónyuge que tenga derecho a percibir pensión compensatoria que se extinga por el fallecimiento de la víctima.

- **Variable relativa a pensiones públicas a favor del perjudicado**:

  - Las pensiones públicas, tales como las de viudedad u orfandad, producen el efecto de reducir el perjuicio.
  - Las pensiones públicas futuras que deban ser tenidas en cuenta para el cálculo se estiman de acuerdo con las bases técnicas actuariales.
  - El perjudicado con ingresos del trabajo personal podrá acreditar que no tiene derecho a pensión pública alguna o que tiene derecho a una pensión distinta de la prevista en las bases técnicas actuariales del multiplicador.
  - Al perjudicado por el fallecimiento de una víctima que no obtenía ingresos por dedicarse en exclusiva a las tareas del hogar de su unidad familiar se le aplicarán las indemnizaciones por lucro cesante previstas en las tablas 1.C.H específicas para dicho trabajo no remunerado.

- **Duración de la variable de dependencia económica**:

- La dependencia económica de progenitores, abuelos y personas con discapacidad que determina que dependan económicamente de la víctima es vitalicia.
- En los demás casos el lucro cesante es un perjuicio temporal y se calcula sobre el periodo de tiempo que se estime que habría durado la situación de dependencia económica de acuerdo con las reglas de los artículos siguientes.

- **Duración de la dependencia económica del cónyuge viudo**:
  - Cuando el perjudicado sea el cónyuge viudo se considerará que, de no haberse producido el fallecimiento, el matrimonio hubiera tenido una duración mínima de 15 años.
  - Si en el momento del fallecimiento el matrimonio hubiera tenido una duración superior a los 15 años, se considerará que el matrimonio se habría mantenido en el futuro el mismo número de años.

- **Duración de la dependencia económica de los hijos, nietos y hermanos**:
  - Si los perjudicados son hijos, nietos o hermanos de la víctima y acreditan dependencia económica, se considera que ésta se habría prolongado hasta cumplir los 30 años y siempre por un período de al menos 3 años.
  - Si en la fecha del fallecimiento de la víctima el perjudicado es mayor de 30 años, se considera que la dependencia se habría prolongado durante 3 años.

- **Duración de la dependencia de otros perjudicados**:
  - En el caso de allegados con dependencia económica acreditada, se considera que la dependencia se habría prolongado 3 años.
  - Si el fallecimiento provoca la extinción de la pensión que tenía derecho a percibir el cónyuge separado o el excónyuge, su perjuicio se concreta en el importe correspondiente a dicha pensión durante un máximo de 3 años.

**POR SECUELAS**
**TABLA 2.C**

## ❖ DAÑO EMERGENTE

- **Gastos de asistencia sanitaria futura** (arts. 113 a 146):
  - Tabla 2.C.1 2.

  - *Secuelas que los conllevan*:
    - Los estados de coma vigil o vegetativos crónicos.
    - Las secuelas neurológicas en sus grados muy grave y grave.
    - Las lesiones medulares iguales o superiores a cincuenta puntos.
    - Las amputaciones u otras secuelas que precisen la colocación de prótesis.
    - Cuando sea igual o superior a 50 puntos y las secuelas concurrentes y las interagravatorias que sean iguales o superen los 80.
    - En las secuelas iguales o superiores a 30 puntos y que por su naturaleza pueden requerir un tratamiento periódico, deberá demostrarse mediante prueba pericial médica la previsibilidad de dichos gastos futuros.

  - *Resarcimiento en el ámbito hospitalario y ambulatorio*:
    - Serán abonados por las entidades aseguradoras a los servicios públicos de salud o a las mutuas colaboradoras con la Seguridad Social.
    - El lesionado podrá recibir las prestaciones de asistencia sanitaria por parte de centros públicos o, por parte de centros sanitarios privados que hayan suscrito conciertos con los servicios públicos de salud.
    - Las aseguradoras y los servicios públicos de salud o las mutuas colaboradoras con la Seguridad Social podrán suscribir acuerdos podrán suscribir acuerdos específicos al objeto de facilitar el pago y garantizar las prestaciones sanitarias a los lesionados.
    - Los servicios públicos, a su vez, podrán concertar la asistencia sanitaria futura con centros privados que cuenten con los medios materiales y humanos necesarios y suficientes para prestarla.
    - Las entidades aseguradoras o las mutuas colaboradoras con la Seguridad Social abonarán a los servicios públicos de salud los gastos que garanticen la asistencia sanitaria futura con carácter vitalicio, aun en caso de traslado temporal o definitivo de residencia u otros supuestos que puedan suponer un cambio del centro de asistencia, dentro del marco del régimen de prestaciones previsto en la Ley 16/2003, de 28 de mayo, de cohesión y calidad del Sistema Nacional de Salud.

- *Prótesis y ortesis*:
  - Se resarce directamente al lesionado.
  - La necesidad, periodicidad y cuantía de los gastos de prótesis y ortesis futuras deberán acreditarse mediante informe médico desde la fecha de estabilización de las secuelas.
  - La valoración tendrá en cuenta el tipo de secuela, la edad del lesionado, la periodicidad de la renovación de la prótesis u ortesis en función de su vida útil y el coste de las mismas, atendiendo a las necesidades y circunstancias personales del lesionado.
  - Se podrá indemnizar en forma de capital utilizándose el correspondiente factor actuarial de conversión establecido en la tabla técnica de coeficientes de capitalización de prótesis y ortesis (TT3) incluida en las bases técnicas actuariales
  - El importe máximo por recambio en el 2025 es de hasta 63.503,97 €.

- *Rehabilitación domiciliaria y ambulatoria*:
  - Se resarce directamente al lesionado.
  - La necesidad, periodicidad y cuantía deberán acreditarse mediante el correspondiente informe médico después de que se produzca la estabilización de las siguientes secuelas:
    - Los estados de coma vigil o vegetativos crónicos.
    - Las secuelas neurológicas en sus grados muy grave y grave
    - Las lesiones medulares iguales o superiores a cincuenta puntos.
    - Las amputaciones u otras secuelas que precisen la colocación de prótesis.
  - El importe máximo resarcible de cada grupo de secuelas es el fijado en la tabla 2.C para este tipo de gastos.:
    - Estados vegetativos crónicos y tetraplejias igual o por encima de C-4:
      - Hasta 17,146,07 € anuales en el 2025.
    - Tetraplejias, Tetraparesias graves, secuelas graves del lenguaje y trastornos graves neuropsicológicos:
      - Hasta 12.065,76 € anuales en el 2025.
    - Resto de supuestos de secuelas neurológicas en sus grados muy grave y grave y las lesiones medulares iguales o superiores a cincuenta puntos:
      - Hasta 7.429,97 € anuales en el 2025.
    - Las amputaciones u otras secuelas que precisen la colocación de prótesis:
      - Hasta 4.086,49 € anuales
  - Cuando concurran dos o más secuelas de un mismo grupo de los indicados en la Tabla 2.C, la indemnización de todas ellas no podrá superar 25%o del importe máximo que establece la tabla para las secuelas de ese grupo.

- Cuando concurran secuelas que puedan encuadrarse en grupos distintos, se aplicarán las reglas siguientes:
  - ♦ Cuando concurran secuelas del grupo a) con el resto de los grupos, el importe máximo a indemnizar será del 100% del previsto para el grupo a).
  - ♦ Cuando concurran secuelas del grupo b), con secuelas de los grupos c) o d), el importe máximo a indemnizar será del 100% del grupo b) y el 75% del grupo c) o el 50% del grupo d), sin que la suma de estos importes pueda superar el máximo establecido en la tabla 2.C para las secuelas del grupo a).
  - ♦ Cuando concurran secuelas del grupo c) y d), el importe máximo a indemnizar será del 100% del grupo c) y el 75% del grupo d), sin que la suma de estos importes pueda superar el máximo establecido en la tabla 2.C para las secuelas del grupo b).

- El importe de estos gastos se podrá indemnizar en forma de capital utilizándose un factor actuarial de conversión establecido en la tabla técnica de coeficientes actuariales de conversión entre rentas y capitales (TT1) incluida en las bases técnicas.

- **Gastos por pérdida de autonomía funcional** (arts. 117 a 119):

  - ◦ *Ayudas técnicas o productos de apoyo*:
    - Se resarce directamente al lesionado
    - La necesidad, periodicidad y cuantía deberán acreditarse mediante el correspondiente informe médico desde la fecha de estabilización de las secuelas.
    - El importe de estos gastos se podrá indemnizar en forma de capital utilizándose el correspondiente factor actuarial de conversión establecido en la tabla técnica de coeficientes de capitalización de prótesis y órtesis (TT3) incluida en el anexo.
    - En el 2025 hasta 190.511,93 €.

  - ◦ *Adecuación de vivienda*;
    - Se resarce el importe de las obras de adecuación de la vivienda a las necesidades de quien sufre una pérdida de autonomía personal muy grave o grave, incluyendo los medios técnicos, con el importe máximo en el 2025 de 190.511,93 €.
    - Si no fuera posible la adecuación de vivienda y se debiera adquirir o arrendar otra vivienda adaptada de características similares, se resarce la diferencia del valor en venta o de la renta capitalizada de ambas viviendas y los gastos que

tal operación genere hasta el límite establecido en el apartado anterior. Las características similares se refieren a la ubicación de la vivienda, su tamaño y sus calidades constructivas.

- *Perjuicio patrimonial por el incremento de costes de movilidad*:
  - En el 2025 hasta 76.204,77 € en función de los criterios siguientes:

    a) Grado de pérdida de autonomía personal del lesionado, en función de cómo le afecta a su movilidad.

    b) Posibilidad de adaptación del vehículo que utilice el lesionado o, en caso de que ello no sea posible, necesidad de adquisición de un vehículo nuevo adaptado que, dentro de la gama de ese tipo de vehículos, guarde una cierta proporción con el vehículo sustituido. En caso de sustitución se descontará el valor venal del vehículo sustituido.

    c) Necesidad de futuras adaptaciones en función de la edad del lesionado y de la vida útil de las adaptaciones o del vehículo que, a estos efectos, se cifra en 10 años.

    d) Sobrecoste de desplazamiento del lesionado, en caso de no adaptación o no adquisición de vehículo, cuando por la pérdida de autonomía personal tenga graves dificultades para utilizar medios de transporte público para seguir desarrollando sus actividades habituales.

- **Ayuda de tercera persona** (arts. 120 a 125):

  - *Concepto*:
    - Compensa el valor económico de las prestaciones no sanitarias que precisa el lesionado cuando resulta con secuelas que implican una pérdida de autonomía personal.
    - No tienen esta consideración las prestaciones sanitarias en el ámbito hospitalario, ambulatorio o domiciliario, que pueda precisar el lesionado que, en su caso, se indemnizarán en concepto de gasto sanitario posterior a la estabilización de las secuelas.
    - El valor económico se compensa con independencia de que las prestaciones sean o no retribuidas.

  - *Necesidad*:
    - Cuando el perjuicio psicofísico, orgánico o sensorial de una secuela es igual o superior a 50 puntos o el resultado de las secuelas concurrentes, una vez aplicada la fórmula correspondiente, sea igual o superior 80 puntos.

- Cuando a pesar de no alcanzarse la puntuación indicada en el apartado anterior, se considera que tal ayuda es necesaria por verse especialmente afectada la autonomía personal.
- En los supuestos no previstos en la tabla sólo se podrá indemnizar dicha ayuda si se acredita mediante prueba pericial médica una pérdida de autonomía personal análoga a la producida por las secuelas previstas en la misma.

◦ *Sustitución por atención sanitaria o sociosanitaria de la víctima*:
  - Si la víctima se encuentra ingresada con carácter permanente en un centro sanitario o sociosanitario y la entidad aseguradora asume los gastos asistenciales correspondientes, no procederá con carácter adicional la indemnización de ayuda a tercera persona.
  - Si la víctima no se encuentra ingresada, podrá acordar con la entidad aseguradora que, en lugar de la indemnización por ayuda de tercera persona, la entidad le preste el servicio en su domicilio con carácter vitalicio.

◦ *Determinación del número de horas necesarias*:
  - Se determinan mediante la aplicación de la tabla 2.C.2
  - Si existe más de una secuela que requiera ayuda de tercera persona se aplicarán las siguientes reglas:

    a) Para secuelas con necesidad de ayuda de tercera persona con un número de hasta seis horas, la valoración total del tiempo necesario se obtiene de sumar a las horas correspondientes a la secuela mayor el cincuenta por ciento de las horas establecidas en cada una de las otras.

    b) Para secuelas con necesidad de ayuda de tercera persona con un número superior a seis horas, la valoración total del tiempo necesario se obtiene de sumar a las horas correspondientes a la secuela mayor el veinticinco por ciento de las horas establecidas en cada una de las otras.
  - En los casos que exista una situación de necesidad de ayuda de tercera persona por un estado previo al accidente que resulte agravado, el número de horas de ayuda de tercera persona resulta de aplicar la fórmula (H - h) / [1 - (h / 100)], donde "H" es el resultado de aplicar a las horas correspondientes a todas las secuelas las reglas anteriores y "h" las horas asociadas al estado previo al accidente. Si el resultado ofrece fracciones decimales, se redondea a la media hora más alta.

◦ *Momento de determinación del número de horas necesarias y factores de incremento posterior*:
  - A la fecha de estabilización de las secuelas.
  - Desde 50 hasta 60 años, se aplica un factor corrector de aumento del 1,10.

- Desde 60 hasta 70 años, se aplica un factor corrector de aumento del 1,15.
- A partir de 70 años se aplica un factor corrector de aumento del 1,30.

◦ *Determinación de la cuantía indemnizatoria mediante multiplicando y multiplicador*:

- El importe es el capital que consta en la tabla 2.C.3 en la intersección de la fila del número de horas necesarias y la columna de edad correspondiente.
- Esta cuantía se obtiene de multiplicar el multiplicando del coste de los servicios por el coeficiente del multiplicador.
- El multiplicando del coste de los servicios se obtiene de calcular, en cómputo anual, el coste económico de las horas necesarias de ayuda de tercera persona. El precio hora de estos servicios se establece en el equivalente a 1,3 veces la hora del salario mínimo interprofesional anual.
- El multiplicador es el coeficiente que para cada lesionado resulta de combinar los factores siguientes:

  a) las percepciones públicas para ayuda de tercera persona a las que tenga derecho el lesionado.

  b) la duración de la necesidad de ayuda de tercera persona, establecida desde la fecha de estabilización de las secuelas hasta el fallecimiento de la víctima.

  c) los factores de incremento de necesidad de ayuda de tercera persona en función de la edad.

  d) el riesgo de fallecimiento.

  e) la tasa de interés de descuento, que tiene en cuenta la inflación.
- A los efectos de determinar el multiplicador podrán establecerse reglamentariamente otros criterios complementarios que tengan en cuenta otras contingencias relativas al lesionado y que sirvan a la mejor individualización del perjuicio.
- Las prestaciones públicas para ayuda de tercera persona a las que tenga derecho el lesionado producen el efecto de reducir el perjuicio y se estiman de acuerdo con las bases técnicas actuariales, pero el perjudicado puede acreditarse la percepción de prestaciones distintas a las estimadas.

❖ **LUCRO CESANTE** (arts. 126 a 133)

- **Concepto**:

◦ En los supuestos de secuelas el lucro cesante consiste en la pérdida de capacidad de ganancia por trabajo personal y, en particular, en el perjuicio que sufre el lesionado por la pérdida o disminución neta de ingresos provenientes de su trabajo.

- **Cálculo**:

- Se multiplican los ingresos netos o una estimación del valor de su dedicación a las tareas del hogar o de su capacidad de obtener ganancias, como multiplicando, por el coeficiente actuarial que, como multiplicador, corresponda.
- Cuando el ingreso neto del lesionado se encuentre entre dos niveles de ingreso neto previstos en las tablas 2.C que correspondan, se asigna el lucro cesante correspondiente al límite superior.
- Tablas:
  - Por incapacidad para realizar cualquier trabajo o actividad profesional del art. 129 a) (absoluta): tabla 2.c.4
  - Por incapacidad para realizar su trabajo o actividad profesional del art. 129 b) (total): tabla 2.c.5
  - Por incapacidad que de origen a una disminución parcial de ingresos en el ejercicio de su trabajo o actividad habitual del art. 129 c) (parcial): tabla 2.c.6
  - Por incapacidad absoluta de lesionado pendiente de acceder al mercado laboral del art. 130 c): tabla 2.c.7
  - Por incapacidad total de lesionado pendiente de acceder al mercado laboral del art. 130 d): tabla 2.c.8
  - Por incapacidad para realizar las tareas del hogar del art.131.1 (absoluta) en caso de dedicación exclusiva a las tareas del hogar: tabla 2.c.4,h
  - Por incapacidad para realizar las tareas fundamentales del hogar pero puede realizar otras distintas del art.131.2 (total) en caso de dedicación exclusiva a las tareas del hogar: tabla 2.c.5.h

- **Cómputo por trabajo personal**:

  - Para determinar el multiplicando, se tendrá en cuenta la pérdida de ingresos de trabajo personal del lesionado que corresponda por su grado de incapacidad laboral.
  - Los ingresos a tener en cuenta son los percibidos durante el año anterior al accidente o la media de los obtenidos en los 3 años anteriores al mismo, si ésta fuera superior.
  - Si el lesionado estuviera en situación de desempleo en el momento del accidente o lo hubiera estado en cualquiera de los 3 años anteriores al mismo, se utilizarán también para el cálculo, las prestaciones de desempleo que haya percibido. En todo caso, el ingreso mínimo que siempre se tendrá en cuenta será un salario mínimo interprofesional anual.
  - La fecha inicial del cómputo es la de estabilización de las secuelas, excepto en el caso de lesionados pendientes de acceder al mercado laboral previsto que se computa a partir de la edad de 30 años.

- **Multiplicando en función del grado de incapacidad**:
    - En los supuestos en que el lesionado queda incapacitado para realizar cualquier tipo de trabajo o actividad profesional se considera que el perjuicio que sufre es del 100 % de sus ingresos.
    - En los supuestos en que el lesionado queda incapacitado para realizar su trabajo o actividad profesional habitual se considera que el perjuicio que sufre es del 55 % de sus ingresos, hasta los 45 años, y del 75 %, desde los 45 hasta los 55; y del 90% a partir de esta última edad.
    - En los supuestos en que las secuelas que padezca el lesionado disminuyan parcialmente sus ingresos o su rendimiento normal en el ejercicio de su trabajo o actividad profesional habituales de forma acusada se considera que el perjuicio que sufre equivale al importe de los ingresos correspondientes a dos anualidades. Se presume que la disminución es acusada cuando es igual o superior al 33 % de los ingresos o del rendimiento normal para el trabajo o actividad profesional habitual.

- **Lesionados pendientes de acceder al mercado laboral menores de 30 años**:

  - Son aquellos menores de 30 años que en el momento del accidente no desempeñan una actividad laboral que comporte el derecho a percibir una pensión contributiva o en caso de comportarlo, tiene carácter esporádico, discontinuo, o complementario de otra de formación o estudio. Se incluyen dentro de este concepto las personas menores de 30 años con dedicación a las tareas del hogar.
  - Sólo se tiene en cuenta la pérdida de la capacidad de obtener ganancias en los supuestos de incapacidad absoluta y total.
  - La fecha inicial del cómputo será a partir de los 30 años.
  - En los supuestos de incapacidad absoluta se computa como ingreso dejado de obtener, a los efectos de determinar el multiplicando, un salario mínimo interprofesional anual y medio.
  - En los supuestos de incapacidad total se computa como ingreso dejado de obtener el 55 % de la cantidad señalada en el apartado anterior. A estos efectos, se entiende por incapacidad total la imposibilidad de llevar a cabo una gran cantidad y variedad de actividades laborales.
  - En caso de que existan discrepancias sobre si el menor de 30 años se halla todavía pendiente o no de acceder al mercado laboral, se aplicará como ingreso mínimo el cómputo de ingresos de las dos reglas anteriores y que se refleja, respectivamente, en las tablas 2.C.7 y 2.C.8.
  - Las cantidades anteriores podrán incrementarse hasta un 20 % si el lesionado tuviere un nivel de formación superior.

- **Multiplicando en caso de lesionados con dedicación a las tareas del hogar:**
  - En los supuestos de incapacidad permanente absoluta respecto del trabajo no remunerado del lesionado mayor de 30 años. se valora dicho trabajo no remunerado en el equivalente a un salario mínimo interprofesional anual.
  - En los supuestos de incapacidad permanente absoluta para unidades familiares de más de dos personas dicha equivalencia se incrementa en un 10 % del salario mínimo interprofesional anual por cada persona menor de edad, con discapacidad o mayor de 77 años que conviva con el lesionado en la unidad familiar, sin que ese incremento adicional pueda superar el importe de un salario mínimo interprofesional anual y medio.
  - En los supuestos de incapacidad permanente total se computa como ingreso dejado de obtener el 55 % de las cantidades señaladas anteriormente, hasta antes de cumplir los 45 años; el 70% desde los 45 hasta antes de cumplir los 55 años; y del 90% a partir de esta última edad. A estos efectos, se entiende por incapacidad

total la imposibilidad de llevar a cabo las tareas fundamentales del hogar siempre que pueda realizar otras distintas.

- Si el lesionado estaba acogido a una reducción de la jornada de trabajo para compatibilizar el trabajo remunerado con las tareas del hogar y el cuidado de la familia, la cantidad a percibir será de 1/3 de la que resulte de realizar todas las operaciones de cálculo del lucro cesante.

- **Multiplicador**:

  - Resulta de combinar los factores siguientes:
    - Las pensiones públicas de incapacidad permanente absoluta, total o parcial a las que tenga derecho el lesionado.
    - La duración del perjuicio.
    - El riesgo de fallecimiento en función de su grado de incapacidad.
    - La tasa de interés de descuento, que tiene en cuenta la inflación.
  - Los factores mencionados se calculan de acuerdo con las bases técnicas actuariales establecidas.
  - A los efectos de determinar el multiplicador podrán establecerse reglamentariamente otros factores complementarios que tengan en cuenta otras contingencias relativas al lesionado y que sirvan a la mejor individualización del perjuicio.
  - Las pensiones públicas a las que tenga derecho el lesionado, tales como las de incapacidad permanente, absoluta, total o parcial, son objeto de estimación, pero puede acreditarse la percepción de pensiones distintas a las estimadas. En los supuestos de gran invalidez sólo se computará en el multiplicador la parte correspondiente a la pensión de incapacidad permanente absoluta.
  - Al lesionado mayor de 30 años que no obtenía ingresos por dedicarse en exclusiva a las tareas del hogar de su unidad familiar, se le aplicarán las indemnizaciones por lucro cesante previstas en las tablas 2.C.4.H y 2.C.5.H específicas para dicho trabajo no remunerado. Si el lesionado tenía menos de treinta años, se aplicarán las tablas 2.C.7 y 2.C.8 relativas a las personas que no han accedido al mercado laboral

- **Duración del perjuicio**:

  - En los supuestos de incapacidad permanente absoluta o total la duración del perjuicio finaliza a la edad de jubilación. Si el lesionado había superado la edad de jubilación en el momento del accidente, pero seguía teniendo ingresos por trabajo personal, la duración del perjuicio es de 2 años.
  - En el supuesto de incapacidad permanente parcial prevista la duración es de 2 años.

POR LESIONES TEMPORALES
TABLA 3.C

## ❖ **DAÑO EMERGENTE** (arts. 141 Y 142)

- **Gastos de asistencia sanitaria**:

  - Se resarcen los gastos de asistencia sanitaria y el importe de las prótesis, ortesis, ayudas técnicas y productos de apoyo para la autonomía personal que por prescripción facultativa necesite el lesionado hasta el final del proceso curativo o estabilización de la lesión y su conversión en secuela, siempre que se justifiquen debidamente y sean médicamente razonables en atención a la lesión sufrida y a sus circunstancias.
  - Las entidades aseguradoras podrán pagar directamente a los centros sanitarios los gastos de asistencia sanitaria y, en su caso, los demás gastos previstos en el apartado anterior, mediante la firma de convenios sanitarios.
  - Las aseguradoras garantizarán la libre elección de centro por parte del lesionado y le reembolsarán las cantidades que haya pagado, siempre que las cantidades pagadas estén debidamente justificadas y sean médicamente razonables en atención a la lesión sufrida y a sus circunstancias. En este caso regirán las reglas propias de la responsabilidad civil y, en caso de concurrencia de culpa o culpa exclusiva del lesionado, podrá reducirse o excluirse el pago de acuerdo con lo dispuesto en el artículo 1.2.
  - Se asimilan a los gastos de asistencia los relativos a los desplazamientos que el lesionado realice con ocasión de la asistencia sanitaria de sus lesiones temporales.

- **Gastos diversos resarcibles**:

  - También se resarcen los gastos que la lesión produce en el desarrollo de la vida ordinaria del lesionado hasta el final del proceso curativo o estabilización de la lesión y su conversión en secuela, siempre que se justifiquen y sean razonables en atención a sus circunstancias personales y familiares.
  - En particular, siempre que se cumplan los requisitos del apartado anterior, se resarcen los incrementos de los costes de movilidad del lesionado, los desplazamientos de familiares para atenderle cuando su condición médica o situación personal lo requiera y, en general, los necesarios para que queden atendidos él o los familiares menores o especialmente vulnerables de los que se ocupaba.

### ❖ **LUCRO CESANTE** (art.143)

- Consiste en la pérdida o disminución temporal de ingresos netos provenientes del trabajo personal del lesionado o, en caso de su dedicación exclusiva a las tareas del hogar, en una estimación del valor de dicha dedicación cuando no pueda desempeñarlas. La indemnización por pérdida o disminución de dedicación a las tareas del hogar es incompatible con el resarcimiento de los gastos generados por la sustitución de tales tareas.
- La pérdida de ingresos netos variables se acreditará mediante la referencia a los percibidos en períodos análogos del año anterior al accidente o a la media de los obtenidos en los tres años inmediatamente anteriores al mismo, si ésta fuera superior.
- De las cantidades que resultan de aplicar los criterios establecidos en los dos apartados anteriores se deducen las prestaciones de carácter público que perciba el lesionado por el mismo concepto.
- La dedicación a las tareas del hogar se valorará en la cantidad diaria de un salario mínimo interprofesional anual, que se podrá incrementar:
    - En unidades familiares de más de dos personas se incrementará en un 10 % el salario mínimo interprofesional anual por perjudicado adicional menor de edad, persona con discapacidad o mayor de 67 años que conviva en la unidad familiar de la víctima sin que ese incremento adicional pueda superar el importe de otro medio salario mínimo interprofesional anual (art.84.2).
    - En los supuestos de incapacidad permanente absoluta respecto del trabajo no remunerado del lesionado mayor de 30 años. se valora dicho trabajo no remunerado en el equivalente a un salario mínimo interprofesional anual (art.131.1.a).
    - En los supuestos de incapacidad permanente absoluta para unidades familiares de más de dos personas dicha equivalencia se incrementa en un 10 % del salario mínimo interprofesional anual por cada persona menor de edad, con discapacidad o mayor de 77 años que conviva con el lesionado en la unidad familiar, sin que ese incremento adicional pueda superar el importe de un salario mínimo interprofesional anual y medio. (art.131.1.b).
- En los casos de dedicación parcial a las tareas del hogar regirá el siguiente criterio de cálculo:
    - Si el lesionado tenía reducción de la jornada de trabajo para compatibilizar el trabajo remunerado con las tareas del hogar; la cantidad será de un tercio de la que resulte de realizar todas las operaciones de cálculo del lucro cesante con el multiplicando de la dedicación a las tareas del hogar. El mismo criterio se aplicará en todos los casos en que demuestre que desempeñaba un trabajo a tiempo parcial por los mismos motivos. (art.85)

- En los supuestos de incapacidad permanente absoluta, respecto del trabajo no remunerado del lesionado mayor de 30 años, la cantidad será de un tercio de la que resulte de realizar todas las operaciones de cálculo del lucro cesante según las reglas siguientes:
  - Se valora dicho trabajo no remunerado en el equivalente a un salario mínimo interprofesional anual.
  - En unidades familiares de más de dos personas, dicha equivalencia se incrementa en un 10% del salario mínimo interprofesional anual por cada persona menor de edad, con discapacidad o mayor de 67 años que conviva con el lesionado en la unidad familiar, sin que ese incremento adicional pueda superar el importe de un salario mínimo interprofesional anual y medio.

# Perjuicio personal básico

SP/DOCT/128673

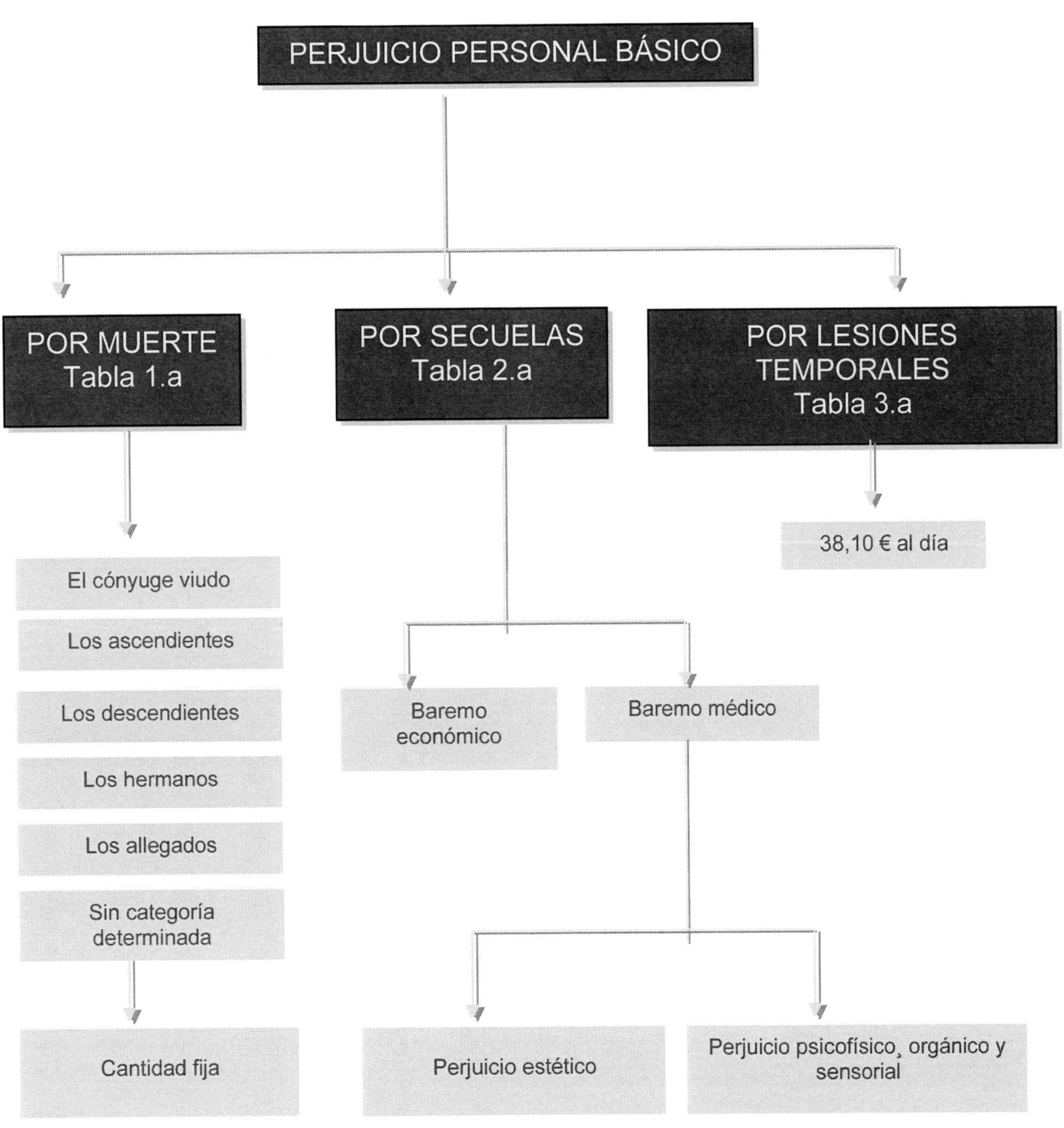

## ANÁLISIS PRÁCTICO DEL CALCULO DEL PERJUICIO PERSONAL BÁSICO

RDL 8/2004, de 29 de octubre, por el que se aprueba el texto refundido de la Ley sobre responsabilidad civil y seguro en la circulación de vehículos a motor (SP/LEG/2821)

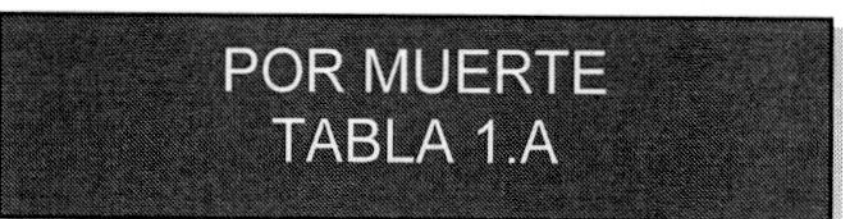


### ❖ **EL CÓNYUGE VIUDO** (ART.63)

- No separado legalmente.
- Si quienes constituyen pareja de hecho estable contraen matrimonio, los años de convivencia se suman a los de matrimonio.
- La separación de hecho y la presentación de la demanda de nulidad, separación o divorcio se equiparán a la separación legal.
- Concurrencia de cónyuges o parejas de hecho estables: el importe fijo se distribuye a partes iguales, y en caso de existir incrementos adicionales, se toma el incremento mayor y se distribuye en proporción a los años adicionales de convivencia.
- Cantidad:
  - Hasta 15 años de convivencia, si la víctima tenía hasta 67 años:
    - En el año 2025 a 114.307,15 €.
  - Hasta 15 años de convivencia, si la víctima tenía desde 67 hasta 80 años:
    - En el año 2025 a 88.905,56 €.
  - Hasta 15 años de convivencia, si la víctima tenía más de 80 años:
    - En el año 2025 a 63.503,97 €.
  - Por cada año adicional de convivencia o fracción:
    - En el año 2025 a 1.270,08 €.

### ❖ **LOS ASCENDIENTES** (ART. 64)

- A cada progenitor, si el hijo fallecido tenía hasta 30 años:
  - En el año 2025 a 88.905,56 €.
- A cada progenitor, si el hijo fallecido tenía más de 30 años:
  - En el año 2025 a 50.803,18 €.
- A cada abuelo, sólo en caso de premoriencia del progenitor:
  - En el año 2025 a 25.401,59 €.

### ❖ **LOS DESCENDIENTES** (ART. 65)

- A cada hijo que tenga hasta 14 años:
  - En el año 2025 a 114.307,15 €.
- A cada hijo que tenga desde 14 hasta 20 años:
  - En el año 2025 a 101.606,35 €.

- A cada hijo que tenga desde 20 hasta 30 años:
  - En el año 2025 a 63.503,97 €.
- A cada hijo que tenga más de 30 años:
  - En el año 2025 a 25.401,59 €.
- A cada nieto, en caso de premoriencia del progenitor hijo del abuelo fallecido:
  - En el año 2025 a 19.051,19 €.

❖ **LOS HERMANOS** (ART. 66)

- El hermano de vínculo sencillo se equipará al de doble vínculo.
- A cada hermano que tenga hasta 30 años:
  - En el año 2025 a 25.401,59 €.
- A cada hermano que tenga más de 30 años:
  - En el año 2025 a 19.051,19 €.

❖ **LOS ALLEGADOS** (ART. 67)

- Aquellas personas que, sin tener la condición de perjudicados, hubieran convivido familiarmente con la víctima durante un mínimo de cinco años inmediatamente anteriores al fallecimiento y fueran especialmente cercanas a ella en parentesco o afectividad.
- Cada allegado:
  - En el año 2025 a 12.700,79 €.

❖ **Quien ejerce las funciones que por incumplimiento o inexistencia no ejerce alguna de las anteriores o asume su posición.**

## POR SECUELAS
## TABLA 2.A

### ❖ DETERMINACIÓN DE LA INDEMNIZACIÓN (ART.95)

- La valoración económica del perjuicio personal básico en caso de secuelas se determina conforme a lo que resulta de las reglas recogidas en la tabla 2.A.
- La determinación de las secuelas y de su gravedad e intensidad se realiza de acuerdo con el baremo médico contenido en la tabla 2.A.1.
- La determinación de la indemnización por secuelas se realiza de acuerdo con el baremo económico contenido en la tabla 2.A.2.

### ❖ EL BAREMO MÉDICO (ARTS. 95 a 103)

- **Perjuicio psicofísico¸ orgánico y sensorial**

    - La medición se realiza mediante un porcentaje de menoscabo expresado en puntos, con un máximo de 100.
    - La puntuación de cada secuela es según criterio clínico, y tiene en cuenta su intensidad y gravedad desde el punto de vista anatómico-funcional.
    - Se adjudica a cada secuela una puntuación fija o la que corresponda dentro de una horquilla con una puntuación mínima y máxima.
    - Una secuela debe valorarse una sola vez, aunque su sintomatología se encuentre descrita en varios apartados del baremo médico.
    - La puntuación de una o varias secuelas de una articulación, miembro, aparato o sistema no puede sobrepasar la correspondiente a la pérdida total, anatómica o funcional, de esa articulación, miembro, aparato o sistema.
    - Las secuelas no incluidas en ninguno de los conceptos del baremo médico se miden con criterios analógicos a los previstos en él.

    - *Secuelas concurrentes*: son secuelas derivadas del mismo accidente.
        - La puntuación final del perjuicio psicofísico es la resultante de aplicar la fórmula [[(100 - M) x m] / 100] + M, donde "M" es la puntuación de la secuela mayor y "m" la puntuación de la secuela menor (*fórmula de Balthazar)*.
        - De ser las secuelas más de dos, para el uso de la expresada fórmula se parte de la secuela de mayor puntuación y las operaciones se realizan en orden decreciente de mayor a menor a su importancia. Los cálculos sucesivos se realizan con la indicada fórmula, correspondiendo el término "M" a la puntuación resultante de la operación inmediatamente anterior.

  - Si, al efectuarse los cálculos, se obtienen fracciones decimales, el resultado de cada operación se redondea a la unidad más alta.
  - La puntuación final obtenida se lleva a la tabla 2.A.2 para fijar el valor económico del perjuicio psicofísico en función de la edad del lesionado.

- *Secuelas interagravatorias:* secuelas concurrentes que, derivadas del mismo accidente y afectando funciones comunes, producen por su recíproca influencia una agravación significativa de cada una de ellas.
  - La puntuación adjudicada a las secuelas bilaterales en la tabla 2.A.1, incluye la valoración de su efecto interagravatorio.
  - En defecto de esta previsión específica, la puntuación de las secuelas interagravatorias se valorará incrementando en un 10 por ciento la puntuación que resulta de aplicar la fórmula de Balthazar, redondeando a la unidad más alta y con el límite de 100 puntos.

- *Secuelas agravatorias de estado previo:*
  - La secuela que agrava un estado previo y que ya está prevista en el baremo médico se mide con la puntación asignada específicamente para ella.
  - En defecto de tal previsión, la puntuación es la resultante de aplicar la fórmula (M - m) / [1 - (m/100)], donde "M" es la puntuación de la secuela en el estado actual y «m» es la puntuación de la secuela preexistente. Si el resultado ofrece fracciones decimales, se redondea a la unidad más alta.

- **Perjuicio estético:**

  - Se fija separadamente la puntuación de la secuela psicofísica¸ orgánica y sensorial.
  - Se realiza de acuerdo con el capítulo especial de la tabla 2.A.1 mediante su ponderación conjunta, sin atribuir puntuación a cada uno de sus componentes.
  - La puntuación adjudicada al perjuicio estético no incluye la ponderación de su incidencia sobre las diversas actividades del lesionado, cuyo específico perjuicio se valora a través del perjuicio particular de pérdida de calidad de vida.
  - La puntuación establecida se lleva a la tabla 2.A.2 que fija el valor económico
  - La medición se realiza mediante un porcentaje de menoscabo expresado en puntos, con un máximo de 50, que corresponde a un porcentaje 100%.
  - Consiste en cualquier modificación que empeora la imagen de la persona.
  - Es distinto del psicofísico y comprende tanto la dimensión estática como la dinámica.
  - Es el existente a la finalización del proceso de curación del lesionado.
  - La imposibilidad de corregirlo constituye una circunstancia que incrementa su intensidad.

- Su resarcimiento es compatible con el del coste de las intervenciones de cirugía plástica necesarias para su corrección.
- Los no mencionados en los distintos grados se incluyen en el grado que corresponda en atención a su entidad, según criterios de proporcionalidad y analogía.

- **Grados:**

  - *Importantísimo:* que corresponde a un perjuicio estético de enorme gravedad, como el que producen las grandes quemaduras, las grandes pérdidas de sustancia y las grandes alteraciones de la morfología facial o corporal, el estado vegetativo permanente y las tetraplejias más severas.
  - *Muy importante:* que corresponde a un perjuicio estético de menor entidad que el anterior, como el que produce la amputación de dos extremidades o la tetraplejia.
  - *Importante:* que corresponde a un perjuicio estético de menor entidad que el anterior, como el que produce la amputación de alguna extremidad o la paraplejia.
  - *Medio:* que corresponde a un perjuicio estético de menor entidad que el anterior, como el que produce la amputación de más de un dedo de las manos o de los pies, la cojera relevante o las cicatrices especialmente visibles en la zona facial o extensas en otras zonas del cuerpo.
  - *Moderado:* que corresponde a un perjuicio estético de menor entidad que el anterior, como el que producen las cicatrices visibles en la zona facial, las cicatrices en otras zonas del cuerpo, la amputación de un dedo de las manos o de los pies o la cojera leve.
  - *Ligero:* que corresponde a un perjuicio estético de menor entidad que el anterior, como el que producen las pequeñas cicatrices situadas fuera de la zona facial.

## ❖ **EL BAREMO ECONÓMICO** (ART. 104)

- Es el régimen de valoración económica del perjuicio psicofísico, orgánico y sensorial con el daño moral ordinario y del perjuicio estético.
- Se mide en la tabla 2.A.2, cuyas filas de puntuación y columnas de edad expresan, respectivamente, la extensión e intensidad del perjuicio y su duración.
- El importe del perjuicio psicofísico, orgánico y sensorial consta en la intersección de la fila y columna correspondientes. Es el resultado de haber multiplicado el valor de cada punto, en función de la edad del lesionado, por el número total de puntos obtenidos de acuerdo con el baremo médico.
- El importe del perjuicio estético consta en la intersección de la fila y columna correspondientes. Este importe es el resultado de haber multiplicado el valor de cada

punto, en función de la edad del lesionado, por el número total de puntos obtenidos de acuerdo con el baremo médico, teniendo en cuenta el máximo de 50 puntos.

- La indemnización básica por secuelas, en su doble dimensión psicofísica, orgánica y sensorial, por un lado, y estética, por otro, está constituida por el importe que resulta de sumar ambas cantidades.

## POR LESIONES TEMPORALES TABLA 3.A

❖ Es el perjuicio común que se padece desde la fecha del accidente hasta el final del proceso curativo o hasta la estabilización de la lesión y su conversión en secuela.

❖ Su valoración económica se determina mediante la cantidad diaria establecida en la tabla 3.A:

- En el año 2025 a 38,10 €

# Perjuicio personal particular

SP/DOCT/128676

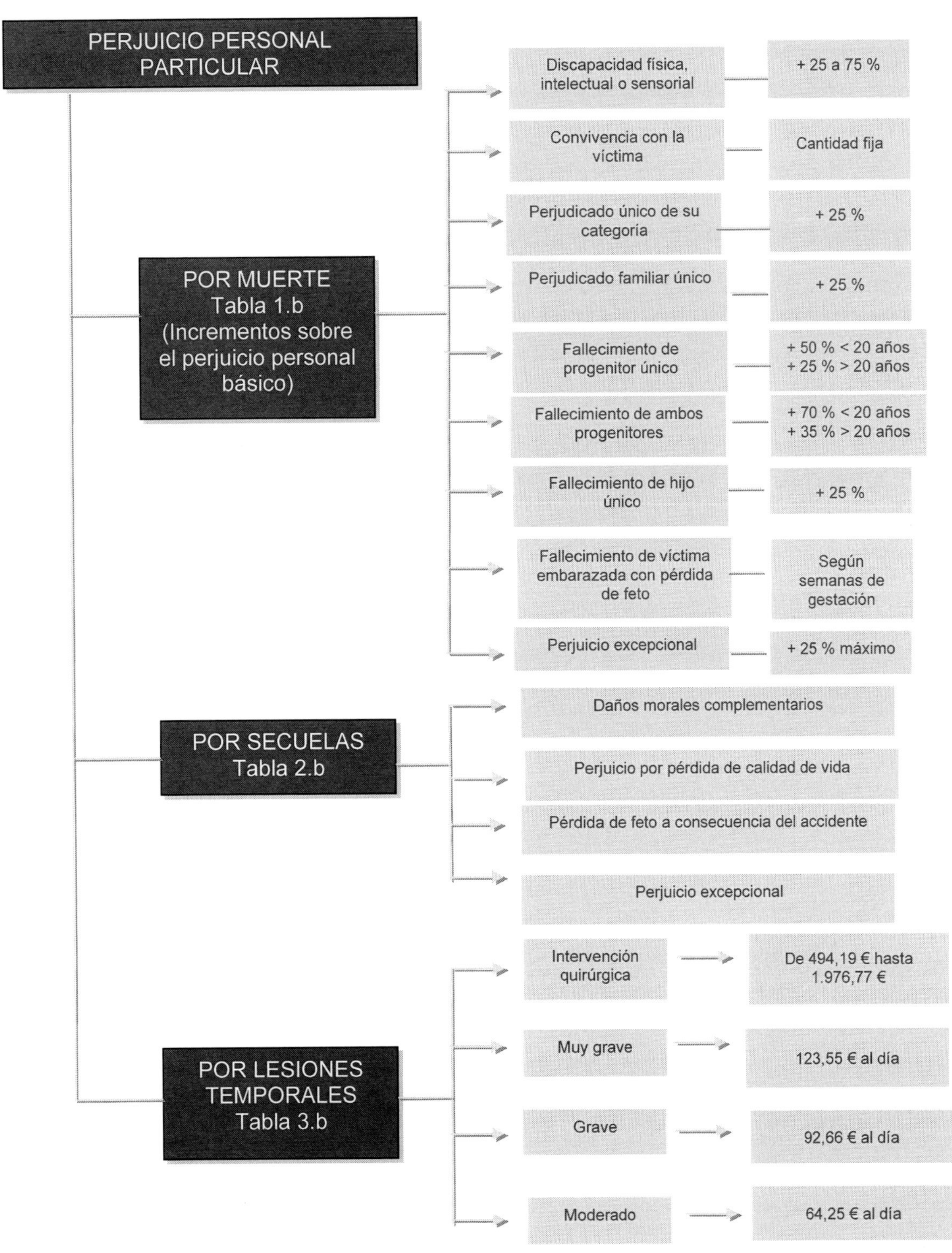

## ANÁLISIS PRÁCTICO DEL CÁLCULO DEL PERJUICIO PERSONAL PARTICULAR

RDL 8/2004, de 29 de octubre, por el que se aprueba el texto refundido de la Ley sobre responsabilidad civil y seguro en la circulación de vehículos a motor (SP/LEG/2821)

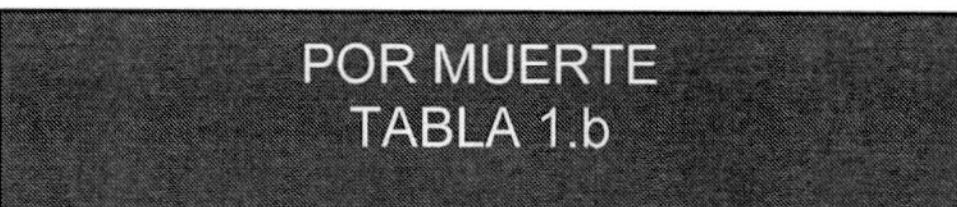


❖ **RESARCIMIENTO** (art. 68)

- Incrementan la indemnización básica fijada en la Tabla 1.a.
- Son acumulables.
- Para el allegado solo se resarce su discapacidad física, intelectual y sensorial.

❖ **DISCAPACIDAD FÍSICA, INTELECTUAL O SENSORIAL DEL PERJUDICADO** (art. 69)

- Puede ser previa al accidente o a resultas del mismo.
- Se requiere como mínimo un grado de discapacidad del 33 %.
- Incremento de la indemnización básica entre el 25 % y el 75 %.

❖ **CONVIVENCIA DEL PERJUDICADO CON LA VÍCTIMA** (art. 70)

- No para el cónyuge y las víctimas o perjudicados menores de 30 años.
- Si es el abuelo o el nieto de la víctima y existe convivencia, la indemnización por perjuicio personal básico se incrementa en un 50 %.
- Cuando el perjudicado tenga más de 30 años y conviva con la víctima, se resarce la diferencia entre la indemnización por perjuicio personal básico prevista para un perjudicado menor de 30 años de su misma categoría y la que le corresponde a él por el mismo concepto.
- **Cantidad**:
  - *A cada progenitor, si el hijo fallecido tenía más de 30 años:*
    - ♦ Para 2025 a 38.102,38 €.
  - *A cada abuelo:*
    - ♦ Para 2025 a 12.700,79 €.
  - *A cada hijo que tenga más de 30 años:*
    - ♦ Para 2025 a 38.102,38 €.
  - *A cada nieto:*
    - ♦ Para 2025 a 9.525,60 €.
  - *A cada hermano que tenga más de 30 años:*
    - ♦ Para 2025 a 6.350,40 €.

❖ **PERJUDICADO ÚNICO DE SU CATEGORÍA (art. 71)**

- Incremento del 25 % de la indemnización por perjuicio personal básico.

## ❖ PERJUDICADO FAMILIAR ÚNICO (art. 72)

- Incremento del 25 % de la indemnización por perjuicio personal básico.

## ❖ FALLECIMIENTO DE PROGENITOR ÚNICO (art. 73)

- A cada hijo hasta 20 años: incremento del 50 % de la indemnización por perjuicio personal básico.
- A cada hijo con más de 20 años: incremento del 25 % de la indemnización por perjuicio personal básico.

## ❖ FALLECIMIENTO DE AMBOS PROGENITORES (art. 74)

- A cada hijo hasta 20 años: incremento del 70 % de la indemnización por perjuicio personal básico.
- A cada hijo con más de 20 años: incremento del 35 % de la indemnización por perjuicio personal básico.
- En los demás casos: incremento del 25 % del perjuicio básico por muerte de cada uno de los familiares fallecidos.

## ❖ FALLECIMIENTO DE ÚNICO HIJO (art. 75)

- Incremento del 25 % de la indemnización por perjuicio personal básico.

## ❖ FALLECIMIENTO DE VÍCTIMA EMBARAZADA CON PÉRDIDA DE FETO (art. 76)

- Si la pérdida tuvo lugar en las primeras 12 semanas de gestación:
    - ♦ Para 2025 a 19.051,19 €.
- Si la pérdida tuvo lugar a partir de las 12 semanas de gestación y hasta las 32 semanas de gestación:
    - ♦ Para 2025 a 38.102,38 €.
- Si la pérdida tuvo lugar a partir de las 32 semanas de gestación:
    - ♦ Para 2025 a 59.325,42 €.

## ❖ PERJUICIO EXCEPCIONAL (art. 77)

- Incremento de hasta el 25 % de la indemnización por perjuicio personal básico.

POR SECUELAS
TABLA 2.b

- **DAÑOS MORALES COMPLEMENTARIOS POR PERJUICIO PSICOFÍSICO** (art. 105)
  - Cuando una sola secuela alcanza, al menos, 60 puntos o el resultado de las concurrentes alcanza, al menos, 80 puntos.
    - Para 2025 pasa de 24.385,53 € hasta 121.927,63 €.
  - Las secuelas bilaterales constituyen una sola secuela a estos efectos.

- **DAÑOS MORALES COMPLEMENTARIOS POR PERJUICIO ESTÉTICO** (art. 106)
  - Cuando alcanza, al menos, 31 puntos.
    - Para 2025 de 12.192,76 € hasta 60.963,81 €.

- **PERJUICIO MORAL POR PÉRDIDA DE CALIDAD DE VIDA** (arts. 107 A 110)
  - **Medición:**
    - Cada uno de los grados del perjuicio se cuantifica mediante una horquilla indemnizatoria que establece un mínimo y un máximo expresado en euros.
    - Los parámetros para la determinación de la cuantía del perjuicio son la importancia y el número de las actividades afectadas y la edad del lesionado que expresa la previsible duración del perjuicio.

  - **Grados:**
    - *Muy grave:*
      - El lesionado pierde su autonomía personal para realizar la casi totalidad de actividades esenciales en el desarrollo de la vida ordinaria.
        - Para 2025 de 127.007,96 € hasta 190.511,92 €.
    - *Grave:*
      - El lesionado pierde su autonomía personal para realizar algunas de las actividades esenciales en el desarrollo de la vida ordinaria o la mayor parte de sus actividades específicas de desarrollo personal.
      - El perjuicio moral por la pérdida de toda posibilidad de realizar una actividad laboral o profesional también se considera perjuicio grave.
        - Para 2025 de 63.503,98 € hasta 127.007,95 €.
    - *Moderado:*
      - Aquel en el que el lesionado pierde la posibilidad de llevar a cabo una parte relevante de sus actividades específicas de desarrollo personal.
      - El perjuicio moral por la pérdida de la actividad laboral o profesional que se venía ejerciendo también se considera perjuicio moderado.

        - Para 2025 de 19.051,20 € hasta 63.503,97 €
  - *Leve:*
    - Aquel en el que la víctima pierde la posibilidad de llevar a cabo actividad o actividades específicas de su desarrollo personal.
    - En los demás casos, cuando se produzcan secuelas de seis o menos puntos se presume que no existe pérdida de calidad de vida, salvo que el perjudicado la acredite.
    - El perjuicio moral por la limitación o pérdida parcial de la actividad laboral o profesional que se venía ejerciendo se considera perjuicio leve con independencia del número de puntos que se otorguen a las secuelas.
      - Para 2025 de 1.905,12 € hasta 19.051,19 €.

- **Perjuicio moral por pérdida de calidad de vida de familiares de grandes lesionados y perjuicio sexual del cónyuge o pareja estable:**

  - Compensa la prestación de cuidados y la atención continuada de lesionados cuando han perdido la autonomía personal para realizar la casi totalidad de actividades esenciales en el desarrollo de la vida ordinaria.
  - Excepcionalmente, es también procede en los supuestos de secuelas muy graves que alcancen, al menos, los 80 puntos y en las que se demuestre que el lesionado requiere la prestación.
  - El perjuicio sexual del cónyuge o pareja estable compensa la sustancial alteración que las secuelas que padece el lesionado le causan en su vida sexual o reproductiva.
  - La legitimación para reclamarla se atribuye en exclusiva al lesionado, quien deberá destinar la indemnización a compensar los perjuicios sufridos por los familiares afectados.
  - Se cuantifican mediante una horquilla indemnizatoria y los parámetros a tener en cuenta para fijar sus importes son:
    - por pérdida de calidad de vida de familiares, la dedicación que tales cuidados o atención familiares requieran, la alteración que produzcan en la vida del familiar y la edad del lesionado.
      - Para 2025 de 38.102,39 € hasta 184.161,52 €.
    - perjuicio sexual, el grado y la intensidad de su afectación a la vida sexual o reproductiva del cónyuge o pareja estable del lesionado y la edad de ambos.
      - Para 2025 de 41.277,59 € hasta 95.222,96 €.

## ❖ PÉRDIDA DE FETO A CONSECUENCIA DEL ACCIDENTE (art. 111)

  - La indemnización corresponde a la mujer embarazada que sufre la pérdida del feto, añadiéndose a la de las lesiones padecidas.
  - Si la pérdida tuvo lugar en las primeras 12 semanas de gestación:

- Para 2025 es de 19.051,19 €.

- Si la pérdida tuvo lugar a partir de las 12 semanas de gestación:
    - Para 2025 es de 38.102,39 €.
- Si la pérdida tuvo lugar a partir de las 32 semanas de gestación:
    - Para 2025 es de 59.325,42 €.

❖ **PERJUICIO EXCEPCIONAL** (art. 112)

- Hasta 25 % de la indemnización por perjuicio personal básico.

POR LESIONES TEMPORALES
TABLA 3.b

## ❖ PERJUICIO PERSONAL POR PÉRDIDA TEMPORAL DE CALIDAD DE VIDA (ART. 137)

- La indemnización por pérdida temporal de calidad de vida compensa el perjuicio moral particular que sufre la víctima por el impedimento o la limitación que las lesiones sufridas o su tratamiento producen en su autonomía o desarrollo personal.

## ❖ GRADOS (arts. 138 y 139)

- **Muy grave:** es aquel en el que el lesionado pierde temporalmente su autonomía personal para realizar la casi totalidad de actividades esenciales de la vida ordinaria. El ingreso en una Unidad de Cuidados Intensivos constituye un perjuicio de este grado.
    - Para 2025 es de 127,01 €.
- **Grave:** es aquel en el que el lesionado pierde temporalmente su autonomía personal para realizar una parte relevante de las actividades esenciales de la vida ordinaria o la mayor parte de sus actividades específicas de desarrollo personal. La estancia hospitalaria constituye un perjuicio de este grado.
    - Para 2025 es de 95,26 €.
- **Moderado:** es aquel en el que el lesionado pierde temporalmente la posibilidad de llevar a cabo una parte relevante de sus actividades específicas de desarrollo personal.
    - Para 2025 es de 66,04 €.
- El impedimento psicofísico para llevar a cabo la actividad laboral o profesional se reconduce a uno de los tres grados precedentes.
- Los grados de perjuicio son excluyentes entre sí y aplicables de modo sucesivo. En todo caso, se asignará un único grado a cada día.
- La cuantía diaria establecida por cada uno de los grados incorpora ya el importe del perjuicio personal básico.

## ❖ PERJUICIO PERSONAL PARTICULAR CAUSADO POR INTERVENCIONES QUIRÚRGICAS (art. 140)

- El perjuicio personal particular que sufre el lesionado por cada intervención quirúrgica a la que se someta se indemniza con una cantidad situada entre De 508,03 € hasta 2,032,12 € en el año 2025, en atención a las características de la operación, complejidad de la técnica quirúrgica y tipo de anestesia.

# Procedimiento de la pericia

SP/DOCT/20456

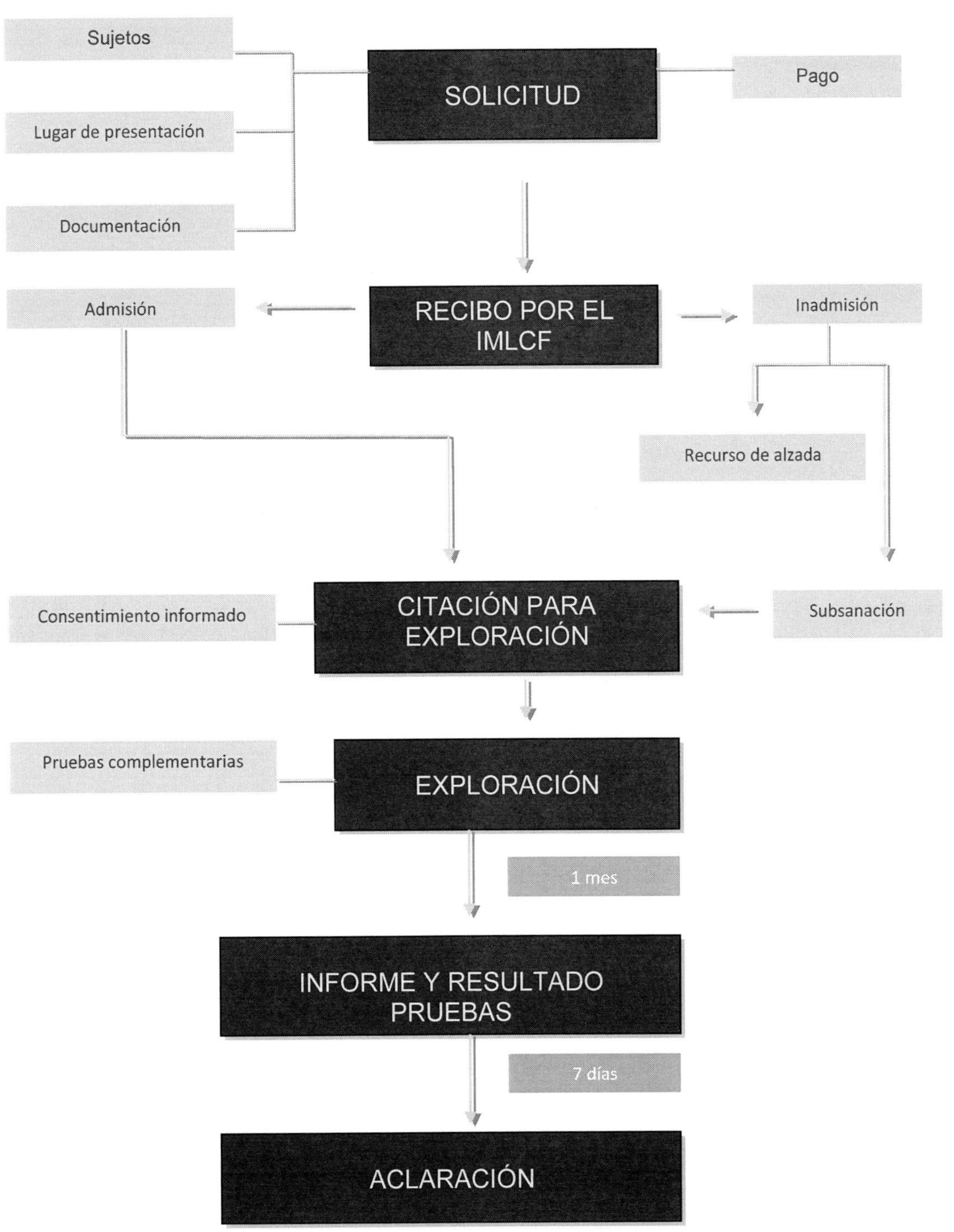

## ANÁLISIS PRÁCTICO
## DE LAS PERICIAS A SOLICITUD DE LOS PARTICULARES (RD 1148/2015)

- **Los siguientes perjudicados** (art. 36 RDL 8/2004):
    - La víctima del accidente.
    - El cónyuge viudo o el miembro supérstite de una pareja de hecho.
    - Los ascendientes.
    - Los descendientes.
    - Los hermanos.
    - Los allegados.
    - Los familiares de víctimas fallecidas o de grandes lesionados.
    - Perjudicados sin categoría determinada (art. 62 RDL 8/2004).
- **Las entidades aseguradoras.**
- **El Consorcio de Compensación de Seguros.**
- **Institutos de Medicina Legal y Ciencias Forenses.**

- De común acuerdo por la entidad aseguradora y el sujeto perjudicado, pudiendo ser presentada por cualquiera de ellos.
- Únicamente el sujeto perjudicado, en cuyo caso, el IMLCF lo comunicará de inmediato a la entidad aseguradora.
- Debe ser el IMLCF del lugar del domicilio de la víctima lesionada o el del lugar donde ocurrió el accidente, a su elección.
- Se presentará en la sede del IMLCF o en la subdirección territorialmente competente del mismo, en los lugares que se prevean en la legislación del procedimiento administrativo común de las Administraciones Públicas o, en su caso, por medios electrónicos, utilizando el modelo establecido al efecto en el

Anexo I o el elaborado por la comunidad autónoma, donde podrá designar un representante para notificaciones.

- Para cada víctima lesionada y accidente se solicitará una pericia.
- Cualquiera de las partes podrá solicitar que se incluya algún aspecto concreto en el informe, lo que deberá hacerse constar expresamente en la solicitud.
- Debe ir acompañada de la oferta motivada que la entidad aseguradora haya emitido.

## CONSENTIMIENTO Y COLABORACIÓN ACTIVA (art. 5)

- Deberá recabarse el consentimiento informado de la víctima lesionada para:
  - La exploración, para autorizar el acceso a la documentación de su historial clínico que sea de exclusivo interés en relación con accidente sufrido.
  - La realización de exámenes o pruebas complementarias cuando el médico forense los considere necesarios.
  - La cesión a la entidad aseguradora de los datos resultantes de dichos exámenes y pruebas.
- En el caso de que la solicitud se haga de mutuo acuerdo y sea presentada por la entidad aseguradora, el IMLCF antes de realizar la pericia, se asegurará de la existencia de consentimiento por parte de la víctima lesionada.
- Tanto el sujeto perjudicado como la entidad aseguradora deberán colaborar activamente con el IMLCF, aportando la documentación necesaria y facilitando la realización de la pericia.

## INFORMACIÓN COMPLEMENTARIA (art. 6)

- Las partes presentarán, junto con la solicitud y la oferta motivada, toda la documentación médica que sea de interés en el caso y quieran hacer valer.
- El sujeto perjudicado y las entidades aseguradoras informarán al IMLCF de los centros sanitarios que dispongan de la historia clínica de la víctima, antecedentes

médicos relacionados con las lesiones sufridas en el accidente o cualquier tipo de informe que pueda ser relevante para el caso.

## ADMISIÓN Y RECURSOS CONTRA LA DENEGACIÓN DE LA PERICIA
(art. 7)

- Una vez recibida la solicitud, el IMLCF procederá a su registro y entregará al solicitante el correspondiente recibo acreditativo de su presentación.
- Cuando el IMLCF reciba una solicitud de la que se desprenda que no es competente por razón del territorio, el Director, Subdirector o persona en que deleguen, la inadmitirá motivadamente y lo notificará al sujeto perjudicado y a la entidad aseguradora. De interesarlo aquel, remitirá la solicitud al Instituto competente por el que haya optado.
- El IMLCF que admita una solicitud lo comunicará de forma inmediata a cualquier otro que pudiese ser también competente según lo previsto en dicho artículo. De haberse recibido en otro IMLCF solicitud en relación con la misma víctima lesionada y accidente, será competente el Instituto que la hubiese recibido en primer lugar, debiendo proceder el otro al archivo de la solicitud presentada ante él.
- Si el IMLCF advirtiere cualquier defecto u omisión documental en la solicitud, requerirá a la parte que la hubiera formulado para que proceda a la subsanación en el plazo de 10 días hábiles, con el apercibimiento de tenerla por desistida si no lo hiciera. En caso de que, transcurrido el plazo indicado el interesado no aportare la oferta motivada o la documentación preceptiva, o no subsanase los defectos detectados, se considerará que desiste de la pericia por resolución motivada del Director, Subdirector o persona en que deleguen.
- El IMLCF, tras verificar que es competente y que están cumplimentados los datos de la víctima lesionada, de la entidad aseguradora y del accidente y que se aporta la oferta motivada, dará curso a la solicitud para la realización de la pericia, comunicando a las partes su admisión.
- En dicha comunicación el IMLCF podrá notificar a la víctima lesionada y a la entidad aseguradora, la fecha, hora y lugar para la realización de la exploración.

- Contra la resolución que inadmita o tenga por desistida la solicitud, podrá interponerse recurso de alzada en el plazo de un mes ante el Director General de Relaciones con la Administración de Justicia o ante el órgano competente de la respectiva comunidad autónoma.
- A la presentación, tramitación y resolución de dicho recurso le será de aplicación la normativa reguladora del procedimiento administrativo común para las Administraciones Públicas, en lo relativo a los recursos administrativos, vigente al momento de su interposición.

## CRITERIOS DE REPARTO
(art. 8)

- El reparto interno se realizará por el Director o el Subdirector del IMLCF que podrá pedir la colaboración de los jefes de servicio o de sección competentes.
- Se observarán las siguientes reglas:
  - Se fijarán criterios objetivos que procuren la mayor participación de los profesionales del servicio o la sección competentes por razón de la materia, o de todo el IMLCF, según sea la estructura organizativa del Instituto, preferentemente por rotación y especialización o cualificación del personal forense.
  - En ningún caso se asignará sistemática o preferentemente al mismo perito los asuntos de una entidad aseguradora concreta. Ni la entidad aseguradora ni el sujeto perjudicado podrán elegir un perito concreto.
  - Los casos de especial dificultad se podrán asignar a un equipo de dos o más peritos.

## CITACIÓN Y REALIZACIÓN DE LA PERICIA
(art. 9)

- El IMLCF procederá a realizar la citación si no lo hubiere hecho previamente.
- Cada IMLCF establecerá los lugares adecuados para llevar a cabo las pericias teniendo en cuenta criterios de proximidad y centralización.

- Previamente a la exploración se informará a la víctima lesionada sobre la naturaleza y consecuencias de la misma y se recabará y registrará el consentimiento expreso.
- La exploración abarcará los aspectos físicos y psíquicos de la víctima lesionada. En este acto, se podrá recabar también la documentación del historial clínico que pudiera ser de interés en relación con el accidente sufrido, o los informes que consten en otras instituciones sanitarias, o solicitar la realización de pruebas complementarias, para lo cual la víctima lesionada deberá firmar el consentimiento informado expreso, que será individual respecto a cada prueba que se acuerde.
    - Dichas pruebas complementarias serán a cargo de la entidad aseguradora siempre que la misma preste su consentimiento para su realización, debiendo ser efectuadas en el centro sanitario concertado comprendido dentro de los convenios sanitarios que se suscriban con la sanidad pública o privada.
    - No obstante, si el lesionado hubiese realizado el tratamiento en centro sanitario no adherido a los Convenios de Asistencia Sanitaria, las pruebas complementarias podrán realizarse en dicho centro, siempre que ambas partes presten su previo consentimiento y el coste se distribuirá a partes iguales entre la víctima lesionada y la entidad aseguradora.
- En caso de que la víctima lesionada no prestare su consentimiento a la exploración, no acudiera a su realización sin causa justificada, o no aportara la documentación o la información requerida que resulte imprescindible para la realización del informe, se considerará que desiste de la pericia. El IMLCF, en este caso, deberá notificarlo a las partes mediante resolución motivada del Director, Subdirector o persona en que delegue, que será recurrible.

## EL INFORME PERICIAL
(art. 10)

- Es un informe que se emite por el IMLCF, con todas las garantías de este organismo público, con carácter oficial y sometido al control de calidad establecido en este real decreto, y en caso de disconformidad con la oferta motivada.
- Por cada accidente y víctima lesionada se emitirá un informe definitivo, cuando las lesiones se hayan consolidado y no existan secuelas o aquellas se hayan estabilizado y convertido en secuelas. Todo ello sin perjuicio de que puedan emitirse informes iniciales o de evolución.

## CONTENIDO DEL INFORME
(art. 11)

- Contendrá como mínimo:
  - La identificación de la víctima lesionada, la entidad aseguradora y el perito o los peritos del IMLCF responsables.
  - La información relevante del accidente.
  - La información médica de la víctima lesionada en la que se basa el informe, con indicación precisa, en su caso, de las fuentes, documentos y pruebas realizadas.
  - La determinación y medición de las secuelas y de las lesiones temporales con todos sus perjuicios indemnizables que requieran valoración médica, de acuerdo con la solicitud realizada.
  - Lugar, fecha y hora de la exploración.
- Utilizará el modelo establecido en el Anexo II del RD 1148/2015.

## CONTROL DE CALIDAD
(art. 12)

- Control de calidad y remisión a los interesados.
- El informe debe ir firmado por los peritos del IMLCF que lo elaboraron o por los que participaron en la exploración de la víctima lesionada o en el estudio del caso. Además, deberá ir visado por el jefe de servicio o sección correspondiente, o el perito que se designe, que comprobará que se han seguido las normas científico-técnicas adecuadas.
- Si se detecta error material o falta de adecuación a los criterios del baremo vigente, el jefe de servicio o sección o el perito que lo haya revisado, así como el Director o el Subdirector, promoverán su corrección y si existe discrepancia se buscará el acuerdo mediante debate en las sesiones clínicas en las que participará el conjunto del servicio o sección y la dirección o subdirección, o se procederá de acuerdo con las normas de funcionamiento del propio IMLCF. El informe definitivo no podrá contener opiniones discrepantes.

## REMISIÓN A LOS INTERESADOS
(art. 12)

- El informe, junto con los resultados de las pruebas que en su caso se hubieran realizado, se entregará al sujeto perjudicado dentro del mes siguiente a la realización de la exploración, salvo que la complejidad del caso, que deberá ser motivada, requiera una ampliación del plazo. Asimismo, se remitirá una copia a la entidad aseguradora. La entrega se realizará aun en el supuesto de falta de pago del precio público.
- En el plazo máximo de siete días hábiles desde la fecha de la recepción del informe pericial el sujeto perjudicado y la entidad aseguradora podrán solicitar una aclaración del informe sobre algún aspecto que se hubiera pedido y que no hubiera sido resuelto con claridad al emitirse el informe pericial.

## CONFIDENCIALIDAD Y RESPONSABILIDAD
(art. 13)

- El IMLCF mantendrá la confidencialidad de los datos para aquellos aspectos que no sean estrictamente necesarios para la elaboración del informe, de acuerdo con los principios que regulan la actuación sanitaria y con las normas de protección de datos de carácter personal.
- Por su parte los sujetos perjudicados y las entidades aseguradoras actuarán en todo el procedimiento de acuerdo a los criterios de buena fe y máxima colaboración, debiendo responder de la veracidad de los datos aportados al IMLCF para la elaboración de la pericia y evitando dilaciones indebidas en su intervención.

## CONTRAPRESTACIÓN DE LA PERICIA
(art. 14)

- Se exigirá un precio público como contraprestación a la realización de la pericia por los IMLCF.
- El precio público será único para cada pericia e incluirá todos los informes del IMLCF que sean necesarios para la determinación y medición de las secuelas y de

las lesiones temporales. No incluirá las pruebas complementarias que deban realizarse en centros médicos u hospitalarios.

## OBLIGADOS AL PAGO
(art. 15)

- La entidad aseguradora que haya emitido la oferta motivada será la obligada al pago del precio público.

## JUSTIFICACIÓN DEL PAGO
(art. 16)

- Solicitud formulada de mutuo acuerdo: la entidad aseguradora deberá presentar la documentación acreditativa del pago del precio público directamente ante el IMLCF o facilitarla al sujeto perjudicado para que este la acompañe a su solicitud.
- Si es el sujeto perjudicado quien solicita a su sola instancia la pericia, y no constara el pago del precio público, el IMLCF reclamará a la entidad aseguradora el justificante del mismo.
- El IMLCF deberá entregar el informe pericial al sujeto perjudicado en todo caso, sin perjuicio de que en el supuesto de impago del precio público, lo comunique a la Dirección General de Relaciones con la Administración de Justicia o a la unidad de la comunidad autónoma competente para que inicie el procedimiento de reclamación en vía de apremio.
- El Ministerio de Justicia y las comunidades autónomas establecerán los mecanismos necesarios para posibilitar la liquidación y pago telemático.

## APLICACIÓN DE MEDIOS ELECTRÓNICOS
(Disposición Adicional Primera)

- Las Administraciones Públicas implementarán los recursos tecnológicos suficientes para la gestión de este procedimiento por medios electrónicos.
- Además establecerán sistemas seguros de comunicación electrónica para la recepción y envío de solicitudes, informes y actos de comunicación.

- Los procedimientos informáticos para realizar el pago del precio público a través de medios electrónicos se publicarán en el Portal de Internet de la Administración de Justicia o sitios web que determinen las comunidades autónomas competentes.
- En tanto no se establezcan los medios tecnológicos necesarios, se podrán utilizar los medios y procedimientos establecidos en la normativa administrativa vigente.

## FORMACIÓN DE LOS MÉDICOS FORENSES
(Disposición Adicional Segunda)

- El Ministerio de Justicia y las comunidades autónomas que hayan recibido los traspasos de funciones y servicios en relación con los medios materiales de la Administración de Justicia incluirán en los programas de formación continua de los médicos forenses las propuestas adecuadas para la formación en valoración del daño corporal, entre ellas, la realización de encuentros nacionales, ejercicios prácticos de intercomparación, talleres y sesiones clínicas. En su desarrollo se podrá contar con la colaboración tanto de las asociaciones de víctimas como las de entidades aseguradoras.
- El Ministerio de Justicia y las referidas comunidades autónomas podrán establecer los oportunos convenios con el Centro de Estudios Jurídicos para llevar a cabo esta formación, sin perjuicio de la colaboración con universidades y otros organismos y entidades públicos y privados.

## CREACIÓN DE UN GRUPO DE GARANTÍA DE CALIDAD
(Disposición Adicional Tercera)

- El Consejo Médico Forense podrá crear un grupo de trabajo, conformado por un número reducido de los miembros del Comité Científico Técnico, en el seno del propio Consejo y conforme a lo establecido en el Real Decreto 355/2014, de 16 de mayo, por el que se crea y regula el Consejo Médico Forense, que tendrá la función de estudiar y evaluar la calidad de los informes de valoración de los IMLCF que lo soliciten. El funcionamiento de este grupo de trabajo será atendido con los medios propios del Ministerio de Justicia en los términos regulados por el citado real decreto. Como resultado el grupo emitirá un informe en el que se recogerán tanto las valoraciones positivas como las negativas, así como las propuestas de medidas correctivas, en su caso.

- Asimismo, revisará y elaborará las propuestas de actividades formativas y los protocolos de actuación interna de los IMLCF, que serán publicados en el sitio web del Consejo Médico Forense, a disposición de los Institutos que deseen aplicarlos.

## NO INCREMENTO DEL GASTO PÚBLICO
(Disposición Adicional Cuarta)

- Las medidas incluidas en esta norma no podrán suponer incremento de dotaciones ni retribuciones ni de otros gastos de personal.

# Funciones del Consorcio de Compensación de seguros en el seguro obligatorio

**SP/DOCT/128684**

RDL 8/2004, de 29 de octubre, por el que se aprueba el texto refundido de la Ley sobre responsabilidad civil y seguro en la circulación de vehículos a motor (SP/LEG/2821)

**Indemnizar en caso de accidente por:**
(art.11)

| | | |
|---|---|---|
| **Con independencia del Estado miembro en que tenga estacionamiento habitual el vehículo.** | Vehículo desconocido | Cubre daños personales por siniestros en España.<br><br>Cubre daños materiales si hay daños personales significativos (muerte, incapacidad permanente o temporal con hospitalización > 3 días).<br><br>Posible franquicia reglamentaria ≤ 500 €. |
| | Aseguradora en concurso, liquidación | Personas perjudicadas residentes en España<br><br>Accidentes ocasionados en España |
| **Vehículo con estacionamiento habitual en España en los siguientes casos:** | Vehículo no asegurado | Vehículo dado de baja temporal o definitivamente, pero circulando<br><br>Vehículos circulando en zonas restringidas (puertos/aeropuertos) sin seguro<br><br>Vehículos en eventos automovilísticos sin seguro (daños a terceros, incluyendo espectadores y transeúntes. Se excluye conductores y vehículos participantes)<br><br>No se indemniza a ocupantes voluntarios del vehículo si sabían que no estaba asegurado |
| | Vehículo robado o robo de uso | Si estaba asegurado y ha sido robado<br><br>Si el siniestro ocurre en otro Estado y el fondo de garantía no cubre<br><br>No se indemniza a ocupantes voluntarios del vehículo si sabían que era robado |

| | | |
|---|---|---|
| | Uso deliberado del vehículo para causar daños | |
| | Controversia con aseguradora. Duda sobre si paga la aseguradora o el Consorcio | |
| | Aseguradora española insolvente | |
| **Vehículo importado desde otro Estado miembro del EEE cuando:** | No está asegurado<br>Accidente dentro de los 30 días desde la entrega<br>No se haya elegido el Estado miembro de matriculación | |
| **Vehículo con estacionamiento habitual en otro Estado miembro del EEE sí;** | El accidente es en España con vehículo no asegurado | Si afecta a residentes o bienes en España |
| | El vehículo está dado de baja temporal o definitivamente, en otro Estado miembro, pero circulando en España | |
| | El Vehículo robado está asegurado en España y causa daños en otro Estado miembro | Si el fondo de garantía de ese Estado no cubre. |
| | La aseguradora extranjera es insolvente y: | El vehículo está asegurado en otro Estado miembro.<br>El accidente es en España.<br>La víctima es residente en España. |
| **Vehículo con estacionamiento habitual en terceros países no adheridos al Acuerdo EEE** | Accidente en España | Vehículo no asegurado.<br>Víctima residente en España o daño a bienes en España. |
| **Limites**<br>(art, 4) | Daños a las personas: 70 millones de euros por siniestro, cualquiera que sea el número de víctimas.<br>Daños a los bienes: 15 millones de euros por siniestro. | |

## Reembolsar
(art.11)

| A organismos extranjeros que hayan indemnizado | |
|---|---|
| | Por vehículo español no asegurado con estacionamiento habitual en España |
| | Por accidente en España con vehículo no identificado. |
| | Por accidente en España por vehículo de país adherido a la carta verde sin aseguradora identificada. |

## Acción directa
(art.11)

El perjudicado puede reclamar directamente al Consorcio.

## Acción de repetición contra:
(art.11)

Propietario/responsable del vehículo no asegurado.

Autores del robo.

Causantes de daños intencionados.

Los organizadores de las pruebas; el importe de las indemnizaciones que hubiera satisfecho.

Prescripción: 1 año contado a partir de la fecha en que hizo el pago al perjudicado.

## Acción de reecobro contra:
(art.11)

Los organismos del Estado en que tuviera su estacionamiento habitual el vehículo sin seguro

Organismo del Estado miembro de origen creado o autorizado para indemnizar a los perjudicados en caso de insolvencia de una entidad aseguradora

Los organizadores de eventos automovilísticos sin seguro

## Función informativa
(arts. 11 y 25)

Facilitará información sobre el número de matrícula; número de la póliza, con indicación de la fecha de inicio y fin de vigencia de la cobertura; entidad aseguradora, así como nombre y dirección del representante para la tramitación y liquidación de siniestros designados por las entidades aseguradoras siempre que se cumpla alguna de las condiciones siguientes:

Que el perjudicado tenga su residencia en España.
Que el vehículo causante del siniestro tenga su estacionamiento habitual en España.

Que el siniestro se haya producido en España.

Facilitará al perjudicado el nombre y la dirección del propietario, del conductor habitual o del titular legal del vehículo con estacionamiento habitual en España, si aquel tuviera un interés legítimo en obtener dicha información.

Tendrán acceso, además de los perjudicados, sus aseguradores, organismos de información de otros Estados miembros del Espacio Económico Europeo, la Oficina Española de Aseguradores de Automóviles, los organismos de indemnización de otros Estados miembros del Espacio Económico Europeo, así como los fondos de garantía de otros Estados miembros del Espacio Económico Europeo, incluyendo los organismos de indemnización de otros Estados miembros del Espacio Económico Europeo en caso de insolvencia de la entidad aseguradora.

Tendrán acceso a dicha información los centros sanitarios y servicios de emergencias médicas que suscriban convenios con el Consorcio de Compensación de Seguros y las entidades aseguradoras para la asistencia a lesionados de tráfico.

Deberá realiza el tratamiento automatizado de datos sobre contratos de seguro.

Coordinación con la DGT para control de aseguramiento.

## Colaboración internacional
(art.30)

Acuerdos con organismos de otros Estados miembros para intercambio de información.

Acuerdos para reembolsar indemnizaciones en un plazo máximo de 6 meses.

Acuerdos con organismos de otros Estados miembros para gestión de siniestros en casos de insolvencia.

## Tratamiento de datos personales
(arts.11, 24 y 25)

Responsable del tratamiento de datos personales en siniestros.

Tratamiento de datos de salud para indemnización.

Plataformas seguras para intercambio de información con abogados.

# Formularios

## (adaptados a la LO 1/2025 y a la Ley 5/2025) (a partir de 26-07-2025)

# Petición de datos al consorcio de compensación de seguros

**SP/DOCT/15781**

D./Dña. ......................., con DNI/NIE n.º ........, y domicilio en ..................., en calidad de .................[1], a la espera de que se desarrolle reglamentariamente el acceso a la información para su consulta a través de la página web del Consorcio de Compensación de Seguros (CSS), y como implicado en el accidente:

Fecha del accidente: [dd/mm/aaaa]

Lugar del accidente: [localidad, provincia, país]

Matrícula del vehículo implicado: [matrícula]

Tipo de daños sufridos: [personales / materiales / ambos]

Descripción breve del accidente: [opcional]

Adjunto a esta solicitud se remite la siguiente documentación justificativa:

Copia del parte amistoso o atestado policial (si disponible).

Documentación acreditativa de los daños sufridos.

[En caso de representación] Documento que acredita la representación legal.

SOLICITA INFORMACIÓN: con el fin de averiguar con la mayor brevedad posible las circunstancias relativas a la entidad aseguradora que cubre la responsabilidad civil del otro vehículo implicado.

Lo anterior conforme a lo establecido en la normativa vigente y en el marco de actuación del CCS como Organismo de Información establecido en el art. 2.2 del REAL DECRETO LEGISLATIVO 8/2004, de 29 de octubre, por el que se aprueba el texto refundido de la Ley sobre responsabilidad civil y seguro en la circulación de vehículos a motor, en su redacción dada por la Ley 5/2025, de 24 de julio, por la que se modifica el texto refundido,

Sin otro particular, agradezco de antemano su atención y quedo a la espera de su respuesta.

Atentamente,

[Firma]

[Nombre completo]

[Teléfono de contacto]

[Correo electrónico]

---

[1] Perjudicado y/o representante legal de la persona perjudicada.

# Modelo de reclamación extrajudicial con la designación de abogado[1]

SP/FORM/15774

Razón social de la aseguradora ______________________________

Dirección ________________________________

CP, localidad y provincia ________________________________

Muy Sres. Míos:

D./D.ª ___________________________[2], con DNI n.º _____________, por medio de la presente procedo a comunicarles:

**1.º** Que me pongo en contacto con ustedes en relación con el siniestro cuyos datos se refieren a continuación y les informo de que he designado en mi nombre y representación a D./D.ª ________________________[3], Letrada del Ilustre Colegio de Abogados de __________, colegiada n.º ___, con despacho profesional en la C/ __________________________ con correo electrónico ___________ y teléfono __________, con quien deben comunicarse, en adelante, para las sucesivas diligencias.

**2.º** Que, en aplicación del art. 7.1 del Texto Refundido de la Ley de Responsabilidad Civil y Seguro en la circulación de vehículos a motor, aprobado por el Real Decreto Legislativo, 8/2004, de 29 de octubre, según redacción dada por Ley 5/2025, de 24 de julio, por la que se modifican el texto refundido de la Ley sobre responsabilidad civil y seguro en la circulación de vehículos a motor, se remite la siguiente **RECLAMACIÓN EXTRAJUDICIAL** o **COMUNICACIÓN DEL SINIESTRO,** con los datos relevantes exigidos por la norma:

**DATOS DEL PERJUDICADO** (quien o quienes reclaman):

NOMBRE ___________________

DNI _________________

DIRECCIÓN _________________

[1] No se admitirán a trámite las demandas sin cumplir con el requisito de procedibilidad establecido por el art. 5 de la Ley Orgánica 1/2025, de 2 de enero, de medidas en materia de eficiencia del Servicio Público de Justicia, el art. 403.2 de la Ley 1/2000, de 7 de enero, de Enjuiciamiento Civil, y el 7.8 del Real Decreto Legislativo, 8/2004, según redacción dada por la Ley 5/2025, de 24 de julio, por la que se modifica el texto refundido de la Ley sobre responsabilidad civil y seguro en la circulación de vehículos a motor.

[2] Datos del perjudicado.

[3] Datos del perjudicado.

CP ____________

POBLACIÓN ___________________

PROVINCIA ____________________

**FECHA DEL SINIESTRO** _______

**DATOS O CIRCUNSTANCIAS DEL SINIESTRO** (declaración sobre las circunstancias del hecho)

______________________________________________________________________

______________________________________________________________________

______________________________________________________________________.

**IDENTIFICACIÓN DEL VEHÍCULO CONTRARIO**[4]

___________________.

**IDENTIFICACIÓN DEL CONDUCTOR DEL VEHÍCULO CONTRARIO** _____________________[5].

**3.º** Que, de acuerdo con el art. 7.1 del Texto Refundido de la Ley de Responsabilidad Civil y Seguro en la circulación de vehículos a motor, aprobado por el Real Decreto Legislativo, 8/2004, de 29 de octubre, según redacción dada por la Ley 5/2025, de 24 de julio, **SE SOLICITA LA CUANTIFICACIÓN E INDEMNIZACIÓN QUE CORRESPONDA**, mediante su colaboración para que sus servicios médicos visiten a D./D.ª _____________________________[6] y se facilite copia exacta de su informe médico pericial definitivo.

No obstante, y aunque la nueva redacción del precitado art. 7.1 permite presentar la reclamación sin estar cuantificada incluso si el reclamante dispusiera de todos los elementos para poder calcularla y cuantificarla, se acompaña la siguiente documentación:[7]

en aras de la voluntad de colaboración para la cuantificación de la indemnización por la aseguradora.

– Los informes asistenciales, emitidos por el Dr. ____________________.

– Los partes de baja, confirmación y alta ___________________________.

– Atestado realizado por ___________________[8].

---

[4] La identificación del vehículo que hubiese intervenido, solo en caso de ser conocido.

[5] La identificación del conductor si se conoce.

[6] Datos del perjudicado.

[7] Se trata de aportar la documentación de la que se disponga, sin que sea obligatorio realizar informes periciales de parte. Respecto a los informes asistenciales, no sería necesario presentarlos si la aseguradora ya los tiene por el sistema CAS de los convenios de asistencia sanitaria.

[8] La información de interés contenida en los atestados e informes de las Fuerzas y Cuerpos de Seguridad encargadas de la vigilancia del tráfico que recojan las circunstancias del accidente podrá ser facilitada por estas a petición de las partes afectadas, perjudicados o entidades aseguradoras, salvo en el caso en que las diligencias se hayan entregado a la autoridad judicial competente para conocer los hechos, en cuyo caso deberán solicitar dicha información a esta.

– El valor de mercado del vehículo de acuerdo con ________.

– La factura de reparación ____________________.

– El informe de tasación emitido por el perito D. __________[9].

**4.º** Que la actual RECLAMACIÓN EXTRAJUDICIAL tiene el efecto de interrumpir el cómputo del plazo de prescripción desde el momento de su presentación al asegurador obligado a satisfacer el importe de los daños sufridos al perjudicado y no implica la renuncia al ejercicio de las futuras acciones que pudieran corresponder. Tal interrupción se prolongará hasta que se notifique fehacientemente la OFERTA O RESPUESTA MOTIVADA definitiva, momento en el que se iniciará un nuevo plazo de prescripción de un año.

Les ruego que confirmen la tramitación de mi petición.

Sin otro particular,

En ____________________[10]

Fdo.: D./D.ª _______________[11]

[9] Cualquier otra documentación de la que se disponga.
[10] Lugar y fecha del escrito.
[11] Perjudicado peticionante.

# Modelo de reclamación extrajudicial[1]

SP/FORM/15775

Razón social de la aseguradora ______________________________

Dirección ______________________________

CP, localidad y provincia ______________________________

Muy Sres. Míos:

D./D.ª ______________________[2], con DNI n.º ____________________, con correo electrónico ____________ y teléfono __________, con quien deben comunicarse, en adelante, para las sucesivas diligencias, por medio de la presente procedo a comunicarles:

**1.º** Que me pongo en contacto con ustedes en relación con el siniestro cuyos datos se refieren a continuación.

**2.º** Que, en aplicación del art. 7.1 del Texto Refundido de la Ley de Responsabilidad Civil y Seguro en la circulación de vehículos a motor, aprobado por el Real Decreto Legislativo, 8/2004, de 29 de octubre, según redacción dada por Ley 5/2025, de 24 de julio, por la que se modifica el texto refundido de la Ley sobre responsabilidad civil y seguro en la circulación de vehículos a motor, se remite la siguiente **RECLAMACIÓN EXTRAJUDICIAL** o **COMUNICACIÓN DEL SINIESTRO,** con los datos relevantes exigidos por la norma:

**DATOS DEL PERJUDICADO** (quien o quienes reclaman)**,**

NOMBRE ____________________

DNI ____________________

DIRECCIÓN ____________________

CP ____________

POBLACIÓN ____________________

PROVINCIA ____________________

**FECHA DEL SINIESTRO** _______.

**DATOS O CIRCUNTANCIAS DEL SINIESTRO** (declaración sobre las circunstancias del hecho):

______________________________________________________________________

______________________________________________________________________

______________________________________________________________________.

[1] No se admitirán a trámite las demandas sin cumplir con el requisito de procedibilidad establecido por el art. 5 de la Ley Orgánica 1/2025, de 2 de enero, de medidas en materia de eficiencia del Servicio Público de Justicia, el art. 403.2 de la Ley 1/2000, de 7 de enero, de Enjuiciamiento Civil, y el 7.8 del Real Decreto Legislativo, 8/2004, según redacción dada por la Ley 5/2025, de 24 de julio, por la que se modifica el texto refundido de la Ley sobre responsabilidad civil y seguro en la circulación de vehículos a motor.

[2] Datos del perjudicado.

**IDENTIFICACIÓN DEL VEHÍCULO CONTRARIO**[3] **:** ___________________.

**IDENTIFICACIÓN DEL CONDUCTOR DEL VEHÍCULO CONTRARIO:** ________________[4].

**3.º** Que, de acuerdo con el art. 7.1 del Texto Refundido de la Ley de Responsabilidad Civil y Seguro en la circulación de vehículos a motor, aprobado por el Real Decreto Legislativo, 8/2004, de 29 de octubre, según redacción dada por la Ley 5/2025, de 24 de julio, **SE SOLICITA LA CUANTIFICACIÓN E INDEMNIZACIÓN QUE CORRESPONDA**, mediante su colaboración para que sus servicios médicos visiten a D./D.ª ______________________________[5].

y se facilite copia exacta de su informe médico pericial definitivo.

No obstante, y aunque la nueva redacción del precitado art. 7.1 permite presentar la reclamación sin estar cuantificada incluso si el reclamante dispusiera de todos los elementos para poder calcularla y cuantificarla, se acompaña la siguiente documentación[6]:

en aras de la voluntad de colaboración para la cuantificación de la indemnización por la aseguradora.

– Los informes asistenciales, emitidos por el Dr. ________________________.

– Los partes de baja, confirmación y alta ____________________________.

– Atestado realizado por ___________________[7].

– El valor de mercado del vehículo de acuerdo con ________.

– La factura de reparación ___________________.

– El informe de tasación emitido por el perito D. __________[8].

**4.º** Que la actual RECLAMACIÓN EXTRAJUDICIAL tiene el efecto de interrumpir el cómputo del plazo de prescripción desde el momento de su presentación al asegurador obligado a satisfacer el importe de los daños sufridos al perjudicado y no implica la renuncia al ejercicio de las futuras acciones que pudieran corresponder. Tal interrupción se prolongará hasta que se notifique fehacientemente la OFERTA O RESPUESTA MOTIVADA definitiva, momento en el que se iniciará un nuevo plazo de prescripción de un año.

Les ruego que confirmen la tramitación de mi petición.

Sin otro particular,

En ______________________[9].

Fdo.: D./D.ª _______________[10]

---

[3] La identificación del vehículo que hubiese intervenido, solo en caso de ser conocido.

[4] La identificación del conductor si se conoce.

[5] Datos del perjudicado.

[6] Se trata de aportar la documentación de la que se disponga, sin que sea obligatorio realizar informes periciales de parte. Respecto a los informes asistenciales, no sería necesario presentarlos si la aseguradora ya los tiene por el sistema CAS de los convenios de asistencia sanitaria.

[7] La información de interés contenida en los atestados e informes de las Fuerzas y Cuerpos de Seguridad encargadas de la vigilancia del tráfico que recojan las circunstancias del accidente podrá ser facilitada por estas a petición de las partes afectadas, perjudicados o entidades aseguradoras, salvo en el caso en que las diligencias se hayan entregado a la autoridad judicial competente para conocer los hechos, en cuyo caso deberán solicitar dicha información a esta.

[8] Cualquier otra documentación de la que se disponga.

[9] Lugar y fecha del escrito.

[10] Perjudicado peticionante.

# Oferta vinculante confidencial por falta de respuesta por la aseguradora (Adaptado a LO 1/2025 y a la Ley 5/2025)

SP/FORM/15776

En ____________, a _____, de ______________, de _______

N.º Ref.: _________

## Partes involucradas

**A la atención del Departamento de Reclamaciones:**

Nombre/Razón Socia Aseguradora: ____________________

Domicilio: ___________________________

Código Postal: __________________

Población: ________________

Provincia: _____________________

E-mail: ____________________

**Parte proponente:**

Nombre/Razón Social: ____________________

Apellidos: ________________________

NIF/CIF: ____________________

Domicílio: ___________________________

Código Postal: __________________

Población: ________________

Provincia: _____________________

Contacto: ___________________

E-mail: ____________________

Teléfono ____________

**Representante**

Abogado: (Adaptado a LO 1/2025)[1]

Cdo.: _____________ del Ilustre Colegio de Abogados de ___________

Nombre/Razón Social: ___________________

Apelidos: ______________________

NIF/CIF: ___________________

Domicilio: _________________________

Código Postal: ________________

Población: ______________

Provincia: ___________________

Contacto: _________________

E-mail: __________________

Teléfono: ___________

## Descripción del conflicto

D./D.ª _______________, en representación legal/voluntaria de ____________, en virtud de mandato/autorización/poder conferido/escritura/Auto/otro de fecha _________________ (en adelante, oferente), con correo electrónico para notificaciones _______________ y (en caso de oferta superior a 2.000 euros o indeterminada), bajo la dirección letrada de D./D.ª _______________, colegiado/a n.º ______ del Ilustre Colegio de Abogados de ____________, cuya intervención se consigna a efectos del art. 6.2 de la Ley 1/2025, de 2 de enero, de Medidas en Materia de Eficiencia del Servicio Público de Justicia (SP/LEG/44145), emite la presente oferta vinculante confidencial a la entidad ___________________.

La presente OFERTA VINCULANTE CONFIDENCIAL se emite en el marco procesal de los arts. 5.1 y 17 LOMESPJ garantizando la buena fe, la confidencialidad y el principio de subsidiariedad procesal con el fin de alcanzar un acuerdo amistoso de conformidad con lo dispuesto en el art. 17 de la Ley Orgánica 1/2025, de 3 de enero, y el art. 7.8 del Texto Refundido de la Ley de Responsabilidad Civil y Seguro en la circulación de vehículos a motor, aprobado por el Real Decreto Legislativo 8/2004, de 29 de octubre, y según redacción dada por la Ley 5/2025, de 24 de julio, por la que se modifican el texto refundido de la Ley sobre responsabilidad civil y seguro en la circulación de vehículos a motor, y que señala que "*Una vez presentada la oferta o la respuesta motivada, en caso de disconformidad y a salvo del derecho previsto en el apartado 5, o transcurrido el plazo para su emisión, el perjudicado podrá bien acudir a uno de los medios adecuados de solución de controversias en vía no jurisdiccional en los términos del*

---

[1] Dispone el art. 6 LO 1/2025, de 2 de agosto, en relación con la intervención de abogado:
"*2. Únicamente será preceptiva la asistencia letrada a las partes cuando se utilice como medio adecuado de solución de controversias la formulación de una oferta vinculante, excepto cuando la cuantía del asunto controvertido no supere los dos mil euros o bien cuando una ley sectorial no exija la intervención de letrado o letrada para la realización o aceptación de la oferta*".

*artículo 14 para intentar solventar la controversia, o bien acudir a la vía jurisdiccional oportuna para la reclamación de los daños y perjuicios correspondientes.*

(***En caso de oferta inferior a 2.000 euros*** *hecha por abogado: Esta oferta se emite con/sin intervención letrada, a pesar de no ser preceptiva, lo que se pone en su conocimiento por si Vd. también quisiera valerse de letrado en la misma, aunque podrá hacerlo directamente sin este (art. 6.2 LOMESPJ).*

(***En caso de monitorio superior a 15.000 euros:*** *La presente oferta vinculante tiene eficacia tanto para el proceso monitorio que pudiera resultar del rechazo de esta oferta como de un eventual juicio ordinario en caso de oposición en sede judicial)".*

Las condiciones de la oferta, sobre el derecho/situación jurídica/facultad, que se dirige a Vd., D./D.ª ________________, son las siguientes:

## I. Propuesta de resolución

La presente oferta vinculante tiene por objeto la resolución extrajudicial de la reclamación por daños y perjuicios derivados de siniestro de tráfico por el que se presentó reclamación a la entidad aseguradora ___________ que aperturó expediente con n.º _____________ en la fecha _______________, y tras lo cual no se ha tenido comunicación alguna por su parte, habiendo transcurrido con creces el plazo legal de tres meses, estipulado en el art. 7.2 de la Ley sobre responsabilidad civil y seguro en la circulación de vehículos a motor, para que dicha entidad presente la correspondiente OFERTA o RESPUESTA MOTIVADA.

Como consecuencia de lo anteriormente expuesto, la aseguradora _________________ deberá abonar a la parte proponente el IMPORTE TOTAL de _____________ euros en concepto de indemnización, que incluye:

Desglose:

*Daños personales*

Lesiones temporales:

– Perjuicio personal básico: __________ €

– Perjuicio personal particular: __________ €

– Perjuicio patrimonial: __________ €

Secuelas:

– Perjuicio personal básico: __________ €

– Perjuicio personal particular: __________ €

– Perjuicio patrimonial: __________ €

Fallecimiento:

– Perjuicio personal básico: __________ €

– Perjuicio personal particular: __________ €

– Perjuicio patrimonial: __________ €

*Daños materiales*

– Reparación del vehículo: __________ €

– Pérdida total del vehículo: __________ €

– Paralización: __________ €

– Otros daños: __________ €

DOCUMENTACIÓN QUE FUNDAMENTA ESTA OFERTA

– Informe médico pericial definitivo emitido por el Dr./Dra. ____________________.

– Partes médicos de baja, confirmación y alta.

– Atestado policial y documentación sobre las circunstancias del accidente.

– Factura de reparación y/o informe de tasación.

– Valor de mercado del vehículo.

– Documentación aportada por usted en su reclamación.

OBSERVACIONES SOBRE CONCURRENCIA DE CULPAS O REDUCCIÓN *(si fuera necesario)*

Se ha tenido en cuenta el atestado y demás informes que indican: ____________________________

Daños descartados: ____________________________

Daños preexistentes: ____________________________

El plazo de abono será __________________________

En relación con los intereses ___; ______________ se propone ____________________________________________________________________________

## II. Confidencialidad y restricciones de uso

La presente oferta y sus términos no podrán ser divulgados ni utilizados como prueba en un procedimiento judicial, salvo para acreditar el cumplimiento del requisito de procedibilidad previsto en el art. 5 de la Ley Orgánica 1/2025, de 2 de enero, y los arts.399 y 403.2 LEC.

La confidencialidad de este documento está protegida por el secreto profesional y las disposiciones del art. 17.3 de la citada Ley, así como por el art. 199 del Código Penal, sancionando su divulgación indebida.

(*Ambas partes liberan el carácter confidencial de la oferta*).

## III. Medios de comunicación y remisión

Se envía la oferta por un medio que acredita la remisión como es:

____________________[2].

[2] Burofax postal, burofax electrónico, correo electrónico certificado y/o por medios telemáticos con la certificación de un tercero de confianza acreditado y/o mediante tecnología Blockchain, de conformidad con lo dispuesto en el art. 17.2 de la LO 1/2025, art. 326 de la Ley de Enjuiciamiento Civil, Ley 34/2002, de 11 de julio, de Servicios de la Sociedad de la Información y de Comercio Electrónico Española, en trasposición de la Directiva 2000/31/CE, de 8 de junio, del Parlamento Europeo y del Consejo, Ley 6/2020, de 11 de noviembre, reguladora de determinados aspectos de los servicios electrónicos de confianza y Reglamento UE 910/2014.

Toda respuesta o comunicación respecto a esta oferta deberá ser remitida a la atención de D./D.ª ________________________________________:

– Correo electrónico: ________________________________ y/o

– Domicilio postal: __________________________________________.

## IV. Aceptación y revocación

La presente oferta vinculante confidencial está sujeta a las reglas propias de toda oferta contractual del Código Civil, y a las particulares del art. 17.1 de la Ley Orgánica antes indicada, por lo que su aceptación vincula de forma irrevocable al requerido.

Esta oferta solo admite aceptación expresa, rechazo expreso o tácito (por transcurso del plazo de un mes del art. 17.3 LOMESPJ) o, en su caso, contraoferta fehaciente del requerido, que podrá ser remitida al correo electrónico antes indicado o domicilio postal.

La aceptación, de conformidad con el art. 17.1 LOMESPJ, deberá ser expresa, y podrá exteriorizarse por cualquier medio válido en Derecho, particularmente mediante la plasmación de firma en el presente documento, o por medio de otro documento independiente, aceptación que deberá ser total. En caso de aceptación parcial, se reputará como una contraoferta.

La oferta podrá/no podrá ser revocada en cualquier momento por el oferente antes de la aceptación, lo que tendrá lugar según las normas de nuestro Derecho Civil (art. 1.262 CC).

Este oferente muestra su total disposición en alcanzar un acuerdo que evite un eventual proceso judicial.

## V. Acuerdo parcial

En caso de llegar a un acuerdo parcial sobre determinados daños y perjuicios, tal y como está permitido por el principio de autonomía privada en el desarrollo de los medios adecuados de solución de controversias del art. 4 de la Ley Orgánica 1/2025, esta parte se reserva su potestad de presentar demanda posterior para ejercitar sus pretensiones respecto a los extremos en los que se mantenga la controversia.

## VI. Plazo de respuesta

De conformidad con lo dispuesto en el art. 17 de la Ley Orgánica 1/2025, se concede un plazo de un mes desde la recepción de la presente oferta para su aceptación, emisión de una contraoferta o rechazo por escrito. En caso de ausencia de respuesta en dicho período, se entenderá que la oferta ha sido rechazada sin efectos vinculantes para la parte oferente.

## VII. Elevación a escritura pública y asunción de gastos

En caso de aceptación de la presente oferta, ambas partes suscribirán el oportuno acuerdo en los términos del art. 12.1 LOMESPJ. Dicho acuerdo podrá elevarse a escritura pública de forma unilateral por cualquiera de las partes, o de mutuo acuerdo, corriendo, en ambos casos, los gastos notariales y posteriores registrales o de otra índole a cargo del solicitante.

## VIII. Consecuencias del rechazo injustificado

En caso de rechazo infundado o falta de respuesta y posterior resolución judicial que otorgue una cuantía igual o inferior a la propuesta, la parte proponente podrá solicitar la imposición de costas procesales conforme al art. 394.2 de la Ley de Enjuiciamiento Civil, según la reforma introducida por la Ley Orgánica 1/2025.

## IX. Conclusión

Se insta a la parte reclamada a valorar esta propuesta en aras de una solución rápida, eficiente y extrajudicial del conflicto, evitando costes adicionales derivados del procedimiento judicial.

Sin otro particular, en espera de su respuesta, reciba un cordial saludo.

Firma electrónica ________________________________________

Abogado/a __________________________

Colegiado/a n.º _______________

# Oferta vinculante confidencial por rechazo de la oferta/respuesta motivada (Adaptada a LO 1/2025 y a la Ley 5/2025)

SP/FORM/15777

En ____________, a _____, de ______________, de _______

N.º Ref. _________

## Partes involucradas

**A la atención del Departamento de Reclamaciones:**

Nombre/Razón Socia Aseguradora: ____________________

Domicilio: ___________________________

Código Postal: __________________

Población: ________________

Provincia: _____________________

E-mail: ____________________

**Parte proponente:**

Nombre/Razón Social: ____________________

Apellidos: ________________________

NIF/CIF: _____________________

Domicílio: ___________________________

Código Postal: __________________

Población: ________________

Provincia: _____________________

Contacto: ___________________

E-mail: ____________________

Teléfono: ____________

**Representante**

Abogado: (Adaptado a LO 1/2025)[1]

---

[1] Dispone el art. 6 de la LO 1/2025, de 2 de agosto, en relación con la intervención de abogado:
"*2. Únicamente será preceptiva la asistencia letrada a las partes cuando se utilice como medio adecuado de solución de controversias la formulación de una oferta vinculante, excepto cuando la cuantía del asunto controvertido no supere los dos mil euros o bien cuando una ley sectorial no exija la intervención de letrado o letrada para la realización o aceptación de la oferta*".

Cdo.: _____________ del Ilustre Colegio de Abogados de ___________

Nombre/Razón Social: ___________________

Apellidos: _______________________

NIF/CIF: ____________________

Domicilio: __________________________

Código Postal: _________________

Población: _______________

Provincia: ____________________

Contacto: __________________

E-mail: ___________________

Teléfono: ___________

## Descripción del conflicto

D./D.ª _______________ en representación legal/voluntaria de _____________ en virtud de mandato/autorización/poder conferido/escritura/Auto/otro de fecha ___________ (en adelante oferente), con correo electrónico para notificaciones ________________ y (en caso de oferta superior a 2.000 euros o indeterminada), bajo la dirección letrada de D./D.ª _______________, colegiado n.º _____ del Ilustre Colegio de Abogados de ____________, cuya intervención se consigna a efectos del art. 6.2 Ley 1/2025, de 2 de enero, de Medidas en Materia de Eficiencia del Servicio Público de Justicia (SP/LEG/44145), emite la presente oferta vinculante confidencial a la entidad ____________________.

La presente OFERTA VINCULANTE CONFIDENCIAL se emite en el marco procesal de los arts. 5.1 y 17 LOMESPJ, garantizando la buena fe, la confidencialidad y el principio de subsidiariedad procesal u con el fin de alcanzar un acuerdo amistoso de conformidad con lo dispuesto en el art. 17 de la Ley Orgánica 1/2025, de 3 de enero, y el art.14 del Texto Refundido de la Ley de Responsabilidad Civil y Seguro en la circulación de vehículos a motor, aprobado por el Real Decreto Legislativo, 8/2004, de 29 de octubre, y según redacción dada por la Ley 5/2025, de 24 de julio, por la que se modifican el texto refundido de la Ley sobre responsabilidad civil y seguro en la circulación de vehículos a motor, y que señala que "*En caso de disconformidad con la oferta o la respuesta motivada y, en general, en los supuestos de controversia, las partes podrán acudir a todo medio adecuado de solución de controversias en vía no jurisdiccional.*

(***En caso de oferta inferior a 2.000 euros*** *hecha por abogado: Esta oferta se emite con/sin intervención letrada, a pesar de no ser preceptiva, lo que se pone en su conocimiento por si Vd. también quisiera valerse de letrado en la misma, aunque podrá hacerlo directamente sin este (art. 6.2 LOMESPJ).*

(***En caso de monitorio superior a 15.000 euros:*** *La presente oferta vinculante tiene eficacia tanto para el proceso monitorio que pudiera resultar del rechazo de esta oferta como de un eventual juicio ordinario en caso de oposición en sede judicial)".*

Las condiciones de la oferta, sobre el derecho/situación jurídica/facultad, que se dirige a Vd., D/D.ª _______________ son las siguientes:

## I. Propuesta de resolución

La presente oferta vinculante tiene por objeto la resolución extrajudicial de la reclamación por daños y perjuicios derivados de siniestro de tráfico por el que se presentó reclamación a la entidad aseguradora ___________ que aperturó expediente con n.º _____________ y por el que presentó la OFERTA/RESPUESTA MOTIVADA, que se acompaña en la documentación adjunta, con la que esta parte se encuentra en total desacuerdo puesto que: ________________________________________________________________

Como consecuencia de lo anteriormente expuesto la aseguradora ________________ deberá abonar a la parte proponente el IMPORTE TOTAL de _____________ euros en concepto de indemnización que incluye:

Desglose:

Daños personales

Lesiones temporales:

– Perjuicio personal básico: __________ €

– Perjuicio personal particular: __________ €

– Perjuicio patrimonial: __________ €

Secuelas:

– Perjuicio personal básico: __________ €

– Perjuicio personal particular: __________ €

– Perjuicio patrimonial: __________ €

Fallecimiento:

– Perjuicio personal básico: __________ €

– Perjuicio personal particular: __________ €

– Perjuicio patrimonial: __________ €

Daños materiales

– Reparación del vehículo: __________ €

– Pérdida total del vehículo: __________ €

– Paralización: __________ €

– Otros daños: __________ €

DOCUMENTACIÓN QUE FUNDAMENTA ESTA OFERTA

– Informe médico pericial definitivo, emitido por el Dr./Dra. ___________________.

– Partes médicos de baja, confirmación y alta.

– Atestado policial y documentación sobre las circunstancias del accidente.

– Factura de reparación y/o informe de tasación.

– Valor de mercado del vehículo.

– Documentación aportada por usted en su reclamación.

OBSERVACIONES SOBRE CONCURRENCIA DE CULPAS O REDUCCIÓN *(si fuera necesario)*

Se ha tenido en cuenta el atestado y demás informes que indican: ________________.

Daños descartados: __________________________.

Daños preexistentes: __________________________.

El plazo de abono será ________________________.

En relación con los intereses___; ____________ se propone ____________________________________________________________.

## II. Confidencialidad y restricciones de uso

La presente oferta y sus términos no podrán ser divulgados ni utilizados como prueba en un procedimiento judicial, salvo para acreditar el cumplimiento del requisito de procedibilidad previsto en el art. 5 de la Ley Orgánica 1/2025 de 2 de enero, y los arts. 399 y 403.2 LEC.

La confidencialidad de este documento está protegida por el secreto profesional y las disposiciones del art. 17.3 de la citada Ley, así como por el art. 199 del Código Penal, sancionando su divulgación indebida.

(*Ambas partes liberan el carácter confidencial de la oferta*)

## III. Medios de comunicación y remisión

Se envía la oferta por un medio que acredita la remisión como es[2]: ________________.

Toda respuesta o comunicación respecto a esta oferta deberá ser remitida a la atención de D./D.ª ________________________________:

– Correo electrónico: ____________________________ y/o

– Domicilio postal: ______________________________________.

## IV. Aceptación y revocación

La presente oferta vinculante confidencial está sujeta a las reglas propias de toda oferta contractual del Código Civil, y a las particulares del art. 17.1 LO antes indicada, por lo que su aceptación vincula de forma irrevocable al requerido.

Esta oferta solo admite aceptación expresa, rechazo expreso o tácito (por transcurso del plazo de un mes del art. 17.3 LOMESPJ) o, en su caso, contraoferta fehaciente del requerido, que podrá ser remitida al correo electrónico antes indicado o domicilio postal.

---

[2] Burofax postal, burofax electrónico, correo electrónico certificado y/o por medios telemáticos con la certificación de un tercero de confianza acreditado y/o mediante tecnología Blockchain, de conformidad con lo dispuesto en el art. 17.2 LO 1/2025, art. 326 de la Ley de Enjuiciamiento Civil, Ley 34/2002, de 11 de julio, de Servicios de la Sociedad de la Información y de Comercio Electrónico Española, en trasposición de la Directiva 2000/31/CE, de 8 de junio del Parlamento Europeo y del Consejo, Ley 6/2020, de 11 de noviembre, reguladora de determinados aspectos de los servicios electrónicos de confianza y Reglamento UE 910/2014.

La aceptación, de conformidad con el art. 17.1 LOMESPJ, deberá ser expresa, y podrá exteriorizarse por cualquier medio válido en Derecho, particularmente mediante la plasmación de firma en el presente documento, o por medio de otro documento independiente, aceptación que deberá ser total. En caso de aceptación parcial, se reputará como una contraoferta.

La oferta podrá/no podrá ser revocada en cualquier momento por el oferente antes de la aceptación, lo que tendrá lugar según las normas de nuestro Derecho Civil (art. 1262 CC).

Este oferente muestra su total disposición en alcanzar un acuerdo que evite un eventual proceso judicial.

## V. Acuerdo parcial

En caso de llegar a un acuerdo parcial sobre determinados daños y perjuicios, tal y como está permitido por el principio de autonomía privada en el desarrollo de los medios adecuados de solución de controversias del art. 4 de la Ley Orgánica 1/2025, esta parte se reserva su potestad de presentar demanda posterior para ejercitar sus pretensiones respecto a los extremos en los que se mantenga la controversia.

## VI. Plazo de respuesta

De conformidad con lo dispuesto en el art. 17 de la Ley Orgánica 1/2025, se concede un plazo de un mes desde la recepción de la presente oferta para su aceptación, emisión de una contraoferta o rechazo por escrito. En caso de ausencia de respuesta en dicho período, se entenderá que la oferta ha sido rechazada sin efectos vinculantes para la parte oferente.

## VII. Elevación a escritura pública y asunción de gastos

En caso de aceptación de la presente oferta, ambas partes suscribirán el oportuno acuerdo en los términos del art. 12.1 LOMESPJ. Dicho acuerdo podrá elevarse a escritura pública de forma unilateral por cualquiera de las partes, o de mutuo acuerdo, corriendo, en ambos casos, los gastos notariales y posteriores registrales o de otra índole a cargo del solicitante.

## VIII. Consecuencias del rechazo injustificado

En caso de rechazo infundado o falta de respuesta y posterior resolución judicial que otorgue una cuantía igual o inferior a la propuesta, la parte proponente podrá solicitar la imposición de costas procesales conforme al art. 394.2 de la Ley de Enjuiciamiento Civil, según la reforma introducida por la Ley Orgánica 1/2025.

## IX. Conclusión

Se insta a la parte reclamada a valorar esta propuesta en aras de una solución rápida, eficiente y extrajudicial del conflicto, evitando costes adicionales derivados del procedimiento judicial.

Sin otro particular, en espera de su respuesta, reciba un cordial saludo.

Firma electrónica ________________________________________

Abogado

Colegiado n.º _______________

# Oferta motivada de indemnización por daños personales y materiales derivados de accidente de circulación

SP/DOCT/15778

## Datos del perjudicado

Nombre: ____________________________

Dirección: ____________________________

CP: _____________

Población: ____________________________

Provincia: ____________________________

## Datos del siniestro

Fecha del siniestro: ________________

Lugar del siniestro: ____________________________

Muy Sr/a. nuestro/a:

Nos dirigimos a usted en relación con el siniestro arriba indicado, tras la recepción de la comunicación obligatoria conforme al art. 7.1 del Texto Refundido de la Ley sobre Responsabilidad Civil y Seguro en la Circulación de Vehículos a Motor, conforme a los nuevos requisitos establecidos por la Ley 5/2025, en vigor desde el 26 de julio de 2025 y dentro del plazo establecido en el precitado art. 7.

En cumplimiento del art. 7 y siguientes, le remitimos la siguiente OFERTA MOTIVADA de indemnización, que incluye:

IMPORTE TOTAL OFRECIDO: ____________ €

Desglose:

Daños personales

Lesiones temporales:

– Perjuicio personal básico: __________ €

– Perjuicio personal particular: __________ €

– Perjuicio patrimonial: __________ €

Secuelas:

– Perjuicio personal básico: __________ €

– Perjuicio personal particular: __________ €

– Perjuicio patrimonial: __________ €

Fallecimiento:

– Perjuicio personal básico: __________ €

– Perjuicio personal particular: __________ €

– Perjuicio patrimonial: __________ €

Daños materiales

– Reparación del vehículo: __________ €

– Pérdida total del vehículo: __________ €

– Paralización: __________ €

– Otros daños: __________ €

## Documentación que fundamenta esta oferta

– Informe médico pericial definitivo, emitido por el Dr./Dra. ______________________.

– Partes médicos de baja, confirmación y alta.

– Atestado policial y documentación sobre las circunstancias del accidente.

– Factura de reparación y/o informe de tasación.

– Valor de mercado del vehículo.

– Documentación aportada por usted en su reclamación.

## Observaciones sobre concurrencia de culpas o reducción

Se ha tenido en cuenta el atestado y demás informes que indican: _________________________.

Daños descartados: ____________________________.

Daños preexistentes: ____________________________.

## MASC

No obstante, las partes intervinientes pueden acordar libre y voluntariamente que en caso de desacuerdo o de oposición respecto a la presente propuesta de oferta motivada, se podrá resolver a través de MASC.

## Aceptación de la oferta

El pago del importe ofrecido no implica renuncia al ejercicio de futuras acciones judiciales. Esta oferta se realiza conforme a los requisitos legales vigentes y queda a su disposición en nuestras oficinas.

En ______________________.

# Modelo de respuesta motivada de daños personales y daños materiales

SP/DOCT/15783

**Datos del perjudicado:**

Nombre: ____________________

Dirección: __________________

CP: ___________

Población: __________________

Provincia: ___________________

**Datos del siniestro:**

_____________________________________________________________________

_____________________________________________________________________

**Fecha de Siniestro**: _______

Muy Sr./Sra. nuestro/a:

Para el siniestro cuyos datos se refieren más arriba y en aplicación del art. 7.2 del Texto Refundido de la Ley de Responsabilidad Civil y Seguro en la circulación de vehículos a motor, aprobado por el Real Decreto Legislativo, 8/2004, de 29 de octubre, le informamos que tras su reclamación, presentada según la nueva redacción del art. 7.1 del Texto Refundido de la Ley de Responsabilidad Civil y Seguro en la circulación de vehículos a motor, aprobado por el Real Decreto Legislativo, 8/2004, de 29 de octubre, dado por la Ley 5/2025, de 24 de julio, por la que se modifican el texto refundido de la Ley sobre responsabilidad civil y seguro en la circulación de vehículos a motor; y estudiado el asunto detenidamente hemos determinado que no podemos realizar una oferta motivada de indemnización, por lo que le efectuamos una **RESPUESTA MOTIVADA**[1], en función a los siguientes parámetros[2]:

– No está determinada la responsabilidad: Según los partes de accidente y declaraciones de los implicados, existen versiones contradictorias sobre la dinámica del siniestro, sin que se haya podido determinar de forma concluyente la responsabilidad del conductor asegurado por esta entidad.

---

[1] Debe indicarse el motivo que impide efectuar la oferta de indemnización, bien sea porque no esté determinada la responsabilidad, bien porque no se haya podido cuantificar el daño o bien porque existe alguna otra causa que justifique el rechazo de la reclamación, que deberá ser especificada.

[2] Marcar el/los que procedan.

– Ausencia de relación de causalidad: Los informes médicos y biomecánicos disponibles no permiten establecer una relación directa entre el accidente y las lesiones reclamadas, considerando la baja intensidad del impacto.

– Falta de documentación médica suficiente que permita valorar el alcance de las lesiones y, por tanto, cuantificar el daño sufrido.

– El perjudicado no ha sufrido lesiones a causa del accidente pues de la documentación aportada no se acredita ningún daño personal.

– La responsabilidad no recae en el vehículo asegurado en esta entidad.

– El vehículo matrícula, asegurado en esta entidad, no ha intervenido en el accidente reclamado.

– El vehículo matrícula, no consta como asegurado en esta entidad.

– No está determinada la relación de causalidad.

– Existe culpa exclusiva de la víctima.

– Existe fuerza mayor extraña a la conducción.

– No se ha permitido la tasación del vehículo.

– No se ha aportado tasación de daños/ factura reparación.

Según se desprende de:

– El atestado levantado por la autoridad actuante.

– El informe médico preliminar

– El parte amistoso del accidente

– La versión del siniestro facilitada por el conductor del vehículo asegurado en esta entidad o el titular del seguro.

– Del relato de testigos.

– Del informe de reconstrucción efectuado por la entidad.

– De la consulta en base de datos por la información de identificación proporcionada en su escrito de reclamación.

En caso de desacuerdo o de oposición que pueda surgir respecto a la presente respuesta motivada, las partes intervinientes pueden acudir libre y antes de recurrir al juicio a todo medio adecuado de solución de controversias en vía no jurisdiccional de acuerdo al art. 14.1 del Texto Refundido de la Ley de Responsabilidad Civil y Seguro en la circulación de vehículos a motor, aprobado por el Real Decreto Legislativo, 8/2004, de 29 de octubre, y según redacción dada por la Ley 5/2025, de 24 de julio, por la que se modifican el texto refundido de la Ley sobre responsabilidad civil y seguro en la circulación de vehículos a motor.

Le informamos que esta respuesta motivada no requiere aceptación ni rechazo expreso por su parte, y no limita ni condiciona el ejercicio de las acciones legales que pudieran corresponderle para la defensa de sus derechos, o se quiera iniciar algún medio adecuado de solución de controversias en vía no jurisdiccional.

Asimismo, esta entidad se compromete a mantenerle informado sobre la evolución del expediente y, en caso de que se disponga de nueva información que permita valorar el daño, se procederá a emitir una oferta motivada conforme a lo establecido en la normativa vigente.

En ________________________[3].

---

[3] Lugar y fecha del escrito.

# Modelo de comunicación al asegurador de rechazo de la indemnización para acudir a un medio adecuado de solución de controversia[1]

SP/DOCT/15782

Razón social de la aseguradora ____________

Dirección ____________

CP, localidad y provincia ____________

**Datos del perjudicado:**

Nombre: ____________________

DNI: ____________________

Dirección: ____________________

CP: ____________

Población: ____________________

Provincia: ____________________

Muy Sres. míos:

Me pongo en contacto con ustedes en aplicación del art. 14 del Texto Refundido de la Ley de Responsabilidad Civil y Seguro en la circulación de vehículos a motor, aprobado por el Real Decreto Legislativo, 8/2004, de 29 de octubre, según redacción dada por la Ley 5/2025, de 24 de julio, con entrada en vigor a partir del 26 de julio de 2025, que permite que cualquiera de las partes pueda solicitar el inicio de un medio adecuado de solución de controversias en vía no jurisdiccional, y del art. 7.8 del mismo texto legal, que recoge que una vez presentada la oferta o la respuesta motivada, en caso de disconformidad, el perjudicado podrá bien acudir a uno de los medios adecuados de solución de controversias en vía no jurisdiccional en los términos del art. 14 para intentar solventar la controversia, o bien acudir a la vía jurisdiccional oportuna para la reclamación de los daños y perjuicios correspondientes.

Por lo que siendo parte y estando en total desacuerdo con la cuantificación realizada por Uds. en la oferta (o respuesta) motivada, y estando recogido expresamente en el art. 14.1 del Real Decreto Legislativo, 8/2004, de 29 de octubre, que en caso de disconformidad con la oferta o la respuesta motivada y, en general, en los casos de controversia, cualquiera de las partes

[1] No se admitirán a trámite, de conformidad con el art. 403.2 de la Ley de Enjuiciamiento Civil, las demandas cuando no se acompañen a ella los documentos que la ley expresamente exija para la admisión de aquellas, cuando no se hagan constar las circunstancias a las que se refiere el segundo párrafo del apartado 3 del artículo 399 en los casos en que se haya acudido a un medio adecuado de solución de controversias por exigirlo la ley como requisito de procedibilidad o cuando no se hayan efectuado los requerimientos, reclamaciones o consignaciones que se exijan en casos especiales. Como es el caso del art. 7.1 del Texto Refundido de la Ley de Responsabilidad Civil y Seguro en la circulación de vehículos a motor, aprobado por el Real Decreto Legislativo, 8/2004, de 29 de octubre, según redacción dada por la Ley 35/2015, de 22 de septiembre, de reforma del sistema para la valoración de los daños y perjuicios causados a las personas en accidentes de circulación, que establece que con carácter previo a la interposición de la demanda judicial, se deberá comunicar el siniestro al asegurador, pidiendo la indemnización que corresponda.

podrá solicitar el inicio de un medio adecuado de solución de controversias en vía no jurisdiccional, voy a proceder a presentar la solicitud de[2]:

– Mediación.

– Conciliación privada.

– Conciliación judicial.

– Oferta vinculante confidencial.

– Opinión de persona experta independiente.

– Derecho colaborativo.

En el que intervendrán profesionales especializados en responsabilidad civil en el ámbito de la circulación y en el sistema de valoración, que cuenten con la formación específica en este ámbito.

Por lo que voy a proceder a presentar la solicitud de la misma ante ______________________ (persona o institución que vaya a participar en el MASC), y vengo a ponerlo en su conocimiento por medio de la presente comunicación.

Lo que vengo a poner en su conocimiento por medio de la presente comunicación.

Sin otro particular,

En ______________________[3].

Fdo.: D./D.ª ________________[4]

[2] Indicar el MASC elegido.
[3] Lugar y fecha del escrito.
[4] Perjudicado peticionante.

# Solicitud de mediación por rechazo de la oferta/respuesta motivada (Adaptada a LO 1/2025 y a la Ley 5/2025)

SP/DOCT/15784

En __________________________[1], a _____________________[2].

A la atención de __________________________________________[3]

**Parte solicitante** de la mediación:

Nombre y apellidos:______________________

Razón social: ______________________

DNI o NIF: ______________________

Tfno.: ______________________

Dirección: ____________________

CP: _____________

Población: ____________________

Provincia: _____________________

Representante de la parte solicitante:

Nombre y apellidos:______________________

DNI o NIF: ______________________

Tfno.: ______________________

Dirección: ____________________

**Parte invitada** a mediación:

Nombre y apellidos: ______________________

Razón social: ______________________

DNI o NIF: ______________________

Tfno.: ______________________

Dirección: ____________________

CP: _____________

[1] La ciudad del contrato.
[2] Fecha de celebración.
[3] Persona o entidad mediadora.

Población: ____________________

Provincia: ____________________

Representante de la parte invitada:

Nombre y apellidos: ____________________

DNI o NIF: ____________________

Tfno.: ____________________

Dirección: ____________________

## Expone

**PRIMERO.** Que se ha planteado controversia en la valoración de los daños personales y materiales consecuencia de un accidente de circulación, por el que se tramitó el correspondiente expediente con n.º ________[4] por la entidad________[5] puesto que[6]:

*– Presentada la oferta/respuesta motivada con la valoración de los daños personales y materiales en la cantidad de ________[7] euros, esta parte se encuentra disconforme con la misma.*

*– Ha transcurrido el plazo de emisión de la oferta/respuesta motivada sin que la entidad________[8] haya dado muestras de comunicación alguna.*

**SEGUNDO.** Que es preceptivo que por una de las partes antes del ejercicio de acciones judiciales y en cumplimiento del requisito de procedibilidad previsto en el art. 403.2 de la Ley 1/2000, de 7 de enero, de Enjuiciamiento Civil y en el art, acuda a todo medio adecuado de solución de controversias en vía no jurisdiccional, por lo ejercitando mi derecho me dirijo a Uds. para solicitar formalmente MEDIACIÓN de acuerdo a los siguientes

## Fundamentos

**PRIMERO.** Que de acuerdo al art. 14.1 del Texto Refundido de la Ley de Responsabilidad Civil y Seguro en la circulación de vehículos a motor, aprobado por el Real Decreto Legislativo, 8/2004, de 29 de octubre, y según redacción dada por la Ley 5/2025, de 24 de julio, por la que se modifican el texto refundido de la Ley sobre responsabilidad civil y seguro en la circulación de vehículos a motor, se señala que "*En caso de disconformidad con la oferta o la respuesta motivada y, en general, en los supuestos de controversia, las partes podrán acudir a todo medio adecuado de solución de controversias en vía no jurisdiccional*".

Por lo que ejercitando la libre elección de acudir a todo medio adecuado de solución de controversias en vía no jurisdiccional se acude al presente procedimiento de MEDIACIÓN.

**SEGUNDO.** Que se inicia el presente procedimiento como parte perjudicada en un siniestro de tráfico, de acuerdo a los arts. 7.8 y 14.2 del Real Decreto Legislativo, 8/2004, según redacción dada por la Ley 5/2025, de 24 de julio, por la que se modifican el texto refundido de la Ley sobre responsabilidad civil y seguro en la circulación de vehículos a motor, y tras el recibimiento de la oferta motivada realizada por la aseguradora ___________[9] *(o la respuesta motivada o los informes periciales complementarios si se hubieran pedido, o transcurrido el plazo*

[4] El que corresponda.
[5] Datos de la entidad aseguradora.
[6] Indicar una de las opciones.
[7] Cuantificación.
[8] Datos de la entidad aseguradora.
[9] Datos de la aseguradora.

*para la emisión de la oferta o respuesta motivada*)[10] en fecha ___________, tal y como se puede comprobar en la documentación adjunta.

**TERCERO.** La valoración económica de los daños personales y materiales que se atribuye en la OFERTA MOTIVADA es de _____[11] euros, según acredito con el documento que acompaño con el n.º ________[12], con la que la esta parte se encuentra en desacuerdo por ser una cantidad ínfima en correlación con los daños padecidos.

**CUARTO.** Solicitamos en consecuencia que se nos cite a sesión informativa en la que expresamente deberá informársenos de lo establecido en el art. 17.1 de la Ley 5/2012, de 6 de julio.

**QUINTO.** Igualmente se requiere a ______________[13] la administración de Mediación conforme a sus Estatutos y Reglamentos[14] para ponerse en contacto con la otra parte para indicarle la disposición del interesado a someter el conflicto, que les concierne, a Mediación.

En caso de inasistencia injustificada de cualquiera de las partes a la sesión informativa se entenderá que desisten de la mediación solicitada. La información de qué parte o partes no asistieron a la sesión no será confidencial.

En esa sesión el mediador informará a las partes de las posibles causas que puedan afectar a su imparcialidad, de su profesión, formación y experiencia; así como de las características de la mediación, su coste, la organización del procedimiento y las consecuencias jurídicas del acuerdo que se pudiera alcanzar, así como del plazo para firmar el acta de la sesión constitutiva.

**SEXTO.** Se requiere a efectos de satisfacer el requisito de procedibilidad establecido por el art. 5 de la Ley Orgánica 1/2025, de 2 de enero, de medidas en materia de eficiencia del Servicio Público de Justicia, el art. 403.2 de la Ley 1/2000, de 7 de enero, de Enjuiciamiento Civil, y el 7.8 del Real Decreto Legislativo, 8/2004, según redacción dada por la Ley 5/2025, de 24 de julio, por la que se modifican el texto refundido de la Ley sobre responsabilidad civil y seguro en la circulación de vehículos a motor, que se entenderá cumplido con la celebración de al menos una sesión inicial ante el mediador, que se expida un documento en el que deberá hacer constar:

a) La identidad del mediador, su cualificación, colegio profesional o institución a la que pertenece.

b) La intervención de un profesional especializado y con formación específica en responsabilidad civil en el ámbito de la circulación y en el sistema de valoración.

c) La identidad de las partes.

d) El objeto de la controversia.

e) La fecha de la sesión.

f) La declaración solemne de que las dos partes han intervenido de buena fe en el proceso, para que surta efectos ante la autoridad judicial correspondiente.

g) En su caso, la inasistencia de cualquiera de las partes.

En ______________[15].

Fdo.: D./D.ª ________________[16]

---

[10] Elegir entre las opciones indicadas.
[11] Cuantificación de la indemnización según la oferta o respuesta motivada.
[12] El que corresponda.
[13] Persona o Institución de Mediación.
[14] Al EDIDE —Equipo de Diagnóstico y Designación— la designación del mediador que se considere más apropiado al asunto, para su confirmación por las partes en sesión informativa.
[15] Lugar y fecha de la solicitud.
[16] Firma del solicitante.

# Propuesta de resolución por intervención de tercero experto neutral (Adaptada a LO 1/2025)[1]

SP/FORM/15785

En ____________________[2], a ________________[3].

## I. Datos de las partes

Parte Reclamante

Nombre: __________[4]

DNI/NIE: __________[5]

Domicilio: __________[6]

Representado por: __________[7]

Parte Reclamada:

Nombre: __________[8]

DNI/NIE/CIF: __________[9]

Domicilio: __________[10]

Representado por: __________[11]

## II. Objeto de la propuesta

La presente propuesta tiene por objeto someter la controversia derivada del accidente de tráfico ocurrido el día[12] ________, en lugar________[13], a un procedimiento de resolución de conflictos mediante la "*intervención de una persona experta independiente*", tal y como

---

[1] Es dudoso que el rechazo expreso o tácito a dicha propuesta conlleve cumplimiento del MASC, pues es posible acudir unilateralmente a un tercero, y deberá ser este quien se encargue de la citación al requerido y, en su caso, de expedir el documento donde se deja constancia de ese rechazo. No obstante, por razones de economía, deberían admitir el rechazo a designar de mutuo acuerdo un tercero negociador como cumplimiento del MASC en su vertiente de intento de negociación, aunque el intento del art. 10.2 LOMESPJ esté reservado para la negociación directa.

[2] Ciudad.

[3] Fecha.

[4] Nombre del perjudicado.

[5] Número.

[6] Dirección completa.

[7] Abogado, si aplica.

[8] Nombre del presunto responsable o aseguradora.

[9] Número.

[10] Dirección completa.

[11] Abogado, si aplica.

[12] Fecha del siniestro.

[13] Lugar del accidente.

reconocen los arts. 18 LO 1/2025, de 2 de enero, y 14.1 RDL 8/2004, de 29 de octubre, por el que se aprueba el Texto Refundido de la Ley sobre Responsabilidad Civil y Seguro en la Circulación de Vehículos a Motor, en su redacción dada por la Ley 5/2025, de 24 de julio, con el fin de negociar y alcanzar un acuerdo que evite un eventual proceso judicial.

Asimismo, recordarle que, según la Ley antes indicada, la falta de participación en la negociación o de búsqueda de una solución consensuada en la misma, puede tener repercusión en materia de costas procesales en un hipotético proceso judicial.

## III. Descripción del conflicto

El conflicto versa sobre la determinación de la responsabilidad civil derivada del accidente de tráfico mencionado, así como la cuantía de la indemnización correspondiente por los daños personales y materiales sufridos por la parte reclamante.

## IV. Tercero experto propuesto

Se propone como tercero experto independiente a:

Nombre: ______________________[14]

Especialidad: ______________________[15]

Contacto: ______________________[16]

Ambas partes deben manifestar su conformidad con la designación de dicho experto.

## V. Procedimiento

1. Las partes se comprometen a entregar al tercero experto toda la documentación relevante (informes médicos, atestado policial, presupuestos de reparación, etc.) en un plazo máximo de ________[17] días desde la aceptación de esta propuesta.

2. El tercero experto emitirá un "*dictamen no vinculante*" en un plazo máximo de __[18] días naturales desde la recepción de toda la documentación.

3. Las partes se comprometen a valorar de buena fe dicho dictamen como base para alcanzar un acuerdo extrajudicial.

## VI. Efectos del acuerdo

En caso de alcanzar un acuerdo entre ambas partes, este podrá ser formalizado mediante "escritura pública" o unilateralmente por la parte solicitante por "acta notarial", conforme al art. 12.1 de la Ley Orgánica 1/2025, y podrá ser considerado "título ejecutivo".

---

[14] Nombre del experto.
[15] Por ej., Medicina legal, valoración de daños, perito en tráfico.
[16] Teléfono/E-mail.
[17] Indicar el número de días.
[18] Indicar el número de días.

## VII. Confidencialidad

Las partes acuerdan mantener la "confidencialidad" de todo lo tratado en el procedimiento, salvo que se acuerde lo contrario o sea necesario para la ejecución del acuerdo.

## VIII. Costes

Los costes derivados de la intervención del tercero experto serán asumidos por ambas partes a partes iguales, salvo pacto distinto.

## IX. Firma de las partes

Esta comunicación se remite, además de por correo postal fehaciente, por medios electrónicos, a su correo electrónico/otro ____________________[19], por lo que no podrá ser ignorada sin faltar a la buena fe, lo que podrá suponer, según doctrina jurisprudencial, la eficacia de dicha comunicación, aunque sea rehusada.

En caso de falta de respuesta, la presente tendrá efectos de satisfacer el requisito de procedibilidad establecido por el art. 5 de la Ley Orgánica 1/2025, de 2 de enero, de medidas en materia de eficiencia del Servicio Público de Justicia y el art. 403.2 de la Ley 1/2000, de 7 de enero, de Enjuiciamiento Civil.

Cualquier respuesta que quiera ofrecer a la presente propuesta de negociación puede remitirla al siguiente correo electrónico:

Sin otro particular, reciba un cordial saludo,

Firma[20]: ____________________________

Firma[21]: ____________________________

[19] Dirección de correo electrónico.

[20] Parte reclamante.

[21] Tercero experto.

BOLETÍN OFICIAL DEL ESTADO

Núm. 24 Jueves 28 de enero de 2016 Sec. III. Pág. 7305

MODELO NORMALIZADO DE SOLICITUD DE CONCILIACIÓN (ARTÍCULO 141.1 DE LA LEY 15/2015, DE 2 DE JULIO, DE JURISDICCIÓN VOLUNTARIA)

SOLICITUD DE CONCILIACIÓN

AL JUZGADO **SP/FORM/13728**

Don/Doña ........................................................................................................................................ con DNI y NIF/CIF número ............................., domiciliado/a en la calle .........................................................................., número .........., piso .........., de la localidad de ......................................................................., con número de teléfono .................................. y domicilio laboral en la calle .........................................................................., número .........., piso ..........., de la localidad de .................................................................................. con número de teléfono .........................................., fax ........................................... y dirección de correo electrónico ..............................................................................................................................

FORMULO SOLICITUD DE CONCILIACIÓN en reclamación de (se expondrá brevemente la pretensión que se deduce)

..........................................................................................................................................

frente a

..........................................................................................................................................

(se indicarán los datos de los requeridos de conciliación que deban ser citados por el Juzgado, con expresión del domicilio o domicilios en que pueden ser citados o cualquier otro dato que permita la identificación de los mismos)

Don/Doña ........................................................................................................................................ con DNI y NIF/CIF número ................................., domiciliado/a en la calle .........................................................................., número ............, de la localidad de ............................................................................................, con número de teléfono ....................................., fax ........................................... y dirección de correo electrónico ..............................................................................................................., (de conocer otros domicilios del/la demandado/a especifíquelos a continuación)......................................................................................................... ..........................................................................................................................................

Don/Doña ........................................................................................................................................ con DNI y NIF/CIF número ................................ domiciliado/a en la calle .........................................................................., número .........., de la localidad de ................................................................................................, con número de teléfono ........................................, fax ......................................... y dirección de correo electrónico ..............................................................................................................., (de conocer otros domicilios del/la demandado/a especifíquelos a continuación) .......................................................................................................... ..........................................................................................................................................

BOLETÍN OFICIAL DEL ESTADO

Núm. 24 Jueves 28 de enero de 2016 Sec. III. Pág. 7306

Don/Doña ........................................................................................................................................ con DNI y NIF/CIF número ....................................., domiciliado/a en la calle ........................................................................., número ............, de la localidad de ............................................................................................., con número de teléfono ......................................, Fax .......................................... y dirección de correo electrónico ..............................................................................................., (de conocer otros domicilios del/la demandado/a especifíquelos a continuación) .....................................................................................
........................................................................................................................................................................

Don/Doña ........................................................................................................................................ con DNI y NIF/CIF número ................................. domiciliado/a en la calle ..........................................................................., número ............, de la localidad de ............................................................................................., con número de teléfono ......................................, fax .......................................... y dirección de correo electrónico ................................................................................................................., (de conocer otros domicilios del/la demandado/a especifíquelos a continuación) .....................................................................................
........................................................................................................................................................................
.................................................................................................................[Otros, en su caso)

**Por**: (indique el objeto de la conciliación que se pretende y la fecha, el objeto de la avenencia de la avenencia y los hechos en que se fundamenta la solicitud)

........................................................................................................................................................................
........................................................................................................................................................................
........................................................................................................................................................................

Con la presente solicitud

☐ Aporto los documentos y/o dictámenes que se enumeran al final de este escrito

☐ No aporto documentos y/o dictámenes

(Se deberán aportar con la solicitud todos los documentos y/o dictámenes de que se disponga y se refieran a la capacidad y legitimación del promotor del expediente, a los datos de los interesados en el mismo, a los hechos alegados y todos aquellos que sirvan de fundamento de la pretensión).

☐ Propongo la práctica de los siguientes medios de prueba:

1. ...........................
2. ...........................
3. ...........................
4. ............................
(...)

☐ No propongo prueba

cve: BOE-A-2016-783
Verificable en http://www.boe.es

BOLETÍN OFICIAL DEL ESTADO

Núm. 24 Jueves 28 de enero de 2016 Sec. III. Pág. 7307

En atención a lo expuesto, PIDO AL JUZGADO:

(Exponga con claridad y precisión cuál es el objeto de la avenencia)

.................................................................................................................................................................

.................................................................................................................................................................

.................................................................................................................................................................

En ........................................................................, a ......... de ............................................. de ................

Firma:

Documentación que se adjunta (en su caso):

cve: BOE-A-2016-783
Verificable en http://www.boe.es

BOLETÍN OFICIAL DEL ESTADO

Núm. 303 Sábado 19 de diciembre de 2015 Sec. I. Pág. 119710

**ANEXO I**

SOLICITUD INFORME FORENSE

SP/FORM/6516

**Instituto de Medicina Legal y Ciencias Forenses de:**

**Solicitud** ☐ De común acuerdo entre la entidad aseguradora y el sujeto perjudicado

☐ A instancia del sujeto perjudicado

**Datos del solicitante**:

**Datos de la víctima lesionada**

Nombre de la víctima lesionada:

| | | | |
|---|---|---|---|
| 1º Apellido: | | 2º Apellido: | |
| DNI: | | Sexo: | |
| Fecha de nacimiento: | | | |
| Dirección: | | | Nº |
| Portal: | Escalera: | Piso: | Letra: |
| Municipio: | | Provincia: | |
| Código Postal: | | Teléfono: | |
| Correo electrónico: | | Móvil: | |

**Representante designado para las notificaciones**:

Nombre del representante:

| | | | |
|---|---|---|---|
| 1º Apellido: | | 2º Apellido: | |
| DNI: | | | |
| Tipo de representante: | | | |
| Dirección: | | | Nº |
| Portal: | Escalera: | Piso: | Letra: |
| Municipio: | | Provincia: | |
| Código Postal: | | Teléfono: | |
| Correo electrónico: | | Móvil: | |

Sujeto preferente de notificación: ☐ Al sujeto perjudicado ☐ Al representante

Medio preferente de notificación: ☐ Domicilio ☐ Correo electrónico

**Datos de la entidad aseguradora**

Nombre o razón social:

CIF/DNI:

| | | |
|---|---|---|
| Dirección: | | Nº: |
| Municipio: | Provincia: | |
| Código Postal: | Teléfono: | |
| Correo electrónico: | | |

BOLETÍN OFICIAL DEL ESTADO

Núm. 303 Sábado 19 de diciembre de 2015 Sec. I. Pág. 119711

Numero de siniestro:
Fecha accidente: Matrícula:
Medio preferente de notificación: □ Domicilio □ Correo electrónico

**Datos del accidente:**

Accidente laboral Si □ No □

Lugar, fecha y hora del accidente:
Matrícula vehículos implicados:
Informes aportados:
Oferta motivada (se debe adjuntar):

En caso de no coincidencia entre el lugar del accidente y el del domicilio de la víctima lesionada y a efectos de selección del Instituto de Medicina Legal y Ciencias Forenses la víctima lesionada, elige:

□ Lugar del domicilio □ Lugar del accidente

**Documentación aportada por las partes**:

**Observaciones** (se podrán incluir las peticiones a las que hace referencia el art. 4.2)

¿Adjunta documentación acreditativa del pago del precio público?

□ Sí □ No

Lugar, fecha y firma.

cve: BOE-A-2015-13872
Verificable en http://www.boe.es

# Demanda de juicio verbal para reclamación de daños materiales derivados de accidente de circulación (Adaptada a LO 1/2025 y a la Ley 5/2025)

SP/FORM/15786

## Identificación escrito iniciador

Materia/Asunto:

Demandante/s:

Procurador/a: D./D.ª ____________________

Abogado/a: D./D.ª ____________________

Demandado/a/s: ____________________

## Al Juzgado de ____________ que corresponda[1,2]

D./D.ª __________, Procurador/a de los Tribunales n.º ______ del Ilustre Colegio de Procuradores de ____________, en representación de ________ D./D.ª__________________ con NIF_________ y domicilio/residencia en _____________/mercantil __________________ con CIF ___________ y domicilio social ______________ con dirección de correo electrónico_______[3], o Dirección Electrónica Habilitada Única[4]. Igualmente se indican los siguientes datos de contacto _______________ según acredito mediante certificación de apoderamiento *apud acta* electrónico[5], que se acompaña como **documento n.º** _____, bajo

---

[1] Téngase en cuenta que los Juzgados de Primera Instancia pasarán a ser Tribunales de Instancia, secciones civiles, lo cual se hará de forma escalonada: el día 1 de julio de 2025, los Juzgados de Primera Instancia e Instrucción y los Juzgados de Violencia sobre la Mujer, en aquellos partidos judiciales donde no exista otro tipo de Juzgados, se transformarán, respectivamente, en Secciones Civiles y de Instrucción Únicas y Secciones de Violencia sobre la Mujer; el día 1 de octubre de 2025, los Juzgados de Primera Instancia, los Juzgados de Instrucción y los Juzgados de Violencia sobre la Mujer, en los partidos judiciales donde no exista otro tipo de Juzgados, se transformarán, respectivamente, en Secciones Civiles, Secciones de Instrucción y Secciones de Violencia sobre la Mujer; el día 31 de diciembre de 2025, los restantes Juzgados, no comprendidos en los supuestos anteriores, se transformarán en las respectivas Secciones conforme a lo previsto en la presente ley.

[2] Juzgado del lugar de producción del daño, art. 52.1.9 LEC.

[3] Datos de la entidad demandada.

[4] Datos de la entidad demandada.

[5] Existen tres posibilidades para otorgar el apoderamiento al Procurador de los Tribunales, conforme dispone el art. 24.1 LEC en su redacción dada por el Real Decreto-Ley 6/2023, de 19 de diciembre, en vigor desde el 20-3-2024 y aplicable a los procedimientos iniciados con posterioridad Disposición final 9.2 del citado Real Decreto-ley.

1. Mediante comparecencia electrónica, a través de la sede judicial Electrónica e inscrito en el Registro Electrónico de Apoderamientos Judiciales (https://sedejudicial.justicia.es/-/apoderamiento-apud-acta).

Se debe acompañar tal y como dispone el art. 264.1 certificación de dicho Registro como Documento n.º ___________. Se puede justificar igualmente mediante consulta orientada al dato por el órgano judicial que confirme la inscripción de esta en el Registro Electrónico de Apoderamientos Judiciales, cuando el sistema así lo permita.

2. *Apud acta*, mediante comparecencia personal, presencial o por medio electrónico, que se hizo ante el Juzgado Decano/cualquier oficina judicial de ___________(lugar), posteriormente inscrito en el Registro Electrónico de Apoderamientos Judiciales. Se debe acompañar certificación de dicho Registro como Documento n.º ___________. Se puede justificar igualmente mediante consulta orientada al dato por el órgano judicial que confirme la inscripción de esta en el Registro Electrónico de Apoderamientos Judiciales, cuando el sistema así lo permita

la dirección del Abogado D./D.ª __________, colegiado n.º _____________ del Ilustre Colegio de la Abogacía de _______________, ante el Juzgado comparezco y como mejor proceda en derecho, **DIGO**:

Que por medio del presente escrito formulo **DEMANDA DE JUICIO VERBAL** para la reclamación de la cantidad de ____________________ euros[6], IVA incluido, ejercitando la acción para la **INDEMNIZACIÓN DE DAÑOS MATERIALES DERIVADOS DE ACCIDENTE DE CIRCULACIÓN**, contra D./D.ª ___________________[7], vecino de ____________________[8], y contra la entidad mercantil Aseguradora ___________________[9], con CIF n.º_________ con domicilio en ____________________[10], con dirección de correo electrónico _______[11], o Dirección Electrónica Habilitada Única[12].

La demanda se basa en los siguientes:

## Hechos

**PREVIO. CUMPLIMIENTO DEL PRESUPUESTO DE PROCEDIBILIDAD DEL MEDIO ADECUADO DE SOLUCIÓN DE CONTROVERSIA NO JURISDICCIONAL**

Se ha cumplido con el requisito de procedibilidad exigido en el art. 5 de la Ley Orgánica 1/2025, de 2 de enero, de Medidas de Eficiencia del Servicio Público de Justicia y desarrollados en los arts. 2 a 19 de dicho cuerpo legal acudiendo a un previo medio adecuado de solución de controversias (MASC), reconociendo la mayoría de las Juntas de Jueces y LAJS que vienen entendiendo, que tras la entrada en vigor de la LO 1/2025 que "*La reclamación previa del artículo 7 LRCSCVM tendrá la consideración de MASC a los efectos de la LO 1/25*".

Se presentó la preceptiva reclamación extrajudicial con la comunicación del siniestro ante la aseguradora ___________ en fecha ________ de acuerdo a lo establecido en el art. 7.1 del Texto Refundido de la Ley de Responsabilidad Civil y Seguro en la circulación de vehículos a motor (LRCSCVM), aprobado por el Real Decreto Legislativo, 8/2004, de 29 de octubre, sin que la misma haya contestado con la necesaria oferta o respuesta motivada (o haya contestado con una oferta o respuesta motivada insuficiente).

El art. 7.8 recoge que, transcurrido el plazo para la emisión de la oferta o respuesta motivada, "*el perjudicado podrá bien acudir a uno de los medios adecuados de solución de controversias en vía no jurisdiccional en los términos del art. 14 para intentar solventar la controversia, o bien acudir a la vía*

---

3. Mediante escritura de poder otorgada, presencialmente o por medio electrónico, ante el Notario/Notaria ___________, con Notaría sita en ___________. El poder se inscribió en el Registro Electrónico de Apoderamientos Judiciales; lo cual justifico mediante certificación de dicho Registro aportada como Documento n.º ___________.Se puede justificar igualmente mediante consulta orientada al dato por el órgano judicial que confirme la inscripción de esta en el Registro Electrónico de Apoderamientos Judiciales, cuando el sistema así lo permita.

[6] A partir del 20 de marzo de 2024 las cantidades superiores a 15.000 € se reclaman por el juicio Verbal.

[7] Datos de identificación del demandado y resto de información conforme Resolución 15-12-2015.

[8] Domicilio en el que pueda ser emplazado el demandante y se consignará un número de teléfono, dispositivo electrónico, servicio de mensajería simple o una dirección de correo electrónico, de disponer de ellos, a los meros efectos de contacto por el tribunal.

[9] Datos de la entidad demandada.

[10] Art. 155.3 Si la demanda se dirigiese a una persona jurídica, podrá igualmente señalarse el domicilio de cualquiera que aparezca como administrador, gerente o apoderado de la empresa mercantil, o presidente, miembro o gestor de la Junta de cualquier asociación que apareciese en un Registro oficial.

[11] Datos de la entidad demandada.

[12] Tratándose del emplazamiento están el/los demandado(s) obligado(s) de conformidad con lo dispuesto en los arts.155, 162 y 164 LEC, a relacionarse con la Administración de forma telemática. Y en caso de que hayan transcurrido tres días sin que el destinatario acceda a su contenido, se proceda a su publicación por la vía del Tablón Edictal Judicial Único conforme a lo dispuesto en el art. 164 LEC y se entienda por practicado el acto de comunicación.

*jurisdiccional oportuna para la reclamación de los daños y perjuicios correspondientes”,* por lo que esta parte ha optado por instar la actual demanda.

Se acompaña como documento n.º ___ dicha Comunicación a la aseguradora a efectos de acreditación del intento de negociación y terminación del proceso sin acuerdo del art. 10.1 de la LO 1/2025 tal y como recoge el precitado 7.8 LRCSCVM y el art. 264.4 LEC[13].

**PRIMERO**. Mi representada D./D.ª ___________________ el día ________ a las _____ horas conducía el vehículo de su propiedad, marca ________________ modelo ________________, matricula____________ por la vía ___________________ de esta ciudad, cuando fue golpeado por el vehículo de el/la demandado/a, modelo ______________, marca ______________, matrícula ____________ como consecuencia de la maniobra _______________________.

Ante la negativa a la otra parte a firma la declaración amistosa se procedió a llamar a la Policía Local al ser un accidente en vía urbana[14], que procedió a elaborar el siguiente el atestado o informe equivalente[15], en los cuales se describe el lugar, fecha y los hechos tal y como se han relatado[16].

**SEGUNDO**. Como consecuencia del accidente aludido se han ocasionado en el vehículo de mi representado, parte derecha frontal, los siguientes daños ___________________ cuyo importe de reparación ascienden a la cantidad de ___________ euros[17], según se acreditan mediante la hoja reparación y factura n.º _______ expedida en fecha _______ por el taller oficial de la casa _________ sito en __________.

Se acompaña como **documento n.º ___[18],** original de dicha factura pagada con descripción de los daños y conste de reparación emitida por D./D.ª ___________________.

**TERCERO**. Resultado de dicho accidente fue igualmente necesaria la utilización de un servicio de grúa para transportar dicho vehículo al taller de reparación, lo que ocasionó gastos adicionales por valor de __________ euros, según se acredita mediante factura expedida por ___________________ Grúas S.A y que se adjunta como **documento n.º 2,** emitida por D./D.ª ___________________.

**CUARTO**. El vehículo propiedad del demandado/a, se encontraba asegurado en la entidad ___________________ que figura en el encabezamiento de este escrito, con póliza núm. ___________________, con validez hasta el día ___________________.

**QUINTO**. Como consecuencia de lo anteriormente expuesto se reclaman las siguientes cantidades:

– La suma de ___________ euros por los daños ocasionados en el vehículo.

– La suma de ___________ euros por los gastos ocasionados del traslado al taller de reparaciones.

---

[13] Precepto modificado por LO 1/2025, de 2 de enero, con entrada en vigor a partir del 3 de abril de 2025.

[14] La Policía Local es la encargada de redactar atestados o informes por accidentes en vías urbanas, mientras que la Guardia Civil interviene en vías interurbanas (carreteras de ámbito nacional y autonómico) y, en algunas comunidades autónomas, estas funciones son realizadas por la Policía Autonómica (como los Mossos d’Esquadra, la Ertzaintza o la Policía Foral) en el ámbito de sus competencias. La redacción de un atestado es obligatoria cuando hay lesiones, fallecidos, o si no hay acuerdo sobre los hechos o alguno de los implicados huye.

[15] Desde el 26 de julio de 2025 las Fuerzas y Cuerpos de Seguridad encargadas de la vigilancia del tráfico facilitarán de forma gratuita, a petición de los perjudicados, entidades aseguradoras, o sus representantes, y del Consorcio de Compensación de Seguros, copia del atestado o informe equivalente en el que conste toda la información sobre las circunstancias del accidente, incluso cuando lo hayan remitido a la autoridad judicial competente.

[16] Describir las circunstancias del accidente.

[17] Con independencia de la cuantía de los daños si se sigue el criterio expuesto en la observación general.

[18] Se presentará el listado de los documentos que se aporten con cualquier escrito de partes siempre que se trate de más de un documento. Lo documentos se presentan escaneados y con el escrito principal.

**SEXTO**. Que se presentó la preceptiva reclamación extrajudicial con la comunicación del siniestro ante la aseguradora en fecha ________ de acuerdo a lo establecido en el art. 7.8 y 14 del Texto Refundido de la Ley de Responsabilidad Civil y Seguro en la circulación de vehículos a motor, aprobado por el Real Decreto Legislativo, 8/2004, de 29 de octubre, la Ley 5/2025, de 24 de julio, por la que se modifican el texto refundido de la Ley sobre responsabilidad civil y seguro en la circulación, sin que esta parte haya recibido comunicación alguna por la aseguradora (no se está de acuerdo con la cantidad determinada en la oferta o discrepe de la respuesta motivada), no quedando a esta parte otro remedio que instar la actual demanda.

Se acompaña como **documento n.º** ___ la Comunicación de la aseguradora[19].

A los anteriores hechos son de aplicación los siguientes:

## Fundamentos de Derecho

**PRESUPUESTO PROCEDIBILIDAD**. Se cumple el requisito de procedibilidad para la iniciación de la vía jurisdiccional, de acudir a cualquier medio adecuado de solución de controversias del art. 5 de la Ley Orgánica 1/2025 y del art. 264.4 LEC[20], permitiendo el art. 14.1 de la precitada en LO 1/2025 que sea el previsto en otras normas, como es la preceptiva reclamación extrajudicial del art. 7 RDL 8/2004, tal y como reconocen la mayoría de las Juntas de Jueces y LAJS que vienen entendiendo, que tras la entrada en vigor de la LO 1/2025 que "*La reclamación previa del artículo 7 LRCSCVM tendrá la consideración de MASC a los efectos de la LO 1/25*".

Lo anterior ha sido suscrito por la Ley 5/2025, de 24 de julio, por la que se modifican el texto refundido de la Ley sobre responsabilidad civil y seguro en la circulación de vehículos a motor y con entrada en vigor el 26 de julio de 2025 que ha dado nueva redacción al apdo. 8 del art. 7 Real Decreto Legislativo 8/2004, que ha quedado redactado así:

"*8. Una vez presentada la oferta o la respuesta motivada, en caso de disconformidad y a salvo del derecho previsto en el apartado 5, o transcurrido el plazo para su emisión, el perjudicado podrá bien acudir a uno de los medios adecuados de solución de controversias en vía no jurisdiccional en los términos del artículo 14 para intentar solventar la controversia, o bien acudir a la vía jurisdiccional oportuna para la reclamación de los daños y perjuicios correspondientes.*

*No se admitirán a trámite, de conformidad con el artículo 403 de la Ley 1/2000, de 7 de enero, de Enjuiciamiento Civil, las demandas en las que no se acompañen los documentos que acrediten la oferta o respuesta motivada, si se hubiese emitido por el asegurador o, en caso de no haberse emitido, la reclamación previa al asegurador, que no requerirá cuantificación*".

### I

**CAPACIDAD**. Las partes ostentan la capacidad procesal necesaria conforme a lo establecido en los arts. 6 y ss. LEC.

---

[19] No se admitirán a trámite, de conformidad con el artículo 403 de la Ley de Enjuiciamiento Civil, las demandas en las que no se acompañen los documentos que acrediten la presentación de la reclamación al asegurador y la oferta o respuesta motivada, si se hubiera emitido por el asegurador.

[20] Precepto modificado por LO 1/2025, de 2 de enero, con entrada en vigor a partir del 3 de abril de 2025.

## II

**REPRESENTACION**. Está representado el actor/a por el Procurador que suscribe, habilitado para ejercer en el territorio del Juzgado al que nos dirigimos, y asimismo asistido del Letrado/a del Ilustre Colegio de Abogados de ______________[21].

## III

**LEGITIMACIÓN**. La Activa corresponde a mi patrocinado, a tenor del art. 10 LEC, como propietario del vehículo que sufrió los daños materiales. Reconociendo el art. 76 de Ley 50/1980, de 8 de octubre, de Contrato de Seguro, acción directa al perjudicado contra la compañía Aseguradora.

La pasiva corresponde por un lado a D./D.ª ____________________, propietario y causante del accidente y de los daños que se reclaman, tal y como establece el art. 1902 Código Civil y a la entidad Aseguradora ____________________, como aseguradora del vehículo propiedad del anterior, como establece el art. 73 de la Ley de Contrato de Seguro y los arts. 6 y 7 LRCSCVM.

## IV

**JURISDICCIÓN**. Es competente la jurisdicción civil, con arreglo a lo establecido en los arts. 9.2 y 21.1 LOPJ.

## V

**COMPETENCIA**. Es competente el Tribunal al que nos dirigimos de conformidad con los dispuesto en el art. 52.1.9.º LEC, al corresponder dicha competencia al Juzgado del lugar de producción del daño[22].

## VI

**CUANTÍA.** La cuantía de la presente litis de acuerdo con el art. 252.2.º LEC en relación con el art. 251.1.ª debe venir determinada por la suma de las acciones ejercitadas, ascendiendo a un total de ____________________[23] euros.

## VII

**PROCEDIMIENTO.** Resulta de aplicación el juicio verbal de la LEC 1/2000 al no superar la cantidad de 15.000 euros en aplicación del art. 250.2 LEC.

---

[21] Véase nota del encabezamiento de este escrito.

[22] Téngase en cuenta otros foros de competencia en los supuestos en los cuales se demanda a un Ente Público expuestos anteriormente.

[23] A partir del 20 de marzo de 2024 las cantidades inferiores a 15.000 € se reclaman por el Juicio Verbal.

## VIII

**ASUNTO DE FONDO**. Tal y como señala el art. 1 del REAL DECRETO LEGISLATIVO 8/2004, de 29 de octubre, por el que se aprueba el texto refundido de la Ley sobre Responsabilidad Civil y Seguro en la Circulación de Vehículos a Motor, según redacción dada por Ley 5/2025, de 24 de julio, "*El conductor de vehículos a motor es responsable, en virtud del riesgo creado por los hechos de la circulación de tales vehículos, de los daños causados a las personas o en los bienes como consecuencia de esos hechos.*

*En el caso de daños a las personas, de esta responsabilidad solo quedará exonerado cuando pruebe que los daños fueron debidos a la culpa exclusiva del perjudicado o a fuerza mayor extraña a la conducción o al funcionamiento del vehículo; no se considerarán casos de fuerza mayor los defectos del vehículo ni la rotura o fallo de alguna de sus piezas o mecanismos.*

*En el caso de daños en los bienes, el conductor responderá frente a terceros cuando resulte civilmente responsable según lo establecido en los artículos 1.902 y siguientes del Código Civil, artículos 109 y siguientes del Código Penal, y según lo dispuesto en esta ley*".

Se recoge en dicha norma la responsabilidad extracontractual en el art. 1902 del Código Civil, siendo reiterada la jurisprudencia objetivizando dicha responsabilidad tal y como señalan las Sentencias __________ y __________.

Recogen igualmente la responsabilidad de la Compañía Aseguradora los arts. 18, 19, 20, entre otros, de la Ley del Contrato de Seguro, así como los arts. 73 y 76 reconociendo este último la acción directa al perjudicado o sus herederos, para reclamar a la aseguradora dicha obligación de indemnizar[24].

## IX

**INTERESES**. Son de aplicación respecto del demandado D./D.ª __________________ los intereses moratorios, y respecto de la Aseguradora, los previstos en el art. 20 LCS en relación con el REAL DECRETO LEGISLATIVO 8/2004, de 29 de octubre, por el que se aprueba el Texto Refundido de la Ley sobre Responsabilidad Civil y Seguro en la Circulación de Vehículos a Motor. El art. 9 LRCSCVM señala: "*Si el asegurador incurriese en mora en el cumplimiento de la prestación en el seguro de responsabilidad civil para la cobertura de los daños y perjuicios causados a las personas o en los bienes con motivo de la circulación, la indemnización de daños y perjuicios debidos por el asegurador se regirá por lo dispuesto en el artículo 20 de la Ley 50/1980, de 8 de octubre, de Contrato de Seguro*".

No se ha procedido por la Entidad Aseguradora (sin que por otro lado se den los presupuestos recogidos en el apdo. octavo del art. 20 LCS o alguna de las singularidades del art. 9 LRCSCVM), a la consignación de cantidad alguna, y no impidiendo la iliquidez, el devengo de intereses, procede imponer a aquella el interés penitencial del mencionado precepto, al tipo del interés anual de ____ %.

[24] Y en general cualesquiera otros argumentos que se estimen convenientes, con el apoyo doctrinal o jurisprudencial al que haya lugar en cada caso.

# X

**COSTAS.** Es preceptiva la condena en costas conforme a lo dispuesto en los arts. 394 y 395 LEC en su redacción vigente dada por la LO 1/2025, de 2 de enero de medidas en materia del servicio público de Justicia.

Es claro que se ha infringido la Ley y ni siquiera ha dado solución a la situación, pues a pesar de ser requerido previamente de forma fehaciente y justificada para iniciar una actividad negociadora previa tendente a evitar el proceso judicial y llegar así a una solución de conflicto legalmente preceptiva, se ha ______________[25], sin causa que lo justifique, a un medio adecuado de solución de controversias;

Por ello, aunque se produzca un allanamiento, art. 395 o la simple estimación parcial y la Sentencia o la resolución final reconozca una cantidad igual o inferior a la propuesta por esta parte en dicho trámite previo procede la imposición de costas procesales a la parte contraria conforme a lo dispuesto en el art. 394.2, párrafo segundo, LEC.

Para el improbable caso de que se desestime la demanda quedará esta parte exenta de las eventuales costas que se le pudieren imponer en caso de desestimación total de la demanda.

Por lo expuesto,

**SUPLICO AL JUZGADO**, que teniendo por presentado este escrito de demanda con los documentos que se acompañan y copias de todo ello[26], se sirva admitirlo, y tenga por formulada DEMANDA DE JUICIO VERBAL de reclamación de cantidad, por daños derivados de accidente de CIRCULACIÓN contra D./D.ª ______________________, y la Aseguradora _______________ y después de cumplidos los demás trámites procesales, se dicte en su día Sentencia en la que se condene a los demandados solidariamente al pago de la cantidad de ____________ euros IVA INCLUIDO, como principal por los daños expuestos, más los intereses legales de dicha suma desde la fecha de la reclamación extrajudicial, hecha mediante la presentación de la comunicación del siniestro en fecha _____________ hasta la fecha de la sentencia, y respecto de la Aseguradora los intereses del art. 20 de la Ley de Contrato de Seguro desde la fecha del siniestro hasta su respectivo pago, todo ello con expresa imposición de costas a los demandados.

**PRIMER OTROSÍ DIGO** que esta parte manifiesta su voluntad expresa de cumplir con todos y cada uno de los requisitos exigidos para la validez de los actos procesales/recursos y, si por cualquier circunstancia, esta representación hubiera incurrido en algún defecto, ofrece su subsanación de forma inmediata a requerimiento del Juzgado, todo ello a los efectos prevenidos en el art. 231 (o 449.6) de la Ley de Enjuiciamiento Civil e, igualmente, el art. 11.3 LOPJ[27]. Por lo que,

---

[25] Indicar cuál de las siguientes situaciones se ha dado: rechazado el acuerdo ofrecido/negado a la participación/ no ha acudido.

[26] Este es un primer escrito, que es de personación, por lo tanto se presenta con los documentos en su caso, y con las copias, de las que será el propio Juzgado el que dará traslado a las demás partes, sin que en este caso sea necesario por lo tanto acompañar los justificantes de traslado del Procurador. Todo ello conforme a lo establecido en el art. 276 LEC.

[27] Este otrosí se ampara en los arts. 231 (en general) y 449.6 LEC (específico para los recursos) y en el art. 11.3 LOPJ que disponen: "*Artículo 231. LEC Subsanación.*

*El Tribunal y el Letrado de la Administración de Justicia cuidarán de que puedan ser subsanados los defectos en que incurran los actos procesales de las partes*".

"*Artículo 449 LEC. Derecho a recurrir en casos especiales.*

*(...) 6. En los casos de los apartados anteriores, antes de que se rechacen o declaren desiertos los recursos, se estará a lo dispuesto en el artículo 231 de esta Ley*".

Art. 11 LOPJ

**SUPLICO AL JUZGADO/SALA** que tenga por hecha la manifestación anterior y requiera de subsanación.

**SEGUNDO OTROSÍ DIGO**: Se acompañan a la demanda los documentos que acreditan la presentación de reclamación a la aseguradora y (falta de) las respuestas y ofertas motivadas emitidas por ésta, de conformidad con lo establecido en el art. 7.8 del Texto Refundido de la Ley de Responsabilidad Civil y Seguro en la circulación de vehículos a motor, que tras la Ley 5/2025, de 24 de julio, por la que se modifican el texto refundido de la Ley sobre responsabilidad civil y seguro en la circulación de vehículos a motor y con entrada en vigor el 26 de julio de 2025 ha dado nueva redacción al apartado 8 del Art. 7 Real Decreto Legislativo 8/2004, que ha quedado redactado así:

“*8. Una vez presentada la oferta o la respuesta motivada, en caso de disconformidad y a salvo del derecho previsto en el apartado 5, o transcurrido el plazo para su emisión, el perjudicado podrá bien acudir a uno de los medios adecuados de solución de controversias en vía no jurisdiccional en los términos del artículo 14 para intentar solventar la controversia, o bien acudir a la vía jurisdiccional oportuna para la reclamación de los daños y perjuicios correspondientes.*

*No se admitirán a trámite, de conformidad con el artículo 403 de la Ley 1/2000, de 7 de enero, de Enjuiciamiento Civil, las demandas en las que no se acompañen los documentos que acrediten la oferta o respuesta motivada, si se hubiese emitido por el asegurador o, en caso de no haberse emitido, la reclamación previa al asegurador, que no requerirá cuantificación*”.

Positivizando así, lo que la mayoría de las Juntas de Jueces y LAJS venía entendiendo, tras la entrada en vigor de la LO 1/2025, en el sentido de que “*MASC en procedimientos de tráfico. La reclamación previa del artículo 7 LRCSCVM tendrá la consideración de MASC a los efectos de la LO 1/25*”.

**SUPLICO AL TRIBUNAL** que tenga por hecha la manifestación anterior a los efectos legales oportunos y tenga por presentada la preceptiva reclamación extrajudicial previa.

**TERCER OTROSÍ DIGO** que, estando el/los demandado(s) obligado(s) (legal o contractualmente), de conformidad con lo dispuesto en los arts. 155, 162 y 164 LEC, en su redacción vigente dada por el RDL 6/2023, de 19 de diciembre, a relacionarse con la Administración de forma telemática, y habiendo indicado que se remitan las procedentes comunicaciones a la dirección de correo electrónico pactada o Dirección Electrónica Habilitada Única y tratándose del emplazamiento. Por lo que.

**SUPLICO AL TRIBUNAL**: Que teniendo por hecha la anterior manifestación, y se proceda al emplazamiento de forma telemática y habiendo transcurrido tres días sin que el destinatario acceda a su

---

“*(...) 3. Los Juzgados y Tribunales, de conformidad con el principio de tutela efectiva consagrado en el artículo 24 de la Constitución, deberán resolver siempre sobre las pretensiones que se les formulen, y solo podrán desestimarlas por motivos formales cuando el defecto fuese insubsanable o no se subsanare por el procedimiento establecido en las leyes*”.
Es cuestionable la utilidad de este OTROSÍ, porque no debe perderse de vista que la subsanabilidad o no de los errores en la redacción y presentación de escritos, aportación de copias, documentos... no está en función de que se exteriorice dicha voluntad sino en la propia naturaleza del error u omisión y en las posibilidades subsanatorias o no que atribuyen las normas.
Hay errores que la jurisprudencia señala son siempre subsanables [falta de firma de profesionales, defectos de poder y representación, falta de indicación de cuantía, falta de abono del depósito, de las tasas (...)] y que deben propiciar necesariamente la apertura del trámite corrector por el LAJ, dictando la correspondiente diligencia. Otros, por el contrario, no permiten dicha subsanación como sucede con determinadas exigencias y requisitos especiales cuyo incumplimiento acarrea consecuencias diversas que van desde la preclusión a la inadmisión.
Es obligado remitirse aquí a la Doctrina del TC contra el rigorismo formal cuando hablamos del acceso a la justicia y de la aplicación del principio *pro actione*, sin olvidar igualmente la precisión al respecto del Alto Tribunal cuando indica que se puede subsanar lo incompleto o erróneo pero no se puede subsanar lo inexistente.

contenido, se proceda a su publicación por la vía del Tablón Edictal Judicial Único conforme a lo dispuesto en el art. 164 LEC y se entienda por practicado el acto de comunicación[28].

**CUARTO OTROSÍ DIGO**[29] que, de conformidad con lo dispuesto en los arts. 265.1.4.º y 337.1 LEC en su redacción vigente dada por el RDL 6/2023, de 19 de diciembre, interesa al derecho de esta parte, actora/demandada, aportar un dictamen pericial de parte del perito D./D.ª ____________________ médico ___[30], colegiado ____, que versará sobre __________. Sin embargo, como dispone dicho precepto, no le ha sido posible a esta parte obtener la citada prueba pericial[31], dado ____________[32] (por ejemplo, el breve plazo para demandar estando en juego la caducidad de la acción / contestar a la demanda), por lo que,

**SUPLICO AL TRIBUNAL**: Que, teniendo por hecha la anterior manifestación, tenga por anunciada la pericial del arquitecto/médico perito D./D.ª ____________, que se aportará al proceso en cuanto se disponga de ella y en todo caso en el plazo dispuesto por la Ley[33].

**ÚLTIMO OTROSÍ DIGO** que, en cumplimiento de lo dispuesto en el art. 273.4 en su redacción vigente dada por la LO 1/2025, de 2 de enero, se acompaña para facilitar su incorporación al expediente digital el siguiente índice DOCUMENTAL:

Documento núm. 1: ________________________

---

[28] Art. 164 LEC "*Cuando, practicadas en su caso las averiguaciones a que se refiere el artículo 156, no pudiere conocerse el domicilio del destinatario de la comunicación, o cuando no pudiere hallársele ni efectuarse la comunicación con todos sus efectos, conforme a lo establecido en los artículos anteriores, o cuando así se acuerde en el caso a que se refiere el apartado 2 del artículo 157, el letrado o letrada de la Administración de Justicia, consignadas estas circunstancias, mandará que se haga la comunicación, a través del Tablón Edictal Judicial Único, salvaguardando en todo caso los derechos e intereses de menores, así como otros derechos y libertades que pudieran verse afectados por la publicidad de los mismos*".

[29] El art. 337 dispone. "*Anuncio de dictámenes cuando no se puedan aportar con la demanda o con la contestación. Aportación posterior.*
*1. Si no les fuese posible a las partes aportar dictámenes elaborados por peritos por ellas designados, junto con la demanda o contestación, expresarán en una u otra los dictámenes de que, en su caso, pretendan valerse, que habrán de aportar, para su traslado a la parte contraria, en cuanto dispongan de ellos, y en todo caso cinco días antes de iniciarse la audiencia previa al juicio Verbal o en treinta días desde la presentación de la demanda o de la contestación en el juicio verbal. Este plazo puede ser prorrogado por el tribunal cuando la naturaleza de la prueba pericial así lo exija y exista una causa justificada*".

[30] Especificar la titulación o circunstancias del art. 335 LEC.

[31] El art. 336 LEC distingue entre la posibilidad de anunciar la pericial por parte del demandante y el demandado disponiendo: "*1. Los dictámenes de que los litigantes dispongan, elaborados por peritos por ellos designados, y que estimen necesarios o convenientes para la defensa de sus derechos, habrán de aportarlos con la demanda o con la contestación, sin perjuicio de lo dispuesto en el artículo 337.*
*2. Los dictámenes se formularán por escrito, acompañados, en su caso, de los demás documentos, instrumentos o materiales adecuados para exponer el parecer del perito sobre lo que haya sido objeto de la pericia. Si no fuese posible o conveniente aportar estos materiales e instrumentos, el escrito de dictamen contendrá sobre ellos las indicaciones suficientes. Podrán, asimismo, acompañarse al dictamen los documentos que se estimen adecuados para su más acertada valoración.*
*3. Se entenderá que al demandante le es posible aportar con la demanda dictámenes escritos elaborados por perito por él designado, si no justifica cumplidamente que la defensa de su derecho no ha permitido demorar la interposición de aquélla hasta la obtención del dictamen.*
*4. El demandado que no pueda aportar dictámenes escritos con la contestación a la demanda deberá justificar la imposibilidad de pedirlos y obtenerlos dentro del plazo para contestar.*
*5. A instancia de parte, el juzgado o tribunal podrá acordar que se permita al demandado examinar por medio de abogado o perito las cosas y los lugares cuyo estado y circunstancias sean relevantes para su defensa o para la preparación de los informes periciales que pretenda presentar. Asimismo, cuando se trate de reclamaciones por daños personales, podrá instar al actor para que permita su examen por un facultativo, a fin de preparar un informe pericial*".

[32] Justificar la causa que ha impedido aportar el peritaje con la demanda o contestación.

[33] El Artículo 337 dispone:
"*…en cuanto dispongan de ellos, y en todo caso en treinta días desde la presentación de la demanda o de la contestación en el juicio verbal. Este plazo puede ser prorrogado por el tribunal cuando la naturaleza de la prueba pericial así lo exija y exista una causa justificada*".

Documento núm. 2: ________________________.

Documento núm. 3: ________________________.

Documento núm. 4: _________________________.

Documento núm. 5: __________________________.

**SUPLICO AL TRIBUNAL** que tenga por hecha la anterior manifestación a los efectos legalmente oportunos.

Principal y otrosí por ser de Justicia que pido en _____________[34]

Firma electrónica del abogado _______ Firma electrónica del procurador _______

Col. n.º: ____________________ Col. n.º: ____________________

[34] Lugar y fecha de la solicitud.

# Demanda de juicio verbal para reclamación de daños personales y materiales derivados de accidente de circulación (Adaptada a la LO 1/2025 y a la Ley 5/2025)

SP/FORM/15787

## Identificación escrito iniciador

Materia/Asunto:

Demandante/s:

Procurador/a: D./D.ª ____________________

Abogado/a: D./D.ª ____________________

Demandado/a/s: ____________________

## Al Juzgado de ____________ que corresponda[1,2]

D./D.ª __________, Procurador/a de los Tribunales n.º ______del Ilustre Colegio de Procuradores de ____________ en representación de ________ D./D.ª________________ con NIF_________ y domicilio/residencia en _____________ /mercantil __________________ con CIF ____________ y domicilio social _______________ con dirección de correo electrónico_______[3], o Dirección Electrónica Habilitada Única[4]. Igualmente se indican los siguientes datos de contacto _______________ según acredito mediante certificación de apoderamiento *apud acta* electrónico[5] que se acompaña como **documento n.º** ___

---

[1] Téngase en cuenta que los Juzgados de Primera Instancia pasarán a ser Tribunales de Instancia, secciones civiles lo cual se hará de forma escalonada: El día 1 de julio de 2025 los Juzgados de Primera Instancia e Instrucción y los Juzgados de Violencia sobre la Mujer, en aquellos partidos judiciales donde no exista otro tipo de Juzgados, se transformarán, respectivamente, en Secciones Civiles y de Instrucción Únicas y Secciones de Violencia sobre la Mujer; el día 1 de octubre de 2025, los Juzgados de Primera Instancia, los Juzgados de Instrucción y los Juzgados de Violencia sobre la Mujer, en los partidos judiciales donde no exista otro tipo de Juzgados, se transformarán, respectivamente, en Secciones Civiles, Secciones de Instrucción y Secciones de Violencia sobre la Mujer; el día 31 de diciembre de 2025, los restantes Juzgados, no comprendidos en los supuestos anteriores, se transformarán en las respectivas Secciones conforme a lo previsto en la presente ley.

[2] Juzgado del lugar de producción del daño, art. 52.1.9 LEC.

[3] Datos de la entidad demandada.

[4] Tratándose del emplazamiento están el/los demandado(s) obligado(s) de conformidad con lo dispuesto en los arts. 155, 162 y 164 LEC, a relacionarse con la Administración de forma telemática.

[5] Existen tres posibilidades para otorgar el apoderamiento al Procurador de los Tribunales, conforme dispone el art. 24.1 LEC en su redacción dada por el Real Decreto-Ley 6/2023, de 19 de diciembre, en vigor desde el 20-3-2024 y aplicable a los procedimientos iniciados con posterioridad Disposición final 9.2 del citado Real Decreto-Ley.

1. Mediante comparecencia electrónica, a través de la sede judicial electrónica e inscrito en el Registro Electrónico de Apoderamientos Judiciales (https://sedejudicial.justicia.es/-/apoderamiento-apud-acta).
Se debe acompañar tal y como dispone el art. 264.1 certificación de dicho Registro como Documento n.º ____________.
Se puede justificar igualmente mediante consulta orientada al dato por el órgano judicial que confirme la inscripción de esta en el Registro Electrónico de Apoderamientos Judiciales, cuando el sistema así lo permita.

2. *Apud acta*, mediante comparecencia personal, presencial o por medio electrónico, que se hizo ante el Juzgado Decano/cualquier oficina judicial de ____________ (lugar), posteriormente inscrito en el Registro Electrónico de Apoderamientos Judiciales. Se debe acompañar certificación de dicho Registro como Documento n.º ____________. Se

bajo la dirección del abogado D./D.ª __________, colegiado n.º _____________ del Ilustre Colegio de la Abogacía de _______________ ante el Juzgado comparezco y como mejor proceda en derecho, **DIGO**:

Que por medio del presente escrito formulo **DEMANDA DE JUICIO VERBAL** para la reclamación de la cantidad de ____________________ euros[6], IVA incluido, ejercitando la acción para la **INDEMNIZACIÓN DE DAÑOS PERSONALES Y MATERIALES DERIVADOS DE ACCIDENTE DE CIRCULACIÓN**, contra D./D.ª ______________________[7], vecino de ____________________[8], y contra la entidad mercantil aseguradora ____________________[9], con CIF n.º_________ con domicilio en ____________________[10], con dirección de correo electrónico________[11] , o Dirección Electrónica Habilitada Única[12]. Igualmente se señalan los siguientes datos del demandado____________________[13].

La demanda se basa en los siguientes:

## Hechos

**PREVIO. CUMPLIMIENTO DEL PRESUPUESTO DE PROCEDIBILIDAD DEL MEDIO ADECUADO DE SOLUCIÓN DE CONTROVERSIA NO JURISDICCIONAL**

Se ha cumplido con el requisito de procedibilidad exigido en el art. 5 de la Ley Orgánica 1/2025, de 2 de enero, de Medidas de Eficiencia del Servicio Público de Justicia y desarrollados en los arts. 2 a 19 de dicho cuerpo legal acudiendo a un previo medio adecuado de solución de controversias (MASC), reconociendo la mayoría de las Juntas de Jueces y LAJS que vienen entendiendo, que tras la entrada en vigor de la LO 1/2025 que "*La reclamación previa del artículo 7 LRCSCVM tendrá la consideración de MASC a los efectos de la LO 1/25*".

Se presentó la preceptiva reclamación extrajudicial con la comunicación del siniestro ante la aseguradora ___________ en fecha ________ de acuerdo a lo establecido en el art. 7.1 del Texto Refundido de la Ley de Responsabilidad Civil y Seguro en la circulación de vehículos a motor (LRCSCVM), aprobado por el Real Decreto Legislativo, 8/2004, de 29 de octubre, sin que la misma haya contestado con la necesaria oferta o respuesta motivada (o haya contestado con una oferta o respuesta motivada insuficiente).

---

puede justificar igualmente mediante consulta orientada al dato por el órgano judicial que confirme la inscripción de esta en el Registro Electrónico de Apoderamientos Judiciales, cuando el sistema así lo permita.

3. Mediante escritura de poder otorgada, presencialmente o por medio electrónico, ante el Notario/Notaria ____________, con Notaría sita en ____________. El poder se inscribió en el Registro Electrónico de Apoderamientos Judiciales; lo cual justifico mediante certificación de dicho Registro aportada como Documento n.º _____________. Se puede justificar igualmente mediante consulta orientada al dato por el órgano judicial que confirme la inscripción de esta en el Registro Electrónico de Apoderamientos Judiciales, cuando el sistema así lo permita.

[6] A partir del 20 de marzo de 2024 las cantidades inferiores a 15.000 € se reclaman por el juicio Verbal.

[7] Datos de identificación del demandado y resto de información conforme Resolución 15-12-2015.

[8] Domicilio en el que pueda ser emplazado el demandante y se consignará un número de teléfono, dispositivo electrónico, servicio de mensajería simple o una dirección de correo electrónico, de disponer de ellos, a los meros efectos de contacto por el tribunal.

[9] Datos de la entidad demandada.

[10] Art. 155.3 Si la demanda se dirigiese a una persona jurídica, podrá igualmente señalarse el domicilio de cualquiera que aparezca como administrador, gerente o apoderado de la empresa mercantil, o presidente, miembro o gestor de la Junta de cualquier asociación que apareciese en un Registro oficial.

[11] Datos de la entidad demandada

[12] Tratándose del emplazamiento están el/los demandado(s) obligado(s) de conformidad con lo dispuesto en los arts.155, 162 y 164 LEC, a relacionarse con la Administración de forma telemática. Y en caso de que hayan transcurrido tres días sin que el destinatario acceda a su contenido, se proceda a su publicación por la vía del Tablón Edictal Judicial Único conforme a lo dispuesto en el art. 164 LEC y se entienda por practicado el acto de comunicación.

[13] Datos que puedan ser de utilidad para la localización de éste, como número de identificación fiscal o de extranjeros, números de teléfono, de fax, dirección de correo electrónico o similares, que se utilizarán con sujeción a lo dispuesto en la Ley que regule el uso de la tecnología en la Administración de Justicia. La persona demandada, una vez comparecido, podrá designar, para sucesivas comunicaciones, un domicilio distinto, o uno de los medios de comunicación electrónica de los previstos en el art. 162.

El art. 7.8 recoge que, transcurrido el plazo para la emisión de la oferta o respuesta motivada, "*el perjudicado podrá bien acudir a uno de los medios adecuados de solución de controversias en vía no jurisdiccional en los términos del art. 14 para intentar solventar la controversia, o bien acudir a la vía jurisdiccional oportuna para la reclamación de los daños y perjuicios correspondientes*", por lo que esta parte ha optado por instar la actual demanda.

Se acompaña como documento n.º ___ dicha comunicación a la aseguradora a efectos de acreditación del intento de negociación y terminación del proceso sin acuerdo del art. 10.1 de la LO 1/2025 tal y como recoge el precitado 7.8 LRCSCVM y el art. 264.4 LEC[14].

**PRIMERO**. Mi representada D./D.ª _______________ el día ________ a las _____ horas conducía el vehículo, marca _____, modelo _________, matricula______________ por la vía ___________ de esta ciudad, cuando fue golpeado por el vehículo del/la demandado/a, modelo ________, marca __________, matrícula __________, como consecuencia de la maniobra ________________________[15].

Se acompaña como **documentos n.º** ___[16], parte de declaración amistosa suscrito y firmado por mi representado y por el/la demandado/a, y el atestado o informe equivalente[17], elaborado por la que la Guardia Civil[18] en los cuales se describe el lugar, fecha y los hechos tal y como se han relatado.

**SEGUNDO**. El vehículo propiedad del demandado/a, se encontraba asegurado en la entidad aseguradora __________ que figura en el encabezamiento de este escrito, con póliza n.º _____, con validez hasta el día _______.

**TERCERO**. Como consecuencia del accidente aludido se han ocasionado en el vehículo de mi representado, parte derecha frontal, los siguientes daños _______________, cuyo importe de reparación ascienden a la cantidad de ____________ euros, según se acreditan mediante factura n.º _______ expedida en fecha _______ por el taller oficial de la casa _________ sito en __________.

Se acompaña como **documento n.º** ___, original de dicha factura pagada con descripción de los daños y coste de la reparación.

**CUARTO**. Resultado de dicho accidente, fue igualmente necesaria la utilización de un servicio de grúa para transportar el vehículo al taller de reparación, lo que ocasionó gastos adicionales por valor de __________ euros, según se acredita mediante factura expedida por _______________ Grúas, S. A., que fue pagada y que se adjunta como **documento n.º ___.**

**QUINTO**. Igualmente, como consecuencia de la colisión, mi patrocinado tuvo que ser asistido/a en el Ambulatorio de ___________, presentando las siguientes lesiones_________________________[19].

Se acompañan a efectos probatorios, **como documentos n.ºs** _____: parte de Asistencia emitido en dicho ambulatorio, informes donde aparecen descritas las mismas, emitidos por los doctores D./D.ª

---

[14] Precepto modificado por LO 1/2025, de 2 de enero, con entrada en vigor a partir del 3 de abril de 2025.

[15] Describir las circunstancias del accidente.

[16] La acreditación de los hechos deberá realizarse por cualquier medio probatorio y si no se posee parte amistoso habrá que solicitar se incorpore el atestado o la testifical correspondiente.

[17] Desde el 26 de julio de 2025 las Fuerzas y Cuerpos de Seguridad encargadas de la vigilancia del tráfico facilitarán de forma gratuita, a petición de los perjudicados, entidades aseguradoras, o sus representantes, y del Consorcio de Compensación de Seguros, copia del atestado o informe equivalente en el que conste toda la información sobre las circunstancias del accidente, incluso cuando lo hayan remitido a la autoridad judicial competente.

[18] La Policía Local es la encargada de redactar atestados o informes por accidentes en vías urbanas, mientras que la Guardia Civil interviene en vías interurbanas (carreteras de ámbito nacional y autonómico) y, en algunas comunidades autónomas, estas funciones son realizadas por la Policía Autonómica (como los Mossos d'Esquadra, la Ertzaintza o la Policía Foral) en el ámbito de sus competencias. La redacción de un atestado es obligatoria cuando hay lesiones, fallecidos, o si no hay acuerdo sobre los hechos o alguno de los implicados huye.

[19] Descripción de las lesiones sufridas.

_______________ y D./D.ª _____________ que le asistieron inicialmente y posteriormente en dicho Centro, así como en el Hospital ______________________.

**SEXTO.** Para la curación de las lesiones mencionadas en el número anterior, mi mandante precisó de ___ días de curación.

Estuvo impedido durante ______ días para realizar sus ocupaciones habituales.

Se acompaña igualmente partes de baja y alta laboral como **documentos n.os ___ y ___.**

**SÉPTIMO.** Que a pesar de las atenciones y tratamiento médico recibido que se describen en los informes acompañados, no se han restablecido totalmente las lesiones descritas quedándole como secuelas ________________________________________________________________________________ _____________________________________.

Se acompaña(rá)[20] como **documento n.º ___** dictamen pericial emitido por el Doctor D./D.ª _____________, colegiado n.º ________, acreditativo de dichas secuelas[21].

**OCTAVO.** Como consecuencia de lo anteriormente expuesto se reclaman las siguientes cantidades:

El importe total de __________euros, suma resultante de los siguientes daños personales desglosados:

Lesiones temporales:

– Perjuicio personal básico: __________ €

– Perjuicio personal particular: __________ €

– Perjuicio patrimonial: __________ €

Secuelas:

– Perjuicio personal básico: __________ €

– Perjuicio personal particular: __________ €

– Perjuicio patrimonial: __________ €

Fallecimiento:

– Perjuicio personal básico: __________ €

– Perjuicio personal particular: __________ €

– Perjuicio patrimonial: __________ €

La suma de __________euros, suma resultante de los daños materiales ocasionados en el vehículo por:

– Reparación del vehículo: __________ €

– Pérdida total del vehículo: __________ €

– Paralización: __________ €

[20] En caso de no haber sido posible a esta parte obtener la citada prueba pericial cabe la aportación posterior según el Art. 337 LEC que dispone. *Anuncio de dictámenes cuando no se puedan aportar con la demanda o con la contestación. Aportación posterior.*

*1. Si no les fuese posible a las partes aportar dictámenes elaborados por peritos por ellas designados, junto con la demanda o contestación, expresarán en una u otra los dictámenes de que, en su caso, pretendan valerse, que habrán de aportar, para su traslado a la parte contraria, en cuanto dispongan de ellos, y en todo caso cinco días antes de iniciarse la audiencia previa al juicio ordinario o en treinta días desde la presentación de la demanda o de la contestación en el juicio verbal. Este plazo puede ser prorrogado por el tribunal cuando la naturaleza de la prueba pericial así lo exija y exista una causa justificada.*

[21] O en su caso, del Médico Forense en caso haber existido actuaciones penales previas.

– Otros daños: __________ €

Las cantidades respecto a los daños personales se han calculado teniendo en cuenta los ingresos, y circunstancias familiares de conformidad con las reglas del Texto Refundido de la Ley de Responsabilidad Civil y Seguro en la circulación de vehículos a motor, aprobado por el Real Decreto Legislativo, 8/2004, de 29 de octubre.

**NOVENO.** Se presentó la preceptiva reclamación extrajudicial con la comunicación del siniestro ante la aseguradora en fecha ________ de acuerdo a lo establecido en los arts. 7. 8 y 14 del Texto Refundido de la Ley de Responsabilidad Civil y Seguro en la circulación de vehículos a motor, aprobado por el Real Decreto Legislativo, 8/2004, de 29 de octubre, que recoge que no se admitirán a trámite, de conformidad con el art. 403 LEC, las demandas en las que no se acompañen los documentos que acrediten la oferta o respuesta motivada, si se hubiese emitido por el asegurador o, en caso de no haberse emitido, la reclamación previa al asegurador, que no requerirá cuantificación.

Por lo ante la falta de contestación de la necesaria oferta o respuesta motivada[22], no ha quedado a esta parte otro remedio que instar la actual demanda.

Se acompaña como **documento n.º** ___ dicha comunicación a la aseguradora[23].

A los anteriores hechos son de aplicación los siguientes:

## Fundamentos de Derecho

**PRESUPUESTO PROCEDIBILIDAD.** Se cumple el requisito de procedibilidad para la iniciación de la vía jurisdiccional, de acudir a cualquier medio adecuado de solución de controversias del art. 5 de la Ley Orgánica 1/2025 y del art. 264.4 LEC[24], permitiendo el art.14.1 de la precitada en LO 1/2025 que sea el previsto en otras normas, como es la preceptiva reclamación extrajudicial del art. 7 RDL 8/2004, tal y como reconocen la mayoría de las Juntas de Jueces y LAJS que vienen entendiendo, que tras la entrada en vigor de la LO 1/2025 que "*La reclamación previa del artículo 7 LRCSCVM tendrá la consideración de MASC a los efectos de la LO 1/25*".

Lo anterior ha sido suscrito por la Ley 5/2025, de 24 de julio, por la que se modifican el texto refundido de la Ley sobre responsabilidad civil y seguro en la circulación de vehículos a motor y con entrada en vigor el 26 de julio de 2025 que ha dado nueva redacción al apdo. 8 del art. 7 Real Decreto Legislativo 8/2004, que ha quedado redactado así:

"*8. Una vez presentada la oferta o la respuesta motivada, en caso de disconformidad y a salvo del derecho previsto en el apartado 5, o transcurrido el plazo para su emisión, el perjudicado podrá bien acudir a uno de los medios adecuados de solución de controversias en vía no jurisdiccional en los términos del artículo 14 para intentar solventar la controversia, o bien acudir a la vía jurisdiccional oportuna para la reclamación de los daños y perjuicios correspondientes.*

*No se admitirán a trámite, de conformidad con el artículo 403 de la Ley 1/2000, de 7 de enero, de Enjuiciamiento Civil, las demandas en las que no se acompañen los documentos que acrediten la oferta o respuesta motivada, si se hubiese emitido por el asegurador o, en caso de no haberse emitido, la reclamación previa al asegurador, que no requerirá cuantificación*".

---

[22] O se haya rechazado la oferta o respuesta motivada.

[23] No se admitirán a trámite, de conformidad con el art. 403 de la Ley de Enjuiciamiento Civil, las demandas en las que no se acompañen los documentos que acrediten la presentación de la reclamación al asegurador y la oferta o respuesta motivada, si se hubiera emitido por el asegurador.

[24] Precepto modificado por LO 1/2025, de 2 de enero, con entrada en vigor a partir del 3 de abril de 2025.

## I

**CAPACIDAD.** Las partes ostentan la capacidad procesal necesaria conforme a lo establecido en los arts. 6 y ss. LEC.

## II

**REPRESENTACION.** Está representado el actor/a por el procurador/a que suscribe, habilitado para ejercer en el territorio del Juzgado al que nos dirigimos, y asimismo asistido del letrado/a del Ilustre Colegio de abogados de ______________, tal y como exigen los arts. 23 y 31 LEC.

## III

**LEGITIMACIÓN.** La Activa corresponde a mi patrocinado, a tenor del art. 10 LEC, como propietario del vehículo que sufrió los daños materiales y personales aludidos. Reconociendo el art. 7 de la Ley Sobre Responsabilidad Civil y Seguro en la Circulación a Motor y el art. 76 de Ley 50/1980, de 8 de octubre, de Contrato de Seguro, la acción directa al perjudicado y sus herederos contra la compañía aseguradora.

La pasiva corresponde, por un lado a D./D.ª ____________ propietario y causante del accidente y de los daños que se reclaman, tal y como establece el art. 1902 Código Civil y por otro a la entidad aseguradora ___________ como aseguradora del vehículo propiedad del anterior, como establece el art. 73 LCS y el art. 7 de la Ley Sobre Responsabilidad Civil y Seguro en la Circulación a Motor.

## IV

**JURISDICCIÓN.** Es competente la jurisdicción civil, con arreglo a lo establecido en los arts. 9.2 y 21.1 LOPJ.

## V

**COMPETENCIA.** Es competente el Tribunal al que nos dirigimos de conformidad con los dispuesto en el art. 52.1.9.º LEC, al corresponder dicha competencia al Juzgado del lugar de producción del daño[25].

---

[25] No obstante debe tenerse en cuenta, pese a la discusión doctrinal y jurisprudencial al respecto, que en aquellos supuestos en los cuales se demande conjuntamente o en exclusiva, al Consorcio de Compensación de Seguros, el art. 15 de la Ley 52/1997, de 27 de noviembre, de Asistencia Jurídica del Estado e Instituciones Públicas, expresamente declarado en vigor por la Disposición Derogatoria Única.3, de la LEC 1/2000 establece que cuando en los procesos civiles intervenga como parte el Estado, entidad estatal de Derecho Público u organismo constitucional, serán únicamente competentes para conocer del asunto los Juzgados y Tribunales que tengan su sede en las capitales de provincia, en Ceuta o en Melilla y que esta norma se aplicará con preferencia a cualquier otra norma sobre competencia territorial que pudiera concurrir en el procedimiento.
Por ello, según nuestro criterio, en estos casos, la competencia territorial para conocer del asunto litigioso quedará atribuida siempre a los Juzgados de Primera Instancia de la capital de provincia en detrimento de los del lugar en el que acaeciera el siniestro automovilístico.

## VI

**CUANTÍA.** La cuantía de la presente litis de acuerdo con el art. 252.2.º LEC en relación con el art. 251.1.ª debe venir determinada por la suma de las acciones ejercitadas, ascendiendo a un total de ____________________________ euros[26].

## VII

**PROCEDIMIENTO.** La presente pretensión ha de seguir los tramites del juicio verbal en aplicación del art. 250.2 de la LEC al no superar la cantidad reclamada la cuantía de 15.000 euros.

## VIII

**ASUNTO DE FONDO.** Tal y como señala el art. 1 del REAL DECRETO LEGISLATIVO 8/2004, de 29 de octubre, por el que se aprueba el texto refundido de la Ley sobre Responsabilidad Civil y Seguro en la Circulación de Vehículos a Motor, según redacción dada por Ley 5/2025, de 24 de julio, "*El conductor de vehículos a motor es responsable, en virtud del riesgo creado por los hechos de la circulación de tales vehículos, de los daños causados a las personas o en los bienes como consecuencia de esos hechos.*

*En el caso de daños a las personas, de esta responsabilidad solo quedará exonerado cuando pruebe que los daños fueron debidos a la culpa exclusiva del perjudicado o a fuerza mayor extraña a la conducción o al funcionamiento del vehículo; no se considerarán casos de fuerza mayor los defectos del vehículo ni la rotura o fallo de alguna de sus piezas o mecanismos.*

*En el caso de daños en los bienes, el conductor responderá frente a terceros cuando resulte civilmente responsable según lo establecido en los artículos 1.902 y siguientes del Código Civil, artículos 109 y siguientes del Código Penal, y según lo dispuesto en esta ley*".

Igualmente se recoge la responsabilidad extracontractual en el art. 1902 del Código Civil, siendo reiterada la jurisprudencia objetivizando dicha responsabilidad tal y como señalan las Sentencias __________ y__________.

Recogen igualmente la responsabilidad de la compañía aseguradora los arts. 18, 19, 20, entre otros, de la Ley del Contrato de Seguro, así como los arts. 73 y 76 reconociendo este último la acción directa al perjudicado para reclamar a la aseguradora dicha obligación de indemnizar.

## IX

**INTERESES.** Son de aplicación respecto del demandado D./D.ª __________________ los intereses moratorios, y respecto de la aseguradora, los previstos en el art. 20 LCS en relación con el REAL DECRETO LEGISLATIVO 8/2004, de 29 de octubre, por el que se aprueba el Texto Refundido de la Ley sobre Responsabilidad Civil y Seguro en la Circulación de Vehículos a Motor cuyo art. 9 LRCSCVM "*Si el asegurador incurriese en mora en el cumplimiento de la prestación en el seguro de responsabilidad civil para la cobertura de los daños y perjuicios causados a las personas o en los bienes con motivo de la circulación, la indemnización de daños y perjuicios debidos por el asegurador se regirá por lo dispuesto en el artículo 20 de la Ley 50/1980, de 8 de octubre, de Contrato de Seguro*".

[26] A partir del 20 de marzo de 2024, las cantidades inferiores a 15.000 € se reclaman por el juicio verbal.

No se ha procedido por la entidad aseguradora (sin que por otro lado se den los presupuestos recogidos en el apartado octavo del art. 20 LCS o alguna de las singularidades del art. 9 LRCSCVM), a la consignación de cantidad alguna, y no impidiendo la iliquidez, el devengo de intereses, procede imponer a aquella el interés penitencial del mencionado precepto, al tipo del interés anual de ____ %.

## X

**COSTAS.** Es preceptiva la condena en costas conforme a lo dispuesto en los arts. 394 y 395 de la LEC en su redacción vigente dada por la LO 1/2025, de 2 de enero, de medidas en materia del servicio público de Justicia.

Es claro que se ha infringido la Ley y ni siquiera ha dado solución a la situación, pues a pesar de ser requerido previamente de forma fehaciente y justificada para iniciar una actividad negociadora previa tendente a evitar el proceso judicial y llegar así a una solución de conflicto legalmente preceptiva, se ha ______________[27], sin causa que lo justifique, a un medio adecuado de solución de controversias.

Por ello, aunque se produzca un allanamiento, art. 395 o la simple estimación parcial y la Sentencia o la resolución final reconozca una cantidad igual o inferior a la propuesta por esta parte en dicho trámite previo procede la imposición de costas procesales a la parte contraria conforme a lo dispuesto en el art. 394.2, párrafo segundo, LEC.

Para el improbable caso de que se desestime la demanda quedará esta parte exenta de las eventuales costas que se le pudieren imponer en caso de desestimación total de la demanda.

Por lo expuesto,

**SUPLICO AL JUZGADO**, que, teniendo por presentado este escrito de demanda con los documentos que se acompañan y copias de todo ello[28], se sirva admitirlo, y por formulada DEMANDA DE JUICIO VERBAL de reclamación de cantidad, por daños derivados de accidente de CIRCULACIÓN contra D./D.ª ______________________, y la aseguradora _______________ y después de cumplidos los demás trámites procesales, se dicte en su día Sentencia en la que se condene a los demandados solidariamente al pago de la cantidad de ____________ euros IVA INCLUIDO, como principal por los daños expuestos y tras aplicar la actualización correspondiente al año en que se determine el importe por resolución judicial según el art. 40 del Real Decreto Legislativo, 8/2004, más los intereses legales de dicha suma desde la fecha de la reclamación extrajudicial, hecha mediante la presentación de la comunicación del siniestro en fecha ____________ hasta la fecha de la sentencia, y respecto de la aseguradora los intereses del art. 20 de la Ley de Contrato de Seguro desde la fecha del siniestro hasta su respectivo pago, todo ello con expresa imposición de costas a los demandados.

**PRIMER OTROSÍ DIGO:** Que esta parte manifiesta su voluntad expresa de cumplir con todos y cada uno de los requisitos exigidos para la validez de los actos procesales/recursos y, si por cualquier circunstancia, esta representación hubiera incurrido en algún defecto, ofrece su subsanación de forma inmediata a requerimiento del Juzgado, todo ello a los efectos prevenidos en los artículos 231 (o 449.6) de la Ley de Enjuiciamiento Civil e igualmente art. 11.3 LOPJ[29]. Por lo que,

---

[27] Indicar cuál de las siguientes situaciones se ha dado: rechazado el acuerdo ofrecido/negado a la participación/ no ha acudido.

[28] Este es un primer escrito, que es de personación, por lo tanto se presenta con los documentos en su caso, y con las copias, de las que será el propio Juzgado el que dará traslado a las demás partes, sin que en este caso sea necesario por lo tanto acompañar los justificantes de traslado del Procurador. Todo ello conforme a lo establecido en el art. 276 LEC.

[29] Este otrosí se ampara en los arts. 231 (en general) y 449.6 LEC (específico para los recursos) y en el art. 11.3 LOPJ que disponen: "*Artículo 231. LEC Subsanación.*

**SUPLICO AL JUZGADO/SALA** que tenga por hecha la manifestación anterior y requiera de subsanación

**SEGUNDO OTROSÍ DIGO:** Que estando el/los demandado(s) obligado(s) (legal o contractualmente) de conformidad con lo dispuesto en los arts.155, 162 y 164 LEC, en su redacción vigente dada por el RD Ley 6/2023 de 19 de diciembre, a relacionarse con la Administración de forma telemática, y habiendo indicado que se remitan las procedentes comunicaciones a la dirección de correo electrónico pactada o Dirección Electrónica Habilitada Única y tratándose del emplazamiento. Por lo que.

**SUPLICO AL TRIBUNAL**: Que teniendo por hecha la anterior manifestación, y se proceda al emplazamiento de forma telemática y habiendo transcurrido tres días sin que el destinatario acceda a su contenido, se proceda a su publicación por la vía del Tablón Edictal Judicial Único conforme a lo dispuesto en el art. 164 LEC y se entienda por practicado el acto de comunicación[30].

**TERCER OTROSÍ DIGO[31]:** Que de conformidad con lo dispuesto en el artículo 265.1.4º y 337. 1 LEC en su redacción vigente dada por el RD Ley 6/2023 de 19 de diciembre interesa al derecho de esta parte, actora/demandada, aportar un dictamen pericial de parte del perito D./D.ª_______________ medico___[32], colegiado____ que versará sobre_________. Sin embargo, como dispone dicho precepto, no le ha sido posible a esta parte obtener la citada prueba pericial[33], dado[34] ___________ (por ejemplo, el breve plazo para demandar estando en juego la caducidad de la acción/contestar a la demanda) por lo que,

---

*El Tribunal y el Letrado de la Administración de Justicia cuidarán de que puedan ser subsanados los defectos en que incurran los actos procesales de las partes*".

"*Artículo 449 LEC. Derecho a recurrir en casos especiales.*

*(...) 6. En los casos de los apartados anteriores, antes de que se rechacen o declaren desiertos los recursos, se estará a lo dispuesto en el artículo 231 de esta Ley*".

Art. 11 LOPJ

"*(...) 3. Los Juzgados y Tribunales, de conformidad con el principio de tutela efectiva consagrado en el artículo 24 de la Constitución, deberán resolver siempre sobre las pretensiones que se les formulen, y solo podrán desestimarlas por motivos formales cuando el defecto fuese insubsanable o no se subsanare por el procedimiento establecido en las leyes*".

Es cuestionable la utilidad de este OTROSÍ, porque no debe perderse de vista que la subsanabilidad o no de los errores en la redacción y presentación de escritos, aportación de copias, documentos... no está en función de que se exteriorice dicha voluntad sino en la propia naturaleza del error u omisión y en las posibilidades subsanatorias o no que atribuyen las normas.

Hay errores que la jurisprudencia señala son siempre subsanables (falta de firma de profesionales, defectos de poder y representación, falta de indicación de cuantía, falta de abono del depósito, de las tasas ...) y que deben propiciar necesariamente la apertura del trámite corrector por el LAJ, dictando la correspondiente diligencia. Otros, por el contrario, no permiten dicha subsanación como sucede con determinadas exigencias y requisitos especiales cuyo incumplimiento acarrea consecuencias diversas que van desde la preclusión a la inadmisión.

Es obligado remitirse aquí a la Doctrina del TC contra el rigorismo formal cuando hablamos del acceso a la justicia y de la aplicación del principio *pro actione*, sin olvidar igualmente la precisión al respecto del Alto Tribunal cuando indica que se puede subsanar lo incompleto o erróneo pero no se puede subsanar lo inexistente".

[30] Art. 164 LEC "*Cuando, practicadas en su caso las averiguaciones a que se refiere el artículo 156, no pudiere conocerse el domicilio del destinatario de la comunicación, o cuando no pudiere hallársele ni efectuarse la comunicación con todos sus efectos, conforme a lo establecido en los artículos anteriores, o cuando así se acuerde en el caso a que se refiere el apartado 2 del artículo 157, el letrado o letrada de la Administración de Justicia, consignadas estas circunstancias, mandará que se haga la comunicación, a través del Tablón Edictal Judicial Único, salvaguardando en todo caso los derechos e intereses de menores, así como otros derechos y libertades que pudieran verse afectados por la publicidad de los mismos*".

[31] El art. 337 dispone. "*Anuncio de dictámenes cuando no se puedan aportar con la demanda o con la contestación. Aportación posterior.*

*1. Si no les fuese posible a las partes aportar dictámenes elaborados por peritos por ellas designados, junto con la demanda o contestación, expresarán en una u otra los dictámenes de que, en su caso, pretendan valerse, que habrán de aportar, para su traslado a la parte contraria, en cuanto dispongan de ellos, y en todo caso cinco días antes de iniciarse la audiencia previa al juicio ordinario o en treinta días desde la presentación de la demanda o de la contestación en el juicio verbal. Este plazo puede ser prorrogado por el tribunal cuando la naturaleza de la prueba pericial así lo exija y exista una causa justificada*".

[32] Especificar la titulación o circunstancias del art. 335 LEC.

[33] El art. 336 LEC distingue entre la posibilidad de anunciar la pericial por parte del demandante y el demandado disponiendo:

**SUPLICO AL TRIBUNAL**: Que teniendo por hecha la anterior manifestación tenga por anunciada la pericial del médico perito D./D.ª ____________ que se aportará al proceso en cuanto se disponga de ella y en todo caso en el plazo dispuesto por la Ley[35].

**ÚLTIMO OTROSÍ DIGO** que en cumplimiento de lo dispuesto en el art. 273.4 en su redacción vigente dada por la LO 1/2025, de 2 de enero, se acompaña para facilitar su incorporación al expediente digital el siguiente índice DOCUMENTAL:

Documento n.º 1: ______________________

Documento n.º 2: _______________________.

Documento n.º 3: _______________________.

Documento n.º 4: ________________________.

Documento n.º 5: _________________________.

**SUPLICO AL TRIBUNAL** que tenga por hecha la anterior manifestación a los efectos legalmente oportunos.

Principal y otrosí por ser de Justicia que pido en ____________[36]

Firma electrónica del abogado _______ Firma electrónica del procurador _______

Col. n.º: ___________________ Col. n.º: ___________________

*"(...) 3. Se entenderá que al demandante le es posible aportar con la demanda dictámenes escritos elaborados por perito por él designado,* ***si no justifica cumplidamente*** *que la defensa de su derecho no ha permitido demorar la interposición de aquélla hasta la obtención del dictamen.*
*4. El demandado que no pueda aportar dictámenes escritos con la contestación a la demanda deberá justificar la imposibilidad de pedirlos y obtenerlos dentro del plazo para contestar".*

[34] Justificar la causa que ha impedido aportar el peritaje con la demanda o contestación.

[35] El art. 337 dispone:
*"(...) en cuanto dispongan de ellos, y en todo caso en treinta días desde la presentación de la demanda o de la contestación en el juicio verbal. Este plazo puede ser prorrogado por el tribunal cuando la naturaleza de la prueba pericial así lo exija y exista una causa justificada".*

[36] Lugar y fecha de la solicitud.

# Demanda de juicio ordinario para reclamación de daños materiales derivados de accidente de circulación (Adaptada a la LO 1/2025 y a la Ley 5/2025)

SP/FORM/15779

## Identificación escrito iniciador

Materia/Asunto: ______________________

Demandante/s: ______________________

Procurador/a: D./D.ª ________________

Abogado/a: D./D.ª ________________

Demandado/a/s: ________________

## Al Juzgado de ____________ que corresponda[1,2]

D./D.ª __________, Procurador/a de los Tribunales n.º ______del Ilustre Colegio de Procuradores de _____________ en representación de ________ D./D.ª __________________ con NIF_________ y domicilio/residencia en _____________ /mercantil __________________ con CIF ____________ y domicilio social _______________ con dirección de correo electrónico_______[3], o Dirección Electrónica Habilitada Única[4]. Igualmente se indican los siguientes datos de contacto ________________ según acredito mediante certificación de apoderamiento *apud acta* electrónico[5] que se acompaña como **documento n.º** _____ bajo la dirección del Abogado D./D.ª __________, colegiado n.º _____________ del Ilustre Colegio de la Abogacía de _______________, ante el Juzgado comparezco y como mejor proceda en derecho, **DIGO**:

Que por medio del presente escrito formulo **DEMANDA DE JUICIO ORDINARIO** para la reclamación de la cantidad de ____________________ euros[6], IVA incluido, ejercitando la acción para la **INDEMNIZACIÓN DE DAÑOS MATERIALES DERIVADOS DE ACCIDENTE DE CIRCULACIÓN**, contra

---

[1] Téngase en cuenta que los Juzgados de Primera Instancia pasarán a ser Tribunales de Instancia, secciones civiles lo cual se hará de forma escalonada: El día 1 de julio de 2025 los Juzgados de Primera Instancia e Instrucción y los Juzgados de Violencia sobre la Mujer, en aquellos partidos judiciales donde no exista otro tipo de Juzgados, se transformarán, respectivamente, en Secciones Civiles y de Instrucción Únicas y Secciones de Violencia sobre la Mujer; El día 1 de octubre de 2025, los Juzgados de Primera Instancia, los Juzgados de Instrucción y los Juzgados de Violencia sobre la Mujer, en los partidos judiciales donde no exista otro tipo de Juzgados, se transformarán, respectivamente, en Secciones Civiles, Secciones de Instrucción y Secciones de Violencia sobre la Mujer; el día 31 de diciembre de 2025, los restantes Juzgados, no comprendidos en los supuestos anteriores, se transformarán en las respectivas Secciones conforme a lo previsto en la presente ley.

[2] Juzgado del lugar de producción del daño, art. 52.1.9 LEC.

[3] Datos de la entidad demandada

[4] Tratándose del emplazamiento están el/los demandado(s) obligado(s) de conformidad con lo dispuesto en los arts.155, 162 y 164 LEC, a relacionarse con la Administración de forma telemática.

[5] Existen tres posibilidades para otorgar el apoderamiento al Procurador de los Tribunales, conforme dispone el art. 24.1 LEC en su redacción dada por el Real Decreto-ley 6/2023, de 19 de diciembre, en vigor desde el 20-3-2024 y aplicable a los procedimientos iniciados con posterioridad Disposición final 9.2 del citado Real Decreto-ley.

[6] A partir del 20 de marzo de 2024, las cantidades superiores a 15.000 € se reclaman por el juicio Ordinario

D./D.ª ______________________[7], vecino de ____________________[8], y contra la entidad mercantil aseguradora ___________________[9], con CIF n.º _________ con domicilio en ____________________[10], con dirección de correo electrónico_______[11], o Dirección Electrónica Habilitada Única[12].

La demanda se basa en los siguientes:

## Hechos

**PREVIO. CUMPLIMIENTO DEL PRESUPUESTO DE PROCEDIBILIDAD DEL MEDIO ADECUADO DE SOLUCIÓN DE CONTROVERSIA NO JURISDICCIONAL**

Se ha cumplido con el requisito de procedibilidad exigido en el art. 5 de la Ley Orgánica 1/2025, de 2 de enero, de Medidas de Eficiencia del Servicio Público de Justicia y desarrollados en los arts. 2 a 19 de dicho cuerpo legal acudiendo a un previo medio adecuado de solución de controversias (MASC), reconociendo la mayoría de las Juntas de Jueces y LAJS que vienen entendiendo, que tras la entrada en vigor de la LO 1/2025 que "*La reclamación previa del artículo 7 LRCSCVM tendrá la consideración de MASC a los efectos de la LO 1/25*".

Se presentó la preceptiva reclamación extrajudicial con la comunicación del siniestro ante la aseguradora ___________ en fecha ________ de acuerdo con lo establecido en el art. 7.1 del Texto Refundido de la Ley de Responsabilidad Civil y Seguro en la circulación de vehículos a motor (LRCSCVM), aprobado por el Real Decreto Legislativo, 8/2004, de 29 de octubre, sin que la misma haya contestado con la necesaria oferta o respuesta motivada (o haya contestado con una oferta o respuesta motivada insuficiente).

El art. 7.8 recoge que, transcurrido el plazo para la emisión de la oferta o respuesta motivada, "*el perjudicado podrá bien acudir a uno de los medios adecuados de solución de controversias en vía no jurisdiccional en los términos del art.14 para intentar solventar la controversia, o bien acudir a la vía jurisdiccional oportuna para la reclamación de los daños y perjuicios correspondientes*", por lo que esta parte ha optado por instar la actual demanda.

Se acompaña como documento n.º ___ dicha Comunicación a la aseguradora a efectos de acreditación del intento de negociación y terminación del proceso sin acuerdo del art. 10.1 LO 1/2025, tal y como recoge el precitado 7.8 LRCSCVM y el art. 264.4 LEC[13].

**PRIMERO**. Mi representada D./D.ª ____________________ el día ________ a las _____ horas conducía el vehículo de su propiedad, marca ________________, modelo ________________, matricula _____________, por la vía ____________________ de esta ciudad, cuando fue golpeado por el vehículo de

[7] Datos de identificación del demandado y resto de información conforme Resolución 15-12-2015.
[8] Domicilio en el que pueda ser emplazado el demandante y se consignará un número de teléfono, dispositivo electrónico, servicio de mensajería simple o una dirección de correo electrónico, de disponer de ellos, a los meros efectos de contacto por el tribunal.
[9] Datos de la entidad demandada
[10] Art. 155.3: Si la demanda se dirigiese a una persona jurídica, podrá igualmente señalarse el domicilio de cualquiera que aparezca como administrador, gerente o apoderado de la empresa mercantil, o presidente, miembro o gestor de la Junta de cualquier asociación que apareciese en un Registro oficial.
[11] Datos de la entidad demandada.
[12] Tratándose del emplazamiento están el/los demandado(s) obligado(s) de conformidad con lo dispuesto en los arts.155, 162 y 164 LEC, a relacionarse con la Administración de forma telemática. Y en caso de que hayan transcurrido tres días sin que el destinatario acceda a su contenido, se proceda a su publicación por la vía del Tablón Edictal Judicial Único conforme a lo dispuesto en el art. 164 LEC y se entienda por practicado el acto de comunicación.
[13] Precepto modificado por la LO 1/2025, de 2 de enero, con entrada en vigor a partir del 3 de abril de 2025.

el/la demandado/a, modelo _______________, marca _______________, matrícula ______________ como consecuencia de la maniobra _________________________[14].

**SEGUNDO**. Como consecuencia del accidente aludido se han ocasionado en el vehículo de mi representado, parte derecha frontal, los siguientes daños ____________________, cuyo importe de reparación ascienden a la cantidad de ____________ euros[15], según se acreditan mediante la hoja reparación y factura n.º _______ expedida en fecha _______ por el taller oficial de la casa _________ sito en __________.

Se acompaña como **documento n.º ___[16]**, original de dicha factura pagada con descripción de los daños y conste de reparación emitida por D./D.ª ____________________.

**TERCERO**. Resultado de dicho accidente fue igualmente necesaria la utilización de un servicio de grúa para transportar dicho vehículo al taller de reparación, lo que ocasionó gastos adicionales por valor de __________ euros, según se acredita mediante factura expedida por ____________________ Grúas S.A y que se adjunta como **documento n.º 2,** emitida por D./D.ª ____________________.

**CUARTO**. El vehículo propiedad del demandado/a, se encontraba asegurado en la Entidad ____________________ que figura en el encabezamiento de este escrito, con póliza núm. ____________________, con validez hasta el día ____________________.

**QUINTO**. Como consecuencia de lo anteriormente expuesto se reclaman las siguientes cantidades:

– La suma de ___________ euros por los daños ocasionados en el vehículo.

– La suma de ___________ euros por los gastos ocasionados del traslado al taller de reparaciones.

**SEXTO**. Que se presentó la preceptiva reclamación extrajudicial con la comunicación del siniestro ante la aseguradora en fecha ________ de acuerdo a lo establecido en los arts. 7.8 y 14 del Texto Refundido de la Ley de Responsabilidad Civil y Seguro en la circulación de vehículos a motor, aprobado por el Real Decreto Legislativo, 8/2004, de 29 de octubre, la Ley 5/2025, de 24 de julio, por la que se modifican el texto refundido de la Ley sobre responsabilidad civil y seguro en la circulación, sin que esta parte no haya recibido comunicación alguna por la aseguradora (no esté de acuerdo con la cantidad determinada en la oferta o discrepe de la respuesta motivada), no quedando a esta parte otro remedio que instar la actual demanda.

Se acompaña como **documento n.º ___** la Comunicación de la aseguradora[17].

A los anteriores hechos son de aplicación los siguientes:

## Fundamentos de Derecho

**PRESUPUESTO PROCEDIBILIDAD.** Se cumple el requisito de procedibilidad para la iniciación de la vía jurisdiccional, de acudir a cualquier medio adecuado de solución de controversias del art. 5 de la Ley

---

[14] Describir las circunstancias del accidente

[15] Con independencia de la cuantía de los daños si se sigue el criterio expuesto en la observación general.

[16] Se presentará el listado de los documentos que se aporten con cualquier escrito de partes siempre que se trate de más de un documento. Los documentos se presentan escaneados y con el escrito principal.

[17] No se admitirán a trámite, de conformidad con el art. 403 de la Ley de Enjuiciamiento Civil, las demandas en las que no se acompañen los documentos que acrediten la presentación de la reclamación al asegurador y la oferta o respuesta motivada, si se hubiera emitido por el asegurador.

Orgánica 1/2025 y del art. 264.4 LEC[18], permitiendo el art. 14.1 de la precitada en la LO 1/2025 que sea el previsto en otras normas, como es la preceptiva reclamación extrajudicial del art. 7 RDL 8/2004, tal y como reconocen la mayoría de las Juntas de Jueces y LAJS que vienen entendiendo, que tras la entrada en vigor de la LO 1/2025 que "*La reclamación previa del artículo 7 LRCSCVM tendrá la consideración de MASC a los efectos de la LO 1/25*".

Lo anterior ha sido suscrito por la Ley 5/2025, de 24 de julio, por la que se modifican el texto Refundido de la Ley sobre Responsabilidad Civil y Seguro en la Circulación de Vehículos a Motor y con entrada en vigor el 26 de julio de 2025, que ha dado nueva redacción al apdo. 8 del art. 7 del Real Decreto Legislativo 8/2004, que ha quedado redactado así:

"*8. Una vez presentada la oferta o la respuesta motivada, en caso de disconformidad y a salvo del derecho previsto en el apartado 5, o transcurrido el plazo para su emisión, el perjudicado podrá bien acudir a uno de los medios adecuados de solución de controversias en vía no jurisdiccional en los términos del artículo 14 para intentar solventar la controversia, o bien acudir a la vía jurisdiccional oportuna para la reclamación de los daños y perjuicios correspondientes.*

*No se admitirán a trámite, de conformidad con el artículo 403 de la Ley 1/2000, de 7 de enero, de Enjuiciamiento Civil, las demandas en las que no se acompañen los documentos que acrediten la oferta o respuesta motivada, si se hubiese emitido por el asegurador o, en caso de no haberse emitido, la reclamación previa al asegurador, que no requerirá cuantificación*".

## I

**CAPACIDAD.** Las partes ostentan la capacidad procesal necesaria conforme a lo establecido en los arts. 6 y ss. LEC.

## II

**REPRESENTACIÓN.** Está representado el actor/a por el Procurador que suscribe, habilitado para ejercer en el territorio del Juzgado al que nos dirigimos, y asimismo asistido del Letrado/a del Ilustre Colegio de Abogados de ______________[19].

## III

**LEGITIMACIÓN.** La Activa corresponde a mi patrocinado, a tenor del art. 10 LEC, como propietario del vehículo que sufrió los daños materiales. Reconociendo el art. 76 de la Ley 50/1980, de 8 de octubre, de Contrato de Seguro, acción directa al perjudicado contra la compañía aseguradora.

La pasiva corresponde por un lado a D./D.ª ____________________ propietario y causante del accidente y de los daños que se reclaman, tal y como establece el art. 1902 Código Civil y a la entidad aseguradora ____________________ como aseguradora del vehículo propiedad del anterior, como establece el art. 73 de la Ley de Contrato de Seguro y los arts. 6 y 7 LRCSCVM.

---

[18] Precepto modificado por LO 1/2025, de 2 de enero, con entrada en vigor a partir de 3 de abril de 2025.
[19] Véase la nota del encabezamiento de este escrito.

## IV

**JURISDICCIÓN**. Es competente la jurisdicción civil, con arreglo a lo establecido en los arts. 9.2 y 21.1 LOPJ.

## V

**COMPETENCIA**. Es competente el Tribunal al que nos dirigimos de conformidad con los dispuesto en el art. 52.1.9.º LEC, al corresponder dicha competencia al Juzgado del lugar de producción del daño[20].

## VI

**CUANTÍA**. La cuantía de la presente litis de acuerdo con el art. 252.2.º LEC en relación con el art. 251.1.ª debe venir determinada por la suma de las acciones ejercitadas, ascendiendo a un total de ____________________ euros[21].

## VII

**PROCEDIMIENTO**. Resulta de aplicación el juicio ordinario de la LEC 1/2000 al superar la cantidad de 15.000 euros en aplicación del art. 250.2 LEC.

## VIII

**ASUNTO DE FONDO**. Tal y como señala el art. 1 del REAL DECRETO LEGISLATIVO 8/2004, de 29 de octubre, por el que se aprueba el Texto Refundido de la Ley sobre Responsabilidad Civil y Seguro en la Circulación de Vehículos a Motor, según redacción dada por Ley 5/2025, de 24 de julio, "*El conductor de vehículos a motor es responsable, en virtud del riesgo creado por los hechos de la circulación de tales vehículos, de los daños causados a las personas o en los bienes como consecuencia de esos hechos.*

*En el caso de daños a las personas, de esta responsabilidad solo quedará exonerado cuando pruebe que los daños fueron debidos a la culpa exclusiva del perjudicado o a fuerza mayor extraña a la conducción o al funcionamiento del vehículo; no se considerarán casos de fuerza mayor los defectos del vehículo ni la rotura o fallo de alguna de sus piezas o mecanismos.*

*En el caso de daños en los bienes, el conductor responderá frente a terceros cuando resulte civilmente responsable según lo establecido en los artículos 1.902 y siguientes del Código Civil, artículos 109 y siguientes del Código Penal, y según lo dispuesto en esta ley*".

Se recoge en dicha norma la responsabilidad extracontractual en el art. 1902 del Código Civil, siendo reiterada la jurisprudencia objetivizando dicha responsabilidad tal y como señalan las Sentencias __________ y __________.

---

[20] Téngase en cuenta otros foros de competencia en los supuestos en los cuales se demanda a un ente público expuestos anteriormente.

[21] A partir del 20 de marzo de 2024 las cantidades superiores a 15.000 € se reclaman por el Juicio Ordinario.

Recogen igualmente la responsabilidad de la Compañía Aseguradora los arts. 18,19, 20, entre otros, de la Ley del Contrato de Seguro, así como los arts. 73 y 76 reconociendo este último la acción directa al perjudicado o sus herederos, para reclamar a la aseguradora dicha obligación de indemnizar[22].

## IX

**INTERESES.** Son de aplicación respecto del demandado D./D.ª _________________ los intereses moratorios, y respecto de la Aseguradora, los previstos en el art. 20 LCS en relación con el REAL DECRETO LEGISLATIVO 8/2004, de 29 de octubre, por el que se aprueba el texto refundido de la Ley sobre Responsabilidad Civil y Seguro en la Circulación de Vehículos a Motor. El art. 9 LRCSCVM señala: "*Si el asegurador incurriese en mora en el cumplimiento de la prestación en el seguro de responsabilidad civil para la cobertura de los daños y perjuicios causados a las personas o en los bienes con motivo de la circulación, la indemnización de daños y perjuicios debidos por el asegurador se regirá por lo dispuesto en el Artículo 20 de la Ley 50/1980, de 8 de octubre, de Contrato de Seguro*".

No se ha procedido por la Entidad Aseguradora (sin que por otro lado se den los presupuestos recogidos en el apdo. Octavo del art. 20 LCS o alguna de las singularidades del art. 9 LRCSCVM), a la consignación de cantidad alguna, y no impidiendo la iliquidez, el devengo de intereses, procede imponer a aquella el interés penitencial del mencionado precepto, al tipo del interés anual de ____ %.

## X

**COSTAS.** Es preceptiva la condena en costas conforme a lo dispuesto en los arts. 394 y 395 LEC en su redacción vigente dada por la LO 1/2025, de 2 de enero de medidas en materia del servicio público de Justicia.

Es claro que se ha infringido la Ley y ni siquiera ha dado solución a la situación, pues a pesar de ser requerido previamente de forma fehaciente y justificada para iniciar una actividad negociadora previa tendente a evitar el proceso judicial y llegar así a una solución de conflicto legalmente preceptiva, se ha ______________[23], sin causa que lo justifique, a un medio adecuado de solución de controversias;

Por ello, aunque se produzca un allanamiento, art. 395 o la simple estimación parcial y la Sentencia o la resolución final reconozca una cantidad igual o inferior a la propuesta por esta parte en dicho trámite previo procede la imposición de costas procesales a la parte contraria conforme a lo dispuesto en el art. 394.2, párrafo segundo, LEC.

Para el improbable caso de que se desestime la demanda quedará esta parte exenta de las eventuales costas que se le pudieren imponer en caso de desestimación total de la demanda.

Por lo expuesto,

---

[22] Y en general cualesquiera otros argumentos que se estimen convenientes, con el apoyo doctrinal o jurisprudencial al que haya lugar en cada caso.

[23] Indicar cuál de las siguientes situaciones se ha dado: rechazado el acuerdo ofrecido/negado a la participación/ no ha acudido.

**SUPLICO AL JUZGADO**, que teniendo por presentado este escrito de demanda con los documentos que se acompañan y copias de todo ello[24], se sirva admitirlo, y tenga por formulada DEMANDA DE JUICIO ORDINARIO de reclamación de cantidad, por daños derivados de accidente de CIRCULACIÓN contra D./D.ª ______________________, y la aseguradora _______________ y después de cumplidos los demás trámites procesales, se dicte en su día Sentencia en la que se condene a los demandados solidariamente al pago de la cantidad de ____________ euros, IVA INCLUIDO, como principal por los daños expuestos, más los intereses legales de dicha suma desde la fecha de la reclamación extrajudicial, hecha mediante la presentación de la comunicación del siniestro en fecha ____________ hasta la fecha de la sentencia, y respecto de la Aseguradora los intereses del art. 20 de la Ley de Contrato de Seguro desde la fecha del siniestro hasta su respectivo pago, todo ello con expresa imposición de costas a los demandados.

**PRIMER OTROSÍ DIGO:** Que esta parte manifiesta su voluntad expresa de cumplir con todos y cada uno de los requisitos exigidos para la validez de los actos procesales/recursos y, si por cualquier circunstancia, esta representación hubiera incurrido en algún defecto, ofrece su subsanación de forma inmediata a requerimiento del Juzgado, todo ello a los efectos prevenidos en los artículos 231 (o 449.6) de la Ley de Enjuiciamiento Civil e igualmente art. 11.3 LOPJ[25]. Por lo que,

**SUPLICO AL JUZGADO/SALA** que tenga por hecha la manifestación anterior y requiera de subsanación.

**SEGUNDO OTROSÍ DIGO**: Se acompañan a la demanda los documentos que acreditan la presentación de reclamación a la aseguradora y (falta de) las respuestas y ofertas motivadas emitidas por esta, de conformidad con lo establecido en el art. 7.8 del Texto Refundido de la Ley de Responsabilidad Civil y Seguro en la circulación de vehículos a motor, que tras la Ley 5/2025, de 24 de julio, por la que se modifican el texto refundido de la Ley sobre responsabilidad civil y seguro en la circulación de vehículos a motor y con entrada en vigor el 26 de julio de 2025 ha dado nueva redacción al apdo. 8 del art. 7 del Real Decreto Legislativo 8/2004, que ha quedado redactado así:

*"8. Una vez presentada la oferta o la respuesta motivada, en caso de disconformidad y a salvo del derecho previsto en el apartado 5, o transcurrido el plazo para su emisión, el perjudicado podrá bien acudir a*

---

[24] Este es un primer escrito, que es de personación, por lo tanto se presenta con los documentos en su caso, y con las copias, de las que será el propio Juzgado el que dará traslado a las demás partes, sin que en este caso sea necesario por lo tanto acompañar los justificantes de traslado del Procurador. Todo ello conforme a lo establecido en el art. 276 LEC.

[25] Este otrosí se ampara en los arts. 231 (en general) y 449.6 LEC (específico para los recursos) y en el art.11.3 LOPJ que disponen: "*Artículo 231. LEC Subsanación.*

*El Tribunal y el Letrado de la Administración de Justicia cuidarán de que puedan ser subsanados los defectos en que incurran los actos procesales de las partes*".

"*Artículo 449 LEC. Derecho a recurrir en casos especiales.*

*(...) 6. En los casos de los apartados anteriores, antes de que se rechacen o declaren desiertos los recursos, se estará a lo dispuesto en el artículo 231 de esta Ley*".

Art. 11 LOPJ:

"*(...) 3. Los Juzgados y Tribunales, de conformidad con el principio de tutela efectiva consagrado en el artículo 24 de la Constitución, deberán resolver siempre sobre las pretensiones que se les formulen, y solo podrán desestimarlas por motivos formales cuando el defecto fuese insubsanable o no se subsanare por el procedimiento establecido en las leyes*".

Es cuestionable la utilidad de este OTROSÍ, porque no debe perderse de vista que la subsanabilidad o no de los errores en la redacción y presentación de escritos, aportación de copias, documentos... no está en función de que se exteriorice dicha voluntad sino en la propia naturaleza del error u omisión y en las posibilidades subsanatorias o no que atribuyen las normas.

Hay errores que la jurisprudencia señala son siempre subsanables (falta de firma de profesionales, defectos de poder y representación, falta de indicación de cuantía, falta de abono del depósito, de las tasas...) y que deben propiciar necesariamente la apertura del trámite corrector por el LAJ, dictando la correspondiente diligencia. Otros, por el contrario, no permiten dicha subsanación como sucede con determinadas exigencias y requisitos especiales cuyo incumplimiento acarrea consecuencias diversas que van desde la preclusión a la inadmisión.

*uno de los medios adecuados de solución de controversias en vía no jurisdiccional en los términos del artículo 14 para intentar solventar la controversia, o bien acudir a la vía jurisdiccional oportuna para la reclamación de los daños y perjuicios correspondientes.*

*No se admitirán a trámite, de conformidad con el artículo 403 de la Ley 1/2000, de 7 de enero, de Enjuiciamiento Civil, las demandas en las que no se acompañen los documentos que acrediten la oferta o respuesta motivada, si se hubiese emitido por el asegurador o, en caso de no haberse emitido, la reclamación previa al asegurador, que no requerirá cuantificación*".

Positivizando así, lo que la mayoría de las Juntas de Jueces y LAJS venía entendiendo, tras la entrada en vigor de la LO 1/2025, en el sentido de que: "*MASC en procedimientos de tráfico. La reclamación previa del artículo 7 LRCSCVM tendrá la consideración de MASC a los efectos de la LO 1/25*".

**SUPLICO AL TRIBUNAL** que tenga por hecha la manifestación anterior a los efectos legales oportunos y tenga por presentada la preceptiva reclamación extrajudicial previa.

**TERCER OTROSÍ DIGO:** Que estando el/los demandado(s) obligado(s) (legal o contractualmente) de conformidad con lo dispuesto en los arts.155, 162 y 164 LEC, en su redacción vigente dada por el RDL 6/2023, de 19 de diciembre, a relacionarse con la Administración de forma telemática, y habiendo indicado que se remitan las procedentes comunicaciones a la dirección de correo electrónico pactada o Dirección Electrónica Habilitada Única y tratándose del emplazamiento. Por lo que,

**SUPLICO AL TRIBUNAL**: Que teniendo por hecha la anterior manifestación, y se proceda al emplazamiento de forma telemática y habiendo transcurrido tres días sin que el destinatario acceda a su contenido, se proceda a su publicación por la vía del Tablón Edictal Judicial Único conforme a lo dispuesto en el art. 164 LEC y se entienda por practicado el acto de comunicación[26].

**CUARTO OTROSÍ DIGO[27]:** Que, de conformidad con lo dispuesto en los arts. 265.1.4.º y 337.1 LEC en su redacción vigente dada por el RDL 6/2023, de 19 de diciembre, interesa al derecho de esta parte, actora/demandada, aportar un dictamen pericial de parte del perito D./D.ª _________________, médico ___[28], colegiado ____, que versará sobre_________. Sin embargo, como dispone dicho precepto, no le ha sido posible a esta parte obtener la citada prueba pericial[29], dado[30] ____________ (por ejemplo, el breve plazo para demandar estando en juego la caducidad de la acción / contestar a la demanda), por lo que,

---

Es obligado remitirse aquí a la Doctrina del TC contra el rigorismo formal cuando hablamos del acceso a la justicia y de la aplicación del principio *pro actione*, sin olvidar igualmente la precisión al respecto del Alto Tribunal cuando indica que se puede subsanar lo incompleto o erróneo pero no se puede subsanar lo inexistente.

[26] Art. 164 LEC "*Cuando, practicadas en su caso las averiguaciones a que se refiere el artículo 156, no pudiere conocerse el domicilio del destinatario de la comunicación, o cuando no pudiere hallársele ni efectuarse la comunicación con todos sus efectos, conforme a lo establecido en los artículos anteriores, o cuando así se acuerde en el caso a que se refiere el apartado 2 del artículo 157, el letrado o letrada de la Administración de Justicia, consignadas estas circunstancias, mandará que se haga la comunicación, a través del Tablón Edictal Judicial Único, salvaguardando en todo caso los derechos e intereses de menores, así como otros derechos y libertades que pudieran verse afectados por la publicidad de los mismos*".

[27] El art. 337 dispone: "*Anuncio de dictámenes cuando no se puedan aportar con la demanda o con la contestación. Aportación posterior.*

*1. Si no les fuese posible a las partes aportar dictámenes elaborados por peritos por ellas designados, junto con la demanda o contestación, expresarán en una u otra los dictámenes de que, en su caso, pretendan valerse, que habrán de aportar, para su traslado a la parte contraria, en cuanto dispongan de ellos, y en todo caso cinco días antes de iniciarse la audiencia previa al juicio ordinario o en treinta días desde la presentación de la demanda o de la contestación en el juicio verbal. Este plazo puede ser prorrogado por el tribunal cuando la naturaleza de la prueba pericial así lo exija y exista una causa justificada".*

[28] Especificar la titulación o circunstancias del art. 335 LEC.

[29] El art. 336 LEC distingue entre la posibilidad de anunciar la pericial por parte del demandante y el demandado disponiendo:

**SUPLICO AL TRIBUNAL**: Que teniendo por hecha la anterior manifestación, tenga por anunciada la pericial del arquitecto/médico perito D./D.ª ____________, que se aportará al proceso en cuanto se disponga de ella y en todo caso en el plazo dispuesto por la Ley[31].

**ÚLTIMO OTROSÍ DIGO** que, en cumplimiento de lo dispuesto en el art. 273.4 en su redacción vigente dada por la LO 1/2025, de 2 de enero, se acompaña para facilitar su incorporación al expediente digital el siguiente índice DOCUMENTAL:

Documento n.º 1: ______________________

Documento n.º 2: ______________________.

Documento n.º 3: ______________________.

Documento n.º 4: ______________________.

Documento n.º 5: ______________________.

**SUPLICO AL TRIBUNAL** que tenga por hecha la anterior manifestación a los efectos legalmente oportunos.

Principal y otrosí por ser de Justicia que pido en ____________[32].

Firma electrónica del abogado _______ Firma electrónica del procurador _______

Col. n.º: ___________________ Col. n.º: ___________________

"*(...) 3. Se entenderá que al demandante le es posible aportar con la demanda dictámenes escritos elaborados por perito por él designado,* ***si no justifica cumplidamente*** *que la defensa de su derecho no ha permitido demorar la interposición de aquella hasta la obtención del dictamen.*
*4. El demandado que no pueda aportar dictámenes escritos con la contestación a la demanda deberá justificar la imposibilidad de pedirlos y obtenerlos dentro del plazo para contestar*".

30 Justificar la causa que ha impedido aportar el peritaje con la demanda o contestación.

31 El art. 337 dispone:
"*(...) y en todo caso cinco días antes de iniciarse la audiencia previa al juicio ordinario*".

32 Lugar y fecha de la solicitud.

# Demanda de juicio ordinario para reclamación de daños personales y materiales derivados de accidente de circulación (Adaptado a LO 1/2025 y a la Ley 5/2025)

SP/FORM/15780

## Identificación escrito iniciador

Materia/Asunto:

Demandante/s:

Procurador/a: D./D.ª____________________

Abogado/a: D./D.ª____________________

Demandado/a/s: ____________________

## Al Juzgado de ____________ que corresponda[1,2]

D./Dª. __________, Procurador/a de los Tribunales n.º ______del Ilustre Colegio de Procuradores de ____________ en representación de ________ D./D.ª _________________ con NIF_________ y domicilio/residencia en _____________ /mercantil __________________ con CIF ____________ y domicilio social ______________ con dirección de correo electrónico_______ [3], o Dirección Electrónica Habilitada Única[4] Igualmente se indican los siguientes datos de contacto _______________ según acredito mediante certificación de apoderamiento apud acta electrónico[5] que se acompaña como **documento n.º**

---

[1] Téngase en cuenta que los Juzgados de Primera Instancia pasarán a ser Tribunales de Instancia, secciones civiles lo cual se hará de forma escalonada: El día 1 de julio de 2025 los Juzgados de Primera Instancia e Instrucción y los Juzgados de Violencia sobre la Mujer, en aquellos partidos judiciales donde no exista otro tipo de Juzgados, se transformarán, respectivamente, en Secciones Civiles y de Instrucción Únicas y Secciones de Violencia sobre la Mujer; el día 1 de octubre de 2025, los Juzgados de Primera Instancia, los Juzgados de Instrucción y los Juzgados de Violencia sobre la Mujer, en los partidos judiciales donde no exista otro tipo de Juzgados, se transformarán, respectivamente, en Secciones Civiles, Secciones de Instrucción y Secciones de Violencia sobre la Mujer; el día 31 de diciembre de 2025, los restantes Juzgados, no comprendidos en los supuestos anteriores, se transformarán en las respectivas Secciones conforme a lo previsto en la presente ley.

[2] Juzgado del lugar de producción del daño, art. 52.1.9 LEC.

[3] Datos de la entidad demandada.

[4] Tratándose del emplazamiento están el/los demandado(s) obligado(s) de conformidad con lo dispuesto en los arts.155, 162 y 164 LEC, a relacionarse con la Administración de forma telemática.

[5] Existen tres posibilidades para otorgar el apoderamiento al Procurador de los Tribunales, conforme dispone el art. 24.1 LEC en su redacción dada por el Real Decreto-ley 6/2023, de 19 de diciembre, en vigor desde el 20-3-2024 y aplicable a los procedimientos iniciados con posterioridad Disposición final 9.2 del citado Real Decreto-ley.

1. Mediante comparecencia electrónica, a través de la sede judicial electrónica e inscrito en el Registro Electrónico de Apoderamientos Judiciales (https://sedejudicial.justicia.es/-/apoderamiento-apud-acta).
Se debe acompañar tal y como dispone el art. 264.1 certificación de dicho Registro como Documento n.º ___________. Se puede justificar igualmente mediante consulta orientada al dato por el órgano judicial que confirme la inscripción de esta en el Registro Electrónico de Apoderamientos Judiciales, cuando el sistema así lo permita.
2. Apud acta, mediante comparecencia personal, presencial o por medio electrónico, que se hizo ante el Juzgado Decano/cualquier oficina judicial de ___________(lugar), posteriormente inscrito en el Registro Electrónico de Apoderamientos Judiciales. Se debe acompañar certificación de dicho Registro como Documento n.º ___________. Se puede justificar igualmente mediante consulta orientada al dato por el órgano judicial que confirme la inscripción de esta en el Registro Electrónico de Apoderamientos Judiciales, cuando el sistema así lo permita
3. Mediante escritura de poder otorgada, presencialmente o por medio electrónico, ante el Notario/Notaria ___________, con Notaría sita en ___________. El poder se inscribió en el Registro Electrónico de Apoderamientos Judiciales; lo cual justifico mediante certificación de dicho Registro aportada como Documento n.º ___________.Se

_____ bajo la dirección del Abogado D./D.ª __________, colegiado n.º _____________ del Ilustre Colegio de la Abogacía de _______________ ante el Juzgado comparezco y como mejor proceda en derecho, **DIGO**:

Que por medio del presente escrito formulo **DEMANDA DE JUICIO ORDINARIO** para la reclamación de la cantidad de ___________________ euros[6], IVA incluido, ejercitando la acción para la **INDEMNIZACIÓN DE DAÑOS PERSONALES Y MATERIALES DERIVADOS DE ACCIDENTE DE CIRCULACIÓN**, contra D./D.ª ______________________[7], vecino de __________________[8], y contra la entidad mercantil Aseguradora ___________________[9], con CIF n.º________ con domicilio en __________________[10], con dirección de correo electrónico_______[11] , o Dirección Electrónica Habilitada Única[12]. Igualmente se señalan los siguientes datos del demandado____________________[13].

La demanda se basa en los siguientes:

## Hechos

**PREVIO. CUMPLIMIENTO DEL PRESUPUESTO DE PROCEDIBILIDAD DEL MEDIO ADECUADO DE SOLUCIÓN DE CONTROVERSIA NO JURISDICCIONAL**

Se ha cumplido con el requisito de procedibilidad exigido en el art. 5 de la Ley Orgánica 1/2025, de 2 de enero, de Medidas de Eficiencia del Servicio Público de Justicia y desarrollados en los arts. 2 a 19 de dicho cuerpo legal acudiendo a un previo medio adecuado de solución de controversias (MASC), reconociendo la mayoría de las Juntas de Jueces y LAJS que vienen entendiendo, que tras la entrada en vigor de la LO 1/2025 que "*La reclamación previa del artículo 7 LRCSCVM tendrá la consideración de MASC a los efectos de la LO 1/25*".

Se presentó la preceptiva reclamación extrajudicial con la comunicación del siniestro ante la aseguradora ___________ en fecha ________ de acuerdo a lo establecido en el art. 7.1 del Texto Refundido de la Ley de Responsabilidad Civil y Seguro en la circulación de vehículos a motor (LRCSCVM), aprobado por el Real Decreto Legislativo, 8/2004, de 29 de octubre, sin que la misma haya contestado con la necesaria oferta o respuesta motivada (o haya contestado con una oferta o respuesta motivada insuficiente).

El art. 7.8 recoge que, transcurrido el plazo para la emisión de la oferta o respuesta motivada, "*el perjudicado podrá bien acudir a uno de los medios adecuados de solución de controversias en vía no jurisdiccional en los términos del art.14 para intentar solventar la controversia, o bien acudir a la vía jurisdiccional oportuna para la reclamación de los daños y perjuicios correspondientes*", por lo que esta parte ha optado por instar la actual demanda.

---

puede justificar igualmente mediante consulta orientada al dato por el órgano judicial que confirme la inscripción de esta en el Registro Electrónico de Apoderamientos Judiciales, cuando el sistema así lo permita

[6] A partir del 20 de marzo de 2024 las cantidades superiores a 15.000 € se reclaman por el juicio Ordinario

[7] Datos de identificación del demandado y resto de información conforme Resolución 15-12-2015.

[8] Domicilio en el que pueda ser emplazado el demandante y se consignará un número de teléfono, dispositivo electrónico, servicio de mensajería simple o una dirección de correo electrónico, de disponer de ellos, a los meros efectos de contacto por el tribunal.

[9] Datos de la entidad demandada

[10] Art. 155.3 Si la demanda se dirigiese a una persona jurídica, podrá igualmente señalarse el domicilio de cualquiera que aparezca como administrador, gerente o apoderado de la empresa mercantil, o presidente, miembro o gestor de la Junta de cualquier asociación que apareciese en un Registro oficial.

[11] Datos de la entidad demandada

[12] Tratándose del emplazamiento están el/los demandado(s) obligado(s) de conformidad con lo dispuesto en los arts.155, 162 y 164 LEC, a relacionarse con la Administración de forma telemática. Y en caso de que hayan transcurrido tres días sin que el destinatario acceda a su contenido, se proceda a su publicación por la vía del Tablón Edictal Judicial Único conforme a lo dispuesto en el art. 164 LEC y se entienda por practicado el acto de comunicación.

[13] Datos que puedan ser de utilidad para la localización de éste, como número de identificación fiscal o de extranjeros, números de teléfono, de fax, dirección de correo electrónico o similares, que se utilizarán con sujeción a lo dispuesto en la Ley que regule el uso de la tecnología en la Administración de Justicia. La persona demandada, una vez comparecido, podrá designar, para sucesivas comunicaciones, un domicilio distinto, o uno de los medios de comunicación electrónica de los previstos en el artículo 162.

Se acompaña como documento n.º ___ dicha Comunicación a la aseguradora a efectos de acreditación del intento de negociación y terminación del proceso sin acuerdo del art.10.1 de la LO 1/2025 tal y como recoge el precitado 7.8 LRCSCVM y el art. 264.4 LEC[14].

**PRIMERO.** Mi representada D./D.ª_______________ el día________ a las _____ horas conducía el vehículo, marca_____ modelo_________, matricula_____________ por la vía___________ de esta ciudad, cuando fue golpeado por el vehículo del/la demandado/a, modelo________, marca__________, matrícula__________ como consecuencia de la maniobra ________________________[15].

Se acompaña como **documentos n.º ___[16]**, parte de declaración amistosa suscrito y firmado por mi representado y por el/la demandado/a, y el atestado o informe equivalente[17], elaborado por la que la Guardia Civil[18] en los cuales se describe el lugar, fecha y los hechos tal y como se han relatado.

**SEGUNDO.** El vehículo propiedad del demandado/a, se encontraba asegurado en la Entidad Aseguradora__________ que figura en el encabezamiento de este escrito, con póliza núm.______________, con validez hasta el día____________

**TERCERO.** Como consecuencia del accidente aludido se han ocasionado en el vehículo de mi representado, parte derecha frontal, los siguientes daños_______________, cuyo importe de reparación ascienden a la cantidad de ____________ euros, según se acreditan mediante factura n.º _______ expedida en fecha_______ por el taller oficial de la casa _________ sito en __________

Se acompaña como **documento n.º ___**, original de dicha factura pagada con descripción de los daños y coste de la reparación.

**CUARTO.** Resultado de dicho accidente, fue igualmente necesaria la utilización de un servicio de grúa para transportar el vehículo al taller de reparación, lo que ocasionó gastos adicionales por valor de __________ euros, según se acredita mediante factura expedida por ______________ Grúas S.A que fue pagada y que se adjunta como **documento n.º ___.**

**QUINTO.** Igualmente, como consecuencia de la colisión, mi patrocinado tuvo que ser asistido/a en el Ambulatorio de ___________, presentando las siguientes lesiones_________________________[19].

Se acompañan a efectos probatorios, **como documentos n.ºs _____**: parte de Asistencia emitido en dicho ambulatorio, informes donde aparecen descritas las mismas, emitidos por los doctores D./D.ª _______________ y D./D.ª _____________ que le asistieron inicialmente y posteriormente en dicho Centro, así como en el Hospital ________________________.

**SEXTO.** Para la curación de las lesiones mencionadas en el número anterior, mi mandante precisó de ___ días de curación.

Estuvo impedido durante ______ días para realizar sus ocupaciones habituales.

Se acompaña igualmente partes de baja y alta laboral como **documentos n.ºs ___ y ___.**

---

[14] Precepto modificado por LO 1/2025, de 2 de enero, con entrada en vigor a partir del 3 de abril de 2025.

[15] Describir las circunstancias del accidente.

[16] La acreditación de los hechos deberá realizarse por cualquier medio probatorio y si no se posee parte amistoso habrá que solicitar se incorpore el atestado o la testifical correspondiente.

[17] Desde el 26 de julio de 2025 las Fuerzas y Cuerpos de Seguridad encargadas de la vigilancia del tráfico facilitarán de forma gratuita, a petición de los perjudicados, entidades aseguradoras, o sus representantes, y del Consorcio de Compensación de Seguros, copia del atestado o informe equivalente en el que conste toda la información sobre las circunstancias del accidente, incluso cuando lo hayan remitido a la autoridad judicial competente.

[18] La Policía Local es la encargada de redactar atestados o informes por accidentes en vías urbanas, mientras que la Guardia Civil interviene en vías interurbanas (carreteras de ámbito nacional y autonómico) y, en algunas comunidades autónomas, estas funciones son realizadas por la Policía Autonómica (como los Mossos d'Esquadra, la Ertzaintza o la Policía Foral) en el ámbito de sus competencias. La redacción de un atestado es obligatoria cuando hay lesiones, fallecidos, o si no hay acuerdo sobre los hechos o alguno de los implicados huye.

[19] Descripción de las lesiones sufridas.

**SÉPTIMO.** Que a pesar de las atenciones y tratamiento médico recibido que se describen en los informes acompañados, no se han restablecido totalmente las lesiones descritas quedándole como secuelas ______________________________________________________________________________ ________________________________________.

Se acompaña(rá)[20] como **documento n.º** ___ dictamen pericial emitido por el Doctor D./D.ª_____________ Colegiado n.º ________ acreditativo de dichas secuelas[21].

**OCTAVO.** Como consecuencia de lo anteriormente expuesto se reclaman las siguientes cantidades:

El importe total de ___________euros, suma resultante de los siguientes daños personales desglosados:

Lesiones temporales:

- Perjuicio personal básico: __________ €
- Perjuicio personal particular: __________ €
- Perjuicio patrimonial: __________ €

Secuelas:

- Perjuicio personal básico: __________ €
- Perjuicio personal particular: __________ €
- Perjuicio patrimonial: __________ €

Fallecimiento:

- Perjuicio personal básico: __________ €
- Perjuicio personal particular: __________ €
- Perjuicio patrimonial: __________ €

La suma de ___________euros, suma resultante de los daños materiales ocasionados en el vehículo por:

- Reparación del vehículo: __________ €
- Pérdida total del vehículo: __________ €
- Paralización: __________ €
- Otros daños: __________ €

Las cantidades respecto a los daños personales se han calculado teniendo en cuenta los ingresos, y circunstancias familiares de conformidad con las reglas del Texto Refundido de la Ley de Responsabilidad Civil y Seguro en la circulación de vehículos a motor, aprobado por el Real Decreto Legislativo, 8/2004, de 29 de octubre.

[20] En caso de no haber sido posible a esta parte obtener la citada prueba pericial cabe la aportación posterior según el art. 337 LEC que dispone. "*Anuncio de dictámenes cuando no se puedan aportar con la demanda o con la contestación. Aportación posterior.*
*1. Si no les fuese posible a las partes aportar dictámenes elaborados por peritos por ellas designados, junto con la demanda o contestación, expresarán en una u otra los dictámenes de que, en su caso, pretendan valerse, que habrán de aportar, para su traslado a la parte contraria, en cuanto dispongan de ellos, y en todo caso cinco días antes de iniciarse la audiencia previa al juicio ordinario o en treinta días desde la presentación de la demanda o de la contestación en el juicio verbal. Este plazo puede ser prorrogado por el tribunal cuando la naturaleza de la prueba pericial así lo exija y exista una causa justificada*".

[21] O en su caso, del Médico Forense en caso haber existido actuaciones penales previas.

**NOVENO.** Se presentó la preceptiva reclamación extrajudicial con la comunicación del siniestro ante la aseguradora en fecha ________ de acuerdo a lo establecido en el art. 7. 8 y 14 del Texto Refundido de la Ley de Responsabilidad Civil y Seguro en la circulación de vehículos a motor, aprobado por el Real Decreto Legislativo, 8/2004, de 29 de octubre, que recoge que no se admitirán a trámite, de conformidad con el art. 403 LEC, las demandas en las que no se acompañen los documentos que acrediten la oferta o respuesta motivada, si se hubiese emitido por el asegurador o, en caso de no haberse emitido, la reclamación previa al asegurador, que no requerirá cuantificación.

Por lo ante la falta de contestación de la necesaria oferta o respuesta motivada[22], no ha quedado a esta parte otro remedio que instar la actual demanda.

Se acompaña como **documento n.º** ___ dicha Comunicación a la aseguradora[23].

A los anteriores hechos son de aplicación los siguientes:

## Fundamentos de Derecho

**PRESUPUESTO PROCEDIBILIDAD.** Se cumple el requisito de procedibilidad para la iniciación de la vía jurisdiccional, de acudir a cualquier medio adecuado de solución de controversias del art. 5 de la Ley Orgánica 1/2025 y del art. 264.4 LEC[24], permitiendo el art. 14.1 de la precitada en LO 1/2025 que sea el previsto en otras normas, como es la preceptiva reclamación extrajudicial del art. 7 RDL 8/2004, tal y como reconocen la mayoría de las Juntas de Jueces y LAJS que vienen entendiendo, que tras la entrada en vigor de la LO 1/2025 que "*La reclamación previa del artículo 7 LRCSCVM tendrá la consideración de MASC a los efectos de la LO 1/25*".

Lo anterior ha sido suscrito por la Ley 5/2025, de 24 de julio, por la que se modifican el texto refundido de la Ley sobre responsabilidad civil y seguro en la circulación de vehículos a motor y con entrada en vigor el 26 de julio de 2025 que ha dado nueva redacción al apdo. 8 del art. 7 del Real Decreto Legislativo 8/2004, que ha quedado redactado así:

"*8. Una vez presentada la oferta o la respuesta motivada, en caso de disconformidad y a salvo del derecho previsto en el apartado 5, o transcurrido el plazo para su emisión, el perjudicado podrá bien acudir a uno de los medios adecuados de solución de controversias en vía no jurisdiccional en los términos del artículo 14 para intentar solventar la controversia, o bien acudir a la vía jurisdiccional oportuna para la reclamación de los daños y perjuicios correspondientes.*

*No se admitirán a trámite, de conformidad con el artículo 403 de la Ley 1/2000, de 7 de enero, de Enjuiciamiento Civil, las demandas en las que no se acompañen los documentos que acrediten la oferta o respuesta motivada, si se hubiese emitido por el asegurador o, en caso de no haberse emitido, la reclamación previa al asegurador, que no requerirá cuantificación*".

### I

**CAPACIDAD.** Las partes ostentan la capacidad procesal necesaria conforme a lo establecido en los arts. 6 y ss. LEC.

---

[22] O se haya rechazado la oferta o respuesta motivada.

[23] No se admitirán a trámite, de conformidad con el art. 403 de la Ley de Enjuiciamiento Civil, las demandas en las que no se acompañen los documentos que acrediten la presentación de la reclamación al asegurador y la oferta o respuesta motivada, si se hubiera emitido por el asegurador.

[24] Precepto modificado por LO 1/2025, de 2 de enero, con entrada en vigor a partir del 3 de abril de 2025.

## II

**REPRESENTACIÓN.** Está representado el actor/a por el procurador/a que suscribe, habilitado para ejercer en el territorio del Juzgado al que nos dirigimos, y asimismo asistido del letrado/a del Ilustre Colegio de Abogados de ______________, tal y como exigen los arts. 23 y 31 LEC.

## III

**LEGITIMACIÓN.** La Activa corresponde a mi patrocinado, a tenor del art. 10 LEC, como propietario del vehículo que sufrió los daños materiales y personales aludidos. Reconociendo el art. 7 de la Ley Sobre Responsabilidad Civil y Seguro en la Circulación a Motor y el art. 76 de Ley 50/1980, de 8 de octubre, de Contrato de Seguro, la acción directa al perjudicado y sus herederos contra la compañía Aseguradora.

La pasiva corresponde, por un lado a D./D.ª ____________ propietario y causante del accidente y de los daños que se reclaman, tal y como establece el art. 1902 Código Civil y por otro a la entidad Aseguradora ___________ como aseguradora del vehículo propiedad del anterior, como establece el art. 73 LCS y el art. 7 de la Ley Sobre Responsabilidad Civil y Seguro en la Circulación a Motor.

## IV

**JURISDICCIÓN.** Es competente la jurisdicción civil, con arreglo a lo establecido en los arts. 9.2 y 21.1 LOPJ.

## V

**COMPETENCIA.** Es competente el Tribunal al que nos dirigimos de conformidad con los dispuesto en el art. 52.1.9.º LEC, al corresponder dicha competencia al Juzgado del lugar de producción del daño[25]

## VI

**CUANTÍA.** La cuantía de la presente litis de acuerdo con el art. 252.2.º LEC en relación con el art. 251.1.ª debe venir determinada por la suma de las acciones ejercitadas, ascendiendo a un total de ___________________________ euros[26].

## VII

**PROCEDIMIENTO.** La presente pretensión ha de seguir los tramites del juicio Ordinario en aplicación del art. 249.2 LEC al superar la cantidad reclamada la cuantía de 15.000 euros.

---

[25] No obstante debe tenerse en cuenta, pese a la discusión doctrinal y jurisprudencial al respecto, que en aquellos supuestos en los cuales se demande conjuntamente o en exclusiva, al Consorcio de Compensación de Seguros, el artículo 15 de la Ley 52/1997, de 27 de noviembre, de Asistencia Jurídica del Estado e Instituciones Públicas, expresamente declarado en vigor por la Disposición Derogatoria Única. 3, de la LEC 1/2000 establece que cuando en los procesos civiles intervenga como parte el Estado, entidad estatal de Derecho Público u organismo constitucional, serán únicamente competentes para conocer del asunto los Juzgados y Tribunales que tengan su sede en las capitales de provincia, en Ceuta o en Melilla y que esta norma se aplicará con preferencia a cualquier otra norma sobre competencia territorial que pudiera concurrir en el procedimiento.
Por ello, según nuestro criterio, en estos casos, la competencia territorial para conocer del asunto litigioso quedará atribuida siempre a los Juzgados de Primera Instancia de la capital de provincia en detrimento de los del lugar en el que acaeciera el siniestro automovilístico.

[26] A partir del 20 de marzo de 2024 las cantidades superiores a 15.000 € se reclaman por el juicio Ordinario.

## VIII

**ASUNTO DE FONDO.** Tal y como señala el art. 1 del REAL DECRETO LEGISLATIVO 8/2004, de 29 de octubre, por el que se aprueba el texto refundido de la Ley sobre Responsabilidad Civil y Seguro en la Circulación de Vehículos a Motor, según redacción dada por Ley 5/2025, de 24 de julio, "*El conductor de vehículos a motor es responsable, en virtud del riesgo creado por los hechos de la circulación de tales vehículos, de los daños causados a las personas o en los bienes como consecuencia de esos hechos.*

*En el caso de daños a las personas, de esta responsabilidad solo quedará exonerado cuando pruebe que los daños fueron debidos a la culpa exclusiva del perjudicado o a fuerza mayor extraña a la conducción o al funcionamiento del vehículo; no se considerarán casos de fuerza mayor los defectos del vehículo ni la rotura o fallo de alguna de sus piezas o mecanismos.*

*En el caso de daños en los bienes, el conductor responderá frente a terceros cuando resulte civilmente responsable según lo establecido en los artículos 1.902 y siguientes del Código Civil, artículos 109 y siguientes del Código Penal, y según lo dispuesto en esta ley*".

Igualmente se recoge la responsabilidad extracontractual en el art. 1902 del Código Civil, siendo reiterada la jurisprudencia objetivizando dicha responsabilidad tal y como señalan las Sentencias __________ y__________.

Recogen igualmente la responsabilidad de la Compañía Aseguradora los arts. 18,19, 20, entre otros, de la Ley del Contrato de Seguro, así como los arts. 73 y 76 reconociendo este último la acción directa al perjudicado para reclamar a la aseguradora dicha obligación de indemnizar.

## IX

**INTERESES.** Son de aplicación respecto del demandado D./D.ª __________________ los intereses moratorios, y respecto de la Aseguradora, los previstos en el art. 20 LCS en relación con el REAL DECRETO LEGISLATIVO 8/2004, de 29 de octubre, por el que se aprueba el texto refundido de la Ley sobre Responsabilidad Civil y Seguro en la Circulación de Vehículos a Motor cuyo art. 9 LRCSCVM "*Si el asegurador incurriese en mora en el cumplimiento de la prestación en el seguro de responsabilidad civil para la cobertura de los daños y perjuicios causados a las personas o en los bienes con motivo de la circulación, la indemnización de daños y perjuicios debidos por el asegurador se regirá por lo dispuesto en el Artículo 20 de la Ley 50/1980, de 8 de octubre, de Contrato de Seguro*".

No se ha procedido por la Entidad Aseguradora (sin que por otro lado se den los presupuestos recogidos en el apdo. Octavo del art. 20 LCS o alguna de las singularidades del art. 9 LRCSCVM), a la consignación de cantidad alguna, y no impidiendo la iliquidez, el devengo de intereses, procede imponer a aquella el interés penitencial del mencionado precepto, al tipo del interés anual de ____ %.

## X

**COSTAS.** Es preceptiva la condena en costas conforme a lo dispuesto en los arts. 394 y 395 LEC en su redacción vigente dada por la LO 1/2025, de 2 de enero de medidas en materia del servicio público de Justicia.

Es claro que se ha infringido la Ley y ni siquiera ha dado solución a la situación, pues a pesar de ser requerido previamente de forma fehaciente y justificada para iniciar una actividad negociadora previa tendente a evitar el proceso judicial y llegar así a una solución de conflicto legalmente preceptiva, se ha ______________[27], sin causa que lo justifique, a un medio adecuado de solución de controversias.

Por ello, aunque se produzca un allanamiento, art. 395 o la simple estimación parcial y la Sentencia o la resolución final reconozca una cantidad igual o inferior a la propuesta por esta parte en dicho trámite previo procede la imposición de costas procesales a la parte contraria conforme a lo dispuesto en el art. 394.2, párrafo segundo, LEC.

Para el improbable caso de que se desestime la demanda quedará esta parte exenta de las eventuales costas que se le pudieren imponer en caso de desestimación total de la demanda.

Por lo expuesto,

**SUPLICO AL JUZGADO**, que teniendo por presentado este escrito de demanda con los documentos que se acompañan y copias de todo ello[28], Notase sirva admitirlo, y por formulada DEMANDA DE JUICIO ORDINARIO de reclamación de cantidad, por daños derivados de accidente de CIRCULACIÓN contra D./D.ª ______________________, y la Aseguradora _______________ y después de cumplidos los demás trámites procesales, se dicte en su día Sentencia en la que se condene a los demandados solidariamente al pago de la cantidad de ____________ euros IVA INCLUIDO, como principal por los daños expuestos y tras aplicar la actualización correspondiente al año en que se determine el importe por resolución judicial según el art. 40 del Real Decreto Legislativo, 8/2004, más los intereses legales de dicha suma desde la fecha de la reclamación extrajudicial, hecha mediante la presentación de la comunicación del siniestro en fecha ____________ hasta la fecha de la sentencia, y respecto de la Aseguradora los intereses del art. 20 de la Ley de Contrato de Seguro desde la fecha del siniestro hasta su respectivo pago, todo ello con expresa imposición de costas a los demandados.

**PRIMER OTROSÍ DIGO:** Que esta parte manifiesta su voluntad expresa de cumplir con todos y cada uno de los requisitos exigidos para la validez de los actos procesales/recursos y, si por cualquier circunstancia, esta representación hubiera incurrido en algún defecto, ofrece su subsanación de forma inmediata a requerimiento del Juzgado, todo ello a los efectos prevenidos en los artículos 231 (o 449.6) de la Ley de Enjuiciamiento Civil e igualmente art. 11.3 LOPJ[29] Por lo que,

---

[27] Indicar cuál de las siguientes situaciones se ha dado: rechazado el acuerdo ofrecido/negado a la participación/ no ha acudido.

[28] Este es un primer escrito, que es de personación, por lo tanto se presenta con los documentos en su caso, y con las copias, de las que será el propio Juzgado el que dará traslado a las demás partes, sin que en este caso sea necesario por lo tanto acompañar los justificantes de traslado del Procurador. Todo ello conforme a lo establecido en el art. 276 de la LEC.

[29] Este otrosí se ampara en los arts. 231 (en general) y 449.6 LEC (específico para los recursos) y en el art.11.3 de la LOPJ que disponen: "Artículo 231. LEC Subsanación.
El Tribunal y el Letrado de la Administración de Justicia cuidarán de que puedan ser subsanados los defectos en que incurran los actos procesales de las partes".
"Artículo 449 LEC. Derecho a recurrir en casos especiales.
...6. En los casos de los apartados anteriores, antes de que se rechacen o declaren desiertos los recursos, se estará a lo dispuesto en el artículo 231 de esta Ley".
Art. 11 LOPJ
...3. Los Juzgados y Tribunales, de conformidad con el principio de tutela efectiva consagrado en el artículo 24 de la Constitución, deberán resolver siempre sobre las pretensiones que se les formulen, y solo podrán desestimarlas por motivos formales cuando el defecto fuese insubsanable o no se subsanare por el procedimiento establecido en las leyes".
Es cuestionable la utilidad de este OTROSÍ, porque no debe perderse de vista que la subsanabilidad o no de los errores en la redacción y presentación de escritos, aportación de copias, documentos... no está en función de que se exteriorice dicha voluntad sino en la propia naturaleza del error u omisión y en las posibilidades subsanatorias o no que atribuyen las normas.
Hay errores que la jurisprudencia señala son siempre subsanables (falta de firma de profesionales, defectos de poder y representación, falta de indicación de cuantía, falta de abono del depósito, de las tasas ...) y que deben propiciar necesariamente la apertura del trámite corrector por el LAJ, dictando la correspondiente diligencia. Otros, por el contrario, no permiten dicha subsanación como sucede con determinadas exigencias y requisitos especiales cuyo incumplimiento acarrea consecuencias diversas que van desde la preclusión a la inadmisión.

**SUPLICO AL JUZGADO/SALA** que tenga por hecha la manifestación anterior y requiera de subsanación.

**SEGUNDO OTROSÍ DIGO:** Que estando el/los demandado(s) obligado(s) (legal o contractualmente) de conformidad con lo dispuesto en los arts.155, 162 y 164 LEC, en su redacción vigente dada por el RD Ley 6/2023 de 19 de diciembre, a relacionarse con la Administración de forma telemática, y habiendo indicado que se remitan las procedentes comunicaciones a la dirección de correo electrónico pactada o Dirección Electrónica Habilitada Única y tratándose del emplazamiento. Por lo que,

**SUPLICO AL TRIBUNAL**: Que teniendo por hecha la anterior manifestación, y se proceda al emplazamiento de forma telemática y habiendo transcurrido tres días sin que el destinatario acceda a su contenido, se proceda a su publicación por la vía del Tablón Edictal Judicial Único conforme a lo dispuesto en el art. 164 LEC y se entienda por practicado el acto de comunicación[30].

**TERCER OTROSÍ DIGO[31]:** Que de conformidad con lo dispuesto en el arts. 265.1.4.º y 337.1 LEC en su redacción vigente dada por el RDL 6/2023 de 19 de diciembre interesa al derecho de esta parte, actora/demandada, aportar un dictamen pericial de parte del perito D./D.ª__________________, médico ___[32], colegiado ____, que versará sobre_________. Sin embargo, como dispone dicho precepto, no le ha sido posible a esta parte obtener la citada prueba pericial[33], dado[34] ____________ (por ejemplo, el breve plazo para demandar estando en juego la caducidad de la acción/contestar a la demanda), por lo que,

**SUPLICO AL TRIBUNAL**: Que teniendo por hecha la anterior manifestación tenga por anunciada la pericial del arquitecto/médico perito D./D.ª____________, que se aportará al proceso en cuanto se disponga de ella y en todo caso en el plazo dispuesto por la Ley[35].

**ÚLTIMO OTROSÍ DIGO** que en cumplimiento de lo dispuesto en el art. 273.4 en su redacción vigente dada por la LO 1/2025, de 2 de enero, se acompaña para facilitar su incorporación al expediente digital el siguiente índice DOCUMENTAL:

Documento n.º 1: ______________________

Documento n.º 2: ______________________.

---

Es obligado remitirse aquí a la Doctrina del TC contra el rigorismo formal cuando hablamos del acceso a la justicia y de la aplicación del principio pro actione, sin olvidar igualmente la precisión al respecto del Alto Tribunal cuando indica que se puede subsanar lo incompleto o erróneo pero no se puede subsanar lo inexistente.

[30] Art. 164 LEC "*Cuando, practicadas en su caso las averiguaciones a que se refiere el artículo 156, no pudiere conocerse el domicilio del destinatario de la comunicación, o cuando no pudiere hallársele ni efectuarse la comunicación con todos sus efectos, conforme a lo establecido en los artículos anteriores, o cuando así se acuerde en el caso a que se refiere el apartado 2 del artículo 157, el letrado o letrada de la Administración de Justicia, consignadas estas circunstancias, mandará que se haga la comunicación, a través del Tablón Edictal Judicial Único, salvaguardando en todo caso los derechos e intereses de menores, así como otros derechos y libertades que pudieran verse afectados por la publicidad de los mismos*".

[31] El artículo 337 dispone: "*Anuncio de dictámenes cuando no se puedan aportar con la demanda o con la contestación. Aportación posterior.*
*1. Si no les fuese posible a las partes aportar dictámenes elaborados por peritos por ellas designados, junto con la demanda o contestación, expresarán en una u otra los dictámenes de que, en su caso, pretendan valerse, que habrán de aportar, para su traslado a la parte contraria, en cuanto dispongan de ellos, y en todo caso cinco días antes de iniciarse la audiencia previa al juicio ordinario o en treinta días desde la presentación de la demanda o de la contestación en el juicio verbal. Este plazo puede ser prorrogado por el tribunal cuando la naturaleza de la prueba pericial así lo exija y exista una causa justificada*".

[32] Especificar la titulación o circunstancias del art. 335 LEC.

[33] El Artículo 336 LEC distingue entre la posibilidad de anunciar la pericial por parte del demandante y el demandado disponiendo:
"*(...) 3. Se entenderá que al demandante le es posible aportar con la demanda dictámenes escritos elaborados por perito por él designado,* ***si no justifica cumplidamente*** *que la defensa de su derecho no ha permitido demorar la interposición de aquélla hasta la obtención del dictamen.*
*4. El demandado que no pueda aportar dictámenes escritos con la contestación a la demanda deberá justificar la imposibilidad de pedirlos y obtenerlos dentro del plazo para contestar*".

[34] Justificar la causa que ha impedido aportar el peritaje con la demanda o contestación.

[35] El art. 337 dispone: "*(...) y en todo caso cinco días antes de iniciarse la audiencia previa al juicio ordinario*".

Documento n.º 3: ________________________.

Documento n.º 4: ________________________.

**SUPLICO AL TRIBUNAL** que tenga por hecha la anterior manifestación a los efectos legalm oportunos.

Principal y otrosí por ser de Justicia que pido en ____________[36].

Firma electrónica del abogado _______ Firma electrónica del procurador _______

Col. n.º: ____________________ Col. n.º: ____________________

# Texto normativo y Tablas

| *Real Decreto Legislativo 8/2004, de 29 de octubre, por el que se aprueba el texto refundido de la Ley sobre responsabilidad civil y seguro en la circulación de vehículos a motor* | | |
|---|---|---|
| *FICHA TÉCNICA* | | |
| ***Datos básicos*** | | SP/DOCT/72808 |
| ***Referencia Sepín*** | *SP/LEG/19523* | |
| ***Órgano emisor*** | *MINISTERIO DE ECONOMÍA Y HACIENDA* | |
| ***Publicación*** | *BOE n.º 267, de 5 de noviembre de 2004* | |
| ***Entrada en vigor*** | | |
| *La presente Ley entrará en vigor el **6 de noviembre de 2004*** | | |
| ***Modificaciones pasivas*** | | |
| ***Ley 5/2025, de 24 de julio**, por la que se modifican el texto refundido de la Ley sobre responsabilidad civil y seguro en la circulación de vehículos a motor, aprobado por el Real Decreto Legislativo 8/2004, de 29 de octubre, y la Ley 20/2015, de 14 de julio, de ordenación, supervisión y solvencia de las entidades aseguradoras y reaseguradoras (SP/LEG/44668)* | *BOE n.º 178, de 25 de julio de 2025* | ***Añade**: artículo 1 bis, apartado 8 del artículo 2, apartados 9, 10, 11 y 12 del artículo 7, apartado 3 del artículo 83, apartado 3 en el artículo 84, apartado 4 del artículo 88, apartados 5 y 6 del artículo 116, apartado 4 del artículo 123, apartado 5 del artículo 128, apartado 4 del artículo 134, apartado 4 del artículo 141, Título V, Capítulo I (artículos 144 a 147), Capítulo II (artículos 148 a 150)*<br><br>***Modifica**: apartados 1 y 5 del artículo 1, apartados 1, 2, 3, 4, y 7 del artículo 2, apartado 2 del artículo 4, párrafo primero del artículo 6, apartados 1, 2, 3, 4, 5, 6, 8 del artículo 7, primer párrafo del artículo 10, apartados 1, 3 y 4 del artículo 11, rúbrica y el contenido del artículo 14, apartado 2 del artículo 25, apartados 1 y 2 del artículo 27, apartado 1 del artículo 30, apartados 1 y 3 del artículo 36, apartado 3 del artículo 37, apa128, letra artículo 41, apartado 1 del artículo 42, rúbrica y el contenido del artículo 45, artículo 48, rúbrica y el contenido del artículo 49, rúbrica y el contenido del artículo 74, rúbrica y el contenido del artículo 76, apartado 2 del artículo 82, apartado 1 del artículo 83, apartados 2 y 3 del artículo 87, apartado 2 del artículo 92, apartados 1 y 2 del* |

| | | |
|---|---|---|
| | | *artículo 98, letra a) del apartado 2 del artículo 102, apartado 1 de artículo 106, apartado 5 del artículo 108, apartado 3 del artículo 109, rúbrica y el contenido del artículo 110, apartado 1 del artículo 111, apartado 1 del artículo 113, artículo 114, apartado 5 del artículo 115, apartados 1, 3 y 4 del artículo 116, apartado 3 del artículo 123, apartados 1 y 6 del artículo 125, apartados 3 y 4 del artículo 128, letra b) del artículo 129, rúbrica y el contenido del artículo 130, apartados 1 y 2 del artículo 131, apartados 4 y 5 del artículo 132, apartados 2 y 3 del artículo 134, apartado del artículo 141, apartado 4 del artículo 143, Tablas del Anexo*<br><br>***Suprime:*** *apartado 6 del artículo 1* |
| ***Resolución de 12 de marzo de 2025****, de la Dirección General de Seguros y Fondos de Pensiones, por la que se publican las cuantías de las indemnizaciones actualizadas del sistema para valoración de los daños y perjuicios causados a las personas en accidentes de circulación (SP/LEG/44668)* | *BOE n.º 71, de 24 de marzo de 2025* | ***Actualiza:*** *cuantías indemnizatorias para el año* ***2025*** |
| ***Resolución de 18 de enero de 2024****, de la Dirección General de Seguros y Fondos de Pensiones, por la que se publican las cuantías de las indemnizaciones actualizadas del sistema para valoración de los daños y perjuicios causados a las personas en accidentes de circulación (SP/LEG/41987)* | *BOE n.º 26, de 30 de enero de 2024* | ***Actualiza:*** *cuantías indemnizatorias para el año* ***2024*** |
| ***Resolución de 12 de enero de 2023,*** *de la Dirección General de Seguros y Fondos de Pensiones, por la que se hacen públicas las cuantías de las indemnizaciones actualizadas del sistema para valoración de los daños y perjuicios causados a las personas en accidentes de circulación (SP/LEG/39194)* | *BOE n.º 17 de 20 de enero de 2023* | ***Actualiza:*** *cuantías indemnizatorias para el año* ***2023*** |
| ***Real Decreto 907/2022, de 25 de octubre****, por el que se modifican las cuantías de determinadas tablas del sistema para la valoración de los daños y perjuicios causados a las personas en accidentes de circulación contenidas en el anexo del texto* | *BOE n.º 259 de 28 de octubre de 2022*<br>***Vigencia****: 29-10-2022* | ***Modifica:*** *las cuantías de determinadas tablas* |

| | | |
|---|---|---|
| *refundido de la Ley sobre responsabilidad civil y seguro en la circulación de vehículos a motor, aprobado por el Real Decreto Legislativo 8/2004, de 29 de octubre, y por el que se modifica el Real Decreto 1060/2015, de 20 de noviembre, de ordenación, supervisión y solvencia de las entidades aseguradoras y reaseguradoras, para la actualización de importes en euros en relación con el régimen especial de solvencia (SP/LEG/38532)* | | |
| ***Orden ETD/949/2022, de 29 de septiembre,** por la que se actualizan las bases técnicas actuariales que sustentan los cálculos del sistema para la valoración de los daños y perjuicios causados a las personas en accidentes de circulación contenido en el anexo del texto refundido de la Ley sobre responsabilidad civil y seguro en la circulación de vehículos a motor, aprobado por el Real Decreto Legislativo 8/2004, de 29 de octubre (SP/LEG/38378)* | *BOE n.º 240 de 6 de octubre de 2022*<br>***Vigencia**: 7-10-2022* | ***Actualiza:** las bases técnicas actuariales* |
| ***Resolución de 23 de febrero de 2022,** de la Dirección General de Seguros y Fondos de Pensiones, por la que se publican las cuantías de las indemnizaciones actualizadas del sistema para valoración de los daños y perjuicios causados a las personas en accidentes de circulación (SP/LEG/36853)* | *BOE n.º 56 de 7 de marzo de 2022* | ***Actualiza:** cuantías indemnizatorias para el año **2022*** |
| ***Resolución de 2 de febrero de 2021,** de la Dirección General de Seguros y Fondos de Pensiones, por la que se publican las cuantías de las indemnizaciones actualizadas del sistema para valoración de los daños y perjuicios causados a las personas en accidentes de circulación (SP/LEG/32848)* | *BOE n.º 43 de 19 de febrero de 2021* | ***Actualiza:** cuantías indemnizatorias para el año **2021*** |
| ***Resolución de 30 de marzo de 2020,** de la Dirección General de Seguros y Fondos de Pensiones, por la que se hacen públicas las cuantías de las indemnizaciones actualizadas del sistema para valoración de los daños y perjuicios causados a las personas en accidentes de circulación (SP/LEG/29064)* | *BOE n.º 98 de 8 de abril de 2020* | ***Actualiza:** cuantías indemnizatorias para el año **2020*** |

| | | |
|---|---|---|
| ***Resolución de 20 de marzo de 2019**, de la Dirección General de Seguros y Fondos de Pensiones, por la que se hacen públicas las cuantías de las indemnizaciones actualizadas del sistema para la valoración de los daños y perjuicios causados a las personas en accidentes de circulación (SP/LEG/26165)* | *BOE n.º 81 de 4 de abril de 2019* | ***Actualiza:** cuantías indemnizatorias para el año **2019*** |
| ***Resolución de 25 de julio de 2018**, de la Dirección General de Seguros y Fondos de Pensiones, por la que se publican las cuantías de las indemnizaciones actualizadas del sistema para valoración de los daños y perjuicios causados a las personas en accidentes de circulación (SP/LEG/24579)* | *BOE n.º 195 de 13 de agosto de 2018* | ***Actualiza:** cuantías indemnizatorias para el año **2018*** |
| ***Resolución de 31 de enero de 2018**, de la Dirección General de Seguros y Fondos de Pensiones, por la que se publican las cuantías de las indemnizaciones actualizadas del sistema para valoración de los daños y perjuicios causados a las personas en accidentes de circulación (SP/LEG/23499)* | *BOE n.º 40 de 14 de febrero de 2018* | ***Actualiza:** cuantías indemnizatorias para el año **2018*** |
| ***Resolución de 3 de octubre de 2017,** de la Dirección General de Seguros y Fondos de Pensiones, por la que se publican las **cuantías** de las indemnizaciones actualizadas del sistema para valoración de los daños y perjuicios causados a las personas en accidentes de circulación (SP/LEG/18457)* | *BOE n.º 257 de 25 de octubre de 2017* | ***Actualiza:** cuantías indemnizatorias para el año **2017*** |
| ***Ley 35/2015, de 22 de septiembre**, de reforma del sistema para la valoración de los daños y perjuicios causados a las personas en accidentes de circulación (SP/LEG/18457)* | *BOE n.º 228, de 23 de septiembre de 2015*<br><br>***Vigencia:** 1-01-2016* | ***Modifica**: artículo 1, párrafo primero del apartado 3 del artículo 4, artículo 7, letra b) del artículo 9, y artículo 13*<br>***Añade**: artículo 14, Título IV del Capítulo I, Sección 1.ª, artículos 32 a 49, Sección 2.ª, artículos 50 a 60, Capítulo II, Sección 1.ª, artículo 61, Subsección 1.ª, artículos 62 a 67, Subsección 2.ª, artículos 68 a 77, Subsección 3.ª artículos 78 a 92, Sección 2.ª, artículos 93 y 94, Subsección 1.ª, artículos 95 a 104, Subsección 2.ª, artículos 105 a 112, Subsección 3.ª, artículos 113 a 133, Sección 3.ª, artículos 134 y 135, Subsección 1.ª, artículo 136, Subsección 2.ª, artículo 137 a 140,* |

| | | |
|---|---|---|
| | | *Subsección 3.ª, artículo 141 a 143 y Apartado 2 de la Disposición Final Segunda*<br>***Sustituye:*** *Anexo* |
| ***Ley 20/2015, de 14 de julio****, de ordenación, supervisión y solvencia de las entidades aseguradoras y reaseguradoras (SP/LEG/18117)* | *BOE n.º 168, de 15 de julio de 2015*<br>***Vigencia****: 1-01-2016* | ***Modifica****: artículo 8* |
| ***Resolución*** *de 5 de marzo de 2014, de la Dirección General de Seguros y Fondos de Pensiones, por la que se publican las cuantías de las indemnizaciones por muerte, lesiones permanentes e incapacidad temporal que resultarán de aplicar durante 2014 el sistema para valoración de los daños y perjuicios causados a las personas en accidentes de circulación (SP/LEG/14083)* | *BOE n.º 64, de 15 de marzo de 2014* | ***Actualiza:*** *Anexo para el año* ***2014*** |
| ***Resolución*** *de 21 de enero de 2013, de la Dirección General de Seguros y Fondos de Pensiones, por la que se publican las cuantías de las indemnizaciones por muerte, lesiones permanentes e incapacidad temporal que resultarán de aplicar durante 2013 el sistema para valoración de los daños y perjuicios causados a las personas en accidentes de circulación (SP/LEG/10962)* | *BOE n.º 179, de 27 de julio de 2013* | ***Actualiza:*** *Anexo para el año* ***2013*** |
| ***Ley*** *21/2011, de 26 de julio, de dinero electrónico (SP/LEG/7811)* | *BOE n.º 179, de 27 de julio de 2011*<br>***Vigencia****: 28-07-2011* | ***Modifica****: letra c) del apartado 1 del artículo 11* |
| ***Ley 18/2009, de 23 de noviembre****, por la que se modifica el texto articulado de la Ley sobre Tráfico, Circulación de Vehículos a Motor y Seguridad Vial, aprobado por el Real Decreto Legislativo 339/1990, de 2 de marzo, en materia sancionadora (SP/LEG/5755)* | *BOE n.º 283, de 24 de noviembre de 2007*<br>***Vigencia:*** *24-05-2010, salvo los artículos 9.bis 2, 59 bis, 77 y 78, que entrarán en vigor en el plazo de 1 año, y los efectos de esta Ley que sean favorables para el infractor, que entrarán en vigor el día siguiente al de su publicación en el «Boletín Oficial del Estado»* | ***Suprime:*** *párrafos tercero y cuarto de la letra b) del apartado primero del artículo 3*<br>***Modifica:*** *apartados 2 y 3 del artículo 3* |
| ***Ley 21/2007, de 11 de julio****, por la que se modifica el texto refundido de la Ley sobre responsabilidad civil y seguro en la circulación de vehículos a* | *BOE n.º 166, de 12 de julio de 2007*<br>***Vigencia****: 11-09-2009, salvo la modificación del artículo 4 del Texto Refundido de la Ley sobre Responsabilidad civil y seguro en la* | ***Añade:*** *último párrafo del apartado 1 del artículo 1, tres últimos párrafos del artículo 6*<br>***Modifica:*** *artículo 2, apartado 1 del* |

| | | |
|---|---|---|
| *motor, aprobado por el Real Decreto Legislativo 8/2004, de 29 de octubre, y el texto refundido de la Ley de ordenación y supervisión de los seguros privados, aprobado por el Real Decreto Legislativo 6/2004, de 29 de octubre (SP/LEG/3690)* | *circulación de vehículos a motor, que entrará en vigor el 1 de enero de 2008* | *artículo 3, artículo 4, apartado 1 del artículo 5, artículo 7, artículo 9, letra c) del artículo 10, artículo 11, rúbrica del capítulo único del título II, artículo 12, artículo 13, artículo 17, apartado 3 del artículo 22, párrafo 2.º del apartado 2 del artículo 25, número 6 del apartado 1 del anexo.* ***Deroga:*** *artículos 14, 15, 16, 18 y 19* |
| | *Modificaciones activas* | |
| *Norma afectada* | *BOE* | *Preceptos modificados* |
| ***Ley 62/2003, de 30 de diciembre****, de medidas fiscales, administrativas y del orden social. (SP/LEG/2921)* | *BOE n.º 313, de 31 de diciembre de 2003* ***Vigencia:*** *con la salvedad indicada, el 1 de enero de 2004, la ampliación de lo indicado de la Ley 32/1999, de 8 de octubre, se establece de acuerdo con la modificación de la disposición adicional 9 de la LEY 14/2000, de 29 de diciembre* | ***Deroga:*** *artículo 89* |
| ***Ley 34/2003, de 4 de noviembre****, de modificación y adaptación a la normativa comunitaria de la legislación de seguros privados (SP/LEG/2724)* | *BOE n.º 265, de 6 de noviembre de 2003* ***Vigencia:*** *6-11-2003* | ***Deroga:*** *artículo 3* |
| ***Ley 44/2002, de 22 de noviembre****, de Medidas de Reforma del Sistema Financiero (SP/LEG/2723)* | *BOE n.º 281, de 23 de noviembre de 2002* ***Vigencia****: 24-11-2002* | ***Modifica:*** *apartado 2 del artículo 11 y artículo 33* |
| ***Ley 14/2000, de 29 de diciembre****, de Medidas fiscales, administrativas y del orden social* | *BOE n.º 330, de 13 de diciembre de 2000* ***Vigencia****: 1-1-2001* | ***Modifica****: artículo 7* |
| ***Ley 1/2000, de 7 de enero****, de Enjuiciamiento Civil (SP/LEG/2012)* | *BOE n.º 8, de 8 de enero de 2000 Vigencia: 8-1-2001* | ***Modifica:*** *Disposición Final Decimotercera* |
| ***Ley 50/1998, de 30 de diciembre****, de Medidas Fiscales, Administrativas y del Orden Social (SP/LEG/2737)* | *BOE n.º 313, de 31 de diciembre de 1998* ***Vigencia****: 1-01-1999* | ***Modifica:*** *Disposición Adicional Decimoquinta* |
| ***Ley 30/1995, de 8 de noviembre,*** *de Ordenación y Supervisión de los Seguros Privados (SP/LEG/2682)* | *BOE n.º 268, de 9 de noviembre de 1995* ***Vigencia:*** *10 de noviembre de 1995, salvo las disposiciones transitorias 14, 15 y 16, que entran el 10 de mayo de 1996* | ***Modifica:*** *Disposición Adicional Octava* |

| | | |
|---|---|---|
| ***Ley 21/1990, de 19 de diciembre,*** *para adaptar el Derecho español a la Directiva 88/357/CEE, sobre libertad de servicios en seguros distintos al de vida, y de actualización de la legislación de seguros privados (SP/LEG/2722)* | *BOE n.º 304, de 20 de diciembre de 1990* ***Vigencia**: 21-12-1990* | ***Modifica:** Disposición Adicional Quinta* |
| ***Decreto 632/1968,** de 21 de marzo, por el que se aprueba el texto refundido de la Ley 122/1962, de 24 de diciembre, sobre uso y circulación de vehículos de motor (SP/LEG/2559)* | *BOE n.º 85, de 8 de abril de 1968* ***Norma derogada**: 06-11-2004* | ***Deroga** toda la norma* |

# Real Decreto Legislativo 8/2004, de 29 de octubre, por el que se aprueba el Texto Refundido de la Ley sobre Responsabilidad Civil y Seguro en la Circulación de Vehículos a Motor

**(BOE n.º 267, de 5 de noviembre de 2004)**

SP/LEG/2821

Nota editorial: las cuantías indemnizatorias del sistema para la valoración de los daños y perjuicios causados a las personas en accidentes de circulación quedan automáticamente actualizadas con efecto a 1 de enero de cada año en el porcentaje del índice de revalorización de las pensiones previsto en la Ley de Presupuestos Generales del Estado (art. 49.1). La Dirección General de Seguros y Fondos de Pensiones las hace públicas en su sitio web http://www.dgsfp.mineco.es/, para facilitar su conocimiento y aplicación

**Preámbulo**

PREÁMBULOEste real decreto legislativo tiene por objeto la aprobación de un texto refundido de la Ley sobre responsabilidad civil y seguro en la circulación de vehículos a motor, que da cumplimiento al mandato conferido al Gobierno por la disposición final primera de la Ley 34/2003, de 4 de noviembre, de modificación y adaptación a la normativa comunitaria de la legislación de seguros privados. Dicha disposición final autoriza al Gobierno para que, en el plazo de un año desde la entrada en vigor de la Ley 34/2003, de 4 de noviembre, elabore y apruebe un texto refundido de la Ley sobre responsabilidad civil y seguro en la circulación de vehículos a motor, que sustituya al aprobado por el Decreto 632/1968, de 21 de marzo, que incluya las modificaciones introducidas por leyes posteriores. La delegación incluye la facultad de regularizar, aclarar y armonizar los textos legales que han de ser refundidos.

El Decreto 632/1968, de 21 de marzo, aprobó el texto refundido de la Ley 122/1962, de 24 de diciembre, sobre uso y circulación de vehículos de motor. Dicho texto refundido ha sido objeto a lo largo de su vigencia de variadas y profundas modificaciones.

El Real Decreto Legislativo 1301/1986, de 28 de junio, por el que se adapta el texto refundido de la Ley sobre uso y circulación de vehículos de motor al ordenamiento jurídico comunitario, que posteriormente fue derogado por la Ley 30/1995, de 8 de noviembre, de ordenación y supervisión de los seguros privados, dio nueva redacción al título I del texto refundido de la Ley sobre uso y circulación de vehículos de motor, aprobado por el Decreto 632/1968, de 21 de marzo, con el fin de adecuar su contenido a la Directiva 72/166/CEE del Consejo, de 24 de abril de 1972, modificada por la Directiva 72/430/CEE del Consejo, de 19 de diciembre de 1972, y a la Directiva 84/5/CEE del Consejo, de 30 de diciembre de 1983, relativas al aseguramiento de la responsabilidad civil derivada de la circulación de vehículos automóviles y al control de la obligación de asegurar esta responsabilidad (Primera y Segunda Directivas del seguro de automóviles).

La incorporación de estas normas comunitarias exigía, por un lado, la adaptación de la cobertura del seguro obligatorio de automóviles al ámbito territorial de los Estados miembros, exigencia que en parte había tenido lugar a partir de la adhesión de España a las Comunidades Europeas, y, por otro, la suscripción obligatoria de un seguro de responsabilidad civil que cubriese, en los términos y con la extensión prevista en la normativa comunitaria, tanto los daños corporales como los materiales. Igualmente, los Estados miembros debían constituir o reconocer un organismo que tuviera por misión reparar, al menos en los límites del seguro obligatorio, dichos daños corporales o materiales, en los supuestos previstos en la normativa comunitaria, lo que obligó a revisar y ampliar las funciones del Consorcio de Compensación de Seguros, entidad que venía desempeñando en nuestro país la misión del organismo antes mencionado.

La Ley 21/1990, de 19 de diciembre, para adaptar el derecho español a la Directiva 88/357/CEE, sobre libertad de servicios en seguros distintos al de vida, y de actualización de la legislación de seguros privados, introdujo pequeñas modificaciones en el título II de la Ley sobre uso y circulación de vehículos de motor, que afectaron a sus artículos 6, 12, 14, 16 y 17, y derogó su artículo 13.

La Ley 30/1995, de 8 de noviembre, de ordenación y supervisión de los seguros privados, incorporó al derecho español las normas contenidas en una serie de directivas comunitarias, entre ellas, la Directiva 90/232/CEE del Consejo, de 14 de mayo de 1990, relativa a la aproximación de las legislaciones de los Estados miembros sobre el seguro de responsabilidad civil derivada de la circulación de vehículos automóviles (Tercera Directiva del seguro de automóviles). Esta Tercera Directiva ampliaba el sistema obligatorio de cobertura en un seguro muy sensible socialmente, dada la importancia creciente de la circulación de vehículos a motor, así como de las responsabilidades derivadas de los accidentes ocasionados con su utilización. El régimen de garantías contenido en la norma comunitaria suponía que, en el ámbito de los daños a las personas, únicamente los sufridos por el conductor quedaban excluidos de la cobertura por el seguro obligatorio; que la prima única que se satisface en todas las pólizas del seguro obligatorio cubre, en todo el territorio del Espacio Económico Europeo, los límites legales de aquel con arreglo a la legislación del Estado miembro en el que se ocasiona el siniestro o, incluso, la del estacionamiento del vehículo, cuando estos límites sean superiores; que en ningún caso puede condicionarse el pago de la indemnización por el seguro obligatorio a la demostración de que el responsable no puede satisfacerla; y, finalmente, que las personas implicadas en el accidente puedan conocer en el plazo más breve posible la entidad aseguradora que cubre la responsabilidad civil del causante.

Todos estos aspectos se incorporaron a través de la profunda modificación que la disposición adicional octava de la Ley 30/1995, de 8 de noviembre, llevó a cabo en el título I de la Ley sobre uso y circulación de vehículos de motor, reorganizándolo íntegramente, de modo que respondiera al conjunto de las tres directivas que han sido adoptadas en este seguro. Además, con el objeto de clarificar su ámbito y resaltar la importancia de los cambios introducidos, modificó su denominación, que pasó a ser la de Ley sobre responsabilidad civil y seguro en la circulación de vehículos a motor.

Fuera ya del marco de adaptación a la normativa comunitaria, la disposición adicional octava de la Ley 30/1995, de 8 de noviembre, incorporó a la ya Ley sobre responsabilidad civil y seguro en la circulación de vehículos a motor un anexo con el título de "*Sistema para la valoración de los daños y perjuicios causados a las personas en accidentes de circulación*", en el que se recoge un sistema legal de delimitación cuantitativa del importe de las indemnizaciones exigibles como consecuencia de la responsabilidad civil en que se incurre con motivo de la circulación de vehículos a motor. Este sistema indemnizatorio se impone en todo caso, con independencia de la existencia o inexistencia de seguro y de los límites cuantitativos del aseguramiento obligatorio, y se articula a través de un cuadro de importes fijados en función de los distintos conceptos indemnizables que permiten, atendidas las circunstancias de cada caso concreto y dentro de unos márgenes máximos y mínimos, individualizar la indemnización derivada de los daños sufridos por las personas en un accidente de circulación. Constituye, por tanto, una cuantificación legal del «daño causado» a que se refiere el artículo 1.902 del Código Civil, y de la responsabilidad civil a que hace referencia el artículo 116 del Código Penal.

Finalmente, la disposición adicional octava de la Ley 30/1995, de 8 de noviembre, añadió a la Ley sobre responsabilidad civil y seguro en la circulación de vehículos a motor una disposición adicional relativa a la mora del asegurador.

La adopción de la Directiva 2000/26/CE del Parlamento Europeo y del Consejo, de 16 de mayo de 2000, relativa a la aproximación de las legislaciones de los Estados miembros sobre el seguro de responsabilidad civil derivada de la circulación de vehículos automóviles y por la que se modifican las Directivas 73/239/CEE y 88/357/CEE del Consejo (Cuarta Directiva sobre el seguro de automóviles), exigió la modificación de una serie de normas legales, entre ellas, nuevamente la Ley sobre responsabilidad civil y seguro en la circulación de vehículos a motor.

La directiva tiene como objetivo remover las lagunas existentes en lo que se refiere a la liquidación de siniestros en los casos de accidentes de circulación ocurridos en un Estado miembro distinto al de residencia del perjudicado, y son tres los mecanismos que prevé para cumplir la finalidad comentada: la figura del representante para la tramitación y liquidación de siniestros en el país de residencia del perjudicado, la figura de los organismos de información y la figura de los organismos de indemnización.

Tal modificación se llevó a cabo por el artículo 33 de la Ley 44/2002, de 22 de noviembre, de medidas de reforma del sistema financiero. Dicho precepto modificó el artículo 8 de la Ley sobre responsabilidad civil y seguro en la circulación de vehículos a motor y le adicionó un nuevo título, el título III, "De los siniestros ocurridos en un Estado distinto al de residencia del perjudicado, en relación con el aseguramiento obligatorio".

Además, la Ley 44/2002, de 22 de noviembre, modificó en su artículo 11 la Ley sobre responsabilidad civil y seguro en la circulación de vehículos a motor, para recoger las nuevas funciones del Consorcio de Compensación de Seguros como liquidador de entidades aseguradoras, al haber sido suprimida por su artículo 10 la Comisión Liquidadora de Entidades Aseguradoras y pasar sus funciones, patrimonio y personal a ser asumidos por el Consorcio desde su entrada en vigor.

Más recientemente, la Ley 34/2003, de 4 de noviembre, de modificación y adaptación a la normativa comunitaria de la legislación de seguros privados, ha reformado la Ley sobre responsabilidad civil y seguro en la circulación de vehículos a motor. Las modificaciones introducidas afectan a su artículo 3, para agilizar determinados aspectos del procedimiento para sancionar el incumplimiento de la obligación de asegurarse; a su artículo 8, para otorgar garantía indemnizatoria al perjudicado residente en España con independencia del Estado de estacionamiento habitual del vehículo que, circulando sin seguro, causa el accidente; y la tercera y última modificación tiene por objeto la modificación de la tabla VI del sistema para la valoración de los daños y perjuicios causados a las personas en accidentes de circulación que figura como anexo de la Ley sobre responsabilidad civil y seguro en la circulación de vehículos a motor.

Junto a las reformas anteriormente citadas, ha de considerarse la existencia de otras normas, con incidencia en el contenido de la Ley sobre responsabilidad civil y seguro en la circulación de vehículos a motor. Así, la Ley 40/1998, de 9 de diciembre, del Impuesto sobre la Renta de las Personas Físicas y otras normas tributarias, añadió una disposición final, relativa a la habilitación reglamentaria.

La Ley 1/2000, de 7 de enero, de Enjuiciamiento Civil, declaró derogados sus artículos 17 y 18 y modificó su disposición adicional.

La Ley 14/2000, de 29 de diciembre, de medidas fiscales, administrativas y del orden social, modificó su artículo 1.4, a fin de precisar que no se considerarán hechos de la circulación los derivados de la utilización del vehículo a motor como instrumento de la comisión de delitos dolosos contra las personas y los bienes.

La Ley 62/2003, de 30 de diciembre, de medidas fiscales, administrativas y del orden social, modificó su artículo 3, relativo a las consecuencias del incumplimiento de la obligación de asegurarse.

El texto refundido debe recoger también las consecuencias que, sobre la aplicación de los factores de corrección sobre las indemnizaciones básicas por incapacidad temporal recogidas en la tabla V del sistema para la valoración de los daños y perjuicios causados a las personas en accidentes de circulación, supuso la Sentencia del Tribunal Constitucional 181/2000, de 29 de junio, que declaró su inconstitucionalidad en los supuestos en que la causa determinante del daño que se debe reparar sea la culpa relevante y, en su caso, judicialmente declarada, imputable al agente causante del hecho decisivo.

Por otra parte, dado el tiempo transcurrido desde la aprobación del texto refundido de 1968, resulta necesario adecuar las referencias y contenido del articulado al ordenamiento jurídico vigente en la actualidad. Es el caso de las referencias al Código Penal aprobado por la Ley Orgánica 10/1995, de 23 de noviembre, a las modificaciones de la Ley de Enjuiciamiento Criminal, o a la Ley Orgánica 6/1985, de 1 de julio, del Poder Judicial, entre otras, tarea que se lleva a cabo en el texto refundido que ahora se aprueba.

En su virtud, a propuesta del Ministro de Economía y Hacienda y de los Ministros de Justicia y del Interior, de acuerdo con el Consejo de Estado y previa deliberación del Consejo de Ministros en su reunión del día 29 de octubre de 2004,

DISPONGO:

**Artículo único. Aprobación del texto refundido de la Ley sobre responsabilidad civil y seguro en la circulación de vehículos a motor**

Se aprueba el texto refundido de la Ley sobre responsabilidad civil y seguro en la circulación de vehículos a motor, que se inserta a continuación.

**Disposición adicional única. Remisiones normativas**

Las referencias normativas efectuadas en otras disposiciones al texto refundido de la Ley sobre responsabilidad civil y seguro en la circulación de vehículos a motor, aprobado por el Decreto 632/1968, de 21 de marzo, se entenderán efectuadas a los preceptos correspondientes del texto refundido que se aprueba.

**Disposición derogatoria única. Normas derogadas**

Quedan derogadas cuantas disposiciones de igual o inferior rango se opongan a lo establecido en el texto refundido de la Ley sobre responsabilidad civil y seguro en la circulación de vehículos a motor que se aprueba y, en particular, las siguientes disposiciones:

a) El texto refundido de la Ley sobre responsabilidad civil y seguro en la circulación de vehículos a motor, aprobado por el Decreto 632/1968, de 21 de marzo.

b) La disposición adicional quinta de la Ley 21/1990, de 19 de diciembre, para adaptar el derecho español a la Directiva 88/357/CEE, sobre libertad de servicios en seguros distintos al de vida, y de actualización de la legislación de seguros privados.

c) La disposición adicional octava de la Ley 30/1995, de 8 de noviembre, de ordenación y supervisión de los seguros privados.

d) La disposición adicional decimoquinta de la Ley 50/1998, de 30 de diciembre, de medidas fiscales, administrativas y del orden social.

e) La disposición final decimotercera de la Ley 1/2000, de 7 de enero, de Enjuiciamiento Civil.

f) El artículo 71 de la Ley 14/2000, de 29 de diciembre, de medidas fiscales, administrativas y del orden social.

g) El apartado segundo del artículo 11 y el artículo 33 de la Ley 44/2002, de 22 de noviembre, de medidas de reforma del sistema financiero.

h) El artículo tercero de la Ley 34/2003, de 4 de noviembre, de modificación y adaptación a la normativa comunitaria de la legislación de seguros privados.

i) El artículo 89 de la Ley 62/2003, de 30 de diciembre, de medidas fiscales, administrativas y del orden social.

**Disposición final única. Entrada en vigor**

El presente real decreto legislativo y el texto refundido que aprueba entrarán en vigor el día siguiente al de su publicación en el «Boletín Oficial del Estado».

## Texto Refundido de la Ley sobre Responsabilidad Civil y Seguro en la Circulación de Vehículos a Motor

### Título I. Ordenación civil

Capítulo I. Disposiciones generales

**Artículo 1. De la responsabilidad civil**

1. El conductor de vehículos a motor es responsable, en virtud del riesgo creado por los hechos de la circulación de tales vehículos, de los daños causados a las personas o en los bienes como consecuencia de esos hechos.

En el caso de daños a las personas, de esta responsabilidad solo quedará exonerado cuando pruebe que los daños fueron debidos a la culpa exclusiva del perjudicado o a fuerza mayor extraña a la conducción o al funcionamiento del vehículo; no se considerarán casos de fuerza mayor los defectos del vehículo ni la rotura o fallo de alguna de sus piezas o mecanismos.

En el caso de daños en los bienes, el conductor responderá frente a terceros cuando resulte civilmente responsable según lo establecido en los artículos 1.902 y siguientes del Código Civil, artículos 109 y siguientes del Código Penal, y según lo dispuesto en esta ley.

Es sujeto perjudicado toda persona que tiene derecho a la indemnización de los daños y perjuicios causados por un vehículo.

2. Sin perjuicio de que pueda existir culpa exclusiva de acuerdo con el apartado 1, cuando la víctima capaz de culpa civil solo contribuya a la producción del daño se reducirán todas las indemnizaciones, incluidas las relativas a los gastos en que se haya incurrido en los supuestos de muerte, secuelas y lesiones temporales, en atención a la culpa concurrente hasta un máximo del setenta y cinco por ciento. Se entiende que existe dicha contribución si la víctima, por falta de uso o por uso inadecuado de cinturones, casco u otros elementos protectores, incumple la normativa de seguridad y provoca la agravación del daño.

En los supuestos de secuelas y lesiones temporales, la culpa exclusiva o concurrente de víctimas no conductoras de vehículos a motor que sean menores de catorce años o que sufran un menoscabo físico, intelectual, sensorial u orgánico que les prive de capacidad de culpa civil, no suprime ni reduce la indemnización y se excluye la acción de repetición contra los padres, tutores y demás personas físicas que, en su caso, deban responder por ellas legalmente. Tales reglas no procederán si el menor o alguna de las personas mencionadas han contribuido dolosamente a la producción del daño.

Las reglas de los dos párrafos anteriores se aplicarán también si la víctima incumple su deber de mitigar el daño. La víctima incumple este deber si deja de llevar a cabo una conducta generalmente exigible que, sin comportar riesgo alguno para su salud o integridad física, habría evitado la agravación del daño producido y, en especial, si abandona de modo injustificado el proceso curativo.

3. El propietario no conductor responderá de los daños a las personas y en los bienes ocasionados por el conductor cuando esté vinculado con este por alguna de las relaciones que regulan los artículos 1.903 del Código Civil y 120.5 del Código Penal. Esta responsabilidad cesará cuando el mencionado propietario pruebe que empleó toda la diligencia de un buen padre de familia para prevenir el daño.

El propietario no conductor de un vehículo sin el seguro de suscripción obligatoria responderá civilmente con el conductor del mismo de los daños a las personas y en los bienes ocasionados por este, salvo que pruebe que el vehículo le hubiera sido sustraído.

4. Los daños y perjuicios causados a las personas como consecuencia del daño corporal ocasionado por hechos de la circulación regulados en esta Ley, se cuantificarán en todo caso con arreglo a los criterios del Título IV y dentro de los límites indemnizatorios fijados en el Anexo.

5. Las indemnizaciones pagadas con arreglo a lo dispuesto en el apartado 4 tendrán la consideración de indemnizaciones en la cuantía legalmente reconocida, a los efectos de la Ley 35/2006, de 28 de noviembre, del Impuesto sobre la Renta de las Personas Físicas y de modificación parcial de las leyes de los Impuestos sobre Sociedades, sobre la Renta de no Residentes y sobre el Patrimonio, en tanto sean abonadas por una entidad aseguradora como consecuencia de la responsabilidad civil de su asegurado, o, en su caso, por el Consorcio de Compensación de Seguros.

6. ...

**Modificados apartados 1 y 5, y suprimido apartado 6 por Ley 5/2025, de 24 de julio, con entrada en vigor a partir del 26-7-2025.**

**Modificado artículo 1 por Ley 35/2015, de 22 de septiembre, con entrada en vigor a partir del 1-1-2016.**

**Añadido último párrafo del apartado 1 por Ley 21/2007, de 11 de julio, con entrada en vigor a partir del 11-8-2007.**

**Artículo 1 bis. Definición de vehículo a motor y hecho de la circulación a los efectos de esta ley y su normativa de desarrollo**

1. Se entiende por vehículo a motor:

a) Todo vehículo automóvil accionado exclusivamente mediante una fuerza mecánica que circula por el suelo y que no utiliza una vía férrea, con:

i. una velocidad máxima de fabricación superior a 25 km/h, o

ii. un peso neto máximo superior a 25 kg y una velocidad máxima de fabricación superior a 14 km/h.

b) Todo remolque y semirremolque destinado a ser utilizado con uno de los vehículos a que se refiere la letra a), tanto enganchado como no enganchado.

2. No son vehículos a motor:

a) Los ferrocarriles, tranvías y otros vehículos que circulen por vías que les sean propias.

b) Las sillas de ruedas y otros vehículos motorizados específicos de apoyo a la movilidad de personas con movilidad reducida, que son destinados exclusivamente a tales personas. En todo caso, son vehículos a motor aquellos que cumpliendo la definición hayan sido adaptados para su uso por personas con movilidad reducida.

3. A efectos de la responsabilidad civil derivada de los hechos de la circulación y de la cobertura del seguro obligatorio regulado en esta ley, se entiende por hecho de la circulación toda utilización de un vehículo a motor que sea conforme con la función del vehículo como medio de transporte en el momento del accidente, con independencia de las características de este, del terreno en el que se utilice el vehículo y de si está parado o en movimiento.

4. No son hechos de la circulación:

a) Los derivados de la utilización de vehículos en eventos y actividades automovilísticos, tales como carreras y competiciones, así como entrenamientos, pruebas y demostraciones que, con la debida autorización, tengan lugar en zonas restringidas y demarcadas o se desarrollen en itinerarios o en circuitos especialmente destinados o habilitados para dichas actividades. El organizador de la actividad deberá disponer de un seguro, aval o garantía financiera que ofrezca una protección a terceros equivalente a la ofrecida por el seguro regulado en esta ley, incluidos los espectadores y otros transeúntes, con los mismos límites establecidos en el artículo 4, aunque no cubra necesariamente los daños a los conductores participantes y sus vehículos. Mediante Orden Ministerial se podrán desarrollar los requisitos del seguro, aval o garantía financiera.

b) La utilización de un vehículo a motor como medio para causar deliberadamente daños a las personas o en los bienes, sin perjuicio de la obligación del Consorcio de Compensación de Seguros de indemnización en los términos establecidos en el artículo 11.1.g).

c) Los desplazamientos de vehículos a motor utilizados exclusivamente en determinadas zonas de acceso restringido de puertos y aeropuertos, sin perjuicio de la obligatoriedad de disponer de un seguro, aval o garantía financiera equivalente que garantice una protección a terceros equivalente a la ofrecida por el seguro regulado en esta ley, con los mismos límites establecidos en el artículo 4.

5. A los efectos de esta ley, toda referencia efectuada en la misma y en su normativa de desarrollo a "vehículo", se entenderá realizada a "vehículo a motor".

**Añadido artículo 1 bis por Ley 5/2025, de 24 de julio, con entrada en vigor a partir del 26-7-2025.**

## Capítulo II. Del aseguramiento obligatorio

### Sección 1.ª Del deber de suscripción del seguro obligatorio

#### Artículo 2. De la obligación de asegurarse

1. Todo propietario de vehículos a motor que tenga su estacionamiento habitual en España estará obligado a suscribir y mantener en vigor un contrato de seguro por cada vehículo de que sea titular, que cubra hasta la cuantía de los límites del aseguramiento obligatorio, la responsabilidad civil a que se refiere el artículo 1.

También deberán asegurar su responsabilidad civil en las mismas condiciones establecidas en el párrafo anterior los propietarios de:

a) Ciclos de motor diseñados para funcionar a pedal que cuentan con propulsión auxiliar de velocidad máxima superior a 25 km/hora.

B) Cualquier otro vehículo definido dentro de la categoría L1e-B del anexo I del Reglamento (UE) n.º 168/2013 del Parlamento Europeo y del Consejo, de 15 de enero de 2013.

c) Cualquier otro vehículo diseñado para funcionar a pedal que no puede incluirse en ninguna de las categorías L1e del anexo I del Reglamento (UE) n.º 168/2013 del Parlamento Europeo y del Consejo, de 15 de enero de 2013 por contar con propulsión auxiliar de velocidad máxima superior a los 45 km/hora establecida genéricamente como límite para los vehículos de la categoría L1e.

No obstante, el propietario quedará relevado de tal obligación cuando el seguro sea concertado por cualquier persona que tenga interés en el aseguramiento, quien deberá expresar el concepto en que contrata.

Se entiende que el vehículo tiene su estacionamiento habitual en España:

a) Cuando tiene matrícula española, independientemente de si dicha matrícula es definitiva o temporal.

B) Cuando se trate de un tipo de vehículo para el que no exista matrícula, pero lleve placa de seguro o signo distintivo análogo a la matrícula y España sea el Estado donde se ha expedido esta placa o signo.

C) Cuando se trate de un tipo de vehículo para el que no exista matrícula, placa de seguro o signo distintivo y España sea el Estado del domicilio del usuario.

D) A efectos de la liquidación del siniestro, en el caso de accidentes ocasionados en territorio español por vehículos sin matrícula o con una matrícula que no corresponda o haya dejado de corresponder al vehículo. Reglamentariamente se determinará cuándo se entiende que una matrícula no corresponde o ha dejado de corresponder al vehículo.

E) Cuando se trate de un vehículo importado desde otro Estado miembro del Espacio Económico Europeo, durante un período máximo de treinta días a contar desde que el comprador aceptó la entrega del vehículo, aunque este no ostente matrícula española. A tal efecto dichos vehículos podrán ser asegurados temporalmente mediante un seguro en frontera.

No obstante lo anterior, durante dicho período máximo de treinta días, la persona responsable de suscribir y mantener en vigor el seguro de responsabilidad civil podrá elegir entre asegurar el vehículo en el Estado miembro de matriculación o, tras la aceptación de la entrega por el comprador, asegurarlo en España.

2. Con el fin de controlar el efectivo cumplimiento de la obligación a que se refiere el apartado 1 y de que las personas implicadas en un accidente de circulación puedan averiguar con la mayor brevedad posible las circunstancias relativas a la entidad aseguradora que cubre la responsabilidad civil de cada uno de los vehículos implicados en el accidente, las entidades aseguradoras remitirán al Consorcio de Compensación de Seguros, la información sobre los contratos de seguro que sea necesaria con los requisitos, en la forma y con la periodicidad que se determine reglamentariamente. El incumplimiento de esta obligación constituirá infracción administrativa muy grave o grave de acuerdo con lo dispuesto, respectivamente, en los artículos 194.20 y 195.22 de la Ley 20/2015, de 14 de julio, de ordenación, supervisión y solvencia de las entidades aseguradoras y reaseguradoras.

La información a la que se refiere el párrafo anterior será objeto de tratamiento automatizado por el Consorcio de Compensación de Seguros y estará disponible para su consulta a través de su sitio web, de acuerdo con lo que se determine reglamentariamente. El Consorcio de Compensación de Seguros establecerá las medidas adecuadas para facilitar el acceso a la información con inmediatez. Reglamentariamente se establecerán los casos en los que la información deba referirse exclusivamente a si un vehículo está o no asegurado en determinado momento y aquellos otros en los que, además, proceda informar de la entidad aseguradora y del historial de aseguramiento del vehículo.

El Consorcio de Compensación de Seguros y el Ministerio del Interior, a través de la Dirección General de Tráfico, coordinarán sus actuaciones para el adecuado ejercicio de sus respectivas competencias en este ámbito, y podrán acceder con tal fin a los datos que figuren en sus ficheros correspondientes.

Quien, con arreglo al apartado 1, haya suscrito el contrato de seguro deberá acreditar su vigencia para que las personas implicadas en un accidente de circulación puedan averiguar con la mayor brevedad posible las circunstancias relativas al contrato y a la entidad aseguradora, sin perjuicio de las medidas administrativas que se adopten al indicado fin. Todo ello en la forma que se determine reglamentariamente.

3. Las autoridades aduaneras españolas serán competentes para comprobar la existencia y, en su caso, exigir a los vehículos extranjeros de países no miembros del Espacio Económico Europeo que no estén adheridos al Acuerdo entre las oficinas nacionales de seguros de los Estados miembros del Espacio Económico Europeo y de otros Estados asociados, y que pretendan acceder al territorio nacional por una vía aérea, terrestre o marítima desde un Estado que no sea miembro del Espacio Económico Europeo, la suscripción de un seguro obligatorio que reúna, al menos, las condiciones y garantías establecidas en la legislación española. En su defecto, deberán denegarles dicho acceso.

La Oficina Española de Aseguradores de Automóviles (OFESAUTO) gestionará procedimientos de emisión y de registro electrónicos de certificados internacionales de seguro y de seguros en frontera y estará facultada para celebrar acuerdos de colaboración y de intercambio de información con las autoridades aduaneras, con las de tráfico y seguridad vial y con las Fuerzas y Cuerpos de Seguridad para facilitar los controles previstos en el párrafo anterior.

4. En el caso de vehículos con estacionamiento habitual en el territorio de un Estado miembro del Espacio Económico Europeo o vehículos que teniendo su estacionamiento habitual en el territorio de un tercer país entren en España desde el territorio de otro Estado miembro, se podrán realizar controles no sistemáticos del seguro siempre que no sean discriminatorios, sean necesarios y proporcionados para alcanzar el objetivo perseguido, y

se efectúen como parte de un control que no vaya dirigido exclusivamente a la comprobación del seguro, o formen parte de un sistema general de controles en el territorio nacional que también se efectúen con respecto a vehículos que tengan su estacionamiento habitual en España, y no requieran que el vehículo se detenga.

Con esta finalidad, las autoridades podrán proceder al tratamiento de datos personales cuando sea necesario a efectos de impedir la conducción de vehículos sin seguro en España estableciendo también las medidas adecuadas para preservar los derechos y libertades y los intereses legítimos del interesado y respetando todas las garantías establecidas por la legislación de protección de datos en cuanto a seguridad, los principios de necesidad, proporcionalidad y limitación de la finalidad, y el período de conservación de datos mínimos imprescindibles.

Los datos personales tratados en virtud de este apartado con el fin de llevar a cabo exclusivamente un control del seguro solo se conservarán mientras sean necesarios para ello y se suprimirán inmediatamente en su totalidad tan pronto como se logre ese fin. Cuando un control del seguro muestre que un vehículo está cubierto por el seguro obligatorio en virtud de este artículo, el responsable del control suprimirá inmediatamente dichos datos. Cuando un control no permita determinar si un vehículo está cubierto por el seguro obligatorio los datos solo se conservarán por un período limitado que no supere el número de días necesarios para determinar si existe una cobertura de seguro. En el caso de que se hubiese comprobado que el vehículo no se encuentra asegurado, los datos se conservarán hasta que se hubiesen resuelto los procedimientos administrativos o judiciales y el vehículo hubiese sido asegurado.

5. Además de la cobertura indicada en el apartado 1, la póliza en que se formalice el contrato de seguro de responsabilidad civil de suscripción obligatoria podrá incluir, con carácter potestativo, las coberturas que libremente se pacten entre el tomador y la entidad aseguradora con arreglo a la legislación vigente.

6. En todo lo no previsto expresamente en esta Ley y en sus normas reglamentarias de desarrollo, el contrato de seguro de responsabilidad civil derivada de la circulación de vehículos de motor se regirá por la Ley 50/1980, de 8 de octubre, de Contrato de Seguro.

7. Las entidades aseguradoras deberán expedir a favor del propietario del vehículo y del tomador del seguro del vehículo asegurado, en caso de ser persona distinta de aquel, previa solicitud de cualquiera de ellos, y en el plazo de quince días hábiles siguientes a la solicitud, certificación acreditativa de los siniestros de los que se derive responsabilidad civil correspondientes a los cinco últimos años de seguro, si los hubiere o, en su caso, una certificación de ausencia de siniestros.

El contenido y formato de dichas certificaciones se ajustará a lo establecido en la normativa aprobada por la Comisión Europea. La Dirección General de Seguros y Fondos de Pensiones, mediante resolución, publicará en su página web la normativa europea que especifique el contenido de la certificación mencionada, una vez sea aprobada.

Las entidades aseguradoras, al tener en cuenta las certificaciones de antecedentes siniestrales, se abstendrán de efectuar discriminaciones o de aplicar recargos o descuentos en sus primas en razón de la nacionalidad de los titulares de las pólizas o basándose únicamente en el anterior Estado miembro de residencia o de expedición de la certificación.

Las entidades aseguradoras que tengan en cuenta la certificación de antecedentes siniestrales en la determinación de las primas de sus seguros publicarán en su sitio web una sinopsis general de las políticas que apliquen en relación con el uso de dichas certificaciones, con el contenido que reglamentariamente se determine.

8. Se exceptúan de la obligación de aseguramiento:

a) Los vehículos que requieran autorización administrativa para circular pero que no se usen como medio de transporte, y que hayan sido dados de baja de forma temporal o definitiva del registro de vehículos de la Dirección General de Tráfico.

B) Los remolques y semirremolques que no excedan de 750 kilogramos de masa máxima autorizada.

C) Los vehículos a motor durante su fabricación y transporte como mercancía. Para estos vehículos, en tanto sean mercancía, debe existir un seguro, aval o garantía financiera equivalente que cubra la responsabilidad civil por los daños que puedan causar dichas mercancías, conforme a los límites mínimos siguientes:

i. en los daños a las personas, 6.450.000 euros por siniestro, cualquiera que sea el número de víctimas;

ii. En los daños a los bienes, 1.300.000 euros por siniestro.

Cuando la Comisión Europea establezca mediante acto delegado de acuerdo con el procedimiento de revisión de importes mínimos establecido en el artículo 9.2 de la Directiva 2009/103/CE del Parlamento Europeo y del Consejo, de 16 de septiembre de 2009, nuevos importes mínimos a efectos de la mencionada directiva, la persona titular del Ministerio de Economía, Comercio y Empresa podrá modificar por orden ministerial los importes mínimos señalados en los apartados i y ii hasta el nivel de los nuevos mínimos fijados.

**Modificados apartados 1, 2, 3, 4, y 7, y añadido apartado 8 por Ley 5/2025, de 24 de julio, con entrada en vigor a partir del 26-7-2025.**

**Modificado artículo 2 por Ley 21/2007, de 11 de julio, con entrada en vigor a partir del 11-8-2007.**

**Nota:** Téngase en cuenta que lo establecido en los párrafos 2.º, 3.º y 4.º del apartado 7 del artículo 2 se aplican a partir del día siguiente al de la publicación de la Ley 5/2025, de 24 de julio en el «Boletín Oficial del Estado» o, si es posterior, a partir de la fecha de aplicación de la normativa europea que especifique el contenido de la certificación acreditativa de los siniestros de los que se derive responsabilidad frente a terceros, conforme establece la Ley 5/2025, de 24 de julio (SP/LEG/45599).

**Artículo 3. Incumplimiento de la obligación de asegurarse**

1. El incumplimiento de la obligación de asegurarse determinará:

a) La prohibición de circulación por territorio nacional de los vehículos no asegurados.

b) El depósito o precinto público o domiciliario del vehículo, con cargo a su propietario, mientras no sea concertado el seguro.

Se acordará cautelarmente el depósito o precinto público o domiciliario del vehículo por el tiempo de un mes, que en caso de reincidencia será de tres meses y en el supuesto de quebrantamiento del depósito o precinto será de un año, y deberá demostrarse, para levantar dicho depósito o precinto, que se dispone del seguro correspondiente. Los gastos que se originen como consecuencia del depósito o precinto del vehículo serán por cuenta del propietario, que deberá abonarlos o garantizar su pago como requisito previo a la devolución del vehículo.

(...)

c) Una sanción pecuniaria de 601 a 3.005 euros de multa, graduada según que el vehículo circulase o no, su categoría, el servicio que preste, la gravedad del perjuicio causado, en su caso, la duración de la falta de aseguramiento y la reiteración de la misma infracción.

2. Para sancionar la infracción serán competentes los Jefes Provinciales de Tráfico o, en las Comunidades Autónomas que tengan transferidas competencias ejecutivas en materia de tráfico y circulación de vehículos a motor, los órganos previstos en la normativa autonómica, en los términos establecidos en el artículo 71 del texto articulado de la Ley sobre Tráfico, Circulación de Vehículos a Motor y Seguridad Vial, aprobado por Real Decreto Legislativo 339/1990, de 2 de marzo.

3. La infracción se sancionará conforme a uno de los procedimientos sancionadores previstos en el texto articulado de la Ley sobre Tráfico, Circulación de Vehículos a Motor y Seguridad Vial.

4. El Ministerio del Interior y las autoridades competentes de las comunidades autónomas a las que se hayan transferido competencias en materia sancionadora entregarán al Consorcio de Compensación de Seguros el 50 por ciento del importe de las sanciones recaudadas al efecto, para compensar parte de las indemnizaciones satisfechas por este último a las víctimas de la circulación en el cumplimiento de las funciones que legalmente tiene atribuidas.

**Suprimidos párrafos 3.º y 4.º de la letra b) del apartado 1, y modificados apartados 2 y 3 por Ley 18/2009, de 23 de noviembre, con entrada en vigor a partir del 24-5-2010.**

**Modificado apartado 1 por Ley 21/2007, de 11 de julio, con entrada en vigor a partir del 11-8-2007.**

Sección 2.ª. Ámbito del aseguramiento obligatorio

### Artículo 4. Ámbito territorial y límites cuantitativos

1. El seguro obligatorio previsto en esta Ley garantizará la cobertura de la responsabilidad civil en vehículos terrestres automóviles con estacionamiento habitual en España, mediante el pago de una sola prima, en todo el territorio del Espacio Económico Europeo y de los Estados adheridos al Acuerdo entre las oficinas nacionales de seguros de los Estados miembros del Espacio Económico Europeo y de otros Estados asociados.

Dicha cobertura incluirá cualquier tipo de estancia del vehículo asegurado en el territorio de otro Estado miembro del Espacio Económico Europeo durante la vigencia del contrato.

2. Los importes de la cobertura del seguro obligatorio serán:

a) en los daños a las personas, 70 millones de euros por siniestro, cualquiera que sea el número de víctimas.

b) en los daños en los bienes, 15 millones de euros por siniestro.

En todo caso, los importes de cobertura del seguro obligatorio no podrán ser inferiores a los que la Comisión Europea establezca mediante acto delegado de acuerdo con el procedimiento de revisión de importes mínimos establecido en el artículo 9.2 de la Directiva 2009/103/CE del Parlamento Europeo y del Consejo, de 16 de septiembre de 2009. Si los importes indicados en las letras a) y b) llegaran a ser inferiores a los nuevos importes mínimos modificados por la Comisión Europea, se faculta a la persona titular del Ministerio de Economía, Comercio y Empresa para modificar por orden ministerial los citados importes hasta el nivel de los nuevos mínimos fijados.

3. La cuantía de la indemnización cubierta por el seguro obligatorio en los daños causados a las personas se determinará con arreglo a lo dispuesto en el apartado 4 del artículo 1 de esta Ley.

Si la cuantía de las indemnizaciones resultase superior al importe de la cobertura del seguro obligatorio, se satisfará, con cargo a este, dicho importe máximo, y el resto hasta el montante total de la indemnización quedará a cargo del seguro voluntario o del responsable del siniestro, según proceda.

4. Cuando el siniestro sea ocasionado en un Estado adherido al Acuerdo entre las oficinas nacionales de seguros de los Estados miembros del Espacio Económico Europeo y de otros Estados asociados, distinto de España, por un vehículo que tenga su estacionamiento habitual en España, se aplicarán los límites de cobertura fijados por el Estado miembro en el que tenga lugar el siniestro. No obstante, si el siniestro se produce en un Estado miembro del Espacio Económico Europeo, se aplicarán los límites de cobertura previstos en el apartado 2, siempre que estos sean superiores a los establecidos en el Estado donde se haya producido el siniestro.

**Modificado apartado 2 por Ley 5/2025, de 24 de julio, con entrada en vigor a partir del 26-7-2025.**

**Modificado párrafo 1.º del apartado 3 por Ley 35/2015, de 22 de septiembre, con entrada en vigor a partir del 1-1-2016.**

**Modificado artículo 4 por Ley 21/2007, de 11 de julio, con entrada en vigor a partir del 1-1-2008.**

**Artículo 5. Ámbito material y exclusiones**

1. La cobertura del seguro de suscripción obligatoria no alcanzará a los daños y perjuicios ocasionados por las lesiones o fallecimiento del conductor del vehículo causante del accidente.

2. La cobertura del seguro de suscripción obligatoria tampoco alcanzará a los daños en los bienes sufridos por el vehículo asegurado, por las cosas en él transportadas ni por los bienes de los que resulten titulares el tomador, el asegurado, el propietario o el conductor, así como los del cónyuge o los parientes hasta el tercer grado de consanguinidad o afinidad de los anteriores.

3. Quedan también excluidos de la cobertura de los daños personales y materiales por el seguro de suscripción obligatoria quienes sufrieran daños con motivo de la circulación del vehículo causante, si hubiera sido robado. A los efectos de esta ley, se entiende por robo la conducta tipificada como tal en el Código Penal. En los supuestos de robo será de aplicación lo dispuesto en el artículo 11.1 c).

**Modificado apartado 1 por Ley 21/2007, de 11 de julio, con entrada en vigor a partir del 11-8-2007.**

**Artículo 6. Inoponibilidad por el asegurador**

El asegurador no podrá oponer frente al perjudicado ninguna otra exclusión de la cobertura, pactada o no, distinta de las recogidas en el artículo anterior, siendo nula de pleno derecho la norma o cláusula contractual que la contenga.

En particular, no podrá hacerlo respecto de aquellas cláusulas contractuales que excluyan de la cobertura la utilización o conducción del vehículo designado en la póliza por quienes carezcan de permiso de conducir, incumplan las obligaciones legales de orden técnico relativas al estado de seguridad del vehículo o, fuera de los supuestos de robo, utilicen ilegítimamente vehículos de motor ajenos o no estén autorizados expresa o tácitamente por su propietario.

Tampoco podrá oponer aquellas cláusulas contractuales que excluyan de la cobertura del seguro al ocupante sobre la base de que este supiera o debiera haber sabido que el conductor del vehículo se encontraba bajo los efectos del alcohol o de otra sustancia tóxica en el momento del accidente.

El asegurador no podrá oponer frente al perjudicado la existencia de franquicias.

No podrá el asegurador oponer frente al perjudicado, ni frente al tomador, conductor o propietario, la no utilización de la declaración amistosa de accidente.

**Modificado párrafo 1.º por Ley 5/2025, de 24 de julio, con entrada en vigor a partir del 26-7-2025.**

**Añadidos párrafos 3.º, 4.º y 5.º por Ley 21/2007, de 11 de julio, con entrada en vigor a partir del 11-8-2007.**

## Capítulo III. Satisfacción del indemnización en el ámbito del seguro obligatorio

**Artículo 7. Obligaciones del asegurador y del perjudicado**

1. El asegurador, dentro del ámbito del aseguramiento obligatorio y con cargo al seguro de suscripción obligatoria, habrá de satisfacer al perjudicado el importe de los daños sufridos en su persona y en sus bienes, así como los gastos y otros perjuicios a los que tenga derecho según establece la normativa aplicable. Únicamente quedará exonerado de esta obligación si prueba que el hecho no da lugar a la exigencia de responsabilidad civil conforme al artículo 1.

El perjudicado o sus herederos tendrán acción directa para exigir al asegurador la satisfacción de los referidos daños, que prescribirá por el transcurso de un año.

No obstante, con carácter previo a la interposición de la demanda judicial, deberán comunicar el siniestro al asegurador, pidiendo la indemnización que corresponda. Esta reclamación extrajudicial contendrá la identificación y los datos relevantes de quien o quienes reclamen, una declaración sobre las circunstancias del hecho, la identificación del vehículo y del conductor que hubiesen intervenido en la producción del mismo de ser conocidas, así como cuanta información médica asistencial o pericial o de cualquier otro tipo tengan en su poder que permita la cuantificación del daño. La reclamación extrajudicial no requerirá estar cuantificada incluso si el reclamante dispusiera de todos los elementos para poder calcularla y cuantificarla.

La comunicación por parte del perjudicado también deberá producirse cuando se inicie un procedimiento penal a instancia de este y se equiparará a la reclamación extrajudicial prevista en el párrafo anterior.

No será necesaria reclamación extrajudicial cuando el procedimiento se inicie de oficio, debiendo practicarse en tal caso la correspondiente notificación por el órgano judicial.

Esta reclamación, comunicación o notificación interrumpirá el cómputo del plazo de prescripción desde el momento en que se presente al asegurador obligado a satisfacer el importe de los daños sufridos al perjudicado. En el momento en el que se notifique fehacientemente la oferta o la respuesta motivada se iniciará un nuevo plazo de prescripción de un año.

Las Fuerzas y Cuerpos de Seguridad encargadas de la vigilancia del tráfico facilitarán de forma gratuita, a petición de los perjudicados, entidades aseguradoras, o sus representantes, y del Consorcio de Compensación de Seguros, copia del atestado o informe equivalente en el que conste toda la información sobre las circunstancias del accidente, incluso cuando lo hayan remitido a la autoridad judicial competente.

La entidad aseguradora incursa en un procedimiento concursal o de liquidación, o su administrador o liquidador, informará al organismo de indemnización competente cuando indemnice o rechace su responsabilidad en relación con las reclamaciones recibidas.

2. En el plazo de tres meses desde la recepción de la reclamación del perjudicado, tanto si se trata de daños personales como en los bienes, el asegurador deberá presentar una oferta motivada de indemnización si entendiera acreditada la responsabilidad y cuantificado el daño, que cumpla los requisitos del apartado 3. En caso contrario, o si la reclamación hubiera sido rechazada, dará una respuesta motivada que cumpla los requisitos del apartado 4.

A estos efectos, el asegurador, a su costa, podrá solicitar previamente los informes periciales privados que considere pertinentes, que deberá efectuar por servicios propios o concertados, si considera que la documentación aportada por el lesionado es insuficiente para la cuantificación del daño.

El incumplimiento de esta obligación constituirá infracción administrativa y será sancionado de acuerdo con lo establecido en la Ley 20/2015, de 14 de julio, de ordenación, supervisión y solvencia de las entidades aseguradoras y reaseguradoras.

Trascurrido el plazo de tres meses sin que se haya presentado una oferta motivada de indemnización por una causa no justificada o que le fuera imputable al asegurador, se devengarán intereses de demora, de acuerdo con lo previsto en el artículo 9. Estos mismos intereses de demora se devengarán en el caso de que, habiendo sido aceptada la oferta por el perjudicado, esta no sea satisfecha en el plazo de cinco días, o no se consigne para pago la cantidad ofrecida.

El asegurador deberá observar desde el momento en que conozca, por cualquier medio, la existencia del siniestro, una conducta diligente en la cuantificación del daño y la liquidación de la indemnización.

3. Para que sea válida a los efectos de esta ley, la oferta motivada deberá cumplir los siguientes requisitos:

a) Contendrá una propuesta de indemnización por los daños en las personas y en los bienes que pudieran haberse derivado del siniestro. En caso de que concurran daños a las personas y en los bienes figurará de forma separada la valoración y la indemnización ofertada para unos y otros.

b) Los daños y perjuicios causados a las personas se calcularán según los criterios e importes que se recogen en el título IV y el anexo.

c) Contendrá, de forma desglosada y detallada, los documentos, informes o cualquier otra información de que se disponga para la valoración de los daños, incluyendo el informe médico pericial definitivo, e identificará aquellos en que se ha basado para cuantificar de forma precisa la indemnización ofertada, de manera que el perjudicado tenga los elementos de juicio necesarios para decidir su aceptación o rechazo. El incumplimiento de este deber impedirá la aportación de informes médicos periciales definitivos en el posterior proceso judicial.

d) Se hará constar que el pago del importe que se ofrece no se condiciona a la renuncia por el perjudicado del ejercicio de futuras acciones en el caso de que la indemnización percibida fuera inferior a la que en derecho pueda corresponderle.

e) Podrá consignarse para pago la cantidad ofrecida. La consignación podrá hacerse en dinero efectivo, mediante un aval solidario de duración indefinida y pagadero a primer requerimiento emitido por entidad de crédito o sociedad de garantía recíproca o por cualquier otro medio que, a juicio del órgano jurisdiccional correspondiente, garantice la inmediata disponibilidad, en su caso, de la cantidad consignada.

4. En el supuesto de que el asegurador no realice una oferta motivada de indemnización, deberá dar una respuesta motivada ajustada a los siguientes requisitos:

a) Dará contestación suficiente a la reclamación formulada, con indicación del motivo que impide efectuar la oferta de indemnización, bien sea porque no esté determinada la responsabilidad, bien porque no se haya podido cuantificar el daño o bien porque existe alguna otra causa que justifique el rechazo de la reclamación, que deberá ser especificada.

Cuando dicho motivo sea la dilatación en el tiempo del proceso de curación del perjudicado y no fuera posible determinar el alcance total de las secuelas padecidas a causa del accidente o porque, por cualquier motivo, no se pudiera cuantificar plenamente el daño, la respuesta motivada deberá incluir:

1.º La referencia a los pagos a cuenta o pagos parciales anticipados a cuenta de la indemnización resultante final, atendiendo a la naturaleza y entidad de los daños. Estos pagos deberán ajustarse al importe de todos los perjuicios cuya consolidación esté ya constatada.

2.º El compromiso del asegurador de presentar oferta motivada de indemnización tan pronto como se hayan cuantificado los daños y, hasta ese momento, de informar motivadamente de la situación del siniestro cada dos meses desde el envío de la respuesta.

b) Contendrá, de forma desglosada y detallada, los documentos, informes o cualquier otra información de que se disponga, incluyendo el informe médico pericial definitivo, que acrediten las razones de la entidad aseguradora para no dar una oferta motivada. El incumplimiento de este deber impedirá la aportación de informes médicos periciales definitivos en el posterior proceso judicial.

c) Incluirá una mención a que no requiere aceptación o rechazo expreso por el perjudicado, ni afecta al ejercicio de cualesquiera acciones que puedan corresponderle para hacer valer sus derechos.

5. En caso de disconformidad del perjudicado con la oferta motivada, o en caso de que la entidad aseguradora haya emitido una respuesta motivada indicando que el perjudicado no ha sufrido lesiones a causa del accidente, las partes, de común acuerdo y a costa del asegurador, podrán pedir informes periciales complementarios, incluso al Instituto de Medicina Legal y Ciencias Forenses siempre que no hubiese intervenido previamente tras el ejercicio de acciones judiciales.

Esta misma solicitud al Instituto de Medicina Legal y Ciencias Forenses podrá realizarse por el lesionado, aunque no tenga el acuerdo de la aseguradora, y con cargo a la misma. El Instituto de Medicina Legal y Ciencias Forenses que deba realizar el informe solicitará a la aseguradora que aporte los medios de prueba de los que disponga, entregando copia del informe pericial que emita a las partes.

Asimismo, el perjudicado también podrá solicitar informes periciales complementarios, sin necesidad de acuerdo del asegurador, siendo los mismos, en este caso, a su costa.

Esta solicitud de intervención pericial complementaria obligará al asegurador a efectuar una nueva oferta motivada en el plazo de un mes desde la entrega del informe pericial complementario, continuando interrumpido el plazo de prescripción para el ejercicio de las acciones judiciales. En todo caso, se reanudará desde que el perjudicado conociese el rechazo de solicitud por parte del asegurador de recabar nuevos informes.

6. El lesionado deberá ser reconocido, desde la presentación de la solicitud a los Institutos de Medicina Legal y Ciencias Forenses, en el plazo de tres meses. El informe deberá emitirse en el plazo de un mes desde el reconocimiento.

7. En todo caso, el asegurador deberá afianzar las responsabilidades civiles y abonar las pensiones que por la autoridad judicial fueren exigidas a los presuntos responsables asegurados, de acuerdo con lo establecido en los artículos 764 y 765 de la Ley de Enjuiciamiento Criminal.

Las pensiones provisionales se calcularán de conformidad con los límites establecidos en el Anexo de esta Ley.

8. Una vez presentada la oferta o la respuesta motivada, en caso de disconformidad y a salvo del derecho previsto en el apartado 5, o transcurrido el plazo para su emisión, el perjudicado podrá bien acudir a uno de los medios adecuados de solución de controversias en vía no jurisdiccional en los términos del artículo 14 para intentar solventar la controversia, o bien acudir a la vía jurisdiccional oportuna para la reclamación de los daños y perjuicios correspondientes.

No se admitirán a trámite, de conformidad con el artículo 403 de la Ley 1/2000, de 7 de enero, de Enjuiciamiento Civil, las demandas en las que no se acompañen los documentos que acrediten la oferta o respuesta motivada, si se hubiese emitido por el asegurador o, en caso de no haberse emitido, la reclamación previa al asegurador, que no requerirá cuantificación.

9. Reglamentariamente podrá precisarse el contenido de la oferta motivada y de la respuesta motivada.

10. En caso de accidente causado por un conjunto de vehículos formado por una cabeza tractora y el remolque o semirremolque a ella enganchado, o dos remolques o semirremolques, el asegurador de cada remolque o semirremolque, salvo que le corresponda la indemnización íntegra, deberá informar al perjudicado, a petición de este, sin demora indebida de:

a) La identidad del asegurador de la cabeza tractora, o

b) El deber de indemnización a cargo del Consorcio de Compensación de Seguros, de acuerdo con lo establecido en el artículo 11.1.a), cuando el asegurador del remolque o semirremolque no pueda identificar al asegurador de la cabeza tractora.

11. En caso de accidente causado por un conjunto de vehículos formado por una cabeza tractora y el remolque o semirremolque a ella enganchado o dos remolques o semirremolques, cuando cualquier remolque o semirremolque pueda ser identificado pero no el vehículo que lo arrastraba, el perjudicado podrá presentar su reclamación directamente a la entidad aseguradora que haya asegurado el remolque o semirremolque, sin perjuicio de las coberturas del Consorcio de Compensación de Seguros en los casos de accidente causado por vehículo desconocido.

12. Lo dispuesto en este artículo será aplicable al Consorcio de Compensación de Seguros, a OFESAUTO, a las entidades corresponsales autorizadas y a los representantes designados para la tramitación y liquidación de siniestros, cuando les corresponda conforme a esta ley según sus respectivas funciones, entendiéndose realizada a los mismos toda referencia al asegurador.

**Modificados apartados 1, 2, 3, 4, 5, 6, 8, y añadidos apartados 9, 10, 11 y 12 por Ley 5/2025, de 24 de julio, con entrada en vigor a partir del 26-7-2025.**

**Modificado artículo 7 por Ley 35/2015, de 22 de septiembre, con entrada en vigor a partir del 1-1-2016.**

**Modificado artículo 7 por Ley 21/2007, de 11 de julio, con entrada en vigor a partir del 11-8-2007.**

**Artículo 8. Convenios de indemnización directa. Declaración amistosa de accidente. Convenios de asistencia sanitaria para lesionados de tráfico**

1. Para agilizar las indemnizaciones en el ámbito de los daños originados con ocasión del uso y circulación de vehículos de motor, la entidad aseguradora deberá adherirse a los convenios de indemnización directa entre entidades aseguradoras para la liquidación de siniestros de daños materiales.

2. A efectos de lo dispuesto en el apartado anterior, el asegurador facilitará ejemplares de la denominada declaración amistosa de accidente que deberá utilizar el conductor para la declaración de los siniestros a su aseguradora.

3. Para agilizar la asistencia a los lesionados de tráfico, el asegurador podrá adherirse a los convenios sectoriales de asistencia sanitaria para lesionados de tráfico así como a convenios de indemnización directa de daños personales.

4. A estos efectos, dichos convenios deberán prever condiciones equivalentes y no discriminatorias para todas las entidades aseguradoras, sin que puedan imponerse restricciones que no sean indispensables para la consecución de aquel objetivo.

**Modificado artículo 8 por Ley 20/2015, de 14 de julio, con entrada en vigor a partir del 1-7-2016.**

**Artículo 9. Mora del asegurador**

Si el asegurador incurriese en mora en el cumplimiento de la prestación en el seguro de responsabilidad civil para la cobertura de los daños y perjuicios causados a las personas o en los bienes con motivo de la circulación, la indemnización de daños y perjuicios debidos por el asegurador se regirá por lo dispuesto en el artículo 20 de la Ley 50/1980, de 8 de octubre, de Contrato de Seguro, con las siguientes singularidades:

a) No se impondrán intereses por mora cuando el asegurador acredite haber presentado al perjudicado la oferta motivada de indemnización a que se refieren los artículos 7.2 y 22.1 de esta Ley, siempre que la oferta se haga dentro del plazo previsto en los citados artículos y se ajusten en cuanto a su contenido a lo previsto en el artículo 7.3 de esta Ley. La falta de devengo de intereses de demora se limitará a la cantidad ofertada y satisfecha o consignada.

b) Cuando los daños causados a las personas hubiesen de sufrirse por estas durante más de tres meses o su exacta valoración no pudiera ser determinada a efectos de la presentación de la oferta motivada a que se refiere la letra a) de este artículo, el órgano jurisdiccional correspondiente, a la vista de las circunstancias del caso y de los dictámenes e informes que precise, resolverá sobre la suficiencia o ampliación de la cantidad ofrecida y consignada por el asegurador, atendiendo a los criterios del Título IV y dentro de los límites indemnizatorios fijados en el Anexo de esta Ley. Contra la resolución judicial que recaiga no cabrá recurso alguno.

c) Cuando, con posterioridad a una sentencia absolutoria o a otra resolución judicial que ponga fin, provisional o definitivamente, a un proceso penal y en la que se haya acordado que la suma consignada sea devuelta al asegurador o la consignación realizada en otra forma quede sin efecto, se inicie proceso civil en razón de la indemnización debida por el seguro, será aplicable lo dispuesto en el artículo 20.4 de la Ley 50/1980, de 8 de octubre, de Contrato de Seguro, salvo que nuevamente se consigne la indemnización dentro de los 10 días siguientes a la notificación al asegurado del inicio del proceso.

**Modificada letra b) por Ley 35/2015, de 22 de septiembre, con entrada en vigor a partir del 1-1-2016.**

**Modificado artículo 9 por Ley 21/2007, de 11 de julio, con entrada en vigor a partir del 11-8-2007.**

### Artículo 10. Facultad de repetición

El asegurador o, en su caso, el Consorcio de Compensación de Seguros, una vez efectuado el pago de la indemnización, podrá repetir:

a) Contra el conductor, el propietario del vehículo causante y el asegurado, si el daño causado fuera debido a la conducta dolosa de cualquiera de ellos o a la conducción bajo la influencia de bebidas alcohólicas o de drogas tóxicas, estupefacientes o sustancias psicotrópicas.

b) Contra el tercero responsable de los daños.

c) Contra el tomador del seguro o asegurado, por las causas previstas en la Ley 50/1980, de 8 de octubre, de Contrato de Seguro, y, conforme a lo previsto en el contrato, en el caso de conducción del vehículo por quien carezca del permiso de conducir.

d) En cualquier otro supuesto en que también pudiera proceder tal repetición con arreglo a las leyes.

La acción de repetición del asegurador prescribe por el transcurso del plazo de un año, contado a partir de la fecha en que hizo el pago al perjudicado.

**Modificado párrafo 1.º por Ley 5/2025, de 24 de julio, con entrada en vigor a partir del 26-7-2025.**

**Modificada letra c) por Ley 21/2007, de 11 de julio, con entrada en vigor a partir del 11-8-2007.**

### Artículo 11. Funciones del Consorcio de Compensación de Seguros

1. Corresponde al Consorcio de Compensación de Seguros, dentro del ámbito territorial y hasta el límite cuantitativo del aseguramiento obligatorio:

a) Indemnizar a quienes hubieran sufrido daños en sus personas, por siniestros ocurridos en España, en aquellos casos en que el vehículo a motor causante sea desconocido.

No obstante, si como consecuencia de un accidente causado en este supuesto se hubieran derivado daños personales significativos, el Consorcio de Compensación de Seguros habrá de indemnizar también los eventuales daños en los bienes derivados del mismo accidente. En este último caso, podrá fijarse reglamentariamente una franquicia no superior a 500 euros. Se considerarán daños personales significativos la muerte, la incapacidad permanente o la incapacidad temporal que requiera, al menos, una estancia hospitalaria superior a tres días.

b) Indemnizar los daños en las personas y en los bienes, en los siguientes supuestos:

i. Los accidentes ocasionados con un vehículo a motor que tenga su estacionamiento habitual en España, así como los ocasionados dentro del territorio español a personas con residencia habitual en España o a bienes de su propiedad situados en España con un vehículo a motor con estacionamiento habitual en un tercer país no firmante del Acuerdo entre las oficinas nacionales de seguros de los Estados miembros del Espacio Económico Europeo y de otros Estados asociados, en ambos casos cuando dicho vehículo a motor no esté asegurado.

ii. Los accidentes ocasionados en España por cualquier vehículo a motor no asegurado que circule a pesar de no disponer de autorización para hacerlo por estar dado de baja temporal o definitivamente en el registro de vehículos de la Dirección General de Tráfico o autoridad equivalente del Estado miembro distinto de España en el que tenga su estacionamiento habitual. En este último caso, el Consorcio de Compensación de Seguros solicitará el reembolso al organismo que corresponda del Estado en que tuviera su estacionamiento habitual.

iii. Los accidentes ocasionados en España por vehículos utilizados exclusivamente en las zonas de acceso restringido de puertos y aeropuertos y que no hubiesen suscrito el seguro, aval o garantía financiera a que se refiere el artículo 1.bis.4 c).

iv. Los accidentes ocasionados en España por el uso de vehículos en eventos y actividades automovilísticas, así como entrenamientos, pruebas o demostraciones, en el caso de incumplimiento de la obligación de suscribir un seguro, aval o garantía financiera a que se refiere el artículo 1.bis.4 a). En este caso el Consorcio de Compensación de Seguros indemnizará los daños a terceros, incluyendo espectadores y transeúntes y excluyendo a los conductores y vehículos participantes, y tendrá derecho a recobrar de los organizadores de las pruebas el importe de las indemnizaciones que hubiera satisfecho.

Sin perjuicio de la indemnización que le corresponda abonar con arreglo a lo señalado en los párrafos anteriores y del ejercicio de su derecho de recobro de los importes indemnizados, el Consorcio de Compensación de Seguros remitirá a la autoridad competente en materia sancionadora, en la forma que reglamentariamente se determine, los datos y documentos que resulten necesarios de entre los que hubieran fundamentado la gestión de la indemnización a los efectos del ejercicio por dicha autoridad de sus potestades sancionadoras.

c) Indemnizar los daños a las personas y en los bienes ocasionados en España por un vehículo a motor que esté asegurado y haya sido objeto de robo o robo de uso.

Los daños a las personas y en los bienes ocasionados en otro Estado por un vehículo a motor con estacionamiento habitual en España que esté asegurado y haya sido robado o robado de uso se indemnizarán por el Consorcio de Compensación de Seguros cuando el fondo de garantía de ese Estado no asuma funciones de indemnización de los daños producidos por vehículos a motor robados.

d) Indemnizar a las personas perjudicadas los daños a las personas y en los bienes cuando, en supuestos incluidos dentro del ámbito del aseguramiento de suscripción obligatoria o en los supuestos establecidos en las letras a), b) y c) del presente apartado, surgiera controversia entre el Consorcio de Compensación de Seguros y la entidad aseguradora acerca de quién debe indemnizar al perjudicado. No obstante lo anterior, si ulteriormente se resuelve o acuerda que corresponde indemnizar a la entidad aseguradora, esta reembolsará al Consorcio de Compensación de Seguros la cantidad indemnizada más los intereses legales, incrementados en un 25 por 100, desde la fecha en que abonó la indemnización.

e) Indemnizar los daños a las personas y en los bienes cuando la entidad española aseguradora del vehículo a motor hubiera sido declarada judicialmente en concurso o, habiendo sido disuelta y encontrándose en situación de insolvencia, estuviera sujeta a un procedimiento de liquidación intervenida o esta hubiera sido asumida por el propio Consorcio de Compensación de Seguros. El Consorcio de Compensación de Seguros podrá celebrar acuerdos con los organismos correspondientes de los demás Estados miembros para intercambiar información y reembolsar a dichos organismos aquellas indemnizaciones que estos hubieran anticipado a los perjudicados que residan en su territorio por los daños materiales o corporales ocasionados por un vehículo a motor asegurado en la aseguradora española insolvente. Estos pagos se efectuarán en el plazo máximo de seis meses desde la solicitud de reembolso, salvo que exista otro acuerdo por escrito con el organismo de indemnización correspondiente.

f) Indemnizar a las personas perjudicadas residentes en España los daños causados a las personas y en los bienes por los accidentes ocasionados en España por un vehículo a motor asegurado en una entidad aseguradora cuyo Estado miembro de origen no sea España, desde el momento en que la entidad aseguradora insolvente esté incursa en un procedimiento concursal de quiebra o de liquidación por insolvencia, y ello con independencia del Estado miembro en que tenga estacionamiento habitual el vehículo. Al recibir la reclamación, informará de su recepción a la entidad aseguradora incursa en el procedimiento concursal o de liquidación, o a su administrador o liquidador, y al organismo equivalente del Estado miembro de origen de la entidad. Una vez abonada la indemnización al perjudicado, se faculta al Consorcio de Compensación de Seguros a solicitar y obtener el reembolso íntegro de la cantidad pagada en concepto de indemnización al organismo correspondiente del Estado miembro de origen de la entidad aseguradora creado o autorizado en este para indemnizar a los perjudicados en caso de insolvencia de una entidad aseguradora.

El Consorcio de Compensación de Seguros podrá celebrar acuerdos con los organismos de otros Estados miembros para cooperar en el intercambio de información y en la gestión de las indemnizaciones en los casos de insolvencia de aseguradoras de vehículos automóviles.

g) Indemnizar los daños a las personas y en los bienes ocasionados en España por un vehículo a motor utilizado como medio para causar deliberadamente estos daños.

h) Reembolsar las indemnizaciones satisfechas a los perjudicados residentes en otros Estados del Espacio Económico Europeo por los organismos de indemnización, en los siguientes supuestos:

1.º Cuando el vehículo a motor causante del accidente tenga su estacionamiento habitual en España, en el caso de que no esté asegurado.

2.º Cuando el accidente haya ocurrido en España, en el caso de que no pueda identificarse al vehículo a motor causante.

3.º Cuando el accidente haya ocurrido en España, en el caso de vehículos a motor con estacionamiento habitual en terceros países adheridos al sistema de certificado internacional del seguro del automóvil (en adelante, carta verde) y no pueda identificarse a la entidad aseguradora.

i) Indemnizar los daños a las personas y en los bienes derivados de accidentes ocasionados por un vehículo a motor importado a España desde otro Estado miembro del Espacio Económico Europeo, siempre que el vehículo a motor no esté asegurado, el accidente haya ocurrido dentro del plazo de treinta días a contar desde que el comprador aceptó la entrega del vehículo a motor y la persona obligada a suscribir el seguro de responsabilidad civil no haya elegido el Estado miembro de matriculación conforme a lo dispuesto en el artículo 2.1 e).

En los supuestos previstos en las letras b) y c), quedarán excluidos de la indemnización por el Consorcio los daños a las personas y en los bienes sufridos por quienes ocuparan voluntariamente el vehículo a motor causante del siniestro, conociendo, según los casos, que este no estaba asegurado o cubierto por garantía, o que había sido robado, siempre que el Consorcio probase que aquellos conocían tales circunstancias y, en estos casos, la cobertura del seguro de suscripción obligatoria no alcanzará tampoco a los daños y perjuicios ocasionados por las lesiones o fallecimiento de dichas personas.

2. El Consorcio de Compensación de Seguros asumirá las funciones que como organismo de información le atribuyen los artículos 24 y 25 de esta Ley.

3. El perjudicado tendrá acción directa contra el Consorcio de Compensación de Seguros en los casos señalados en este artículo.

Por su parte, el Consorcio de Compensación de Seguros podrá repetir en los supuestos definidos en el artículo 10. También podrá repetir contra el propietario y el responsable del accidente cuando se trate de un vehículo a motor no asegurado, contra los autores, cómplices o encubridores del robo o robo de uso del vehículo a motor causante del siniestro, contra el responsable del accidente que conoció la sustracción de aquel, y contra el causante de los daños producidos en España por un vehículo a motor utilizado como medio para causar deliberadamente daños a las personas y a los bienes, así como en cualquier otro supuesto en que también pudiera proceder tal repetición con arreglo a las leyes.

4. En los casos de repetición por el Consorcio de Compensación de Seguros previstos en el apartado 3 será de aplicación el plazo de prescripción establecido en el artículo 10.

5. El Consorcio no podrá condicionar el pago de la indemnización a la prueba por parte del perjudicado de que la persona responsable no puede pagar o se niega a hacerlo.

6. Corresponde al Consorcio de Compensación de Seguros el fomento del aseguramiento de suscripción obligatoria de los vehículos a motor.

**Modificados apartados 1, 3 y 4 por Ley 5/2025, de 24 de julio, con entrada en vigor a partir del 26-7-2025.**

**Modificada letra c) del apartado 1 por Ley 21/2011, de 26 de julio, con entrada en vigor a partir del 28-7-2011.**

**Modificado artículo 11 por Ley 21/2007, de 11 de julio, con entrada en vigor a partir del 11-8-2007.**

## Título II. Ordenamiento procesal civil

Capítulo único. De las diligencias preparatorias
y el ejercicio judicial de la acción ejecutiva

**Modificada rúbrica del Capítulo Único del Título II por Ley 21/2007, de 11 de julio, con entrada en vigor a partir del 11-8-2007.**

### Artículo 12. Procedimiento

La acción conferida en los artículos 7 y 11.3 de esta Ley a la víctima o a sus herederos contra el asegurador se podrá ejercitar en la forma establecida en este título.

**Modificado artículo 12 por Ley 21/2007, de 11 de julio, con entrada en vigor a partir del 11-8-2007.**

### Artículo 13. Diligencias en el proceso penal preparatorias de la ejecución

Cuando en un proceso penal, incoado por hecho cubierto por el seguro de responsabilidad civil de suscripción obligatoria en la circulación de vehículos de motor, recayera sentencia absolutoria, si el perjudicado no hubiera renunciado a la acción civil ni la hubiera reservado para ejercitarla separadamente, el juez o tribunal que hubiera conocido de la causa dictará auto, a instancia de parte, en el que se determinará la cantidad líquida máxima que puede reclamarse como indemnización de los daños y perjuicios sufridos por cada perjudicado, amparados por dicho seguro de suscripción obligatoria y según la valoración que corresponda con arreglo al sistema de valoración del Anexo de esta Ley.

Se procederá de la misma forma en los casos de fallecimiento en accidente de circulación y se dictará auto que determine la cantidad máxima a reclamar por cada perjudicado, a solicitud de este, cuando recaiga resolución que ponga fin, provisional o definitivamente, al proceso penal incoado, sin declaración de responsabilidad.

El auto referido se dictará a la vista de la oferta motivada o de la respuesta motivada del asegurador o del Consorcio de Compensación de Seguros, y contendrá la descripción del hecho, la indicación de las personas y vehículos que intervinieron y de los aseguradores de cada uno de estos.

En todo caso, antes de dictarse el auto, si en las actuaciones no consta oferta motivada o respuesta motivada según las prescripciones de esta Ley, el juez convocará a los perjudicados y posibles responsables y sus aseguradores, incluido, en su caso, el Consorcio de Compensación de Seguros, a una comparecencia en el plazo de cinco días, a fin de que pueda aportarse la oferta o la respuesta motivada, o hacerse las alegaciones que consideren convenientes.

Si en la comparecencia se produjera acuerdo entre las partes, el mismo será homologado por el juez con los efectos de una transacción judicial.

De no alcanzarse el acuerdo, se dictará auto de cuantía máxima en el plazo de tres días desde la terminación de la comparecencia y contra el mismo no podrá interponerse recurso alguno.

**Modificado artículo 13 por Ley 35/2015, de 22 de septiembre, con entrada en vigor a partir del 1-1-2016.**

**Modificado artículo 13 por Ley 21/2007, de 11 de julio, con entrada en vigor a partir del 11-8-2007.**

### Artículo 14. Medios de solución de controversias en vía no jurisdiccional en los casos de disconformidad con la oferta o respuesta motivada

1. En caso de disconformidad con la oferta o la respuesta motivada y, en general, en los supuestos de controversia, las partes podrán acudir a todo medio adecuado de solución de controversias en vía no jurisdiccional.

2. A tal efecto, cualquiera de las partes podrá solicitar el inicio de un medio adecuado de solución de controversias en vía no jurisdiccional, desde el momento en que el perjudicado hubiera recibido la oferta o la respuesta motivada o los informes periciales complementarios si se hubieran pedido.

3. Podrán intervenir en estos medios adecuados de solución profesionales especializados en responsabilidad civil en el ámbito de la circulación y en el sistema de valoración previsto en esta ley, que cuenten con la formación específica en este ámbito.

**Modificado artículo 14 por Ley 5/2025, de 24 de julio, con entrada en vigor a partir del 26-7-2025.**

**Añadido artículo 14 por Ley 35/2015, de 22 de septiembre, con entrada en vigor a partir del 1-1-2016.**

**Derogado artículo 14 por Ley 21/2007, de 11 de julio, con entrada en vigor a partir del 11-8-2007.**

### Artículo 15. Reclamación al asegurador

**Derogado artículo 15 por Ley 21/2007, de 11 de julio, con entrada en vigor a partir del 11-8-2007.**

### Artículo 16. Obligación de pago

**Derogado artículo 16 por Ley 21/2007, de 11 de julio, con entrada en vigor a partir del 11-8-2007.**

### Artículo 17. Títulos ejecutivos

Un testimonio del auto recaído en las diligencias a que se refiere el artículo 13 de esta Ley constituirá título ejecutivo suficiente para entablar el procedimiento regulado en este capítulo.

**Modificado artículo 17 por Ley 21/2007, de 11 de julio, con entrada en vigor a partir del 11-8-2007.**

### Artículo 18. Límite cuantitativo

**Derogado artículo 18 por Ley 21/2007, de 11 de julio, con entrada en vigor a partir del 11-8-2007.**

### Artículo 19. Gastos de la tasación pericial

**Derogado artículo 19 por Ley 21/2007, de 11 de julio, con entrada en vigor a partir del 11-8-2007.**

## Título III. De los siniestros ocurridos en un Estado distinto al de residencia del perjudicado, en relación con el aseguramiento obligatorio

## Capítulo I. Ámbito de aplicación

### Artículo 20. Ámbito de aplicación

1. Las disposiciones de este título resultarán de aplicación a los siniestros causados por vehículos que tengan su estacionamiento habitual y estén asegurados en un Estado miembro del Espacio Económico Europeo, siempre que:

a) El lugar en que ocurra el siniestro sea España y el perjudicado tenga su residencia en otro Estado miembro del Espacio Económico Europeo.

b) El lugar en que ocurra el siniestro sea un Estado miembro del Espacio Económico Europeo distinto a España y el perjudicado tenga su residencia en España.

c) Los siniestros ocurran en terceros países adheridos al sistema de la carta verde cuando el perjudicado tenga su residencia habitual en España, o cuando el vehículo causante tenga su estacionamiento habitual y esté asegurado en España.

2. Lo dispuesto en los artículos 21, 22, 26 y 27 no será de aplicación cuando el siniestro haya sido causado por un vehículo que tenga su estacionamiento habitual y esté asegurado en el Estado de residencia del perjudicado.

3. Lo dispuesto en el artículo 29 resultará también aplicable a los accidentes causados por vehículos de terceros países adheridos al Acuerdo entre las oficinas nacionales de seguros de los Estados miembros del Espacio Económico y de otros Estados asociados.

## Capítulo II. Representante encargado de la tramitación y liquidación en el país de residencia del perjudicado de los siniestros ocurridos en un Estado distinto al de residencia de este último

**Artículo 21. Elección, poderes y funciones del representante para la tramitación y liquidación de siniestros designado por las entidades aseguradoras autorizadas en España en cada uno de los Estados miembros del Espacio Económico Europeo**

1. Las entidades aseguradoras domiciliadas en España y las sucursales de terceros países establecidas en territorio español deberán designar, en los restantes Estados miembros del Espacio Económico Europeo, un representante para la tramitación y liquidación, en el Estado de residencia del perjudicado, de los siniestros contemplados en el artículo 20.1.

2. El representante deberá residir o estar establecido en el Estado miembro en el que vaya a ejercer sus funciones y disponer de poderes suficientes para representar a la entidad aseguradora y satisfacer, en su integridad, las indemnizaciones a los perjudicados. A este efecto, deberá recabar toda la información necesaria y adoptar las medidas oportunas para la negociación de la liquidación en el idioma o idiomas oficiales del Estado de residencia del perjudicado.

3. Las entidades aseguradoras dispondrán de plena libertad para designar a estos representantes, que podrán actuar por cuenta de una o varias entidades.

Así mismo, deberán comunicar su designación, nombre y dirección a los organismos de información de los distintos Estados miembros del Espacio Económico Europeo.

4. Lo dispuesto en los apartados anteriores no resultará de aplicación cuando el perjudicado tenga su residencia en España.

**Artículo 22. Procedimiento de reclamación de los perjudicados no residentes en España ante las entidades aseguradoras autorizadas en España o los representantes para tramitación y liquidación de siniestros por estas designados en el resto de los Estados del Espacio Económico Europeo**

1. El perjudicado podrá presentar la reclamación ante la entidad aseguradora establecida en España o ante el representante designado por esta en su país de residencia.

La entidad aseguradora o su representante contestarán a la reclamación en un plazo de tres meses desde su presentación, y deberá presentarse una oferta motivada si se ha determinado la responsabilidad y cuantificado el daño. En caso contrario, o si la reclamación hubiera sido rechazada, dará respuesta motivada a lo planteado en la reclamación.

2. Transcurrido el plazo mencionado en el apartado anterior sin que se haya presentado una oferta motivada, se devengarán intereses de demora de acuerdo con lo previsto en la legislación que en cada caso resulte de aplicación, en atención al lugar de ocurrencia del siniestro.

3. El incumplimiento de lo dispuesto en el apartado 1 constituirá infracción administrativa grave o leve de acuerdo con lo dispuesto en los artículos 40.4 t) y 40.5 d) del Texto Refundido de la Ley de Ordenación y Supervisión de los Seguros Privados, aprobado por el Real Decreto Legislativo 6/2004, de 29 de octubre.

4. La acción del representante para la tramitación y liquidación de siniestros no será suficiente para modificar el derecho material que se haya de aplicar en el caso concreto, ni para atribuir la competencia a los órganos jurisdiccionales del Estado miembro de residencia del perjudicado, salvo lo previsto en las normas de derecho internacional público y privado sobre la ley aplicable a los accidentes de circulación y sobre la atribución de competencias jurisdiccionales.

**Modificado apartado 3 del artículo 22 por Ley 21/2007, de 11 de julio, con entrada en vigor a partir del 11-8-2007.**

**Artículo 23. Procedimiento de reclamación del perjudicado con residencia en España ante las entidades aseguradoras autorizadas en otro Estado miembro del Espacio Económico Europeo o ante los representantes para tramitación y liquidación de siniestros por estas designados en España**

1. El perjudicado con residencia en España, en los supuestos previstos en el artículo 20.1, podrá dirigirse directamente a la entidad aseguradora del vehículo causante del accidente o al representante en España para la tramitación y liquidación de siniestros por esta designado.

2. La acción del representante para la tramitación y liquidación de siniestros no será suficiente para atribuir la competencia a órganos jurisdiccionales del Estado miembro de residencia del perjudicado, salvo en lo previsto en las normas de derecho internacional privado sobre atribución de competencias jurisdiccionales.

## Capítulo III. Organismo de información

**Artículo 24. Designación y funciones del organismo de información**

1. El Consorcio de Compensación de Seguros actuará como organismo de información, en los supuestos previstos en el artículo 20.1, para suministrar al perjudicado la información necesaria para que pueda reclamar a la entidad aseguradora o a su representante para la tramitación y liquidación de siniestros. A estos efectos, asumirá las siguientes funciones:

a) Facilitar información relativa al número de matrícula de los vehículos con estacionamiento habitual en España; número de la póliza de seguro de responsabilidad civil en la circulación de vehículos de motor de suscripción obligatoria que cubra al vehículo, con estacionamiento habitual en España, con indicación de la fecha de inicio y fin de vigencia de la cobertura; entidad aseguradora que cubre la responsabilidad civil en la circulación de vehículos de motor de suscripción obligatoria, así como nombre y dirección del representante para la tramitación y liquidación de siniestros designados por las entidades aseguradoras.

Dicha información deberá conservarse durante siete años a partir de la fecha de la expiración del registro del vehículo o de la expiración de la póliza de seguro.

b) Coordinar la recogida de la información y su difusión.

c) Prestar asistencia a las personas que tengan derecho a conocer la información.

2. A los efectos de la información prevista en el apartado 1.a), se estará a lo dispuesto en el artículo 2.2 y en sus normas reglamentarias de desarrollo.

**Artículo 25. Obtención de información del Consorcio de Compensación de Seguros**

1. El Consorcio de Compensación de Seguros prestará asistencia y facilitará la información a la que se refiere el artículo 24.1 a) a los perjudicados de accidentes de circulación ocurridos en un país distinto al de su residencia habitual, siempre que se cumpla alguna de las condiciones siguientes:

a) Que el perjudicado tenga su residencia en España.

b) Que el vehículo causante del siniestro tenga su estacionamiento habitual en España.

c) Que el siniestro se haya producido en España.

2. El Consorcio de Compensación de Seguros facilitará, asimismo, al perjudicado el nombre y la dirección del propietario, del conductor habitual o del titular legal del vehículo con estacionamiento habitual en España, si aquel tuviera un interés legítimo en obtener dicha información. A estos efectos, la Dirección General de Tráfico o la entidad aseguradora proporcionará estos datos al Consorcio de Compensación de Seguros, y se establecerán, en todo caso, las medidas técnicas y organizativas necesarias para asegurar la confidencialidad, seguridad e integridad de los datos y las garantías, obligaciones y derechos reconocidos en el Reglamento (UE) 2016/679

del Parlamento Europeo y del Consejo, de 27 de abril de 2016, relativo a la protección de las personas físicas en lo que respecta al tratamiento de datos personales y a la libre circulación de estos datos y por el que se deroga la Directiva 95/46/CE, y en la Ley Orgánica 3/2018, de 5 de diciembre, de Protección de Datos Personales y garantía de los derechos digitales, de acuerdo con lo establecido en el título V.

A la información de que disponga el Consorcio de Compensación de Seguros tendrán acceso, además de los perjudicados, los aseguradores de estos, los organismos de información de otros Estados miembros del Espacio Económico Europeo, la Oficina Española de Aseguradores de Automóviles, los organismos de indemnización de otros Estados miembros del Espacio Económico Europeo, así como los fondos de garantía de otros Estados miembros del Espacio Económico Europeo, incluyendo los organismos de indemnización de otros Estados miembros del Espacio Económico Europeo en caso de insolvencia de la entidad aseguradora. Tendrán también acceso a dicha información los centros sanitarios y servicios de emergencias médicas que suscriban convenios con el Consorcio de Compensación de Seguros y las entidades aseguradoras para la asistencia a lesionados de tráfico.

**Modificado apartado 2 por Ley 5/2025, de 24 de julio, con entrada en vigor a partir del 26-7-2025.**

**Modificado párrafo 2.º del apartado 2 por Ley 21/2007, de 11 de julio, con entrada en vigor a partir del 11-8-2007.**

## Capítulo IV. Organismo de indemnización

### Artículo 26. Designación

En los supuestos previstos por el artículo 20.1, la Oficina Española de Aseguradores de Automóviles (en adelante, Ofesauto) tendrá la consideración de organismo de indemnización ante el que los perjudicados con residencia en España podrán presentar reclamación de indemnización en los supuestos previstos en el artículo 27.

### Artículo 27. Reclamaciones ante Ofesauto en su condición de organismo de indemnización español

1. Los perjudicados con residencia en España podrán presentar ante OFESAUTO, en su condición de organismo de indemnización español, reclamación en los siguientes supuestos:

a) Si en el plazo de tres meses, a partir de la fecha en que el perjudicado haya presentado su reclamación de indemnización a la entidad aseguradora del vehículo causante del accidente o a su representante para la tramitación y liquidación de siniestros designado en España, ninguno de los dos ha formulado respuesta motivada a lo planteado en la reclamación.

b) Si la entidad aseguradora no hubiera designado representante para la tramitación y liquidación de siniestros en España, salvo que el perjudicado haya presentado una reclamación de indemnización directamente a la entidad aseguradora del vehículo causante del accidente y haya recibido de esta una respuesta motivada en los tres meses siguientes a la presentación de la reclamación.

c) Si el siniestro se ha producido en un Estado distinto a España y la entidad aseguradora del vehículo responsable está incursa en un procedimiento concursal o de liquidación tal y como se define en los artículos 183 a 189 de la Ley 20/2015, de 14 de julio. Al recibir la reclamación, informará de su recepción a la entidad aseguradora, o a su administrador o liquidador, y al organismo del Estado miembro de origen de la entidad creado o autorizado en este para indemnizar a los perjudicados en caso de insolvencia de una entidad aseguradora. Una vez abonada la indemnización al perjudicado, se faculta a OFESAUTO para solicitar y obtener el reembolso íntegro de la cantidad pagada en concepto de indemnización al organismo del Estado miembro de origen de la entidad aseguradora.

OFESAUTO podrá celebrar acuerdos con los organismos de otros Estados miembros para cooperar en el intercambio de información y en la gestión de las indemnizaciones en los casos de insolvencia de aseguradoras de vehículos automóviles.

En este caso OFESAUTO en el plazo de tres meses presentará bien una oferta motivada de indemnización cuando determine que es responsable de indemnizar con arreglo a los apartados 1.a) o 1.b), no se haya impugnado la reclamación y se haya cuantificado parcial o totalmente el daño, o bien dará una respuesta motivada a lo planteado en la reclamación cuando determine que no es responsable de indemnizar por no estar incursa la entidad aseguradora del vehículo responsable en un procedimiento de concurso o de liquidación o en el supuesto de que se haya rechazado o no se haya determinado claramente la responsabilidad o no se haya cuantificado totalmente el daño por dilatarse en el tiempo el proceso curativo del lesionado.

2. OFESAUTO, en los supuestos previstos en los apartados 1 a) y b), y en su condición de organismo de indemnización, dará respuesta a la reclamación de indemnización en un plazo de dos meses, a contar desde la fecha en que le sea presentada por el perjudicado residente en España, sin que pueda condicionar el pago de la indemnización a la prueba por parte del perjudicado residente en España de que la persona responsable no puede pagar o se niega a hacerlo. No obstante, pondrá término a su intervención si la entidad aseguradora o su representante para la tramitación y liquidación de siniestros designado en España da, con posterioridad, una respuesta motivada a la reclamación, o si tiene conocimiento con posterioridad de que el perjudicado ha ejercitado el derecho de acción directa contra la aseguradora del vehículo responsable.

3. Ofesauto, en su condición de organismo de indemnización español, informará inmediatamente a la entidad aseguradora del vehículo causante del accidente o a su representante para la tramitación y liquidación de siniestros designado en España, al organismo de indemnización del Estado en que esté ubicado el establecimiento de la entidad aseguradora que emitió la póliza y, de conocerse su identidad, a la persona causante del accidente de que ha recibido una reclamación del perjudicado y de que dará respuesta a dicha reclamación en un plazo de dos meses a contar desde la fecha de su presentación.

4. La intervención de Ofesauto, en su condición de organismo de indemnización español, se limita a los supuestos en los que la entidad aseguradora no cumpla sus obligaciones, y será subsidiaria de esta.

5. Una vez abonadas a los perjudicados las indemnizaciones, OFESAUTO exigirá el reembolso íntegro de la cantidad pagada en concepto de indemnización al organismo correspondiente del Estado miembro de origen de la entidad aseguradora que esté incursa en un proceso concursal o de liquidación.

**Modificados apartados 1 y 2, y añadido apartado 5 por Ley 5/2025, de 24 de julio, con entrada en vigor a partir del 26-7-2025.**

### Artículo 28. Derecho de repetición entre organismos de indemnización, subrogación y reembolso

Ofesauto, en su calidad de organismo de indemnización español, una vez haya indemnizado al perjudicado residente en España, tendrá derecho a reclamar del organismo de indemnización del Estado miembro en que se encuentre el establecimiento de la entidad aseguradora que emitió la póliza el reembolso del importe satisfecho en concepto de indemnización.

Ofesauto, en su calidad de organismo de indemnización del Estado miembro en que se encuentra el establecimiento de la aseguradora que emitió la póliza, una vez que haya reembolsado al organismo de indemnización del Estado de residencia del perjudicado el importe por este abonado al perjudicado en concepto de indemnización, se subrogará en los derechos del perjudicado.

### Artículo 29. No identificación del vehículo o de la entidad aseguradora

Si no fuera posible identificar al vehículo o si, transcurridos dos meses desde el accidente, no fuera posible identificar a la entidad aseguradora, el perjudicado residente en España podrá solicitar una indemnización a Ofesauto, en su calidad de organismo de indemnización, por los límites del aseguramiento de suscripción obligatoria vigentes en el país de ocurrencia del siniestro.

Dicho organismo de indemnización, una vez pagada la indemnización y por el importe satisfecho, pasará a ser acreedor:

a) Del fondo de garantía del Estado miembro en el que el vehículo tenga su estacionamiento habitual, en caso de que no pueda identificarse la entidad aseguradora.

b) Del fondo de garantía del Estado miembro en que haya ocurrido el accidente, en caso de que no pueda identificarse el vehículo.

c) Del fondo de garantía del Estado miembro en que haya ocurrido el accidente, en caso de vehículos de terceros países adheridos al sistema de carta verde.

Capítulo V. Colaboración y acuerdos entre organismos. Ley aplicable y jurisdicción competente

**Artículo 30. Colaboración y acuerdos entre organismos**

1. El Consorcio de Compensación de Seguros colaborará con el resto de organismos de información del Espacio Económico Europeo para facilitar el acceso a su información a los residentes en otros países distintos a España.

En el supuesto de entidades aseguradoras españolas incursas en un procedimiento concursal o de liquidación, el Consorcio de Compensación de Seguros informará con prontitud del inicio del procedimiento a los organismos de indemnización de los Estados miembros.

Para el adecuado cumplimiento de las funciones que se atribuyen en esta ley, el Consorcio podrá celebrar acuerdos con organismos de información, con organismos de indemnización y con aquellas organizaciones e instituciones creadas o designadas para la gestión de los siniestros a que se refiere el artículo 20 en otros Estados miembros del Espacio Económico Europeo.

2. Ofesauto podrá celebrar acuerdos con los organismos de indemnización, con organismos de información o con otras instituciones creadas o designadas para la gestión de los siniestros a que se refiere el artículo 20 en otros Estados miembros del Espacio Económico Europeo.

**Modificado apartado 1 por Ley 5/2025, de 24 de julio, con entrada en vigor a partir del 26-7-2025.**

**Artículo 31. Ley aplicable y jurisdicción competente**

Sin perjuicio de lo dispuesto por las normas de derecho internacional privado, a los siniestros a que se refiere este título les será de aplicación la legislación del Estado en cuyo territorio haya ocurrido el accidente, y serán competentes los jueces y tribunales de dicho Estado.

**Título IV. Sistema para la valoración de los daños y perjuicios causados a las personas en accidentes de circulación**

**Añadido Título IV por Ley 35/2015, de 22 de septiembre, con entrada en vigor a partir del 1-1-2016.**

Capítulo I. Criterios generales para la determinación de la indemnización del daño corporal

**Añadido Capítulo I del Título IV por Ley 35/2015, de 22 de septiembre, con entrada en vigor a partir del 1-1-2016.**

Sección 1.ª. Disposiciones generales

**Añadida Sección 1.ª del Capítulo I del Título IV por Ley 35/2015, de 22 de septiembre, con entrada en vigor a partir del 1-1-2016.**

**Artículo 32. Ámbito de aplicación y alcance**

Este sistema tiene por objeto valorar todos los perjuicios causados a las personas como consecuencia del daño corporal ocasionado por hechos de la circulación regulados en esta Ley.

**Añadido artículo 32 por Ley 35/2015, de 22 de septiembre, con entrada en vigor a partir del 1-1-2016.**

### Artículo 33. Principios fundamentales del sistema de valoración

1. La reparación íntegra del daño y su reparación vertebrada constituyen los dos principios fundamentales del sistema para la objetivación de su valoración.

2. El principio de la reparación íntegra tiene por finalidad asegurar la total indemnidad de los daños y perjuicios padecidos. Las indemnizaciones de este sistema tienen en cuenta cualesquiera circunstancias personales, familiares, sociales y económicas de la víctima, incluidas las que afectan a la pérdida de ingresos y a la pérdida o disminución de la capacidad de obtener ganancias.

3. El principio de la reparación íntegra rige no solo las consecuencias patrimoniales del daño corporal sino también las morales o extrapatrimoniales e implica en este caso compensar, mediante cuantías socialmente suficientes y razonables que respeten la dignidad de las víctimas, todo perjuicio relevante de acuerdo con su intensidad.

4. El principio de vertebración requiere que se valoren por separado los daños patrimoniales y los no patrimoniales y, dentro de unos y otros, los diversos conceptos perjudiciales.

5. La objetivación en la valoración del daño supone que se indemniza conforme a las reglas y límites establecidos en el sistema, por lo que no pueden fijarse indemnizaciones por conceptos o importes distintos de los previstos en él. No obstante, los perjuicios relevantes, ocasionados por circunstancias singulares y no contemplados conforme a las reglas y límites del sistema, se indemnizan como perjuicios excepcionales de acuerdo con las reglas establecidas al efecto en los artículos 77 y 112.

**Añadido artículo 33 por Ley 35/2015, de 22 de septiembre, con entrada en vigor a partir del 1-1-2016.**

### Artículo 34. Daños objeto de valoración

1. Dan lugar a indemnización la muerte, las secuelas y las lesiones temporales de acuerdo con lo previsto en los artículos siguientes y con lo reflejado, respectivamente, en las tablas 1, 2 y 3 contenidas en el Anexo de esta Ley.

2. Cada una de estas tablas incluye de modo separado la reparación de los perjuicios personales básicos (1.A, 2.A y 3.A), de los perjuicios personales particulares (1.B, 2.B y 3.B) y de los perjuicios patrimoniales (1.C, 2.C y 3.C).

**Añadido artículo 34 por Ley 35/2015, de 22 de septiembre, con entrada en vigor a partir del 1-1-2016.**

### Artículo 35. Aplicación del sistema de valoración

La correcta aplicación del sistema requiere la justificación de los criterios empleados para cuantificar las indemnizaciones asignadas según sus reglas, con tratamiento separado e individualizado de los distintos conceptos y partidas resarcitorias por los daños tanto extrapatrimoniales como patrimoniales.

**Añadido artículo 35 por Ley 35/2015, de 22 de septiembre, con entrada en vigor a partir del 1-1-2016.**

### Artículo 36. Sujetos perjudicados

1. A efectos de los daños y perjuicios causados a las personas, tienen la condición de sujetos perjudicados:

a) La persona lesionada víctima del accidente, en caso de lesiones temporales o secuelas;

b) Las personas mencionadas en el artículo 62 en caso de fallecimiento de la víctima.

En ningún caso se considerará perjudicado al conductor responsable exclusivo del accidente.

2. A los efectos de esta Ley, se considera que sufre el mismo perjuicio resarcible que el cónyuge viudo el miembro supérstite de una pareja de hecho estable constituida mediante inscripción en un registro o documento público o que haya convivido un mínimo de un año inmediatamente anterior al fallecimiento o un período inferior si tiene un hijo en común.

3. Excepcionalmente, son también perjudicados los familiares de víctimas fallecidas mencionados en el artículo 62, así como los de grandes lesionados, que tienen derecho a ser resarcidos por los gastos de tratamiento médico y psicológico que reciban durante un máximo de doce meses por las alteraciones psíquicas que, en su caso, les haya causado el accidente.

**Modificados apartados 1 y 3 por Ley 5/2025, de 24 de julio, con entrada en vigor a partir del 26-7-2025. Efecto: aplicable a los accidentes de circulación ocurridos a partir de 26 de julio de 2025.**

**Añadido artículo 36 por Ley 35/2015, de 22 de septiembre, con entrada en vigor a partir del 1-1-2016.**

**Artículo 37. Necesidad de informe médico y deberes recíprocos de colaboración**

1. La determinación y medición de las secuelas y de las lesiones temporales ha de realizarse mediante informe médico ajustado a las reglas de este sistema.

2. El lesionado debe prestar, desde la producción del daño, la colaboración necesaria para que los servicios médicos designados por cuenta del eventual responsable lo reconozcan y sigan el curso evolutivo de sus lesiones. El incumplimiento de este deber constituye causa no imputable a la entidad aseguradora a los efectos de la regla 8.ª del artículo 20 de la Ley de Contrato de Seguro, relativa al devengo de intereses moratorios.

3. Los servicios médicos proporcionarán tanto a la entidad aseguradora como al lesionado el informe médico pericial definitivo que permita valorar las secuelas, las lesiones temporales y todas sus consecuencias personales. A los efectos del artículo 7.3 c), carecerá de validez la oferta motivada que no adjunte dicho informe, salvo que este se hubiera entregado con anterioridad.

**Modificado apartado 3 por Ley 5/2025, de 24 de julio, con entrada en vigor a partir del 26-7-2025. Efecto: aplicable a los accidentes de circulación ocurridos a partir de 26 de julio de 2025.**

**Añadido artículo 37 por Ley 35/2015, de 22 de septiembre, con entrada en vigor a partir del 1-1-2016.**

**Artículo 38. Momento de la determinación de las circunstancias para la valoración del daño**

1. A los efectos de la aplicación de las disposiciones de esta Ley, y en defecto de regla específica que disponga otra cosa, el momento de determinación de la edad de la víctima y de los perjudicados, así como de sus circunstancias personales, familiares y laborales es el de la fecha del accidente.

2. Los conceptos perjudiciales indemnizables, los criterios para su determinación y los demás elementos relevantes para la aplicación del sistema, en defecto de regla específica, son también los vigentes a la fecha del accidente.

**Añadido artículo 38 por Ley 35/2015, de 22 de septiembre, con entrada en vigor a partir del 1-1-2016.**

**Artículo 39. Cómputo de edades**

El cómputo de edad se realiza de fecha a fecha, por lo que las edades previstas en las disposiciones de esta Ley se alcanzan pasadas las cero horas del día en que se cumplen los años correspondientes. Las horquillas de edades comprenden desde que se alcanza la edad inicial hasta las cero horas del día en que se cumple la edad final. La referencia a que alguien tenga más de un cierto número de años se entiende hecha a que haya alcanzado esa edad.

**Añadido artículo 39 por Ley 35/2015, de 22 de septiembre, con entrada en vigor a partir del 1-1-2016.**

**Artículo 40. Momento de determinación de la cuantía de las partidas resarcitorias**

1. La cuantía de las partidas resarcitorias será la correspondiente a los importes del sistema de valoración vigente a la fecha del accidente, con la actualización correspondiente al año en que se determine el importe por acuerdo extrajudicial o por resolución judicial.

2. En cualquier caso, no procederá esta actualización a partir del momento en que se inicie el devengo de cualesquiera intereses moratorios.

3. Las reglas de los dos apartados anteriores afectarán igualmente a las partidas de gastos realizados, partiendo del nominal satisfecho en la fecha de su desembolso.

4. Si se realizan pagos a cuenta, las cantidades que se abonen se actualizarán de acuerdo con las reglas previstas en los apartados anteriores y se deducirán de ese modo del importe global.

**Añadido artículo 40 por Ley 35/2015, de 22 de septiembre, con entrada en vigor a partir del 1-1-2016.**

**Artículo 41. Indemnización mediante renta vitalicia**

1. En cualquier momento las partes pueden convenir o el juez acordar, a petición de cualquiera de ellas, la sustitución total o parcial de la indemnización fijada de acuerdo con el sistema establecido en esta Ley por la constitución de una renta vitalicia en favor del perjudicado.

2. En todo caso, el juez puede acordar de oficio tal sustitución, al menos parcial, cuando se trate del resarcimiento de los perjuicios padecidos por menores o personas con discapacidad que requieran medidas de apoyo para el ejercicio de su capacidad jurídica, y la estime necesaria para proteger más eficazmente sus intereses.

**Modificado apartado 2 por Ley 5/2025, de 24 de julio, con entrada en vigor a partir del 26-7-2025. Efecto: aplicable a los accidentes de circulación ocurridos a partir de 26 de julio de 2025.**

**Añadido artículo 41 por Ley 35/2015, de 22 de septiembre, con entrada en vigor a partir del 1-1-2016.**

**Artículo 42. Cálculo de la renta vitalicia**

1. Si la indemnización se establece en forma de renta vitalicia, su importe se calcula de modo que sea equivalente al capital de la indemnización que resulta de este sistema de acuerdo con la tabla técnica de coeficientes actuariales de conversión entre rentas y capitales (TT1) incluida en el anexo. Dicha renta se actualizará cada año de acuerdo con las hipótesis de inflación establecidas en las bases técnicas actuariales.

2. La renta vitalicia anual equivalente a la indemnización en capital se calcula dividiéndolo por un coeficiente actuarial que tiene en cuenta:

a) la duración vitalicia,

b) el riesgo de fallecimiento del perjudicado o del lesionado, que se determina mediante las tablas actuariales de mortalidad utilizadas en esta Ley, y

c) la tasa de interés de descuento, que tiene en cuenta la inflación.

3. La renta anual puede fraccionarse en períodos inferiores, dividiéndose en tal caso por meses o por el período temporal que corresponda.

**Modificado apartado 1 por Ley 5/2025, de 24 de julio, con entrada en vigor a partir del 26-7-2025. Efecto: aplicable a los accidentes de circulación ocurridos a partir de 26 de julio de 2025.**

**Añadido artículo 42 por Ley 35/2015, de 22 de septiembre, con entrada en vigor a partir del 1-1-2016.**

**Artículo 43. Modificación de las indemnizaciones fijadas**

Una vez establecida, la indemnización solo puede revisarse por la alteración sustancial de las circunstancias que determinaron su fijación o por la aparición de daños sobrevenidos.

**Añadido artículo 43 por Ley 35/2015, de 22 de septiembre, con entrada en vigor a partir del 1-1-2016.**

**Artículo 44. Indemnización por lesiones temporales en caso de fallecimiento del lesionado antes de fijarse la indemnización**

La indemnización que deben percibir los herederos del lesionado se fijará de acuerdo con el tiempo transcurrido desde el accidente hasta la estabilización de sus lesiones, o en su caso, hasta su fallecimiento, si este es anterior.

**Añadido artículo 44 por Ley 35/2015, de 22 de septiembre, con entrada en vigor a partir del 1-1-2016.**

**Artículo 45. Indemnización por secuelas en caso de fallecimiento del lesionado y antes de fijarse la indemnización**

1. En el caso de lesionados con secuelas que fallecen tras la estabilización y antes de fijarse la indemnización, sus herederos perciben la suma de las cantidades que resultan de las reglas siguientes:

a) En concepto de daño inmediato, el quince por ciento del perjuicio personal básico y de los perjuicios particulares que corresponden al lesionado de acuerdo con las tablas 2.A.1, 2.A.2 y 2.B, con excepción del de pérdida de feto a consecuencia del accidente, que se resarce en su integridad, y de la cantidad resultante de la aplicación de la tabla 2.C en lo relativo al lucro cesante y ayuda de tercera persona.

b) Las cantidades que correspondan al porcentaje restante del perjuicio personal básico y a la aplicación de las tablas 2.B y 2.C en lo relativo al lucro cesante y ayuda de tercera persona, en proporción al tiempo transcurrido desde la fecha de la estabilización hasta el fallecimiento, teniendo en cuenta la esperanza de vida del fallecido en la fecha de la estabilización de acuerdo con la tabla técnica de esperanzas de vida (TT2) incluida en el anexo.

2. En el caso de lesionados que resulten con lesiones como amputaciones, secciones medulares completas, resección de órganos o estados de coma vigil o vegetativos crónicos irreversibles u otras de gravedad análoga, cuya irreversibilidad se pueda acreditar sin esperar a la estabilización, y fallezcan transcurridos al menos treinta días desde la fecha del accidente sin que se hubiesen estabilizado las secuelas, sus herederos perciben el importe a que se refiere el apartado 1, en concepto de daño inmediato y proporcional, si bien a contar desde la fecha del accidente hasta el fallecimiento y solo en relación con los perjuicios personal básico y perjuicios particulares de las tablas 2.A.1, 2.A.2 y 2.B y con la excepción de los perjuicios particulares por pérdida de calidad de vida previstos en el artículo 107.

**Modificado artículo 45 por Ley 5/2025, de 24 de julio, con entrada en vigor a partir del 26-7-2025. Efecto: aplicable a los accidentes de circulación ocurridos a partir de 26 de julio de 2025.**

**Añadido artículo 45 por Ley 35/2015, de 22 de septiembre, con entrada en vigor a partir del 1-1-2016.**

**Artículo 46. Indemnización de gastos en caso de fallecimiento del lesionado antes de fijarse la indemnización**

La indemnización por gastos resarcibles comprende exclusivamente aquellos en los que se haya incurrido hasta la fecha del fallecimiento.

**Añadido artículo 46 por Ley 35/2015, de 22 de septiembre, con entrada en vigor a partir del 1-1-2016.**

**Artículo 47. Compatibilidad de la indemnización a los herederos con la indemnización a los perjudicados por la muerte del lesionado**

En el caso de que el fallecimiento del lesionado se haya producido por causa de las lesiones padecidas y antes de fijarse la indemnización, la indemnización que corresponda a sus herederos según lo previsto en los artículos anteriores es compatible con la que corresponda a los perjudicados por su muerte.

**Añadido artículo 47 por Ley 35/2015, de 22 de septiembre, con entrada en vigor a partir del 1-1-2016.**

**Artículo 48. Bases técnicas actuariales**

1. Las bases técnicas actuariales, que contienen el procedimiento de cálculo y las hipótesis económico-financieras y biométricas para cuantificar las indemnizaciones de lucro cesante y ayuda de tercera persona, se elaborarán por la Comisión de Seguimiento del Sistema de Valoración, y se aprobarán mediante orden ministerial de la persona titular del Ministerio de Economía, Comercio y Empresa.

2. Las bases técnicas actuariales se revisarán cada cinco años, a contar desde la entrada en vigor de la actualización anterior, salvo circunstancias excepcionales adecuadamente justificadas.

3. La Dirección General de Seguros y Fondos de Pensiones hará públicas en su sede electrónica las bases técnicas actuariales para su conocimiento y aplicación.

**Modificado artículo 48 por Ley 5/2025, de 24 de julio, con entrada en vigor a partir del 26-7-2025. Efecto: aplicable a los accidentes de circulación ocurridos a partir de 26 de julio de 2025.**

**Añadido artículo 48 por Ley 35/2015, de 22 de septiembre, con entrada en vigor a partir del 1-1-2016.**

**Artículo 49. Actualizaciones y modificaciones**

1. Las cuantías y límites indemnizatorios fijados en esta ley y en sus tablas, salvo las tablas de lucro cesante y de ayuda de tercera persona, que se rigen por lo dispuesto en el apartado siguiente, quedan automáticamente actualizadas con efecto desde el uno de enero de cada año, incluido, en el porcentaje del índice general de precios al consumo correspondiente al año natural inmediatamente anterior.

La Comisión de Seguimiento del Sistema de Valoración realizará los cálculos a los que se refiere el párrafo anterior y estos se harán públicos por Resolución de la Dirección General de Seguros y Fondos de Pensiones en los sitios web del Ministerio de la Presidencia, Justicia y Relaciones con las Cortes y de la Dirección General de Seguros y Fondos de Pensiones para facilitar su conocimiento y aplicación.

2. Las tablas de lucro cesante y de ayuda de tercera persona no se actualizan, sino que se modifican mediante la correspondiente revisión de las bases técnicas actuariales. Para los accidentes ocurridos con anterioridad a cada modificación, se aplicarán las tablas vigentes en el momento del fallecimiento o de la estabilización de las secuelas actualizadas en el momento del pago con el índice general de precios al consumo aplicable. Las tablas de lucro cesante y ayuda de tercera persona que resulten modificadas tras cada revisión de las bases técnicas se aprobarán por orden ministerial de la persona titular del Ministerio de Economía, Comercio y Empresa, sin perjuicio de la facultad del Consejo de Ministros para modificar todas las tablas del anexo de acuerdo con lo previsto en la disposición final segunda.

3. La tabla de gasto de asistencia sanitaria futura se actualiza, en su caso, de acuerdo con lo que se establezca en los convenios sanitarios que se suscriban con los servicios públicos de salud según lo establecido en el artículo 114, y teniendo en cuenta la variación de los costes soportados por los servicios sanitarios.

**Modificado artículo 49 por Ley 5/2025, de 24 de julio, con entrada en vigor a partir del 26-7-2025. Efecto: a partir de 1 de enero de 2026.**

**Añadido artículo 49 por Ley 35/2015, de 22 de septiembre, con entrada en vigor a partir del 1-1-2016.**

## Sección 2.ª. Definiciones

**Añadida Sección 2.ª del Capítulo I del Título IV por Ley 35/2015, de 22 de septiembre, con entrada en vigor a partir del 1-1-2016.**

**Artículo 50. Pérdida de autonomía personal**

A efectos de esta Ley la pérdida de autonomía personal consiste en el menoscabo físico, intelectual, sensorial u orgánico que impide o limita la realización de las actividades esenciales de la vida ordinaria.

**Añadido artículo 50 por Ley 35/2015, de 22 de septiembre, con entrada en vigor a partir del 1-1-2016.**

**Artículo 51. Actividades esenciales de la vida ordinaria**

A efectos de esta Ley se entiende por actividades esenciales de la vida ordinaria comer, beber, asearse, vestirse, sentarse, levantarse y acostarse, controlar los esfínteres, desplazarse, realizar tareas domésticas, manejar dispositivos, tomar decisiones y realizar otras actividades análogas relativas a la autosuficiencia física, intelectual, sensorial u orgánica.

**Añadido artículo 51 por Ley 35/2015, de 22 de septiembre, con entrada en vigor a partir del 1-1-2016.**

**Artículo 52. Gran lesionado**

A efectos de esta Ley se entiende por gran lesionado quien no puede llevar a cabo las actividades esenciales de la vida ordinaria o la mayor parte de ellas.

**Añadido artículo 52 por Ley 35/2015, de 22 de septiembre, con entrada en vigor a partir del 1-1-2016.**

**Artículo 53. Pérdida de desarrollo personal**

A efectos de esta Ley se entiende que la pérdida de desarrollo personal consiste en el menoscabo físico, intelectual, sensorial u orgánico que impide o limita la realización de actividades específicas de desarrollo personal.

**Añadido artículo 53 por Ley 35/2015, de 22 de septiembre, con entrada en vigor a partir del 1-1-2016.**

**Artículo 54. Actividades específicas de desarrollo personal**

A efectos de esta Ley se entiende por actividades de desarrollo personal aquellas actividades, tales como las relativas al disfrute o placer, a la vida de relación, a la actividad sexual, al ocio y la práctica de deportes, al desarrollo de una formación y al desempeño de una profesión o trabajo, que tienen por objeto la realización de la persona como individuo y como miembro de la sociedad.

**Añadido artículo 54 por Ley 35/2015, de 22 de septiembre, con entrada en vigor a partir del 1-1-2016.**

**Artículo 55. Asistencia sanitaria**

A efectos de esta Ley se entiende por asistencia sanitaria la prestación de servicios médicos, hospitalarios, farmacéuticos, así como las prestaciones complementarias que se requieran para el diagnóstico o tratamiento de las lesiones y el transporte necesario para poder prestar la asistencia. A menos que sea objeto de una partida resarcitoria específica, se entiende que también incluye la prestación de servicios de rehabilitación.

**Añadido artículo 55 por Ley 35/2015, de 22 de septiembre, con entrada en vigor a partir del 1-1-2016.**

**Artículo 56. Prótesis**

A efectos de esta Ley son prótesis los productos sanitarios, implantables o externos, cuya finalidad es sustituir total o parcialmente una estructura corporal o bien modificar, corregir o facilitar su función fisiológica.

**Añadido artículo 56 por Ley 35/2015, de 22 de septiembre, con entrada en vigor a partir del 1-1-2016.**

**Artículo 57. Órtesis**

A efectos de esta Ley son órtesis los productos sanitarios no implantables que, adaptados individualmente al paciente, se destinan a modificar las condiciones estructurales o funcionales del sistema sensorial, neuromuscular o del esqueleto.

**Añadido artículo 57 por Ley 35/2015, de 22 de septiembre, con entrada en vigor a partir del 1-1-2016.**

**Artículo 58. Ayudas técnicas y productos de apoyo para la autonomía personal**

A efectos de esta Ley son ayudas técnicas y productos de apoyo para la autonomía personal para personas con discapacidad los instrumentos, equipos o sistemas utilizados por una persona con discapacidad, fabricados especialmente o disponibles en el mercado, que potencian la autonomía personal o que tienen por objeto prevenir, compensar, controlar, mitigar o neutralizar deficiencias, limitaciones en la actividad y restricciones en la vida de relación. También se incluyen aquellos que potencien su autonomía personal.

**Añadido artículo 58 por Ley 35/2015, de 22 de septiembre, con entrada en vigor a partir del 1-1-2016.**

**Artículo 59. Medios técnicos**

A efectos de esta Ley son medios técnicos las ayudas técnicas incorporadas a un inmueble.

**Añadido artículo 59 por Ley 35/2015, de 22 de septiembre, con entrada en vigor a partir del 1-1-2016.**

### Artículo 60. Unidad familiar

A efectos de esta Ley se entiende por unidad familiar, en caso de matrimonio o pareja de hecho estable, la integrada por los cónyuges o miembros de la pareja y, en su caso, por los hijos, ascendientes y demás familiares y allegados que convivan con ellos. También es unidad familiar la que conlleve, por lo menos, la convivencia de un ascendiente con un descendiente o entre hermanos.

**Añadido artículo 60 por Ley 35/2015, de 22 de septiembre, con entrada en vigor a partir del 1-1-2016.**

## Capítulo II. Reglas para la valoración del daño corporal

**Añadido Capítulo II del Título IV por Ley 35/2015, de 22 de septiembre, con entrada en vigor a partir del 1-1-2016.**

## Sección 1.ª. Indemnizaciones por causa de muerte

**Añadida Sección 1.ª del Capítulo II del Título IV por Ley 35/2015, de 22 de septiembre, con entrada en vigor a partir del 1-1-2016.**

### Artículo 61. Valoración de las indemnizaciones por causa de muerte

1. Las indemnizaciones por causa de muerte se cuantifican conforme a las disposiciones y reglas que se establecen en esta Sección y que se reflejan en los distintos apartados de la tabla 1 que figura como Anexo.

2. La tabla 1 contiene tres apartados para valorar los perjuicios de cada uno de los perjudicados:

a) La tabla 1.A establece la cuantía de perjuicio personal básico de acuerdo con los criterios y reglas de este sistema.

b) La tabla 1.B establece las cuantías de los perjuicios personales particulares y excepcionales de acuerdo con los criterios y reglas de este sistema.

c) La tabla 1.C establece las cuantías de los perjuicios patrimoniales, distinguiendo las categorías del daño emergente y del lucro cesante, de acuerdo con los criterios y reglas de este sistema.

**Añadido artículo 61 por Ley 35/2015, de 22 de septiembre, con entrada en vigor a partir del 1-1-2016.**

## Subsección 1.ª. Perjuicio personal básico (Disposiciones relativas a la tabla 1.A)

**Añadida Subsección 1.ª de la Sección 1.ª del Capítulo II del Título IV por Ley 35/2015, de 22 de septiembre, con entrada en vigor a partir del 1-1-2016.**

### Artículo 62. Categorías de perjudicados

1. En caso de muerte existen cinco categorías autónomas de perjudicados: el cónyuge viudo, los ascendientes, los descendientes, los hermanos y los allegados.

2. Tiene la condición de perjudicado quien está incluido en alguna de dichas categorías, salvo que concurran circunstancias que supongan la inexistencia del perjuicio a resarcir.

3. Igualmente tiene la condición de perjudicado quien, de hecho y de forma continuada, ejerce las funciones que por incumplimiento o inexistencia no ejerce la persona perteneciente a una categoría concreta o asume su posición.

**Añadido artículo 62 por Ley 35/2015, de 22 de septiembre, con entrada en vigor a partir del 1-1-2016.**

**Artículo 63. El cónyuge viudo**

1. El cónyuge viudo no separado legalmente recibe un importe fijo hasta los quince años de convivencia, en función del tramo de edad de la víctima, y un incremento por cada año adicional o fracción.

2. A los efectos del cómputo establecido en el apartado anterior, si quienes constituyen pareja de hecho estable contraen matrimonio, los años de convivencia se suman a los de matrimonio.

3. La separación de hecho y la presentación de la demanda de nulidad, separación o divorcio se equiparan a la separación legal.

4. En caso de concurrencia de cónyuges o parejas de hecho estables, en los supuestos en que la legislación aplicable lo permita, el importe fijo que establece el apartado 1 se distribuye a partes iguales, y en caso de existir incrementos adicionales, se toma el incremento mayor y se distribuye en proporción a los años adicionales de convivencia.

**Añadido artículo 63 por Ley 35/2015, de 22 de septiembre, con entrada en vigor a partir del 1-1-2016.**

**Artículo 64. Los ascendientes**

1. Cada progenitor recibe un importe fijo que varía en función de si el hijo fallecido tenía hasta treinta años o más de treinta.

2. Cada abuelo tiene la consideración de perjudicado en caso de premoriencia del progenitor de su rama familiar y percibe una cantidad fija con independencia de la edad del nieto fallecido.

**Añadido artículo 64 por Ley 35/2015, de 22 de septiembre, con entrada en vigor a partir del 1-1-2016.**

**Artículo 65. Los descendientes**

1. Se asigna una cantidad fija a cada hijo que varía en función de su edad, distinguiéndose, en atención a sus distintas etapas de madurez y desarrollo, los cuatro tramos siguientes:

a) hasta catorce años,

b) desde catorce hasta veinte años,

c) desde veinte hasta treinta años y

d) a partir de treinta años.

2. Los nietos tienen la consideración de perjudicados en caso de premoriencia del progenitor que fuera hijo del abuelo fallecido y perciben una cantidad fija con independencia de su edad.

**Añadido artículo 65 por Ley 35/2015, de 22 de septiembre, con entrada en vigor a partir del 1-1-2016.**

**Artículo 66. Los hermanos**

1. Cada hermano recibe una cantidad fija que varía en función de su edad, según tenga hasta treinta años o más de treinta.

2. A estos efectos, el hermano de vínculo sencillo se equipara al de doble vínculo.

**Añadido artículo 66 por Ley 35/2015, de 22 de septiembre, con entrada en vigor a partir del 1-1-2016.**

**Artículo 67. Los allegados**

1. Son allegados aquellas personas que, sin tener la condición de perjudicados según las reglas anteriores, hubieran convivido familiarmente con la víctima durante un mínimo de cinco años inmediatamente anteriores al fallecimiento y fueran especialmente cercanas a ella en parentesco o afectividad.

2. Cada allegado percibe una cantidad fija, cualquiera que sea su edad.

**Añadido artículo 67 por Ley 35/2015, de 22 de septiembre, con entrada en vigor a partir del 1-1-2016.**

Subsección 2.ª. Perjuicio personal particular
(Disposiciones relativas a la tabla 1.B)

**Añadida Subsección 2.ª de la Sección 1.ª del Capítulo II del Título IV por Ley 35/2015, de 22 de septiembre, con entrada en vigor a partir del 1-1-2016.**

### Artículo 68. Resarcimiento de perjuicios particulares

1. Los perjuicios particulares de cada perjudicado se resarcen mediante la aplicación de criterios específicos que incrementan la indemnización básica fijada en la tabla 1.A.

2. Los perjuicios particulares no son excluyentes entre sí y, de concurrir en un perjudicado, son acumulables.

3. En el caso del allegado el único perjuicio particular resarcible es, en su caso, el de su discapacidad física, intelectual y sensorial según lo dispuesto en el artículo siguiente.

**Añadido artículo 68 por Ley 35/2015, de 22 de septiembre, con entrada en vigor a partir del 1-1-2016.**

### Artículo 69. Perjuicio particular por discapacidad física, intelectual o sensorial del perjudicado

1. El resarcimiento del perjuicio particular por discapacidad física, intelectual o sensorial, previa al accidente o a resultas del mismo, tiene por objeto compensar la alteración perceptible que el fallecimiento de la víctima provoca en la vida del perjudicado.

2. Para que este perjuicio sea resarcible se requiere como mínimo un grado de discapacidad del treinta y tres por ciento, que se acredita mediante resolución administrativa o cualquier otro medio de prueba admitido en Derecho.

3. Este perjuicio se resarcirá mediante un incremento de la indemnización básica que le corresponda, que oscilará entre el veinticinco y el setenta y cinco por ciento, en atención al grado de discapacidad, la intensidad de la alteración y la edad del perjudicado.

**Añadido artículo 69 por Ley 35/2015, de 22 de septiembre, con entrada en vigor a partir del 1-1-2016.**

### Artículo 70. Perjuicio particular por convivencia del perjudicado con la víctima

1. La convivencia con la víctima constituye un perjuicio particular en todos los perjudicados, con excepción del cónyuge y víctimas o perjudicados menores de treinta años. En los casos exceptuados, esta circunstancia ya está ponderada en la indemnización por perjuicio personal básico.

2. Cuando el perjudicado sea el abuelo o el nieto de la víctima y exista convivencia, la indemnización por perjuicio personal básico que en su caso corresponda se incrementa en un cincuenta por ciento.

3. En los demás casos, cuando el perjudicado tenga más de treinta años y conviva con la víctima, se resarce como perjuicio personal particular la diferencia entre la indemnización por perjuicio personal básico prevista para un perjudicado menor de treinta años de su misma categoría y la que le corresponde a él por el mismo concepto.

**Añadido artículo 70 por Ley 35/2015, de 22 de septiembre, con entrada en vigor a partir del 1-1-2016.**

### Artículo 71. Perjuicio particular del perjudicado único de su categoría

La condición de perjudicado único dentro de cada categoría, con la excepción del cónyuge, constituye un perjuicio particular que se resarce mediante un incremento del veinticinco por ciento de la indemnización por perjuicio personal básico.

**Añadido artículo 71 por Ley 35/2015, de 22 de septiembre, con entrada en vigor a partir del 1-1-2016.**

**Artículo 72. Perjuicio particular del perjudicado familiar único**

La condición de perjudicado familiar único constituye un perjuicio particular que se resarce mediante un incremento del veinticinco por ciento de la indemnización por perjuicio personal básico.

**Añadido artículo 72 por Ley 35/2015, de 22 de septiembre, con entrada en vigor a partir del 1-1-2016.**

**Artículo 73. Perjuicio particular por fallecimiento del progenitor único**

El fallecimiento del único progenitor vivo del perjudicado constituye un perjuicio particular que se resarce mediante un incremento de la indemnización por perjuicio personal básico del:

a) Cincuenta por ciento, en el caso de hijos de hasta veinte años.

b) Veinticinco por ciento, en el caso de hijos mayores de veinte años.

**Añadido artículo 73 por Ley 35/2015, de 22 de septiembre, con entrada en vigor a partir del 1-1-2016.**

**Artículo 74. Perjuicio particular por fallecimiento de ambos progenitores o de dos o más familiares incluidos en el artículo 62 en el mismo accidente**

1. El fallecimiento de ambos progenitores en el mismo accidente constituye un perjuicio particular que se resarce mediante un incremento de la indemnización por perjuicio personal básico por la muerte de cada progenitor del:

a) Setenta por ciento, en el caso de hijos de hasta veinte años.

b) Treinta y cinco por ciento, en el caso de hijos mayores de veinte años.

2. En los demás casos de fallecimiento en el mismo accidente de dos o más familiares incluidos en el artículo 62 también existe un perjuicio particular que se resarce mediante un incremento del veinticinco por ciento del perjuicio básico por muerte de cada uno de los familiares fallecidos.

**Modificado artículo 74 por Ley 5/2025, de 24 de julio, con entrada en vigor a partir del 26-7-2025. Efecto: aplicable a los accidentes de circulación ocurridos a partir de 26 de julio de 2025.**

**Añadido artículo 74 por Ley 35/2015, de 22 de septiembre, con entrada en vigor a partir del 1-1-2016.**

**Artículo 75. Perjuicio particular por fallecimiento del hijo único**

El fallecimiento del único hijo del perjudicado constituye un perjuicio particular que se resarce mediante un incremento del veinticinco por ciento de la indemnización por perjuicio personal básico.

**Añadido artículo 75 por Ley 35/2015, de 22 de septiembre, con entrada en vigor a partir del 1-1-2016.**

**Artículo 76. Perjuicio particular por pérdida de feto a consecuencia del fallecimiento de la víctima embarazada**

La pérdida de feto a consecuencia del fallecimiento de la víctima embarazada a causa del accidente constituye un perjuicio particular que se resarce con la cantidad que fija la tabla y que percibe el cónyuge. Esta cantidad es superior si la pérdida del feto tiene lugar una vez transcurridas doce semanas de gestación y aún mayor si la pérdida del feto tiene lugar transcurridas 32 semanas de gestación.

**Modificado artículo 76 por Ley 5/2025, de 24 de julio, con entrada en vigor a partir del 26-7-2025. Efecto: aplicable a los accidentes de circulación ocurridos a partir de 26 de julio de 2025.**

**Añadido artículo 76 por Ley 35/2015, de 22 de septiembre, con entrada en vigor a partir del 1-1-2016.**

**Artículo 77. Perjuicio excepcional**

Los perjuicios excepcionales a los que se refiere el artículo 33 se indemnizan, con criterios de proporcionalidad, con un límite máximo de incremento del veinticinco por ciento de la indemnización por perjuicio personal básico.

**Añadido artículo 77 por Ley 35/2015, de 22 de septiembre, con entrada en vigor a partir del 1-1-2016.**

### Subsección 3.ª. Perjuicio patrimonial (Disposiciones relativas a la tabla 1.C)

**Añadida Subsección 3.ª de la Sección 1.ª del Capítulo II del Título IV por Ley 35/2015, de 22 de septiembre, con entrada en vigor a partir del 1-1-2016.**

#### Artículo 78. Perjuicio patrimonial básico

1. Cada perjudicado recibe, sin necesidad de justificación, una cantidad fija por la cuantía fijada en la tabla 1.C, por los gastos razonables que cause el fallecimiento, como el desplazamiento, la manutención, el alojamiento y otros análogos.

2. Si el importe de dichos gastos excede del establecido en el apartado anterior, su resarcimiento requiere justificación.

**Añadido artículo 78 por Ley 35/2015, de 22 de septiembre, con entrada en vigor a partir del 1-1-2016.**

#### Artículo 79. Gastos específicos

Además de los previstos en el artículo anterior, se abonan los gastos de traslado del fallecido, entierro y funeral conforme a los usos y costumbres del lugar donde se preste el servicio. Se abonan igualmente los gastos de repatriación del fallecido al país de origen.

**Añadido artículo 79 por Ley 35/2015, de 22 de septiembre, con entrada en vigor a partir del 1-1-2016.**

#### Artículo 80. Concepto de lucro cesante en los supuestos de muerte

En los supuestos de muerte el lucro cesante consiste en las pérdidas netas que sufren aquellos que dependían económicamente de los ingresos de la víctima y que por ello tienen la condición de perjudicados.

**Añadido artículo 80 por Ley 35/2015, de 22 de septiembre, con entrada en vigor a partir del 1-1-2016.**

#### Artículo 81. Cálculo del lucro cesante

1. Para calcular el lucro cesante de cada perjudicado se multiplican los ingresos netos de la víctima como multiplicando, por el coeficiente actuarial que, como multiplicador, corresponda a cada perjudicado según las reglas que se establecen en los artículos siguientes.

2. Cuando el ingreso neto de la víctima se encuentre entre dos niveles de ingreso neto de la tabla 1.C se asigna el lucro cesante correspondiente al límite superior.

**Añadido artículo 81 por Ley 35/2015, de 22 de septiembre, con entrada en vigor a partir del 1-1-2016.**

#### Artículo 82. Personas perjudicadas

1. A efectos de esta Ley se consideran persona perjudicada el cónyuge y los hijos menores de edad y se presume que también lo son, salvo prueba en contrario, los hijos de hasta treinta años.

2. En los demás casos solo tienen la condición de personas perjudicadas las incluidas en el artículo 62 que acrediten que dependían económicamente de la víctima y los cónyuges separados o excónyuges que tengan derecho a percibir pensión compensatoria que se extinga por el fallecimiento de la víctima.

**Modificado apartado 2 por Ley 5/2025, de 24 de julio, con entrada en vigor a partir del 26-7-2025. Efecto: aplicable a los accidentes de circulación ocurridos a partir de 26 de julio de 2025.**

**Añadido artículo 82 por Ley 35/2015, de 22 de septiembre, con entrada en vigor a partir del 1-1-2016.**

#### Artículo 83. Multiplicando en caso de víctimas con ingresos de trabajo personal o en situación de desempleo

1. En el caso de víctimas con ingresos de trabajo personal el multiplicando consiste en los ingresos netos acreditados de la víctima fallecida percibidos durante el año anterior al fallecimiento o la media de los obtenidos

durante los tres años inmediatamente anteriores al accidente, si fuera superior, que se proyectará hasta la edad de jubilación y, a partir de esta, en la pensión de jubilación estimada. Si la víctima estaba jubilada, consiste en el importe anual neto de la pensión que percibía en el momento de su fallecimiento.

2. Si la víctima hubiera estado en situación de desempleo en cualquiera de los tres años anteriores al fallecimiento, para el cálculo de los ingresos previstos en el apartado anterior se tendrán en cuenta las prestaciones de desempleo que haya percibido y, en caso de no haberlas percibido, se computará como ingreso un salario mínimo interprofesional anual.

3. En todo caso, el ingreso mínimo que siempre se tendrá en cuenta será un salario mínimo interprofesional anual.

**Modificado apartado 1 y añadido apartado 3 por Ley 5/2025, de 24 de julio, con entrada en vigor a partir del 26-7-2025. Efecto: aplicable a los accidentes de circulación ocurridos a partir de 26 de julio de 2025.**

**Añadido artículo 83 por Ley 35/2015, de 22 de septiembre, con entrada en vigor a partir del 1-1-2016.**

**Artículo 84. Multiplicando en el caso de víctimas con dedicación exclusiva a las tareas del hogar de la unidad familiar**

1. El trabajo no remunerado de la víctima que no obtenía ingresos por ser la persona que contribuía al sostenimiento de su unidad familiar mediante la dedicación exclusiva a las tareas del hogar se valora en el equivalente a un salario mínimo interprofesional anual.

2. En unidades familiares de más de dos personas la equivalencia establecida en el apartado anterior se incrementará en un diez por ciento del salario mínimo interprofesional anual por perjudicado adicional menor de edad, persona con discapacidad o mayor de sesenta y siete años que conviva en la unidad familiar de la víctima sin que ese incremento adicional pueda superar el importe de otro medio salario mínimo interprofesional anual.

3. La fecha inicial del cómputo será a partir de los treinta años, incluso si la fecha del fallecimiento es anterior al cumplimiento de esa edad.

**Añadido apartado 3 por Ley 5/2025, de 24 de julio, con entrada en vigor a partir del 26-7-2025. Efecto: aplicable a los accidentes de circulación ocurridos a partir de 26 de julio de 2025.**

**Añadido artículo 84 por Ley 35/2015, de 22 de septiembre, con entrada en vigor a partir del 1-1-2016.**

**Artículo 85. Multiplicando en el caso de víctimas con dedicación parcial a las tareas del hogar de la unidad familiar**

Si la víctima estaba acogida a una reducción de la jornada de trabajo para compatibilizar el trabajo remunerado con las tareas del hogar de su unidad familiar, la cantidad a percibir será de un tercio de la que resulte de realizar todas las operaciones de cálculo del lucro cesante con el multiplicando del artículo anterior, cantidad que será compatible con la que corresponda por lucro cesante con arreglo al artículo 83. El mismo criterio se aplicará en todos los casos en que demuestre que desempeñaba un trabajo a tiempo parcial por los mismos motivos.

**Añadido artículo 85 por Ley 35/2015, de 22 de septiembre, con entrada en vigor a partir del 1-1-2016.**

**Artículo 86. Multiplicador**

1. El multiplicador es el coeficiente que se obtiene para cada perjudicado y que resulta de combinar los factores siguientes:

a) la cuota del perjudicado de acuerdo con las reglas previstas en el artículo 87, en materia de cálculo de cuotas,

b) las pensiones públicas a las que tenga derecho el perjudicado por el fallecimiento de la víctima,

c) la duración de su dependencia económica,

d) el riesgo de su fallecimiento y

e) la tasa de interés de descuento, que tiene en cuenta la inflación.

2. Los factores mencionados se calculan de acuerdo con las bases técnicas actuariales establecidas según lo dispuesto en el artículo 48.

3. A los efectos de determinar el multiplicador podrán establecerse reglamentariamente otros factores complementarios que tengan en cuenta otras contingencias relativas al perjudicado y que sirvan a la mejor individualización del perjuicio.

**Añadido artículo 86 por Ley 35/2015, de 22 de septiembre, con entrada en vigor a partir del 1-1-2016.**

### Artículo 87. Variable relativa a la cuota del perjudicado

1. El multiplicando que resulta de los criterios que establecen los artículos 83 a 85 se distribuye entre los perjudicados teniendo en cuenta que la víctima destinaba una parte a cubrir sus propias necesidades (quota sibi) que se cifra, como mínimo, en un diez por ciento.

2. Los criterios de distribución son los siguientes:

a) Cuando exista cónyuge o un solo perjudicado, su cuota será del sesenta por ciento.

b) Cuando exista más de un perjudicado, la cuota del cónyuge será del sesenta por ciento, la de cada hijo del treinta por ciento y la de cualquier otro perjudicado del veinte por ciento.

c) No se considera en el cómputo de cuotas al conductor responsable del accidente, al no tener la consideración de perjudicado de conformidad con lo dispuesto en el último párrafo del artículo 36.1.

d) Tampoco se considera en el cómputo de cuotas al cónyuge separado o al excónyuge que tenga derecho a percibir pensión compensatoria que se extinga por el fallecimiento de la víctima.

3. Cuando la suma de las cuotas de los perjudicados sea superior al noventa por ciento, la indemnización de cada perjudicado se reducirá en proporción al exceso de cuotas sobre el noventa por ciento, dando lugar a la correspondiente reducción de la indemnización de cada uno de ellos. Si la indemnización total resultante para el conjunto de los perjudicados es inferior a la indemnización más elevada de las que pudieran resultar de no existir exceso de cuotas, se indemnizará este último importe, que se distribuirá de un modo proporcional a las indemnizaciones que les hubieran correspondido según sus cuotas.

4. En caso de perjudicado único al que se refiere el apartado 2.a), la indemnización correspondiente a la cuota del sesenta por ciento se calcula multiplicando por dos el importe resultante de la tabla 1.C correspondiente, cuando se trate de hijo, y por tres en los demás casos.

**Modificados apartados 2 y 3 por Ley 5/2025, de 24 de julio, con entrada en vigor a partir del 26-7-2025. Efecto: aplicable a los accidentes de circulación ocurridos a partir de 26 de julio de 2025.**

**Añadido artículo 87 por Ley 35/2015, de 22 de septiembre, con entrada en vigor a partir del 1-1-2016.**

### Artículo 88. Variable relativa a pensiones públicas a favor del perjudicado

1. Las pensiones públicas a las que tengan derecho los perjudicados por el fallecimiento de la víctima, tales como las de viudedad u orfandad, producen el efecto de reducir el perjuicio.

2. En todo caso, las pensiones públicas futuras que deban ser tenidas en cuenta para el cálculo se estiman de acuerdo con las bases técnicas actuariales.

3. El perjudicado por el fallecimiento de una víctima con ingresos del trabajo personal podrá acreditar que no tiene derecho a pensión pública alguna o que tiene derecho a una pensión distinta de la prevista en las bases técnicas actuariales del multiplicador.

4. Al perjudicado por el fallecimiento de una víctima que no obtenía ingresos por dedicarse en exclusiva a las tareas del hogar de su unidad familiar se le aplicarán las indemnizaciones por lucro cesante previstas en las tablas 1.C.H específicas para dicho trabajo no remunerado.

**Modificado apartado 4 por Ley 5/2025, de 24 de julio, con entrada en vigor a partir del 26-7-2025. Efecto: aplicable a los accidentes de circulación ocurridos a partir de 26 de julio de 2025.**

**Añadido artículo 88 por Ley 35/2015, de 22 de septiembre, con entrada en vigor a partir del 1-1-2016.**

**Artículo 89. Duración de la variable de dependencia económica**

1. La dependencia económica de progenitores, abuelos y personas con discapacidad que determina que dependan económicamente de la víctima es vitalicia.

2. En los demás casos el lucro cesante es un perjuicio temporal y se calcula sobre el período de tiempo que se estime que habría durado la situación de dependencia económica de acuerdo con las reglas de los artículos siguientes.

**Añadido artículo 89 por Ley 35/2015, de 22 de septiembre, con entrada en vigor a partir del 1-1-2016.**

**Artículo 90. Duración de la dependencia económica del cónyuge viudo**

1. Cuando el perjudicado sea el cónyuge viudo se considerará que, de no haberse producido el fallecimiento, el matrimonio hubiera tenido una duración mínima de quince años.

2. Si en el momento del fallecimiento el matrimonio hubiera tenido una duración superior a los quince años, se considerará que el matrimonio se habría mantenido en el futuro el mismo número de años.

**Añadido artículo 90 por Ley 35/2015, de 22 de septiembre, con entrada en vigor a partir del 1-1-2016.**

**Artículo 91. Duración de la dependencia económica de los hijos, nietos y hermanos**

1. Si los perjudicados son hijos, nietos o hermanos de la víctima y acreditan dependencia económica, se considera que esta se habría prolongado hasta cumplir los treinta años y siempre por un período de al menos tres años.

2. Si en la fecha del fallecimiento de la víctima el perjudicado es mayor de treinta años, se considera que la dependencia se habría prolongado durante tres años.

**Añadido artículo 91 por Ley 35/2015, de 22 de septiembre, con entrada en vigor a partir del 1-1-2016.**

**Artículo 92. Duración de la dependencia de otros perjudicados**

1. En el caso de allegados con dependencia económica acreditada, se considera que la dependencia se habría prolongado tres años.

2. Si el fallecimiento provoca la extinción de la pensión que tenía derecho a percibir el cónyuge separado o el excónyuge, su perjuicio se concreta en el importe correspondiente a dicha pensión durante un máximo de tres años.

**Modificado apartado 2 por Ley 5/2025, de 24 de julio, con entrada en vigor a partir del 26-7-2025. Efecto: aplicable a los accidentes de circulación ocurridos a partir de 26 de julio de 2025.**

**Añadido artículo 92 por Ley 35/2015, de 22 de septiembre, con entrada en vigor a partir del 1-1-2016.**

### Sección 2.ª. Indemnizaciones por secuelas

**Añadida Sección 2.ª del Capítulo II del Título IV por Ley 35/2015, de 22 de septiembre, con entrada en vigor a partir del 1-1-2016.**

**Artículo 93. Valoración de las indemnizaciones por secuelas**

1. Son secuelas las deficiencias físicas, intelectuales, orgánicas y sensoriales y los perjuicios estéticos que derivan de una lesión y permanecen una vez finalizado el proceso de curación. El material de osteosíntesis que permanece al término de este proceso tiene la consideración de secuela.

2. Las indemnizaciones por secuelas se cuantifican conforme a las disposiciones y reglas que se establecen en este Capítulo y que se reflejan en los distintos apartados de la tabla 2 que figura como Anexo.

3. La tabla 2.A contiene tres apartados:

a) La tabla 2.A establece la cuantía del perjuicio personal básico de acuerdo con los criterios y reglas de este sistema.

b) La tabla 2.B establece la cuantía de los perjuicios personales particulares y excepcionales de acuerdo con los criterios y reglas de este sistema.

c) La tabla 2.C establece la cuantía de los perjuicios patrimoniales, distinguiendo las categorías del daño emergente y del lucro cesante, de acuerdo con los criterios y reglas de este sistema.

**Añadido artículo 93 por Ley 35/2015, de 22 de septiembre, con entrada en vigor a partir del 1-1-2016.**

**Artículo 94. Determinación de los perjudicados**

1. En los supuestos de secuelas son perjudicados los lesionados que las padecen.

2. También son perjudicados, con carácter excepcional, los familiares de grandes lesionados en los términos establecidos en el artículo 36.3.

**Añadido artículo 94 por Ley 35/2015, de 22 de septiembre, con entrada en vigor a partir del 1-1-2016.**

Subsección 1.ª. Perjuicio personal básico (Disposiciones relativas a la tabla 2.A)

**Añadida Subsección 1.ª de la Sección 2.ª del Capítulo II del Título IV por Ley 35/2015, de 22 de septiembre, con entrada en vigor a partir del 1-1-2016.**

**Artículo 95. Determinación de la indemnización del perjuicio personal básico**

1. La valoración económica del perjuicio personal básico en caso de secuelas se determina conforme a lo que resulta de las reglas recogidas en la tabla 2.A.

2. La determinación de las secuelas y de su gravedad e intensidad se realiza de acuerdo con el baremo médico contenido en la tabla 2.A.1.

3. La determinación de la indemnización por secuelas se realiza de acuerdo con el baremo económico contenido en la tabla 2.A.2.

**Añadido artículo 95 por Ley 35/2015, de 22 de septiembre, con entrada en vigor a partir del 1-1-2016.**

**Artículo 96. El baremo médico**

1. El baremo médico contiene la relación de las secuelas que integran el perjuicio psicofísico, orgánico y sensorial permanente, con su clasificación, descripción y medición, y también incluye un capítulo especial dedicado al perjuicio estético.

2. La medición del perjuicio psicofísico, orgánico o sensorial de las secuelas se realiza mediante un porcentaje de menoscabo expresado en puntos, con un máximo de cien.

3. La medición del perjuicio estético de las secuelas se realiza mediante un porcentaje de menoscabo expresado en puntos, con un máximo de cincuenta, que corresponde a un porcentaje del cien por cien.

**Añadido artículo 96 por Ley 35/2015, de 22 de septiembre, con entrada en vigor a partir del 1-1-2016.**

**Artículo 97. Reglas de aplicación del perjuicio psicofísico, orgánico y sensorial**

1. La puntuación otorgada al perjuicio psicofísico¸ orgánico y sensorial de cada secuela, según criterio clínico, tiene en cuenta su intensidad y gravedad desde el punto de vista anatómico-funcional, sin tomar en consideración la edad o el sexo del lesionado, ni la repercusión de la secuela en sus diversas actividades.

2. Se adjudica a cada secuela una puntuación fija o la que corresponda dentro de una horquilla con una puntuación mínima y máxima.

3. Una secuela debe valorarse una sola vez, aunque su sintomatología se encuentre descrita en varios apartados del baremo médico, sin perjuicio de lo establecido respecto del perjuicio estético. No se valoran las secuelas que estén incluidas o se deriven de otras, aunque estén descritas de forma independiente.

4. La puntuación de una o varias secuelas de una articulación, miembro, aparato o sistema no puede sobrepasar la correspondiente a la pérdida total, anatómica o funcional, de esa articulación, miembro, aparato o sistema.

5. Las secuelas no incluidas en ninguno de los conceptos del baremo médico se miden con criterios analógicos a los previstos en él.

**Añadido artículo 97 por Ley 35/2015, de 22 de septiembre, con entrada en vigor a partir del 1-1-2016.**

**Artículo 98. Secuelas concurrentes**

1. En el caso de concurrencia de dos secuelas derivadas del mismo accidente, la puntuación final del perjuicio psicofísico es la resultante de aplicar la fórmula:

[[(100 - M) x m] / 100] + M.

Donde "M" es la puntuación de la secuela mayor y "m" la puntuación de la secuela menor.

2. De ser las secuelas más de dos, para el uso de la expresada fórmula se parte de la secuela de mayor puntuación y las operaciones se realizan en orden decreciente de mayor a menor a su importancia. Los cálculos sucesivos se realizan con la indicada fórmula, correspondiendo el término "M" a la puntuación resultante de la operación inmediatamente anterior.

3. Si, al efectuarse los cálculos, se obtienen fracciones decimales, el resultado de cada operación se redondea a la unidad más alta.

4. La puntuación final obtenida se lleva a la tabla 2.A.2 para fijar el valor económico del perjuicio psicofísico en función de la edad del lesionado de acuerdo con lo previsto en el artículo 104.4.

**Modificados apartados 1 y 2 por Ley 5/2025, de 24 de julio, con entrada en vigor a partir del 26-7-2025. Efecto: aplicable a los accidentes de circulación ocurridos a partir de 26 de julio de 2025.**

**Añadido artículo 98 por Ley 35/2015, de 22 de septiembre, con entrada en vigor a partir del 1-1-2016.**

**Artículo 99. Secuelas interagravatorias**

1. Son secuelas interagravatorias aquellas secuelas concurrentes que, derivadas del mismo accidente y afectando funciones comunes, producen por su recíproca influencia una agravación significativa de cada una de ellas.

2. La puntuación adjudicada a las secuelas bilaterales en la tabla 2.A.1, incluye la valoración de su efecto interagravatorio.

3. En defecto de esta previsión específica, la puntuación de las secuelas interagravatorias se valorará incrementando en un diez por ciento la puntuación que resulta de aplicar la fórmula prevista en el artículo 98, redondeando a la unidad más alta y con el límite de cien puntos.

**Añadido artículo 99 por Ley 35/2015, de 22 de septiembre, con entrada en vigor a partir del 1-1-2016.**

**Artículo 100. Secuelas agravatorias de estado previo**

1. La secuela que agrava un estado previo y que ya está prevista en el baremo médico se mide con la puntuación asignada específicamente para ella.

2. En defecto de tal previsión, la puntuación es la resultante de aplicar la fórmula:

(M - m) / [1 - (m/100)].

Donde "M" es la puntuación de la secuela en el estado actual y "m" es la puntuación de la secuela preexistente. Si el resultado ofrece fracciones decimales, se redondea a la unidad más alta.

**Añadido artículo 100 por Ley 35/2015, de 22 de septiembre, con entrada en vigor a partir del 1-1-2016.**

**Artículo 101. Perjuicio estético de las secuelas**

1. El perjuicio estético consiste en cualquier modificación que empeora la imagen de la persona. Es un perjuicio distinto del psicofísico que le sirve de sustrato y comprende tanto la dimensión estática como la dinámica.

2. El perjuicio estético es el existente a la finalización del proceso de curación del lesionado.

3. La imposibilidad de corregir el perjuicio estético constituye una circunstancia que incrementa su intensidad.

4. El resarcimiento del perjuicio estético es compatible con el del coste de las intervenciones de cirugía plástica necesarias para su corrección.

**Añadido artículo 101 por Ley 35/2015, de 22 de septiembre, con entrada en vigor a partir del 1-1-2016.**

**Artículo 102. Grados de perjuicio estético**

1. La medición del perjuicio estético se realiza mediante la asignación de una horquilla de puntuación a cada uno de los grados teniendo en cuenta, de modo particular, los factores siguientes:

a) el grado de visibilidad ordinaria del perjuicio,

b) la atracción a la mirada de los demás,

c) la reacción emotiva que provoque y

d) la posibilidad de que ocasione una alteración en la relación interpersonal del perjudicado.

2. Los grados de perjuicio estético, ordenados de mayor a menor, son los siguientes:

a) Importantísimo, que corresponde a un perjuicio estético de enorme gravedad, como el que producen las grandes quemaduras, las grandes pérdidas de sustancia, las grandes alteraciones de la morfología facial o corporal, el estado vegetativo permanente y las tetraplejias más severas.

b) Muy importante, que corresponde a un perjuicio estético de menor entidad que el anterior, como el que produce la amputación de dos extremidades o la tetraplejia.

c) Importante, que corresponde a un perjuicio estético de menor entidad que el anterior, como el que produce la amputación de alguna extremidad o la paraplejia.

d) Medio, que corresponde a un perjuicio estético de menor entidad que el anterior, como el que produce la amputación de más de un dedo de las manos o de los pies, la cojera relevante o las cicatrices especialmente visibles en la zona facial o extensas en otras zonas del cuerpo.

e) Moderado, que corresponde a un perjuicio estético de menor entidad que el anterior, como el que producen las cicatrices visibles en la zona facial, las cicatrices en otras zonas del cuerpo, la amputación de un dedo de las manos o de los pies o la cojera leve.

f) Ligero, que corresponde a un perjuicio estético de menor entidad que el anterior, como el que producen las pequeñas cicatrices situadas fuera de la zona facial.

3. Los perjuicios estéticos no mencionados en los distintos grados señalados en el apartado anterior se incluyen en el grado que corresponda en atención a su entidad, según criterios de proporcionalidad y analogía.

**Modificada letra a) del apartado 2 por Ley 5/2025, de 24 de julio, con entrada en vigor a partir del 26-7-2025. Efecto: aplicable a los accidentes de circulación ocurridos a partir de 26 de julio de 2025.**

**Añadido artículo 102 por Ley 35/2015, de 22 de septiembre, con entrada en vigor a partir del 1-1-2016.**

**Artículo 103. Reglas de aplicación del perjuicio estético**

1. Si un perjuicio psicofísico¸ orgánico y sensorial permanente comporta, a su vez, la existencia de un perjuicio estético, se fija separadamente la puntuación que corresponde a uno y a otro, sin que la asignada a la secuela psicofísica¸ orgánica y sensorial incorpore la ponderación de su repercusión antiestética.

2. La puntuación del perjuicio estético se realiza de acuerdo con el capítulo especial de la tabla 2.A.1 mediante su ponderación conjunta, sin atribuir puntuación a cada uno de sus componentes.

3. Ni la edad ni el sexo de la persona lesionada se tendrán en cuenta para medir la intensidad del perjuicio estético.

4. La puntuación adjudicada al perjuicio estético no incluye la ponderación de su incidencia sobre las diversas actividades del lesionado, cuyo específico perjuicio se valora a través del perjuicio particular de pérdida de calidad de vida.

5. La puntuación establecida se lleva a la tabla 2.A.2 que fija el valor económico del perjuicio estético en función de la edad del lesionado de acuerdo con lo previsto en el artículo 104.5.

**Añadido artículo 103 por Ley 35/2015, de 22 de septiembre, con entrada en vigor a partir del 1-1-2016.**

**Artículo 104. Régimen de valoración económica de las secuelas**

1. El régimen de valoración económica del perjuicio psicofísico, orgánico y sensorial con el daño moral ordinario que le es inherente, y del perjuicio estético se contiene en el baremo económico de la tabla 2.A.2, cuyas filas de puntuación y columnas de edad expresan, respectivamente, la extensión e intensidad del perjuicio y su duración.

2. Esta valoración es inversamente proporcional a la edad del lesionado y se incrementa a medida que aumenta la puntuación.

3. Las filas de puntuación se articulan de punto en punto desde uno hasta cien y las columnas de edad de año en año desde cero hasta cien.

4. El importe del perjuicio psicofísico, orgánico y sensorial consta en la intersección de la fila y columna correspondientes. Este importe es el resultado de haber multiplicado el valor de cada punto, en función de la edad del lesionado, por el número total de puntos obtenidos de acuerdo con el baremo médico.

5. El importe del perjuicio estético consta en la intersección de la fila y columna correspondientes. Este importe es el resultado de haber multiplicado el valor de cada punto, en función de la edad del lesionado, por el número total de puntos obtenidos de acuerdo con el baremo médico, teniendo en cuenta el máximo de cincuenta puntos.

6. La indemnización básica por secuelas, en su doble dimensión psicofísica, orgánica y sensorial, por un lado, y estética, por otro, está constituida por el importe que resulta de sumar las cantidades de los dos apartados anteriores.

**Añadido artículo 104 por Ley 35/2015, de 22 de septiembre, con entrada en vigor a partir del 1-1-2016.**

### Subsección 2.ª. Perjuicio personal particular (Disposiciones relativas a la tabla 2.B)

**Añadida Subsección 2.ª de la Sección 2.ª del Capítulo II del Título IV por Ley 35/2015, de 22 de septiembre, con entrada en vigor a partir del 1-1-2016.**

#### Artículo 105. Daños morales complementarios por perjuicio psicofísico, orgánico y sensorial

1. Se entienden ocasionados los daños morales complementarios por perjuicio psicofísico, orgánico y sensorial cuando una sola secuela alcance al menos sesenta puntos o el resultado de las concurrentes, tras aplicar la fórmula prevista en el artículo 98, alcance al menos ochenta puntos. Las secuelas bilaterales recogidas en la tabla 2.A.1 constituyen una sola secuela a los efectos de este artículo.

2. La extensión e intensidad del perjuicio psicofísico, orgánico y sensorial y la edad del lesionado constituyen los dos parámetros fundamentales para su cuantificación, sin que pueda tenerse en cuenta la afectación en sus actividades. También se ponderan, en su caso, los dolores extraordinarios y las secuelas que no hayan sido valoradas por haberse alcanzado la puntuación de cien.

3. Este perjuicio se cuantifica mediante una horquilla indemnizatoria que establece un mínimo y un máximo expresado en euros.

**Añadido artículo 105 por Ley 35/2015, de 22 de septiembre, con entrada en vigor a partir del 1-1-2016.**

#### Artículo 106. Daños morales complementarios por perjuicio estético

1. Se entienden ocasionados los daños morales complementarios por perjuicio estético cuando este ha recibido una puntuación que alcance al menos treinta y un puntos.

2. La extensión e intensidad del perjuicio estético y la edad del lesionado constituyen los dos parámetros fundamentales para su cuantificación, sin que pueda tenerse en cuenta la afectación en sus actividades.

3. Este perjuicio se cuantifica mediante una horquilla indemnizatoria que establece un mínimo y un máximo expresado en euros.

**Modificado apartado 1 de artículo 106 por Ley 5/2025, de 24 de julio, con entrada en vigor a partir del 26-7-2025. Efecto: aplicable a los accidentes de circulación ocurridos a partir de 26 de julio de 2025.**

**Añadido artículo 106 por Ley 35/2015, de 22 de septiembre, con entrada en vigor a partir del 1-1-2016.**

#### Artículo 107. Perjuicio moral por pérdida de calidad de vida ocasionada por las secuelas

La indemnización por pérdida de calidad de vida tiene por objeto compensar el perjuicio moral particular que sufre la víctima por las secuelas que impiden o limitan su autonomía personal para realizar las actividades esenciales en el desarrollo de la vida ordinaria o su desarrollo personal mediante actividades específicas.

**Añadido artículo 107 por Ley 35/2015, de 22 de septiembre, con entrada en vigor a partir del 1-1-2016.**

#### Artículo 108. Grados del perjuicio moral por pérdida de calidad de vida

1. El perjuicio por pérdida de calidad de vida puede ser muy grave, grave, moderado o leve.

2. El perjuicio muy grave es aquel en el que el lesionado pierde su autonomía personal para realizar la casi totalidad de actividades esenciales en el desarrollo de la vida ordinaria.

3. El perjuicio grave es aquel en el que el lesionado pierde su autonomía personal para realizar algunas de las actividades esenciales en el desarrollo de la vida ordinaria o la mayor parte de sus actividades específicas de desarrollo personal. El perjuicio moral por la pérdida de toda posibilidad de realizar una actividad laboral o profesional también se considera perjuicio grave.

4. El perjuicio moderado es aquel en el que el lesionado pierde la posibilidad de llevar a cabo una parte relevante de sus actividades específicas de desarrollo personal. El perjuicio moral por la pérdida de la actividad laboral o profesional que se venía ejerciendo también se considera perjuicio moderado.

5. El perjuicio leve es aquel en el que la víctima pierde la posibilidad de llevar a cabo actividad o actividades específicas de su desarrollo personal. El perjuicio moral por la limitación o pérdida parcial de la actividad laboral o profesional que se venía ejerciendo se considera perjuicio leve con independencia del número de puntos que se otorguen a las secuelas. En los demás casos, cuando se produzcan secuelas de seis o menos puntos se presume que no existe pérdida de calidad de vida, salvo que el perjudicado la acredite.

**Modificado apartado 5 por Ley 5/2025, de 24 de julio, con entrada en vigor a partir del 26-7-2025. Efecto: aplicable a los accidentes de circulación ocurridos a partir de 26 de julio de 2025.**

**Añadido artículo 108 por Ley 35/2015, de 22 de septiembre, con entrada en vigor a partir del 1-1-2016.**

**Artículo 109. Medición del perjuicio por pérdida de calidad de vida**

1. Cada uno de los grados del perjuicio se cuantifica mediante una horquilla indemnizatoria que establece un mínimo y un máximo expresado en euros.

2. Los parámetros para la determinación de la cuantía del perjuicio son la importancia y el número de las actividades afectadas y la edad del lesionado que expresa la previsible duración del perjuicio.

3. ...

**Suprimido apartado 3 por Ley 5/2025, de 24 de julio, con entrada en vigor a partir del 26-7-2025.**

**Añadido artículo 109 por Ley 35/2015, de 22 de septiembre, con entrada en vigor a partir del 1-1-2016.**

**Artículo 110. Perjuicio moral por pérdida de calidad de vida de familiares de grandes lesionados y perjuicio sexual del cónyuge o pareja estable**

1. El perjuicio moral por pérdida de calidad de vida de familiares de grandes lesionados compensa la sustancial alteración que causa en sus vidas la prestación de cuidados y la atención continuada de dichos lesionados cuando han perdido la autonomía personal para realizar la casi totalidad de actividades esenciales en el desarrollo de la vida ordinaria. Excepcionalmente, esta indemnización también procede en los supuestos de secuelas muy graves que alcancen, al menos, los ochenta puntos y en las que se demuestre que el lesionado requiere la prestación a la que se refiere este apartado.

2. El perjuicio sexual del cónyuge o pareja estable compensa la sustancial alteración que las secuelas que padece el lesionado le causan en su vida sexual o reproductiva.

3. Estos perjuicios se cuantifican mediante una horquilla indemnizatoria que establece un mínimo y un máximo expresado en euros y los parámetros a tener en cuenta para fijar sus importes son:

a) En el caso de perjuicio moral por pérdida de calidad de vida de familiares, la dedicación que tales cuidados o atención familiares requieran, la alteración que produzcan en la vida del familiar y la edad del lesionado.

b) En el caso de perjuicio sexual, el grado y la intensidad de su afectación a la vida sexual o reproductiva del cónyuge o pareja estable del lesionado y la edad de ambos.

4. La legitimación para reclamar la reparación de estos perjuicios se atribuye en exclusiva al lesionado, quien deberá destinar la indemnización a compensar los perjuicios sufridos por las personas afectadas.

**Modificado artículo 110 por Ley 5/2025, de 24 de julio, con entrada en vigor a partir del 26-7-2025. Efecto: aplicable a los accidentes de circulación ocurridos a partir de 26 de julio de 2025.**

**Añadido artículo 110por Ley 35/2015, de 22 de septiembre, con entrada en vigor a partir del 1-1-2016.**

### Artículo 111. Pérdida de feto a consecuencia del accidente

1. La pérdida de feto a consecuencia del accidente constituye un perjuicio que se resarce con una cantidad fija. Dicha cantidad es superior si la pérdida del feto tiene lugar transcurridas doce semanas de gestación; además, será superior, a su vez, a esta última si la pérdida del feto tiene lugar transcurridas treinta y dos semanas de gestación.

2. La indemnización corresponde a la mujer embarazada que sufre la pérdida del feto, añadiéndose a la que, en su caso, perciba por las lesiones padecidas.

**Modificado apartado 1 por Ley 5/2025, de 24 de julio, con entrada en vigor a partir del 26-7-2025. Efecto: aplicable a los accidentes de circulación ocurridos a partir de 26 de julio de 2025.**

**Añadido artículo 111 por Ley 35/2015, de 22 de septiembre, con entrada en vigor a partir del 1-1-2016.**

### Artículo 112. Perjuicio excepcional

Los perjuicios excepcionales a los que se refiere el artículo 33 se indemnizan con criterios de proporcionalidad, con un límite máximo de incremento del veinticinco por ciento de la indemnización por perjuicio personal básico.

**Añadido artículo 112 por Ley 35/2015, de 22 de septiembre, con entrada en vigor a partir del 1-1-2016.**

## Subsección 3.ª. Perjuicio patrimonial (Disposiciones relativas a la tabla 2.C)

**Añadida Subsección 3.ª de la Sección 2.ª del Capítulo II del Título IV por Ley 35/2015, de 22 de septiembre, con entrada en vigor a partir del 1-1-2016.**

### Artículo 113. Gastos previsibles de asistencia sanitaria futura

1. Los gastos de asistencia sanitaria futura compensan, respecto de las secuelas a que se refieren los apartados 3, 4 y 5, el valor económico de las prestaciones sanitarias en el ámbito hospitalario y ambulatorio que precise el lesionado de forma vitalicia después de que se produzca la estabilización de las lesiones y también aquellas prestaciones sanitarias que se produzcan en el ámbito domiciliario que, por su carácter especializado, no puedan ser prestadas con la ayuda de tercera persona prevista en los artículos 120 y siguientes.

2. Los gastos de rehabilitación en régimen hospitalario se resarcen de acuerdo con las reglas del artículo 114, mientras que los de rehabilitación domiciliaria y ambulatoria se resarcen de conformidad con el artículo 116.

3. Las secuelas que, en todo caso, dan lugar a la compensación de los gastos de asistencia sanitaria futura son:

a) Los estados de coma vigil o vegetativos crónicos.

b) Las secuelas neurológicas en sus grados muy grave y grave.

c) Las lesiones medulares iguales o superiores a cincuenta puntos.

d) Las amputaciones u otras secuelas que precisen la colocación de prótesis.

4. Se presume, salvo prueba en contrario, que da lugar a compensación de gastos de asistencia sanitaria futura la secuela que sea igual o superior a cincuenta puntos y las secuelas concurrentes y las interagravatorias que sean iguales o superen los ochenta.

5. En las secuelas iguales o superiores a treinta puntos y que por su naturaleza pueden requerir un tratamiento periódico, deberá demostrarse mediante prueba pericial médica la previsibilidad de dichos gastos futuros.

6. La periodicidad y cuantía de los gastos de asistencia sanitaria futura deberán acreditarse mediante el correspondiente informe médico de conformidad con las secuelas estabilizadas de las lesiones.

7. Los gastos que no sean previsibles de acuerdo con las reglas anteriores solo serán resarcibles en los supuestos previstos en el artículo 43 en materia de modificación de las indemnizaciones fijadas.

**Modificado apartado 1 por Ley 5/2025, de 24 de julio, con entrada en vigor a partir del 26-7-2025. Efecto: aplicable a los accidentes de circulación ocurridos a partir de 26 de julio de 2025.**

**Añadido artículo 113 por Ley 35/2015, de 22 de septiembre, con entrada en vigor a partir del 1-1-2016.**

**Artículo 114. Resarcimiento de los gastos de asistencia sanitaria futura en el ámbito hospitalario y ambulatorio**

1. Los gastos de asistencia sanitaria futura serán abonados por las entidades aseguradoras a los servicios públicos de salud o a las mutuas colaboradoras con la Seguridad Social conforme a la legislación vigente y los convenios o acuerdos suscritos, dentro de los límites establecidos en la tabla 2.C.1, y el lesionado podrá recibir las prestaciones de asistencia sanitaria por parte de centros públicos o por parte de centros sanitarios privados que hayan suscrito conciertos con los servicios públicos de salud, también conforme a lo estipulado en dicha legislación y convenios.

2. Las entidades aseguradoras y los servicios públicos de salud o las mutuas colaboradoras con la Seguridad Social podrán suscribir acuerdos específicos al objeto de facilitar el pago a que se refiere el apartado anterior y garantizar las prestaciones sanitarias a los lesionados. Los servicios públicos, a su vez, podrán concertar la asistencia sanitaria futura con centros privados que cuenten con los medios materiales y humanos necesarios y suficientes para prestarla.

3. Las entidades aseguradoras abonarán a los servicios públicos de salud o a las mutuas colaboradoras con la Seguridad Social los gastos que garanticen la asistencia sanitaria futura con carácter vitalicio, aun en caso de traslado temporal o definitivo de residencia u otros supuestos que puedan suponer un cambio del centro de asistencia, dentro del marco del régimen de prestaciones previsto en la Ley 16/2003, de 28 de mayo, de cohesión y calidad del Sistema Nacional de Salud.

**Modificado artículo 114 por Ley 5/2025, de 24 de julio, con entrada en vigor a partir del 26-7-2025. Efecto: aplicable a los accidentes de circulación ocurridos a partir de 26 de julio de 2025.**

**Añadido artículo 114 por Ley 35/2015, de 22 de septiembre, con entrada en vigor a partir del 1-1-2016.**

**Artículo 115. Prótesis y órtesis**

1. Se resarce directamente al lesionado el importe de las prótesis y órtesis que, por el correspondiente informe médico, precise el lesionado a lo largo de su vida.

2. La necesidad, periodicidad y cuantía de los gastos de prótesis y órtesis futuras deberán acreditarse mediante el correspondiente informe médico desde la fecha de estabilización de las secuelas.

3. La valoración tendrá en cuenta el tipo de secuela, la edad del lesionado, la periodicidad de la renovación de la prótesis u órtesis en función de su vida útil y el coste de las mismas, atendiendo a las necesidades y circunstancias personales del lesionado.

4. El importe máximo resarcible es el fijado en la tabla 2.C para este tipo de gastos.

5. El importe de estos gastos se podrá indemnizar en forma de capital utilizándose el correspondiente factor actuarial de conversión establecido en la tabla técnica de coeficientes de capitalización de prótesis y órtesis (TT3) incluida en el anexo.

**Modificado apartado 5 del artículo 115 por Ley 5/2025, de 24 de julio, con entrada en vigor a partir del 26-7-2025. Efecto: aplicable a los accidentes de circulación ocurridos a partir de 26 de julio de 2025.**

**Añadido artículo 115 por Ley 35/2015, de 22 de septiembre, con entrada en vigor a partir del 1-1-2016.**

**Artículo 116. Rehabilitación domiciliaria y ambulatoria**

1. Se resarce directamente al lesionado el importe de los gastos de rehabilitación futura que, por el correspondiente informe médico, precise el lesionado en el ámbito domiciliario o ambulatorio respecto de las secuelas a que se refieren las letras a), b), c) y d) del apartado 3 del artículo 113, después de que se produzca la estabilización.

2. La necesidad, periodicidad y cuantía de los gastos de rehabilitación futura deberán acreditarse mediante el correspondiente informe médico desde la fecha de estabilización de las secuelas.

3. El importe máximo resarcible de cada grupo de secuelas es el fijado en la tabla 2.C para este tipo de gastos.

4. Cuando concurran dos o más secuelas de un mismo grupo de los indicados en la Tabla 2.C, la indemnización de todas ellas no podrá superar el veinticinco por ciento del importe máximo que establece la tabla para las secuelas de ese grupo.

5. Cuando concurran secuelas que puedan encuadrarse en grupos distintos, se aplicarán las reglas siguientes:

a) Cuando concurran secuelas del grupo a) con el resto de los grupos, el importe máximo a indemnizar será del cien por cien del previsto para el grupo a).

b) Cuando concurran secuelas del grupo b), con secuelas de los grupos c) o d), el importe máximo a indemnizar será del cien por cien del grupo b) y el setenta y cinco por ciento del grupo c) o el cincuenta por ciento del grupo d), sin que la suma de estos importes pueda superar el máximo establecido en la tabla 2.C para las secuelas del grupo a).

c) Cuando concurran secuelas del grupo c) y d), el importe máximo a indemnizar será del cien por cien del grupo c) y el setenta y cinco por ciento del grupo d), sin que la suma de estos importes pueda superar el máximo establecido en la tabla 2.C para las secuelas del grupo b).

6. El importe de estos gastos se podrá indemnizar en forma de capital utilizándose un factor actuarial de conversión establecido en la tabla técnica de coeficientes actuariales de conversión entre rentas y capitales (TT1) incluida en el anexo.

**Modificados apartados 1, 3 y 4; añadidos apartados 5 y 6; renumerado y modificado apartado 6. Su contenido modificado se corresponde con el anterior apartado 5 por Ley 5/2025, de 24 de julio, con entrada en vigor a partir del 26-7-2025. Efecto: aplicable a los accidentes de circulación ocurridos a partir de 26 de julio de 2025.**

**Añadido artículo 116 por Ley 35/2015, de 22 de septiembre, con entrada en vigor a partir del 1-1-2016.**

**Artículo 117. Ayudas técnicas o productos de apoyo para la autonomía personal**

1. Se resarce directamente al lesionado el importe de las ayudas técnicas y los productos de apoyo para la autonomía personal que, por el correspondiente informe médico, precise el lesionado a lo largo de su vida por pérdida de autonomía personal muy grave o grave, con un importe máximo fijado en la tabla 2.C para este tipo de gastos.

2. La necesidad, periodicidad y cuantía de las ayudas técnicas y de los productos de apoyo para la autonomía personal deberán acreditarse mediante el correspondiente informe médico desde la fecha de estabilización de las secuelas.

3. La valoración tendrá en cuenta el tipo de secuela, la edad del lesionado, la periodicidad de la renovación de las ayudas técnicas y los productos de apoyo para la autonomía personal en función de su vida útil y el coste de las mismas, atendiendo a las necesidades y circunstancias personales del lesionado.

4. El importe de estos gastos se podrá indemnizar en forma de capital utilizándose el correspondiente factor actuarial de conversión establecido en la tabla técnica de coeficientes de capitalización de prótesis y órtesis (TT3) incluida en el anexo.

**Añadido apartado 4 del artículo 117 por Ley 5/2025, de 24 de julio, con entrada en vigor a partir del 26-7-2025. Efecto: aplicable a los accidentes de circulación ocurridos a partir de 26 de julio de 2025.**

**Añadido artículo 117 por Ley 35/2015, de 22 de septiembre, con entrada en vigor a partir del 1-1-2016.**

**Artículo 118. Adecuación de vivienda**

1. Se resarce el importe de las obras de adecuación de la vivienda a las necesidades de quien sufre una pérdida de autonomía personal muy grave o grave, incluyendo los medios técnicos, con el importe máximo fijado en la tabla 2.C para este tipo de gastos.

2. Si no fuera posible la adecuación de vivienda y se debiera adquirir o arrendar otra vivienda adaptada de características similares, se resarce la diferencia del valor en venta o de la renta capitalizada de ambas viviendas y los gastos que tal operación genere hasta el límite establecido en el apartado anterior. Las características similares se refieren a la ubicación de la vivienda, su tamaño y sus calidades constructivas.

**Añadido artículo 118 por Ley 35/2015, de 22 de septiembre, con entrada en vigor a partir del 1-1-2016.**

**Artículo 119. Perjuicio patrimonial por el incremento de costes de movilidad**

El perjuicio patrimonial derivado del incremento de los costes de movilidad se resarce hasta el importe máximo fijado en la tabla 2.C para ese tipo de gastos, en función de los criterios siguientes:

a) Grado de pérdida de autonomía personal del lesionado, en función de cómo le afecta a su movilidad.

b) Posibilidad de adaptación del vehículo que utilice el lesionado o, en caso de que ello no sea posible, necesidad de adquisición de un vehículo nuevo adaptado que, dentro de la gama de ese tipo de vehículos, guarde una cierta proporción con el vehículo sustituido. En caso de sustitución se descontará el valor venal del vehículo sustituido.

c) Necesidad de futuras adaptaciones en función de la edad del lesionado y de la vida útil de las adaptaciones o del vehículo que, a estos efectos, se cifra en diez años.

d) Sobrecoste de desplazamiento del lesionado, en caso de no adaptación o no adquisición de vehículo, cuando por la pérdida de autonomía personal tenga graves dificultades para utilizar medios de transporte público para seguir desarrollando sus actividades habituales.

**Añadido artículo 119 por Ley 35/2015, de 22 de septiembre, con entrada en vigor a partir del 1-1-2016.**

**Artículo 120. Concepto de ayuda de tercera persona**

1. La indemnización de los gastos de ayuda de tercera persona compensa el valor económico de las prestaciones no sanitarias que precisa el lesionado cuando resulta con secuelas que implican una pérdida de autonomía personal.

2. No tienen la consideración de ayuda de tercera persona las prestaciones sanitarias en el ámbito hospitalario, ambulatorio o domiciliario, que pueda precisar el lesionado que, en su caso, se indemnizarán en concepto de gasto sanitario posterior a la estabilización de las secuelas.

3. El valor económico de la ayuda de tercera persona se compensa con independencia de que las prestaciones sean o no retribuidas.

**Añadido artículo 120 por Ley 35/2015, de 22 de septiembre, con entrada en vigor a partir del 1-1-2016.**

**Artículo 121. Necesidad de ayuda de tercera persona**

1. La necesidad de ayuda de tercera persona se fija en la tabla 2.C.2 de Ayuda de Tercera Persona cuando:

a) el perjuicio psicofísico, orgánico o sensorial de una secuela es igual o superior a cincuenta puntos o el resultado de las secuelas concurrentes, una vez aplicada la fórmula correspondiente, sea igual o superior a ochenta; o

b) a pesar de no alcanzarse la puntuación indicada en el apartado anterior, se considera que tal ayuda es necesaria por verse especialmente afectada la autonomía personal.

2. En los supuestos no previstos en la tabla solo se podrá indemnizar dicha ayuda si se acredita mediante prueba pericial médica una pérdida de autonomía personal análoga a la producida por las secuelas previstas en la misma.

**Añadido artículo 121 por Ley 35/2015, de 22 de septiembre, con entrada en vigor a partir del 1-1-2016.**

**Artículo 122. Sustitución de la indemnización de ayuda de tercera persona por atención sanitaria o socio-sanitaria de la víctima**

1. Si la víctima se encuentra ingresada con carácter permanente en un centro sanitario o socio-sanitario y la entidad aseguradora asume los gastos asistenciales correspondientes, no procederá con carácter adicional la indemnización de ayuda a tercera persona.

2. Si la víctima no se encuentra ingresada, podrá acordar con la entidad aseguradora que, en lugar de la indemnización por ayuda de tercera persona, la entidad le preste el servicio en su domicilio con carácter vitalicio.

**Añadido artículo 122 por Ley 35/2015, de 22 de septiembre, con entrada en vigor a partir del 1-1-2016.**

**Artículo 123. Determinación del número de horas necesarias de ayuda de tercera persona**

1. Las horas necesarias de ayuda de tercera persona se determinan mediante la aplicación de la tabla 2.C.2 de Ayuda de Tercera Persona, que expresa la ayuda en horas en función de la secuela.

2. Si existe más de una secuela que requiera ayuda de tercera persona se aplicarán las siguientes reglas:

a) Para secuelas con necesidad de ayuda de tercera persona con un número de hasta seis horas, la valoración total del tiempo necesario se obtiene de sumar a las horas correspondientes a la secuela mayor el cincuenta por ciento de las horas establecidas en cada una de las otras.

b) Para secuelas con necesidad de ayuda de tercera persona con un número superior a seis horas, la valoración total del tiempo necesario se obtiene de sumar a las horas correspondientes a la secuela mayor el veinticinco por ciento de las horas establecidas en cada una de las otras.

3. En los casos que exista una situación de necesidad de ayuda de tercera persona por un estado previo al accidente que resulte agravado, el número de horas de ayuda de tercera persona resulta de aplicar la fórmula (H - h) / [1 - (h / 100)], donde "H" es el resultado de aplicar a las horas correspondientes a todas las secuelas lo establecido en el apartado 2 de este artículo y "h" las horas asociadas al estado previo al accidente.

4. Si el resultado de las operaciones previstas en los apartados 2 y 3 ofrece fracciones decimales, se redondea la fracción a la media hora más alta.

**Modificado apartado 3 y añadido apartado 4 por Ley 5/2025, de 24 de julio, con entrada en vigor a partir del 26-7-2025. Efecto: aplicable a los accidentes de circulación ocurridos a partir de 26 de julio de 2025.**

**Añadido artículo 123 por Ley 35/2015, de 22 de septiembre, con entrada en vigor a partir del 1-1-2016.**

**Artículo 124. Momento de determinación del número de horas necesarias y factores de incremento posterior**

1. La determinación del número de horas necesarias de ayuda de tercera persona se lleva a cabo a la fecha de estabilización de las secuelas.

2. A partir de los cincuenta años de edad del lesionado, se produce un incremento de necesidad de ayuda de tercera persona, en función de la edad, que se valora de acuerdo con los factores correctores de aumento siguientes:

a) desde cincuenta hasta sesenta años, se aplica un factor corrector del 1,10,

b) desde sesenta hasta setenta años, se aplica un factor corrector del 1,15 y

c) a partir de setenta años se aplica un factor corrector del 1,30.

**Añadido artículo 124 por Ley 35/2015, de 22 de septiembre, con entrada en vigor a partir del 1-1-2016.**

**Artículo 125. Determinación de la cuantía indemnizatoria mediante multiplicando y multiplicador**

1. El importe de la indemnización por ayuda de tercera persona es el capital que consta en la tabla 2.C.3 en la intersección de la fila del número de horas necesarias y la columna de edad correspondiente.

2. Esta cuantía se obtiene de multiplicar el multiplicando del coste de los servicios por el coeficiente del multiplicador.

3. El multiplicando del coste de los servicios se obtiene de calcular, en cómputo anual, el coste económico de las horas necesarias de ayuda de tercera persona. El precio hora de estos servicios se establece en el equivalente a 1,3 veces la hora del salario mínimo interprofesional anual.

4. El multiplicador es el coeficiente que para cada lesionado resulta de combinar los factores siguientes:

a) las percepciones públicas para ayuda de tercera persona a las que tenga derecho el lesionado,

b) la duración de la necesidad de ayuda de tercera persona, establecida desde la fecha de estabilización de las secuelas hasta el fallecimiento de la víctima,

c) los factores de incremento de necesidad de ayuda de tercera persona en función de la edad, previstos en el artículo 124,

d) el riesgo de fallecimiento y

e) la tasa de interés de descuento, que tiene en cuenta la inflación.

5. A los efectos de determinar el multiplicador podrán establecerse reglamentariamente otros criterios complementarios que tengan en cuenta otras contingencias relativas al lesionado y que sirvan a la mejor individualización del perjuicio.

6. Las prestaciones públicas para ayuda de tercera persona a las que tenga derecho el lesionado producen el efecto de reducir el perjuicio y se estiman de acuerdo con las bases técnicas actuariales, pero el perjudicado puede acreditar la percepción de prestaciones distintas a las estimadas.

**Modificado apartados 1 y 6 del artículo 125 por Ley 5/2025, de 24 de julio, con entrada en vigor a partir del 26-7-2025. Efecto: aplicable a los accidentes de circulación ocurridos a partir de 26 de julio de 2025.**

**Añadido artículo 125 por Ley 35/2015, de 22 de septiembre, con entrada en vigor a partir del 1-1-2016.**

**Artículo 126. Concepto de lucro cesante**

En los supuestos de secuelas el lucro cesante consiste en la pérdida de capacidad de ganancia por trabajo personal y, en particular, en el perjuicio que sufre el lesionado por la pérdida o disminución neta de ingresos provenientes de su trabajo.

**Añadido artículo 126 por Ley 35/2015, de 22 de septiembre, con entrada en vigor a partir del 1-1-2016.**

**Artículo 127. Cálculo del lucro cesante**

1. Para calcular el lucro cesante del lesionado se multiplican sus ingresos netos o una estimación del valor de su dedicación a las tareas del hogar o de su capacidad de obtener ganancias, como multiplicando, por el coeficiente actuarial que, como multiplicador, corresponda según las reglas que se establecen en los artículos siguientes.

2. Cuando el ingreso neto del lesionado se encuentre entre dos niveles de ingreso neto previstos en las tablas 2.C que correspondan, se asigna el lucro cesante correspondiente al límite superior.

**Añadido artículo 127 por Ley 35/2015, de 22 de septiembre, con entrada en vigor a partir del 1-1-2016.**

### Artículo 128. Cómputo de ingresos del lesionado por trabajo personal

1. Para el cálculo del lucro cesante se tendrá en cuenta, a los efectos de determinar el multiplicando, la pérdida de ingresos de trabajo personal del lesionado que corresponda por su grado de incapacidad laboral de acuerdo con lo establecido en el artículo siguiente.

2. Los ingresos a tener en cuenta a los efectos del cálculo del lucro cesante son los percibidos durante el año anterior al accidente o la media de los obtenidos en los tres años anteriores al mismo, si esta fuera superior.

3. Si el lesionado estuviera en situación de desempleo en el momento del accidente o lo hubiera estado en cualquiera de los tres años anteriores al mismo, se utilizarán también para el cálculo de los ingresos previsto en el apartado anterior las prestaciones de desempleo que haya percibido.

4. En todo caso, el ingreso mínimo que siempre se tendrá en cuenta será el salario mínimo interprofesional.

5. La fecha inicial del cómputo es la de estabilización de las secuelas, excepto en el caso de lesionados pendientes de acceder al mercado laboral previsto en el artículo 130, que se computa a partir de la edad de treinta años.

**Modificados apartados 3 y 4, y añadido apartado 5 por Ley 5/2025, de 24 de julio, con entrada en vigor a partir del 26-7-2025. Efecto: aplicable a los accidentes de circulación ocurridos a partir de 26 de julio de 2025.**

**Añadido artículo 128 por Ley 35/2015, de 22 de septiembre, con entrada en vigor a partir del 1-1-2016.**

### Artículo 129. Multiplicando de ingresos por trabajo personal

La pérdida de ingresos de trabajo personal del lesionado en función del grado de incapacidad se determina de acuerdo con las reglas siguientes:

a) En los supuestos en que el lesionado queda incapacitado para realizar cualquier tipo de trabajo o actividad profesional se considera que el perjuicio que sufre es del cien por cien de sus ingresos.

b) En los supuestos en que el lesionado queda incapacitado para realizar su trabajo o actividad profesional habitual se considera que el perjuicio que sufre es del cincuenta y cinco por ciento de sus ingresos hasta los cuarenta y cinco años; del setenta por ciento de sus ingresos desde los cuarenta y cinco hasta los cincuenta y cinco años; y del noventa por ciento a partir de esta última edad.

c) En los supuestos en que las secuelas que padezca el lesionado disminuyan parcialmente sus ingresos o su rendimiento normal en el ejercicio de su trabajo o actividad profesional habituales de forma acusada se considera que el perjuicio que sufre equivale al importe de los ingresos correspondientes a dos anualidades. Se presume que la disminución es acusada cuando es igual o superior al treinta y tres por ciento de los ingresos o del rendimiento normal para el trabajo o actividad profesional habitual.

**Modificada letra b) por Ley 5/2025, de 24 de julio, con entrada en vigor a partir del 26-7-2025. Efecto: aplicable a los accidentes de circulación ocurridos a partir de 26 de julio de 2025.**

**Añadido artículo 129 por Ley 35/2015, de 22 de septiembre, con entrada en vigor a partir del 1-1-2016.**

### Artículo 130. Lesionados menores de treinta años que no han accedido al mercado laboral

1. Son lesionados que no han accedido al mercado laboral aquellos menores de treinta años que en el momento del accidente no desempeñan una actividad laboral que comporte el derecho a percibir una pensión contributiva o en caso de comportarlo, tiene carácter esporádico, discontinuo, o complementario de otra de formación o estudio. Se incluyen dentro de este concepto las personas menores de treinta años con dedicación a las tareas del hogar.

2. La pérdida de la capacidad de obtener ganancias de aquellos lesionados menores de treinta años pendientes de acceder al mercado laboral se determina de acuerdo con las reglas siguientes:

a) Solo se tiene en cuenta la pérdida de la capacidad de obtener ganancias en los supuestos de incapacidad absoluta y total.

b) La fecha inicial del cómputo será a partir de los treinta años, incluso si la estabilización es posterior al cumplimiento de esa edad.

c) En los supuestos de incapacidad permanente absoluta se computa como ingreso dejado de obtener, a los efectos de determinar el multiplicando, un salario mínimo interprofesional anual y medio.

d) En los supuestos de incapacidad permanente total se computa como ingreso dejado de obtener el cincuenta y cinco por ciento de la cantidad señalada en la letra c) hasta antes de cumplir los cuarenta y cinco años; del setenta por ciento desde los cuarenta y cinco hasta antes de cumplir los cincuenta y cinco años; y del noventa por ciento a partir de esta última edad. A estos efectos, se entiende por incapacidad permanente total la imposibilidad de llevar a cabo una gran cantidad y variedad de actividades laborales.

e) Las cantidades anteriores podrán incrementarse hasta un veinte por ciento si el lesionado tuviere un nivel de formación superior.

3. En caso de que existan discrepancias sobre si el menor de treinta años se halla todavía pendiente o no de acceder al mercado laboral, se aplicará como ingreso mínimo el cómputo de ingresos que establecen las letras c) y d) del apartado anterior y que se refleja, respectivamente, en las tablas 2.C.7 y 2.C.8.

**Modificado artículo 130 por Ley 5/2025, de 24 de julio, con entrada en vigor a partir del 26-7-2025. Efecto: aplicable a los accidentes de circulación ocurridos a partir de 26 de julio de 2025.**

**Añadido artículo 130 por Ley 35/2015, de 22 de septiembre, con entrada en vigor a partir del 1-1-2016.**

**Artículo 131. Multiplicando en caso de lesionados con dedicación a las tareas del hogar de la unidad familiar**

1. En los supuestos de incapacidad permanente absoluta, respecto del trabajo no remunerado del lesionado mayor de treinta años que no obtenía ingresos por ser la persona que contribuía al sostenimiento de su unidad familiar mediante la dedicación exclusiva a las tareas del hogar, se seguirán las reglas siguientes:

a) Se valora dicho trabajo no remunerado en el equivalente a un salario mínimo interprofesional anual.

b) En unidades familiares de más de dos personas, dicha equivalencia se incrementa en un diez por ciento del salario mínimo interprofesional anual por cada persona menor de edad, con discapacidad o mayor de sesenta y siete años que conviva con el lesionado en la unidad familiar, sin que ese incremento adicional pueda superar el importe de un salario mínimo interprofesional anual y medio.

2. En los supuestos de incapacidad permanente total se computa como ingreso dejado de obtener el cincuenta y cinco por ciento de la cantidad señalada en el apartado anterior hasta antes de cumplir los cuarenta y cinco años; del setenta por ciento desde los cuarenta y cinco hasta antes de cumplir los cincuenta y cinco años; y del noventa por ciento a partir de esta última edad. A estos efectos, se entiende por incapacidad permanente total la imposibilidad de llevar a cabo las tareas fundamentales del hogar siempre que pueda realizar otras distintas.

3. Si el lesionado estaba acogido a una reducción de la jornada de trabajo para compatibilizar el trabajo remunerado con las tareas del hogar y el cuidado de la familia, la cantidad a percibir será de un tercio de la que resulte de realizar todas las operaciones de cálculo del lucro cesante con el multiplicando del apartado 1.

**Modificados apartados 1 y 2 del artículo 131 por Ley 5/2025, de 24 de julio, con entrada en vigor a partir del 26-7-2025. Efecto: aplicable a los accidentes de circulación ocurridos a partir de 26 de julio de 2025.**

**Añadido artículo 131 por Ley 35/2015, de 22 de septiembre, con entrada en vigor a partir del 1-1-2016.**

**Artículo 132. Multiplicador**

1. El multiplicador es el coeficiente que para cada lesionado resulta de combinar los factores siguientes:

a) las pensiones públicas de incapacidad permanente absoluta, total o parcial a las que tenga derecho el lesionado,

b) la duración del perjuicio,

c) el riesgo de fallecimiento en función de su grado de incapacidad, y

d) la tasa de interés de descuento, que tiene en cuenta la inflación.

2. Los factores mencionados se calculan de acuerdo con las bases técnicas actuariales establecidas según lo dispuesto en el artículo 48.

3. A los efectos de determinar el multiplicador podrán establecerse reglamentariamente otros factores complementarios que tengan en cuenta otras contingencias relativas al lesionado y que sirvan a la mejor individualización del perjuicio.

4. Las pensiones públicas a las que tenga derecho el lesionado, tales como las de incapacidad permanente, absoluta, total o parcial, producen el efecto de reducir el perjuicio y se estiman de acuerdo con las bases técnicas actuariales, pero el perjudicado puede acreditar la percepción de pensiones distintas a las estimadas. En los supuestos de gran invalidez solo se computará en el multiplicador la parte correspondiente a la pensión de incapacidad permanente absoluta.

5. Al lesionado mayor de treinta años que no obtenía ingresos por dedicarse en exclusiva a las tareas del hogar de su unidad familiar se le aplicarán las indemnizaciones por lucro cesante previstas en las tablas 2.C.4.H y 2.C.5.H específicas para dicho trabajo no remunerado. Si el lesionado tenía menos de treinta años, se aplicarán las tablas 2.C.7 y 2.C.8 relativas a las personas que no han accedido al mercado laboral.

**Modificados apartados 4 y 5 del artículo 132 por Ley 5/2025, de 24 de julio, con entrada en vigor a partir del 26-7-2025. Efecto: aplicable a los accidentes de circulación ocurridos a partir de 26 de julio de 2025.**

**Añadido artículo 132 por Ley 35/2015, de 22 de septiembre, con entrada en vigor a partir del 1-1-2016.**

**Artículo 133. Duración del perjuicio**

1. En los supuestos de incapacidad permanente absoluta o total la duración del perjuicio finaliza a la edad de jubilación. Si el lesionado había superado la edad de jubilación en el momento del accidente, pero seguía teniendo ingresos por trabajo personal, la duración del perjuicio es de dos años.

2. En el supuesto de incapacidad permanente parcial prevista en el artículo 129.c) la duración es de dos años.

**Añadido artículo 133 por Ley 35/2015, de 22 de septiembre, con entrada en vigor a partir del 1-1-2016.**

SECCIÓN 3.ª. Indemnizaciones por lesiones temporales

**Añadida Sección 3.ª del Capítulo II del Título IV por Ley 35/2015, de 22 de septiembre, con entrada en vigor a partir del 1-1-2016.**

**Artículo 134. Valoración de la indemnización por lesiones temporales**

1. Son lesiones temporales las que sufre el lesionado desde el momento del accidente hasta el final de su proceso curativo o hasta la estabilización de la lesión y su conversión en secuela.

2. Los síntomas persistentes temporales que subsisten tras la estabilización y que están llamados a curarse a corto o medio plazo también se valoran como lesiones temporales computando los efectos que producen y su duración hasta su total curación.

3. La indemnización por lesiones temporales es compatible con la que proceda por secuelas o, en su caso, por muerte y se cuantifica conforme a las disposiciones y reglas que se establecen en este capítulo y que se reflejan en los distintos apartados de la tabla 3 que figura en el anexo.

4. La tabla 3 contiene tres apartados:

a) La tabla 3.A establece la cuantía del perjuicio personal básico de acuerdo con los criterios y reglas de este sistema.

b) La tabla 3.B establece la cuantía de los perjuicios personales particulares de acuerdo con los criterios y reglas de este sistema.

c) La tabla 3.C establece la cuantía de los perjuicios patrimoniales, distinguiendo las categorías del daño emergente y del lucro cesante, de acuerdo con los criterios y reglas de este sistema.

**Modificados apartados 2 y 3, y añadido apartado 4 por Ley 5/2025, de 24 de julio, con entrada en vigor a partir del 26-7-2025. Efecto: aplicable a los accidentes de circulación ocurridos a partir de 26 de julio de 2025.**

**Añadido artículo 134 por Ley 35/2015, de 22 de septiembre, con entrada en vigor a partir del 1-1-2016.**

**Artículo 135. Indemnización por traumatismos menores de la columna vertebral**

1. Los traumatismos cervicales menores que se diagnostican con base en la manifestación del lesionado sobre la existencia de dolor, y que no son susceptibles de verificación mediante pruebas médicas complementarias, se indemnizan como lesiones temporales, siempre que la naturaleza del hecho lesivo pueda producir el daño de acuerdo con los criterios de causalidad genérica siguientes:

a) De exclusión, que consiste en que no medie otra causa que justifique totalmente la patología.

b) Cronológico, que consiste en que la sintomatología aparezca en tiempo médicamente explicable. En particular, tiene especial relevancia a efectos de este criterio que se hayan manifestado los síntomas dentro de las setenta y dos horas posteriores al accidente o que el lesionado haya sido objeto de atención médica en este plazo.

c) Topográfico, que consiste en que haya una relación entre la zona corporal afectada por el accidente y la lesión sufrida, salvo que una explicación patogénica justifique lo contrario.

d) De intensidad, que consiste en la adecuación entre la lesión sufrida y el mecanismo de su producción, teniendo en cuenta la intensidad del accidente y las demás variables que afectan a la probabilidad de su existencia.

2. La secuela que derive de un traumatismo cervical menor se indemniza solo si un informe médico concluyente acredita su existencia tras el período de lesión temporal.

3. Los criterios previstos en los apartados anteriores se aplicarán a los demás traumatismos menores de la columna vertebral referidos en el baremo médico de secuelas.

**Añadido artículo 135 por Ley 35/2015, de 22 de septiembre, con entrada en vigor a partir del 1-1-2016.**

Subsección 1.ª. Perjuicio personal básico
(Disposiciones relativas a la tabla 3.A)

**Añadida Subsección 1.ª de la Sección 3.ª del Capítulo II del Título IV por Ley 35/2015, de 22 de septiembre, con entrada en vigor a partir del 1-1-2016.**

**Artículo 136. Determinación de la indemnización del perjuicio personal básico**

1. El perjuicio personal básico por lesión temporal es el perjuicio común que se padece desde la fecha del accidente hasta el final del proceso curativo o hasta la estabilización de la lesión y su conversión en secuela.

2. Su valoración económica se determina mediante la cantidad diaria establecida en la tabla 3.A.

**Añadido artículo 136 por Ley 35/2015, de 22 de septiembre, con entrada en vigor a partir del 1-1-2016.**

Subsección 2.ª. Perjuicio personal particular
(Disposiciones relativas a la tabla 3.B)

**Añadida Subsección 2.ª de la Sección 3.ª del Capítulo II del Título IV por Ley 35/2015, de 22 de septiembre, con entrada en vigor a partir del 1-1-2016.**

**Artículo 137. Perjuicio personal por pérdida temporal de calidad de vida**

La indemnización por pérdida temporal de calidad de vida compensa el perjuicio moral particular que sufre la víctima por el impedimento o la limitación que las lesiones sufridas o su tratamiento producen en su autonomía o desarrollo personal.

**Añadido artículo 137 por Ley 35/2015, de 22 de septiembre, con entrada en vigor a partir del 1-1-2016.**

**Artículo 138. Grados del perjuicio personal por pérdida temporal de calidad de vida**

1. El perjuicio por pérdida temporal de calidad de vida puede ser muy grave, grave o moderado.

2. El perjuicio muy grave es aquel en el que el lesionado pierde temporalmente su autonomía personal para realizar la casi totalidad de actividades esenciales de la vida ordinaria. El ingreso en una unidad de cuidados intensivos constituye un perjuicio de este grado.

3. El perjuicio grave es aquel en el que el lesionado pierde temporalmente su autonomía personal para realizar una parte relevante de las actividades esenciales de la vida ordinaria o la mayor parte de sus actividades específicas de desarrollo personal. La estancia hospitalaria constituye un perjuicio de este grado.

4. El perjuicio moderado es aquel en el que el lesionado pierde temporalmente la posibilidad de llevar a cabo una parte relevante de sus actividades específicas de desarrollo personal.

5. El impedimento psicofísico para llevar a cabo la actividad laboral o profesional se reconduce a uno de los tres grados precedentes.

6. Los grados de perjuicio son excluyentes entre sí y aplicables de modo sucesivo. En todo caso, se asignará un único grado a cada día.

**Añadido artículo 138 por Ley 35/2015, de 22 de septiembre, con entrada en vigor a partir del 1-1-2016.**

**Artículo 139. Medición del perjuicio personal por pérdida temporal de calidad de vida**

1. La valoración económica del perjuicio personal por pérdida temporal de calidad de vida se determina mediante la cantidad diaria establecida en la tabla 3.B para cada uno de sus grados.

2. La cuantía diaria establecida por cada uno de los grados incorpora ya el importe del perjuicio personal básico.

**Añadido artículo 139 por Ley 35/2015, de 22 de septiembre, con entrada en vigor a partir del 1-1-2016.**

**Artículo 140. Perjuicio personal particular causado por intervenciones quirúrgicas**

El perjuicio personal particular que sufre el lesionado por cada intervención quirúrgica a la que se someta se indemniza con una cantidad situada entre el mínimo y el máximo establecido en la tabla 3.B, en atención a las características de la operación, complejidad de la técnica quirúrgica y tipo de anestesia.

**Añadido artículo 140 por Ley 35/2015, de 22 de septiembre, con entrada en vigor a partir del 1-1-2016.**

Subsección 3.ª. Perjuicio patrimonial
(Disposiciones relativas a la tabla 3.C)

**Añadida Subsección 3.ª de la Sección 3.ª del Capítulo II del Título IV por Ley 35/2015, de 22 de septiembre, con entrada en vigor a partir del 1-1-2016.**

**Artículo 141. Gastos de asistencia sanitaria**

1. Se resarcen los gastos de asistencia sanitaria y el importe de las prótesis, órtesis, ayudas técnicas y productos de apoyo para la autonomía personal que por prescripción facultativa necesite el lesionado hasta el final del proceso curativo o estabilización de la lesión y su conversión en secuela, siempre que se justifiquen debidamente y sean médicamente razonables en atención a la lesión sufrida y a sus circunstancias.

2. Las entidades aseguradoras podrán pagar directamente a los centros sanitarios los gastos de asistencia sanitaria y, en su caso, los demás gastos previstos en el apartado anterior, mediante la firma de convenios sanitarios.

3. Las entidades aseguradoras garantizarán la libre elección de centro por parte del lesionado y le reembolsarán las cantidades que haya pagado, siempre que las cantidades pagadas estén debidamente justificadas y sean médicamente razonables en atención a la lesión sufrida y a sus circunstancias. En este caso regirán las reglas propias de la responsabilidad civil y, en caso de concurrencia de culpas o culpa exclusiva del lesionado, podrá reducirse o excluirse el pago de acuerdo con lo dispuesto en el artículo 1.2.

4. Se asimilan a los gastos de asistencia los relativos a los desplazamientos que el lesionado realice con ocasión de la asistencia sanitaria de sus lesiones temporales.

**Modificado apartado 3, y añadido apartado 4 por Ley 5/2025, de 24 de julio, con entrada en vigor a partir del 26-7-2025. Efecto: aplicable a los accidentes de circulación ocurridos a partir de 26 de julio de 2025.**

**Añadido artículo 141 por Ley 35/2015, de 22 de septiembre, con entrada en vigor a partir del 1-1-2016.**

**Artículo 142. Gastos diversos resarcibles**

1. También se resarcen los gastos que la lesión produce en el desarrollo de la vida ordinaria del lesionado hasta el final del proceso curativo o estabilización de la lesión y su conversión en secuela, siempre que se justifiquen y sean razonables en atención a sus circunstancias personales y familiares.

2. En particular, siempre que se cumplan los requisitos del apartado anterior, se resarcen los incrementos de los costes de movilidad del lesionado, los desplazamientos de familiares para atenderle cuando su condición médica o situación personal lo requiera y, en general, los necesarios para que queden atendidos él o los familiares menores o especialmente vulnerables de los que se ocupaba.

**Añadido artículo 142 por Ley 35/2015, de 22 de septiembre, con entrada en vigor a partir del 1-1-2016.**

**Artículo 143. Lucro cesante por lesiones temporales**

1. En los supuestos de lesiones temporales el lucro cesante consiste en la pérdida o disminución temporal de ingresos netos provenientes del trabajo personal del lesionado o, en caso de su dedicación exclusiva a las tareas del hogar, en una estimación del valor de dicha dedicación cuando no pueda desempeñarlas. La indemnización por pérdida o disminución de dedicación a las tareas del hogar es incompatible con el resarcimiento de los gastos generados por la sustitución de tales tareas.

2. La pérdida de ingresos netos variables se acreditará mediante la referencia a los percibidos en períodos análogos del año anterior al accidente o a la media de los obtenidos en los tres años inmediatamente anteriores al mismo, si esta fuera superior.

3. De las cantidades que resultan de aplicar los criterios establecidos en los dos apartados anteriores se deducen las prestaciones de carácter público que perciba el lesionado por el mismo concepto.

4. La dedicación exclusiva a las tareas del hogar se valorará en la cantidad diaria de un salario mínimo interprofesional anual, que se podrá incrementar de acuerdo con los criterios y los límites previstos en los artículos 84.2 y 131.1 a) y b). En los casos de dedicación parcial a las tareas del hogar también regirá el criterio de cálculo previsto en los artículos 85 y 131.3.

**Modificado apartado 4 por Ley 5/2025, de 24 de julio, con entrada en vigor a partir del 26-7-2025. Efecto: aplicable a los accidentes de circulación ocurridos a partir de 26 de julio de 2025.**

**Añadido artículo 143 por Ley 35/2015, de 22 de septiembre, con entrada en vigor a partir del 1-1-2016.**

## TÍTULO V. Protección de datos personales

**Añadido Título V por Ley 5/2025, de 24 de julio, con entrada en vigor a partir del 26-7-2025.**

### CAPÍTULO I. Disposiciones generales

**Añadido Capítulo I del Título V por Ley 5/2025, de 24 de julio, con entrada en vigor a partir del 26-7-2025.**

#### Artículo 144. Normativa aplicable

1. Los tratamientos de datos personales llevados a cabo por las entidades aseguradoras, el Consorcio de Compensación de Seguros y cualesquiera otras personas, entidades o Administraciones Públicas en el contexto de las previsiones de la presente ley se someten a lo dispuesto en el Reglamento (UE) 2016/679 del Parlamento Europeo y del Consejo, de 27 de abril de 2016, relativo a la protección de las personas físicas en lo que respecta al tratamiento de datos personales y a la libre circulación de estos datos y por el que se deroga la Directiva 95/46/CE, y en la Ley Orgánica 3/2018, de 5 de diciembre, de Protección de Datos Personales y garantía de los derechos digitales, así como a lo dispuesto en el presente título.

Será igualmente de aplicación a los tratamientos de datos personales efectuados por las entidades aseguradoras en el marco de esta ley lo dispuesto en los artículos 99 y 100 de la Ley 20/2015, de 14 de julio, de ordenación, supervisión y solvencia de las entidades aseguradoras y reaseguradoras.

2. A los efectos previstos en el presente título, las referencias a las entidades aseguradoras deberán considerarse efectuadas igualmente al Consorcio de Compensación de Seguros, así como a OFESAUTO en su condición de organismo de indemnización.

**Añadido artículo 144 por Ley 5/2025, de 24 de julio, con entrada en vigor a partir del 26-7-2025.**

#### Artículo 145. Tratamiento de datos personales en el marco de la celebración del contrato de seguro

1. Las entidades aseguradoras podrán pedir a los interesados que hubieran solicitado la contratación con aquellas del contrato de seguro regulado en la presente ley cuanta información resulte necesaria, idónea y proporcional para poder determinar y cuantificar el riesgo asegurado. Las entidades tratarán como responsables del tratamiento los datos facilitados con la finalidad de poder realizar la proposición de seguro establecida en el artículo tercero de la Ley 50/1980, de 8 de octubre, de Contrato de Seguro, encontrándose el citado tratamiento amparado en lo dispuesto en el artículo 6.1 b) del Reglamento (UE) 2016/679.

2. Con la misma finalidad establecida en el apartado anterior, las entidades aseguradoras podrán recabar y tratar como responsables la información que se contiene en los sistemas comunes de información, en los términos regulados en el capítulo II del presente título.

Igualmente, y con la misma finalidad, podrán recabar y tratar como responsables información procedente de terceros, siempre que cuenten con base jurídica para ello conforme al Reglamento (UE) 2016/679 y la Ley Orgánica 3/2018, de 5 de diciembre.

3. Las entidades aseguradoras únicamente tratarán los datos mencionados con la finalidad mencionada en el apartado 1.

En caso de que no llegue a celebrarse el contrato, las entidades aseguradoras procederán al bloqueo de los datos personales en los términos previstos en la Ley Orgánica 3/2018, de 5 de diciembre, no tratando los datos de los solicitantes para otros fines distintos a menos que cuenten con una base jurídica adecuada para ello, en cuyo caso podrán proseguir en el tratamiento únicamente para las finalidades respecto de las que exista dicha base jurídica.

4. En caso de que llegue finalmente a celebrarse el contrato, las entidades aseguradoras podrán seguir tratando como responsables del tratamiento los datos mencionados en los apartados 1 y 2 anteriores, y de los que se originen como consecuencia de la ejecución del contrato y sean necesarios, idóneos y proporcionales para las finalidades relacionadas con su mantenimiento, desarrollo y revisión, así como para la tarificación del riesgo y la determinación de las primas.

Igualmente, podrán tratar los datos para otras finalidades legítimas siempre que cuenten con una base jurídica adecuada para ello, los interesados hayan sido debidamente informados de dichas finalidades y, cuando sea exigible, se haya recabado su consentimiento de conformidad con lo previsto en la normativa de protección de datos personales.

**Añadido artículo 145 por Ley 5/2025, de 24 de julio, con entrada en vigor a partir del 26-7-2025.**

**Artículo 146. Tratamiento de los datos personales durante la vigencia del seguro y para la valoración, gestión y tramitación de siniestros**

1. Las entidades aseguradoras tratarán como responsables del tratamiento los datos de los tomadores, asegurados y conductores que figuren en los contratos celebrados con las mismas, así como de cuantos otros se deriven del desenvolvimiento del contrato para las finalidades relacionadas con su adecuado mantenimiento, desarrollo, gestión y revisión y para las restantes finalidades establecidas en la Ley 20/2015, de 14 de julio y su normativa de desarrollo, o respecto de las que dispongan de una base jurídica que las legitime de conformidad con lo establecido en la normativa de protección de datos personales.

2. En caso de producirse un siniestro, las entidades aseguradoras tratarán como responsables del tratamiento todos los datos personales que resulten necesarios, idóneos y proporcionales para cumplir con las obligaciones derivadas del contrato de seguro y, en su caso, cuantificar el importe de la indemnización correspondiente al mismo y para elaborar la propuesta de indemnización o la respuesta motivada prevista en el artículo 7.2 de esta ley. El tratamiento de los datos personales se fundará en el artículo 6.1 c) del Reglamento (UE) 2016/679, al ser necesario para el cumplimiento por la entidad aseguradora del causante del siniestro de las obligaciones establecidas en esta ley.

Igualmente tratarán como responsables, con dicha finalidad y sobre la misma base jurídica, los datos personales que sean facilitados por el perjudicado en el momento de efectuar la solicitud de indemnización, así como los resultantes de los informes periciales complementarios que aquellos hubieran podido aportar o solicitar conforme al párrafo segundo del artículo 7.2 de esta ley.

3. Las entidades aseguradoras podrán recabar y tratar como responsables, con la finalidad a la que se refiere el apartado 2 anterior, los datos contenidos en cuantos informes periciales y atestados emitidos por las Fuerzas y Cuerpos de Seguridad encargadas de la vigilancia del tráfico que resulten necesarios, proporcionales e idóneos para la determinación de la indemnización.

A estos efectos, en caso de acudir a terceras entidades para la investigación, peritación y valoración de los daños, estas tendrán la condición de encargados del tratamiento de las aseguradoras, debiendo suscribir con las mismas el contrato o acto jurídico regulado por el artículo 28.3 del Reglamento (UE) 2016/679. Esta misma exigencia será aplicable cuando las entidades aseguradoras recurran para la realización de estas tareas a entidades reaseguradoras.

4. Las entidades aseguradoras tratarán como responsables del tratamiento los datos personales a los que se refiere el apartado 2 con la finalidad de dar cumplimiento a su obligación legal de indemnización a los perjudicados y de las obligaciones regulatorias establecidas en la Ley 20/2015, de 14 de julio, encontrándose amparado el tratamiento en el artículo 6.1 c) del Reglamento (UE) 2016/679.

5. En los supuestos en los que sea de aplicación lo dispuesto en el artículo 8 de esta ley, en lo que respecta a los convenios de indemnización directa de daños materiales, la entidad aseguradora del perjudicado que haya procedido al abono de la indemnización o a la prestación del servicio, podrá comunicar a la entidad aseguradora del causante del siniestro los datos utilizados para el cálculo y valoración de aquella, así como los informes periciales en que se contengan los mismos, a fin de proceder a la compensación de la misma.

En caso de que la entidad aseguradora del perjudicado no haya procedido al abono de la indemnización o a la prestación del servicio, facilitará a la entidad aseguradora del causante del siniestro, a través de sistemas seguros y dotados de medidas de seguridad reforzadas, la información que resulte necesaria, idónea y proporcional para el cálculo y valoración de la indemnización, a fin de que por la misma se dé cumplimiento a la obligación legal de elaborar la correspondiente oferta de indemnización y, en su caso, proceder a la reparación de los daños.

Las entidades aseguradoras responderán en todo caso de la exactitud de los datos facilitados en virtud de lo dispuesto en este apartado.

Los sistemas de intercambio de información deberán en todo caso contar con medidas de control de accesos, a fin de garantizar la confidencialidad, integridad y disponibilidad de los datos, procediéndose al intercambio de información entre las entidades de forma cifrada o bien utilizando cualquier otro mecanismo que garantice que la información no sea inteligible ni manipulable por terceros.

**Añadido artículo 146 por Ley 5/2025, de 24 de julio, con entrada en vigor a partir del 26-7-2025.**

**Artículo 147. Tratamiento de datos de salud en caso de siniestro**

1. Las entidades aseguradoras podrán proceder como responsables al tratamiento de los datos relativos a la salud de los perjudicados que hubieran sufrido daños personales con ocasión de un siniestro con la finalidad de dar cumplimiento a la obligación legal de indemnización establecida en esta ley.

El tratamiento por las entidades aseguradoras de estos datos, incluyendo el informe médico pericial definitivo, al que se refieren los artículos 7.3 c) y 7.4 b) de esta ley, y los resultantes de la asistencia sanitaria que hubiera sido dispensada al perjudicado y el seguimiento de su evolución, se encuentra amparado en los artículos 6.1 c) y 9.2 f) del Reglamento (UE) 2016/679, como consecuencia de la acción directa reconocida al perjudicado por el artículo 7.1 de esta ley y de ser necesario para atender a su derecho a la indemnización, y en el artículo 99.1 de la Ley 20/2015, de 14 de julio.

2. Será de aplicación lo previsto en el artículo 146.5 de esta ley en los supuestos en que se haya producido la adhesión por las entidades aseguradoras a los convenios sectoriales de asistencia sanitaria para lesionados de tráfico o a los convenios de indemnización de daños personales. La comunicación de datos relacionados con la salud realizada como consecuencia de la adhesión a dichos convenios se encontrará igualmente amparada en el artículo 9.2 f) del Reglamento (UE) 2016/679, en relación el artículo 6.1 c) de dicho reglamento, como consecuencia de las obligaciones legales que han de ser observadas por las entidades aseguradoras.

3. Las entidades aseguradoras garantizarán al perjudicado que la comunicación y transmisión de los datos a los que se refiere este artículo se pueda llevar a cabo de forma segura. Recibida la documentación, corresponde a la entidad aseguradora el establecimiento de un sistema que proteja los datos de manera efectiva, y que considere en especial lo establecido en los artículos 25 y 32 del Reglamento (UE) 2016/679.

A estos efectos, las entidades aseguradoras podrán poner a disposición de los abogados que representen a los lesionados en accidentes de tráfico plataformas seguras de intercambio de información que garantizarán en todo momento la trazabilidad de las reclamaciones y el cumplimiento de la normativa en materia de protección de datos personales.

**Añadido artículo 147 por Ley 5/2025, de 24 de julio, con entrada en vigor a partir del 26-7-2025.**

CAPÍTULO II. Sistemas comunes de información

**Añadido Capítulo II del Título V por Ley 5/2025, de 24 de julio, con entrada en vigor a partir del 26-7-2025**

**Artículo 148. Sistemas comunes de información para el cumplimiento de lo establecido en el artículo 2.7 de esta ley**

1. Las entidades aseguradoras podrán establecer, al amparo de lo dispuesto en el artículo 99.7 de la Ley 20/2015, de 14 de julio, sistemas comunes de información en los que se incorporen los datos relacionados con la siniestralidad de los vehículos con la finalidad de dar cumplimiento a las obligaciones de certificación establecidas en el artículo 2.7 de esta ley. El tratamiento se encontrará amparado en el artículo 6.1.c) del Reglamento (UE) 2016/679.

2. Los datos se limitarán únicamente a los identificativos del tomador, al contrato celebrado y la fecha y al alcance, personal o material, de los daños producidos e importe de la indemnización, así como los que se contuvieran en la certificación de antecedentes siniestrales regulada en el artículo 16 de la Directiva (UE) 2021/2118. Estos datos se referirán únicamente a los siniestros producidos en los últimos cinco años. Transcurrido este plazo, los sistemas deberán incorporar mecanismos seguros y automáticos que garanticen la supresión de los datos.

3. Para la consulta de los sistemas de información será imprescindible que la entidad aseguradora consultante incorpore en su petición un factor reforzado de verificación de la existencia de una solicitud de un interesado, incluyendo, además de un dato personal que lo identifique, alguna otra información que solo pudiera obrar en poder de aquel.

4. Las entidades aseguradoras únicamente podrán tratar los datos a los que hubieran accedido para su consideración en relación con la solicitud de aseguramiento efectuada por el interesado, no pudiendo aplicarlos para una finalidad distinta de la gestión de la solicitud de aseguramiento, la tarificación y valoración del riesgo asegurado y la cuantificación de la prima.

**Añadido artículo 148 por Ley 5/2025, de 24 de julio, con entrada en vigor a partir del 26-7-2025.**

**Artículo 149. Sistemas comunes de información para la prevención del fraude en el seguro**

1. Las entidades aseguradoras podrán establecer, al amparo de lo dispuesto en el artículo 99.7 de la Ley 20/2015, de 14 de julio, sistemas comunes de información para el cumplimiento de sus obligaciones legales de prevenir, impedir, identificar, detectar, informar y remediar conductas fraudulentas relativas a seguros, conforme a lo dispuesto en el artículo 100 de la citada ley.

El tratamiento de los datos personales incluidos en los citados sistemas de información se amparará en el artículo 6.1 c) del Reglamento (UE) 2016/679, en relación con la citada obligación legal.

2. Los datos contenidos en el sistema serán los necesarios, idóneos y proporcionales para el cumplimiento de la finalidad a la que se refiere el apartado anterior. Se podrán establecer sistemas comunes de información relativos a perjudicados, sin incluir dato alguno referente a la salud.

A tal efecto, los sistemas establecerán mecanismos de generación de alertas que permitan a las entidades aseguradoras la detección de conductas inconsistentes o anómalas tanto en relación con el vehículo respecto del que se solicitase un aseguramiento como respecto de los siniestros que hubieran sido declarados a las entidades aseguradoras.

Las entidades aseguradoras determinarán con carácter previo a la puesta en funcionamiento de los sistemas los datos que sean necesarios, idóneos y proporcionales para el adecuado funcionamiento del sistema, así como las alertas que pudieran generarse como consecuencia del funcionamiento del mismo. En caso de que las entidades aseguradoras adoptasen un código de conducta para la creación y regulación del sistema de información, conforme a lo indicado en el artículo 150.5 de esta ley, deberá incorporarse al mismo la descripción de los datos que habrán de suministrarse al sistema y las alertas que justificarán la consulta de los datos por las entidades aseguradoras.

3. Los datos proporcionados por las entidades aseguradoras deberán ser exactos, debiendo procederse, cuando corresponda, a su actualización, a fin de reflejar fielmente la información referida a las pólizas contratadas y la siniestralidad efectivamente declarada. Para ello deberán adoptar cuantas medidas y procedimientos sean necesarios para verificar periódicamente la exactitud de los datos comunicados a los Sistemas comunes de prevención del fraude.

Se procederá a la supresión en los sistemas comunes de Información de los datos referidos a siniestros y las pólizas a ellos asociados que tuvieran una antigüedad superior a cinco años, adoptándose medidas que permitan la citada supresión de forma automática.

4. Las entidades aseguradoras podrán consultar los datos incluidos en los sistemas comunes de prevención del fraude con la finalidad de poder identificar situaciones de anomalía y de riesgo de fraude por parte del tomador, asegurado, beneficiario, titular del vehículo o perjudicado, a fin de poder valorar las solicitudes de suscripción de una póliza y, en su caso, la tarificación del riesgo, así como adoptar las decisiones que resulten necesarias en relación con la tramitación de un siniestro con posible riesgo de fraude.

Asimismo, las entidades aseguradoras podrán encomendar a terceros que actúen como encargados del tratamiento de aquellas el acceso a los datos de los sistemas comunes de información contra el fraude para la investigación de las medidas de seguridad y técnicas de los vehículos, identificación de los vehículos robados, así como para la impartición de formación a los profesionales, colaboradores y trabajadores del sector automovilístico y asegurador.

5. La información contenida en los sistemas de prevención del fraude podrá ser comunicada a las Fuerzas y Cuerpos de Seguridad, así como a los órganos de las Administraciones Públicas de las que los mismos dependen para el ejercicio de sus funciones en la prevención y lucha contra el fraude, o, requerida por los mismos, a fin de que por aquellos sea posible contrastar los datos del sistema con los que consten en las denuncias que se hubieran formulado como consecuencia del siniestro. La información a proporcionar deberá ser de carácter específico en cada caso, ajustada a los datos que resulten precisos para la tramitación de un expediente determinado, sin que pueda tratarse de un acceso masivo o indiscriminado. Dicho tratamiento de datos se realizará, en todo caso, de acuerdo con la normativa de protección de datos que sea aplicable a dicho tratamiento.

Igualmente, la Dirección General de Tráfico podrá acceder a los datos contenidos en los sistemas de información con el objetivo de prevenir el fraude y la verificación de los datos contenidos en el Registro de Vehículos, amparándose asimismo el acceso en el artículo 6.1.e) del Reglamento (UE) 2016/679.

**Añadido artículo 149 por Ley 5/2025, de 24 de julio, con entrada en vigor a partir del 26-7-2025.**

**Artículo 150. Disposiciones comunes a los sistemas comunes de información**

1. Las entidades aseguradoras que participen en los sistemas comunes de información regulados por este capítulo tendrán la condición de corresponsables del tratamiento, debiendo suscribir a tal efecto el acuerdo regulado por el artículo 26 del Reglamento (UE) 2016/679.

En particular, las entidades aseguradoras serán responsables de la exactitud de los datos que faciliten al sistema, así como de que la antigüedad de los mismos no sea superior a la establecida en la presente ley. Igualmente responderán de la existencia de una base jurídica adecuada para realizar las consultas de los datos previstas en la misma.

2. Las entidades aseguradoras podrán encomendar la gestión de los sistemas comunes de información a terceras entidades que ostentarán, en todo caso, la condición de encargados del tratamiento, debiendo suscribir con las mismas el contrato previsto en el artículo 28.3 del Reglamento (UE) 2016/679.

Asimismo, podrán encomendar a la entidad encargada del tratamiento la gestión, por cuenta de las entidades aseguradoras, de los derechos establecidos en los artículos 15 a 22 del Reglamento (UE) 2016/679.

En caso de que se produjera la subcontratación de dicho servicio se estará a lo dispuesto a tal efecto en el artículo 28.2 del Reglamento (UE) 2016/679.

3. Las asociaciones representativas de las entidades aseguradoras podrán tratar los datos contenidos en los sistemas comunes de información para la realización de estudios técnicos y actuariales y la elaboración de estadísticas del sector asegurador, directamente o con la colaboración de los encargados del tratamiento que aquellas hubieran designado.

A tal fin los datos deberán ser previamente sometidos a un procedimiento que garantice que los mismos no pueden vincularse a una persona física identificada o identificable, teniendo en cuenta las directrices que a tal efecto hayan sido adoptadas por la Agencia Española de Protección de Datos o por el Comité Europeo de Protección de Datos para la anonimización y seudonimización de los datos personales. En caso de que los datos permitieran la singularización del interesado, pudiendo ser identificado recurriendo a otras informaciones adicionales, se adoptarán medidas que garanticen la imposibilidad de revertir el procedimiento de seudonimización.

4. Antes de proceder a la transmisión de datos personales a los sistemas comunes de información, las entidades aseguradoras deberán informar al interesado, en los términos previstos en el artículo 13 del Reglamento (UE) 2016/679, acerca de esta comunicación, así como de la posibilidad de que se produzca un acceso posterior a los datos por otras entidades aseguradoras adheridas a los sistemas.

5. Las entidades aseguradoras, con carácter previo a la creación de sistemas comunes de información, deberán dar cumplimiento a las obligaciones de responsabilidad proactiva establecidas en el artículo 4 del Reglamento (UE) 2016/679. A tal efecto, las entidades aseguradoras podrán adoptar códigos de conducta reguladores de los citados sistemas comunes de información para su sometimiento a lo dispuesto en el citado reglamento y en la Ley Orgánica 3/2018, de 5 de diciembre.

**Añadido artículo 150 por Ley 5/2025, de 24 de julio, con entrada en vigor a partir del 26-7-2025.**

## Disposición transitoria

### Única. Subsistencia de las cuantías indemnizatorias actualizadas de las tablas I a V del anexo "Sistema para la valoración de los daños y perjuicios causados a las personas en accidentes de circulación", de la Ley sobre responsabilidad civil y seguro en la circulación de vehículos a motor, incorporado por la Ley 30/1995, de 8 de noviembre

Para la valoración de los daños y perjuicios causados a las personas en accidentes de circulación ocurridos con anterioridad a la entrada en vigor de este texto refundido, subsistirán y resultarán de aplicación las cuantías indemnizatorias fijadas en las tablas I a V del anexo «Sistema para la valoración de los daños y perjuicios causados a las personas en accidentes de circulación» de la Ley sobre responsabilidad civil y seguro en la circulación de vehículos a motor, incorporado por la disposición adicional octava de la Ley 30/1995, de 8 de noviembre, de ordenación y supervisión de los seguros privados; así como las resoluciones de la Dirección General de Seguros y Fondos de Pensiones mediante las que se han hecho públicas las actualizaciones anuales de dichas cuantías.

## Disposiciones finales

### Primera. Título competencial

Este texto refundido se dicta al amparo de lo establecido en el artículo 149.1.6.ª y 149.1.14.ª de la Constitución, en este último caso en cuanto a la consideración fiscal de las indemnizaciones pagadas con arreglo al sistema de valoración de los daños y perjuicios contenido en el anexo.

### Segunda. Habilitación reglamentaria

1. Se habilita al Gobierno para dictar cuantas disposiciones sean necesarias para el desarrollo y ejecución de esta ley.

2. Se habilita al Gobierno para modificar las cuantías de las tablas del Anexo mediante real decreto.

**Añadido apartado 2 de la disposición final segunda por Ley 35/2015, de 22 de septiembre, con entrada en vigor a partir del 1-1-2016.**

# Indemnizaciones por causa de muerte
# Tabla I

| INDEMNIZACIONES POR CAUSA DE MUERTE<br>TABLA 1.A<br>PERJUICIO PERSONAL BÁSICO | |
|---|---|
| **Categoría 1. El Cónyuge viudo** | |
| Hasta 15 años de convivencia, si la víctima tenía hasta 67 | 114.307,15 € |
| Hasta 15 años de convivencia, si la víctima tenía desde 67 hasta 80 años | 88.905,56 € |
| Hasta 15 años de convivencia, si la víctima tenía mas de 80 años | 63.503,97 € |
| Por cada año adicional de convivencia o fracción con independencia de la edad de la víctima | 1.270,08 € |
| **Categoría 2. Los ascendientes** | |
| A cada progenitor, si el hijo fallecido tenía hasta 30 años | 88.905,56 € |
| A cada progenitor, si el hijo fallecido tenía más de 30 años | 50.803,18 € |
| A cada abuelo, solo en caso de premoriencia del progenitor de su rama familiar | 25.401,59 € |
| **Categoría 3. Los descendientes** | |
| A cada hijo que tenga hasta 14 años | 114.307,15 € |
| A cada hijo que tenga desde 14 hasta 20 años | 101.606,35 € |
| A cada hijo que tenga desde 20 hasta 30 años | 63.503,97 € |
| A cada hijo que tenga más de 30 años | 25.401,59 € |
| A cada nieto, solo en caso de premoriencia del progenitor hijo del abuelo fallecido | 19.051,19 € |
| **Categoría 4. Los hermanos** | |
| A cada hermano que tenga hasta 30 años | 25.401,59 € |
| A cada hermano que tenga más de 30 años | 19.051,19 € |
| **Categoría 5. Los allegados** | |
| A cada allegado | 12.700,79 € |

| **INDEMNIZACIONES POR CAUSA DE MUERTE**<br>**TABLA 1.B**<br>**PERJUICIO PERSONAL PARTICULAR** | |
|---|---|
| **PERJUICIOS PARTICULARES** | Incrementos sobre perjuicio personal básico |
| **1. Discapacidad física o psíquica del perjudicado previa o a resultas del accidente.** | Del 25 % al 75 % |
| **2. Convivencia del perjudicado con la víctima** | |
| A cada progenitor, si el hijo fallecido tenia mas de 30 años | 38.102,38 € |
| A cada abuelo, en su caso | 12.700,79 € |
| A cada hijo que tenga más de 30 años | 38.102,38 € |
| A cada nieto, en su caso | 9.525,60 € |
| A cada hermano que tenga más de 30 años | 6.350,40 € |
| **3. Perjudicado único de su categoría** | 25% |
| **4. Perjudicado único familiar** | 25% |
| **5. Fallecimiento del progenitor único** | |
| A cada hijo que tenga hasta 20 años | 50% |
| A cada hijo que tenga más de 20 años | 25% |
| **6.1. Fallecimiento de ambos progenitores en accidente** | |
| A cada hijo que tenga hasta 20 años | 70% |
| A cada hijo que tenga más de 20 años | 35% |
| **6.2. Fallecimiento de dos o mas familiares del art.62 en el mismo accidente** | |
| A cada perjudicado | 25% |
| **7. Fallecimiento del único hijo** | 25% |
| **8. Fallecimiento de víctima embarazada con pérdida de feto:** | |
| Si la pérdida tuvo lugar en las primeras 12 semanas de | 19.051,19 € |
| Si la pérdida tuvo lugar a partir de las 12 semanas de gestación y hasta las 32 semanas de gestación | 38.102,38 € |
| Si la pérdida tuvo lugar a partir de las 32 semanas de gestación | 59.325,42 € |
| **9. Perjuicio Excepcional** | Hasta 25 % |

| INDEMNIZACIONES POR CAUSA DE MUERTE<br>TABLA 1.C<br>PERJUICIO PATRIMONIAL | |
|---|---|
| **DAÑO EMERGENTE** | |
| **1. Perjuicio patrimonial básico** | |
| **Sin necesidad de justificación (cantidad por cada perjudicado)** | 508,03 € |
| **Gastos con necesidad de justificación que excedan del importe anterior** | Su importe |
| **2. Gastos específicos** | |
| **Gastos de traslado del fallecido, entierro, funeral y repatriación** | Su importe |
| **TABLAS DE LUCRO CESANTE** | |
| DEL CÓNYUGE | Tabla 1.C.1 |
| DEL CÓNYUGE CON DISCAPACIDAD | Tabla 1.C.1.d |
| DEL HIJO | Tabla 1.C.2 |
| DEL HIJO CON DISCAPACIDAD | Tabla 1.C.2.d |
| DEL PROGENITOR | Tabla 1.C.3 |
| DEL HERMANO | Tabla 1.C.4 |
| DEL HERMANO CON DISCAPACIDAD | Tabla 1.C.4.d |
| DEL ABUELO | Tabla 1.C.5 |
| DEL NIETO | Tabla 1.C.6 |
| DEL NIETO CON DISCAPACIDAD | Tabla 1.C.6.d |
| DEL ALLEGADO | Tabla 1.C.7 |
| DEL ALLEGADO CON DISCAPACIDAD | Tabla 1.C.7.d |
| **DEDICACION EXCLUSIVA A LAS TAREAS DEL HOGAR** | |
| DEL CÓNYUGE | Tabla 1.C.1.H |
| DEL CÓNYUGE CON DISCAPACIDAD | Tabla 1.C.1.H.d |
| DEL HIJO | Tabla 1.C.2.H |
| DEL HIJO CON DISCAPACIDAD | Tabla 1.C.2.H.d |
| DEL PROGENITOR | Tabla 1.C.3.H |
| DEL HERMANO | Tabla 1.C.4.H |
| DEL HERMANO CON DISCAPACIDAD | Tabla 1.C.4.H.d |
| DEL ABUELO | Tabla 1.C.5.H |
| DEL NIETO | Tabla 1.C.6.H |
| DEL NIETO CON DISCAPACIDAD | Tabla 1.C.6.H.d |
| DEL ALLEGADO | Tabla 1.C.7.H |
| DEL ALLEGADO CON DISCAPACIDAD | Tabla 1.C.7.H.d |

## TABLA 1.C.1
## Lucro cesante del cónyuge
Años de duración del matrimonio: 15 años

| Ingreso neto | Edad del cónyuge | | | | | | | | |
|---|---|---|---|---|---|---|---|---|---|
| Hasta | 14 | 15 | 16 | 17 | 18 | 19 | 20 | 21 | 22 |
| 9.000 € | 14.754 € | 14.753 € | 14.752 € | 14.750 € | 14.749 € | 14.748 € | 14.748 € | 14.748 € | 14.748 € |
| 12.000 € | 19.672 € | 19.671 € | 19.669 € | 19.666 € | 19.665 € | 19.664 € | 19.664 € | 19.664 € | 19.664 € |
| 15.000 € | 24.590 € | 24.589 € | 24.586 € | 24.583 € | 24.581 € | 24.580 € | 24.580 € | 24.580 € | 24.579 € |
| 18.000 € | 29.508 € | 29.506 € | 29.503 € | 29.500 € | 29.498 € | 29.497 € | 29.496 € | 29.496 € | 29.495 € |
| 21.000 € | 34.426 € | 34.424 € | 34.420 € | 34.416 € | 34.414 € | 34.413 € | 34.412 € | 34.412 € | 34.411 € |
| 24.000 € | 39.344 € | 39.342 € | 39.337 € | 39.333 € | 39.330 € | 39.329 € | 39.329 € | 39.328 € | 39.327 € |
| 27.000 € | 44.263 € | 44.260 € | 44.255 € | 44.249 € | 44.246 € | 44.245 € | 44.245 € | 44.243 € | 44.243 € |
| 30.000 € | 49.181 € | 49.177 € | 49.172 € | 49.166 € | 49.163 € | 49.161 € | 49.161 € | 49.159 € | 49.159 € |
| 33.000 € | 54.099 € | 54.095 € | 54.089 € | 54.082 € | 54.079 € | 54.077 € | 54.077 € | 54.075 € | 54.075 € |
| 36.000 € | 59.017 € | 59.013 € | 59.006 € | 58.999 € | 58.995 € | 58.993 € | 58.993 € | 58.991 € | 58.991 € |
| 39.000 € | 63.935 € | 63.931 € | 63.923 € | 63.916 € | 63.912 € | 63.909 € | 63.909 € | 63.907 € | 63.906 € |
| 42.000 € | 68.853 € | 68.848 € | 68.841 € | 68.832 € | 68.828 € | 68.825 € | 68.825 € | 68.823 € | 68.822 € |
| 45.000 € | 73.771 € | 73.766 € | 73.758 € | 73.749 € | 73.744 € | 73.741 € | 73.741 € | 73.739 € | 73.738 € |
| 48.000 € | 78.689 € | 78.684 € | 78.675 € | 78.665 € | 78.660 € | 78.657 € | 78.657 € | 78.655 € | 78.654 € |
| 51.000 € | 92.914 € | 92.908 € | 92.898 € | 92.887 € | 92.881 € | 92.877 € | 92.877 € | 92.875 € | 92.874 € |
| 54.000 € | 118.119 € | 118.111 € | 118.098 € | 118.084 € | 118.077 € | 118.072 € | 118.072 € | 118.069 € | 118.068 € |
| 57.000 € | 143.323 € | 143.314 € | 143.299 € | 143.281 € | 143.272 € | 143.267 € | 143.267 € | 143.263 € | 143.262 € |
| 60.000 € | 168.528 € | 168.517 € | 168.499 € | 168.479 € | 168.468 € | 168.462 € | 168.462 € | 168.458 € | 168.456 € |
| 63.000 € | 193.732 € | 193.720 € | 193.699 € | 193.676 € | 193.664 € | 193.657 € | 193.656 € | 193.652 € | 193.650 € |
| 66.000 € | 218.937 € | 218.923 € | 218.899 € | 218.873 € | 218.860 € | 218.852 € | 218.851 € | 218.846 € | 218.845 € |
| 69.000 € | 244.141 € | 244.126 € | 244.100 € | 244.071 € | 244.056 € | 244.047 € | 244.046 € | 244.041 € | 244.039 € |
| 72.000 € | 269.346 € | 269.329 € | 269.300 € | 269.268 € | 269.252 € | 269.242 € | 269.241 € | 269.235 € | 269.233 € |
| 75.000 € | 294.550 € | 294.532 € | 294.500 € | 294.465 € | 294.447 € | 294.437 € | 294.436 € | 294.430 € | 294.427 € |
| 78.000 € | 319.755 € | 319.735 € | 319.701 € | 319.663 € | 319.643 € | 319.632 € | 319.631 € | 319.624 € | 319.622 € |
| 81.000 € | 344.959 € | 344.938 € | 344.901 € | 344.860 € | 344.839 € | 344.827 € | 344.826 € | 344.818 € | 344.816 € |
| 84.000 € | 370.164 € | 370.141 € | 370.101 € | 370.057 € | 370.035 € | 370.022 € | 370.021 € | 370.013 € | 370.010 € |
| 87.000 € | 395.368 € | 395.344 € | 395.302 € | 395.255 € | 395.231 € | 395.217 € | 395.216 € | 395.207 € | 395.204 € |
| 90.000 € | 420.573 € | 420.547 € | 420.502 € | 420.452 € | 420.427 € | 420.412 € | 420.411 € | 420.401 € | 420.399 € |
| 93.000 € | 445.777 € | 445.750 € | 445.702 € | 445.649 € | 445.622 € | 445.607 € | 445.606 € | 445.596 € | 445.593 € |
| 96.000 € | 470.982 € | 470.953 € | 470.903 € | 470.847 € | 470.818 € | 470.802 € | 470.800 € | 470.790 € | 470.787 € |
| 99.000 € | 496.186 € | 496.156 € | 496.103 € | 496.044 € | 496.014 € | 495.997 € | 495.995 € | 495.985 € | 495.981 € |
| 102.000 € | 521.391 € | 521.359 € | 521.303 € | 521.241 € | 521.210 € | 521.192 € | 521.190 € | 521.179 € | 521.176 € |
| 105.000 € | 546.595 € | 546.562 € | 546.504 € | 546.439 € | 546.406 € | 546.387 € | 546.385 € | 546.373 € | 546.370 € |
| 108.000 € | 571.799 € | 571.766 € | 571.704 € | 571.636 € | 571.602 € | 571.582 € | 571.580 € | 571.568 € | 571.564 € |
| 111.000 € | 597.004 € | 596.969 € | 596.904 € | 596.834 € | 596.797 € | 596.777 € | 596.775 € | 596.762 € | 596.758 € |
| 114.000 € | 622.208 € | 622.172 € | 622.105 € | 622.031 € | 621.993 € | 621.972 € | 621.970 € | 621.956 € | 621.952 € |
| 117.000 € | 647.413 € | 647.375 € | 647.305 € | 647.228 € | 647.189 € | 647.166 € | 647.165 € | 647.151 € | 647.147 € |
| 120.000 € | 672.617 € | 672.578 € | 672.505 € | 672.426 € | 672.385 € | 672.361 € | 672.360 € | 672.345 € | 672.341 € |

# TABLA 1.C.1
## Lucro cesante del cónyuge
### Años de duración del matrimonio: 15 años

| Ingreso neto | Edad del cónyuge | | | | | | | | |
|---|---|---|---|---|---|---|---|---|---|
| Hasta | 23 | 24 | 25 | 26 | 27 | 28 | 29 | 30 | 31 |
| 9.000 € | 14.747 € | 14.745 € | 14.744 € | 14.742 € | 14.740 € | 14.737 € | 14.734 € | 14.729 € | 14.725 € |
| 12.000 € | 19.662 € | 19.660 € | 19.658 € | 19.656 € | 19.653 € | 19.649 € | 19.645 € | 19.639 € | 19.633 € |
| 15.000 € | 24.578 € | 24.575 € | 24.573 € | 24.570 € | 24.566 € | 24.562 € | 24.556 € | 24.549 € | 24.542 € |
| 18.000 € | 29.493 € | 29.491 € | 29.488 € | 29.484 € | 29.479 € | 29.474 € | 29.467 € | 29.459 € | 29.450 € |
| 21.000 € | 34.409 € | 34.406 € | 34.402 € | 34.398 € | 34.393 € | 34.386 € | 34.378 € | 34.369 € | 34.358 € |
| 24.000 € | 39.325 € | 39.321 € | 39.317 € | 39.312 € | 39.306 € | 39.299 € | 39.290 € | 39.279 € | 39.267 € |
| 27.000 € | 44.240 € | 44.236 € | 44.231 € | 44.227 € | 44.219 € | 44.211 € | 44.201 € | 44.188 € | 44.175 € |
| 30.000 € | 49.156 € | 49.151 € | 49.146 € | 49.141 € | 49.132 € | 49.123 € | 49.112 € | 49.098 € | 49.083 € |
| 33.000 € | 54.071 € | 54.066 € | 54.061 € | 54.055 € | 54.046 € | 54.036 € | 54.023 € | 54.008 € | 53.992 € |
| 36.000 € | 58.987 € | 58.981 € | 58.975 € | 58.969 € | 58.959 € | 58.948 € | 58.934 € | 58.918 € | 58.900 € |
| 39.000 € | 63.902 € | 63.896 € | 63.890 € | 63.883 € | 63.872 € | 63.860 € | 63.846 € | 63.828 € | 63.808 € |
| 42.000 € | 68.818 € | 68.811 € | 68.804 € | 68.797 € | 68.785 € | 68.773 € | 68.757 € | 68.738 € | 68.717 € |
| 45.000 € | 73.734 € | 73.726 € | 73.719 € | 73.711 € | 73.698 € | 73.685 € | 73.668 € | 73.647 € | 73.625 € |
| 48.000 € | 78.649 € | 78.641 € | 78.634 € | 78.625 € | 78.612 € | 78.597 € | 78.579 € | 78.557 € | 78.533 € |
| 51.000 € | 92.868 € | 92.859 € | 92.850 € | 92.840 € | 92.824 € | 92.808 € | 92.787 € | 92.761 € | 92.733 € |
| 54.000 € | 118.061 € | 118.049 € | 118.038 € | 118.026 € | 118.007 € | 117.986 € | 117.960 € | 117.928 € | 117.894 € |
| 57.000 € | 143.254 € | 143.240 € | 143.226 € | 143.212 € | 143.189 € | 143.164 € | 143.133 € | 143.095 € | 143.055 € |
| 60.000 € | 168.446 € | 168.431 € | 168.415 € | 168.398 € | 168.371 € | 168.343 € | 168.307 € | 168.262 € | 168.215 € |
| 63.000 € | 193.639 € | 193.621 € | 193.603 € | 193.584 € | 193.554 € | 193.521 € | 193.480 € | 193.430 € | 193.376 € |
| 66.000 € | 218.832 € | 218.812 € | 218.792 € | 218.770 € | 218.736 € | 218.699 € | 218.653 € | 218.597 € | 218.537 € |
| 69.000 € | 244.025 € | 244.003 € | 243.980 € | 243.956 € | 243.918 € | 243.878 € | 243.827 € | 243.764 € | 243.697 € |
| 72.000 € | 269.218 € | 269.193 € | 269.169 € | 269.142 € | 269.101 € | 269.056 € | 269.000 € | 268.931 € | 268.858 € |
| 75.000 € | 294.411 € | 294.384 € | 294.357 € | 294.329 € | 294.283 € | 294.235 € | 294.173 € | 294.098 € | 294.019 € |
| 78.000 € | 319.604 € | 319.574 € | 319.546 € | 319.515 € | 319.465 € | 319.413 € | 319.347 € | 319.265 € | 319.179 € |
| 81.000 € | 344.797 € | 344.765 € | 344.734 € | 344.701 € | 344.648 € | 344.591 € | 344.520 € | 344.433 € | 344.340 € |
| 84.000 € | 369.990 € | 369.956 € | 369.922 € | 369.887 € | 369.830 € | 369.770 € | 369.693 € | 369.600 € | 369.501 € |
| 87.000 € | 395.182 € | 395.146 € | 395.111 € | 395.073 € | 395.012 € | 394.948 € | 394.867 € | 394.767 € | 394.661 € |
| 90.000 € | 420.375 € | 420.337 € | 420.299 € | 420.259 € | 420.195 € | 420.127 € | 420.040 € | 419.934 € | 419.822 € |
| 93.000 € | 445.568 € | 445.528 € | 445.488 € | 445.445 € | 445.377 € | 445.305 € | 445.213 € | 445.101 € | 444.983 € |
| 96.000 € | 470.761 € | 470.718 € | 470.676 € | 470.631 € | 470.560 € | 470.483 € | 470.387 € | 470.268 € | 470.144 € |
| 99.000 € | 495.954 € | 495.909 € | 495.865 € | 495.817 € | 495.742 € | 495.662 € | 495.560 € | 495.436 € | 495.304 € |
| 102.000 € | 521.147 € | 521.100 € | 521.053 € | 521.004 € | 520.924 € | 520.840 € | 520.733 € | 520.603 € | 520.465 € |
| 105.000 € | 546.340 € | 546.290 € | 546.242 € | 546.190 € | 546.107 € | 546.018 € | 545.907 € | 545.770 € | 545.626 € |
| 108.000 € | 571.533 € | 571.481 € | 571.430 € | 571.376 € | 571.289 € | 571.197 € | 571.080 € | 570.937 € | 570.786 € |
| 111.000 € | 596.725 € | 596.672 € | 596.618 € | 596.562 € | 596.471 € | 596.375 € | 596.253 € | 596.104 € | 595.947 € |
| 114.000 € | 621.918 € | 621.862 € | 621.807 € | 621.748 € | 621.654 € | 621.554 € | 621.426 € | 621.271 € | 621.108 € |
| 117.000 € | 647.111 € | 647.053 € | 646.995 € | 646.934 € | 646.836 € | 646.732 € | 646.600 € | 646.439 € | 646.268 € |
| 120.000 € | 672.304 € | 672.244 € | 672.184 € | 672.120 € | 672.018 € | 671.910 € | 671.773 € | 671.606 € | 671.429 € |

## TABLA 1.C.1
## Lucro cesante del cónyuge
Años de duración del matrimonio: 15 años

| Ingreso neto | Edad del cónyuge | | | | | | | | |
|---|---|---|---|---|---|---|---|---|---|
| Hasta | 32 | 33 | 34 | 35 | 36 | 37 | 38 | 39 | 40 |
| 9.000 € | 14.719 € | 14.712 € | 14.704 € | 14.694 € | 14.683 € | 14.670 € | 14.656 € | 14.639 € | 14.621 € |
| 12.000 € | 19.626 € | 19.616 € | 19.605 € | 19.592 € | 19.577 € | 19.560 € | 19.541 € | 19.518 € | 19.494 € |
| 15.000 € | 24.532 € | 24.520 € | 24.507 € | 24.490 € | 24.472 € | 24.450 € | 24.426 € | 24.398 € | 24.368 € |
| 18.000 € | 29.439 € | 29.424 € | 29.408 € | 29.389 € | 29.366 € | 29.340 € | 29.311 € | 29.278 € | 29.241 € |
| 21.000 € | 34.345 € | 34.329 € | 34.310 € | 34.287 € | 34.260 € | 34.230 € | 34.197 € | 34.157 € | 34.115 € |
| 24.000 € | 39.252 € | 39.233 € | 39.211 € | 39.185 € | 39.155 € | 39.121 € | 39.082 € | 39.037 € | 38.988 € |
| 27.000 € | 44.158 € | 44.137 € | 44.112 € | 44.083 € | 44.049 € | 44.011 € | 43.967 € | 43.916 € | 43.862 € |
| 30.000 € | 49.065 € | 49.041 € | 49.014 € | 48.981 € | 48.944 € | 48.901 € | 48.852 € | 48.796 € | 48.735 € |
| 33.000 € | 53.971 € | 53.945 € | 53.915 € | 53.879 € | 53.838 € | 53.791 € | 53.737 € | 53.675 € | 53.609 € |
| 36.000 € | 58.878 € | 58.849 € | 58.816 € | 58.777 € | 58.732 € | 58.681 € | 58.623 € | 58.555 € | 58.482 € |
| 39.000 € | 63.784 € | 63.753 € | 63.718 € | 63.675 € | 63.627 € | 63.571 € | 63.508 € | 63.435 € | 63.356 € |
| 42.000 € | 68.691 € | 68.657 € | 68.619 € | 68.573 € | 68.521 € | 68.461 € | 68.393 € | 68.314 € | 68.229 € |
| 45.000 € | 73.597 € | 73.561 € | 73.520 € | 73.471 € | 73.415 € | 73.351 € | 73.278 € | 73.194 € | 73.103 € |
| 48.000 € | 78.504 € | 78.465 € | 78.422 € | 78.369 € | 78.310 € | 78.241 € | 78.164 € | 78.073 € | 77.976 € |
| 51.000 € | 92.699 € | 92.654 € | 92.604 € | 92.543 € | 92.473 € | 92.394 € | 92.304 € | 92.199 € | 92.086 € |
| 54.000 € | 117.851 € | 117.796 € | 117.733 € | 117.658 € | 117.572 € | 117.473 € | 117.361 € | 117.231 € | 117.090 € |
| 57.000 € | 143.004 € | 142.938 € | 142.863 € | 142.773 € | 142.670 € | 142.552 € | 142.418 € | 142.263 € | 142.095 € |
| 60.000 € | 168.156 € | 168.079 € | 167.992 € | 167.888 € | 167.768 € | 167.631 € | 167.476 € | 167.295 € | 167.099 € |
| 63.000 € | 193.309 € | 193.221 € | 193.122 € | 193.003 € | 192.866 € | 192.710 € | 192.533 € | 192.326 € | 192.104 € |
| 66.000 € | 218.461 € | 218.363 € | 218.252 € | 218.118 € | 217.965 € | 217.789 € | 217.590 € | 217.358 € | 217.109 € |
| 69.000 € | 243.614 € | 243.505 € | 243.381 € | 243.233 € | 243.063 € | 242.868 € | 242.648 € | 242.390 € | 242.113 € |
| 72.000 € | 268.766 € | 268.646 € | 268.511 € | 268.348 € | 268.161 € | 267.947 € | 267.705 € | 267.422 € | 267.118 € |
| 75.000 € | 293.918 € | 293.788 € | 293.641 € | 293.463 € | 293.259 € | 293.026 € | 292.762 € | 292.454 € | 292.122 € |
| 78.000 € | 319.071 € | 318.930 € | 318.770 € | 318.578 € | 318.358 € | 318.105 € | 317.820 € | 317.486 € | 317.127 € |
| 81.000 € | 344.223 € | 344.071 € | 343.900 € | 343.693 € | 343.456 € | 343.184 € | 342.877 € | 342.518 € | 342.132 € |
| 84.000 € | 369.376 € | 369.213 € | 369.029 € | 368.808 € | 368.554 € | 368.263 € | 367.935 € | 367.550 € | 367.136 € |
| 87.000 € | 394.528 € | 394.355 € | 394.159 € | 393.923 € | 393.652 € | 393.342 € | 392.992 € | 392.582 € | 392.141 € |
| 90.000 € | 419.681 € | 419.497 € | 419.289 € | 419.037 € | 418.751 € | 418.421 € | 418.049 € | 417.614 € | 417.145 € |
| 93.000 € | 444.833 € | 444.638 € | 444.418 € | 444.152 € | 443.849 € | 443.500 € | 443.107 € | 442.646 € | 442.150 € |
| 96.000 € | 469.986 € | 469.780 € | 469.548 € | 469.267 € | 468.947 € | 468.579 € | 468.164 € | 467.678 € | 467.155 € |
| 99.000 € | 495.138 € | 494.922 € | 494.678 € | 494.382 € | 494.046 € | 493.658 € | 493.221 € | 492.710 € | 492.159 € |
| 102.000 € | 520.291 € | 520.063 € | 519.807 € | 519.497 € | 519.144 € | 518.737 € | 518.279 € | 517.742 € | 517.164 € |
| 105.000 € | 545.443 € | 545.205 € | 544.937 € | 544.612 € | 544.242 € | 543.816 € | 543.336 € | 542.774 € | 542.168 € |
| 108.000 € | 570.595 € | 570.347 € | 570.066 € | 569.727 € | 569.340 € | 568.895 € | 568.393 € | 567.806 € | 567.173 € |
| 111.000 € | 595.748 € | 595.489 € | 595.196 € | 594.842 € | 594.439 € | 593.974 € | 593.451 € | 592.838 € | 592.177 € |
| 114.000 € | 620.900 € | 620.630 € | 620.326 € | 619.957 € | 619.537 € | 619.053 € | 618.508 € | 617.870 € | 617.182 € |
| 117.000 € | 646.053 € | 645.772 € | 645.455 € | 645.072 € | 644.635 € | 644.133 € | 643.565 € | 642.901 € | 642.187 € |
| 120.000 € | 671.205 € | 670.914 € | 670.585 € | 670.187 € | 669.733 € | 669.212 € | 668.623 € | 667.933 € | 667.191 € |

# TABLA 1.C.1
## Lucro cesante del cónyuge
### Años de duración del matrimonio: 15 años

| Ingreso neto Hasta | 41 | 42 | 43 | 44 | 45 | 46 | 47 | 48 | 49 |
|---|---|---|---|---|---|---|---|---|---|
| 9.000 € | 14.601 € | 14.579 € | 14.556 € | 14.532 € | 14.506 € | 14.478 € | 14.450 € | 14.422 € | 14.391 € |
| 12.000 € | 19.467 € | 19.438 € | 19.407 € | 19.376 € | 19.342 € | 19.304 € | 19.267 € | 19.229 € | 19.189 € |
| 15.000 € | 24.334 € | 24.298 € | 24.259 € | 24.220 € | 24.177 € | 24.131 € | 24.083 € | 24.037 € | 23.986 € |
| 18.000 € | 29.201 € | 29.157 € | 29.111 € | 29.065 € | 29.013 € | 28.957 € | 28.900 € | 28.844 € | 28.783 € |
| 21.000 € | 34.068 € | 34.017 € | 33.963 € | 33.909 € | 33.848 € | 33.783 € | 33.716 € | 33.651 € | 33.580 € |
| 24.000 € | 38.935 € | 38.876 € | 38.815 € | 38.753 € | 38.684 € | 38.609 € | 38.533 € | 38.459 € | 38.377 € |
| 27.000 € | 43.802 € | 43.736 € | 43.667 € | 43.597 € | 43.519 € | 43.435 € | 43.350 € | 43.266 € | 43.174 € |
| 30.000 € | 48.669 € | 48.596 € | 48.518 € | 48.441 € | 48.355 € | 48.261 € | 48.166 € | 48.074 € | 47.972 € |
| 33.000 € | 53.535 € | 53.455 € | 53.370 € | 53.285 € | 53.190 € | 53.087 € | 52.983 € | 52.881 € | 52.769 € |
| 36.000 € | 58.402 € | 58.315 € | 58.222 € | 58.129 € | 58.025 € | 57.913 € | 57.800 € | 57.688 € | 57.566 € |
| 39.000 € | 63.269 € | 63.174 € | 63.074 € | 62.973 € | 62.861 € | 62.740 € | 62.616 € | 62.496 € | 62.363 € |
| 42.000 € | 68.136 € | 68.034 € | 67.926 € | 67.817 € | 67.696 € | 67.566 € | 67.433 € | 67.303 € | 67.160 € |
| 45.000 € | 73.003 € | 72.893 € | 72.778 € | 72.661 € | 72.532 € | 72.392 € | 72.250 € | 72.110 € | 71.957 € |
| 48.000 € | 77.870 € | 77.753 € | 77.629 € | 77.505 € | 77.367 € | 77.218 € | 77.066 € | 76.918 € | 76.755 € |
| 51.000 € | 91.962 € | 91.826 € | 91.682 € | 91.538 € | 91.377 € | 91.203 € | 91.026 € | 90.853 € | 90.662 € |
| 54.000 € | 116.936 € | 116.767 € | 116.588 € | 116.409 € | 116.208 € | 115.991 € | 115.771 € | 115.555 € | 115.318 € |
| 57.000 € | 141.911 € | 141.708 € | 141.494 € | 141.280 € | 141.039 € | 140.780 € | 140.516 € | 140.257 € | 139.973 € |
| 60.000 € | 166.885 € | 166.650 € | 166.400 € | 166.151 € | 165.871 € | 165.568 € | 165.261 € | 164.959 € | 164.628 € |
| 63.000 € | 191.860 € | 191.591 € | 191.306 € | 191.022 € | 190.702 € | 190.357 € | 190.005 € | 189.662 € | 189.283 € |
| 66.000 € | 216.834 € | 216.532 € | 216.212 € | 215.892 € | 215.534 € | 215.145 € | 214.750 € | 214.364 € | 213.939 € |
| 69.000 € | 241.809 € | 241.474 € | 241.119 € | 240.763 € | 240.365 € | 239.934 € | 239.495 € | 239.066 € | 238.594 € |
| 72.000 € | 266.783 € | 266.415 € | 266.025 € | 265.634 € | 265.197 € | 264.722 € | 264.240 € | 263.768 € | 263.249 € |
| 75.000 € | 291.758 € | 291.356 € | 290.931 € | 290.505 € | 290.028 € | 289.511 € | 288.985 € | 288.471 € | 287.904 € |
| 78.000 € | 316.732 € | 316.298 € | 315.837 € | 315.376 € | 314.859 € | 314.299 € | 313.730 € | 313.173 € | 312.560 € |
| 81.000 € | 341.707 € | 341.239 € | 340.743 € | 340.247 € | 339.691 € | 339.088 € | 338.475 € | 337.875 € | 337.215 € |
| 84.000 € | 366.681 € | 366.180 € | 365.649 € | 365.118 € | 364.522 € | 363.876 € | 363.220 € | 362.577 € | 361.870 € |
| 87.000 € | 391.656 € | 391.121 € | 390.555 € | 389.989 € | 389.354 € | 388.665 € | 387.965 € | 387.280 € | 386.525 € |
| 90.000 € | 416.630 € | 416.063 € | 415.461 € | 414.860 € | 414.185 € | 413.453 € | 412.710 € | 411.982 € | 411.181 € |
| 93.000 € | 441.605 € | 441.004 € | 440.367 € | 439.731 € | 439.017 € | 438.242 € | 437.454 € | 436.684 € | 435.836 € |
| 96.000 € | 466.579 € | 465.945 € | 465.273 € | 464.602 € | 463.848 € | 463.030 € | 462.199 € | 461.387 € | 460.491 € |
| 99.000 € | 491.554 € | 490.887 € | 490.180 € | 489.473 € | 488.679 € | 487.819 € | 486.944 € | 486.089 € | 485.147 € |
| 102.000 € | 516.528 € | 515.828 € | 515.086 € | 514.344 € | 513.511 € | 512.607 € | 511.689 € | 510.791 € | 509.802 € |
| 105.000 € | 541.503 € | 540.769 € | 539.992 € | 539.215 € | 538.342 € | 537.396 € | 536.434 € | 535.493 € | 534.457 € |
| 108.000 € | 566.477 € | 565.711 € | 564.898 € | 564.086 € | 563.174 € | 562.184 € | 561.179 € | 560.196 € | 559.112 € |
| 111.000 € | 591.452 € | 590.652 € | 589.804 € | 588.957 € | 588.005 € | 586.973 € | 585.924 € | 584.898 € | 583.768 € |
| 114.000 € | 616.426 € | 615.593 € | 614.710 € | 613.828 € | 612.837 € | 611.761 € | 610.669 € | 609.600 € | 608.423 € |
| 117.000 € | 641.401 € | 640.534 € | 639.616 € | 638.699 € | 637.668 € | 636.550 € | 635.414 € | 634.302 € | 633.078 € |
| 120.000 € | 666.375 € | 665.476 € | 664.522 € | 663.570 € | 662.499 € | 661.338 € | 660.159 € | 659.005 € | 657.733 € |

## TABLA 1.C.1
## Lucro cesante del cónyuge
### Años de duración del matrimonio: 15 años

| Ingreso neto | Edad del cónyuge | | | | | | | | |
|---|---|---|---|---|---|---|---|---|---|
| Hasta | 50 | 51 | 52 | 53 | 54 | 55 | 56 | 57 | 58 |
| 9.000 € | 14.360 € | 14.328 € | 14.296 € | 14.286 € | 14.275 € | 14.265 € | 14.254 € | 14.068 € | 13.833 € |
| 12.000 € | 19.146 € | 19.104 € | 19.062 € | 19.048 € | 19.034 € | 19.020 € | 19.006 € | 18.758 € | 18.444 € |
| 15.000 € | 23.933 € | 23.880 € | 23.827 € | 23.809 € | 23.792 € | 23.774 € | 23.757 € | 23.447 € | 23.055 € |
| 18.000 € | 28.719 € | 28.656 € | 28.592 € | 28.571 € | 28.550 € | 28.529 € | 28.508 € | 28.137 € | 27.666 € |
| 21.000 € | 33.506 € | 33.432 € | 33.358 € | 33.333 € | 33.309 € | 33.284 € | 33.260 € | 32.826 € | 32.277 € |
| 24.000 € | 38.293 € | 38.208 € | 38.123 € | 38.095 € | 38.067 € | 38.039 € | 38.011 € | 37.516 € | 36.888 € |
| 27.000 € | 43.079 € | 42.984 € | 42.889 € | 42.857 € | 42.826 € | 42.794 € | 42.763 € | 42.205 € | 41.499 € |
| 30.000 € | 47.866 € | 47.760 € | 47.654 € | 47.619 € | 47.584 € | 47.549 € | 47.514 € | 46.895 € | 46.110 € |
| 33.000 € | 52.652 € | 52.536 € | 52.419 € | 52.381 € | 52.342 € | 52.304 € | 52.265 € | 51.584 € | 50.721 € |
| 36.000 € | 57.439 € | 57.312 € | 57.185 € | 56.263 € | 55.486 € | 54.870 € | 54.408 € | 54.133 € | 54.021 € |
| 39.000 € | 62.225 € | 62.088 € | 61.950 € | 59.558 € | 57.300 € | 55.190 € | 55.009 € | 54.761 € | 54.512 € |
| 42.000 € | 67.012 € | 66.864 € | 66.716 € | 62.854 € | 59.114 € | 55.510 € | 55.341 € | 55.172 € | 55.003 € |
| 45.000 € | 71.798 € | 71.640 € | 71.481 € | 66.149 € | 60.927 € | 55.829 € | 55.718 € | 55.608 € | 55.497 € |
| 48.000 € | 76.585 € | 76.416 € | 76.246 € | 69.445 € | 62.741 € | 56.149 € | 56.097 € | 56.045 € | 55.993 € |
| 51.000 € | 90.465 € | 90.268 € | 90.070 € | 81.782 € | 73.576 € | 65.470 € | 57.450 € | 56.970 € | 56.491 € |
| 54.000 € | 115.071 € | 114.825 € | 114.579 € | 104.784 € | 95.054 € | 85.410 € | 75.832 € | 66.372 € | 56.992 € |
| 57.000 € | 139.678 € | 139.383 € | 139.088 € | 127.786 € | 116.532 € | 105.350 € | 94.214 € | 83.188 € | 72.222 € |
| 60.000 € | 164.284 € | 163.941 € | 163.597 € | 150.788 € | 138.010 € | 125.289 € | 112.596 € | 100.004 € | 87.453 € |
| 63.000 € | 188.891 € | 188.498 € | 188.106 € | 173.790 € | 159.488 € | 145.229 € | 130.978 € | 116.819 € | 102.684 € |
| 66.000 € | 213.497 € | 213.056 € | 212.615 € | 196.793 € | 180.966 € | 165.169 € | 149.361 € | 133.635 € | 117.914 € |
| 69.000 € | 238.103 € | 237.614 € | 237.124 € | 219.795 € | 202.444 € | 185.109 € | 167.743 € | 150.451 € | 133.145 € |
| 72.000 € | 262.710 € | 262.171 € | 261.633 € | 242.797 € | 223.922 € | 205.049 € | 186.125 € | 167.267 € | 148.375 € |
| 75.000 € | 287.316 € | 286.729 € | 286.142 € | 265.799 € | 245.401 € | 224.988 € | 204.507 € | 184.083 € | 163.606 € |
| 78.000 € | 311.923 € | 311.287 € | 310.651 € | 288.802 € | 266.879 € | 244.928 € | 222.889 € | 200.898 € | 178.837 € |
| 81.000 € | 336.529 € | 335.845 € | 335.160 € | 311.804 € | 288.357 € | 264.868 € | 241.271 € | 217.714 € | 194.067 € |
| 84.000 € | 361.136 € | 360.402 € | 359.669 € | 334.806 € | 309.835 € | 284.808 € | 259.653 € | 234.530 € | 209.298 € |
| 87.000 € | 385.742 € | 384.960 € | 384.178 € | 357.808 € | 331.313 € | 304.748 € | 278.035 € | 251.346 € | 224.528 € |
| 90.000 € | 410.349 € | 409.518 € | 408.687 € | 380.811 € | 352.791 € | 324.687 € | 296.418 € | 268.162 € | 239.759 € |
| 93.000 € | 434.955 € | 434.075 € | 433.196 € | 403.813 € | 374.269 € | 344.627 € | 314.800 € | 284.978 € | 254.990 € |
| 96.000 € | 459.561 € | 458.633 € | 457.705 € | 426.815 € | 395.747 € | 364.567 € | 333.182 € | 301.793 € | 270.220 € |
| 99.000 € | 484.168 € | 483.191 € | 482.214 € | 449.817 € | 417.225 € | 384.507 € | 351.564 € | 318.609 € | 285.451 € |
| 102.000 € | 508.774 € | 507.748 € | 506.723 € | 472.820 € | 438.703 € | 404.447 € | 369.946 € | 335.425 € | 300.681 € |
| 105.000 € | 533.381 € | 532.306 € | 531.232 € | 495.822 € | 460.181 € | 424.386 € | 388.328 € | 352.241 € | 315.912 € |
| 108.000 € | 557.987 € | 556.864 € | 555.741 € | 518.824 € | 481.659 € | 444.326 € | 406.710 € | 369.057 € | 331.143 € |
| 111.000 € | 582.594 € | 581.422 € | 580.250 € | 541.826 € | 503.137 € | 464.266 € | 425.093 € | 385.872 € | 346.373 € |
| 114.000 € | 607.200 € | 605.979 € | 604.759 € | 564.829 € | 524.615 € | 484.206 € | 443.475 € | 402.688 € | 361.604 € |
| 117.000 € | 631.807 € | 630.537 € | 629.268 € | 587.831 € | 546.093 € | 504.146 € | 461.857 € | 419.504 € | 376.834 € |
| 120.000 € | 656.413 € | 655.095 € | 653.777 € | 610.833 € | 567.571 € | 524.085 € | 480.239 € | 436.320 € | 392.065 € |

# TABLA 1.C.1

## Lucro cesante del cónyuge

Años de duración del matrimonio: 15 años

| Ingreso neto | Edad del cónyuge | | | | | | | | | |
|---|---|---|---|---|---|---|---|---|---|---|
| Hasta | 59 | 60 | 61 | 62 | 63 | 64 | 65 | 66 | 67 | 68 |
| 9.000 € | 13.547 € | 13.222 € | 12.862 € | 12.467 € | 12.056 € | 11.630 € | 11.187 € | 10.753 € | 8.642 € | 8.561 € |
| 12.000 € | 18.063 € | 17.630 € | 17.149 € | 16.623 € | 16.075 € | 15.507 € | 14.916 € | 14.338 € | 11.523 € | 11.414 € |
| 15.000 € | 22.578 € | 22.037 € | 21.436 € | 20.779 € | 20.094 € | 19.384 € | 18.645 € | 17.922 € | 14.404 € | 14.268 € |
| 18.000 € | 27.094 € | 26.445 € | 25.723 € | 24.935 € | 24.113 € | 23.261 € | 22.374 € | 21.506 € | 17.285 € | 17.121 € |
| 21.000 € | 31.610 € | 30.852 € | 30.010 € | 29.091 € | 28.132 € | 27.137 € | 26.103 € | 25.091 € | 20.165 € | 19.975 € |
| 24.000 € | 36.125 € | 35.260 € | 34.298 € | 33.246 € | 32.151 € | 31.014 € | 29.832 € | 28.675 € | 23.046 € | 22.829 € |
| 27.000 € | 40.641 € | 39.667 € | 38.585 € | 37.402 € | 36.169 € | 34.891 € | 33.561 € | 32.259 € | 25.927 € | 25.682 € |
| 30.000 € | 45.157 € | 44.075 € | 42.872 € | 41.558 € | 40.188 € | 38.768 € | 37.290 € | 35.844 € | 28.808 € | 28.536 € |
| 33.000 € | 49.672 € | 48.482 € | 47.159 € | 45.714 € | 44.207 € | 42.644 € | 41.019 € | 39.428 € | 31.689 € | 31.389 € |
| 36.000 € | 54.021 € | 52.890 € | 51.446 € | 49.870 € | 48.226 € | 46.521 € | 44.748 € | 43.013 € | 34.569 € | 34.243 € |
| 39.000 € | 54.269 € | 54.026 € | 52.398 € | 50.387 € | 48.659 € | 46.778 € | 44.877 € | 43.013 € | 37.450 € | 37.096 € |
| 42.000 € | 55.003 € | 55.003 € | 53.361 € | 50.907 € | 49.094 € | 47.035 € | 45.006 € | 43.013 € | 37.450 € | 37.096 € |
| 45.000 € | 55.497 € | 55.497 € | 54.337 € | 51.429 € | 49.531 € | 47.293 € | 45.135 € | 43.013 € | 37.450 € | 37.096 € |
| 48.000 € | 55.993 € | 55.993 € | 55.327 € | 51.955 € | 49.969 € | 47.550 € | 45.263 € | 43.013 € | 37.450 € | 37.096 € |
| 51.000 € | 56.491 € | 56.491 € | 56.330 € | 52.483 € | 50.410 € | 47.808 € | 45.391 € | 43.013 € | 37.450 € | 37.096 € |
| 54.000 € | 56.992 € | 56.992 € | 56.992 € | 53.016 € | 50.853 € | 48.066 € | 45.520 € | 43.013 € | 37.450 € | 37.096 € |
| 57.000 € | 61.332 € | 61.245 € | 58.382 € | 53.552 € | 51.299 € | 48.325 € | 45.648 € | 43.013 € | 37.450 € | 37.096 € |
| 60.000 € | 74.961 € | 62.524 € | 59.431 € | 54.092 € | 51.747 € | 48.585 € | 45.776 € | 43.013 € | 37.450 € | 37.096 € |
| 63.000 € | 88.590 € | 74.532 € | 60.496 € | 54.636 € | 52.198 € | 48.845 € | 45.904 € | 43.013 € | 37.450 € | 37.096 € |
| 66.000 € | 102.219 € | 86.540 € | 70.862 € | 55.184 € | 52.651 € | 49.106 € | 46.033 € | 43.013 € | 37.450 € | 37.096 € |
| 69.000 € | 115.847 € | 98.549 € | 81.227 € | 63.884 € | 53.108 € | 49.368 € | 46.161 € | 43.013 € | 37.450 € | 37.096 € |
| 72.000 € | 129.476 € | 110.557 € | 91.593 € | 72.584 € | 53.568 € | 49.631 € | 46.290 € | 43.013 € | 37.450 € | 37.096 € |
| 75.000 € | 143.105 € | 122.565 € | 101.959 € | 81.285 € | 60.584 € | 49.895 € | 46.418 € | 43.013 € | 37.450 € | 37.096 € |
| 78.000 € | 156.734 € | 134.574 € | 112.325 € | 89.985 € | 67.600 € | 50.160 € | 46.547 € | 43.013 € | 37.450 € | 37.096 € |
| 81.000 € | 170.362 € | 146.582 € | 122.690 € | 98.685 € | 74.616 € | 50.425 € | 46.676 € | 43.013 € | 37.450 € | 37.096 € |
| 84.000 € | 183.991 € | 158.590 € | 133.056 € | 107.385 € | 81.632 € | 55.733 € | 46.805 € | 43.013 € | 37.450 € | 37.096 € |
| 87.000 € | 197.620 € | 170.599 € | 143.422 € | 116.086 € | 88.648 € | 61.040 € | 46.935 € | 43.013 € | 37.450 € | 37.096 € |
| 90.000 € | 211.249 € | 182.607 € | 153.788 € | 124.786 € | 95.664 € | 66.348 € | 47.064 € | 43.013 € | 37.450 € | 37.096 € |
| 93.000 € | 224.877 € | 194.615 € | 164.154 € | 133.486 € | 102.680 € | 71.656 € | 47.194 € | 43.013 € | 37.450 € | 37.096 € |
| 96.000 € | 238.506 € | 206.624 € | 174.519 € | 142.187 € | 109.696 € | 76.963 € | 47.324 € | 43.013 € | 37.450 € | 37.096 € |
| 99.000 € | 252.135 € | 218.632 € | 184.885 € | 150.887 € | 116.712 € | 82.271 € | 47.454 € | 43.013 € | 37.450 € | 37.096 € |
| 102.000 € | 265.764 € | 230.640 € | 195.251 € | 159.587 € | 123.728 € | 87.578 € | 51.022 € | 43.013 € | 37.450 € | 37.096 € |
| 105.000 € | 279.392 € | 242.649 € | 205.617 € | 168.288 € | 130.744 € | 92.886 € | 54.589 € | 43.013 € | 37.450 € | 37.096 € |
| 108.000 € | 293.021 € | 254.657 € | 215.983 € | 176.988 € | 137.760 € | 98.193 € | 58.157 € | 43.013 € | 37.450 € | 37.096 € |
| 111.000 € | 306.650 € | 266.665 € | 226.348 € | 185.688 € | 144.776 € | 103.501 € | 61.724 € | 43.013 € | 37.450 € | 37.096 € |
| 114.000 € | 320.279 € | 278.674 € | 236.714 € | 194.389 € | 151.792 € | 108.809 € | 65.291 € | 43.013 € | 37.450 € | 37.096 € |
| 117.000 € | 333.908 € | 290.682 € | 247.080 € | 203.089 € | 158.808 € | 114.116 € | 68.859 € | 43.013 € | 37.450 € | 37.096 € |
| 120.000 € | 347.536 € | 302.690 € | 257.446 € | 211.789 € | 165.824 € | 119.424 € | 72.426 € | 43.013 € | 37.450 € | 37.096 € |

## TABLA 1.C.1
## Lucro cesante del cónyuge
Años de duración del matrimonio: 15 años

| Ingreso neto | Edad del cónyuge | | | | | | | | | | |
|---|---|---|---|---|---|---|---|---|---|---|---|
| Hasta | 69 | 70 | 71 | 72 | 73 | 74 | 75 | 76 | 77 | 78 | 79 |
| 9.000 € | 8.464 € | 8.344 € | 8.224 € | 8.086 € | 7.912 € | 7.733 € | 7.548 € | 7.340 € | 7.109 € | 6.865 € | 6.612 € |
| 12.000 € | 11.286 € | 11.126 € | 10.965 € | 10.781 € | 10.549 € | 10.311 € | 10.065 € | 9.786 € | 9.479 € | 9.154 € | 8.816 € |
| 15.000 € | 14.107 € | 13.907 € | 13.707 € | 13.476 € | 13.187 € | 12.889 € | 12.581 € | 12.233 € | 11.849 € | 11.442 € | 11.020 € |
| 18.000 € | 16.929 € | 16.688 € | 16.448 € | 16.171 € | 15.824 € | 15.467 € | 15.097 € | 14.679 € | 14.219 € | 13.731 € | 13.224 € |
| 21.000 € | 19.750 € | 19.470 € | 19.189 € | 18.866 € | 18.461 € | 18.045 € | 17.613 € | 17.126 € | 16.589 € | 16.019 € | 15.428 € |
| 24.000 € | 22.571 € | 22.251 € | 21.930 € | 21.562 € | 21.098 € | 20.623 € | 20.129 € | 19.572 € | 18.959 € | 18.307 € | 17.632 € |
| 27.000 € | 25.393 € | 25.032 € | 24.672 € | 24.257 € | 23.736 € | 23.200 € | 22.645 € | 22.019 € | 21.328 € | 20.596 € | 19.836 € |
| 30.000 € | 28.214 € | 27.814 € | 27.413 € | 26.952 € | 26.373 € | 25.778 € | 25.162 € | 24.465 € | 23.698 € | 22.884 € | 22.040 € |
| 33.000 € | 31.036 € | 30.595 € | 30.154 € | 29.647 € | 29.010 € | 28.356 € | 27.678 € | 26.912 € | 26.068 € | 25.173 € | 24.244 € |
| 36.000 € | 33.857 € | 33.377 € | 32.896 € | 32.342 € | 31.648 € | 30.934 € | 30.194 € | 29.358 € | 28.438 € | 27.461 € | 26.448 € |
| 39.000 € | 36.679 € | 36.158 € | 35.637 € | 35.038 € | 34.285 € | 33.512 € | 32.710 € | 31.805 € | 30.808 € | 29.750 € | 28.652 € |
| 42.000 € | 36.679 € | 36.158 € | 35.637 € | 35.038 € | 34.285 € | 33.512 € | 32.710 € | 31.805 € | 30.808 € | 29.750 € | 28.652 € |
| 45.000 € | 36.679 € | 36.158 € | 35.637 € | 35.038 € | 34.285 € | 33.512 € | 32.710 € | 31.805 € | 30.808 € | 29.750 € | 28.652 € |
| 48.000 € | 36.679 € | 36.158 € | 35.637 € | 35.038 € | 34.285 € | 33.512 € | 32.710 € | 31.805 € | 30.808 € | 29.750 € | 28.652 € |
| 51.000 € | 36.679 € | 36.158 € | 35.637 € | 35.038 € | 34.285 € | 33.512 € | 32.710 € | 31.805 € | 30.808 € | 29.750 € | 28.652 € |
| 54.000 € | 36.679 € | 36.158 € | 35.637 € | 35.038 € | 34.285 € | 33.512 € | 32.710 € | 31.805 € | 30.808 € | 29.750 € | 28.652 € |
| 57.000 € | 36.679 € | 36.158 € | 35.637 € | 35.038 € | 34.285 € | 33.512 € | 32.710 € | 31.805 € | 30.808 € | 29.750 € | 28.652 € |
| 60.000 € | 36.679 € | 36.158 € | 35.637 € | 35.038 € | 34.285 € | 33.512 € | 32.710 € | 31.805 € | 30.808 € | 29.750 € | 28.652 € |
| 63.000 € | 36.679 € | 36.158 € | 35.637 € | 35.038 € | 34.285 € | 33.512 € | 32.710 € | 31.805 € | 30.808 € | 29.750 € | 28.652 € |
| 66.000 € | 36.679 € | 36.158 € | 35.637 € | 35.038 € | 34.285 € | 33.512 € | 32.710 € | 31.805 € | 30.808 € | 29.750 € | 28.652 € |
| 69.000 € | 36.679 € | 36.158 € | 35.637 € | 35.038 € | 34.285 € | 33.512 € | 32.710 € | 31.805 € | 30.808 € | 29.750 € | 28.652 € |
| 72.000 € | 36.679 € | 36.158 € | 35.637 € | 35.038 € | 34.285 € | 33.512 € | 32.710 € | 31.805 € | 30.808 € | 29.750 € | 28.652 € |
| 75.000 € | 36.679 € | 36.158 € | 35.637 € | 35.038 € | 34.285 € | 33.512 € | 32.710 € | 31.805 € | 30.808 € | 29.750 € | 28.652 € |
| 78.000 € | 36.679 € | 36.158 € | 35.637 € | 35.038 € | 34.285 € | 33.512 € | 32.710 € | 31.805 € | 30.808 € | 29.750 € | 28.652 € |
| 81.000 € | 36.679 € | 36.158 € | 35.637 € | 35.038 € | 34.285 € | 33.512 € | 32.710 € | 31.805 € | 30.808 € | 29.750 € | 28.652 € |
| 84.000 € | 36.679 € | 36.158 € | 35.637 € | 35.038 € | 34.285 € | 33.512 € | 32.710 € | 31.805 € | 30.808 € | 29.750 € | 28.652 € |
| 87.000 € | 36.679 € | 36.158 € | 35.637 € | 35.038 € | 34.285 € | 33.512 € | 32.710 € | 31.805 € | 30.808 € | 29.750 € | 28.652 € |
| 90.000 € | 36.679 € | 36.158 € | 35.637 € | 35.038 € | 34.285 € | 33.512 € | 32.710 € | 31.805 € | 30.808 € | 29.750 € | 28.652 € |
| 93.000 € | 36.679 € | 36.158 € | 35.637 € | 35.038 € | 34.285 € | 33.512 € | 32.710 € | 31.805 € | 30.808 € | 29.750 € | 28.652 € |
| 96.000 € | 36.679 € | 36.158 € | 35.637 € | 35.038 € | 34.285 € | 33.512 € | 32.710 € | 31.805 € | 30.808 € | 29.750 € | 28.652 € |
| 99.000 € | 36.679 € | 36.158 € | 35.637 € | 35.038 € | 34.285 € | 33.512 € | 32.710 € | 31.805 € | 30.808 € | 29.750 € | 28.652 € |
| 102.000 € | 36.679 € | 36.158 € | 35.637 € | 35.038 € | 34.285 € | 33.512 € | 32.710 € | 31.805 € | 30.808 € | 29.750 € | 28.652 € |
| 105.000 € | 36.679 € | 36.158 € | 35.637 € | 35.038 € | 34.285 € | 33.512 € | 32.710 € | 31.805 € | 30.808 € | 29.750 € | 28.652 € |
| 108.000 € | 36.679 € | 36.158 € | 35.637 € | 35.038 € | 34.285 € | 33.512 € | 32.710 € | 31.805 € | 30.808 € | 29.750 € | 28.652 € |
| 111.000 € | 36.679 € | 36.158 € | 35.637 € | 35.038 € | 34.285 € | 33.512 € | 32.710 € | 31.805 € | 30.808 € | 29.750 € | 28.652 € |
| 114.000 € | 36.679 € | 36.158 € | 35.637 € | 35.038 € | 34.285 € | 33.512 € | 32.710 € | 31.805 € | 30.808 € | 29.750 € | 28.652 € |
| 117.000 € | 36.679 € | 36.158 € | 35.637 € | 35.038 € | 34.285 € | 33.512 € | 32.710 € | 31.805 € | 30.808 € | 29.750 € | 28.652 € |
| 120.000 € | 36.679 € | 36.158 € | 35.637 € | 35.038 € | 34.285 € | 33.512 € | 32.710 € | 31.805 € | 30.808 € | 29.750 € | 28.652 € |

# TABLA 1.C.1
## Lucro cesante del cónyuge
### Años de duración del matrimonio: 15 años

| Ingreso neto | Edad del cónyuge | | | | | | | | | | |
|---|---|---|---|---|---|---|---|---|---|---|---|
| Hasta | 80 | 81 | 82 | 83 | 84 | 85 | 86 | 87 | 88 | 89 | 90 |
| 9.000 € | 6.341 € | 6.063 € | 5.779 € | 5.488 € | 5.195 € | 4.908 € | 4.584 € | 4.276 € | 3.985 € | 3.715 € | 3.459 € |
| 12.000 € | 8.454 € | 8.083 € | 7.705 € | 7.318 € | 6.926 € | 6.544 € | 6.113 € | 5.702 € | 5.314 € | 4.954 € | 4.612 € |
| 15.000 € | 10.568 € | 10.104 € | 9.631 € | 9.147 € | 8.658 € | 8.180 € | 7.641 € | 7.127 € | 6.642 € | 6.192 € | 5.764 € |
| 18.000 € | 12.682 € | 12.125 € | 11.558 € | 10.976 € | 10.389 € | 9.816 € | 9.169 € | 8.552 € | 7.971 € | 7.431 € | 6.917 € |
| 21.000 € | 14.795 € | 14.146 € | 13.484 € | 12.806 € | 12.121 € | 11.452 € | 10.697 € | 9.978 € | 9.299 € | 8.669 € | 8.070 € |
| 24.000 € | 16.909 € | 16.167 € | 15.410 € | 14.635 € | 13.853 € | 13.088 € | 12.225 € | 11.403 € | 10.628 € | 9.907 € | 9.223 € |
| 27.000 € | 19.023 € | 18.188 € | 17.336 € | 16.465 € | 15.584 € | 14.724 € | 13.753 € | 12.829 € | 11.956 € | 11.146 € | 10.376 € |
| 30.000 € | 21.136 € | 20.209 € | 19.263 € | 18.294 € | 17.316 € | 16.360 € | 15.282 € | 14.254 € | 13.285 € | 12.384 € | 11.529 € |
| 33.000 € | 23.250 € | 22.230 € | 21.189 € | 20.123 € | 19.047 € | 17.996 € | 16.810 € | 15.679 € | 14.613 € | 13.623 € | 12.682 € |
| 36.000 € | 25.363 € | 24.250 € | 23.115 € | 21.953 € | 20.779 € | 19.632 € | 18.338 € | 17.105 € | 15.942 € | 14.861 € | 13.835 € |
| 39.000 € | 27.477 € | 26.271 € | 25.042 € | 23.782 € | 22.510 € | 21.268 € | 19.866 € | 18.530 € | 17.270 € | 16.100 € | 14.988 € |
| 42.000 € | 27.477 € | 26.271 € | 25.042 € | 23.782 € | 22.510 € | 21.268 € | 19.866 € | 18.530 € | 17.270 € | 16.100 € | 14.988 € |
| 45.000 € | 27.477 € | 26.271 € | 25.042 € | 23.782 € | 22.510 € | 21.268 € | 19.866 € | 18.530 € | 17.270 € | 16.100 € | 14.988 € |
| 48.000 € | 27.477 € | 26.271 € | 25.042 € | 23.782 € | 22.510 € | 21.268 € | 19.866 € | 18.530 € | 17.270 € | 16.100 € | 14.988 € |
| 51.000 € | 27.477 € | 26.271 € | 25.042 € | 23.782 € | 22.510 € | 21.268 € | 19.866 € | 18.530 € | 17.270 € | 16.100 € | 14.988 € |
| 54.000 € | 27.477 € | 26.271 € | 25.042 € | 23.782 € | 22.510 € | 21.268 € | 19.866 € | 18.530 € | 17.270 € | 16.100 € | 14.988 € |
| 57.000 € | 27.477 € | 26.271 € | 25.042 € | 23.782 € | 22.510 € | 21.268 € | 19.866 € | 18.530 € | 17.270 € | 16.100 € | 14.988 € |
| 60.000 € | 27.477 € | 26.271 € | 25.042 € | 23.782 € | 22.510 € | 21.268 € | 19.866 € | 18.530 € | 17.270 € | 16.100 € | 14.988 € |
| 63.000 € | 27.477 € | 26.271 € | 25.042 € | 23.782 € | 22.510 € | 21.268 € | 19.866 € | 18.530 € | 17.270 € | 16.100 € | 14.988 € |
| 66.000 € | 27.477 € | 26.271 € | 25.042 € | 23.782 € | 22.510 € | 21.268 € | 19.866 € | 18.530 € | 17.270 € | 16.100 € | 14.988 € |
| 69.000 € | 27.477 € | 26.271 € | 25.042 € | 23.782 € | 22.510 € | 21.268 € | 19.866 € | 18.530 € | 17.270 € | 16.100 € | 14.988 € |
| 72.000 € | 27.477 € | 26.271 € | 25.042 € | 23.782 € | 22.510 € | 21.268 € | 19.866 € | 18.530 € | 17.270 € | 16.100 € | 14.988 € |
| 75.000 € | 27.477 € | 26.271 € | 25.042 € | 23.782 € | 22.510 € | 21.268 € | 19.866 € | 18.530 € | 17.270 € | 16.100 € | 14.988 € |
| 78.000 € | 27.477 € | 26.271 € | 25.042 € | 23.782 € | 22.510 € | 21.268 € | 19.866 € | 18.530 € | 17.270 € | 16.100 € | 14.988 € |
| 81.000 € | 27.477 € | 26.271 € | 25.042 € | 23.782 € | 22.510 € | 21.268 € | 19.866 € | 18.530 € | 17.270 € | 16.100 € | 14.988 € |
| 84.000 € | 27.477 € | 26.271 € | 25.042 € | 23.782 € | 22.510 € | 21.268 € | 19.866 € | 18.530 € | 17.270 € | 16.100 € | 14.988 € |
| 87.000 € | 27.477 € | 26.271 € | 25.042 € | 23.782 € | 22.510 € | 21.268 € | 19.866 € | 18.530 € | 17.270 € | 16.100 € | 14.988 € |
| 90.000 € | 27.477 € | 26.271 € | 25.042 € | 23.782 € | 22.510 € | 21.268 € | 19.866 € | 18.530 € | 17.270 € | 16.100 € | 14.988 € |
| 93.000 € | 27.477 € | 26.271 € | 25.042 € | 23.782 € | 22.510 € | 21.268 € | 19.866 € | 18.530 € | 17.270 € | 16.100 € | 14.988 € |
| 96.000 € | 27.477 € | 26.271 € | 25.042 € | 23.782 € | 22.510 € | 21.268 € | 19.866 € | 18.530 € | 17.270 € | 16.100 € | 14.988 € |
| 99.000 € | 27.477 € | 26.271 € | 25.042 € | 23.782 € | 22.510 € | 21.268 € | 19.866 € | 18.530 € | 17.270 € | 16.100 € | 14.988 € |
| 102.000 € | 27.477 € | 26.271 € | 25.042 € | 23.782 € | 22.510 € | 21.268 € | 19.866 € | 18.530 € | 17.270 € | 16.100 € | 14.988 € |
| 105.000 € | 27.477 € | 26.271 € | 25.042 € | 23.782 € | 22.510 € | 21.268 € | 19.866 € | 18.530 € | 17.270 € | 16.100 € | 14.988 € |
| 108.000 € | 27.477 € | 26.271 € | 25.042 € | 23.782 € | 22.510 € | 21.268 € | 19.866 € | 18.530 € | 17.270 € | 16.100 € | 14.988 € |
| 111.000 € | 27.477 € | 26.271 € | 25.042 € | 23.782 € | 22.510 € | 21.268 € | 19.866 € | 18.530 € | 17.270 € | 16.100 € | 14.988 € |
| 114.000 € | 27.477 € | 26.271 € | 25.042 € | 23.782 € | 22.510 € | 21.268 € | 19.866 € | 18.530 € | 17.270 € | 16.100 € | 14.988 € |
| 117.000 € | 27.477 € | 26.271 € | 25.042 € | 23.782 € | 22.510 € | 21.268 € | 19.866 € | 18.530 € | 17.270 € | 16.100 € | 14.988 € |
| 120.000 € | 27.477 € | 26.271 € | 25.042 € | 23.782 € | 22.510 € | 21.268 € | 19.866 € | 18.530 € | 17.270 € | 16.100 € | 14.988 € |

# TABLA 1.C.1
## Lucro cesante del cónyuge
Años de duración del matrimonio: 15 años

| Ingreso neto | | | | | | | | | Edad del cónyuge |
|---|---|---|---|---|---|---|---|---|---|
| Hasta | 91 | 92 | 93 | 94 | 95 | 96 | 97 | 98 | 99 o más |
| 9.000 € | 3.206 € | 3.000 € | 3.000 € | 3.000 € | 3.000 € | 3.000 € | 3.000 € | 3.000 € | 3.000 € |
| 12.000 € | 4.274 € | 3.944 € | 3.580 € | 3.269 € | 3.000 € | 3.000 € | 3.000 € | 3.000 € | 3.000 € |
| 15.000 € | 5.343 € | 4.930 € | 4.474 € | 4.086 € | 3.656 € | 3.205 € | 3.000 € | 3.000 € | 3.000 € |
| 18.000 € | 6.411 € | 5.916 € | 5.369 € | 4.903 € | 4.387 € | 3.846 € | 3.243 € | 3.000 € | 3.000 € |
| 21.000 € | 7.480 € | 6.902 € | 6.264 € | 5.720 € | 5.118 € | 4.487 € | 3.784 € | 3.000 € | 3.000 € |
| 24.000 € | 8.548 € | 7.887 € | 7.159 € | 6.537 € | 5.849 € | 5.128 € | 4.325 € | 3.287 € | 3.000 € |
| 27.000 € | 9.617 € | 8.873 € | 8.054 € | 7.355 € | 6.581 € | 5.769 € | 4.865 € | 3.698 € | 3.000 € |
| 30.000 € | 10.685 € | 9.859 € | 8.949 € | 8.172 € | 7.312 € | 6.410 € | 5.406 € | 4.108 € | 3.000 € |
| 33.000 € | 11.754 € | 10.845 € | 9.844 € | 8.989 € | 8.043 € | 7.051 € | 5.946 € | 4.519 € | 3.000 € |
| 36.000 € | 12.822 € | 11.831 € | 10.739 € | 9.806 € | 8.774 € | 7.692 € | 6.487 € | 4.930 € | 3.000 € |
| 39.000 € | 13.891 € | 12.817 € | 11.634 € | 10.623 € | 9.505 € | 8.333 € | 7.027 € | 5.341 € | 3.120 € |
| 42.000 € | 13.891 € | 12.817 € | 11.634 € | 10.623 € | 9.505 € | 8.333 € | 7.027 € | 5.341 € | 3.120 € |
| 45.000 € | 13.891 € | 12.817 € | 11.634 € | 10.623 € | 9.505 € | 8.333 € | 7.027 € | 5.341 € | 3.120 € |
| 48.000 € | 13.891 € | 12.817 € | 11.634 € | 10.623 € | 9.505 € | 8.333 € | 7.027 € | 5.341 € | 3.120 € |
| 51.000 € | 13.891 € | 12.817 € | 11.634 € | 10.623 € | 9.505 € | 8.333 € | 7.027 € | 5.341 € | 3.120 € |
| 54.000 € | 13.891 € | 12.817 € | 11.634 € | 10.623 € | 9.505 € | 8.333 € | 7.027 € | 5.341 € | 3.120 € |
| 57.000 € | 13.891 € | 12.817 € | 11.634 € | 10.623 € | 9.505 € | 8.333 € | 7.027 € | 5.341 € | 3.120 € |
| 60.000 € | 13.891 € | 12.817 € | 11.634 € | 10.623 € | 9.505 € | 8.333 € | 7.027 € | 5.341 € | 3.120 € |
| 63.000 € | 13.891 € | 12.817 € | 11.634 € | 10.623 € | 9.505 € | 8.333 € | 7.027 € | 5.341 € | 3.120 € |
| 66.000 € | 13.891 € | 12.817 € | 11.634 € | 10.623 € | 9.505 € | 8.333 € | 7.027 € | 5.341 € | 3.120 € |
| 69.000 € | 13.891 € | 12.817 € | 11.634 € | 10.623 € | 9.505 € | 8.333 € | 7.027 € | 5.341 € | 3.120 € |
| 72.000 € | 13.891 € | 12.817 € | 11.634 € | 10.623 € | 9.505 € | 8.333 € | 7.027 € | 5.341 € | 3.120 € |
| 75.000 € | 13.891 € | 12.817 € | 11.634 € | 10.623 € | 9.505 € | 8.333 € | 7.027 € | 5.341 € | 3.120 € |
| 78.000 € | 13.891 € | 12.817 € | 11.634 € | 10.623 € | 9.505 € | 8.333 € | 7.027 € | 5.341 € | 3.120 € |
| 81.000 € | 13.891 € | 12.817 € | 11.634 € | 10.623 € | 9.505 € | 8.333 € | 7.027 € | 5.341 € | 3.120 € |
| 84.000 € | 13.891 € | 12.817 € | 11.634 € | 10.623 € | 9.505 € | 8.333 € | 7.027 € | 5.341 € | 3.120 € |
| 87.000 € | 13.891 € | 12.817 € | 11.634 € | 10.623 € | 9.505 € | 8.333 € | 7.027 € | 5.341 € | 3.120 € |
| 90.000 € | 13.891 € | 12.817 € | 11.634 € | 10.623 € | 9.505 € | 8.333 € | 7.027 € | 5.341 € | 3.120 € |
| 93.000 € | 13.891 € | 12.817 € | 11.634 € | 10.623 € | 9.505 € | 8.333 € | 7.027 € | 5.341 € | 3.120 € |
| 96.000 € | 13.891 € | 12.817 € | 11.634 € | 10.623 € | 9.505 € | 8.333 € | 7.027 € | 5.341 € | 3.120 € |
| 99.000 € | 13.891 € | 12.817 € | 11.634 € | 10.623 € | 9.505 € | 8.333 € | 7.027 € | 5.341 € | 3.120 € |
| 102.000 € | 13.891 € | 12.817 € | 11.634 € | 10.623 € | 9.505 € | 8.333 € | 7.027 € | 5.341 € | 3.120 € |
| 105.000 € | 13.891 € | 12.817 € | 11.634 € | 10.623 € | 9.505 € | 8.333 € | 7.027 € | 5.341 € | 3.120 € |
| 108.000 € | 13.891 € | 12.817 € | 11.634 € | 10.623 € | 9.505 € | 8.333 € | 7.027 € | 5.341 € | 3.120 € |
| 111.000 € | 13.891 € | 12.817 € | 11.634 € | 10.623 € | 9.505 € | 8.333 € | 7.027 € | 5.341 € | 3.120 € |
| 114.000 € | 13.891 € | 12.817 € | 11.634 € | 10.623 € | 9.505 € | 8.333 € | 7.027 € | 5.341 € | 3.120 € |
| 117.000 € | 13.891 € | 12.817 € | 11.634 € | 10.623 € | 9.505 € | 8.333 € | 7.027 € | 5.341 € | 3.120 € |
| 120.000 € | 13.891 € | 12.817 € | 11.634 € | 10.623 € | 9.505 € | 8.333 € | 7.027 € | 5.341 € | 3.120 € |

# TABLA 1.C.1
## Lucro cesante del cónyuge
Años de duración del matrimonio: 16 años

| Ingreso neto | Edad del cónyuge | | | | | | | | |
|---|---|---|---|---|---|---|---|---|---|
| Hasta | 30 | 31 | 32 | 33 | 34 | 35 | 36 | 37 | 38 |
| 9.000 € | 15.926 € | 15.920 € | 15.913 € | 15.904 € | 15.894 € | 15.882 € | 15.868 € | 15.852 € | 15.835 € |
| 12.000 € | 21.234 € | 21.227 € | 21.217 € | 21.205 € | 21.192 € | 21.176 € | 21.158 € | 21.137 € | 21.113 € |
| 15.000 € | 26.543 € | 26.533 € | 26.522 € | 26.507 € | 26.490 € | 26.470 € | 26.447 € | 26.421 € | 26.391 € |
| 18.000 € | 31.851 € | 31.840 € | 31.826 € | 31.808 € | 31.788 € | 31.764 € | 31.736 € | 31.705 € | 31.669 € |
| 21.000 € | 37.160 € | 37.147 € | 37.131 € | 37.110 € | 37.086 € | 37.058 € | 37.026 € | 36.989 € | 36.948 € |
| 24.000 € | 42.468 € | 42.454 € | 42.435 € | 42.411 € | 42.384 € | 42.352 € | 42.315 € | 42.273 € | 42.226 € |
| 27.000 € | 47.777 € | 47.760 € | 47.739 € | 47.712 € | 47.682 € | 47.646 € | 47.605 € | 47.557 € | 47.504 € |
| 30.000 € | 53.086 € | 53.067 € | 53.044 € | 53.014 € | 52.980 € | 52.940 € | 52.894 € | 52.841 € | 52.782 € |
| 33.000 € | 58.394 € | 58.374 € | 58.348 € | 58.315 € | 58.278 € | 58.234 € | 58.183 € | 58.126 € | 58.060 € |
| 36.000 € | 63.703 € | 63.680 € | 63.652 € | 63.616 € | 63.576 € | 63.528 € | 63.473 € | 63.410 € | 63.339 € |
| 39.000 € | 69.011 € | 68.987 € | 68.957 € | 68.918 € | 68.874 € | 68.822 € | 68.762 € | 68.694 € | 68.617 € |
| 42.000 € | 74.320 € | 74.294 € | 74.261 € | 74.219 € | 74.172 € | 74.116 € | 74.052 € | 73.978 € | 73.895 € |
| 45.000 € | 79.628 € | 79.600 € | 79.565 € | 79.520 € | 79.470 € | 79.410 € | 79.341 € | 79.262 € | 79.173 € |
| 48.000 € | 84.937 € | 84.907 € | 84.870 € | 84.822 € | 84.768 € | 84.704 € | 84.630 € | 84.546 € | 84.451 € |
| 51.000 € | 100.064 € | 100.030 € | 99.986 € | 99.931 € | 99.869 € | 99.794 € | 99.709 € | 99.612 € | 99.502 € |
| 54.000 € | 126.774 € | 126.732 € | 126.678 € | 126.610 € | 126.533 € | 126.441 € | 126.336 € | 126.215 € | 126.080 € |
| 57.000 € | 153.484 € | 153.434 € | 153.370 € | 153.289 € | 153.197 € | 153.087 € | 152.962 € | 152.819 € | 152.657 € |
| 60.000 € | 180.194 € | 180.135 € | 180.062 € | 179.967 € | 179.861 € | 179.734 € | 179.589 € | 179.423 € | 179.235 € |
| 63.000 € | 206.904 € | 206.837 € | 206.754 € | 206.646 € | 206.525 € | 206.381 € | 206.216 € | 206.027 € | 205.813 € |
| 66.000 € | 233.614 € | 233.539 € | 233.446 € | 233.325 € | 233.190 € | 233.027 € | 232.842 € | 232.630 € | 232.391 € |
| 69.000 € | 260.324 € | 260.241 € | 260.138 € | 260.004 € | 259.854 € | 259.674 € | 259.469 € | 259.234 € | 258.969 € |
| 72.000 € | 287.033 € | 286.943 € | 286.829 € | 286.683 € | 286.518 € | 286.321 € | 286.096 € | 285.838 € | 285.547 € |
| 75.000 € | 313.743 € | 313.645 € | 313.521 € | 313.361 € | 313.182 € | 312.967 € | 312.722 € | 312.441 € | 312.124 € |
| 78.000 € | 340.453 € | 340.347 € | 340.213 € | 340.040 € | 339.847 € | 339.614 € | 339.349 € | 339.045 € | 338.702 € |
| 81.000 € | 367.163 € | 367.049 € | 366.905 € | 366.719 € | 366.511 € | 366.261 € | 365.976 € | 365.649 € | 365.280 € |
| 84.000 € | 393.873 € | 393.751 € | 393.597 € | 393.398 € | 393.175 € | 392.908 € | 392.603 € | 392.253 € | 391.858 € |
| 87.000 € | 420.583 € | 420.453 € | 420.289 € | 420.077 € | 419.839 € | 419.554 € | 419.229 € | 418.856 € | 418.436 € |
| 90.000 € | 447.293 € | 447.155 € | 446.980 € | 446.755 € | 446.503 € | 446.201 € | 445.856 € | 445.460 € | 445.013 € |
| 93.000 € | 474.003 € | 473.856 € | 473.672 € | 473.434 € | 473.168 € | 472.848 € | 472.483 € | 472.064 € | 471.591 € |
| 96.000 € | 500.713 € | 500.558 € | 500.364 € | 500.113 € | 499.832 € | 499.494 € | 499.109 € | 498.668 € | 498.169 € |
| 99.000 € | 527.422 € | 527.260 € | 527.056 € | 526.792 € | 526.496 € | 526.141 € | 525.736 € | 525.271 € | 524.747 € |
| 102.000 € | 554.132 € | 553.962 € | 553.748 € | 553.471 € | 553.160 € | 552.788 € | 552.363 € | 551.875 € | 551.325 € |
| 105.000 € | 580.842 € | 580.664 € | 580.440 € | 580.149 € | 579.824 € | 579.434 € | 578.989 € | 578.479 € | 577.903 € |
| 108.000 € | 607.552 € | 607.366 € | 607.132 € | 606.828 € | 606.489 € | 606.081 € | 605.616 € | 605.083 € | 604.480 € |
| 111.000 € | 634.262 € | 634.068 € | 633.823 € | 633.507 € | 633.153 € | 632.728 € | 632.243 € | 631.686 € | 631.058 € |
| 114.000 € | 660.972 € | 660.770 € | 660.515 € | 660.186 € | 659.817 € | 659.374 € | 658.869 € | 658.290 € | 657.636 € |
| 117.000 € | 687.682 € | 687.472 € | 687.207 € | 686.865 € | 686.481 € | 686.021 € | 685.496 € | 684.894 € | 684.214 € |
| 120.000 € | 714.392 € | 714.174 € | 713.899 € | 713.543 € | 713.146 € | 712.668 € | 712.123 € | 711.497 € | 710.792 € |

## TABLA 1.C.1
## Lucro cesante del cónyuge
### Años de duración del matrimonio: 16 años

| Ingreso neto Hasta | 39 | 40 | 41 | 42 | 43 | 44 | 45 | 46 | 47 |
|---|---|---|---|---|---|---|---|---|---|
| 9.000 € | 15.814 € | 15.793 € | 15.769 € | 15.743 € | 15.716 € | 15.689 € | 15.658 € | 15.626 € | 15.593 € |
| 12.000 € | 21.086 € | 21.057 € | 21.026 € | 20.991 € | 20.955 € | 20.918 € | 20.878 € | 20.835 € | 20.791 € |
| 15.000 € | 26.357 € | 26.321 € | 26.282 € | 26.239 € | 26.194 € | 26.148 € | 26.097 € | 26.043 € | 25.989 € |
| 18.000 € | 31.629 € | 31.585 € | 31.539 € | 31.487 € | 31.432 € | 31.377 € | 31.317 € | 31.252 € | 31.186 € |
| 21.000 € | 36.900 € | 36.850 € | 36.795 € | 36.734 € | 36.671 € | 36.607 € | 36.536 € | 36.461 € | 36.384 € |
| 24.000 € | 42.172 € | 42.114 € | 42.051 € | 41.982 € | 41.910 € | 41.837 € | 41.756 € | 41.669 € | 41.582 € |
| 27.000 € | 47.443 € | 47.378 € | 47.308 € | 47.230 € | 47.148 € | 47.066 € | 46.975 € | 46.878 € | 46.779 € |
| 30.000 € | 52.715 € | 52.642 € | 52.564 € | 52.478 € | 52.387 € | 52.296 € | 52.195 € | 52.086 € | 51.977 € |
| 33.000 € | 57.986 € | 57.906 € | 57.821 € | 57.726 € | 57.626 € | 57.525 € | 57.414 € | 57.295 € | 57.175 € |
| 36.000 € | 63.258 € | 63.171 € | 63.077 € | 62.973 € | 62.865 € | 62.755 € | 62.634 € | 62.504 € | 62.372 € |
| 39.000 € | 68.529 € | 68.435 € | 68.334 € | 68.221 € | 68.103 € | 67.985 € | 67.853 € | 67.712 € | 67.570 € |
| 42.000 € | 73.800 € | 73.699 € | 73.590 € | 73.469 € | 73.342 € | 73.214 € | 73.072 € | 72.921 € | 72.768 € |
| 45.000 € | 79.072 € | 78.963 € | 78.846 € | 78.717 € | 78.581 € | 78.444 € | 78.292 € | 78.130 € | 77.966 € |
| 48.000 € | 84.343 € | 84.228 € | 84.103 € | 83.965 € | 83.819 € | 83.673 € | 83.511 € | 83.338 € | 83.163 € |
| 51.000 € | 99.376 € | 99.242 € | 99.097 € | 98.937 € | 98.768 € | 98.598 € | 98.410 € | 98.209 € | 98.005 € |
| 54.000 € | 125.925 € | 125.758 € | 125.579 € | 125.380 € | 125.171 € | 124.961 € | 124.727 € | 124.478 € | 124.225 € |
| 57.000 € | 152.473 € | 152.275 € | 152.061 € | 151.823 € | 151.574 € | 151.323 € | 151.045 € | 150.746 € | 150.444 € |
| 60.000 € | 179.021 € | 178.791 € | 178.542 € | 178.267 € | 177.977 € | 177.686 € | 177.362 € | 177.015 € | 176.663 € |
| 63.000 € | 205.569 € | 205.307 € | 205.024 € | 204.710 € | 204.380 € | 204.048 € | 203.679 € | 203.283 € | 202.882 € |
| 66.000 € | 232.117 € | 231.823 € | 231.506 € | 231.153 € | 230.783 € | 230.410 € | 229.996 € | 229.552 € | 229.102 € |
| 69.000 € | 258.665 € | 258.340 € | 257.988 € | 257.596 € | 257.185 € | 256.773 € | 256.313 € | 255.820 € | 255.321 € |
| 72.000 € | 285.213 € | 284.856 € | 284.469 € | 284.040 € | 283.588 € | 283.135 € | 282.630 € | 282.089 € | 281.540 € |
| 75.000 € | 311.761 € | 311.372 € | 310.951 € | 310.483 € | 309.991 € | 309.498 € | 308.948 € | 308.357 € | 307.759 € |
| 78.000 € | 338.309 € | 337.888 € | 337.433 € | 336.926 € | 336.394 € | 335.860 € | 335.265 € | 334.626 € | 333.979 € |
| 81.000 € | 364.858 € | 364.405 € | 363.915 € | 363.370 € | 362.797 € | 362.222 € | 361.582 € | 360.894 € | 360.198 € |
| 84.000 € | 391.406 € | 390.921 € | 390.396 € | 389.813 € | 389.200 € | 388.585 € | 387.899 € | 387.163 € | 386.417 € |
| 87.000 € | 417.954 € | 417.437 € | 416.878 € | 416.256 € | 415.603 € | 414.947 € | 414.216 € | 413.431 € | 412.636 € |
| 90.000 € | 444.502 € | 443.953 € | 443.360 € | 442.700 € | 442.006 € | 441.310 € | 440.533 € | 439.700 € | 438.856 € |
| 93.000 € | 471.050 € | 470.470 € | 469.842 € | 469.143 € | 468.409 € | 467.672 € | 466.851 € | 465.968 € | 465.075 € |
| 96.000 € | 497.598 € | 496.986 € | 496.323 € | 495.586 € | 494.812 € | 494.034 € | 493.168 € | 492.237 € | 491.294 € |
| 99.000 € | 524.146 € | 523.502 € | 522.805 € | 522.030 € | 521.214 € | 520.397 € | 519.485 € | 518.505 € | 517.513 € |
| 102.000 € | 550.694 € | 550.018 € | 549.287 € | 548.473 € | 547.617 € | 546.759 € | 545.802 € | 544.774 € | 543.733 € |
| 105.000 € | 577.243 € | 576.535 € | 575.769 € | 574.916 € | 574.020 € | 573.122 € | 572.119 € | 571.042 € | 569.952 € |
| 108.000 € | 603.791 € | 603.051 € | 602.250 € | 601.360 € | 600.423 € | 599.484 € | 598.436 € | 597.311 € | 596.171 € |
| 111.000 € | 630.339 € | 629.567 € | 628.732 € | 627.803 € | 626.826 € | 625.846 € | 624.754 € | 623.579 € | 622.390 € |
| 114.000 € | 656.887 € | 656.083 € | 655.214 € | 654.246 € | 653.229 € | 652.209 € | 651.071 € | 649.848 € | 648.610 € |
| 117.000 € | 683.435 € | 682.600 € | 681.696 € | 680.689 € | 679.632 € | 678.571 € | 677.388 € | 676.116 € | 674.829 € |
| 120.000 € | 709.983 € | 709.116 € | 708.177 € | 707.133 € | 706.035 € | 704.934 € | 703.705 € | 702.385 € | 701.048 € |

# TABLA 1.C.1
## Lucro cesante del cónyuge
Años de duración del matrimonio: 16 años

| Ingreso neto Hasta | 48 | 49 | 50 | 51 | 52 | 53 | 54 | 55 | 56 |
|---|---|---|---|---|---|---|---|---|---|
| 9.000 € | 15.560 € | 15.524 € | 15.488 € | 15.451 € | 15.447 € | 15.442 € | 15.438 € | 15.433 € | 15.268 € |
| 12.000 € | 20.747 € | 20.699 € | 20.651 € | 20.602 € | 20.596 € | 20.590 € | 20.584 € | 20.578 € | 20.357 € |
| 15.000 € | 25.934 € | 25.874 € | 25.813 € | 25.752 € | 25.745 € | 25.737 € | 25.730 € | 25.722 € | 25.446 € |
| 18.000 € | 31.121 € | 31.049 € | 30.976 € | 30.902 € | 30.894 € | 30.885 € | 30.876 € | 30.867 € | 30.535 € |
| 21.000 € | 36.307 € | 36.224 € | 36.139 € | 36.053 € | 36.042 € | 36.032 € | 36.022 € | 36.011 € | 35.624 € |
| 24.000 € | 41.494 € | 41.398 € | 41.301 € | 41.203 € | 41.191 € | 41.180 € | 41.168 € | 41.156 € | 40.713 € |
| 27.000 € | 46.681 € | 46.573 € | 46.464 € | 46.354 € | 46.340 € | 46.327 € | 46.314 € | 46.300 € | 45.803 € |
| 30.000 € | 51.868 € | 51.748 € | 51.627 € | 51.504 € | 51.489 € | 51.474 € | 51.460 € | 51.445 € | 50.892 € |
| 33.000 € | 57.055 € | 56.923 € | 56.790 € | 56.654 € | 56.638 € | 56.622 € | 56.606 € | 56.589 € | 55.981 € |
| 36.000 € | 62.241 € | 62.097 € | 61.952 € | 61.805 € | 60.706 € | 59.767 € | 58.972 € | 58.340 € | 57.853 € |
| 39.000 € | 67.428 € | 67.272 € | 67.115 € | 66.955 € | 64.402 € | 61.998 € | 59.727 € | 59.471 € | 59.115 € |
| 42.000 € | 72.615 € | 72.447 € | 72.278 € | 72.106 € | 68.098 € | 64.230 € | 60.482 € | 60.316 € | 60.149 € |
| 45.000 € | 77.802 € | 77.622 € | 77.440 € | 77.256 € | 71.795 € | 66.461 € | 61.237 € | 61.233 € | 61.229 € |
| 48.000 € | 82.988 € | 82.797 € | 82.603 € | 82.406 € | 75.491 € | 68.693 € | 61.992 € | 61.992 € | 61.992 € |
| 51.000 € | 97.802 € | 97.579 € | 97.354 € | 97.125 € | 88.736 € | 80.454 € | 72.255 € | 64.155 € | 63.963 € |
| 54.000 € | 123.972 € | 123.696 € | 123.416 € | 123.132 € | 113.245 € | 103.456 € | 93.733 € | 84.095 € | 74.526 € |
| 57.000 € | 150.143 € | 149.812 € | 149.477 € | 149.138 € | 137.754 € | 126.458 € | 115.211 € | 104.035 € | 92.908 € |
| 60.000 € | 176.313 € | 175.928 € | 175.539 € | 175.144 € | 162.263 € | 149.460 € | 136.689 € | 123.975 € | 111.291 € |
| 63.000 € | 202.483 € | 202.044 € | 201.601 € | 201.150 € | 186.772 € | 172.463 € | 158.167 € | 143.915 € | 129.673 € |
| 66.000 € | 228.653 € | 228.161 € | 227.662 € | 227.157 € | 211.281 € | 195.465 € | 179.645 € | 163.854 € | 148.055 € |
| 69.000 € | 254.824 € | 254.277 € | 253.724 € | 253.163 € | 235.790 € | 218.467 € | 201.123 € | 183.794 € | 166.437 € |
| 72.000 € | 280.994 € | 280.393 € | 279.786 € | 279.169 € | 260.299 € | 241.469 € | 222.601 € | 203.734 € | 184.819 € |
| 75.000 € | 307.164 € | 306.510 € | 305.847 € | 305.175 € | 284.808 € | 264.472 € | 244.080 € | 223.674 € | 203.201 € |
| 78.000 € | 333.334 € | 332.626 € | 331.909 € | 331.182 € | 309.317 € | 287.474 € | 265.558 € | 243.614 € | 221.583 € |
| 81.000 € | 359.505 € | 358.742 € | 357.971 € | 357.188 € | 333.826 € | 310.476 € | 287.036 € | 263.553 € | 239.966 € |
| 84.000 € | 385.675 € | 384.859 € | 384.032 € | 383.194 € | 358.335 € | 333.478 € | 308.514 € | 283.493 € | 258.348 € |
| 87.000 € | 411.845 € | 410.975 € | 410.094 € | 409.200 € | 382.844 € | 356.481 € | 329.992 € | 303.433 € | 276.730 € |
| 90.000 € | 438.015 € | 437.091 € | 436.156 € | 435.207 € | 407.353 € | 379.483 € | 351.470 € | 323.373 € | 295.112 € |
| 93.000 € | 464.186 € | 463.207 € | 462.217 € | 461.213 € | 431.862 € | 402.485 € | 372.948 € | 343.313 € | 313.494 € |
| 96.000 € | 490.356 € | 489.324 € | 488.279 € | 487.219 € | 456.371 € | 425.487 € | 394.426 € | 363.252 € | 331.876 € |
| 99.000 € | 516.526 € | 515.440 € | 514.341 € | 513.226 € | 480.880 € | 448.490 € | 415.904 € | 383.192 € | 350.258 € |
| 102.000 € | 542.696 € | 541.556 € | 540.402 € | 539.232 € | 505.389 € | 471.492 € | 437.382 € | 403.132 € | 368.641 € |
| 105.000 € | 568.867 € | 567.673 € | 566.464 € | 565.238 € | 529.898 € | 494.494 € | 458.860 € | 423.072 € | 387.023 € |
| 108.000 € | 595.037 € | 593.789 € | 592.526 € | 591.244 € | 554.407 € | 517.496 € | 480.338 € | 443.012 € | 405.405 € |
| 111.000 € | 621.207 € | 619.905 € | 618.587 € | 617.251 € | 578.916 € | 540.499 € | 501.816 € | 462.951 € | 423.787 € |
| 114.000 € | 647.377 € | 646.022 € | 644.649 € | 643.257 € | 603.425 € | 563.501 € | 523.294 € | 482.891 € | 442.169 € |
| 117.000 € | 673.548 € | 672.138 € | 670.710 € | 669.263 € | 627.934 € | 586.503 € | 544.772 € | 502.831 € | 460.551 € |
| 120.000 € | 699.718 € | 698.254 € | 696.772 € | 695.269 € | 652.443 € | 609.505 € | 566.251 € | 522.771 € | 478.933 € |

## TABLA 1.C.1
## Lucro cesante del cónyuge
Años de duración del matrimonio: 16 años

| Ingreso neto Hasta | 57 | 58 | 59 | 60 | 61 | 62 | 63 | 64 | 65 | 66 |
|---|---|---|---|---|---|---|---|---|---|---|
| 9.000 € | 15.022 € | 14.732 € | 14.392 € | 14.015 € | 13.605 € | 13.164 € | 12.707 € | 12.237 € | 11.752 € | 11.277 € |
| 12.000 € | 20.029 € | 19.643 € | 19.189 € | 18.687 € | 18.140 € | 17.551 € | 16.943 € | 16.316 € | 15.669 € | 15.037 € |
| 15.000 € | 25.036 € | 24.553 € | 23.987 € | 23.359 € | 22.675 € | 21.939 € | 21.179 € | 20.395 € | 19.586 € | 18.796 € |
| 18.000 € | 30.044 € | 29.464 € | 28.784 € | 28.031 € | 27.210 € | 26.327 € | 25.414 € | 24.474 € | 23.503 € | 22.555 € |
| 21.000 € | 35.051 € | 34.374 € | 33.581 € | 32.703 € | 31.745 € | 30.715 € | 29.650 € | 28.553 € | 27.420 € | 26.314 € |
| 24.000 € | 40.058 € | 39.285 € | 38.379 € | 37.374 € | 36.280 € | 35.103 € | 33.886 € | 32.633 € | 31.337 € | 30.073 € |
| 27.000 € | 45.066 € | 44.196 € | 43.176 € | 42.046 € | 40.815 € | 39.491 € | 38.122 € | 36.712 € | 35.255 € | 33.832 € |
| 30.000 € | 50.073 € | 49.106 € | 47.973 € | 46.718 € | 45.351 € | 43.879 € | 42.357 € | 40.791 € | 39.172 € | 37.592 € |
| 33.000 € | 55.080 € | 54.017 € | 52.771 € | 51.390 € | 49.886 € | 48.266 € | 46.593 € | 44.870 € | 43.089 € | 41.351 € |
| 36.000 € | 57.554 € | 57.420 € | 56.741 € | 56.062 € | 54.421 € | 52.654 € | 50.829 € | 48.949 € | 47.006 € | 45.110 € |
| 39.000 € | 58.760 € | 58.295 € | 57.830 € | 56.697 € | 54.946 € | 52.786 € | 50.958 € | 48.969 € | 47.137 € | 45.110 € |
| 42.000 € | 59.983 € | 59.091 € | 58.199 € | 57.336 € | 55.474 € | 52.916 € | 51.086 € | 48.989 € | 47.267 € | 45.110 € |
| 45.000 € | 61.225 € | 59.897 € | 58.569 € | 57.978 € | 56.004 € | 53.047 € | 51.214 € | 49.008 € | 47.397 € | 45.110 € |
| 48.000 € | 61.992 € | 61.992 € | 58.939 € | 58.625 € | 56.537 € | 53.177 € | 51.342 € | 49.028 € | 47.526 € | 45.110 € |
| 51.000 € | 63.771 € | 63.771 € | 59.310 € | 59.277 € | 57.073 € | 53.307 € | 51.469 € | 49.048 € | 47.656 € | 45.110 € |
| 54.000 € | 65.076 € | 65.076 € | 59.683 € | 59.683 € | 57.612 € | 53.437 € | 51.597 € | 49.067 € | 47.785 € | 45.110 € |
| 57.000 € | 81.891 € | 70.934 € | 60.056 € | 60.056 € | 58.154 € | 53.567 € | 51.724 € | 49.087 € | 47.914 € | 45.110 € |
| 60.000 € | 98.707 € | 86.165 € | 73.685 € | 61.262 € | 58.700 € | 53.697 € | 51.851 € | 49.106 € | 48.044 € | 45.110 € |
| 63.000 € | 115.523 € | 101.396 € | 87.313 € | 73.270 € | 59.250 € | 53.826 € | 51.979 € | 49.126 € | 48.173 € | 45.110 € |
| 66.000 € | 132.339 € | 116.626 € | 100.942 € | 85.278 € | 69.616 € | 53.956 € | 52.106 € | 49.145 € | 48.302 € | 45.110 € |
| 69.000 € | 149.155 € | 131.857 € | 114.571 € | 97.287 € | 79.982 € | 62.656 € | 52.233 € | 49.164 € | 48.432 € | 45.110 € |
| 72.000 € | 165.970 € | 147.087 € | 128.200 € | 109.295 € | 90.347 € | 71.357 € | 52.361 € | 49.184 € | 48.561 € | 45.110 € |
| 75.000 € | 182.786 € | 162.318 € | 141.828 € | 121.303 € | 100.713 € | 80.057 € | 59.377 € | 49.203 € | 48.691 € | 45.110 € |
| 78.000 € | 199.602 € | 177.549 € | 155.457 € | 133.312 € | 111.079 € | 88.757 € | 66.393 € | 49.222 € | 48.821 € | 45.110 € |
| 81.000 € | 216.418 € | 192.779 € | 169.086 € | 145.320 € | 121.445 € | 97.458 € | 73.409 € | 49.242 € | 48.950 € | 45.110 € |
| 84.000 € | 233.234 € | 208.010 € | 182.715 € | 157.328 € | 131.811 € | 106.158 € | 80.425 € | 54.549 € | 49.081 € | 45.110 € |
| 87.000 € | 250.049 € | 223.240 € | 196.344 € | 169.337 € | 142.176 € | 114.858 € | 87.441 € | 59.857 € | 49.211 € | 45.110 € |
| 90.000 € | 266.865 € | 238.471 € | 209.972 € | 181.345 € | 152.542 € | 123.558 € | 94.457 € | 65.164 € | 49.341 € | 45.110 € |
| 93.000 € | 283.681 € | 253.702 € | 223.601 € | 193.353 € | 162.908 € | 132.259 € | 101.473 € | 70.472 € | 49.472 € | 45.110 € |
| 96.000 € | 300.497 € | 268.932 € | 237.230 € | 205.362 € | 173.274 € | 140.959 € | 108.489 € | 75.779 € | 49.603 € | 45.110 € |
| 99.000 € | 317.313 € | 284.163 € | 250.859 € | 217.370 € | 183.639 € | 149.659 € | 115.505 € | 81.087 € | 49.734 € | 45.110 € |
| 102.000 € | 334.129 € | 299.393 € | 264.487 € | 229.378 € | 194.005 € | 158.360 € | 122.520 € | 86.394 € | 49.865 € | 45.110 € |
| 105.000 € | 350.944 € | 314.624 € | 278.116 € | 241.387 € | 204.371 € | 167.060 € | 129.536 € | 91.702 € | 53.433 € | 45.110 € |
| 108.000 € | 367.760 € | 329.855 € | 291.745 € | 253.395 € | 214.737 € | 175.760 € | 136.552 € | 97.010 € | 57.000 € | 45.110 € |
| 111.000 € | 384.576 € | 345.085 € | 305.374 € | 265.403 € | 225.103 € | 184.461 € | 143.568 € | 102.317 € | 60.568 € | 45.110 € |
| 114.000 € | 401.392 € | 360.316 € | 319.002 € | 277.412 € | 235.468 € | 193.161 € | 150.584 € | 107.625 € | 64.135 € | 45.110 € |
| 117.000 € | 418.208 € | 375.546 € | 332.631 € | 289.420 € | 245.834 € | 201.861 € | 157.600 € | 112.932 € | 67.702 € | 45.110 € |
| 120.000 € | 435.023 € | 390.777 € | 346.260 € | 301.428 € | 256.200 € | 210.562 € | 164.616 € | 118.240 € | 71.270 € | 45.110 € |

# TABLA 1.C.1
## Lucro cesante del cónyuge
Años de duración del matrimonio: 16 años

| Ingreso neto Hasta | 67 | 68 | 69 | 70 | 71 | 72 | 73 | 74 | 75 | 76 | 77 |
|---|---|---|---|---|---|---|---|---|---|---|---|
| 9.000 € | 9.049 € | 8.953 € | 8.840 € | 8.701 € | 8.562 € | 8.402 € | 8.205 € | 8.002 € | 7.792 € | 7.558 € | 7.303 € |
| 12.000 € | 12.065 € | 11.937 € | 11.787 € | 11.602 € | 11.416 € | 11.203 € | 10.940 € | 10.670 € | 10.390 € | 10.078 € | 9.737 € |
| 15.000 € | 15.081 € | 14.921 € | 14.733 € | 14.502 € | 14.270 € | 14.004 € | 13.675 € | 13.337 € | 12.987 € | 12.597 € | 12.172 € |
| 18.000 € | 18.097 € | 17.905 € | 17.680 € | 17.403 € | 17.124 € | 16.805 € | 16.410 € | 16.004 € | 15.585 € | 15.117 € | 14.606 € |
| 21.000 € | 21.113 € | 20.889 € | 20.627 € | 20.303 € | 19.978 € | 19.605 € | 19.145 € | 18.672 € | 18.182 € | 17.636 € | 17.040 € |
| 24.000 € | 24.130 € | 23.873 € | 23.573 € | 23.204 € | 22.832 € | 22.406 € | 21.880 € | 21.339 € | 20.779 € | 20.155 € | 19.475 € |
| 27.000 € | 27.146 € | 26.858 € | 26.520 € | 26.104 € | 25.685 € | 25.207 € | 24.615 € | 24.007 € | 23.377 € | 22.675 € | 21.909 € |
| 30.000 € | 30.162 € | 29.842 € | 29.467 € | 29.005 € | 28.539 € | 28.008 € | 27.351 € | 26.674 € | 25.974 € | 25.194 € | 24.343 € |
| 33.000 € | 33.178 € | 32.826 € | 32.414 € | 31.905 € | 31.393 € | 30.809 € | 30.086 € | 29.342 € | 28.572 € | 27.714 € | 26.778 € |
| 36.000 € | 36.194 € | 35.810 € | 35.360 € | 34.806 € | 34.247 € | 33.609 € | 32.821 € | 32.009 € | 31.169 € | 30.233 € | 29.212 € |
| 39.000 € | 39.211 € | 38.794 € | 38.307 € | 37.706 € | 37.101 € | 36.410 € | 35.556 € | 34.676 € | 33.767 € | 32.753 € | 31.646 € |
| 42.000 € | 39.211 € | 38.794 € | 38.307 € | 37.706 € | 37.101 € | 36.410 € | 35.556 € | 34.676 € | 33.767 € | 32.753 € | 31.646 € |
| 45.000 € | 39.211 € | 38.794 € | 38.307 € | 37.706 € | 37.101 € | 36.410 € | 35.556 € | 34.676 € | 33.767 € | 32.753 € | 31.646 € |
| 48.000 € | 39.211 € | 38.794 € | 38.307 € | 37.706 € | 37.101 € | 36.410 € | 35.556 € | 34.676 € | 33.767 € | 32.753 € | 31.646 € |
| 51.000 € | 39.211 € | 38.794 € | 38.307 € | 37.706 € | 37.101 € | 36.410 € | 35.556 € | 34.676 € | 33.767 € | 32.753 € | 31.646 € |
| 54.000 € | 39.211 € | 38.794 € | 38.307 € | 37.706 € | 37.101 € | 36.410 € | 35.556 € | 34.676 € | 33.767 € | 32.753 € | 31.646 € |
| 57.000 € | 39.211 € | 38.794 € | 38.307 € | 37.706 € | 37.101 € | 36.410 € | 35.556 € | 34.676 € | 33.767 € | 32.753 € | 31.646 € |
| 60.000 € | 39.211 € | 38.794 € | 38.307 € | 37.706 € | 37.101 € | 36.410 € | 35.556 € | 34.676 € | 33.767 € | 32.753 € | 31.646 € |
| 63.000 € | 39.211 € | 38.794 € | 38.307 € | 37.706 € | 37.101 € | 36.410 € | 35.556 € | 34.676 € | 33.767 € | 32.753 € | 31.646 € |
| 66.000 € | 39.211 € | 38.794 € | 38.307 € | 37.706 € | 37.101 € | 36.410 € | 35.556 € | 34.676 € | 33.767 € | 32.753 € | 31.646 € |
| 69.000 € | 39.211 € | 38.794 € | 38.307 € | 37.706 € | 37.101 € | 36.410 € | 35.556 € | 34.676 € | 33.767 € | 32.753 € | 31.646 € |
| 72.000 € | 39.211 € | 38.794 € | 38.307 € | 37.706 € | 37.101 € | 36.410 € | 35.556 € | 34.676 € | 33.767 € | 32.753 € | 31.646 € |
| 75.000 € | 39.211 € | 38.794 € | 38.307 € | 37.706 € | 37.101 € | 36.410 € | 35.556 € | 34.676 € | 33.767 € | 32.753 € | 31.646 € |
| 78.000 € | 39.211 € | 38.794 € | 38.307 € | 37.706 € | 37.101 € | 36.410 € | 35.556 € | 34.676 € | 33.767 € | 32.753 € | 31.646 € |
| 81.000 € | 39.211 € | 38.794 € | 38.307 € | 37.706 € | 37.101 € | 36.410 € | 35.556 € | 34.676 € | 33.767 € | 32.753 € | 31.646 € |
| 84.000 € | 39.211 € | 38.794 € | 38.307 € | 37.706 € | 37.101 € | 36.410 € | 35.556 € | 34.676 € | 33.767 € | 32.753 € | 31.646 € |
| 87.000 € | 39.211 € | 38.794 € | 38.307 € | 37.706 € | 37.101 € | 36.410 € | 35.556 € | 34.676 € | 33.767 € | 32.753 € | 31.646 € |
| 90.000 € | 39.211 € | 38.794 € | 38.307 € | 37.706 € | 37.101 € | 36.410 € | 35.556 € | 34.676 € | 33.767 € | 32.753 € | 31.646 € |
| 93.000 € | 39.211 € | 38.794 € | 38.307 € | 37.706 € | 37.101 € | 36.410 € | 35.556 € | 34.676 € | 33.767 € | 32.753 € | 31.646 € |
| 96.000 € | 39.211 € | 38.794 € | 38.307 € | 37.706 € | 37.101 € | 36.410 € | 35.556 € | 34.676 € | 33.767 € | 32.753 € | 31.646 € |
| 99.000 € | 39.211 € | 38.794 € | 38.307 € | 37.706 € | 37.101 € | 36.410 € | 35.556 € | 34.676 € | 33.767 € | 32.753 € | 31.646 € |
| 102.000 € | 39.211 € | 38.794 € | 38.307 € | 37.706 € | 37.101 € | 36.410 € | 35.556 € | 34.676 € | 33.767 € | 32.753 € | 31.646 € |
| 105.000 € | 39.211 € | 38.794 € | 38.307 € | 37.706 € | 37.101 € | 36.410 € | 35.556 € | 34.676 € | 33.767 € | 32.753 € | 31.646 € |
| 108.000 € | 39.211 € | 38.794 € | 38.307 € | 37.706 € | 37.101 € | 36.410 € | 35.556 € | 34.676 € | 33.767 € | 32.753 € | 31.646 € |
| 111.000 € | 39.211 € | 38.794 € | 38.307 € | 37.706 € | 37.101 € | 36.410 € | 35.556 € | 34.676 € | 33.767 € | 32.753 € | 31.646 € |
| 114.000 € | 39.211 € | 38.794 € | 38.307 € | 37.706 € | 37.101 € | 36.410 € | 35.556 € | 34.676 € | 33.767 € | 32.753 € | 31.646 € |
| 117.000 € | 39.211 € | 38.794 € | 38.307 € | 37.706 € | 37.101 € | 36.410 € | 35.556 € | 34.676 € | 33.767 € | 32.753 € | 31.646 € |
| 120.000 € | 39.211 € | 38.794 € | 38.307 € | 37.706 € | 37.101 € | 36.410 € | 35.556 € | 34.676 € | 33.767 € | 32.753 € | 31.646 € |

# TABLA 1.C.1
## Lucro cesante del cónyuge
### Años de duración del matrimonio: 16 años

| Ingreso neto | Edad del cónyuge | | | | | | | | | |
|---|---|---|---|---|---|---|---|---|---|---|
| Hasta | 78 | 79 | 80 | 81 | 82 | 83 | 84 | 85 | 86 | 87 |
| 9.000 € | 7.036 € | 6.757 € | 6.463 € | 6.164 € | 5.860 € | 5.553 € | 5.245 € | 4.908 € | 4.584 € | 4.276 € |
| 12.000 € | 9.381 € | 9.010 € | 8.618 € | 8.218 € | 7.813 € | 7.404 € | 6.994 € | 6.544 € | 6.113 € | 5.702 € |
| 15.000 € | 11.726 € | 11.262 € | 10.772 € | 10.273 € | 9.767 € | 9.255 € | 8.742 € | 8.180 € | 7.641 € | 7.127 € |
| 18.000 € | 14.071 € | 13.515 € | 12.927 € | 12.327 € | 11.720 € | 11.106 € | 10.490 € | 9.816 € | 9.169 € | 8.552 € |
| 21.000 € | 16.416 € | 15.767 € | 15.081 € | 14.382 € | 13.673 € | 12.957 € | 12.239 € | 11.452 € | 10.697 € | 9.978 € |
| 24.000 € | 18.761 € | 18.019 € | 17.235 € | 16.436 € | 15.627 € | 14.807 € | 13.987 € | 13.088 € | 12.225 € | 11.403 € |
| 27.000 € | 21.107 € | 20.272 € | 19.390 € | 18.491 € | 17.580 € | 16.658 € | 15.735 € | 14.724 € | 13.753 € | 12.829 € |
| 30.000 € | 23.452 € | 22.524 € | 21.544 € | 20.545 € | 19.533 € | 18.509 € | 17.484 € | 16.360 € | 15.282 € | 14.254 € |
| 33.000 € | 25.797 € | 24.777 € | 23.699 € | 22.600 € | 21.487 € | 20.360 € | 19.232 € | 17.996 € | 16.810 € | 15.679 € |
| 36.000 € | 28.142 € | 27.029 € | 25.853 € | 24.654 € | 23.440 € | 22.211 € | 20.981 € | 19.632 € | 18.338 € | 17.105 € |
| 39.000 € | 30.487 € | 29.281 € | 28.008 € | 26.709 € | 25.393 € | 24.062 € | 22.729 € | 21.268 € | 19.866 € | 18.530 € |
| 42.000 € | 30.487 € | 29.281 € | 28.008 € | 26.709 € | 25.393 € | 24.062 € | 22.729 € | 21.268 € | 19.866 € | 18.530 € |
| 45.000 € | 30.487 € | 29.281 € | 28.008 € | 26.709 € | 25.393 € | 24.062 € | 22.729 € | 21.268 € | 19.866 € | 18.530 € |
| 48.000 € | 30.487 € | 29.281 € | 28.008 € | 26.709 € | 25.393 € | 24.062 € | 22.729 € | 21.268 € | 19.866 € | 18.530 € |
| 51.000 € | 30.487 € | 29.281 € | 28.008 € | 26.709 € | 25.393 € | 24.062 € | 22.729 € | 21.268 € | 19.866 € | 18.530 € |
| 54.000 € | 30.487 € | 29.281 € | 28.008 € | 26.709 € | 25.393 € | 24.062 € | 22.729 € | 21.268 € | 19.866 € | 18.530 € |
| 57.000 € | 30.487 € | 29.281 € | 28.008 € | 26.709 € | 25.393 € | 24.062 € | 22.729 € | 21.268 € | 19.866 € | 18.530 € |
| 60.000 € | 30.487 € | 29.281 € | 28.008 € | 26.709 € | 25.393 € | 24.062 € | 22.729 € | 21.268 € | 19.866 € | 18.530 € |
| 63.000 € | 30.487 € | 29.281 € | 28.008 € | 26.709 € | 25.393 € | 24.062 € | 22.729 € | 21.268 € | 19.866 € | 18.530 € |
| 66.000 € | 30.487 € | 29.281 € | 28.008 € | 26.709 € | 25.393 € | 24.062 € | 22.729 € | 21.268 € | 19.866 € | 18.530 € |
| 69.000 € | 30.487 € | 29.281 € | 28.008 € | 26.709 € | 25.393 € | 24.062 € | 22.729 € | 21.268 € | 19.866 € | 18.530 € |
| 72.000 € | 30.487 € | 29.281 € | 28.008 € | 26.709 € | 25.393 € | 24.062 € | 22.729 € | 21.268 € | 19.866 € | 18.530 € |
| 75.000 € | 30.487 € | 29.281 € | 28.008 € | 26.709 € | 25.393 € | 24.062 € | 22.729 € | 21.268 € | 19.866 € | 18.530 € |
| 78.000 € | 30.487 € | 29.281 € | 28.008 € | 26.709 € | 25.393 € | 24.062 € | 22.729 € | 21.268 € | 19.866 € | 18.530 € |
| 81.000 € | 30.487 € | 29.281 € | 28.008 € | 26.709 € | 25.393 € | 24.062 € | 22.729 € | 21.268 € | 19.866 € | 18.530 € |
| 84.000 € | 30.487 € | 29.281 € | 28.008 € | 26.709 € | 25.393 € | 24.062 € | 22.729 € | 21.268 € | 19.866 € | 18.530 € |
| 87.000 € | 30.487 € | 29.281 € | 28.008 € | 26.709 € | 25.393 € | 24.062 € | 22.729 € | 21.268 € | 19.866 € | 18.530 € |
| 90.000 € | 30.487 € | 29.281 € | 28.008 € | 26.709 € | 25.393 € | 24.062 € | 22.729 € | 21.268 € | 19.866 € | 18.530 € |
| 93.000 € | 30.487 € | 29.281 € | 28.008 € | 26.709 € | 25.393 € | 24.062 € | 22.729 € | 21.268 € | 19.866 € | 18.530 € |
| 96.000 € | 30.487 € | 29.281 € | 28.008 € | 26.709 € | 25.393 € | 24.062 € | 22.729 € | 21.268 € | 19.866 € | 18.530 € |
| 99.000 € | 30.487 € | 29.281 € | 28.008 € | 26.709 € | 25.393 € | 24.062 € | 22.729 € | 21.268 € | 19.866 € | 18.530 € |
| 102.000 € | 30.487 € | 29.281 € | 28.008 € | 26.709 € | 25.393 € | 24.062 € | 22.729 € | 21.268 € | 19.866 € | 18.530 € |
| 105.000 € | 30.487 € | 29.281 € | 28.008 € | 26.709 € | 25.393 € | 24.062 € | 22.729 € | 21.268 € | 19.866 € | 18.530 € |
| 108.000 € | 30.487 € | 29.281 € | 28.008 € | 26.709 € | 25.393 € | 24.062 € | 22.729 € | 21.268 € | 19.866 € | 18.530 € |
| 111.000 € | 30.487 € | 29.281 € | 28.008 € | 26.709 € | 25.393 € | 24.062 € | 22.729 € | 21.268 € | 19.866 € | 18.530 € |
| 114.000 € | 30.487 € | 29.281 € | 28.008 € | 26.709 € | 25.393 € | 24.062 € | 22.729 € | 21.268 € | 19.866 € | 18.530 € |
| 117.000 € | 30.487 € | 29.281 € | 28.008 € | 26.709 € | 25.393 € | 24.062 € | 22.729 € | 21.268 € | 19.866 € | 18.530 € |
| 120.000 € | 30.487 € | 29.281 € | 28.008 € | 26.709 € | 25.393 € | 24.062 € | 22.729 € | 21.268 € | 19.866 € | 18.530 € |

# TABLA 1.C.1
## Lucro cesante del cónyuge
Años de duración del matrimonio: 16 años

| Ingreso neto | Edad del cónyuge | | | | | | | | | | |
|---|---|---|---|---|---|---|---|---|---|---|---|
| Hasta | 88 | 89 | 90 | 91 | 92 | 93 | 94 | 95 | 96 | 97 | 98 |
| 9.000 € | 3.985 € | 3.715 € | 3.459 € | 3.206 € | 3.000 € | 3.000 € | 3.000 € | 3.000 € | 3.000 € | 3.000 € | 3.000 € |
| 12.000 € | 5.314 € | 4.954 € | 4.612 € | 4.274 € | 3.944 € | 3.580 € | 3.269 € | 3.000 € | 3.000 € | 3.000 € | 3.000 € |
| 15.000 € | 6.642 € | 6.192 € | 5.764 € | 5.343 € | 4.930 € | 4.474 € | 4.086 € | 3.656 € | 3.205 € | 3.000 € | 3.000 € |
| 18.000 € | 7.971 € | 7.431 € | 6.917 € | 6.411 € | 5.916 € | 5.369 € | 4.903 € | 4.387 € | 3.846 € | 3.243 € | 3.000 € |
| 21.000 € | 9.299 € | 8.669 € | 8.070 € | 7.480 € | 6.902 € | 6.264 € | 5.720 € | 5.118 € | 4.487 € | 3.784 € | 3.000 € |
| 24.000 € | 10.628 € | 9.907 € | 9.223 € | 8.548 € | 7.887 € | 7.159 € | 6.537 € | 5.849 € | 5.128 € | 4.325 € | 3.287 € |
| 27.000 € | 11.956 € | 11.146 € | 10.376 € | 9.617 € | 8.873 € | 8.054 € | 7.355 € | 6.581 € | 5.769 € | 4.865 € | 3.698 € |
| 30.000 € | 13.285 € | 12.384 € | 11.529 € | 10.685 € | 9.859 € | 8.949 € | 8.172 € | 7.312 € | 6.410 € | 5.406 € | 4.108 € |
| 33.000 € | 14.613 € | 13.623 € | 12.682 € | 11.754 € | 10.845 € | 9.844 € | 8.989 € | 8.043 € | 7.051 € | 5.946 € | 4.519 € |
| 36.000 € | 15.942 € | 14.861 € | 13.835 € | 12.822 € | 11.831 € | 10.739 € | 9.806 € | 8.774 € | 7.692 € | 6.487 € | 4.930 € |
| 39.000 € | 17.270 € | 16.100 € | 14.988 € | 13.891 € | 12.817 € | 11.634 € | 10.623 € | 9.505 € | 8.333 € | 7.027 € | 5.341 € |
| 42.000 € | 17.270 € | 16.100 € | 14.988 € | 13.891 € | 12.817 € | 11.634 € | 10.623 € | 9.505 € | 8.333 € | 7.027 € | 5.341 € |
| 45.000 € | 17.270 € | 16.100 € | 14.988 € | 13.891 € | 12.817 € | 11.634 € | 10.623 € | 9.505 € | 8.333 € | 7.027 € | 5.341 € |
| 48.000 € | 17.270 € | 16.100 € | 14.988 € | 13.891 € | 12.817 € | 11.634 € | 10.623 € | 9.505 € | 8.333 € | 7.027 € | 5.341 € |
| 51.000 € | 17.270 € | 16.100 € | 14.988 € | 13.891 € | 12.817 € | 11.634 € | 10.623 € | 9.505 € | 8.333 € | 7.027 € | 5.341 € |
| 54.000 € | 17.270 € | 16.100 € | 14.988 € | 13.891 € | 12.817 € | 11.634 € | 10.623 € | 9.505 € | 8.333 € | 7.027 € | 5.341 € |
| 57.000 € | 17.270 € | 16.100 € | 14.988 € | 13.891 € | 12.817 € | 11.634 € | 10.623 € | 9.505 € | 8.333 € | 7.027 € | 5.341 € |
| 60.000 € | 17.270 € | 16.100 € | 14.988 € | 13.891 € | 12.817 € | 11.634 € | 10.623 € | 9.505 € | 8.333 € | 7.027 € | 5.341 € |
| 63.000 € | 17.270 € | 16.100 € | 14.988 € | 13.891 € | 12.817 € | 11.634 € | 10.623 € | 9.505 € | 8.333 € | 7.027 € | 5.341 € |
| 66.000 € | 17.270 € | 16.100 € | 14.988 € | 13.891 € | 12.817 € | 11.634 € | 10.623 € | 9.505 € | 8.333 € | 7.027 € | 5.341 € |
| 69.000 € | 17.270 € | 16.100 € | 14.988 € | 13.891 € | 12.817 € | 11.634 € | 10.623 € | 9.505 € | 8.333 € | 7.027 € | 5.341 € |
| 72.000 € | 17.270 € | 16.100 € | 14.988 € | 13.891 € | 12.817 € | 11.634 € | 10.623 € | 9.505 € | 8.333 € | 7.027 € | 5.341 € |
| 75.000 € | 17.270 € | 16.100 € | 14.988 € | 13.891 € | 12.817 € | 11.634 € | 10.623 € | 9.505 € | 8.333 € | 7.027 € | 5.341 € |
| 78.000 € | 17.270 € | 16.100 € | 14.988 € | 13.891 € | 12.817 € | 11.634 € | 10.623 € | 9.505 € | 8.333 € | 7.027 € | 5.341 € |
| 81.000 € | 17.270 € | 16.100 € | 14.988 € | 13.891 € | 12.817 € | 11.634 € | 10.623 € | 9.505 € | 8.333 € | 7.027 € | 5.341 € |
| 84.000 € | 17.270 € | 16.100 € | 14.988 € | 13.891 € | 12.817 € | 11.634 € | 10.623 € | 9.505 € | 8.333 € | 7.027 € | 5.341 € |
| 87.000 € | 17.270 € | 16.100 € | 14.988 € | 13.891 € | 12.817 € | 11.634 € | 10.623 € | 9.505 € | 8.333 € | 7.027 € | 5.341 € |
| 90.000 € | 17.270 € | 16.100 € | 14.988 € | 13.891 € | 12.817 € | 11.634 € | 10.623 € | 9.505 € | 8.333 € | 7.027 € | 5.341 € |
| 93.000 € | 17.270 € | 16.100 € | 14.988 € | 13.891 € | 12.817 € | 11.634 € | 10.623 € | 9.505 € | 8.333 € | 7.027 € | 5.341 € |
| 96.000 € | 17.270 € | 16.100 € | 14.988 € | 13.891 € | 12.817 € | 11.634 € | 10.623 € | 9.505 € | 8.333 € | 7.027 € | 5.341 € |
| 99.000 € | 17.270 € | 16.100 € | 14.988 € | 13.891 € | 12.817 € | 11.634 € | 10.623 € | 9.505 € | 8.333 € | 7.027 € | 5.341 € |
| 102.000 € | 17.270 € | 16.100 € | 14.988 € | 13.891 € | 12.817 € | 11.634 € | 10.623 € | 9.505 € | 8.333 € | 7.027 € | 5.341 € |
| 105.000 € | 17.270 € | 16.100 € | 14.988 € | 13.891 € | 12.817 € | 11.634 € | 10.623 € | 9.505 € | 8.333 € | 7.027 € | 5.341 € |
| 108.000 € | 17.270 € | 16.100 € | 14.988 € | 13.891 € | 12.817 € | 11.634 € | 10.623 € | 9.505 € | 8.333 € | 7.027 € | 5.341 € |
| 111.000 € | 17.270 € | 16.100 € | 14.988 € | 13.891 € | 12.817 € | 11.634 € | 10.623 € | 9.505 € | 8.333 € | 7.027 € | 5.341 € |
| 114.000 € | 17.270 € | 16.100 € | 14.988 € | 13.891 € | 12.817 € | 11.634 € | 10.623 € | 9.505 € | 8.333 € | 7.027 € | 5.341 € |
| 117.000 € | 17.270 € | 16.100 € | 14.988 € | 13.891 € | 12.817 € | 11.634 € | 10.623 € | 9.505 € | 8.333 € | 7.027 € | 5.341 € |
| 120.000 € | 17.270 € | 16.100 € | 14.988 € | 13.891 € | 12.817 € | 11.634 € | 10.623 € | 9.505 € | 8.333 € | 7.027 € | 5.341 € |

# TABLA 1.C.1
## Lucro cesante del cónyuge
### Años de duración del matrimonio: 16 años

| Ingreso neto | |
|---|---|
| Hasta | 99 o más |
| 9.000 € | 3.000 € |
| 12.000 € | 3.000 € |
| 15.000 € | 3.000 € |
| 18.000 € | 3.000 € |
| 21.000 € | 3.000 € |
| 24.000 € | 3.000 € |
| 27.000 € | 3.000 € |
| 30.000 € | 3.000 € |
| 33.000 € | 3.000 € |
| 36.000 € | 3.000 € |
| 39.000 € | 3.120 € |
| 42.000 € | 3.120 € |
| 45.000 € | 3.120 € |
| 48.000 € | 3.120 € |
| 51.000 € | 3.120 € |
| 54.000 € | 3.120 € |
| 57.000 € | 3.120 € |
| 60.000 € | 3.120 € |
| 63.000 € | 3.120 € |
| 66.000 € | 3.120 € |
| 69.000 € | 3.120 € |
| 72.000 € | 3.120 € |
| 75.000 € | 3.120 € |
| 78.000 € | 3.120 € |
| 81.000 € | 3.120 € |
| 84.000 € | 3.120 € |
| 87.000 € | 3.120 € |
| 90.000 € | 3.120 € |
| 93.000 € | 3.120 € |
| 96.000 € | 3.120 € |
| 99.000 € | 3.120 € |
| 102.000 € | 3.120 € |
| 105.000 € | 3.120 € |
| 108.000 € | 3.120 € |
| 111.000 € | 3.120 € |
| 114.000 € | 3.120 € |
| 117.000 € | 3.120 € |
| 120.000 € | 3.120 € |

# TABLA 1.C.1

## Lucro cesante del cónyuge

Años de duración del matrimonio: 17 años

| Ingreso neto | Edad del cónyuge | | | | | | | | | |
|---|---|---|---|---|---|---|---|---|---|---|
| Hasta | 31 | 32 | 33 | 34 | 35 | 36 | 37 | 38 | 39 | 40 |
| 9.000 € | 17.135 € | 17.127 € | 17.116 € | 17.103 € | 17.089 € | 17.072 € | 17.053 € | 17.032 € | 17.008 € | 16.982 € |
| 12.000 € | 22.847 € | 22.836 € | 22.821 € | 22.804 € | 22.785 € | 22.763 € | 22.737 € | 22.709 € | 22.677 € | 22.643 € |
| 15.000 € | 28.559 € | 28.544 € | 28.526 € | 28.506 € | 28.481 € | 28.453 € | 28.421 € | 28.386 € | 28.346 € | 28.304 € |
| 18.000 € | 34.271 € | 34.253 € | 34.231 € | 34.207 € | 34.177 € | 34.144 € | 34.105 € | 34.063 € | 34.015 € | 33.965 € |
| 21.000 € | 39.983 € | 39.962 € | 39.937 € | 39.908 € | 39.873 € | 39.834 € | 39.790 € | 39.740 € | 39.684 € | 39.625 € |
| 24.000 € | 45.695 € | 45.671 € | 45.642 € | 45.609 € | 45.570 € | 45.525 € | 45.474 € | 45.417 € | 45.354 € | 45.286 € |
| 27.000 € | 51.406 € | 51.380 € | 51.347 € | 51.310 € | 51.266 € | 51.216 € | 51.158 € | 51.095 € | 51.023 € | 50.947 € |
| 30.000 € | 57.118 € | 57.089 € | 57.052 € | 57.011 € | 56.962 € | 56.906 € | 56.842 € | 56.772 € | 56.692 € | 56.608 € |
| 33.000 € | 62.830 € | 62.798 € | 62.758 € | 62.712 € | 62.658 € | 62.597 € | 62.527 € | 62.449 € | 62.361 € | 62.268 € |
| 36.000 € | 68.542 € | 68.507 € | 68.463 € | 68.413 € | 68.354 € | 68.288 € | 68.211 € | 68.126 € | 68.030 € | 67.929 € |
| 39.000 € | 74.254 € | 74.216 € | 74.168 € | 74.114 € | 74.051 € | 73.978 € | 73.895 € | 73.803 € | 73.700 € | 73.590 € |
| 42.000 € | 79.966 € | 79.925 € | 79.873 € | 79.815 € | 79.747 € | 79.669 € | 79.579 € | 79.480 € | 79.369 € | 79.251 € |
| 45.000 € | 85.677 € | 85.633 € | 85.578 € | 85.517 € | 85.443 € | 85.359 € | 85.264 € | 85.158 € | 85.038 € | 84.911 € |
| 48.000 € | 91.389 € | 91.342 € | 91.284 € | 91.218 € | 91.139 € | 91.050 € | 90.948 € | 90.835 € | 90.707 € | 90.572 € |
| 51.000 € | 107.430 € | 107.376 € | 107.309 € | 107.232 € | 107.142 € | 107.039 € | 106.921 € | 106.790 € | 106.642 € | 106.486 € |
| 54.000 € | 135.657 € | 135.590 € | 135.507 € | 135.413 € | 135.302 € | 135.175 € | 135.030 € | 134.869 € | 134.687 € | 134.494 € |
| 57.000 € | 163.883 € | 163.804 € | 163.705 € | 163.594 € | 163.462 € | 163.311 € | 163.139 € | 162.948 € | 162.731 € | 162.502 € |
| 60.000 € | 192.109 € | 192.018 € | 191.904 € | 191.775 € | 191.622 € | 191.448 € | 191.248 € | 191.027 € | 190.776 € | 190.511 € |
| 63.000 € | 220.336 € | 220.232 € | 220.102 € | 219.956 € | 219.782 € | 219.584 € | 219.357 € | 219.106 € | 218.821 € | 218.519 € |
| 66.000 € | 248.562 € | 248.446 € | 248.301 € | 248.137 € | 247.942 € | 247.720 € | 247.466 € | 247.185 € | 246.865 € | 246.527 € |
| 69.000 € | 276.788 € | 276.660 € | 276.499 € | 276.318 € | 276.103 € | 275.857 € | 275.576 € | 275.264 € | 274.910 € | 274.536 € |
| 72.000 € | 305.014 € | 304.874 € | 304.697 € | 304.499 € | 304.263 € | 303.993 € | 303.685 € | 303.343 € | 302.955 € | 302.544 € |
| 75.000 € | 333.241 € | 333.088 € | 332.896 € | 332.680 € | 332.423 € | 332.130 € | 331.794 € | 331.422 € | 330.999 € | 330.552 € |
| 78.000 € | 361.467 € | 361.302 € | 361.094 € | 360.861 € | 360.583 € | 360.266 € | 359.903 € | 359.500 € | 359.044 € | 358.560 € |
| 81.000 € | 389.693 € | 389.516 € | 389.293 € | 389.042 € | 388.743 € | 388.402 € | 388.012 € | 387.579 € | 387.088 € | 386.569 € |
| 84.000 € | 417.919 € | 417.730 € | 417.491 € | 417.223 € | 416.903 € | 416.539 € | 416.121 € | 415.658 € | 415.133 € | 414.577 € |
| 87.000 € | 446.146 € | 445.944 € | 445.690 € | 445.404 € | 445.063 € | 444.675 € | 444.231 € | 443.737 € | 443.178 € | 442.585 € |
| 90.000 € | 474.372 € | 474.158 € | 473.888 € | 473.585 € | 473.223 € | 472.811 € | 472.340 € | 471.816 € | 471.222 € | 470.594 € |
| 93.000 € | 502.598 € | 502.372 € | 502.086 € | 501.766 € | 501.383 € | 500.948 € | 500.449 € | 499.895 € | 499.267 € | 498.602 € |
| 96.000 € | 530.825 € | 530.586 € | 530.285 € | 529.947 € | 529.544 € | 529.084 € | 528.558 € | 527.974 € | 527.312 € | 526.610 € |
| 99.000 € | 559.051 € | 558.800 € | 558.483 € | 558.128 € | 557.704 € | 557.221 € | 556.667 € | 556.053 € | 555.356 € | 554.618 € |
| 102.000 € | 587.277 € | 587.014 € | 586.682 € | 586.309 € | 585.864 € | 585.357 € | 584.776 € | 584.132 € | 583.401 € | 582.627 € |
| 105.000 € | 615.503 € | 615.228 € | 614.880 € | 614.490 € | 614.024 € | 613.493 € | 612.886 € | 612.211 € | 611.446 € | 610.635 € |
| 108.000 € | 643.730 € | 643.442 € | 643.078 € | 642.671 € | 642.184 € | 641.630 € | 640.995 € | 640.290 € | 639.490 € | 638.643 € |
| 111.000 € | 671.956 € | 671.656 € | 671.277 € | 670.852 € | 670.344 € | 669.766 € | 669.104 € | 668.369 € | 667.535 € | 666.652 € |
| 114.000 € | 700.182 € | 699.870 € | 699.475 € | 699.033 € | 698.504 € | 697.902 € | 697.213 € | 696.448 € | 695.580 € | 694.660 € |
| 117.000 € | 728.408 € | 728.084 € | 727.674 € | 727.214 € | 726.664 € | 726.039 € | 725.322 € | 724.527 € | 723.624 € | 722.668 € |
| 120.000 € | 756.635 € | 756.298 € | 755.872 € | 755.394 € | 754.825 € | 754.175 € | 753.432 € | 752.606 € | 751.669 € | 750.676 € |

## TABLA 1.C.1
### Lucro cesante del cónyuge
Años de duración del matrimonio: 17 años

Ingreso neto — Edad del cónyuge

| Hasta | 41 | 42 | 43 | 44 | 45 | 46 | 47 | 48 | 49 | 50 |
|---|---|---|---|---|---|---|---|---|---|---|
| 9.000 € | 16.955 € | 16.925 € | 16.893 € | 16.861 € | 16.826 € | 16.789 € | 16.751 € | 16.712 € | 16.672 € | 16.630 € |
| 12.000 € | 22.606 € | 22.566 € | 22.524 € | 22.481 € | 22.435 € | 22.385 € | 22.334 € | 22.283 € | 22.229 € | 22.173 € |
| 15.000 € | 28.258 € | 28.208 € | 28.155 € | 28.101 € | 28.043 € | 27.981 € | 27.918 € | 27.854 € | 27.786 € | 27.716 € |
| 18.000 € | 33.909 € | 33.849 € | 33.786 € | 33.722 € | 33.652 € | 33.578 € | 33.501 € | 33.425 € | 33.343 € | 33.260 € |
| 21.000 € | 39.561 € | 39.491 € | 39.417 € | 39.342 € | 39.260 € | 39.174 € | 39.085 € | 38.995 € | 38.900 € | 38.803 € |
| 24.000 € | 45.213 € | 45.132 € | 45.048 € | 44.962 € | 44.869 € | 44.770 € | 44.668 € | 44.566 € | 44.458 € | 44.346 € |
| 27.000 € | 50.864 € | 50.774 € | 50.678 € | 50.583 € | 50.478 € | 50.366 € | 50.252 € | 50.137 € | 50.015 € | 49.889 € |
| 30.000 € | 56.516 € | 56.415 € | 56.309 € | 56.203 € | 56.086 € | 55.963 € | 55.836 € | 55.708 € | 55.572 € | 55.433 € |
| 33.000 € | 62.167 € | 62.057 € | 61.940 € | 61.823 € | 61.695 € | 61.559 € | 61.419 € | 61.279 € | 61.129 € | 60.976 € |
| 36.000 € | 67.819 € | 67.698 € | 67.571 € | 67.444 € | 67.304 € | 67.155 € | 67.003 € | 66.849 € | 66.686 € | 66.519 € |
| 39.000 € | 73.470 € | 73.340 € | 73.202 € | 73.064 € | 72.912 € | 72.751 € | 72.586 € | 72.420 € | 72.244 € | 72.063 € |
| 42.000 € | 79.122 € | 78.981 € | 78.833 € | 78.684 € | 78.521 € | 78.348 € | 78.170 € | 77.991 € | 77.801 € | 77.606 € |
| 45.000 € | 84.773 € | 84.623 € | 84.464 € | 84.304 € | 84.129 € | 83.944 € | 83.753 € | 83.562 € | 83.358 € | 83.149 € |
| 48.000 € | 90.425 € | 90.264 € | 90.095 € | 89.925 € | 89.738 € | 89.540 € | 89.337 € | 89.133 € | 88.915 € | 88.692 € |
| 51.000 € | 106.315 € | 106.129 € | 105.933 € | 105.736 € | 105.519 € | 105.290 € | 105.054 € | 104.817 € | 104.565 € | 104.306 € |
| 54.000 € | 134.284 € | 134.054 € | 133.812 € | 133.568 € | 133.301 € | 133.017 € | 132.725 € | 132.432 € | 132.120 € | 131.800 € |
| 57.000 € | 162.253 € | 161.978 € | 161.690 € | 161.401 € | 161.082 € | 160.744 € | 160.396 € | 160.047 € | 159.675 € | 159.294 € |
| 60.000 € | 190.221 € | 189.903 € | 189.569 € | 189.233 € | 188.864 € | 188.470 € | 188.067 € | 187.662 € | 187.230 € | 186.787 € |
| 63.000 € | 218.190 € | 217.828 € | 217.448 € | 217.066 € | 216.645 € | 216.197 € | 215.738 € | 215.278 € | 214.785 € | 214.281 € |
| 66.000 € | 246.158 € | 245.753 € | 245.327 € | 244.898 € | 244.427 € | 243.924 € | 243.409 € | 242.893 € | 242.341 € | 241.775 € |
| 69.000 € | 274.127 € | 273.677 € | 273.205 € | 272.731 € | 272.208 € | 271.651 € | 271.080 € | 270.508 € | 269.896 € | 269.268 € |
| 72.000 € | 302.095 € | 301.602 € | 301.084 € | 300.563 € | 299.990 € | 299.378 € | 298.751 € | 298.123 € | 297.451 € | 296.762 € |
| 75.000 € | 330.064 € | 329.527 € | 328.963 € | 328.396 € | 327.771 € | 327.105 € | 326.422 € | 325.738 € | 325.006 € | 324.256 € |
| 78.000 € | 358.032 € | 357.452 € | 356.841 € | 356.228 € | 355.553 € | 354.832 € | 354.093 € | 353.353 € | 352.561 € | 351.749 € |
| 81.000 € | 386.001 € | 385.376 € | 384.720 € | 384.061 € | 383.334 € | 382.559 € | 381.764 € | 380.968 € | 380.116 € | 379.243 € |
| 84.000 € | 413.969 € | 413.301 € | 412.599 € | 411.893 € | 411.116 € | 410.286 € | 409.435 € | 408.583 € | 407.672 € | 406.737 € |
| 87.000 € | 441.938 € | 441.226 € | 440.478 € | 439.726 € | 438.897 € | 438.013 € | 437.107 € | 436.199 € | 435.227 € | 434.230 € |
| 90.000 € | 469.906 € | 469.150 € | 468.356 € | 467.558 € | 466.679 € | 465.740 € | 464.778 € | 463.814 € | 462.782 € | 461.724 € |
| 93.000 € | 497.875 € | 497.075 € | 496.235 € | 495.391 € | 494.460 € | 493.467 € | 492.449 € | 491.429 € | 490.337 € | 489.218 € |
| 96.000 € | 525.843 € | 525.000 € | 524.114 € | 523.224 € | 522.241 € | 521.194 € | 520.120 € | 519.044 € | 517.892 € | 516.711 € |
| 99.000 € | 553.812 € | 552.925 € | 551.993 € | 551.056 € | 550.023 € | 548.921 € | 547.791 € | 546.659 € | 545.447 € | 544.205 € |
| 102.000 € | 581.780 € | 580.849 € | 579.871 € | 578.889 € | 577.804 € | 576.648 € | 575.462 € | 574.274 € | 573.002 € | 571.699 € |
| 105.000 € | 609.749 € | 608.774 € | 607.750 € | 606.721 € | 605.586 € | 604.375 € | 603.133 € | 601.889 € | 600.558 € | 599.192 € |
| 108.000 € | 637.718 € | 636.699 € | 635.629 € | 634.554 € | 633.367 € | 632.101 € | 630.804 € | 629.504 € | 628.113 € | 626.686 € |
| 111.000 € | 665.686 € | 664.624 € | 663.507 € | 662.386 € | 661.149 € | 659.828 € | 658.475 € | 657.120 € | 655.668 € | 654.180 € |
| 114.000 € | 693.655 € | 692.548 € | 691.386 € | 690.219 € | 688.930 € | 687.555 € | 686.146 € | 684.735 € | 683.223 € | 681.673 € |
| 117.000 € | 721.623 € | 720.473 € | 719.265 € | 718.051 € | 716.712 € | 715.282 € | 713.817 € | 712.350 € | 710.778 € | 709.167 € |
| 120.000 € | 749.592 € | 748.398 € | 747.144 € | 745.884 € | 744.493 € | 743.009 € | 741.488 € | 739.965 € | 738.333 € | 736.661 € |

# TABLA 1.C.1
## Lucro cesante del cónyuge
### Años de duración del matrimonio: 17 años

| Ingreso neto | Edad del cónyuge | | | | | | | | | |
|---|---|---|---|---|---|---|---|---|---|---|
| Hasta | 51 | 52 | 53 | 54 | 55 | 56 | 57 | 58 | 59 | 60 |
| 9.000 € | 16.630 € | 16.629 € | 16.629 € | 16.629 € | 16.474 € | 16.252 € | 15.948 € | 15.603 € | 15.209 € | 14.781 € |
| 12.000 € | 22.173 € | 22.173 € | 22.172 € | 22.172 € | 21.966 € | 21.669 € | 21.264 € | 20.804 € | 20.279 € | 19.708 € |
| 15.000 € | 27.716 € | 27.716 € | 27.715 € | 27.715 € | 27.457 € | 27.086 € | 26.581 € | 26.005 € | 25.348 € | 24.635 € |
| 18.000 € | 33.259 € | 33.259 € | 33.258 € | 33.258 € | 32.948 € | 32.503 € | 31.897 € | 31.206 € | 30.418 € | 29.562 € |
| 21.000 € | 38.802 € | 38.802 € | 38.801 € | 38.801 € | 38.440 € | 37.921 € | 37.213 € | 36.407 € | 35.488 € | 34.489 € |
| 24.000 € | 44.346 € | 44.345 € | 44.344 € | 44.344 € | 43.931 € | 43.338 € | 42.529 € | 41.609 € | 40.557 € | 39.416 € |
| 27.000 € | 49.889 € | 49.888 € | 49.888 € | 49.887 € | 49.423 € | 48.755 € | 47.845 € | 46.810 € | 45.627 € | 44.344 € |
| 30.000 € | 55.432 € | 55.431 € | 55.431 € | 55.430 € | 54.914 € | 54.172 € | 53.161 € | 52.011 € | 50.697 € | 49.271 € |
| 33.000 € | 60.975 € | 60.974 € | 60.974 € | 60.973 € | 60.406 € | 59.590 € | 58.477 € | 57.212 € | 55.766 € | 54.198 € |
| 36.000 € | 65.251 € | 64.135 € | 63.178 € | 62.367 € | 61.711 € | 61.200 € | 60.878 € | 60.714 € | 59.919 € | 59.125 € |
| 39.000 € | 69.355 € | 66.790 € | 64.373 € | 64.017 € | 61.945 € | 61.655 € | 61.365 € | 61.365 € | 61.365 € | 59.241 € |
| 42.000 € | 73.459 € | 69.445 € | 65.569 € | 65.569 € | 62.179 € | 62.015 € | 61.852 € | 61.852 € | 61.852 € | 59.356 € |
| 45.000 € | 77.563 € | 72.100 € | 66.765 € | 66.765 € | 62.412 € | 62.376 € | 62.340 € | 62.340 € | 62.340 € | 59.471 € |
| 48.000 € | 81.667 € | 74.755 € | 67.961 € | 67.961 € | 62.645 € | 62.645 € | 62.645 € | 62.645 € | 62.645 € | 59.586 € |
| 51.000 € | 95.819 € | 87.436 € | 79.161 € | 70.969 € | 62.878 € | 62.878 € | 62.878 € | 62.878 € | 62.878 € | 59.701 € |
| 54.000 € | 121.826 € | 111.945 € | 102.163 € | 92.447 € | 82.817 € | 73.258 € | 63.816 € | 63.816 € | 63.816 € | 59.815 € |
| 57.000 € | 147.832 € | 136.454 € | 125.166 € | 113.925 € | 102.757 € | 91.640 € | 80.632 € | 69.686 € | 64.808 € | 59.929 € |
| 60.000 € | 173.838 € | 160.964 € | 148.168 € | 135.403 € | 122.697 € | 110.023 € | 97.447 € | 84.917 € | 72.451 € | 60.043 € |
| 63.000 € | 199.844 € | 185.473 € | 171.170 € | 156.881 € | 142.637 € | 128.405 € | 114.263 € | 100.147 € | 86.079 € | 72.052 € |
| 66.000 € | 225.851 € | 209.982 € | 194.172 € | 178.359 € | 162.577 € | 146.787 € | 131.079 € | 115.378 € | 99.708 € | 84.060 € |
| 69.000 € | 251.857 € | 234.491 € | 217.175 € | 199.837 € | 182.516 € | 165.169 € | 147.895 € | 130.609 € | 113.337 € | 96.068 € |
| 72.000 € | 277.863 € | 259.000 € | 240.177 € | 221.315 € | 202.456 € | 183.551 € | 164.711 € | 145.839 € | 126.966 € | 108.077 € |
| 75.000 € | 303.869 € | 283.509 € | 263.179 € | 242.793 € | 222.396 € | 201.933 € | 181.527 € | 161.070 € | 140.595 € | 120.085 € |
| 78.000 € | 329.876 € | 308.018 € | 286.181 € | 264.271 € | 242.336 € | 220.315 € | 198.342 € | 176.300 € | 154.223 € | 132.093 € |
| 81.000 € | 355.882 € | 332.527 € | 309.184 € | 285.749 € | 262.276 € | 238.698 € | 215.158 € | 191.531 € | 167.852 € | 144.102 € |
| 84.000 € | 381.888 € | 357.036 € | 332.186 € | 307.228 € | 282.215 € | 257.080 € | 231.974 € | 206.762 € | 181.481 € | 156.110 € |
| 87.000 € | 407.895 € | 381.545 € | 355.188 € | 328.706 € | 302.155 € | 275.462 € | 248.790 € | 221.992 € | 195.110 € | 168.118 € |
| 90.000 € | 433.901 € | 406.054 € | 378.190 € | 350.184 € | 322.095 € | 293.844 € | 265.606 € | 237.223 € | 208.738 € | 180.127 € |
| 93.000 € | 459.907 € | 430.563 € | 401.193 € | 371.662 € | 342.035 € | 312.226 € | 282.421 € | 252.453 € | 222.367 € | 192.135 € |
| 96.000 € | 485.913 € | 455.072 € | 424.195 € | 393.140 € | 361.975 € | 330.608 € | 299.237 € | 267.684 € | 235.996 € | 204.143 € |
| 99.000 € | 511.920 € | 479.581 € | 447.197 € | 414.618 € | 381.914 € | 348.990 € | 316.053 € | 282.915 € | 249.625 € | 216.152 € |
| 102.000 € | 537.926 € | 504.090 € | 470.199 € | 436.096 € | 401.854 € | 367.372 € | 332.869 € | 298.145 € | 263.253 € | 228.160 € |
| 105.000 € | 563.932 € | 528.599 € | 493.202 € | 457.574 € | 421.794 € | 385.755 € | 349.685 € | 313.376 € | 276.882 € | 240.168 € |
| 108.000 € | 589.938 € | 553.108 € | 516.204 € | 479.052 € | 441.734 € | 404.137 € | 366.500 € | 328.606 € | 290.511 € | 252.177 € |
| 111.000 € | 615.945 € | 577.617 € | 539.206 € | 500.530 € | 461.674 € | 422.519 € | 383.316 € | 343.837 € | 304.140 € | 264.185 € |
| 114.000 € | 641.951 € | 602.126 € | 562.208 € | 522.008 € | 481.614 € | 440.901 € | 400.132 € | 359.068 € | 317.768 € | 276.193 € |
| 117.000 € | 667.957 € | 626.635 € | 585.210 € | 543.486 € | 501.553 € | 459.283 € | 416.948 € | 374.298 € | 331.397 € | 288.202 € |
| 120.000 € | 693.964 € | 651.144 € | 608.213 € | 564.964 € | 521.493 € | 477.665 € | 433.764 € | 389.529 € | 345.026 € | 300.210 € |

## TABLA 1.C.1
## Lucro cesante del cónyuge
### Años de duración del matrimonio: 17 años

Ingreso neto

| Hasta | 61 | 62 | 63 | 64 | 65 | 66 | 67 | 68 | 69 | 70 |
|---|---|---|---|---|---|---|---|---|---|---|
| 9.000 € | 14.322 € | 13.833 € | 13.331 € | 12.817 € | 12.289 € | 11.774 € | 9.432 € | 9.320 € | 9.190 € | 9.032 € |
| 12.000 € | 19.096 € | 18.444 € | 17.775 € | 17.090 € | 16.385 € | 15.699 € | 12.576 € | 12.427 € | 12.253 € | 12.042 € |
| 15.000 € | 23.870 € | 23.055 € | 22.218 € | 21.362 € | 20.482 € | 19.624 € | 15.720 € | 15.533 € | 15.316 € | 15.053 € |
| 18.000 € | 28.644 € | 27.666 € | 26.662 € | 25.635 € | 24.578 € | 23.549 € | 18.863 € | 18.640 € | 18.380 € | 18.063 € |
| 21.000 € | 33.418 € | 32.277 € | 31.106 € | 29.907 € | 28.674 € | 27.473 € | 22.007 € | 21.747 € | 21.443 € | 21.074 € |
| 24.000 € | 38.192 € | 36.888 € | 35.549 € | 34.180 € | 32.771 € | 31.398 € | 25.151 € | 24.853 € | 24.506 € | 24.084 € |
| 27.000 € | 42.966 € | 41.499 € | 39.993 € | 38.452 € | 36.867 € | 35.323 € | 28.295 € | 27.960 € | 27.570 € | 27.095 € |
| 30.000 € | 47.740 € | 46.110 € | 44.437 € | 42.724 € | 40.964 € | 39.248 € | 31.439 € | 31.067 € | 30.633 € | 30.105 € |
| 33.000 € | 52.514 € | 50.721 € | 48.880 € | 46.997 € | 45.060 € | 43.172 € | 34.583 € | 34.173 € | 33.696 € | 33.116 € |
| 36.000 € | 57.288 € | 55.332 € | 53.324 € | 51.269 € | 49.156 € | 47.097 € | 37.727 € | 37.280 € | 36.760 € | 36.126 € |
| 39.000 € | 57.374 € | 55.875 € | 53.694 € | 51.405 € | 49.295 € | 47.097 € | 40.871 € | 40.387 € | 39.823 € | 39.137 € |
| 42.000 € | 57.459 € | 56.421 € | 54.065 € | 51.539 € | 49.433 € | 47.097 € | 40.871 € | 40.387 € | 39.823 € | 39.137 € |
| 45.000 € | 57.544 € | 56.969 € | 54.436 € | 51.674 € | 49.571 € | 47.097 € | 40.871 € | 40.387 € | 39.823 € | 39.137 € |
| 48.000 € | 57.628 € | 57.520 € | 54.808 € | 51.808 € | 49.708 € | 47.097 € | 40.871 € | 40.387 € | 39.823 € | 39.137 € |
| 51.000 € | 57.713 € | 57.713 € | 55.181 € | 51.942 € | 49.846 € | 47.097 € | 40.871 € | 40.387 € | 39.823 € | 39.137 € |
| 54.000 € | 57.797 € | 57.797 € | 55.555 € | 52.076 € | 49.983 € | 47.097 € | 40.871 € | 40.387 € | 39.823 € | 39.137 € |
| 57.000 € | 57.881 € | 57.881 € | 55.931 € | 52.210 € | 50.120 € | 47.097 € | 40.871 € | 40.387 € | 39.823 € | 39.137 € |
| 60.000 € | 57.965 € | 57.965 € | 56.308 € | 52.344 € | 50.257 € | 47.097 € | 40.871 € | 40.387 € | 39.823 € | 39.137 € |
| 63.000 € | 58.049 € | 58.049 € | 56.687 € | 52.478 € | 50.395 € | 47.097 € | 40.871 € | 40.387 € | 39.823 € | 39.137 € |
| 66.000 € | 68.415 € | 60.899 € | 57.067 € | 52.612 € | 50.532 € | 47.097 € | 40.871 € | 40.387 € | 39.823 € | 39.137 € |
| 69.000 € | 78.781 € | 61.476 € | 57.450 € | 52.746 € | 50.669 € | 47.097 € | 40.871 € | 40.387 € | 39.823 € | 39.137 € |
| 72.000 € | 89.146 € | 70.176 € | 57.834 € | 52.880 € | 50.807 € | 47.097 € | 40.871 € | 40.387 € | 39.823 € | 39.137 € |
| 75.000 € | 99.512 € | 78.877 € | 58.219 € | 53.014 € | 50.945 € | 47.097 € | 40.871 € | 40.387 € | 39.823 € | 39.137 € |
| 78.000 € | 109.878 € | 87.577 € | 65.235 € | 53.148 € | 51.083 € | 47.097 € | 40.871 € | 40.387 € | 39.823 € | 39.137 € |
| 81.000 € | 120.244 € | 96.277 € | 72.251 € | 53.283 € | 51.221 € | 47.097 € | 40.871 € | 40.387 € | 39.823 € | 39.137 € |
| 84.000 € | 130.610 € | 104.977 € | 79.267 € | 53.418 € | 51.359 € | 47.097 € | 40.871 € | 40.387 € | 39.823 € | 39.137 € |
| 87.000 € | 140.975 € | 113.678 € | 86.283 € | 58.725 € | 51.497 € | 47.097 € | 40.871 € | 40.387 € | 39.823 € | 39.137 € |
| 90.000 € | 151.341 € | 122.378 € | 93.299 € | 64.033 € | 51.636 € | 47.097 € | 40.871 € | 40.387 € | 39.823 € | 39.137 € |
| 93.000 € | 161.707 € | 131.078 € | 100.315 € | 69.340 € | 51.774 € | 47.097 € | 40.871 € | 40.387 € | 39.823 € | 39.137 € |
| 96.000 € | 172.073 € | 139.779 € | 107.331 € | 74.648 € | 51.913 € | 47.097 € | 40.871 € | 40.387 € | 39.823 € | 39.137 € |
| 99.000 € | 182.439 € | 148.479 € | 114.347 € | 79.955 € | 52.053 € | 47.097 € | 40.871 € | 40.387 € | 39.823 € | 39.137 € |
| 102.000 € | 192.804 € | 157.179 € | 121.363 € | 85.263 € | 52.192 € | 47.097 € | 40.871 € | 40.387 € | 39.823 € | 39.137 € |
| 105.000 € | 203.170 € | 165.880 € | 128.379 € | 90.570 € | 52.332 € | 47.097 € | 40.871 € | 40.387 € | 39.823 € | 39.137 € |
| 108.000 € | 213.536 € | 174.580 € | 135.395 € | 95.878 € | 55.899 € | 47.097 € | 40.871 € | 40.387 € | 39.823 € | 39.137 € |
| 111.000 € | 223.902 € | 183.280 € | 142.411 € | 101.186 € | 59.467 € | 47.097 € | 40.871 € | 40.387 € | 39.823 € | 39.137 € |
| 114.000 € | 234.267 € | 191.980 € | 149.427 € | 106.493 € | 63.034 € | 47.097 € | 40.871 € | 40.387 € | 39.823 € | 39.137 € |
| 117.000 € | 244.633 € | 200.681 € | 156.443 € | 111.801 € | 66.602 € | 47.097 € | 40.871 € | 40.387 € | 39.823 € | 39.137 € |
| 120.000 € | 254.999 € | 209.381 € | 163.459 € | 117.108 € | 70.169 € | 47.097 € | 40.871 € | 40.387 € | 39.823 € | 39.137 € |

# TABLA 1.C.1
## Lucro cesante del cónyuge
Años de duración del matrimonio: 17 años

| Ingreso neto Hasta | Edad del cónyuge 71 | 72 | 73 | 74 | 75 | 76 | 77 | 78 | 79 | 80 |
|---|---|---|---|---|---|---|---|---|---|---|
| 9.000 € | 8.871 € | 8.690 € | 8.468 € | 8.240 € | 8.006 € | 7.747 € | 7.469 € | 7.176 € | 6.876 € | 6.561 € |
| 12.000 € | 11.828 € | 11.586 € | 11.290 € | 10.987 € | 10.674 € | 10.329 € | 9.958 € | 9.569 € | 9.168 € | 8.748 € |
| 15.000 € | 14.786 € | 14.483 € | 14.113 € | 13.733 € | 13.343 € | 12.911 € | 12.448 € | 11.961 € | 11.460 € | 10.935 € |
| 18.000 € | 17.743 € | 17.379 € | 16.936 € | 16.480 € | 16.011 € | 15.494 € | 14.937 € | 14.353 € | 13.752 € | 13.122 € |
| 21.000 € | 20.700 € | 20.276 € | 19.758 € | 19.227 € | 18.680 € | 18.076 € | 17.427 € | 16.745 € | 16.044 € | 15.308 € |
| 24.000 € | 23.657 € | 23.172 € | 22.581 € | 21.973 € | 21.348 € | 20.658 € | 19.916 € | 19.137 € | 18.336 € | 17.495 € |
| 27.000 € | 26.614 € | 26.069 € | 25.403 € | 24.720 € | 24.017 € | 23.241 € | 22.406 € | 21.529 € | 20.628 € | 19.682 € |
| 30.000 € | 29.571 € | 28.965 € | 28.226 € | 27.467 € | 26.685 € | 25.823 € | 24.895 € | 23.922 € | 22.920 € | 21.869 € |
| 33.000 € | 32.528 € | 31.862 € | 31.048 € | 30.213 € | 29.354 € | 28.405 € | 27.385 € | 26.314 € | 25.212 € | 24.056 € |
| 36.000 € | 35.485 € | 34.758 € | 33.871 € | 32.960 € | 32.022 € | 30.988 € | 29.874 € | 28.706 € | 27.504 € | 26.243 € |
| 39.000 € | 38.442 € | 37.655 € | 36.694 € | 35.707 € | 34.691 € | 33.570 € | 32.364 € | 31.098 € | 29.795 € | 28.430 € |
| 42.000 € | 38.442 € | 37.655 € | 36.694 € | 35.707 € | 34.691 € | 33.570 € | 32.364 € | 31.098 € | 29.795 € | 28.430 € |
| 45.000 € | 38.442 € | 37.655 € | 36.694 € | 35.707 € | 34.691 € | 33.570 € | 32.364 € | 31.098 € | 29.795 € | 28.430 € |
| 48.000 € | 38.442 € | 37.655 € | 36.694 € | 35.707 € | 34.691 € | 33.570 € | 32.364 € | 31.098 € | 29.795 € | 28.430 € |
| 51.000 € | 38.442 € | 37.655 € | 36.694 € | 35.707 € | 34.691 € | 33.570 € | 32.364 € | 31.098 € | 29.795 € | 28.430 € |
| 54.000 € | 38.442 € | 37.655 € | 36.694 € | 35.707 € | 34.691 € | 33.570 € | 32.364 € | 31.098 € | 29.795 € | 28.430 € |
| 57.000 € | 38.442 € | 37.655 € | 36.694 € | 35.707 € | 34.691 € | 33.570 € | 32.364 € | 31.098 € | 29.795 € | 28.430 € |
| 60.000 € | 38.442 € | 37.655 € | 36.694 € | 35.707 € | 34.691 € | 33.570 € | 32.364 € | 31.098 € | 29.795 € | 28.430 € |
| 63.000 € | 38.442 € | 37.655 € | 36.694 € | 35.707 € | 34.691 € | 33.570 € | 32.364 € | 31.098 € | 29.795 € | 28.430 € |
| 66.000 € | 38.442 € | 37.655 € | 36.694 € | 35.707 € | 34.691 € | 33.570 € | 32.364 € | 31.098 € | 29.795 € | 28.430 € |
| 69.000 € | 38.442 € | 37.655 € | 36.694 € | 35.707 € | 34.691 € | 33.570 € | 32.364 € | 31.098 € | 29.795 € | 28.430 € |
| 72.000 € | 38.442 € | 37.655 € | 36.694 € | 35.707 € | 34.691 € | 33.570 € | 32.364 € | 31.098 € | 29.795 € | 28.430 € |
| 75.000 € | 38.442 € | 37.655 € | 36.694 € | 35.707 € | 34.691 € | 33.570 € | 32.364 € | 31.098 € | 29.795 € | 28.430 € |
| 78.000 € | 38.442 € | 37.655 € | 36.694 € | 35.707 € | 34.691 € | 33.570 € | 32.364 € | 31.098 € | 29.795 € | 28.430 € |
| 81.000 € | 38.442 € | 37.655 € | 36.694 € | 35.707 € | 34.691 € | 33.570 € | 32.364 € | 31.098 € | 29.795 € | 28.430 € |
| 84.000 € | 38.442 € | 37.655 € | 36.694 € | 35.707 € | 34.691 € | 33.570 € | 32.364 € | 31.098 € | 29.795 € | 28.430 € |
| 87.000 € | 38.442 € | 37.655 € | 36.694 € | 35.707 € | 34.691 € | 33.570 € | 32.364 € | 31.098 € | 29.795 € | 28.430 € |
| 90.000 € | 38.442 € | 37.655 € | 36.694 € | 35.707 € | 34.691 € | 33.570 € | 32.364 € | 31.098 € | 29.795 € | 28.430 € |
| 93.000 € | 38.442 € | 37.655 € | 36.694 € | 35.707 € | 34.691 € | 33.570 € | 32.364 € | 31.098 € | 29.795 € | 28.430 € |
| 96.000 € | 38.442 € | 37.655 € | 36.694 € | 35.707 € | 34.691 € | 33.570 € | 32.364 € | 31.098 € | 29.795 € | 28.430 € |
| 99.000 € | 38.442 € | 37.655 € | 36.694 € | 35.707 € | 34.691 € | 33.570 € | 32.364 € | 31.098 € | 29.795 € | 28.430 € |
| 102.000 € | 38.442 € | 37.655 € | 36.694 € | 35.707 € | 34.691 € | 33.570 € | 32.364 € | 31.098 € | 29.795 € | 28.430 € |
| 105.000 € | 38.442 € | 37.655 € | 36.694 € | 35.707 € | 34.691 € | 33.570 € | 32.364 € | 31.098 € | 29.795 € | 28.430 € |
| 108.000 € | 38.442 € | 37.655 € | 36.694 € | 35.707 € | 34.691 € | 33.570 € | 32.364 € | 31.098 € | 29.795 € | 28.430 € |
| 111.000 € | 38.442 € | 37.655 € | 36.694 € | 35.707 € | 34.691 € | 33.570 € | 32.364 € | 31.098 € | 29.795 € | 28.430 € |
| 114.000 € | 38.442 € | 37.655 € | 36.694 € | 35.707 € | 34.691 € | 33.570 € | 32.364 € | 31.098 € | 29.795 € | 28.430 € |
| 117.000 € | 38.442 € | 37.655 € | 36.694 € | 35.707 € | 34.691 € | 33.570 € | 32.364 € | 31.098 € | 29.795 € | 28.430 € |
| 120.000 € | 38.442 € | 37.655 € | 36.694 € | 35.707 € | 34.691 € | 33.570 € | 32.364 € | 31.098 € | 29.795 € | 28.430 € |

## TABLA 1.C.1
## Lucro cesante del cónyuge
Años de duración del matrimonio: 17 años

| Ingreso neto | Edad del cónyuge | | | | | | | | | |
|---|---|---|---|---|---|---|---|---|---|---|
| Hasta | 81 | 82 | 83 | 84 | 85 | 86 | 87 | 88 | 89 | 90 |
| 9.000 € | 6.242 € | 5.922 € | 5.601 € | 5.245 € | 4.908 € | 4.584 € | 4.276 € | 3.985 € | 3.715 € | 3.459 € |
| 12.000 € | 8.322 € | 7.896 € | 7.468 € | 6.994 € | 6.544 € | 6.113 € | 5.702 € | 5.314 € | 4.954 € | 4.612 € |
| 15.000 € | 10.403 € | 9.870 € | 9.335 € | 8.742 € | 8.180 € | 7.641 € | 7.127 € | 6.642 € | 6.192 € | 5.764 € |
| 18.000 € | 12.483 € | 11.844 € | 11.202 € | 10.490 € | 9.816 € | 9.169 € | 8.552 € | 7.971 € | 7.431 € | 6.917 € |
| 21.000 € | 14.564 € | 13.818 € | 13.069 € | 12.239 € | 11.452 € | 10.697 € | 9.978 € | 9.299 € | 8.669 € | 8.070 € |
| 24.000 € | 16.644 € | 15.792 € | 14.936 € | 13.987 € | 13.088 € | 12.225 € | 11.403 € | 10.628 € | 9.907 € | 9.223 € |
| 27.000 € | 18.725 € | 17.766 € | 16.803 € | 15.735 € | 14.724 € | 13.753 € | 12.829 € | 11.956 € | 11.146 € | 10.376 € |
| 30.000 € | 20.805 € | 19.739 € | 18.669 € | 17.484 € | 16.360 € | 15.282 € | 14.254 € | 13.285 € | 12.384 € | 11.529 € |
| 33.000 € | 22.886 € | 21.713 € | 20.536 € | 19.232 € | 17.996 € | 16.810 € | 15.679 € | 14.613 € | 13.623 € | 12.682 € |
| 36.000 € | 24.966 € | 23.687 € | 22.403 € | 20.981 € | 19.632 € | 18.338 € | 17.105 € | 15.942 € | 14.861 € | 13.835 € |
| 39.000 € | 27.047 € | 25.661 € | 24.270 € | 22.729 € | 21.268 € | 19.866 € | 18.530 € | 17.270 € | 16.100 € | 14.988 € |
| 42.000 € | 27.047 € | 25.661 € | 24.270 € | 22.729 € | 21.268 € | 19.866 € | 18.530 € | 17.270 € | 16.100 € | 14.988 € |
| 45.000 € | 27.047 € | 25.661 € | 24.270 € | 22.729 € | 21.268 € | 19.866 € | 18.530 € | 17.270 € | 16.100 € | 14.988 € |
| 48.000 € | 27.047 € | 25.661 € | 24.270 € | 22.729 € | 21.268 € | 19.866 € | 18.530 € | 17.270 € | 16.100 € | 14.988 € |
| 51.000 € | 27.047 € | 25.661 € | 24.270 € | 22.729 € | 21.268 € | 19.866 € | 18.530 € | 17.270 € | 16.100 € | 14.988 € |
| 54.000 € | 27.047 € | 25.661 € | 24.270 € | 22.729 € | 21.268 € | 19.866 € | 18.530 € | 17.270 € | 16.100 € | 14.988 € |
| 57.000 € | 27.047 € | 25.661 € | 24.270 € | 22.729 € | 21.268 € | 19.866 € | 18.530 € | 17.270 € | 16.100 € | 14.988 € |
| 60.000 € | 27.047 € | 25.661 € | 24.270 € | 22.729 € | 21.268 € | 19.866 € | 18.530 € | 17.270 € | 16.100 € | 14.988 € |
| 63.000 € | 27.047 € | 25.661 € | 24.270 € | 22.729 € | 21.268 € | 19.866 € | 18.530 € | 17.270 € | 16.100 € | 14.988 € |
| 66.000 € | 27.047 € | 25.661 € | 24.270 € | 22.729 € | 21.268 € | 19.866 € | 18.530 € | 17.270 € | 16.100 € | 14.988 € |
| 69.000 € | 27.047 € | 25.661 € | 24.270 € | 22.729 € | 21.268 € | 19.866 € | 18.530 € | 17.270 € | 16.100 € | 14.988 € |
| 72.000 € | 27.047 € | 25.661 € | 24.270 € | 22.729 € | 21.268 € | 19.866 € | 18.530 € | 17.270 € | 16.100 € | 14.988 € |
| 75.000 € | 27.047 € | 25.661 € | 24.270 € | 22.729 € | 21.268 € | 19.866 € | 18.530 € | 17.270 € | 16.100 € | 14.988 € |
| 78.000 € | 27.047 € | 25.661 € | 24.270 € | 22.729 € | 21.268 € | 19.866 € | 18.530 € | 17.270 € | 16.100 € | 14.988 € |
| 81.000 € | 27.047 € | 25.661 € | 24.270 € | 22.729 € | 21.268 € | 19.866 € | 18.530 € | 17.270 € | 16.100 € | 14.988 € |
| 84.000 € | 27.047 € | 25.661 € | 24.270 € | 22.729 € | 21.268 € | 19.866 € | 18.530 € | 17.270 € | 16.100 € | 14.988 € |
| 87.000 € | 27.047 € | 25.661 € | 24.270 € | 22.729 € | 21.268 € | 19.866 € | 18.530 € | 17.270 € | 16.100 € | 14.988 € |
| 90.000 € | 27.047 € | 25.661 € | 24.270 € | 22.729 € | 21.268 € | 19.866 € | 18.530 € | 17.270 € | 16.100 € | 14.988 € |
| 93.000 € | 27.047 € | 25.661 € | 24.270 € | 22.729 € | 21.268 € | 19.866 € | 18.530 € | 17.270 € | 16.100 € | 14.988 € |
| 96.000 € | 27.047 € | 25.661 € | 24.270 € | 22.729 € | 21.268 € | 19.866 € | 18.530 € | 17.270 € | 16.100 € | 14.988 € |
| 99.000 € | 27.047 € | 25.661 € | 24.270 € | 22.729 € | 21.268 € | 19.866 € | 18.530 € | 17.270 € | 16.100 € | 14.988 € |
| 102.000 € | 27.047 € | 25.661 € | 24.270 € | 22.729 € | 21.268 € | 19.866 € | 18.530 € | 17.270 € | 16.100 € | 14.988 € |
| 105.000 € | 27.047 € | 25.661 € | 24.270 € | 22.729 € | 21.268 € | 19.866 € | 18.530 € | 17.270 € | 16.100 € | 14.988 € |
| 108.000 € | 27.047 € | 25.661 € | 24.270 € | 22.729 € | 21.268 € | 19.866 € | 18.530 € | 17.270 € | 16.100 € | 14.988 € |
| 111.000 € | 27.047 € | 25.661 € | 24.270 € | 22.729 € | 21.268 € | 19.866 € | 18.530 € | 17.270 € | 16.100 € | 14.988 € |
| 114.000 € | 27.047 € | 25.661 € | 24.270 € | 22.729 € | 21.268 € | 19.866 € | 18.530 € | 17.270 € | 16.100 € | 14.988 € |
| 117.000 € | 27.047 € | 25.661 € | 24.270 € | 22.729 € | 21.268 € | 19.866 € | 18.530 € | 17.270 € | 16.100 € | 14.988 € |
| 120.000 € | 27.047 € | 25.661 € | 24.270 € | 22.729 € | 21.268 € | 19.866 € | 18.530 € | 17.270 € | 16.100 € | 14.988 € |

# TABLA 1.C.1
## Lucro cesante del cónyuge
Años de duración del matrimonio: 17 años

| Ingreso neto | Edad del cónyuge | | | | | | | | |
|---|---|---|---|---|---|---|---|---|---|
| Hasta | 91 | 92 | 93 | 94 | 95 | 96 | 97 | 98 | 99 o más |
| 9.000 € | 3.206 € | 3.000 € | 3.000 € | 3.000 € | 3.000 € | 3.000 € | 3.000 € | 3.000 € | 3.000 € |
| 12.000 € | 4.274 € | 3.944 € | 3.580 € | 3.269 € | 3.000 € | 3.000 € | 3.000 € | 3.000 € | 3.000 € |
| 15.000 € | 5.343 € | 4.930 € | 4.474 € | 4.086 € | 3.656 € | 3.205 € | 3.000 € | 3.000 € | 3.000 € |
| 18.000 € | 6.411 € | 5.916 € | 5.369 € | 4.903 € | 4.387 € | 3.846 € | 3.243 € | 3.000 € | 3.000 € |
| 21.000 € | 7.480 € | 6.902 € | 6.264 € | 5.720 € | 5.118 € | 4.487 € | 3.784 € | 3.000 € | 3.000 € |
| 24.000 € | 8.548 € | 7.887 € | 7.159 € | 6.537 € | 5.849 € | 5.128 € | 4.325 € | 3.287 € | 3.000 € |
| 27.000 € | 9.617 € | 8.873 € | 8.054 € | 7.355 € | 6.581 € | 5.769 € | 4.865 € | 3.698 € | 3.000 € |
| 30.000 € | 10.685 € | 9.859 € | 8.949 € | 8.172 € | 7.312 € | 6.410 € | 5.406 € | 4.108 € | 3.000 € |
| 33.000 € | 11.754 € | 10.845 € | 9.844 € | 8.989 € | 8.043 € | 7.051 € | 5.946 € | 4.519 € | 3.000 € |
| 36.000 € | 12.822 € | 11.831 € | 10.739 € | 9.806 € | 8.774 € | 7.692 € | 6.487 € | 4.930 € | 3.000 € |
| 39.000 € | 13.891 € | 12.817 € | 11.634 € | 10.623 € | 9.505 € | 8.333 € | 7.027 € | 5.341 € | 3.120 € |
| 42.000 € | 13.891 € | 12.817 € | 11.634 € | 10.623 € | 9.505 € | 8.333 € | 7.027 € | 5.341 € | 3.120 € |
| 45.000 € | 13.891 € | 12.817 € | 11.634 € | 10.623 € | 9.505 € | 8.333 € | 7.027 € | 5.341 € | 3.120 € |
| 48.000 € | 13.891 € | 12.817 € | 11.634 € | 10.623 € | 9.505 € | 8.333 € | 7.027 € | 5.341 € | 3.120 € |
| 51.000 € | 13.891 € | 12.817 € | 11.634 € | 10.623 € | 9.505 € | 8.333 € | 7.027 € | 5.341 € | 3.120 € |
| 54.000 € | 13.891 € | 12.817 € | 11.634 € | 10.623 € | 9.505 € | 8.333 € | 7.027 € | 5.341 € | 3.120 € |
| 57.000 € | 13.891 € | 12.817 € | 11.634 € | 10.623 € | 9.505 € | 8.333 € | 7.027 € | 5.341 € | 3.120 € |
| 60.000 € | 13.891 € | 12.817 € | 11.634 € | 10.623 € | 9.505 € | 8.333 € | 7.027 € | 5.341 € | 3.120 € |
| 63.000 € | 13.891 € | 12.817 € | 11.634 € | 10.623 € | 9.505 € | 8.333 € | 7.027 € | 5.341 € | 3.120 € |
| 66.000 € | 13.891 € | 12.817 € | 11.634 € | 10.623 € | 9.505 € | 8.333 € | 7.027 € | 5.341 € | 3.120 € |
| 69.000 € | 13.891 € | 12.817 € | 11.634 € | 10.623 € | 9.505 € | 8.333 € | 7.027 € | 5.341 € | 3.120 € |
| 72.000 € | 13.891 € | 12.817 € | 11.634 € | 10.623 € | 9.505 € | 8.333 € | 7.027 € | 5.341 € | 3.120 € |
| 75.000 € | 13.891 € | 12.817 € | 11.634 € | 10.623 € | 9.505 € | 8.333 € | 7.027 € | 5.341 € | 3.120 € |
| 78.000 € | 13.891 € | 12.817 € | 11.634 € | 10.623 € | 9.505 € | 8.333 € | 7.027 € | 5.341 € | 3.120 € |
| 81.000 € | 13.891 € | 12.817 € | 11.634 € | 10.623 € | 9.505 € | 8.333 € | 7.027 € | 5.341 € | 3.120 € |
| 84.000 € | 13.891 € | 12.817 € | 11.634 € | 10.623 € | 9.505 € | 8.333 € | 7.027 € | 5.341 € | 3.120 € |
| 87.000 € | 13.891 € | 12.817 € | 11.634 € | 10.623 € | 9.505 € | 8.333 € | 7.027 € | 5.341 € | 3.120 € |
| 90.000 € | 13.891 € | 12.817 € | 11.634 € | 10.623 € | 9.505 € | 8.333 € | 7.027 € | 5.341 € | 3.120 € |
| 93.000 € | 13.891 € | 12.817 € | 11.634 € | 10.623 € | 9.505 € | 8.333 € | 7.027 € | 5.341 € | 3.120 € |
| 96.000 € | 13.891 € | 12.817 € | 11.634 € | 10.623 € | 9.505 € | 8.333 € | 7.027 € | 5.341 € | 3.120 € |
| 99.000 € | 13.891 € | 12.817 € | 11.634 € | 10.623 € | 9.505 € | 8.333 € | 7.027 € | 5.341 € | 3.120 € |
| 102.000 € | 13.891 € | 12.817 € | 11.634 € | 10.623 € | 9.505 € | 8.333 € | 7.027 € | 5.341 € | 3.120 € |
| 105.000 € | 13.891 € | 12.817 € | 11.634 € | 10.623 € | 9.505 € | 8.333 € | 7.027 € | 5.341 € | 3.120 € |
| 108.000 € | 13.891 € | 12.817 € | 11.634 € | 10.623 € | 9.505 € | 8.333 € | 7.027 € | 5.341 € | 3.120 € |
| 111.000 € | 13.891 € | 12.817 € | 11.634 € | 10.623 € | 9.505 € | 8.333 € | 7.027 € | 5.341 € | 3.120 € |
| 114.000 € | 13.891 € | 12.817 € | 11.634 € | 10.623 € | 9.505 € | 8.333 € | 7.027 € | 5.341 € | 3.120 € |
| 117.000 € | 13.891 € | 12.817 € | 11.634 € | 10.623 € | 9.505 € | 8.333 € | 7.027 € | 5.341 € | 3.120 € |
| 120.000 € | 13.891 € | 12.817 € | 11.634 € | 10.623 € | 9.505 € | 8.333 € | 7.027 € | 5.341 € | 3.120 € |

## TABLA 1.C.1
## Lucro cesante del cónyuge
### Años de duración del matrimonio: 18 años

| Ingreso netc | Edad del cónyuge | | | | | | | | Edad del có |
|---|---|---|---|---|---|---|---|---|---|---|
| Hasta | 32 | 33 | 34 | 35 | 36 | 37 | 38 | 39 | 40 | 41 |
| 9.000 € | 18.359 € | 18.346 € | 18.331 € | 18.313 € | 18.293 € | 18.270 € | 18.245 € | 18.217 € | 18.188 € | 18.156 € |
| 12.000 € | 24.479 € | 24.461 € | 24.441 € | 24.417 € | 24.390 € | 24.360 € | 24.327 € | 24.290 € | 24.250 € | 24.208 € |
| 15.000 € | 30.599 € | 30.576 € | 30.551 € | 30.522 € | 30.488 € | 30.450 € | 30.408 € | 30.362 € | 30.313 € | 30.260 € |
| 18.000 € | 36.718 € | 36.692 € | 36.662 € | 36.626 € | 36.586 € | 36.540 € | 36.490 € | 36.435 € | 36.375 € | 36.312 € |
| 21.000 € | 42.838 € | 42.807 € | 42.772 € | 42.730 € | 42.683 € | 42.630 € | 42.572 € | 42.507 € | 42.438 € | 42.363 € |
| 24.000 € | 48.958 € | 48.922 € | 48.882 € | 48.835 € | 48.781 € | 48.720 € | 48.654 € | 48.580 € | 48.501 € | 48.415 € |
| 27.000 € | 55.078 € | 55.037 € | 54.992 € | 54.939 € | 54.878 € | 54.810 € | 54.735 € | 54.652 € | 54.563 € | 54.467 € |
| 30.000 € | 61.197 € | 61.153 € | 61.103 € | 61.043 € | 60.976 € | 60.900 € | 60.817 € | 60.725 € | 60.626 € | 60.519 € |
| 33.000 € | 67.317 € | 67.268 € | 67.213 € | 67.148 € | 67.074 € | 66.990 € | 66.899 € | 66.797 € | 66.688 € | 66.571 € |
| 36.000 € | 73.437 € | 73.383 € | 73.323 € | 73.252 € | 73.171 € | 73.080 € | 72.980 € | 72.870 € | 72.751 € | 72.623 € |
| 39.000 € | 79.556 € | 79.499 € | 79.433 € | 79.356 € | 79.269 € | 79.170 € | 79.062 € | 78.942 € | 78.814 € | 78.675 € |
| 42.000 € | 85.676 € | 85.614 € | 85.544 € | 85.461 € | 85.366 € | 85.260 € | 85.144 € | 85.014 € | 84.876 € | 84.727 € |
| 45.000 € | 91.796 € | 91.729 € | 91.654 € | 91.565 € | 91.464 € | 91.350 € | 91.225 € | 91.087 € | 90.939 € | 90.779 € |
| 48.000 € | 97.916 € | 97.844 € | 97.764 € | 97.669 € | 97.561 € | 97.440 € | 97.307 € | 97.159 € | 97.001 € | 96.831 € |
| 51.000 € | 114.862 € | 114.780 € | 114.688 € | 114.579 € | 114.454 € | 114.315 € | 114.161 € | 113.990 € | 113.808 € | 113.611 € |
| 54.000 € | 144.581 € | 144.481 € | 144.368 € | 144.234 € | 144.081 € | 143.910 € | 143.722 € | 143.512 € | 143.288 € | 143.046 € |
| 57.000 € | 174.300 € | 174.181 € | 174.047 € | 173.889 € | 173.708 € | 173.506 € | 173.282 € | 173.034 € | 172.768 € | 172.481 € |
| 60.000 € | 204.019 € | 203.882 € | 203.727 € | 203.544 € | 203.335 € | 203.101 € | 202.843 € | 202.556 € | 202.248 € | 201.916 € |
| 63.000 € | 233.738 € | 233.582 € | 233.407 € | 233.199 € | 232.962 € | 232.697 € | 232.404 € | 232.077 € | 231.728 € | 231.350 € |
| 66.000 € | 263.457 € | 263.282 € | 263.086 € | 262.854 € | 262.589 € | 262.292 € | 261.964 € | 261.599 € | 261.208 € | 260.785 € |
| 69.000 € | 293.175 € | 292.983 € | 292.766 € | 292.509 € | 292.217 € | 291.888 € | 291.525 € | 291.121 € | 290.688 € | 290.220 € |
| 72.000 € | 322.894 € | 322.683 € | 322.446 € | 322.164 € | 321.844 € | 321.483 € | 321.086 € | 320.643 € | 320.168 € | 319.655 € |
| 75.000 € | 352.613 € | 352.383 € | 352.125 € | 351.819 € | 351.471 € | 351.079 € | 350.647 € | 350.164 € | 349.649 € | 349.090 € |
| 78.000 € | 382.332 € | 382.084 € | 381.805 € | 381.474 € | 381.098 € | 380.674 € | 380.207 € | 379.686 € | 379.129 € | 378.525 € |
| 81.000 € | 412.051 € | 411.784 € | 411.485 € | 411.129 € | 410.725 € | 410.270 € | 409.768 € | 409.208 € | 408.609 € | 407.960 € |
| 84.000 € | 441.770 € | 441.485 € | 441.164 € | 440.784 € | 440.352 € | 439.865 € | 439.329 € | 438.730 € | 438.089 € | 437.395 € |
| 87.000 € | 471.488 € | 471.185 € | 470.844 € | 470.439 € | 469.979 € | 469.461 € | 468.889 € | 468.252 € | 467.569 € | 466.830 € |
| 90.000 € | 501.207 € | 500.885 € | 500.524 € | 500.094 € | 499.606 € | 499.056 € | 498.450 € | 497.773 € | 497.049 € | 496.265 € |
| 93.000 € | 530.926 € | 530.586 € | 530.203 € | 529.750 € | 529.233 € | 528.652 € | 528.011 € | 527.295 € | 526.529 € | 525.700 € |
| 96.000 € | 560.645 € | 560.286 € | 559.883 € | 559.405 € | 558.860 € | 558.247 € | 557.572 € | 556.817 € | 556.009 € | 555.135 € |
| 99.000 € | 590.364 € | 589.987 € | 589.563 € | 589.060 € | 588.487 € | 587.843 € | 587.132 € | 586.339 € | 585.490 € | 584.570 € |
| 102.000 € | 620.083 € | 619.687 € | 619.242 € | 618.715 € | 618.114 € | 617.438 € | 616.693 € | 615.861 € | 614.970 € | 614.005 € |
| 105.000 € | 649.801 € | 649.387 € | 648.922 € | 648.370 € | 647.741 € | 647.034 € | 646.254 € | 645.382 € | 644.450 € | 643.440 € |
| 108.000 € | 679.520 € | 679.088 € | 678.602 € | 678.025 € | 677.368 € | 676.629 € | 675.814 € | 674.904 € | 673.930 € | 672.875 € |
| 111.000 € | 709.239 € | 708.788 € | 708.281 € | 707.680 € | 706.995 € | 706.225 € | 705.375 € | 704.426 € | 703.410 € | 702.310 € |
| 114.000 € | 738.958 € | 738.488 € | 737.961 € | 737.335 € | 736.622 € | 735.820 € | 734.936 € | 733.948 € | 732.890 € | 731.745 € |
| 117.000 € | 768.677 € | 768.189 € | 767.641 € | 766.990 € | 766.250 € | 765.416 € | 764.496 € | 763.469 € | 762.370 € | 761.180 € |
| 120.000 € | 798.396 € | 797.889 € | 797.320 € | 796.645 € | 795.877 € | 795.011 € | 794.057 € | 792.991 € | 791.850 € | 790.615 € |

# TABLA 1.C.1

## Lucro cesante del cónyuge

Años de duración del matrimonio: 18 años

| Ingreso netonyuge | | | | | | | | | Edad del cónyuge | |
|---|---|---|---|---|---|---|---|---|---|---|
| Hasta | 42 | 43 | 44 | 45 | 46 | 47 | 48 | 49 | 50 | 51 |
| 9.000 € | 18.121 € | 18.084 € | 18.048 € | 18.008 € | 17.965 € | 17.921 € | 17.878 € | 17.831 € | 17.804 € | 17.777 € |
| 12.000 € | 24.161 € | 24.112 € | 24.064 € | 24.010 € | 23.953 € | 23.895 € | 23.837 € | 23.775 € | 23.739 € | 23.703 € |
| 15.000 € | 30.201 € | 30.141 € | 30.079 € | 30.013 € | 29.942 € | 29.869 € | 29.796 € | 29.719 € | 29.674 € | 29.629 € |
| 18.000 € | 36.242 € | 36.169 € | 36.095 € | 36.016 € | 35.930 € | 35.842 € | 35.756 € | 35.663 € | 35.609 € | 35.554 € |
| 21.000 € | 42.282 € | 42.197 € | 42.111 € | 42.018 € | 41.919 € | 41.816 € | 41.715 € | 41.607 € | 41.543 € | 41.480 € |
| 24.000 € | 48.322 € | 48.225 € | 48.127 € | 48.021 € | 47.907 € | 47.790 € | 47.674 € | 47.550 € | 47.478 € | 47.406 € |
| 27.000 € | 54.363 € | 54.253 € | 54.143 € | 54.023 € | 53.895 € | 53.763 € | 53.634 € | 53.494 € | 53.413 € | 53.332 € |
| 30.000 € | 60.403 € | 60.281 € | 60.159 € | 60.026 € | 59.884 € | 59.737 € | 59.593 € | 59.438 € | 59.348 € | 59.257 € |
| 33.000 € | 66.443 € | 66.309 € | 66.175 € | 66.029 € | 65.872 € | 65.711 € | 65.552 € | 65.382 € | 65.282 € | 65.183 € |
| 36.000 € | 72.483 € | 72.337 € | 72.191 € | 72.031 € | 71.860 € | 71.684 € | 71.511 € | 71.326 € | 69.893 € | 68.607 € |
| 39.000 € | 78.524 € | 78.365 € | 78.206 € | 78.034 € | 77.849 € | 77.658 € | 77.471 € | 77.269 € | 74.412 € | 71.692 € |
| 42.000 € | 84.564 € | 84.393 € | 84.222 € | 84.036 € | 83.837 € | 83.632 € | 83.430 € | 83.213 € | 78.931 € | 74.777 € |
| 45.000 € | 90.604 € | 90.422 € | 90.238 € | 90.039 € | 89.825 € | 89.606 € | 89.389 € | 89.157 € | 83.450 € | 77.862 € |
| 48.000 € | 96.645 € | 96.450 € | 96.254 € | 96.042 € | 95.814 € | 95.579 € | 95.349 € | 95.101 € | 87.968 € | 80.947 € |
| 51.000 € | 113.395 € | 113.170 € | 112.944 € | 112.698 € | 112.435 € | 112.163 € | 111.896 € | 111.609 € | 103.028 € | 94.548 € |
| 54.000 € | 142.781 € | 142.504 € | 142.226 € | 141.923 € | 141.598 € | 141.263 € | 140.934 € | 140.581 € | 130.522 € | 120.554 € |
| 57.000 € | 172.166 € | 171.837 € | 171.507 € | 171.147 € | 170.761 € | 170.363 € | 169.973 € | 169.552 € | 158.015 € | 146.560 € |
| 60.000 € | 201.552 € | 201.171 € | 200.789 € | 200.372 € | 199.924 € | 199.464 € | 199.011 € | 198.523 € | 185.509 € | 172.567 € |
| 63.000 € | 230.937 € | 230.504 € | 230.070 € | 229.596 € | 229.087 € | 228.564 € | 228.049 € | 227.494 € | 213.003 € | 198.573 € |
| 66.000 € | 260.323 € | 259.838 € | 259.352 € | 258.821 € | 258.251 € | 257.664 € | 257.087 € | 256.466 € | 240.496 € | 224.579 € |
| 69.000 € | 289.708 € | 289.171 € | 288.633 € | 288.046 € | 287.414 € | 286.764 € | 286.125 € | 285.437 € | 267.990 € | 250.585 € |
| 72.000 € | 319.094 € | 318.505 € | 317.915 € | 317.270 € | 316.577 € | 315.864 € | 315.164 € | 314.408 € | 295.484 € | 276.592 € |
| 75.000 € | 348.479 € | 347.838 € | 347.196 € | 346.495 € | 345.740 € | 344.964 € | 344.202 € | 343.379 € | 322.977 € | 302.598 € |
| 78.000 € | 377.865 € | 377.172 € | 376.478 € | 375.719 € | 374.903 € | 374.064 € | 373.240 € | 372.351 € | 350.471 € | 328.604 € |
| 81.000 € | 407.250 € | 406.505 € | 405.759 € | 404.944 € | 404.067 € | 403.164 € | 402.278 € | 401.322 € | 377.965 € | 354.610 € |
| 84.000 € | 436.635 € | 435.839 € | 435.041 € | 434.168 € | 433.230 € | 432.265 € | 431.316 € | 430.293 € | 405.458 € | 380.617 € |
| 87.000 € | 466.021 € | 465.172 € | 464.322 € | 463.393 € | 462.393 € | 461.365 € | 460.355 € | 459.264 € | 432.952 € | 406.623 € |
| 90.000 € | 495.406 € | 494.506 € | 493.604 € | 492.617 € | 491.556 € | 490.465 € | 489.393 € | 488.235 € | 460.446 € | 432.629 € |
| 93.000 € | 524.792 € | 523.839 € | 522.885 € | 521.842 € | 520.719 € | 519.565 € | 518.431 € | 517.207 € | 487.939 € | 458.636 € |
| 96.000 € | 554.177 € | 553.173 € | 552.167 € | 551.066 € | 549.883 € | 548.665 € | 547.469 € | 546.178 € | 515.433 € | 484.642 € |
| 99.000 € | 583.563 € | 582.506 € | 581.448 € | 580.291 € | 579.046 € | 577.765 € | 576.507 € | 575.149 € | 542.927 € | 510.648 € |
| 102.000 € | 612.948 € | 611.840 € | 610.730 € | 609.516 € | 608.209 € | 606.865 € | 605.546 € | 604.120 € | 570.420 € | 536.654 € |
| 105.000 € | 642.334 € | 641.173 € | 640.011 € | 638.740 € | 637.372 € | 635.966 € | 634.584 € | 633.092 € | 597.914 € | 562.661 € |
| 108.000 € | 671.719 € | 670.507 € | 669.293 € | 667.965 € | 666.535 € | 665.066 € | 663.622 € | 662.063 € | 625.408 € | 588.667 € |
| 111.000 € | 701.105 € | 699.840 € | 698.574 € | 697.189 € | 695.699 € | 694.166 € | 692.660 € | 691.034 € | 652.901 € | 614.673 € |
| 114.000 € | 730.490 € | 729.174 € | 727.856 € | 726.414 € | 724.862 € | 723.266 € | 721.698 € | 720.005 € | 680.395 € | 640.679 € |
| 117.000 € | 759.876 € | 758.507 € | 757.137 € | 755.638 € | 754.025 € | 752.366 € | 750.737 € | 748.977 € | 707.889 € | 666.686 € |
| 120.000 € | 789.261 € | 787.841 € | 786.419 € | 784.863 € | 783.188 € | 781.466 € | 779.775 € | 777.948 € | 735.382 € | 692.692 € |

# TABLA 1.C.1
## Lucro cesante del cónyuge
Años de duración del matrimonio: 18 años

| Ingreso neto | Edad del cónyuge | | | | | | | | | |
|---|---|---|---|---|---|---|---|---|---|---|
| Hasta | 52 | 53 | 54 | 55 | 56 | 57 | 58 | 59 | 60 | 61 |
| 9.000 € | 17.750 € | 17.723 € | 17.696 € | 17.485 € | 17.208 € | 16.847 € | 16.446 € | 15.998 € | 15.520 € | 15.012 € |
| 12.000 € | 23.667 € | 23.631 € | 23.594 € | 23.314 € | 22.944 € | 22.462 € | 21.928 € | 21.331 € | 20.693 € | 20.016 € |
| 15.000 € | 29.583 € | 29.538 € | 29.493 € | 29.142 € | 28.680 € | 28.078 € | 27.410 € | 26.664 € | 25.866 € | 25.019 € |
| 18.000 € | 35.500 € | 35.446 € | 35.392 € | 34.971 € | 34.417 € | 33.693 € | 32.892 € | 31.997 € | 31.039 € | 30.023 € |
| 21.000 € | 41.417 € | 41.354 € | 41.290 € | 40.799 € | 40.153 € | 39.309 € | 38.374 € | 37.329 € | 36.213 € | 35.027 € |
| 24.000 € | 47.334 € | 47.261 € | 47.189 € | 46.627 € | 45.889 € | 44.924 € | 43.856 € | 42.662 € | 41.386 € | 40.031 € |
| 27.000 € | 53.250 € | 53.169 € | 53.088 € | 52.456 € | 51.625 € | 50.540 € | 49.338 € | 47.995 € | 46.559 € | 45.035 € |
| 30.000 € | 59.167 € | 59.077 € | 58.986 € | 58.284 € | 57.361 € | 56.155 € | 54.820 € | 53.328 € | 51.732 € | 50.039 € |
| 33.000 € | 65.084 € | 64.984 € | 64.885 € | 64.113 € | 63.097 € | 61.771 € | 60.302 € | 58.660 € | 56.906 € | 55.043 € |
| 36.000 € | 67.472 € | 66.499 € | 65.666 € | 64.987 € | 64.452 € | 64.102 € | 63.900 € | 63.863 € | 62.079 € | 60.047 € |
| 39.000 € | 69.114 € | 66.687 € | 66.466 € | 66.069 € | 65.672 € | 65.108 € | 64.544 € | 64.544 € | 63.016 € | 60.745 € |
| 42.000 € | 70.756 € | 66.874 € | 66.537 € | 66.201 € | 65.864 € | 65.527 € | 65.191 € | 64.577 € | 63.962 € | 61.447 € |
| 45.000 € | 72.397 € | 67.061 € | 66.817 € | 66.573 € | 66.329 € | 66.085 € | 65.841 € | 65.379 € | 64.918 € | 62.154 € |
| 48.000 € | 74.039 € | 67.248 € | 67.097 € | 66.946 € | 66.796 € | 66.645 € | 66.494 € | 66.189 € | 65.883 € | 62.866 € |
| 51.000 € | 86.172 € | 77.902 € | 69.719 € | 69.077 € | 68.435 € | 67.793 € | 67.151 € | 67.005 € | 66.859 € | 63.583 € |
| 54.000 € | 110.681 € | 100.905 € | 91.197 € | 81.576 € | 72.026 € | 69.919 € | 67.813 € | 67.813 € | 67.813 € | 64.306 € |
| 57.000 € | 135.190 € | 123.907 € | 112.675 € | 101.516 € | 90.408 € | 79.410 € | 68.479 € | 68.479 € | 68.479 € | 65.035 € |
| 60.000 € | 159.699 € | 146.909 € | 134.153 € | 121.456 € | 108.790 € | 96.226 € | 83.709 € | 71.259 € | 69.854 € | 65.770 € |
| 63.000 € | 184.208 € | 169.911 € | 155.631 € | 141.396 € | 127.172 € | 113.042 € | 98.940 € | 84.887 € | 70.877 € | 66.512 € |
| 66.000 € | 208.717 € | 192.914 € | 177.109 € | 161.336 € | 145.554 € | 129.858 € | 114.171 € | 98.516 € | 82.885 € | 67.260 € |
| 69.000 € | 233.226 € | 215.916 € | 198.587 € | 181.275 € | 163.937 € | 146.674 € | 129.401 € | 112.145 € | 94.893 € | 77.625 € |
| 72.000 € | 257.735 € | 238.918 € | 220.065 € | 201.215 € | 182.319 € | 163.489 € | 144.632 € | 125.774 € | 106.902 € | 87.991 € |
| 75.000 € | 282.244 € | 261.920 € | 241.543 € | 221.155 € | 200.701 € | 180.305 € | 159.862 € | 139.402 € | 118.910 € | 98.357 € |
| 78.000 € | 306.753 € | 284.923 € | 263.021 € | 241.095 € | 219.083 € | 197.121 € | 175.093 € | 153.031 € | 130.918 € | 108.723 € |
| 81.000 € | 331.262 € | 307.925 € | 284.499 € | 261.035 € | 237.465 € | 213.937 € | 190.324 € | 166.660 € | 142.927 € | 119.089 € |
| 84.000 € | 355.771 € | 330.927 € | 305.977 € | 280.974 € | 255.847 € | 230.753 € | 205.554 € | 180.289 € | 154.935 € | 129.454 € |
| 87.000 € | 380.280 € | 353.929 € | 327.455 € | 300.914 € | 274.229 € | 247.568 € | 220.785 € | 193.918 € | 166.943 € | 139.820 € |
| 90.000 € | 404.789 € | 376.932 € | 348.933 € | 320.854 € | 292.612 € | 264.384 € | 236.016 € | 207.546 € | 178.952 € | 150.186 € |
| 93.000 € | 429.298 € | 399.934 € | 370.411 € | 340.794 € | 310.994 € | 281.200 € | 251.246 € | 221.175 € | 190.960 € | 160.552 € |
| 96.000 € | 453.807 € | 422.936 € | 391.889 € | 360.734 € | 329.376 € | 298.016 € | 266.477 € | 234.804 € | 202.968 € | 170.917 € |
| 99.000 € | 478.316 € | 445.938 € | 413.368 € | 380.673 € | 347.758 € | 314.832 € | 281.707 € | 248.433 € | 214.977 € | 181.283 € |
| 102.000 € | 502.825 € | 468.941 € | 434.846 € | 400.613 € | 366.140 € | 331.648 € | 296.938 € | 262.061 € | 226.985 € | 191.649 € |
| 105.000 € | 527.334 € | 491.943 € | 456.324 € | 420.553 € | 384.522 € | 348.463 € | 312.169 € | 275.690 € | 238.993 € | 202.015 € |
| 108.000 € | 551.843 € | 514.945 € | 477.802 € | 440.493 € | 402.904 € | 365.279 € | 327.399 € | 289.319 € | 251.002 € | 212.381 € |
| 111.000 € | 576.352 € | 537.947 € | 499.280 € | 460.433 € | 421.286 € | 382.095 € | 342.630 € | 302.948 € | 263.010 € | 222.746 € |
| 114.000 € | 600.861 € | 560.949 € | 520.758 € | 480.372 € | 439.669 € | 398.911 € | 357.860 € | 316.576 € | 275.018 € | 233.112 € |
| 117.000 € | 625.370 € | 583.952 € | 542.236 € | 500.312 € | 458.051 € | 415.727 € | 373.091 € | 330.205 € | 287.027 € | 243.478 € |
| 120.000 € | 649.879 € | 606.954 € | 563.714 € | 520.252 € | 476.433 € | 432.542 € | 388.322 € | 343.834 € | 299.035 € | 253.844 € |

## TABLA 1.C.1
### Lucro cesante del cónyuge
Años de duración del matrimonio: 18 años

| Ingreso neto | Edad del cónyuge | | | | | | | | | |
|---|---|---|---|---|---|---|---|---|---|---|
| Hasta | 62 | 63 | 64 | 65 | 66 | 67 | 68 | 69 | 70 | 71 |
| 9.000 € | 14.475 € | 13.928 € | 13.370 € | 12.799 € | 12.243 € | 9.791 € | 9.662 € | 9.514 € | 9.334 € | 9.152 € |
| 12.000 € | 19.300 € | 18.570 € | 17.827 € | 17.065 € | 16.324 € | 13.055 € | 12.883 € | 12.685 € | 12.446 € | 12.203 € |
| 15.000 € | 24.125 € | 23.213 € | 22.283 € | 21.331 € | 20.405 € | 16.319 € | 16.104 € | 15.856 € | 15.557 € | 15.254 € |
| 18.000 € | 28.950 € | 27.855 € | 26.740 € | 25.597 € | 24.486 € | 19.583 € | 19.325 € | 19.027 € | 18.669 € | 18.305 € |
| 21.000 € | 33.775 € | 32.498 € | 31.197 € | 29.864 € | 28.567 € | 22.846 € | 22.546 € | 22.198 € | 21.780 € | 21.356 € |
| 24.000 € | 38.600 € | 37.140 € | 35.653 € | 34.130 € | 32.649 € | 26.110 € | 25.767 € | 25.369 € | 24.892 € | 24.406 € |
| 27.000 € | 43.425 € | 41.783 € | 40.110 € | 38.396 € | 36.730 € | 29.374 € | 28.987 € | 28.541 € | 28.003 € | 27.457 € |
| 30.000 € | 48.250 € | 46.425 € | 44.566 € | 42.662 € | 40.811 € | 32.638 € | 32.208 € | 31.712 € | 31.115 € | 30.508 € |
| 33.000 € | 53.075 € | 51.068 € | 49.023 € | 46.929 € | 44.892 € | 35.901 € | 35.429 € | 34.883 € | 34.226 € | 33.559 € |
| 36.000 € | 57.900 € | 55.710 € | 53.480 € | 51.195 € | 48.973 € | 39.165 € | 38.650 € | 38.054 € | 37.338 € | 36.609 € |
| 39.000 € | 58.122 € | 55.820 € | 53.723 € | 51.199 € | 48.973 € | 42.429 € | 41.871 € | 41.225 € | 40.449 € | 39.660 € |
| 42.000 € | 58.345 € | 55.928 € | 53.966 € | 51.203 € | 48.973 € | 42.429 € | 41.871 € | 41.225 € | 40.449 € | 39.660 € |
| 45.000 € | 58.566 € | 56.037 € | 54.209 € | 51.207 € | 48.973 € | 42.429 € | 41.871 € | 41.225 € | 40.449 € | 39.660 € |
| 48.000 € | 58.788 € | 56.145 € | 54.452 € | 51.212 € | 48.973 € | 42.429 € | 41.871 € | 41.225 € | 40.449 € | 39.660 € |
| 51.000 € | 59.010 € | 56.253 € | 54.695 € | 51.216 € | 48.973 € | 42.429 € | 41.871 € | 41.225 € | 40.449 € | 39.660 € |
| 54.000 € | 59.232 € | 56.361 € | 54.938 € | 51.220 € | 48.973 € | 42.429 € | 41.871 € | 41.225 € | 40.449 € | 39.660 € |
| 57.000 € | 59.454 € | 56.468 € | 55.181 € | 51.224 € | 48.973 € | 42.429 € | 41.871 € | 41.225 € | 40.449 € | 39.660 € |
| 60.000 € | 59.676 € | 56.576 € | 55.425 € | 51.228 € | 48.973 € | 42.429 € | 41.871 € | 41.225 € | 40.449 € | 39.660 € |
| 63.000 € | 59.898 € | 56.683 € | 55.670 € | 51.232 € | 48.973 € | 42.429 € | 41.871 € | 41.225 € | 40.449 € | 39.660 € |
| 66.000 € | 60.121 € | 56.791 € | 55.915 € | 51.236 € | 48.973 € | 42.429 € | 41.871 € | 41.225 € | 40.449 € | 39.660 € |
| 69.000 € | 60.344 € | 56.898 € | 56.160 € | 51.240 € | 48.973 € | 42.429 € | 41.871 € | 41.225 € | 40.449 € | 39.660 € |
| 72.000 € | 69.044 € | 57.005 € | 56.406 € | 51.244 € | 48.973 € | 42.429 € | 41.871 € | 41.225 € | 40.449 € | 39.660 € |
| 75.000 € | 77.745 € | 57.113 € | 56.653 € | 51.248 € | 48.973 € | 42.429 € | 41.871 € | 41.225 € | 40.449 € | 39.660 € |
| 78.000 € | 86.445 € | 64.129 € | 56.901 € | 51.252 € | 48.973 € | 42.429 € | 41.871 € | 41.225 € | 40.449 € | 39.660 € |
| 81.000 € | 95.145 € | 71.145 € | 57.149 € | 51.256 € | 48.973 € | 42.429 € | 41.871 € | 41.225 € | 40.449 € | 39.660 € |
| 84.000 € | 103.845 € | 78.161 € | 57.398 € | 51.260 € | 48.973 € | 42.429 € | 41.871 € | 41.225 € | 40.449 € | 39.660 € |
| 87.000 € | 112.546 € | 85.177 € | 57.647 € | 51.264 € | 48.973 € | 42.429 € | 41.871 € | 41.225 € | 40.449 € | 39.660 € |
| 90.000 € | 121.246 € | 92.193 € | 62.955 € | 51.268 € | 48.973 € | 42.429 € | 41.871 € | 41.225 € | 40.449 € | 39.660 € |
| 93.000 € | 129.946 € | 99.209 € | 68.262 € | 51.272 € | 48.973 € | 42.429 € | 41.871 € | 41.225 € | 40.449 € | 39.660 € |
| 96.000 € | 138.647 € | 106.225 € | 73.570 € | 51.276 € | 48.973 € | 42.429 € | 41.871 € | 41.225 € | 40.449 € | 39.660 € |
| 99.000 € | 147.347 € | 113.241 € | 78.877 € | 51.280 € | 48.973 € | 42.429 € | 41.871 € | 41.225 € | 40.449 € | 39.660 € |
| 102.000 € | 156.047 € | 120.257 € | 84.185 € | 51.284 € | 48.973 € | 42.429 € | 41.871 € | 41.225 € | 40.449 € | 39.660 € |
| 105.000 € | 164.748 € | 127.272 € | 89.493 € | 51.288 € | 48.973 € | 42.429 € | 41.871 € | 41.225 € | 40.449 € | 39.660 € |
| 108.000 € | 173.448 € | 134.288 € | 94.800 € | 54.856 € | 48.973 € | 42.429 € | 41.871 € | 41.225 € | 40.449 € | 39.660 € |
| 111.000 € | 182.148 € | 141.304 € | 100.108 € | 58.423 € | 48.973 € | 42.429 € | 41.871 € | 41.225 € | 40.449 € | 39.660 € |
| 114.000 € | 190.848 € | 148.320 € | 105.415 € | 61.991 € | 48.973 € | 42.429 € | 41.871 € | 41.225 € | 40.449 € | 39.660 € |
| 117.000 € | 199.549 € | 155.336 € | 110.723 € | 65.558 € | 48.973 € | 42.429 € | 41.871 € | 41.225 € | 40.449 € | 39.660 € |
| 120.000 € | 208.249 € | 162.352 € | 116.030 € | 69.125 € | 48.973 € | 42.429 € | 41.871 € | 41.225 € | 40.449 € | 39.660 € |

## TABLA 1.C.1
## Lucro cesante del cónyuge
### Años de duración del matrimonio: 18 años

| Ingreso neto | | | | | | | | | Edad del cónyuge | |
|---|---|---|---|---|---|---|---|---|---|---|
| Hasta | 72 | 73 | 74 | 75 | 76 | 77 | 78 | 79 | 80 | 81 |
| 9.000 € | 8.947 € | 8.700 € | 8.448 € | 8.190 € | 7.909 € | 7.606 € | 7.292 € | 6.971 € | 6.636 € | 6.301 € |
| 12.000 € | 11.929 € | 11.601 € | 11.264 € | 10.920 € | 10.545 € | 10.141 € | 9.722 € | 9.294 € | 8.848 € | 8.402 € |
| 15.000 € | 14.912 € | 14.501 € | 14.080 € | 13.650 € | 13.181 € | 12.677 € | 12.153 € | 11.618 € | 11.060 € | 10.502 € |
| 18.000 € | 17.894 € | 17.401 € | 16.897 € | 16.380 € | 15.817 € | 15.212 € | 14.584 € | 13.941 € | 13.273 € | 12.602 € |
| 21.000 € | 20.877 € | 20.301 € | 19.713 € | 19.109 € | 18.453 € | 17.747 € | 17.014 € | 16.265 € | 15.485 € | 14.703 € |
| 24.000 € | 23.859 € | 23.201 € | 22.529 € | 21.839 € | 21.089 € | 20.283 € | 19.445 € | 18.588 € | 17.697 € | 16.803 € |
| 27.000 € | 26.841 € | 26.101 € | 25.345 € | 24.569 € | 23.726 € | 22.818 € | 21.876 € | 20.912 € | 19.909 € | 18.904 € |
| 30.000 € | 29.824 € | 29.002 € | 28.161 € | 27.299 € | 26.362 € | 25.353 € | 24.306 € | 23.235 € | 22.121 € | 21.004 € |
| 33.000 € | 32.806 € | 31.902 € | 30.977 € | 30.029 € | 28.998 € | 27.889 € | 26.737 € | 25.559 € | 24.333 € | 23.105 € |
| 36.000 € | 35.788 € | 34.802 € | 33.793 € | 32.759 € | 31.634 € | 30.424 € | 29.167 € | 27.882 € | 26.545 € | 25.205 € |
| 39.000 € | 38.771 € | 37.702 € | 36.609 € | 35.489 € | 34.270 € | 32.959 € | 31.598 € | 30.206 € | 28.757 € | 27.305 € |
| 42.000 € | 38.771 € | 37.702 € | 36.609 € | 35.489 € | 34.270 € | 32.959 € | 31.598 € | 30.206 € | 28.757 € | 27.305 € |
| 45.000 € | 38.771 € | 37.702 € | 36.609 € | 35.489 € | 34.270 € | 32.959 € | 31.598 € | 30.206 € | 28.757 € | 27.305 € |
| 48.000 € | 38.771 € | 37.702 € | 36.609 € | 35.489 € | 34.270 € | 32.959 € | 31.598 € | 30.206 € | 28.757 € | 27.305 € |
| 51.000 € | 38.771 € | 37.702 € | 36.609 € | 35.489 € | 34.270 € | 32.959 € | 31.598 € | 30.206 € | 28.757 € | 27.305 € |
| 54.000 € | 38.771 € | 37.702 € | 36.609 € | 35.489 € | 34.270 € | 32.959 € | 31.598 € | 30.206 € | 28.757 € | 27.305 € |
| 57.000 € | 38.771 € | 37.702 € | 36.609 € | 35.489 € | 34.270 € | 32.959 € | 31.598 € | 30.206 € | 28.757 € | 27.305 € |
| 60.000 € | 38.771 € | 37.702 € | 36.609 € | 35.489 € | 34.270 € | 32.959 € | 31.598 € | 30.206 € | 28.757 € | 27.305 € |
| 63.000 € | 38.771 € | 37.702 € | 36.609 € | 35.489 € | 34.270 € | 32.959 € | 31.598 € | 30.206 € | 28.757 € | 27.305 € |
| 66.000 € | 38.771 € | 37.702 € | 36.609 € | 35.489 € | 34.270 € | 32.959 € | 31.598 € | 30.206 € | 28.757 € | 27.305 € |
| 69.000 € | 38.771 € | 37.702 € | 36.609 € | 35.489 € | 34.270 € | 32.959 € | 31.598 € | 30.206 € | 28.757 € | 27.305 € |
| 72.000 € | 38.771 € | 37.702 € | 36.609 € | 35.489 € | 34.270 € | 32.959 € | 31.598 € | 30.206 € | 28.757 € | 27.305 € |
| 75.000 € | 38.771 € | 37.702 € | 36.609 € | 35.489 € | 34.270 € | 32.959 € | 31.598 € | 30.206 € | 28.757 € | 27.305 € |
| 78.000 € | 38.771 € | 37.702 € | 36.609 € | 35.489 € | 34.270 € | 32.959 € | 31.598 € | 30.206 € | 28.757 € | 27.305 € |
| 81.000 € | 38.771 € | 37.702 € | 36.609 € | 35.489 € | 34.270 € | 32.959 € | 31.598 € | 30.206 € | 28.757 € | 27.305 € |
| 84.000 € | 38.771 € | 37.702 € | 36.609 € | 35.489 € | 34.270 € | 32.959 € | 31.598 € | 30.206 € | 28.757 € | 27.305 € |
| 87.000 € | 38.771 € | 37.702 € | 36.609 € | 35.489 € | 34.270 € | 32.959 € | 31.598 € | 30.206 € | 28.757 € | 27.305 € |
| 90.000 € | 38.771 € | 37.702 € | 36.609 € | 35.489 € | 34.270 € | 32.959 € | 31.598 € | 30.206 € | 28.757 € | 27.305 € |
| 93.000 € | 38.771 € | 37.702 € | 36.609 € | 35.489 € | 34.270 € | 32.959 € | 31.598 € | 30.206 € | 28.757 € | 27.305 € |
| 96.000 € | 38.771 € | 37.702 € | 36.609 € | 35.489 € | 34.270 € | 32.959 € | 31.598 € | 30.206 € | 28.757 € | 27.305 € |
| 99.000 € | 38.771 € | 37.702 € | 36.609 € | 35.489 € | 34.270 € | 32.959 € | 31.598 € | 30.206 € | 28.757 € | 27.305 € |
| 102.000 € | 38.771 € | 37.702 € | 36.609 € | 35.489 € | 34.270 € | 32.959 € | 31.598 € | 30.206 € | 28.757 € | 27.305 € |
| 105.000 € | 38.771 € | 37.702 € | 36.609 € | 35.489 € | 34.270 € | 32.959 € | 31.598 € | 30.206 € | 28.757 € | 27.305 € |
| 108.000 € | 38.771 € | 37.702 € | 36.609 € | 35.489 € | 34.270 € | 32.959 € | 31.598 € | 30.206 € | 28.757 € | 27.305 € |
| 111.000 € | 38.771 € | 37.702 € | 36.609 € | 35.489 € | 34.270 € | 32.959 € | 31.598 € | 30.206 € | 28.757 € | 27.305 € |
| 114.000 € | 38.771 € | 37.702 € | 36.609 € | 35.489 € | 34.270 € | 32.959 € | 31.598 € | 30.206 € | 28.757 € | 27.305 € |
| 117.000 € | 38.771 € | 37.702 € | 36.609 € | 35.489 € | 34.270 € | 32.959 € | 31.598 € | 30.206 € | 28.757 € | 27.305 € |
| 120.000 € | 38.771 € | 37.702 € | 36.609 € | 35.489 € | 34.270 € | 32.959 € | 31.598 € | 30.206 € | 28.757 € | 27.305 € |

# TABLA 1.C.1
## Lucro cesante del cónyuge
Años de duración del matrimonio: 18 años

| Ingreso neto | Edad del cónyuge | | | | | | | | | |
|---|---|---|---|---|---|---|---|---|---|---|
| Hasta | 82 | 83 | 84 | 85 | 86 | 87 | 88 | 89 | 90 | 91 |
| 9.000 € | 5.968 € | 5.601 € | 5.245 € | 4.908 € | 4.584 € | 4.276 € | 3.985 € | 3.715 € | 3.459 € | 3.206 € |
| 12.000 € | 7.957 € | 7.468 € | 6.994 € | 6.544 € | 6.113 € | 5.702 € | 5.314 € | 4.954 € | 4.612 € | 4.274 € |
| 15.000 € | 9.947 € | 9.335 € | 8.742 € | 8.180 € | 7.641 € | 7.127 € | 6.642 € | 6.192 € | 5.764 € | 5.343 € |
| 18.000 € | 11.936 € | 11.202 € | 10.490 € | 9.816 € | 9.169 € | 8.552 € | 7.971 € | 7.431 € | 6.917 € | 6.411 € |
| 21.000 € | 13.925 € | 13.069 € | 12.239 € | 11.452 € | 10.697 € | 9.978 € | 9.299 € | 8.669 € | 8.070 € | 7.480 € |
| 24.000 € | 15.915 € | 14.936 € | 13.987 € | 13.088 € | 12.225 € | 11.403 € | 10.628 € | 9.907 € | 9.223 € | 8.548 € |
| 27.000 € | 17.904 € | 16.803 € | 15.735 € | 14.724 € | 13.753 € | 12.829 € | 11.956 € | 11.146 € | 10.376 € | 9.617 € |
| 30.000 € | 19.893 € | 18.669 € | 17.484 € | 16.360 € | 15.282 € | 14.254 € | 13.285 € | 12.384 € | 11.529 € | 10.685 € |
| 33.000 € | 21.883 € | 20.536 € | 19.232 € | 17.996 € | 16.810 € | 15.679 € | 14.613 € | 13.623 € | 12.682 € | 11.754 € |
| 36.000 € | 23.872 € | 22.403 € | 20.981 € | 19.632 € | 18.338 € | 17.105 € | 15.942 € | 14.861 € | 13.835 € | 12.822 € |
| 39.000 € | 25.861 € | 24.270 € | 22.729 € | 21.268 € | 19.866 € | 18.530 € | 17.270 € | 16.100 € | 14.988 € | 13.891 € |
| 42.000 € | 25.861 € | 24.270 € | 22.729 € | 21.268 € | 19.866 € | 18.530 € | 17.270 € | 16.100 € | 14.988 € | 13.891 € |
| 45.000 € | 25.861 € | 24.270 € | 22.729 € | 21.268 € | 19.866 € | 18.530 € | 17.270 € | 16.100 € | 14.988 € | 13.891 € |
| 48.000 € | 25.861 € | 24.270 € | 22.729 € | 21.268 € | 19.866 € | 18.530 € | 17.270 € | 16.100 € | 14.988 € | 13.891 € |
| 51.000 € | 25.861 € | 24.270 € | 22.729 € | 21.268 € | 19.866 € | 18.530 € | 17.270 € | 16.100 € | 14.988 € | 13.891 € |
| 54.000 € | 25.861 € | 24.270 € | 22.729 € | 21.268 € | 19.866 € | 18.530 € | 17.270 € | 16.100 € | 14.988 € | 13.891 € |
| 57.000 € | 25.861 € | 24.270 € | 22.729 € | 21.268 € | 19.866 € | 18.530 € | 17.270 € | 16.100 € | 14.988 € | 13.891 € |
| 60.000 € | 25.861 € | 24.270 € | 22.729 € | 21.268 € | 19.866 € | 18.530 € | 17.270 € | 16.100 € | 14.988 € | 13.891 € |
| 63.000 € | 25.861 € | 24.270 € | 22.729 € | 21.268 € | 19.866 € | 18.530 € | 17.270 € | 16.100 € | 14.988 € | 13.891 € |
| 66.000 € | 25.861 € | 24.270 € | 22.729 € | 21.268 € | 19.866 € | 18.530 € | 17.270 € | 16.100 € | 14.988 € | 13.891 € |
| 69.000 € | 25.861 € | 24.270 € | 22.729 € | 21.268 € | 19.866 € | 18.530 € | 17.270 € | 16.100 € | 14.988 € | 13.891 € |
| 72.000 € | 25.861 € | 24.270 € | 22.729 € | 21.268 € | 19.866 € | 18.530 € | 17.270 € | 16.100 € | 14.988 € | 13.891 € |
| 75.000 € | 25.861 € | 24.270 € | 22.729 € | 21.268 € | 19.866 € | 18.530 € | 17.270 € | 16.100 € | 14.988 € | 13.891 € |
| 78.000 € | 25.861 € | 24.270 € | 22.729 € | 21.268 € | 19.866 € | 18.530 € | 17.270 € | 16.100 € | 14.988 € | 13.891 € |
| 81.000 € | 25.861 € | 24.270 € | 22.729 € | 21.268 € | 19.866 € | 18.530 € | 17.270 € | 16.100 € | 14.988 € | 13.891 € |
| 84.000 € | 25.861 € | 24.270 € | 22.729 € | 21.268 € | 19.866 € | 18.530 € | 17.270 € | 16.100 € | 14.988 € | 13.891 € |
| 87.000 € | 25.861 € | 24.270 € | 22.729 € | 21.268 € | 19.866 € | 18.530 € | 17.270 € | 16.100 € | 14.988 € | 13.891 € |
| 90.000 € | 25.861 € | 24.270 € | 22.729 € | 21.268 € | 19.866 € | 18.530 € | 17.270 € | 16.100 € | 14.988 € | 13.891 € |
| 93.000 € | 25.861 € | 24.270 € | 22.729 € | 21.268 € | 19.866 € | 18.530 € | 17.270 € | 16.100 € | 14.988 € | 13.891 € |
| 96.000 € | 25.861 € | 24.270 € | 22.729 € | 21.268 € | 19.866 € | 18.530 € | 17.270 € | 16.100 € | 14.988 € | 13.891 € |
| 99.000 € | 25.861 € | 24.270 € | 22.729 € | 21.268 € | 19.866 € | 18.530 € | 17.270 € | 16.100 € | 14.988 € | 13.891 € |
| 102.000 € | 25.861 € | 24.270 € | 22.729 € | 21.268 € | 19.866 € | 18.530 € | 17.270 € | 16.100 € | 14.988 € | 13.891 € |
| 105.000 € | 25.861 € | 24.270 € | 22.729 € | 21.268 € | 19.866 € | 18.530 € | 17.270 € | 16.100 € | 14.988 € | 13.891 € |
| 108.000 € | 25.861 € | 24.270 € | 22.729 € | 21.268 € | 19.866 € | 18.530 € | 17.270 € | 16.100 € | 14.988 € | 13.891 € |
| 111.000 € | 25.861 € | 24.270 € | 22.729 € | 21.268 € | 19.866 € | 18.530 € | 17.270 € | 16.100 € | 14.988 € | 13.891 € |
| 114.000 € | 25.861 € | 24.270 € | 22.729 € | 21.268 € | 19.866 € | 18.530 € | 17.270 € | 16.100 € | 14.988 € | 13.891 € |
| 117.000 € | 25.861 € | 24.270 € | 22.729 € | 21.268 € | 19.866 € | 18.530 € | 17.270 € | 16.100 € | 14.988 € | 13.891 € |
| 120.000 € | 25.861 € | 24.270 € | 22.729 € | 21.268 € | 19.866 € | 18.530 € | 17.270 € | 16.100 € | 14.988 € | 13.891 € |

## TABLA 1.C.1
## Lucro cesante del cónyuge
Años de duración del matrimonio: 18 años

Ingreso neto

| Hasta | 92 | 93 | 94 | 95 | 96 | 97 | 98 | 99 o más |
|---|---|---|---|---|---|---|---|---|
| 9.000 € | 3.000 € | 3.000 € | 3.000 € | 3.000 € | 3.000 € | 3.000 € | 3.000 € | 3.000 € |
| 12.000 € | 3.944 € | 3.580 € | 3.269 € | 3.000 € | 3.000 € | 3.000 € | 3.000 € | 3.000 € |
| 15.000 € | 4.930 € | 4.474 € | 4.086 € | 3.656 € | 3.205 € | 3.000 € | 3.000 € | 3.000 € |
| 18.000 € | 5.916 € | 5.369 € | 4.903 € | 4.387 € | 3.846 € | 3.243 € | 3.000 € | 3.000 € |
| 21.000 € | 6.902 € | 6.264 € | 5.720 € | 5.118 € | 4.487 € | 3.784 € | 3.000 € | 3.000 € |
| 24.000 € | 7.887 € | 7.159 € | 6.537 € | 5.849 € | 5.128 € | 4.325 € | 3.287 € | 3.000 € |
| 27.000 € | 8.873 € | 8.054 € | 7.355 € | 6.581 € | 5.769 € | 4.865 € | 3.698 € | 3.000 € |
| 30.000 € | 9.859 € | 8.949 € | 8.172 € | 7.312 € | 6.410 € | 5.406 € | 4.108 € | 3.000 € |
| 33.000 € | 10.845 € | 9.844 € | 8.989 € | 8.043 € | 7.051 € | 5.946 € | 4.519 € | 3.000 € |
| 36.000 € | 11.831 € | 10.739 € | 9.806 € | 8.774 € | 7.692 € | 6.487 € | 4.930 € | 3.000 € |
| 39.000 € | 12.817 € | 11.634 € | 10.623 € | 9.505 € | 8.333 € | 7.027 € | 5.341 € | 3.120 € |
| 42.000 € | 12.817 € | 11.634 € | 10.623 € | 9.505 € | 8.333 € | 7.027 € | 5.341 € | 3.120 € |
| 45.000 € | 12.817 € | 11.634 € | 10.623 € | 9.505 € | 8.333 € | 7.027 € | 5.341 € | 3.120 € |
| 48.000 € | 12.817 € | 11.634 € | 10.623 € | 9.505 € | 8.333 € | 7.027 € | 5.341 € | 3.120 € |
| 51.000 € | 12.817 € | 11.634 € | 10.623 € | 9.505 € | 8.333 € | 7.027 € | 5.341 € | 3.120 € |
| 54.000 € | 12.817 € | 11.634 € | 10.623 € | 9.505 € | 8.333 € | 7.027 € | 5.341 € | 3.120 € |
| 57.000 € | 12.817 € | 11.634 € | 10.623 € | 9.505 € | 8.333 € | 7.027 € | 5.341 € | 3.120 € |
| 60.000 € | 12.817 € | 11.634 € | 10.623 € | 9.505 € | 8.333 € | 7.027 € | 5.341 € | 3.120 € |
| 63.000 € | 12.817 € | 11.634 € | 10.623 € | 9.505 € | 8.333 € | 7.027 € | 5.341 € | 3.120 € |
| 66.000 € | 12.817 € | 11.634 € | 10.623 € | 9.505 € | 8.333 € | 7.027 € | 5.341 € | 3.120 € |
| 69.000 € | 12.817 € | 11.634 € | 10.623 € | 9.505 € | 8.333 € | 7.027 € | 5.341 € | 3.120 € |
| 72.000 € | 12.817 € | 11.634 € | 10.623 € | 9.505 € | 8.333 € | 7.027 € | 5.341 € | 3.120 € |
| 75.000 € | 12.817 € | 11.634 € | 10.623 € | 9.505 € | 8.333 € | 7.027 € | 5.341 € | 3.120 € |
| 78.000 € | 12.817 € | 11.634 € | 10.623 € | 9.505 € | 8.333 € | 7.027 € | 5.341 € | 3.120 € |
| 81.000 € | 12.817 € | 11.634 € | 10.623 € | 9.505 € | 8.333 € | 7.027 € | 5.341 € | 3.120 € |
| 84.000 € | 12.817 € | 11.634 € | 10.623 € | 9.505 € | 8.333 € | 7.027 € | 5.341 € | 3.120 € |
| 87.000 € | 12.817 € | 11.634 € | 10.623 € | 9.505 € | 8.333 € | 7.027 € | 5.341 € | 3.120 € |
| 90.000 € | 12.817 € | 11.634 € | 10.623 € | 9.505 € | 8.333 € | 7.027 € | 5.341 € | 3.120 € |
| 93.000 € | 12.817 € | 11.634 € | 10.623 € | 9.505 € | 8.333 € | 7.027 € | 5.341 € | 3.120 € |
| 96.000 € | 12.817 € | 11.634 € | 10.623 € | 9.505 € | 8.333 € | 7.027 € | 5.341 € | 3.120 € |
| 99.000 € | 12.817 € | 11.634 € | 10.623 € | 9.505 € | 8.333 € | 7.027 € | 5.341 € | 3.120 € |
| 102.000 € | 12.817 € | 11.634 € | 10.623 € | 9.505 € | 8.333 € | 7.027 € | 5.341 € | 3.120 € |
| 105.000 € | 12.817 € | 11.634 € | 10.623 € | 9.505 € | 8.333 € | 7.027 € | 5.341 € | 3.120 € |
| 108.000 € | 12.817 € | 11.634 € | 10.623 € | 9.505 € | 8.333 € | 7.027 € | 5.341 € | 3.120 € |
| 111.000 € | 12.817 € | 11.634 € | 10.623 € | 9.505 € | 8.333 € | 7.027 € | 5.341 € | 3.120 € |
| 114.000 € | 12.817 € | 11.634 € | 10.623 € | 9.505 € | 8.333 € | 7.027 € | 5.341 € | 3.120 € |
| 117.000 € | 12.817 € | 11.634 € | 10.623 € | 9.505 € | 8.333 € | 7.027 € | 5.341 € | 3.120 € |
| 120.000 € | 12.817 € | 11.634 € | 10.623 € | 9.505 € | 8.333 € | 7.027 € | 5.341 € | 3.120 € |

# TABLA 1.C.1
## Lucro cesante del cónyuge
### Años de duración del matrimonio: 19 años

| Ingreso neto | Edad del cónyuge | | | | | | | | | |
|---|---|---|---|---|---|---|---|---|---|---|
| Hasta | 33 | 34 | 35 | 36 | 37 | 38 | 39 | 40 | 41 | 42 |
| 9.000 € | 19.593 € | 19.575 € | 19.554 € | 19.530 € | 19.503 € | 19.474 € | 19.442 € | 19.408 € | 19.371 € | 19.331 € |
| 12.000 € | 26.124 € | 26.100 € | 26.072 € | 26.040 € | 26.004 € | 25.966 € | 25.923 € | 25.877 € | 25.828 € | 25.775 € |
| 15.000 € | 32.655 € | 32.625 € | 32.590 € | 32.550 € | 32.505 € | 32.457 € | 32.404 € | 32.347 € | 32.285 € | 32.219 € |
| 18.000 € | 39.187 € | 39.150 € | 39.107 € | 39.060 € | 39.006 € | 38.949 € | 38.884 € | 38.816 € | 38.742 € | 38.662 € |
| 21.000 € | 45.718 € | 45.675 € | 45.625 € | 45.570 € | 45.508 € | 45.440 € | 45.365 € | 45.285 € | 45.199 € | 45.106 € |
| 24.000 € | 52.249 € | 52.200 € | 52.143 € | 52.080 € | 52.009 € | 51.932 € | 51.846 € | 51.755 € | 51.656 € | 51.550 € |
| 27.000 € | 58.780 € | 58.725 € | 58.661 € | 58.590 € | 58.510 € | 58.423 € | 58.327 € | 58.224 € | 58.113 € | 57.994 € |
| 30.000 € | 65.311 € | 65.250 € | 65.179 € | 65.099 € | 65.011 € | 64.915 € | 64.807 € | 64.693 € | 64.570 € | 64.437 € |
| 33.000 € | 71.842 € | 71.775 € | 71.697 € | 71.609 € | 71.512 € | 71.406 € | 71.288 € | 71.163 € | 71.028 € | 70.881 € |
| 36.000 € | 78.373 € | 78.300 € | 78.215 € | 78.119 € | 78.013 € | 77.898 € | 77.769 € | 77.632 € | 77.485 € | 77.325 € |
| 39.000 € | 84.904 € | 84.825 € | 84.733 € | 84.629 € | 84.514 € | 84.389 € | 84.249 € | 84.101 € | 83.942 € | 83.768 € |
| 42.000 € | 91.435 € | 91.350 € | 91.251 € | 91.139 € | 91.015 € | 90.881 € | 90.730 € | 90.571 € | 90.399 € | 90.212 € |
| 45.000 € | 97.966 € | 97.875 € | 97.769 € | 97.649 € | 97.516 € | 97.372 € | 97.211 € | 97.040 € | 96.856 € | 96.656 € |
| 48.000 € | 104.497 € | 104.400 € | 104.287 € | 104.159 € | 104.017 € | 103.864 € | 103.692 € | 103.509 € | 103.313 € | 103.100 € |
| 51.000 € | 122.339 € | 122.228 € | 122.097 € | 121.950 € | 121.787 € | 121.610 € | 121.412 € | 121.202 € | 120.975 € | 120.729 € |
| 54.000 € | 153.524 € | 153.388 € | 153.228 € | 153.049 € | 152.850 € | 152.633 € | 152.391 € | 152.134 € | 151.856 € | 151.555 € |
| 57.000 € | 184.708 € | 184.548 € | 184.359 € | 184.148 € | 183.912 € | 183.657 € | 183.370 € | 183.065 € | 182.737 € | 182.380 € |
| 60.000 € | 215.893 € | 215.708 € | 215.491 € | 215.247 € | 214.975 € | 214.680 € | 214.349 € | 213.997 € | 213.618 € | 213.206 € |
| 63.000 € | 247.077 € | 246.868 € | 246.622 € | 246.346 € | 246.038 € | 245.703 € | 245.328 € | 244.929 € | 244.499 € | 244.031 € |
| 66.000 € | 278.262 € | 278.028 € | 277.753 € | 277.445 € | 277.101 € | 276.726 € | 276.307 € | 275.861 € | 275.380 € | 274.857 € |
| 69.000 € | 309.446 € | 309.188 € | 308.884 € | 308.544 € | 308.163 € | 307.750 € | 307.286 € | 306.793 € | 306.261 € | 305.682 € |
| 72.000 € | 340.631 € | 340.349 € | 340.015 € | 339.642 € | 339.226 € | 338.773 € | 338.265 € | 337.725 € | 337.143 € | 336.508 € |
| 75.000 € | 371.816 € | 371.509 € | 371.147 € | 370.741 € | 370.289 € | 369.796 € | 369.244 € | 368.657 € | 368.024 € | 367.333 € |
| 78.000 € | 403.000 € | 402.669 € | 402.278 € | 401.840 € | 401.351 € | 400.820 € | 400.223 € | 399.589 € | 398.905 € | 398.159 € |
| 81.000 € | 434.185 € | 433.829 € | 433.409 € | 432.939 € | 432.414 € | 431.843 € | 431.202 € | 430.521 € | 429.786 € | 428.984 € |
| 84.000 € | 465.369 € | 464.989 € | 464.540 € | 464.038 € | 463.477 € | 462.866 € | 462.181 € | 461.453 € | 460.667 € | 459.809 € |
| 87.000 € | 496.554 € | 496.149 € | 495.672 € | 495.137 € | 494.539 € | 493.890 € | 493.160 € | 492.384 € | 491.548 € | 490.635 € |
| 90.000 € | 527.738 € | 527.309 € | 526.803 € | 526.236 € | 525.602 € | 524.913 € | 524.139 € | 523.316 € | 522.429 € | 521.460 € |
| 93.000 € | 558.923 € | 558.469 € | 557.934 € | 557.335 € | 556.665 € | 555.936 € | 555.118 € | 554.248 € | 553.310 € | 552.286 € |
| 96.000 € | 590.107 € | 589.629 € | 589.065 € | 588.433 € | 587.728 € | 586.959 € | 586.097 € | 585.180 € | 584.191 € | 583.111 € |
| 99.000 € | 621.292 € | 620.789 € | 620.197 € | 619.532 € | 618.790 € | 617.983 € | 617.076 € | 616.112 € | 615.072 € | 613.937 € |
| 102.000 € | 652.476 € | 651.950 € | 651.328 € | 650.631 € | 649.853 € | 649.006 € | 648.055 € | 647.044 € | 645.953 € | 644.762 € |
| 105.000 € | 683.661 € | 683.110 € | 682.459 € | 681.730 € | 680.916 € | 680.029 € | 679.034 € | 677.976 € | 676.834 € | 675.588 € |
| 108.000 € | 714.845 € | 714.270 € | 713.590 € | 712.829 € | 711.978 € | 711.053 € | 710.013 € | 708.908 € | 707.715 € | 706.413 € |
| 111.000 € | 746.030 € | 745.430 € | 744.721 € | 743.928 € | 743.041 € | 742.076 € | 740.992 € | 739.840 € | 738.596 € | 737.238 € |
| 114.000 € | 777.215 € | 776.590 € | 775.853 € | 775.027 € | 774.104 € | 773.099 € | 771.971 € | 770.772 € | 769.477 € | 768.064 € |
| 117.000 € | 808.399 € | 807.750 € | 806.984 € | 806.126 € | 805.166 € | 804.123 € | 802.950 € | 801.703 € | 800.358 € | 798.889 € |
| 120.000 € | 839.584 € | 838.910 € | 838.115 € | 837.224 € | 836.229 € | 835.146 € | 833.928 € | 832.635 € | 831.239 € | 829.715 € |

# TABLA 1.C.1
## Lucro cesante del cónyuge
Años de duración del matrimonio: 19 años

| Ingreso neto | Edad del cónyuge | | | | | | | | | |
|---|---|---|---|---|---|---|---|---|---|---|
| Hasta | 43 | 44 | 45 | 46 | 47 | 48 | 49 | 50 | 51 | 52 |
| 9.000 € | 19.290 € | 19.248 € | 19.202 € | 19.153 € | 19.104 € | 19.055 € | 19.034 € | 19.012 € | 18.991 € | 18.969 € |
| 12.000 € | 25.719 € | 25.664 € | 25.603 € | 25.538 € | 25.472 € | 25.407 € | 25.378 € | 25.350 € | 25.321 € | 25.292 € |
| 15.000 € | 32.149 € | 32.080 € | 32.004 € | 31.922 € | 31.840 € | 31.759 € | 31.723 € | 31.687 € | 31.651 € | 31.615 € |
| 18.000 € | 38.579 € | 38.496 € | 38.405 € | 38.307 € | 38.208 € | 38.110 € | 38.067 € | 38.024 € | 37.982 € | 37.939 € |
| 21.000 € | 45.009 € | 44.912 € | 44.806 € | 44.691 € | 44.577 € | 44.462 € | 44.412 € | 44.362 € | 44.312 € | 44.262 € |
| 24.000 € | 51.439 € | 51.328 € | 51.206 € | 51.076 € | 50.945 € | 50.814 € | 50.757 € | 50.699 € | 50.642 € | 50.585 € |
| 27.000 € | 57.869 € | 57.744 € | 57.607 € | 57.460 € | 57.313 € | 57.166 € | 57.101 € | 57.037 € | 56.972 € | 56.908 € |
| 30.000 € | 64.299 € | 64.160 € | 64.008 € | 63.845 € | 63.681 € | 63.517 € | 63.446 € | 63.374 € | 63.303 € | 63.231 € |
| 33.000 € | 70.728 € | 70.576 € | 70.409 € | 70.229 € | 70.049 € | 69.869 € | 69.790 € | 69.712 € | 69.633 € | 69.554 € |
| 36.000 € | 77.158 € | 76.992 € | 76.810 € | 76.614 € | 76.417 € | 76.221 € | 74.629 € | 73.179 € | 71.874 € | 70.724 € |
| 39.000 € | 83.588 € | 83.408 € | 83.210 € | 82.998 € | 82.785 € | 82.572 € | 79.570 € | 76.700 € | 73.967 € | 71.378 € |
| 42.000 € | 90.018 € | 89.824 € | 89.611 € | 89.383 € | 89.153 € | 88.924 € | 84.511 € | 80.221 € | 76.060 € | 72.032 € |
| 45.000 € | 96.448 € | 96.240 € | 96.012 € | 95.767 € | 95.521 € | 95.276 € | 89.451 € | 83.742 € | 78.153 € | 72.687 € |
| 48.000 € | 102.878 € | 102.656 € | 102.413 € | 102.152 € | 101.889 € | 101.628 € | 94.392 € | 87.263 € | 80.245 € | 73.341 € |
| 51.000 € | 120.473 € | 120.217 € | 119.937 € | 119.636 € | 119.332 € | 119.030 € | 110.357 € | 101.783 € | 93.310 € | 84.940 € |
| 54.000 € | 151.241 € | 150.927 € | 150.583 € | 150.213 € | 149.840 € | 149.469 € | 139.329 € | 129.276 € | 119.316 € | 109.449 € |
| 57.000 € | 182.008 € | 181.637 € | 181.228 € | 180.790 € | 180.348 € | 179.908 € | 168.300 € | 156.770 € | 145.322 € | 133.958 € |
| 60.000 € | 212.776 € | 212.346 € | 211.874 € | 211.367 € | 210.856 € | 210.347 € | 197.271 € | 184.264 € | 171.328 € | 158.467 € |
| 63.000 € | 243.543 € | 243.056 € | 242.520 € | 241.944 € | 241.364 € | 240.786 € | 226.242 € | 211.758 € | 197.335 € | 182.976 € |
| 66.000 € | 274.311 € | 273.766 € | 273.166 € | 272.522 € | 271.871 € | 271.225 € | 255.214 € | 239.251 € | 223.341 € | 207.485 € |
| 69.000 € | 305.078 € | 304.475 € | 303.812 € | 303.099 € | 302.379 € | 301.664 € | 284.185 € | 266.745 € | 249.347 € | 231.994 € |
| 72.000 € | 335.846 € | 335.185 € | 334.458 € | 333.676 € | 332.887 € | 332.103 € | 313.156 € | 294.239 € | 275.353 € | 256.503 € |
| 75.000 € | 366.613 € | 365.894 € | 365.103 € | 364.253 € | 363.395 € | 362.542 € | 342.127 € | 321.732 € | 301.360 € | 281.012 € |
| 78.000 € | 397.381 € | 396.604 € | 395.749 € | 394.830 € | 393.903 € | 392.981 € | 371.099 € | 349.226 € | 327.366 € | 305.521 € |
| 81.000 € | 428.148 € | 427.314 € | 426.395 € | 425.407 € | 424.410 € | 423.420 € | 400.070 € | 376.720 € | 353.372 € | 330.030 € |
| 84.000 € | 458.916 € | 458.023 € | 457.041 € | 455.984 € | 454.918 € | 453.858 € | 429.041 € | 404.213 € | 379.378 € | 354.539 € |
| 87.000 € | 489.683 € | 488.733 € | 487.687 € | 486.561 € | 485.426 € | 484.297 € | 458.012 € | 431.707 € | 405.385 € | 379.048 € |
| 90.000 € | 520.451 € | 519.442 € | 518.332 € | 517.139 € | 515.934 € | 514.736 € | 486.984 € | 459.201 € | 431.391 € | 403.557 € |
| 93.000 € | 551.218 € | 550.152 € | 548.978 € | 547.716 € | 546.442 € | 545.175 € | 515.955 € | 486.694 € | 457.397 € | 428.066 € |
| 96.000 € | 581.986 € | 580.862 € | 579.624 € | 578.293 € | 576.949 € | 575.614 € | 544.926 € | 514.188 € | 483.404 € | 452.575 € |
| 99.000 € | 612.753 € | 611.571 € | 610.270 € | 608.870 € | 607.457 € | 606.053 € | 573.897 € | 541.682 € | 509.410 € | 477.084 € |
| 102.000 € | 643.521 € | 642.281 € | 640.916 € | 639.447 € | 637.965 € | 636.492 € | 602.869 € | 569.175 € | 535.416 € | 501.593 € |
| 105.000 € | 674.288 € | 672.990 € | 671.562 € | 670.024 € | 668.473 € | 666.931 € | 631.840 € | 596.669 € | 561.422 € | 526.102 € |
| 108.000 € | 705.056 € | 703.700 € | 702.207 € | 700.601 € | 698.980 € | 697.370 € | 660.811 € | 624.163 € | 587.429 € | 550.611 € |
| 111.000 € | 735.823 € | 734.410 € | 732.853 € | 731.179 € | 729.488 € | 727.809 € | 689.782 € | 651.656 € | 613.435 € | 575.120 € |
| 114.000 € | 766.591 € | 765.119 € | 763.499 € | 761.756 € | 759.996 € | 758.248 € | 718.753 € | 679.150 € | 639.441 € | 599.629 € |
| 117.000 € | 797.358 € | 795.829 € | 794.145 € | 792.333 € | 790.504 € | 788.687 € | 747.725 € | 706.644 € | 665.447 € | 624.138 € |
| 120.000 € | 828.126 € | 826.539 € | 824.791 € | 822.910 € | 821.012 € | 819.125 € | 776.696 € | 734.137 € | 691.454 € | 648.647 € |

# TABLA 1.C.1
## Lucro cesante del cónyuge
### Años de duración del matrimonio: 19 años

Ingreso neto — Edad del cónyuge

| Hasta | 53 | 54 | 55 | 56 | 57 | 58 | 59 | 60 | 61 | 62 |
|---|---|---|---|---|---|---|---|---|---|---|
| 9.000 € | 18.948 € | 18.733 € | 18.468 € | 18.136 € | 17.716 € | 17.260 € | 16.760 € | 16.230 € | 15.673 € | 15.089 € |
| 12.000 € | 25.264 € | 24.977 € | 24.624 € | 24.181 € | 23.621 € | 23.014 € | 22.346 € | 21.641 € | 20.898 € | 20.119 € |
| 15.000 € | 31.580 € | 31.221 € | 30.780 € | 30.227 € | 29.526 € | 28.767 € | 27.933 € | 27.051 € | 26.122 € | 25.149 € |
| 18.000 € | 37.896 € | 37.465 € | 36.936 € | 36.272 € | 35.431 € | 34.520 € | 33.519 € | 32.461 € | 31.347 € | 30.179 € |
| 21.000 € | 44.212 € | 43.709 € | 43.092 € | 42.317 € | 41.336 € | 40.274 € | 39.106 € | 37.871 € | 36.571 € | 35.208 € |
| 24.000 € | 50.527 € | 49.953 € | 49.248 € | 48.362 € | 47.242 € | 46.027 € | 44.693 € | 43.281 € | 41.796 € | 40.238 € |
| 27.000 € | 56.843 € | 56.198 € | 55.404 € | 54.408 € | 53.147 € | 51.781 € | 50.279 € | 48.691 € | 47.020 € | 45.268 € |
| 30.000 € | 63.159 € | 62.442 € | 61.561 € | 60.453 € | 59.052 € | 57.534 € | 55.866 € | 54.102 € | 52.244 € | 50.298 € |
| 33.000 € | 69.475 € | 68.686 € | 67.717 € | 66.498 € | 64.957 € | 63.287 € | 61.452 € | 59.512 € | 57.469 € | 55.327 € |
| 36.000 € | 69.729 € | 68.872 € | 68.171 € | 67.606 € | 67.220 € | 66.979 € | 66.898 € | 64.922 € | 62.693 € | 60.357 € |
| 39.000 € | 71.081 € | 70.586 € | 70.091 € | 68.140 € | 67.583 € | 67.027 € | 67.027 € | 65.450 € | 63.037 € | 60.970 € |
| 42.000 € | 72.032 € | 72.032 € | 72.032 € | 68.674 € | 67.875 € | 67.075 € | 67.075 € | 65.980 € | 63.381 € | 61.586 € |
| 45.000 € | 72.687 € | 72.687 € | 72.687 € | 69.211 € | 68.167 € | 67.123 € | 67.123 € | 66.511 € | 63.725 € | 62.205 € |
| 48.000 € | 73.341 € | 73.341 € | 73.341 € | 69.748 € | 68.459 € | 67.170 € | 67.170 € | 67.044 € | 64.070 € | 62.827 € |
| 51.000 € | 76.679 € | 76.679 € | 76.679 € | 70.288 € | 68.753 € | 67.218 € | 67.218 € | 67.218 € | 64.415 € | 63.453 € |
| 54.000 € | 99.681 € | 89.982 € | 80.370 € | 70.831 € | 69.048 € | 67.265 € | 67.265 € | 67.265 € | 64.760 € | 64.084 € |
| 57.000 € | 122.683 € | 111.460 € | 100.310 € | 89.213 € | 78.229 € | 67.312 € | 67.312 € | 67.312 € | 65.107 € | 64.718 € |
| 60.000 € | 145.685 € | 132.938 € | 120.249 € | 107.595 € | 95.044 € | 82.543 € | 70.109 € | 69.200 € | 65.454 € | 65.357 € |
| 63.000 € | 168.687 € | 154.416 € | 140.189 € | 125.977 € | 111.860 € | 97.773 € | 83.737 € | 69.746 € | 65.802 € | 65.802 € |
| 66.000 € | 191.690 € | 175.894 € | 160.129 € | 144.359 € | 128.676 € | 113.004 € | 97.366 € | 81.754 € | 66.151 € | 66.151 € |
| 69.000 € | 214.692 € | 197.372 € | 180.069 € | 162.741 € | 145.492 € | 128.235 € | 110.995 € | 93.762 € | 76.517 € | 67.302 € |
| 72.000 € | 237.694 € | 218.850 € | 200.009 € | 181.123 € | 162.308 € | 143.465 € | 124.624 € | 105.771 € | 86.883 € | 67.961 € |
| 75.000 € | 260.696 € | 240.328 € | 219.948 € | 199.506 € | 179.124 € | 158.696 € | 138.252 € | 117.779 € | 97.248 € | 76.661 € |
| 78.000 € | 283.699 € | 261.806 € | 239.888 € | 217.888 € | 195.939 € | 173.926 € | 151.881 € | 129.787 € | 107.614 € | 85.362 € |
| 81.000 € | 306.701 € | 283.284 € | 259.828 € | 236.270 € | 212.755 € | 189.157 € | 165.510 € | 141.796 € | 117.980 € | 94.062 € |
| 84.000 € | 329.703 € | 304.762 € | 279.768 € | 254.652 € | 229.571 € | 204.388 € | 179.139 € | 153.804 € | 128.346 € | 102.762 € |
| 87.000 € | 352.705 € | 326.240 € | 299.708 € | 273.034 € | 246.387 € | 219.618 € | 192.767 € | 165.812 € | 138.712 € | 111.462 € |
| 90.000 € | 375.708 € | 347.718 € | 319.647 € | 291.416 € | 263.203 € | 234.849 € | 206.396 € | 177.821 € | 149.077 € | 120.163 € |
| 93.000 € | 398.710 € | 369.197 € | 339.587 € | 309.798 € | 280.018 € | 250.079 € | 220.025 € | 189.829 € | 159.443 € | 128.863 € |
| 96.000 € | 421.712 € | 390.675 € | 359.527 € | 328.181 € | 296.834 € | 265.310 € | 233.654 € | 201.837 € | 169.809 € | 137.563 € |
| 99.000 € | 444.714 € | 412.153 € | 379.467 € | 346.563 € | 313.650 € | 280.541 € | 247.282 € | 213.846 € | 180.175 € | 146.264 € |
| 102.000 € | 467.717 € | 433.631 € | 399.407 € | 364.945 € | 330.466 € | 295.771 € | 260.911 € | 225.854 € | 190.541 € | 154.964 € |
| 105.000 € | 490.719 € | 455.109 € | 419.346 € | 383.327 € | 347.282 € | 311.002 € | 274.540 € | 237.862 € | 200.906 € | 163.664 € |
| 108.000 € | 513.721 € | 476.587 € | 439.286 € | 401.709 € | 364.098 € | 326.232 € | 288.169 € | 249.871 € | 211.272 € | 172.365 € |
| 111.000 € | 536.723 € | 498.065 € | 459.226 € | 420.091 € | 380.913 € | 341.463 € | 301.798 € | 261.879 € | 221.638 € | 181.065 € |
| 114.000 € | 559.726 € | 519.543 € | 479.166 € | 438.473 € | 397.729 € | 356.694 € | 315.426 € | 273.887 € | 232.004 € | 189.765 € |
| 117.000 € | 582.728 € | 541.021 € | 499.106 € | 456.855 € | 414.545 € | 371.924 € | 329.055 € | 285.896 € | 242.369 € | 198.465 € |
| 120.000 € | 605.730 € | 562.499 € | 519.045 € | 475.238 € | 431.361 € | 387.155 € | 342.684 € | 297.904 € | 252.735 € | 207.166 € |

## TABLA 1.C.1
## Lucro cesante del cónyuge
### Años de duración del matrimonio: 19 años

| Ingreso neto | Edad del cónyuge | | | | | | | | | |
|---|---|---|---|---|---|---|---|---|---|---|
| Hasta | 63 | 64 | 65 | 66 | 67 | 68 | 69 | 70 | 71 | 72 |
| 9.000 € | 14.496 € | 13.894 € | 13.280 € | 12.684 € | 10.127 € | 9.980 € | 9.811 € | 9.610 € | 9.405 € | 9.176 € |
| 12.000 € | 19.328 € | 18.526 € | 17.707 € | 16.912 € | 13.502 € | 13.306 € | 13.081 € | 12.813 € | 12.540 € | 12.234 € |
| 15.000 € | 24.160 € | 23.157 € | 22.134 € | 21.140 € | 16.878 € | 16.633 € | 16.351 € | 16.016 € | 15.675 € | 15.293 € |
| 18.000 € | 28.993 € | 27.789 € | 26.560 € | 25.367 € | 20.253 € | 19.959 € | 19.621 € | 19.219 € | 18.810 € | 18.351 € |
| 21.000 € | 33.825 € | 32.420 € | 30.987 € | 29.595 € | 23.629 € | 23.286 € | 22.892 € | 22.423 € | 21.945 € | 21.410 € |
| 24.000 € | 38.657 € | 37.052 € | 35.414 € | 33.823 € | 27.005 € | 26.612 € | 26.162 € | 25.626 € | 25.079 € | 24.468 € |
| 27.000 € | 43.489 € | 41.683 € | 39.840 € | 38.051 € | 30.380 € | 29.939 € | 29.432 € | 28.829 € | 28.214 € | 27.527 € |
| 30.000 € | 48.321 € | 46.314 € | 44.267 € | 42.279 € | 33.756 € | 33.265 € | 32.702 € | 32.032 € | 31.349 € | 30.586 € |
| 33.000 € | 53.153 € | 50.946 € | 48.694 € | 46.507 € | 37.131 € | 36.592 € | 35.973 € | 35.236 € | 34.484 € | 33.644 € |
| 36.000 € | 57.985 € | 55.577 € | 53.121 € | 50.735 € | 40.507 € | 39.919 € | 39.243 € | 38.439 € | 37.619 € | 36.703 € |
| 39.000 € | 58.343 € | 55.640 € | 53.153 € | 50.735 € | 43.883 € | 43.245 € | 42.513 € | 41.642 € | 40.754 € | 39.761 € |
| 42.000 € | 58.702 € | 55.703 € | 53.185 € | 50.735 € | 43.883 € | 43.245 € | 42.513 € | 41.642 € | 40.754 € | 39.761 € |
| 45.000 € | 59.060 € | 55.765 € | 53.216 € | 50.735 € | 43.883 € | 43.245 € | 42.513 € | 41.642 € | 40.754 € | 39.761 € |
| 48.000 € | 59.420 € | 55.827 € | 53.248 € | 50.735 € | 43.883 € | 43.245 € | 42.513 € | 41.642 € | 40.754 € | 39.761 € |
| 51.000 € | 59.780 € | 55.889 € | 53.280 € | 50.735 € | 43.883 € | 43.245 € | 42.513 € | 41.642 € | 40.754 € | 39.761 € |
| 54.000 € | 60.140 € | 55.950 € | 53.311 € | 50.735 € | 43.883 € | 43.245 € | 42.513 € | 41.642 € | 40.754 € | 39.761 € |
| 57.000 € | 60.502 € | 56.012 € | 53.342 € | 50.735 € | 43.883 € | 43.245 € | 42.513 € | 41.642 € | 40.754 € | 39.761 € |
| 60.000 € | 60.866 € | 56.073 € | 53.374 € | 50.735 € | 43.883 € | 43.245 € | 42.513 € | 41.642 € | 40.754 € | 39.761 € |
| 63.000 € | 61.230 € | 56.135 € | 53.405 € | 50.735 € | 43.883 € | 43.245 € | 42.513 € | 41.642 € | 40.754 € | 39.761 € |
| 66.000 € | 61.596 € | 56.196 € | 53.436 € | 50.735 € | 43.883 € | 43.245 € | 42.513 € | 41.642 € | 40.754 € | 39.761 € |
| 69.000 € | 61.963 € | 56.257 € | 53.467 € | 50.735 € | 43.883 € | 43.245 € | 42.513 € | 41.642 € | 40.754 € | 39.761 € |
| 72.000 € | 62.332 € | 56.319 € | 53.498 € | 50.735 € | 43.883 € | 43.245 € | 42.513 € | 41.642 € | 40.754 € | 39.761 € |
| 75.000 € | 62.702 € | 56.380 € | 53.529 € | 50.735 € | 43.883 € | 43.245 € | 42.513 € | 41.642 € | 40.754 € | 39.761 € |
| 78.000 € | 63.074 € | 56.441 € | 53.561 € | 50.735 € | 43.883 € | 43.245 € | 42.513 € | 41.642 € | 40.754 € | 39.761 € |
| 81.000 € | 70.090 € | 56.502 € | 53.592 € | 50.735 € | 43.883 € | 43.245 € | 42.513 € | 41.642 € | 40.754 € | 39.761 € |
| 84.000 € | 77.106 € | 56.563 € | 53.623 € | 50.735 € | 43.883 € | 43.245 € | 42.513 € | 41.642 € | 40.754 € | 39.761 € |
| 87.000 € | 84.122 € | 56.624 € | 53.653 € | 50.735 € | 43.883 € | 43.245 € | 42.513 € | 41.642 € | 40.754 € | 39.761 € |
| 90.000 € | 91.138 € | 61.932 € | 53.684 € | 50.735 € | 43.883 € | 43.245 € | 42.513 € | 41.642 € | 40.754 € | 39.761 € |
| 93.000 € | 98.154 € | 67.239 € | 53.715 € | 50.735 € | 43.883 € | 43.245 € | 42.513 € | 41.642 € | 40.754 € | 39.761 € |
| 96.000 € | 105.170 € | 72.547 € | 53.746 € | 50.735 € | 43.883 € | 43.245 € | 42.513 € | 41.642 € | 40.754 € | 39.761 € |
| 99.000 € | 112.186 € | 77.855 € | 53.777 € | 50.735 € | 43.883 € | 43.245 € | 42.513 € | 41.642 € | 40.754 € | 39.761 € |
| 102.000 € | 119.202 € | 83.162 € | 53.808 € | 50.735 € | 43.883 € | 43.245 € | 42.513 € | 41.642 € | 40.754 € | 39.761 € |
| 105.000 € | 126.218 € | 88.470 € | 53.839 € | 50.735 € | 43.883 € | 43.245 € | 42.513 € | 41.642 € | 40.754 € | 39.761 € |
| 108.000 € | 133.234 € | 93.777 € | 53.870 € | 50.735 € | 43.883 € | 43.245 € | 42.513 € | 41.642 € | 40.754 € | 39.761 € |
| 111.000 € | 140.249 € | 99.085 € | 57.437 € | 50.735 € | 43.883 € | 43.245 € | 42.513 € | 41.642 € | 40.754 € | 39.761 € |
| 114.000 € | 147.265 € | 104.392 € | 61.005 € | 50.735 € | 43.883 € | 43.245 € | 42.513 € | 41.642 € | 40.754 € | 39.761 € |
| 117.000 € | 154.281 € | 109.700 € | 64.572 € | 50.735 € | 43.883 € | 43.245 € | 42.513 € | 41.642 € | 40.754 € | 39.761 € |
| 120.000 € | 161.297 € | 115.008 € | 68.140 € | 50.735 € | 43.883 € | 43.245 € | 42.513 € | 41.642 € | 40.754 € | 39.761 € |

# TABLA 1.C.1
## Lucro cesante del cónyuge
### Años de duración del matrimonio: 19 años

| Ingreso neto | Edad del cónyuge | | | | | | | | Edad del có |
|---|---|---|---|---|---|---|---|---|---|
| Hasta | 73 | 74 | 75 | 76 | 77 | 78 | 79 | 80 | 81 | 82 |
| 9.000 € | 8.905 € | 8.629 € | 8.348 € | 8.043 € | 7.719 € | 7.384 € | 7.044 € | 6.694 € | 6.346 € | 5.968 € |
| 12.000 € | 11.873 € | 11.505 € | 11.131 € | 10.724 € | 10.292 € | 9.845 € | 9.392 € | 8.926 € | 8.461 € | 7.957 € |
| 15.000 € | 14.841 € | 14.381 € | 13.913 € | 13.405 € | 12.864 € | 12.307 € | 11.740 € | 11.157 € | 10.576 € | 9.947 € |
| 18.000 € | 17.809 € | 17.257 € | 16.696 € | 16.086 € | 15.437 € | 14.768 € | 14.088 € | 13.388 € | 12.692 € | 11.936 € |
| 21.000 € | 20.778 € | 20.133 € | 19.479 € | 18.767 € | 18.010 € | 17.230 € | 16.436 € | 15.620 € | 14.807 € | 13.925 € |
| 24.000 € | 23.746 € | 23.009 € | 22.261 € | 21.448 € | 20.583 € | 19.691 € | 18.784 € | 17.851 € | 16.922 € | 15.915 € |
| 27.000 € | 26.714 € | 25.886 € | 25.044 € | 24.129 € | 23.156 € | 22.152 € | 21.132 € | 20.083 € | 19.038 € | 17.904 € |
| 30.000 € | 29.682 € | 28.762 € | 27.826 € | 26.810 € | 25.729 € | 24.614 € | 23.480 € | 22.314 € | 21.153 € | 19.893 € |
| 33.000 € | 32.650 € | 31.638 € | 30.609 € | 29.491 € | 28.302 € | 27.075 € | 25.828 € | 24.545 € | 23.268 € | 21.883 € |
| 36.000 € | 35.619 € | 34.514 € | 33.392 € | 32.172 € | 30.875 € | 29.536 € | 28.176 € | 26.777 € | 25.383 € | 23.872 € |
| 39.000 € | 38.587 € | 37.390 € | 36.174 € | 34.853 € | 33.448 € | 31.998 € | 30.524 € | 29.008 € | 27.499 € | 25.861 € |
| 42.000 € | 38.587 € | 37.390 € | 36.174 € | 34.853 € | 33.448 € | 31.998 € | 30.524 € | 29.008 € | 27.499 € | 25.861 € |
| 45.000 € | 38.587 € | 37.390 € | 36.174 € | 34.853 € | 33.448 € | 31.998 € | 30.524 € | 29.008 € | 27.499 € | 25.861 € |
| 48.000 € | 38.587 € | 37.390 € | 36.174 € | 34.853 € | 33.448 € | 31.998 € | 30.524 € | 29.008 € | 27.499 € | 25.861 € |
| 51.000 € | 38.587 € | 37.390 € | 36.174 € | 34.853 € | 33.448 € | 31.998 € | 30.524 € | 29.008 € | 27.499 € | 25.861 € |
| 54.000 € | 38.587 € | 37.390 € | 36.174 € | 34.853 € | 33.448 € | 31.998 € | 30.524 € | 29.008 € | 27.499 € | 25.861 € |
| 57.000 € | 38.587 € | 37.390 € | 36.174 € | 34.853 € | 33.448 € | 31.998 € | 30.524 € | 29.008 € | 27.499 € | 25.861 € |
| 60.000 € | 38.587 € | 37.390 € | 36.174 € | 34.853 € | 33.448 € | 31.998 € | 30.524 € | 29.008 € | 27.499 € | 25.861 € |
| 63.000 € | 38.587 € | 37.390 € | 36.174 € | 34.853 € | 33.448 € | 31.998 € | 30.524 € | 29.008 € | 27.499 € | 25.861 € |
| 66.000 € | 38.587 € | 37.390 € | 36.174 € | 34.853 € | 33.448 € | 31.998 € | 30.524 € | 29.008 € | 27.499 € | 25.861 € |
| 69.000 € | 38.587 € | 37.390 € | 36.174 € | 34.853 € | 33.448 € | 31.998 € | 30.524 € | 29.008 € | 27.499 € | 25.861 € |
| 72.000 € | 38.587 € | 37.390 € | 36.174 € | 34.853 € | 33.448 € | 31.998 € | 30.524 € | 29.008 € | 27.499 € | 25.861 € |
| 75.000 € | 38.587 € | 37.390 € | 36.174 € | 34.853 € | 33.448 € | 31.998 € | 30.524 € | 29.008 € | 27.499 € | 25.861 € |
| 78.000 € | 38.587 € | 37.390 € | 36.174 € | 34.853 € | 33.448 € | 31.998 € | 30.524 € | 29.008 € | 27.499 € | 25.861 € |
| 81.000 € | 38.587 € | 37.390 € | 36.174 € | 34.853 € | 33.448 € | 31.998 € | 30.524 € | 29.008 € | 27.499 € | 25.861 € |
| 84.000 € | 38.587 € | 37.390 € | 36.174 € | 34.853 € | 33.448 € | 31.998 € | 30.524 € | 29.008 € | 27.499 € | 25.861 € |
| 87.000 € | 38.587 € | 37.390 € | 36.174 € | 34.853 € | 33.448 € | 31.998 € | 30.524 € | 29.008 € | 27.499 € | 25.861 € |
| 90.000 € | 38.587 € | 37.390 € | 36.174 € | 34.853 € | 33.448 € | 31.998 € | 30.524 € | 29.008 € | 27.499 € | 25.861 € |
| 93.000 € | 38.587 € | 37.390 € | 36.174 € | 34.853 € | 33.448 € | 31.998 € | 30.524 € | 29.008 € | 27.499 € | 25.861 € |
| 96.000 € | 38.587 € | 37.390 € | 36.174 € | 34.853 € | 33.448 € | 31.998 € | 30.524 € | 29.008 € | 27.499 € | 25.861 € |
| 99.000 € | 38.587 € | 37.390 € | 36.174 € | 34.853 € | 33.448 € | 31.998 € | 30.524 € | 29.008 € | 27.499 € | 25.861 € |
| 102.000 € | 38.587 € | 37.390 € | 36.174 € | 34.853 € | 33.448 € | 31.998 € | 30.524 € | 29.008 € | 27.499 € | 25.861 € |
| 105.000 € | 38.587 € | 37.390 € | 36.174 € | 34.853 € | 33.448 € | 31.998 € | 30.524 € | 29.008 € | 27.499 € | 25.861 € |
| 108.000 € | 38.587 € | 37.390 € | 36.174 € | 34.853 € | 33.448 € | 31.998 € | 30.524 € | 29.008 € | 27.499 € | 25.861 € |
| 111.000 € | 38.587 € | 37.390 € | 36.174 € | 34.853 € | 33.448 € | 31.998 € | 30.524 € | 29.008 € | 27.499 € | 25.861 € |
| 114.000 € | 38.587 € | 37.390 € | 36.174 € | 34.853 € | 33.448 € | 31.998 € | 30.524 € | 29.008 € | 27.499 € | 25.861 € |
| 117.000 € | 38.587 € | 37.390 € | 36.174 € | 34.853 € | 33.448 € | 31.998 € | 30.524 € | 29.008 € | 27.499 € | 25.861 € |
| 120.000 € | 38.587 € | 37.390 € | 36.174 € | 34.853 € | 33.448 € | 31.998 € | 30.524 € | 29.008 € | 27.499 € | 25.861 € |

## TABLA 1.C.1
## Lucro cesante del cónyuge
### Años de duración del matrimonio: 19 años

Ingreso netonyuge | Edad del có

| Hasta | 83 | 84 | 85 | 86 | 87 | 88 | 89 | 90 | 91 | 92 |
|---|---|---|---|---|---|---|---|---|---|---|
| 9.000 € | 5.601 € | 5.245 € | 4.908 € | 4.584 € | 4.276 € | 3.985 € | 3.715 € | 3.459 € | 3.206 € | 3.000 € |
| 12.000 € | 7.468 € | 6.994 € | 6.544 € | 6.113 € | 5.702 € | 5.314 € | 4.954 € | 4.612 € | 4.274 € | 3.944 € |
| 15.000 € | 9.335 € | 8.742 € | 8.180 € | 7.641 € | 7.127 € | 6.642 € | 6.192 € | 5.764 € | 5.343 € | 4.930 € |
| 18.000 € | 11.202 € | 10.490 € | 9.816 € | 9.169 € | 8.552 € | 7.971 € | 7.431 € | 6.917 € | 6.411 € | 5.916 € |
| 21.000 € | 13.069 € | 12.239 € | 11.452 € | 10.697 € | 9.978 € | 9.299 € | 8.669 € | 8.070 € | 7.480 € | 6.902 € |
| 24.000 € | 14.936 € | 13.987 € | 13.088 € | 12.225 € | 11.403 € | 10.628 € | 9.907 € | 9.223 € | 8.548 € | 7.887 € |
| 27.000 € | 16.803 € | 15.735 € | 14.724 € | 13.753 € | 12.829 € | 11.956 € | 11.146 € | 10.376 € | 9.617 € | 8.873 € |
| 30.000 € | 18.669 € | 17.484 € | 16.360 € | 15.282 € | 14.254 € | 13.285 € | 12.384 € | 11.529 € | 10.685 € | 9.859 € |
| 33.000 € | 20.536 € | 19.232 € | 17.996 € | 16.810 € | 15.679 € | 14.613 € | 13.623 € | 12.682 € | 11.754 € | 10.845 € |
| 36.000 € | 22.403 € | 20.981 € | 19.632 € | 18.338 € | 17.105 € | 15.942 € | 14.861 € | 13.835 € | 12.822 € | 11.831 € |
| 39.000 € | 24.270 € | 22.729 € | 21.268 € | 19.866 € | 18.530 € | 17.270 € | 16.100 € | 14.988 € | 13.891 € | 12.817 € |
| 42.000 € | 24.270 € | 22.729 € | 21.268 € | 19.866 € | 18.530 € | 17.270 € | 16.100 € | 14.988 € | 13.891 € | 12.817 € |
| 45.000 € | 24.270 € | 22.729 € | 21.268 € | 19.866 € | 18.530 € | 17.270 € | 16.100 € | 14.988 € | 13.891 € | 12.817 € |
| 48.000 € | 24.270 € | 22.729 € | 21.268 € | 19.866 € | 18.530 € | 17.270 € | 16.100 € | 14.988 € | 13.891 € | 12.817 € |
| 51.000 € | 24.270 € | 22.729 € | 21.268 € | 19.866 € | 18.530 € | 17.270 € | 16.100 € | 14.988 € | 13.891 € | 12.817 € |
| 54.000 € | 24.270 € | 22.729 € | 21.268 € | 19.866 € | 18.530 € | 17.270 € | 16.100 € | 14.988 € | 13.891 € | 12.817 € |
| 57.000 € | 24.270 € | 22.729 € | 21.268 € | 19.866 € | 18.530 € | 17.270 € | 16.100 € | 14.988 € | 13.891 € | 12.817 € |
| 60.000 € | 24.270 € | 22.729 € | 21.268 € | 19.866 € | 18.530 € | 17.270 € | 16.100 € | 14.988 € | 13.891 € | 12.817 € |
| 63.000 € | 24.270 € | 22.729 € | 21.268 € | 19.866 € | 18.530 € | 17.270 € | 16.100 € | 14.988 € | 13.891 € | 12.817 € |
| 66.000 € | 24.270 € | 22.729 € | 21.268 € | 19.866 € | 18.530 € | 17.270 € | 16.100 € | 14.988 € | 13.891 € | 12.817 € |
| 69.000 € | 24.270 € | 22.729 € | 21.268 € | 19.866 € | 18.530 € | 17.270 € | 16.100 € | 14.988 € | 13.891 € | 12.817 € |
| 72.000 € | 24.270 € | 22.729 € | 21.268 € | 19.866 € | 18.530 € | 17.270 € | 16.100 € | 14.988 € | 13.891 € | 12.817 € |
| 75.000 € | 24.270 € | 22.729 € | 21.268 € | 19.866 € | 18.530 € | 17.270 € | 16.100 € | 14.988 € | 13.891 € | 12.817 € |
| 78.000 € | 24.270 € | 22.729 € | 21.268 € | 19.866 € | 18.530 € | 17.270 € | 16.100 € | 14.988 € | 13.891 € | 12.817 € |
| 81.000 € | 24.270 € | 22.729 € | 21.268 € | 19.866 € | 18.530 € | 17.270 € | 16.100 € | 14.988 € | 13.891 € | 12.817 € |
| 84.000 € | 24.270 € | 22.729 € | 21.268 € | 19.866 € | 18.530 € | 17.270 € | 16.100 € | 14.988 € | 13.891 € | 12.817 € |
| 87.000 € | 24.270 € | 22.729 € | 21.268 € | 19.866 € | 18.530 € | 17.270 € | 16.100 € | 14.988 € | 13.891 € | 12.817 € |
| 90.000 € | 24.270 € | 22.729 € | 21.268 € | 19.866 € | 18.530 € | 17.270 € | 16.100 € | 14.988 € | 13.891 € | 12.817 € |
| 93.000 € | 24.270 € | 22.729 € | 21.268 € | 19.866 € | 18.530 € | 17.270 € | 16.100 € | 14.988 € | 13.891 € | 12.817 € |
| 96.000 € | 24.270 € | 22.729 € | 21.268 € | 19.866 € | 18.530 € | 17.270 € | 16.100 € | 14.988 € | 13.891 € | 12.817 € |
| 99.000 € | 24.270 € | 22.729 € | 21.268 € | 19.866 € | 18.530 € | 17.270 € | 16.100 € | 14.988 € | 13.891 € | 12.817 € |
| 102.000 € | 24.270 € | 22.729 € | 21.268 € | 19.866 € | 18.530 € | 17.270 € | 16.100 € | 14.988 € | 13.891 € | 12.817 € |
| 105.000 € | 24.270 € | 22.729 € | 21.268 € | 19.866 € | 18.530 € | 17.270 € | 16.100 € | 14.988 € | 13.891 € | 12.817 € |
| 108.000 € | 24.270 € | 22.729 € | 21.268 € | 19.866 € | 18.530 € | 17.270 € | 16.100 € | 14.988 € | 13.891 € | 12.817 € |
| 111.000 € | 24.270 € | 22.729 € | 21.268 € | 19.866 € | 18.530 € | 17.270 € | 16.100 € | 14.988 € | 13.891 € | 12.817 € |
| 114.000 € | 24.270 € | 22.729 € | 21.268 € | 19.866 € | 18.530 € | 17.270 € | 16.100 € | 14.988 € | 13.891 € | 12.817 € |
| 117.000 € | 24.270 € | 22.729 € | 21.268 € | 19.866 € | 18.530 € | 17.270 € | 16.100 € | 14.988 € | 13.891 € | 12.817 € |
| 120.000 € | 24.270 € | 22.729 € | 21.268 € | 19.866 € | 18.530 € | 17.270 € | 16.100 € | 14.988 € | 13.891 € | 12.817 € |

# TABLA 1.C.1
## Lucro cesante del cónyuge
Años de duración del matrimonio: 19 años

| Ingreso netonyuge | Edad del cónyuge | | | | | | |
|---|---|---|---|---|---|---|---|
| Hasta | 93 | 94 | 95 | 96 | 97 | 98 | 99 o más |
| 9.000 € | 3.000 € | 3.000 € | 3.000 € | 3.000 € | 3.000 € | 3.000 € | 3.000 € |
| 12.000 € | 3.580 € | 3.269 € | 3.000 € | 3.000 € | 3.000 € | 3.000 € | 3.000 € |
| 15.000 € | 4.474 € | 4.086 € | 3.656 € | 3.205 € | 3.000 € | 3.000 € | 3.000 € |
| 18.000 € | 5.369 € | 4.903 € | 4.387 € | 3.846 € | 3.243 € | 3.000 € | 3.000 € |
| 21.000 € | 6.264 € | 5.720 € | 5.118 € | 4.487 € | 3.784 € | 3.000 € | 3.000 € |
| 24.000 € | 7.159 € | 6.537 € | 5.849 € | 5.128 € | 4.325 € | 3.287 € | 3.000 € |
| 27.000 € | 8.054 € | 7.355 € | 6.581 € | 5.769 € | 4.865 € | 3.698 € | 3.000 € |
| 30.000 € | 8.949 € | 8.172 € | 7.312 € | 6.410 € | 5.406 € | 4.108 € | 3.000 € |
| 33.000 € | 9.844 € | 8.989 € | 8.043 € | 7.051 € | 5.946 € | 4.519 € | 3.000 € |
| 36.000 € | 10.739 € | 9.806 € | 8.774 € | 7.692 € | 6.487 € | 4.930 € | 3.000 € |
| 39.000 € | 11.634 € | 10.623 € | 9.505 € | 8.333 € | 7.027 € | 5.341 € | 3.120 € |
| 42.000 € | 11.634 € | 10.623 € | 9.505 € | 8.333 € | 7.027 € | 5.341 € | 3.120 € |
| 45.000 € | 11.634 € | 10.623 € | 9.505 € | 8.333 € | 7.027 € | 5.341 € | 3.120 € |
| 48.000 € | 11.634 € | 10.623 € | 9.505 € | 8.333 € | 7.027 € | 5.341 € | 3.120 € |
| 51.000 € | 11.634 € | 10.623 € | 9.505 € | 8.333 € | 7.027 € | 5.341 € | 3.120 € |
| 54.000 € | 11.634 € | 10.623 € | 9.505 € | 8.333 € | 7.027 € | 5.341 € | 3.120 € |
| 57.000 € | 11.634 € | 10.623 € | 9.505 € | 8.333 € | 7.027 € | 5.341 € | 3.120 € |
| 60.000 € | 11.634 € | 10.623 € | 9.505 € | 8.333 € | 7.027 € | 5.341 € | 3.120 € |
| 63.000 € | 11.634 € | 10.623 € | 9.505 € | 8.333 € | 7.027 € | 5.341 € | 3.120 € |
| 66.000 € | 11.634 € | 10.623 € | 9.505 € | 8.333 € | 7.027 € | 5.341 € | 3.120 € |
| 69.000 € | 11.634 € | 10.623 € | 9.505 € | 8.333 € | 7.027 € | 5.341 € | 3.120 € |
| 72.000 € | 11.634 € | 10.623 € | 9.505 € | 8.333 € | 7.027 € | 5.341 € | 3.120 € |
| 75.000 € | 11.634 € | 10.623 € | 9.505 € | 8.333 € | 7.027 € | 5.341 € | 3.120 € |
| 78.000 € | 11.634 € | 10.623 € | 9.505 € | 8.333 € | 7.027 € | 5.341 € | 3.120 € |
| 81.000 € | 11.634 € | 10.623 € | 9.505 € | 8.333 € | 7.027 € | 5.341 € | 3.120 € |
| 84.000 € | 11.634 € | 10.623 € | 9.505 € | 8.333 € | 7.027 € | 5.341 € | 3.120 € |
| 87.000 € | 11.634 € | 10.623 € | 9.505 € | 8.333 € | 7.027 € | 5.341 € | 3.120 € |
| 90.000 € | 11.634 € | 10.623 € | 9.505 € | 8.333 € | 7.027 € | 5.341 € | 3.120 € |
| 93.000 € | 11.634 € | 10.623 € | 9.505 € | 8.333 € | 7.027 € | 5.341 € | 3.120 € |
| 96.000 € | 11.634 € | 10.623 € | 9.505 € | 8.333 € | 7.027 € | 5.341 € | 3.120 € |
| 99.000 € | 11.634 € | 10.623 € | 9.505 € | 8.333 € | 7.027 € | 5.341 € | 3.120 € |
| 102.000 € | 11.634 € | 10.623 € | 9.505 € | 8.333 € | 7.027 € | 5.341 € | 3.120 € |
| 105.000 € | 11.634 € | 10.623 € | 9.505 € | 8.333 € | 7.027 € | 5.341 € | 3.120 € |
| 108.000 € | 11.634 € | 10.623 € | 9.505 € | 8.333 € | 7.027 € | 5.341 € | 3.120 € |
| 111.000 € | 11.634 € | 10.623 € | 9.505 € | 8.333 € | 7.027 € | 5.341 € | 3.120 € |
| 114.000 € | 11.634 € | 10.623 € | 9.505 € | 8.333 € | 7.027 € | 5.341 € | 3.120 € |
| 117.000 € | 11.634 € | 10.623 € | 9.505 € | 8.333 € | 7.027 € | 5.341 € | 3.120 € |
| 120.000 € | 11.634 € | 10.623 € | 9.505 € | 8.333 € | 7.027 € | 5.341 € | 3.120 € |

## TABLA 1.C.1
### Lucro cesante del cónyuge
Años de duración del matrimonio: 20 años

| Ingreso neto | Edad del cónyuge | | | | | | | | | |
|---|---|---|---|---|---|---|---|---|---|---|
| Hasta | 34 | 35 | 36 | 37 | 38 | 39 | 40 | 41 | 42 | 43 |
| 9.000 € | 20.835 € | 20.810 € | 20.782 € | 20.751 € | 20.718 € | 20.681 € | 20.642 € | 20.600 € | 20.554 € | 20.508 € |
| 12.000 € | 27.780 € | 27.746 € | 27.709 € | 27.668 € | 27.624 € | 27.575 € | 27.522 € | 27.466 € | 27.406 € | 27.343 € |
| 15.000 € | 34.725 € | 34.683 € | 34.637 € | 34.586 € | 34.530 € | 34.468 € | 34.403 € | 34.333 € | 34.257 € | 34.179 € |
| 18.000 € | 41.670 € | 41.620 € | 41.564 € | 41.503 € | 41.436 € | 41.362 € | 41.283 € | 41.199 € | 41.109 € | 41.015 € |
| 21.000 € | 48.615 € | 48.556 € | 48.491 € | 48.420 € | 48.342 € | 48.255 € | 48.164 € | 48.066 € | 47.960 € | 47.851 € |
| 24.000 € | 55.560 € | 55.493 € | 55.418 € | 55.337 € | 55.248 € | 55.149 € | 55.045 € | 54.933 € | 54.812 € | 54.687 € |
| 27.000 € | 62.505 € | 62.429 € | 62.346 € | 62.254 € | 62.154 € | 62.043 € | 61.925 € | 61.799 € | 61.663 € | 61.523 € |
| 30.000 € | 69.450 € | 69.366 € | 69.273 € | 69.171 € | 69.060 € | 68.936 € | 68.806 € | 68.666 € | 68.515 € | 68.359 € |
| 33.000 € | 76.395 € | 76.303 € | 76.200 € | 76.088 € | 75.966 € | 75.830 € | 75.686 € | 75.532 € | 75.366 € | 75.195 € |
| 36.000 € | 83.340 € | 83.239 € | 83.128 € | 83.005 € | 82.871 € | 82.724 € | 82.567 € | 82.399 € | 82.218 € | 82.030 € |
| 39.000 € | 90.285 € | 90.176 € | 90.055 € | 89.922 € | 89.777 € | 89.617 € | 89.447 € | 89.265 € | 89.069 € | 88.866 € |
| 42.000 € | 97.230 € | 97.112 € | 96.982 € | 96.840 € | 96.683 € | 96.511 € | 96.328 € | 96.132 € | 95.921 € | 95.702 € |
| 45.000 € | 104.174 € | 104.049 € | 103.910 € | 103.757 € | 103.589 € | 103.404 € | 103.209 € | 102.998 € | 102.772 € | 102.538 € |
| 48.000 € | 111.119 € | 110.986 € | 110.837 € | 110.674 € | 110.495 € | 110.298 € | 110.089 € | 109.865 € | 109.624 € | 109.374 € |
| 51.000 € | 129.845 € | 129.691 € | 129.520 € | 129.333 € | 129.128 € | 128.901 € | 128.661 € | 128.403 € | 128.126 € | 127.838 € |
| 54.000 € | 162.467 € | 162.280 € | 162.072 € | 161.844 € | 161.594 € | 161.318 € | 161.025 € | 160.710 € | 160.370 € | 160.019 € |
| 57.000 € | 195.089 € | 194.869 € | 194.624 € | 194.355 € | 194.060 € | 193.734 € | 193.388 € | 193.017 € | 192.615 € | 192.200 € |
| 60.000 € | 227.711 € | 227.457 € | 227.176 € | 226.866 € | 226.527 € | 226.151 € | 225.752 € | 225.323 € | 224.860 € | 224.380 € |
| 63.000 € | 260.333 € | 260.046 € | 259.727 € | 259.377 € | 258.993 € | 258.567 € | 258.115 € | 257.630 € | 257.105 € | 256.561 € |
| 66.000 € | 292.955 € | 292.635 € | 292.279 € | 291.888 € | 291.459 € | 290.983 € | 290.479 € | 289.936 € | 289.350 € | 288.742 € |
| 69.000 € | 325.577 € | 325.224 € | 324.831 € | 324.399 € | 323.925 € | 323.400 € | 322.842 € | 322.243 € | 321.595 € | 320.923 € |
| 72.000 € | 358.199 € | 357.812 € | 357.383 € | 356.910 € | 356.391 € | 355.816 € | 355.206 € | 354.550 € | 353.840 € | 353.104 € |
| 75.000 € | 390.821 € | 390.401 € | 389.934 € | 389.421 € | 388.858 € | 388.232 € | 387.569 € | 386.856 € | 386.085 € | 385.285 € |
| 78.000 € | 423.443 € | 422.990 € | 422.486 € | 421.932 € | 421.324 € | 420.649 € | 419.933 € | 419.163 € | 418.330 € | 417.466 € |
| 81.000 € | 456.065 € | 455.579 € | 455.038 € | 454.443 € | 453.790 € | 453.065 € | 452.296 € | 451.469 € | 450.575 € | 449.647 € |
| 84.000 € | 488.686 € | 488.167 € | 487.590 € | 486.954 € | 486.256 € | 485.482 € | 484.660 € | 483.776 € | 482.820 € | 481.827 € |
| 87.000 € | 521.308 € | 520.756 € | 520.141 € | 519.465 € | 518.722 € | 517.898 € | 517.023 € | 516.083 € | 515.065 € | 514.008 € |
| 90.000 € | 553.930 € | 553.345 € | 552.693 € | 551.976 € | 551.189 € | 550.314 € | 549.387 € | 548.389 € | 547.310 € | 546.189 € |
| 93.000 € | 586.552 € | 585.934 € | 585.245 € | 584.486 € | 583.655 € | 582.731 € | 581.751 € | 580.696 € | 579.555 € | 578.370 € |
| 96.000 € | 619.174 € | 618.522 € | 617.797 € | 616.997 € | 616.121 € | 615.147 € | 614.114 € | 613.003 € | 611.800 € | 610.551 € |
| 99.000 € | 651.796 € | 651.111 € | 650.349 € | 649.508 € | 648.587 € | 647.564 € | 646.478 € | 645.309 € | 644.044 € | 642.732 € |
| 102.000 € | 684.418 € | 683.700 € | 682.900 € | 682.019 € | 681.053 € | 679.980 € | 678.841 € | 677.616 € | 676.289 € | 674.913 € |
| 105.000 € | 717.040 € | 716.289 € | 715.452 € | 714.530 € | 713.520 € | 712.396 € | 711.205 € | 709.922 € | 708.534 € | 707.094 € |
| 108.000 € | 749.662 € | 748.877 € | 748.004 € | 747.041 € | 745.986 € | 744.813 € | 743.568 € | 742.229 € | 740.779 € | 739.274 € |
| 111.000 € | 782.284 € | 781.466 € | 780.556 € | 779.552 € | 778.452 € | 777.229 € | 775.932 € | 774.536 € | 773.024 € | 771.455 € |
| 114.000 € | 814.906 € | 814.055 € | 813.107 € | 812.063 € | 810.918 € | 809.646 € | 808.295 € | 806.842 € | 805.269 € | 803.636 € |
| 117.000 € | 847.528 € | 846.644 € | 845.659 € | 844.574 € | 843.384 € | 842.062 € | 840.659 € | 839.149 € | 837.514 € | 835.817 € |
| 120.000 € | 880.150 € | 879.232 € | 878.211 € | 877.085 € | 875.851 € | 874.478 € | 873.022 € | 871.456 € | 869.759 € | 867.998 € |

# TABLA 1.C.1
## Lucro cesante del cónyuge
### Años de duración del matrimonio: 20 años

| Ingreso neto | Edad del cónyuge | | | | | | | | | |
|---|---|---|---|---|---|---|---|---|---|---|
| Hasta | 44 | 45 | 46 | 47 | 48 | 49 | 50 | 51 | 52 | 53 |
| 9.000 € | 20.460 € | 20.408 € | 20.354 € | 20.298 € | 20.283 € | 20.267 € | 20.251 € | 20.236 € | 20.220 € | 20.011 € |
| 12.000 € | 27.280 € | 27.211 € | 27.138 € | 27.065 € | 27.044 € | 27.023 € | 27.002 € | 26.981 € | 26.960 € | 26.682 € |
| 15.000 € | 34.100 € | 34.014 € | 33.923 € | 33.831 € | 33.805 € | 33.778 € | 33.752 € | 33.726 € | 33.700 € | 33.352 € |
| 18.000 € | 40.920 € | 40.817 € | 40.708 € | 40.597 € | 40.566 € | 40.534 € | 40.503 € | 40.471 € | 40.440 € | 40.023 € |
| 21.000 € | 47.740 € | 47.619 € | 47.492 € | 47.363 € | 47.326 € | 47.290 € | 47.253 € | 47.217 € | 47.180 € | 46.693 € |
| 24.000 € | 54.560 € | 54.422 € | 54.277 € | 54.129 € | 54.087 € | 54.046 € | 54.004 € | 53.962 € | 53.920 € | 53.364 € |
| 27.000 € | 61.380 € | 61.225 € | 61.061 € | 60.895 € | 60.848 € | 60.801 € | 60.754 € | 60.707 € | 60.660 € | 60.034 € |
| 30.000 € | 68.200 € | 68.028 € | 67.846 € | 67.661 € | 67.609 € | 67.557 € | 67.505 € | 67.452 € | 67.400 € | 66.704 € |
| 33.000 € | 75.021 € | 74.830 € | 74.631 € | 74.428 € | 74.088 € | 73.884 € | 73.829 € | 73.678 € | 73.526 € | 73.375 € |
| 36.000 € | 81.841 € | 81.633 € | 81.415 € | 81.194 € | 79.457 € | 77.847 € | 76.379 € | 75.058 € | 74.393 € | 73.728 € |
| 39.000 € | 88.661 € | 88.436 € | 88.200 € | 87.960 € | 84.826 € | 81.811 € | 78.928 € | 76.184 € | 75.132 € | 74.081 € |
| 42.000 € | 95.481 € | 95.239 € | 94.985 € | 94.726 € | 90.195 € | 85.774 € | 81.478 € | 77.310 € | 75.871 € | 74.433 € |
| 45.000 € | 102.301 € | 102.041 € | 101.769 € | 101.492 € | 95.564 € | 89.738 € | 84.027 € | 78.436 € | 76.610 € | 74.785 € |
| 48.000 € | 109.121 € | 108.844 € | 108.554 € | 108.258 € | 100.933 € | 93.701 € | 86.577 € | 79.562 € | 77.349 € | 75.137 € |
| 51.000 € | 127.546 € | 127.228 € | 126.893 € | 126.553 € | 117.804 € | 109.138 € | 100.570 € | 92.103 € | 83.741 € | 75.489 € |
| 54.000 € | 159.663 € | 159.273 € | 158.863 € | 158.446 € | 148.243 € | 138.109 € | 128.064 € | 118.110 € | 108.250 € | 98.491 € |
| 57.000 € | 191.779 € | 191.318 € | 190.833 € | 190.340 € | 178.682 € | 167.080 € | 155.558 € | 144.116 € | 132.760 € | 121.493 € |
| 60.000 € | 223.895 € | 223.363 € | 222.803 € | 222.233 € | 209.121 € | 196.052 € | 183.051 € | 170.122 € | 157.269 € | 144.496 € |
| 63.000 € | 256.011 € | 255.408 € | 254.773 € | 254.127 € | 239.560 € | 225.023 € | 210.545 € | 196.128 € | 181.778 € | 167.498 € |
| 66.000 € | 288.128 € | 287.453 € | 286.743 € | 286.020 € | 269.999 € | 253.994 € | 238.039 € | 222.135 € | 206.287 € | 190.500 € |
| 69.000 € | 320.244 € | 319.498 € | 318.713 € | 317.914 € | 300.438 € | 282.965 € | 265.532 € | 248.141 € | 230.796 € | 213.502 € |
| 72.000 € | 352.360 € | 351.543 € | 350.683 € | 349.807 € | 330.876 € | 311.937 € | 293.026 € | 274.147 € | 255.305 € | 236.505 € |
| 75.000 € | 384.476 € | 383.589 € | 382.653 € | 381.701 € | 361.315 € | 340.908 € | 320.520 € | 300.153 € | 279.814 € | 259.507 € |
| 78.000 € | 416.593 € | 415.634 € | 414.623 € | 413.594 € | 391.754 € | 369.879 € | 348.013 € | 326.160 € | 304.323 € | 282.509 € |
| 81.000 € | 448.709 € | 447.679 € | 446.593 € | 445.488 € | 422.193 € | 398.850 € | 375.507 € | 352.166 € | 328.832 € | 305.511 € |
| 84.000 € | 480.825 € | 479.724 € | 478.563 € | 477.381 € | 452.632 € | 427.822 € | 403.001 € | 378.172 € | 353.341 € | 328.514 € |
| 87.000 € | 512.941 € | 511.769 € | 510.533 € | 509.275 € | 483.071 € | 456.793 € | 430.494 € | 404.178 € | 377.850 € | 351.516 € |
| 90.000 € | 545.058 € | 543.814 € | 542.503 € | 541.168 € | 513.510 € | 485.764 € | 457.988 € | 430.185 € | 402.359 € | 374.518 € |
| 93.000 € | 577.174 € | 575.859 € | 574.473 € | 573.062 € | 543.949 € | 514.735 € | 485.482 € | 456.191 € | 426.868 € | 397.520 € |
| 96.000 € | 609.290 € | 607.904 € | 606.443 € | 604.955 € | 574.388 € | 543.707 € | 512.975 € | 482.197 € | 451.377 € | 420.523 € |
| 99.000 € | 641.406 € | 639.949 € | 638.413 € | 636.849 € | 604.827 € | 572.678 € | 540.469 € | 508.204 € | 475.886 € | 443.525 € |
| 102.000 € | 673.522 € | 671.995 € | 670.383 € | 668.742 € | 635.266 € | 601.649 € | 567.963 € | 534.210 € | 500.395 € | 466.527 € |
| 105.000 € | 705.639 € | 704.040 € | 702.353 € | 700.636 € | 665.705 € | 630.620 € | 595.456 € | 560.216 € | 524.904 € | 489.529 € |
| 108.000 € | 737.755 € | 736.085 € | 734.323 € | 732.529 € | 696.143 € | 659.592 € | 622.950 € | 586.222 € | 549.413 € | 512.532 € |
| 111.000 € | 769.871 € | 768.130 € | 766.293 € | 764.423 € | 726.582 € | 688.563 € | 650.444 € | 612.229 € | 573.922 € | 535.534 € |
| 114.000 € | 801.987 € | 800.175 € | 798.263 € | 796.316 € | 757.021 € | 717.534 € | 677.937 € | 638.235 € | 598.431 € | 558.536 € |
| 117.000 € | 834.104 € | 832.220 € | 830.233 € | 828.210 € | 787.460 € | 746.505 € | 705.431 € | 664.241 € | 622.940 € | 581.538 € |
| 120.000 € | 866.220 € | 864.265 € | 862.203 € | 860.103 € | 817.899 € | 775.477 € | 732.925 € | 690.247 € | 647.449 € | 604.541 € |

TABLA 1.C.1

Lucro cesante del cónyuge

Años de duración del matrimonio: 20 años

| Ingreso neto | Edad del cónyuge | | | | | | | | | |
|---|---|---|---|---|---|---|---|---|---|---|
| Hasta | 54 | 55 | 56 | 57 | 58 | 59 | 60 | 61 | 62 | 63 |
| 9.000 € | 19.741 € | 19.422 € | 19.034 € | 18.556 € | 18.046 € | 17.493 € | 16.913 € | 16.307 € | 15.675 € | 15.036 € |
| 12.000 € | 26.321 € | 25.896 € | 25.378 € | 24.741 € | 24.062 € | 23.324 € | 22.550 € | 21.742 € | 20.900 € | 20.048 € |
| 15.000 € | 32.901 € | 32.369 € | 31.723 € | 30.926 € | 30.077 € | 29.155 € | 28.188 € | 27.178 € | 26.125 € | 25.060 € |
| 18.000 € | 39.481 € | 38.843 € | 38.067 € | 37.111 € | 36.092 € | 34.986 € | 33.826 € | 32.614 € | 31.350 € | 30.072 € |
| 21.000 € | 46.061 € | 45.317 € | 44.412 € | 43.297 € | 42.108 € | 40.817 € | 39.463 € | 38.049 € | 36.575 € | 35.085 € |
| 24.000 € | 52.641 € | 51.791 € | 50.757 € | 49.482 € | 48.123 € | 46.648 € | 45.101 € | 43.485 € | 41.800 € | 40.097 € |
| 27.000 € | 59.222 € | 58.265 € | 57.101 € | 55.667 € | 54.139 € | 52.479 € | 50.738 € | 48.921 € | 47.026 € | 45.109 € |
| 30.000 € | 65.802 € | 64.739 € | 63.446 € | 61.852 € | 60.154 € | 58.310 € | 56.376 € | 54.356 € | 52.251 € | 50.121 € |
| 33.000 € | 72.382 € | 71.213 € | 69.790 € | 68.037 € | 66.169 € | 64.141 € | 62.014 € | 59.792 € | 57.476 € | 55.133 € |
| 36.000 € | 72.494 € | 71.259 € | 70.659 € | 70.234 € | 69.950 € | 69.821 € | 67.651 € | 65.227 € | 62.701 € | 60.145 € |
| 39.000 € | 74.081 € | 72.541 € | 71.865 € | 71.188 € | 71.176 € | 71.164 € | 67.765 € | 66.115 € | 63.050 € | 60.284 € |
| 42.000 € | 74.135 € | 73.838 € | 72.994 € | 72.149 € | 72.149 € | 72.149 € | 67.877 € | 67.010 € | 63.400 € | 60.423 € |
| 45.000 € | 74.368 € | 73.952 € | 73.535 € | 73.118 € | 73.118 € | 73.118 € | 67.990 € | 67.912 € | 63.749 € | 60.561 € |
| 48.000 € | 74.877 € | 74.616 € | 74.356 € | 74.096 € | 74.096 € | 74.096 € | 68.102 € | 68.102 € | 64.099 € | 60.699 € |
| 51.000 € | 75.388 € | 75.286 € | 75.185 € | 75.083 € | 75.083 € | 75.083 € | 68.214 € | 68.214 € | 64.449 € | 60.836 € |
| 54.000 € | 88.800 € | 79.199 € | 77.639 € | 76.080 € | 76.080 € | 76.080 € | 68.326 € | 68.326 € | 64.801 € | 60.974 € |
| 57.000 € | 110.278 € | 99.139 € | 88.056 € | 77.086 € | 77.086 € | 77.086 € | 68.437 € | 68.437 € | 65.152 € | 61.111 € |
| 60.000 € | 131.757 € | 119.079 € | 106.438 € | 93.902 € | 81.417 € | 81.118 € | 68.549 € | 68.549 € | 65.505 € | 61.248 € |
| 63.000 € | 153.235 € | 139.019 € | 124.820 € | 110.718 € | 96.647 € | 82.630 € | 68.660 € | 68.660 € | 65.859 € | 61.385 € |
| 66.000 € | 174.713 € | 158.958 € | 143.202 € | 127.534 € | 111.878 € | 96.259 € | 80.668 € | 74.477 € | 66.214 € | 61.523 € |
| 69.000 € | 196.191 € | 178.898 € | 161.585 € | 144.350 € | 127.109 € | 109.887 € | 92.677 € | 75.456 € | 66.570 € | 61.660 € |
| 72.000 € | 217.669 € | 198.838 € | 179.967 € | 161.165 € | 142.339 € | 123.516 € | 104.685 € | 85.821 € | 66.928 € | 61.797 € |
| 75.000 € | 239.147 € | 218.778 € | 198.349 € | 177.981 € | 157.570 € | 137.145 € | 116.693 € | 96.187 € | 75.628 € | 61.935 € |
| 78.000 € | 260.625 € | 238.718 € | 216.731 € | 194.797 € | 172.800 € | 150.774 € | 128.702 € | 106.553 € | 84.328 € | 62.072 € |
| 81.000 € | 282.103 € | 258.657 € | 235.113 € | 211.613 € | 188.031 € | 164.403 € | 140.710 € | 116.919 € | 93.029 € | 69.088 € |
| 84.000 € | 303.581 € | 278.597 € | 253.495 € | 228.429 € | 203.262 € | 178.031 € | 152.718 € | 127.284 € | 101.729 € | 76.104 € |
| 87.000 € | 325.059 € | 298.537 € | 271.877 € | 245.245 € | 218.492 € | 191.660 € | 164.727 € | 137.650 € | 110.429 € | 83.120 € |
| 90.000 € | 346.537 € | 318.477 € | 290.260 € | 262.060 € | 233.723 € | 205.289 € | 176.735 € | 148.016 € | 119.130 € | 90.136 € |
| 93.000 € | 368.015 € | 338.417 € | 308.642 € | 278.876 € | 248.953 € | 218.918 € | 188.743 € | 158.382 € | 127.830 € | 97.152 € |
| 96.000 € | 389.493 € | 358.356 € | 327.024 € | 295.692 € | 264.184 € | 232.546 € | 200.752 € | 168.748 € | 136.530 € | 104.168 € |
| 99.000 € | 410.971 € | 378.296 € | 345.406 € | 312.508 € | 279.415 € | 246.175 € | 212.760 € | 179.113 € | 145.230 € | 111.184 € |
| 102.000 € | 432.449 € | 398.236 € | 363.788 € | 329.324 € | 294.645 € | 259.804 € | 224.768 € | 189.479 € | 153.931 € | 118.200 € |
| 105.000 € | 453.927 € | 418.176 € | 382.170 € | 346.139 € | 309.876 € | 273.433 € | 236.777 € | 199.845 € | 162.631 € | 125.216 € |
| 108.000 € | 475.406 € | 438.116 € | 400.552 € | 362.955 € | 325.106 € | 287.061 € | 248.785 € | 210.211 € | 171.331 € | 132.232 € |
| 111.000 € | 496.884 € | 458.055 € | 418.934 € | 379.771 € | 340.337 € | 300.690 € | 260.793 € | 220.577 € | 180.032 € | 139.248 € |
| 114.000 € | 518.362 € | 477.995 € | 437.317 € | 396.587 € | 355.568 € | 314.319 € | 272.801 € | 230.942 € | 188.732 € | 146.264 € |
| 117.000 € | 539.840 € | 497.935 € | 455.699 € | 413.403 € | 370.798 € | 327.948 € | 284.810 € | 241.308 € | 197.432 € | 153.280 € |
| 120.000 € | 561.318 € | 517.875 € | 474.081 € | 430.219 € | 386.029 € | 341.576 € | 296.818 € | 251.674 € | 206.133 € | 160.296 € |

# TABLA 1.C.1
## Lucro cesante del cónyuge
### Años de duración del matrimonio: 20 años

| Ingreso neto | Edad del cónyuge | | | | | | | | Edad del có |
|---|---|---|---|---|---|---|---|---|---|
| Hasta | 64 | 65 | 66 | 67 | 68 | 69 | 70 | 71 | 72 | 73 |
| 9.000 € | 14.390 € | 13.733 € | 13.095 € | 10.438 € | 10.271 € | 10.081 € | 9.857 € | 9.629 € | 9.377 € | 9.082 € |
| 12.000 € | 19.187 € | 18.310 € | 17.460 € | 13.917 € | 13.695 € | 13.442 € | 13.143 € | 12.839 € | 12.502 € | 12.109 € |
| 15.000 € | 23.983 € | 22.888 € | 21.825 € | 17.396 € | 17.119 € | 16.802 € | 16.429 € | 16.049 € | 15.628 € | 15.136 € |
| 18.000 € | 28.780 € | 27.466 € | 26.190 € | 20.875 € | 20.542 € | 20.162 € | 19.715 € | 19.258 € | 18.753 € | 18.163 € |
| 21.000 € | 33.577 € | 32.043 € | 30.555 € | 24.355 € | 23.966 € | 23.523 € | 23.001 € | 22.468 € | 21.879 € | 21.191 € |
| 24.000 € | 38.373 € | 36.621 € | 34.920 € | 27.834 € | 27.390 € | 26.883 € | 26.286 € | 25.678 € | 25.004 € | 24.218 € |
| 27.000 € | 43.170 € | 41.198 € | 39.285 € | 31.313 € | 30.814 € | 30.244 € | 29.572 € | 28.887 € | 28.130 € | 27.245 € |
| 30.000 € | 47.967 € | 45.776 € | 43.650 € | 34.792 € | 34.237 € | 33.604 € | 32.858 € | 32.097 € | 31.255 € | 30.272 € |
| 33.000 € | 52.763 € | 50.354 € | 48.015 € | 38.272 € | 37.661 € | 36.965 € | 36.144 € | 35.307 € | 34.381 € | 33.300 € |
| 36.000 € | 57.560 € | 54.931 € | 52.380 € | 41.751 € | 41.085 € | 40.325 € | 39.429 € | 38.517 € | 37.506 € | 36.327 € |
| 39.000 € | 57.749 € | 54.996 € | 52.380 € | 45.230 € | 44.509 € | 43.685 € | 42.715 € | 41.726 € | 40.632 € | 39.354 € |
| 42.000 € | 57.938 € | 55.060 € | 52.380 € | 45.230 € | 44.509 € | 43.685 € | 42.715 € | 41.726 € | 40.632 € | 39.354 € |
| 45.000 € | 58.127 € | 55.124 € | 52.380 € | 45.230 € | 44.509 € | 43.685 € | 42.715 € | 41.726 € | 40.632 € | 39.354 € |
| 48.000 € | 58.316 € | 55.188 € | 52.380 € | 45.230 € | 44.509 € | 43.685 € | 42.715 € | 41.726 € | 40.632 € | 39.354 € |
| 51.000 € | 58.504 € | 55.251 € | 52.380 € | 45.230 € | 44.509 € | 43.685 € | 42.715 € | 41.726 € | 40.632 € | 39.354 € |
| 54.000 € | 58.692 € | 55.315 € | 52.380 € | 45.230 € | 44.509 € | 43.685 € | 42.715 € | 41.726 € | 40.632 € | 39.354 € |
| 57.000 € | 58.880 € | 55.378 € | 52.380 € | 45.230 € | 44.509 € | 43.685 € | 42.715 € | 41.726 € | 40.632 € | 39.354 € |
| 60.000 € | 59.069 € | 55.441 € | 52.380 € | 45.230 € | 44.509 € | 43.685 € | 42.715 € | 41.726 € | 40.632 € | 39.354 € |
| 63.000 € | 59.257 € | 55.504 € | 52.380 € | 45.230 € | 44.509 € | 43.685 € | 42.715 € | 41.726 € | 40.632 € | 39.354 € |
| 66.000 € | 59.446 € | 55.567 € | 52.380 € | 45.230 € | 44.509 € | 43.685 € | 42.715 € | 41.726 € | 40.632 € | 39.354 € |
| 69.000 € | 59.635 € | 55.630 € | 52.380 € | 45.230 € | 44.509 € | 43.685 € | 42.715 € | 41.726 € | 40.632 € | 39.354 € |
| 72.000 € | 59.824 € | 55.693 € | 52.380 € | 45.230 € | 44.509 € | 43.685 € | 42.715 € | 41.726 € | 40.632 € | 39.354 € |
| 75.000 € | 60.013 € | 55.756 € | 52.380 € | 45.230 € | 44.509 € | 43.685 € | 42.715 € | 41.726 € | 40.632 € | 39.354 € |
| 78.000 € | 60.203 € | 55.819 € | 52.380 € | 45.230 € | 44.509 € | 43.685 € | 42.715 € | 41.726 € | 40.632 € | 39.354 € |
| 81.000 € | 60.393 € | 55.882 € | 52.380 € | 45.230 € | 44.509 € | 43.685 € | 42.715 € | 41.726 € | 40.632 € | 39.354 € |
| 84.000 € | 60.583 € | 55.945 € | 52.380 € | 45.230 € | 44.509 € | 43.685 € | 42.715 € | 41.726 € | 40.632 € | 39.354 € |
| 87.000 € | 60.774 € | 56.007 € | 52.380 € | 45.230 € | 44.509 € | 43.685 € | 42.715 € | 41.726 € | 40.632 € | 39.354 € |
| 90.000 € | 60.965 € | 56.070 € | 52.380 € | 45.230 € | 44.509 € | 43.685 € | 42.715 € | 41.726 € | 40.632 € | 39.354 € |
| 93.000 € | 66.273 € | 56.133 € | 52.380 € | 45.230 € | 44.509 € | 43.685 € | 42.715 € | 41.726 € | 40.632 € | 39.354 € |
| 96.000 € | 71.580 € | 56.196 € | 52.380 € | 45.230 € | 44.509 € | 43.685 € | 42.715 € | 41.726 € | 40.632 € | 39.354 € |
| 99.000 € | 76.888 € | 56.259 € | 52.380 € | 45.230 € | 44.509 € | 43.685 € | 42.715 € | 41.726 € | 40.632 € | 39.354 € |
| 102.000 € | 82.195 € | 56.322 € | 52.380 € | 45.230 € | 44.509 € | 43.685 € | 42.715 € | 41.726 € | 40.632 € | 39.354 € |
| 105.000 € | 87.503 € | 56.385 € | 52.380 € | 45.230 € | 44.509 € | 43.685 € | 42.715 € | 41.726 € | 40.632 € | 39.354 € |
| 108.000 € | 92.810 € | 56.447 € | 52.380 € | 45.230 € | 44.509 € | 43.685 € | 42.715 € | 41.726 € | 40.632 € | 39.354 € |
| 111.000 € | 98.118 € | 56.510 € | 52.380 € | 45.230 € | 44.509 € | 43.685 € | 42.715 € | 41.726 € | 40.632 € | 39.354 € |
| 114.000 € | 103.426 € | 60.078 € | 52.380 € | 45.230 € | 44.509 € | 43.685 € | 42.715 € | 41.726 € | 40.632 € | 39.354 € |
| 117.000 € | 108.733 € | 63.645 € | 52.380 € | 45.230 € | 44.509 € | 43.685 € | 42.715 € | 41.726 € | 40.632 € | 39.354 € |
| 120.000 € | 114.041 € | 67.213 € | 52.380 € | 45.230 € | 44.509 € | 43.685 € | 42.715 € | 41.726 € | 40.632 € | 39.354 € |

## TABLA 1.C.1
## Lucro cesante del cónyuge
Años de duración del matrimonio: 20 años

Ingreso netonyuge — Edad del cónyuge

| Hasta | 74 | 75 | 76 | 77 | 78 | 79 | 80 | 81 | 82 | 83 |
|---|---|---|---|---|---|---|---|---|---|---|
| 9.000 € | 8.784 € | 8.480 € | 8.153 € | 7.809 € | 7.456 € | 7.101 € | 6.738 € | 6.346 € | 5.968 € | 5.601 € |
| 12.000 € | 11.711 € | 11.306 € | 10.871 € | 10.412 € | 9.941 € | 9.467 € | 8.983 € | 8.461 € | 7.957 € | 7.468 € |
| 15.000 € | 14.639 € | 14.133 € | 13.589 € | 13.015 € | 12.427 € | 11.834 € | 11.229 € | 10.576 € | 9.947 € | 9.335 € |
| 18.000 € | 17.567 € | 16.960 € | 16.307 € | 15.618 € | 14.912 € | 14.201 € | 13.475 € | 12.692 € | 11.936 € | 11.202 € |
| 21.000 € | 20.495 € | 19.786 € | 19.025 € | 18.221 € | 17.397 € | 16.568 € | 15.721 € | 14.807 € | 13.925 € | 13.069 € |
| 24.000 € | 23.423 € | 22.613 € | 21.743 € | 20.824 € | 19.883 € | 18.935 € | 17.967 € | 16.922 € | 15.915 € | 14.936 € |
| 27.000 € | 26.351 € | 25.439 € | 24.460 € | 23.427 € | 22.368 € | 21.302 € | 20.213 € | 19.038 € | 17.904 € | 16.803 € |
| 30.000 € | 29.279 € | 28.266 € | 27.178 € | 26.030 € | 24.853 € | 23.669 € | 22.459 € | 21.153 € | 19.893 € | 18.669 € |
| 33.000 € | 32.206 € | 31.093 € | 29.896 € | 28.633 € | 27.339 € | 26.035 € | 24.704 € | 23.268 € | 21.883 € | 20.536 € |
| 36.000 € | 35.134 € | 33.919 € | 32.614 € | 31.236 € | 29.824 € | 28.402 € | 26.950 € | 25.383 € | 23.872 € | 22.403 € |
| 39.000 € | 38.062 € | 36.746 € | 35.332 € | 33.839 € | 32.309 € | 30.769 € | 29.196 € | 27.499 € | 25.861 € | 24.270 € |
| 42.000 € | 38.062 € | 36.746 € | 35.332 € | 33.839 € | 32.309 € | 30.769 € | 29.196 € | 27.499 € | 25.861 € | 24.270 € |
| 45.000 € | 38.062 € | 36.746 € | 35.332 € | 33.839 € | 32.309 € | 30.769 € | 29.196 € | 27.499 € | 25.861 € | 24.270 € |
| 48.000 € | 38.062 € | 36.746 € | 35.332 € | 33.839 € | 32.309 € | 30.769 € | 29.196 € | 27.499 € | 25.861 € | 24.270 € |
| 51.000 € | 38.062 € | 36.746 € | 35.332 € | 33.839 € | 32.309 € | 30.769 € | 29.196 € | 27.499 € | 25.861 € | 24.270 € |
| 54.000 € | 38.062 € | 36.746 € | 35.332 € | 33.839 € | 32.309 € | 30.769 € | 29.196 € | 27.499 € | 25.861 € | 24.270 € |
| 57.000 € | 38.062 € | 36.746 € | 35.332 € | 33.839 € | 32.309 € | 30.769 € | 29.196 € | 27.499 € | 25.861 € | 24.270 € |
| 60.000 € | 38.062 € | 36.746 € | 35.332 € | 33.839 € | 32.309 € | 30.769 € | 29.196 € | 27.499 € | 25.861 € | 24.270 € |
| 63.000 € | 38.062 € | 36.746 € | 35.332 € | 33.839 € | 32.309 € | 30.769 € | 29.196 € | 27.499 € | 25.861 € | 24.270 € |
| 66.000 € | 38.062 € | 36.746 € | 35.332 € | 33.839 € | 32.309 € | 30.769 € | 29.196 € | 27.499 € | 25.861 € | 24.270 € |
| 69.000 € | 38.062 € | 36.746 € | 35.332 € | 33.839 € | 32.309 € | 30.769 € | 29.196 € | 27.499 € | 25.861 € | 24.270 € |
| 72.000 € | 38.062 € | 36.746 € | 35.332 € | 33.839 € | 32.309 € | 30.769 € | 29.196 € | 27.499 € | 25.861 € | 24.270 € |
| 75.000 € | 38.062 € | 36.746 € | 35.332 € | 33.839 € | 32.309 € | 30.769 € | 29.196 € | 27.499 € | 25.861 € | 24.270 € |
| 78.000 € | 38.062 € | 36.746 € | 35.332 € | 33.839 € | 32.309 € | 30.769 € | 29.196 € | 27.499 € | 25.861 € | 24.270 € |
| 81.000 € | 38.062 € | 36.746 € | 35.332 € | 33.839 € | 32.309 € | 30.769 € | 29.196 € | 27.499 € | 25.861 € | 24.270 € |
| 84.000 € | 38.062 € | 36.746 € | 35.332 € | 33.839 € | 32.309 € | 30.769 € | 29.196 € | 27.499 € | 25.861 € | 24.270 € |
| 87.000 € | 38.062 € | 36.746 € | 35.332 € | 33.839 € | 32.309 € | 30.769 € | 29.196 € | 27.499 € | 25.861 € | 24.270 € |
| 90.000 € | 38.062 € | 36.746 € | 35.332 € | 33.839 € | 32.309 € | 30.769 € | 29.196 € | 27.499 € | 25.861 € | 24.270 € |
| 93.000 € | 38.062 € | 36.746 € | 35.332 € | 33.839 € | 32.309 € | 30.769 € | 29.196 € | 27.499 € | 25.861 € | 24.270 € |
| 96.000 € | 38.062 € | 36.746 € | 35.332 € | 33.839 € | 32.309 € | 30.769 € | 29.196 € | 27.499 € | 25.861 € | 24.270 € |
| 99.000 € | 38.062 € | 36.746 € | 35.332 € | 33.839 € | 32.309 € | 30.769 € | 29.196 € | 27.499 € | 25.861 € | 24.270 € |
| 102.000 € | 38.062 € | 36.746 € | 35.332 € | 33.839 € | 32.309 € | 30.769 € | 29.196 € | 27.499 € | 25.861 € | 24.270 € |
| 105.000 € | 38.062 € | 36.746 € | 35.332 € | 33.839 € | 32.309 € | 30.769 € | 29.196 € | 27.499 € | 25.861 € | 24.270 € |
| 108.000 € | 38.062 € | 36.746 € | 35.332 € | 33.839 € | 32.309 € | 30.769 € | 29.196 € | 27.499 € | 25.861 € | 24.270 € |
| 111.000 € | 38.062 € | 36.746 € | 35.332 € | 33.839 € | 32.309 € | 30.769 € | 29.196 € | 27.499 € | 25.861 € | 24.270 € |
| 114.000 € | 38.062 € | 36.746 € | 35.332 € | 33.839 € | 32.309 € | 30.769 € | 29.196 € | 27.499 € | 25.861 € | 24.270 € |
| 117.000 € | 38.062 € | 36.746 € | 35.332 € | 33.839 € | 32.309 € | 30.769 € | 29.196 € | 27.499 € | 25.861 € | 24.270 € |
| 120.000 € | 38.062 € | 36.746 € | 35.332 € | 33.839 € | 32.309 € | 30.769 € | 29.196 € | 27.499 € | 25.861 € | 24.270 € |

# TABLA 1.C.1
## Lucro cesante del cónyuge
Años de duración del matrimonio: 20 años

| Ingreso neto | Edad del cónyuge | | | | | | | | | |
|---|---|---|---|---|---|---|---|---|---|---|
| Hasta | 84 | 85 | 86 | 87 | 88 | 89 | 90 | 91 | 92 | 93 |
| 9.000 € | 5.245 € | 4.908 € | 4.584 € | 4.276 € | 3.985 € | 3.715 € | 3.459 € | 3.206 € | 3.000 € | 3.000 € |
| 12.000 € | 6.994 € | 6.544 € | 6.113 € | 5.702 € | 5.314 € | 4.954 € | 4.612 € | 4.274 € | 3.944 € | 3.580 € |
| 15.000 € | 8.742 € | 8.180 € | 7.641 € | 7.127 € | 6.642 € | 6.192 € | 5.764 € | 5.343 € | 4.930 € | 4.474 € |
| 18.000 € | 10.490 € | 9.816 € | 9.169 € | 8.552 € | 7.971 € | 7.431 € | 6.917 € | 6.411 € | 5.916 € | 5.369 € |
| 21.000 € | 12.239 € | 11.452 € | 10.697 € | 9.978 € | 9.299 € | 8.669 € | 8.070 € | 7.480 € | 6.902 € | 6.264 € |
| 24.000 € | 13.987 € | 13.088 € | 12.225 € | 11.403 € | 10.628 € | 9.907 € | 9.223 € | 8.548 € | 7.887 € | 7.159 € |
| 27.000 € | 15.735 € | 14.724 € | 13.753 € | 12.829 € | 11.956 € | 11.146 € | 10.376 € | 9.617 € | 8.873 € | 8.054 € |
| 30.000 € | 17.484 € | 16.360 € | 15.282 € | 14.254 € | 13.285 € | 12.384 € | 11.529 € | 10.685 € | 9.859 € | 8.949 € |
| 33.000 € | 19.232 € | 17.996 € | 16.810 € | 15.679 € | 14.613 € | 13.623 € | 12.682 € | 11.754 € | 10.845 € | 9.844 € |
| 36.000 € | 20.981 € | 19.632 € | 18.338 € | 17.105 € | 15.942 € | 14.861 € | 13.835 € | 12.822 € | 11.831 € | 10.739 € |
| 39.000 € | 22.729 € | 21.268 € | 19.866 € | 18.530 € | 17.270 € | 16.100 € | 14.988 € | 13.891 € | 12.817 € | 11.634 € |
| 42.000 € | 22.729 € | 21.268 € | 19.866 € | 18.530 € | 17.270 € | 16.100 € | 14.988 € | 13.891 € | 12.817 € | 11.634 € |
| 45.000 € | 22.729 € | 21.268 € | 19.866 € | 18.530 € | 17.270 € | 16.100 € | 14.988 € | 13.891 € | 12.817 € | 11.634 € |
| 48.000 € | 22.729 € | 21.268 € | 19.866 € | 18.530 € | 17.270 € | 16.100 € | 14.988 € | 13.891 € | 12.817 € | 11.634 € |
| 51.000 € | 22.729 € | 21.268 € | 19.866 € | 18.530 € | 17.270 € | 16.100 € | 14.988 € | 13.891 € | 12.817 € | 11.634 € |
| 54.000 € | 22.729 € | 21.268 € | 19.866 € | 18.530 € | 17.270 € | 16.100 € | 14.988 € | 13.891 € | 12.817 € | 11.634 € |
| 57.000 € | 22.729 € | 21.268 € | 19.866 € | 18.530 € | 17.270 € | 16.100 € | 14.988 € | 13.891 € | 12.817 € | 11.634 € |
| 60.000 € | 22.729 € | 21.268 € | 19.866 € | 18.530 € | 17.270 € | 16.100 € | 14.988 € | 13.891 € | 12.817 € | 11.634 € |
| 63.000 € | 22.729 € | 21.268 € | 19.866 € | 18.530 € | 17.270 € | 16.100 € | 14.988 € | 13.891 € | 12.817 € | 11.634 € |
| 66.000 € | 22.729 € | 21.268 € | 19.866 € | 18.530 € | 17.270 € | 16.100 € | 14.988 € | 13.891 € | 12.817 € | 11.634 € |
| 69.000 € | 22.729 € | 21.268 € | 19.866 € | 18.530 € | 17.270 € | 16.100 € | 14.988 € | 13.891 € | 12.817 € | 11.634 € |
| 72.000 € | 22.729 € | 21.268 € | 19.866 € | 18.530 € | 17.270 € | 16.100 € | 14.988 € | 13.891 € | 12.817 € | 11.634 € |
| 75.000 € | 22.729 € | 21.268 € | 19.866 € | 18.530 € | 17.270 € | 16.100 € | 14.988 € | 13.891 € | 12.817 € | 11.634 € |
| 78.000 € | 22.729 € | 21.268 € | 19.866 € | 18.530 € | 17.270 € | 16.100 € | 14.988 € | 13.891 € | 12.817 € | 11.634 € |
| 81.000 € | 22.729 € | 21.268 € | 19.866 € | 18.530 € | 17.270 € | 16.100 € | 14.988 € | 13.891 € | 12.817 € | 11.634 € |
| 84.000 € | 22.729 € | 21.268 € | 19.866 € | 18.530 € | 17.270 € | 16.100 € | 14.988 € | 13.891 € | 12.817 € | 11.634 € |
| 87.000 € | 22.729 € | 21.268 € | 19.866 € | 18.530 € | 17.270 € | 16.100 € | 14.988 € | 13.891 € | 12.817 € | 11.634 € |
| 90.000 € | 22.729 € | 21.268 € | 19.866 € | 18.530 € | 17.270 € | 16.100 € | 14.988 € | 13.891 € | 12.817 € | 11.634 € |
| 93.000 € | 22.729 € | 21.268 € | 19.866 € | 18.530 € | 17.270 € | 16.100 € | 14.988 € | 13.891 € | 12.817 € | 11.634 € |
| 96.000 € | 22.729 € | 21.268 € | 19.866 € | 18.530 € | 17.270 € | 16.100 € | 14.988 € | 13.891 € | 12.817 € | 11.634 € |
| 99.000 € | 22.729 € | 21.268 € | 19.866 € | 18.530 € | 17.270 € | 16.100 € | 14.988 € | 13.891 € | 12.817 € | 11.634 € |
| 102.000 € | 22.729 € | 21.268 € | 19.866 € | 18.530 € | 17.270 € | 16.100 € | 14.988 € | 13.891 € | 12.817 € | 11.634 € |
| 105.000 € | 22.729 € | 21.268 € | 19.866 € | 18.530 € | 17.270 € | 16.100 € | 14.988 € | 13.891 € | 12.817 € | 11.634 € |
| 108.000 € | 22.729 € | 21.268 € | 19.866 € | 18.530 € | 17.270 € | 16.100 € | 14.988 € | 13.891 € | 12.817 € | 11.634 € |
| 111.000 € | 22.729 € | 21.268 € | 19.866 € | 18.530 € | 17.270 € | 16.100 € | 14.988 € | 13.891 € | 12.817 € | 11.634 € |
| 114.000 € | 22.729 € | 21.268 € | 19.866 € | 18.530 € | 17.270 € | 16.100 € | 14.988 € | 13.891 € | 12.817 € | 11.634 € |
| 117.000 € | 22.729 € | 21.268 € | 19.866 € | 18.530 € | 17.270 € | 16.100 € | 14.988 € | 13.891 € | 12.817 € | 11.634 € |
| 120.000 € | 22.729 € | 21.268 € | 19.866 € | 18.530 € | 17.270 € | 16.100 € | 14.988 € | 13.891 € | 12.817 € | 11.634 € |

# TABLA 1.C.1
## Lucro cesante del cónyuge
### Años de duración del matrimonio: 20 años

| Ingreso neto | | | | | Edad del cónyuge | |
|---|---|---|---|---|---|---|
| Hasta | 94 | 95 | 96 | 97 | 98 | 99 o más |
| 9.000 € | 3.000 € | 3.000 € | 3.000 € | 3.000 € | 3.000 € | 3.000 € |
| 12.000 € | 3.269 € | 3.000 € | 3.000 € | 3.000 € | 3.000 € | 3.000 € |
| 15.000 € | 4.086 € | 3.656 € | 3.205 € | 3.000 € | 3.000 € | 3.000 € |
| 18.000 € | 4.903 € | 4.387 € | 3.846 € | 3.243 € | 3.000 € | 3.000 € |
| 21.000 € | 5.720 € | 5.118 € | 4.487 € | 3.784 € | 3.000 € | 3.000 € |
| 24.000 € | 6.537 € | 5.849 € | 5.128 € | 4.325 € | 3.287 € | 3.000 € |
| 27.000 € | 7.355 € | 6.581 € | 5.769 € | 4.865 € | 3.698 € | 3.000 € |
| 30.000 € | 8.172 € | 7.312 € | 6.410 € | 5.406 € | 4.108 € | 3.000 € |
| 33.000 € | 8.989 € | 8.043 € | 7.051 € | 5.946 € | 4.519 € | 3.000 € |
| 36.000 € | 9.806 € | 8.774 € | 7.692 € | 6.487 € | 4.930 € | 3.000 € |
| 39.000 € | 10.623 € | 9.505 € | 8.333 € | 7.027 € | 5.341 € | 3.120 € |
| 42.000 € | 10.623 € | 9.505 € | 8.333 € | 7.027 € | 5.341 € | 3.120 € |
| 45.000 € | 10.623 € | 9.505 € | 8.333 € | 7.027 € | 5.341 € | 3.120 € |
| 48.000 € | 10.623 € | 9.505 € | 8.333 € | 7.027 € | 5.341 € | 3.120 € |
| 51.000 € | 10.623 € | 9.505 € | 8.333 € | 7.027 € | 5.341 € | 3.120 € |
| 54.000 € | 10.623 € | 9.505 € | 8.333 € | 7.027 € | 5.341 € | 3.120 € |
| 57.000 € | 10.623 € | 9.505 € | 8.333 € | 7.027 € | 5.341 € | 3.120 € |
| 60.000 € | 10.623 € | 9.505 € | 8.333 € | 7.027 € | 5.341 € | 3.120 € |
| 63.000 € | 10.623 € | 9.505 € | 8.333 € | 7.027 € | 5.341 € | 3.120 € |
| 66.000 € | 10.623 € | 9.505 € | 8.333 € | 7.027 € | 5.341 € | 3.120 € |
| 69.000 € | 10.623 € | 9.505 € | 8.333 € | 7.027 € | 5.341 € | 3.120 € |
| 72.000 € | 10.623 € | 9.505 € | 8.333 € | 7.027 € | 5.341 € | 3.120 € |
| 75.000 € | 10.623 € | 9.505 € | 8.333 € | 7.027 € | 5.341 € | 3.120 € |
| 78.000 € | 10.623 € | 9.505 € | 8.333 € | 7.027 € | 5.341 € | 3.120 € |
| 81.000 € | 10.623 € | 9.505 € | 8.333 € | 7.027 € | 5.341 € | 3.120 € |
| 84.000 € | 10.623 € | 9.505 € | 8.333 € | 7.027 € | 5.341 € | 3.120 € |
| 87.000 € | 10.623 € | 9.505 € | 8.333 € | 7.027 € | 5.341 € | 3.120 € |
| 90.000 € | 10.623 € | 9.505 € | 8.333 € | 7.027 € | 5.341 € | 3.120 € |
| 93.000 € | 10.623 € | 9.505 € | 8.333 € | 7.027 € | 5.341 € | 3.120 € |
| 96.000 € | 10.623 € | 9.505 € | 8.333 € | 7.027 € | 5.341 € | 3.120 € |
| 99.000 € | 10.623 € | 9.505 € | 8.333 € | 7.027 € | 5.341 € | 3.120 € |
| 102.000 € | 10.623 € | 9.505 € | 8.333 € | 7.027 € | 5.341 € | 3.120 € |
| 105.000 € | 10.623 € | 9.505 € | 8.333 € | 7.027 € | 5.341 € | 3.120 € |
| 108.000 € | 10.623 € | 9.505 € | 8.333 € | 7.027 € | 5.341 € | 3.120 € |
| 111.000 € | 10.623 € | 9.505 € | 8.333 € | 7.027 € | 5.341 € | 3.120 € |
| 114.000 € | 10.623 € | 9.505 € | 8.333 € | 7.027 € | 5.341 € | 3.120 € |
| 117.000 € | 10.623 € | 9.505 € | 8.333 € | 7.027 € | 5.341 € | 3.120 € |
| 120.000 € | 10.623 € | 9.505 € | 8.333 € | 7.027 € | 5.341 € | 3.120 € |

## TABLA 1.C.1
## Lucro cesante del cónyuge
### Años de duración del matrimonio: 21 años

| Ingreso neto | Edad del cónyuge | | | | | | | | | |
|---|---|---|---|---|---|---|---|---|---|---|
| Hasta | 35 | 36 | 37 | 38 | 39 | 40 | 41 | 42 | 43 | 44 |
| 9.000 € | 22.080 € | 22.048 € | 22.013 € | 21.974 € | 21.932 € | 21.888 € | 21.840 € | 21.790 € | 21.737 € | 21.683 € |
| 12.000 € | 29.440 € | 29.397 € | 29.350 € | 29.299 € | 29.243 € | 29.184 € | 29.121 € | 29.053 € | 28.982 € | 28.911 € |
| 15.000 € | 36.800 € | 36.747 € | 36.688 € | 36.624 € | 36.554 € | 36.480 € | 36.401 € | 36.316 € | 36.228 € | 36.138 € |
| 18.000 € | 44.160 € | 44.096 € | 44.026 € | 43.949 € | 43.865 € | 43.776 € | 43.681 € | 43.579 € | 43.473 € | 43.366 € |
| 21.000 € | 51.520 € | 51.446 € | 51.363 € | 51.274 € | 51.175 € | 51.072 € | 50.961 € | 50.843 € | 50.719 € | 50.593 € |
| 24.000 € | 58.880 € | 58.795 € | 58.701 € | 58.599 € | 58.486 € | 58.368 € | 58.241 € | 58.106 € | 57.965 € | 57.821 € |
| 27.000 € | 66.240 € | 66.144 € | 66.038 € | 65.923 € | 65.797 € | 65.663 € | 65.521 € | 65.369 € | 65.210 € | 65.049 € |
| 30.000 € | 73.600 € | 73.494 € | 73.376 € | 73.248 € | 73.108 € | 72.959 € | 72.801 € | 72.632 € | 72.456 € | 72.276 € |
| 33.000 € | 80.960 € | 80.843 € | 80.713 € | 80.573 € | 80.419 € | 80.255 € | 80.082 € | 79.896 € | 79.701 € | 79.504 € |
| 36.000 € | 88.320 € | 88.192 € | 88.051 € | 87.898 € | 87.729 € | 87.551 € | 87.362 € | 87.159 € | 86.947 € | 86.732 € |
| 39.000 € | 95.680 € | 95.542 € | 95.389 € | 95.223 € | 95.040 € | 94.847 € | 94.642 € | 94.422 € | 94.193 € | 93.959 € |
| 42.000 € | 103.040 € | 102.891 € | 102.726 € | 102.548 € | 102.351 € | 102.143 € | 101.922 € | 101.685 € | 101.438 € | 101.187 € |
| 45.000 € | 110.400 € | 110.240 € | 110.064 € | 109.872 € | 109.662 € | 109.439 € | 109.202 € | 108.949 € | 108.684 € | 108.414 € |
| 48.000 € | 117.760 € | 117.590 € | 117.401 € | 117.197 € | 116.973 € | 116.735 € | 116.482 € | 116.212 € | 115.929 € | 115.642 € |
| 51.000 € | 137.355 € | 137.160 € | 136.944 € | 136.710 € | 136.452 € | 136.179 € | 135.889 € | 135.578 € | 135.254 € | 134.924 € |
| 54.000 € | 171.383 € | 171.146 € | 170.884 € | 170.599 € | 170.286 € | 169.954 € | 169.601 € | 169.223 € | 168.827 € | 168.425 € |
| 57.000 € | 205.410 € | 205.132 € | 204.823 € | 204.489 € | 204.120 € | 203.729 € | 203.313 € | 202.867 € | 202.400 € | 201.926 € |
| 60.000 € | 239.438 € | 239.118 € | 238.763 € | 238.378 € | 237.954 € | 237.504 € | 237.025 € | 236.511 € | 235.973 € | 235.427 € |
| 63.000 € | 273.465 € | 273.104 € | 272.703 € | 272.268 € | 271.788 € | 271.279 € | 270.737 € | 270.155 € | 269.546 € | 268.929 € |
| 66.000 € | 307.493 € | 307.089 € | 306.643 € | 306.158 € | 305.621 € | 305.054 € | 304.449 € | 303.799 € | 303.119 € | 302.430 € |
| 69.000 € | 341.520 € | 341.075 € | 340.582 € | 340.047 € | 339.455 € | 338.829 € | 338.161 € | 337.443 € | 336.692 € | 335.931 € |
| 72.000 € | 375.548 € | 375.061 € | 374.522 € | 373.937 € | 373.289 € | 372.604 € | 371.873 € | 371.087 € | 370.265 € | 369.432 € |
| 75.000 € | 409.575 € | 409.047 € | 408.462 € | 407.826 € | 407.123 € | 406.379 € | 405.585 € | 404.731 € | 403.839 € | 402.934 € |
| 78.000 € | 443.603 € | 443.033 € | 442.402 € | 441.716 € | 440.957 € | 440.154 € | 439.297 € | 438.376 € | 437.412 € | 436.435 € |
| 81.000 € | 477.631 € | 477.019 € | 476.342 € | 475.605 € | 474.791 € | 473.929 € | 473.009 € | 472.020 € | 470.985 € | 469.936 € |
| 84.000 € | 511.658 € | 511.005 € | 510.281 € | 509.495 € | 508.625 € | 507.704 € | 506.721 € | 505.664 € | 504.558 € | 503.437 € |
| 87.000 € | 545.686 € | 544.991 € | 544.221 € | 543.384 € | 542.459 € | 541.479 € | 540.433 € | 539.308 € | 538.131 € | 536.939 € |
| 90.000 € | 579.713 € | 578.977 € | 578.161 € | 577.274 € | 576.293 € | 575.254 € | 574.145 € | 572.952 € | 571.704 € | 570.440 € |
| 93.000 € | 613.741 € | 612.963 € | 612.101 € | 611.164 € | 610.127 € | 609.029 € | 607.857 € | 606.596 € | 605.277 € | 603.941 € |
| 96.000 € | 647.768 € | 646.949 € | 646.040 € | 645.053 € | 643.961 € | 642.804 € | 641.569 € | 640.240 € | 638.850 € | 637.442 € |
| 99.000 € | 681.796 € | 680.935 € | 679.980 € | 678.943 € | 677.795 € | 676.579 € | 675.281 € | 673.884 € | 672.424 € | 670.944 € |
| 102.000 € | 715.824 € | 714.921 € | 713.920 € | 712.832 € | 711.629 € | 710.354 € | 708.993 € | 707.528 € | 705.997 € | 704.445 € |
| 105.000 € | 749.851 € | 748.907 € | 747.860 € | 746.722 € | 745.462 € | 744.129 € | 742.705 € | 741.173 € | 739.570 € | 737.946 € |
| 108.000 € | 783.879 € | 782.893 € | 781.800 € | 780.611 € | 779.296 € | 777.904 € | 776.417 € | 774.817 € | 773.143 € | 771.447 € |
| 111.000 € | 817.906 € | 816.879 € | 815.739 € | 814.501 € | 813.130 € | 811.679 € | 810.129 € | 808.461 € | 806.716 € | 804.948 € |
| 114.000 € | 851.934 € | 850.865 € | 849.679 € | 848.391 € | 846.964 € | 845.454 € | 843.841 € | 842.105 € | 840.289 € | 838.450 € |
| 117.000 € | 885.961 € | 884.851 € | 883.619 € | 882.280 € | 880.798 € | 879.229 € | 877.553 € | 875.749 € | 873.862 € | 871.951 € |
| 120.000 € | 919.989 € | 918.837 € | 917.559 € | 916.170 € | 914.632 € | 913.004 € | 911.265 € | 909.393 € | 907.435 € | 905.452 € |

## TABLA 1.C.1
### Lucro cesante del cónyuge
Años de duración del matrimonio: 21 años

| Ingreso neto | Edad del cónyuge | | | | | | | | | |
|---|---|---|---|---|---|---|---|---|---|---|
| Hasta | 45 | 46 | 47 | 48 | 49 | 50 | 51 | 52 | 53 | 54 |
| 9.000 € | 21.625 € | 21.564 € | 21.554 € | 21.543 € | 21.532 € | 21.521 € | 21.511 € | 21.310 € | 21.046 € | 20.719 € |
| 12.000 € | 28.834 € | 28.753 € | 28.738 € | 28.724 € | 28.710 € | 28.695 € | 28.681 € | 28.414 € | 28.061 € | 27.625 € |
| 15.000 € | 36.042 € | 35.941 € | 35.923 € | 35.905 € | 35.887 € | 35.869 € | 35.851 € | 35.517 € | 35.076 € | 34.531 € |
| 18.000 € | 43.251 € | 43.129 € | 43.107 € | 43.086 € | 43.064 € | 43.043 € | 43.021 € | 42.621 € | 42.091 € | 41.437 € |
| 21.000 € | 50.459 € | 50.317 € | 50.292 € | 50.267 € | 50.242 € | 50.217 € | 50.191 € | 49.724 € | 49.107 € | 48.344 € |
| 24.000 € | 57.667 € | 57.505 € | 57.477 € | 57.448 € | 57.419 € | 57.390 € | 57.362 € | 56.828 € | 56.122 € | 55.250 € |
| 27.000 € | 64.876 € | 64.693 € | 64.661 € | 64.629 € | 64.596 € | 64.564 € | 64.532 € | 63.931 € | 63.137 € | 62.156 € |
| 30.000 € | 72.084 € | 71.882 € | 71.846 € | 71.810 € | 71.774 € | 71.738 € | 71.702 € | 71.035 € | 70.152 € | 69.062 € |
| 33.000 € | 79.293 € | 79.070 € | 78.561 € | 78.198 € | 77.970 € | 77.894 € | 77.652 € | 77.410 € | 77.167 € | 75.968 € |
| 36.000 € | 86.501 € | 86.258 € | 84.364 € | 82.610 € | 80.982 € | 79.497 € | 78.154 € | 77.957 € | 77.761 € | 77.564 € |
| 39.000 € | 93.710 € | 93.446 € | 90.168 € | 87.021 € | 83.994 € | 81.099 € | 78.340 € | 78.340 € | 78.340 € | 78.340 € |
| 42.000 € | 100.918 € | 100.634 € | 95.971 € | 91.433 € | 87.005 € | 82.702 € | 78.526 € | 78.526 € | 78.526 € | 78.526 € |
| 45.000 € | 108.127 € | 107.822 € | 101.774 € | 95.845 € | 90.017 € | 84.305 € | 78.712 € | 78.712 € | 78.712 € | 78.712 € |
| 48.000 € | 115.335 € | 115.011 € | 107.578 € | 100.257 € | 93.028 € | 85.907 € | 78.898 € | 78.898 € | 78.898 € | 78.898 € |
| 51.000 € | 134.571 € | 134.198 € | 125.351 € | 116.609 € | 107.950 € | 99.389 € | 90.930 € | 82.577 € | 80.907 € | 79.237 € |
| 54.000 € | 167.994 € | 167.539 € | 157.245 € | 147.048 € | 136.921 € | 126.882 € | 116.936 € | 107.086 € | 97.334 € | 87.654 € |
| 57.000 € | 201.418 € | 200.880 € | 189.138 € | 177.487 € | 165.893 € | 154.376 € | 142.942 € | 131.595 € | 120.337 € | 109.132 € |
| 60.000 € | 234.842 € | 234.221 € | 221.032 € | 207.926 € | 194.864 € | 181.870 € | 168.949 € | 156.104 € | 143.339 € | 130.610 € |
| 63.000 € | 268.265 € | 267.563 € | 252.925 € | 238.365 € | 223.835 € | 209.363 € | 194.955 € | 180.613 € | 166.341 € | 152.088 € |
| 66.000 € | 301.689 € | 300.904 € | 284.819 € | 268.804 € | 252.806 € | 236.857 € | 220.961 € | 205.122 € | 189.343 € | 173.566 € |
| 69.000 € | 335.113 € | 334.245 € | 316.712 € | 299.243 € | 281.778 € | 264.351 € | 246.967 € | 229.631 € | 212.346 € | 195.044 € |
| 72.000 € | 368.536 € | 367.587 € | 348.606 € | 329.682 € | 310.749 € | 291.844 € | 272.974 € | 254.140 € | 235.348 € | 216.522 € |
| 75.000 € | 401.960 € | 400.928 € | 380.499 € | 360.121 € | 339.720 € | 319.338 € | 298.980 € | 278.649 € | 258.350 € | 238.001 € |
| 78.000 € | 435.384 € | 434.269 € | 412.393 € | 390.560 € | 368.691 € | 346.832 € | 324.986 € | 303.158 € | 281.352 € | 259.479 € |
| 81.000 € | 468.807 € | 467.610 € | 444.286 € | 420.999 € | 397.663 € | 374.325 € | 350.992 € | 327.667 € | 304.355 € | 280.957 € |
| 84.000 € | 502.231 € | 500.952 € | 476.180 € | 451.437 € | 426.634 € | 401.819 € | 376.999 € | 352.176 € | 327.357 € | 302.435 € |
| 87.000 € | 535.655 € | 534.293 € | 508.073 € | 481.876 € | 455.605 € | 429.313 € | 403.005 € | 376.685 € | 350.359 € | 323.913 € |
| 90.000 € | 569.078 € | 567.634 € | 539.967 € | 512.315 € | 484.576 € | 456.806 € | 429.011 € | 401.194 € | 373.361 € | 345.391 € |
| 93.000 € | 602.502 € | 600.976 € | 571.860 € | 542.754 € | 513.547 € | 484.300 € | 455.018 € | 425.703 € | 396.363 € | 366.869 € |
| 96.000 € | 635.926 € | 634.317 € | 603.754 € | 573.193 € | 542.519 € | 511.794 € | 481.024 € | 450.212 € | 419.366 € | 388.347 € |
| 99.000 € | 669.349 € | 667.658 € | 635.647 € | 603.632 € | 571.490 € | 539.287 € | 507.030 € | 474.721 € | 442.368 € | 409.825 € |
| 102.000 € | 702.773 € | 701.000 € | 667.541 € | 634.071 € | 600.461 € | 566.781 € | 533.036 € | 499.230 € | 465.370 € | 431.303 € |
| 105.000 € | 736.197 € | 734.341 € | 699.434 € | 664.510 € | 629.432 € | 594.275 € | 559.043 € | 523.739 € | 488.372 € | 452.781 € |
| 108.000 € | 769.620 € | 767.682 € | 731.328 € | 694.949 € | 658.404 € | 621.768 € | 585.049 € | 548.248 € | 511.375 € | 474.259 € |
| 111.000 € | 803.044 € | 801.023 € | 763.221 € | 725.388 € | 687.375 € | 649.262 € | 611.055 € | 572.757 € | 534.377 € | 495.737 € |
| 114.000 € | 836.468 € | 834.365 € | 795.115 € | 755.827 € | 716.346 € | 676.756 € | 637.061 € | 597.266 € | 557.379 € | 517.215 € |
| 117.000 € | 869.891 € | 867.706 € | 827.008 € | 786.266 € | 745.317 € | 704.250 € | 663.068 € | 621.775 € | 580.381 € | 538.693 € |
| 120.000 € | 903.315 € | 901.047 € | 858.902 € | 816.704 € | 774.289 € | 731.743 € | 689.074 € | 646.284 € | 603.384 € | 560.171 € |

# TABLA 1.C.1
## Lucro cesante del cónyuge
### Años de duración del matrimonio: 21 años

| Ingreso neto | | | Edad del cónyuge | | | | | | | |
|---|---|---|---|---|---|---|---|---|---|---|
| Hasta | 55 | 56 | 57 | 58 | 59 | 60 | 61 | 62 | 63 | 64 |
| 9.000 € | 20.345 € | 19.902 € | 19.367 € | 18.803 € | 18.197 € | 17.566 € | 16.911 € | 16.232 € | 15.547 € | 14.856 € |
| 12.000 € | 27.126 € | 26.536 € | 25.822 € | 25.071 € | 24.263 € | 23.422 € | 22.549 € | 21.643 € | 20.729 € | 19.809 € |
| 15.000 € | 33.908 € | 33.170 € | 32.278 € | 31.339 € | 30.328 € | 29.277 € | 28.186 € | 27.053 € | 25.912 € | 24.761 € |
| 18.000 € | 40.689 € | 39.804 € | 38.734 € | 37.607 € | 36.394 € | 35.133 € | 33.823 € | 32.464 € | 31.094 € | 29.713 € |
| 21.000 € | 47.471 € | 46.438 € | 45.189 € | 43.874 € | 42.460 € | 40.988 € | 39.460 € | 37.874 € | 36.276 € | 34.665 € |
| 24.000 € | 54.253 € | 53.072 € | 51.645 € | 50.142 € | 48.526 € | 46.844 € | 45.097 € | 43.285 € | 41.459 € | 39.617 € |
| 27.000 € | 61.034 € | 59.706 € | 58.100 € | 56.410 € | 54.591 € | 52.699 € | 50.734 € | 48.696 € | 46.641 € | 44.569 € |
| 30.000 € | 67.816 € | 66.340 € | 64.556 € | 62.678 € | 60.657 € | 58.555 € | 56.372 € | 54.106 € | 51.823 € | 49.521 € |
| 33.000 € | 74.597 € | 72.974 € | 71.012 € | 68.945 € | 66.723 € | 64.410 € | 62.009 € | 59.517 € | 57.006 € | 54.473 € |
| 36.000 € | 75.091 € | 73.611 € | 73.145 € | 72.813 € | 72.628 € | 70.266 € | 67.646 € | 64.928 € | 62.188 € | 59.426 € |
| 39.000 € | 75.585 € | 75.407 € | 73.549 € | 73.549 € | 73.549 € | 71.168 € | 68.250 € | 65.014 € | 62.578 € | 59.461 € |
| 42.000 € | 76.080 € | 76.080 € | 73.954 € | 73.954 € | 73.954 € | 72.076 € | 68.855 € | 65.100 € | 62.968 € | 59.497 € |
| 45.000 € | 76.574 € | 76.574 € | 74.359 € | 74.359 € | 74.359 € | 72.990 € | 69.463 € | 65.185 € | 63.359 € | 59.533 € |
| 48.000 € | 77.070 € | 77.070 € | 74.764 € | 74.764 € | 74.764 € | 73.913 € | 70.074 € | 65.270 € | 63.750 € | 59.568 € |
| 51.000 € | 77.567 € | 77.567 € | 75.170 € | 75.170 € | 75.170 € | 74.843 € | 70.687 € | 65.355 € | 64.143 € | 59.603 € |
| 54.000 € | 78.066 € | 78.066 € | 75.576 € | 75.576 € | 75.576 € | 75.576 € | 71.304 € | 65.440 € | 64.536 € | 59.638 € |
| 57.000 € | 98.006 € | 86.937 € | 75.983 € | 75.983 € | 75.983 € | 75.983 € | 71.924 € | 65.524 € | 64.930 € | 59.673 € |
| 60.000 € | 117.946 € | 105.320 € | 92.799 € | 80.332 € | 79.009 € | 77.686 € | 72.548 € | 65.609 € | 65.326 € | 59.708 € |
| 63.000 € | 137.886 € | 123.702 € | 109.615 € | 95.563 € | 81.566 € | 78.652 € | 73.175 € | 65.693 € | 65.693 € | 59.743 € |
| 66.000 € | 157.825 € | 142.084 € | 126.431 € | 110.793 € | 95.195 € | 79.628 € | 73.807 € | 65.778 € | 65.778 € | 59.778 € |
| 69.000 € | 177.765 € | 160.466 € | 143.247 € | 126.024 € | 108.824 € | 91.636 € | 74.443 € | 65.862 € | 65.862 € | 59.813 € |
| 72.000 € | 197.705 € | 178.848 € | 160.063 € | 141.255 € | 122.453 € | 103.645 € | 84.808 € | 65.946 € | 65.946 € | 59.848 € |
| 75.000 € | 217.645 € | 197.230 € | 176.878 € | 156.485 € | 136.081 € | 115.653 € | 95.174 € | 74.646 € | 67.328 € | 59.882 € |
| 78.000 € | 237.585 € | 215.612 € | 193.694 € | 171.716 € | 149.710 € | 127.661 € | 105.540 € | 83.347 € | 67.733 € | 59.917 € |
| 81.000 € | 257.524 € | 233.995 € | 210.510 € | 186.946 € | 163.339 € | 139.670 € | 115.906 € | 92.047 € | 68.140 € | 59.952 € |
| 84.000 € | 277.464 € | 252.377 € | 227.326 € | 202.177 € | 176.968 € | 151.678 € | 126.272 € | 100.747 € | 75.156 € | 59.986 € |
| 87.000 € | 297.404 € | 270.759 € | 244.142 € | 217.408 € | 190.596 € | 163.686 € | 136.637 € | 109.448 € | 82.172 € | 60.021 € |
| 90.000 € | 317.344 € | 289.141 € | 260.957 € | 232.638 € | 204.225 € | 175.695 € | 147.003 € | 118.148 € | 89.188 € | 60.055 € |
| 93.000 € | 337.284 € | 307.523 € | 277.773 € | 247.869 € | 217.854 € | 187.703 € | 157.369 € | 126.848 € | 96.204 € | 65.363 € |
| 96.000 € | 357.223 € | 325.905 € | 294.589 € | 263.099 € | 231.483 € | 199.711 € | 167.735 € | 135.548 € | 103.220 € | 70.670 € |
| 99.000 € | 377.163 € | 344.287 € | 311.405 € | 278.330 € | 245.112 € | 211.720 € | 178.101 € | 144.249 € | 110.236 € | 75.978 € |
| 102.000 € | 397.103 € | 362.669 € | 328.221 € | 293.561 € | 258.740 € | 223.728 € | 188.466 € | 152.949 € | 117.252 € | 81.286 € |
| 105.000 € | 417.043 € | 381.052 € | 345.036 € | 308.791 € | 272.369 € | 235.736 € | 198.832 € | 161.649 € | 124.268 € | 86.593 € |
| 108.000 € | 436.983 € | 399.434 € | 361.852 € | 324.022 € | 285.998 € | 247.745 € | 209.198 € | 170.350 € | 131.284 € | 91.901 € |
| 111.000 € | 456.922 € | 417.816 € | 378.668 € | 339.252 € | 299.627 € | 259.753 € | 219.564 € | 179.050 € | 138.300 € | 97.208 € |
| 114.000 € | 476.862 € | 436.198 € | 395.484 € | 354.483 € | 313.255 € | 271.761 € | 229.929 € | 187.750 € | 145.316 € | 102.516 € |
| 117.000 € | 496.802 € | 454.580 € | 412.300 € | 369.714 € | 326.884 € | 283.770 € | 240.295 € | 196.451 € | 152.332 € | 107.823 € |
| 120.000 € | 516.742 € | 472.962 € | 429.116 € | 384.944 € | 340.513 € | 295.778 € | 250.661 € | 205.151 € | 159.348 € | 113.131 € |

## TABLA 1.C.1
## Lucro cesante del cónyuge
Años de duración del matrimonio: 21 años

| Ingreso neto | Edad del cónyuge | | | | | | | | |
|---|---|---|---|---|---|---|---|---|---|
| Hasta | 65 | 66 | 67 | 68 | 69 | 70 | 71 | 72 | 73 | 74 |
| 9.000 € | 14.156 € | 13.477 € | 10.724 € | 10.537 € | 10.325 € | 10.078 € | 9.827 € | 9.551 € | 9.234 € | 8.913 € |
| 12.000 € | 18.874 € | 17.969 € | 14.299 € | 14.049 € | 13.767 € | 13.437 € | 13.102 € | 12.735 € | 12.312 € | 11.884 € |
| 15.000 € | 23.593 € | 22.461 € | 17.873 € | 17.562 € | 17.208 € | 16.796 € | 16.378 € | 15.919 € | 15.390 € | 14.855 € |
| 18.000 € | 28.312 € | 26.953 € | 21.448 € | 21.074 € | 20.650 € | 20.156 € | 19.653 € | 19.102 € | 18.469 € | 17.826 € |
| 21.000 € | 33.030 € | 31.446 € | 25.023 € | 24.586 € | 24.091 € | 23.515 € | 22.929 € | 22.286 € | 21.547 € | 20.797 € |
| 24.000 € | 37.749 € | 35.938 € | 28.597 € | 28.099 € | 27.533 € | 26.874 € | 26.205 € | 25.470 € | 24.625 € | 23.768 € |
| 27.000 € | 42.467 € | 40.430 € | 32.172 € | 31.611 € | 30.975 € | 30.233 € | 29.480 € | 28.653 € | 27.703 € | 26.739 € |
| 30.000 € | 47.186 € | 44.922 € | 35.747 € | 35.123 € | 34.416 € | 33.593 € | 32.756 € | 31.837 € | 30.781 € | 29.710 € |
| 33.000 € | 51.905 € | 49.415 € | 39.321 € | 38.636 € | 37.858 € | 36.952 € | 36.031 € | 35.021 € | 33.859 € | 32.681 € |
| 36.000 € | 56.623 € | 53.907 € | 42.896 € | 42.148 € | 41.300 € | 40.311 € | 39.307 € | 38.205 € | 36.937 € | 35.652 € |
| 39.000 € | 56.724 € | 53.907 € | 46.470 € | 45.660 € | 44.741 € | 43.671 € | 42.582 € | 41.388 € | 40.015 € | 38.623 € |
| 42.000 € | 56.825 € | 53.907 € | 46.470 € | 45.660 € | 44.741 € | 43.671 € | 42.582 € | 41.388 € | 40.015 € | 38.623 € |
| 45.000 € | 56.925 € | 53.907 € | 46.470 € | 45.660 € | 44.741 € | 43.671 € | 42.582 € | 41.388 € | 40.015 € | 38.623 € |
| 48.000 € | 57.025 € | 53.907 € | 46.470 € | 45.660 € | 44.741 € | 43.671 € | 42.582 € | 41.388 € | 40.015 € | 38.623 € |
| 51.000 € | 57.125 € | 53.907 € | 46.470 € | 45.660 € | 44.741 € | 43.671 € | 42.582 € | 41.388 € | 40.015 € | 38.623 € |
| 54.000 € | 57.224 € | 53.907 € | 46.470 € | 45.660 € | 44.741 € | 43.671 € | 42.582 € | 41.388 € | 40.015 € | 38.623 € |
| 57.000 € | 57.323 € | 53.907 € | 46.470 € | 45.660 € | 44.741 € | 43.671 € | 42.582 € | 41.388 € | 40.015 € | 38.623 € |
| 60.000 € | 57.423 € | 53.907 € | 46.470 € | 45.660 € | 44.741 € | 43.671 € | 42.582 € | 41.388 € | 40.015 € | 38.623 € |
| 63.000 € | 57.522 € | 53.907 € | 46.470 € | 45.660 € | 44.741 € | 43.671 € | 42.582 € | 41.388 € | 40.015 € | 38.623 € |
| 66.000 € | 57.621 € | 53.907 € | 46.470 € | 45.660 € | 44.741 € | 43.671 € | 42.582 € | 41.388 € | 40.015 € | 38.623 € |
| 69.000 € | 57.720 € | 53.907 € | 46.470 € | 45.660 € | 44.741 € | 43.671 € | 42.582 € | 41.388 € | 40.015 € | 38.623 € |
| 72.000 € | 57.819 € | 53.907 € | 46.470 € | 45.660 € | 44.741 € | 43.671 € | 42.582 € | 41.388 € | 40.015 € | 38.623 € |
| 75.000 € | 57.919 € | 53.907 € | 46.470 € | 45.660 € | 44.741 € | 43.671 € | 42.582 € | 41.388 € | 40.015 € | 38.623 € |
| 78.000 € | 58.018 € | 53.907 € | 46.470 € | 45.660 € | 44.741 € | 43.671 € | 42.582 € | 41.388 € | 40.015 € | 38.623 € |
| 81.000 € | 58.117 € | 53.907 € | 46.470 € | 45.660 € | 44.741 € | 43.671 € | 42.582 € | 41.388 € | 40.015 € | 38.623 € |
| 84.000 € | 58.216 € | 53.907 € | 46.470 € | 45.660 € | 44.741 € | 43.671 € | 42.582 € | 41.388 € | 40.015 € | 38.623 € |
| 87.000 € | 58.315 € | 53.907 € | 46.470 € | 45.660 € | 44.741 € | 43.671 € | 42.582 € | 41.388 € | 40.015 € | 38.623 € |
| 90.000 € | 58.415 € | 53.907 € | 46.470 € | 45.660 € | 44.741 € | 43.671 € | 42.582 € | 41.388 € | 40.015 € | 38.623 € |
| 93.000 € | 58.514 € | 53.907 € | 46.470 € | 45.660 € | 44.741 € | 43.671 € | 42.582 € | 41.388 € | 40.015 € | 38.623 € |
| 96.000 € | 58.613 € | 53.907 € | 46.470 € | 45.660 € | 44.741 € | 43.671 € | 42.582 € | 41.388 € | 40.015 € | 38.623 € |
| 99.000 € | 58.713 € | 53.907 € | 46.470 € | 45.660 € | 44.741 € | 43.671 € | 42.582 € | 41.388 € | 40.015 € | 38.623 € |
| 102.000 € | 58.812 € | 53.907 € | 46.470 € | 45.660 € | 44.741 € | 43.671 € | 42.582 € | 41.388 € | 40.015 € | 38.623 € |
| 105.000 € | 58.912 € | 53.907 € | 46.470 € | 45.660 € | 44.741 € | 43.671 € | 42.582 € | 41.388 € | 40.015 € | 38.623 € |
| 108.000 € | 59.012 € | 53.907 € | 46.470 € | 45.660 € | 44.741 € | 43.671 € | 42.582 € | 41.388 € | 40.015 € | 38.623 € |
| 111.000 € | 59.112 € | 53.907 € | 46.470 € | 45.660 € | 44.741 € | 43.671 € | 42.582 € | 41.388 € | 40.015 € | 38.623 € |
| 114.000 € | 59.211 € | 53.907 € | 46.470 € | 45.660 € | 44.741 € | 43.671 € | 42.582 € | 41.388 € | 40.015 € | 38.623 € |
| 117.000 € | 62.779 € | 53.907 € | 46.470 € | 45.660 € | 44.741 € | 43.671 € | 42.582 € | 41.388 € | 40.015 € | 38.623 € |
| 120.000 € | 66.346 € | 53.907 € | 46.470 € | 45.660 € | 44.741 € | 43.671 € | 42.582 € | 41.388 € | 40.015 € | 38.623 € |

# TABLA 1.C.1
## Lucro cesante del cónyuge
### Años de duración del matrimonio: 21 años

| Ingreso neto | Edad del cónyuge | | | | | | | | | Edad del cónyuge |
|---|---|---|---|---|---|---|---|---|---|---|
| Hasta | 75 | 76 | 77 | 78 | 79 | 80 | 81 | 82 | 83 | 84 |
| 9.000 € | 8.588 € | 8.242 € | 7.880 € | 7.511 € | 7.143 € | 6.738 € | 6.346 € | 5.968 € | 5.601 € | 5.245 € |
| 12.000 € | 11.451 € | 10.990 € | 10.506 € | 10.015 € | 9.524 € | 8.983 € | 8.461 € | 7.957 € | 7.468 € | 6.994 € |
| 15.000 € | 14.314 € | 13.737 € | 13.133 € | 12.519 € | 11.905 € | 11.229 € | 10.576 € | 9.947 € | 9.335 € | 8.742 € |
| 18.000 € | 17.177 € | 16.485 € | 15.759 € | 15.023 € | 14.286 € | 13.475 € | 12.692 € | 11.936 € | 11.202 € | 10.490 € |
| 21.000 € | 20.040 € | 19.232 € | 18.386 € | 17.526 € | 16.667 € | 15.721 € | 14.807 € | 13.925 € | 13.069 € | 12.239 € |
| 24.000 € | 22.902 € | 21.979 € | 21.012 € | 20.030 € | 19.048 € | 17.967 € | 16.922 € | 15.915 € | 14.936 € | 13.987 € |
| 27.000 € | 25.765 € | 24.727 € | 23.639 € | 22.534 € | 21.429 € | 20.213 € | 19.038 € | 17.904 € | 16.803 € | 15.735 € |
| 30.000 € | 28.628 € | 27.474 € | 26.265 € | 25.038 € | 23.810 € | 22.459 € | 21.153 € | 19.893 € | 18.669 € | 17.484 € |
| 33.000 € | 31.491 € | 30.222 € | 28.892 € | 27.542 € | 26.191 € | 24.704 € | 23.268 € | 21.883 € | 20.536 € | 19.232 € |
| 36.000 € | 34.354 € | 32.969 € | 31.518 € | 30.045 € | 28.572 € | 26.950 € | 25.383 € | 23.872 € | 22.403 € | 20.981 € |
| 39.000 € | 37.216 € | 35.716 € | 34.145 € | 32.549 € | 30.953 € | 29.196 € | 27.499 € | 25.861 € | 24.270 € | 22.729 € |
| 42.000 € | 37.216 € | 35.716 € | 34.145 € | 32.549 € | 30.953 € | 29.196 € | 27.499 € | 25.861 € | 24.270 € | 22.729 € |
| 45.000 € | 37.216 € | 35.716 € | 34.145 € | 32.549 € | 30.953 € | 29.196 € | 27.499 € | 25.861 € | 24.270 € | 22.729 € |
| 48.000 € | 37.216 € | 35.716 € | 34.145 € | 32.549 € | 30.953 € | 29.196 € | 27.499 € | 25.861 € | 24.270 € | 22.729 € |
| 51.000 € | 37.216 € | 35.716 € | 34.145 € | 32.549 € | 30.953 € | 29.196 € | 27.499 € | 25.861 € | 24.270 € | 22.729 € |
| 54.000 € | 37.216 € | 35.716 € | 34.145 € | 32.549 € | 30.953 € | 29.196 € | 27.499 € | 25.861 € | 24.270 € | 22.729 € |
| 57.000 € | 37.216 € | 35.716 € | 34.145 € | 32.549 € | 30.953 € | 29.196 € | 27.499 € | 25.861 € | 24.270 € | 22.729 € |
| 60.000 € | 37.216 € | 35.716 € | 34.145 € | 32.549 € | 30.953 € | 29.196 € | 27.499 € | 25.861 € | 24.270 € | 22.729 € |
| 63.000 € | 37.216 € | 35.716 € | 34.145 € | 32.549 € | 30.953 € | 29.196 € | 27.499 € | 25.861 € | 24.270 € | 22.729 € |
| 66.000 € | 37.216 € | 35.716 € | 34.145 € | 32.549 € | 30.953 € | 29.196 € | 27.499 € | 25.861 € | 24.270 € | 22.729 € |
| 69.000 € | 37.216 € | 35.716 € | 34.145 € | 32.549 € | 30.953 € | 29.196 € | 27.499 € | 25.861 € | 24.270 € | 22.729 € |
| 72.000 € | 37.216 € | 35.716 € | 34.145 € | 32.549 € | 30.953 € | 29.196 € | 27.499 € | 25.861 € | 24.270 € | 22.729 € |
| 75.000 € | 37.216 € | 35.716 € | 34.145 € | 32.549 € | 30.953 € | 29.196 € | 27.499 € | 25.861 € | 24.270 € | 22.729 € |
| 78.000 € | 37.216 € | 35.716 € | 34.145 € | 32.549 € | 30.953 € | 29.196 € | 27.499 € | 25.861 € | 24.270 € | 22.729 € |
| 81.000 € | 37.216 € | 35.716 € | 34.145 € | 32.549 € | 30.953 € | 29.196 € | 27.499 € | 25.861 € | 24.270 € | 22.729 € |
| 84.000 € | 37.216 € | 35.716 € | 34.145 € | 32.549 € | 30.953 € | 29.196 € | 27.499 € | 25.861 € | 24.270 € | 22.729 € |
| 87.000 € | 37.216 € | 35.716 € | 34.145 € | 32.549 € | 30.953 € | 29.196 € | 27.499 € | 25.861 € | 24.270 € | 22.729 € |
| 90.000 € | 37.216 € | 35.716 € | 34.145 € | 32.549 € | 30.953 € | 29.196 € | 27.499 € | 25.861 € | 24.270 € | 22.729 € |
| 93.000 € | 37.216 € | 35.716 € | 34.145 € | 32.549 € | 30.953 € | 29.196 € | 27.499 € | 25.861 € | 24.270 € | 22.729 € |
| 96.000 € | 37.216 € | 35.716 € | 34.145 € | 32.549 € | 30.953 € | 29.196 € | 27.499 € | 25.861 € | 24.270 € | 22.729 € |
| 99.000 € | 37.216 € | 35.716 € | 34.145 € | 32.549 € | 30.953 € | 29.196 € | 27.499 € | 25.861 € | 24.270 € | 22.729 € |
| 102.000 € | 37.216 € | 35.716 € | 34.145 € | 32.549 € | 30.953 € | 29.196 € | 27.499 € | 25.861 € | 24.270 € | 22.729 € |
| 105.000 € | 37.216 € | 35.716 € | 34.145 € | 32.549 € | 30.953 € | 29.196 € | 27.499 € | 25.861 € | 24.270 € | 22.729 € |
| 108.000 € | 37.216 € | 35.716 € | 34.145 € | 32.549 € | 30.953 € | 29.196 € | 27.499 € | 25.861 € | 24.270 € | 22.729 € |
| 111.000 € | 37.216 € | 35.716 € | 34.145 € | 32.549 € | 30.953 € | 29.196 € | 27.499 € | 25.861 € | 24.270 € | 22.729 € |
| 114.000 € | 37.216 € | 35.716 € | 34.145 € | 32.549 € | 30.953 € | 29.196 € | 27.499 € | 25.861 € | 24.270 € | 22.729 € |
| 117.000 € | 37.216 € | 35.716 € | 34.145 € | 32.549 € | 30.953 € | 29.196 € | 27.499 € | 25.861 € | 24.270 € | 22.729 € |
| 120.000 € | 37.216 € | 35.716 € | 34.145 € | 32.549 € | 30.953 € | 29.196 € | 27.499 € | 25.861 € | 24.270 € | 22.729 € |

## TABLA 1.C.1
### Lucro cesante del cónyuge
Años de duración del matrimonio: 21 años

Ingreso neto — Edad del cónyuge

| Hasta | 85 | 86 | 87 | 88 | 89 | 90 | 91 | 92 | 93 | 94 |
|---|---|---|---|---|---|---|---|---|---|---|
| 9.000 € | 4.908 € | 4.584 € | 4.276 € | 3.985 € | 3.715 € | 3.459 € | 3.206 € | 3.000 € | 3.000 € | 3.000 € |
| 12.000 € | 6.544 € | 6.113 € | 5.702 € | 5.314 € | 4.954 € | 4.612 € | 4.274 € | 3.944 € | 3.580 € | 3.269 € |
| 15.000 € | 8.180 € | 7.641 € | 7.127 € | 6.642 € | 6.192 € | 5.764 € | 5.343 € | 4.930 € | 4.474 € | 4.086 € |
| 18.000 € | 9.816 € | 9.169 € | 8.552 € | 7.971 € | 7.431 € | 6.917 € | 6.411 € | 5.916 € | 5.369 € | 4.903 € |
| 21.000 € | 11.452 € | 10.697 € | 9.978 € | 9.299 € | 8.669 € | 8.070 € | 7.480 € | 6.902 € | 6.264 € | 5.720 € |
| 24.000 € | 13.088 € | 12.225 € | 11.403 € | 10.628 € | 9.907 € | 9.223 € | 8.548 € | 7.887 € | 7.159 € | 6.537 € |
| 27.000 € | 14.724 € | 13.753 € | 12.829 € | 11.956 € | 11.146 € | 10.376 € | 9.617 € | 8.873 € | 8.054 € | 7.355 € |
| 30.000 € | 16.360 € | 15.282 € | 14.254 € | 13.285 € | 12.384 € | 11.529 € | 10.685 € | 9.859 € | 8.949 € | 8.172 € |
| 33.000 € | 17.996 € | 16.810 € | 15.679 € | 14.613 € | 13.623 € | 12.682 € | 11.754 € | 10.845 € | 9.844 € | 8.989 € |
| 36.000 € | 19.632 € | 18.338 € | 17.105 € | 15.942 € | 14.861 € | 13.835 € | 12.822 € | 11.831 € | 10.739 € | 9.806 € |
| 39.000 € | 21.268 € | 19.866 € | 18.530 € | 17.270 € | 16.100 € | 14.988 € | 13.891 € | 12.817 € | 11.634 € | 10.623 € |
| 42.000 € | 21.268 € | 19.866 € | 18.530 € | 17.270 € | 16.100 € | 14.988 € | 13.891 € | 12.817 € | 11.634 € | 10.623 € |
| 45.000 € | 21.268 € | 19.866 € | 18.530 € | 17.270 € | 16.100 € | 14.988 € | 13.891 € | 12.817 € | 11.634 € | 10.623 € |
| 48.000 € | 21.268 € | 19.866 € | 18.530 € | 17.270 € | 16.100 € | 14.988 € | 13.891 € | 12.817 € | 11.634 € | 10.623 € |
| 51.000 € | 21.268 € | 19.866 € | 18.530 € | 17.270 € | 16.100 € | 14.988 € | 13.891 € | 12.817 € | 11.634 € | 10.623 € |
| 54.000 € | 21.268 € | 19.866 € | 18.530 € | 17.270 € | 16.100 € | 14.988 € | 13.891 € | 12.817 € | 11.634 € | 10.623 € |
| 57.000 € | 21.268 € | 19.866 € | 18.530 € | 17.270 € | 16.100 € | 14.988 € | 13.891 € | 12.817 € | 11.634 € | 10.623 € |
| 60.000 € | 21.268 € | 19.866 € | 18.530 € | 17.270 € | 16.100 € | 14.988 € | 13.891 € | 12.817 € | 11.634 € | 10.623 € |
| 63.000 € | 21.268 € | 19.866 € | 18.530 € | 17.270 € | 16.100 € | 14.988 € | 13.891 € | 12.817 € | 11.634 € | 10.623 € |
| 66.000 € | 21.268 € | 19.866 € | 18.530 € | 17.270 € | 16.100 € | 14.988 € | 13.891 € | 12.817 € | 11.634 € | 10.623 € |
| 69.000 € | 21.268 € | 19.866 € | 18.530 € | 17.270 € | 16.100 € | 14.988 € | 13.891 € | 12.817 € | 11.634 € | 10.623 € |
| 72.000 € | 21.268 € | 19.866 € | 18.530 € | 17.270 € | 16.100 € | 14.988 € | 13.891 € | 12.817 € | 11.634 € | 10.623 € |
| 75.000 € | 21.268 € | 19.866 € | 18.530 € | 17.270 € | 16.100 € | 14.988 € | 13.891 € | 12.817 € | 11.634 € | 10.623 € |
| 78.000 € | 21.268 € | 19.866 € | 18.530 € | 17.270 € | 16.100 € | 14.988 € | 13.891 € | 12.817 € | 11.634 € | 10.623 € |
| 81.000 € | 21.268 € | 19.866 € | 18.530 € | 17.270 € | 16.100 € | 14.988 € | 13.891 € | 12.817 € | 11.634 € | 10.623 € |
| 84.000 € | 21.268 € | 19.866 € | 18.530 € | 17.270 € | 16.100 € | 14.988 € | 13.891 € | 12.817 € | 11.634 € | 10.623 € |
| 87.000 € | 21.268 € | 19.866 € | 18.530 € | 17.270 € | 16.100 € | 14.988 € | 13.891 € | 12.817 € | 11.634 € | 10.623 € |
| 90.000 € | 21.268 € | 19.866 € | 18.530 € | 17.270 € | 16.100 € | 14.988 € | 13.891 € | 12.817 € | 11.634 € | 10.623 € |
| 93.000 € | 21.268 € | 19.866 € | 18.530 € | 17.270 € | 16.100 € | 14.988 € | 13.891 € | 12.817 € | 11.634 € | 10.623 € |
| 96.000 € | 21.268 € | 19.866 € | 18.530 € | 17.270 € | 16.100 € | 14.988 € | 13.891 € | 12.817 € | 11.634 € | 10.623 € |
| 99.000 € | 21.268 € | 19.866 € | 18.530 € | 17.270 € | 16.100 € | 14.988 € | 13.891 € | 12.817 € | 11.634 € | 10.623 € |
| 102.000 € | 21.268 € | 19.866 € | 18.530 € | 17.270 € | 16.100 € | 14.988 € | 13.891 € | 12.817 € | 11.634 € | 10.623 € |
| 105.000 € | 21.268 € | 19.866 € | 18.530 € | 17.270 € | 16.100 € | 14.988 € | 13.891 € | 12.817 € | 11.634 € | 10.623 € |
| 108.000 € | 21.268 € | 19.866 € | 18.530 € | 17.270 € | 16.100 € | 14.988 € | 13.891 € | 12.817 € | 11.634 € | 10.623 € |
| 111.000 € | 21.268 € | 19.866 € | 18.530 € | 17.270 € | 16.100 € | 14.988 € | 13.891 € | 12.817 € | 11.634 € | 10.623 € |
| 114.000 € | 21.268 € | 19.866 € | 18.530 € | 17.270 € | 16.100 € | 14.988 € | 13.891 € | 12.817 € | 11.634 € | 10.623 € |
| 117.000 € | 21.268 € | 19.866 € | 18.530 € | 17.270 € | 16.100 € | 14.988 € | 13.891 € | 12.817 € | 11.634 € | 10.623 € |
| 120.000 € | 21.268 € | 19.866 € | 18.530 € | 17.270 € | 16.100 € | 14.988 € | 13.891 € | 12.817 € | 11.634 € | 10.623 € |

# TABLA 1.C.1
## Lucro cesante del cónyuge
### Años de duración del matrimonio: 21 años

| Ingreso neto | Edad del cónyuge | | | | |
|---|---|---|---|---|---|
| Hasta | 95 | 96 | 97 | 98 | 99 o más |
| 9.000 € | 3.000 € | 3.000 € | 3.000 € | 3.000 € | 3.000 € |
| 12.000 € | 3.000 € | 3.000 € | 3.000 € | 3.000 € | 3.000 € |
| 15.000 € | 3.656 € | 3.205 € | 3.000 € | 3.000 € | 3.000 € |
| 18.000 € | 4.387 € | 3.846 € | 3.243 € | 3.000 € | 3.000 € |
| 21.000 € | 5.118 € | 4.487 € | 3.784 € | 3.000 € | 3.000 € |
| 24.000 € | 5.849 € | 5.128 € | 4.325 € | 3.287 € | 3.000 € |
| 27.000 € | 6.581 € | 5.769 € | 4.865 € | 3.698 € | 3.000 € |
| 30.000 € | 7.312 € | 6.410 € | 5.406 € | 4.108 € | 3.000 € |
| 33.000 € | 8.043 € | 7.051 € | 5.946 € | 4.519 € | 3.000 € |
| 36.000 € | 8.774 € | 7.692 € | 6.487 € | 4.930 € | 3.000 € |
| 39.000 € | 9.505 € | 8.333 € | 7.027 € | 5.341 € | 3.120 € |
| 42.000 € | 9.505 € | 8.333 € | 7.027 € | 5.341 € | 3.120 € |
| 45.000 € | 9.505 € | 8.333 € | 7.027 € | 5.341 € | 3.120 € |
| 48.000 € | 9.505 € | 8.333 € | 7.027 € | 5.341 € | 3.120 € |
| 51.000 € | 9.505 € | 8.333 € | 7.027 € | 5.341 € | 3.120 € |
| 54.000 € | 9.505 € | 8.333 € | 7.027 € | 5.341 € | 3.120 € |
| 57.000 € | 9.505 € | 8.333 € | 7.027 € | 5.341 € | 3.120 € |
| 60.000 € | 9.505 € | 8.333 € | 7.027 € | 5.341 € | 3.120 € |
| 63.000 € | 9.505 € | 8.333 € | 7.027 € | 5.341 € | 3.120 € |
| 66.000 € | 9.505 € | 8.333 € | 7.027 € | 5.341 € | 3.120 € |
| 69.000 € | 9.505 € | 8.333 € | 7.027 € | 5.341 € | 3.120 € |
| 72.000 € | 9.505 € | 8.333 € | 7.027 € | 5.341 € | 3.120 € |
| 75.000 € | 9.505 € | 8.333 € | 7.027 € | 5.341 € | 3.120 € |
| 78.000 € | 9.505 € | 8.333 € | 7.027 € | 5.341 € | 3.120 € |
| 81.000 € | 9.505 € | 8.333 € | 7.027 € | 5.341 € | 3.120 € |
| 84.000 € | 9.505 € | 8.333 € | 7.027 € | 5.341 € | 3.120 € |
| 87.000 € | 9.505 € | 8.333 € | 7.027 € | 5.341 € | 3.120 € |
| 90.000 € | 9.505 € | 8.333 € | 7.027 € | 5.341 € | 3.120 € |
| 93.000 € | 9.505 € | 8.333 € | 7.027 € | 5.341 € | 3.120 € |
| 96.000 € | 9.505 € | 8.333 € | 7.027 € | 5.341 € | 3.120 € |
| 99.000 € | 9.505 € | 8.333 € | 7.027 € | 5.341 € | 3.120 € |
| 102.000 € | 9.505 € | 8.333 € | 7.027 € | 5.341 € | 3.120 € |
| 105.000 € | 9.505 € | 8.333 € | 7.027 € | 5.341 € | 3.120 € |
| 108.000 € | 9.505 € | 8.333 € | 7.027 € | 5.341 € | 3.120 € |
| 111.000 € | 9.505 € | 8.333 € | 7.027 € | 5.341 € | 3.120 € |
| 114.000 € | 9.505 € | 8.333 € | 7.027 € | 5.341 € | 3.120 € |
| 117.000 € | 9.505 € | 8.333 € | 7.027 € | 5.341 € | 3.120 € |
| 120.000 € | 9.505 € | 8.333 € | 7.027 € | 5.341 € | 3.120 € |

## TABLA 1.C.1
## Lucro cesante del cónyuge
### Años de duración del matrimonio: 22 años

| Ingreso neto | Edad del cónyuge | | | | | | | | Edad del có |
|---|---|---|---|---|---|---|---|---|---|---|
| Hasta | 36 | 37 | 38 | 39 | 40 | 41 | 42 | 43 | 44 | 45 |
| 9.000 € | 23.327 € | 23.287 € | 23.243 € | 23.195 € | 23.145 € | 23.092 € | 23.035 € | 22.976 € | 22.916 € | 22.852 € |
| 12.000 € | 31.102 € | 31.049 € | 30.991 € | 30.927 € | 30.860 € | 30.790 € | 30.714 € | 30.634 € | 30.555 € | 30.469 € |
| 15.000 € | 38.878 € | 38.811 € | 38.738 € | 38.659 € | 38.576 € | 38.487 € | 38.392 € | 38.293 € | 38.193 € | 38.087 € |
| 18.000 € | 46.654 € | 46.573 € | 46.486 € | 46.391 € | 46.291 € | 46.185 € | 46.071 € | 45.951 € | 45.832 € | 45.704 € |
| 21.000 € | 54.429 € | 54.335 € | 54.234 € | 54.123 € | 54.006 € | 53.882 € | 53.749 € | 53.610 € | 53.471 € | 53.321 € |
| 24.000 € | 62.205 € | 62.097 € | 61.981 € | 61.854 € | 61.721 € | 61.580 € | 61.428 € | 61.268 € | 61.110 € | 60.939 € |
| 27.000 € | 69.980 € | 69.860 € | 69.729 € | 69.586 € | 69.436 € | 69.277 € | 69.106 € | 68.927 € | 68.748 € | 68.556 € |
| 30.000 € | 77.756 € | 77.622 € | 77.477 € | 77.318 € | 77.151 € | 76.975 € | 76.785 € | 76.586 € | 76.387 € | 76.173 € |
| 33.000 € | 85.532 € | 85.384 € | 85.225 € | 85.050 € | 84.866 € | 84.672 € | 84.463 € | 84.244 € | 84.026 € | 83.791 € |
| 36.000 € | 93.307 € | 93.146 € | 92.972 € | 92.782 € | 92.581 € | 92.370 € | 92.141 € | 91.903 € | 91.664 € | 91.408 € |
| 39.000 € | 101.083 € | 100.908 € | 100.720 € | 100.513 € | 100.297 € | 100.067 € | 99.820 € | 99.561 € | 99.303 € | 99.025 € |
| 42.000 € | 108.858 € | 108.671 € | 108.468 € | 108.245 € | 108.012 € | 107.764 € | 107.498 € | 107.220 € | 106.942 € | 106.643 € |
| 45.000 € | 116.634 € | 116.433 € | 116.215 € | 115.977 € | 115.727 € | 115.462 € | 115.177 € | 114.878 € | 114.580 € | 114.260 € |
| 48.000 € | 124.410 € | 124.195 € | 123.963 € | 123.709 € | 123.442 € | 123.159 € | 122.855 € | 122.537 € | 122.219 € | 121.877 € |
| 51.000 € | 144.860 € | 144.614 € | 144.348 € | 144.057 € | 143.751 € | 143.428 € | 143.079 € | 142.714 € | 142.349 € | 141.957 € |
| 54.000 € | 180.260 € | 179.963 € | 179.642 € | 179.289 € | 178.918 € | 178.525 € | 178.101 € | 177.658 € | 177.215 € | 176.738 € |
| 57.000 € | 215.661 € | 215.313 € | 214.935 € | 214.520 € | 214.085 € | 213.622 € | 213.124 € | 212.602 € | 212.081 € | 211.519 € |
| 60.000 € | 251.062 € | 250.662 € | 250.228 € | 249.752 € | 249.251 € | 248.720 € | 248.146 € | 247.546 € | 246.947 € | 246.300 € |
| 63.000 € | 286.463 € | 286.011 € | 285.522 € | 284.984 € | 284.418 € | 283.817 € | 283.169 € | 282.490 € | 281.813 € | 281.081 € |
| 66.000 € | 321.864 € | 321.360 € | 320.815 € | 320.215 € | 319.584 € | 318.915 € | 318.191 € | 317.434 € | 316.679 € | 315.862 € |
| 69.000 € | 357.265 € | 356.710 € | 356.108 € | 355.447 € | 354.751 € | 354.012 € | 353.214 € | 352.378 € | 351.544 € | 350.643 € |
| 72.000 € | 392.666 € | 392.059 € | 391.401 € | 390.678 € | 389.917 € | 389.109 € | 388.236 € | 387.323 € | 386.410 € | 385.424 € |
| 75.000 € | 428.067 € | 427.408 € | 426.695 € | 425.910 € | 425.084 € | 424.207 € | 423.259 € | 422.267 € | 421.276 € | 420.206 € |
| 78.000 € | 463.468 € | 462.758 € | 461.988 € | 461.141 € | 460.250 € | 459.304 € | 458.281 € | 457.211 € | 456.142 € | 454.987 € |
| 81.000 € | 498.869 € | 498.107 € | 497.281 € | 496.373 € | 495.417 € | 494.401 € | 493.304 € | 492.155 € | 491.008 € | 489.768 € |
| 84.000 € | 534.270 € | 533.456 € | 532.575 € | 531.604 € | 530.583 € | 529.499 € | 528.326 € | 527.099 € | 525.874 € | 524.549 € |
| 87.000 € | 569.671 € | 568.806 € | 567.868 € | 566.836 € | 565.750 € | 564.596 € | 563.349 € | 562.043 € | 560.739 € | 559.330 € |
| 90.000 € | 605.072 € | 604.155 € | 603.161 € | 602.068 € | 600.916 € | 599.693 € | 598.371 € | 596.987 € | 595.605 € | 594.111 € |
| 93.000 € | 640.473 € | 639.504 € | 638.455 € | 637.299 € | 636.083 € | 634.791 € | 633.394 € | 631.931 € | 630.471 € | 628.892 € |
| 96.000 € | 675.874 € | 674.854 € | 673.748 € | 672.531 € | 671.250 € | 669.888 € | 668.416 € | 666.875 € | 665.337 € | 663.673 € |
| 99.000 € | 711.275 € | 710.203 € | 709.041 € | 707.762 € | 706.416 € | 704.986 € | 703.439 € | 701.819 € | 700.203 € | 698.454 € |
| 102.000 € | 746.676 € | 745.552 € | 744.335 € | 742.994 € | 741.583 € | 740.083 € | 738.461 € | 736.763 € | 735.069 € | 733.235 € |
| 105.000 € | 782.077 € | 780.902 € | 779.628 € | 778.225 € | 776.749 € | 775.180 € | 773.484 € | 771.707 € | 769.935 € | 768.016 € |
| 108.000 € | 817.477 € | 816.251 € | 814.921 € | 813.457 € | 811.916 € | 810.278 € | 808.506 € | 806.652 € | 804.800 € | 802.797 € |
| 111.000 € | 852.878 € | 851.600 € | 850.214 € | 848.688 € | 847.082 € | 845.375 € | 843.529 € | 841.596 € | 839.666 € | 837.578 € |
| 114.000 € | 888.279 € | 886.949 € | 885.508 € | 883.920 € | 882.249 € | 880.472 € | 878.551 € | 876.540 € | 874.532 € | 872.359 € |
| 117.000 € | 923.680 € | 922.299 € | 920.801 € | 919.152 € | 917.415 € | 915.570 € | 913.574 € | 911.484 € | 909.398 € | 907.140 € |
| 120.000 € | 959.081 € | 957.648 € | 956.094 € | 954.383 € | 952.582 € | 950.667 € | 948.596 € | 946.428 € | 944.264 € | 941.921 € |

# TABLA 1.C.1
## Lucro cesante del cónyuge
Años de duración del matrimonio: 22 años

| Ingreso netcnyuge | | | | | | | | | Edad del cónyuge | |
|---|---|---|---|---|---|---|---|---|---|---|
| Hasta | 46 | 47 | 48 | 49 | 50 | 51 | 52 | 53 | 54 | 55 |
| 9.000 € | 22.843 € | 22.833 € | 22.824 € | 22.814 € | 22.805 € | 22.627 € | 22.371 € | 22.050 € | 21.666 € | 21.238 € |
| 12.000 € | 30.457 € | 30.444 € | 30.432 € | 30.419 € | 30.407 € | 30.169 € | 29.828 € | 29.400 € | 28.888 € | 28.317 € |
| 15.000 € | 38.071 € | 38.055 € | 38.040 € | 38.024 € | 38.008 € | 37.711 € | 37.285 € | 36.749 € | 36.110 € | 35.396 € |
| 18.000 € | 45.685 € | 45.666 € | 45.648 € | 45.629 € | 45.610 € | 45.253 € | 44.742 € | 44.099 € | 43.332 € | 42.475 € |
| 21.000 € | 53.299 € | 53.277 € | 53.256 € | 53.234 € | 53.212 € | 52.795 € | 52.199 € | 51.449 € | 50.554 € | 49.555 € |
| 24.000 € | 60.914 € | 60.889 € | 60.863 € | 60.838 € | 60.813 € | 60.337 € | 59.656 € | 58.799 € | 57.776 € | 56.634 € |
| 27.000 € | 68.528 € | 68.500 € | 68.471 € | 68.443 € | 68.415 € | 67.880 € | 67.113 € | 66.149 € | 64.998 € | 63.713 € |
| 30.000 € | 76.142 € | 76.111 € | 76.079 € | 76.048 € | 76.017 € | 75.422 € | 74.570 € | 73.499 € | 72.220 € | 70.792 € |
| 33.000 € | 83.120 € | 82.588 € | 82.202 € | 81.953 € | 81.849 € | 81.515 € | 81.182 € | 80.849 € | 79.442 € | 77.872 € |
| 36.000 € | 89.365 € | 87.453 € | 85.681 € | 84.037 € | 82.530 € | 82.007 € | 81.483 € | 80.959 € | 80.436 € | 80.071 € |
| 39.000 € | 95.610 € | 92.319 € | 89.160 € | 86.121 € | 83.212 € | 82.768 € | 82.324 € | 81.880 € | 81.436 € | 81.436 € |
| 42.000 € | 101.854 € | 97.184 € | 92.639 € | 88.205 € | 83.893 € | 83.530 € | 83.167 € | 82.805 € | 82.442 € | 82.442 € |
| 45.000 € | 108.099 € | 102.050 € | 96.118 € | 90.289 € | 84.575 € | 84.295 € | 84.015 € | 83.735 € | 83.455 € | 83.455 € |
| 48.000 € | 114.344 € | 106.915 € | 99.597 € | 92.373 € | 85.256 € | 85.061 € | 84.866 € | 84.671 € | 84.476 € | 84.476 € |
| 51.000 € | 133.020 € | 124.181 € | 115.445 € | 106.792 € | 98.239 € | 89.789 € | 88.361 € | 86.933 € | 85.506 € | 85.506 € |
| 54.000 € | 166.362 € | 156.074 € | 145.884 € | 135.764 € | 125.733 € | 115.795 € | 105.953 € | 96.211 € | 86.544 € | 86.544 € |
| 57.000 € | 199.703 € | 187.968 € | 176.323 € | 164.735 € | 153.226 € | 141.801 € | 130.462 € | 119.214 € | 108.022 € | 96.910 € |
| 60.000 € | 233.044 € | 219.861 € | 206.762 € | 193.706 € | 180.720 € | 167.808 € | 154.971 € | 142.216 € | 129.500 € | 116.850 € |
| 63.000 € | 266.385 € | 251.755 € | 237.201 € | 222.677 € | 208.214 € | 193.814 € | 179.480 € | 165.218 € | 150.978 € | 136.789 € |
| 66.000 € | 299.727 € | 283.648 € | 267.640 € | 251.649 € | 235.707 € | 219.820 € | 203.989 € | 188.220 € | 172.456 € | 156.729 € |
| 69.000 € | 333.068 € | 315.542 € | 298.079 € | 280.620 € | 263.201 € | 245.826 € | 228.498 € | 211.223 € | 193.934 € | 176.669 € |
| 72.000 € | 366.409 € | 347.435 € | 328.518 € | 309.591 € | 290.695 € | 271.833 € | 253.007 € | 234.225 € | 215.412 € | 196.609 € |
| 75.000 € | 399.751 € | 379.329 € | 358.957 € | 338.562 € | 318.188 € | 297.839 € | 277.516 € | 257.227 € | 236.890 € | 216.549 € |
| 78.000 € | 433.092 € | 411.222 € | 389.396 € | 367.534 € | 345.682 € | 323.845 € | 302.025 € | 280.229 € | 258.369 € | 236.488 € |
| 81.000 € | 466.433 € | 443.116 € | 419.835 € | 396.505 € | 373.176 € | 349.851 € | 326.534 € | 303.232 € | 279.847 € | 256.428 € |
| 84.000 € | 499.774 € | 475.009 € | 450.274 € | 425.476 € | 400.670 € | 375.858 € | 351.043 € | 326.234 € | 301.325 € | 276.368 € |
| 87.000 € | 533.116 € | 506.903 € | 480.712 € | 454.447 € | 428.163 € | 401.864 € | 375.552 € | 349.236 € | 322.803 € | 296.308 € |
| 90.000 € | 566.457 € | 538.796 € | 511.151 € | 483.419 € | 455.657 € | 427.870 € | 400.061 € | 372.238 € | 344.281 € | 316.248 € |
| 93.000 € | 599.798 € | 570.690 € | 541.590 € | 512.390 € | 483.151 € | 453.877 € | 424.570 € | 395.241 € | 365.759 € | 336.187 € |
| 96.000 € | 633.140 € | 602.583 € | 572.029 € | 541.361 € | 510.644 € | 479.883 € | 449.079 € | 418.243 € | 387.237 € | 356.127 € |
| 99.000 € | 666.481 € | 634.477 € | 602.468 € | 570.332 € | 538.138 € | 505.889 € | 473.588 € | 441.245 € | 408.715 € | 376.067 € |
| 102.000 € | 699.822 € | 666.370 € | 632.907 € | 599.304 € | 565.632 € | 531.895 € | 498.097 € | 464.247 € | 430.193 € | 396.007 € |
| 105.000 € | 733.164 € | 698.264 € | 663.346 € | 628.275 € | 593.125 € | 557.902 € | 522.606 € | 487.250 € | 451.671 € | 415.947 € |
| 108.000 € | 766.505 € | 730.157 € | 693.785 € | 657.246 € | 620.619 € | 583.908 € | 547.115 € | 510.252 € | 473.149 € | 435.886 € |
| 111.000 € | 799.846 € | 762.051 € | 724.224 € | 686.217 € | 648.113 € | 609.914 € | 571.624 € | 533.254 € | 494.627 € | 455.826 € |
| 114.000 € | 833.187 € | 793.944 € | 754.663 € | 715.189 € | 675.606 € | 635.920 € | 596.133 € | 556.256 € | 516.105 € | 475.766 € |
| 117.000 € | 866.529 € | 825.838 € | 785.102 € | 744.160 € | 703.100 € | 661.927 € | 620.642 € | 579.258 € | 537.583 € | 495.706 € |
| 120.000 € | 899.870 € | 857.731 € | 815.541 € | 773.131 € | 730.594 € | 687.933 € | 645.151 € | 602.261 € | 559.061 € | 515.646 € |

## TABLA 1.C.1
### Lucro cesante del cónyuge
Años de duración del matrimonio: 22 años

| Ingreso neto | Edad del cónyuge | | | | | | | | | |
|---|---|---|---|---|---|---|---|---|---|---|
| Hasta | 56 | 57 | 58 | 59 | 60 | 61 | 62 | 63 | 64 | 65 |
| 9.000 € | 20.741 € | 20.148 € | 19.531 € | 18.872 € | 18.191 € | 17.486 € | 16.759 € | 16.028 € | 15.293 € | 14.549 € |
| 12.000 € | 27.654 € | 26.865 € | 26.041 € | 25.163 € | 24.254 € | 23.315 € | 22.345 € | 21.371 € | 20.390 € | 19.398 € |
| 15.000 € | 34.568 € | 33.581 € | 32.551 € | 31.453 € | 30.318 € | 29.144 € | 27.932 € | 26.713 € | 25.488 € | 24.248 € |
| 18.000 € | 41.481 € | 40.297 € | 39.062 € | 37.744 € | 36.381 € | 34.973 € | 33.518 € | 32.056 € | 30.585 € | 29.098 € |
| 21.000 € | 48.395 € | 47.013 € | 45.572 € | 44.035 € | 42.445 € | 40.801 € | 39.104 € | 37.399 € | 35.683 € | 33.947 € |
| 24.000 € | 55.308 € | 53.729 € | 52.082 € | 50.325 € | 48.508 € | 46.630 € | 44.691 € | 42.741 € | 40.781 € | 38.797 € |
| 27.000 € | 62.222 € | 60.445 € | 58.592 € | 56.616 € | 54.572 € | 52.459 € | 50.277 € | 48.084 € | 45.878 € | 43.646 € |
| 30.000 € | 69.135 € | 67.162 € | 65.103 € | 62.907 € | 60.635 € | 58.288 € | 55.863 € | 53.427 € | 50.976 € | 48.496 € |
| 33.000 € | 76.049 € | 73.878 € | 71.613 € | 69.197 € | 66.699 € | 64.117 € | 61.449 € | 58.770 € | 56.073 € | 53.346 € |
| 36.000 € | 76.462 € | 75.950 € | 75.563 € | 75.318 € | 72.762 € | 69.945 € | 67.036 € | 64.112 € | 61.171 € | 58.195 € |
| 39.000 € | 77.757 € | 76.892 € | 76.027 € | 75.892 € | 73.340 € | 70.266 € | 67.539 € | 64.322 € | 61.347 € | 58.204 € |
| 42.000 € | 79.066 € | 77.778 € | 76.490 € | 76.467 € | 73.920 € | 70.586 € | 68.043 € | 64.531 € | 61.524 € | 58.212 € |
| 45.000 € | 80.390 € | 78.672 € | 76.954 € | 76.954 € | 74.501 € | 70.907 € | 68.549 € | 64.740 € | 61.699 € | 58.220 € |
| 48.000 € | 81.731 € | 79.575 € | 77.419 € | 77.419 € | 75.083 € | 71.227 € | 69.056 € | 64.949 € | 61.875 € | 58.229 € |
| 51.000 € | 83.088 € | 80.487 € | 77.885 € | 77.885 € | 75.668 € | 71.547 € | 69.564 € | 65.157 € | 62.050 € | 58.237 € |
| 54.000 € | 84.463 € | 81.408 € | 78.352 € | 78.352 € | 76.256 € | 71.868 € | 70.075 € | 65.366 € | 62.225 € | 58.245 € |
| 57.000 € | 85.857 € | 82.339 € | 78.820 € | 78.820 € | 76.846 € | 72.189 € | 70.588 € | 65.574 € | 62.400 € | 58.253 € |
| 60.000 € | 104.239 € | 91.736 € | 79.290 € | 79.290 € | 77.439 € | 72.511 € | 71.103 € | 65.782 € | 62.575 € | 58.261 € |
| 63.000 € | 122.621 € | 108.552 € | 94.520 € | 80.547 € | 78.036 € | 72.833 € | 71.620 € | 65.991 € | 62.751 € | 58.270 € |
| 66.000 € | 141.003 € | 125.368 € | 109.751 € | 94.176 € | 78.635 € | 73.156 € | 72.140 € | 66.200 € | 62.926 € | 58.278 € |
| 69.000 € | 159.386 € | 142.184 € | 124.982 € | 107.804 € | 90.643 € | 73.480 € | 72.663 € | 66.409 € | 63.101 € | 58.286 € |
| 72.000 € | 177.768 € | 159.000 € | 140.212 € | 121.433 € | 102.652 € | 83.845 € | 73.189 € | 66.618 € | 63.277 € | 58.294 € |
| 75.000 € | 196.150 € | 175.815 € | 155.443 € | 135.062 € | 114.660 € | 94.211 € | 73.717 € | 66.828 € | 63.453 € | 58.302 € |
| 78.000 € | 214.532 € | 192.631 € | 170.673 € | 148.691 € | 126.668 € | 104.577 € | 82.417 € | 67.038 € | 63.628 € | 58.310 € |
| 81.000 € | 232.914 € | 209.447 € | 185.904 € | 162.320 € | 138.677 € | 114.943 € | 91.118 € | 67.248 € | 63.805 € | 58.318 € |
| 84.000 € | 251.296 € | 226.263 € | 201.135 € | 175.948 € | 150.685 € | 125.309 € | 99.818 € | 74.264 € | 63.981 € | 58.326 € |
| 87.000 € | 269.678 € | 243.079 € | 216.365 € | 189.577 € | 162.693 € | 135.674 € | 108.518 € | 81.280 € | 64.158 € | 58.334 € |
| 90.000 € | 288.060 € | 259.895 € | 231.596 € | 203.206 € | 174.702 € | 146.040 € | 117.218 € | 88.296 € | 64.335 € | 58.342 € |
| 93.000 € | 306.443 € | 276.710 € | 246.826 € | 216.835 € | 186.710 € | 156.406 € | 125.919 € | 95.312 € | 64.512 € | 58.350 € |
| 96.000 € | 324.825 € | 293.526 € | 262.057 € | 230.463 € | 198.718 € | 166.772 € | 134.619 € | 102.328 € | 69.819 € | 58.359 € |
| 99.000 € | 343.207 € | 310.342 € | 277.288 € | 244.092 € | 210.727 € | 177.137 € | 143.319 € | 109.344 € | 75.127 € | 58.367 € |
| 102.000 € | 361.589 € | 327.158 € | 292.518 € | 257.721 € | 222.735 € | 187.503 € | 152.020 € | 116.360 € | 80.435 € | 58.375 € |
| 105.000 € | 379.971 € | 343.974 € | 307.749 € | 271.350 € | 234.743 € | 197.869 € | 160.720 € | 123.376 € | 85.742 € | 58.383 € |
| 108.000 € | 398.353 € | 360.789 € | 322.979 € | 284.978 € | 246.752 € | 208.235 € | 169.420 € | 130.392 € | 91.050 € | 58.391 € |
| 111.000 € | 416.735 € | 377.605 € | 338.210 € | 298.607 € | 258.760 € | 218.601 € | 178.121 € | 137.408 € | 96.357 € | 58.399 € |
| 114.000 € | 435.118 € | 394.421 € | 353.441 € | 312.236 € | 270.768 € | 228.966 € | 186.821 € | 144.424 € | 101.665 € | 58.407 € |
| 117.000 € | 453.500 € | 411.237 € | 368.671 € | 325.865 € | 282.777 € | 239.332 € | 195.521 € | 151.440 € | 106.972 € | 61.974 € |
| 120.000 € | 471.882 € | 428.053 € | 383.902 € | 339.493 € | 294.785 € | 249.698 € | 204.222 € | 158.456 € | 112.280 € | 65.541 € |

# TABLA 1.C.1
## Lucro cesante del cónyuge
### Años de duración del matrimonio: 22 años

| Ingreso neto | Edad del cónyuge | | | | | | | | | |
|---|---|---|---|---|---|---|---|---|---|---|
| Hasta | 66 | 67 | 68 | 69 | 70 | 71 | 72 | 73 | 74 | 75 |
| 9.000 € | 13.828 € | 10.985 € | 10.777 € | 10.542 € | 10.272 € | 9.999 € | 9.702 € | 9.362 € | 9.020 € | 8.676 € |
| 12.000 € | 18.438 € | 14.647 € | 14.369 € | 14.056 € | 13.696 € | 13.332 € | 12.936 € | 12.483 € | 12.027 € | 11.568 € |
| 15.000 € | 23.047 € | 18.309 € | 17.961 € | 17.570 € | 17.120 € | 16.664 € | 16.170 € | 15.603 € | 15.033 € | 14.460 € |
| 18.000 € | 27.657 € | 21.970 € | 21.553 € | 21.084 € | 20.545 € | 19.997 € | 19.404 € | 18.724 € | 18.040 € | 17.352 € |
| 21.000 € | 32.266 € | 25.632 € | 25.146 € | 24.598 € | 23.969 € | 23.330 € | 22.638 € | 21.845 € | 21.047 € | 20.244 € |
| 24.000 € | 36.876 € | 29.294 € | 28.738 € | 28.113 € | 27.393 € | 26.663 € | 25.871 € | 24.965 € | 24.053 € | 23.136 € |
| 27.000 € | 41.485 € | 32.956 € | 32.330 € | 31.627 € | 30.817 € | 29.996 € | 29.105 € | 28.086 € | 27.060 € | 26.028 € |
| 30.000 € | 46.095 € | 36.617 € | 35.922 € | 35.141 € | 34.241 € | 33.329 € | 32.339 € | 31.207 € | 30.067 € | 28.920 € |
| 33.000 € | 50.704 € | 40.279 € | 39.515 € | 38.655 € | 37.665 € | 36.662 € | 35.573 € | 34.327 € | 33.073 € | 31.812 € |
| 36.000 € | 55.314 € | 43.941 € | 43.107 € | 42.169 € | 41.089 € | 39.995 € | 38.807 € | 37.448 € | 36.080 € | 34.704 € |
| 39.000 € | 55.314 € | 47.602 € | 46.699 € | 45.683 € | 44.513 € | 43.327 € | 42.041 € | 40.569 € | 39.087 € | 37.595 € |
| 42.000 € | 55.314 € | 47.602 € | 46.699 € | 45.683 € | 44.513 € | 43.327 € | 42.041 € | 40.569 € | 39.087 € | 37.595 € |
| 45.000 € | 55.314 € | 47.602 € | 46.699 € | 45.683 € | 44.513 € | 43.327 € | 42.041 € | 40.569 € | 39.087 € | 37.595 € |
| 48.000 € | 55.314 € | 47.602 € | 46.699 € | 45.683 € | 44.513 € | 43.327 € | 42.041 € | 40.569 € | 39.087 € | 37.595 € |
| 51.000 € | 55.314 € | 47.602 € | 46.699 € | 45.683 € | 44.513 € | 43.327 € | 42.041 € | 40.569 € | 39.087 € | 37.595 € |
| 54.000 € | 55.314 € | 47.602 € | 46.699 € | 45.683 € | 44.513 € | 43.327 € | 42.041 € | 40.569 € | 39.087 € | 37.595 € |
| 57.000 € | 55.314 € | 47.602 € | 46.699 € | 45.683 € | 44.513 € | 43.327 € | 42.041 € | 40.569 € | 39.087 € | 37.595 € |
| 60.000 € | 55.314 € | 47.602 € | 46.699 € | 45.683 € | 44.513 € | 43.327 € | 42.041 € | 40.569 € | 39.087 € | 37.595 € |
| 63.000 € | 55.314 € | 47.602 € | 46.699 € | 45.683 € | 44.513 € | 43.327 € | 42.041 € | 40.569 € | 39.087 € | 37.595 € |
| 66.000 € | 55.314 € | 47.602 € | 46.699 € | 45.683 € | 44.513 € | 43.327 € | 42.041 € | 40.569 € | 39.087 € | 37.595 € |
| 69.000 € | 55.314 € | 47.602 € | 46.699 € | 45.683 € | 44.513 € | 43.327 € | 42.041 € | 40.569 € | 39.087 € | 37.595 € |
| 72.000 € | 55.314 € | 47.602 € | 46.699 € | 45.683 € | 44.513 € | 43.327 € | 42.041 € | 40.569 € | 39.087 € | 37.595 € |
| 75.000 € | 55.314 € | 47.602 € | 46.699 € | 45.683 € | 44.513 € | 43.327 € | 42.041 € | 40.569 € | 39.087 € | 37.595 € |
| 78.000 € | 55.314 € | 47.602 € | 46.699 € | 45.683 € | 44.513 € | 43.327 € | 42.041 € | 40.569 € | 39.087 € | 37.595 € |
| 81.000 € | 55.314 € | 47.602 € | 46.699 € | 45.683 € | 44.513 € | 43.327 € | 42.041 € | 40.569 € | 39.087 € | 37.595 € |
| 84.000 € | 55.314 € | 47.602 € | 46.699 € | 45.683 € | 44.513 € | 43.327 € | 42.041 € | 40.569 € | 39.087 € | 37.595 € |
| 87.000 € | 55.314 € | 47.602 € | 46.699 € | 45.683 € | 44.513 € | 43.327 € | 42.041 € | 40.569 € | 39.087 € | 37.595 € |
| 90.000 € | 55.314 € | 47.602 € | 46.699 € | 45.683 € | 44.513 € | 43.327 € | 42.041 € | 40.569 € | 39.087 € | 37.595 € |
| 93.000 € | 55.314 € | 47.602 € | 46.699 € | 45.683 € | 44.513 € | 43.327 € | 42.041 € | 40.569 € | 39.087 € | 37.595 € |
| 96.000 € | 55.314 € | 47.602 € | 46.699 € | 45.683 € | 44.513 € | 43.327 € | 42.041 € | 40.569 € | 39.087 € | 37.595 € |
| 99.000 € | 55.314 € | 47.602 € | 46.699 € | 45.683 € | 44.513 € | 43.327 € | 42.041 € | 40.569 € | 39.087 € | 37.595 € |
| 102.000 € | 55.314 € | 47.602 € | 46.699 € | 45.683 € | 44.513 € | 43.327 € | 42.041 € | 40.569 € | 39.087 € | 37.595 € |
| 105.000 € | 55.314 € | 47.602 € | 46.699 € | 45.683 € | 44.513 € | 43.327 € | 42.041 € | 40.569 € | 39.087 € | 37.595 € |
| 108.000 € | 55.314 € | 47.602 € | 46.699 € | 45.683 € | 44.513 € | 43.327 € | 42.041 € | 40.569 € | 39.087 € | 37.595 € |
| 111.000 € | 55.314 € | 47.602 € | 46.699 € | 45.683 € | 44.513 € | 43.327 € | 42.041 € | 40.569 € | 39.087 € | 37.595 € |
| 114.000 € | 55.314 € | 47.602 € | 46.699 € | 45.683 € | 44.513 € | 43.327 € | 42.041 € | 40.569 € | 39.087 € | 37.595 € |
| 117.000 € | 55.314 € | 47.602 € | 46.699 € | 45.683 € | 44.513 € | 43.327 € | 42.041 € | 40.569 € | 39.087 € | 37.595 € |
| 120.000 € | 55.314 € | 47.602 € | 46.699 € | 45.683 € | 44.513 € | 43.327 € | 42.041 € | 40.569 € | 39.087 € | 37.595 € |

## TABLA 1.C.1
## Lucro cesante del cónyuge
### Años de duración del matrimonio: 22 años

| Ingreso netc | Edad del cónyuge | | | | | | | | |
|---|---|---|---|---|---|---|---|---|---|
| Hasta | 76 | 77 | 78 | 79 | 80 | 81 | 82 | 83 | 84 | 85 |
| 9.000 € | 8.312 € | 7.934 € | 7.553 € | 7.143 € | 6.738 € | 6.346 € | 5.968 € | 5.601 € | 5.245 € | 4.908 € |
| 12.000 € | 11.082 € | 10.579 € | 10.071 € | 9.524 € | 8.983 € | 8.461 € | 7.957 € | 7.468 € | 6.994 € | 6.544 € |
| 15.000 € | 13.853 € | 13.223 € | 12.588 € | 11.905 € | 11.229 € | 10.576 € | 9.947 € | 9.335 € | 8.742 € | 8.180 € |
| 18.000 € | 16.624 € | 15.868 € | 15.106 € | 14.286 € | 13.475 € | 12.692 € | 11.936 € | 11.202 € | 10.490 € | 9.816 € |
| 21.000 € | 19.394 € | 18.513 € | 17.624 € | 16.667 € | 15.721 € | 14.807 € | 13.925 € | 13.069 € | 12.239 € | 11.452 € |
| 24.000 € | 22.165 € | 21.158 € | 20.141 € | 19.048 € | 17.967 € | 16.922 € | 15.915 € | 14.936 € | 13.987 € | 13.088 € |
| 27.000 € | 24.935 € | 23.802 € | 22.659 € | 21.429 € | 20.213 € | 19.038 € | 17.904 € | 16.803 € | 15.735 € | 14.724 € |
| 30.000 € | 27.706 € | 26.447 € | 25.177 € | 23.810 € | 22.459 € | 21.153 € | 19.893 € | 18.669 € | 17.484 € | 16.360 € |
| 33.000 € | 30.477 € | 29.092 € | 27.694 € | 26.191 € | 24.704 € | 23.268 € | 21.883 € | 20.536 € | 19.232 € | 17.996 € |
| 36.000 € | 33.247 € | 31.736 € | 30.212 € | 28.572 € | 26.950 € | 25.383 € | 23.872 € | 22.403 € | 20.981 € | 19.632 € |
| 39.000 € | 36.018 € | 34.381 € | 32.730 € | 30.953 € | 29.196 € | 27.499 € | 25.861 € | 24.270 € | 22.729 € | 21.268 € |
| 42.000 € | 36.018 € | 34.381 € | 32.730 € | 30.953 € | 29.196 € | 27.499 € | 25.861 € | 24.270 € | 22.729 € | 21.268 € |
| 45.000 € | 36.018 € | 34.381 € | 32.730 € | 30.953 € | 29.196 € | 27.499 € | 25.861 € | 24.270 € | 22.729 € | 21.268 € |
| 48.000 € | 36.018 € | 34.381 € | 32.730 € | 30.953 € | 29.196 € | 27.499 € | 25.861 € | 24.270 € | 22.729 € | 21.268 € |
| 51.000 € | 36.018 € | 34.381 € | 32.730 € | 30.953 € | 29.196 € | 27.499 € | 25.861 € | 24.270 € | 22.729 € | 21.268 € |
| 54.000 € | 36.018 € | 34.381 € | 32.730 € | 30.953 € | 29.196 € | 27.499 € | 25.861 € | 24.270 € | 22.729 € | 21.268 € |
| 57.000 € | 36.018 € | 34.381 € | 32.730 € | 30.953 € | 29.196 € | 27.499 € | 25.861 € | 24.270 € | 22.729 € | 21.268 € |
| 60.000 € | 36.018 € | 34.381 € | 32.730 € | 30.953 € | 29.196 € | 27.499 € | 25.861 € | 24.270 € | 22.729 € | 21.268 € |
| 63.000 € | 36.018 € | 34.381 € | 32.730 € | 30.953 € | 29.196 € | 27.499 € | 25.861 € | 24.270 € | 22.729 € | 21.268 € |
| 66.000 € | 36.018 € | 34.381 € | 32.730 € | 30.953 € | 29.196 € | 27.499 € | 25.861 € | 24.270 € | 22.729 € | 21.268 € |
| 69.000 € | 36.018 € | 34.381 € | 32.730 € | 30.953 € | 29.196 € | 27.499 € | 25.861 € | 24.270 € | 22.729 € | 21.268 € |
| 72.000 € | 36.018 € | 34.381 € | 32.730 € | 30.953 € | 29.196 € | 27.499 € | 25.861 € | 24.270 € | 22.729 € | 21.268 € |
| 75.000 € | 36.018 € | 34.381 € | 32.730 € | 30.953 € | 29.196 € | 27.499 € | 25.861 € | 24.270 € | 22.729 € | 21.268 € |
| 78.000 € | 36.018 € | 34.381 € | 32.730 € | 30.953 € | 29.196 € | 27.499 € | 25.861 € | 24.270 € | 22.729 € | 21.268 € |
| 81.000 € | 36.018 € | 34.381 € | 32.730 € | 30.953 € | 29.196 € | 27.499 € | 25.861 € | 24.270 € | 22.729 € | 21.268 € |
| 84.000 € | 36.018 € | 34.381 € | 32.730 € | 30.953 € | 29.196 € | 27.499 € | 25.861 € | 24.270 € | 22.729 € | 21.268 € |
| 87.000 € | 36.018 € | 34.381 € | 32.730 € | 30.953 € | 29.196 € | 27.499 € | 25.861 € | 24.270 € | 22.729 € | 21.268 € |
| 90.000 € | 36.018 € | 34.381 € | 32.730 € | 30.953 € | 29.196 € | 27.499 € | 25.861 € | 24.270 € | 22.729 € | 21.268 € |
| 93.000 € | 36.018 € | 34.381 € | 32.730 € | 30.953 € | 29.196 € | 27.499 € | 25.861 € | 24.270 € | 22.729 € | 21.268 € |
| 96.000 € | 36.018 € | 34.381 € | 32.730 € | 30.953 € | 29.196 € | 27.499 € | 25.861 € | 24.270 € | 22.729 € | 21.268 € |
| 99.000 € | 36.018 € | 34.381 € | 32.730 € | 30.953 € | 29.196 € | 27.499 € | 25.861 € | 24.270 € | 22.729 € | 21.268 € |
| 102.000 € | 36.018 € | 34.381 € | 32.730 € | 30.953 € | 29.196 € | 27.499 € | 25.861 € | 24.270 € | 22.729 € | 21.268 € |
| 105.000 € | 36.018 € | 34.381 € | 32.730 € | 30.953 € | 29.196 € | 27.499 € | 25.861 € | 24.270 € | 22.729 € | 21.268 € |
| 108.000 € | 36.018 € | 34.381 € | 32.730 € | 30.953 € | 29.196 € | 27.499 € | 25.861 € | 24.270 € | 22.729 € | 21.268 € |
| 111.000 € | 36.018 € | 34.381 € | 32.730 € | 30.953 € | 29.196 € | 27.499 € | 25.861 € | 24.270 € | 22.729 € | 21.268 € |
| 114.000 € | 36.018 € | 34.381 € | 32.730 € | 30.953 € | 29.196 € | 27.499 € | 25.861 € | 24.270 € | 22.729 € | 21.268 € |
| 117.000 € | 36.018 € | 34.381 € | 32.730 € | 30.953 € | 29.196 € | 27.499 € | 25.861 € | 24.270 € | 22.729 € | 21.268 € |
| 120.000 € | 36.018 € | 34.381 € | 32.730 € | 30.953 € | 29.196 € | 27.499 € | 25.861 € | 24.270 € | 22.729 € | 21.268 € |

# TABLA 1.C.1
## Lucro cesante del cónyuge
Años de duración del matrimonio: 22 años

| Ingreso neto | Edad del cónyuge | | | | | | | | | |
|---|---|---|---|---|---|---|---|---|---|---|
| Hasta | 86 | 87 | 88 | 89 | 90 | 91 | 92 | 93 | 94 | 95 |
| 9.000 € | 4.584 € | 4.276 € | 3.985 € | 3.715 € | 3.459 € | 3.206 € | 3.000 € | 3.000 € | 3.000 € | 3.000 € |
| 12.000 € | 6.113 € | 5.702 € | 5.314 € | 4.954 € | 4.612 € | 4.274 € | 3.944 € | 3.580 € | 3.269 € | 3.000 € |
| 15.000 € | 7.641 € | 7.127 € | 6.642 € | 6.192 € | 5.764 € | 5.343 € | 4.930 € | 4.474 € | 4.086 € | 3.656 € |
| 18.000 € | 9.169 € | 8.552 € | 7.971 € | 7.431 € | 6.917 € | 6.411 € | 5.916 € | 5.369 € | 4.903 € | 4.387 € |
| 21.000 € | 10.697 € | 9.978 € | 9.299 € | 8.669 € | 8.070 € | 7.480 € | 6.902 € | 6.264 € | 5.720 € | 5.118 € |
| 24.000 € | 12.225 € | 11.403 € | 10.628 € | 9.907 € | 9.223 € | 8.548 € | 7.887 € | 7.159 € | 6.537 € | 5.849 € |
| 27.000 € | 13.753 € | 12.829 € | 11.956 € | 11.146 € | 10.376 € | 9.617 € | 8.873 € | 8.054 € | 7.355 € | 6.581 € |
| 30.000 € | 15.282 € | 14.254 € | 13.285 € | 12.384 € | 11.529 € | 10.685 € | 9.859 € | 8.949 € | 8.172 € | 7.312 € |
| 33.000 € | 16.810 € | 15.679 € | 14.613 € | 13.623 € | 12.682 € | 11.754 € | 10.845 € | 9.844 € | 8.989 € | 8.043 € |
| 36.000 € | 18.338 € | 17.105 € | 15.942 € | 14.861 € | 13.835 € | 12.822 € | 11.831 € | 10.739 € | 9.806 € | 8.774 € |
| 39.000 € | 19.866 € | 18.530 € | 17.270 € | 16.100 € | 14.988 € | 13.891 € | 12.817 € | 11.634 € | 10.623 € | 9.505 € |
| 42.000 € | 19.866 € | 18.530 € | 17.270 € | 16.100 € | 14.988 € | 13.891 € | 12.817 € | 11.634 € | 10.623 € | 9.505 € |
| 45.000 € | 19.866 € | 18.530 € | 17.270 € | 16.100 € | 14.988 € | 13.891 € | 12.817 € | 11.634 € | 10.623 € | 9.505 € |
| 48.000 € | 19.866 € | 18.530 € | 17.270 € | 16.100 € | 14.988 € | 13.891 € | 12.817 € | 11.634 € | 10.623 € | 9.505 € |
| 51.000 € | 19.866 € | 18.530 € | 17.270 € | 16.100 € | 14.988 € | 13.891 € | 12.817 € | 11.634 € | 10.623 € | 9.505 € |
| 54.000 € | 19.866 € | 18.530 € | 17.270 € | 16.100 € | 14.988 € | 13.891 € | 12.817 € | 11.634 € | 10.623 € | 9.505 € |
| 57.000 € | 19.866 € | 18.530 € | 17.270 € | 16.100 € | 14.988 € | 13.891 € | 12.817 € | 11.634 € | 10.623 € | 9.505 € |
| 60.000 € | 19.866 € | 18.530 € | 17.270 € | 16.100 € | 14.988 € | 13.891 € | 12.817 € | 11.634 € | 10.623 € | 9.505 € |
| 63.000 € | 19.866 € | 18.530 € | 17.270 € | 16.100 € | 14.988 € | 13.891 € | 12.817 € | 11.634 € | 10.623 € | 9.505 € |
| 66.000 € | 19.866 € | 18.530 € | 17.270 € | 16.100 € | 14.988 € | 13.891 € | 12.817 € | 11.634 € | 10.623 € | 9.505 € |
| 69.000 € | 19.866 € | 18.530 € | 17.270 € | 16.100 € | 14.988 € | 13.891 € | 12.817 € | 11.634 € | 10.623 € | 9.505 € |
| 72.000 € | 19.866 € | 18.530 € | 17.270 € | 16.100 € | 14.988 € | 13.891 € | 12.817 € | 11.634 € | 10.623 € | 9.505 € |
| 75.000 € | 19.866 € | 18.530 € | 17.270 € | 16.100 € | 14.988 € | 13.891 € | 12.817 € | 11.634 € | 10.623 € | 9.505 € |
| 78.000 € | 19.866 € | 18.530 € | 17.270 € | 16.100 € | 14.988 € | 13.891 € | 12.817 € | 11.634 € | 10.623 € | 9.505 € |
| 81.000 € | 19.866 € | 18.530 € | 17.270 € | 16.100 € | 14.988 € | 13.891 € | 12.817 € | 11.634 € | 10.623 € | 9.505 € |
| 84.000 € | 19.866 € | 18.530 € | 17.270 € | 16.100 € | 14.988 € | 13.891 € | 12.817 € | 11.634 € | 10.623 € | 9.505 € |
| 87.000 € | 19.866 € | 18.530 € | 17.270 € | 16.100 € | 14.988 € | 13.891 € | 12.817 € | 11.634 € | 10.623 € | 9.505 € |
| 90.000 € | 19.866 € | 18.530 € | 17.270 € | 16.100 € | 14.988 € | 13.891 € | 12.817 € | 11.634 € | 10.623 € | 9.505 € |
| 93.000 € | 19.866 € | 18.530 € | 17.270 € | 16.100 € | 14.988 € | 13.891 € | 12.817 € | 11.634 € | 10.623 € | 9.505 € |
| 96.000 € | 19.866 € | 18.530 € | 17.270 € | 16.100 € | 14.988 € | 13.891 € | 12.817 € | 11.634 € | 10.623 € | 9.505 € |
| 99.000 € | 19.866 € | 18.530 € | 17.270 € | 16.100 € | 14.988 € | 13.891 € | 12.817 € | 11.634 € | 10.623 € | 9.505 € |
| 102.000 € | 19.866 € | 18.530 € | 17.270 € | 16.100 € | 14.988 € | 13.891 € | 12.817 € | 11.634 € | 10.623 € | 9.505 € |
| 105.000 € | 19.866 € | 18.530 € | 17.270 € | 16.100 € | 14.988 € | 13.891 € | 12.817 € | 11.634 € | 10.623 € | 9.505 € |
| 108.000 € | 19.866 € | 18.530 € | 17.270 € | 16.100 € | 14.988 € | 13.891 € | 12.817 € | 11.634 € | 10.623 € | 9.505 € |
| 111.000 € | 19.866 € | 18.530 € | 17.270 € | 16.100 € | 14.988 € | 13.891 € | 12.817 € | 11.634 € | 10.623 € | 9.505 € |
| 114.000 € | 19.866 € | 18.530 € | 17.270 € | 16.100 € | 14.988 € | 13.891 € | 12.817 € | 11.634 € | 10.623 € | 9.505 € |
| 117.000 € | 19.866 € | 18.530 € | 17.270 € | 16.100 € | 14.988 € | 13.891 € | 12.817 € | 11.634 € | 10.623 € | 9.505 € |
| 120.000 € | 19.866 € | 18.530 € | 17.270 € | 16.100 € | 14.988 € | 13.891 € | 12.817 € | 11.634 € | 10.623 € | 9.505 € |

# TABLA 1.C.1
## Lucro cesante del cónyuge
### Años de duración del matrimonio: 22 años

| Ingreso neto | Edad del cónyuge | | | |
|---|---|---|---|---|
| Hasta | 96 | 97 | 98 | 99 o más |
| 9.000 € | 3.000 € | 3.000 € | 3.000 € | 3.000 € |
| 12.000 € | 3.000 € | 3.000 € | 3.000 € | 3.000 € |
| 15.000 € | 3.205 € | 3.000 € | 3.000 € | 3.000 € |
| 18.000 € | 3.846 € | 3.243 € | 3.000 € | 3.000 € |
| 21.000 € | 4.487 € | 3.784 € | 3.000 € | 3.000 € |
| 24.000 € | 5.128 € | 4.325 € | 3.287 € | 3.000 € |
| 27.000 € | 5.769 € | 4.865 € | 3.698 € | 3.000 € |
| 30.000 € | 6.410 € | 5.406 € | 4.108 € | 3.000 € |
| 33.000 € | 7.051 € | 5.946 € | 4.519 € | 3.000 € |
| 36.000 € | 7.692 € | 6.487 € | 4.930 € | 3.000 € |
| 39.000 € | 8.333 € | 7.027 € | 5.341 € | 3.120 € |
| 42.000 € | 8.333 € | 7.027 € | 5.341 € | 3.120 € |
| 45.000 € | 8.333 € | 7.027 € | 5.341 € | 3.120 € |
| 48.000 € | 8.333 € | 7.027 € | 5.341 € | 3.120 € |
| 51.000 € | 8.333 € | 7.027 € | 5.341 € | 3.120 € |
| 54.000 € | 8.333 € | 7.027 € | 5.341 € | 3.120 € |
| 57.000 € | 8.333 € | 7.027 € | 5.341 € | 3.120 € |
| 60.000 € | 8.333 € | 7.027 € | 5.341 € | 3.120 € |
| 63.000 € | 8.333 € | 7.027 € | 5.341 € | 3.120 € |
| 66.000 € | 8.333 € | 7.027 € | 5.341 € | 3.120 € |
| 69.000 € | 8.333 € | 7.027 € | 5.341 € | 3.120 € |
| 72.000 € | 8.333 € | 7.027 € | 5.341 € | 3.120 € |
| 75.000 € | 8.333 € | 7.027 € | 5.341 € | 3.120 € |
| 78.000 € | 8.333 € | 7.027 € | 5.341 € | 3.120 € |
| 81.000 € | 8.333 € | 7.027 € | 5.341 € | 3.120 € |
| 84.000 € | 8.333 € | 7.027 € | 5.341 € | 3.120 € |
| 87.000 € | 8.333 € | 7.027 € | 5.341 € | 3.120 € |
| 90.000 € | 8.333 € | 7.027 € | 5.341 € | 3.120 € |
| 93.000 € | 8.333 € | 7.027 € | 5.341 € | 3.120 € |
| 96.000 € | 8.333 € | 7.027 € | 5.341 € | 3.120 € |
| 99.000 € | 8.333 € | 7.027 € | 5.341 € | 3.120 € |
| 102.000 € | 8.333 € | 7.027 € | 5.341 € | 3.120 € |
| 105.000 € | 8.333 € | 7.027 € | 5.341 € | 3.120 € |
| 108.000 € | 8.333 € | 7.027 € | 5.341 € | 3.120 € |
| 111.000 € | 8.333 € | 7.027 € | 5.341 € | 3.120 € |
| 114.000 € | 8.333 € | 7.027 € | 5.341 € | 3.120 € |
| 117.000 € | 8.333 € | 7.027 € | 5.341 € | 3.120 € |
| 120.000 € | 8.333 € | 7.027 € | 5.341 € | 3.120 € |

# TABLA 1.C.1
## Lucro cesante del cónyuge
### Años de duración del matrimonio: 23 años

Ingreso netc Edad del cónyuge Edad del cói

| Hasta | 37 | 38 | 39 | 40 | 41 | 42 | 43 | 44 | 45 | 46 |
|---|---|---|---|---|---|---|---|---|---|---|
| 9.000 € | 24.572 € | 24.522 € | 24.469 € | 24.413 € | 24.354 € | 24.290 € | 24.224 € | 24.158 € | 24.147 € | 24.135 € |
| 12.000 € | 32.762 € | 32.697 € | 32.626 € | 32.551 € | 32.472 € | 32.387 € | 32.299 € | 32.211 € | 32.195 € | 32.180 € |
| 15.000 € | 40.953 € | 40.871 € | 40.782 € | 40.689 € | 40.590 € | 40.483 € | 40.374 € | 40.264 € | 40.244 € | 40.225 € |
| 18.000 € | 49.143 € | 49.045 € | 48.938 € | 48.827 € | 48.708 € | 48.580 € | 48.449 € | 48.316 € | 48.293 € | 48.270 € |
| 21.000 € | 57.334 € | 57.219 € | 57.095 € | 56.965 € | 56.826 € | 56.677 € | 56.524 € | 56.369 € | 56.342 € | 56.315 € |
| 24.000 € | 65.524 € | 65.393 € | 65.251 € | 65.102 € | 64.944 € | 64.774 € | 64.598 € | 64.422 € | 64.391 € | 64.360 € |
| 27.000 € | 73.715 € | 73.567 € | 73.407 € | 73.240 € | 73.062 € | 72.870 € | 72.673 € | 72.475 € | 72.440 € | 72.404 € |
| 30.000 € | 81.905 € | 81.742 € | 81.564 € | 81.378 € | 81.180 € | 80.967 € | 80.748 € | 80.527 € | 80.488 € | 80.449 € |
| 33.000 € | 90.096 € | 89.916 € | 89.720 € | 89.516 € | 89.298 € | 89.064 € | 88.823 € | 88.580 € | 87.761 € | 87.067 € |
| 36.000 € | 98.286 € | 98.090 € | 97.877 € | 97.654 € | 97.416 € | 97.160 € | 96.898 € | 96.633 € | 94.453 € | 92.392 € |
| 39.000 € | 106.477 € | 106.264 € | 106.033 € | 105.791 € | 105.534 € | 105.257 € | 104.972 € | 104.686 € | 101.146 € | 97.718 € |
| 42.000 € | 114.667 € | 114.438 € | 114.189 € | 113.929 € | 113.652 € | 113.354 € | 113.047 € | 112.738 € | 107.839 € | 103.043 € |
| 45.000 € | 122.858 € | 122.612 € | 122.346 € | 122.067 € | 121.770 € | 121.450 € | 121.122 € | 120.791 € | 114.531 € | 108.369 € |
| 48.000 € | 131.048 € | 130.787 € | 130.502 € | 130.205 € | 129.888 € | 129.547 € | 129.197 € | 128.844 € | 121.224 € | 113.694 € |
| 51.000 € | 152.337 € | 152.038 € | 151.713 € | 151.373 € | 151.010 € | 150.620 € | 150.219 € | 149.815 € | 140.803 € | 131.873 € |
| 54.000 € | 189.076 € | 188.715 € | 188.322 € | 187.911 € | 187.472 € | 187.000 € | 186.514 € | 186.024 € | 175.584 € | 165.214 € |
| 57.000 € | 225.816 € | 225.393 € | 224.932 € | 224.449 € | 223.935 € | 223.380 € | 222.809 € | 222.234 € | 210.365 € | 198.556 € |
| 60.000 € | 262.555 € | 262.070 € | 261.541 € | 260.988 € | 260.397 € | 259.760 € | 259.104 € | 258.444 € | 245.146 € | 231.897 € |
| 63.000 € | 299.295 € | 298.747 € | 298.151 € | 297.526 € | 296.859 € | 296.140 € | 295.399 € | 294.653 € | 279.927 € | 265.238 € |
| 66.000 € | 336.034 € | 335.425 € | 334.760 € | 334.064 € | 333.321 € | 332.520 € | 331.694 € | 330.863 € | 314.708 € | 298.579 € |
| 69.000 € | 372.774 € | 372.102 € | 371.370 € | 370.603 € | 369.783 € | 368.899 € | 367.989 € | 367.073 € | 349.489 € | 331.921 € |
| 72.000 € | 409.513 € | 408.780 € | 407.979 € | 407.141 € | 406.246 € | 405.279 € | 404.284 € | 403.282 € | 384.270 € | 365.262 € |
| 75.000 € | 446.253 € | 445.457 € | 444.589 € | 443.679 € | 442.708 € | 441.659 € | 440.579 € | 439.492 € | 419.051 € | 398.603 € |
| 78.000 € | 482.992 € | 482.135 € | 481.198 € | 480.218 € | 479.170 € | 478.039 € | 476.874 € | 475.702 € | 453.833 € | 431.945 € |
| 81.000 € | 519.732 € | 518.812 € | 517.808 € | 516.756 € | 515.632 € | 514.419 € | 513.169 € | 511.911 € | 488.614 € | 465.286 € |
| 84.000 € | 556.471 € | 555.490 € | 554.417 € | 553.294 € | 552.095 € | 550.799 € | 549.464 € | 548.121 € | 523.395 € | 498.627 € |
| 87.000 € | 593.211 € | 592.167 € | 591.027 € | 589.833 € | 588.557 € | 587.179 € | 585.759 € | 584.331 € | 558.176 € | 531.968 € |
| 90.000 € | 629.950 € | 628.844 € | 627.637 € | 626.371 € | 625.019 € | 623.559 € | 622.054 € | 620.540 € | 592.957 € | 565.310 € |
| 93.000 € | 666.690 € | 665.522 € | 664.246 € | 662.909 € | 661.481 € | 659.939 € | 658.349 € | 656.750 € | 627.738 € | 598.651 € |
| 96.000 € | 703.429 € | 702.199 € | 700.856 € | 699.448 € | 697.943 € | 696.319 € | 694.644 € | 692.959 € | 662.519 € | 631.992 € |
| 99.000 € | 740.169 € | 738.877 € | 737.465 € | 735.986 € | 734.406 € | 732.699 € | 730.939 € | 729.169 € | 697.300 € | 665.334 € |
| 102.000 € | 776.908 € | 775.554 € | 774.075 € | 772.524 € | 770.868 € | 769.079 € | 767.234 € | 765.379 € | 732.081 € | 698.675 € |
| 105.000 € | 813.648 € | 812.232 € | 810.684 € | 809.063 € | 807.330 € | 805.458 € | 803.529 € | 801.588 € | 766.862 € | 732.016 € |
| 108.000 € | 850.387 € | 848.909 € | 847.294 € | 845.601 € | 843.792 € | 841.838 € | 839.824 € | 837.798 € | 801.643 € | 765.358 € |
| 111.000 € | 887.127 € | 885.586 € | 883.903 € | 882.140 € | 880.255 € | 878.218 € | 876.119 € | 874.008 € | 836.424 € | 798.699 € |
| 114.000 € | 923.866 € | 922.264 € | 920.513 € | 918.678 € | 916.717 € | 914.598 € | 912.414 € | 910.217 € | 871.205 € | 832.040 € |
| 117.000 € | 960.606 € | 958.941 € | 957.122 € | 955.216 € | 953.179 € | 950.978 € | 948.709 € | 946.427 € | 905.986 € | 865.381 € |
| 120.000 € | 997.345 € | 995.619 € | 993.732 € | 991.755 € | 989.641 € | 987.358 € | 985.004 € | 982.637 € | 940.767 € | 898.723 € |

## TABLA 1.C.1
## Lucro cesante del cónyuge
Años de duración del matrimonio: 23 años

Ingreso netcnyuge | Edad del cónyuge

| Hasta | 47 | 48 | 49 | 50 | 51 | 52 | 53 | 54 | 55 | 56 |
|---|---|---|---|---|---|---|---|---|---|---|
| 9.000 € | 24.123 € | 24.111 € | 24.100 € | 23.943 € | 23.712 € | 23.401 € | 23.022 € | 22.583 € | 22.101 € | 21.549 € |
| 12.000 € | 32.164 € | 32.149 € | 32.133 € | 31.924 € | 31.616 € | 31.201 € | 30.696 € | 30.110 € | 29.467 € | 28.732 € |
| 15.000 € | 40.205 € | 40.186 € | 40.166 € | 39.905 € | 39.521 € | 39.001 € | 38.370 € | 37.638 € | 36.834 € | 35.915 € |
| 18.000 € | 48.246 € | 48.223 € | 48.199 € | 47.886 € | 47.425 € | 46.801 € | 46.044 € | 45.165 € | 44.201 € | 43.098 € |
| 21.000 € | 56.287 € | 56.260 € | 56.233 € | 55.867 € | 55.329 € | 54.602 € | 53.718 € | 52.693 € | 51.568 € | 50.281 € |
| 24.000 € | 64.328 € | 64.297 € | 64.266 € | 63.848 € | 63.233 € | 62.402 € | 61.393 € | 60.220 € | 58.935 € | 57.464 € |
| 27.000 € | 72.369 € | 72.334 € | 72.299 € | 71.829 € | 71.137 € | 70.202 € | 69.067 € | 67.748 € | 66.302 € | 64.647 € |
| 30.000 € | 80.410 € | 80.371 € | 80.332 € | 79.810 € | 79.041 € | 78.002 € | 76.741 € | 75.275 € | 73.668 € | 71.830 € |
| 33.000 € | 86.512 € | 86.105 € | 85.829 € | 85.695 € | 85.268 € | 84.842 € | 84.415 € | 82.803 € | 81.035 € | 79.013 € |
| 36.000 € | 90.463 € | 88.675 € | 87.010 € | 86.609 € | 86.207 € | 86.050 € | 85.892 € | 83.185 € | 82.787 € | 79.211 € |
| 39.000 € | 94.415 € | 91.245 € | 88.191 € | 87.446 € | 86.701 € | 86.701 € | 86.701 € | 83.566 € | 83.566 € | 79.999 € |
| 42.000 € | 98.366 € | 93.815 € | 89.372 € | 88.284 € | 87.195 € | 87.195 € | 87.195 € | 83.947 € | 83.947 € | 80.791 € |
| 45.000 € | 102.318 € | 96.385 € | 90.554 € | 89.121 € | 87.689 € | 87.689 € | 87.689 € | 84.327 € | 84.327 € | 81.587 € |
| 48.000 € | 106.269 € | 98.955 € | 91.735 € | 89.959 € | 88.183 € | 88.183 € | 88.183 € | 84.708 € | 84.708 € | 82.387 € |
| 51.000 € | 123.040 € | 114.311 € | 105.666 € | 97.121 € | 88.679 € | 88.679 € | 88.679 € | 85.089 € | 85.089 € | 83.191 € |
| 54.000 € | 154.934 € | 144.750 € | 134.637 € | 124.615 € | 114.685 € | 104.853 € | 95.124 € | 85.470 € | 85.470 € | 84.000 € |
| 57.000 € | 186.827 € | 175.189 € | 163.608 € | 152.108 € | 140.691 € | 129.362 € | 118.126 € | 106.948 € | 95.851 € | 84.815 € |
| 60.000 € | 218.721 € | 205.628 € | 192.580 € | 179.602 € | 166.697 € | 153.871 € | 141.128 € | 128.426 € | 115.790 € | 103.197 € |
| 63.000 € | 250.614 € | 236.067 € | 221.551 € | 207.096 € | 192.704 € | 178.380 € | 164.130 € | 149.904 € | 135.730 € | 121.580 € |
| 66.000 € | 282.508 € | 266.506 € | 250.522 € | 234.589 € | 218.710 € | 202.889 € | 187.133 € | 171.382 € | 155.670 € | 139.962 € |
| 69.000 € | 314.401 € | 296.944 € | 279.493 € | 262.083 € | 244.716 € | 227.398 € | 210.135 € | 192.860 € | 175.610 € | 158.344 € |
| 72.000 € | 346.295 € | 327.383 € | 308.465 € | 289.577 € | 270.723 € | 251.907 € | 233.137 € | 214.338 € | 195.550 € | 176.726 € |
| 75.000 € | 378.188 € | 357.822 € | 337.436 € | 317.070 € | 296.729 € | 276.416 € | 256.139 € | 235.816 € | 215.489 € | 195.108 € |
| 78.000 € | 410.082 € | 388.261 € | 366.407 € | 344.564 € | 322.735 € | 300.925 € | 279.142 € | 257.294 € | 235.429 € | 213.490 € |
| 81.000 € | 441.975 € | 418.700 € | 395.378 € | 372.058 € | 348.741 € | 325.434 € | 302.144 € | 278.772 € | 255.369 € | 231.872 € |
| 84.000 € | 473.869 € | 449.139 € | 424.350 € | 399.551 € | 374.748 € | 349.943 € | 325.146 € | 300.250 € | 275.309 € | 250.255 € |
| 87.000 € | 505.762 € | 479.578 € | 453.321 € | 427.045 € | 400.754 € | 374.452 € | 348.148 € | 321.728 € | 295.249 € | 268.637 € |
| 90.000 € | 537.656 € | 510.017 € | 482.292 € | 454.539 € | 426.760 € | 398.961 € | 371.151 € | 343.207 € | 315.188 € | 287.019 € |
| 93.000 € | 569.549 € | 540.456 € | 511.263 € | 482.032 € | 452.766 € | 423.470 € | 394.153 € | 364.685 € | 335.128 € | 305.401 € |
| 96.000 € | 601.443 € | 570.895 € | 540.235 € | 509.526 € | 478.773 € | 447.979 € | 417.155 € | 386.163 € | 355.068 € | 323.783 € |
| 99.000 € | 633.336 € | 601.334 € | 569.206 € | 537.020 € | 504.779 € | 472.488 € | 440.157 € | 407.641 € | 375.008 € | 342.165 € |
| 102.000 € | 665.230 € | 631.773 € | 598.177 € | 564.513 € | 530.785 € | 496.997 € | 463.159 € | 429.119 € | 394.948 € | 360.547 € |
| 105.000 € | 697.123 € | 662.211 € | 627.148 € | 592.007 € | 556.791 € | 521.506 € | 486.162 € | 450.597 € | 414.887 € | 378.929 € |
| 108.000 € | 729.017 € | 692.650 € | 656.120 € | 619.501 € | 582.798 € | 546.015 € | 509.164 € | 472.075 € | 434.827 € | 397.312 € |
| 111.000 € | 760.910 € | 723.089 € | 685.091 € | 646.995 € | 608.804 € | 570.524 € | 532.166 € | 493.553 € | 454.767 € | 415.694 € |
| 114.000 € | 792.804 € | 753.528 € | 714.062 € | 674.488 € | 634.810 € | 595.033 € | 555.168 € | 515.031 € | 474.707 € | 434.076 € |
| 117.000 € | 824.697 € | 783.967 € | 743.033 € | 701.982 € | 660.817 € | 619.542 € | 578.171 € | 536.509 € | 494.647 € | 452.458 € |
| 120.000 € | 856.591 € | 814.406 € | 772.005 € | 729.476 € | 686.823 € | 644.051 € | 601.173 € | 557.987 € | 514.586 € | 470.840 € |

# TABLA 1.C.1

## Lucro cesante del cónyuge

Años de duración del matrimonio: 23 años

| Ingreso neto | Edad del cónyuge | | | | | | | | | |
|---|---|---|---|---|---|---|---|---|---|---|
| Hasta | 57 | 58 | 59 | 60 | 61 | 62 | 63 | 64 | 65 | 66 |
| 9.000 € | 20.900 € | 20.228 € | 19.517 € | 18.784 € | 18.031 € | 17.256 € | 16.478 € | 15.698 € | 14.911 € | 14.150 € |
| 12.000 € | 27.867 € | 26.971 € | 26.022 € | 25.046 € | 24.041 € | 23.008 € | 21.971 € | 20.931 € | 19.882 € | 18.866 € |
| 15.000 € | 34.833 € | 33.714 € | 32.528 € | 31.307 € | 30.052 € | 28.759 € | 27.464 € | 26.164 € | 24.852 € | 23.583 € |
| 18.000 € | 41.800 € | 40.457 € | 39.034 € | 37.569 € | 36.062 € | 34.511 € | 32.957 € | 31.397 € | 29.823 € | 28.300 € |
| 21.000 € | 48.767 € | 47.200 € | 45.539 € | 43.830 € | 42.072 € | 40.263 € | 38.450 € | 36.630 € | 34.793 € | 33.016 € |
| 24.000 € | 55.733 € | 53.943 € | 52.045 € | 50.092 € | 48.082 € | 46.015 € | 43.943 € | 41.862 € | 39.763 € | 37.733 € |
| 27.000 € | 62.700 € | 60.685 € | 58.551 € | 56.353 € | 54.093 € | 51.767 € | 49.435 € | 47.095 € | 44.734 € | 42.450 € |
| 30.000 € | 69.667 € | 67.428 € | 65.056 € | 62.615 € | 60.103 € | 57.519 € | 54.928 € | 52.328 € | 49.704 € | 47.166 € |
| 33.000 € | 76.633 € | 74.171 € | 71.562 € | 68.876 € | 66.113 € | 63.271 € | 60.421 € | 57.561 € | 54.675 € | 51.883 € |
| 36.000 € | 78.646 € | 78.201 € | 77.888 € | 75.138 € | 72.124 € | 69.023 € | 65.914 € | 62.794 € | 59.645 € | 56.599 € |
| 39.000 € | 79.106 € | 78.212 € | 78.077 € | 75.394 € | 72.165 € | 69.316 € | 65.948 € | 62.844 € | 59.705 € | 56.599 € |
| 42.000 € | 79.507 € | 78.223 € | 78.223 € | 75.650 € | 72.206 € | 69.609 € | 65.982 € | 62.893 € | 59.765 € | 56.599 € |
| 45.000 € | 79.911 € | 78.235 € | 78.235 € | 75.905 € | 72.246 € | 69.901 € | 66.015 € | 62.943 € | 59.825 € | 56.599 € |
| 48.000 € | 80.316 € | 78.246 € | 78.246 € | 76.160 € | 72.287 € | 70.194 € | 66.049 € | 62.992 € | 59.884 € | 56.599 € |
| 51.000 € | 80.724 € | 78.257 € | 78.257 € | 76.415 € | 72.327 € | 70.486 € | 66.082 € | 63.041 € | 59.943 € | 56.599 € |
| 54.000 € | 81.134 € | 78.268 € | 78.268 € | 76.670 € | 72.367 € | 70.779 € | 66.116 € | 63.090 € | 60.003 € | 56.599 € |
| 57.000 € | 81.547 € | 78.279 € | 78.279 € | 76.924 € | 72.407 € | 71.072 € | 66.149 € | 63.139 € | 60.062 € | 56.599 € |
| 60.000 € | 90.715 € | 78.290 € | 78.290 € | 77.179 € | 72.448 € | 71.366 € | 66.182 € | 63.188 € | 60.120 € | 56.599 € |
| 63.000 € | 107.530 € | 93.521 € | 79.573 € | 77.435 € | 72.488 € | 71.659 € | 66.215 € | 63.236 € | 60.179 € | 56.599 € |
| 66.000 € | 124.346 € | 108.752 € | 93.202 € | 77.690 € | 72.527 € | 71.954 € | 66.248 € | 63.285 € | 60.238 € | 56.599 € |
| 69.000 € | 141.162 € | 123.982 € | 106.831 € | 89.698 € | 72.567 € | 72.249 € | 66.281 € | 63.334 € | 60.297 € | 56.599 € |
| 72.000 € | 157.978 € | 139.213 € | 120.459 € | 101.707 € | 82.933 € | 72.545 € | 66.314 € | 63.382 € | 60.355 € | 56.599 € |
| 75.000 € | 174.794 € | 154.443 € | 134.088 € | 113.715 € | 93.299 € | 72.841 € | 66.347 € | 63.430 € | 60.414 € | 56.599 € |
| 78.000 € | 191.610 € | 169.674 € | 147.717 € | 125.723 € | 103.665 € | 81.541 € | 66.380 € | 63.479 € | 60.472 € | 56.599 € |
| 81.000 € | 208.425 € | 184.905 € | 161.346 € | 137.732 € | 114.030 € | 90.242 € | 66.413 € | 63.527 € | 60.531 € | 56.599 € |
| 84.000 € | 225.241 € | 200.135 € | 174.974 € | 149.740 € | 124.396 € | 98.942 € | 73.428 € | 63.576 € | 60.589 € | 56.599 € |
| 87.000 € | 242.057 € | 215.366 € | 188.603 € | 161.748 € | 134.762 € | 107.642 € | 80.444 € | 63.624 € | 60.648 € | 56.599 € |
| 90.000 € | 258.873 € | 230.596 € | 202.232 € | 173.757 € | 145.128 € | 116.343 € | 87.460 € | 63.672 € | 60.706 € | 56.599 € |
| 93.000 € | 275.689 € | 245.827 € | 215.861 € | 185.765 € | 155.494 € | 125.043 € | 94.476 € | 63.720 € | 60.764 € | 56.599 € |
| 96.000 € | 292.504 € | 261.058 € | 229.489 € | 197.773 € | 165.859 € | 133.743 € | 101.492 € | 69.028 € | 60.823 € | 56.599 € |
| 99.000 € | 309.320 € | 276.288 € | 243.118 € | 209.782 € | 176.225 € | 142.443 € | 108.508 € | 74.336 € | 60.881 € | 56.599 € |
| 102.000 € | 326.136 € | 291.519 € | 256.747 € | 221.790 € | 186.591 € | 151.144 € | 115.524 € | 79.643 € | 60.940 € | 56.599 € |
| 105.000 € | 342.952 € | 306.749 € | 270.376 € | 233.798 € | 196.957 € | 159.844 € | 122.540 € | 84.951 € | 60.998 € | 56.599 € |
| 108.000 € | 359.768 € | 321.980 € | 284.004 € | 245.807 € | 207.323 € | 168.544 € | 129.556 € | 90.258 € | 61.056 € | 56.599 € |
| 111.000 € | 376.583 € | 337.211 € | 297.633 € | 257.815 € | 217.688 € | 177.245 € | 136.572 € | 95.566 € | 61.115 € | 56.599 € |
| 114.000 € | 393.399 € | 352.441 € | 311.262 € | 269.823 € | 228.054 € | 185.945 € | 143.588 € | 100.873 € | 61.173 € | 56.599 € |
| 117.000 € | 410.215 € | 367.672 € | 324.891 € | 281.832 € | 238.420 € | 194.645 € | 150.604 € | 106.181 € | 61.232 € | 56.599 € |
| 120.000 € | 427.031 € | 382.902 € | 338.520 € | 293.840 € | 248.786 € | 203.346 € | 157.620 € | 111.489 € | 64.799 € | 56.599 € |

## TABLA 1.C.1
## Lucro cesante del cónyuge
Años de duración del matrimonio: 23 años

| Ingreso netc | Edad del cónyuge | | | | | | | | | |
|---|---|---|---|---|---|---|---|---|---|---|
| Hasta | 67 | 68 | 69 | 70 | 71 | 72 | 73 | 74 | 75 | 76 |
| 9.000 € | 11.221 € | 10.991 € | 10.734 € | 10.442 € | 10.147 € | 9.828 € | 9.468 € | 9.106 € | 8.745 € | 8.366 € |
| 12.000 € | 14.961 € | 14.654 € | 14.312 € | 13.922 € | 13.530 € | 13.104 € | 12.624 € | 12.142 € | 11.659 € | 11.154 € |
| 15.000 € | 18.702 € | 18.318 € | 17.890 € | 17.403 € | 16.912 € | 16.380 € | 15.779 € | 15.177 € | 14.574 € | 13.943 € |
| 18.000 € | 22.442 € | 21.982 € | 21.468 € | 20.883 € | 20.295 € | 19.656 € | 18.935 € | 18.213 € | 17.489 € | 16.731 € |
| 21.000 € | 26.183 € | 25.645 € | 25.046 € | 24.364 € | 23.677 € | 22.932 € | 22.091 € | 21.248 € | 20.404 € | 19.520 € |
| 24.000 € | 29.923 € | 29.309 € | 28.624 € | 27.845 € | 27.059 € | 26.208 € | 25.247 € | 24.284 € | 23.319 € | 22.308 € |
| 27.000 € | 33.663 € | 32.972 € | 32.202 € | 31.325 € | 30.442 € | 29.485 € | 28.403 € | 27.319 € | 26.234 € | 25.097 € |
| 30.000 € | 37.404 € | 36.636 € | 35.780 € | 34.806 € | 33.824 € | 32.761 € | 31.559 € | 30.355 € | 29.149 € | 27.885 € |
| 33.000 € | 41.144 € | 40.300 € | 39.358 € | 38.286 € | 37.207 € | 36.037 € | 34.715 € | 33.390 € | 32.063 € | 30.674 € |
| 36.000 € | 44.884 € | 43.963 € | 42.937 € | 41.767 € | 40.589 € | 39.313 € | 37.871 € | 36.425 € | 34.978 € | 33.463 € |
| 39.000 € | 48.625 € | 47.627 € | 46.515 € | 45.248 € | 43.972 € | 42.589 € | 41.027 € | 39.461 € | 37.893 € | 36.251 € |
| 42.000 € | 48.625 € | 47.627 € | 46.515 € | 45.248 € | 43.972 € | 42.589 € | 41.027 € | 39.461 € | 37.893 € | 36.251 € |
| 45.000 € | 48.625 € | 47.627 € | 46.515 € | 45.248 € | 43.972 € | 42.589 € | 41.027 € | 39.461 € | 37.893 € | 36.251 € |
| 48.000 € | 48.625 € | 47.627 € | 46.515 € | 45.248 € | 43.972 € | 42.589 € | 41.027 € | 39.461 € | 37.893 € | 36.251 € |
| 51.000 € | 48.625 € | 47.627 € | 46.515 € | 45.248 € | 43.972 € | 42.589 € | 41.027 € | 39.461 € | 37.893 € | 36.251 € |
| 54.000 € | 48.625 € | 47.627 € | 46.515 € | 45.248 € | 43.972 € | 42.589 € | 41.027 € | 39.461 € | 37.893 € | 36.251 € |
| 57.000 € | 48.625 € | 47.627 € | 46.515 € | 45.248 € | 43.972 € | 42.589 € | 41.027 € | 39.461 € | 37.893 € | 36.251 € |
| 60.000 € | 48.625 € | 47.627 € | 46.515 € | 45.248 € | 43.972 € | 42.589 € | 41.027 € | 39.461 € | 37.893 € | 36.251 € |
| 63.000 € | 48.625 € | 47.627 € | 46.515 € | 45.248 € | 43.972 € | 42.589 € | 41.027 € | 39.461 € | 37.893 € | 36.251 € |
| 66.000 € | 48.625 € | 47.627 € | 46.515 € | 45.248 € | 43.972 € | 42.589 € | 41.027 € | 39.461 € | 37.893 € | 36.251 € |
| 69.000 € | 48.625 € | 47.627 € | 46.515 € | 45.248 € | 43.972 € | 42.589 € | 41.027 € | 39.461 € | 37.893 € | 36.251 € |
| 72.000 € | 48.625 € | 47.627 € | 46.515 € | 45.248 € | 43.972 € | 42.589 € | 41.027 € | 39.461 € | 37.893 € | 36.251 € |
| 75.000 € | 48.625 € | 47.627 € | 46.515 € | 45.248 € | 43.972 € | 42.589 € | 41.027 € | 39.461 € | 37.893 € | 36.251 € |
| 78.000 € | 48.625 € | 47.627 € | 46.515 € | 45.248 € | 43.972 € | 42.589 € | 41.027 € | 39.461 € | 37.893 € | 36.251 € |
| 81.000 € | 48.625 € | 47.627 € | 46.515 € | 45.248 € | 43.972 € | 42.589 € | 41.027 € | 39.461 € | 37.893 € | 36.251 € |
| 84.000 € | 48.625 € | 47.627 € | 46.515 € | 45.248 € | 43.972 € | 42.589 € | 41.027 € | 39.461 € | 37.893 € | 36.251 € |
| 87.000 € | 48.625 € | 47.627 € | 46.515 € | 45.248 € | 43.972 € | 42.589 € | 41.027 € | 39.461 € | 37.893 € | 36.251 € |
| 90.000 € | 48.625 € | 47.627 € | 46.515 € | 45.248 € | 43.972 € | 42.589 € | 41.027 € | 39.461 € | 37.893 € | 36.251 € |
| 93.000 € | 48.625 € | 47.627 € | 46.515 € | 45.248 € | 43.972 € | 42.589 € | 41.027 € | 39.461 € | 37.893 € | 36.251 € |
| 96.000 € | 48.625 € | 47.627 € | 46.515 € | 45.248 € | 43.972 € | 42.589 € | 41.027 € | 39.461 € | 37.893 € | 36.251 € |
| 99.000 € | 48.625 € | 47.627 € | 46.515 € | 45.248 € | 43.972 € | 42.589 € | 41.027 € | 39.461 € | 37.893 € | 36.251 € |
| 102.000 € | 48.625 € | 47.627 € | 46.515 € | 45.248 € | 43.972 € | 42.589 € | 41.027 € | 39.461 € | 37.893 € | 36.251 € |
| 105.000 € | 48.625 € | 47.627 € | 46.515 € | 45.248 € | 43.972 € | 42.589 € | 41.027 € | 39.461 € | 37.893 € | 36.251 € |
| 108.000 € | 48.625 € | 47.627 € | 46.515 € | 45.248 € | 43.972 € | 42.589 € | 41.027 € | 39.461 € | 37.893 € | 36.251 € |
| 111.000 € | 48.625 € | 47.627 € | 46.515 € | 45.248 € | 43.972 € | 42.589 € | 41.027 € | 39.461 € | 37.893 € | 36.251 € |
| 114.000 € | 48.625 € | 47.627 € | 46.515 € | 45.248 € | 43.972 € | 42.589 € | 41.027 € | 39.461 € | 37.893 € | 36.251 € |
| 117.000 € | 48.625 € | 47.627 € | 46.515 € | 45.248 € | 43.972 € | 42.589 € | 41.027 € | 39.461 € | 37.893 € | 36.251 € |
| 120.000 € | 48.625 € | 47.627 € | 46.515 € | 45.248 € | 43.972 € | 42.589 € | 41.027 € | 39.461 € | 37.893 € | 36.251 € |

# TABLA 1.C.1
## Lucro cesante del cónyuge
### Años de duración del matrimonio: 23 años

| Ingreso neto | Edad del cónyuge | | | | | | | | | |
|---|---|---|---|---|---|---|---|---|---|---|
| Hasta | 77 | 78 | 79 | 80 | 81 | 82 | 83 | 84 | 85 | 86 |
| 9.000 € | 7.975 € | 7.553 € | 7.143 € | 6.738 € | 6.346 € | 5.968 € | 5.601 € | 5.245 € | 4.908 € | 4.584 € |
| 12.000 € | 10.634 € | 10.071 € | 9.524 € | 8.983 € | 8.461 € | 7.957 € | 7.468 € | 6.994 € | 6.544 € | 6.113 € |
| 15.000 € | 13.292 € | 12.588 € | 11.905 € | 11.229 € | 10.576 € | 9.947 € | 9.335 € | 8.742 € | 8.180 € | 7.641 € |
| 18.000 € | 15.950 € | 15.106 € | 14.286 € | 13.475 € | 12.692 € | 11.936 € | 11.202 € | 10.490 € | 9.816 € | 9.169 € |
| 21.000 € | 18.609 € | 17.624 € | 16.667 € | 15.721 € | 14.807 € | 13.925 € | 13.069 € | 12.239 € | 11.452 € | 10.697 € |
| 24.000 € | 21.267 € | 20.141 € | 19.048 € | 17.967 € | 16.922 € | 15.915 € | 14.936 € | 13.987 € | 13.088 € | 12.225 € |
| 27.000 € | 23.926 € | 22.659 € | 21.429 € | 20.213 € | 19.038 € | 17.904 € | 16.803 € | 15.735 € | 14.724 € | 13.753 € |
| 30.000 € | 26.584 € | 25.177 € | 23.810 € | 22.459 € | 21.153 € | 19.893 € | 18.669 € | 17.484 € | 16.360 € | 15.282 € |
| 33.000 € | 29.243 € | 27.694 € | 26.191 € | 24.704 € | 23.268 € | 21.883 € | 20.536 € | 19.232 € | 17.996 € | 16.810 € |
| 36.000 € | 31.901 € | 30.212 € | 28.572 € | 26.950 € | 25.383 € | 23.872 € | 22.403 € | 20.981 € | 19.632 € | 18.338 € |
| 39.000 € | 34.559 € | 32.730 € | 30.953 € | 29.196 € | 27.499 € | 25.861 € | 24.270 € | 22.729 € | 21.268 € | 19.866 € |
| 42.000 € | 34.559 € | 32.730 € | 30.953 € | 29.196 € | 27.499 € | 25.861 € | 24.270 € | 22.729 € | 21.268 € | 19.866 € |
| 45.000 € | 34.559 € | 32.730 € | 30.953 € | 29.196 € | 27.499 € | 25.861 € | 24.270 € | 22.729 € | 21.268 € | 19.866 € |
| 48.000 € | 34.559 € | 32.730 € | 30.953 € | 29.196 € | 27.499 € | 25.861 € | 24.270 € | 22.729 € | 21.268 € | 19.866 € |
| 51.000 € | 34.559 € | 32.730 € | 30.953 € | 29.196 € | 27.499 € | 25.861 € | 24.270 € | 22.729 € | 21.268 € | 19.866 € |
| 54.000 € | 34.559 € | 32.730 € | 30.953 € | 29.196 € | 27.499 € | 25.861 € | 24.270 € | 22.729 € | 21.268 € | 19.866 € |
| 57.000 € | 34.559 € | 32.730 € | 30.953 € | 29.196 € | 27.499 € | 25.861 € | 24.270 € | 22.729 € | 21.268 € | 19.866 € |
| 60.000 € | 34.559 € | 32.730 € | 30.953 € | 29.196 € | 27.499 € | 25.861 € | 24.270 € | 22.729 € | 21.268 € | 19.866 € |
| 63.000 € | 34.559 € | 32.730 € | 30.953 € | 29.196 € | 27.499 € | 25.861 € | 24.270 € | 22.729 € | 21.268 € | 19.866 € |
| 66.000 € | 34.559 € | 32.730 € | 30.953 € | 29.196 € | 27.499 € | 25.861 € | 24.270 € | 22.729 € | 21.268 € | 19.866 € |
| 69.000 € | 34.559 € | 32.730 € | 30.953 € | 29.196 € | 27.499 € | 25.861 € | 24.270 € | 22.729 € | 21.268 € | 19.866 € |
| 72.000 € | 34.559 € | 32.730 € | 30.953 € | 29.196 € | 27.499 € | 25.861 € | 24.270 € | 22.729 € | 21.268 € | 19.866 € |
| 75.000 € | 34.559 € | 32.730 € | 30.953 € | 29.196 € | 27.499 € | 25.861 € | 24.270 € | 22.729 € | 21.268 € | 19.866 € |
| 78.000 € | 34.559 € | 32.730 € | 30.953 € | 29.196 € | 27.499 € | 25.861 € | 24.270 € | 22.729 € | 21.268 € | 19.866 € |
| 81.000 € | 34.559 € | 32.730 € | 30.953 € | 29.196 € | 27.499 € | 25.861 € | 24.270 € | 22.729 € | 21.268 € | 19.866 € |
| 84.000 € | 34.559 € | 32.730 € | 30.953 € | 29.196 € | 27.499 € | 25.861 € | 24.270 € | 22.729 € | 21.268 € | 19.866 € |
| 87.000 € | 34.559 € | 32.730 € | 30.953 € | 29.196 € | 27.499 € | 25.861 € | 24.270 € | 22.729 € | 21.268 € | 19.866 € |
| 90.000 € | 34.559 € | 32.730 € | 30.953 € | 29.196 € | 27.499 € | 25.861 € | 24.270 € | 22.729 € | 21.268 € | 19.866 € |
| 93.000 € | 34.559 € | 32.730 € | 30.953 € | 29.196 € | 27.499 € | 25.861 € | 24.270 € | 22.729 € | 21.268 € | 19.866 € |
| 96.000 € | 34.559 € | 32.730 € | 30.953 € | 29.196 € | 27.499 € | 25.861 € | 24.270 € | 22.729 € | 21.268 € | 19.866 € |
| 99.000 € | 34.559 € | 32.730 € | 30.953 € | 29.196 € | 27.499 € | 25.861 € | 24.270 € | 22.729 € | 21.268 € | 19.866 € |
| 102.000 € | 34.559 € | 32.730 € | 30.953 € | 29.196 € | 27.499 € | 25.861 € | 24.270 € | 22.729 € | 21.268 € | 19.866 € |
| 105.000 € | 34.559 € | 32.730 € | 30.953 € | 29.196 € | 27.499 € | 25.861 € | 24.270 € | 22.729 € | 21.268 € | 19.866 € |
| 108.000 € | 34.559 € | 32.730 € | 30.953 € | 29.196 € | 27.499 € | 25.861 € | 24.270 € | 22.729 € | 21.268 € | 19.866 € |
| 111.000 € | 34.559 € | 32.730 € | 30.953 € | 29.196 € | 27.499 € | 25.861 € | 24.270 € | 22.729 € | 21.268 € | 19.866 € |
| 114.000 € | 34.559 € | 32.730 € | 30.953 € | 29.196 € | 27.499 € | 25.861 € | 24.270 € | 22.729 € | 21.268 € | 19.866 € |
| 117.000 € | 34.559 € | 32.730 € | 30.953 € | 29.196 € | 27.499 € | 25.861 € | 24.270 € | 22.729 € | 21.268 € | 19.866 € |
| 120.000 € | 34.559 € | 32.730 € | 30.953 € | 29.196 € | 27.499 € | 25.861 € | 24.270 € | 22.729 € | 21.268 € | 19.866 € |

# TABLA 1.C.1
## Lucro cesante del cónyuge
Años de duración del matrimonio: 23 años

| Ingreso neto | Edad del cónyuge | | | | | | | | | |
|---|---|---|---|---|---|---|---|---|---|---|
| Hasta | 87 | 88 | 89 | 90 | 91 | 92 | 93 | 94 | 95 | 96 |
| 9.000 € | 4.276 € | 3.985 € | 3.715 € | 3.459 € | 3.206 € | 3.000 € | 3.000 € | 3.000 € | 3.000 € | 3.000 € |
| 12.000 € | 5.702 € | 5.314 € | 4.954 € | 4.612 € | 4.274 € | 3.944 € | 3.580 € | 3.269 € | 3.000 € | 3.000 € |
| 15.000 € | 7.127 € | 6.642 € | 6.192 € | 5.764 € | 5.343 € | 4.930 € | 4.474 € | 4.086 € | 3.656 € | 3.205 € |
| 18.000 € | 8.552 € | 7.971 € | 7.431 € | 6.917 € | 6.411 € | 5.916 € | 5.369 € | 4.903 € | 4.387 € | 3.846 € |
| 21.000 € | 9.978 € | 9.299 € | 8.669 € | 8.070 € | 7.480 € | 6.902 € | 6.264 € | 5.720 € | 5.118 € | 4.487 € |
| 24.000 € | 11.403 € | 10.628 € | 9.907 € | 9.223 € | 8.548 € | 7.887 € | 7.159 € | 6.537 € | 5.849 € | 5.128 € |
| 27.000 € | 12.829 € | 11.956 € | 11.146 € | 10.376 € | 9.617 € | 8.873 € | 8.054 € | 7.355 € | 6.581 € | 5.769 € |
| 30.000 € | 14.254 € | 13.285 € | 12.384 € | 11.529 € | 10.685 € | 9.859 € | 8.949 € | 8.172 € | 7.312 € | 6.410 € |
| 33.000 € | 15.679 € | 14.613 € | 13.623 € | 12.682 € | 11.754 € | 10.845 € | 9.844 € | 8.989 € | 8.043 € | 7.051 € |
| 36.000 € | 17.105 € | 15.942 € | 14.861 € | 13.835 € | 12.822 € | 11.831 € | 10.739 € | 9.806 € | 8.774 € | 7.692 € |
| 39.000 € | 18.530 € | 17.270 € | 16.100 € | 14.988 € | 13.891 € | 12.817 € | 11.634 € | 10.623 € | 9.505 € | 8.333 € |
| 42.000 € | 18.530 € | 17.270 € | 16.100 € | 14.988 € | 13.891 € | 12.817 € | 11.634 € | 10.623 € | 9.505 € | 8.333 € |
| 45.000 € | 18.530 € | 17.270 € | 16.100 € | 14.988 € | 13.891 € | 12.817 € | 11.634 € | 10.623 € | 9.505 € | 8.333 € |
| 48.000 € | 18.530 € | 17.270 € | 16.100 € | 14.988 € | 13.891 € | 12.817 € | 11.634 € | 10.623 € | 9.505 € | 8.333 € |
| 51.000 € | 18.530 € | 17.270 € | 16.100 € | 14.988 € | 13.891 € | 12.817 € | 11.634 € | 10.623 € | 9.505 € | 8.333 € |
| 54.000 € | 18.530 € | 17.270 € | 16.100 € | 14.988 € | 13.891 € | 12.817 € | 11.634 € | 10.623 € | 9.505 € | 8.333 € |
| 57.000 € | 18.530 € | 17.270 € | 16.100 € | 14.988 € | 13.891 € | 12.817 € | 11.634 € | 10.623 € | 9.505 € | 8.333 € |
| 60.000 € | 18.530 € | 17.270 € | 16.100 € | 14.988 € | 13.891 € | 12.817 € | 11.634 € | 10.623 € | 9.505 € | 8.333 € |
| 63.000 € | 18.530 € | 17.270 € | 16.100 € | 14.988 € | 13.891 € | 12.817 € | 11.634 € | 10.623 € | 9.505 € | 8.333 € |
| 66.000 € | 18.530 € | 17.270 € | 16.100 € | 14.988 € | 13.891 € | 12.817 € | 11.634 € | 10.623 € | 9.505 € | 8.333 € |
| 69.000 € | 18.530 € | 17.270 € | 16.100 € | 14.988 € | 13.891 € | 12.817 € | 11.634 € | 10.623 € | 9.505 € | 8.333 € |
| 72.000 € | 18.530 € | 17.270 € | 16.100 € | 14.988 € | 13.891 € | 12.817 € | 11.634 € | 10.623 € | 9.505 € | 8.333 € |
| 75.000 € | 18.530 € | 17.270 € | 16.100 € | 14.988 € | 13.891 € | 12.817 € | 11.634 € | 10.623 € | 9.505 € | 8.333 € |
| 78.000 € | 18.530 € | 17.270 € | 16.100 € | 14.988 € | 13.891 € | 12.817 € | 11.634 € | 10.623 € | 9.505 € | 8.333 € |
| 81.000 € | 18.530 € | 17.270 € | 16.100 € | 14.988 € | 13.891 € | 12.817 € | 11.634 € | 10.623 € | 9.505 € | 8.333 € |
| 84.000 € | 18.530 € | 17.270 € | 16.100 € | 14.988 € | 13.891 € | 12.817 € | 11.634 € | 10.623 € | 9.505 € | 8.333 € |
| 87.000 € | 18.530 € | 17.270 € | 16.100 € | 14.988 € | 13.891 € | 12.817 € | 11.634 € | 10.623 € | 9.505 € | 8.333 € |
| 90.000 € | 18.530 € | 17.270 € | 16.100 € | 14.988 € | 13.891 € | 12.817 € | 11.634 € | 10.623 € | 9.505 € | 8.333 € |
| 93.000 € | 18.530 € | 17.270 € | 16.100 € | 14.988 € | 13.891 € | 12.817 € | 11.634 € | 10.623 € | 9.505 € | 8.333 € |
| 96.000 € | 18.530 € | 17.270 € | 16.100 € | 14.988 € | 13.891 € | 12.817 € | 11.634 € | 10.623 € | 9.505 € | 8.333 € |
| 99.000 € | 18.530 € | 17.270 € | 16.100 € | 14.988 € | 13.891 € | 12.817 € | 11.634 € | 10.623 € | 9.505 € | 8.333 € |
| 102.000 € | 18.530 € | 17.270 € | 16.100 € | 14.988 € | 13.891 € | 12.817 € | 11.634 € | 10.623 € | 9.505 € | 8.333 € |
| 105.000 € | 18.530 € | 17.270 € | 16.100 € | 14.988 € | 13.891 € | 12.817 € | 11.634 € | 10.623 € | 9.505 € | 8.333 € |
| 108.000 € | 18.530 € | 17.270 € | 16.100 € | 14.988 € | 13.891 € | 12.817 € | 11.634 € | 10.623 € | 9.505 € | 8.333 € |
| 111.000 € | 18.530 € | 17.270 € | 16.100 € | 14.988 € | 13.891 € | 12.817 € | 11.634 € | 10.623 € | 9.505 € | 8.333 € |
| 114.000 € | 18.530 € | 17.270 € | 16.100 € | 14.988 € | 13.891 € | 12.817 € | 11.634 € | 10.623 € | 9.505 € | 8.333 € |
| 117.000 € | 18.530 € | 17.270 € | 16.100 € | 14.988 € | 13.891 € | 12.817 € | 11.634 € | 10.623 € | 9.505 € | 8.333 € |
| 120.000 € | 18.530 € | 17.270 € | 16.100 € | 14.988 € | 13.891 € | 12.817 € | 11.634 € | 10.623 € | 9.505 € | 8.333 € |

# TABLA 1.C.1
## Lucro cesante del cónyuge
### Años de duración del matrimonio: 23 años

Ingreso neto

| Hasta | 97 | 98 | 99 o más |
|---|---|---|---|
| 9.000 € | 3.000 € | 3.000 € | 3.000 € |
| 12.000 € | 3.000 € | 3.000 € | 3.000 € |
| 15.000 € | 3.000 € | 3.000 € | 3.000 € |
| 18.000 € | 3.243 € | 3.000 € | 3.000 € |
| 21.000 € | 3.784 € | 3.000 € | 3.000 € |
| 24.000 € | 4.325 € | 3.287 € | 3.000 € |
| 27.000 € | 4.865 € | 3.698 € | 3.000 € |
| 30.000 € | 5.406 € | 4.108 € | 3.000 € |
| 33.000 € | 5.946 € | 4.519 € | 3.000 € |
| 36.000 € | 6.487 € | 4.930 € | 3.000 € |
| 39.000 € | 7.027 € | 5.341 € | 3.120 € |
| 42.000 € | 7.027 € | 5.341 € | 3.120 € |
| 45.000 € | 7.027 € | 5.341 € | 3.120 € |
| 48.000 € | 7.027 € | 5.341 € | 3.120 € |
| 51.000 € | 7.027 € | 5.341 € | 3.120 € |
| 54.000 € | 7.027 € | 5.341 € | 3.120 € |
| 57.000 € | 7.027 € | 5.341 € | 3.120 € |
| 60.000 € | 7.027 € | 5.341 € | 3.120 € |
| 63.000 € | 7.027 € | 5.341 € | 3.120 € |
| 66.000 € | 7.027 € | 5.341 € | 3.120 € |
| 69.000 € | 7.027 € | 5.341 € | 3.120 € |
| 72.000 € | 7.027 € | 5.341 € | 3.120 € |
| 75.000 € | 7.027 € | 5.341 € | 3.120 € |
| 78.000 € | 7.027 € | 5.341 € | 3.120 € |
| 81.000 € | 7.027 € | 5.341 € | 3.120 € |
| 84.000 € | 7.027 € | 5.341 € | 3.120 € |
| 87.000 € | 7.027 € | 5.341 € | 3.120 € |
| 90.000 € | 7.027 € | 5.341 € | 3.120 € |
| 93.000 € | 7.027 € | 5.341 € | 3.120 € |
| 96.000 € | 7.027 € | 5.341 € | 3.120 € |
| 99.000 € | 7.027 € | 5.341 € | 3.120 € |
| 102.000 € | 7.027 € | 5.341 € | 3.120 € |
| 105.000 € | 7.027 € | 5.341 € | 3.120 € |
| 108.000 € | 7.027 € | 5.341 € | 3.120 € |
| 111.000 € | 7.027 € | 5.341 € | 3.120 € |
| 114.000 € | 7.027 € | 5.341 € | 3.120 € |
| 117.000 € | 7.027 € | 5.341 € | 3.120 € |
| 120.000 € | 7.027 € | 5.341 € | 3.120 € |

## TABLA 1.C.1
## Lucro cesante del cónyuge
Años de duración del matrimonio: 24 años

| Ingreso netc | Edad del cónyuge | | | | | | | | Edad del cóı |
|---|---|---|---|---|---|---|---|---|---|---|
| Hasta | 38 | 39 | 40 | 41 | 42 | 43 | 44 | 45 | 46 | 47 |
| 9.000 € | 25.812 € | 25.753 € | 25.690 € | 25.624 € | 25.554 € | 25.481 € | 25.464 € | 25.447 € | 25.430 € | 25.413 € |
| 12.000 € | 34.416 € | 34.337 € | 34.254 € | 34.165 € | 34.072 € | 33.975 € | 33.952 € | 33.930 € | 33.907 € | 33.884 € |
| 15.000 € | 43.020 € | 42.921 € | 42.817 € | 42.707 € | 42.590 € | 42.469 € | 42.440 € | 42.412 € | 42.383 € | 42.355 € |
| 18.000 € | 51.624 € | 51.505 € | 51.381 € | 51.248 € | 51.108 € | 50.963 € | 50.929 € | 50.894 € | 50.860 € | 50.826 € |
| 21.000 € | 60.228 € | 60.090 € | 59.944 € | 59.789 € | 59.626 € | 59.457 € | 59.417 € | 59.377 € | 59.337 € | 59.297 € |
| 24.000 € | 68.832 € | 68.674 € | 68.508 € | 68.331 € | 68.144 € | 67.950 € | 67.905 € | 67.859 € | 67.813 € | 67.768 € |
| 27.000 € | 77.436 € | 77.258 € | 77.071 € | 76.872 € | 76.662 € | 76.444 € | 76.393 € | 76.341 € | 76.290 € | 76.239 € |
| 30.000 € | 86.040 € | 85.842 € | 85.635 € | 85.414 € | 85.180 € | 84.938 € | 84.881 € | 84.824 € | 84.767 € | 84.710 € |
| 33.000 € | 94.644 € | 94.427 € | 94.198 € | 93.955 € | 93.698 € | 93.432 € | 92.472 € | 91.630 € | 90.914 € | 90.337 € |
| 36.000 € | 103.248 € | 103.011 € | 102.762 € | 102.496 € | 102.216 € | 101.926 € | 99.619 € | 97.422 € | 95.343 € | 93.397 € |
| 39.000 € | 111.851 € | 111.595 € | 111.325 € | 111.038 € | 110.734 € | 110.420 € | 106.765 € | 103.213 € | 99.773 € | 96.458 € |
| 42.000 € | 120.455 € | 120.179 € | 119.889 € | 119.579 € | 119.252 € | 118.913 € | 113.911 € | 109.004 € | 104.202 € | 99.518 € |
| 45.000 € | 129.059 € | 128.764 € | 128.452 € | 128.120 € | 127.770 € | 127.407 € | 121.057 € | 114.795 € | 108.631 € | 102.579 € |
| 48.000 € | 137.663 € | 137.348 € | 137.015 € | 136.662 € | 136.288 € | 135.901 € | 128.203 € | 120.587 € | 113.061 € | 105.639 € |
| 51.000 € | 159.773 € | 159.413 € | 159.034 € | 158.630 € | 158.202 € | 157.760 € | 148.683 € | 139.678 € | 130.755 € | 121.928 € |
| 54.000 € | 197.815 € | 197.381 € | 196.924 € | 196.436 € | 195.920 € | 195.386 € | 184.893 € | 174.459 € | 164.096 € | 153.822 € |
| 57.000 € | 235.858 € | 235.349 € | 234.814 € | 234.242 € | 233.637 € | 233.011 € | 221.103 € | 209.240 € | 197.437 € | 185.715 € |
| 60.000 € | 273.900 € | 273.317 € | 272.704 € | 272.049 € | 271.355 € | 270.636 € | 257.312 € | 244.021 € | 230.779 € | 217.609 € |
| 63.000 € | 311.942 € | 311.285 € | 310.594 € | 309.855 € | 309.073 € | 308.262 € | 293.522 € | 278.802 € | 264.120 € | 249.502 € |
| 66.000 € | 349.984 € | 349.253 € | 348.483 € | 347.662 € | 346.790 € | 345.887 € | 329.732 € | 313.584 € | 297.461 € | 281.396 € |
| 69.000 € | 388.026 € | 387.221 € | 386.373 € | 385.468 € | 384.508 € | 383.513 € | 365.941 € | 348.365 € | 330.803 € | 313.289 € |
| 72.000 € | 426.068 € | 425.190 € | 424.263 € | 423.275 € | 422.225 € | 421.138 € | 402.151 € | 383.146 € | 364.144 € | 345.183 € |
| 75.000 € | 464.111 € | 463.158 € | 462.153 € | 461.081 € | 459.943 € | 458.764 € | 438.361 € | 417.927 € | 397.485 € | 377.076 € |
| 78.000 € | 502.153 € | 501.126 € | 500.043 € | 498.888 € | 497.661 € | 496.389 € | 474.570 € | 452.708 € | 430.826 € | 408.970 € |
| 81.000 € | 540.195 € | 539.094 € | 537.933 € | 536.694 € | 535.378 € | 534.015 € | 510.780 € | 487.489 € | 464.168 € | 440.863 € |
| 84.000 € | 578.237 € | 577.062 € | 575.823 € | 574.501 € | 573.096 € | 571.640 € | 546.989 € | 522.270 € | 497.509 € | 472.757 € |
| 87.000 € | 616.279 € | 615.030 € | 613.713 € | 612.307 € | 610.813 € | 609.265 € | 583.199 € | 557.051 € | 530.850 € | 504.650 € |
| 90.000 € | 654.321 € | 652.998 € | 651.603 € | 650.114 € | 648.531 € | 646.891 € | 619.409 € | 591.832 € | 564.192 € | 536.544 € |
| 93.000 € | 692.364 € | 690.966 € | 689.493 € | 687.920 € | 686.248 € | 684.516 € | 655.618 € | 626.613 € | 597.533 € | 568.437 € |
| 96.000 € | 730.406 € | 728.934 € | 727.383 € | 725.727 € | 723.966 € | 722.142 € | 691.828 € | 661.394 € | 630.874 € | 600.331 € |
| 99.000 € | 768.448 € | 766.902 € | 765.273 € | 763.533 € | 761.684 € | 759.767 € | 728.038 € | 696.175 € | 664.216 € | 632.224 € |
| 102.000 € | 806.490 € | 804.870 € | 803.163 € | 801.339 € | 799.401 € | 797.393 € | 764.247 € | 730.956 € | 697.557 € | 664.118 € |
| 105.000 € | 844.532 € | 842.838 € | 841.053 € | 839.146 € | 837.119 € | 835.018 € | 800.457 € | 765.737 € | 730.898 € | 696.011 € |
| 108.000 € | 882.574 € | 880.806 € | 878.943 € | 876.952 € | 874.836 € | 872.644 € | 836.667 € | 800.518 € | 764.239 € | 727.905 € |
| 111.000 € | 920.617 € | 918.774 € | 916.833 € | 914.759 € | 912.554 € | 910.269 € | 872.876 € | 835.299 € | 797.581 € | 759.798 € |
| 114.000 € | 958.659 € | 956.743 € | 954.723 € | 952.565 € | 950.272 € | 947.894 € | 909.086 € | 870.080 € | 830.922 € | 791.692 € |
| 117.000 € | 996.701 € | 994.711 € | 992.613 € | 990.372 € | 987.989 € | 985.520 € | 945.296 € | 904.862 € | 864.263 € | 823.585 € |
| 120.000 € | 1.034.743 € | 1.032.679 € | 1.030.503 € | 1.028.178 € | 1.025.707 € | 1.023.145 € | 981.505 € | 939.643 € | 897.605 € | 855.479 € |

# TABLA 1.C.1
## Lucro cesante del cónyuge
### Años de duración del matrimonio: 24 años

Ingreso netcnyuge

Edad del cónyuge

| Hasta | 48 | 49 | 50 | 51 | 52 | 53 | 54 | 55 | 56 | 57 |
|---|---|---|---|---|---|---|---|---|---|---|
| 9.000 € | 25.396 € | 25.256 € | 25.050 € | 24.767 € | 24.399 € | 23.964 € | 23.469 € | 22.933 € | 22.327 € | 21.621 € |
| 12.000 € | 33.861 € | 33.674 € | 33.401 € | 33.022 € | 32.531 € | 31.952 € | 31.291 € | 30.577 € | 29.769 € | 28.828 € |
| 15.000 € | 42.326 € | 42.093 € | 41.751 € | 41.278 € | 40.664 € | 39.939 € | 39.114 € | 38.221 € | 37.211 € | 36.035 € |
| 18.000 € | 50.792 € | 50.511 € | 50.101 € | 49.534 € | 48.797 € | 47.927 € | 46.937 € | 45.865 € | 44.653 € | 43.242 € |
| 21.000 € | 59.257 € | 58.930 € | 58.451 € | 57.789 € | 56.930 € | 55.915 € | 54.760 € | 53.510 € | 52.095 € | 50.449 € |
| 24.000 € | 67.722 € | 67.348 € | 66.801 € | 66.045 € | 65.063 € | 63.903 € | 62.583 € | 61.154 € | 59.538 € | 57.656 € |
| 27.000 € | 76.187 € | 75.767 € | 75.151 € | 74.300 € | 73.196 € | 71.891 € | 70.406 € | 68.798 € | 66.980 € | 64.863 € |
| 30.000 € | 84.653 € | 84.185 € | 83.501 € | 82.556 € | 81.329 € | 79.879 € | 78.229 € | 76.442 € | 74.422 € | 72.070 € |
| 33.000 € | 89.904 € | 89.599 € | 89.438 € | 89.422 € | 88.644 € | 87.867 € | 86.051 € | 84.086 € | 81.864 € | 79.277 € |
| 36.000 € | 91.589 € | 89.902 € | 89.902 € | 89.902 € | 89.902 € | 88.742 € | 88.357 € | 85.384 € | 82.110 € | 81.233 € |
| 39.000 € | 93.274 € | 90.205 € | 90.205 € | 90.205 € | 90.205 € | 89.619 € | 89.619 € | 86.692 € | 82.355 € | 82.267 € |
| 42.000 € | 94.959 € | 90.508 € | 90.508 € | 90.508 € | 90.508 € | 90.500 € | 90.500 € | 88.012 € | 82.599 € | 82.599 € |
| 45.000 € | 96.644 € | 90.811 € | 90.811 € | 90.811 € | 90.811 € | 90.811 € | 90.811 € | 89.346 € | 82.842 € | 82.842 € |
| 48.000 € | 98.330 € | 91.114 € | 91.114 € | 91.114 € | 91.114 € | 91.114 € | 91.114 € | 90.694 € | 83.085 € | 83.085 € |
| 51.000 € | 113.207 € | 104.570 € | 96.033 € | 95.079 € | 94.124 € | 93.170 € | 92.613 € | 92.056 € | 83.328 € | 83.328 € |
| 54.000 € | 143.646 € | 133.541 € | 123.527 € | 113.607 € | 103.787 € | 94.071 € | 93.753 € | 93.434 € | 83.571 € | 83.571 € |
| 57.000 € | 174.085 € | 162.512 € | 151.020 € | 139.613 € | 128.296 € | 117.073 € | 105.909 € | 94.829 € | 83.813 € | 83.813 € |
| 60.000 € | 204.523 € | 191.484 € | 178.514 € | 165.619 € | 152.805 € | 140.075 € | 127.388 € | 114.769 € | 102.196 € | 89.734 € |
| 63.000 € | 234.962 € | 220.455 € | 206.008 € | 191.626 € | 177.314 € | 163.077 € | 148.866 € | 134.709 € | 120.578 € | 106.550 € |
| 66.000 € | 265.401 € | 249.426 € | 233.501 € | 217.632 € | 201.823 € | 186.080 € | 170.344 € | 154.648 € | 138.960 € | 123.366 € |
| 69.000 € | 295.840 € | 278.397 € | 260.995 € | 243.638 € | 226.332 € | 209.082 € | 191.822 € | 174.588 € | 157.342 € | 140.182 € |
| 72.000 € | 326.279 € | 307.369 € | 288.489 € | 269.644 € | 250.841 € | 232.084 € | 213.300 € | 194.528 € | 175.724 € | 156.998 € |
| 75.000 € | 356.718 € | 336.340 € | 315.982 € | 295.651 € | 275.350 € | 255.086 € | 234.778 € | 214.468 € | 194.106 € | 173.813 € |
| 78.000 € | 387.157 € | 365.311 € | 343.476 € | 321.657 € | 299.859 € | 278.089 € | 256.256 € | 234.408 € | 212.488 € | 190.629 € |
| 81.000 € | 417.596 € | 394.282 € | 370.970 € | 347.663 € | 324.368 € | 301.091 € | 277.734 € | 254.347 € | 230.871 € | 207.445 € |
| 84.000 € | 448.035 € | 423.254 € | 398.463 € | 373.669 € | 348.877 € | 324.093 € | 299.212 € | 274.287 € | 249.253 € | 224.261 € |
| 87.000 € | 478.474 € | 452.225 € | 425.957 € | 399.676 € | 373.386 € | 347.095 € | 320.690 € | 294.227 € | 267.635 € | 241.077 € |
| 90.000 € | 508.913 € | 481.196 € | 453.451 € | 425.682 € | 397.895 € | 370.098 € | 342.168 € | 314.167 € | 286.017 € | 257.892 € |
| 93.000 € | 539.352 € | 510.167 € | 480.944 € | 451.688 € | 422.404 € | 393.100 € | 363.646 € | 334.107 € | 304.399 € | 274.708 € |
| 96.000 € | 569.790 € | 539.139 € | 508.438 € | 477.695 € | 446.913 € | 416.102 € | 385.124 € | 354.046 € | 322.781 € | 291.524 € |
| 99.000 € | 600.229 € | 568.110 € | 535.932 € | 503.701 € | 471.422 € | 439.104 € | 406.602 € | 373.986 € | 341.163 € | 308.340 € |
| 102.000 € | 630.668 € | 597.081 € | 563.425 € | 529.707 € | 495.931 € | 462.107 € | 428.080 € | 393.926 € | 359.546 € | 325.156 € |
| 105.000 € | 661.107 € | 626.052 € | 590.919 € | 555.713 € | 520.440 € | 485.109 € | 449.558 € | 413.866 € | 377.928 € | 341.972 € |
| 108.000 € | 691.546 € | 655.024 € | 618.413 € | 581.720 € | 544.949 € | 508.111 € | 471.037 € | 433.806 € | 396.310 € | 358.787 € |
| 111.000 € | 721.985 € | 683.995 € | 645.906 € | 607.726 € | 569.458 € | 531.113 € | 492.515 € | 453.745 € | 414.692 € | 375.603 € |
| 114.000 € | 752.424 € | 712.966 € | 673.400 € | 633.732 € | 593.967 € | 554.115 € | 513.993 € | 473.685 € | 433.074 € | 392.419 € |
| 117.000 € | 782.863 € | 741.937 € | 700.894 € | 659.738 € | 618.476 € | 577.118 € | 535.471 € | 493.625 € | 451.456 € | 409.235 € |
| 120.000 € | 813.302 € | 770.909 € | 728.387 € | 685.745 € | 642.985 € | 600.120 € | 556.949 € | 513.565 € | 469.838 € | 426.051 € |

## TABLA 1.C.1
## Lucro cesante del cónyuge
### Años de duración del matrimonio: 24 años

| Ingreso neto | Edad del cónyuge | | | | | | | | | |
|---|---|---|---|---|---|---|---|---|---|---|
| Hasta | 58 | 59 | 60 | 61 | 62 | 63 | 64 | 65 | 66 | 67 |
| 9.000 € | 20.895 € | 20.131 € | 19.347 € | 18.545 € | 17.721 € | 16.898 € | 16.073 € | 15.243 € | 14.441 € | 11.432 € |
| 12.000 € | 27.861 € | 26.841 € | 25.796 € | 24.726 € | 23.628 € | 22.530 € | 21.431 € | 20.324 € | 19.254 € | 15.243 € |
| 15.000 € | 34.826 € | 33.551 € | 32.246 € | 30.908 € | 29.535 € | 28.163 € | 26.788 € | 25.405 € | 24.068 € | 19.054 € |
| 18.000 € | 41.791 € | 40.262 € | 38.695 € | 37.089 € | 35.442 € | 33.795 € | 32.146 € | 30.486 € | 28.881 € | 22.864 € |
| 21.000 € | 48.756 € | 46.972 € | 45.144 € | 43.271 € | 41.349 € | 39.428 € | 37.504 € | 35.567 € | 33.695 € | 26.675 € |
| 24.000 € | 55.721 € | 53.682 € | 51.593 € | 49.452 € | 47.256 € | 45.060 € | 42.862 € | 40.648 € | 38.508 € | 30.486 € |
| 27.000 € | 62.686 € | 60.392 € | 58.042 € | 55.634 € | 53.163 € | 50.693 € | 48.219 € | 45.729 € | 43.322 € | 34.296 € |
| 30.000 € | 69.651 € | 67.103 € | 64.491 € | 61.815 € | 59.071 € | 56.326 € | 53.577 € | 50.810 € | 48.135 € | 38.107 € |
| 33.000 € | 76.616 € | 73.813 € | 70.940 € | 67.997 € | 64.978 € | 61.958 € | 58.935 € | 55.891 € | 52.949 € | 41.918 € |
| 36.000 € | 80.722 € | 80.335 € | 77.389 € | 74.178 € | 70.885 € | 67.591 € | 64.292 € | 60.972 € | 57.762 € | 45.728 € |
| 39.000 € | 81.982 € | 81.478 € | 78.384 € | 74.820 € | 70.973 € | 67.905 € | 64.493 € | 61.086 € | 57.762 € | 49.539 € |
| 42.000 € | 82.599 € | 82.599 € | 79.385 € | 75.464 € | 71.062 € | 68.218 € | 64.693 € | 61.199 € | 57.762 € | 49.539 € |
| 45.000 € | 82.842 € | 82.842 € | 80.394 € | 76.110 € | 71.150 € | 68.532 € | 64.893 € | 61.312 € | 57.762 € | 49.539 € |
| 48.000 € | 83.085 € | 83.085 € | 81.411 € | 76.758 € | 71.238 € | 68.845 € | 65.092 € | 61.425 € | 57.762 € | 49.539 € |
| 51.000 € | 83.328 € | 83.328 € | 82.437 € | 77.410 € | 71.325 € | 69.159 € | 65.291 € | 61.537 € | 57.762 € | 49.539 € |
| 54.000 € | 83.571 € | 83.571 € | 83.473 € | 78.064 € | 71.412 € | 69.473 € | 65.491 € | 61.650 € | 57.762 € | 49.539 € |
| 57.000 € | 83.813 € | 83.813 € | 83.813 € | 78.723 € | 71.499 € | 69.788 € | 65.690 € | 61.762 € | 57.762 € | 49.539 € |
| 60.000 € | 88.347 € | 86.960 € | 85.573 € | 79.385 € | 71.587 € | 70.103 € | 65.889 € | 61.874 € | 57.762 € | 49.539 € |
| 63.000 € | 92.565 € | 91.022 € | 86.639 € | 80.050 € | 71.673 € | 70.418 € | 66.088 € | 61.986 € | 57.762 € | 49.539 € |
| 66.000 € | 107.796 € | 92.275 € | 87.715 € | 80.720 € | 71.760 € | 70.735 € | 66.288 € | 62.098 € | 57.762 € | 49.539 € |
| 69.000 € | 123.027 € | 105.903 € | 88.803 € | 81.394 € | 71.847 € | 71.052 € | 66.487 € | 62.210 € | 57.762 € | 49.539 € |
| 72.000 € | 138.257 € | 119.532 € | 100.811 € | 82.073 € | 71.934 € | 71.370 € | 66.687 € | 62.322 € | 57.762 € | 49.539 € |
| 75.000 € | 153.488 € | 133.161 € | 112.819 € | 92.438 € | 72.020 € | 71.689 € | 66.887 € | 62.433 € | 57.762 € | 49.539 € |
| 78.000 € | 168.719 € | 146.790 € | 124.828 € | 102.804 € | 80.721 € | 72.008 € | 67.088 € | 62.545 € | 57.762 € | 49.539 € |
| 81.000 € | 183.949 € | 160.418 € | 136.836 € | 113.170 € | 89.421 € | 72.329 € | 67.288 € | 62.657 € | 57.762 € | 49.539 € |
| 84.000 € | 199.180 € | 174.047 € | 148.844 € | 123.536 € | 98.121 € | 72.651 € | 67.490 € | 62.769 € | 57.762 € | 49.539 € |
| 87.000 € | 214.410 € | 187.676 € | 160.853 € | 133.901 € | 106.821 € | 79.667 € | 67.691 € | 62.881 € | 57.762 € | 49.539 € |
| 90.000 € | 229.641 € | 201.305 € | 172.861 € | 144.267 € | 115.522 € | 86.683 € | 67.893 € | 62.993 € | 57.762 € | 49.539 € |
| 93.000 € | 244.872 € | 214.933 € | 184.869 € | 154.633 € | 124.222 € | 93.699 € | 68.095 € | 63.106 € | 57.762 € | 49.539 € |
| 96.000 € | 260.102 € | 228.562 € | 196.878 € | 164.999 € | 132.922 € | 100.715 € | 68.297 € | 63.218 € | 57.762 € | 49.539 € |
| 99.000 € | 275.333 € | 242.191 € | 208.886 € | 175.365 € | 141.623 € | 107.731 € | 73.605 € | 63.330 € | 57.762 € | 49.539 € |
| 102.000 € | 290.563 € | 255.820 € | 220.894 € | 185.730 € | 150.323 € | 114.747 € | 78.912 € | 63.443 € | 57.762 € | 49.539 € |
| 105.000 € | 305.794 € | 269.448 € | 232.903 € | 196.096 € | 159.023 € | 121.763 € | 84.220 € | 63.555 € | 57.762 € | 49.539 € |
| 108.000 € | 321.025 € | 283.077 € | 244.911 € | 206.462 € | 167.724 € | 128.779 € | 89.527 € | 63.668 € | 57.762 € | 49.539 € |
| 111.000 € | 336.255 € | 296.706 € | 256.919 € | 216.828 € | 176.424 € | 135.795 € | 94.835 € | 63.781 € | 57.762 € | 49.539 € |
| 114.000 € | 351.486 € | 310.335 € | 268.928 € | 227.194 € | 185.124 € | 142.811 € | 100.143 € | 63.894 € | 57.762 € | 49.539 € |
| 117.000 € | 366.716 € | 323.963 € | 280.936 € | 237.559 € | 193.824 € | 149.827 € | 105.450 € | 64.007 € | 57.762 € | 49.539 € |
| 120.000 € | 381.947 € | 337.592 € | 292.944 € | 247.925 € | 202.525 € | 156.843 € | 110.758 € | 64.120 € | 57.762 € | 49.539 € |

# TABLA 1.C.1
## Lucro cesante del cónyuge
### Años de duración del matrimonio: 24 años

| Ingreso neto | Edad del cónyuge | | | | | | | | | |
|---|---|---|---|---|---|---|---|---|---|---|
| Hasta | 68 | 69 | 70 | 71 | 72 | 73 | 74 | 75 | 76 | 77 |
| 9.000 € | 11.180 € | 10.902 € | 10.589 € | 10.272 € | 9.933 € | 9.553 € | 9.174 € | 8.798 € | 8.406 € | 7.975 € |
| 12.000 € | 14.907 € | 14.536 € | 14.118 € | 13.696 € | 13.244 € | 12.738 € | 12.232 € | 11.730 € | 11.209 € | 10.634 € |
| 15.000 € | 18.634 € | 18.170 € | 17.648 € | 17.120 € | 16.555 € | 15.922 € | 15.290 € | 14.663 € | 14.011 € | 13.292 € |
| 18.000 € | 22.360 € | 21.803 € | 21.177 € | 20.544 € | 19.866 € | 19.106 € | 18.349 € | 17.596 € | 16.813 € | 15.950 € |
| 21.000 € | 26.087 € | 25.437 € | 24.707 € | 23.969 € | 23.177 € | 22.291 € | 21.407 € | 20.528 € | 19.615 € | 18.609 € |
| 24.000 € | 29.814 € | 29.071 € | 28.236 € | 27.393 € | 26.488 € | 25.475 € | 24.465 € | 23.461 € | 22.417 € | 21.267 € |
| 27.000 € | 33.541 € | 32.705 € | 31.766 € | 30.817 € | 29.799 € | 28.659 € | 27.523 € | 26.394 € | 25.219 € | 23.926 € |
| 30.000 € | 37.267 € | 36.339 € | 35.295 € | 34.241 € | 33.110 € | 31.844 € | 30.581 € | 29.326 € | 28.021 € | 26.584 € |
| 33.000 € | 40.994 € | 39.973 € | 38.825 € | 37.665 € | 36.421 € | 35.028 € | 33.639 € | 32.259 € | 30.823 € | 29.243 € |
| 36.000 € | 44.721 € | 43.607 € | 42.354 € | 41.089 € | 39.732 € | 38.213 € | 36.697 € | 35.191 € | 33.626 € | 31.901 € |
| 39.000 € | 48.447 € | 47.241 € | 45.884 € | 44.513 € | 43.043 € | 41.397 € | 39.755 € | 38.124 € | 36.428 € | 34.559 € |
| 42.000 € | 48.447 € | 47.241 € | 45.884 € | 44.513 € | 43.043 € | 41.397 € | 39.755 € | 38.124 € | 36.428 € | 34.559 € |
| 45.000 € | 48.447 € | 47.241 € | 45.884 € | 44.513 € | 43.043 € | 41.397 € | 39.755 € | 38.124 € | 36.428 € | 34.559 € |
| 48.000 € | 48.447 € | 47.241 € | 45.884 € | 44.513 € | 43.043 € | 41.397 € | 39.755 € | 38.124 € | 36.428 € | 34.559 € |
| 51.000 € | 48.447 € | 47.241 € | 45.884 € | 44.513 € | 43.043 € | 41.397 € | 39.755 € | 38.124 € | 36.428 € | 34.559 € |
| 54.000 € | 48.447 € | 47.241 € | 45.884 € | 44.513 € | 43.043 € | 41.397 € | 39.755 € | 38.124 € | 36.428 € | 34.559 € |
| 57.000 € | 48.447 € | 47.241 € | 45.884 € | 44.513 € | 43.043 € | 41.397 € | 39.755 € | 38.124 € | 36.428 € | 34.559 € |
| 60.000 € | 48.447 € | 47.241 € | 45.884 € | 44.513 € | 43.043 € | 41.397 € | 39.755 € | 38.124 € | 36.428 € | 34.559 € |
| 63.000 € | 48.447 € | 47.241 € | 45.884 € | 44.513 € | 43.043 € | 41.397 € | 39.755 € | 38.124 € | 36.428 € | 34.559 € |
| 66.000 € | 48.447 € | 47.241 € | 45.884 € | 44.513 € | 43.043 € | 41.397 € | 39.755 € | 38.124 € | 36.428 € | 34.559 € |
| 69.000 € | 48.447 € | 47.241 € | 45.884 € | 44.513 € | 43.043 € | 41.397 € | 39.755 € | 38.124 € | 36.428 € | 34.559 € |
| 72.000 € | 48.447 € | 47.241 € | 45.884 € | 44.513 € | 43.043 € | 41.397 € | 39.755 € | 38.124 € | 36.428 € | 34.559 € |
| 75.000 € | 48.447 € | 47.241 € | 45.884 € | 44.513 € | 43.043 € | 41.397 € | 39.755 € | 38.124 € | 36.428 € | 34.559 € |
| 78.000 € | 48.447 € | 47.241 € | 45.884 € | 44.513 € | 43.043 € | 41.397 € | 39.755 € | 38.124 € | 36.428 € | 34.559 € |
| 81.000 € | 48.447 € | 47.241 € | 45.884 € | 44.513 € | 43.043 € | 41.397 € | 39.755 € | 38.124 € | 36.428 € | 34.559 € |
| 84.000 € | 48.447 € | 47.241 € | 45.884 € | 44.513 € | 43.043 € | 41.397 € | 39.755 € | 38.124 € | 36.428 € | 34.559 € |
| 87.000 € | 48.447 € | 47.241 € | 45.884 € | 44.513 € | 43.043 € | 41.397 € | 39.755 € | 38.124 € | 36.428 € | 34.559 € |
| 90.000 € | 48.447 € | 47.241 € | 45.884 € | 44.513 € | 43.043 € | 41.397 € | 39.755 € | 38.124 € | 36.428 € | 34.559 € |
| 93.000 € | 48.447 € | 47.241 € | 45.884 € | 44.513 € | 43.043 € | 41.397 € | 39.755 € | 38.124 € | 36.428 € | 34.559 € |
| 96.000 € | 48.447 € | 47.241 € | 45.884 € | 44.513 € | 43.043 € | 41.397 € | 39.755 € | 38.124 € | 36.428 € | 34.559 € |
| 99.000 € | 48.447 € | 47.241 € | 45.884 € | 44.513 € | 43.043 € | 41.397 € | 39.755 € | 38.124 € | 36.428 € | 34.559 € |
| 102.000 € | 48.447 € | 47.241 € | 45.884 € | 44.513 € | 43.043 € | 41.397 € | 39.755 € | 38.124 € | 36.428 € | 34.559 € |
| 105.000 € | 48.447 € | 47.241 € | 45.884 € | 44.513 € | 43.043 € | 41.397 € | 39.755 € | 38.124 € | 36.428 € | 34.559 € |
| 108.000 € | 48.447 € | 47.241 € | 45.884 € | 44.513 € | 43.043 € | 41.397 € | 39.755 € | 38.124 € | 36.428 € | 34.559 € |
| 111.000 € | 48.447 € | 47.241 € | 45.884 € | 44.513 € | 43.043 € | 41.397 € | 39.755 € | 38.124 € | 36.428 € | 34.559 € |
| 114.000 € | 48.447 € | 47.241 € | 45.884 € | 44.513 € | 43.043 € | 41.397 € | 39.755 € | 38.124 € | 36.428 € | 34.559 € |
| 117.000 € | 48.447 € | 47.241 € | 45.884 € | 44.513 € | 43.043 € | 41.397 € | 39.755 € | 38.124 € | 36.428 € | 34.559 € |
| 120.000 € | 48.447 € | 47.241 € | 45.884 € | 44.513 € | 43.043 € | 41.397 € | 39.755 € | 38.124 € | 36.428 € | 34.559 € |

## TABLA 1.C.1
## Lucro cesante del cónyuge
### Años de duración del matrimonio: 24 años

| Ingreso neto | Edad del cónyuge | | | | | | | | | |
|---|---|---|---|---|---|---|---|---|---|---|
| Hasta | 78 | 79 | 80 | 81 | 82 | 83 | 84 | 85 | 86 | 87 |
| 9.000 € | 7.553 € | 7.143 € | 6.738 € | 6.346 € | 5.968 € | 5.601 € | 5.245 € | 4.908 € | 4.584 € | 4.276 € |
| 12.000 € | 10.071 € | 9.524 € | 8.983 € | 8.461 € | 7.957 € | 7.468 € | 6.994 € | 6.544 € | 6.113 € | 5.702 € |
| 15.000 € | 12.588 € | 11.905 € | 11.229 € | 10.576 € | 9.947 € | 9.335 € | 8.742 € | 8.180 € | 7.641 € | 7.127 € |
| 18.000 € | 15.106 € | 14.286 € | 13.475 € | 12.692 € | 11.936 € | 11.202 € | 10.490 € | 9.816 € | 9.169 € | 8.552 € |
| 21.000 € | 17.624 € | 16.667 € | 15.721 € | 14.807 € | 13.925 € | 13.069 € | 12.239 € | 11.452 € | 10.697 € | 9.978 € |
| 24.000 € | 20.141 € | 19.048 € | 17.967 € | 16.922 € | 15.915 € | 14.936 € | 13.987 € | 13.088 € | 12.225 € | 11.403 € |
| 27.000 € | 22.659 € | 21.429 € | 20.213 € | 19.038 € | 17.904 € | 16.803 € | 15.735 € | 14.724 € | 13.753 € | 12.829 € |
| 30.000 € | 25.177 € | 23.810 € | 22.459 € | 21.153 € | 19.893 € | 18.669 € | 17.484 € | 16.360 € | 15.282 € | 14.254 € |
| 33.000 € | 27.694 € | 26.191 € | 24.704 € | 23.268 € | 21.883 € | 20.536 € | 19.232 € | 17.996 € | 16.810 € | 15.679 € |
| 36.000 € | 30.212 € | 28.572 € | 26.950 € | 25.383 € | 23.872 € | 22.403 € | 20.981 € | 19.632 € | 18.338 € | 17.105 € |
| 39.000 € | 32.730 € | 30.953 € | 29.196 € | 27.499 € | 25.861 € | 24.270 € | 22.729 € | 21.268 € | 19.866 € | 18.530 € |
| 42.000 € | 32.730 € | 30.953 € | 29.196 € | 27.499 € | 25.861 € | 24.270 € | 22.729 € | 21.268 € | 19.866 € | 18.530 € |
| 45.000 € | 32.730 € | 30.953 € | 29.196 € | 27.499 € | 25.861 € | 24.270 € | 22.729 € | 21.268 € | 19.866 € | 18.530 € |
| 48.000 € | 32.730 € | 30.953 € | 29.196 € | 27.499 € | 25.861 € | 24.270 € | 22.729 € | 21.268 € | 19.866 € | 18.530 € |
| 51.000 € | 32.730 € | 30.953 € | 29.196 € | 27.499 € | 25.861 € | 24.270 € | 22.729 € | 21.268 € | 19.866 € | 18.530 € |
| 54.000 € | 32.730 € | 30.953 € | 29.196 € | 27.499 € | 25.861 € | 24.270 € | 22.729 € | 21.268 € | 19.866 € | 18.530 € |
| 57.000 € | 32.730 € | 30.953 € | 29.196 € | 27.499 € | 25.861 € | 24.270 € | 22.729 € | 21.268 € | 19.866 € | 18.530 € |
| 60.000 € | 32.730 € | 30.953 € | 29.196 € | 27.499 € | 25.861 € | 24.270 € | 22.729 € | 21.268 € | 19.866 € | 18.530 € |
| 63.000 € | 32.730 € | 30.953 € | 29.196 € | 27.499 € | 25.861 € | 24.270 € | 22.729 € | 21.268 € | 19.866 € | 18.530 € |
| 66.000 € | 32.730 € | 30.953 € | 29.196 € | 27.499 € | 25.861 € | 24.270 € | 22.729 € | 21.268 € | 19.866 € | 18.530 € |
| 69.000 € | 32.730 € | 30.953 € | 29.196 € | 27.499 € | 25.861 € | 24.270 € | 22.729 € | 21.268 € | 19.866 € | 18.530 € |
| 72.000 € | 32.730 € | 30.953 € | 29.196 € | 27.499 € | 25.861 € | 24.270 € | 22.729 € | 21.268 € | 19.866 € | 18.530 € |
| 75.000 € | 32.730 € | 30.953 € | 29.196 € | 27.499 € | 25.861 € | 24.270 € | 22.729 € | 21.268 € | 19.866 € | 18.530 € |
| 78.000 € | 32.730 € | 30.953 € | 29.196 € | 27.499 € | 25.861 € | 24.270 € | 22.729 € | 21.268 € | 19.866 € | 18.530 € |
| 81.000 € | 32.730 € | 30.953 € | 29.196 € | 27.499 € | 25.861 € | 24.270 € | 22.729 € | 21.268 € | 19.866 € | 18.530 € |
| 84.000 € | 32.730 € | 30.953 € | 29.196 € | 27.499 € | 25.861 € | 24.270 € | 22.729 € | 21.268 € | 19.866 € | 18.530 € |
| 87.000 € | 32.730 € | 30.953 € | 29.196 € | 27.499 € | 25.861 € | 24.270 € | 22.729 € | 21.268 € | 19.866 € | 18.530 € |
| 90.000 € | 32.730 € | 30.953 € | 29.196 € | 27.499 € | 25.861 € | 24.270 € | 22.729 € | 21.268 € | 19.866 € | 18.530 € |
| 93.000 € | 32.730 € | 30.953 € | 29.196 € | 27.499 € | 25.861 € | 24.270 € | 22.729 € | 21.268 € | 19.866 € | 18.530 € |
| 96.000 € | 32.730 € | 30.953 € | 29.196 € | 27.499 € | 25.861 € | 24.270 € | 22.729 € | 21.268 € | 19.866 € | 18.530 € |
| 99.000 € | 32.730 € | 30.953 € | 29.196 € | 27.499 € | 25.861 € | 24.270 € | 22.729 € | 21.268 € | 19.866 € | 18.530 € |
| 102.000 € | 32.730 € | 30.953 € | 29.196 € | 27.499 € | 25.861 € | 24.270 € | 22.729 € | 21.268 € | 19.866 € | 18.530 € |
| 105.000 € | 32.730 € | 30.953 € | 29.196 € | 27.499 € | 25.861 € | 24.270 € | 22.729 € | 21.268 € | 19.866 € | 18.530 € |
| 108.000 € | 32.730 € | 30.953 € | 29.196 € | 27.499 € | 25.861 € | 24.270 € | 22.729 € | 21.268 € | 19.866 € | 18.530 € |
| 111.000 € | 32.730 € | 30.953 € | 29.196 € | 27.499 € | 25.861 € | 24.270 € | 22.729 € | 21.268 € | 19.866 € | 18.530 € |
| 114.000 € | 32.730 € | 30.953 € | 29.196 € | 27.499 € | 25.861 € | 24.270 € | 22.729 € | 21.268 € | 19.866 € | 18.530 € |
| 117.000 € | 32.730 € | 30.953 € | 29.196 € | 27.499 € | 25.861 € | 24.270 € | 22.729 € | 21.268 € | 19.866 € | 18.530 € |
| 120.000 € | 32.730 € | 30.953 € | 29.196 € | 27.499 € | 25.861 € | 24.270 € | 22.729 € | 21.268 € | 19.866 € | 18.530 € |

# TABLA 1.C.1
## Lucro cesante del cónyuge
### Años de duración del matrimonio: 24 años

| Ingreso neto | Edad del cónyuge | | | | | | | | | |
|---|---|---|---|---|---|---|---|---|---|---|
| Hasta | 88 | 89 | 90 | 91 | 92 | 93 | 94 | 95 | 96 | 97 |
| 9.000 € | 3.985 € | 3.715 € | 3.459 € | 3.206 € | 3.000 € | 3.000 € | 3.000 € | 3.000 € | 3.000 € | 3.000 € |
| 12.000 € | 5.314 € | 4.954 € | 4.612 € | 4.274 € | 3.944 € | 3.580 € | 3.269 € | 3.000 € | 3.000 € | 3.000 € |
| 15.000 € | 6.642 € | 6.192 € | 5.764 € | 5.343 € | 4.930 € | 4.474 € | 4.086 € | 3.656 € | 3.205 € | 3.000 € |
| 18.000 € | 7.971 € | 7.431 € | 6.917 € | 6.411 € | 5.916 € | 5.369 € | 4.903 € | 4.387 € | 3.846 € | 3.243 € |
| 21.000 € | 9.299 € | 8.669 € | 8.070 € | 7.480 € | 6.902 € | 6.264 € | 5.720 € | 5.118 € | 4.487 € | 3.784 € |
| 24.000 € | 10.628 € | 9.907 € | 9.223 € | 8.548 € | 7.887 € | 7.159 € | 6.537 € | 5.849 € | 5.128 € | 4.325 € |
| 27.000 € | 11.956 € | 11.146 € | 10.376 € | 9.617 € | 8.873 € | 8.054 € | 7.355 € | 6.581 € | 5.769 € | 4.865 € |
| 30.000 € | 13.285 € | 12.384 € | 11.529 € | 10.685 € | 9.859 € | 8.949 € | 8.172 € | 7.312 € | 6.410 € | 5.406 € |
| 33.000 € | 14.613 € | 13.623 € | 12.682 € | 11.754 € | 10.845 € | 9.844 € | 8.989 € | 8.043 € | 7.051 € | 5.946 € |
| 36.000 € | 15.942 € | 14.861 € | 13.835 € | 12.822 € | 11.831 € | 10.739 € | 9.806 € | 8.774 € | 7.692 € | 6.487 € |
| 39.000 € | 17.270 € | 16.100 € | 14.988 € | 13.891 € | 12.817 € | 11.634 € | 10.623 € | 9.505 € | 8.333 € | 7.027 € |
| 42.000 € | 17.270 € | 16.100 € | 14.988 € | 13.891 € | 12.817 € | 11.634 € | 10.623 € | 9.505 € | 8.333 € | 7.027 € |
| 45.000 € | 17.270 € | 16.100 € | 14.988 € | 13.891 € | 12.817 € | 11.634 € | 10.623 € | 9.505 € | 8.333 € | 7.027 € |
| 48.000 € | 17.270 € | 16.100 € | 14.988 € | 13.891 € | 12.817 € | 11.634 € | 10.623 € | 9.505 € | 8.333 € | 7.027 € |
| 51.000 € | 17.270 € | 16.100 € | 14.988 € | 13.891 € | 12.817 € | 11.634 € | 10.623 € | 9.505 € | 8.333 € | 7.027 € |
| 54.000 € | 17.270 € | 16.100 € | 14.988 € | 13.891 € | 12.817 € | 11.634 € | 10.623 € | 9.505 € | 8.333 € | 7.027 € |
| 57.000 € | 17.270 € | 16.100 € | 14.988 € | 13.891 € | 12.817 € | 11.634 € | 10.623 € | 9.505 € | 8.333 € | 7.027 € |
| 60.000 € | 17.270 € | 16.100 € | 14.988 € | 13.891 € | 12.817 € | 11.634 € | 10.623 € | 9.505 € | 8.333 € | 7.027 € |
| 63.000 € | 17.270 € | 16.100 € | 14.988 € | 13.891 € | 12.817 € | 11.634 € | 10.623 € | 9.505 € | 8.333 € | 7.027 € |
| 66.000 € | 17.270 € | 16.100 € | 14.988 € | 13.891 € | 12.817 € | 11.634 € | 10.623 € | 9.505 € | 8.333 € | 7.027 € |
| 69.000 € | 17.270 € | 16.100 € | 14.988 € | 13.891 € | 12.817 € | 11.634 € | 10.623 € | 9.505 € | 8.333 € | 7.027 € |
| 72.000 € | 17.270 € | 16.100 € | 14.988 € | 13.891 € | 12.817 € | 11.634 € | 10.623 € | 9.505 € | 8.333 € | 7.027 € |
| 75.000 € | 17.270 € | 16.100 € | 14.988 € | 13.891 € | 12.817 € | 11.634 € | 10.623 € | 9.505 € | 8.333 € | 7.027 € |
| 78.000 € | 17.270 € | 16.100 € | 14.988 € | 13.891 € | 12.817 € | 11.634 € | 10.623 € | 9.505 € | 8.333 € | 7.027 € |
| 81.000 € | 17.270 € | 16.100 € | 14.988 € | 13.891 € | 12.817 € | 11.634 € | 10.623 € | 9.505 € | 8.333 € | 7.027 € |
| 84.000 € | 17.270 € | 16.100 € | 14.988 € | 13.891 € | 12.817 € | 11.634 € | 10.623 € | 9.505 € | 8.333 € | 7.027 € |
| 87.000 € | 17.270 € | 16.100 € | 14.988 € | 13.891 € | 12.817 € | 11.634 € | 10.623 € | 9.505 € | 8.333 € | 7.027 € |
| 90.000 € | 17.270 € | 16.100 € | 14.988 € | 13.891 € | 12.817 € | 11.634 € | 10.623 € | 9.505 € | 8.333 € | 7.027 € |
| 93.000 € | 17.270 € | 16.100 € | 14.988 € | 13.891 € | 12.817 € | 11.634 € | 10.623 € | 9.505 € | 8.333 € | 7.027 € |
| 96.000 € | 17.270 € | 16.100 € | 14.988 € | 13.891 € | 12.817 € | 11.634 € | 10.623 € | 9.505 € | 8.333 € | 7.027 € |
| 99.000 € | 17.270 € | 16.100 € | 14.988 € | 13.891 € | 12.817 € | 11.634 € | 10.623 € | 9.505 € | 8.333 € | 7.027 € |
| 102.000 € | 17.270 € | 16.100 € | 14.988 € | 13.891 € | 12.817 € | 11.634 € | 10.623 € | 9.505 € | 8.333 € | 7.027 € |
| 105.000 € | 17.270 € | 16.100 € | 14.988 € | 13.891 € | 12.817 € | 11.634 € | 10.623 € | 9.505 € | 8.333 € | 7.027 € |
| 108.000 € | 17.270 € | 16.100 € | 14.988 € | 13.891 € | 12.817 € | 11.634 € | 10.623 € | 9.505 € | 8.333 € | 7.027 € |
| 111.000 € | 17.270 € | 16.100 € | 14.988 € | 13.891 € | 12.817 € | 11.634 € | 10.623 € | 9.505 € | 8.333 € | 7.027 € |
| 114.000 € | 17.270 € | 16.100 € | 14.988 € | 13.891 € | 12.817 € | 11.634 € | 10.623 € | 9.505 € | 8.333 € | 7.027 € |
| 117.000 € | 17.270 € | 16.100 € | 14.988 € | 13.891 € | 12.817 € | 11.634 € | 10.623 € | 9.505 € | 8.333 € | 7.027 € |
| 120.000 € | 17.270 € | 16.100 € | 14.988 € | 13.891 € | 12.817 € | 11.634 € | 10.623 € | 9.505 € | 8.333 € | 7.027 € |

# TABLA 1.C.1
## Lucro cesante del cónyuge
### Años de duración del matrimonio: 24 años

Ingreso neto

| Hasta | 98 | 99 o más |
|---|---|---|
| 9.000 € | 3.000 € | 3.000 € |
| 12.000 € | 3.000 € | 3.000 € |
| 15.000 € | 3.000 € | 3.000 € |
| 18.000 € | 3.000 € | 3.000 € |
| 21.000 € | 3.000 € | 3.000 € |
| 24.000 € | 3.287 € | 3.000 € |
| 27.000 € | 3.698 € | 3.000 € |
| 30.000 € | 4.108 € | 3.000 € |
| 33.000 € | 4.519 € | 3.000 € |
| 36.000 € | 4.930 € | 3.000 € |
| 39.000 € | 5.341 € | 3.120 € |
| 42.000 € | 5.341 € | 3.120 € |
| 45.000 € | 5.341 € | 3.120 € |
| 48.000 € | 5.341 € | 3.120 € |
| 51.000 € | 5.341 € | 3.120 € |
| 54.000 € | 5.341 € | 3.120 € |
| 57.000 € | 5.341 € | 3.120 € |
| 60.000 € | 5.341 € | 3.120 € |
| 63.000 € | 5.341 € | 3.120 € |
| 66.000 € | 5.341 € | 3.120 € |
| 69.000 € | 5.341 € | 3.120 € |
| 72.000 € | 5.341 € | 3.120 € |
| 75.000 € | 5.341 € | 3.120 € |
| 78.000 € | 5.341 € | 3.120 € |
| 81.000 € | 5.341 € | 3.120 € |
| 84.000 € | 5.341 € | 3.120 € |
| 87.000 € | 5.341 € | 3.120 € |
| 90.000 € | 5.341 € | 3.120 € |
| 93.000 € | 5.341 € | 3.120 € |
| 96.000 € | 5.341 € | 3.120 € |
| 99.000 € | 5.341 € | 3.120 € |
| 102.000 € | 5.341 € | 3.120 € |
| 105.000 € | 5.341 € | 3.120 € |
| 108.000 € | 5.341 € | 3.120 € |
| 111.000 € | 5.341 € | 3.120 € |
| 114.000 € | 5.341 € | 3.120 € |
| 117.000 € | 5.341 € | 3.120 € |
| 120.000 € | 5.341 € | 3.120 € |

# TABLA 1.C.1
## Lucro cesante del cónyuge
### Años de duración del matrimonio: 25 años

Ingreso netc Edad del cónyuge Edad del có

| Hasta | 39 | 40 | 41 | 42 | 43 | 44 | 45 | 46 | 47 | 48 |
|---|---|---|---|---|---|---|---|---|---|---|
| 9.000 € | 27.045 € | 26.975 € | 26.903 € | 26.825 € | 26.822 € | 26.818 € | 26.814 € | 26.811 € | 26.709 € | 26.566 € |
| 12.000 € | 36.059 € | 35.967 € | 35.870 € | 35.767 € | 35.762 € | 35.757 € | 35.753 € | 35.748 € | 35.611 € | 35.421 € |
| 15.000 € | 45.074 € | 44.959 € | 44.838 € | 44.709 € | 44.703 € | 44.697 € | 44.691 € | 44.685 € | 44.514 € | 44.276 € |
| 18.000 € | 54.089 € | 53.950 € | 53.805 € | 53.651 € | 53.644 € | 53.636 € | 53.629 € | 53.621 € | 53.417 € | 53.131 € |
| 21.000 € | 63.104 € | 62.942 € | 62.773 € | 62.593 € | 62.584 € | 62.576 € | 62.567 € | 62.558 € | 62.320 € | 61.986 € |
| 24.000 € | 72.119 € | 71.934 € | 71.740 € | 71.535 € | 71.525 € | 71.515 € | 71.505 € | 71.495 € | 71.223 € | 70.842 € |
| 27.000 € | 81.134 € | 80.926 € | 80.708 € | 80.476 € | 80.465 € | 80.454 € | 80.443 € | 80.432 € | 80.126 € | 79.697 € |
| 30.000 € | 90.148 € | 89.917 € | 89.675 € | 89.418 € | 89.406 € | 89.394 € | 89.381 € | 89.369 € | 89.029 € | 88.552 € |
| 33.000 € | 99.163 € | 98.909 € | 98.643 € | 98.360 € | 97.248 € | 96.266 € | 95.402 € | 94.664 € | 94.061 € | 93.600 € |
| 36.000 € | 108.178 € | 107.901 € | 107.610 € | 107.302 € | 104.853 € | 102.529 € | 100.315 € | 98.220 € | 96.254 € | 94.424 € |
| 39.000 € | 117.193 € | 116.892 € | 116.578 € | 116.244 € | 112.458 € | 108.791 € | 105.228 € | 101.776 € | 98.447 € | 95.249 € |
| 42.000 € | 126.208 € | 125.884 € | 125.545 € | 125.186 € | 120.063 € | 115.054 € | 110.140 € | 105.332 € | 100.640 € | 96.073 € |
| 45.000 € | 135.223 € | 134.876 € | 134.513 € | 134.127 € | 127.668 € | 121.316 € | 115.053 € | 108.888 € | 102.833 € | 96.897 € |
| 48.000 € | 144.238 € | 143.868 € | 143.480 € | 143.069 € | 135.273 € | 127.579 € | 119.966 € | 112.443 € | 105.026 € | 97.721 € |
| 51.000 € | 167.150 € | 166.728 € | 166.287 € | 165.818 € | 156.651 € | 147.581 € | 138.582 € | 129.665 € | 120.846 € | 112.132 € |
| 54.000 € | 206.457 € | 205.950 € | 205.418 € | 204.853 € | 194.276 € | 183.790 € | 173.363 € | 163.006 € | 152.739 € | 142.571 € |
| 57.000 € | 245.763 € | 245.171 € | 244.549 € | 243.888 € | 231.902 € | 220.000 € | 208.144 € | 196.347 € | 184.633 € | 173.010 € |
| 60.000 € | 285.070 € | 284.392 € | 283.680 € | 282.923 € | 269.527 € | 256.210 € | 242.925 € | 229.688 € | 216.526 € | 203.449 € |
| 63.000 € | 324.377 € | 323.613 € | 322.812 € | 321.958 € | 307.153 € | 292.419 € | 277.706 € | 263.030 € | 248.420 € | 233.888 € |
| 66.000 € | 363.684 € | 362.835 € | 361.943 € | 360.993 € | 344.778 € | 328.629 € | 312.487 € | 296.371 € | 280.313 € | 264.327 € |
| 69.000 € | 402.990 € | 402.056 € | 401.074 € | 400.028 € | 382.404 € | 364.838 € | 347.268 € | 329.712 € | 312.207 € | 294.766 € |
| 72.000 € | 442.297 € | 441.277 € | 440.206 € | 439.064 € | 420.029 € | 401.048 € | 382.049 € | 363.054 € | 344.100 € | 325.205 € |
| 75.000 € | 481.604 € | 480.499 € | 479.337 € | 478.099 € | 457.654 € | 437.258 € | 416.830 € | 396.395 € | 375.994 € | 355.644 € |
| 78.000 € | 520.910 € | 519.720 € | 518.468 € | 517.134 € | 495.280 € | 473.467 € | 451.611 € | 429.736 € | 407.887 € | 386.082 € |
| 81.000 € | 560.217 € | 558.941 € | 557.599 € | 556.169 € | 532.905 € | 509.677 € | 486.392 € | 463.078 € | 439.781 € | 416.521 € |
| 84.000 € | 599.524 € | 598.162 € | 596.731 € | 595.204 € | 570.531 € | 545.887 € | 521.174 € | 496.419 € | 471.674 € | 446.960 € |
| 87.000 € | 638.830 € | 637.384 € | 635.862 € | 634.239 € | 608.156 € | 582.096 € | 555.955 € | 529.760 € | 503.568 € | 477.399 € |
| 90.000 € | 678.137 € | 676.605 € | 674.993 € | 673.275 € | 645.782 € | 618.306 € | 590.736 € | 563.101 € | 535.461 € | 507.838 € |
| 93.000 € | 717.444 € | 715.826 € | 714.124 € | 712.310 € | 683.407 € | 654.516 € | 625.517 € | 596.443 € | 567.355 € | 538.277 € |
| 96.000 € | 756.750 € | 755.047 € | 753.256 € | 751.345 € | 721.033 € | 690.725 € | 660.298 € | 629.784 € | 599.248 € | 568.716 € |
| 99.000 € | 796.057 € | 794.269 € | 792.387 € | 790.380 € | 758.658 € | 726.935 € | 695.079 € | 663.125 € | 631.142 € | 599.155 € |
| 102.000 € | 835.364 € | 833.490 € | 831.518 € | 829.415 € | 796.283 € | 763.145 € | 729.860 € | 696.467 € | 663.035 € | 629.594 € |
| 105.000 € | 874.671 € | 872.711 € | 870.650 € | 868.450 € | 833.909 € | 799.354 € | 764.641 € | 729.808 € | 694.929 € | 660.033 € |
| 108.000 € | 913.977 € | 911.932 € | 909.781 € | 907.486 € | 871.534 € | 835.564 € | 799.422 € | 763.149 € | 726.822 € | 690.472 € |
| 111.000 € | 953.284 € | 951.154 € | 948.912 € | 946.521 € | 909.160 € | 871.773 € | 834.203 € | 796.491 € | 758.716 € | 720.911 € |
| 114.000 € | 992.591 € | 990.375 € | 988.043 € | 985.556 € | 946.785 € | 907.983 € | 868.984 € | 829.832 € | 790.609 € | 751.350 € |
| 117.000 € | 1.031.897 € | 1.029.596 € | 1.027.175 € | 1.024.591 € | 984.411 € | 944.193 € | 903.765 € | 863.173 € | 822.503 € | 781.788 € |
| 120.000 € | 1.071.204 € | 1.068.817 € | 1.066.306 € | 1.063.626 € | 1.022.036 € | 980.402 € | 938.546 € | 896.514 € | 854.396 € | 812.227 € |

# TABLA 1.C.1
## Lucro cesante del cónyuge
Años de duración del matrimonio: 25 años

Ingreso netcnyuge | Edad del cónyuge

| Hasta | 49 | 50 | 51 | 52 | 53 | 54 | 55 | 56 | 57 | 58 |
|---|---|---|---|---|---|---|---|---|---|---|
| 9.000 € | 26.381 € | 26.126 € | 25.789 € | 25.365 € | 24.874 € | 24.323 € | 23.733 € | 23.073 € | 22.311 € | 21.531 € |
| 12.000 € | 35.174 € | 34.835 € | 34.385 € | 33.820 € | 33.165 € | 32.431 € | 31.644 € | 30.764 € | 29.747 € | 28.708 € |
| 15.000 € | 43.968 € | 43.544 € | 42.981 € | 42.275 € | 41.457 € | 40.539 € | 39.556 € | 38.455 € | 37.184 € | 35.885 € |
| 18.000 € | 52.761 € | 52.252 € | 51.578 € | 50.730 € | 49.748 € | 48.647 € | 47.467 € | 46.146 € | 44.621 € | 43.061 € |
| 21.000 € | 61.555 € | 60.961 € | 60.174 € | 59.184 € | 58.039 € | 56.755 € | 55.378 € | 53.837 € | 52.058 € | 50.238 € |
| 24.000 € | 70.348 € | 69.670 € | 68.770 € | 67.639 € | 66.331 € | 64.862 € | 63.289 € | 61.528 € | 59.495 € | 57.415 € |
| 27.000 € | 79.142 € | 78.378 € | 77.367 € | 76.094 € | 74.622 € | 72.970 € | 71.200 € | 69.219 € | 66.932 € | 64.592 € |
| 30.000 € | 87.935 € | 87.087 € | 85.963 € | 84.549 € | 82.913 € | 81.078 € | 79.111 € | 76.910 € | 74.368 € | 71.769 € |
| 33.000 € | 93.268 € | 93.074 € | 93.017 € | 93.004 € | 91.205 € | 89.186 € | 87.022 € | 84.601 € | 81.805 € | 78.946 € |
| 36.000 € | 93.909 € | 93.393 € | 93.393 € | 93.393 € | 91.471 € | 91.049 € | 87.863 € | 86.341 € | 83.707 € | 83.124 € |
| 39.000 € | 94.480 € | 93.711 € | 93.711 € | 93.711 € | 91.736 € | 91.736 € | 88.706 € | 88.104 € | 84.337 € | 84.048 € |
| 42.000 € | 95.050 € | 94.028 € | 94.028 € | 94.028 € | 92.000 € | 92.000 € | 89.552 € | 89.552 € | 84.968 € | 84.665 € |
| 45.000 € | 95.621 € | 94.344 € | 94.344 € | 94.344 € | 92.264 € | 92.264 € | 90.401 € | 90.401 € | 85.601 € | 85.411 € |
| 48.000 € | 96.191 € | 94.660 € | 94.660 € | 94.660 € | 92.527 € | 92.527 € | 91.255 € | 91.255 € | 86.235 € | 86.160 € |
| 51.000 € | 103.503 € | 94.976 € | 94.976 € | 94.976 € | 92.790 € | 92.790 € | 92.114 € | 92.114 € | 86.871 € | 86.871 € |
| 54.000 € | 132.475 € | 122.470 € | 112.562 € | 102.754 € | 93.052 € | 93.052 € | 92.977 € | 92.977 € | 87.510 € | 87.510 € |
| 57.000 € | 161.446 € | 149.963 € | 138.568 € | 127.263 € | 116.055 € | 104.908 € | 93.846 € | 93.846 € | 88.152 € | 88.152 € |
| 60.000 € | 190.417 € | 177.457 € | 164.574 € | 151.772 € | 139.057 € | 126.386 € | 113.786 € | 101.234 € | 88.797 € | 88.797 € |
| 63.000 € | 219.388 € | 204.951 € | 190.581 € | 176.281 € | 162.059 € | 147.864 € | 133.726 € | 119.616 € | 105.612 € | 91.655 € |
| 66.000 € | 248.360 € | 232.444 € | 216.587 € | 200.790 € | 185.061 € | 169.342 € | 153.665 € | 137.998 € | 122.428 € | 106.886 € |
| 69.000 € | 277.331 € | 259.938 € | 242.593 € | 225.299 € | 208.064 € | 190.820 € | 173.605 € | 156.380 € | 139.244 € | 122.117 € |
| 72.000 € | 306.302 € | 287.432 € | 268.599 € | 249.808 € | 231.066 € | 212.298 € | 193.545 € | 174.763 € | 156.060 € | 137.347 € |
| 75.000 € | 335.273 € | 314.925 € | 294.606 € | 274.317 € | 254.068 € | 233.776 € | 213.485 € | 193.145 € | 172.876 € | 152.578 € |
| 78.000 € | 364.244 € | 342.419 € | 320.612 € | 298.826 € | 277.070 € | 255.254 € | 233.425 € | 211.527 € | 189.692 € | 167.808 € |
| 81.000 € | 393.216 € | 369.913 € | 346.618 € | 323.335 € | 300.073 € | 276.732 € | 253.364 € | 229.909 € | 206.507 € | 183.039 € |
| 84.000 € | 422.187 € | 397.406 € | 372.624 € | 347.845 € | 323.075 € | 298.210 € | 273.304 € | 248.291 € | 223.323 € | 198.270 € |
| 87.000 € | 451.158 € | 424.900 € | 398.631 € | 372.354 € | 346.077 € | 319.688 € | 293.244 € | 266.673 € | 240.139 € | 213.500 € |
| 90.000 € | 480.129 € | 452.394 € | 424.637 € | 396.863 € | 369.079 € | 341.166 € | 313.184 € | 285.055 € | 256.955 € | 228.731 € |
| 93.000 € | 509.101 € | 479.887 € | 450.643 € | 421.372 € | 392.082 € | 362.644 € | 333.124 € | 303.437 € | 273.771 € | 243.961 € |
| 96.000 € | 538.072 € | 507.381 € | 476.650 € | 445.881 € | 415.084 € | 384.122 € | 353.063 € | 321.820 € | 290.586 € | 259.192 € |
| 99.000 € | 567.043 € | 534.875 € | 502.656 € | 470.390 € | 438.086 € | 405.601 € | 373.003 € | 340.202 € | 307.402 € | 274.423 € |
| 102.000 € | 596.014 € | 562.368 € | 528.662 € | 494.899 € | 461.088 € | 427.079 € | 392.943 € | 358.584 € | 324.218 € | 289.653 € |
| 105.000 € | 624.986 € | 589.862 € | 554.668 € | 519.408 € | 484.091 € | 448.557 € | 412.883 € | 376.966 € | 341.034 € | 304.884 € |
| 108.000 € | 653.957 € | 617.356 € | 580.675 € | 543.917 € | 507.093 € | 470.035 € | 432.823 € | 395.348 € | 357.850 € | 320.114 € |
| 111.000 € | 682.928 € | 644.850 € | 606.681 € | 568.426 € | 530.095 € | 491.513 € | 452.762 € | 413.730 € | 374.666 € | 335.345 € |
| 114.000 € | 711.899 € | 672.343 € | 632.687 € | 592.935 € | 553.097 € | 512.991 € | 472.702 € | 432.112 € | 391.481 € | 350.576 € |
| 117.000 € | 740.871 € | 699.837 € | 658.693 € | 617.444 € | 576.100 € | 534.469 € | 492.642 € | 450.495 € | 408.297 € | 365.806 € |
| 120.000 € | 769.842 € | 727.331 € | 684.700 € | 641.953 € | 599.102 € | 555.947 € | 512.582 € | 468.877 € | 425.113 € | 381.037 € |

# TABLA 1.C.1
## Lucro cesante del cónyuge
Años de duración del matrimonio: 25 años

| Ingreso neto | Edad del cónyuge | | | | | | | | | |
|---|---|---|---|---|---|---|---|---|---|---|
| Hasta | 59 | 60 | 61 | 62 | 63 | 64 | 65 | 66 | 67 | 68 |
| 9.000 € | 20.713 € | 19.879 € | 19.026 € | 18.155 € | 17.285 € | 16.416 € | 15.543 € | 14.701 € | 11.619 € | 11.346 € |
| 12.000 € | 27.618 € | 26.505 € | 25.368 € | 24.206 € | 23.047 € | 21.888 € | 20.724 € | 19.601 € | 15.492 € | 15.128 € |
| 15.000 € | 34.522 € | 33.131 € | 31.711 € | 30.258 € | 28.809 € | 27.360 € | 25.905 € | 24.501 € | 19.365 € | 18.910 € |
| 18.000 € | 41.426 € | 39.758 € | 38.053 € | 36.310 € | 34.570 € | 32.833 € | 31.087 € | 29.402 € | 23.238 € | 22.692 € |
| 21.000 € | 48.331 € | 46.384 € | 44.395 € | 42.361 € | 40.332 € | 38.305 € | 36.268 € | 34.302 € | 27.111 € | 26.474 € |
| 24.000 € | 55.235 € | 53.010 € | 50.737 € | 48.413 € | 46.094 € | 43.777 € | 41.449 € | 39.202 € | 30.984 € | 30.256 € |
| 27.000 € | 62.139 € | 59.636 € | 57.079 € | 54.465 € | 51.856 € | 49.249 € | 46.630 € | 44.103 € | 34.857 € | 34.037 € |
| 30.000 € | 69.044 € | 66.263 € | 63.421 € | 60.516 € | 57.617 € | 54.721 € | 51.811 € | 49.003 € | 38.730 € | 37.819 € |
| 33.000 € | 75.948 € | 72.889 € | 69.763 € | 66.568 € | 63.379 € | 60.193 € | 56.992 € | 53.903 € | 42.603 € | 41.601 € |
| 36.000 € | 82.656 € | 79.515 € | 76.105 € | 72.619 € | 69.141 € | 65.665 € | 62.173 € | 58.803 € | 46.476 € | 45.383 € |
| 39.000 € | 83.507 € | 80.263 € | 76.532 € | 73.133 € | 69.317 € | 65.765 € | 62.222 € | 58.803 € | 50.349 € | 49.165 € |
| 42.000 € | 84.362 € | 81.014 € | 76.959 € | 73.647 € | 69.492 € | 65.864 € | 62.271 € | 58.803 € | 50.349 € | 49.165 € |
| 45.000 € | 85.222 € | 81.768 € | 77.385 € | 74.162 € | 69.667 € | 65.963 € | 62.319 € | 58.803 € | 50.349 € | 49.165 € |
| 48.000 € | 86.086 € | 82.526 € | 77.812 € | 74.678 € | 69.841 € | 66.062 € | 62.367 € | 58.803 € | 50.349 € | 49.165 € |
| 51.000 € | 86.871 € | 83.287 € | 78.240 € | 75.196 € | 70.016 € | 66.160 € | 62.415 € | 58.803 € | 50.349 € | 49.165 € |
| 54.000 € | 87.510 € | 84.053 € | 78.668 € | 75.716 € | 70.190 € | 66.259 € | 62.463 € | 58.803 € | 50.349 € | 49.165 € |
| 57.000 € | 88.152 € | 84.824 € | 79.098 € | 76.238 € | 70.364 € | 66.357 € | 62.511 € | 58.803 € | 50.349 € | 49.165 € |
| 60.000 € | 88.797 € | 85.599 € | 79.529 € | 76.761 € | 70.538 € | 66.455 € | 62.559 € | 58.803 € | 50.349 € | 49.165 € |
| 63.000 € | 90.494 € | 86.380 € | 79.961 € | 77.287 € | 70.712 € | 66.553 € | 62.606 € | 58.803 € | 50.349 € | 49.165 € |
| 66.000 € | 91.395 € | 87.166 € | 80.394 € | 77.816 € | 70.886 € | 66.651 € | 62.654 € | 58.803 € | 50.349 € | 49.165 € |
| 69.000 € | 105.024 € | 87.957 € | 80.829 € | 78.347 € | 71.060 € | 66.748 € | 62.701 € | 58.803 € | 50.349 € | 49.165 € |
| 72.000 € | 118.652 € | 99.965 € | 81.265 € | 78.880 € | 71.234 € | 66.846 € | 62.749 € | 58.803 € | 50.349 € | 49.165 € |
| 75.000 € | 132.281 € | 111.974 € | 91.631 € | 79.417 € | 71.408 € | 66.944 € | 62.796 € | 58.803 € | 50.349 € | 49.165 € |
| 78.000 € | 145.910 € | 123.982 € | 101.997 € | 79.956 € | 71.582 € | 67.041 € | 62.844 € | 58.803 € | 50.349 € | 49.165 € |
| 81.000 € | 159.539 € | 135.990 € | 112.363 € | 88.656 € | 71.757 € | 67.139 € | 62.891 € | 58.803 € | 50.349 € | 49.165 € |
| 84.000 € | 173.168 € | 147.999 € | 122.729 € | 97.356 € | 71.932 € | 67.237 € | 62.938 € | 58.803 € | 50.349 € | 49.165 € |
| 87.000 € | 186.796 € | 160.007 € | 133.094 € | 106.057 € | 78.948 € | 67.335 € | 62.986 € | 58.803 € | 50.349 € | 49.165 € |
| 90.000 € | 200.425 € | 172.015 € | 143.460 € | 114.757 € | 85.964 € | 67.432 € | 63.033 € | 58.803 € | 50.349 € | 49.165 € |
| 93.000 € | 214.054 € | 184.024 € | 153.826 € | 123.457 € | 92.980 € | 67.530 € | 63.080 € | 58.803 € | 50.349 € | 49.165 € |
| 96.000 € | 227.683 € | 196.032 € | 164.192 € | 132.158 € | 99.996 € | 67.628 € | 63.127 € | 58.803 € | 50.349 € | 49.165 € |
| 99.000 € | 241.311 € | 208.040 € | 174.557 € | 140.858 € | 107.012 € | 72.935 € | 63.174 € | 58.803 € | 50.349 € | 49.165 € |
| 102.000 € | 254.940 € | 220.049 € | 184.923 € | 149.558 € | 114.028 € | 78.243 € | 63.222 € | 58.803 € | 50.349 € | 49.165 € |
| 105.000 € | 268.569 € | 232.057 € | 195.289 € | 158.258 € | 121.044 € | 83.551 € | 63.269 € | 58.803 € | 50.349 € | 49.165 € |
| 108.000 € | 282.198 € | 244.065 € | 205.655 € | 166.959 € | 128.060 € | 88.858 € | 63.316 € | 58.803 € | 50.349 € | 49.165 € |
| 111.000 € | 295.826 € | 256.074 € | 216.021 € | 175.659 € | 135.076 € | 94.166 € | 63.363 € | 58.803 € | 50.349 € | 49.165 € |
| 114.000 € | 309.455 € | 268.082 € | 226.386 € | 184.359 € | 142.092 € | 99.473 € | 63.410 € | 58.803 € | 50.349 € | 49.165 € |
| 117.000 € | 323.084 € | 280.090 € | 236.752 € | 193.060 € | 149.108 € | 104.781 € | 63.458 € | 58.803 € | 50.349 € | 49.165 € |
| 120.000 € | 336.713 € | 292.099 € | 247.118 € | 201.760 € | 156.124 € | 63.505 € | 110.088 € | 58.803 € | 50.349 € | 49.165 € |

## TABLA 1.C.1
## Lucro cesante del cónyuge
### Años de duración del matrimonio: 25 años

| Ingreso neto | Edad del cónyuge | | | | | | | | | |
|---|---|---|---|---|---|---|---|---|---|---|
| Hasta | 69 | 70 | 71 | 72 | 73 | 74 | 75 | 76 | 77 | 78 |
| 9.000 € | 11.047 € | 10.712 € | 10.376 € | 10.018 € | 9.621 € | 9.227 € | 8.838 € | 8.406 € | 7.975 € | 7.553 € |
| 12.000 € | 14.729 € | 14.283 € | 13.835 € | 13.357 € | 12.827 € | 12.303 € | 11.784 € | 11.209 € | 10.634 € | 10.071 € |
| 15.000 € | 18.412 € | 17.854 € | 17.293 € | 16.697 € | 16.034 € | 15.379 € | 14.730 € | 14.011 € | 13.292 € | 12.588 € |
| 18.000 € | 22.094 € | 21.424 € | 20.752 € | 20.036 € | 19.241 € | 18.454 € | 17.677 € | 16.813 € | 15.950 € | 15.106 € |
| 21.000 € | 25.777 € | 24.995 € | 24.211 € | 23.375 € | 22.448 € | 21.530 € | 20.623 € | 19.615 € | 18.609 € | 17.624 € |
| 24.000 € | 29.459 € | 28.566 € | 27.669 € | 26.714 € | 25.655 € | 24.606 € | 23.569 € | 22.417 € | 21.267 € | 20.141 € |
| 27.000 € | 33.141 € | 32.137 € | 31.128 € | 30.054 € | 28.862 € | 27.681 € | 26.515 € | 25.219 € | 23.926 € | 22.659 € |
| 30.000 € | 36.824 € | 35.707 € | 34.587 € | 33.393 € | 32.069 € | 30.757 € | 29.461 € | 28.021 € | 26.584 € | 25.177 € |
| 33.000 € | 40.506 € | 39.278 € | 38.045 € | 36.732 € | 35.276 € | 33.833 € | 32.407 € | 30.823 € | 29.243 € | 27.694 € |
| 36.000 € | 44.188 € | 42.849 € | 41.504 € | 40.072 € | 38.482 € | 36.909 € | 35.353 € | 33.626 € | 31.901 € | 30.212 € |
| 39.000 € | 47.871 € | 46.420 € | 44.963 € | 43.411 € | 41.689 € | 39.984 € | 38.299 € | 36.428 € | 34.559 € | 32.730 € |
| 42.000 € | 47.871 € | 46.420 € | 44.963 € | 43.411 € | 41.689 € | 39.984 € | 38.299 € | 36.428 € | 34.559 € | 32.730 € |
| 45.000 € | 47.871 € | 46.420 € | 44.963 € | 43.411 € | 41.689 € | 39.984 € | 38.299 € | 36.428 € | 34.559 € | 32.730 € |
| 48.000 € | 47.871 € | 46.420 € | 44.963 € | 43.411 € | 41.689 € | 39.984 € | 38.299 € | 36.428 € | 34.559 € | 32.730 € |
| 51.000 € | 47.871 € | 46.420 € | 44.963 € | 43.411 € | 41.689 € | 39.984 € | 38.299 € | 36.428 € | 34.559 € | 32.730 € |
| 54.000 € | 47.871 € | 46.420 € | 44.963 € | 43.411 € | 41.689 € | 39.984 € | 38.299 € | 36.428 € | 34.559 € | 32.730 € |
| 57.000 € | 47.871 € | 46.420 € | 44.963 € | 43.411 € | 41.689 € | 39.984 € | 38.299 € | 36.428 € | 34.559 € | 32.730 € |
| 60.000 € | 47.871 € | 46.420 € | 44.963 € | 43.411 € | 41.689 € | 39.984 € | 38.299 € | 36.428 € | 34.559 € | 32.730 € |
| 63.000 € | 47.871 € | 46.420 € | 44.963 € | 43.411 € | 41.689 € | 39.984 € | 38.299 € | 36.428 € | 34.559 € | 32.730 € |
| 66.000 € | 47.871 € | 46.420 € | 44.963 € | 43.411 € | 41.689 € | 39.984 € | 38.299 € | 36.428 € | 34.559 € | 32.730 € |
| 69.000 € | 47.871 € | 46.420 € | 44.963 € | 43.411 € | 41.689 € | 39.984 € | 38.299 € | 36.428 € | 34.559 € | 32.730 € |
| 72.000 € | 47.871 € | 46.420 € | 44.963 € | 43.411 € | 41.689 € | 39.984 € | 38.299 € | 36.428 € | 34.559 € | 32.730 € |
| 75.000 € | 47.871 € | 46.420 € | 44.963 € | 43.411 € | 41.689 € | 39.984 € | 38.299 € | 36.428 € | 34.559 € | 32.730 € |
| 78.000 € | 47.871 € | 46.420 € | 44.963 € | 43.411 € | 41.689 € | 39.984 € | 38.299 € | 36.428 € | 34.559 € | 32.730 € |
| 81.000 € | 47.871 € | 46.420 € | 44.963 € | 43.411 € | 41.689 € | 39.984 € | 38.299 € | 36.428 € | 34.559 € | 32.730 € |
| 84.000 € | 47.871 € | 46.420 € | 44.963 € | 43.411 € | 41.689 € | 39.984 € | 38.299 € | 36.428 € | 34.559 € | 32.730 € |
| 87.000 € | 47.871 € | 46.420 € | 44.963 € | 43.411 € | 41.689 € | 39.984 € | 38.299 € | 36.428 € | 34.559 € | 32.730 € |
| 90.000 € | 47.871 € | 46.420 € | 44.963 € | 43.411 € | 41.689 € | 39.984 € | 38.299 € | 36.428 € | 34.559 € | 32.730 € |
| 93.000 € | 47.871 € | 46.420 € | 44.963 € | 43.411 € | 41.689 € | 39.984 € | 38.299 € | 36.428 € | 34.559 € | 32.730 € |
| 96.000 € | 47.871 € | 46.420 € | 44.963 € | 43.411 € | 41.689 € | 39.984 € | 38.299 € | 36.428 € | 34.559 € | 32.730 € |
| 99.000 € | 47.871 € | 46.420 € | 44.963 € | 43.411 € | 41.689 € | 39.984 € | 38.299 € | 36.428 € | 34.559 € | 32.730 € |
| 102.000 € | 47.871 € | 46.420 € | 44.963 € | 43.411 € | 41.689 € | 39.984 € | 38.299 € | 36.428 € | 34.559 € | 32.730 € |
| 105.000 € | 47.871 € | 46.420 € | 44.963 € | 43.411 € | 41.689 € | 39.984 € | 38.299 € | 36.428 € | 34.559 € | 32.730 € |
| 108.000 € | 47.871 € | 46.420 € | 44.963 € | 43.411 € | 41.689 € | 39.984 € | 38.299 € | 36.428 € | 34.559 € | 32.730 € |
| 111.000 € | 47.871 € | 46.420 € | 44.963 € | 43.411 € | 41.689 € | 39.984 € | 38.299 € | 36.428 € | 34.559 € | 32.730 € |
| 114.000 € | 47.871 € | 46.420 € | 44.963 € | 43.411 € | 41.689 € | 39.984 € | 38.299 € | 36.428 € | 34.559 € | 32.730 € |
| 117.000 € | 47.871 € | 46.420 € | 44.963 € | 43.411 € | 41.689 € | 39.984 € | 38.299 € | 36.428 € | 34.559 € | 32.730 € |
| 120.000 € | 47.871 € | 46.420 € | 44.963 € | 43.411 € | 41.689 € | 39.984 € | 38.299 € | 36.428 € | 34.559 € | 32.730 € |

# TABLA 1.C.1
## Lucro cesante del cónyuge
Años de duración del matrimonio: 25 años

| Ingreso neto | Edad del cónyuge | | | | | | | | | |
|---|---|---|---|---|---|---|---|---|---|---|
| Hasta | 79 | 80 | 81 | 82 | 83 | 84 | 85 | 86 | 87 | 88 |
| 9.000 € | 7.143 € | 6.738 € | 6.346 € | 5.968 € | 5.601 € | 5.245 € | 4.908 € | 4.584 € | 4.276 € | 3.985 € |
| 12.000 € | 9.524 € | 8.983 € | 8.461 € | 7.957 € | 7.468 € | 6.994 € | 6.544 € | 6.113 € | 5.702 € | 5.314 € |
| 15.000 € | 11.905 € | 11.229 € | 10.576 € | 9.947 € | 9.335 € | 8.742 € | 8.180 € | 7.641 € | 7.127 € | 6.642 € |
| 18.000 € | 14.286 € | 13.475 € | 12.692 € | 11.936 € | 11.202 € | 10.490 € | 9.816 € | 9.169 € | 8.552 € | 7.971 € |
| 21.000 € | 16.667 € | 15.721 € | 14.807 € | 13.925 € | 13.069 € | 12.239 € | 11.452 € | 10.697 € | 9.978 € | 9.299 € |
| 24.000 € | 19.048 € | 17.967 € | 16.922 € | 15.915 € | 14.936 € | 13.987 € | 13.088 € | 12.225 € | 11.403 € | 10.628 € |
| 27.000 € | 21.429 € | 20.213 € | 19.038 € | 17.904 € | 16.803 € | 15.735 € | 14.724 € | 13.753 € | 12.829 € | 11.956 € |
| 30.000 € | 23.810 € | 22.459 € | 21.153 € | 19.893 € | 18.669 € | 17.484 € | 16.360 € | 15.282 € | 14.254 € | 13.285 € |
| 33.000 € | 26.191 € | 24.704 € | 23.268 € | 21.883 € | 20.536 € | 19.232 € | 17.996 € | 16.810 € | 15.679 € | 14.613 € |
| 36.000 € | 28.572 € | 26.950 € | 25.383 € | 23.872 € | 22.403 € | 20.981 € | 19.632 € | 18.338 € | 17.105 € | 15.942 € |
| 39.000 € | 30.953 € | 29.196 € | 27.499 € | 25.861 € | 24.270 € | 22.729 € | 21.268 € | 19.866 € | 18.530 € | 17.270 € |
| 42.000 € | 30.953 € | 29.196 € | 27.499 € | 25.861 € | 24.270 € | 22.729 € | 21.268 € | 19.866 € | 18.530 € | 17.270 € |
| 45.000 € | 30.953 € | 29.196 € | 27.499 € | 25.861 € | 24.270 € | 22.729 € | 21.268 € | 19.866 € | 18.530 € | 17.270 € |
| 48.000 € | 30.953 € | 29.196 € | 27.499 € | 25.861 € | 24.270 € | 22.729 € | 21.268 € | 19.866 € | 18.530 € | 17.270 € |
| 51.000 € | 30.953 € | 29.196 € | 27.499 € | 25.861 € | 24.270 € | 22.729 € | 21.268 € | 19.866 € | 18.530 € | 17.270 € |
| 54.000 € | 30.953 € | 29.196 € | 27.499 € | 25.861 € | 24.270 € | 22.729 € | 21.268 € | 19.866 € | 18.530 € | 17.270 € |
| 57.000 € | 30.953 € | 29.196 € | 27.499 € | 25.861 € | 24.270 € | 22.729 € | 21.268 € | 19.866 € | 18.530 € | 17.270 € |
| 60.000 € | 30.953 € | 29.196 € | 27.499 € | 25.861 € | 24.270 € | 22.729 € | 21.268 € | 19.866 € | 18.530 € | 17.270 € |
| 63.000 € | 30.953 € | 29.196 € | 27.499 € | 25.861 € | 24.270 € | 22.729 € | 21.268 € | 19.866 € | 18.530 € | 17.270 € |
| 66.000 € | 30.953 € | 29.196 € | 27.499 € | 25.861 € | 24.270 € | 22.729 € | 21.268 € | 19.866 € | 18.530 € | 17.270 € |
| 69.000 € | 30.953 € | 29.196 € | 27.499 € | 25.861 € | 24.270 € | 22.729 € | 21.268 € | 19.866 € | 18.530 € | 17.270 € |
| 72.000 € | 30.953 € | 29.196 € | 27.499 € | 25.861 € | 24.270 € | 22.729 € | 21.268 € | 19.866 € | 18.530 € | 17.270 € |
| 75.000 € | 30.953 € | 29.196 € | 27.499 € | 25.861 € | 24.270 € | 22.729 € | 21.268 € | 19.866 € | 18.530 € | 17.270 € |
| 78.000 € | 30.953 € | 29.196 € | 27.499 € | 25.861 € | 24.270 € | 22.729 € | 21.268 € | 19.866 € | 18.530 € | 17.270 € |
| 81.000 € | 30.953 € | 29.196 € | 27.499 € | 25.861 € | 24.270 € | 22.729 € | 21.268 € | 19.866 € | 18.530 € | 17.270 € |
| 84.000 € | 30.953 € | 29.196 € | 27.499 € | 25.861 € | 24.270 € | 22.729 € | 21.268 € | 19.866 € | 18.530 € | 17.270 € |
| 87.000 € | 30.953 € | 29.196 € | 27.499 € | 25.861 € | 24.270 € | 22.729 € | 21.268 € | 19.866 € | 18.530 € | 17.270 € |
| 90.000 € | 30.953 € | 29.196 € | 27.499 € | 25.861 € | 24.270 € | 22.729 € | 21.268 € | 19.866 € | 18.530 € | 17.270 € |
| 93.000 € | 30.953 € | 29.196 € | 27.499 € | 25.861 € | 24.270 € | 22.729 € | 21.268 € | 19.866 € | 18.530 € | 17.270 € |
| 96.000 € | 30.953 € | 29.196 € | 27.499 € | 25.861 € | 24.270 € | 22.729 € | 21.268 € | 19.866 € | 18.530 € | 17.270 € |
| 99.000 € | 30.953 € | 29.196 € | 27.499 € | 25.861 € | 24.270 € | 22.729 € | 21.268 € | 19.866 € | 18.530 € | 17.270 € |
| 102.000 € | 30.953 € | 29.196 € | 27.499 € | 25.861 € | 24.270 € | 22.729 € | 21.268 € | 19.866 € | 18.530 € | 17.270 € |
| 105.000 € | 30.953 € | 29.196 € | 27.499 € | 25.861 € | 24.270 € | 22.729 € | 21.268 € | 19.866 € | 18.530 € | 17.270 € |
| 108.000 € | 30.953 € | 29.196 € | 27.499 € | 25.861 € | 24.270 € | 22.729 € | 21.268 € | 19.866 € | 18.530 € | 17.270 € |
| 111.000 € | 30.953 € | 29.196 € | 27.499 € | 25.861 € | 24.270 € | 22.729 € | 21.268 € | 19.866 € | 18.530 € | 17.270 € |
| 114.000 € | 30.953 € | 29.196 € | 27.499 € | 25.861 € | 24.270 € | 22.729 € | 21.268 € | 19.866 € | 18.530 € | 17.270 € |
| 117.000 € | 30.953 € | 29.196 € | 27.499 € | 25.861 € | 24.270 € | 22.729 € | 21.268 € | 19.866 € | 18.530 € | 17.270 € |
| 120.000 € | 30.953 € | 29.196 € | 27.499 € | 25.861 € | 24.270 € | 22.729 € | 21.268 € | 19.866 € | 18.530 € | 17.270 € |

# TABLA 1.C.1
## Lucro cesante del cónyuge
Años de duración del matrimonio: 25 años

| Ingreso neto | Edad del cónyuge | | | | | | | | | |
|---|---|---|---|---|---|---|---|---|---|---|
| Hasta | 89 | 90 | 91 | 92 | 93 | 94 | 95 | 96 | 97 | 98 |
| 9.000 € | 3.715 € | 3.459 € | 3.206 € | 3.000 € | 3.000 € | 3.000 € | 3.000 € | 3.000 € | 3.000 € | 3.000 € |
| 12.000 € | 4.954 € | 4.612 € | 4.274 € | 3.944 € | 3.580 € | 3.269 € | 3.000 € | 3.000 € | 3.000 € | 3.000 € |
| 15.000 € | 6.192 € | 5.764 € | 5.343 € | 4.930 € | 4.474 € | 4.086 € | 3.656 € | 3.205 € | 3.000 € | 3.000 € |
| 18.000 € | 7.431 € | 6.917 € | 6.411 € | 5.916 € | 5.369 € | 4.903 € | 4.387 € | 3.846 € | 3.243 € | 3.000 € |
| 21.000 € | 8.669 € | 8.070 € | 7.480 € | 6.902 € | 6.264 € | 5.720 € | 5.118 € | 4.487 € | 3.784 € | 3.000 € |
| 24.000 € | 9.907 € | 9.223 € | 8.548 € | 7.887 € | 7.159 € | 6.537 € | 5.849 € | 5.128 € | 4.325 € | 3.287 € |
| 27.000 € | 11.146 € | 10.376 € | 9.617 € | 8.873 € | 8.054 € | 7.355 € | 6.581 € | 5.769 € | 4.865 € | 3.698 € |
| 30.000 € | 12.384 € | 11.529 € | 10.685 € | 9.859 € | 8.949 € | 8.172 € | 7.312 € | 6.410 € | 5.406 € | 4.108 € |
| 33.000 € | 13.623 € | 12.682 € | 11.754 € | 10.845 € | 9.844 € | 8.989 € | 8.043 € | 7.051 € | 5.946 € | 4.519 € |
| 36.000 € | 14.861 € | 13.835 € | 12.822 € | 11.831 € | 10.739 € | 9.806 € | 8.774 € | 7.692 € | 6.487 € | 4.930 € |
| 39.000 € | 16.100 € | 14.988 € | 13.891 € | 12.817 € | 11.634 € | 10.623 € | 9.505 € | 8.333 € | 7.027 € | 5.341 € |
| 42.000 € | 16.100 € | 14.988 € | 13.891 € | 12.817 € | 11.634 € | 10.623 € | 9.505 € | 8.333 € | 7.027 € | 5.341 € |
| 45.000 € | 16.100 € | 14.988 € | 13.891 € | 12.817 € | 11.634 € | 10.623 € | 9.505 € | 8.333 € | 7.027 € | 5.341 € |
| 48.000 € | 16.100 € | 14.988 € | 13.891 € | 12.817 € | 11.634 € | 10.623 € | 9.505 € | 8.333 € | 7.027 € | 5.341 € |
| 51.000 € | 16.100 € | 14.988 € | 13.891 € | 12.817 € | 11.634 € | 10.623 € | 9.505 € | 8.333 € | 7.027 € | 5.341 € |
| 54.000 € | 16.100 € | 14.988 € | 13.891 € | 12.817 € | 11.634 € | 10.623 € | 9.505 € | 8.333 € | 7.027 € | 5.341 € |
| 57.000 € | 16.100 € | 14.988 € | 13.891 € | 12.817 € | 11.634 € | 10.623 € | 9.505 € | 8.333 € | 7.027 € | 5.341 € |
| 60.000 € | 16.100 € | 14.988 € | 13.891 € | 12.817 € | 11.634 € | 10.623 € | 9.505 € | 8.333 € | 7.027 € | 5.341 € |
| 63.000 € | 16.100 € | 14.988 € | 13.891 € | 12.817 € | 11.634 € | 10.623 € | 9.505 € | 8.333 € | 7.027 € | 5.341 € |
| 66.000 € | 16.100 € | 14.988 € | 13.891 € | 12.817 € | 11.634 € | 10.623 € | 9.505 € | 8.333 € | 7.027 € | 5.341 € |
| 69.000 € | 16.100 € | 14.988 € | 13.891 € | 12.817 € | 11.634 € | 10.623 € | 9.505 € | 8.333 € | 7.027 € | 5.341 € |
| 72.000 € | 16.100 € | 14.988 € | 13.891 € | 12.817 € | 11.634 € | 10.623 € | 9.505 € | 8.333 € | 7.027 € | 5.341 € |
| 75.000 € | 16.100 € | 14.988 € | 13.891 € | 12.817 € | 11.634 € | 10.623 € | 9.505 € | 8.333 € | 7.027 € | 5.341 € |
| 78.000 € | 16.100 € | 14.988 € | 13.891 € | 12.817 € | 11.634 € | 10.623 € | 9.505 € | 8.333 € | 7.027 € | 5.341 € |
| 81.000 € | 16.100 € | 14.988 € | 13.891 € | 12.817 € | 11.634 € | 10.623 € | 9.505 € | 8.333 € | 7.027 € | 5.341 € |
| 84.000 € | 16.100 € | 14.988 € | 13.891 € | 12.817 € | 11.634 € | 10.623 € | 9.505 € | 8.333 € | 7.027 € | 5.341 € |
| 87.000 € | 16.100 € | 14.988 € | 13.891 € | 12.817 € | 11.634 € | 10.623 € | 9.505 € | 8.333 € | 7.027 € | 5.341 € |
| 90.000 € | 16.100 € | 14.988 € | 13.891 € | 12.817 € | 11.634 € | 10.623 € | 9.505 € | 8.333 € | 7.027 € | 5.341 € |
| 93.000 € | 16.100 € | 14.988 € | 13.891 € | 12.817 € | 11.634 € | 10.623 € | 9.505 € | 8.333 € | 7.027 € | 5.341 € |
| 96.000 € | 16.100 € | 14.988 € | 13.891 € | 12.817 € | 11.634 € | 10.623 € | 9.505 € | 8.333 € | 7.027 € | 5.341 € |
| 99.000 € | 16.100 € | 14.988 € | 13.891 € | 12.817 € | 11.634 € | 10.623 € | 9.505 € | 8.333 € | 7.027 € | 5.341 € |
| 102.000 € | 16.100 € | 14.988 € | 13.891 € | 12.817 € | 11.634 € | 10.623 € | 9.505 € | 8.333 € | 7.027 € | 5.341 € |
| 105.000 € | 16.100 € | 14.988 € | 13.891 € | 12.817 € | 11.634 € | 10.623 € | 9.505 € | 8.333 € | 7.027 € | 5.341 € |
| 108.000 € | 16.100 € | 14.988 € | 13.891 € | 12.817 € | 11.634 € | 10.623 € | 9.505 € | 8.333 € | 7.027 € | 5.341 € |
| 111.000 € | 16.100 € | 14.988 € | 13.891 € | 12.817 € | 11.634 € | 10.623 € | 9.505 € | 8.333 € | 7.027 € | 5.341 € |
| 114.000 € | 16.100 € | 14.988 € | 13.891 € | 12.817 € | 11.634 € | 10.623 € | 9.505 € | 8.333 € | 7.027 € | 5.341 € |
| 117.000 € | 16.100 € | 14.988 € | 13.891 € | 12.817 € | 11.634 € | 10.623 € | 9.505 € | 8.333 € | 7.027 € | 5.341 € |
| 120.000 € | 16.100 € | 14.988 € | 13.891 € | 12.817 € | 11.634 € | 10.623 € | 9.505 € | 8.333 € | 7.027 € | 5.341 € |

# TABLA 1.C.1
## Lucro cesante del cónyuge
### Años de duración del matrimonio: 25 años

Ingreso netc

| Hasta | 99 o más |
|---|---|
| 9.000 € | 3.000 € |
| 12.000 € | 3.000 € |
| 15.000 € | 3.000 € |
| 18.000 € | 3.000 € |
| 21.000 € | 3.000 € |
| 24.000 € | 3.000 € |
| 27.000 € | 3.000 € |
| 30.000 € | 3.000 € |
| 33.000 € | 3.000 € |
| 36.000 € | 3.000 € |
| 39.000 € | 3.120 € |
| 42.000 € | 3.120 € |
| 45.000 € | 3.120 € |
| 48.000 € | 3.120 € |
| 51.000 € | 3.120 € |
| 54.000 € | 3.120 € |
| 57.000 € | 3.120 € |
| 60.000 € | 3.120 € |
| 63.000 € | 3.120 € |
| 66.000 € | 3.120 € |
| 69.000 € | 3.120 € |
| 72.000 € | 3.120 € |
| 75.000 € | 3.120 € |
| 78.000 € | 3.120 € |
| 81.000 € | 3.120 € |
| 84.000 € | 3.120 € |
| 87.000 € | 3.120 € |
| 90.000 € | 3.120 € |
| 93.000 € | 3.120 € |
| 96.000 € | 3.120 € |
| 99.000 € | 3.120 € |
| 102.000 € | 3.120 € |
| 105.000 € | 3.120 € |
| 108.000 € | 3.120 € |
| 111.000 € | 3.120 € |
| 114.000 € | 3.120 € |
| 117.000 € | 3.120 € |
| 120.000 € | 3.120 € |

# TABLA 1.C.1
## Lucro cesante del cónyuge
Años de duración del matrimonio: 26 años

| Ingreso neto | Edad del cónyuge | | | | | | | | | Edad del có |
|---|---|---|---|---|---|---|---|---|---|---|
| Hasta | 40 | 41 | 42 | 43 | 44 | 45 | 46 | 47 | 48 | 49 |
| 9.000 € | 28.268 € | 28.188 € | 28.176 € | 28.164 € | 28.152 € | 28.140 € | 28.039 € | 27.892 € | 27.704 € | 27.474 € |
| 12.000 € | 37.690 € | 37.584 € | 37.568 € | 37.552 € | 37.536 € | 37.520 € | 37.386 € | 37.189 € | 36.939 € | 36.631 € |
| 15.000 € | 47.113 € | 46.980 € | 46.960 € | 46.940 € | 46.920 € | 46.900 € | 46.732 € | 46.486 € | 46.174 € | 45.789 € |
| 18.000 € | 56.536 € | 56.376 € | 56.352 € | 56.328 € | 56.304 € | 56.280 € | 56.079 € | 55.784 € | 55.409 € | 54.947 € |
| 21.000 € | 65.958 € | 65.772 € | 65.744 € | 65.716 € | 65.688 € | 65.660 € | 65.425 € | 65.081 € | 64.644 € | 64.105 € |
| 24.000 € | 75.381 € | 75.168 € | 75.136 € | 75.104 € | 75.073 € | 75.041 € | 74.772 € | 74.378 € | 73.879 € | 73.263 € |
| 27.000 € | 84.803 € | 84.564 € | 84.528 € | 84.493 € | 84.457 € | 84.421 € | 84.118 € | 83.676 € | 83.113 € | 82.421 € |
| 30.000 € | 94.226 € | 93.960 € | 93.921 € | 93.881 € | 93.841 € | 93.801 € | 93.464 € | 92.973 € | 92.348 € | 91.579 € |
| 33.000 € | 103.649 € | 103.357 € | 102.102 € | 100.968 € | 99.965 € | 99.080 € | 98.316 € | 97.686 € | 97.199 € | 96.834 € |
| 36.000 € | 113.071 € | 112.753 € | 110.172 € | 107.707 € | 105.366 € | 103.136 € | 101.021 € | 99.034 € | 98.399 € | 97.764 € |
| 39.000 € | 122.494 € | 122.149 € | 118.243 € | 114.445 € | 110.767 € | 107.192 € | 103.727 € | 100.383 € | 99.540 € | 98.697 € |
| 42.000 € | 131.916 € | 131.545 € | 126.313 € | 121.183 € | 116.168 € | 111.248 € | 106.432 € | 101.732 € | 100.682 € | 99.633 € |
| 45.000 € | 141.339 € | 140.941 € | 134.383 € | 127.922 € | 121.569 € | 115.304 € | 109.137 € | 103.081 € | 101.827 € | 100.573 € |
| 48.000 € | 150.762 € | 150.337 € | 142.453 € | 134.660 € | 126.970 € | 119.360 € | 111.842 € | 104.430 € | 102.973 € | 101.517 € |
| 51.000 € | 174.458 € | 173.974 € | 164.730 € | 155.569 € | 146.505 € | 137.513 € | 128.603 € | 119.792 € | 111.086 € | 102.467 € |
| 54.000 € | 214.991 € | 214.410 € | 203.765 € | 193.195 € | 182.715 € | 172.294 € | 161.944 € | 151.686 € | 141.525 € | 131.438 € |
| 57.000 € | 255.524 € | 254.846 € | 242.800 € | 230.820 € | 218.925 € | 207.075 € | 195.286 € | 183.579 € | 171.964 € | 160.409 € |
| 60.000 € | 296.058 € | 295.283 € | 281.835 € | 268.446 € | 255.134 € | 241.856 € | 228.627 € | 215.473 € | 202.403 € | 189.381 € |
| 63.000 € | 336.591 € | 335.719 € | 320.870 € | 306.071 € | 291.344 € | 276.637 € | 261.968 € | 247.366 € | 232.842 € | 218.352 € |
| 66.000 € | 377.125 € | 376.155 € | 359.906 € | 343.697 € | 327.554 € | 311.418 € | 295.310 € | 279.260 € | 263.281 € | 247.323 € |
| 69.000 € | 417.658 € | 416.592 € | 398.941 € | 381.322 € | 363.763 € | 346.199 € | 328.651 € | 311.153 € | 293.720 € | 276.294 € |
| 72.000 € | 458.192 € | 457.028 € | 437.976 € | 418.948 € | 399.973 € | 380.980 € | 361.992 € | 343.047 € | 324.159 € | 305.266 € |
| 75.000 € | 498.725 € | 497.464 € | 477.011 € | 456.573 € | 436.183 € | 415.761 € | 395.333 € | 374.940 € | 354.598 € | 334.237 € |
| 78.000 € | 539.258 € | 537.900 € | 516.046 € | 494.198 € | 472.392 € | 450.542 € | 428.675 € | 406.834 € | 385.036 € | 363.208 € |
| 81.000 € | 579.792 € | 578.337 € | 555.081 € | 531.824 € | 508.602 € | 485.323 € | 462.016 € | 438.727 € | 415.475 € | 392.179 € |
| 84.000 € | 620.325 € | 618.773 € | 594.116 € | 569.449 € | 544.812 € | 520.104 € | 495.357 € | 470.621 € | 445.914 € | 421.151 € |
| 87.000 € | 660.859 € | 659.209 € | 633.152 € | 607.075 € | 581.021 € | 554.886 € | 528.699 € | 502.514 € | 476.353 € | 450.122 € |
| 90.000 € | 701.392 € | 699.646 € | 672.187 € | 644.700 € | 617.231 € | 589.667 € | 562.040 € | 534.408 € | 506.792 € | 479.093 € |
| 93.000 € | 741.926 € | 740.082 € | 711.222 € | 682.326 € | 653.440 € | 624.448 € | 595.381 € | 566.301 € | 537.231 € | 508.064 € |
| 96.000 € | 782.459 € | 780.518 € | 750.257 € | 719.951 € | 689.650 € | 659.229 € | 628.722 € | 598.195 € | 567.670 € | 537.036 € |
| 99.000 € | 822.992 € | 820.954 € | 789.292 € | 757.577 € | 725.860 € | 694.010 € | 662.064 € | 630.088 € | 598.109 € | 566.007 € |
| 102.000 € | 863.526 € | 861.391 € | 828.327 € | 795.202 € | 762.069 € | 728.791 € | 695.405 € | 661.982 € | 628.548 € | 594.978 € |
| 105.000 € | 904.059 € | 901.827 € | 867.363 € | 832.827 € | 798.279 € | 763.572 € | 728.746 € | 693.875 € | 658.987 € | 623.949 € |
| 108.000 € | 944.593 € | 942.263 € | 906.398 € | 870.453 € | 834.489 € | 798.353 € | 762.088 € | 725.769 € | 689.426 € | 652.920 € |
| 111.000 € | 985.126 € | 982.700 € | 945.433 € | 908.078 € | 870.698 € | 833.134 € | 795.429 € | 757.662 € | 719.865 € | 681.892 € |
| 114.000 € | 1.025.660 € | 1.023.136 € | 984.468 € | 945.704 € | 906.908 € | 867.915 € | 828.770 € | 789.556 € | 750.304 € | 710.863 € |
| 117.000 € | 1.066.193 € | 1.063.572 € | 1.023.503 € | 983.329 € | 943.118 € | 902.696 € | 862.112 € | 821.449 € | 780.742 € | 739.834 € |
| 120.000 € | 1.106.726 € | 1.104.008 € | 1.062.538 € | 1.020.955 € | 979.327 € | 937.477 € | 895.453 € | 853.343 € | 811.181 € | 768.805 € |

# TABLA 1.C.1
## Lucro cesante del cónyuge
### Años de duración del matrimonio: 26 años

Ingreso netcnyuge

Edad del cónyuge

| Hasta | 50 | 51 | 52 | 53 | 54 | 55 | 56 | 57 | 58 | 59 |
|---|---|---|---|---|---|---|---|---|---|---|
| 9.000 € | 27.169 € | 26.779 € | 26.299 € | 25.753 € | 25.146 € | 24.502 € | 23.787 € | 22.968 € | 22.134 € | 21.263 € |
| 12.000 € | 36.226 € | 35.705 € | 35.066 € | 34.337 € | 33.528 € | 32.670 € | 31.716 € | 30.624 € | 29.512 € | 28.351 € |
| 15.000 € | 45.282 € | 44.631 € | 43.832 € | 42.921 € | 41.910 € | 40.837 € | 39.645 € | 38.280 € | 36.890 € | 35.439 € |
| 18.000 € | 54.338 € | 53.558 € | 52.599 € | 51.505 € | 50.293 € | 49.005 € | 47.574 € | 45.936 € | 44.268 € | 42.527 € |
| 21.000 € | 63.395 € | 62.484 € | 61.365 € | 60.089 € | 58.675 € | 57.172 € | 55.504 € | 53.592 € | 51.646 € | 49.614 € |
| 24.000 € | 72.451 € | 71.410 € | 70.132 € | 68.674 € | 67.057 € | 65.339 € | 63.433 € | 61.248 € | 59.023 € | 56.702 € |
| 27.000 € | 81.507 € | 80.336 € | 78.898 € | 77.258 € | 75.439 € | 73.507 € | 71.362 € | 68.904 € | 66.401 € | 63.790 € |
| 30.000 € | 90.564 € | 89.263 € | 87.664 € | 85.842 € | 83.821 € | 81.674 € | 79.291 € | 76.559 € | 73.779 € | 70.878 € |
| 33.000 € | 96.600 € | 96.499 € | 96.431 € | 94.426 € | 92.203 € | 89.842 € | 87.220 € | 84.215 € | 81.157 € | 77.965 € |
| 36.000 € | 97.572 € | 97.379 € | 97.187 € | 96.834 € | 93.621 € | 90.226 € | 88.614 € | 86.066 € | 85.404 € | 84.849 € |
| 39.000 € | 98.446 € | 98.194 € | 97.943 € | 97.943 € | 95.051 € | 90.609 € | 90.021 € | 86.297 € | 85.997 € | 85.415 € |
| 42.000 € | 99.322 € | 99.011 € | 98.701 € | 98.701 € | 96.494 € | 90.991 € | 90.991 € | 86.528 € | 86.254 € | 85.981 € |
| 45.000 € | 100.202 € | 99.831 € | 99.461 € | 99.461 € | 97.952 € | 91.373 € | 91.373 € | 86.758 € | 86.653 € | 86.548 € |
| 48.000 € | 101.086 € | 100.654 € | 100.223 € | 100.223 € | 99.424 € | 91.755 € | 91.755 € | 86.987 € | 86.987 € | 86.987 € |
| 51.000 € | 101.974 € | 101.481 € | 100.988 € | 100.988 € | 100.913 € | 92.137 € | 92.137 € | 87.216 € | 87.216 € | 87.216 € |
| 54.000 € | 121.445 € | 111.550 € | 101.756 € | 101.756 € | 101.756 € | 92.519 € | 92.519 € | 87.445 € | 87.445 € | 87.445 € |
| 57.000 € | 148.939 € | 137.556 € | 126.265 € | 115.072 € | 103.943 € | 92.902 € | 92.902 € | 87.674 € | 87.674 € | 87.674 € |
| 60.000 € | 176.432 € | 163.562 € | 150.774 € | 138.074 € | 125.421 € | 112.842 € | 100.314 € | 87.903 € | 87.903 € | 87.903 € |
| 63.000 € | 203.926 € | 189.568 € | 175.283 € | 161.077 € | 146.899 € | 132.782 € | 118.696 € | 104.719 € | 90.791 € | 89.984 € |
| 66.000 € | 231.420 € | 215.575 € | 199.792 € | 184.079 € | 168.377 € | 152.722 € | 137.078 € | 121.535 € | 106.022 € | 90.564 € |
| 69.000 € | 258.913 € | 241.581 € | 224.301 € | 207.081 € | 189.856 € | 172.661 € | 155.460 € | 138.350 € | 121.252 € | 104.193 € |
| 72.000 € | 286.407 € | 267.587 € | 248.810 € | 230.083 € | 211.334 € | 192.601 € | 173.842 € | 155.166 € | 136.483 € | 117.821 € |
| 75.000 € | 313.901 € | 293.593 € | 273.319 € | 253.085 € | 232.812 € | 212.541 € | 192.224 € | 171.982 € | 151.714 € | 131.450 € |
| 78.000 € | 341.394 € | 319.600 € | 297.828 € | 276.088 € | 254.290 € | 232.481 € | 210.607 € | 188.798 € | 166.944 € | 145.079 € |
| 81.000 € | 368.888 € | 345.606 € | 322.337 € | 299.090 € | 275.768 € | 252.421 € | 228.989 € | 205.614 € | 182.175 € | 158.708 € |
| 84.000 € | 396.382 € | 371.612 € | 346.846 € | 322.092 € | 297.246 € | 272.360 € | 247.371 € | 222.429 € | 197.406 € | 172.337 € |
| 87.000 € | 423.875 € | 397.619 € | 371.355 € | 345.094 € | 318.724 € | 292.300 € | 265.753 € | 239.245 € | 212.636 € | 185.965 € |
| 90.000 € | 451.369 € | 423.625 € | 395.864 € | 368.097 € | 340.202 € | 312.240 € | 284.135 € | 256.061 € | 227.867 € | 199.594 € |
| 93.000 € | 478.863 € | 449.631 € | 420.373 € | 391.099 € | 361.680 € | 332.180 € | 302.517 € | 272.877 € | 243.097 € | 213.223 € |
| 96.000 € | 506.356 € | 475.637 € | 444.882 € | 414.101 € | 383.158 € | 352.120 € | 320.899 € | 289.693 € | 258.328 € | 226.852 € |
| 99.000 € | 533.850 € | 501.644 € | 469.391 € | 437.103 € | 404.636 € | 372.059 € | 339.281 € | 306.508 € | 273.559 € | 240.480 € |
| 102.000 € | 561.344 € | 527.650 € | 493.900 € | 460.106 € | 426.114 € | 391.999 € | 357.664 € | 323.324 € | 288.789 € | 254.109 € |
| 105.000 € | 588.837 € | 553.656 € | 518.409 € | 483.108 € | 447.592 € | 411.939 € | 376.046 € | 340.140 € | 304.020 € | 267.738 € |
| 108.000 € | 616.331 € | 579.662 € | 542.918 € | 506.110 € | 469.070 € | 431.879 € | 394.428 € | 356.956 € | 319.250 € | 281.367 € |
| 111.000 € | 643.825 € | 605.669 € | 567.427 € | 529.112 € | 490.548 € | 451.819 € | 412.810 € | 373.772 € | 334.481 € | 294.995 € |
| 114.000 € | 671.318 € | 631.675 € | 591.936 € | 552.115 € | 512.027 € | 471.758 € | 431.192 € | 390.588 € | 349.712 € | 308.624 € |
| 117.000 € | 698.812 € | 657.681 € | 616.445 € | 575.117 € | 533.505 € | 491.698 € | 449.574 € | 407.403 € | 364.942 € | 322.253 € |
| 120.000 € | 726.306 € | 683.687 € | 640.954 € | 598.119 € | 554.983 € | 511.638 € | 467.956 € | 424.219 € | 380.173 € | 335.882 € |

## TABLA 1.C.1
## Lucro cesante del cónyuge
### Años de duración del matrimonio: 26 años

| Ingreso neto | Edad del cónyuge | | | | | | | | | |
|---|---|---|---|---|---|---|---|---|---|---|
| Hasta | 60 | 61 | 62 | 63 | 64 | 65 | 66 | 67 | 68 | 69 |
| 9.000 € | 20.378 € | 19.476 € | 18.556 € | 17.641 € | 16.727 € | 15.813 € | 14.932 € | 11.783 € | 11.490 € | 11.170 € |
| 12.000 € | 27.170 € | 25.968 € | 24.742 € | 23.521 € | 22.303 € | 21.084 € | 19.909 € | 15.711 € | 15.320 € | 14.893 € |
| 15.000 € | 33.963 € | 32.459 € | 30.927 € | 29.401 € | 27.879 € | 26.354 € | 24.887 € | 19.638 € | 19.150 € | 18.616 € |
| 18.000 € | 40.755 € | 38.951 € | 37.112 € | 35.281 € | 33.455 € | 31.625 € | 29.864 € | 23.566 € | 22.980 € | 22.340 € |
| 21.000 € | 47.548 € | 45.443 € | 43.298 € | 41.161 € | 39.031 € | 36.896 € | 34.841 € | 27.493 € | 26.810 € | 26.063 € |
| 24.000 € | 54.340 € | 51.935 € | 49.483 € | 47.042 € | 44.607 € | 42.167 € | 39.818 € | 31.421 € | 30.639 € | 29.786 € |
| 27.000 € | 61.133 € | 58.427 € | 55.669 € | 52.922 € | 50.182 € | 47.438 € | 44.796 € | 35.349 € | 34.469 € | 33.509 € |
| 30.000 € | 67.925 € | 64.919 € | 61.854 € | 58.802 € | 55.758 € | 52.709 € | 49.773 € | 39.276 € | 38.299 € | 37.233 € |
| 33.000 € | 74.718 € | 71.411 € | 68.039 € | 64.682 € | 61.334 € | 57.980 € | 54.750 € | 43.204 € | 42.129 € | 40.956 € |
| 36.000 € | 81.510 € | 77.903 € | 74.225 € | 70.562 € | 66.910 € | 63.251 € | 59.728 € | 47.132 € | 45.959 € | 44.679 € |
| 39.000 € | 82.019 € | 78.122 € | 74.582 € | 70.608 € | 66.916 € | 63.251 € | 59.728 € | 51.059 € | 49.789 € | 48.403 € |
| 42.000 € | 82.528 € | 78.340 € | 74.938 € | 70.653 € | 66.921 € | 63.251 € | 59.728 € | 51.059 € | 49.789 € | 48.403 € |
| 45.000 € | 83.038 € | 78.558 € | 75.294 € | 70.698 € | 66.927 € | 63.251 € | 59.728 € | 51.059 € | 49.789 € | 48.403 € |
| 48.000 € | 83.548 € | 78.775 € | 75.650 € | 70.743 € | 66.933 € | 63.251 € | 59.728 € | 51.059 € | 49.789 € | 48.403 € |
| 51.000 € | 84.060 € | 78.993 € | 76.007 € | 70.787 € | 66.938 € | 63.251 € | 59.728 € | 51.059 € | 49.789 € | 48.403 € |
| 54.000 € | 84.573 € | 79.210 € | 76.364 € | 70.832 € | 66.944 € | 63.251 € | 59.728 € | 51.059 € | 49.789 € | 48.403 € |
| 57.000 € | 85.087 € | 79.427 € | 76.722 € | 70.876 € | 66.949 € | 63.251 € | 59.728 € | 51.059 € | 49.789 € | 48.403 € |
| 60.000 € | 85.604 € | 79.644 € | 77.080 € | 70.920 € | 66.955 € | 63.251 € | 59.728 € | 51.059 € | 49.789 € | 48.403 € |
| 63.000 € | 86.121 € | 79.861 € | 77.439 € | 70.965 € | 66.960 € | 63.251 € | 59.728 € | 51.059 € | 49.789 € | 48.403 € |
| 66.000 € | 86.641 € | 80.078 € | 77.799 € | 71.009 € | 66.966 € | 63.251 € | 59.728 € | 51.059 € | 49.789 € | 48.403 € |
| 69.000 € | 87.163 € | 80.295 € | 78.159 € | 71.053 € | 66.971 € | 63.251 € | 59.728 € | 51.059 € | 49.789 € | 48.403 € |
| 72.000 € | 99.172 € | 80.513 € | 78.521 € | 71.097 € | 66.977 € | 63.251 € | 59.728 € | 51.059 € | 49.789 € | 48.403 € |
| 75.000 € | 111.180 € | 90.879 € | 78.884 € | 71.141 € | 66.982 € | 63.251 € | 59.728 € | 51.059 € | 49.789 € | 48.403 € |
| 78.000 € | 123.188 € | 101.244 € | 79.248 € | 71.185 € | 66.988 € | 63.251 € | 59.728 € | 51.059 € | 49.789 € | 48.403 € |
| 81.000 € | 135.197 € | 111.610 € | 87.948 € | 71.229 € | 66.993 € | 63.251 € | 59.728 € | 51.059 € | 49.789 € | 48.403 € |
| 84.000 € | 147.205 € | 121.976 € | 96.649 € | 71.273 € | 66.999 € | 63.251 € | 59.728 € | 51.059 € | 49.789 € | 48.403 € |
| 87.000 € | 159.213 € | 132.342 € | 105.349 € | 78.289 € | 67.004 € | 63.251 € | 59.728 € | 51.059 € | 49.789 € | 48.403 € |
| 90.000 € | 171.222 € | 142.707 € | 114.049 € | 85.304 € | 67.010 € | 63.251 € | 59.728 € | 51.059 € | 49.789 € | 48.403 € |
| 93.000 € | 183.230 € | 153.073 € | 122.750 € | 92.320 € | 67.015 € | 63.251 € | 59.728 € | 51.059 € | 49.789 € | 48.403 € |
| 96.000 € | 195.238 € | 163.439 € | 131.450 € | 99.336 € | 67.021 € | 63.251 € | 59.728 € | 51.059 € | 49.789 € | 48.403 € |
| 99.000 € | 207.247 € | 173.805 € | 140.150 € | 106.352 € | 72.328 € | 63.251 € | 59.728 € | 51.059 € | 49.789 € | 48.403 € |
| 102.000 € | 219.255 € | 184.171 € | 148.850 € | 113.368 € | 77.636 € | 63.251 € | 59.728 € | 51.059 € | 49.789 € | 48.403 € |
| 105.000 € | 231.263 € | 194.536 € | 157.551 € | 120.384 € | 82.944 € | 63.251 € | 59.728 € | 51.059 € | 49.789 € | 48.403 € |
| 108.000 € | 243.272 € | 204.902 € | 166.251 € | 127.400 € | 88.251 € | 63.251 € | 59.728 € | 51.059 € | 49.789 € | 48.403 € |
| 111.000 € | 255.280 € | 215.268 € | 174.951 € | 134.416 € | 93.559 € | 63.251 € | 59.728 € | 51.059 € | 49.789 € | 48.403 € |
| 114.000 € | 267.288 € | 225.634 € | 183.652 € | 141.432 € | 98.866 € | 63.251 € | 59.728 € | 51.059 € | 49.789 € | 48.403 € |
| 117.000 € | 279.297 € | 236.000 € | 192.352 € | 148.448 € | 104.174 € | 63.251 € | 59.728 € | 51.059 € | 49.789 € | 48.403 € |
| 120.000 € | 291.305 € | 246.365 € | 201.052 € | 155.464 € | 109.481 € | 63.251 € | 59.728 € | 51.059 € | 49.789 € | 48.403 € |

## TABLA 1.C.1
## Lucro cesante del cónyuge
### Años de duración del matrimonio: 26 años

| Ingreso neto | Edad del cónyuge | | | | | | | | | |
|---|---|---|---|---|---|---|---|---|---|---|
| Hasta | 70 | 71 | 72 | 73 | 74 | 75 | 76 | 77 | 78 | 79 |
| 9.000 € | 10.815 € | 10.460 € | 10.085 € | 9.673 € | 9.267 € | 8.838 € | 8.406 € | 7.975 € | 7.553 € | 7.143 € |
| 12.000 € | 14.420 € | 13.947 € | 13.447 € | 12.898 € | 12.356 € | 11.784 € | 11.209 € | 10.634 € | 10.071 € | 9.524 € |
| 15.000 € | 18.025 € | 17.434 € | 16.809 € | 16.122 € | 15.446 € | 14.730 € | 14.011 € | 13.292 € | 12.588 € | 11.905 € |
| 18.000 € | 21.630 € | 20.921 € | 20.170 € | 19.346 € | 18.535 € | 17.677 € | 16.813 € | 15.950 € | 15.106 € | 14.286 € |
| 21.000 € | 25.235 € | 24.408 € | 23.532 € | 22.571 € | 21.624 € | 20.623 € | 19.615 € | 18.609 € | 17.624 € | 16.667 € |
| 24.000 € | 28.840 € | 27.894 € | 26.894 € | 25.795 € | 24.713 € | 23.569 € | 22.417 € | 21.267 € | 20.141 € | 19.048 € |
| 27.000 € | 32.445 € | 31.381 € | 30.255 € | 29.020 € | 27.802 € | 26.515 € | 25.219 € | 23.926 € | 22.659 € | 21.429 € |
| 30.000 € | 36.050 € | 34.868 € | 33.617 € | 32.244 € | 30.891 € | 29.461 € | 28.021 € | 26.584 € | 25.177 € | 23.810 € |
| 33.000 € | 39.655 € | 38.355 € | 36.979 € | 35.468 € | 33.980 € | 32.407 € | 30.823 € | 29.243 € | 27.694 € | 26.191 € |
| 36.000 € | 43.261 € | 41.842 € | 40.340 € | 38.693 € | 37.069 € | 35.353 € | 33.626 € | 31.901 € | 30.212 € | 28.572 € |
| 39.000 € | 46.866 € | 45.328 € | 43.702 € | 41.917 € | 40.158 € | 38.299 € | 36.428 € | 34.559 € | 32.730 € | 30.953 € |
| 42.000 € | 46.866 € | 45.328 € | 43.702 € | 41.917 € | 40.158 € | 38.299 € | 36.428 € | 34.559 € | 32.730 € | 30.953 € |
| 45.000 € | 46.866 € | 45.328 € | 43.702 € | 41.917 € | 40.158 € | 38.299 € | 36.428 € | 34.559 € | 32.730 € | 30.953 € |
| 48.000 € | 46.866 € | 45.328 € | 43.702 € | 41.917 € | 40.158 € | 38.299 € | 36.428 € | 34.559 € | 32.730 € | 30.953 € |
| 51.000 € | 46.866 € | 45.328 € | 43.702 € | 41.917 € | 40.158 € | 38.299 € | 36.428 € | 34.559 € | 32.730 € | 30.953 € |
| 54.000 € | 46.866 € | 45.328 € | 43.702 € | 41.917 € | 40.158 € | 38.299 € | 36.428 € | 34.559 € | 32.730 € | 30.953 € |
| 57.000 € | 46.866 € | 45.328 € | 43.702 € | 41.917 € | 40.158 € | 38.299 € | 36.428 € | 34.559 € | 32.730 € | 30.953 € |
| 60.000 € | 46.866 € | 45.328 € | 43.702 € | 41.917 € | 40.158 € | 38.299 € | 36.428 € | 34.559 € | 32.730 € | 30.953 € |
| 63.000 € | 46.866 € | 45.328 € | 43.702 € | 41.917 € | 40.158 € | 38.299 € | 36.428 € | 34.559 € | 32.730 € | 30.953 € |
| 66.000 € | 46.866 € | 45.328 € | 43.702 € | 41.917 € | 40.158 € | 38.299 € | 36.428 € | 34.559 € | 32.730 € | 30.953 € |
| 69.000 € | 46.866 € | 45.328 € | 43.702 € | 41.917 € | 40.158 € | 38.299 € | 36.428 € | 34.559 € | 32.730 € | 30.953 € |
| 72.000 € | 46.866 € | 45.328 € | 43.702 € | 41.917 € | 40.158 € | 38.299 € | 36.428 € | 34.559 € | 32.730 € | 30.953 € |
| 75.000 € | 46.866 € | 45.328 € | 43.702 € | 41.917 € | 40.158 € | 38.299 € | 36.428 € | 34.559 € | 32.730 € | 30.953 € |
| 78.000 € | 46.866 € | 45.328 € | 43.702 € | 41.917 € | 40.158 € | 38.299 € | 36.428 € | 34.559 € | 32.730 € | 30.953 € |
| 81.000 € | 46.866 € | 45.328 € | 43.702 € | 41.917 € | 40.158 € | 38.299 € | 36.428 € | 34.559 € | 32.730 € | 30.953 € |
| 84.000 € | 46.866 € | 45.328 € | 43.702 € | 41.917 € | 40.158 € | 38.299 € | 36.428 € | 34.559 € | 32.730 € | 30.953 € |
| 87.000 € | 46.866 € | 45.328 € | 43.702 € | 41.917 € | 40.158 € | 38.299 € | 36.428 € | 34.559 € | 32.730 € | 30.953 € |
| 90.000 € | 46.866 € | 45.328 € | 43.702 € | 41.917 € | 40.158 € | 38.299 € | 36.428 € | 34.559 € | 32.730 € | 30.953 € |
| 93.000 € | 46.866 € | 45.328 € | 43.702 € | 41.917 € | 40.158 € | 38.299 € | 36.428 € | 34.559 € | 32.730 € | 30.953 € |
| 96.000 € | 46.866 € | 45.328 € | 43.702 € | 41.917 € | 40.158 € | 38.299 € | 36.428 € | 34.559 € | 32.730 € | 30.953 € |
| 99.000 € | 46.866 € | 45.328 € | 43.702 € | 41.917 € | 40.158 € | 38.299 € | 36.428 € | 34.559 € | 32.730 € | 30.953 € |
| 102.000 € | 46.866 € | 45.328 € | 43.702 € | 41.917 € | 40.158 € | 38.299 € | 36.428 € | 34.559 € | 32.730 € | 30.953 € |
| 105.000 € | 46.866 € | 45.328 € | 43.702 € | 41.917 € | 40.158 € | 38.299 € | 36.428 € | 34.559 € | 32.730 € | 30.953 € |
| 108.000 € | 46.866 € | 45.328 € | 43.702 € | 41.917 € | 40.158 € | 38.299 € | 36.428 € | 34.559 € | 32.730 € | 30.953 € |
| 111.000 € | 46.866 € | 45.328 € | 43.702 € | 41.917 € | 40.158 € | 38.299 € | 36.428 € | 34.559 € | 32.730 € | 30.953 € |
| 114.000 € | 46.866 € | 45.328 € | 43.702 € | 41.917 € | 40.158 € | 38.299 € | 36.428 € | 34.559 € | 32.730 € | 30.953 € |
| 117.000 € | 46.866 € | 45.328 € | 43.702 € | 41.917 € | 40.158 € | 38.299 € | 36.428 € | 34.559 € | 32.730 € | 30.953 € |
| 120.000 € | 46.866 € | 45.328 € | 43.702 € | 41.917 € | 40.158 € | 38.299 € | 36.428 € | 34.559 € | 32.730 € | 30.953 € |

## TABLA 1.C.1
## Lucro cesante del cónyuge
### Años de duración del matrimonio: 26 años

| Ingreso netc | Edad del cónyuge | | | | | | | | | |
|---|---|---|---|---|---|---|---|---|---|---|
| Hasta | 80 | 81 | 82 | 83 | 84 | 85 | 86 | 87 | 88 | 89 |
| 9.000 € | 6.738 € | 6.346 € | 5.968 € | 5.601 € | 5.245 € | 4.908 € | 4.584 € | 4.276 € | 3.985 € | 3.715 € |
| 12.000 € | 8.983 € | 8.461 € | 7.957 € | 7.468 € | 6.994 € | 6.544 € | 6.113 € | 5.702 € | 5.314 € | 4.954 € |
| 15.000 € | 11.229 € | 10.576 € | 9.947 € | 9.335 € | 8.742 € | 8.180 € | 7.641 € | 7.127 € | 6.642 € | 6.192 € |
| 18.000 € | 13.475 € | 12.692 € | 11.936 € | 11.202 € | 10.490 € | 9.816 € | 9.169 € | 8.552 € | 7.971 € | 7.431 € |
| 21.000 € | 15.721 € | 14.807 € | 13.925 € | 13.069 € | 12.239 € | 11.452 € | 10.697 € | 9.978 € | 9.299 € | 8.669 € |
| 24.000 € | 17.967 € | 16.922 € | 15.915 € | 14.936 € | 13.987 € | 13.088 € | 12.225 € | 11.403 € | 10.628 € | 9.907 € |
| 27.000 € | 20.213 € | 19.038 € | 17.904 € | 16.803 € | 15.735 € | 14.724 € | 13.753 € | 12.829 € | 11.956 € | 11.146 € |
| 30.000 € | 22.459 € | 21.153 € | 19.893 € | 18.669 € | 17.484 € | 16.360 € | 15.282 € | 14.254 € | 13.285 € | 12.384 € |
| 33.000 € | 24.704 € | 23.268 € | 21.883 € | 20.536 € | 19.232 € | 17.996 € | 16.810 € | 15.679 € | 14.613 € | 13.623 € |
| 36.000 € | 26.950 € | 25.383 € | 23.872 € | 22.403 € | 20.981 € | 19.632 € | 18.338 € | 17.105 € | 15.942 € | 14.861 € |
| 39.000 € | 29.196 € | 27.499 € | 25.861 € | 24.270 € | 22.729 € | 21.268 € | 19.866 € | 18.530 € | 17.270 € | 16.100 € |
| 42.000 € | 29.196 € | 27.499 € | 25.861 € | 24.270 € | 22.729 € | 21.268 € | 19.866 € | 18.530 € | 17.270 € | 16.100 € |
| 45.000 € | 29.196 € | 27.499 € | 25.861 € | 24.270 € | 22.729 € | 21.268 € | 19.866 € | 18.530 € | 17.270 € | 16.100 € |
| 48.000 € | 29.196 € | 27.499 € | 25.861 € | 24.270 € | 22.729 € | 21.268 € | 19.866 € | 18.530 € | 17.270 € | 16.100 € |
| 51.000 € | 29.196 € | 27.499 € | 25.861 € | 24.270 € | 22.729 € | 21.268 € | 19.866 € | 18.530 € | 17.270 € | 16.100 € |
| 54.000 € | 29.196 € | 27.499 € | 25.861 € | 24.270 € | 22.729 € | 21.268 € | 19.866 € | 18.530 € | 17.270 € | 16.100 € |
| 57.000 € | 29.196 € | 27.499 € | 25.861 € | 24.270 € | 22.729 € | 21.268 € | 19.866 € | 18.530 € | 17.270 € | 16.100 € |
| 60.000 € | 29.196 € | 27.499 € | 25.861 € | 24.270 € | 22.729 € | 21.268 € | 19.866 € | 18.530 € | 17.270 € | 16.100 € |
| 63.000 € | 29.196 € | 27.499 € | 25.861 € | 24.270 € | 22.729 € | 21.268 € | 19.866 € | 18.530 € | 17.270 € | 16.100 € |
| 66.000 € | 29.196 € | 27.499 € | 25.861 € | 24.270 € | 22.729 € | 21.268 € | 19.866 € | 18.530 € | 17.270 € | 16.100 € |
| 69.000 € | 29.196 € | 27.499 € | 25.861 € | 24.270 € | 22.729 € | 21.268 € | 19.866 € | 18.530 € | 17.270 € | 16.100 € |
| 72.000 € | 29.196 € | 27.499 € | 25.861 € | 24.270 € | 22.729 € | 21.268 € | 19.866 € | 18.530 € | 17.270 € | 16.100 € |
| 75.000 € | 29.196 € | 27.499 € | 25.861 € | 24.270 € | 22.729 € | 21.268 € | 19.866 € | 18.530 € | 17.270 € | 16.100 € |
| 78.000 € | 29.196 € | 27.499 € | 25.861 € | 24.270 € | 22.729 € | 21.268 € | 19.866 € | 18.530 € | 17.270 € | 16.100 € |
| 81.000 € | 29.196 € | 27.499 € | 25.861 € | 24.270 € | 22.729 € | 21.268 € | 19.866 € | 18.530 € | 17.270 € | 16.100 € |
| 84.000 € | 29.196 € | 27.499 € | 25.861 € | 24.270 € | 22.729 € | 21.268 € | 19.866 € | 18.530 € | 17.270 € | 16.100 € |
| 87.000 € | 29.196 € | 27.499 € | 25.861 € | 24.270 € | 22.729 € | 21.268 € | 19.866 € | 18.530 € | 17.270 € | 16.100 € |
| 90.000 € | 29.196 € | 27.499 € | 25.861 € | 24.270 € | 22.729 € | 21.268 € | 19.866 € | 18.530 € | 17.270 € | 16.100 € |
| 93.000 € | 29.196 € | 27.499 € | 25.861 € | 24.270 € | 22.729 € | 21.268 € | 19.866 € | 18.530 € | 17.270 € | 16.100 € |
| 96.000 € | 29.196 € | 27.499 € | 25.861 € | 24.270 € | 22.729 € | 21.268 € | 19.866 € | 18.530 € | 17.270 € | 16.100 € |
| 99.000 € | 29.196 € | 27.499 € | 25.861 € | 24.270 € | 22.729 € | 21.268 € | 19.866 € | 18.530 € | 17.270 € | 16.100 € |
| 102.000 € | 29.196 € | 27.499 € | 25.861 € | 24.270 € | 22.729 € | 21.268 € | 19.866 € | 18.530 € | 17.270 € | 16.100 € |
| 105.000 € | 29.196 € | 27.499 € | 25.861 € | 24.270 € | 22.729 € | 21.268 € | 19.866 € | 18.530 € | 17.270 € | 16.100 € |
| 108.000 € | 29.196 € | 27.499 € | 25.861 € | 24.270 € | 22.729 € | 21.268 € | 19.866 € | 18.530 € | 17.270 € | 16.100 € |
| 111.000 € | 29.196 € | 27.499 € | 25.861 € | 24.270 € | 22.729 € | 21.268 € | 19.866 € | 18.530 € | 17.270 € | 16.100 € |
| 114.000 € | 29.196 € | 27.499 € | 25.861 € | 24.270 € | 22.729 € | 21.268 € | 19.866 € | 18.530 € | 17.270 € | 16.100 € |
| 117.000 € | 29.196 € | 27.499 € | 25.861 € | 24.270 € | 22.729 € | 21.268 € | 19.866 € | 18.530 € | 17.270 € | 16.100 € |
| 120.000 € | 29.196 € | 27.499 € | 25.861 € | 24.270 € | 22.729 € | 21.268 € | 19.866 € | 18.530 € | 17.270 € | 16.100 € |

# TABLA 1.C.1
## Lucro cesante del cónyuge
### Años de duración del matrimonio: 26 años

| Ingreso neto | Edad del cónyuge | | | | | | | | | |
|---|---|---|---|---|---|---|---|---|---|---|
| Hasta | 90 | 91 | 92 | 93 | 94 | 95 | 96 | 97 | 98 | 99 o más |
| 9.000 € | 3.459 € | 3.206 € | 3.000 € | 3.000 € | 3.000 € | 3.000 € | 3.000 € | 3.000 € | 3.000 € | 3.000 € |
| 12.000 € | 4.612 € | 4.274 € | 3.944 € | 3.580 € | 3.269 € | 3.000 € | 3.000 € | 3.000 € | 3.000 € | 3.000 € |
| 15.000 € | 5.764 € | 5.343 € | 4.930 € | 4.474 € | 4.086 € | 3.656 € | 3.205 € | 3.000 € | 3.000 € | 3.000 € |
| 18.000 € | 6.917 € | 6.411 € | 5.916 € | 5.369 € | 4.903 € | 4.387 € | 3.846 € | 3.243 € | 3.000 € | 3.000 € |
| 21.000 € | 8.070 € | 7.480 € | 6.902 € | 6.264 € | 5.720 € | 5.118 € | 4.487 € | 3.784 € | 3.000 € | 3.000 € |
| 24.000 € | 9.223 € | 8.548 € | 7.887 € | 7.159 € | 6.537 € | 5.849 € | 5.128 € | 4.325 € | 3.287 € | 3.000 € |
| 27.000 € | 10.376 € | 9.617 € | 8.873 € | 8.054 € | 7.355 € | 6.581 € | 5.769 € | 4.865 € | 3.698 € | 3.000 € |
| 30.000 € | 11.529 € | 10.685 € | 9.859 € | 8.949 € | 8.172 € | 7.312 € | 6.410 € | 5.406 € | 4.108 € | 3.000 € |
| 33.000 € | 12.682 € | 11.754 € | 10.845 € | 9.844 € | 8.989 € | 8.043 € | 7.051 € | 5.946 € | 4.519 € | 3.000 € |
| 36.000 € | 13.835 € | 12.822 € | 11.831 € | 10.739 € | 9.806 € | 8.774 € | 7.692 € | 6.487 € | 4.930 € | 3.000 € |
| 39.000 € | 14.988 € | 13.891 € | 12.817 € | 11.634 € | 10.623 € | 9.505 € | 8.333 € | 7.027 € | 5.341 € | 3.120 € |
| 42.000 € | 14.988 € | 13.891 € | 12.817 € | 11.634 € | 10.623 € | 9.505 € | 8.333 € | 7.027 € | 5.341 € | 3.120 € |
| 45.000 € | 14.988 € | 13.891 € | 12.817 € | 11.634 € | 10.623 € | 9.505 € | 8.333 € | 7.027 € | 5.341 € | 3.120 € |
| 48.000 € | 14.988 € | 13.891 € | 12.817 € | 11.634 € | 10.623 € | 9.505 € | 8.333 € | 7.027 € | 5.341 € | 3.120 € |
| 51.000 € | 14.988 € | 13.891 € | 12.817 € | 11.634 € | 10.623 € | 9.505 € | 8.333 € | 7.027 € | 5.341 € | 3.120 € |
| 54.000 € | 14.988 € | 13.891 € | 12.817 € | 11.634 € | 10.623 € | 9.505 € | 8.333 € | 7.027 € | 5.341 € | 3.120 € |
| 57.000 € | 14.988 € | 13.891 € | 12.817 € | 11.634 € | 10.623 € | 9.505 € | 8.333 € | 7.027 € | 5.341 € | 3.120 € |
| 60.000 € | 14.988 € | 13.891 € | 12.817 € | 11.634 € | 10.623 € | 9.505 € | 8.333 € | 7.027 € | 5.341 € | 3.120 € |
| 63.000 € | 14.988 € | 13.891 € | 12.817 € | 11.634 € | 10.623 € | 9.505 € | 8.333 € | 7.027 € | 5.341 € | 3.120 € |
| 66.000 € | 14.988 € | 13.891 € | 12.817 € | 11.634 € | 10.623 € | 9.505 € | 8.333 € | 7.027 € | 5.341 € | 3.120 € |
| 69.000 € | 14.988 € | 13.891 € | 12.817 € | 11.634 € | 10.623 € | 9.505 € | 8.333 € | 7.027 € | 5.341 € | 3.120 € |
| 72.000 € | 14.988 € | 13.891 € | 12.817 € | 11.634 € | 10.623 € | 9.505 € | 8.333 € | 7.027 € | 5.341 € | 3.120 € |
| 75.000 € | 14.988 € | 13.891 € | 12.817 € | 11.634 € | 10.623 € | 9.505 € | 8.333 € | 7.027 € | 5.341 € | 3.120 € |
| 78.000 € | 14.988 € | 13.891 € | 12.817 € | 11.634 € | 10.623 € | 9.505 € | 8.333 € | 7.027 € | 5.341 € | 3.120 € |
| 81.000 € | 14.988 € | 13.891 € | 12.817 € | 11.634 € | 10.623 € | 9.505 € | 8.333 € | 7.027 € | 5.341 € | 3.120 € |
| 84.000 € | 14.988 € | 13.891 € | 12.817 € | 11.634 € | 10.623 € | 9.505 € | 8.333 € | 7.027 € | 5.341 € | 3.120 € |
| 87.000 € | 14.988 € | 13.891 € | 12.817 € | 11.634 € | 10.623 € | 9.505 € | 8.333 € | 7.027 € | 5.341 € | 3.120 € |
| 90.000 € | 14.988 € | 13.891 € | 12.817 € | 11.634 € | 10.623 € | 9.505 € | 8.333 € | 7.027 € | 5.341 € | 3.120 € |
| 93.000 € | 14.988 € | 13.891 € | 12.817 € | 11.634 € | 10.623 € | 9.505 € | 8.333 € | 7.027 € | 5.341 € | 3.120 € |
| 96.000 € | 14.988 € | 13.891 € | 12.817 € | 11.634 € | 10.623 € | 9.505 € | 8.333 € | 7.027 € | 5.341 € | 3.120 € |
| 99.000 € | 14.988 € | 13.891 € | 12.817 € | 11.634 € | 10.623 € | 9.505 € | 8.333 € | 7.027 € | 5.341 € | 3.120 € |
| 102.000 € | 14.988 € | 13.891 € | 12.817 € | 11.634 € | 10.623 € | 9.505 € | 8.333 € | 7.027 € | 5.341 € | 3.120 € |
| 105.000 € | 14.988 € | 13.891 € | 12.817 € | 11.634 € | 10.623 € | 9.505 € | 8.333 € | 7.027 € | 5.341 € | 3.120 € |
| 108.000 € | 14.988 € | 13.891 € | 12.817 € | 11.634 € | 10.623 € | 9.505 € | 8.333 € | 7.027 € | 5.341 € | 3.120 € |
| 111.000 € | 14.988 € | 13.891 € | 12.817 € | 11.634 € | 10.623 € | 9.505 € | 8.333 € | 7.027 € | 5.341 € | 3.120 € |
| 114.000 € | 14.988 € | 13.891 € | 12.817 € | 11.634 € | 10.623 € | 9.505 € | 8.333 € | 7.027 € | 5.341 € | 3.120 € |
| 117.000 € | 14.988 € | 13.891 € | 12.817 € | 11.634 € | 10.623 € | 9.505 € | 8.333 € | 7.027 € | 5.341 € | 3.120 € |
| 120.000 € | 14.988 € | 13.891 € | 12.817 € | 11.634 € | 10.623 € | 9.505 € | 8.333 € | 7.027 € | 5.341 € | 3.120 € |

# TABLA 1.C.1
## Lucro cesante del cónyuge
Años de duración del matrimonio: 27 años

Ingreso neto | Edad del cónyuge

| Hasta | 41 | 42 | 43 | 44 | 45 | 46 | 47 | 48 | 49 |
|---|---|---|---|---|---|---|---|---|---|
| 9.000 € | 29.600 € | 29.590 € | 29.539 € | 29.471 € | 29.379 € | 29.235 € | 29.044 € | 28.811 € | 28.534 € |
| 12.000 € | 39.467 € | 39.453 € | 39.385 € | 39.295 € | 39.172 € | 38.980 € | 38.725 € | 38.415 € | 38.045 € |
| 15.000 € | 49.334 € | 49.317 € | 49.232 € | 49.118 € | 48.965 € | 48.725 € | 48.407 € | 48.019 € | 47.556 € |
| 18.000 € | 59.200 € | 59.180 € | 59.078 € | 58.942 € | 58.758 € | 58.470 € | 58.088 € | 57.623 € | 57.067 € |
| 21.000 € | 69.067 € | 69.043 € | 68.924 € | 68.766 € | 68.551 € | 68.216 € | 67.770 € | 67.226 € | 66.579 € |
| 24.000 € | 78.934 € | 78.907 € | 78.770 € | 78.590 € | 78.344 € | 77.961 € | 77.451 € | 76.830 € | 76.090 € |
| 27.000 € | 88.801 € | 88.770 € | 88.617 € | 88.413 € | 88.137 € | 87.706 € | 87.132 € | 86.434 € | 85.601 € |
| 30.000 € | 98.486 € | 98.475 € | 98.463 € | 98.237 € | 97.930 € | 97.451 € | 96.814 € | 96.038 € | 95.112 € |
| 33.000 € | 107.027 € | 105.751 € | 104.596 € | 103.572 € | 102.662 € | 101.871 € | 101.215 € | 100.696 € | 100.292 € |
| 36.000 € | 115.568 € | 112.971 € | 110.489 € | 108.133 € | 105.884 € | 103.748 € | 101.741 € | 101.115 € | 100.489 € |
| 39.000 € | 124.109 € | 120.192 € | 116.383 € | 112.694 € | 109.105 € | 105.625 € | 102.268 € | 101.476 € | 100.685 € |
| 42.000 € | 132.650 € | 127.412 € | 122.276 € | 117.255 € | 112.327 € | 107.503 € | 102.795 € | 101.837 € | 100.880 € |
| 45.000 € | 141.191 € | 134.632 € | 128.170 € | 121.815 € | 115.549 € | 109.380 € | 103.322 € | 102.198 € | 101.074 € |
| 48.000 € | 149.733 € | 141.852 € | 134.063 € | 126.376 € | 118.771 € | 111.257 € | 103.849 € | 102.558 € | 101.268 € |
| 51.000 € | 172.907 € | 163.669 € | 154.515 € | 145.457 € | 136.472 € | 127.570 € | 118.766 € | 110.070 € | 101.462 € |
| 54.000 € | 213.343 € | 202.704 € | 192.140 € | 181.667 € | 171.253 € | 160.911 € | 150.660 € | 140.509 € | 130.433 € |
| 57.000 € | 253.779 € | 241.739 € | 229.766 € | 217.876 € | 206.034 € | 194.252 € | 182.553 € | 170.947 € | 159.404 € |
| 60.000 € | 294.216 € | 280.775 € | 267.391 € | 254.086 € | 240.815 € | 227.594 € | 214.447 € | 201.386 € | 188.375 € |
| 63.000 € | 334.652 € | 319.810 € | 305.017 € | 290.295 € | 275.596 € | 260.935 € | 246.340 € | 231.825 € | 217.347 € |
| 66.000 € | 375.088 € | 358.845 € | 342.642 € | 326.505 € | 310.377 € | 294.276 € | 278.234 € | 262.264 € | 246.318 € |
| 69.000 € | 415.525 € | 397.880 € | 380.268 € | 362.715 € | 345.158 € | 327.618 € | 310.127 € | 292.703 € | 275.289 € |
| 72.000 € | 455.961 € | 436.915 € | 417.893 € | 398.924 € | 379.939 € | 360.959 € | 342.021 € | 323.142 € | 304.260 € |
| 75.000 € | 496.397 € | 475.950 € | 455.519 € | 435.134 € | 414.720 € | 394.300 € | 373.914 € | 353.581 € | 333.232 € |
| 78.000 € | 536.833 € | 514.986 € | 493.144 € | 471.344 € | 449.501 € | 427.641 € | 405.808 € | 384.020 € | 362.203 € |
| 81.000 € | 577.270 € | 554.021 € | 530.770 € | 507.553 € | 484.282 € | 460.983 € | 437.701 € | 414.459 € | 391.174 € |
| 84.000 € | 617.706 € | 593.056 € | 568.395 € | 543.763 € | 519.063 € | 494.324 € | 469.595 € | 444.898 € | 420.145 € |
| 87.000 € | 658.142 € | 632.091 € | 606.020 € | 579.973 € | 553.844 € | 527.665 € | 501.488 € | 475.337 € | 449.117 € |
| 90.000 € | 698.579 € | 671.126 € | 643.646 € | 616.182 € | 588.625 € | 561.007 € | 533.382 € | 505.776 € | 478.088 € |
| 93.000 € | 739.015 € | 710.161 € | 681.271 € | 652.392 € | 623.406 € | 594.348 € | 565.275 € | 536.215 € | 507.059 € |
| 96.000 € | 779.451 € | 749.196 € | 718.897 € | 688.602 € | 658.187 € | 627.689 € | 597.169 € | 566.653 € | 536.030 € |
| 99.000 € | 819.887 € | 788.232 € | 756.522 € | 724.811 € | 692.969 € | 661.030 € | 629.062 € | 597.092 € | 565.002 € |
| 102.000 € | 860.324 € | 827.267 € | 794.148 € | 761.021 € | 727.750 € | 694.372 € | 660.956 € | 627.531 € | 593.973 € |
| 105.000 € | 900.760 € | 866.302 € | 831.773 € | 797.230 € | 762.531 € | 727.713 € | 692.849 € | 657.970 € | 622.944 € |
| 108.000 € | 941.196 € | 905.337 € | 869.399 € | 833.440 € | 797.312 € | 761.054 € | 724.743 € | 688.409 € | 651.915 € |
| 111.000 € | 981.633 € | 944.372 € | 907.024 € | 869.650 € | 832.093 € | 794.396 € | 756.636 € | 718.848 € | 680.887 € |
| 114.000 € | 1.022.069 € | 983.407 € | 944.649 € | 905.859 € | 866.874 € | 827.737 € | 788.530 € | 749.287 € | 709.858 € |
| 117.000 € | 1.062.505 € | 1.022.443 € | 982.275 € | 942.069 € | 901.655 € | 861.078 € | 820.423 € | 779.726 € | 738.829 € |
| 120.000 € | 1.102.942 € | 1.061.478 € | 1.019.900 € | 978.279 € | 936.436 € | 894.420 € | 852.317 € | 810.165 € | 767.800 € |

# TABLA 1.C.1
## Lucro cesante del cónyuge
Años de duración del matrimonio: 27 años

Ingreso netc Edad del cónyuge — Edad del có

| Hasta | 50 | 51 | 52 | 53 | 54 | 55 | 56 | 57 | 58 | 59 |
|---|---|---|---|---|---|---|---|---|---|---|
| 9.000 € | 28.180 € | 27.737 € | 27.202 € | 26.599 € | 25.937 € | 25.239 € | 24.468 € | 23.592 € | 22.704 € | 21.780 € |
| 12.000 € | 37.573 € | 36.982 € | 36.269 € | 35.465 € | 34.583 € | 33.651 € | 32.625 € | 31.456 € | 30.272 € | 29.040 € |
| 15.000 € | 46.966 € | 46.228 € | 45.336 € | 44.331 € | 43.228 € | 42.064 € | 40.781 € | 39.320 € | 37.840 € | 36.300 € |
| 18.000 € | 56.359 € | 55.473 € | 54.403 € | 53.197 € | 51.874 € | 50.477 € | 48.937 € | 47.184 € | 45.408 € | 43.560 € |
| 21.000 € | 65.753 € | 64.719 € | 63.471 € | 62.064 € | 60.519 € | 58.890 € | 57.093 € | 55.048 € | 52.976 € | 50.820 € |
| 24.000 € | 75.146 € | 73.965 € | 72.538 € | 70.930 € | 69.165 € | 67.303 € | 65.249 € | 62.913 € | 60.544 € | 58.080 € |
| 27.000 € | 84.539 € | 83.210 € | 81.605 € | 79.796 € | 77.811 € | 75.716 € | 73.405 € | 70.777 € | 68.112 € | 65.340 € |
| 30.000 € | 93.932 € | 92.456 € | 90.672 € | 88.662 € | 86.456 € | 84.128 € | 81.562 € | 78.641 € | 75.680 € | 72.601 € |
| 33.000 € | 100.016 € | 99.868 € | 99.739 € | 97.529 € | 95.102 € | 92.541 € | 89.718 € | 86.505 € | 83.248 € | 79.861 € |
| 36.000 € | 100.290 € | 100.091 € | 99.892 € | 99.500 € | 96.075 € | 94.560 € | 90.770 € | 88.306 € | 87.560 € | 86.909 € |
| 39.000 € | 100.471 € | 100.257 € | 100.043 € | 100.043 € | 97.051 € | 96.609 € | 91.828 € | 89.943 € | 87.830 € | 87.198 € |
| 42.000 € | 100.651 € | 100.422 € | 100.194 € | 100.194 € | 98.032 € | 98.032 € | 92.891 € | 91.599 € | 88.099 € | 87.486 € |
| 45.000 € | 100.831 € | 100.587 € | 100.344 € | 100.344 € | 99.017 € | 99.017 € | 93.962 € | 93.278 € | 88.367 € | 87.773 € |
| 48.000 € | 101.010 € | 100.752 € | 100.494 € | 100.494 € | 100.007 € | 100.007 € | 95.039 € | 94.979 € | 88.635 € | 88.060 € |
| 51.000 € | 101.189 € | 100.916 € | 100.643 € | 100.643 € | 100.643 € | 100.643 € | 96.125 € | 96.125 € | 88.903 € | 88.347 € |
| 54.000 € | 120.452 € | 110.570 € | 100.792 € | 100.792 € | 100.792 € | 100.792 € | 97.220 € | 97.220 € | 89.171 € | 88.634 € |
| 57.000 € | 147.946 € | 136.576 € | 125.301 € | 114.126 € | 103.017 € | 103.017 € | 98.323 € | 98.323 € | 89.439 € | 88.921 € |
| 60.000 € | 175.439 € | 162.583 € | 149.810 € | 137.128 € | 124.495 € | 111.938 € | 99.436 € | 99.436 € | 89.707 € | 89.208 € |
| 63.000 € | 202.933 € | 188.589 € | 174.319 € | 160.130 € | 145.973 € | 131.878 € | 117.818 € | 103.870 € | 89.974 € | 89.496 € |
| 66.000 € | 230.427 € | 214.595 € | 198.828 € | 183.132 € | 167.451 € | 151.818 € | 136.200 € | 120.686 € | 105.205 € | 89.783 € |
| 69.000 € | 257.920 € | 240.602 € | 223.337 € | 206.135 € | 188.929 € | 171.758 € | 154.582 € | 137.501 € | 120.436 € | 103.412 € |
| 72.000 € | 285.414 € | 266.608 € | 247.846 € | 229.137 € | 210.407 € | 191.697 € | 172.965 € | 154.317 € | 135.666 € | 117.041 € |
| 75.000 € | 312.908 € | 292.614 € | 272.355 € | 252.139 € | 231.885 € | 211.637 € | 191.347 € | 171.133 € | 150.897 € | 130.670 € |
| 78.000 € | 340.401 € | 318.620 € | 296.864 € | 275.141 € | 253.363 € | 231.577 € | 209.729 € | 187.949 € | 166.127 € | 144.298 € |
| 81.000 € | 367.895 € | 344.627 € | 321.373 € | 298.144 € | 274.841 € | 251.517 € | 228.111 € | 204.765 € | 181.358 € | 157.927 € |
| 84.000 € | 395.389 € | 370.633 € | 345.882 € | 321.146 € | 296.319 € | 271.457 € | 246.493 € | 221.580 € | 196.589 € | 171.556 € |
| 87.000 € | 422.882 € | 396.639 € | 370.391 € | 344.148 € | 317.797 € | 291.396 € | 264.875 € | 238.396 € | 211.819 € | 185.185 € |
| 90.000 € | 450.376 € | 422.645 € | 394.900 € | 367.150 € | 339.275 € | 311.336 € | 283.257 € | 255.212 € | 227.050 € | 198.813 € |
| 93.000 € | 477.870 € | 448.652 € | 419.409 € | 390.153 € | 360.754 € | 331.276 € | 301.639 € | 272.028 € | 242.281 € | 212.442 € |
| 96.000 € | 505.363 € | 474.658 € | 443.918 € | 413.155 € | 382.232 € | 351.216 € | 320.022 € | 288.844 € | 257.511 € | 226.071 € |
| 99.000 € | 532.857 € | 500.664 € | 468.427 € | 436.157 € | 403.710 € | 371.156 € | 338.404 € | 305.660 € | 272.742 € | 239.700 € |
| 102.000 € | 560.351 € | 526.670 € | 492.936 € | 459.159 € | 425.188 € | 391.095 € | 356.786 € | 322.475 € | 287.972 € | 253.328 € |
| 105.000 € | 587.845 € | 552.677 € | 517.445 € | 482.162 € | 446.666 € | 411.035 € | 375.168 € | 339.291 € | 303.203 € | 266.957 € |
| 108.000 € | 615.338 € | 578.683 € | 541.954 € | 505.164 € | 468.144 € | 430.975 € | 393.550 € | 356.107 € | 318.434 € | 280.586 € |
| 111.000 € | 642.832 € | 604.689 € | 566.463 € | 528.166 € | 489.622 € | 450.915 € | 411.932 € | 372.923 € | 333.664 € | 294.215 € |
| 114.000 € | 670.326 € | 630.696 € | 590.972 € | 551.168 € | 511.100 € | 470.855 € | 430.314 € | 389.739 € | 348.895 € | 307.844 € |
| 117.000 € | 697.819 € | 656.702 € | 615.481 € | 574.171 € | 532.578 € | 490.794 € | 448.697 € | 406.554 € | 364.125 € | 321.472 € |
| 120.000 € | 725.313 € | 682.708 € | 639.990 € | 597.173 € | 554.056 € | 510.734 € | 467.079 € | 423.370 € | 379.356 € | 335.101 € |

## TABLA 1.C.1
### Lucro cesante del cónyuge
Años de duración del matrimonio: 27 años

Ingreso netcnyuge

Edad del cónyuge

| Hasta | 60 | 61 | 62 | 63 | 64 | 65 | 66 | 67 | 68 | 69 |
|---|---|---|---|---|---|---|---|---|---|---|
| 9.000 € | 20.843 € | 19.892 € | 18.925 € | 17.963 € | 17.007 € | 16.052 € | 15.135 € | 11.926 € | 11.612 € | 11.272 € |
| 12.000 € | 27.791 € | 26.523 € | 25.233 € | 23.951 € | 22.676 € | 21.403 € | 20.180 € | 15.901 € | 15.482 € | 15.030 € |
| 15.000 € | 34.739 € | 33.153 € | 31.541 € | 29.939 € | 28.345 € | 26.754 € | 25.224 € | 19.876 € | 19.353 € | 18.787 € |
| 18.000 € | 41.686 € | 39.784 € | 37.849 € | 35.927 € | 34.014 € | 32.104 € | 30.269 € | 23.851 € | 23.223 € | 22.544 € |
| 21.000 € | 48.634 € | 46.414 € | 44.158 € | 41.914 € | 39.683 € | 37.455 € | 35.314 € | 27.826 € | 27.094 € | 26.302 € |
| 24.000 € | 55.582 € | 53.045 € | 50.466 € | 47.902 € | 45.352 € | 42.806 € | 40.359 € | 31.801 € | 30.964 € | 30.059 € |
| 27.000 € | 62.530 € | 59.676 € | 56.774 € | 53.890 € | 51.021 € | 48.156 € | 45.404 € | 35.777 € | 34.835 € | 33.817 € |
| 30.000 € | 69.477 € | 66.306 € | 63.082 € | 59.878 € | 56.690 € | 53.507 € | 50.449 € | 39.752 € | 38.705 € | 37.574 € |
| 33.000 € | 76.425 € | 72.937 € | 69.390 € | 65.865 € | 62.359 € | 58.858 € | 55.494 € | 43.727 € | 42.576 € | 41.331 € |
| 36.000 € | 83.373 € | 79.568 € | 75.699 € | 71.853 € | 68.028 € | 64.208 € | 60.539 € | 47.702 € | 46.446 € | 45.089 € |
| 39.000 € | 83.651 € | 79.589 € | 75.907 € | 72.193 € | 68.208 € | 64.208 € | 60.539 € | 51.677 € | 50.317 € | 48.846 € |
| 42.000 € | 83.929 € | 79.610 € | 76.115 € | 72.533 € | 68.387 € | 64.208 € | 60.539 € | 51.677 € | 50.317 € | 48.846 € |
| 45.000 € | 84.206 € | 79.630 € | 76.323 € | 72.873 € | 68.566 € | 64.208 € | 60.539 € | 51.677 € | 50.317 € | 48.846 € |
| 48.000 € | 84.483 € | 79.651 € | 76.530 € | 73.213 € | 68.745 € | 64.208 € | 60.539 € | 51.677 € | 50.317 € | 48.846 € |
| 51.000 € | 84.760 € | 79.672 € | 76.737 € | 73.553 € | 68.923 € | 64.208 € | 60.539 € | 51.677 € | 50.317 € | 48.846 € |
| 54.000 € | 85.037 € | 79.693 € | 76.943 € | 73.893 € | 69.101 € | 64.208 € | 60.539 € | 51.677 € | 50.317 € | 48.846 € |
| 57.000 € | 85.314 € | 79.713 € | 77.150 € | 74.234 € | 69.279 € | 64.208 € | 60.539 € | 51.677 € | 50.317 € | 48.846 € |
| 60.000 € | 85.590 € | 79.734 € | 77.357 € | 74.576 € | 69.457 € | 64.208 € | 60.539 € | 51.677 € | 50.317 € | 48.846 € |
| 63.000 € | 85.867 € | 79.754 € | 77.563 € | 74.918 € | 69.635 € | 64.208 € | 60.539 € | 51.677 € | 50.317 € | 48.846 € |
| 66.000 € | 86.145 € | 79.775 € | 77.770 € | 75.261 € | 69.813 € | 64.208 € | 60.539 € | 51.677 € | 50.317 € | 48.846 € |
| 69.000 € | 86.422 € | 79.795 € | 77.977 € | 75.605 € | 69.991 € | 64.208 € | 60.539 € | 51.677 € | 50.317 € | 48.846 € |
| 72.000 € | 98.431 € | 79.815 € | 78.184 € | 75.950 € | 70.170 € | 64.208 € | 60.539 € | 51.677 € | 50.317 € | 48.846 € |
| 75.000 € | 110.439 € | 90.181 € | 78.391 € | 76.296 € | 70.348 € | 64.208 € | 60.539 € | 51.677 € | 50.317 € | 48.846 € |
| 78.000 € | 122.447 € | 100.547 € | 78.598 € | 76.643 € | 70.527 € | 64.208 € | 60.539 € | 51.677 € | 50.317 € | 48.846 € |
| 81.000 € | 134.456 € | 110.913 € | 87.299 € | 76.991 € | 70.706 € | 64.208 € | 60.539 € | 51.677 € | 50.317 € | 48.846 € |
| 84.000 € | 146.464 € | 121.279 € | 95.999 € | 77.340 € | 70.885 € | 64.208 € | 60.539 € | 51.677 € | 50.317 € | 48.846 € |
| 87.000 € | 158.472 € | 131.644 € | 104.699 € | 77.690 € | 71.064 € | 64.208 € | 60.539 € | 51.677 € | 50.317 € | 48.846 € |
| 90.000 € | 170.481 € | 142.010 € | 113.400 € | 84.706 € | 71.243 € | 64.208 € | 60.539 € | 51.677 € | 50.317 € | 48.846 € |
| 93.000 € | 182.489 € | 152.376 € | 122.100 € | 91.722 € | 71.423 € | 64.208 € | 60.539 € | 51.677 € | 50.317 € | 48.846 € |
| 96.000 € | 194.497 € | 162.742 € | 130.800 € | 98.738 € | 71.603 € | 64.208 € | 60.539 € | 51.677 € | 50.317 € | 48.846 € |
| 99.000 € | 206.506 € | 173.108 € | 139.500 € | 105.754 € | 71.783 € | 64.208 € | 60.539 € | 51.677 € | 50.317 € | 48.846 € |
| 102.000 € | 218.514 € | 183.473 € | 148.201 € | 112.770 € | 77.091 € | 64.208 € | 60.539 € | 51.677 € | 50.317 € | 48.846 € |
| 105.000 € | 230.522 € | 193.839 € | 156.901 € | 119.786 € | 82.398 € | 64.208 € | 60.539 € | 51.677 € | 50.317 € | 48.846 € |
| 108.000 € | 242.531 € | 204.205 € | 165.601 € | 126.802 € | 87.706 € | 64.208 € | 60.539 € | 51.677 € | 50.317 € | 48.846 € |
| 111.000 € | 254.539 € | 214.571 € | 174.302 € | 133.818 € | 93.013 € | 64.208 € | 60.539 € | 51.677 € | 50.317 € | 48.846 € |
| 114.000 € | 266.547 € | 224.936 € | 183.002 € | 140.834 € | 98.321 € | 64.208 € | 60.539 € | 51.677 € | 50.317 € | 48.846 € |
| 117.000 € | 278.556 € | 235.302 € | 191.702 € | 147.850 € | 103.629 € | 64.208 € | 60.539 € | 51.677 € | 50.317 € | 48.846 € |
| 120.000 € | 290.564 € | 245.668 € | 200.403 € | 154.866 € | 108.936 € | 64.208 € | 60.539 € | 51.677 € | 50.317 € | 48.846 € |

# TABLA 1.C.1
## Lucro cesante del cónyuge
### Años de duración del matrimonio: 27 años

| Ingreso neto | Edad del cónyuge | | | | | | | | | | |
|---|---|---|---|---|---|---|---|---|---|---|---|
| Hasta | 70 | 71 | 72 | 73 | 74 | 75 | 76 | 77 | 78 | 79 | 80 |
| 9.000 € | 10.899 € | 10.527 € | 10.138 € | 9.713 € | 9.267 € | 8.838 € | 8.406 € | 7.975 € | 7.553 € | 7.143 € | 6.738 € |
| 12.000 € | 14.532 € | 14.036 € | 13.517 € | 12.951 € | 12.356 € | 11.784 € | 11.209 € | 10.634 € | 10.071 € | 9.524 € | 8.983 € |
| 15.000 € | 18.165 € | 17.545 € | 16.896 € | 16.189 € | 15.446 € | 14.730 € | 14.011 € | 13.292 € | 12.588 € | 11.905 € | 11.229 € |
| 18.000 € | 21.798 € | 21.055 € | 20.275 € | 19.427 € | 18.535 € | 17.677 € | 16.813 € | 15.950 € | 15.106 € | 14.286 € | 13.475 € |
| 21.000 € | 25.431 € | 24.564 € | 23.654 € | 22.664 € | 21.624 € | 20.623 € | 19.615 € | 18.609 € | 17.624 € | 16.667 € | 15.721 € |
| 24.000 € | 29.064 € | 28.073 € | 27.034 € | 25.902 € | 24.713 € | 23.569 € | 22.417 € | 21.267 € | 20.141 € | 19.048 € | 17.967 € |
| 27.000 € | 32.697 € | 31.582 € | 30.413 € | 29.140 € | 27.802 € | 26.515 € | 25.219 € | 23.926 € | 22.659 € | 21.429 € | 20.213 € |
| 30.000 € | 36.330 € | 35.091 € | 33.792 € | 32.378 € | 30.891 € | 29.461 € | 28.021 € | 26.584 € | 25.177 € | 23.810 € | 22.459 € |
| 33.000 € | 39.963 € | 38.600 € | 37.171 € | 35.615 € | 33.980 € | 32.407 € | 30.823 € | 29.243 € | 27.694 € | 26.191 € | 24.704 € |
| 36.000 € | 43.596 € | 42.109 € | 40.551 € | 38.853 € | 37.069 € | 35.353 € | 33.626 € | 31.901 € | 30.212 € | 28.572 € | 26.950 € |
| 39.000 € | 47.229 € | 45.618 € | 43.930 € | 42.091 € | 40.158 € | 38.299 € | 36.428 € | 34.559 € | 32.730 € | 30.953 € | 29.196 € |
| 42.000 € | 47.229 € | 45.618 € | 43.930 € | 42.091 € | 40.158 € | 38.299 € | 36.428 € | 34.559 € | 32.730 € | 30.953 € | 29.196 € |
| 45.000 € | 47.229 € | 45.618 € | 43.930 € | 42.091 € | 40.158 € | 38.299 € | 36.428 € | 34.559 € | 32.730 € | 30.953 € | 29.196 € |
| 48.000 € | 47.229 € | 45.618 € | 43.930 € | 42.091 € | 40.158 € | 38.299 € | 36.428 € | 34.559 € | 32.730 € | 30.953 € | 29.196 € |
| 51.000 € | 47.229 € | 45.618 € | 43.930 € | 42.091 € | 40.158 € | 38.299 € | 36.428 € | 34.559 € | 32.730 € | 30.953 € | 29.196 € |
| 54.000 € | 47.229 € | 45.618 € | 43.930 € | 42.091 € | 40.158 € | 38.299 € | 36.428 € | 34.559 € | 32.730 € | 30.953 € | 29.196 € |
| 57.000 € | 47.229 € | 45.618 € | 43.930 € | 42.091 € | 40.158 € | 38.299 € | 36.428 € | 34.559 € | 32.730 € | 30.953 € | 29.196 € |
| 60.000 € | 47.229 € | 45.618 € | 43.930 € | 42.091 € | 40.158 € | 38.299 € | 36.428 € | 34.559 € | 32.730 € | 30.953 € | 29.196 € |
| 63.000 € | 47.229 € | 45.618 € | 43.930 € | 42.091 € | 40.158 € | 38.299 € | 36.428 € | 34.559 € | 32.730 € | 30.953 € | 29.196 € |
| 66.000 € | 47.229 € | 45.618 € | 43.930 € | 42.091 € | 40.158 € | 38.299 € | 36.428 € | 34.559 € | 32.730 € | 30.953 € | 29.196 € |
| 69.000 € | 47.229 € | 45.618 € | 43.930 € | 42.091 € | 40.158 € | 38.299 € | 36.428 € | 34.559 € | 32.730 € | 30.953 € | 29.196 € |
| 72.000 € | 47.229 € | 45.618 € | 43.930 € | 42.091 € | 40.158 € | 38.299 € | 36.428 € | 34.559 € | 32.730 € | 30.953 € | 29.196 € |
| 75.000 € | 47.229 € | 45.618 € | 43.930 € | 42.091 € | 40.158 € | 38.299 € | 36.428 € | 34.559 € | 32.730 € | 30.953 € | 29.196 € |
| 78.000 € | 47.229 € | 45.618 € | 43.930 € | 42.091 € | 40.158 € | 38.299 € | 36.428 € | 34.559 € | 32.730 € | 30.953 € | 29.196 € |
| 81.000 € | 47.229 € | 45.618 € | 43.930 € | 42.091 € | 40.158 € | 38.299 € | 36.428 € | 34.559 € | 32.730 € | 30.953 € | 29.196 € |
| 84.000 € | 47.229 € | 45.618 € | 43.930 € | 42.091 € | 40.158 € | 38.299 € | 36.428 € | 34.559 € | 32.730 € | 30.953 € | 29.196 € |
| 87.000 € | 47.229 € | 45.618 € | 43.930 € | 42.091 € | 40.158 € | 38.299 € | 36.428 € | 34.559 € | 32.730 € | 30.953 € | 29.196 € |
| 90.000 € | 47.229 € | 45.618 € | 43.930 € | 42.091 € | 40.158 € | 38.299 € | 36.428 € | 34.559 € | 32.730 € | 30.953 € | 29.196 € |
| 93.000 € | 47.229 € | 45.618 € | 43.930 € | 42.091 € | 40.158 € | 38.299 € | 36.428 € | 34.559 € | 32.730 € | 30.953 € | 29.196 € |
| 96.000 € | 47.229 € | 45.618 € | 43.930 € | 42.091 € | 40.158 € | 38.299 € | 36.428 € | 34.559 € | 32.730 € | 30.953 € | 29.196 € |
| 99.000 € | 47.229 € | 45.618 € | 43.930 € | 42.091 € | 40.158 € | 38.299 € | 36.428 € | 34.559 € | 32.730 € | 30.953 € | 29.196 € |
| 102.000 € | 47.229 € | 45.618 € | 43.930 € | 42.091 € | 40.158 € | 38.299 € | 36.428 € | 34.559 € | 32.730 € | 30.953 € | 29.196 € |
| 105.000 € | 47.229 € | 45.618 € | 43.930 € | 42.091 € | 40.158 € | 38.299 € | 36.428 € | 34.559 € | 32.730 € | 30.953 € | 29.196 € |
| 108.000 € | 47.229 € | 45.618 € | 43.930 € | 42.091 € | 40.158 € | 38.299 € | 36.428 € | 34.559 € | 32.730 € | 30.953 € | 29.196 € |
| 111.000 € | 47.229 € | 45.618 € | 43.930 € | 42.091 € | 40.158 € | 38.299 € | 36.428 € | 34.559 € | 32.730 € | 30.953 € | 29.196 € |
| 114.000 € | 47.229 € | 45.618 € | 43.930 € | 42.091 € | 40.158 € | 38.299 € | 36.428 € | 34.559 € | 32.730 € | 30.953 € | 29.196 € |
| 117.000 € | 47.229 € | 45.618 € | 43.930 € | 42.091 € | 40.158 € | 38.299 € | 36.428 € | 34.559 € | 32.730 € | 30.953 € | 29.196 € |
| 120.000 € | 47.229 € | 45.618 € | 43.930 € | 42.091 € | 40.158 € | 38.299 € | 36.428 € | 34.559 € | 32.730 € | 30.953 € | 29.196 € |

## TABLA 1.C.1
## Lucro cesante del cónyuge
Años de duración del matrimonio: 27 años

| Ingreso neto | Edad del cónyuge | | | | | | | | | | |
|---|---|---|---|---|---|---|---|---|---|---|---|
| Hasta | 81 | 82 | 83 | 84 | 85 | 87 | 88 | 89 | 90 | 91 | 92 |
| 9.000 € | 6.346 € | 5.968 € | 5.601 € | 5.245 € | 4.908 € | 4.276 € | 3.985 € | 3.715 € | 3.459 € | 3.206 € | 3.000 € |
| 12.000 € | 8.461 € | 7.957 € | 7.468 € | 6.994 € | 6.544 € | 5.702 € | 5.314 € | 4.954 € | 4.612 € | 4.274 € | 3.944 € |
| 15.000 € | 10.576 € | 9.947 € | 9.335 € | 8.742 € | 8.180 € | 7.127 € | 6.642 € | 6.192 € | 5.764 € | 5.343 € | 4.930 € |
| 18.000 € | 12.692 € | 11.936 € | 11.202 € | 10.490 € | 9.816 € | 8.552 € | 7.971 € | 7.431 € | 6.917 € | 6.411 € | 5.916 € |
| 21.000 € | 14.807 € | 13.925 € | 13.069 € | 12.239 € | 11.452 € | 9.978 € | 9.299 € | 8.669 € | 8.070 € | 7.480 € | 6.902 € |
| 24.000 € | 16.922 € | 15.915 € | 14.936 € | 13.987 € | 13.088 € | 11.403 € | 10.628 € | 9.907 € | 9.223 € | 8.548 € | 7.887 € |
| 27.000 € | 19.038 € | 17.904 € | 16.803 € | 15.735 € | 14.724 € | 12.829 € | 11.956 € | 11.146 € | 10.376 € | 9.617 € | 8.873 € |
| 30.000 € | 21.153 € | 19.893 € | 18.669 € | 17.484 € | 16.360 € | 14.254 € | 13.285 € | 12.384 € | 11.529 € | 10.685 € | 9.859 € |
| 33.000 € | 23.268 € | 21.883 € | 20.536 € | 19.232 € | 17.996 € | 15.679 € | 14.613 € | 13.623 € | 12.682 € | 11.754 € | 10.845 € |
| 36.000 € | 25.383 € | 23.872 € | 22.403 € | 20.981 € | 19.632 € | 17.105 € | 15.942 € | 14.861 € | 13.835 € | 12.822 € | 11.831 € |
| 39.000 € | 27.499 € | 25.861 € | 24.270 € | 22.729 € | 21.268 € | 18.530 € | 17.270 € | 16.100 € | 14.988 € | 13.891 € | 12.817 € |
| 42.000 € | 27.499 € | 25.861 € | 24.270 € | 22.729 € | 21.268 € | 18.530 € | 17.270 € | 16.100 € | 14.988 € | 13.891 € | 12.817 € |
| 45.000 € | 27.499 € | 25.861 € | 24.270 € | 22.729 € | 21.268 € | 18.530 € | 17.270 € | 16.100 € | 14.988 € | 13.891 € | 12.817 € |
| 48.000 € | 27.499 € | 25.861 € | 24.270 € | 22.729 € | 21.268 € | 18.530 € | 17.270 € | 16.100 € | 14.988 € | 13.891 € | 12.817 € |
| 51.000 € | 27.499 € | 25.861 € | 24.270 € | 22.729 € | 21.268 € | 18.530 € | 17.270 € | 16.100 € | 14.988 € | 13.891 € | 12.817 € |
| 54.000 € | 27.499 € | 25.861 € | 24.270 € | 22.729 € | 21.268 € | 18.530 € | 17.270 € | 16.100 € | 14.988 € | 13.891 € | 12.817 € |
| 57.000 € | 27.499 € | 25.861 € | 24.270 € | 22.729 € | 21.268 € | 18.530 € | 17.270 € | 16.100 € | 14.988 € | 13.891 € | 12.817 € |
| 60.000 € | 27.499 € | 25.861 € | 24.270 € | 22.729 € | 21.268 € | 18.530 € | 17.270 € | 16.100 € | 14.988 € | 13.891 € | 12.817 € |
| 63.000 € | 27.499 € | 25.861 € | 24.270 € | 22.729 € | 21.268 € | 18.530 € | 17.270 € | 16.100 € | 14.988 € | 13.891 € | 12.817 € |
| 66.000 € | 27.499 € | 25.861 € | 24.270 € | 22.729 € | 21.268 € | 18.530 € | 17.270 € | 16.100 € | 14.988 € | 13.891 € | 12.817 € |
| 69.000 € | 27.499 € | 25.861 € | 24.270 € | 22.729 € | 21.268 € | 18.530 € | 17.270 € | 16.100 € | 14.988 € | 13.891 € | 12.817 € |
| 72.000 € | 27.499 € | 25.861 € | 24.270 € | 22.729 € | 21.268 € | 18.530 € | 17.270 € | 16.100 € | 14.988 € | 13.891 € | 12.817 € |
| 75.000 € | 27.499 € | 25.861 € | 24.270 € | 22.729 € | 21.268 € | 18.530 € | 17.270 € | 16.100 € | 14.988 € | 13.891 € | 12.817 € |
| 78.000 € | 27.499 € | 25.861 € | 24.270 € | 22.729 € | 21.268 € | 18.530 € | 17.270 € | 16.100 € | 14.988 € | 13.891 € | 12.817 € |
| 81.000 € | 27.499 € | 25.861 € | 24.270 € | 22.729 € | 21.268 € | 18.530 € | 17.270 € | 16.100 € | 14.988 € | 13.891 € | 12.817 € |
| 84.000 € | 27.499 € | 25.861 € | 24.270 € | 22.729 € | 21.268 € | 18.530 € | 17.270 € | 16.100 € | 14.988 € | 13.891 € | 12.817 € |
| 87.000 € | 27.499 € | 25.861 € | 24.270 € | 22.729 € | 21.268 € | 18.530 € | 17.270 € | 16.100 € | 14.988 € | 13.891 € | 12.817 € |
| 90.000 € | 27.499 € | 25.861 € | 24.270 € | 22.729 € | 21.268 € | 18.530 € | 17.270 € | 16.100 € | 14.988 € | 13.891 € | 12.817 € |
| 93.000 € | 27.499 € | 25.861 € | 24.270 € | 22.729 € | 21.268 € | 18.530 € | 17.270 € | 16.100 € | 14.988 € | 13.891 € | 12.817 € |
| 96.000 € | 27.499 € | 25.861 € | 24.270 € | 22.729 € | 21.268 € | 18.530 € | 17.270 € | 16.100 € | 14.988 € | 13.891 € | 12.817 € |
| 99.000 € | 27.499 € | 25.861 € | 24.270 € | 22.729 € | 21.268 € | 18.530 € | 17.270 € | 16.100 € | 14.988 € | 13.891 € | 12.817 € |
| 102.000 € | 27.499 € | 25.861 € | 24.270 € | 22.729 € | 21.268 € | 18.530 € | 17.270 € | 16.100 € | 14.988 € | 13.891 € | 12.817 € |
| 105.000 € | 27.499 € | 25.861 € | 24.270 € | 22.729 € | 21.268 € | 18.530 € | 17.270 € | 16.100 € | 14.988 € | 13.891 € | 12.817 € |
| 108.000 € | 27.499 € | 25.861 € | 24.270 € | 22.729 € | 21.268 € | 18.530 € | 17.270 € | 16.100 € | 14.988 € | 13.891 € | 12.817 € |
| 111.000 € | 27.499 € | 25.861 € | 24.270 € | 22.729 € | 21.268 € | 18.530 € | 17.270 € | 16.100 € | 14.988 € | 13.891 € | 12.817 € |
| 114.000 € | 27.499 € | 25.861 € | 24.270 € | 22.729 € | 21.268 € | 18.530 € | 17.270 € | 16.100 € | 14.988 € | 13.891 € | 12.817 € |
| 117.000 € | 27.499 € | 25.861 € | 24.270 € | 22.729 € | 21.268 € | 18.530 € | 17.270 € | 16.100 € | 14.988 € | 13.891 € | 12.817 € |
| 120.000 € | 27.499 € | 25.861 € | 24.270 € | 22.729 € | 21.268 € | 18.530 € | 17.270 € | 16.100 € | 14.988 € | 13.891 € | 12.817 € |

# TABLA 1.C.1
## Lucro cesante del cónyuge
### Años de duración del matrimonio: 27 años

| Ingreso neto | Edad del cónyuge | | | | | | |
|---|---|---|---|---|---|---|---|
| Hasta | 93 | 94 | 95 | 96 | 97 | 98 | 99 o más |
| 9.000 € | 3.000 € | 3.000 € | 3.000 € | 3.000 € | 3.000 € | 3.000 € | 3.000 € |
| 12.000 € | 3.580 € | 3.269 € | 3.000 € | 3.000 € | 3.000 € | 3.000 € | 3.000 € |
| 15.000 € | 4.474 € | 4.086 € | 3.656 € | 3.205 € | 3.000 € | 3.000 € | 3.000 € |
| 18.000 € | 5.369 € | 4.903 € | 4.387 € | 3.846 € | 3.243 € | 3.000 € | 3.000 € |
| 21.000 € | 6.264 € | 5.720 € | 5.118 € | 4.487 € | 3.784 € | 3.000 € | 3.000 € |
| 24.000 € | 7.159 € | 6.537 € | 5.849 € | 5.128 € | 4.325 € | 3.287 € | 3.000 € |
| 27.000 € | 8.054 € | 7.355 € | 6.581 € | 5.769 € | 4.865 € | 3.698 € | 3.000 € |
| 30.000 € | 8.949 € | 8.172 € | 7.312 € | 6.410 € | 5.406 € | 4.108 € | 3.000 € |
| 33.000 € | 9.844 € | 8.989 € | 8.043 € | 7.051 € | 5.946 € | 4.519 € | 3.000 € |
| 36.000 € | 10.739 € | 9.806 € | 8.774 € | 7.692 € | 6.487 € | 4.930 € | 3.000 € |
| 39.000 € | 11.634 € | 10.623 € | 9.505 € | 8.333 € | 7.027 € | 5.341 € | 3.120 € |
| 42.000 € | 11.634 € | 10.623 € | 9.505 € | 8.333 € | 7.027 € | 5.341 € | 3.120 € |
| 45.000 € | 11.634 € | 10.623 € | 9.505 € | 8.333 € | 7.027 € | 5.341 € | 3.120 € |
| 48.000 € | 11.634 € | 10.623 € | 9.505 € | 8.333 € | 7.027 € | 5.341 € | 3.120 € |
| 51.000 € | 11.634 € | 10.623 € | 9.505 € | 8.333 € | 7.027 € | 5.341 € | 3.120 € |
| 54.000 € | 11.634 € | 10.623 € | 9.505 € | 8.333 € | 7.027 € | 5.341 € | 3.120 € |
| 57.000 € | 11.634 € | 10.623 € | 9.505 € | 8.333 € | 7.027 € | 5.341 € | 3.120 € |
| 60.000 € | 11.634 € | 10.623 € | 9.505 € | 8.333 € | 7.027 € | 5.341 € | 3.120 € |
| 63.000 € | 11.634 € | 10.623 € | 9.505 € | 8.333 € | 7.027 € | 5.341 € | 3.120 € |
| 66.000 € | 11.634 € | 10.623 € | 9.505 € | 8.333 € | 7.027 € | 5.341 € | 3.120 € |
| 69.000 € | 11.634 € | 10.623 € | 9.505 € | 8.333 € | 7.027 € | 5.341 € | 3.120 € |
| 72.000 € | 11.634 € | 10.623 € | 9.505 € | 8.333 € | 7.027 € | 5.341 € | 3.120 € |
| 75.000 € | 11.634 € | 10.623 € | 9.505 € | 8.333 € | 7.027 € | 5.341 € | 3.120 € |
| 78.000 € | 11.634 € | 10.623 € | 9.505 € | 8.333 € | 7.027 € | 5.341 € | 3.120 € |
| 81.000 € | 11.634 € | 10.623 € | 9.505 € | 8.333 € | 7.027 € | 5.341 € | 3.120 € |
| 84.000 € | 11.634 € | 10.623 € | 9.505 € | 8.333 € | 7.027 € | 5.341 € | 3.120 € |
| 87.000 € | 11.634 € | 10.623 € | 9.505 € | 8.333 € | 7.027 € | 5.341 € | 3.120 € |
| 90.000 € | 11.634 € | 10.623 € | 9.505 € | 8.333 € | 7.027 € | 5.341 € | 3.120 € |
| 93.000 € | 11.634 € | 10.623 € | 9.505 € | 8.333 € | 7.027 € | 5.341 € | 3.120 € |
| 96.000 € | 11.634 € | 10.623 € | 9.505 € | 8.333 € | 7.027 € | 5.341 € | 3.120 € |
| 99.000 € | 11.634 € | 10.623 € | 9.505 € | 8.333 € | 7.027 € | 5.341 € | 3.120 € |
| 102.000 € | 11.634 € | 10.623 € | 9.505 € | 8.333 € | 7.027 € | 5.341 € | 3.120 € |
| 105.000 € | 11.634 € | 10.623 € | 9.505 € | 8.333 € | 7.027 € | 5.341 € | 3.120 € |
| 108.000 € | 11.634 € | 10.623 € | 9.505 € | 8.333 € | 7.027 € | 5.341 € | 3.120 € |
| 111.000 € | 11.634 € | 10.623 € | 9.505 € | 8.333 € | 7.027 € | 5.341 € | 3.120 € |
| 114.000 € | 11.634 € | 10.623 € | 9.505 € | 8.333 € | 7.027 € | 5.341 € | 3.120 € |
| 117.000 € | 11.634 € | 10.623 € | 9.505 € | 8.333 € | 7.027 € | 5.341 € | 3.120 € |
| 120.000 € | 11.634 € | 10.623 € | 9.505 € | 8.333 € | 7.027 € | 5.341 € | 3.120 € |

# TABLA 1.C.1
## Lucro cesante del cónyuge
Años de duración del matrimonio: 28 años

Ingreso neto Edad del cónyuge

| Hasta | 42 | 43 | 44 | 45 | 46 | 47 | 48 | 49 | 50 |
|---|---|---|---|---|---|---|---|---|---|
| 9.000 € | 30.921 € | 30.825 € | 30.716 € | 30.585 € | 30.400 € | 30.164 € | 29.885 € | 29.561 € | 29.158 € |
| 12.000 € | 41.228 € | 41.100 € | 40.955 € | 40.780 € | 40.533 € | 40.219 € | 39.847 € | 39.415 € | 38.877 € |
| 15.000 € | 51.535 € | 51.375 € | 51.194 € | 50.976 € | 50.667 € | 50.274 € | 49.808 € | 49.269 € | 48.596 € |
| 18.000 € | 61.842 € | 61.650 € | 61.433 € | 61.171 € | 60.800 € | 60.328 € | 59.770 € | 59.122 € | 58.316 € |
| 21.000 € | 72.149 € | 71.925 € | 71.671 € | 71.366 € | 70.933 € | 70.383 € | 69.732 € | 68.976 € | 68.035 € |
| 24.000 € | 82.456 € | 82.200 € | 81.910 € | 81.561 € | 81.066 € | 80.438 € | 79.693 € | 78.830 € | 77.754 € |
| 27.000 € | 92.762 € | 92.475 € | 92.149 € | 91.756 € | 91.200 € | 90.492 € | 89.655 € | 88.684 € | 87.473 € |
| 30.000 € | 102.918 € | 102.750 € | 102.388 € | 101.951 € | 101.333 € | 100.547 € | 99.617 € | 98.537 € | 97.193 € |
| 33.000 € | 109.309 € | 108.134 € | 107.086 € | 106.149 € | 105.333 € | 104.645 € | 104.089 € | 103.644 € | 103.322 € |
| 36.000 € | 115.701 € | 113.203 € | 110.829 € | 108.559 € | 106.404 € | 105.660 € | 104.917 € | 104.625 € | 104.334 € |
| 39.000 € | 122.092 € | 118.273 € | 114.571 € | 110.968 € | 107.475 € | 106.610 € | 105.746 € | 105.485 € | 105.225 € |
| 42.000 € | 128.484 € | 123.342 € | 118.313 € | 113.378 € | 108.546 € | 107.561 € | 106.576 € | 106.347 € | 106.118 € |
| 45.000 € | 134.875 € | 128.411 € | 122.055 € | 115.787 € | 109.616 € | 108.513 € | 107.409 € | 107.211 € | 107.014 € |
| 48.000 € | 141.267 € | 133.481 € | 125.798 € | 118.197 € | 110.687 € | 109.466 € | 108.245 € | 108.079 € | 107.913 € |
| 51.000 € | 162.635 € | 153.487 € | 144.436 € | 135.458 € | 126.563 € | 117.769 € | 109.083 € | 108.950 € | 108.817 € |
| 54.000 € | 201.670 € | 191.112 € | 180.645 € | 170.239 € | 159.905 € | 149.663 € | 139.522 € | 129.459 € | 119.491 € |
| 57.000 € | 240.705 € | 228.737 € | 216.855 € | 205.020 € | 193.246 € | 181.556 € | 169.961 € | 158.430 € | 146.985 € |
| 60.000 € | 279.740 € | 266.363 € | 253.064 € | 239.801 € | 226.587 € | 213.450 € | 200.400 € | 187.401 € | 174.478 € |
| 63.000 € | 318.775 € | 303.988 € | 289.274 € | 274.582 € | 259.929 € | 245.343 € | 230.839 € | 216.372 € | 201.972 € |
| 66.000 € | 357.811 € | 341.614 € | 325.484 € | 309.363 € | 293.270 € | 277.237 € | 261.278 € | 245.344 € | 229.466 € |
| 69.000 € | 396.846 € | 379.239 € | 361.693 € | 344.144 € | 326.611 € | 309.130 € | 291.717 € | 274.315 € | 256.959 € |
| 72.000 € | 435.881 € | 416.865 € | 397.903 € | 378.925 € | 359.952 € | 341.024 € | 322.156 € | 303.286 € | 284.453 € |
| 75.000 € | 474.916 € | 454.490 € | 434.113 € | 413.706 € | 393.294 € | 372.917 € | 352.595 € | 332.257 € | 311.947 € |
| 78.000 € | 513.951 € | 492.116 € | 470.322 € | 448.487 € | 426.635 € | 404.811 € | 383.034 € | 361.229 € | 339.440 € |
| 81.000 € | 552.986 € | 529.741 € | 506.532 € | 483.268 € | 459.976 € | 436.704 € | 413.473 € | 390.200 € | 366.934 € |
| 84.000 € | 592.022 € | 567.366 € | 542.742 € | 518.050 € | 493.318 € | 468.598 € | 443.912 € | 419.171 € | 394.428 € |
| 87.000 € | 631.057 € | 604.992 € | 578.951 € | 552.831 € | 526.659 € | 500.491 € | 474.350 € | 448.142 € | 421.921 € |
| 90.000 € | 670.092 € | 642.617 € | 615.161 € | 587.612 € | 560.000 € | 532.385 € | 504.789 € | 477.114 € | 449.415 € |
| 93.000 € | 709.127 € | 680.243 € | 651.371 € | 622.393 € | 593.342 € | 564.278 € | 535.228 € | 506.085 € | 476.909 € |
| 96.000 € | 748.162 € | 717.868 € | 687.580 € | 657.174 € | 626.683 € | 596.172 € | 565.667 € | 535.056 € | 504.402 € |
| 99.000 € | 787.197 € | 755.494 € | 723.790 € | 691.955 € | 660.024 € | 628.065 € | 596.106 € | 564.027 € | 531.896 € |
| 102.000 € | 826.232 € | 793.119 € | 759.999 € | 726.736 € | 693.365 € | 659.959 € | 626.545 € | 592.999 € | 559.390 € |
| 105.000 € | 865.268 € | 830.745 € | 796.209 € | 761.517 € | 726.707 € | 691.852 € | 656.984 € | 621.970 € | 586.884 € |
| 108.000 € | 904.303 € | 868.370 € | 832.419 € | 796.298 € | 760.048 € | 723.746 € | 687.423 € | 650.941 € | 614.377 € |
| 111.000 € | 943.338 € | 905.995 € | 868.628 € | 831.079 € | 793.389 € | 755.639 € | 717.862 € | 679.912 € | 641.871 € |
| 114.000 € | 982.373 € | 943.621 € | 904.838 € | 865.860 € | 826.731 € | 787.533 € | 748.301 € | 708.884 € | 669.365 € |
| 117.000 € | 1.021.408 € | 981.246 € | 941.048 € | 900.641 € | 860.072 € | 819.426 € | 778.740 € | 737.855 € | 696.858 € |
| 120.000 € | 1.060.443 € | 1.018.872 € | 977.257 € | 935.422 € | 893.413 € | 851.320 € | 809.179 € | 766.826 € | 724.352 € |

# TABLA 1.C.1
## Lucro cesante del cónyuge
Años de duración del matrimonio: 28 años

| Ingreso neto | Edad del cónyuge | | | | | | | | | Edad del có |
|---|---|---|---|---|---|---|---|---|---|---|
| Hasta | 51 | 52 | 53 | 54 | 55 | 56 | 57 | 58 | 59 | 60 |
| 9.000 € | 28.662 € | 28.071 € | 27.412 € | 26.694 € | 25.941 € | 25.116 € | 24.183 € | 23.240 € | 22.263 € | 21.275 € |
| 12.000 € | 38.216 € | 37.428 € | 36.549 € | 35.592 € | 34.588 € | 33.488 € | 32.244 € | 30.987 € | 29.684 € | 28.367 € |
| 15.000 € | 47.770 € | 46.785 € | 45.687 € | 44.490 € | 43.235 € | 41.860 € | 40.305 € | 38.733 € | 37.105 € | 35.458 € |
| 18.000 € | 57.324 € | 56.142 € | 54.824 € | 53.389 € | 51.882 € | 50.232 € | 48.366 € | 46.480 € | 44.526 € | 42.550 € |
| 21.000 € | 66.878 € | 65.499 € | 63.961 € | 62.287 € | 60.529 € | 58.604 € | 56.427 € | 54.227 € | 51.947 € | 49.642 € |
| 24.000 € | 76.432 € | 74.856 € | 73.099 € | 71.185 € | 69.176 € | 66.976 € | 64.488 € | 61.973 € | 59.368 € | 56.733 € |
| 27.000 € | 85.986 € | 84.213 € | 82.236 € | 80.083 € | 77.823 € | 75.348 € | 72.549 € | 69.720 € | 66.789 € | 63.825 € |
| 30.000 € | 95.540 € | 93.570 € | 91.373 € | 88.981 € | 86.471 € | 83.720 € | 80.610 € | 77.467 € | 74.210 € | 70.917 € |
| 33.000 € | 103.123 € | 102.927 € | 100.511 € | 97.879 € | 95.118 € | 92.092 € | 88.671 € | 85.213 € | 81.631 € | 78.008 € |
| 36.000 € | 104.043 € | 103.044 € | 102.046 € | 98.410 € | 96.806 € | 92.808 € | 90.426 € | 89.586 € | 88.834 € | 85.100 € |
| 39.000 € | 104.964 € | 104.279 € | 103.594 € | 98.941 € | 98.511 € | 93.525 € | 91.774 € | 90.998 € | 88.856 € | 85.159 € |
| 42.000 € | 105.888 € | 105.522 € | 105.156 € | 99.471 € | 99.471 € | 94.243 € | 93.134 € | 92.424 € | 88.878 € | 85.217 € |
| 45.000 € | 106.816 € | 106.774 € | 106.733 € | 100.001 € | 100.001 € | 94.962 € | 94.507 € | 93.865 € | 88.901 € | 85.275 € |
| 48.000 € | 107.747 € | 107.747 € | 107.747 € | 100.532 € | 100.532 € | 95.684 € | 95.503 € | 95.321 € | 88.923 € | 85.333 € |
| 51.000 € | 108.683 € | 108.683 € | 108.683 € | 101.063 € | 101.063 € | 96.409 € | 96.409 € | 96.409 € | 88.945 € | 85.391 € |
| 54.000 € | 109.624 € | 109.624 € | 109.624 € | 101.596 € | 101.596 € | 97.137 € | 97.137 € | 97.137 € | 88.967 € | 85.449 € |
| 57.000 € | 135.630 € | 124.372 € | 113.216 € | 102.129 € | 102.129 € | 97.867 € | 97.867 € | 97.867 € | 88.989 € | 85.506 € |
| 60.000 € | 161.637 € | 148.881 € | 136.218 € | 123.607 € | 111.076 € | 98.602 € | 98.602 € | 98.602 € | 89.010 € | 85.564 € |
| 63.000 € | 187.643 € | 173.390 € | 159.221 € | 145.085 € | 131.015 € | 116.984 € | 103.067 € | 102.870 € | 89.032 € | 85.621 € |
| 66.000 € | 213.649 € | 197.899 € | 182.223 € | 166.563 € | 150.955 € | 135.366 € | 119.882 € | 104.437 € | 89.054 € | 85.678 € |
| 69.000 € | 239.656 € | 222.408 € | 205.225 € | 188.041 € | 170.895 € | 153.748 € | 136.698 € | 119.668 € | 102.683 € | 85.735 € |
| 72.000 € | 265.662 € | 246.917 € | 228.227 € | 209.519 € | 190.835 € | 172.130 € | 153.514 € | 134.898 € | 116.312 € | 97.744 € |
| 75.000 € | 291.668 € | 271.426 € | 251.229 € | 230.998 € | 210.775 € | 190.512 € | 170.330 € | 150.129 € | 129.940 € | 109.752 € |
| 78.000 € | 317.674 € | 295.935 € | 274.232 € | 252.476 € | 230.714 € | 208.895 € | 187.146 € | 165.359 € | 143.569 € | 121.760 € |
| 81.000 € | 343.681 € | 320.444 € | 297.234 € | 273.954 € | 250.654 € | 227.277 € | 203.961 € | 180.590 € | 157.198 € | 133.769 € |
| 84.000 € | 369.687 € | 344.953 € | 320.236 € | 295.432 € | 270.594 € | 245.659 € | 220.777 € | 195.821 € | 170.827 € | 145.777 € |
| 87.000 € | 395.693 € | 369.462 € | 343.238 € | 316.910 € | 290.534 € | 264.041 € | 237.593 € | 211.051 € | 184.455 € | 157.785 € |
| 90.000 € | 421.699 € | 393.971 € | 366.241 € | 338.388 € | 310.474 € | 282.423 € | 254.409 € | 226.282 € | 198.084 € | 169.794 € |
| 93.000 € | 447.706 € | 418.480 € | 389.243 € | 359.866 € | 330.413 € | 300.805 € | 271.225 € | 241.513 € | 211.713 € | 181.802 € |
| 96.000 € | 473.712 € | 442.989 € | 412.245 € | 381.344 € | 350.353 € | 319.187 € | 288.041 € | 256.743 € | 225.342 € | 193.810 € |
| 99.000 € | 499.718 € | 467.498 € | 435.247 € | 402.822 € | 370.293 € | 337.569 € | 304.856 € | 271.974 € | 238.970 € | 205.819 € |
| 102.000 € | 525.724 € | 492.007 € | 458.250 € | 424.300 € | 390.233 € | 355.952 € | 321.672 € | 287.204 € | 252.599 € | 217.827 € |
| 105.000 € | 551.731 € | 516.516 € | 481.252 € | 445.778 € | 410.173 € | 374.334 € | 338.488 € | 302.435 € | 266.228 € | 229.835 € |
| 108.000 € | 577.737 € | 541.026 € | 504.254 € | 467.256 € | 430.112 € | 392.716 € | 355.304 € | 317.666 € | 279.857 € | 241.844 € |
| 111.000 € | 603.743 € | 565.535 € | 527.256 € | 488.734 € | 450.052 € | 411.098 € | 372.120 € | 332.896 € | 293.485 € | 253.852 € |
| 114.000 € | 629.750 € | 590.044 € | 550.259 € | 510.212 € | 469.992 € | 429.480 € | 388.935 € | 348.127 € | 307.114 € | 265.860 € |
| 117.000 € | 655.756 € | 614.553 € | 573.261 € | 531.690 € | 489.932 € | 447.862 € | 405.751 € | 363.357 € | 320.743 € | 277.869 € |
| 120.000 € | 681.762 € | 639.062 € | 596.263 € | 553.168 € | 509.872 € | 466.244 € | 422.567 € | 378.588 € | 334.372 € | 289.877 € |

## TABLA 1.C.1
## Lucro cesante del cónyuge
### Años de duración del matrimonio: 28 años

Ingreso netcnyuge

Edad del cónyuge

| Hasta | 61 | 62 | 63 | 64 | 65 | 66 | 67 | 68 | 69 | 70 |
|---|---|---|---|---|---|---|---|---|---|---|
| 9.000 € | 20.274 € | 19.260 € | 18.254 € | 17.256 € | 16.263 € | 15.311 € | 12.046 € | 11.713 € | 11.356 € | 10.966 € |
| 12.000 € | 27.033 € | 25.680 € | 24.338 € | 23.008 € | 21.683 € | 20.415 € | 16.062 € | 15.618 € | 15.141 € | 14.621 € |
| 15.000 € | 33.791 € | 32.099 € | 30.423 € | 28.760 € | 27.104 € | 25.519 € | 20.077 € | 19.522 € | 18.926 € | 18.276 € |
| 18.000 € | 40.549 € | 38.519 € | 36.507 € | 34.512 € | 32.525 € | 30.623 € | 24.093 € | 23.427 € | 22.711 € | 21.931 € |
| 21.000 € | 47.307 € | 44.939 € | 42.592 € | 40.263 € | 37.946 € | 35.727 € | 28.108 € | 27.331 € | 26.497 € | 25.586 € |
| 24.000 € | 54.065 € | 51.359 € | 48.676 € | 46.015 € | 43.367 € | 40.830 € | 32.123 € | 31.235 € | 30.282 € | 29.242 € |
| 27.000 € | 60.823 € | 57.779 € | 54.761 € | 51.767 € | 48.788 € | 45.934 € | 36.139 € | 35.140 € | 34.067 € | 32.897 € |
| 30.000 € | 67.581 € | 64.199 € | 60.845 € | 57.519 € | 54.208 € | 51.038 € | 40.154 € | 39.044 € | 37.852 € | 36.552 € |
| 33.000 € | 74.340 € | 70.619 € | 66.930 € | 63.271 € | 59.629 € | 56.142 € | 44.170 € | 42.949 € | 41.638 € | 40.207 € |
| 36.000 € | 81.098 € | 77.039 € | 73.014 € | 69.023 € | 65.050 € | 61.246 € | 48.185 € | 46.853 € | 45.423 € | 43.862 € |
| 39.000 € | 81.733 € | 77.109 € | 73.258 € | 69.133 € | 65.050 € | 61.246 € | 52.201 € | 50.758 € | 49.208 € | 47.518 € |
| 42.000 € | 82.369 € | 77.179 € | 73.501 € | 69.243 € | 65.050 € | 61.246 € | 52.201 € | 50.758 € | 49.208 € | 47.518 € |
| 45.000 € | 83.007 € | 77.249 € | 73.744 € | 69.352 € | 65.050 € | 61.246 € | 52.201 € | 50.758 € | 49.208 € | 47.518 € |
| 48.000 € | 83.647 € | 77.319 € | 73.986 € | 69.461 € | 65.050 € | 61.246 € | 52.201 € | 50.758 € | 49.208 € | 47.518 € |
| 51.000 € | 84.289 € | 77.388 € | 74.229 € | 69.570 € | 65.050 € | 61.246 € | 52.201 € | 50.758 € | 49.208 € | 47.518 € |
| 54.000 € | 84.934 € | 77.458 € | 74.471 € | 69.678 € | 65.050 € | 61.246 € | 52.201 € | 50.758 € | 49.208 € | 47.518 € |
| 57.000 € | 85.506 € | 77.527 € | 74.713 € | 69.786 € | 65.050 € | 61.246 € | 52.201 € | 50.758 € | 49.208 € | 47.518 € |
| 60.000 € | 85.564 € | 77.596 € | 74.956 € | 69.895 € | 65.050 € | 61.246 € | 52.201 € | 50.758 € | 49.208 € | 47.518 € |
| 63.000 € | 85.621 € | 77.664 € | 75.199 € | 70.003 € | 65.050 € | 61.246 € | 52.201 € | 50.758 € | 49.208 € | 47.518 € |
| 66.000 € | 85.678 € | 77.733 € | 75.441 € | 70.111 € | 65.050 € | 61.246 € | 52.201 € | 50.758 € | 49.208 € | 47.518 € |
| 69.000 € | 85.735 € | 77.802 € | 75.685 € | 70.219 € | 65.050 € | 61.246 € | 52.201 € | 50.758 € | 49.208 € | 47.518 € |
| 72.000 € | 88.871 € | 77.871 € | 75.928 € | 70.326 € | 65.050 € | 61.246 € | 52.201 € | 50.758 € | 49.208 € | 47.518 € |
| 75.000 € | 89.540 € | 77.939 € | 76.172 € | 70.434 € | 65.050 € | 61.246 € | 52.201 € | 50.758 € | 49.208 € | 47.518 € |
| 78.000 € | 99.906 € | 78.008 € | 76.416 € | 70.542 € | 65.050 € | 61.246 € | 52.201 € | 50.758 € | 49.208 € | 47.518 € |
| 81.000 € | 110.272 € | 86.708 € | 76.661 € | 70.650 € | 65.050 € | 61.246 € | 52.201 € | 50.758 € | 49.208 € | 47.518 € |
| 84.000 € | 120.638 € | 95.408 € | 76.906 € | 70.758 € | 65.050 € | 61.246 € | 52.201 € | 50.758 € | 49.208 € | 47.518 € |
| 87.000 € | 131.004 € | 104.109 € | 77.151 € | 70.866 € | 65.050 € | 61.246 € | 52.201 € | 50.758 € | 49.208 € | 47.518 € |
| 90.000 € | 141.369 € | 112.809 € | 84.167 € | 70.974 € | 65.050 € | 61.246 € | 52.201 € | 50.758 € | 49.208 € | 47.518 € |
| 93.000 € | 151.735 € | 121.509 € | 91.183 € | 71.082 € | 65.050 € | 61.246 € | 52.201 € | 50.758 € | 49.208 € | 47.518 € |
| 96.000 € | 162.101 € | 130.209 € | 98.199 € | 71.190 € | 65.050 € | 61.246 € | 52.201 € | 50.758 € | 49.208 € | 47.518 € |
| 99.000 € | 172.467 € | 138.910 € | 105.215 € | 71.298 € | 65.050 € | 61.246 € | 52.201 € | 50.758 € | 49.208 € | 47.518 € |
| 102.000 € | 182.832 € | 147.610 € | 112.231 € | 76.605 € | 65.050 € | 61.246 € | 52.201 € | 50.758 € | 49.208 € | 47.518 € |
| 105.000 € | 193.198 € | 156.310 € | 119.247 € | 81.913 € | 65.050 € | 61.246 € | 52.201 € | 50.758 € | 49.208 € | 47.518 € |
| 108.000 € | 203.564 € | 165.011 € | 126.263 € | 87.221 € | 65.050 € | 61.246 € | 52.201 € | 50.758 € | 49.208 € | 47.518 € |
| 111.000 € | 213.930 € | 173.711 € | 133.279 € | 92.528 € | 65.050 € | 61.246 € | 52.201 € | 50.758 € | 49.208 € | 47.518 € |
| 114.000 € | 224.296 € | 182.411 € | 140.295 € | 97.836 € | 65.050 € | 61.246 € | 52.201 € | 50.758 € | 49.208 € | 47.518 € |
| 117.000 € | 234.661 € | 191.112 € | 147.311 € | 103.143 € | 65.050 € | 61.246 € | 52.201 € | 50.758 € | 49.208 € | 47.518 € |
| 120.000 € | 245.027 € | 199.812 € | 154.327 € | 108.451 € | 65.050 € | 61.246 € | 52.201 € | 50.758 € | 49.208 € | 47.518 € |

# TABLA 1.C.1
## Lucro cesante del cónyuge
### Años de duración del matrimonio: 28 años

| Ingreso neto | Edad del cónyuge | | | | | | | | | | |
|---|---|---|---|---|---|---|---|---|---|---|---|
| Hasta | 71 | 72 | 73 | 74 | 75 | 76 | 77 | 78 | 79 | 80 | 81 |
| 9.000 € | 10.580 € | 10.178 € | 9.713 € | 9.267 € | 8.838 € | 8.406 € | 7.975 € | 7.553 € | 7.143 € | 6.738 € | 6.346 € |
| 12.000 € | 14.106 € | 13.570 € | 12.951 € | 12.356 € | 11.784 € | 11.209 € | 10.634 € | 10.071 € | 9.524 € | 8.983 € | 8.461 € |
| 15.000 € | 17.633 € | 16.963 € | 16.189 € | 15.446 € | 14.730 € | 14.011 € | 13.292 € | 12.588 € | 11.905 € | 11.229 € | 10.576 € |
| 18.000 € | 21.159 € | 20.356 € | 19.427 € | 18.535 € | 17.677 € | 16.813 € | 15.950 € | 15.106 € | 14.286 € | 13.475 € | 12.692 € |
| 21.000 € | 24.686 € | 23.748 € | 22.664 € | 21.624 € | 20.623 € | 19.615 € | 18.609 € | 17.624 € | 16.667 € | 15.721 € | 14.807 € |
| 24.000 € | 28.212 € | 27.141 € | 25.902 € | 24.713 € | 23.569 € | 22.417 € | 21.267 € | 20.141 € | 19.048 € | 17.967 € | 16.922 € |
| 27.000 € | 31.739 € | 30.533 € | 29.140 € | 27.802 € | 26.515 € | 25.219 € | 23.926 € | 22.659 € | 21.429 € | 20.213 € | 19.038 € |
| 30.000 € | 35.266 € | 33.926 € | 32.378 € | 30.891 € | 29.461 € | 28.021 € | 26.584 € | 25.177 € | 23.810 € | 22.459 € | 21.153 € |
| 33.000 € | 38.792 € | 37.318 € | 35.615 € | 33.980 € | 32.407 € | 30.823 € | 29.243 € | 27.694 € | 26.191 € | 24.704 € | 23.268 € |
| 36.000 € | 42.319 € | 40.711 € | 38.853 € | 37.069 € | 35.353 € | 33.626 € | 31.901 € | 30.212 € | 28.572 € | 26.950 € | 25.383 € |
| 39.000 € | 45.845 € | 44.104 € | 42.091 € | 40.158 € | 38.299 € | 36.428 € | 34.559 € | 32.730 € | 30.953 € | 29.196 € | 27.499 € |
| 42.000 € | 45.845 € | 44.104 € | 42.091 € | 40.158 € | 38.299 € | 36.428 € | 34.559 € | 32.730 € | 30.953 € | 29.196 € | 27.499 € |
| 45.000 € | 45.845 € | 44.104 € | 42.091 € | 40.158 € | 38.299 € | 36.428 € | 34.559 € | 32.730 € | 30.953 € | 29.196 € | 27.499 € |
| 48.000 € | 45.845 € | 44.104 € | 42.091 € | 40.158 € | 38.299 € | 36.428 € | 34.559 € | 32.730 € | 30.953 € | 29.196 € | 27.499 € |
| 51.000 € | 45.845 € | 44.104 € | 42.091 € | 40.158 € | 38.299 € | 36.428 € | 34.559 € | 32.730 € | 30.953 € | 29.196 € | 27.499 € |
| 54.000 € | 45.845 € | 44.104 € | 42.091 € | 40.158 € | 38.299 € | 36.428 € | 34.559 € | 32.730 € | 30.953 € | 29.196 € | 27.499 € |
| 57.000 € | 45.845 € | 44.104 € | 42.091 € | 40.158 € | 38.299 € | 36.428 € | 34.559 € | 32.730 € | 30.953 € | 29.196 € | 27.499 € |
| 60.000 € | 45.845 € | 44.104 € | 42.091 € | 40.158 € | 38.299 € | 36.428 € | 34.559 € | 32.730 € | 30.953 € | 29.196 € | 27.499 € |
| 63.000 € | 45.845 € | 44.104 € | 42.091 € | 40.158 € | 38.299 € | 36.428 € | 34.559 € | 32.730 € | 30.953 € | 29.196 € | 27.499 € |
| 66.000 € | 45.845 € | 44.104 € | 42.091 € | 40.158 € | 38.299 € | 36.428 € | 34.559 € | 32.730 € | 30.953 € | 29.196 € | 27.499 € |
| 69.000 € | 45.845 € | 44.104 € | 42.091 € | 40.158 € | 38.299 € | 36.428 € | 34.559 € | 32.730 € | 30.953 € | 29.196 € | 27.499 € |
| 72.000 € | 45.845 € | 44.104 € | 42.091 € | 40.158 € | 38.299 € | 36.428 € | 34.559 € | 32.730 € | 30.953 € | 29.196 € | 27.499 € |
| 75.000 € | 45.845 € | 44.104 € | 42.091 € | 40.158 € | 38.299 € | 36.428 € | 34.559 € | 32.730 € | 30.953 € | 29.196 € | 27.499 € |
| 78.000 € | 45.845 € | 44.104 € | 42.091 € | 40.158 € | 38.299 € | 36.428 € | 34.559 € | 32.730 € | 30.953 € | 29.196 € | 27.499 € |
| 81.000 € | 45.845 € | 44.104 € | 42.091 € | 40.158 € | 38.299 € | 36.428 € | 34.559 € | 32.730 € | 30.953 € | 29.196 € | 27.499 € |
| 84.000 € | 45.845 € | 44.104 € | 42.091 € | 40.158 € | 38.299 € | 36.428 € | 34.559 € | 32.730 € | 30.953 € | 29.196 € | 27.499 € |
| 87.000 € | 45.845 € | 44.104 € | 42.091 € | 40.158 € | 38.299 € | 36.428 € | 34.559 € | 32.730 € | 30.953 € | 29.196 € | 27.499 € |
| 90.000 € | 45.845 € | 44.104 € | 42.091 € | 40.158 € | 38.299 € | 36.428 € | 34.559 € | 32.730 € | 30.953 € | 29.196 € | 27.499 € |
| 93.000 € | 45.845 € | 44.104 € | 42.091 € | 40.158 € | 38.299 € | 36.428 € | 34.559 € | 32.730 € | 30.953 € | 29.196 € | 27.499 € |
| 96.000 € | 45.845 € | 44.104 € | 42.091 € | 40.158 € | 38.299 € | 36.428 € | 34.559 € | 32.730 € | 30.953 € | 29.196 € | 27.499 € |
| 99.000 € | 45.845 € | 44.104 € | 42.091 € | 40.158 € | 38.299 € | 36.428 € | 34.559 € | 32.730 € | 30.953 € | 29.196 € | 27.499 € |
| 102.000 € | 45.845 € | 44.104 € | 42.091 € | 40.158 € | 38.299 € | 36.428 € | 34.559 € | 32.730 € | 30.953 € | 29.196 € | 27.499 € |
| 105.000 € | 45.845 € | 44.104 € | 42.091 € | 40.158 € | 38.299 € | 36.428 € | 34.559 € | 32.730 € | 30.953 € | 29.196 € | 27.499 € |
| 108.000 € | 45.845 € | 44.104 € | 42.091 € | 40.158 € | 38.299 € | 36.428 € | 34.559 € | 32.730 € | 30.953 € | 29.196 € | 27.499 € |
| 111.000 € | 45.845 € | 44.104 € | 42.091 € | 40.158 € | 38.299 € | 36.428 € | 34.559 € | 32.730 € | 30.953 € | 29.196 € | 27.499 € |
| 114.000 € | 45.845 € | 44.104 € | 42.091 € | 40.158 € | 38.299 € | 36.428 € | 34.559 € | 32.730 € | 30.953 € | 29.196 € | 27.499 € |
| 117.000 € | 45.845 € | 44.104 € | 42.091 € | 40.158 € | 38.299 € | 36.428 € | 34.559 € | 32.730 € | 30.953 € | 29.196 € | 27.499 € |
| 120.000 € | 45.845 € | 44.104 € | 42.091 € | 40.158 € | 38.299 € | 36.428 € | 34.559 € | 32.730 € | 30.953 € | 29.196 € | 27.499 € |

## TABLA 1.C.1
## Lucro cesante del cónyuge
Años de duración del matrimonio: 28 años

| Ingreso neto | Edad del cónyuge | | | | | | | | | | |
|---|---|---|---|---|---|---|---|---|---|---|---|
| Hasta | 82 | 83 | 84 | 85 | 86 | 87 | 88 | 89 | 90 | 91 | 92 |
| 9.000 € | 5.968 € | 5.601 € | 5.245 € | 4.908 € | 4.584 € | 4.276 € | 3.985 € | 3.715 € | 3.459 € | 3.206 € | 3.000 € |
| 12.000 € | 7.957 € | 7.468 € | 6.994 € | 6.544 € | 6.113 € | 5.702 € | 5.314 € | 4.954 € | 4.612 € | 4.274 € | 3.944 € |
| 15.000 € | 9.947 € | 9.335 € | 8.742 € | 8.180 € | 7.641 € | 7.127 € | 6.642 € | 6.192 € | 5.764 € | 5.343 € | 4.930 € |
| 18.000 € | 11.936 € | 11.202 € | 10.490 € | 9.816 € | 9.169 € | 8.552 € | 7.971 € | 7.431 € | 6.917 € | 6.411 € | 5.916 € |
| 21.000 € | 13.925 € | 13.069 € | 12.239 € | 11.452 € | 10.697 € | 9.978 € | 9.299 € | 8.669 € | 8.070 € | 7.480 € | 6.902 € |
| 24.000 € | 15.915 € | 14.936 € | 13.987 € | 13.088 € | 12.225 € | 11.403 € | 10.628 € | 9.907 € | 9.223 € | 8.548 € | 7.887 € |
| 27.000 € | 17.904 € | 16.803 € | 15.735 € | 14.724 € | 13.753 € | 12.829 € | 11.956 € | 11.146 € | 10.376 € | 9.617 € | 8.873 € |
| 30.000 € | 19.893 € | 18.669 € | 17.484 € | 16.360 € | 15.282 € | 14.254 € | 13.285 € | 12.384 € | 11.529 € | 10.685 € | 9.859 € |
| 33.000 € | 21.883 € | 20.536 € | 19.232 € | 17.996 € | 16.810 € | 15.679 € | 14.613 € | 13.623 € | 12.682 € | 11.754 € | 10.845 € |
| 36.000 € | 23.872 € | 22.403 € | 20.981 € | 19.632 € | 18.338 € | 17.105 € | 15.942 € | 14.861 € | 13.835 € | 12.822 € | 11.831 € |
| 39.000 € | 25.861 € | 24.270 € | 22.729 € | 21.268 € | 19.866 € | 18.530 € | 17.270 € | 16.100 € | 14.988 € | 13.891 € | 12.817 € |
| 42.000 € | 25.861 € | 24.270 € | 22.729 € | 21.268 € | 19.866 € | 18.530 € | 17.270 € | 16.100 € | 14.988 € | 13.891 € | 12.817 € |
| 45.000 € | 25.861 € | 24.270 € | 22.729 € | 21.268 € | 19.866 € | 18.530 € | 17.270 € | 16.100 € | 14.988 € | 13.891 € | 12.817 € |
| 48.000 € | 25.861 € | 24.270 € | 22.729 € | 21.268 € | 19.866 € | 18.530 € | 17.270 € | 16.100 € | 14.988 € | 13.891 € | 12.817 € |
| 51.000 € | 25.861 € | 24.270 € | 22.729 € | 21.268 € | 19.866 € | 18.530 € | 17.270 € | 16.100 € | 14.988 € | 13.891 € | 12.817 € |
| 54.000 € | 25.861 € | 24.270 € | 22.729 € | 21.268 € | 19.866 € | 18.530 € | 17.270 € | 16.100 € | 14.988 € | 13.891 € | 12.817 € |
| 57.000 € | 25.861 € | 24.270 € | 22.729 € | 21.268 € | 19.866 € | 18.530 € | 17.270 € | 16.100 € | 14.988 € | 13.891 € | 12.817 € |
| 60.000 € | 25.861 € | 24.270 € | 22.729 € | 21.268 € | 19.866 € | 18.530 € | 17.270 € | 16.100 € | 14.988 € | 13.891 € | 12.817 € |
| 63.000 € | 25.861 € | 24.270 € | 22.729 € | 21.268 € | 19.866 € | 18.530 € | 17.270 € | 16.100 € | 14.988 € | 13.891 € | 12.817 € |
| 66.000 € | 25.861 € | 24.270 € | 22.729 € | 21.268 € | 19.866 € | 18.530 € | 17.270 € | 16.100 € | 14.988 € | 13.891 € | 12.817 € |
| 69.000 € | 25.861 € | 24.270 € | 22.729 € | 21.268 € | 19.866 € | 18.530 € | 17.270 € | 16.100 € | 14.988 € | 13.891 € | 12.817 € |
| 72.000 € | 25.861 € | 24.270 € | 22.729 € | 21.268 € | 19.866 € | 18.530 € | 17.270 € | 16.100 € | 14.988 € | 13.891 € | 12.817 € |
| 75.000 € | 25.861 € | 24.270 € | 22.729 € | 21.268 € | 19.866 € | 18.530 € | 17.270 € | 16.100 € | 14.988 € | 13.891 € | 12.817 € |
| 78.000 € | 25.861 € | 24.270 € | 22.729 € | 21.268 € | 19.866 € | 18.530 € | 17.270 € | 16.100 € | 14.988 € | 13.891 € | 12.817 € |
| 81.000 € | 25.861 € | 24.270 € | 22.729 € | 21.268 € | 19.866 € | 18.530 € | 17.270 € | 16.100 € | 14.988 € | 13.891 € | 12.817 € |
| 84.000 € | 25.861 € | 24.270 € | 22.729 € | 21.268 € | 19.866 € | 18.530 € | 17.270 € | 16.100 € | 14.988 € | 13.891 € | 12.817 € |
| 87.000 € | 25.861 € | 24.270 € | 22.729 € | 21.268 € | 19.866 € | 18.530 € | 17.270 € | 16.100 € | 14.988 € | 13.891 € | 12.817 € |
| 90.000 € | 25.861 € | 24.270 € | 22.729 € | 21.268 € | 19.866 € | 18.530 € | 17.270 € | 16.100 € | 14.988 € | 13.891 € | 12.817 € |
| 93.000 € | 25.861 € | 24.270 € | 22.729 € | 21.268 € | 19.866 € | 18.530 € | 17.270 € | 16.100 € | 14.988 € | 13.891 € | 12.817 € |
| 96.000 € | 25.861 € | 24.270 € | 22.729 € | 21.268 € | 19.866 € | 18.530 € | 17.270 € | 16.100 € | 14.988 € | 13.891 € | 12.817 € |
| 99.000 € | 25.861 € | 24.270 € | 22.729 € | 21.268 € | 19.866 € | 18.530 € | 17.270 € | 16.100 € | 14.988 € | 13.891 € | 12.817 € |
| 102.000 € | 25.861 € | 24.270 € | 22.729 € | 21.268 € | 19.866 € | 18.530 € | 17.270 € | 16.100 € | 14.988 € | 13.891 € | 12.817 € |
| 105.000 € | 25.861 € | 24.270 € | 22.729 € | 21.268 € | 19.866 € | 18.530 € | 17.270 € | 16.100 € | 14.988 € | 13.891 € | 12.817 € |
| 108.000 € | 25.861 € | 24.270 € | 22.729 € | 21.268 € | 19.866 € | 18.530 € | 17.270 € | 16.100 € | 14.988 € | 13.891 € | 12.817 € |
| 111.000 € | 25.861 € | 24.270 € | 22.729 € | 21.268 € | 19.866 € | 18.530 € | 17.270 € | 16.100 € | 14.988 € | 13.891 € | 12.817 € |
| 114.000 € | 25.861 € | 24.270 € | 22.729 € | 21.268 € | 19.866 € | 18.530 € | 17.270 € | 16.100 € | 14.988 € | 13.891 € | 12.817 € |
| 117.000 € | 25.861 € | 24.270 € | 22.729 € | 21.268 € | 19.866 € | 18.530 € | 17.270 € | 16.100 € | 14.988 € | 13.891 € | 12.817 € |
| 120.000 € | 25.861 € | 24.270 € | 22.729 € | 21.268 € | 19.866 € | 18.530 € | 17.270 € | 16.100 € | 14.988 € | 13.891 € | 12.817 € |

# TABLA 1.C.1
## Lucro cesante del cónyuge
Años de duración del matrimonio: 28 años

| Ingreso neto | Edad del cónyuge | | | | | | |
|---|---|---|---|---|---|---|---|
| Hasta | 93 | 94 | 95 | 96 | 97 | 98 | 99 o más |
| 9.000 € | 3.000 € | 3.000 € | 3.000 € | 3.000 € | 3.000 € | 3.000 € | 3.000 € |
| 12.000 € | 3.580 € | 3.269 € | 3.000 € | 3.000 € | 3.000 € | 3.000 € | 3.000 € |
| 15.000 € | 4.474 € | 4.086 € | 3.656 € | 3.205 € | 3.000 € | 3.000 € | 3.000 € |
| 18.000 € | 5.369 € | 4.903 € | 4.387 € | 3.846 € | 3.243 € | 3.000 € | 3.000 € |
| 21.000 € | 6.264 € | 5.720 € | 5.118 € | 4.487 € | 3.784 € | 3.000 € | 3.000 € |
| 24.000 € | 7.159 € | 6.537 € | 5.849 € | 5.128 € | 4.325 € | 3.287 € | 3.000 € |
| 27.000 € | 8.054 € | 7.355 € | 6.581 € | 5.769 € | 4.865 € | 3.698 € | 3.000 € |
| 30.000 € | 8.949 € | 8.172 € | 7.312 € | 6.410 € | 5.406 € | 4.108 € | 3.000 € |
| 33.000 € | 9.844 € | 8.989 € | 8.043 € | 7.051 € | 5.946 € | 4.519 € | 3.000 € |
| 36.000 € | 10.739 € | 9.806 € | 8.774 € | 7.692 € | 6.487 € | 4.930 € | 3.000 € |
| 39.000 € | 11.634 € | 10.623 € | 9.505 € | 8.333 € | 7.027 € | 5.341 € | 3.120 € |
| 42.000 € | 11.634 € | 10.623 € | 9.505 € | 8.333 € | 7.027 € | 5.341 € | 3.120 € |
| 45.000 € | 11.634 € | 10.623 € | 9.505 € | 8.333 € | 7.027 € | 5.341 € | 3.120 € |
| 48.000 € | 11.634 € | 10.623 € | 9.505 € | 8.333 € | 7.027 € | 5.341 € | 3.120 € |
| 51.000 € | 11.634 € | 10.623 € | 9.505 € | 8.333 € | 7.027 € | 5.341 € | 3.120 € |
| 54.000 € | 11.634 € | 10.623 € | 9.505 € | 8.333 € | 7.027 € | 5.341 € | 3.120 € |
| 57.000 € | 11.634 € | 10.623 € | 9.505 € | 8.333 € | 7.027 € | 5.341 € | 3.120 € |
| 60.000 € | 11.634 € | 10.623 € | 9.505 € | 8.333 € | 7.027 € | 5.341 € | 3.120 € |
| 63.000 € | 11.634 € | 10.623 € | 9.505 € | 8.333 € | 7.027 € | 5.341 € | 3.120 € |
| 66.000 € | 11.634 € | 10.623 € | 9.505 € | 8.333 € | 7.027 € | 5.341 € | 3.120 € |
| 69.000 € | 11.634 € | 10.623 € | 9.505 € | 8.333 € | 7.027 € | 5.341 € | 3.120 € |
| 72.000 € | 11.634 € | 10.623 € | 9.505 € | 8.333 € | 7.027 € | 5.341 € | 3.120 € |
| 75.000 € | 11.634 € | 10.623 € | 9.505 € | 8.333 € | 7.027 € | 5.341 € | 3.120 € |
| 78.000 € | 11.634 € | 10.623 € | 9.505 € | 8.333 € | 7.027 € | 5.341 € | 3.120 € |
| 81.000 € | 11.634 € | 10.623 € | 9.505 € | 8.333 € | 7.027 € | 5.341 € | 3.120 € |
| 84.000 € | 11.634 € | 10.623 € | 9.505 € | 8.333 € | 7.027 € | 5.341 € | 3.120 € |
| 87.000 € | 11.634 € | 10.623 € | 9.505 € | 8.333 € | 7.027 € | 5.341 € | 3.120 € |
| 90.000 € | 11.634 € | 10.623 € | 9.505 € | 8.333 € | 7.027 € | 5.341 € | 3.120 € |
| 93.000 € | 11.634 € | 10.623 € | 9.505 € | 8.333 € | 7.027 € | 5.341 € | 3.120 € |
| 96.000 € | 11.634 € | 10.623 € | 9.505 € | 8.333 € | 7.027 € | 5.341 € | 3.120 € |
| 99.000 € | 11.634 € | 10.623 € | 9.505 € | 8.333 € | 7.027 € | 5.341 € | 3.120 € |
| 102.000 € | 11.634 € | 10.623 € | 9.505 € | 8.333 € | 7.027 € | 5.341 € | 3.120 € |
| 105.000 € | 11.634 € | 10.623 € | 9.505 € | 8.333 € | 7.027 € | 5.341 € | 3.120 € |
| 108.000 € | 11.634 € | 10.623 € | 9.505 € | 8.333 € | 7.027 € | 5.341 € | 3.120 € |
| 111.000 € | 11.634 € | 10.623 € | 9.505 € | 8.333 € | 7.027 € | 5.341 € | 3.120 € |
| 114.000 € | 11.634 € | 10.623 € | 9.505 € | 8.333 € | 7.027 € | 5.341 € | 3.120 € |
| 117.000 € | 11.634 € | 10.623 € | 9.505 € | 8.333 € | 7.027 € | 5.341 € | 3.120 € |
| 120.000 € | 11.634 € | 10.623 € | 9.505 € | 8.333 € | 7.027 € | 5.341 € | 3.120 € |

# TABLA 1.C.1
## Lucro cesante del cónyuge
Años de duración del matrimonio: 29 años

| Ingreso netc | Edad del cónyuge | | | | | | | | Edad del có |
|---|---|---|---|---|---|---|---|---|---|---|
| Hasta | 43 | 44 | 45 | 46 | 47 | 48 | 49 | 50 | 51 | 52 |
| 9.000 € | 32.078 € | 31.929 € | 31.760 € | 31.532 € | 31.251 € | 30.926 € | 30.556 € | 30.103 € | 29.554 € | 28.907 € |
| 12.000 € | 42.770 € | 42.572 € | 42.347 € | 42.043 € | 41.668 € | 41.235 € | 40.741 € | 40.137 € | 39.405 € | 38.543 € |
| 15.000 € | 53.463 € | 53.215 € | 52.934 € | 52.554 € | 52.085 € | 51.543 € | 50.927 € | 50.171 € | 49.256 € | 48.178 € |
| 18.000 € | 64.156 € | 63.858 € | 63.521 € | 63.065 € | 62.502 € | 61.852 € | 61.112 € | 60.206 € | 59.107 € | 57.814 € |
| 21.000 € | 74.848 € | 74.501 € | 74.107 € | 73.575 € | 72.919 € | 72.160 € | 71.297 € | 70.240 € | 68.958 € | 67.450 € |
| 24.000 € | 85.541 € | 85.144 € | 84.694 € | 84.086 € | 83.336 € | 82.469 € | 81.483 € | 80.274 € | 78.810 € | 77.085 € |
| 27.000 € | 96.233 € | 95.787 € | 95.281 € | 94.597 € | 93.753 € | 92.778 € | 91.668 € | 90.309 € | 88.661 € | 86.721 € |
| 30.000 € | 106.926 € | 106.430 € | 105.868 € | 105.108 € | 104.170 € | 103.086 € | 101.853 € | 100.343 € | 98.512 € | 96.357 € |
| 33.000 € | 111.581 € | 110.508 € | 109.546 € | 108.699 € | 107.974 € | 107.378 € | 106.888 € | 106.516 € | 106.259 € | 105.992 € |
| 36.000 € | 115.847 € | 113.453 € | 111.165 € | 108.986 € | 108.245 € | 107.504 € | 107.207 € | 106.910 € | 106.612 € | 106.612 € |
| 39.000 € | 120.114 € | 116.398 € | 112.783 € | 109.273 € | 108.451 € | 107.630 € | 107.408 € | 107.186 € | 106.964 € | 106.964 € |
| 42.000 € | 124.380 € | 119.344 € | 114.401 € | 109.559 € | 108.657 € | 107.755 € | 107.608 € | 107.461 € | 107.314 € | 107.314 € |
| 45.000 € | 128.647 € | 122.289 € | 116.019 € | 109.846 € | 108.863 € | 107.879 € | 107.808 € | 107.736 € | 107.664 € | 107.664 € |
| 48.000 € | 132.913 € | 125.234 € | 117.637 € | 110.133 € | 109.068 € | 108.004 € | 108.004 € | 108.004 € | 108.004 € | 108.004 € |
| 51.000 € | 152.485 € | 143.441 € | 134.470 € | 125.585 € | 116.801 € | 108.127 € | 108.127 € | 108.127 € | 108.127 € | 108.127 € |
| 54.000 € | 190.110 € | 179.651 € | 169.252 € | 158.926 € | 148.695 € | 138.566 € | 128.516 € | 118.563 € | 108.712 € | 108.712 € |
| 57.000 € | 227.735 € | 215.860 € | 204.033 € | 192.268 € | 180.588 € | 169.005 € | 157.487 € | 146.056 € | 134.719 € | 123.479 € |
| 60.000 € | 265.361 € | 252.070 € | 238.814 € | 225.609 € | 212.482 € | 199.444 € | 186.458 € | 173.550 € | 160.725 € | 147.988 € |
| 63.000 € | 302.986 € | 288.279 € | 273.595 € | 258.950 € | 244.375 € | 229.883 € | 215.429 € | 201.044 € | 186.731 € | 172.497 € |
| 66.000 € | 340.612 € | 324.489 € | 308.376 € | 292.291 € | 276.269 € | 260.322 € | 244.401 € | 228.537 € | 212.738 € | 197.006 € |
| 69.000 € | 378.237 € | 360.699 € | 343.157 € | 325.633 € | 308.162 € | 290.761 € | 273.372 € | 256.031 € | 238.744 € | 221.515 € |
| 72.000 € | 415.863 € | 396.908 € | 377.938 € | 358.974 € | 340.056 € | 321.200 € | 302.343 € | 283.525 € | 264.750 € | 246.024 € |
| 75.000 € | 453.488 € | 433.118 € | 412.719 € | 392.315 € | 371.949 € | 351.639 € | 331.314 € | 311.018 € | 290.756 € | 270.533 € |
| 78.000 € | 491.114 € | 469.328 € | 447.500 € | 425.657 € | 403.843 € | 382.078 € | 360.285 € | 338.512 € | 316.763 € | 295.042 € |
| 81.000 € | 528.739 € | 505.537 € | 482.281 € | 458.998 € | 435.736 € | 412.517 € | 389.257 € | 366.006 € | 342.769 € | 319.551 € |
| 84.000 € | 566.364 € | 541.747 € | 517.062 € | 492.339 € | 467.630 € | 442.956 € | 418.228 € | 393.499 € | 368.775 € | 344.060 € |
| 87.000 € | 603.990 € | 577.957 € | 551.843 € | 525.680 € | 499.523 € | 473.394 € | 447.199 € | 420.993 € | 394.781 € | 368.569 € |
| 90.000 € | 641.615 € | 614.166 € | 586.624 € | 559.022 € | 531.417 € | 503.833 € | 476.170 € | 448.487 € | 420.788 € | 393.078 € |
| 93.000 € | 679.241 € | 650.376 € | 621.405 € | 592.363 € | 563.310 € | 534.272 € | 505.142 € | 475.980 € | 446.794 € | 417.587 € |
| 96.000 € | 716.866 € | 686.586 € | 656.186 € | 625.704 € | 595.204 € | 564.711 € | 534.113 € | 503.474 € | 472.800 € | 442.096 € |
| 99.000 € | 754.492 € | 722.795 € | 690.967 € | 659.046 € | 627.097 € | 595.150 € | 563.084 € | 530.968 € | 498.807 € | 466.605 € |
| 102.000 € | 792.117 € | 759.005 € | 725.748 € | 692.387 € | 658.991 € | 625.589 € | 592.055 € | 558.461 € | 524.813 € | 491.114 € |
| 105.000 € | 829.743 € | 795.214 € | 760.529 € | 725.728 € | 690.884 € | 656.028 € | 621.027 € | 585.955 € | 550.819 € | 515.623 € |
| 108.000 € | 867.368 € | 831.424 € | 795.311 € | 759.070 € | 722.778 € | 686.467 € | 649.998 € | 613.449 € | 576.825 € | 540.132 € |
| 111.000 € | 904.993 € | 867.634 € | 830.092 € | 792.411 € | 754.671 € | 716.906 € | 678.969 € | 640.942 € | 602.832 € | 564.641 € |
| 114.000 € | 942.619 € | 903.843 € | 864.873 € | 825.752 € | 786.565 € | 747.345 € | 707.940 € | 668.436 € | 628.838 € | 589.150 € |
| 117.000 € | 980.244 € | 940.053 € | 899.654 € | 859.093 € | 818.458 € | 777.784 € | 736.912 € | 695.930 € | 654.844 € | 613.659 € |
| 120.000 € | 1.017.870 € | 976.263 € | 934.435 € | 892.435 € | 850.352 € | 808.223 € | 765.883 € | 723.423 € | 680.850 € | 638.168 € |

# TABLA 1.C.1
## Lucro cesante del cónyuge
Años de duración del matrimonio: 29 años

Ingreso netcnyuge

Edad del cónyuge

| Hasta | 53 | 54 | 55 | 56 | 57 | 58 | 59 | 60 | 61 | 62 |
|---|---|---|---|---|---|---|---|---|---|---|
| 9.000 € | 28.191 € | 27.418 € | 26.609 € | 25.729 € | 24.739 € | 23.741 € | 22.711 € | 21.672 € | 20.623 € | 19.561 € |
| 12.000 € | 37.589 € | 36.557 € | 35.479 € | 34.305 € | 32.985 € | 31.655 € | 30.282 € | 28.896 € | 27.497 € | 26.082 € |
| 15.000 € | 46.986 € | 45.696 € | 44.349 € | 42.882 € | 41.231 € | 39.569 € | 37.852 € | 36.120 € | 34.371 € | 32.602 € |
| 18.000 € | 56.383 € | 54.835 € | 53.219 € | 51.458 € | 49.477 € | 47.483 € | 45.423 € | 43.345 € | 41.245 € | 39.123 € |
| 21.000 € | 65.780 € | 63.974 € | 62.089 € | 60.034 € | 57.724 € | 55.396 € | 52.993 € | 50.569 € | 48.119 € | 45.643 € |
| 24.000 € | 75.177 € | 73.113 € | 70.958 € | 68.611 € | 65.970 € | 63.310 € | 60.563 € | 57.793 € | 54.994 € | 52.164 € |
| 27.000 € | 84.574 € | 82.253 € | 79.828 € | 77.187 € | 74.216 € | 71.224 € | 68.134 € | 65.017 € | 61.868 € | 58.684 € |
| 30.000 € | 93.972 € | 91.392 € | 88.698 € | 85.763 € | 82.462 € | 79.138 € | 75.704 € | 72.241 € | 68.742 € | 65.204 € |
| 33.000 € | 103.369 € | 100.531 € | 97.568 € | 94.340 € | 90.709 € | 87.051 € | 83.275 € | 79.465 € | 75.616 € | 71.725 € |
| 36.000 € | 104.471 € | 100.626 € | 98.930 € | 94.727 € | 92.420 € | 91.482 € | 90.620 € | 86.689 € | 82.491 € | 78.245 € |
| 39.000 € | 105.577 € | 100.721 € | 100.302 € | 95.114 € | 93.489 € | 92.660 € | 91.621 € | 87.532 € | 82.982 € | 78.764 € |
| 42.000 € | 106.688 € | 100.815 € | 100.815 € | 95.499 € | 94.564 € | 93.847 € | 92.627 € | 88.378 € | 83.474 € | 79.283 € |
| 45.000 € | 107.664 € | 100.909 € | 100.909 € | 95.885 € | 95.646 € | 95.042 € | 93.639 € | 89.227 € | 83.966 € | 79.802 € |
| 48.000 € | 108.004 € | 101.003 € | 101.003 € | 96.270 € | 96.259 € | 96.248 € | 94.657 € | 90.081 € | 84.459 € | 80.323 € |
| 51.000 € | 108.127 € | 101.096 € | 101.096 € | 96.655 € | 96.655 € | 96.655 € | 95.683 € | 90.940 € | 84.953 € | 80.845 € |
| 54.000 € | 108.712 € | 101.189 € | 101.189 € | 97.040 € | 97.040 € | 97.040 € | 96.716 € | 91.804 € | 85.448 € | 81.369 € |
| 57.000 € | 112.344 € | 101.282 € | 101.282 € | 97.426 € | 97.426 € | 97.426 € | 97.426 € | 92.673 € | 85.944 € | 81.894 € |
| 60.000 € | 135.346 € | 122.760 € | 110.255 € | 97.812 € | 97.812 € | 97.812 € | 97.812 € | 93.548 € | 86.442 € | 82.421 € |
| 63.000 € | 158.349 € | 144.238 € | 130.195 € | 116.194 € | 102.311 € | 101.087 € | 99.863 € | 94.429 € | 86.941 € | 82.951 € |
| 66.000 € | 181.351 € | 165.716 € | 150.135 € | 134.576 € | 119.127 € | 103.719 € | 100.930 € | 95.317 € | 87.442 € | 83.482 € |
| 69.000 € | 204.353 € | 187.194 € | 170.075 € | 152.958 € | 135.942 € | 118.950 € | 102.006 € | 96.211 € | 87.945 € | 84.016 € |
| 72.000 € | 227.355 € | 208.672 € | 190.014 € | 171.340 € | 152.758 € | 134.180 € | 115.635 € | 97.112 € | 88.450 € | 84.552 € |
| 75.000 € | 250.358 € | 230.150 € | 209.954 € | 189.723 € | 169.574 € | 149.411 € | 129.263 € | 109.120 € | 88.957 € | 85.091 € |
| 78.000 € | 273.360 € | 251.628 € | 229.894 € | 208.105 € | 186.390 € | 164.641 € | 142.892 € | 121.128 € | 99.323 € | 85.632 € |
| 81.000 € | 296.362 € | 273.106 € | 249.834 € | 226.487 € | 203.206 € | 179.872 € | 156.521 € | 133.137 € | 109.689 € | 86.176 € |
| 84.000 € | 319.364 € | 294.584 € | 269.774 € | 244.869 € | 220.021 € | 195.103 € | 170.150 € | 145.145 € | 120.054 € | 94.876 € |
| 87.000 € | 342.367 € | 316.062 € | 289.713 € | 263.251 € | 236.837 € | 210.333 € | 183.778 € | 157.153 € | 130.420 € | 103.577 € |
| 90.000 € | 365.369 € | 337.540 € | 309.653 € | 281.633 € | 253.653 € | 225.564 € | 197.407 € | 169.162 € | 140.786 € | 112.277 € |
| 93.000 € | 388.371 € | 359.018 € | 329.593 € | 300.015 € | 270.469 € | 240.794 € | 211.036 € | 181.170 € | 151.152 € | 120.977 € |
| 96.000 € | 411.373 € | 380.496 € | 349.533 € | 318.397 € | 287.285 € | 256.025 € | 224.665 € | 193.178 € | 161.518 € | 129.677 € |
| 99.000 € | 434.376 € | 401.975 € | 369.473 € | 336.780 € | 304.101 € | 271.256 € | 238.293 € | 205.187 € | 171.883 € | 138.378 € |
| 102.000 € | 457.378 € | 423.453 € | 389.412 € | 355.162 € | 320.916 € | 286.486 € | 251.922 € | 217.195 € | 182.249 € | 147.078 € |
| 105.000 € | 480.380 € | 444.931 € | 409.352 € | 373.544 € | 337.732 € | 301.717 € | 265.551 € | 229.203 € | 192.615 € | 155.778 € |
| 108.000 € | 503.382 € | 466.409 € | 429.292 € | 391.926 € | 354.548 € | 316.947 € | 279.180 € | 241.212 € | 202.981 € | 164.479 € |
| 111.000 € | 526.384 € | 487.887 € | 449.232 € | 410.308 € | 371.364 € | 332.178 € | 292.808 € | 253.220 € | 213.346 € | 173.179 € |
| 114.000 € | 549.387 € | 509.365 € | 469.172 € | 428.690 € | 388.180 € | 347.409 € | 306.437 € | 265.228 € | 223.712 € | 181.879 € |
| 117.000 € | 572.389 € | 530.843 € | 489.111 € | 447.072 € | 404.995 € | 362.639 € | 320.066 € | 277.237 € | 234.078 € | 190.580 € |
| 120.000 € | 595.391 € | 552.321 € | 509.051 € | 465.455 € | 421.811 € | 377.870 € | 333.695 € | 289.245 € | 244.444 € | 199.280 € |

# TABLA 1.C.1
## Lucro cesante del cónyuge
Años de duración del matrimonio: 29 años

| Ingreso netc | Edad del cónyuge | | | | | | | | | | |
|---|---|---|---|---|---|---|---|---|---|---|---|
| Hasta | 63 | 64 | 65 | 66 | 67 | 68 | 69 | 70 | 71 | 72 | 73 |
| 9.000 € | 18.512 € | 17.475 € | 16.446 € | 15.461 € | 12.147 € | 11.797 € | 11.422 € | 11.018 € | 10.620 € | 10.178 € | 9.713 € |
| 12.000 € | 24.683 € | 23.300 € | 21.928 € | 20.615 € | 16.197 € | 15.729 € | 15.230 € | 14.691 € | 14.160 € | 13.570 € | 12.951 € |
| 15.000 € | 30.854 € | 29.125 € | 27.411 € | 25.769 € | 20.246 € | 19.661 € | 19.037 € | 18.363 € | 17.700 € | 16.963 € | 16.189 € |
| 18.000 € | 37.024 € | 34.950 € | 32.893 € | 30.923 € | 24.295 € | 23.593 € | 22.845 € | 22.036 € | 21.240 € | 20.356 € | 19.427 € |
| 21.000 € | 43.195 € | 40.774 € | 38.375 € | 36.077 € | 28.344 € | 27.525 € | 26.652 € | 25.708 € | 24.780 € | 23.748 € | 22.664 € |
| 24.000 € | 49.366 € | 46.599 € | 43.857 € | 41.231 € | 32.393 € | 31.457 € | 30.459 € | 29.381 € | 28.319 € | 27.141 € | 25.902 € |
| 27.000 € | 55.537 € | 52.424 € | 49.339 € | 46.384 € | 36.442 € | 35.390 € | 34.267 € | 33.054 € | 31.859 € | 30.533 € | 29.140 € |
| 30.000 € | 61.707 € | 58.249 € | 54.821 € | 51.538 € | 40.492 € | 39.322 € | 38.074 € | 36.726 € | 35.399 € | 33.926 € | 32.378 € |
| 33.000 € | 67.878 € | 64.074 € | 60.303 € | 56.692 € | 44.541 € | 43.254 € | 41.882 € | 40.399 € | 38.939 € | 37.318 € | 35.615 € |
| 36.000 € | 74.049 € | 69.899 € | 65.785 € | 61.846 € | 48.590 € | 47.186 € | 45.689 € | 44.072 € | 42.479 € | 40.711 € | 38.853 € |
| 39.000 € | 74.205 € | 69.947 € | 65.785 € | 61.846 € | 52.639 € | 51.118 € | 49.497 € | 47.744 € | 46.019 € | 44.104 € | 42.091 € |
| 42.000 € | 74.360 € | 69.994 € | 65.785 € | 61.846 € | 52.639 € | 51.118 € | 49.497 € | 47.744 € | 46.019 € | 44.104 € | 42.091 € |
| 45.000 € | 74.515 € | 70.041 € | 65.785 € | 61.846 € | 52.639 € | 51.118 € | 49.497 € | 47.744 € | 46.019 € | 44.104 € | 42.091 € |
| 48.000 € | 74.670 € | 70.088 € | 65.785 € | 61.846 € | 52.639 € | 51.118 € | 49.497 € | 47.744 € | 46.019 € | 44.104 € | 42.091 € |
| 51.000 € | 74.824 € | 70.134 € | 65.785 € | 61.846 € | 52.639 € | 51.118 € | 49.497 € | 47.744 € | 46.019 € | 44.104 € | 42.091 € |
| 54.000 € | 74.979 € | 70.181 € | 65.785 € | 61.846 € | 52.639 € | 51.118 € | 49.497 € | 47.744 € | 46.019 € | 44.104 € | 42.091 € |
| 57.000 € | 75.133 € | 70.227 € | 65.785 € | 61.846 € | 52.639 € | 51.118 € | 49.497 € | 47.744 € | 46.019 € | 44.104 € | 42.091 € |
| 60.000 € | 75.286 € | 70.273 € | 65.785 € | 61.846 € | 52.639 € | 51.118 € | 49.497 € | 47.744 € | 46.019 € | 44.104 € | 42.091 € |
| 63.000 € | 75.440 € | 70.320 € | 65.785 € | 61.846 € | 52.639 € | 51.118 € | 49.497 € | 47.744 € | 46.019 € | 44.104 € | 42.091 € |
| 66.000 € | 75.594 € | 70.366 € | 65.785 € | 61.846 € | 52.639 € | 51.118 € | 49.497 € | 47.744 € | 46.019 € | 44.104 € | 42.091 € |
| 69.000 € | 75.748 € | 70.412 € | 65.785 € | 61.846 € | 52.639 € | 51.118 € | 49.497 € | 47.744 € | 46.019 € | 44.104 € | 42.091 € |
| 72.000 € | 75.902 € | 70.458 € | 65.785 € | 61.846 € | 52.639 € | 51.118 € | 49.497 € | 47.744 € | 46.019 € | 44.104 € | 42.091 € |
| 75.000 € | 76.055 € | 70.504 € | 65.785 € | 61.846 € | 52.639 € | 51.118 € | 49.497 € | 47.744 € | 46.019 € | 44.104 € | 42.091 € |
| 78.000 € | 76.209 € | 70.550 € | 65.785 € | 61.846 € | 52.639 € | 51.118 € | 49.497 € | 47.744 € | 46.019 € | 44.104 € | 42.091 € |
| 81.000 € | 76.363 € | 70.596 € | 65.785 € | 61.846 € | 52.639 € | 51.118 € | 49.497 € | 47.744 € | 46.019 € | 44.104 € | 42.091 € |
| 84.000 € | 76.517 € | 70.642 € | 65.785 € | 61.846 € | 52.639 € | 51.118 € | 49.497 € | 47.744 € | 46.019 € | 44.104 € | 42.091 € |
| 87.000 € | 76.671 € | 70.688 € | 65.785 € | 61.846 € | 52.639 € | 51.118 € | 49.497 € | 47.744 € | 46.019 € | 44.104 € | 42.091 € |
| 90.000 € | 83.687 € | 70.733 € | 65.785 € | 61.846 € | 52.639 € | 51.118 € | 49.497 € | 47.744 € | 46.019 € | 44.104 € | 42.091 € |
| 93.000 € | 90.703 € | 70.779 € | 65.785 € | 61.846 € | 52.639 € | 51.118 € | 49.497 € | 47.744 € | 46.019 € | 44.104 € | 42.091 € |
| 96.000 € | 97.719 € | 70.825 € | 65.785 € | 61.846 € | 52.639 € | 51.118 € | 49.497 € | 47.744 € | 46.019 € | 44.104 € | 42.091 € |
| 99.000 € | 104.735 € | 70.871 € | 65.785 € | 61.846 € | 52.639 € | 51.118 € | 49.497 € | 47.744 € | 46.019 € | 44.104 € | 42.091 € |
| 102.000 € | 111.751 € | 76.178 € | 65.785 € | 61.846 € | 52.639 € | 51.118 € | 49.497 € | 47.744 € | 46.019 € | 44.104 € | 42.091 € |
| 105.000 € | 118.767 € | 81.486 € | 65.785 € | 61.846 € | 52.639 € | 51.118 € | 49.497 € | 47.744 € | 46.019 € | 44.104 € | 42.091 € |
| 108.000 € | 125.783 € | 86.793 € | 65.785 € | 61.846 € | 52.639 € | 51.118 € | 49.497 € | 47.744 € | 46.019 € | 44.104 € | 42.091 € |
| 111.000 € | 132.799 € | 92.101 € | 65.785 € | 61.846 € | 52.639 € | 51.118 € | 49.497 € | 47.744 € | 46.019 € | 44.104 € | 42.091 € |
| 114.000 € | 139.815 € | 97.409 € | 65.785 € | 61.846 € | 52.639 € | 51.118 € | 49.497 € | 47.744 € | 46.019 € | 44.104 € | 42.091 € |
| 117.000 € | 146.831 € | 102.716 € | 65.785 € | 61.846 € | 52.639 € | 51.118 € | 49.497 € | 47.744 € | 46.019 € | 44.104 € | 42.091 € |
| 120.000 € | 153.847 € | 108.024 € | 65.785 € | 61.846 € | 52.639 € | 51.118 € | 49.497 € | 47.744 € | 46.019 € | 44.104 € | 42.091 € |

# TABLA 1.C.1
## Lucro cesante del cónyuge
Años de duración del matrimonio: 29 años

Ingreso neto — Edad del cónyuge

| Hasta | 74 | 75 | 76 | 77 | 78 | 79 | 80 | 81 | 82 | 83 | 84 |
|---|---|---|---|---|---|---|---|---|---|---|---|
| 9.000 € | 9.267 € | 8.838 € | 8.406 € | 7.975 € | 7.553 € | 7.143 € | 6.738 € | 6.346 € | 5.968 € | 5.601 € | 5.245 € |
| 12.000 € | 12.356 € | 11.784 € | 11.209 € | 10.634 € | 10.071 € | 9.524 € | 8.983 € | 8.461 € | 7.957 € | 7.468 € | 6.994 € |
| 15.000 € | 15.446 € | 14.730 € | 14.011 € | 13.292 € | 12.588 € | 11.905 € | 11.229 € | 10.576 € | 9.947 € | 9.335 € | 8.742 € |
| 18.000 € | 18.535 € | 17.677 € | 16.813 € | 15.950 € | 15.106 € | 14.286 € | 13.475 € | 12.692 € | 11.936 € | 11.202 € | 10.490 € |
| 21.000 € | 21.624 € | 20.623 € | 19.615 € | 18.609 € | 17.624 € | 16.667 € | 15.721 € | 14.807 € | 13.925 € | 13.069 € | 12.239 € |
| 24.000 € | 24.713 € | 23.569 € | 22.417 € | 21.267 € | 20.141 € | 19.048 € | 17.967 € | 16.922 € | 15.915 € | 14.936 € | 13.987 € |
| 27.000 € | 27.802 € | 26.515 € | 25.219 € | 23.926 € | 22.659 € | 21.429 € | 20.213 € | 19.038 € | 17.904 € | 16.803 € | 15.735 € |
| 30.000 € | 30.891 € | 29.461 € | 28.021 € | 26.584 € | 25.177 € | 23.810 € | 22.459 € | 21.153 € | 19.893 € | 18.669 € | 17.484 € |
| 33.000 € | 33.980 € | 32.407 € | 30.823 € | 29.243 € | 27.694 € | 26.191 € | 24.704 € | 23.268 € | 21.883 € | 20.536 € | 19.232 € |
| 36.000 € | 37.069 € | 35.353 € | 33.626 € | 31.901 € | 30.212 € | 28.572 € | 26.950 € | 25.383 € | 23.872 € | 22.403 € | 20.981 € |
| 39.000 € | 40.158 € | 38.299 € | 36.428 € | 34.559 € | 32.730 € | 30.953 € | 29.196 € | 27.499 € | 25.861 € | 24.270 € | 22.729 € |
| 42.000 € | 40.158 € | 38.299 € | 36.428 € | 34.559 € | 32.730 € | 30.953 € | 29.196 € | 27.499 € | 25.861 € | 24.270 € | 22.729 € |
| 45.000 € | 40.158 € | 38.299 € | 36.428 € | 34.559 € | 32.730 € | 30.953 € | 29.196 € | 27.499 € | 25.861 € | 24.270 € | 22.729 € |
| 48.000 € | 40.158 € | 38.299 € | 36.428 € | 34.559 € | 32.730 € | 30.953 € | 29.196 € | 27.499 € | 25.861 € | 24.270 € | 22.729 € |
| 51.000 € | 40.158 € | 38.299 € | 36.428 € | 34.559 € | 32.730 € | 30.953 € | 29.196 € | 27.499 € | 25.861 € | 24.270 € | 22.729 € |
| 54.000 € | 40.158 € | 38.299 € | 36.428 € | 34.559 € | 32.730 € | 30.953 € | 29.196 € | 27.499 € | 25.861 € | 24.270 € | 22.729 € |
| 57.000 € | 40.158 € | 38.299 € | 36.428 € | 34.559 € | 32.730 € | 30.953 € | 29.196 € | 27.499 € | 25.861 € | 24.270 € | 22.729 € |
| 60.000 € | 40.158 € | 38.299 € | 36.428 € | 34.559 € | 32.730 € | 30.953 € | 29.196 € | 27.499 € | 25.861 € | 24.270 € | 22.729 € |
| 63.000 € | 40.158 € | 38.299 € | 36.428 € | 34.559 € | 32.730 € | 30.953 € | 29.196 € | 27.499 € | 25.861 € | 24.270 € | 22.729 € |
| 66.000 € | 40.158 € | 38.299 € | 36.428 € | 34.559 € | 32.730 € | 30.953 € | 29.196 € | 27.499 € | 25.861 € | 24.270 € | 22.729 € |
| 69.000 € | 40.158 € | 38.299 € | 36.428 € | 34.559 € | 32.730 € | 30.953 € | 29.196 € | 27.499 € | 25.861 € | 24.270 € | 22.729 € |
| 72.000 € | 40.158 € | 38.299 € | 36.428 € | 34.559 € | 32.730 € | 30.953 € | 29.196 € | 27.499 € | 25.861 € | 24.270 € | 22.729 € |
| 75.000 € | 40.158 € | 38.299 € | 36.428 € | 34.559 € | 32.730 € | 30.953 € | 29.196 € | 27.499 € | 25.861 € | 24.270 € | 22.729 € |
| 78.000 € | 40.158 € | 38.299 € | 36.428 € | 34.559 € | 32.730 € | 30.953 € | 29.196 € | 27.499 € | 25.861 € | 24.270 € | 22.729 € |
| 81.000 € | 40.158 € | 38.299 € | 36.428 € | 34.559 € | 32.730 € | 30.953 € | 29.196 € | 27.499 € | 25.861 € | 24.270 € | 22.729 € |
| 84.000 € | 40.158 € | 38.299 € | 36.428 € | 34.559 € | 32.730 € | 30.953 € | 29.196 € | 27.499 € | 25.861 € | 24.270 € | 22.729 € |
| 87.000 € | 40.158 € | 38.299 € | 36.428 € | 34.559 € | 32.730 € | 30.953 € | 29.196 € | 27.499 € | 25.861 € | 24.270 € | 22.729 € |
| 90.000 € | 40.158 € | 38.299 € | 36.428 € | 34.559 € | 32.730 € | 30.953 € | 29.196 € | 27.499 € | 25.861 € | 24.270 € | 22.729 € |
| 93.000 € | 40.158 € | 38.299 € | 36.428 € | 34.559 € | 32.730 € | 30.953 € | 29.196 € | 27.499 € | 25.861 € | 24.270 € | 22.729 € |
| 96.000 € | 40.158 € | 38.299 € | 36.428 € | 34.559 € | 32.730 € | 30.953 € | 29.196 € | 27.499 € | 25.861 € | 24.270 € | 22.729 € |
| 99.000 € | 40.158 € | 38.299 € | 36.428 € | 34.559 € | 32.730 € | 30.953 € | 29.196 € | 27.499 € | 25.861 € | 24.270 € | 22.729 € |
| 102.000 € | 40.158 € | 38.299 € | 36.428 € | 34.559 € | 32.730 € | 30.953 € | 29.196 € | 27.499 € | 25.861 € | 24.270 € | 22.729 € |
| 105.000 € | 40.158 € | 38.299 € | 36.428 € | 34.559 € | 32.730 € | 30.953 € | 29.196 € | 27.499 € | 25.861 € | 24.270 € | 22.729 € |
| 108.000 € | 40.158 € | 38.299 € | 36.428 € | 34.559 € | 32.730 € | 30.953 € | 29.196 € | 27.499 € | 25.861 € | 24.270 € | 22.729 € |
| 111.000 € | 40.158 € | 38.299 € | 36.428 € | 34.559 € | 32.730 € | 30.953 € | 29.196 € | 27.499 € | 25.861 € | 24.270 € | 22.729 € |
| 114.000 € | 40.158 € | 38.299 € | 36.428 € | 34.559 € | 32.730 € | 30.953 € | 29.196 € | 27.499 € | 25.861 € | 24.270 € | 22.729 € |
| 117.000 € | 40.158 € | 38.299 € | 36.428 € | 34.559 € | 32.730 € | 30.953 € | 29.196 € | 27.499 € | 25.861 € | 24.270 € | 22.729 € |
| 120.000 € | 40.158 € | 38.299 € | 36.428 € | 34.559 € | 32.730 € | 30.953 € | 29.196 € | 27.499 € | 25.861 € | 24.270 € | 22.729 € |

## TABLA 1.C.1
## Lucro cesante del cónyuge
### Años de duración del matrimonio: 29 años

| Ingreso neto | Edad del cónyuge | | | | | | | | | | |
|---|---|---|---|---|---|---|---|---|---|---|---|
| Hasta | 85 | 86 | 87 | 88 | 89 | 90 | 91 | 92 | 93 | 94 | 95 |
| 9.000 € | 4.908 € | 4.584 € | 4.276 € | 3.985 € | 3.715 € | 3.459 € | 3.206 € | 3.000 € | 3.000 € | 3.000 € | 3.000 € |
| 12.000 € | 6.544 € | 6.113 € | 5.702 € | 5.314 € | 4.954 € | 4.612 € | 4.274 € | 3.944 € | 3.580 € | 3.269 € | 3.000 € |
| 15.000 € | 8.180 € | 7.641 € | 7.127 € | 6.642 € | 6.192 € | 5.764 € | 5.343 € | 4.930 € | 4.474 € | 4.086 € | 3.656 € |
| 18.000 € | 9.816 € | 9.169 € | 8.552 € | 7.971 € | 7.431 € | 6.917 € | 6.411 € | 5.916 € | 5.369 € | 4.903 € | 4.387 € |
| 21.000 € | 11.452 € | 10.697 € | 9.978 € | 9.299 € | 8.669 € | 8.070 € | 7.480 € | 6.902 € | 6.264 € | 5.720 € | 5.118 € |
| 24.000 € | 13.088 € | 12.225 € | 11.403 € | 10.628 € | 9.907 € | 9.223 € | 8.548 € | 7.887 € | 7.159 € | 6.537 € | 5.849 € |
| 27.000 € | 14.724 € | 13.753 € | 12.829 € | 11.956 € | 11.146 € | 10.376 € | 9.617 € | 8.873 € | 8.054 € | 7.355 € | 6.581 € |
| 30.000 € | 16.360 € | 15.282 € | 14.254 € | 13.285 € | 12.384 € | 11.529 € | 10.685 € | 9.859 € | 8.949 € | 8.172 € | 7.312 € |
| 33.000 € | 17.996 € | 16.810 € | 15.679 € | 14.613 € | 13.623 € | 12.682 € | 11.754 € | 10.845 € | 9.844 € | 8.989 € | 8.043 € |
| 36.000 € | 19.632 € | 18.338 € | 17.105 € | 15.942 € | 14.861 € | 13.835 € | 12.822 € | 11.831 € | 10.739 € | 9.806 € | 8.774 € |
| 39.000 € | 21.268 € | 19.866 € | 18.530 € | 17.270 € | 16.100 € | 14.988 € | 13.891 € | 12.817 € | 11.634 € | 10.623 € | 9.505 € |
| 42.000 € | 21.268 € | 19.866 € | 18.530 € | 17.270 € | 16.100 € | 14.988 € | 13.891 € | 12.817 € | 11.634 € | 10.623 € | 9.505 € |
| 45.000 € | 21.268 € | 19.866 € | 18.530 € | 17.270 € | 16.100 € | 14.988 € | 13.891 € | 12.817 € | 11.634 € | 10.623 € | 9.505 € |
| 48.000 € | 21.268 € | 19.866 € | 18.530 € | 17.270 € | 16.100 € | 14.988 € | 13.891 € | 12.817 € | 11.634 € | 10.623 € | 9.505 € |
| 51.000 € | 21.268 € | 19.866 € | 18.530 € | 17.270 € | 16.100 € | 14.988 € | 13.891 € | 12.817 € | 11.634 € | 10.623 € | 9.505 € |
| 54.000 € | 21.268 € | 19.866 € | 18.530 € | 17.270 € | 16.100 € | 14.988 € | 13.891 € | 12.817 € | 11.634 € | 10.623 € | 9.505 € |
| 57.000 € | 21.268 € | 19.866 € | 18.530 € | 17.270 € | 16.100 € | 14.988 € | 13.891 € | 12.817 € | 11.634 € | 10.623 € | 9.505 € |
| 60.000 € | 21.268 € | 19.866 € | 18.530 € | 17.270 € | 16.100 € | 14.988 € | 13.891 € | 12.817 € | 11.634 € | 10.623 € | 9.505 € |
| 63.000 € | 21.268 € | 19.866 € | 18.530 € | 17.270 € | 16.100 € | 14.988 € | 13.891 € | 12.817 € | 11.634 € | 10.623 € | 9.505 € |
| 66.000 € | 21.268 € | 19.866 € | 18.530 € | 17.270 € | 16.100 € | 14.988 € | 13.891 € | 12.817 € | 11.634 € | 10.623 € | 9.505 € |
| 69.000 € | 21.268 € | 19.866 € | 18.530 € | 17.270 € | 16.100 € | 14.988 € | 13.891 € | 12.817 € | 11.634 € | 10.623 € | 9.505 € |
| 72.000 € | 21.268 € | 19.866 € | 18.530 € | 17.270 € | 16.100 € | 14.988 € | 13.891 € | 12.817 € | 11.634 € | 10.623 € | 9.505 € |
| 75.000 € | 21.268 € | 19.866 € | 18.530 € | 17.270 € | 16.100 € | 14.988 € | 13.891 € | 12.817 € | 11.634 € | 10.623 € | 9.505 € |
| 78.000 € | 21.268 € | 19.866 € | 18.530 € | 17.270 € | 16.100 € | 14.988 € | 13.891 € | 12.817 € | 11.634 € | 10.623 € | 9.505 € |
| 81.000 € | 21.268 € | 19.866 € | 18.530 € | 17.270 € | 16.100 € | 14.988 € | 13.891 € | 12.817 € | 11.634 € | 10.623 € | 9.505 € |
| 84.000 € | 21.268 € | 19.866 € | 18.530 € | 17.270 € | 16.100 € | 14.988 € | 13.891 € | 12.817 € | 11.634 € | 10.623 € | 9.505 € |
| 87.000 € | 21.268 € | 19.866 € | 18.530 € | 17.270 € | 16.100 € | 14.988 € | 13.891 € | 12.817 € | 11.634 € | 10.623 € | 9.505 € |
| 90.000 € | 21.268 € | 19.866 € | 18.530 € | 17.270 € | 16.100 € | 14.988 € | 13.891 € | 12.817 € | 11.634 € | 10.623 € | 9.505 € |
| 93.000 € | 21.268 € | 19.866 € | 18.530 € | 17.270 € | 16.100 € | 14.988 € | 13.891 € | 12.817 € | 11.634 € | 10.623 € | 9.505 € |
| 96.000 € | 21.268 € | 19.866 € | 18.530 € | 17.270 € | 16.100 € | 14.988 € | 13.891 € | 12.817 € | 11.634 € | 10.623 € | 9.505 € |
| 99.000 € | 21.268 € | 19.866 € | 18.530 € | 17.270 € | 16.100 € | 14.988 € | 13.891 € | 12.817 € | 11.634 € | 10.623 € | 9.505 € |
| 102.000 € | 21.268 € | 19.866 € | 18.530 € | 17.270 € | 16.100 € | 14.988 € | 13.891 € | 12.817 € | 11.634 € | 10.623 € | 9.505 € |
| 105.000 € | 21.268 € | 19.866 € | 18.530 € | 17.270 € | 16.100 € | 14.988 € | 13.891 € | 12.817 € | 11.634 € | 10.623 € | 9.505 € |
| 108.000 € | 21.268 € | 19.866 € | 18.530 € | 17.270 € | 16.100 € | 14.988 € | 13.891 € | 12.817 € | 11.634 € | 10.623 € | 9.505 € |
| 111.000 € | 21.268 € | 19.866 € | 18.530 € | 17.270 € | 16.100 € | 14.988 € | 13.891 € | 12.817 € | 11.634 € | 10.623 € | 9.505 € |
| 114.000 € | 21.268 € | 19.866 € | 18.530 € | 17.270 € | 16.100 € | 14.988 € | 13.891 € | 12.817 € | 11.634 € | 10.623 € | 9.505 € |
| 117.000 € | 21.268 € | 19.866 € | 18.530 € | 17.270 € | 16.100 € | 14.988 € | 13.891 € | 12.817 € | 11.634 € | 10.623 € | 9.505 € |
| 120.000 € | 21.268 € | 19.866 € | 18.530 € | 17.270 € | 16.100 € | 14.988 € | 13.891 € | 12.817 € | 11.634 € | 10.623 € | 9.505 € |

# TABLA 1.C.1
## Lucro cesante del cónyuge
### Años de duración del matrimonio: 29 años

| Ingreso neto | Edad del cónyuge | | | |
|---|---|---|---|---|
| Hasta | 96 | 97 | 98 | 99 o más |
| 9.000 € | 3.000 € | 3.000 € | 3.000 € | 3.000 € |
| 12.000 € | 3.000 € | 3.000 € | 3.000 € | 3.000 € |
| 15.000 € | 3.205 € | 3.000 € | 3.000 € | 3.000 € |
| 18.000 € | 3.846 € | 3.243 € | 3.000 € | 3.000 € |
| 21.000 € | 4.487 € | 3.784 € | 3.000 € | 3.000 € |
| 24.000 € | 5.128 € | 4.325 € | 3.287 € | 3.000 € |
| 27.000 € | 5.769 € | 4.865 € | 3.698 € | 3.000 € |
| 30.000 € | 6.410 € | 5.406 € | 4.108 € | 3.000 € |
| 33.000 € | 7.051 € | 5.946 € | 4.519 € | 3.000 € |
| 36.000 € | 7.692 € | 6.487 € | 4.930 € | 3.000 € |
| 39.000 € | 8.333 € | 7.027 € | 5.341 € | 3.120 € |
| 42.000 € | 8.333 € | 7.027 € | 5.341 € | 3.120 € |
| 45.000 € | 8.333 € | 7.027 € | 5.341 € | 3.120 € |
| 48.000 € | 8.333 € | 7.027 € | 5.341 € | 3.120 € |
| 51.000 € | 8.333 € | 7.027 € | 5.341 € | 3.120 € |
| 54.000 € | 8.333 € | 7.027 € | 5.341 € | 3.120 € |
| 57.000 € | 8.333 € | 7.027 € | 5.341 € | 3.120 € |
| 60.000 € | 8.333 € | 7.027 € | 5.341 € | 3.120 € |
| 63.000 € | 8.333 € | 7.027 € | 5.341 € | 3.120 € |
| 66.000 € | 8.333 € | 7.027 € | 5.341 € | 3.120 € |
| 69.000 € | 8.333 € | 7.027 € | 5.341 € | 3.120 € |
| 72.000 € | 8.333 € | 7.027 € | 5.341 € | 3.120 € |
| 75.000 € | 8.333 € | 7.027 € | 5.341 € | 3.120 € |
| 78.000 € | 8.333 € | 7.027 € | 5.341 € | 3.120 € |
| 81.000 € | 8.333 € | 7.027 € | 5.341 € | 3.120 € |
| 84.000 € | 8.333 € | 7.027 € | 5.341 € | 3.120 € |
| 87.000 € | 8.333 € | 7.027 € | 5.341 € | 3.120 € |
| 90.000 € | 8.333 € | 7.027 € | 5.341 € | 3.120 € |
| 93.000 € | 8.333 € | 7.027 € | 5.341 € | 3.120 € |
| 96.000 € | 8.333 € | 7.027 € | 5.341 € | 3.120 € |
| 99.000 € | 8.333 € | 7.027 € | 5.341 € | 3.120 € |
| 102.000 € | 8.333 € | 7.027 € | 5.341 € | 3.120 € |
| 105.000 € | 8.333 € | 7.027 € | 5.341 € | 3.120 € |
| 108.000 € | 8.333 € | 7.027 € | 5.341 € | 3.120 € |
| 111.000 € | 8.333 € | 7.027 € | 5.341 € | 3.120 € |
| 114.000 € | 8.333 € | 7.027 € | 5.341 € | 3.120 € |
| 117.000 € | 8.333 € | 7.027 € | 5.341 € | 3.120 € |
| 120.000 € | 8.333 € | 7.027 € | 5.341 € | 3.120 € |

## TABLA 1.C.1
### Lucro cesante del cónyuge
Años de duración del matrimonio: 30 años

| Ingreso netc | Edad del cónyuge | | | | | | | | Edad del có |
|---|---|---|---|---|---|---|---|---|---|
| Hasta | 44 | 45 | 46 | 47 | 48 | 49 | 50 | 51 | 52 | 53 |
| 9.000 € | 33.110 € | 32.903 € | 32.632 € | 32.305 € | 31.934 € | 31.517 € | 31.014 € | 30.411 € | 29.709 € | 28.936 € |
| 12.000 € | 44.147 € | 43.871 € | 43.509 € | 43.073 € | 42.579 € | 42.023 € | 41.352 € | 40.549 € | 39.612 € | 38.582 € |
| 15.000 € | 55.184 € | 54.838 € | 54.386 € | 53.842 € | 53.223 € | 52.529 € | 51.690 € | 50.686 € | 49.514 € | 48.227 € |
| 18.000 € | 66.220 € | 65.806 € | 65.263 € | 64.610 € | 63.868 € | 63.035 € | 62.028 € | 60.823 € | 59.417 € | 57.872 € |
| 21.000 € | 77.257 € | 76.774 € | 76.140 € | 75.378 € | 74.513 € | 73.541 € | 72.366 € | 70.960 € | 69.320 € | 67.518 € |
| 24.000 € | 88.294 € | 87.741 € | 87.017 € | 86.147 € | 85.157 € | 84.046 € | 82.704 € | 81.097 € | 79.223 € | 77.163 € |
| 27.000 € | 99.331 € | 98.709 € | 97.895 € | 96.915 € | 95.802 € | 94.552 € | 93.042 € | 91.234 € | 89.126 € | 86.809 € |
| 30.000 € | 110.367 € | 109.676 € | 108.772 € | 107.683 € | 106.447 € | 105.058 € | 103.380 € | 101.372 € | 99.029 € | 96.454 € |
| 33.000 € | 113.842 € | 112.850 € | 111.966 € | 111.202 € | 110.563 € | 110.025 € | 109.596 € | 109.277 € | 108.932 € | 106.100 € |
| 36.000 € | 116.010 € | 113.699 € | 112.838 € | 111.977 € | 111.562 € | 111.148 € | 110.733 € | 110.660 € | 110.587 € | 106.774 € |
| 39.000 € | 118.179 € | 114.547 € | 113.650 € | 112.752 € | 112.459 € | 112.167 € | 111.874 € | 111.874 € | 111.874 € | 107.448 € |
| 42.000 € | 120.348 € | 115.396 € | 114.462 € | 113.527 € | 113.358 € | 113.189 € | 113.020 € | 113.020 € | 113.020 € | 108.122 € |
| 45.000 € | 122.517 € | 116.245 € | 115.274 € | 114.304 € | 114.260 € | 114.215 € | 114.171 € | 114.171 € | 114.171 € | 108.797 € |
| 48.000 € | 124.686 € | 117.094 € | 116.088 € | 115.082 € | 115.082 € | 115.082 € | 115.082 € | 115.082 € | 115.082 € | 109.473 € |
| 51.000 € | 142.472 € | 133.510 € | 124.635 € | 115.863 € | 115.863 € | 115.863 € | 115.863 € | 115.863 € | 115.863 € | 110.150 € |
| 54.000 € | 178.682 € | 168.291 € | 157.977 € | 147.757 € | 137.640 € | 127.604 € | 117.667 € | 117.667 € | 117.667 € | 110.830 € |
| 57.000 € | 214.891 € | 203.072 € | 191.318 € | 179.650 € | 168.079 € | 156.575 € | 145.161 € | 133.842 € | 122.623 € | 111.511 € |
| 60.000 € | 251.101 € | 237.853 € | 224.659 € | 211.544 € | 198.518 € | 185.546 € | 172.655 € | 159.848 € | 147.132 € | 134.513 € |
| 63.000 € | 287.311 € | 272.634 € | 258.000 € | 243.437 € | 228.957 € | 214.518 € | 200.148 € | 185.854 € | 171.641 € | 157.516 € |
| 66.000 € | 323.520 € | 307.415 € | 291.342 € | 275.331 € | 259.396 € | 243.489 € | 227.642 € | 211.860 € | 196.150 € | 180.518 € |
| 69.000 € | 359.730 € | 342.197 € | 324.683 € | 307.224 € | 289.835 € | 272.460 € | 255.136 € | 237.867 € | 220.659 € | 203.520 € |
| 72.000 € | 395.939 € | 376.978 € | 358.024 € | 339.118 € | 320.274 € | 301.431 € | 282.629 € | 263.873 € | 245.168 € | 226.522 € |
| 75.000 € | 432.149 € | 411.759 € | 391.366 € | 371.011 € | 350.713 € | 330.403 € | 310.123 € | 289.879 € | 269.677 € | 249.525 € |
| 78.000 € | 468.359 € | 446.540 € | 424.707 € | 402.905 € | 381.152 € | 359.374 € | 337.617 € | 315.886 € | 294.186 € | 272.527 € |
| 81.000 € | 504.568 € | 481.321 € | 458.048 € | 434.798 € | 411.591 € | 388.345 € | 365.110 € | 341.892 € | 318.695 € | 295.529 € |
| 84.000 € | 540.778 € | 516.102 € | 491.389 € | 466.692 € | 442.030 € | 417.316 € | 392.604 € | 367.898 € | 343.204 € | 318.531 € |
| 87.000 € | 576.988 € | 550.883 € | 524.731 € | 498.585 € | 472.469 € | 446.288 € | 420.098 € | 393.904 € | 367.713 € | 341.534 € |
| 90.000 € | 613.197 € | 585.664 € | 558.072 € | 530.479 € | 502.907 € | 475.259 € | 447.591 € | 419.911 € | 392.222 € | 364.536 € |
| 93.000 € | 649.407 € | 620.445 € | 591.413 € | 562.372 € | 533.346 € | 504.230 € | 475.085 € | 445.917 € | 416.731 € | 387.538 € |
| 96.000 € | 685.617 € | 655.226 € | 624.755 € | 594.266 € | 563.785 € | 533.201 € | 502.579 € | 471.923 € | 441.240 € | 410.540 € |
| 99.000 € | 721.826 € | 690.007 € | 658.096 € | 626.159 € | 594.224 € | 562.173 € | 530.072 € | 497.929 € | 465.749 € | 433.543 € |
| 102.000 € | 758.036 € | 724.788 € | 691.437 € | 658.053 € | 624.663 € | 591.144 € | 557.566 € | 523.936 € | 490.258 € | 456.545 € |
| 105.000 € | 794.245 € | 759.569 € | 724.779 € | 689.946 € | 655.102 € | 620.115 € | 585.060 € | 549.942 € | 514.767 € | 479.547 € |
| 108.000 € | 830.455 € | 794.350 € | 758.120 € | 721.840 € | 685.541 € | 649.086 € | 612.553 € | 575.948 € | 539.276 € | 502.549 € |
| 111.000 € | 866.665 € | 829.131 € | 791.461 € | 753.733 € | 715.980 € | 678.058 € | 640.047 € | 601.954 € | 563.785 € | 525.552 € |
| 114.000 € | 902.874 € | 863.912 € | 824.802 € | 785.627 € | 746.419 € | 707.029 € | 667.541 € | 627.961 € | 588.294 € | 548.554 € |
| 117.000 € | 939.084 € | 898.693 € | 858.144 € | 817.520 € | 776.858 € | 736.000 € | 695.034 € | 653.967 € | 612.803 € | 571.556 € |
| 120.000 € | 975.294 € | 933.474 € | 891.485 € | 849.414 € | 807.297 € | 764.971 € | 722.528 € | 679.973 € | 637.312 € | 594.558 € |

# TABLA 1.C.1
## Lucro cesante del cónyuge
Años de duración del matrimonio: 30 años

Ingreso netcnyuge

Edad del cónyuge

| Hasta | 54 | 55 | 56 | 57 | 58 | 59 | 60 | 61 | 62 | 63 |
|---|---|---|---|---|---|---|---|---|---|---|
| 9.000 € | 28.106 € | 27.242 € | 26.306 € | 25.259 € | 24.207 € | 23.124 € | 22.034 € | 20.937 € | 19.831 € | 18.740 € |
| 12.000 € | 37.474 € | 36.323 € | 35.075 € | 33.679 € | 32.276 € | 30.832 € | 29.379 € | 27.916 € | 26.441 € | 24.987 € |
| 15.000 € | 46.843 € | 45.404 € | 43.844 € | 42.098 € | 40.345 € | 38.540 € | 36.724 € | 34.894 € | 33.051 € | 31.234 € |
| 18.000 € | 56.212 € | 54.485 € | 52.613 € | 50.518 € | 48.414 € | 46.248 € | 44.069 € | 41.873 € | 39.661 € | 37.481 € |
| 21.000 € | 65.580 € | 63.566 € | 61.381 € | 58.938 € | 56.483 € | 53.956 € | 51.413 € | 48.852 € | 46.272 € | 43.727 € |
| 24.000 € | 74.949 € | 72.647 € | 70.150 € | 67.357 € | 64.552 € | 61.664 € | 58.758 € | 55.831 € | 52.882 € | 49.974 € |
| 27.000 € | 84.317 € | 81.727 € | 78.919 € | 75.777 € | 72.621 € | 69.372 € | 66.103 € | 62.810 € | 59.492 € | 56.221 € |
| 30.000 € | 93.686 € | 90.808 € | 87.688 € | 84.197 € | 80.690 € | 77.080 € | 73.448 € | 69.789 € | 66.102 € | 62.468 € |
| 33.000 € | 103.054 € | 99.889 € | 96.456 € | 92.616 € | 88.759 € | 84.788 € | 80.793 € | 76.768 € | 72.712 € | 68.714 € |
| 36.000 € | 105.041 € | 100.933 € | 96.526 € | 94.287 € | 93.242 € | 92.266 € | 88.137 € | 83.747 € | 79.323 € | 74.961 € |
| 39.000 € | 107.052 € | 101.980 € | 96.594 € | 95.087 € | 94.198 € | 93.076 € | 88.824 € | 84.106 € | 79.744 € | 75.038 € |
| 42.000 € | 108.122 € | 103.032 € | 96.663 € | 95.890 € | 95.158 € | 93.889 € | 89.511 € | 84.465 € | 80.164 € | 75.115 € |
| 45.000 € | 108.797 € | 104.090 € | 96.731 € | 96.695 € | 96.123 € | 94.705 € | 90.200 € | 84.824 € | 80.585 € | 75.192 € |
| 48.000 € | 109.473 € | 105.153 € | 96.799 € | 96.799 € | 96.799 € | 95.524 € | 90.891 € | 85.183 € | 81.006 € | 75.268 € |
| 51.000 € | 110.150 € | 106.223 € | 96.866 € | 96.866 € | 96.866 € | 96.347 € | 91.585 € | 85.542 € | 81.427 € | 75.344 € |
| 54.000 € | 110.830 € | 107.301 € | 96.934 € | 96.934 € | 96.934 € | 96.934 € | 92.282 € | 85.901 € | 81.849 € | 75.420 € |
| 57.000 € | 111.511 € | 108.385 € | 97.001 € | 97.001 € | 97.001 € | 97.001 € | 92.982 € | 86.261 € | 82.272 € | 75.496 € |
| 60.000 € | 121.953 € | 109.478 € | 97.068 € | 97.068 € | 97.068 € | 97.068 € | 93.685 € | 86.621 € | 82.696 € | 75.571 € |
| 63.000 € | 143.431 € | 129.418 € | 115.450 € | 101.603 € | 100.643 € | 99.683 € | 94.392 € | 86.981 € | 83.122 € | 75.647 € |
| 66.000 € | 164.909 € | 149.358 € | 133.832 € | 118.419 € | 103.052 € | 100.530 € | 95.103 € | 87.342 € | 83.548 € | 75.722 € |
| 69.000 € | 186.387 € | 169.297 € | 152.214 € | 135.235 € | 118.282 € | 101.382 € | 95.817 € | 87.704 € | 83.976 € | 75.798 € |
| 72.000 € | 207.865 € | 189.237 € | 170.597 € | 152.051 € | 133.513 € | 115.011 € | 96.536 € | 88.067 € | 84.405 € | 75.873 € |
| 75.000 € | 229.343 € | 209.177 € | 188.979 € | 168.867 € | 148.743 € | 128.640 € | 108.544 € | 88.431 € | 84.835 € | 75.948 € |
| 78.000 € | 250.821 € | 229.117 € | 207.361 € | 185.683 € | 163.974 € | 142.268 € | 120.552 € | 98.797 € | 85.267 € | 76.023 € |
| 81.000 € | 272.300 € | 249.057 € | 225.743 € | 202.498 € | 179.205 € | 155.897 € | 132.560 € | 109.163 € | 85.701 € | 76.098 € |
| 84.000 € | 293.778 € | 268.996 € | 244.125 € | 219.314 € | 194.435 € | 169.526 € | 144.569 € | 119.528 € | 94.401 € | 76.173 € |
| 87.000 € | 315.256 € | 288.936 € | 262.507 € | 236.130 € | 209.666 € | 183.155 € | 156.577 € | 129.894 € | 103.102 € | 76.248 € |
| 90.000 € | 336.734 € | 308.876 € | 280.889 € | 252.946 € | 224.896 € | 196.784 € | 168.585 € | 140.260 € | 111.802 € | 83.264 € |
| 93.000 € | 358.212 € | 328.816 € | 299.272 € | 269.762 € | 240.127 € | 210.412 € | 180.594 € | 150.626 € | 120.502 € | 90.280 € |
| 96.000 € | 379.690 € | 348.756 € | 317.654 € | 286.577 € | 255.358 € | 224.041 € | 192.602 € | 160.991 € | 129.202 € | 97.296 € |
| 99.000 € | 401.168 € | 368.696 € | 336.036 € | 303.393 € | 270.588 € | 237.670 € | 204.610 € | 171.357 € | 137.903 € | 104.312 € |
| 102.000 € | 422.646 € | 388.635 € | 354.418 € | 320.209 € | 285.819 € | 251.299 € | 216.619 € | 181.723 € | 146.603 € | 111.328 € |
| 105.000 € | 444.124 € | 408.575 € | 372.800 € | 337.025 € | 301.050 € | 264.927 € | 228.627 € | 192.089 € | 155.303 € | 118.344 € |
| 108.000 € | 465.602 € | 428.515 € | 391.182 € | 353.841 € | 316.280 € | 278.556 € | 240.635 € | 202.455 € | 164.004 € | 125.360 € |
| 111.000 € | 487.080 € | 448.455 € | 409.564 € | 370.656 € | 331.511 € | 292.185 € | 252.644 € | 212.820 € | 172.704 € | 132.376 € |
| 114.000 € | 508.558 € | 468.395 € | 427.946 € | 387.472 € | 346.741 € | 305.814 € | 264.652 € | 223.186 € | 181.404 € | 139.392 € |
| 117.000 € | 530.036 € | 488.334 € | 446.329 € | 404.288 € | 361.972 € | 319.442 € | 276.660 € | 233.552 € | 190.105 € | 146.408 € |
| 120.000 € | 551.514 € | 508.274 € | 464.711 € | 421.104 € | 377.203 € | 333.071 € | 288.669 € | 243.918 € | 198.805 € | 153.424 € |

# TABLA 1.C.1
## Lucro cesante del cónyuge
Años de duración del matrimonio: 30 años

| Ingreso neto | Edad del cónyuge | | | | | | | | | |
|---|---|---|---|---|---|---|---|---|---|---|
| Hasta | 64 | 65 | 66 | 67 | 68 | 69 | 70 | 71 | 72 | 73 | 74 |
| 9.000 € | 17.666 € | 16.603 € | 15.587 € | 12.230 € | 11.863 € | 11.475 € | 11.058 € | 10.620 € | 10.178 € | 9.713 € | 9.267 € |
| 12.000 € | 23.555 € | 22.137 € | 20.783 € | 16.307 € | 15.817 € | 15.300 € | 14.744 € | 14.160 € | 13.570 € | 12.951 € | 12.356 € |
| 15.000 € | 29.444 € | 27.671 € | 25.979 € | 20.384 € | 19.772 € | 19.124 € | 18.430 € | 17.700 € | 16.963 € | 16.189 € | 15.446 € |
| 18.000 € | 35.333 € | 33.205 € | 31.175 € | 24.461 € | 23.726 € | 22.949 € | 22.116 € | 21.240 € | 20.356 € | 19.427 € | 18.535 € |
| 21.000 € | 41.221 € | 38.739 € | 36.371 € | 28.538 € | 27.680 € | 26.774 € | 25.802 € | 24.780 € | 23.748 € | 22.664 € | 21.624 € |
| 24.000 € | 47.110 € | 44.274 € | 41.566 € | 32.614 € | 31.635 € | 30.599 € | 29.488 € | 28.319 € | 27.141 € | 25.902 € | 24.713 € |
| 27.000 € | 52.999 € | 49.808 € | 46.762 € | 36.691 € | 35.589 € | 34.424 € | 33.174 € | 31.859 € | 30.533 € | 29.140 € | 27.802 € |
| 30.000 € | 58.888 € | 55.342 € | 51.958 € | 40.768 € | 39.543 € | 38.249 € | 36.860 € | 35.399 € | 33.926 € | 32.378 € | 30.891 € |
| 33.000 € | 64.777 € | 60.876 € | 57.154 € | 44.845 € | 43.497 € | 42.074 € | 40.546 € | 38.939 € | 37.318 € | 35.615 € | 33.980 € |
| 36.000 € | 70.665 € | 66.410 € | 62.349 € | 48.922 € | 47.452 € | 45.899 € | 44.232 € | 42.479 € | 40.711 € | 38.853 € | 37.069 € |
| 39.000 € | 70.899 € | 66.410 € | 62.349 € | 52.998 € | 51.406 € | 49.723 € | 47.918 € | 46.019 € | 44.104 € | 42.091 € | 40.158 € |
| 42.000 € | 71.131 € | 66.410 € | 62.349 € | 52.998 € | 51.406 € | 49.723 € | 47.918 € | 46.019 € | 44.104 € | 42.091 € | 40.158 € |
| 45.000 € | 71.364 € | 66.410 € | 62.349 € | 52.998 € | 51.406 € | 49.723 € | 47.918 € | 46.019 € | 44.104 € | 42.091 € | 40.158 € |
| 48.000 € | 71.596 € | 66.410 € | 62.349 € | 52.998 € | 51.406 € | 49.723 € | 47.918 € | 46.019 € | 44.104 € | 42.091 € | 40.158 € |
| 51.000 € | 71.828 € | 66.410 € | 62.349 € | 52.998 € | 51.406 € | 49.723 € | 47.918 € | 46.019 € | 44.104 € | 42.091 € | 40.158 € |
| 54.000 € | 72.059 € | 66.410 € | 62.349 € | 52.998 € | 51.406 € | 49.723 € | 47.918 € | 46.019 € | 44.104 € | 42.091 € | 40.158 € |
| 57.000 € | 72.291 € | 66.410 € | 62.349 € | 52.998 € | 51.406 € | 49.723 € | 47.918 € | 46.019 € | 44.104 € | 42.091 € | 40.158 € |
| 60.000 € | 72.523 € | 66.410 € | 62.349 € | 52.998 € | 51.406 € | 49.723 € | 47.918 € | 46.019 € | 44.104 € | 42.091 € | 40.158 € |
| 63.000 € | 72.755 € | 66.410 € | 62.349 € | 52.998 € | 51.406 € | 49.723 € | 47.918 € | 46.019 € | 44.104 € | 42.091 € | 40.158 € |
| 66.000 € | 72.988 € | 66.410 € | 62.349 € | 52.998 € | 51.406 € | 49.723 € | 47.918 € | 46.019 € | 44.104 € | 42.091 € | 40.158 € |
| 69.000 € | 73.220 € | 66.410 € | 62.349 € | 52.998 € | 51.406 € | 49.723 € | 47.918 € | 46.019 € | 44.104 € | 42.091 € | 40.158 € |
| 72.000 € | 73.453 € | 66.410 € | 62.349 € | 52.998 € | 51.406 € | 49.723 € | 47.918 € | 46.019 € | 44.104 € | 42.091 € | 40.158 € |
| 75.000 € | 73.686 € | 66.410 € | 62.349 € | 52.998 € | 51.406 € | 49.723 € | 47.918 € | 46.019 € | 44.104 € | 42.091 € | 40.158 € |
| 78.000 € | 73.920 € | 66.410 € | 62.349 € | 52.998 € | 51.406 € | 49.723 € | 47.918 € | 46.019 € | 44.104 € | 42.091 € | 40.158 € |
| 81.000 € | 74.154 € | 66.410 € | 62.349 € | 52.998 € | 51.406 € | 49.723 € | 47.918 € | 46.019 € | 44.104 € | 42.091 € | 40.158 € |
| 84.000 € | 74.388 € | 66.410 € | 62.349 € | 52.998 € | 51.406 € | 49.723 € | 47.918 € | 46.019 € | 44.104 € | 42.091 € | 40.158 € |
| 87.000 € | 74.623 € | 66.410 € | 62.349 € | 52.998 € | 51.406 € | 49.723 € | 47.918 € | 46.019 € | 44.104 € | 42.091 € | 40.158 € |
| 90.000 € | 74.858 € | 66.410 € | 62.349 € | 52.998 € | 51.406 € | 49.723 € | 47.918 € | 46.019 € | 44.104 € | 42.091 € | 40.158 € |
| 93.000 € | 75.094 € | 66.410 € | 62.349 € | 52.998 € | 51.406 € | 49.723 € | 47.918 € | 46.019 € | 44.104 € | 42.091 € | 40.158 € |
| 96.000 € | 75.331 € | 66.410 € | 62.349 € | 52.998 € | 51.406 € | 49.723 € | 47.918 € | 46.019 € | 44.104 € | 42.091 € | 40.158 € |
| 99.000 € | 75.567 € | 66.410 € | 62.349 € | 52.998 € | 51.406 € | 49.723 € | 47.918 € | 46.019 € | 44.104 € | 42.091 € | 40.158 € |
| 102.000 € | 75.805 € | 66.410 € | 62.349 € | 52.998 € | 51.406 € | 49.723 € | 47.918 € | 46.019 € | 44.104 € | 42.091 € | 40.158 € |
| 105.000 € | 81.112 € | 66.410 € | 62.349 € | 52.998 € | 51.406 € | 49.723 € | 47.918 € | 46.019 € | 44.104 € | 42.091 € | 40.158 € |
| 108.000 € | 86.420 € | 66.410 € | 62.349 € | 52.998 € | 51.406 € | 49.723 € | 47.918 € | 46.019 € | 44.104 € | 42.091 € | 40.158 € |
| 111.000 € | 91.727 € | 66.410 € | 62.349 € | 52.998 € | 51.406 € | 49.723 € | 47.918 € | 46.019 € | 44.104 € | 42.091 € | 40.158 € |
| 114.000 € | 97.035 € | 66.410 € | 62.349 € | 52.998 € | 51.406 € | 49.723 € | 47.918 € | 46.019 € | 44.104 € | 42.091 € | 40.158 € |
| 117.000 € | 102.342 € | 66.410 € | 62.349 € | 52.998 € | 51.406 € | 49.723 € | 47.918 € | 46.019 € | 44.104 € | 42.091 € | 40.158 € |
| 120.000 € | 107.650 € | 66.410 € | 62.349 € | 52.998 € | 51.406 € | 49.723 € | 47.918 € | 46.019 € | 44.104 € | 42.091 € | 40.158 € |

# TABLA 1.C.1
## Lucro cesante del cónyuge
Años de duración del matrimonio: 30 años

| Ingreso neto | Edad del cónyuge | | | | | | | | | | |
|---|---|---|---|---|---|---|---|---|---|---|---|
| Hasta | 75 | 76 | 77 | 78 | 79 | 80 | 81 | 82 | 83 | 84 | 85 |
| 9.000 € | 8.838 € | 8.406 € | 7.975 € | 7.553 € | 7.143 € | 6.738 € | 6.346 € | 5.968 € | 5.601 € | 5.245 € | 4.908 € |
| 12.000 € | 11.784 € | 11.209 € | 10.634 € | 10.071 € | 9.524 € | 8.983 € | 8.461 € | 7.957 € | 7.468 € | 6.994 € | 6.544 € |
| 15.000 € | 14.730 € | 14.011 € | 13.292 € | 12.588 € | 11.905 € | 11.229 € | 10.576 € | 9.947 € | 9.335 € | 8.742 € | 8.180 € |
| 18.000 € | 17.677 € | 16.813 € | 15.950 € | 15.106 € | 14.286 € | 13.475 € | 12.692 € | 11.936 € | 11.202 € | 10.490 € | 9.816 € |
| 21.000 € | 20.623 € | 19.615 € | 18.609 € | 17.624 € | 16.667 € | 15.721 € | 14.807 € | 13.925 € | 13.069 € | 12.239 € | 11.452 € |
| 24.000 € | 23.569 € | 22.417 € | 21.267 € | 20.141 € | 19.048 € | 17.967 € | 16.922 € | 15.915 € | 14.936 € | 13.987 € | 13.088 € |
| 27.000 € | 26.515 € | 25.219 € | 23.926 € | 22.659 € | 21.429 € | 20.213 € | 19.038 € | 17.904 € | 16.803 € | 15.735 € | 14.724 € |
| 30.000 € | 29.461 € | 28.021 € | 26.584 € | 25.177 € | 23.810 € | 22.459 € | 21.153 € | 19.893 € | 18.669 € | 17.484 € | 16.360 € |
| 33.000 € | 32.407 € | 30.823 € | 29.243 € | 27.694 € | 26.191 € | 24.704 € | 23.268 € | 21.883 € | 20.536 € | 19.232 € | 17.996 € |
| 36.000 € | 35.353 € | 33.626 € | 31.901 € | 30.212 € | 28.572 € | 26.950 € | 25.383 € | 23.872 € | 22.403 € | 20.981 € | 19.632 € |
| 39.000 € | 38.299 € | 36.428 € | 34.559 € | 32.730 € | 30.953 € | 29.196 € | 27.499 € | 25.861 € | 24.270 € | 22.729 € | 21.268 € |
| 42.000 € | 38.299 € | 36.428 € | 34.559 € | 32.730 € | 30.953 € | 29.196 € | 27.499 € | 25.861 € | 24.270 € | 22.729 € | 21.268 € |
| 45.000 € | 38.299 € | 36.428 € | 34.559 € | 32.730 € | 30.953 € | 29.196 € | 27.499 € | 25.861 € | 24.270 € | 22.729 € | 21.268 € |
| 48.000 € | 38.299 € | 36.428 € | 34.559 € | 32.730 € | 30.953 € | 29.196 € | 27.499 € | 25.861 € | 24.270 € | 22.729 € | 21.268 € |
| 51.000 € | 38.299 € | 36.428 € | 34.559 € | 32.730 € | 30.953 € | 29.196 € | 27.499 € | 25.861 € | 24.270 € | 22.729 € | 21.268 € |
| 54.000 € | 38.299 € | 36.428 € | 34.559 € | 32.730 € | 30.953 € | 29.196 € | 27.499 € | 25.861 € | 24.270 € | 22.729 € | 21.268 € |
| 57.000 € | 38.299 € | 36.428 € | 34.559 € | 32.730 € | 30.953 € | 29.196 € | 27.499 € | 25.861 € | 24.270 € | 22.729 € | 21.268 € |
| 60.000 € | 38.299 € | 36.428 € | 34.559 € | 32.730 € | 30.953 € | 29.196 € | 27.499 € | 25.861 € | 24.270 € | 22.729 € | 21.268 € |
| 63.000 € | 38.299 € | 36.428 € | 34.559 € | 32.730 € | 30.953 € | 29.196 € | 27.499 € | 25.861 € | 24.270 € | 22.729 € | 21.268 € |
| 66.000 € | 38.299 € | 36.428 € | 34.559 € | 32.730 € | 30.953 € | 29.196 € | 27.499 € | 25.861 € | 24.270 € | 22.729 € | 21.268 € |
| 69.000 € | 38.299 € | 36.428 € | 34.559 € | 32.730 € | 30.953 € | 29.196 € | 27.499 € | 25.861 € | 24.270 € | 22.729 € | 21.268 € |
| 72.000 € | 38.299 € | 36.428 € | 34.559 € | 32.730 € | 30.953 € | 29.196 € | 27.499 € | 25.861 € | 24.270 € | 22.729 € | 21.268 € |
| 75.000 € | 38.299 € | 36.428 € | 34.559 € | 32.730 € | 30.953 € | 29.196 € | 27.499 € | 25.861 € | 24.270 € | 22.729 € | 21.268 € |
| 78.000 € | 38.299 € | 36.428 € | 34.559 € | 32.730 € | 30.953 € | 29.196 € | 27.499 € | 25.861 € | 24.270 € | 22.729 € | 21.268 € |
| 81.000 € | 38.299 € | 36.428 € | 34.559 € | 32.730 € | 30.953 € | 29.196 € | 27.499 € | 25.861 € | 24.270 € | 22.729 € | 21.268 € |
| 84.000 € | 38.299 € | 36.428 € | 34.559 € | 32.730 € | 30.953 € | 29.196 € | 27.499 € | 25.861 € | 24.270 € | 22.729 € | 21.268 € |
| 87.000 € | 38.299 € | 36.428 € | 34.559 € | 32.730 € | 30.953 € | 29.196 € | 27.499 € | 25.861 € | 24.270 € | 22.729 € | 21.268 € |
| 90.000 € | 38.299 € | 36.428 € | 34.559 € | 32.730 € | 30.953 € | 29.196 € | 27.499 € | 25.861 € | 24.270 € | 22.729 € | 21.268 € |
| 93.000 € | 38.299 € | 36.428 € | 34.559 € | 32.730 € | 30.953 € | 29.196 € | 27.499 € | 25.861 € | 24.270 € | 22.729 € | 21.268 € |
| 96.000 € | 38.299 € | 36.428 € | 34.559 € | 32.730 € | 30.953 € | 29.196 € | 27.499 € | 25.861 € | 24.270 € | 22.729 € | 21.268 € |
| 99.000 € | 38.299 € | 36.428 € | 34.559 € | 32.730 € | 30.953 € | 29.196 € | 27.499 € | 25.861 € | 24.270 € | 22.729 € | 21.268 € |
| 102.000 € | 38.299 € | 36.428 € | 34.559 € | 32.730 € | 30.953 € | 29.196 € | 27.499 € | 25.861 € | 24.270 € | 22.729 € | 21.268 € |
| 105.000 € | 38.299 € | 36.428 € | 34.559 € | 32.730 € | 30.953 € | 29.196 € | 27.499 € | 25.861 € | 24.270 € | 22.729 € | 21.268 € |
| 108.000 € | 38.299 € | 36.428 € | 34.559 € | 32.730 € | 30.953 € | 29.196 € | 27.499 € | 25.861 € | 24.270 € | 22.729 € | 21.268 € |
| 111.000 € | 38.299 € | 36.428 € | 34.559 € | 32.730 € | 30.953 € | 29.196 € | 27.499 € | 25.861 € | 24.270 € | 22.729 € | 21.268 € |
| 114.000 € | 38.299 € | 36.428 € | 34.559 € | 32.730 € | 30.953 € | 29.196 € | 27.499 € | 25.861 € | 24.270 € | 22.729 € | 21.268 € |
| 117.000 € | 38.299 € | 36.428 € | 34.559 € | 32.730 € | 30.953 € | 29.196 € | 27.499 € | 25.861 € | 24.270 € | 22.729 € | 21.268 € |
| 120.000 € | 38.299 € | 36.428 € | 34.559 € | 32.730 € | 30.953 € | 29.196 € | 27.499 € | 25.861 € | 24.270 € | 22.729 € | 21.268 € |

# TABLA 1.C.1
## Lucro cesante del cónyuge
### Años de duración del matrimonio: 30 años

| Ingreso neto | Edad del cónyuge | | | | | | | | | | |
|---|---|---|---|---|---|---|---|---|---|---|---|
| Hasta | 86 | 87 | 88 | 89 | 90 | 91 | 92 | 93 | 94 | 95 | 96 |
| 9.000 € | 4.584 € | 4.276 € | 3.985 € | 3.715 € | 3.459 € | 3.206 € | 3.000 € | 3.000 € | 3.000 € | 3.000 € | 3.000 € |
| 12.000 € | 6.113 € | 5.702 € | 5.314 € | 4.954 € | 4.612 € | 4.274 € | 3.944 € | 3.580 € | 3.269 € | 3.000 € | 3.000 € |
| 15.000 € | 7.641 € | 7.127 € | 6.642 € | 6.192 € | 5.764 € | 5.343 € | 4.930 € | 4.474 € | 4.086 € | 3.656 € | 3.205 € |
| 18.000 € | 9.169 € | 8.552 € | 7.971 € | 7.431 € | 6.917 € | 6.411 € | 5.916 € | 5.369 € | 4.903 € | 4.387 € | 3.846 € |
| 21.000 € | 10.697 € | 9.978 € | 9.299 € | 8.669 € | 8.070 € | 7.480 € | 6.902 € | 6.264 € | 5.720 € | 5.118 € | 4.487 € |
| 24.000 € | 12.225 € | 11.403 € | 10.628 € | 9.907 € | 9.223 € | 8.548 € | 7.887 € | 7.159 € | 6.537 € | 5.849 € | 5.128 € |
| 27.000 € | 13.753 € | 12.829 € | 11.956 € | 11.146 € | 10.376 € | 9.617 € | 8.873 € | 8.054 € | 7.355 € | 6.581 € | 5.769 € |
| 30.000 € | 15.282 € | 14.254 € | 13.285 € | 12.384 € | 11.529 € | 10.685 € | 9.859 € | 8.949 € | 8.172 € | 7.312 € | 6.410 € |
| 33.000 € | 16.810 € | 15.679 € | 14.613 € | 13.623 € | 12.682 € | 11.754 € | 10.845 € | 9.844 € | 8.989 € | 8.043 € | 7.051 € |
| 36.000 € | 18.338 € | 17.105 € | 15.942 € | 14.861 € | 13.835 € | 12.822 € | 11.831 € | 10.739 € | 9.806 € | 8.774 € | 7.692 € |
| 39.000 € | 19.866 € | 18.530 € | 17.270 € | 16.100 € | 14.988 € | 13.891 € | 12.817 € | 11.634 € | 10.623 € | 9.505 € | 8.333 € |
| 42.000 € | 19.866 € | 18.530 € | 17.270 € | 16.100 € | 14.988 € | 13.891 € | 12.817 € | 11.634 € | 10.623 € | 9.505 € | 8.333 € |
| 45.000 € | 19.866 € | 18.530 € | 17.270 € | 16.100 € | 14.988 € | 13.891 € | 12.817 € | 11.634 € | 10.623 € | 9.505 € | 8.333 € |
| 48.000 € | 19.866 € | 18.530 € | 17.270 € | 16.100 € | 14.988 € | 13.891 € | 12.817 € | 11.634 € | 10.623 € | 9.505 € | 8.333 € |
| 51.000 € | 19.866 € | 18.530 € | 17.270 € | 16.100 € | 14.988 € | 13.891 € | 12.817 € | 11.634 € | 10.623 € | 9.505 € | 8.333 € |
| 54.000 € | 19.866 € | 18.530 € | 17.270 € | 16.100 € | 14.988 € | 13.891 € | 12.817 € | 11.634 € | 10.623 € | 9.505 € | 8.333 € |
| 57.000 € | 19.866 € | 18.530 € | 17.270 € | 16.100 € | 14.988 € | 13.891 € | 12.817 € | 11.634 € | 10.623 € | 9.505 € | 8.333 € |
| 60.000 € | 19.866 € | 18.530 € | 17.270 € | 16.100 € | 14.988 € | 13.891 € | 12.817 € | 11.634 € | 10.623 € | 9.505 € | 8.333 € |
| 63.000 € | 19.866 € | 18.530 € | 17.270 € | 16.100 € | 14.988 € | 13.891 € | 12.817 € | 11.634 € | 10.623 € | 9.505 € | 8.333 € |
| 66.000 € | 19.866 € | 18.530 € | 17.270 € | 16.100 € | 14.988 € | 13.891 € | 12.817 € | 11.634 € | 10.623 € | 9.505 € | 8.333 € |
| 69.000 € | 19.866 € | 18.530 € | 17.270 € | 16.100 € | 14.988 € | 13.891 € | 12.817 € | 11.634 € | 10.623 € | 9.505 € | 8.333 € |
| 72.000 € | 19.866 € | 18.530 € | 17.270 € | 16.100 € | 14.988 € | 13.891 € | 12.817 € | 11.634 € | 10.623 € | 9.505 € | 8.333 € |
| 75.000 € | 19.866 € | 18.530 € | 17.270 € | 16.100 € | 14.988 € | 13.891 € | 12.817 € | 11.634 € | 10.623 € | 9.505 € | 8.333 € |
| 78.000 € | 19.866 € | 18.530 € | 17.270 € | 16.100 € | 14.988 € | 13.891 € | 12.817 € | 11.634 € | 10.623 € | 9.505 € | 8.333 € |
| 81.000 € | 19.866 € | 18.530 € | 17.270 € | 16.100 € | 14.988 € | 13.891 € | 12.817 € | 11.634 € | 10.623 € | 9.505 € | 8.333 € |
| 84.000 € | 19.866 € | 18.530 € | 17.270 € | 16.100 € | 14.988 € | 13.891 € | 12.817 € | 11.634 € | 10.623 € | 9.505 € | 8.333 € |
| 87.000 € | 19.866 € | 18.530 € | 17.270 € | 16.100 € | 14.988 € | 13.891 € | 12.817 € | 11.634 € | 10.623 € | 9.505 € | 8.333 € |
| 90.000 € | 19.866 € | 18.530 € | 17.270 € | 16.100 € | 14.988 € | 13.891 € | 12.817 € | 11.634 € | 10.623 € | 9.505 € | 8.333 € |
| 93.000 € | 19.866 € | 18.530 € | 17.270 € | 16.100 € | 14.988 € | 13.891 € | 12.817 € | 11.634 € | 10.623 € | 9.505 € | 8.333 € |
| 96.000 € | 19.866 € | 18.530 € | 17.270 € | 16.100 € | 14.988 € | 13.891 € | 12.817 € | 11.634 € | 10.623 € | 9.505 € | 8.333 € |
| 99.000 € | 19.866 € | 18.530 € | 17.270 € | 16.100 € | 14.988 € | 13.891 € | 12.817 € | 11.634 € | 10.623 € | 9.505 € | 8.333 € |
| 102.000 € | 19.866 € | 18.530 € | 17.270 € | 16.100 € | 14.988 € | 13.891 € | 12.817 € | 11.634 € | 10.623 € | 9.505 € | 8.333 € |
| 105.000 € | 19.866 € | 18.530 € | 17.270 € | 16.100 € | 14.988 € | 13.891 € | 12.817 € | 11.634 € | 10.623 € | 9.505 € | 8.333 € |
| 108.000 € | 19.866 € | 18.530 € | 17.270 € | 16.100 € | 14.988 € | 13.891 € | 12.817 € | 11.634 € | 10.623 € | 9.505 € | 8.333 € |
| 111.000 € | 19.866 € | 18.530 € | 17.270 € | 16.100 € | 14.988 € | 13.891 € | 12.817 € | 11.634 € | 10.623 € | 9.505 € | 8.333 € |
| 114.000 € | 19.866 € | 18.530 € | 17.270 € | 16.100 € | 14.988 € | 13.891 € | 12.817 € | 11.634 € | 10.623 € | 9.505 € | 8.333 € |
| 117.000 € | 19.866 € | 18.530 € | 17.270 € | 16.100 € | 14.988 € | 13.891 € | 12.817 € | 11.634 € | 10.623 € | 9.505 € | 8.333 € |
| 120.000 € | 19.866 € | 18.530 € | 17.270 € | 16.100 € | 14.988 € | 13.891 € | 12.817 € | 11.634 € | 10.623 € | 9.505 € | 8.333 € |

# TABLA 1.C.1
## Lucro cesante del cónyuge
Años de duración del matrimonio: 30 años

| Ingreso neto | Edad del cónyuge | | |
|---|---|---|---|
| Hasta | 97 | 98 | 99 o más |
| 9.000 € | 3.000 € | 3.000 € | 3.000 € |
| 12.000 € | 3.000 € | 3.000 € | 3.000 € |
| 15.000 € | 3.000 € | 3.000 € | 3.000 € |
| 18.000 € | 3.243 € | 3.000 € | 3.000 € |
| 21.000 € | 3.784 € | 3.000 € | 3.000 € |
| 24.000 € | 4.325 € | 3.287 € | 3.000 € |
| 27.000 € | 4.865 € | 3.698 € | 3.000 € |
| 30.000 € | 5.406 € | 4.108 € | 3.000 € |
| 33.000 € | 5.946 € | 4.519 € | 3.000 € |
| 36.000 € | 6.487 € | 4.930 € | 3.000 € |
| 39.000 € | 7.027 € | 5.341 € | 3.120 € |
| 42.000 € | 7.027 € | 5.341 € | 3.120 € |
| 45.000 € | 7.027 € | 5.341 € | 3.120 € |
| 48.000 € | 7.027 € | 5.341 € | 3.120 € |
| 51.000 € | 7.027 € | 5.341 € | 3.120 € |
| 54.000 € | 7.027 € | 5.341 € | 3.120 € |
| 57.000 € | 7.027 € | 5.341 € | 3.120 € |
| 60.000 € | 7.027 € | 5.341 € | 3.120 € |
| 63.000 € | 7.027 € | 5.341 € | 3.120 € |
| 66.000 € | 7.027 € | 5.341 € | 3.120 € |
| 69.000 € | 7.027 € | 5.341 € | 3.120 € |
| 72.000 € | 7.027 € | 5.341 € | 3.120 € |
| 75.000 € | 7.027 € | 5.341 € | 3.120 € |
| 78.000 € | 7.027 € | 5.341 € | 3.120 € |
| 81.000 € | 7.027 € | 5.341 € | 3.120 € |
| 84.000 € | 7.027 € | 5.341 € | 3.120 € |
| 87.000 € | 7.027 € | 5.341 € | 3.120 € |
| 90.000 € | 7.027 € | 5.341 € | 3.120 € |
| 93.000 € | 7.027 € | 5.341 € | 3.120 € |
| 96.000 € | 7.027 € | 5.341 € | 3.120 € |
| 99.000 € | 7.027 € | 5.341 € | 3.120 € |
| 102.000 € | 7.027 € | 5.341 € | 3.120 € |
| 105.000 € | 7.027 € | 5.341 € | 3.120 € |
| 108.000 € | 7.027 € | 5.341 € | 3.120 € |
| 111.000 € | 7.027 € | 5.341 € | 3.120 € |
| 114.000 € | 7.027 € | 5.341 € | 3.120 € |
| 117.000 € | 7.027 € | 5.341 € | 3.120 € |
| 120.000 € | 7.027 € | 5.341 € | 3.120 € |

# TABLA 1.C.1

## Lucro cesante del cónyuge

Años de duración del matrimonio: 31 años

Ingreso netc Edad del cónyuge — Edad del có

| Hasta | 45 | 46 | 47 | 48 | 49 | 50 | 51 | 52 | 53 | 54 |
|---|---|---|---|---|---|---|---|---|---|---|
| 9.000 € | 34.012 € | 33.698 € | 33.326 € | 32.909 € | 32.445 € | 31.891 € | 31.234 € | 30.475 € | 29.645 € | 28.758 € |
| 12.000 € | 45.350 € | 44.930 € | 44.435 € | 43.878 € | 43.260 € | 42.521 € | 41.646 € | 40.633 € | 39.527 € | 38.344 € |
| 15.000 € | 56.687 € | 56.163 € | 55.543 € | 54.848 € | 54.075 € | 53.152 € | 52.057 € | 50.792 € | 49.409 € | 47.930 € |
| 18.000 € | 68.025 € | 67.395 € | 66.652 € | 65.817 € | 64.890 € | 63.782 € | 62.469 € | 60.950 € | 59.291 € | 57.516 € |
| 21.000 € | 79.362 € | 78.628 € | 77.761 € | 76.787 € | 75.705 € | 74.412 € | 72.880 € | 71.108 € | 69.173 € | 67.103 € |
| 24.000 € | 90.699 € | 89.860 € | 88.869 € | 87.757 € | 86.520 € | 85.043 € | 83.292 € | 81.267 € | 79.054 € | 76.689 € |
| 27.000 € | 102.037 € | 101.093 € | 99.978 € | 98.726 € | 97.334 € | 95.673 € | 93.703 € | 91.425 € | 88.936 € | 86.275 € |
| 30.000 € | 113.374 € | 112.326 € | 111.087 € | 109.696 € | 108.149 € | 106.303 € | 104.115 € | 101.583 € | 98.818 € | 95.861 € |
| 33.000 € | 116.057 € | 115.136 € | 114.330 € | 113.643 € | 113.050 € | 112.560 € | 112.172 € | 111.742 € | 108.700 € | 105.447 € |
| 36.000 € | 116.159 € | 115.297 € | 114.435 € | 114.012 € | 113.590 € | 113.167 € | 113.071 € | 112.975 € | 108.955 € | 107.124 € |
| 39.000 € | 116.261 € | 115.400 € | 114.540 € | 114.284 € | 114.029 € | 113.773 € | 113.773 € | 113.773 € | 109.209 € | 108.816 € |
| 42.000 € | 116.362 € | 115.503 € | 114.644 € | 114.555 € | 114.467 € | 114.379 € | 114.379 € | 114.379 € | 109.461 € | 109.461 € |
| 45.000 € | 116.464 € | 115.606 € | 114.748 € | 114.748 € | 114.748 € | 114.748 € | 114.748 € | 114.748 € | 109.714 € | 109.714 € |
| 48.000 € | 116.566 € | 115.708 € | 114.851 € | 114.851 € | 114.851 € | 114.851 € | 114.851 € | 114.851 € | 109.965 € | 109.965 € |
| 51.000 € | 132.578 € | 123.714 € | 114.954 € | 114.954 € | 114.954 € | 114.954 € | 114.954 € | 114.954 € | 110.216 € | 110.216 € |
| 54.000 € | 167.359 € | 157.055 € | 146.848 € | 136.745 € | 126.725 € | 116.806 € | 116.806 € | 116.806 € | 110.467 € | 110.467 € |
| 57.000 € | 202.140 € | 190.397 € | 178.741 € | 167.184 € | 155.696 € | 144.299 € | 133.000 € | 121.804 € | 110.718 € | 110.718 € |
| 60.000 € | 236.921 € | 223.738 € | 210.635 € | 197.623 € | 184.667 € | 171.793 € | 159.006 € | 146.313 € | 133.720 € | 121.188 € |
| 63.000 € | 271.702 € | 257.079 € | 242.528 € | 228.062 € | 213.638 € | 199.287 € | 185.013 € | 170.822 € | 156.722 € | 142.666 € |
| 66.000 € | 306.483 € | 290.421 € | 274.422 € | 258.501 € | 242.610 € | 226.780 € | 211.019 € | 195.331 € | 179.725 € | 164.145 € |
| 69.000 € | 341.264 € | 323.762 € | 306.315 € | 288.940 € | 271.581 € | 254.274 € | 237.025 € | 219.840 € | 202.727 € | 185.623 € |
| 72.000 € | 376.045 € | 357.103 € | 338.209 € | 319.379 € | 300.552 € | 281.768 € | 263.031 € | 244.349 € | 225.729 € | 207.101 € |
| 75.000 € | 410.826 € | 390.444 € | 370.102 € | 349.818 € | 329.523 € | 309.261 € | 289.038 € | 268.858 € | 248.731 € | 228.579 € |
| 78.000 € | 445.607 € | 423.786 € | 401.996 € | 380.257 € | 358.495 € | 336.755 € | 315.044 € | 293.367 € | 271.734 € | 250.057 € |
| 81.000 € | 480.388 € | 457.127 € | 433.889 € | 410.695 € | 387.466 € | 364.249 € | 341.050 € | 317.876 € | 294.736 € | 271.535 € |
| 84.000 € | 515.170 € | 490.468 € | 465.783 € | 441.134 € | 416.437 € | 391.742 € | 367.057 € | 342.385 € | 317.738 € | 293.013 € |
| 87.000 € | 549.951 € | 523.810 € | 497.676 € | 471.573 € | 445.408 € | 419.236 € | 393.063 € | 366.894 € | 340.740 € | 314.491 € |
| 90.000 € | 584.732 € | 557.151 € | 529.570 € | 502.012 € | 474.379 € | 446.730 € | 419.069 € | 391.403 € | 363.743 € | 335.969 € |
| 93.000 € | 619.513 € | 590.492 € | 561.463 € | 532.451 € | 503.351 € | 474.223 € | 445.075 € | 415.912 € | 386.745 € | 357.447 € |
| 96.000 € | 654.294 € | 623.833 € | 593.357 € | 562.890 € | 532.322 € | 501.717 € | 471.082 € | 440.421 € | 409.747 € | 378.925 € |
| 99.000 € | 689.075 € | 657.175 € | 625.250 € | 593.329 € | 561.293 € | 529.211 € | 497.088 € | 464.930 € | 432.749 € | 400.403 € |
| 102.000 € | 723.856 € | 690.516 € | 657.144 € | 623.768 € | 590.264 € | 556.704 € | 523.094 € | 489.439 € | 455.752 € | 421.881 € |
| 105.000 € | 758.637 € | 723.857 € | 689.037 € | 654.207 € | 619.236 € | 584.198 € | 549.100 € | 513.948 € | 478.754 € | 443.359 € |
| 108.000 € | 793.418 € | 757.199 € | 720.931 € | 684.646 € | 648.207 € | 611.692 € | 575.107 € | 538.457 € | 501.756 € | 464.837 € |
| 111.000 € | 828.199 € | 790.540 € | 752.824 € | 715.085 € | 677.178 € | 639.185 € | 601.113 € | 562.966 € | 524.758 € | 486.316 € |
| 114.000 € | 862.980 € | 823.881 € | 784.718 € | 745.524 € | 706.149 € | 666.679 € | 627.119 € | 587.475 € | 547.761 € | 507.794 € |
| 117.000 € | 897.761 € | 857.223 € | 816.611 € | 775.962 € | 735.121 € | 694.173 € | 653.125 € | 611.984 € | 570.763 € | 529.272 € |
| 120.000 € | 932.542 € | 890.564 € | 848.505 € | 806.401 € | 764.092 € | 721.666 € | 679.132 € | 636.493 € | 593.765 € | 550.750 € |

# TABLA 1.C.1
## Lucro cesante del cónyuge
Años de duración del matrimonio: 31 años

Ingreso netcnyuge | Edad del cónyuge

| Hasta | 55 | 56 | 57 | 58 | 59 | 60 | 61 | 62 | 63 | 64 |
|---|---|---|---|---|---|---|---|---|---|---|
| 9.000 € | 27.839 € | 26.847 € | 25.743 € | 24.637 € | 23.501 € | 22.361 € | 21.217 € | 20.068 € | 18.940 € | 17.830 € |
| 12.000 € | 37.119 € | 35.796 € | 34.324 € | 32.849 € | 31.334 € | 29.815 € | 28.290 € | 26.758 € | 25.254 € | 23.773 € |
| 15.000 € | 46.399 € | 44.745 € | 42.905 € | 41.061 € | 39.168 € | 37.269 € | 35.362 € | 33.447 € | 31.567 € | 29.716 € |
| 18.000 € | 55.678 € | 53.694 € | 51.486 € | 49.273 € | 47.002 € | 44.723 € | 42.435 € | 40.137 € | 37.880 € | 35.659 € |
| 21.000 € | 64.958 € | 62.643 € | 60.066 € | 57.485 € | 54.835 € | 52.176 € | 49.507 € | 46.826 € | 44.194 € | 41.602 € |
| 24.000 € | 74.238 € | 71.592 € | 68.647 € | 65.697 € | 62.669 € | 59.630 € | 56.580 € | 53.516 € | 50.507 € | 47.545 € |
| 27.000 € | 83.517 € | 80.541 € | 77.228 € | 73.910 € | 70.503 € | 67.084 € | 63.652 € | 60.205 € | 56.820 € | 53.489 € |
| 30.000 € | 92.797 € | 89.490 € | 85.809 € | 82.122 € | 78.336 € | 74.538 € | 70.725 € | 66.895 € | 63.134 € | 59.432 € |
| 33.000 € | 102.077 € | 98.439 € | 94.390 € | 90.334 € | 86.170 € | 81.991 € | 77.797 € | 73.584 € | 69.447 € | 65.375 € |
| 36.000 € | 102.812 € | 99.995 € | 96.023 € | 94.866 € | 93.767 € | 89.445 € | 84.870 € | 80.274 € | 75.761 € | 71.318 € |
| 39.000 € | 103.548 € | 101.564 € | 96.567 € | 95.612 € | 94.400 € | 89.987 € | 85.109 € | 80.607 € | 75.768 € | 71.509 € |
| 42.000 € | 104.284 € | 103.149 € | 97.112 € | 96.359 € | 95.033 € | 90.529 € | 85.348 € | 80.939 € | 75.775 € | 71.699 € |
| 45.000 € | 105.022 € | 104.749 € | 97.656 € | 97.107 € | 95.667 € | 91.071 € | 85.586 € | 81.271 € | 75.782 € | 71.888 € |
| 48.000 € | 105.761 € | 105.761 € | 98.202 € | 97.859 € | 96.303 € | 91.614 € | 85.824 € | 81.603 € | 75.789 € | 72.077 € |
| 51.000 € | 106.503 € | 106.503 € | 98.748 € | 98.613 € | 96.940 € | 92.159 € | 86.061 € | 81.935 € | 75.796 € | 72.266 € |
| 54.000 € | 107.248 € | 107.248 € | 99.295 € | 99.295 € | 97.580 € | 92.704 € | 86.298 € | 82.268 € | 75.803 € | 72.454 € |
| 57.000 € | 107.995 € | 107.995 € | 99.844 € | 99.844 € | 98.221 € | 93.251 € | 86.536 € | 82.600 € | 75.809 € | 72.643 € |
| 60.000 € | 108.746 € | 108.746 € | 100.394 € | 100.394 € | 98.865 € | 93.800 € | 86.773 € | 82.933 € | 75.816 € | 72.832 € |
| 63.000 € | 128.685 € | 114.753 € | 100.946 € | 100.946 € | 99.512 € | 94.351 € | 87.010 € | 83.267 € | 75.823 € | 73.020 € |
| 66.000 € | 148.625 € | 133.136 € | 117.761 € | 102.436 € | 100.161 € | 94.904 € | 87.247 € | 83.601 € | 75.830 € | 73.209 € |
| 69.000 € | 168.565 € | 151.518 € | 134.577 € | 117.667 € | 100.813 € | 95.458 € | 87.485 € | 83.935 € | 75.837 € | 73.397 € |
| 72.000 € | 188.505 € | 169.900 € | 151.393 € | 132.898 € | 114.442 € | 96.015 € | 87.723 € | 84.271 € | 75.844 € | 73.586 € |
| 75.000 € | 208.445 € | 188.282 € | 168.209 € | 148.128 € | 128.071 € | 108.024 € | 87.961 € | 84.607 € | 75.850 € | 73.775 € |
| 78.000 € | 228.384 € | 206.664 € | 185.025 € | 163.359 € | 141.699 € | 120.032 € | 98.326 € | 84.944 € | 75.857 € | 73.964 € |
| 81.000 € | 248.324 € | 225.046 € | 201.840 € | 178.589 € | 155.328 € | 132.040 € | 108.692 € | 85.282 € | 75.864 € | 74.154 € |
| 84.000 € | 268.264 € | 243.428 € | 218.656 € | 193.820 € | 168.957 € | 144.049 € | 119.058 € | 93.982 € | 75.871 € | 74.343 € |
| 87.000 € | 288.204 € | 261.811 € | 235.472 € | 209.051 € | 182.586 € | 156.057 € | 129.424 € | 102.682 € | 75.878 € | 74.533 € |
| 90.000 € | 308.144 € | 280.193 € | 252.288 € | 224.281 € | 196.215 € | 168.065 € | 139.790 € | 111.383 € | 82.894 € | 74.723 € |
| 93.000 € | 328.083 € | 298.575 € | 269.104 € | 239.512 € | 209.843 € | 180.074 € | 150.155 € | 120.083 € | 89.910 € | 74.913 € |
| 96.000 € | 348.023 € | 316.957 € | 285.920 € | 254.742 € | 223.472 € | 192.082 € | 160.521 € | 128.783 € | 96.926 € | 75.104 € |
| 99.000 € | 367.963 € | 335.339 € | 302.735 € | 269.973 € | 237.101 € | 204.090 € | 170.887 € | 137.483 € | 103.942 € | 75.295 € |
| 102.000 € | 387.903 € | 353.721 € | 319.551 € | 285.204 € | 250.730 € | 216.099 € | 181.253 € | 146.184 € | 110.958 € | 75.486 € |
| 105.000 € | 407.843 € | 372.103 € | 336.367 € | 300.434 € | 264.358 € | 228.107 € | 191.618 € | 154.884 € | 117.974 € | 80.794 € |
| 108.000 € | 427.782 € | 390.485 € | 353.183 € | 315.665 € | 277.987 € | 240.115 € | 201.984 € | 163.584 € | 124.990 € | 86.101 € |
| 111.000 € | 447.722 € | 408.868 € | 369.999 € | 330.895 € | 291.616 € | 252.124 € | 212.350 € | 172.285 € | 132.005 € | 91.409 € |
| 114.000 € | 467.662 € | 427.250 € | 386.814 € | 346.126 € | 305.245 € | 264.132 € | 222.716 € | 180.985 € | 139.021 € | 96.716 € |
| 117.000 € | 487.602 € | 445.632 € | 403.630 € | 361.357 € | 318.873 € | 276.140 € | 233.082 € | 189.685 € | 146.037 € | 102.024 € |
| 120.000 € | 507.542 € | 464.014 € | 420.446 € | 376.587 € | 332.502 € | 288.149 € | 243.447 € | 198.386 € | 153.053 € | 107.332 € |

## TABLA 1.C.1
## Lucro cesante del cónyuge
### Años de duración del matrimonio: 31 años

| Ingreso neto | Edad del cónyuge | | | | | | | | | | |
|---|---|---|---|---|---|---|---|---|---|---|---|
| Hasta | 65 | 66 | 67 | 68 | 69 | 70 | 71 | 72 | 73 | 74 | 75 |
| 9.000 € | 16.734 € | 15.691 € | 12.297 € | 11.915 € | 11.515 € | 11.058 € | 10.620 € | 10.178 € | 9.713 € | 9.267 € | 8.838 € |
| 12.000 € | 22.312 € | 20.921 € | 16.396 € | 15.887 € | 15.353 € | 14.744 € | 14.160 € | 13.570 € | 12.951 € | 12.356 € | 11.784 € |
| 15.000 € | 27.890 € | 26.151 € | 20.495 € | 19.859 € | 19.192 € | 18.430 € | 17.700 € | 16.963 € | 16.189 € | 15.446 € | 14.730 € |
| 18.000 € | 33.468 € | 31.382 € | 24.594 € | 23.831 € | 23.030 € | 22.116 € | 21.240 € | 20.356 € | 19.427 € | 18.535 € | 17.677 € |
| 21.000 € | 39.046 € | 36.612 € | 28.692 € | 27.802 € | 26.868 € | 25.802 € | 24.780 € | 23.748 € | 22.664 € | 21.624 € | 20.623 € |
| 24.000 € | 44.624 € | 41.842 € | 32.791 € | 31.774 € | 30.707 € | 29.488 € | 28.319 € | 27.141 € | 25.902 € | 24.713 € | 23.569 € |
| 27.000 € | 50.202 € | 47.072 € | 36.890 € | 35.746 € | 34.545 € | 33.174 € | 31.859 € | 30.533 € | 29.140 € | 27.802 € | 26.515 € |
| 30.000 € | 55.780 € | 52.303 € | 40.989 € | 39.718 € | 38.383 € | 36.860 € | 35.399 € | 33.926 € | 32.378 € | 30.891 € | 29.461 € |
| 33.000 € | 61.358 € | 57.533 € | 45.088 € | 43.690 € | 42.222 € | 40.546 € | 38.939 € | 37.318 € | 35.615 € | 33.980 € | 32.407 € |
| 36.000 € | 66.936 € | 62.763 € | 49.187 € | 47.661 € | 46.060 € | 44.232 € | 42.479 € | 40.711 € | 38.853 € | 37.069 € | 35.353 € |
| 39.000 € | 66.936 € | 62.763 € | 53.286 € | 51.633 € | 49.898 € | 47.918 € | 46.019 € | 44.104 € | 42.091 € | 40.158 € | 38.299 € |
| 42.000 € | 66.936 € | 62.763 € | 53.286 € | 51.633 € | 49.898 € | 47.918 € | 46.019 € | 44.104 € | 42.091 € | 40.158 € | 38.299 € |
| 45.000 € | 66.936 € | 62.763 € | 53.286 € | 51.633 € | 49.898 € | 47.918 € | 46.019 € | 44.104 € | 42.091 € | 40.158 € | 38.299 € |
| 48.000 € | 66.936 € | 62.763 € | 53.286 € | 51.633 € | 49.898 € | 47.918 € | 46.019 € | 44.104 € | 42.091 € | 40.158 € | 38.299 € |
| 51.000 € | 66.936 € | 62.763 € | 53.286 € | 51.633 € | 49.898 € | 47.918 € | 46.019 € | 44.104 € | 42.091 € | 40.158 € | 38.299 € |
| 54.000 € | 66.936 € | 62.763 € | 53.286 € | 51.633 € | 49.898 € | 47.918 € | 46.019 € | 44.104 € | 42.091 € | 40.158 € | 38.299 € |
| 57.000 € | 66.936 € | 62.763 € | 53.286 € | 51.633 € | 49.898 € | 47.918 € | 46.019 € | 44.104 € | 42.091 € | 40.158 € | 38.299 € |
| 60.000 € | 66.936 € | 62.763 € | 53.286 € | 51.633 € | 49.898 € | 47.918 € | 46.019 € | 44.104 € | 42.091 € | 40.158 € | 38.299 € |
| 63.000 € | 66.936 € | 62.763 € | 53.286 € | 51.633 € | 49.898 € | 47.918 € | 46.019 € | 44.104 € | 42.091 € | 40.158 € | 38.299 € |
| 66.000 € | 66.936 € | 62.763 € | 53.286 € | 51.633 € | 49.898 € | 47.918 € | 46.019 € | 44.104 € | 42.091 € | 40.158 € | 38.299 € |
| 69.000 € | 66.936 € | 62.763 € | 53.286 € | 51.633 € | 49.898 € | 47.918 € | 46.019 € | 44.104 € | 42.091 € | 40.158 € | 38.299 € |
| 72.000 € | 66.936 € | 62.763 € | 53.286 € | 51.633 € | 49.898 € | 47.918 € | 46.019 € | 44.104 € | 42.091 € | 40.158 € | 38.299 € |
| 75.000 € | 66.936 € | 62.763 € | 53.286 € | 51.633 € | 49.898 € | 47.918 € | 46.019 € | 44.104 € | 42.091 € | 40.158 € | 38.299 € |
| 78.000 € | 66.936 € | 62.763 € | 53.286 € | 51.633 € | 49.898 € | 47.918 € | 46.019 € | 44.104 € | 42.091 € | 40.158 € | 38.299 € |
| 81.000 € | 66.936 € | 62.763 € | 53.286 € | 51.633 € | 49.898 € | 47.918 € | 46.019 € | 44.104 € | 42.091 € | 40.158 € | 38.299 € |
| 84.000 € | 66.936 € | 62.763 € | 53.286 € | 51.633 € | 49.898 € | 47.918 € | 46.019 € | 44.104 € | 42.091 € | 40.158 € | 38.299 € |
| 87.000 € | 66.936 € | 62.763 € | 53.286 € | 51.633 € | 49.898 € | 47.918 € | 46.019 € | 44.104 € | 42.091 € | 40.158 € | 38.299 € |
| 90.000 € | 66.936 € | 62.763 € | 53.286 € | 51.633 € | 49.898 € | 47.918 € | 46.019 € | 44.104 € | 42.091 € | 40.158 € | 38.299 € |
| 93.000 € | 66.936 € | 62.763 € | 53.286 € | 51.633 € | 49.898 € | 47.918 € | 46.019 € | 44.104 € | 42.091 € | 40.158 € | 38.299 € |
| 96.000 € | 66.936 € | 62.763 € | 53.286 € | 51.633 € | 49.898 € | 47.918 € | 46.019 € | 44.104 € | 42.091 € | 40.158 € | 38.299 € |
| 99.000 € | 66.936 € | 62.763 € | 53.286 € | 51.633 € | 49.898 € | 47.918 € | 46.019 € | 44.104 € | 42.091 € | 40.158 € | 38.299 € |
| 102.000 € | 66.936 € | 62.763 € | 53.286 € | 51.633 € | 49.898 € | 47.918 € | 46.019 € | 44.104 € | 42.091 € | 40.158 € | 38.299 € |
| 105.000 € | 66.936 € | 62.763 € | 53.286 € | 51.633 € | 49.898 € | 47.918 € | 46.019 € | 44.104 € | 42.091 € | 40.158 € | 38.299 € |
| 108.000 € | 66.936 € | 62.763 € | 53.286 € | 51.633 € | 49.898 € | 47.918 € | 46.019 € | 44.104 € | 42.091 € | 40.158 € | 38.299 € |
| 111.000 € | 66.936 € | 62.763 € | 53.286 € | 51.633 € | 49.898 € | 47.918 € | 46.019 € | 44.104 € | 42.091 € | 40.158 € | 38.299 € |
| 114.000 € | 66.936 € | 62.763 € | 53.286 € | 51.633 € | 49.898 € | 47.918 € | 46.019 € | 44.104 € | 42.091 € | 40.158 € | 38.299 € |
| 117.000 € | 66.936 € | 62.763 € | 53.286 € | 51.633 € | 49.898 € | 47.918 € | 46.019 € | 44.104 € | 42.091 € | 40.158 € | 38.299 € |
| 120.000 € | 66.936 € | 62.763 € | 53.286 € | 51.633 € | 49.898 € | 47.918 € | 46.019 € | 44.104 € | 42.091 € | 40.158 € | 38.299 € |

# TABLA 1.C.1
## Lucro cesante del cónyuge
Años de duración del matrimonio: 31 años

| Ingreso neto | Edad del cónyuge | | | | | | | | | | |
|---|---|---|---|---|---|---|---|---|---|---|---|
| Hasta | 76 | 77 | 78 | 79 | 80 | 81 | 82 | 83 | 84 | 85 | 86 |
| 9.000 € | 8.406 € | 7.975 € | 7.553 € | 7.143 € | 6.738 € | 6.346 € | 5.968 € | 5.601 € | 5.245 € | 4.908 € | 4.584 € |
| 12.000 € | 11.209 € | 10.634 € | 10.071 € | 9.524 € | 8.983 € | 8.461 € | 7.957 € | 7.468 € | 6.994 € | 6.544 € | 6.113 € |
| 15.000 € | 14.011 € | 13.292 € | 12.588 € | 11.905 € | 11.229 € | 10.576 € | 9.947 € | 9.335 € | 8.742 € | 8.180 € | 7.641 € |
| 18.000 € | 16.813 € | 15.950 € | 15.106 € | 14.286 € | 13.475 € | 12.692 € | 11.936 € | 11.202 € | 10.490 € | 9.816 € | 9.169 € |
| 21.000 € | 19.615 € | 18.609 € | 17.624 € | 16.667 € | 15.721 € | 14.807 € | 13.925 € | 13.069 € | 12.239 € | 11.452 € | 10.697 € |
| 24.000 € | 22.417 € | 21.267 € | 20.141 € | 19.048 € | 17.967 € | 16.922 € | 15.915 € | 14.936 € | 13.987 € | 13.088 € | 12.225 € |
| 27.000 € | 25.219 € | 23.926 € | 22.659 € | 21.429 € | 20.213 € | 19.038 € | 17.904 € | 16.803 € | 15.735 € | 14.724 € | 13.753 € |
| 30.000 € | 28.021 € | 26.584 € | 25.177 € | 23.810 € | 22.459 € | 21.153 € | 19.893 € | 18.669 € | 17.484 € | 16.360 € | 15.282 € |
| 33.000 € | 30.823 € | 29.243 € | 27.694 € | 26.191 € | 24.704 € | 23.268 € | 21.883 € | 20.536 € | 19.232 € | 17.996 € | 16.810 € |
| 36.000 € | 33.626 € | 31.901 € | 30.212 € | 28.572 € | 26.950 € | 25.383 € | 23.872 € | 22.403 € | 20.981 € | 19.632 € | 18.338 € |
| 39.000 € | 36.428 € | 34.559 € | 32.730 € | 30.953 € | 29.196 € | 27.499 € | 25.861 € | 24.270 € | 22.729 € | 21.268 € | 19.866 € |
| 42.000 € | 36.428 € | 34.559 € | 32.730 € | 30.953 € | 29.196 € | 27.499 € | 25.861 € | 24.270 € | 22.729 € | 21.268 € | 19.866 € |
| 45.000 € | 36.428 € | 34.559 € | 32.730 € | 30.953 € | 29.196 € | 27.499 € | 25.861 € | 24.270 € | 22.729 € | 21.268 € | 19.866 € |
| 48.000 € | 36.428 € | 34.559 € | 32.730 € | 30.953 € | 29.196 € | 27.499 € | 25.861 € | 24.270 € | 22.729 € | 21.268 € | 19.866 € |
| 51.000 € | 36.428 € | 34.559 € | 32.730 € | 30.953 € | 29.196 € | 27.499 € | 25.861 € | 24.270 € | 22.729 € | 21.268 € | 19.866 € |
| 54.000 € | 36.428 € | 34.559 € | 32.730 € | 30.953 € | 29.196 € | 27.499 € | 25.861 € | 24.270 € | 22.729 € | 21.268 € | 19.866 € |
| 57.000 € | 36.428 € | 34.559 € | 32.730 € | 30.953 € | 29.196 € | 27.499 € | 25.861 € | 24.270 € | 22.729 € | 21.268 € | 19.866 € |
| 60.000 € | 36.428 € | 34.559 € | 32.730 € | 30.953 € | 29.196 € | 27.499 € | 25.861 € | 24.270 € | 22.729 € | 21.268 € | 19.866 € |
| 63.000 € | 36.428 € | 34.559 € | 32.730 € | 30.953 € | 29.196 € | 27.499 € | 25.861 € | 24.270 € | 22.729 € | 21.268 € | 19.866 € |
| 66.000 € | 36.428 € | 34.559 € | 32.730 € | 30.953 € | 29.196 € | 27.499 € | 25.861 € | 24.270 € | 22.729 € | 21.268 € | 19.866 € |
| 69.000 € | 36.428 € | 34.559 € | 32.730 € | 30.953 € | 29.196 € | 27.499 € | 25.861 € | 24.270 € | 22.729 € | 21.268 € | 19.866 € |
| 72.000 € | 36.428 € | 34.559 € | 32.730 € | 30.953 € | 29.196 € | 27.499 € | 25.861 € | 24.270 € | 22.729 € | 21.268 € | 19.866 € |
| 75.000 € | 36.428 € | 34.559 € | 32.730 € | 30.953 € | 29.196 € | 27.499 € | 25.861 € | 24.270 € | 22.729 € | 21.268 € | 19.866 € |
| 78.000 € | 36.428 € | 34.559 € | 32.730 € | 30.953 € | 29.196 € | 27.499 € | 25.861 € | 24.270 € | 22.729 € | 21.268 € | 19.866 € |
| 81.000 € | 36.428 € | 34.559 € | 32.730 € | 30.953 € | 29.196 € | 27.499 € | 25.861 € | 24.270 € | 22.729 € | 21.268 € | 19.866 € |
| 84.000 € | 36.428 € | 34.559 € | 32.730 € | 30.953 € | 29.196 € | 27.499 € | 25.861 € | 24.270 € | 22.729 € | 21.268 € | 19.866 € |
| 87.000 € | 36.428 € | 34.559 € | 32.730 € | 30.953 € | 29.196 € | 27.499 € | 25.861 € | 24.270 € | 22.729 € | 21.268 € | 19.866 € |
| 90.000 € | 36.428 € | 34.559 € | 32.730 € | 30.953 € | 29.196 € | 27.499 € | 25.861 € | 24.270 € | 22.729 € | 21.268 € | 19.866 € |
| 93.000 € | 36.428 € | 34.559 € | 32.730 € | 30.953 € | 29.196 € | 27.499 € | 25.861 € | 24.270 € | 22.729 € | 21.268 € | 19.866 € |
| 96.000 € | 36.428 € | 34.559 € | 32.730 € | 30.953 € | 29.196 € | 27.499 € | 25.861 € | 24.270 € | 22.729 € | 21.268 € | 19.866 € |
| 99.000 € | 36.428 € | 34.559 € | 32.730 € | 30.953 € | 29.196 € | 27.499 € | 25.861 € | 24.270 € | 22.729 € | 21.268 € | 19.866 € |
| 102.000 € | 36.428 € | 34.559 € | 32.730 € | 30.953 € | 29.196 € | 27.499 € | 25.861 € | 24.270 € | 22.729 € | 21.268 € | 19.866 € |
| 105.000 € | 36.428 € | 34.559 € | 32.730 € | 30.953 € | 29.196 € | 27.499 € | 25.861 € | 24.270 € | 22.729 € | 21.268 € | 19.866 € |
| 108.000 € | 36.428 € | 34.559 € | 32.730 € | 30.953 € | 29.196 € | 27.499 € | 25.861 € | 24.270 € | 22.729 € | 21.268 € | 19.866 € |
| 111.000 € | 36.428 € | 34.559 € | 32.730 € | 30.953 € | 29.196 € | 27.499 € | 25.861 € | 24.270 € | 22.729 € | 21.268 € | 19.866 € |
| 114.000 € | 36.428 € | 34.559 € | 32.730 € | 30.953 € | 29.196 € | 27.499 € | 25.861 € | 24.270 € | 22.729 € | 21.268 € | 19.866 € |
| 117.000 € | 36.428 € | 34.559 € | 32.730 € | 30.953 € | 29.196 € | 27.499 € | 25.861 € | 24.270 € | 22.729 € | 21.268 € | 19.866 € |
| 120.000 € | 36.428 € | 34.559 € | 32.730 € | 30.953 € | 29.196 € | 27.499 € | 25.861 € | 24.270 € | 22.729 € | 21.268 € | 19.866 € |

## TABLA 1.C.1
### Lucro cesante del cónyuge
Años de duración del matrimonio: 31 años

| Ingreso neto | Edad del cónyuge | | | | | | | | | | |
|---|---|---|---|---|---|---|---|---|---|---|---|
| Hasta | 87 | 88 | 89 | 90 | 91 | 92 | 93 | 94 | 95 | 96 | 97 |
| 9.000 € | 4.276 € | 3.985 € | 3.715 € | 3.459 € | 3.206 € | 3.000 € | 3.000 € | 3.000 € | 3.000 € | 3.000 € | 3.000 € |
| 12.000 € | 5.702 € | 5.314 € | 4.954 € | 4.612 € | 4.274 € | 3.944 € | 3.580 € | 3.269 € | 3.000 € | 3.000 € | 3.000 € |
| 15.000 € | 7.127 € | 6.642 € | 6.192 € | 5.764 € | 5.343 € | 4.930 € | 4.474 € | 4.086 € | 3.656 € | 3.205 € | 3.000 € |
| 18.000 € | 8.552 € | 7.971 € | 7.431 € | 6.917 € | 6.411 € | 5.916 € | 5.369 € | 4.903 € | 4.387 € | 3.846 € | 3.243 € |
| 21.000 € | 9.978 € | 9.299 € | 8.669 € | 8.070 € | 7.480 € | 6.902 € | 6.264 € | 5.720 € | 5.118 € | 4.487 € | 3.784 € |
| 24.000 € | 11.403 € | 10.628 € | 9.907 € | 9.223 € | 8.548 € | 7.887 € | 7.159 € | 6.537 € | 5.849 € | 5.128 € | 4.325 € |
| 27.000 € | 12.829 € | 11.956 € | 11.146 € | 10.376 € | 9.617 € | 8.873 € | 8.054 € | 7.355 € | 6.581 € | 5.769 € | 4.865 € |
| 30.000 € | 14.254 € | 13.285 € | 12.384 € | 11.529 € | 10.685 € | 9.859 € | 8.949 € | 8.172 € | 7.312 € | 6.410 € | 5.406 € |
| 33.000 € | 15.679 € | 14.613 € | 13.623 € | 12.682 € | 11.754 € | 10.845 € | 9.844 € | 8.989 € | 8.043 € | 7.051 € | 5.946 € |
| 36.000 € | 17.105 € | 15.942 € | 14.861 € | 13.835 € | 12.822 € | 11.831 € | 10.739 € | 9.806 € | 8.774 € | 7.692 € | 6.487 € |
| 39.000 € | 18.530 € | 17.270 € | 16.100 € | 14.988 € | 13.891 € | 12.817 € | 11.634 € | 10.623 € | 9.505 € | 8.333 € | 7.027 € |
| 42.000 € | 18.530 € | 17.270 € | 16.100 € | 14.988 € | 13.891 € | 12.817 € | 11.634 € | 10.623 € | 9.505 € | 8.333 € | 7.027 € |
| 45.000 € | 18.530 € | 17.270 € | 16.100 € | 14.988 € | 13.891 € | 12.817 € | 11.634 € | 10.623 € | 9.505 € | 8.333 € | 7.027 € |
| 48.000 € | 18.530 € | 17.270 € | 16.100 € | 14.988 € | 13.891 € | 12.817 € | 11.634 € | 10.623 € | 9.505 € | 8.333 € | 7.027 € |
| 51.000 € | 18.530 € | 17.270 € | 16.100 € | 14.988 € | 13.891 € | 12.817 € | 11.634 € | 10.623 € | 9.505 € | 8.333 € | 7.027 € |
| 54.000 € | 18.530 € | 17.270 € | 16.100 € | 14.988 € | 13.891 € | 12.817 € | 11.634 € | 10.623 € | 9.505 € | 8.333 € | 7.027 € |
| 57.000 € | 18.530 € | 17.270 € | 16.100 € | 14.988 € | 13.891 € | 12.817 € | 11.634 € | 10.623 € | 9.505 € | 8.333 € | 7.027 € |
| 60.000 € | 18.530 € | 17.270 € | 16.100 € | 14.988 € | 13.891 € | 12.817 € | 11.634 € | 10.623 € | 9.505 € | 8.333 € | 7.027 € |
| 63.000 € | 18.530 € | 17.270 € | 16.100 € | 14.988 € | 13.891 € | 12.817 € | 11.634 € | 10.623 € | 9.505 € | 8.333 € | 7.027 € |
| 66.000 € | 18.530 € | 17.270 € | 16.100 € | 14.988 € | 13.891 € | 12.817 € | 11.634 € | 10.623 € | 9.505 € | 8.333 € | 7.027 € |
| 69.000 € | 18.530 € | 17.270 € | 16.100 € | 14.988 € | 13.891 € | 12.817 € | 11.634 € | 10.623 € | 9.505 € | 8.333 € | 7.027 € |
| 72.000 € | 18.530 € | 17.270 € | 16.100 € | 14.988 € | 13.891 € | 12.817 € | 11.634 € | 10.623 € | 9.505 € | 8.333 € | 7.027 € |
| 75.000 € | 18.530 € | 17.270 € | 16.100 € | 14.988 € | 13.891 € | 12.817 € | 11.634 € | 10.623 € | 9.505 € | 8.333 € | 7.027 € |
| 78.000 € | 18.530 € | 17.270 € | 16.100 € | 14.988 € | 13.891 € | 12.817 € | 11.634 € | 10.623 € | 9.505 € | 8.333 € | 7.027 € |
| 81.000 € | 18.530 € | 17.270 € | 16.100 € | 14.988 € | 13.891 € | 12.817 € | 11.634 € | 10.623 € | 9.505 € | 8.333 € | 7.027 € |
| 84.000 € | 18.530 € | 17.270 € | 16.100 € | 14.988 € | 13.891 € | 12.817 € | 11.634 € | 10.623 € | 9.505 € | 8.333 € | 7.027 € |
| 87.000 € | 18.530 € | 17.270 € | 16.100 € | 14.988 € | 13.891 € | 12.817 € | 11.634 € | 10.623 € | 9.505 € | 8.333 € | 7.027 € |
| 90.000 € | 18.530 € | 17.270 € | 16.100 € | 14.988 € | 13.891 € | 12.817 € | 11.634 € | 10.623 € | 9.505 € | 8.333 € | 7.027 € |
| 93.000 € | 18.530 € | 17.270 € | 16.100 € | 14.988 € | 13.891 € | 12.817 € | 11.634 € | 10.623 € | 9.505 € | 8.333 € | 7.027 € |
| 96.000 € | 18.530 € | 17.270 € | 16.100 € | 14.988 € | 13.891 € | 12.817 € | 11.634 € | 10.623 € | 9.505 € | 8.333 € | 7.027 € |
| 99.000 € | 18.530 € | 17.270 € | 16.100 € | 14.988 € | 13.891 € | 12.817 € | 11.634 € | 10.623 € | 9.505 € | 8.333 € | 7.027 € |
| 102.000 € | 18.530 € | 17.270 € | 16.100 € | 14.988 € | 13.891 € | 12.817 € | 11.634 € | 10.623 € | 9.505 € | 8.333 € | 7.027 € |
| 105.000 € | 18.530 € | 17.270 € | 16.100 € | 14.988 € | 13.891 € | 12.817 € | 11.634 € | 10.623 € | 9.505 € | 8.333 € | 7.027 € |
| 108.000 € | 18.530 € | 17.270 € | 16.100 € | 14.988 € | 13.891 € | 12.817 € | 11.634 € | 10.623 € | 9.505 € | 8.333 € | 7.027 € |
| 111.000 € | 18.530 € | 17.270 € | 16.100 € | 14.988 € | 13.891 € | 12.817 € | 11.634 € | 10.623 € | 9.505 € | 8.333 € | 7.027 € |
| 114.000 € | 18.530 € | 17.270 € | 16.100 € | 14.988 € | 13.891 € | 12.817 € | 11.634 € | 10.623 € | 9.505 € | 8.333 € | 7.027 € |
| 117.000 € | 18.530 € | 17.270 € | 16.100 € | 14.988 € | 13.891 € | 12.817 € | 11.634 € | 10.623 € | 9.505 € | 8.333 € | 7.027 € |
| 120.000 € | 18.530 € | 17.270 € | 16.100 € | 14.988 € | 13.891 € | 12.817 € | 11.634 € | 10.623 € | 9.505 € | 8.333 € | 7.027 € |

# TABLA 1.C.1
## Lucro cesante del cónyuge
### Años de duración del matrimonio: 31 años

| Ingreso neto | Edad del cónyuge | |
|---|---|---|
| Hasta | 98 | 99 o más |
| 9.000 € | 3.000 € | 3.000 € |
| 12.000 € | 3.000 € | 3.000 € |
| 15.000 € | 3.000 € | 3.000 € |
| 18.000 € | 3.000 € | 3.000 € |
| 21.000 € | 3.000 € | 3.000 € |
| 24.000 € | 3.287 € | 3.000 € |
| 27.000 € | 3.698 € | 3.000 € |
| 30.000 € | 4.108 € | 3.000 € |
| 33.000 € | 4.519 € | 3.000 € |
| 36.000 € | 4.930 € | 3.000 € |
| 39.000 € | 5.341 € | 3.120 € |
| 42.000 € | 5.341 € | 3.120 € |
| 45.000 € | 5.341 € | 3.120 € |
| 48.000 € | 5.341 € | 3.120 € |
| 51.000 € | 5.341 € | 3.120 € |
| 54.000 € | 5.341 € | 3.120 € |
| 57.000 € | 5.341 € | 3.120 € |
| 60.000 € | 5.341 € | 3.120 € |
| 63.000 € | 5.341 € | 3.120 € |
| 66.000 € | 5.341 € | 3.120 € |
| 69.000 € | 5.341 € | 3.120 € |
| 72.000 € | 5.341 € | 3.120 € |
| 75.000 € | 5.341 € | 3.120 € |
| 78.000 € | 5.341 € | 3.120 € |
| 81.000 € | 5.341 € | 3.120 € |
| 84.000 € | 5.341 € | 3.120 € |
| 87.000 € | 5.341 € | 3.120 € |
| 90.000 € | 5.341 € | 3.120 € |
| 93.000 € | 5.341 € | 3.120 € |
| 96.000 € | 5.341 € | 3.120 € |
| 99.000 € | 5.341 € | 3.120 € |
| 102.000 € | 5.341 € | 3.120 € |
| 105.000 € | 5.341 € | 3.120 € |
| 108.000 € | 5.341 € | 3.120 € |
| 111.000 € | 5.341 € | 3.120 € |
| 114.000 € | 5.341 € | 3.120 € |
| 117.000 € | 5.341 € | 3.120 € |
| 120.000 € | 5.341 € | 3.120 € |

## TABLA 1.C.1
## Lucro cesante del cónyuge
Años de duración del matrimonio: 32 años

| Ingreso netc | Edad del cónyuge | | | | | | | | Edad del có |
|---|---|---|---|---|---|---|---|---|---|
| Hasta | 46 | 47 | 48 | 49 | 50 | 51 | 52 | 53 | 54 | 55 |
| 9.000 € | 34.731 € | 34.313 € | 33.849 € | 33.338 € | 32.733 € | 32.022 € | 31.205 € | 30.318 € | 29.374 € | 28.398 € |
| 12.000 € | 46.308 € | 45.751 € | 45.132 € | 44.450 € | 43.644 € | 42.696 € | 41.607 € | 40.424 € | 39.165 € | 37.865 € |
| 15.000 € | 57.885 € | 57.189 € | 56.415 € | 55.563 € | 54.555 € | 53.369 € | 52.009 € | 50.530 € | 48.956 € | 47.331 € |
| 18.000 € | 69.462 € | 68.627 € | 67.698 € | 66.675 € | 65.466 € | 64.043 € | 62.410 € | 60.636 € | 58.747 € | 56.797 € |
| 21.000 € | 81.039 € | 80.065 € | 78.982 € | 77.788 € | 76.377 € | 74.717 € | 72.812 € | 70.742 € | 68.538 € | 66.263 € |
| 24.000 € | 92.616 € | 91.503 € | 90.265 € | 88.901 € | 87.287 € | 85.391 € | 83.214 € | 80.849 € | 78.330 € | 75.729 € |
| 27.000 € | 104.192 € | 102.940 € | 101.548 € | 100.013 € | 98.198 € | 96.065 € | 93.615 € | 90.955 € | 88.121 € | 85.195 € |
| 30.000 € | 115.769 € | 114.378 € | 112.831 € | 111.126 € | 109.109 € | 106.739 € | 104.017 € | 101.061 € | 97.912 € | 94.662 € |
| 33.000 € | 118.207 € | 117.354 € | 116.615 € | 115.962 € | 115.406 € | 114.941 € | 114.419 € | 111.167 € | 107.703 € | 104.128 € |
| 36.000 € | 118.974 € | 118.434 € | 117.893 € | 117.353 € | 115.489 € | 115.364 € | 115.239 € | 113.448 € | 109.080 € | 104.566 € |
| 39.000 € | 119.742 € | 119.411 € | 119.080 € | 118.750 € | 115.571 € | 115.571 € | 115.571 € | 115.571 € | 110.465 € | 105.004 € |
| 42.000 € | 120.510 € | 120.392 € | 120.273 € | 120.155 € | 115.653 € | 115.653 € | 115.653 € | 115.653 € | 111.859 € | 105.440 € |
| 45.000 € | 121.279 € | 121.279 € | 121.279 € | 121.279 € | 115.735 € | 115.735 € | 115.735 € | 115.735 € | 113.263 € | 105.876 € |
| 48.000 € | 122.049 € | 122.049 € | 122.049 € | 122.049 € | 115.816 € | 115.816 € | 115.816 € | 115.816 € | 114.678 € | 106.312 € |
| 51.000 € | 122.821 € | 122.821 € | 122.821 € | 122.821 € | 115.898 € | 115.898 € | 115.898 € | 115.898 € | 115.898 € | 106.749 € |
| 54.000 € | 156.163 € | 145.968 € | 135.881 € | 125.878 € | 115.979 € | 115.979 € | 115.979 € | 115.979 € | 115.979 € | 107.185 € |
| 57.000 € | 189.504 € | 177.862 € | 166.320 € | 154.849 € | 143.472 € | 132.195 € | 121.024 € | 120.012 € | 119.000 € | 107.622 € |
| 60.000 € | 222.845 € | 209.755 € | 196.759 € | 183.820 € | 170.966 € | 158.202 € | 145.533 € | 132.968 € | 120.467 € | 108.059 € |
| 63.000 € | 256.187 € | 241.649 € | 227.198 € | 212.792 € | 198.460 € | 184.208 € | 170.042 € | 155.970 € | 141.945 € | 127.999 € |
| 66.000 € | 289.528 € | 273.542 € | 257.637 € | 241.763 € | 225.953 € | 210.214 € | 194.551 € | 178.972 € | 163.423 € | 147.939 € |
| 69.000 € | 322.869 € | 305.436 € | 288.076 € | 270.734 € | 253.447 € | 236.220 € | 219.060 € | 201.974 € | 184.901 € | 167.878 € |
| 72.000 € | 356.210 € | 337.329 € | 318.515 € | 299.705 € | 280.941 € | 262.227 € | 243.569 € | 224.977 € | 206.379 € | 187.818 € |
| 75.000 € | 389.552 € | 369.223 € | 348.954 € | 328.677 € | 308.434 € | 288.233 € | 268.078 € | 247.979 € | 227.858 € | 207.758 € |
| 78.000 € | 422.893 € | 401.116 € | 379.393 € | 357.648 € | 335.928 € | 314.239 € | 292.587 € | 270.981 € | 249.336 € | 227.698 € |
| 81.000 € | 456.234 € | 433.010 € | 409.832 € | 386.619 € | 363.422 € | 340.245 € | 317.096 € | 293.983 € | 270.814 € | 247.638 € |
| 84.000 € | 489.576 € | 464.903 € | 440.271 € | 415.590 € | 390.915 € | 366.252 € | 341.605 € | 316.986 € | 292.292 € | 267.577 € |
| 87.000 € | 522.917 € | 496.797 € | 470.709 € | 444.562 € | 418.409 € | 392.258 € | 366.114 € | 339.988 € | 313.770 € | 287.517 € |
| 90.000 € | 556.258 € | 528.690 € | 501.148 € | 473.533 € | 445.903 € | 418.264 € | 390.623 € | 362.990 € | 335.248 € | 307.457 € |
| 93.000 € | 589.600 € | 560.584 € | 531.587 € | 502.504 € | 473.396 € | 444.271 € | 415.132 € | 385.992 € | 356.726 € | 327.397 € |
| 96.000 € | 622.941 € | 592.477 € | 562.026 € | 531.475 € | 500.890 € | 470.277 € | 439.641 € | 408.995 € | 378.204 € | 347.337 € |
| 99.000 € | 656.282 € | 624.371 € | 592.465 € | 560.447 € | 528.384 € | 496.283 € | 464.150 € | 431.997 € | 399.682 € | 367.276 € |
| 102.000 € | 689.623 € | 656.264 € | 622.904 € | 589.418 € | 555.877 € | 522.289 € | 488.659 € | 454.999 € | 421.160 € | 387.216 € |
| 105.000 € | 722.965 € | 688.158 € | 653.343 € | 618.389 € | 583.371 € | 548.296 € | 513.168 € | 478.001 € | 442.638 € | 407.156 € |
| 108.000 € | 756.306 € | 720.051 € | 683.782 € | 647.360 € | 610.865 € | 574.302 € | 537.677 € | 501.004 € | 464.116 € | 427.096 € |
| 111.000 € | 789.647 € | 751.945 € | 714.221 € | 676.332 € | 638.358 € | 600.308 € | 562.186 € | 524.006 € | 485.594 € | 447.036 € |
| 114.000 € | 822.989 € | 783.838 € | 744.660 € | 705.303 € | 665.852 € | 626.314 € | 586.695 € | 547.008 € | 507.072 € | 466.975 € |
| 117.000 € | 856.330 € | 815.732 € | 775.099 € | 734.274 € | 693.346 € | 652.321 € | 611.204 € | 570.010 € | 528.550 € | 486.915 € |
| 120.000 € | 889.671 € | 847.625 € | 805.538 € | 763.245 € | 720.839 € | 678.327 € | 635.713 € | 593.013 € | 550.029 € | 506.855 € |

# TABLA 1.C.1
## Lucro cesante del cónyuge
Años de duración del matrimonio: 32 años

Ingreso netcnyuge | Edad del cónyuge

| Hasta | 56 | 57 | 58 | 59 | 60 | 61 | 62 | 63 | 64 | 65 |
|---|---|---|---|---|---|---|---|---|---|---|
| 9.000 € | 27.350 € | 26.189 € | 25.029 € | 23.841 € | 22.654 € | 21.466 € | 20.277 € | 19.111 € | 17.967 € | 16.842 € |
| 12.000 € | 36.467 € | 34.919 € | 33.372 € | 31.789 € | 30.205 € | 28.621 € | 27.036 € | 25.481 € | 23.956 € | 22.456 € |
| 15.000 € | 45.584 € | 43.649 € | 41.715 € | 39.736 € | 37.757 € | 35.776 € | 33.795 € | 31.851 € | 29.945 € | 28.070 € |
| 18.000 € | 54.701 € | 52.379 € | 50.058 € | 47.683 € | 45.308 € | 42.931 € | 40.554 € | 38.221 € | 35.934 € | 33.684 € |
| 21.000 € | 63.818 € | 61.108 € | 58.401 € | 55.630 € | 52.859 € | 50.086 € | 47.313 € | 44.592 € | 41.923 € | 39.298 € |
| 24.000 € | 72.935 € | 69.838 € | 66.744 € | 63.577 € | 60.411 € | 57.242 € | 54.072 € | 50.962 € | 47.912 € | 44.912 € |
| 27.000 € | 82.051 € | 78.568 € | 75.087 € | 71.524 € | 67.962 € | 64.397 € | 60.831 € | 57.332 € | 53.901 € | 50.526 € |
| 30.000 € | 91.168 € | 87.298 € | 83.429 € | 79.472 € | 75.513 € | 71.552 € | 67.590 € | 63.702 € | 59.890 € | 56.140 € |
| 33.000 € | 100.285 € | 96.028 € | 91.772 € | 87.419 € | 83.065 € | 78.707 € | 74.349 € | 70.073 € | 65.879 € | 61.755 € |
| 36.000 € | 101.618 € | 97.625 € | 96.349 € | 95.125 € | 90.616 € | 85.863 € | 81.108 € | 76.443 € | 71.868 € | 67.369 € |
| 39.000 € | 102.959 € | 97.929 € | 96.899 € | 95.594 € | 91.026 € | 85.994 € | 81.363 € | 76.781 € | 72.022 € | 67.369 € |
| 42.000 € | 104.309 € | 98.231 € | 97.448 € | 96.062 € | 91.436 € | 86.125 € | 81.617 € | 77.119 € | 72.175 € | 67.369 € |
| 45.000 € | 105.670 € | 98.532 € | 97.997 € | 96.530 € | 91.845 € | 86.255 € | 81.871 € | 77.456 € | 72.328 € | 67.369 € |
| 48.000 € | 106.312 € | 98.834 € | 98.547 € | 96.999 € | 92.255 € | 86.385 € | 82.124 € | 77.794 € | 72.481 € | 67.369 € |
| 51.000 € | 106.749 € | 99.135 € | 99.098 € | 97.467 € | 92.664 € | 86.514 € | 82.377 € | 78.131 € | 72.633 € | 67.369 € |
| 54.000 € | 107.185 € | 99.436 € | 99.436 € | 97.937 € | 93.074 € | 86.644 € | 82.630 € | 78.469 € | 72.785 € | 67.369 € |
| 57.000 € | 107.622 € | 99.736 € | 99.736 € | 98.407 € | 93.485 € | 86.773 € | 82.883 € | 78.807 € | 72.937 € | 67.369 € |
| 60.000 € | 108.059 € | 100.037 € | 100.037 € | 98.878 € | 93.896 € | 86.902 € | 83.136 € | 79.146 € | 73.089 € | 67.369 € |
| 63.000 € | 114.105 € | 100.338 € | 100.338 € | 99.351 € | 94.308 € | 87.030 € | 83.389 € | 79.485 € | 73.240 € | 67.369 € |
| 66.000 € | 132.487 € | 117.154 € | 101.874 € | 99.824 € | 94.721 € | 87.159 € | 83.643 € | 79.826 € | 73.392 € | 67.369 € |
| 69.000 € | 150.869 € | 133.970 € | 117.105 € | 100.299 € | 95.135 € | 87.288 € | 83.896 € | 80.166 € | 73.544 € | 67.369 € |
| 72.000 € | 169.251 € | 150.786 € | 132.336 € | 113.927 € | 95.550 € | 87.416 € | 84.150 € | 80.508 € | 73.696 € | 67.369 € |
| 75.000 € | 187.633 € | 167.602 € | 147.566 € | 127.556 € | 107.558 € | 87.545 € | 84.404 € | 80.850 € | 73.847 € | 67.369 € |
| 78.000 € | 206.016 € | 184.417 € | 162.797 € | 141.185 € | 119.566 € | 97.911 € | 84.659 € | 81.194 € | 73.999 € | 67.369 € |
| 81.000 € | 224.398 € | 201.233 € | 178.027 € | 154.814 € | 131.574 € | 108.276 € | 84.914 € | 81.538 € | 74.151 € | 67.369 € |
| 84.000 € | 242.780 € | 218.049 € | 193.258 € | 168.443 € | 143.583 € | 118.642 € | 93.614 € | 81.884 € | 74.303 € | 67.369 € |
| 87.000 € | 261.162 € | 234.865 € | 208.489 € | 182.071 € | 155.591 € | 129.008 € | 102.314 € | 82.230 € | 74.455 € | 67.369 € |
| 90.000 € | 279.544 € | 251.681 € | 223.719 € | 195.700 € | 167.599 € | 139.374 € | 111.015 € | 82.577 € | 74.608 € | 67.369 € |
| 93.000 € | 297.926 € | 268.497 € | 238.950 € | 209.329 € | 179.608 € | 149.739 € | 119.715 € | 89.593 € | 74.760 € | 67.369 € |
| 96.000 € | 316.308 € | 285.312 € | 254.180 € | 222.958 € | 191.616 € | 160.105 € | 128.415 € | 96.609 € | 74.912 € | 67.369 € |
| 99.000 € | 334.691 € | 302.128 € | 269.411 € | 236.586 € | 203.624 € | 170.471 € | 137.116 € | 103.625 € | 75.065 € | 67.369 € |
| 102.000 € | 353.073 € | 318.944 € | 284.642 € | 250.215 € | 215.633 € | 180.837 € | 145.816 € | 110.641 € | 75.218 € | 67.369 € |
| 105.000 € | 371.455 € | 335.760 € | 299.872 € | 263.844 € | 227.641 € | 191.203 € | 154.516 € | 117.657 € | 80.526 € | 67.369 € |
| 108.000 € | 389.837 € | 352.576 € | 315.103 € | 277.473 € | 239.649 € | 201.568 € | 163.216 € | 124.673 € | 85.833 € | 67.369 € |
| 111.000 € | 408.219 € | 369.391 € | 330.333 € | 291.101 € | 251.658 € | 211.934 € | 171.917 € | 131.689 € | 91.141 € | 67.369 € |
| 114.000 € | 426.601 € | 386.207 € | 345.564 € | 304.730 € | 263.666 € | 222.300 € | 180.617 € | 138.705 € | 96.448 € | 67.369 € |
| 117.000 € | 444.983 € | 403.023 € | 360.795 € | 318.359 € | 275.674 € | 232.666 € | 189.317 € | 145.721 € | 101.756 € | 67.369 € |
| 120.000 € | 463.365 € | 419.839 € | 376.025 € | 331.988 € | 287.683 € | 243.032 € | 198.018 € | 152.737 € | 107.063 € | 67.369 € |

# TABLA 1.C.1
## Lucro cesante del cónyuge
Años de duración del matrimonio: 32 años

| Ingreso neto | Edad del cónyuge | | | | | | | | | | |
|---|---|---|---|---|---|---|---|---|---|---|---|
| Hasta | 66 | 67 | 68 | 69 | 70 | 71 | 72 | 73 | 74 | 75 | 76 |
| 9.000 € | 15.774 € | 12.349 € | 11.956 € | 11.515 € | 11.058 € | 10.620 € | 10.178 € | 9.713 € | 9.267 € | 8.838 € | 8.406 € |
| 12.000 € | 21.032 € | 16.466 € | 15.941 € | 15.353 € | 14.744 € | 14.160 € | 13.570 € | 12.951 € | 12.356 € | 11.784 € | 11.209 € |
| 15.000 € | 26.290 € | 20.582 € | 19.926 € | 19.192 € | 18.430 € | 17.700 € | 16.963 € | 16.189 € | 15.446 € | 14.730 € | 14.011 € |
| 18.000 € | 31.547 € | 24.698 € | 23.912 € | 23.030 € | 22.116 € | 21.240 € | 20.356 € | 19.427 € | 18.535 € | 17.677 € | 16.813 € |
| 21.000 € | 36.805 € | 28.815 € | 27.897 € | 26.868 € | 25.802 € | 24.780 € | 23.748 € | 22.664 € | 21.624 € | 20.623 € | 19.615 € |
| 24.000 € | 42.063 € | 32.931 € | 31.882 € | 30.707 € | 29.488 € | 28.319 € | 27.141 € | 25.902 € | 24.713 € | 23.569 € | 22.417 € |
| 27.000 € | 47.321 € | 37.048 € | 35.867 € | 34.545 € | 33.174 € | 31.859 € | 30.533 € | 29.140 € | 27.802 € | 26.515 € | 25.219 € |
| 30.000 € | 52.579 € | 41.164 € | 39.853 € | 38.383 € | 36.860 € | 35.399 € | 33.926 € | 32.378 € | 30.891 € | 29.461 € | 28.021 € |
| 33.000 € | 57.837 € | 45.280 € | 43.838 € | 42.222 € | 40.546 € | 38.939 € | 37.318 € | 35.615 € | 33.980 € | 32.407 € | 30.823 € |
| 36.000 € | 63.095 € | 49.397 € | 47.823 € | 46.060 € | 44.232 € | 42.479 € | 40.711 € | 38.853 € | 37.069 € | 35.353 € | 33.626 € |
| 39.000 € | 63.095 € | 53.513 € | 51.808 € | 49.898 € | 47.918 € | 46.019 € | 44.104 € | 42.091 € | 40.158 € | 38.299 € | 36.428 € |
| 42.000 € | 63.095 € | 53.513 € | 51.808 € | 49.898 € | 47.918 € | 46.019 € | 44.104 € | 42.091 € | 40.158 € | 38.299 € | 36.428 € |
| 45.000 € | 63.095 € | 53.513 € | 51.808 € | 49.898 € | 47.918 € | 46.019 € | 44.104 € | 42.091 € | 40.158 € | 38.299 € | 36.428 € |
| 48.000 € | 63.095 € | 53.513 € | 51.808 € | 49.898 € | 47.918 € | 46.019 € | 44.104 € | 42.091 € | 40.158 € | 38.299 € | 36.428 € |
| 51.000 € | 63.095 € | 53.513 € | 51.808 € | 49.898 € | 47.918 € | 46.019 € | 44.104 € | 42.091 € | 40.158 € | 38.299 € | 36.428 € |
| 54.000 € | 63.095 € | 53.513 € | 51.808 € | 49.898 € | 47.918 € | 46.019 € | 44.104 € | 42.091 € | 40.158 € | 38.299 € | 36.428 € |
| 57.000 € | 63.095 € | 53.513 € | 51.808 € | 49.898 € | 47.918 € | 46.019 € | 44.104 € | 42.091 € | 40.158 € | 38.299 € | 36.428 € |
| 60.000 € | 63.095 € | 53.513 € | 51.808 € | 49.898 € | 47.918 € | 46.019 € | 44.104 € | 42.091 € | 40.158 € | 38.299 € | 36.428 € |
| 63.000 € | 63.095 € | 53.513 € | 51.808 € | 49.898 € | 47.918 € | 46.019 € | 44.104 € | 42.091 € | 40.158 € | 38.299 € | 36.428 € |
| 66.000 € | 63.095 € | 53.513 € | 51.808 € | 49.898 € | 47.918 € | 46.019 € | 44.104 € | 42.091 € | 40.158 € | 38.299 € | 36.428 € |
| 69.000 € | 63.095 € | 53.513 € | 51.808 € | 49.898 € | 47.918 € | 46.019 € | 44.104 € | 42.091 € | 40.158 € | 38.299 € | 36.428 € |
| 72.000 € | 63.095 € | 53.513 € | 51.808 € | 49.898 € | 47.918 € | 46.019 € | 44.104 € | 42.091 € | 40.158 € | 38.299 € | 36.428 € |
| 75.000 € | 63.095 € | 53.513 € | 51.808 € | 49.898 € | 47.918 € | 46.019 € | 44.104 € | 42.091 € | 40.158 € | 38.299 € | 36.428 € |
| 78.000 € | 63.095 € | 53.513 € | 51.808 € | 49.898 € | 47.918 € | 46.019 € | 44.104 € | 42.091 € | 40.158 € | 38.299 € | 36.428 € |
| 81.000 € | 63.095 € | 53.513 € | 51.808 € | 49.898 € | 47.918 € | 46.019 € | 44.104 € | 42.091 € | 40.158 € | 38.299 € | 36.428 € |
| 84.000 € | 63.095 € | 53.513 € | 51.808 € | 49.898 € | 47.918 € | 46.019 € | 44.104 € | 42.091 € | 40.158 € | 38.299 € | 36.428 € |
| 87.000 € | 63.095 € | 53.513 € | 51.808 € | 49.898 € | 47.918 € | 46.019 € | 44.104 € | 42.091 € | 40.158 € | 38.299 € | 36.428 € |
| 90.000 € | 63.095 € | 53.513 € | 51.808 € | 49.898 € | 47.918 € | 46.019 € | 44.104 € | 42.091 € | 40.158 € | 38.299 € | 36.428 € |
| 93.000 € | 63.095 € | 53.513 € | 51.808 € | 49.898 € | 47.918 € | 46.019 € | 44.104 € | 42.091 € | 40.158 € | 38.299 € | 36.428 € |
| 96.000 € | 63.095 € | 53.513 € | 51.808 € | 49.898 € | 47.918 € | 46.019 € | 44.104 € | 42.091 € | 40.158 € | 38.299 € | 36.428 € |
| 99.000 € | 63.095 € | 53.513 € | 51.808 € | 49.898 € | 47.918 € | 46.019 € | 44.104 € | 42.091 € | 40.158 € | 38.299 € | 36.428 € |
| 102.000 € | 63.095 € | 53.513 € | 51.808 € | 49.898 € | 47.918 € | 46.019 € | 44.104 € | 42.091 € | 40.158 € | 38.299 € | 36.428 € |
| 105.000 € | 63.095 € | 53.513 € | 51.808 € | 49.898 € | 47.918 € | 46.019 € | 44.104 € | 42.091 € | 40.158 € | 38.299 € | 36.428 € |
| 108.000 € | 63.095 € | 53.513 € | 51.808 € | 49.898 € | 47.918 € | 46.019 € | 44.104 € | 42.091 € | 40.158 € | 38.299 € | 36.428 € |
| 111.000 € | 63.095 € | 53.513 € | 51.808 € | 49.898 € | 47.918 € | 46.019 € | 44.104 € | 42.091 € | 40.158 € | 38.299 € | 36.428 € |
| 114.000 € | 63.095 € | 53.513 € | 51.808 € | 49.898 € | 47.918 € | 46.019 € | 44.104 € | 42.091 € | 40.158 € | 38.299 € | 36.428 € |
| 117.000 € | 63.095 € | 53.513 € | 51.808 € | 49.898 € | 47.918 € | 46.019 € | 44.104 € | 42.091 € | 40.158 € | 38.299 € | 36.428 € |
| 120.000 € | 63.095 € | 53.513 € | 51.808 € | 49.898 € | 47.918 € | 46.019 € | 44.104 € | 42.091 € | 40.158 € | 38.299 € | 36.428 € |

# TABLA 1.C.1
## Lucro cesante del cónyuge
### Años de duración del matrimonio: 32 años

| Ingreso neto | Edad del cónyuge | | | | | | | | | | |
|---|---|---|---|---|---|---|---|---|---|---|---|
| Hasta | 77 | 78 | 79 | 80 | 81 | 82 | 83 | 84 | 85 | 86 | 87 |
| 9.000 € | 7.975 € | 7.553 € | 7.143 € | 6.738 € | 6.346 € | 5.968 € | 5.601 € | 5.245 € | 4.908 € | 4.584 € | 4.276 € |
| 12.000 € | 10.634 € | 10.071 € | 9.524 € | 8.983 € | 8.461 € | 7.957 € | 7.468 € | 6.994 € | 6.544 € | 6.113 € | 5.702 € |
| 15.000 € | 13.292 € | 12.588 € | 11.905 € | 11.229 € | 10.576 € | 9.947 € | 9.335 € | 8.742 € | 8.180 € | 7.641 € | 7.127 € |
| 18.000 € | 15.950 € | 15.106 € | 14.286 € | 13.475 € | 12.692 € | 11.936 € | 11.202 € | 10.490 € | 9.816 € | 9.169 € | 8.552 € |
| 21.000 € | 18.609 € | 17.624 € | 16.667 € | 15.721 € | 14.807 € | 13.925 € | 13.069 € | 12.239 € | 11.452 € | 10.697 € | 9.978 € |
| 24.000 € | 21.267 € | 20.141 € | 19.048 € | 17.967 € | 16.922 € | 15.915 € | 14.936 € | 13.987 € | 13.088 € | 12.225 € | 11.403 € |
| 27.000 € | 23.926 € | 22.659 € | 21.429 € | 20.213 € | 19.038 € | 17.904 € | 16.803 € | 15.735 € | 14.724 € | 13.753 € | 12.829 € |
| 30.000 € | 26.584 € | 25.177 € | 23.810 € | 22.459 € | 21.153 € | 19.893 € | 18.669 € | 17.484 € | 16.360 € | 15.282 € | 14.254 € |
| 33.000 € | 29.243 € | 27.694 € | 26.191 € | 24.704 € | 23.268 € | 21.883 € | 20.536 € | 19.232 € | 17.996 € | 16.810 € | 15.679 € |
| 36.000 € | 31.901 € | 30.212 € | 28.572 € | 26.950 € | 25.383 € | 23.872 € | 22.403 € | 20.981 € | 19.632 € | 18.338 € | 17.105 € |
| 39.000 € | 34.559 € | 32.730 € | 30.953 € | 29.196 € | 27.499 € | 25.861 € | 24.270 € | 22.729 € | 21.268 € | 19.866 € | 18.530 € |
| 42.000 € | 34.559 € | 32.730 € | 30.953 € | 29.196 € | 27.499 € | 25.861 € | 24.270 € | 22.729 € | 21.268 € | 19.866 € | 18.530 € |
| 45.000 € | 34.559 € | 32.730 € | 30.953 € | 29.196 € | 27.499 € | 25.861 € | 24.270 € | 22.729 € | 21.268 € | 19.866 € | 18.530 € |
| 48.000 € | 34.559 € | 32.730 € | 30.953 € | 29.196 € | 27.499 € | 25.861 € | 24.270 € | 22.729 € | 21.268 € | 19.866 € | 18.530 € |
| 51.000 € | 34.559 € | 32.730 € | 30.953 € | 29.196 € | 27.499 € | 25.861 € | 24.270 € | 22.729 € | 21.268 € | 19.866 € | 18.530 € |
| 54.000 € | 34.559 € | 32.730 € | 30.953 € | 29.196 € | 27.499 € | 25.861 € | 24.270 € | 22.729 € | 21.268 € | 19.866 € | 18.530 € |
| 57.000 € | 34.559 € | 32.730 € | 30.953 € | 29.196 € | 27.499 € | 25.861 € | 24.270 € | 22.729 € | 21.268 € | 19.866 € | 18.530 € |
| 60.000 € | 34.559 € | 32.730 € | 30.953 € | 29.196 € | 27.499 € | 25.861 € | 24.270 € | 22.729 € | 21.268 € | 19.866 € | 18.530 € |
| 63.000 € | 34.559 € | 32.730 € | 30.953 € | 29.196 € | 27.499 € | 25.861 € | 24.270 € | 22.729 € | 21.268 € | 19.866 € | 18.530 € |
| 66.000 € | 34.559 € | 32.730 € | 30.953 € | 29.196 € | 27.499 € | 25.861 € | 24.270 € | 22.729 € | 21.268 € | 19.866 € | 18.530 € |
| 69.000 € | 34.559 € | 32.730 € | 30.953 € | 29.196 € | 27.499 € | 25.861 € | 24.270 € | 22.729 € | 21.268 € | 19.866 € | 18.530 € |
| 72.000 € | 34.559 € | 32.730 € | 30.953 € | 29.196 € | 27.499 € | 25.861 € | 24.270 € | 22.729 € | 21.268 € | 19.866 € | 18.530 € |
| 75.000 € | 34.559 € | 32.730 € | 30.953 € | 29.196 € | 27.499 € | 25.861 € | 24.270 € | 22.729 € | 21.268 € | 19.866 € | 18.530 € |
| 78.000 € | 34.559 € | 32.730 € | 30.953 € | 29.196 € | 27.499 € | 25.861 € | 24.270 € | 22.729 € | 21.268 € | 19.866 € | 18.530 € |
| 81.000 € | 34.559 € | 32.730 € | 30.953 € | 29.196 € | 27.499 € | 25.861 € | 24.270 € | 22.729 € | 21.268 € | 19.866 € | 18.530 € |
| 84.000 € | 34.559 € | 32.730 € | 30.953 € | 29.196 € | 27.499 € | 25.861 € | 24.270 € | 22.729 € | 21.268 € | 19.866 € | 18.530 € |
| 87.000 € | 34.559 € | 32.730 € | 30.953 € | 29.196 € | 27.499 € | 25.861 € | 24.270 € | 22.729 € | 21.268 € | 19.866 € | 18.530 € |
| 90.000 € | 34.559 € | 32.730 € | 30.953 € | 29.196 € | 27.499 € | 25.861 € | 24.270 € | 22.729 € | 21.268 € | 19.866 € | 18.530 € |
| 93.000 € | 34.559 € | 32.730 € | 30.953 € | 29.196 € | 27.499 € | 25.861 € | 24.270 € | 22.729 € | 21.268 € | 19.866 € | 18.530 € |
| 96.000 € | 34.559 € | 32.730 € | 30.953 € | 29.196 € | 27.499 € | 25.861 € | 24.270 € | 22.729 € | 21.268 € | 19.866 € | 18.530 € |
| 99.000 € | 34.559 € | 32.730 € | 30.953 € | 29.196 € | 27.499 € | 25.861 € | 24.270 € | 22.729 € | 21.268 € | 19.866 € | 18.530 € |
| 102.000 € | 34.559 € | 32.730 € | 30.953 € | 29.196 € | 27.499 € | 25.861 € | 24.270 € | 22.729 € | 21.268 € | 19.866 € | 18.530 € |
| 105.000 € | 34.559 € | 32.730 € | 30.953 € | 29.196 € | 27.499 € | 25.861 € | 24.270 € | 22.729 € | 21.268 € | 19.866 € | 18.530 € |
| 108.000 € | 34.559 € | 32.730 € | 30.953 € | 29.196 € | 27.499 € | 25.861 € | 24.270 € | 22.729 € | 21.268 € | 19.866 € | 18.530 € |
| 111.000 € | 34.559 € | 32.730 € | 30.953 € | 29.196 € | 27.499 € | 25.861 € | 24.270 € | 22.729 € | 21.268 € | 19.866 € | 18.530 € |
| 114.000 € | 34.559 € | 32.730 € | 30.953 € | 29.196 € | 27.499 € | 25.861 € | 24.270 € | 22.729 € | 21.268 € | 19.866 € | 18.530 € |
| 117.000 € | 34.559 € | 32.730 € | 30.953 € | 29.196 € | 27.499 € | 25.861 € | 24.270 € | 22.729 € | 21.268 € | 19.866 € | 18.530 € |
| 120.000 € | 34.559 € | 32.730 € | 30.953 € | 29.196 € | 27.499 € | 25.861 € | 24.270 € | 22.729 € | 21.268 € | 19.866 € | 18.530 € |

## TABLA 1.C.1
## Lucro cesante del cónyuge
Años de duración del matrimonio: 32 años

| Ingreso neto | Edad del cónyuge | | | | | | | | | | |
|---|---|---|---|---|---|---|---|---|---|---|---|
| Hasta | 88 | 89 | 90 | 91 | 92 | 93 | 94 | 95 | 96 | 97 | 98 |
| 9.000 € | 3.985 € | 3.715 € | 3.459 € | 3.206 € | 3.000 € | 3.000 € | 3.000 € | 3.000 € | 3.000 € | 3.000 € | 3.000 € |
| 12.000 € | 5.314 € | 4.954 € | 4.612 € | 4.274 € | 3.944 € | 3.580 € | 3.269 € | 3.000 € | 3.000 € | 3.000 € | 3.000 € |
| 15.000 € | 6.642 € | 6.192 € | 5.764 € | 5.343 € | 4.930 € | 4.474 € | 4.086 € | 3.656 € | 3.205 € | 3.000 € | 3.000 € |
| 18.000 € | 7.971 € | 7.431 € | 6.917 € | 6.411 € | 5.916 € | 5.369 € | 4.903 € | 4.387 € | 3.846 € | 3.243 € | 3.000 € |
| 21.000 € | 9.299 € | 8.669 € | 8.070 € | 7.480 € | 6.902 € | 6.264 € | 5.720 € | 5.118 € | 4.487 € | 3.784 € | 3.000 € |
| 24.000 € | 10.628 € | 9.907 € | 9.223 € | 8.548 € | 7.887 € | 7.159 € | 6.537 € | 5.849 € | 5.128 € | 4.325 € | 3.287 € |
| 27.000 € | 11.956 € | 11.146 € | 10.376 € | 9.617 € | 8.873 € | 8.054 € | 7.355 € | 6.581 € | 5.769 € | 4.865 € | 3.698 € |
| 30.000 € | 13.285 € | 12.384 € | 11.529 € | 10.685 € | 9.859 € | 8.949 € | 8.172 € | 7.312 € | 6.410 € | 5.406 € | 4.108 € |
| 33.000 € | 14.613 € | 13.623 € | 12.682 € | 11.754 € | 10.845 € | 9.844 € | 8.989 € | 8.043 € | 7.051 € | 5.946 € | 4.519 € |
| 36.000 € | 15.942 € | 14.861 € | 13.835 € | 12.822 € | 11.831 € | 10.739 € | 9.806 € | 8.774 € | 7.692 € | 6.487 € | 4.930 € |
| 39.000 € | 17.270 € | 16.100 € | 14.988 € | 13.891 € | 12.817 € | 11.634 € | 10.623 € | 9.505 € | 8.333 € | 7.027 € | 5.341 € |
| 42.000 € | 17.270 € | 16.100 € | 14.988 € | 13.891 € | 12.817 € | 11.634 € | 10.623 € | 9.505 € | 8.333 € | 7.027 € | 5.341 € |
| 45.000 € | 17.270 € | 16.100 € | 14.988 € | 13.891 € | 12.817 € | 11.634 € | 10.623 € | 9.505 € | 8.333 € | 7.027 € | 5.341 € |
| 48.000 € | 17.270 € | 16.100 € | 14.988 € | 13.891 € | 12.817 € | 11.634 € | 10.623 € | 9.505 € | 8.333 € | 7.027 € | 5.341 € |
| 51.000 € | 17.270 € | 16.100 € | 14.988 € | 13.891 € | 12.817 € | 11.634 € | 10.623 € | 9.505 € | 8.333 € | 7.027 € | 5.341 € |
| 54.000 € | 17.270 € | 16.100 € | 14.988 € | 13.891 € | 12.817 € | 11.634 € | 10.623 € | 9.505 € | 8.333 € | 7.027 € | 5.341 € |
| 57.000 € | 17.270 € | 16.100 € | 14.988 € | 13.891 € | 12.817 € | 11.634 € | 10.623 € | 9.505 € | 8.333 € | 7.027 € | 5.341 € |
| 60.000 € | 17.270 € | 16.100 € | 14.988 € | 13.891 € | 12.817 € | 11.634 € | 10.623 € | 9.505 € | 8.333 € | 7.027 € | 5.341 € |
| 63.000 € | 17.270 € | 16.100 € | 14.988 € | 13.891 € | 12.817 € | 11.634 € | 10.623 € | 9.505 € | 8.333 € | 7.027 € | 5.341 € |
| 66.000 € | 17.270 € | 16.100 € | 14.988 € | 13.891 € | 12.817 € | 11.634 € | 10.623 € | 9.505 € | 8.333 € | 7.027 € | 5.341 € |
| 69.000 € | 17.270 € | 16.100 € | 14.988 € | 13.891 € | 12.817 € | 11.634 € | 10.623 € | 9.505 € | 8.333 € | 7.027 € | 5.341 € |
| 72.000 € | 17.270 € | 16.100 € | 14.988 € | 13.891 € | 12.817 € | 11.634 € | 10.623 € | 9.505 € | 8.333 € | 7.027 € | 5.341 € |
| 75.000 € | 17.270 € | 16.100 € | 14.988 € | 13.891 € | 12.817 € | 11.634 € | 10.623 € | 9.505 € | 8.333 € | 7.027 € | 5.341 € |
| 78.000 € | 17.270 € | 16.100 € | 14.988 € | 13.891 € | 12.817 € | 11.634 € | 10.623 € | 9.505 € | 8.333 € | 7.027 € | 5.341 € |
| 81.000 € | 17.270 € | 16.100 € | 14.988 € | 13.891 € | 12.817 € | 11.634 € | 10.623 € | 9.505 € | 8.333 € | 7.027 € | 5.341 € |
| 84.000 € | 17.270 € | 16.100 € | 14.988 € | 13.891 € | 12.817 € | 11.634 € | 10.623 € | 9.505 € | 8.333 € | 7.027 € | 5.341 € |
| 87.000 € | 17.270 € | 16.100 € | 14.988 € | 13.891 € | 12.817 € | 11.634 € | 10.623 € | 9.505 € | 8.333 € | 7.027 € | 5.341 € |
| 90.000 € | 17.270 € | 16.100 € | 14.988 € | 13.891 € | 12.817 € | 11.634 € | 10.623 € | 9.505 € | 8.333 € | 7.027 € | 5.341 € |
| 93.000 € | 17.270 € | 16.100 € | 14.988 € | 13.891 € | 12.817 € | 11.634 € | 10.623 € | 9.505 € | 8.333 € | 7.027 € | 5.341 € |
| 96.000 € | 17.270 € | 16.100 € | 14.988 € | 13.891 € | 12.817 € | 11.634 € | 10.623 € | 9.505 € | 8.333 € | 7.027 € | 5.341 € |
| 99.000 € | 17.270 € | 16.100 € | 14.988 € | 13.891 € | 12.817 € | 11.634 € | 10.623 € | 9.505 € | 8.333 € | 7.027 € | 5.341 € |
| 102.000 € | 17.270 € | 16.100 € | 14.988 € | 13.891 € | 12.817 € | 11.634 € | 10.623 € | 9.505 € | 8.333 € | 7.027 € | 5.341 € |
| 105.000 € | 17.270 € | 16.100 € | 14.988 € | 13.891 € | 12.817 € | 11.634 € | 10.623 € | 9.505 € | 8.333 € | 7.027 € | 5.341 € |
| 108.000 € | 17.270 € | 16.100 € | 14.988 € | 13.891 € | 12.817 € | 11.634 € | 10.623 € | 9.505 € | 8.333 € | 7.027 € | 5.341 € |
| 111.000 € | 17.270 € | 16.100 € | 14.988 € | 13.891 € | 12.817 € | 11.634 € | 10.623 € | 9.505 € | 8.333 € | 7.027 € | 5.341 € |
| 114.000 € | 17.270 € | 16.100 € | 14.988 € | 13.891 € | 12.817 € | 11.634 € | 10.623 € | 9.505 € | 8.333 € | 7.027 € | 5.341 € |
| 117.000 € | 17.270 € | 16.100 € | 14.988 € | 13.891 € | 12.817 € | 11.634 € | 10.623 € | 9.505 € | 8.333 € | 7.027 € | 5.341 € |
| 120.000 € | 17.270 € | 16.100 € | 14.988 € | 13.891 € | 12.817 € | 11.634 € | 10.623 € | 9.505 € | 8.333 € | 7.027 € | 5.341 € |

# TABLA 1.C.1
## Lucro cesante del cónyuge
### Años de duración del matrimonio: 32 años

Ingreso neto

| Hasta | 99 o mäs |
|---|---|
| 9.000 € | 3.000 € |
| 12.000 € | 3.000 € |
| 15.000 € | 3.000 € |
| 18.000 € | 3.000 € |
| 21.000 € | 3.000 € |
| 24.000 € | 3.000 € |
| 27.000 € | 3.000 € |
| 30.000 € | 3.000 € |
| 33.000 € | 3.000 € |
| 36.000 € | 3.000 € |
| 39.000 € | 3.120 € |
| 42.000 € | 3.120 € |
| 45.000 € | 3.120 € |
| 48.000 € | 3.120 € |
| 51.000 € | 3.120 € |
| 54.000 € | 3.120 € |
| 57.000 € | 3.120 € |
| 60.000 € | 3.120 € |
| 63.000 € | 3.120 € |
| 66.000 € | 3.120 € |
| 69.000 € | 3.120 € |
| 72.000 € | 3.120 € |
| 75.000 € | 3.120 € |
| 78.000 € | 3.120 € |
| 81.000 € | 3.120 € |
| 84.000 € | 3.120 € |
| 87.000 € | 3.120 € |
| 90.000 € | 3.120 € |
| 93.000 € | 3.120 € |
| 96.000 € | 3.120 € |
| 99.000 € | 3.120 € |
| 102.000 € | 3.120 € |
| 105.000 € | 3.120 € |
| 108.000 € | 3.120 € |
| 111.000 € | 3.120 € |
| 114.000 € | 3.120 € |
| 117.000 € | 3.120 € |
| 120.000 € | 3.120 € |

# TABLA 1.C.1
## Lucro cesante del cónyuge
### Años de duración del matrimonio: 33 años

| Ingreso neto | Edad del cónyuge | | | | | | | | | Edad del có |
|---|---|---|---|---|---|---|---|---|---|---|
| Hasta | 47 | 48 | 49 | 50 | 51 | 52 | 53 | 54 | 55 | 56 |
| 9.000 € | 35.267 € | 34.755 € | 34.195 € | 33.538 € | 32.772 € | 31.898 € | 30.953 € | 29.951 € | 28.920 € | 27.816 € |
| 12.000 € | 47.022 € | 46.340 € | 45.594 € | 44.718 € | 43.696 € | 42.531 € | 41.271 € | 39.935 € | 38.560 € | 37.087 € |
| 15.000 € | 58.778 € | 57.925 € | 56.992 € | 55.897 € | 54.620 € | 53.164 € | 51.589 € | 49.918 € | 48.199 € | 46.359 € |
| 18.000 € | 70.533 € | 69.510 € | 68.390 € | 67.077 € | 65.544 € | 63.796 € | 61.906 € | 59.902 € | 57.839 € | 55.631 € |
| 21.000 € | 82.289 € | 81.095 € | 79.789 € | 78.256 € | 76.468 € | 74.429 € | 72.224 € | 69.886 € | 67.479 € | 64.903 € |
| 24.000 € | 94.045 € | 92.680 € | 91.187 € | 89.436 € | 87.392 € | 85.062 € | 82.542 € | 79.869 € | 77.119 € | 74.175 € |
| 27.000 € | 105.800 € | 104.265 € | 102.586 € | 100.615 € | 98.316 € | 95.695 € | 92.860 € | 89.853 € | 86.759 € | 83.447 € |
| 30.000 € | 117.556 € | 115.851 € | 113.984 € | 111.794 € | 109.240 € | 106.327 € | 103.177 € | 99.837 € | 96.399 € | 92.719 € |
| 33.000 € | 120.274 € | 119.477 € | 118.759 € | 118.128 € | 117.580 € | 116.960 € | 113.495 € | 109.820 € | 106.039 € | 101.991 € |
| 36.000 € | 123.600 € | 121.622 € | 119.655 € | 119.457 € | 119.259 € | 117.378 € | 115.481 € | 110.908 € | 106.194 € | 103.112 € |
| 39.000 € | 126.993 € | 123.791 € | 120.551 € | 120.551 € | 120.551 € | 117.795 € | 117.489 € | 111.999 € | 106.349 € | 104.238 € |
| 42.000 € | 130.459 € | 125.985 € | 121.449 € | 121.449 € | 121.449 € | 118.211 € | 118.211 € | 113.094 € | 106.503 € | 105.370 € |
| 45.000 € | 134.001 € | 128.206 € | 122.349 € | 122.349 € | 122.349 € | 118.626 € | 118.626 € | 114.194 € | 106.657 € | 106.508 € |
| 48.000 € | 137.623 € | 130.456 € | 123.251 € | 123.251 € | 123.251 € | 119.040 € | 119.040 € | 115.300 € | 106.810 € | 106.810 € |
| 51.000 € | 141.328 € | 132.737 € | 124.156 € | 124.156 € | 124.156 € | 119.455 € | 119.455 € | 116.412 € | 106.963 € | 106.963 € |
| 54.000 € | 145.120 € | 135.049 € | 125.065 € | 125.065 € | 125.065 € | 119.869 € | 119.869 € | 117.531 € | 107.115 € | 107.115 € |
| 57.000 € | 177.013 € | 165.488 € | 154.036 € | 142.681 € | 131.428 € | 120.284 € | 120.284 € | 118.657 € | 107.267 € | 107.267 € |
| 60.000 € | 208.907 € | 195.927 € | 183.007 € | 170.174 € | 157.434 € | 144.793 € | 132.258 € | 119.791 € | 107.419 € | 107.419 € |
| 63.000 € | 240.800 € | 226.366 € | 211.979 € | 197.668 € | 183.441 € | 169.302 € | 155.260 € | 141.269 € | 127.359 € | 113.506 € |
| 66.000 € | 272.694 € | 256.805 € | 240.950 € | 225.162 € | 209.447 € | 193.811 € | 178.262 € | 162.747 € | 147.299 € | 131.888 € |
| 69.000 € | 304.587 € | 287.244 € | 269.921 € | 252.655 € | 235.453 € | 218.320 € | 201.264 € | 184.225 € | 167.239 € | 150.270 € |
| 72.000 € | 336.481 € | 317.683 € | 298.892 € | 280.149 € | 261.459 € | 242.829 € | 224.266 € | 205.703 € | 187.178 € | 168.652 € |
| 75.000 € | 368.374 € | 348.122 € | 327.864 € | 307.643 € | 287.466 € | 267.338 € | 247.269 € | 227.181 € | 207.118 € | 187.034 € |
| 78.000 € | 400.268 € | 378.561 € | 356.835 € | 335.136 € | 313.472 € | 291.847 € | 270.271 € | 248.659 € | 227.058 € | 205.416 € |
| 81.000 € | 432.161 € | 409.000 € | 385.806 € | 362.630 € | 339.478 € | 316.356 € | 293.273 € | 270.137 € | 246.998 € | 223.798 € |
| 84.000 € | 464.055 € | 439.438 € | 414.777 € | 390.124 € | 365.484 € | 340.865 € | 316.275 € | 291.615 € | 266.938 € | 242.181 € |
| 87.000 € | 495.948 € | 469.877 € | 443.749 € | 417.618 € | 391.491 € | 365.374 € | 339.278 € | 313.093 € | 286.877 € | 260.563 € |
| 90.000 € | 527.842 € | 500.316 € | 472.720 € | 445.111 € | 417.497 € | 389.883 € | 362.280 € | 334.571 € | 306.817 € | 278.945 € |
| 93.000 € | 559.735 € | 530.755 € | 501.691 € | 472.605 € | 443.503 € | 414.392 € | 385.282 € | 356.049 € | 326.757 € | 297.327 € |
| 96.000 € | 591.629 € | 561.194 € | 530.662 € | 500.099 € | 469.509 € | 438.901 € | 408.284 € | 377.527 € | 346.697 € | 315.709 € |
| 99.000 € | 623.522 € | 591.633 € | 559.634 € | 527.592 € | 495.516 € | 463.410 € | 431.287 € | 399.005 € | 366.637 € | 334.091 € |
| 102.000 € | 655.416 € | 622.072 € | 588.605 € | 555.086 € | 521.522 € | 487.919 € | 454.289 € | 420.483 € | 386.576 € | 352.473 € |
| 105.000 € | 687.309 € | 652.511 € | 617.576 € | 582.580 € | 547.528 € | 512.428 € | 477.291 € | 441.962 € | 406.516 € | 370.855 € |
| 108.000 € | 719.203 € | 682.950 € | 646.547 € | 610.073 € | 573.535 € | 536.937 € | 500.293 € | 463.440 € | 426.456 € | 389.238 € |
| 111.000 € | 751.096 € | 713.389 € | 675.519 € | 637.567 € | 599.541 € | 561.446 € | 523.296 € | 484.918 € | 446.396 € | 407.620 € |
| 114.000 € | 782.990 € | 743.828 € | 704.490 € | 665.061 € | 625.547 € | 585.955 € | 546.298 € | 506.396 € | 466.336 € | 426.002 € |
| 117.000 € | 814.883 € | 774.267 € | 733.461 € | 692.554 € | 651.553 € | 610.464 € | 569.300 € | 527.874 € | 486.275 € | 444.384 € |
| 120.000 € | 846.777 € | 804.705 € | 762.432 € | 720.048 € | 677.560 € | 634.973 € | 592.302 € | 549.352 € | 506.215 € | 462.766 € |

# TABLA 1.C.1
## Lucro cesante del cónyuge
Años de duración del matrimonio: 33 años

Ingreso netcnyuge

Edad del cónyuge

| Hasta | 57 | 58 | 59 | 60 | 61 | 62 | 63 | 64 | 65 | 66 |
|---|---|---|---|---|---|---|---|---|---|---|
| 9.000 € | 26.598 € | 25.384 € | 24.147 € | 22.913 € | 21.684 € | 20.456 € | 19.255 € | 18.080 € | 16.929 € | 15.839 € |
| 12.000 € | 35.464 € | 33.845 € | 32.196 € | 30.551 € | 28.912 € | 27.274 € | 25.673 € | 24.107 € | 22.572 € | 21.119 € |
| 15.000 € | 44.330 € | 42.307 € | 40.245 € | 38.189 € | 36.140 € | 34.093 € | 32.091 € | 30.134 € | 28.215 € | 26.399 € |
| 18.000 € | 53.196 € | 50.768 € | 48.294 € | 45.826 € | 43.368 € | 40.911 € | 38.509 € | 36.161 € | 33.858 € | 31.679 € |
| 21.000 € | 62.061 € | 59.229 € | 56.343 € | 53.464 € | 50.596 € | 47.730 € | 44.927 € | 42.188 € | 39.501 € | 36.959 € |
| 24.000 € | 70.927 € | 67.691 € | 64.392 € | 61.102 € | 57.823 € | 54.548 € | 51.346 € | 48.214 € | 45.144 € | 42.238 € |
| 27.000 € | 79.793 € | 76.152 € | 72.441 € | 68.740 € | 65.051 € | 61.367 € | 57.764 € | 54.241 € | 50.787 € | 47.518 € |
| 30.000 € | 88.659 € | 84.613 € | 80.490 € | 76.377 € | 72.279 € | 68.185 € | 64.182 € | 60.268 € | 56.430 € | 52.798 € |
| 33.000 € | 97.525 € | 93.075 € | 88.538 € | 84.015 € | 79.507 € | 75.004 € | 70.600 € | 66.295 € | 62.073 € | 58.078 € |
| 36.000 € | 99.091 € | 97.692 € | 96.342 € | 91.653 € | 86.735 € | 81.822 € | 77.018 € | 72.322 € | 67.716 € | 63.358 € |
| 39.000 € | 99.169 € | 98.061 € | 96.661 € | 91.945 € | 86.770 € | 82.009 € | 77.312 € | 72.445 € | 67.716 € | 63.358 € |
| 42.000 € | 99.247 € | 98.428 € | 96.980 € | 92.236 € | 86.805 € | 82.196 € | 77.604 € | 72.568 € | 67.716 € | 63.358 € |
| 45.000 € | 99.324 € | 98.795 € | 97.297 € | 92.526 € | 86.839 € | 82.381 € | 77.897 € | 72.691 € | 67.716 € | 63.358 € |
| 48.000 € | 99.401 € | 99.162 € | 97.615 € | 92.816 € | 86.874 € | 82.567 € | 78.189 € | 72.813 € | 67.716 € | 63.358 € |
| 51.000 € | 99.478 € | 99.478 € | 97.932 € | 93.106 € | 86.908 € | 82.752 € | 78.481 € | 72.935 € | 67.716 € | 63.358 € |
| 54.000 € | 99.554 € | 99.554 € | 98.249 € | 93.396 € | 86.942 € | 82.937 € | 78.773 € | 73.056 € | 67.716 € | 63.358 € |
| 57.000 € | 99.631 € | 99.631 € | 98.566 € | 93.686 € | 86.976 € | 83.122 € | 79.065 € | 73.178 € | 67.716 € | 63.358 € |
| 60.000 € | 99.707 € | 99.707 € | 98.884 € | 93.975 € | 87.010 € | 83.306 € | 79.357 € | 73.299 € | 67.716 € | 63.358 € |
| 63.000 € | 99.783 € | 99.783 € | 99.201 € | 94.265 € | 87.044 € | 83.491 € | 79.650 € | 73.421 € | 67.716 € | 63.358 € |
| 66.000 € | 116.599 € | 101.365 € | 99.519 € | 94.556 € | 87.078 € | 83.675 € | 79.944 € | 73.542 € | 67.716 € | 63.358 € |
| 69.000 € | 133.415 € | 116.596 € | 99.837 € | 94.846 € | 87.112 € | 83.860 € | 80.237 € | 73.663 € | 67.716 € | 63.358 € |
| 72.000 € | 150.230 € | 131.827 € | 113.466 € | 95.137 € | 87.146 € | 84.045 € | 80.532 € | 73.784 € | 67.716 € | 63.358 € |
| 75.000 € | 167.046 € | 147.057 € | 127.095 € | 107.145 € | 87.179 € | 84.229 € | 80.826 € | 73.905 € | 67.716 € | 63.358 € |
| 78.000 € | 183.862 € | 162.288 € | 140.724 € | 119.154 € | 97.545 € | 84.414 € | 81.122 € | 74.026 € | 67.716 € | 63.358 € |
| 81.000 € | 200.678 € | 177.518 € | 154.353 € | 131.162 € | 107.911 € | 84.599 € | 81.418 € | 74.147 € | 67.716 € | 63.358 € |
| 84.000 € | 217.494 € | 192.749 € | 167.981 € | 143.170 € | 118.277 € | 93.299 € | 81.715 € | 74.269 € | 67.716 € | 63.358 € |
| 87.000 € | 234.310 € | 207.980 € | 181.610 € | 155.179 € | 128.642 € | 102.000 € | 82.012 € | 74.390 € | 67.716 € | 63.358 € |
| 90.000 € | 251.125 € | 223.210 € | 195.239 € | 167.187 € | 139.008 € | 110.700 € | 82.310 € | 74.511 € | 67.716 € | 63.358 € |
| 93.000 € | 267.941 € | 238.441 € | 208.868 € | 179.195 € | 149.374 € | 119.400 € | 89.326 € | 74.632 € | 67.716 € | 63.358 € |
| 96.000 € | 284.757 € | 253.671 € | 222.496 € | 191.204 € | 159.740 € | 128.101 € | 96.342 € | 74.754 € | 67.716 € | 63.358 € |
| 99.000 € | 301.573 € | 268.902 € | 236.125 € | 203.212 € | 170.106 € | 136.801 € | 103.358 € | 74.875 € | 67.716 € | 63.358 € |
| 102.000 € | 318.389 € | 284.133 € | 249.754 € | 215.220 € | 180.471 € | 145.501 € | 110.374 € | 74.997 € | 67.716 € | 63.358 € |
| 105.000 € | 335.204 € | 299.363 € | 263.383 € | 227.229 € | 190.837 € | 154.202 € | 117.390 € | 80.304 € | 67.716 € | 63.358 € |
| 108.000 € | 352.020 € | 314.594 € | 277.011 € | 239.237 € | 201.203 € | 162.902 € | 124.406 € | 85.612 € | 67.716 € | 63.358 € |
| 111.000 € | 368.836 € | 329.825 € | 290.640 € | 251.245 € | 211.569 € | 171.602 € | 131.422 € | 90.920 € | 67.716 € | 63.358 € |
| 114.000 € | 385.652 € | 345.055 € | 304.269 € | 263.254 € | 221.935 € | 180.302 € | 138.438 € | 96.227 € | 67.716 € | 63.358 € |
| 117.000 € | 402.468 € | 360.286 € | 317.898 € | 275.262 € | 232.300 € | 189.003 € | 145.454 € | 101.535 € | 67.716 € | 63.358 € |
| 120.000 € | 419.284 € | 375.516 € | 331.526 € | 287.270 € | 242.666 € | 197.703 € | 152.470 € | 106.842 € | 67.716 € | 63.358 € |

# TABLA 1.C.1
## Lucro cesante del cónyuge
Años de duración del matrimonio: 33 años

| Ingreso neto | Edad del cónyuge | | | | | | | | | | |
|---|---|---|---|---|---|---|---|---|---|---|---|
| Hasta | 67 | 68 | 69 | 70 | 71 | 72 | 73 | 74 | 75 | 76 | 77 |
| 9.000 € | 12.390 € | 11.956 € | 11.515 € | 11.058 € | 10.620 € | 10.178 € | 9.713 € | 9.267 € | 8.838 € | 8.406 € | 7.975 € |
| 12.000 € | 16.520 € | 15.941 € | 15.353 € | 14.744 € | 14.160 € | 13.570 € | 12.951 € | 12.356 € | 11.784 € | 11.209 € | 10.634 € |
| 15.000 € | 20.650 € | 19.926 € | 19.192 € | 18.430 € | 17.700 € | 16.963 € | 16.189 € | 15.446 € | 14.730 € | 14.011 € | 13.292 € |
| 18.000 € | 24.780 € | 23.912 € | 23.030 € | 22.116 € | 21.240 € | 20.356 € | 19.427 € | 18.535 € | 17.677 € | 16.813 € | 15.950 € |
| 21.000 € | 28.909 € | 27.897 € | 26.868 € | 25.802 € | 24.780 € | 23.748 € | 22.664 € | 21.624 € | 20.623 € | 19.615 € | 18.609 € |
| 24.000 € | 33.039 € | 31.882 € | 30.707 € | 29.488 € | 28.319 € | 27.141 € | 25.902 € | 24.713 € | 23.569 € | 22.417 € | 21.267 € |
| 27.000 € | 37.169 € | 35.867 € | 34.545 € | 33.174 € | 31.859 € | 30.533 € | 29.140 € | 27.802 € | 26.515 € | 25.219 € | 23.926 € |
| 30.000 € | 41.299 € | 39.853 € | 38.383 € | 36.860 € | 35.399 € | 33.926 € | 32.378 € | 30.891 € | 29.461 € | 28.021 € | 26.584 € |
| 33.000 € | 45.429 € | 43.838 € | 42.222 € | 40.546 € | 38.939 € | 37.318 € | 35.615 € | 33.980 € | 32.407 € | 30.823 € | 29.243 € |
| 36.000 € | 49.559 € | 47.823 € | 46.060 € | 44.232 € | 42.479 € | 40.711 € | 38.853 € | 37.069 € | 35.353 € | 33.626 € | 31.901 € |
| 39.000 € | 53.689 € | 51.808 € | 49.898 € | 47.918 € | 46.019 € | 44.104 € | 42.091 € | 40.158 € | 38.299 € | 36.428 € | 34.559 € |
| 42.000 € | 53.689 € | 51.808 € | 49.898 € | 47.918 € | 46.019 € | 44.104 € | 42.091 € | 40.158 € | 38.299 € | 36.428 € | 34.559 € |
| 45.000 € | 53.689 € | 51.808 € | 49.898 € | 47.918 € | 46.019 € | 44.104 € | 42.091 € | 40.158 € | 38.299 € | 36.428 € | 34.559 € |
| 48.000 € | 53.689 € | 51.808 € | 49.898 € | 47.918 € | 46.019 € | 44.104 € | 42.091 € | 40.158 € | 38.299 € | 36.428 € | 34.559 € |
| 51.000 € | 53.689 € | 51.808 € | 49.898 € | 47.918 € | 46.019 € | 44.104 € | 42.091 € | 40.158 € | 38.299 € | 36.428 € | 34.559 € |
| 54.000 € | 53.689 € | 51.808 € | 49.898 € | 47.918 € | 46.019 € | 44.104 € | 42.091 € | 40.158 € | 38.299 € | 36.428 € | 34.559 € |
| 57.000 € | 53.689 € | 51.808 € | 49.898 € | 47.918 € | 46.019 € | 44.104 € | 42.091 € | 40.158 € | 38.299 € | 36.428 € | 34.559 € |
| 60.000 € | 53.689 € | 51.808 € | 49.898 € | 47.918 € | 46.019 € | 44.104 € | 42.091 € | 40.158 € | 38.299 € | 36.428 € | 34.559 € |
| 63.000 € | 53.689 € | 51.808 € | 49.898 € | 47.918 € | 46.019 € | 44.104 € | 42.091 € | 40.158 € | 38.299 € | 36.428 € | 34.559 € |
| 66.000 € | 53.689 € | 51.808 € | 49.898 € | 47.918 € | 46.019 € | 44.104 € | 42.091 € | 40.158 € | 38.299 € | 36.428 € | 34.559 € |
| 69.000 € | 53.689 € | 51.808 € | 49.898 € | 47.918 € | 46.019 € | 44.104 € | 42.091 € | 40.158 € | 38.299 € | 36.428 € | 34.559 € |
| 72.000 € | 53.689 € | 51.808 € | 49.898 € | 47.918 € | 46.019 € | 44.104 € | 42.091 € | 40.158 € | 38.299 € | 36.428 € | 34.559 € |
| 75.000 € | 53.689 € | 51.808 € | 49.898 € | 47.918 € | 46.019 € | 44.104 € | 42.091 € | 40.158 € | 38.299 € | 36.428 € | 34.559 € |
| 78.000 € | 53.689 € | 51.808 € | 49.898 € | 47.918 € | 46.019 € | 44.104 € | 42.091 € | 40.158 € | 38.299 € | 36.428 € | 34.559 € |
| 81.000 € | 53.689 € | 51.808 € | 49.898 € | 47.918 € | 46.019 € | 44.104 € | 42.091 € | 40.158 € | 38.299 € | 36.428 € | 34.559 € |
| 84.000 € | 53.689 € | 51.808 € | 49.898 € | 47.918 € | 46.019 € | 44.104 € | 42.091 € | 40.158 € | 38.299 € | 36.428 € | 34.559 € |
| 87.000 € | 53.689 € | 51.808 € | 49.898 € | 47.918 € | 46.019 € | 44.104 € | 42.091 € | 40.158 € | 38.299 € | 36.428 € | 34.559 € |
| 90.000 € | 53.689 € | 51.808 € | 49.898 € | 47.918 € | 46.019 € | 44.104 € | 42.091 € | 40.158 € | 38.299 € | 36.428 € | 34.559 € |
| 93.000 € | 53.689 € | 51.808 € | 49.898 € | 47.918 € | 46.019 € | 44.104 € | 42.091 € | 40.158 € | 38.299 € | 36.428 € | 34.559 € |
| 96.000 € | 53.689 € | 51.808 € | 49.898 € | 47.918 € | 46.019 € | 44.104 € | 42.091 € | 40.158 € | 38.299 € | 36.428 € | 34.559 € |
| 99.000 € | 53.689 € | 51.808 € | 49.898 € | 47.918 € | 46.019 € | 44.104 € | 42.091 € | 40.158 € | 38.299 € | 36.428 € | 34.559 € |
| 102.000 € | 53.689 € | 51.808 € | 49.898 € | 47.918 € | 46.019 € | 44.104 € | 42.091 € | 40.158 € | 38.299 € | 36.428 € | 34.559 € |
| 105.000 € | 53.689 € | 51.808 € | 49.898 € | 47.918 € | 46.019 € | 44.104 € | 42.091 € | 40.158 € | 38.299 € | 36.428 € | 34.559 € |
| 108.000 € | 53.689 € | 51.808 € | 49.898 € | 47.918 € | 46.019 € | 44.104 € | 42.091 € | 40.158 € | 38.299 € | 36.428 € | 34.559 € |
| 111.000 € | 53.689 € | 51.808 € | 49.898 € | 47.918 € | 46.019 € | 44.104 € | 42.091 € | 40.158 € | 38.299 € | 36.428 € | 34.559 € |
| 114.000 € | 53.689 € | 51.808 € | 49.898 € | 47.918 € | 46.019 € | 44.104 € | 42.091 € | 40.158 € | 38.299 € | 36.428 € | 34.559 € |
| 117.000 € | 53.689 € | 51.808 € | 49.898 € | 47.918 € | 46.019 € | 44.104 € | 42.091 € | 40.158 € | 38.299 € | 36.428 € | 34.559 € |
| 120.000 € | 53.689 € | 51.808 € | 49.898 € | 47.918 € | 46.019 € | 44.104 € | 42.091 € | 40.158 € | 38.299 € | 36.428 € | 34.559 € |

# TABLA 1.C.1
## Lucro cesante del cónyuge
### Años de duración del matrimonio: 33 años

| Ingreso neto | Edad del cónyuge | | | | | | | | | | |
|---|---|---|---|---|---|---|---|---|---|---|---|
| Hasta | 78 | 79 | 80 | 81 | 82 | 83 | 84 | 85 | 86 | 87 | 88 |
| 9.000 € | 7.553 € | 7.143 € | 6.738 € | 6.346 € | 5.968 € | 5.601 € | 5.245 € | 4.908 € | 4.584 € | 4.276 € | 3.985 € |
| 12.000 € | 10.071 € | 9.524 € | 8.983 € | 8.461 € | 7.957 € | 7.468 € | 6.994 € | 6.544 € | 6.113 € | 5.702 € | 5.314 € |
| 15.000 € | 12.588 € | 11.905 € | 11.229 € | 10.576 € | 9.947 € | 9.335 € | 8.742 € | 8.180 € | 7.641 € | 7.127 € | 6.642 € |
| 18.000 € | 15.106 € | 14.286 € | 13.475 € | 12.692 € | 11.936 € | 11.202 € | 10.490 € | 9.816 € | 9.169 € | 8.552 € | 7.971 € |
| 21.000 € | 17.624 € | 16.667 € | 15.721 € | 14.807 € | 13.925 € | 13.069 € | 12.239 € | 11.452 € | 10.697 € | 9.978 € | 9.299 € |
| 24.000 € | 20.141 € | 19.048 € | 17.967 € | 16.922 € | 15.915 € | 14.936 € | 13.987 € | 13.088 € | 12.225 € | 11.403 € | 10.628 € |
| 27.000 € | 22.659 € | 21.429 € | 20.213 € | 19.038 € | 17.904 € | 16.803 € | 15.735 € | 14.724 € | 13.753 € | 12.829 € | 11.956 € |
| 30.000 € | 25.177 € | 23.810 € | 22.459 € | 21.153 € | 19.893 € | 18.669 € | 17.484 € | 16.360 € | 15.282 € | 14.254 € | 13.285 € |
| 33.000 € | 27.694 € | 26.191 € | 24.704 € | 23.268 € | 21.883 € | 20.536 € | 19.232 € | 17.996 € | 16.810 € | 15.679 € | 14.613 € |
| 36.000 € | 30.212 € | 28.572 € | 26.950 € | 25.383 € | 23.872 € | 22.403 € | 20.981 € | 19.632 € | 18.338 € | 17.105 € | 15.942 € |
| 39.000 € | 32.730 € | 30.953 € | 29.196 € | 27.499 € | 25.861 € | 24.270 € | 22.729 € | 21.268 € | 19.866 € | 18.530 € | 17.270 € |
| 42.000 € | 32.730 € | 30.953 € | 29.196 € | 27.499 € | 25.861 € | 24.270 € | 22.729 € | 21.268 € | 19.866 € | 18.530 € | 17.270 € |
| 45.000 € | 32.730 € | 30.953 € | 29.196 € | 27.499 € | 25.861 € | 24.270 € | 22.729 € | 21.268 € | 19.866 € | 18.530 € | 17.270 € |
| 48.000 € | 32.730 € | 30.953 € | 29.196 € | 27.499 € | 25.861 € | 24.270 € | 22.729 € | 21.268 € | 19.866 € | 18.530 € | 17.270 € |
| 51.000 € | 32.730 € | 30.953 € | 29.196 € | 27.499 € | 25.861 € | 24.270 € | 22.729 € | 21.268 € | 19.866 € | 18.530 € | 17.270 € |
| 54.000 € | 32.730 € | 30.953 € | 29.196 € | 27.499 € | 25.861 € | 24.270 € | 22.729 € | 21.268 € | 19.866 € | 18.530 € | 17.270 € |
| 57.000 € | 32.730 € | 30.953 € | 29.196 € | 27.499 € | 25.861 € | 24.270 € | 22.729 € | 21.268 € | 19.866 € | 18.530 € | 17.270 € |
| 60.000 € | 32.730 € | 30.953 € | 29.196 € | 27.499 € | 25.861 € | 24.270 € | 22.729 € | 21.268 € | 19.866 € | 18.530 € | 17.270 € |
| 63.000 € | 32.730 € | 30.953 € | 29.196 € | 27.499 € | 25.861 € | 24.270 € | 22.729 € | 21.268 € | 19.866 € | 18.530 € | 17.270 € |
| 66.000 € | 32.730 € | 30.953 € | 29.196 € | 27.499 € | 25.861 € | 24.270 € | 22.729 € | 21.268 € | 19.866 € | 18.530 € | 17.270 € |
| 69.000 € | 32.730 € | 30.953 € | 29.196 € | 27.499 € | 25.861 € | 24.270 € | 22.729 € | 21.268 € | 19.866 € | 18.530 € | 17.270 € |
| 72.000 € | 32.730 € | 30.953 € | 29.196 € | 27.499 € | 25.861 € | 24.270 € | 22.729 € | 21.268 € | 19.866 € | 18.530 € | 17.270 € |
| 75.000 € | 32.730 € | 30.953 € | 29.196 € | 27.499 € | 25.861 € | 24.270 € | 22.729 € | 21.268 € | 19.866 € | 18.530 € | 17.270 € |
| 78.000 € | 32.730 € | 30.953 € | 29.196 € | 27.499 € | 25.861 € | 24.270 € | 22.729 € | 21.268 € | 19.866 € | 18.530 € | 17.270 € |
| 81.000 € | 32.730 € | 30.953 € | 29.196 € | 27.499 € | 25.861 € | 24.270 € | 22.729 € | 21.268 € | 19.866 € | 18.530 € | 17.270 € |
| 84.000 € | 32.730 € | 30.953 € | 29.196 € | 27.499 € | 25.861 € | 24.270 € | 22.729 € | 21.268 € | 19.866 € | 18.530 € | 17.270 € |
| 87.000 € | 32.730 € | 30.953 € | 29.196 € | 27.499 € | 25.861 € | 24.270 € | 22.729 € | 21.268 € | 19.866 € | 18.530 € | 17.270 € |
| 90.000 € | 32.730 € | 30.953 € | 29.196 € | 27.499 € | 25.861 € | 24.270 € | 22.729 € | 21.268 € | 19.866 € | 18.530 € | 17.270 € |
| 93.000 € | 32.730 € | 30.953 € | 29.196 € | 27.499 € | 25.861 € | 24.270 € | 22.729 € | 21.268 € | 19.866 € | 18.530 € | 17.270 € |
| 96.000 € | 32.730 € | 30.953 € | 29.196 € | 27.499 € | 25.861 € | 24.270 € | 22.729 € | 21.268 € | 19.866 € | 18.530 € | 17.270 € |
| 99.000 € | 32.730 € | 30.953 € | 29.196 € | 27.499 € | 25.861 € | 24.270 € | 22.729 € | 21.268 € | 19.866 € | 18.530 € | 17.270 € |
| 102.000 € | 32.730 € | 30.953 € | 29.196 € | 27.499 € | 25.861 € | 24.270 € | 22.729 € | 21.268 € | 19.866 € | 18.530 € | 17.270 € |
| 105.000 € | 32.730 € | 30.953 € | 29.196 € | 27.499 € | 25.861 € | 24.270 € | 22.729 € | 21.268 € | 19.866 € | 18.530 € | 17.270 € |
| 108.000 € | 32.730 € | 30.953 € | 29.196 € | 27.499 € | 25.861 € | 24.270 € | 22.729 € | 21.268 € | 19.866 € | 18.530 € | 17.270 € |
| 111.000 € | 32.730 € | 30.953 € | 29.196 € | 27.499 € | 25.861 € | 24.270 € | 22.729 € | 21.268 € | 19.866 € | 18.530 € | 17.270 € |
| 114.000 € | 32.730 € | 30.953 € | 29.196 € | 27.499 € | 25.861 € | 24.270 € | 22.729 € | 21.268 € | 19.866 € | 18.530 € | 17.270 € |
| 117.000 € | 32.730 € | 30.953 € | 29.196 € | 27.499 € | 25.861 € | 24.270 € | 22.729 € | 21.268 € | 19.866 € | 18.530 € | 17.270 € |
| 120.000 € | 32.730 € | 30.953 € | 29.196 € | 27.499 € | 25.861 € | 24.270 € | 22.729 € | 21.268 € | 19.866 € | 18.530 € | 17.270 € |

# TABLA 1.C.1
## Lucro cesante del cónyuge
### Años de duración del matrimonio: 33 años

| Ingreso neto | Edad del cónyuge | | | | | | | | | | |
|---|---|---|---|---|---|---|---|---|---|---|---|
| Hasta | 89 | 90 | 91 | 92 | 93 | 94 | 95 | 96 | 97 | 98 | 99 o más |
| 9.000 € | 3.715 € | 3.459 € | 3.206 € | 3.000 € | 3.000 € | 3.000 € | 3.000 € | 3.000 € | 3.000 € | 3.000 € | 3.000 € |
| 12.000 € | 4.954 € | 4.612 € | 4.274 € | 3.944 € | 3.580 € | 3.269 € | 3.000 € | 3.000 € | 3.000 € | 3.000 € | 3.000 € |
| 15.000 € | 6.192 € | 5.764 € | 5.343 € | 4.930 € | 4.474 € | 4.086 € | 3.656 € | 3.205 € | 3.000 € | 3.000 € | 3.000 € |
| 18.000 € | 7.431 € | 6.917 € | 6.411 € | 5.916 € | 5.369 € | 4.903 € | 4.387 € | 3.846 € | 3.243 € | 3.000 € | 3.000 € |
| 21.000 € | 8.669 € | 8.070 € | 7.480 € | 6.902 € | 6.264 € | 5.720 € | 5.118 € | 4.487 € | 3.784 € | 3.000 € | 3.000 € |
| 24.000 € | 9.907 € | 9.223 € | 8.548 € | 7.887 € | 7.159 € | 6.537 € | 5.849 € | 5.128 € | 4.325 € | 3.287 € | 3.000 € |
| 27.000 € | 11.146 € | 10.376 € | 9.617 € | 8.873 € | 8.054 € | 7.355 € | 6.581 € | 5.769 € | 4.865 € | 3.698 € | 3.000 € |
| 30.000 € | 12.384 € | 11.529 € | 10.685 € | 9.859 € | 8.949 € | 8.172 € | 7.312 € | 6.410 € | 5.406 € | 4.108 € | 3.000 € |
| 33.000 € | 13.623 € | 12.682 € | 11.754 € | 10.845 € | 9.844 € | 8.989 € | 8.043 € | 7.051 € | 5.946 € | 4.519 € | 3.000 € |
| 36.000 € | 14.861 € | 13.835 € | 12.822 € | 11.831 € | 10.739 € | 9.806 € | 8.774 € | 7.692 € | 6.487 € | 4.930 € | 3.000 € |
| 39.000 € | 16.100 € | 14.988 € | 13.891 € | 12.817 € | 11.634 € | 10.623 € | 9.505 € | 8.333 € | 7.027 € | 5.341 € | 3.120 € |
| 42.000 € | 16.100 € | 14.988 € | 13.891 € | 12.817 € | 11.634 € | 10.623 € | 9.505 € | 8.333 € | 7.027 € | 5.341 € | 3.120 € |
| 45.000 € | 16.100 € | 14.988 € | 13.891 € | 12.817 € | 11.634 € | 10.623 € | 9.505 € | 8.333 € | 7.027 € | 5.341 € | 3.120 € |
| 48.000 € | 16.100 € | 14.988 € | 13.891 € | 12.817 € | 11.634 € | 10.623 € | 9.505 € | 8.333 € | 7.027 € | 5.341 € | 3.120 € |
| 51.000 € | 16.100 € | 14.988 € | 13.891 € | 12.817 € | 11.634 € | 10.623 € | 9.505 € | 8.333 € | 7.027 € | 5.341 € | 3.120 € |
| 54.000 € | 16.100 € | 14.988 € | 13.891 € | 12.817 € | 11.634 € | 10.623 € | 9.505 € | 8.333 € | 7.027 € | 5.341 € | 3.120 € |
| 57.000 € | 16.100 € | 14.988 € | 13.891 € | 12.817 € | 11.634 € | 10.623 € | 9.505 € | 8.333 € | 7.027 € | 5.341 € | 3.120 € |
| 60.000 € | 16.100 € | 14.988 € | 13.891 € | 12.817 € | 11.634 € | 10.623 € | 9.505 € | 8.333 € | 7.027 € | 5.341 € | 3.120 € |
| 63.000 € | 16.100 € | 14.988 € | 13.891 € | 12.817 € | 11.634 € | 10.623 € | 9.505 € | 8.333 € | 7.027 € | 5.341 € | 3.120 € |
| 66.000 € | 16.100 € | 14.988 € | 13.891 € | 12.817 € | 11.634 € | 10.623 € | 9.505 € | 8.333 € | 7.027 € | 5.341 € | 3.120 € |
| 69.000 € | 16.100 € | 14.988 € | 13.891 € | 12.817 € | 11.634 € | 10.623 € | 9.505 € | 8.333 € | 7.027 € | 5.341 € | 3.120 € |
| 72.000 € | 16.100 € | 14.988 € | 13.891 € | 12.817 € | 11.634 € | 10.623 € | 9.505 € | 8.333 € | 7.027 € | 5.341 € | 3.120 € |
| 75.000 € | 16.100 € | 14.988 € | 13.891 € | 12.817 € | 11.634 € | 10.623 € | 9.505 € | 8.333 € | 7.027 € | 5.341 € | 3.120 € |
| 78.000 € | 16.100 € | 14.988 € | 13.891 € | 12.817 € | 11.634 € | 10.623 € | 9.505 € | 8.333 € | 7.027 € | 5.341 € | 3.120 € |
| 81.000 € | 16.100 € | 14.988 € | 13.891 € | 12.817 € | 11.634 € | 10.623 € | 9.505 € | 8.333 € | 7.027 € | 5.341 € | 3.120 € |
| 84.000 € | 16.100 € | 14.988 € | 13.891 € | 12.817 € | 11.634 € | 10.623 € | 9.505 € | 8.333 € | 7.027 € | 5.341 € | 3.120 € |
| 87.000 € | 16.100 € | 14.988 € | 13.891 € | 12.817 € | 11.634 € | 10.623 € | 9.505 € | 8.333 € | 7.027 € | 5.341 € | 3.120 € |
| 90.000 € | 16.100 € | 14.988 € | 13.891 € | 12.817 € | 11.634 € | 10.623 € | 9.505 € | 8.333 € | 7.027 € | 5.341 € | 3.120 € |
| 93.000 € | 16.100 € | 14.988 € | 13.891 € | 12.817 € | 11.634 € | 10.623 € | 9.505 € | 8.333 € | 7.027 € | 5.341 € | 3.120 € |
| 96.000 € | 16.100 € | 14.988 € | 13.891 € | 12.817 € | 11.634 € | 10.623 € | 9.505 € | 8.333 € | 7.027 € | 5.341 € | 3.120 € |
| 99.000 € | 16.100 € | 14.988 € | 13.891 € | 12.817 € | 11.634 € | 10.623 € | 9.505 € | 8.333 € | 7.027 € | 5.341 € | 3.120 € |
| 102.000 € | 16.100 € | 14.988 € | 13.891 € | 12.817 € | 11.634 € | 10.623 € | 9.505 € | 8.333 € | 7.027 € | 5.341 € | 3.120 € |
| 105.000 € | 16.100 € | 14.988 € | 13.891 € | 12.817 € | 11.634 € | 10.623 € | 9.505 € | 8.333 € | 7.027 € | 5.341 € | 3.120 € |
| 108.000 € | 16.100 € | 14.988 € | 13.891 € | 12.817 € | 11.634 € | 10.623 € | 9.505 € | 8.333 € | 7.027 € | 5.341 € | 3.120 € |
| 111.000 € | 16.100 € | 14.988 € | 13.891 € | 12.817 € | 11.634 € | 10.623 € | 9.505 € | 8.333 € | 7.027 € | 5.341 € | 3.120 € |
| 114.000 € | 16.100 € | 14.988 € | 13.891 € | 12.817 € | 11.634 € | 10.623 € | 9.505 € | 8.333 € | 7.027 € | 5.341 € | 3.120 € |
| 117.000 € | 16.100 € | 14.988 € | 13.891 € | 12.817 € | 11.634 € | 10.623 € | 9.505 € | 8.333 € | 7.027 € | 5.341 € | 3.120 € |
| 120.000 € | 16.100 € | 14.988 € | 13.891 € | 12.817 € | 11.634 € | 10.623 € | 9.505 € | 8.333 € | 7.027 € | 5.341 € | 3.120 € |

# TABLA 1.C.1
## Lucro cesante del cónyuge
Años de duración del matrimonio: 34 años

Ingreso netc Edad del cónyuge Edad del cói

| Hasta | 48 | 49 | 50 | 51 | 52 | 53 | 54 | 55 | 56 | 57 |
|---|---|---|---|---|---|---|---|---|---|---|
| 9.000 € | 35.625 € | 35.016 € | 34.307 € | 33.485 € | 32.553 € | 31.549 € | 30.490 € | 29.402 € | 28.241 € | 26.968 € |
| 12.000 € | 47.501 € | 46.688 € | 45.742 € | 44.647 € | 43.404 € | 42.066 € | 40.653 € | 39.202 € | 37.655 € | 35.957 € |
| 15.000 € | 59.376 € | 58.360 € | 57.178 € | 55.808 € | 54.255 € | 52.582 € | 50.816 € | 49.003 € | 47.069 € | 44.947 € |
| 18.000 € | 71.251 € | 70.032 € | 68.613 € | 66.970 € | 65.106 € | 63.099 € | 60.979 € | 58.803 € | 56.483 € | 53.936 € |
| 21.000 € | 83.126 € | 81.704 € | 80.049 € | 78.132 € | 75.957 € | 73.615 € | 71.142 € | 68.604 € | 65.897 € | 62.925 € |
| 24.000 € | 95.001 € | 93.376 € | 91.485 € | 89.293 € | 86.808 € | 84.132 € | 81.305 € | 78.405 € | 75.311 € | 71.915 € |
| 27.000 € | 106.876 € | 105.049 € | 102.920 € | 100.455 € | 97.659 € | 94.648 € | 91.469 € | 88.205 € | 84.724 € | 80.904 € |
| 30.000 € | 118.752 € | 116.721 € | 114.356 € | 111.616 € | 108.510 € | 105.165 € | 101.632 € | 98.006 € | 94.138 € | 89.893 € |
| 33.000 € | 122.227 € | 121.437 € | 120.726 € | 120.088 € | 119.361 € | 115.681 € | 111.795 € | 107.806 € | 103.552 € | 98.883 € |
| 36.000 € | 123.904 € | 121.847 € | 121.618 € | 121.390 € | 119.389 € | 117.384 € | 112.607 € | 109.607 € | 104.477 € | 100.419 € |
| 39.000 € | 125.593 € | 122.255 € | 122.255 € | 122.255 € | 119.417 € | 119.100 € | 113.419 € | 111.425 € | 105.403 € | 101.916 € |
| 42.000 € | 127.293 € | 122.663 € | 122.663 € | 122.663 € | 119.445 € | 119.445 € | 114.232 € | 113.263 € | 106.332 € | 103.425 € |
| 45.000 € | 129.009 € | 123.069 € | 123.069 € | 123.069 € | 119.473 € | 119.473 € | 115.046 € | 115.046 € | 107.264 € | 104.949 € |
| 48.000 € | 130.739 € | 123.475 € | 123.475 € | 123.475 € | 119.501 € | 119.501 € | 115.863 € | 115.863 € | 108.201 € | 106.488 € |
| 51.000 € | 132.486 € | 123.881 € | 123.881 € | 123.881 € | 119.529 € | 119.529 € | 116.683 € | 116.683 € | 109.141 € | 108.044 € |
| 54.000 € | 134.250 € | 124.286 € | 124.286 € | 124.286 € | 119.557 € | 119.557 € | 117.505 € | 117.505 € | 110.087 € | 109.617 € |
| 57.000 € | 164.689 € | 153.258 € | 141.926 € | 130.699 € | 119.584 € | 119.584 € | 118.330 € | 118.330 € | 111.038 € | 111.038 € |
| 60.000 € | 195.128 € | 182.229 € | 169.419 € | 156.705 € | 144.093 € | 131.591 € | 119.160 € | 119.160 € | 111.995 € | 111.995 € |
| 63.000 € | 225.567 € | 211.200 € | 196.913 € | 182.712 € | 168.602 € | 154.593 € | 140.638 € | 126.767 € | 112.957 € | 112.957 € |
| 66.000 € | 256.006 € | 240.171 € | 224.407 € | 208.718 € | 193.111 € | 177.595 € | 162.116 € | 146.707 € | 131.339 € | 116.095 € |
| 69.000 € | 286.444 € | 269.143 € | 251.901 € | 234.724 € | 217.620 € | 200.597 € | 183.594 € | 166.647 € | 149.721 € | 132.911 € |
| 72.000 € | 316.883 € | 298.114 € | 279.394 € | 260.731 € | 242.129 € | 223.600 € | 205.072 € | 186.587 € | 168.103 € | 149.727 € |
| 75.000 € | 347.322 € | 327.085 € | 306.888 € | 286.737 € | 266.638 € | 246.602 € | 226.550 € | 206.526 € | 186.485 € | 166.543 € |
| 78.000 € | 377.761 € | 356.056 € | 334.382 € | 312.743 € | 291.147 € | 269.604 € | 248.028 € | 226.466 € | 204.868 € | 183.359 € |
| 81.000 € | 408.200 € | 385.028 € | 361.875 € | 338.749 € | 315.656 € | 292.606 € | 269.506 € | 246.406 € | 223.250 € | 200.174 € |
| 84.000 € | 438.639 € | 413.999 € | 389.369 € | 364.756 € | 340.165 € | 315.609 € | 290.984 € | 266.346 € | 241.632 € | 216.990 € |
| 87.000 € | 469.078 € | 442.970 € | 416.863 € | 390.762 € | 364.674 € | 338.611 € | 312.462 € | 286.286 € | 260.014 € | 233.806 € |
| 90.000 € | 499.517 € | 471.941 € | 444.356 € | 416.768 € | 389.183 € | 361.613 € | 333.940 € | 306.225 € | 278.396 € | 250.622 € |
| 93.000 € | 529.956 € | 500.913 € | 471.850 € | 442.774 € | 413.692 € | 384.615 € | 355.418 € | 326.165 € | 296.778 € | 267.438 € |
| 96.000 € | 560.395 € | 529.884 € | 499.344 € | 468.781 € | 438.201 € | 407.618 € | 376.896 € | 346.105 € | 315.160 € | 284.254 € |
| 99.000 € | 590.834 € | 558.855 € | 526.837 € | 494.787 € | 462.710 € | 430.620 € | 398.374 € | 366.045 € | 333.543 € | 301.069 € |
| 102.000 € | 621.273 € | 587.826 € | 554.331 € | 520.793 € | 487.219 € | 453.622 € | 419.852 € | 385.985 € | 351.925 € | 317.885 € |
| 105.000 € | 651.712 € | 616.798 € | 581.825 € | 546.799 € | 511.728 € | 476.624 € | 441.330 € | 405.924 € | 370.307 € | 334.701 € |
| 108.000 € | 682.150 € | 645.769 € | 609.318 € | 572.806 € | 536.237 € | 499.626 € | 462.809 € | 425.864 € | 388.689 € | 351.517 € |
| 111.000 € | 712.589 € | 674.740 € | 636.812 € | 598.812 € | 560.746 € | 522.629 € | 484.287 € | 445.804 € | 407.071 € | 368.333 € |
| 114.000 € | 743.028 € | 703.711 € | 664.306 € | 624.818 € | 585.255 € | 545.631 € | 505.765 € | 465.744 € | 425.453 € | 385.148 € |
| 117.000 € | 773.467 € | 732.683 € | 691.799 € | 650.825 € | 609.765 € | 568.633 € | 527.243 € | 485.684 € | 443.835 € | 401.964 € |
| 120.000 € | 803.906 € | 761.654 € | 719.293 € | 676.831 € | 634.274 € | 591.635 € | 548.721 € | 505.623 € | 462.217 € | 418.780 € |

# TABLA 1.C.1
## Lucro cesante del cónyuge
### Años de duración del matrimonio: 34 años

Ingreso netcnyuge | Edad del cónyuge

| Hasta | 58 | 59 | 60 | 61 | 62 | 63 | 64 | 65 | 66 | 67 |
|---|---|---|---|---|---|---|---|---|---|---|
| 9.000 € | 25.703 € | 24.418 € | 23.141 € | 21.871 € | 20.606 € | 19.374 € | 18.172 € | 16.998 € | 15.890 € | 12.390 € |
| 12.000 € | 34.271 € | 32.557 € | 30.855 € | 29.161 € | 27.475 € | 25.831 € | 24.229 € | 22.664 € | 21.187 € | 16.520 € |
| 15.000 € | 42.838 € | 40.696 € | 38.569 € | 36.451 € | 34.344 € | 32.289 € | 30.286 € | 28.330 € | 26.484 € | 20.650 € |
| 18.000 € | 51.406 € | 48.835 € | 46.283 € | 43.741 € | 41.213 € | 38.747 € | 36.343 € | 33.996 € | 31.781 € | 24.780 € |
| 21.000 € | 59.973 € | 56.975 € | 53.996 € | 51.032 € | 48.082 € | 45.205 € | 42.401 € | 39.662 € | 37.077 € | 28.909 € |
| 24.000 € | 68.541 € | 65.114 € | 61.710 € | 58.322 € | 54.950 € | 51.663 € | 48.458 € | 45.328 € | 42.374 € | 33.039 € |
| 27.000 € | 77.109 € | 73.253 € | 69.424 € | 65.612 € | 61.819 € | 58.121 € | 54.515 € | 50.994 € | 47.671 € | 37.169 € |
| 30.000 € | 85.676 € | 81.392 € | 77.138 € | 72.902 € | 68.688 € | 64.579 € | 60.572 € | 56.660 € | 52.968 € | 41.299 € |
| 33.000 € | 94.244 € | 89.531 € | 84.852 € | 80.192 € | 75.557 € | 71.036 € | 66.630 € | 62.326 € | 58.264 € | 45.429 € |
| 36.000 € | 98.898 € | 97.421 € | 92.565 € | 87.483 € | 82.425 € | 77.494 € | 72.687 € | 67.992 € | 63.561 € | 49.559 € |
| 39.000 € | 99.101 € | 97.606 € | 92.752 € | 88.162 € | 82.555 € | 77.750 € | 72.786 € | 67.992 € | 63.561 € | 53.689 € |
| 42.000 € | 99.303 € | 97.790 € | 92.937 € | 88.843 € | 82.683 € | 78.005 € | 72.884 € | 67.992 € | 63.561 € | 53.689 € |
| 45.000 € | 99.505 € | 97.973 € | 93.122 € | 89.525 € | 82.811 € | 78.260 € | 72.982 € | 67.992 € | 63.561 € | 53.689 € |
| 48.000 € | 99.706 € | 98.156 € | 93.306 € | 90.210 € | 82.939 € | 78.514 € | 73.079 € | 67.992 € | 63.561 € | 53.689 € |
| 51.000 € | 99.907 € | 98.338 € | 93.490 € | 90.897 € | 83.066 € | 78.768 € | 73.177 € | 67.992 € | 63.561 € | 53.689 € |
| 54.000 € | 100.108 € | 98.520 € | 93.674 € | 91.586 € | 83.194 € | 79.022 € | 73.274 € | 67.992 € | 63.561 € | 53.689 € |
| 57.000 € | 100.308 € | 98.702 € | 93.858 € | 92.279 € | 83.321 € | 79.276 € | 73.371 € | 67.992 € | 63.561 € | 53.689 € |
| 60.000 € | 100.508 € | 98.884 € | 94.041 € | 92.976 € | 83.447 € | 79.530 € | 73.468 € | 67.992 € | 63.561 € | 53.689 € |
| 63.000 € | 100.709 € | 99.065 € | 94.224 € | 93.675 € | 83.574 € | 79.785 € | 73.565 € | 67.992 € | 63.561 € | 53.689 € |
| 66.000 € | 100.909 € | 99.247 € | 94.408 € | 94.379 € | 83.701 € | 80.039 € | 73.661 € | 67.992 € | 63.561 € | 53.689 € |
| 69.000 € | 116.139 € | 99.428 € | 94.591 € | 94.591 € | 83.827 € | 80.294 € | 73.758 € | 67.992 € | 63.561 € | 53.689 € |
| 72.000 € | 131.370 € | 113.057 € | 94.774 € | 94.774 € | 83.954 € | 80.549 € | 73.854 € | 67.992 € | 63.561 € | 53.689 € |
| 75.000 € | 146.600 € | 126.686 € | 106.782 € | 96.513 € | 84.080 € | 80.805 € | 73.951 € | 67.992 € | 63.561 € | 53.689 € |
| 78.000 € | 161.831 € | 140.315 € | 118.791 € | 97.232 € | 84.207 € | 81.061 € | 74.047 € | 67.992 € | 63.561 € | 53.689 € |
| 81.000 € | 177.062 € | 153.944 € | 130.799 € | 107.598 € | 84.333 € | 81.317 € | 74.144 € | 67.992 € | 63.561 € | 53.689 € |
| 84.000 € | 192.292 € | 167.572 € | 142.807 € | 117.964 € | 93.033 € | 81.574 € | 74.240 € | 67.992 € | 63.561 € | 53.689 € |
| 87.000 € | 207.523 € | 181.201 € | 154.816 € | 128.329 € | 101.734 € | 81.832 € | 74.336 € | 67.992 € | 63.561 € | 53.689 € |
| 90.000 € | 222.753 € | 194.830 € | 166.824 € | 138.695 € | 110.434 € | 82.090 € | 74.433 € | 67.992 € | 63.561 € | 53.689 € |
| 93.000 € | 237.984 € | 208.459 € | 178.832 € | 149.061 € | 119.134 € | 89.106 € | 74.529 € | 67.992 € | 63.561 € | 53.689 € |
| 96.000 € | 253.215 € | 222.087 € | 190.841 € | 159.427 € | 127.835 € | 96.122 € | 74.626 € | 67.992 € | 63.561 € | 53.689 € |
| 99.000 € | 268.445 € | 235.716 € | 202.849 € | 169.793 € | 136.535 € | 103.137 € | 74.722 € | 67.992 € | 63.561 € | 53.689 € |
| 102.000 € | 283.676 € | 249.345 € | 214.857 € | 180.158 € | 145.235 € | 110.153 € | 74.819 € | 67.992 € | 63.561 € | 53.689 € |
| 105.000 € | 298.906 € | 262.974 € | 226.866 € | 190.524 € | 153.936 € | 117.169 € | 80.126 € | 67.992 € | 63.561 € | 53.689 € |
| 108.000 € | 314.137 € | 276.602 € | 238.874 € | 200.890 € | 162.636 € | 124.185 € | 85.434 € | 67.992 € | 63.561 € | 53.689 € |
| 111.000 € | 329.368 € | 290.231 € | 250.882 € | 211.256 € | 171.336 € | 131.201 € | 90.742 € | 67.992 € | 63.561 € | 53.689 € |
| 114.000 € | 344.598 € | 303.860 € | 262.891 € | 221.621 € | 180.036 € | 138.217 € | 96.049 € | 67.992 € | 63.561 € | 53.689 € |
| 117.000 € | 359.829 € | 317.489 € | 274.899 € | 231.987 € | 188.737 € | 145.233 € | 101.357 € | 67.992 € | 63.561 € | 53.689 € |
| 120.000 € | 375.060 € | 331.117 € | 286.907 € | 242.353 € | 197.437 € | 152.249 € | 106.664 € | 67.992 € | 63.561 € | 53.689 € |

# TABLA 1.C.1
## Lucro cesante del cónyuge
### Años de duración del matrimonio: 34 años

| Ingreso neto | Edad del cónyuge | | | | | | | | | | |
|---|---|---|---|---|---|---|---|---|---|---|---|
| Hasta | 68 | 69 | 70 | 71 | 72 | 73 | 74 | 75 | 76 | 77 | 78 |
| 9.000 € | 11.956 € | 11.515 € | 11.058 € | 10.620 € | 10.178 € | 9.713 € | 9.267 € | 8.838 € | 8.406 € | 7.975 € | 7.553 € |
| 12.000 € | 15.941 € | 15.353 € | 14.744 € | 14.160 € | 13.570 € | 12.951 € | 12.356 € | 11.784 € | 11.209 € | 10.634 € | 10.071 € |
| 15.000 € | 19.926 € | 19.192 € | 18.430 € | 17.700 € | 16.963 € | 16.189 € | 15.446 € | 14.730 € | 14.011 € | 13.292 € | 12.588 € |
| 18.000 € | 23.912 € | 23.030 € | 22.116 € | 21.240 € | 20.356 € | 19.427 € | 18.535 € | 17.677 € | 16.813 € | 15.950 € | 15.106 € |
| 21.000 € | 27.897 € | 26.868 € | 25.802 € | 24.780 € | 23.748 € | 22.664 € | 21.624 € | 20.623 € | 19.615 € | 18.609 € | 17.624 € |
| 24.000 € | 31.882 € | 30.707 € | 29.488 € | 28.319 € | 27.141 € | 25.902 € | 24.713 € | 23.569 € | 22.417 € | 21.267 € | 20.141 € |
| 27.000 € | 35.867 € | 34.545 € | 33.174 € | 31.859 € | 30.533 € | 29.140 € | 27.802 € | 26.515 € | 25.219 € | 23.926 € | 22.659 € |
| 30.000 € | 39.853 € | 38.383 € | 36.860 € | 35.399 € | 33.926 € | 32.378 € | 30.891 € | 29.461 € | 28.021 € | 26.584 € | 25.177 € |
| 33.000 € | 43.838 € | 42.222 € | 40.546 € | 38.939 € | 37.318 € | 35.615 € | 33.980 € | 32.407 € | 30.823 € | 29.243 € | 27.694 € |
| 36.000 € | 47.823 € | 46.060 € | 44.232 € | 42.479 € | 40.711 € | 38.853 € | 37.069 € | 35.353 € | 33.626 € | 31.901 € | 30.212 € |
| 39.000 € | 51.808 € | 49.898 € | 47.918 € | 46.019 € | 44.104 € | 42.091 € | 40.158 € | 38.299 € | 36.428 € | 34.559 € | 32.730 € |
| 42.000 € | 51.808 € | 49.898 € | 47.918 € | 46.019 € | 44.104 € | 42.091 € | 40.158 € | 38.299 € | 36.428 € | 34.559 € | 32.730 € |
| 45.000 € | 51.808 € | 49.898 € | 47.918 € | 46.019 € | 44.104 € | 42.091 € | 40.158 € | 38.299 € | 36.428 € | 34.559 € | 32.730 € |
| 48.000 € | 51.808 € | 49.898 € | 47.918 € | 46.019 € | 44.104 € | 42.091 € | 40.158 € | 38.299 € | 36.428 € | 34.559 € | 32.730 € |
| 51.000 € | 51.808 € | 49.898 € | 47.918 € | 46.019 € | 44.104 € | 42.091 € | 40.158 € | 38.299 € | 36.428 € | 34.559 € | 32.730 € |
| 54.000 € | 51.808 € | 49.898 € | 47.918 € | 46.019 € | 44.104 € | 42.091 € | 40.158 € | 38.299 € | 36.428 € | 34.559 € | 32.730 € |
| 57.000 € | 51.808 € | 49.898 € | 47.918 € | 46.019 € | 44.104 € | 42.091 € | 40.158 € | 38.299 € | 36.428 € | 34.559 € | 32.730 € |
| 60.000 € | 51.808 € | 49.898 € | 47.918 € | 46.019 € | 44.104 € | 42.091 € | 40.158 € | 38.299 € | 36.428 € | 34.559 € | 32.730 € |
| 63.000 € | 51.808 € | 49.898 € | 47.918 € | 46.019 € | 44.104 € | 42.091 € | 40.158 € | 38.299 € | 36.428 € | 34.559 € | 32.730 € |
| 66.000 € | 51.808 € | 49.898 € | 47.918 € | 46.019 € | 44.104 € | 42.091 € | 40.158 € | 38.299 € | 36.428 € | 34.559 € | 32.730 € |
| 69.000 € | 51.808 € | 49.898 € | 47.918 € | 46.019 € | 44.104 € | 42.091 € | 40.158 € | 38.299 € | 36.428 € | 34.559 € | 32.730 € |
| 72.000 € | 51.808 € | 49.898 € | 47.918 € | 46.019 € | 44.104 € | 42.091 € | 40.158 € | 38.299 € | 36.428 € | 34.559 € | 32.730 € |
| 75.000 € | 51.808 € | 49.898 € | 47.918 € | 46.019 € | 44.104 € | 42.091 € | 40.158 € | 38.299 € | 36.428 € | 34.559 € | 32.730 € |
| 78.000 € | 51.808 € | 49.898 € | 47.918 € | 46.019 € | 44.104 € | 42.091 € | 40.158 € | 38.299 € | 36.428 € | 34.559 € | 32.730 € |
| 81.000 € | 51.808 € | 49.898 € | 47.918 € | 46.019 € | 44.104 € | 42.091 € | 40.158 € | 38.299 € | 36.428 € | 34.559 € | 32.730 € |
| 84.000 € | 51.808 € | 49.898 € | 47.918 € | 46.019 € | 44.104 € | 42.091 € | 40.158 € | 38.299 € | 36.428 € | 34.559 € | 32.730 € |
| 87.000 € | 51.808 € | 49.898 € | 47.918 € | 46.019 € | 44.104 € | 42.091 € | 40.158 € | 38.299 € | 36.428 € | 34.559 € | 32.730 € |
| 90.000 € | 51.808 € | 49.898 € | 47.918 € | 46.019 € | 44.104 € | 42.091 € | 40.158 € | 38.299 € | 36.428 € | 34.559 € | 32.730 € |
| 93.000 € | 51.808 € | 49.898 € | 47.918 € | 46.019 € | 44.104 € | 42.091 € | 40.158 € | 38.299 € | 36.428 € | 34.559 € | 32.730 € |
| 96.000 € | 51.808 € | 49.898 € | 47.918 € | 46.019 € | 44.104 € | 42.091 € | 40.158 € | 38.299 € | 36.428 € | 34.559 € | 32.730 € |
| 99.000 € | 51.808 € | 49.898 € | 47.918 € | 46.019 € | 44.104 € | 42.091 € | 40.158 € | 38.299 € | 36.428 € | 34.559 € | 32.730 € |
| 102.000 € | 51.808 € | 49.898 € | 47.918 € | 46.019 € | 44.104 € | 42.091 € | 40.158 € | 38.299 € | 36.428 € | 34.559 € | 32.730 € |
| 105.000 € | 51.808 € | 49.898 € | 47.918 € | 46.019 € | 44.104 € | 42.091 € | 40.158 € | 38.299 € | 36.428 € | 34.559 € | 32.730 € |
| 108.000 € | 51.808 € | 49.898 € | 47.918 € | 46.019 € | 44.104 € | 42.091 € | 40.158 € | 38.299 € | 36.428 € | 34.559 € | 32.730 € |
| 111.000 € | 51.808 € | 49.898 € | 47.918 € | 46.019 € | 44.104 € | 42.091 € | 40.158 € | 38.299 € | 36.428 € | 34.559 € | 32.730 € |
| 114.000 € | 51.808 € | 49.898 € | 47.918 € | 46.019 € | 44.104 € | 42.091 € | 40.158 € | 38.299 € | 36.428 € | 34.559 € | 32.730 € |
| 117.000 € | 51.808 € | 49.898 € | 47.918 € | 46.019 € | 44.104 € | 42.091 € | 40.158 € | 38.299 € | 36.428 € | 34.559 € | 32.730 € |
| 120.000 € | 51.808 € | 49.898 € | 47.918 € | 46.019 € | 44.104 € | 42.091 € | 40.158 € | 38.299 € | 36.428 € | 34.559 € | 32.730 € |

# TABLA 1.C.1
## Lucro cesante del cónyuge
Años de duración del matrimonio: 34 años

| Ingreso neto | Edad del cónyuge | | | | | | | | | | |
|---|---|---|---|---|---|---|---|---|---|---|---|
| Hasta | 79 | 80 | 81 | 82 | 83 | 84 | 85 | 86 | 87 | 88 | 89 |
| 9.000 € | 7.143 € | 6.738 € | 6.346 € | 5.968 € | 5.601 € | 5.245 € | 4.908 € | 4.584 € | 4.276 € | 3.985 € | 3.715 € |
| 12.000 € | 9.524 € | 8.983 € | 8.461 € | 7.957 € | 7.468 € | 6.994 € | 6.544 € | 6.113 € | 5.702 € | 5.314 € | 4.954 € |
| 15.000 € | 11.905 € | 11.229 € | 10.576 € | 9.947 € | 9.335 € | 8.742 € | 8.180 € | 7.641 € | 7.127 € | 6.642 € | 6.192 € |
| 18.000 € | 14.286 € | 13.475 € | 12.692 € | 11.936 € | 11.202 € | 10.490 € | 9.816 € | 9.169 € | 8.552 € | 7.971 € | 7.431 € |
| 21.000 € | 16.667 € | 15.721 € | 14.807 € | 13.925 € | 13.069 € | 12.239 € | 11.452 € | 10.697 € | 9.978 € | 9.299 € | 8.669 € |
| 24.000 € | 19.048 € | 17.967 € | 16.922 € | 15.915 € | 14.936 € | 13.987 € | 13.088 € | 12.225 € | 11.403 € | 10.628 € | 9.907 € |
| 27.000 € | 21.429 € | 20.213 € | 19.038 € | 17.904 € | 16.803 € | 15.735 € | 14.724 € | 13.753 € | 12.829 € | 11.956 € | 11.146 € |
| 30.000 € | 23.810 € | 22.459 € | 21.153 € | 19.893 € | 18.669 € | 17.484 € | 16.360 € | 15.282 € | 14.254 € | 13.285 € | 12.384 € |
| 33.000 € | 26.191 € | 24.704 € | 23.268 € | 21.883 € | 20.536 € | 19.232 € | 17.996 € | 16.810 € | 15.679 € | 14.613 € | 13.623 € |
| 36.000 € | 28.572 € | 26.950 € | 25.383 € | 23.872 € | 22.403 € | 20.981 € | 19.632 € | 18.338 € | 17.105 € | 15.942 € | 14.861 € |
| 39.000 € | 30.953 € | 29.196 € | 27.499 € | 25.861 € | 24.270 € | 22.729 € | 21.268 € | 19.866 € | 18.530 € | 17.270 € | 16.100 € |
| 42.000 € | 30.953 € | 29.196 € | 27.499 € | 25.861 € | 24.270 € | 22.729 € | 21.268 € | 19.866 € | 18.530 € | 17.270 € | 16.100 € |
| 45.000 € | 30.953 € | 29.196 € | 27.499 € | 25.861 € | 24.270 € | 22.729 € | 21.268 € | 19.866 € | 18.530 € | 17.270 € | 16.100 € |
| 48.000 € | 30.953 € | 29.196 € | 27.499 € | 25.861 € | 24.270 € | 22.729 € | 21.268 € | 19.866 € | 18.530 € | 17.270 € | 16.100 € |
| 51.000 € | 30.953 € | 29.196 € | 27.499 € | 25.861 € | 24.270 € | 22.729 € | 21.268 € | 19.866 € | 18.530 € | 17.270 € | 16.100 € |
| 54.000 € | 30.953 € | 29.196 € | 27.499 € | 25.861 € | 24.270 € | 22.729 € | 21.268 € | 19.866 € | 18.530 € | 17.270 € | 16.100 € |
| 57.000 € | 30.953 € | 29.196 € | 27.499 € | 25.861 € | 24.270 € | 22.729 € | 21.268 € | 19.866 € | 18.530 € | 17.270 € | 16.100 € |
| 60.000 € | 30.953 € | 29.196 € | 27.499 € | 25.861 € | 24.270 € | 22.729 € | 21.268 € | 19.866 € | 18.530 € | 17.270 € | 16.100 € |
| 63.000 € | 30.953 € | 29.196 € | 27.499 € | 25.861 € | 24.270 € | 22.729 € | 21.268 € | 19.866 € | 18.530 € | 17.270 € | 16.100 € |
| 66.000 € | 30.953 € | 29.196 € | 27.499 € | 25.861 € | 24.270 € | 22.729 € | 21.268 € | 19.866 € | 18.530 € | 17.270 € | 16.100 € |
| 69.000 € | 30.953 € | 29.196 € | 27.499 € | 25.861 € | 24.270 € | 22.729 € | 21.268 € | 19.866 € | 18.530 € | 17.270 € | 16.100 € |
| 72.000 € | 30.953 € | 29.196 € | 27.499 € | 25.861 € | 24.270 € | 22.729 € | 21.268 € | 19.866 € | 18.530 € | 17.270 € | 16.100 € |
| 75.000 € | 30.953 € | 29.196 € | 27.499 € | 25.861 € | 24.270 € | 22.729 € | 21.268 € | 19.866 € | 18.530 € | 17.270 € | 16.100 € |
| 78.000 € | 30.953 € | 29.196 € | 27.499 € | 25.861 € | 24.270 € | 22.729 € | 21.268 € | 19.866 € | 18.530 € | 17.270 € | 16.100 € |
| 81.000 € | 30.953 € | 29.196 € | 27.499 € | 25.861 € | 24.270 € | 22.729 € | 21.268 € | 19.866 € | 18.530 € | 17.270 € | 16.100 € |
| 84.000 € | 30.953 € | 29.196 € | 27.499 € | 25.861 € | 24.270 € | 22.729 € | 21.268 € | 19.866 € | 18.530 € | 17.270 € | 16.100 € |
| 87.000 € | 30.953 € | 29.196 € | 27.499 € | 25.861 € | 24.270 € | 22.729 € | 21.268 € | 19.866 € | 18.530 € | 17.270 € | 16.100 € |
| 90.000 € | 30.953 € | 29.196 € | 27.499 € | 25.861 € | 24.270 € | 22.729 € | 21.268 € | 19.866 € | 18.530 € | 17.270 € | 16.100 € |
| 93.000 € | 30.953 € | 29.196 € | 27.499 € | 25.861 € | 24.270 € | 22.729 € | 21.268 € | 19.866 € | 18.530 € | 17.270 € | 16.100 € |
| 96.000 € | 30.953 € | 29.196 € | 27.499 € | 25.861 € | 24.270 € | 22.729 € | 21.268 € | 19.866 € | 18.530 € | 17.270 € | 16.100 € |
| 99.000 € | 30.953 € | 29.196 € | 27.499 € | 25.861 € | 24.270 € | 22.729 € | 21.268 € | 19.866 € | 18.530 € | 17.270 € | 16.100 € |
| 102.000 € | 30.953 € | 29.196 € | 27.499 € | 25.861 € | 24.270 € | 22.729 € | 21.268 € | 19.866 € | 18.530 € | 17.270 € | 16.100 € |
| 105.000 € | 30.953 € | 29.196 € | 27.499 € | 25.861 € | 24.270 € | 22.729 € | 21.268 € | 19.866 € | 18.530 € | 17.270 € | 16.100 € |
| 108.000 € | 30.953 € | 29.196 € | 27.499 € | 25.861 € | 24.270 € | 22.729 € | 21.268 € | 19.866 € | 18.530 € | 17.270 € | 16.100 € |
| 111.000 € | 30.953 € | 29.196 € | 27.499 € | 25.861 € | 24.270 € | 22.729 € | 21.268 € | 19.866 € | 18.530 € | 17.270 € | 16.100 € |
| 114.000 € | 30.953 € | 29.196 € | 27.499 € | 25.861 € | 24.270 € | 22.729 € | 21.268 € | 19.866 € | 18.530 € | 17.270 € | 16.100 € |
| 117.000 € | 30.953 € | 29.196 € | 27.499 € | 25.861 € | 24.270 € | 22.729 € | 21.268 € | 19.866 € | 18.530 € | 17.270 € | 16.100 € |
| 120.000 € | 30.953 € | 29.196 € | 27.499 € | 25.861 € | 24.270 € | 22.729 € | 21.268 € | 19.866 € | 18.530 € | 17.270 € | 16.100 € |

# TABLA 1.C.1
## Lucro cesante del cónyuge
Años de duración del matrimonio: 34 años

| Ingreso neto | Edad del cónyuge | | | | | | | | | |
|---|---|---|---|---|---|---|---|---|---|---|
| Hasta | 90 | 91 | 92 | 93 | 94 | 95 | 96 | 97 | 98 | 99 o más |
| 9.000 € | 3.459 € | 3.206 € | 3.000 € | 3.000 € | 3.000 € | 3.000 € | 3.000 € | 3.000 € | 3.000 € | 3.000 € |
| 12.000 € | 4.612 € | 4.274 € | 3.944 € | 3.580 € | 3.269 € | 3.000 € | 3.000 € | 3.000 € | 3.000 € | 3.000 € |
| 15.000 € | 5.764 € | 5.343 € | 4.930 € | 4.474 € | 4.086 € | 3.656 € | 3.205 € | 3.000 € | 3.000 € | 3.000 € |
| 18.000 € | 6.917 € | 6.411 € | 5.916 € | 5.369 € | 4.903 € | 4.387 € | 3.846 € | 3.243 € | 3.000 € | 3.000 € |
| 21.000 € | 8.070 € | 7.480 € | 6.902 € | 6.264 € | 5.720 € | 5.118 € | 4.487 € | 3.784 € | 3.000 € | 3.000 € |
| 24.000 € | 9.223 € | 8.548 € | 7.887 € | 7.159 € | 6.537 € | 5.849 € | 5.128 € | 4.325 € | 3.287 € | 3.000 € |
| 27.000 € | 10.376 € | 9.617 € | 8.873 € | 8.054 € | 7.355 € | 6.581 € | 5.769 € | 4.865 € | 3.698 € | 3.000 € |
| 30.000 € | 11.529 € | 10.685 € | 9.859 € | 8.949 € | 8.172 € | 7.312 € | 6.410 € | 5.406 € | 4.108 € | 3.000 € |
| 33.000 € | 12.682 € | 11.754 € | 10.845 € | 9.844 € | 8.989 € | 8.043 € | 7.051 € | 5.946 € | 4.519 € | 3.000 € |
| 36.000 € | 13.835 € | 12.822 € | 11.831 € | 10.739 € | 9.806 € | 8.774 € | 7.692 € | 6.487 € | 4.930 € | 3.000 € |
| 39.000 € | 14.988 € | 13.891 € | 12.817 € | 11.634 € | 10.623 € | 9.505 € | 8.333 € | 7.027 € | 5.341 € | 3.120 € |
| 42.000 € | 14.988 € | 13.891 € | 12.817 € | 11.634 € | 10.623 € | 9.505 € | 8.333 € | 7.027 € | 5.341 € | 3.120 € |
| 45.000 € | 14.988 € | 13.891 € | 12.817 € | 11.634 € | 10.623 € | 9.505 € | 8.333 € | 7.027 € | 5.341 € | 3.120 € |
| 48.000 € | 14.988 € | 13.891 € | 12.817 € | 11.634 € | 10.623 € | 9.505 € | 8.333 € | 7.027 € | 5.341 € | 3.120 € |
| 51.000 € | 14.988 € | 13.891 € | 12.817 € | 11.634 € | 10.623 € | 9.505 € | 8.333 € | 7.027 € | 5.341 € | 3.120 € |
| 54.000 € | 14.988 € | 13.891 € | 12.817 € | 11.634 € | 10.623 € | 9.505 € | 8.333 € | 7.027 € | 5.341 € | 3.120 € |
| 57.000 € | 14.988 € | 13.891 € | 12.817 € | 11.634 € | 10.623 € | 9.505 € | 8.333 € | 7.027 € | 5.341 € | 3.120 € |
| 60.000 € | 14.988 € | 13.891 € | 12.817 € | 11.634 € | 10.623 € | 9.505 € | 8.333 € | 7.027 € | 5.341 € | 3.120 € |
| 63.000 € | 14.988 € | 13.891 € | 12.817 € | 11.634 € | 10.623 € | 9.505 € | 8.333 € | 7.027 € | 5.341 € | 3.120 € |
| 66.000 € | 14.988 € | 13.891 € | 12.817 € | 11.634 € | 10.623 € | 9.505 € | 8.333 € | 7.027 € | 5.341 € | 3.120 € |
| 69.000 € | 14.988 € | 13.891 € | 12.817 € | 11.634 € | 10.623 € | 9.505 € | 8.333 € | 7.027 € | 5.341 € | 3.120 € |
| 72.000 € | 14.988 € | 13.891 € | 12.817 € | 11.634 € | 10.623 € | 9.505 € | 8.333 € | 7.027 € | 5.341 € | 3.120 € |
| 75.000 € | 14.988 € | 13.891 € | 12.817 € | 11.634 € | 10.623 € | 9.505 € | 8.333 € | 7.027 € | 5.341 € | 3.120 € |
| 78.000 € | 14.988 € | 13.891 € | 12.817 € | 11.634 € | 10.623 € | 9.505 € | 8.333 € | 7.027 € | 5.341 € | 3.120 € |
| 81.000 € | 14.988 € | 13.891 € | 12.817 € | 11.634 € | 10.623 € | 9.505 € | 8.333 € | 7.027 € | 5.341 € | 3.120 € |
| 84.000 € | 14.988 € | 13.891 € | 12.817 € | 11.634 € | 10.623 € | 9.505 € | 8.333 € | 7.027 € | 5.341 € | 3.120 € |
| 87.000 € | 14.988 € | 13.891 € | 12.817 € | 11.634 € | 10.623 € | 9.505 € | 8.333 € | 7.027 € | 5.341 € | 3.120 € |
| 90.000 € | 14.988 € | 13.891 € | 12.817 € | 11.634 € | 10.623 € | 9.505 € | 8.333 € | 7.027 € | 5.341 € | 3.120 € |
| 93.000 € | 14.988 € | 13.891 € | 12.817 € | 11.634 € | 10.623 € | 9.505 € | 8.333 € | 7.027 € | 5.341 € | 3.120 € |
| 96.000 € | 14.988 € | 13.891 € | 12.817 € | 11.634 € | 10.623 € | 9.505 € | 8.333 € | 7.027 € | 5.341 € | 3.120 € |
| 99.000 € | 14.988 € | 13.891 € | 12.817 € | 11.634 € | 10.623 € | 9.505 € | 8.333 € | 7.027 € | 5.341 € | 3.120 € |
| 102.000 € | 14.988 € | 13.891 € | 12.817 € | 11.634 € | 10.623 € | 9.505 € | 8.333 € | 7.027 € | 5.341 € | 3.120 € |
| 105.000 € | 14.988 € | 13.891 € | 12.817 € | 11.634 € | 10.623 € | 9.505 € | 8.333 € | 7.027 € | 5.341 € | 3.120 € |
| 108.000 € | 14.988 € | 13.891 € | 12.817 € | 11.634 € | 10.623 € | 9.505 € | 8.333 € | 7.027 € | 5.341 € | 3.120 € |
| 111.000 € | 14.988 € | 13.891 € | 12.817 € | 11.634 € | 10.623 € | 9.505 € | 8.333 € | 7.027 € | 5.341 € | 3.120 € |
| 114.000 € | 14.988 € | 13.891 € | 12.817 € | 11.634 € | 10.623 € | 9.505 € | 8.333 € | 7.027 € | 5.341 € | 3.120 € |
| 117.000 € | 14.988 € | 13.891 € | 12.817 € | 11.634 € | 10.623 € | 9.505 € | 8.333 € | 7.027 € | 5.341 € | 3.120 € |
| 120.000 € | 14.988 € | 13.891 € | 12.817 € | 11.634 € | 10.623 € | 9.505 € | 8.333 € | 7.027 € | 5.341 € | 3.120 € |

# TABLA 1.C.1
## Lucro cesante del cónyuge
Años de duración del matrimonio: 35 años

Ingreso netc Edad del cónyuge Edad del có

| Hasta | 49 | 50 | 51 | 52 | 53 | 54 | 55 | 56 | 57 | 58 |
|---|---|---|---|---|---|---|---|---|---|---|
| 9.000 € | 35.800 € | 35.037 € | 34.159 € | 33.168 € | 32.106 € | 30.988 € | 29.844 € | 28.628 € | 27.301 € | 25.986 € |
| 12.000 € | 47.733 € | 46.716 € | 45.545 € | 44.224 € | 42.808 € | 41.317 € | 39.791 € | 38.171 € | 36.401 € | 34.648 € |
| 15.000 € | 59.666 € | 58.395 € | 56.931 € | 55.280 € | 53.510 € | 51.647 € | 49.739 € | 47.713 € | 45.501 € | 43.310 € |
| 18.000 € | 71.599 € | 70.074 € | 68.317 € | 66.336 € | 64.212 € | 61.976 € | 59.687 € | 57.256 € | 54.602 € | 51.972 € |
| 21.000 € | 83.533 € | 81.753 € | 79.704 € | 77.392 € | 74.914 € | 72.305 € | 69.635 € | 66.799 € | 63.702 € | 60.634 € |
| 24.000 € | 95.466 € | 93.432 € | 91.090 € | 88.448 € | 85.616 € | 82.635 € | 79.583 € | 76.341 € | 72.802 € | 69.296 € |
| 27.000 € | 107.399 € | 105.111 € | 102.476 € | 99.504 € | 96.318 € | 92.964 € | 89.531 € | 85.884 € | 81.902 € | 77.958 € |
| 30.000 € | 119.332 € | 116.790 € | 113.862 € | 110.560 € | 107.020 € | 103.294 € | 99.479 € | 95.427 € | 91.003 € | 86.620 € |
| 33.000 € | 123.993 € | 123.194 € | 122.458 € | 121.616 € | 117.722 € | 113.623 € | 109.427 € | 104.969 € | 100.103 € | 95.282 € |
| 36.000 € | 127.306 € | 125.354 € | 123.395 € | 123.395 € | 119.154 € | 114.174 € | 111.036 € | 105.712 € | 101.614 € | 99.968 € |
| 39.000 € | 130.683 € | 127.536 € | 124.332 € | 124.332 € | 120.594 € | 114.724 € | 112.658 € | 106.454 € | 102.962 € | 100.023 € |
| 42.000 € | 134.129 € | 129.743 € | 125.271 € | 125.271 € | 122.042 € | 115.273 € | 114.294 € | 107.197 € | 104.321 € | 100.077 € |
| 45.000 € | 137.648 € | 131.977 € | 126.212 € | 126.212 € | 123.500 € | 115.822 € | 115.822 € | 107.942 € | 105.690 € | 100.131 € |
| 48.000 € | 141.243 € | 134.239 € | 127.156 € | 127.156 € | 124.969 € | 116.372 € | 116.372 € | 108.688 € | 107.071 € | 100.184 € |
| 51.000 € | 144.917 € | 136.531 € | 128.104 € | 128.104 € | 126.450 € | 116.921 € | 116.921 € | 109.437 € | 108.465 € | 100.238 € |
| 54.000 € | 148.673 € | 138.853 € | 129.055 € | 129.055 € | 127.943 € | 117.472 € | 117.472 € | 110.188 € | 109.872 € | 100.291 € |
| 57.000 € | 152.515 € | 141.208 € | 130.010 € | 130.010 € | 129.449 € | 118.023 € | 118.023 € | 110.942 € | 110.942 € | 100.344 € |
| 60.000 € | 181.486 € | 168.702 € | 156.017 € | 143.436 € | 130.968 € | 118.575 € | 118.575 € | 111.699 € | 111.699 € | 100.397 € |
| 63.000 € | 210.457 € | 196.196 € | 182.023 € | 167.945 € | 153.970 € | 140.053 € | 126.225 € | 112.459 € | 112.459 € | 100.450 € |
| 66.000 € | 239.429 € | 223.689 € | 208.029 € | 192.454 € | 176.973 € | 161.531 € | 146.165 € | 130.841 € | 115.643 € | 100.503 € |
| 69.000 € | 268.400 € | 251.183 € | 234.035 € | 216.963 € | 199.975 € | 183.009 € | 166.104 € | 149.223 € | 132.459 € | 115.734 € |
| 72.000 € | 297.371 € | 278.677 € | 260.042 € | 241.472 € | 222.977 € | 204.488 € | 186.044 € | 167.605 € | 149.275 € | 130.964 € |
| 75.000 € | 326.342 € | 306.170 € | 286.048 € | 265.981 € | 245.979 € | 225.966 € | 205.984 € | 185.987 € | 166.090 € | 146.195 € |
| 78.000 € | 355.313 € | 333.664 € | 312.054 € | 290.490 € | 268.982 € | 247.444 € | 225.924 € | 204.370 € | 182.906 € | 161.425 € |
| 81.000 € | 384.285 € | 361.158 € | 338.060 € | 314.999 € | 291.984 € | 268.922 € | 245.864 € | 222.752 € | 199.722 € | 176.656 € |
| 84.000 € | 413.256 € | 388.651 € | 364.067 € | 339.508 € | 314.986 € | 290.400 € | 265.803 € | 241.134 € | 216.538 € | 191.887 € |
| 87.000 € | 442.227 € | 416.145 € | 390.073 € | 364.017 € | 337.988 € | 311.878 € | 285.743 € | 259.516 € | 233.354 € | 207.117 € |
| 90.000 € | 471.198 € | 443.639 € | 416.079 € | 388.526 € | 360.991 € | 333.356 € | 305.683 € | 277.898 € | 250.169 € | 222.348 € |
| 93.000 € | 500.170 € | 471.132 € | 442.085 € | 413.035 € | 383.993 € | 354.834 € | 325.623 € | 296.280 € | 266.985 € | 237.578 € |
| 96.000 € | 529.141 € | 498.626 € | 468.092 € | 437.544 € | 406.995 € | 376.312 € | 345.563 € | 314.662 € | 283.801 € | 252.809 € |
| 99.000 € | 558.112 € | 526.120 € | 494.098 € | 462.053 € | 429.997 € | 397.790 € | 365.502 € | 333.044 € | 300.617 € | 268.040 € |
| 102.000 € | 587.083 € | 553.613 € | 520.104 € | 486.562 € | 452.999 € | 419.268 € | 385.442 € | 351.427 € | 317.433 € | 283.270 € |
| 105.000 € | 616.055 € | 581.107 € | 546.111 € | 511.071 € | 476.002 € | 440.746 € | 405.382 € | 369.809 € | 334.248 € | 298.501 € |
| 108.000 € | 645.026 € | 608.601 € | 572.117 € | 535.580 € | 499.004 € | 462.224 € | 425.322 € | 388.191 € | 351.064 € | 313.731 € |
| 111.000 € | 673.997 € | 636.094 € | 598.123 € | 560.089 € | 522.006 € | 483.702 € | 445.262 € | 406.573 € | 367.880 € | 328.962 € |
| 114.000 € | 702.968 € | 663.588 € | 624.129 € | 584.598 € | 545.008 € | 505.180 € | 465.201 € | 424.955 € | 384.696 € | 344.193 € |
| 117.000 € | 731.940 € | 691.082 € | 650.136 € | 609.107 € | 568.011 € | 526.658 € | 485.141 € | 443.337 € | 401.512 € | 359.423 € |
| 120.000 € | 760.911 € | 718.575 € | 676.142 € | 633.616 € | 591.013 € | 548.137 € | 505.081 € | 461.719 € | 418.328 € | 374.654 € |

# TABLA 1.C.1
## Lucro cesante del cónyuge
Años de duración del matrimonio: 35 años

Ingreso netcnyuge

Edad del cónyuge

| Hasta | 59 | 60 | 61 | 62 | 63 | 64 | 65 | 66 | 67 | 68 |
|---|---|---|---|---|---|---|---|---|---|---|
| 9.000 € | 24.656 € | 23.337 € | 22.029 € | 20.731 € | 19.470 € | 18.244 € | 17.052 € | 15.890 € | 12.390 € | 11.956 € |
| 12.000 € | 32.875 € | 31.116 € | 29.372 € | 27.642 € | 25.959 € | 24.326 € | 22.735 € | 21.187 € | 16.520 € | 15.941 € |
| 15.000 € | 41.094 € | 38.895 € | 36.715 € | 34.552 € | 32.449 € | 30.407 € | 28.419 € | 26.484 € | 20.650 € | 19.926 € |
| 18.000 € | 49.313 € | 46.674 € | 44.058 € | 41.463 € | 38.939 € | 36.489 € | 34.103 € | 31.781 € | 24.780 € | 23.912 € |
| 21.000 € | 57.531 € | 54.453 € | 51.401 € | 48.373 € | 45.429 € | 42.570 € | 39.787 € | 37.077 € | 28.909 € | 27.897 € |
| 24.000 € | 65.750 € | 62.232 € | 58.744 € | 55.283 € | 51.919 € | 48.652 € | 45.471 € | 42.374 € | 33.039 € | 31.882 € |
| 27.000 € | 73.969 € | 70.011 € | 66.087 € | 62.194 € | 58.409 € | 54.733 € | 51.155 € | 47.671 € | 37.169 € | 35.867 € |
| 30.000 € | 82.188 € | 77.790 € | 73.430 € | 69.104 € | 64.899 € | 60.815 € | 56.839 € | 52.968 € | 41.299 € | 39.853 € |
| 33.000 € | 90.407 € | 85.569 € | 80.773 € | 76.015 € | 71.388 € | 66.896 € | 62.523 € | 58.264 € | 45.429 € | 43.838 € |
| 36.000 € | 98.373 € | 93.348 € | 88.116 € | 82.925 € | 77.878 € | 72.977 € | 68.206 € | 63.561 € | 49.559 € | 47.823 € |
| 39.000 € | 98.437 € | 93.443 € | 88.735 € | 83.006 € | 78.103 € | 73.056 € | 68.206 € | 63.561 € | 53.689 € | 51.808 € |
| 42.000 € | 98.501 € | 93.537 € | 89.356 € | 83.086 € | 78.328 € | 73.135 € | 68.206 € | 63.561 € | 53.689 € | 51.808 € |
| 45.000 € | 98.565 € | 93.630 € | 89.977 € | 83.166 € | 78.552 € | 73.213 € | 68.206 € | 63.561 € | 53.689 € | 51.808 € |
| 48.000 € | 98.628 € | 93.724 € | 90.600 € | 83.246 € | 78.776 € | 73.291 € | 68.206 € | 63.561 € | 53.689 € | 51.808 € |
| 51.000 € | 98.691 € | 93.817 € | 91.225 € | 83.325 € | 78.999 € | 73.369 € | 68.206 € | 63.561 € | 53.689 € | 51.808 € |
| 54.000 € | 98.755 € | 93.909 € | 91.852 € | 83.405 € | 79.222 € | 73.447 € | 68.206 € | 63.561 € | 53.689 € | 51.808 € |
| 57.000 € | 98.817 € | 94.002 € | 92.482 € | 83.484 € | 79.446 € | 73.524 € | 68.206 € | 63.561 € | 53.689 € | 51.808 € |
| 60.000 € | 98.880 € | 94.094 € | 93.114 € | 83.563 € | 79.669 € | 73.601 € | 68.206 € | 63.561 € | 53.689 € | 51.808 € |
| 63.000 € | 98.943 € | 94.186 € | 93.748 € | 83.642 € | 79.892 € | 73.678 € | 68.206 € | 63.561 € | 53.689 € | 51.808 € |
| 66.000 € | 99.005 € | 94.279 € | 94.279 € | 83.720 € | 80.116 € | 73.755 € | 68.206 € | 63.561 € | 53.689 € | 51.808 € |
| 69.000 € | 99.068 € | 94.371 € | 94.371 € | 83.799 € | 80.339 € | 73.832 € | 68.206 € | 63.561 € | 53.689 € | 51.808 € |
| 72.000 € | 112.697 € | 94.463 € | 94.463 € | 83.877 € | 80.563 € | 73.909 € | 68.206 € | 63.561 € | 53.689 € | 51.808 € |
| 75.000 € | 126.325 € | 106.471 € | 96.317 € | 83.956 € | 80.787 € | 73.986 € | 68.206 € | 63.561 € | 53.689 € | 51.808 € |
| 78.000 € | 139.954 € | 118.479 € | 96.967 € | 84.034 € | 81.011 € | 74.063 € | 68.206 € | 63.561 € | 53.689 € | 51.808 € |
| 81.000 € | 153.583 € | 130.488 € | 107.333 € | 84.113 € | 81.236 € | 74.140 € | 68.206 € | 63.561 € | 53.689 € | 51.808 € |
| 84.000 € | 167.212 € | 142.496 € | 117.699 € | 92.813 € | 81.461 € | 74.217 € | 68.206 € | 63.561 € | 53.689 € | 51.808 € |
| 87.000 € | 180.841 € | 154.504 € | 128.064 € | 101.513 € | 81.686 € | 74.293 € | 68.206 € | 63.561 € | 53.689 € | 51.808 € |
| 90.000 € | 194.469 € | 166.513 € | 138.430 € | 110.214 € | 81.911 € | 74.370 € | 68.206 € | 63.561 € | 53.689 € | 51.808 € |
| 93.000 € | 208.098 € | 178.521 € | 148.796 € | 118.914 € | 88.927 € | 74.447 € | 68.206 € | 63.561 € | 53.689 € | 51.808 € |
| 96.000 € | 221.727 € | 190.529 € | 159.162 € | 127.614 € | 95.943 € | 74.524 € | 68.206 € | 63.561 € | 53.689 € | 51.808 € |
| 99.000 € | 235.356 € | 202.538 € | 169.527 € | 136.315 € | 102.959 € | 74.600 € | 68.206 € | 63.561 € | 53.689 € | 51.808 € |
| 102.000 € | 248.984 € | 214.546 € | 179.893 € | 145.015 € | 109.975 € | 74.677 € | 68.206 € | 63.561 € | 53.689 € | 51.808 € |
| 105.000 € | 262.613 € | 226.554 € | 190.259 € | 153.715 € | 116.991 € | 79.985 € | 68.206 € | 63.561 € | 53.689 € | 51.808 € |
| 108.000 € | 276.242 € | 238.563 € | 200.625 € | 162.416 € | 124.007 € | 85.292 € | 68.206 € | 63.561 € | 53.689 € | 51.808 € |
| 111.000 € | 289.871 € | 250.571 € | 210.991 € | 171.116 € | 131.023 € | 90.600 € | 68.206 € | 63.561 € | 53.689 € | 51.808 € |
| 114.000 € | 303.499 € | 262.579 € | 221.356 € | 179.816 € | 138.039 € | 95.907 € | 68.206 € | 63.561 € | 53.689 € | 51.808 € |
| 117.000 € | 317.128 € | 274.588 € | 231.722 € | 188.517 € | 145.055 € | 101.215 € | 68.206 € | 63.561 € | 53.689 € | 51.808 € |
| 120.000 € | 330.757 € | 286.596 € | 242.088 € | 197.217 € | 152.071 € | 106.523 € | 68.206 € | 63.561 € | 53.689 € | 51.808 € |

# TABLA 1.C.1
## Lucro cesante del cónyuge
Años de duración del matrimonio: 35 años

| Ingreso neto | Edad del cónyuge | | | | | | | | | | |
|---|---|---|---|---|---|---|---|---|---|---|---|
| Hasta | 69 | 70 | 71 | 72 | 73 | 74 | 75 | 76 | 77 | 78 | 79 |
| 9.000 € | 11.515 € | 11.058 € | 10.620 € | 10.178 € | 9.713 € | 9.267 € | 8.838 € | 8.406 € | 7.975 € | 7.553 € | 7.143 € |
| 12.000 € | 15.353 € | 14.744 € | 14.160 € | 13.570 € | 12.951 € | 12.356 € | 11.784 € | 11.209 € | 10.634 € | 10.071 € | 9.524 € |
| 15.000 € | 19.192 € | 18.430 € | 17.700 € | 16.963 € | 16.189 € | 15.446 € | 14.730 € | 14.011 € | 13.292 € | 12.588 € | 11.905 € |
| 18.000 € | 23.030 € | 22.116 € | 21.240 € | 20.356 € | 19.427 € | 18.535 € | 17.677 € | 16.813 € | 15.950 € | 15.106 € | 14.286 € |
| 21.000 € | 26.868 € | 25.802 € | 24.780 € | 23.748 € | 22.664 € | 21.624 € | 20.623 € | 19.615 € | 18.609 € | 17.624 € | 16.667 € |
| 24.000 € | 30.707 € | 29.488 € | 28.319 € | 27.141 € | 25.902 € | 24.713 € | 23.569 € | 22.417 € | 21.267 € | 20.141 € | 19.048 € |
| 27.000 € | 34.545 € | 33.174 € | 31.859 € | 30.533 € | 29.140 € | 27.802 € | 26.515 € | 25.219 € | 23.926 € | 22.659 € | 21.429 € |
| 30.000 € | 38.383 € | 36.860 € | 35.399 € | 33.926 € | 32.378 € | 30.891 € | 29.461 € | 28.021 € | 26.584 € | 25.177 € | 23.810 € |
| 33.000 € | 42.222 € | 40.546 € | 38.939 € | 37.318 € | 35.615 € | 33.980 € | 32.407 € | 30.823 € | 29.243 € | 27.694 € | 26.191 € |
| 36.000 € | 46.060 € | 44.232 € | 42.479 € | 40.711 € | 38.853 € | 37.069 € | 35.353 € | 33.626 € | 31.901 € | 30.212 € | 28.572 € |
| 39.000 € | 49.898 € | 47.918 € | 46.019 € | 44.104 € | 42.091 € | 40.158 € | 38.299 € | 36.428 € | 34.559 € | 32.730 € | 30.953 € |
| 42.000 € | 49.898 € | 47.918 € | 46.019 € | 44.104 € | 42.091 € | 40.158 € | 38.299 € | 36.428 € | 34.559 € | 32.730 € | 30.953 € |
| 45.000 € | 49.898 € | 47.918 € | 46.019 € | 44.104 € | 42.091 € | 40.158 € | 38.299 € | 36.428 € | 34.559 € | 32.730 € | 30.953 € |
| 48.000 € | 49.898 € | 47.918 € | 46.019 € | 44.104 € | 42.091 € | 40.158 € | 38.299 € | 36.428 € | 34.559 € | 32.730 € | 30.953 € |
| 51.000 € | 49.898 € | 47.918 € | 46.019 € | 44.104 € | 42.091 € | 40.158 € | 38.299 € | 36.428 € | 34.559 € | 32.730 € | 30.953 € |
| 54.000 € | 49.898 € | 47.918 € | 46.019 € | 44.104 € | 42.091 € | 40.158 € | 38.299 € | 36.428 € | 34.559 € | 32.730 € | 30.953 € |
| 57.000 € | 49.898 € | 47.918 € | 46.019 € | 44.104 € | 42.091 € | 40.158 € | 38.299 € | 36.428 € | 34.559 € | 32.730 € | 30.953 € |
| 60.000 € | 49.898 € | 47.918 € | 46.019 € | 44.104 € | 42.091 € | 40.158 € | 38.299 € | 36.428 € | 34.559 € | 32.730 € | 30.953 € |
| 63.000 € | 49.898 € | 47.918 € | 46.019 € | 44.104 € | 42.091 € | 40.158 € | 38.299 € | 36.428 € | 34.559 € | 32.730 € | 30.953 € |
| 66.000 € | 49.898 € | 47.918 € | 46.019 € | 44.104 € | 42.091 € | 40.158 € | 38.299 € | 36.428 € | 34.559 € | 32.730 € | 30.953 € |
| 69.000 € | 49.898 € | 47.918 € | 46.019 € | 44.104 € | 42.091 € | 40.158 € | 38.299 € | 36.428 € | 34.559 € | 32.730 € | 30.953 € |
| 72.000 € | 49.898 € | 47.918 € | 46.019 € | 44.104 € | 42.091 € | 40.158 € | 38.299 € | 36.428 € | 34.559 € | 32.730 € | 30.953 € |
| 75.000 € | 49.898 € | 47.918 € | 46.019 € | 44.104 € | 42.091 € | 40.158 € | 38.299 € | 36.428 € | 34.559 € | 32.730 € | 30.953 € |
| 78.000 € | 49.898 € | 47.918 € | 46.019 € | 44.104 € | 42.091 € | 40.158 € | 38.299 € | 36.428 € | 34.559 € | 32.730 € | 30.953 € |
| 81.000 € | 49.898 € | 47.918 € | 46.019 € | 44.104 € | 42.091 € | 40.158 € | 38.299 € | 36.428 € | 34.559 € | 32.730 € | 30.953 € |
| 84.000 € | 49.898 € | 47.918 € | 46.019 € | 44.104 € | 42.091 € | 40.158 € | 38.299 € | 36.428 € | 34.559 € | 32.730 € | 30.953 € |
| 87.000 € | 49.898 € | 47.918 € | 46.019 € | 44.104 € | 42.091 € | 40.158 € | 38.299 € | 36.428 € | 34.559 € | 32.730 € | 30.953 € |
| 90.000 € | 49.898 € | 47.918 € | 46.019 € | 44.104 € | 42.091 € | 40.158 € | 38.299 € | 36.428 € | 34.559 € | 32.730 € | 30.953 € |
| 93.000 € | 49.898 € | 47.918 € | 46.019 € | 44.104 € | 42.091 € | 40.158 € | 38.299 € | 36.428 € | 34.559 € | 32.730 € | 30.953 € |
| 96.000 € | 49.898 € | 47.918 € | 46.019 € | 44.104 € | 42.091 € | 40.158 € | 38.299 € | 36.428 € | 34.559 € | 32.730 € | 30.953 € |
| 99.000 € | 49.898 € | 47.918 € | 46.019 € | 44.104 € | 42.091 € | 40.158 € | 38.299 € | 36.428 € | 34.559 € | 32.730 € | 30.953 € |
| 102.000 € | 49.898 € | 47.918 € | 46.019 € | 44.104 € | 42.091 € | 40.158 € | 38.299 € | 36.428 € | 34.559 € | 32.730 € | 30.953 € |
| 105.000 € | 49.898 € | 47.918 € | 46.019 € | 44.104 € | 42.091 € | 40.158 € | 38.299 € | 36.428 € | 34.559 € | 32.730 € | 30.953 € |
| 108.000 € | 49.898 € | 47.918 € | 46.019 € | 44.104 € | 42.091 € | 40.158 € | 38.299 € | 36.428 € | 34.559 € | 32.730 € | 30.953 € |
| 111.000 € | 49.898 € | 47.918 € | 46.019 € | 44.104 € | 42.091 € | 40.158 € | 38.299 € | 36.428 € | 34.559 € | 32.730 € | 30.953 € |
| 114.000 € | 49.898 € | 47.918 € | 46.019 € | 44.104 € | 42.091 € | 40.158 € | 38.299 € | 36.428 € | 34.559 € | 32.730 € | 30.953 € |
| 117.000 € | 49.898 € | 47.918 € | 46.019 € | 44.104 € | 42.091 € | 40.158 € | 38.299 € | 36.428 € | 34.559 € | 32.730 € | 30.953 € |
| 120.000 € | 49.898 € | 47.918 € | 46.019 € | 44.104 € | 42.091 € | 40.158 € | 38.299 € | 36.428 € | 34.559 € | 32.730 € | 30.953 € |

# TABLA 1.C.1
## Lucro cesante del cónyuge
Años de duración del matrimonio: 35 años

| Ingreso neto | Edad del cónyuge | | | | | | | | | | |
|---|---|---|---|---|---|---|---|---|---|---|---|
| Hasta | 80 | 81 | 82 | 83 | 84 | 85 | 86 | 87 | 88 | 89 | 90 |
| 9.000 € | 6.738 € | 6.346 € | 5.968 € | 5.601 € | 5.245 € | 4.908 € | 4.584 € | 4.276 € | 3.985 € | 3.715 € | 3.459 € |
| 12.000 € | 8.983 € | 8.461 € | 7.957 € | 7.468 € | 6.994 € | 6.544 € | 6.113 € | 5.702 € | 5.314 € | 4.954 € | 4.612 € |
| 15.000 € | 11.229 € | 10.576 € | 9.947 € | 9.335 € | 8.742 € | 8.180 € | 7.641 € | 7.127 € | 6.642 € | 6.192 € | 5.764 € |
| 18.000 € | 13.475 € | 12.692 € | 11.936 € | 11.202 € | 10.490 € | 9.816 € | 9.169 € | 8.552 € | 7.971 € | 7.431 € | 6.917 € |
| 21.000 € | 15.721 € | 14.807 € | 13.925 € | 13.069 € | 12.239 € | 11.452 € | 10.697 € | 9.978 € | 9.299 € | 8.669 € | 8.070 € |
| 24.000 € | 17.967 € | 16.922 € | 15.915 € | 14.936 € | 13.987 € | 13.088 € | 12.225 € | 11.403 € | 10.628 € | 9.907 € | 9.223 € |
| 27.000 € | 20.213 € | 19.038 € | 17.904 € | 16.803 € | 15.735 € | 14.724 € | 13.753 € | 12.829 € | 11.956 € | 11.146 € | 10.376 € |
| 30.000 € | 22.459 € | 21.153 € | 19.893 € | 18.669 € | 17.484 € | 16.360 € | 15.282 € | 14.254 € | 13.285 € | 12.384 € | 11.529 € |
| 33.000 € | 24.704 € | 23.268 € | 21.883 € | 20.536 € | 19.232 € | 17.996 € | 16.810 € | 15.679 € | 14.613 € | 13.623 € | 12.682 € |
| 36.000 € | 26.950 € | 25.383 € | 23.872 € | 22.403 € | 20.981 € | 19.632 € | 18.338 € | 17.105 € | 15.942 € | 14.861 € | 13.835 € |
| 39.000 € | 29.196 € | 27.499 € | 25.861 € | 24.270 € | 22.729 € | 21.268 € | 19.866 € | 18.530 € | 17.270 € | 16.100 € | 14.988 € |
| 42.000 € | 29.196 € | 27.499 € | 25.861 € | 24.270 € | 22.729 € | 21.268 € | 19.866 € | 18.530 € | 17.270 € | 16.100 € | 14.988 € |
| 45.000 € | 29.196 € | 27.499 € | 25.861 € | 24.270 € | 22.729 € | 21.268 € | 19.866 € | 18.530 € | 17.270 € | 16.100 € | 14.988 € |
| 48.000 € | 29.196 € | 27.499 € | 25.861 € | 24.270 € | 22.729 € | 21.268 € | 19.866 € | 18.530 € | 17.270 € | 16.100 € | 14.988 € |
| 51.000 € | 29.196 € | 27.499 € | 25.861 € | 24.270 € | 22.729 € | 21.268 € | 19.866 € | 18.530 € | 17.270 € | 16.100 € | 14.988 € |
| 54.000 € | 29.196 € | 27.499 € | 25.861 € | 24.270 € | 22.729 € | 21.268 € | 19.866 € | 18.530 € | 17.270 € | 16.100 € | 14.988 € |
| 57.000 € | 29.196 € | 27.499 € | 25.861 € | 24.270 € | 22.729 € | 21.268 € | 19.866 € | 18.530 € | 17.270 € | 16.100 € | 14.988 € |
| 60.000 € | 29.196 € | 27.499 € | 25.861 € | 24.270 € | 22.729 € | 21.268 € | 19.866 € | 18.530 € | 17.270 € | 16.100 € | 14.988 € |
| 63.000 € | 29.196 € | 27.499 € | 25.861 € | 24.270 € | 22.729 € | 21.268 € | 19.866 € | 18.530 € | 17.270 € | 16.100 € | 14.988 € |
| 66.000 € | 29.196 € | 27.499 € | 25.861 € | 24.270 € | 22.729 € | 21.268 € | 19.866 € | 18.530 € | 17.270 € | 16.100 € | 14.988 € |
| 69.000 € | 29.196 € | 27.499 € | 25.861 € | 24.270 € | 22.729 € | 21.268 € | 19.866 € | 18.530 € | 17.270 € | 16.100 € | 14.988 € |
| 72.000 € | 29.196 € | 27.499 € | 25.861 € | 24.270 € | 22.729 € | 21.268 € | 19.866 € | 18.530 € | 17.270 € | 16.100 € | 14.988 € |
| 75.000 € | 29.196 € | 27.499 € | 25.861 € | 24.270 € | 22.729 € | 21.268 € | 19.866 € | 18.530 € | 17.270 € | 16.100 € | 14.988 € |
| 78.000 € | 29.196 € | 27.499 € | 25.861 € | 24.270 € | 22.729 € | 21.268 € | 19.866 € | 18.530 € | 17.270 € | 16.100 € | 14.988 € |
| 81.000 € | 29.196 € | 27.499 € | 25.861 € | 24.270 € | 22.729 € | 21.268 € | 19.866 € | 18.530 € | 17.270 € | 16.100 € | 14.988 € |
| 84.000 € | 29.196 € | 27.499 € | 25.861 € | 24.270 € | 22.729 € | 21.268 € | 19.866 € | 18.530 € | 17.270 € | 16.100 € | 14.988 € |
| 87.000 € | 29.196 € | 27.499 € | 25.861 € | 24.270 € | 22.729 € | 21.268 € | 19.866 € | 18.530 € | 17.270 € | 16.100 € | 14.988 € |
| 90.000 € | 29.196 € | 27.499 € | 25.861 € | 24.270 € | 22.729 € | 21.268 € | 19.866 € | 18.530 € | 17.270 € | 16.100 € | 14.988 € |
| 93.000 € | 29.196 € | 27.499 € | 25.861 € | 24.270 € | 22.729 € | 21.268 € | 19.866 € | 18.530 € | 17.270 € | 16.100 € | 14.988 € |
| 96.000 € | 29.196 € | 27.499 € | 25.861 € | 24.270 € | 22.729 € | 21.268 € | 19.866 € | 18.530 € | 17.270 € | 16.100 € | 14.988 € |
| 99.000 € | 29.196 € | 27.499 € | 25.861 € | 24.270 € | 22.729 € | 21.268 € | 19.866 € | 18.530 € | 17.270 € | 16.100 € | 14.988 € |
| 102.000 € | 29.196 € | 27.499 € | 25.861 € | 24.270 € | 22.729 € | 21.268 € | 19.866 € | 18.530 € | 17.270 € | 16.100 € | 14.988 € |
| 105.000 € | 29.196 € | 27.499 € | 25.861 € | 24.270 € | 22.729 € | 21.268 € | 19.866 € | 18.530 € | 17.270 € | 16.100 € | 14.988 € |
| 108.000 € | 29.196 € | 27.499 € | 25.861 € | 24.270 € | 22.729 € | 21.268 € | 19.866 € | 18.530 € | 17.270 € | 16.100 € | 14.988 € |
| 111.000 € | 29.196 € | 27.499 € | 25.861 € | 24.270 € | 22.729 € | 21.268 € | 19.866 € | 18.530 € | 17.270 € | 16.100 € | 14.988 € |
| 114.000 € | 29.196 € | 27.499 € | 25.861 € | 24.270 € | 22.729 € | 21.268 € | 19.866 € | 18.530 € | 17.270 € | 16.100 € | 14.988 € |
| 117.000 € | 29.196 € | 27.499 € | 25.861 € | 24.270 € | 22.729 € | 21.268 € | 19.866 € | 18.530 € | 17.270 € | 16.100 € | 14.988 € |
| 120.000 € | 29.196 € | 27.499 € | 25.861 € | 24.270 € | 22.729 € | 21.268 € | 19.866 € | 18.530 € | 17.270 € | 16.100 € | 14.988 € |

# TABLA 1.C.1
## Lucro cesante del cónyuge
### Años de duración del matrimonio: 35 años

| Ingreso neto | Edad del cónyuge | | | | | | | | |
|---|---|---|---|---|---|---|---|---|---|
| Hasta | 91 | 92 | 93 | 94 | 95 | 96 | 97 | 98 | 99 o más |
| 9.000 € | 3.206 € | 3.000 € | 3.000 € | 3.000 € | 3.000 € | 3.000 € | 3.000 € | 3.000 € | 3.000 € |
| 12.000 € | 4.274 € | 3.944 € | 3.580 € | 3.269 € | 3.000 € | 3.000 € | 3.000 € | 3.000 € | 3.000 € |
| 15.000 € | 5.343 € | 4.930 € | 4.474 € | 4.086 € | 3.656 € | 3.205 € | 3.000 € | 3.000 € | 3.000 € |
| 18.000 € | 6.411 € | 5.916 € | 5.369 € | 4.903 € | 4.387 € | 3.846 € | 3.243 € | 3.000 € | 3.000 € |
| 21.000 € | 7.480 € | 6.902 € | 6.264 € | 5.720 € | 5.118 € | 4.487 € | 3.784 € | 3.000 € | 3.000 € |
| 24.000 € | 8.548 € | 7.887 € | 7.159 € | 6.537 € | 5.849 € | 5.128 € | 4.325 € | 3.287 € | 3.000 € |
| 27.000 € | 9.617 € | 8.873 € | 8.054 € | 7.355 € | 6.581 € | 5.769 € | 4.865 € | 3.698 € | 3.000 € |
| 30.000 € | 10.685 € | 9.859 € | 8.949 € | 8.172 € | 7.312 € | 6.410 € | 5.406 € | 4.108 € | 3.000 € |
| 33.000 € | 11.754 € | 10.845 € | 9.844 € | 8.989 € | 8.043 € | 7.051 € | 5.946 € | 4.519 € | 3.000 € |
| 36.000 € | 12.822 € | 11.831 € | 10.739 € | 9.806 € | 8.774 € | 7.692 € | 6.487 € | 4.930 € | 3.000 € |
| 39.000 € | 13.891 € | 12.817 € | 11.634 € | 10.623 € | 9.505 € | 8.333 € | 7.027 € | 5.341 € | 3.120 € |
| 42.000 € | 13.891 € | 12.817 € | 11.634 € | 10.623 € | 9.505 € | 8.333 € | 7.027 € | 5.341 € | 3.120 € |
| 45.000 € | 13.891 € | 12.817 € | 11.634 € | 10.623 € | 9.505 € | 8.333 € | 7.027 € | 5.341 € | 3.120 € |
| 48.000 € | 13.891 € | 12.817 € | 11.634 € | 10.623 € | 9.505 € | 8.333 € | 7.027 € | 5.341 € | 3.120 € |
| 51.000 € | 13.891 € | 12.817 € | 11.634 € | 10.623 € | 9.505 € | 8.333 € | 7.027 € | 5.341 € | 3.120 € |
| 54.000 € | 13.891 € | 12.817 € | 11.634 € | 10.623 € | 9.505 € | 8.333 € | 7.027 € | 5.341 € | 3.120 € |
| 57.000 € | 13.891 € | 12.817 € | 11.634 € | 10.623 € | 9.505 € | 8.333 € | 7.027 € | 5.341 € | 3.120 € |
| 60.000 € | 13.891 € | 12.817 € | 11.634 € | 10.623 € | 9.505 € | 8.333 € | 7.027 € | 5.341 € | 3.120 € |
| 63.000 € | 13.891 € | 12.817 € | 11.634 € | 10.623 € | 9.505 € | 8.333 € | 7.027 € | 5.341 € | 3.120 € |
| 66.000 € | 13.891 € | 12.817 € | 11.634 € | 10.623 € | 9.505 € | 8.333 € | 7.027 € | 5.341 € | 3.120 € |
| 69.000 € | 13.891 € | 12.817 € | 11.634 € | 10.623 € | 9.505 € | 8.333 € | 7.027 € | 5.341 € | 3.120 € |
| 72.000 € | 13.891 € | 12.817 € | 11.634 € | 10.623 € | 9.505 € | 8.333 € | 7.027 € | 5.341 € | 3.120 € |
| 75.000 € | 13.891 € | 12.817 € | 11.634 € | 10.623 € | 9.505 € | 8.333 € | 7.027 € | 5.341 € | 3.120 € |
| 78.000 € | 13.891 € | 12.817 € | 11.634 € | 10.623 € | 9.505 € | 8.333 € | 7.027 € | 5.341 € | 3.120 € |
| 81.000 € | 13.891 € | 12.817 € | 11.634 € | 10.623 € | 9.505 € | 8.333 € | 7.027 € | 5.341 € | 3.120 € |
| 84.000 € | 13.891 € | 12.817 € | 11.634 € | 10.623 € | 9.505 € | 8.333 € | 7.027 € | 5.341 € | 3.120 € |
| 87.000 € | 13.891 € | 12.817 € | 11.634 € | 10.623 € | 9.505 € | 8.333 € | 7.027 € | 5.341 € | 3.120 € |
| 90.000 € | 13.891 € | 12.817 € | 11.634 € | 10.623 € | 9.505 € | 8.333 € | 7.027 € | 5.341 € | 3.120 € |
| 93.000 € | 13.891 € | 12.817 € | 11.634 € | 10.623 € | 9.505 € | 8.333 € | 7.027 € | 5.341 € | 3.120 € |
| 96.000 € | 13.891 € | 12.817 € | 11.634 € | 10.623 € | 9.505 € | 8.333 € | 7.027 € | 5.341 € | 3.120 € |
| 99.000 € | 13.891 € | 12.817 € | 11.634 € | 10.623 € | 9.505 € | 8.333 € | 7.027 € | 5.341 € | 3.120 € |
| 102.000 € | 13.891 € | 12.817 € | 11.634 € | 10.623 € | 9.505 € | 8.333 € | 7.027 € | 5.341 € | 3.120 € |
| 105.000 € | 13.891 € | 12.817 € | 11.634 € | 10.623 € | 9.505 € | 8.333 € | 7.027 € | 5.341 € | 3.120 € |
| 108.000 € | 13.891 € | 12.817 € | 11.634 € | 10.623 € | 9.505 € | 8.333 € | 7.027 € | 5.341 € | 3.120 € |
| 111.000 € | 13.891 € | 12.817 € | 11.634 € | 10.623 € | 9.505 € | 8.333 € | 7.027 € | 5.341 € | 3.120 € |
| 114.000 € | 13.891 € | 12.817 € | 11.634 € | 10.623 € | 9.505 € | 8.333 € | 7.027 € | 5.341 € | 3.120 € |
| 117.000 € | 13.891 € | 12.817 € | 11.634 € | 10.623 € | 9.505 € | 8.333 € | 7.027 € | 5.341 € | 3.120 € |
| 120.000 € | 13.891 € | 12.817 € | 11.634 € | 10.623 € | 9.505 € | 8.333 € | 7.027 € | 5.341 € | 3.120 € |

# TABLA 1.C.1
## Lucro cesante del cónyuge
Años de duración del matrimonio: 36 años

Ingreso netc Edad del cónyuge Edad del có

| Hasta | 50 | 51 | 52 | 53 | 54 | 55 | 56 | 57 | 58 | 59 |
|---|---|---|---|---|---|---|---|---|---|---|
| 9.000 € | 35.728 € | 34.792 € | 33.743 € | 32.622 € | 31.446 € | 30.245 € | 28.976 € | 27.597 € | 26.236 € | 24.862 € |
| 12.000 € | 47.637 € | 46.390 € | 44.990 € | 43.496 € | 41.927 € | 40.327 € | 38.635 € | 36.796 € | 34.981 € | 33.149 € |
| 15.000 € | 59.546 € | 57.987 € | 56.238 € | 54.370 € | 52.409 € | 50.409 € | 48.293 € | 45.995 € | 43.727 € | 41.436 € |
| 18.000 € | 71.456 € | 69.585 € | 67.486 € | 65.244 € | 62.891 € | 60.490 € | 57.952 € | 55.194 € | 52.472 € | 49.723 € |
| 21.000 € | 83.365 € | 81.182 € | 78.733 € | 76.118 € | 73.373 € | 70.572 € | 67.610 € | 64.393 € | 61.217 € | 58.010 € |
| 24.000 € | 95.274 € | 92.780 € | 89.981 € | 86.991 € | 83.855 € | 80.654 € | 77.269 € | 73.591 € | 69.963 € | 66.297 € |
| 27.000 € | 107.183 € | 104.377 € | 101.229 € | 97.865 € | 94.337 € | 90.735 € | 86.928 € | 82.790 € | 78.708 € | 74.585 € |
| 30.000 € | 119.093 € | 115.975 € | 112.476 € | 108.739 € | 104.819 € | 100.817 € | 96.586 € | 91.989 € | 87.453 € | 82.872 € |
| 33.000 € | 125.529 € | 124.687 € | 123.724 € | 119.613 € | 115.300 € | 110.899 € | 106.245 € | 101.188 € | 96.199 € | 91.159 € |
| 36.000 € | 127.347 € | 125.273 € | 125.273 € | 120.789 € | 115.608 € | 112.332 € | 106.821 € | 102.676 € | 100.913 € | 99.190 € |
| 39.000 € | 129.178 € | 125.857 € | 125.857 € | 121.969 € | 115.914 € | 113.773 € | 107.395 € | 103.891 € | 102.176 € | 100.252 € |
| 42.000 € | 131.024 € | 126.441 € | 126.441 € | 123.153 € | 116.219 € | 115.223 € | 107.970 € | 105.114 € | 103.446 € | 101.318 € |
| 45.000 € | 132.887 € | 127.025 € | 127.025 € | 124.342 € | 116.523 € | 116.523 € | 108.544 € | 106.345 € | 104.726 € | 102.390 € |
| 48.000 € | 134.768 € | 127.608 € | 127.608 € | 125.537 € | 116.827 € | 116.827 € | 109.119 € | 107.584 € | 106.016 € | 103.469 € |
| 51.000 € | 136.668 € | 128.192 € | 128.192 € | 126.739 € | 117.130 € | 117.130 € | 109.695 € | 108.834 € | 107.316 € | 104.554 € |
| 54.000 € | 138.588 € | 128.777 € | 128.777 € | 127.949 € | 117.433 € | 117.433 € | 110.272 € | 110.093 € | 108.628 € | 105.648 € |
| 57.000 € | 140.530 € | 129.362 € | 129.362 € | 129.166 € | 117.736 € | 117.736 € | 110.850 € | 110.401 € | 109.952 € | 106.749 € |
| 60.000 € | 168.023 € | 155.369 € | 142.822 € | 130.391 € | 118.039 € | 118.039 € | 111.430 € | 111.359 € | 111.288 € | 107.858 € |
| 63.000 € | 195.517 € | 181.375 € | 167.331 € | 153.393 € | 139.517 € | 125.732 € | 112.011 € | 112.011 € | 112.011 € | 108.977 € |
| 66.000 € | 223.011 € | 207.381 € | 191.840 € | 176.396 € | 160.995 € | 145.672 € | 130.393 € | 115.240 € | 114.000 € | 110.104 € |
| 69.000 € | 250.504 € | 233.387 € | 216.349 € | 199.398 € | 182.473 € | 165.611 € | 148.775 € | 132.056 € | 115.375 € | 111.241 € |
| 72.000 € | 277.998 € | 259.394 € | 240.858 € | 222.400 € | 203.951 € | 185.551 € | 167.157 € | 148.872 € | 130.606 € | 112.387 € |
| 75.000 € | 305.492 € | 285.400 € | 265.367 € | 245.402 € | 225.429 € | 205.491 € | 185.539 € | 165.688 € | 145.837 € | 126.016 € |
| 78.000 € | 332.985 € | 311.406 € | 289.876 € | 268.405 € | 246.907 € | 225.431 € | 203.921 € | 182.504 € | 161.067 € | 139.644 € |
| 81.000 € | 360.479 € | 337.413 € | 314.385 € | 291.407 € | 268.386 € | 245.371 € | 222.303 € | 199.320 € | 176.298 € | 153.273 € |
| 84.000 € | 387.973 € | 363.419 € | 338.894 € | 314.409 € | 289.864 € | 265.310 € | 240.686 € | 216.135 € | 191.528 € | 166.902 € |
| 87.000 € | 415.466 € | 389.425 € | 363.403 € | 337.411 € | 311.342 € | 285.250 € | 259.068 € | 232.951 € | 206.759 € | 180.531 € |
| 90.000 € | 442.960 € | 415.431 € | 387.912 € | 360.414 € | 332.820 € | 305.190 € | 277.450 € | 249.767 € | 221.990 € | 194.159 € |
| 93.000 € | 470.454 € | 441.438 € | 412.421 € | 383.416 € | 354.298 € | 325.130 € | 295.832 € | 266.583 € | 237.220 € | 207.788 € |
| 96.000 € | 497.947 € | 467.444 € | 436.930 € | 406.418 € | 375.776 € | 345.070 € | 314.214 € | 283.399 € | 252.451 € | 221.417 € |
| 99.000 € | 525.441 € | 493.450 € | 461.439 € | 429.420 € | 397.254 € | 365.009 € | 332.596 € | 300.214 € | 267.682 € | 235.046 € |
| 102.000 € | 552.935 € | 519.456 € | 485.948 € | 452.423 € | 418.732 € | 384.949 € | 350.978 € | 317.030 € | 282.912 € | 248.674 € |
| 105.000 € | 580.428 € | 545.463 € | 510.457 € | 475.425 € | 440.210 € | 404.889 € | 369.361 € | 333.846 € | 298.143 € | 262.303 € |
| 108.000 € | 607.922 € | 571.469 € | 534.966 € | 498.427 € | 461.688 € | 424.829 € | 387.743 € | 350.662 € | 313.373 € | 275.932 € |
| 111.000 € | 635.416 € | 597.475 € | 559.475 € | 521.429 € | 483.166 € | 444.769 € | 406.125 € | 367.478 € | 328.604 € | 289.561 € |
| 114.000 € | 662.909 € | 623.481 € | 583.984 € | 544.432 € | 504.644 € | 464.709 € | 424.507 € | 384.293 € | 343.835 € | 303.190 € |
| 117.000 € | 690.403 € | 649.488 € | 608.493 € | 567.434 € | 526.122 € | 484.648 € | 442.889 € | 401.109 € | 359.065 € | 316.818 € |
| 120.000 € | 717.897 € | 675.494 € | 633.002 € | 590.436 € | 547.600 € | 504.588 € | 461.271 € | 417.925 € | 374.296 € | 330.447 € |

## TABLA 1.C.1
### Lucro cesante del cónyuge
Años de duración del matrimonio: 36 años

Ingreso netcnyuge

Edad del cónyuge

| Hasta | 60 | 61 | 62 | 63 | 64 | 65 | 66 | 67 | 68 | 69 |
|---|---|---|---|---|---|---|---|---|---|---|
| 9.000 € | 23.503 € | 22.160 € | 20.832 € | 19.546 € | 18.301 € | 17.052 € | 15.890 € | 12.390 € | 11.956 € | 11.515 € |
| 12.000 € | 31.338 € | 29.547 € | 27.776 € | 26.061 € | 24.401 € | 22.735 € | 21.187 € | 16.520 € | 15.941 € | 15.353 € |
| 15.000 € | 39.172 € | 36.934 € | 34.720 € | 32.577 € | 30.502 € | 28.419 € | 26.484 € | 20.650 € | 19.926 € | 19.192 € |
| 18.000 € | 47.006 € | 44.320 € | 41.665 € | 39.092 € | 36.602 € | 34.103 € | 31.781 € | 24.780 € | 23.912 € | 23.030 € |
| 21.000 € | 54.841 € | 51.707 € | 48.609 € | 45.608 € | 42.702 € | 39.787 € | 37.077 € | 28.909 € | 27.897 € | 26.868 € |
| 24.000 € | 62.675 € | 59.094 € | 55.553 € | 52.123 € | 48.802 € | 45.471 € | 42.374 € | 33.039 € | 31.882 € | 30.707 € |
| 27.000 € | 70.509 € | 66.481 € | 62.497 € | 58.638 € | 54.903 € | 51.155 € | 47.671 € | 37.169 € | 35.867 € | 34.545 € |
| 30.000 € | 78.344 € | 73.867 € | 69.441 € | 65.154 € | 61.003 € | 56.839 € | 52.968 € | 41.299 € | 39.853 € | 38.383 € |
| 33.000 € | 86.178 € | 81.254 € | 76.385 € | 71.669 € | 67.103 € | 62.523 € | 58.264 € | 45.429 € | 43.838 € | 42.222 € |
| 36.000 € | 94.013 € | 88.641 € | 83.329 € | 78.184 € | 73.204 € | 68.206 € | 63.561 € | 49.559 € | 47.823 € | 46.060 € |
| 39.000 € | 94.028 € | 89.211 € | 83.370 € | 78.385 € | 73.267 € | 68.206 € | 63.561 € | 53.689 € | 51.808 € | 49.898 € |
| 42.000 € | 94.044 € | 89.781 € | 83.411 € | 78.585 € | 73.330 € | 68.206 € | 63.561 € | 53.689 € | 51.808 € | 49.898 € |
| 45.000 € | 94.060 € | 90.351 € | 83.452 € | 78.785 € | 73.393 € | 68.206 € | 63.561 € | 53.689 € | 51.808 € | 49.898 € |
| 48.000 € | 94.075 € | 90.923 € | 83.493 € | 78.984 € | 73.456 € | 68.206 € | 63.561 € | 53.689 € | 51.808 € | 49.898 € |
| 51.000 € | 94.091 € | 91.496 € | 83.534 € | 79.183 € | 73.518 € | 68.206 € | 63.561 € | 53.689 € | 51.808 € | 49.898 € |
| 54.000 € | 94.106 € | 92.071 € | 83.574 € | 79.381 € | 73.580 € | 68.206 € | 63.561 € | 53.689 € | 51.808 € | 49.898 € |
| 57.000 € | 94.122 € | 92.648 € | 83.614 € | 79.580 € | 73.643 € | 68.206 € | 63.561 € | 53.689 € | 51.808 € | 49.898 € |
| 60.000 € | 94.137 € | 93.226 € | 83.655 € | 79.779 € | 73.705 € | 68.206 € | 63.561 € | 53.689 € | 51.808 € | 49.898 € |
| 63.000 € | 94.152 € | 93.807 € | 83.695 € | 79.977 € | 73.767 € | 68.206 € | 63.561 € | 53.689 € | 51.808 € | 49.898 € |
| 66.000 € | 94.168 € | 94.168 € | 83.735 € | 80.176 € | 73.828 € | 68.206 € | 63.561 € | 53.689 € | 51.808 € | 49.898 € |
| 69.000 € | 94.183 € | 94.183 € | 83.775 € | 80.374 € | 73.890 € | 68.206 € | 63.561 € | 53.689 € | 51.808 € | 49.898 € |
| 72.000 € | 94.198 € | 94.198 € | 83.815 € | 80.573 € | 73.952 € | 68.206 € | 63.561 € | 53.689 € | 51.808 € | 49.898 € |
| 75.000 € | 106.207 € | 96.154 € | 83.855 € | 80.772 € | 74.013 € | 68.206 € | 63.561 € | 53.689 € | 51.808 € | 49.898 € |
| 78.000 € | 118.215 € | 96.747 € | 83.895 € | 80.971 € | 74.075 € | 68.206 € | 63.561 € | 53.689 € | 51.808 € | 49.898 € |
| 81.000 € | 130.223 € | 107.113 € | 83.935 € | 81.170 € | 74.137 € | 68.206 € | 63.561 € | 53.689 € | 51.808 € | 49.898 € |
| 84.000 € | 142.232 € | 117.479 € | 92.635 € | 81.370 € | 74.198 € | 68.206 € | 63.561 € | 53.689 € | 51.808 € | 49.898 € |
| 87.000 € | 154.240 € | 127.844 € | 101.335 € | 81.570 € | 74.260 € | 68.206 € | 63.561 € | 53.689 € | 51.808 € | 49.898 € |
| 90.000 € | 166.248 € | 138.210 € | 110.036 € | 81.770 € | 74.321 € | 68.206 € | 63.561 € | 53.689 € | 51.808 € | 49.898 € |
| 93.000 € | 178.257 € | 148.576 € | 118.736 € | 88.786 € | 74.383 € | 68.206 € | 63.561 € | 53.689 € | 51.808 € | 49.898 € |
| 96.000 € | 190.265 € | 158.942 € | 127.436 € | 95.801 € | 74.444 € | 68.206 € | 63.561 € | 53.689 € | 51.808 € | 49.898 € |
| 99.000 € | 202.273 € | 169.307 € | 136.137 € | 102.817 € | 74.505 € | 68.206 € | 63.561 € | 53.689 € | 51.808 € | 49.898 € |
| 102.000 € | 214.282 € | 179.673 € | 144.837 € | 109.833 € | 74.567 € | 68.206 € | 63.561 € | 53.689 € | 51.808 € | 49.898 € |
| 105.000 € | 226.290 € | 190.039 € | 153.537 € | 116.849 € | 79.874 € | 68.206 € | 63.561 € | 53.689 € | 51.808 € | 49.898 € |
| 108.000 € | 238.298 € | 200.405 € | 162.237 € | 123.865 € | 85.182 € | 68.206 € | 63.561 € | 53.689 € | 51.808 € | 49.898 € |
| 111.000 € | 250.307 € | 210.771 € | 170.938 € | 130.881 € | 90.490 € | 68.206 € | 63.561 € | 53.689 € | 51.808 € | 49.898 € |
| 114.000 € | 262.315 € | 221.136 € | 179.638 € | 137.897 € | 95.797 € | 68.206 € | 63.561 € | 53.689 € | 51.808 € | 49.898 € |
| 117.000 € | 274.323 € | 231.502 € | 188.338 € | 144.913 € | 101.105 € | 68.206 € | 63.561 € | 53.689 € | 51.808 € | 49.898 € |
| 120.000 € | 286.332 € | 241.868 € | 197.039 € | 151.929 € | 106.412 € | 68.206 € | 63.561 € | 53.689 € | 51.808 € | 49.898 € |

# TABLA 1.C.1
## Lucro cesante del cónyuge
### Años de duración del matrimonio: 36 años

| Ingreso neto | Edad del cónyuge | | | | | | | | | | |
|---|---|---|---|---|---|---|---|---|---|---|---|
| Hasta | 70 | 71 | 72 | 73 | 74 | 75 | 76 | 77 | 78 | 79 | 80 |
| 9.000 € | 11.058 € | 10.620 € | 10.178 € | 9.713 € | 9.267 € | 8.838 € | 8.406 € | 7.975 € | 7.553 € | 7.143 € | 6.738 € |
| 12.000 € | 14.744 € | 14.160 € | 13.570 € | 12.951 € | 12.356 € | 11.784 € | 11.209 € | 10.634 € | 10.071 € | 9.524 € | 8.983 € |
| 15.000 € | 18.430 € | 17.700 € | 16.963 € | 16.189 € | 15.446 € | 14.730 € | 14.011 € | 13.292 € | 12.588 € | 11.905 € | 11.229 € |
| 18.000 € | 22.116 € | 21.240 € | 20.356 € | 19.427 € | 18.535 € | 17.677 € | 16.813 € | 15.950 € | 15.106 € | 14.286 € | 13.475 € |
| 21.000 € | 25.802 € | 24.780 € | 23.748 € | 22.664 € | 21.624 € | 20.623 € | 19.615 € | 18.609 € | 17.624 € | 16.667 € | 15.721 € |
| 24.000 € | 29.488 € | 28.319 € | 27.141 € | 25.902 € | 24.713 € | 23.569 € | 22.417 € | 21.267 € | 20.141 € | 19.048 € | 17.967 € |
| 27.000 € | 33.174 € | 31.859 € | 30.533 € | 29.140 € | 27.802 € | 26.515 € | 25.219 € | 23.926 € | 22.659 € | 21.429 € | 20.213 € |
| 30.000 € | 36.860 € | 35.399 € | 33.926 € | 32.378 € | 30.891 € | 29.461 € | 28.021 € | 26.584 € | 25.177 € | 23.810 € | 22.459 € |
| 33.000 € | 40.546 € | 38.939 € | 37.318 € | 35.615 € | 33.980 € | 32.407 € | 30.823 € | 29.243 € | 27.694 € | 26.191 € | 24.704 € |
| 36.000 € | 44.232 € | 42.479 € | 40.711 € | 38.853 € | 37.069 € | 35.353 € | 33.626 € | 31.901 € | 30.212 € | 28.572 € | 26.950 € |
| 39.000 € | 47.918 € | 46.019 € | 44.104 € | 42.091 € | 40.158 € | 38.299 € | 36.428 € | 34.559 € | 32.730 € | 30.953 € | 29.196 € |
| 42.000 € | 47.918 € | 46.019 € | 44.104 € | 42.091 € | 40.158 € | 38.299 € | 36.428 € | 34.559 € | 32.730 € | 30.953 € | 29.196 € |
| 45.000 € | 47.918 € | 46.019 € | 44.104 € | 42.091 € | 40.158 € | 38.299 € | 36.428 € | 34.559 € | 32.730 € | 30.953 € | 29.196 € |
| 48.000 € | 47.918 € | 46.019 € | 44.104 € | 42.091 € | 40.158 € | 38.299 € | 36.428 € | 34.559 € | 32.730 € | 30.953 € | 29.196 € |
| 51.000 € | 47.918 € | 46.019 € | 44.104 € | 42.091 € | 40.158 € | 38.299 € | 36.428 € | 34.559 € | 32.730 € | 30.953 € | 29.196 € |
| 54.000 € | 47.918 € | 46.019 € | 44.104 € | 42.091 € | 40.158 € | 38.299 € | 36.428 € | 34.559 € | 32.730 € | 30.953 € | 29.196 € |
| 57.000 € | 47.918 € | 46.019 € | 44.104 € | 42.091 € | 40.158 € | 38.299 € | 36.428 € | 34.559 € | 32.730 € | 30.953 € | 29.196 € |
| 60.000 € | 47.918 € | 46.019 € | 44.104 € | 42.091 € | 40.158 € | 38.299 € | 36.428 € | 34.559 € | 32.730 € | 30.953 € | 29.196 € |
| 63.000 € | 47.918 € | 46.019 € | 44.104 € | 42.091 € | 40.158 € | 38.299 € | 36.428 € | 34.559 € | 32.730 € | 30.953 € | 29.196 € |
| 66.000 € | 47.918 € | 46.019 € | 44.104 € | 42.091 € | 40.158 € | 38.299 € | 36.428 € | 34.559 € | 32.730 € | 30.953 € | 29.196 € |
| 69.000 € | 47.918 € | 46.019 € | 44.104 € | 42.091 € | 40.158 € | 38.299 € | 36.428 € | 34.559 € | 32.730 € | 30.953 € | 29.196 € |
| 72.000 € | 47.918 € | 46.019 € | 44.104 € | 42.091 € | 40.158 € | 38.299 € | 36.428 € | 34.559 € | 32.730 € | 30.953 € | 29.196 € |
| 75.000 € | 47.918 € | 46.019 € | 44.104 € | 42.091 € | 40.158 € | 38.299 € | 36.428 € | 34.559 € | 32.730 € | 30.953 € | 29.196 € |
| 78.000 € | 47.918 € | 46.019 € | 44.104 € | 42.091 € | 40.158 € | 38.299 € | 36.428 € | 34.559 € | 32.730 € | 30.953 € | 29.196 € |
| 81.000 € | 47.918 € | 46.019 € | 44.104 € | 42.091 € | 40.158 € | 38.299 € | 36.428 € | 34.559 € | 32.730 € | 30.953 € | 29.196 € |
| 84.000 € | 47.918 € | 46.019 € | 44.104 € | 42.091 € | 40.158 € | 38.299 € | 36.428 € | 34.559 € | 32.730 € | 30.953 € | 29.196 € |
| 87.000 € | 47.918 € | 46.019 € | 44.104 € | 42.091 € | 40.158 € | 38.299 € | 36.428 € | 34.559 € | 32.730 € | 30.953 € | 29.196 € |
| 90.000 € | 47.918 € | 46.019 € | 44.104 € | 42.091 € | 40.158 € | 38.299 € | 36.428 € | 34.559 € | 32.730 € | 30.953 € | 29.196 € |
| 93.000 € | 47.918 € | 46.019 € | 44.104 € | 42.091 € | 40.158 € | 38.299 € | 36.428 € | 34.559 € | 32.730 € | 30.953 € | 29.196 € |
| 96.000 € | 47.918 € | 46.019 € | 44.104 € | 42.091 € | 40.158 € | 38.299 € | 36.428 € | 34.559 € | 32.730 € | 30.953 € | 29.196 € |
| 99.000 € | 47.918 € | 46.019 € | 44.104 € | 42.091 € | 40.158 € | 38.299 € | 36.428 € | 34.559 € | 32.730 € | 30.953 € | 29.196 € |
| 102.000 € | 47.918 € | 46.019 € | 44.104 € | 42.091 € | 40.158 € | 38.299 € | 36.428 € | 34.559 € | 32.730 € | 30.953 € | 29.196 € |
| 105.000 € | 47.918 € | 46.019 € | 44.104 € | 42.091 € | 40.158 € | 38.299 € | 36.428 € | 34.559 € | 32.730 € | 30.953 € | 29.196 € |
| 108.000 € | 47.918 € | 46.019 € | 44.104 € | 42.091 € | 40.158 € | 38.299 € | 36.428 € | 34.559 € | 32.730 € | 30.953 € | 29.196 € |
| 111.000 € | 47.918 € | 46.019 € | 44.104 € | 42.091 € | 40.158 € | 38.299 € | 36.428 € | 34.559 € | 32.730 € | 30.953 € | 29.196 € |
| 114.000 € | 47.918 € | 46.019 € | 44.104 € | 42.091 € | 40.158 € | 38.299 € | 36.428 € | 34.559 € | 32.730 € | 30.953 € | 29.196 € |
| 117.000 € | 47.918 € | 46.019 € | 44.104 € | 42.091 € | 40.158 € | 38.299 € | 36.428 € | 34.559 € | 32.730 € | 30.953 € | 29.196 € |
| 120.000 € | 47.918 € | 46.019 € | 44.104 € | 42.091 € | 40.158 € | 38.299 € | 36.428 € | 34.559 € | 32.730 € | 30.953 € | 29.196 € |

# TABLA 1.C.1

## Lucro cesante del cónyuge

Años de duración del matrimonio: 36 años

| Ingreso netc | Edad del cónyuge | | | | | | | | | | |
|---|---|---|---|---|---|---|---|---|---|---|---|
| Hasta | 81 | 82 | 83 | 84 | 85 | 86 | 87 | 88 | 89 | 90 | 91 |
| 9.000 € | 6.346 € | 5.968 € | 5.601 € | 5.245 € | 4.908 € | 4.584 € | 4.276 € | 3.985 € | 3.715 € | 3.459 € | 3.206 € |
| 12.000 € | 8.461 € | 7.957 € | 7.468 € | 6.994 € | 6.544 € | 6.113 € | 5.702 € | 5.314 € | 4.954 € | 4.612 € | 4.274 € |
| 15.000 € | 10.576 € | 9.947 € | 9.335 € | 8.742 € | 8.180 € | 7.641 € | 7.127 € | 6.642 € | 6.192 € | 5.764 € | 5.343 € |
| 18.000 € | 12.692 € | 11.936 € | 11.202 € | 10.490 € | 9.816 € | 9.169 € | 8.552 € | 7.971 € | 7.431 € | 6.917 € | 6.411 € |
| 21.000 € | 14.807 € | 13.925 € | 13.069 € | 12.239 € | 11.452 € | 10.697 € | 9.978 € | 9.299 € | 8.669 € | 8.070 € | 7.480 € |
| 24.000 € | 16.922 € | 15.915 € | 14.936 € | 13.987 € | 13.088 € | 12.225 € | 11.403 € | 10.628 € | 9.907 € | 9.223 € | 8.548 € |
| 27.000 € | 19.038 € | 17.904 € | 16.803 € | 15.735 € | 14.724 € | 13.753 € | 12.829 € | 11.956 € | 11.146 € | 10.376 € | 9.617 € |
| 30.000 € | 21.153 € | 19.893 € | 18.669 € | 17.484 € | 16.360 € | 15.282 € | 14.254 € | 13.285 € | 12.384 € | 11.529 € | 10.685 € |
| 33.000 € | 23.268 € | 21.883 € | 20.536 € | 19.232 € | 17.996 € | 16.810 € | 15.679 € | 14.613 € | 13.623 € | 12.682 € | 11.754 € |
| 36.000 € | 25.383 € | 23.872 € | 22.403 € | 20.981 € | 19.632 € | 18.338 € | 17.105 € | 15.942 € | 14.861 € | 13.835 € | 12.822 € |
| 39.000 € | 27.499 € | 25.861 € | 24.270 € | 22.729 € | 21.268 € | 19.866 € | 18.530 € | 17.270 € | 16.100 € | 14.988 € | 13.891 € |
| 42.000 € | 27.499 € | 25.861 € | 24.270 € | 22.729 € | 21.268 € | 19.866 € | 18.530 € | 17.270 € | 16.100 € | 14.988 € | 13.891 € |
| 45.000 € | 27.499 € | 25.861 € | 24.270 € | 22.729 € | 21.268 € | 19.866 € | 18.530 € | 17.270 € | 16.100 € | 14.988 € | 13.891 € |
| 48.000 € | 27.499 € | 25.861 € | 24.270 € | 22.729 € | 21.268 € | 19.866 € | 18.530 € | 17.270 € | 16.100 € | 14.988 € | 13.891 € |
| 51.000 € | 27.499 € | 25.861 € | 24.270 € | 22.729 € | 21.268 € | 19.866 € | 18.530 € | 17.270 € | 16.100 € | 14.988 € | 13.891 € |
| 54.000 € | 27.499 € | 25.861 € | 24.270 € | 22.729 € | 21.268 € | 19.866 € | 18.530 € | 17.270 € | 16.100 € | 14.988 € | 13.891 € |
| 57.000 € | 27.499 € | 25.861 € | 24.270 € | 22.729 € | 21.268 € | 19.866 € | 18.530 € | 17.270 € | 16.100 € | 14.988 € | 13.891 € |
| 60.000 € | 27.499 € | 25.861 € | 24.270 € | 22.729 € | 21.268 € | 19.866 € | 18.530 € | 17.270 € | 16.100 € | 14.988 € | 13.891 € |
| 63.000 € | 27.499 € | 25.861 € | 24.270 € | 22.729 € | 21.268 € | 19.866 € | 18.530 € | 17.270 € | 16.100 € | 14.988 € | 13.891 € |
| 66.000 € | 27.499 € | 25.861 € | 24.270 € | 22.729 € | 21.268 € | 19.866 € | 18.530 € | 17.270 € | 16.100 € | 14.988 € | 13.891 € |
| 69.000 € | 27.499 € | 25.861 € | 24.270 € | 22.729 € | 21.268 € | 19.866 € | 18.530 € | 17.270 € | 16.100 € | 14.988 € | 13.891 € |
| 72.000 € | 27.499 € | 25.861 € | 24.270 € | 22.729 € | 21.268 € | 19.866 € | 18.530 € | 17.270 € | 16.100 € | 14.988 € | 13.891 € |
| 75.000 € | 27.499 € | 25.861 € | 24.270 € | 22.729 € | 21.268 € | 19.866 € | 18.530 € | 17.270 € | 16.100 € | 14.988 € | 13.891 € |
| 78.000 € | 27.499 € | 25.861 € | 24.270 € | 22.729 € | 21.268 € | 19.866 € | 18.530 € | 17.270 € | 16.100 € | 14.988 € | 13.891 € |
| 81.000 € | 27.499 € | 25.861 € | 24.270 € | 22.729 € | 21.268 € | 19.866 € | 18.530 € | 17.270 € | 16.100 € | 14.988 € | 13.891 € |
| 84.000 € | 27.499 € | 25.861 € | 24.270 € | 22.729 € | 21.268 € | 19.866 € | 18.530 € | 17.270 € | 16.100 € | 14.988 € | 13.891 € |
| 87.000 € | 27.499 € | 25.861 € | 24.270 € | 22.729 € | 21.268 € | 19.866 € | 18.530 € | 17.270 € | 16.100 € | 14.988 € | 13.891 € |
| 90.000 € | 27.499 € | 25.861 € | 24.270 € | 22.729 € | 21.268 € | 19.866 € | 18.530 € | 17.270 € | 16.100 € | 14.988 € | 13.891 € |
| 93.000 € | 27.499 € | 25.861 € | 24.270 € | 22.729 € | 21.268 € | 19.866 € | 18.530 € | 17.270 € | 16.100 € | 14.988 € | 13.891 € |
| 96.000 € | 27.499 € | 25.861 € | 24.270 € | 22.729 € | 21.268 € | 19.866 € | 18.530 € | 17.270 € | 16.100 € | 14.988 € | 13.891 € |
| 99.000 € | 27.499 € | 25.861 € | 24.270 € | 22.729 € | 21.268 € | 19.866 € | 18.530 € | 17.270 € | 16.100 € | 14.988 € | 13.891 € |
| 102.000 € | 27.499 € | 25.861 € | 24.270 € | 22.729 € | 21.268 € | 19.866 € | 18.530 € | 17.270 € | 16.100 € | 14.988 € | 13.891 € |
| 105.000 € | 27.499 € | 25.861 € | 24.270 € | 22.729 € | 21.268 € | 19.866 € | 18.530 € | 17.270 € | 16.100 € | 14.988 € | 13.891 € |
| 108.000 € | 27.499 € | 25.861 € | 24.270 € | 22.729 € | 21.268 € | 19.866 € | 18.530 € | 17.270 € | 16.100 € | 14.988 € | 13.891 € |
| 111.000 € | 27.499 € | 25.861 € | 24.270 € | 22.729 € | 21.268 € | 19.866 € | 18.530 € | 17.270 € | 16.100 € | 14.988 € | 13.891 € |
| 114.000 € | 27.499 € | 25.861 € | 24.270 € | 22.729 € | 21.268 € | 19.866 € | 18.530 € | 17.270 € | 16.100 € | 14.988 € | 13.891 € |
| 117.000 € | 27.499 € | 25.861 € | 24.270 € | 22.729 € | 21.268 € | 19.866 € | 18.530 € | 17.270 € | 16.100 € | 14.988 € | 13.891 € |
| 120.000 € | 27.499 € | 25.861 € | 24.270 € | 22.729 € | 21.268 € | 19.866 € | 18.530 € | 17.270 € | 16.100 € | 14.988 € | 13.891 € |

# TABLA 1.C.1
## Lucro cesante del cónyuge
### Años de duración del matrimonio: 36 años

| Ingreso neto | Edad del cónyuge | | | | | | | |
|---|---|---|---|---|---|---|---|---|
| Hasta | 92 | 93 | 94 | 95 | 96 | 97 | 98 | 99 o más |
| 9.000 € | 3.000 € | 3.000 € | 3.000 € | 3.000 € | 3.000 € | 3.000 € | 3.000 € | 3.000 € |
| 12.000 € | 3.944 € | 3.580 € | 3.269 € | 3.000 € | 3.000 € | 3.000 € | 3.000 € | 3.000 € |
| 15.000 € | 4.930 € | 4.474 € | 4.086 € | 3.656 € | 3.205 € | 3.000 € | 3.000 € | 3.000 € |
| 18.000 € | 5.916 € | 5.369 € | 4.903 € | 4.387 € | 3.846 € | 3.243 € | 3.000 € | 3.000 € |
| 21.000 € | 6.902 € | 6.264 € | 5.720 € | 5.118 € | 4.487 € | 3.784 € | 3.000 € | 3.000 € |
| 24.000 € | 7.887 € | 7.159 € | 6.537 € | 5.849 € | 5.128 € | 4.325 € | 3.287 € | 3.000 € |
| 27.000 € | 8.873 € | 8.054 € | 7.355 € | 6.581 € | 5.769 € | 4.865 € | 3.698 € | 3.000 € |
| 30.000 € | 9.859 € | 8.949 € | 8.172 € | 7.312 € | 6.410 € | 5.406 € | 4.108 € | 3.000 € |
| 33.000 € | 10.845 € | 9.844 € | 8.989 € | 8.043 € | 7.051 € | 5.946 € | 4.519 € | 3.000 € |
| 36.000 € | 11.831 € | 10.739 € | 9.806 € | 8.774 € | 7.692 € | 6.487 € | 4.930 € | 3.000 € |
| 39.000 € | 12.817 € | 11.634 € | 10.623 € | 9.505 € | 8.333 € | 7.027 € | 5.341 € | 3.120 € |
| 42.000 € | 12.817 € | 11.634 € | 10.623 € | 9.505 € | 8.333 € | 7.027 € | 5.341 € | 3.120 € |
| 45.000 € | 12.817 € | 11.634 € | 10.623 € | 9.505 € | 8.333 € | 7.027 € | 5.341 € | 3.120 € |
| 48.000 € | 12.817 € | 11.634 € | 10.623 € | 9.505 € | 8.333 € | 7.027 € | 5.341 € | 3.120 € |
| 51.000 € | 12.817 € | 11.634 € | 10.623 € | 9.505 € | 8.333 € | 7.027 € | 5.341 € | 3.120 € |
| 54.000 € | 12.817 € | 11.634 € | 10.623 € | 9.505 € | 8.333 € | 7.027 € | 5.341 € | 3.120 € |
| 57.000 € | 12.817 € | 11.634 € | 10.623 € | 9.505 € | 8.333 € | 7.027 € | 5.341 € | 3.120 € |
| 60.000 € | 12.817 € | 11.634 € | 10.623 € | 9.505 € | 8.333 € | 7.027 € | 5.341 € | 3.120 € |
| 63.000 € | 12.817 € | 11.634 € | 10.623 € | 9.505 € | 8.333 € | 7.027 € | 5.341 € | 3.120 € |
| 66.000 € | 12.817 € | 11.634 € | 10.623 € | 9.505 € | 8.333 € | 7.027 € | 5.341 € | 3.120 € |
| 69.000 € | 12.817 € | 11.634 € | 10.623 € | 9.505 € | 8.333 € | 7.027 € | 5.341 € | 3.120 € |
| 72.000 € | 12.817 € | 11.634 € | 10.623 € | 9.505 € | 8.333 € | 7.027 € | 5.341 € | 3.120 € |
| 75.000 € | 12.817 € | 11.634 € | 10.623 € | 9.505 € | 8.333 € | 7.027 € | 5.341 € | 3.120 € |
| 78.000 € | 12.817 € | 11.634 € | 10.623 € | 9.505 € | 8.333 € | 7.027 € | 5.341 € | 3.120 € |
| 81.000 € | 12.817 € | 11.634 € | 10.623 € | 9.505 € | 8.333 € | 7.027 € | 5.341 € | 3.120 € |
| 84.000 € | 12.817 € | 11.634 € | 10.623 € | 9.505 € | 8.333 € | 7.027 € | 5.341 € | 3.120 € |
| 87.000 € | 12.817 € | 11.634 € | 10.623 € | 9.505 € | 8.333 € | 7.027 € | 5.341 € | 3.120 € |
| 90.000 € | 12.817 € | 11.634 € | 10.623 € | 9.505 € | 8.333 € | 7.027 € | 5.341 € | 3.120 € |
| 93.000 € | 12.817 € | 11.634 € | 10.623 € | 9.505 € | 8.333 € | 7.027 € | 5.341 € | 3.120 € |
| 96.000 € | 12.817 € | 11.634 € | 10.623 € | 9.505 € | 8.333 € | 7.027 € | 5.341 € | 3.120 € |
| 99.000 € | 12.817 € | 11.634 € | 10.623 € | 9.505 € | 8.333 € | 7.027 € | 5.341 € | 3.120 € |
| 102.000 € | 12.817 € | 11.634 € | 10.623 € | 9.505 € | 8.333 € | 7.027 € | 5.341 € | 3.120 € |
| 105.000 € | 12.817 € | 11.634 € | 10.623 € | 9.505 € | 8.333 € | 7.027 € | 5.341 € | 3.120 € |
| 108.000 € | 12.817 € | 11.634 € | 10.623 € | 9.505 € | 8.333 € | 7.027 € | 5.341 € | 3.120 € |
| 111.000 € | 12.817 € | 11.634 € | 10.623 € | 9.505 € | 8.333 € | 7.027 € | 5.341 € | 3.120 € |
| 114.000 € | 12.817 € | 11.634 € | 10.623 € | 9.505 € | 8.333 € | 7.027 € | 5.341 € | 3.120 € |
| 117.000 € | 12.817 € | 11.634 € | 10.623 € | 9.505 € | 8.333 € | 7.027 € | 5.341 € | 3.120 € |
| 120.000 € | 12.817 € | 11.634 € | 10.623 € | 9.505 € | 8.333 € | 7.027 € | 5.341 € | 3.120 € |

# TABLA 1.C.1
## Lucro cesante del cónyuge
Años de duración del matrimonio: 37 años

| Ingreso neto | Edad del cónyuge | | | | | | | | Edad del có |
|---|---|---|---|---|---|---|---|---|---|---|
| Hasta | 51 | 52 | 53 | 54 | 55 | 56 | 57 | 58 | 59 | 60 |
| 9.000 € | 35.385 € | 34.276 € | 33.096 € | 31.862 € | 30.607 € | 29.286 € | 27.858 € | 26.451 € | 25.036 € | 23.641 € |
| 12.000 € | 47.180 € | 45.701 € | 44.128 € | 42.482 € | 40.809 € | 39.048 € | 37.145 € | 35.268 € | 33.381 € | 31.522 € |
| 15.000 € | 58.975 € | 57.127 € | 55.159 € | 53.103 € | 51.012 € | 48.810 € | 46.431 € | 44.085 € | 41.726 € | 39.402 € |
| 18.000 € | 70.770 € | 68.552 € | 66.191 € | 63.724 € | 61.214 € | 58.572 € | 55.717 € | 52.902 € | 50.072 € | 47.282 € |
| 21.000 € | 82.565 € | 79.977 € | 77.223 € | 74.344 € | 71.416 € | 68.333 € | 65.003 € | 61.719 € | 58.417 € | 55.163 € |
| 24.000 € | 94.360 € | 91.403 € | 88.255 € | 84.965 € | 81.619 € | 78.095 € | 74.289 € | 70.537 € | 66.762 € | 63.043 € |
| 27.000 € | 106.155 € | 102.828 € | 99.287 € | 95.585 € | 91.821 € | 87.857 € | 83.575 € | 79.354 € | 75.108 € | 70.924 € |
| 30.000 € | 117.950 € | 114.254 € | 110.319 € | 106.206 € | 102.023 € | 97.619 € | 92.861 € | 88.171 € | 83.453 € | 78.804 € |
| 33.000 € | 126.771 € | 125.679 € | 121.351 € | 116.827 € | 112.226 € | 107.381 € | 102.148 € | 96.988 € | 91.798 € | 86.684 € |
| 36.000 € | 127.022 € | 127.022 € | 122.287 € | 116.908 € | 113.496 € | 107.806 € | 103.614 € | 101.727 € | 99.886 € | 94.565 € |
| 39.000 € | 127.272 € | 127.272 € | 123.224 € | 116.990 € | 114.772 € | 108.230 € | 104.711 € | 102.897 € | 100.874 € | 95.418 € |
| 42.000 € | 127.521 € | 127.521 € | 124.163 € | 117.071 € | 116.055 € | 108.653 € | 105.812 € | 104.074 € | 101.866 € | 96.274 € |
| 45.000 € | 127.769 € | 127.769 € | 125.104 € | 117.152 € | 117.152 € | 109.075 € | 106.920 € | 105.258 € | 102.863 € | 97.132 € |
| 48.000 € | 128.017 € | 128.017 € | 126.048 € | 117.232 € | 117.232 € | 109.498 € | 108.034 € | 106.450 € | 103.866 € | 97.995 € |
| 51.000 € | 128.264 € | 128.264 € | 126.995 € | 117.312 € | 117.312 € | 109.920 € | 109.155 € | 107.651 € | 104.874 € | 98.862 € |
| 54.000 € | 128.510 € | 128.510 € | 127.946 € | 117.392 € | 117.392 € | 110.342 € | 110.284 € | 108.861 € | 105.888 € | 99.734 € |
| 57.000 € | 128.757 € | 128.757 € | 128.757 € | 117.472 € | 117.472 € | 110.765 € | 110.423 € | 110.081 € | 106.909 € | 100.610 € |
| 60.000 € | 154.763 € | 142.252 € | 129.861 € | 117.551 € | 117.551 € | 111.188 € | 111.188 € | 111.188 € | 107.937 € | 101.492 € |
| 63.000 € | 180.769 € | 166.761 € | 152.863 € | 139.029 € | 125.288 € | 111.611 € | 111.611 € | 111.611 € | 108.972 € | 102.379 € |
| 66.000 € | 206.775 € | 191.270 € | 175.866 € | 160.507 € | 145.227 € | 129.994 € | 114.885 € | 113.804 € | 110.014 € | 103.272 € |
| 69.000 € | 232.782 € | 215.779 € | 198.868 € | 181.986 € | 165.167 € | 148.376 € | 131.701 € | 115.067 € | 111.065 € | 104.171 € |
| 72.000 € | 258.788 € | 240.288 € | 221.870 € | 203.464 € | 185.107 € | 166.758 € | 148.516 € | 130.298 € | 112.123 € | 105.076 € |
| 75.000 € | 284.794 € | 264.797 € | 244.872 € | 224.942 € | 205.047 € | 185.140 € | 165.332 € | 145.528 € | 125.752 € | 105.987 € |
| 78.000 € | 310.800 € | 289.306 € | 267.875 € | 246.420 € | 224.987 € | 203.522 € | 182.148 € | 160.759 € | 139.381 € | 117.995 € |
| 81.000 € | 336.807 € | 313.815 € | 290.877 € | 267.898 € | 244.926 € | 221.904 € | 198.964 € | 175.990 € | 153.010 € | 130.004 € |
| 84.000 € | 362.813 € | 338.324 € | 313.879 € | 289.376 € | 264.866 € | 240.286 € | 215.780 € | 191.220 € | 166.639 € | 142.012 € |
| 87.000 € | 388.819 € | 362.833 € | 336.881 € | 310.854 € | 284.806 € | 258.668 € | 232.595 € | 206.451 € | 180.267 € | 154.020 € |
| 90.000 € | 414.826 € | 387.342 € | 359.884 € | 332.332 € | 304.746 € | 277.051 € | 249.411 € | 221.681 € | 193.896 € | 166.029 € |
| 93.000 € | 440.832 € | 411.852 € | 382.886 € | 353.810 € | 324.686 € | 295.433 € | 266.227 € | 236.912 € | 207.525 € | 178.037 € |
| 96.000 € | 466.838 € | 436.361 € | 405.888 € | 375.288 € | 344.625 € | 313.815 € | 283.043 € | 252.143 € | 221.154 € | 190.045 € |
| 99.000 € | 492.844 € | 460.870 € | 428.890 € | 396.766 € | 364.565 € | 332.197 € | 299.859 € | 267.373 € | 234.782 € | 202.054 € |
| 102.000 € | 518.851 € | 485.379 € | 451.893 € | 418.244 € | 384.505 € | 350.579 € | 316.675 € | 282.604 € | 248.411 € | 214.062 € |
| 105.000 € | 544.857 € | 509.888 € | 474.895 € | 439.722 € | 404.445 € | 368.961 € | 333.490 € | 297.834 € | 262.040 € | 226.070 € |
| 108.000 € | 570.863 € | 534.397 € | 497.897 € | 461.200 € | 424.385 € | 387.343 € | 350.306 € | 313.065 € | 275.669 € | 238.079 € |
| 111.000 € | 596.869 € | 558.906 € | 520.899 € | 482.678 € | 444.324 € | 405.726 € | 367.122 € | 328.296 € | 289.297 € | 250.087 € |
| 114.000 € | 622.876 € | 583.415 € | 543.902 € | 504.156 € | 464.264 € | 424.108 € | 383.938 € | 343.526 € | 302.926 € | 262.095 € |
| 117.000 € | 648.882 € | 607.924 € | 566.904 € | 525.635 € | 484.204 € | 442.490 € | 400.754 € | 358.757 € | 316.555 € | 274.104 € |
| 120.000 € | 674.888 € | 632.433 € | 589.906 € | 547.113 € | 504.144 € | 460.872 € | 417.569 € | 373.987 € | 330.184 € | 286.112 € |

# TABLA 1.C.1
## Lucro cesante del cónyuge
Años de duración del matrimonio: 37 años

Ingreso netcnyuge

Edad del cónyuge

| Hasta | 61 | 62 | 63 | 64 | 65 | 66 | 67 | 68 | 69 | 70 |
|---|---|---|---|---|---|---|---|---|---|---|
| 9.000 € | 22.267 € | 20.913 € | 19.606 € | 18.301 € | 17.052 € | 15.890 € | 12.390 € | 11.956 € | 11.515 € | 11.058 € |
| 12.000 € | 29.689 € | 27.884 € | 26.141 € | 24.401 € | 22.735 € | 21.187 € | 16.520 € | 15.941 € | 15.353 € | 14.744 € |
| 15.000 € | 37.111 € | 34.855 € | 32.676 € | 30.502 € | 28.419 € | 26.484 € | 20.650 € | 19.926 € | 19.192 € | 18.430 € |
| 18.000 € | 44.533 € | 41.826 € | 39.212 € | 36.602 € | 34.103 € | 31.781 € | 24.780 € | 23.912 € | 23.030 € | 22.116 € |
| 21.000 € | 51.956 € | 48.797 € | 45.747 € | 42.702 € | 39.787 € | 37.077 € | 28.909 € | 27.897 € | 26.868 € | 25.802 € |
| 24.000 € | 59.378 € | 55.768 € | 52.282 € | 48.802 € | 45.471 € | 42.374 € | 33.039 € | 31.882 € | 30.707 € | 29.488 € |
| 27.000 € | 66.800 € | 62.739 € | 58.817 € | 54.903 € | 51.155 € | 47.671 € | 37.169 € | 35.867 € | 34.545 € | 33.174 € |
| 30.000 € | 74.222 € | 69.710 € | 65.353 € | 61.003 € | 56.839 € | 52.968 € | 41.299 € | 39.853 € | 38.383 € | 36.860 € |
| 33.000 € | 81.644 € | 76.681 € | 71.888 € | 67.103 € | 62.523 € | 58.264 € | 45.429 € | 43.838 € | 42.222 € | 40.546 € |
| 36.000 € | 89.067 € | 83.652 € | 78.423 € | 73.204 € | 68.206 € | 63.561 € | 49.559 € | 47.823 € | 46.060 € | 44.232 € |
| 39.000 € | 89.596 € | 83.661 € | 78.605 € | 73.267 € | 68.206 € | 63.561 € | 53.689 € | 51.808 € | 49.898 € | 47.918 € |
| 42.000 € | 90.124 € | 83.671 € | 78.786 € | 73.330 € | 68.206 € | 63.561 € | 53.689 € | 51.808 € | 49.898 € | 47.918 € |
| 45.000 € | 90.654 € | 83.681 € | 78.966 € | 73.393 € | 68.206 € | 63.561 € | 53.689 € | 51.808 € | 49.898 € | 47.918 € |
| 48.000 € | 91.184 € | 83.690 € | 79.146 € | 73.456 € | 68.206 € | 63.561 € | 53.689 € | 51.808 € | 49.898 € | 47.918 € |
| 51.000 € | 91.715 € | 83.699 € | 79.326 € | 73.518 € | 68.206 € | 63.561 € | 53.689 € | 51.808 € | 49.898 € | 47.918 € |
| 54.000 € | 92.247 € | 83.709 € | 79.505 € | 73.580 € | 68.206 € | 63.561 € | 53.689 € | 51.808 € | 49.898 € | 47.918 € |
| 57.000 € | 92.781 € | 83.718 € | 79.684 € | 73.643 € | 68.206 € | 63.561 € | 53.689 € | 51.808 € | 49.898 € | 47.918 € |
| 60.000 € | 93.316 € | 83.728 € | 79.864 € | 73.705 € | 68.206 € | 63.561 € | 53.689 € | 51.808 € | 49.898 € | 47.918 € |
| 63.000 € | 93.853 € | 83.737 € | 80.043 € | 73.767 € | 68.206 € | 63.561 € | 53.689 € | 51.808 € | 49.898 € | 47.918 € |
| 66.000 € | 94.392 € | 83.746 € | 80.222 € | 73.828 € | 68.206 € | 63.561 € | 53.689 € | 51.808 € | 49.898 € | 47.918 € |
| 69.000 € | 94.933 € | 83.755 € | 80.401 € | 73.890 € | 68.206 € | 63.561 € | 53.689 € | 51.808 € | 49.898 € | 47.918 € |
| 72.000 € | 95.476 € | 83.765 € | 80.581 € | 73.952 € | 68.206 € | 63.561 € | 53.689 € | 51.808 € | 49.898 € | 47.918 € |
| 75.000 € | 96.021 € | 83.774 € | 80.760 € | 74.013 € | 68.206 € | 63.561 € | 53.689 € | 51.808 € | 49.898 € | 47.918 € |
| 78.000 € | 96.569 € | 83.783 € | 80.939 € | 74.075 € | 68.206 € | 63.561 € | 53.689 € | 51.808 € | 49.898 € | 47.918 € |
| 81.000 € | 106.934 € | 83.792 € | 81.119 € | 74.137 € | 68.206 € | 63.561 € | 53.689 € | 51.808 € | 49.898 € | 47.918 € |
| 84.000 € | 117.300 € | 92.493 € | 81.299 € | 74.198 € | 68.206 € | 63.561 € | 53.689 € | 51.808 € | 49.898 € | 47.918 € |
| 87.000 € | 127.666 € | 101.193 € | 81.479 € | 74.260 € | 68.206 € | 63.561 € | 53.689 € | 51.808 € | 49.898 € | 47.918 € |
| 90.000 € | 138.032 € | 109.893 € | 81.659 € | 74.321 € | 68.206 € | 63.561 € | 53.689 € | 51.808 € | 49.898 € | 47.918 € |
| 93.000 € | 148.398 € | 118.594 € | 88.675 € | 74.383 € | 68.206 € | 63.561 € | 53.689 € | 51.808 € | 49.898 € | 47.918 € |
| 96.000 € | 158.763 € | 127.294 € | 95.691 € | 74.444 € | 68.206 € | 63.561 € | 53.689 € | 51.808 € | 49.898 € | 47.918 € |
| 99.000 € | 169.129 € | 135.994 € | 102.707 € | 74.505 € | 68.206 € | 63.561 € | 53.689 € | 51.808 € | 49.898 € | 47.918 € |
| 102.000 € | 179.495 € | 144.695 € | 109.723 € | 74.567 € | 68.206 € | 63.561 € | 53.689 € | 51.808 € | 49.898 € | 47.918 € |
| 105.000 € | 189.861 € | 153.395 € | 116.739 € | 79.874 € | 68.206 € | 63.561 € | 53.689 € | 51.808 € | 49.898 € | 47.918 € |
| 108.000 € | 200.227 € | 162.095 € | 123.755 € | 85.182 € | 68.206 € | 63.561 € | 53.689 € | 51.808 € | 49.898 € | 47.918 € |
| 111.000 € | 210.592 € | 170.796 € | 130.771 € | 90.490 € | 68.206 € | 63.561 € | 53.689 € | 51.808 € | 49.898 € | 47.918 € |
| 114.000 € | 220.958 € | 179.496 € | 137.787 € | 95.797 € | 68.206 € | 63.561 € | 53.689 € | 51.808 € | 49.898 € | 47.918 € |
| 117.000 € | 231.324 € | 188.196 € | 144.803 € | 101.105 € | 68.206 € | 63.561 € | 53.689 € | 51.808 € | 49.898 € | 47.918 € |
| 120.000 € | 241.690 € | 196.896 € | 151.819 € | 106.412 € | 68.206 € | 63.561 € | 53.689 € | 51.808 € | 49.898 € | 47.918 € |

# TABLA 1.C.1
## Lucro cesante del cónyuge
Años de duración del matrimonio: 37 años

| Ingreso neto | Edad del cónyuge | | | | | | | | | | |
|---|---|---|---|---|---|---|---|---|---|---|---|
| Hasta | 71 | 72 | 73 | 74 | 75 | 76 | 77 | 78 | 79 | 80 | 81 |
| 9.000 € | 10.620 € | 10.178 € | 9.713 € | 9.267 € | 8.838 € | 8.406 € | 7.975 € | 7.553 € | 7.143 € | 6.738 € | 6.346 € |
| 12.000 € | 14.160 € | 13.570 € | 12.951 € | 12.356 € | 11.784 € | 11.209 € | 10.634 € | 10.071 € | 9.524 € | 8.983 € | 8.461 € |
| 15.000 € | 17.700 € | 16.963 € | 16.189 € | 15.446 € | 14.730 € | 14.011 € | 13.292 € | 12.588 € | 11.905 € | 11.229 € | 10.576 € |
| 18.000 € | 21.240 € | 20.356 € | 19.427 € | 18.535 € | 17.677 € | 16.813 € | 15.950 € | 15.106 € | 14.286 € | 13.475 € | 12.692 € |
| 21.000 € | 24.780 € | 23.748 € | 22.664 € | 21.624 € | 20.623 € | 19.615 € | 18.609 € | 17.624 € | 16.667 € | 15.721 € | 14.807 € |
| 24.000 € | 28.319 € | 27.141 € | 25.902 € | 24.713 € | 23.569 € | 22.417 € | 21.267 € | 20.141 € | 19.048 € | 17.967 € | 16.922 € |
| 27.000 € | 31.859 € | 30.533 € | 29.140 € | 27.802 € | 26.515 € | 25.219 € | 23.926 € | 22.659 € | 21.429 € | 20.213 € | 19.038 € |
| 30.000 € | 35.399 € | 33.926 € | 32.378 € | 30.891 € | 29.461 € | 28.021 € | 26.584 € | 25.177 € | 23.810 € | 22.459 € | 21.153 € |
| 33.000 € | 38.939 € | 37.318 € | 35.615 € | 33.980 € | 32.407 € | 30.823 € | 29.243 € | 27.694 € | 26.191 € | 24.704 € | 23.268 € |
| 36.000 € | 42.479 € | 40.711 € | 38.853 € | 37.069 € | 35.353 € | 33.626 € | 31.901 € | 30.212 € | 28.572 € | 26.950 € | 25.383 € |
| 39.000 € | 46.019 € | 44.104 € | 42.091 € | 40.158 € | 38.299 € | 36.428 € | 34.559 € | 32.730 € | 30.953 € | 29.196 € | 27.499 € |
| 42.000 € | 46.019 € | 44.104 € | 42.091 € | 40.158 € | 38.299 € | 36.428 € | 34.559 € | 32.730 € | 30.953 € | 29.196 € | 27.499 € |
| 45.000 € | 46.019 € | 44.104 € | 42.091 € | 40.158 € | 38.299 € | 36.428 € | 34.559 € | 32.730 € | 30.953 € | 29.196 € | 27.499 € |
| 48.000 € | 46.019 € | 44.104 € | 42.091 € | 40.158 € | 38.299 € | 36.428 € | 34.559 € | 32.730 € | 30.953 € | 29.196 € | 27.499 € |
| 51.000 € | 46.019 € | 44.104 € | 42.091 € | 40.158 € | 38.299 € | 36.428 € | 34.559 € | 32.730 € | 30.953 € | 29.196 € | 27.499 € |
| 54.000 € | 46.019 € | 44.104 € | 42.091 € | 40.158 € | 38.299 € | 36.428 € | 34.559 € | 32.730 € | 30.953 € | 29.196 € | 27.499 € |
| 57.000 € | 46.019 € | 44.104 € | 42.091 € | 40.158 € | 38.299 € | 36.428 € | 34.559 € | 32.730 € | 30.953 € | 29.196 € | 27.499 € |
| 60.000 € | 46.019 € | 44.104 € | 42.091 € | 40.158 € | 38.299 € | 36.428 € | 34.559 € | 32.730 € | 30.953 € | 29.196 € | 27.499 € |
| 63.000 € | 46.019 € | 44.104 € | 42.091 € | 40.158 € | 38.299 € | 36.428 € | 34.559 € | 32.730 € | 30.953 € | 29.196 € | 27.499 € |
| 66.000 € | 46.019 € | 44.104 € | 42.091 € | 40.158 € | 38.299 € | 36.428 € | 34.559 € | 32.730 € | 30.953 € | 29.196 € | 27.499 € |
| 69.000 € | 46.019 € | 44.104 € | 42.091 € | 40.158 € | 38.299 € | 36.428 € | 34.559 € | 32.730 € | 30.953 € | 29.196 € | 27.499 € |
| 72.000 € | 46.019 € | 44.104 € | 42.091 € | 40.158 € | 38.299 € | 36.428 € | 34.559 € | 32.730 € | 30.953 € | 29.196 € | 27.499 € |
| 75.000 € | 46.019 € | 44.104 € | 42.091 € | 40.158 € | 38.299 € | 36.428 € | 34.559 € | 32.730 € | 30.953 € | 29.196 € | 27.499 € |
| 78.000 € | 46.019 € | 44.104 € | 42.091 € | 40.158 € | 38.299 € | 36.428 € | 34.559 € | 32.730 € | 30.953 € | 29.196 € | 27.499 € |
| 81.000 € | 46.019 € | 44.104 € | 42.091 € | 40.158 € | 38.299 € | 36.428 € | 34.559 € | 32.730 € | 30.953 € | 29.196 € | 27.499 € |
| 84.000 € | 46.019 € | 44.104 € | 42.091 € | 40.158 € | 38.299 € | 36.428 € | 34.559 € | 32.730 € | 30.953 € | 29.196 € | 27.499 € |
| 87.000 € | 46.019 € | 44.104 € | 42.091 € | 40.158 € | 38.299 € | 36.428 € | 34.559 € | 32.730 € | 30.953 € | 29.196 € | 27.499 € |
| 90.000 € | 46.019 € | 44.104 € | 42.091 € | 40.158 € | 38.299 € | 36.428 € | 34.559 € | 32.730 € | 30.953 € | 29.196 € | 27.499 € |
| 93.000 € | 46.019 € | 44.104 € | 42.091 € | 40.158 € | 38.299 € | 36.428 € | 34.559 € | 32.730 € | 30.953 € | 29.196 € | 27.499 € |
| 96.000 € | 46.019 € | 44.104 € | 42.091 € | 40.158 € | 38.299 € | 36.428 € | 34.559 € | 32.730 € | 30.953 € | 29.196 € | 27.499 € |
| 99.000 € | 46.019 € | 44.104 € | 42.091 € | 40.158 € | 38.299 € | 36.428 € | 34.559 € | 32.730 € | 30.953 € | 29.196 € | 27.499 € |
| 102.000 € | 46.019 € | 44.104 € | 42.091 € | 40.158 € | 38.299 € | 36.428 € | 34.559 € | 32.730 € | 30.953 € | 29.196 € | 27.499 € |
| 105.000 € | 46.019 € | 44.104 € | 42.091 € | 40.158 € | 38.299 € | 36.428 € | 34.559 € | 32.730 € | 30.953 € | 29.196 € | 27.499 € |
| 108.000 € | 46.019 € | 44.104 € | 42.091 € | 40.158 € | 38.299 € | 36.428 € | 34.559 € | 32.730 € | 30.953 € | 29.196 € | 27.499 € |
| 111.000 € | 46.019 € | 44.104 € | 42.091 € | 40.158 € | 38.299 € | 36.428 € | 34.559 € | 32.730 € | 30.953 € | 29.196 € | 27.499 € |
| 114.000 € | 46.019 € | 44.104 € | 42.091 € | 40.158 € | 38.299 € | 36.428 € | 34.559 € | 32.730 € | 30.953 € | 29.196 € | 27.499 € |
| 117.000 € | 46.019 € | 44.104 € | 42.091 € | 40.158 € | 38.299 € | 36.428 € | 34.559 € | 32.730 € | 30.953 € | 29.196 € | 27.499 € |
| 120.000 € | 46.019 € | 44.104 € | 42.091 € | 40.158 € | 38.299 € | 36.428 € | 34.559 € | 32.730 € | 30.953 € | 29.196 € | 27.499 € |

# TABLA 1.C.1
## Lucro cesante del cónyuge
### Años de duración del matrimonio: 37 años

| Ingreso neto | Edad del cónyuge | | | | | | | | | | |
|---|---|---|---|---|---|---|---|---|---|---|---|
| Hasta | 82 | 83 | 84 | 85 | 86 | 87 | 88 | 89 | 90 | 91 | 92 |
| 9.000 € | 5.968 € | 5.601 € | 5.245 € | 4.908 € | 4.584 € | 4.276 € | 3.985 € | 3.715 € | 3.459 € | 3.206 € | 3.000 € |
| 12.000 € | 7.957 € | 7.468 € | 6.994 € | 6.544 € | 6.113 € | 5.702 € | 5.314 € | 4.954 € | 4.612 € | 4.274 € | 3.944 € |
| 15.000 € | 9.947 € | 9.335 € | 8.742 € | 8.180 € | 7.641 € | 7.127 € | 6.642 € | 6.192 € | 5.764 € | 5.343 € | 4.930 € |
| 18.000 € | 11.936 € | 11.202 € | 10.490 € | 9.816 € | 9.169 € | 8.552 € | 7.971 € | 7.431 € | 6.917 € | 6.411 € | 5.916 € |
| 21.000 € | 13.925 € | 13.069 € | 12.239 € | 11.452 € | 10.697 € | 9.978 € | 9.299 € | 8.669 € | 8.070 € | 7.480 € | 6.902 € |
| 24.000 € | 15.915 € | 14.936 € | 13.987 € | 13.088 € | 12.225 € | 11.403 € | 10.628 € | 9.907 € | 9.223 € | 8.548 € | 7.887 € |
| 27.000 € | 17.904 € | 16.803 € | 15.735 € | 14.724 € | 13.753 € | 12.829 € | 11.956 € | 11.146 € | 10.376 € | 9.617 € | 8.873 € |
| 30.000 € | 19.893 € | 18.669 € | 17.484 € | 16.360 € | 15.282 € | 14.254 € | 13.285 € | 12.384 € | 11.529 € | 10.685 € | 9.859 € |
| 33.000 € | 21.883 € | 20.536 € | 19.232 € | 17.996 € | 16.810 € | 15.679 € | 14.613 € | 13.623 € | 12.682 € | 11.754 € | 10.845 € |
| 36.000 € | 23.872 € | 22.403 € | 20.981 € | 19.632 € | 18.338 € | 17.105 € | 15.942 € | 14.861 € | 13.835 € | 12.822 € | 11.831 € |
| 39.000 € | 25.861 € | 24.270 € | 22.729 € | 21.268 € | 19.866 € | 18.530 € | 17.270 € | 16.100 € | 14.988 € | 13.891 € | 12.817 € |
| 42.000 € | 25.861 € | 24.270 € | 22.729 € | 21.268 € | 19.866 € | 18.530 € | 17.270 € | 16.100 € | 14.988 € | 13.891 € | 12.817 € |
| 45.000 € | 25.861 € | 24.270 € | 22.729 € | 21.268 € | 19.866 € | 18.530 € | 17.270 € | 16.100 € | 14.988 € | 13.891 € | 12.817 € |
| 48.000 € | 25.861 € | 24.270 € | 22.729 € | 21.268 € | 19.866 € | 18.530 € | 17.270 € | 16.100 € | 14.988 € | 13.891 € | 12.817 € |
| 51.000 € | 25.861 € | 24.270 € | 22.729 € | 21.268 € | 19.866 € | 18.530 € | 17.270 € | 16.100 € | 14.988 € | 13.891 € | 12.817 € |
| 54.000 € | 25.861 € | 24.270 € | 22.729 € | 21.268 € | 19.866 € | 18.530 € | 17.270 € | 16.100 € | 14.988 € | 13.891 € | 12.817 € |
| 57.000 € | 25.861 € | 24.270 € | 22.729 € | 21.268 € | 19.866 € | 18.530 € | 17.270 € | 16.100 € | 14.988 € | 13.891 € | 12.817 € |
| 60.000 € | 25.861 € | 24.270 € | 22.729 € | 21.268 € | 19.866 € | 18.530 € | 17.270 € | 16.100 € | 14.988 € | 13.891 € | 12.817 € |
| 63.000 € | 25.861 € | 24.270 € | 22.729 € | 21.268 € | 19.866 € | 18.530 € | 17.270 € | 16.100 € | 14.988 € | 13.891 € | 12.817 € |
| 66.000 € | 25.861 € | 24.270 € | 22.729 € | 21.268 € | 19.866 € | 18.530 € | 17.270 € | 16.100 € | 14.988 € | 13.891 € | 12.817 € |
| 69.000 € | 25.861 € | 24.270 € | 22.729 € | 21.268 € | 19.866 € | 18.530 € | 17.270 € | 16.100 € | 14.988 € | 13.891 € | 12.817 € |
| 72.000 € | 25.861 € | 24.270 € | 22.729 € | 21.268 € | 19.866 € | 18.530 € | 17.270 € | 16.100 € | 14.988 € | 13.891 € | 12.817 € |
| 75.000 € | 25.861 € | 24.270 € | 22.729 € | 21.268 € | 19.866 € | 18.530 € | 17.270 € | 16.100 € | 14.988 € | 13.891 € | 12.817 € |
| 78.000 € | 25.861 € | 24.270 € | 22.729 € | 21.268 € | 19.866 € | 18.530 € | 17.270 € | 16.100 € | 14.988 € | 13.891 € | 12.817 € |
| 81.000 € | 25.861 € | 24.270 € | 22.729 € | 21.268 € | 19.866 € | 18.530 € | 17.270 € | 16.100 € | 14.988 € | 13.891 € | 12.817 € |
| 84.000 € | 25.861 € | 24.270 € | 22.729 € | 21.268 € | 19.866 € | 18.530 € | 17.270 € | 16.100 € | 14.988 € | 13.891 € | 12.817 € |
| 87.000 € | 25.861 € | 24.270 € | 22.729 € | 21.268 € | 19.866 € | 18.530 € | 17.270 € | 16.100 € | 14.988 € | 13.891 € | 12.817 € |
| 90.000 € | 25.861 € | 24.270 € | 22.729 € | 21.268 € | 19.866 € | 18.530 € | 17.270 € | 16.100 € | 14.988 € | 13.891 € | 12.817 € |
| 93.000 € | 25.861 € | 24.270 € | 22.729 € | 21.268 € | 19.866 € | 18.530 € | 17.270 € | 16.100 € | 14.988 € | 13.891 € | 12.817 € |
| 96.000 € | 25.861 € | 24.270 € | 22.729 € | 21.268 € | 19.866 € | 18.530 € | 17.270 € | 16.100 € | 14.988 € | 13.891 € | 12.817 € |
| 99.000 € | 25.861 € | 24.270 € | 22.729 € | 21.268 € | 19.866 € | 18.530 € | 17.270 € | 16.100 € | 14.988 € | 13.891 € | 12.817 € |
| 102.000 € | 25.861 € | 24.270 € | 22.729 € | 21.268 € | 19.866 € | 18.530 € | 17.270 € | 16.100 € | 14.988 € | 13.891 € | 12.817 € |
| 105.000 € | 25.861 € | 24.270 € | 22.729 € | 21.268 € | 19.866 € | 18.530 € | 17.270 € | 16.100 € | 14.988 € | 13.891 € | 12.817 € |
| 108.000 € | 25.861 € | 24.270 € | 22.729 € | 21.268 € | 19.866 € | 18.530 € | 17.270 € | 16.100 € | 14.988 € | 13.891 € | 12.817 € |
| 111.000 € | 25.861 € | 24.270 € | 22.729 € | 21.268 € | 19.866 € | 18.530 € | 17.270 € | 16.100 € | 14.988 € | 13.891 € | 12.817 € |
| 114.000 € | 25.861 € | 24.270 € | 22.729 € | 21.268 € | 19.866 € | 18.530 € | 17.270 € | 16.100 € | 14.988 € | 13.891 € | 12.817 € |
| 117.000 € | 25.861 € | 24.270 € | 22.729 € | 21.268 € | 19.866 € | 18.530 € | 17.270 € | 16.100 € | 14.988 € | 13.891 € | 12.817 € |
| 120.000 € | 25.861 € | 24.270 € | 22.729 € | 21.268 € | 19.866 € | 18.530 € | 17.270 € | 16.100 € | 14.988 € | 13.891 € | 12.817 € |

# TABLA 1.C.1
## Lucro cesante del cónyuge
### Años de duración del matrimonio: 37 años

| Ingreso neto | Edad del cónyuge | | | | | | |
|---|---|---|---|---|---|---|---|
| Hasta | 93 | 94 | 95 | 96 | 97 | 98 | 99 o más |
| 9.000 € | 3.000 € | 3.000 € | 3.000 € | 3.000 € | 3.000 € | 3.000 € | 3.000 € |
| 12.000 € | 3.580 € | 3.269 € | 3.000 € | 3.000 € | 3.000 € | 3.000 € | 3.000 € |
| 15.000 € | 4.474 € | 4.086 € | 3.656 € | 3.205 € | 3.000 € | 3.000 € | 3.000 € |
| 18.000 € | 5.369 € | 4.903 € | 4.387 € | 3.846 € | 3.243 € | 3.000 € | 3.000 € |
| 21.000 € | 6.264 € | 5.720 € | 5.118 € | 4.487 € | 3.784 € | 3.000 € | 3.000 € |
| 24.000 € | 7.159 € | 6.537 € | 5.849 € | 5.128 € | 4.325 € | 3.287 € | 3.000 € |
| 27.000 € | 8.054 € | 7.355 € | 6.581 € | 5.769 € | 4.865 € | 3.698 € | 3.000 € |
| 30.000 € | 8.949 € | 8.172 € | 7.312 € | 6.410 € | 5.406 € | 4.108 € | 3.000 € |
| 33.000 € | 9.844 € | 8.989 € | 8.043 € | 7.051 € | 5.946 € | 4.519 € | 3.000 € |
| 36.000 € | 10.739 € | 9.806 € | 8.774 € | 7.692 € | 6.487 € | 4.930 € | 3.000 € |
| 39.000 € | 11.634 € | 10.623 € | 9.505 € | 8.333 € | 7.027 € | 5.341 € | 3.120 € |
| 42.000 € | 11.634 € | 10.623 € | 9.505 € | 8.333 € | 7.027 € | 5.341 € | 3.120 € |
| 45.000 € | 11.634 € | 10.623 € | 9.505 € | 8.333 € | 7.027 € | 5.341 € | 3.120 € |
| 48.000 € | 11.634 € | 10.623 € | 9.505 € | 8.333 € | 7.027 € | 5.341 € | 3.120 € |
| 51.000 € | 11.634 € | 10.623 € | 9.505 € | 8.333 € | 7.027 € | 5.341 € | 3.120 € |
| 54.000 € | 11.634 € | 10.623 € | 9.505 € | 8.333 € | 7.027 € | 5.341 € | 3.120 € |
| 57.000 € | 11.634 € | 10.623 € | 9.505 € | 8.333 € | 7.027 € | 5.341 € | 3.120 € |
| 60.000 € | 11.634 € | 10.623 € | 9.505 € | 8.333 € | 7.027 € | 5.341 € | 3.120 € |
| 63.000 € | 11.634 € | 10.623 € | 9.505 € | 8.333 € | 7.027 € | 5.341 € | 3.120 € |
| 66.000 € | 11.634 € | 10.623 € | 9.505 € | 8.333 € | 7.027 € | 5.341 € | 3.120 € |
| 69.000 € | 11.634 € | 10.623 € | 9.505 € | 8.333 € | 7.027 € | 5.341 € | 3.120 € |
| 72.000 € | 11.634 € | 10.623 € | 9.505 € | 8.333 € | 7.027 € | 5.341 € | 3.120 € |
| 75.000 € | 11.634 € | 10.623 € | 9.505 € | 8.333 € | 7.027 € | 5.341 € | 3.120 € |
| 78.000 € | 11.634 € | 10.623 € | 9.505 € | 8.333 € | 7.027 € | 5.341 € | 3.120 € |
| 81.000 € | 11.634 € | 10.623 € | 9.505 € | 8.333 € | 7.027 € | 5.341 € | 3.120 € |
| 84.000 € | 11.634 € | 10.623 € | 9.505 € | 8.333 € | 7.027 € | 5.341 € | 3.120 € |
| 87.000 € | 11.634 € | 10.623 € | 9.505 € | 8.333 € | 7.027 € | 5.341 € | 3.120 € |
| 90.000 € | 11.634 € | 10.623 € | 9.505 € | 8.333 € | 7.027 € | 5.341 € | 3.120 € |
| 93.000 € | 11.634 € | 10.623 € | 9.505 € | 8.333 € | 7.027 € | 5.341 € | 3.120 € |
| 96.000 € | 11.634 € | 10.623 € | 9.505 € | 8.333 € | 7.027 € | 5.341 € | 3.120 € |
| 99.000 € | 11.634 € | 10.623 € | 9.505 € | 8.333 € | 7.027 € | 5.341 € | 3.120 € |
| 102.000 € | 11.634 € | 10.623 € | 9.505 € | 8.333 € | 7.027 € | 5.341 € | 3.120 € |
| 105.000 € | 11.634 € | 10.623 € | 9.505 € | 8.333 € | 7.027 € | 5.341 € | 3.120 € |
| 108.000 € | 11.634 € | 10.623 € | 9.505 € | 8.333 € | 7.027 € | 5.341 € | 3.120 € |
| 111.000 € | 11.634 € | 10.623 € | 9.505 € | 8.333 € | 7.027 € | 5.341 € | 3.120 € |
| 114.000 € | 11.634 € | 10.623 € | 9.505 € | 8.333 € | 7.027 € | 5.341 € | 3.120 € |
| 117.000 € | 11.634 € | 10.623 € | 9.505 € | 8.333 € | 7.027 € | 5.341 € | 3.120 € |
| 120.000 € | 11.634 € | 10.623 € | 9.505 € | 8.333 € | 7.027 € | 5.341 € | 3.120 € |

# TABLA 1.C.1
## Lucro cesante del cónyuge
Años de duración del matrimonio: 38 años

Ingreso netc Edad del cónyuge | Edad del có

| Hasta | 52 | 53 | 54 | 55 | 56 | 57 | 58 | 59 | 60 | 61 |
|---|---|---|---|---|---|---|---|---|---|---|
| 9.000 € | 34.766 € | 33.527 € | 32.237 € | 30.930 € | 29.560 € | 28.084 € | 26.634 € | 25.181 € | 23.753 € | 22.352 € |
| 12.000 € | 46.355 € | 44.703 € | 42.983 € | 41.240 € | 39.413 € | 37.445 € | 35.513 € | 33.575 € | 31.671 € | 29.802 € |
| 15.000 € | 57.944 € | 55.879 € | 53.729 € | 51.550 € | 49.267 € | 46.807 € | 44.391 € | 41.969 € | 39.589 € | 37.253 € |
| 18.000 € | 69.533 € | 67.054 € | 64.475 € | 61.859 € | 59.120 € | 56.168 € | 53.269 € | 50.362 € | 47.507 € | 44.704 € |
| 21.000 € | 81.122 € | 78.230 € | 75.221 € | 72.169 € | 68.973 € | 65.529 € | 62.147 € | 58.756 € | 55.424 € | 52.154 € |
| 24.000 € | 92.710 € | 89.406 € | 85.966 € | 82.479 € | 78.827 € | 74.891 € | 71.025 € | 67.150 € | 63.342 € | 59.605 € |
| 27.000 € | 104.299 € | 100.582 € | 96.712 € | 92.789 € | 88.680 € | 84.252 € | 79.903 € | 75.543 € | 71.260 € | 67.055 € |
| 30.000 € | 115.888 € | 111.757 € | 107.458 € | 103.099 € | 98.533 € | 93.614 € | 88.781 € | 83.937 € | 79.178 € | 74.506 € |
| 33.000 € | 127.477 € | 122.933 € | 118.204 € | 113.409 € | 108.387 € | 102.975 € | 97.660 € | 92.331 € | 87.096 € | 81.957 € |
| 36.000 € | 129.018 € | 123.648 € | 120.142 € | 114.533 € | 108.677 € | 104.424 € | 102.420 € | 100.464 € | 95.013 € | 89.407 € |
| 39.000 € | 130.567 € | 124.361 € | 122.099 € | 115.660 € | 108.966 € | 105.417 € | 103.511 € | 101.392 € | 95.822 € | 89.903 € |
| 42.000 € | 132.126 € | 125.075 € | 124.076 € | 116.792 € | 109.254 € | 106.413 € | 104.607 € | 102.322 € | 96.633 € | 90.399 € |
| 45.000 € | 133.695 € | 125.789 € | 125.789 € | 117.928 € | 109.541 € | 107.413 € | 105.709 € | 103.256 € | 97.446 € | 90.895 € |
| 48.000 € | 135.275 € | 126.504 € | 126.504 € | 119.071 € | 109.828 € | 108.418 € | 106.817 € | 104.195 € | 98.263 € | 91.392 € |
| 51.000 € | 136.868 € | 127.220 € | 127.220 € | 120.220 € | 110.114 € | 109.429 € | 107.933 € | 105.138 € | 99.083 € | 91.889 € |
| 54.000 € | 138.474 € | 127.938 € | 127.938 € | 121.376 € | 110.400 € | 109.729 € | 109.057 € | 106.086 € | 99.907 € | 92.388 € |
| 57.000 € | 140.094 € | 128.657 € | 128.657 € | 122.540 € | 110.686 € | 110.437 € | 110.189 € | 107.040 € | 100.735 € | 92.887 € |
| 60.000 € | 141.729 € | 129.378 € | 129.378 € | 123.712 € | 110.972 € | 110.972 € | 110.972 € | 108.000 € | 101.568 € | 93.388 € |
| 63.000 € | 166.238 € | 152.381 € | 138.589 € | 124.891 € | 111.258 € | 111.258 € | 111.258 € | 108.966 € | 102.406 € | 93.890 € |
| 66.000 € | 190.747 € | 175.383 € | 160.067 € | 144.831 € | 129.640 € | 114.578 € | 113.637 € | 109.939 € | 103.249 € | 94.394 € |
| 69.000 € | 215.256 € | 198.385 € | 181.545 € | 164.771 € | 148.022 € | 131.394 € | 114.805 € | 110.918 € | 104.097 € | 94.899 € |
| 72.000 € | 239.765 € | 221.387 € | 203.023 € | 184.711 € | 166.404 € | 148.210 € | 130.035 € | 111.904 € | 104.950 € | 95.406 € |
| 75.000 € | 264.274 € | 244.390 € | 224.501 € | 204.651 € | 184.787 € | 165.025 € | 145.266 € | 125.533 € | 105.809 € | 95.915 € |
| 78.000 € | 288.783 € | 267.392 € | 245.980 € | 224.590 € | 203.169 € | 181.841 € | 160.496 € | 139.162 € | 117.817 € | 96.426 € |
| 81.000 € | 313.292 € | 290.394 € | 267.458 € | 244.530 € | 221.551 € | 198.657 € | 175.727 € | 152.790 € | 129.825 € | 106.792 € |
| 84.000 € | 337.801 € | 313.396 € | 288.936 € | 264.470 € | 239.933 € | 215.473 € | 190.958 € | 166.419 € | 141.834 € | 117.158 € |
| 87.000 € | 362.310 € | 336.399 € | 310.414 € | 284.410 € | 258.315 € | 232.289 € | 206.188 € | 180.048 € | 153.842 € | 127.523 € |
| 90.000 € | 386.819 € | 359.401 € | 331.892 € | 304.350 € | 276.697 € | 249.104 € | 221.419 € | 193.677 € | 165.850 € | 137.889 € |
| 93.000 € | 411.328 € | 382.403 € | 353.370 € | 324.289 € | 295.079 € | 265.920 € | 236.649 € | 207.305 € | 177.859 € | 148.255 € |
| 96.000 € | 435.837 € | 405.405 € | 374.848 € | 344.229 € | 313.462 € | 282.736 € | 251.880 € | 220.934 € | 189.867 € | 158.621 € |
| 99.000 € | 460.346 € | 428.408 € | 396.326 € | 364.169 € | 331.844 € | 299.552 € | 267.111 € | 234.563 € | 201.875 € | 168.986 € |
| 102.000 € | 484.855 € | 451.410 € | 417.804 € | 384.109 € | 350.226 € | 316.368 € | 282.341 € | 248.192 € | 213.884 € | 179.352 € |
| 105.000 € | 509.364 € | 474.412 € | 439.282 € | 404.049 € | 368.608 € | 333.184 € | 297.572 € | 261.820 € | 225.892 € | 189.718 € |
| 108.000 € | 533.873 € | 497.414 € | 460.760 € | 423.989 € | 386.990 € | 349.999 € | 312.803 € | 275.449 € | 237.900 € | 200.084 € |
| 111.000 € | 558.382 € | 520.417 € | 482.238 € | 443.928 € | 405.372 € | 366.815 € | 328.033 € | 289.078 € | 249.909 € | 210.450 € |
| 114.000 € | 582.891 € | 543.419 € | 503.716 € | 463.868 € | 423.754 € | 383.631 € | 343.264 € | 302.707 € | 261.917 € | 220.815 € |
| 117.000 € | 607.400 € | 566.421 € | 525.194 € | 483.808 € | 442.136 € | 400.447 € | 358.494 € | 316.336 € | 273.925 € | 231.181 € |
| 120.000 € | 631.909 € | 589.423 € | 546.672 € | 503.748 € | 460.519 € | 417.263 € | 373.725 € | 329.964 € | 285.933 € | 241.547 € |

# TABLA 1.C.1
## Lucro cesante del cónyuge
Años de duración del matrimonio: 38 años

Ingreso netcnyuge

Edad del cónyuge

| Hasta | 62 | 63 | 64 | 65 | 66 | 67 | 68 | 69 | 70 | 71 |
|---|---|---|---|---|---|---|---|---|---|---|
| 9.000 € | 20.976 € | 19.606 € | 18.301 € | 17.052 € | 15.890 € | 12.390 € | 11.956 € | 11.515 € | 11.058 € | 10.620 € |
| 12.000 € | 27.968 € | 26.141 € | 24.401 € | 22.735 € | 21.187 € | 16.520 € | 15.941 € | 15.353 € | 14.744 € | 14.160 € |
| 15.000 € | 34.960 € | 32.676 € | 30.502 € | 28.419 € | 26.484 € | 20.650 € | 19.926 € | 19.192 € | 18.430 € | 17.700 € |
| 18.000 € | 41.952 € | 39.212 € | 36.602 € | 34.103 € | 31.781 € | 24.780 € | 23.912 € | 23.030 € | 22.116 € | 21.240 € |
| 21.000 € | 48.944 € | 45.747 € | 42.702 € | 39.787 € | 37.077 € | 28.909 € | 27.897 € | 26.868 € | 25.802 € | 24.780 € |
| 24.000 € | 55.936 € | 52.282 € | 48.802 € | 45.471 € | 42.374 € | 33.039 € | 31.882 € | 30.707 € | 29.488 € | 28.319 € |
| 27.000 € | 62.928 € | 58.817 € | 54.903 € | 51.155 € | 47.671 € | 37.169 € | 35.867 € | 34.545 € | 33.174 € | 31.859 € |
| 30.000 € | 69.920 € | 65.353 € | 61.003 € | 56.839 € | 52.968 € | 41.299 € | 39.853 € | 38.383 € | 36.860 € | 35.399 € |
| 33.000 € | 76.912 € | 71.888 € | 67.103 € | 62.523 € | 58.264 € | 45.429 € | 43.838 € | 42.222 € | 40.546 € | 38.939 € |
| 36.000 € | 83.904 € | 78.423 € | 73.204 € | 68.206 € | 63.561 € | 49.559 € | 47.823 € | 46.060 € | 44.232 € | 42.479 € |
| 39.000 € | 84.424 € | 78.605 € | 73.267 € | 68.206 € | 63.561 € | 53.689 € | 51.808 € | 49.898 € | 47.918 € | 46.019 € |
| 42.000 € | 84.945 € | 78.786 € | 73.330 € | 68.206 € | 63.561 € | 53.689 € | 51.808 € | 49.898 € | 47.918 € | 46.019 € |
| 45.000 € | 85.465 € | 78.966 € | 73.393 € | 68.206 € | 63.561 € | 53.689 € | 51.808 € | 49.898 € | 47.918 € | 46.019 € |
| 48.000 € | 85.987 € | 79.146 € | 73.456 € | 68.206 € | 63.561 € | 53.689 € | 51.808 € | 49.898 € | 47.918 € | 46.019 € |
| 51.000 € | 86.510 € | 79.326 € | 73.518 € | 68.206 € | 63.561 € | 53.689 € | 51.808 € | 49.898 € | 47.918 € | 46.019 € |
| 54.000 € | 87.034 € | 79.505 € | 73.580 € | 68.206 € | 63.561 € | 53.689 € | 51.808 € | 49.898 € | 47.918 € | 46.019 € |
| 57.000 € | 87.560 € | 79.684 € | 73.643 € | 68.206 € | 63.561 € | 53.689 € | 51.808 € | 49.898 € | 47.918 € | 46.019 € |
| 60.000 € | 88.087 € | 79.864 € | 73.705 € | 68.206 € | 63.561 € | 53.689 € | 51.808 € | 49.898 € | 47.918 € | 46.019 € |
| 63.000 € | 88.616 € | 80.043 € | 73.767 € | 68.206 € | 63.561 € | 53.689 € | 51.808 € | 49.898 € | 47.918 € | 46.019 € |
| 66.000 € | 89.148 € | 80.222 € | 73.828 € | 68.206 € | 63.561 € | 53.689 € | 51.808 € | 49.898 € | 47.918 € | 46.019 € |
| 69.000 € | 89.681 € | 80.401 € | 73.890 € | 68.206 € | 63.561 € | 53.689 € | 51.808 € | 49.898 € | 47.918 € | 46.019 € |
| 72.000 € | 90.216 € | 80.581 € | 73.952 € | 68.206 € | 63.561 € | 53.689 € | 51.808 € | 49.898 € | 47.918 € | 46.019 € |
| 75.000 € | 90.754 € | 80.760 € | 74.013 € | 68.206 € | 63.561 € | 53.689 € | 51.808 € | 49.898 € | 47.918 € | 46.019 € |
| 78.000 € | 91.294 € | 80.939 € | 74.075 € | 68.206 € | 63.561 € | 53.689 € | 51.808 € | 49.898 € | 47.918 € | 46.019 € |
| 81.000 € | 91.837 € | 81.119 € | 74.137 € | 68.206 € | 63.561 € | 53.689 € | 51.808 € | 49.898 € | 47.918 € | 46.019 € |
| 84.000 € | 92.382 € | 81.299 € | 74.198 € | 68.206 € | 63.561 € | 53.689 € | 51.808 € | 49.898 € | 47.918 € | 46.019 € |
| 87.000 € | 101.082 € | 81.479 € | 74.260 € | 68.206 € | 63.561 € | 53.689 € | 51.808 € | 49.898 € | 47.918 € | 46.019 € |
| 90.000 € | 109.782 € | 81.659 € | 74.321 € | 68.206 € | 63.561 € | 53.689 € | 51.808 € | 49.898 € | 47.918 € | 46.019 € |
| 93.000 € | 118.482 € | 88.675 € | 74.383 € | 68.206 € | 63.561 € | 53.689 € | 51.808 € | 49.898 € | 47.918 € | 46.019 € |
| 96.000 € | 127.183 € | 95.691 € | 74.444 € | 68.206 € | 63.561 € | 53.689 € | 51.808 € | 49.898 € | 47.918 € | 46.019 € |
| 99.000 € | 135.883 € | 102.707 € | 74.505 € | 68.206 € | 63.561 € | 53.689 € | 51.808 € | 49.898 € | 47.918 € | 46.019 € |
| 102.000 € | 144.583 € | 109.723 € | 74.567 € | 68.206 € | 63.561 € | 53.689 € | 51.808 € | 49.898 € | 47.918 € | 46.019 € |
| 105.000 € | 153.284 € | 116.739 € | 79.874 € | 68.206 € | 63.561 € | 53.689 € | 51.808 € | 49.898 € | 47.918 € | 46.019 € |
| 108.000 € | 161.984 € | 123.755 € | 85.182 € | 68.206 € | 63.561 € | 53.689 € | 51.808 € | 49.898 € | 47.918 € | 46.019 € |
| 111.000 € | 170.684 € | 130.771 € | 90.490 € | 68.206 € | 63.561 € | 53.689 € | 51.808 € | 49.898 € | 47.918 € | 46.019 € |
| 114.000 € | 179.385 € | 137.787 € | 95.797 € | 68.206 € | 63.561 € | 53.689 € | 51.808 € | 49.898 € | 47.918 € | 46.019 € |
| 117.000 € | 188.085 € | 144.803 € | 101.105 € | 68.206 € | 63.561 € | 53.689 € | 51.808 € | 49.898 € | 47.918 € | 46.019 € |
| 120.000 € | 196.785 € | 151.819 € | 106.412 € | 68.206 € | 63.561 € | 53.689 € | 51.808 € | 49.898 € | 47.918 € | 46.019 € |

# TABLA 1.C.1
## Lucro cesante del cónyuge
### Años de duración del matrimonio: 38 años

| Ingreso neto | Edad del cónyuge | | | | | | | | | | |
|---|---|---|---|---|---|---|---|---|---|---|---|
| Hasta | 72 | 73 | 74 | 75 | 76 | 77 | 78 | 79 | 80 | 81 | 82 |
| 9.000 € | 10.178 € | 9.713 € | 9.267 € | 8.838 € | 8.406 € | 7.975 € | 7.553 € | 7.143 € | 6.738 € | 6.346 € | 5.968 € |
| 12.000 € | 13.570 € | 12.951 € | 12.356 € | 11.784 € | 11.209 € | 10.634 € | 10.071 € | 9.524 € | 8.983 € | 8.461 € | 7.957 € |
| 15.000 € | 16.963 € | 16.189 € | 15.446 € | 14.730 € | 14.011 € | 13.292 € | 12.588 € | 11.905 € | 11.229 € | 10.576 € | 9.947 € |
| 18.000 € | 20.356 € | 19.427 € | 18.535 € | 17.677 € | 16.813 € | 15.950 € | 15.106 € | 14.286 € | 13.475 € | 12.692 € | 11.936 € |
| 21.000 € | 23.748 € | 22.664 € | 21.624 € | 20.623 € | 19.615 € | 18.609 € | 17.624 € | 16.667 € | 15.721 € | 14.807 € | 13.925 € |
| 24.000 € | 27.141 € | 25.902 € | 24.713 € | 23.569 € | 22.417 € | 21.267 € | 20.141 € | 19.048 € | 17.967 € | 16.922 € | 15.915 € |
| 27.000 € | 30.533 € | 29.140 € | 27.802 € | 26.515 € | 25.219 € | 23.926 € | 22.659 € | 21.429 € | 20.213 € | 19.038 € | 17.904 € |
| 30.000 € | 33.926 € | 32.378 € | 30.891 € | 29.461 € | 28.021 € | 26.584 € | 25.177 € | 23.810 € | 22.459 € | 21.153 € | 19.893 € |
| 33.000 € | 37.318 € | 35.615 € | 33.980 € | 32.407 € | 30.823 € | 29.243 € | 27.694 € | 26.191 € | 24.704 € | 23.268 € | 21.883 € |
| 36.000 € | 40.711 € | 38.853 € | 37.069 € | 35.353 € | 33.626 € | 31.901 € | 30.212 € | 28.572 € | 26.950 € | 25.383 € | 23.872 € |
| 39.000 € | 44.104 € | 42.091 € | 40.158 € | 38.299 € | 36.428 € | 34.559 € | 32.730 € | 30.953 € | 29.196 € | 27.499 € | 25.861 € |
| 42.000 € | 44.104 € | 42.091 € | 40.158 € | 38.299 € | 36.428 € | 34.559 € | 32.730 € | 30.953 € | 29.196 € | 27.499 € | 25.861 € |
| 45.000 € | 44.104 € | 42.091 € | 40.158 € | 38.299 € | 36.428 € | 34.559 € | 32.730 € | 30.953 € | 29.196 € | 27.499 € | 25.861 € |
| 48.000 € | 44.104 € | 42.091 € | 40.158 € | 38.299 € | 36.428 € | 34.559 € | 32.730 € | 30.953 € | 29.196 € | 27.499 € | 25.861 € |
| 51.000 € | 44.104 € | 42.091 € | 40.158 € | 38.299 € | 36.428 € | 34.559 € | 32.730 € | 30.953 € | 29.196 € | 27.499 € | 25.861 € |
| 54.000 € | 44.104 € | 42.091 € | 40.158 € | 38.299 € | 36.428 € | 34.559 € | 32.730 € | 30.953 € | 29.196 € | 27.499 € | 25.861 € |
| 57.000 € | 44.104 € | 42.091 € | 40.158 € | 38.299 € | 36.428 € | 34.559 € | 32.730 € | 30.953 € | 29.196 € | 27.499 € | 25.861 € |
| 60.000 € | 44.104 € | 42.091 € | 40.158 € | 38.299 € | 36.428 € | 34.559 € | 32.730 € | 30.953 € | 29.196 € | 27.499 € | 25.861 € |
| 63.000 € | 44.104 € | 42.091 € | 40.158 € | 38.299 € | 36.428 € | 34.559 € | 32.730 € | 30.953 € | 29.196 € | 27.499 € | 25.861 € |
| 66.000 € | 44.104 € | 42.091 € | 40.158 € | 38.299 € | 36.428 € | 34.559 € | 32.730 € | 30.953 € | 29.196 € | 27.499 € | 25.861 € |
| 69.000 € | 44.104 € | 42.091 € | 40.158 € | 38.299 € | 36.428 € | 34.559 € | 32.730 € | 30.953 € | 29.196 € | 27.499 € | 25.861 € |
| 72.000 € | 44.104 € | 42.091 € | 40.158 € | 38.299 € | 36.428 € | 34.559 € | 32.730 € | 30.953 € | 29.196 € | 27.499 € | 25.861 € |
| 75.000 € | 44.104 € | 42.091 € | 40.158 € | 38.299 € | 36.428 € | 34.559 € | 32.730 € | 30.953 € | 29.196 € | 27.499 € | 25.861 € |
| 78.000 € | 44.104 € | 42.091 € | 40.158 € | 38.299 € | 36.428 € | 34.559 € | 32.730 € | 30.953 € | 29.196 € | 27.499 € | 25.861 € |
| 81.000 € | 44.104 € | 42.091 € | 40.158 € | 38.299 € | 36.428 € | 34.559 € | 32.730 € | 30.953 € | 29.196 € | 27.499 € | 25.861 € |
| 84.000 € | 44.104 € | 42.091 € | 40.158 € | 38.299 € | 36.428 € | 34.559 € | 32.730 € | 30.953 € | 29.196 € | 27.499 € | 25.861 € |
| 87.000 € | 44.104 € | 42.091 € | 40.158 € | 38.299 € | 36.428 € | 34.559 € | 32.730 € | 30.953 € | 29.196 € | 27.499 € | 25.861 € |
| 90.000 € | 44.104 € | 42.091 € | 40.158 € | 38.299 € | 36.428 € | 34.559 € | 32.730 € | 30.953 € | 29.196 € | 27.499 € | 25.861 € |
| 93.000 € | 44.104 € | 42.091 € | 40.158 € | 38.299 € | 36.428 € | 34.559 € | 32.730 € | 30.953 € | 29.196 € | 27.499 € | 25.861 € |
| 96.000 € | 44.104 € | 42.091 € | 40.158 € | 38.299 € | 36.428 € | 34.559 € | 32.730 € | 30.953 € | 29.196 € | 27.499 € | 25.861 € |
| 99.000 € | 44.104 € | 42.091 € | 40.158 € | 38.299 € | 36.428 € | 34.559 € | 32.730 € | 30.953 € | 29.196 € | 27.499 € | 25.861 € |
| 102.000 € | 44.104 € | 42.091 € | 40.158 € | 38.299 € | 36.428 € | 34.559 € | 32.730 € | 30.953 € | 29.196 € | 27.499 € | 25.861 € |
| 105.000 € | 44.104 € | 42.091 € | 40.158 € | 38.299 € | 36.428 € | 34.559 € | 32.730 € | 30.953 € | 29.196 € | 27.499 € | 25.861 € |
| 108.000 € | 44.104 € | 42.091 € | 40.158 € | 38.299 € | 36.428 € | 34.559 € | 32.730 € | 30.953 € | 29.196 € | 27.499 € | 25.861 € |
| 111.000 € | 44.104 € | 42.091 € | 40.158 € | 38.299 € | 36.428 € | 34.559 € | 32.730 € | 30.953 € | 29.196 € | 27.499 € | 25.861 € |
| 114.000 € | 44.104 € | 42.091 € | 40.158 € | 38.299 € | 36.428 € | 34.559 € | 32.730 € | 30.953 € | 29.196 € | 27.499 € | 25.861 € |
| 117.000 € | 44.104 € | 42.091 € | 40.158 € | 38.299 € | 36.428 € | 34.559 € | 32.730 € | 30.953 € | 29.196 € | 27.499 € | 25.861 € |
| 120.000 € | 44.104 € | 42.091 € | 40.158 € | 38.299 € | 36.428 € | 34.559 € | 32.730 € | 30.953 € | 29.196 € | 27.499 € | 25.861 € |

## TABLA 1.C.1
### Lucro cesante del cónyuge
Años de duración del matrimonio: 38 años

| Ingreso neto | Edad del cónyuge | | | | | | | | | | |
|---|---|---|---|---|---|---|---|---|---|---|---|
| Hasta | 83 | 84 | 85 | 86 | 87 | 88 | 89 | 90 | 91 | 92 | 93 |
| 9.000 € | 5.601 € | 5.245 € | 4.908 € | 4.584 € | 4.276 € | 3.985 € | 3.715 € | 3.459 € | 3.206 € | 3.000 € | 3.000 € |
| 12.000 € | 7.468 € | 6.994 € | 6.544 € | 6.113 € | 5.702 € | 5.314 € | 4.954 € | 4.612 € | 4.274 € | 3.944 € | 3.580 € |
| 15.000 € | 9.335 € | 8.742 € | 8.180 € | 7.641 € | 7.127 € | 6.642 € | 6.192 € | 5.764 € | 5.343 € | 4.930 € | 4.474 € |
| 18.000 € | 11.202 € | 10.490 € | 9.816 € | 9.169 € | 8.552 € | 7.971 € | 7.431 € | 6.917 € | 6.411 € | 5.916 € | 5.369 € |
| 21.000 € | 13.069 € | 12.239 € | 11.452 € | 10.697 € | 9.978 € | 9.299 € | 8.669 € | 8.070 € | 7.480 € | 6.902 € | 6.264 € |
| 24.000 € | 14.936 € | 13.987 € | 13.088 € | 12.225 € | 11.403 € | 10.628 € | 9.907 € | 9.223 € | 8.548 € | 7.887 € | 7.159 € |
| 27.000 € | 16.803 € | 15.735 € | 14.724 € | 13.753 € | 12.829 € | 11.956 € | 11.146 € | 10.376 € | 9.617 € | 8.873 € | 8.054 € |
| 30.000 € | 18.669 € | 17.484 € | 16.360 € | 15.282 € | 14.254 € | 13.285 € | 12.384 € | 11.529 € | 10.685 € | 9.859 € | 8.949 € |
| 33.000 € | 20.536 € | 19.232 € | 17.996 € | 16.810 € | 15.679 € | 14.613 € | 13.623 € | 12.682 € | 11.754 € | 10.845 € | 9.844 € |
| 36.000 € | 22.403 € | 20.981 € | 19.632 € | 18.338 € | 17.105 € | 15.942 € | 14.861 € | 13.835 € | 12.822 € | 11.831 € | 10.739 € |
| 39.000 € | 24.270 € | 22.729 € | 21.268 € | 19.866 € | 18.530 € | 17.270 € | 16.100 € | 14.988 € | 13.891 € | 12.817 € | 11.634 € |
| 42.000 € | 24.270 € | 22.729 € | 21.268 € | 19.866 € | 18.530 € | 17.270 € | 16.100 € | 14.988 € | 13.891 € | 12.817 € | 11.634 € |
| 45.000 € | 24.270 € | 22.729 € | 21.268 € | 19.866 € | 18.530 € | 17.270 € | 16.100 € | 14.988 € | 13.891 € | 12.817 € | 11.634 € |
| 48.000 € | 24.270 € | 22.729 € | 21.268 € | 19.866 € | 18.530 € | 17.270 € | 16.100 € | 14.988 € | 13.891 € | 12.817 € | 11.634 € |
| 51.000 € | 24.270 € | 22.729 € | 21.268 € | 19.866 € | 18.530 € | 17.270 € | 16.100 € | 14.988 € | 13.891 € | 12.817 € | 11.634 € |
| 54.000 € | 24.270 € | 22.729 € | 21.268 € | 19.866 € | 18.530 € | 17.270 € | 16.100 € | 14.988 € | 13.891 € | 12.817 € | 11.634 € |
| 57.000 € | 24.270 € | 22.729 € | 21.268 € | 19.866 € | 18.530 € | 17.270 € | 16.100 € | 14.988 € | 13.891 € | 12.817 € | 11.634 € |
| 60.000 € | 24.270 € | 22.729 € | 21.268 € | 19.866 € | 18.530 € | 17.270 € | 16.100 € | 14.988 € | 13.891 € | 12.817 € | 11.634 € |
| 63.000 € | 24.270 € | 22.729 € | 21.268 € | 19.866 € | 18.530 € | 17.270 € | 16.100 € | 14.988 € | 13.891 € | 12.817 € | 11.634 € |
| 66.000 € | 24.270 € | 22.729 € | 21.268 € | 19.866 € | 18.530 € | 17.270 € | 16.100 € | 14.988 € | 13.891 € | 12.817 € | 11.634 € |
| 69.000 € | 24.270 € | 22.729 € | 21.268 € | 19.866 € | 18.530 € | 17.270 € | 16.100 € | 14.988 € | 13.891 € | 12.817 € | 11.634 € |
| 72.000 € | 24.270 € | 22.729 € | 21.268 € | 19.866 € | 18.530 € | 17.270 € | 16.100 € | 14.988 € | 13.891 € | 12.817 € | 11.634 € |
| 75.000 € | 24.270 € | 22.729 € | 21.268 € | 19.866 € | 18.530 € | 17.270 € | 16.100 € | 14.988 € | 13.891 € | 12.817 € | 11.634 € |
| 78.000 € | 24.270 € | 22.729 € | 21.268 € | 19.866 € | 18.530 € | 17.270 € | 16.100 € | 14.988 € | 13.891 € | 12.817 € | 11.634 € |
| 81.000 € | 24.270 € | 22.729 € | 21.268 € | 19.866 € | 18.530 € | 17.270 € | 16.100 € | 14.988 € | 13.891 € | 12.817 € | 11.634 € |
| 84.000 € | 24.270 € | 22.729 € | 21.268 € | 19.866 € | 18.530 € | 17.270 € | 16.100 € | 14.988 € | 13.891 € | 12.817 € | 11.634 € |
| 87.000 € | 24.270 € | 22.729 € | 21.268 € | 19.866 € | 18.530 € | 17.270 € | 16.100 € | 14.988 € | 13.891 € | 12.817 € | 11.634 € |
| 90.000 € | 24.270 € | 22.729 € | 21.268 € | 19.866 € | 18.530 € | 17.270 € | 16.100 € | 14.988 € | 13.891 € | 12.817 € | 11.634 € |
| 93.000 € | 24.270 € | 22.729 € | 21.268 € | 19.866 € | 18.530 € | 17.270 € | 16.100 € | 14.988 € | 13.891 € | 12.817 € | 11.634 € |
| 96.000 € | 24.270 € | 22.729 € | 21.268 € | 19.866 € | 18.530 € | 17.270 € | 16.100 € | 14.988 € | 13.891 € | 12.817 € | 11.634 € |
| 99.000 € | 24.270 € | 22.729 € | 21.268 € | 19.866 € | 18.530 € | 17.270 € | 16.100 € | 14.988 € | 13.891 € | 12.817 € | 11.634 € |
| 102.000 € | 24.270 € | 22.729 € | 21.268 € | 19.866 € | 18.530 € | 17.270 € | 16.100 € | 14.988 € | 13.891 € | 12.817 € | 11.634 € |
| 105.000 € | 24.270 € | 22.729 € | 21.268 € | 19.866 € | 18.530 € | 17.270 € | 16.100 € | 14.988 € | 13.891 € | 12.817 € | 11.634 € |
| 108.000 € | 24.270 € | 22.729 € | 21.268 € | 19.866 € | 18.530 € | 17.270 € | 16.100 € | 14.988 € | 13.891 € | 12.817 € | 11.634 € |
| 111.000 € | 24.270 € | 22.729 € | 21.268 € | 19.866 € | 18.530 € | 17.270 € | 16.100 € | 14.988 € | 13.891 € | 12.817 € | 11.634 € |
| 114.000 € | 24.270 € | 22.729 € | 21.268 € | 19.866 € | 18.530 € | 17.270 € | 16.100 € | 14.988 € | 13.891 € | 12.817 € | 11.634 € |
| 117.000 € | 24.270 € | 22.729 € | 21.268 € | 19.866 € | 18.530 € | 17.270 € | 16.100 € | 14.988 € | 13.891 € | 12.817 € | 11.634 € |
| 120.000 € | 24.270 € | 22.729 € | 21.268 € | 19.866 € | 18.530 € | 17.270 € | 16.100 € | 14.988 € | 13.891 € | 12.817 € | 11.634 € |

# TABLA 1.C.1
## Lucro cesante del cónyuge
Años de duración del matrimonio: 38 años

| Ingreso neto | Edad del cónyuge | | | | | |
|---|---|---|---|---|---|---|
| Hasta | 94 | 95 | 96 | 97 | 98 | 99 o más |
| 9.000 € | 3.000 € | 3.000 € | 3.000 € | 3.000 € | 3.000 € | 3.000 € |
| 12.000 € | 3.269 € | 3.000 € | 3.000 € | 3.000 € | 3.000 € | 3.000 € |
| 15.000 € | 4.086 € | 3.656 € | 3.205 € | 3.000 € | 3.000 € | 3.000 € |
| 18.000 € | 4.903 € | 4.387 € | 3.846 € | 3.243 € | 3.000 € | 3.000 € |
| 21.000 € | 5.720 € | 5.118 € | 4.487 € | 3.784 € | 3.000 € | 3.000 € |
| 24.000 € | 6.537 € | 5.849 € | 5.128 € | 4.325 € | 3.287 € | 3.000 € |
| 27.000 € | 7.355 € | 6.581 € | 5.769 € | 4.865 € | 3.698 € | 3.000 € |
| 30.000 € | 8.172 € | 7.312 € | 6.410 € | 5.406 € | 4.108 € | 3.000 € |
| 33.000 € | 8.989 € | 8.043 € | 7.051 € | 5.946 € | 4.519 € | 3.000 € |
| 36.000 € | 9.806 € | 8.774 € | 7.692 € | 6.487 € | 4.930 € | 3.000 € |
| 39.000 € | 10.623 € | 9.505 € | 8.333 € | 7.027 € | 5.341 € | 3.120 € |
| 42.000 € | 10.623 € | 9.505 € | 8.333 € | 7.027 € | 5.341 € | 3.120 € |
| 45.000 € | 10.623 € | 9.505 € | 8.333 € | 7.027 € | 5.341 € | 3.120 € |
| 48.000 € | 10.623 € | 9.505 € | 8.333 € | 7.027 € | 5.341 € | 3.120 € |
| 51.000 € | 10.623 € | 9.505 € | 8.333 € | 7.027 € | 5.341 € | 3.120 € |
| 54.000 € | 10.623 € | 9.505 € | 8.333 € | 7.027 € | 5.341 € | 3.120 € |
| 57.000 € | 10.623 € | 9.505 € | 8.333 € | 7.027 € | 5.341 € | 3.120 € |
| 60.000 € | 10.623 € | 9.505 € | 8.333 € | 7.027 € | 5.341 € | 3.120 € |
| 63.000 € | 10.623 € | 9.505 € | 8.333 € | 7.027 € | 5.341 € | 3.120 € |
| 66.000 € | 10.623 € | 9.505 € | 8.333 € | 7.027 € | 5.341 € | 3.120 € |
| 69.000 € | 10.623 € | 9.505 € | 8.333 € | 7.027 € | 5.341 € | 3.120 € |
| 72.000 € | 10.623 € | 9.505 € | 8.333 € | 7.027 € | 5.341 € | 3.120 € |
| 75.000 € | 10.623 € | 9.505 € | 8.333 € | 7.027 € | 5.341 € | 3.120 € |
| 78.000 € | 10.623 € | 9.505 € | 8.333 € | 7.027 € | 5.341 € | 3.120 € |
| 81.000 € | 10.623 € | 9.505 € | 8.333 € | 7.027 € | 5.341 € | 3.120 € |
| 84.000 € | 10.623 € | 9.505 € | 8.333 € | 7.027 € | 5.341 € | 3.120 € |
| 87.000 € | 10.623 € | 9.505 € | 8.333 € | 7.027 € | 5.341 € | 3.120 € |
| 90.000 € | 10.623 € | 9.505 € | 8.333 € | 7.027 € | 5.341 € | 3.120 € |
| 93.000 € | 10.623 € | 9.505 € | 8.333 € | 7.027 € | 5.341 € | 3.120 € |
| 96.000 € | 10.623 € | 9.505 € | 8.333 € | 7.027 € | 5.341 € | 3.120 € |
| 99.000 € | 10.623 € | 9.505 € | 8.333 € | 7.027 € | 5.341 € | 3.120 € |
| 102.000 € | 10.623 € | 9.505 € | 8.333 € | 7.027 € | 5.341 € | 3.120 € |
| 105.000 € | 10.623 € | 9.505 € | 8.333 € | 7.027 € | 5.341 € | 3.120 € |
| 108.000 € | 10.623 € | 9.505 € | 8.333 € | 7.027 € | 5.341 € | 3.120 € |
| 111.000 € | 10.623 € | 9.505 € | 8.333 € | 7.027 € | 5.341 € | 3.120 € |
| 114.000 € | 10.623 € | 9.505 € | 8.333 € | 7.027 € | 5.341 € | 3.120 € |
| 117.000 € | 10.623 € | 9.505 € | 8.333 € | 7.027 € | 5.341 € | 3.120 € |
| 120.000 € | 10.623 € | 9.505 € | 8.333 € | 7.027 € | 5.341 € | 3.120 € |

## TABLA 1.C.1
### Lucro cesante del cónyuge
Años de duración del matrimonio: 39 años

| Ingreso netc | Edad del cónyuge | | | | | | | | Edad del có |
|---|---|---|---|---|---|---|---|---|---|---|
| Hasta | 53 | 54 | 55 | 56 | 57 | 58 | 59 | 60 | 61 | 62 |
| 9.000 € | 33.917 € | 32.573 € | 31.216 € | 29.797 € | 28.276 € | 26.787 € | 25.299 € | 23.843 € | 22.419 € | 20.976 € |
| 12.000 € | 45.223 € | 43.430 € | 41.621 € | 39.729 € | 37.702 € | 35.716 € | 33.732 € | 31.791 € | 29.891 € | 27.968 € |
| 15.000 € | 56.529 € | 54.288 € | 52.026 € | 49.662 € | 47.127 € | 44.646 € | 42.166 € | 39.739 € | 37.364 € | 34.960 € |
| 18.000 € | 67.834 € | 65.146 € | 62.432 € | 59.594 € | 56.553 € | 53.575 € | 50.599 € | 47.687 € | 44.837 € | 41.952 € |
| 21.000 € | 79.140 € | 76.003 € | 72.837 € | 69.526 € | 65.978 € | 62.504 € | 59.032 € | 55.634 € | 52.310 € | 48.944 € |
| 24.000 € | 90.446 € | 86.861 € | 83.242 € | 79.459 € | 75.404 € | 71.433 € | 67.465 € | 63.582 € | 59.783 € | 55.936 € |
| 27.000 € | 101.752 € | 97.718 € | 93.647 € | 89.391 € | 84.829 € | 80.362 € | 75.898 € | 71.530 € | 67.256 € | 62.928 € |
| 30.000 € | 113.057 € | 108.576 € | 104.053 € | 99.323 € | 94.255 € | 89.291 € | 84.331 € | 79.478 € | 74.729 € | 69.920 € |
| 33.000 € | 124.363 € | 119.433 € | 114.458 € | 109.255 € | 103.680 € | 98.220 € | 92.764 € | 87.425 € | 82.201 € | 76.912 € |
| 36.000 € | 124.874 € | 121.229 € | 115.450 € | 109.428 € | 105.114 € | 102.998 € | 100.936 € | 95.373 € | 89.674 € | 83.904 € |
| 39.000 € | 125.384 € | 123.038 € | 116.444 € | 109.599 € | 106.018 € | 104.022 € | 101.813 € | 96.146 € | 90.145 € | 84.424 € |
| 42.000 € | 125.892 € | 124.864 € | 117.441 € | 109.770 € | 106.923 € | 105.050 € | 102.692 € | 96.920 € | 90.614 € | 84.945 € |
| 45.000 € | 126.400 € | 126.400 € | 118.441 € | 109.940 € | 107.832 € | 106.084 € | 103.575 € | 97.697 € | 91.084 € | 85.465 € |
| 48.000 € | 126.908 € | 126.908 € | 119.445 € | 110.110 € | 108.744 € | 107.122 € | 104.461 € | 98.477 € | 91.555 € | 85.987 € |
| 51.000 € | 127.416 € | 127.416 € | 120.453 € | 110.279 € | 109.661 € | 108.167 € | 105.352 € | 99.259 € | 92.025 € | 86.510 € |
| 54.000 € | 127.924 € | 127.924 € | 121.466 € | 110.448 € | 109.833 € | 109.219 € | 106.247 € | 100.045 € | 92.497 € | 87.034 € |
| 57.000 € | 128.433 € | 128.433 € | 122.485 € | 110.616 € | 110.447 € | 110.277 € | 107.146 € | 100.835 € | 92.970 € | 87.560 € |
| 60.000 € | 128.942 € | 128.942 € | 123.510 € | 110.785 € | 110.785 € | 110.785 € | 108.051 € | 101.629 € | 93.443 € | 88.087 € |
| 63.000 € | 151.945 € | 138.196 € | 124.540 € | 110.953 € | 110.953 € | 110.953 € | 108.961 € | 102.427 € | 93.918 € | 88.616 € |
| 66.000 € | 174.947 € | 159.674 € | 144.480 € | 129.335 € | 114.316 € | 113.496 € | 109.877 € | 103.230 € | 94.394 € | 89.148 € |
| 69.000 € | 197.949 € | 181.152 € | 164.420 € | 147.717 € | 131.132 € | 114.586 € | 110.798 € | 104.037 € | 94.872 € | 89.681 € |
| 72.000 € | 220.951 € | 202.630 € | 184.360 € | 166.099 € | 147.948 € | 129.816 € | 111.726 € | 104.849 € | 95.351 € | 90.216 € |
| 75.000 € | 243.954 € | 224.108 € | 204.300 € | 184.481 € | 164.764 € | 145.047 € | 125.354 € | 105.665 € | 95.832 € | 90.754 € |
| 78.000 € | 266.956 € | 245.586 € | 224.239 € | 202.863 € | 181.580 € | 160.277 € | 138.983 € | 117.674 € | 96.314 € | 91.294 € |
| 81.000 € | 289.958 € | 267.065 € | 244.179 € | 221.246 € | 198.395 € | 175.508 € | 152.612 € | 129.682 € | 106.680 € | 91.837 € |
| 84.000 € | 312.960 € | 288.543 € | 264.119 € | 239.628 € | 215.211 € | 190.739 € | 166.241 € | 141.690 € | 117.046 € | 92.382 € |
| 87.000 € | 335.963 € | 310.021 € | 284.059 € | 258.010 € | 232.027 € | 205.969 € | 179.869 € | 153.699 € | 127.412 € | 101.082 € |
| 90.000 € | 358.965 € | 331.499 € | 303.999 € | 276.392 € | 248.843 € | 221.200 € | 193.498 € | 165.707 € | 137.777 € | 109.782 € |
| 93.000 € | 381.967 € | 352.977 € | 323.938 € | 294.774 € | 265.659 € | 236.430 € | 207.127 € | 177.715 € | 148.143 € | 118.482 € |
| 96.000 € | 404.969 € | 374.455 € | 343.878 € | 313.156 € | 282.474 € | 251.661 € | 220.756 € | 189.724 € | 158.509 € | 127.183 € |
| 99.000 € | 427.971 € | 395.933 € | 363.818 € | 331.538 € | 299.290 € | 266.892 € | 234.384 € | 201.732 € | 168.875 € | 135.883 € |
| 102.000 € | 450.974 € | 417.411 € | 383.758 € | 349.921 € | 316.106 € | 282.122 € | 248.013 € | 213.740 € | 179.240 € | 144.583 € |
| 105.000 € | 473.976 € | 438.889 € | 403.698 € | 368.303 € | 332.922 € | 297.353 € | 261.642 € | 225.749 € | 189.606 € | 153.284 € |
| 108.000 € | 496.978 € | 460.367 € | 423.637 € | 386.685 € | 349.738 € | 312.583 € | 275.271 € | 237.757 € | 199.972 € | 161.984 € |
| 111.000 € | 519.980 € | 481.845 € | 443.577 € | 405.067 € | 366.553 € | 327.814 € | 288.899 € | 249.765 € | 210.338 € | 170.684 € |
| 114.000 € | 542.983 € | 503.323 € | 463.517 € | 423.449 € | 383.369 € | 343.045 € | 302.528 € | 261.774 € | 220.704 € | 179.385 € |
| 117.000 € | 565.985 € | 524.801 € | 483.457 € | 441.831 € | 400.185 € | 358.275 € | 316.157 € | 273.782 € | 231.069 € | 188.085 € |
| 120.000 € | 588.987 € | 546.279 € | 503.397 € | 460.213 € | 417.001 € | 373.506 € | 329.786 € | 285.790 € | 241.435 € | 196.785 € |

# TABLA 1.C.1
## Lucro cesante del cónyuge
Años de duración del matrimonio: 39 años

Ingreso netcnyuge

Edad del cónyuge

| Hasta | 63 | 64 | 65 | 66 | 67 | 68 | 69 | 70 | 71 | 72 | 73 |
|---|---|---|---|---|---|---|---|---|---|---|---|
| 9.000 € | 19.606 € | 18.301 € | 17.052 € | 15.890 € | 12.390 € | 11.956 € | 11.515 € | 11.058 € | 10.620 € | 10.178 € | 9.713 € |
| 12.000 € | 26.141 € | 24.401 € | 22.735 € | 21.187 € | 16.520 € | 15.941 € | 15.353 € | 14.744 € | 14.160 € | 13.570 € | 12.951 € |
| 15.000 € | 32.676 € | 30.502 € | 28.419 € | 26.484 € | 20.650 € | 19.926 € | 19.192 € | 18.430 € | 17.700 € | 16.963 € | 16.189 € |
| 18.000 € | 39.212 € | 36.602 € | 34.103 € | 31.781 € | 24.780 € | 23.912 € | 23.030 € | 22.116 € | 21.240 € | 20.356 € | 19.427 € |
| 21.000 € | 45.747 € | 42.702 € | 39.787 € | 37.077 € | 28.909 € | 27.897 € | 26.868 € | 25.802 € | 24.780 € | 23.748 € | 22.664 € |
| 24.000 € | 52.282 € | 48.802 € | 45.471 € | 42.374 € | 33.039 € | 31.882 € | 30.707 € | 29.488 € | 28.319 € | 27.141 € | 25.902 € |
| 27.000 € | 58.817 € | 54.903 € | 51.155 € | 47.671 € | 37.169 € | 35.867 € | 34.545 € | 33.174 € | 31.859 € | 30.533 € | 29.140 € |
| 30.000 € | 65.353 € | 61.003 € | 56.839 € | 52.968 € | 41.299 € | 39.853 € | 38.383 € | 36.860 € | 35.399 € | 33.926 € | 32.378 € |
| 33.000 € | 71.888 € | 67.103 € | 62.523 € | 58.264 € | 45.429 € | 43.838 € | 42.222 € | 40.546 € | 38.939 € | 37.318 € | 35.615 € |
| 36.000 € | 78.423 € | 73.204 € | 68.206 € | 63.561 € | 49.559 € | 47.823 € | 46.060 € | 44.232 € | 42.479 € | 40.711 € | 38.853 € |
| 39.000 € | 78.605 € | 73.267 € | 68.206 € | 63.561 € | 53.689 € | 51.808 € | 49.898 € | 47.918 € | 46.019 € | 44.104 € | 42.091 € |
| 42.000 € | 78.786 € | 73.330 € | 68.206 € | 63.561 € | 53.689 € | 51.808 € | 49.898 € | 47.918 € | 46.019 € | 44.104 € | 42.091 € |
| 45.000 € | 78.966 € | 73.393 € | 68.206 € | 63.561 € | 53.689 € | 51.808 € | 49.898 € | 47.918 € | 46.019 € | 44.104 € | 42.091 € |
| 48.000 € | 79.146 € | 73.456 € | 68.206 € | 63.561 € | 53.689 € | 51.808 € | 49.898 € | 47.918 € | 46.019 € | 44.104 € | 42.091 € |
| 51.000 € | 79.326 € | 73.518 € | 68.206 € | 63.561 € | 53.689 € | 51.808 € | 49.898 € | 47.918 € | 46.019 € | 44.104 € | 42.091 € |
| 54.000 € | 79.505 € | 73.580 € | 68.206 € | 63.561 € | 53.689 € | 51.808 € | 49.898 € | 47.918 € | 46.019 € | 44.104 € | 42.091 € |
| 57.000 € | 79.684 € | 73.643 € | 68.206 € | 63.561 € | 53.689 € | 51.808 € | 49.898 € | 47.918 € | 46.019 € | 44.104 € | 42.091 € |
| 60.000 € | 79.864 € | 73.705 € | 68.206 € | 63.561 € | 53.689 € | 51.808 € | 49.898 € | 47.918 € | 46.019 € | 44.104 € | 42.091 € |
| 63.000 € | 80.043 € | 73.767 € | 68.206 € | 63.561 € | 53.689 € | 51.808 € | 49.898 € | 47.918 € | 46.019 € | 44.104 € | 42.091 € |
| 66.000 € | 80.222 € | 73.828 € | 68.206 € | 63.561 € | 53.689 € | 51.808 € | 49.898 € | 47.918 € | 46.019 € | 44.104 € | 42.091 € |
| 69.000 € | 80.401 € | 73.890 € | 68.206 € | 63.561 € | 53.689 € | 51.808 € | 49.898 € | 47.918 € | 46.019 € | 44.104 € | 42.091 € |
| 72.000 € | 80.581 € | 73.952 € | 68.206 € | 63.561 € | 53.689 € | 51.808 € | 49.898 € | 47.918 € | 46.019 € | 44.104 € | 42.091 € |
| 75.000 € | 80.760 € | 74.013 € | 68.206 € | 63.561 € | 53.689 € | 51.808 € | 49.898 € | 47.918 € | 46.019 € | 44.104 € | 42.091 € |
| 78.000 € | 80.939 € | 74.075 € | 68.206 € | 63.561 € | 53.689 € | 51.808 € | 49.898 € | 47.918 € | 46.019 € | 44.104 € | 42.091 € |
| 81.000 € | 81.119 € | 74.137 € | 68.206 € | 63.561 € | 53.689 € | 51.808 € | 49.898 € | 47.918 € | 46.019 € | 44.104 € | 42.091 € |
| 84.000 € | 81.299 € | 74.198 € | 68.206 € | 63.561 € | 53.689 € | 51.808 € | 49.898 € | 47.918 € | 46.019 € | 44.104 € | 42.091 € |
| 87.000 € | 81.479 € | 74.260 € | 68.206 € | 63.561 € | 53.689 € | 51.808 € | 49.898 € | 47.918 € | 46.019 € | 44.104 € | 42.091 € |
| 90.000 € | 81.659 € | 74.321 € | 68.206 € | 63.561 € | 53.689 € | 51.808 € | 49.898 € | 47.918 € | 46.019 € | 44.104 € | 42.091 € |
| 93.000 € | 88.675 € | 74.383 € | 68.206 € | 63.561 € | 53.689 € | 51.808 € | 49.898 € | 47.918 € | 46.019 € | 44.104 € | 42.091 € |
| 96.000 € | 95.691 € | 74.444 € | 68.206 € | 63.561 € | 53.689 € | 51.808 € | 49.898 € | 47.918 € | 46.019 € | 44.104 € | 42.091 € |
| 99.000 € | 102.707 € | 74.505 € | 68.206 € | 63.561 € | 53.689 € | 51.808 € | 49.898 € | 47.918 € | 46.019 € | 44.104 € | 42.091 € |
| 102.000 € | 109.723 € | 74.567 € | 68.206 € | 63.561 € | 53.689 € | 51.808 € | 49.898 € | 47.918 € | 46.019 € | 44.104 € | 42.091 € |
| 105.000 € | 116.739 € | 79.874 € | 68.206 € | 63.561 € | 53.689 € | 51.808 € | 49.898 € | 47.918 € | 46.019 € | 44.104 € | 42.091 € |
| 108.000 € | 123.755 € | 85.182 € | 68.206 € | 63.561 € | 53.689 € | 51.808 € | 49.898 € | 47.918 € | 46.019 € | 44.104 € | 42.091 € |
| 111.000 € | 130.771 € | 90.490 € | 68.206 € | 63.561 € | 53.689 € | 51.808 € | 49.898 € | 47.918 € | 46.019 € | 44.104 € | 42.091 € |
| 114.000 € | 137.787 € | 95.797 € | 68.206 € | 63.561 € | 53.689 € | 51.808 € | 49.898 € | 47.918 € | 46.019 € | 44.104 € | 42.091 € |
| 117.000 € | 144.803 € | 101.105 € | 68.206 € | 63.561 € | 53.689 € | 51.808 € | 49.898 € | 47.918 € | 46.019 € | 44.104 € | 42.091 € |
| 120.000 € | 151.819 € | 106.412 € | 68.206 € | 63.561 € | 53.689 € | 51.808 € | 49.898 € | 47.918 € | 46.019 € | 44.104 € | 42.091 € |

# TABLA 1.C.1
## Lucro cesante del cónyuge
Años de duración del matrimonio: 39 años

| Ingreso neto | Edad del cónyuge | | | | | | | | | | |
|---|---|---|---|---|---|---|---|---|---|---|---|
| Hasta | 74 | 75 | 76 | 77 | 78 | 79 | 80 | 81 | 82 | 83 | 84 |
| 9.000 € | 9.267 € | 8.838 € | 8.406 € | 7.975 € | 7.553 € | 7.143 € | 6.738 € | 6.346 € | 5.968 € | 5.601 € | 5.245 € |
| 12.000 € | 12.356 € | 11.784 € | 11.209 € | 10.634 € | 10.071 € | 9.524 € | 8.983 € | 8.461 € | 7.957 € | 7.468 € | 6.994 € |
| 15.000 € | 15.446 € | 14.730 € | 14.011 € | 13.292 € | 12.588 € | 11.905 € | 11.229 € | 10.576 € | 9.947 € | 9.335 € | 8.742 € |
| 18.000 € | 18.535 € | 17.677 € | 16.813 € | 15.950 € | 15.106 € | 14.286 € | 13.475 € | 12.692 € | 11.936 € | 11.202 € | 10.490 € |
| 21.000 € | 21.624 € | 20.623 € | 19.615 € | 18.609 € | 17.624 € | 16.667 € | 15.721 € | 14.807 € | 13.925 € | 13.069 € | 12.239 € |
| 24.000 € | 24.713 € | 23.569 € | 22.417 € | 21.267 € | 20.141 € | 19.048 € | 17.967 € | 16.922 € | 15.915 € | 14.936 € | 13.987 € |
| 27.000 € | 27.802 € | 26.515 € | 25.219 € | 23.926 € | 22.659 € | 21.429 € | 20.213 € | 19.038 € | 17.904 € | 16.803 € | 15.735 € |
| 30.000 € | 30.891 € | 29.461 € | 28.021 € | 26.584 € | 25.177 € | 23.810 € | 22.459 € | 21.153 € | 19.893 € | 18.669 € | 17.484 € |
| 33.000 € | 33.980 € | 32.407 € | 30.823 € | 29.243 € | 27.694 € | 26.191 € | 24.704 € | 23.268 € | 21.883 € | 20.536 € | 19.232 € |
| 36.000 € | 37.069 € | 35.353 € | 33.626 € | 31.901 € | 30.212 € | 28.572 € | 26.950 € | 25.383 € | 23.872 € | 22.403 € | 20.981 € |
| 39.000 € | 40.158 € | 38.299 € | 36.428 € | 34.559 € | 32.730 € | 30.953 € | 29.196 € | 27.499 € | 25.861 € | 24.270 € | 22.729 € |
| 42.000 € | 40.158 € | 38.299 € | 36.428 € | 34.559 € | 32.730 € | 30.953 € | 29.196 € | 27.499 € | 25.861 € | 24.270 € | 22.729 € |
| 45.000 € | 40.158 € | 38.299 € | 36.428 € | 34.559 € | 32.730 € | 30.953 € | 29.196 € | 27.499 € | 25.861 € | 24.270 € | 22.729 € |
| 48.000 € | 40.158 € | 38.299 € | 36.428 € | 34.559 € | 32.730 € | 30.953 € | 29.196 € | 27.499 € | 25.861 € | 24.270 € | 22.729 € |
| 51.000 € | 40.158 € | 38.299 € | 36.428 € | 34.559 € | 32.730 € | 30.953 € | 29.196 € | 27.499 € | 25.861 € | 24.270 € | 22.729 € |
| 54.000 € | 40.158 € | 38.299 € | 36.428 € | 34.559 € | 32.730 € | 30.953 € | 29.196 € | 27.499 € | 25.861 € | 24.270 € | 22.729 € |
| 57.000 € | 40.158 € | 38.299 € | 36.428 € | 34.559 € | 32.730 € | 30.953 € | 29.196 € | 27.499 € | 25.861 € | 24.270 € | 22.729 € |
| 60.000 € | 40.158 € | 38.299 € | 36.428 € | 34.559 € | 32.730 € | 30.953 € | 29.196 € | 27.499 € | 25.861 € | 24.270 € | 22.729 € |
| 63.000 € | 40.158 € | 38.299 € | 36.428 € | 34.559 € | 32.730 € | 30.953 € | 29.196 € | 27.499 € | 25.861 € | 24.270 € | 22.729 € |
| 66.000 € | 40.158 € | 38.299 € | 36.428 € | 34.559 € | 32.730 € | 30.953 € | 29.196 € | 27.499 € | 25.861 € | 24.270 € | 22.729 € |
| 69.000 € | 40.158 € | 38.299 € | 36.428 € | 34.559 € | 32.730 € | 30.953 € | 29.196 € | 27.499 € | 25.861 € | 24.270 € | 22.729 € |
| 72.000 € | 40.158 € | 38.299 € | 36.428 € | 34.559 € | 32.730 € | 30.953 € | 29.196 € | 27.499 € | 25.861 € | 24.270 € | 22.729 € |
| 75.000 € | 40.158 € | 38.299 € | 36.428 € | 34.559 € | 32.730 € | 30.953 € | 29.196 € | 27.499 € | 25.861 € | 24.270 € | 22.729 € |
| 78.000 € | 40.158 € | 38.299 € | 36.428 € | 34.559 € | 32.730 € | 30.953 € | 29.196 € | 27.499 € | 25.861 € | 24.270 € | 22.729 € |
| 81.000 € | 40.158 € | 38.299 € | 36.428 € | 34.559 € | 32.730 € | 30.953 € | 29.196 € | 27.499 € | 25.861 € | 24.270 € | 22.729 € |
| 84.000 € | 40.158 € | 38.299 € | 36.428 € | 34.559 € | 32.730 € | 30.953 € | 29.196 € | 27.499 € | 25.861 € | 24.270 € | 22.729 € |
| 87.000 € | 40.158 € | 38.299 € | 36.428 € | 34.559 € | 32.730 € | 30.953 € | 29.196 € | 27.499 € | 25.861 € | 24.270 € | 22.729 € |
| 90.000 € | 40.158 € | 38.299 € | 36.428 € | 34.559 € | 32.730 € | 30.953 € | 29.196 € | 27.499 € | 25.861 € | 24.270 € | 22.729 € |
| 93.000 € | 40.158 € | 38.299 € | 36.428 € | 34.559 € | 32.730 € | 30.953 € | 29.196 € | 27.499 € | 25.861 € | 24.270 € | 22.729 € |
| 96.000 € | 40.158 € | 38.299 € | 36.428 € | 34.559 € | 32.730 € | 30.953 € | 29.196 € | 27.499 € | 25.861 € | 24.270 € | 22.729 € |
| 99.000 € | 40.158 € | 38.299 € | 36.428 € | 34.559 € | 32.730 € | 30.953 € | 29.196 € | 27.499 € | 25.861 € | 24.270 € | 22.729 € |
| 102.000 € | 40.158 € | 38.299 € | 36.428 € | 34.559 € | 32.730 € | 30.953 € | 29.196 € | 27.499 € | 25.861 € | 24.270 € | 22.729 € |
| 105.000 € | 40.158 € | 38.299 € | 36.428 € | 34.559 € | 32.730 € | 30.953 € | 29.196 € | 27.499 € | 25.861 € | 24.270 € | 22.729 € |
| 108.000 € | 40.158 € | 38.299 € | 36.428 € | 34.559 € | 32.730 € | 30.953 € | 29.196 € | 27.499 € | 25.861 € | 24.270 € | 22.729 € |
| 111.000 € | 40.158 € | 38.299 € | 36.428 € | 34.559 € | 32.730 € | 30.953 € | 29.196 € | 27.499 € | 25.861 € | 24.270 € | 22.729 € |
| 114.000 € | 40.158 € | 38.299 € | 36.428 € | 34.559 € | 32.730 € | 30.953 € | 29.196 € | 27.499 € | 25.861 € | 24.270 € | 22.729 € |
| 117.000 € | 40.158 € | 38.299 € | 36.428 € | 34.559 € | 32.730 € | 30.953 € | 29.196 € | 27.499 € | 25.861 € | 24.270 € | 22.729 € |
| 120.000 € | 40.158 € | 38.299 € | 36.428 € | 34.559 € | 32.730 € | 30.953 € | 29.196 € | 27.499 € | 25.861 € | 24.270 € | 22.729 € |

# TABLA 1.C.1
## Lucro cesante del cónyuge
Años de duración del matrimonio: 39 años

Ingreso neto | Edad del cónyuge

| Hasta | 85 | 86 | 87 | 88 | 89 | 90 | 91 | 92 | 93 | 94 | 95 |
|---|---|---|---|---|---|---|---|---|---|---|---|
| 9.000 € | 4.908 € | 4.584 € | 4.276 € | 3.985 € | 3.715 € | 3.459 € | 3.206 € | 3.000 € | 3.000 € | 3.000 € | 3.000 € |
| 12.000 € | 6.544 € | 6.113 € | 5.702 € | 5.314 € | 4.954 € | 4.612 € | 4.274 € | 3.944 € | 3.580 € | 3.269 € | 3.000 € |
| 15.000 € | 8.180 € | 7.641 € | 7.127 € | 6.642 € | 6.192 € | 5.764 € | 5.343 € | 4.930 € | 4.474 € | 4.086 € | 3.656 € |
| 18.000 € | 9.816 € | 9.169 € | 8.552 € | 7.971 € | 7.431 € | 6.917 € | 6.411 € | 5.916 € | 5.369 € | 4.903 € | 4.387 € |
| 21.000 € | 11.452 € | 10.697 € | 9.978 € | 9.299 € | 8.669 € | 8.070 € | 7.480 € | 6.902 € | 6.264 € | 5.720 € | 5.118 € |
| 24.000 € | 13.088 € | 12.225 € | 11.403 € | 10.628 € | 9.907 € | 9.223 € | 8.548 € | 7.887 € | 7.159 € | 6.537 € | 5.849 € |
| 27.000 € | 14.724 € | 13.753 € | 12.829 € | 11.956 € | 11.146 € | 10.376 € | 9.617 € | 8.873 € | 8.054 € | 7.355 € | 6.581 € |
| 30.000 € | 16.360 € | 15.282 € | 14.254 € | 13.285 € | 12.384 € | 11.529 € | 10.685 € | 9.859 € | 8.949 € | 8.172 € | 7.312 € |
| 33.000 € | 17.996 € | 16.810 € | 15.679 € | 14.613 € | 13.623 € | 12.682 € | 11.754 € | 10.845 € | 9.844 € | 8.989 € | 8.043 € |
| 36.000 € | 19.632 € | 18.338 € | 17.105 € | 15.942 € | 14.861 € | 13.835 € | 12.822 € | 11.831 € | 10.739 € | 9.806 € | 8.774 € |
| 39.000 € | 21.268 € | 19.866 € | 18.530 € | 17.270 € | 16.100 € | 14.988 € | 13.891 € | 12.817 € | 11.634 € | 10.623 € | 9.505 € |
| 42.000 € | 21.268 € | 19.866 € | 18.530 € | 17.270 € | 16.100 € | 14.988 € | 13.891 € | 12.817 € | 11.634 € | 10.623 € | 9.505 € |
| 45.000 € | 21.268 € | 19.866 € | 18.530 € | 17.270 € | 16.100 € | 14.988 € | 13.891 € | 12.817 € | 11.634 € | 10.623 € | 9.505 € |
| 48.000 € | 21.268 € | 19.866 € | 18.530 € | 17.270 € | 16.100 € | 14.988 € | 13.891 € | 12.817 € | 11.634 € | 10.623 € | 9.505 € |
| 51.000 € | 21.268 € | 19.866 € | 18.530 € | 17.270 € | 16.100 € | 14.988 € | 13.891 € | 12.817 € | 11.634 € | 10.623 € | 9.505 € |
| 54.000 € | 21.268 € | 19.866 € | 18.530 € | 17.270 € | 16.100 € | 14.988 € | 13.891 € | 12.817 € | 11.634 € | 10.623 € | 9.505 € |
| 57.000 € | 21.268 € | 19.866 € | 18.530 € | 17.270 € | 16.100 € | 14.988 € | 13.891 € | 12.817 € | 11.634 € | 10.623 € | 9.505 € |
| 60.000 € | 21.268 € | 19.866 € | 18.530 € | 17.270 € | 16.100 € | 14.988 € | 13.891 € | 12.817 € | 11.634 € | 10.623 € | 9.505 € |
| 63.000 € | 21.268 € | 19.866 € | 18.530 € | 17.270 € | 16.100 € | 14.988 € | 13.891 € | 12.817 € | 11.634 € | 10.623 € | 9.505 € |
| 66.000 € | 21.268 € | 19.866 € | 18.530 € | 17.270 € | 16.100 € | 14.988 € | 13.891 € | 12.817 € | 11.634 € | 10.623 € | 9.505 € |
| 69.000 € | 21.268 € | 19.866 € | 18.530 € | 17.270 € | 16.100 € | 14.988 € | 13.891 € | 12.817 € | 11.634 € | 10.623 € | 9.505 € |
| 72.000 € | 21.268 € | 19.866 € | 18.530 € | 17.270 € | 16.100 € | 14.988 € | 13.891 € | 12.817 € | 11.634 € | 10.623 € | 9.505 € |
| 75.000 € | 21.268 € | 19.866 € | 18.530 € | 17.270 € | 16.100 € | 14.988 € | 13.891 € | 12.817 € | 11.634 € | 10.623 € | 9.505 € |
| 78.000 € | 21.268 € | 19.866 € | 18.530 € | 17.270 € | 16.100 € | 14.988 € | 13.891 € | 12.817 € | 11.634 € | 10.623 € | 9.505 € |
| 81.000 € | 21.268 € | 19.866 € | 18.530 € | 17.270 € | 16.100 € | 14.988 € | 13.891 € | 12.817 € | 11.634 € | 10.623 € | 9.505 € |
| 84.000 € | 21.268 € | 19.866 € | 18.530 € | 17.270 € | 16.100 € | 14.988 € | 13.891 € | 12.817 € | 11.634 € | 10.623 € | 9.505 € |
| 87.000 € | 21.268 € | 19.866 € | 18.530 € | 17.270 € | 16.100 € | 14.988 € | 13.891 € | 12.817 € | 11.634 € | 10.623 € | 9.505 € |
| 90.000 € | 21.268 € | 19.866 € | 18.530 € | 17.270 € | 16.100 € | 14.988 € | 13.891 € | 12.817 € | 11.634 € | 10.623 € | 9.505 € |
| 93.000 € | 21.268 € | 19.866 € | 18.530 € | 17.270 € | 16.100 € | 14.988 € | 13.891 € | 12.817 € | 11.634 € | 10.623 € | 9.505 € |
| 96.000 € | 21.268 € | 19.866 € | 18.530 € | 17.270 € | 16.100 € | 14.988 € | 13.891 € | 12.817 € | 11.634 € | 10.623 € | 9.505 € |
| 99.000 € | 21.268 € | 19.866 € | 18.530 € | 17.270 € | 16.100 € | 14.988 € | 13.891 € | 12.817 € | 11.634 € | 10.623 € | 9.505 € |
| 102.000 € | 21.268 € | 19.866 € | 18.530 € | 17.270 € | 16.100 € | 14.988 € | 13.891 € | 12.817 € | 11.634 € | 10.623 € | 9.505 € |
| 105.000 € | 21.268 € | 19.866 € | 18.530 € | 17.270 € | 16.100 € | 14.988 € | 13.891 € | 12.817 € | 11.634 € | 10.623 € | 9.505 € |
| 108.000 € | 21.268 € | 19.866 € | 18.530 € | 17.270 € | 16.100 € | 14.988 € | 13.891 € | 12.817 € | 11.634 € | 10.623 € | 9.505 € |
| 111.000 € | 21.268 € | 19.866 € | 18.530 € | 17.270 € | 16.100 € | 14.988 € | 13.891 € | 12.817 € | 11.634 € | 10.623 € | 9.505 € |
| 114.000 € | 21.268 € | 19.866 € | 18.530 € | 17.270 € | 16.100 € | 14.988 € | 13.891 € | 12.817 € | 11.634 € | 10.623 € | 9.505 € |
| 117.000 € | 21.268 € | 19.866 € | 18.530 € | 17.270 € | 16.100 € | 14.988 € | 13.891 € | 12.817 € | 11.634 € | 10.623 € | 9.505 € |
| 120.000 € | 21.268 € | 19.866 € | 18.530 € | 17.270 € | 16.100 € | 14.988 € | 13.891 € | 12.817 € | 11.634 € | 10.623 € | 9.505 € |

# TABLA 1.C.1
## Lucro cesante del cónyuge
Años de duración del matrimonio: 39 años

| Ingreso neto | Edad del cónyuge | | | |
|---|---|---|---|---|
| Hasta | 96 | 97 | 98 | 99 o más |
| 9.000 € | 3.000 € | 3.000 € | 3.000 € | 3.000 € |
| 12.000 € | 3.000 € | 3.000 € | 3.000 € | 3.000 € |
| 15.000 € | 3.205 € | 3.000 € | 3.000 € | 3.000 € |
| 18.000 € | 3.846 € | 3.243 € | 3.000 € | 3.000 € |
| 21.000 € | 4.487 € | 3.784 € | 3.000 € | 3.000 € |
| 24.000 € | 5.128 € | 4.325 € | 3.287 € | 3.000 € |
| 27.000 € | 5.769 € | 4.865 € | 3.698 € | 3.000 € |
| 30.000 € | 6.410 € | 5.406 € | 4.108 € | 3.000 € |
| 33.000 € | 7.051 € | 5.946 € | 4.519 € | 3.000 € |
| 36.000 € | 7.692 € | 6.487 € | 4.930 € | 3.000 € |
| 39.000 € | 8.333 € | 7.027 € | 5.341 € | 3.120 € |
| 42.000 € | 8.333 € | 7.027 € | 5.341 € | 3.120 € |
| 45.000 € | 8.333 € | 7.027 € | 5.341 € | 3.120 € |
| 48.000 € | 8.333 € | 7.027 € | 5.341 € | 3.120 € |
| 51.000 € | 8.333 € | 7.027 € | 5.341 € | 3.120 € |
| 54.000 € | 8.333 € | 7.027 € | 5.341 € | 3.120 € |
| 57.000 € | 8.333 € | 7.027 € | 5.341 € | 3.120 € |
| 60.000 € | 8.333 € | 7.027 € | 5.341 € | 3.120 € |
| 63.000 € | 8.333 € | 7.027 € | 5.341 € | 3.120 € |
| 66.000 € | 8.333 € | 7.027 € | 5.341 € | 3.120 € |
| 69.000 € | 8.333 € | 7.027 € | 5.341 € | 3.120 € |
| 72.000 € | 8.333 € | 7.027 € | 5.341 € | 3.120 € |
| 75.000 € | 8.333 € | 7.027 € | 5.341 € | 3.120 € |
| 78.000 € | 8.333 € | 7.027 € | 5.341 € | 3.120 € |
| 81.000 € | 8.333 € | 7.027 € | 5.341 € | 3.120 € |
| 84.000 € | 8.333 € | 7.027 € | 5.341 € | 3.120 € |
| 87.000 € | 8.333 € | 7.027 € | 5.341 € | 3.120 € |
| 90.000 € | 8.333 € | 7.027 € | 5.341 € | 3.120 € |
| 93.000 € | 8.333 € | 7.027 € | 5.341 € | 3.120 € |
| 96.000 € | 8.333 € | 7.027 € | 5.341 € | 3.120 € |
| 99.000 € | 8.333 € | 7.027 € | 5.341 € | 3.120 € |
| 102.000 € | 8.333 € | 7.027 € | 5.341 € | 3.120 € |
| 105.000 € | 8.333 € | 7.027 € | 5.341 € | 3.120 € |
| 108.000 € | 8.333 € | 7.027 € | 5.341 € | 3.120 € |
| 111.000 € | 8.333 € | 7.027 € | 5.341 € | 3.120 € |
| 114.000 € | 8.333 € | 7.027 € | 5.341 € | 3.120 € |
| 117.000 € | 8.333 € | 7.027 € | 5.341 € | 3.120 € |
| 120.000 € | 8.333 € | 7.027 € | 5.341 € | 3.120 € |

# TABLA 1.C.1
## Lucro cesante del cónyuge
### Años de duración del matrimonio: 40 años

| Ingreso neto | Edad del cónyuge | | | | | | | | Edad del có |
|---|---|---|---|---|---|---|---|---|---|---|
| Hasta | 54 | 55 | 56 | 57 | 58 | 59 | 60 | 61 | 62 | 63 |
| 9.000 € | 32.870 € | 31.463 € | 29.999 € | 28.437 € | 26.912 € | 25.394 € | 23.914 € | 22.419 € | 20.976 € | 19.606 € |
| 12.000 € | 43.827 € | 41.951 € | 39.999 € | 37.917 € | 35.883 € | 33.859 € | 31.885 € | 29.891 € | 27.968 € | 26.141 € |
| 15.000 € | 54.784 € | 52.439 € | 49.999 € | 47.396 € | 44.853 € | 42.324 € | 39.856 € | 37.364 € | 34.960 € | 32.676 € |
| 18.000 € | 65.741 € | 62.927 € | 59.999 € | 56.875 € | 53.824 € | 50.789 € | 47.828 € | 44.837 € | 41.952 € | 39.212 € |
| 21.000 € | 76.698 € | 73.414 € | 69.998 € | 66.354 € | 62.795 € | 59.253 € | 55.799 € | 52.310 € | 48.944 € | 45.747 € |
| 24.000 € | 87.655 € | 83.902 € | 79.998 € | 75.833 € | 71.765 € | 67.718 € | 63.770 € | 59.783 € | 55.936 € | 52.282 € |
| 27.000 € | 98.611 € | 94.390 € | 89.998 € | 85.312 € | 80.736 € | 76.183 € | 71.742 € | 67.256 € | 62.928 € | 58.817 € |
| 30.000 € | 109.568 € | 104.878 € | 99.998 € | 94.791 € | 89.707 € | 84.648 € | 79.713 € | 74.729 € | 69.920 € | 65.353 € |
| 33.000 € | 120.525 € | 115.365 € | 109.998 € | 104.270 € | 98.677 € | 93.112 € | 87.684 € | 82.201 € | 76.912 € | 71.888 € |
| 36.000 € | 122.191 € | 116.243 € | 110.068 € | 105.692 € | 103.469 € | 101.314 € | 95.656 € | 89.674 € | 83.904 € | 78.423 € |
| 39.000 € | 123.869 € | 117.120 € | 110.139 € | 106.520 € | 104.439 € | 102.151 € | 96.400 € | 90.145 € | 84.424 € | 78.605 € |
| 42.000 € | 125.560 € | 117.999 € | 110.209 € | 107.349 € | 105.412 € | 102.990 € | 97.146 € | 90.614 € | 84.945 € | 78.786 € |
| 45.000 € | 127.264 € | 118.881 € | 110.278 € | 108.181 € | 106.389 € | 103.831 € | 97.894 € | 91.084 € | 85.465 € | 78.966 € |
| 48.000 € | 128.985 € | 119.764 € | 110.348 € | 109.015 € | 107.370 € | 104.675 € | 98.644 € | 91.555 € | 85.987 € | 79.146 € |
| 51.000 € | 130.721 € | 120.651 € | 110.417 € | 109.852 € | 108.357 € | 105.523 € | 99.397 € | 92.025 € | 86.510 € | 79.326 € |
| 54.000 € | 132.475 € | 121.542 € | 110.486 € | 109.918 € | 109.349 € | 106.375 € | 100.153 € | 92.497 € | 87.034 € | 79.505 € |
| 57.000 € | 134.247 € | 122.436 € | 110.555 € | 110.451 € | 110.348 € | 107.231 € | 100.913 € | 92.970 € | 87.560 € | 79.684 € |
| 60.000 € | 136.037 € | 123.334 € | 110.623 € | 110.623 € | 110.623 € | 108.091 € | 101.676 € | 93.443 € | 88.087 € | 79.864 € |
| 63.000 € | 137.847 € | 124.236 € | 110.692 € | 110.692 € | 110.692 € | 108.956 € | 102.443 € | 93.918 € | 88.616 € | 80.043 € |
| 66.000 € | 159.325 € | 144.176 € | 129.074 € | 114.097 € | 113.382 € | 109.826 € | 103.214 € | 94.394 € | 89.148 € | 80.222 € |
| 69.000 € | 180.803 € | 164.116 € | 147.456 € | 130.913 € | 114.407 € | 110.702 € | 103.989 € | 94.872 € | 89.681 € | 80.401 € |
| 72.000 € | 202.281 € | 184.056 € | 165.838 € | 147.729 € | 129.638 € | 111.582 € | 104.769 € | 95.351 € | 90.216 € | 80.581 € |
| 75.000 € | 223.760 € | 203.996 € | 184.221 € | 164.545 € | 144.868 € | 125.211 € | 105.553 € | 95.832 € | 90.754 € | 80.760 € |
| 78.000 € | 245.238 € | 223.935 € | 202.603 € | 181.361 € | 160.099 € | 138.840 € | 117.561 € | 96.314 € | 91.294 € | 80.939 € |
| 81.000 € | 266.716 € | 243.875 € | 220.985 € | 198.177 € | 175.329 € | 152.468 € | 129.570 € | 106.680 € | 91.837 € | 81.119 € |
| 84.000 € | 288.194 € | 263.815 € | 239.367 € | 214.992 € | 190.560 € | 166.097 € | 141.578 € | 117.046 € | 92.382 € | 81.299 € |
| 87.000 € | 309.672 € | 283.755 € | 257.749 € | 231.808 € | 205.791 € | 179.726 € | 153.586 € | 127.412 € | 101.082 € | 81.479 € |
| 90.000 € | 331.150 € | 303.695 € | 276.131 € | 248.624 € | 221.021 € | 193.355 € | 165.595 € | 137.777 € | 109.782 € | 81.659 € |
| 93.000 € | 352.628 € | 323.634 € | 294.513 € | 265.440 € | 236.252 € | 206.983 € | 177.603 € | 148.143 € | 118.482 € | 88.675 € |
| 96.000 € | 374.106 € | 343.574 € | 312.895 € | 282.256 € | 251.482 € | 220.612 € | 189.611 € | 158.509 € | 127.183 € | 95.691 € |
| 99.000 € | 395.584 € | 363.514 € | 331.278 € | 299.071 € | 266.713 € | 234.241 € | 201.620 € | 168.875 € | 135.883 € | 102.707 € |
| 102.000 € | 417.062 € | 383.454 € | 349.660 € | 315.887 € | 281.944 € | 247.870 € | 213.628 € | 179.240 € | 144.583 € | 109.723 € |
| 105.000 € | 438.540 € | 403.394 € | 368.042 € | 332.703 € | 297.174 € | 261.499 € | 225.636 € | 189.606 € | 153.284 € | 116.739 € |
| 108.000 € | 460.018 € | 423.334 € | 386.424 € | 349.519 € | 312.405 € | 275.127 € | 237.645 € | 199.972 € | 161.984 € | 123.755 € |
| 111.000 € | 481.496 € | 443.273 € | 404.806 € | 366.335 € | 327.635 € | 288.756 € | 249.653 € | 210.338 € | 170.684 € | 130.771 € |
| 114.000 € | 502.974 € | 463.213 € | 423.188 € | 383.151 € | 342.866 € | 302.385 € | 261.661 € | 220.704 € | 179.385 € | 137.787 € |
| 117.000 € | 524.452 € | 483.153 € | 441.570 € | 399.966 € | 358.097 € | 316.014 € | 273.670 € | 231.069 € | 188.085 € | 144.803 € |
| 120.000 € | 545.930 € | 503.093 € | 459.953 € | 416.782 € | 373.327 € | 329.642 € | 285.678 € | 241.435 € | 196.785 € | 151.819 € |

## TABLA 1.C.1
## Lucro cesante del cónyuge
### Años de duración del matrimonio: 40 años

Ingreso netcnyuge — Edad del cónyuge

| Hasta | 64 | 65 | 66 | 67 | 68 | 69 | 70 | 71 | 72 | 73 | 74 |
|---|---|---|---|---|---|---|---|---|---|---|---|
| 9.000 € | 18.301 € | 17.052 € | 15.890 € | 12.390 € | 11.956 € | 11.515 € | 11.058 € | 10.620 € | 10.178 € | 9.713 € | 9.267 € |
| 12.000 € | 24.401 € | 22.735 € | 21.187 € | 16.520 € | 15.941 € | 15.353 € | 14.744 € | 14.160 € | 13.570 € | 12.951 € | 12.356 € |
| 15.000 € | 30.502 € | 28.419 € | 26.484 € | 20.650 € | 19.926 € | 19.192 € | 18.430 € | 17.700 € | 16.963 € | 16.189 € | 15.446 € |
| 18.000 € | 36.602 € | 34.103 € | 31.781 € | 24.780 € | 23.912 € | 23.030 € | 22.116 € | 21.240 € | 20.356 € | 19.427 € | 18.535 € |
| 21.000 € | 42.702 € | 39.787 € | 37.077 € | 28.909 € | 27.897 € | 26.868 € | 25.802 € | 24.780 € | 23.748 € | 22.664 € | 21.624 € |
| 24.000 € | 48.802 € | 45.471 € | 42.374 € | 33.039 € | 31.882 € | 30.707 € | 29.488 € | 28.319 € | 27.141 € | 25.902 € | 24.713 € |
| 27.000 € | 54.903 € | 51.155 € | 47.671 € | 37.169 € | 35.867 € | 34.545 € | 33.174 € | 31.859 € | 30.533 € | 29.140 € | 27.802 € |
| 30.000 € | 61.003 € | 56.839 € | 52.968 € | 41.299 € | 39.853 € | 38.383 € | 36.860 € | 35.399 € | 33.926 € | 32.378 € | 30.891 € |
| 33.000 € | 67.103 € | 62.523 € | 58.264 € | 45.429 € | 43.838 € | 42.222 € | 40.546 € | 38.939 € | 37.318 € | 35.615 € | 33.980 € |
| 36.000 € | 73.204 € | 68.206 € | 63.561 € | 49.559 € | 47.823 € | 46.060 € | 44.232 € | 42.479 € | 40.711 € | 38.853 € | 37.069 € |
| 39.000 € | 73.267 € | 68.206 € | 63.561 € | 53.689 € | 51.808 € | 49.898 € | 47.918 € | 46.019 € | 44.104 € | 42.091 € | 40.158 € |
| 42.000 € | 73.330 € | 68.206 € | 63.561 € | 53.689 € | 51.808 € | 49.898 € | 47.918 € | 46.019 € | 44.104 € | 42.091 € | 40.158 € |
| 45.000 € | 73.393 € | 68.206 € | 63.561 € | 53.689 € | 51.808 € | 49.898 € | 47.918 € | 46.019 € | 44.104 € | 42.091 € | 40.158 € |
| 48.000 € | 73.456 € | 68.206 € | 63.561 € | 53.689 € | 51.808 € | 49.898 € | 47.918 € | 46.019 € | 44.104 € | 42.091 € | 40.158 € |
| 51.000 € | 73.518 € | 68.206 € | 63.561 € | 53.689 € | 51.808 € | 49.898 € | 47.918 € | 46.019 € | 44.104 € | 42.091 € | 40.158 € |
| 54.000 € | 73.580 € | 68.206 € | 63.561 € | 53.689 € | 51.808 € | 49.898 € | 47.918 € | 46.019 € | 44.104 € | 42.091 € | 40.158 € |
| 57.000 € | 73.643 € | 68.206 € | 63.561 € | 53.689 € | 51.808 € | 49.898 € | 47.918 € | 46.019 € | 44.104 € | 42.091 € | 40.158 € |
| 60.000 € | 73.705 € | 68.206 € | 63.561 € | 53.689 € | 51.808 € | 49.898 € | 47.918 € | 46.019 € | 44.104 € | 42.091 € | 40.158 € |
| 63.000 € | 73.767 € | 68.206 € | 63.561 € | 53.689 € | 51.808 € | 49.898 € | 47.918 € | 46.019 € | 44.104 € | 42.091 € | 40.158 € |
| 66.000 € | 73.828 € | 68.206 € | 63.561 € | 53.689 € | 51.808 € | 49.898 € | 47.918 € | 46.019 € | 44.104 € | 42.091 € | 40.158 € |
| 69.000 € | 73.890 € | 68.206 € | 63.561 € | 53.689 € | 51.808 € | 49.898 € | 47.918 € | 46.019 € | 44.104 € | 42.091 € | 40.158 € |
| 72.000 € | 73.952 € | 68.206 € | 63.561 € | 53.689 € | 51.808 € | 49.898 € | 47.918 € | 46.019 € | 44.104 € | 42.091 € | 40.158 € |
| 75.000 € | 74.013 € | 68.206 € | 63.561 € | 53.689 € | 51.808 € | 49.898 € | 47.918 € | 46.019 € | 44.104 € | 42.091 € | 40.158 € |
| 78.000 € | 74.075 € | 68.206 € | 63.561 € | 53.689 € | 51.808 € | 49.898 € | 47.918 € | 46.019 € | 44.104 € | 42.091 € | 40.158 € |
| 81.000 € | 74.137 € | 68.206 € | 63.561 € | 53.689 € | 51.808 € | 49.898 € | 47.918 € | 46.019 € | 44.104 € | 42.091 € | 40.158 € |
| 84.000 € | 74.198 € | 68.206 € | 63.561 € | 53.689 € | 51.808 € | 49.898 € | 47.918 € | 46.019 € | 44.104 € | 42.091 € | 40.158 € |
| 87.000 € | 74.260 € | 68.206 € | 63.561 € | 53.689 € | 51.808 € | 49.898 € | 47.918 € | 46.019 € | 44.104 € | 42.091 € | 40.158 € |
| 90.000 € | 74.321 € | 68.206 € | 63.561 € | 53.689 € | 51.808 € | 49.898 € | 47.918 € | 46.019 € | 44.104 € | 42.091 € | 40.158 € |
| 93.000 € | 74.383 € | 68.206 € | 63.561 € | 53.689 € | 51.808 € | 49.898 € | 47.918 € | 46.019 € | 44.104 € | 42.091 € | 40.158 € |
| 96.000 € | 74.444 € | 68.206 € | 63.561 € | 53.689 € | 51.808 € | 49.898 € | 47.918 € | 46.019 € | 44.104 € | 42.091 € | 40.158 € |
| 99.000 € | 74.505 € | 68.206 € | 63.561 € | 53.689 € | 51.808 € | 49.898 € | 47.918 € | 46.019 € | 44.104 € | 42.091 € | 40.158 € |
| 102.000 € | 74.567 € | 68.206 € | 63.561 € | 53.689 € | 51.808 € | 49.898 € | 47.918 € | 46.019 € | 44.104 € | 42.091 € | 40.158 € |
| 105.000 € | 79.874 € | 68.206 € | 63.561 € | 53.689 € | 51.808 € | 49.898 € | 47.918 € | 46.019 € | 44.104 € | 42.091 € | 40.158 € |
| 108.000 € | 85.182 € | 68.206 € | 63.561 € | 53.689 € | 51.808 € | 49.898 € | 47.918 € | 46.019 € | 44.104 € | 42.091 € | 40.158 € |
| 111.000 € | 90.490 € | 68.206 € | 63.561 € | 53.689 € | 51.808 € | 49.898 € | 47.918 € | 46.019 € | 44.104 € | 42.091 € | 40.158 € |
| 114.000 € | 95.797 € | 68.206 € | 63.561 € | 53.689 € | 51.808 € | 49.898 € | 47.918 € | 46.019 € | 44.104 € | 42.091 € | 40.158 € |
| 117.000 € | 101.105 € | 68.206 € | 63.561 € | 53.689 € | 51.808 € | 49.898 € | 47.918 € | 46.019 € | 44.104 € | 42.091 € | 40.158 € |
| 120.000 € | 106.412 € | 68.206 € | 63.561 € | 53.689 € | 51.808 € | 49.898 € | 47.918 € | 46.019 € | 44.104 € | 42.091 € | 40.158 € |

# TABLA 1.C.1
## Lucro cesante del cónyuge
### Años de duración del matrimonio: 40 años

| Ingreso neto | Edad del cónyuge | | | | | | | | | | |
|---|---|---|---|---|---|---|---|---|---|---|---|
| Hasta | 75 | 76 | 77 | 78 | 79 | 80 | 81 | 82 | 83 | 84 | 85 |
| 9.000 € | 8.838 € | 8.406 € | 7.975 € | 7.553 € | 7.143 € | 6.738 € | 6.346 € | 5.968 € | 5.601 € | 5.245 € | 4.908 € |
| 12.000 € | 11.784 € | 11.209 € | 10.634 € | 10.071 € | 9.524 € | 8.983 € | 8.461 € | 7.957 € | 7.468 € | 6.994 € | 6.544 € |
| 15.000 € | 14.730 € | 14.011 € | 13.292 € | 12.588 € | 11.905 € | 11.229 € | 10.576 € | 9.947 € | 9.335 € | 8.742 € | 8.180 € |
| 18.000 € | 17.677 € | 16.813 € | 15.950 € | 15.106 € | 14.286 € | 13.475 € | 12.692 € | 11.936 € | 11.202 € | 10.490 € | 9.816 € |
| 21.000 € | 20.623 € | 19.615 € | 18.609 € | 17.624 € | 16.667 € | 15.721 € | 14.807 € | 13.925 € | 13.069 € | 12.239 € | 11.452 € |
| 24.000 € | 23.569 € | 22.417 € | 21.267 € | 20.141 € | 19.048 € | 17.967 € | 16.922 € | 15.915 € | 14.936 € | 13.987 € | 13.088 € |
| 27.000 € | 26.515 € | 25.219 € | 23.926 € | 22.659 € | 21.429 € | 20.213 € | 19.038 € | 17.904 € | 16.803 € | 15.735 € | 14.724 € |
| 30.000 € | 29.461 € | 28.021 € | 26.584 € | 25.177 € | 23.810 € | 22.459 € | 21.153 € | 19.893 € | 18.669 € | 17.484 € | 16.360 € |
| 33.000 € | 32.407 € | 30.823 € | 29.243 € | 27.694 € | 26.191 € | 24.704 € | 23.268 € | 21.883 € | 20.536 € | 19.232 € | 17.996 € |
| 36.000 € | 35.353 € | 33.626 € | 31.901 € | 30.212 € | 28.572 € | 26.950 € | 25.383 € | 23.872 € | 22.403 € | 20.981 € | 19.632 € |
| 39.000 € | 38.299 € | 36.428 € | 34.559 € | 32.730 € | 30.953 € | 29.196 € | 27.499 € | 25.861 € | 24.270 € | 22.729 € | 21.268 € |
| 42.000 € | 38.299 € | 36.428 € | 34.559 € | 32.730 € | 30.953 € | 29.196 € | 27.499 € | 25.861 € | 24.270 € | 22.729 € | 21.268 € |
| 45.000 € | 38.299 € | 36.428 € | 34.559 € | 32.730 € | 30.953 € | 29.196 € | 27.499 € | 25.861 € | 24.270 € | 22.729 € | 21.268 € |
| 48.000 € | 38.299 € | 36.428 € | 34.559 € | 32.730 € | 30.953 € | 29.196 € | 27.499 € | 25.861 € | 24.270 € | 22.729 € | 21.268 € |
| 51.000 € | 38.299 € | 36.428 € | 34.559 € | 32.730 € | 30.953 € | 29.196 € | 27.499 € | 25.861 € | 24.270 € | 22.729 € | 21.268 € |
| 54.000 € | 38.299 € | 36.428 € | 34.559 € | 32.730 € | 30.953 € | 29.196 € | 27.499 € | 25.861 € | 24.270 € | 22.729 € | 21.268 € |
| 57.000 € | 38.299 € | 36.428 € | 34.559 € | 32.730 € | 30.953 € | 29.196 € | 27.499 € | 25.861 € | 24.270 € | 22.729 € | 21.268 € |
| 60.000 € | 38.299 € | 36.428 € | 34.559 € | 32.730 € | 30.953 € | 29.196 € | 27.499 € | 25.861 € | 24.270 € | 22.729 € | 21.268 € |
| 63.000 € | 38.299 € | 36.428 € | 34.559 € | 32.730 € | 30.953 € | 29.196 € | 27.499 € | 25.861 € | 24.270 € | 22.729 € | 21.268 € |
| 66.000 € | 38.299 € | 36.428 € | 34.559 € | 32.730 € | 30.953 € | 29.196 € | 27.499 € | 25.861 € | 24.270 € | 22.729 € | 21.268 € |
| 69.000 € | 38.299 € | 36.428 € | 34.559 € | 32.730 € | 30.953 € | 29.196 € | 27.499 € | 25.861 € | 24.270 € | 22.729 € | 21.268 € |
| 72.000 € | 38.299 € | 36.428 € | 34.559 € | 32.730 € | 30.953 € | 29.196 € | 27.499 € | 25.861 € | 24.270 € | 22.729 € | 21.268 € |
| 75.000 € | 38.299 € | 36.428 € | 34.559 € | 32.730 € | 30.953 € | 29.196 € | 27.499 € | 25.861 € | 24.270 € | 22.729 € | 21.268 € |
| 78.000 € | 38.299 € | 36.428 € | 34.559 € | 32.730 € | 30.953 € | 29.196 € | 27.499 € | 25.861 € | 24.270 € | 22.729 € | 21.268 € |
| 81.000 € | 38.299 € | 36.428 € | 34.559 € | 32.730 € | 30.953 € | 29.196 € | 27.499 € | 25.861 € | 24.270 € | 22.729 € | 21.268 € |
| 84.000 € | 38.299 € | 36.428 € | 34.559 € | 32.730 € | 30.953 € | 29.196 € | 27.499 € | 25.861 € | 24.270 € | 22.729 € | 21.268 € |
| 87.000 € | 38.299 € | 36.428 € | 34.559 € | 32.730 € | 30.953 € | 29.196 € | 27.499 € | 25.861 € | 24.270 € | 22.729 € | 21.268 € |
| 90.000 € | 38.299 € | 36.428 € | 34.559 € | 32.730 € | 30.953 € | 29.196 € | 27.499 € | 25.861 € | 24.270 € | 22.729 € | 21.268 € |
| 93.000 € | 38.299 € | 36.428 € | 34.559 € | 32.730 € | 30.953 € | 29.196 € | 27.499 € | 25.861 € | 24.270 € | 22.729 € | 21.268 € |
| 96.000 € | 38.299 € | 36.428 € | 34.559 € | 32.730 € | 30.953 € | 29.196 € | 27.499 € | 25.861 € | 24.270 € | 22.729 € | 21.268 € |
| 99.000 € | 38.299 € | 36.428 € | 34.559 € | 32.730 € | 30.953 € | 29.196 € | 27.499 € | 25.861 € | 24.270 € | 22.729 € | 21.268 € |
| 102.000 € | 38.299 € | 36.428 € | 34.559 € | 32.730 € | 30.953 € | 29.196 € | 27.499 € | 25.861 € | 24.270 € | 22.729 € | 21.268 € |
| 105.000 € | 38.299 € | 36.428 € | 34.559 € | 32.730 € | 30.953 € | 29.196 € | 27.499 € | 25.861 € | 24.270 € | 22.729 € | 21.268 € |
| 108.000 € | 38.299 € | 36.428 € | 34.559 € | 32.730 € | 30.953 € | 29.196 € | 27.499 € | 25.861 € | 24.270 € | 22.729 € | 21.268 € |
| 111.000 € | 38.299 € | 36.428 € | 34.559 € | 32.730 € | 30.953 € | 29.196 € | 27.499 € | 25.861 € | 24.270 € | 22.729 € | 21.268 € |
| 114.000 € | 38.299 € | 36.428 € | 34.559 € | 32.730 € | 30.953 € | 29.196 € | 27.499 € | 25.861 € | 24.270 € | 22.729 € | 21.268 € |
| 117.000 € | 38.299 € | 36.428 € | 34.559 € | 32.730 € | 30.953 € | 29.196 € | 27.499 € | 25.861 € | 24.270 € | 22.729 € | 21.268 € |
| 120.000 € | 38.299 € | 36.428 € | 34.559 € | 32.730 € | 30.953 € | 29.196 € | 27.499 € | 25.861 € | 24.270 € | 22.729 € | 21.268 € |

# TABLA 1.C.1
## Lucro cesante del cónyuge
### Años de duración del matrimonio: 40 años

| Ingreso neto | Edad del cónyuge | | | | | | | | | | |
|---|---|---|---|---|---|---|---|---|---|---|---|
| Hasta | 86 | 87 | 88 | 89 | 90 | 91 | 92 | 93 | 94 | 95 | 96 |
| 9.000 € | 4.584 € | 4.276 € | 3.985 € | 3.715 € | 3.459 € | 3.206 € | 3.000 € | 3.000 € | 3.000 € | 3.000 € | 3.000 € |
| 12.000 € | 6.113 € | 5.702 € | 5.314 € | 4.954 € | 4.612 € | 4.274 € | 3.944 € | 3.580 € | 3.269 € | 3.000 € | 3.000 € |
| 15.000 € | 7.641 € | 7.127 € | 6.642 € | 6.192 € | 5.764 € | 5.343 € | 4.930 € | 4.474 € | 4.086 € | 3.656 € | 3.205 € |
| 18.000 € | 9.169 € | 8.552 € | 7.971 € | 7.431 € | 6.917 € | 6.411 € | 5.916 € | 5.369 € | 4.903 € | 4.387 € | 3.846 € |
| 21.000 € | 10.697 € | 9.978 € | 9.299 € | 8.669 € | 8.070 € | 7.480 € | 6.902 € | 6.264 € | 5.720 € | 5.118 € | 4.487 € |
| 24.000 € | 12.225 € | 11.403 € | 10.628 € | 9.907 € | 9.223 € | 8.548 € | 7.887 € | 7.159 € | 6.537 € | 5.849 € | 5.128 € |
| 27.000 € | 13.753 € | 12.829 € | 11.956 € | 11.146 € | 10.376 € | 9.617 € | 8.873 € | 8.054 € | 7.355 € | 6.581 € | 5.769 € |
| 30.000 € | 15.282 € | 14.254 € | 13.285 € | 12.384 € | 11.529 € | 10.685 € | 9.859 € | 8.949 € | 8.172 € | 7.312 € | 6.410 € |
| 33.000 € | 16.810 € | 15.679 € | 14.613 € | 13.623 € | 12.682 € | 11.754 € | 10.845 € | 9.844 € | 8.989 € | 8.043 € | 7.051 € |
| 36.000 € | 18.338 € | 17.105 € | 15.942 € | 14.861 € | 13.835 € | 12.822 € | 11.831 € | 10.739 € | 9.806 € | 8.774 € | 7.692 € |
| 39.000 € | 19.866 € | 18.530 € | 17.270 € | 16.100 € | 14.988 € | 13.891 € | 12.817 € | 11.634 € | 10.623 € | 9.505 € | 8.333 € |
| 42.000 € | 19.866 € | 18.530 € | 17.270 € | 16.100 € | 14.988 € | 13.891 € | 12.817 € | 11.634 € | 10.623 € | 9.505 € | 8.333 € |
| 45.000 € | 19.866 € | 18.530 € | 17.270 € | 16.100 € | 14.988 € | 13.891 € | 12.817 € | 11.634 € | 10.623 € | 9.505 € | 8.333 € |
| 48.000 € | 19.866 € | 18.530 € | 17.270 € | 16.100 € | 14.988 € | 13.891 € | 12.817 € | 11.634 € | 10.623 € | 9.505 € | 8.333 € |
| 51.000 € | 19.866 € | 18.530 € | 17.270 € | 16.100 € | 14.988 € | 13.891 € | 12.817 € | 11.634 € | 10.623 € | 9.505 € | 8.333 € |
| 54.000 € | 19.866 € | 18.530 € | 17.270 € | 16.100 € | 14.988 € | 13.891 € | 12.817 € | 11.634 € | 10.623 € | 9.505 € | 8.333 € |
| 57.000 € | 19.866 € | 18.530 € | 17.270 € | 16.100 € | 14.988 € | 13.891 € | 12.817 € | 11.634 € | 10.623 € | 9.505 € | 8.333 € |
| 60.000 € | 19.866 € | 18.530 € | 17.270 € | 16.100 € | 14.988 € | 13.891 € | 12.817 € | 11.634 € | 10.623 € | 9.505 € | 8.333 € |
| 63.000 € | 19.866 € | 18.530 € | 17.270 € | 16.100 € | 14.988 € | 13.891 € | 12.817 € | 11.634 € | 10.623 € | 9.505 € | 8.333 € |
| 66.000 € | 19.866 € | 18.530 € | 17.270 € | 16.100 € | 14.988 € | 13.891 € | 12.817 € | 11.634 € | 10.623 € | 9.505 € | 8.333 € |
| 69.000 € | 19.866 € | 18.530 € | 17.270 € | 16.100 € | 14.988 € | 13.891 € | 12.817 € | 11.634 € | 10.623 € | 9.505 € | 8.333 € |
| 72.000 € | 19.866 € | 18.530 € | 17.270 € | 16.100 € | 14.988 € | 13.891 € | 12.817 € | 11.634 € | 10.623 € | 9.505 € | 8.333 € |
| 75.000 € | 19.866 € | 18.530 € | 17.270 € | 16.100 € | 14.988 € | 13.891 € | 12.817 € | 11.634 € | 10.623 € | 9.505 € | 8.333 € |
| 78.000 € | 19.866 € | 18.530 € | 17.270 € | 16.100 € | 14.988 € | 13.891 € | 12.817 € | 11.634 € | 10.623 € | 9.505 € | 8.333 € |
| 81.000 € | 19.866 € | 18.530 € | 17.270 € | 16.100 € | 14.988 € | 13.891 € | 12.817 € | 11.634 € | 10.623 € | 9.505 € | 8.333 € |
| 84.000 € | 19.866 € | 18.530 € | 17.270 € | 16.100 € | 14.988 € | 13.891 € | 12.817 € | 11.634 € | 10.623 € | 9.505 € | 8.333 € |
| 87.000 € | 19.866 € | 18.530 € | 17.270 € | 16.100 € | 14.988 € | 13.891 € | 12.817 € | 11.634 € | 10.623 € | 9.505 € | 8.333 € |
| 90.000 € | 19.866 € | 18.530 € | 17.270 € | 16.100 € | 14.988 € | 13.891 € | 12.817 € | 11.634 € | 10.623 € | 9.505 € | 8.333 € |
| 93.000 € | 19.866 € | 18.530 € | 17.270 € | 16.100 € | 14.988 € | 13.891 € | 12.817 € | 11.634 € | 10.623 € | 9.505 € | 8.333 € |
| 96.000 € | 19.866 € | 18.530 € | 17.270 € | 16.100 € | 14.988 € | 13.891 € | 12.817 € | 11.634 € | 10.623 € | 9.505 € | 8.333 € |
| 99.000 € | 19.866 € | 18.530 € | 17.270 € | 16.100 € | 14.988 € | 13.891 € | 12.817 € | 11.634 € | 10.623 € | 9.505 € | 8.333 € |
| 102.000 € | 19.866 € | 18.530 € | 17.270 € | 16.100 € | 14.988 € | 13.891 € | 12.817 € | 11.634 € | 10.623 € | 9.505 € | 8.333 € |
| 105.000 € | 19.866 € | 18.530 € | 17.270 € | 16.100 € | 14.988 € | 13.891 € | 12.817 € | 11.634 € | 10.623 € | 9.505 € | 8.333 € |
| 108.000 € | 19.866 € | 18.530 € | 17.270 € | 16.100 € | 14.988 € | 13.891 € | 12.817 € | 11.634 € | 10.623 € | 9.505 € | 8.333 € |
| 111.000 € | 19.866 € | 18.530 € | 17.270 € | 16.100 € | 14.988 € | 13.891 € | 12.817 € | 11.634 € | 10.623 € | 9.505 € | 8.333 € |
| 114.000 € | 19.866 € | 18.530 € | 17.270 € | 16.100 € | 14.988 € | 13.891 € | 12.817 € | 11.634 € | 10.623 € | 9.505 € | 8.333 € |
| 117.000 € | 19.866 € | 18.530 € | 17.270 € | 16.100 € | 14.988 € | 13.891 € | 12.817 € | 11.634 € | 10.623 € | 9.505 € | 8.333 € |
| 120.000 € | 19.866 € | 18.530 € | 17.270 € | 16.100 € | 14.988 € | 13.891 € | 12.817 € | 11.634 € | 10.623 € | 9.505 € | 8.333 € |

# TABLA 1.C.1
## Lucro cesante del cónyuge
Años de duración del matrimonio: 40 años

| Ingreso netc | Edad del c | | |
|---|---|---|---|
| Hasta | 97 | 98 | 99 o más |
| 9.000 € | 3.000 € | 3.000 € | 3.000 € |
| 12.000 € | 3.000 € | 3.000 € | 3.000 € |
| 15.000 € | 3.000 € | 3.000 € | 3.000 € |
| 18.000 € | 3.243 € | 3.000 € | 3.000 € |
| 21.000 € | 3.784 € | 3.000 € | 3.000 € |
| 24.000 € | 4.325 € | 3.287 € | 3.000 € |
| 27.000 € | 4.865 € | 3.698 € | 3.000 € |
| 30.000 € | 5.406 € | 4.108 € | 3.000 € |
| 33.000 € | 5.946 € | 4.519 € | 3.000 € |
| 36.000 € | 6.487 € | 4.930 € | 3.000 € |
| 39.000 € | 7.027 € | 5.341 € | 3.120 € |
| 42.000 € | 7.027 € | 5.341 € | 3.120 € |
| 45.000 € | 7.027 € | 5.341 € | 3.120 € |
| 48.000 € | 7.027 € | 5.341 € | 3.120 € |
| 51.000 € | 7.027 € | 5.341 € | 3.120 € |
| 54.000 € | 7.027 € | 5.341 € | 3.120 € |
| 57.000 € | 7.027 € | 5.341 € | 3.120 € |
| 60.000 € | 7.027 € | 5.341 € | 3.120 € |
| 63.000 € | 7.027 € | 5.341 € | 3.120 € |
| 66.000 € | 7.027 € | 5.341 € | 3.120 € |
| 69.000 € | 7.027 € | 5.341 € | 3.120 € |
| 72.000 € | 7.027 € | 5.341 € | 3.120 € |
| 75.000 € | 7.027 € | 5.341 € | 3.120 € |
| 78.000 € | 7.027 € | 5.341 € | 3.120 € |
| 81.000 € | 7.027 € | 5.341 € | 3.120 € |
| 84.000 € | 7.027 € | 5.341 € | 3.120 € |
| 87.000 € | 7.027 € | 5.341 € | 3.120 € |
| 90.000 € | 7.027 € | 5.341 € | 3.120 € |
| 93.000 € | 7.027 € | 5.341 € | 3.120 € |
| 96.000 € | 7.027 € | 5.341 € | 3.120 € |
| 99.000 € | 7.027 € | 5.341 € | 3.120 € |
| 102.000 € | 7.027 € | 5.341 € | 3.120 € |
| 105.000 € | 7.027 € | 5.341 € | 3.120 € |
| 108.000 € | 7.027 € | 5.341 € | 3.120 € |
| 111.000 € | 7.027 € | 5.341 € | 3.120 € |
| 114.000 € | 7.027 € | 5.341 € | 3.120 € |
| 117.000 € | 7.027 € | 5.341 € | 3.120 € |
| 120.000 € | 7.027 € | 5.341 € | 3.120 € |

# TABLA 1.C.1
## Lucro cesante del cónyuge
Años de duración del matrimonio: 41 años

Ingreso netc Edad del cónyuge Edad del có

| Hasta | 55 | 56 | 57 | 58 | 59 | 60 | 61 | 62 | 63 | 64 |
|---|---|---|---|---|---|---|---|---|---|---|
| 9.000 € | 31.675 € | 30.169 € | 28.569 € | 27.012 € | 25.469 € | 23.914 € | 22.419 € | 20.976 € | 19.606 € | 18.301 € |
| 12.000 € | 42.233 € | 40.225 € | 38.092 € | 36.017 € | 33.959 € | 31.885 € | 29.891 € | 27.968 € | 26.141 € | 24.401 € |
| 15.000 € | 52.792 € | 50.281 € | 47.615 € | 45.021 € | 42.448 € | 39.856 € | 37.364 € | 34.960 € | 32.676 € | 30.502 € |
| 18.000 € | 63.350 € | 60.338 € | 57.138 € | 54.025 € | 50.938 € | 47.828 € | 44.837 € | 41.952 € | 39.212 € | 36.602 € |
| 21.000 € | 73.909 € | 70.394 € | 66.661 € | 63.029 € | 59.428 € | 55.799 € | 52.310 € | 48.944 € | 45.747 € | 42.702 € |
| 24.000 € | 84.467 € | 80.450 € | 76.184 € | 72.033 € | 67.917 € | 63.770 € | 59.783 € | 55.936 € | 52.282 € | 48.802 € |
| 27.000 € | 95.025 € | 90.507 € | 85.707 € | 81.037 € | 76.407 € | 71.742 € | 67.256 € | 62.928 € | 58.817 € | 54.903 € |
| 30.000 € | 105.584 € | 100.563 € | 95.229 € | 90.041 € | 84.897 € | 79.713 € | 74.729 € | 69.920 € | 65.353 € | 61.003 € |
| 33.000 € | 116.142 € | 110.619 € | 104.752 € | 99.046 € | 93.387 € | 87.684 € | 82.201 € | 76.912 € | 71.888 € | 67.103 € |
| 36.000 € | 116.920 € | 112.202 € | 106.163 € | 103.849 € | 101.612 € | 95.656 € | 89.674 € | 83.904 € | 78.423 € | 73.204 € |
| 39.000 € | 117.697 € | 113.797 € | 106.929 € | 104.774 € | 102.417 € | 96.400 € | 90.145 € | 84.424 € | 78.605 € | 73.267 € |
| 42.000 € | 118.476 € | 115.404 € | 107.696 € | 105.702 € | 103.223 € | 97.146 € | 90.614 € | 84.945 € | 78.786 € | 73.330 € |
| 45.000 € | 119.255 € | 117.026 € | 108.465 € | 106.634 € | 104.032 € | 97.894 € | 91.084 € | 85.465 € | 78.966 € | 73.393 € |
| 48.000 € | 120.036 € | 118.663 € | 109.235 € | 107.569 € | 104.843 € | 98.644 € | 91.555 € | 85.987 € | 79.146 € | 73.456 € |
| 51.000 € | 120.819 € | 120.316 € | 110.008 € | 108.509 € | 105.657 € | 99.397 € | 92.025 € | 86.510 € | 79.326 € | 73.518 € |
| 54.000 € | 121.604 € | 121.604 € | 110.783 € | 109.454 € | 106.475 € | 100.153 € | 92.497 € | 87.034 € | 79.505 € | 73.580 € |
| 57.000 € | 122.392 € | 122.392 € | 111.562 € | 110.404 € | 107.297 € | 100.913 € | 92.970 € | 87.560 € | 79.684 € | 73.643 € |
| 60.000 € | 123.183 € | 123.183 € | 112.344 € | 111.360 € | 108.122 € | 101.676 € | 93.443 € | 88.087 € | 79.864 € | 73.705 € |
| 63.000 € | 123.976 € | 123.976 € | 113.130 € | 112.321 € | 108.952 € | 102.443 € | 93.918 € | 88.616 € | 80.043 € | 73.767 € |
| 66.000 € | 143.916 € | 128.856 € | 113.919 € | 113.289 € | 109.786 € | 103.214 € | 94.394 € | 89.148 € | 80.222 € | 73.828 € |
| 69.000 € | 163.856 € | 147.238 € | 130.735 € | 114.263 € | 110.625 € | 103.989 € | 94.872 € | 89.681 € | 80.401 € | 73.890 € |
| 72.000 € | 183.796 € | 165.620 € | 147.550 € | 129.494 € | 111.469 € | 104.769 € | 95.351 € | 90.216 € | 80.581 € | 73.952 € |
| 75.000 € | 203.736 € | 184.002 € | 164.366 € | 144.724 € | 125.098 € | 105.553 € | 95.832 € | 90.754 € | 80.760 € | 74.013 € |
| 78.000 € | 223.675 € | 202.384 € | 181.182 € | 159.955 € | 138.727 € | 117.561 € | 96.314 € | 91.294 € | 80.939 € | 74.075 € |
| 81.000 € | 243.615 € | 220.766 € | 197.998 € | 175.186 € | 152.356 € | 129.570 € | 106.680 € | 91.837 € | 81.119 € | 74.137 € |
| 84.000 € | 263.555 € | 239.149 € | 214.814 € | 190.416 € | 165.984 € | 141.578 € | 117.046 € | 92.382 € | 81.299 € | 74.198 € |
| 87.000 € | 283.495 € | 257.531 € | 231.629 € | 205.647 € | 179.613 € | 153.586 € | 127.412 € | 101.082 € | 81.479 € | 74.260 € |
| 90.000 € | 303.435 € | 275.913 € | 248.445 € | 220.877 € | 193.242 € | 165.595 € | 137.777 € | 109.782 € | 81.659 € | 74.321 € |
| 93.000 € | 323.374 € | 294.295 € | 265.261 € | 236.108 € | 206.871 € | 177.603 € | 148.143 € | 118.482 € | 88.675 € | 74.383 € |
| 96.000 € | 343.314 € | 312.677 € | 282.077 € | 251.339 € | 220.499 € | 189.611 € | 158.509 € | 127.183 € | 95.691 € | 74.444 € |
| 99.000 € | 363.254 € | 331.059 € | 298.893 € | 266.569 € | 234.128 € | 201.620 € | 168.875 € | 135.883 € | 102.707 € | 74.505 € |
| 102.000 € | 383.194 € | 349.441 € | 315.709 € | 281.800 € | 247.757 € | 213.628 € | 179.240 € | 144.583 € | 109.723 € | 74.567 € |
| 105.000 € | 403.134 € | 367.823 € | 332.524 € | 297.030 € | 261.386 € | 225.636 € | 189.606 € | 153.284 € | 116.739 € | 79.874 € |
| 108.000 € | 423.073 € | 386.206 € | 349.340 € | 312.261 € | 275.014 € | 237.645 € | 199.972 € | 161.984 € | 123.755 € | 85.182 € |
| 111.000 € | 443.013 € | 404.588 € | 366.156 € | 327.492 € | 288.643 € | 249.653 € | 210.338 € | 170.684 € | 130.771 € | 90.490 € |
| 114.000 € | 462.953 € | 422.970 € | 382.972 € | 342.722 € | 302.272 € | 261.661 € | 220.704 € | 179.385 € | 137.787 € | 95.797 € |
| 117.000 € | 482.893 € | 441.352 € | 399.788 € | 357.953 € | 315.901 € | 273.670 € | 231.069 € | 188.085 € | 144.803 € | 101.105 € |
| 120.000 € | 502.833 € | 459.734 € | 416.603 € | 373.183 € | 329.529 € | 285.678 € | 241.435 € | 196.785 € | 151.819 € | 106.412 € |

# TABLA 1.C.1
## Lucro cesante del cónyuge
Años de duración del matrimonio: 41 años

Ingreso netcnyuge

Edad del cónyuge

| Hasta | 65 | 66 | 67 | 68 | 69 | 70 | 71 | 72 | 73 | 74 | 75 |
|---|---|---|---|---|---|---|---|---|---|---|---|
| 9.000 € | 17.052 € | 15.890 € | 12.390 € | 11.956 € | 11.515 € | 11.058 € | 10.620 € | 10.178 € | 9.713 € | 9.267 € | 8.838 € |
| 12.000 € | 22.735 € | 21.187 € | 16.520 € | 15.941 € | 15.353 € | 14.744 € | 14.160 € | 13.570 € | 12.951 € | 12.356 € | 11.784 € |
| 15.000 € | 28.419 € | 26.484 € | 20.650 € | 19.926 € | 19.192 € | 18.430 € | 17.700 € | 16.963 € | 16.189 € | 15.446 € | 14.730 € |
| 18.000 € | 34.103 € | 31.781 € | 24.780 € | 23.912 € | 23.030 € | 22.116 € | 21.240 € | 20.356 € | 19.427 € | 18.535 € | 17.677 € |
| 21.000 € | 39.787 € | 37.077 € | 28.909 € | 27.897 € | 26.868 € | 25.802 € | 24.780 € | 23.748 € | 22.664 € | 21.624 € | 20.623 € |
| 24.000 € | 45.471 € | 42.374 € | 33.039 € | 31.882 € | 30.707 € | 29.488 € | 28.319 € | 27.141 € | 25.902 € | 24.713 € | 23.569 € |
| 27.000 € | 51.155 € | 47.671 € | 37.169 € | 35.867 € | 34.545 € | 33.174 € | 31.859 € | 30.533 € | 29.140 € | 27.802 € | 26.515 € |
| 30.000 € | 56.839 € | 52.968 € | 41.299 € | 39.853 € | 38.383 € | 36.860 € | 35.399 € | 33.926 € | 32.378 € | 30.891 € | 29.461 € |
| 33.000 € | 62.523 € | 58.264 € | 45.429 € | 43.838 € | 42.222 € | 40.546 € | 38.939 € | 37.318 € | 35.615 € | 33.980 € | 32.407 € |
| 36.000 € | 68.206 € | 63.561 € | 49.559 € | 47.823 € | 46.060 € | 44.232 € | 42.479 € | 40.711 € | 38.853 € | 37.069 € | 35.353 € |
| 39.000 € | 68.206 € | 63.561 € | 53.689 € | 51.808 € | 49.898 € | 47.918 € | 46.019 € | 44.104 € | 42.091 € | 40.158 € | 38.299 € |
| 42.000 € | 68.206 € | 63.561 € | 53.689 € | 51.808 € | 49.898 € | 47.918 € | 46.019 € | 44.104 € | 42.091 € | 40.158 € | 38.299 € |
| 45.000 € | 68.206 € | 63.561 € | 53.689 € | 51.808 € | 49.898 € | 47.918 € | 46.019 € | 44.104 € | 42.091 € | 40.158 € | 38.299 € |
| 48.000 € | 68.206 € | 63.561 € | 53.689 € | 51.808 € | 49.898 € | 47.918 € | 46.019 € | 44.104 € | 42.091 € | 40.158 € | 38.299 € |
| 51.000 € | 68.206 € | 63.561 € | 53.689 € | 51.808 € | 49.898 € | 47.918 € | 46.019 € | 44.104 € | 42.091 € | 40.158 € | 38.299 € |
| 54.000 € | 68.206 € | 63.561 € | 53.689 € | 51.808 € | 49.898 € | 47.918 € | 46.019 € | 44.104 € | 42.091 € | 40.158 € | 38.299 € |
| 57.000 € | 68.206 € | 63.561 € | 53.689 € | 51.808 € | 49.898 € | 47.918 € | 46.019 € | 44.104 € | 42.091 € | 40.158 € | 38.299 € |
| 60.000 € | 68.206 € | 63.561 € | 53.689 € | 51.808 € | 49.898 € | 47.918 € | 46.019 € | 44.104 € | 42.091 € | 40.158 € | 38.299 € |
| 63.000 € | 68.206 € | 63.561 € | 53.689 € | 51.808 € | 49.898 € | 47.918 € | 46.019 € | 44.104 € | 42.091 € | 40.158 € | 38.299 € |
| 66.000 € | 68.206 € | 63.561 € | 53.689 € | 51.808 € | 49.898 € | 47.918 € | 46.019 € | 44.104 € | 42.091 € | 40.158 € | 38.299 € |
| 69.000 € | 68.206 € | 63.561 € | 53.689 € | 51.808 € | 49.898 € | 47.918 € | 46.019 € | 44.104 € | 42.091 € | 40.158 € | 38.299 € |
| 72.000 € | 68.206 € | 63.561 € | 53.689 € | 51.808 € | 49.898 € | 47.918 € | 46.019 € | 44.104 € | 42.091 € | 40.158 € | 38.299 € |
| 75.000 € | 68.206 € | 63.561 € | 53.689 € | 51.808 € | 49.898 € | 47.918 € | 46.019 € | 44.104 € | 42.091 € | 40.158 € | 38.299 € |
| 78.000 € | 68.206 € | 63.561 € | 53.689 € | 51.808 € | 49.898 € | 47.918 € | 46.019 € | 44.104 € | 42.091 € | 40.158 € | 38.299 € |
| 81.000 € | 68.206 € | 63.561 € | 53.689 € | 51.808 € | 49.898 € | 47.918 € | 46.019 € | 44.104 € | 42.091 € | 40.158 € | 38.299 € |
| 84.000 € | 68.206 € | 63.561 € | 53.689 € | 51.808 € | 49.898 € | 47.918 € | 46.019 € | 44.104 € | 42.091 € | 40.158 € | 38.299 € |
| 87.000 € | 68.206 € | 63.561 € | 53.689 € | 51.808 € | 49.898 € | 47.918 € | 46.019 € | 44.104 € | 42.091 € | 40.158 € | 38.299 € |
| 90.000 € | 68.206 € | 63.561 € | 53.689 € | 51.808 € | 49.898 € | 47.918 € | 46.019 € | 44.104 € | 42.091 € | 40.158 € | 38.299 € |
| 93.000 € | 68.206 € | 63.561 € | 53.689 € | 51.808 € | 49.898 € | 47.918 € | 46.019 € | 44.104 € | 42.091 € | 40.158 € | 38.299 € |
| 96.000 € | 68.206 € | 63.561 € | 53.689 € | 51.808 € | 49.898 € | 47.918 € | 46.019 € | 44.104 € | 42.091 € | 40.158 € | 38.299 € |
| 99.000 € | 68.206 € | 63.561 € | 53.689 € | 51.808 € | 49.898 € | 47.918 € | 46.019 € | 44.104 € | 42.091 € | 40.158 € | 38.299 € |
| 102.000 € | 68.206 € | 63.561 € | 53.689 € | 51.808 € | 49.898 € | 47.918 € | 46.019 € | 44.104 € | 42.091 € | 40.158 € | 38.299 € |
| 105.000 € | 68.206 € | 63.561 € | 53.689 € | 51.808 € | 49.898 € | 47.918 € | 46.019 € | 44.104 € | 42.091 € | 40.158 € | 38.299 € |
| 108.000 € | 68.206 € | 63.561 € | 53.689 € | 51.808 € | 49.898 € | 47.918 € | 46.019 € | 44.104 € | 42.091 € | 40.158 € | 38.299 € |
| 111.000 € | 68.206 € | 63.561 € | 53.689 € | 51.808 € | 49.898 € | 47.918 € | 46.019 € | 44.104 € | 42.091 € | 40.158 € | 38.299 € |
| 114.000 € | 68.206 € | 63.561 € | 53.689 € | 51.808 € | 49.898 € | 47.918 € | 46.019 € | 44.104 € | 42.091 € | 40.158 € | 38.299 € |
| 117.000 € | 68.206 € | 63.561 € | 53.689 € | 51.808 € | 49.898 € | 47.918 € | 46.019 € | 44.104 € | 42.091 € | 40.158 € | 38.299 € |
| 120.000 € | 68.206 € | 63.561 € | 53.689 € | 51.808 € | 49.898 € | 47.918 € | 46.019 € | 44.104 € | 42.091 € | 40.158 € | 38.299 € |

## TABLA 1.C.1
## Lucro cesante del cónyuge
### Años de duración del matrimonio: 41 años

| Ingreso neto | Edad del cónyuge | | | | | | | | | | |
|---|---|---|---|---|---|---|---|---|---|---|---|
| Hasta | 76 | 77 | 78 | 79 | 80 | 81 | 82 | 83 | 84 | 85 | 86 |
| 9.000 € | 8.406 € | 7.975 € | 7.553 € | 7.143 € | 6.738 € | 6.346 € | 5.968 € | 5.601 € | 5.245 € | 4.908 € | 4.584 € |
| 12.000 € | 11.209 € | 10.634 € | 10.071 € | 9.524 € | 8.983 € | 8.461 € | 7.957 € | 7.468 € | 6.994 € | 6.544 € | 6.113 € |
| 15.000 € | 14.011 € | 13.292 € | 12.588 € | 11.905 € | 11.229 € | 10.576 € | 9.947 € | 9.335 € | 8.742 € | 8.180 € | 7.641 € |
| 18.000 € | 16.813 € | 15.950 € | 15.106 € | 14.286 € | 13.475 € | 12.692 € | 11.936 € | 11.202 € | 10.490 € | 9.816 € | 9.169 € |
| 21.000 € | 19.615 € | 18.609 € | 17.624 € | 16.667 € | 15.721 € | 14.807 € | 13.925 € | 13.069 € | 12.239 € | 11.452 € | 10.697 € |
| 24.000 € | 22.417 € | 21.267 € | 20.141 € | 19.048 € | 17.967 € | 16.922 € | 15.915 € | 14.936 € | 13.987 € | 13.088 € | 12.225 € |
| 27.000 € | 25.219 € | 23.926 € | 22.659 € | 21.429 € | 20.213 € | 19.038 € | 17.904 € | 16.803 € | 15.735 € | 14.724 € | 13.753 € |
| 30.000 € | 28.021 € | 26.584 € | 25.177 € | 23.810 € | 22.459 € | 21.153 € | 19.893 € | 18.669 € | 17.484 € | 16.360 € | 15.282 € |
| 33.000 € | 30.823 € | 29.243 € | 27.694 € | 26.191 € | 24.704 € | 23.268 € | 21.883 € | 20.536 € | 19.232 € | 17.996 € | 16.810 € |
| 36.000 € | 33.626 € | 31.901 € | 30.212 € | 28.572 € | 26.950 € | 25.383 € | 23.872 € | 22.403 € | 20.981 € | 19.632 € | 18.338 € |
| 39.000 € | 36.428 € | 34.559 € | 32.730 € | 30.953 € | 29.196 € | 27.499 € | 25.861 € | 24.270 € | 22.729 € | 21.268 € | 19.866 € |
| 42.000 € | 36.428 € | 34.559 € | 32.730 € | 30.953 € | 29.196 € | 27.499 € | 25.861 € | 24.270 € | 22.729 € | 21.268 € | 19.866 € |
| 45.000 € | 36.428 € | 34.559 € | 32.730 € | 30.953 € | 29.196 € | 27.499 € | 25.861 € | 24.270 € | 22.729 € | 21.268 € | 19.866 € |
| 48.000 € | 36.428 € | 34.559 € | 32.730 € | 30.953 € | 29.196 € | 27.499 € | 25.861 € | 24.270 € | 22.729 € | 21.268 € | 19.866 € |
| 51.000 € | 36.428 € | 34.559 € | 32.730 € | 30.953 € | 29.196 € | 27.499 € | 25.861 € | 24.270 € | 22.729 € | 21.268 € | 19.866 € |
| 54.000 € | 36.428 € | 34.559 € | 32.730 € | 30.953 € | 29.196 € | 27.499 € | 25.861 € | 24.270 € | 22.729 € | 21.268 € | 19.866 € |
| 57.000 € | 36.428 € | 34.559 € | 32.730 € | 30.953 € | 29.196 € | 27.499 € | 25.861 € | 24.270 € | 22.729 € | 21.268 € | 19.866 € |
| 60.000 € | 36.428 € | 34.559 € | 32.730 € | 30.953 € | 29.196 € | 27.499 € | 25.861 € | 24.270 € | 22.729 € | 21.268 € | 19.866 € |
| 63.000 € | 36.428 € | 34.559 € | 32.730 € | 30.953 € | 29.196 € | 27.499 € | 25.861 € | 24.270 € | 22.729 € | 21.268 € | 19.866 € |
| 66.000 € | 36.428 € | 34.559 € | 32.730 € | 30.953 € | 29.196 € | 27.499 € | 25.861 € | 24.270 € | 22.729 € | 21.268 € | 19.866 € |
| 69.000 € | 36.428 € | 34.559 € | 32.730 € | 30.953 € | 29.196 € | 27.499 € | 25.861 € | 24.270 € | 22.729 € | 21.268 € | 19.866 € |
| 72.000 € | 36.428 € | 34.559 € | 32.730 € | 30.953 € | 29.196 € | 27.499 € | 25.861 € | 24.270 € | 22.729 € | 21.268 € | 19.866 € |
| 75.000 € | 36.428 € | 34.559 € | 32.730 € | 30.953 € | 29.196 € | 27.499 € | 25.861 € | 24.270 € | 22.729 € | 21.268 € | 19.866 € |
| 78.000 € | 36.428 € | 34.559 € | 32.730 € | 30.953 € | 29.196 € | 27.499 € | 25.861 € | 24.270 € | 22.729 € | 21.268 € | 19.866 € |
| 81.000 € | 36.428 € | 34.559 € | 32.730 € | 30.953 € | 29.196 € | 27.499 € | 25.861 € | 24.270 € | 22.729 € | 21.268 € | 19.866 € |
| 84.000 € | 36.428 € | 34.559 € | 32.730 € | 30.953 € | 29.196 € | 27.499 € | 25.861 € | 24.270 € | 22.729 € | 21.268 € | 19.866 € |
| 87.000 € | 36.428 € | 34.559 € | 32.730 € | 30.953 € | 29.196 € | 27.499 € | 25.861 € | 24.270 € | 22.729 € | 21.268 € | 19.866 € |
| 90.000 € | 36.428 € | 34.559 € | 32.730 € | 30.953 € | 29.196 € | 27.499 € | 25.861 € | 24.270 € | 22.729 € | 21.268 € | 19.866 € |
| 93.000 € | 36.428 € | 34.559 € | 32.730 € | 30.953 € | 29.196 € | 27.499 € | 25.861 € | 24.270 € | 22.729 € | 21.268 € | 19.866 € |
| 96.000 € | 36.428 € | 34.559 € | 32.730 € | 30.953 € | 29.196 € | 27.499 € | 25.861 € | 24.270 € | 22.729 € | 21.268 € | 19.866 € |
| 99.000 € | 36.428 € | 34.559 € | 32.730 € | 30.953 € | 29.196 € | 27.499 € | 25.861 € | 24.270 € | 22.729 € | 21.268 € | 19.866 € |
| 102.000 € | 36.428 € | 34.559 € | 32.730 € | 30.953 € | 29.196 € | 27.499 € | 25.861 € | 24.270 € | 22.729 € | 21.268 € | 19.866 € |
| 105.000 € | 36.428 € | 34.559 € | 32.730 € | 30.953 € | 29.196 € | 27.499 € | 25.861 € | 24.270 € | 22.729 € | 21.268 € | 19.866 € |
| 108.000 € | 36.428 € | 34.559 € | 32.730 € | 30.953 € | 29.196 € | 27.499 € | 25.861 € | 24.270 € | 22.729 € | 21.268 € | 19.866 € |
| 111.000 € | 36.428 € | 34.559 € | 32.730 € | 30.953 € | 29.196 € | 27.499 € | 25.861 € | 24.270 € | 22.729 € | 21.268 € | 19.866 € |
| 114.000 € | 36.428 € | 34.559 € | 32.730 € | 30.953 € | 29.196 € | 27.499 € | 25.861 € | 24.270 € | 22.729 € | 21.268 € | 19.866 € |
| 117.000 € | 36.428 € | 34.559 € | 32.730 € | 30.953 € | 29.196 € | 27.499 € | 25.861 € | 24.270 € | 22.729 € | 21.268 € | 19.866 € |
| 120.000 € | 36.428 € | 34.559 € | 32.730 € | 30.953 € | 29.196 € | 27.499 € | 25.861 € | 24.270 € | 22.729 € | 21.268 € | 19.866 € |

# TABLA 1.C.1
## Lucro cesante del cónyuge
### Años de duración del matrimonio: 41 años

| Ingreso neto | Edad del cónyuge | | | | | | | | | | |
|---|---|---|---|---|---|---|---|---|---|---|---|
| Hasta | 87 | 88 | 89 | 90 | 91 | 92 | 93 | 94 | 95 | 96 | 97 |
| 9.000 € | 4.276 € | 3.985 € | 3.715 € | 3.459 € | 3.206 € | 3.000 € | 3.000 € | 3.000 € | 3.000 € | 3.000 € | 3.000 € |
| 12.000 € | 5.702 € | 5.314 € | 4.954 € | 4.612 € | 4.274 € | 3.944 € | 3.580 € | 3.269 € | 3.000 € | 3.000 € | 3.000 € |
| 15.000 € | 7.127 € | 6.642 € | 6.192 € | 5.764 € | 5.343 € | 4.930 € | 4.474 € | 4.086 € | 3.656 € | 3.205 € | 3.000 € |
| 18.000 € | 8.552 € | 7.971 € | 7.431 € | 6.917 € | 6.411 € | 5.916 € | 5.369 € | 4.903 € | 4.387 € | 3.846 € | 3.243 € |
| 21.000 € | 9.978 € | 9.299 € | 8.669 € | 8.070 € | 7.480 € | 6.902 € | 6.264 € | 5.720 € | 5.118 € | 4.487 € | 3.784 € |
| 24.000 € | 11.403 € | 10.628 € | 9.907 € | 9.223 € | 8.548 € | 7.887 € | 7.159 € | 6.537 € | 5.849 € | 5.128 € | 4.325 € |
| 27.000 € | 12.829 € | 11.956 € | 11.146 € | 10.376 € | 9.617 € | 8.873 € | 8.054 € | 7.355 € | 6.581 € | 5.769 € | 4.865 € |
| 30.000 € | 14.254 € | 13.285 € | 12.384 € | 11.529 € | 10.685 € | 9.859 € | 8.949 € | 8.172 € | 7.312 € | 6.410 € | 5.406 € |
| 33.000 € | 15.679 € | 14.613 € | 13.623 € | 12.682 € | 11.754 € | 10.845 € | 9.844 € | 8.989 € | 8.043 € | 7.051 € | 5.946 € |
| 36.000 € | 17.105 € | 15.942 € | 14.861 € | 13.835 € | 12.822 € | 11.831 € | 10.739 € | 9.806 € | 8.774 € | 7.692 € | 6.487 € |
| 39.000 € | 18.530 € | 17.270 € | 16.100 € | 14.988 € | 13.891 € | 12.817 € | 11.634 € | 10.623 € | 9.505 € | 8.333 € | 7.027 € |
| 42.000 € | 18.530 € | 17.270 € | 16.100 € | 14.988 € | 13.891 € | 12.817 € | 11.634 € | 10.623 € | 9.505 € | 8.333 € | 7.027 € |
| 45.000 € | 18.530 € | 17.270 € | 16.100 € | 14.988 € | 13.891 € | 12.817 € | 11.634 € | 10.623 € | 9.505 € | 8.333 € | 7.027 € |
| 48.000 € | 18.530 € | 17.270 € | 16.100 € | 14.988 € | 13.891 € | 12.817 € | 11.634 € | 10.623 € | 9.505 € | 8.333 € | 7.027 € |
| 51.000 € | 18.530 € | 17.270 € | 16.100 € | 14.988 € | 13.891 € | 12.817 € | 11.634 € | 10.623 € | 9.505 € | 8.333 € | 7.027 € |
| 54.000 € | 18.530 € | 17.270 € | 16.100 € | 14.988 € | 13.891 € | 12.817 € | 11.634 € | 10.623 € | 9.505 € | 8.333 € | 7.027 € |
| 57.000 € | 18.530 € | 17.270 € | 16.100 € | 14.988 € | 13.891 € | 12.817 € | 11.634 € | 10.623 € | 9.505 € | 8.333 € | 7.027 € |
| 60.000 € | 18.530 € | 17.270 € | 16.100 € | 14.988 € | 13.891 € | 12.817 € | 11.634 € | 10.623 € | 9.505 € | 8.333 € | 7.027 € |
| 63.000 € | 18.530 € | 17.270 € | 16.100 € | 14.988 € | 13.891 € | 12.817 € | 11.634 € | 10.623 € | 9.505 € | 8.333 € | 7.027 € |
| 66.000 € | 18.530 € | 17.270 € | 16.100 € | 14.988 € | 13.891 € | 12.817 € | 11.634 € | 10.623 € | 9.505 € | 8.333 € | 7.027 € |
| 69.000 € | 18.530 € | 17.270 € | 16.100 € | 14.988 € | 13.891 € | 12.817 € | 11.634 € | 10.623 € | 9.505 € | 8.333 € | 7.027 € |
| 72.000 € | 18.530 € | 17.270 € | 16.100 € | 14.988 € | 13.891 € | 12.817 € | 11.634 € | 10.623 € | 9.505 € | 8.333 € | 7.027 € |
| 75.000 € | 18.530 € | 17.270 € | 16.100 € | 14.988 € | 13.891 € | 12.817 € | 11.634 € | 10.623 € | 9.505 € | 8.333 € | 7.027 € |
| 78.000 € | 18.530 € | 17.270 € | 16.100 € | 14.988 € | 13.891 € | 12.817 € | 11.634 € | 10.623 € | 9.505 € | 8.333 € | 7.027 € |
| 81.000 € | 18.530 € | 17.270 € | 16.100 € | 14.988 € | 13.891 € | 12.817 € | 11.634 € | 10.623 € | 9.505 € | 8.333 € | 7.027 € |
| 84.000 € | 18.530 € | 17.270 € | 16.100 € | 14.988 € | 13.891 € | 12.817 € | 11.634 € | 10.623 € | 9.505 € | 8.333 € | 7.027 € |
| 87.000 € | 18.530 € | 17.270 € | 16.100 € | 14.988 € | 13.891 € | 12.817 € | 11.634 € | 10.623 € | 9.505 € | 8.333 € | 7.027 € |
| 90.000 € | 18.530 € | 17.270 € | 16.100 € | 14.988 € | 13.891 € | 12.817 € | 11.634 € | 10.623 € | 9.505 € | 8.333 € | 7.027 € |
| 93.000 € | 18.530 € | 17.270 € | 16.100 € | 14.988 € | 13.891 € | 12.817 € | 11.634 € | 10.623 € | 9.505 € | 8.333 € | 7.027 € |
| 96.000 € | 18.530 € | 17.270 € | 16.100 € | 14.988 € | 13.891 € | 12.817 € | 11.634 € | 10.623 € | 9.505 € | 8.333 € | 7.027 € |
| 99.000 € | 18.530 € | 17.270 € | 16.100 € | 14.988 € | 13.891 € | 12.817 € | 11.634 € | 10.623 € | 9.505 € | 8.333 € | 7.027 € |
| 102.000 € | 18.530 € | 17.270 € | 16.100 € | 14.988 € | 13.891 € | 12.817 € | 11.634 € | 10.623 € | 9.505 € | 8.333 € | 7.027 € |
| 105.000 € | 18.530 € | 17.270 € | 16.100 € | 14.988 € | 13.891 € | 12.817 € | 11.634 € | 10.623 € | 9.505 € | 8.333 € | 7.027 € |
| 108.000 € | 18.530 € | 17.270 € | 16.100 € | 14.988 € | 13.891 € | 12.817 € | 11.634 € | 10.623 € | 9.505 € | 8.333 € | 7.027 € |
| 111.000 € | 18.530 € | 17.270 € | 16.100 € | 14.988 € | 13.891 € | 12.817 € | 11.634 € | 10.623 € | 9.505 € | 8.333 € | 7.027 € |
| 114.000 € | 18.530 € | 17.270 € | 16.100 € | 14.988 € | 13.891 € | 12.817 € | 11.634 € | 10.623 € | 9.505 € | 8.333 € | 7.027 € |
| 117.000 € | 18.530 € | 17.270 € | 16.100 € | 14.988 € | 13.891 € | 12.817 € | 11.634 € | 10.623 € | 9.505 € | 8.333 € | 7.027 € |
| 120.000 € | 18.530 € | 17.270 € | 16.100 € | 14.988 € | 13.891 € | 12.817 € | 11.634 € | 10.623 € | 9.505 € | 8.333 € | 7.027 € |

# TABLA 1.C.1
## Lucro cesante del cónyuge
### Años de duración del matrimonio: 41 años

Ingreso neto

| Hasta | 98 | 99 o más |
|---|---|---|
| 9.000 € | 3.000 € | 3.000 € |
| 12.000 € | 3.000 € | 3.000 € |
| 15.000 € | 3.000 € | 3.000 € |
| 18.000 € | 3.000 € | 3.000 € |
| 21.000 € | 3.000 € | 3.000 € |
| 24.000 € | 3.287 € | 3.000 € |
| 27.000 € | 3.698 € | 3.000 € |
| 30.000 € | 4.108 € | 3.000 € |
| 33.000 € | 4.519 € | 3.000 € |
| 36.000 € | 4.930 € | 3.000 € |
| 39.000 € | 5.341 € | 3.120 € |
| 42.000 € | 5.341 € | 3.120 € |
| 45.000 € | 5.341 € | 3.120 € |
| 48.000 € | 5.341 € | 3.120 € |
| 51.000 € | 5.341 € | 3.120 € |
| 54.000 € | 5.341 € | 3.120 € |
| 57.000 € | 5.341 € | 3.120 € |
| 60.000 € | 5.341 € | 3.120 € |
| 63.000 € | 5.341 € | 3.120 € |
| 66.000 € | 5.341 € | 3.120 € |
| 69.000 € | 5.341 € | 3.120 € |
| 72.000 € | 5.341 € | 3.120 € |
| 75.000 € | 5.341 € | 3.120 € |
| 78.000 € | 5.341 € | 3.120 € |
| 81.000 € | 5.341 € | 3.120 € |
| 84.000 € | 5.341 € | 3.120 € |
| 87.000 € | 5.341 € | 3.120 € |
| 90.000 € | 5.341 € | 3.120 € |
| 93.000 € | 5.341 € | 3.120 € |
| 96.000 € | 5.341 € | 3.120 € |
| 99.000 € | 5.341 € | 3.120 € |
| 102.000 € | 5.341 € | 3.120 € |
| 105.000 € | 5.341 € | 3.120 € |
| 108.000 € | 5.341 € | 3.120 € |
| 111.000 € | 5.341 € | 3.120 € |
| 114.000 € | 5.341 € | 3.120 € |
| 117.000 € | 5.341 € | 3.120 € |
| 120.000 € | 5.341 € | 3.120 € |

# TABLA 1.C.1
## Lucro cesante del cónyuge
Años de duración del matrimonio: 42 años

Ingreso netc Edad del cónyuge Edad del c

| Hasta | 56 | 57 | 58 | 59 | 60 | 61 | 62 | 63 | 64 | 65 |
|---|---|---|---|---|---|---|---|---|---|---|
| 9.000 € | 30.308 € | 28.675 € | 27.092 € | 25.469 € | 23.914 € | 22.419 € | 20.976 € | 19.606 € | 18.301 € | 17.052 € |
| 12.000 € | 40.410 € | 38.233 € | 36.122 € | 33.959 € | 31.885 € | 29.891 € | 27.968 € | 26.141 € | 24.401 € | 22.735 € |
| 15.000 € | 50.513 € | 47.792 € | 45.153 € | 42.448 € | 39.856 € | 37.364 € | 34.960 € | 32.676 € | 30.502 € | 28.419 € |
| 18.000 € | 60.615 € | 57.350 € | 54.183 € | 50.938 € | 47.828 € | 44.837 € | 41.952 € | 39.212 € | 36.602 € | 34.103 € |
| 21.000 € | 70.718 € | 66.908 € | 63.214 € | 59.428 € | 55.799 € | 52.310 € | 48.944 € | 45.747 € | 42.702 € | 39.787 € |
| 24.000 € | 80.821 € | 76.466 € | 72.244 € | 67.917 € | 63.770 € | 59.783 € | 55.936 € | 52.282 € | 48.802 € | 45.471 € |
| 27.000 € | 90.923 € | 86.025 € | 81.275 € | 76.407 € | 71.742 € | 67.256 € | 62.928 € | 58.817 € | 54.903 € | 51.155 € |
| 30.000 € | 101.026 € | 95.583 € | 90.305 € | 84.897 € | 79.713 € | 74.729 € | 69.920 € | 65.353 € | 61.003 € | 56.839 € |
| 33.000 € | 111.128 € | 105.141 € | 99.336 € | 93.387 € | 87.684 € | 82.201 € | 76.912 € | 71.888 € | 67.103 € | 62.523 € |
| 36.000 € | 112.656 € | 106.544 € | 104.148 € | 101.612 € | 95.656 € | 89.674 € | 83.904 € | 78.423 € | 73.204 € | 68.206 € |
| 39.000 € | 114.193 € | 107.260 € | 105.038 € | 102.417 € | 96.400 € | 90.145 € | 84.424 € | 78.605 € | 73.267 € | 68.206 € |
| 42.000 € | 115.743 € | 107.976 € | 105.931 € | 103.223 € | 97.146 € | 90.614 € | 84.945 € | 78.786 € | 73.330 € | 68.206 € |
| 45.000 € | 117.305 € | 108.693 € | 106.826 € | 104.032 € | 97.894 € | 91.084 € | 85.465 € | 78.966 € | 73.393 € | 68.206 € |
| 48.000 € | 118.881 € | 109.412 € | 107.725 € | 104.843 € | 98.644 € | 91.555 € | 85.987 € | 79.146 € | 73.456 € | 68.206 € |
| 51.000 € | 120.473 € | 110.133 € | 108.628 € | 105.657 € | 99.397 € | 92.025 € | 86.510 € | 79.326 € | 73.518 € | 68.206 € |
| 54.000 € | 122.080 € | 110.856 € | 109.536 € | 106.475 € | 100.153 € | 92.497 € | 87.034 € | 79.505 € | 73.580 € | 68.206 € |
| 57.000 € | 123.703 € | 111.581 € | 110.448 € | 107.297 € | 100.913 € | 92.970 € | 87.560 € | 79.684 € | 73.643 € | 68.206 € |
| 60.000 € | 125.343 € | 112.309 € | 111.365 € | 108.122 € | 101.676 € | 93.443 € | 88.087 € | 79.864 € | 73.705 € | 68.206 € |
| 63.000 € | 127.001 € | 113.040 € | 112.288 € | 108.952 € | 102.443 € | 93.918 € | 88.616 € | 80.043 € | 73.767 € | 68.206 € |
| 66.000 € | 128.677 € | 113.775 € | 113.216 € | 109.786 € | 103.214 € | 94.394 € | 89.148 € | 80.222 € | 73.828 € | 68.206 € |
| 69.000 € | 147.059 € | 130.590 € | 114.150 € | 110.625 € | 103.989 € | 94.872 € | 89.681 € | 80.401 € | 73.890 € | 68.206 € |
| 72.000 € | 165.441 € | 147.406 € | 129.380 € | 111.469 € | 104.769 € | 95.351 € | 90.216 € | 80.581 € | 73.952 € | 68.206 € |
| 75.000 € | 183.823 € | 164.222 € | 144.611 € | 125.098 € | 105.553 € | 95.832 € | 90.754 € | 80.760 € | 74.013 € | 68.206 € |
| 78.000 € | 202.205 € | 181.038 € | 159.842 € | 138.727 € | 117.561 € | 96.314 € | 91.294 € | 80.939 € | 74.075 € | 68.206 € |
| 81.000 € | 220.588 € | 197.854 € | 175.072 € | 152.356 € | 129.570 € | 106.680 € | 91.837 € | 81.119 € | 74.137 € | 68.206 € |
| 84.000 € | 238.970 € | 214.669 € | 190.303 € | 165.984 € | 141.578 € | 117.046 € | 92.382 € | 81.299 € | 74.198 € | 68.206 € |
| 87.000 € | 257.352 € | 231.485 € | 205.533 € | 179.613 € | 153.586 € | 127.412 € | 101.082 € | 81.479 € | 74.260 € | 68.206 € |
| 90.000 € | 275.734 € | 248.301 € | 220.764 € | 193.242 € | 165.595 € | 137.777 € | 109.782 € | 81.659 € | 74.321 € | 68.206 € |
| 93.000 € | 294.116 € | 265.117 € | 235.995 € | 206.871 € | 177.603 € | 148.143 € | 118.482 € | 88.675 € | 74.383 € | 68.206 € |
| 96.000 € | 312.498 € | 281.933 € | 251.225 € | 220.499 € | 189.611 € | 158.509 € | 127.183 € | 95.691 € | 74.444 € | 68.206 € |
| 99.000 € | 330.880 € | 298.749 € | 266.456 € | 234.128 € | 201.620 € | 168.875 € | 135.883 € | 102.707 € | 74.505 € | 68.206 € |
| 102.000 € | 349.263 € | 315.564 € | 281.686 € | 247.757 € | 213.628 € | 179.240 € | 144.583 € | 109.723 € | 74.567 € | 68.206 € |
| 105.000 € | 367.645 € | 332.380 € | 296.917 € | 261.386 € | 225.636 € | 189.606 € | 153.284 € | 116.739 € | 79.874 € | 68.206 € |
| 108.000 € | 386.027 € | 349.196 € | 312.148 € | 275.014 € | 237.645 € | 199.972 € | 161.984 € | 123.755 € | 85.182 € | 68.206 € |
| 111.000 € | 404.409 € | 366.012 € | 327.378 € | 288.643 € | 249.653 € | 210.338 € | 170.684 € | 130.771 € | 90.490 € | 68.206 € |
| 114.000 € | 422.791 € | 382.828 € | 342.609 € | 302.272 € | 261.661 € | 220.704 € | 179.385 € | 137.787 € | 95.797 € | 68.206 € |
| 117.000 € | 441.173 € | 399.643 € | 357.839 € | 315.901 € | 273.670 € | 231.069 € | 188.085 € | 144.803 € | 101.105 € | 68.206 € |
| 120.000 € | 459.555 € | 416.459 € | 373.070 € | 329.529 € | 285.678 € | 241.435 € | 196.785 € | 151.819 € | 106.412 € | 68.206 € |

# TABLA 1.C.1
## Lucro cesante del cónyuge
### Años de duración del matrimonio: 42 años

Ingreso netcónyuge

Edad del cónyuge

| Hasta | 66 | 67 | 68 | 69 | 70 | 71 | 72 | 73 | 74 | 75 | 76 |
|---|---|---|---|---|---|---|---|---|---|---|---|
| 9.000 € | 15.890 € | 12.390 € | 11.956 € | 11.515 € | 11.058 € | 10.620 € | 10.178 € | 9.713 € | 9.267 € | 8.838 € | 8.406 € |
| 12.000 € | 21.187 € | 16.520 € | 15.941 € | 15.353 € | 14.744 € | 14.160 € | 13.570 € | 12.951 € | 12.356 € | 11.784 € | 11.209 € |
| 15.000 € | 26.484 € | 20.650 € | 19.926 € | 19.192 € | 18.430 € | 17.700 € | 16.963 € | 16.189 € | 15.446 € | 14.730 € | 14.011 € |
| 18.000 € | 31.781 € | 24.780 € | 23.912 € | 23.030 € | 22.116 € | 21.240 € | 20.356 € | 19.427 € | 18.535 € | 17.677 € | 16.813 € |
| 21.000 € | 37.077 € | 28.909 € | 27.897 € | 26.868 € | 25.802 € | 24.780 € | 23.748 € | 22.664 € | 21.624 € | 20.623 € | 19.615 € |
| 24.000 € | 42.374 € | 33.039 € | 31.882 € | 30.707 € | 29.488 € | 28.319 € | 27.141 € | 25.902 € | 24.713 € | 23.569 € | 22.417 € |
| 27.000 € | 47.671 € | 37.169 € | 35.867 € | 34.545 € | 33.174 € | 31.859 € | 30.533 € | 29.140 € | 27.802 € | 26.515 € | 25.219 € |
| 30.000 € | 52.968 € | 41.299 € | 39.853 € | 38.383 € | 36.860 € | 35.399 € | 33.926 € | 32.378 € | 30.891 € | 29.461 € | 28.021 € |
| 33.000 € | 58.264 € | 45.429 € | 43.838 € | 42.222 € | 40.546 € | 38.939 € | 37.318 € | 35.615 € | 33.980 € | 32.407 € | 30.823 € |
| 36.000 € | 63.561 € | 49.559 € | 47.823 € | 46.060 € | 44.232 € | 42.479 € | 40.711 € | 38.853 € | 37.069 € | 35.353 € | 33.626 € |
| 39.000 € | 63.561 € | 53.689 € | 51.808 € | 49.898 € | 47.918 € | 46.019 € | 44.104 € | 42.091 € | 40.158 € | 38.299 € | 36.428 € |
| 42.000 € | 63.561 € | 53.689 € | 51.808 € | 49.898 € | 47.918 € | 46.019 € | 44.104 € | 42.091 € | 40.158 € | 38.299 € | 36.428 € |
| 45.000 € | 63.561 € | 53.689 € | 51.808 € | 49.898 € | 47.918 € | 46.019 € | 44.104 € | 42.091 € | 40.158 € | 38.299 € | 36.428 € |
| 48.000 € | 63.561 € | 53.689 € | 51.808 € | 49.898 € | 47.918 € | 46.019 € | 44.104 € | 42.091 € | 40.158 € | 38.299 € | 36.428 € |
| 51.000 € | 63.561 € | 53.689 € | 51.808 € | 49.898 € | 47.918 € | 46.019 € | 44.104 € | 42.091 € | 40.158 € | 38.299 € | 36.428 € |
| 54.000 € | 63.561 € | 53.689 € | 51.808 € | 49.898 € | 47.918 € | 46.019 € | 44.104 € | 42.091 € | 40.158 € | 38.299 € | 36.428 € |
| 57.000 € | 63.561 € | 53.689 € | 51.808 € | 49.898 € | 47.918 € | 46.019 € | 44.104 € | 42.091 € | 40.158 € | 38.299 € | 36.428 € |
| 60.000 € | 63.561 € | 53.689 € | 51.808 € | 49.898 € | 47.918 € | 46.019 € | 44.104 € | 42.091 € | 40.158 € | 38.299 € | 36.428 € |
| 63.000 € | 63.561 € | 53.689 € | 51.808 € | 49.898 € | 47.918 € | 46.019 € | 44.104 € | 42.091 € | 40.158 € | 38.299 € | 36.428 € |
| 66.000 € | 63.561 € | 53.689 € | 51.808 € | 49.898 € | 47.918 € | 46.019 € | 44.104 € | 42.091 € | 40.158 € | 38.299 € | 36.428 € |
| 69.000 € | 63.561 € | 53.689 € | 51.808 € | 49.898 € | 47.918 € | 46.019 € | 44.104 € | 42.091 € | 40.158 € | 38.299 € | 36.428 € |
| 72.000 € | 63.561 € | 53.689 € | 51.808 € | 49.898 € | 47.918 € | 46.019 € | 44.104 € | 42.091 € | 40.158 € | 38.299 € | 36.428 € |
| 75.000 € | 63.561 € | 53.689 € | 51.808 € | 49.898 € | 47.918 € | 46.019 € | 44.104 € | 42.091 € | 40.158 € | 38.299 € | 36.428 € |
| 78.000 € | 63.561 € | 53.689 € | 51.808 € | 49.898 € | 47.918 € | 46.019 € | 44.104 € | 42.091 € | 40.158 € | 38.299 € | 36.428 € |
| 81.000 € | 63.561 € | 53.689 € | 51.808 € | 49.898 € | 47.918 € | 46.019 € | 44.104 € | 42.091 € | 40.158 € | 38.299 € | 36.428 € |
| 84.000 € | 63.561 € | 53.689 € | 51.808 € | 49.898 € | 47.918 € | 46.019 € | 44.104 € | 42.091 € | 40.158 € | 38.299 € | 36.428 € |
| 87.000 € | 63.561 € | 53.689 € | 51.808 € | 49.898 € | 47.918 € | 46.019 € | 44.104 € | 42.091 € | 40.158 € | 38.299 € | 36.428 € |
| 90.000 € | 63.561 € | 53.689 € | 51.808 € | 49.898 € | 47.918 € | 46.019 € | 44.104 € | 42.091 € | 40.158 € | 38.299 € | 36.428 € |
| 93.000 € | 63.561 € | 53.689 € | 51.808 € | 49.898 € | 47.918 € | 46.019 € | 44.104 € | 42.091 € | 40.158 € | 38.299 € | 36.428 € |
| 96.000 € | 63.561 € | 53.689 € | 51.808 € | 49.898 € | 47.918 € | 46.019 € | 44.104 € | 42.091 € | 40.158 € | 38.299 € | 36.428 € |
| 99.000 € | 63.561 € | 53.689 € | 51.808 € | 49.898 € | 47.918 € | 46.019 € | 44.104 € | 42.091 € | 40.158 € | 38.299 € | 36.428 € |
| 102.000 € | 63.561 € | 53.689 € | 51.808 € | 49.898 € | 47.918 € | 46.019 € | 44.104 € | 42.091 € | 40.158 € | 38.299 € | 36.428 € |
| 105.000 € | 63.561 € | 53.689 € | 51.808 € | 49.898 € | 47.918 € | 46.019 € | 44.104 € | 42.091 € | 40.158 € | 38.299 € | 36.428 € |
| 108.000 € | 63.561 € | 53.689 € | 51.808 € | 49.898 € | 47.918 € | 46.019 € | 44.104 € | 42.091 € | 40.158 € | 38.299 € | 36.428 € |
| 111.000 € | 63.561 € | 53.689 € | 51.808 € | 49.898 € | 47.918 € | 46.019 € | 44.104 € | 42.091 € | 40.158 € | 38.299 € | 36.428 € |
| 114.000 € | 63.561 € | 53.689 € | 51.808 € | 49.898 € | 47.918 € | 46.019 € | 44.104 € | 42.091 € | 40.158 € | 38.299 € | 36.428 € |
| 117.000 € | 63.561 € | 53.689 € | 51.808 € | 49.898 € | 47.918 € | 46.019 € | 44.104 € | 42.091 € | 40.158 € | 38.299 € | 36.428 € |
| 120.000 € | 63.561 € | 53.689 € | 51.808 € | 49.898 € | 47.918 € | 46.019 € | 44.104 € | 42.091 € | 40.158 € | 38.299 € | 36.428 € |

# TABLA 1.C.1
## Lucro cesante del cónyuge
### Años de duración del matrimonio: 42 años

| Ingreso neto | Edad del cónyuge | | | | | | | | | | |
|---|---|---|---|---|---|---|---|---|---|---|---|
| Hasta | 77 | 78 | 79 | 80 | 81 | 82 | 83 | 84 | 85 | 86 | 87 |
| 9.000 € | 7.975 € | 7.553 € | 7.143 € | 6.738 € | 6.346 € | 5.968 € | 5.601 € | 5.245 € | 4.908 € | 4.584 € | 4.276 € |
| 12.000 € | 10.634 € | 10.071 € | 9.524 € | 8.983 € | 8.461 € | 7.957 € | 7.468 € | 6.994 € | 6.544 € | 6.113 € | 5.702 € |
| 15.000 € | 13.292 € | 12.588 € | 11.905 € | 11.229 € | 10.576 € | 9.947 € | 9.335 € | 8.742 € | 8.180 € | 7.641 € | 7.127 € |
| 18.000 € | 15.950 € | 15.106 € | 14.286 € | 13.475 € | 12.692 € | 11.936 € | 11.202 € | 10.490 € | 9.816 € | 9.169 € | 8.552 € |
| 21.000 € | 18.609 € | 17.624 € | 16.667 € | 15.721 € | 14.807 € | 13.925 € | 13.069 € | 12.239 € | 11.452 € | 10.697 € | 9.978 € |
| 24.000 € | 21.267 € | 20.141 € | 19.048 € | 17.967 € | 16.922 € | 15.915 € | 14.936 € | 13.987 € | 13.088 € | 12.225 € | 11.403 € |
| 27.000 € | 23.926 € | 22.659 € | 21.429 € | 20.213 € | 19.038 € | 17.904 € | 16.803 € | 15.735 € | 14.724 € | 13.753 € | 12.829 € |
| 30.000 € | 26.584 € | 25.177 € | 23.810 € | 22.459 € | 21.153 € | 19.893 € | 18.669 € | 17.484 € | 16.360 € | 15.282 € | 14.254 € |
| 33.000 € | 29.243 € | 27.694 € | 26.191 € | 24.704 € | 23.268 € | 21.883 € | 20.536 € | 19.232 € | 17.996 € | 16.810 € | 15.679 € |
| 36.000 € | 31.901 € | 30.212 € | 28.572 € | 26.950 € | 25.383 € | 23.872 € | 22.403 € | 20.981 € | 19.632 € | 18.338 € | 17.105 € |
| 39.000 € | 34.559 € | 32.730 € | 30.953 € | 29.196 € | 27.499 € | 25.861 € | 24.270 € | 22.729 € | 21.268 € | 19.866 € | 18.530 € |
| 42.000 € | 34.559 € | 32.730 € | 30.953 € | 29.196 € | 27.499 € | 25.861 € | 24.270 € | 22.729 € | 21.268 € | 19.866 € | 18.530 € |
| 45.000 € | 34.559 € | 32.730 € | 30.953 € | 29.196 € | 27.499 € | 25.861 € | 24.270 € | 22.729 € | 21.268 € | 19.866 € | 18.530 € |
| 48.000 € | 34.559 € | 32.730 € | 30.953 € | 29.196 € | 27.499 € | 25.861 € | 24.270 € | 22.729 € | 21.268 € | 19.866 € | 18.530 € |
| 51.000 € | 34.559 € | 32.730 € | 30.953 € | 29.196 € | 27.499 € | 25.861 € | 24.270 € | 22.729 € | 21.268 € | 19.866 € | 18.530 € |
| 54.000 € | 34.559 € | 32.730 € | 30.953 € | 29.196 € | 27.499 € | 25.861 € | 24.270 € | 22.729 € | 21.268 € | 19.866 € | 18.530 € |
| 57.000 € | 34.559 € | 32.730 € | 30.953 € | 29.196 € | 27.499 € | 25.861 € | 24.270 € | 22.729 € | 21.268 € | 19.866 € | 18.530 € |
| 60.000 € | 34.559 € | 32.730 € | 30.953 € | 29.196 € | 27.499 € | 25.861 € | 24.270 € | 22.729 € | 21.268 € | 19.866 € | 18.530 € |
| 63.000 € | 34.559 € | 32.730 € | 30.953 € | 29.196 € | 27.499 € | 25.861 € | 24.270 € | 22.729 € | 21.268 € | 19.866 € | 18.530 € |
| 66.000 € | 34.559 € | 32.730 € | 30.953 € | 29.196 € | 27.499 € | 25.861 € | 24.270 € | 22.729 € | 21.268 € | 19.866 € | 18.530 € |
| 69.000 € | 34.559 € | 32.730 € | 30.953 € | 29.196 € | 27.499 € | 25.861 € | 24.270 € | 22.729 € | 21.268 € | 19.866 € | 18.530 € |
| 72.000 € | 34.559 € | 32.730 € | 30.953 € | 29.196 € | 27.499 € | 25.861 € | 24.270 € | 22.729 € | 21.268 € | 19.866 € | 18.530 € |
| 75.000 € | 34.559 € | 32.730 € | 30.953 € | 29.196 € | 27.499 € | 25.861 € | 24.270 € | 22.729 € | 21.268 € | 19.866 € | 18.530 € |
| 78.000 € | 34.559 € | 32.730 € | 30.953 € | 29.196 € | 27.499 € | 25.861 € | 24.270 € | 22.729 € | 21.268 € | 19.866 € | 18.530 € |
| 81.000 € | 34.559 € | 32.730 € | 30.953 € | 29.196 € | 27.499 € | 25.861 € | 24.270 € | 22.729 € | 21.268 € | 19.866 € | 18.530 € |
| 84.000 € | 34.559 € | 32.730 € | 30.953 € | 29.196 € | 27.499 € | 25.861 € | 24.270 € | 22.729 € | 21.268 € | 19.866 € | 18.530 € |
| 87.000 € | 34.559 € | 32.730 € | 30.953 € | 29.196 € | 27.499 € | 25.861 € | 24.270 € | 22.729 € | 21.268 € | 19.866 € | 18.530 € |
| 90.000 € | 34.559 € | 32.730 € | 30.953 € | 29.196 € | 27.499 € | 25.861 € | 24.270 € | 22.729 € | 21.268 € | 19.866 € | 18.530 € |
| 93.000 € | 34.559 € | 32.730 € | 30.953 € | 29.196 € | 27.499 € | 25.861 € | 24.270 € | 22.729 € | 21.268 € | 19.866 € | 18.530 € |
| 96.000 € | 34.559 € | 32.730 € | 30.953 € | 29.196 € | 27.499 € | 25.861 € | 24.270 € | 22.729 € | 21.268 € | 19.866 € | 18.530 € |
| 99.000 € | 34.559 € | 32.730 € | 30.953 € | 29.196 € | 27.499 € | 25.861 € | 24.270 € | 22.729 € | 21.268 € | 19.866 € | 18.530 € |
| 102.000 € | 34.559 € | 32.730 € | 30.953 € | 29.196 € | 27.499 € | 25.861 € | 24.270 € | 22.729 € | 21.268 € | 19.866 € | 18.530 € |
| 105.000 € | 34.559 € | 32.730 € | 30.953 € | 29.196 € | 27.499 € | 25.861 € | 24.270 € | 22.729 € | 21.268 € | 19.866 € | 18.530 € |
| 108.000 € | 34.559 € | 32.730 € | 30.953 € | 29.196 € | 27.499 € | 25.861 € | 24.270 € | 22.729 € | 21.268 € | 19.866 € | 18.530 € |
| 111.000 € | 34.559 € | 32.730 € | 30.953 € | 29.196 € | 27.499 € | 25.861 € | 24.270 € | 22.729 € | 21.268 € | 19.866 € | 18.530 € |
| 114.000 € | 34.559 € | 32.730 € | 30.953 € | 29.196 € | 27.499 € | 25.861 € | 24.270 € | 22.729 € | 21.268 € | 19.866 € | 18.530 € |
| 117.000 € | 34.559 € | 32.730 € | 30.953 € | 29.196 € | 27.499 € | 25.861 € | 24.270 € | 22.729 € | 21.268 € | 19.866 € | 18.530 € |
| 120.000 € | 34.559 € | 32.730 € | 30.953 € | 29.196 € | 27.499 € | 25.861 € | 24.270 € | 22.729 € | 21.268 € | 19.866 € | 18.530 € |

## TABLA 1.C.1
### Lucro cesante del cónyuge
Años de duración del matrimonio: 42 años

| Ingreso neto | Edad del cónyuge | | | | | | | | | | |
|---|---|---|---|---|---|---|---|---|---|---|---|
| Hasta | 88 | 89 | 90 | 91 | 92 | 93 | 94 | 95 | 96 | 97 | 98 |
| 9.000 € | 3.985 € | 3.715 € | 3.459 € | 3.206 € | 3.000 € | 3.000 € | 3.000 € | 3.000 € | 3.000 € | 3.000 € | 3.000 € |
| 12.000 € | 5.314 € | 4.954 € | 4.612 € | 4.274 € | 3.944 € | 3.580 € | 3.269 € | 3.000 € | 3.000 € | 3.000 € | 3.000 € |
| 15.000 € | 6.642 € | 6.192 € | 5.764 € | 5.343 € | 4.930 € | 4.474 € | 4.086 € | 3.656 € | 3.205 € | 3.000 € | 3.000 € |
| 18.000 € | 7.971 € | 7.431 € | 6.917 € | 6.411 € | 5.916 € | 5.369 € | 4.903 € | 4.387 € | 3.846 € | 3.243 € | 3.000 € |
| 21.000 € | 9.299 € | 8.669 € | 8.070 € | 7.480 € | 6.902 € | 6.264 € | 5.720 € | 5.118 € | 4.487 € | 3.784 € | 3.000 € |
| 24.000 € | 10.628 € | 9.907 € | 9.223 € | 8.548 € | 7.887 € | 7.159 € | 6.537 € | 5.849 € | 5.128 € | 4.325 € | 3.287 € |
| 27.000 € | 11.956 € | 11.146 € | 10.376 € | 9.617 € | 8.873 € | 8.054 € | 7.355 € | 6.581 € | 5.769 € | 4.865 € | 3.698 € |
| 30.000 € | 13.285 € | 12.384 € | 11.529 € | 10.685 € | 9.859 € | 8.949 € | 8.172 € | 7.312 € | 6.410 € | 5.406 € | 4.108 € |
| 33.000 € | 14.613 € | 13.623 € | 12.682 € | 11.754 € | 10.845 € | 9.844 € | 8.989 € | 8.043 € | 7.051 € | 5.946 € | 4.519 € |
| 36.000 € | 15.942 € | 14.861 € | 13.835 € | 12.822 € | 11.831 € | 10.739 € | 9.806 € | 8.774 € | 7.692 € | 6.487 € | 4.930 € |
| 39.000 € | 17.270 € | 16.100 € | 14.988 € | 13.891 € | 12.817 € | 11.634 € | 10.623 € | 9.505 € | 8.333 € | 7.027 € | 5.341 € |
| 42.000 € | 17.270 € | 16.100 € | 14.988 € | 13.891 € | 12.817 € | 11.634 € | 10.623 € | 9.505 € | 8.333 € | 7.027 € | 5.341 € |
| 45.000 € | 17.270 € | 16.100 € | 14.988 € | 13.891 € | 12.817 € | 11.634 € | 10.623 € | 9.505 € | 8.333 € | 7.027 € | 5.341 € |
| 48.000 € | 17.270 € | 16.100 € | 14.988 € | 13.891 € | 12.817 € | 11.634 € | 10.623 € | 9.505 € | 8.333 € | 7.027 € | 5.341 € |
| 51.000 € | 17.270 € | 16.100 € | 14.988 € | 13.891 € | 12.817 € | 11.634 € | 10.623 € | 9.505 € | 8.333 € | 7.027 € | 5.341 € |
| 54.000 € | 17.270 € | 16.100 € | 14.988 € | 13.891 € | 12.817 € | 11.634 € | 10.623 € | 9.505 € | 8.333 € | 7.027 € | 5.341 € |
| 57.000 € | 17.270 € | 16.100 € | 14.988 € | 13.891 € | 12.817 € | 11.634 € | 10.623 € | 9.505 € | 8.333 € | 7.027 € | 5.341 € |
| 60.000 € | 17.270 € | 16.100 € | 14.988 € | 13.891 € | 12.817 € | 11.634 € | 10.623 € | 9.505 € | 8.333 € | 7.027 € | 5.341 € |
| 63.000 € | 17.270 € | 16.100 € | 14.988 € | 13.891 € | 12.817 € | 11.634 € | 10.623 € | 9.505 € | 8.333 € | 7.027 € | 5.341 € |
| 66.000 € | 17.270 € | 16.100 € | 14.988 € | 13.891 € | 12.817 € | 11.634 € | 10.623 € | 9.505 € | 8.333 € | 7.027 € | 5.341 € |
| 69.000 € | 17.270 € | 16.100 € | 14.988 € | 13.891 € | 12.817 € | 11.634 € | 10.623 € | 9.505 € | 8.333 € | 7.027 € | 5.341 € |
| 72.000 € | 17.270 € | 16.100 € | 14.988 € | 13.891 € | 12.817 € | 11.634 € | 10.623 € | 9.505 € | 8.333 € | 7.027 € | 5.341 € |
| 75.000 € | 17.270 € | 16.100 € | 14.988 € | 13.891 € | 12.817 € | 11.634 € | 10.623 € | 9.505 € | 8.333 € | 7.027 € | 5.341 € |
| 78.000 € | 17.270 € | 16.100 € | 14.988 € | 13.891 € | 12.817 € | 11.634 € | 10.623 € | 9.505 € | 8.333 € | 7.027 € | 5.341 € |
| 81.000 € | 17.270 € | 16.100 € | 14.988 € | 13.891 € | 12.817 € | 11.634 € | 10.623 € | 9.505 € | 8.333 € | 7.027 € | 5.341 € |
| 84.000 € | 17.270 € | 16.100 € | 14.988 € | 13.891 € | 12.817 € | 11.634 € | 10.623 € | 9.505 € | 8.333 € | 7.027 € | 5.341 € |
| 87.000 € | 17.270 € | 16.100 € | 14.988 € | 13.891 € | 12.817 € | 11.634 € | 10.623 € | 9.505 € | 8.333 € | 7.027 € | 5.341 € |
| 90.000 € | 17.270 € | 16.100 € | 14.988 € | 13.891 € | 12.817 € | 11.634 € | 10.623 € | 9.505 € | 8.333 € | 7.027 € | 5.341 € |
| 93.000 € | 17.270 € | 16.100 € | 14.988 € | 13.891 € | 12.817 € | 11.634 € | 10.623 € | 9.505 € | 8.333 € | 7.027 € | 5.341 € |
| 96.000 € | 17.270 € | 16.100 € | 14.988 € | 13.891 € | 12.817 € | 11.634 € | 10.623 € | 9.505 € | 8.333 € | 7.027 € | 5.341 € |
| 99.000 € | 17.270 € | 16.100 € | 14.988 € | 13.891 € | 12.817 € | 11.634 € | 10.623 € | 9.505 € | 8.333 € | 7.027 € | 5.341 € |
| 102.000 € | 17.270 € | 16.100 € | 14.988 € | 13.891 € | 12.817 € | 11.634 € | 10.623 € | 9.505 € | 8.333 € | 7.027 € | 5.341 € |
| 105.000 € | 17.270 € | 16.100 € | 14.988 € | 13.891 € | 12.817 € | 11.634 € | 10.623 € | 9.505 € | 8.333 € | 7.027 € | 5.341 € |
| 108.000 € | 17.270 € | 16.100 € | 14.988 € | 13.891 € | 12.817 € | 11.634 € | 10.623 € | 9.505 € | 8.333 € | 7.027 € | 5.341 € |
| 111.000 € | 17.270 € | 16.100 € | 14.988 € | 13.891 € | 12.817 € | 11.634 € | 10.623 € | 9.505 € | 8.333 € | 7.027 € | 5.341 € |
| 114.000 € | 17.270 € | 16.100 € | 14.988 € | 13.891 € | 12.817 € | 11.634 € | 10.623 € | 9.505 € | 8.333 € | 7.027 € | 5.341 € |
| 117.000 € | 17.270 € | 16.100 € | 14.988 € | 13.891 € | 12.817 € | 11.634 € | 10.623 € | 9.505 € | 8.333 € | 7.027 € | 5.341 € |
| 120.000 € | 17.270 € | 16.100 € | 14.988 € | 13.891 € | 12.817 € | 11.634 € | 10.623 € | 9.505 € | 8.333 € | 7.027 € | 5.341 € |

# TABLA 1.C.1
## Lucro cesante del cónyuge
### Años de duración del matrimonio: 42 años

Ingreso neto

| Hasta | 99 o más |
|---|---|
| 9.000 € | 3.000 € |
| 12.000 € | 3.000 € |
| 15.000 € | 3.000 € |
| 18.000 € | 3.000 € |
| 21.000 € | 3.000 € |
| 24.000 € | 3.000 € |
| 27.000 € | 3.000 € |
| 30.000 € | 3.000 € |
| 33.000 € | 3.000 € |
| 36.000 € | 3.000 € |
| 39.000 € | 3.120 € |
| 42.000 € | 3.120 € |
| 45.000 € | 3.120 € |
| 48.000 € | 3.120 € |
| 51.000 € | 3.120 € |
| 54.000 € | 3.120 € |
| 57.000 € | 3.120 € |
| 60.000 € | 3.120 € |
| 63.000 € | 3.120 € |
| 66.000 € | 3.120 € |
| 69.000 € | 3.120 € |
| 72.000 € | 3.120 € |
| 75.000 € | 3.120 € |
| 78.000 € | 3.120 € |
| 81.000 € | 3.120 € |
| 84.000 € | 3.120 € |
| 87.000 € | 3.120 € |
| 90.000 € | 3.120 € |
| 93.000 € | 3.120 € |
| 96.000 € | 3.120 € |
| 99.000 € | 3.120 € |
| 102.000 € | 3.120 € |
| 105.000 € | 3.120 € |
| 108.000 € | 3.120 € |
| 111.000 € | 3.120 € |
| 114.000 € | 3.120 € |
| 117.000 € | 3.120 € |
| 120.000 € | 3.120 € |

# TABLA 1.C.1

## Lucro cesante del cónyuge

Años de duración del matrimonio: 43 años

Ingreso netc Edad del cónyuge Edad del c

| Hasta | 57 | 58 | 59 | 60 | 61 | 62 | 63 | 64 | 65 | 66 |
|---|---|---|---|---|---|---|---|---|---|---|
| 9.000 € | 28.759 € | 27.092 € | 25.469 € | 23.914 € | 22.419 € | 20.976 € | 19.606 € | 18.301 € | 17.052 € | 15.890 € |
| 12.000 € | 38.345 € | 36.122 € | 33.959 € | 31.885 € | 29.891 € | 27.968 € | 26.141 € | 24.401 € | 22.735 € | 21.187 € |
| 15.000 € | 47.931 € | 45.153 € | 42.448 € | 39.856 € | 37.364 € | 34.960 € | 32.676 € | 30.502 € | 28.419 € | 26.484 € |
| 18.000 € | 57.517 € | 54.183 € | 50.938 € | 47.828 € | 44.837 € | 41.952 € | 39.212 € | 36.602 € | 34.103 € | 31.781 € |
| 21.000 € | 67.104 € | 63.214 € | 59.428 € | 55.799 € | 52.310 € | 48.944 € | 45.747 € | 42.702 € | 39.787 € | 37.077 € |
| 24.000 € | 76.690 € | 72.244 € | 67.917 € | 63.770 € | 59.783 € | 55.936 € | 52.282 € | 48.802 € | 45.471 € | 42.374 € |
| 27.000 € | 86.276 € | 81.275 € | 76.407 € | 71.742 € | 67.256 € | 62.928 € | 58.817 € | 54.903 € | 51.155 € | 47.671 € |
| 30.000 € | 95.862 € | 90.305 € | 84.897 € | 79.713 € | 74.729 € | 69.920 € | 65.353 € | 61.003 € | 56.839 € | 52.968 € |
| 33.000 € | 105.449 € | 99.336 € | 93.387 € | 87.684 € | 82.201 € | 76.912 € | 71.888 € | 67.103 € | 62.523 € | 58.264 € |
| 36.000 € | 106.845 € | 104.148 € | 101.612 € | 95.656 € | 89.674 € | 83.904 € | 78.423 € | 73.204 € | 68.206 € | 63.561 € |
| 39.000 € | 107.521 € | 105.038 € | 102.417 € | 96.400 € | 90.145 € | 84.424 € | 78.605 € | 73.267 € | 68.206 € | 63.561 € |
| 42.000 € | 108.197 € | 105.931 € | 103.223 € | 97.146 € | 90.614 € | 84.945 € | 78.786 € | 73.330 € | 68.206 € | 63.561 € |
| 45.000 € | 108.873 € | 106.826 € | 104.032 € | 97.894 € | 91.084 € | 85.465 € | 78.966 € | 73.393 € | 68.206 € | 63.561 € |
| 48.000 € | 109.551 € | 107.725 € | 104.843 € | 98.644 € | 91.555 € | 85.987 € | 79.146 € | 73.456 € | 68.206 € | 63.561 € |
| 51.000 € | 110.231 € | 108.628 € | 105.657 € | 99.397 € | 92.025 € | 86.510 € | 79.326 € | 73.518 € | 68.206 € | 63.561 € |
| 54.000 € | 110.912 € | 109.536 € | 106.475 € | 100.153 € | 92.497 € | 87.034 € | 79.505 € | 73.580 € | 68.206 € | 63.561 € |
| 57.000 € | 111.596 € | 110.448 € | 107.297 € | 100.913 € | 92.970 € | 87.560 € | 79.684 € | 73.643 € | 68.206 € | 63.561 € |
| 60.000 € | 112.281 € | 111.365 € | 108.122 € | 101.676 € | 93.443 € | 88.087 € | 79.864 € | 73.705 € | 68.206 € | 63.561 € |
| 63.000 € | 112.970 € | 112.288 € | 108.952 € | 102.443 € | 93.918 € | 88.616 € | 80.043 € | 73.767 € | 68.206 € | 63.561 € |
| 66.000 € | 113.661 € | 113.216 € | 109.786 € | 103.214 € | 94.394 € | 89.148 € | 80.222 € | 73.828 € | 68.206 € | 63.561 € |
| 69.000 € | 130.476 € | 114.150 € | 110.625 € | 103.989 € | 94.872 € | 89.681 € | 80.401 € | 73.890 € | 68.206 € | 63.561 € |
| 72.000 € | 147.292 € | 129.380 € | 111.469 € | 104.769 € | 95.351 € | 90.216 € | 80.581 € | 73.952 € | 68.206 € | 63.561 € |
| 75.000 € | 164.108 € | 144.611 € | 125.098 € | 105.553 € | 95.832 € | 90.754 € | 80.760 € | 74.013 € | 68.206 € | 63.561 € |
| 78.000 € | 180.924 € | 159.842 € | 138.727 € | 117.561 € | 96.314 € | 91.294 € | 80.939 € | 74.075 € | 68.206 € | 63.561 € |
| 81.000 € | 197.740 € | 175.072 € | 152.356 € | 129.570 € | 106.680 € | 91.837 € | 81.119 € | 74.137 € | 68.206 € | 63.561 € |
| 84.000 € | 214.555 € | 190.303 € | 165.984 € | 141.578 € | 117.046 € | 92.382 € | 81.299 € | 74.198 € | 68.206 € | 63.561 € |
| 87.000 € | 231.371 € | 205.533 € | 179.613 € | 153.586 € | 127.412 € | 101.082 € | 81.479 € | 74.260 € | 68.206 € | 63.561 € |
| 90.000 € | 248.187 € | 220.764 € | 193.242 € | 165.595 € | 137.777 € | 109.782 € | 81.659 € | 74.321 € | 68.206 € | 63.561 € |
| 93.000 € | 265.003 € | 235.995 € | 206.871 € | 177.603 € | 148.143 € | 118.482 € | 88.675 € | 74.383 € | 68.206 € | 63.561 € |
| 96.000 € | 281.819 € | 251.225 € | 220.499 € | 189.611 € | 158.509 € | 127.183 € | 95.691 € | 74.444 € | 68.206 € | 63.561 € |
| 99.000 € | 298.635 € | 266.456 € | 234.128 € | 201.620 € | 168.875 € | 135.883 € | 102.707 € | 74.505 € | 68.206 € | 63.561 € |
| 102.000 € | 315.450 € | 281.686 € | 247.757 € | 213.628 € | 179.240 € | 144.583 € | 109.723 € | 74.567 € | 68.206 € | 63.561 € |
| 105.000 € | 332.266 € | 296.917 € | 261.386 € | 225.636 € | 189.606 € | 153.284 € | 116.739 € | 79.874 € | 68.206 € | 63.561 € |
| 108.000 € | 349.082 € | 312.148 € | 275.014 € | 237.645 € | 199.972 € | 161.984 € | 123.755 € | 85.182 € | 68.206 € | 63.561 € |
| 111.000 € | 365.898 € | 327.378 € | 288.643 € | 249.653 € | 210.338 € | 170.684 € | 130.771 € | 90.490 € | 68.206 € | 63.561 € |
| 114.000 € | 382.714 € | 342.609 € | 302.272 € | 261.661 € | 220.704 € | 179.385 € | 137.787 € | 95.797 € | 68.206 € | 63.561 € |
| 117.000 € | 399.529 € | 357.839 € | 315.901 € | 273.670 € | 231.069 € | 188.085 € | 144.803 € | 101.105 € | 68.206 € | 63.561 € |
| 120.000 € | 416.345 € | 373.070 € | 329.529 € | 285.678 € | 241.435 € | 196.785 € | 151.819 € | 106.412 € | 68.206 € | 63.561 € |

# TABLA 1.C.1
## Lucro cesante del cónyuge
Años de duración del matrimonio: 43 años

Ingreso netcónyuge — Edad del cónyuge

| Hasta | 67 | 68 | 69 | 70 | 71 | 72 | 73 | 74 | 75 | 76 | 77 |
|---|---|---|---|---|---|---|---|---|---|---|---|
| 9.000 € | 12.390 € | 11.956 € | 11.515 € | 11.058 € | 10.620 € | 10.178 € | 9.713 € | 9.267 € | 8.838 € | 8.406 € | 7.975 € |
| 12.000 € | 16.520 € | 15.941 € | 15.353 € | 14.744 € | 14.160 € | 13.570 € | 12.951 € | 12.356 € | 11.784 € | 11.209 € | 10.634 € |
| 15.000 € | 20.650 € | 19.926 € | 19.192 € | 18.430 € | 17.700 € | 16.963 € | 16.189 € | 15.446 € | 14.730 € | 14.011 € | 13.292 € |
| 18.000 € | 24.780 € | 23.912 € | 23.030 € | 22.116 € | 21.240 € | 20.356 € | 19.427 € | 18.535 € | 17.677 € | 16.813 € | 15.950 € |
| 21.000 € | 28.909 € | 27.897 € | 26.868 € | 25.802 € | 24.780 € | 23.748 € | 22.664 € | 21.624 € | 20.623 € | 19.615 € | 18.609 € |
| 24.000 € | 33.039 € | 31.882 € | 30.707 € | 29.488 € | 28.319 € | 27.141 € | 25.902 € | 24.713 € | 23.569 € | 22.417 € | 21.267 € |
| 27.000 € | 37.169 € | 35.867 € | 34.545 € | 33.174 € | 31.859 € | 30.533 € | 29.140 € | 27.802 € | 26.515 € | 25.219 € | 23.926 € |
| 30.000 € | 41.299 € | 39.853 € | 38.383 € | 36.860 € | 35.399 € | 33.926 € | 32.378 € | 30.891 € | 29.461 € | 28.021 € | 26.584 € |
| 33.000 € | 45.429 € | 43.838 € | 42.222 € | 40.546 € | 38.939 € | 37.318 € | 35.615 € | 33.980 € | 32.407 € | 30.823 € | 29.243 € |
| 36.000 € | 49.559 € | 47.823 € | 46.060 € | 44.232 € | 42.479 € | 40.711 € | 38.853 € | 37.069 € | 35.353 € | 33.626 € | 31.901 € |
| 39.000 € | 53.689 € | 51.808 € | 49.898 € | 47.918 € | 46.019 € | 44.104 € | 42.091 € | 40.158 € | 38.299 € | 36.428 € | 34.559 € |
| 42.000 € | 53.689 € | 51.808 € | 49.898 € | 47.918 € | 46.019 € | 44.104 € | 42.091 € | 40.158 € | 38.299 € | 36.428 € | 34.559 € |
| 45.000 € | 53.689 € | 51.808 € | 49.898 € | 47.918 € | 46.019 € | 44.104 € | 42.091 € | 40.158 € | 38.299 € | 36.428 € | 34.559 € |
| 48.000 € | 53.689 € | 51.808 € | 49.898 € | 47.918 € | 46.019 € | 44.104 € | 42.091 € | 40.158 € | 38.299 € | 36.428 € | 34.559 € |
| 51.000 € | 53.689 € | 51.808 € | 49.898 € | 47.918 € | 46.019 € | 44.104 € | 42.091 € | 40.158 € | 38.299 € | 36.428 € | 34.559 € |
| 54.000 € | 53.689 € | 51.808 € | 49.898 € | 47.918 € | 46.019 € | 44.104 € | 42.091 € | 40.158 € | 38.299 € | 36.428 € | 34.559 € |
| 57.000 € | 53.689 € | 51.808 € | 49.898 € | 47.918 € | 46.019 € | 44.104 € | 42.091 € | 40.158 € | 38.299 € | 36.428 € | 34.559 € |
| 60.000 € | 53.689 € | 51.808 € | 49.898 € | 47.918 € | 46.019 € | 44.104 € | 42.091 € | 40.158 € | 38.299 € | 36.428 € | 34.559 € |
| 63.000 € | 53.689 € | 51.808 € | 49.898 € | 47.918 € | 46.019 € | 44.104 € | 42.091 € | 40.158 € | 38.299 € | 36.428 € | 34.559 € |
| 66.000 € | 53.689 € | 51.808 € | 49.898 € | 47.918 € | 46.019 € | 44.104 € | 42.091 € | 40.158 € | 38.299 € | 36.428 € | 34.559 € |
| 69.000 € | 53.689 € | 51.808 € | 49.898 € | 47.918 € | 46.019 € | 44.104 € | 42.091 € | 40.158 € | 38.299 € | 36.428 € | 34.559 € |
| 72.000 € | 53.689 € | 51.808 € | 49.898 € | 47.918 € | 46.019 € | 44.104 € | 42.091 € | 40.158 € | 38.299 € | 36.428 € | 34.559 € |
| 75.000 € | 53.689 € | 51.808 € | 49.898 € | 47.918 € | 46.019 € | 44.104 € | 42.091 € | 40.158 € | 38.299 € | 36.428 € | 34.559 € |
| 78.000 € | 53.689 € | 51.808 € | 49.898 € | 47.918 € | 46.019 € | 44.104 € | 42.091 € | 40.158 € | 38.299 € | 36.428 € | 34.559 € |
| 81.000 € | 53.689 € | 51.808 € | 49.898 € | 47.918 € | 46.019 € | 44.104 € | 42.091 € | 40.158 € | 38.299 € | 36.428 € | 34.559 € |
| 84.000 € | 53.689 € | 51.808 € | 49.898 € | 47.918 € | 46.019 € | 44.104 € | 42.091 € | 40.158 € | 38.299 € | 36.428 € | 34.559 € |
| 87.000 € | 53.689 € | 51.808 € | 49.898 € | 47.918 € | 46.019 € | 44.104 € | 42.091 € | 40.158 € | 38.299 € | 36.428 € | 34.559 € |
| 90.000 € | 53.689 € | 51.808 € | 49.898 € | 47.918 € | 46.019 € | 44.104 € | 42.091 € | 40.158 € | 38.299 € | 36.428 € | 34.559 € |
| 93.000 € | 53.689 € | 51.808 € | 49.898 € | 47.918 € | 46.019 € | 44.104 € | 42.091 € | 40.158 € | 38.299 € | 36.428 € | 34.559 € |
| 96.000 € | 53.689 € | 51.808 € | 49.898 € | 47.918 € | 46.019 € | 44.104 € | 42.091 € | 40.158 € | 38.299 € | 36.428 € | 34.559 € |
| 99.000 € | 53.689 € | 51.808 € | 49.898 € | 47.918 € | 46.019 € | 44.104 € | 42.091 € | 40.158 € | 38.299 € | 36.428 € | 34.559 € |
| 102.000 € | 53.689 € | 51.808 € | 49.898 € | 47.918 € | 46.019 € | 44.104 € | 42.091 € | 40.158 € | 38.299 € | 36.428 € | 34.559 € |
| 105.000 € | 53.689 € | 51.808 € | 49.898 € | 47.918 € | 46.019 € | 44.104 € | 42.091 € | 40.158 € | 38.299 € | 36.428 € | 34.559 € |
| 108.000 € | 53.689 € | 51.808 € | 49.898 € | 47.918 € | 46.019 € | 44.104 € | 42.091 € | 40.158 € | 38.299 € | 36.428 € | 34.559 € |
| 111.000 € | 53.689 € | 51.808 € | 49.898 € | 47.918 € | 46.019 € | 44.104 € | 42.091 € | 40.158 € | 38.299 € | 36.428 € | 34.559 € |
| 114.000 € | 53.689 € | 51.808 € | 49.898 € | 47.918 € | 46.019 € | 44.104 € | 42.091 € | 40.158 € | 38.299 € | 36.428 € | 34.559 € |
| 117.000 € | 53.689 € | 51.808 € | 49.898 € | 47.918 € | 46.019 € | 44.104 € | 42.091 € | 40.158 € | 38.299 € | 36.428 € | 34.559 € |
| 120.000 € | 53.689 € | 51.808 € | 49.898 € | 47.918 € | 46.019 € | 44.104 € | 42.091 € | 40.158 € | 38.299 € | 36.428 € | 34.559 € |

# TABLA 1.C.1
## Lucro cesante del cónyuge
Años de duración del matrimonio: 43 años

| Ingreso neto | Edad del cónyuge | | | | | | | | | | |
|---|---|---|---|---|---|---|---|---|---|---|---|
| Hasta | 78 | 79 | 80 | 81 | 82 | 83 | 84 | 85 | 86 | 87 | 88 |
| 9.000 € | 7.553 € | 7.143 € | 6.738 € | 6.346 € | 5.968 € | 5.601 € | 5.245 € | 4.908 € | 4.584 € | 4.276 € | 3.985 € |
| 12.000 € | 10.071 € | 9.524 € | 8.983 € | 8.461 € | 7.957 € | 7.468 € | 6.994 € | 6.544 € | 6.113 € | 5.702 € | 5.314 € |
| 15.000 € | 12.588 € | 11.905 € | 11.229 € | 10.576 € | 9.947 € | 9.335 € | 8.742 € | 8.180 € | 7.641 € | 7.127 € | 6.642 € |
| 18.000 € | 15.106 € | 14.286 € | 13.475 € | 12.692 € | 11.936 € | 11.202 € | 10.490 € | 9.816 € | 9.169 € | 8.552 € | 7.971 € |
| 21.000 € | 17.624 € | 16.667 € | 15.721 € | 14.807 € | 13.925 € | 13.069 € | 12.239 € | 11.452 € | 10.697 € | 9.978 € | 9.299 € |
| 24.000 € | 20.141 € | 19.048 € | 17.967 € | 16.922 € | 15.915 € | 14.936 € | 13.987 € | 13.088 € | 12.225 € | 11.403 € | 10.628 € |
| 27.000 € | 22.659 € | 21.429 € | 20.213 € | 19.038 € | 17.904 € | 16.803 € | 15.735 € | 14.724 € | 13.753 € | 12.829 € | 11.956 € |
| 30.000 € | 25.177 € | 23.810 € | 22.459 € | 21.153 € | 19.893 € | 18.669 € | 17.484 € | 16.360 € | 15.282 € | 14.254 € | 13.285 € |
| 33.000 € | 27.694 € | 26.191 € | 24.704 € | 23.268 € | 21.883 € | 20.536 € | 19.232 € | 17.996 € | 16.810 € | 15.679 € | 14.613 € |
| 36.000 € | 30.212 € | 28.572 € | 26.950 € | 25.383 € | 23.872 € | 22.403 € | 20.981 € | 19.632 € | 18.338 € | 17.105 € | 15.942 € |
| 39.000 € | 32.730 € | 30.953 € | 29.196 € | 27.499 € | 25.861 € | 24.270 € | 22.729 € | 21.268 € | 19.866 € | 18.530 € | 17.270 € |
| 42.000 € | 32.730 € | 30.953 € | 29.196 € | 27.499 € | 25.861 € | 24.270 € | 22.729 € | 21.268 € | 19.866 € | 18.530 € | 17.270 € |
| 45.000 € | 32.730 € | 30.953 € | 29.196 € | 27.499 € | 25.861 € | 24.270 € | 22.729 € | 21.268 € | 19.866 € | 18.530 € | 17.270 € |
| 48.000 € | 32.730 € | 30.953 € | 29.196 € | 27.499 € | 25.861 € | 24.270 € | 22.729 € | 21.268 € | 19.866 € | 18.530 € | 17.270 € |
| 51.000 € | 32.730 € | 30.953 € | 29.196 € | 27.499 € | 25.861 € | 24.270 € | 22.729 € | 21.268 € | 19.866 € | 18.530 € | 17.270 € |
| 54.000 € | 32.730 € | 30.953 € | 29.196 € | 27.499 € | 25.861 € | 24.270 € | 22.729 € | 21.268 € | 19.866 € | 18.530 € | 17.270 € |
| 57.000 € | 32.730 € | 30.953 € | 29.196 € | 27.499 € | 25.861 € | 24.270 € | 22.729 € | 21.268 € | 19.866 € | 18.530 € | 17.270 € |
| 60.000 € | 32.730 € | 30.953 € | 29.196 € | 27.499 € | 25.861 € | 24.270 € | 22.729 € | 21.268 € | 19.866 € | 18.530 € | 17.270 € |
| 63.000 € | 32.730 € | 30.953 € | 29.196 € | 27.499 € | 25.861 € | 24.270 € | 22.729 € | 21.268 € | 19.866 € | 18.530 € | 17.270 € |
| 66.000 € | 32.730 € | 30.953 € | 29.196 € | 27.499 € | 25.861 € | 24.270 € | 22.729 € | 21.268 € | 19.866 € | 18.530 € | 17.270 € |
| 69.000 € | 32.730 € | 30.953 € | 29.196 € | 27.499 € | 25.861 € | 24.270 € | 22.729 € | 21.268 € | 19.866 € | 18.530 € | 17.270 € |
| 72.000 € | 32.730 € | 30.953 € | 29.196 € | 27.499 € | 25.861 € | 24.270 € | 22.729 € | 21.268 € | 19.866 € | 18.530 € | 17.270 € |
| 75.000 € | 32.730 € | 30.953 € | 29.196 € | 27.499 € | 25.861 € | 24.270 € | 22.729 € | 21.268 € | 19.866 € | 18.530 € | 17.270 € |
| 78.000 € | 32.730 € | 30.953 € | 29.196 € | 27.499 € | 25.861 € | 24.270 € | 22.729 € | 21.268 € | 19.866 € | 18.530 € | 17.270 € |
| 81.000 € | 32.730 € | 30.953 € | 29.196 € | 27.499 € | 25.861 € | 24.270 € | 22.729 € | 21.268 € | 19.866 € | 18.530 € | 17.270 € |
| 84.000 € | 32.730 € | 30.953 € | 29.196 € | 27.499 € | 25.861 € | 24.270 € | 22.729 € | 21.268 € | 19.866 € | 18.530 € | 17.270 € |
| 87.000 € | 32.730 € | 30.953 € | 29.196 € | 27.499 € | 25.861 € | 24.270 € | 22.729 € | 21.268 € | 19.866 € | 18.530 € | 17.270 € |
| 90.000 € | 32.730 € | 30.953 € | 29.196 € | 27.499 € | 25.861 € | 24.270 € | 22.729 € | 21.268 € | 19.866 € | 18.530 € | 17.270 € |
| 93.000 € | 32.730 € | 30.953 € | 29.196 € | 27.499 € | 25.861 € | 24.270 € | 22.729 € | 21.268 € | 19.866 € | 18.530 € | 17.270 € |
| 96.000 € | 32.730 € | 30.953 € | 29.196 € | 27.499 € | 25.861 € | 24.270 € | 22.729 € | 21.268 € | 19.866 € | 18.530 € | 17.270 € |
| 99.000 € | 32.730 € | 30.953 € | 29.196 € | 27.499 € | 25.861 € | 24.270 € | 22.729 € | 21.268 € | 19.866 € | 18.530 € | 17.270 € |
| 102.000 € | 32.730 € | 30.953 € | 29.196 € | 27.499 € | 25.861 € | 24.270 € | 22.729 € | 21.268 € | 19.866 € | 18.530 € | 17.270 € |
| 105.000 € | 32.730 € | 30.953 € | 29.196 € | 27.499 € | 25.861 € | 24.270 € | 22.729 € | 21.268 € | 19.866 € | 18.530 € | 17.270 € |
| 108.000 € | 32.730 € | 30.953 € | 29.196 € | 27.499 € | 25.861 € | 24.270 € | 22.729 € | 21.268 € | 19.866 € | 18.530 € | 17.270 € |
| 111.000 € | 32.730 € | 30.953 € | 29.196 € | 27.499 € | 25.861 € | 24.270 € | 22.729 € | 21.268 € | 19.866 € | 18.530 € | 17.270 € |
| 114.000 € | 32.730 € | 30.953 € | 29.196 € | 27.499 € | 25.861 € | 24.270 € | 22.729 € | 21.268 € | 19.866 € | 18.530 € | 17.270 € |
| 117.000 € | 32.730 € | 30.953 € | 29.196 € | 27.499 € | 25.861 € | 24.270 € | 22.729 € | 21.268 € | 19.866 € | 18.530 € | 17.270 € |
| 120.000 € | 32.730 € | 30.953 € | 29.196 € | 27.499 € | 25.861 € | 24.270 € | 22.729 € | 21.268 € | 19.866 € | 18.530 € | 17.270 € |

# TABLA 1.C.1
## Lucro cesante del cónyuge
### Años de duración del matrimonio: 43 años

| Ingreso neto | Edad del cónyuge | | | | | | | | | | |
|---|---|---|---|---|---|---|---|---|---|---|---|
| Hasta | 89 | 90 | 91 | 92 | 93 | 94 | 95 | 96 | 97 | 98 | 99 o más |
| 9.000 € | 3.715 € | 3.459 € | 3.206 € | 3.000 € | 3.000 € | 3.000 € | 3.000 € | 3.000 € | 3.000 € | 3.000 € | 3.000 € |
| 12.000 € | 4.954 € | 4.612 € | 4.274 € | 3.944 € | 3.580 € | 3.269 € | 3.000 € | 3.000 € | 3.000 € | 3.000 € | 3.000 € |
| 15.000 € | 6.192 € | 5.764 € | 5.343 € | 4.930 € | 4.474 € | 4.086 € | 3.656 € | 3.205 € | 3.000 € | 3.000 € | 3.000 € |
| 18.000 € | 7.431 € | 6.917 € | 6.411 € | 5.916 € | 5.369 € | 4.903 € | 4.387 € | 3.846 € | 3.243 € | 3.000 € | 3.000 € |
| 21.000 € | 8.669 € | 8.070 € | 7.480 € | 6.902 € | 6.264 € | 5.720 € | 5.118 € | 4.487 € | 3.784 € | 3.000 € | 3.000 € |
| 24.000 € | 9.907 € | 9.223 € | 8.548 € | 7.887 € | 7.159 € | 6.537 € | 5.849 € | 5.128 € | 4.325 € | 3.287 € | 3.000 € |
| 27.000 € | 11.146 € | 10.376 € | 9.617 € | 8.873 € | 8.054 € | 7.355 € | 6.581 € | 5.769 € | 4.865 € | 3.698 € | 3.000 € |
| 30.000 € | 12.384 € | 11.529 € | 10.685 € | 9.859 € | 8.949 € | 8.172 € | 7.312 € | 6.410 € | 5.406 € | 4.108 € | 3.000 € |
| 33.000 € | 13.623 € | 12.682 € | 11.754 € | 10.845 € | 9.844 € | 8.989 € | 8.043 € | 7.051 € | 5.946 € | 4.519 € | 3.000 € |
| 36.000 € | 14.861 € | 13.835 € | 12.822 € | 11.831 € | 10.739 € | 9.806 € | 8.774 € | 7.692 € | 6.487 € | 4.930 € | 3.000 € |
| 39.000 € | 16.100 € | 14.988 € | 13.891 € | 12.817 € | 11.634 € | 10.623 € | 9.505 € | 8.333 € | 7.027 € | 5.341 € | 3.120 € |
| 42.000 € | 16.100 € | 14.988 € | 13.891 € | 12.817 € | 11.634 € | 10.623 € | 9.505 € | 8.333 € | 7.027 € | 5.341 € | 3.120 € |
| 45.000 € | 16.100 € | 14.988 € | 13.891 € | 12.817 € | 11.634 € | 10.623 € | 9.505 € | 8.333 € | 7.027 € | 5.341 € | 3.120 € |
| 48.000 € | 16.100 € | 14.988 € | 13.891 € | 12.817 € | 11.634 € | 10.623 € | 9.505 € | 8.333 € | 7.027 € | 5.341 € | 3.120 € |
| 51.000 € | 16.100 € | 14.988 € | 13.891 € | 12.817 € | 11.634 € | 10.623 € | 9.505 € | 8.333 € | 7.027 € | 5.341 € | 3.120 € |
| 54.000 € | 16.100 € | 14.988 € | 13.891 € | 12.817 € | 11.634 € | 10.623 € | 9.505 € | 8.333 € | 7.027 € | 5.341 € | 3.120 € |
| 57.000 € | 16.100 € | 14.988 € | 13.891 € | 12.817 € | 11.634 € | 10.623 € | 9.505 € | 8.333 € | 7.027 € | 5.341 € | 3.120 € |
| 60.000 € | 16.100 € | 14.988 € | 13.891 € | 12.817 € | 11.634 € | 10.623 € | 9.505 € | 8.333 € | 7.027 € | 5.341 € | 3.120 € |
| 63.000 € | 16.100 € | 14.988 € | 13.891 € | 12.817 € | 11.634 € | 10.623 € | 9.505 € | 8.333 € | 7.027 € | 5.341 € | 3.120 € |
| 66.000 € | 16.100 € | 14.988 € | 13.891 € | 12.817 € | 11.634 € | 10.623 € | 9.505 € | 8.333 € | 7.027 € | 5.341 € | 3.120 € |
| 69.000 € | 16.100 € | 14.988 € | 13.891 € | 12.817 € | 11.634 € | 10.623 € | 9.505 € | 8.333 € | 7.027 € | 5.341 € | 3.120 € |
| 72.000 € | 16.100 € | 14.988 € | 13.891 € | 12.817 € | 11.634 € | 10.623 € | 9.505 € | 8.333 € | 7.027 € | 5.341 € | 3.120 € |
| 75.000 € | 16.100 € | 14.988 € | 13.891 € | 12.817 € | 11.634 € | 10.623 € | 9.505 € | 8.333 € | 7.027 € | 5.341 € | 3.120 € |
| 78.000 € | 16.100 € | 14.988 € | 13.891 € | 12.817 € | 11.634 € | 10.623 € | 9.505 € | 8.333 € | 7.027 € | 5.341 € | 3.120 € |
| 81.000 € | 16.100 € | 14.988 € | 13.891 € | 12.817 € | 11.634 € | 10.623 € | 9.505 € | 8.333 € | 7.027 € | 5.341 € | 3.120 € |
| 84.000 € | 16.100 € | 14.988 € | 13.891 € | 12.817 € | 11.634 € | 10.623 € | 9.505 € | 8.333 € | 7.027 € | 5.341 € | 3.120 € |
| 87.000 € | 16.100 € | 14.988 € | 13.891 € | 12.817 € | 11.634 € | 10.623 € | 9.505 € | 8.333 € | 7.027 € | 5.341 € | 3.120 € |
| 90.000 € | 16.100 € | 14.988 € | 13.891 € | 12.817 € | 11.634 € | 10.623 € | 9.505 € | 8.333 € | 7.027 € | 5.341 € | 3.120 € |
| 93.000 € | 16.100 € | 14.988 € | 13.891 € | 12.817 € | 11.634 € | 10.623 € | 9.505 € | 8.333 € | 7.027 € | 5.341 € | 3.120 € |
| 96.000 € | 16.100 € | 14.988 € | 13.891 € | 12.817 € | 11.634 € | 10.623 € | 9.505 € | 8.333 € | 7.027 € | 5.341 € | 3.120 € |
| 99.000 € | 16.100 € | 14.988 € | 13.891 € | 12.817 € | 11.634 € | 10.623 € | 9.505 € | 8.333 € | 7.027 € | 5.341 € | 3.120 € |
| 102.000 € | 16.100 € | 14.988 € | 13.891 € | 12.817 € | 11.634 € | 10.623 € | 9.505 € | 8.333 € | 7.027 € | 5.341 € | 3.120 € |
| 105.000 € | 16.100 € | 14.988 € | 13.891 € | 12.817 € | 11.634 € | 10.623 € | 9.505 € | 8.333 € | 7.027 € | 5.341 € | 3.120 € |
| 108.000 € | 16.100 € | 14.988 € | 13.891 € | 12.817 € | 11.634 € | 10.623 € | 9.505 € | 8.333 € | 7.027 € | 5.341 € | 3.120 € |
| 111.000 € | 16.100 € | 14.988 € | 13.891 € | 12.817 € | 11.634 € | 10.623 € | 9.505 € | 8.333 € | 7.027 € | 5.341 € | 3.120 € |
| 114.000 € | 16.100 € | 14.988 € | 13.891 € | 12.817 € | 11.634 € | 10.623 € | 9.505 € | 8.333 € | 7.027 € | 5.341 € | 3.120 € |
| 117.000 € | 16.100 € | 14.988 € | 13.891 € | 12.817 € | 11.634 € | 10.623 € | 9.505 € | 8.333 € | 7.027 € | 5.341 € | 3.120 € |
| 120.000 € | 16.100 € | 14.988 € | 13.891 € | 12.817 € | 11.634 € | 10.623 € | 9.505 € | 8.333 € | 7.027 € | 5.341 € | 3.120 € |

## TABLA 1.C.1
## Lucro cesante del cónyuge

Años de duración del matrimonio: 44 años

| Ingreso neto | Edad del cónyuge | | | | | | | | | Edad del c |
|---|---|---|---|---|---|---|---|---|---|---|
| Hasta | 58 | 59 | 60 | 61 | 62 | 63 | 64 | 65 | 66 | 67 |
| 9.000 € | 27.092 € | 25.469 € | 23.914 € | 22.419 € | 20.976 € | 19.606 € | 18.301 € | 17.052 € | 15.890 € | 12.390 € |
| 12.000 € | 36.122 € | 33.959 € | 31.885 € | 29.891 € | 27.968 € | 26.141 € | 24.401 € | 22.735 € | 21.187 € | 16.520 € |
| 15.000 € | 45.153 € | 42.448 € | 39.856 € | 37.364 € | 34.960 € | 32.676 € | 30.502 € | 28.419 € | 26.484 € | 20.650 € |
| 18.000 € | 54.183 € | 50.938 € | 47.828 € | 44.837 € | 41.952 € | 39.212 € | 36.602 € | 34.103 € | 31.781 € | 24.780 € |
| 21.000 € | 63.214 € | 59.428 € | 55.799 € | 52.310 € | 48.944 € | 45.747 € | 42.702 € | 39.787 € | 37.077 € | 28.909 € |
| 24.000 € | 72.244 € | 67.917 € | 63.770 € | 59.783 € | 55.936 € | 52.282 € | 48.802 € | 45.471 € | 42.374 € | 33.039 € |
| 27.000 € | 81.275 € | 76.407 € | 71.742 € | 67.256 € | 62.928 € | 58.817 € | 54.903 € | 51.155 € | 47.671 € | 37.169 € |
| 30.000 € | 90.305 € | 84.897 € | 79.713 € | 74.729 € | 69.920 € | 65.353 € | 61.003 € | 56.839 € | 52.968 € | 41.299 € |
| 33.000 € | 99.336 € | 93.387 € | 87.684 € | 82.201 € | 76.912 € | 71.888 € | 67.103 € | 62.523 € | 58.264 € | 45.429 € |
| 36.000 € | 104.148 € | 101.612 € | 95.656 € | 89.674 € | 83.904 € | 78.423 € | 73.204 € | 68.206 € | 63.561 € | 49.559 € |
| 39.000 € | 105.038 € | 102.417 € | 96.400 € | 90.145 € | 84.424 € | 78.605 € | 73.267 € | 68.206 € | 63.561 € | 53.689 € |
| 42.000 € | 105.931 € | 103.223 € | 97.146 € | 90.614 € | 84.945 € | 78.786 € | 73.330 € | 68.206 € | 63.561 € | 53.689 € |
| 45.000 € | 106.826 € | 104.032 € | 97.894 € | 91.084 € | 85.465 € | 78.966 € | 73.393 € | 68.206 € | 63.561 € | 53.689 € |
| 48.000 € | 107.725 € | 104.843 € | 98.644 € | 91.555 € | 85.987 € | 79.146 € | 73.456 € | 68.206 € | 63.561 € | 53.689 € |
| 51.000 € | 108.628 € | 105.657 € | 99.397 € | 92.025 € | 86.510 € | 79.326 € | 73.518 € | 68.206 € | 63.561 € | 53.689 € |
| 54.000 € | 109.536 € | 106.475 € | 100.153 € | 92.497 € | 87.034 € | 79.505 € | 73.580 € | 68.206 € | 63.561 € | 53.689 € |
| 57.000 € | 110.448 € | 107.297 € | 100.913 € | 92.970 € | 87.560 € | 79.684 € | 73.643 € | 68.206 € | 63.561 € | 53.689 € |
| 60.000 € | 111.365 € | 108.122 € | 101.676 € | 93.443 € | 88.087 € | 79.864 € | 73.705 € | 68.206 € | 63.561 € | 53.689 € |
| 63.000 € | 112.288 € | 108.952 € | 102.443 € | 93.918 € | 88.616 € | 80.043 € | 73.767 € | 68.206 € | 63.561 € | 53.689 € |
| 66.000 € | 113.216 € | 109.786 € | 103.214 € | 94.394 € | 89.148 € | 80.222 € | 73.828 € | 68.206 € | 63.561 € | 53.689 € |
| 69.000 € | 114.150 € | 110.625 € | 103.989 € | 94.872 € | 89.681 € | 80.401 € | 73.890 € | 68.206 € | 63.561 € | 53.689 € |
| 72.000 € | 129.380 € | 111.469 € | 104.769 € | 95.351 € | 90.216 € | 80.581 € | 73.952 € | 68.206 € | 63.561 € | 53.689 € |
| 75.000 € | 144.611 € | 125.098 € | 105.553 € | 95.832 € | 90.754 € | 80.760 € | 74.013 € | 68.206 € | 63.561 € | 53.689 € |
| 78.000 € | 159.842 € | 138.727 € | 117.561 € | 96.314 € | 91.294 € | 80.939 € | 74.075 € | 68.206 € | 63.561 € | 53.689 € |
| 81.000 € | 175.072 € | 152.356 € | 129.570 € | 106.680 € | 91.837 € | 81.119 € | 74.137 € | 68.206 € | 63.561 € | 53.689 € |
| 84.000 € | 190.303 € | 165.984 € | 141.578 € | 117.046 € | 92.382 € | 81.299 € | 74.198 € | 68.206 € | 63.561 € | 53.689 € |
| 87.000 € | 205.533 € | 179.613 € | 153.586 € | 127.412 € | 101.082 € | 81.479 € | 74.260 € | 68.206 € | 63.561 € | 53.689 € |
| 90.000 € | 220.764 € | 193.242 € | 165.595 € | 137.777 € | 109.782 € | 81.659 € | 74.321 € | 68.206 € | 63.561 € | 53.689 € |
| 93.000 € | 235.995 € | 206.871 € | 177.603 € | 148.143 € | 118.482 € | 88.675 € | 74.383 € | 68.206 € | 63.561 € | 53.689 € |
| 96.000 € | 251.225 € | 220.499 € | 189.611 € | 158.509 € | 127.183 € | 95.691 € | 74.444 € | 68.206 € | 63.561 € | 53.689 € |
| 99.000 € | 266.456 € | 234.128 € | 201.620 € | 168.875 € | 135.883 € | 102.707 € | 74.505 € | 68.206 € | 63.561 € | 53.689 € |
| 102.000 € | 281.686 € | 247.757 € | 213.628 € | 179.240 € | 144.583 € | 109.723 € | 74.567 € | 68.206 € | 63.561 € | 53.689 € |
| 105.000 € | 296.917 € | 261.386 € | 225.636 € | 189.606 € | 153.284 € | 116.739 € | 79.874 € | 68.206 € | 63.561 € | 53.689 € |
| 108.000 € | 312.148 € | 275.014 € | 237.645 € | 199.972 € | 161.984 € | 123.755 € | 85.182 € | 68.206 € | 63.561 € | 53.689 € |
| 111.000 € | 327.378 € | 288.643 € | 249.653 € | 210.338 € | 170.684 € | 130.771 € | 90.490 € | 68.206 € | 63.561 € | 53.689 € |
| 114.000 € | 342.609 € | 302.272 € | 261.661 € | 220.704 € | 179.385 € | 137.787 € | 95.797 € | 68.206 € | 63.561 € | 53.689 € |
| 117.000 € | 357.839 € | 315.901 € | 273.670 € | 231.069 € | 188.085 € | 144.803 € | 101.105 € | 68.206 € | 63.561 € | 53.689 € |
| 120.000 € | 373.070 € | 329.529 € | 285.678 € | 241.435 € | 196.785 € | 151.819 € | 106.412 € | 68.206 € | 63.561 € | 53.689 € |

## TABLA 1.C.1
## Lucro cesante del cónyuge

Años de duración del matrimonio: 44 años

| Ingreso neto ónyuge | Edad del cónyuge | | | | | | | | | | |
|---|---|---|---|---|---|---|---|---|---|---|---|
| Hasta | 68 | 69 | 70 | 71 | 72 | 73 | 74 | 75 | 76 | 77 | 78 |
| 9.000 € | 11.956 € | 11.515 € | 11.058 € | 10.620 € | 10.178 € | 9.713 € | 9.267 € | 8.838 € | 8.406 € | 7.975 € | 7.553 € |
| 12.000 € | 15.941 € | 15.353 € | 14.744 € | 14.160 € | 13.570 € | 12.951 € | 12.356 € | 11.784 € | 11.209 € | 10.634 € | 10.071 € |
| 15.000 € | 19.926 € | 19.192 € | 18.430 € | 17.700 € | 16.963 € | 16.189 € | 15.446 € | 14.730 € | 14.011 € | 13.292 € | 12.588 € |
| 18.000 € | 23.912 € | 23.030 € | 22.116 € | 21.240 € | 20.356 € | 19.427 € | 18.535 € | 17.677 € | 16.813 € | 15.950 € | 15.106 € |
| 21.000 € | 27.897 € | 26.868 € | 25.802 € | 24.780 € | 23.748 € | 22.664 € | 21.624 € | 20.623 € | 19.615 € | 18.609 € | 17.624 € |
| 24.000 € | 31.882 € | 30.707 € | 29.488 € | 28.319 € | 27.141 € | 25.902 € | 24.713 € | 23.569 € | 22.417 € | 21.267 € | 20.141 € |
| 27.000 € | 35.867 € | 34.545 € | 33.174 € | 31.859 € | 30.533 € | 29.140 € | 27.802 € | 26.515 € | 25.219 € | 23.926 € | 22.659 € |
| 30.000 € | 39.853 € | 38.383 € | 36.860 € | 35.399 € | 33.926 € | 32.378 € | 30.891 € | 29.461 € | 28.021 € | 26.584 € | 25.177 € |
| 33.000 € | 43.838 € | 42.222 € | 40.546 € | 38.939 € | 37.318 € | 35.615 € | 33.980 € | 32.407 € | 30.823 € | 29.243 € | 27.694 € |
| 36.000 € | 47.823 € | 46.060 € | 44.232 € | 42.479 € | 40.711 € | 38.853 € | 37.069 € | 35.353 € | 33.626 € | 31.901 € | 30.212 € |
| 39.000 € | 51.808 € | 49.898 € | 47.918 € | 46.019 € | 44.104 € | 42.091 € | 40.158 € | 38.299 € | 36.428 € | 34.559 € | 32.730 € |
| 42.000 € | 51.808 € | 49.898 € | 47.918 € | 46.019 € | 44.104 € | 42.091 € | 40.158 € | 38.299 € | 36.428 € | 34.559 € | 32.730 € |
| 45.000 € | 51.808 € | 49.898 € | 47.918 € | 46.019 € | 44.104 € | 42.091 € | 40.158 € | 38.299 € | 36.428 € | 34.559 € | 32.730 € |
| 48.000 € | 51.808 € | 49.898 € | 47.918 € | 46.019 € | 44.104 € | 42.091 € | 40.158 € | 38.299 € | 36.428 € | 34.559 € | 32.730 € |
| 51.000 € | 51.808 € | 49.898 € | 47.918 € | 46.019 € | 44.104 € | 42.091 € | 40.158 € | 38.299 € | 36.428 € | 34.559 € | 32.730 € |
| 54.000 € | 51.808 € | 49.898 € | 47.918 € | 46.019 € | 44.104 € | 42.091 € | 40.158 € | 38.299 € | 36.428 € | 34.559 € | 32.730 € |
| 57.000 € | 51.808 € | 49.898 € | 47.918 € | 46.019 € | 44.104 € | 42.091 € | 40.158 € | 38.299 € | 36.428 € | 34.559 € | 32.730 € |
| 60.000 € | 51.808 € | 49.898 € | 47.918 € | 46.019 € | 44.104 € | 42.091 € | 40.158 € | 38.299 € | 36.428 € | 34.559 € | 32.730 € |
| 63.000 € | 51.808 € | 49.898 € | 47.918 € | 46.019 € | 44.104 € | 42.091 € | 40.158 € | 38.299 € | 36.428 € | 34.559 € | 32.730 € |
| 66.000 € | 51.808 € | 49.898 € | 47.918 € | 46.019 € | 44.104 € | 42.091 € | 40.158 € | 38.299 € | 36.428 € | 34.559 € | 32.730 € |
| 69.000 € | 51.808 € | 49.898 € | 47.918 € | 46.019 € | 44.104 € | 42.091 € | 40.158 € | 38.299 € | 36.428 € | 34.559 € | 32.730 € |
| 72.000 € | 51.808 € | 49.898 € | 47.918 € | 46.019 € | 44.104 € | 42.091 € | 40.158 € | 38.299 € | 36.428 € | 34.559 € | 32.730 € |
| 75.000 € | 51.808 € | 49.898 € | 47.918 € | 46.019 € | 44.104 € | 42.091 € | 40.158 € | 38.299 € | 36.428 € | 34.559 € | 32.730 € |
| 78.000 € | 51.808 € | 49.898 € | 47.918 € | 46.019 € | 44.104 € | 42.091 € | 40.158 € | 38.299 € | 36.428 € | 34.559 € | 32.730 € |
| 81.000 € | 51.808 € | 49.898 € | 47.918 € | 46.019 € | 44.104 € | 42.091 € | 40.158 € | 38.299 € | 36.428 € | 34.559 € | 32.730 € |
| 84.000 € | 51.808 € | 49.898 € | 47.918 € | 46.019 € | 44.104 € | 42.091 € | 40.158 € | 38.299 € | 36.428 € | 34.559 € | 32.730 € |
| 87.000 € | 51.808 € | 49.898 € | 47.918 € | 46.019 € | 44.104 € | 42.091 € | 40.158 € | 38.299 € | 36.428 € | 34.559 € | 32.730 € |
| 90.000 € | 51.808 € | 49.898 € | 47.918 € | 46.019 € | 44.104 € | 42.091 € | 40.158 € | 38.299 € | 36.428 € | 34.559 € | 32.730 € |
| 93.000 € | 51.808 € | 49.898 € | 47.918 € | 46.019 € | 44.104 € | 42.091 € | 40.158 € | 38.299 € | 36.428 € | 34.559 € | 32.730 € |
| 96.000 € | 51.808 € | 49.898 € | 47.918 € | 46.019 € | 44.104 € | 42.091 € | 40.158 € | 38.299 € | 36.428 € | 34.559 € | 32.730 € |
| 99.000 € | 51.808 € | 49.898 € | 47.918 € | 46.019 € | 44.104 € | 42.091 € | 40.158 € | 38.299 € | 36.428 € | 34.559 € | 32.730 € |
| 102.000 € | 51.808 € | 49.898 € | 47.918 € | 46.019 € | 44.104 € | 42.091 € | 40.158 € | 38.299 € | 36.428 € | 34.559 € | 32.730 € |
| 105.000 € | 51.808 € | 49.898 € | 47.918 € | 46.019 € | 44.104 € | 42.091 € | 40.158 € | 38.299 € | 36.428 € | 34.559 € | 32.730 € |
| 108.000 € | 51.808 € | 49.898 € | 47.918 € | 46.019 € | 44.104 € | 42.091 € | 40.158 € | 38.299 € | 36.428 € | 34.559 € | 32.730 € |
| 111.000 € | 51.808 € | 49.898 € | 47.918 € | 46.019 € | 44.104 € | 42.091 € | 40.158 € | 38.299 € | 36.428 € | 34.559 € | 32.730 € |
| 114.000 € | 51.808 € | 49.898 € | 47.918 € | 46.019 € | 44.104 € | 42.091 € | 40.158 € | 38.299 € | 36.428 € | 34.559 € | 32.730 € |
| 117.000 € | 51.808 € | 49.898 € | 47.918 € | 46.019 € | 44.104 € | 42.091 € | 40.158 € | 38.299 € | 36.428 € | 34.559 € | 32.730 € |
| 120.000 € | 51.808 € | 49.898 € | 47.918 € | 46.019 € | 44.104 € | 42.091 € | 40.158 € | 38.299 € | 36.428 € | 34.559 € | 32.730 € |

# TABLA 1.C.1
## Lucro cesante del cónyuge
Años de duración del matrimonio: 44 años

| Ingreso neto | Edad del cónyuge | | | | | | | | | | |
|---|---|---|---|---|---|---|---|---|---|---|---|
| Hasta | 79 | 80 | 81 | 82 | 83 | 84 | 85 | 86 | 87 | 88 | 89 |
| 9.000 € | 7.143 € | 6.738 € | 6.346 € | 5.968 € | 5.601 € | 5.245 € | 4.908 € | 4.584 € | 4.276 € | 3.985 € | 3.715 € |
| 12.000 € | 9.524 € | 8.983 € | 8.461 € | 7.957 € | 7.468 € | 6.994 € | 6.544 € | 6.113 € | 5.702 € | 5.314 € | 4.954 € |
| 15.000 € | 11.905 € | 11.229 € | 10.576 € | 9.947 € | 9.335 € | 8.742 € | 8.180 € | 7.641 € | 7.127 € | 6.642 € | 6.192 € |
| 18.000 € | 14.286 € | 13.475 € | 12.692 € | 11.936 € | 11.202 € | 10.490 € | 9.816 € | 9.169 € | 8.552 € | 7.971 € | 7.431 € |
| 21.000 € | 16.667 € | 15.721 € | 14.807 € | 13.925 € | 13.069 € | 12.239 € | 11.452 € | 10.697 € | 9.978 € | 9.299 € | 8.669 € |
| 24.000 € | 19.048 € | 17.967 € | 16.922 € | 15.915 € | 14.936 € | 13.987 € | 13.088 € | 12.225 € | 11.403 € | 10.628 € | 9.907 € |
| 27.000 € | 21.429 € | 20.213 € | 19.038 € | 17.904 € | 16.803 € | 15.735 € | 14.724 € | 13.753 € | 12.829 € | 11.956 € | 11.146 € |
| 30.000 € | 23.810 € | 22.459 € | 21.153 € | 19.893 € | 18.669 € | 17.484 € | 16.360 € | 15.282 € | 14.254 € | 13.285 € | 12.384 € |
| 33.000 € | 26.191 € | 24.704 € | 23.268 € | 21.883 € | 20.536 € | 19.232 € | 17.996 € | 16.810 € | 15.679 € | 14.613 € | 13.623 € |
| 36.000 € | 28.572 € | 26.950 € | 25.383 € | 23.872 € | 22.403 € | 20.981 € | 19.632 € | 18.338 € | 17.105 € | 15.942 € | 14.861 € |
| 39.000 € | 30.953 € | 29.196 € | 27.499 € | 25.861 € | 24.270 € | 22.729 € | 21.268 € | 19.866 € | 18.530 € | 17.270 € | 16.100 € |
| 42.000 € | 30.953 € | 29.196 € | 27.499 € | 25.861 € | 24.270 € | 22.729 € | 21.268 € | 19.866 € | 18.530 € | 17.270 € | 16.100 € |
| 45.000 € | 30.953 € | 29.196 € | 27.499 € | 25.861 € | 24.270 € | 22.729 € | 21.268 € | 19.866 € | 18.530 € | 17.270 € | 16.100 € |
| 48.000 € | 30.953 € | 29.196 € | 27.499 € | 25.861 € | 24.270 € | 22.729 € | 21.268 € | 19.866 € | 18.530 € | 17.270 € | 16.100 € |
| 51.000 € | 30.953 € | 29.196 € | 27.499 € | 25.861 € | 24.270 € | 22.729 € | 21.268 € | 19.866 € | 18.530 € | 17.270 € | 16.100 € |
| 54.000 € | 30.953 € | 29.196 € | 27.499 € | 25.861 € | 24.270 € | 22.729 € | 21.268 € | 19.866 € | 18.530 € | 17.270 € | 16.100 € |
| 57.000 € | 30.953 € | 29.196 € | 27.499 € | 25.861 € | 24.270 € | 22.729 € | 21.268 € | 19.866 € | 18.530 € | 17.270 € | 16.100 € |
| 60.000 € | 30.953 € | 29.196 € | 27.499 € | 25.861 € | 24.270 € | 22.729 € | 21.268 € | 19.866 € | 18.530 € | 17.270 € | 16.100 € |
| 63.000 € | 30.953 € | 29.196 € | 27.499 € | 25.861 € | 24.270 € | 22.729 € | 21.268 € | 19.866 € | 18.530 € | 17.270 € | 16.100 € |
| 66.000 € | 30.953 € | 29.196 € | 27.499 € | 25.861 € | 24.270 € | 22.729 € | 21.268 € | 19.866 € | 18.530 € | 17.270 € | 16.100 € |
| 69.000 € | 30.953 € | 29.196 € | 27.499 € | 25.861 € | 24.270 € | 22.729 € | 21.268 € | 19.866 € | 18.530 € | 17.270 € | 16.100 € |
| 72.000 € | 30.953 € | 29.196 € | 27.499 € | 25.861 € | 24.270 € | 22.729 € | 21.268 € | 19.866 € | 18.530 € | 17.270 € | 16.100 € |
| 75.000 € | 30.953 € | 29.196 € | 27.499 € | 25.861 € | 24.270 € | 22.729 € | 21.268 € | 19.866 € | 18.530 € | 17.270 € | 16.100 € |
| 78.000 € | 30.953 € | 29.196 € | 27.499 € | 25.861 € | 24.270 € | 22.729 € | 21.268 € | 19.866 € | 18.530 € | 17.270 € | 16.100 € |
| 81.000 € | 30.953 € | 29.196 € | 27.499 € | 25.861 € | 24.270 € | 22.729 € | 21.268 € | 19.866 € | 18.530 € | 17.270 € | 16.100 € |
| 84.000 € | 30.953 € | 29.196 € | 27.499 € | 25.861 € | 24.270 € | 22.729 € | 21.268 € | 19.866 € | 18.530 € | 17.270 € | 16.100 € |
| 87.000 € | 30.953 € | 29.196 € | 27.499 € | 25.861 € | 24.270 € | 22.729 € | 21.268 € | 19.866 € | 18.530 € | 17.270 € | 16.100 € |
| 90.000 € | 30.953 € | 29.196 € | 27.499 € | 25.861 € | 24.270 € | 22.729 € | 21.268 € | 19.866 € | 18.530 € | 17.270 € | 16.100 € |
| 93.000 € | 30.953 € | 29.196 € | 27.499 € | 25.861 € | 24.270 € | 22.729 € | 21.268 € | 19.866 € | 18.530 € | 17.270 € | 16.100 € |
| 96.000 € | 30.953 € | 29.196 € | 27.499 € | 25.861 € | 24.270 € | 22.729 € | 21.268 € | 19.866 € | 18.530 € | 17.270 € | 16.100 € |
| 99.000 € | 30.953 € | 29.196 € | 27.499 € | 25.861 € | 24.270 € | 22.729 € | 21.268 € | 19.866 € | 18.530 € | 17.270 € | 16.100 € |
| 102.000 € | 30.953 € | 29.196 € | 27.499 € | 25.861 € | 24.270 € | 22.729 € | 21.268 € | 19.866 € | 18.530 € | 17.270 € | 16.100 € |
| 105.000 € | 30.953 € | 29.196 € | 27.499 € | 25.861 € | 24.270 € | 22.729 € | 21.268 € | 19.866 € | 18.530 € | 17.270 € | 16.100 € |
| 108.000 € | 30.953 € | 29.196 € | 27.499 € | 25.861 € | 24.270 € | 22.729 € | 21.268 € | 19.866 € | 18.530 € | 17.270 € | 16.100 € |
| 111.000 € | 30.953 € | 29.196 € | 27.499 € | 25.861 € | 24.270 € | 22.729 € | 21.268 € | 19.866 € | 18.530 € | 17.270 € | 16.100 € |
| 114.000 € | 30.953 € | 29.196 € | 27.499 € | 25.861 € | 24.270 € | 22.729 € | 21.268 € | 19.866 € | 18.530 € | 17.270 € | 16.100 € |
| 117.000 € | 30.953 € | 29.196 € | 27.499 € | 25.861 € | 24.270 € | 22.729 € | 21.268 € | 19.866 € | 18.530 € | 17.270 € | 16.100 € |
| 120.000 € | 30.953 € | 29.196 € | 27.499 € | 25.861 € | 24.270 € | 22.729 € | 21.268 € | 19.866 € | 18.530 € | 17.270 € | 16.100 € |

# TABLA 1.C.1
## Lucro cesante del cónyuge
Años de duración del matrimonio: 44 años

| Ingreso neto | Edad del cónyuge | | | | | | | | | |
|---|---|---|---|---|---|---|---|---|---|---|
| Hasta | 90 | 91 | 92 | 93 | 94 | 95 | 96 | 97 | 98 | 99 o más |
| 9.000 € | 3.459 € | 3.206 € | 3.000 € | 3.000 € | 3.000 € | 3.000 € | 3.000 € | 3.000 € | 3.000 € | 3.000 € |
| 12.000 € | 4.612 € | 4.274 € | 3.944 € | 3.580 € | 3.269 € | 3.000 € | 3.000 € | 3.000 € | 3.000 € | 3.000 € |
| 15.000 € | 5.764 € | 5.343 € | 4.930 € | 4.474 € | 4.086 € | 3.656 € | 3.205 € | 3.000 € | 3.000 € | 3.000 € |
| 18.000 € | 6.917 € | 6.411 € | 5.916 € | 5.369 € | 4.903 € | 4.387 € | 3.846 € | 3.243 € | 3.000 € | 3.000 € |
| 21.000 € | 8.070 € | 7.480 € | 6.902 € | 6.264 € | 5.720 € | 5.118 € | 4.487 € | 3.784 € | 3.000 € | 3.000 € |
| 24.000 € | 9.223 € | 8.548 € | 7.887 € | 7.159 € | 6.537 € | 5.849 € | 5.128 € | 4.325 € | 3.287 € | 3.000 € |
| 27.000 € | 10.376 € | 9.617 € | 8.873 € | 8.054 € | 7.355 € | 6.581 € | 5.769 € | 4.865 € | 3.698 € | 3.000 € |
| 30.000 € | 11.529 € | 10.685 € | 9.859 € | 8.949 € | 8.172 € | 7.312 € | 6.410 € | 5.406 € | 4.108 € | 3.000 € |
| 33.000 € | 12.682 € | 11.754 € | 10.845 € | 9.844 € | 8.989 € | 8.043 € | 7.051 € | 5.946 € | 4.519 € | 3.000 € |
| 36.000 € | 13.835 € | 12.822 € | 11.831 € | 10.739 € | 9.806 € | 8.774 € | 7.692 € | 6.487 € | 4.930 € | 3.000 € |
| 39.000 € | 14.988 € | 13.891 € | 12.817 € | 11.634 € | 10.623 € | 9.505 € | 8.333 € | 7.027 € | 5.341 € | 3.120 € |
| 42.000 € | 14.988 € | 13.891 € | 12.817 € | 11.634 € | 10.623 € | 9.505 € | 8.333 € | 7.027 € | 5.341 € | 3.120 € |
| 45.000 € | 14.988 € | 13.891 € | 12.817 € | 11.634 € | 10.623 € | 9.505 € | 8.333 € | 7.027 € | 5.341 € | 3.120 € |
| 48.000 € | 14.988 € | 13.891 € | 12.817 € | 11.634 € | 10.623 € | 9.505 € | 8.333 € | 7.027 € | 5.341 € | 3.120 € |
| 51.000 € | 14.988 € | 13.891 € | 12.817 € | 11.634 € | 10.623 € | 9.505 € | 8.333 € | 7.027 € | 5.341 € | 3.120 € |
| 54.000 € | 14.988 € | 13.891 € | 12.817 € | 11.634 € | 10.623 € | 9.505 € | 8.333 € | 7.027 € | 5.341 € | 3.120 € |
| 57.000 € | 14.988 € | 13.891 € | 12.817 € | 11.634 € | 10.623 € | 9.505 € | 8.333 € | 7.027 € | 5.341 € | 3.120 € |
| 60.000 € | 14.988 € | 13.891 € | 12.817 € | 11.634 € | 10.623 € | 9.505 € | 8.333 € | 7.027 € | 5.341 € | 3.120 € |
| 63.000 € | 14.988 € | 13.891 € | 12.817 € | 11.634 € | 10.623 € | 9.505 € | 8.333 € | 7.027 € | 5.341 € | 3.120 € |
| 66.000 € | 14.988 € | 13.891 € | 12.817 € | 11.634 € | 10.623 € | 9.505 € | 8.333 € | 7.027 € | 5.341 € | 3.120 € |
| 69.000 € | 14.988 € | 13.891 € | 12.817 € | 11.634 € | 10.623 € | 9.505 € | 8.333 € | 7.027 € | 5.341 € | 3.120 € |
| 72.000 € | 14.988 € | 13.891 € | 12.817 € | 11.634 € | 10.623 € | 9.505 € | 8.333 € | 7.027 € | 5.341 € | 3.120 € |
| 75.000 € | 14.988 € | 13.891 € | 12.817 € | 11.634 € | 10.623 € | 9.505 € | 8.333 € | 7.027 € | 5.341 € | 3.120 € |
| 78.000 € | 14.988 € | 13.891 € | 12.817 € | 11.634 € | 10.623 € | 9.505 € | 8.333 € | 7.027 € | 5.341 € | 3.120 € |
| 81.000 € | 14.988 € | 13.891 € | 12.817 € | 11.634 € | 10.623 € | 9.505 € | 8.333 € | 7.027 € | 5.341 € | 3.120 € |
| 84.000 € | 14.988 € | 13.891 € | 12.817 € | 11.634 € | 10.623 € | 9.505 € | 8.333 € | 7.027 € | 5.341 € | 3.120 € |
| 87.000 € | 14.988 € | 13.891 € | 12.817 € | 11.634 € | 10.623 € | 9.505 € | 8.333 € | 7.027 € | 5.341 € | 3.120 € |
| 90.000 € | 14.988 € | 13.891 € | 12.817 € | 11.634 € | 10.623 € | 9.505 € | 8.333 € | 7.027 € | 5.341 € | 3.120 € |
| 93.000 € | 14.988 € | 13.891 € | 12.817 € | 11.634 € | 10.623 € | 9.505 € | 8.333 € | 7.027 € | 5.341 € | 3.120 € |
| 96.000 € | 14.988 € | 13.891 € | 12.817 € | 11.634 € | 10.623 € | 9.505 € | 8.333 € | 7.027 € | 5.341 € | 3.120 € |
| 99.000 € | 14.988 € | 13.891 € | 12.817 € | 11.634 € | 10.623 € | 9.505 € | 8.333 € | 7.027 € | 5.341 € | 3.120 € |
| 102.000 € | 14.988 € | 13.891 € | 12.817 € | 11.634 € | 10.623 € | 9.505 € | 8.333 € | 7.027 € | 5.341 € | 3.120 € |
| 105.000 € | 14.988 € | 13.891 € | 12.817 € | 11.634 € | 10.623 € | 9.505 € | 8.333 € | 7.027 € | 5.341 € | 3.120 € |
| 108.000 € | 14.988 € | 13.891 € | 12.817 € | 11.634 € | 10.623 € | 9.505 € | 8.333 € | 7.027 € | 5.341 € | 3.120 € |
| 111.000 € | 14.988 € | 13.891 € | 12.817 € | 11.634 € | 10.623 € | 9.505 € | 8.333 € | 7.027 € | 5.341 € | 3.120 € |
| 114.000 € | 14.988 € | 13.891 € | 12.817 € | 11.634 € | 10.623 € | 9.505 € | 8.333 € | 7.027 € | 5.341 € | 3.120 € |
| 117.000 € | 14.988 € | 13.891 € | 12.817 € | 11.634 € | 10.623 € | 9.505 € | 8.333 € | 7.027 € | 5.341 € | 3.120 € |
| 120.000 € | 14.988 € | 13.891 € | 12.817 € | 11.634 € | 10.623 € | 9.505 € | 8.333 € | 7.027 € | 5.341 € | 3.120 € |

# TABLA 1.C.1
## Lucro cesante del cónyuge
### Años de duración del matrimonio: 45 años

Ingreso netc Edad del cónyuge Edad del c

| Hasta | 59 | 60 | 61 | 62 | 63 | 64 | 65 | 66 | 67 | 68 |
|---|---|---|---|---|---|---|---|---|---|---|
| 9.000 € | 25.469 € | 23.914 € | 22.419 € | 20.976 € | 19.606 € | 18.301 € | 17.052 € | 15.890 € | 12.390 € | 11.956 € |
| 12.000 € | 33.959 € | 31.885 € | 29.891 € | 27.968 € | 26.141 € | 24.401 € | 22.735 € | 21.187 € | 16.520 € | 15.941 € |
| 15.000 € | 42.448 € | 39.856 € | 37.364 € | 34.960 € | 32.676 € | 30.502 € | 28.419 € | 26.484 € | 20.650 € | 19.926 € |
| 18.000 € | 50.938 € | 47.828 € | 44.837 € | 41.952 € | 39.212 € | 36.602 € | 34.103 € | 31.781 € | 24.780 € | 23.912 € |
| 21.000 € | 59.428 € | 55.799 € | 52.310 € | 48.944 € | 45.747 € | 42.702 € | 39.787 € | 37.077 € | 28.909 € | 27.897 € |
| 24.000 € | 67.917 € | 63.770 € | 59.783 € | 55.936 € | 52.282 € | 48.802 € | 45.471 € | 42.374 € | 33.039 € | 31.882 € |
| 27.000 € | 76.407 € | 71.742 € | 67.256 € | 62.928 € | 58.817 € | 54.903 € | 51.155 € | 47.671 € | 37.169 € | 35.867 € |
| 30.000 € | 84.897 € | 79.713 € | 74.729 € | 69.920 € | 65.353 € | 61.003 € | 56.839 € | 52.968 € | 41.299 € | 39.853 € |
| 33.000 € | 93.387 € | 87.684 € | 82.201 € | 76.912 € | 71.888 € | 67.103 € | 62.523 € | 58.264 € | 45.429 € | 43.838 € |
| 36.000 € | 101.612 € | 95.656 € | 89.674 € | 83.904 € | 78.423 € | 73.204 € | 68.206 € | 63.561 € | 49.559 € | 47.823 € |
| 39.000 € | 102.417 € | 96.400 € | 90.145 € | 84.424 € | 78.605 € | 73.267 € | 68.206 € | 63.561 € | 53.689 € | 51.808 € |
| 42.000 € | 103.223 € | 97.146 € | 90.614 € | 84.945 € | 78.786 € | 73.330 € | 68.206 € | 63.561 € | 53.689 € | 51.808 € |
| 45.000 € | 104.032 € | 97.894 € | 91.084 € | 85.465 € | 78.966 € | 73.393 € | 68.206 € | 63.561 € | 53.689 € | 51.808 € |
| 48.000 € | 104.843 € | 98.644 € | 91.555 € | 85.987 € | 79.146 € | 73.456 € | 68.206 € | 63.561 € | 53.689 € | 51.808 € |
| 51.000 € | 105.657 € | 99.397 € | 92.025 € | 86.510 € | 79.326 € | 73.518 € | 68.206 € | 63.561 € | 53.689 € | 51.808 € |
| 54.000 € | 106.475 € | 100.153 € | 92.497 € | 87.034 € | 79.505 € | 73.580 € | 68.206 € | 63.561 € | 53.689 € | 51.808 € |
| 57.000 € | 107.297 € | 100.913 € | 92.970 € | 87.560 € | 79.684 € | 73.643 € | 68.206 € | 63.561 € | 53.689 € | 51.808 € |
| 60.000 € | 108.122 € | 101.676 € | 93.443 € | 88.087 € | 79.864 € | 73.705 € | 68.206 € | 63.561 € | 53.689 € | 51.808 € |
| 63.000 € | 108.952 € | 102.443 € | 93.918 € | 88.616 € | 80.043 € | 73.767 € | 68.206 € | 63.561 € | 53.689 € | 51.808 € |
| 66.000 € | 109.786 € | 103.214 € | 94.394 € | 89.148 € | 80.222 € | 73.828 € | 68.206 € | 63.561 € | 53.689 € | 51.808 € |
| 69.000 € | 110.625 € | 103.989 € | 94.872 € | 89.681 € | 80.401 € | 73.890 € | 68.206 € | 63.561 € | 53.689 € | 51.808 € |
| 72.000 € | 111.469 € | 104.769 € | 95.351 € | 90.216 € | 80.581 € | 73.952 € | 68.206 € | 63.561 € | 53.689 € | 51.808 € |
| 75.000 € | 125.098 € | 105.553 € | 95.832 € | 90.754 € | 80.760 € | 74.013 € | 68.206 € | 63.561 € | 53.689 € | 51.808 € |
| 78.000 € | 138.727 € | 117.561 € | 96.314 € | 91.294 € | 80.939 € | 74.075 € | 68.206 € | 63.561 € | 53.689 € | 51.808 € |
| 81.000 € | 152.356 € | 129.570 € | 106.680 € | 91.837 € | 81.119 € | 74.137 € | 68.206 € | 63.561 € | 53.689 € | 51.808 € |
| 84.000 € | 165.984 € | 141.578 € | 117.046 € | 92.382 € | 81.299 € | 74.198 € | 68.206 € | 63.561 € | 53.689 € | 51.808 € |
| 87.000 € | 179.613 € | 153.586 € | 127.412 € | 101.082 € | 81.479 € | 74.260 € | 68.206 € | 63.561 € | 53.689 € | 51.808 € |
| 90.000 € | 193.242 € | 165.595 € | 137.777 € | 109.782 € | 81.659 € | 74.321 € | 68.206 € | 63.561 € | 53.689 € | 51.808 € |
| 93.000 € | 206.871 € | 177.603 € | 148.143 € | 118.482 € | 88.675 € | 74.383 € | 68.206 € | 63.561 € | 53.689 € | 51.808 € |
| 96.000 € | 220.499 € | 189.611 € | 158.509 € | 127.183 € | 95.691 € | 74.444 € | 68.206 € | 63.561 € | 53.689 € | 51.808 € |
| 99.000 € | 234.128 € | 201.620 € | 168.875 € | 135.883 € | 102.707 € | 74.505 € | 68.206 € | 63.561 € | 53.689 € | 51.808 € |
| 102.000 € | 247.757 € | 213.628 € | 179.240 € | 144.583 € | 109.723 € | 74.567 € | 68.206 € | 63.561 € | 53.689 € | 51.808 € |
| 105.000 € | 261.386 € | 225.636 € | 189.606 € | 153.284 € | 116.739 € | 79.874 € | 68.206 € | 63.561 € | 53.689 € | 51.808 € |
| 108.000 € | 275.014 € | 237.645 € | 199.972 € | 161.984 € | 123.755 € | 85.182 € | 68.206 € | 63.561 € | 53.689 € | 51.808 € |
| 111.000 € | 288.643 € | 249.653 € | 210.338 € | 170.684 € | 130.771 € | 90.490 € | 68.206 € | 63.561 € | 53.689 € | 51.808 € |
| 114.000 € | 302.272 € | 261.661 € | 220.704 € | 179.385 € | 137.787 € | 95.797 € | 68.206 € | 63.561 € | 53.689 € | 51.808 € |
| 117.000 € | 315.901 € | 273.670 € | 231.069 € | 188.085 € | 144.803 € | 101.105 € | 68.206 € | 63.561 € | 53.689 € | 51.808 € |
| 120.000 € | 329.529 € | 285.678 € | 241.435 € | 196.785 € | 151.819 € | 106.412 € | 68.206 € | 63.561 € | 53.689 € | 51.808 € |

# TABLA 1.C.1
## Lucro cesante del cónyuge
Años de duración del matrimonio: 45 años

Ingreso netcónyuge | Edad del cónyuge

| Hasta | 69 | 70 | 71 | 72 | 73 | 74 | 75 | 76 | 77 | 78 | 79 |
|---|---|---|---|---|---|---|---|---|---|---|---|
| 9.000 € | 11.515 € | 11.058 € | 10.620 € | 10.178 € | 9.713 € | 9.267 € | 8.838 € | 8.406 € | 7.975 € | 7.553 € | 7.143 € |
| 12.000 € | 15.353 € | 14.744 € | 14.160 € | 13.570 € | 12.951 € | 12.356 € | 11.784 € | 11.209 € | 10.634 € | 10.071 € | 9.524 € |
| 15.000 € | 19.192 € | 18.430 € | 17.700 € | 16.963 € | 16.189 € | 15.446 € | 14.730 € | 14.011 € | 13.292 € | 12.588 € | 11.905 € |
| 18.000 € | 23.030 € | 22.116 € | 21.240 € | 20.356 € | 19.427 € | 18.535 € | 17.677 € | 16.813 € | 15.950 € | 15.106 € | 14.286 € |
| 21.000 € | 26.868 € | 25.802 € | 24.780 € | 23.748 € | 22.664 € | 21.624 € | 20.623 € | 19.615 € | 18.609 € | 17.624 € | 16.667 € |
| 24.000 € | 30.707 € | 29.488 € | 28.319 € | 27.141 € | 25.902 € | 24.713 € | 23.569 € | 22.417 € | 21.267 € | 20.141 € | 19.048 € |
| 27.000 € | 34.545 € | 33.174 € | 31.859 € | 30.533 € | 29.140 € | 27.802 € | 26.515 € | 25.219 € | 23.926 € | 22.659 € | 21.429 € |
| 30.000 € | 38.383 € | 36.860 € | 35.399 € | 33.926 € | 32.378 € | 30.891 € | 29.461 € | 28.021 € | 26.584 € | 25.177 € | 23.810 € |
| 33.000 € | 42.222 € | 40.546 € | 38.939 € | 37.318 € | 35.615 € | 33.980 € | 32.407 € | 30.823 € | 29.243 € | 27.694 € | 26.191 € |
| 36.000 € | 46.060 € | 44.232 € | 42.479 € | 40.711 € | 38.853 € | 37.069 € | 35.353 € | 33.626 € | 31.901 € | 30.212 € | 28.572 € |
| 39.000 € | 49.898 € | 47.918 € | 46.019 € | 44.104 € | 42.091 € | 40.158 € | 38.299 € | 36.428 € | 34.559 € | 32.730 € | 30.953 € |
| 42.000 € | 49.898 € | 47.918 € | 46.019 € | 44.104 € | 42.091 € | 40.158 € | 38.299 € | 36.428 € | 34.559 € | 32.730 € | 30.953 € |
| 45.000 € | 49.898 € | 47.918 € | 46.019 € | 44.104 € | 42.091 € | 40.158 € | 38.299 € | 36.428 € | 34.559 € | 32.730 € | 30.953 € |
| 48.000 € | 49.898 € | 47.918 € | 46.019 € | 44.104 € | 42.091 € | 40.158 € | 38.299 € | 36.428 € | 34.559 € | 32.730 € | 30.953 € |
| 51.000 € | 49.898 € | 47.918 € | 46.019 € | 44.104 € | 42.091 € | 40.158 € | 38.299 € | 36.428 € | 34.559 € | 32.730 € | 30.953 € |
| 54.000 € | 49.898 € | 47.918 € | 46.019 € | 44.104 € | 42.091 € | 40.158 € | 38.299 € | 36.428 € | 34.559 € | 32.730 € | 30.953 € |
| 57.000 € | 49.898 € | 47.918 € | 46.019 € | 44.104 € | 42.091 € | 40.158 € | 38.299 € | 36.428 € | 34.559 € | 32.730 € | 30.953 € |
| 60.000 € | 49.898 € | 47.918 € | 46.019 € | 44.104 € | 42.091 € | 40.158 € | 38.299 € | 36.428 € | 34.559 € | 32.730 € | 30.953 € |
| 63.000 € | 49.898 € | 47.918 € | 46.019 € | 44.104 € | 42.091 € | 40.158 € | 38.299 € | 36.428 € | 34.559 € | 32.730 € | 30.953 € |
| 66.000 € | 49.898 € | 47.918 € | 46.019 € | 44.104 € | 42.091 € | 40.158 € | 38.299 € | 36.428 € | 34.559 € | 32.730 € | 30.953 € |
| 69.000 € | 49.898 € | 47.918 € | 46.019 € | 44.104 € | 42.091 € | 40.158 € | 38.299 € | 36.428 € | 34.559 € | 32.730 € | 30.953 € |
| 72.000 € | 49.898 € | 47.918 € | 46.019 € | 44.104 € | 42.091 € | 40.158 € | 38.299 € | 36.428 € | 34.559 € | 32.730 € | 30.953 € |
| 75.000 € | 49.898 € | 47.918 € | 46.019 € | 44.104 € | 42.091 € | 40.158 € | 38.299 € | 36.428 € | 34.559 € | 32.730 € | 30.953 € |
| 78.000 € | 49.898 € | 47.918 € | 46.019 € | 44.104 € | 42.091 € | 40.158 € | 38.299 € | 36.428 € | 34.559 € | 32.730 € | 30.953 € |
| 81.000 € | 49.898 € | 47.918 € | 46.019 € | 44.104 € | 42.091 € | 40.158 € | 38.299 € | 36.428 € | 34.559 € | 32.730 € | 30.953 € |
| 84.000 € | 49.898 € | 47.918 € | 46.019 € | 44.104 € | 42.091 € | 40.158 € | 38.299 € | 36.428 € | 34.559 € | 32.730 € | 30.953 € |
| 87.000 € | 49.898 € | 47.918 € | 46.019 € | 44.104 € | 42.091 € | 40.158 € | 38.299 € | 36.428 € | 34.559 € | 32.730 € | 30.953 € |
| 90.000 € | 49.898 € | 47.918 € | 46.019 € | 44.104 € | 42.091 € | 40.158 € | 38.299 € | 36.428 € | 34.559 € | 32.730 € | 30.953 € |
| 93.000 € | 49.898 € | 47.918 € | 46.019 € | 44.104 € | 42.091 € | 40.158 € | 38.299 € | 36.428 € | 34.559 € | 32.730 € | 30.953 € |
| 96.000 € | 49.898 € | 47.918 € | 46.019 € | 44.104 € | 42.091 € | 40.158 € | 38.299 € | 36.428 € | 34.559 € | 32.730 € | 30.953 € |
| 99.000 € | 49.898 € | 47.918 € | 46.019 € | 44.104 € | 42.091 € | 40.158 € | 38.299 € | 36.428 € | 34.559 € | 32.730 € | 30.953 € |
| 102.000 € | 49.898 € | 47.918 € | 46.019 € | 44.104 € | 42.091 € | 40.158 € | 38.299 € | 36.428 € | 34.559 € | 32.730 € | 30.953 € |
| 105.000 € | 49.898 € | 47.918 € | 46.019 € | 44.104 € | 42.091 € | 40.158 € | 38.299 € | 36.428 € | 34.559 € | 32.730 € | 30.953 € |
| 108.000 € | 49.898 € | 47.918 € | 46.019 € | 44.104 € | 42.091 € | 40.158 € | 38.299 € | 36.428 € | 34.559 € | 32.730 € | 30.953 € |
| 111.000 € | 49.898 € | 47.918 € | 46.019 € | 44.104 € | 42.091 € | 40.158 € | 38.299 € | 36.428 € | 34.559 € | 32.730 € | 30.953 € |
| 114.000 € | 49.898 € | 47.918 € | 46.019 € | 44.104 € | 42.091 € | 40.158 € | 38.299 € | 36.428 € | 34.559 € | 32.730 € | 30.953 € |
| 117.000 € | 49.898 € | 47.918 € | 46.019 € | 44.104 € | 42.091 € | 40.158 € | 38.299 € | 36.428 € | 34.559 € | 32.730 € | 30.953 € |
| 120.000 € | 49.898 € | 47.918 € | 46.019 € | 44.104 € | 42.091 € | 40.158 € | 38.299 € | 36.428 € | 34.559 € | 32.730 € | 30.953 € |

# TABLA 1.C.1
## Lucro cesante del cónyuge
### Años de duración del matrimonio: 45 años

| Ingreso neto | Edad del cónyuge | | | | | | | | | | |
|---|---|---|---|---|---|---|---|---|---|---|---|
| Hasta | 80 | 81 | 82 | 83 | 84 | 85 | 86 | 87 | 88 | 89 | 90 |
| 9.000 € | 6.738 € | 6.346 € | 5.968 € | 5.601 € | 5.245 € | 4.908 € | 4.584 € | 4.276 € | 3.985 € | 3.715 € | 3.459 € |
| 12.000 € | 8.983 € | 8.461 € | 7.957 € | 7.468 € | 6.994 € | 6.544 € | 6.113 € | 5.702 € | 5.314 € | 4.954 € | 4.612 € |
| 15.000 € | 11.229 € | 10.576 € | 9.947 € | 9.335 € | 8.742 € | 8.180 € | 7.641 € | 7.127 € | 6.642 € | 6.192 € | 5.764 € |
| 18.000 € | 13.475 € | 12.692 € | 11.936 € | 11.202 € | 10.490 € | 9.816 € | 9.169 € | 8.552 € | 7.971 € | 7.431 € | 6.917 € |
| 21.000 € | 15.721 € | 14.807 € | 13.925 € | 13.069 € | 12.239 € | 11.452 € | 10.697 € | 9.978 € | 9.299 € | 8.669 € | 8.070 € |
| 24.000 € | 17.967 € | 16.922 € | 15.915 € | 14.936 € | 13.987 € | 13.088 € | 12.225 € | 11.403 € | 10.628 € | 9.907 € | 9.223 € |
| 27.000 € | 20.213 € | 19.038 € | 17.904 € | 16.803 € | 15.735 € | 14.724 € | 13.753 € | 12.829 € | 11.956 € | 11.146 € | 10.376 € |
| 30.000 € | 22.459 € | 21.153 € | 19.893 € | 18.669 € | 17.484 € | 16.360 € | 15.282 € | 14.254 € | 13.285 € | 12.384 € | 11.529 € |
| 33.000 € | 24.704 € | 23.268 € | 21.883 € | 20.536 € | 19.232 € | 17.996 € | 16.810 € | 15.679 € | 14.613 € | 13.623 € | 12.682 € |
| 36.000 € | 26.950 € | 25.383 € | 23.872 € | 22.403 € | 20.981 € | 19.632 € | 18.338 € | 17.105 € | 15.942 € | 14.861 € | 13.835 € |
| 39.000 € | 29.196 € | 27.499 € | 25.861 € | 24.270 € | 22.729 € | 21.268 € | 19.866 € | 18.530 € | 17.270 € | 16.100 € | 14.988 € |
| 42.000 € | 29.196 € | 27.499 € | 25.861 € | 24.270 € | 22.729 € | 21.268 € | 19.866 € | 18.530 € | 17.270 € | 16.100 € | 14.988 € |
| 45.000 € | 29.196 € | 27.499 € | 25.861 € | 24.270 € | 22.729 € | 21.268 € | 19.866 € | 18.530 € | 17.270 € | 16.100 € | 14.988 € |
| 48.000 € | 29.196 € | 27.499 € | 25.861 € | 24.270 € | 22.729 € | 21.268 € | 19.866 € | 18.530 € | 17.270 € | 16.100 € | 14.988 € |
| 51.000 € | 29.196 € | 27.499 € | 25.861 € | 24.270 € | 22.729 € | 21.268 € | 19.866 € | 18.530 € | 17.270 € | 16.100 € | 14.988 € |
| 54.000 € | 29.196 € | 27.499 € | 25.861 € | 24.270 € | 22.729 € | 21.268 € | 19.866 € | 18.530 € | 17.270 € | 16.100 € | 14.988 € |
| 57.000 € | 29.196 € | 27.499 € | 25.861 € | 24.270 € | 22.729 € | 21.268 € | 19.866 € | 18.530 € | 17.270 € | 16.100 € | 14.988 € |
| 60.000 € | 29.196 € | 27.499 € | 25.861 € | 24.270 € | 22.729 € | 21.268 € | 19.866 € | 18.530 € | 17.270 € | 16.100 € | 14.988 € |
| 63.000 € | 29.196 € | 27.499 € | 25.861 € | 24.270 € | 22.729 € | 21.268 € | 19.866 € | 18.530 € | 17.270 € | 16.100 € | 14.988 € |
| 66.000 € | 29.196 € | 27.499 € | 25.861 € | 24.270 € | 22.729 € | 21.268 € | 19.866 € | 18.530 € | 17.270 € | 16.100 € | 14.988 € |
| 69.000 € | 29.196 € | 27.499 € | 25.861 € | 24.270 € | 22.729 € | 21.268 € | 19.866 € | 18.530 € | 17.270 € | 16.100 € | 14.988 € |
| 72.000 € | 29.196 € | 27.499 € | 25.861 € | 24.270 € | 22.729 € | 21.268 € | 19.866 € | 18.530 € | 17.270 € | 16.100 € | 14.988 € |
| 75.000 € | 29.196 € | 27.499 € | 25.861 € | 24.270 € | 22.729 € | 21.268 € | 19.866 € | 18.530 € | 17.270 € | 16.100 € | 14.988 € |
| 78.000 € | 29.196 € | 27.499 € | 25.861 € | 24.270 € | 22.729 € | 21.268 € | 19.866 € | 18.530 € | 17.270 € | 16.100 € | 14.988 € |
| 81.000 € | 29.196 € | 27.499 € | 25.861 € | 24.270 € | 22.729 € | 21.268 € | 19.866 € | 18.530 € | 17.270 € | 16.100 € | 14.988 € |
| 84.000 € | 29.196 € | 27.499 € | 25.861 € | 24.270 € | 22.729 € | 21.268 € | 19.866 € | 18.530 € | 17.270 € | 16.100 € | 14.988 € |
| 87.000 € | 29.196 € | 27.499 € | 25.861 € | 24.270 € | 22.729 € | 21.268 € | 19.866 € | 18.530 € | 17.270 € | 16.100 € | 14.988 € |
| 90.000 € | 29.196 € | 27.499 € | 25.861 € | 24.270 € | 22.729 € | 21.268 € | 19.866 € | 18.530 € | 17.270 € | 16.100 € | 14.988 € |
| 93.000 € | 29.196 € | 27.499 € | 25.861 € | 24.270 € | 22.729 € | 21.268 € | 19.866 € | 18.530 € | 17.270 € | 16.100 € | 14.988 € |
| 96.000 € | 29.196 € | 27.499 € | 25.861 € | 24.270 € | 22.729 € | 21.268 € | 19.866 € | 18.530 € | 17.270 € | 16.100 € | 14.988 € |
| 99.000 € | 29.196 € | 27.499 € | 25.861 € | 24.270 € | 22.729 € | 21.268 € | 19.866 € | 18.530 € | 17.270 € | 16.100 € | 14.988 € |
| 102.000 € | 29.196 € | 27.499 € | 25.861 € | 24.270 € | 22.729 € | 21.268 € | 19.866 € | 18.530 € | 17.270 € | 16.100 € | 14.988 € |
| 105.000 € | 29.196 € | 27.499 € | 25.861 € | 24.270 € | 22.729 € | 21.268 € | 19.866 € | 18.530 € | 17.270 € | 16.100 € | 14.988 € |
| 108.000 € | 29.196 € | 27.499 € | 25.861 € | 24.270 € | 22.729 € | 21.268 € | 19.866 € | 18.530 € | 17.270 € | 16.100 € | 14.988 € |
| 111.000 € | 29.196 € | 27.499 € | 25.861 € | 24.270 € | 22.729 € | 21.268 € | 19.866 € | 18.530 € | 17.270 € | 16.100 € | 14.988 € |
| 114.000 € | 29.196 € | 27.499 € | 25.861 € | 24.270 € | 22.729 € | 21.268 € | 19.866 € | 18.530 € | 17.270 € | 16.100 € | 14.988 € |
| 117.000 € | 29.196 € | 27.499 € | 25.861 € | 24.270 € | 22.729 € | 21.268 € | 19.866 € | 18.530 € | 17.270 € | 16.100 € | 14.988 € |
| 120.000 € | 29.196 € | 27.499 € | 25.861 € | 24.270 € | 22.729 € | 21.268 € | 19.866 € | 18.530 € | 17.270 € | 16.100 € | 14.988 € |

# TABLA 1.C.1
## Lucro cesante del cónyuge
### Años de duración del matrimonio: 45 años

| Ingreso neto | Edad del cónyuge | | | | | | | | |
|---|---|---|---|---|---|---|---|---|---|
| Hasta | 91 | 92 | 93 | 94 | 95 | 96 | 97 | 98 | 99 o más |
| 9.000 € | 3.206 € | 3.000 € | 3.000 € | 3.000 € | 3.000 € | 3.000 € | 3.000 € | 3.000 € | 3.000 € |
| 12.000 € | 4.274 € | 3.944 € | 3.580 € | 3.269 € | 3.000 € | 3.000 € | 3.000 € | 3.000 € | 3.000 € |
| 15.000 € | 5.343 € | 4.930 € | 4.474 € | 4.086 € | 3.656 € | 3.205 € | 3.000 € | 3.000 € | 3.000 € |
| 18.000 € | 6.411 € | 5.916 € | 5.369 € | 4.903 € | 4.387 € | 3.846 € | 3.243 € | 3.000 € | 3.000 € |
| 21.000 € | 7.480 € | 6.902 € | 6.264 € | 5.720 € | 5.118 € | 4.487 € | 3.784 € | 3.000 € | 3.000 € |
| 24.000 € | 8.548 € | 7.887 € | 7.159 € | 6.537 € | 5.849 € | 5.128 € | 4.325 € | 3.287 € | 3.000 € |
| 27.000 € | 9.617 € | 8.873 € | 8.054 € | 7.355 € | 6.581 € | 5.769 € | 4.865 € | 3.698 € | 3.000 € |
| 30.000 € | 10.685 € | 9.859 € | 8.949 € | 8.172 € | 7.312 € | 6.410 € | 5.406 € | 4.108 € | 3.000 € |
| 33.000 € | 11.754 € | 10.845 € | 9.844 € | 8.989 € | 8.043 € | 7.051 € | 5.946 € | 4.519 € | 3.000 € |
| 36.000 € | 12.822 € | 11.831 € | 10.739 € | 9.806 € | 8.774 € | 7.692 € | 6.487 € | 4.930 € | 3.000 € |
| 39.000 € | 13.891 € | 12.817 € | 11.634 € | 10.623 € | 9.505 € | 8.333 € | 7.027 € | 5.341 € | 3.120 € |
| 42.000 € | 13.891 € | 12.817 € | 11.634 € | 10.623 € | 9.505 € | 8.333 € | 7.027 € | 5.341 € | 3.120 € |
| 45.000 € | 13.891 € | 12.817 € | 11.634 € | 10.623 € | 9.505 € | 8.333 € | 7.027 € | 5.341 € | 3.120 € |
| 48.000 € | 13.891 € | 12.817 € | 11.634 € | 10.623 € | 9.505 € | 8.333 € | 7.027 € | 5.341 € | 3.120 € |
| 51.000 € | 13.891 € | 12.817 € | 11.634 € | 10.623 € | 9.505 € | 8.333 € | 7.027 € | 5.341 € | 3.120 € |
| 54.000 € | 13.891 € | 12.817 € | 11.634 € | 10.623 € | 9.505 € | 8.333 € | 7.027 € | 5.341 € | 3.120 € |
| 57.000 € | 13.891 € | 12.817 € | 11.634 € | 10.623 € | 9.505 € | 8.333 € | 7.027 € | 5.341 € | 3.120 € |
| 60.000 € | 13.891 € | 12.817 € | 11.634 € | 10.623 € | 9.505 € | 8.333 € | 7.027 € | 5.341 € | 3.120 € |
| 63.000 € | 13.891 € | 12.817 € | 11.634 € | 10.623 € | 9.505 € | 8.333 € | 7.027 € | 5.341 € | 3.120 € |
| 66.000 € | 13.891 € | 12.817 € | 11.634 € | 10.623 € | 9.505 € | 8.333 € | 7.027 € | 5.341 € | 3.120 € |
| 69.000 € | 13.891 € | 12.817 € | 11.634 € | 10.623 € | 9.505 € | 8.333 € | 7.027 € | 5.341 € | 3.120 € |
| 72.000 € | 13.891 € | 12.817 € | 11.634 € | 10.623 € | 9.505 € | 8.333 € | 7.027 € | 5.341 € | 3.120 € |
| 75.000 € | 13.891 € | 12.817 € | 11.634 € | 10.623 € | 9.505 € | 8.333 € | 7.027 € | 5.341 € | 3.120 € |
| 78.000 € | 13.891 € | 12.817 € | 11.634 € | 10.623 € | 9.505 € | 8.333 € | 7.027 € | 5.341 € | 3.120 € |
| 81.000 € | 13.891 € | 12.817 € | 11.634 € | 10.623 € | 9.505 € | 8.333 € | 7.027 € | 5.341 € | 3.120 € |
| 84.000 € | 13.891 € | 12.817 € | 11.634 € | 10.623 € | 9.505 € | 8.333 € | 7.027 € | 5.341 € | 3.120 € |
| 87.000 € | 13.891 € | 12.817 € | 11.634 € | 10.623 € | 9.505 € | 8.333 € | 7.027 € | 5.341 € | 3.120 € |
| 90.000 € | 13.891 € | 12.817 € | 11.634 € | 10.623 € | 9.505 € | 8.333 € | 7.027 € | 5.341 € | 3.120 € |
| 93.000 € | 13.891 € | 12.817 € | 11.634 € | 10.623 € | 9.505 € | 8.333 € | 7.027 € | 5.341 € | 3.120 € |
| 96.000 € | 13.891 € | 12.817 € | 11.634 € | 10.623 € | 9.505 € | 8.333 € | 7.027 € | 5.341 € | 3.120 € |
| 99.000 € | 13.891 € | 12.817 € | 11.634 € | 10.623 € | 9.505 € | 8.333 € | 7.027 € | 5.341 € | 3.120 € |
| 102.000 € | 13.891 € | 12.817 € | 11.634 € | 10.623 € | 9.505 € | 8.333 € | 7.027 € | 5.341 € | 3.120 € |
| 105.000 € | 13.891 € | 12.817 € | 11.634 € | 10.623 € | 9.505 € | 8.333 € | 7.027 € | 5.341 € | 3.120 € |
| 108.000 € | 13.891 € | 12.817 € | 11.634 € | 10.623 € | 9.505 € | 8.333 € | 7.027 € | 5.341 € | 3.120 € |
| 111.000 € | 13.891 € | 12.817 € | 11.634 € | 10.623 € | 9.505 € | 8.333 € | 7.027 € | 5.341 € | 3.120 € |
| 114.000 € | 13.891 € | 12.817 € | 11.634 € | 10.623 € | 9.505 € | 8.333 € | 7.027 € | 5.341 € | 3.120 € |
| 117.000 € | 13.891 € | 12.817 € | 11.634 € | 10.623 € | 9.505 € | 8.333 € | 7.027 € | 5.341 € | 3.120 € |
| 120.000 € | 13.891 € | 12.817 € | 11.634 € | 10.623 € | 9.505 € | 8.333 € | 7.027 € | 5.341 € | 3.120 € |

# TABLA 1.C.1
## Lucro cesante del cónyuge
### Años de duración del matrimonio: 46 años

| Ingreso netc | Edad del cónyuge | | | | | | | | Edad del c |
|---|---|---|---|---|---|---|---|---|---|---|
| Hasta | 60 | 61 | 62 | 63 | 64 | 65 | 66 | 67 | 68 | 69 |
| 9.000 € | 23.914 € | 22.419 € | 20.976 € | 19.606 € | 18.301 € | 17.052 € | 15.890 € | 12.390 € | 11.956 € | 11.515 € |
| 12.000 € | 31.885 € | 29.891 € | 27.968 € | 26.141 € | 24.401 € | 22.735 € | 21.187 € | 16.520 € | 15.941 € | 15.353 € |
| 15.000 € | 39.856 € | 37.364 € | 34.960 € | 32.676 € | 30.502 € | 28.419 € | 26.484 € | 20.650 € | 19.926 € | 19.192 € |
| 18.000 € | 47.828 € | 44.837 € | 41.952 € | 39.212 € | 36.602 € | 34.103 € | 31.781 € | 24.780 € | 23.912 € | 23.030 € |
| 21.000 € | 55.799 € | 52.310 € | 48.944 € | 45.747 € | 42.702 € | 39.787 € | 37.077 € | 28.909 € | 27.897 € | 26.868 € |
| 24.000 € | 63.770 € | 59.783 € | 55.936 € | 52.282 € | 48.802 € | 45.471 € | 42.374 € | 33.039 € | 31.882 € | 30.707 € |
| 27.000 € | 71.742 € | 67.256 € | 62.928 € | 58.817 € | 54.903 € | 51.155 € | 47.671 € | 37.169 € | 35.867 € | 34.545 € |
| 30.000 € | 79.713 € | 74.729 € | 69.920 € | 65.353 € | 61.003 € | 56.839 € | 52.968 € | 41.299 € | 39.853 € | 38.383 € |
| 33.000 € | 87.684 € | 82.201 € | 76.912 € | 71.888 € | 67.103 € | 62.523 € | 58.264 € | 45.429 € | 43.838 € | 42.222 € |
| 36.000 € | 95.656 € | 89.674 € | 83.904 € | 78.423 € | 73.204 € | 68.206 € | 63.561 € | 49.559 € | 47.823 € | 46.060 € |
| 39.000 € | 96.400 € | 90.145 € | 84.424 € | 78.605 € | 73.267 € | 68.206 € | 63.561 € | 53.689 € | 51.808 € | 49.898 € |
| 42.000 € | 97.146 € | 90.614 € | 84.945 € | 78.786 € | 73.330 € | 68.206 € | 63.561 € | 53.689 € | 51.808 € | 49.898 € |
| 45.000 € | 97.894 € | 91.084 € | 85.465 € | 78.966 € | 73.393 € | 68.206 € | 63.561 € | 53.689 € | 51.808 € | 49.898 € |
| 48.000 € | 98.644 € | 91.555 € | 85.987 € | 79.146 € | 73.456 € | 68.206 € | 63.561 € | 53.689 € | 51.808 € | 49.898 € |
| 51.000 € | 99.397 € | 92.025 € | 86.510 € | 79.326 € | 73.518 € | 68.206 € | 63.561 € | 53.689 € | 51.808 € | 49.898 € |
| 54.000 € | 100.153 € | 92.497 € | 87.034 € | 79.505 € | 73.580 € | 68.206 € | 63.561 € | 53.689 € | 51.808 € | 49.898 € |
| 57.000 € | 100.913 € | 92.970 € | 87.560 € | 79.684 € | 73.643 € | 68.206 € | 63.561 € | 53.689 € | 51.808 € | 49.898 € |
| 60.000 € | 101.676 € | 93.443 € | 88.087 € | 79.864 € | 73.705 € | 68.206 € | 63.561 € | 53.689 € | 51.808 € | 49.898 € |
| 63.000 € | 102.443 € | 93.918 € | 88.616 € | 80.043 € | 73.767 € | 68.206 € | 63.561 € | 53.689 € | 51.808 € | 49.898 € |
| 66.000 € | 103.214 € | 94.394 € | 89.148 € | 80.222 € | 73.828 € | 68.206 € | 63.561 € | 53.689 € | 51.808 € | 49.898 € |
| 69.000 € | 103.989 € | 94.872 € | 89.681 € | 80.401 € | 73.890 € | 68.206 € | 63.561 € | 53.689 € | 51.808 € | 49.898 € |
| 72.000 € | 104.769 € | 95.351 € | 90.216 € | 80.581 € | 73.952 € | 68.206 € | 63.561 € | 53.689 € | 51.808 € | 49.898 € |
| 75.000 € | 105.553 € | 95.832 € | 90.754 € | 80.760 € | 74.013 € | 68.206 € | 63.561 € | 53.689 € | 51.808 € | 49.898 € |
| 78.000 € | 117.561 € | 96.314 € | 91.294 € | 80.939 € | 74.075 € | 68.206 € | 63.561 € | 53.689 € | 51.808 € | 49.898 € |
| 81.000 € | 129.570 € | 106.680 € | 91.837 € | 81.119 € | 74.137 € | 68.206 € | 63.561 € | 53.689 € | 51.808 € | 49.898 € |
| 84.000 € | 141.578 € | 117.046 € | 92.382 € | 81.299 € | 74.198 € | 68.206 € | 63.561 € | 53.689 € | 51.808 € | 49.898 € |
| 87.000 € | 153.586 € | 127.412 € | 101.082 € | 81.479 € | 74.260 € | 68.206 € | 63.561 € | 53.689 € | 51.808 € | 49.898 € |
| 90.000 € | 165.595 € | 137.777 € | 109.782 € | 81.659 € | 74.321 € | 68.206 € | 63.561 € | 53.689 € | 51.808 € | 49.898 € |
| 93.000 € | 177.603 € | 148.143 € | 118.482 € | 88.675 € | 74.383 € | 68.206 € | 63.561 € | 53.689 € | 51.808 € | 49.898 € |
| 96.000 € | 189.611 € | 158.509 € | 127.183 € | 95.691 € | 74.444 € | 68.206 € | 63.561 € | 53.689 € | 51.808 € | 49.898 € |
| 99.000 € | 201.620 € | 168.875 € | 135.883 € | 102.707 € | 74.505 € | 68.206 € | 63.561 € | 53.689 € | 51.808 € | 49.898 € |
| 102.000 € | 213.628 € | 179.240 € | 144.583 € | 109.723 € | 74.567 € | 68.206 € | 63.561 € | 53.689 € | 51.808 € | 49.898 € |
| 105.000 € | 225.636 € | 189.606 € | 153.284 € | 116.739 € | 79.874 € | 68.206 € | 63.561 € | 53.689 € | 51.808 € | 49.898 € |
| 108.000 € | 237.645 € | 199.972 € | 161.984 € | 123.755 € | 85.182 € | 68.206 € | 63.561 € | 53.689 € | 51.808 € | 49.898 € |
| 111.000 € | 249.653 € | 210.338 € | 170.684 € | 130.771 € | 90.490 € | 68.206 € | 63.561 € | 53.689 € | 51.808 € | 49.898 € |
| 114.000 € | 261.661 € | 220.704 € | 179.385 € | 137.787 € | 95.797 € | 68.206 € | 63.561 € | 53.689 € | 51.808 € | 49.898 € |
| 117.000 € | 273.670 € | 231.069 € | 188.085 € | 144.803 € | 101.105 € | 68.206 € | 63.561 € | 53.689 € | 51.808 € | 49.898 € |
| 120.000 € | 285.678 € | 241.435 € | 196.785 € | 151.819 € | 106.412 € | 68.206 € | 63.561 € | 53.689 € | 51.808 € | 49.898 € |

# TABLA 1.C.1

## Lucro cesante del cónyuge

Años de duración del matrimonio: 46 años

Ingreso netcónyuge

Edad del cónyuge

| Hasta | 70 | 71 | 72 | 73 | 74 | 75 | 76 | 77 | 78 | 79 | 80 |
|---|---|---|---|---|---|---|---|---|---|---|---|
| 9.000 € | 11.058 € | 10.620 € | 10.178 € | 9.713 € | 9.267 € | 8.838 € | 8.406 € | 7.975 € | 7.553 € | 7.143 € | 6.738 € |
| 12.000 € | 14.744 € | 14.160 € | 13.570 € | 12.951 € | 12.356 € | 11.784 € | 11.209 € | 10.634 € | 10.071 € | 9.524 € | 8.983 € |
| 15.000 € | 18.430 € | 17.700 € | 16.963 € | 16.189 € | 15.446 € | 14.730 € | 14.011 € | 13.292 € | 12.588 € | 11.905 € | 11.229 € |
| 18.000 € | 22.116 € | 21.240 € | 20.356 € | 19.427 € | 18.535 € | 17.677 € | 16.813 € | 15.950 € | 15.106 € | 14.286 € | 13.475 € |
| 21.000 € | 25.802 € | 24.780 € | 23.748 € | 22.664 € | 21.624 € | 20.623 € | 19.615 € | 18.609 € | 17.624 € | 16.667 € | 15.721 € |
| 24.000 € | 29.488 € | 28.319 € | 27.141 € | 25.902 € | 24.713 € | 23.569 € | 22.417 € | 21.267 € | 20.141 € | 19.048 € | 17.967 € |
| 27.000 € | 33.174 € | 31.859 € | 30.533 € | 29.140 € | 27.802 € | 26.515 € | 25.219 € | 23.926 € | 22.659 € | 21.429 € | 20.213 € |
| 30.000 € | 36.860 € | 35.399 € | 33.926 € | 32.378 € | 30.891 € | 29.461 € | 28.021 € | 26.584 € | 25.177 € | 23.810 € | 22.459 € |
| 33.000 € | 40.546 € | 38.939 € | 37.318 € | 35.615 € | 33.980 € | 32.407 € | 30.823 € | 29.243 € | 27.694 € | 26.191 € | 24.704 € |
| 36.000 € | 44.232 € | 42.479 € | 40.711 € | 38.853 € | 37.069 € | 35.353 € | 33.626 € | 31.901 € | 30.212 € | 28.572 € | 26.950 € |
| 39.000 € | 47.918 € | 46.019 € | 44.104 € | 42.091 € | 40.158 € | 38.299 € | 36.428 € | 34.559 € | 32.730 € | 30.953 € | 29.196 € |
| 42.000 € | 47.918 € | 46.019 € | 44.104 € | 42.091 € | 40.158 € | 38.299 € | 36.428 € | 34.559 € | 32.730 € | 30.953 € | 29.196 € |
| 45.000 € | 47.918 € | 46.019 € | 44.104 € | 42.091 € | 40.158 € | 38.299 € | 36.428 € | 34.559 € | 32.730 € | 30.953 € | 29.196 € |
| 48.000 € | 47.918 € | 46.019 € | 44.104 € | 42.091 € | 40.158 € | 38.299 € | 36.428 € | 34.559 € | 32.730 € | 30.953 € | 29.196 € |
| 51.000 € | 47.918 € | 46.019 € | 44.104 € | 42.091 € | 40.158 € | 38.299 € | 36.428 € | 34.559 € | 32.730 € | 30.953 € | 29.196 € |
| 54.000 € | 47.918 € | 46.019 € | 44.104 € | 42.091 € | 40.158 € | 38.299 € | 36.428 € | 34.559 € | 32.730 € | 30.953 € | 29.196 € |
| 57.000 € | 47.918 € | 46.019 € | 44.104 € | 42.091 € | 40.158 € | 38.299 € | 36.428 € | 34.559 € | 32.730 € | 30.953 € | 29.196 € |
| 60.000 € | 47.918 € | 46.019 € | 44.104 € | 42.091 € | 40.158 € | 38.299 € | 36.428 € | 34.559 € | 32.730 € | 30.953 € | 29.196 € |
| 63.000 € | 47.918 € | 46.019 € | 44.104 € | 42.091 € | 40.158 € | 38.299 € | 36.428 € | 34.559 € | 32.730 € | 30.953 € | 29.196 € |
| 66.000 € | 47.918 € | 46.019 € | 44.104 € | 42.091 € | 40.158 € | 38.299 € | 36.428 € | 34.559 € | 32.730 € | 30.953 € | 29.196 € |
| 69.000 € | 47.918 € | 46.019 € | 44.104 € | 42.091 € | 40.158 € | 38.299 € | 36.428 € | 34.559 € | 32.730 € | 30.953 € | 29.196 € |
| 72.000 € | 47.918 € | 46.019 € | 44.104 € | 42.091 € | 40.158 € | 38.299 € | 36.428 € | 34.559 € | 32.730 € | 30.953 € | 29.196 € |
| 75.000 € | 47.918 € | 46.019 € | 44.104 € | 42.091 € | 40.158 € | 38.299 € | 36.428 € | 34.559 € | 32.730 € | 30.953 € | 29.196 € |
| 78.000 € | 47.918 € | 46.019 € | 44.104 € | 42.091 € | 40.158 € | 38.299 € | 36.428 € | 34.559 € | 32.730 € | 30.953 € | 29.196 € |
| 81.000 € | 47.918 € | 46.019 € | 44.104 € | 42.091 € | 40.158 € | 38.299 € | 36.428 € | 34.559 € | 32.730 € | 30.953 € | 29.196 € |
| 84.000 € | 47.918 € | 46.019 € | 44.104 € | 42.091 € | 40.158 € | 38.299 € | 36.428 € | 34.559 € | 32.730 € | 30.953 € | 29.196 € |
| 87.000 € | 47.918 € | 46.019 € | 44.104 € | 42.091 € | 40.158 € | 38.299 € | 36.428 € | 34.559 € | 32.730 € | 30.953 € | 29.196 € |
| 90.000 € | 47.918 € | 46.019 € | 44.104 € | 42.091 € | 40.158 € | 38.299 € | 36.428 € | 34.559 € | 32.730 € | 30.953 € | 29.196 € |
| 93.000 € | 47.918 € | 46.019 € | 44.104 € | 42.091 € | 40.158 € | 38.299 € | 36.428 € | 34.559 € | 32.730 € | 30.953 € | 29.196 € |
| 96.000 € | 47.918 € | 46.019 € | 44.104 € | 42.091 € | 40.158 € | 38.299 € | 36.428 € | 34.559 € | 32.730 € | 30.953 € | 29.196 € |
| 99.000 € | 47.918 € | 46.019 € | 44.104 € | 42.091 € | 40.158 € | 38.299 € | 36.428 € | 34.559 € | 32.730 € | 30.953 € | 29.196 € |
| 102.000 € | 47.918 € | 46.019 € | 44.104 € | 42.091 € | 40.158 € | 38.299 € | 36.428 € | 34.559 € | 32.730 € | 30.953 € | 29.196 € |
| 105.000 € | 47.918 € | 46.019 € | 44.104 € | 42.091 € | 40.158 € | 38.299 € | 36.428 € | 34.559 € | 32.730 € | 30.953 € | 29.196 € |
| 108.000 € | 47.918 € | 46.019 € | 44.104 € | 42.091 € | 40.158 € | 38.299 € | 36.428 € | 34.559 € | 32.730 € | 30.953 € | 29.196 € |
| 111.000 € | 47.918 € | 46.019 € | 44.104 € | 42.091 € | 40.158 € | 38.299 € | 36.428 € | 34.559 € | 32.730 € | 30.953 € | 29.196 € |
| 114.000 € | 47.918 € | 46.019 € | 44.104 € | 42.091 € | 40.158 € | 38.299 € | 36.428 € | 34.559 € | 32.730 € | 30.953 € | 29.196 € |
| 117.000 € | 47.918 € | 46.019 € | 44.104 € | 42.091 € | 40.158 € | 38.299 € | 36.428 € | 34.559 € | 32.730 € | 30.953 € | 29.196 € |
| 120.000 € | 47.918 € | 46.019 € | 44.104 € | 42.091 € | 40.158 € | 38.299 € | 36.428 € | 34.559 € | 32.730 € | 30.953 € | 29.196 € |

## TABLA 1.C.1
## Lucro cesante del cónyuge
### Años de duración del matrimonio: 46 años

| Ingreso neto | Edad del cónyuge | | | | | | | | | | |
|---|---|---|---|---|---|---|---|---|---|---|---|
| Hasta | 81 | 82 | 83 | 84 | 85 | 86 | 87 | 88 | 89 | 90 | 91 |
| 9.000 € | 6.346 € | 5.968 € | 5.601 € | 5.245 € | 4.908 € | 4.584 € | 4.276 € | 3.985 € | 3.715 € | 3.459 € | 3.206 € |
| 12.000 € | 8.461 € | 7.957 € | 7.468 € | 6.994 € | 6.544 € | 6.113 € | 5.702 € | 5.314 € | 4.954 € | 4.612 € | 4.274 € |
| 15.000 € | 10.576 € | 9.947 € | 9.335 € | 8.742 € | 8.180 € | 7.641 € | 7.127 € | 6.642 € | 6.192 € | 5.764 € | 5.343 € |
| 18.000 € | 12.692 € | 11.936 € | 11.202 € | 10.490 € | 9.816 € | 9.169 € | 8.552 € | 7.971 € | 7.431 € | 6.917 € | 6.411 € |
| 21.000 € | 14.807 € | 13.925 € | 13.069 € | 12.239 € | 11.452 € | 10.697 € | 9.978 € | 9.299 € | 8.669 € | 8.070 € | 7.480 € |
| 24.000 € | 16.922 € | 15.915 € | 14.936 € | 13.987 € | 13.088 € | 12.225 € | 11.403 € | 10.628 € | 9.907 € | 9.223 € | 8.548 € |
| 27.000 € | 19.038 € | 17.904 € | 16.803 € | 15.735 € | 14.724 € | 13.753 € | 12.829 € | 11.956 € | 11.146 € | 10.376 € | 9.617 € |
| 30.000 € | 21.153 € | 19.893 € | 18.669 € | 17.484 € | 16.360 € | 15.282 € | 14.254 € | 13.285 € | 12.384 € | 11.529 € | 10.685 € |
| 33.000 € | 23.268 € | 21.883 € | 20.536 € | 19.232 € | 17.996 € | 16.810 € | 15.679 € | 14.613 € | 13.623 € | 12.682 € | 11.754 € |
| 36.000 € | 25.383 € | 23.872 € | 22.403 € | 20.981 € | 19.632 € | 18.338 € | 17.105 € | 15.942 € | 14.861 € | 13.835 € | 12.822 € |
| 39.000 € | 27.499 € | 25.861 € | 24.270 € | 22.729 € | 21.268 € | 19.866 € | 18.530 € | 17.270 € | 16.100 € | 14.988 € | 13.891 € |
| 42.000 € | 27.499 € | 25.861 € | 24.270 € | 22.729 € | 21.268 € | 19.866 € | 18.530 € | 17.270 € | 16.100 € | 14.988 € | 13.891 € |
| 45.000 € | 27.499 € | 25.861 € | 24.270 € | 22.729 € | 21.268 € | 19.866 € | 18.530 € | 17.270 € | 16.100 € | 14.988 € | 13.891 € |
| 48.000 € | 27.499 € | 25.861 € | 24.270 € | 22.729 € | 21.268 € | 19.866 € | 18.530 € | 17.270 € | 16.100 € | 14.988 € | 13.891 € |
| 51.000 € | 27.499 € | 25.861 € | 24.270 € | 22.729 € | 21.268 € | 19.866 € | 18.530 € | 17.270 € | 16.100 € | 14.988 € | 13.891 € |
| 54.000 € | 27.499 € | 25.861 € | 24.270 € | 22.729 € | 21.268 € | 19.866 € | 18.530 € | 17.270 € | 16.100 € | 14.988 € | 13.891 € |
| 57.000 € | 27.499 € | 25.861 € | 24.270 € | 22.729 € | 21.268 € | 19.866 € | 18.530 € | 17.270 € | 16.100 € | 14.988 € | 13.891 € |
| 60.000 € | 27.499 € | 25.861 € | 24.270 € | 22.729 € | 21.268 € | 19.866 € | 18.530 € | 17.270 € | 16.100 € | 14.988 € | 13.891 € |
| 63.000 € | 27.499 € | 25.861 € | 24.270 € | 22.729 € | 21.268 € | 19.866 € | 18.530 € | 17.270 € | 16.100 € | 14.988 € | 13.891 € |
| 66.000 € | 27.499 € | 25.861 € | 24.270 € | 22.729 € | 21.268 € | 19.866 € | 18.530 € | 17.270 € | 16.100 € | 14.988 € | 13.891 € |
| 69.000 € | 27.499 € | 25.861 € | 24.270 € | 22.729 € | 21.268 € | 19.866 € | 18.530 € | 17.270 € | 16.100 € | 14.988 € | 13.891 € |
| 72.000 € | 27.499 € | 25.861 € | 24.270 € | 22.729 € | 21.268 € | 19.866 € | 18.530 € | 17.270 € | 16.100 € | 14.988 € | 13.891 € |
| 75.000 € | 27.499 € | 25.861 € | 24.270 € | 22.729 € | 21.268 € | 19.866 € | 18.530 € | 17.270 € | 16.100 € | 14.988 € | 13.891 € |
| 78.000 € | 27.499 € | 25.861 € | 24.270 € | 22.729 € | 21.268 € | 19.866 € | 18.530 € | 17.270 € | 16.100 € | 14.988 € | 13.891 € |
| 81.000 € | 27.499 € | 25.861 € | 24.270 € | 22.729 € | 21.268 € | 19.866 € | 18.530 € | 17.270 € | 16.100 € | 14.988 € | 13.891 € |
| 84.000 € | 27.499 € | 25.861 € | 24.270 € | 22.729 € | 21.268 € | 19.866 € | 18.530 € | 17.270 € | 16.100 € | 14.988 € | 13.891 € |
| 87.000 € | 27.499 € | 25.861 € | 24.270 € | 22.729 € | 21.268 € | 19.866 € | 18.530 € | 17.270 € | 16.100 € | 14.988 € | 13.891 € |
| 90.000 € | 27.499 € | 25.861 € | 24.270 € | 22.729 € | 21.268 € | 19.866 € | 18.530 € | 17.270 € | 16.100 € | 14.988 € | 13.891 € |
| 93.000 € | 27.499 € | 25.861 € | 24.270 € | 22.729 € | 21.268 € | 19.866 € | 18.530 € | 17.270 € | 16.100 € | 14.988 € | 13.891 € |
| 96.000 € | 27.499 € | 25.861 € | 24.270 € | 22.729 € | 21.268 € | 19.866 € | 18.530 € | 17.270 € | 16.100 € | 14.988 € | 13.891 € |
| 99.000 € | 27.499 € | 25.861 € | 24.270 € | 22.729 € | 21.268 € | 19.866 € | 18.530 € | 17.270 € | 16.100 € | 14.988 € | 13.891 € |
| 102.000 € | 27.499 € | 25.861 € | 24.270 € | 22.729 € | 21.268 € | 19.866 € | 18.530 € | 17.270 € | 16.100 € | 14.988 € | 13.891 € |
| 105.000 € | 27.499 € | 25.861 € | 24.270 € | 22.729 € | 21.268 € | 19.866 € | 18.530 € | 17.270 € | 16.100 € | 14.988 € | 13.891 € |
| 108.000 € | 27.499 € | 25.861 € | 24.270 € | 22.729 € | 21.268 € | 19.866 € | 18.530 € | 17.270 € | 16.100 € | 14.988 € | 13.891 € |
| 111.000 € | 27.499 € | 25.861 € | 24.270 € | 22.729 € | 21.268 € | 19.866 € | 18.530 € | 17.270 € | 16.100 € | 14.988 € | 13.891 € |
| 114.000 € | 27.499 € | 25.861 € | 24.270 € | 22.729 € | 21.268 € | 19.866 € | 18.530 € | 17.270 € | 16.100 € | 14.988 € | 13.891 € |
| 117.000 € | 27.499 € | 25.861 € | 24.270 € | 22.729 € | 21.268 € | 19.866 € | 18.530 € | 17.270 € | 16.100 € | 14.988 € | 13.891 € |
| 120.000 € | 27.499 € | 25.861 € | 24.270 € | 22.729 € | 21.268 € | 19.866 € | 18.530 € | 17.270 € | 16.100 € | 14.988 € | 13.891 € |

# TABLA 1.C.1
## Lucro cesante del cónyuge
### Años de duración del matrimonio: 46 años

| Ingreso neto | Edad del cónyuge | | | | | | | |
|---|---|---|---|---|---|---|---|---|
| Hasta | 92 | 93 | 94 | 95 | 96 | 97 | 98 | 99 o más |
| 9.000 € | 3.000 € | 3.000 € | 3.000 € | 3.000 € | 3.000 € | 3.000 € | 3.000 € | 3.000 € |
| 12.000 € | 3.944 € | 3.580 € | 3.269 € | 3.000 € | 3.000 € | 3.000 € | 3.000 € | 3.000 € |
| 15.000 € | 4.930 € | 4.474 € | 4.086 € | 3.656 € | 3.205 € | 3.000 € | 3.000 € | 3.000 € |
| 18.000 € | 5.916 € | 5.369 € | 4.903 € | 4.387 € | 3.846 € | 3.243 € | 3.000 € | 3.000 € |
| 21.000 € | 6.902 € | 6.264 € | 5.720 € | 5.118 € | 4.487 € | 3.784 € | 3.000 € | 3.000 € |
| 24.000 € | 7.887 € | 7.159 € | 6.537 € | 5.849 € | 5.128 € | 4.325 € | 3.287 € | 3.000 € |
| 27.000 € | 8.873 € | 8.054 € | 7.355 € | 6.581 € | 5.769 € | 4.865 € | 3.698 € | 3.000 € |
| 30.000 € | 9.859 € | 8.949 € | 8.172 € | 7.312 € | 6.410 € | 5.406 € | 4.108 € | 3.000 € |
| 33.000 € | 10.845 € | 9.844 € | 8.989 € | 8.043 € | 7.051 € | 5.946 € | 4.519 € | 3.000 € |
| 36.000 € | 11.831 € | 10.739 € | 9.806 € | 8.774 € | 7.692 € | 6.487 € | 4.930 € | 3.000 € |
| 39.000 € | 12.817 € | 11.634 € | 10.623 € | 9.505 € | 8.333 € | 7.027 € | 5.341 € | 3.120 € |
| 42.000 € | 12.817 € | 11.634 € | 10.623 € | 9.505 € | 8.333 € | 7.027 € | 5.341 € | 3.120 € |
| 45.000 € | 12.817 € | 11.634 € | 10.623 € | 9.505 € | 8.333 € | 7.027 € | 5.341 € | 3.120 € |
| 48.000 € | 12.817 € | 11.634 € | 10.623 € | 9.505 € | 8.333 € | 7.027 € | 5.341 € | 3.120 € |
| 51.000 € | 12.817 € | 11.634 € | 10.623 € | 9.505 € | 8.333 € | 7.027 € | 5.341 € | 3.120 € |
| 54.000 € | 12.817 € | 11.634 € | 10.623 € | 9.505 € | 8.333 € | 7.027 € | 5.341 € | 3.120 € |
| 57.000 € | 12.817 € | 11.634 € | 10.623 € | 9.505 € | 8.333 € | 7.027 € | 5.341 € | 3.120 € |
| 60.000 € | 12.817 € | 11.634 € | 10.623 € | 9.505 € | 8.333 € | 7.027 € | 5.341 € | 3.120 € |
| 63.000 € | 12.817 € | 11.634 € | 10.623 € | 9.505 € | 8.333 € | 7.027 € | 5.341 € | 3.120 € |
| 66.000 € | 12.817 € | 11.634 € | 10.623 € | 9.505 € | 8.333 € | 7.027 € | 5.341 € | 3.120 € |
| 69.000 € | 12.817 € | 11.634 € | 10.623 € | 9.505 € | 8.333 € | 7.027 € | 5.341 € | 3.120 € |
| 72.000 € | 12.817 € | 11.634 € | 10.623 € | 9.505 € | 8.333 € | 7.027 € | 5.341 € | 3.120 € |
| 75.000 € | 12.817 € | 11.634 € | 10.623 € | 9.505 € | 8.333 € | 7.027 € | 5.341 € | 3.120 € |
| 78.000 € | 12.817 € | 11.634 € | 10.623 € | 9.505 € | 8.333 € | 7.027 € | 5.341 € | 3.120 € |
| 81.000 € | 12.817 € | 11.634 € | 10.623 € | 9.505 € | 8.333 € | 7.027 € | 5.341 € | 3.120 € |
| 84.000 € | 12.817 € | 11.634 € | 10.623 € | 9.505 € | 8.333 € | 7.027 € | 5.341 € | 3.120 € |
| 87.000 € | 12.817 € | 11.634 € | 10.623 € | 9.505 € | 8.333 € | 7.027 € | 5.341 € | 3.120 € |
| 90.000 € | 12.817 € | 11.634 € | 10.623 € | 9.505 € | 8.333 € | 7.027 € | 5.341 € | 3.120 € |
| 93.000 € | 12.817 € | 11.634 € | 10.623 € | 9.505 € | 8.333 € | 7.027 € | 5.341 € | 3.120 € |
| 96.000 € | 12.817 € | 11.634 € | 10.623 € | 9.505 € | 8.333 € | 7.027 € | 5.341 € | 3.120 € |
| 99.000 € | 12.817 € | 11.634 € | 10.623 € | 9.505 € | 8.333 € | 7.027 € | 5.341 € | 3.120 € |
| 102.000 € | 12.817 € | 11.634 € | 10.623 € | 9.505 € | 8.333 € | 7.027 € | 5.341 € | 3.120 € |
| 105.000 € | 12.817 € | 11.634 € | 10.623 € | 9.505 € | 8.333 € | 7.027 € | 5.341 € | 3.120 € |
| 108.000 € | 12.817 € | 11.634 € | 10.623 € | 9.505 € | 8.333 € | 7.027 € | 5.341 € | 3.120 € |
| 111.000 € | 12.817 € | 11.634 € | 10.623 € | 9.505 € | 8.333 € | 7.027 € | 5.341 € | 3.120 € |
| 114.000 € | 12.817 € | 11.634 € | 10.623 € | 9.505 € | 8.333 € | 7.027 € | 5.341 € | 3.120 € |
| 117.000 € | 12.817 € | 11.634 € | 10.623 € | 9.505 € | 8.333 € | 7.027 € | 5.341 € | 3.120 € |
| 120.000 € | 12.817 € | 11.634 € | 10.623 € | 9.505 € | 8.333 € | 7.027 € | 5.341 € | 3.120 € |

# TABLA 1.C.1
## Lucro cesante del cónyuge
### Años de duración del matrimonio: 47 años

Ingreso netc Edad del cónyuge Edad del c

| Hasta | 61 | 62 | 63 | 64 | 65 | 66 | 67 | 68 | 69 | 70 |
|---|---|---|---|---|---|---|---|---|---|---|
| 9.000 € | 22.419 € | 20.976 € | 19.606 € | 18.301 € | 17.052 € | 15.890 € | 12.390 € | 11.956 € | 11.515 € | 11.058 € |
| 12.000 € | 29.891 € | 27.968 € | 26.141 € | 24.401 € | 22.735 € | 21.187 € | 16.520 € | 15.941 € | 15.353 € | 14.744 € |
| 15.000 € | 37.364 € | 34.960 € | 32.676 € | 30.502 € | 28.419 € | 26.484 € | 20.650 € | 19.926 € | 19.192 € | 18.430 € |
| 18.000 € | 44.837 € | 41.952 € | 39.212 € | 36.602 € | 34.103 € | 31.781 € | 24.780 € | 23.912 € | 23.030 € | 22.116 € |
| 21.000 € | 52.310 € | 48.944 € | 45.747 € | 42.702 € | 39.787 € | 37.077 € | 28.909 € | 27.897 € | 26.868 € | 25.802 € |
| 24.000 € | 59.783 € | 55.936 € | 52.282 € | 48.802 € | 45.471 € | 42.374 € | 33.039 € | 31.882 € | 30.707 € | 29.488 € |
| 27.000 € | 67.256 € | 62.928 € | 58.817 € | 54.903 € | 51.155 € | 47.671 € | 37.169 € | 35.867 € | 34.545 € | 33.174 € |
| 30.000 € | 74.729 € | 69.920 € | 65.353 € | 61.003 € | 56.839 € | 52.968 € | 41.299 € | 39.853 € | 38.383 € | 36.860 € |
| 33.000 € | 82.201 € | 76.912 € | 71.888 € | 67.103 € | 62.523 € | 58.264 € | 45.429 € | 43.838 € | 42.222 € | 40.546 € |
| 36.000 € | 89.674 € | 83.904 € | 78.423 € | 73.204 € | 68.206 € | 63.561 € | 49.559 € | 47.823 € | 46.060 € | 44.232 € |
| 39.000 € | 90.145 € | 84.424 € | 78.605 € | 73.267 € | 68.206 € | 63.561 € | 53.689 € | 51.808 € | 49.898 € | 47.918 € |
| 42.000 € | 90.614 € | 84.945 € | 78.786 € | 73.330 € | 68.206 € | 63.561 € | 53.689 € | 51.808 € | 49.898 € | 47.918 € |
| 45.000 € | 91.084 € | 85.465 € | 78.966 € | 73.393 € | 68.206 € | 63.561 € | 53.689 € | 51.808 € | 49.898 € | 47.918 € |
| 48.000 € | 91.555 € | 85.987 € | 79.146 € | 73.456 € | 68.206 € | 63.561 € | 53.689 € | 51.808 € | 49.898 € | 47.918 € |
| 51.000 € | 92.025 € | 86.510 € | 79.326 € | 73.518 € | 68.206 € | 63.561 € | 53.689 € | 51.808 € | 49.898 € | 47.918 € |
| 54.000 € | 92.497 € | 87.034 € | 79.505 € | 73.580 € | 68.206 € | 63.561 € | 53.689 € | 51.808 € | 49.898 € | 47.918 € |
| 57.000 € | 92.970 € | 87.560 € | 79.684 € | 73.643 € | 68.206 € | 63.561 € | 53.689 € | 51.808 € | 49.898 € | 47.918 € |
| 60.000 € | 93.443 € | 88.087 € | 79.864 € | 73.705 € | 68.206 € | 63.561 € | 53.689 € | 51.808 € | 49.898 € | 47.918 € |
| 63.000 € | 93.918 € | 88.616 € | 80.043 € | 73.767 € | 68.206 € | 63.561 € | 53.689 € | 51.808 € | 49.898 € | 47.918 € |
| 66.000 € | 94.394 € | 89.148 € | 80.222 € | 73.828 € | 68.206 € | 63.561 € | 53.689 € | 51.808 € | 49.898 € | 47.918 € |
| 69.000 € | 94.872 € | 89.681 € | 80.401 € | 73.890 € | 68.206 € | 63.561 € | 53.689 € | 51.808 € | 49.898 € | 47.918 € |
| 72.000 € | 95.351 € | 90.216 € | 80.581 € | 73.952 € | 68.206 € | 63.561 € | 53.689 € | 51.808 € | 49.898 € | 47.918 € |
| 75.000 € | 95.832 € | 90.754 € | 80.760 € | 74.013 € | 68.206 € | 63.561 € | 53.689 € | 51.808 € | 49.898 € | 47.918 € |
| 78.000 € | 96.314 € | 91.294 € | 80.939 € | 74.075 € | 68.206 € | 63.561 € | 53.689 € | 51.808 € | 49.898 € | 47.918 € |
| 81.000 € | 106.680 € | 91.837 € | 81.119 € | 74.137 € | 68.206 € | 63.561 € | 53.689 € | 51.808 € | 49.898 € | 47.918 € |
| 84.000 € | 117.046 € | 92.382 € | 81.299 € | 74.198 € | 68.206 € | 63.561 € | 53.689 € | 51.808 € | 49.898 € | 47.918 € |
| 87.000 € | 127.412 € | 101.082 € | 81.479 € | 74.260 € | 68.206 € | 63.561 € | 53.689 € | 51.808 € | 49.898 € | 47.918 € |
| 90.000 € | 137.777 € | 109.782 € | 81.659 € | 74.321 € | 68.206 € | 63.561 € | 53.689 € | 51.808 € | 49.898 € | 47.918 € |
| 93.000 € | 148.143 € | 118.482 € | 88.675 € | 74.383 € | 68.206 € | 63.561 € | 53.689 € | 51.808 € | 49.898 € | 47.918 € |
| 96.000 € | 158.509 € | 127.183 € | 95.691 € | 74.444 € | 68.206 € | 63.561 € | 53.689 € | 51.808 € | 49.898 € | 47.918 € |
| 99.000 € | 168.875 € | 135.883 € | 102.707 € | 74.505 € | 68.206 € | 63.561 € | 53.689 € | 51.808 € | 49.898 € | 47.918 € |
| 102.000 € | 179.240 € | 144.583 € | 109.723 € | 74.567 € | 68.206 € | 63.561 € | 53.689 € | 51.808 € | 49.898 € | 47.918 € |
| 105.000 € | 189.606 € | 153.284 € | 116.739 € | 79.874 € | 68.206 € | 63.561 € | 53.689 € | 51.808 € | 49.898 € | 47.918 € |
| 108.000 € | 199.972 € | 161.984 € | 123.755 € | 85.182 € | 68.206 € | 63.561 € | 53.689 € | 51.808 € | 49.898 € | 47.918 € |
| 111.000 € | 210.338 € | 170.684 € | 130.771 € | 90.490 € | 68.206 € | 63.561 € | 53.689 € | 51.808 € | 49.898 € | 47.918 € |
| 114.000 € | 220.704 € | 179.385 € | 137.787 € | 95.797 € | 68.206 € | 63.561 € | 53.689 € | 51.808 € | 49.898 € | 47.918 € |
| 117.000 € | 231.069 € | 188.085 € | 144.803 € | 101.105 € | 68.206 € | 63.561 € | 53.689 € | 51.808 € | 49.898 € | 47.918 € |
| 120.000 € | 241.435 € | 196.785 € | 151.819 € | 106.412 € | 68.206 € | 63.561 € | 53.689 € | 51.808 € | 49.898 € | 47.918 € |

# TABLA 1.C.1
## Lucro cesante del cónyuge
### Años de duración del matrimonio: 47 años

Ingreso netcónyuge

Edad del cónyuge

| Hasta | 71 | 72 | 73 | 74 | 75 | 76 | 77 | 78 | 79 | 80 | 81 |
|---|---|---|---|---|---|---|---|---|---|---|---|
| 9.000 € | 10.620 € | 10.178 € | 9.713 € | 9.267 € | 8.838 € | 8.406 € | 7.975 € | 7.553 € | 7.143 € | 6.738 € | 6.346 € |
| 12.000 € | 14.160 € | 13.570 € | 12.951 € | 12.356 € | 11.784 € | 11.209 € | 10.634 € | 10.071 € | 9.524 € | 8.983 € | 8.461 € |
| 15.000 € | 17.700 € | 16.963 € | 16.189 € | 15.446 € | 14.730 € | 14.011 € | 13.292 € | 12.588 € | 11.905 € | 11.229 € | 10.576 € |
| 18.000 € | 21.240 € | 20.356 € | 19.427 € | 18.535 € | 17.677 € | 16.813 € | 15.950 € | 15.106 € | 14.286 € | 13.475 € | 12.692 € |
| 21.000 € | 24.780 € | 23.748 € | 22.664 € | 21.624 € | 20.623 € | 19.615 € | 18.609 € | 17.624 € | 16.667 € | 15.721 € | 14.807 € |
| 24.000 € | 28.319 € | 27.141 € | 25.902 € | 24.713 € | 23.569 € | 22.417 € | 21.267 € | 20.141 € | 19.048 € | 17.967 € | 16.922 € |
| 27.000 € | 31.859 € | 30.533 € | 29.140 € | 27.802 € | 26.515 € | 25.219 € | 23.926 € | 22.659 € | 21.429 € | 20.213 € | 19.038 € |
| 30.000 € | 35.399 € | 33.926 € | 32.378 € | 30.891 € | 29.461 € | 28.021 € | 26.584 € | 25.177 € | 23.810 € | 22.459 € | 21.153 € |
| 33.000 € | 38.939 € | 37.318 € | 35.615 € | 33.980 € | 32.407 € | 30.823 € | 29.243 € | 27.694 € | 26.191 € | 24.704 € | 23.268 € |
| 36.000 € | 42.479 € | 40.711 € | 38.853 € | 37.069 € | 35.353 € | 33.626 € | 31.901 € | 30.212 € | 28.572 € | 26.950 € | 25.383 € |
| 39.000 € | 46.019 € | 44.104 € | 42.091 € | 40.158 € | 38.299 € | 36.428 € | 34.559 € | 32.730 € | 30.953 € | 29.196 € | 27.499 € |
| 42.000 € | 46.019 € | 44.104 € | 42.091 € | 40.158 € | 38.299 € | 36.428 € | 34.559 € | 32.730 € | 30.953 € | 29.196 € | 27.499 € |
| 45.000 € | 46.019 € | 44.104 € | 42.091 € | 40.158 € | 38.299 € | 36.428 € | 34.559 € | 32.730 € | 30.953 € | 29.196 € | 27.499 € |
| 48.000 € | 46.019 € | 44.104 € | 42.091 € | 40.158 € | 38.299 € | 36.428 € | 34.559 € | 32.730 € | 30.953 € | 29.196 € | 27.499 € |
| 51.000 € | 46.019 € | 44.104 € | 42.091 € | 40.158 € | 38.299 € | 36.428 € | 34.559 € | 32.730 € | 30.953 € | 29.196 € | 27.499 € |
| 54.000 € | 46.019 € | 44.104 € | 42.091 € | 40.158 € | 38.299 € | 36.428 € | 34.559 € | 32.730 € | 30.953 € | 29.196 € | 27.499 € |
| 57.000 € | 46.019 € | 44.104 € | 42.091 € | 40.158 € | 38.299 € | 36.428 € | 34.559 € | 32.730 € | 30.953 € | 29.196 € | 27.499 € |
| 60.000 € | 46.019 € | 44.104 € | 42.091 € | 40.158 € | 38.299 € | 36.428 € | 34.559 € | 32.730 € | 30.953 € | 29.196 € | 27.499 € |
| 63.000 € | 46.019 € | 44.104 € | 42.091 € | 40.158 € | 38.299 € | 36.428 € | 34.559 € | 32.730 € | 30.953 € | 29.196 € | 27.499 € |
| 66.000 € | 46.019 € | 44.104 € | 42.091 € | 40.158 € | 38.299 € | 36.428 € | 34.559 € | 32.730 € | 30.953 € | 29.196 € | 27.499 € |
| 69.000 € | 46.019 € | 44.104 € | 42.091 € | 40.158 € | 38.299 € | 36.428 € | 34.559 € | 32.730 € | 30.953 € | 29.196 € | 27.499 € |
| 72.000 € | 46.019 € | 44.104 € | 42.091 € | 40.158 € | 38.299 € | 36.428 € | 34.559 € | 32.730 € | 30.953 € | 29.196 € | 27.499 € |
| 75.000 € | 46.019 € | 44.104 € | 42.091 € | 40.158 € | 38.299 € | 36.428 € | 34.559 € | 32.730 € | 30.953 € | 29.196 € | 27.499 € |
| 78.000 € | 46.019 € | 44.104 € | 42.091 € | 40.158 € | 38.299 € | 36.428 € | 34.559 € | 32.730 € | 30.953 € | 29.196 € | 27.499 € |
| 81.000 € | 46.019 € | 44.104 € | 42.091 € | 40.158 € | 38.299 € | 36.428 € | 34.559 € | 32.730 € | 30.953 € | 29.196 € | 27.499 € |
| 84.000 € | 46.019 € | 44.104 € | 42.091 € | 40.158 € | 38.299 € | 36.428 € | 34.559 € | 32.730 € | 30.953 € | 29.196 € | 27.499 € |
| 87.000 € | 46.019 € | 44.104 € | 42.091 € | 40.158 € | 38.299 € | 36.428 € | 34.559 € | 32.730 € | 30.953 € | 29.196 € | 27.499 € |
| 90.000 € | 46.019 € | 44.104 € | 42.091 € | 40.158 € | 38.299 € | 36.428 € | 34.559 € | 32.730 € | 30.953 € | 29.196 € | 27.499 € |
| 93.000 € | 46.019 € | 44.104 € | 42.091 € | 40.158 € | 38.299 € | 36.428 € | 34.559 € | 32.730 € | 30.953 € | 29.196 € | 27.499 € |
| 96.000 € | 46.019 € | 44.104 € | 42.091 € | 40.158 € | 38.299 € | 36.428 € | 34.559 € | 32.730 € | 30.953 € | 29.196 € | 27.499 € |
| 99.000 € | 46.019 € | 44.104 € | 42.091 € | 40.158 € | 38.299 € | 36.428 € | 34.559 € | 32.730 € | 30.953 € | 29.196 € | 27.499 € |
| 102.000 € | 46.019 € | 44.104 € | 42.091 € | 40.158 € | 38.299 € | 36.428 € | 34.559 € | 32.730 € | 30.953 € | 29.196 € | 27.499 € |
| 105.000 € | 46.019 € | 44.104 € | 42.091 € | 40.158 € | 38.299 € | 36.428 € | 34.559 € | 32.730 € | 30.953 € | 29.196 € | 27.499 € |
| 108.000 € | 46.019 € | 44.104 € | 42.091 € | 40.158 € | 38.299 € | 36.428 € | 34.559 € | 32.730 € | 30.953 € | 29.196 € | 27.499 € |
| 111.000 € | 46.019 € | 44.104 € | 42.091 € | 40.158 € | 38.299 € | 36.428 € | 34.559 € | 32.730 € | 30.953 € | 29.196 € | 27.499 € |
| 114.000 € | 46.019 € | 44.104 € | 42.091 € | 40.158 € | 38.299 € | 36.428 € | 34.559 € | 32.730 € | 30.953 € | 29.196 € | 27.499 € |
| 117.000 € | 46.019 € | 44.104 € | 42.091 € | 40.158 € | 38.299 € | 36.428 € | 34.559 € | 32.730 € | 30.953 € | 29.196 € | 27.499 € |
| 120.000 € | 46.019 € | 44.104 € | 42.091 € | 40.158 € | 38.299 € | 36.428 € | 34.559 € | 32.730 € | 30.953 € | 29.196 € | 27.499 € |

# TABLA 1.C.1
## Lucro cesante del cónyuge
### Años de duración del matrimonio: 47 años

| Ingreso neto | Edad del cónyuge | | | | | | | | | | |
|---|---|---|---|---|---|---|---|---|---|---|---|
| Hasta | 82 | 83 | 84 | 85 | 86 | 87 | 88 | 89 | 90 | 91 | 92 |
| 9.000 € | 5.968 € | 5.601 € | 5.245 € | 4.908 € | 4.584 € | 4.276 € | 3.985 € | 3.715 € | 3.459 € | 3.206 € | 3.000 € |
| 12.000 € | 7.957 € | 7.468 € | 6.994 € | 6.544 € | 6.113 € | 5.702 € | 5.314 € | 4.954 € | 4.612 € | 4.274 € | 3.944 € |
| 15.000 € | 9.947 € | 9.335 € | 8.742 € | 8.180 € | 7.641 € | 7.127 € | 6.642 € | 6.192 € | 5.764 € | 5.343 € | 4.930 € |
| 18.000 € | 11.936 € | 11.202 € | 10.490 € | 9.816 € | 9.169 € | 8.552 € | 7.971 € | 7.431 € | 6.917 € | 6.411 € | 5.916 € |
| 21.000 € | 13.925 € | 13.069 € | 12.239 € | 11.452 € | 10.697 € | 9.978 € | 9.299 € | 8.669 € | 8.070 € | 7.480 € | 6.902 € |
| 24.000 € | 15.915 € | 14.936 € | 13.987 € | 13.088 € | 12.225 € | 11.403 € | 10.628 € | 9.907 € | 9.223 € | 8.548 € | 7.887 € |
| 27.000 € | 17.904 € | 16.803 € | 15.735 € | 14.724 € | 13.753 € | 12.829 € | 11.956 € | 11.146 € | 10.376 € | 9.617 € | 8.873 € |
| 30.000 € | 19.893 € | 18.669 € | 17.484 € | 16.360 € | 15.282 € | 14.254 € | 13.285 € | 12.384 € | 11.529 € | 10.685 € | 9.859 € |
| 33.000 € | 21.883 € | 20.536 € | 19.232 € | 17.996 € | 16.810 € | 15.679 € | 14.613 € | 13.623 € | 12.682 € | 11.754 € | 10.845 € |
| 36.000 € | 23.872 € | 22.403 € | 20.981 € | 19.632 € | 18.338 € | 17.105 € | 15.942 € | 14.861 € | 13.835 € | 12.822 € | 11.831 € |
| 39.000 € | 25.861 € | 24.270 € | 22.729 € | 21.268 € | 19.866 € | 18.530 € | 17.270 € | 16.100 € | 14.988 € | 13.891 € | 12.817 € |
| 42.000 € | 25.861 € | 24.270 € | 22.729 € | 21.268 € | 19.866 € | 18.530 € | 17.270 € | 16.100 € | 14.988 € | 13.891 € | 12.817 € |
| 45.000 € | 25.861 € | 24.270 € | 22.729 € | 21.268 € | 19.866 € | 18.530 € | 17.270 € | 16.100 € | 14.988 € | 13.891 € | 12.817 € |
| 48.000 € | 25.861 € | 24.270 € | 22.729 € | 21.268 € | 19.866 € | 18.530 € | 17.270 € | 16.100 € | 14.988 € | 13.891 € | 12.817 € |
| 51.000 € | 25.861 € | 24.270 € | 22.729 € | 21.268 € | 19.866 € | 18.530 € | 17.270 € | 16.100 € | 14.988 € | 13.891 € | 12.817 € |
| 54.000 € | 25.861 € | 24.270 € | 22.729 € | 21.268 € | 19.866 € | 18.530 € | 17.270 € | 16.100 € | 14.988 € | 13.891 € | 12.817 € |
| 57.000 € | 25.861 € | 24.270 € | 22.729 € | 21.268 € | 19.866 € | 18.530 € | 17.270 € | 16.100 € | 14.988 € | 13.891 € | 12.817 € |
| 60.000 € | 25.861 € | 24.270 € | 22.729 € | 21.268 € | 19.866 € | 18.530 € | 17.270 € | 16.100 € | 14.988 € | 13.891 € | 12.817 € |
| 63.000 € | 25.861 € | 24.270 € | 22.729 € | 21.268 € | 19.866 € | 18.530 € | 17.270 € | 16.100 € | 14.988 € | 13.891 € | 12.817 € |
| 66.000 € | 25.861 € | 24.270 € | 22.729 € | 21.268 € | 19.866 € | 18.530 € | 17.270 € | 16.100 € | 14.988 € | 13.891 € | 12.817 € |
| 69.000 € | 25.861 € | 24.270 € | 22.729 € | 21.268 € | 19.866 € | 18.530 € | 17.270 € | 16.100 € | 14.988 € | 13.891 € | 12.817 € |
| 72.000 € | 25.861 € | 24.270 € | 22.729 € | 21.268 € | 19.866 € | 18.530 € | 17.270 € | 16.100 € | 14.988 € | 13.891 € | 12.817 € |
| 75.000 € | 25.861 € | 24.270 € | 22.729 € | 21.268 € | 19.866 € | 18.530 € | 17.270 € | 16.100 € | 14.988 € | 13.891 € | 12.817 € |
| 78.000 € | 25.861 € | 24.270 € | 22.729 € | 21.268 € | 19.866 € | 18.530 € | 17.270 € | 16.100 € | 14.988 € | 13.891 € | 12.817 € |
| 81.000 € | 25.861 € | 24.270 € | 22.729 € | 21.268 € | 19.866 € | 18.530 € | 17.270 € | 16.100 € | 14.988 € | 13.891 € | 12.817 € |
| 84.000 € | 25.861 € | 24.270 € | 22.729 € | 21.268 € | 19.866 € | 18.530 € | 17.270 € | 16.100 € | 14.988 € | 13.891 € | 12.817 € |
| 87.000 € | 25.861 € | 24.270 € | 22.729 € | 21.268 € | 19.866 € | 18.530 € | 17.270 € | 16.100 € | 14.988 € | 13.891 € | 12.817 € |
| 90.000 € | 25.861 € | 24.270 € | 22.729 € | 21.268 € | 19.866 € | 18.530 € | 17.270 € | 16.100 € | 14.988 € | 13.891 € | 12.817 € |
| 93.000 € | 25.861 € | 24.270 € | 22.729 € | 21.268 € | 19.866 € | 18.530 € | 17.270 € | 16.100 € | 14.988 € | 13.891 € | 12.817 € |
| 96.000 € | 25.861 € | 24.270 € | 22.729 € | 21.268 € | 19.866 € | 18.530 € | 17.270 € | 16.100 € | 14.988 € | 13.891 € | 12.817 € |
| 99.000 € | 25.861 € | 24.270 € | 22.729 € | 21.268 € | 19.866 € | 18.530 € | 17.270 € | 16.100 € | 14.988 € | 13.891 € | 12.817 € |
| 102.000 € | 25.861 € | 24.270 € | 22.729 € | 21.268 € | 19.866 € | 18.530 € | 17.270 € | 16.100 € | 14.988 € | 13.891 € | 12.817 € |
| 105.000 € | 25.861 € | 24.270 € | 22.729 € | 21.268 € | 19.866 € | 18.530 € | 17.270 € | 16.100 € | 14.988 € | 13.891 € | 12.817 € |
| 108.000 € | 25.861 € | 24.270 € | 22.729 € | 21.268 € | 19.866 € | 18.530 € | 17.270 € | 16.100 € | 14.988 € | 13.891 € | 12.817 € |
| 111.000 € | 25.861 € | 24.270 € | 22.729 € | 21.268 € | 19.866 € | 18.530 € | 17.270 € | 16.100 € | 14.988 € | 13.891 € | 12.817 € |
| 114.000 € | 25.861 € | 24.270 € | 22.729 € | 21.268 € | 19.866 € | 18.530 € | 17.270 € | 16.100 € | 14.988 € | 13.891 € | 12.817 € |
| 117.000 € | 25.861 € | 24.270 € | 22.729 € | 21.268 € | 19.866 € | 18.530 € | 17.270 € | 16.100 € | 14.988 € | 13.891 € | 12.817 € |
| 120.000 € | 25.861 € | 24.270 € | 22.729 € | 21.268 € | 19.866 € | 18.530 € | 17.270 € | 16.100 € | 14.988 € | 13.891 € | 12.817 € |

# TABLA 1.C.1
## Lucro cesante del cónyuge
### Años de duración del matrimonio: 47 años

| Ingreso neto | Edad del cónyuge | | | | | | |
|---|---|---|---|---|---|---|---|
| Hasta | 93 | 94 | 95 | 96 | 97 | 98 | 99 o más |
| 9.000 € | 3.000 € | 3.000 € | 3.000 € | 3.000 € | 3.000 € | 3.000 € | 3.000 € |
| 12.000 € | 3.580 € | 3.269 € | 3.000 € | 3.000 € | 3.000 € | 3.000 € | 3.000 € |
| 15.000 € | 4.474 € | 4.086 € | 3.656 € | 3.205 € | 3.000 € | 3.000 € | 3.000 € |
| 18.000 € | 5.369 € | 4.903 € | 4.387 € | 3.846 € | 3.243 € | 3.000 € | 3.000 € |
| 21.000 € | 6.264 € | 5.720 € | 5.118 € | 4.487 € | 3.784 € | 3.000 € | 3.000 € |
| 24.000 € | 7.159 € | 6.537 € | 5.849 € | 5.128 € | 4.325 € | 3.287 € | 3.000 € |
| 27.000 € | 8.054 € | 7.355 € | 6.581 € | 5.769 € | 4.865 € | 3.698 € | 3.000 € |
| 30.000 € | 8.949 € | 8.172 € | 7.312 € | 6.410 € | 5.406 € | 4.108 € | 3.000 € |
| 33.000 € | 9.844 € | 8.989 € | 8.043 € | 7.051 € | 5.946 € | 4.519 € | 3.000 € |
| 36.000 € | 10.739 € | 9.806 € | 8.774 € | 7.692 € | 6.487 € | 4.930 € | 3.000 € |
| 39.000 € | 11.634 € | 10.623 € | 9.505 € | 8.333 € | 7.027 € | 5.341 € | 3.120 € |
| 42.000 € | 11.634 € | 10.623 € | 9.505 € | 8.333 € | 7.027 € | 5.341 € | 3.120 € |
| 45.000 € | 11.634 € | 10.623 € | 9.505 € | 8.333 € | 7.027 € | 5.341 € | 3.120 € |
| 48.000 € | 11.634 € | 10.623 € | 9.505 € | 8.333 € | 7.027 € | 5.341 € | 3.120 € |
| 51.000 € | 11.634 € | 10.623 € | 9.505 € | 8.333 € | 7.027 € | 5.341 € | 3.120 € |
| 54.000 € | 11.634 € | 10.623 € | 9.505 € | 8.333 € | 7.027 € | 5.341 € | 3.120 € |
| 57.000 € | 11.634 € | 10.623 € | 9.505 € | 8.333 € | 7.027 € | 5.341 € | 3.120 € |
| 60.000 € | 11.634 € | 10.623 € | 9.505 € | 8.333 € | 7.027 € | 5.341 € | 3.120 € |
| 63.000 € | 11.634 € | 10.623 € | 9.505 € | 8.333 € | 7.027 € | 5.341 € | 3.120 € |
| 66.000 € | 11.634 € | 10.623 € | 9.505 € | 8.333 € | 7.027 € | 5.341 € | 3.120 € |
| 69.000 € | 11.634 € | 10.623 € | 9.505 € | 8.333 € | 7.027 € | 5.341 € | 3.120 € |
| 72.000 € | 11.634 € | 10.623 € | 9.505 € | 8.333 € | 7.027 € | 5.341 € | 3.120 € |
| 75.000 € | 11.634 € | 10.623 € | 9.505 € | 8.333 € | 7.027 € | 5.341 € | 3.120 € |
| 78.000 € | 11.634 € | 10.623 € | 9.505 € | 8.333 € | 7.027 € | 5.341 € | 3.120 € |
| 81.000 € | 11.634 € | 10.623 € | 9.505 € | 8.333 € | 7.027 € | 5.341 € | 3.120 € |
| 84.000 € | 11.634 € | 10.623 € | 9.505 € | 8.333 € | 7.027 € | 5.341 € | 3.120 € |
| 87.000 € | 11.634 € | 10.623 € | 9.505 € | 8.333 € | 7.027 € | 5.341 € | 3.120 € |
| 90.000 € | 11.634 € | 10.623 € | 9.505 € | 8.333 € | 7.027 € | 5.341 € | 3.120 € |
| 93.000 € | 11.634 € | 10.623 € | 9.505 € | 8.333 € | 7.027 € | 5.341 € | 3.120 € |
| 96.000 € | 11.634 € | 10.623 € | 9.505 € | 8.333 € | 7.027 € | 5.341 € | 3.120 € |
| 99.000 € | 11.634 € | 10.623 € | 9.505 € | 8.333 € | 7.027 € | 5.341 € | 3.120 € |
| 102.000 € | 11.634 € | 10.623 € | 9.505 € | 8.333 € | 7.027 € | 5.341 € | 3.120 € |
| 105.000 € | 11.634 € | 10.623 € | 9.505 € | 8.333 € | 7.027 € | 5.341 € | 3.120 € |
| 108.000 € | 11.634 € | 10.623 € | 9.505 € | 8.333 € | 7.027 € | 5.341 € | 3.120 € |
| 111.000 € | 11.634 € | 10.623 € | 9.505 € | 8.333 € | 7.027 € | 5.341 € | 3.120 € |
| 114.000 € | 11.634 € | 10.623 € | 9.505 € | 8.333 € | 7.027 € | 5.341 € | 3.120 € |
| 117.000 € | 11.634 € | 10.623 € | 9.505 € | 8.333 € | 7.027 € | 5.341 € | 3.120 € |
| 120.000 € | 11.634 € | 10.623 € | 9.505 € | 8.333 € | 7.027 € | 5.341 € | 3.120 € |

# TABLA 1.C.1
## Lucro cesante del cónyuge
Años de duración del matrimonio: 48 años

Ingreso netc Edad del cónyuge Edad del c

| Hasta | 62 | 63 | 64 | 65 | 66 | 67 | 68 | 69 | 70 | 71 |
|---|---|---|---|---|---|---|---|---|---|---|
| 9.000 € | 20.976 € | 19.606 € | 18.301 € | 17.052 € | 15.890 € | 12.390 € | 11.956 € | 11.515 € | 11.058 € | 10.620 € |
| 12.000 € | 27.968 € | 26.141 € | 24.401 € | 22.735 € | 21.187 € | 16.520 € | 15.941 € | 15.353 € | 14.744 € | 14.160 € |
| 15.000 € | 34.960 € | 32.676 € | 30.502 € | 28.419 € | 26.484 € | 20.650 € | 19.926 € | 19.192 € | 18.430 € | 17.700 € |
| 18.000 € | 41.952 € | 39.212 € | 36.602 € | 34.103 € | 31.781 € | 24.780 € | 23.912 € | 23.030 € | 22.116 € | 21.240 € |
| 21.000 € | 48.944 € | 45.747 € | 42.702 € | 39.787 € | 37.077 € | 28.909 € | 27.897 € | 26.868 € | 25.802 € | 24.780 € |
| 24.000 € | 55.936 € | 52.282 € | 48.802 € | 45.471 € | 42.374 € | 33.039 € | 31.882 € | 30.707 € | 29.488 € | 28.319 € |
| 27.000 € | 62.928 € | 58.817 € | 54.903 € | 51.155 € | 47.671 € | 37.169 € | 35.867 € | 34.545 € | 33.174 € | 31.859 € |
| 30.000 € | 69.920 € | 65.353 € | 61.003 € | 56.839 € | 52.968 € | 41.299 € | 39.853 € | 38.383 € | 36.860 € | 35.399 € |
| 33.000 € | 76.912 € | 71.888 € | 67.103 € | 62.523 € | 58.264 € | 45.429 € | 43.838 € | 42.222 € | 40.546 € | 38.939 € |
| 36.000 € | 83.904 € | 78.423 € | 73.204 € | 68.206 € | 63.561 € | 49.559 € | 47.823 € | 46.060 € | 44.232 € | 42.479 € |
| 39.000 € | 84.424 € | 78.605 € | 73.267 € | 68.206 € | 63.561 € | 53.689 € | 51.808 € | 49.898 € | 47.918 € | 46.019 € |
| 42.000 € | 84.945 € | 78.786 € | 73.330 € | 68.206 € | 63.561 € | 53.689 € | 51.808 € | 49.898 € | 47.918 € | 46.019 € |
| 45.000 € | 85.465 € | 78.966 € | 73.393 € | 68.206 € | 63.561 € | 53.689 € | 51.808 € | 49.898 € | 47.918 € | 46.019 € |
| 48.000 € | 85.987 € | 79.146 € | 73.456 € | 68.206 € | 63.561 € | 53.689 € | 51.808 € | 49.898 € | 47.918 € | 46.019 € |
| 51.000 € | 86.510 € | 79.326 € | 73.518 € | 68.206 € | 63.561 € | 53.689 € | 51.808 € | 49.898 € | 47.918 € | 46.019 € |
| 54.000 € | 87.034 € | 79.505 € | 73.580 € | 68.206 € | 63.561 € | 53.689 € | 51.808 € | 49.898 € | 47.918 € | 46.019 € |
| 57.000 € | 87.560 € | 79.684 € | 73.643 € | 68.206 € | 63.561 € | 53.689 € | 51.808 € | 49.898 € | 47.918 € | 46.019 € |
| 60.000 € | 88.087 € | 79.864 € | 73.705 € | 68.206 € | 63.561 € | 53.689 € | 51.808 € | 49.898 € | 47.918 € | 46.019 € |
| 63.000 € | 88.616 € | 80.043 € | 73.767 € | 68.206 € | 63.561 € | 53.689 € | 51.808 € | 49.898 € | 47.918 € | 46.019 € |
| 66.000 € | 89.148 € | 80.222 € | 73.828 € | 68.206 € | 63.561 € | 53.689 € | 51.808 € | 49.898 € | 47.918 € | 46.019 € |
| 69.000 € | 89.681 € | 80.401 € | 73.890 € | 68.206 € | 63.561 € | 53.689 € | 51.808 € | 49.898 € | 47.918 € | 46.019 € |
| 72.000 € | 90.216 € | 80.581 € | 73.952 € | 68.206 € | 63.561 € | 53.689 € | 51.808 € | 49.898 € | 47.918 € | 46.019 € |
| 75.000 € | 90.754 € | 80.760 € | 74.013 € | 68.206 € | 63.561 € | 53.689 € | 51.808 € | 49.898 € | 47.918 € | 46.019 € |
| 78.000 € | 91.294 € | 80.939 € | 74.075 € | 68.206 € | 63.561 € | 53.689 € | 51.808 € | 49.898 € | 47.918 € | 46.019 € |
| 81.000 € | 91.837 € | 81.119 € | 74.137 € | 68.206 € | 63.561 € | 53.689 € | 51.808 € | 49.898 € | 47.918 € | 46.019 € |
| 84.000 € | 92.382 € | 81.299 € | 74.198 € | 68.206 € | 63.561 € | 53.689 € | 51.808 € | 49.898 € | 47.918 € | 46.019 € |
| 87.000 € | 101.082 € | 81.479 € | 74.260 € | 68.206 € | 63.561 € | 53.689 € | 51.808 € | 49.898 € | 47.918 € | 46.019 € |
| 90.000 € | 109.782 € | 81.659 € | 74.321 € | 68.206 € | 63.561 € | 53.689 € | 51.808 € | 49.898 € | 47.918 € | 46.019 € |
| 93.000 € | 118.482 € | 88.675 € | 74.383 € | 68.206 € | 63.561 € | 53.689 € | 51.808 € | 49.898 € | 47.918 € | 46.019 € |
| 96.000 € | 127.183 € | 95.691 € | 74.444 € | 68.206 € | 63.561 € | 53.689 € | 51.808 € | 49.898 € | 47.918 € | 46.019 € |
| 99.000 € | 135.883 € | 102.707 € | 74.505 € | 68.206 € | 63.561 € | 53.689 € | 51.808 € | 49.898 € | 47.918 € | 46.019 € |
| 102.000 € | 144.583 € | 109.723 € | 74.567 € | 68.206 € | 63.561 € | 53.689 € | 51.808 € | 49.898 € | 47.918 € | 46.019 € |
| 105.000 € | 153.284 € | 116.739 € | 79.874 € | 68.206 € | 63.561 € | 53.689 € | 51.808 € | 49.898 € | 47.918 € | 46.019 € |
| 108.000 € | 161.984 € | 123.755 € | 85.182 € | 68.206 € | 63.561 € | 53.689 € | 51.808 € | 49.898 € | 47.918 € | 46.019 € |
| 111.000 € | 170.684 € | 130.771 € | 90.490 € | 68.206 € | 63.561 € | 53.689 € | 51.808 € | 49.898 € | 47.918 € | 46.019 € |
| 114.000 € | 179.385 € | 137.787 € | 95.797 € | 68.206 € | 63.561 € | 53.689 € | 51.808 € | 49.898 € | 47.918 € | 46.019 € |
| 117.000 € | 188.085 € | 144.803 € | 101.105 € | 68.206 € | 63.561 € | 53.689 € | 51.808 € | 49.898 € | 47.918 € | 46.019 € |
| 120.000 € | 196.785 € | 151.819 € | 106.412 € | 68.206 € | 63.561 € | 53.689 € | 51.808 € | 49.898 € | 47.918 € | 46.019 € |

# TABLA 1.C.1
## Lucro cesante del cónyuge
Años de duración del matrimonio: 48 años

Ingreso neto cónyuge | Edad del cónyuge

| Hasta | 72 | 73 | 74 | 75 | 76 | 77 | 78 | 79 | 80 | 81 | 82 |
|---|---|---|---|---|---|---|---|---|---|---|---|
| 9.000 € | 10.178 € | 9.713 € | 9.267 € | 8.838 € | 8.406 € | 7.975 € | 7.553 € | 7.143 € | 6.738 € | 6.346 € | 5.968 € |
| 12.000 € | 13.570 € | 12.951 € | 12.356 € | 11.784 € | 11.209 € | 10.634 € | 10.071 € | 9.524 € | 8.983 € | 8.461 € | 7.957 € |
| 15.000 € | 16.963 € | 16.189 € | 15.446 € | 14.730 € | 14.011 € | 13.292 € | 12.588 € | 11.905 € | 11.229 € | 10.576 € | 9.947 € |
| 18.000 € | 20.356 € | 19.427 € | 18.535 € | 17.677 € | 16.813 € | 15.950 € | 15.106 € | 14.286 € | 13.475 € | 12.692 € | 11.936 € |
| 21.000 € | 23.748 € | 22.664 € | 21.624 € | 20.623 € | 19.615 € | 18.609 € | 17.624 € | 16.667 € | 15.721 € | 14.807 € | 13.925 € |
| 24.000 € | 27.141 € | 25.902 € | 24.713 € | 23.569 € | 22.417 € | 21.267 € | 20.141 € | 19.048 € | 17.967 € | 16.922 € | 15.915 € |
| 27.000 € | 30.533 € | 29.140 € | 27.802 € | 26.515 € | 25.219 € | 23.926 € | 22.659 € | 21.429 € | 20.213 € | 19.038 € | 17.904 € |
| 30.000 € | 33.926 € | 32.378 € | 30.891 € | 29.461 € | 28.021 € | 26.584 € | 25.177 € | 23.810 € | 22.459 € | 21.153 € | 19.893 € |
| 33.000 € | 37.318 € | 35.615 € | 33.980 € | 32.407 € | 30.823 € | 29.243 € | 27.694 € | 26.191 € | 24.704 € | 23.268 € | 21.883 € |
| 36.000 € | 40.711 € | 38.853 € | 37.069 € | 35.353 € | 33.626 € | 31.901 € | 30.212 € | 28.572 € | 26.950 € | 25.383 € | 23.872 € |
| 39.000 € | 44.104 € | 42.091 € | 40.158 € | 38.299 € | 36.428 € | 34.559 € | 32.730 € | 30.953 € | 29.196 € | 27.499 € | 25.861 € |
| 42.000 € | 44.104 € | 42.091 € | 40.158 € | 38.299 € | 36.428 € | 34.559 € | 32.730 € | 30.953 € | 29.196 € | 27.499 € | 25.861 € |
| 45.000 € | 44.104 € | 42.091 € | 40.158 € | 38.299 € | 36.428 € | 34.559 € | 32.730 € | 30.953 € | 29.196 € | 27.499 € | 25.861 € |
| 48.000 € | 44.104 € | 42.091 € | 40.158 € | 38.299 € | 36.428 € | 34.559 € | 32.730 € | 30.953 € | 29.196 € | 27.499 € | 25.861 € |
| 51.000 € | 44.104 € | 42.091 € | 40.158 € | 38.299 € | 36.428 € | 34.559 € | 32.730 € | 30.953 € | 29.196 € | 27.499 € | 25.861 € |
| 54.000 € | 44.104 € | 42.091 € | 40.158 € | 38.299 € | 36.428 € | 34.559 € | 32.730 € | 30.953 € | 29.196 € | 27.499 € | 25.861 € |
| 57.000 € | 44.104 € | 42.091 € | 40.158 € | 38.299 € | 36.428 € | 34.559 € | 32.730 € | 30.953 € | 29.196 € | 27.499 € | 25.861 € |
| 60.000 € | 44.104 € | 42.091 € | 40.158 € | 38.299 € | 36.428 € | 34.559 € | 32.730 € | 30.953 € | 29.196 € | 27.499 € | 25.861 € |
| 63.000 € | 44.104 € | 42.091 € | 40.158 € | 38.299 € | 36.428 € | 34.559 € | 32.730 € | 30.953 € | 29.196 € | 27.499 € | 25.861 € |
| 66.000 € | 44.104 € | 42.091 € | 40.158 € | 38.299 € | 36.428 € | 34.559 € | 32.730 € | 30.953 € | 29.196 € | 27.499 € | 25.861 € |
| 69.000 € | 44.104 € | 42.091 € | 40.158 € | 38.299 € | 36.428 € | 34.559 € | 32.730 € | 30.953 € | 29.196 € | 27.499 € | 25.861 € |
| 72.000 € | 44.104 € | 42.091 € | 40.158 € | 38.299 € | 36.428 € | 34.559 € | 32.730 € | 30.953 € | 29.196 € | 27.499 € | 25.861 € |
| 75.000 € | 44.104 € | 42.091 € | 40.158 € | 38.299 € | 36.428 € | 34.559 € | 32.730 € | 30.953 € | 29.196 € | 27.499 € | 25.861 € |
| 78.000 € | 44.104 € | 42.091 € | 40.158 € | 38.299 € | 36.428 € | 34.559 € | 32.730 € | 30.953 € | 29.196 € | 27.499 € | 25.861 € |
| 81.000 € | 44.104 € | 42.091 € | 40.158 € | 38.299 € | 36.428 € | 34.559 € | 32.730 € | 30.953 € | 29.196 € | 27.499 € | 25.861 € |
| 84.000 € | 44.104 € | 42.091 € | 40.158 € | 38.299 € | 36.428 € | 34.559 € | 32.730 € | 30.953 € | 29.196 € | 27.499 € | 25.861 € |
| 87.000 € | 44.104 € | 42.091 € | 40.158 € | 38.299 € | 36.428 € | 34.559 € | 32.730 € | 30.953 € | 29.196 € | 27.499 € | 25.861 € |
| 90.000 € | 44.104 € | 42.091 € | 40.158 € | 38.299 € | 36.428 € | 34.559 € | 32.730 € | 30.953 € | 29.196 € | 27.499 € | 25.861 € |
| 93.000 € | 44.104 € | 42.091 € | 40.158 € | 38.299 € | 36.428 € | 34.559 € | 32.730 € | 30.953 € | 29.196 € | 27.499 € | 25.861 € |
| 96.000 € | 44.104 € | 42.091 € | 40.158 € | 38.299 € | 36.428 € | 34.559 € | 32.730 € | 30.953 € | 29.196 € | 27.499 € | 25.861 € |
| 99.000 € | 44.104 € | 42.091 € | 40.158 € | 38.299 € | 36.428 € | 34.559 € | 32.730 € | 30.953 € | 29.196 € | 27.499 € | 25.861 € |
| 102.000 € | 44.104 € | 42.091 € | 40.158 € | 38.299 € | 36.428 € | 34.559 € | 32.730 € | 30.953 € | 29.196 € | 27.499 € | 25.861 € |
| 105.000 € | 44.104 € | 42.091 € | 40.158 € | 38.299 € | 36.428 € | 34.559 € | 32.730 € | 30.953 € | 29.196 € | 27.499 € | 25.861 € |
| 108.000 € | 44.104 € | 42.091 € | 40.158 € | 38.299 € | 36.428 € | 34.559 € | 32.730 € | 30.953 € | 29.196 € | 27.499 € | 25.861 € |
| 111.000 € | 44.104 € | 42.091 € | 40.158 € | 38.299 € | 36.428 € | 34.559 € | 32.730 € | 30.953 € | 29.196 € | 27.499 € | 25.861 € |
| 114.000 € | 44.104 € | 42.091 € | 40.158 € | 38.299 € | 36.428 € | 34.559 € | 32.730 € | 30.953 € | 29.196 € | 27.499 € | 25.861 € |
| 117.000 € | 44.104 € | 42.091 € | 40.158 € | 38.299 € | 36.428 € | 34.559 € | 32.730 € | 30.953 € | 29.196 € | 27.499 € | 25.861 € |
| 120.000 € | 44.104 € | 42.091 € | 40.158 € | 38.299 € | 36.428 € | 34.559 € | 32.730 € | 30.953 € | 29.196 € | 27.499 € | 25.861 € |

# TABLA 1.C.1
## Lucro cesante del cónyuge
### Años de duración del matrimonio: 48 años

| Ingreso neto | Edad del cónyuge | | | | | | | | | | |
|---|---|---|---|---|---|---|---|---|---|---|---|
| Hasta | 83 | 84 | 85 | 86 | 87 | 88 | 89 | 90 | 91 | 92 | 93 |
| 9.000 € | 5.601 € | 5.245 € | 4.908 € | 4.584 € | 4.276 € | 3.985 € | 3.715 € | 3.459 € | 3.206 € | 3.000 € | 3.000 € |
| 12.000 € | 7.468 € | 6.994 € | 6.544 € | 6.113 € | 5.702 € | 5.314 € | 4.954 € | 4.612 € | 4.274 € | 3.944 € | 3.580 € |
| 15.000 € | 9.335 € | 8.742 € | 8.180 € | 7.641 € | 7.127 € | 6.642 € | 6.192 € | 5.764 € | 5.343 € | 4.930 € | 4.474 € |
| 18.000 € | 11.202 € | 10.490 € | 9.816 € | 9.169 € | 8.552 € | 7.971 € | 7.431 € | 6.917 € | 6.411 € | 5.916 € | 5.369 € |
| 21.000 € | 13.069 € | 12.239 € | 11.452 € | 10.697 € | 9.978 € | 9.299 € | 8.669 € | 8.070 € | 7.480 € | 6.902 € | 6.264 € |
| 24.000 € | 14.936 € | 13.987 € | 13.088 € | 12.225 € | 11.403 € | 10.628 € | 9.907 € | 9.223 € | 8.548 € | 7.887 € | 7.159 € |
| 27.000 € | 16.803 € | 15.735 € | 14.724 € | 13.753 € | 12.829 € | 11.956 € | 11.146 € | 10.376 € | 9.617 € | 8.873 € | 8.054 € |
| 30.000 € | 18.669 € | 17.484 € | 16.360 € | 15.282 € | 14.254 € | 13.285 € | 12.384 € | 11.529 € | 10.685 € | 9.859 € | 8.949 € |
| 33.000 € | 20.536 € | 19.232 € | 17.996 € | 16.810 € | 15.679 € | 14.613 € | 13.623 € | 12.682 € | 11.754 € | 10.845 € | 9.844 € |
| 36.000 € | 22.403 € | 20.981 € | 19.632 € | 18.338 € | 17.105 € | 15.942 € | 14.861 € | 13.835 € | 12.822 € | 11.831 € | 10.739 € |
| 39.000 € | 24.270 € | 22.729 € | 21.268 € | 19.866 € | 18.530 € | 17.270 € | 16.100 € | 14.988 € | 13.891 € | 12.817 € | 11.634 € |
| 42.000 € | 24.270 € | 22.729 € | 21.268 € | 19.866 € | 18.530 € | 17.270 € | 16.100 € | 14.988 € | 13.891 € | 12.817 € | 11.634 € |
| 45.000 € | 24.270 € | 22.729 € | 21.268 € | 19.866 € | 18.530 € | 17.270 € | 16.100 € | 14.988 € | 13.891 € | 12.817 € | 11.634 € |
| 48.000 € | 24.270 € | 22.729 € | 21.268 € | 19.866 € | 18.530 € | 17.270 € | 16.100 € | 14.988 € | 13.891 € | 12.817 € | 11.634 € |
| 51.000 € | 24.270 € | 22.729 € | 21.268 € | 19.866 € | 18.530 € | 17.270 € | 16.100 € | 14.988 € | 13.891 € | 12.817 € | 11.634 € |
| 54.000 € | 24.270 € | 22.729 € | 21.268 € | 19.866 € | 18.530 € | 17.270 € | 16.100 € | 14.988 € | 13.891 € | 12.817 € | 11.634 € |
| 57.000 € | 24.270 € | 22.729 € | 21.268 € | 19.866 € | 18.530 € | 17.270 € | 16.100 € | 14.988 € | 13.891 € | 12.817 € | 11.634 € |
| 60.000 € | 24.270 € | 22.729 € | 21.268 € | 19.866 € | 18.530 € | 17.270 € | 16.100 € | 14.988 € | 13.891 € | 12.817 € | 11.634 € |
| 63.000 € | 24.270 € | 22.729 € | 21.268 € | 19.866 € | 18.530 € | 17.270 € | 16.100 € | 14.988 € | 13.891 € | 12.817 € | 11.634 € |
| 66.000 € | 24.270 € | 22.729 € | 21.268 € | 19.866 € | 18.530 € | 17.270 € | 16.100 € | 14.988 € | 13.891 € | 12.817 € | 11.634 € |
| 69.000 € | 24.270 € | 22.729 € | 21.268 € | 19.866 € | 18.530 € | 17.270 € | 16.100 € | 14.988 € | 13.891 € | 12.817 € | 11.634 € |
| 72.000 € | 24.270 € | 22.729 € | 21.268 € | 19.866 € | 18.530 € | 17.270 € | 16.100 € | 14.988 € | 13.891 € | 12.817 € | 11.634 € |
| 75.000 € | 24.270 € | 22.729 € | 21.268 € | 19.866 € | 18.530 € | 17.270 € | 16.100 € | 14.988 € | 13.891 € | 12.817 € | 11.634 € |
| 78.000 € | 24.270 € | 22.729 € | 21.268 € | 19.866 € | 18.530 € | 17.270 € | 16.100 € | 14.988 € | 13.891 € | 12.817 € | 11.634 € |
| 81.000 € | 24.270 € | 22.729 € | 21.268 € | 19.866 € | 18.530 € | 17.270 € | 16.100 € | 14.988 € | 13.891 € | 12.817 € | 11.634 € |
| 84.000 € | 24.270 € | 22.729 € | 21.268 € | 19.866 € | 18.530 € | 17.270 € | 16.100 € | 14.988 € | 13.891 € | 12.817 € | 11.634 € |
| 87.000 € | 24.270 € | 22.729 € | 21.268 € | 19.866 € | 18.530 € | 17.270 € | 16.100 € | 14.988 € | 13.891 € | 12.817 € | 11.634 € |
| 90.000 € | 24.270 € | 22.729 € | 21.268 € | 19.866 € | 18.530 € | 17.270 € | 16.100 € | 14.988 € | 13.891 € | 12.817 € | 11.634 € |
| 93.000 € | 24.270 € | 22.729 € | 21.268 € | 19.866 € | 18.530 € | 17.270 € | 16.100 € | 14.988 € | 13.891 € | 12.817 € | 11.634 € |
| 96.000 € | 24.270 € | 22.729 € | 21.268 € | 19.866 € | 18.530 € | 17.270 € | 16.100 € | 14.988 € | 13.891 € | 12.817 € | 11.634 € |
| 99.000 € | 24.270 € | 22.729 € | 21.268 € | 19.866 € | 18.530 € | 17.270 € | 16.100 € | 14.988 € | 13.891 € | 12.817 € | 11.634 € |
| 102.000 € | 24.270 € | 22.729 € | 21.268 € | 19.866 € | 18.530 € | 17.270 € | 16.100 € | 14.988 € | 13.891 € | 12.817 € | 11.634 € |
| 105.000 € | 24.270 € | 22.729 € | 21.268 € | 19.866 € | 18.530 € | 17.270 € | 16.100 € | 14.988 € | 13.891 € | 12.817 € | 11.634 € |
| 108.000 € | 24.270 € | 22.729 € | 21.268 € | 19.866 € | 18.530 € | 17.270 € | 16.100 € | 14.988 € | 13.891 € | 12.817 € | 11.634 € |
| 111.000 € | 24.270 € | 22.729 € | 21.268 € | 19.866 € | 18.530 € | 17.270 € | 16.100 € | 14.988 € | 13.891 € | 12.817 € | 11.634 € |
| 114.000 € | 24.270 € | 22.729 € | 21.268 € | 19.866 € | 18.530 € | 17.270 € | 16.100 € | 14.988 € | 13.891 € | 12.817 € | 11.634 € |
| 117.000 € | 24.270 € | 22.729 € | 21.268 € | 19.866 € | 18.530 € | 17.270 € | 16.100 € | 14.988 € | 13.891 € | 12.817 € | 11.634 € |
| 120.000 € | 24.270 € | 22.729 € | 21.268 € | 19.866 € | 18.530 € | 17.270 € | 16.100 € | 14.988 € | 13.891 € | 12.817 € | 11.634 € |

# TABLA 1.C.1
## Lucro cesante del cónyuge
### Años de duración del matrimonio: 48 años

| Ingreso neto | Edad del cónyuge | | | | | |
|---|---|---|---|---|---|---|
| Hasta | 94 | 95 | 96 | 97 | 98 | 99 o mas |
| 9.000 € | 3.000 € | 3.000 € | 3.000 € | 3.000 € | 3.000 € | 3.000 € |
| 12.000 € | 3.269 € | 3.000 € | 3.000 € | 3.000 € | 3.000 € | 3.000 € |
| 15.000 € | 4.086 € | 3.656 € | 3.205 € | 3.000 € | 3.000 € | 3.000 € |
| 18.000 € | 4.903 € | 4.387 € | 3.846 € | 3.243 € | 3.000 € | 3.000 € |
| 21.000 € | 5.720 € | 5.118 € | 4.487 € | 3.784 € | 3.000 € | 3.000 € |
| 24.000 € | 6.537 € | 5.849 € | 5.128 € | 4.325 € | 3.287 € | 3.000 € |
| 27.000 € | 7.355 € | 6.581 € | 5.769 € | 4.865 € | 3.698 € | 3.000 € |
| 30.000 € | 8.172 € | 7.312 € | 6.410 € | 5.406 € | 4.108 € | 3.000 € |
| 33.000 € | 8.989 € | 8.043 € | 7.051 € | 5.946 € | 4.519 € | 3.000 € |
| 36.000 € | 9.806 € | 8.774 € | 7.692 € | 6.487 € | 4.930 € | 3.000 € |
| 39.000 € | 10.623 € | 9.505 € | 8.333 € | 7.027 € | 5.341 € | 3.120 € |
| 42.000 € | 10.623 € | 9.505 € | 8.333 € | 7.027 € | 5.341 € | 3.120 € |
| 45.000 € | 10.623 € | 9.505 € | 8.333 € | 7.027 € | 5.341 € | 3.120 € |
| 48.000 € | 10.623 € | 9.505 € | 8.333 € | 7.027 € | 5.341 € | 3.120 € |
| 51.000 € | 10.623 € | 9.505 € | 8.333 € | 7.027 € | 5.341 € | 3.120 € |
| 54.000 € | 10.623 € | 9.505 € | 8.333 € | 7.027 € | 5.341 € | 3.120 € |
| 57.000 € | 10.623 € | 9.505 € | 8.333 € | 7.027 € | 5.341 € | 3.120 € |
| 60.000 € | 10.623 € | 9.505 € | 8.333 € | 7.027 € | 5.341 € | 3.120 € |
| 63.000 € | 10.623 € | 9.505 € | 8.333 € | 7.027 € | 5.341 € | 3.120 € |
| 66.000 € | 10.623 € | 9.505 € | 8.333 € | 7.027 € | 5.341 € | 3.120 € |
| 69.000 € | 10.623 € | 9.505 € | 8.333 € | 7.027 € | 5.341 € | 3.120 € |
| 72.000 € | 10.623 € | 9.505 € | 8.333 € | 7.027 € | 5.341 € | 3.120 € |
| 75.000 € | 10.623 € | 9.505 € | 8.333 € | 7.027 € | 5.341 € | 3.120 € |
| 78.000 € | 10.623 € | 9.505 € | 8.333 € | 7.027 € | 5.341 € | 3.120 € |
| 81.000 € | 10.623 € | 9.505 € | 8.333 € | 7.027 € | 5.341 € | 3.120 € |
| 84.000 € | 10.623 € | 9.505 € | 8.333 € | 7.027 € | 5.341 € | 3.120 € |
| 87.000 € | 10.623 € | 9.505 € | 8.333 € | 7.027 € | 5.341 € | 3.120 € |
| 90.000 € | 10.623 € | 9.505 € | 8.333 € | 7.027 € | 5.341 € | 3.120 € |
| 93.000 € | 10.623 € | 9.505 € | 8.333 € | 7.027 € | 5.341 € | 3.120 € |
| 96.000 € | 10.623 € | 9.505 € | 8.333 € | 7.027 € | 5.341 € | 3.120 € |
| 99.000 € | 10.623 € | 9.505 € | 8.333 € | 7.027 € | 5.341 € | 3.120 € |
| 102.000 € | 10.623 € | 9.505 € | 8.333 € | 7.027 € | 5.341 € | 3.120 € |
| 105.000 € | 10.623 € | 9.505 € | 8.333 € | 7.027 € | 5.341 € | 3.120 € |
| 108.000 € | 10.623 € | 9.505 € | 8.333 € | 7.027 € | 5.341 € | 3.120 € |
| 111.000 € | 10.623 € | 9.505 € | 8.333 € | 7.027 € | 5.341 € | 3.120 € |
| 114.000 € | 10.623 € | 9.505 € | 8.333 € | 7.027 € | 5.341 € | 3.120 € |
| 117.000 € | 10.623 € | 9.505 € | 8.333 € | 7.027 € | 5.341 € | 3.120 € |
| 120.000 € | 10.623 € | 9.505 € | 8.333 € | 7.027 € | 5.341 € | 3.120 € |

# TABLA 1.C.1
## Lucro cesante del cónyuge
### Años de duración del matrimonio: 49 años

| Ingreso netc | Edad del cónyuge | | | | | | | | Edad del c |
|---|---|---|---|---|---|---|---|---|---|---|
| Hasta | 63 | 64 | 65 | 66 | 67 | 68 | 69 | 70 | 71 | 72 |
| 9.000 € | 19.606 € | 18.301 € | 17.052 € | 15.890 € | 12.390 € | 11.956 € | 11.515 € | 11.058 € | 10.620 € | 10.178 € |
| 12.000 € | 26.141 € | 24.401 € | 22.735 € | 21.187 € | 16.520 € | 15.941 € | 15.353 € | 14.744 € | 14.160 € | 13.570 € |
| 15.000 € | 32.676 € | 30.502 € | 28.419 € | 26.484 € | 20.650 € | 19.926 € | 19.192 € | 18.430 € | 17.700 € | 16.963 € |
| 18.000 € | 39.212 € | 36.602 € | 34.103 € | 31.781 € | 24.780 € | 23.912 € | 23.030 € | 22.116 € | 21.240 € | 20.356 € |
| 21.000 € | 45.747 € | 42.702 € | 39.787 € | 37.077 € | 28.909 € | 27.897 € | 26.868 € | 25.802 € | 24.780 € | 23.748 € |
| 24.000 € | 52.282 € | 48.802 € | 45.471 € | 42.374 € | 33.039 € | 31.882 € | 30.707 € | 29.488 € | 28.319 € | 27.141 € |
| 27.000 € | 58.817 € | 54.903 € | 51.155 € | 47.671 € | 37.169 € | 35.867 € | 34.545 € | 33.174 € | 31.859 € | 30.533 € |
| 30.000 € | 65.353 € | 61.003 € | 56.839 € | 52.968 € | 41.299 € | 39.853 € | 38.383 € | 36.860 € | 35.399 € | 33.926 € |
| 33.000 € | 71.888 € | 67.103 € | 62.523 € | 58.264 € | 45.429 € | 43.838 € | 42.222 € | 40.546 € | 38.939 € | 37.318 € |
| 36.000 € | 78.423 € | 73.204 € | 68.206 € | 63.561 € | 49.559 € | 47.823 € | 46.060 € | 44.232 € | 42.479 € | 40.711 € |
| 39.000 € | 78.605 € | 73.267 € | 68.206 € | 63.561 € | 53.689 € | 51.808 € | 49.898 € | 47.918 € | 46.019 € | 44.104 € |
| 42.000 € | 78.786 € | 73.330 € | 68.206 € | 63.561 € | 53.689 € | 51.808 € | 49.898 € | 47.918 € | 46.019 € | 44.104 € |
| 45.000 € | 78.966 € | 73.393 € | 68.206 € | 63.561 € | 53.689 € | 51.808 € | 49.898 € | 47.918 € | 46.019 € | 44.104 € |
| 48.000 € | 79.146 € | 73.456 € | 68.206 € | 63.561 € | 53.689 € | 51.808 € | 49.898 € | 47.918 € | 46.019 € | 44.104 € |
| 51.000 € | 79.326 € | 73.518 € | 68.206 € | 63.561 € | 53.689 € | 51.808 € | 49.898 € | 47.918 € | 46.019 € | 44.104 € |
| 54.000 € | 79.505 € | 73.580 € | 68.206 € | 63.561 € | 53.689 € | 51.808 € | 49.898 € | 47.918 € | 46.019 € | 44.104 € |
| 57.000 € | 79.684 € | 73.643 € | 68.206 € | 63.561 € | 53.689 € | 51.808 € | 49.898 € | 47.918 € | 46.019 € | 44.104 € |
| 60.000 € | 79.864 € | 73.705 € | 68.206 € | 63.561 € | 53.689 € | 51.808 € | 49.898 € | 47.918 € | 46.019 € | 44.104 € |
| 63.000 € | 80.043 € | 73.767 € | 68.206 € | 63.561 € | 53.689 € | 51.808 € | 49.898 € | 47.918 € | 46.019 € | 44.104 € |
| 66.000 € | 80.222 € | 73.828 € | 68.206 € | 63.561 € | 53.689 € | 51.808 € | 49.898 € | 47.918 € | 46.019 € | 44.104 € |
| 69.000 € | 80.401 € | 73.890 € | 68.206 € | 63.561 € | 53.689 € | 51.808 € | 49.898 € | 47.918 € | 46.019 € | 44.104 € |
| 72.000 € | 80.581 € | 73.952 € | 68.206 € | 63.561 € | 53.689 € | 51.808 € | 49.898 € | 47.918 € | 46.019 € | 44.104 € |
| 75.000 € | 80.760 € | 74.013 € | 68.206 € | 63.561 € | 53.689 € | 51.808 € | 49.898 € | 47.918 € | 46.019 € | 44.104 € |
| 78.000 € | 80.939 € | 74.075 € | 68.206 € | 63.561 € | 53.689 € | 51.808 € | 49.898 € | 47.918 € | 46.019 € | 44.104 € |
| 81.000 € | 81.119 € | 74.137 € | 68.206 € | 63.561 € | 53.689 € | 51.808 € | 49.898 € | 47.918 € | 46.019 € | 44.104 € |
| 84.000 € | 81.299 € | 74.198 € | 68.206 € | 63.561 € | 53.689 € | 51.808 € | 49.898 € | 47.918 € | 46.019 € | 44.104 € |
| 87.000 € | 81.479 € | 74.260 € | 68.206 € | 63.561 € | 53.689 € | 51.808 € | 49.898 € | 47.918 € | 46.019 € | 44.104 € |
| 90.000 € | 81.659 € | 74.321 € | 68.206 € | 63.561 € | 53.689 € | 51.808 € | 49.898 € | 47.918 € | 46.019 € | 44.104 € |
| 93.000 € | 88.675 € | 74.383 € | 68.206 € | 63.561 € | 53.689 € | 51.808 € | 49.898 € | 47.918 € | 46.019 € | 44.104 € |
| 96.000 € | 95.691 € | 74.444 € | 68.206 € | 63.561 € | 53.689 € | 51.808 € | 49.898 € | 47.918 € | 46.019 € | 44.104 € |
| 99.000 € | 102.707 € | 74.505 € | 68.206 € | 63.561 € | 53.689 € | 51.808 € | 49.898 € | 47.918 € | 46.019 € | 44.104 € |
| 102.000 € | 109.723 € | 74.567 € | 68.206 € | 63.561 € | 53.689 € | 51.808 € | 49.898 € | 47.918 € | 46.019 € | 44.104 € |
| 105.000 € | 116.739 € | 79.874 € | 68.206 € | 63.561 € | 53.689 € | 51.808 € | 49.898 € | 47.918 € | 46.019 € | 44.104 € |
| 108.000 € | 123.755 € | 85.182 € | 68.206 € | 63.561 € | 53.689 € | 51.808 € | 49.898 € | 47.918 € | 46.019 € | 44.104 € |
| 111.000 € | 130.771 € | 90.490 € | 68.206 € | 63.561 € | 53.689 € | 51.808 € | 49.898 € | 47.918 € | 46.019 € | 44.104 € |
| 114.000 € | 137.787 € | 95.797 € | 68.206 € | 63.561 € | 53.689 € | 51.808 € | 49.898 € | 47.918 € | 46.019 € | 44.104 € |
| 117.000 € | 144.803 € | 101.105 € | 68.206 € | 63.561 € | 53.689 € | 51.808 € | 49.898 € | 47.918 € | 46.019 € | 44.104 € |
| 120.000 € | 151.819 € | 106.412 € | 68.206 € | 63.561 € | 53.689 € | 51.808 € | 49.898 € | 47.918 € | 46.019 € | 44.104 € |

# TABLA 1.C.1
## Lucro cesante del cónyuge
### Años de duración del matrimonio: 49 años

Ingreso netcónyuge — Edad del cónyuge

| Hasta | 73 | 74 | 75 | 76 | 77 | 78 | 79 | 80 | 81 | 82 | 83 |
|---|---|---|---|---|---|---|---|---|---|---|---|
| 9.000 € | 9.713 € | 9.267 € | 8.838 € | 8.406 € | 7.975 € | 7.553 € | 7.143 € | 6.738 € | 6.346 € | 5.968 € | 5.601 € |
| 12.000 € | 12.951 € | 12.356 € | 11.784 € | 11.209 € | 10.634 € | 10.071 € | 9.524 € | 8.983 € | 8.461 € | 7.957 € | 7.468 € |
| 15.000 € | 16.189 € | 15.446 € | 14.730 € | 14.011 € | 13.292 € | 12.588 € | 11.905 € | 11.229 € | 10.576 € | 9.947 € | 9.335 € |
| 18.000 € | 19.427 € | 18.535 € | 17.677 € | 16.813 € | 15.950 € | 15.106 € | 14.286 € | 13.475 € | 12.692 € | 11.936 € | 11.202 € |
| 21.000 € | 22.664 € | 21.624 € | 20.623 € | 19.615 € | 18.609 € | 17.624 € | 16.667 € | 15.721 € | 14.807 € | 13.925 € | 13.069 € |
| 24.000 € | 25.902 € | 24.713 € | 23.569 € | 22.417 € | 21.267 € | 20.141 € | 19.048 € | 17.967 € | 16.922 € | 15.915 € | 14.936 € |
| 27.000 € | 29.140 € | 27.802 € | 26.515 € | 25.219 € | 23.926 € | 22.659 € | 21.429 € | 20.213 € | 19.038 € | 17.904 € | 16.803 € |
| 30.000 € | 32.378 € | 30.891 € | 29.461 € | 28.021 € | 26.584 € | 25.177 € | 23.810 € | 22.459 € | 21.153 € | 19.893 € | 18.669 € |
| 33.000 € | 35.615 € | 33.980 € | 32.407 € | 30.823 € | 29.243 € | 27.694 € | 26.191 € | 24.704 € | 23.268 € | 21.883 € | 20.536 € |
| 36.000 € | 38.853 € | 37.069 € | 35.353 € | 33.626 € | 31.901 € | 30.212 € | 28.572 € | 26.950 € | 25.383 € | 23.872 € | 22.403 € |
| 39.000 € | 42.091 € | 40.158 € | 38.299 € | 36.428 € | 34.559 € | 32.730 € | 30.953 € | 29.196 € | 27.499 € | 25.861 € | 24.270 € |
| 42.000 € | 42.091 € | 40.158 € | 38.299 € | 36.428 € | 34.559 € | 32.730 € | 30.953 € | 29.196 € | 27.499 € | 25.861 € | 24.270 € |
| 45.000 € | 42.091 € | 40.158 € | 38.299 € | 36.428 € | 34.559 € | 32.730 € | 30.953 € | 29.196 € | 27.499 € | 25.861 € | 24.270 € |
| 48.000 € | 42.091 € | 40.158 € | 38.299 € | 36.428 € | 34.559 € | 32.730 € | 30.953 € | 29.196 € | 27.499 € | 25.861 € | 24.270 € |
| 51.000 € | 42.091 € | 40.158 € | 38.299 € | 36.428 € | 34.559 € | 32.730 € | 30.953 € | 29.196 € | 27.499 € | 25.861 € | 24.270 € |
| 54.000 € | 42.091 € | 40.158 € | 38.299 € | 36.428 € | 34.559 € | 32.730 € | 30.953 € | 29.196 € | 27.499 € | 25.861 € | 24.270 € |
| 57.000 € | 42.091 € | 40.158 € | 38.299 € | 36.428 € | 34.559 € | 32.730 € | 30.953 € | 29.196 € | 27.499 € | 25.861 € | 24.270 € |
| 60.000 € | 42.091 € | 40.158 € | 38.299 € | 36.428 € | 34.559 € | 32.730 € | 30.953 € | 29.196 € | 27.499 € | 25.861 € | 24.270 € |
| 63.000 € | 42.091 € | 40.158 € | 38.299 € | 36.428 € | 34.559 € | 32.730 € | 30.953 € | 29.196 € | 27.499 € | 25.861 € | 24.270 € |
| 66.000 € | 42.091 € | 40.158 € | 38.299 € | 36.428 € | 34.559 € | 32.730 € | 30.953 € | 29.196 € | 27.499 € | 25.861 € | 24.270 € |
| 69.000 € | 42.091 € | 40.158 € | 38.299 € | 36.428 € | 34.559 € | 32.730 € | 30.953 € | 29.196 € | 27.499 € | 25.861 € | 24.270 € |
| 72.000 € | 42.091 € | 40.158 € | 38.299 € | 36.428 € | 34.559 € | 32.730 € | 30.953 € | 29.196 € | 27.499 € | 25.861 € | 24.270 € |
| 75.000 € | 42.091 € | 40.158 € | 38.299 € | 36.428 € | 34.559 € | 32.730 € | 30.953 € | 29.196 € | 27.499 € | 25.861 € | 24.270 € |
| 78.000 € | 42.091 € | 40.158 € | 38.299 € | 36.428 € | 34.559 € | 32.730 € | 30.953 € | 29.196 € | 27.499 € | 25.861 € | 24.270 € |
| 81.000 € | 42.091 € | 40.158 € | 38.299 € | 36.428 € | 34.559 € | 32.730 € | 30.953 € | 29.196 € | 27.499 € | 25.861 € | 24.270 € |
| 84.000 € | 42.091 € | 40.158 € | 38.299 € | 36.428 € | 34.559 € | 32.730 € | 30.953 € | 29.196 € | 27.499 € | 25.861 € | 24.270 € |
| 87.000 € | 42.091 € | 40.158 € | 38.299 € | 36.428 € | 34.559 € | 32.730 € | 30.953 € | 29.196 € | 27.499 € | 25.861 € | 24.270 € |
| 90.000 € | 42.091 € | 40.158 € | 38.299 € | 36.428 € | 34.559 € | 32.730 € | 30.953 € | 29.196 € | 27.499 € | 25.861 € | 24.270 € |
| 93.000 € | 42.091 € | 40.158 € | 38.299 € | 36.428 € | 34.559 € | 32.730 € | 30.953 € | 29.196 € | 27.499 € | 25.861 € | 24.270 € |
| 96.000 € | 42.091 € | 40.158 € | 38.299 € | 36.428 € | 34.559 € | 32.730 € | 30.953 € | 29.196 € | 27.499 € | 25.861 € | 24.270 € |
| 99.000 € | 42.091 € | 40.158 € | 38.299 € | 36.428 € | 34.559 € | 32.730 € | 30.953 € | 29.196 € | 27.499 € | 25.861 € | 24.270 € |
| 102.000 € | 42.091 € | 40.158 € | 38.299 € | 36.428 € | 34.559 € | 32.730 € | 30.953 € | 29.196 € | 27.499 € | 25.861 € | 24.270 € |
| 105.000 € | 42.091 € | 40.158 € | 38.299 € | 36.428 € | 34.559 € | 32.730 € | 30.953 € | 29.196 € | 27.499 € | 25.861 € | 24.270 € |
| 108.000 € | 42.091 € | 40.158 € | 38.299 € | 36.428 € | 34.559 € | 32.730 € | 30.953 € | 29.196 € | 27.499 € | 25.861 € | 24.270 € |
| 111.000 € | 42.091 € | 40.158 € | 38.299 € | 36.428 € | 34.559 € | 32.730 € | 30.953 € | 29.196 € | 27.499 € | 25.861 € | 24.270 € |
| 114.000 € | 42.091 € | 40.158 € | 38.299 € | 36.428 € | 34.559 € | 32.730 € | 30.953 € | 29.196 € | 27.499 € | 25.861 € | 24.270 € |
| 117.000 € | 42.091 € | 40.158 € | 38.299 € | 36.428 € | 34.559 € | 32.730 € | 30.953 € | 29.196 € | 27.499 € | 25.861 € | 24.270 € |
| 120.000 € | 42.091 € | 40.158 € | 38.299 € | 36.428 € | 34.559 € | 32.730 € | 30.953 € | 29.196 € | 27.499 € | 25.861 € | 24.270 € |

## TABLA 1.C.1
## Lucro cesante del cónyuge
### Años de duración del matrimonio: 49 años

| Ingreso neto | Edad del cónyuge | | | | | | | | | | |
|---|---|---|---|---|---|---|---|---|---|---|---|
| Hasta | 84 | 85 | 86 | 87 | 88 | 89 | 90 | 91 | 92 | 93 | 94 |
| 9.000 € | 5.245 € | 4.908 € | 4.584 € | 4.276 € | 3.985 € | 3.715 € | 3.459 € | 3.206 € | 3.000 € | 3.000 € | 3.000 € |
| 12.000 € | 6.994 € | 6.544 € | 6.113 € | 5.702 € | 5.314 € | 4.954 € | 4.612 € | 4.274 € | 3.944 € | 3.580 € | 3.269 € |
| 15.000 € | 8.742 € | 8.180 € | 7.641 € | 7.127 € | 6.642 € | 6.192 € | 5.764 € | 5.343 € | 4.930 € | 4.474 € | 4.086 € |
| 18.000 € | 10.490 € | 9.816 € | 9.169 € | 8.552 € | 7.971 € | 7.431 € | 6.917 € | 6.411 € | 5.916 € | 5.369 € | 4.903 € |
| 21.000 € | 12.239 € | 11.452 € | 10.697 € | 9.978 € | 9.299 € | 8.669 € | 8.070 € | 7.480 € | 6.902 € | 6.264 € | 5.720 € |
| 24.000 € | 13.987 € | 13.088 € | 12.225 € | 11.403 € | 10.628 € | 9.907 € | 9.223 € | 8.548 € | 7.887 € | 7.159 € | 6.537 € |
| 27.000 € | 15.735 € | 14.724 € | 13.753 € | 12.829 € | 11.956 € | 11.146 € | 10.376 € | 9.617 € | 8.873 € | 8.054 € | 7.355 € |
| 30.000 € | 17.484 € | 16.360 € | 15.282 € | 14.254 € | 13.285 € | 12.384 € | 11.529 € | 10.685 € | 9.859 € | 8.949 € | 8.172 € |
| 33.000 € | 19.232 € | 17.996 € | 16.810 € | 15.679 € | 14.613 € | 13.623 € | 12.682 € | 11.754 € | 10.845 € | 9.844 € | 8.989 € |
| 36.000 € | 20.981 € | 19.632 € | 18.338 € | 17.105 € | 15.942 € | 14.861 € | 13.835 € | 12.822 € | 11.831 € | 10.739 € | 9.806 € |
| 39.000 € | 22.729 € | 21.268 € | 19.866 € | 18.530 € | 17.270 € | 16.100 € | 14.988 € | 13.891 € | 12.817 € | 11.634 € | 10.623 € |
| 42.000 € | 22.729 € | 21.268 € | 19.866 € | 18.530 € | 17.270 € | 16.100 € | 14.988 € | 13.891 € | 12.817 € | 11.634 € | 10.623 € |
| 45.000 € | 22.729 € | 21.268 € | 19.866 € | 18.530 € | 17.270 € | 16.100 € | 14.988 € | 13.891 € | 12.817 € | 11.634 € | 10.623 € |
| 48.000 € | 22.729 € | 21.268 € | 19.866 € | 18.530 € | 17.270 € | 16.100 € | 14.988 € | 13.891 € | 12.817 € | 11.634 € | 10.623 € |
| 51.000 € | 22.729 € | 21.268 € | 19.866 € | 18.530 € | 17.270 € | 16.100 € | 14.988 € | 13.891 € | 12.817 € | 11.634 € | 10.623 € |
| 54.000 € | 22.729 € | 21.268 € | 19.866 € | 18.530 € | 17.270 € | 16.100 € | 14.988 € | 13.891 € | 12.817 € | 11.634 € | 10.623 € |
| 57.000 € | 22.729 € | 21.268 € | 19.866 € | 18.530 € | 17.270 € | 16.100 € | 14.988 € | 13.891 € | 12.817 € | 11.634 € | 10.623 € |
| 60.000 € | 22.729 € | 21.268 € | 19.866 € | 18.530 € | 17.270 € | 16.100 € | 14.988 € | 13.891 € | 12.817 € | 11.634 € | 10.623 € |
| 63.000 € | 22.729 € | 21.268 € | 19.866 € | 18.530 € | 17.270 € | 16.100 € | 14.988 € | 13.891 € | 12.817 € | 11.634 € | 10.623 € |
| 66.000 € | 22.729 € | 21.268 € | 19.866 € | 18.530 € | 17.270 € | 16.100 € | 14.988 € | 13.891 € | 12.817 € | 11.634 € | 10.623 € |
| 69.000 € | 22.729 € | 21.268 € | 19.866 € | 18.530 € | 17.270 € | 16.100 € | 14.988 € | 13.891 € | 12.817 € | 11.634 € | 10.623 € |
| 72.000 € | 22.729 € | 21.268 € | 19.866 € | 18.530 € | 17.270 € | 16.100 € | 14.988 € | 13.891 € | 12.817 € | 11.634 € | 10.623 € |
| 75.000 € | 22.729 € | 21.268 € | 19.866 € | 18.530 € | 17.270 € | 16.100 € | 14.988 € | 13.891 € | 12.817 € | 11.634 € | 10.623 € |
| 78.000 € | 22.729 € | 21.268 € | 19.866 € | 18.530 € | 17.270 € | 16.100 € | 14.988 € | 13.891 € | 12.817 € | 11.634 € | 10.623 € |
| 81.000 € | 22.729 € | 21.268 € | 19.866 € | 18.530 € | 17.270 € | 16.100 € | 14.988 € | 13.891 € | 12.817 € | 11.634 € | 10.623 € |
| 84.000 € | 22.729 € | 21.268 € | 19.866 € | 18.530 € | 17.270 € | 16.100 € | 14.988 € | 13.891 € | 12.817 € | 11.634 € | 10.623 € |
| 87.000 € | 22.729 € | 21.268 € | 19.866 € | 18.530 € | 17.270 € | 16.100 € | 14.988 € | 13.891 € | 12.817 € | 11.634 € | 10.623 € |
| 90.000 € | 22.729 € | 21.268 € | 19.866 € | 18.530 € | 17.270 € | 16.100 € | 14.988 € | 13.891 € | 12.817 € | 11.634 € | 10.623 € |
| 93.000 € | 22.729 € | 21.268 € | 19.866 € | 18.530 € | 17.270 € | 16.100 € | 14.988 € | 13.891 € | 12.817 € | 11.634 € | 10.623 € |
| 96.000 € | 22.729 € | 21.268 € | 19.866 € | 18.530 € | 17.270 € | 16.100 € | 14.988 € | 13.891 € | 12.817 € | 11.634 € | 10.623 € |
| 99.000 € | 22.729 € | 21.268 € | 19.866 € | 18.530 € | 17.270 € | 16.100 € | 14.988 € | 13.891 € | 12.817 € | 11.634 € | 10.623 € |
| 102.000 € | 22.729 € | 21.268 € | 19.866 € | 18.530 € | 17.270 € | 16.100 € | 14.988 € | 13.891 € | 12.817 € | 11.634 € | 10.623 € |
| 105.000 € | 22.729 € | 21.268 € | 19.866 € | 18.530 € | 17.270 € | 16.100 € | 14.988 € | 13.891 € | 12.817 € | 11.634 € | 10.623 € |
| 108.000 € | 22.729 € | 21.268 € | 19.866 € | 18.530 € | 17.270 € | 16.100 € | 14.988 € | 13.891 € | 12.817 € | 11.634 € | 10.623 € |
| 111.000 € | 22.729 € | 21.268 € | 19.866 € | 18.530 € | 17.270 € | 16.100 € | 14.988 € | 13.891 € | 12.817 € | 11.634 € | 10.623 € |
| 114.000 € | 22.729 € | 21.268 € | 19.866 € | 18.530 € | 17.270 € | 16.100 € | 14.988 € | 13.891 € | 12.817 € | 11.634 € | 10.623 € |
| 117.000 € | 22.729 € | 21.268 € | 19.866 € | 18.530 € | 17.270 € | 16.100 € | 14.988 € | 13.891 € | 12.817 € | 11.634 € | 10.623 € |
| 120.000 € | 22.729 € | 21.268 € | 19.866 € | 18.530 € | 17.270 € | 16.100 € | 14.988 € | 13.891 € | 12.817 € | 11.634 € | 10.623 € |

# TABLA 1.C.1
## Lucro cesante del cónyuge
### Años de duración del matrimonio: 49 años

| Ingreso neto | Edad del cónyuge | | | | |
|---|---|---|---|---|---|
| Hasta | 95 | 96 | 97 | 98 | 99 o más |
| 9.000 € | 3.000 € | 3.000 € | 3.000 € | 3.000 € | 3.000 € |
| 12.000 € | 3.000 € | 3.000 € | 3.000 € | 3.000 € | 3.000 € |
| 15.000 € | 3.656 € | 3.205 € | 3.000 € | 3.000 € | 3.000 € |
| 18.000 € | 4.387 € | 3.846 € | 3.243 € | 3.000 € | 3.000 € |
| 21.000 € | 5.118 € | 4.487 € | 3.784 € | 3.000 € | 3.000 € |
| 24.000 € | 5.849 € | 5.128 € | 4.325 € | 3.287 € | 3.000 € |
| 27.000 € | 6.581 € | 5.769 € | 4.865 € | 3.698 € | 3.000 € |
| 30.000 € | 7.312 € | 6.410 € | 5.406 € | 4.108 € | 3.000 € |
| 33.000 € | 8.043 € | 7.051 € | 5.946 € | 4.519 € | 3.000 € |
| 36.000 € | 8.774 € | 7.692 € | 6.487 € | 4.930 € | 3.000 € |
| 39.000 € | 9.505 € | 8.333 € | 7.027 € | 5.341 € | 3.120 € |
| 42.000 € | 9.505 € | 8.333 € | 7.027 € | 5.341 € | 3.120 € |
| 45.000 € | 9.505 € | 8.333 € | 7.027 € | 5.341 € | 3.120 € |
| 48.000 € | 9.505 € | 8.333 € | 7.027 € | 5.341 € | 3.120 € |
| 51.000 € | 9.505 € | 8.333 € | 7.027 € | 5.341 € | 3.120 € |
| 54.000 € | 9.505 € | 8.333 € | 7.027 € | 5.341 € | 3.120 € |
| 57.000 € | 9.505 € | 8.333 € | 7.027 € | 5.341 € | 3.120 € |
| 60.000 € | 9.505 € | 8.333 € | 7.027 € | 5.341 € | 3.120 € |
| 63.000 € | 9.505 € | 8.333 € | 7.027 € | 5.341 € | 3.120 € |
| 66.000 € | 9.505 € | 8.333 € | 7.027 € | 5.341 € | 3.120 € |
| 69.000 € | 9.505 € | 8.333 € | 7.027 € | 5.341 € | 3.120 € |
| 72.000 € | 9.505 € | 8.333 € | 7.027 € | 5.341 € | 3.120 € |
| 75.000 € | 9.505 € | 8.333 € | 7.027 € | 5.341 € | 3.120 € |
| 78.000 € | 9.505 € | 8.333 € | 7.027 € | 5.341 € | 3.120 € |
| 81.000 € | 9.505 € | 8.333 € | 7.027 € | 5.341 € | 3.120 € |
| 84.000 € | 9.505 € | 8.333 € | 7.027 € | 5.341 € | 3.120 € |
| 87.000 € | 9.505 € | 8.333 € | 7.027 € | 5.341 € | 3.120 € |
| 90.000 € | 9.505 € | 8.333 € | 7.027 € | 5.341 € | 3.120 € |
| 93.000 € | 9.505 € | 8.333 € | 7.027 € | 5.341 € | 3.120 € |
| 96.000 € | 9.505 € | 8.333 € | 7.027 € | 5.341 € | 3.120 € |
| 99.000 € | 9.505 € | 8.333 € | 7.027 € | 5.341 € | 3.120 € |
| 102.000 € | 9.505 € | 8.333 € | 7.027 € | 5.341 € | 3.120 € |
| 105.000 € | 9.505 € | 8.333 € | 7.027 € | 5.341 € | 3.120 € |
| 108.000 € | 9.505 € | 8.333 € | 7.027 € | 5.341 € | 3.120 € |
| 111.000 € | 9.505 € | 8.333 € | 7.027 € | 5.341 € | 3.120 € |
| 114.000 € | 9.505 € | 8.333 € | 7.027 € | 5.341 € | 3.120 € |
| 117.000 € | 9.505 € | 8.333 € | 7.027 € | 5.341 € | 3.120 € |
| 120.000 € | 9.505 € | 8.333 € | 7.027 € | 5.341 € | 3.120 € |

## TABLA 1.C.1
### Lucro cesante del cónyuge
Años de duración del matrimonio: 50 años

| Ingreso netc | Edad del cónyuge | | | | | | | | | Edad del cónyuge |
|---|---|---|---|---|---|---|---|---|---|---|---|
| Hasta | 64 | 65 | 66 | 67 | 68 | 69 | 70 | 71 | 72 | 73 | 74 |
| 9.000 € | 18.301 € | 17.052 € | 15.890 € | 12.390 € | 11.956 € | 11.515 € | 11.058 € | 10.620 € | 10.178 € | 9.713 € | 9.267 € |
| 12.000 € | 24.401 € | 22.735 € | 21.187 € | 16.520 € | 15.941 € | 15.353 € | 14.744 € | 14.160 € | 13.570 € | 12.951 € | 12.356 € |
| 15.000 € | 30.502 € | 28.419 € | 26.484 € | 20.650 € | 19.926 € | 19.192 € | 18.430 € | 17.700 € | 16.963 € | 16.189 € | 15.446 € |
| 18.000 € | 36.602 € | 34.103 € | 31.781 € | 24.780 € | 23.912 € | 23.030 € | 22.116 € | 21.240 € | 20.356 € | 19.427 € | 18.535 € |
| 21.000 € | 42.702 € | 39.787 € | 37.077 € | 28.909 € | 27.897 € | 26.868 € | 25.802 € | 24.780 € | 23.748 € | 22.664 € | 21.624 € |
| 24.000 € | 48.802 € | 45.471 € | 42.374 € | 33.039 € | 31.882 € | 30.707 € | 29.488 € | 28.319 € | 27.141 € | 25.902 € | 24.713 € |
| 27.000 € | 54.903 € | 51.155 € | 47.671 € | 37.169 € | 35.867 € | 34.545 € | 33.174 € | 31.859 € | 30.533 € | 29.140 € | 27.802 € |
| 30.000 € | 61.003 € | 56.839 € | 52.968 € | 41.299 € | 39.853 € | 38.383 € | 36.860 € | 35.399 € | 33.926 € | 32.378 € | 30.891 € |
| 33.000 € | 67.103 € | 62.523 € | 58.264 € | 45.429 € | 43.838 € | 42.222 € | 40.546 € | 38.939 € | 37.318 € | 35.615 € | 33.980 € |
| 36.000 € | 73.204 € | 68.206 € | 63.561 € | 49.559 € | 47.823 € | 46.060 € | 44.232 € | 42.479 € | 40.711 € | 38.853 € | 37.069 € |
| 39.000 € | 73.267 € | 68.206 € | 63.561 € | 53.689 € | 51.808 € | 49.898 € | 47.918 € | 46.019 € | 44.104 € | 42.091 € | 40.158 € |
| 42.000 € | 73.330 € | 68.206 € | 63.561 € | 53.689 € | 51.808 € | 49.898 € | 47.918 € | 46.019 € | 44.104 € | 42.091 € | 40.158 € |
| 45.000 € | 73.393 € | 68.206 € | 63.561 € | 53.689 € | 51.808 € | 49.898 € | 47.918 € | 46.019 € | 44.104 € | 42.091 € | 40.158 € |
| 48.000 € | 73.456 € | 68.206 € | 63.561 € | 53.689 € | 51.808 € | 49.898 € | 47.918 € | 46.019 € | 44.104 € | 42.091 € | 40.158 € |
| 51.000 € | 73.518 € | 68.206 € | 63.561 € | 53.689 € | 51.808 € | 49.898 € | 47.918 € | 46.019 € | 44.104 € | 42.091 € | 40.158 € |
| 54.000 € | 73.580 € | 68.206 € | 63.561 € | 53.689 € | 51.808 € | 49.898 € | 47.918 € | 46.019 € | 44.104 € | 42.091 € | 40.158 € |
| 57.000 € | 73.643 € | 68.206 € | 63.561 € | 53.689 € | 51.808 € | 49.898 € | 47.918 € | 46.019 € | 44.104 € | 42.091 € | 40.158 € |
| 60.000 € | 73.705 € | 68.206 € | 63.561 € | 53.689 € | 51.808 € | 49.898 € | 47.918 € | 46.019 € | 44.104 € | 42.091 € | 40.158 € |
| 63.000 € | 73.767 € | 68.206 € | 63.561 € | 53.689 € | 51.808 € | 49.898 € | 47.918 € | 46.019 € | 44.104 € | 42.091 € | 40.158 € |
| 66.000 € | 73.828 € | 68.206 € | 63.561 € | 53.689 € | 51.808 € | 49.898 € | 47.918 € | 46.019 € | 44.104 € | 42.091 € | 40.158 € |
| 69.000 € | 73.890 € | 68.206 € | 63.561 € | 53.689 € | 51.808 € | 49.898 € | 47.918 € | 46.019 € | 44.104 € | 42.091 € | 40.158 € |
| 72.000 € | 73.952 € | 68.206 € | 63.561 € | 53.689 € | 51.808 € | 49.898 € | 47.918 € | 46.019 € | 44.104 € | 42.091 € | 40.158 € |
| 75.000 € | 74.013 € | 68.206 € | 63.561 € | 53.689 € | 51.808 € | 49.898 € | 47.918 € | 46.019 € | 44.104 € | 42.091 € | 40.158 € |
| 78.000 € | 74.075 € | 68.206 € | 63.561 € | 53.689 € | 51.808 € | 49.898 € | 47.918 € | 46.019 € | 44.104 € | 42.091 € | 40.158 € |
| 81.000 € | 74.137 € | 68.206 € | 63.561 € | 53.689 € | 51.808 € | 49.898 € | 47.918 € | 46.019 € | 44.104 € | 42.091 € | 40.158 € |
| 84.000 € | 74.198 € | 68.206 € | 63.561 € | 53.689 € | 51.808 € | 49.898 € | 47.918 € | 46.019 € | 44.104 € | 42.091 € | 40.158 € |
| 87.000 € | 74.260 € | 68.206 € | 63.561 € | 53.689 € | 51.808 € | 49.898 € | 47.918 € | 46.019 € | 44.104 € | 42.091 € | 40.158 € |
| 90.000 € | 74.321 € | 68.206 € | 63.561 € | 53.689 € | 51.808 € | 49.898 € | 47.918 € | 46.019 € | 44.104 € | 42.091 € | 40.158 € |
| 93.000 € | 74.383 € | 68.206 € | 63.561 € | 53.689 € | 51.808 € | 49.898 € | 47.918 € | 46.019 € | 44.104 € | 42.091 € | 40.158 € |
| 96.000 € | 74.444 € | 68.206 € | 63.561 € | 53.689 € | 51.808 € | 49.898 € | 47.918 € | 46.019 € | 44.104 € | 42.091 € | 40.158 € |
| 99.000 € | 74.505 € | 68.206 € | 63.561 € | 53.689 € | 51.808 € | 49.898 € | 47.918 € | 46.019 € | 44.104 € | 42.091 € | 40.158 € |
| 102.000 € | 74.567 € | 68.206 € | 63.561 € | 53.689 € | 51.808 € | 49.898 € | 47.918 € | 46.019 € | 44.104 € | 42.091 € | 40.158 € |
| 105.000 € | 79.874 € | 68.206 € | 63.561 € | 53.689 € | 51.808 € | 49.898 € | 47.918 € | 46.019 € | 44.104 € | 42.091 € | 40.158 € |
| 108.000 € | 85.182 € | 68.206 € | 63.561 € | 53.689 € | 51.808 € | 49.898 € | 47.918 € | 46.019 € | 44.104 € | 42.091 € | 40.158 € |
| 111.000 € | 90.490 € | 68.206 € | 63.561 € | 53.689 € | 51.808 € | 49.898 € | 47.918 € | 46.019 € | 44.104 € | 42.091 € | 40.158 € |
| 114.000 € | 95.797 € | 68.206 € | 63.561 € | 53.689 € | 51.808 € | 49.898 € | 47.918 € | 46.019 € | 44.104 € | 42.091 € | 40.158 € |
| 117.000 € | 101.105 € | 68.206 € | 63.561 € | 53.689 € | 51.808 € | 49.898 € | 47.918 € | 46.019 € | 44.104 € | 42.091 € | 40.158 € |
| 120.000 € | 106.412 € | 68.206 € | 63.561 € | 53.689 € | 51.808 € | 49.898 € | 47.918 € | 46.019 € | 44.104 € | 42.091 € | 40.158 € |

# TABLA 1.C.1
## Lucro cesante del cónyuge
### Años de duración del matrimonio: 50 años

| Ingreso neto | Edad del cónyuge | | | | | | | | | | |
|---|---|---|---|---|---|---|---|---|---|---|---|
| Hasta | 75 | 76 | 77 | 78 | 79 | 80 | 81 | 82 | 83 | 84 | 85 |
| 9.000 € | 8.838 € | 8.406 € | 7.975 € | 7.553 € | 7.143 € | 6.738 € | 6.346 € | 5.968 € | 5.601 € | 5.245 € | 4.908 € |
| 12.000 € | 11.784 € | 11.209 € | 10.634 € | 10.071 € | 9.524 € | 8.983 € | 8.461 € | 7.957 € | 7.468 € | 6.994 € | 6.544 € |
| 15.000 € | 14.730 € | 14.011 € | 13.292 € | 12.588 € | 11.905 € | 11.229 € | 10.576 € | 9.947 € | 9.335 € | 8.742 € | 8.180 € |
| 18.000 € | 17.677 € | 16.813 € | 15.950 € | 15.106 € | 14.286 € | 13.475 € | 12.692 € | 11.936 € | 11.202 € | 10.490 € | 9.816 € |
| 21.000 € | 20.623 € | 19.615 € | 18.609 € | 17.624 € | 16.667 € | 15.721 € | 14.807 € | 13.925 € | 13.069 € | 12.239 € | 11.452 € |
| 24.000 € | 23.569 € | 22.417 € | 21.267 € | 20.141 € | 19.048 € | 17.967 € | 16.922 € | 15.915 € | 14.936 € | 13.987 € | 13.088 € |
| 27.000 € | 26.515 € | 25.219 € | 23.926 € | 22.659 € | 21.429 € | 20.213 € | 19.038 € | 17.904 € | 16.803 € | 15.735 € | 14.724 € |
| 30.000 € | 29.461 € | 28.021 € | 26.584 € | 25.177 € | 23.810 € | 22.459 € | 21.153 € | 19.893 € | 18.669 € | 17.484 € | 16.360 € |
| 33.000 € | 32.407 € | 30.823 € | 29.243 € | 27.694 € | 26.191 € | 24.704 € | 23.268 € | 21.883 € | 20.536 € | 19.232 € | 17.996 € |
| 36.000 € | 35.353 € | 33.626 € | 31.901 € | 30.212 € | 28.572 € | 26.950 € | 25.383 € | 23.872 € | 22.403 € | 20.981 € | 19.632 € |
| 39.000 € | 38.299 € | 36.428 € | 34.559 € | 32.730 € | 30.953 € | 29.196 € | 27.499 € | 25.861 € | 24.270 € | 22.729 € | 21.268 € |
| 42.000 € | 38.299 € | 36.428 € | 34.559 € | 32.730 € | 30.953 € | 29.196 € | 27.499 € | 25.861 € | 24.270 € | 22.729 € | 21.268 € |
| 45.000 € | 38.299 € | 36.428 € | 34.559 € | 32.730 € | 30.953 € | 29.196 € | 27.499 € | 25.861 € | 24.270 € | 22.729 € | 21.268 € |
| 48.000 € | 38.299 € | 36.428 € | 34.559 € | 32.730 € | 30.953 € | 29.196 € | 27.499 € | 25.861 € | 24.270 € | 22.729 € | 21.268 € |
| 51.000 € | 38.299 € | 36.428 € | 34.559 € | 32.730 € | 30.953 € | 29.196 € | 27.499 € | 25.861 € | 24.270 € | 22.729 € | 21.268 € |
| 54.000 € | 38.299 € | 36.428 € | 34.559 € | 32.730 € | 30.953 € | 29.196 € | 27.499 € | 25.861 € | 24.270 € | 22.729 € | 21.268 € |
| 57.000 € | 38.299 € | 36.428 € | 34.559 € | 32.730 € | 30.953 € | 29.196 € | 27.499 € | 25.861 € | 24.270 € | 22.729 € | 21.268 € |
| 60.000 € | 38.299 € | 36.428 € | 34.559 € | 32.730 € | 30.953 € | 29.196 € | 27.499 € | 25.861 € | 24.270 € | 22.729 € | 21.268 € |
| 63.000 € | 38.299 € | 36.428 € | 34.559 € | 32.730 € | 30.953 € | 29.196 € | 27.499 € | 25.861 € | 24.270 € | 22.729 € | 21.268 € |
| 66.000 € | 38.299 € | 36.428 € | 34.559 € | 32.730 € | 30.953 € | 29.196 € | 27.499 € | 25.861 € | 24.270 € | 22.729 € | 21.268 € |
| 69.000 € | 38.299 € | 36.428 € | 34.559 € | 32.730 € | 30.953 € | 29.196 € | 27.499 € | 25.861 € | 24.270 € | 22.729 € | 21.268 € |
| 72.000 € | 38.299 € | 36.428 € | 34.559 € | 32.730 € | 30.953 € | 29.196 € | 27.499 € | 25.861 € | 24.270 € | 22.729 € | 21.268 € |
| 75.000 € | 38.299 € | 36.428 € | 34.559 € | 32.730 € | 30.953 € | 29.196 € | 27.499 € | 25.861 € | 24.270 € | 22.729 € | 21.268 € |
| 78.000 € | 38.299 € | 36.428 € | 34.559 € | 32.730 € | 30.953 € | 29.196 € | 27.499 € | 25.861 € | 24.270 € | 22.729 € | 21.268 € |
| 81.000 € | 38.299 € | 36.428 € | 34.559 € | 32.730 € | 30.953 € | 29.196 € | 27.499 € | 25.861 € | 24.270 € | 22.729 € | 21.268 € |
| 84.000 € | 38.299 € | 36.428 € | 34.559 € | 32.730 € | 30.953 € | 29.196 € | 27.499 € | 25.861 € | 24.270 € | 22.729 € | 21.268 € |
| 87.000 € | 38.299 € | 36.428 € | 34.559 € | 32.730 € | 30.953 € | 29.196 € | 27.499 € | 25.861 € | 24.270 € | 22.729 € | 21.268 € |
| 90.000 € | 38.299 € | 36.428 € | 34.559 € | 32.730 € | 30.953 € | 29.196 € | 27.499 € | 25.861 € | 24.270 € | 22.729 € | 21.268 € |
| 93.000 € | 38.299 € | 36.428 € | 34.559 € | 32.730 € | 30.953 € | 29.196 € | 27.499 € | 25.861 € | 24.270 € | 22.729 € | 21.268 € |
| 96.000 € | 38.299 € | 36.428 € | 34.559 € | 32.730 € | 30.953 € | 29.196 € | 27.499 € | 25.861 € | 24.270 € | 22.729 € | 21.268 € |
| 99.000 € | 38.299 € | 36.428 € | 34.559 € | 32.730 € | 30.953 € | 29.196 € | 27.499 € | 25.861 € | 24.270 € | 22.729 € | 21.268 € |
| 102.000 € | 38.299 € | 36.428 € | 34.559 € | 32.730 € | 30.953 € | 29.196 € | 27.499 € | 25.861 € | 24.270 € | 22.729 € | 21.268 € |
| 105.000 € | 38.299 € | 36.428 € | 34.559 € | 32.730 € | 30.953 € | 29.196 € | 27.499 € | 25.861 € | 24.270 € | 22.729 € | 21.268 € |
| 108.000 € | 38.299 € | 36.428 € | 34.559 € | 32.730 € | 30.953 € | 29.196 € | 27.499 € | 25.861 € | 24.270 € | 22.729 € | 21.268 € |
| 111.000 € | 38.299 € | 36.428 € | 34.559 € | 32.730 € | 30.953 € | 29.196 € | 27.499 € | 25.861 € | 24.270 € | 22.729 € | 21.268 € |
| 114.000 € | 38.299 € | 36.428 € | 34.559 € | 32.730 € | 30.953 € | 29.196 € | 27.499 € | 25.861 € | 24.270 € | 22.729 € | 21.268 € |
| 117.000 € | 38.299 € | 36.428 € | 34.559 € | 32.730 € | 30.953 € | 29.196 € | 27.499 € | 25.861 € | 24.270 € | 22.729 € | 21.268 € |
| 120.000 € | 38.299 € | 36.428 € | 34.559 € | 32.730 € | 30.953 € | 29.196 € | 27.499 € | 25.861 € | 24.270 € | 22.729 € | 21.268 € |

## TABLA 1.C.1
## Lucro cesante del cónyuge
### Años de duración del matrimonio: 50 años

| Ingreso neto | Edad del cónyuge | | | | | | | | | | |
|---|---|---|---|---|---|---|---|---|---|---|---|
| Hasta | 86 | 87 | 88 | 89 | 90 | 91 | 92 | 93 | 94 | 95 | 96 |
| 9.000 € | 4.584 € | 4.276 € | 3.985 € | 3.715 € | 3.459 € | 3.206 € | 3.000 € | 3.000 € | 3.000 € | 3.000 € | 3.000 € |
| 12.000 € | 6.113 € | 5.702 € | 5.314 € | 4.954 € | 4.612 € | 4.274 € | 3.944 € | 3.580 € | 3.269 € | 3.000 € | 3.000 € |
| 15.000 € | 7.641 € | 7.127 € | 6.642 € | 6.192 € | 5.764 € | 5.343 € | 4.930 € | 4.474 € | 4.086 € | 3.656 € | 3.205 € |
| 18.000 € | 9.169 € | 8.552 € | 7.971 € | 7.431 € | 6.917 € | 6.411 € | 5.916 € | 5.369 € | 4.903 € | 4.387 € | 3.846 € |
| 21.000 € | 10.697 € | 9.978 € | 9.299 € | 8.669 € | 8.070 € | 7.480 € | 6.902 € | 6.264 € | 5.720 € | 5.118 € | 4.487 € |
| 24.000 € | 12.225 € | 11.403 € | 10.628 € | 9.907 € | 9.223 € | 8.548 € | 7.887 € | 7.159 € | 6.537 € | 5.849 € | 5.128 € |
| 27.000 € | 13.753 € | 12.829 € | 11.956 € | 11.146 € | 10.376 € | 9.617 € | 8.873 € | 8.054 € | 7.355 € | 6.581 € | 5.769 € |
| 30.000 € | 15.282 € | 14.254 € | 13.285 € | 12.384 € | 11.529 € | 10.685 € | 9.859 € | 8.949 € | 8.172 € | 7.312 € | 6.410 € |
| 33.000 € | 16.810 € | 15.679 € | 14.613 € | 13.623 € | 12.682 € | 11.754 € | 10.845 € | 9.844 € | 8.989 € | 8.043 € | 7.051 € |
| 36.000 € | 18.338 € | 17.105 € | 15.942 € | 14.861 € | 13.835 € | 12.822 € | 11.831 € | 10.739 € | 9.806 € | 8.774 € | 7.692 € |
| 39.000 € | 19.866 € | 18.530 € | 17.270 € | 16.100 € | 14.988 € | 13.891 € | 12.817 € | 11.634 € | 10.623 € | 9.505 € | 8.333 € |
| 42.000 € | 19.866 € | 18.530 € | 17.270 € | 16.100 € | 14.988 € | 13.891 € | 12.817 € | 11.634 € | 10.623 € | 9.505 € | 8.333 € |
| 45.000 € | 19.866 € | 18.530 € | 17.270 € | 16.100 € | 14.988 € | 13.891 € | 12.817 € | 11.634 € | 10.623 € | 9.505 € | 8.333 € |
| 48.000 € | 19.866 € | 18.530 € | 17.270 € | 16.100 € | 14.988 € | 13.891 € | 12.817 € | 11.634 € | 10.623 € | 9.505 € | 8.333 € |
| 51.000 € | 19.866 € | 18.530 € | 17.270 € | 16.100 € | 14.988 € | 13.891 € | 12.817 € | 11.634 € | 10.623 € | 9.505 € | 8.333 € |
| 54.000 € | 19.866 € | 18.530 € | 17.270 € | 16.100 € | 14.988 € | 13.891 € | 12.817 € | 11.634 € | 10.623 € | 9.505 € | 8.333 € |
| 57.000 € | 19.866 € | 18.530 € | 17.270 € | 16.100 € | 14.988 € | 13.891 € | 12.817 € | 11.634 € | 10.623 € | 9.505 € | 8.333 € |
| 60.000 € | 19.866 € | 18.530 € | 17.270 € | 16.100 € | 14.988 € | 13.891 € | 12.817 € | 11.634 € | 10.623 € | 9.505 € | 8.333 € |
| 63.000 € | 19.866 € | 18.530 € | 17.270 € | 16.100 € | 14.988 € | 13.891 € | 12.817 € | 11.634 € | 10.623 € | 9.505 € | 8.333 € |
| 66.000 € | 19.866 € | 18.530 € | 17.270 € | 16.100 € | 14.988 € | 13.891 € | 12.817 € | 11.634 € | 10.623 € | 9.505 € | 8.333 € |
| 69.000 € | 19.866 € | 18.530 € | 17.270 € | 16.100 € | 14.988 € | 13.891 € | 12.817 € | 11.634 € | 10.623 € | 9.505 € | 8.333 € |
| 72.000 € | 19.866 € | 18.530 € | 17.270 € | 16.100 € | 14.988 € | 13.891 € | 12.817 € | 11.634 € | 10.623 € | 9.505 € | 8.333 € |
| 75.000 € | 19.866 € | 18.530 € | 17.270 € | 16.100 € | 14.988 € | 13.891 € | 12.817 € | 11.634 € | 10.623 € | 9.505 € | 8.333 € |
| 78.000 € | 19.866 € | 18.530 € | 17.270 € | 16.100 € | 14.988 € | 13.891 € | 12.817 € | 11.634 € | 10.623 € | 9.505 € | 8.333 € |
| 81.000 € | 19.866 € | 18.530 € | 17.270 € | 16.100 € | 14.988 € | 13.891 € | 12.817 € | 11.634 € | 10.623 € | 9.505 € | 8.333 € |
| 84.000 € | 19.866 € | 18.530 € | 17.270 € | 16.100 € | 14.988 € | 13.891 € | 12.817 € | 11.634 € | 10.623 € | 9.505 € | 8.333 € |
| 87.000 € | 19.866 € | 18.530 € | 17.270 € | 16.100 € | 14.988 € | 13.891 € | 12.817 € | 11.634 € | 10.623 € | 9.505 € | 8.333 € |
| 90.000 € | 19.866 € | 18.530 € | 17.270 € | 16.100 € | 14.988 € | 13.891 € | 12.817 € | 11.634 € | 10.623 € | 9.505 € | 8.333 € |
| 93.000 € | 19.866 € | 18.530 € | 17.270 € | 16.100 € | 14.988 € | 13.891 € | 12.817 € | 11.634 € | 10.623 € | 9.505 € | 8.333 € |
| 96.000 € | 19.866 € | 18.530 € | 17.270 € | 16.100 € | 14.988 € | 13.891 € | 12.817 € | 11.634 € | 10.623 € | 9.505 € | 8.333 € |
| 99.000 € | 19.866 € | 18.530 € | 17.270 € | 16.100 € | 14.988 € | 13.891 € | 12.817 € | 11.634 € | 10.623 € | 9.505 € | 8.333 € |
| 102.000 € | 19.866 € | 18.530 € | 17.270 € | 16.100 € | 14.988 € | 13.891 € | 12.817 € | 11.634 € | 10.623 € | 9.505 € | 8.333 € |
| 105.000 € | 19.866 € | 18.530 € | 17.270 € | 16.100 € | 14.988 € | 13.891 € | 12.817 € | 11.634 € | 10.623 € | 9.505 € | 8.333 € |
| 108.000 € | 19.866 € | 18.530 € | 17.270 € | 16.100 € | 14.988 € | 13.891 € | 12.817 € | 11.634 € | 10.623 € | 9.505 € | 8.333 € |
| 111.000 € | 19.866 € | 18.530 € | 17.270 € | 16.100 € | 14.988 € | 13.891 € | 12.817 € | 11.634 € | 10.623 € | 9.505 € | 8.333 € |
| 114.000 € | 19.866 € | 18.530 € | 17.270 € | 16.100 € | 14.988 € | 13.891 € | 12.817 € | 11.634 € | 10.623 € | 9.505 € | 8.333 € |
| 117.000 € | 19.866 € | 18.530 € | 17.270 € | 16.100 € | 14.988 € | 13.891 € | 12.817 € | 11.634 € | 10.623 € | 9.505 € | 8.333 € |
| 120.000 € | 19.866 € | 18.530 € | 17.270 € | 16.100 € | 14.988 € | 13.891 € | 12.817 € | 11.634 € | 10.623 € | 9.505 € | 8.333 € |

# TABLA 1.C.1
## Lucro cesante del cónyuge
### Años de duración del matrimonio: 50 años

Ingreso neto

| Hasta | 97 | 98 | 99 o más |
|---|---|---|---|
| 9.000 € | 3.000 € | 3.000 € | 3.000 € |
| 12.000 € | 3.000 € | 3.000 € | 3.000 € |
| 15.000 € | 3.000 € | 3.000 € | 3.000 € |
| 18.000 € | 3.243 € | 3.000 € | 3.000 € |
| 21.000 € | 3.784 € | 3.000 € | 3.000 € |
| 24.000 € | 4.325 € | 3.287 € | 3.000 € |
| 27.000 € | 4.865 € | 3.698 € | 3.000 € |
| 30.000 € | 5.406 € | 4.108 € | 3.000 € |
| 33.000 € | 5.946 € | 4.519 € | 3.000 € |
| 36.000 € | 6.487 € | 4.930 € | 3.000 € |
| 39.000 € | 7.027 € | 5.341 € | 3.120 € |
| 42.000 € | 7.027 € | 5.341 € | 3.120 € |
| 45.000 € | 7.027 € | 5.341 € | 3.120 € |
| 48.000 € | 7.027 € | 5.341 € | 3.120 € |
| 51.000 € | 7.027 € | 5.341 € | 3.120 € |
| 54.000 € | 7.027 € | 5.341 € | 3.120 € |
| 57.000 € | 7.027 € | 5.341 € | 3.120 € |
| 60.000 € | 7.027 € | 5.341 € | 3.120 € |
| 63.000 € | 7.027 € | 5.341 € | 3.120 € |
| 66.000 € | 7.027 € | 5.341 € | 3.120 € |
| 69.000 € | 7.027 € | 5.341 € | 3.120 € |
| 72.000 € | 7.027 € | 5.341 € | 3.120 € |
| 75.000 € | 7.027 € | 5.341 € | 3.120 € |
| 78.000 € | 7.027 € | 5.341 € | 3.120 € |
| 81.000 € | 7.027 € | 5.341 € | 3.120 € |
| 84.000 € | 7.027 € | 5.341 € | 3.120 € |
| 87.000 € | 7.027 € | 5.341 € | 3.120 € |
| 90.000 € | 7.027 € | 5.341 € | 3.120 € |
| 93.000 € | 7.027 € | 5.341 € | 3.120 € |
| 96.000 € | 7.027 € | 5.341 € | 3.120 € |
| 99.000 € | 7.027 € | 5.341 € | 3.120 € |
| 102.000 € | 7.027 € | 5.341 € | 3.120 € |
| 105.000 € | 7.027 € | 5.341 € | 3.120 € |
| 108.000 € | 7.027 € | 5.341 € | 3.120 € |
| 111.000 € | 7.027 € | 5.341 € | 3.120 € |
| 114.000 € | 7.027 € | 5.341 € | 3.120 € |
| 117.000 € | 7.027 € | 5.341 € | 3.120 € |
| 120.000 € | 7.027 € | 5.341 € | 3.120 € |

## TABLA 1.C.1
## Lucro cesante del cónyuge
Años de duración del matrimonio: 51 años

Ingreso neto | Edad del cónyuge | Edad del cónyuge

| Hasta | 65 | 66 | 67 | 68 | 69 | 70 | 71 | 72 | 73 | 74 | 75 |
|---|---|---|---|---|---|---|---|---|---|---|---|
| 9.000 € | 17.052 € | 15.890 € | 12.390 € | 11.956 € | 11.515 € | 11.058 € | 10.620 € | 10.178 € | 9.713 € | 9.267 € | 8.838 € |
| 12.000 € | 22.735 € | 21.187 € | 16.520 € | 15.941 € | 15.353 € | 14.744 € | 14.160 € | 13.570 € | 12.951 € | 12.356 € | 11.784 € |
| 15.000 € | 28.419 € | 26.484 € | 20.650 € | 19.926 € | 19.192 € | 18.430 € | 17.700 € | 16.963 € | 16.189 € | 15.446 € | 14.730 € |
| 18.000 € | 34.103 € | 31.781 € | 24.780 € | 23.912 € | 23.030 € | 22.116 € | 21.240 € | 20.356 € | 19.427 € | 18.535 € | 17.677 € |
| 21.000 € | 39.787 € | 37.077 € | 28.909 € | 27.897 € | 26.868 € | 25.802 € | 24.780 € | 23.748 € | 22.664 € | 21.624 € | 20.623 € |
| 24.000 € | 45.471 € | 42.374 € | 33.039 € | 31.882 € | 30.707 € | 29.488 € | 28.319 € | 27.141 € | 25.902 € | 24.713 € | 23.569 € |
| 27.000 € | 51.155 € | 47.671 € | 37.169 € | 35.867 € | 34.545 € | 33.174 € | 31.859 € | 30.533 € | 29.140 € | 27.802 € | 26.515 € |
| 30.000 € | 56.839 € | 52.968 € | 41.299 € | 39.853 € | 38.383 € | 36.860 € | 35.399 € | 33.926 € | 32.378 € | 30.891 € | 29.461 € |
| 33.000 € | 62.523 € | 58.264 € | 45.429 € | 43.838 € | 42.222 € | 40.546 € | 38.939 € | 37.318 € | 35.615 € | 33.980 € | 32.407 € |
| 36.000 € | 68.206 € | 63.561 € | 49.559 € | 47.823 € | 46.060 € | 44.232 € | 42.479 € | 40.711 € | 38.853 € | 37.069 € | 35.353 € |
| 39.000 € | 68.206 € | 63.561 € | 53.689 € | 51.808 € | 49.898 € | 47.918 € | 46.019 € | 44.104 € | 42.091 € | 40.158 € | 38.299 € |
| 42.000 € | 68.206 € | 63.561 € | 53.689 € | 51.808 € | 49.898 € | 47.918 € | 46.019 € | 44.104 € | 42.091 € | 40.158 € | 38.299 € |
| 45.000 € | 68.206 € | 63.561 € | 53.689 € | 51.808 € | 49.898 € | 47.918 € | 46.019 € | 44.104 € | 42.091 € | 40.158 € | 38.299 € |
| 48.000 € | 68.206 € | 63.561 € | 53.689 € | 51.808 € | 49.898 € | 47.918 € | 46.019 € | 44.104 € | 42.091 € | 40.158 € | 38.299 € |
| 51.000 € | 68.206 € | 63.561 € | 53.689 € | 51.808 € | 49.898 € | 47.918 € | 46.019 € | 44.104 € | 42.091 € | 40.158 € | 38.299 € |
| 54.000 € | 68.206 € | 63.561 € | 53.689 € | 51.808 € | 49.898 € | 47.918 € | 46.019 € | 44.104 € | 42.091 € | 40.158 € | 38.299 € |
| 57.000 € | 68.206 € | 63.561 € | 53.689 € | 51.808 € | 49.898 € | 47.918 € | 46.019 € | 44.104 € | 42.091 € | 40.158 € | 38.299 € |
| 60.000 € | 68.206 € | 63.561 € | 53.689 € | 51.808 € | 49.898 € | 47.918 € | 46.019 € | 44.104 € | 42.091 € | 40.158 € | 38.299 € |
| 63.000 € | 68.206 € | 63.561 € | 53.689 € | 51.808 € | 49.898 € | 47.918 € | 46.019 € | 44.104 € | 42.091 € | 40.158 € | 38.299 € |
| 66.000 € | 68.206 € | 63.561 € | 53.689 € | 51.808 € | 49.898 € | 47.918 € | 46.019 € | 44.104 € | 42.091 € | 40.158 € | 38.299 € |
| 69.000 € | 68.206 € | 63.561 € | 53.689 € | 51.808 € | 49.898 € | 47.918 € | 46.019 € | 44.104 € | 42.091 € | 40.158 € | 38.299 € |
| 72.000 € | 68.206 € | 63.561 € | 53.689 € | 51.808 € | 49.898 € | 47.918 € | 46.019 € | 44.104 € | 42.091 € | 40.158 € | 38.299 € |
| 75.000 € | 68.206 € | 63.561 € | 53.689 € | 51.808 € | 49.898 € | 47.918 € | 46.019 € | 44.104 € | 42.091 € | 40.158 € | 38.299 € |
| 78.000 € | 68.206 € | 63.561 € | 53.689 € | 51.808 € | 49.898 € | 47.918 € | 46.019 € | 44.104 € | 42.091 € | 40.158 € | 38.299 € |
| 81.000 € | 68.206 € | 63.561 € | 53.689 € | 51.808 € | 49.898 € | 47.918 € | 46.019 € | 44.104 € | 42.091 € | 40.158 € | 38.299 € |
| 84.000 € | 68.206 € | 63.561 € | 53.689 € | 51.808 € | 49.898 € | 47.918 € | 46.019 € | 44.104 € | 42.091 € | 40.158 € | 38.299 € |
| 87.000 € | 68.206 € | 63.561 € | 53.689 € | 51.808 € | 49.898 € | 47.918 € | 46.019 € | 44.104 € | 42.091 € | 40.158 € | 38.299 € |
| 90.000 € | 68.206 € | 63.561 € | 53.689 € | 51.808 € | 49.898 € | 47.918 € | 46.019 € | 44.104 € | 42.091 € | 40.158 € | 38.299 € |
| 93.000 € | 68.206 € | 63.561 € | 53.689 € | 51.808 € | 49.898 € | 47.918 € | 46.019 € | 44.104 € | 42.091 € | 40.158 € | 38.299 € |
| 96.000 € | 68.206 € | 63.561 € | 53.689 € | 51.808 € | 49.898 € | 47.918 € | 46.019 € | 44.104 € | 42.091 € | 40.158 € | 38.299 € |
| 99.000 € | 68.206 € | 63.561 € | 53.689 € | 51.808 € | 49.898 € | 47.918 € | 46.019 € | 44.104 € | 42.091 € | 40.158 € | 38.299 € |
| 102.000 € | 68.206 € | 63.561 € | 53.689 € | 51.808 € | 49.898 € | 47.918 € | 46.019 € | 44.104 € | 42.091 € | 40.158 € | 38.299 € |
| 105.000 € | 68.206 € | 63.561 € | 53.689 € | 51.808 € | 49.898 € | 47.918 € | 46.019 € | 44.104 € | 42.091 € | 40.158 € | 38.299 € |
| 108.000 € | 68.206 € | 63.561 € | 53.689 € | 51.808 € | 49.898 € | 47.918 € | 46.019 € | 44.104 € | 42.091 € | 40.158 € | 38.299 € |
| 111.000 € | 68.206 € | 63.561 € | 53.689 € | 51.808 € | 49.898 € | 47.918 € | 46.019 € | 44.104 € | 42.091 € | 40.158 € | 38.299 € |
| 114.000 € | 68.206 € | 63.561 € | 53.689 € | 51.808 € | 49.898 € | 47.918 € | 46.019 € | 44.104 € | 42.091 € | 40.158 € | 38.299 € |
| 117.000 € | 68.206 € | 63.561 € | 53.689 € | 51.808 € | 49.898 € | 47.918 € | 46.019 € | 44.104 € | 42.091 € | 40.158 € | 38.299 € |
| 120.000 € | 68.206 € | 63.561 € | 53.689 € | 51.808 € | 49.898 € | 47.918 € | 46.019 € | 44.104 € | 42.091 € | 40.158 € | 38.299 € |

# TABLA 1.C.1
## Lucro cesante del cónyuge
Años de duración del matrimonio: 51 años

| Ingreso neto | Edad del cónyuge | | | | | | | | | | |
|---|---|---|---|---|---|---|---|---|---|---|---|
| Hasta | 76 | 77 | 78 | 79 | 80 | 81 | 82 | 83 | 84 | 85 | 86 |
| 9.000 € | 8.406 € | 7.975 € | 7.553 € | 7.143 € | 6.738 € | 6.346 € | 5.968 € | 5.601 € | 5.245 € | 4.908 € | 4.584 € |
| 12.000 € | 11.209 € | 10.634 € | 10.071 € | 9.524 € | 8.983 € | 8.461 € | 7.957 € | 7.468 € | 6.994 € | 6.544 € | 6.113 € |
| 15.000 € | 14.011 € | 13.292 € | 12.588 € | 11.905 € | 11.229 € | 10.576 € | 9.947 € | 9.335 € | 8.742 € | 8.180 € | 7.641 € |
| 18.000 € | 16.813 € | 15.950 € | 15.106 € | 14.286 € | 13.475 € | 12.692 € | 11.936 € | 11.202 € | 10.490 € | 9.816 € | 9.169 € |
| 21.000 € | 19.615 € | 18.609 € | 17.624 € | 16.667 € | 15.721 € | 14.807 € | 13.925 € | 13.069 € | 12.239 € | 11.452 € | 10.697 € |
| 24.000 € | 22.417 € | 21.267 € | 20.141 € | 19.048 € | 17.967 € | 16.922 € | 15.915 € | 14.936 € | 13.987 € | 13.088 € | 12.225 € |
| 27.000 € | 25.219 € | 23.926 € | 22.659 € | 21.429 € | 20.213 € | 19.038 € | 17.904 € | 16.803 € | 15.735 € | 14.724 € | 13.753 € |
| 30.000 € | 28.021 € | 26.584 € | 25.177 € | 23.810 € | 22.459 € | 21.153 € | 19.893 € | 18.669 € | 17.484 € | 16.360 € | 15.282 € |
| 33.000 € | 30.823 € | 29.243 € | 27.694 € | 26.191 € | 24.704 € | 23.268 € | 21.883 € | 20.536 € | 19.232 € | 17.996 € | 16.810 € |
| 36.000 € | 33.626 € | 31.901 € | 30.212 € | 28.572 € | 26.950 € | 25.383 € | 23.872 € | 22.403 € | 20.981 € | 19.632 € | 18.338 € |
| 39.000 € | 36.428 € | 34.559 € | 32.730 € | 30.953 € | 29.196 € | 27.499 € | 25.861 € | 24.270 € | 22.729 € | 21.268 € | 19.866 € |
| 42.000 € | 36.428 € | 34.559 € | 32.730 € | 30.953 € | 29.196 € | 27.499 € | 25.861 € | 24.270 € | 22.729 € | 21.268 € | 19.866 € |
| 45.000 € | 36.428 € | 34.559 € | 32.730 € | 30.953 € | 29.196 € | 27.499 € | 25.861 € | 24.270 € | 22.729 € | 21.268 € | 19.866 € |
| 48.000 € | 36.428 € | 34.559 € | 32.730 € | 30.953 € | 29.196 € | 27.499 € | 25.861 € | 24.270 € | 22.729 € | 21.268 € | 19.866 € |
| 51.000 € | 36.428 € | 34.559 € | 32.730 € | 30.953 € | 29.196 € | 27.499 € | 25.861 € | 24.270 € | 22.729 € | 21.268 € | 19.866 € |
| 54.000 € | 36.428 € | 34.559 € | 32.730 € | 30.953 € | 29.196 € | 27.499 € | 25.861 € | 24.270 € | 22.729 € | 21.268 € | 19.866 € |
| 57.000 € | 36.428 € | 34.559 € | 32.730 € | 30.953 € | 29.196 € | 27.499 € | 25.861 € | 24.270 € | 22.729 € | 21.268 € | 19.866 € |
| 60.000 € | 36.428 € | 34.559 € | 32.730 € | 30.953 € | 29.196 € | 27.499 € | 25.861 € | 24.270 € | 22.729 € | 21.268 € | 19.866 € |
| 63.000 € | 36.428 € | 34.559 € | 32.730 € | 30.953 € | 29.196 € | 27.499 € | 25.861 € | 24.270 € | 22.729 € | 21.268 € | 19.866 € |
| 66.000 € | 36.428 € | 34.559 € | 32.730 € | 30.953 € | 29.196 € | 27.499 € | 25.861 € | 24.270 € | 22.729 € | 21.268 € | 19.866 € |
| 69.000 € | 36.428 € | 34.559 € | 32.730 € | 30.953 € | 29.196 € | 27.499 € | 25.861 € | 24.270 € | 22.729 € | 21.268 € | 19.866 € |
| 72.000 € | 36.428 € | 34.559 € | 32.730 € | 30.953 € | 29.196 € | 27.499 € | 25.861 € | 24.270 € | 22.729 € | 21.268 € | 19.866 € |
| 75.000 € | 36.428 € | 34.559 € | 32.730 € | 30.953 € | 29.196 € | 27.499 € | 25.861 € | 24.270 € | 22.729 € | 21.268 € | 19.866 € |
| 78.000 € | 36.428 € | 34.559 € | 32.730 € | 30.953 € | 29.196 € | 27.499 € | 25.861 € | 24.270 € | 22.729 € | 21.268 € | 19.866 € |
| 81.000 € | 36.428 € | 34.559 € | 32.730 € | 30.953 € | 29.196 € | 27.499 € | 25.861 € | 24.270 € | 22.729 € | 21.268 € | 19.866 € |
| 84.000 € | 36.428 € | 34.559 € | 32.730 € | 30.953 € | 29.196 € | 27.499 € | 25.861 € | 24.270 € | 22.729 € | 21.268 € | 19.866 € |
| 87.000 € | 36.428 € | 34.559 € | 32.730 € | 30.953 € | 29.196 € | 27.499 € | 25.861 € | 24.270 € | 22.729 € | 21.268 € | 19.866 € |
| 90.000 € | 36.428 € | 34.559 € | 32.730 € | 30.953 € | 29.196 € | 27.499 € | 25.861 € | 24.270 € | 22.729 € | 21.268 € | 19.866 € |
| 93.000 € | 36.428 € | 34.559 € | 32.730 € | 30.953 € | 29.196 € | 27.499 € | 25.861 € | 24.270 € | 22.729 € | 21.268 € | 19.866 € |
| 96.000 € | 36.428 € | 34.559 € | 32.730 € | 30.953 € | 29.196 € | 27.499 € | 25.861 € | 24.270 € | 22.729 € | 21.268 € | 19.866 € |
| 99.000 € | 36.428 € | 34.559 € | 32.730 € | 30.953 € | 29.196 € | 27.499 € | 25.861 € | 24.270 € | 22.729 € | 21.268 € | 19.866 € |
| 102.000 € | 36.428 € | 34.559 € | 32.730 € | 30.953 € | 29.196 € | 27.499 € | 25.861 € | 24.270 € | 22.729 € | 21.268 € | 19.866 € |
| 105.000 € | 36.428 € | 34.559 € | 32.730 € | 30.953 € | 29.196 € | 27.499 € | 25.861 € | 24.270 € | 22.729 € | 21.268 € | 19.866 € |
| 108.000 € | 36.428 € | 34.559 € | 32.730 € | 30.953 € | 29.196 € | 27.499 € | 25.861 € | 24.270 € | 22.729 € | 21.268 € | 19.866 € |
| 111.000 € | 36.428 € | 34.559 € | 32.730 € | 30.953 € | 29.196 € | 27.499 € | 25.861 € | 24.270 € | 22.729 € | 21.268 € | 19.866 € |
| 114.000 € | 36.428 € | 34.559 € | 32.730 € | 30.953 € | 29.196 € | 27.499 € | 25.861 € | 24.270 € | 22.729 € | 21.268 € | 19.866 € |
| 117.000 € | 36.428 € | 34.559 € | 32.730 € | 30.953 € | 29.196 € | 27.499 € | 25.861 € | 24.270 € | 22.729 € | 21.268 € | 19.866 € |
| 120.000 € | 36.428 € | 34.559 € | 32.730 € | 30.953 € | 29.196 € | 27.499 € | 25.861 € | 24.270 € | 22.729 € | 21.268 € | 19.866 € |

## TABLA 1.C.1
### Lucro cesante del cónyuge
Años de duración del matrimonio: 51 años

| Ingreso neto | Edad del cónyuge | | | | | | | | | | |
|---|---|---|---|---|---|---|---|---|---|---|---|
| Hasta | 87 | 88 | 89 | 90 | 91 | 92 | 93 | 94 | 95 | 96 | 97 |
| 9.000 € | 4.276 € | 3.985 € | 3.715 € | 3.459 € | 3.206 € | 3.000 € | 3.000 € | 3.000 € | 3.000 € | 3.000 € | 3.000 € |
| 12.000 € | 5.702 € | 5.314 € | 4.954 € | 4.612 € | 4.274 € | 3.944 € | 3.580 € | 3.269 € | 3.000 € | 3.000 € | 3.000 € |
| 15.000 € | 7.127 € | 6.642 € | 6.192 € | 5.764 € | 5.343 € | 4.930 € | 4.474 € | 4.086 € | 3.656 € | 3.205 € | 3.000 € |
| 18.000 € | 8.552 € | 7.971 € | 7.431 € | 6.917 € | 6.411 € | 5.916 € | 5.369 € | 4.903 € | 4.387 € | 3.846 € | 3.243 € |
| 21.000 € | 9.978 € | 9.299 € | 8.669 € | 8.070 € | 7.480 € | 6.902 € | 6.264 € | 5.720 € | 5.118 € | 4.487 € | 3.784 € |
| 24.000 € | 11.403 € | 10.628 € | 9.907 € | 9.223 € | 8.548 € | 7.887 € | 7.159 € | 6.537 € | 5.849 € | 5.128 € | 4.325 € |
| 27.000 € | 12.829 € | 11.956 € | 11.146 € | 10.376 € | 9.617 € | 8.873 € | 8.054 € | 7.355 € | 6.581 € | 5.769 € | 4.865 € |
| 30.000 € | 14.254 € | 13.285 € | 12.384 € | 11.529 € | 10.685 € | 9.859 € | 8.949 € | 8.172 € | 7.312 € | 6.410 € | 5.406 € |
| 33.000 € | 15.679 € | 14.613 € | 13.623 € | 12.682 € | 11.754 € | 10.845 € | 9.844 € | 8.989 € | 8.043 € | 7.051 € | 5.946 € |
| 36.000 € | 17.105 € | 15.942 € | 14.861 € | 13.835 € | 12.822 € | 11.831 € | 10.739 € | 9.806 € | 8.774 € | 7.692 € | 6.487 € |
| 39.000 € | 18.530 € | 17.270 € | 16.100 € | 14.988 € | 13.891 € | 12.817 € | 11.634 € | 10.623 € | 9.505 € | 8.333 € | 7.027 € |
| 42.000 € | 18.530 € | 17.270 € | 16.100 € | 14.988 € | 13.891 € | 12.817 € | 11.634 € | 10.623 € | 9.505 € | 8.333 € | 7.027 € |
| 45.000 € | 18.530 € | 17.270 € | 16.100 € | 14.988 € | 13.891 € | 12.817 € | 11.634 € | 10.623 € | 9.505 € | 8.333 € | 7.027 € |
| 48.000 € | 18.530 € | 17.270 € | 16.100 € | 14.988 € | 13.891 € | 12.817 € | 11.634 € | 10.623 € | 9.505 € | 8.333 € | 7.027 € |
| 51.000 € | 18.530 € | 17.270 € | 16.100 € | 14.988 € | 13.891 € | 12.817 € | 11.634 € | 10.623 € | 9.505 € | 8.333 € | 7.027 € |
| 54.000 € | 18.530 € | 17.270 € | 16.100 € | 14.988 € | 13.891 € | 12.817 € | 11.634 € | 10.623 € | 9.505 € | 8.333 € | 7.027 € |
| 57.000 € | 18.530 € | 17.270 € | 16.100 € | 14.988 € | 13.891 € | 12.817 € | 11.634 € | 10.623 € | 9.505 € | 8.333 € | 7.027 € |
| 60.000 € | 18.530 € | 17.270 € | 16.100 € | 14.988 € | 13.891 € | 12.817 € | 11.634 € | 10.623 € | 9.505 € | 8.333 € | 7.027 € |
| 63.000 € | 18.530 € | 17.270 € | 16.100 € | 14.988 € | 13.891 € | 12.817 € | 11.634 € | 10.623 € | 9.505 € | 8.333 € | 7.027 € |
| 66.000 € | 18.530 € | 17.270 € | 16.100 € | 14.988 € | 13.891 € | 12.817 € | 11.634 € | 10.623 € | 9.505 € | 8.333 € | 7.027 € |
| 69.000 € | 18.530 € | 17.270 € | 16.100 € | 14.988 € | 13.891 € | 12.817 € | 11.634 € | 10.623 € | 9.505 € | 8.333 € | 7.027 € |
| 72.000 € | 18.530 € | 17.270 € | 16.100 € | 14.988 € | 13.891 € | 12.817 € | 11.634 € | 10.623 € | 9.505 € | 8.333 € | 7.027 € |
| 75.000 € | 18.530 € | 17.270 € | 16.100 € | 14.988 € | 13.891 € | 12.817 € | 11.634 € | 10.623 € | 9.505 € | 8.333 € | 7.027 € |
| 78.000 € | 18.530 € | 17.270 € | 16.100 € | 14.988 € | 13.891 € | 12.817 € | 11.634 € | 10.623 € | 9.505 € | 8.333 € | 7.027 € |
| 81.000 € | 18.530 € | 17.270 € | 16.100 € | 14.988 € | 13.891 € | 12.817 € | 11.634 € | 10.623 € | 9.505 € | 8.333 € | 7.027 € |
| 84.000 € | 18.530 € | 17.270 € | 16.100 € | 14.988 € | 13.891 € | 12.817 € | 11.634 € | 10.623 € | 9.505 € | 8.333 € | 7.027 € |
| 87.000 € | 18.530 € | 17.270 € | 16.100 € | 14.988 € | 13.891 € | 12.817 € | 11.634 € | 10.623 € | 9.505 € | 8.333 € | 7.027 € |
| 90.000 € | 18.530 € | 17.270 € | 16.100 € | 14.988 € | 13.891 € | 12.817 € | 11.634 € | 10.623 € | 9.505 € | 8.333 € | 7.027 € |
| 93.000 € | 18.530 € | 17.270 € | 16.100 € | 14.988 € | 13.891 € | 12.817 € | 11.634 € | 10.623 € | 9.505 € | 8.333 € | 7.027 € |
| 96.000 € | 18.530 € | 17.270 € | 16.100 € | 14.988 € | 13.891 € | 12.817 € | 11.634 € | 10.623 € | 9.505 € | 8.333 € | 7.027 € |
| 99.000 € | 18.530 € | 17.270 € | 16.100 € | 14.988 € | 13.891 € | 12.817 € | 11.634 € | 10.623 € | 9.505 € | 8.333 € | 7.027 € |
| 102.000 € | 18.530 € | 17.270 € | 16.100 € | 14.988 € | 13.891 € | 12.817 € | 11.634 € | 10.623 € | 9.505 € | 8.333 € | 7.027 € |
| 105.000 € | 18.530 € | 17.270 € | 16.100 € | 14.988 € | 13.891 € | 12.817 € | 11.634 € | 10.623 € | 9.505 € | 8.333 € | 7.027 € |
| 108.000 € | 18.530 € | 17.270 € | 16.100 € | 14.988 € | 13.891 € | 12.817 € | 11.634 € | 10.623 € | 9.505 € | 8.333 € | 7.027 € |
| 111.000 € | 18.530 € | 17.270 € | 16.100 € | 14.988 € | 13.891 € | 12.817 € | 11.634 € | 10.623 € | 9.505 € | 8.333 € | 7.027 € |
| 114.000 € | 18.530 € | 17.270 € | 16.100 € | 14.988 € | 13.891 € | 12.817 € | 11.634 € | 10.623 € | 9.505 € | 8.333 € | 7.027 € |
| 117.000 € | 18.530 € | 17.270 € | 16.100 € | 14.988 € | 13.891 € | 12.817 € | 11.634 € | 10.623 € | 9.505 € | 8.333 € | 7.027 € |
| 120.000 € | 18.530 € | 17.270 € | 16.100 € | 14.988 € | 13.891 € | 12.817 € | 11.634 € | 10.623 € | 9.505 € | 8.333 € | 7.027 € |

# TABLA 1.C.1
## Lucro cesante del cónyuge
### Años de duración del matrimonio: 51 años

Ingreso neto

| Hasta | 98 | 99 o más |
|---|---|---|
| 9.000 € | 3.000 € | 3.000 € |
| 12.000 € | 3.000 € | 3.000 € |
| 15.000 € | 3.000 € | 3.000 € |
| 18.000 € | 3.000 € | 3.000 € |
| 21.000 € | 3.000 € | 3.000 € |
| 24.000 € | 3.287 € | 3.000 € |
| 27.000 € | 3.698 € | 3.000 € |
| 30.000 € | 4.108 € | 3.000 € |
| 33.000 € | 4.519 € | 3.000 € |
| 36.000 € | 4.930 € | 3.000 € |
| 39.000 € | 5.341 € | 3.120 € |
| 42.000 € | 5.341 € | 3.120 € |
| 45.000 € | 5.341 € | 3.120 € |
| 48.000 € | 5.341 € | 3.120 € |
| 51.000 € | 5.341 € | 3.120 € |
| 54.000 € | 5.341 € | 3.120 € |
| 57.000 € | 5.341 € | 3.120 € |
| 60.000 € | 5.341 € | 3.120 € |
| 63.000 € | 5.341 € | 3.120 € |
| 66.000 € | 5.341 € | 3.120 € |
| 69.000 € | 5.341 € | 3.120 € |
| 72.000 € | 5.341 € | 3.120 € |
| 75.000 € | 5.341 € | 3.120 € |
| 78.000 € | 5.341 € | 3.120 € |
| 81.000 € | 5.341 € | 3.120 € |
| 84.000 € | 5.341 € | 3.120 € |
| 87.000 € | 5.341 € | 3.120 € |
| 90.000 € | 5.341 € | 3.120 € |
| 93.000 € | 5.341 € | 3.120 € |
| 96.000 € | 5.341 € | 3.120 € |
| 99.000 € | 5.341 € | 3.120 € |
| 102.000 € | 5.341 € | 3.120 € |
| 105.000 € | 5.341 € | 3.120 € |
| 108.000 € | 5.341 € | 3.120 € |
| 111.000 € | 5.341 € | 3.120 € |
| 114.000 € | 5.341 € | 3.120 € |
| 117.000 € | 5.341 € | 3.120 € |
| 120.000 € | 5.341 € | 3.120 € |

## TABLA 1.C.1
## Lucro cesante del cónyuge
Años de duración del matrimonio: 52 años

Ingreso neto / Edad del cónyuge — Edad del cónyuge

| Hasta | 66 | 67 | 68 | 69 | 70 | 71 | 72 | 73 | 74 | 75 | 76 |
|---|---|---|---|---|---|---|---|---|---|---|---|
| 9.000 € | 15.890 € | 12.390 € | 11.956 € | 11.515 € | 11.058 € | 10.620 € | 10.178 € | 9.713 € | 9.267 € | 8.838 € | 8.406 € |
| 12.000 € | 21.187 € | 16.520 € | 15.941 € | 15.353 € | 14.744 € | 14.160 € | 13.570 € | 12.951 € | 12.356 € | 11.784 € | 11.209 € |
| 15.000 € | 26.484 € | 20.650 € | 19.926 € | 19.192 € | 18.430 € | 17.700 € | 16.963 € | 16.189 € | 15.446 € | 14.730 € | 14.011 € |
| 18.000 € | 31.781 € | 24.780 € | 23.912 € | 23.030 € | 22.116 € | 21.240 € | 20.356 € | 19.427 € | 18.535 € | 17.677 € | 16.813 € |
| 21.000 € | 37.077 € | 28.909 € | 27.897 € | 26.868 € | 25.802 € | 24.780 € | 23.748 € | 22.664 € | 21.624 € | 20.623 € | 19.615 € |
| 24.000 € | 42.374 € | 33.039 € | 31.882 € | 30.707 € | 29.488 € | 28.319 € | 27.141 € | 25.902 € | 24.713 € | 23.569 € | 22.417 € |
| 27.000 € | 47.671 € | 37.169 € | 35.867 € | 34.545 € | 33.174 € | 31.859 € | 30.533 € | 29.140 € | 27.802 € | 26.515 € | 25.219 € |
| 30.000 € | 52.968 € | 41.299 € | 39.853 € | 38.383 € | 36.860 € | 35.399 € | 33.926 € | 32.378 € | 30.891 € | 29.461 € | 28.021 € |
| 33.000 € | 58.264 € | 45.429 € | 43.838 € | 42.222 € | 40.546 € | 38.939 € | 37.318 € | 35.615 € | 33.980 € | 32.407 € | 30.823 € |
| 36.000 € | 63.561 € | 49.559 € | 47.823 € | 46.060 € | 44.232 € | 42.479 € | 40.711 € | 38.853 € | 37.069 € | 35.353 € | 33.626 € |
| 39.000 € | 63.561 € | 53.689 € | 51.808 € | 49.898 € | 47.918 € | 46.019 € | 44.104 € | 42.091 € | 40.158 € | 38.299 € | 36.428 € |
| 42.000 € | 63.561 € | 53.689 € | 51.808 € | 49.898 € | 47.918 € | 46.019 € | 44.104 € | 42.091 € | 40.158 € | 38.299 € | 36.428 € |
| 45.000 € | 63.561 € | 53.689 € | 51.808 € | 49.898 € | 47.918 € | 46.019 € | 44.104 € | 42.091 € | 40.158 € | 38.299 € | 36.428 € |
| 48.000 € | 63.561 € | 53.689 € | 51.808 € | 49.898 € | 47.918 € | 46.019 € | 44.104 € | 42.091 € | 40.158 € | 38.299 € | 36.428 € |
| 51.000 € | 63.561 € | 53.689 € | 51.808 € | 49.898 € | 47.918 € | 46.019 € | 44.104 € | 42.091 € | 40.158 € | 38.299 € | 36.428 € |
| 54.000 € | 63.561 € | 53.689 € | 51.808 € | 49.898 € | 47.918 € | 46.019 € | 44.104 € | 42.091 € | 40.158 € | 38.299 € | 36.428 € |
| 57.000 € | 63.561 € | 53.689 € | 51.808 € | 49.898 € | 47.918 € | 46.019 € | 44.104 € | 42.091 € | 40.158 € | 38.299 € | 36.428 € |
| 60.000 € | 63.561 € | 53.689 € | 51.808 € | 49.898 € | 47.918 € | 46.019 € | 44.104 € | 42.091 € | 40.158 € | 38.299 € | 36.428 € |
| 63.000 € | 63.561 € | 53.689 € | 51.808 € | 49.898 € | 47.918 € | 46.019 € | 44.104 € | 42.091 € | 40.158 € | 38.299 € | 36.428 € |
| 66.000 € | 63.561 € | 53.689 € | 51.808 € | 49.898 € | 47.918 € | 46.019 € | 44.104 € | 42.091 € | 40.158 € | 38.299 € | 36.428 € |
| 69.000 € | 63.561 € | 53.689 € | 51.808 € | 49.898 € | 47.918 € | 46.019 € | 44.104 € | 42.091 € | 40.158 € | 38.299 € | 36.428 € |
| 72.000 € | 63.561 € | 53.689 € | 51.808 € | 49.898 € | 47.918 € | 46.019 € | 44.104 € | 42.091 € | 40.158 € | 38.299 € | 36.428 € |
| 75.000 € | 63.561 € | 53.689 € | 51.808 € | 49.898 € | 47.918 € | 46.019 € | 44.104 € | 42.091 € | 40.158 € | 38.299 € | 36.428 € |
| 78.000 € | 63.561 € | 53.689 € | 51.808 € | 49.898 € | 47.918 € | 46.019 € | 44.104 € | 42.091 € | 40.158 € | 38.299 € | 36.428 € |
| 81.000 € | 63.561 € | 53.689 € | 51.808 € | 49.898 € | 47.918 € | 46.019 € | 44.104 € | 42.091 € | 40.158 € | 38.299 € | 36.428 € |
| 84.000 € | 63.561 € | 53.689 € | 51.808 € | 49.898 € | 47.918 € | 46.019 € | 44.104 € | 42.091 € | 40.158 € | 38.299 € | 36.428 € |
| 87.000 € | 63.561 € | 53.689 € | 51.808 € | 49.898 € | 47.918 € | 46.019 € | 44.104 € | 42.091 € | 40.158 € | 38.299 € | 36.428 € |
| 90.000 € | 63.561 € | 53.689 € | 51.808 € | 49.898 € | 47.918 € | 46.019 € | 44.104 € | 42.091 € | 40.158 € | 38.299 € | 36.428 € |
| 93.000 € | 63.561 € | 53.689 € | 51.808 € | 49.898 € | 47.918 € | 46.019 € | 44.104 € | 42.091 € | 40.158 € | 38.299 € | 36.428 € |
| 96.000 € | 63.561 € | 53.689 € | 51.808 € | 49.898 € | 47.918 € | 46.019 € | 44.104 € | 42.091 € | 40.158 € | 38.299 € | 36.428 € |
| 99.000 € | 63.561 € | 53.689 € | 51.808 € | 49.898 € | 47.918 € | 46.019 € | 44.104 € | 42.091 € | 40.158 € | 38.299 € | 36.428 € |
| 102.000 € | 63.561 € | 53.689 € | 51.808 € | 49.898 € | 47.918 € | 46.019 € | 44.104 € | 42.091 € | 40.158 € | 38.299 € | 36.428 € |
| 105.000 € | 63.561 € | 53.689 € | 51.808 € | 49.898 € | 47.918 € | 46.019 € | 44.104 € | 42.091 € | 40.158 € | 38.299 € | 36.428 € |
| 108.000 € | 63.561 € | 53.689 € | 51.808 € | 49.898 € | 47.918 € | 46.019 € | 44.104 € | 42.091 € | 40.158 € | 38.299 € | 36.428 € |
| 111.000 € | 63.561 € | 53.689 € | 51.808 € | 49.898 € | 47.918 € | 46.019 € | 44.104 € | 42.091 € | 40.158 € | 38.299 € | 36.428 € |
| 114.000 € | 63.561 € | 53.689 € | 51.808 € | 49.898 € | 47.918 € | 46.019 € | 44.104 € | 42.091 € | 40.158 € | 38.299 € | 36.428 € |
| 117.000 € | 63.561 € | 53.689 € | 51.808 € | 49.898 € | 47.918 € | 46.019 € | 44.104 € | 42.091 € | 40.158 € | 38.299 € | 36.428 € |
| 120.000 € | 63.561 € | 53.689 € | 51.808 € | 49.898 € | 47.918 € | 46.019 € | 44.104 € | 42.091 € | 40.158 € | 38.299 € | 36.428 € |

# TABLA 1.C.1
## Lucro cesante del cónyuge
Años de duración del matrimonio: 52 años

| Ingreso neto | Edad del cónyuge | | | | | | | | | | |
|---|---|---|---|---|---|---|---|---|---|---|---|
| Hasta | 77 | 78 | 79 | 80 | 81 | 82 | 83 | 84 | 85 | 86 | 87 |
| 9.000 € | 7.975 € | 7.553 € | 7.143 € | 6.738 € | 6.346 € | 5.968 € | 5.601 € | 5.245 € | 4.908 € | 4.584 € | 4.276 € |
| 12.000 € | 10.634 € | 10.071 € | 9.524 € | 8.983 € | 8.461 € | 7.957 € | 7.468 € | 6.994 € | 6.544 € | 6.113 € | 5.702 € |
| 15.000 € | 13.292 € | 12.588 € | 11.905 € | 11.229 € | 10.576 € | 9.947 € | 9.335 € | 8.742 € | 8.180 € | 7.641 € | 7.127 € |
| 18.000 € | 15.950 € | 15.106 € | 14.286 € | 13.475 € | 12.692 € | 11.936 € | 11.202 € | 10.490 € | 9.816 € | 9.169 € | 8.552 € |
| 21.000 € | 18.609 € | 17.624 € | 16.667 € | 15.721 € | 14.807 € | 13.925 € | 13.069 € | 12.239 € | 11.452 € | 10.697 € | 9.978 € |
| 24.000 € | 21.267 € | 20.141 € | 19.048 € | 17.967 € | 16.922 € | 15.915 € | 14.936 € | 13.987 € | 13.088 € | 12.225 € | 11.403 € |
| 27.000 € | 23.926 € | 22.659 € | 21.429 € | 20.213 € | 19.038 € | 17.904 € | 16.803 € | 15.735 € | 14.724 € | 13.753 € | 12.829 € |
| 30.000 € | 26.584 € | 25.177 € | 23.810 € | 22.459 € | 21.153 € | 19.893 € | 18.669 € | 17.484 € | 16.360 € | 15.282 € | 14.254 € |
| 33.000 € | 29.243 € | 27.694 € | 26.191 € | 24.704 € | 23.268 € | 21.883 € | 20.536 € | 19.232 € | 17.996 € | 16.810 € | 15.679 € |
| 36.000 € | 31.901 € | 30.212 € | 28.572 € | 26.950 € | 25.383 € | 23.872 € | 22.403 € | 20.981 € | 19.632 € | 18.338 € | 17.105 € |
| 39.000 € | 34.559 € | 32.730 € | 30.953 € | 29.196 € | 27.499 € | 25.861 € | 24.270 € | 22.729 € | 21.268 € | 19.866 € | 18.530 € |
| 42.000 € | 34.559 € | 32.730 € | 30.953 € | 29.196 € | 27.499 € | 25.861 € | 24.270 € | 22.729 € | 21.268 € | 19.866 € | 18.530 € |
| 45.000 € | 34.559 € | 32.730 € | 30.953 € | 29.196 € | 27.499 € | 25.861 € | 24.270 € | 22.729 € | 21.268 € | 19.866 € | 18.530 € |
| 48.000 € | 34.559 € | 32.730 € | 30.953 € | 29.196 € | 27.499 € | 25.861 € | 24.270 € | 22.729 € | 21.268 € | 19.866 € | 18.530 € |
| 51.000 € | 34.559 € | 32.730 € | 30.953 € | 29.196 € | 27.499 € | 25.861 € | 24.270 € | 22.729 € | 21.268 € | 19.866 € | 18.530 € |
| 54.000 € | 34.559 € | 32.730 € | 30.953 € | 29.196 € | 27.499 € | 25.861 € | 24.270 € | 22.729 € | 21.268 € | 19.866 € | 18.530 € |
| 57.000 € | 34.559 € | 32.730 € | 30.953 € | 29.196 € | 27.499 € | 25.861 € | 24.270 € | 22.729 € | 21.268 € | 19.866 € | 18.530 € |
| 60.000 € | 34.559 € | 32.730 € | 30.953 € | 29.196 € | 27.499 € | 25.861 € | 24.270 € | 22.729 € | 21.268 € | 19.866 € | 18.530 € |
| 63.000 € | 34.559 € | 32.730 € | 30.953 € | 29.196 € | 27.499 € | 25.861 € | 24.270 € | 22.729 € | 21.268 € | 19.866 € | 18.530 € |
| 66.000 € | 34.559 € | 32.730 € | 30.953 € | 29.196 € | 27.499 € | 25.861 € | 24.270 € | 22.729 € | 21.268 € | 19.866 € | 18.530 € |
| 69.000 € | 34.559 € | 32.730 € | 30.953 € | 29.196 € | 27.499 € | 25.861 € | 24.270 € | 22.729 € | 21.268 € | 19.866 € | 18.530 € |
| 72.000 € | 34.559 € | 32.730 € | 30.953 € | 29.196 € | 27.499 € | 25.861 € | 24.270 € | 22.729 € | 21.268 € | 19.866 € | 18.530 € |
| 75.000 € | 34.559 € | 32.730 € | 30.953 € | 29.196 € | 27.499 € | 25.861 € | 24.270 € | 22.729 € | 21.268 € | 19.866 € | 18.530 € |
| 78.000 € | 34.559 € | 32.730 € | 30.953 € | 29.196 € | 27.499 € | 25.861 € | 24.270 € | 22.729 € | 21.268 € | 19.866 € | 18.530 € |
| 81.000 € | 34.559 € | 32.730 € | 30.953 € | 29.196 € | 27.499 € | 25.861 € | 24.270 € | 22.729 € | 21.268 € | 19.866 € | 18.530 € |
| 84.000 € | 34.559 € | 32.730 € | 30.953 € | 29.196 € | 27.499 € | 25.861 € | 24.270 € | 22.729 € | 21.268 € | 19.866 € | 18.530 € |
| 87.000 € | 34.559 € | 32.730 € | 30.953 € | 29.196 € | 27.499 € | 25.861 € | 24.270 € | 22.729 € | 21.268 € | 19.866 € | 18.530 € |
| 90.000 € | 34.559 € | 32.730 € | 30.953 € | 29.196 € | 27.499 € | 25.861 € | 24.270 € | 22.729 € | 21.268 € | 19.866 € | 18.530 € |
| 93.000 € | 34.559 € | 32.730 € | 30.953 € | 29.196 € | 27.499 € | 25.861 € | 24.270 € | 22.729 € | 21.268 € | 19.866 € | 18.530 € |
| 96.000 € | 34.559 € | 32.730 € | 30.953 € | 29.196 € | 27.499 € | 25.861 € | 24.270 € | 22.729 € | 21.268 € | 19.866 € | 18.530 € |
| 99.000 € | 34.559 € | 32.730 € | 30.953 € | 29.196 € | 27.499 € | 25.861 € | 24.270 € | 22.729 € | 21.268 € | 19.866 € | 18.530 € |
| 102.000 € | 34.559 € | 32.730 € | 30.953 € | 29.196 € | 27.499 € | 25.861 € | 24.270 € | 22.729 € | 21.268 € | 19.866 € | 18.530 € |
| 105.000 € | 34.559 € | 32.730 € | 30.953 € | 29.196 € | 27.499 € | 25.861 € | 24.270 € | 22.729 € | 21.268 € | 19.866 € | 18.530 € |
| 108.000 € | 34.559 € | 32.730 € | 30.953 € | 29.196 € | 27.499 € | 25.861 € | 24.270 € | 22.729 € | 21.268 € | 19.866 € | 18.530 € |
| 111.000 € | 34.559 € | 32.730 € | 30.953 € | 29.196 € | 27.499 € | 25.861 € | 24.270 € | 22.729 € | 21.268 € | 19.866 € | 18.530 € |
| 114.000 € | 34.559 € | 32.730 € | 30.953 € | 29.196 € | 27.499 € | 25.861 € | 24.270 € | 22.729 € | 21.268 € | 19.866 € | 18.530 € |
| 117.000 € | 34.559 € | 32.730 € | 30.953 € | 29.196 € | 27.499 € | 25.861 € | 24.270 € | 22.729 € | 21.268 € | 19.866 € | 18.530 € |
| 120.000 € | 34.559 € | 32.730 € | 30.953 € | 29.196 € | 27.499 € | 25.861 € | 24.270 € | 22.729 € | 21.268 € | 19.866 € | 18.530 € |

# TABLA 1.C.1

## Lucro cesante del cónyuge

Años de duración del matrimonio: 52 años

| Ingreso netc | Edad del cónyuge | | | | | | | | | | |
|---|---|---|---|---|---|---|---|---|---|---|---|
| Hasta | 88 | 89 | 90 | 91 | 92 | 93 | 94 | 95 | 96 | 97 | 98 |
| 9.000 € | 3.985 € | 3.715 € | 3.459 € | 3.206 € | 3.000 € | 3.000 € | 3.000 € | 3.000 € | 3.000 € | 3.000 € | 3.000 € |
| 12.000 € | 5.314 € | 4.954 € | 4.612 € | 4.274 € | 3.944 € | 3.580 € | 3.269 € | 3.000 € | 3.000 € | 3.000 € | 3.000 € |
| 15.000 € | 6.642 € | 6.192 € | 5.764 € | 5.343 € | 4.930 € | 4.474 € | 4.086 € | 3.656 € | 3.205 € | 3.000 € | 3.000 € |
| 18.000 € | 7.971 € | 7.431 € | 6.917 € | 6.411 € | 5.916 € | 5.369 € | 4.903 € | 4.387 € | 3.846 € | 3.243 € | 3.000 € |
| 21.000 € | 9.299 € | 8.669 € | 8.070 € | 7.480 € | 6.902 € | 6.264 € | 5.720 € | 5.118 € | 4.487 € | 3.784 € | 3.000 € |
| 24.000 € | 10.628 € | 9.907 € | 9.223 € | 8.548 € | 7.887 € | 7.159 € | 6.537 € | 5.849 € | 5.128 € | 4.325 € | 3.287 € |
| 27.000 € | 11.956 € | 11.146 € | 10.376 € | 9.617 € | 8.873 € | 8.054 € | 7.355 € | 6.581 € | 5.769 € | 4.865 € | 3.698 € |
| 30.000 € | 13.285 € | 12.384 € | 11.529 € | 10.685 € | 9.859 € | 8.949 € | 8.172 € | 7.312 € | 6.410 € | 5.406 € | 4.108 € |
| 33.000 € | 14.613 € | 13.623 € | 12.682 € | 11.754 € | 10.845 € | 9.844 € | 8.989 € | 8.043 € | 7.051 € | 5.946 € | 4.519 € |
| 36.000 € | 15.942 € | 14.861 € | 13.835 € | 12.822 € | 11.831 € | 10.739 € | 9.806 € | 8.774 € | 7.692 € | 6.487 € | 4.930 € |
| 39.000 € | 17.270 € | 16.100 € | 14.988 € | 13.891 € | 12.817 € | 11.634 € | 10.623 € | 9.505 € | 8.333 € | 7.027 € | 5.341 € |
| 42.000 € | 17.270 € | 16.100 € | 14.988 € | 13.891 € | 12.817 € | 11.634 € | 10.623 € | 9.505 € | 8.333 € | 7.027 € | 5.341 € |
| 45.000 € | 17.270 € | 16.100 € | 14.988 € | 13.891 € | 12.817 € | 11.634 € | 10.623 € | 9.505 € | 8.333 € | 7.027 € | 5.341 € |
| 48.000 € | 17.270 € | 16.100 € | 14.988 € | 13.891 € | 12.817 € | 11.634 € | 10.623 € | 9.505 € | 8.333 € | 7.027 € | 5.341 € |
| 51.000 € | 17.270 € | 16.100 € | 14.988 € | 13.891 € | 12.817 € | 11.634 € | 10.623 € | 9.505 € | 8.333 € | 7.027 € | 5.341 € |
| 54.000 € | 17.270 € | 16.100 € | 14.988 € | 13.891 € | 12.817 € | 11.634 € | 10.623 € | 9.505 € | 8.333 € | 7.027 € | 5.341 € |
| 57.000 € | 17.270 € | 16.100 € | 14.988 € | 13.891 € | 12.817 € | 11.634 € | 10.623 € | 9.505 € | 8.333 € | 7.027 € | 5.341 € |
| 60.000 € | 17.270 € | 16.100 € | 14.988 € | 13.891 € | 12.817 € | 11.634 € | 10.623 € | 9.505 € | 8.333 € | 7.027 € | 5.341 € |
| 63.000 € | 17.270 € | 16.100 € | 14.988 € | 13.891 € | 12.817 € | 11.634 € | 10.623 € | 9.505 € | 8.333 € | 7.027 € | 5.341 € |
| 66.000 € | 17.270 € | 16.100 € | 14.988 € | 13.891 € | 12.817 € | 11.634 € | 10.623 € | 9.505 € | 8.333 € | 7.027 € | 5.341 € |
| 69.000 € | 17.270 € | 16.100 € | 14.988 € | 13.891 € | 12.817 € | 11.634 € | 10.623 € | 9.505 € | 8.333 € | 7.027 € | 5.341 € |
| 72.000 € | 17.270 € | 16.100 € | 14.988 € | 13.891 € | 12.817 € | 11.634 € | 10.623 € | 9.505 € | 8.333 € | 7.027 € | 5.341 € |
| 75.000 € | 17.270 € | 16.100 € | 14.988 € | 13.891 € | 12.817 € | 11.634 € | 10.623 € | 9.505 € | 8.333 € | 7.027 € | 5.341 € |
| 78.000 € | 17.270 € | 16.100 € | 14.988 € | 13.891 € | 12.817 € | 11.634 € | 10.623 € | 9.505 € | 8.333 € | 7.027 € | 5.341 € |
| 81.000 € | 17.270 € | 16.100 € | 14.988 € | 13.891 € | 12.817 € | 11.634 € | 10.623 € | 9.505 € | 8.333 € | 7.027 € | 5.341 € |
| 84.000 € | 17.270 € | 16.100 € | 14.988 € | 13.891 € | 12.817 € | 11.634 € | 10.623 € | 9.505 € | 8.333 € | 7.027 € | 5.341 € |
| 87.000 € | 17.270 € | 16.100 € | 14.988 € | 13.891 € | 12.817 € | 11.634 € | 10.623 € | 9.505 € | 8.333 € | 7.027 € | 5.341 € |
| 90.000 € | 17.270 € | 16.100 € | 14.988 € | 13.891 € | 12.817 € | 11.634 € | 10.623 € | 9.505 € | 8.333 € | 7.027 € | 5.341 € |
| 93.000 € | 17.270 € | 16.100 € | 14.988 € | 13.891 € | 12.817 € | 11.634 € | 10.623 € | 9.505 € | 8.333 € | 7.027 € | 5.341 € |
| 96.000 € | 17.270 € | 16.100 € | 14.988 € | 13.891 € | 12.817 € | 11.634 € | 10.623 € | 9.505 € | 8.333 € | 7.027 € | 5.341 € |
| 99.000 € | 17.270 € | 16.100 € | 14.988 € | 13.891 € | 12.817 € | 11.634 € | 10.623 € | 9.505 € | 8.333 € | 7.027 € | 5.341 € |
| 102.000 € | 17.270 € | 16.100 € | 14.988 € | 13.891 € | 12.817 € | 11.634 € | 10.623 € | 9.505 € | 8.333 € | 7.027 € | 5.341 € |
| 105.000 € | 17.270 € | 16.100 € | 14.988 € | 13.891 € | 12.817 € | 11.634 € | 10.623 € | 9.505 € | 8.333 € | 7.027 € | 5.341 € |
| 108.000 € | 17.270 € | 16.100 € | 14.988 € | 13.891 € | 12.817 € | 11.634 € | 10.623 € | 9.505 € | 8.333 € | 7.027 € | 5.341 € |
| 111.000 € | 17.270 € | 16.100 € | 14.988 € | 13.891 € | 12.817 € | 11.634 € | 10.623 € | 9.505 € | 8.333 € | 7.027 € | 5.341 € |
| 114.000 € | 17.270 € | 16.100 € | 14.988 € | 13.891 € | 12.817 € | 11.634 € | 10.623 € | 9.505 € | 8.333 € | 7.027 € | 5.341 € |
| 117.000 € | 17.270 € | 16.100 € | 14.988 € | 13.891 € | 12.817 € | 11.634 € | 10.623 € | 9.505 € | 8.333 € | 7.027 € | 5.341 € |
| 120.000 € | 17.270 € | 16.100 € | 14.988 € | 13.891 € | 12.817 € | 11.634 € | 10.623 € | 9.505 € | 8.333 € | 7.027 € | 5.341 € |

# TABLA 1.C.1
## Lucro cesante del cónyuge
### Años de duración del matrimonio: 52 años

Ingreso neto

| Hasta | 99 o más |
|---|---|
| 9.000 € | 3.000 € |
| 12.000 € | 3.000 € |
| 15.000 € | 3.000 € |
| 18.000 € | 3.000 € |
| 21.000 € | 3.000 € |
| 24.000 € | 3.000 € |
| 27.000 € | 3.000 € |
| 30.000 € | 3.000 € |
| 33.000 € | 3.000 € |
| 36.000 € | 3.000 € |
| 39.000 € | 3.120 € |
| 42.000 € | 3.120 € |
| 45.000 € | 3.120 € |
| 48.000 € | 3.120 € |
| 51.000 € | 3.120 € |
| 54.000 € | 3.120 € |
| 57.000 € | 3.120 € |
| 60.000 € | 3.120 € |
| 63.000 € | 3.120 € |
| 66.000 € | 3.120 € |
| 69.000 € | 3.120 € |
| 72.000 € | 3.120 € |
| 75.000 € | 3.120 € |
| 78.000 € | 3.120 € |
| 81.000 € | 3.120 € |
| 84.000 € | 3.120 € |
| 87.000 € | 3.120 € |
| 90.000 € | 3.120 € |
| 93.000 € | 3.120 € |
| 96.000 € | 3.120 € |
| 99.000 € | 3.120 € |
| 102.000 € | 3.120 € |
| 105.000 € | 3.120 € |
| 108.000 € | 3.120 € |
| 111.000 € | 3.120 € |
| 114.000 € | 3.120 € |
| 117.000 € | 3.120 € |
| 120.000 € | 3.120 € |

## TABLA 1.C.1
## Lucro cesante del cónyuge
Años de duración del matrimonio: 53 años

Ingreso netc Edad del cónyuge Edad del cónyuge

| Hasta | 67 | 68 | 69 | 70 | 71 | 72 | 73 | 74 | 75 | 76 | 77 |
|---|---|---|---|---|---|---|---|---|---|---|---|
| 9.000 € | 12.390 € | 11.956 € | 11.515 € | 11.058 € | 10.620 € | 10.178 € | 9.713 € | 9.267 € | 8.838 € | 8.406 € | 7.975 € |
| 12.000 € | 16.520 € | 15.941 € | 15.353 € | 14.744 € | 14.160 € | 13.570 € | 12.951 € | 12.356 € | 11.784 € | 11.209 € | 10.634 € |
| 15.000 € | 20.650 € | 19.926 € | 19.192 € | 18.430 € | 17.700 € | 16.963 € | 16.189 € | 15.446 € | 14.730 € | 14.011 € | 13.292 € |
| 18.000 € | 24.780 € | 23.912 € | 23.030 € | 22.116 € | 21.240 € | 20.356 € | 19.427 € | 18.535 € | 17.677 € | 16.813 € | 15.950 € |
| 21.000 € | 28.909 € | 27.897 € | 26.868 € | 25.802 € | 24.780 € | 23.748 € | 22.664 € | 21.624 € | 20.623 € | 19.615 € | 18.609 € |
| 24.000 € | 33.039 € | 31.882 € | 30.707 € | 29.488 € | 28.319 € | 27.141 € | 25.902 € | 24.713 € | 23.569 € | 22.417 € | 21.267 € |
| 27.000 € | 37.169 € | 35.867 € | 34.545 € | 33.174 € | 31.859 € | 30.533 € | 29.140 € | 27.802 € | 26.515 € | 25.219 € | 23.926 € |
| 30.000 € | 41.299 € | 39.853 € | 38.383 € | 36.860 € | 35.399 € | 33.926 € | 32.378 € | 30.891 € | 29.461 € | 28.021 € | 26.584 € |
| 33.000 € | 45.429 € | 43.838 € | 42.222 € | 40.546 € | 38.939 € | 37.318 € | 35.615 € | 33.980 € | 32.407 € | 30.823 € | 29.243 € |
| 36.000 € | 49.559 € | 47.823 € | 46.060 € | 44.232 € | 42.479 € | 40.711 € | 38.853 € | 37.069 € | 35.353 € | 33.626 € | 31.901 € |
| 39.000 € | 53.689 € | 51.808 € | 49.898 € | 47.918 € | 46.019 € | 44.104 € | 42.091 € | 40.158 € | 38.299 € | 36.428 € | 34.559 € |
| 42.000 € | 53.689 € | 51.808 € | 49.898 € | 47.918 € | 46.019 € | 44.104 € | 42.091 € | 40.158 € | 38.299 € | 36.428 € | 34.559 € |
| 45.000 € | 53.689 € | 51.808 € | 49.898 € | 47.918 € | 46.019 € | 44.104 € | 42.091 € | 40.158 € | 38.299 € | 36.428 € | 34.559 € |
| 48.000 € | 53.689 € | 51.808 € | 49.898 € | 47.918 € | 46.019 € | 44.104 € | 42.091 € | 40.158 € | 38.299 € | 36.428 € | 34.559 € |
| 51.000 € | 53.689 € | 51.808 € | 49.898 € | 47.918 € | 46.019 € | 44.104 € | 42.091 € | 40.158 € | 38.299 € | 36.428 € | 34.559 € |
| 54.000 € | 53.689 € | 51.808 € | 49.898 € | 47.918 € | 46.019 € | 44.104 € | 42.091 € | 40.158 € | 38.299 € | 36.428 € | 34.559 € |
| 57.000 € | 53.689 € | 51.808 € | 49.898 € | 47.918 € | 46.019 € | 44.104 € | 42.091 € | 40.158 € | 38.299 € | 36.428 € | 34.559 € |
| 60.000 € | 53.689 € | 51.808 € | 49.898 € | 47.918 € | 46.019 € | 44.104 € | 42.091 € | 40.158 € | 38.299 € | 36.428 € | 34.559 € |
| 63.000 € | 53.689 € | 51.808 € | 49.898 € | 47.918 € | 46.019 € | 44.104 € | 42.091 € | 40.158 € | 38.299 € | 36.428 € | 34.559 € |
| 66.000 € | 53.689 € | 51.808 € | 49.898 € | 47.918 € | 46.019 € | 44.104 € | 42.091 € | 40.158 € | 38.299 € | 36.428 € | 34.559 € |
| 69.000 € | 53.689 € | 51.808 € | 49.898 € | 47.918 € | 46.019 € | 44.104 € | 42.091 € | 40.158 € | 38.299 € | 36.428 € | 34.559 € |
| 72.000 € | 53.689 € | 51.808 € | 49.898 € | 47.918 € | 46.019 € | 44.104 € | 42.091 € | 40.158 € | 38.299 € | 36.428 € | 34.559 € |
| 75.000 € | 53.689 € | 51.808 € | 49.898 € | 47.918 € | 46.019 € | 44.104 € | 42.091 € | 40.158 € | 38.299 € | 36.428 € | 34.559 € |
| 78.000 € | 53.689 € | 51.808 € | 49.898 € | 47.918 € | 46.019 € | 44.104 € | 42.091 € | 40.158 € | 38.299 € | 36.428 € | 34.559 € |
| 81.000 € | 53.689 € | 51.808 € | 49.898 € | 47.918 € | 46.019 € | 44.104 € | 42.091 € | 40.158 € | 38.299 € | 36.428 € | 34.559 € |
| 84.000 € | 53.689 € | 51.808 € | 49.898 € | 47.918 € | 46.019 € | 44.104 € | 42.091 € | 40.158 € | 38.299 € | 36.428 € | 34.559 € |
| 87.000 € | 53.689 € | 51.808 € | 49.898 € | 47.918 € | 46.019 € | 44.104 € | 42.091 € | 40.158 € | 38.299 € | 36.428 € | 34.559 € |
| 90.000 € | 53.689 € | 51.808 € | 49.898 € | 47.918 € | 46.019 € | 44.104 € | 42.091 € | 40.158 € | 38.299 € | 36.428 € | 34.559 € |
| 93.000 € | 53.689 € | 51.808 € | 49.898 € | 47.918 € | 46.019 € | 44.104 € | 42.091 € | 40.158 € | 38.299 € | 36.428 € | 34.559 € |
| 96.000 € | 53.689 € | 51.808 € | 49.898 € | 47.918 € | 46.019 € | 44.104 € | 42.091 € | 40.158 € | 38.299 € | 36.428 € | 34.559 € |
| 99.000 € | 53.689 € | 51.808 € | 49.898 € | 47.918 € | 46.019 € | 44.104 € | 42.091 € | 40.158 € | 38.299 € | 36.428 € | 34.559 € |
| 102.000 € | 53.689 € | 51.808 € | 49.898 € | 47.918 € | 46.019 € | 44.104 € | 42.091 € | 40.158 € | 38.299 € | 36.428 € | 34.559 € |
| 105.000 € | 53.689 € | 51.808 € | 49.898 € | 47.918 € | 46.019 € | 44.104 € | 42.091 € | 40.158 € | 38.299 € | 36.428 € | 34.559 € |
| 108.000 € | 53.689 € | 51.808 € | 49.898 € | 47.918 € | 46.019 € | 44.104 € | 42.091 € | 40.158 € | 38.299 € | 36.428 € | 34.559 € |
| 111.000 € | 53.689 € | 51.808 € | 49.898 € | 47.918 € | 46.019 € | 44.104 € | 42.091 € | 40.158 € | 38.299 € | 36.428 € | 34.559 € |
| 114.000 € | 53.689 € | 51.808 € | 49.898 € | 47.918 € | 46.019 € | 44.104 € | 42.091 € | 40.158 € | 38.299 € | 36.428 € | 34.559 € |
| 117.000 € | 53.689 € | 51.808 € | 49.898 € | 47.918 € | 46.019 € | 44.104 € | 42.091 € | 40.158 € | 38.299 € | 36.428 € | 34.559 € |
| 120.000 € | 53.689 € | 51.808 € | 49.898 € | 47.918 € | 46.019 € | 44.104 € | 42.091 € | 40.158 € | 38.299 € | 36.428 € | 34.559 € |

# TABLA 1.C.1
## Lucro cesante del cónyuge
Años de duración del matrimonio: 53 años

| Ingreso neto | Edad del cónyuge | | | | | | | | | | |
|---|---|---|---|---|---|---|---|---|---|---|---|
| Hasta | 78 | 79 | 80 | 81 | 82 | 83 | 84 | 85 | 86 | 87 | 88 |
| 9.000 € | 7.553 € | 7.143 € | 6.738 € | 6.346 € | 5.968 € | 5.601 € | 5.245 € | 4.908 € | 4.584 € | 4.276 € | 3.985 € |
| 12.000 € | 10.071 € | 9.524 € | 8.983 € | 8.461 € | 7.957 € | 7.468 € | 6.994 € | 6.544 € | 6.113 € | 5.702 € | 5.314 € |
| 15.000 € | 12.588 € | 11.905 € | 11.229 € | 10.576 € | 9.947 € | 9.335 € | 8.742 € | 8.180 € | 7.641 € | 7.127 € | 6.642 € |
| 18.000 € | 15.106 € | 14.286 € | 13.475 € | 12.692 € | 11.936 € | 11.202 € | 10.490 € | 9.816 € | 9.169 € | 8.552 € | 7.971 € |
| 21.000 € | 17.624 € | 16.667 € | 15.721 € | 14.807 € | 13.925 € | 13.069 € | 12.239 € | 11.452 € | 10.697 € | 9.978 € | 9.299 € |
| 24.000 € | 20.141 € | 19.048 € | 17.967 € | 16.922 € | 15.915 € | 14.936 € | 13.987 € | 13.088 € | 12.225 € | 11.403 € | 10.628 € |
| 27.000 € | 22.659 € | 21.429 € | 20.213 € | 19.038 € | 17.904 € | 16.803 € | 15.735 € | 14.724 € | 13.753 € | 12.829 € | 11.956 € |
| 30.000 € | 25.177 € | 23.810 € | 22.459 € | 21.153 € | 19.893 € | 18.669 € | 17.484 € | 16.360 € | 15.282 € | 14.254 € | 13.285 € |
| 33.000 € | 27.694 € | 26.191 € | 24.704 € | 23.268 € | 21.883 € | 20.536 € | 19.232 € | 17.996 € | 16.810 € | 15.679 € | 14.613 € |
| 36.000 € | 30.212 € | 28.572 € | 26.950 € | 25.383 € | 23.872 € | 22.403 € | 20.981 € | 19.632 € | 18.338 € | 17.105 € | 15.942 € |
| 39.000 € | 32.730 € | 30.953 € | 29.196 € | 27.499 € | 25.861 € | 24.270 € | 22.729 € | 21.268 € | 19.866 € | 18.530 € | 17.270 € |
| 42.000 € | 32.730 € | 30.953 € | 29.196 € | 27.499 € | 25.861 € | 24.270 € | 22.729 € | 21.268 € | 19.866 € | 18.530 € | 17.270 € |
| 45.000 € | 32.730 € | 30.953 € | 29.196 € | 27.499 € | 25.861 € | 24.270 € | 22.729 € | 21.268 € | 19.866 € | 18.530 € | 17.270 € |
| 48.000 € | 32.730 € | 30.953 € | 29.196 € | 27.499 € | 25.861 € | 24.270 € | 22.729 € | 21.268 € | 19.866 € | 18.530 € | 17.270 € |
| 51.000 € | 32.730 € | 30.953 € | 29.196 € | 27.499 € | 25.861 € | 24.270 € | 22.729 € | 21.268 € | 19.866 € | 18.530 € | 17.270 € |
| 54.000 € | 32.730 € | 30.953 € | 29.196 € | 27.499 € | 25.861 € | 24.270 € | 22.729 € | 21.268 € | 19.866 € | 18.530 € | 17.270 € |
| 57.000 € | 32.730 € | 30.953 € | 29.196 € | 27.499 € | 25.861 € | 24.270 € | 22.729 € | 21.268 € | 19.866 € | 18.530 € | 17.270 € |
| 60.000 € | 32.730 € | 30.953 € | 29.196 € | 27.499 € | 25.861 € | 24.270 € | 22.729 € | 21.268 € | 19.866 € | 18.530 € | 17.270 € |
| 63.000 € | 32.730 € | 30.953 € | 29.196 € | 27.499 € | 25.861 € | 24.270 € | 22.729 € | 21.268 € | 19.866 € | 18.530 € | 17.270 € |
| 66.000 € | 32.730 € | 30.953 € | 29.196 € | 27.499 € | 25.861 € | 24.270 € | 22.729 € | 21.268 € | 19.866 € | 18.530 € | 17.270 € |
| 69.000 € | 32.730 € | 30.953 € | 29.196 € | 27.499 € | 25.861 € | 24.270 € | 22.729 € | 21.268 € | 19.866 € | 18.530 € | 17.270 € |
| 72.000 € | 32.730 € | 30.953 € | 29.196 € | 27.499 € | 25.861 € | 24.270 € | 22.729 € | 21.268 € | 19.866 € | 18.530 € | 17.270 € |
| 75.000 € | 32.730 € | 30.953 € | 29.196 € | 27.499 € | 25.861 € | 24.270 € | 22.729 € | 21.268 € | 19.866 € | 18.530 € | 17.270 € |
| 78.000 € | 32.730 € | 30.953 € | 29.196 € | 27.499 € | 25.861 € | 24.270 € | 22.729 € | 21.268 € | 19.866 € | 18.530 € | 17.270 € |
| 81.000 € | 32.730 € | 30.953 € | 29.196 € | 27.499 € | 25.861 € | 24.270 € | 22.729 € | 21.268 € | 19.866 € | 18.530 € | 17.270 € |
| 84.000 € | 32.730 € | 30.953 € | 29.196 € | 27.499 € | 25.861 € | 24.270 € | 22.729 € | 21.268 € | 19.866 € | 18.530 € | 17.270 € |
| 87.000 € | 32.730 € | 30.953 € | 29.196 € | 27.499 € | 25.861 € | 24.270 € | 22.729 € | 21.268 € | 19.866 € | 18.530 € | 17.270 € |
| 90.000 € | 32.730 € | 30.953 € | 29.196 € | 27.499 € | 25.861 € | 24.270 € | 22.729 € | 21.268 € | 19.866 € | 18.530 € | 17.270 € |
| 93.000 € | 32.730 € | 30.953 € | 29.196 € | 27.499 € | 25.861 € | 24.270 € | 22.729 € | 21.268 € | 19.866 € | 18.530 € | 17.270 € |
| 96.000 € | 32.730 € | 30.953 € | 29.196 € | 27.499 € | 25.861 € | 24.270 € | 22.729 € | 21.268 € | 19.866 € | 18.530 € | 17.270 € |
| 99.000 € | 32.730 € | 30.953 € | 29.196 € | 27.499 € | 25.861 € | 24.270 € | 22.729 € | 21.268 € | 19.866 € | 18.530 € | 17.270 € |
| 102.000 € | 32.730 € | 30.953 € | 29.196 € | 27.499 € | 25.861 € | 24.270 € | 22.729 € | 21.268 € | 19.866 € | 18.530 € | 17.270 € |
| 105.000 € | 32.730 € | 30.953 € | 29.196 € | 27.499 € | 25.861 € | 24.270 € | 22.729 € | 21.268 € | 19.866 € | 18.530 € | 17.270 € |
| 108.000 € | 32.730 € | 30.953 € | 29.196 € | 27.499 € | 25.861 € | 24.270 € | 22.729 € | 21.268 € | 19.866 € | 18.530 € | 17.270 € |
| 111.000 € | 32.730 € | 30.953 € | 29.196 € | 27.499 € | 25.861 € | 24.270 € | 22.729 € | 21.268 € | 19.866 € | 18.530 € | 17.270 € |
| 114.000 € | 32.730 € | 30.953 € | 29.196 € | 27.499 € | 25.861 € | 24.270 € | 22.729 € | 21.268 € | 19.866 € | 18.530 € | 17.270 € |
| 117.000 € | 32.730 € | 30.953 € | 29.196 € | 27.499 € | 25.861 € | 24.270 € | 22.729 € | 21.268 € | 19.866 € | 18.530 € | 17.270 € |
| 120.000 € | 32.730 € | 30.953 € | 29.196 € | 27.499 € | 25.861 € | 24.270 € | 22.729 € | 21.268 € | 19.866 € | 18.530 € | 17.270 € |

# TABLA 1.C.1
## Lucro cesante del cónyuge
Años de duración del matrimonio: 53 años

| Ingreso neto | Edad del cónyuge | | | | | | | | | | |
|---|---|---|---|---|---|---|---|---|---|---|---|
| Hasta | 89 | 90 | 91 | 92 | 93 | 94 | 95 | 96 | 97 | 98 | 99 o más |
| 9.000 € | 3.715 € | 3.459 € | 3.206 € | 3.000 € | 3.000 € | 3.000 € | 3.000 € | 3.000 € | 3.000 € | 3.000 € | 3.000 € |
| 12.000 € | 4.954 € | 4.612 € | 4.274 € | 3.944 € | 3.580 € | 3.269 € | 3.000 € | 3.000 € | 3.000 € | 3.000 € | 3.000 € |
| 15.000 € | 6.192 € | 5.764 € | 5.343 € | 4.930 € | 4.474 € | 4.086 € | 3.656 € | 3.205 € | 3.000 € | 3.000 € | 3.000 € |
| 18.000 € | 7.431 € | 6.917 € | 6.411 € | 5.916 € | 5.369 € | 4.903 € | 4.387 € | 3.846 € | 3.243 € | 3.000 € | 3.000 € |
| 21.000 € | 8.669 € | 8.070 € | 7.480 € | 6.902 € | 6.264 € | 5.720 € | 5.118 € | 4.487 € | 3.784 € | 3.000 € | 3.000 € |
| 24.000 € | 9.907 € | 9.223 € | 8.548 € | 7.887 € | 7.159 € | 6.537 € | 5.849 € | 5.128 € | 4.325 € | 3.287 € | 3.000 € |
| 27.000 € | 11.146 € | 10.376 € | 9.617 € | 8.873 € | 8.054 € | 7.355 € | 6.581 € | 5.769 € | 4.865 € | 3.698 € | 3.000 € |
| 30.000 € | 12.384 € | 11.529 € | 10.685 € | 9.859 € | 8.949 € | 8.172 € | 7.312 € | 6.410 € | 5.406 € | 4.108 € | 3.000 € |
| 33.000 € | 13.623 € | 12.682 € | 11.754 € | 10.845 € | 9.844 € | 8.989 € | 8.043 € | 7.051 € | 5.946 € | 4.519 € | 3.000 € |
| 36.000 € | 14.861 € | 13.835 € | 12.822 € | 11.831 € | 10.739 € | 9.806 € | 8.774 € | 7.692 € | 6.487 € | 4.930 € | 3.000 € |
| 39.000 € | 16.100 € | 14.988 € | 13.891 € | 12.817 € | 11.634 € | 10.623 € | 9.505 € | 8.333 € | 7.027 € | 5.341 € | 3.120 € |
| 42.000 € | 16.100 € | 14.988 € | 13.891 € | 12.817 € | 11.634 € | 10.623 € | 9.505 € | 8.333 € | 7.027 € | 5.341 € | 3.120 € |
| 45.000 € | 16.100 € | 14.988 € | 13.891 € | 12.817 € | 11.634 € | 10.623 € | 9.505 € | 8.333 € | 7.027 € | 5.341 € | 3.120 € |
| 48.000 € | 16.100 € | 14.988 € | 13.891 € | 12.817 € | 11.634 € | 10.623 € | 9.505 € | 8.333 € | 7.027 € | 5.341 € | 3.120 € |
| 51.000 € | 16.100 € | 14.988 € | 13.891 € | 12.817 € | 11.634 € | 10.623 € | 9.505 € | 8.333 € | 7.027 € | 5.341 € | 3.120 € |
| 54.000 € | 16.100 € | 14.988 € | 13.891 € | 12.817 € | 11.634 € | 10.623 € | 9.505 € | 8.333 € | 7.027 € | 5.341 € | 3.120 € |
| 57.000 € | 16.100 € | 14.988 € | 13.891 € | 12.817 € | 11.634 € | 10.623 € | 9.505 € | 8.333 € | 7.027 € | 5.341 € | 3.120 € |
| 60.000 € | 16.100 € | 14.988 € | 13.891 € | 12.817 € | 11.634 € | 10.623 € | 9.505 € | 8.333 € | 7.027 € | 5.341 € | 3.120 € |
| 63.000 € | 16.100 € | 14.988 € | 13.891 € | 12.817 € | 11.634 € | 10.623 € | 9.505 € | 8.333 € | 7.027 € | 5.341 € | 3.120 € |
| 66.000 € | 16.100 € | 14.988 € | 13.891 € | 12.817 € | 11.634 € | 10.623 € | 9.505 € | 8.333 € | 7.027 € | 5.341 € | 3.120 € |
| 69.000 € | 16.100 € | 14.988 € | 13.891 € | 12.817 € | 11.634 € | 10.623 € | 9.505 € | 8.333 € | 7.027 € | 5.341 € | 3.120 € |
| 72.000 € | 16.100 € | 14.988 € | 13.891 € | 12.817 € | 11.634 € | 10.623 € | 9.505 € | 8.333 € | 7.027 € | 5.341 € | 3.120 € |
| 75.000 € | 16.100 € | 14.988 € | 13.891 € | 12.817 € | 11.634 € | 10.623 € | 9.505 € | 8.333 € | 7.027 € | 5.341 € | 3.120 € |
| 78.000 € | 16.100 € | 14.988 € | 13.891 € | 12.817 € | 11.634 € | 10.623 € | 9.505 € | 8.333 € | 7.027 € | 5.341 € | 3.120 € |
| 81.000 € | 16.100 € | 14.988 € | 13.891 € | 12.817 € | 11.634 € | 10.623 € | 9.505 € | 8.333 € | 7.027 € | 5.341 € | 3.120 € |
| 84.000 € | 16.100 € | 14.988 € | 13.891 € | 12.817 € | 11.634 € | 10.623 € | 9.505 € | 8.333 € | 7.027 € | 5.341 € | 3.120 € |
| 87.000 € | 16.100 € | 14.988 € | 13.891 € | 12.817 € | 11.634 € | 10.623 € | 9.505 € | 8.333 € | 7.027 € | 5.341 € | 3.120 € |
| 90.000 € | 16.100 € | 14.988 € | 13.891 € | 12.817 € | 11.634 € | 10.623 € | 9.505 € | 8.333 € | 7.027 € | 5.341 € | 3.120 € |
| 93.000 € | 16.100 € | 14.988 € | 13.891 € | 12.817 € | 11.634 € | 10.623 € | 9.505 € | 8.333 € | 7.027 € | 5.341 € | 3.120 € |
| 96.000 € | 16.100 € | 14.988 € | 13.891 € | 12.817 € | 11.634 € | 10.623 € | 9.505 € | 8.333 € | 7.027 € | 5.341 € | 3.120 € |
| 99.000 € | 16.100 € | 14.988 € | 13.891 € | 12.817 € | 11.634 € | 10.623 € | 9.505 € | 8.333 € | 7.027 € | 5.341 € | 3.120 € |
| 102.000 € | 16.100 € | 14.988 € | 13.891 € | 12.817 € | 11.634 € | 10.623 € | 9.505 € | 8.333 € | 7.027 € | 5.341 € | 3.120 € |
| 105.000 € | 16.100 € | 14.988 € | 13.891 € | 12.817 € | 11.634 € | 10.623 € | 9.505 € | 8.333 € | 7.027 € | 5.341 € | 3.120 € |
| 108.000 € | 16.100 € | 14.988 € | 13.891 € | 12.817 € | 11.634 € | 10.623 € | 9.505 € | 8.333 € | 7.027 € | 5.341 € | 3.120 € |
| 111.000 € | 16.100 € | 14.988 € | 13.891 € | 12.817 € | 11.634 € | 10.623 € | 9.505 € | 8.333 € | 7.027 € | 5.341 € | 3.120 € |
| 114.000 € | 16.100 € | 14.988 € | 13.891 € | 12.817 € | 11.634 € | 10.623 € | 9.505 € | 8.333 € | 7.027 € | 5.341 € | 3.120 € |
| 117.000 € | 16.100 € | 14.988 € | 13.891 € | 12.817 € | 11.634 € | 10.623 € | 9.505 € | 8.333 € | 7.027 € | 5.341 € | 3.120 € |
| 120.000 € | 16.100 € | 14.988 € | 13.891 € | 12.817 € | 11.634 € | 10.623 € | 9.505 € | 8.333 € | 7.027 € | 5.341 € | 3.120 € |

# TABLA 1.C.1
## Lucro cesante del cónyuge
### Años de duración del matrimonio: 54 años

Ingreso neto | Edad del cónyuge | Edad del cónyuge

| Hasta | 68 | 69 | 70 | 71 | 72 | 73 | 74 | 75 | 76 | 77 | 78 |
|---|---|---|---|---|---|---|---|---|---|---|---|
| 9.000 € | 11.956 € | 11.515 € | 11.058 € | 10.620 € | 10.178 € | 9.713 € | 9.267 € | 8.838 € | 8.406 € | 7.975 € | 7.553 € |
| 12.000 € | 15.941 € | 15.353 € | 14.744 € | 14.160 € | 13.570 € | 12.951 € | 12.356 € | 11.784 € | 11.209 € | 10.634 € | 10.071 € |
| 15.000 € | 19.926 € | 19.192 € | 18.430 € | 17.700 € | 16.963 € | 16.189 € | 15.446 € | 14.730 € | 14.011 € | 13.292 € | 12.588 € |
| 18.000 € | 23.912 € | 23.030 € | 22.116 € | 21.240 € | 20.356 € | 19.427 € | 18.535 € | 17.677 € | 16.813 € | 15.950 € | 15.106 € |
| 21.000 € | 27.897 € | 26.868 € | 25.802 € | 24.780 € | 23.748 € | 22.664 € | 21.624 € | 20.623 € | 19.615 € | 18.609 € | 17.624 € |
| 24.000 € | 31.882 € | 30.707 € | 29.488 € | 28.319 € | 27.141 € | 25.902 € | 24.713 € | 23.569 € | 22.417 € | 21.267 € | 20.141 € |
| 27.000 € | 35.867 € | 34.545 € | 33.174 € | 31.859 € | 30.533 € | 29.140 € | 27.802 € | 26.515 € | 25.219 € | 23.926 € | 22.659 € |
| 30.000 € | 39.853 € | 38.383 € | 36.860 € | 35.399 € | 33.926 € | 32.378 € | 30.891 € | 29.461 € | 28.021 € | 26.584 € | 25.177 € |
| 33.000 € | 43.838 € | 42.222 € | 40.546 € | 38.939 € | 37.318 € | 35.615 € | 33.980 € | 32.407 € | 30.823 € | 29.243 € | 27.694 € |
| 36.000 € | 47.823 € | 46.060 € | 44.232 € | 42.479 € | 40.711 € | 38.853 € | 37.069 € | 35.353 € | 33.626 € | 31.901 € | 30.212 € |
| 39.000 € | 51.808 € | 49.898 € | 47.918 € | 46.019 € | 44.104 € | 42.091 € | 40.158 € | 38.299 € | 36.428 € | 34.559 € | 32.730 € |
| 42.000 € | 51.808 € | 49.898 € | 47.918 € | 46.019 € | 44.104 € | 42.091 € | 40.158 € | 38.299 € | 36.428 € | 34.559 € | 32.730 € |
| 45.000 € | 51.808 € | 49.898 € | 47.918 € | 46.019 € | 44.104 € | 42.091 € | 40.158 € | 38.299 € | 36.428 € | 34.559 € | 32.730 € |
| 48.000 € | 51.808 € | 49.898 € | 47.918 € | 46.019 € | 44.104 € | 42.091 € | 40.158 € | 38.299 € | 36.428 € | 34.559 € | 32.730 € |
| 51.000 € | 51.808 € | 49.898 € | 47.918 € | 46.019 € | 44.104 € | 42.091 € | 40.158 € | 38.299 € | 36.428 € | 34.559 € | 32.730 € |
| 54.000 € | 51.808 € | 49.898 € | 47.918 € | 46.019 € | 44.104 € | 42.091 € | 40.158 € | 38.299 € | 36.428 € | 34.559 € | 32.730 € |
| 57.000 € | 51.808 € | 49.898 € | 47.918 € | 46.019 € | 44.104 € | 42.091 € | 40.158 € | 38.299 € | 36.428 € | 34.559 € | 32.730 € |
| 60.000 € | 51.808 € | 49.898 € | 47.918 € | 46.019 € | 44.104 € | 42.091 € | 40.158 € | 38.299 € | 36.428 € | 34.559 € | 32.730 € |
| 63.000 € | 51.808 € | 49.898 € | 47.918 € | 46.019 € | 44.104 € | 42.091 € | 40.158 € | 38.299 € | 36.428 € | 34.559 € | 32.730 € |
| 66.000 € | 51.808 € | 49.898 € | 47.918 € | 46.019 € | 44.104 € | 42.091 € | 40.158 € | 38.299 € | 36.428 € | 34.559 € | 32.730 € |
| 69.000 € | 51.808 € | 49.898 € | 47.918 € | 46.019 € | 44.104 € | 42.091 € | 40.158 € | 38.299 € | 36.428 € | 34.559 € | 32.730 € |
| 72.000 € | 51.808 € | 49.898 € | 47.918 € | 46.019 € | 44.104 € | 42.091 € | 40.158 € | 38.299 € | 36.428 € | 34.559 € | 32.730 € |
| 75.000 € | 51.808 € | 49.898 € | 47.918 € | 46.019 € | 44.104 € | 42.091 € | 40.158 € | 38.299 € | 36.428 € | 34.559 € | 32.730 € |
| 78.000 € | 51.808 € | 49.898 € | 47.918 € | 46.019 € | 44.104 € | 42.091 € | 40.158 € | 38.299 € | 36.428 € | 34.559 € | 32.730 € |
| 81.000 € | 51.808 € | 49.898 € | 47.918 € | 46.019 € | 44.104 € | 42.091 € | 40.158 € | 38.299 € | 36.428 € | 34.559 € | 32.730 € |
| 84.000 € | 51.808 € | 49.898 € | 47.918 € | 46.019 € | 44.104 € | 42.091 € | 40.158 € | 38.299 € | 36.428 € | 34.559 € | 32.730 € |
| 87.000 € | 51.808 € | 49.898 € | 47.918 € | 46.019 € | 44.104 € | 42.091 € | 40.158 € | 38.299 € | 36.428 € | 34.559 € | 32.730 € |
| 90.000 € | 51.808 € | 49.898 € | 47.918 € | 46.019 € | 44.104 € | 42.091 € | 40.158 € | 38.299 € | 36.428 € | 34.559 € | 32.730 € |
| 93.000 € | 51.808 € | 49.898 € | 47.918 € | 46.019 € | 44.104 € | 42.091 € | 40.158 € | 38.299 € | 36.428 € | 34.559 € | 32.730 € |
| 96.000 € | 51.808 € | 49.898 € | 47.918 € | 46.019 € | 44.104 € | 42.091 € | 40.158 € | 38.299 € | 36.428 € | 34.559 € | 32.730 € |
| 99.000 € | 51.808 € | 49.898 € | 47.918 € | 46.019 € | 44.104 € | 42.091 € | 40.158 € | 38.299 € | 36.428 € | 34.559 € | 32.730 € |
| 102.000 € | 51.808 € | 49.898 € | 47.918 € | 46.019 € | 44.104 € | 42.091 € | 40.158 € | 38.299 € | 36.428 € | 34.559 € | 32.730 € |
| 105.000 € | 51.808 € | 49.898 € | 47.918 € | 46.019 € | 44.104 € | 42.091 € | 40.158 € | 38.299 € | 36.428 € | 34.559 € | 32.730 € |
| 108.000 € | 51.808 € | 49.898 € | 47.918 € | 46.019 € | 44.104 € | 42.091 € | 40.158 € | 38.299 € | 36.428 € | 34.559 € | 32.730 € |
| 111.000 € | 51.808 € | 49.898 € | 47.918 € | 46.019 € | 44.104 € | 42.091 € | 40.158 € | 38.299 € | 36.428 € | 34.559 € | 32.730 € |
| 114.000 € | 51.808 € | 49.898 € | 47.918 € | 46.019 € | 44.104 € | 42.091 € | 40.158 € | 38.299 € | 36.428 € | 34.559 € | 32.730 € |
| 117.000 € | 51.808 € | 49.898 € | 47.918 € | 46.019 € | 44.104 € | 42.091 € | 40.158 € | 38.299 € | 36.428 € | 34.559 € | 32.730 € |
| 120.000 € | 51.808 € | 49.898 € | 47.918 € | 46.019 € | 44.104 € | 42.091 € | 40.158 € | 38.299 € | 36.428 € | 34.559 € | 32.730 € |

## TABLA 1.C.1

### Lucro cesante del cónyuge

Años de duración del matrimonio: 54 años

Ingreso neto — Edad del cónyuge

| Hasta | 79 | 80 | 81 | 82 | 83 | 84 | 85 | 86 | 87 | 88 | 89 |
|---|---|---|---|---|---|---|---|---|---|---|---|
| 9.000 € | 7.143 € | 6.738 € | 6.346 € | 5.968 € | 5.601 € | 5.245 € | 4.908 € | 4.584 € | 4.276 € | 3.985 € | 3.715 € |
| 12.000 € | 9.524 € | 8.983 € | 8.461 € | 7.957 € | 7.468 € | 6.994 € | 6.544 € | 6.113 € | 5.702 € | 5.314 € | 4.954 € |
| 15.000 € | 11.905 € | 11.229 € | 10.576 € | 9.947 € | 9.335 € | 8.742 € | 8.180 € | 7.641 € | 7.127 € | 6.642 € | 6.192 € |
| 18.000 € | 14.286 € | 13.475 € | 12.692 € | 11.936 € | 11.202 € | 10.490 € | 9.816 € | 9.169 € | 8.552 € | 7.971 € | 7.431 € |
| 21.000 € | 16.667 € | 15.721 € | 14.807 € | 13.925 € | 13.069 € | 12.239 € | 11.452 € | 10.697 € | 9.978 € | 9.299 € | 8.669 € |
| 24.000 € | 19.048 € | 17.967 € | 16.922 € | 15.915 € | 14.936 € | 13.987 € | 13.088 € | 12.225 € | 11.403 € | 10.628 € | 9.907 € |
| 27.000 € | 21.429 € | 20.213 € | 19.038 € | 17.904 € | 16.803 € | 15.735 € | 14.724 € | 13.753 € | 12.829 € | 11.956 € | 11.146 € |
| 30.000 € | 23.810 € | 22.459 € | 21.153 € | 19.893 € | 18.669 € | 17.484 € | 16.360 € | 15.282 € | 14.254 € | 13.285 € | 12.384 € |
| 33.000 € | 26.191 € | 24.704 € | 23.268 € | 21.883 € | 20.536 € | 19.232 € | 17.996 € | 16.810 € | 15.679 € | 14.613 € | 13.623 € |
| 36.000 € | 28.572 € | 26.950 € | 25.383 € | 23.872 € | 22.403 € | 20.981 € | 19.632 € | 18.338 € | 17.105 € | 15.942 € | 14.861 € |
| 39.000 € | 30.953 € | 29.196 € | 27.499 € | 25.861 € | 24.270 € | 22.729 € | 21.268 € | 19.866 € | 18.530 € | 17.270 € | 16.100 € |
| 42.000 € | 30.953 € | 29.196 € | 27.499 € | 25.861 € | 24.270 € | 22.729 € | 21.268 € | 19.866 € | 18.530 € | 17.270 € | 16.100 € |
| 45.000 € | 30.953 € | 29.196 € | 27.499 € | 25.861 € | 24.270 € | 22.729 € | 21.268 € | 19.866 € | 18.530 € | 17.270 € | 16.100 € |
| 48.000 € | 30.953 € | 29.196 € | 27.499 € | 25.861 € | 24.270 € | 22.729 € | 21.268 € | 19.866 € | 18.530 € | 17.270 € | 16.100 € |
| 51.000 € | 30.953 € | 29.196 € | 27.499 € | 25.861 € | 24.270 € | 22.729 € | 21.268 € | 19.866 € | 18.530 € | 17.270 € | 16.100 € |
| 54.000 € | 30.953 € | 29.196 € | 27.499 € | 25.861 € | 24.270 € | 22.729 € | 21.268 € | 19.866 € | 18.530 € | 17.270 € | 16.100 € |
| 57.000 € | 30.953 € | 29.196 € | 27.499 € | 25.861 € | 24.270 € | 22.729 € | 21.268 € | 19.866 € | 18.530 € | 17.270 € | 16.100 € |
| 60.000 € | 30.953 € | 29.196 € | 27.499 € | 25.861 € | 24.270 € | 22.729 € | 21.268 € | 19.866 € | 18.530 € | 17.270 € | 16.100 € |
| 63.000 € | 30.953 € | 29.196 € | 27.499 € | 25.861 € | 24.270 € | 22.729 € | 21.268 € | 19.866 € | 18.530 € | 17.270 € | 16.100 € |
| 66.000 € | 30.953 € | 29.196 € | 27.499 € | 25.861 € | 24.270 € | 22.729 € | 21.268 € | 19.866 € | 18.530 € | 17.270 € | 16.100 € |
| 69.000 € | 30.953 € | 29.196 € | 27.499 € | 25.861 € | 24.270 € | 22.729 € | 21.268 € | 19.866 € | 18.530 € | 17.270 € | 16.100 € |
| 72.000 € | 30.953 € | 29.196 € | 27.499 € | 25.861 € | 24.270 € | 22.729 € | 21.268 € | 19.866 € | 18.530 € | 17.270 € | 16.100 € |
| 75.000 € | 30.953 € | 29.196 € | 27.499 € | 25.861 € | 24.270 € | 22.729 € | 21.268 € | 19.866 € | 18.530 € | 17.270 € | 16.100 € |
| 78.000 € | 30.953 € | 29.196 € | 27.499 € | 25.861 € | 24.270 € | 22.729 € | 21.268 € | 19.866 € | 18.530 € | 17.270 € | 16.100 € |
| 81.000 € | 30.953 € | 29.196 € | 27.499 € | 25.861 € | 24.270 € | 22.729 € | 21.268 € | 19.866 € | 18.530 € | 17.270 € | 16.100 € |
| 84.000 € | 30.953 € | 29.196 € | 27.499 € | 25.861 € | 24.270 € | 22.729 € | 21.268 € | 19.866 € | 18.530 € | 17.270 € | 16.100 € |
| 87.000 € | 30.953 € | 29.196 € | 27.499 € | 25.861 € | 24.270 € | 22.729 € | 21.268 € | 19.866 € | 18.530 € | 17.270 € | 16.100 € |
| 90.000 € | 30.953 € | 29.196 € | 27.499 € | 25.861 € | 24.270 € | 22.729 € | 21.268 € | 19.866 € | 18.530 € | 17.270 € | 16.100 € |
| 93.000 € | 30.953 € | 29.196 € | 27.499 € | 25.861 € | 24.270 € | 22.729 € | 21.268 € | 19.866 € | 18.530 € | 17.270 € | 16.100 € |
| 96.000 € | 30.953 € | 29.196 € | 27.499 € | 25.861 € | 24.270 € | 22.729 € | 21.268 € | 19.866 € | 18.530 € | 17.270 € | 16.100 € |
| 99.000 € | 30.953 € | 29.196 € | 27.499 € | 25.861 € | 24.270 € | 22.729 € | 21.268 € | 19.866 € | 18.530 € | 17.270 € | 16.100 € |
| 102.000 € | 30.953 € | 29.196 € | 27.499 € | 25.861 € | 24.270 € | 22.729 € | 21.268 € | 19.866 € | 18.530 € | 17.270 € | 16.100 € |
| 105.000 € | 30.953 € | 29.196 € | 27.499 € | 25.861 € | 24.270 € | 22.729 € | 21.268 € | 19.866 € | 18.530 € | 17.270 € | 16.100 € |
| 108.000 € | 30.953 € | 29.196 € | 27.499 € | 25.861 € | 24.270 € | 22.729 € | 21.268 € | 19.866 € | 18.530 € | 17.270 € | 16.100 € |
| 111.000 € | 30.953 € | 29.196 € | 27.499 € | 25.861 € | 24.270 € | 22.729 € | 21.268 € | 19.866 € | 18.530 € | 17.270 € | 16.100 € |
| 114.000 € | 30.953 € | 29.196 € | 27.499 € | 25.861 € | 24.270 € | 22.729 € | 21.268 € | 19.866 € | 18.530 € | 17.270 € | 16.100 € |
| 117.000 € | 30.953 € | 29.196 € | 27.499 € | 25.861 € | 24.270 € | 22.729 € | 21.268 € | 19.866 € | 18.530 € | 17.270 € | 16.100 € |
| 120.000 € | 30.953 € | 29.196 € | 27.499 € | 25.861 € | 24.270 € | 22.729 € | 21.268 € | 19.866 € | 18.530 € | 17.270 € | 16.100 € |

# TABLA 1.C.1
## Lucro cesante del cónyuge
Años de duración del matrimonio: 54 años

| Ingreso neto | Edad del cónyuge | | | | | | | | | |
|---|---|---|---|---|---|---|---|---|---|---|
| Hasta | 90 | 91 | 92 | 93 | 94 | 95 | 96 | 97 | 98 | 99 o más |
| 9.000 € | 3.459 € | 3.206 € | 3.000 € | 3.000 € | 3.000 € | 3.000 € | 3.000 € | 3.000 € | 3.000 € | 3.000 € |
| 12.000 € | 4.612 € | 4.274 € | 3.944 € | 3.580 € | 3.269 € | 3.000 € | 3.000 € | 3.000 € | 3.000 € | 3.000 € |
| 15.000 € | 5.764 € | 5.343 € | 4.930 € | 4.474 € | 4.086 € | 3.656 € | 3.205 € | 3.000 € | 3.000 € | 3.000 € |
| 18.000 € | 6.917 € | 6.411 € | 5.916 € | 5.369 € | 4.903 € | 4.387 € | 3.846 € | 3.243 € | 3.000 € | 3.000 € |
| 21.000 € | 8.070 € | 7.480 € | 6.902 € | 6.264 € | 5.720 € | 5.118 € | 4.487 € | 3.784 € | 3.000 € | 3.000 € |
| 24.000 € | 9.223 € | 8.548 € | 7.887 € | 7.159 € | 6.537 € | 5.849 € | 5.128 € | 4.325 € | 3.287 € | 3.000 € |
| 27.000 € | 10.376 € | 9.617 € | 8.873 € | 8.054 € | 7.355 € | 6.581 € | 5.769 € | 4.865 € | 3.698 € | 3.000 € |
| 30.000 € | 11.529 € | 10.685 € | 9.859 € | 8.949 € | 8.172 € | 7.312 € | 6.410 € | 5.406 € | 4.108 € | 3.000 € |
| 33.000 € | 12.682 € | 11.754 € | 10.845 € | 9.844 € | 8.989 € | 8.043 € | 7.051 € | 5.946 € | 4.519 € | 3.000 € |
| 36.000 € | 13.835 € | 12.822 € | 11.831 € | 10.739 € | 9.806 € | 8.774 € | 7.692 € | 6.487 € | 4.930 € | 3.000 € |
| 39.000 € | 14.988 € | 13.891 € | 12.817 € | 11.634 € | 10.623 € | 9.505 € | 8.333 € | 7.027 € | 5.341 € | 3.120 € |
| 42.000 € | 14.988 € | 13.891 € | 12.817 € | 11.634 € | 10.623 € | 9.505 € | 8.333 € | 7.027 € | 5.341 € | 3.120 € |
| 45.000 € | 14.988 € | 13.891 € | 12.817 € | 11.634 € | 10.623 € | 9.505 € | 8.333 € | 7.027 € | 5.341 € | 3.120 € |
| 48.000 € | 14.988 € | 13.891 € | 12.817 € | 11.634 € | 10.623 € | 9.505 € | 8.333 € | 7.027 € | 5.341 € | 3.120 € |
| 51.000 € | 14.988 € | 13.891 € | 12.817 € | 11.634 € | 10.623 € | 9.505 € | 8.333 € | 7.027 € | 5.341 € | 3.120 € |
| 54.000 € | 14.988 € | 13.891 € | 12.817 € | 11.634 € | 10.623 € | 9.505 € | 8.333 € | 7.027 € | 5.341 € | 3.120 € |
| 57.000 € | 14.988 € | 13.891 € | 12.817 € | 11.634 € | 10.623 € | 9.505 € | 8.333 € | 7.027 € | 5.341 € | 3.120 € |
| 60.000 € | 14.988 € | 13.891 € | 12.817 € | 11.634 € | 10.623 € | 9.505 € | 8.333 € | 7.027 € | 5.341 € | 3.120 € |
| 63.000 € | 14.988 € | 13.891 € | 12.817 € | 11.634 € | 10.623 € | 9.505 € | 8.333 € | 7.027 € | 5.341 € | 3.120 € |
| 66.000 € | 14.988 € | 13.891 € | 12.817 € | 11.634 € | 10.623 € | 9.505 € | 8.333 € | 7.027 € | 5.341 € | 3.120 € |
| 69.000 € | 14.988 € | 13.891 € | 12.817 € | 11.634 € | 10.623 € | 9.505 € | 8.333 € | 7.027 € | 5.341 € | 3.120 € |
| 72.000 € | 14.988 € | 13.891 € | 12.817 € | 11.634 € | 10.623 € | 9.505 € | 8.333 € | 7.027 € | 5.341 € | 3.120 € |
| 75.000 € | 14.988 € | 13.891 € | 12.817 € | 11.634 € | 10.623 € | 9.505 € | 8.333 € | 7.027 € | 5.341 € | 3.120 € |
| 78.000 € | 14.988 € | 13.891 € | 12.817 € | 11.634 € | 10.623 € | 9.505 € | 8.333 € | 7.027 € | 5.341 € | 3.120 € |
| 81.000 € | 14.988 € | 13.891 € | 12.817 € | 11.634 € | 10.623 € | 9.505 € | 8.333 € | 7.027 € | 5.341 € | 3.120 € |
| 84.000 € | 14.988 € | 13.891 € | 12.817 € | 11.634 € | 10.623 € | 9.505 € | 8.333 € | 7.027 € | 5.341 € | 3.120 € |
| 87.000 € | 14.988 € | 13.891 € | 12.817 € | 11.634 € | 10.623 € | 9.505 € | 8.333 € | 7.027 € | 5.341 € | 3.120 € |
| 90.000 € | 14.988 € | 13.891 € | 12.817 € | 11.634 € | 10.623 € | 9.505 € | 8.333 € | 7.027 € | 5.341 € | 3.120 € |
| 93.000 € | 14.988 € | 13.891 € | 12.817 € | 11.634 € | 10.623 € | 9.505 € | 8.333 € | 7.027 € | 5.341 € | 3.120 € |
| 96.000 € | 14.988 € | 13.891 € | 12.817 € | 11.634 € | 10.623 € | 9.505 € | 8.333 € | 7.027 € | 5.341 € | 3.120 € |
| 99.000 € | 14.988 € | 13.891 € | 12.817 € | 11.634 € | 10.623 € | 9.505 € | 8.333 € | 7.027 € | 5.341 € | 3.120 € |
| 102.000 € | 14.988 € | 13.891 € | 12.817 € | 11.634 € | 10.623 € | 9.505 € | 8.333 € | 7.027 € | 5.341 € | 3.120 € |
| 105.000 € | 14.988 € | 13.891 € | 12.817 € | 11.634 € | 10.623 € | 9.505 € | 8.333 € | 7.027 € | 5.341 € | 3.120 € |
| 108.000 € | 14.988 € | 13.891 € | 12.817 € | 11.634 € | 10.623 € | 9.505 € | 8.333 € | 7.027 € | 5.341 € | 3.120 € |
| 111.000 € | 14.988 € | 13.891 € | 12.817 € | 11.634 € | 10.623 € | 9.505 € | 8.333 € | 7.027 € | 5.341 € | 3.120 € |
| 114.000 € | 14.988 € | 13.891 € | 12.817 € | 11.634 € | 10.623 € | 9.505 € | 8.333 € | 7.027 € | 5.341 € | 3.120 € |
| 117.000 € | 14.988 € | 13.891 € | 12.817 € | 11.634 € | 10.623 € | 9.505 € | 8.333 € | 7.027 € | 5.341 € | 3.120 € |
| 120.000 € | 14.988 € | 13.891 € | 12.817 € | 11.634 € | 10.623 € | 9.505 € | 8.333 € | 7.027 € | 5.341 € | 3.120 € |

# TABLA 1.C.1
## Lucro cesante del cónyuge
Años de duración del matrimonio: 55 años

Ingreso netc Edad del cónyuge — Edad del cónyuge

| Hasta | 69 | 70 | 71 | 72 | 73 | 74 | 75 | 76 | 77 | 78 | 79 |
|---|---|---|---|---|---|---|---|---|---|---|---|
| 9.000 € | 11.515 € | 11.058 € | 10.620 € | 10.178 € | 9.713 € | 9.267 € | 8.838 € | 8.406 € | 7.975 € | 7.553 € | 7.143 € |
| 12.000 € | 15.353 € | 14.744 € | 14.160 € | 13.570 € | 12.951 € | 12.356 € | 11.784 € | 11.209 € | 10.634 € | 10.071 € | 9.524 € |
| 15.000 € | 19.192 € | 18.430 € | 17.700 € | 16.963 € | 16.189 € | 15.446 € | 14.730 € | 14.011 € | 13.292 € | 12.588 € | 11.905 € |
| 18.000 € | 23.030 € | 22.116 € | 21.240 € | 20.356 € | 19.427 € | 18.535 € | 17.677 € | 16.813 € | 15.950 € | 15.106 € | 14.286 € |
| 21.000 € | 26.868 € | 25.802 € | 24.780 € | 23.748 € | 22.664 € | 21.624 € | 20.623 € | 19.615 € | 18.609 € | 17.624 € | 16.667 € |
| 24.000 € | 30.707 € | 29.488 € | 28.319 € | 27.141 € | 25.902 € | 24.713 € | 23.569 € | 22.417 € | 21.267 € | 20.141 € | 19.048 € |
| 27.000 € | 34.545 € | 33.174 € | 31.859 € | 30.533 € | 29.140 € | 27.802 € | 26.515 € | 25.219 € | 23.926 € | 22.659 € | 21.429 € |
| 30.000 € | 38.383 € | 36.860 € | 35.399 € | 33.926 € | 32.378 € | 30.891 € | 29.461 € | 28.021 € | 26.584 € | 25.177 € | 23.810 € |
| 33.000 € | 42.222 € | 40.546 € | 38.939 € | 37.318 € | 35.615 € | 33.980 € | 32.407 € | 30.823 € | 29.243 € | 27.694 € | 26.191 € |
| 36.000 € | 46.060 € | 44.232 € | 42.479 € | 40.711 € | 38.853 € | 37.069 € | 35.353 € | 33.626 € | 31.901 € | 30.212 € | 28.572 € |
| 39.000 € | 49.898 € | 47.918 € | 46.019 € | 44.104 € | 42.091 € | 40.158 € | 38.299 € | 36.428 € | 34.559 € | 32.730 € | 30.953 € |
| 42.000 € | 49.898 € | 47.918 € | 46.019 € | 44.104 € | 42.091 € | 40.158 € | 38.299 € | 36.428 € | 34.559 € | 32.730 € | 30.953 € |
| 45.000 € | 49.898 € | 47.918 € | 46.019 € | 44.104 € | 42.091 € | 40.158 € | 38.299 € | 36.428 € | 34.559 € | 32.730 € | 30.953 € |
| 48.000 € | 49.898 € | 47.918 € | 46.019 € | 44.104 € | 42.091 € | 40.158 € | 38.299 € | 36.428 € | 34.559 € | 32.730 € | 30.953 € |
| 51.000 € | 49.898 € | 47.918 € | 46.019 € | 44.104 € | 42.091 € | 40.158 € | 38.299 € | 36.428 € | 34.559 € | 32.730 € | 30.953 € |
| 54.000 € | 49.898 € | 47.918 € | 46.019 € | 44.104 € | 42.091 € | 40.158 € | 38.299 € | 36.428 € | 34.559 € | 32.730 € | 30.953 € |
| 57.000 € | 49.898 € | 47.918 € | 46.019 € | 44.104 € | 42.091 € | 40.158 € | 38.299 € | 36.428 € | 34.559 € | 32.730 € | 30.953 € |
| 60.000 € | 49.898 € | 47.918 € | 46.019 € | 44.104 € | 42.091 € | 40.158 € | 38.299 € | 36.428 € | 34.559 € | 32.730 € | 30.953 € |
| 63.000 € | 49.898 € | 47.918 € | 46.019 € | 44.104 € | 42.091 € | 40.158 € | 38.299 € | 36.428 € | 34.559 € | 32.730 € | 30.953 € |
| 66.000 € | 49.898 € | 47.918 € | 46.019 € | 44.104 € | 42.091 € | 40.158 € | 38.299 € | 36.428 € | 34.559 € | 32.730 € | 30.953 € |
| 69.000 € | 49.898 € | 47.918 € | 46.019 € | 44.104 € | 42.091 € | 40.158 € | 38.299 € | 36.428 € | 34.559 € | 32.730 € | 30.953 € |
| 72.000 € | 49.898 € | 47.918 € | 46.019 € | 44.104 € | 42.091 € | 40.158 € | 38.299 € | 36.428 € | 34.559 € | 32.730 € | 30.953 € |
| 75.000 € | 49.898 € | 47.918 € | 46.019 € | 44.104 € | 42.091 € | 40.158 € | 38.299 € | 36.428 € | 34.559 € | 32.730 € | 30.953 € |
| 78.000 € | 49.898 € | 47.918 € | 46.019 € | 44.104 € | 42.091 € | 40.158 € | 38.299 € | 36.428 € | 34.559 € | 32.730 € | 30.953 € |
| 81.000 € | 49.898 € | 47.918 € | 46.019 € | 44.104 € | 42.091 € | 40.158 € | 38.299 € | 36.428 € | 34.559 € | 32.730 € | 30.953 € |
| 84.000 € | 49.898 € | 47.918 € | 46.019 € | 44.104 € | 42.091 € | 40.158 € | 38.299 € | 36.428 € | 34.559 € | 32.730 € | 30.953 € |
| 87.000 € | 49.898 € | 47.918 € | 46.019 € | 44.104 € | 42.091 € | 40.158 € | 38.299 € | 36.428 € | 34.559 € | 32.730 € | 30.953 € |
| 90.000 € | 49.898 € | 47.918 € | 46.019 € | 44.104 € | 42.091 € | 40.158 € | 38.299 € | 36.428 € | 34.559 € | 32.730 € | 30.953 € |
| 93.000 € | 49.898 € | 47.918 € | 46.019 € | 44.104 € | 42.091 € | 40.158 € | 38.299 € | 36.428 € | 34.559 € | 32.730 € | 30.953 € |
| 96.000 € | 49.898 € | 47.918 € | 46.019 € | 44.104 € | 42.091 € | 40.158 € | 38.299 € | 36.428 € | 34.559 € | 32.730 € | 30.953 € |
| 99.000 € | 49.898 € | 47.918 € | 46.019 € | 44.104 € | 42.091 € | 40.158 € | 38.299 € | 36.428 € | 34.559 € | 32.730 € | 30.953 € |
| 102.000 € | 49.898 € | 47.918 € | 46.019 € | 44.104 € | 42.091 € | 40.158 € | 38.299 € | 36.428 € | 34.559 € | 32.730 € | 30.953 € |
| 105.000 € | 49.898 € | 47.918 € | 46.019 € | 44.104 € | 42.091 € | 40.158 € | 38.299 € | 36.428 € | 34.559 € | 32.730 € | 30.953 € |
| 108.000 € | 49.898 € | 47.918 € | 46.019 € | 44.104 € | 42.091 € | 40.158 € | 38.299 € | 36.428 € | 34.559 € | 32.730 € | 30.953 € |
| 111.000 € | 49.898 € | 47.918 € | 46.019 € | 44.104 € | 42.091 € | 40.158 € | 38.299 € | 36.428 € | 34.559 € | 32.730 € | 30.953 € |
| 114.000 € | 49.898 € | 47.918 € | 46.019 € | 44.104 € | 42.091 € | 40.158 € | 38.299 € | 36.428 € | 34.559 € | 32.730 € | 30.953 € |
| 117.000 € | 49.898 € | 47.918 € | 46.019 € | 44.104 € | 42.091 € | 40.158 € | 38.299 € | 36.428 € | 34.559 € | 32.730 € | 30.953 € |
| 120.000 € | 49.898 € | 47.918 € | 46.019 € | 44.104 € | 42.091 € | 40.158 € | 38.299 € | 36.428 € | 34.559 € | 32.730 € | 30.953 € |

# TABLA 1.C.1
## Lucro cesante del cónyuge
Años de duración del matrimonio: 55 años

| Ingreso neto | Edad del cónyuge | | | | | | | | | | |
|---|---|---|---|---|---|---|---|---|---|---|---|
| Hasta | 80 | 81 | 82 | 83 | 84 | 85 | 86 | 87 | 88 | 89 | 90 |
| 9.000 € | 6.738 € | 6.346 € | 5.968 € | 5.601 € | 5.245 € | 4.908 € | 4.584 € | 4.276 € | 3.985 € | 3.715 € | 3.459 € |
| 12.000 € | 8.983 € | 8.461 € | 7.957 € | 7.468 € | 6.994 € | 6.544 € | 6.113 € | 5.702 € | 5.314 € | 4.954 € | 4.612 € |
| 15.000 € | 11.229 € | 10.576 € | 9.947 € | 9.335 € | 8.742 € | 8.180 € | 7.641 € | 7.127 € | 6.642 € | 6.192 € | 5.764 € |
| 18.000 € | 13.475 € | 12.692 € | 11.936 € | 11.202 € | 10.490 € | 9.816 € | 9.169 € | 8.552 € | 7.971 € | 7.431 € | 6.917 € |
| 21.000 € | 15.721 € | 14.807 € | 13.925 € | 13.069 € | 12.239 € | 11.452 € | 10.697 € | 9.978 € | 9.299 € | 8.669 € | 8.070 € |
| 24.000 € | 17.967 € | 16.922 € | 15.915 € | 14.936 € | 13.987 € | 13.088 € | 12.225 € | 11.403 € | 10.628 € | 9.907 € | 9.223 € |
| 27.000 € | 20.213 € | 19.038 € | 17.904 € | 16.803 € | 15.735 € | 14.724 € | 13.753 € | 12.829 € | 11.956 € | 11.146 € | 10.376 € |
| 30.000 € | 22.459 € | 21.153 € | 19.893 € | 18.669 € | 17.484 € | 16.360 € | 15.282 € | 14.254 € | 13.285 € | 12.384 € | 11.529 € |
| 33.000 € | 24.704 € | 23.268 € | 21.883 € | 20.536 € | 19.232 € | 17.996 € | 16.810 € | 15.679 € | 14.613 € | 13.623 € | 12.682 € |
| 36.000 € | 26.950 € | 25.383 € | 23.872 € | 22.403 € | 20.981 € | 19.632 € | 18.338 € | 17.105 € | 15.942 € | 14.861 € | 13.835 € |
| 39.000 € | 29.196 € | 27.499 € | 25.861 € | 24.270 € | 22.729 € | 21.268 € | 19.866 € | 18.530 € | 17.270 € | 16.100 € | 14.988 € |
| 42.000 € | 29.196 € | 27.499 € | 25.861 € | 24.270 € | 22.729 € | 21.268 € | 19.866 € | 18.530 € | 17.270 € | 16.100 € | 14.988 € |
| 45.000 € | 29.196 € | 27.499 € | 25.861 € | 24.270 € | 22.729 € | 21.268 € | 19.866 € | 18.530 € | 17.270 € | 16.100 € | 14.988 € |
| 48.000 € | 29.196 € | 27.499 € | 25.861 € | 24.270 € | 22.729 € | 21.268 € | 19.866 € | 18.530 € | 17.270 € | 16.100 € | 14.988 € |
| 51.000 € | 29.196 € | 27.499 € | 25.861 € | 24.270 € | 22.729 € | 21.268 € | 19.866 € | 18.530 € | 17.270 € | 16.100 € | 14.988 € |
| 54.000 € | 29.196 € | 27.499 € | 25.861 € | 24.270 € | 22.729 € | 21.268 € | 19.866 € | 18.530 € | 17.270 € | 16.100 € | 14.988 € |
| 57.000 € | 29.196 € | 27.499 € | 25.861 € | 24.270 € | 22.729 € | 21.268 € | 19.866 € | 18.530 € | 17.270 € | 16.100 € | 14.988 € |
| 60.000 € | 29.196 € | 27.499 € | 25.861 € | 24.270 € | 22.729 € | 21.268 € | 19.866 € | 18.530 € | 17.270 € | 16.100 € | 14.988 € |
| 63.000 € | 29.196 € | 27.499 € | 25.861 € | 24.270 € | 22.729 € | 21.268 € | 19.866 € | 18.530 € | 17.270 € | 16.100 € | 14.988 € |
| 66.000 € | 29.196 € | 27.499 € | 25.861 € | 24.270 € | 22.729 € | 21.268 € | 19.866 € | 18.530 € | 17.270 € | 16.100 € | 14.988 € |
| 69.000 € | 29.196 € | 27.499 € | 25.861 € | 24.270 € | 22.729 € | 21.268 € | 19.866 € | 18.530 € | 17.270 € | 16.100 € | 14.988 € |
| 72.000 € | 29.196 € | 27.499 € | 25.861 € | 24.270 € | 22.729 € | 21.268 € | 19.866 € | 18.530 € | 17.270 € | 16.100 € | 14.988 € |
| 75.000 € | 29.196 € | 27.499 € | 25.861 € | 24.270 € | 22.729 € | 21.268 € | 19.866 € | 18.530 € | 17.270 € | 16.100 € | 14.988 € |
| 78.000 € | 29.196 € | 27.499 € | 25.861 € | 24.270 € | 22.729 € | 21.268 € | 19.866 € | 18.530 € | 17.270 € | 16.100 € | 14.988 € |
| 81.000 € | 29.196 € | 27.499 € | 25.861 € | 24.270 € | 22.729 € | 21.268 € | 19.866 € | 18.530 € | 17.270 € | 16.100 € | 14.988 € |
| 84.000 € | 29.196 € | 27.499 € | 25.861 € | 24.270 € | 22.729 € | 21.268 € | 19.866 € | 18.530 € | 17.270 € | 16.100 € | 14.988 € |
| 87.000 € | 29.196 € | 27.499 € | 25.861 € | 24.270 € | 22.729 € | 21.268 € | 19.866 € | 18.530 € | 17.270 € | 16.100 € | 14.988 € |
| 90.000 € | 29.196 € | 27.499 € | 25.861 € | 24.270 € | 22.729 € | 21.268 € | 19.866 € | 18.530 € | 17.270 € | 16.100 € | 14.988 € |
| 93.000 € | 29.196 € | 27.499 € | 25.861 € | 24.270 € | 22.729 € | 21.268 € | 19.866 € | 18.530 € | 17.270 € | 16.100 € | 14.988 € |
| 96.000 € | 29.196 € | 27.499 € | 25.861 € | 24.270 € | 22.729 € | 21.268 € | 19.866 € | 18.530 € | 17.270 € | 16.100 € | 14.988 € |
| 99.000 € | 29.196 € | 27.499 € | 25.861 € | 24.270 € | 22.729 € | 21.268 € | 19.866 € | 18.530 € | 17.270 € | 16.100 € | 14.988 € |
| 102.000 € | 29.196 € | 27.499 € | 25.861 € | 24.270 € | 22.729 € | 21.268 € | 19.866 € | 18.530 € | 17.270 € | 16.100 € | 14.988 € |
| 105.000 € | 29.196 € | 27.499 € | 25.861 € | 24.270 € | 22.729 € | 21.268 € | 19.866 € | 18.530 € | 17.270 € | 16.100 € | 14.988 € |
| 108.000 € | 29.196 € | 27.499 € | 25.861 € | 24.270 € | 22.729 € | 21.268 € | 19.866 € | 18.530 € | 17.270 € | 16.100 € | 14.988 € |
| 111.000 € | 29.196 € | 27.499 € | 25.861 € | 24.270 € | 22.729 € | 21.268 € | 19.866 € | 18.530 € | 17.270 € | 16.100 € | 14.988 € |
| 114.000 € | 29.196 € | 27.499 € | 25.861 € | 24.270 € | 22.729 € | 21.268 € | 19.866 € | 18.530 € | 17.270 € | 16.100 € | 14.988 € |
| 117.000 € | 29.196 € | 27.499 € | 25.861 € | 24.270 € | 22.729 € | 21.268 € | 19.866 € | 18.530 € | 17.270 € | 16.100 € | 14.988 € |
| 120.000 € | 29.196 € | 27.499 € | 25.861 € | 24.270 € | 22.729 € | 21.268 € | 19.866 € | 18.530 € | 17.270 € | 16.100 € | 14.988 € |

# TABLA 1.C.1
## Lucro cesante del cónyuge
### Años de duración del matrimonio: 55 años

| Ingreso neto | Edad del cónyuge | | | | | | | | |
|---|---|---|---|---|---|---|---|---|---|
| Hasta | 91 | 92 | 93 | 94 | 95 | 96 | 97 | 98 | 99 o más |
| 9.000 € | 3.206 € | 3.000 € | 3.000 € | 3.000 € | 3.000 € | 3.000 € | 3.000 € | 3.000 € | 3.000 € |
| 12.000 € | 4.274 € | 3.944 € | 3.580 € | 3.269 € | 3.000 € | 3.000 € | 3.000 € | 3.000 € | 3.000 € |
| 15.000 € | 5.343 € | 4.930 € | 4.474 € | 4.086 € | 3.656 € | 3.205 € | 3.000 € | 3.000 € | 3.000 € |
| 18.000 € | 6.411 € | 5.916 € | 5.369 € | 4.903 € | 4.387 € | 3.846 € | 3.243 € | 3.000 € | 3.000 € |
| 21.000 € | 7.480 € | 6.902 € | 6.264 € | 5.720 € | 5.118 € | 4.487 € | 3.784 € | 3.000 € | 3.000 € |
| 24.000 € | 8.548 € | 7.887 € | 7.159 € | 6.537 € | 5.849 € | 5.128 € | 4.325 € | 3.287 € | 3.000 € |
| 27.000 € | 9.617 € | 8.873 € | 8.054 € | 7.355 € | 6.581 € | 5.769 € | 4.865 € | 3.698 € | 3.000 € |
| 30.000 € | 10.685 € | 9.859 € | 8.949 € | 8.172 € | 7.312 € | 6.410 € | 5.406 € | 4.108 € | 3.000 € |
| 33.000 € | 11.754 € | 10.845 € | 9.844 € | 8.989 € | 8.043 € | 7.051 € | 5.946 € | 4.519 € | 3.000 € |
| 36.000 € | 12.822 € | 11.831 € | 10.739 € | 9.806 € | 8.774 € | 7.692 € | 6.487 € | 4.930 € | 3.000 € |
| 39.000 € | 13.891 € | 12.817 € | 11.634 € | 10.623 € | 9.505 € | 8.333 € | 7.027 € | 5.341 € | 3.120 € |
| 42.000 € | 13.891 € | 12.817 € | 11.634 € | 10.623 € | 9.505 € | 8.333 € | 7.027 € | 5.341 € | 3.120 € |
| 45.000 € | 13.891 € | 12.817 € | 11.634 € | 10.623 € | 9.505 € | 8.333 € | 7.027 € | 5.341 € | 3.120 € |
| 48.000 € | 13.891 € | 12.817 € | 11.634 € | 10.623 € | 9.505 € | 8.333 € | 7.027 € | 5.341 € | 3.120 € |
| 51.000 € | 13.891 € | 12.817 € | 11.634 € | 10.623 € | 9.505 € | 8.333 € | 7.027 € | 5.341 € | 3.120 € |
| 54.000 € | 13.891 € | 12.817 € | 11.634 € | 10.623 € | 9.505 € | 8.333 € | 7.027 € | 5.341 € | 3.120 € |
| 57.000 € | 13.891 € | 12.817 € | 11.634 € | 10.623 € | 9.505 € | 8.333 € | 7.027 € | 5.341 € | 3.120 € |
| 60.000 € | 13.891 € | 12.817 € | 11.634 € | 10.623 € | 9.505 € | 8.333 € | 7.027 € | 5.341 € | 3.120 € |
| 63.000 € | 13.891 € | 12.817 € | 11.634 € | 10.623 € | 9.505 € | 8.333 € | 7.027 € | 5.341 € | 3.120 € |
| 66.000 € | 13.891 € | 12.817 € | 11.634 € | 10.623 € | 9.505 € | 8.333 € | 7.027 € | 5.341 € | 3.120 € |
| 69.000 € | 13.891 € | 12.817 € | 11.634 € | 10.623 € | 9.505 € | 8.333 € | 7.027 € | 5.341 € | 3.120 € |
| 72.000 € | 13.891 € | 12.817 € | 11.634 € | 10.623 € | 9.505 € | 8.333 € | 7.027 € | 5.341 € | 3.120 € |
| 75.000 € | 13.891 € | 12.817 € | 11.634 € | 10.623 € | 9.505 € | 8.333 € | 7.027 € | 5.341 € | 3.120 € |
| 78.000 € | 13.891 € | 12.817 € | 11.634 € | 10.623 € | 9.505 € | 8.333 € | 7.027 € | 5.341 € | 3.120 € |
| 81.000 € | 13.891 € | 12.817 € | 11.634 € | 10.623 € | 9.505 € | 8.333 € | 7.027 € | 5.341 € | 3.120 € |
| 84.000 € | 13.891 € | 12.817 € | 11.634 € | 10.623 € | 9.505 € | 8.333 € | 7.027 € | 5.341 € | 3.120 € |
| 87.000 € | 13.891 € | 12.817 € | 11.634 € | 10.623 € | 9.505 € | 8.333 € | 7.027 € | 5.341 € | 3.120 € |
| 90.000 € | 13.891 € | 12.817 € | 11.634 € | 10.623 € | 9.505 € | 8.333 € | 7.027 € | 5.341 € | 3.120 € |
| 93.000 € | 13.891 € | 12.817 € | 11.634 € | 10.623 € | 9.505 € | 8.333 € | 7.027 € | 5.341 € | 3.120 € |
| 96.000 € | 13.891 € | 12.817 € | 11.634 € | 10.623 € | 9.505 € | 8.333 € | 7.027 € | 5.341 € | 3.120 € |
| 99.000 € | 13.891 € | 12.817 € | 11.634 € | 10.623 € | 9.505 € | 8.333 € | 7.027 € | 5.341 € | 3.120 € |
| 102.000 € | 13.891 € | 12.817 € | 11.634 € | 10.623 € | 9.505 € | 8.333 € | 7.027 € | 5.341 € | 3.120 € |
| 105.000 € | 13.891 € | 12.817 € | 11.634 € | 10.623 € | 9.505 € | 8.333 € | 7.027 € | 5.341 € | 3.120 € |
| 108.000 € | 13.891 € | 12.817 € | 11.634 € | 10.623 € | 9.505 € | 8.333 € | 7.027 € | 5.341 € | 3.120 € |
| 111.000 € | 13.891 € | 12.817 € | 11.634 € | 10.623 € | 9.505 € | 8.333 € | 7.027 € | 5.341 € | 3.120 € |
| 114.000 € | 13.891 € | 12.817 € | 11.634 € | 10.623 € | 9.505 € | 8.333 € | 7.027 € | 5.341 € | 3.120 € |
| 117.000 € | 13.891 € | 12.817 € | 11.634 € | 10.623 € | 9.505 € | 8.333 € | 7.027 € | 5.341 € | 3.120 € |
| 120.000 € | 13.891 € | 12.817 € | 11.634 € | 10.623 € | 9.505 € | 8.333 € | 7.027 € | 5.341 € | 3.120 € |

# TABLA 1.C.1
## Lucro cesante del cónyuge
Años de duración del matrimonio: 56 años

Ingreso netc Edad del cónyuge

Edad del cónyuge

| Hasta | 70 | 71 | 72 | 73 | 74 | 75 | 76 | 77 | 78 | 79 | 80 |
|---|---|---|---|---|---|---|---|---|---|---|---|
| 9.000 € | 11.058 € | 10.620 € | 10.178 € | 9.713 € | 9.267 € | 8.838 € | 8.406 € | 7.975 € | 7.553 € | 7.143 € | 6.738 € |
| 12.000 € | 14.744 € | 14.160 € | 13.570 € | 12.951 € | 12.356 € | 11.784 € | 11.209 € | 10.634 € | 10.071 € | 9.524 € | 8.983 € |
| 15.000 € | 18.430 € | 17.700 € | 16.963 € | 16.189 € | 15.446 € | 14.730 € | 14.011 € | 13.292 € | 12.588 € | 11.905 € | 11.229 € |
| 18.000 € | 22.116 € | 21.240 € | 20.356 € | 19.427 € | 18.535 € | 17.677 € | 16.813 € | 15.950 € | 15.106 € | 14.286 € | 13.475 € |
| 21.000 € | 25.802 € | 24.780 € | 23.748 € | 22.664 € | 21.624 € | 20.623 € | 19.615 € | 18.609 € | 17.624 € | 16.667 € | 15.721 € |
| 24.000 € | 29.488 € | 28.319 € | 27.141 € | 25.902 € | 24.713 € | 23.569 € | 22.417 € | 21.267 € | 20.141 € | 19.048 € | 17.967 € |
| 27.000 € | 33.174 € | 31.859 € | 30.533 € | 29.140 € | 27.802 € | 26.515 € | 25.219 € | 23.926 € | 22.659 € | 21.429 € | 20.213 € |
| 30.000 € | 36.860 € | 35.399 € | 33.926 € | 32.378 € | 30.891 € | 29.461 € | 28.021 € | 26.584 € | 25.177 € | 23.810 € | 22.459 € |
| 33.000 € | 40.546 € | 38.939 € | 37.318 € | 35.615 € | 33.980 € | 32.407 € | 30.823 € | 29.243 € | 27.694 € | 26.191 € | 24.704 € |
| 36.000 € | 44.232 € | 42.479 € | 40.711 € | 38.853 € | 37.069 € | 35.353 € | 33.626 € | 31.901 € | 30.212 € | 28.572 € | 26.950 € |
| 39.000 € | 47.918 € | 46.019 € | 44.104 € | 42.091 € | 40.158 € | 38.299 € | 36.428 € | 34.559 € | 32.730 € | 30.953 € | 29.196 € |
| 42.000 € | 47.918 € | 46.019 € | 44.104 € | 42.091 € | 40.158 € | 38.299 € | 36.428 € | 34.559 € | 32.730 € | 30.953 € | 29.196 € |
| 45.000 € | 47.918 € | 46.019 € | 44.104 € | 42.091 € | 40.158 € | 38.299 € | 36.428 € | 34.559 € | 32.730 € | 30.953 € | 29.196 € |
| 48.000 € | 47.918 € | 46.019 € | 44.104 € | 42.091 € | 40.158 € | 38.299 € | 36.428 € | 34.559 € | 32.730 € | 30.953 € | 29.196 € |
| 51.000 € | 47.918 € | 46.019 € | 44.104 € | 42.091 € | 40.158 € | 38.299 € | 36.428 € | 34.559 € | 32.730 € | 30.953 € | 29.196 € |
| 54.000 € | 47.918 € | 46.019 € | 44.104 € | 42.091 € | 40.158 € | 38.299 € | 36.428 € | 34.559 € | 32.730 € | 30.953 € | 29.196 € |
| 57.000 € | 47.918 € | 46.019 € | 44.104 € | 42.091 € | 40.158 € | 38.299 € | 36.428 € | 34.559 € | 32.730 € | 30.953 € | 29.196 € |
| 60.000 € | 47.918 € | 46.019 € | 44.104 € | 42.091 € | 40.158 € | 38.299 € | 36.428 € | 34.559 € | 32.730 € | 30.953 € | 29.196 € |
| 63.000 € | 47.918 € | 46.019 € | 44.104 € | 42.091 € | 40.158 € | 38.299 € | 36.428 € | 34.559 € | 32.730 € | 30.953 € | 29.196 € |
| 66.000 € | 47.918 € | 46.019 € | 44.104 € | 42.091 € | 40.158 € | 38.299 € | 36.428 € | 34.559 € | 32.730 € | 30.953 € | 29.196 € |
| 69.000 € | 47.918 € | 46.019 € | 44.104 € | 42.091 € | 40.158 € | 38.299 € | 36.428 € | 34.559 € | 32.730 € | 30.953 € | 29.196 € |
| 72.000 € | 47.918 € | 46.019 € | 44.104 € | 42.091 € | 40.158 € | 38.299 € | 36.428 € | 34.559 € | 32.730 € | 30.953 € | 29.196 € |
| 75.000 € | 47.918 € | 46.019 € | 44.104 € | 42.091 € | 40.158 € | 38.299 € | 36.428 € | 34.559 € | 32.730 € | 30.953 € | 29.196 € |
| 78.000 € | 47.918 € | 46.019 € | 44.104 € | 42.091 € | 40.158 € | 38.299 € | 36.428 € | 34.559 € | 32.730 € | 30.953 € | 29.196 € |
| 81.000 € | 47.918 € | 46.019 € | 44.104 € | 42.091 € | 40.158 € | 38.299 € | 36.428 € | 34.559 € | 32.730 € | 30.953 € | 29.196 € |
| 84.000 € | 47.918 € | 46.019 € | 44.104 € | 42.091 € | 40.158 € | 38.299 € | 36.428 € | 34.559 € | 32.730 € | 30.953 € | 29.196 € |
| 87.000 € | 47.918 € | 46.019 € | 44.104 € | 42.091 € | 40.158 € | 38.299 € | 36.428 € | 34.559 € | 32.730 € | 30.953 € | 29.196 € |
| 90.000 € | 47.918 € | 46.019 € | 44.104 € | 42.091 € | 40.158 € | 38.299 € | 36.428 € | 34.559 € | 32.730 € | 30.953 € | 29.196 € |
| 93.000 € | 47.918 € | 46.019 € | 44.104 € | 42.091 € | 40.158 € | 38.299 € | 36.428 € | 34.559 € | 32.730 € | 30.953 € | 29.196 € |
| 96.000 € | 47.918 € | 46.019 € | 44.104 € | 42.091 € | 40.158 € | 38.299 € | 36.428 € | 34.559 € | 32.730 € | 30.953 € | 29.196 € |
| 99.000 € | 47.918 € | 46.019 € | 44.104 € | 42.091 € | 40.158 € | 38.299 € | 36.428 € | 34.559 € | 32.730 € | 30.953 € | 29.196 € |
| 102.000 € | 47.918 € | 46.019 € | 44.104 € | 42.091 € | 40.158 € | 38.299 € | 36.428 € | 34.559 € | 32.730 € | 30.953 € | 29.196 € |
| 105.000 € | 47.918 € | 46.019 € | 44.104 € | 42.091 € | 40.158 € | 38.299 € | 36.428 € | 34.559 € | 32.730 € | 30.953 € | 29.196 € |
| 108.000 € | 47.918 € | 46.019 € | 44.104 € | 42.091 € | 40.158 € | 38.299 € | 36.428 € | 34.559 € | 32.730 € | 30.953 € | 29.196 € |
| 111.000 € | 47.918 € | 46.019 € | 44.104 € | 42.091 € | 40.158 € | 38.299 € | 36.428 € | 34.559 € | 32.730 € | 30.953 € | 29.196 € |
| 114.000 € | 47.918 € | 46.019 € | 44.104 € | 42.091 € | 40.158 € | 38.299 € | 36.428 € | 34.559 € | 32.730 € | 30.953 € | 29.196 € |
| 117.000 € | 47.918 € | 46.019 € | 44.104 € | 42.091 € | 40.158 € | 38.299 € | 36.428 € | 34.559 € | 32.730 € | 30.953 € | 29.196 € |
| 120.000 € | 47.918 € | 46.019 € | 44.104 € | 42.091 € | 40.158 € | 38.299 € | 36.428 € | 34.559 € | 32.730 € | 30.953 € | 29.196 € |

## TABLA 1.C.1
### Lucro cesante del cónyuge
Años de duración del matrimonio: 56 años

| Ingreso neto | Edad del cónyuge | | | | | | | | | | |
|---|---|---|---|---|---|---|---|---|---|---|---|
| Hasta | 81 | 82 | 83 | 84 | 85 | 86 | 87 | 88 | 89 | 90 | 91 |
| 9.000 € | 6.346 € | 5.968 € | 5.601 € | 5.245 € | 4.908 € | 4.584 € | 4.276 € | 3.985 € | 3.715 € | 3.459 € | 3.206 € |
| 12.000 € | 8.461 € | 7.957 € | 7.468 € | 6.994 € | 6.544 € | 6.113 € | 5.702 € | 5.314 € | 4.954 € | 4.612 € | 4.274 € |
| 15.000 € | 10.576 € | 9.947 € | 9.335 € | 8.742 € | 8.180 € | 7.641 € | 7.127 € | 6.642 € | 6.192 € | 5.764 € | 5.343 € |
| 18.000 € | 12.692 € | 11.936 € | 11.202 € | 10.490 € | 9.816 € | 9.169 € | 8.552 € | 7.971 € | 7.431 € | 6.917 € | 6.411 € |
| 21.000 € | 14.807 € | 13.925 € | 13.069 € | 12.239 € | 11.452 € | 10.697 € | 9.978 € | 9.299 € | 8.669 € | 8.070 € | 7.480 € |
| 24.000 € | 16.922 € | 15.915 € | 14.936 € | 13.987 € | 13.088 € | 12.225 € | 11.403 € | 10.628 € | 9.907 € | 9.223 € | 8.548 € |
| 27.000 € | 19.038 € | 17.904 € | 16.803 € | 15.735 € | 14.724 € | 13.753 € | 12.829 € | 11.956 € | 11.146 € | 10.376 € | 9.617 € |
| 30.000 € | 21.153 € | 19.893 € | 18.669 € | 17.484 € | 16.360 € | 15.282 € | 14.254 € | 13.285 € | 12.384 € | 11.529 € | 10.685 € |
| 33.000 € | 23.268 € | 21.883 € | 20.536 € | 19.232 € | 17.996 € | 16.810 € | 15.679 € | 14.613 € | 13.623 € | 12.682 € | 11.754 € |
| 36.000 € | 25.383 € | 23.872 € | 22.403 € | 20.981 € | 19.632 € | 18.338 € | 17.105 € | 15.942 € | 14.861 € | 13.835 € | 12.822 € |
| 39.000 € | 27.499 € | 25.861 € | 24.270 € | 22.729 € | 21.268 € | 19.866 € | 18.530 € | 17.270 € | 16.100 € | 14.988 € | 13.891 € |
| 42.000 € | 27.499 € | 25.861 € | 24.270 € | 22.729 € | 21.268 € | 19.866 € | 18.530 € | 17.270 € | 16.100 € | 14.988 € | 13.891 € |
| 45.000 € | 27.499 € | 25.861 € | 24.270 € | 22.729 € | 21.268 € | 19.866 € | 18.530 € | 17.270 € | 16.100 € | 14.988 € | 13.891 € |
| 48.000 € | 27.499 € | 25.861 € | 24.270 € | 22.729 € | 21.268 € | 19.866 € | 18.530 € | 17.270 € | 16.100 € | 14.988 € | 13.891 € |
| 51.000 € | 27.499 € | 25.861 € | 24.270 € | 22.729 € | 21.268 € | 19.866 € | 18.530 € | 17.270 € | 16.100 € | 14.988 € | 13.891 € |
| 54.000 € | 27.499 € | 25.861 € | 24.270 € | 22.729 € | 21.268 € | 19.866 € | 18.530 € | 17.270 € | 16.100 € | 14.988 € | 13.891 € |
| 57.000 € | 27.499 € | 25.861 € | 24.270 € | 22.729 € | 21.268 € | 19.866 € | 18.530 € | 17.270 € | 16.100 € | 14.988 € | 13.891 € |
| 60.000 € | 27.499 € | 25.861 € | 24.270 € | 22.729 € | 21.268 € | 19.866 € | 18.530 € | 17.270 € | 16.100 € | 14.988 € | 13.891 € |
| 63.000 € | 27.499 € | 25.861 € | 24.270 € | 22.729 € | 21.268 € | 19.866 € | 18.530 € | 17.270 € | 16.100 € | 14.988 € | 13.891 € |
| 66.000 € | 27.499 € | 25.861 € | 24.270 € | 22.729 € | 21.268 € | 19.866 € | 18.530 € | 17.270 € | 16.100 € | 14.988 € | 13.891 € |
| 69.000 € | 27.499 € | 25.861 € | 24.270 € | 22.729 € | 21.268 € | 19.866 € | 18.530 € | 17.270 € | 16.100 € | 14.988 € | 13.891 € |
| 72.000 € | 27.499 € | 25.861 € | 24.270 € | 22.729 € | 21.268 € | 19.866 € | 18.530 € | 17.270 € | 16.100 € | 14.988 € | 13.891 € |
| 75.000 € | 27.499 € | 25.861 € | 24.270 € | 22.729 € | 21.268 € | 19.866 € | 18.530 € | 17.270 € | 16.100 € | 14.988 € | 13.891 € |
| 78.000 € | 27.499 € | 25.861 € | 24.270 € | 22.729 € | 21.268 € | 19.866 € | 18.530 € | 17.270 € | 16.100 € | 14.988 € | 13.891 € |
| 81.000 € | 27.499 € | 25.861 € | 24.270 € | 22.729 € | 21.268 € | 19.866 € | 18.530 € | 17.270 € | 16.100 € | 14.988 € | 13.891 € |
| 84.000 € | 27.499 € | 25.861 € | 24.270 € | 22.729 € | 21.268 € | 19.866 € | 18.530 € | 17.270 € | 16.100 € | 14.988 € | 13.891 € |
| 87.000 € | 27.499 € | 25.861 € | 24.270 € | 22.729 € | 21.268 € | 19.866 € | 18.530 € | 17.270 € | 16.100 € | 14.988 € | 13.891 € |
| 90.000 € | 27.499 € | 25.861 € | 24.270 € | 22.729 € | 21.268 € | 19.866 € | 18.530 € | 17.270 € | 16.100 € | 14.988 € | 13.891 € |
| 93.000 € | 27.499 € | 25.861 € | 24.270 € | 22.729 € | 21.268 € | 19.866 € | 18.530 € | 17.270 € | 16.100 € | 14.988 € | 13.891 € |
| 96.000 € | 27.499 € | 25.861 € | 24.270 € | 22.729 € | 21.268 € | 19.866 € | 18.530 € | 17.270 € | 16.100 € | 14.988 € | 13.891 € |
| 99.000 € | 27.499 € | 25.861 € | 24.270 € | 22.729 € | 21.268 € | 19.866 € | 18.530 € | 17.270 € | 16.100 € | 14.988 € | 13.891 € |
| 102.000 € | 27.499 € | 25.861 € | 24.270 € | 22.729 € | 21.268 € | 19.866 € | 18.530 € | 17.270 € | 16.100 € | 14.988 € | 13.891 € |
| 105.000 € | 27.499 € | 25.861 € | 24.270 € | 22.729 € | 21.268 € | 19.866 € | 18.530 € | 17.270 € | 16.100 € | 14.988 € | 13.891 € |
| 108.000 € | 27.499 € | 25.861 € | 24.270 € | 22.729 € | 21.268 € | 19.866 € | 18.530 € | 17.270 € | 16.100 € | 14.988 € | 13.891 € |
| 111.000 € | 27.499 € | 25.861 € | 24.270 € | 22.729 € | 21.268 € | 19.866 € | 18.530 € | 17.270 € | 16.100 € | 14.988 € | 13.891 € |
| 114.000 € | 27.499 € | 25.861 € | 24.270 € | 22.729 € | 21.268 € | 19.866 € | 18.530 € | 17.270 € | 16.100 € | 14.988 € | 13.891 € |
| 117.000 € | 27.499 € | 25.861 € | 24.270 € | 22.729 € | 21.268 € | 19.866 € | 18.530 € | 17.270 € | 16.100 € | 14.988 € | 13.891 € |
| 120.000 € | 27.499 € | 25.861 € | 24.270 € | 22.729 € | 21.268 € | 19.866 € | 18.530 € | 17.270 € | 16.100 € | 14.988 € | 13.891 € |

# TABLA 1.C.1
## Lucro cesante del cónyuge
### Años de duración del matrimonio: 56 años

| Ingreso neto | Edad del cónyuge | | | | | | | |
|---|---|---|---|---|---|---|---|---|
| Hasta | 92 | 93 | 94 | 95 | 96 | 97 | 98 | 99 o más |
| 9.000 € | 3.000 € | 3.000 € | 3.000 € | 3.000 € | 3.000 € | 3.000 € | 3.000 € | 3.000 € |
| 12.000 € | 3.944 € | 3.580 € | 3.269 € | 3.000 € | 3.000 € | 3.000 € | 3.000 € | 3.000 € |
| 15.000 € | 4.930 € | 4.474 € | 4.086 € | 3.656 € | 3.205 € | 3.000 € | 3.000 € | 3.000 € |
| 18.000 € | 5.916 € | 5.369 € | 4.903 € | 4.387 € | 3.846 € | 3.243 € | 3.000 € | 3.000 € |
| 21.000 € | 6.902 € | 6.264 € | 5.720 € | 5.118 € | 4.487 € | 3.784 € | 3.000 € | 3.000 € |
| 24.000 € | 7.887 € | 7.159 € | 6.537 € | 5.849 € | 5.128 € | 4.325 € | 3.287 € | 3.000 € |
| 27.000 € | 8.873 € | 8.054 € | 7.355 € | 6.581 € | 5.769 € | 4.865 € | 3.698 € | 3.000 € |
| 30.000 € | 9.859 € | 8.949 € | 8.172 € | 7.312 € | 6.410 € | 5.406 € | 4.108 € | 3.000 € |
| 33.000 € | 10.845 € | 9.844 € | 8.989 € | 8.043 € | 7.051 € | 5.946 € | 4.519 € | 3.000 € |
| 36.000 € | 11.831 € | 10.739 € | 9.806 € | 8.774 € | 7.692 € | 6.487 € | 4.930 € | 3.000 € |
| 39.000 € | 12.817 € | 11.634 € | 10.623 € | 9.505 € | 8.333 € | 7.027 € | 5.341 € | 3.120 € |
| 42.000 € | 12.817 € | 11.634 € | 10.623 € | 9.505 € | 8.333 € | 7.027 € | 5.341 € | 3.120 € |
| 45.000 € | 12.817 € | 11.634 € | 10.623 € | 9.505 € | 8.333 € | 7.027 € | 5.341 € | 3.120 € |
| 48.000 € | 12.817 € | 11.634 € | 10.623 € | 9.505 € | 8.333 € | 7.027 € | 5.341 € | 3.120 € |
| 51.000 € | 12.817 € | 11.634 € | 10.623 € | 9.505 € | 8.333 € | 7.027 € | 5.341 € | 3.120 € |
| 54.000 € | 12.817 € | 11.634 € | 10.623 € | 9.505 € | 8.333 € | 7.027 € | 5.341 € | 3.120 € |
| 57.000 € | 12.817 € | 11.634 € | 10.623 € | 9.505 € | 8.333 € | 7.027 € | 5.341 € | 3.120 € |
| 60.000 € | 12.817 € | 11.634 € | 10.623 € | 9.505 € | 8.333 € | 7.027 € | 5.341 € | 3.120 € |
| 63.000 € | 12.817 € | 11.634 € | 10.623 € | 9.505 € | 8.333 € | 7.027 € | 5.341 € | 3.120 € |
| 66.000 € | 12.817 € | 11.634 € | 10.623 € | 9.505 € | 8.333 € | 7.027 € | 5.341 € | 3.120 € |
| 69.000 € | 12.817 € | 11.634 € | 10.623 € | 9.505 € | 8.333 € | 7.027 € | 5.341 € | 3.120 € |
| 72.000 € | 12.817 € | 11.634 € | 10.623 € | 9.505 € | 8.333 € | 7.027 € | 5.341 € | 3.120 € |
| 75.000 € | 12.817 € | 11.634 € | 10.623 € | 9.505 € | 8.333 € | 7.027 € | 5.341 € | 3.120 € |
| 78.000 € | 12.817 € | 11.634 € | 10.623 € | 9.505 € | 8.333 € | 7.027 € | 5.341 € | 3.120 € |
| 81.000 € | 12.817 € | 11.634 € | 10.623 € | 9.505 € | 8.333 € | 7.027 € | 5.341 € | 3.120 € |
| 84.000 € | 12.817 € | 11.634 € | 10.623 € | 9.505 € | 8.333 € | 7.027 € | 5.341 € | 3.120 € |
| 87.000 € | 12.817 € | 11.634 € | 10.623 € | 9.505 € | 8.333 € | 7.027 € | 5.341 € | 3.120 € |
| 90.000 € | 12.817 € | 11.634 € | 10.623 € | 9.505 € | 8.333 € | 7.027 € | 5.341 € | 3.120 € |
| 93.000 € | 12.817 € | 11.634 € | 10.623 € | 9.505 € | 8.333 € | 7.027 € | 5.341 € | 3.120 € |
| 96.000 € | 12.817 € | 11.634 € | 10.623 € | 9.505 € | 8.333 € | 7.027 € | 5.341 € | 3.120 € |
| 99.000 € | 12.817 € | 11.634 € | 10.623 € | 9.505 € | 8.333 € | 7.027 € | 5.341 € | 3.120 € |
| 102.000 € | 12.817 € | 11.634 € | 10.623 € | 9.505 € | 8.333 € | 7.027 € | 5.341 € | 3.120 € |
| 105.000 € | 12.817 € | 11.634 € | 10.623 € | 9.505 € | 8.333 € | 7.027 € | 5.341 € | 3.120 € |
| 108.000 € | 12.817 € | 11.634 € | 10.623 € | 9.505 € | 8.333 € | 7.027 € | 5.341 € | 3.120 € |
| 111.000 € | 12.817 € | 11.634 € | 10.623 € | 9.505 € | 8.333 € | 7.027 € | 5.341 € | 3.120 € |
| 114.000 € | 12.817 € | 11.634 € | 10.623 € | 9.505 € | 8.333 € | 7.027 € | 5.341 € | 3.120 € |
| 117.000 € | 12.817 € | 11.634 € | 10.623 € | 9.505 € | 8.333 € | 7.027 € | 5.341 € | 3.120 € |
| 120.000 € | 12.817 € | 11.634 € | 10.623 € | 9.505 € | 8.333 € | 7.027 € | 5.341 € | 3.120 € |

# TABLA 1.C.1
## Lucro cesante del cónyuge
Años de duración del matrimonio: 57 años

Ingreso netc Edad del cónyuge — Edad del cónyuge

| Hasta | 71 | 72 | 73 | 74 | 75 | 76 | 77 | 78 | 79 | 80 | 81 |
|---|---|---|---|---|---|---|---|---|---|---|---|
| 9.000 € | 10.620 € | 10.178 € | 9.713 € | 9.267 € | 8.838 € | 8.406 € | 7.975 € | 7.553 € | 7.143 € | 6.738 € | 6.346 € |
| 12.000 € | 14.160 € | 13.570 € | 12.951 € | 12.356 € | 11.784 € | 11.209 € | 10.634 € | 10.071 € | 9.524 € | 8.983 € | 8.461 € |
| 15.000 € | 17.700 € | 16.963 € | 16.189 € | 15.446 € | 14.730 € | 14.011 € | 13.292 € | 12.588 € | 11.905 € | 11.229 € | 10.576 € |
| 18.000 € | 21.240 € | 20.356 € | 19.427 € | 18.535 € | 17.677 € | 16.813 € | 15.950 € | 15.106 € | 14.286 € | 13.475 € | 12.692 € |
| 21.000 € | 24.780 € | 23.748 € | 22.664 € | 21.624 € | 20.623 € | 19.615 € | 18.609 € | 17.624 € | 16.667 € | 15.721 € | 14.807 € |
| 24.000 € | 28.319 € | 27.141 € | 25.902 € | 24.713 € | 23.569 € | 22.417 € | 21.267 € | 20.141 € | 19.048 € | 17.967 € | 16.922 € |
| 27.000 € | 31.859 € | 30.533 € | 29.140 € | 27.802 € | 26.515 € | 25.219 € | 23.926 € | 22.659 € | 21.429 € | 20.213 € | 19.038 € |
| 30.000 € | 35.399 € | 33.926 € | 32.378 € | 30.891 € | 29.461 € | 28.021 € | 26.584 € | 25.177 € | 23.810 € | 22.459 € | 21.153 € |
| 33.000 € | 38.939 € | 37.318 € | 35.615 € | 33.980 € | 32.407 € | 30.823 € | 29.243 € | 27.694 € | 26.191 € | 24.704 € | 23.268 € |
| 36.000 € | 42.479 € | 40.711 € | 38.853 € | 37.069 € | 35.353 € | 33.626 € | 31.901 € | 30.212 € | 28.572 € | 26.950 € | 25.383 € |
| 39.000 € | 46.019 € | 44.104 € | 42.091 € | 40.158 € | 38.299 € | 36.428 € | 34.559 € | 32.730 € | 30.953 € | 29.196 € | 27.499 € |
| 42.000 € | 46.019 € | 44.104 € | 42.091 € | 40.158 € | 38.299 € | 36.428 € | 34.559 € | 32.730 € | 30.953 € | 29.196 € | 27.499 € |
| 45.000 € | 46.019 € | 44.104 € | 42.091 € | 40.158 € | 38.299 € | 36.428 € | 34.559 € | 32.730 € | 30.953 € | 29.196 € | 27.499 € |
| 48.000 € | 46.019 € | 44.104 € | 42.091 € | 40.158 € | 38.299 € | 36.428 € | 34.559 € | 32.730 € | 30.953 € | 29.196 € | 27.499 € |
| 51.000 € | 46.019 € | 44.104 € | 42.091 € | 40.158 € | 38.299 € | 36.428 € | 34.559 € | 32.730 € | 30.953 € | 29.196 € | 27.499 € |
| 54.000 € | 46.019 € | 44.104 € | 42.091 € | 40.158 € | 38.299 € | 36.428 € | 34.559 € | 32.730 € | 30.953 € | 29.196 € | 27.499 € |
| 57.000 € | 46.019 € | 44.104 € | 42.091 € | 40.158 € | 38.299 € | 36.428 € | 34.559 € | 32.730 € | 30.953 € | 29.196 € | 27.499 € |
| 60.000 € | 46.019 € | 44.104 € | 42.091 € | 40.158 € | 38.299 € | 36.428 € | 34.559 € | 32.730 € | 30.953 € | 29.196 € | 27.499 € |
| 63.000 € | 46.019 € | 44.104 € | 42.091 € | 40.158 € | 38.299 € | 36.428 € | 34.559 € | 32.730 € | 30.953 € | 29.196 € | 27.499 € |
| 66.000 € | 46.019 € | 44.104 € | 42.091 € | 40.158 € | 38.299 € | 36.428 € | 34.559 € | 32.730 € | 30.953 € | 29.196 € | 27.499 € |
| 69.000 € | 46.019 € | 44.104 € | 42.091 € | 40.158 € | 38.299 € | 36.428 € | 34.559 € | 32.730 € | 30.953 € | 29.196 € | 27.499 € |
| 72.000 € | 46.019 € | 44.104 € | 42.091 € | 40.158 € | 38.299 € | 36.428 € | 34.559 € | 32.730 € | 30.953 € | 29.196 € | 27.499 € |
| 75.000 € | 46.019 € | 44.104 € | 42.091 € | 40.158 € | 38.299 € | 36.428 € | 34.559 € | 32.730 € | 30.953 € | 29.196 € | 27.499 € |
| 78.000 € | 46.019 € | 44.104 € | 42.091 € | 40.158 € | 38.299 € | 36.428 € | 34.559 € | 32.730 € | 30.953 € | 29.196 € | 27.499 € |
| 81.000 € | 46.019 € | 44.104 € | 42.091 € | 40.158 € | 38.299 € | 36.428 € | 34.559 € | 32.730 € | 30.953 € | 29.196 € | 27.499 € |
| 84.000 € | 46.019 € | 44.104 € | 42.091 € | 40.158 € | 38.299 € | 36.428 € | 34.559 € | 32.730 € | 30.953 € | 29.196 € | 27.499 € |
| 87.000 € | 46.019 € | 44.104 € | 42.091 € | 40.158 € | 38.299 € | 36.428 € | 34.559 € | 32.730 € | 30.953 € | 29.196 € | 27.499 € |
| 90.000 € | 46.019 € | 44.104 € | 42.091 € | 40.158 € | 38.299 € | 36.428 € | 34.559 € | 32.730 € | 30.953 € | 29.196 € | 27.499 € |
| 93.000 € | 46.019 € | 44.104 € | 42.091 € | 40.158 € | 38.299 € | 36.428 € | 34.559 € | 32.730 € | 30.953 € | 29.196 € | 27.499 € |
| 96.000 € | 46.019 € | 44.104 € | 42.091 € | 40.158 € | 38.299 € | 36.428 € | 34.559 € | 32.730 € | 30.953 € | 29.196 € | 27.499 € |
| 99.000 € | 46.019 € | 44.104 € | 42.091 € | 40.158 € | 38.299 € | 36.428 € | 34.559 € | 32.730 € | 30.953 € | 29.196 € | 27.499 € |
| 102.000 € | 46.019 € | 44.104 € | 42.091 € | 40.158 € | 38.299 € | 36.428 € | 34.559 € | 32.730 € | 30.953 € | 29.196 € | 27.499 € |
| 105.000 € | 46.019 € | 44.104 € | 42.091 € | 40.158 € | 38.299 € | 36.428 € | 34.559 € | 32.730 € | 30.953 € | 29.196 € | 27.499 € |
| 108.000 € | 46.019 € | 44.104 € | 42.091 € | 40.158 € | 38.299 € | 36.428 € | 34.559 € | 32.730 € | 30.953 € | 29.196 € | 27.499 € |
| 111.000 € | 46.019 € | 44.104 € | 42.091 € | 40.158 € | 38.299 € | 36.428 € | 34.559 € | 32.730 € | 30.953 € | 29.196 € | 27.499 € |
| 114.000 € | 46.019 € | 44.104 € | 42.091 € | 40.158 € | 38.299 € | 36.428 € | 34.559 € | 32.730 € | 30.953 € | 29.196 € | 27.499 € |
| 117.000 € | 46.019 € | 44.104 € | 42.091 € | 40.158 € | 38.299 € | 36.428 € | 34.559 € | 32.730 € | 30.953 € | 29.196 € | 27.499 € |
| 120.000 € | 46.019 € | 44.104 € | 42.091 € | 40.158 € | 38.299 € | 36.428 € | 34.559 € | 32.730 € | 30.953 € | 29.196 € | 27.499 € |

# TABLA 1.C.1
## Lucro cesante del cónyuge
Años de duración del matrimonio: 57 años

| Ingreso neto | Edad del cónyuge | | | | | | | | | | |
|---|---|---|---|---|---|---|---|---|---|---|---|
| Hasta | 82 | 83 | 84 | 85 | 86 | 87 | 88 | 89 | 90 | 91 | 92 |
| 9.000 € | 5.968 € | 5.601 € | 5.245 € | 4.908 € | 4.584 € | 4.276 € | 3.985 € | 3.715 € | 3.459 € | 3.206 € | 3.000 € |
| 12.000 € | 7.957 € | 7.468 € | 6.994 € | 6.544 € | 6.113 € | 5.702 € | 5.314 € | 4.954 € | 4.612 € | 4.274 € | 3.944 € |
| 15.000 € | 9.947 € | 9.335 € | 8.742 € | 8.180 € | 7.641 € | 7.127 € | 6.642 € | 6.192 € | 5.764 € | 5.343 € | 4.930 € |
| 18.000 € | 11.936 € | 11.202 € | 10.490 € | 9.816 € | 9.169 € | 8.552 € | 7.971 € | 7.431 € | 6.917 € | 6.411 € | 5.916 € |
| 21.000 € | 13.925 € | 13.069 € | 12.239 € | 11.452 € | 10.697 € | 9.978 € | 9.299 € | 8.669 € | 8.070 € | 7.480 € | 6.902 € |
| 24.000 € | 15.915 € | 14.936 € | 13.987 € | 13.088 € | 12.225 € | 11.403 € | 10.628 € | 9.907 € | 9.223 € | 8.548 € | 7.887 € |
| 27.000 € | 17.904 € | 16.803 € | 15.735 € | 14.724 € | 13.753 € | 12.829 € | 11.956 € | 11.146 € | 10.376 € | 9.617 € | 8.873 € |
| 30.000 € | 19.893 € | 18.669 € | 17.484 € | 16.360 € | 15.282 € | 14.254 € | 13.285 € | 12.384 € | 11.529 € | 10.685 € | 9.859 € |
| 33.000 € | 21.883 € | 20.536 € | 19.232 € | 17.996 € | 16.810 € | 15.679 € | 14.613 € | 13.623 € | 12.682 € | 11.754 € | 10.845 € |
| 36.000 € | 23.872 € | 22.403 € | 20.981 € | 19.632 € | 18.338 € | 17.105 € | 15.942 € | 14.861 € | 13.835 € | 12.822 € | 11.831 € |
| 39.000 € | 25.861 € | 24.270 € | 22.729 € | 21.268 € | 19.866 € | 18.530 € | 17.270 € | 16.100 € | 14.988 € | 13.891 € | 12.817 € |
| 42.000 € | 25.861 € | 24.270 € | 22.729 € | 21.268 € | 19.866 € | 18.530 € | 17.270 € | 16.100 € | 14.988 € | 13.891 € | 12.817 € |
| 45.000 € | 25.861 € | 24.270 € | 22.729 € | 21.268 € | 19.866 € | 18.530 € | 17.270 € | 16.100 € | 14.988 € | 13.891 € | 12.817 € |
| 48.000 € | 25.861 € | 24.270 € | 22.729 € | 21.268 € | 19.866 € | 18.530 € | 17.270 € | 16.100 € | 14.988 € | 13.891 € | 12.817 € |
| 51.000 € | 25.861 € | 24.270 € | 22.729 € | 21.268 € | 19.866 € | 18.530 € | 17.270 € | 16.100 € | 14.988 € | 13.891 € | 12.817 € |
| 54.000 € | 25.861 € | 24.270 € | 22.729 € | 21.268 € | 19.866 € | 18.530 € | 17.270 € | 16.100 € | 14.988 € | 13.891 € | 12.817 € |
| 57.000 € | 25.861 € | 24.270 € | 22.729 € | 21.268 € | 19.866 € | 18.530 € | 17.270 € | 16.100 € | 14.988 € | 13.891 € | 12.817 € |
| 60.000 € | 25.861 € | 24.270 € | 22.729 € | 21.268 € | 19.866 € | 18.530 € | 17.270 € | 16.100 € | 14.988 € | 13.891 € | 12.817 € |
| 63.000 € | 25.861 € | 24.270 € | 22.729 € | 21.268 € | 19.866 € | 18.530 € | 17.270 € | 16.100 € | 14.988 € | 13.891 € | 12.817 € |
| 66.000 € | 25.861 € | 24.270 € | 22.729 € | 21.268 € | 19.866 € | 18.530 € | 17.270 € | 16.100 € | 14.988 € | 13.891 € | 12.817 € |
| 69.000 € | 25.861 € | 24.270 € | 22.729 € | 21.268 € | 19.866 € | 18.530 € | 17.270 € | 16.100 € | 14.988 € | 13.891 € | 12.817 € |
| 72.000 € | 25.861 € | 24.270 € | 22.729 € | 21.268 € | 19.866 € | 18.530 € | 17.270 € | 16.100 € | 14.988 € | 13.891 € | 12.817 € |
| 75.000 € | 25.861 € | 24.270 € | 22.729 € | 21.268 € | 19.866 € | 18.530 € | 17.270 € | 16.100 € | 14.988 € | 13.891 € | 12.817 € |
| 78.000 € | 25.861 € | 24.270 € | 22.729 € | 21.268 € | 19.866 € | 18.530 € | 17.270 € | 16.100 € | 14.988 € | 13.891 € | 12.817 € |
| 81.000 € | 25.861 € | 24.270 € | 22.729 € | 21.268 € | 19.866 € | 18.530 € | 17.270 € | 16.100 € | 14.988 € | 13.891 € | 12.817 € |
| 84.000 € | 25.861 € | 24.270 € | 22.729 € | 21.268 € | 19.866 € | 18.530 € | 17.270 € | 16.100 € | 14.988 € | 13.891 € | 12.817 € |
| 87.000 € | 25.861 € | 24.270 € | 22.729 € | 21.268 € | 19.866 € | 18.530 € | 17.270 € | 16.100 € | 14.988 € | 13.891 € | 12.817 € |
| 90.000 € | 25.861 € | 24.270 € | 22.729 € | 21.268 € | 19.866 € | 18.530 € | 17.270 € | 16.100 € | 14.988 € | 13.891 € | 12.817 € |
| 93.000 € | 25.861 € | 24.270 € | 22.729 € | 21.268 € | 19.866 € | 18.530 € | 17.270 € | 16.100 € | 14.988 € | 13.891 € | 12.817 € |
| 96.000 € | 25.861 € | 24.270 € | 22.729 € | 21.268 € | 19.866 € | 18.530 € | 17.270 € | 16.100 € | 14.988 € | 13.891 € | 12.817 € |
| 99.000 € | 25.861 € | 24.270 € | 22.729 € | 21.268 € | 19.866 € | 18.530 € | 17.270 € | 16.100 € | 14.988 € | 13.891 € | 12.817 € |
| 102.000 € | 25.861 € | 24.270 € | 22.729 € | 21.268 € | 19.866 € | 18.530 € | 17.270 € | 16.100 € | 14.988 € | 13.891 € | 12.817 € |
| 105.000 € | 25.861 € | 24.270 € | 22.729 € | 21.268 € | 19.866 € | 18.530 € | 17.270 € | 16.100 € | 14.988 € | 13.891 € | 12.817 € |
| 108.000 € | 25.861 € | 24.270 € | 22.729 € | 21.268 € | 19.866 € | 18.530 € | 17.270 € | 16.100 € | 14.988 € | 13.891 € | 12.817 € |
| 111.000 € | 25.861 € | 24.270 € | 22.729 € | 21.268 € | 19.866 € | 18.530 € | 17.270 € | 16.100 € | 14.988 € | 13.891 € | 12.817 € |
| 114.000 € | 25.861 € | 24.270 € | 22.729 € | 21.268 € | 19.866 € | 18.530 € | 17.270 € | 16.100 € | 14.988 € | 13.891 € | 12.817 € |
| 117.000 € | 25.861 € | 24.270 € | 22.729 € | 21.268 € | 19.866 € | 18.530 € | 17.270 € | 16.100 € | 14.988 € | 13.891 € | 12.817 € |
| 120.000 € | 25.861 € | 24.270 € | 22.729 € | 21.268 € | 19.866 € | 18.530 € | 17.270 € | 16.100 € | 14.988 € | 13.891 € | 12.817 € |

# TABLA 1.C.1
## Lucro cesante del cónyuge
### Años de duración del matrimonio: 57 años

| Ingreso neto | Edad del cónyuge | | | | | | |
|---|---|---|---|---|---|---|---|
| Hasta | 93 | 94 | 95 | 96 | 97 | 98 | 99 o más |
| 9.000 € | 3.000 € | 3.000 € | 3.000 € | 3.000 € | 3.000 € | 3.000 € | 3.000 € |
| 12.000 € | 3.580 € | 3.269 € | 3.000 € | 3.000 € | 3.000 € | 3.000 € | 3.000 € |
| 15.000 € | 4.474 € | 4.086 € | 3.656 € | 3.205 € | 3.000 € | 3.000 € | 3.000 € |
| 18.000 € | 5.369 € | 4.903 € | 4.387 € | 3.846 € | 3.243 € | 3.000 € | 3.000 € |
| 21.000 € | 6.264 € | 5.720 € | 5.118 € | 4.487 € | 3.784 € | 3.000 € | 3.000 € |
| 24.000 € | 7.159 € | 6.537 € | 5.849 € | 5.128 € | 4.325 € | 3.287 € | 3.000 € |
| 27.000 € | 8.054 € | 7.355 € | 6.581 € | 5.769 € | 4.865 € | 3.698 € | 3.000 € |
| 30.000 € | 8.949 € | 8.172 € | 7.312 € | 6.410 € | 5.406 € | 4.108 € | 3.000 € |
| 33.000 € | 9.844 € | 8.989 € | 8.043 € | 7.051 € | 5.946 € | 4.519 € | 3.000 € |
| 36.000 € | 10.739 € | 9.806 € | 8.774 € | 7.692 € | 6.487 € | 4.930 € | 3.000 € |
| 39.000 € | 11.634 € | 10.623 € | 9.505 € | 8.333 € | 7.027 € | 5.341 € | 3.120 € |
| 42.000 € | 11.634 € | 10.623 € | 9.505 € | 8.333 € | 7.027 € | 5.341 € | 3.120 € |
| 45.000 € | 11.634 € | 10.623 € | 9.505 € | 8.333 € | 7.027 € | 5.341 € | 3.120 € |
| 48.000 € | 11.634 € | 10.623 € | 9.505 € | 8.333 € | 7.027 € | 5.341 € | 3.120 € |
| 51.000 € | 11.634 € | 10.623 € | 9.505 € | 8.333 € | 7.027 € | 5.341 € | 3.120 € |
| 54.000 € | 11.634 € | 10.623 € | 9.505 € | 8.333 € | 7.027 € | 5.341 € | 3.120 € |
| 57.000 € | 11.634 € | 10.623 € | 9.505 € | 8.333 € | 7.027 € | 5.341 € | 3.120 € |
| 60.000 € | 11.634 € | 10.623 € | 9.505 € | 8.333 € | 7.027 € | 5.341 € | 3.120 € |
| 63.000 € | 11.634 € | 10.623 € | 9.505 € | 8.333 € | 7.027 € | 5.341 € | 3.120 € |
| 66.000 € | 11.634 € | 10.623 € | 9.505 € | 8.333 € | 7.027 € | 5.341 € | 3.120 € |
| 69.000 € | 11.634 € | 10.623 € | 9.505 € | 8.333 € | 7.027 € | 5.341 € | 3.120 € |
| 72.000 € | 11.634 € | 10.623 € | 9.505 € | 8.333 € | 7.027 € | 5.341 € | 3.120 € |
| 75.000 € | 11.634 € | 10.623 € | 9.505 € | 8.333 € | 7.027 € | 5.341 € | 3.120 € |
| 78.000 € | 11.634 € | 10.623 € | 9.505 € | 8.333 € | 7.027 € | 5.341 € | 3.120 € |
| 81.000 € | 11.634 € | 10.623 € | 9.505 € | 8.333 € | 7.027 € | 5.341 € | 3.120 € |
| 84.000 € | 11.634 € | 10.623 € | 9.505 € | 8.333 € | 7.027 € | 5.341 € | 3.120 € |
| 87.000 € | 11.634 € | 10.623 € | 9.505 € | 8.333 € | 7.027 € | 5.341 € | 3.120 € |
| 90.000 € | 11.634 € | 10.623 € | 9.505 € | 8.333 € | 7.027 € | 5.341 € | 3.120 € |
| 93.000 € | 11.634 € | 10.623 € | 9.505 € | 8.333 € | 7.027 € | 5.341 € | 3.120 € |
| 96.000 € | 11.634 € | 10.623 € | 9.505 € | 8.333 € | 7.027 € | 5.341 € | 3.120 € |
| 99.000 € | 11.634 € | 10.623 € | 9.505 € | 8.333 € | 7.027 € | 5.341 € | 3.120 € |
| 102.000 € | 11.634 € | 10.623 € | 9.505 € | 8.333 € | 7.027 € | 5.341 € | 3.120 € |
| 105.000 € | 11.634 € | 10.623 € | 9.505 € | 8.333 € | 7.027 € | 5.341 € | 3.120 € |
| 108.000 € | 11.634 € | 10.623 € | 9.505 € | 8.333 € | 7.027 € | 5.341 € | 3.120 € |
| 111.000 € | 11.634 € | 10.623 € | 9.505 € | 8.333 € | 7.027 € | 5.341 € | 3.120 € |
| 114.000 € | 11.634 € | 10.623 € | 9.505 € | 8.333 € | 7.027 € | 5.341 € | 3.120 € |
| 117.000 € | 11.634 € | 10.623 € | 9.505 € | 8.333 € | 7.027 € | 5.341 € | 3.120 € |
| 120.000 € | 11.634 € | 10.623 € | 9.505 € | 8.333 € | 7.027 € | 5.341 € | 3.120 € |

# TABLA 1.C.1
## Lucro cesante del cónyuge
### Años de duración del matrimonio: 58 años

Ingreso netc Edad del cónyuge Edad del cónyuge

| Hasta | 72 | 73 | 74 | 75 | 76 | 77 | 78 | 79 | 80 | 81 | 82 |
|---|---|---|---|---|---|---|---|---|---|---|---|
| 9.000 € | 10.178 € | 9.713 € | 9.267 € | 8.838 € | 8.406 € | 7.975 € | 7.553 € | 7.143 € | 6.738 € | 6.346 € | 5.968 € |
| 12.000 € | 13.570 € | 12.951 € | 12.356 € | 11.784 € | 11.209 € | 10.634 € | 10.071 € | 9.524 € | 8.983 € | 8.461 € | 7.957 € |
| 15.000 € | 16.963 € | 16.189 € | 15.446 € | 14.730 € | 14.011 € | 13.292 € | 12.588 € | 11.905 € | 11.229 € | 10.576 € | 9.947 € |
| 18.000 € | 20.356 € | 19.427 € | 18.535 € | 17.677 € | 16.813 € | 15.950 € | 15.106 € | 14.286 € | 13.475 € | 12.692 € | 11.936 € |
| 21.000 € | 23.748 € | 22.664 € | 21.624 € | 20.623 € | 19.615 € | 18.609 € | 17.624 € | 16.667 € | 15.721 € | 14.807 € | 13.925 € |
| 24.000 € | 27.141 € | 25.902 € | 24.713 € | 23.569 € | 22.417 € | 21.267 € | 20.141 € | 19.048 € | 17.967 € | 16.922 € | 15.915 € |
| 27.000 € | 30.533 € | 29.140 € | 27.802 € | 26.515 € | 25.219 € | 23.926 € | 22.659 € | 21.429 € | 20.213 € | 19.038 € | 17.904 € |
| 30.000 € | 33.926 € | 32.378 € | 30.891 € | 29.461 € | 28.021 € | 26.584 € | 25.177 € | 23.810 € | 22.459 € | 21.153 € | 19.893 € |
| 33.000 € | 37.318 € | 35.615 € | 33.980 € | 32.407 € | 30.823 € | 29.243 € | 27.694 € | 26.191 € | 24.704 € | 23.268 € | 21.883 € |
| 36.000 € | 40.711 € | 38.853 € | 37.069 € | 35.353 € | 33.626 € | 31.901 € | 30.212 € | 28.572 € | 26.950 € | 25.383 € | 23.872 € |
| 39.000 € | 44.104 € | 42.091 € | 40.158 € | 38.299 € | 36.428 € | 34.559 € | 32.730 € | 30.953 € | 29.196 € | 27.499 € | 25.861 € |
| 42.000 € | 44.104 € | 42.091 € | 40.158 € | 38.299 € | 36.428 € | 34.559 € | 32.730 € | 30.953 € | 29.196 € | 27.499 € | 25.861 € |
| 45.000 € | 44.104 € | 42.091 € | 40.158 € | 38.299 € | 36.428 € | 34.559 € | 32.730 € | 30.953 € | 29.196 € | 27.499 € | 25.861 € |
| 48.000 € | 44.104 € | 42.091 € | 40.158 € | 38.299 € | 36.428 € | 34.559 € | 32.730 € | 30.953 € | 29.196 € | 27.499 € | 25.861 € |
| 51.000 € | 44.104 € | 42.091 € | 40.158 € | 38.299 € | 36.428 € | 34.559 € | 32.730 € | 30.953 € | 29.196 € | 27.499 € | 25.861 € |
| 54.000 € | 44.104 € | 42.091 € | 40.158 € | 38.299 € | 36.428 € | 34.559 € | 32.730 € | 30.953 € | 29.196 € | 27.499 € | 25.861 € |
| 57.000 € | 44.104 € | 42.091 € | 40.158 € | 38.299 € | 36.428 € | 34.559 € | 32.730 € | 30.953 € | 29.196 € | 27.499 € | 25.861 € |
| 60.000 € | 44.104 € | 42.091 € | 40.158 € | 38.299 € | 36.428 € | 34.559 € | 32.730 € | 30.953 € | 29.196 € | 27.499 € | 25.861 € |
| 63.000 € | 44.104 € | 42.091 € | 40.158 € | 38.299 € | 36.428 € | 34.559 € | 32.730 € | 30.953 € | 29.196 € | 27.499 € | 25.861 € |
| 66.000 € | 44.104 € | 42.091 € | 40.158 € | 38.299 € | 36.428 € | 34.559 € | 32.730 € | 30.953 € | 29.196 € | 27.499 € | 25.861 € |
| 69.000 € | 44.104 € | 42.091 € | 40.158 € | 38.299 € | 36.428 € | 34.559 € | 32.730 € | 30.953 € | 29.196 € | 27.499 € | 25.861 € |
| 72.000 € | 44.104 € | 42.091 € | 40.158 € | 38.299 € | 36.428 € | 34.559 € | 32.730 € | 30.953 € | 29.196 € | 27.499 € | 25.861 € |
| 75.000 € | 44.104 € | 42.091 € | 40.158 € | 38.299 € | 36.428 € | 34.559 € | 32.730 € | 30.953 € | 29.196 € | 27.499 € | 25.861 € |
| 78.000 € | 44.104 € | 42.091 € | 40.158 € | 38.299 € | 36.428 € | 34.559 € | 32.730 € | 30.953 € | 29.196 € | 27.499 € | 25.861 € |
| 81.000 € | 44.104 € | 42.091 € | 40.158 € | 38.299 € | 36.428 € | 34.559 € | 32.730 € | 30.953 € | 29.196 € | 27.499 € | 25.861 € |
| 84.000 € | 44.104 € | 42.091 € | 40.158 € | 38.299 € | 36.428 € | 34.559 € | 32.730 € | 30.953 € | 29.196 € | 27.499 € | 25.861 € |
| 87.000 € | 44.104 € | 42.091 € | 40.158 € | 38.299 € | 36.428 € | 34.559 € | 32.730 € | 30.953 € | 29.196 € | 27.499 € | 25.861 € |
| 90.000 € | 44.104 € | 42.091 € | 40.158 € | 38.299 € | 36.428 € | 34.559 € | 32.730 € | 30.953 € | 29.196 € | 27.499 € | 25.861 € |
| 93.000 € | 44.104 € | 42.091 € | 40.158 € | 38.299 € | 36.428 € | 34.559 € | 32.730 € | 30.953 € | 29.196 € | 27.499 € | 25.861 € |
| 96.000 € | 44.104 € | 42.091 € | 40.158 € | 38.299 € | 36.428 € | 34.559 € | 32.730 € | 30.953 € | 29.196 € | 27.499 € | 25.861 € |
| 99.000 € | 44.104 € | 42.091 € | 40.158 € | 38.299 € | 36.428 € | 34.559 € | 32.730 € | 30.953 € | 29.196 € | 27.499 € | 25.861 € |
| 102.000 € | 44.104 € | 42.091 € | 40.158 € | 38.299 € | 36.428 € | 34.559 € | 32.730 € | 30.953 € | 29.196 € | 27.499 € | 25.861 € |
| 105.000 € | 44.104 € | 42.091 € | 40.158 € | 38.299 € | 36.428 € | 34.559 € | 32.730 € | 30.953 € | 29.196 € | 27.499 € | 25.861 € |
| 108.000 € | 44.104 € | 42.091 € | 40.158 € | 38.299 € | 36.428 € | 34.559 € | 32.730 € | 30.953 € | 29.196 € | 27.499 € | 25.861 € |
| 111.000 € | 44.104 € | 42.091 € | 40.158 € | 38.299 € | 36.428 € | 34.559 € | 32.730 € | 30.953 € | 29.196 € | 27.499 € | 25.861 € |
| 114.000 € | 44.104 € | 42.091 € | 40.158 € | 38.299 € | 36.428 € | 34.559 € | 32.730 € | 30.953 € | 29.196 € | 27.499 € | 25.861 € |
| 117.000 € | 44.104 € | 42.091 € | 40.158 € | 38.299 € | 36.428 € | 34.559 € | 32.730 € | 30.953 € | 29.196 € | 27.499 € | 25.861 € |
| 120.000 € | 44.104 € | 42.091 € | 40.158 € | 38.299 € | 36.428 € | 34.559 € | 32.730 € | 30.953 € | 29.196 € | 27.499 € | 25.861 € |

## TABLA 1.C.1
## Lucro cesante del cónyuge
### Años de duración del matrimonio: 58 años

| Ingreso netc | Edad del cónyuge | | | | | | | | | | |
|---|---|---|---|---|---|---|---|---|---|---|---|
| Hasta | 83 | 84 | 85 | 86 | 87 | 88 | 89 | 90 | 91 | 92 | 93 |
| 9.000 € | 5.601 € | 5.245 € | 4.908 € | 4.584 € | 4.276 € | 3.985 € | 3.715 € | 3.459 € | 3.206 € | 3.000 € | 3.000 € |
| 12.000 € | 7.468 € | 6.994 € | 6.544 € | 6.113 € | 5.702 € | 5.314 € | 4.954 € | 4.612 € | 4.274 € | 3.944 € | 3.580 € |
| 15.000 € | 9.335 € | 8.742 € | 8.180 € | 7.641 € | 7.127 € | 6.642 € | 6.192 € | 5.764 € | 5.343 € | 4.930 € | 4.474 € |
| 18.000 € | 11.202 € | 10.490 € | 9.816 € | 9.169 € | 8.552 € | 7.971 € | 7.431 € | 6.917 € | 6.411 € | 5.916 € | 5.369 € |
| 21.000 € | 13.069 € | 12.239 € | 11.452 € | 10.697 € | 9.978 € | 9.299 € | 8.669 € | 8.070 € | 7.480 € | 6.902 € | 6.264 € |
| 24.000 € | 14.936 € | 13.987 € | 13.088 € | 12.225 € | 11.403 € | 10.628 € | 9.907 € | 9.223 € | 8.548 € | 7.887 € | 7.159 € |
| 27.000 € | 16.803 € | 15.735 € | 14.724 € | 13.753 € | 12.829 € | 11.956 € | 11.146 € | 10.376 € | 9.617 € | 8.873 € | 8.054 € |
| 30.000 € | 18.669 € | 17.484 € | 16.360 € | 15.282 € | 14.254 € | 13.285 € | 12.384 € | 11.529 € | 10.685 € | 9.859 € | 8.949 € |
| 33.000 € | 20.536 € | 19.232 € | 17.996 € | 16.810 € | 15.679 € | 14.613 € | 13.623 € | 12.682 € | 11.754 € | 10.845 € | 9.844 € |
| 36.000 € | 22.403 € | 20.981 € | 19.632 € | 18.338 € | 17.105 € | 15.942 € | 14.861 € | 13.835 € | 12.822 € | 11.831 € | 10.739 € |
| 39.000 € | 24.270 € | 22.729 € | 21.268 € | 19.866 € | 18.530 € | 17.270 € | 16.100 € | 14.988 € | 13.891 € | 12.817 € | 11.634 € |
| 42.000 € | 24.270 € | 22.729 € | 21.268 € | 19.866 € | 18.530 € | 17.270 € | 16.100 € | 14.988 € | 13.891 € | 12.817 € | 11.634 € |
| 45.000 € | 24.270 € | 22.729 € | 21.268 € | 19.866 € | 18.530 € | 17.270 € | 16.100 € | 14.988 € | 13.891 € | 12.817 € | 11.634 € |
| 48.000 € | 24.270 € | 22.729 € | 21.268 € | 19.866 € | 18.530 € | 17.270 € | 16.100 € | 14.988 € | 13.891 € | 12.817 € | 11.634 € |
| 51.000 € | 24.270 € | 22.729 € | 21.268 € | 19.866 € | 18.530 € | 17.270 € | 16.100 € | 14.988 € | 13.891 € | 12.817 € | 11.634 € |
| 54.000 € | 24.270 € | 22.729 € | 21.268 € | 19.866 € | 18.530 € | 17.270 € | 16.100 € | 14.988 € | 13.891 € | 12.817 € | 11.634 € |
| 57.000 € | 24.270 € | 22.729 € | 21.268 € | 19.866 € | 18.530 € | 17.270 € | 16.100 € | 14.988 € | 13.891 € | 12.817 € | 11.634 € |
| 60.000 € | 24.270 € | 22.729 € | 21.268 € | 19.866 € | 18.530 € | 17.270 € | 16.100 € | 14.988 € | 13.891 € | 12.817 € | 11.634 € |
| 63.000 € | 24.270 € | 22.729 € | 21.268 € | 19.866 € | 18.530 € | 17.270 € | 16.100 € | 14.988 € | 13.891 € | 12.817 € | 11.634 € |
| 66.000 € | 24.270 € | 22.729 € | 21.268 € | 19.866 € | 18.530 € | 17.270 € | 16.100 € | 14.988 € | 13.891 € | 12.817 € | 11.634 € |
| 69.000 € | 24.270 € | 22.729 € | 21.268 € | 19.866 € | 18.530 € | 17.270 € | 16.100 € | 14.988 € | 13.891 € | 12.817 € | 11.634 € |
| 72.000 € | 24.270 € | 22.729 € | 21.268 € | 19.866 € | 18.530 € | 17.270 € | 16.100 € | 14.988 € | 13.891 € | 12.817 € | 11.634 € |
| 75.000 € | 24.270 € | 22.729 € | 21.268 € | 19.866 € | 18.530 € | 17.270 € | 16.100 € | 14.988 € | 13.891 € | 12.817 € | 11.634 € |
| 78.000 € | 24.270 € | 22.729 € | 21.268 € | 19.866 € | 18.530 € | 17.270 € | 16.100 € | 14.988 € | 13.891 € | 12.817 € | 11.634 € |
| 81.000 € | 24.270 € | 22.729 € | 21.268 € | 19.866 € | 18.530 € | 17.270 € | 16.100 € | 14.988 € | 13.891 € | 12.817 € | 11.634 € |
| 84.000 € | 24.270 € | 22.729 € | 21.268 € | 19.866 € | 18.530 € | 17.270 € | 16.100 € | 14.988 € | 13.891 € | 12.817 € | 11.634 € |
| 87.000 € | 24.270 € | 22.729 € | 21.268 € | 19.866 € | 18.530 € | 17.270 € | 16.100 € | 14.988 € | 13.891 € | 12.817 € | 11.634 € |
| 90.000 € | 24.270 € | 22.729 € | 21.268 € | 19.866 € | 18.530 € | 17.270 € | 16.100 € | 14.988 € | 13.891 € | 12.817 € | 11.634 € |
| 93.000 € | 24.270 € | 22.729 € | 21.268 € | 19.866 € | 18.530 € | 17.270 € | 16.100 € | 14.988 € | 13.891 € | 12.817 € | 11.634 € |
| 96.000 € | 24.270 € | 22.729 € | 21.268 € | 19.866 € | 18.530 € | 17.270 € | 16.100 € | 14.988 € | 13.891 € | 12.817 € | 11.634 € |
| 99.000 € | 24.270 € | 22.729 € | 21.268 € | 19.866 € | 18.530 € | 17.270 € | 16.100 € | 14.988 € | 13.891 € | 12.817 € | 11.634 € |
| 102.000 € | 24.270 € | 22.729 € | 21.268 € | 19.866 € | 18.530 € | 17.270 € | 16.100 € | 14.988 € | 13.891 € | 12.817 € | 11.634 € |
| 105.000 € | 24.270 € | 22.729 € | 21.268 € | 19.866 € | 18.530 € | 17.270 € | 16.100 € | 14.988 € | 13.891 € | 12.817 € | 11.634 € |
| 108.000 € | 24.270 € | 22.729 € | 21.268 € | 19.866 € | 18.530 € | 17.270 € | 16.100 € | 14.988 € | 13.891 € | 12.817 € | 11.634 € |
| 111.000 € | 24.270 € | 22.729 € | 21.268 € | 19.866 € | 18.530 € | 17.270 € | 16.100 € | 14.988 € | 13.891 € | 12.817 € | 11.634 € |
| 114.000 € | 24.270 € | 22.729 € | 21.268 € | 19.866 € | 18.530 € | 17.270 € | 16.100 € | 14.988 € | 13.891 € | 12.817 € | 11.634 € |
| 117.000 € | 24.270 € | 22.729 € | 21.268 € | 19.866 € | 18.530 € | 17.270 € | 16.100 € | 14.988 € | 13.891 € | 12.817 € | 11.634 € |
| 120.000 € | 24.270 € | 22.729 € | 21.268 € | 19.866 € | 18.530 € | 17.270 € | 16.100 € | 14.988 € | 13.891 € | 12.817 € | 11.634 € |

# TABLA 1.C.1
## Lucro cesante del cónyuge
Años de duración del matrimonio: 58 años

| Ingreso neto | Edad del c | | | | | |
|---|---|---|---|---|---|---|
| Hasta | 94 | 95 | 96 | 97 | 98 | 99 o más |
| 9.000 € | 3.000 € | 3.000 € | 3.000 € | 3.000 € | 3.000 € | 3.000 € |
| 12.000 € | 3.269 € | 3.000 € | 3.000 € | 3.000 € | 3.000 € | 3.000 € |
| 15.000 € | 4.086 € | 3.656 € | 3.205 € | 3.000 € | 3.000 € | 3.000 € |
| 18.000 € | 4.903 € | 4.387 € | 3.846 € | 3.243 € | 3.000 € | 3.000 € |
| 21.000 € | 5.720 € | 5.118 € | 4.487 € | 3.784 € | 3.000 € | 3.000 € |
| 24.000 € | 6.537 € | 5.849 € | 5.128 € | 4.325 € | 3.287 € | 3.000 € |
| 27.000 € | 7.355 € | 6.581 € | 5.769 € | 4.865 € | 3.698 € | 3.000 € |
| 30.000 € | 8.172 € | 7.312 € | 6.410 € | 5.406 € | 4.108 € | 3.000 € |
| 33.000 € | 8.989 € | 8.043 € | 7.051 € | 5.946 € | 4.519 € | 3.000 € |
| 36.000 € | 9.806 € | 8.774 € | 7.692 € | 6.487 € | 4.930 € | 3.000 € |
| 39.000 € | 10.623 € | 9.505 € | 8.333 € | 7.027 € | 5.341 € | 3.120 € |
| 42.000 € | 10.623 € | 9.505 € | 8.333 € | 7.027 € | 5.341 € | 3.120 € |
| 45.000 € | 10.623 € | 9.505 € | 8.333 € | 7.027 € | 5.341 € | 3.120 € |
| 48.000 € | 10.623 € | 9.505 € | 8.333 € | 7.027 € | 5.341 € | 3.120 € |
| 51.000 € | 10.623 € | 9.505 € | 8.333 € | 7.027 € | 5.341 € | 3.120 € |
| 54.000 € | 10.623 € | 9.505 € | 8.333 € | 7.027 € | 5.341 € | 3.120 € |
| 57.000 € | 10.623 € | 9.505 € | 8.333 € | 7.027 € | 5.341 € | 3.120 € |
| 60.000 € | 10.623 € | 9.505 € | 8.333 € | 7.027 € | 5.341 € | 3.120 € |
| 63.000 € | 10.623 € | 9.505 € | 8.333 € | 7.027 € | 5.341 € | 3.120 € |
| 66.000 € | 10.623 € | 9.505 € | 8.333 € | 7.027 € | 5.341 € | 3.120 € |
| 69.000 € | 10.623 € | 9.505 € | 8.333 € | 7.027 € | 5.341 € | 3.120 € |
| 72.000 € | 10.623 € | 9.505 € | 8.333 € | 7.027 € | 5.341 € | 3.120 € |
| 75.000 € | 10.623 € | 9.505 € | 8.333 € | 7.027 € | 5.341 € | 3.120 € |
| 78.000 € | 10.623 € | 9.505 € | 8.333 € | 7.027 € | 5.341 € | 3.120 € |
| 81.000 € | 10.623 € | 9.505 € | 8.333 € | 7.027 € | 5.341 € | 3.120 € |
| 84.000 € | 10.623 € | 9.505 € | 8.333 € | 7.027 € | 5.341 € | 3.120 € |
| 87.000 € | 10.623 € | 9.505 € | 8.333 € | 7.027 € | 5.341 € | 3.120 € |
| 90.000 € | 10.623 € | 9.505 € | 8.333 € | 7.027 € | 5.341 € | 3.120 € |
| 93.000 € | 10.623 € | 9.505 € | 8.333 € | 7.027 € | 5.341 € | 3.120 € |
| 96.000 € | 10.623 € | 9.505 € | 8.333 € | 7.027 € | 5.341 € | 3.120 € |
| 99.000 € | 10.623 € | 9.505 € | 8.333 € | 7.027 € | 5.341 € | 3.120 € |
| 102.000 € | 10.623 € | 9.505 € | 8.333 € | 7.027 € | 5.341 € | 3.120 € |
| 105.000 € | 10.623 € | 9.505 € | 8.333 € | 7.027 € | 5.341 € | 3.120 € |
| 108.000 € | 10.623 € | 9.505 € | 8.333 € | 7.027 € | 5.341 € | 3.120 € |
| 111.000 € | 10.623 € | 9.505 € | 8.333 € | 7.027 € | 5.341 € | 3.120 € |
| 114.000 € | 10.623 € | 9.505 € | 8.333 € | 7.027 € | 5.341 € | 3.120 € |
| 117.000 € | 10.623 € | 9.505 € | 8.333 € | 7.027 € | 5.341 € | 3.120 € |
| 120.000 € | 10.623 € | 9.505 € | 8.333 € | 7.027 € | 5.341 € | 3.120 € |

## TABLA 1.C.1
### Lucro cesante del cónyuge
Años de duración del matrimonio: 59 años

Ingreso netc Edad del cónyuge | Edad del cónyuge

| Hasta | 73 | 74 | 75 | 76 | 77 | 78 | 79 | 80 | 81 | 82 | 83 |
|---|---|---|---|---|---|---|---|---|---|---|---|
| 9.000 € | 9.713 € | 9.267 € | 8.838 € | 8.406 € | 7.975 € | 7.553 € | 7.143 € | 6.738 € | 6.346 € | 5.968 € | 5.601 € |
| 12.000 € | 12.951 € | 12.356 € | 11.784 € | 11.209 € | 10.634 € | 10.071 € | 9.524 € | 8.983 € | 8.461 € | 7.957 € | 7.468 € |
| 15.000 € | 16.189 € | 15.446 € | 14.730 € | 14.011 € | 13.292 € | 12.588 € | 11.905 € | 11.229 € | 10.576 € | 9.947 € | 9.335 € |
| 18.000 € | 19.427 € | 18.535 € | 17.677 € | 16.813 € | 15.950 € | 15.106 € | 14.286 € | 13.475 € | 12.692 € | 11.936 € | 11.202 € |
| 21.000 € | 22.664 € | 21.624 € | 20.623 € | 19.615 € | 18.609 € | 17.624 € | 16.667 € | 15.721 € | 14.807 € | 13.925 € | 13.069 € |
| 24.000 € | 25.902 € | 24.713 € | 23.569 € | 22.417 € | 21.267 € | 20.141 € | 19.048 € | 17.967 € | 16.922 € | 15.915 € | 14.936 € |
| 27.000 € | 29.140 € | 27.802 € | 26.515 € | 25.219 € | 23.926 € | 22.659 € | 21.429 € | 20.213 € | 19.038 € | 17.904 € | 16.803 € |
| 30.000 € | 32.378 € | 30.891 € | 29.461 € | 28.021 € | 26.584 € | 25.177 € | 23.810 € | 22.459 € | 21.153 € | 19.893 € | 18.669 € |
| 33.000 € | 35.615 € | 33.980 € | 32.407 € | 30.823 € | 29.243 € | 27.694 € | 26.191 € | 24.704 € | 23.268 € | 21.883 € | 20.536 € |
| 36.000 € | 38.853 € | 37.069 € | 35.353 € | 33.626 € | 31.901 € | 30.212 € | 28.572 € | 26.950 € | 25.383 € | 23.872 € | 22.403 € |
| 39.000 € | 42.091 € | 40.158 € | 38.299 € | 36.428 € | 34.559 € | 32.730 € | 30.953 € | 29.196 € | 27.499 € | 25.861 € | 24.270 € |
| 42.000 € | 42.091 € | 40.158 € | 38.299 € | 36.428 € | 34.559 € | 32.730 € | 30.953 € | 29.196 € | 27.499 € | 25.861 € | 24.270 € |
| 45.000 € | 42.091 € | 40.158 € | 38.299 € | 36.428 € | 34.559 € | 32.730 € | 30.953 € | 29.196 € | 27.499 € | 25.861 € | 24.270 € |
| 48.000 € | 42.091 € | 40.158 € | 38.299 € | 36.428 € | 34.559 € | 32.730 € | 30.953 € | 29.196 € | 27.499 € | 25.861 € | 24.270 € |
| 51.000 € | 42.091 € | 40.158 € | 38.299 € | 36.428 € | 34.559 € | 32.730 € | 30.953 € | 29.196 € | 27.499 € | 25.861 € | 24.270 € |
| 54.000 € | 42.091 € | 40.158 € | 38.299 € | 36.428 € | 34.559 € | 32.730 € | 30.953 € | 29.196 € | 27.499 € | 25.861 € | 24.270 € |
| 57.000 € | 42.091 € | 40.158 € | 38.299 € | 36.428 € | 34.559 € | 32.730 € | 30.953 € | 29.196 € | 27.499 € | 25.861 € | 24.270 € |
| 60.000 € | 42.091 € | 40.158 € | 38.299 € | 36.428 € | 34.559 € | 32.730 € | 30.953 € | 29.196 € | 27.499 € | 25.861 € | 24.270 € |
| 63.000 € | 42.091 € | 40.158 € | 38.299 € | 36.428 € | 34.559 € | 32.730 € | 30.953 € | 29.196 € | 27.499 € | 25.861 € | 24.270 € |
| 66.000 € | 42.091 € | 40.158 € | 38.299 € | 36.428 € | 34.559 € | 32.730 € | 30.953 € | 29.196 € | 27.499 € | 25.861 € | 24.270 € |
| 69.000 € | 42.091 € | 40.158 € | 38.299 € | 36.428 € | 34.559 € | 32.730 € | 30.953 € | 29.196 € | 27.499 € | 25.861 € | 24.270 € |
| 72.000 € | 42.091 € | 40.158 € | 38.299 € | 36.428 € | 34.559 € | 32.730 € | 30.953 € | 29.196 € | 27.499 € | 25.861 € | 24.270 € |
| 75.000 € | 42.091 € | 40.158 € | 38.299 € | 36.428 € | 34.559 € | 32.730 € | 30.953 € | 29.196 € | 27.499 € | 25.861 € | 24.270 € |
| 78.000 € | 42.091 € | 40.158 € | 38.299 € | 36.428 € | 34.559 € | 32.730 € | 30.953 € | 29.196 € | 27.499 € | 25.861 € | 24.270 € |
| 81.000 € | 42.091 € | 40.158 € | 38.299 € | 36.428 € | 34.559 € | 32.730 € | 30.953 € | 29.196 € | 27.499 € | 25.861 € | 24.270 € |
| 84.000 € | 42.091 € | 40.158 € | 38.299 € | 36.428 € | 34.559 € | 32.730 € | 30.953 € | 29.196 € | 27.499 € | 25.861 € | 24.270 € |
| 87.000 € | 42.091 € | 40.158 € | 38.299 € | 36.428 € | 34.559 € | 32.730 € | 30.953 € | 29.196 € | 27.499 € | 25.861 € | 24.270 € |
| 90.000 € | 42.091 € | 40.158 € | 38.299 € | 36.428 € | 34.559 € | 32.730 € | 30.953 € | 29.196 € | 27.499 € | 25.861 € | 24.270 € |
| 93.000 € | 42.091 € | 40.158 € | 38.299 € | 36.428 € | 34.559 € | 32.730 € | 30.953 € | 29.196 € | 27.499 € | 25.861 € | 24.270 € |
| 96.000 € | 42.091 € | 40.158 € | 38.299 € | 36.428 € | 34.559 € | 32.730 € | 30.953 € | 29.196 € | 27.499 € | 25.861 € | 24.270 € |
| 99.000 € | 42.091 € | 40.158 € | 38.299 € | 36.428 € | 34.559 € | 32.730 € | 30.953 € | 29.196 € | 27.499 € | 25.861 € | 24.270 € |
| 102.000 € | 42.091 € | 40.158 € | 38.299 € | 36.428 € | 34.559 € | 32.730 € | 30.953 € | 29.196 € | 27.499 € | 25.861 € | 24.270 € |
| 105.000 € | 42.091 € | 40.158 € | 38.299 € | 36.428 € | 34.559 € | 32.730 € | 30.953 € | 29.196 € | 27.499 € | 25.861 € | 24.270 € |
| 108.000 € | 42.091 € | 40.158 € | 38.299 € | 36.428 € | 34.559 € | 32.730 € | 30.953 € | 29.196 € | 27.499 € | 25.861 € | 24.270 € |
| 111.000 € | 42.091 € | 40.158 € | 38.299 € | 36.428 € | 34.559 € | 32.730 € | 30.953 € | 29.196 € | 27.499 € | 25.861 € | 24.270 € |
| 114.000 € | 42.091 € | 40.158 € | 38.299 € | 36.428 € | 34.559 € | 32.730 € | 30.953 € | 29.196 € | 27.499 € | 25.861 € | 24.270 € |
| 117.000 € | 42.091 € | 40.158 € | 38.299 € | 36.428 € | 34.559 € | 32.730 € | 30.953 € | 29.196 € | 27.499 € | 25.861 € | 24.270 € |
| 120.000 € | 42.091 € | 40.158 € | 38.299 € | 36.428 € | 34.559 € | 32.730 € | 30.953 € | 29.196 € | 27.499 € | 25.861 € | 24.270 € |

# TABLA 1.C.1
## Lucro cesante del cónyuge
Años de duración del matrimonio: 59 años

| Ingreso neto | Edad del cónyuge | | | | | | | | | | |
|---|---|---|---|---|---|---|---|---|---|---|---|
| Hasta | 84 | 85 | 86 | 87 | 88 | 89 | 90 | 91 | 92 | 93 | 94 |
| 9.000 € | 5.245 € | 4.908 € | 4.584 € | 4.276 € | 3.985 € | 3.715 € | 3.459 € | 3.206 € | 3.000 € | 3.000 € | 3.000 € |
| 12.000 € | 6.994 € | 6.544 € | 6.113 € | 5.702 € | 5.314 € | 4.954 € | 4.612 € | 4.274 € | 3.944 € | 3.580 € | 3.269 € |
| 15.000 € | 8.742 € | 8.180 € | 7.641 € | 7.127 € | 6.642 € | 6.192 € | 5.764 € | 5.343 € | 4.930 € | 4.474 € | 4.086 € |
| 18.000 € | 10.490 € | 9.816 € | 9.169 € | 8.552 € | 7.971 € | 7.431 € | 6.917 € | 6.411 € | 5.916 € | 5.369 € | 4.903 € |
| 21.000 € | 12.239 € | 11.452 € | 10.697 € | 9.978 € | 9.299 € | 8.669 € | 8.070 € | 7.480 € | 6.902 € | 6.264 € | 5.720 € |
| 24.000 € | 13.987 € | 13.088 € | 12.225 € | 11.403 € | 10.628 € | 9.907 € | 9.223 € | 8.548 € | 7.887 € | 7.159 € | 6.537 € |
| 27.000 € | 15.735 € | 14.724 € | 13.753 € | 12.829 € | 11.956 € | 11.146 € | 10.376 € | 9.617 € | 8.873 € | 8.054 € | 7.355 € |
| 30.000 € | 17.484 € | 16.360 € | 15.282 € | 14.254 € | 13.285 € | 12.384 € | 11.529 € | 10.685 € | 9.859 € | 8.949 € | 8.172 € |
| 33.000 € | 19.232 € | 17.996 € | 16.810 € | 15.679 € | 14.613 € | 13.623 € | 12.682 € | 11.754 € | 10.845 € | 9.844 € | 8.989 € |
| 36.000 € | 20.981 € | 19.632 € | 18.338 € | 17.105 € | 15.942 € | 14.861 € | 13.835 € | 12.822 € | 11.831 € | 10.739 € | 9.806 € |
| 39.000 € | 22.729 € | 21.268 € | 19.866 € | 18.530 € | 17.270 € | 16.100 € | 14.988 € | 13.891 € | 12.817 € | 11.634 € | 10.623 € |
| 42.000 € | 22.729 € | 21.268 € | 19.866 € | 18.530 € | 17.270 € | 16.100 € | 14.988 € | 13.891 € | 12.817 € | 11.634 € | 10.623 € |
| 45.000 € | 22.729 € | 21.268 € | 19.866 € | 18.530 € | 17.270 € | 16.100 € | 14.988 € | 13.891 € | 12.817 € | 11.634 € | 10.623 € |
| 48.000 € | 22.729 € | 21.268 € | 19.866 € | 18.530 € | 17.270 € | 16.100 € | 14.988 € | 13.891 € | 12.817 € | 11.634 € | 10.623 € |
| 51.000 € | 22.729 € | 21.268 € | 19.866 € | 18.530 € | 17.270 € | 16.100 € | 14.988 € | 13.891 € | 12.817 € | 11.634 € | 10.623 € |
| 54.000 € | 22.729 € | 21.268 € | 19.866 € | 18.530 € | 17.270 € | 16.100 € | 14.988 € | 13.891 € | 12.817 € | 11.634 € | 10.623 € |
| 57.000 € | 22.729 € | 21.268 € | 19.866 € | 18.530 € | 17.270 € | 16.100 € | 14.988 € | 13.891 € | 12.817 € | 11.634 € | 10.623 € |
| 60.000 € | 22.729 € | 21.268 € | 19.866 € | 18.530 € | 17.270 € | 16.100 € | 14.988 € | 13.891 € | 12.817 € | 11.634 € | 10.623 € |
| 63.000 € | 22.729 € | 21.268 € | 19.866 € | 18.530 € | 17.270 € | 16.100 € | 14.988 € | 13.891 € | 12.817 € | 11.634 € | 10.623 € |
| 66.000 € | 22.729 € | 21.268 € | 19.866 € | 18.530 € | 17.270 € | 16.100 € | 14.988 € | 13.891 € | 12.817 € | 11.634 € | 10.623 € |
| 69.000 € | 22.729 € | 21.268 € | 19.866 € | 18.530 € | 17.270 € | 16.100 € | 14.988 € | 13.891 € | 12.817 € | 11.634 € | 10.623 € |
| 72.000 € | 22.729 € | 21.268 € | 19.866 € | 18.530 € | 17.270 € | 16.100 € | 14.988 € | 13.891 € | 12.817 € | 11.634 € | 10.623 € |
| 75.000 € | 22.729 € | 21.268 € | 19.866 € | 18.530 € | 17.270 € | 16.100 € | 14.988 € | 13.891 € | 12.817 € | 11.634 € | 10.623 € |
| 78.000 € | 22.729 € | 21.268 € | 19.866 € | 18.530 € | 17.270 € | 16.100 € | 14.988 € | 13.891 € | 12.817 € | 11.634 € | 10.623 € |
| 81.000 € | 22.729 € | 21.268 € | 19.866 € | 18.530 € | 17.270 € | 16.100 € | 14.988 € | 13.891 € | 12.817 € | 11.634 € | 10.623 € |
| 84.000 € | 22.729 € | 21.268 € | 19.866 € | 18.530 € | 17.270 € | 16.100 € | 14.988 € | 13.891 € | 12.817 € | 11.634 € | 10.623 € |
| 87.000 € | 22.729 € | 21.268 € | 19.866 € | 18.530 € | 17.270 € | 16.100 € | 14.988 € | 13.891 € | 12.817 € | 11.634 € | 10.623 € |
| 90.000 € | 22.729 € | 21.268 € | 19.866 € | 18.530 € | 17.270 € | 16.100 € | 14.988 € | 13.891 € | 12.817 € | 11.634 € | 10.623 € |
| 93.000 € | 22.729 € | 21.268 € | 19.866 € | 18.530 € | 17.270 € | 16.100 € | 14.988 € | 13.891 € | 12.817 € | 11.634 € | 10.623 € |
| 96.000 € | 22.729 € | 21.268 € | 19.866 € | 18.530 € | 17.270 € | 16.100 € | 14.988 € | 13.891 € | 12.817 € | 11.634 € | 10.623 € |
| 99.000 € | 22.729 € | 21.268 € | 19.866 € | 18.530 € | 17.270 € | 16.100 € | 14.988 € | 13.891 € | 12.817 € | 11.634 € | 10.623 € |
| 102.000 € | 22.729 € | 21.268 € | 19.866 € | 18.530 € | 17.270 € | 16.100 € | 14.988 € | 13.891 € | 12.817 € | 11.634 € | 10.623 € |
| 105.000 € | 22.729 € | 21.268 € | 19.866 € | 18.530 € | 17.270 € | 16.100 € | 14.988 € | 13.891 € | 12.817 € | 11.634 € | 10.623 € |
| 108.000 € | 22.729 € | 21.268 € | 19.866 € | 18.530 € | 17.270 € | 16.100 € | 14.988 € | 13.891 € | 12.817 € | 11.634 € | 10.623 € |
| 111.000 € | 22.729 € | 21.268 € | 19.866 € | 18.530 € | 17.270 € | 16.100 € | 14.988 € | 13.891 € | 12.817 € | 11.634 € | 10.623 € |
| 114.000 € | 22.729 € | 21.268 € | 19.866 € | 18.530 € | 17.270 € | 16.100 € | 14.988 € | 13.891 € | 12.817 € | 11.634 € | 10.623 € |
| 117.000 € | 22.729 € | 21.268 € | 19.866 € | 18.530 € | 17.270 € | 16.100 € | 14.988 € | 13.891 € | 12.817 € | 11.634 € | 10.623 € |
| 120.000 € | 22.729 € | 21.268 € | 19.866 € | 18.530 € | 17.270 € | 16.100 € | 14.988 € | 13.891 € | 12.817 € | 11.634 € | 10.623 € |

# TABLA 1.C.1
## Lucro cesante del cónyuge
### Años de duración del matrimonio: 59 años

Ingreso neto

| Hasta | 95 | 96 | 97 | 98 | 99 o más |
|---|---|---|---|---|---|
| 9.000 € | 3.000 € | 3.000 € | 3.000 € | 3.000 € | 3.000 € |
| 12.000 € | 3.000 € | 3.000 € | 3.000 € | 3.000 € | 3.000 € |
| 15.000 € | 3.656 € | 3.205 € | 3.000 € | 3.000 € | 3.000 € |
| 18.000 € | 4.387 € | 3.846 € | 3.243 € | 3.000 € | 3.000 € |
| 21.000 € | 5.118 € | 4.487 € | 3.784 € | 3.000 € | 3.000 € |
| 24.000 € | 5.849 € | 5.128 € | 4.325 € | 3.287 € | 3.000 € |
| 27.000 € | 6.581 € | 5.769 € | 4.865 € | 3.698 € | 3.000 € |
| 30.000 € | 7.312 € | 6.410 € | 5.406 € | 4.108 € | 3.000 € |
| 33.000 € | 8.043 € | 7.051 € | 5.946 € | 4.519 € | 3.000 € |
| 36.000 € | 8.774 € | 7.692 € | 6.487 € | 4.930 € | 3.000 € |
| 39.000 € | 9.505 € | 8.333 € | 7.027 € | 5.341 € | 3.120 € |
| 42.000 € | 9.505 € | 8.333 € | 7.027 € | 5.341 € | 3.120 € |
| 45.000 € | 9.505 € | 8.333 € | 7.027 € | 5.341 € | 3.120 € |
| 48.000 € | 9.505 € | 8.333 € | 7.027 € | 5.341 € | 3.120 € |
| 51.000 € | 9.505 € | 8.333 € | 7.027 € | 5.341 € | 3.120 € |
| 54.000 € | 9.505 € | 8.333 € | 7.027 € | 5.341 € | 3.120 € |
| 57.000 € | 9.505 € | 8.333 € | 7.027 € | 5.341 € | 3.120 € |
| 60.000 € | 9.505 € | 8.333 € | 7.027 € | 5.341 € | 3.120 € |
| 63.000 € | 9.505 € | 8.333 € | 7.027 € | 5.341 € | 3.120 € |
| 66.000 € | 9.505 € | 8.333 € | 7.027 € | 5.341 € | 3.120 € |
| 69.000 € | 9.505 € | 8.333 € | 7.027 € | 5.341 € | 3.120 € |
| 72.000 € | 9.505 € | 8.333 € | 7.027 € | 5.341 € | 3.120 € |
| 75.000 € | 9.505 € | 8.333 € | 7.027 € | 5.341 € | 3.120 € |
| 78.000 € | 9.505 € | 8.333 € | 7.027 € | 5.341 € | 3.120 € |
| 81.000 € | 9.505 € | 8.333 € | 7.027 € | 5.341 € | 3.120 € |
| 84.000 € | 9.505 € | 8.333 € | 7.027 € | 5.341 € | 3.120 € |
| 87.000 € | 9.505 € | 8.333 € | 7.027 € | 5.341 € | 3.120 € |
| 90.000 € | 9.505 € | 8.333 € | 7.027 € | 5.341 € | 3.120 € |
| 93.000 € | 9.505 € | 8.333 € | 7.027 € | 5.341 € | 3.120 € |
| 96.000 € | 9.505 € | 8.333 € | 7.027 € | 5.341 € | 3.120 € |
| 99.000 € | 9.505 € | 8.333 € | 7.027 € | 5.341 € | 3.120 € |
| 102.000 € | 9.505 € | 8.333 € | 7.027 € | 5.341 € | 3.120 € |
| 105.000 € | 9.505 € | 8.333 € | 7.027 € | 5.341 € | 3.120 € |
| 108.000 € | 9.505 € | 8.333 € | 7.027 € | 5.341 € | 3.120 € |
| 111.000 € | 9.505 € | 8.333 € | 7.027 € | 5.341 € | 3.120 € |
| 114.000 € | 9.505 € | 8.333 € | 7.027 € | 5.341 € | 3.120 € |
| 117.000 € | 9.505 € | 8.333 € | 7.027 € | 5.341 € | 3.120 € |
| 120.000 € | 9.505 € | 8.333 € | 7.027 € | 5.341 € | 3.120 € |

# TABLA 1.C.1
## Lucro cesante del cónyuge
Años de duración del matrimonio: 60 años

Ingreso netc Edad del cónyuge

Edad del cónyuge

| Hasta | 74 | 75 | 76 | 77 | 78 | 79 | 80 | 81 | 82 | 83 | 84 |
|---|---|---|---|---|---|---|---|---|---|---|---|
| 9.000 € | 9.267 € | 8.838 € | 8.406 € | 7.975 € | 7.553 € | 7.143 € | 6.738 € | 6.346 € | 5.968 € | 5.601 € | 5.245 € |
| 12.000 € | 12.356 € | 11.784 € | 11.209 € | 10.634 € | 10.071 € | 9.524 € | 8.983 € | 8.461 € | 7.957 € | 7.468 € | 6.994 € |
| 15.000 € | 15.446 € | 14.730 € | 14.011 € | 13.292 € | 12.588 € | 11.905 € | 11.229 € | 10.576 € | 9.947 € | 9.335 € | 8.742 € |
| 18.000 € | 18.535 € | 17.677 € | 16.813 € | 15.950 € | 15.106 € | 14.286 € | 13.475 € | 12.692 € | 11.936 € | 11.202 € | 10.490 € |
| 21.000 € | 21.624 € | 20.623 € | 19.615 € | 18.609 € | 17.624 € | 16.667 € | 15.721 € | 14.807 € | 13.925 € | 13.069 € | 12.239 € |
| 24.000 € | 24.713 € | 23.569 € | 22.417 € | 21.267 € | 20.141 € | 19.048 € | 17.967 € | 16.922 € | 15.915 € | 14.936 € | 13.987 € |
| 27.000 € | 27.802 € | 26.515 € | 25.219 € | 23.926 € | 22.659 € | 21.429 € | 20.213 € | 19.038 € | 17.904 € | 16.803 € | 15.735 € |
| 30.000 € | 30.891 € | 29.461 € | 28.021 € | 26.584 € | 25.177 € | 23.810 € | 22.459 € | 21.153 € | 19.893 € | 18.669 € | 17.484 € |
| 33.000 € | 33.980 € | 32.407 € | 30.823 € | 29.243 € | 27.694 € | 26.191 € | 24.704 € | 23.268 € | 21.883 € | 20.536 € | 19.232 € |
| 36.000 € | 37.069 € | 35.353 € | 33.626 € | 31.901 € | 30.212 € | 28.572 € | 26.950 € | 25.383 € | 23.872 € | 22.403 € | 20.981 € |
| 39.000 € | 40.158 € | 38.299 € | 36.428 € | 34.559 € | 32.730 € | 30.953 € | 29.196 € | 27.499 € | 25.861 € | 24.270 € | 22.729 € |
| 42.000 € | 40.158 € | 38.299 € | 36.428 € | 34.559 € | 32.730 € | 30.953 € | 29.196 € | 27.499 € | 25.861 € | 24.270 € | 22.729 € |
| 45.000 € | 40.158 € | 38.299 € | 36.428 € | 34.559 € | 32.730 € | 30.953 € | 29.196 € | 27.499 € | 25.861 € | 24.270 € | 22.729 € |
| 48.000 € | 40.158 € | 38.299 € | 36.428 € | 34.559 € | 32.730 € | 30.953 € | 29.196 € | 27.499 € | 25.861 € | 24.270 € | 22.729 € |
| 51.000 € | 40.158 € | 38.299 € | 36.428 € | 34.559 € | 32.730 € | 30.953 € | 29.196 € | 27.499 € | 25.861 € | 24.270 € | 22.729 € |
| 54.000 € | 40.158 € | 38.299 € | 36.428 € | 34.559 € | 32.730 € | 30.953 € | 29.196 € | 27.499 € | 25.861 € | 24.270 € | 22.729 € |
| 57.000 € | 40.158 € | 38.299 € | 36.428 € | 34.559 € | 32.730 € | 30.953 € | 29.196 € | 27.499 € | 25.861 € | 24.270 € | 22.729 € |
| 60.000 € | 40.158 € | 38.299 € | 36.428 € | 34.559 € | 32.730 € | 30.953 € | 29.196 € | 27.499 € | 25.861 € | 24.270 € | 22.729 € |
| 63.000 € | 40.158 € | 38.299 € | 36.428 € | 34.559 € | 32.730 € | 30.953 € | 29.196 € | 27.499 € | 25.861 € | 24.270 € | 22.729 € |
| 66.000 € | 40.158 € | 38.299 € | 36.428 € | 34.559 € | 32.730 € | 30.953 € | 29.196 € | 27.499 € | 25.861 € | 24.270 € | 22.729 € |
| 69.000 € | 40.158 € | 38.299 € | 36.428 € | 34.559 € | 32.730 € | 30.953 € | 29.196 € | 27.499 € | 25.861 € | 24.270 € | 22.729 € |
| 72.000 € | 40.158 € | 38.299 € | 36.428 € | 34.559 € | 32.730 € | 30.953 € | 29.196 € | 27.499 € | 25.861 € | 24.270 € | 22.729 € |
| 75.000 € | 40.158 € | 38.299 € | 36.428 € | 34.559 € | 32.730 € | 30.953 € | 29.196 € | 27.499 € | 25.861 € | 24.270 € | 22.729 € |
| 78.000 € | 40.158 € | 38.299 € | 36.428 € | 34.559 € | 32.730 € | 30.953 € | 29.196 € | 27.499 € | 25.861 € | 24.270 € | 22.729 € |
| 81.000 € | 40.158 € | 38.299 € | 36.428 € | 34.559 € | 32.730 € | 30.953 € | 29.196 € | 27.499 € | 25.861 € | 24.270 € | 22.729 € |
| 84.000 € | 40.158 € | 38.299 € | 36.428 € | 34.559 € | 32.730 € | 30.953 € | 29.196 € | 27.499 € | 25.861 € | 24.270 € | 22.729 € |
| 87.000 € | 40.158 € | 38.299 € | 36.428 € | 34.559 € | 32.730 € | 30.953 € | 29.196 € | 27.499 € | 25.861 € | 24.270 € | 22.729 € |
| 90.000 € | 40.158 € | 38.299 € | 36.428 € | 34.559 € | 32.730 € | 30.953 € | 29.196 € | 27.499 € | 25.861 € | 24.270 € | 22.729 € |
| 93.000 € | 40.158 € | 38.299 € | 36.428 € | 34.559 € | 32.730 € | 30.953 € | 29.196 € | 27.499 € | 25.861 € | 24.270 € | 22.729 € |
| 96.000 € | 40.158 € | 38.299 € | 36.428 € | 34.559 € | 32.730 € | 30.953 € | 29.196 € | 27.499 € | 25.861 € | 24.270 € | 22.729 € |
| 99.000 € | 40.158 € | 38.299 € | 36.428 € | 34.559 € | 32.730 € | 30.953 € | 29.196 € | 27.499 € | 25.861 € | 24.270 € | 22.729 € |
| 102.000 € | 40.158 € | 38.299 € | 36.428 € | 34.559 € | 32.730 € | 30.953 € | 29.196 € | 27.499 € | 25.861 € | 24.270 € | 22.729 € |
| 105.000 € | 40.158 € | 38.299 € | 36.428 € | 34.559 € | 32.730 € | 30.953 € | 29.196 € | 27.499 € | 25.861 € | 24.270 € | 22.729 € |
| 108.000 € | 40.158 € | 38.299 € | 36.428 € | 34.559 € | 32.730 € | 30.953 € | 29.196 € | 27.499 € | 25.861 € | 24.270 € | 22.729 € |
| 111.000 € | 40.158 € | 38.299 € | 36.428 € | 34.559 € | 32.730 € | 30.953 € | 29.196 € | 27.499 € | 25.861 € | 24.270 € | 22.729 € |
| 114.000 € | 40.158 € | 38.299 € | 36.428 € | 34.559 € | 32.730 € | 30.953 € | 29.196 € | 27.499 € | 25.861 € | 24.270 € | 22.729 € |
| 117.000 € | 40.158 € | 38.299 € | 36.428 € | 34.559 € | 32.730 € | 30.953 € | 29.196 € | 27.499 € | 25.861 € | 24.270 € | 22.729 € |
| 120.000 € | 40.158 € | 38.299 € | 36.428 € | 34.559 € | 32.730 € | 30.953 € | 29.196 € | 27.499 € | 25.861 € | 24.270 € | 22.729 € |

## TABLA 1.C.1
## Lucro cesante del cónyuge
### Años de duración del matrimonio: 60 años

| Ingreso neto | Edad del cónyuge | | | | | | | | | | |
|---|---|---|---|---|---|---|---|---|---|---|---|
| Hasta | 85 | 86 | 87 | 88 | 89 | 90 | 91 | 92 | 93 | 94 | 95 |
| 9.000 € | 4.908 € | 4.584 € | 4.276 € | 3.985 € | 3.715 € | 3.459 € | 3.206 € | 3.000 € | 3.000 € | 3.000 € | 3.000 € |
| 12.000 € | 6.544 € | 6.113 € | 5.702 € | 5.314 € | 4.954 € | 4.612 € | 4.274 € | 3.944 € | 3.580 € | 3.269 € | 3.000 € |
| 15.000 € | 8.180 € | 7.641 € | 7.127 € | 6.642 € | 6.192 € | 5.764 € | 5.343 € | 4.930 € | 4.474 € | 4.086 € | 3.656 € |
| 18.000 € | 9.816 € | 9.169 € | 8.552 € | 7.971 € | 7.431 € | 6.917 € | 6.411 € | 5.916 € | 5.369 € | 4.903 € | 4.387 € |
| 21.000 € | 11.452 € | 10.697 € | 9.978 € | 9.299 € | 8.669 € | 8.070 € | 7.480 € | 6.902 € | 6.264 € | 5.720 € | 5.118 € |
| 24.000 € | 13.088 € | 12.225 € | 11.403 € | 10.628 € | 9.907 € | 9.223 € | 8.548 € | 7.887 € | 7.159 € | 6.537 € | 5.849 € |
| 27.000 € | 14.724 € | 13.753 € | 12.829 € | 11.956 € | 11.146 € | 10.376 € | 9.617 € | 8.873 € | 8.054 € | 7.355 € | 6.581 € |
| 30.000 € | 16.360 € | 15.282 € | 14.254 € | 13.285 € | 12.384 € | 11.529 € | 10.685 € | 9.859 € | 8.949 € | 8.172 € | 7.312 € |
| 33.000 € | 17.996 € | 16.810 € | 15.679 € | 14.613 € | 13.623 € | 12.682 € | 11.754 € | 10.845 € | 9.844 € | 8.989 € | 8.043 € |
| 36.000 € | 19.632 € | 18.338 € | 17.105 € | 15.942 € | 14.861 € | 13.835 € | 12.822 € | 11.831 € | 10.739 € | 9.806 € | 8.774 € |
| 39.000 € | 21.268 € | 19.866 € | 18.530 € | 17.270 € | 16.100 € | 14.988 € | 13.891 € | 12.817 € | 11.634 € | 10.623 € | 9.505 € |
| 42.000 € | 21.268 € | 19.866 € | 18.530 € | 17.270 € | 16.100 € | 14.988 € | 13.891 € | 12.817 € | 11.634 € | 10.623 € | 9.505 € |
| 45.000 € | 21.268 € | 19.866 € | 18.530 € | 17.270 € | 16.100 € | 14.988 € | 13.891 € | 12.817 € | 11.634 € | 10.623 € | 9.505 € |
| 48.000 € | 21.268 € | 19.866 € | 18.530 € | 17.270 € | 16.100 € | 14.988 € | 13.891 € | 12.817 € | 11.634 € | 10.623 € | 9.505 € |
| 51.000 € | 21.268 € | 19.866 € | 18.530 € | 17.270 € | 16.100 € | 14.988 € | 13.891 € | 12.817 € | 11.634 € | 10.623 € | 9.505 € |
| 54.000 € | 21.268 € | 19.866 € | 18.530 € | 17.270 € | 16.100 € | 14.988 € | 13.891 € | 12.817 € | 11.634 € | 10.623 € | 9.505 € |
| 57.000 € | 21.268 € | 19.866 € | 18.530 € | 17.270 € | 16.100 € | 14.988 € | 13.891 € | 12.817 € | 11.634 € | 10.623 € | 9.505 € |
| 60.000 € | 21.268 € | 19.866 € | 18.530 € | 17.270 € | 16.100 € | 14.988 € | 13.891 € | 12.817 € | 11.634 € | 10.623 € | 9.505 € |
| 63.000 € | 21.268 € | 19.866 € | 18.530 € | 17.270 € | 16.100 € | 14.988 € | 13.891 € | 12.817 € | 11.634 € | 10.623 € | 9.505 € |
| 66.000 € | 21.268 € | 19.866 € | 18.530 € | 17.270 € | 16.100 € | 14.988 € | 13.891 € | 12.817 € | 11.634 € | 10.623 € | 9.505 € |
| 69.000 € | 21.268 € | 19.866 € | 18.530 € | 17.270 € | 16.100 € | 14.988 € | 13.891 € | 12.817 € | 11.634 € | 10.623 € | 9.505 € |
| 72.000 € | 21.268 € | 19.866 € | 18.530 € | 17.270 € | 16.100 € | 14.988 € | 13.891 € | 12.817 € | 11.634 € | 10.623 € | 9.505 € |
| 75.000 € | 21.268 € | 19.866 € | 18.530 € | 17.270 € | 16.100 € | 14.988 € | 13.891 € | 12.817 € | 11.634 € | 10.623 € | 9.505 € |
| 78.000 € | 21.268 € | 19.866 € | 18.530 € | 17.270 € | 16.100 € | 14.988 € | 13.891 € | 12.817 € | 11.634 € | 10.623 € | 9.505 € |
| 81.000 € | 21.268 € | 19.866 € | 18.530 € | 17.270 € | 16.100 € | 14.988 € | 13.891 € | 12.817 € | 11.634 € | 10.623 € | 9.505 € |
| 84.000 € | 21.268 € | 19.866 € | 18.530 € | 17.270 € | 16.100 € | 14.988 € | 13.891 € | 12.817 € | 11.634 € | 10.623 € | 9.505 € |
| 87.000 € | 21.268 € | 19.866 € | 18.530 € | 17.270 € | 16.100 € | 14.988 € | 13.891 € | 12.817 € | 11.634 € | 10.623 € | 9.505 € |
| 90.000 € | 21.268 € | 19.866 € | 18.530 € | 17.270 € | 16.100 € | 14.988 € | 13.891 € | 12.817 € | 11.634 € | 10.623 € | 9.505 € |
| 93.000 € | 21.268 € | 19.866 € | 18.530 € | 17.270 € | 16.100 € | 14.988 € | 13.891 € | 12.817 € | 11.634 € | 10.623 € | 9.505 € |
| 96.000 € | 21.268 € | 19.866 € | 18.530 € | 17.270 € | 16.100 € | 14.988 € | 13.891 € | 12.817 € | 11.634 € | 10.623 € | 9.505 € |
| 99.000 € | 21.268 € | 19.866 € | 18.530 € | 17.270 € | 16.100 € | 14.988 € | 13.891 € | 12.817 € | 11.634 € | 10.623 € | 9.505 € |
| 102.000 € | 21.268 € | 19.866 € | 18.530 € | 17.270 € | 16.100 € | 14.988 € | 13.891 € | 12.817 € | 11.634 € | 10.623 € | 9.505 € |
| 105.000 € | 21.268 € | 19.866 € | 18.530 € | 17.270 € | 16.100 € | 14.988 € | 13.891 € | 12.817 € | 11.634 € | 10.623 € | 9.505 € |
| 108.000 € | 21.268 € | 19.866 € | 18.530 € | 17.270 € | 16.100 € | 14.988 € | 13.891 € | 12.817 € | 11.634 € | 10.623 € | 9.505 € |
| 111.000 € | 21.268 € | 19.866 € | 18.530 € | 17.270 € | 16.100 € | 14.988 € | 13.891 € | 12.817 € | 11.634 € | 10.623 € | 9.505 € |
| 114.000 € | 21.268 € | 19.866 € | 18.530 € | 17.270 € | 16.100 € | 14.988 € | 13.891 € | 12.817 € | 11.634 € | 10.623 € | 9.505 € |
| 117.000 € | 21.268 € | 19.866 € | 18.530 € | 17.270 € | 16.100 € | 14.988 € | 13.891 € | 12.817 € | 11.634 € | 10.623 € | 9.505 € |
| 120.000 € | 21.268 € | 19.866 € | 18.530 € | 17.270 € | 16.100 € | 14.988 € | 13.891 € | 12.817 € | 11.634 € | 10.623 € | 9.505 € |

# TABLA 1.C.1
## Lucro cesante del cónyuge
Años de duración del matrimonio: 60 años

Ingreso neto

| Hasta | 96 | 97 | 98 | 99 o más |
|---|---|---|---|---|
| 9.000 € | 3.000 € | 3.000 € | 3.000 € | 3.000 € |
| 12.000 € | 3.000 € | 3.000 € | 3.000 € | 3.000 € |
| 15.000 € | 3.205 € | 3.000 € | 3.000 € | 3.000 € |
| 18.000 € | 3.846 € | 3.243 € | 3.000 € | 3.000 € |
| 21.000 € | 4.487 € | 3.784 € | 3.000 € | 3.000 € |
| 24.000 € | 5.128 € | 4.325 € | 3.287 € | 3.000 € |
| 27.000 € | 5.769 € | 4.865 € | 3.698 € | 3.000 € |
| 30.000 € | 6.410 € | 5.406 € | 4.108 € | 3.000 € |
| 33.000 € | 7.051 € | 5.946 € | 4.519 € | 3.000 € |
| 36.000 € | 7.692 € | 6.487 € | 4.930 € | 3.000 € |
| 39.000 € | 8.333 € | 7.027 € | 5.341 € | 3.120 € |
| 42.000 € | 8.333 € | 7.027 € | 5.341 € | 3.120 € |
| 45.000 € | 8.333 € | 7.027 € | 5.341 € | 3.120 € |
| 48.000 € | 8.333 € | 7.027 € | 5.341 € | 3.120 € |
| 51.000 € | 8.333 € | 7.027 € | 5.341 € | 3.120 € |
| 54.000 € | 8.333 € | 7.027 € | 5.341 € | 3.120 € |
| 57.000 € | 8.333 € | 7.027 € | 5.341 € | 3.120 € |
| 60.000 € | 8.333 € | 7.027 € | 5.341 € | 3.120 € |
| 63.000 € | 8.333 € | 7.027 € | 5.341 € | 3.120 € |
| 66.000 € | 8.333 € | 7.027 € | 5.341 € | 3.120 € |
| 69.000 € | 8.333 € | 7.027 € | 5.341 € | 3.120 € |
| 72.000 € | 8.333 € | 7.027 € | 5.341 € | 3.120 € |
| 75.000 € | 8.333 € | 7.027 € | 5.341 € | 3.120 € |
| 78.000 € | 8.333 € | 7.027 € | 5.341 € | 3.120 € |
| 81.000 € | 8.333 € | 7.027 € | 5.341 € | 3.120 € |
| 84.000 € | 8.333 € | 7.027 € | 5.341 € | 3.120 € |
| 87.000 € | 8.333 € | 7.027 € | 5.341 € | 3.120 € |
| 90.000 € | 8.333 € | 7.027 € | 5.341 € | 3.120 € |
| 93.000 € | 8.333 € | 7.027 € | 5.341 € | 3.120 € |
| 96.000 € | 8.333 € | 7.027 € | 5.341 € | 3.120 € |
| 99.000 € | 8.333 € | 7.027 € | 5.341 € | 3.120 € |
| 102.000 € | 8.333 € | 7.027 € | 5.341 € | 3.120 € |
| 105.000 € | 8.333 € | 7.027 € | 5.341 € | 3.120 € |
| 108.000 € | 8.333 € | 7.027 € | 5.341 € | 3.120 € |
| 111.000 € | 8.333 € | 7.027 € | 5.341 € | 3.120 € |
| 114.000 € | 8.333 € | 7.027 € | 5.341 € | 3.120 € |
| 117.000 € | 8.333 € | 7.027 € | 5.341 € | 3.120 € |
| 120.000 € | 8.333 € | 7.027 € | 5.341 € | 3.120 € |

## TABLA 1.C.1
## Lucro cesante del cónyuge
Años de duración del matrimonio: 61 años

Ingreso neto | Edad del cónyuge | Edad del cónyuge

| Hasta | 75 | 76 | 77 | 78 | 79 | 80 | 81 | 82 | 83 | 84 | 85 |
|---|---|---|---|---|---|---|---|---|---|---|---|
| 9.000 € | 8.838 € | 8.406 € | 7.975 € | 7.553 € | 7.143 € | 6.738 € | 6.346 € | 5.968 € | 5.601 € | 5.245 € | 4.908 € |
| 12.000 € | 11.784 € | 11.209 € | 10.634 € | 10.071 € | 9.524 € | 8.983 € | 8.461 € | 7.957 € | 7.468 € | 6.994 € | 6.544 € |
| 15.000 € | 14.730 € | 14.011 € | 13.292 € | 12.588 € | 11.905 € | 11.229 € | 10.576 € | 9.947 € | 9.335 € | 8.742 € | 8.180 € |
| 18.000 € | 17.677 € | 16.813 € | 15.950 € | 15.106 € | 14.286 € | 13.475 € | 12.692 € | 11.936 € | 11.202 € | 10.490 € | 9.816 € |
| 21.000 € | 20.623 € | 19.615 € | 18.609 € | 17.624 € | 16.667 € | 15.721 € | 14.807 € | 13.925 € | 13.069 € | 12.239 € | 11.452 € |
| 24.000 € | 23.569 € | 22.417 € | 21.267 € | 20.141 € | 19.048 € | 17.967 € | 16.922 € | 15.915 € | 14.936 € | 13.987 € | 13.088 € |
| 27.000 € | 26.515 € | 25.219 € | 23.926 € | 22.659 € | 21.429 € | 20.213 € | 19.038 € | 17.904 € | 16.803 € | 15.735 € | 14.724 € |
| 30.000 € | 29.461 € | 28.021 € | 26.584 € | 25.177 € | 23.810 € | 22.459 € | 21.153 € | 19.893 € | 18.669 € | 17.484 € | 16.360 € |
| 33.000 € | 32.407 € | 30.823 € | 29.243 € | 27.694 € | 26.191 € | 24.704 € | 23.268 € | 21.883 € | 20.536 € | 19.232 € | 17.996 € |
| 36.000 € | 35.353 € | 33.626 € | 31.901 € | 30.212 € | 28.572 € | 26.950 € | 25.383 € | 23.872 € | 22.403 € | 20.981 € | 19.632 € |
| 39.000 € | 38.299 € | 36.428 € | 34.559 € | 32.730 € | 30.953 € | 29.196 € | 27.499 € | 25.861 € | 24.270 € | 22.729 € | 21.268 € |
| 42.000 € | 38.299 € | 36.428 € | 34.559 € | 32.730 € | 30.953 € | 29.196 € | 27.499 € | 25.861 € | 24.270 € | 22.729 € | 21.268 € |
| 45.000 € | 38.299 € | 36.428 € | 34.559 € | 32.730 € | 30.953 € | 29.196 € | 27.499 € | 25.861 € | 24.270 € | 22.729 € | 21.268 € |
| 48.000 € | 38.299 € | 36.428 € | 34.559 € | 32.730 € | 30.953 € | 29.196 € | 27.499 € | 25.861 € | 24.270 € | 22.729 € | 21.268 € |
| 51.000 € | 38.299 € | 36.428 € | 34.559 € | 32.730 € | 30.953 € | 29.196 € | 27.499 € | 25.861 € | 24.270 € | 22.729 € | 21.268 € |
| 54.000 € | 38.299 € | 36.428 € | 34.559 € | 32.730 € | 30.953 € | 29.196 € | 27.499 € | 25.861 € | 24.270 € | 22.729 € | 21.268 € |
| 57.000 € | 38.299 € | 36.428 € | 34.559 € | 32.730 € | 30.953 € | 29.196 € | 27.499 € | 25.861 € | 24.270 € | 22.729 € | 21.268 € |
| 60.000 € | 38.299 € | 36.428 € | 34.559 € | 32.730 € | 30.953 € | 29.196 € | 27.499 € | 25.861 € | 24.270 € | 22.729 € | 21.268 € |
| 63.000 € | 38.299 € | 36.428 € | 34.559 € | 32.730 € | 30.953 € | 29.196 € | 27.499 € | 25.861 € | 24.270 € | 22.729 € | 21.268 € |
| 66.000 € | 38.299 € | 36.428 € | 34.559 € | 32.730 € | 30.953 € | 29.196 € | 27.499 € | 25.861 € | 24.270 € | 22.729 € | 21.268 € |
| 69.000 € | 38.299 € | 36.428 € | 34.559 € | 32.730 € | 30.953 € | 29.196 € | 27.499 € | 25.861 € | 24.270 € | 22.729 € | 21.268 € |
| 72.000 € | 38.299 € | 36.428 € | 34.559 € | 32.730 € | 30.953 € | 29.196 € | 27.499 € | 25.861 € | 24.270 € | 22.729 € | 21.268 € |
| 75.000 € | 38.299 € | 36.428 € | 34.559 € | 32.730 € | 30.953 € | 29.196 € | 27.499 € | 25.861 € | 24.270 € | 22.729 € | 21.268 € |
| 78.000 € | 38.299 € | 36.428 € | 34.559 € | 32.730 € | 30.953 € | 29.196 € | 27.499 € | 25.861 € | 24.270 € | 22.729 € | 21.268 € |
| 81.000 € | 38.299 € | 36.428 € | 34.559 € | 32.730 € | 30.953 € | 29.196 € | 27.499 € | 25.861 € | 24.270 € | 22.729 € | 21.268 € |
| 84.000 € | 38.299 € | 36.428 € | 34.559 € | 32.730 € | 30.953 € | 29.196 € | 27.499 € | 25.861 € | 24.270 € | 22.729 € | 21.268 € |
| 87.000 € | 38.299 € | 36.428 € | 34.559 € | 32.730 € | 30.953 € | 29.196 € | 27.499 € | 25.861 € | 24.270 € | 22.729 € | 21.268 € |
| 90.000 € | 38.299 € | 36.428 € | 34.559 € | 32.730 € | 30.953 € | 29.196 € | 27.499 € | 25.861 € | 24.270 € | 22.729 € | 21.268 € |
| 93.000 € | 38.299 € | 36.428 € | 34.559 € | 32.730 € | 30.953 € | 29.196 € | 27.499 € | 25.861 € | 24.270 € | 22.729 € | 21.268 € |
| 96.000 € | 38.299 € | 36.428 € | 34.559 € | 32.730 € | 30.953 € | 29.196 € | 27.499 € | 25.861 € | 24.270 € | 22.729 € | 21.268 € |
| 99.000 € | 38.299 € | 36.428 € | 34.559 € | 32.730 € | 30.953 € | 29.196 € | 27.499 € | 25.861 € | 24.270 € | 22.729 € | 21.268 € |
| 102.000 € | 38.299 € | 36.428 € | 34.559 € | 32.730 € | 30.953 € | 29.196 € | 27.499 € | 25.861 € | 24.270 € | 22.729 € | 21.268 € |
| 105.000 € | 38.299 € | 36.428 € | 34.559 € | 32.730 € | 30.953 € | 29.196 € | 27.499 € | 25.861 € | 24.270 € | 22.729 € | 21.268 € |
| 108.000 € | 38.299 € | 36.428 € | 34.559 € | 32.730 € | 30.953 € | 29.196 € | 27.499 € | 25.861 € | 24.270 € | 22.729 € | 21.268 € |
| 111.000 € | 38.299 € | 36.428 € | 34.559 € | 32.730 € | 30.953 € | 29.196 € | 27.499 € | 25.861 € | 24.270 € | 22.729 € | 21.268 € |
| 114.000 € | 38.299 € | 36.428 € | 34.559 € | 32.730 € | 30.953 € | 29.196 € | 27.499 € | 25.861 € | 24.270 € | 22.729 € | 21.268 € |
| 117.000 € | 38.299 € | 36.428 € | 34.559 € | 32.730 € | 30.953 € | 29.196 € | 27.499 € | 25.861 € | 24.270 € | 22.729 € | 21.268 € |
| 120.000 € | 38.299 € | 36.428 € | 34.559 € | 32.730 € | 30.953 € | 29.196 € | 27.499 € | 25.861 € | 24.270 € | 22.729 € | 21.268 € |

## TABLA 1.C.1
## Lucro cesante del cónyuge
### Años de duración del matrimonio: 61 años

| Ingreso neto | Edad del cónyuge | | | | | | | | | | |
|---|---|---|---|---|---|---|---|---|---|---|---|
| Hasta | 86 | 87 | 88 | 89 | 90 | 91 | 92 | 93 | 94 | 95 | 96 |
| 9.000 € | 4.584 € | 4.276 € | 3.985 € | 3.715 € | 3.459 € | 3.206 € | 3.000 € | 3.000 € | 3.000 € | 3.000 € | 3.000 € |
| 12.000 € | 6.113 € | 5.702 € | 5.314 € | 4.954 € | 4.612 € | 4.274 € | 3.944 € | 3.580 € | 3.269 € | 3.000 € | 3.000 € |
| 15.000 € | 7.641 € | 7.127 € | 6.642 € | 6.192 € | 5.764 € | 5.343 € | 4.930 € | 4.474 € | 4.086 € | 3.656 € | 3.205 € |
| 18.000 € | 9.169 € | 8.552 € | 7.971 € | 7.431 € | 6.917 € | 6.411 € | 5.916 € | 5.369 € | 4.903 € | 4.387 € | 3.846 € |
| 21.000 € | 10.697 € | 9.978 € | 9.299 € | 8.669 € | 8.070 € | 7.480 € | 6.902 € | 6.264 € | 5.720 € | 5.118 € | 4.487 € |
| 24.000 € | 12.225 € | 11.403 € | 10.628 € | 9.907 € | 9.223 € | 8.548 € | 7.887 € | 7.159 € | 6.537 € | 5.849 € | 5.128 € |
| 27.000 € | 13.753 € | 12.829 € | 11.956 € | 11.146 € | 10.376 € | 9.617 € | 8.873 € | 8.054 € | 7.355 € | 6.581 € | 5.769 € |
| 30.000 € | 15.282 € | 14.254 € | 13.285 € | 12.384 € | 11.529 € | 10.685 € | 9.859 € | 8.949 € | 8.172 € | 7.312 € | 6.410 € |
| 33.000 € | 16.810 € | 15.679 € | 14.613 € | 13.623 € | 12.682 € | 11.754 € | 10.845 € | 9.844 € | 8.989 € | 8.043 € | 7.051 € |
| 36.000 € | 18.338 € | 17.105 € | 15.942 € | 14.861 € | 13.835 € | 12.822 € | 11.831 € | 10.739 € | 9.806 € | 8.774 € | 7.692 € |
| 39.000 € | 19.866 € | 18.530 € | 17.270 € | 16.100 € | 14.988 € | 13.891 € | 12.817 € | 11.634 € | 10.623 € | 9.505 € | 8.333 € |
| 42.000 € | 19.866 € | 18.530 € | 17.270 € | 16.100 € | 14.988 € | 13.891 € | 12.817 € | 11.634 € | 10.623 € | 9.505 € | 8.333 € |
| 45.000 € | 19.866 € | 18.530 € | 17.270 € | 16.100 € | 14.988 € | 13.891 € | 12.817 € | 11.634 € | 10.623 € | 9.505 € | 8.333 € |
| 48.000 € | 19.866 € | 18.530 € | 17.270 € | 16.100 € | 14.988 € | 13.891 € | 12.817 € | 11.634 € | 10.623 € | 9.505 € | 8.333 € |
| 51.000 € | 19.866 € | 18.530 € | 17.270 € | 16.100 € | 14.988 € | 13.891 € | 12.817 € | 11.634 € | 10.623 € | 9.505 € | 8.333 € |
| 54.000 € | 19.866 € | 18.530 € | 17.270 € | 16.100 € | 14.988 € | 13.891 € | 12.817 € | 11.634 € | 10.623 € | 9.505 € | 8.333 € |
| 57.000 € | 19.866 € | 18.530 € | 17.270 € | 16.100 € | 14.988 € | 13.891 € | 12.817 € | 11.634 € | 10.623 € | 9.505 € | 8.333 € |
| 60.000 € | 19.866 € | 18.530 € | 17.270 € | 16.100 € | 14.988 € | 13.891 € | 12.817 € | 11.634 € | 10.623 € | 9.505 € | 8.333 € |
| 63.000 € | 19.866 € | 18.530 € | 17.270 € | 16.100 € | 14.988 € | 13.891 € | 12.817 € | 11.634 € | 10.623 € | 9.505 € | 8.333 € |
| 66.000 € | 19.866 € | 18.530 € | 17.270 € | 16.100 € | 14.988 € | 13.891 € | 12.817 € | 11.634 € | 10.623 € | 9.505 € | 8.333 € |
| 69.000 € | 19.866 € | 18.530 € | 17.270 € | 16.100 € | 14.988 € | 13.891 € | 12.817 € | 11.634 € | 10.623 € | 9.505 € | 8.333 € |
| 72.000 € | 19.866 € | 18.530 € | 17.270 € | 16.100 € | 14.988 € | 13.891 € | 12.817 € | 11.634 € | 10.623 € | 9.505 € | 8.333 € |
| 75.000 € | 19.866 € | 18.530 € | 17.270 € | 16.100 € | 14.988 € | 13.891 € | 12.817 € | 11.634 € | 10.623 € | 9.505 € | 8.333 € |
| 78.000 € | 19.866 € | 18.530 € | 17.270 € | 16.100 € | 14.988 € | 13.891 € | 12.817 € | 11.634 € | 10.623 € | 9.505 € | 8.333 € |
| 81.000 € | 19.866 € | 18.530 € | 17.270 € | 16.100 € | 14.988 € | 13.891 € | 12.817 € | 11.634 € | 10.623 € | 9.505 € | 8.333 € |
| 84.000 € | 19.866 € | 18.530 € | 17.270 € | 16.100 € | 14.988 € | 13.891 € | 12.817 € | 11.634 € | 10.623 € | 9.505 € | 8.333 € |
| 87.000 € | 19.866 € | 18.530 € | 17.270 € | 16.100 € | 14.988 € | 13.891 € | 12.817 € | 11.634 € | 10.623 € | 9.505 € | 8.333 € |
| 90.000 € | 19.866 € | 18.530 € | 17.270 € | 16.100 € | 14.988 € | 13.891 € | 12.817 € | 11.634 € | 10.623 € | 9.505 € | 8.333 € |
| 93.000 € | 19.866 € | 18.530 € | 17.270 € | 16.100 € | 14.988 € | 13.891 € | 12.817 € | 11.634 € | 10.623 € | 9.505 € | 8.333 € |
| 96.000 € | 19.866 € | 18.530 € | 17.270 € | 16.100 € | 14.988 € | 13.891 € | 12.817 € | 11.634 € | 10.623 € | 9.505 € | 8.333 € |
| 99.000 € | 19.866 € | 18.530 € | 17.270 € | 16.100 € | 14.988 € | 13.891 € | 12.817 € | 11.634 € | 10.623 € | 9.505 € | 8.333 € |
| 102.000 € | 19.866 € | 18.530 € | 17.270 € | 16.100 € | 14.988 € | 13.891 € | 12.817 € | 11.634 € | 10.623 € | 9.505 € | 8.333 € |
| 105.000 € | 19.866 € | 18.530 € | 17.270 € | 16.100 € | 14.988 € | 13.891 € | 12.817 € | 11.634 € | 10.623 € | 9.505 € | 8.333 € |
| 108.000 € | 19.866 € | 18.530 € | 17.270 € | 16.100 € | 14.988 € | 13.891 € | 12.817 € | 11.634 € | 10.623 € | 9.505 € | 8.333 € |
| 111.000 € | 19.866 € | 18.530 € | 17.270 € | 16.100 € | 14.988 € | 13.891 € | 12.817 € | 11.634 € | 10.623 € | 9.505 € | 8.333 € |
| 114.000 € | 19.866 € | 18.530 € | 17.270 € | 16.100 € | 14.988 € | 13.891 € | 12.817 € | 11.634 € | 10.623 € | 9.505 € | 8.333 € |
| 117.000 € | 19.866 € | 18.530 € | 17.270 € | 16.100 € | 14.988 € | 13.891 € | 12.817 € | 11.634 € | 10.623 € | 9.505 € | 8.333 € |
| 120.000 € | 19.866 € | 18.530 € | 17.270 € | 16.100 € | 14.988 € | 13.891 € | 12.817 € | 11.634 € | 10.623 € | 9.505 € | 8.333 € |

# TABLA 1.C.1
## Lucro cesante del cónyuge
### Años de duración del matrimonio: 61 años

Ingreso neto

| Hasta | 97 | 98 | 99 o más |
|---|---|---|---|
| 9.000 € | 3.000 € | 3.000 € | 3.000 € |
| 12.000 € | 3.000 € | 3.000 € | 3.000 € |
| 15.000 € | 3.000 € | 3.000 € | 3.000 € |
| 18.000 € | 3.243 € | 3.000 € | 3.000 € |
| 21.000 € | 3.784 € | 3.000 € | 3.000 € |
| 24.000 € | 4.325 € | 3.287 € | 3.000 € |
| 27.000 € | 4.865 € | 3.698 € | 3.000 € |
| 30.000 € | 5.406 € | 4.108 € | 3.000 € |
| 33.000 € | 5.946 € | 4.519 € | 3.000 € |
| 36.000 € | 6.487 € | 4.930 € | 3.000 € |
| 39.000 € | 7.027 € | 5.341 € | 3.120 € |
| 42.000 € | 7.027 € | 5.341 € | 3.120 € |
| 45.000 € | 7.027 € | 5.341 € | 3.120 € |
| 48.000 € | 7.027 € | 5.341 € | 3.120 € |
| 51.000 € | 7.027 € | 5.341 € | 3.120 € |
| 54.000 € | 7.027 € | 5.341 € | 3.120 € |
| 57.000 € | 7.027 € | 5.341 € | 3.120 € |
| 60.000 € | 7.027 € | 5.341 € | 3.120 € |
| 63.000 € | 7.027 € | 5.341 € | 3.120 € |
| 66.000 € | 7.027 € | 5.341 € | 3.120 € |
| 69.000 € | 7.027 € | 5.341 € | 3.120 € |
| 72.000 € | 7.027 € | 5.341 € | 3.120 € |
| 75.000 € | 7.027 € | 5.341 € | 3.120 € |
| 78.000 € | 7.027 € | 5.341 € | 3.120 € |
| 81.000 € | 7.027 € | 5.341 € | 3.120 € |
| 84.000 € | 7.027 € | 5.341 € | 3.120 € |
| 87.000 € | 7.027 € | 5.341 € | 3.120 € |
| 90.000 € | 7.027 € | 5.341 € | 3.120 € |
| 93.000 € | 7.027 € | 5.341 € | 3.120 € |
| 96.000 € | 7.027 € | 5.341 € | 3.120 € |
| 99.000 € | 7.027 € | 5.341 € | 3.120 € |
| 102.000 € | 7.027 € | 5.341 € | 3.120 € |
| 105.000 € | 7.027 € | 5.341 € | 3.120 € |
| 108.000 € | 7.027 € | 5.341 € | 3.120 € |
| 111.000 € | 7.027 € | 5.341 € | 3.120 € |
| 114.000 € | 7.027 € | 5.341 € | 3.120 € |
| 117.000 € | 7.027 € | 5.341 € | 3.120 € |
| 120.000 € | 7.027 € | 5.341 € | 3.120 € |

# TABLA 1.C.1
## Lucro cesante del cónyuge
Años de duración del matrimonio: 62 años

Ingreso netc Edad del cónyuge Edad del cónyuge

| Hasta | 76 | 77 | 78 | 79 | 80 | 81 | 82 | 83 | 84 | 85 | 86 |
|---|---|---|---|---|---|---|---|---|---|---|---|
| 9.000 € | 8.406 € | 7.975 € | 7.553 € | 7.143 € | 6.738 € | 6.346 € | 5.968 € | 5.601 € | 5.245 € | 4.908 € | 4.584 € |
| 12.000 € | 11.209 € | 10.634 € | 10.071 € | 9.524 € | 8.983 € | 8.461 € | 7.957 € | 7.468 € | 6.994 € | 6.544 € | 6.113 € |
| 15.000 € | 14.011 € | 13.292 € | 12.588 € | 11.905 € | 11.229 € | 10.576 € | 9.947 € | 9.335 € | 8.742 € | 8.180 € | 7.641 € |
| 18.000 € | 16.813 € | 15.950 € | 15.106 € | 14.286 € | 13.475 € | 12.692 € | 11.936 € | 11.202 € | 10.490 € | 9.816 € | 9.169 € |
| 21.000 € | 19.615 € | 18.609 € | 17.624 € | 16.667 € | 15.721 € | 14.807 € | 13.925 € | 13.069 € | 12.239 € | 11.452 € | 10.697 € |
| 24.000 € | 22.417 € | 21.267 € | 20.141 € | 19.048 € | 17.967 € | 16.922 € | 15.915 € | 14.936 € | 13.987 € | 13.088 € | 12.225 € |
| 27.000 € | 25.219 € | 23.926 € | 22.659 € | 21.429 € | 20.213 € | 19.038 € | 17.904 € | 16.803 € | 15.735 € | 14.724 € | 13.753 € |
| 30.000 € | 28.021 € | 26.584 € | 25.177 € | 23.810 € | 22.459 € | 21.153 € | 19.893 € | 18.669 € | 17.484 € | 16.360 € | 15.282 € |
| 33.000 € | 30.823 € | 29.243 € | 27.694 € | 26.191 € | 24.704 € | 23.268 € | 21.883 € | 20.536 € | 19.232 € | 17.996 € | 16.810 € |
| 36.000 € | 33.626 € | 31.901 € | 30.212 € | 28.572 € | 26.950 € | 25.383 € | 23.872 € | 22.403 € | 20.981 € | 19.632 € | 18.338 € |
| 39.000 € | 36.428 € | 34.559 € | 32.730 € | 30.953 € | 29.196 € | 27.499 € | 25.861 € | 24.270 € | 22.729 € | 21.268 € | 19.866 € |
| 42.000 € | 36.428 € | 34.559 € | 32.730 € | 30.953 € | 29.196 € | 27.499 € | 25.861 € | 24.270 € | 22.729 € | 21.268 € | 19.866 € |
| 45.000 € | 36.428 € | 34.559 € | 32.730 € | 30.953 € | 29.196 € | 27.499 € | 25.861 € | 24.270 € | 22.729 € | 21.268 € | 19.866 € |
| 48.000 € | 36.428 € | 34.559 € | 32.730 € | 30.953 € | 29.196 € | 27.499 € | 25.861 € | 24.270 € | 22.729 € | 21.268 € | 19.866 € |
| 51.000 € | 36.428 € | 34.559 € | 32.730 € | 30.953 € | 29.196 € | 27.499 € | 25.861 € | 24.270 € | 22.729 € | 21.268 € | 19.866 € |
| 54.000 € | 36.428 € | 34.559 € | 32.730 € | 30.953 € | 29.196 € | 27.499 € | 25.861 € | 24.270 € | 22.729 € | 21.268 € | 19.866 € |
| 57.000 € | 36.428 € | 34.559 € | 32.730 € | 30.953 € | 29.196 € | 27.499 € | 25.861 € | 24.270 € | 22.729 € | 21.268 € | 19.866 € |
| 60.000 € | 36.428 € | 34.559 € | 32.730 € | 30.953 € | 29.196 € | 27.499 € | 25.861 € | 24.270 € | 22.729 € | 21.268 € | 19.866 € |
| 63.000 € | 36.428 € | 34.559 € | 32.730 € | 30.953 € | 29.196 € | 27.499 € | 25.861 € | 24.270 € | 22.729 € | 21.268 € | 19.866 € |
| 66.000 € | 36.428 € | 34.559 € | 32.730 € | 30.953 € | 29.196 € | 27.499 € | 25.861 € | 24.270 € | 22.729 € | 21.268 € | 19.866 € |
| 69.000 € | 36.428 € | 34.559 € | 32.730 € | 30.953 € | 29.196 € | 27.499 € | 25.861 € | 24.270 € | 22.729 € | 21.268 € | 19.866 € |
| 72.000 € | 36.428 € | 34.559 € | 32.730 € | 30.953 € | 29.196 € | 27.499 € | 25.861 € | 24.270 € | 22.729 € | 21.268 € | 19.866 € |
| 75.000 € | 36.428 € | 34.559 € | 32.730 € | 30.953 € | 29.196 € | 27.499 € | 25.861 € | 24.270 € | 22.729 € | 21.268 € | 19.866 € |
| 78.000 € | 36.428 € | 34.559 € | 32.730 € | 30.953 € | 29.196 € | 27.499 € | 25.861 € | 24.270 € | 22.729 € | 21.268 € | 19.866 € |
| 81.000 € | 36.428 € | 34.559 € | 32.730 € | 30.953 € | 29.196 € | 27.499 € | 25.861 € | 24.270 € | 22.729 € | 21.268 € | 19.866 € |
| 84.000 € | 36.428 € | 34.559 € | 32.730 € | 30.953 € | 29.196 € | 27.499 € | 25.861 € | 24.270 € | 22.729 € | 21.268 € | 19.866 € |
| 87.000 € | 36.428 € | 34.559 € | 32.730 € | 30.953 € | 29.196 € | 27.499 € | 25.861 € | 24.270 € | 22.729 € | 21.268 € | 19.866 € |
| 90.000 € | 36.428 € | 34.559 € | 32.730 € | 30.953 € | 29.196 € | 27.499 € | 25.861 € | 24.270 € | 22.729 € | 21.268 € | 19.866 € |
| 93.000 € | 36.428 € | 34.559 € | 32.730 € | 30.953 € | 29.196 € | 27.499 € | 25.861 € | 24.270 € | 22.729 € | 21.268 € | 19.866 € |
| 96.000 € | 36.428 € | 34.559 € | 32.730 € | 30.953 € | 29.196 € | 27.499 € | 25.861 € | 24.270 € | 22.729 € | 21.268 € | 19.866 € |
| 99.000 € | 36.428 € | 34.559 € | 32.730 € | 30.953 € | 29.196 € | 27.499 € | 25.861 € | 24.270 € | 22.729 € | 21.268 € | 19.866 € |
| 102.000 € | 36.428 € | 34.559 € | 32.730 € | 30.953 € | 29.196 € | 27.499 € | 25.861 € | 24.270 € | 22.729 € | 21.268 € | 19.866 € |
| 105.000 € | 36.428 € | 34.559 € | 32.730 € | 30.953 € | 29.196 € | 27.499 € | 25.861 € | 24.270 € | 22.729 € | 21.268 € | 19.866 € |
| 108.000 € | 36.428 € | 34.559 € | 32.730 € | 30.953 € | 29.196 € | 27.499 € | 25.861 € | 24.270 € | 22.729 € | 21.268 € | 19.866 € |
| 111.000 € | 36.428 € | 34.559 € | 32.730 € | 30.953 € | 29.196 € | 27.499 € | 25.861 € | 24.270 € | 22.729 € | 21.268 € | 19.866 € |
| 114.000 € | 36.428 € | 34.559 € | 32.730 € | 30.953 € | 29.196 € | 27.499 € | 25.861 € | 24.270 € | 22.729 € | 21.268 € | 19.866 € |
| 117.000 € | 36.428 € | 34.559 € | 32.730 € | 30.953 € | 29.196 € | 27.499 € | 25.861 € | 24.270 € | 22.729 € | 21.268 € | 19.866 € |
| 120.000 € | 36.428 € | 34.559 € | 32.730 € | 30.953 € | 29.196 € | 27.499 € | 25.861 € | 24.270 € | 22.729 € | 21.268 € | 19.866 € |

# TABLA 1.C.1
## Lucro cesante del cónyuge
### Años de duración del matrimonio: 62 años

| Ingreso neto | Edad del cónyuge | | | | | | | | | | |
|---|---|---|---|---|---|---|---|---|---|---|---|
| Hasta | 87 | 88 | 89 | 90 | 91 | 92 | 93 | 94 | 95 | 96 | 97 |
| 9.000 € | 4.276 € | 3.985 € | 3.715 € | 3.459 € | 3.206 € | 3.000 € | 3.000 € | 3.000 € | 3.000 € | 3.000 € | 3.000 € |
| 12.000 € | 5.702 € | 5.314 € | 4.954 € | 4.612 € | 4.274 € | 3.944 € | 3.580 € | 3.269 € | 3.000 € | 3.000 € | 3.000 € |
| 15.000 € | 7.127 € | 6.642 € | 6.192 € | 5.764 € | 5.343 € | 4.930 € | 4.474 € | 4.086 € | 3.656 € | 3.205 € | 3.000 € |
| 18.000 € | 8.552 € | 7.971 € | 7.431 € | 6.917 € | 6.411 € | 5.916 € | 5.369 € | 4.903 € | 4.387 € | 3.846 € | 3.243 € |
| 21.000 € | 9.978 € | 9.299 € | 8.669 € | 8.070 € | 7.480 € | 6.902 € | 6.264 € | 5.720 € | 5.118 € | 4.487 € | 3.784 € |
| 24.000 € | 11.403 € | 10.628 € | 9.907 € | 9.223 € | 8.548 € | 7.887 € | 7.159 € | 6.537 € | 5.849 € | 5.128 € | 4.325 € |
| 27.000 € | 12.829 € | 11.956 € | 11.146 € | 10.376 € | 9.617 € | 8.873 € | 8.054 € | 7.355 € | 6.581 € | 5.769 € | 4.865 € |
| 30.000 € | 14.254 € | 13.285 € | 12.384 € | 11.529 € | 10.685 € | 9.859 € | 8.949 € | 8.172 € | 7.312 € | 6.410 € | 5.406 € |
| 33.000 € | 15.679 € | 14.613 € | 13.623 € | 12.682 € | 11.754 € | 10.845 € | 9.844 € | 8.989 € | 8.043 € | 7.051 € | 5.946 € |
| 36.000 € | 17.105 € | 15.942 € | 14.861 € | 13.835 € | 12.822 € | 11.831 € | 10.739 € | 9.806 € | 8.774 € | 7.692 € | 6.487 € |
| 39.000 € | 18.530 € | 17.270 € | 16.100 € | 14.988 € | 13.891 € | 12.817 € | 11.634 € | 10.623 € | 9.505 € | 8.333 € | 7.027 € |
| 42.000 € | 18.530 € | 17.270 € | 16.100 € | 14.988 € | 13.891 € | 12.817 € | 11.634 € | 10.623 € | 9.505 € | 8.333 € | 7.027 € |
| 45.000 € | 18.530 € | 17.270 € | 16.100 € | 14.988 € | 13.891 € | 12.817 € | 11.634 € | 10.623 € | 9.505 € | 8.333 € | 7.027 € |
| 48.000 € | 18.530 € | 17.270 € | 16.100 € | 14.988 € | 13.891 € | 12.817 € | 11.634 € | 10.623 € | 9.505 € | 8.333 € | 7.027 € |
| 51.000 € | 18.530 € | 17.270 € | 16.100 € | 14.988 € | 13.891 € | 12.817 € | 11.634 € | 10.623 € | 9.505 € | 8.333 € | 7.027 € |
| 54.000 € | 18.530 € | 17.270 € | 16.100 € | 14.988 € | 13.891 € | 12.817 € | 11.634 € | 10.623 € | 9.505 € | 8.333 € | 7.027 € |
| 57.000 € | 18.530 € | 17.270 € | 16.100 € | 14.988 € | 13.891 € | 12.817 € | 11.634 € | 10.623 € | 9.505 € | 8.333 € | 7.027 € |
| 60.000 € | 18.530 € | 17.270 € | 16.100 € | 14.988 € | 13.891 € | 12.817 € | 11.634 € | 10.623 € | 9.505 € | 8.333 € | 7.027 € |
| 63.000 € | 18.530 € | 17.270 € | 16.100 € | 14.988 € | 13.891 € | 12.817 € | 11.634 € | 10.623 € | 9.505 € | 8.333 € | 7.027 € |
| 66.000 € | 18.530 € | 17.270 € | 16.100 € | 14.988 € | 13.891 € | 12.817 € | 11.634 € | 10.623 € | 9.505 € | 8.333 € | 7.027 € |
| 69.000 € | 18.530 € | 17.270 € | 16.100 € | 14.988 € | 13.891 € | 12.817 € | 11.634 € | 10.623 € | 9.505 € | 8.333 € | 7.027 € |
| 72.000 € | 18.530 € | 17.270 € | 16.100 € | 14.988 € | 13.891 € | 12.817 € | 11.634 € | 10.623 € | 9.505 € | 8.333 € | 7.027 € |
| 75.000 € | 18.530 € | 17.270 € | 16.100 € | 14.988 € | 13.891 € | 12.817 € | 11.634 € | 10.623 € | 9.505 € | 8.333 € | 7.027 € |
| 78.000 € | 18.530 € | 17.270 € | 16.100 € | 14.988 € | 13.891 € | 12.817 € | 11.634 € | 10.623 € | 9.505 € | 8.333 € | 7.027 € |
| 81.000 € | 18.530 € | 17.270 € | 16.100 € | 14.988 € | 13.891 € | 12.817 € | 11.634 € | 10.623 € | 9.505 € | 8.333 € | 7.027 € |
| 84.000 € | 18.530 € | 17.270 € | 16.100 € | 14.988 € | 13.891 € | 12.817 € | 11.634 € | 10.623 € | 9.505 € | 8.333 € | 7.027 € |
| 87.000 € | 18.530 € | 17.270 € | 16.100 € | 14.988 € | 13.891 € | 12.817 € | 11.634 € | 10.623 € | 9.505 € | 8.333 € | 7.027 € |
| 90.000 € | 18.530 € | 17.270 € | 16.100 € | 14.988 € | 13.891 € | 12.817 € | 11.634 € | 10.623 € | 9.505 € | 8.333 € | 7.027 € |
| 93.000 € | 18.530 € | 17.270 € | 16.100 € | 14.988 € | 13.891 € | 12.817 € | 11.634 € | 10.623 € | 9.505 € | 8.333 € | 7.027 € |
| 96.000 € | 18.530 € | 17.270 € | 16.100 € | 14.988 € | 13.891 € | 12.817 € | 11.634 € | 10.623 € | 9.505 € | 8.333 € | 7.027 € |
| 99.000 € | 18.530 € | 17.270 € | 16.100 € | 14.988 € | 13.891 € | 12.817 € | 11.634 € | 10.623 € | 9.505 € | 8.333 € | 7.027 € |
| 102.000 € | 18.530 € | 17.270 € | 16.100 € | 14.988 € | 13.891 € | 12.817 € | 11.634 € | 10.623 € | 9.505 € | 8.333 € | 7.027 € |
| 105.000 € | 18.530 € | 17.270 € | 16.100 € | 14.988 € | 13.891 € | 12.817 € | 11.634 € | 10.623 € | 9.505 € | 8.333 € | 7.027 € |
| 108.000 € | 18.530 € | 17.270 € | 16.100 € | 14.988 € | 13.891 € | 12.817 € | 11.634 € | 10.623 € | 9.505 € | 8.333 € | 7.027 € |
| 111.000 € | 18.530 € | 17.270 € | 16.100 € | 14.988 € | 13.891 € | 12.817 € | 11.634 € | 10.623 € | 9.505 € | 8.333 € | 7.027 € |
| 114.000 € | 18.530 € | 17.270 € | 16.100 € | 14.988 € | 13.891 € | 12.817 € | 11.634 € | 10.623 € | 9.505 € | 8.333 € | 7.027 € |
| 117.000 € | 18.530 € | 17.270 € | 16.100 € | 14.988 € | 13.891 € | 12.817 € | 11.634 € | 10.623 € | 9.505 € | 8.333 € | 7.027 € |
| 120.000 € | 18.530 € | 17.270 € | 16.100 € | 14.988 € | 13.891 € | 12.817 € | 11.634 € | 10.623 € | 9.505 € | 8.333 € | 7.027 € |

# TABLA 1.C.1
## Lucro cesante del cónyuge
### Años de duración del matrimonio: 62 años

Ingreso neto

| Hasta | 98 | 99 o más |
|---|---|---|
| 9.000 € | 3.000 € | 3.000 € |
| 12.000 € | 3.000 € | 3.000 € |
| 15.000 € | 3.000 € | 3.000 € |
| 18.000 € | 3.000 € | 3.000 € |
| 21.000 € | 3.000 € | 3.000 € |
| 24.000 € | 3.287 € | 3.000 € |
| 27.000 € | 3.698 € | 3.000 € |
| 30.000 € | 4.108 € | 3.000 € |
| 33.000 € | 4.519 € | 3.000 € |
| 36.000 € | 4.930 € | 3.000 € |
| 39.000 € | 5.341 € | 3.120 € |
| 42.000 € | 5.341 € | 3.120 € |
| 45.000 € | 5.341 € | 3.120 € |
| 48.000 € | 5.341 € | 3.120 € |
| 51.000 € | 5.341 € | 3.120 € |
| 54.000 € | 5.341 € | 3.120 € |
| 57.000 € | 5.341 € | 3.120 € |
| 60.000 € | 5.341 € | 3.120 € |
| 63.000 € | 5.341 € | 3.120 € |
| 66.000 € | 5.341 € | 3.120 € |
| 69.000 € | 5.341 € | 3.120 € |
| 72.000 € | 5.341 € | 3.120 € |
| 75.000 € | 5.341 € | 3.120 € |
| 78.000 € | 5.341 € | 3.120 € |
| 81.000 € | 5.341 € | 3.120 € |
| 84.000 € | 5.341 € | 3.120 € |
| 87.000 € | 5.341 € | 3.120 € |
| 90.000 € | 5.341 € | 3.120 € |
| 93.000 € | 5.341 € | 3.120 € |
| 96.000 € | 5.341 € | 3.120 € |
| 99.000 € | 5.341 € | 3.120 € |
| 102.000 € | 5.341 € | 3.120 € |
| 105.000 € | 5.341 € | 3.120 € |
| 108.000 € | 5.341 € | 3.120 € |
| 111.000 € | 5.341 € | 3.120 € |
| 114.000 € | 5.341 € | 3.120 € |
| 117.000 € | 5.341 € | 3.120 € |
| 120.000 € | 5.341 € | 3.120 € |

## TABLA 1.C.1
## Lucro cesante del cónyuge
Años de duración del matrimonio: 63 años

| Ingreso neto | Edad del cónyuge | | | | | | | | | Edad del cónyuge |
|---|---|---|---|---|---|---|---|---|---|---|---|
| Hasta | 77 | 78 | 79 | 80 | 81 | 82 | 83 | 84 | 85 | 86 | 87 |
| 9.000 € | 7.975 € | 7.553 € | 7.143 € | 6.738 € | 6.346 € | 5.968 € | 5.601 € | 5.245 € | 4.908 € | 4.584 € | 4.276 € |
| 12.000 € | 10.634 € | 10.071 € | 9.524 € | 8.983 € | 8.461 € | 7.957 € | 7.468 € | 6.994 € | 6.544 € | 6.113 € | 5.702 € |
| 15.000 € | 13.292 € | 12.588 € | 11.905 € | 11.229 € | 10.576 € | 9.947 € | 9.335 € | 8.742 € | 8.180 € | 7.641 € | 7.127 € |
| 18.000 € | 15.950 € | 15.106 € | 14.286 € | 13.475 € | 12.692 € | 11.936 € | 11.202 € | 10.490 € | 9.816 € | 9.169 € | 8.552 € |
| 21.000 € | 18.609 € | 17.624 € | 16.667 € | 15.721 € | 14.807 € | 13.925 € | 13.069 € | 12.239 € | 11.452 € | 10.697 € | 9.978 € |
| 24.000 € | 21.267 € | 20.141 € | 19.048 € | 17.967 € | 16.922 € | 15.915 € | 14.936 € | 13.987 € | 13.088 € | 12.225 € | 11.403 € |
| 27.000 € | 23.926 € | 22.659 € | 21.429 € | 20.213 € | 19.038 € | 17.904 € | 16.803 € | 15.735 € | 14.724 € | 13.753 € | 12.829 € |
| 30.000 € | 26.584 € | 25.177 € | 23.810 € | 22.459 € | 21.153 € | 19.893 € | 18.669 € | 17.484 € | 16.360 € | 15.282 € | 14.254 € |
| 33.000 € | 29.243 € | 27.694 € | 26.191 € | 24.704 € | 23.268 € | 21.883 € | 20.536 € | 19.232 € | 17.996 € | 16.810 € | 15.679 € |
| 36.000 € | 31.901 € | 30.212 € | 28.572 € | 26.950 € | 25.383 € | 23.872 € | 22.403 € | 20.981 € | 19.632 € | 18.338 € | 17.105 € |
| 39.000 € | 34.559 € | 32.730 € | 30.953 € | 29.196 € | 27.499 € | 25.861 € | 24.270 € | 22.729 € | 21.268 € | 19.866 € | 18.530 € |
| 42.000 € | 34.559 € | 32.730 € | 30.953 € | 29.196 € | 27.499 € | 25.861 € | 24.270 € | 22.729 € | 21.268 € | 19.866 € | 18.530 € |
| 45.000 € | 34.559 € | 32.730 € | 30.953 € | 29.196 € | 27.499 € | 25.861 € | 24.270 € | 22.729 € | 21.268 € | 19.866 € | 18.530 € |
| 48.000 € | 34.559 € | 32.730 € | 30.953 € | 29.196 € | 27.499 € | 25.861 € | 24.270 € | 22.729 € | 21.268 € | 19.866 € | 18.530 € |
| 51.000 € | 34.559 € | 32.730 € | 30.953 € | 29.196 € | 27.499 € | 25.861 € | 24.270 € | 22.729 € | 21.268 € | 19.866 € | 18.530 € |
| 54.000 € | 34.559 € | 32.730 € | 30.953 € | 29.196 € | 27.499 € | 25.861 € | 24.270 € | 22.729 € | 21.268 € | 19.866 € | 18.530 € |
| 57.000 € | 34.559 € | 32.730 € | 30.953 € | 29.196 € | 27.499 € | 25.861 € | 24.270 € | 22.729 € | 21.268 € | 19.866 € | 18.530 € |
| 60.000 € | 34.559 € | 32.730 € | 30.953 € | 29.196 € | 27.499 € | 25.861 € | 24.270 € | 22.729 € | 21.268 € | 19.866 € | 18.530 € |
| 63.000 € | 34.559 € | 32.730 € | 30.953 € | 29.196 € | 27.499 € | 25.861 € | 24.270 € | 22.729 € | 21.268 € | 19.866 € | 18.530 € |
| 66.000 € | 34.559 € | 32.730 € | 30.953 € | 29.196 € | 27.499 € | 25.861 € | 24.270 € | 22.729 € | 21.268 € | 19.866 € | 18.530 € |
| 69.000 € | 34.559 € | 32.730 € | 30.953 € | 29.196 € | 27.499 € | 25.861 € | 24.270 € | 22.729 € | 21.268 € | 19.866 € | 18.530 € |
| 72.000 € | 34.559 € | 32.730 € | 30.953 € | 29.196 € | 27.499 € | 25.861 € | 24.270 € | 22.729 € | 21.268 € | 19.866 € | 18.530 € |
| 75.000 € | 34.559 € | 32.730 € | 30.953 € | 29.196 € | 27.499 € | 25.861 € | 24.270 € | 22.729 € | 21.268 € | 19.866 € | 18.530 € |
| 78.000 € | 34.559 € | 32.730 € | 30.953 € | 29.196 € | 27.499 € | 25.861 € | 24.270 € | 22.729 € | 21.268 € | 19.866 € | 18.530 € |
| 81.000 € | 34.559 € | 32.730 € | 30.953 € | 29.196 € | 27.499 € | 25.861 € | 24.270 € | 22.729 € | 21.268 € | 19.866 € | 18.530 € |
| 84.000 € | 34.559 € | 32.730 € | 30.953 € | 29.196 € | 27.499 € | 25.861 € | 24.270 € | 22.729 € | 21.268 € | 19.866 € | 18.530 € |
| 87.000 € | 34.559 € | 32.730 € | 30.953 € | 29.196 € | 27.499 € | 25.861 € | 24.270 € | 22.729 € | 21.268 € | 19.866 € | 18.530 € |
| 90.000 € | 34.559 € | 32.730 € | 30.953 € | 29.196 € | 27.499 € | 25.861 € | 24.270 € | 22.729 € | 21.268 € | 19.866 € | 18.530 € |
| 93.000 € | 34.559 € | 32.730 € | 30.953 € | 29.196 € | 27.499 € | 25.861 € | 24.270 € | 22.729 € | 21.268 € | 19.866 € | 18.530 € |
| 96.000 € | 34.559 € | 32.730 € | 30.953 € | 29.196 € | 27.499 € | 25.861 € | 24.270 € | 22.729 € | 21.268 € | 19.866 € | 18.530 € |
| 99.000 € | 34.559 € | 32.730 € | 30.953 € | 29.196 € | 27.499 € | 25.861 € | 24.270 € | 22.729 € | 21.268 € | 19.866 € | 18.530 € |
| 102.000 € | 34.559 € | 32.730 € | 30.953 € | 29.196 € | 27.499 € | 25.861 € | 24.270 € | 22.729 € | 21.268 € | 19.866 € | 18.530 € |
| 105.000 € | 34.559 € | 32.730 € | 30.953 € | 29.196 € | 27.499 € | 25.861 € | 24.270 € | 22.729 € | 21.268 € | 19.866 € | 18.530 € |
| 108.000 € | 34.559 € | 32.730 € | 30.953 € | 29.196 € | 27.499 € | 25.861 € | 24.270 € | 22.729 € | 21.268 € | 19.866 € | 18.530 € |
| 111.000 € | 34.559 € | 32.730 € | 30.953 € | 29.196 € | 27.499 € | 25.861 € | 24.270 € | 22.729 € | 21.268 € | 19.866 € | 18.530 € |
| 114.000 € | 34.559 € | 32.730 € | 30.953 € | 29.196 € | 27.499 € | 25.861 € | 24.270 € | 22.729 € | 21.268 € | 19.866 € | 18.530 € |
| 117.000 € | 34.559 € | 32.730 € | 30.953 € | 29.196 € | 27.499 € | 25.861 € | 24.270 € | 22.729 € | 21.268 € | 19.866 € | 18.530 € |
| 120.000 € | 34.559 € | 32.730 € | 30.953 € | 29.196 € | 27.499 € | 25.861 € | 24.270 € | 22.729 € | 21.268 € | 19.866 € | 18.530 € |

# TABLA 1.C.1
## Lucro cesante del cónyuge
### Años de duración del matrimonio: 63 años

| Ingreso neto | Edad del cónyuge | | | | | | | | | | |
|---|---|---|---|---|---|---|---|---|---|---|---|
| Hasta | 88 | 89 | 90 | 91 | 92 | 93 | 94 | 95 | 96 | 97 | 98 |
| 9.000 € | 3.985 € | 3.715 € | 3.459 € | 3.206 € | 3.000 € | 3.000 € | 3.000 € | 3.000 € | 3.000 € | 3.000 € | 3.000 € |
| 12.000 € | 5.314 € | 4.954 € | 4.612 € | 4.274 € | 3.944 € | 3.580 € | 3.269 € | 3.000 € | 3.000 € | 3.000 € | 3.000 € |
| 15.000 € | 6.642 € | 6.192 € | 5.764 € | 5.343 € | 4.930 € | 4.474 € | 4.086 € | 3.656 € | 3.205 € | 3.000 € | 3.000 € |
| 18.000 € | 7.971 € | 7.431 € | 6.917 € | 6.411 € | 5.916 € | 5.369 € | 4.903 € | 4.387 € | 3.846 € | 3.243 € | 3.000 € |
| 21.000 € | 9.299 € | 8.669 € | 8.070 € | 7.480 € | 6.902 € | 6.264 € | 5.720 € | 5.118 € | 4.487 € | 3.784 € | 3.000 € |
| 24.000 € | 10.628 € | 9.907 € | 9.223 € | 8.548 € | 7.887 € | 7.159 € | 6.537 € | 5.849 € | 5.128 € | 4.325 € | 3.287 € |
| 27.000 € | 11.956 € | 11.146 € | 10.376 € | 9.617 € | 8.873 € | 8.054 € | 7.355 € | 6.581 € | 5.769 € | 4.865 € | 3.698 € |
| 30.000 € | 13.285 € | 12.384 € | 11.529 € | 10.685 € | 9.859 € | 8.949 € | 8.172 € | 7.312 € | 6.410 € | 5.406 € | 4.108 € |
| 33.000 € | 14.613 € | 13.623 € | 12.682 € | 11.754 € | 10.845 € | 9.844 € | 8.989 € | 8.043 € | 7.051 € | 5.946 € | 4.519 € |
| 36.000 € | 15.942 € | 14.861 € | 13.835 € | 12.822 € | 11.831 € | 10.739 € | 9.806 € | 8.774 € | 7.692 € | 6.487 € | 4.930 € |
| 39.000 € | 17.270 € | 16.100 € | 14.988 € | 13.891 € | 12.817 € | 11.634 € | 10.623 € | 9.505 € | 8.333 € | 7.027 € | 5.341 € |
| 42.000 € | 17.270 € | 16.100 € | 14.988 € | 13.891 € | 12.817 € | 11.634 € | 10.623 € | 9.505 € | 8.333 € | 7.027 € | 5.341 € |
| 45.000 € | 17.270 € | 16.100 € | 14.988 € | 13.891 € | 12.817 € | 11.634 € | 10.623 € | 9.505 € | 8.333 € | 7.027 € | 5.341 € |
| 48.000 € | 17.270 € | 16.100 € | 14.988 € | 13.891 € | 12.817 € | 11.634 € | 10.623 € | 9.505 € | 8.333 € | 7.027 € | 5.341 € |
| 51.000 € | 17.270 € | 16.100 € | 14.988 € | 13.891 € | 12.817 € | 11.634 € | 10.623 € | 9.505 € | 8.333 € | 7.027 € | 5.341 € |
| 54.000 € | 17.270 € | 16.100 € | 14.988 € | 13.891 € | 12.817 € | 11.634 € | 10.623 € | 9.505 € | 8.333 € | 7.027 € | 5.341 € |
| 57.000 € | 17.270 € | 16.100 € | 14.988 € | 13.891 € | 12.817 € | 11.634 € | 10.623 € | 9.505 € | 8.333 € | 7.027 € | 5.341 € |
| 60.000 € | 17.270 € | 16.100 € | 14.988 € | 13.891 € | 12.817 € | 11.634 € | 10.623 € | 9.505 € | 8.333 € | 7.027 € | 5.341 € |
| 63.000 € | 17.270 € | 16.100 € | 14.988 € | 13.891 € | 12.817 € | 11.634 € | 10.623 € | 9.505 € | 8.333 € | 7.027 € | 5.341 € |
| 66.000 € | 17.270 € | 16.100 € | 14.988 € | 13.891 € | 12.817 € | 11.634 € | 10.623 € | 9.505 € | 8.333 € | 7.027 € | 5.341 € |
| 69.000 € | 17.270 € | 16.100 € | 14.988 € | 13.891 € | 12.817 € | 11.634 € | 10.623 € | 9.505 € | 8.333 € | 7.027 € | 5.341 € |
| 72.000 € | 17.270 € | 16.100 € | 14.988 € | 13.891 € | 12.817 € | 11.634 € | 10.623 € | 9.505 € | 8.333 € | 7.027 € | 5.341 € |
| 75.000 € | 17.270 € | 16.100 € | 14.988 € | 13.891 € | 12.817 € | 11.634 € | 10.623 € | 9.505 € | 8.333 € | 7.027 € | 5.341 € |
| 78.000 € | 17.270 € | 16.100 € | 14.988 € | 13.891 € | 12.817 € | 11.634 € | 10.623 € | 9.505 € | 8.333 € | 7.027 € | 5.341 € |
| 81.000 € | 17.270 € | 16.100 € | 14.988 € | 13.891 € | 12.817 € | 11.634 € | 10.623 € | 9.505 € | 8.333 € | 7.027 € | 5.341 € |
| 84.000 € | 17.270 € | 16.100 € | 14.988 € | 13.891 € | 12.817 € | 11.634 € | 10.623 € | 9.505 € | 8.333 € | 7.027 € | 5.341 € |
| 87.000 € | 17.270 € | 16.100 € | 14.988 € | 13.891 € | 12.817 € | 11.634 € | 10.623 € | 9.505 € | 8.333 € | 7.027 € | 5.341 € |
| 90.000 € | 17.270 € | 16.100 € | 14.988 € | 13.891 € | 12.817 € | 11.634 € | 10.623 € | 9.505 € | 8.333 € | 7.027 € | 5.341 € |
| 93.000 € | 17.270 € | 16.100 € | 14.988 € | 13.891 € | 12.817 € | 11.634 € | 10.623 € | 9.505 € | 8.333 € | 7.027 € | 5.341 € |
| 96.000 € | 17.270 € | 16.100 € | 14.988 € | 13.891 € | 12.817 € | 11.634 € | 10.623 € | 9.505 € | 8.333 € | 7.027 € | 5.341 € |
| 99.000 € | 17.270 € | 16.100 € | 14.988 € | 13.891 € | 12.817 € | 11.634 € | 10.623 € | 9.505 € | 8.333 € | 7.027 € | 5.341 € |
| 102.000 € | 17.270 € | 16.100 € | 14.988 € | 13.891 € | 12.817 € | 11.634 € | 10.623 € | 9.505 € | 8.333 € | 7.027 € | 5.341 € |
| 105.000 € | 17.270 € | 16.100 € | 14.988 € | 13.891 € | 12.817 € | 11.634 € | 10.623 € | 9.505 € | 8.333 € | 7.027 € | 5.341 € |
| 108.000 € | 17.270 € | 16.100 € | 14.988 € | 13.891 € | 12.817 € | 11.634 € | 10.623 € | 9.505 € | 8.333 € | 7.027 € | 5.341 € |
| 111.000 € | 17.270 € | 16.100 € | 14.988 € | 13.891 € | 12.817 € | 11.634 € | 10.623 € | 9.505 € | 8.333 € | 7.027 € | 5.341 € |
| 114.000 € | 17.270 € | 16.100 € | 14.988 € | 13.891 € | 12.817 € | 11.634 € | 10.623 € | 9.505 € | 8.333 € | 7.027 € | 5.341 € |
| 117.000 € | 17.270 € | 16.100 € | 14.988 € | 13.891 € | 12.817 € | 11.634 € | 10.623 € | 9.505 € | 8.333 € | 7.027 € | 5.341 € |
| 120.000 € | 17.270 € | 16.100 € | 14.988 € | 13.891 € | 12.817 € | 11.634 € | 10.623 € | 9.505 € | 8.333 € | 7.027 € | 5.341 € |

# TABLA 1.C.1
## Lucro cesante del cónyuge
### Años de duración del matrimonio: 63 años

Ingreso neto

| Hasta | 99 o más |
|---|---|
| 9.000 € | 3.000 € |
| 12.000 € | 3.000 € |
| 15.000 € | 3.000 € |
| 18.000 € | 3.000 € |
| 21.000 € | 3.000 € |
| 24.000 € | 3.000 € |
| 27.000 € | 3.000 € |
| 30.000 € | 3.000 € |
| 33.000 € | 3.000 € |
| 36.000 € | 3.000 € |
| 39.000 € | 3.120 € |
| 42.000 € | 3.120 € |
| 45.000 € | 3.120 € |
| 48.000 € | 3.120 € |
| 51.000 € | 3.120 € |
| 54.000 € | 3.120 € |
| 57.000 € | 3.120 € |
| 60.000 € | 3.120 € |
| 63.000 € | 3.120 € |
| 66.000 € | 3.120 € |
| 69.000 € | 3.120 € |
| 72.000 € | 3.120 € |
| 75.000 € | 3.120 € |
| 78.000 € | 3.120 € |
| 81.000 € | 3.120 € |
| 84.000 € | 3.120 € |
| 87.000 € | 3.120 € |
| 90.000 € | 3.120 € |
| 93.000 € | 3.120 € |
| 96.000 € | 3.120 € |
| 99.000 € | 3.120 € |
| 102.000 € | 3.120 € |
| 105.000 € | 3.120 € |
| 108.000 € | 3.120 € |
| 111.000 € | 3.120 € |
| 114.000 € | 3.120 € |
| 117.000 € | 3.120 € |
| 120.000 € | 3.120 € |

# TABLA 1.C.1
## Lucro cesante del cónyuge
Años de duración del matrimonio: 64 años

| Ingreso netc | Edad del cónyuge | | | | | | | | | Edad del cónyuge |
|---|---|---|---|---|---|---|---|---|---|---|---|
| Hasta | 78 | 79 | 80 | 81 | 82 | 83 | 84 | 85 | 86 | 87 | 88 |
| 9.000 € | 7.553 € | 7.143 € | 6.738 € | 6.346 € | 5.968 € | 5.601 € | 5.245 € | 4.908 € | 4.584 € | 4.276 € | 3.985 € |
| 12.000 € | 10.071 € | 9.524 € | 8.983 € | 8.461 € | 7.957 € | 7.468 € | 6.994 € | 6.544 € | 6.113 € | 5.702 € | 5.314 € |
| 15.000 € | 12.588 € | 11.905 € | 11.229 € | 10.576 € | 9.947 € | 9.335 € | 8.742 € | 8.180 € | 7.641 € | 7.127 € | 6.642 € |
| 18.000 € | 15.106 € | 14.286 € | 13.475 € | 12.692 € | 11.936 € | 11.202 € | 10.490 € | 9.816 € | 9.169 € | 8.552 € | 7.971 € |
| 21.000 € | 17.624 € | 16.667 € | 15.721 € | 14.807 € | 13.925 € | 13.069 € | 12.239 € | 11.452 € | 10.697 € | 9.978 € | 9.299 € |
| 24.000 € | 20.141 € | 19.048 € | 17.967 € | 16.922 € | 15.915 € | 14.936 € | 13.987 € | 13.088 € | 12.225 € | 11.403 € | 10.628 € |
| 27.000 € | 22.659 € | 21.429 € | 20.213 € | 19.038 € | 17.904 € | 16.803 € | 15.735 € | 14.724 € | 13.753 € | 12.829 € | 11.956 € |
| 30.000 € | 25.177 € | 23.810 € | 22.459 € | 21.153 € | 19.893 € | 18.669 € | 17.484 € | 16.360 € | 15.282 € | 14.254 € | 13.285 € |
| 33.000 € | 27.694 € | 26.191 € | 24.704 € | 23.268 € | 21.883 € | 20.536 € | 19.232 € | 17.996 € | 16.810 € | 15.679 € | 14.613 € |
| 36.000 € | 30.212 € | 28.572 € | 26.950 € | 25.383 € | 23.872 € | 22.403 € | 20.981 € | 19.632 € | 18.338 € | 17.105 € | 15.942 € |
| 39.000 € | 32.730 € | 30.953 € | 29.196 € | 27.499 € | 25.861 € | 24.270 € | 22.729 € | 21.268 € | 19.866 € | 18.530 € | 17.270 € |
| 42.000 € | 32.730 € | 30.953 € | 29.196 € | 27.499 € | 25.861 € | 24.270 € | 22.729 € | 21.268 € | 19.866 € | 18.530 € | 17.270 € |
| 45.000 € | 32.730 € | 30.953 € | 29.196 € | 27.499 € | 25.861 € | 24.270 € | 22.729 € | 21.268 € | 19.866 € | 18.530 € | 17.270 € |
| 48.000 € | 32.730 € | 30.953 € | 29.196 € | 27.499 € | 25.861 € | 24.270 € | 22.729 € | 21.268 € | 19.866 € | 18.530 € | 17.270 € |
| 51.000 € | 32.730 € | 30.953 € | 29.196 € | 27.499 € | 25.861 € | 24.270 € | 22.729 € | 21.268 € | 19.866 € | 18.530 € | 17.270 € |
| 54.000 € | 32.730 € | 30.953 € | 29.196 € | 27.499 € | 25.861 € | 24.270 € | 22.729 € | 21.268 € | 19.866 € | 18.530 € | 17.270 € |
| 57.000 € | 32.730 € | 30.953 € | 29.196 € | 27.499 € | 25.861 € | 24.270 € | 22.729 € | 21.268 € | 19.866 € | 18.530 € | 17.270 € |
| 60.000 € | 32.730 € | 30.953 € | 29.196 € | 27.499 € | 25.861 € | 24.270 € | 22.729 € | 21.268 € | 19.866 € | 18.530 € | 17.270 € |
| 63.000 € | 32.730 € | 30.953 € | 29.196 € | 27.499 € | 25.861 € | 24.270 € | 22.729 € | 21.268 € | 19.866 € | 18.530 € | 17.270 € |
| 66.000 € | 32.730 € | 30.953 € | 29.196 € | 27.499 € | 25.861 € | 24.270 € | 22.729 € | 21.268 € | 19.866 € | 18.530 € | 17.270 € |
| 69.000 € | 32.730 € | 30.953 € | 29.196 € | 27.499 € | 25.861 € | 24.270 € | 22.729 € | 21.268 € | 19.866 € | 18.530 € | 17.270 € |
| 72.000 € | 32.730 € | 30.953 € | 29.196 € | 27.499 € | 25.861 € | 24.270 € | 22.729 € | 21.268 € | 19.866 € | 18.530 € | 17.270 € |
| 75.000 € | 32.730 € | 30.953 € | 29.196 € | 27.499 € | 25.861 € | 24.270 € | 22.729 € | 21.268 € | 19.866 € | 18.530 € | 17.270 € |
| 78.000 € | 32.730 € | 30.953 € | 29.196 € | 27.499 € | 25.861 € | 24.270 € | 22.729 € | 21.268 € | 19.866 € | 18.530 € | 17.270 € |
| 81.000 € | 32.730 € | 30.953 € | 29.196 € | 27.499 € | 25.861 € | 24.270 € | 22.729 € | 21.268 € | 19.866 € | 18.530 € | 17.270 € |
| 84.000 € | 32.730 € | 30.953 € | 29.196 € | 27.499 € | 25.861 € | 24.270 € | 22.729 € | 21.268 € | 19.866 € | 18.530 € | 17.270 € |
| 87.000 € | 32.730 € | 30.953 € | 29.196 € | 27.499 € | 25.861 € | 24.270 € | 22.729 € | 21.268 € | 19.866 € | 18.530 € | 17.270 € |
| 90.000 € | 32.730 € | 30.953 € | 29.196 € | 27.499 € | 25.861 € | 24.270 € | 22.729 € | 21.268 € | 19.866 € | 18.530 € | 17.270 € |
| 93.000 € | 32.730 € | 30.953 € | 29.196 € | 27.499 € | 25.861 € | 24.270 € | 22.729 € | 21.268 € | 19.866 € | 18.530 € | 17.270 € |
| 96.000 € | 32.730 € | 30.953 € | 29.196 € | 27.499 € | 25.861 € | 24.270 € | 22.729 € | 21.268 € | 19.866 € | 18.530 € | 17.270 € |
| 99.000 € | 32.730 € | 30.953 € | 29.196 € | 27.499 € | 25.861 € | 24.270 € | 22.729 € | 21.268 € | 19.866 € | 18.530 € | 17.270 € |
| 102.000 € | 32.730 € | 30.953 € | 29.196 € | 27.499 € | 25.861 € | 24.270 € | 22.729 € | 21.268 € | 19.866 € | 18.530 € | 17.270 € |
| 105.000 € | 32.730 € | 30.953 € | 29.196 € | 27.499 € | 25.861 € | 24.270 € | 22.729 € | 21.268 € | 19.866 € | 18.530 € | 17.270 € |
| 108.000 € | 32.730 € | 30.953 € | 29.196 € | 27.499 € | 25.861 € | 24.270 € | 22.729 € | 21.268 € | 19.866 € | 18.530 € | 17.270 € |
| 111.000 € | 32.730 € | 30.953 € | 29.196 € | 27.499 € | 25.861 € | 24.270 € | 22.729 € | 21.268 € | 19.866 € | 18.530 € | 17.270 € |
| 114.000 € | 32.730 € | 30.953 € | 29.196 € | 27.499 € | 25.861 € | 24.270 € | 22.729 € | 21.268 € | 19.866 € | 18.530 € | 17.270 € |
| 117.000 € | 32.730 € | 30.953 € | 29.196 € | 27.499 € | 25.861 € | 24.270 € | 22.729 € | 21.268 € | 19.866 € | 18.530 € | 17.270 € |
| 120.000 € | 32.730 € | 30.953 € | 29.196 € | 27.499 € | 25.861 € | 24.270 € | 22.729 € | 21.268 € | 19.866 € | 18.530 € | 17.270 € |

# TABLA 1.C.1
## Lucro cesante del cónyuge
### Años de duración del matrimonio: 64 años

| Ingreso neto | Edad del cónyuge | | | | | | | | | | |
|---|---|---|---|---|---|---|---|---|---|---|---|
| Hasta | 89 | 90 | 91 | 92 | 93 | 94 | 95 | 96 | 97 | 98 | 99 o más |
| 9.000 € | 3.715 € | 3.459 € | 3.206 € | 3.000 € | 3.000 € | 3.000 € | 3.000 € | 3.000 € | 3.000 € | 3.000 € | 3.000 € |
| 12.000 € | 4.954 € | 4.612 € | 4.274 € | 3.944 € | 3.580 € | 3.269 € | 3.000 € | 3.000 € | 3.000 € | 3.000 € | 3.000 € |
| 15.000 € | 6.192 € | 5.764 € | 5.343 € | 4.930 € | 4.474 € | 4.086 € | 3.656 € | 3.205 € | 3.000 € | 3.000 € | 3.000 € |
| 18.000 € | 7.431 € | 6.917 € | 6.411 € | 5.916 € | 5.369 € | 4.903 € | 4.387 € | 3.846 € | 3.243 € | 3.000 € | 3.000 € |
| 21.000 € | 8.669 € | 8.070 € | 7.480 € | 6.902 € | 6.264 € | 5.720 € | 5.118 € | 4.487 € | 3.784 € | 3.000 € | 3.000 € |
| 24.000 € | 9.907 € | 9.223 € | 8.548 € | 7.887 € | 7.159 € | 6.537 € | 5.849 € | 5.128 € | 4.325 € | 3.287 € | 3.000 € |
| 27.000 € | 11.146 € | 10.376 € | 9.617 € | 8.873 € | 8.054 € | 7.355 € | 6.581 € | 5.769 € | 4.865 € | 3.698 € | 3.000 € |
| 30.000 € | 12.384 € | 11.529 € | 10.685 € | 9.859 € | 8.949 € | 8.172 € | 7.312 € | 6.410 € | 5.406 € | 4.108 € | 3.000 € |
| 33.000 € | 13.623 € | 12.682 € | 11.754 € | 10.845 € | 9.844 € | 8.989 € | 8.043 € | 7.051 € | 5.946 € | 4.519 € | 3.000 € |
| 36.000 € | 14.861 € | 13.835 € | 12.822 € | 11.831 € | 10.739 € | 9.806 € | 8.774 € | 7.692 € | 6.487 € | 4.930 € | 3.000 € |
| 39.000 € | 16.100 € | 14.988 € | 13.891 € | 12.817 € | 11.634 € | 10.623 € | 9.505 € | 8.333 € | 7.027 € | 5.341 € | 3.120 € |
| 42.000 € | 16.100 € | 14.988 € | 13.891 € | 12.817 € | 11.634 € | 10.623 € | 9.505 € | 8.333 € | 7.027 € | 5.341 € | 3.120 € |
| 45.000 € | 16.100 € | 14.988 € | 13.891 € | 12.817 € | 11.634 € | 10.623 € | 9.505 € | 8.333 € | 7.027 € | 5.341 € | 3.120 € |
| 48.000 € | 16.100 € | 14.988 € | 13.891 € | 12.817 € | 11.634 € | 10.623 € | 9.505 € | 8.333 € | 7.027 € | 5.341 € | 3.120 € |
| 51.000 € | 16.100 € | 14.988 € | 13.891 € | 12.817 € | 11.634 € | 10.623 € | 9.505 € | 8.333 € | 7.027 € | 5.341 € | 3.120 € |
| 54.000 € | 16.100 € | 14.988 € | 13.891 € | 12.817 € | 11.634 € | 10.623 € | 9.505 € | 8.333 € | 7.027 € | 5.341 € | 3.120 € |
| 57.000 € | 16.100 € | 14.988 € | 13.891 € | 12.817 € | 11.634 € | 10.623 € | 9.505 € | 8.333 € | 7.027 € | 5.341 € | 3.120 € |
| 60.000 € | 16.100 € | 14.988 € | 13.891 € | 12.817 € | 11.634 € | 10.623 € | 9.505 € | 8.333 € | 7.027 € | 5.341 € | 3.120 € |
| 63.000 € | 16.100 € | 14.988 € | 13.891 € | 12.817 € | 11.634 € | 10.623 € | 9.505 € | 8.333 € | 7.027 € | 5.341 € | 3.120 € |
| 66.000 € | 16.100 € | 14.988 € | 13.891 € | 12.817 € | 11.634 € | 10.623 € | 9.505 € | 8.333 € | 7.027 € | 5.341 € | 3.120 € |
| 69.000 € | 16.100 € | 14.988 € | 13.891 € | 12.817 € | 11.634 € | 10.623 € | 9.505 € | 8.333 € | 7.027 € | 5.341 € | 3.120 € |
| 72.000 € | 16.100 € | 14.988 € | 13.891 € | 12.817 € | 11.634 € | 10.623 € | 9.505 € | 8.333 € | 7.027 € | 5.341 € | 3.120 € |
| 75.000 € | 16.100 € | 14.988 € | 13.891 € | 12.817 € | 11.634 € | 10.623 € | 9.505 € | 8.333 € | 7.027 € | 5.341 € | 3.120 € |
| 78.000 € | 16.100 € | 14.988 € | 13.891 € | 12.817 € | 11.634 € | 10.623 € | 9.505 € | 8.333 € | 7.027 € | 5.341 € | 3.120 € |
| 81.000 € | 16.100 € | 14.988 € | 13.891 € | 12.817 € | 11.634 € | 10.623 € | 9.505 € | 8.333 € | 7.027 € | 5.341 € | 3.120 € |
| 84.000 € | 16.100 € | 14.988 € | 13.891 € | 12.817 € | 11.634 € | 10.623 € | 9.505 € | 8.333 € | 7.027 € | 5.341 € | 3.120 € |
| 87.000 € | 16.100 € | 14.988 € | 13.891 € | 12.817 € | 11.634 € | 10.623 € | 9.505 € | 8.333 € | 7.027 € | 5.341 € | 3.120 € |
| 90.000 € | 16.100 € | 14.988 € | 13.891 € | 12.817 € | 11.634 € | 10.623 € | 9.505 € | 8.333 € | 7.027 € | 5.341 € | 3.120 € |
| 93.000 € | 16.100 € | 14.988 € | 13.891 € | 12.817 € | 11.634 € | 10.623 € | 9.505 € | 8.333 € | 7.027 € | 5.341 € | 3.120 € |
| 96.000 € | 16.100 € | 14.988 € | 13.891 € | 12.817 € | 11.634 € | 10.623 € | 9.505 € | 8.333 € | 7.027 € | 5.341 € | 3.120 € |
| 99.000 € | 16.100 € | 14.988 € | 13.891 € | 12.817 € | 11.634 € | 10.623 € | 9.505 € | 8.333 € | 7.027 € | 5.341 € | 3.120 € |
| 102.000 € | 16.100 € | 14.988 € | 13.891 € | 12.817 € | 11.634 € | 10.623 € | 9.505 € | 8.333 € | 7.027 € | 5.341 € | 3.120 € |
| 105.000 € | 16.100 € | 14.988 € | 13.891 € | 12.817 € | 11.634 € | 10.623 € | 9.505 € | 8.333 € | 7.027 € | 5.341 € | 3.120 € |
| 108.000 € | 16.100 € | 14.988 € | 13.891 € | 12.817 € | 11.634 € | 10.623 € | 9.505 € | 8.333 € | 7.027 € | 5.341 € | 3.120 € |
| 111.000 € | 16.100 € | 14.988 € | 13.891 € | 12.817 € | 11.634 € | 10.623 € | 9.505 € | 8.333 € | 7.027 € | 5.341 € | 3.120 € |
| 114.000 € | 16.100 € | 14.988 € | 13.891 € | 12.817 € | 11.634 € | 10.623 € | 9.505 € | 8.333 € | 7.027 € | 5.341 € | 3.120 € |
| 117.000 € | 16.100 € | 14.988 € | 13.891 € | 12.817 € | 11.634 € | 10.623 € | 9.505 € | 8.333 € | 7.027 € | 5.341 € | 3.120 € |
| 120.000 € | 16.100 € | 14.988 € | 13.891 € | 12.817 € | 11.634 € | 10.623 € | 9.505 € | 8.333 € | 7.027 € | 5.341 € | 3.120 € |

# TABLA 1.C.1
## Lucro cesante del cónyuge
### Años de duración del matrimonio: 65 años

Ingreso netc Edad del cónyuge

Edad del cónyuge

| Hasta | 79 | 80 | 81 | 82 | 83 | 84 | 85 | 86 | 87 | 88 | 89 |
|---|---|---|---|---|---|---|---|---|---|---|---|
| 9.000 € | 7.143 € | 6.738 € | 6.346 € | 5.968 € | 5.601 € | 5.245 € | 4.908 € | 4.584 € | 4.276 € | 3.985 € | 3.715 € |
| 12.000 € | 9.524 € | 8.983 € | 8.461 € | 7.957 € | 7.468 € | 6.994 € | 6.544 € | 6.113 € | 5.702 € | 5.314 € | 4.954 € |
| 15.000 € | 11.905 € | 11.229 € | 10.576 € | 9.947 € | 9.335 € | 8.742 € | 8.180 € | 7.641 € | 7.127 € | 6.642 € | 6.192 € |
| 18.000 € | 14.286 € | 13.475 € | 12.692 € | 11.936 € | 11.202 € | 10.490 € | 9.816 € | 9.169 € | 8.552 € | 7.971 € | 7.431 € |
| 21.000 € | 16.667 € | 15.721 € | 14.807 € | 13.925 € | 13.069 € | 12.239 € | 11.452 € | 10.697 € | 9.978 € | 9.299 € | 8.669 € |
| 24.000 € | 19.048 € | 17.967 € | 16.922 € | 15.915 € | 14.936 € | 13.987 € | 13.088 € | 12.225 € | 11.403 € | 10.628 € | 9.907 € |
| 27.000 € | 21.429 € | 20.213 € | 19.038 € | 17.904 € | 16.803 € | 15.735 € | 14.724 € | 13.753 € | 12.829 € | 11.956 € | 11.146 € |
| 30.000 € | 23.810 € | 22.459 € | 21.153 € | 19.893 € | 18.669 € | 17.484 € | 16.360 € | 15.282 € | 14.254 € | 13.285 € | 12.384 € |
| 33.000 € | 26.191 € | 24.704 € | 23.268 € | 21.883 € | 20.536 € | 19.232 € | 17.996 € | 16.810 € | 15.679 € | 14.613 € | 13.623 € |
| 36.000 € | 28.572 € | 26.950 € | 25.383 € | 23.872 € | 22.403 € | 20.981 € | 19.632 € | 18.338 € | 17.105 € | 15.942 € | 14.861 € |
| 39.000 € | 30.953 € | 29.196 € | 27.499 € | 25.861 € | 24.270 € | 22.729 € | 21.268 € | 19.866 € | 18.530 € | 17.270 € | 16.100 € |
| 42.000 € | 30.953 € | 29.196 € | 27.499 € | 25.861 € | 24.270 € | 22.729 € | 21.268 € | 19.866 € | 18.530 € | 17.270 € | 16.100 € |
| 45.000 € | 30.953 € | 29.196 € | 27.499 € | 25.861 € | 24.270 € | 22.729 € | 21.268 € | 19.866 € | 18.530 € | 17.270 € | 16.100 € |
| 48.000 € | 30.953 € | 29.196 € | 27.499 € | 25.861 € | 24.270 € | 22.729 € | 21.268 € | 19.866 € | 18.530 € | 17.270 € | 16.100 € |
| 51.000 € | 30.953 € | 29.196 € | 27.499 € | 25.861 € | 24.270 € | 22.729 € | 21.268 € | 19.866 € | 18.530 € | 17.270 € | 16.100 € |
| 54.000 € | 30.953 € | 29.196 € | 27.499 € | 25.861 € | 24.270 € | 22.729 € | 21.268 € | 19.866 € | 18.530 € | 17.270 € | 16.100 € |
| 57.000 € | 30.953 € | 29.196 € | 27.499 € | 25.861 € | 24.270 € | 22.729 € | 21.268 € | 19.866 € | 18.530 € | 17.270 € | 16.100 € |
| 60.000 € | 30.953 € | 29.196 € | 27.499 € | 25.861 € | 24.270 € | 22.729 € | 21.268 € | 19.866 € | 18.530 € | 17.270 € | 16.100 € |
| 63.000 € | 30.953 € | 29.196 € | 27.499 € | 25.861 € | 24.270 € | 22.729 € | 21.268 € | 19.866 € | 18.530 € | 17.270 € | 16.100 € |
| 66.000 € | 30.953 € | 29.196 € | 27.499 € | 25.861 € | 24.270 € | 22.729 € | 21.268 € | 19.866 € | 18.530 € | 17.270 € | 16.100 € |
| 69.000 € | 30.953 € | 29.196 € | 27.499 € | 25.861 € | 24.270 € | 22.729 € | 21.268 € | 19.866 € | 18.530 € | 17.270 € | 16.100 € |
| 72.000 € | 30.953 € | 29.196 € | 27.499 € | 25.861 € | 24.270 € | 22.729 € | 21.268 € | 19.866 € | 18.530 € | 17.270 € | 16.100 € |
| 75.000 € | 30.953 € | 29.196 € | 27.499 € | 25.861 € | 24.270 € | 22.729 € | 21.268 € | 19.866 € | 18.530 € | 17.270 € | 16.100 € |
| 78.000 € | 30.953 € | 29.196 € | 27.499 € | 25.861 € | 24.270 € | 22.729 € | 21.268 € | 19.866 € | 18.530 € | 17.270 € | 16.100 € |
| 81.000 € | 30.953 € | 29.196 € | 27.499 € | 25.861 € | 24.270 € | 22.729 € | 21.268 € | 19.866 € | 18.530 € | 17.270 € | 16.100 € |
| 84.000 € | 30.953 € | 29.196 € | 27.499 € | 25.861 € | 24.270 € | 22.729 € | 21.268 € | 19.866 € | 18.530 € | 17.270 € | 16.100 € |
| 87.000 € | 30.953 € | 29.196 € | 27.499 € | 25.861 € | 24.270 € | 22.729 € | 21.268 € | 19.866 € | 18.530 € | 17.270 € | 16.100 € |
| 90.000 € | 30.953 € | 29.196 € | 27.499 € | 25.861 € | 24.270 € | 22.729 € | 21.268 € | 19.866 € | 18.530 € | 17.270 € | 16.100 € |
| 93.000 € | 30.953 € | 29.196 € | 27.499 € | 25.861 € | 24.270 € | 22.729 € | 21.268 € | 19.866 € | 18.530 € | 17.270 € | 16.100 € |
| 96.000 € | 30.953 € | 29.196 € | 27.499 € | 25.861 € | 24.270 € | 22.729 € | 21.268 € | 19.866 € | 18.530 € | 17.270 € | 16.100 € |
| 99.000 € | 30.953 € | 29.196 € | 27.499 € | 25.861 € | 24.270 € | 22.729 € | 21.268 € | 19.866 € | 18.530 € | 17.270 € | 16.100 € |
| 102.000 € | 30.953 € | 29.196 € | 27.499 € | 25.861 € | 24.270 € | 22.729 € | 21.268 € | 19.866 € | 18.530 € | 17.270 € | 16.100 € |
| 105.000 € | 30.953 € | 29.196 € | 27.499 € | 25.861 € | 24.270 € | 22.729 € | 21.268 € | 19.866 € | 18.530 € | 17.270 € | 16.100 € |
| 108.000 € | 30.953 € | 29.196 € | 27.499 € | 25.861 € | 24.270 € | 22.729 € | 21.268 € | 19.866 € | 18.530 € | 17.270 € | 16.100 € |
| 111.000 € | 30.953 € | 29.196 € | 27.499 € | 25.861 € | 24.270 € | 22.729 € | 21.268 € | 19.866 € | 18.530 € | 17.270 € | 16.100 € |
| 114.000 € | 30.953 € | 29.196 € | 27.499 € | 25.861 € | 24.270 € | 22.729 € | 21.268 € | 19.866 € | 18.530 € | 17.270 € | 16.100 € |
| 117.000 € | 30.953 € | 29.196 € | 27.499 € | 25.861 € | 24.270 € | 22.729 € | 21.268 € | 19.866 € | 18.530 € | 17.270 € | 16.100 € |
| 120.000 € | 30.953 € | 29.196 € | 27.499 € | 25.861 € | 24.270 € | 22.729 € | 21.268 € | 19.866 € | 18.530 € | 17.270 € | 16.100 € |

# TABLA 1.C.1
## Lucro cesante del cónyuge
Años de duración del matrimonio: 65 años

| Ingreso neto | Edad del cónyuge | | | | | | | | | |
|---|---|---|---|---|---|---|---|---|---|---|
| Hasta | 90 | 91 | 92 | 93 | 94 | 95 | 96 | 97 | 98 | 99 o más |
| 9.000 € | 3.459 € | 3.206 € | 3.000 € | 3.000 € | 3.000 € | 3.000 € | 3.000 € | 3.000 € | 3.000 € | 3.000 € |
| 12.000 € | 4.612 € | 4.274 € | 3.944 € | 3.580 € | 3.269 € | 3.000 € | 3.000 € | 3.000 € | 3.000 € | 3.000 € |
| 15.000 € | 5.764 € | 5.343 € | 4.930 € | 4.474 € | 4.086 € | 3.656 € | 3.205 € | 3.000 € | 3.000 € | 3.000 € |
| 18.000 € | 6.917 € | 6.411 € | 5.916 € | 5.369 € | 4.903 € | 4.387 € | 3.846 € | 3.243 € | 3.000 € | 3.000 € |
| 21.000 € | 8.070 € | 7.480 € | 6.902 € | 6.264 € | 5.720 € | 5.118 € | 4.487 € | 3.784 € | 3.000 € | 3.000 € |
| 24.000 € | 9.223 € | 8.548 € | 7.887 € | 7.159 € | 6.537 € | 5.849 € | 5.128 € | 4.325 € | 3.287 € | 3.000 € |
| 27.000 € | 10.376 € | 9.617 € | 8.873 € | 8.054 € | 7.355 € | 6.581 € | 5.769 € | 4.865 € | 3.698 € | 3.000 € |
| 30.000 € | 11.529 € | 10.685 € | 9.859 € | 8.949 € | 8.172 € | 7.312 € | 6.410 € | 5.406 € | 4.108 € | 3.000 € |
| 33.000 € | 12.682 € | 11.754 € | 10.845 € | 9.844 € | 8.989 € | 8.043 € | 7.051 € | 5.946 € | 4.519 € | 3.000 € |
| 36.000 € | 13.835 € | 12.822 € | 11.831 € | 10.739 € | 9.806 € | 8.774 € | 7.692 € | 6.487 € | 4.930 € | 3.000 € |
| 39.000 € | 14.988 € | 13.891 € | 12.817 € | 11.634 € | 10.623 € | 9.505 € | 8.333 € | 7.027 € | 5.341 € | 3.120 € |
| 42.000 € | 14.988 € | 13.891 € | 12.817 € | 11.634 € | 10.623 € | 9.505 € | 8.333 € | 7.027 € | 5.341 € | 3.120 € |
| 45.000 € | 14.988 € | 13.891 € | 12.817 € | 11.634 € | 10.623 € | 9.505 € | 8.333 € | 7.027 € | 5.341 € | 3.120 € |
| 48.000 € | 14.988 € | 13.891 € | 12.817 € | 11.634 € | 10.623 € | 9.505 € | 8.333 € | 7.027 € | 5.341 € | 3.120 € |
| 51.000 € | 14.988 € | 13.891 € | 12.817 € | 11.634 € | 10.623 € | 9.505 € | 8.333 € | 7.027 € | 5.341 € | 3.120 € |
| 54.000 € | 14.988 € | 13.891 € | 12.817 € | 11.634 € | 10.623 € | 9.505 € | 8.333 € | 7.027 € | 5.341 € | 3.120 € |
| 57.000 € | 14.988 € | 13.891 € | 12.817 € | 11.634 € | 10.623 € | 9.505 € | 8.333 € | 7.027 € | 5.341 € | 3.120 € |
| 60.000 € | 14.988 € | 13.891 € | 12.817 € | 11.634 € | 10.623 € | 9.505 € | 8.333 € | 7.027 € | 5.341 € | 3.120 € |
| 63.000 € | 14.988 € | 13.891 € | 12.817 € | 11.634 € | 10.623 € | 9.505 € | 8.333 € | 7.027 € | 5.341 € | 3.120 € |
| 66.000 € | 14.988 € | 13.891 € | 12.817 € | 11.634 € | 10.623 € | 9.505 € | 8.333 € | 7.027 € | 5.341 € | 3.120 € |
| 69.000 € | 14.988 € | 13.891 € | 12.817 € | 11.634 € | 10.623 € | 9.505 € | 8.333 € | 7.027 € | 5.341 € | 3.120 € |
| 72.000 € | 14.988 € | 13.891 € | 12.817 € | 11.634 € | 10.623 € | 9.505 € | 8.333 € | 7.027 € | 5.341 € | 3.120 € |
| 75.000 € | 14.988 € | 13.891 € | 12.817 € | 11.634 € | 10.623 € | 9.505 € | 8.333 € | 7.027 € | 5.341 € | 3.120 € |
| 78.000 € | 14.988 € | 13.891 € | 12.817 € | 11.634 € | 10.623 € | 9.505 € | 8.333 € | 7.027 € | 5.341 € | 3.120 € |
| 81.000 € | 14.988 € | 13.891 € | 12.817 € | 11.634 € | 10.623 € | 9.505 € | 8.333 € | 7.027 € | 5.341 € | 3.120 € |
| 84.000 € | 14.988 € | 13.891 € | 12.817 € | 11.634 € | 10.623 € | 9.505 € | 8.333 € | 7.027 € | 5.341 € | 3.120 € |
| 87.000 € | 14.988 € | 13.891 € | 12.817 € | 11.634 € | 10.623 € | 9.505 € | 8.333 € | 7.027 € | 5.341 € | 3.120 € |
| 90.000 € | 14.988 € | 13.891 € | 12.817 € | 11.634 € | 10.623 € | 9.505 € | 8.333 € | 7.027 € | 5.341 € | 3.120 € |
| 93.000 € | 14.988 € | 13.891 € | 12.817 € | 11.634 € | 10.623 € | 9.505 € | 8.333 € | 7.027 € | 5.341 € | 3.120 € |
| 96.000 € | 14.988 € | 13.891 € | 12.817 € | 11.634 € | 10.623 € | 9.505 € | 8.333 € | 7.027 € | 5.341 € | 3.120 € |
| 99.000 € | 14.988 € | 13.891 € | 12.817 € | 11.634 € | 10.623 € | 9.505 € | 8.333 € | 7.027 € | 5.341 € | 3.120 € |
| 102.000 € | 14.988 € | 13.891 € | 12.817 € | 11.634 € | 10.623 € | 9.505 € | 8.333 € | 7.027 € | 5.341 € | 3.120 € |
| 105.000 € | 14.988 € | 13.891 € | 12.817 € | 11.634 € | 10.623 € | 9.505 € | 8.333 € | 7.027 € | 5.341 € | 3.120 € |
| 108.000 € | 14.988 € | 13.891 € | 12.817 € | 11.634 € | 10.623 € | 9.505 € | 8.333 € | 7.027 € | 5.341 € | 3.120 € |
| 111.000 € | 14.988 € | 13.891 € | 12.817 € | 11.634 € | 10.623 € | 9.505 € | 8.333 € | 7.027 € | 5.341 € | 3.120 € |
| 114.000 € | 14.988 € | 13.891 € | 12.817 € | 11.634 € | 10.623 € | 9.505 € | 8.333 € | 7.027 € | 5.341 € | 3.120 € |
| 117.000 € | 14.988 € | 13.891 € | 12.817 € | 11.634 € | 10.623 € | 9.505 € | 8.333 € | 7.027 € | 5.341 € | 3.120 € |
| 120.000 € | 14.988 € | 13.891 € | 12.817 € | 11.634 € | 10.623 € | 9.505 € | 8.333 € | 7.027 € | 5.341 € | 3.120 € |

# TABLA 1.C.1
## Lucro cesante del cónyuge
Años de duración del matrimonio: 66 años

Ingreso neto Edad del cónyuge — Edad del cónyuge

| Hasta | 80 | 81 | 82 | 83 | 84 | 85 | 86 | 87 | 88 | 89 | 90 |
|---|---|---|---|---|---|---|---|---|---|---|---|
| 9.000 € | 6.738 € | 6.346 € | 5.968 € | 5.601 € | 5.245 € | 4.908 € | 4.584 € | 4.276 € | 3.985 € | 3.715 € | 3.459 € |
| 12.000 € | 8.983 € | 8.461 € | 7.957 € | 7.468 € | 6.994 € | 6.544 € | 6.113 € | 5.702 € | 5.314 € | 4.954 € | 4.612 € |
| 15.000 € | 11.229 € | 10.576 € | 9.947 € | 9.335 € | 8.742 € | 8.180 € | 7.641 € | 7.127 € | 6.642 € | 6.192 € | 5.764 € |
| 18.000 € | 13.475 € | 12.692 € | 11.936 € | 11.202 € | 10.490 € | 9.816 € | 9.169 € | 8.552 € | 7.971 € | 7.431 € | 6.917 € |
| 21.000 € | 15.721 € | 14.807 € | 13.925 € | 13.069 € | 12.239 € | 11.452 € | 10.697 € | 9.978 € | 9.299 € | 8.669 € | 8.070 € |
| 24.000 € | 17.967 € | 16.922 € | 15.915 € | 14.936 € | 13.987 € | 13.088 € | 12.225 € | 11.403 € | 10.628 € | 9.907 € | 9.223 € |
| 27.000 € | 20.213 € | 19.038 € | 17.904 € | 16.803 € | 15.735 € | 14.724 € | 13.753 € | 12.829 € | 11.956 € | 11.146 € | 10.376 € |
| 30.000 € | 22.459 € | 21.153 € | 19.893 € | 18.669 € | 17.484 € | 16.360 € | 15.282 € | 14.254 € | 13.285 € | 12.384 € | 11.529 € |
| 33.000 € | 24.704 € | 23.268 € | 21.883 € | 20.536 € | 19.232 € | 17.996 € | 16.810 € | 15.679 € | 14.613 € | 13.623 € | 12.682 € |
| 36.000 € | 26.950 € | 25.383 € | 23.872 € | 22.403 € | 20.981 € | 19.632 € | 18.338 € | 17.105 € | 15.942 € | 14.861 € | 13.835 € |
| 39.000 € | 29.196 € | 27.499 € | 25.861 € | 24.270 € | 22.729 € | 21.268 € | 19.866 € | 18.530 € | 17.270 € | 16.100 € | 14.988 € |
| 42.000 € | 29.196 € | 27.499 € | 25.861 € | 24.270 € | 22.729 € | 21.268 € | 19.866 € | 18.530 € | 17.270 € | 16.100 € | 14.988 € |
| 45.000 € | 29.196 € | 27.499 € | 25.861 € | 24.270 € | 22.729 € | 21.268 € | 19.866 € | 18.530 € | 17.270 € | 16.100 € | 14.988 € |
| 48.000 € | 29.196 € | 27.499 € | 25.861 € | 24.270 € | 22.729 € | 21.268 € | 19.866 € | 18.530 € | 17.270 € | 16.100 € | 14.988 € |
| 51.000 € | 29.196 € | 27.499 € | 25.861 € | 24.270 € | 22.729 € | 21.268 € | 19.866 € | 18.530 € | 17.270 € | 16.100 € | 14.988 € |
| 54.000 € | 29.196 € | 27.499 € | 25.861 € | 24.270 € | 22.729 € | 21.268 € | 19.866 € | 18.530 € | 17.270 € | 16.100 € | 14.988 € |
| 57.000 € | 29.196 € | 27.499 € | 25.861 € | 24.270 € | 22.729 € | 21.268 € | 19.866 € | 18.530 € | 17.270 € | 16.100 € | 14.988 € |
| 60.000 € | 29.196 € | 27.499 € | 25.861 € | 24.270 € | 22.729 € | 21.268 € | 19.866 € | 18.530 € | 17.270 € | 16.100 € | 14.988 € |
| 63.000 € | 29.196 € | 27.499 € | 25.861 € | 24.270 € | 22.729 € | 21.268 € | 19.866 € | 18.530 € | 17.270 € | 16.100 € | 14.988 € |
| 66.000 € | 29.196 € | 27.499 € | 25.861 € | 24.270 € | 22.729 € | 21.268 € | 19.866 € | 18.530 € | 17.270 € | 16.100 € | 14.988 € |
| 69.000 € | 29.196 € | 27.499 € | 25.861 € | 24.270 € | 22.729 € | 21.268 € | 19.866 € | 18.530 € | 17.270 € | 16.100 € | 14.988 € |
| 72.000 € | 29.196 € | 27.499 € | 25.861 € | 24.270 € | 22.729 € | 21.268 € | 19.866 € | 18.530 € | 17.270 € | 16.100 € | 14.988 € |
| 75.000 € | 29.196 € | 27.499 € | 25.861 € | 24.270 € | 22.729 € | 21.268 € | 19.866 € | 18.530 € | 17.270 € | 16.100 € | 14.988 € |
| 78.000 € | 29.196 € | 27.499 € | 25.861 € | 24.270 € | 22.729 € | 21.268 € | 19.866 € | 18.530 € | 17.270 € | 16.100 € | 14.988 € |
| 81.000 € | 29.196 € | 27.499 € | 25.861 € | 24.270 € | 22.729 € | 21.268 € | 19.866 € | 18.530 € | 17.270 € | 16.100 € | 14.988 € |
| 84.000 € | 29.196 € | 27.499 € | 25.861 € | 24.270 € | 22.729 € | 21.268 € | 19.866 € | 18.530 € | 17.270 € | 16.100 € | 14.988 € |
| 87.000 € | 29.196 € | 27.499 € | 25.861 € | 24.270 € | 22.729 € | 21.268 € | 19.866 € | 18.530 € | 17.270 € | 16.100 € | 14.988 € |
| 90.000 € | 29.196 € | 27.499 € | 25.861 € | 24.270 € | 22.729 € | 21.268 € | 19.866 € | 18.530 € | 17.270 € | 16.100 € | 14.988 € |
| 93.000 € | 29.196 € | 27.499 € | 25.861 € | 24.270 € | 22.729 € | 21.268 € | 19.866 € | 18.530 € | 17.270 € | 16.100 € | 14.988 € |
| 96.000 € | 29.196 € | 27.499 € | 25.861 € | 24.270 € | 22.729 € | 21.268 € | 19.866 € | 18.530 € | 17.270 € | 16.100 € | 14.988 € |
| 99.000 € | 29.196 € | 27.499 € | 25.861 € | 24.270 € | 22.729 € | 21.268 € | 19.866 € | 18.530 € | 17.270 € | 16.100 € | 14.988 € |
| 102.000 € | 29.196 € | 27.499 € | 25.861 € | 24.270 € | 22.729 € | 21.268 € | 19.866 € | 18.530 € | 17.270 € | 16.100 € | 14.988 € |
| 105.000 € | 29.196 € | 27.499 € | 25.861 € | 24.270 € | 22.729 € | 21.268 € | 19.866 € | 18.530 € | 17.270 € | 16.100 € | 14.988 € |
| 108.000 € | 29.196 € | 27.499 € | 25.861 € | 24.270 € | 22.729 € | 21.268 € | 19.866 € | 18.530 € | 17.270 € | 16.100 € | 14.988 € |
| 111.000 € | 29.196 € | 27.499 € | 25.861 € | 24.270 € | 22.729 € | 21.268 € | 19.866 € | 18.530 € | 17.270 € | 16.100 € | 14.988 € |
| 114.000 € | 29.196 € | 27.499 € | 25.861 € | 24.270 € | 22.729 € | 21.268 € | 19.866 € | 18.530 € | 17.270 € | 16.100 € | 14.988 € |
| 117.000 € | 29.196 € | 27.499 € | 25.861 € | 24.270 € | 22.729 € | 21.268 € | 19.866 € | 18.530 € | 17.270 € | 16.100 € | 14.988 € |
| 120.000 € | 29.196 € | 27.499 € | 25.861 € | 24.270 € | 22.729 € | 21.268 € | 19.866 € | 18.530 € | 17.270 € | 16.100 € | 14.988 € |

# TABLA 1.C.1
## Lucro cesante del cónyuge
### Años de duración del matrimonio: 66 años

Ingreso neto | Edad del cónyuge

| Hasta | 91 | 92 | 93 | 94 | 95 | 96 | 97 | 98 | 99 o más |
|---|---|---|---|---|---|---|---|---|---|
| 9.000 € | 3.206 € | 3.000 € | 3.000 € | 3.000 € | 3.000 € | 3.000 € | 3.000 € | 3.000 € | 3.000 € |
| 12.000 € | 4.274 € | 3.944 € | 3.580 € | 3.269 € | 3.000 € | 3.000 € | 3.000 € | 3.000 € | 3.000 € |
| 15.000 € | 5.343 € | 4.930 € | 4.474 € | 4.086 € | 3.656 € | 3.205 € | 3.000 € | 3.000 € | 3.000 € |
| 18.000 € | 6.411 € | 5.916 € | 5.369 € | 4.903 € | 4.387 € | 3.846 € | 3.243 € | 3.000 € | 3.000 € |
| 21.000 € | 7.480 € | 6.902 € | 6.264 € | 5.720 € | 5.118 € | 4.487 € | 3.784 € | 3.000 € | 3.000 € |
| 24.000 € | 8.548 € | 7.887 € | 7.159 € | 6.537 € | 5.849 € | 5.128 € | 4.325 € | 3.287 € | 3.000 € |
| 27.000 € | 9.617 € | 8.873 € | 8.054 € | 7.355 € | 6.581 € | 5.769 € | 4.865 € | 3.698 € | 3.000 € |
| 30.000 € | 10.685 € | 9.859 € | 8.949 € | 8.172 € | 7.312 € | 6.410 € | 5.406 € | 4.108 € | 3.000 € |
| 33.000 € | 11.754 € | 10.845 € | 9.844 € | 8.989 € | 8.043 € | 7.051 € | 5.946 € | 4.519 € | 3.000 € |
| 36.000 € | 12.822 € | 11.831 € | 10.739 € | 9.806 € | 8.774 € | 7.692 € | 6.487 € | 4.930 € | 3.000 € |
| 39.000 € | 13.891 € | 12.817 € | 11.634 € | 10.623 € | 9.505 € | 8.333 € | 7.027 € | 5.341 € | 3.120 € |
| 42.000 € | 13.891 € | 12.817 € | 11.634 € | 10.623 € | 9.505 € | 8.333 € | 7.027 € | 5.341 € | 3.120 € |
| 45.000 € | 13.891 € | 12.817 € | 11.634 € | 10.623 € | 9.505 € | 8.333 € | 7.027 € | 5.341 € | 3.120 € |
| 48.000 € | 13.891 € | 12.817 € | 11.634 € | 10.623 € | 9.505 € | 8.333 € | 7.027 € | 5.341 € | 3.120 € |
| 51.000 € | 13.891 € | 12.817 € | 11.634 € | 10.623 € | 9.505 € | 8.333 € | 7.027 € | 5.341 € | 3.120 € |
| 54.000 € | 13.891 € | 12.817 € | 11.634 € | 10.623 € | 9.505 € | 8.333 € | 7.027 € | 5.341 € | 3.120 € |
| 57.000 € | 13.891 € | 12.817 € | 11.634 € | 10.623 € | 9.505 € | 8.333 € | 7.027 € | 5.341 € | 3.120 € |
| 60.000 € | 13.891 € | 12.817 € | 11.634 € | 10.623 € | 9.505 € | 8.333 € | 7.027 € | 5.341 € | 3.120 € |
| 63.000 € | 13.891 € | 12.817 € | 11.634 € | 10.623 € | 9.505 € | 8.333 € | 7.027 € | 5.341 € | 3.120 € |
| 66.000 € | 13.891 € | 12.817 € | 11.634 € | 10.623 € | 9.505 € | 8.333 € | 7.027 € | 5.341 € | 3.120 € |
| 69.000 € | 13.891 € | 12.817 € | 11.634 € | 10.623 € | 9.505 € | 8.333 € | 7.027 € | 5.341 € | 3.120 € |
| 72.000 € | 13.891 € | 12.817 € | 11.634 € | 10.623 € | 9.505 € | 8.333 € | 7.027 € | 5.341 € | 3.120 € |
| 75.000 € | 13.891 € | 12.817 € | 11.634 € | 10.623 € | 9.505 € | 8.333 € | 7.027 € | 5.341 € | 3.120 € |
| 78.000 € | 13.891 € | 12.817 € | 11.634 € | 10.623 € | 9.505 € | 8.333 € | 7.027 € | 5.341 € | 3.120 € |
| 81.000 € | 13.891 € | 12.817 € | 11.634 € | 10.623 € | 9.505 € | 8.333 € | 7.027 € | 5.341 € | 3.120 € |
| 84.000 € | 13.891 € | 12.817 € | 11.634 € | 10.623 € | 9.505 € | 8.333 € | 7.027 € | 5.341 € | 3.120 € |
| 87.000 € | 13.891 € | 12.817 € | 11.634 € | 10.623 € | 9.505 € | 8.333 € | 7.027 € | 5.341 € | 3.120 € |
| 90.000 € | 13.891 € | 12.817 € | 11.634 € | 10.623 € | 9.505 € | 8.333 € | 7.027 € | 5.341 € | 3.120 € |
| 93.000 € | 13.891 € | 12.817 € | 11.634 € | 10.623 € | 9.505 € | 8.333 € | 7.027 € | 5.341 € | 3.120 € |
| 96.000 € | 13.891 € | 12.817 € | 11.634 € | 10.623 € | 9.505 € | 8.333 € | 7.027 € | 5.341 € | 3.120 € |
| 99.000 € | 13.891 € | 12.817 € | 11.634 € | 10.623 € | 9.505 € | 8.333 € | 7.027 € | 5.341 € | 3.120 € |
| 102.000 € | 13.891 € | 12.817 € | 11.634 € | 10.623 € | 9.505 € | 8.333 € | 7.027 € | 5.341 € | 3.120 € |
| 105.000 € | 13.891 € | 12.817 € | 11.634 € | 10.623 € | 9.505 € | 8.333 € | 7.027 € | 5.341 € | 3.120 € |
| 108.000 € | 13.891 € | 12.817 € | 11.634 € | 10.623 € | 9.505 € | 8.333 € | 7.027 € | 5.341 € | 3.120 € |
| 111.000 € | 13.891 € | 12.817 € | 11.634 € | 10.623 € | 9.505 € | 8.333 € | 7.027 € | 5.341 € | 3.120 € |
| 114.000 € | 13.891 € | 12.817 € | 11.634 € | 10.623 € | 9.505 € | 8.333 € | 7.027 € | 5.341 € | 3.120 € |
| 117.000 € | 13.891 € | 12.817 € | 11.634 € | 10.623 € | 9.505 € | 8.333 € | 7.027 € | 5.341 € | 3.120 € |
| 120.000 € | 13.891 € | 12.817 € | 11.634 € | 10.623 € | 9.505 € | 8.333 € | 7.027 € | 5.341 € | 3.120 € |

# TABLA 1.C.1
## Lucro cesante del cónyuge
### Años de duración del matrimonio: 67 años

Ingreso neto Edad del cónyuge — Edad del cónyuge

| Hasta | 81 | 82 | 83 | 84 | 85 | 86 | 87 | 88 | 89 | 90 | 91 |
|---|---|---|---|---|---|---|---|---|---|---|---|
| 9.000 € | 6.346 € | 5.968 € | 5.601 € | 5.245 € | 4.908 € | 4.584 € | 4.276 € | 3.985 € | 3.715 € | 3.459 € | 3.206 € |
| 12.000 € | 8.461 € | 7.957 € | 7.468 € | 6.994 € | 6.544 € | 6.113 € | 5.702 € | 5.314 € | 4.954 € | 4.612 € | 4.274 € |
| 15.000 € | 10.576 € | 9.947 € | 9.335 € | 8.742 € | 8.180 € | 7.641 € | 7.127 € | 6.642 € | 6.192 € | 5.764 € | 5.343 € |
| 18.000 € | 12.692 € | 11.936 € | 11.202 € | 10.490 € | 9.816 € | 9.169 € | 8.552 € | 7.971 € | 7.431 € | 6.917 € | 6.411 € |
| 21.000 € | 14.807 € | 13.925 € | 13.069 € | 12.239 € | 11.452 € | 10.697 € | 9.978 € | 9.299 € | 8.669 € | 8.070 € | 7.480 € |
| 24.000 € | 16.922 € | 15.915 € | 14.936 € | 13.987 € | 13.088 € | 12.225 € | 11.403 € | 10.628 € | 9.907 € | 9.223 € | 8.548 € |
| 27.000 € | 19.038 € | 17.904 € | 16.803 € | 15.735 € | 14.724 € | 13.753 € | 12.829 € | 11.956 € | 11.146 € | 10.376 € | 9.617 € |
| 30.000 € | 21.153 € | 19.893 € | 18.669 € | 17.484 € | 16.360 € | 15.282 € | 14.254 € | 13.285 € | 12.384 € | 11.529 € | 10.685 € |
| 33.000 € | 23.268 € | 21.883 € | 20.536 € | 19.232 € | 17.996 € | 16.810 € | 15.679 € | 14.613 € | 13.623 € | 12.682 € | 11.754 € |
| 36.000 € | 25.383 € | 23.872 € | 22.403 € | 20.981 € | 19.632 € | 18.338 € | 17.105 € | 15.942 € | 14.861 € | 13.835 € | 12.822 € |
| 39.000 € | 27.499 € | 25.861 € | 24.270 € | 22.729 € | 21.268 € | 19.866 € | 18.530 € | 17.270 € | 16.100 € | 14.988 € | 13.891 € |
| 42.000 € | 27.499 € | 25.861 € | 24.270 € | 22.729 € | 21.268 € | 19.866 € | 18.530 € | 17.270 € | 16.100 € | 14.988 € | 13.891 € |
| 45.000 € | 27.499 € | 25.861 € | 24.270 € | 22.729 € | 21.268 € | 19.866 € | 18.530 € | 17.270 € | 16.100 € | 14.988 € | 13.891 € |
| 48.000 € | 27.499 € | 25.861 € | 24.270 € | 22.729 € | 21.268 € | 19.866 € | 18.530 € | 17.270 € | 16.100 € | 14.988 € | 13.891 € |
| 51.000 € | 27.499 € | 25.861 € | 24.270 € | 22.729 € | 21.268 € | 19.866 € | 18.530 € | 17.270 € | 16.100 € | 14.988 € | 13.891 € |
| 54.000 € | 27.499 € | 25.861 € | 24.270 € | 22.729 € | 21.268 € | 19.866 € | 18.530 € | 17.270 € | 16.100 € | 14.988 € | 13.891 € |
| 57.000 € | 27.499 € | 25.861 € | 24.270 € | 22.729 € | 21.268 € | 19.866 € | 18.530 € | 17.270 € | 16.100 € | 14.988 € | 13.891 € |
| 60.000 € | 27.499 € | 25.861 € | 24.270 € | 22.729 € | 21.268 € | 19.866 € | 18.530 € | 17.270 € | 16.100 € | 14.988 € | 13.891 € |
| 63.000 € | 27.499 € | 25.861 € | 24.270 € | 22.729 € | 21.268 € | 19.866 € | 18.530 € | 17.270 € | 16.100 € | 14.988 € | 13.891 € |
| 66.000 € | 27.499 € | 25.861 € | 24.270 € | 22.729 € | 21.268 € | 19.866 € | 18.530 € | 17.270 € | 16.100 € | 14.988 € | 13.891 € |
| 69.000 € | 27.499 € | 25.861 € | 24.270 € | 22.729 € | 21.268 € | 19.866 € | 18.530 € | 17.270 € | 16.100 € | 14.988 € | 13.891 € |
| 72.000 € | 27.499 € | 25.861 € | 24.270 € | 22.729 € | 21.268 € | 19.866 € | 18.530 € | 17.270 € | 16.100 € | 14.988 € | 13.891 € |
| 75.000 € | 27.499 € | 25.861 € | 24.270 € | 22.729 € | 21.268 € | 19.866 € | 18.530 € | 17.270 € | 16.100 € | 14.988 € | 13.891 € |
| 78.000 € | 27.499 € | 25.861 € | 24.270 € | 22.729 € | 21.268 € | 19.866 € | 18.530 € | 17.270 € | 16.100 € | 14.988 € | 13.891 € |
| 81.000 € | 27.499 € | 25.861 € | 24.270 € | 22.729 € | 21.268 € | 19.866 € | 18.530 € | 17.270 € | 16.100 € | 14.988 € | 13.891 € |
| 84.000 € | 27.499 € | 25.861 € | 24.270 € | 22.729 € | 21.268 € | 19.866 € | 18.530 € | 17.270 € | 16.100 € | 14.988 € | 13.891 € |
| 87.000 € | 27.499 € | 25.861 € | 24.270 € | 22.729 € | 21.268 € | 19.866 € | 18.530 € | 17.270 € | 16.100 € | 14.988 € | 13.891 € |
| 90.000 € | 27.499 € | 25.861 € | 24.270 € | 22.729 € | 21.268 € | 19.866 € | 18.530 € | 17.270 € | 16.100 € | 14.988 € | 13.891 € |
| 93.000 € | 27.499 € | 25.861 € | 24.270 € | 22.729 € | 21.268 € | 19.866 € | 18.530 € | 17.270 € | 16.100 € | 14.988 € | 13.891 € |
| 96.000 € | 27.499 € | 25.861 € | 24.270 € | 22.729 € | 21.268 € | 19.866 € | 18.530 € | 17.270 € | 16.100 € | 14.988 € | 13.891 € |
| 99.000 € | 27.499 € | 25.861 € | 24.270 € | 22.729 € | 21.268 € | 19.866 € | 18.530 € | 17.270 € | 16.100 € | 14.988 € | 13.891 € |
| 102.000 € | 27.499 € | 25.861 € | 24.270 € | 22.729 € | 21.268 € | 19.866 € | 18.530 € | 17.270 € | 16.100 € | 14.988 € | 13.891 € |
| 105.000 € | 27.499 € | 25.861 € | 24.270 € | 22.729 € | 21.268 € | 19.866 € | 18.530 € | 17.270 € | 16.100 € | 14.988 € | 13.891 € |
| 108.000 € | 27.499 € | 25.861 € | 24.270 € | 22.729 € | 21.268 € | 19.866 € | 18.530 € | 17.270 € | 16.100 € | 14.988 € | 13.891 € |
| 111.000 € | 27.499 € | 25.861 € | 24.270 € | 22.729 € | 21.268 € | 19.866 € | 18.530 € | 17.270 € | 16.100 € | 14.988 € | 13.891 € |
| 114.000 € | 27.499 € | 25.861 € | 24.270 € | 22.729 € | 21.268 € | 19.866 € | 18.530 € | 17.270 € | 16.100 € | 14.988 € | 13.891 € |
| 117.000 € | 27.499 € | 25.861 € | 24.270 € | 22.729 € | 21.268 € | 19.866 € | 18.530 € | 17.270 € | 16.100 € | 14.988 € | 13.891 € |
| 120.000 € | 27.499 € | 25.861 € | 24.270 € | 22.729 € | 21.268 € | 19.866 € | 18.530 € | 17.270 € | 16.100 € | 14.988 € | 13.891 € |

# TABLA 1.C.1
## Lucro cesante del cónyuge
### Años de duración del matrimonio: 67 años

Ingreso netc

Edad del c

| Hasta | 92 | 93 | 94 | 95 | 96 | 97 | 98 | 99 o más |
|---|---|---|---|---|---|---|---|---|
| 9.000 € | 3.000 € | 3.000 € | 3.000 € | 3.000 € | 3.000 € | 3.000 € | 3.000 € | 3.000 € |
| 12.000 € | 3.944 € | 3.580 € | 3.269 € | 3.000 € | 3.000 € | 3.000 € | 3.000 € | 3.000 € |
| 15.000 € | 4.930 € | 4.474 € | 4.086 € | 3.656 € | 3.205 € | 3.000 € | 3.000 € | 3.000 € |
| 18.000 € | 5.916 € | 5.369 € | 4.903 € | 4.387 € | 3.846 € | 3.243 € | 3.000 € | 3.000 € |
| 21.000 € | 6.902 € | 6.264 € | 5.720 € | 5.118 € | 4.487 € | 3.784 € | 3.000 € | 3.000 € |
| 24.000 € | 7.887 € | 7.159 € | 6.537 € | 5.849 € | 5.128 € | 4.325 € | 3.287 € | 3.000 € |
| 27.000 € | 8.873 € | 8.054 € | 7.355 € | 6.581 € | 5.769 € | 4.865 € | 3.698 € | 3.000 € |
| 30.000 € | 9.859 € | 8.949 € | 8.172 € | 7.312 € | 6.410 € | 5.406 € | 4.108 € | 3.000 € |
| 33.000 € | 10.845 € | 9.844 € | 8.989 € | 8.043 € | 7.051 € | 5.946 € | 4.519 € | 3.000 € |
| 36.000 € | 11.831 € | 10.739 € | 9.806 € | 8.774 € | 7.692 € | 6.487 € | 4.930 € | 3.000 € |
| 39.000 € | 12.817 € | 11.634 € | 10.623 € | 9.505 € | 8.333 € | 7.027 € | 5.341 € | 3.120 € |
| 42.000 € | 12.817 € | 11.634 € | 10.623 € | 9.505 € | 8.333 € | 7.027 € | 5.341 € | 3.120 € |
| 45.000 € | 12.817 € | 11.634 € | 10.623 € | 9.505 € | 8.333 € | 7.027 € | 5.341 € | 3.120 € |
| 48.000 € | 12.817 € | 11.634 € | 10.623 € | 9.505 € | 8.333 € | 7.027 € | 5.341 € | 3.120 € |
| 51.000 € | 12.817 € | 11.634 € | 10.623 € | 9.505 € | 8.333 € | 7.027 € | 5.341 € | 3.120 € |
| 54.000 € | 12.817 € | 11.634 € | 10.623 € | 9.505 € | 8.333 € | 7.027 € | 5.341 € | 3.120 € |
| 57.000 € | 12.817 € | 11.634 € | 10.623 € | 9.505 € | 8.333 € | 7.027 € | 5.341 € | 3.120 € |
| 60.000 € | 12.817 € | 11.634 € | 10.623 € | 9.505 € | 8.333 € | 7.027 € | 5.341 € | 3.120 € |
| 63.000 € | 12.817 € | 11.634 € | 10.623 € | 9.505 € | 8.333 € | 7.027 € | 5.341 € | 3.120 € |
| 66.000 € | 12.817 € | 11.634 € | 10.623 € | 9.505 € | 8.333 € | 7.027 € | 5.341 € | 3.120 € |
| 69.000 € | 12.817 € | 11.634 € | 10.623 € | 9.505 € | 8.333 € | 7.027 € | 5.341 € | 3.120 € |
| 72.000 € | 12.817 € | 11.634 € | 10.623 € | 9.505 € | 8.333 € | 7.027 € | 5.341 € | 3.120 € |
| 75.000 € | 12.817 € | 11.634 € | 10.623 € | 9.505 € | 8.333 € | 7.027 € | 5.341 € | 3.120 € |
| 78.000 € | 12.817 € | 11.634 € | 10.623 € | 9.505 € | 8.333 € | 7.027 € | 5.341 € | 3.120 € |
| 81.000 € | 12.817 € | 11.634 € | 10.623 € | 9.505 € | 8.333 € | 7.027 € | 5.341 € | 3.120 € |
| 84.000 € | 12.817 € | 11.634 € | 10.623 € | 9.505 € | 8.333 € | 7.027 € | 5.341 € | 3.120 € |
| 87.000 € | 12.817 € | 11.634 € | 10.623 € | 9.505 € | 8.333 € | 7.027 € | 5.341 € | 3.120 € |
| 90.000 € | 12.817 € | 11.634 € | 10.623 € | 9.505 € | 8.333 € | 7.027 € | 5.341 € | 3.120 € |
| 93.000 € | 12.817 € | 11.634 € | 10.623 € | 9.505 € | 8.333 € | 7.027 € | 5.341 € | 3.120 € |
| 96.000 € | 12.817 € | 11.634 € | 10.623 € | 9.505 € | 8.333 € | 7.027 € | 5.341 € | 3.120 € |
| 99.000 € | 12.817 € | 11.634 € | 10.623 € | 9.505 € | 8.333 € | 7.027 € | 5.341 € | 3.120 € |
| 102.000 € | 12.817 € | 11.634 € | 10.623 € | 9.505 € | 8.333 € | 7.027 € | 5.341 € | 3.120 € |
| 105.000 € | 12.817 € | 11.634 € | 10.623 € | 9.505 € | 8.333 € | 7.027 € | 5.341 € | 3.120 € |
| 108.000 € | 12.817 € | 11.634 € | 10.623 € | 9.505 € | 8.333 € | 7.027 € | 5.341 € | 3.120 € |
| 111.000 € | 12.817 € | 11.634 € | 10.623 € | 9.505 € | 8.333 € | 7.027 € | 5.341 € | 3.120 € |
| 114.000 € | 12.817 € | 11.634 € | 10.623 € | 9.505 € | 8.333 € | 7.027 € | 5.341 € | 3.120 € |
| 117.000 € | 12.817 € | 11.634 € | 10.623 € | 9.505 € | 8.333 € | 7.027 € | 5.341 € | 3.120 € |
| 120.000 € | 12.817 € | 11.634 € | 10.623 € | 9.505 € | 8.333 € | 7.027 € | 5.341 € | 3.120 € |

# TABLA 1.C.1
## Lucro cesante del cónyuge
### Años de duración del matrimonio: 68 años

Ingreso neto | Edad del cónyuge | Edad del cónyuge

| Hasta | 82 | 83 | 84 | 85 | 86 | 87 | 88 | 89 | 90 | 91 | 92 |
|---|---|---|---|---|---|---|---|---|---|---|---|
| 9.000 € | 5.968 € | 5.601 € | 5.245 € | 4.908 € | 4.584 € | 4.276 € | 3.985 € | 3.715 € | 3.459 € | 3.206 € | 3.000 € |
| 12.000 € | 7.957 € | 7.468 € | 6.994 € | 6.544 € | 6.113 € | 5.702 € | 5.314 € | 4.954 € | 4.612 € | 4.274 € | 3.944 € |
| 15.000 € | 9.947 € | 9.335 € | 8.742 € | 8.180 € | 7.641 € | 7.127 € | 6.642 € | 6.192 € | 5.764 € | 5.343 € | 4.930 € |
| 18.000 € | 11.936 € | 11.202 € | 10.490 € | 9.816 € | 9.169 € | 8.552 € | 7.971 € | 7.431 € | 6.917 € | 6.411 € | 5.916 € |
| 21.000 € | 13.925 € | 13.069 € | 12.239 € | 11.452 € | 10.697 € | 9.978 € | 9.299 € | 8.669 € | 8.070 € | 7.480 € | 6.902 € |
| 24.000 € | 15.915 € | 14.936 € | 13.987 € | 13.088 € | 12.225 € | 11.403 € | 10.628 € | 9.907 € | 9.223 € | 8.548 € | 7.887 € |
| 27.000 € | 17.904 € | 16.803 € | 15.735 € | 14.724 € | 13.753 € | 12.829 € | 11.956 € | 11.146 € | 10.376 € | 9.617 € | 8.873 € |
| 30.000 € | 19.893 € | 18.669 € | 17.484 € | 16.360 € | 15.282 € | 14.254 € | 13.285 € | 12.384 € | 11.529 € | 10.685 € | 9.859 € |
| 33.000 € | 21.883 € | 20.536 € | 19.232 € | 17.996 € | 16.810 € | 15.679 € | 14.613 € | 13.623 € | 12.682 € | 11.754 € | 10.845 € |
| 36.000 € | 23.872 € | 22.403 € | 20.981 € | 19.632 € | 18.338 € | 17.105 € | 15.942 € | 14.861 € | 13.835 € | 12.822 € | 11.831 € |
| 39.000 € | 25.861 € | 24.270 € | 22.729 € | 21.268 € | 19.866 € | 18.530 € | 17.270 € | 16.100 € | 14.988 € | 13.891 € | 12.817 € |
| 42.000 € | 25.861 € | 24.270 € | 22.729 € | 21.268 € | 19.866 € | 18.530 € | 17.270 € | 16.100 € | 14.988 € | 13.891 € | 12.817 € |
| 45.000 € | 25.861 € | 24.270 € | 22.729 € | 21.268 € | 19.866 € | 18.530 € | 17.270 € | 16.100 € | 14.988 € | 13.891 € | 12.817 € |
| 48.000 € | 25.861 € | 24.270 € | 22.729 € | 21.268 € | 19.866 € | 18.530 € | 17.270 € | 16.100 € | 14.988 € | 13.891 € | 12.817 € |
| 51.000 € | 25.861 € | 24.270 € | 22.729 € | 21.268 € | 19.866 € | 18.530 € | 17.270 € | 16.100 € | 14.988 € | 13.891 € | 12.817 € |
| 54.000 € | 25.861 € | 24.270 € | 22.729 € | 21.268 € | 19.866 € | 18.530 € | 17.270 € | 16.100 € | 14.988 € | 13.891 € | 12.817 € |
| 57.000 € | 25.861 € | 24.270 € | 22.729 € | 21.268 € | 19.866 € | 18.530 € | 17.270 € | 16.100 € | 14.988 € | 13.891 € | 12.817 € |
| 60.000 € | 25.861 € | 24.270 € | 22.729 € | 21.268 € | 19.866 € | 18.530 € | 17.270 € | 16.100 € | 14.988 € | 13.891 € | 12.817 € |
| 63.000 € | 25.861 € | 24.270 € | 22.729 € | 21.268 € | 19.866 € | 18.530 € | 17.270 € | 16.100 € | 14.988 € | 13.891 € | 12.817 € |
| 66.000 € | 25.861 € | 24.270 € | 22.729 € | 21.268 € | 19.866 € | 18.530 € | 17.270 € | 16.100 € | 14.988 € | 13.891 € | 12.817 € |
| 69.000 € | 25.861 € | 24.270 € | 22.729 € | 21.268 € | 19.866 € | 18.530 € | 17.270 € | 16.100 € | 14.988 € | 13.891 € | 12.817 € |
| 72.000 € | 25.861 € | 24.270 € | 22.729 € | 21.268 € | 19.866 € | 18.530 € | 17.270 € | 16.100 € | 14.988 € | 13.891 € | 12.817 € |
| 75.000 € | 25.861 € | 24.270 € | 22.729 € | 21.268 € | 19.866 € | 18.530 € | 17.270 € | 16.100 € | 14.988 € | 13.891 € | 12.817 € |
| 78.000 € | 25.861 € | 24.270 € | 22.729 € | 21.268 € | 19.866 € | 18.530 € | 17.270 € | 16.100 € | 14.988 € | 13.891 € | 12.817 € |
| 81.000 € | 25.861 € | 24.270 € | 22.729 € | 21.268 € | 19.866 € | 18.530 € | 17.270 € | 16.100 € | 14.988 € | 13.891 € | 12.817 € |
| 84.000 € | 25.861 € | 24.270 € | 22.729 € | 21.268 € | 19.866 € | 18.530 € | 17.270 € | 16.100 € | 14.988 € | 13.891 € | 12.817 € |
| 87.000 € | 25.861 € | 24.270 € | 22.729 € | 21.268 € | 19.866 € | 18.530 € | 17.270 € | 16.100 € | 14.988 € | 13.891 € | 12.817 € |
| 90.000 € | 25.861 € | 24.270 € | 22.729 € | 21.268 € | 19.866 € | 18.530 € | 17.270 € | 16.100 € | 14.988 € | 13.891 € | 12.817 € |
| 93.000 € | 25.861 € | 24.270 € | 22.729 € | 21.268 € | 19.866 € | 18.530 € | 17.270 € | 16.100 € | 14.988 € | 13.891 € | 12.817 € |
| 96.000 € | 25.861 € | 24.270 € | 22.729 € | 21.268 € | 19.866 € | 18.530 € | 17.270 € | 16.100 € | 14.988 € | 13.891 € | 12.817 € |
| 99.000 € | 25.861 € | 24.270 € | 22.729 € | 21.268 € | 19.866 € | 18.530 € | 17.270 € | 16.100 € | 14.988 € | 13.891 € | 12.817 € |
| 102.000 € | 25.861 € | 24.270 € | 22.729 € | 21.268 € | 19.866 € | 18.530 € | 17.270 € | 16.100 € | 14.988 € | 13.891 € | 12.817 € |
| 105.000 € | 25.861 € | 24.270 € | 22.729 € | 21.268 € | 19.866 € | 18.530 € | 17.270 € | 16.100 € | 14.988 € | 13.891 € | 12.817 € |
| 108.000 € | 25.861 € | 24.270 € | 22.729 € | 21.268 € | 19.866 € | 18.530 € | 17.270 € | 16.100 € | 14.988 € | 13.891 € | 12.817 € |
| 111.000 € | 25.861 € | 24.270 € | 22.729 € | 21.268 € | 19.866 € | 18.530 € | 17.270 € | 16.100 € | 14.988 € | 13.891 € | 12.817 € |
| 114.000 € | 25.861 € | 24.270 € | 22.729 € | 21.268 € | 19.866 € | 18.530 € | 17.270 € | 16.100 € | 14.988 € | 13.891 € | 12.817 € |
| 117.000 € | 25.861 € | 24.270 € | 22.729 € | 21.268 € | 19.866 € | 18.530 € | 17.270 € | 16.100 € | 14.988 € | 13.891 € | 12.817 € |
| 120.000 € | 25.861 € | 24.270 € | 22.729 € | 21.268 € | 19.866 € | 18.530 € | 17.270 € | 16.100 € | 14.988 € | 13.891 € | 12.817 € |

# TABLA 1.C.1
## Lucro cesante del cónyuge
### Años de duración del matrimonio: 68 años

Ingreso neto

| Hasta | 93 | 94 | 95 | 96 | 97 | 98 | 99 o más |
|---|---|---|---|---|---|---|---|
| 9.000 € | 3.000 € | 3.000 € | 3.000 € | 3.000 € | 3.000 € | 3.000 € | 3.000 € |
| 12.000 € | 3.580 € | 3.269 € | 3.000 € | 3.000 € | 3.000 € | 3.000 € | 3.000 € |
| 15.000 € | 4.474 € | 4.086 € | 3.656 € | 3.205 € | 3.000 € | 3.000 € | 3.000 € |
| 18.000 € | 5.369 € | 4.903 € | 4.387 € | 3.846 € | 3.243 € | 3.000 € | 3.000 € |
| 21.000 € | 6.264 € | 5.720 € | 5.118 € | 4.487 € | 3.784 € | 3.000 € | 3.000 € |
| 24.000 € | 7.159 € | 6.537 € | 5.849 € | 5.128 € | 4.325 € | 3.287 € | 3.000 € |
| 27.000 € | 8.054 € | 7.355 € | 6.581 € | 5.769 € | 4.865 € | 3.698 € | 3.000 € |
| 30.000 € | 8.949 € | 8.172 € | 7.312 € | 6.410 € | 5.406 € | 4.108 € | 3.000 € |
| 33.000 € | 9.844 € | 8.989 € | 8.043 € | 7.051 € | 5.946 € | 4.519 € | 3.000 € |
| 36.000 € | 10.739 € | 9.806 € | 8.774 € | 7.692 € | 6.487 € | 4.930 € | 3.000 € |
| 39.000 € | 11.634 € | 10.623 € | 9.505 € | 8.333 € | 7.027 € | 5.341 € | 3.120 € |
| 42.000 € | 11.634 € | 10.623 € | 9.505 € | 8.333 € | 7.027 € | 5.341 € | 3.120 € |
| 45.000 € | 11.634 € | 10.623 € | 9.505 € | 8.333 € | 7.027 € | 5.341 € | 3.120 € |
| 48.000 € | 11.634 € | 10.623 € | 9.505 € | 8.333 € | 7.027 € | 5.341 € | 3.120 € |
| 51.000 € | 11.634 € | 10.623 € | 9.505 € | 8.333 € | 7.027 € | 5.341 € | 3.120 € |
| 54.000 € | 11.634 € | 10.623 € | 9.505 € | 8.333 € | 7.027 € | 5.341 € | 3.120 € |
| 57.000 € | 11.634 € | 10.623 € | 9.505 € | 8.333 € | 7.027 € | 5.341 € | 3.120 € |
| 60.000 € | 11.634 € | 10.623 € | 9.505 € | 8.333 € | 7.027 € | 5.341 € | 3.120 € |
| 63.000 € | 11.634 € | 10.623 € | 9.505 € | 8.333 € | 7.027 € | 5.341 € | 3.120 € |
| 66.000 € | 11.634 € | 10.623 € | 9.505 € | 8.333 € | 7.027 € | 5.341 € | 3.120 € |
| 69.000 € | 11.634 € | 10.623 € | 9.505 € | 8.333 € | 7.027 € | 5.341 € | 3.120 € |
| 72.000 € | 11.634 € | 10.623 € | 9.505 € | 8.333 € | 7.027 € | 5.341 € | 3.120 € |
| 75.000 € | 11.634 € | 10.623 € | 9.505 € | 8.333 € | 7.027 € | 5.341 € | 3.120 € |
| 78.000 € | 11.634 € | 10.623 € | 9.505 € | 8.333 € | 7.027 € | 5.341 € | 3.120 € |
| 81.000 € | 11.634 € | 10.623 € | 9.505 € | 8.333 € | 7.027 € | 5.341 € | 3.120 € |
| 84.000 € | 11.634 € | 10.623 € | 9.505 € | 8.333 € | 7.027 € | 5.341 € | 3.120 € |
| 87.000 € | 11.634 € | 10.623 € | 9.505 € | 8.333 € | 7.027 € | 5.341 € | 3.120 € |
| 90.000 € | 11.634 € | 10.623 € | 9.505 € | 8.333 € | 7.027 € | 5.341 € | 3.120 € |
| 93.000 € | 11.634 € | 10.623 € | 9.505 € | 8.333 € | 7.027 € | 5.341 € | 3.120 € |
| 96.000 € | 11.634 € | 10.623 € | 9.505 € | 8.333 € | 7.027 € | 5.341 € | 3.120 € |
| 99.000 € | 11.634 € | 10.623 € | 9.505 € | 8.333 € | 7.027 € | 5.341 € | 3.120 € |
| 102.000 € | 11.634 € | 10.623 € | 9.505 € | 8.333 € | 7.027 € | 5.341 € | 3.120 € |
| 105.000 € | 11.634 € | 10.623 € | 9.505 € | 8.333 € | 7.027 € | 5.341 € | 3.120 € |
| 108.000 € | 11.634 € | 10.623 € | 9.505 € | 8.333 € | 7.027 € | 5.341 € | 3.120 € |
| 111.000 € | 11.634 € | 10.623 € | 9.505 € | 8.333 € | 7.027 € | 5.341 € | 3.120 € |
| 114.000 € | 11.634 € | 10.623 € | 9.505 € | 8.333 € | 7.027 € | 5.341 € | 3.120 € |
| 117.000 € | 11.634 € | 10.623 € | 9.505 € | 8.333 € | 7.027 € | 5.341 € | 3.120 € |
| 120.000 € | 11.634 € | 10.623 € | 9.505 € | 8.333 € | 7.027 € | 5.341 € | 3.120 € |

# TABLA 1.C.1
## Lucro cesante del cónyuge
Años de duración del matrimonio: 69 años

Ingreso neto Edad del cónyuge

Edad del cónyuge

| Hasta | 83 | 84 | 85 | 86 | 87 | 88 | 89 | 90 | 91 | 92 | 93 |
|---|---|---|---|---|---|---|---|---|---|---|---|
| 9.000 € | 5.601 € | 5.245 € | 4.908 € | 4.584 € | 4.276 € | 3.985 € | 3.715 € | 3.459 € | 3.206 € | 3.000 € | 3.000 € |
| 12.000 € | 7.468 € | 6.994 € | 6.544 € | 6.113 € | 5.702 € | 5.314 € | 4.954 € | 4.612 € | 4.274 € | 3.944 € | 3.580 € |
| 15.000 € | 9.335 € | 8.742 € | 8.180 € | 7.641 € | 7.127 € | 6.642 € | 6.192 € | 5.764 € | 5.343 € | 4.930 € | 4.474 € |
| 18.000 € | 11.202 € | 10.490 € | 9.816 € | 9.169 € | 8.552 € | 7.971 € | 7.431 € | 6.917 € | 6.411 € | 5.916 € | 5.369 € |
| 21.000 € | 13.069 € | 12.239 € | 11.452 € | 10.697 € | 9.978 € | 9.299 € | 8.669 € | 8.070 € | 7.480 € | 6.902 € | 6.264 € |
| 24.000 € | 14.936 € | 13.987 € | 13.088 € | 12.225 € | 11.403 € | 10.628 € | 9.907 € | 9.223 € | 8.548 € | 7.887 € | 7.159 € |
| 27.000 € | 16.803 € | 15.735 € | 14.724 € | 13.753 € | 12.829 € | 11.956 € | 11.146 € | 10.376 € | 9.617 € | 8.873 € | 8.054 € |
| 30.000 € | 18.669 € | 17.484 € | 16.360 € | 15.282 € | 14.254 € | 13.285 € | 12.384 € | 11.529 € | 10.685 € | 9.859 € | 8.949 € |
| 33.000 € | 20.536 € | 19.232 € | 17.996 € | 16.810 € | 15.679 € | 14.613 € | 13.623 € | 12.682 € | 11.754 € | 10.845 € | 9.844 € |
| 36.000 € | 22.403 € | 20.981 € | 19.632 € | 18.338 € | 17.105 € | 15.942 € | 14.861 € | 13.835 € | 12.822 € | 11.831 € | 10.739 € |
| 39.000 € | 24.270 € | 22.729 € | 21.268 € | 19.866 € | 18.530 € | 17.270 € | 16.100 € | 14.988 € | 13.891 € | 12.817 € | 11.634 € |
| 42.000 € | 24.270 € | 22.729 € | 21.268 € | 19.866 € | 18.530 € | 17.270 € | 16.100 € | 14.988 € | 13.891 € | 12.817 € | 11.634 € |
| 45.000 € | 24.270 € | 22.729 € | 21.268 € | 19.866 € | 18.530 € | 17.270 € | 16.100 € | 14.988 € | 13.891 € | 12.817 € | 11.634 € |
| 48.000 € | 24.270 € | 22.729 € | 21.268 € | 19.866 € | 18.530 € | 17.270 € | 16.100 € | 14.988 € | 13.891 € | 12.817 € | 11.634 € |
| 51.000 € | 24.270 € | 22.729 € | 21.268 € | 19.866 € | 18.530 € | 17.270 € | 16.100 € | 14.988 € | 13.891 € | 12.817 € | 11.634 € |
| 54.000 € | 24.270 € | 22.729 € | 21.268 € | 19.866 € | 18.530 € | 17.270 € | 16.100 € | 14.988 € | 13.891 € | 12.817 € | 11.634 € |
| 57.000 € | 24.270 € | 22.729 € | 21.268 € | 19.866 € | 18.530 € | 17.270 € | 16.100 € | 14.988 € | 13.891 € | 12.817 € | 11.634 € |
| 60.000 € | 24.270 € | 22.729 € | 21.268 € | 19.866 € | 18.530 € | 17.270 € | 16.100 € | 14.988 € | 13.891 € | 12.817 € | 11.634 € |
| 63.000 € | 24.270 € | 22.729 € | 21.268 € | 19.866 € | 18.530 € | 17.270 € | 16.100 € | 14.988 € | 13.891 € | 12.817 € | 11.634 € |
| 66.000 € | 24.270 € | 22.729 € | 21.268 € | 19.866 € | 18.530 € | 17.270 € | 16.100 € | 14.988 € | 13.891 € | 12.817 € | 11.634 € |
| 69.000 € | 24.270 € | 22.729 € | 21.268 € | 19.866 € | 18.530 € | 17.270 € | 16.100 € | 14.988 € | 13.891 € | 12.817 € | 11.634 € |
| 72.000 € | 24.270 € | 22.729 € | 21.268 € | 19.866 € | 18.530 € | 17.270 € | 16.100 € | 14.988 € | 13.891 € | 12.817 € | 11.634 € |
| 75.000 € | 24.270 € | 22.729 € | 21.268 € | 19.866 € | 18.530 € | 17.270 € | 16.100 € | 14.988 € | 13.891 € | 12.817 € | 11.634 € |
| 78.000 € | 24.270 € | 22.729 € | 21.268 € | 19.866 € | 18.530 € | 17.270 € | 16.100 € | 14.988 € | 13.891 € | 12.817 € | 11.634 € |
| 81.000 € | 24.270 € | 22.729 € | 21.268 € | 19.866 € | 18.530 € | 17.270 € | 16.100 € | 14.988 € | 13.891 € | 12.817 € | 11.634 € |
| 84.000 € | 24.270 € | 22.729 € | 21.268 € | 19.866 € | 18.530 € | 17.270 € | 16.100 € | 14.988 € | 13.891 € | 12.817 € | 11.634 € |
| 87.000 € | 24.270 € | 22.729 € | 21.268 € | 19.866 € | 18.530 € | 17.270 € | 16.100 € | 14.988 € | 13.891 € | 12.817 € | 11.634 € |
| 90.000 € | 24.270 € | 22.729 € | 21.268 € | 19.866 € | 18.530 € | 17.270 € | 16.100 € | 14.988 € | 13.891 € | 12.817 € | 11.634 € |
| 93.000 € | 24.270 € | 22.729 € | 21.268 € | 19.866 € | 18.530 € | 17.270 € | 16.100 € | 14.988 € | 13.891 € | 12.817 € | 11.634 € |
| 96.000 € | 24.270 € | 22.729 € | 21.268 € | 19.866 € | 18.530 € | 17.270 € | 16.100 € | 14.988 € | 13.891 € | 12.817 € | 11.634 € |
| 99.000 € | 24.270 € | 22.729 € | 21.268 € | 19.866 € | 18.530 € | 17.270 € | 16.100 € | 14.988 € | 13.891 € | 12.817 € | 11.634 € |
| 102.000 € | 24.270 € | 22.729 € | 21.268 € | 19.866 € | 18.530 € | 17.270 € | 16.100 € | 14.988 € | 13.891 € | 12.817 € | 11.634 € |
| 105.000 € | 24.270 € | 22.729 € | 21.268 € | 19.866 € | 18.530 € | 17.270 € | 16.100 € | 14.988 € | 13.891 € | 12.817 € | 11.634 € |
| 108.000 € | 24.270 € | 22.729 € | 21.268 € | 19.866 € | 18.530 € | 17.270 € | 16.100 € | 14.988 € | 13.891 € | 12.817 € | 11.634 € |
| 111.000 € | 24.270 € | 22.729 € | 21.268 € | 19.866 € | 18.530 € | 17.270 € | 16.100 € | 14.988 € | 13.891 € | 12.817 € | 11.634 € |
| 114.000 € | 24.270 € | 22.729 € | 21.268 € | 19.866 € | 18.530 € | 17.270 € | 16.100 € | 14.988 € | 13.891 € | 12.817 € | 11.634 € |
| 117.000 € | 24.270 € | 22.729 € | 21.268 € | 19.866 € | 18.530 € | 17.270 € | 16.100 € | 14.988 € | 13.891 € | 12.817 € | 11.634 € |
| 120.000 € | 24.270 € | 22.729 € | 21.268 € | 19.866 € | 18.530 € | 17.270 € | 16.100 € | 14.988 € | 13.891 € | 12.817 € | 11.634 € |

# TABLA 1.C.1
## Lucro cesante del cónyuge
### Años de duración del matrimonio: 69 años

Ingreso neto

| Hasta | 94 | 95 | 96 | 97 | 98 | 99 o más |
|---|---|---|---|---|---|---|
| 9.000 € | 3.000 € | 3.000 € | 3.000 € | 3.000 € | 3.000 € | 3.000 € |
| 12.000 € | 3.269 € | 3.000 € | 3.000 € | 3.000 € | 3.000 € | 3.000 € |
| 15.000 € | 4.086 € | 3.656 € | 3.205 € | 3.000 € | 3.000 € | 3.000 € |
| 18.000 € | 4.903 € | 4.387 € | 3.846 € | 3.243 € | 3.000 € | 3.000 € |
| 21.000 € | 5.720 € | 5.118 € | 4.487 € | 3.784 € | 3.000 € | 3.000 € |
| 24.000 € | 6.537 € | 5.849 € | 5.128 € | 4.325 € | 3.287 € | 3.000 € |
| 27.000 € | 7.355 € | 6.581 € | 5.769 € | 4.865 € | 3.698 € | 3.000 € |
| 30.000 € | 8.172 € | 7.312 € | 6.410 € | 5.406 € | 4.108 € | 3.000 € |
| 33.000 € | 8.989 € | 8.043 € | 7.051 € | 5.946 € | 4.519 € | 3.000 € |
| 36.000 € | 9.806 € | 8.774 € | 7.692 € | 6.487 € | 4.930 € | 3.000 € |
| 39.000 € | 10.623 € | 9.505 € | 8.333 € | 7.027 € | 5.341 € | 3.120 € |
| 42.000 € | 10.623 € | 9.505 € | 8.333 € | 7.027 € | 5.341 € | 3.120 € |
| 45.000 € | 10.623 € | 9.505 € | 8.333 € | 7.027 € | 5.341 € | 3.120 € |
| 48.000 € | 10.623 € | 9.505 € | 8.333 € | 7.027 € | 5.341 € | 3.120 € |
| 51.000 € | 10.623 € | 9.505 € | 8.333 € | 7.027 € | 5.341 € | 3.120 € |
| 54.000 € | 10.623 € | 9.505 € | 8.333 € | 7.027 € | 5.341 € | 3.120 € |
| 57.000 € | 10.623 € | 9.505 € | 8.333 € | 7.027 € | 5.341 € | 3.120 € |
| 60.000 € | 10.623 € | 9.505 € | 8.333 € | 7.027 € | 5.341 € | 3.120 € |
| 63.000 € | 10.623 € | 9.505 € | 8.333 € | 7.027 € | 5.341 € | 3.120 € |
| 66.000 € | 10.623 € | 9.505 € | 8.333 € | 7.027 € | 5.341 € | 3.120 € |
| 69.000 € | 10.623 € | 9.505 € | 8.333 € | 7.027 € | 5.341 € | 3.120 € |
| 72.000 € | 10.623 € | 9.505 € | 8.333 € | 7.027 € | 5.341 € | 3.120 € |
| 75.000 € | 10.623 € | 9.505 € | 8.333 € | 7.027 € | 5.341 € | 3.120 € |
| 78.000 € | 10.623 € | 9.505 € | 8.333 € | 7.027 € | 5.341 € | 3.120 € |
| 81.000 € | 10.623 € | 9.505 € | 8.333 € | 7.027 € | 5.341 € | 3.120 € |
| 84.000 € | 10.623 € | 9.505 € | 8.333 € | 7.027 € | 5.341 € | 3.120 € |
| 87.000 € | 10.623 € | 9.505 € | 8.333 € | 7.027 € | 5.341 € | 3.120 € |
| 90.000 € | 10.623 € | 9.505 € | 8.333 € | 7.027 € | 5.341 € | 3.120 € |
| 93.000 € | 10.623 € | 9.505 € | 8.333 € | 7.027 € | 5.341 € | 3.120 € |
| 96.000 € | 10.623 € | 9.505 € | 8.333 € | 7.027 € | 5.341 € | 3.120 € |
| 99.000 € | 10.623 € | 9.505 € | 8.333 € | 7.027 € | 5.341 € | 3.120 € |
| 102.000 € | 10.623 € | 9.505 € | 8.333 € | 7.027 € | 5.341 € | 3.120 € |
| 105.000 € | 10.623 € | 9.505 € | 8.333 € | 7.027 € | 5.341 € | 3.120 € |
| 108.000 € | 10.623 € | 9.505 € | 8.333 € | 7.027 € | 5.341 € | 3.120 € |
| 111.000 € | 10.623 € | 9.505 € | 8.333 € | 7.027 € | 5.341 € | 3.120 € |
| 114.000 € | 10.623 € | 9.505 € | 8.333 € | 7.027 € | 5.341 € | 3.120 € |
| 117.000 € | 10.623 € | 9.505 € | 8.333 € | 7.027 € | 5.341 € | 3.120 € |
| 120.000 € | 10.623 € | 9.505 € | 8.333 € | 7.027 € | 5.341 € | 3.120 € |

# TABLA 1.C.1
## Lucro cesante del cónyuge
Años de duración del matrimonio: 70 años

Ingreso neto | Edad del cónyuge | Edad del cónyuge

| Hasta | 84 | 85 | 86 | 87 | 88 | 89 | 90 | 91 | 92 | 93 | 94 |
|---|---|---|---|---|---|---|---|---|---|---|---|
| 9.000 € | 5.245 € | 4.908 € | 4.584 € | 4.276 € | 3.985 € | 3.715 € | 3.459 € | 3.206 € | 3.000 € | 3.000 € | 3.000 € |
| 12.000 € | 6.994 € | 6.544 € | 6.113 € | 5.702 € | 5.314 € | 4.954 € | 4.612 € | 4.274 € | 3.944 € | 3.580 € | 3.269 € |
| 15.000 € | 8.742 € | 8.180 € | 7.641 € | 7.127 € | 6.642 € | 6.192 € | 5.764 € | 5.343 € | 4.930 € | 4.474 € | 4.086 € |
| 18.000 € | 10.490 € | 9.816 € | 9.169 € | 8.552 € | 7.971 € | 7.431 € | 6.917 € | 6.411 € | 5.916 € | 5.369 € | 4.903 € |
| 21.000 € | 12.239 € | 11.452 € | 10.697 € | 9.978 € | 9.299 € | 8.669 € | 8.070 € | 7.480 € | 6.902 € | 6.264 € | 5.720 € |
| 24.000 € | 13.987 € | 13.088 € | 12.225 € | 11.403 € | 10.628 € | 9.907 € | 9.223 € | 8.548 € | 7.887 € | 7.159 € | 6.537 € |
| 27.000 € | 15.735 € | 14.724 € | 13.753 € | 12.829 € | 11.956 € | 11.146 € | 10.376 € | 9.617 € | 8.873 € | 8.054 € | 7.355 € |
| 30.000 € | 17.484 € | 16.360 € | 15.282 € | 14.254 € | 13.285 € | 12.384 € | 11.529 € | 10.685 € | 9.859 € | 8.949 € | 8.172 € |
| 33.000 € | 19.232 € | 17.996 € | 16.810 € | 15.679 € | 14.613 € | 13.623 € | 12.682 € | 11.754 € | 10.845 € | 9.844 € | 8.989 € |
| 36.000 € | 20.981 € | 19.632 € | 18.338 € | 17.105 € | 15.942 € | 14.861 € | 13.835 € | 12.822 € | 11.831 € | 10.739 € | 9.806 € |
| 39.000 € | 22.729 € | 21.268 € | 19.866 € | 18.530 € | 17.270 € | 16.100 € | 14.988 € | 13.891 € | 12.817 € | 11.634 € | 10.623 € |
| 42.000 € | 22.729 € | 21.268 € | 19.866 € | 18.530 € | 17.270 € | 16.100 € | 14.988 € | 13.891 € | 12.817 € | 11.634 € | 10.623 € |
| 45.000 € | 22.729 € | 21.268 € | 19.866 € | 18.530 € | 17.270 € | 16.100 € | 14.988 € | 13.891 € | 12.817 € | 11.634 € | 10.623 € |
| 48.000 € | 22.729 € | 21.268 € | 19.866 € | 18.530 € | 17.270 € | 16.100 € | 14.988 € | 13.891 € | 12.817 € | 11.634 € | 10.623 € |
| 51.000 € | 22.729 € | 21.268 € | 19.866 € | 18.530 € | 17.270 € | 16.100 € | 14.988 € | 13.891 € | 12.817 € | 11.634 € | 10.623 € |
| 54.000 € | 22.729 € | 21.268 € | 19.866 € | 18.530 € | 17.270 € | 16.100 € | 14.988 € | 13.891 € | 12.817 € | 11.634 € | 10.623 € |
| 57.000 € | 22.729 € | 21.268 € | 19.866 € | 18.530 € | 17.270 € | 16.100 € | 14.988 € | 13.891 € | 12.817 € | 11.634 € | 10.623 € |
| 60.000 € | 22.729 € | 21.268 € | 19.866 € | 18.530 € | 17.270 € | 16.100 € | 14.988 € | 13.891 € | 12.817 € | 11.634 € | 10.623 € |
| 63.000 € | 22.729 € | 21.268 € | 19.866 € | 18.530 € | 17.270 € | 16.100 € | 14.988 € | 13.891 € | 12.817 € | 11.634 € | 10.623 € |
| 66.000 € | 22.729 € | 21.268 € | 19.866 € | 18.530 € | 17.270 € | 16.100 € | 14.988 € | 13.891 € | 12.817 € | 11.634 € | 10.623 € |
| 69.000 € | 22.729 € | 21.268 € | 19.866 € | 18.530 € | 17.270 € | 16.100 € | 14.988 € | 13.891 € | 12.817 € | 11.634 € | 10.623 € |
| 72.000 € | 22.729 € | 21.268 € | 19.866 € | 18.530 € | 17.270 € | 16.100 € | 14.988 € | 13.891 € | 12.817 € | 11.634 € | 10.623 € |
| 75.000 € | 22.729 € | 21.268 € | 19.866 € | 18.530 € | 17.270 € | 16.100 € | 14.988 € | 13.891 € | 12.817 € | 11.634 € | 10.623 € |
| 78.000 € | 22.729 € | 21.268 € | 19.866 € | 18.530 € | 17.270 € | 16.100 € | 14.988 € | 13.891 € | 12.817 € | 11.634 € | 10.623 € |
| 81.000 € | 22.729 € | 21.268 € | 19.866 € | 18.530 € | 17.270 € | 16.100 € | 14.988 € | 13.891 € | 12.817 € | 11.634 € | 10.623 € |
| 84.000 € | 22.729 € | 21.268 € | 19.866 € | 18.530 € | 17.270 € | 16.100 € | 14.988 € | 13.891 € | 12.817 € | 11.634 € | 10.623 € |
| 87.000 € | 22.729 € | 21.268 € | 19.866 € | 18.530 € | 17.270 € | 16.100 € | 14.988 € | 13.891 € | 12.817 € | 11.634 € | 10.623 € |
| 90.000 € | 22.729 € | 21.268 € | 19.866 € | 18.530 € | 17.270 € | 16.100 € | 14.988 € | 13.891 € | 12.817 € | 11.634 € | 10.623 € |
| 93.000 € | 22.729 € | 21.268 € | 19.866 € | 18.530 € | 17.270 € | 16.100 € | 14.988 € | 13.891 € | 12.817 € | 11.634 € | 10.623 € |
| 96.000 € | 22.729 € | 21.268 € | 19.866 € | 18.530 € | 17.270 € | 16.100 € | 14.988 € | 13.891 € | 12.817 € | 11.634 € | 10.623 € |
| 99.000 € | 22.729 € | 21.268 € | 19.866 € | 18.530 € | 17.270 € | 16.100 € | 14.988 € | 13.891 € | 12.817 € | 11.634 € | 10.623 € |
| 102.000 € | 22.729 € | 21.268 € | 19.866 € | 18.530 € | 17.270 € | 16.100 € | 14.988 € | 13.891 € | 12.817 € | 11.634 € | 10.623 € |
| 105.000 € | 22.729 € | 21.268 € | 19.866 € | 18.530 € | 17.270 € | 16.100 € | 14.988 € | 13.891 € | 12.817 € | 11.634 € | 10.623 € |
| 108.000 € | 22.729 € | 21.268 € | 19.866 € | 18.530 € | 17.270 € | 16.100 € | 14.988 € | 13.891 € | 12.817 € | 11.634 € | 10.623 € |
| 111.000 € | 22.729 € | 21.268 € | 19.866 € | 18.530 € | 17.270 € | 16.100 € | 14.988 € | 13.891 € | 12.817 € | 11.634 € | 10.623 € |
| 114.000 € | 22.729 € | 21.268 € | 19.866 € | 18.530 € | 17.270 € | 16.100 € | 14.988 € | 13.891 € | 12.817 € | 11.634 € | 10.623 € |
| 117.000 € | 22.729 € | 21.268 € | 19.866 € | 18.530 € | 17.270 € | 16.100 € | 14.988 € | 13.891 € | 12.817 € | 11.634 € | 10.623 € |
| 120.000 € | 22.729 € | 21.268 € | 19.866 € | 18.530 € | 17.270 € | 16.100 € | 14.988 € | 13.891 € | 12.817 € | 11.634 € | 10.623 € |

# TABLA 1.C.1
## Lucro cesante del cónyuge
### Años de duración del matrimonio: 70 años

Ingreso neto

| Hasta | 95 | 96 | 97 | 98 | 99 o más |
|---|---|---|---|---|---|
| 9.000 € | 3.000 € | 3.000 € | 3.000 € | 3.000 € | 3.000 € |
| 12.000 € | 3.000 € | 3.000 € | 3.000 € | 3.000 € | 3.000 € |
| 15.000 € | 3.656 € | 3.205 € | 3.000 € | 3.000 € | 3.000 € |
| 18.000 € | 4.387 € | 3.846 € | 3.243 € | 3.000 € | 3.000 € |
| 21.000 € | 5.118 € | 4.487 € | 3.784 € | 3.000 € | 3.000 € |
| 24.000 € | 5.849 € | 5.128 € | 4.325 € | 3.287 € | 3.000 € |
| 27.000 € | 6.581 € | 5.769 € | 4.865 € | 3.698 € | 3.000 € |
| 30.000 € | 7.312 € | 6.410 € | 5.406 € | 4.108 € | 3.000 € |
| 33.000 € | 8.043 € | 7.051 € | 5.946 € | 4.519 € | 3.000 € |
| 36.000 € | 8.774 € | 7.692 € | 6.487 € | 4.930 € | 3.000 € |
| 39.000 € | 9.505 € | 8.333 € | 7.027 € | 5.341 € | 3.120 € |
| 42.000 € | 9.505 € | 8.333 € | 7.027 € | 5.341 € | 3.120 € |
| 45.000 € | 9.505 € | 8.333 € | 7.027 € | 5.341 € | 3.120 € |
| 48.000 € | 9.505 € | 8.333 € | 7.027 € | 5.341 € | 3.120 € |
| 51.000 € | 9.505 € | 8.333 € | 7.027 € | 5.341 € | 3.120 € |
| 54.000 € | 9.505 € | 8.333 € | 7.027 € | 5.341 € | 3.120 € |
| 57.000 € | 9.505 € | 8.333 € | 7.027 € | 5.341 € | 3.120 € |
| 60.000 € | 9.505 € | 8.333 € | 7.027 € | 5.341 € | 3.120 € |
| 63.000 € | 9.505 € | 8.333 € | 7.027 € | 5.341 € | 3.120 € |
| 66.000 € | 9.505 € | 8.333 € | 7.027 € | 5.341 € | 3.120 € |
| 69.000 € | 9.505 € | 8.333 € | 7.027 € | 5.341 € | 3.120 € |
| 72.000 € | 9.505 € | 8.333 € | 7.027 € | 5.341 € | 3.120 € |
| 75.000 € | 9.505 € | 8.333 € | 7.027 € | 5.341 € | 3.120 € |
| 78.000 € | 9.505 € | 8.333 € | 7.027 € | 5.341 € | 3.120 € |
| 81.000 € | 9.505 € | 8.333 € | 7.027 € | 5.341 € | 3.120 € |
| 84.000 € | 9.505 € | 8.333 € | 7.027 € | 5.341 € | 3.120 € |
| 87.000 € | 9.505 € | 8.333 € | 7.027 € | 5.341 € | 3.120 € |
| 90.000 € | 9.505 € | 8.333 € | 7.027 € | 5.341 € | 3.120 € |
| 93.000 € | 9.505 € | 8.333 € | 7.027 € | 5.341 € | 3.120 € |
| 96.000 € | 9.505 € | 8.333 € | 7.027 € | 5.341 € | 3.120 € |
| 99.000 € | 9.505 € | 8.333 € | 7.027 € | 5.341 € | 3.120 € |
| 102.000 € | 9.505 € | 8.333 € | 7.027 € | 5.341 € | 3.120 € |
| 105.000 € | 9.505 € | 8.333 € | 7.027 € | 5.341 € | 3.120 € |
| 108.000 € | 9.505 € | 8.333 € | 7.027 € | 5.341 € | 3.120 € |
| 111.000 € | 9.505 € | 8.333 € | 7.027 € | 5.341 € | 3.120 € |
| 114.000 € | 9.505 € | 8.333 € | 7.027 € | 5.341 € | 3.120 € |
| 117.000 € | 9.505 € | 8.333 € | 7.027 € | 5.341 € | 3.120 € |
| 120.000 € | 9.505 € | 8.333 € | 7.027 € | 5.341 € | 3.120 € |

# TABLA 1.C.1
## Lucro cesante del cónyuge
### Años de duración del matrimonio: 71 años

Ingreso netc Edad del cónyuge

Edad del cónyuge

| Hasta | 85 | 86 | 87 | 88 | 89 | 90 | 91 | 92 | 93 | 94 | 95 |
|---|---|---|---|---|---|---|---|---|---|---|---|
| 9.000 € | 4.908 € | 4.584 € | 4.276 € | 3.985 € | 3.715 € | 3.459 € | 3.206 € | 3.000 € | 3.000 € | 3.000 € | 3.000 € |
| 12.000 € | 6.544 € | 6.113 € | 5.702 € | 5.314 € | 4.954 € | 4.612 € | 4.274 € | 3.944 € | 3.580 € | 3.269 € | 3.000 € |
| 15.000 € | 8.180 € | 7.641 € | 7.127 € | 6.642 € | 6.192 € | 5.764 € | 5.343 € | 4.930 € | 4.474 € | 4.086 € | 3.656 € |
| 18.000 € | 9.816 € | 9.169 € | 8.552 € | 7.971 € | 7.431 € | 6.917 € | 6.411 € | 5.916 € | 5.369 € | 4.903 € | 4.387 € |
| 21.000 € | 11.452 € | 10.697 € | 9.978 € | 9.299 € | 8.669 € | 8.070 € | 7.480 € | 6.902 € | 6.264 € | 5.720 € | 5.118 € |
| 24.000 € | 13.088 € | 12.225 € | 11.403 € | 10.628 € | 9.907 € | 9.223 € | 8.548 € | 7.887 € | 7.159 € | 6.537 € | 5.849 € |
| 27.000 € | 14.724 € | 13.753 € | 12.829 € | 11.956 € | 11.146 € | 10.376 € | 9.617 € | 8.873 € | 8.054 € | 7.355 € | 6.581 € |
| 30.000 € | 16.360 € | 15.282 € | 14.254 € | 13.285 € | 12.384 € | 11.529 € | 10.685 € | 9.859 € | 8.949 € | 8.172 € | 7.312 € |
| 33.000 € | 17.996 € | 16.810 € | 15.679 € | 14.613 € | 13.623 € | 12.682 € | 11.754 € | 10.845 € | 9.844 € | 8.989 € | 8.043 € |
| 36.000 € | 19.632 € | 18.338 € | 17.105 € | 15.942 € | 14.861 € | 13.835 € | 12.822 € | 11.831 € | 10.739 € | 9.806 € | 8.774 € |
| 39.000 € | 21.268 € | 19.866 € | 18.530 € | 17.270 € | 16.100 € | 14.988 € | 13.891 € | 12.817 € | 11.634 € | 10.623 € | 9.505 € |
| 42.000 € | 21.268 € | 19.866 € | 18.530 € | 17.270 € | 16.100 € | 14.988 € | 13.891 € | 12.817 € | 11.634 € | 10.623 € | 9.505 € |
| 45.000 € | 21.268 € | 19.866 € | 18.530 € | 17.270 € | 16.100 € | 14.988 € | 13.891 € | 12.817 € | 11.634 € | 10.623 € | 9.505 € |
| 48.000 € | 21.268 € | 19.866 € | 18.530 € | 17.270 € | 16.100 € | 14.988 € | 13.891 € | 12.817 € | 11.634 € | 10.623 € | 9.505 € |
| 51.000 € | 21.268 € | 19.866 € | 18.530 € | 17.270 € | 16.100 € | 14.988 € | 13.891 € | 12.817 € | 11.634 € | 10.623 € | 9.505 € |
| 54.000 € | 21.268 € | 19.866 € | 18.530 € | 17.270 € | 16.100 € | 14.988 € | 13.891 € | 12.817 € | 11.634 € | 10.623 € | 9.505 € |
| 57.000 € | 21.268 € | 19.866 € | 18.530 € | 17.270 € | 16.100 € | 14.988 € | 13.891 € | 12.817 € | 11.634 € | 10.623 € | 9.505 € |
| 60.000 € | 21.268 € | 19.866 € | 18.530 € | 17.270 € | 16.100 € | 14.988 € | 13.891 € | 12.817 € | 11.634 € | 10.623 € | 9.505 € |
| 63.000 € | 21.268 € | 19.866 € | 18.530 € | 17.270 € | 16.100 € | 14.988 € | 13.891 € | 12.817 € | 11.634 € | 10.623 € | 9.505 € |
| 66.000 € | 21.268 € | 19.866 € | 18.530 € | 17.270 € | 16.100 € | 14.988 € | 13.891 € | 12.817 € | 11.634 € | 10.623 € | 9.505 € |
| 69.000 € | 21.268 € | 19.866 € | 18.530 € | 17.270 € | 16.100 € | 14.988 € | 13.891 € | 12.817 € | 11.634 € | 10.623 € | 9.505 € |
| 72.000 € | 21.268 € | 19.866 € | 18.530 € | 17.270 € | 16.100 € | 14.988 € | 13.891 € | 12.817 € | 11.634 € | 10.623 € | 9.505 € |
| 75.000 € | 21.268 € | 19.866 € | 18.530 € | 17.270 € | 16.100 € | 14.988 € | 13.891 € | 12.817 € | 11.634 € | 10.623 € | 9.505 € |
| 78.000 € | 21.268 € | 19.866 € | 18.530 € | 17.270 € | 16.100 € | 14.988 € | 13.891 € | 12.817 € | 11.634 € | 10.623 € | 9.505 € |
| 81.000 € | 21.268 € | 19.866 € | 18.530 € | 17.270 € | 16.100 € | 14.988 € | 13.891 € | 12.817 € | 11.634 € | 10.623 € | 9.505 € |
| 84.000 € | 21.268 € | 19.866 € | 18.530 € | 17.270 € | 16.100 € | 14.988 € | 13.891 € | 12.817 € | 11.634 € | 10.623 € | 9.505 € |
| 87.000 € | 21.268 € | 19.866 € | 18.530 € | 17.270 € | 16.100 € | 14.988 € | 13.891 € | 12.817 € | 11.634 € | 10.623 € | 9.505 € |
| 90.000 € | 21.268 € | 19.866 € | 18.530 € | 17.270 € | 16.100 € | 14.988 € | 13.891 € | 12.817 € | 11.634 € | 10.623 € | 9.505 € |
| 93.000 € | 21.268 € | 19.866 € | 18.530 € | 17.270 € | 16.100 € | 14.988 € | 13.891 € | 12.817 € | 11.634 € | 10.623 € | 9.505 € |
| 96.000 € | 21.268 € | 19.866 € | 18.530 € | 17.270 € | 16.100 € | 14.988 € | 13.891 € | 12.817 € | 11.634 € | 10.623 € | 9.505 € |
| 99.000 € | 21.268 € | 19.866 € | 18.530 € | 17.270 € | 16.100 € | 14.988 € | 13.891 € | 12.817 € | 11.634 € | 10.623 € | 9.505 € |
| 102.000 € | 21.268 € | 19.866 € | 18.530 € | 17.270 € | 16.100 € | 14.988 € | 13.891 € | 12.817 € | 11.634 € | 10.623 € | 9.505 € |
| 105.000 € | 21.268 € | 19.866 € | 18.530 € | 17.270 € | 16.100 € | 14.988 € | 13.891 € | 12.817 € | 11.634 € | 10.623 € | 9.505 € |
| 108.000 € | 21.268 € | 19.866 € | 18.530 € | 17.270 € | 16.100 € | 14.988 € | 13.891 € | 12.817 € | 11.634 € | 10.623 € | 9.505 € |
| 111.000 € | 21.268 € | 19.866 € | 18.530 € | 17.270 € | 16.100 € | 14.988 € | 13.891 € | 12.817 € | 11.634 € | 10.623 € | 9.505 € |
| 114.000 € | 21.268 € | 19.866 € | 18.530 € | 17.270 € | 16.100 € | 14.988 € | 13.891 € | 12.817 € | 11.634 € | 10.623 € | 9.505 € |
| 117.000 € | 21.268 € | 19.866 € | 18.530 € | 17.270 € | 16.100 € | 14.988 € | 13.891 € | 12.817 € | 11.634 € | 10.623 € | 9.505 € |
| 120.000 € | 21.268 € | 19.866 € | 18.530 € | 17.270 € | 16.100 € | 14.988 € | 13.891 € | 12.817 € | 11.634 € | 10.623 € | 9.505 € |

# TABLA 1.C.1
## Lucro cesante del cónyuge
### Años de duración del matrimonio: 71 años

Ingreso neto

| Hasta | 96 | 97 | 98 | 99 o más |
|---|---|---|---|---|
| 9.000 € | 3.000 € | 3.000 € | 3.000 € | 3.000 € |
| 12.000 € | 3.000 € | 3.000 € | 3.000 € | 3.000 € |
| 15.000 € | 3.205 € | 3.000 € | 3.000 € | 3.000 € |
| 18.000 € | 3.846 € | 3.243 € | 3.000 € | 3.000 € |
| 21.000 € | 4.487 € | 3.784 € | 3.000 € | 3.000 € |
| 24.000 € | 5.128 € | 4.325 € | 3.287 € | 3.000 € |
| 27.000 € | 5.769 € | 4.865 € | 3.698 € | 3.000 € |
| 30.000 € | 6.410 € | 5.406 € | 4.108 € | 3.000 € |
| 33.000 € | 7.051 € | 5.946 € | 4.519 € | 3.000 € |
| 36.000 € | 7.692 € | 6.487 € | 4.930 € | 3.000 € |
| 39.000 € | 8.333 € | 7.027 € | 5.341 € | 3.120 € |
| 42.000 € | 8.333 € | 7.027 € | 5.341 € | 3.120 € |
| 45.000 € | 8.333 € | 7.027 € | 5.341 € | 3.120 € |
| 48.000 € | 8.333 € | 7.027 € | 5.341 € | 3.120 € |
| 51.000 € | 8.333 € | 7.027 € | 5.341 € | 3.120 € |
| 54.000 € | 8.333 € | 7.027 € | 5.341 € | 3.120 € |
| 57.000 € | 8.333 € | 7.027 € | 5.341 € | 3.120 € |
| 60.000 € | 8.333 € | 7.027 € | 5.341 € | 3.120 € |
| 63.000 € | 8.333 € | 7.027 € | 5.341 € | 3.120 € |
| 66.000 € | 8.333 € | 7.027 € | 5.341 € | 3.120 € |
| 69.000 € | 8.333 € | 7.027 € | 5.341 € | 3.120 € |
| 72.000 € | 8.333 € | 7.027 € | 5.341 € | 3.120 € |
| 75.000 € | 8.333 € | 7.027 € | 5.341 € | 3.120 € |
| 78.000 € | 8.333 € | 7.027 € | 5.341 € | 3.120 € |
| 81.000 € | 8.333 € | 7.027 € | 5.341 € | 3.120 € |
| 84.000 € | 8.333 € | 7.027 € | 5.341 € | 3.120 € |
| 87.000 € | 8.333 € | 7.027 € | 5.341 € | 3.120 € |
| 90.000 € | 8.333 € | 7.027 € | 5.341 € | 3.120 € |
| 93.000 € | 8.333 € | 7.027 € | 5.341 € | 3.120 € |
| 96.000 € | 8.333 € | 7.027 € | 5.341 € | 3.120 € |
| 99.000 € | 8.333 € | 7.027 € | 5.341 € | 3.120 € |
| 102.000 € | 8.333 € | 7.027 € | 5.341 € | 3.120 € |
| 105.000 € | 8.333 € | 7.027 € | 5.341 € | 3.120 € |
| 108.000 € | 8.333 € | 7.027 € | 5.341 € | 3.120 € |
| 111.000 € | 8.333 € | 7.027 € | 5.341 € | 3.120 € |
| 114.000 € | 8.333 € | 7.027 € | 5.341 € | 3.120 € |
| 117.000 € | 8.333 € | 7.027 € | 5.341 € | 3.120 € |
| 120.000 € | 8.333 € | 7.027 € | 5.341 € | 3.120 € |

# TABLA 1.C.1
## Lucro cesante del cónyuge
### Años de duración del matrimonio: 72 años

Ingreso neto Edad del cónyuge Edad del cónyuge

| Hasta | 86 | 87 | 88 | 89 | 90 | 91 | 92 | 93 | 94 | 95 | 96 |
|---|---|---|---|---|---|---|---|---|---|---|---|
| 9.000 € | 4.584 € | 4.276 € | 3.985 € | 3.715 € | 3.459 € | 3.206 € | 3.000 € | 3.000 € | 3.000 € | 3.000 € | 3.000 € |
| 12.000 € | 6.113 € | 5.702 € | 5.314 € | 4.954 € | 4.612 € | 4.274 € | 3.944 € | 3.580 € | 3.269 € | 3.000 € | 3.000 € |
| 15.000 € | 7.641 € | 7.127 € | 6.642 € | 6.192 € | 5.764 € | 5.343 € | 4.930 € | 4.474 € | 4.086 € | 3.656 € | 3.205 € |
| 18.000 € | 9.169 € | 8.552 € | 7.971 € | 7.431 € | 6.917 € | 6.411 € | 5.916 € | 5.369 € | 4.903 € | 4.387 € | 3.846 € |
| 21.000 € | 10.697 € | 9.978 € | 9.299 € | 8.669 € | 8.070 € | 7.480 € | 6.902 € | 6.264 € | 5.720 € | 5.118 € | 4.487 € |
| 24.000 € | 12.225 € | 11.403 € | 10.628 € | 9.907 € | 9.223 € | 8.548 € | 7.887 € | 7.159 € | 6.537 € | 5.849 € | 5.128 € |
| 27.000 € | 13.753 € | 12.829 € | 11.956 € | 11.146 € | 10.376 € | 9.617 € | 8.873 € | 8.054 € | 7.355 € | 6.581 € | 5.769 € |
| 30.000 € | 15.282 € | 14.254 € | 13.285 € | 12.384 € | 11.529 € | 10.685 € | 9.859 € | 8.949 € | 8.172 € | 7.312 € | 6.410 € |
| 33.000 € | 16.810 € | 15.679 € | 14.613 € | 13.623 € | 12.682 € | 11.754 € | 10.845 € | 9.844 € | 8.989 € | 8.043 € | 7.051 € |
| 36.000 € | 18.338 € | 17.105 € | 15.942 € | 14.861 € | 13.835 € | 12.822 € | 11.831 € | 10.739 € | 9.806 € | 8.774 € | 7.692 € |
| 39.000 € | 19.866 € | 18.530 € | 17.270 € | 16.100 € | 14.988 € | 13.891 € | 12.817 € | 11.634 € | 10.623 € | 9.505 € | 8.333 € |
| 42.000 € | 19.866 € | 18.530 € | 17.270 € | 16.100 € | 14.988 € | 13.891 € | 12.817 € | 11.634 € | 10.623 € | 9.505 € | 8.333 € |
| 45.000 € | 19.866 € | 18.530 € | 17.270 € | 16.100 € | 14.988 € | 13.891 € | 12.817 € | 11.634 € | 10.623 € | 9.505 € | 8.333 € |
| 48.000 € | 19.866 € | 18.530 € | 17.270 € | 16.100 € | 14.988 € | 13.891 € | 12.817 € | 11.634 € | 10.623 € | 9.505 € | 8.333 € |
| 51.000 € | 19.866 € | 18.530 € | 17.270 € | 16.100 € | 14.988 € | 13.891 € | 12.817 € | 11.634 € | 10.623 € | 9.505 € | 8.333 € |
| 54.000 € | 19.866 € | 18.530 € | 17.270 € | 16.100 € | 14.988 € | 13.891 € | 12.817 € | 11.634 € | 10.623 € | 9.505 € | 8.333 € |
| 57.000 € | 19.866 € | 18.530 € | 17.270 € | 16.100 € | 14.988 € | 13.891 € | 12.817 € | 11.634 € | 10.623 € | 9.505 € | 8.333 € |
| 60.000 € | 19.866 € | 18.530 € | 17.270 € | 16.100 € | 14.988 € | 13.891 € | 12.817 € | 11.634 € | 10.623 € | 9.505 € | 8.333 € |
| 63.000 € | 19.866 € | 18.530 € | 17.270 € | 16.100 € | 14.988 € | 13.891 € | 12.817 € | 11.634 € | 10.623 € | 9.505 € | 8.333 € |
| 66.000 € | 19.866 € | 18.530 € | 17.270 € | 16.100 € | 14.988 € | 13.891 € | 12.817 € | 11.634 € | 10.623 € | 9.505 € | 8.333 € |
| 69.000 € | 19.866 € | 18.530 € | 17.270 € | 16.100 € | 14.988 € | 13.891 € | 12.817 € | 11.634 € | 10.623 € | 9.505 € | 8.333 € |
| 72.000 € | 19.866 € | 18.530 € | 17.270 € | 16.100 € | 14.988 € | 13.891 € | 12.817 € | 11.634 € | 10.623 € | 9.505 € | 8.333 € |
| 75.000 € | 19.866 € | 18.530 € | 17.270 € | 16.100 € | 14.988 € | 13.891 € | 12.817 € | 11.634 € | 10.623 € | 9.505 € | 8.333 € |
| 78.000 € | 19.866 € | 18.530 € | 17.270 € | 16.100 € | 14.988 € | 13.891 € | 12.817 € | 11.634 € | 10.623 € | 9.505 € | 8.333 € |
| 81.000 € | 19.866 € | 18.530 € | 17.270 € | 16.100 € | 14.988 € | 13.891 € | 12.817 € | 11.634 € | 10.623 € | 9.505 € | 8.333 € |
| 84.000 € | 19.866 € | 18.530 € | 17.270 € | 16.100 € | 14.988 € | 13.891 € | 12.817 € | 11.634 € | 10.623 € | 9.505 € | 8.333 € |
| 87.000 € | 19.866 € | 18.530 € | 17.270 € | 16.100 € | 14.988 € | 13.891 € | 12.817 € | 11.634 € | 10.623 € | 9.505 € | 8.333 € |
| 90.000 € | 19.866 € | 18.530 € | 17.270 € | 16.100 € | 14.988 € | 13.891 € | 12.817 € | 11.634 € | 10.623 € | 9.505 € | 8.333 € |
| 93.000 € | 19.866 € | 18.530 € | 17.270 € | 16.100 € | 14.988 € | 13.891 € | 12.817 € | 11.634 € | 10.623 € | 9.505 € | 8.333 € |
| 96.000 € | 19.866 € | 18.530 € | 17.270 € | 16.100 € | 14.988 € | 13.891 € | 12.817 € | 11.634 € | 10.623 € | 9.505 € | 8.333 € |
| 99.000 € | 19.866 € | 18.530 € | 17.270 € | 16.100 € | 14.988 € | 13.891 € | 12.817 € | 11.634 € | 10.623 € | 9.505 € | 8.333 € |
| 102.000 € | 19.866 € | 18.530 € | 17.270 € | 16.100 € | 14.988 € | 13.891 € | 12.817 € | 11.634 € | 10.623 € | 9.505 € | 8.333 € |
| 105.000 € | 19.866 € | 18.530 € | 17.270 € | 16.100 € | 14.988 € | 13.891 € | 12.817 € | 11.634 € | 10.623 € | 9.505 € | 8.333 € |
| 108.000 € | 19.866 € | 18.530 € | 17.270 € | 16.100 € | 14.988 € | 13.891 € | 12.817 € | 11.634 € | 10.623 € | 9.505 € | 8.333 € |
| 111.000 € | 19.866 € | 18.530 € | 17.270 € | 16.100 € | 14.988 € | 13.891 € | 12.817 € | 11.634 € | 10.623 € | 9.505 € | 8.333 € |
| 114.000 € | 19.866 € | 18.530 € | 17.270 € | 16.100 € | 14.988 € | 13.891 € | 12.817 € | 11.634 € | 10.623 € | 9.505 € | 8.333 € |
| 117.000 € | 19.866 € | 18.530 € | 17.270 € | 16.100 € | 14.988 € | 13.891 € | 12.817 € | 11.634 € | 10.623 € | 9.505 € | 8.333 € |
| 120.000 € | 19.866 € | 18.530 € | 17.270 € | 16.100 € | 14.988 € | 13.891 € | 12.817 € | 11.634 € | 10.623 € | 9.505 € | 8.333 € |

# TABLA 1.C.1
## Lucro cesante del cónyuge
### Años de duración del matrimonio: 72 años

Ingreso neto

| Hasta | 97 | 98 | 99 o más |
|---|---|---|---|
| 9.000 € | 3.000 € | 3.000 € | 3.000 € |
| 12.000 € | 3.000 € | 3.000 € | 3.000 € |
| 15.000 € | 3.000 € | 3.000 € | 3.000 € |
| 18.000 € | 3.243 € | 3.000 € | 3.000 € |
| 21.000 € | 3.784 € | 3.000 € | 3.000 € |
| 24.000 € | 4.325 € | 3.287 € | 3.000 € |
| 27.000 € | 4.865 € | 3.698 € | 3.000 € |
| 30.000 € | 5.406 € | 4.108 € | 3.000 € |
| 33.000 € | 5.946 € | 4.519 € | 3.000 € |
| 36.000 € | 6.487 € | 4.930 € | 3.000 € |
| 39.000 € | 7.027 € | 5.341 € | 3.120 € |
| 42.000 € | 7.027 € | 5.341 € | 3.120 € |
| 45.000 € | 7.027 € | 5.341 € | 3.120 € |
| 48.000 € | 7.027 € | 5.341 € | 3.120 € |
| 51.000 € | 7.027 € | 5.341 € | 3.120 € |
| 54.000 € | 7.027 € | 5.341 € | 3.120 € |
| 57.000 € | 7.027 € | 5.341 € | 3.120 € |
| 60.000 € | 7.027 € | 5.341 € | 3.120 € |
| 63.000 € | 7.027 € | 5.341 € | 3.120 € |
| 66.000 € | 7.027 € | 5.341 € | 3.120 € |
| 69.000 € | 7.027 € | 5.341 € | 3.120 € |
| 72.000 € | 7.027 € | 5.341 € | 3.120 € |
| 75.000 € | 7.027 € | 5.341 € | 3.120 € |
| 78.000 € | 7.027 € | 5.341 € | 3.120 € |
| 81.000 € | 7.027 € | 5.341 € | 3.120 € |
| 84.000 € | 7.027 € | 5.341 € | 3.120 € |
| 87.000 € | 7.027 € | 5.341 € | 3.120 € |
| 90.000 € | 7.027 € | 5.341 € | 3.120 € |
| 93.000 € | 7.027 € | 5.341 € | 3.120 € |
| 96.000 € | 7.027 € | 5.341 € | 3.120 € |
| 99.000 € | 7.027 € | 5.341 € | 3.120 € |
| 102.000 € | 7.027 € | 5.341 € | 3.120 € |
| 105.000 € | 7.027 € | 5.341 € | 3.120 € |
| 108.000 € | 7.027 € | 5.341 € | 3.120 € |
| 111.000 € | 7.027 € | 5.341 € | 3.120 € |
| 114.000 € | 7.027 € | 5.341 € | 3.120 € |
| 117.000 € | 7.027 € | 5.341 € | 3.120 € |
| 120.000 € | 7.027 € | 5.341 € | 3.120 € |

# TABLA 1.C.1
## Lucro cesante del cónyuge
### Años de duración del matrimonio: 73 años

Ingreso netc Edad del cónyuge

Edad del cónyuge

| Hasta | 87 | 88 | 89 | 90 | 91 | 92 | 93 | 94 | 95 | 96 | 97 |
|---|---|---|---|---|---|---|---|---|---|---|---|
| 9.000 € | 4.276 € | 3.985 € | 3.715 € | 3.459 € | 3.206 € | 3.000 € | 3.000 € | 3.000 € | 3.000 € | 3.000 € | 3.000 € |
| 12.000 € | 5.702 € | 5.314 € | 4.954 € | 4.612 € | 4.274 € | 3.944 € | 3.580 € | 3.269 € | 3.000 € | 3.000 € | 3.000 € |
| 15.000 € | 7.127 € | 6.642 € | 6.192 € | 5.764 € | 5.343 € | 4.930 € | 4.474 € | 4.086 € | 3.656 € | 3.205 € | 3.000 € |
| 18.000 € | 8.552 € | 7.971 € | 7.431 € | 6.917 € | 6.411 € | 5.916 € | 5.369 € | 4.903 € | 4.387 € | 3.846 € | 3.243 € |
| 21.000 € | 9.978 € | 9.299 € | 8.669 € | 8.070 € | 7.480 € | 6.902 € | 6.264 € | 5.720 € | 5.118 € | 4.487 € | 3.784 € |
| 24.000 € | 11.403 € | 10.628 € | 9.907 € | 9.223 € | 8.548 € | 7.887 € | 7.159 € | 6.537 € | 5.849 € | 5.128 € | 4.325 € |
| 27.000 € | 12.829 € | 11.956 € | 11.146 € | 10.376 € | 9.617 € | 8.873 € | 8.054 € | 7.355 € | 6.581 € | 5.769 € | 4.865 € |
| 30.000 € | 14.254 € | 13.285 € | 12.384 € | 11.529 € | 10.685 € | 9.859 € | 8.949 € | 8.172 € | 7.312 € | 6.410 € | 5.406 € |
| 33.000 € | 15.679 € | 14.613 € | 13.623 € | 12.682 € | 11.754 € | 10.845 € | 9.844 € | 8.989 € | 8.043 € | 7.051 € | 5.946 € |
| 36.000 € | 17.105 € | 15.942 € | 14.861 € | 13.835 € | 12.822 € | 11.831 € | 10.739 € | 9.806 € | 8.774 € | 7.692 € | 6.487 € |
| 39.000 € | 18.530 € | 17.270 € | 16.100 € | 14.988 € | 13.891 € | 12.817 € | 11.634 € | 10.623 € | 9.505 € | 8.333 € | 7.027 € |
| 42.000 € | 18.530 € | 17.270 € | 16.100 € | 14.988 € | 13.891 € | 12.817 € | 11.634 € | 10.623 € | 9.505 € | 8.333 € | 7.027 € |
| 45.000 € | 18.530 € | 17.270 € | 16.100 € | 14.988 € | 13.891 € | 12.817 € | 11.634 € | 10.623 € | 9.505 € | 8.333 € | 7.027 € |
| 48.000 € | 18.530 € | 17.270 € | 16.100 € | 14.988 € | 13.891 € | 12.817 € | 11.634 € | 10.623 € | 9.505 € | 8.333 € | 7.027 € |
| 51.000 € | 18.530 € | 17.270 € | 16.100 € | 14.988 € | 13.891 € | 12.817 € | 11.634 € | 10.623 € | 9.505 € | 8.333 € | 7.027 € |
| 54.000 € | 18.530 € | 17.270 € | 16.100 € | 14.988 € | 13.891 € | 12.817 € | 11.634 € | 10.623 € | 9.505 € | 8.333 € | 7.027 € |
| 57.000 € | 18.530 € | 17.270 € | 16.100 € | 14.988 € | 13.891 € | 12.817 € | 11.634 € | 10.623 € | 9.505 € | 8.333 € | 7.027 € |
| 60.000 € | 18.530 € | 17.270 € | 16.100 € | 14.988 € | 13.891 € | 12.817 € | 11.634 € | 10.623 € | 9.505 € | 8.333 € | 7.027 € |
| 63.000 € | 18.530 € | 17.270 € | 16.100 € | 14.988 € | 13.891 € | 12.817 € | 11.634 € | 10.623 € | 9.505 € | 8.333 € | 7.027 € |
| 66.000 € | 18.530 € | 17.270 € | 16.100 € | 14.988 € | 13.891 € | 12.817 € | 11.634 € | 10.623 € | 9.505 € | 8.333 € | 7.027 € |
| 69.000 € | 18.530 € | 17.270 € | 16.100 € | 14.988 € | 13.891 € | 12.817 € | 11.634 € | 10.623 € | 9.505 € | 8.333 € | 7.027 € |
| 72.000 € | 18.530 € | 17.270 € | 16.100 € | 14.988 € | 13.891 € | 12.817 € | 11.634 € | 10.623 € | 9.505 € | 8.333 € | 7.027 € |
| 75.000 € | 18.530 € | 17.270 € | 16.100 € | 14.988 € | 13.891 € | 12.817 € | 11.634 € | 10.623 € | 9.505 € | 8.333 € | 7.027 € |
| 78.000 € | 18.530 € | 17.270 € | 16.100 € | 14.988 € | 13.891 € | 12.817 € | 11.634 € | 10.623 € | 9.505 € | 8.333 € | 7.027 € |
| 81.000 € | 18.530 € | 17.270 € | 16.100 € | 14.988 € | 13.891 € | 12.817 € | 11.634 € | 10.623 € | 9.505 € | 8.333 € | 7.027 € |
| 84.000 € | 18.530 € | 17.270 € | 16.100 € | 14.988 € | 13.891 € | 12.817 € | 11.634 € | 10.623 € | 9.505 € | 8.333 € | 7.027 € |
| 87.000 € | 18.530 € | 17.270 € | 16.100 € | 14.988 € | 13.891 € | 12.817 € | 11.634 € | 10.623 € | 9.505 € | 8.333 € | 7.027 € |
| 90.000 € | 18.530 € | 17.270 € | 16.100 € | 14.988 € | 13.891 € | 12.817 € | 11.634 € | 10.623 € | 9.505 € | 8.333 € | 7.027 € |
| 93.000 € | 18.530 € | 17.270 € | 16.100 € | 14.988 € | 13.891 € | 12.817 € | 11.634 € | 10.623 € | 9.505 € | 8.333 € | 7.027 € |
| 96.000 € | 18.530 € | 17.270 € | 16.100 € | 14.988 € | 13.891 € | 12.817 € | 11.634 € | 10.623 € | 9.505 € | 8.333 € | 7.027 € |
| 99.000 € | 18.530 € | 17.270 € | 16.100 € | 14.988 € | 13.891 € | 12.817 € | 11.634 € | 10.623 € | 9.505 € | 8.333 € | 7.027 € |
| 102.000 € | 18.530 € | 17.270 € | 16.100 € | 14.988 € | 13.891 € | 12.817 € | 11.634 € | 10.623 € | 9.505 € | 8.333 € | 7.027 € |
| 105.000 € | 18.530 € | 17.270 € | 16.100 € | 14.988 € | 13.891 € | 12.817 € | 11.634 € | 10.623 € | 9.505 € | 8.333 € | 7.027 € |
| 108.000 € | 18.530 € | 17.270 € | 16.100 € | 14.988 € | 13.891 € | 12.817 € | 11.634 € | 10.623 € | 9.505 € | 8.333 € | 7.027 € |
| 111.000 € | 18.530 € | 17.270 € | 16.100 € | 14.988 € | 13.891 € | 12.817 € | 11.634 € | 10.623 € | 9.505 € | 8.333 € | 7.027 € |
| 114.000 € | 18.530 € | 17.270 € | 16.100 € | 14.988 € | 13.891 € | 12.817 € | 11.634 € | 10.623 € | 9.505 € | 8.333 € | 7.027 € |
| 117.000 € | 18.530 € | 17.270 € | 16.100 € | 14.988 € | 13.891 € | 12.817 € | 11.634 € | 10.623 € | 9.505 € | 8.333 € | 7.027 € |
| 120.000 € | 18.530 € | 17.270 € | 16.100 € | 14.988 € | 13.891 € | 12.817 € | 11.634 € | 10.623 € | 9.505 € | 8.333 € | 7.027 € |

# TABLA 1.C.1
## Lucro cesante del cónyuge
### Años de duración del matrimonio: 73 años

Ingreso neto

| Hasta | 98 | 99 o más |
|---|---|---|
| 9.000 € | 3.000 € | 3.000 € |
| 12.000 € | 3.000 € | 3.000 € |
| 15.000 € | 3.000 € | 3.000 € |
| 18.000 € | 3.000 € | 3.000 € |
| 21.000 € | 3.000 € | 3.000 € |
| 24.000 € | 3.287 € | 3.000 € |
| 27.000 € | 3.698 € | 3.000 € |
| 30.000 € | 4.108 € | 3.000 € |
| 33.000 € | 4.519 € | 3.000 € |
| 36.000 € | 4.930 € | 3.000 € |
| 39.000 € | 5.341 € | 3.120 € |
| 42.000 € | 5.341 € | 3.120 € |
| 45.000 € | 5.341 € | 3.120 € |
| 48.000 € | 5.341 € | 3.120 € |
| 51.000 € | 5.341 € | 3.120 € |
| 54.000 € | 5.341 € | 3.120 € |
| 57.000 € | 5.341 € | 3.120 € |
| 60.000 € | 5.341 € | 3.120 € |
| 63.000 € | 5.341 € | 3.120 € |
| 66.000 € | 5.341 € | 3.120 € |
| 69.000 € | 5.341 € | 3.120 € |
| 72.000 € | 5.341 € | 3.120 € |
| 75.000 € | 5.341 € | 3.120 € |
| 78.000 € | 5.341 € | 3.120 € |
| 81.000 € | 5.341 € | 3.120 € |
| 84.000 € | 5.341 € | 3.120 € |
| 87.000 € | 5.341 € | 3.120 € |
| 90.000 € | 5.341 € | 3.120 € |
| 93.000 € | 5.341 € | 3.120 € |
| 96.000 € | 5.341 € | 3.120 € |
| 99.000 € | 5.341 € | 3.120 € |
| 102.000 € | 5.341 € | 3.120 € |
| 105.000 € | 5.341 € | 3.120 € |
| 108.000 € | 5.341 € | 3.120 € |
| 111.000 € | 5.341 € | 3.120 € |
| 114.000 € | 5.341 € | 3.120 € |
| 117.000 € | 5.341 € | 3.120 € |
| 120.000 € | 5.341 € | 3.120 € |

# TABLA 1.C.1
## Lucro cesante del cónyuge
Años de duración del matrimonio: 74 años

| Ingreso neto | Edad del cónyuge | | | | | | | | | Edad del cónyuge |
|---|---|---|---|---|---|---|---|---|---|---|---|
| Hasta | 88 | 89 | 90 | 91 | 92 | 93 | 94 | 95 | 96 | 97 | 98 |
| 9.000 € | 3.985 € | 3.715 € | 3.459 € | 3.206 € | 3.000 € | 3.000 € | 3.000 € | 3.000 € | 3.000 € | 3.000 € | 3.000 € |
| 12.000 € | 5.314 € | 4.954 € | 4.612 € | 4.274 € | 3.944 € | 3.580 € | 3.269 € | 3.000 € | 3.000 € | 3.000 € | 3.000 € |
| 15.000 € | 6.642 € | 6.192 € | 5.764 € | 5.343 € | 4.930 € | 4.474 € | 4.086 € | 3.656 € | 3.205 € | 3.000 € | 3.000 € |
| 18.000 € | 7.971 € | 7.431 € | 6.917 € | 6.411 € | 5.916 € | 5.369 € | 4.903 € | 4.387 € | 3.846 € | 3.243 € | 3.000 € |
| 21.000 € | 9.299 € | 8.669 € | 8.070 € | 7.480 € | 6.902 € | 6.264 € | 5.720 € | 5.118 € | 4.487 € | 3.784 € | 3.000 € |
| 24.000 € | 10.628 € | 9.907 € | 9.223 € | 8.548 € | 7.887 € | 7.159 € | 6.537 € | 5.849 € | 5.128 € | 4.325 € | 3.287 € |
| 27.000 € | 11.956 € | 11.146 € | 10.376 € | 9.617 € | 8.873 € | 8.054 € | 7.355 € | 6.581 € | 5.769 € | 4.865 € | 3.698 € |
| 30.000 € | 13.285 € | 12.384 € | 11.529 € | 10.685 € | 9.859 € | 8.949 € | 8.172 € | 7.312 € | 6.410 € | 5.406 € | 4.108 € |
| 33.000 € | 14.613 € | 13.623 € | 12.682 € | 11.754 € | 10.845 € | 9.844 € | 8.989 € | 8.043 € | 7.051 € | 5.946 € | 4.519 € |
| 36.000 € | 15.942 € | 14.861 € | 13.835 € | 12.822 € | 11.831 € | 10.739 € | 9.806 € | 8.774 € | 7.692 € | 6.487 € | 4.930 € |
| 39.000 € | 17.270 € | 16.100 € | 14.988 € | 13.891 € | 12.817 € | 11.634 € | 10.623 € | 9.505 € | 8.333 € | 7.027 € | 5.341 € |
| 42.000 € | 17.270 € | 16.100 € | 14.988 € | 13.891 € | 12.817 € | 11.634 € | 10.623 € | 9.505 € | 8.333 € | 7.027 € | 5.341 € |
| 45.000 € | 17.270 € | 16.100 € | 14.988 € | 13.891 € | 12.817 € | 11.634 € | 10.623 € | 9.505 € | 8.333 € | 7.027 € | 5.341 € |
| 48.000 € | 17.270 € | 16.100 € | 14.988 € | 13.891 € | 12.817 € | 11.634 € | 10.623 € | 9.505 € | 8.333 € | 7.027 € | 5.341 € |
| 51.000 € | 17.270 € | 16.100 € | 14.988 € | 13.891 € | 12.817 € | 11.634 € | 10.623 € | 9.505 € | 8.333 € | 7.027 € | 5.341 € |
| 54.000 € | 17.270 € | 16.100 € | 14.988 € | 13.891 € | 12.817 € | 11.634 € | 10.623 € | 9.505 € | 8.333 € | 7.027 € | 5.341 € |
| 57.000 € | 17.270 € | 16.100 € | 14.988 € | 13.891 € | 12.817 € | 11.634 € | 10.623 € | 9.505 € | 8.333 € | 7.027 € | 5.341 € |
| 60.000 € | 17.270 € | 16.100 € | 14.988 € | 13.891 € | 12.817 € | 11.634 € | 10.623 € | 9.505 € | 8.333 € | 7.027 € | 5.341 € |
| 63.000 € | 17.270 € | 16.100 € | 14.988 € | 13.891 € | 12.817 € | 11.634 € | 10.623 € | 9.505 € | 8.333 € | 7.027 € | 5.341 € |
| 66.000 € | 17.270 € | 16.100 € | 14.988 € | 13.891 € | 12.817 € | 11.634 € | 10.623 € | 9.505 € | 8.333 € | 7.027 € | 5.341 € |
| 69.000 € | 17.270 € | 16.100 € | 14.988 € | 13.891 € | 12.817 € | 11.634 € | 10.623 € | 9.505 € | 8.333 € | 7.027 € | 5.341 € |
| 72.000 € | 17.270 € | 16.100 € | 14.988 € | 13.891 € | 12.817 € | 11.634 € | 10.623 € | 9.505 € | 8.333 € | 7.027 € | 5.341 € |
| 75.000 € | 17.270 € | 16.100 € | 14.988 € | 13.891 € | 12.817 € | 11.634 € | 10.623 € | 9.505 € | 8.333 € | 7.027 € | 5.341 € |
| 78.000 € | 17.270 € | 16.100 € | 14.988 € | 13.891 € | 12.817 € | 11.634 € | 10.623 € | 9.505 € | 8.333 € | 7.027 € | 5.341 € |
| 81.000 € | 17.270 € | 16.100 € | 14.988 € | 13.891 € | 12.817 € | 11.634 € | 10.623 € | 9.505 € | 8.333 € | 7.027 € | 5.341 € |
| 84.000 € | 17.270 € | 16.100 € | 14.988 € | 13.891 € | 12.817 € | 11.634 € | 10.623 € | 9.505 € | 8.333 € | 7.027 € | 5.341 € |
| 87.000 € | 17.270 € | 16.100 € | 14.988 € | 13.891 € | 12.817 € | 11.634 € | 10.623 € | 9.505 € | 8.333 € | 7.027 € | 5.341 € |
| 90.000 € | 17.270 € | 16.100 € | 14.988 € | 13.891 € | 12.817 € | 11.634 € | 10.623 € | 9.505 € | 8.333 € | 7.027 € | 5.341 € |
| 93.000 € | 17.270 € | 16.100 € | 14.988 € | 13.891 € | 12.817 € | 11.634 € | 10.623 € | 9.505 € | 8.333 € | 7.027 € | 5.341 € |
| 96.000 € | 17.270 € | 16.100 € | 14.988 € | 13.891 € | 12.817 € | 11.634 € | 10.623 € | 9.505 € | 8.333 € | 7.027 € | 5.341 € |
| 99.000 € | 17.270 € | 16.100 € | 14.988 € | 13.891 € | 12.817 € | 11.634 € | 10.623 € | 9.505 € | 8.333 € | 7.027 € | 5.341 € |
| 102.000 € | 17.270 € | 16.100 € | 14.988 € | 13.891 € | 12.817 € | 11.634 € | 10.623 € | 9.505 € | 8.333 € | 7.027 € | 5.341 € |
| 105.000 € | 17.270 € | 16.100 € | 14.988 € | 13.891 € | 12.817 € | 11.634 € | 10.623 € | 9.505 € | 8.333 € | 7.027 € | 5.341 € |
| 108.000 € | 17.270 € | 16.100 € | 14.988 € | 13.891 € | 12.817 € | 11.634 € | 10.623 € | 9.505 € | 8.333 € | 7.027 € | 5.341 € |
| 111.000 € | 17.270 € | 16.100 € | 14.988 € | 13.891 € | 12.817 € | 11.634 € | 10.623 € | 9.505 € | 8.333 € | 7.027 € | 5.341 € |
| 114.000 € | 17.270 € | 16.100 € | 14.988 € | 13.891 € | 12.817 € | 11.634 € | 10.623 € | 9.505 € | 8.333 € | 7.027 € | 5.341 € |
| 117.000 € | 17.270 € | 16.100 € | 14.988 € | 13.891 € | 12.817 € | 11.634 € | 10.623 € | 9.505 € | 8.333 € | 7.027 € | 5.341 € |
| 120.000 € | 17.270 € | 16.100 € | 14.988 € | 13.891 € | 12.817 € | 11.634 € | 10.623 € | 9.505 € | 8.333 € | 7.027 € | 5.341 € |

# TABLA 1.C.1
## Lucro cesante del cónyuge
### Años de duración del matrimonio: 74 años

Ingreso neto

| Hasta | 99 o más |
|---|---|
| 9.000 € | 3.000 € |
| 12.000 € | 3.000 € |
| 15.000 € | 3.000 € |
| 18.000 € | 3.000 € |
| 21.000 € | 3.000 € |
| 24.000 € | 3.000 € |
| 27.000 € | 3.000 € |
| 30.000 € | 3.000 € |
| 33.000 € | 3.000 € |
| 36.000 € | 3.000 € |
| 39.000 € | 3.120 € |
| 42.000 € | 3.120 € |
| 45.000 € | 3.120 € |
| 48.000 € | 3.120 € |
| 51.000 € | 3.120 € |
| 54.000 € | 3.120 € |
| 57.000 € | 3.120 € |
| 60.000 € | 3.120 € |
| 63.000 € | 3.120 € |
| 66.000 € | 3.120 € |
| 69.000 € | 3.120 € |
| 72.000 € | 3.120 € |
| 75.000 € | 3.120 € |
| 78.000 € | 3.120 € |
| 81.000 € | 3.120 € |
| 84.000 € | 3.120 € |
| 87.000 € | 3.120 € |
| 90.000 € | 3.120 € |
| 93.000 € | 3.120 € |
| 96.000 € | 3.120 € |
| 99.000 € | 3.120 € |
| 102.000 € | 3.120 € |
| 105.000 € | 3.120 € |
| 108.000 € | 3.120 € |
| 111.000 € | 3.120 € |
| 114.000 € | 3.120 € |
| 117.000 € | 3.120 € |
| 120.000 € | 3.120 € |

# TABLA 1.C.1
## Lucro cesante del cónyuge
### Años de duración del matrimonio: 75 años

| Ingreso neto | Edad del cónyuge | | | | | | | | | Edad del cónyuge |
|---|---|---|---|---|---|---|---|---|---|---|---|
| Hasta | 89 | 90 | 91 | 92 | 93 | 94 | 95 | 96 | 97 | 98 | 99 o más |
| 9.000 € | 3.715 € | 3.459 € | 3.206 € | 3.000 € | 3.000 € | 3.000 € | 3.000 € | 3.000 € | 3.000 € | 3.000 € | 3.000 € |
| 12.000 € | 4.954 € | 4.612 € | 4.274 € | 3.944 € | 3.580 € | 3.269 € | 3.000 € | 3.000 € | 3.000 € | 3.000 € | 3.000 € |
| 15.000 € | 6.192 € | 5.764 € | 5.343 € | 4.930 € | 4.474 € | 4.086 € | 3.656 € | 3.205 € | 3.000 € | 3.000 € | 3.000 € |
| 18.000 € | 7.431 € | 6.917 € | 6.411 € | 5.916 € | 5.369 € | 4.903 € | 4.387 € | 3.846 € | 3.243 € | 3.000 € | 3.000 € |
| 21.000 € | 8.669 € | 8.070 € | 7.480 € | 6.902 € | 6.264 € | 5.720 € | 5.118 € | 4.487 € | 3.784 € | 3.000 € | 3.000 € |
| 24.000 € | 9.907 € | 9.223 € | 8.548 € | 7.887 € | 7.159 € | 6.537 € | 5.849 € | 5.128 € | 4.325 € | 3.287 € | 3.000 € |
| 27.000 € | 11.146 € | 10.376 € | 9.617 € | 8.873 € | 8.054 € | 7.355 € | 6.581 € | 5.769 € | 4.865 € | 3.698 € | 3.000 € |
| 30.000 € | 12.384 € | 11.529 € | 10.685 € | 9.859 € | 8.949 € | 8.172 € | 7.312 € | 6.410 € | 5.406 € | 4.108 € | 3.000 € |
| 33.000 € | 13.623 € | 12.682 € | 11.754 € | 10.845 € | 9.844 € | 8.989 € | 8.043 € | 7.051 € | 5.946 € | 4.519 € | 3.000 € |
| 36.000 € | 14.861 € | 13.835 € | 12.822 € | 11.831 € | 10.739 € | 9.806 € | 8.774 € | 7.692 € | 6.487 € | 4.930 € | 3.000 € |
| 39.000 € | 16.100 € | 14.988 € | 13.891 € | 12.817 € | 11.634 € | 10.623 € | 9.505 € | 8.333 € | 7.027 € | 5.341 € | 3.120 € |
| 42.000 € | 16.100 € | 14.988 € | 13.891 € | 12.817 € | 11.634 € | 10.623 € | 9.505 € | 8.333 € | 7.027 € | 5.341 € | 3.120 € |
| 45.000 € | 16.100 € | 14.988 € | 13.891 € | 12.817 € | 11.634 € | 10.623 € | 9.505 € | 8.333 € | 7.027 € | 5.341 € | 3.120 € |
| 48.000 € | 16.100 € | 14.988 € | 13.891 € | 12.817 € | 11.634 € | 10.623 € | 9.505 € | 8.333 € | 7.027 € | 5.341 € | 3.120 € |
| 51.000 € | 16.100 € | 14.988 € | 13.891 € | 12.817 € | 11.634 € | 10.623 € | 9.505 € | 8.333 € | 7.027 € | 5.341 € | 3.120 € |
| 54.000 € | 16.100 € | 14.988 € | 13.891 € | 12.817 € | 11.634 € | 10.623 € | 9.505 € | 8.333 € | 7.027 € | 5.341 € | 3.120 € |
| 57.000 € | 16.100 € | 14.988 € | 13.891 € | 12.817 € | 11.634 € | 10.623 € | 9.505 € | 8.333 € | 7.027 € | 5.341 € | 3.120 € |
| 60.000 € | 16.100 € | 14.988 € | 13.891 € | 12.817 € | 11.634 € | 10.623 € | 9.505 € | 8.333 € | 7.027 € | 5.341 € | 3.120 € |
| 63.000 € | 16.100 € | 14.988 € | 13.891 € | 12.817 € | 11.634 € | 10.623 € | 9.505 € | 8.333 € | 7.027 € | 5.341 € | 3.120 € |
| 66.000 € | 16.100 € | 14.988 € | 13.891 € | 12.817 € | 11.634 € | 10.623 € | 9.505 € | 8.333 € | 7.027 € | 5.341 € | 3.120 € |
| 69.000 € | 16.100 € | 14.988 € | 13.891 € | 12.817 € | 11.634 € | 10.623 € | 9.505 € | 8.333 € | 7.027 € | 5.341 € | 3.120 € |
| 72.000 € | 16.100 € | 14.988 € | 13.891 € | 12.817 € | 11.634 € | 10.623 € | 9.505 € | 8.333 € | 7.027 € | 5.341 € | 3.120 € |
| 75.000 € | 16.100 € | 14.988 € | 13.891 € | 12.817 € | 11.634 € | 10.623 € | 9.505 € | 8.333 € | 7.027 € | 5.341 € | 3.120 € |
| 78.000 € | 16.100 € | 14.988 € | 13.891 € | 12.817 € | 11.634 € | 10.623 € | 9.505 € | 8.333 € | 7.027 € | 5.341 € | 3.120 € |
| 81.000 € | 16.100 € | 14.988 € | 13.891 € | 12.817 € | 11.634 € | 10.623 € | 9.505 € | 8.333 € | 7.027 € | 5.341 € | 3.120 € |
| 84.000 € | 16.100 € | 14.988 € | 13.891 € | 12.817 € | 11.634 € | 10.623 € | 9.505 € | 8.333 € | 7.027 € | 5.341 € | 3.120 € |
| 87.000 € | 16.100 € | 14.988 € | 13.891 € | 12.817 € | 11.634 € | 10.623 € | 9.505 € | 8.333 € | 7.027 € | 5.341 € | 3.120 € |
| 90.000 € | 16.100 € | 14.988 € | 13.891 € | 12.817 € | 11.634 € | 10.623 € | 9.505 € | 8.333 € | 7.027 € | 5.341 € | 3.120 € |
| 93.000 € | 16.100 € | 14.988 € | 13.891 € | 12.817 € | 11.634 € | 10.623 € | 9.505 € | 8.333 € | 7.027 € | 5.341 € | 3.120 € |
| 96.000 € | 16.100 € | 14.988 € | 13.891 € | 12.817 € | 11.634 € | 10.623 € | 9.505 € | 8.333 € | 7.027 € | 5.341 € | 3.120 € |
| 99.000 € | 16.100 € | 14.988 € | 13.891 € | 12.817 € | 11.634 € | 10.623 € | 9.505 € | 8.333 € | 7.027 € | 5.341 € | 3.120 € |
| 102.000 € | 16.100 € | 14.988 € | 13.891 € | 12.817 € | 11.634 € | 10.623 € | 9.505 € | 8.333 € | 7.027 € | 5.341 € | 3.120 € |
| 105.000 € | 16.100 € | 14.988 € | 13.891 € | 12.817 € | 11.634 € | 10.623 € | 9.505 € | 8.333 € | 7.027 € | 5.341 € | 3.120 € |
| 108.000 € | 16.100 € | 14.988 € | 13.891 € | 12.817 € | 11.634 € | 10.623 € | 9.505 € | 8.333 € | 7.027 € | 5.341 € | 3.120 € |
| 111.000 € | 16.100 € | 14.988 € | 13.891 € | 12.817 € | 11.634 € | 10.623 € | 9.505 € | 8.333 € | 7.027 € | 5.341 € | 3.120 € |
| 114.000 € | 16.100 € | 14.988 € | 13.891 € | 12.817 € | 11.634 € | 10.623 € | 9.505 € | 8.333 € | 7.027 € | 5.341 € | 3.120 € |
| 117.000 € | 16.100 € | 14.988 € | 13.891 € | 12.817 € | 11.634 € | 10.623 € | 9.505 € | 8.333 € | 7.027 € | 5.341 € | 3.120 € |
| 120.000 € | 16.100 € | 14.988 € | 13.891 € | 12.817 € | 11.634 € | 10.623 € | 9.505 € | 8.333 € | 7.027 € | 5.341 € | 3.120 € |

# TABLA 1.C.1
## Lucro cesante del cónyuge
Años de duración del matrimonio: 76 años

Ingreso netc Edad del cónyuge Edad del c

| Hasta | 90 | 91 | 92 | 93 | 94 | 95 | 96 | 97 | 98 | 99 o más |
|---|---|---|---|---|---|---|---|---|---|---|
| 9.000 € | 3.459 € | 3.206 € | 3.000 € | 3.000 € | 3.000 € | 3.000 € | 3.000 € | 3.000 € | 3.000 € | 3.000 € |
| 12.000 € | 4.612 € | 4.274 € | 3.944 € | 3.580 € | 3.269 € | 3.000 € | 3.000 € | 3.000 € | 3.000 € | 3.000 € |
| 15.000 € | 5.764 € | 5.343 € | 4.930 € | 4.474 € | 4.086 € | 3.656 € | 3.205 € | 3.000 € | 3.000 € | 3.000 € |
| 18.000 € | 6.917 € | 6.411 € | 5.916 € | 5.369 € | 4.903 € | 4.387 € | 3.846 € | 3.243 € | 3.000 € | 3.000 € |
| 21.000 € | 8.070 € | 7.480 € | 6.902 € | 6.264 € | 5.720 € | 5.118 € | 4.487 € | 3.784 € | 3.000 € | 3.000 € |
| 24.000 € | 9.223 € | 8.548 € | 7.887 € | 7.159 € | 6.537 € | 5.849 € | 5.128 € | 4.325 € | 3.287 € | 3.000 € |
| 27.000 € | 10.376 € | 9.617 € | 8.873 € | 8.054 € | 7.355 € | 6.581 € | 5.769 € | 4.865 € | 3.698 € | 3.000 € |
| 30.000 € | 11.529 € | 10.685 € | 9.859 € | 8.949 € | 8.172 € | 7.312 € | 6.410 € | 5.406 € | 4.108 € | 3.000 € |
| 33.000 € | 12.682 € | 11.754 € | 10.845 € | 9.844 € | 8.989 € | 8.043 € | 7.051 € | 5.946 € | 4.519 € | 3.000 € |
| 36.000 € | 13.835 € | 12.822 € | 11.831 € | 10.739 € | 9.806 € | 8.774 € | 7.692 € | 6.487 € | 4.930 € | 3.000 € |
| 39.000 € | 14.988 € | 13.891 € | 12.817 € | 11.634 € | 10.623 € | 9.505 € | 8.333 € | 7.027 € | 5.341 € | 3.120 € |
| 42.000 € | 14.988 € | 13.891 € | 12.817 € | 11.634 € | 10.623 € | 9.505 € | 8.333 € | 7.027 € | 5.341 € | 3.120 € |
| 45.000 € | 14.988 € | 13.891 € | 12.817 € | 11.634 € | 10.623 € | 9.505 € | 8.333 € | 7.027 € | 5.341 € | 3.120 € |
| 48.000 € | 14.988 € | 13.891 € | 12.817 € | 11.634 € | 10.623 € | 9.505 € | 8.333 € | 7.027 € | 5.341 € | 3.120 € |
| 51.000 € | 14.988 € | 13.891 € | 12.817 € | 11.634 € | 10.623 € | 9.505 € | 8.333 € | 7.027 € | 5.341 € | 3.120 € |
| 54.000 € | 14.988 € | 13.891 € | 12.817 € | 11.634 € | 10.623 € | 9.505 € | 8.333 € | 7.027 € | 5.341 € | 3.120 € |
| 57.000 € | 14.988 € | 13.891 € | 12.817 € | 11.634 € | 10.623 € | 9.505 € | 8.333 € | 7.027 € | 5.341 € | 3.120 € |
| 60.000 € | 14.988 € | 13.891 € | 12.817 € | 11.634 € | 10.623 € | 9.505 € | 8.333 € | 7.027 € | 5.341 € | 3.120 € |
| 63.000 € | 14.988 € | 13.891 € | 12.817 € | 11.634 € | 10.623 € | 9.505 € | 8.333 € | 7.027 € | 5.341 € | 3.120 € |
| 66.000 € | 14.988 € | 13.891 € | 12.817 € | 11.634 € | 10.623 € | 9.505 € | 8.333 € | 7.027 € | 5.341 € | 3.120 € |
| 69.000 € | 14.988 € | 13.891 € | 12.817 € | 11.634 € | 10.623 € | 9.505 € | 8.333 € | 7.027 € | 5.341 € | 3.120 € |
| 72.000 € | 14.988 € | 13.891 € | 12.817 € | 11.634 € | 10.623 € | 9.505 € | 8.333 € | 7.027 € | 5.341 € | 3.120 € |
| 75.000 € | 14.988 € | 13.891 € | 12.817 € | 11.634 € | 10.623 € | 9.505 € | 8.333 € | 7.027 € | 5.341 € | 3.120 € |
| 78.000 € | 14.988 € | 13.891 € | 12.817 € | 11.634 € | 10.623 € | 9.505 € | 8.333 € | 7.027 € | 5.341 € | 3.120 € |
| 81.000 € | 14.988 € | 13.891 € | 12.817 € | 11.634 € | 10.623 € | 9.505 € | 8.333 € | 7.027 € | 5.341 € | 3.120 € |
| 84.000 € | 14.988 € | 13.891 € | 12.817 € | 11.634 € | 10.623 € | 9.505 € | 8.333 € | 7.027 € | 5.341 € | 3.120 € |
| 87.000 € | 14.988 € | 13.891 € | 12.817 € | 11.634 € | 10.623 € | 9.505 € | 8.333 € | 7.027 € | 5.341 € | 3.120 € |
| 90.000 € | 14.988 € | 13.891 € | 12.817 € | 11.634 € | 10.623 € | 9.505 € | 8.333 € | 7.027 € | 5.341 € | 3.120 € |
| 93.000 € | 14.988 € | 13.891 € | 12.817 € | 11.634 € | 10.623 € | 9.505 € | 8.333 € | 7.027 € | 5.341 € | 3.120 € |
| 96.000 € | 14.988 € | 13.891 € | 12.817 € | 11.634 € | 10.623 € | 9.505 € | 8.333 € | 7.027 € | 5.341 € | 3.120 € |
| 99.000 € | 14.988 € | 13.891 € | 12.817 € | 11.634 € | 10.623 € | 9.505 € | 8.333 € | 7.027 € | 5.341 € | 3.120 € |
| 102.000 € | 14.988 € | 13.891 € | 12.817 € | 11.634 € | 10.623 € | 9.505 € | 8.333 € | 7.027 € | 5.341 € | 3.120 € |
| 105.000 € | 14.988 € | 13.891 € | 12.817 € | 11.634 € | 10.623 € | 9.505 € | 8.333 € | 7.027 € | 5.341 € | 3.120 € |
| 108.000 € | 14.988 € | 13.891 € | 12.817 € | 11.634 € | 10.623 € | 9.505 € | 8.333 € | 7.027 € | 5.341 € | 3.120 € |
| 111.000 € | 14.988 € | 13.891 € | 12.817 € | 11.634 € | 10.623 € | 9.505 € | 8.333 € | 7.027 € | 5.341 € | 3.120 € |
| 114.000 € | 14.988 € | 13.891 € | 12.817 € | 11.634 € | 10.623 € | 9.505 € | 8.333 € | 7.027 € | 5.341 € | 3.120 € |
| 117.000 € | 14.988 € | 13.891 € | 12.817 € | 11.634 € | 10.623 € | 9.505 € | 8.333 € | 7.027 € | 5.341 € | 3.120 € |
| 120.000 € | 14.988 € | 13.891 € | 12.817 € | 11.634 € | 10.623 € | 9.505 € | 8.333 € | 7.027 € | 5.341 € | 3.120 € |

# TABLA 1.C.1
## Lucro cesante del cónyuge
Años de duración del matrimonio: 77 años

Ingreso neto | Edad del cónyuge

| Hasta | 91 | 92 | 93 | 94 | 95 | 96 | 97 | 98 | 99 o más |
|---|---|---|---|---|---|---|---|---|---|
| 9.000 € | 3.206 € | 3.000 € | 3.000 € | 3.000 € | 3.000 € | 3.000 € | 3.000 € | 3.000 € | 3.000 € |
| 12.000 € | 4.274 € | 3.944 € | 3.580 € | 3.269 € | 3.000 € | 3.000 € | 3.000 € | 3.000 € | 3.000 € |
| 15.000 € | 5.343 € | 4.930 € | 4.474 € | 4.086 € | 3.656 € | 3.205 € | 3.000 € | 3.000 € | 3.000 € |
| 18.000 € | 6.411 € | 5.916 € | 5.369 € | 4.903 € | 4.387 € | 3.846 € | 3.243 € | 3.000 € | 3.000 € |
| 21.000 € | 7.480 € | 6.902 € | 6.264 € | 5.720 € | 5.118 € | 4.487 € | 3.784 € | 3.000 € | 3.000 € |
| 24.000 € | 8.548 € | 7.887 € | 7.159 € | 6.537 € | 5.849 € | 5.128 € | 4.325 € | 3.287 € | 3.000 € |
| 27.000 € | 9.617 € | 8.873 € | 8.054 € | 7.355 € | 6.581 € | 5.769 € | 4.865 € | 3.698 € | 3.000 € |
| 30.000 € | 10.685 € | 9.859 € | 8.949 € | 8.172 € | 7.312 € | 6.410 € | 5.406 € | 4.108 € | 3.000 € |
| 33.000 € | 11.754 € | 10.845 € | 9.844 € | 8.989 € | 8.043 € | 7.051 € | 5.946 € | 4.519 € | 3.000 € |
| 36.000 € | 12.822 € | 11.831 € | 10.739 € | 9.806 € | 8.774 € | 7.692 € | 6.487 € | 4.930 € | 3.000 € |
| 39.000 € | 13.891 € | 12.817 € | 11.634 € | 10.623 € | 9.505 € | 8.333 € | 7.027 € | 5.341 € | 3.120 € |
| 42.000 € | 13.891 € | 12.817 € | 11.634 € | 10.623 € | 9.505 € | 8.333 € | 7.027 € | 5.341 € | 3.120 € |
| 45.000 € | 13.891 € | 12.817 € | 11.634 € | 10.623 € | 9.505 € | 8.333 € | 7.027 € | 5.341 € | 3.120 € |
| 48.000 € | 13.891 € | 12.817 € | 11.634 € | 10.623 € | 9.505 € | 8.333 € | 7.027 € | 5.341 € | 3.120 € |
| 51.000 € | 13.891 € | 12.817 € | 11.634 € | 10.623 € | 9.505 € | 8.333 € | 7.027 € | 5.341 € | 3.120 € |
| 54.000 € | 13.891 € | 12.817 € | 11.634 € | 10.623 € | 9.505 € | 8.333 € | 7.027 € | 5.341 € | 3.120 € |
| 57.000 € | 13.891 € | 12.817 € | 11.634 € | 10.623 € | 9.505 € | 8.333 € | 7.027 € | 5.341 € | 3.120 € |
| 60.000 € | 13.891 € | 12.817 € | 11.634 € | 10.623 € | 9.505 € | 8.333 € | 7.027 € | 5.341 € | 3.120 € |
| 63.000 € | 13.891 € | 12.817 € | 11.634 € | 10.623 € | 9.505 € | 8.333 € | 7.027 € | 5.341 € | 3.120 € |
| 66.000 € | 13.891 € | 12.817 € | 11.634 € | 10.623 € | 9.505 € | 8.333 € | 7.027 € | 5.341 € | 3.120 € |
| 69.000 € | 13.891 € | 12.817 € | 11.634 € | 10.623 € | 9.505 € | 8.333 € | 7.027 € | 5.341 € | 3.120 € |
| 72.000 € | 13.891 € | 12.817 € | 11.634 € | 10.623 € | 9.505 € | 8.333 € | 7.027 € | 5.341 € | 3.120 € |
| 75.000 € | 13.891 € | 12.817 € | 11.634 € | 10.623 € | 9.505 € | 8.333 € | 7.027 € | 5.341 € | 3.120 € |
| 78.000 € | 13.891 € | 12.817 € | 11.634 € | 10.623 € | 9.505 € | 8.333 € | 7.027 € | 5.341 € | 3.120 € |
| 81.000 € | 13.891 € | 12.817 € | 11.634 € | 10.623 € | 9.505 € | 8.333 € | 7.027 € | 5.341 € | 3.120 € |
| 84.000 € | 13.891 € | 12.817 € | 11.634 € | 10.623 € | 9.505 € | 8.333 € | 7.027 € | 5.341 € | 3.120 € |
| 87.000 € | 13.891 € | 12.817 € | 11.634 € | 10.623 € | 9.505 € | 8.333 € | 7.027 € | 5.341 € | 3.120 € |
| 90.000 € | 13.891 € | 12.817 € | 11.634 € | 10.623 € | 9.505 € | 8.333 € | 7.027 € | 5.341 € | 3.120 € |
| 93.000 € | 13.891 € | 12.817 € | 11.634 € | 10.623 € | 9.505 € | 8.333 € | 7.027 € | 5.341 € | 3.120 € |
| 96.000 € | 13.891 € | 12.817 € | 11.634 € | 10.623 € | 9.505 € | 8.333 € | 7.027 € | 5.341 € | 3.120 € |
| 99.000 € | 13.891 € | 12.817 € | 11.634 € | 10.623 € | 9.505 € | 8.333 € | 7.027 € | 5.341 € | 3.120 € |
| 102.000 € | 13.891 € | 12.817 € | 11.634 € | 10.623 € | 9.505 € | 8.333 € | 7.027 € | 5.341 € | 3.120 € |
| 105.000 € | 13.891 € | 12.817 € | 11.634 € | 10.623 € | 9.505 € | 8.333 € | 7.027 € | 5.341 € | 3.120 € |
| 108.000 € | 13.891 € | 12.817 € | 11.634 € | 10.623 € | 9.505 € | 8.333 € | 7.027 € | 5.341 € | 3.120 € |
| 111.000 € | 13.891 € | 12.817 € | 11.634 € | 10.623 € | 9.505 € | 8.333 € | 7.027 € | 5.341 € | 3.120 € |
| 114.000 € | 13.891 € | 12.817 € | 11.634 € | 10.623 € | 9.505 € | 8.333 € | 7.027 € | 5.341 € | 3.120 € |
| 117.000 € | 13.891 € | 12.817 € | 11.634 € | 10.623 € | 9.505 € | 8.333 € | 7.027 € | 5.341 € | 3.120 € |
| 120.000 € | 13.891 € | 12.817 € | 11.634 € | 10.623 € | 9.505 € | 8.333 € | 7.027 € | 5.341 € | 3.120 € |

## TABLA 1.C.1
## Lucro cesante del cónyuge
### Años de duración del matrimonio: 78 años

| Ingreso neto | Edad del cónyuge | | | | | | |
|---|---|---|---|---|---|---|---|
| Hasta | 92 | 93 | 94 | 95 | 96 | 97 | 98 | 99 o más |

| Hasta | 92 | 93 | 94 | 95 | 96 | 97 | 98 | 99 o más |
|---|---|---|---|---|---|---|---|---|
| 9.000 € | 3.000 € | 3.000 € | 3.000 € | 3.000 € | 3.000 € | 3.000 € | 3.000 € | 3.000 € |
| 12.000 € | 3.944 € | 3.580 € | 3.269 € | 3.000 € | 3.000 € | 3.000 € | 3.000 € | 3.000 € |
| 15.000 € | 4.930 € | 4.474 € | 4.086 € | 3.656 € | 3.205 € | 3.000 € | 3.000 € | 3.000 € |
| 18.000 € | 5.916 € | 5.369 € | 4.903 € | 4.387 € | 3.846 € | 3.243 € | 3.000 € | 3.000 € |
| 21.000 € | 6.902 € | 6.264 € | 5.720 € | 5.118 € | 4.487 € | 3.784 € | 3.000 € | 3.000 € |
| 24.000 € | 7.887 € | 7.159 € | 6.537 € | 5.849 € | 5.128 € | 4.325 € | 3.287 € | 3.000 € |
| 27.000 € | 8.873 € | 8.054 € | 7.355 € | 6.581 € | 5.769 € | 4.865 € | 3.698 € | 3.000 € |
| 30.000 € | 9.859 € | 8.949 € | 8.172 € | 7.312 € | 6.410 € | 5.406 € | 4.108 € | 3.000 € |
| 33.000 € | 10.845 € | 9.844 € | 8.989 € | 8.043 € | 7.051 € | 5.946 € | 4.519 € | 3.000 € |
| 36.000 € | 11.831 € | 10.739 € | 9.806 € | 8.774 € | 7.692 € | 6.487 € | 4.930 € | 3.000 € |
| 39.000 € | 12.817 € | 11.634 € | 10.623 € | 9.505 € | 8.333 € | 7.027 € | 5.341 € | 3.120 € |
| 42.000 € | 12.817 € | 11.634 € | 10.623 € | 9.505 € | 8.333 € | 7.027 € | 5.341 € | 3.120 € |
| 45.000 € | 12.817 € | 11.634 € | 10.623 € | 9.505 € | 8.333 € | 7.027 € | 5.341 € | 3.120 € |
| 48.000 € | 12.817 € | 11.634 € | 10.623 € | 9.505 € | 8.333 € | 7.027 € | 5.341 € | 3.120 € |
| 51.000 € | 12.817 € | 11.634 € | 10.623 € | 9.505 € | 8.333 € | 7.027 € | 5.341 € | 3.120 € |
| 54.000 € | 12.817 € | 11.634 € | 10.623 € | 9.505 € | 8.333 € | 7.027 € | 5.341 € | 3.120 € |
| 57.000 € | 12.817 € | 11.634 € | 10.623 € | 9.505 € | 8.333 € | 7.027 € | 5.341 € | 3.120 € |
| 60.000 € | 12.817 € | 11.634 € | 10.623 € | 9.505 € | 8.333 € | 7.027 € | 5.341 € | 3.120 € |
| 63.000 € | 12.817 € | 11.634 € | 10.623 € | 9.505 € | 8.333 € | 7.027 € | 5.341 € | 3.120 € |
| 66.000 € | 12.817 € | 11.634 € | 10.623 € | 9.505 € | 8.333 € | 7.027 € | 5.341 € | 3.120 € |
| 69.000 € | 12.817 € | 11.634 € | 10.623 € | 9.505 € | 8.333 € | 7.027 € | 5.341 € | 3.120 € |
| 72.000 € | 12.817 € | 11.634 € | 10.623 € | 9.505 € | 8.333 € | 7.027 € | 5.341 € | 3.120 € |
| 75.000 € | 12.817 € | 11.634 € | 10.623 € | 9.505 € | 8.333 € | 7.027 € | 5.341 € | 3.120 € |
| 78.000 € | 12.817 € | 11.634 € | 10.623 € | 9.505 € | 8.333 € | 7.027 € | 5.341 € | 3.120 € |
| 81.000 € | 12.817 € | 11.634 € | 10.623 € | 9.505 € | 8.333 € | 7.027 € | 5.341 € | 3.120 € |
| 84.000 € | 12.817 € | 11.634 € | 10.623 € | 9.505 € | 8.333 € | 7.027 € | 5.341 € | 3.120 € |
| 87.000 € | 12.817 € | 11.634 € | 10.623 € | 9.505 € | 8.333 € | 7.027 € | 5.341 € | 3.120 € |
| 90.000 € | 12.817 € | 11.634 € | 10.623 € | 9.505 € | 8.333 € | 7.027 € | 5.341 € | 3.120 € |
| 93.000 € | 12.817 € | 11.634 € | 10.623 € | 9.505 € | 8.333 € | 7.027 € | 5.341 € | 3.120 € |
| 96.000 € | 12.817 € | 11.634 € | 10.623 € | 9.505 € | 8.333 € | 7.027 € | 5.341 € | 3.120 € |
| 99.000 € | 12.817 € | 11.634 € | 10.623 € | 9.505 € | 8.333 € | 7.027 € | 5.341 € | 3.120 € |
| 102.000 € | 12.817 € | 11.634 € | 10.623 € | 9.505 € | 8.333 € | 7.027 € | 5.341 € | 3.120 € |
| 105.000 € | 12.817 € | 11.634 € | 10.623 € | 9.505 € | 8.333 € | 7.027 € | 5.341 € | 3.120 € |
| 108.000 € | 12.817 € | 11.634 € | 10.623 € | 9.505 € | 8.333 € | 7.027 € | 5.341 € | 3.120 € |
| 111.000 € | 12.817 € | 11.634 € | 10.623 € | 9.505 € | 8.333 € | 7.027 € | 5.341 € | 3.120 € |
| 114.000 € | 12.817 € | 11.634 € | 10.623 € | 9.505 € | 8.333 € | 7.027 € | 5.341 € | 3.120 € |
| 117.000 € | 12.817 € | 11.634 € | 10.623 € | 9.505 € | 8.333 € | 7.027 € | 5.341 € | 3.120 € |
| 120.000 € | 12.817 € | 11.634 € | 10.623 € | 9.505 € | 8.333 € | 7.027 € | 5.341 € | 3.120 € |

# TABLA 1.C.1
## Lucro cesante del cónyuge
Años de duración del matrimonio: 79 años

Ingreso neto | Edad del cónyuge

| Hasta | 93 | 94 | 95 | 96 | 97 | 98 | 99 o más |
|---|---|---|---|---|---|---|---|
| 9.000 € | 3.000 € | 3.000 € | 3.000 € | 3.000 € | 3.000 € | 3.000 € | 3.000 € |
| 12.000 € | 3.580 € | 3.269 € | 3.000 € | 3.000 € | 3.000 € | 3.000 € | 3.000 € |
| 15.000 € | 4.474 € | 4.086 € | 3.656 € | 3.205 € | 3.000 € | 3.000 € | 3.000 € |
| 18.000 € | 5.369 € | 4.903 € | 4.387 € | 3.846 € | 3.243 € | 3.000 € | 3.000 € |
| 21.000 € | 6.264 € | 5.720 € | 5.118 € | 4.487 € | 3.784 € | 3.000 € | 3.000 € |
| 24.000 € | 7.159 € | 6.537 € | 5.849 € | 5.128 € | 4.325 € | 3.287 € | 3.000 € |
| 27.000 € | 8.054 € | 7.355 € | 6.581 € | 5.769 € | 4.865 € | 3.698 € | 3.000 € |
| 30.000 € | 8.949 € | 8.172 € | 7.312 € | 6.410 € | 5.406 € | 4.108 € | 3.000 € |
| 33.000 € | 9.844 € | 8.989 € | 8.043 € | 7.051 € | 5.946 € | 4.519 € | 3.000 € |
| 36.000 € | 10.739 € | 9.806 € | 8.774 € | 7.692 € | 6.487 € | 4.930 € | 3.000 € |
| 39.000 € | 11.634 € | 10.623 € | 9.505 € | 8.333 € | 7.027 € | 5.341 € | 3.120 € |
| 42.000 € | 11.634 € | 10.623 € | 9.505 € | 8.333 € | 7.027 € | 5.341 € | 3.120 € |
| 45.000 € | 11.634 € | 10.623 € | 9.505 € | 8.333 € | 7.027 € | 5.341 € | 3.120 € |
| 48.000 € | 11.634 € | 10.623 € | 9.505 € | 8.333 € | 7.027 € | 5.341 € | 3.120 € |
| 51.000 € | 11.634 € | 10.623 € | 9.505 € | 8.333 € | 7.027 € | 5.341 € | 3.120 € |
| 54.000 € | 11.634 € | 10.623 € | 9.505 € | 8.333 € | 7.027 € | 5.341 € | 3.120 € |
| 57.000 € | 11.634 € | 10.623 € | 9.505 € | 8.333 € | 7.027 € | 5.341 € | 3.120 € |
| 60.000 € | 11.634 € | 10.623 € | 9.505 € | 8.333 € | 7.027 € | 5.341 € | 3.120 € |
| 63.000 € | 11.634 € | 10.623 € | 9.505 € | 8.333 € | 7.027 € | 5.341 € | 3.120 € |
| 66.000 € | 11.634 € | 10.623 € | 9.505 € | 8.333 € | 7.027 € | 5.341 € | 3.120 € |
| 69.000 € | 11.634 € | 10.623 € | 9.505 € | 8.333 € | 7.027 € | 5.341 € | 3.120 € |
| 72.000 € | 11.634 € | 10.623 € | 9.505 € | 8.333 € | 7.027 € | 5.341 € | 3.120 € |
| 75.000 € | 11.634 € | 10.623 € | 9.505 € | 8.333 € | 7.027 € | 5.341 € | 3.120 € |
| 78.000 € | 11.634 € | 10.623 € | 9.505 € | 8.333 € | 7.027 € | 5.341 € | 3.120 € |
| 81.000 € | 11.634 € | 10.623 € | 9.505 € | 8.333 € | 7.027 € | 5.341 € | 3.120 € |
| 84.000 € | 11.634 € | 10.623 € | 9.505 € | 8.333 € | 7.027 € | 5.341 € | 3.120 € |
| 87.000 € | 11.634 € | 10.623 € | 9.505 € | 8.333 € | 7.027 € | 5.341 € | 3.120 € |
| 90.000 € | 11.634 € | 10.623 € | 9.505 € | 8.333 € | 7.027 € | 5.341 € | 3.120 € |
| 93.000 € | 11.634 € | 10.623 € | 9.505 € | 8.333 € | 7.027 € | 5.341 € | 3.120 € |
| 96.000 € | 11.634 € | 10.623 € | 9.505 € | 8.333 € | 7.027 € | 5.341 € | 3.120 € |
| 99.000 € | 11.634 € | 10.623 € | 9.505 € | 8.333 € | 7.027 € | 5.341 € | 3.120 € |
| 102.000 € | 11.634 € | 10.623 € | 9.505 € | 8.333 € | 7.027 € | 5.341 € | 3.120 € |
| 105.000 € | 11.634 € | 10.623 € | 9.505 € | 8.333 € | 7.027 € | 5.341 € | 3.120 € |
| 108.000 € | 11.634 € | 10.623 € | 9.505 € | 8.333 € | 7.027 € | 5.341 € | 3.120 € |
| 111.000 € | 11.634 € | 10.623 € | 9.505 € | 8.333 € | 7.027 € | 5.341 € | 3.120 € |
| 114.000 € | 11.634 € | 10.623 € | 9.505 € | 8.333 € | 7.027 € | 5.341 € | 3.120 € |
| 117.000 € | 11.634 € | 10.623 € | 9.505 € | 8.333 € | 7.027 € | 5.341 € | 3.120 € |
| 120.000 € | 11.634 € | 10.623 € | 9.505 € | 8.333 € | 7.027 € | 5.341 € | 3.120 € |

# TABLA 1.C.1
## Lucro cesante del cónyuge
### Años de duración del matrimonio: 80 años

Ingreso neto Edad del cónyuge

| Hasta | 94 | 95 | 96 | 97 | 98 | 99 o más |
|---|---|---|---|---|---|---|
| 9.000 € | 3.000 € | 3.000 € | 3.000 € | 3.000 € | 3.000 € | 3.000 € |
| 12.000 € | 3.269 € | 3.000 € | 3.000 € | 3.000 € | 3.000 € | 3.000 € |
| 15.000 € | 4.086 € | 3.656 € | 3.205 € | 3.000 € | 3.000 € | 3.000 € |
| 18.000 € | 4.903 € | 4.387 € | 3.846 € | 3.243 € | 3.000 € | 3.000 € |
| 21.000 € | 5.720 € | 5.118 € | 4.487 € | 3.784 € | 3.000 € | 3.000 € |
| 24.000 € | 6.537 € | 5.849 € | 5.128 € | 4.325 € | 3.287 € | 3.000 € |
| 27.000 € | 7.355 € | 6.581 € | 5.769 € | 4.865 € | 3.698 € | 3.000 € |
| 30.000 € | 8.172 € | 7.312 € | 6.410 € | 5.406 € | 4.108 € | 3.000 € |
| 33.000 € | 8.989 € | 8.043 € | 7.051 € | 5.946 € | 4.519 € | 3.000 € |
| 36.000 € | 9.806 € | 8.774 € | 7.692 € | 6.487 € | 4.930 € | 3.000 € |
| 39.000 € | 10.623 € | 9.505 € | 8.333 € | 7.027 € | 5.341 € | 3.120 € |
| 42.000 € | 10.623 € | 9.505 € | 8.333 € | 7.027 € | 5.341 € | 3.120 € |
| 45.000 € | 10.623 € | 9.505 € | 8.333 € | 7.027 € | 5.341 € | 3.120 € |
| 48.000 € | 10.623 € | 9.505 € | 8.333 € | 7.027 € | 5.341 € | 3.120 € |
| 51.000 € | 10.623 € | 9.505 € | 8.333 € | 7.027 € | 5.341 € | 3.120 € |
| 54.000 € | 10.623 € | 9.505 € | 8.333 € | 7.027 € | 5.341 € | 3.120 € |
| 57.000 € | 10.623 € | 9.505 € | 8.333 € | 7.027 € | 5.341 € | 3.120 € |
| 60.000 € | 10.623 € | 9.505 € | 8.333 € | 7.027 € | 5.341 € | 3.120 € |
| 63.000 € | 10.623 € | 9.505 € | 8.333 € | 7.027 € | 5.341 € | 3.120 € |
| 66.000 € | 10.623 € | 9.505 € | 8.333 € | 7.027 € | 5.341 € | 3.120 € |
| 69.000 € | 10.623 € | 9.505 € | 8.333 € | 7.027 € | 5.341 € | 3.120 € |
| 72.000 € | 10.623 € | 9.505 € | 8.333 € | 7.027 € | 5.341 € | 3.120 € |
| 75.000 € | 10.623 € | 9.505 € | 8.333 € | 7.027 € | 5.341 € | 3.120 € |
| 78.000 € | 10.623 € | 9.505 € | 8.333 € | 7.027 € | 5.341 € | 3.120 € |
| 81.000 € | 10.623 € | 9.505 € | 8.333 € | 7.027 € | 5.341 € | 3.120 € |
| 84.000 € | 10.623 € | 9.505 € | 8.333 € | 7.027 € | 5.341 € | 3.120 € |
| 87.000 € | 10.623 € | 9.505 € | 8.333 € | 7.027 € | 5.341 € | 3.120 € |
| 90.000 € | 10.623 € | 9.505 € | 8.333 € | 7.027 € | 5.341 € | 3.120 € |
| 93.000 € | 10.623 € | 9.505 € | 8.333 € | 7.027 € | 5.341 € | 3.120 € |
| 96.000 € | 10.623 € | 9.505 € | 8.333 € | 7.027 € | 5.341 € | 3.120 € |
| 99.000 € | 10.623 € | 9.505 € | 8.333 € | 7.027 € | 5.341 € | 3.120 € |
| 102.000 € | 10.623 € | 9.505 € | 8.333 € | 7.027 € | 5.341 € | 3.120 € |
| 105.000 € | 10.623 € | 9.505 € | 8.333 € | 7.027 € | 5.341 € | 3.120 € |
| 108.000 € | 10.623 € | 9.505 € | 8.333 € | 7.027 € | 5.341 € | 3.120 € |
| 111.000 € | 10.623 € | 9.505 € | 8.333 € | 7.027 € | 5.341 € | 3.120 € |
| 114.000 € | 10.623 € | 9.505 € | 8.333 € | 7.027 € | 5.341 € | 3.120 € |
| 117.000 € | 10.623 € | 9.505 € | 8.333 € | 7.027 € | 5.341 € | 3.120 € |
| 120.000 € | 10.623 € | 9.505 € | 8.333 € | 7.027 € | 5.341 € | 3.120 € |

# TABLA 1.C.1
## Lucro cesante del cónyuge
### Años de duración del matrimonio: 81 años

Ingreso neto | Edad del cónyuge

| Hasta | 95 | 96 | 97 | 98 | 99 o más |
|---|---|---|---|---|---|
| 9.000 € | 3.000 € | 3.000 € | 3.000 € | 3.000 € | 3.000 € |
| 12.000 € | 3.000 € | 3.000 € | 3.000 € | 3.000 € | 3.000 € |
| 15.000 € | 3.656 € | 3.205 € | 3.000 € | 3.000 € | 3.000 € |
| 18.000 € | 4.387 € | 3.846 € | 3.243 € | 3.000 € | 3.000 € |
| 21.000 € | 5.118 € | 4.487 € | 3.784 € | 3.000 € | 3.000 € |
| 24.000 € | 5.849 € | 5.128 € | 4.325 € | 3.287 € | 3.000 € |
| 27.000 € | 6.581 € | 5.769 € | 4.865 € | 3.698 € | 3.000 € |
| 30.000 € | 7.312 € | 6.410 € | 5.406 € | 4.108 € | 3.000 € |
| 33.000 € | 8.043 € | 7.051 € | 5.946 € | 4.519 € | 3.000 € |
| 36.000 € | 8.774 € | 7.692 € | 6.487 € | 4.930 € | 3.000 € |
| 39.000 € | 9.505 € | 8.333 € | 7.027 € | 5.341 € | 3.120 € |
| 42.000 € | 9.505 € | 8.333 € | 7.027 € | 5.341 € | 3.120 € |
| 45.000 € | 9.505 € | 8.333 € | 7.027 € | 5.341 € | 3.120 € |
| 48.000 € | 9.505 € | 8.333 € | 7.027 € | 5.341 € | 3.120 € |
| 51.000 € | 9.505 € | 8.333 € | 7.027 € | 5.341 € | 3.120 € |
| 54.000 € | 9.505 € | 8.333 € | 7.027 € | 5.341 € | 3.120 € |
| 57.000 € | 9.505 € | 8.333 € | 7.027 € | 5.341 € | 3.120 € |
| 60.000 € | 9.505 € | 8.333 € | 7.027 € | 5.341 € | 3.120 € |
| 63.000 € | 9.505 € | 8.333 € | 7.027 € | 5.341 € | 3.120 € |
| 66.000 € | 9.505 € | 8.333 € | 7.027 € | 5.341 € | 3.120 € |
| 69.000 € | 9.505 € | 8.333 € | 7.027 € | 5.341 € | 3.120 € |
| 72.000 € | 9.505 € | 8.333 € | 7.027 € | 5.341 € | 3.120 € |
| 75.000 € | 9.505 € | 8.333 € | 7.027 € | 5.341 € | 3.120 € |
| 78.000 € | 9.505 € | 8.333 € | 7.027 € | 5.341 € | 3.120 € |
| 81.000 € | 9.505 € | 8.333 € | 7.027 € | 5.341 € | 3.120 € |
| 84.000 € | 9.505 € | 8.333 € | 7.027 € | 5.341 € | 3.120 € |
| 87.000 € | 9.505 € | 8.333 € | 7.027 € | 5.341 € | 3.120 € |
| 90.000 € | 9.505 € | 8.333 € | 7.027 € | 5.341 € | 3.120 € |
| 93.000 € | 9.505 € | 8.333 € | 7.027 € | 5.341 € | 3.120 € |
| 96.000 € | 9.505 € | 8.333 € | 7.027 € | 5.341 € | 3.120 € |
| 99.000 € | 9.505 € | 8.333 € | 7.027 € | 5.341 € | 3.120 € |
| 102.000 € | 9.505 € | 8.333 € | 7.027 € | 5.341 € | 3.120 € |
| 105.000 € | 9.505 € | 8.333 € | 7.027 € | 5.341 € | 3.120 € |
| 108.000 € | 9.505 € | 8.333 € | 7.027 € | 5.341 € | 3.120 € |
| 111.000 € | 9.505 € | 8.333 € | 7.027 € | 5.341 € | 3.120 € |
| 114.000 € | 9.505 € | 8.333 € | 7.027 € | 5.341 € | 3.120 € |
| 117.000 € | 9.505 € | 8.333 € | 7.027 € | 5.341 € | 3.120 € |
| 120.000 € | 9.505 € | 8.333 € | 7.027 € | 5.341 € | 3.120 € |

# TABLA 1.C.1
## Lucro cesante del cónyuge
### Años de duración del matrimonio: 82 años

| Ingreso neto | Edad del cónyuge | | | |
|---|---|---|---|---|
| Hasta | 96 | 97 | 98 | 99 o más |
| 9.000 € | 3.000 € | 3.000 € | 3.000 € | 3.000 € |
| 12.000 € | 3.000 € | 3.000 € | 3.000 € | 3.000 € |
| 15.000 € | 3.205 € | 3.000 € | 3.000 € | 3.000 € |
| 18.000 € | 3.846 € | 3.243 € | 3.000 € | 3.000 € |
| 21.000 € | 4.487 € | 3.784 € | 3.000 € | 3.000 € |
| 24.000 € | 5.128 € | 4.325 € | 3.287 € | 3.000 € |
| 27.000 € | 5.769 € | 4.865 € | 3.698 € | 3.000 € |
| 30.000 € | 6.410 € | 5.406 € | 4.108 € | 3.000 € |
| 33.000 € | 7.051 € | 5.946 € | 4.519 € | 3.000 € |
| 36.000 € | 7.692 € | 6.487 € | 4.930 € | 3.000 € |
| 39.000 € | 8.333 € | 7.027 € | 5.341 € | 3.120 € |
| 42.000 € | 8.333 € | 7.027 € | 5.341 € | 3.120 € |
| 45.000 € | 8.333 € | 7.027 € | 5.341 € | 3.120 € |
| 48.000 € | 8.333 € | 7.027 € | 5.341 € | 3.120 € |
| 51.000 € | 8.333 € | 7.027 € | 5.341 € | 3.120 € |
| 54.000 € | 8.333 € | 7.027 € | 5.341 € | 3.120 € |
| 57.000 € | 8.333 € | 7.027 € | 5.341 € | 3.120 € |
| 60.000 € | 8.333 € | 7.027 € | 5.341 € | 3.120 € |
| 63.000 € | 8.333 € | 7.027 € | 5.341 € | 3.120 € |
| 66.000 € | 8.333 € | 7.027 € | 5.341 € | 3.120 € |
| 69.000 € | 8.333 € | 7.027 € | 5.341 € | 3.120 € |
| 72.000 € | 8.333 € | 7.027 € | 5.341 € | 3.120 € |
| 75.000 € | 8.333 € | 7.027 € | 5.341 € | 3.120 € |
| 78.000 € | 8.333 € | 7.027 € | 5.341 € | 3.120 € |
| 81.000 € | 8.333 € | 7.027 € | 5.341 € | 3.120 € |
| 84.000 € | 8.333 € | 7.027 € | 5.341 € | 3.120 € |
| 87.000 € | 8.333 € | 7.027 € | 5.341 € | 3.120 € |
| 90.000 € | 8.333 € | 7.027 € | 5.341 € | 3.120 € |
| 93.000 € | 8.333 € | 7.027 € | 5.341 € | 3.120 € |
| 96.000 € | 8.333 € | 7.027 € | 5.341 € | 3.120 € |
| 99.000 € | 8.333 € | 7.027 € | 5.341 € | 3.120 € |
| 102.000 € | 8.333 € | 7.027 € | 5.341 € | 3.120 € |
| 105.000 € | 8.333 € | 7.027 € | 5.341 € | 3.120 € |
| 108.000 € | 8.333 € | 7.027 € | 5.341 € | 3.120 € |
| 111.000 € | 8.333 € | 7.027 € | 5.341 € | 3.120 € |
| 114.000 € | 8.333 € | 7.027 € | 5.341 € | 3.120 € |
| 117.000 € | 8.333 € | 7.027 € | 5.341 € | 3.120 € |
| 120.000 € | 8.333 € | 7.027 € | 5.341 € | 3.120 € |

# TABLA 1.C.1
## Lucro cesante del cónyuge
### Años de duración del matrimonio: 83 años

| Ingreso neto | Edad del cónyuge | | |
|---|---|---|---|
| Hasta | 97 | 98 | 99 o más |
| 9.000 € | 3.000 € | 3.000 € | 3.000 € |
| 12.000 € | 3.000 € | 3.000 € | 3.000 € |
| 15.000 € | 3.000 € | 3.000 € | 3.000 € |
| 18.000 € | 3.243 € | 3.000 € | 3.000 € |
| 21.000 € | 3.784 € | 3.000 € | 3.000 € |
| 24.000 € | 4.325 € | 3.287 € | 3.000 € |
| 27.000 € | 4.865 € | 3.698 € | 3.000 € |
| 30.000 € | 5.406 € | 4.108 € | 3.000 € |
| 33.000 € | 5.946 € | 4.519 € | 3.000 € |
| 36.000 € | 6.487 € | 4.930 € | 3.000 € |
| 39.000 € | 7.027 € | 5.341 € | 3.120 € |
| 42.000 € | 7.027 € | 5.341 € | 3.120 € |
| 45.000 € | 7.027 € | 5.341 € | 3.120 € |
| 48.000 € | 7.027 € | 5.341 € | 3.120 € |
| 51.000 € | 7.027 € | 5.341 € | 3.120 € |
| 54.000 € | 7.027 € | 5.341 € | 3.120 € |
| 57.000 € | 7.027 € | 5.341 € | 3.120 € |
| 60.000 € | 7.027 € | 5.341 € | 3.120 € |
| 63.000 € | 7.027 € | 5.341 € | 3.120 € |
| 66.000 € | 7.027 € | 5.341 € | 3.120 € |
| 69.000 € | 7.027 € | 5.341 € | 3.120 € |
| 72.000 € | 7.027 € | 5.341 € | 3.120 € |
| 75.000 € | 7.027 € | 5.341 € | 3.120 € |
| 78.000 € | 7.027 € | 5.341 € | 3.120 € |
| 81.000 € | 7.027 € | 5.341 € | 3.120 € |
| 84.000 € | 7.027 € | 5.341 € | 3.120 € |
| 87.000 € | 7.027 € | 5.341 € | 3.120 € |
| 90.000 € | 7.027 € | 5.341 € | 3.120 € |
| 93.000 € | 7.027 € | 5.341 € | 3.120 € |
| 96.000 € | 7.027 € | 5.341 € | 3.120 € |
| 99.000 € | 7.027 € | 5.341 € | 3.120 € |
| 102.000 € | 7.027 € | 5.341 € | 3.120 € |
| 105.000 € | 7.027 € | 5.341 € | 3.120 € |
| 108.000 € | 7.027 € | 5.341 € | 3.120 € |
| 111.000 € | 7.027 € | 5.341 € | 3.120 € |
| 114.000 € | 7.027 € | 5.341 € | 3.120 € |
| 117.000 € | 7.027 € | 5.341 € | 3.120 € |
| 120.000 € | 7.027 € | 5.341 € | 3.120 € |

# TABLA 1.C.1
## Lucro cesante del cónyuge
### Años de duración del matrimonio: 84 años

| Ingreso neto | Edad del cónyuge | |
|---|---|---|
| Hasta | 98 | 99 o más |
| 9.000 € | 3.000 € | 3.000 € |
| 12.000 € | 3.000 € | 3.000 € |
| 15.000 € | 3.000 € | 3.000 € |
| 18.000 € | 3.000 € | 3.000 € |
| 21.000 € | 3.000 € | 3.000 € |
| 24.000 € | 3.287 € | 3.000 € |
| 27.000 € | 3.698 € | 3.000 € |
| 30.000 € | 4.108 € | 3.000 € |
| 33.000 € | 4.519 € | 3.000 € |
| 36.000 € | 4.930 € | 3.000 € |
| 39.000 € | 5.341 € | 3.120 € |
| 42.000 € | 5.341 € | 3.120 € |
| 45.000 € | 5.341 € | 3.120 € |
| 48.000 € | 5.341 € | 3.120 € |
| 51.000 € | 5.341 € | 3.120 € |
| 54.000 € | 5.341 € | 3.120 € |
| 57.000 € | 5.341 € | 3.120 € |
| 60.000 € | 5.341 € | 3.120 € |
| 63.000 € | 5.341 € | 3.120 € |
| 66.000 € | 5.341 € | 3.120 € |
| 69.000 € | 5.341 € | 3.120 € |
| 72.000 € | 5.341 € | 3.120 € |
| 75.000 € | 5.341 € | 3.120 € |
| 78.000 € | 5.341 € | 3.120 € |
| 81.000 € | 5.341 € | 3.120 € |
| 84.000 € | 5.341 € | 3.120 € |
| 87.000 € | 5.341 € | 3.120 € |
| 90.000 € | 5.341 € | 3.120 € |
| 93.000 € | 5.341 € | 3.120 € |
| 96.000 € | 5.341 € | 3.120 € |
| 99.000 € | 5.341 € | 3.120 € |
| 102.000 € | 5.341 € | 3.120 € |
| 105.000 € | 5.341 € | 3.120 € |
| 108.000 € | 5.341 € | 3.120 € |
| 111.000 € | 5.341 € | 3.120 € |
| 114.000 € | 5.341 € | 3.120 € |
| 117.000 € | 5.341 € | 3.120 € |
| 120.000 € | 5.341 € | 3.120 € |

# TABLA 1.C.1
## Lucro cesante del cónyuge
### Años de duración del matrimonio: 85 años

| Ingreso netc | Edad del cc |
|---|---|
| Hasta | 99 o más |
| 9.000 € | 3.000 € |
| 12.000 € | 3.000 € |
| 15.000 € | 3.000 € |
| 18.000 € | 3.000 € |
| 21.000 € | 3.000 € |
| 24.000 € | 3.000 € |
| 27.000 € | 3.000 € |
| 30.000 € | 3.000 € |
| 33.000 € | 3.000 € |
| 36.000 € | 3.000 € |
| 39.000 € | 3.120 € |
| 42.000 € | 3.120 € |
| 45.000 € | 3.120 € |
| 48.000 € | 3.120 € |
| 51.000 € | 3.120 € |
| 54.000 € | 3.120 € |
| 57.000 € | 3.120 € |
| 60.000 € | 3.120 € |
| 63.000 € | 3.120 € |
| 66.000 € | 3.120 € |
| 69.000 € | 3.120 € |
| 72.000 € | 3.120 € |
| 75.000 € | 3.120 € |
| 78.000 € | 3.120 € |
| 81.000 € | 3.120 € |
| 84.000 € | 3.120 € |
| 87.000 € | 3.120 € |
| 90.000 € | 3.120 € |
| 93.000 € | 3.120 € |
| 96.000 € | 3.120 € |
| 99.000 € | 3.120 € |
| 102.000 € | 3.120 € |
| 105.000 € | 3.120 € |
| 108.000 € | 3.120 € |
| 111.000 € | 3.120 € |
| 114.000 € | 3.120 € |
| 117.000 € | 3.120 € |
| 120.000 € | 3.120 € |

## TABLA 1.C.1.d
## Lucro cesante del cónyuge con discapacidad

| Ingreso neto | Edad del conyúge | | | | | | | | |
|---|---|---|---|---|---|---|---|---|---|
| Hasta | 14 | 15 | 16 | 17 | 18 | 19 | 20 | 21 | 22 |
| 9.000 € | 149.167 € | 149.046 € | 148.895 € | 147.716 € | 146.454 € | 145.102 € | 143.666 € | 142.135 € | 140.524 € |
| 12.000 € | 198.889 € | 198.728 € | 198.526 € | 196.954 € | 195.271 € | 193.469 € | 191.555 € | 189.514 € | 187.365 € |
| 15.000 € | 248.611 € | 248.410 € | 248.158 € | 246.193 € | 244.089 € | 241.836 € | 239.443 € | 236.892 € | 234.207 € |
| 18.000 € | 298.333 € | 298.093 € | 297.789 € | 295.431 € | 292.907 € | 290.204 € | 287.332 € | 284.271 € | 281.048 € |
| 21.000 € | 348.056 € | 347.775 € | 347.421 € | 344.670 € | 341.725 € | 338.571 € | 335.221 € | 331.649 € | 327.889 € |
| 24.000 € | 391.380 € | 390.921 € | 390.376 € | 388.909 € | 387.258 € | 385.408 € | 383.109 € | 379.028 € | 374.731 € |
| 27.000 € | 419.740 € | 418.781 € | 417.717 € | 415.716 € | 413.503 € | 411.060 € | 408.404 € | 405.506 € | 402.405 € |
| 30.000 € | 448.101 € | 446.641 € | 445.059 € | 442.524 € | 439.748 € | 436.712 € | 433.435 € | 429.884 € | 426.104 € |
| 33.000 € | 476.462 € | 474.501 € | 472.400 € | 469.332 € | 465.993 € | 462.365 € | 458.466 € | 454.262 € | 449.803 € |
| 36.000 € | 504.822 € | 502.361 € | 499.741 € | 496.139 € | 492.238 € | 488.017 € | 483.496 € | 478.641 € | 473.502 € |
| 39.000 € | 533.183 € | 530.221 € | 527.083 € | 522.947 € | 518.483 € | 513.669 € | 508.527 € | 503.019 € | 497.200 € |
| 42.000 € | 561.543 € | 558.081 € | 554.424 € | 549.754 € | 544.728 € | 539.321 € | 533.558 € | 527.397 € | 520.899 € |
| 45.000 € | 589.904 € | 585.941 € | 581.765 € | 576.562 € | 570.973 € | 564.973 € | 558.588 € | 551.776 € | 544.598 € |
| 48.000 € | 618.265 € | 613.801 € | 609.106 € | 603.370 € | 597.218 € | 590.625 € | 583.619 € | 576.154 € | 568.297 € |
| 51.000 € | 667.564 € | 662.327 € | 656.842 € | 650.302 € | 643.329 € | 635.893 € | 628.024 € | 619.675 € | 610.913 € |
| 54.000 € | 741.564 € | 735.230 € | 728.635 € | 720.973 € | 712.872 € | 704.299 € | 695.285 € | 685.777 € | 675.847 € |
| 57.000 € | 815.565 € | 808.134 € | 800.428 € | 791.645 € | 782.416 € | 772.706 € | 762.546 € | 751.879 € | 740.780 € |
| 60.000 € | 889.565 € | 881.038 € | 872.222 € | 862.317 € | 851.960 € | 841.113 € | 829.806 € | 817.981 € | 805.713 € |
| 63.000 € | 963.565 € | 953.941 € | 944.015 € | 932.988 € | 921.503 € | 909.519 € | 897.067 € | 884.083 € | 870.647 € |
| 66.000 € | 1.037.565 € | 1.026.845 € | 1.015.808 € | 1.003.660 € | 991.047 € | 977.926 € | 964.327 € | 950.185 € | 935.580 € |
| 69.000 € | 1.111.565 € | 1.099.749 € | 1.087.601 € | 1.074.332 € | 1.060.591 € | 1.046.332 € | 1.031.588 € | 1.016.287 € | 1.000.513 € |
| 72.000 € | 1.185.565 € | 1.172.652 € | 1.159.395 € | 1.145.003 € | 1.130.135 € | 1.114.739 € | 1.098.849 € | 1.082.389 € | 1.065.447 € |
| 75.000 € | 1.259.565 € | 1.245.556 € | 1.231.188 € | 1.215.675 € | 1.199.678 € | 1.183.146 € | 1.166.109 € | 1.148.491 € | 1.130.380 € |
| 78.000 € | 1.333.565 € | 1.318.460 € | 1.302.981 € | 1.286.347 € | 1.269.222 € | 1.251.552 € | 1.233.370 € | 1.214.593 € | 1.195.313 € |
| 81.000 € | 1.407.565 € | 1.391.364 € | 1.374.774 € | 1.357.018 € | 1.338.766 € | 1.319.959 € | 1.300.630 € | 1.280.695 € | 1.260.247 € |
| 84.000 € | 1.481.565 € | 1.464.267 € | 1.446.567 € | 1.427.690 € | 1.408.310 € | 1.388.365 € | 1.367.891 € | 1.346.798 € | 1.325.180 € |
| 87.000 € | 1.555.565 € | 1.537.171 € | 1.518.361 € | 1.498.362 € | 1.477.853 € | 1.456.772 € | 1.435.152 € | 1.412.900 € | 1.390.113 € |
| 90.000 € | 1.629.565 € | 1.610.075 € | 1.590.154 € | 1.569.034 € | 1.547.397 € | 1.525.179 € | 1.502.412 € | 1.479.002 € | 1.455.047 € |
| 93.000 € | 1.703.565 € | 1.682.978 € | 1.661.947 € | 1.639.705 € | 1.616.941 € | 1.593.585 € | 1.569.673 € | 1.545.104 € | 1.519.980 € |
| 96.000 € | 1.777.566 € | 1.755.882 € | 1.733.740 € | 1.710.377 € | 1.686.485 € | 1.661.992 € | 1.636.934 € | 1.611.206 € | 1.584.913 € |
| 99.000 € | 1.851.566 € | 1.828.786 € | 1.805.534 € | 1.781.049 € | 1.756.028 € | 1.730.399 € | 1.704.194 € | 1.677.308 € | 1.649.847 € |
| 102.000 € | 1.925.566 € | 1.901.689 € | 1.877.327 € | 1.851.720 € | 1.825.572 € | 1.798.805 € | 1.771.455 € | 1.743.410 € | 1.714.780 € |
| 105.000 € | 1.999.566 € | 1.974.593 € | 1.949.120 € | 1.922.392 € | 1.895.116 € | 1.867.212 € | 1.838.715 € | 1.809.512 € | 1.779.713 € |
| 108.000 € | 2.073.566 € | 2.047.497 € | 2.020.913 € | 1.993.064 € | 1.964.659 € | 1.935.618 € | 1.905.976 € | 1.875.614 € | 1.844.647 € |
| 111.000 € | 2.147.566 € | 2.120.400 € | 2.092.707 € | 2.063.735 € | 2.034.203 € | 2.004.025 € | 1.973.237 € | 1.941.716 € | 1.909.580 € |
| 114.000 € | 2.221.566 € | 2.193.304 € | 2.164.500 € | 2.134.407 € | 2.103.747 € | 2.072.432 € | 2.040.497 € | 2.007.818 € | 1.974.513 € |
| 117.000 € | 2.295.566 € | 2.266.208 € | 2.236.293 € | 2.205.079 € | 2.173.291 € | 2.140.838 € | 2.107.758 € | 2.073.920 € | 2.039.446 € |
| 120.000 € | 2.369.566 € | 2.339.111 € | 2.308.086 € | 2.275.750 € | 2.242.834 € | 2.209.245 € | 2.175.019 € | 2.140.022 € | 2.104.380 € |

# TABLA 1.C.1.d
## Lucro cesante del cónyuge con discapacidad

| Ingreso neto | Edad del conyúge | | | | | | | | |
|---|---|---|---|---|---|---|---|---|---|
| Hasta | 23 | 24 | 25 | 26 | 27 | 28 | 29 | 30 | 31 |
| 9.000 € | 138.819 € | 137.028 € | 135.167 € | 133.238 € | 131.233 € | 129.169 € | 127.041 € | 124.857 € | 122.628 € |
| 12.000 € | 185.092 € | 182.705 € | 180.223 € | 177.651 € | 174.978 € | 172.225 € | 169.388 € | 166.476 € | 163.504 € |
| 15.000 € | 231.364 € | 228.381 € | 225.279 € | 222.064 € | 218.722 € | 215.281 € | 211.735 € | 208.096 € | 204.381 € |
| 18.000 € | 277.637 € | 274.057 € | 270.335 € | 266.477 € | 262.466 € | 258.337 € | 254.083 € | 249.715 € | 245.257 € |
| 21.000 € | 323.910 € | 319.733 € | 315.391 € | 310.890 € | 306.211 € | 301.393 € | 296.430 € | 291.334 € | 286.133 € |
| 24.000 € | 370.183 € | 365.409 € | 360.447 € | 355.302 € | 349.955 € | 344.450 € | 338.777 € | 332.953 € | 327.009 € |
| 27.000 € | 399.066 € | 395.514 € | 391.792 € | 387.909 € | 383.841 € | 379.639 € | 375.293 € | 370.822 € | 366.261 € |
| 30.000 € | 422.055 € | 417.767 € | 413.285 € | 408.618 € | 403.743 € | 398.714 € | 393.520 € | 388.183 € | 382.740 € |
| 33.000 € | 445.045 € | 440.019 € | 434.777 € | 429.327 € | 423.645 € | 417.788 € | 411.748 € | 405.544 € | 399.220 € |
| 36.000 € | 468.034 € | 462.272 € | 456.269 € | 450.037 € | 443.547 € | 436.863 € | 429.975 € | 422.905 € | 415.699 € |
| 39.000 € | 491.023 € | 484.524 € | 477.761 € | 470.746 € | 463.449 € | 455.938 € | 448.202 € | 440.267 € | 432.179 € |
| 42.000 € | 514.013 € | 506.777 € | 499.253 € | 491.455 € | 483.351 € | 475.013 € | 466.429 € | 457.628 € | 448.658 € |
| 45.000 € | 537.002 € | 529.030 € | 520.745 € | 512.164 € | 503.252 € | 494.087 € | 484.657 € | 474.989 € | 465.138 € |
| 48.000 € | 559.991 € | 551.282 € | 542.237 € | 532.873 € | 523.154 € | 513.162 € | 502.884 € | 492.350 € | 481.617 € |
| 51.000 € | 601.681 € | 592.025 € | 582.014 € | 571.667 € | 560.947 € | 549.937 € | 538.624 € | 527.040 € | 515.244 € |
| 54.000 € | 665.432 € | 654.578 € | 643.361 € | 631.796 € | 619.843 € | 607.591 € | 595.023 € | 582.172 € | 569.098 € |
| 57.000 € | 729.182 € | 717.132 € | 704.708 € | 691.925 € | 678.740 € | 665.245 € | 651.421 € | 637.303 € | 622.953 € |
| 60.000 € | 792.932 € | 779.686 € | 766.055 € | 752.054 € | 737.637 € | 722.898 € | 707.820 € | 692.435 € | 676.807 € |
| 63.000 € | 856.682 € | 842.240 € | 827.402 € | 812.182 € | 796.534 € | 780.552 € | 764.219 € | 747.566 € | 730.662 € |
| 66.000 € | 920.432 € | 904.794 € | 888.749 € | 872.311 € | 855.430 € | 838.206 € | 820.617 € | 802.698 € | 784.516 € |
| 69.000 € | 984.183 € | 967.348 € | 950.095 € | 932.440 € | 914.327 € | 895.860 € | 877.016 € | 857.830 € | 838.371 € |
| 72.000 € | 1.047.933 € | 1.029.902 € | 1.011.442 € | 992.569 € | 973.224 € | 953.514 € | 933.415 € | 912.961 € | 892.225 € |
| 75.000 € | 1.111.683 € | 1.092.456 € | 1.072.789 € | 1.052.697 € | 1.032.120 € | 1.011.168 € | 989.814 € | 968.093 € | 946.080 € |
| 78.000 € | 1.175.433 € | 1.155.009 € | 1.134.136 € | 1.112.826 € | 1.091.017 € | 1.068.822 € | 1.046.212 € | 1.023.224 € | 999.934 € |
| 81.000 € | 1.239.183 € | 1.217.563 € | 1.195.483 € | 1.172.955 € | 1.149.914 € | 1.126.476 € | 1.102.611 € | 1.078.356 € | 1.053.789 € |
| 84.000 € | 1.302.934 € | 1.280.117 € | 1.256.830 € | 1.233.084 € | 1.208.811 € | 1.184.130 € | 1.159.010 € | 1.133.488 € | 1.107.643 € |
| 87.000 € | 1.366.684 € | 1.342.671 € | 1.318.176 € | 1.293.212 € | 1.267.707 € | 1.241.784 € | 1.215.408 € | 1.188.619 € | 1.161.497 € |
| 90.000 € | 1.430.434 € | 1.405.225 € | 1.379.523 € | 1.353.341 € | 1.326.604 € | 1.299.438 € | 1.271.807 € | 1.243.751 € | 1.215.352 € |
| 93.000 € | 1.494.184 € | 1.467.779 € | 1.440.870 € | 1.413.470 € | 1.385.501 € | 1.357.092 € | 1.328.206 € | 1.298.882 € | 1.269.206 € |
| 96.000 € | 1.557.934 € | 1.530.333 € | 1.502.217 € | 1.473.598 € | 1.444.398 € | 1.414.746 € | 1.384.604 € | 1.354.014 € | 1.323.061 € |
| 99.000 € | 1.621.684 € | 1.592.887 € | 1.563.564 € | 1.533.727 € | 1.503.294 € | 1.472.400 € | 1.441.003 € | 1.409.145 € | 1.376.915 € |
| 102.000 € | 1.685.435 € | 1.655.441 € | 1.624.911 € | 1.593.856 € | 1.562.191 € | 1.530.054 € | 1.497.402 € | 1.464.277 € | 1.430.770 € |
| 105.000 € | 1.749.185 € | 1.717.994 € | 1.686.257 € | 1.653.985 € | 1.621.088 € | 1.587.708 € | 1.553.801 € | 1.519.409 € | 1.484.624 € |
| 108.000 € | 1.812.935 € | 1.780.548 € | 1.747.604 € | 1.714.113 € | 1.679.985 € | 1.645.362 € | 1.610.199 € | 1.574.540 € | 1.538.479 € |
| 111.000 € | 1.876.685 € | 1.843.102 € | 1.808.951 € | 1.774.242 € | 1.738.881 € | 1.703.016 € | 1.666.598 € | 1.629.672 € | 1.592.333 € |
| 114.000 € | 1.940.435 € | 1.905.656 € | 1.870.298 € | 1.834.371 € | 1.797.778 € | 1.760.669 € | 1.722.997 € | 1.684.803 € | 1.646.188 € |
| 117.000 € | 2.004.186 € | 1.968.210 € | 1.931.645 € | 1.894.500 € | 1.856.675 € | 1.818.323 € | 1.779.395 € | 1.739.935 € | 1.700.042 € |
| 120.000 € | 2.067.936 € | 2.030.764 € | 1.992.992 € | 1.954.628 € | 1.915.572 € | 1.875.977 € | 1.835.794 € | 1.795.067 € | 1.753.897 € |

# TABLA 1.C.1.d
## Lucro cesante del cónyuge con discapacidad

| Ingreso neto | Edad del conyúge | | | | | | | | |
|---|---|---|---|---|---|---|---|---|---|
| Hasta | 32 | 33 | 34 | 35 | 36 | 37 | 38 | 39 | 40 |
| 9.000 € | 120.345 € | 118.008 € | 115.633 € | 113.215 € | 110.762 € | 108.277 € | 105.765 € | 103.221 € | 100.660 € |
| 12.000 € | 160.461 € | 157.344 € | 154.178 € | 150.953 € | 147.683 € | 144.369 € | 141.020 € | 137.628 € | 134.214 € |
| 15.000 € | 200.576 € | 196.680 € | 192.722 € | 188.691 € | 184.603 € | 180.462 € | 176.275 € | 172.034 € | 167.767 € |
| 18.000 € | 240.691 € | 236.016 € | 231.266 € | 226.429 € | 221.524 € | 216.554 € | 211.530 € | 206.441 € | 201.321 € |
| 21.000 € | 280.806 € | 275.352 € | 269.811 € | 264.167 € | 258.445 € | 252.646 € | 246.785 € | 240.848 € | 234.874 € |
| 24.000 € | 320.921 € | 314.688 € | 308.355 € | 301.906 € | 295.365 € | 288.739 € | 282.040 € | 275.255 € | 268.428 € |
| 27.000 € | 361.036 € | 354.024 € | 346.900 € | 339.644 € | 332.286 € | 324.831 € | 317.295 € | 309.662 € | 301.981 € |
| 30.000 € | 377.164 € | 371.453 € | 365.664 € | 359.777 € | 353.824 € | 347.812 € | 341.758 € | 335.647 € | 329.533 € |
| 33.000 € | 392.745 € | 386.117 € | 379.399 € | 372.568 € | 365.659 € | 358.680 € | 351.649 € | 344.549 € | 337.439 € |
| 36.000 € | 408.325 € | 400.781 € | 393.134 € | 385.359 € | 377.495 € | 369.548 € | 361.539 € | 353.451 € | 345.345 € |
| 39.000 € | 423.905 € | 415.446 € | 406.868 € | 398.150 € | 389.330 € | 380.416 € | 371.430 € | 362.354 € | 353.251 € |
| 42.000 € | 439.486 € | 430.110 € | 420.603 € | 410.941 € | 401.165 € | 391.284 € | 381.321 € | 371.256 € | 361.156 € |
| 45.000 € | 455.066 € | 444.774 € | 434.338 € | 423.732 € | 413.000 € | 402.152 € | 391.211 € | 380.158 € | 369.062 € |
| 48.000 € | 470.647 € | 459.438 € | 448.072 € | 436.523 € | 424.835 € | 413.020 € | 401.102 € | 389.060 € | 376.968 € |
| 51.000 € | 503.195 € | 490.892 € | 478.421 € | 465.752 € | 452.934 € | 439.976 € | 426.906 € | 413.700 € | 400.436 € |
| 54.000 € | 555.760 € | 542.153 € | 528.368 € | 514.373 € | 500.218 € | 485.911 € | 471.482 € | 456.906 € | 442.262 € |
| 57.000 € | 608.324 € | 593.414 € | 578.315 € | 562.993 € | 547.501 € | 531.846 € | 516.059 € | 500.112 € | 484.088 € |
| 60.000 € | 660.889 € | 644.676 € | 628.262 € | 611.614 € | 594.785 € | 577.782 € | 560.635 € | 543.317 € | 525.915 € |
| 63.000 € | 713.453 € | 695.937 € | 678.210 € | 660.235 € | 642.068 € | 623.717 € | 605.212 € | 586.523 € | 567.741 € |
| 66.000 € | 766.018 € | 747.198 € | 728.157 € | 708.856 € | 689.352 € | 669.652 € | 649.788 € | 629.729 € | 609.567 € |
| 69.000 € | 818.583 € | 798.459 € | 778.104 € | 757.477 € | 736.635 € | 715.587 € | 694.365 € | 672.935 € | 651.393 € |
| 72.000 € | 871.147 € | 849.720 € | 828.051 € | 806.097 € | 783.919 € | 761.522 € | 738.941 € | 716.140 € | 693.219 € |
| 75.000 € | 923.712 € | 900.981 € | 877.998 € | 854.718 € | 831.202 € | 807.457 € | 783.517 € | 759.346 € | 735.045 € |
| 78.000 € | 976.276 € | 952.242 € | 927.945 € | 903.339 € | 878.486 € | 853.393 € | 828.094 € | 802.552 € | 776.871 € |
| 81.000 € | 1.028.841 € | 1.003.503 € | 977.893 € | 951.960 € | 925.769 € | 899.328 € | 872.670 € | 845.758 € | 818.698 € |
| 84.000 € | 1.081.406 € | 1.054.764 € | 1.027.840 € | 1.000.580 € | 973.053 € | 945.263 € | 917.247 € | 888.963 € | 860.524 € |
| 87.000 € | 1.133.970 € | 1.106.025 € | 1.077.787 € | 1.049.201 € | 1.020.336 € | 991.198 € | 961.823 € | 932.169 € | 902.350 € |
| 90.000 € | 1.186.535 € | 1.157.286 € | 1.127.734 € | 1.097.822 € | 1.067.620 € | 1.037.133 € | 1.006.399 € | 975.375 € | 944.176 € |
| 93.000 € | 1.239.099 € | 1.208.547 € | 1.177.681 € | 1.146.443 € | 1.114.903 € | 1.083.068 € | 1.050.976 € | 1.018.581 € | 986.002 € |
| 96.000 € | 1.291.664 € | 1.259.808 € | 1.227.628 € | 1.195.064 € | 1.162.187 € | 1.129.004 € | 1.095.552 € | 1.061.786 € | 1.027.828 € |
| 99.000 € | 1.344.229 € | 1.311.069 € | 1.277.576 € | 1.243.684 € | 1.209.470 € | 1.174.939 € | 1.140.129 € | 1.104.992 € | 1.069.654 € |
| 102.000 € | 1.396.793 € | 1.362.331 € | 1.327.523 € | 1.292.305 € | 1.256.754 € | 1.220.874 € | 1.184.705 € | 1.148.198 € | 1.111.480 € |
| 105.000 € | 1.449.358 € | 1.413.592 € | 1.377.470 € | 1.340.926 € | 1.304.037 € | 1.266.809 € | 1.229.281 € | 1.191.404 € | 1.153.307 € |
| 108.000 € | 1.501.922 € | 1.464.853 € | 1.427.417 € | 1.389.547 € | 1.351.321 € | 1.312.744 € | 1.273.858 € | 1.234.609 € | 1.195.133 € |
| 111.000 € | 1.554.487 € | 1.516.114 € | 1.477.364 € | 1.438.167 € | 1.398.604 € | 1.358.679 € | 1.318.434 € | 1.277.815 € | 1.236.959 € |
| 114.000 € | 1.607.051 € | 1.567.375 € | 1.527.311 € | 1.486.788 € | 1.445.888 € | 1.404.615 € | 1.363.011 € | 1.321.021 € | 1.278.785 € |
| 117.000 € | 1.659.616 € | 1.618.636 € | 1.577.259 € | 1.535.409 € | 1.493.171 € | 1.450.550 € | 1.407.587 € | 1.364.227 € | 1.320.611 € |
| 120.000 € | 1.712.181 € | 1.669.897 € | 1.627.206 € | 1.584.030 € | 1.540.455 € | 1.496.485 € | 1.452.164 € | 1.407.432 € | 1.362.437 € |

## TABLA 1.C.1.d
## Lucro cesante del cónyuge con discapacidad

| Ingreso neto | Edad del conyúge | | | | | | | | | |
|---|---|---|---|---|---|---|---|---|---|---|
| Hasta | 41 | 42 | 43 | 44 | 45 | 46 | 47 | 48 | 49 | 50 |
| 9.000 € | 98.079 € | 95.474 € | 92.859 € | 90.352 € | 87.855 € | 85.260 € | 82.619 € | 79.969 € | 77.288 € | 74.520 € |
| 12.000 € | 130.773 € | 127.299 € | 123.812 € | 120.469 € | 117.140 € | 113.680 € | 110.159 € | 106.626 € | 103.051 € | 99.361 € |
| 15.000 € | 163.466 € | 159.123 € | 154.765 € | 150.586 € | 146.425 € | 142.100 € | 137.699 € | 133.282 € | 128.814 € | 124.201 € |
| 18.000 € | 196.159 € | 190.948 € | 185.718 € | 180.703 € | 175.710 € | 170.520 € | 165.238 € | 159.938 € | 154.576 € | 149.041 € |
| 21.000 € | 228.852 € | 222.773 € | 216.671 € | 210.821 € | 204.995 € | 198.940 € | 192.778 € | 186.595 € | 180.339 € | 173.881 € |
| 24.000 € | 261.545 € | 254.597 € | 247.624 € | 240.938 € | 234.280 € | 227.361 € | 220.318 € | 213.251 € | 206.102 € | 198.721 € |
| 27.000 € | 294.238 € | 286.422 € | 278.577 € | 271.055 € | 263.565 € | 255.781 € | 247.858 € | 239.907 € | 231.865 € | 223.561 € |
| 30.000 € | 323.403 € | 317.244 € | 309.530 € | 301.172 € | 292.850 € | 284.201 € | 275.397 € | 266.564 € | 257.627 € | 248.401 € |
| 33.000 € | 330.303 € | 323.130 € | 315.971 € | 308.879 € | 301.737 € | 294.574 € | 287.457 € | 280.414 € | 273.321 € | 266.246 € |
| 36.000 € | 337.204 € | 329.016 € | 320.836 € | 312.718 € | 304.539 € | 296.330 € | 288.158 € | 282.404 € | 274.219 € | 269.895 € |
| 39.000 € | 344.105 € | 334.902 € | 325.700 € | 316.557 € | 307.340 € | 298.085 € | 288.860 € | 284.395 € | 275.114 € | 273.569 € |
| 42.000 € | 351.006 € | 340.788 € | 330.565 € | 320.396 € | 310.142 € | 299.840 € | 289.561 € | 286.387 € | 276.007 € | 276.007 € |
| 45.000 € | 357.906 € | 346.674 € | 335.430 € | 324.235 € | 312.944 € | 301.595 € | 290.263 € | 288.383 € | 276.898 € | 276.898 € |
| 48.000 € | 364.807 € | 352.560 € | 340.294 € | 328.074 € | 315.746 € | 303.350 € | 290.964 € | 290.385 € | 277.788 € | 277.788 € |
| 51.000 € | 387.094 € | 373.655 € | 360.189 € | 346.764 € | 333.220 € | 319.597 € | 305.976 € | 292.392 € | 278.677 € | 278.677 € |
| 54.000 € | 427.530 € | 412.690 € | 397.815 € | 382.974 € | 368.001 € | 352.938 € | 337.870 € | 322.831 € | 307.648 € | 292.409 € |
| 57.000 € | 467.966 € | 451.725 € | 435.440 € | 419.183 € | 402.782 € | 386.280 € | 369.763 € | 353.269 € | 336.619 € | 319.902 € |
| 60.000 € | 508.402 € | 490.760 € | 473.066 € | 455.393 € | 437.563 € | 419.621 € | 401.657 € | 383.708 € | 365.591 € | 347.396 € |
| 63.000 € | 548.839 € | 529.795 € | 510.691 € | 491.603 € | 472.344 € | 452.962 € | 433.550 € | 414.147 € | 394.562 € | 374.890 € |
| 66.000 € | 589.275 € | 568.830 € | 548.316 € | 527.812 € | 507.125 € | 486.304 € | 465.444 € | 444.586 € | 423.533 € | 402.383 € |
| 69.000 € | 629.711 € | 607.866 € | 585.942 € | 564.022 € | 541.906 € | 519.645 € | 497.337 € | 475.025 € | 452.504 € | 429.877 € |
| 72.000 € | 670.148 € | 646.901 € | 623.567 € | 600.232 € | 576.687 € | 552.986 € | 529.231 € | 505.464 € | 481.476 € | 457.371 € |
| 75.000 € | 710.584 € | 685.936 € | 661.193 € | 636.441 € | 611.469 € | 586.327 € | 561.124 € | 535.903 € | 510.447 € | 484.864 € |
| 78.000 € | 751.020 € | 724.971 € | 698.818 € | 672.651 € | 646.250 € | 619.669 € | 593.018 € | 566.342 € | 539.418 € | 512.358 € |
| 81.000 € | 791.457 € | 764.006 € | 736.444 € | 708.860 € | 681.031 € | 653.010 € | 624.911 € | 596.781 € | 568.389 € | 539.852 € |
| 84.000 € | 831.893 € | 803.041 € | 774.069 € | 745.070 € | 715.812 € | 686.351 € | 656.805 € | 627.220 € | 597.361 € | 567.345 € |
| 87.000 € | 872.329 € | 842.076 € | 811.695 € | 781.280 € | 750.593 € | 719.693 € | 688.698 € | 657.659 € | 626.332 € | 594.839 € |
| 90.000 € | 912.765 € | 881.112 € | 849.320 € | 817.489 € | 785.374 € | 753.034 € | 720.592 € | 688.098 € | 655.303 € | 622.333 € |
| 93.000 € | 953.202 € | 920.147 € | 886.945 € | 853.699 € | 820.155 € | 786.375 € | 752.485 € | 718.537 € | 684.274 € | 649.826 € |
| 96.000 € | 993.638 € | 959.182 € | 924.571 € | 889.909 € | 854.936 € | 819.717 € | 784.379 € | 748.975 € | 713.246 € | 677.320 € |
| 99.000 € | 1.034.074 € | 998.217 € | 962.196 € | 926.118 € | 889.717 € | 853.058 € | 816.272 € | 779.414 € | 742.217 € | 704.814 € |
| 102.000 € | 1.074.511 € | 1.037.252 € | 999.822 € | 962.328 € | 924.498 € | 886.399 € | 848.166 € | 809.853 € | 771.188 € | 732.307 € |
| 105.000 € | 1.114.947 € | 1.076.287 € | 1.037.447 € | 998.538 € | 959.279 € | 919.740 € | 880.059 € | 840.292 € | 800.159 € | 759.801 € |
| 108.000 € | 1.155.383 € | 1.115.323 € | 1.075.073 € | 1.034.747 € | 994.060 € | 953.082 € | 911.953 € | 870.731 € | 829.131 € | 787.295 € |
| 111.000 € | 1.195.819 € | 1.154.358 € | 1.112.698 € | 1.070.957 € | 1.028.841 € | 986.423 € | 943.846 € | 901.170 € | 858.102 € | 814.788 € |
| 114.000 € | 1.236.256 € | 1.193.393 € | 1.150.324 € | 1.107.167 € | 1.063.622 € | 1.019.764 € | 975.740 € | 931.609 € | 887.073 € | 842.282 € |
| 117.000 € | 1.276.692 € | 1.232.428 € | 1.187.949 € | 1.143.376 € | 1.098.403 € | 1.053.106 € | 1.007.633 € | 962.048 € | 916.044 € | 869.776 € |
| 120.000 € | 1.317.128 € | 1.271.463 € | 1.225.574 € | 1.179.586 € | 1.133.184 € | 1.086.447 € | 1.039.527 € | 992.487 € | 945.016 € | 897.269 € |

## TABLA 1.C.1.d
## Lucro cesante del cónyuge con discapacidad

| Ingreso neto | Edad del conyúge | | | | | | | | | | |
|---|---|---|---|---|---|---|---|---|---|---|---|
| Hasta | 51 | 52 | 53 | 54 | 55 | 56 | 57 | 58 | 59 | 60 | 61 |
| 9.000 € | 71.660 € | 68.719 € | 65.720 € | 62.646 € | 59.894 € | 57.320 € | 54.764 € | 52.302 € | 49.884 € | 47.530 € | 45.215 € |
| 12.000 € | 95.546 € | 91.625 € | 87.627 € | 83.528 € | 79.858 € | 76.426 € | 73.018 € | 69.736 € | 66.512 € | 63.373 € | 60.286 € |
| 15.000 € | 119.433 € | 114.532 € | 109.534 € | 104.410 € | 99.823 € | 95.533 € | 91.273 € | 87.170 € | 83.140 € | 79.216 € | 75.358 € |
| 18.000 € | 143.320 € | 137.438 € | 131.440 € | 125.291 € | 119.787 € | 114.639 € | 109.527 € | 104.604 € | 99.767 € | 95.059 € | 90.429 € |
| 21.000 € | 167.206 € | 160.344 € | 153.347 € | 146.173 € | 139.752 € | 133.746 € | 127.782 € | 122.038 € | 116.395 € | 110.903 € | 105.501 € |
| 24.000 € | 191.093 € | 183.250 € | 175.254 € | 167.055 € | 159.717 € | 152.852 € | 146.036 € | 139.472 € | 133.023 € | 126.746 € | 120.572 € |
| 27.000 € | 214.980 € | 206.157 € | 197.161 € | 187.937 € | 179.681 € | 171.959 € | 164.291 € | 156.906 € | 149.651 € | 142.589 € | 135.644 € |
| 30.000 € | 238.866 € | 229.063 € | 219.067 € | 208.819 € | 199.646 € | 191.066 € | 182.545 € | 174.340 € | 166.279 € | 158.432 € | 150.715 € |
| 33.000 € | 259.194 € | 251.969 € | 240.974 € | 229.701 € | 219.610 € | 210.172 € | 200.800 € | 191.774 € | 182.907 € | 174.275 € | 165.787 € |
| 36.000 € | 261.722 € | 253.368 € | 241.721 € | 230.683 € | 223.367 € | 216.877 € | 210.837 € | 204.976 € | 199.270 € | 190.119 € | 180.858 € |
| 39.000 € | 264.258 € | 254.764 € | 242.466 € | 233.602 € | 225.098 € | 217.417 € | 212.341 € | 205.237 € | 199.887 € | 191.040 € | 181.736 € |
| 42.000 € | 266.803 € | 256.160 € | 243.208 € | 236.541 € | 226.832 € | 217.955 € | 213.846 € | 205.496 € | 200.503 € | 191.961 € | 182.612 € |
| 45.000 € | 269.359 € | 257.556 € | 243.949 € | 239.501 € | 228.570 € | 218.492 € | 215.354 € | 205.754 € | 201.117 € | 192.881 € | 183.489 € |
| 48.000 € | 271.929 € | 258.953 € | 244.689 € | 242.485 € | 230.314 € | 219.027 € | 216.866 € | 206.012 € | 201.730 € | 193.802 € | 184.365 € |
| 51.000 € | 274.512 € | 260.353 € | 245.428 € | 245.428 € | 232.064 € | 219.562 € | 218.383 € | 206.269 € | 202.343 € | 194.723 € | 185.242 € |
| 54.000 € | 277.111 € | 261.755 € | 246.167 € | 246.167 € | 233.822 € | 220.097 € | 219.904 € | 206.525 € | 202.956 € | 195.645 € | 186.121 € |
| 57.000 € | 303.118 € | 286.264 € | 269.169 € | 251.595 € | 235.587 € | 220.631 € | 220.631 € | 206.781 € | 203.568 € | 196.569 € | 187.001 € |
| 60.000 € | 329.124 € | 310.773 € | 292.171 € | 273.073 € | 255.527 € | 239.013 € | 222.966 € | 207.036 € | 204.181 € | 197.495 € | 187.882 € |
| 63.000 € | 355.130 € | 335.282 € | 315.173 € | 294.551 € | 275.467 € | 257.395 € | 239.782 € | 222.267 € | 204.794 € | 198.423 € | 188.766 € |
| 66.000 € | 381.136 € | 359.791 € | 338.176 € | 316.029 € | 295.406 € | 275.777 € | 256.598 € | 237.497 € | 218.423 € | 199.353 € | 189.651 € |
| 69.000 € | 407.143 € | 384.300 € | 361.178 € | 337.507 € | 315.346 € | 294.159 € | 273.414 € | 252.728 € | 232.052 € | 211.361 € | 190.539 € |
| 72.000 € | 433.149 € | 408.809 € | 384.180 € | 358.985 € | 335.286 € | 312.542 € | 290.230 € | 267.958 € | 245.680 € | 223.370 € | 200.905 € |
| 75.000 € | 459.155 € | 433.319 € | 407.182 € | 380.463 € | 355.226 € | 330.924 € | 307.045 € | 283.189 € | 259.309 € | 235.378 € | 211.271 € |
| 78.000 € | 485.162 € | 457.828 € | 430.184 € | 401.941 € | 375.166 € | 349.306 € | 323.861 € | 298.420 € | 272.938 € | 247.386 € | 221.637 € |
| 81.000 € | 511.168 € | 482.337 € | 453.187 € | 423.419 € | 395.105 € | 367.688 € | 340.677 € | 313.650 € | 286.567 € | 259.395 € | 232.002 € |
| 84.000 € | 537.174 € | 506.846 € | 476.189 € | 444.897 € | 415.045 € | 386.070 € | 357.493 € | 328.881 € | 300.195 € | 271.403 € | 242.368 € |
| 87.000 € | 563.180 € | 531.355 € | 499.191 € | 466.375 € | 434.985 € | 404.452 € | 374.309 € | 344.111 € | 313.824 € | 283.411 € | 252.734 € |
| 90.000 € | 589.187 € | 555.864 € | 522.193 € | 487.854 € | 454.925 € | 422.834 € | 391.125 € | 359.342 € | 327.453 € | 295.420 € | 263.100 € |
| 93.000 € | 615.193 € | 580.373 € | 545.196 € | 509.332 € | 474.865 € | 441.216 € | 407.940 € | 374.573 € | 341.082 € | 307.428 € | 273.466 € |
| 96.000 € | 641.199 € | 604.882 € | 568.198 € | 530.810 € | 494.804 € | 459.599 € | 424.756 € | 389.803 € | 354.710 € | 319.436 € | 283.831 € |
| 99.000 € | 667.205 € | 629.391 € | 591.200 € | 552.288 € | 514.744 € | 477.981 € | 441.572 € | 405.034 € | 368.339 € | 331.445 € | 294.197 € |
| 102.000 € | 693.212 € | 653.900 € | 614.202 € | 573.766 € | 534.684 € | 496.363 € | 458.388 € | 420.264 € | 381.968 € | 343.453 € | 304.563 € |
| 105.000 € | 719.218 € | 678.409 € | 637.205 € | 595.244 € | 554.624 € | 514.745 € | 475.204 € | 435.495 € | 395.597 € | 355.461 € | 314.929 € |
| 108.000 € | 745.224 € | 702.918 € | 660.207 € | 616.722 € | 574.564 € | 533.127 € | 492.019 € | 450.726 € | 409.226 € | 367.470 € | 325.294 € |
| 111.000 € | 771.230 € | 727.427 € | 683.209 € | 638.200 € | 594.503 € | 551.509 € | 508.835 € | 465.956 € | 422.854 € | 379.478 € | 335.660 € |
| 114.000 € | 797.237 € | 751.936 € | 706.211 € | 659.678 € | 614.443 € | 569.891 € | 525.651 € | 481.187 € | 436.483 € | 391.486 € | 346.026 € |
| 117.000 € | 823.243 € | 776.445 € | 729.214 € | 681.156 € | 634.383 € | 588.274 € | 542.467 € | 496.418 € | 450.112 € | 403.495 € | 356.392 € |
| 120.000 € | 849.249 € | 800.954 € | 752.216 € | 702.634 € | 654.323 € | 606.656 € | 559.283 € | 511.648 € | 463.741 € | 415.503 € | 366.758 € |

# TABLA 1.C.1.d
## Lucro cesante del cónyuge con discapacidad

| Ingreso neto | Edad del conyúge | | | | | | | | | | |
|---|---|---|---|---|---|---|---|---|---|---|---|
| Hasta | 62 | 63 | 64 | 65 | 66 | 67 | 68 | 69 | 70 | 71 | 72 |
| 9.000 € | 42.934 € | 40.778 € | 38.711 € | 36.606 € | 34.675 € | 30.559 € | 29.376 € | 28.131 € | 26.754 € | 25.510 € | 24.230 € |
| 12.000 € | 57.246 € | 54.371 € | 51.614 € | 48.808 € | 46.234 € | 40.745 € | 39.168 € | 37.508 € | 35.672 € | 34.013 € | 32.307 € |
| 15.000 € | 71.557 € | 67.963 € | 64.518 € | 61.010 € | 57.792 € | 50.931 € | 48.960 € | 46.885 € | 44.591 € | 42.516 € | 40.384 € |
| 18.000 € | 85.869 € | 81.556 € | 77.422 € | 73.212 € | 69.351 € | 61.118 € | 58.752 € | 56.262 € | 53.509 € | 51.020 € | 48.461 € |
| 21.000 € | 100.180 € | 95.148 € | 90.325 € | 85.415 € | 80.909 € | 71.304 € | 68.544 € | 65.638 € | 62.427 € | 59.523 € | 56.537 € |
| 24.000 € | 114.492 € | 108.741 € | 103.229 € | 97.617 € | 92.467 € | 81.490 € | 78.336 € | 75.015 € | 71.345 € | 68.026 € | 64.614 € |
| 27.000 € | 128.803 € | 122.334 € | 116.132 € | 109.819 € | 104.026 € | 91.676 € | 88.129 € | 84.392 € | 80.263 € | 76.529 € | 72.691 € |
| 30.000 € | 143.115 € | 135.926 € | 129.036 € | 122.021 € | 115.584 € | 101.863 € | 97.921 € | 93.769 € | 89.181 € | 85.033 € | 80.768 € |
| 33.000 € | 157.426 € | 149.519 € | 141.940 € | 134.223 € | 127.143 € | 112.049 € | 107.713 € | 103.146 € | 98.099 € | 93.536 € | 88.844 € |
| 36.000 € | 171.738 € | 163.112 € | 154.843 € | 146.425 € | 138.701 € | 122.235 € | 117.505 € | 112.523 € | 107.017 € | 102.039 € | 96.921 € |
| 39.000 € | 172.287 € | 163.606 € | 155.774 € | 149.761 € | 144.361 € | 132.422 € | 127.297 € | 121.900 € | 115.935 € | 110.543 € | 104.998 € |
| 42.000 € | 172.836 € | 164.099 € | 156.056 € | 149.776 € | 144.361 € | 132.422 € | 127.297 € | 121.900 € | 115.935 € | 110.543 € | 104.998 € |
| 45.000 € | 173.383 € | 164.591 € | 156.338 € | 149.791 € | 144.361 € | 132.422 € | 127.297 € | 121.900 € | 115.935 € | 110.543 € | 104.998 € |
| 48.000 € | 173.929 € | 165.082 € | 156.618 € | 149.807 € | 144.361 € | 132.422 € | 127.297 € | 121.900 € | 115.935 € | 110.543 € | 104.998 € |
| 51.000 € | 174.475 € | 165.573 € | 156.898 € | 149.822 € | 144.361 € | 132.422 € | 127.297 € | 121.900 € | 115.935 € | 110.543 € | 104.998 € |
| 54.000 € | 175.021 € | 166.064 € | 157.178 € | 149.837 € | 144.361 € | 132.422 € | 127.297 € | 121.900 € | 115.935 € | 110.543 € | 104.998 € |
| 57.000 € | 175.567 € | 166.554 € | 157.457 € | 149.852 € | 144.361 € | 132.422 € | 127.297 € | 121.900 € | 115.935 € | 110.543 € | 104.998 € |
| 60.000 € | 176.113 € | 167.045 € | 157.735 € | 149.867 € | 144.361 € | 132.422 € | 127.297 € | 121.900 € | 115.935 € | 110.543 € | 104.998 € |
| 63.000 € | 176.659 € | 167.535 € | 158.014 € | 149.882 € | 144.361 € | 132.422 € | 127.297 € | 121.900 € | 115.935 € | 110.543 € | 104.998 € |
| 66.000 € | 177.206 € | 168.027 € | 158.292 € | 149.897 € | 144.361 € | 132.422 € | 127.297 € | 121.900 € | 115.935 € | 110.543 € | 104.998 € |
| 69.000 € | 177.753 € | 168.518 € | 158.571 € | 149.912 € | 144.361 € | 132.422 € | 127.297 € | 121.900 € | 115.935 € | 110.543 € | 104.998 € |
| 72.000 € | 178.301 € | 169.010 € | 158.849 € | 149.927 € | 144.361 € | 132.422 € | 127.297 € | 121.900 € | 115.935 € | 110.543 € | 104.998 € |
| 75.000 € | 187.001 € | 169.503 € | 159.128 € | 149.941 € | 144.361 € | 132.422 € | 127.297 € | 121.900 € | 115.935 € | 110.543 € | 104.998 € |
| 78.000 € | 195.702 € | 169.996 € | 159.406 € | 149.956 € | 144.361 € | 132.422 € | 127.297 € | 121.900 € | 115.935 € | 110.543 € | 104.998 € |
| 81.000 € | 204.402 € | 177.012 € | 159.684 € | 149.971 € | 144.361 € | 132.422 € | 127.297 € | 121.900 € | 115.935 € | 110.543 € | 104.998 € |
| 84.000 € | 213.102 € | 184.028 € | 159.963 € | 149.986 € | 144.361 € | 132.422 € | 127.297 € | 121.900 € | 115.935 € | 110.543 € | 104.998 € |
| 87.000 € | 221.803 € | 191.044 € | 160.242 € | 150.001 € | 144.361 € | 132.422 € | 127.297 € | 121.900 € | 115.935 € | 110.543 € | 104.998 € |
| 90.000 € | 230.503 € | 198.060 € | 165.549 € | 150.016 € | 144.361 € | 132.422 € | 127.297 € | 121.900 € | 115.935 € | 110.543 € | 104.998 € |
| 93.000 € | 239.203 € | 205.076 € | 170.857 € | 150.030 € | 144.361 € | 132.422 € | 127.297 € | 121.900 € | 115.935 € | 110.543 € | 104.998 € |
| 96.000 € | 247.904 € | 212.092 € | 176.164 € | 150.045 € | 144.361 € | 132.422 € | 127.297 € | 121.900 € | 115.935 € | 110.543 € | 104.998 € |
| 99.000 € | 256.604 € | 219.108 € | 181.472 € | 150.060 € | 144.361 € | 132.422 € | 127.297 € | 121.900 € | 115.935 € | 110.543 € | 104.998 € |
| 102.000 € | 265.304 € | 226.124 € | 186.779 € | 150.074 € | 144.361 € | 132.422 € | 127.297 € | 121.900 € | 115.935 € | 110.543 € | 104.998 € |
| 105.000 € | 274.004 € | 233.140 € | 192.087 € | 150.089 € | 144.361 € | 132.422 € | 127.297 € | 121.900 € | 115.935 € | 110.543 € | 104.998 € |
| 108.000 € | 282.705 € | 240.156 € | 197.395 € | 153.657 € | 144.361 € | 132.422 € | 127.297 € | 121.900 € | 115.935 € | 110.543 € | 104.998 € |
| 111.000 € | 291.405 € | 247.172 € | 202.702 € | 157.224 € | 144.361 € | 132.422 € | 127.297 € | 121.900 € | 115.935 € | 110.543 € | 104.998 € |
| 114.000 € | 300.105 € | 254.188 € | 208.010 € | 160.791 € | 144.361 € | 132.422 € | 127.297 € | 121.900 € | 115.935 € | 110.543 € | 104.998 € |
| 117.000 € | 308.806 € | 261.204 € | 213.317 € | 164.359 € | 144.361 € | 132.422 € | 127.297 € | 121.900 € | 115.935 € | 110.543 € | 104.998 € |
| 120.000 € | 317.506 € | 268.220 € | 218.625 € | 167.926 € | 144.361 € | 132.422 € | 127.297 € | 121.900 € | 115.935 € | 110.543 € | 104.998 € |

## TABLA 1.C.1.d
## Lucro cesante del cónyuge con discapacidad

| Ingreso neto | Edad del conyúge | | | | | | | | | | | |
|---|---|---|---|---|---|---|---|---|---|---|---|---|
| Hasta | 73 | 74 | 75 | 76 | 77 | 78 | 79 | 80 | 81 | 82 | 83 | 84 |
| 9.000 € | 22.776 € | 21.457 € | 20.259 € | 19.032 € | 17.803 € | 16.630 € | 15.533 € | 14.450 € | 13.446 € | 12.515 € | 11.630 € | 10.791 € |
| 12.000 € | 30.368 € | 28.609 € | 27.011 € | 25.377 € | 23.738 € | 22.173 € | 20.710 € | 19.266 € | 17.927 € | 16.687 € | 15.507 € | 14.387 € |
| 15.000 € | 37.960 € | 35.761 € | 33.764 € | 31.721 € | 29.672 € | 27.716 € | 25.888 € | 24.083 € | 22.409 € | 20.859 € | 19.384 € | 17.984 € |
| 18.000 € | 45.553 € | 42.913 € | 40.517 € | 38.065 € | 35.607 € | 33.260 € | 31.065 € | 28.900 € | 26.891 € | 25.031 € | 23.261 € | 21.581 € |
| 21.000 € | 53.145 € | 50.065 € | 47.270 € | 44.409 € | 41.541 € | 38.803 € | 36.243 € | 33.716 € | 31.373 € | 29.203 € | 27.138 € | 25.178 € |
| 24.000 € | 60.737 € | 57.217 € | 54.023 € | 50.753 € | 47.475 € | 44.346 € | 41.420 € | 38.533 € | 35.855 € | 33.375 € | 31.014 € | 28.775 € |
| 27.000 € | 68.329 € | 64.370 € | 60.776 € | 57.097 € | 53.410 € | 49.889 € | 46.598 € | 43.350 € | 40.337 € | 37.546 € | 34.891 € | 32.372 € |
| 30.000 € | 75.921 € | 71.522 € | 67.529 € | 63.441 € | 59.344 € | 55.433 € | 51.775 € | 48.166 € | 44.818 € | 41.718 € | 38.768 € | 35.969 € |
| 33.000 € | 83.513 € | 78.674 € | 74.281 € | 69.786 € | 65.279 € | 60.976 € | 56.953 € | 52.983 € | 49.300 € | 45.890 € | 42.645 € | 39.565 € |
| 36.000 € | 91.105 € | 85.826 € | 81.034 € | 76.130 € | 71.213 € | 66.519 € | 62.130 € | 57.799 € | 53.782 € | 50.062 € | 46.522 € | 43.162 € |
| 39.000 € | 98.697 € | 92.978 € | 87.787 € | 82.474 € | 77.148 € | 72.062 € | 67.308 € | 62.616 € | 58.264 € | 54.234 € | 50.399 € | 46.759 € |
| 42.000 € | 98.697 € | 92.978 € | 87.787 € | 82.474 € | 77.148 € | 72.062 € | 67.308 € | 62.616 € | 58.264 € | 54.234 € | 50.399 € | 46.759 € |
| 45.000 € | 98.697 € | 92.978 € | 87.787 € | 82.474 € | 77.148 € | 72.062 € | 67.308 € | 62.616 € | 58.264 € | 54.234 € | 50.399 € | 46.759 € |
| 48.000 € | 98.697 € | 92.978 € | 87.787 € | 82.474 € | 77.148 € | 72.062 € | 67.308 € | 62.616 € | 58.264 € | 54.234 € | 50.399 € | 46.759 € |
| 51.000 € | 98.697 € | 92.978 € | 87.787 € | 82.474 € | 77.148 € | 72.062 € | 67.308 € | 62.616 € | 58.264 € | 54.234 € | 50.399 € | 46.759 € |
| 54.000 € | 98.697 € | 92.978 € | 87.787 € | 82.474 € | 77.148 € | 72.062 € | 67.308 € | 62.616 € | 58.264 € | 54.234 € | 50.399 € | 46.759 € |
| 57.000 € | 98.697 € | 92.978 € | 87.787 € | 82.474 € | 77.148 € | 72.062 € | 67.308 € | 62.616 € | 58.264 € | 54.234 € | 50.399 € | 46.759 € |
| 60.000 € | 98.697 € | 92.978 € | 87.787 € | 82.474 € | 77.148 € | 72.062 € | 67.308 € | 62.616 € | 58.264 € | 54.234 € | 50.399 € | 46.759 € |
| 63.000 € | 98.697 € | 92.978 € | 87.787 € | 82.474 € | 77.148 € | 72.062 € | 67.308 € | 62.616 € | 58.264 € | 54.234 € | 50.399 € | 46.759 € |
| 66.000 € | 98.697 € | 92.978 € | 87.787 € | 82.474 € | 77.148 € | 72.062 € | 67.308 € | 62.616 € | 58.264 € | 54.234 € | 50.399 € | 46.759 € |
| 69.000 € | 98.697 € | 92.978 € | 87.787 € | 82.474 € | 77.148 € | 72.062 € | 67.308 € | 62.616 € | 58.264 € | 54.234 € | 50.399 € | 46.759 € |
| 72.000 € | 98.697 € | 92.978 € | 87.787 € | 82.474 € | 77.148 € | 72.062 € | 67.308 € | 62.616 € | 58.264 € | 54.234 € | 50.399 € | 46.759 € |
| 75.000 € | 98.697 € | 92.978 € | 87.787 € | 82.474 € | 77.148 € | 72.062 € | 67.308 € | 62.616 € | 58.264 € | 54.234 € | 50.399 € | 46.759 € |
| 78.000 € | 98.697 € | 92.978 € | 87.787 € | 82.474 € | 77.148 € | 72.062 € | 67.308 € | 62.616 € | 58.264 € | 54.234 € | 50.399 € | 46.759 € |
| 81.000 € | 98.697 € | 92.978 € | 87.787 € | 82.474 € | 77.148 € | 72.062 € | 67.308 € | 62.616 € | 58.264 € | 54.234 € | 50.399 € | 46.759 € |
| 84.000 € | 98.697 € | 92.978 € | 87.787 € | 82.474 € | 77.148 € | 72.062 € | 67.308 € | 62.616 € | 58.264 € | 54.234 € | 50.399 € | 46.759 € |
| 87.000 € | 98.697 € | 92.978 € | 87.787 € | 82.474 € | 77.148 € | 72.062 € | 67.308 € | 62.616 € | 58.264 € | 54.234 € | 50.399 € | 46.759 € |
| 90.000 € | 98.697 € | 92.978 € | 87.787 € | 82.474 € | 77.148 € | 72.062 € | 67.308 € | 62.616 € | 58.264 € | 54.234 € | 50.399 € | 46.759 € |
| 93.000 € | 98.697 € | 92.978 € | 87.787 € | 82.474 € | 77.148 € | 72.062 € | 67.308 € | 62.616 € | 58.264 € | 54.234 € | 50.399 € | 46.759 € |
| 96.000 € | 98.697 € | 92.978 € | 87.787 € | 82.474 € | 77.148 € | 72.062 € | 67.308 € | 62.616 € | 58.264 € | 54.234 € | 50.399 € | 46.759 € |
| 99.000 € | 98.697 € | 92.978 € | 87.787 € | 82.474 € | 77.148 € | 72.062 € | 67.308 € | 62.616 € | 58.264 € | 54.234 € | 50.399 € | 46.759 € |
| 102.000 € | 98.697 € | 92.978 € | 87.787 € | 82.474 € | 77.148 € | 72.062 € | 67.308 € | 62.616 € | 58.264 € | 54.234 € | 50.399 € | 46.759 € |
| 105.000 € | 98.697 € | 92.978 € | 87.787 € | 82.474 € | 77.148 € | 72.062 € | 67.308 € | 62.616 € | 58.264 € | 54.234 € | 50.399 € | 46.759 € |
| 108.000 € | 98.697 € | 92.978 € | 87.787 € | 82.474 € | 77.148 € | 72.062 € | 67.308 € | 62.616 € | 58.264 € | 54.234 € | 50.399 € | 46.759 € |
| 111.000 € | 98.697 € | 92.978 € | 87.787 € | 82.474 € | 77.148 € | 72.062 € | 67.308 € | 62.616 € | 58.264 € | 54.234 € | 50.399 € | 46.759 € |
| 114.000 € | 98.697 € | 92.978 € | 87.787 € | 82.474 € | 77.148 € | 72.062 € | 67.308 € | 62.616 € | 58.264 € | 54.234 € | 50.399 € | 46.759 € |
| 117.000 € | 98.697 € | 92.978 € | 87.787 € | 82.474 € | 77.148 € | 72.062 € | 67.308 € | 62.616 € | 58.264 € | 54.234 € | 50.399 € | 46.759 € |
| 120.000 € | 98.697 € | 92.978 € | 87.787 € | 82.474 € | 77.148 € | 72.062 € | 67.308 € | 62.616 € | 58.264 € | 54.234 € | 50.399 € | 46.759 € |

## TABLA 1.C.1.d
## Lucro cesante del cónyuge con discapacidad

| Ingreso neto | Edad del conyúge | | | | | | | | | | | |
|---|---|---|---|---|---|---|---|---|---|---|---|---|
| Hasta | 85 | 86 | 87 | 88 | 89 | 90 | 91 | 92 | 93 | 94 | 95 | 96 |
| 9.000 € | 10.045 € | 9.352 € | 8.719 € | 8.164 € | 7.708 € | 7.299 € | 6.865 € | 6.428 € | 5.763 € | 5.404 € | 4.881 € | 4.358 € |
| 12.000 € | 13.394 € | 12.469 € | 11.626 € | 10.885 € | 10.277 € | 9.732 € | 9.153 € | 8.571 € | 7.685 € | 7.206 € | 6.508 € | 5.810 € |
| 15.000 € | 16.742 € | 15.586 € | 14.532 € | 13.606 € | 12.846 € | 12.165 € | 11.441 € | 10.713 € | 9.606 € | 9.007 € | 8.135 € | 7.263 € |
| 18.000 € | 20.090 € | 18.703 € | 17.439 € | 16.327 € | 15.415 € | 14.598 € | 13.729 € | 12.856 € | 11.527 € | 10.808 € | 9.762 € | 8.715 € |
| 21.000 € | 23.439 € | 21.820 € | 20.345 € | 19.048 € | 17.984 € | 17.031 € | 16.018 € | 14.999 € | 13.448 € | 12.610 € | 11.389 € | 10.168 € |
| 24.000 € | 26.787 € | 24.937 € | 23.252 € | 21.770 € | 20.553 € | 19.464 € | 18.306 € | 17.141 € | 15.369 € | 14.411 € | 13.016 € | 11.620 € |
| 27.000 € | 30.136 € | 28.055 € | 26.158 € | 24.491 € | 23.123 € | 21.897 € | 20.594 € | 19.284 € | 17.290 € | 16.213 € | 14.643 € | 13.073 € |
| 30.000 € | 33.484 € | 31.172 € | 29.065 € | 27.212 € | 25.692 € | 24.330 € | 22.882 € | 21.427 € | 19.211 € | 18.014 € | 16.270 € | 14.525 € |
| 33.000 € | 36.833 € | 34.289 € | 31.971 € | 29.933 € | 28.261 € | 26.763 € | 25.170 € | 23.569 € | 21.133 € | 19.815 € | 17.897 € | 15.978 € |
| 36.000 € | 40.181 € | 37.406 € | 34.878 € | 32.654 € | 30.830 € | 29.196 € | 27.459 € | 25.712 € | 23.054 € | 21.617 € | 19.523 € | 17.430 € |
| 39.000 € | 43.529 € | 40.523 € | 37.784 € | 35.375 € | 33.399 € | 31.629 € | 29.747 € | 27.854 € | 24.975 € | 23.418 € | 21.150 € | 18.883 € |
| 42.000 € | 43.529 € | 40.523 € | 37.784 € | 35.375 € | 33.399 € | 31.629 € | 29.747 € | 27.854 € | 24.975 € | 23.418 € | 21.150 € | 18.883 € |
| 45.000 € | 43.529 € | 40.523 € | 37.784 € | 35.375 € | 33.399 € | 31.629 € | 29.747 € | 27.854 € | 24.975 € | 23.418 € | 21.150 € | 18.883 € |
| 48.000 € | 43.529 € | 40.523 € | 37.784 € | 35.375 € | 33.399 € | 31.629 € | 29.747 € | 27.854 € | 24.975 € | 23.418 € | 21.150 € | 18.883 € |
| 51.000 € | 43.529 € | 40.523 € | 37.784 € | 35.375 € | 33.399 € | 31.629 € | 29.747 € | 27.854 € | 24.975 € | 23.418 € | 21.150 € | 18.883 € |
| 54.000 € | 43.529 € | 40.523 € | 37.784 € | 35.375 € | 33.399 € | 31.629 € | 29.747 € | 27.854 € | 24.975 € | 23.418 € | 21.150 € | 18.883 € |
| 57.000 € | 43.529 € | 40.523 € | 37.784 € | 35.375 € | 33.399 € | 31.629 € | 29.747 € | 27.854 € | 24.975 € | 23.418 € | 21.150 € | 18.883 € |
| 60.000 € | 43.529 € | 40.523 € | 37.784 € | 35.375 € | 33.399 € | 31.629 € | 29.747 € | 27.854 € | 24.975 € | 23.418 € | 21.150 € | 18.883 € |
| 63.000 € | 43.529 € | 40.523 € | 37.784 € | 35.375 € | 33.399 € | 31.629 € | 29.747 € | 27.854 € | 24.975 € | 23.418 € | 21.150 € | 18.883 € |
| 66.000 € | 43.529 € | 40.523 € | 37.784 € | 35.375 € | 33.399 € | 31.629 € | 29.747 € | 27.854 € | 24.975 € | 23.418 € | 21.150 € | 18.883 € |
| 69.000 € | 43.529 € | 40.523 € | 37.784 € | 35.375 € | 33.399 € | 31.629 € | 29.747 € | 27.854 € | 24.975 € | 23.418 € | 21.150 € | 18.883 € |
| 72.000 € | 43.529 € | 40.523 € | 37.784 € | 35.375 € | 33.399 € | 31.629 € | 29.747 € | 27.854 € | 24.975 € | 23.418 € | 21.150 € | 18.883 € |
| 75.000 € | 43.529 € | 40.523 € | 37.784 € | 35.375 € | 33.399 € | 31.629 € | 29.747 € | 27.854 € | 24.975 € | 23.418 € | 21.150 € | 18.883 € |
| 78.000 € | 43.529 € | 40.523 € | 37.784 € | 35.375 € | 33.399 € | 31.629 € | 29.747 € | 27.854 € | 24.975 € | 23.418 € | 21.150 € | 18.883 € |
| 81.000 € | 43.529 € | 40.523 € | 37.784 € | 35.375 € | 33.399 € | 31.629 € | 29.747 € | 27.854 € | 24.975 € | 23.418 € | 21.150 € | 18.883 € |
| 84.000 € | 43.529 € | 40.523 € | 37.784 € | 35.375 € | 33.399 € | 31.629 € | 29.747 € | 27.854 € | 24.975 € | 23.418 € | 21.150 € | 18.883 € |
| 87.000 € | 43.529 € | 40.523 € | 37.784 € | 35.375 € | 33.399 € | 31.629 € | 29.747 € | 27.854 € | 24.975 € | 23.418 € | 21.150 € | 18.883 € |
| 90.000 € | 43.529 € | 40.523 € | 37.784 € | 35.375 € | 33.399 € | 31.629 € | 29.747 € | 27.854 € | 24.975 € | 23.418 € | 21.150 € | 18.883 € |
| 93.000 € | 43.529 € | 40.523 € | 37.784 € | 35.375 € | 33.399 € | 31.629 € | 29.747 € | 27.854 € | 24.975 € | 23.418 € | 21.150 € | 18.883 € |
| 96.000 € | 43.529 € | 40.523 € | 37.784 € | 35.375 € | 33.399 € | 31.629 € | 29.747 € | 27.854 € | 24.975 € | 23.418 € | 21.150 € | 18.883 € |
| 99.000 € | 43.529 € | 40.523 € | 37.784 € | 35.375 € | 33.399 € | 31.629 € | 29.747 € | 27.854 € | 24.975 € | 23.418 € | 21.150 € | 18.883 € |
| 102.000 € | 43.529 € | 40.523 € | 37.784 € | 35.375 € | 33.399 € | 31.629 € | 29.747 € | 27.854 € | 24.975 € | 23.418 € | 21.150 € | 18.883 € |
| 105.000 € | 43.529 € | 40.523 € | 37.784 € | 35.375 € | 33.399 € | 31.629 € | 29.747 € | 27.854 € | 24.975 € | 23.418 € | 21.150 € | 18.883 € |
| 108.000 € | 43.529 € | 40.523 € | 37.784 € | 35.375 € | 33.399 € | 31.629 € | 29.747 € | 27.854 € | 24.975 € | 23.418 € | 21.150 € | 18.883 € |
| 111.000 € | 43.529 € | 40.523 € | 37.784 € | 35.375 € | 33.399 € | 31.629 € | 29.747 € | 27.854 € | 24.975 € | 23.418 € | 21.150 € | 18.883 € |
| 114.000 € | 43.529 € | 40.523 € | 37.784 € | 35.375 € | 33.399 € | 31.629 € | 29.747 € | 27.854 € | 24.975 € | 23.418 € | 21.150 € | 18.883 € |
| 117.000 € | 43.529 € | 40.523 € | 37.784 € | 35.375 € | 33.399 € | 31.629 € | 29.747 € | 27.854 € | 24.975 € | 23.418 € | 21.150 € | 18.883 € |
| 120.000 € | 43.529 € | 40.523 € | 37.784 € | 35.375 € | 33.399 € | 31.629 € | 29.747 € | 27.854 € | 24.975 € | 23.418 € | 21.150 € | 18.883 € |

# TABLA 1.C.1.d
## Lucro cesante del cónyuge con discapacidad

| Ingreso neto | Edad del conyúge | | |
|---|---|---|---|
| Hasta | 97 | 98 | 99 o más |
| 9.000 € | 3.812 € | 3.000 € | 3.000 € |
| 12.000 € | 5.082 € | 3.948 € | 3.000 € |
| 15.000 € | 6.353 € | 4.935 € | 3.179 € |
| 18.000 € | 7.623 € | 5.922 € | 3.815 € |
| 21.000 € | 8.894 € | 6.909 € | 4.451 € |
| 24.000 € | 10.165 € | 7.895 € | 5.086 € |
| 27.000 € | 11.435 € | 8.882 € | 5.722 € |
| 30.000 € | 12.706 € | 9.869 € | 6.358 € |
| 33.000 € | 13.976 € | 10.856 € | 6.994 € |
| 36.000 € | 15.247 € | 11.843 € | 7.630 € |
| 39.000 € | 16.517 € | 12.830 € | 8.266 € |
| 42.000 € | 16.517 € | 12.830 € | 8.266 € |
| 45.000 € | 16.517 € | 12.830 € | 8.266 € |
| 48.000 € | 16.517 € | 12.830 € | 8.266 € |
| 51.000 € | 16.517 € | 12.830 € | 8.266 € |
| 54.000 € | 16.517 € | 12.830 € | 8.266 € |
| 57.000 € | 16.517 € | 12.830 € | 8.266 € |
| 60.000 € | 16.517 € | 12.830 € | 8.266 € |
| 63.000 € | 16.517 € | 12.830 € | 8.266 € |
| 66.000 € | 16.517 € | 12.830 € | 8.266 € |
| 69.000 € | 16.517 € | 12.830 € | 8.266 € |
| 72.000 € | 16.517 € | 12.830 € | 8.266 € |
| 75.000 € | 16.517 € | 12.830 € | 8.266 € |
| 78.000 € | 16.517 € | 12.830 € | 8.266 € |
| 81.000 € | 16.517 € | 12.830 € | 8.266 € |
| 84.000 € | 16.517 € | 12.830 € | 8.266 € |
| 87.000 € | 16.517 € | 12.830 € | 8.266 € |
| 90.000 € | 16.517 € | 12.830 € | 8.266 € |
| 93.000 € | 16.517 € | 12.830 € | 8.266 € |
| 96.000 € | 16.517 € | 12.830 € | 8.266 € |
| 99.000 € | 16.517 € | 12.830 € | 8.266 € |
| 102.000 € | 16.517 € | 12.830 € | 8.266 € |
| 105.000 € | 16.517 € | 12.830 € | 8.266 € |
| 108.000 € | 16.517 € | 12.830 € | 8.266 € |
| 111.000 € | 16.517 € | 12.830 € | 8.266 € |
| 114.000 € | 16.517 € | 12.830 € | 8.266 € |
| 117.000 € | 16.517 € | 12.830 € | 8.266 € |
| 120.000 € | 16.517 € | 12.830 € | 8.266 € |

# TABLA 1.C.2
## Lucro cesante del hijo/a

| Ingreso neto | Edad del hijo/a | | | | | | | | |
|---|---|---|---|---|---|---|---|---|---|
| Hasta | 0 | 1 | 2 | 3 | 4 | 5 | 6 | 7 | 8 |
| 9.000 € | 34.762 € | 33.936 € | 33.026 € | 32.115 € | 31.205 € | 30.298 € | 29.393 € | 28.493 € | 27.595 € |
| 12.000 € | 46.350 € | 45.248 € | 44.035 € | 42.820 € | 41.607 € | 40.397 € | 39.191 € | 37.990 € | 36.793 € |
| 15.000 € | 57.937 € | 56.560 € | 55.043 € | 53.525 € | 52.009 € | 50.496 € | 48.988 € | 47.488 € | 45.991 € |
| 18.000 € | 69.525 € | 67.872 € | 66.052 € | 64.229 € | 62.411 € | 60.596 € | 58.786 € | 56.985 € | 55.189 € |
| 21.000 € | 81.112 € | 79.184 € | 77.061 € | 74.934 € | 72.812 € | 70.695 € | 68.584 € | 66.483 € | 64.387 € |
| 24.000 € | 92.700 € | 90.496 € | 88.069 € | 85.639 € | 83.214 € | 80.794 € | 78.382 € | 75.980 € | 73.585 € |
| 27.000 € | 104.287 € | 101.808 € | 99.078 € | 96.344 € | 93.616 € | 90.893 € | 88.179 € | 85.478 € | 82.784 € |
| 30.000 € | 115.874 € | 113.120 € | 110.087 € | 107.049 € | 104.018 € | 100.993 € | 97.977 € | 94.975 € | 91.982 € |
| 33.000 € | 127.462 € | 124.432 € | 121.095 € | 117.754 € | 114.419 € | 111.092 € | 107.775 € | 104.473 € | 101.180 € |
| 36.000 € | 139.049 € | 135.744 € | 132.104 € | 128.459 € | 124.821 € | 121.191 € | 117.572 € | 113.970 € | 110.378 € |
| 39.000 € | 150.637 € | 147.056 € | 143.113 € | 139.164 € | 135.223 € | 131.290 € | 127.370 € | 123.468 € | 119.576 € |
| 42.000 € | 162.224 € | 158.368 € | 154.122 € | 149.869 € | 145.625 € | 141.390 € | 137.168 € | 132.965 € | 128.774 € |
| 45.000 € | 173.812 € | 169.680 € | 165.130 € | 160.574 € | 156.027 € | 151.489 € | 146.965 € | 142.463 € | 137.973 € |
| 48.000 € | 185.399 € | 180.992 € | 176.139 € | 171.279 € | 166.428 € | 161.588 € | 156.763 € | 151.960 € | 147.171 € |
| 51.000 € | 202.415 € | 197.576 € | 192.247 € | 186.906 € | 181.572 € | 176.245 € | 170.931 € | 165.636 € | 160.352 € |
| 54.000 € | 225.833 € | 220.379 € | 214.370 € | 208.340 € | 202.310 € | 196.280 € | 190.255 € | 184.243 € | 178.233 € |
| 57.000 € | 249.252 € | 243.181 € | 236.493 € | 229.774 € | 223.048 € | 216.314 € | 209.578 € | 202.849 € | 196.114 € |
| 60.000 € | 272.671 € | 265.984 € | 258.616 € | 251.208 € | 243.786 € | 236.348 € | 228.902 € | 221.455 € | 213.995 € |
| 63.000 € | 296.089 € | 288.787 € | 280.739 € | 272.642 € | 264.524 € | 256.382 € | 248.225 € | 240.061 € | 231.876 € |
| 66.000 € | 319.508 € | 311.590 € | 302.862 € | 294.077 € | 285.262 € | 276.417 € | 267.549 € | 258.667 € | 249.757 € |
| 69.000 € | 342.927 € | 334.392 € | 324.985 € | 315.511 € | 306.000 € | 296.451 € | 286.872 € | 277.273 € | 267.638 € |
| 72.000 € | 366.346 € | 357.195 € | 347.108 € | 336.945 € | 326.738 € | 316.485 € | 306.195 € | 295.879 € | 285.519 € |
| 75.000 € | 389.764 € | 379.998 € | 369.231 € | 358.379 € | 347.476 € | 336.520 € | 325.519 € | 314.485 € | 303.400 € |
| 78.000 € | 413.183 € | 402.801 € | 391.354 € | 379.813 € | 368.214 € | 356.554 € | 344.842 € | 333.091 € | 321.280 € |
| 81.000 € | 436.602 € | 425.603 € | 413.477 € | 401.247 € | 388.952 € | 376.588 € | 364.166 € | 351.697 € | 339.161 € |
| 84.000 € | 460.020 € | 448.406 € | 435.600 € | 422.681 € | 409.690 € | 396.622 € | 383.489 € | 370.303 € | 357.042 € |
| 87.000 € | 483.439 € | 471.209 € | 457.723 € | 444.116 € | 430.428 € | 416.657 € | 402.813 € | 388.909 € | 374.923 € |
| 90.000 € | 506.858 € | 494.011 € | 479.846 € | 465.550 € | 451.166 € | 436.691 € | 422.136 € | 407.515 € | 392.804 € |
| 93.000 € | 530.276 € | 516.814 € | 501.969 € | 486.984 € | 471.904 € | 456.725 € | 441.460 € | 426.122 € | 410.685 € |
| 96.000 € | 553.695 € | 539.617 € | 524.092 € | 508.418 € | 492.642 € | 476.760 € | 460.783 € | 444.728 € | 428.566 € |
| 99.000 € | 577.114 € | 562.420 € | 546.215 € | 529.852 € | 513.380 € | 496.794 € | 480.107 € | 463.334 € | 446.447 € |
| 102.000 € | 600.532 € | 585.222 € | 568.338 € | 551.286 € | 534.118 € | 516.828 € | 499.430 € | 481.940 € | 464.327 € |
| 105.000 € | 623.951 € | 608.025 € | 590.461 € | 572.720 € | 554.856 € | 536.862 € | 518.754 € | 500.546 € | 482.208 € |
| 108.000 € | 647.370 € | 630.828 € | 612.584 € | 594.154 € | 575.594 € | 556.897 € | 538.077 € | 519.152 € | 500.089 € |
| 111.000 € | 670.789 € | 653.630 € | 634.707 € | 615.589 € | 596.332 € | 576.931 € | 557.400 € | 537.758 € | 517.970 € |
| 114.000 € | 694.207 € | 676.433 € | 656.830 € | 637.023 € | 617.070 € | 596.965 € | 576.724 € | 556.364 € | 535.851 € |
| 117.000 € | 717.626 € | 699.236 € | 678.953 € | 658.457 € | 637.808 € | 616.999 € | 596.047 € | 574.970 € | 553.732 € |
| 120.000 € | 741.045 € | 722.039 € | 701.076 € | 679.891 € | 658.546 € | 637.034 € | 615.371 € | 593.576 € | 571.613 € |

## TABLA 1.C.2
## Lucro cesante del hijo/a

| Ingreso neto | | | | | | | | | E |
|---|---|---|---|---|---|---|---|---|---|
| Hasta | 9 | 10 | 11 | 12 | 13 | 14 | 15 | 16 | 17 |
| 9.000 € | 26.700 € | 25.811 € | 24.926 € | 24.045 € | 23.170 € | 22.301 € | 21.439 € | 20.583 € | 19.733 € |
| 12.000 € | 35.600 € | 34.414 € | 33.235 € | 32.061 € | 30.894 € | 29.735 € | 28.586 € | 27.443 € | 26.310 € |
| 15.000 € | 44.500 € | 43.018 € | 41.543 € | 40.076 € | 38.617 € | 37.169 € | 35.732 € | 34.304 € | 32.888 € |
| 18.000 € | 53.400 € | 51.621 € | 49.852 € | 48.091 € | 46.340 € | 44.602 € | 42.878 € | 41.165 € | 39.465 € |
| 21.000 € | 62.301 € | 60.225 € | 58.160 € | 56.106 € | 54.064 € | 52.036 € | 50.025 € | 48.026 € | 46.043 € |
| 24.000 € | 71.201 € | 68.829 € | 66.469 € | 64.121 € | 61.787 € | 59.470 € | 57.171 € | 54.887 € | 52.620 € |
| 27.000 € | 80.101 € | 77.432 € | 74.778 € | 72.136 € | 69.511 € | 66.904 € | 64.318 € | 61.748 € | 59.198 € |
| 30.000 € | 89.001 € | 86.036 € | 83.086 € | 80.151 € | 77.234 € | 74.337 € | 71.464 € | 68.608 € | 65.775 € |
| 33.000 € | 97.901 € | 94.639 € | 91.395 € | 88.167 € | 84.957 € | 81.771 € | 78.610 € | 75.469 € | 72.353 € |
| 36.000 € | 106.801 € | 103.243 € | 99.704 € | 96.182 € | 92.681 € | 89.205 € | 85.757 € | 82.330 € | 78.930 € |
| 39.000 € | 115.701 € | 111.846 € | 108.012 € | 104.197 € | 100.404 € | 96.639 € | 92.903 € | 89.191 € | 85.508 € |
| 42.000 € | 124.601 € | 120.450 € | 116.321 € | 112.212 € | 108.128 € | 104.072 € | 100.050 € | 96.052 € | 92.085 € |
| 45.000 € | 133.501 € | 129.053 € | 124.630 € | 120.227 € | 115.851 € | 111.506 € | 107.196 € | 102.913 € | 98.663 € |
| 48.000 € | 142.401 € | 137.657 € | 132.938 € | 128.242 € | 123.574 € | 118.940 € | 114.342 € | 109.774 € | 105.240 € |
| 51.000 € | 155.086 € | 149.842 € | 144.621 € | 139.420 € | 134.245 € | 129.100 € | 123.991 € | 118.908 € | 113.859 € |
| 54.000 € | 172.234 € | 166.251 € | 160.283 € | 154.328 € | 148.391 € | 142.478 € | 136.593 € | 130.726 € | 124.884 € |
| 57.000 € | 189.382 € | 182.660 € | 175.945 € | 169.236 € | 162.537 € | 155.855 € | 149.194 € | 142.544 € | 135.910 € |
| 60.000 € | 206.531 € | 199.068 € | 191.608 € | 184.144 € | 176.683 € | 169.232 € | 161.796 € | 154.361 € | 146.936 € |
| 63.000 € | 223.679 € | 215.477 € | 207.270 € | 199.052 € | 190.829 € | 182.610 € | 174.397 € | 166.179 € | 157.962 € |
| 66.000 € | 240.828 € | 231.886 € | 222.932 € | 213.960 € | 204.976 € | 195.987 € | 186.999 € | 177.996 € | 168.988 € |
| 69.000 € | 257.976 € | 248.295 € | 238.595 € | 228.868 € | 219.122 € | 209.364 € | 199.601 € | 189.814 € | 180.013 € |
| 72.000 € | 275.124 € | 264.704 € | 254.257 € | 243.776 € | 233.268 € | 222.742 € | 212.202 € | 201.631 € | 191.039 € |
| 75.000 € | 292.273 € | 281.113 € | 269.919 € | 258.684 € | 247.414 € | 236.119 € | 224.804 € | 213.449 € | 202.065 € |
| 78.000 € | 309.421 € | 297.522 € | 285.582 € | 273.592 € | 261.560 € | 249.496 € | 237.405 € | 225.266 € | 213.091 € |
| 81.000 € | 326.570 € | 313.931 € | 301.244 € | 288.499 € | 275.707 € | 262.874 € | 250.007 € | 237.084 € | 224.117 € |
| 84.000 € | 343.718 € | 330.340 € | 316.906 € | 303.407 € | 289.853 € | 276.251 € | 262.608 € | 248.901 € | 235.142 € |
| 87.000 € | 360.866 € | 346.749 € | 332.569 € | 318.315 € | 303.999 € | 289.628 € | 275.210 € | 260.719 € | 246.168 € |
| 90.000 € | 378.015 € | 363.158 € | 348.231 € | 333.223 € | 318.145 € | 303.006 € | 287.811 € | 272.536 € | 257.194 € |
| 93.000 € | 395.163 € | 379.567 € | 363.893 € | 348.131 € | 332.292 € | 316.383 € | 300.413 € | 284.354 € | 268.220 € |
| 96.000 € | 412.312 € | 395.976 € | 379.556 € | 363.039 € | 346.438 € | 329.760 € | 313.014 € | 296.171 € | 279.246 € |
| 99.000 € | 429.460 € | 412.385 € | 395.218 € | 377.947 € | 360.584 € | 343.138 € | 325.616 € | 307.989 € | 290.271 € |
| 102.000 € | 446.608 € | 428.794 € | 410.880 € | 392.855 € | 374.730 € | 356.515 € | 338.217 € | 319.806 € | 301.297 € |
| 105.000 € | 463.757 € | 445.203 € | 426.543 € | 407.763 € | 388.876 € | 369.892 € | 350.819 € | 331.624 € | 312.323 € |
| 108.000 € | 480.905 € | 461.612 € | 442.205 € | 422.671 € | 403.023 € | 383.270 € | 363.420 € | 343.441 € | 323.349 € |
| 111.000 € | 498.053 € | 478.021 € | 457.867 € | 437.579 € | 417.169 € | 396.647 € | 376.022 € | 355.259 € | 334.375 € |
| 114.000 € | 515.202 € | 494.429 € | 473.530 € | 452.487 € | 431.315 € | 410.024 € | 388.623 € | 367.076 € | 345.400 € |
| 117.000 € | 532.350 € | 510.838 € | 489.192 € | 467.395 € | 445.461 € | 423.402 € | 401.225 € | 378.894 € | 356.426 € |
| 120.000 € | 549.499 € | 527.247 € | 504.854 € | 482.303 € | 459.607 € | 436.779 € | 413.826 € | 390.711 € | 367.452 € |

# TABLA 1.C.2
## Lucro cesante del hijo/a

| Ingreso neto | dad del hijo/a | | | | | | | | |
|---|---|---|---|---|---|---|---|---|---|
| Hasta | 18 | 19 | 20 | 21 | 22 | 23 | 24 | 25 | 26 |
| 9.000 € | 18.891 € | 18.057 € | 17.232 € | 16.414 € | 15.605 € | 14.805 € | 14.014 € | 13.232 € | 10.639 € |
| 12.000 € | 25.188 € | 24.076 € | 22.976 € | 21.886 € | 20.807 € | 19.740 € | 18.685 € | 17.643 € | 14.185 € |
| 15.000 € | 31.485 € | 30.095 € | 28.720 € | 27.357 € | 26.009 € | 24.675 € | 23.356 € | 22.054 € | 17.732 € |
| 18.000 € | 37.782 € | 36.114 € | 34.463 € | 32.828 € | 31.211 € | 29.610 € | 28.027 € | 26.465 € | 21.278 € |
| 21.000 € | 44.079 € | 42.133 € | 40.207 € | 38.300 € | 36.413 € | 34.545 € | 32.699 € | 30.876 € | 24.824 € |
| 24.000 € | 50.376 € | 48.152 € | 45.951 € | 43.771 € | 41.615 € | 39.480 € | 37.370 € | 35.287 € | 28.371 € |
| 27.000 € | 56.673 € | 54.171 € | 51.695 € | 49.243 € | 46.816 € | 44.415 € | 42.041 € | 39.697 € | 31.917 € |
| 30.000 € | 62.970 € | 60.190 € | 57.439 € | 54.714 € | 52.018 € | 49.350 € | 46.712 € | 44.108 € | 35.463 € |
| 33.000 € | 69.267 € | 66.209 € | 63.183 € | 60.185 € | 57.220 € | 54.285 € | 51.384 € | 48.519 € | 39.009 € |
| 36.000 € | 75.564 € | 72.229 € | 68.927 € | 65.657 € | 62.422 € | 59.220 € | 56.055 € | 52.930 € | 42.556 € |
| 39.000 € | 81.860 € | 78.248 € | 74.671 € | 71.128 € | 67.624 € | 64.155 € | 60.726 € | 57.341 € | 46.102 € |
| 42.000 € | 88.157 € | 84.267 € | 80.415 € | 76.599 € | 72.826 € | 69.090 € | 65.397 € | 61.752 € | 49.648 € |
| 45.000 € | 94.454 € | 90.286 € | 86.159 € | 82.071 € | 78.027 € | 74.025 € | 70.069 € | 66.162 € | 53.195 € |
| 48.000 € | 100.751 € | 96.305 € | 91.903 € | 87.542 € | 83.229 € | 78.960 € | 74.740 € | 70.573 € | 56.741 € |
| 51.000 € | 108.851 € | 103.884 € | 98.960 € | 94.075 € | 89.235 € | 84.436 € | 79.684 € | 74.984 € | 60.287 € |
| 54.000 € | 119.078 € | 113.305 € | 107.566 € | 101.859 € | 96.188 € | 90.551 € | 84.951 € | 79.395 € | 63.834 € |
| 57.000 € | 129.305 € | 122.725 € | 116.173 € | 109.643 € | 103.142 € | 96.665 € | 90.218 € | 83.806 € | 67.380 € |
| 60.000 € | 139.532 € | 132.146 € | 124.779 € | 117.427 € | 110.095 € | 102.780 € | 95.485 € | 88.217 € | 70.926 € |
| 63.000 € | 149.759 € | 141.566 € | 133.385 € | 125.211 € | 117.049 € | 108.894 € | 100.752 € | 92.627 € | 74.473 € |
| 66.000 € | 159.986 € | 150.987 € | 141.992 € | 132.995 € | 124.002 € | 115.008 € | 106.018 € | 97.038 € | 78.019 € |
| 69.000 € | 170.213 € | 160.408 € | 150.598 € | 140.778 € | 130.955 € | 121.123 € | 111.285 € | 101.449 € | 81.565 € |
| 72.000 € | 180.440 € | 169.828 € | 159.205 € | 148.562 € | 137.909 € | 127.237 € | 116.552 € | 105.860 € | 85.112 € |
| 75.000 € | 190.667 € | 179.249 € | 167.811 € | 156.346 € | 144.862 € | 133.352 € | 121.819 € | 110.271 € | 88.658 € |
| 78.000 € | 200.894 € | 188.669 € | 176.417 € | 164.130 € | 151.816 € | 139.466 € | 127.086 € | 114.682 € | 92.204 € |
| 81.000 € | 211.121 € | 198.090 € | 185.024 € | 171.914 € | 158.769 € | 145.580 € | 132.352 € | 119.092 € | 95.751 € |
| 84.000 € | 221.348 € | 207.510 € | 193.630 € | 179.698 € | 165.723 € | 151.695 € | 137.619 € | 123.503 € | 99.297 € |
| 87.000 € | 231.575 € | 216.931 € | 202.236 € | 187.482 € | 172.676 € | 157.809 € | 142.886 € | 127.914 € | 102.843 € |
| 90.000 € | 241.802 € | 226.351 € | 210.843 € | 195.266 € | 179.630 € | 163.924 € | 148.153 € | 132.325 € | 106.389 € |
| 93.000 € | 252.029 € | 235.772 € | 219.449 € | 203.050 € | 186.583 € | 170.038 € | 153.420 € | 136.736 € | 109.936 € |
| 96.000 € | 262.256 € | 245.192 € | 228.056 € | 210.834 € | 193.537 € | 176.152 € | 158.687 € | 141.147 € | 113.482 € |
| 99.000 € | 272.483 € | 254.613 € | 236.662 € | 218.618 € | 200.490 € | 182.267 € | 163.953 € | 145.557 € | 117.028 € |
| 102.000 € | 282.710 € | 264.034 € | 245.268 € | 226.402 € | 207.444 € | 188.381 € | 169.220 € | 149.968 € | 120.575 € |
| 105.000 € | 292.937 € | 273.454 € | 253.875 € | 234.186 € | 214.397 € | 194.496 € | 174.487 € | 154.379 € | 124.121 € |
| 108.000 € | 303.164 € | 282.875 € | 262.481 € | 241.970 € | 221.351 € | 200.610 € | 179.754 € | 158.790 € | 127.667 € |
| 111.000 € | 313.391 € | 292.295 € | 271.088 € | 249.754 € | 228.304 € | 206.724 € | 185.021 € | 163.201 € | 131.214 € |
| 114.000 € | 323.618 € | 301.716 € | 279.694 € | 257.538 € | 235.258 € | 212.839 € | 190.287 € | 167.612 € | 134.760 € |
| 117.000 € | 333.845 € | 311.136 € | 288.300 € | 265.322 € | 242.211 € | 218.953 € | 195.554 € | 172.022 € | 138.306 € |
| 120.000 € | 344.072 € | 320.557 € | 296.907 € | 273.106 € | 249.165 € | 225.068 € | 200.821 € | 176.433 € | 141.853 € |

## TABLA 1.C.2
## Lucro cesante del hijo/a

| Ingreso neto | Edad del hijo/a | | | | | | | | | |
|---|---|---|---|---|---|---|---|---|---|---|
| Hasta | 27 | 28 | 29 | 30 | 31 | 32 | 33 | 34 | 35 | 36 |
| 9.000 € | 8.019 € | 8.019 € | 8.019 € | 8.019 € | 8.019 € | 8.018 € | 8.018 € | 8.018 € | 7.991 € | 7.965 € |
| 12.000 € | 10.692 € | 10.692 € | 10.692 € | 10.691 € | 10.691 € | 10.691 € | 10.691 € | 10.691 € | 10.655 € | 10.620 € |
| 15.000 € | 13.365 € | 13.365 € | 13.365 € | 13.364 € | 13.364 € | 13.364 € | 13.364 € | 13.363 € | 13.319 € | 13.275 € |
| 18.000 € | 16.038 € | 16.038 € | 16.038 € | 16.037 € | 16.037 € | 16.037 € | 16.036 € | 16.036 € | 15.983 € | 15.930 € |
| 21.000 € | 18.711 € | 18.711 € | 18.710 € | 18.710 € | 18.710 € | 18.710 € | 18.709 € | 18.708 € | 18.647 € | 18.585 € |
| 24.000 € | 21.384 € | 21.384 € | 21.383 € | 21.383 € | 21.383 € | 21.383 € | 21.382 € | 21.381 € | 21.311 € | 21.240 € |
| 27.000 € | 24.057 € | 24.057 € | 24.056 € | 24.055 € | 24.055 € | 24.055 € | 24.054 € | 24.054 € | 23.974 € | 23.895 € |
| 30.000 € | 26.730 € | 26.730 € | 26.729 € | 26.728 € | 26.728 € | 26.728 € | 26.727 € | 26.726 € | 26.638 € | 26.550 € |
| 33.000 € | 29.403 € | 29.403 € | 29.402 € | 29.401 € | 29.401 € | 29.401 € | 29.400 € | 29.399 € | 29.302 € | 29.205 € |
| 36.000 € | 32.076 € | 32.076 € | 32.075 € | 32.074 € | 32.074 € | 32.074 € | 32.073 € | 32.072 € | 31.966 € | 31.860 € |
| 39.000 € | 34.749 € | 34.749 € | 34.748 € | 34.747 € | 34.747 € | 34.747 € | 34.745 € | 34.744 € | 34.653 € | 34.527 € |
| 42.000 € | 37.422 € | 37.422 € | 37.421 € | 37.420 € | 37.420 € | 37.419 € | 37.418 € | 37.417 € | 36.444 € | 35.575 € |
| 45.000 € | 40.095 € | 40.095 € | 40.094 € | 40.092 € | 40.092 € | 40.092 € | 40.091 € | 40.090 € | 38.235 € | 36.475 € |
| 48.000 € | 42.768 € | 42.768 € | 42.767 € | 42.765 € | 42.765 € | 42.765 € | 42.763 € | 42.762 € | 40.025 € | 37.375 € |
| 51.000 € | 45.441 € | 45.441 € | 45.440 € | 45.438 € | 45.438 € | 45.438 € | 45.436 € | 45.435 € | 41.816 € | 38.275 € |
| 54.000 € | 48.114 € | 48.114 € | 48.113 € | 48.111 € | 48.111 € | 48.111 € | 48.109 € | 48.108 € | 43.607 € | 39.175 € |
| 57.000 € | 50.787 € | 50.787 € | 50.786 € | 50.784 € | 50.784 € | 50.783 € | 50.781 € | 50.780 € | 45.398 € | 40.075 € |
| 60.000 € | 53.460 € | 53.460 € | 53.458 € | 53.457 € | 53.457 € | 53.456 € | 53.454 € | 53.453 € | 47.189 € | 40.975 € |
| 63.000 € | 56.133 € | 56.133 € | 56.131 € | 56.129 € | 56.129 € | 56.129 € | 56.127 € | 56.125 € | 48.979 € | 41.875 € |
| 66.000 € | 58.806 € | 58.806 € | 58.804 € | 58.802 € | 58.802 € | 58.802 € | 58.800 € | 58.798 € | 50.770 € | 42.775 € |
| 69.000 € | 61.479 € | 61.479 € | 61.477 € | 61.475 € | 61.475 € | 61.475 € | 61.472 € | 61.471 € | 52.561 € | 43.675 € |
| 72.000 € | 64.152 € | 64.152 € | 64.150 € | 64.148 € | 64.148 € | 64.148 € | 64.145 € | 64.143 € | 54.352 € | 44.575 € |
| 75.000 € | 66.825 € | 66.825 € | 66.823 € | 66.821 € | 66.821 € | 66.820 € | 66.818 € | 66.816 € | 56.143 € | 45.475 € |
| 78.000 € | 69.498 € | 69.498 € | 69.496 € | 69.494 € | 69.494 € | 69.493 € | 69.490 € | 69.489 € | 57.934 € | 46.375 € |
| 81.000 € | 72.171 € | 72.171 € | 72.169 € | 72.166 € | 72.166 € | 72.166 € | 72.163 € | 72.161 € | 59.724 € | 47.275 € |
| 84.000 € | 74.844 € | 74.844 € | 74.842 € | 74.839 € | 74.839 € | 74.839 € | 74.836 € | 74.834 € | 61.515 € | 48.175 € |
| 87.000 € | 77.517 € | 77.517 € | 77.515 € | 77.512 € | 77.512 € | 77.512 € | 77.509 € | 77.507 € | 63.306 € | 49.075 € |
| 90.000 € | 80.190 € | 80.190 € | 80.188 € | 80.185 € | 80.185 € | 80.184 € | 80.181 € | 80.179 € | 65.097 € | 49.975 € |
| 93.000 € | 82.863 € | 82.863 € | 82.861 € | 82.858 € | 82.858 € | 82.857 € | 82.854 € | 82.852 € | 66.888 € | 50.875 € |
| 96.000 € | 85.536 € | 85.536 € | 85.534 € | 85.531 € | 85.531 € | 85.530 € | 85.527 € | 85.525 € | 68.678 € | 51.775 € |
| 99.000 € | 88.209 € | 88.209 € | 88.207 € | 88.203 € | 88.203 € | 88.203 € | 88.199 € | 88.197 € | 70.469 € | 52.675 € |
| 102.000 € | 90.882 € | 90.882 € | 90.879 € | 90.876 € | 90.876 € | 90.876 € | 90.872 € | 90.870 € | 72.260 € | 53.575 € |
| 105.000 € | 93.555 € | 93.555 € | 93.552 € | 93.549 € | 93.549 € | 93.549 € | 93.545 € | 93.542 € | 74.051 € | 54.475 € |
| 108.000 € | 96.229 € | 96.228 € | 96.225 € | 96.222 € | 96.222 € | 96.221 € | 96.218 € | 96.215 € | 75.842 € | 55.375 € |
| 111.000 € | 98.902 € | 98.901 € | 98.898 € | 98.895 € | 98.895 € | 98.894 € | 98.890 € | 98.888 € | 77.632 € | 56.275 € |
| 114.000 € | 101.575 € | 101.574 € | 101.571 € | 101.568 € | 101.568 € | 101.567 € | 101.563 € | 101.560 € | 79.423 € | 57.175 € |
| 117.000 € | 104.248 € | 104.247 € | 104.244 € | 104.240 € | 104.240 € | 104.240 € | 104.236 € | 104.233 € | 81.214 € | 58.075 € |
| 120.000 € | 106.921 € | 106.920 € | 106.917 € | 106.913 € | 106.913 € | 106.913 € | 106.908 € | 106.906 € | 83.005 € | 58.975 € |

## TABLA 1.C.2
### Lucro cesante del hijo/a

| Ingreso neto | Edad del hijo/a | | | | | | | | | | |
|---|---|---|---|---|---|---|---|---|---|---|---|
| Hasta | 37 | 38 | 39 | 40 | 41 | 42 | 43 | 44 | 45 | 46 | 47 |
| 9.000 € | 7.938 € | 7.938 € | 7.937 € | 7.937 € | 7.936 € | 7.934 € | 7.933 € | 7.932 € | 7.931 € | 7.929 € | 7.927 € |
| 12.000 € | 10.585 € | 10.584 € | 10.583 € | 10.582 € | 10.581 € | 10.579 € | 10.577 € | 10.577 € | 10.575 € | 10.572 € | 10.570 € |
| 15.000 € | 13.231 € | 13.230 € | 13.229 € | 13.228 € | 13.226 € | 13.224 € | 13.222 € | 13.221 € | 13.219 € | 13.215 € | 13.212 € |
| 18.000 € | 15.877 € | 15.876 € | 15.874 € | 15.873 € | 15.872 € | 15.869 € | 15.866 € | 15.865 € | 15.863 € | 15.859 € | 15.855 € |
| 21.000 € | 18.523 € | 18.522 € | 18.520 € | 18.519 € | 18.517 € | 18.514 € | 18.511 € | 18.509 € | 18.506 € | 18.502 € | 18.497 € |
| 24.000 € | 21.169 € | 21.168 € | 21.166 € | 21.164 € | 21.162 € | 21.159 € | 21.155 € | 21.153 € | 21.150 € | 21.145 € | 21.140 € |
| 27.000 € | 23.815 € | 23.814 € | 23.812 € | 23.810 € | 23.807 € | 23.803 € | 23.799 € | 23.797 € | 23.794 € | 23.788 € | 23.782 € |
| 30.000 € | 26.462 € | 26.460 € | 26.457 € | 26.455 € | 26.453 € | 26.448 € | 26.444 € | 26.442 € | 26.438 € | 26.431 € | 26.425 € |
| 33.000 € | 29.108 € | 29.106 € | 29.103 € | 29.101 € | 29.098 € | 29.093 € | 29.088 € | 29.086 € | 29.081 € | 29.074 € | 29.067 € |
| 36.000 € | 31.754 € | 31.752 € | 31.749 € | 31.746 € | 31.743 € | 31.738 € | 31.732 € | 31.730 € | 31.725 € | 31.717 € | 31.710 € |
| 39.000 € | 34.400 € | 34.398 € | 34.394 € | 34.392 € | 34.388 € | 34.383 € | 34.377 € | 34.374 € | 34.369 € | 34.360 € | 34.352 € |
| 42.000 € | 34.813 € | 34.811 € | 34.808 € | 34.805 € | 34.802 € | 34.796 € | 34.790 € | 34.787 € | 34.782 € | 34.773 € | 34.765 € |
| 45.000 € | 34.813 € | 34.811 € | 34.808 € | 34.805 € | 34.802 € | 34.796 € | 34.790 € | 34.787 € | 34.782 € | 34.773 € | 34.765 € |
| 48.000 € | 34.813 € | 34.811 € | 34.808 € | 34.805 € | 34.802 € | 34.796 € | 34.790 € | 34.787 € | 34.782 € | 34.773 € | 34.765 € |
| 51.000 € | 34.813 € | 34.811 € | 34.808 € | 34.805 € | 34.802 € | 34.796 € | 34.790 € | 34.787 € | 34.782 € | 34.773 € | 34.765 € |
| 54.000 € | 34.813 € | 34.811 € | 34.808 € | 34.805 € | 34.802 € | 34.796 € | 34.790 € | 34.787 € | 34.782 € | 34.773 € | 34.765 € |
| 57.000 € | 34.813 € | 34.811 € | 34.808 € | 34.805 € | 34.802 € | 34.796 € | 34.790 € | 34.787 € | 34.782 € | 34.773 € | 34.765 € |
| 60.000 € | 34.813 € | 34.811 € | 34.808 € | 34.805 € | 34.802 € | 34.796 € | 34.790 € | 34.787 € | 34.782 € | 34.773 € | 34.765 € |
| 63.000 € | 34.813 € | 34.811 € | 34.808 € | 34.805 € | 34.802 € | 34.796 € | 34.790 € | 34.787 € | 34.782 € | 34.773 € | 34.765 € |
| 66.000 € | 34.813 € | 34.811 € | 34.808 € | 34.805 € | 34.802 € | 34.796 € | 34.790 € | 34.787 € | 34.782 € | 34.773 € | 34.765 € |
| 69.000 € | 34.813 € | 34.811 € | 34.808 € | 34.805 € | 34.802 € | 34.796 € | 34.790 € | 34.787 € | 34.782 € | 34.773 € | 34.765 € |
| 72.000 € | 34.813 € | 34.811 € | 34.808 € | 34.805 € | 34.802 € | 34.796 € | 34.790 € | 34.787 € | 34.782 € | 34.773 € | 34.765 € |
| 75.000 € | 34.813 € | 34.811 € | 34.808 € | 34.805 € | 34.802 € | 34.796 € | 34.790 € | 34.787 € | 34.782 € | 34.773 € | 34.765 € |
| 78.000 € | 34.813 € | 34.811 € | 34.808 € | 34.805 € | 34.802 € | 34.796 € | 34.790 € | 34.787 € | 34.782 € | 34.773 € | 34.765 € |
| 81.000 € | 34.813 € | 34.811 € | 34.808 € | 34.805 € | 34.802 € | 34.796 € | 34.790 € | 34.787 € | 34.782 € | 34.773 € | 34.765 € |
| 84.000 € | 34.813 € | 34.811 € | 34.808 € | 34.805 € | 34.802 € | 34.796 € | 34.790 € | 34.787 € | 34.782 € | 34.773 € | 34.765 € |
| 87.000 € | 34.813 € | 34.811 € | 34.808 € | 34.805 € | 34.802 € | 34.796 € | 34.790 € | 34.787 € | 34.782 € | 34.773 € | 34.765 € |
| 90.000 € | 34.813 € | 34.811 € | 34.808 € | 34.805 € | 34.802 € | 34.796 € | 34.790 € | 34.787 € | 34.782 € | 34.773 € | 34.765 € |
| 93.000 € | 34.813 € | 34.811 € | 34.808 € | 34.805 € | 34.802 € | 34.796 € | 34.790 € | 34.787 € | 34.782 € | 34.773 € | 34.765 € |
| 96.000 € | 34.813 € | 34.811 € | 34.808 € | 34.805 € | 34.802 € | 34.796 € | 34.790 € | 34.787 € | 34.782 € | 34.773 € | 34.765 € |
| 99.000 € | 34.813 € | 34.811 € | 34.808 € | 34.805 € | 34.802 € | 34.796 € | 34.790 € | 34.787 € | 34.782 € | 34.773 € | 34.765 € |
| 102.000 € | 34.813 € | 34.811 € | 34.808 € | 34.805 € | 34.802 € | 34.796 € | 34.790 € | 34.787 € | 34.782 € | 34.773 € | 34.765 € |
| 105.000 € | 34.813 € | 34.811 € | 34.808 € | 34.805 € | 34.802 € | 34.796 € | 34.790 € | 34.787 € | 34.782 € | 34.773 € | 34.765 € |
| 108.000 € | 34.813 € | 34.811 € | 34.808 € | 34.805 € | 34.802 € | 34.796 € | 34.790 € | 34.787 € | 34.782 € | 34.773 € | 34.765 € |
| 111.000 € | 34.813 € | 34.811 € | 34.808 € | 34.805 € | 34.802 € | 34.796 € | 34.790 € | 34.787 € | 34.782 € | 34.773 € | 34.765 € |
| 114.000 € | 34.813 € | 34.811 € | 34.808 € | 34.805 € | 34.802 € | 34.796 € | 34.790 € | 34.787 € | 34.782 € | 34.773 € | 34.765 € |
| 117.000 € | 34.813 € | 34.811 € | 34.808 € | 34.805 € | 34.802 € | 34.796 € | 34.790 € | 34.787 € | 34.782 € | 34.773 € | 34.765 € |
| 120.000 € | 34.813 € | 34.811 € | 34.808 € | 34.805 € | 34.802 € | 34.796 € | 34.790 € | 34.787 € | 34.782 € | 34.773 € | 34.765 € |

## TABLA 1.C.2
## Lucro cesante del hijo/a

| Ingreso neto Hasta | 48 | 49 | 50 | 51 | 52 | 53 | 54 | 55 | 56 | 57 | 58 |
|---|---|---|---|---|---|---|---|---|---|---|---|
| 9.000 € | 7.926 € | 7.924 € | 7.922 € | 7.919 € | 7.917 € | 7.915 € | 7.914 € | 7.912 € | 7.907 € | 7.905 € | 7.902 € |
| 12.000 € | 10.568 € | 10.565 € | 10.562 € | 10.559 € | 10.555 € | 10.554 € | 10.552 € | 10.549 € | 10.543 € | 10.540 € | 10.536 € |
| 15.000 € | 13.210 € | 13.207 € | 13.203 € | 13.198 € | 13.194 € | 13.192 € | 13.190 € | 13.186 € | 13.179 € | 13.175 € | 13.170 € |
| 18.000 € | 15.852 € | 15.848 € | 15.843 € | 15.838 € | 15.833 € | 15.831 € | 15.827 € | 15.823 € | 15.815 € | 15.810 € | 15.804 € |
| 21.000 € | 18.494 € | 18.489 € | 18.484 € | 18.477 € | 18.472 € | 18.469 € | 18.465 € | 18.460 € | 18.451 € | 18.446 € | 18.438 € |
| 24.000 € | 21.136 € | 21.131 € | 21.124 € | 21.117 € | 21.111 € | 21.108 € | 21.103 € | 21.098 € | 21.086 € | 21.081 € | 21.072 € |
| 27.000 € | 23.778 € | 23.772 € | 23.765 € | 23.757 € | 23.750 € | 23.746 € | 23.741 € | 23.735 € | 23.722 € | 23.716 € | 23.706 € |
| 30.000 € | 26.420 € | 26.414 € | 26.406 € | 26.396 € | 26.389 € | 26.385 € | 26.379 € | 26.372 € | 26.358 € | 26.351 € | 26.340 € |
| 33.000 € | 29.063 € | 29.055 € | 29.046 € | 29.036 € | 29.027 € | 29.023 € | 29.017 € | 29.009 € | 28.994 € | 28.986 € | 28.974 € |
| 36.000 € | 31.705 € | 31.696 € | 31.687 € | 31.676 € | 31.666 € | 31.661 € | 31.655 € | 31.646 € | 31.629 € | 31.621 € | 31.608 € |
| 39.000 € | 34.347 € | 34.338 € | 34.327 € | 34.315 € | 34.305 € | 34.300 € | 34.293 € | 34.284 € | 34.265 € | 34.256 € | 34.242 € |
| 42.000 € | 34.759 € | 34.750 € | 34.740 € | 34.728 € | 34.717 € | 34.712 € | 34.705 € | 34.696 € | 34.677 € | 34.668 € | 34.653 € |
| 45.000 € | 34.759 € | 34.750 € | 34.740 € | 34.728 € | 34.717 € | 34.712 € | 34.705 € | 34.696 € | 34.677 € | 34.668 € | 34.653 € |
| 48.000 € | 34.759 € | 34.750 € | 34.740 € | 34.728 € | 34.717 € | 34.712 € | 34.705 € | 34.696 € | 34.677 € | 34.668 € | 34.653 € |
| 51.000 € | 34.759 € | 34.750 € | 34.740 € | 34.728 € | 34.717 € | 34.712 € | 34.705 € | 34.696 € | 34.677 € | 34.668 € | 34.653 € |
| 54.000 € | 34.759 € | 34.750 € | 34.740 € | 34.728 € | 34.717 € | 34.712 € | 34.705 € | 34.696 € | 34.677 € | 34.668 € | 34.653 € |
| 57.000 € | 34.759 € | 34.750 € | 34.740 € | 34.728 € | 34.717 € | 34.712 € | 34.705 € | 34.696 € | 34.677 € | 34.668 € | 34.653 € |
| 60.000 € | 34.759 € | 34.750 € | 34.740 € | 34.728 € | 34.717 € | 34.712 € | 34.705 € | 34.696 € | 34.677 € | 34.668 € | 34.653 € |
| 63.000 € | 34.759 € | 34.750 € | 34.740 € | 34.728 € | 34.717 € | 34.712 € | 34.705 € | 34.696 € | 34.677 € | 34.668 € | 34.653 € |
| 66.000 € | 34.759 € | 34.750 € | 34.740 € | 34.728 € | 34.717 € | 34.712 € | 34.705 € | 34.696 € | 34.677 € | 34.668 € | 34.653 € |
| 69.000 € | 34.759 € | 34.750 € | 34.740 € | 34.728 € | 34.717 € | 34.712 € | 34.705 € | 34.696 € | 34.677 € | 34.668 € | 34.653 € |
| 72.000 € | 34.759 € | 34.750 € | 34.740 € | 34.728 € | 34.717 € | 34.712 € | 34.705 € | 34.696 € | 34.677 € | 34.668 € | 34.653 € |
| 75.000 € | 34.759 € | 34.750 € | 34.740 € | 34.728 € | 34.717 € | 34.712 € | 34.705 € | 34.696 € | 34.677 € | 34.668 € | 34.653 € |
| 78.000 € | 34.759 € | 34.750 € | 34.740 € | 34.728 € | 34.717 € | 34.712 € | 34.705 € | 34.696 € | 34.677 € | 34.668 € | 34.653 € |
| 81.000 € | 34.759 € | 34.750 € | 34.740 € | 34.728 € | 34.717 € | 34.712 € | 34.705 € | 34.696 € | 34.677 € | 34.668 € | 34.653 € |
| 84.000 € | 34.759 € | 34.750 € | 34.740 € | 34.728 € | 34.717 € | 34.712 € | 34.705 € | 34.696 € | 34.677 € | 34.668 € | 34.653 € |
| 87.000 € | 34.759 € | 34.750 € | 34.740 € | 34.728 € | 34.717 € | 34.712 € | 34.705 € | 34.696 € | 34.677 € | 34.668 € | 34.653 € |
| 90.000 € | 34.759 € | 34.750 € | 34.740 € | 34.728 € | 34.717 € | 34.712 € | 34.705 € | 34.696 € | 34.677 € | 34.668 € | 34.653 € |
| 93.000 € | 34.759 € | 34.750 € | 34.740 € | 34.728 € | 34.717 € | 34.712 € | 34.705 € | 34.696 € | 34.677 € | 34.668 € | 34.653 € |
| 96.000 € | 34.759 € | 34.750 € | 34.740 € | 34.728 € | 34.717 € | 34.712 € | 34.705 € | 34.696 € | 34.677 € | 34.668 € | 34.653 € |
| 99.000 € | 34.759 € | 34.750 € | 34.740 € | 34.728 € | 34.717 € | 34.712 € | 34.705 € | 34.696 € | 34.677 € | 34.668 € | 34.653 € |
| 102.000 € | 34.759 € | 34.750 € | 34.740 € | 34.728 € | 34.717 € | 34.712 € | 34.705 € | 34.696 € | 34.677 € | 34.668 € | 34.653 € |
| 105.000 € | 34.759 € | 34.750 € | 34.740 € | 34.728 € | 34.717 € | 34.712 € | 34.705 € | 34.696 € | 34.677 € | 34.668 € | 34.653 € |
| 108.000 € | 34.759 € | 34.750 € | 34.740 € | 34.728 € | 34.717 € | 34.712 € | 34.705 € | 34.696 € | 34.677 € | 34.668 € | 34.653 € |
| 111.000 € | 34.759 € | 34.750 € | 34.740 € | 34.728 € | 34.717 € | 34.712 € | 34.705 € | 34.696 € | 34.677 € | 34.668 € | 34.653 € |
| 114.000 € | 34.759 € | 34.750 € | 34.740 € | 34.728 € | 34.717 € | 34.712 € | 34.705 € | 34.696 € | 34.677 € | 34.668 € | 34.653 € |
| 117.000 € | 34.759 € | 34.750 € | 34.740 € | 34.728 € | 34.717 € | 34.712 € | 34.705 € | 34.696 € | 34.677 € | 34.668 € | 34.653 € |
| 120.000 € | 34.759 € | 34.750 € | 34.740 € | 34.728 € | 34.717 € | 34.712 € | 34.705 € | 34.696 € | 34.677 € | 34.668 € | 34.653 € |

# TABLA 1.C.2
## Lucro cesante del hijo/a

| Ingreso neto | Edad del hijo/a | | | | | | | | | Edad del hijo/a |
|---|---|---|---|---|---|---|---|---|---|---|---|
| Hasta | 59 | 60 | 61 | 62 | 63 | 64 | 65 | 66 | 67 | 68 | 69 o más |
| 9.000 € | 7.899 € | 7.898 € | 7.894 € | 7.887 € | 7.884 € | 7.884 € | 7.876 € | 7.871 € | 7.863 € | 7.861 € | 7.855 € |
| 12.000 € | 10.532 € | 10.530 € | 10.525 € | 10.516 € | 10.513 € | 10.512 € | 10.502 € | 10.494 € | 10.484 € | 10.482 € | 10.474 € |
| 15.000 € | 13.166 € | 13.163 € | 13.156 € | 13.145 € | 13.141 € | 13.140 € | 13.127 € | 13.118 € | 13.106 € | 13.102 € | 13.092 € |
| 18.000 € | 15.799 € | 15.795 € | 15.788 € | 15.774 € | 15.769 € | 15.768 € | 15.753 € | 15.741 € | 15.727 € | 15.723 € | 15.711 € |
| 21.000 € | 18.432 € | 18.428 € | 18.419 € | 18.402 € | 18.397 € | 18.396 € | 18.378 € | 18.365 € | 18.348 € | 18.343 € | 18.329 € |
| 24.000 € | 21.065 € | 21.060 € | 21.050 € | 21.031 € | 21.025 € | 21.024 € | 21.003 € | 20.988 € | 20.969 € | 20.964 € | 20.948 € |
| 27.000 € | 23.698 € | 23.693 € | 23.681 € | 23.660 € | 23.653 € | 23.652 € | 23.629 € | 23.612 € | 23.590 € | 23.584 € | 23.566 € |
| 30.000 € | 26.331 € | 26.325 € | 26.313 € | 26.289 € | 26.281 € | 26.280 € | 26.254 € | 26.236 € | 26.211 € | 26.205 € | 26.185 € |
| 33.000 € | 28.964 € | 28.958 € | 28.944 € | 28.918 € | 28.909 € | 28.908 € | 28.880 € | 28.859 € | 28.832 € | 28.825 € | 28.803 € |
| 36.000 € | 31.597 € | 31.590 € | 31.575 € | 31.547 € | 31.538 € | 31.536 € | 31.505 € | 31.483 € | 31.453 € | 31.446 € | 31.422 € |
| 39.000 € | 34.231 € | 34.223 € | 34.206 € | 34.176 € | 34.166 € | 34.164 € | 34.131 € | 34.106 € | 34.074 € | 34.066 € | 34.040 € |
| 42.000 € | 34.642 € | 34.634 € | 34.617 € | 34.587 € | 34.576 € | 34.575 € | 34.541 € | 34.516 € | 34.484 € | 34.475 € | 34.449 € |
| 45.000 € | 34.642 € | 34.634 € | 34.617 € | 34.587 € | 34.576 € | 34.575 € | 34.541 € | 34.516 € | 34.484 € | 34.475 € | 34.449 € |
| 48.000 € | 34.642 € | 34.634 € | 34.617 € | 34.587 € | 34.576 € | 34.575 € | 34.541 € | 34.516 € | 34.484 € | 34.475 € | 34.449 € |
| 51.000 € | 34.642 € | 34.634 € | 34.617 € | 34.587 € | 34.576 € | 34.575 € | 34.541 € | 34.516 € | 34.484 € | 34.475 € | 34.449 € |
| 54.000 € | 34.642 € | 34.634 € | 34.617 € | 34.587 € | 34.576 € | 34.575 € | 34.541 € | 34.516 € | 34.484 € | 34.475 € | 34.449 € |
| 57.000 € | 34.642 € | 34.634 € | 34.617 € | 34.587 € | 34.576 € | 34.575 € | 34.541 € | 34.516 € | 34.484 € | 34.475 € | 34.449 € |
| 60.000 € | 34.642 € | 34.634 € | 34.617 € | 34.587 € | 34.576 € | 34.575 € | 34.541 € | 34.516 € | 34.484 € | 34.475 € | 34.449 € |
| 63.000 € | 34.642 € | 34.634 € | 34.617 € | 34.587 € | 34.576 € | 34.575 € | 34.541 € | 34.516 € | 34.484 € | 34.475 € | 34.449 € |
| 66.000 € | 34.642 € | 34.634 € | 34.617 € | 34.587 € | 34.576 € | 34.575 € | 34.541 € | 34.516 € | 34.484 € | 34.475 € | 34.449 € |
| 69.000 € | 34.642 € | 34.634 € | 34.617 € | 34.587 € | 34.576 € | 34.575 € | 34.541 € | 34.516 € | 34.484 € | 34.475 € | 34.449 € |
| 72.000 € | 34.642 € | 34.634 € | 34.617 € | 34.587 € | 34.576 € | 34.575 € | 34.541 € | 34.516 € | 34.484 € | 34.475 € | 34.449 € |
| 75.000 € | 34.642 € | 34.634 € | 34.617 € | 34.587 € | 34.576 € | 34.575 € | 34.541 € | 34.516 € | 34.484 € | 34.475 € | 34.449 € |
| 78.000 € | 34.642 € | 34.634 € | 34.617 € | 34.587 € | 34.576 € | 34.575 € | 34.541 € | 34.516 € | 34.484 € | 34.475 € | 34.449 € |
| 81.000 € | 34.642 € | 34.634 € | 34.617 € | 34.587 € | 34.576 € | 34.575 € | 34.541 € | 34.516 € | 34.484 € | 34.475 € | 34.449 € |
| 84.000 € | 34.642 € | 34.634 € | 34.617 € | 34.587 € | 34.576 € | 34.575 € | 34.541 € | 34.516 € | 34.484 € | 34.475 € | 34.449 € |
| 87.000 € | 34.642 € | 34.634 € | 34.617 € | 34.587 € | 34.576 € | 34.575 € | 34.541 € | 34.516 € | 34.484 € | 34.475 € | 34.449 € |
| 90.000 € | 34.642 € | 34.634 € | 34.617 € | 34.587 € | 34.576 € | 34.575 € | 34.541 € | 34.516 € | 34.484 € | 34.475 € | 34.449 € |
| 93.000 € | 34.642 € | 34.634 € | 34.617 € | 34.587 € | 34.576 € | 34.575 € | 34.541 € | 34.516 € | 34.484 € | 34.475 € | 34.449 € |
| 96.000 € | 34.642 € | 34.634 € | 34.617 € | 34.587 € | 34.576 € | 34.575 € | 34.541 € | 34.516 € | 34.484 € | 34.475 € | 34.449 € |
| 99.000 € | 34.642 € | 34.634 € | 34.617 € | 34.587 € | 34.576 € | 34.575 € | 34.541 € | 34.516 € | 34.484 € | 34.475 € | 34.449 € |
| 102.000 € | 34.642 € | 34.634 € | 34.617 € | 34.587 € | 34.576 € | 34.575 € | 34.541 € | 34.516 € | 34.484 € | 34.475 € | 34.449 € |
| 105.000 € | 34.642 € | 34.634 € | 34.617 € | 34.587 € | 34.576 € | 34.575 € | 34.541 € | 34.516 € | 34.484 € | 34.475 € | 34.449 € |
| 108.000 € | 34.642 € | 34.634 € | 34.617 € | 34.587 € | 34.576 € | 34.575 € | 34.541 € | 34.516 € | 34.484 € | 34.475 € | 34.449 € |
| 111.000 € | 34.642 € | 34.634 € | 34.617 € | 34.587 € | 34.576 € | 34.575 € | 34.541 € | 34.516 € | 34.484 € | 34.475 € | 34.449 € |
| 114.000 € | 34.642 € | 34.634 € | 34.617 € | 34.587 € | 34.576 € | 34.575 € | 34.541 € | 34.516 € | 34.484 € | 34.475 € | 34.449 € |
| 117.000 € | 34.642 € | 34.634 € | 34.617 € | 34.587 € | 34.576 € | 34.575 € | 34.541 € | 34.516 € | 34.484 € | 34.475 € | 34.449 € |
| 120.000 € | 34.642 € | 34.634 € | 34.617 € | 34.587 € | 34.576 € | 34.575 € | 34.541 € | 34.516 € | 34.484 € | 34.475 € | 34.449 € |

TABLA 1.C.2.d
Lucro cesante del hijo/a con discapacidad

| Ingreso neto | Edad del hijo/a | | | | | | | | |
|---|---|---|---|---|---|---|---|---|---|
| Hasta | 0 | 1 | 2 | 3 | 4 | 5 | 6 | 7 | 8 |
| 9.000 € | 93.024 € | 87.688 € | 86.864 € | 86.078 € | 85.317 € | 84.563 € | 83.808 € | 83.054 € | 82.289 € |
| 12.000 € | 124.032 € | 116.917 € | 115.818 € | 114.770 € | 113.756 € | 112.750 € | 111.745 € | 110.739 € | 109.718 € |
| 15.000 € | 155.040 € | 146.146 € | 144.773 € | 143.463 € | 142.195 € | 140.938 € | 139.681 € | 138.423 € | 137.148 € |
| 18.000 € | 186.048 € | 175.375 € | 173.727 € | 172.155 € | 170.633 € | 169.125 € | 167.617 € | 166.108 € | 164.577 € |
| 21.000 € | 217.056 € | 204.605 € | 202.682 € | 200.848 € | 199.072 € | 197.313 € | 195.553 € | 193.792 € | 192.007 € |
| 24.000 € | 248.064 € | 233.834 € | 231.637 € | 229.540 € | 227.511 € | 225.500 € | 223.489 € | 221.477 € | 219.436 € |
| 27.000 € | 275.680 € | 261.586 € | 260.591 € | 258.233 € | 255.950 € | 253.688 € | 251.425 € | 249.162 € | 246.866 € |
| 30.000 € | 284.751 € | 268.626 € | 267.658 € | 266.872 € | 266.226 € | 265.659 € | 265.148 € | 264.693 € | 264.262 € |
| 33.000 € | 293.822 € | 275.666 € | 274.225 € | 272.981 € | 271.883 € | 270.866 € | 269.904 € | 268.996 € | 268.109 € |
| 36.000 € | 302.894 € | 282.706 € | 280.793 € | 279.089 € | 277.540 € | 276.073 € | 274.661 € | 273.300 € | 271.955 € |
| 39.000 € | 311.965 € | 289.747 € | 287.360 € | 285.198 € | 283.197 € | 281.281 € | 279.417 € | 277.604 € | 275.802 € |
| 42.000 € | 321.036 € | 296.787 € | 293.928 € | 291.306 € | 288.855 € | 286.488 € | 284.174 € | 281.907 € | 279.649 € |
| 45.000 € | 330.107 € | 303.827 € | 300.496 € | 297.415 € | 294.512 € | 291.695 € | 288.930 € | 286.211 € | 283.496 € |
| 48.000 € | 339.178 € | 310.867 € | 307.063 € | 303.523 € | 300.169 € | 296.903 € | 293.687 € | 290.515 € | 287.343 € |
| 51.000 € | 356.913 € | 327.246 € | 322.895 € | 318.812 € | 314.915 € | 311.104 € | 307.339 € | 303.615 € | 299.885 € |
| 54.000 € | 384.868 € | 354.642 € | 349.657 € | 344.931 € | 340.384 € | 335.915 € | 331.487 € | 327.092 € | 322.685 € |
| 57.000 € | 412.822 € | 382.037 € | 376.419 € | 371.049 € | 365.852 € | 360.727 € | 355.634 € | 350.570 € | 345.485 € |
| 60.000 € | 440.777 € | 409.433 € | 403.180 € | 397.168 € | 391.321 € | 385.538 € | 379.782 € | 374.047 € | 368.285 € |
| 63.000 € | 468.731 € | 436.828 € | 429.942 € | 423.286 € | 416.789 € | 410.349 € | 403.929 € | 397.525 € | 391.085 € |
| 66.000 € | 496.686 € | 464.224 € | 456.704 € | 449.405 € | 442.258 € | 435.161 € | 428.076 € | 421.002 € | 413.885 € |
| 69.000 € | 524.640 € | 491.619 € | 483.465 € | 475.524 € | 467.727 € | 459.972 € | 452.224 € | 444.479 € | 436.685 € |
| 72.000 € | 552.595 € | 519.015 € | 510.227 € | 501.642 € | 493.195 € | 484.783 € | 476.371 € | 467.957 € | 459.485 € |
| 75.000 € | 580.549 € | 546.410 € | 536.988 € | 527.761 € | 518.664 € | 509.595 € | 500.518 € | 491.434 € | 482.285 € |
| 78.000 € | 608.504 € | 573.806 € | 563.750 € | 553.879 € | 544.132 € | 534.406 € | 524.666 € | 514.912 € | 505.084 € |
| 81.000 € | 636.458 € | 601.201 € | 590.512 € | 579.998 € | 569.601 € | 559.217 € | 548.813 € | 538.389 € | 527.884 € |
| 84.000 € | 664.413 € | 628.596 € | 617.273 € | 606.116 € | 595.069 € | 584.028 € | 572.961 € | 561.866 € | 550.684 € |
| 87.000 € | 692.367 € | 655.992 € | 644.035 € | 632.235 € | 620.538 € | 608.840 € | 597.108 € | 585.344 € | 573.484 € |
| 90.000 € | 720.322 € | 683.387 € | 670.797 € | 658.353 € | 646.006 € | 633.651 € | 621.255 € | 608.821 € | 596.284 € |
| 93.000 € | 748.276 € | 710.783 € | 697.558 € | 684.472 € | 671.475 € | 658.462 € | 645.403 € | 632.299 € | 619.084 € |
| 96.000 € | 776.231 € | 738.178 € | 724.320 € | 710.591 € | 696.944 € | 683.274 € | 669.550 € | 655.776 € | 641.884 € |
| 99.000 € | 804.185 € | 765.574 € | 751.081 € | 736.709 € | 722.412 € | 708.085 € | 693.697 € | 679.254 € | 664.684 € |
| 102.000 € | 832.140 € | 792.969 € | 777.843 € | 762.828 € | 747.881 € | 732.896 € | 717.845 € | 702.731 € | 687.484 € |
| 105.000 € | 860.094 € | 820.365 € | 804.605 € | 788.946 € | 773.349 € | 757.708 € | 741.992 € | 726.208 € | 710.284 € |
| 108.000 € | 888.049 € | 847.760 € | 831.366 € | 815.065 € | 798.818 € | 782.519 € | 766.139 € | 749.686 € | 733.084 € |
| 111.000 € | 916.003 € | 875.156 € | 858.128 € | 841.183 € | 824.286 € | 807.330 € | 790.287 € | 773.163 € | 755.884 € |
| 114.000 € | 943.958 € | 902.551 € | 884.890 € | 867.302 € | 849.755 € | 832.142 € | 814.434 € | 796.641 € | 778.684 € |
| 117.000 € | 971.912 € | 929.946 € | 911.651 € | 893.420 € | 875.223 € | 856.953 € | 838.582 € | 820.118 € | 801.483 € |
| 120.000 € | 999.867 € | 957.342 € | 938.413 € | 919.539 € | 900.692 € | 881.764 € | 862.729 € | 843.595 € | 824.283 € |

# TABLA 1.C.2.d
## Lucro cesante del hijo/a con discapacidad

| Ingreso neto | Edad del hijo/a | | | | | | | | |
|---|---|---|---|---|---|---|---|---|---|
| Hasta | 9 | 10 | 11 | 12 | 13 | 14 | 15 | 16 | 17 |
| 9.000 € | 81.518 € | 80.745 € | 79.971 € | 79.187 € | 78.381 € | 77.639 € | 76.901 € | 76.063 € | 75.162 € |
| 12.000 € | 108.690 € | 107.660 € | 106.627 € | 105.582 € | 104.509 € | 103.519 € | 102.535 € | 101.417 € | 100.217 € |
| 15.000 € | 135.863 € | 134.575 € | 133.284 € | 131.978 € | 130.636 € | 129.399 € | 128.169 € | 126.772 € | 125.271 € |
| 18.000 € | 163.035 € | 161.490 € | 159.941 € | 158.373 € | 156.763 € | 155.279 € | 153.803 € | 152.126 € | 150.325 € |
| 21.000 € | 190.208 € | 188.405 € | 186.598 € | 184.769 € | 182.890 € | 181.159 € | 179.436 € | 177.480 € | 175.379 € |
| 24.000 € | 217.380 € | 215.321 € | 213.255 € | 211.165 € | 209.017 € | 207.039 € | 205.070 € | 202.835 € | 200.433 € |
| 27.000 € | 244.553 € | 242.236 € | 239.912 € | 237.560 € | 235.144 € | 232.918 € | 230.704 € | 228.189 € | 225.487 € |
| 30.000 € | 263.871 € | 263.537 € | 263.258 € | 263.012 € | 261.271 € | 258.798 € | 256.338 € | 253.544 € | 250.541 € |
| 33.000 € | 267.258 € | 266.463 € | 265.719 € | 265.005 € | 264.312 € | 263.613 € | 262.854 € | 262.063 € | 261.261 € |
| 36.000 € | 270.645 € | 269.388 € | 268.180 € | 266.999 € | 265.833 € | 264.652 € | 263.398 € | 262.102 € | 262.082 € |
| 39.000 € | 274.032 € | 272.313 € | 270.641 € | 268.992 € | 267.353 € | 265.691 € | 263.941 € | 262.141 € | 262.141 € |
| 42.000 € | 277.419 € | 275.238 € | 273.102 € | 270.985 € | 268.873 € | 266.730 € | 264.485 € | 262.180 € | 262.180 € |
| 45.000 € | 280.807 € | 278.163 € | 275.564 € | 272.978 € | 270.393 € | 267.768 € | 265.029 € | 262.219 € | 262.219 € |
| 48.000 € | 284.194 € | 281.089 € | 278.025 € | 274.972 € | 271.914 € | 268.807 € | 265.573 € | 262.258 € | 262.258 € |
| 51.000 € | 296.173 € | 292.501 € | 288.866 € | 285.237 € | 281.596 € | 277.900 € | 274.065 € | 270.141 € | 266.155 € |
| 54.000 € | 318.289 € | 313.926 € | 309.593 € | 305.259 € | 300.907 € | 296.492 € | 291.933 € | 287.277 € | 282.552 € |
| 57.000 € | 340.404 € | 335.351 € | 330.321 € | 325.282 € | 320.218 € | 315.085 € | 309.801 € | 304.413 € | 298.948 € |
| 60.000 € | 362.520 € | 356.776 € | 351.048 € | 345.304 € | 339.528 € | 333.677 € | 327.669 € | 321.549 € | 315.345 € |
| 63.000 € | 384.635 € | 378.200 € | 371.776 € | 365.327 € | 358.839 € | 352.270 € | 345.537 € | 338.685 € | 331.741 € |
| 66.000 € | 406.751 € | 399.625 € | 392.503 € | 385.349 € | 378.150 € | 370.863 € | 363.405 € | 355.821 € | 348.138 € |
| 69.000 € | 428.866 € | 421.050 € | 413.230 € | 405.372 € | 397.461 € | 389.455 € | 381.273 € | 372.956 € | 364.534 € |
| 72.000 € | 450.982 € | 442.475 € | 433.958 € | 425.394 € | 416.771 € | 408.048 € | 399.142 € | 390.092 € | 380.930 € |
| 75.000 € | 473.098 € | 463.899 € | 454.685 € | 445.417 € | 436.082 € | 426.640 € | 417.010 € | 407.228 € | 397.327 € |
| 78.000 € | 495.213 € | 485.324 € | 475.412 € | 465.439 € | 455.393 € | 445.233 € | 434.878 € | 424.364 € | 413.723 € |
| 81.000 € | 517.329 € | 506.749 € | 496.140 € | 485.462 € | 474.704 € | 463.825 € | 452.746 € | 441.500 € | 430.120 € |
| 84.000 € | 539.444 € | 528.174 € | 516.867 € | 505.484 € | 494.015 € | 482.418 € | 470.614 € | 458.636 € | 446.516 € |
| 87.000 € | 561.560 € | 549.598 € | 537.594 € | 525.507 € | 513.325 € | 501.010 € | 488.482 € | 475.772 € | 462.913 € |
| 90.000 € | 583.675 € | 571.023 € | 558.322 € | 545.529 € | 532.636 € | 519.603 € | 506.351 € | 492.908 € | 479.309 € |
| 93.000 € | 605.791 € | 592.448 € | 579.049 € | 565.552 € | 551.947 € | 538.196 € | 524.219 € | 510.044 € | 495.706 € |
| 96.000 € | 627.906 € | 613.873 € | 599.776 € | 585.574 € | 571.258 € | 556.788 € | 542.087 € | 527.180 € | 512.102 € |
| 99.000 € | 650.022 € | 635.298 € | 620.504 € | 605.597 € | 590.568 € | 575.381 € | 559.955 € | 544.315 € | 528.498 € |
| 102.000 € | 672.138 € | 656.722 € | 641.231 € | 625.619 € | 609.879 € | 593.973 € | 577.823 € | 561.451 € | 544.895 € |
| 105.000 € | 694.253 € | 678.147 € | 661.958 € | 645.642 € | 629.190 € | 612.566 € | 595.691 € | 578.587 € | 561.291 € |
| 108.000 € | 716.369 € | 699.572 € | 682.686 € | 665.664 € | 648.501 € | 631.158 € | 613.560 € | 595.723 € | 577.688 € |
| 111.000 € | 738.484 € | 720.997 € | 703.413 € | 685.687 € | 667.811 € | 649.751 € | 631.428 € | 612.859 € | 594.084 € |
| 114.000 € | 760.600 € | 742.421 € | 724.140 € | 705.709 € | 687.122 € | 668.343 € | 649.296 € | 629.995 € | 610.481 € |
| 117.000 € | 782.715 € | 763.846 € | 744.868 € | 725.732 € | 706.433 € | 686.936 € | 667.164 € | 647.131 € | 626.877 € |
| 120.000 € | 804.831 € | 785.271 € | 765.595 € | 745.754 € | 725.744 € | 705.528 € | 685.032 € | 664.267 € | 643.274 € |

## TABLA 1.C.2.d
## Lucro cesante del hijo/a con discapacidad

| Ingreso neto | | | | | | | | | E |
|---|---|---|---|---|---|---|---|---|---|
| Hasta | 18 | 19 | 20 | 21 | 22 | 23 | 24 | 25 | 26 |
| 9.000 € | 74.214 € | 73.226 € | 72.132 € | 70.919 € | 69.605 € | 68.234 € | 66.838 € | 65.447 € | 64.017 € |
| 12.000 € | 98.952 € | 97.635 € | 96.176 € | 94.559 € | 92.807 € | 90.978 € | 89.117 € | 87.263 € | 85.356 € |
| 15.000 € | 123.689 € | 122.044 € | 120.220 € | 118.199 € | 116.008 € | 113.723 € | 111.397 € | 109.078 € | 106.695 € |
| 18.000 € | 148.427 € | 146.453 € | 144.264 € | 141.839 € | 139.210 € | 136.467 € | 133.676 € | 130.894 € | 128.034 € |
| 21.000 € | 173.165 € | 170.862 € | 168.308 € | 165.478 € | 162.412 € | 159.212 € | 155.955 € | 152.710 € | 149.373 € |
| 24.000 € | 197.903 € | 195.270 € | 192.352 € | 189.118 € | 185.613 € | 181.956 € | 178.235 € | 174.526 € | 170.712 € |
| 27.000 € | 222.641 € | 219.679 € | 216.396 € | 212.758 € | 208.815 € | 204.701 € | 200.514 € | 196.341 € | 192.051 € |
| 30.000 € | 247.379 € | 244.088 € | 240.440 € | 236.398 € | 232.016 € | 227.446 € | 222.793 € | 218.157 € | 213.390 € |
| 33.000 € | 260.400 € | 259.469 € | 258.479 € | 257.413 € | 255.218 € | 250.190 € | 245.073 € | 239.973 € | 234.729 € |
| 36.000 € | 260.674 € | 260.219 € | 259.763 € | 258.088 € | 255.417 € | 251.239 € | 249.374 € | 247.461 € | 245.506 € |
| 39.000 € | 260.946 € | 260.946 € | 260.946 € | 258.759 € | 255.616 € | 252.875 € | 250.344 € | 247.745 € | 246.323 € |
| 42.000 € | 261.217 € | 261.217 € | 261.217 € | 259.428 € | 255.813 € | 254.512 € | 251.313 € | 248.027 € | 247.137 € |
| 45.000 € | 261.488 € | 261.488 € | 261.488 € | 260.096 € | 256.009 € | 256.009 € | 252.280 € | 248.309 € | 247.950 € |
| 48.000 € | 261.757 € | 261.757 € | 261.757 € | 260.762 € | 256.204 € | 256.204 € | 253.247 € | 248.589 € | 248.589 € |
| 51.000 € | 262.025 € | 262.025 € | 262.025 € | 261.427 € | 256.399 € | 256.399 € | 254.213 € | 248.869 € | 248.869 € |
| 54.000 € | 277.676 € | 272.638 € | 267.449 € | 262.092 € | 256.594 € | 256.594 € | 255.180 € | 249.148 € | 249.148 € |
| 57.000 € | 293.327 € | 287.536 € | 281.588 € | 275.464 € | 269.191 € | 262.746 € | 256.148 € | 249.426 € | 249.426 € |
| 60.000 € | 308.978 € | 302.434 € | 295.727 € | 288.835 € | 281.788 € | 274.560 € | 267.171 € | 259.651 € | 252.007 € |
| 63.000 € | 324.628 € | 317.333 € | 309.866 € | 302.207 € | 294.385 € | 286.375 € | 278.195 € | 269.877 € | 261.426 € |
| 66.000 € | 340.279 € | 332.231 € | 324.005 € | 315.579 € | 306.982 € | 298.189 € | 289.219 € | 280.102 € | 270.845 € |
| 69.000 € | 355.930 € | 347.129 € | 338.144 € | 328.950 € | 319.579 € | 310.003 € | 300.242 € | 290.327 € | 280.264 € |
| 72.000 € | 371.581 € | 362.027 € | 352.283 € | 342.322 € | 332.176 € | 321.818 € | 311.266 € | 300.552 € | 289.683 € |
| 75.000 € | 387.232 € | 376.926 € | 366.421 € | 355.694 € | 344.774 € | 333.632 € | 322.289 € | 310.777 € | 299.102 € |
| 78.000 € | 402.883 € | 391.824 € | 380.560 € | 369.065 € | 357.371 € | 345.446 € | 333.313 € | 321.003 € | 308.521 € |
| 81.000 € | 418.533 € | 406.722 € | 394.699 € | 382.437 € | 369.968 € | 357.261 € | 344.337 € | 331.228 € | 317.940 € |
| 84.000 € | 434.184 € | 421.621 € | 408.838 € | 395.809 € | 382.565 € | 369.075 € | 355.360 € | 341.453 € | 327.359 € |
| 87.000 € | 449.835 € | 436.519 € | 422.977 € | 409.180 € | 395.162 € | 380.890 € | 366.384 € | 351.678 € | 336.778 € |
| 90.000 € | 465.486 € | 451.417 € | 437.116 € | 422.552 € | 407.759 € | 392.704 € | 377.407 € | 361.903 € | 346.197 € |
| 93.000 € | 481.137 € | 466.316 € | 451.255 € | 435.924 € | 420.356 € | 404.518 € | 388.431 € | 372.129 € | 355.616 € |
| 96.000 € | 496.788 € | 481.214 € | 465.394 € | 449.295 € | 432.953 € | 416.333 € | 399.455 € | 382.354 € | 365.035 € |
| 99.000 € | 512.438 € | 496.112 € | 479.532 € | 462.667 € | 445.550 € | 428.147 € | 410.478 € | 392.579 € | 374.454 € |
| 102.000 € | 528.089 € | 511.011 € | 493.671 € | 476.039 € | 458.148 € | 439.961 € | 421.502 € | 402.804 € | 383.873 € |
| 105.000 € | 543.740 € | 525.909 € | 507.810 € | 489.410 € | 470.745 € | 451.776 € | 432.525 € | 413.029 € | 393.292 € |
| 108.000 € | 559.391 € | 540.807 € | 521.949 € | 502.782 € | 483.342 € | 463.590 € | 443.549 € | 423.254 € | 402.711 € |
| 111.000 € | 575.042 € | 555.706 € | 536.088 € | 516.154 € | 495.939 € | 475.404 € | 454.573 € | 433.480 € | 412.130 € |
| 114.000 € | 590.693 € | 570.604 € | 550.227 € | 529.525 € | 508.536 € | 487.219 € | 465.596 € | 443.705 € | 421.549 € |
| 117.000 € | 606.343 € | 585.502 € | 564.366 € | 542.897 € | 521.133 € | 499.033 € | 476.620 € | 453.930 € | 430.968 € |
| 120.000 € | 621.994 € | 600.401 € | 578.505 € | 556.269 € | 533.730 € | 510.847 € | 487.643 € | 464.155 € | 440.387 € |

# TABLA 1.C.2.d
## Lucro cesante del hijo/a con discapacidad

| Ingreso neto | dad del hijo/a | | | | | | | | |
|---|---|---|---|---|---|---|---|---|---|
| Hasta | 27 | 28 | 29 | 30 | 31 | 32 | 33 | 34 | 35 |
| 9.000 € | 62.480 € | 60.983 € | 59.484 € | 58.008 € | 56.555 € | 55.115 € | 53.691 € | 52.290 € | 50.921 € |
| 12.000 € | 83.306 € | 81.311 € | 79.312 € | 77.343 € | 75.407 € | 73.487 € | 71.588 € | 69.720 € | 67.895 € |
| 15.000 € | 104.133 € | 101.639 € | 99.140 € | 96.679 € | 94.258 € | 91.858 € | 89.485 € | 87.150 € | 84.868 € |
| 18.000 € | 124.959 € | 121.967 € | 118.969 € | 116.015 € | 113.110 € | 110.230 € | 107.382 € | 104.580 € | 101.842 € |
| 21.000 € | 145.786 € | 142.295 € | 138.797 € | 135.351 € | 131.962 € | 128.602 € | 125.279 € | 122.010 € | 118.816 € |
| 24.000 € | 166.612 € | 162.623 € | 158.625 € | 154.687 € | 150.813 € | 146.973 € | 143.176 € | 139.440 € | 135.789 € |
| 27.000 € | 187.439 € | 182.950 € | 178.453 € | 174.023 € | 169.665 € | 165.345 € | 161.073 € | 156.870 € | 152.763 € |
| 30.000 € | 208.265 € | 203.278 € | 198.281 € | 193.358 € | 188.517 € | 183.717 € | 178.970 € | 174.300 € | 169.737 € |
| 33.000 € | 229.092 € | 223.606 € | 218.109 € | 212.694 € | 207.368 € | 202.088 € | 196.867 € | 191.730 € | 186.710 € |
| 36.000 € | 243.496 € | 241.461 € | 237.937 € | 232.030 € | 226.220 € | 220.460 € | 214.764 € | 209.160 € | 203.684 € |
| 39.000 € | 243.589 € | 241.760 € | 238.372 € | 232.075 € | 226.373 € | 223.324 € | 220.504 € | 217.694 € | 214.885 € |
| 42.000 € | 243.680 € | 242.058 € | 238.806 € | 232.119 € | 226.525 € | 223.539 € | 220.730 € | 217.773 € | 214.885 € |
| 45.000 € | 243.772 € | 242.354 € | 239.238 € | 232.163 € | 226.676 € | 223.753 € | 220.955 € | 217.851 € | 214.885 € |
| 48.000 € | 243.862 € | 242.650 € | 239.668 € | 232.207 € | 226.827 € | 223.967 € | 221.180 € | 217.929 € | 214.885 € |
| 51.000 € | 243.953 € | 242.944 € | 240.098 € | 232.251 € | 226.977 € | 224.180 € | 221.403 € | 218.007 € | 214.885 € |
| 54.000 € | 244.043 € | 243.238 € | 240.528 € | 232.294 € | 227.127 € | 224.392 € | 221.627 € | 218.084 € | 214.885 € |
| 57.000 € | 244.133 € | 243.532 € | 240.956 € | 232.338 € | 227.277 € | 224.604 € | 221.849 € | 218.161 € | 214.885 € |
| 60.000 € | 244.223 € | 243.824 € | 241.384 € | 232.381 € | 227.426 € | 224.816 € | 222.072 € | 218.238 € | 214.885 € |
| 63.000 € | 252.828 € | 244.117 € | 241.812 € | 232.425 € | 227.575 € | 225.027 € | 222.294 € | 218.315 € | 214.885 € |
| 66.000 € | 261.432 € | 251.899 € | 242.240 € | 232.468 € | 227.724 € | 225.238 € | 222.516 € | 218.392 € | 214.885 € |
| 69.000 € | 270.037 € | 259.681 € | 249.191 € | 238.580 € | 227.872 € | 225.449 € | 222.737 € | 218.468 € | 214.885 € |
| 72.000 € | 278.641 € | 267.463 € | 256.143 € | 244.693 € | 233.138 € | 225.660 € | 222.958 € | 218.545 € | 214.885 € |
| 75.000 € | 287.246 € | 275.245 € | 263.094 € | 250.805 € | 238.403 € | 225.870 € | 223.180 € | 218.621 € | 214.885 € |
| 78.000 € | 295.850 € | 283.028 € | 270.046 € | 256.918 € | 243.669 € | 230.280 € | 223.401 € | 218.697 € | 214.885 € |
| 81.000 € | 304.455 € | 290.810 € | 276.997 € | 263.031 € | 248.934 € | 234.690 € | 223.622 € | 218.773 € | 214.885 € |
| 84.000 € | 313.059 € | 298.592 € | 283.949 € | 269.143 € | 254.200 € | 239.100 € | 223.842 € | 218.849 € | 214.885 € |
| 87.000 € | 321.664 € | 306.374 € | 290.900 € | 275.256 € | 259.465 € | 243.510 € | 227.388 € | 218.925 € | 214.885 € |
| 90.000 € | 330.268 € | 314.156 € | 297.852 € | 281.368 € | 264.731 € | 247.920 € | 230.934 € | 219.001 € | 214.885 € |
| 93.000 € | 338.873 € | 321.938 € | 304.803 € | 287.481 € | 269.996 € | 252.330 € | 234.479 € | 219.077 € | 214.885 € |
| 96.000 € | 347.477 € | 329.720 € | 311.755 € | 293.594 € | 275.262 € | 256.740 € | 238.025 € | 219.153 € | 214.885 € |
| 99.000 € | 356.082 € | 337.502 € | 318.706 € | 299.706 € | 280.527 € | 261.149 € | 241.570 € | 221.826 € | 214.885 € |
| 102.000 € | 364.686 € | 345.284 € | 325.657 € | 305.819 € | 285.793 € | 265.559 € | 245.116 € | 224.498 € | 214.885 € |
| 105.000 € | 373.291 € | 353.066 € | 332.609 € | 311.931 € | 291.058 € | 269.969 € | 248.662 € | 227.171 € | 214.885 € |
| 108.000 € | 381.895 € | 360.848 € | 339.560 € | 318.044 € | 296.324 € | 274.379 € | 252.207 € | 229.843 € | 214.885 € |
| 111.000 € | 390.500 € | 368.631 € | 346.512 € | 324.156 € | 301.589 € | 278.789 € | 255.753 € | 232.516 € | 214.885 € |
| 114.000 € | 399.104 € | 376.413 € | 353.463 € | 330.269 € | 306.855 € | 283.199 € | 259.298 € | 235.189 € | 214.885 € |
| 117.000 € | 407.709 € | 384.195 € | 360.415 € | 336.382 € | 312.121 € | 287.609 € | 262.844 € | 237.861 € | 214.885 € |
| 120.000 € | 416.313 € | 391.977 € | 367.366 € | 342.494 € | 317.386 € | 292.019 € | 266.389 € | 240.534 € | 214.885 € |

## TABLA 1.C.2.d
## Lucro cesante del hijo/a con discapacidad

| Ingreso neto | Edad del hijo/a | | | | | | | | |
|---|---|---|---|---|---|---|---|---|---|
| Hasta | 36 | 37 | 38 | 39 | 40 | 41 | 42 | 43 | 44 |
| 9.000 € | 50.233 € | 46.952 € | 46.278 € | 45.583 € | 44.873 € | 44.145 € | 43.398 € | 42.637 € | 41.869 € |
| 12.000 € | 66.977 € | 62.602 € | 61.705 € | 60.778 € | 59.831 € | 58.860 € | 57.864 € | 56.850 € | 55.825 € |
| 15.000 € | 83.722 € | 78.253 € | 77.131 € | 75.972 € | 74.788 € | 73.575 € | 72.330 € | 71.062 € | 69.782 € |
| 18.000 € | 100.466 € | 93.903 € | 92.557 € | 91.167 € | 89.746 € | 88.291 € | 86.796 € | 85.275 € | 83.738 € |
| 21.000 € | 117.210 € | 109.554 € | 107.983 € | 106.361 € | 104.704 € | 103.006 € | 101.262 € | 99.487 € | 97.695 € |
| 24.000 € | 133.954 € | 125.205 € | 123.409 € | 121.556 € | 119.662 € | 117.721 € | 115.728 € | 113.700 € | 111.651 € |
| 27.000 € | 150.699 € | 140.855 € | 138.835 € | 136.750 € | 134.619 € | 132.436 € | 130.194 € | 127.912 € | 125.607 € |
| 30.000 € | 167.443 € | 156.506 € | 154.261 € | 151.945 € | 149.577 € | 147.151 € | 144.660 € | 142.125 € | 139.564 € |
| 33.000 € | 184.187 € | 172.156 € | 169.688 € | 167.139 € | 164.535 € | 161.866 € | 159.126 € | 156.337 € | 153.520 € |
| 36.000 € | 200.932 € | 187.807 € | 185.114 € | 182.334 € | 179.492 € | 176.581 € | 173.592 € | 170.550 € | 167.476 € |
| 39.000 € | 212.096 € | 203.458 € | 200.540 € | 197.528 € | 194.450 € | 191.296 € | 188.058 € | 184.762 € | 181.433 € |
| 42.000 € | 212.096 € | 203.458 € | 200.540 € | 197.528 € | 194.450 € | 191.296 € | 188.058 € | 184.762 € | 181.433 € |
| 45.000 € | 212.096 € | 203.458 € | 200.540 € | 197.528 € | 194.450 € | 191.296 € | 188.058 € | 184.762 € | 181.433 € |
| 48.000 € | 212.096 € | 203.458 € | 200.540 € | 197.528 € | 194.450 € | 191.296 € | 188.058 € | 184.762 € | 181.433 € |
| 51.000 € | 212.096 € | 203.458 € | 200.540 € | 197.528 € | 194.450 € | 191.296 € | 188.058 € | 184.762 € | 181.433 € |
| 54.000 € | 212.096 € | 203.458 € | 200.540 € | 197.528 € | 194.450 € | 191.296 € | 188.058 € | 184.762 € | 181.433 € |
| 57.000 € | 212.096 € | 203.458 € | 200.540 € | 197.528 € | 194.450 € | 191.296 € | 188.058 € | 184.762 € | 181.433 € |
| 60.000 € | 212.096 € | 203.458 € | 200.540 € | 197.528 € | 194.450 € | 191.296 € | 188.058 € | 184.762 € | 181.433 € |
| 63.000 € | 212.096 € | 203.458 € | 200.540 € | 197.528 € | 194.450 € | 191.296 € | 188.058 € | 184.762 € | 181.433 € |
| 66.000 € | 212.096 € | 203.458 € | 200.540 € | 197.528 € | 194.450 € | 191.296 € | 188.058 € | 184.762 € | 181.433 € |
| 69.000 € | 212.096 € | 203.458 € | 200.540 € | 197.528 € | 194.450 € | 191.296 € | 188.058 € | 184.762 € | 181.433 € |
| 72.000 € | 212.096 € | 203.458 € | 200.540 € | 197.528 € | 194.450 € | 191.296 € | 188.058 € | 184.762 € | 181.433 € |
| 75.000 € | 212.096 € | 203.458 € | 200.540 € | 197.528 € | 194.450 € | 191.296 € | 188.058 € | 184.762 € | 181.433 € |
| 78.000 € | 212.096 € | 203.458 € | 200.540 € | 197.528 € | 194.450 € | 191.296 € | 188.058 € | 184.762 € | 181.433 € |
| 81.000 € | 212.096 € | 203.458 € | 200.540 € | 197.528 € | 194.450 € | 191.296 € | 188.058 € | 184.762 € | 181.433 € |
| 84.000 € | 212.096 € | 203.458 € | 200.540 € | 197.528 € | 194.450 € | 191.296 € | 188.058 € | 184.762 € | 181.433 € |
| 87.000 € | 212.096 € | 203.458 € | 200.540 € | 197.528 € | 194.450 € | 191.296 € | 188.058 € | 184.762 € | 181.433 € |
| 90.000 € | 212.096 € | 203.458 € | 200.540 € | 197.528 € | 194.450 € | 191.296 € | 188.058 € | 184.762 € | 181.433 € |
| 93.000 € | 212.096 € | 203.458 € | 200.540 € | 197.528 € | 194.450 € | 191.296 € | 188.058 € | 184.762 € | 181.433 € |
| 96.000 € | 212.096 € | 203.458 € | 200.540 € | 197.528 € | 194.450 € | 191.296 € | 188.058 € | 184.762 € | 181.433 € |
| 99.000 € | 212.096 € | 203.458 € | 200.540 € | 197.528 € | 194.450 € | 191.296 € | 188.058 € | 184.762 € | 181.433 € |
| 102.000 € | 212.096 € | 203.458 € | 200.540 € | 197.528 € | 194.450 € | 191.296 € | 188.058 € | 184.762 € | 181.433 € |
| 105.000 € | 212.096 € | 203.458 € | 200.540 € | 197.528 € | 194.450 € | 191.296 € | 188.058 € | 184.762 € | 181.433 € |
| 108.000 € | 212.096 € | 203.458 € | 200.540 € | 197.528 € | 194.450 € | 191.296 € | 188.058 € | 184.762 € | 181.433 € |
| 111.000 € | 212.096 € | 203.458 € | 200.540 € | 197.528 € | 194.450 € | 191.296 € | 188.058 € | 184.762 € | 181.433 € |
| 114.000 € | 212.096 € | 203.458 € | 200.540 € | 197.528 € | 194.450 € | 191.296 € | 188.058 € | 184.762 € | 181.433 € |
| 117.000 € | 212.096 € | 203.458 € | 200.540 € | 197.528 € | 194.450 € | 191.296 € | 188.058 € | 184.762 € | 181.433 € |
| 120.000 € | 212.096 € | 203.458 € | 200.540 € | 197.528 € | 194.450 € | 191.296 € | 188.058 € | 184.762 € | 181.433 € |

## TABLA 1.C.2.d
## Lucro cesante del hijo/a con discapacidad

| Ingreso neto | Edad del hijo/a | | | | | | | | |
|---|---|---|---|---|---|---|---|---|---|
| Hasta | 45 | 46 | 47 | 48 | 49 | 50 | 51 | 52 | 53 |
| 9.000 € | 41.079 € | 40.270 € | 39.449 € | 38.621 € | 37.769 € | 36.901 € | 36.018 € | 35.120 € | 34.195 € |
| 12.000 € | 54.772 € | 53.693 € | 52.599 € | 51.494 € | 50.358 € | 49.201 € | 48.024 € | 46.827 € | 45.594 € |
| 15.000 € | 68.465 € | 67.116 € | 65.749 € | 64.368 € | 62.948 € | 61.502 € | 60.030 € | 58.533 € | 56.992 € |
| 18.000 € | 82.157 € | 80.539 € | 78.898 € | 77.241 € | 75.537 € | 73.802 € | 72.036 € | 70.240 € | 68.391 € |
| 21.000 € | 95.850 € | 93.962 € | 92.048 € | 90.115 € | 88.127 € | 86.102 € | 84.042 € | 81.947 € | 79.789 € |
| 24.000 € | 109.543 € | 107.386 € | 105.198 € | 102.988 € | 100.716 € | 98.403 € | 96.048 € | 93.653 € | 91.187 € |
| 27.000 € | 123.236 € | 120.809 € | 118.347 € | 115.862 € | 113.306 € | 110.703 € | 108.054 € | 105.360 € | 102.586 € |
| 30.000 € | 136.929 € | 134.232 € | 131.497 € | 128.735 € | 125.895 € | 123.003 € | 120.060 € | 117.066 € | 113.984 € |
| 33.000 € | 150.622 € | 147.655 € | 144.647 € | 141.609 € | 138.485 € | 135.304 € | 132.066 € | 128.773 € | 125.383 € |
| 36.000 € | 164.315 € | 161.079 € | 157.797 € | 154.482 € | 151.074 € | 147.604 € | 144.072 € | 140.480 € | 136.781 € |
| 39.000 € | 178.008 € | 174.502 € | 170.946 € | 167.356 € | 163.664 € | 159.904 € | 156.078 € | 152.186 € | 148.180 € |
| 42.000 € | 178.008 € | 174.502 € | 170.946 € | 167.356 € | 163.664 € | 159.904 € | 156.078 € | 152.186 € | 148.180 € |
| 45.000 € | 178.008 € | 174.502 € | 170.946 € | 167.356 € | 163.664 € | 159.904 € | 156.078 € | 152.186 € | 148.180 € |
| 48.000 € | 178.008 € | 174.502 € | 170.946 € | 167.356 € | 163.664 € | 159.904 € | 156.078 € | 152.186 € | 148.180 € |
| 51.000 € | 178.008 € | 174.502 € | 170.946 € | 167.356 € | 163.664 € | 159.904 € | 156.078 € | 152.186 € | 148.180 € |
| 54.000 € | 178.008 € | 174.502 € | 170.946 € | 167.356 € | 163.664 € | 159.904 € | 156.078 € | 152.186 € | 148.180 € |
| 57.000 € | 178.008 € | 174.502 € | 170.946 € | 167.356 € | 163.664 € | 159.904 € | 156.078 € | 152.186 € | 148.180 € |
| 60.000 € | 178.008 € | 174.502 € | 170.946 € | 167.356 € | 163.664 € | 159.904 € | 156.078 € | 152.186 € | 148.180 € |
| 63.000 € | 178.008 € | 174.502 € | 170.946 € | 167.356 € | 163.664 € | 159.904 € | 156.078 € | 152.186 € | 148.180 € |
| 66.000 € | 178.008 € | 174.502 € | 170.946 € | 167.356 € | 163.664 € | 159.904 € | 156.078 € | 152.186 € | 148.180 € |
| 69.000 € | 178.008 € | 174.502 € | 170.946 € | 167.356 € | 163.664 € | 159.904 € | 156.078 € | 152.186 € | 148.180 € |
| 72.000 € | 178.008 € | 174.502 € | 170.946 € | 167.356 € | 163.664 € | 159.904 € | 156.078 € | 152.186 € | 148.180 € |
| 75.000 € | 178.008 € | 174.502 € | 170.946 € | 167.356 € | 163.664 € | 159.904 € | 156.078 € | 152.186 € | 148.180 € |
| 78.000 € | 178.008 € | 174.502 € | 170.946 € | 167.356 € | 163.664 € | 159.904 € | 156.078 € | 152.186 € | 148.180 € |
| 81.000 € | 178.008 € | 174.502 € | 170.946 € | 167.356 € | 163.664 € | 159.904 € | 156.078 € | 152.186 € | 148.180 € |
| 84.000 € | 178.008 € | 174.502 € | 170.946 € | 167.356 € | 163.664 € | 159.904 € | 156.078 € | 152.186 € | 148.180 € |
| 87.000 € | 178.008 € | 174.502 € | 170.946 € | 167.356 € | 163.664 € | 159.904 € | 156.078 € | 152.186 € | 148.180 € |
| 90.000 € | 178.008 € | 174.502 € | 170.946 € | 167.356 € | 163.664 € | 159.904 € | 156.078 € | 152.186 € | 148.180 € |
| 93.000 € | 178.008 € | 174.502 € | 170.946 € | 167.356 € | 163.664 € | 159.904 € | 156.078 € | 152.186 € | 148.180 € |
| 96.000 € | 178.008 € | 174.502 € | 170.946 € | 167.356 € | 163.664 € | 159.904 € | 156.078 € | 152.186 € | 148.180 € |
| 99.000 € | 178.008 € | 174.502 € | 170.946 € | 167.356 € | 163.664 € | 159.904 € | 156.078 € | 152.186 € | 148.180 € |
| 102.000 € | 178.008 € | 174.502 € | 170.946 € | 167.356 € | 163.664 € | 159.904 € | 156.078 € | 152.186 € | 148.180 € |
| 105.000 € | 178.008 € | 174.502 € | 170.946 € | 167.356 € | 163.664 € | 159.904 € | 156.078 € | 152.186 € | 148.180 € |
| 108.000 € | 178.008 € | 174.502 € | 170.946 € | 167.356 € | 163.664 € | 159.904 € | 156.078 € | 152.186 € | 148.180 € |
| 111.000 € | 178.008 € | 174.502 € | 170.946 € | 167.356 € | 163.664 € | 159.904 € | 156.078 € | 152.186 € | 148.180 € |
| 114.000 € | 178.008 € | 174.502 € | 170.946 € | 167.356 € | 163.664 € | 159.904 € | 156.078 € | 152.186 € | 148.180 € |
| 117.000 € | 178.008 € | 174.502 € | 170.946 € | 167.356 € | 163.664 € | 159.904 € | 156.078 € | 152.186 € | 148.180 € |
| 120.000 € | 178.008 € | 174.502 € | 170.946 € | 167.356 € | 163.664 € | 159.904 € | 156.078 € | 152.186 € | 148.180 € |

## TABLA 1.C.2.d
## Lucro cesante del hijo/a con discapacidad

| Ingreso neto | Edad del hijo/a | | | | | | | | |
|---|---|---|---|---|---|---|---|---|---|
| Hasta | 54 | 55 | 56 | 57 | 58 | 59 | 60 | 61 | 62 |
| 9.000 € | 33.223 € | 32.348 € | 31.531 € | 30.742 € | 29.948 € | 29.149 € | 28.342 € | 27.516 € | 26.674 € |
| 12.000 € | 44.297 € | 43.131 € | 42.042 € | 40.989 € | 39.931 € | 38.865 € | 37.789 € | 36.688 € | 35.565 € |
| 15.000 € | 55.371 € | 53.913 € | 52.552 € | 51.237 € | 49.913 € | 48.581 € | 47.236 € | 45.860 € | 44.457 € |
| 18.000 € | 66.445 € | 64.696 € | 63.062 € | 61.484 € | 59.896 € | 58.297 € | 56.683 € | 55.032 € | 53.348 € |
| 21.000 € | 77.519 € | 75.479 € | 73.573 € | 71.731 € | 69.879 € | 68.013 € | 66.130 € | 64.205 € | 62.239 € |
| 24.000 € | 88.594 € | 86.261 € | 84.083 € | 81.979 € | 79.862 € | 77.729 € | 75.577 € | 73.377 € | 71.131 € |
| 27.000 € | 99.668 € | 97.044 € | 94.594 € | 92.226 € | 89.844 € | 87.446 € | 85.025 € | 82.549 € | 80.022 € |
| 30.000 € | 110.742 € | 107.827 € | 105.104 € | 102.474 € | 99.827 € | 97.162 € | 94.472 € | 91.721 € | 88.914 € |
| 33.000 € | 121.816 € | 118.609 € | 115.614 € | 112.721 € | 109.810 € | 106.878 € | 103.919 € | 100.893 € | 97.805 € |
| 36.000 € | 132.890 € | 129.392 € | 126.125 € | 122.968 € | 119.792 € | 116.594 € | 113.366 € | 110.065 € | 106.696 € |
| 39.000 € | 143.964 € | 140.174 € | 136.635 € | 133.216 € | 129.775 € | 126.310 € | 122.813 € | 119.237 € | 115.588 € |
| 42.000 € | 143.964 € | 140.174 € | 136.635 € | 133.216 € | 129.775 € | 126.310 € | 122.813 € | 119.237 € | 115.588 € |
| 45.000 € | 143.964 € | 140.174 € | 136.635 € | 133.216 € | 129.775 € | 126.310 € | 122.813 € | 119.237 € | 115.588 € |
| 48.000 € | 143.964 € | 140.174 € | 136.635 € | 133.216 € | 129.775 € | 126.310 € | 122.813 € | 119.237 € | 115.588 € |
| 51.000 € | 143.964 € | 140.174 € | 136.635 € | 133.216 € | 129.775 € | 126.310 € | 122.813 € | 119.237 € | 115.588 € |
| 54.000 € | 143.964 € | 140.174 € | 136.635 € | 133.216 € | 129.775 € | 126.310 € | 122.813 € | 119.237 € | 115.588 € |
| 57.000 € | 143.964 € | 140.174 € | 136.635 € | 133.216 € | 129.775 € | 126.310 € | 122.813 € | 119.237 € | 115.588 € |
| 60.000 € | 143.964 € | 140.174 € | 136.635 € | 133.216 € | 129.775 € | 126.310 € | 122.813 € | 119.237 € | 115.588 € |
| 63.000 € | 143.964 € | 140.174 € | 136.635 € | 133.216 € | 129.775 € | 126.310 € | 122.813 € | 119.237 € | 115.588 € |
| 66.000 € | 143.964 € | 140.174 € | 136.635 € | 133.216 € | 129.775 € | 126.310 € | 122.813 € | 119.237 € | 115.588 € |
| 69.000 € | 143.964 € | 140.174 € | 136.635 € | 133.216 € | 129.775 € | 126.310 € | 122.813 € | 119.237 € | 115.588 € |
| 72.000 € | 143.964 € | 140.174 € | 136.635 € | 133.216 € | 129.775 € | 126.310 € | 122.813 € | 119.237 € | 115.588 € |
| 75.000 € | 143.964 € | 140.174 € | 136.635 € | 133.216 € | 129.775 € | 126.310 € | 122.813 € | 119.237 € | 115.588 € |
| 78.000 € | 143.964 € | 140.174 € | 136.635 € | 133.216 € | 129.775 € | 126.310 € | 122.813 € | 119.237 € | 115.588 € |
| 81.000 € | 143.964 € | 140.174 € | 136.635 € | 133.216 € | 129.775 € | 126.310 € | 122.813 € | 119.237 € | 115.588 € |
| 84.000 € | 143.964 € | 140.174 € | 136.635 € | 133.216 € | 129.775 € | 126.310 € | 122.813 € | 119.237 € | 115.588 € |
| 87.000 € | 143.964 € | 140.174 € | 136.635 € | 133.216 € | 129.775 € | 126.310 € | 122.813 € | 119.237 € | 115.588 € |
| 90.000 € | 143.964 € | 140.174 € | 136.635 € | 133.216 € | 129.775 € | 126.310 € | 122.813 € | 119.237 € | 115.588 € |
| 93.000 € | 143.964 € | 140.174 € | 136.635 € | 133.216 € | 129.775 € | 126.310 € | 122.813 € | 119.237 € | 115.588 € |
| 96.000 € | 143.964 € | 140.174 € | 136.635 € | 133.216 € | 129.775 € | 126.310 € | 122.813 € | 119.237 € | 115.588 € |
| 99.000 € | 143.964 € | 140.174 € | 136.635 € | 133.216 € | 129.775 € | 126.310 € | 122.813 € | 119.237 € | 115.588 € |
| 102.000 € | 143.964 € | 140.174 € | 136.635 € | 133.216 € | 129.775 € | 126.310 € | 122.813 € | 119.237 € | 115.588 € |
| 105.000 € | 143.964 € | 140.174 € | 136.635 € | 133.216 € | 129.775 € | 126.310 € | 122.813 € | 119.237 € | 115.588 € |
| 108.000 € | 143.964 € | 140.174 € | 136.635 € | 133.216 € | 129.775 € | 126.310 € | 122.813 € | 119.237 € | 115.588 € |
| 111.000 € | 143.964 € | 140.174 € | 136.635 € | 133.216 € | 129.775 € | 126.310 € | 122.813 € | 119.237 € | 115.588 € |
| 114.000 € | 143.964 € | 140.174 € | 136.635 € | 133.216 € | 129.775 € | 126.310 € | 122.813 € | 119.237 € | 115.588 € |
| 117.000 € | 143.964 € | 140.174 € | 136.635 € | 133.216 € | 129.775 € | 126.310 € | 122.813 € | 119.237 € | 115.588 € |
| 120.000 € | 143.964 € | 140.174 € | 136.635 € | 133.216 € | 129.775 € | 126.310 € | 122.813 € | 119.237 € | 115.588 € |

# TABLA 1.C.2.d
## Lucro cesante del hijo/a con discapacidad

| Ingreso neto | Edad del hijo/a | | | | | | |
|---|---|---|---|---|---|---|---|
| Hasta | 63 | 64 | 65 | 66 | 67 | 68 | 69 o más |
| 9.000 € | 25.855 € | 25.042 € | 24.169 € | 23.334 € | 22.502 € | 21.671 € | 20.811 € |
| 12.000 € | 34.473 € | 33.390 € | 32.226 € | 31.112 € | 30.003 € | 28.895 € | 27.748 € |
| 15.000 € | 43.091 € | 41.737 € | 40.282 € | 38.891 € | 37.503 € | 36.119 € | 34.685 € |
| 18.000 € | 51.710 € | 50.085 € | 48.339 € | 46.669 € | 45.004 € | 43.343 € | 41.621 € |
| 21.000 € | 60.328 € | 58.432 € | 56.395 € | 54.447 € | 52.504 € | 50.566 € | 48.558 € |
| 24.000 € | 68.946 € | 66.780 € | 64.451 € | 62.225 € | 60.005 € | 57.790 € | 55.495 € |
| 27.000 € | 77.564 € | 75.127 € | 72.508 € | 70.003 € | 67.506 € | 65.014 € | 62.432 € |
| 30.000 € | 86.183 € | 83.474 € | 80.564 € | 77.781 € | 75.006 € | 72.238 € | 69.369 € |
| 33.000 € | 94.801 € | 91.822 € | 88.621 € | 85.559 € | 82.507 € | 79.462 € | 76.306 € |
| 36.000 € | 103.419 € | 100.169 € | 96.677 € | 93.337 € | 90.008 € | 86.685 € | 83.243 € |
| 39.000 € | 112.037 € | 108.517 € | 104.734 € | 101.116 € | 97.508 € | 93.909 € | 90.180 € |
| 42.000 € | 112.037 € | 108.517 € | 104.734 € | 101.116 € | 97.508 € | 93.909 € | 90.180 € |
| 45.000 € | 112.037 € | 108.517 € | 104.734 € | 101.116 € | 97.508 € | 93.909 € | 90.180 € |
| 48.000 € | 112.037 € | 108.517 € | 104.734 € | 101.116 € | 97.508 € | 93.909 € | 90.180 € |
| 51.000 € | 112.037 € | 108.517 € | 104.734 € | 101.116 € | 97.508 € | 93.909 € | 90.180 € |
| 54.000 € | 112.037 € | 108.517 € | 104.734 € | 101.116 € | 97.508 € | 93.909 € | 90.180 € |
| 57.000 € | 112.037 € | 108.517 € | 104.734 € | 101.116 € | 97.508 € | 93.909 € | 90.180 € |
| 60.000 € | 112.037 € | 108.517 € | 104.734 € | 101.116 € | 97.508 € | 93.909 € | 90.180 € |
| 63.000 € | 112.037 € | 108.517 € | 104.734 € | 101.116 € | 97.508 € | 93.909 € | 90.180 € |
| 66.000 € | 112.037 € | 108.517 € | 104.734 € | 101.116 € | 97.508 € | 93.909 € | 90.180 € |
| 69.000 € | 112.037 € | 108.517 € | 104.734 € | 101.116 € | 97.508 € | 93.909 € | 90.180 € |
| 72.000 € | 112.037 € | 108.517 € | 104.734 € | 101.116 € | 97.508 € | 93.909 € | 90.180 € |
| 75.000 € | 112.037 € | 108.517 € | 104.734 € | 101.116 € | 97.508 € | 93.909 € | 90.180 € |
| 78.000 € | 112.037 € | 108.517 € | 104.734 € | 101.116 € | 97.508 € | 93.909 € | 90.180 € |
| 81.000 € | 112.037 € | 108.517 € | 104.734 € | 101.116 € | 97.508 € | 93.909 € | 90.180 € |
| 84.000 € | 112.037 € | 108.517 € | 104.734 € | 101.116 € | 97.508 € | 93.909 € | 90.180 € |
| 87.000 € | 112.037 € | 108.517 € | 104.734 € | 101.116 € | 97.508 € | 93.909 € | 90.180 € |
| 90.000 € | 112.037 € | 108.517 € | 104.734 € | 101.116 € | 97.508 € | 93.909 € | 90.180 € |
| 93.000 € | 112.037 € | 108.517 € | 104.734 € | 101.116 € | 97.508 € | 93.909 € | 90.180 € |
| 96.000 € | 112.037 € | 108.517 € | 104.734 € | 101.116 € | 97.508 € | 93.909 € | 90.180 € |
| 99.000 € | 112.037 € | 108.517 € | 104.734 € | 101.116 € | 97.508 € | 93.909 € | 90.180 € |
| 102.000 € | 112.037 € | 108.517 € | 104.734 € | 101.116 € | 97.508 € | 93.909 € | 90.180 € |
| 105.000 € | 112.037 € | 108.517 € | 104.734 € | 101.116 € | 97.508 € | 93.909 € | 90.180 € |
| 108.000 € | 112.037 € | 108.517 € | 104.734 € | 101.116 € | 97.508 € | 93.909 € | 90.180 € |
| 111.000 € | 112.037 € | 108.517 € | 104.734 € | 101.116 € | 97.508 € | 93.909 € | 90.180 € |
| 114.000 € | 112.037 € | 108.517 € | 104.734 € | 101.116 € | 97.508 € | 93.909 € | 90.180 € |
| 117.000 € | 112.037 € | 108.517 € | 104.734 € | 101.116 € | 97.508 € | 93.909 € | 90.180 € |
| 120.000 € | 112.037 € | 108.517 € | 104.734 € | 101.116 € | 97.508 € | 93.909 € | 90.180 € |

## TABLA 1.C.3
## Lucro cesante del padre o madre

| Ingreso neto | Edad del padre/madre | | | | | | | | |
|---|---|---|---|---|---|---|---|---|---|
| Hasta | Hasta 46 | 47 | 48 | 49 | 50 | 51 | 52 | 53 | 54 |
| 9.000 € | 11.408 € | 10.975 € | 10.550 € | 10.130 € | 9.717 € | 9.310 € | 8.911 € | 8.520 € | 8.134 € |
| 12.000 € | 15.210 € | 14.634 € | 14.067 € | 13.507 € | 12.956 € | 12.414 € | 11.882 € | 11.360 € | 10.846 € |
| 15.000 € | 19.013 € | 18.292 € | 17.583 € | 16.883 € | 16.194 € | 15.517 € | 14.852 € | 14.201 € | 13.557 € |
| 18.000 € | 22.815 € | 21.950 € | 21.100 € | 20.260 € | 19.433 € | 18.621 € | 17.823 € | 17.041 € | 16.269 € |
| 21.000 € | 26.618 € | 25.609 € | 24.616 € | 23.637 € | 22.672 € | 21.724 € | 20.793 € | 19.881 € | 18.980 € |
| 24.000 € | 30.334 € | 29.204 € | 28.092 € | 26.995 € | 25.911 € | 24.828 € | 23.764 € | 22.721 € | 21.692 € |
| 27.000 € | 33.850 € | 32.579 € | 31.329 € | 30.095 € | 28.880 € | 27.686 € | 26.514 € | 25.365 € | 24.231 € |
| 30.000 € | 37.367 € | 35.955 € | 34.566 € | 33.195 € | 31.846 € | 30.520 € | 29.218 € | 27.942 € | 26.683 € |
| 33.000 € | 40.883 € | 39.330 € | 37.803 € | 36.296 € | 34.812 € | 33.354 € | 31.922 € | 30.519 € | 29.134 € |
| 36.000 € | 44.399 € | 42.705 € | 41.040 € | 39.396 € | 37.778 € | 36.188 € | 34.627 € | 33.096 € | 31.586 € |
| 39.000 € | 47.915 € | 46.081 € | 44.277 € | 42.497 € | 40.744 € | 39.022 € | 37.331 € | 35.673 € | 34.038 € |
| 42.000 € | 51.431 € | 49.456 € | 47.514 € | 45.597 € | 43.710 € | 41.856 € | 40.035 € | 38.250 € | 36.490 € |
| 45.000 € | 54.947 € | 52.832 € | 50.751 € | 48.697 € | 46.676 € | 44.690 € | 42.739 € | 40.827 € | 38.942 € |
| 48.000 € | 58.463 € | 56.207 € | 53.988 € | 51.798 € | 49.642 € | 47.524 € | 45.444 € | 43.405 € | 41.393 € |
| 51.000 € | 69.771 € | 67.244 € | 64.757 € | 62.297 € | 59.873 € | 57.487 € | 55.141 € | 52.837 € | 50.560 € |
| 54.000 € | 90.268 € | 87.319 € | 84.410 € | 81.524 € | 78.673 € | 75.860 € | 73.087 € | 70.357 € | 67.649 € |
| 57.000 € | 110.766 € | 107.394 € | 104.062 € | 100.751 € | 97.474 € | 94.234 € | 91.033 € | 87.877 € | 84.737 € |
| 60.000 € | 131.264 € | 127.469 € | 123.715 € | 119.978 € | 116.275 € | 112.607 € | 108.979 € | 105.396 € | 101.825 € |
| 63.000 € | 151.762 € | 147.544 € | 143.368 € | 139.205 € | 135.075 € | 130.981 € | 126.925 € | 122.916 € | 118.914 € |
| 66.000 € | 172.260 € | 167.619 € | 163.021 € | 158.433 € | 153.876 € | 149.354 € | 144.872 € | 140.436 € | 136.002 € |
| 69.000 € | 192.758 € | 187.694 € | 182.673 € | 177.660 € | 172.676 € | 167.727 € | 162.818 € | 157.955 € | 153.090 € |
| 72.000 € | 213.255 € | 207.769 € | 202.326 € | 196.887 € | 191.477 € | 186.101 € | 180.764 € | 175.475 € | 170.179 € |
| 75.000 € | 233.753 € | 227.844 € | 221.979 € | 216.114 € | 210.277 € | 204.474 € | 198.710 € | 192.995 € | 187.267 € |
| 78.000 € | 254.251 € | 247.920 € | 241.632 € | 235.341 € | 229.078 € | 222.848 € | 216.656 € | 210.514 € | 204.355 € |
| 81.000 € | 274.749 € | 267.995 € | 261.284 € | 254.568 € | 247.878 € | 241.221 € | 234.603 € | 228.034 € | 221.443 € |
| 84.000 € | 295.247 € | 288.070 € | 280.937 € | 273.795 € | 266.679 € | 259.594 € | 252.549 € | 245.554 € | 238.532 € |
| 87.000 € | 315.744 € | 308.145 € | 300.590 € | 293.022 € | 285.479 € | 277.968 € | 270.495 € | 263.073 € | 255.620 € |
| 90.000 € | 336.242 € | 328.220 € | 320.243 € | 312.250 € | 304.280 € | 296.341 € | 288.441 € | 280.593 € | 272.708 € |
| 93.000 € | 356.740 € | 348.295 € | 339.896 € | 331.477 € | 323.081 € | 314.715 € | 306.387 € | 298.113 € | 289.797 € |
| 96.000 € | 377.238 € | 368.370 € | 359.548 € | 350.704 € | 341.881 € | 333.088 € | 324.334 € | 315.633 € | 306.885 € |
| 99.000 € | 397.736 € | 388.445 € | 379.201 € | 369.931 € | 360.682 € | 351.462 € | 342.280 € | 333.152 € | 323.973 € |
| 102.000 € | 418.234 € | 408.520 € | 398.854 € | 389.158 € | 379.482 € | 369.835 € | 360.226 € | 350.672 € | 341.062 € |
| 105.000 € | 438.731 € | 428.595 € | 418.507 € | 408.385 € | 398.283 € | 388.208 € | 378.172 € | 368.192 € | 358.150 € |
| 108.000 € | 459.229 € | 448.670 € | 438.159 € | 427.612 € | 417.083 € | 406.582 € | 396.118 € | 385.711 € | 375.238 € |
| 111.000 € | 479.727 € | 468.745 € | 457.812 € | 446.839 € | 435.884 € | 424.955 € | 414.065 € | 403.231 € | 392.327 € |
| 114.000 € | 500.225 € | 488.820 € | 477.465 € | 466.067 € | 454.684 € | 443.329 € | 432.011 € | 420.751 € | 409.415 € |
| 117.000 € | 520.723 € | 508.895 € | 497.118 € | 485.294 € | 473.485 € | 461.702 € | 449.957 € | 438.270 € | 426.503 € |
| 120.000 € | 541.220 € | 528.970 € | 516.770 € | 504.521 € | 492.285 € | 480.076 € | 467.903 € | 455.790 € | 443.591 € |

## TABLA 1.C.3
## Lucro cesante del padre o madre

| Ingreso neto | Edad del padre/madre | | | | | | | | |
|---|---|---|---|---|---|---|---|---|---|
| Hasta | 55 | 56 | 57 | 58 | 59 | 60 | 61 | 62 | 63 |
| 9.000 € | 7.756 € | 7.382 € | 7.019 € | 6.662 € | 6.313 € | 5.972 € | 5.639 € | 5.312 € | 4.997 € |
| 12.000 € | 10.341 € | 9.843 € | 9.358 € | 8.882 € | 8.417 € | 7.963 € | 7.518 € | 7.083 € | 6.663 € |
| 15.000 € | 12.926 € | 12.303 € | 11.698 € | 11.103 € | 10.522 € | 9.954 € | 9.398 € | 8.854 € | 8.329 € |
| 18.000 € | 15.511 € | 14.764 € | 14.037 € | 13.323 € | 12.626 € | 11.945 € | 11.277 € | 10.624 € | 9.995 € |
| 21.000 € | 18.096 € | 17.224 € | 16.377 € | 15.544 € | 14.730 € | 13.935 € | 13.157 € | 12.395 € | 11.660 € |
| 24.000 € | 20.681 € | 19.685 € | 18.716 € | 17.765 € | 16.835 € | 15.926 € | 15.036 € | 14.166 € | 13.326 € |
| 27.000 € | 23.117 € | 22.020 € | 20.952 € | 19.904 € | 18.880 € | 17.880 € | 16.900 € | 15.937 € | 14.992 € |
| 30.000 € | 25.446 € | 24.227 € | 23.042 € | 21.878 € | 20.741 € | 19.630 € | 18.542 € | 17.479 € | 16.452 € |
| 33.000 € | 27.775 € | 26.435 € | 25.132 € | 23.852 € | 22.602 € | 21.381 € | 20.185 € | 19.015 € | 17.887 € |
| 36.000 € | 30.104 € | 28.642 € | 27.221 € | 25.826 € | 24.463 € | 23.131 € | 21.827 € | 20.552 € | 19.322 € |
| 39.000 € | 32.433 € | 30.850 € | 29.311 € | 27.800 € | 26.324 € | 24.882 € | 23.469 € | 22.089 € | 20.756 € |
| 42.000 € | 34.761 € | 33.058 € | 31.401 € | 29.774 € | 28.185 € | 26.632 € | 25.112 € | 23.625 € | 22.191 € |
| 45.000 € | 37.090 € | 35.265 € | 33.491 € | 31.748 € | 30.046 € | 28.383 € | 26.754 € | 25.162 € | 23.626 € |
| 48.000 € | 39.419 € | 37.473 € | 35.580 € | 33.722 € | 31.907 € | 30.133 € | 28.396 € | 26.699 € | 25.060 € |
| 51.000 € | 48.321 € | 46.107 € | 43.952 € | 41.830 € | 39.752 € | 37.716 € | 35.717 € | 33.756 € | 31.859 € |
| 54.000 € | 64.976 € | 62.323 € | 59.733 € | 57.173 € | 54.656 € | 52.180 € | 49.736 € | 47.326 € | 44.986 € |
| 57.000 € | 81.631 € | 78.540 € | 75.515 € | 72.516 € | 69.560 € | 66.644 € | 63.755 € | 60.896 € | 58.113 € |
| 60.000 € | 98.286 € | 94.756 € | 91.297 € | 87.860 € | 84.464 € | 81.108 € | 77.774 € | 74.466 € | 71.240 € |
| 63.000 € | 114.941 € | 110.972 € | 107.078 € | 103.203 € | 99.369 € | 95.571 € | 91.793 € | 88.036 € | 84.366 € |
| 66.000 € | 131.596 € | 127.188 € | 122.860 € | 118.546 € | 114.273 € | 110.035 € | 105.812 € | 101.606 € | 97.493 € |
| 69.000 € | 148.251 € | 143.404 € | 138.642 € | 133.890 € | 129.177 € | 124.499 € | 119.831 € | 115.177 € | 110.620 € |
| 72.000 € | 164.906 € | 159.620 € | 154.424 € | 149.233 € | 144.081 € | 138.963 € | 133.850 € | 128.747 € | 123.747 € |
| 75.000 € | 181.562 € | 175.836 € | 170.205 € | 164.576 € | 158.986 € | 153.427 € | 147.869 € | 142.317 € | 136.874 € |
| 78.000 € | 198.217 € | 192.053 € | 185.987 € | 179.919 € | 173.890 € | 167.890 € | 161.888 € | 155.887 € | 150.000 € |
| 81.000 € | 214.872 € | 208.269 € | 201.769 € | 195.263 € | 188.794 € | 182.354 € | 175.907 € | 169.457 € | 163.127 € |
| 84.000 € | 231.527 € | 224.485 € | 217.550 € | 210.606 € | 203.699 € | 196.818 € | 189.926 € | 183.027 € | 176.254 € |
| 87.000 € | 248.182 € | 240.701 € | 233.332 € | 225.949 € | 218.603 € | 211.282 € | 203.945 € | 196.597 € | 189.381 € |
| 90.000 € | 264.837 € | 256.917 € | 249.114 € | 241.293 € | 233.507 € | 225.746 € | 217.964 € | 210.167 € | 202.508 € |
| 93.000 € | 281.492 € | 273.133 € | 264.895 € | 256.636 € | 248.411 € | 240.209 € | 231.983 € | 223.737 € | 215.634 € |
| 96.000 € | 298.148 € | 289.349 € | 280.677 € | 271.979 € | 263.316 € | 254.673 € | 246.002 € | 237.307 € | 228.761 € |
| 99.000 € | 314.803 € | 305.566 € | 296.459 € | 287.323 € | 278.220 € | 269.137 € | 260.021 € | 250.877 € | 241.888 € |
| 102.000 € | 331.458 € | 321.782 € | 312.240 € | 302.666 € | 293.124 € | 283.601 € | 274.040 € | 264.447 € | 255.015 € |
| 105.000 € | 348.113 € | 337.998 € | 328.022 € | 318.009 € | 308.028 € | 298.064 € | 288.059 € | 278.017 € | 268.141 € |
| 108.000 € | 364.768 € | 354.214 € | 343.804 € | 333.353 € | 322.933 € | 312.528 € | 302.078 € | 291.587 € | 281.268 € |
| 111.000 € | 381.423 € | 370.430 € | 359.586 € | 348.696 € | 337.837 € | 326.992 € | 316.097 € | 305.157 € | 294.395 € |
| 114.000 € | 398.078 € | 386.646 € | 375.367 € | 364.039 € | 352.741 € | 341.456 € | 330.116 € | 318.727 € | 307.522 € |
| 117.000 € | 414.734 € | 402.862 € | 391.149 € | 379.383 € | 367.645 € | 355.920 € | 344.135 € | 332.297 € | 320.649 € |
| 120.000 € | 431.389 € | 419.078 € | 406.931 € | 394.726 € | 382.550 € | 370.383 € | 358.154 € | 345.867 € | 333.775 € |

## TABLA 1.C.3
## Lucro cesante del padre o madre

| Ingreso neto | | | | | | | | | Edad |
|---|---|---|---|---|---|---|---|---|---|
| Hasta | 64 | 65 | 66 | 67 | 68 | 69 | 70 | 71 | 72 |
| 9.000 € | 4.692 € | 4.391 € | 4.102 € | 3.822 € | 3.554 € | 3.295 € | 3.042 € | 3.000 € | 3.000 € |
| 12.000 € | 6.256 € | 5.854 € | 5.469 € | 5.096 € | 4.738 € | 4.393 € | 4.056 € | 3.741 € | 3.440 € |
| 15.000 € | 7.820 € | 7.318 € | 6.836 € | 6.370 € | 5.923 € | 5.491 € | 5.070 € | 4.677 € | 4.300 € |
| 18.000 € | 9.384 € | 8.782 € | 8.204 € | 7.644 € | 7.108 € | 6.589 € | 6.084 € | 5.612 € | 5.160 € |
| 21.000 € | 10.948 € | 10.245 € | 9.571 € | 8.918 € | 8.292 € | 7.687 € | 7.098 € | 6.547 € | 6.020 € |
| 24.000 € | 12.512 € | 11.709 € | 10.938 € | 10.192 € | 9.477 € | 8.785 € | 8.112 € | 7.483 € | 6.880 € |
| 27.000 € | 14.076 € | 13.172 € | 12.306 € | 11.466 € | 10.661 € | 9.884 € | 9.126 € | 8.418 € | 7.740 € |
| 30.000 € | 15.458 € | 14.477 € | 13.536 € | 12.626 € | 11.754 € | 10.911 € | 10.090 € | 9.324 € | 8.592 € |
| 33.000 € | 16.794 € | 15.715 € | 14.681 € | 13.680 € | 12.721 € | 11.794 € | 10.892 € | 10.049 € | 9.242 € |
| 36.000 € | 18.130 € | 16.954 € | 15.826 € | 14.734 € | 13.688 € | 12.677 € | 11.693 € | 10.774 € | 9.893 € |
| 39.000 € | 19.465 € | 18.192 € | 16.971 € | 15.788 € | 14.655 € | 13.560 € | 12.494 € | 11.498 € | 10.544 € |
| 42.000 € | 20.801 € | 19.430 € | 18.116 € | 16.843 € | 15.622 € | 14.444 € | 13.296 € | 12.223 € | 11.195 € |
| 45.000 € | 22.137 € | 20.669 € | 19.260 € | 17.897 € | 16.590 € | 15.327 € | 14.097 € | 12.947 € | 11.846 € |
| 48.000 € | 23.473 € | 21.907 € | 20.405 € | 18.951 € | 17.557 € | 16.210 € | 14.899 € | 13.672 € | 12.497 € |
| 51.000 € | 30.015 € | 28.187 € | 26.429 € | 24.719 € | 23.073 € | 21.475 € | 19.908 € | 18.438 € | 17.022 € |
| 54.000 € | 42.700 € | 40.416 € | 38.208 € | 36.047 € | 33.955 € | 31.908 € | 29.882 € | 27.972 € | 26.116 € |
| 57.000 € | 55.385 € | 52.645 € | 49.988 € | 47.375 € | 44.837 € | 42.341 € | 39.855 € | 37.506 € | 35.211 € |
| 60.000 € | 68.070 € | 64.873 € | 61.767 € | 58.703 € | 55.719 € | 52.774 € | 49.828 € | 47.040 € | 44.306 € |
| 63.000 € | 80.755 € | 77.102 € | 73.546 € | 70.031 € | 66.601 € | 63.207 € | 59.802 € | 56.574 € | 53.400 € |
| 66.000 € | 93.441 € | 89.330 € | 85.326 € | 81.359 € | 77.483 € | 73.641 € | 69.775 € | 66.108 € | 62.495 € |
| 69.000 € | 106.126 € | 101.559 € | 97.105 € | 92.688 € | 88.365 € | 84.074 € | 79.749 € | 75.642 € | 71.589 € |
| 72.000 € | 118.811 € | 113.788 € | 108.884 € | 104.016 € | 99.247 € | 94.507 € | 89.722 € | 85.176 € | 80.684 € |
| 75.000 € | 131.496 € | 126.016 € | 120.664 € | 115.344 € | 110.129 € | 104.940 € | 99.695 € | 94.710 € | 89.779 € |
| 78.000 € | 144.181 € | 138.245 € | 132.443 € | 126.672 € | 121.011 € | 115.374 € | 109.669 € | 104.244 € | 98.873 € |
| 81.000 € | 156.866 € | 150.473 € | 144.222 € | 138.000 € | 131.893 € | 125.807 € | 119.642 € | 113.778 € | 107.968 € |
| 84.000 € | 169.551 € | 162.702 € | 156.002 € | 149.328 € | 142.775 € | 136.240 € | 129.616 € | 123.312 € | 117.063 € |
| 87.000 € | 182.236 € | 174.931 € | 167.781 € | 160.656 € | 153.657 € | 146.673 € | 139.589 € | 132.846 € | 126.157 € |
| 90.000 € | 194.921 € | 187.159 € | 179.560 € | 171.984 € | 164.539 € | 157.107 € | 149.563 € | 142.380 € | 135.252 € |
| 93.000 € | 207.606 € | 199.388 € | 191.340 € | 183.313 € | 175.421 € | 167.540 € | 159.536 € | 151.914 € | 144.346 € |
| 96.000 € | 220.291 € | 211.616 € | 203.119 € | 194.641 € | 186.304 € | 177.973 € | 169.509 € | 161.448 € | 153.441 € |
| 99.000 € | 232.976 € | 223.845 € | 214.898 € | 205.969 € | 197.186 € | 188.406 € | 179.483 € | 170.982 € | 162.536 € |
| 102.000 € | 245.661 € | 236.074 € | 226.678 € | 217.297 € | 208.068 € | 198.839 € | 189.456 € | 180.516 € | 171.630 € |
| 105.000 € | 258.346 € | 248.302 € | 238.457 € | 228.625 € | 218.950 € | 209.273 € | 199.430 € | 190.050 € | 180.725 € |
| 108.000 € | 271.031 € | 260.531 € | 250.236 € | 239.953 € | 229.832 € | 219.706 € | 209.403 € | 199.584 € | 189.819 € |
| 111.000 € | 283.716 € | 272.759 € | 262.016 € | 251.281 € | 240.714 € | 230.139 € | 219.376 € | 209.118 € | 198.914 € |
| 114.000 € | 296.401 € | 284.988 € | 273.795 € | 262.609 € | 251.596 € | 240.572 € | 229.350 € | 218.652 € | 208.009 € |
| 117.000 € | 309.086 € | 297.217 € | 285.574 € | 273.938 € | 262.478 € | 251.006 € | 239.323 € | 228.186 € | 217.103 € |
| 120.000 € | 321.771 € | 309.445 € | 297.354 € | 285.266 € | 273.360 € | 261.439 € | 249.297 € | 237.720 € | 226.198 € |

## TABLA 1.C.3
## Lucro cesante del padre o madre

| Ingreso neto | I del padre/madre | | | | | | | |
|---|---|---|---|---|---|---|---|---|
| Hasta | 73 | 74 | 75 | 76 | 77 | 78 | 79 | 80 | 81 |
| 9.000 € | 3.000 € | 3.000 € | 3.000 € | 3.000 € | 3.000 € | 3.000 € | 3.000 € | 3.000 € | 3.000 € |
| 12.000 € | 3.146 € | 3.000 € | 3.000 € | 3.000 € | 3.000 € | 3.000 € | 3.000 € | 3.000 € | 3.000 € |
| 15.000 € | 3.932 € | 3.592 € | 3.277 € | 3.000 € | 3.000 € | 3.000 € | 3.000 € | 3.000 € | 3.000 € |
| 18.000 € | 4.718 € | 4.310 € | 3.933 € | 3.573 € | 3.233 € | 3.000 € | 3.000 € | 3.000 € | 3.000 € |
| 21.000 € | 5.505 € | 5.029 € | 4.588 € | 4.168 € | 3.772 € | 3.403 € | 3.063 € | 3.000 € | 3.000 € |
| 24.000 € | 6.291 € | 5.747 € | 5.243 € | 4.764 € | 4.311 € | 3.889 € | 3.500 € | 3.136 € | 3.000 € |
| 27.000 € | 7.078 € | 6.466 € | 5.899 € | 5.359 € | 4.850 € | 4.376 € | 3.938 € | 3.528 € | 3.152 € |
| 30.000 € | 7.864 € | 7.184 € | 6.554 € | 5.955 € | 5.388 € | 4.862 € | 4.375 € | 3.921 € | 3.502 € |
| 33.000 € | 8.456 € | 7.728 € | 7.053 € | 6.413 € | 5.811 € | 5.253 € | 4.740 € | 4.264 € | 3.830 € |
| 36.000 € | 9.035 € | 8.240 € | 7.502 € | 6.802 € | 6.143 € | 5.532 € | 4.968 € | 4.443 € | 3.964 € |
| 39.000 € | 9.614 € | 8.752 € | 7.951 € | 7.191 € | 6.476 € | 5.810 € | 5.195 € | 4.623 € | 4.098 € |
| 42.000 € | 10.194 € | 9.264 € | 8.400 € | 7.581 € | 6.808 € | 6.089 € | 5.423 € | 4.803 € | 4.232 € |
| 45.000 € | 10.773 € | 9.776 € | 8.850 € | 7.970 € | 7.140 € | 6.367 € | 5.651 € | 4.982 € | 4.366 € |
| 48.000 € | 11.352 € | 10.288 € | 9.299 € | 8.359 € | 7.472 € | 6.646 € | 5.879 € | 5.162 € | 4.500 € |
| 51.000 € | 15.629 € | 14.329 € | 13.114 € | 11.950 € | 10.843 € | 9.802 € | 8.829 € | 7.910 € | 7.055 € |
| 54.000 € | 24.268 € | 22.532 € | 20.899 € | 19.318 € | 17.797 € | 16.354 € | 14.991 € | 13.690 € | 12.465 € |
| 57.000 € | 32.906 € | 30.734 € | 28.684 € | 26.686 € | 24.752 € | 22.906 € | 21.153 € | 19.469 € | 17.875 € |
| 60.000 € | 41.545 € | 38.937 € | 36.469 € | 34.054 € | 31.706 € | 29.457 € | 27.316 € | 25.248 € | 23.285 € |
| 63.000 € | 50.184 € | 47.140 € | 44.254 € | 41.421 € | 38.660 € | 36.009 € | 33.478 € | 31.027 € | 28.695 € |
| 66.000 € | 58.822 € | 55.343 € | 52.039 € | 48.789 € | 45.615 € | 42.560 € | 39.640 € | 36.806 € | 34.105 € |
| 69.000 € | 67.461 € | 63.545 € | 59.824 € | 56.157 € | 52.569 € | 49.112 € | 45.802 € | 42.585 € | 39.515 € |
| 72.000 € | 76.099 € | 71.748 € | 67.609 € | 63.525 € | 59.524 € | 55.664 € | 51.964 € | 48.364 € | 44.925 € |
| 75.000 € | 84.738 € | 79.951 € | 75.394 € | 70.893 € | 66.478 € | 62.215 € | 58.126 € | 54.143 € | 50.335 € |
| 78.000 € | 93.377 € | 88.153 € | 83.179 € | 78.261 € | 73.432 € | 68.767 € | 64.289 € | 59.923 € | 55.745 € |
| 81.000 € | 102.015 € | 96.356 € | 90.964 € | 85.628 € | 80.387 € | 75.319 € | 70.451 € | 65.702 € | 61.156 € |
| 84.000 € | 110.654 € | 104.559 € | 98.749 € | 92.996 € | 87.341 € | 81.870 € | 76.613 € | 71.481 € | 66.566 € |
| 87.000 € | 119.293 € | 112.761 € | 106.534 € | 100.364 € | 94.296 € | 88.422 € | 82.775 € | 77.260 € | 71.976 € |
| 90.000 € | 127.931 € | 120.964 € | 114.319 € | 107.732 € | 101.250 € | 94.974 € | 88.937 € | 83.039 € | 77.386 € |
| 93.000 € | 136.570 € | 129.167 € | 122.104 € | 115.100 € | 108.204 € | 101.525 € | 95.099 € | 88.818 € | 82.796 € |
| 96.000 € | 145.209 € | 137.369 € | 129.889 € | 122.468 € | 115.159 € | 108.077 € | 101.262 € | 94.597 € | 88.206 € |
| 99.000 € | 153.847 € | 145.572 € | 137.674 € | 129.835 € | 122.113 € | 114.629 € | 107.424 € | 100.376 € | 93.616 € |
| 102.000 € | 162.486 € | 153.775 € | 145.459 € | 137.203 € | 129.067 € | 121.180 € | 113.586 € | 106.156 € | 99.026 € |
| 105.000 € | 171.124 € | 161.978 € | 153.244 € | 144.571 € | 136.022 € | 127.732 € | 119.748 € | 111.935 € | 104.436 € |
| 108.000 € | 179.763 € | 170.180 € | 161.029 € | 151.939 € | 142.976 € | 134.284 € | 125.910 € | 117.714 € | 109.846 € |
| 111.000 € | 188.402 € | 178.383 € | 168.814 € | 159.307 € | 149.931 € | 140.835 € | 132.072 € | 123.493 € | 115.257 € |
| 114.000 € | 197.040 € | 186.586 € | 176.599 € | 166.675 € | 156.885 € | 147.387 € | 138.235 € | 129.272 € | 120.667 € |
| 117.000 € | 205.679 € | 194.788 € | 184.384 € | 174.042 € | 163.839 € | 153.939 € | 144.397 € | 135.051 € | 126.077 € |
| 120.000 € | 214.318 € | 202.991 € | 192.169 € | 181.410 € | 170.794 € | 160.490 € | 150.559 € | 140.830 € | 131.487 € |

## TABLA 1.C.3
## Lucro cesante del padre o madre

| Ingreso neto | Edad del padre/madre | | | | | | | | | |
|---|---|---|---|---|---|---|---|---|---|---|
| Hasta | 82 | 83 | 84 | 85 | 86 | 87 | 88 | 89 | 90 | 91 |
| 9.000 € | 3.000 € | 3.000 € | 3.000 € | 3.000 € | 3.000 € | 3.000 € | 3.000 € | 3.000 € | 3.000 € | 3.000 € |
| 12.000 € | 3.000 € | 3.000 € | 3.000 € | 3.000 € | 3.000 € | 3.000 € | 3.000 € | 3.000 € | 3.000 € | 3.000 € |
| 15.000 € | 3.000 € | 3.000 € | 3.000 € | 3.000 € | 3.000 € | 3.000 € | 3.000 € | 3.000 € | 3.000 € | 3.000 € |
| 18.000 € | 3.000 € | 3.000 € | 3.000 € | 3.000 € | 3.000 € | 3.000 € | 3.000 € | 3.000 € | 3.000 € | 3.000 € |
| 21.000 € | 3.000 € | 3.000 € | 3.000 € | 3.000 € | 3.000 € | 3.000 € | 3.000 € | 3.000 € | 3.000 € | 3.000 € |
| 24.000 € | 3.000 € | 3.000 € | 3.000 € | 3.000 € | 3.000 € | 3.000 € | 3.000 € | 3.000 € | 3.000 € | 3.000 € |
| 27.000 € | 3.000 € | 3.000 € | 3.000 € | 3.000 € | 3.000 € | 3.000 € | 3.000 € | 3.000 € | 3.000 € | 3.000 € |
| 30.000 € | 3.117 € | 3.000 € | 3.000 € | 3.000 € | 3.000 € | 3.000 € | 3.000 € | 3.000 € | 3.000 € | 3.000 € |
| 33.000 € | 3.429 € | 3.040 € | 3.000 € | 3.000 € | 3.000 € | 3.000 € | 3.000 € | 3.000 € | 3.000 € | 3.000 € |
| 36.000 € | 3.528 € | 3.130 € | 3.000 € | 3.000 € | 3.000 € | 3.000 € | 3.000 € | 3.000 € | 3.000 € | 3.000 € |
| 39.000 € | 3.618 € | 3.179 € | 3.000 € | 3.000 € | 3.000 € | 3.000 € | 3.000 € | 3.000 € | 3.000 € | 3.000 € |
| 42.000 € | 3.709 € | 3.227 € | 3.000 € | 3.000 € | 3.000 € | 3.000 € | 3.000 € | 3.000 € | 3.000 € | 3.000 € |
| 45.000 € | 3.799 € | 3.275 € | 3.000 € | 3.000 € | 3.000 € | 3.000 € | 3.000 € | 3.000 € | 3.000 € | 3.000 € |
| 48.000 € | 3.889 € | 3.323 € | 3.000 € | 3.000 € | 3.000 € | 3.000 € | 3.000 € | 3.000 € | 3.000 € | 3.000 € |
| 51.000 € | 6.257 € | 5.510 € | 4.811 € | 4.160 € | 3.547 € | 3.000 € | 3.000 € | 3.000 € | 3.000 € | 3.000 € |
| 54.000 € | 11.312 € | 10.221 € | 9.187 € | 8.219 € | 7.299 € | 6.422 € | 5.583 € | 4.773 € | 3.965 € | 3.130 € |
| 57.000 € | 16.367 € | 14.931 € | 13.563 € | 12.277 € | 11.050 € | 9.879 € | 8.757 € | 7.675 € | 6.602 € | 5.494 € |
| 60.000 € | 21.422 € | 19.641 € | 17.940 € | 16.335 € | 14.802 € | 13.336 € | 11.930 € | 10.578 € | 9.238 € | 7.859 € |
| 63.000 € | 26.476 € | 24.351 € | 22.316 € | 20.394 € | 18.554 € | 16.792 € | 15.103 € | 13.481 € | 11.875 € | 10.224 € |
| 66.000 € | 31.531 € | 29.061 € | 26.692 € | 24.452 € | 22.306 € | 20.249 € | 18.277 € | 16.384 € | 14.512 € | 12.588 € |
| 69.000 € | 36.586 € | 33.771 € | 31.068 € | 28.511 € | 26.057 € | 23.705 € | 21.450 € | 19.287 € | 17.149 € | 14.953 € |
| 72.000 € | 41.641 € | 38.481 € | 35.445 € | 32.569 € | 29.809 € | 27.162 € | 24.624 € | 22.190 € | 19.786 € | 17.318 € |
| 75.000 € | 46.696 € | 43.192 € | 39.821 € | 36.628 € | 33.561 € | 30.618 € | 27.797 € | 25.093 € | 22.423 € | 19.682 € |
| 78.000 € | 51.750 € | 47.902 € | 44.197 € | 40.686 € | 37.313 € | 34.075 € | 30.971 € | 27.996 € | 25.060 € | 22.047 € |
| 81.000 € | 56.805 € | 52.612 € | 48.573 € | 44.745 € | 41.064 € | 37.532 € | 34.144 € | 30.898 € | 27.697 € | 24.412 € |
| 84.000 € | 61.860 € | 57.322 € | 52.949 € | 48.803 € | 44.816 € | 40.988 € | 37.317 € | 33.801 € | 30.334 € | 26.776 € |
| 87.000 € | 66.915 € | 62.032 € | 57.326 € | 52.862 € | 48.568 € | 44.445 € | 40.491 € | 36.704 € | 32.971 € | 29.141 € |
| 90.000 € | 71.970 € | 66.742 € | 61.702 € | 56.920 € | 52.320 € | 47.901 € | 43.664 € | 39.607 € | 35.607 € | 31.506 € |
| 93.000 € | 77.024 € | 71.452 € | 66.078 € | 60.978 € | 56.071 € | 51.358 € | 46.838 € | 42.510 € | 38.244 € | 33.871 € |
| 96.000 € | 82.079 € | 76.163 € | 70.454 € | 65.037 € | 59.823 € | 54.815 € | 50.011 € | 45.413 € | 40.881 € | 36.235 € |
| 99.000 € | 87.134 € | 80.873 € | 74.831 € | 69.095 € | 63.575 € | 58.271 € | 53.184 € | 48.316 € | 43.518 € | 38.600 € |
| 102.000 € | 92.189 € | 85.583 € | 79.207 € | 73.154 € | 67.327 € | 61.728 € | 56.358 € | 51.219 € | 46.155 € | 40.965 € |
| 105.000 € | 97.244 € | 90.293 € | 83.583 € | 77.212 € | 71.078 € | 65.184 € | 59.531 € | 54.121 € | 48.792 € | 43.329 € |
| 108.000 € | 102.299 € | 95.003 € | 87.959 € | 81.271 € | 74.830 € | 68.641 € | 62.705 € | 57.024 € | 51.429 € | 45.694 € |
| 111.000 € | 107.353 € | 99.713 € | 92.336 € | 85.329 € | 78.582 € | 72.098 € | 65.878 € | 59.927 € | 54.066 € | 48.059 € |
| 114.000 € | 112.408 € | 104.423 € | 96.712 € | 89.388 € | 82.334 € | 75.554 € | 69.051 € | 62.830 € | 56.703 € | 50.423 € |
| 117.000 € | 117.463 € | 109.133 € | 101.088 € | 93.446 € | 86.085 € | 79.011 € | 72.225 € | 65.733 € | 59.339 € | 52.788 € |
| 120.000 € | 122.518 € | 113.844 € | 105.464 € | 97.505 € | 89.837 € | 82.467 € | 75.398 € | 68.636 € | 61.976 € | 55.153 € |

# TABLA 1.C.3
## Lucro cesante del padre o madre

| Ingreso neto | Edad del padre/madre | | | | | | |
|---|---|---|---|---|---|---|---|
| Hasta | 92 | 93 | 94 | 95 | 96 | 97 | 98 | 99 o más |
| 9.000 € | 3.000 € | 3.000 € | 3.000 € | 3.000 € | 3.000 € | 3.000 € | 3.000 € | 3.000 € |
| 12.000 € | 3.000 € | 3.000 € | 3.000 € | 3.000 € | 3.000 € | 3.000 € | 3.000 € | 3.000 € |
| 15.000 € | 3.000 € | 3.000 € | 3.000 € | 3.000 € | 3.000 € | 3.000 € | 3.000 € | 3.000 € |
| 18.000 € | 3.000 € | 3.000 € | 3.000 € | 3.000 € | 3.000 € | 3.000 € | 3.000 € | 3.000 € |
| 21.000 € | 3.000 € | 3.000 € | 3.000 € | 3.000 € | 3.000 € | 3.000 € | 3.000 € | 3.000 € |
| 24.000 € | 3.000 € | 3.000 € | 3.000 € | 3.000 € | 3.000 € | 3.000 € | 3.000 € | 3.000 € |
| 27.000 € | 3.000 € | 3.000 € | 3.000 € | 3.000 € | 3.000 € | 3.000 € | 3.000 € | 3.000 € |
| 30.000 € | 3.000 € | 3.000 € | 3.000 € | 3.000 € | 3.000 € | 3.000 € | 3.000 € | 3.000 € |
| 33.000 € | 3.000 € | 3.000 € | 3.000 € | 3.000 € | 3.000 € | 3.000 € | 3.000 € | 3.000 € |
| 36.000 € | 3.000 € | 3.000 € | 3.000 € | 3.000 € | 3.000 € | 3.000 € | 3.000 € | 3.000 € |
| 39.000 € | 3.000 € | 3.000 € | 3.000 € | 3.000 € | 3.000 € | 3.000 € | 3.000 € | 3.000 € |
| 42.000 € | 3.000 € | 3.000 € | 3.000 € | 3.000 € | 3.000 € | 3.000 € | 3.000 € | 3.000 € |
| 45.000 € | 3.000 € | 3.000 € | 3.000 € | 3.000 € | 3.000 € | 3.000 € | 3.000 € | 3.000 € |
| 48.000 € | 3.000 € | 3.000 € | 3.000 € | 3.000 € | 3.000 € | 3.000 € | 3.000 € | 3.000 € |
| 51.000 € | 3.000 € | 3.000 € | 3.000 € | 3.000 € | 3.000 € | 3.000 € | 3.000 € | 3.000 € |
| 54.000 € | 3.000 € | 3.000 € | 3.000 € | 3.000 € | 3.000 € | 3.000 € | 3.000 € | 3.000 € |
| 57.000 € | 4.330 € | 3.031 € | 3.000 € | 3.000 € | 3.000 € | 3.000 € | 3.000 € | 3.000 € |
| 60.000 € | 6.413 € | 4.797 € | 3.048 € | 3.000 € | 3.000 € | 3.000 € | 3.000 € | 3.000 € |
| 63.000 € | 8.497 € | 6.563 € | 4.493 € | 3.000 € | 3.000 € | 3.000 € | 3.000 € | 3.000 € |
| 66.000 € | 10.580 € | 8.329 € | 5.938 € | 3.081 € | 3.000 € | 3.000 € | 3.000 € | 3.000 € |
| 69.000 € | 12.663 € | 10.096 € | 7.382 € | 4.144 € | 3.000 € | 3.000 € | 3.000 € | 3.000 € |
| 72.000 € | 14.747 € | 11.862 € | 8.827 € | 5.207 € | 3.000 € | 3.000 € | 3.000 € | 3.000 € |
| 75.000 € | 16.830 € | 13.628 € | 10.272 € | 6.269 € | 3.000 € | 3.000 € | 3.000 € | 3.000 € |
| 78.000 € | 18.914 € | 15.394 € | 11.716 € | 7.332 € | 3.000 € | 3.000 € | 3.000 € | 3.000 € |
| 81.000 € | 20.997 € | 17.160 € | 13.161 € | 8.395 € | 3.000 € | 3.000 € | 3.000 € | 3.000 € |
| 84.000 € | 23.081 € | 18.927 € | 14.606 € | 9.458 € | 3.144 € | 3.000 € | 3.000 € | 3.000 € |
| 87.000 € | 25.164 € | 20.693 € | 16.050 € | 10.520 € | 3.744 € | 3.000 € | 3.000 € | 3.000 € |
| 90.000 € | 27.247 € | 22.459 € | 17.495 € | 11.583 € | 4.344 € | 3.000 € | 3.000 € | 3.000 € |
| 93.000 € | 29.331 € | 24.225 € | 18.940 € | 12.646 € | 4.944 € | 3.000 € | 3.000 € | 3.000 € |
| 96.000 € | 31.414 € | 25.991 € | 20.384 € | 13.709 € | 5.544 € | 3.000 € | 3.000 € | 3.000 € |
| 99.000 € | 33.498 € | 27.757 € | 21.829 € | 14.771 € | 6.144 € | 3.000 € | 3.000 € | 3.000 € |
| 102.000 € | 35.581 € | 29.524 € | 23.274 € | 15.834 € | 6.744 € | 3.000 € | 3.000 € | 3.000 € |
| 105.000 € | 37.665 € | 31.290 € | 24.718 € | 16.897 € | 7.344 € | 3.000 € | 3.000 € | 3.000 € |
| 108.000 € | 39.748 € | 33.056 € | 26.163 € | 17.959 € | 7.944 € | 3.000 € | 3.000 € | 3.000 € |
| 111.000 € | 41.831 € | 34.822 € | 27.608 € | 19.022 € | 8.544 € | 3.000 € | 3.000 € | 3.000 € |
| 114.000 € | 43.915 € | 36.588 € | 29.052 € | 20.085 € | 9.144 € | 3.000 € | 3.000 € | 3.000 € |
| 117.000 € | 45.998 € | 38.355 € | 30.497 € | 21.148 € | 9.744 € | 3.000 € | 3.000 € | 3.000 € |
| 120.000 € | 48.082 € | 40.121 € | 31.942 € | 22.210 € | 10.344 € | 3.000 € | 3.000 € | 3.000 € |

## TABLA 1.C.4
## Lucro cesante del hermano/a

| Ingreso neto | Edad del hermano/a | | | | | | | | |
|---|---|---|---|---|---|---|---|---|---|
| Hasta | Hasta 6 | 7 | 8 | 9 | 10 | 11 | 12 | 13 | 14 |
| 9.000 € | 4.173 € | 3.872 € | 3.580 € | 3.296 € | 3.021 € | 3.000 € | 3.000 € | 3.000 € | 3.000 € |
| 12.000 € | 5.563 € | 5.163 € | 4.773 € | 4.395 € | 4.029 € | 3.675 € | 3.335 € | 3.008 € | 3.000 € |
| 15.000 € | 6.954 € | 6.453 € | 5.966 € | 5.493 € | 5.036 € | 4.594 € | 4.168 € | 3.760 € | 3.368 € |
| 18.000 € | 8.345 € | 7.744 € | 7.159 € | 6.592 € | 6.043 € | 5.513 € | 5.002 € | 4.511 € | 4.042 € |
| 21.000 € | 9.736 € | 9.034 € | 8.352 € | 7.691 € | 7.050 € | 6.432 € | 5.836 € | 5.263 € | 4.715 € |
| 24.000 € | 11.127 € | 10.325 € | 9.546 € | 8.789 € | 8.057 € | 7.350 € | 6.669 € | 6.015 € | 5.389 € |
| 27.000 € | 12.518 € | 11.616 € | 10.739 € | 9.888 € | 9.064 € | 8.269 € | 7.503 € | 6.767 € | 6.063 € |
| 30.000 € | 13.908 € | 12.906 € | 11.932 € | 10.987 € | 10.072 € | 9.188 € | 8.337 € | 7.519 € | 6.736 € |
| 33.000 € | 15.299 € | 14.197 € | 13.125 € | 12.085 € | 11.079 € | 10.107 € | 9.170 € | 8.271 € | 7.410 € |
| 36.000 € | 16.690 € | 15.488 € | 14.318 € | 13.184 € | 12.086 € | 11.026 € | 10.004 € | 9.023 € | 8.084 € |
| 39.000 € | 18.081 € | 16.778 € | 15.512 € | 14.283 € | 13.093 € | 11.945 € | 10.838 € | 9.775 € | 8.757 € |
| 42.000 € | 19.472 € | 18.069 € | 16.705 € | 15.381 € | 14.100 € | 12.863 € | 11.671 € | 10.527 € | 9.431 € |
| 45.000 € | 20.863 € | 19.360 € | 17.898 € | 16.480 € | 15.107 € | 13.782 € | 12.505 € | 11.279 € | 10.104 € |
| 48.000 € | 22.254 € | 20.650 € | 19.091 € | 17.579 € | 16.115 € | 14.701 € | 13.339 € | 12.030 € | 10.778 € |
| 51.000 € | 28.917 € | 27.040 € | 25.206 € | 23.418 € | 21.679 € | 19.989 € | 18.350 € | 16.764 € | 15.234 € |
| 54.000 € | 41.799 € | 39.444 € | 37.127 € | 34.850 € | 32.618 € | 30.430 € | 28.288 € | 26.195 € | 24.152 € |
| 57.000 € | 54.681 € | 51.848 € | 49.047 € | 46.283 € | 43.557 € | 40.872 € | 38.227 € | 35.626 € | 33.071 € |
| 60.000 € | 67.563 € | 64.252 € | 60.968 € | 57.715 € | 54.496 € | 51.313 € | 48.166 € | 45.057 € | 41.989 € |
| 63.000 € | 80.446 € | 76.656 € | 72.888 € | 69.147 € | 65.436 € | 61.755 € | 58.104 € | 54.487 € | 50.907 € |
| 66.000 € | 93.328 € | 89.060 € | 84.809 € | 80.579 € | 76.375 € | 72.197 € | 68.043 € | 63.918 € | 59.825 € |
| 69.000 € | 106.210 € | 101.464 € | 96.729 € | 92.012 € | 87.314 € | 82.638 € | 77.982 € | 73.349 € | 68.744 € |
| 72.000 € | 119.093 € | 113.868 € | 108.650 € | 103.444 € | 98.254 € | 93.080 € | 87.920 € | 82.780 € | 77.662 € |
| 75.000 € | 131.975 € | 126.272 € | 120.571 € | 114.876 € | 109.193 € | 103.521 € | 97.859 € | 92.211 € | 86.580 € |
| 78.000 € | 144.857 € | 138.676 € | 132.491 € | 126.309 € | 120.132 € | 113.963 € | 107.798 € | 101.641 € | 95.498 € |
| 81.000 € | 157.740 € | 151.080 € | 144.412 € | 137.741 € | 131.072 € | 124.404 € | 117.736 € | 111.072 € | 104.416 € |
| 84.000 € | 170.622 € | 163.484 € | 156.332 € | 149.173 € | 142.011 € | 134.846 € | 127.675 € | 120.503 € | 113.335 € |
| 87.000 € | 183.504 € | 175.888 € | 168.253 € | 160.605 € | 152.950 € | 145.287 € | 137.614 € | 129.934 € | 122.253 € |
| 90.000 € | 196.387 € | 188.292 € | 180.174 € | 172.038 € | 163.889 € | 155.729 € | 147.552 € | 139.365 € | 131.171 € |
| 93.000 € | 209.269 € | 200.696 € | 192.094 € | 183.470 € | 174.829 € | 166.171 € | 157.491 € | 148.795 € | 140.089 € |
| 96.000 € | 222.151 € | 213.100 € | 204.015 € | 194.902 € | 185.768 € | 176.612 € | 167.430 € | 158.226 € | 149.008 € |
| 99.000 € | 235.034 € | 225.504 € | 215.935 € | 206.334 € | 196.707 € | 187.054 € | 177.368 € | 167.657 € | 157.926 € |
| 102.000 € | 247.916 € | 237.908 € | 227.856 € | 217.767 € | 207.647 € | 197.495 € | 187.307 € | 177.088 € | 166.844 € |
| 105.000 € | 260.798 € | 250.313 € | 239.777 € | 229.199 € | 218.586 € | 207.937 € | 197.245 € | 186.519 € | 175.762 € |
| 108.000 € | 273.680 € | 262.717 € | 251.697 € | 240.631 € | 229.525 € | 218.378 € | 207.184 € | 195.950 € | 184.681 € |
| 111.000 € | 286.563 € | 275.121 € | 263.618 € | 252.063 € | 240.465 € | 228.820 € | 217.123 € | 205.380 € | 193.599 € |
| 114.000 € | 299.445 € | 287.525 € | 275.538 € | 263.496 € | 251.404 € | 239.261 € | 227.061 € | 214.811 € | 202.517 € |
| 117.000 € | 312.327 € | 299.929 € | 287.459 € | 274.928 € | 262.343 € | 249.703 € | 237.000 € | 224.242 € | 211.435 € |
| 120.000 € | 325.210 € | 312.333 € | 299.380 € | 286.360 € | 273.282 € | 260.145 € | 246.939 € | 233.673 € | 220.353 € |

# TABLA 1.C.4
## Lucro cesante del hermano/a

| Ingreso neto | Edad del hermano/a | | | | | | | | | |
|---|---|---|---|---|---|---|---|---|---|---|
| Hasta | 15 | 16 | 17 | 18 | 19 | 20 | 21 | 22 | 23 | 24 |
| 9.000 € | 3.000 € | 3.000 € | 3.000 € | 3.000 € | 3.000 € | 3.000 € | 3.000 € | 3.000 € | 3.000 € | 3.000 € |
| 12.000 € | 3.000 € | 3.000 € | 3.000 € | 3.000 € | 3.000 € | 3.000 € | 3.000 € | 3.000 € | 3.000 € | 3.000 € |
| 15.000 € | 3.000 € | 3.000 € | 3.000 € | 3.000 € | 3.000 € | 3.000 € | 3.000 € | 3.000 € | 3.000 € | 3.000 € |
| 18.000 € | 3.594 € | 3.168 € | 3.000 € | 3.000 € | 3.000 € | 3.000 € | 3.000 € | 3.000 € | 3.000 € | 3.000 € |
| 21.000 € | 4.193 € | 3.696 € | 3.226 € | 3.000 € | 3.000 € | 3.000 € | 3.000 € | 3.000 € | 3.000 € | 3.000 € |
| 24.000 € | 4.792 € | 4.224 € | 3.687 € | 3.182 € | 3.000 € | 3.000 € | 3.000 € | 3.000 € | 3.000 € | 3.000 € |
| 27.000 € | 5.391 € | 4.752 € | 4.148 € | 3.580 € | 3.048 € | 3.000 € | 3.000 € | 3.000 € | 3.000 € | 3.000 € |
| 30.000 € | 5.990 € | 5.280 € | 4.609 € | 3.977 € | 3.387 € | 3.000 € | 3.000 € | 3.000 € | 3.000 € | 3.000 € |
| 33.000 € | 6.589 € | 5.808 € | 5.070 € | 4.375 € | 3.726 € | 3.123 € | 3.000 € | 3.000 € | 3.000 € | 3.000 € |
| 36.000 € | 7.188 € | 6.336 € | 5.531 € | 4.773 € | 4.065 € | 3.407 € | 3.000 € | 3.000 € | 3.000 € | 3.000 € |
| 39.000 € | 7.787 € | 6.864 € | 5.991 € | 5.171 € | 4.403 € | 3.691 € | 3.035 € | 3.000 € | 3.000 € | 3.000 € |
| 42.000 € | 8.386 € | 7.392 € | 6.452 € | 5.568 € | 4.742 € | 3.975 € | 3.269 € | 3.000 € | 3.000 € | 3.000 € |
| 45.000 € | 8.985 € | 7.920 € | 6.913 € | 5.966 € | 5.081 € | 4.259 € | 3.502 € | 3.000 € | 3.000 € | 3.000 € |
| 48.000 € | 9.584 € | 8.448 € | 7.374 € | 6.364 € | 5.419 € | 4.543 € | 3.735 € | 3.000 € | 3.000 € | 3.000 € |
| 51.000 € | 13.762 € | 12.348 € | 10.996 € | 9.707 € | 8.484 € | 7.329 € | 6.243 € | 5.229 € | 4.289 € | 3.425 € |
| 54.000 € | 22.163 € | 20.227 € | 18.346 € | 16.525 € | 14.765 € | 13.066 € | 11.432 € | 9.864 € | 8.365 € | 6.936 € |
| 57.000 € | 30.564 € | 28.105 € | 25.697 € | 23.343 € | 21.045 € | 18.804 € | 16.621 € | 14.500 € | 12.441 € | 10.448 € |
| 60.000 € | 38.965 € | 35.983 € | 33.047 € | 30.161 € | 27.325 € | 24.541 € | 21.811 € | 19.136 € | 16.517 € | 13.959 € |
| 63.000 € | 47.366 € | 43.862 € | 40.398 € | 36.979 € | 33.606 € | 30.279 € | 27.000 € | 23.771 € | 20.594 € | 17.470 € |
| 66.000 € | 55.767 € | 51.740 € | 47.749 € | 43.797 € | 39.886 € | 36.017 € | 32.189 € | 28.407 € | 24.670 € | 20.981 € |
| 69.000 € | 64.168 € | 59.618 € | 55.099 € | 50.615 € | 46.166 € | 41.754 € | 37.379 € | 33.042 € | 28.746 € | 24.492 € |
| 72.000 € | 72.569 € | 67.497 € | 62.450 € | 57.433 € | 52.447 € | 47.492 € | 42.568 € | 37.678 € | 32.822 € | 28.004 € |
| 75.000 € | 80.970 € | 75.375 € | 69.800 € | 64.251 € | 58.727 € | 53.229 € | 47.757 € | 42.314 € | 36.899 € | 31.515 € |
| 78.000 € | 89.371 € | 83.253 € | 77.151 € | 71.069 € | 65.007 € | 58.967 € | 52.946 € | 46.949 € | 40.975 € | 35.026 € |
| 81.000 € | 97.772 € | 91.132 € | 84.501 € | 77.887 € | 71.288 € | 64.705 € | 58.136 € | 51.585 € | 45.051 € | 38.537 € |
| 84.000 € | 106.173 € | 99.010 € | 91.852 € | 84.705 € | 77.568 € | 70.442 € | 63.325 € | 56.221 € | 49.128 € | 42.048 € |
| 87.000 € | 114.574 € | 106.889 € | 99.202 € | 91.523 € | 83.849 € | 76.180 € | 68.514 € | 60.856 € | 53.204 € | 45.560 € |
| 90.000 € | 122.975 € | 114.767 € | 106.553 € | 98.341 € | 90.129 € | 81.917 € | 73.704 € | 65.492 € | 57.280 € | 49.071 € |
| 93.000 € | 131.376 € | 122.645 € | 113.903 € | 105.159 € | 96.409 € | 87.655 € | 78.893 € | 70.128 € | 61.356 € | 52.582 € |
| 96.000 € | 139.777 € | 130.524 € | 121.254 € | 111.977 € | 102.690 € | 93.393 € | 84.082 € | 74.763 € | 65.433 € | 56.093 € |
| 99.000 € | 148.178 € | 138.402 € | 128.604 € | 118.795 € | 108.970 € | 99.130 € | 89.272 € | 79.399 € | 69.509 € | 59.605 € |
| 102.000 € | 156.579 € | 146.280 € | 135.955 € | 125.613 € | 115.250 € | 104.868 € | 94.461 € | 84.035 € | 73.585 € | 63.116 € |
| 105.000 € | 164.980 € | 154.159 € | 143.305 € | 132.431 € | 121.531 € | 110.605 € | 99.650 € | 88.670 € | 77.661 € | 66.627 € |
| 108.000 € | 173.381 € | 162.037 € | 150.656 € | 139.249 € | 127.811 € | 116.343 € | 104.840 € | 93.306 € | 81.738 € | 70.138 € |
| 111.000 € | 181.782 € | 169.915 € | 158.007 € | 146.067 € | 134.091 € | 122.081 € | 110.029 € | 97.942 € | 85.814 € | 73.649 € |
| 114.000 € | 190.183 € | 177.794 € | 165.357 € | 152.885 € | 140.372 € | 127.818 € | 115.218 € | 102.577 € | 89.890 € | 77.161 € |
| 117.000 € | 198.584 € | 185.672 € | 172.708 € | 159.703 € | 146.652 € | 133.556 € | 120.408 € | 107.213 € | 93.966 € | 80.672 € |
| 120.000 € | 206.985 € | 193.550 € | 180.058 € | 166.521 € | 152.933 € | 139.293 € | 125.597 € | 111.849 € | 98.043 € | 84.183 € |

## TABLA 1.C.4
## Lucro cesante del hermano/a

| Ingreso neto | | | | | | | | | Edad del hermano/a | | |
|---|---|---|---|---|---|---|---|---|---|---|---|
| Hasta | 25 | 26 | 27 | 28 | 29 | 30 | 31 | 32 | 33 | 34 | 35 |
| 9.000 € | 3.000 € | 3.000 € | 3.000 € | 3.000 € | 3.000 € | 3.000 € | 3.000 € | 3.000 € | 3.000 € | 3.000 € | 3.000 € |
| 12.000 € | 3.000 € | 3.000 € | 3.000 € | 3.000 € | 3.000 € | 3.000 € | 3.000 € | 3.000 € | 3.000 € | 3.000 € | 3.000 € |
| 15.000 € | 3.000 € | 3.000 € | 3.000 € | 3.000 € | 3.000 € | 3.000 € | 3.000 € | 3.000 € | 3.000 € | 3.000 € | 3.000 € |
| 18.000 € | 3.000 € | 3.000 € | 3.000 € | 3.000 € | 3.000 € | 3.000 € | 3.000 € | 3.000 € | 3.000 € | 3.000 € | 3.000 € |
| 21.000 € | 3.000 € | 3.000 € | 3.000 € | 3.000 € | 3.000 € | 3.000 € | 3.000 € | 3.000 € | 3.000 € | 3.000 € | 3.000 € |
| 24.000 € | 3.000 € | 3.000 € | 3.000 € | 3.000 € | 3.000 € | 3.000 € | 3.000 € | 3.000 € | 3.000 € | 3.000 € | 3.000 € |
| 27.000 € | 3.000 € | 3.000 € | 3.000 € | 3.000 € | 3.000 € | 3.000 € | 3.000 € | 3.000 € | 3.000 € | 3.000 € | 3.000 € |
| 30.000 € | 3.000 € | 3.000 € | 3.000 € | 3.000 € | 3.000 € | 3.000 € | 3.000 € | 3.000 € | 3.000 € | 3.000 € | 3.000 € |
| 33.000 € | 3.000 € | 3.000 € | 3.000 € | 3.000 € | 3.000 € | 3.000 € | 3.000 € | 3.000 € | 3.000 € | 3.000 € | 3.000 € |
| 36.000 € | 3.000 € | 3.000 € | 3.000 € | 3.000 € | 3.000 € | 3.000 € | 3.000 € | 3.000 € | 3.000 € | 3.000 € | 3.000 € |
| 39.000 € | 3.000 € | 3.000 € | 3.000 € | 3.000 € | 3.000 € | 3.000 € | 3.000 € | 3.000 € | 3.000 € | 3.000 € | 3.000 € |
| 42.000 € | 3.000 € | 3.000 € | 3.000 € | 3.000 € | 3.000 € | 3.000 € | 3.000 € | 3.000 € | 3.000 € | 3.000 € | 3.000 € |
| 45.000 € | 3.000 € | 3.000 € | 3.000 € | 3.000 € | 3.000 € | 3.000 € | 3.000 € | 3.000 € | 3.000 € | 3.000 € | 3.000 € |
| 48.000 € | 3.000 € | 3.000 € | 3.000 € | 3.000 € | 3.000 € | 3.000 € | 3.000 € | 3.000 € | 3.000 € | 3.000 € | 3.000 € |
| 51.000 € | 3.000 € | 3.000 € | 3.000 € | 3.000 € | 3.000 € | 3.000 € | 3.000 € | 3.000 € | 3.000 € | 3.000 € | 3.000 € |
| 54.000 € | 5.582 € | 4.303 € | 3.103 € | 3.103 € | 3.103 € | 3.103 € | 3.103 € | 3.103 € | 3.102 € | 3.102 € | 3.102 € |
| 57.000 € | 8.522 € | 6.667 € | 4.885 € | 4.885 € | 4.885 € | 4.884 € | 4.884 € | 4.884 € | 4.884 € | 4.884 € | 4.884 € |
| 60.000 € | 11.463 € | 9.031 € | 6.667 € | 6.667 € | 6.667 € | 6.666 € | 6.666 € | 6.666 € | 6.666 € | 6.666 € | 6.666 € |
| 63.000 € | 14.403 € | 11.396 € | 8.449 € | 8.449 € | 8.449 € | 8.448 € | 8.448 € | 8.448 € | 8.448 € | 8.448 € | 8.447 € |
| 66.000 € | 17.344 € | 13.760 € | 10.231 € | 10.231 € | 10.230 € | 10.230 € | 10.230 € | 10.230 € | 10.230 € | 10.229 € | 10.229 € |
| 69.000 € | 20.284 € | 16.124 € | 12.013 € | 12.013 € | 12.012 € | 12.012 € | 12.012 € | 12.012 € | 12.011 € | 12.011 € | 12.011 € |
| 72.000 € | 23.225 € | 18.488 € | 13.795 € | 13.795 € | 13.794 € | 13.794 € | 13.794 € | 13.794 € | 13.793 € | 13.793 € | 13.792 € |
| 75.000 € | 26.166 € | 20.852 € | 15.577 € | 15.577 € | 15.576 € | 15.576 € | 15.576 € | 15.576 € | 15.575 € | 15.575 € | 15.574 € |
| 78.000 € | 29.106 € | 23.217 € | 17.359 € | 17.359 € | 17.358 € | 17.358 € | 17.358 € | 17.358 € | 17.357 € | 17.356 € | 17.356 € |
| 81.000 € | 32.047 € | 25.581 € | 19.141 € | 19.141 € | 19.140 € | 19.140 € | 19.140 € | 19.139 € | 19.139 € | 19.138 € | 19.137 € |
| 84.000 € | 34.987 € | 27.945 € | 20.923 € | 20.923 € | 20.922 € | 20.921 € | 20.921 € | 20.921 € | 20.920 € | 20.920 € | 20.919 € |
| 87.000 € | 37.928 € | 30.309 € | 22.705 € | 22.705 € | 22.704 € | 22.703 € | 22.703 € | 22.703 € | 22.702 € | 22.702 € | 22.701 € |
| 90.000 € | 40.868 € | 32.674 € | 24.487 € | 24.487 € | 24.486 € | 24.485 € | 24.485 € | 24.485 € | 24.484 € | 24.483 € | 24.482 € |
| 93.000 € | 43.809 € | 35.038 € | 26.269 € | 26.269 € | 26.268 € | 26.267 € | 26.267 € | 26.267 € | 26.266 € | 26.265 € | 26.264 € |
| 96.000 € | 46.749 € | 37.402 € | 28.051 € | 28.051 € | 28.050 € | 28.049 € | 28.049 € | 28.049 € | 28.048 € | 28.047 € | 28.046 € |
| 99.000 € | 49.690 € | 39.766 € | 29.833 € | 29.833 € | 29.832 € | 29.831 € | 29.831 € | 29.831 € | 29.829 € | 29.829 € | 29.827 € |
| 102.000 € | 52.631 € | 42.130 € | 31.615 € | 31.615 € | 31.614 € | 31.613 € | 31.613 € | 31.613 € | 31.611 € | 31.611 € | 31.609 € |
| 105.000 € | 55.571 € | 44.495 € | 33.397 € | 33.397 € | 33.396 € | 33.395 € | 33.395 € | 33.394 € | 33.393 € | 33.392 € | 33.391 € |
| 108.000 € | 58.512 € | 46.859 € | 35.179 € | 35.179 € | 35.178 € | 35.177 € | 35.177 € | 35.176 € | 35.175 € | 35.174 € | 35.172 € |
| 111.000 € | 61.452 € | 49.223 € | 36.961 € | 36.961 € | 36.960 € | 36.958 € | 36.958 € | 36.958 € | 36.957 € | 36.956 € | 36.954 € |
| 114.000 € | 64.393 € | 51.587 € | 38.743 € | 38.743 € | 38.742 € | 38.740 € | 38.740 € | 38.740 € | 38.739 € | 38.738 € | 38.736 € |
| 117.000 € | 67.333 € | 53.951 € | 40.525 € | 40.525 € | 40.524 € | 40.522 € | 40.522 € | 40.522 € | 40.520 € | 40.519 € | 40.517 € |
| 120.000 € | 70.274 € | 56.316 € | 42.307 € | 42.307 € | 42.306 € | 42.304 € | 42.304 € | 42.304 € | 42.302 € | 42.301 € | 42.299 € |

# TABLA 1.C.4
## Lucro cesante del hermano/a

| Ingreso neto | Edad del hermano/a | | | | | | | | |
|---|---|---|---|---|---|---|---|---|---|
| Hasta | 36 | 37 | 38 | 39 | 40 | 41 | 42 | 43 | 44 |
| 9.000 € | 3.000 € | 3.000 € | 3.000 € | 3.000 € | 3.000 € | 3.000 € | 3.000 € | 3.000 € | 3.000 € |
| 12.000 € | 3.000 € | 3.000 € | 3.000 € | 3.000 € | 3.000 € | 3.000 € | 3.000 € | 3.000 € | 3.000 € |
| 15.000 € | 3.000 € | 3.000 € | 3.000 € | 3.000 € | 3.000 € | 3.000 € | 3.000 € | 3.000 € | 3.000 € |
| 18.000 € | 3.000 € | 3.000 € | 3.000 € | 3.000 € | 3.000 € | 3.000 € | 3.000 € | 3.000 € | 3.000 € |
| 21.000 € | 3.000 € | 3.000 € | 3.000 € | 3.000 € | 3.000 € | 3.000 € | 3.000 € | 3.000 € | 3.000 € |
| 24.000 € | 3.000 € | 3.000 € | 3.000 € | 3.000 € | 3.000 € | 3.000 € | 3.000 € | 3.000 € | 3.000 € |
| 27.000 € | 3.000 € | 3.000 € | 3.000 € | 3.000 € | 3.000 € | 3.000 € | 3.000 € | 3.000 € | 3.000 € |
| 30.000 € | 3.000 € | 3.000 € | 3.000 € | 3.000 € | 3.000 € | 3.000 € | 3.000 € | 3.000 € | 3.000 € |
| 33.000 € | 3.000 € | 3.000 € | 3.000 € | 3.000 € | 3.000 € | 3.000 € | 3.000 € | 3.000 € | 3.000 € |
| 36.000 € | 3.000 € | 3.000 € | 3.000 € | 3.000 € | 3.000 € | 3.000 € | 3.000 € | 3.000 € | 3.000 € |
| 39.000 € | 3.000 € | 3.000 € | 3.000 € | 3.000 € | 3.000 € | 3.000 € | 3.000 € | 3.000 € | 3.000 € |
| 42.000 € | 3.000 € | 3.000 € | 3.000 € | 3.000 € | 3.000 € | 3.000 € | 3.000 € | 3.000 € | 3.000 € |
| 45.000 € | 3.000 € | 3.000 € | 3.000 € | 3.000 € | 3.000 € | 3.000 € | 3.000 € | 3.000 € | 3.000 € |
| 48.000 € | 3.000 € | 3.000 € | 3.000 € | 3.000 € | 3.000 € | 3.000 € | 3.000 € | 3.000 € | 3.000 € |
| 51.000 € | 3.000 € | 3.000 € | 3.000 € | 3.000 € | 3.000 € | 3.000 € | 3.000 € | 3.000 € | 3.000 € |
| 54.000 € | 3.102 € | 3.102 € | 3.102 € | 3.101 € | 3.101 € | 3.101 € | 3.100 € | 3.100 € | 3.099 € |
| 57.000 € | 4.884 € | 4.883 € | 4.883 € | 4.882 € | 4.882 € | 4.882 € | 4.881 € | 4.880 € | 4.879 € |
| 60.000 € | 6.665 € | 6.665 € | 6.664 € | 6.664 € | 6.663 € | 6.662 € | 6.661 € | 6.660 € | 6.660 € |
| 63.000 € | 8.447 € | 8.446 € | 8.446 € | 8.445 € | 8.444 € | 8.443 € | 8.442 € | 8.440 € | 8.440 € |
| 66.000 € | 10.228 € | 10.228 € | 10.227 € | 10.226 € | 10.225 € | 10.224 € | 10.222 € | 10.221 € | 10.220 € |
| 69.000 € | 12.010 € | 12.009 € | 12.008 € | 12.007 € | 12.006 € | 12.005 € | 12.003 € | 12.001 € | 12.000 € |
| 72.000 € | 13.791 € | 13.791 € | 13.790 € | 13.788 € | 13.787 € | 13.786 € | 13.784 € | 13.781 € | 13.780 € |
| 75.000 € | 15.573 € | 15.572 € | 15.571 € | 15.570 € | 15.568 € | 15.567 € | 15.564 € | 15.561 € | 15.560 € |
| 78.000 € | 17.355 € | 17.354 € | 17.353 € | 17.351 € | 17.349 € | 17.348 € | 17.345 € | 17.342 € | 17.340 € |
| 81.000 € | 19.136 € | 19.135 € | 19.134 € | 19.132 € | 19.130 € | 19.129 € | 19.125 € | 19.122 € | 19.120 € |
| 84.000 € | 20.918 € | 20.917 € | 20.915 € | 20.913 € | 20.911 € | 20.909 € | 20.906 € | 20.902 € | 20.901 € |
| 87.000 € | 22.699 € | 22.698 € | 22.697 € | 22.694 € | 22.692 € | 22.690 € | 22.686 € | 22.682 € | 22.681 € |
| 90.000 € | 24.481 € | 24.480 € | 24.478 € | 24.476 € | 24.474 € | 24.471 € | 24.467 € | 24.463 € | 24.461 € |
| 93.000 € | 26.263 € | 26.261 € | 26.259 € | 26.257 € | 26.255 € | 26.252 € | 26.247 € | 26.243 € | 26.241 € |
| 96.000 € | 28.044 € | 28.043 € | 28.041 € | 28.038 € | 28.036 € | 28.033 € | 28.028 € | 28.023 € | 28.021 € |
| 99.000 € | 29.826 € | 29.824 € | 29.822 € | 29.819 € | 29.817 € | 29.814 € | 29.809 € | 29.803 € | 29.801 € |
| 102.000 € | 31.607 € | 31.605 € | 31.604 € | 31.600 € | 31.598 € | 31.595 € | 31.589 € | 31.584 € | 31.581 € |
| 105.000 € | 33.389 € | 33.387 € | 33.385 € | 33.381 € | 33.379 € | 33.376 € | 33.370 € | 33.364 € | 33.361 € |
| 108.000 € | 35.170 € | 35.168 € | 35.166 € | 35.163 € | 35.160 € | 35.156 € | 35.150 € | 35.144 € | 35.142 € |
| 111.000 € | 36.952 € | 36.950 € | 36.948 € | 36.944 € | 36.941 € | 36.937 € | 36.931 € | 36.925 € | 36.922 € |
| 114.000 € | 38.734 € | 38.731 € | 38.729 € | 38.725 € | 38.722 € | 38.718 € | 38.711 € | 38.705 € | 38.702 € |
| 117.000 € | 40.515 € | 40.513 € | 40.510 € | 40.506 € | 40.503 € | 40.499 € | 40.492 € | 40.485 € | 40.482 € |
| 120.000 € | 42.297 € | 42.294 € | 42.292 € | 42.287 € | 42.284 € | 42.280 € | 42.273 € | 42.265 € | 42.262 € |

TABLA 1.C.4
Lucro cesante del hermano/a

| Ingreso neto Hasta | 45 | 46 | 47 | 48 | 49 | 50 | 51 | 52 | 53 | 54 | 55 |
|---|---|---|---|---|---|---|---|---|---|---|---|
| 9.000 € | 3.000 € | 3.000 € | 3.000 € | 3.000 € | 3.000 € | 3.000 € | 3.000 € | 3.000 € | 3.000 € | 3.000 € | 3.000 € |
| 12.000 € | 3.000 € | 3.000 € | 3.000 € | 3.000 € | 3.000 € | 3.000 € | 3.000 € | 3.000 € | 3.000 € | 3.000 € | 3.000 € |
| 15.000 € | 3.000 € | 3.000 € | 3.000 € | 3.000 € | 3.000 € | 3.000 € | 3.000 € | 3.000 € | 3.000 € | 3.000 € | 3.000 € |
| 18.000 € | 3.000 € | 3.000 € | 3.000 € | 3.000 € | 3.000 € | 3.000 € | 3.000 € | 3.000 € | 3.000 € | 3.000 € | 3.000 € |
| 21.000 € | 3.000 € | 3.000 € | 3.000 € | 3.000 € | 3.000 € | 3.000 € | 3.000 € | 3.000 € | 3.000 € | 3.000 € | 3.000 € |
| 24.000 € | 3.000 € | 3.000 € | 3.000 € | 3.000 € | 3.000 € | 3.000 € | 3.000 € | 3.000 € | 3.000 € | 3.000 € | 3.000 € |
| 27.000 € | 3.000 € | 3.000 € | 3.000 € | 3.000 € | 3.000 € | 3.000 € | 3.000 € | 3.000 € | 3.000 € | 3.000 € | 3.000 € |
| 30.000 € | 3.000 € | 3.000 € | 3.000 € | 3.000 € | 3.000 € | 3.000 € | 3.000 € | 3.000 € | 3.000 € | 3.000 € | 3.000 € |
| 33.000 € | 3.000 € | 3.000 € | 3.000 € | 3.000 € | 3.000 € | 3.000 € | 3.000 € | 3.000 € | 3.000 € | 3.000 € | 3.000 € |
| 36.000 € | 3.000 € | 3.000 € | 3.000 € | 3.000 € | 3.000 € | 3.000 € | 3.000 € | 3.000 € | 3.000 € | 3.000 € | 3.000 € |
| 39.000 € | 3.000 € | 3.000 € | 3.000 € | 3.000 € | 3.000 € | 3.000 € | 3.000 € | 3.000 € | 3.000 € | 3.000 € | 3.000 € |
| 42.000 € | 3.000 € | 3.000 € | 3.000 € | 3.000 € | 3.000 € | 3.000 € | 3.000 € | 3.000 € | 3.000 € | 3.000 € | 3.000 € |
| 45.000 € | 3.000 € | 3.000 € | 3.000 € | 3.000 € | 3.000 € | 3.000 € | 3.000 € | 3.000 € | 3.000 € | 3.000 € | 3.000 € |
| 48.000 € | 3.000 € | 3.000 € | 3.000 € | 3.000 € | 3.000 € | 3.000 € | 3.000 € | 3.000 € | 3.000 € | 3.000 € | 3.000 € |
| 51.000 € | 3.000 € | 3.000 € | 3.000 € | 3.000 € | 3.000 € | 3.000 € | 3.000 € | 3.000 € | 3.000 € | 3.000 € | 3.000 € |
| 54.000 € | 3.099 € | 3.098 € | 3.097 € | 3.097 € | 3.096 € | 3.095 € | 3.094 € | 3.093 € | 3.092 € | 3.091 € | 3.000 € |
| 57.000 € | 4.879 € | 4.877 € | 4.876 € | 4.875 € | 4.874 € | 4.872 € | 4.871 € | 4.869 € | 4.868 € | 4.867 € | 3.000 € |
| 60.000 € | 6.658 € | 6.657 € | 6.655 € | 6.654 € | 6.652 € | 6.650 € | 6.648 € | 6.646 € | 6.645 € | 6.643 € | 3.000 € |
| 63.000 € | 8.438 € | 8.436 € | 8.434 € | 8.433 € | 8.430 € | 8.428 € | 8.425 € | 8.422 € | 8.421 € | 8.419 € | 3.689 € |
| 66.000 € | 10.218 € | 10.216 € | 10.213 € | 10.211 € | 10.209 € | 10.205 € | 10.202 € | 10.199 € | 10.197 € | 10.195 € | 4.881 € |
| 69.000 € | 11.998 € | 11.995 € | 11.992 € | 11.990 € | 11.987 € | 11.983 € | 11.979 € | 11.975 € | 11.973 € | 11.971 € | 6.073 € |
| 72.000 € | 13.778 € | 13.774 € | 13.771 € | 13.769 € | 13.765 € | 13.761 € | 13.756 € | 13.752 € | 13.750 € | 13.747 € | 7.265 € |
| 75.000 € | 15.558 € | 15.554 € | 15.550 € | 15.547 € | 15.543 € | 15.539 € | 15.533 € | 15.528 € | 15.526 € | 15.523 € | 8.457 € |
| 78.000 € | 17.338 € | 17.333 € | 17.329 € | 17.326 € | 17.322 € | 17.316 € | 17.310 € | 17.305 € | 17.302 € | 17.299 € | 9.649 € |
| 81.000 € | 19.117 € | 19.113 € | 19.108 € | 19.105 € | 19.100 € | 19.094 € | 19.087 € | 19.081 € | 19.078 € | 19.074 € | 10.841 € |
| 84.000 € | 20.897 € | 20.892 € | 20.887 € | 20.884 € | 20.878 € | 20.872 € | 20.864 € | 20.858 € | 20.855 € | 20.850 € | 12.033 € |
| 87.000 € | 22.677 € | 22.671 € | 22.666 € | 22.662 € | 22.656 € | 22.649 € | 22.641 € | 22.635 € | 22.631 € | 22.626 € | 13.224 € |
| 90.000 € | 24.457 € | 24.451 € | 24.445 € | 24.441 € | 24.434 € | 24.427 € | 24.418 € | 24.411 € | 24.407 € | 24.402 € | 14.416 € |
| 93.000 € | 26.237 € | 26.230 € | 26.224 € | 26.220 € | 26.213 € | 26.205 € | 26.195 € | 26.188 € | 26.183 € | 26.178 € | 15.608 € |
| 96.000 € | 28.017 € | 28.010 € | 28.003 € | 27.998 € | 27.991 € | 27.982 € | 27.972 € | 27.964 € | 27.960 € | 27.954 € | 16.800 € |
| 99.000 € | 29.797 € | 29.789 € | 29.782 € | 29.777 € | 29.769 € | 29.760 € | 29.749 € | 29.741 € | 29.736 € | 29.730 € | 17.992 € |
| 102.000 € | 31.576 € | 31.568 € | 31.561 € | 31.556 € | 31.547 € | 31.538 € | 31.527 € | 31.517 € | 31.512 € | 31.506 € | 19.184 € |
| 105.000 € | 33.356 € | 33.348 € | 33.340 € | 33.334 € | 33.326 € | 33.315 € | 33.304 € | 33.294 € | 33.288 € | 33.282 € | 20.376 € |
| 108.000 € | 35.136 € | 35.127 € | 35.119 € | 35.113 € | 35.104 € | 35.093 € | 35.081 € | 35.070 € | 35.065 € | 35.057 € | 21.568 € |
| 111.000 € | 36.916 € | 36.907 € | 36.898 € | 36.892 € | 36.882 € | 36.871 € | 36.858 € | 36.847 € | 36.841 € | 36.833 € | 22.760 € |
| 114.000 € | 38.696 € | 38.686 € | 38.677 € | 38.670 € | 38.660 € | 38.648 € | 38.635 € | 38.623 € | 38.617 € | 38.609 € | 23.952 € |
| 117.000 € | 40.476 € | 40.465 € | 40.456 € | 40.449 € | 40.438 € | 40.426 € | 40.412 € | 40.400 € | 40.393 € | 40.385 € | 25.143 € |
| 120.000 € | 42.255 € | 42.245 € | 42.235 € | 42.228 € | 42.217 € | 42.204 € | 42.189 € | 42.176 € | 42.170 € | 42.161 € | 26.335 € |

## TABLA 1.C.4
## Lucro cesante del hermano/a

| Ingreso neto | Edad del hermano/a | | | | | | | | | | | |
|---|---|---|---|---|---|---|---|---|---|---|---|---|
| Hasta | 56 | 57 | 58 | 59 | 60 | 61 | 62 | 63 | 64 | 65 | 66 | 67 |
| 9.000 € | 3.000 € | 3.000 € | 3.000 € | 3.000 € | 3.000 € | 3.000 € | 3.000 € | 3.000 € | 3.000 € | 3.000 € | 3.000 € | 3.000 € |
| 12.000 € | 3.000 € | 3.000 € | 3.000 € | 3.000 € | 3.000 € | 3.000 € | 3.000 € | 3.000 € | 3.000 € | 3.000 € | 3.000 € | 3.000 € |
| 15.000 € | 3.000 € | 3.000 € | 3.000 € | 3.000 € | 3.000 € | 3.000 € | 3.000 € | 3.000 € | 3.000 € | 3.000 € | 3.000 € | 3.000 € |
| 18.000 € | 3.000 € | 3.000 € | 3.000 € | 3.000 € | 3.000 € | 3.000 € | 3.000 € | 3.000 € | 3.000 € | 3.000 € | 3.000 € | 3.000 € |
| 21.000 € | 3.000 € | 3.000 € | 3.000 € | 3.000 € | 3.000 € | 3.000 € | 3.000 € | 3.000 € | 3.000 € | 3.000 € | 3.000 € | 3.000 € |
| 24.000 € | 3.000 € | 3.000 € | 3.000 € | 3.000 € | 3.000 € | 3.000 € | 3.000 € | 3.000 € | 3.000 € | 3.000 € | 3.000 € | 3.000 € |
| 27.000 € | 3.000 € | 3.000 € | 3.000 € | 3.000 € | 3.000 € | 3.000 € | 3.000 € | 3.000 € | 3.000 € | 3.000 € | 3.000 € | 3.000 € |
| 30.000 € | 3.000 € | 3.000 € | 3.000 € | 3.000 € | 3.000 € | 3.000 € | 3.000 € | 3.000 € | 3.000 € | 3.000 € | 3.000 € | 3.000 € |
| 33.000 € | 3.000 € | 3.000 € | 3.000 € | 3.000 € | 3.000 € | 3.000 € | 3.000 € | 3.000 € | 3.000 € | 3.000 € | 3.000 € | 3.000 € |
| 36.000 € | 3.000 € | 3.000 € | 3.000 € | 3.000 € | 3.000 € | 3.000 € | 3.000 € | 3.000 € | 3.000 € | 3.000 € | 3.000 € | 3.000 € |
| 39.000 € | 3.000 € | 3.000 € | 3.000 € | 3.000 € | 3.000 € | 3.000 € | 3.000 € | 3.000 € | 3.000 € | 3.000 € | 3.000 € | 3.000 € |
| 42.000 € | 3.000 € | 3.000 € | 3.000 € | 3.000 € | 3.000 € | 3.000 € | 3.000 € | 3.000 € | 3.000 € | 3.000 € | 3.000 € | 3.000 € |
| 45.000 € | 3.000 € | 3.000 € | 3.000 € | 3.000 € | 3.000 € | 3.000 € | 3.000 € | 3.000 € | 3.000 € | 3.000 € | 3.000 € | 3.000 € |
| 48.000 € | 3.000 € | 3.000 € | 3.000 € | 3.000 € | 3.000 € | 3.000 € | 3.000 € | 3.000 € | 3.000 € | 3.000 € | 3.000 € | 3.000 € |
| 51.000 € | 3.000 € | 3.000 € | 3.000 € | 3.000 € | 3.000 € | 3.000 € | 3.000 € | 3.000 € | 3.000 € | 3.000 € | 3.000 € | 3.000 € |
| 54.000 € | 3.000 € | 3.000 € | 3.000 € | 3.000 € | 3.000 € | 3.000 € | 3.000 € | 3.000 € | 3.000 € | 3.000 € | 3.000 € | 3.000 € |
| 57.000 € | 3.000 € | 3.000 € | 3.000 € | 3.000 € | 3.000 € | 3.000 € | 3.000 € | 3.000 € | 3.000 € | 3.000 € | 3.000 € | 3.000 € |
| 60.000 € | 3.000 € | 3.000 € | 3.000 € | 3.000 € | 3.000 € | 3.000 € | 3.000 € | 3.000 € | 3.000 € | 3.000 € | 3.000 € | 3.000 € |
| 63.000 € | 3.000 € | 3.000 € | 3.000 € | 3.000 € | 3.000 € | 3.000 € | 3.000 € | 3.000 € | 3.000 € | 3.000 € | 3.000 € | 3.000 € |
| 66.000 € | 3.000 € | 3.000 € | 3.000 € | 3.000 € | 3.000 € | 3.000 € | 3.000 € | 3.000 € | 3.000 € | 3.000 € | 3.000 € | 3.000 € |
| 69.000 € | 3.000 € | 3.000 € | 3.000 € | 3.000 € | 3.000 € | 3.000 € | 3.000 € | 3.000 € | 3.000 € | 3.000 € | 3.000 € | 3.000 € |
| 72.000 € | 3.000 € | 3.000 € | 3.000 € | 3.000 € | 3.000 € | 3.000 € | 3.000 € | 3.000 € | 3.000 € | 3.000 € | 3.000 € | 3.000 € |
| 75.000 € | 3.000 € | 3.000 € | 3.000 € | 3.000 € | 3.000 € | 3.000 € | 3.000 € | 3.000 € | 3.000 € | 3.000 € | 3.000 € | 3.000 € |
| 78.000 € | 3.000 € | 3.000 € | 3.000 € | 3.000 € | 3.000 € | 3.000 € | 3.000 € | 3.000 € | 3.000 € | 3.000 € | 3.000 € | 3.000 € |
| 81.000 € | 3.000 € | 3.000 € | 3.000 € | 3.000 € | 3.000 € | 3.000 € | 3.000 € | 3.000 € | 3.000 € | 3.000 € | 3.000 € | 3.000 € |
| 84.000 € | 3.173 € | 3.000 € | 3.000 € | 3.000 € | 3.000 € | 3.000 € | 3.000 € | 3.000 € | 3.000 € | 3.000 € | 3.000 € | 3.000 € |
| 87.000 € | 3.773 € | 3.000 € | 3.000 € | 3.000 € | 3.000 € | 3.000 € | 3.000 € | 3.000 € | 3.000 € | 3.000 € | 3.000 € | 3.000 € |
| 90.000 € | 4.373 € | 3.000 € | 3.000 € | 3.000 € | 3.000 € | 3.000 € | 3.000 € | 3.000 € | 3.000 € | 3.000 € | 3.000 € | 3.000 € |
| 93.000 € | 4.973 € | 3.000 € | 3.000 € | 3.000 € | 3.000 € | 3.000 € | 3.000 € | 3.000 € | 3.000 € | 3.000 € | 3.000 € | 3.000 € |
| 96.000 € | 5.573 € | 3.000 € | 3.000 € | 3.000 € | 3.000 € | 3.000 € | 3.000 € | 3.000 € | 3.000 € | 3.000 € | 3.000 € | 3.000 € |
| 99.000 € | 6.173 € | 3.000 € | 3.000 € | 3.000 € | 3.000 € | 3.000 € | 3.000 € | 3.000 € | 3.000 € | 3.000 € | 3.000 € | 3.000 € |
| 102.000 € | 6.773 € | 3.000 € | 3.000 € | 3.000 € | 3.000 € | 3.000 € | 3.000 € | 3.000 € | 3.000 € | 3.000 € | 3.000 € | 3.000 € |
| 105.000 € | 7.373 € | 3.000 € | 3.000 € | 3.000 € | 3.000 € | 3.000 € | 3.000 € | 3.000 € | 3.000 € | 3.000 € | 3.000 € | 3.000 € |
| 108.000 € | 7.973 € | 3.000 € | 3.000 € | 3.000 € | 3.000 € | 3.000 € | 3.000 € | 3.000 € | 3.000 € | 3.000 € | 3.000 € | 3.000 € |
| 111.000 € | 8.573 € | 3.000 € | 3.000 € | 3.000 € | 3.000 € | 3.000 € | 3.000 € | 3.000 € | 3.000 € | 3.000 € | 3.000 € | 3.000 € |
| 114.000 € | 9.173 € | 3.000 € | 3.000 € | 3.000 € | 3.000 € | 3.000 € | 3.000 € | 3.000 € | 3.000 € | 3.000 € | 3.000 € | 3.000 € |
| 117.000 € | 9.773 € | 3.000 € | 3.000 € | 3.000 € | 3.000 € | 3.000 € | 3.000 € | 3.000 € | 3.000 € | 3.000 € | 3.000 € | 3.000 € |
| 120.000 € | 10.373 € | 3.000 € | 3.000 € | 3.000 € | 3.000 € | 3.000 € | 3.000 € | 3.000 € | 3.000 € | 3.000 € | 3.000 € | 3.000 € |

## TABLA 1.C.4
## Lucro cesante del hermano/a

| Ingreso neto | Edad del hermano/a | | | | | | | | | | | |
|---|---|---|---|---|---|---|---|---|---|---|---|---|
| Hasta | 68 | 69 | 70 | 71 | 72 | 73 | 74 | 75 | 76 | 77 | 78 | 79 |
| 9.000 € | 3.000 € | 3.000 € | 3.000 € | 3.000 € | 3.000 € | 3.000 € | 3.000 € | 3.000 € | 3.000 € | 3.000 € | 3.000 € | 3.000 € |
| 12.000 € | 3.000 € | 3.000 € | 3.000 € | 3.000 € | 3.000 € | 3.000 € | 3.000 € | 3.000 € | 3.000 € | 3.000 € | 3.000 € | 3.000 € |
| 15.000 € | 3.000 € | 3.000 € | 3.000 € | 3.000 € | 3.000 € | 3.000 € | 3.000 € | 3.000 € | 3.000 € | 3.000 € | 3.000 € | 3.000 € |
| 18.000 € | 3.000 € | 3.000 € | 3.000 € | 3.000 € | 3.000 € | 3.000 € | 3.000 € | 3.000 € | 3.000 € | 3.000 € | 3.000 € | 3.000 € |
| 21.000 € | 3.000 € | 3.000 € | 3.000 € | 3.000 € | 3.000 € | 3.000 € | 3.000 € | 3.000 € | 3.000 € | 3.000 € | 3.000 € | 3.000 € |
| 24.000 € | 3.000 € | 3.000 € | 3.000 € | 3.000 € | 3.000 € | 3.000 € | 3.000 € | 3.000 € | 3.000 € | 3.000 € | 3.000 € | 3.000 € |
| 27.000 € | 3.000 € | 3.000 € | 3.000 € | 3.000 € | 3.000 € | 3.000 € | 3.000 € | 3.000 € | 3.000 € | 3.000 € | 3.000 € | 3.000 € |
| 30.000 € | 3.000 € | 3.000 € | 3.000 € | 3.000 € | 3.000 € | 3.000 € | 3.000 € | 3.000 € | 3.000 € | 3.000 € | 3.000 € | 3.000 € |
| 33.000 € | 3.000 € | 3.000 € | 3.000 € | 3.000 € | 3.000 € | 3.000 € | 3.000 € | 3.000 € | 3.000 € | 3.000 € | 3.000 € | 3.000 € |
| 36.000 € | 3.000 € | 3.000 € | 3.000 € | 3.000 € | 3.000 € | 3.000 € | 3.000 € | 3.000 € | 3.000 € | 3.000 € | 3.000 € | 3.000 € |
| 39.000 € | 3.000 € | 3.000 € | 3.000 € | 3.000 € | 3.000 € | 3.000 € | 3.000 € | 3.000 € | 3.000 € | 3.000 € | 3.000 € | 3.000 € |
| 42.000 € | 3.000 € | 3.000 € | 3.000 € | 3.000 € | 3.000 € | 3.000 € | 3.000 € | 3.000 € | 3.000 € | 3.000 € | 3.000 € | 3.000 € |
| 45.000 € | 3.000 € | 3.000 € | 3.000 € | 3.000 € | 3.000 € | 3.000 € | 3.000 € | 3.000 € | 3.000 € | 3.000 € | 3.000 € | 3.000 € |
| 48.000 € | 3.000 € | 3.000 € | 3.000 € | 3.000 € | 3.000 € | 3.000 € | 3.000 € | 3.000 € | 3.000 € | 3.000 € | 3.000 € | 3.000 € |
| 51.000 € | 3.000 € | 3.000 € | 3.000 € | 3.000 € | 3.000 € | 3.000 € | 3.000 € | 3.000 € | 3.000 € | 3.000 € | 3.000 € | 3.000 € |
| 54.000 € | 3.000 € | 3.000 € | 3.000 € | 3.000 € | 3.000 € | 3.000 € | 3.000 € | 3.000 € | 3.000 € | 3.000 € | 3.000 € | 3.000 € |
| 57.000 € | 3.000 € | 3.000 € | 3.000 € | 3.000 € | 3.000 € | 3.000 € | 3.000 € | 3.000 € | 3.000 € | 3.000 € | 3.000 € | 3.000 € |
| 60.000 € | 3.000 € | 3.000 € | 3.000 € | 3.000 € | 3.000 € | 3.000 € | 3.000 € | 3.000 € | 3.000 € | 3.000 € | 3.000 € | 3.000 € |
| 63.000 € | 3.000 € | 3.000 € | 3.000 € | 3.000 € | 3.000 € | 3.000 € | 3.000 € | 3.000 € | 3.000 € | 3.000 € | 3.000 € | 3.000 € |
| 66.000 € | 3.000 € | 3.000 € | 3.000 € | 3.000 € | 3.000 € | 3.000 € | 3.000 € | 3.000 € | 3.000 € | 3.000 € | 3.000 € | 3.000 € |
| 69.000 € | 3.000 € | 3.000 € | 3.000 € | 3.000 € | 3.000 € | 3.000 € | 3.000 € | 3.000 € | 3.000 € | 3.000 € | 3.000 € | 3.000 € |
| 72.000 € | 3.000 € | 3.000 € | 3.000 € | 3.000 € | 3.000 € | 3.000 € | 3.000 € | 3.000 € | 3.000 € | 3.000 € | 3.000 € | 3.000 € |
| 75.000 € | 3.000 € | 3.000 € | 3.000 € | 3.000 € | 3.000 € | 3.000 € | 3.000 € | 3.000 € | 3.000 € | 3.000 € | 3.000 € | 3.000 € |
| 78.000 € | 3.000 € | 3.000 € | 3.000 € | 3.000 € | 3.000 € | 3.000 € | 3.000 € | 3.000 € | 3.000 € | 3.000 € | 3.000 € | 3.000 € |
| 81.000 € | 3.000 € | 3.000 € | 3.000 € | 3.000 € | 3.000 € | 3.000 € | 3.000 € | 3.000 € | 3.000 € | 3.000 € | 3.000 € | 3.000 € |
| 84.000 € | 3.000 € | 3.000 € | 3.000 € | 3.000 € | 3.000 € | 3.000 € | 3.000 € | 3.000 € | 3.000 € | 3.000 € | 3.000 € | 3.000 € |
| 87.000 € | 3.000 € | 3.000 € | 3.000 € | 3.000 € | 3.000 € | 3.000 € | 3.000 € | 3.000 € | 3.000 € | 3.000 € | 3.000 € | 3.000 € |
| 90.000 € | 3.000 € | 3.000 € | 3.000 € | 3.000 € | 3.000 € | 3.000 € | 3.000 € | 3.000 € | 3.000 € | 3.000 € | 3.000 € | 3.000 € |
| 93.000 € | 3.000 € | 3.000 € | 3.000 € | 3.000 € | 3.000 € | 3.000 € | 3.000 € | 3.000 € | 3.000 € | 3.000 € | 3.000 € | 3.000 € |
| 96.000 € | 3.000 € | 3.000 € | 3.000 € | 3.000 € | 3.000 € | 3.000 € | 3.000 € | 3.000 € | 3.000 € | 3.000 € | 3.000 € | 3.000 € |
| 99.000 € | 3.000 € | 3.000 € | 3.000 € | 3.000 € | 3.000 € | 3.000 € | 3.000 € | 3.000 € | 3.000 € | 3.000 € | 3.000 € | 3.000 € |
| 102.000 € | 3.000 € | 3.000 € | 3.000 € | 3.000 € | 3.000 € | 3.000 € | 3.000 € | 3.000 € | 3.000 € | 3.000 € | 3.000 € | 3.000 € |
| 105.000 € | 3.000 € | 3.000 € | 3.000 € | 3.000 € | 3.000 € | 3.000 € | 3.000 € | 3.000 € | 3.000 € | 3.000 € | 3.000 € | 3.000 € |
| 108.000 € | 3.000 € | 3.000 € | 3.000 € | 3.000 € | 3.000 € | 3.000 € | 3.000 € | 3.000 € | 3.000 € | 3.000 € | 3.000 € | 3.000 € |
| 111.000 € | 3.000 € | 3.000 € | 3.000 € | 3.000 € | 3.000 € | 3.000 € | 3.000 € | 3.000 € | 3.000 € | 3.000 € | 3.000 € | 3.000 € |
| 114.000 € | 3.000 € | 3.000 € | 3.000 € | 3.000 € | 3.000 € | 3.000 € | 3.000 € | 3.000 € | 3.000 € | 3.000 € | 3.000 € | 3.000 € |
| 117.000 € | 3.000 € | 3.000 € | 3.000 € | 3.000 € | 3.000 € | 3.000 € | 3.000 € | 3.000 € | 3.000 € | 3.000 € | 3.000 € | 3.000 € |
| 120.000 € | 3.000 € | 3.000 € | 3.000 € | 3.000 € | 3.000 € | 3.000 € | 3.000 € | 3.000 € | 3.000 € | 3.000 € | 3.000 € | 3.000 € |

# TABLA 1.C.4
## Lucro cesante del hermano/a

| Ingreso neto | Edad del hermano/a | | | | | | | | | | | |
|---|---|---|---|---|---|---|---|---|---|---|---|---|
| Hasta | 80 | 81 | 82 | 83 | 84 | 85 | 86 | 87 | 88 | 89 | 90 | 91 |
| 9.000 € | 3.000 € | 3.000 € | 3.000 € | 3.000 € | 3.000 € | 3.000 € | 3.000 € | 3.000 € | 3.000 € | 3.000 € | 3.000 € | 3.000 € |
| 12.000 € | 3.000 € | 3.000 € | 3.000 € | 3.000 € | 3.000 € | 3.000 € | 3.000 € | 3.000 € | 3.000 € | 3.000 € | 3.000 € | 3.000 € |
| 15.000 € | 3.000 € | 3.000 € | 3.000 € | 3.000 € | 3.000 € | 3.000 € | 3.000 € | 3.000 € | 3.000 € | 3.000 € | 3.000 € | 3.000 € |
| 18.000 € | 3.000 € | 3.000 € | 3.000 € | 3.000 € | 3.000 € | 3.000 € | 3.000 € | 3.000 € | 3.000 € | 3.000 € | 3.000 € | 3.000 € |
| 21.000 € | 3.000 € | 3.000 € | 3.000 € | 3.000 € | 3.000 € | 3.000 € | 3.000 € | 3.000 € | 3.000 € | 3.000 € | 3.000 € | 3.000 € |
| 24.000 € | 3.000 € | 3.000 € | 3.000 € | 3.000 € | 3.000 € | 3.000 € | 3.000 € | 3.000 € | 3.000 € | 3.000 € | 3.000 € | 3.000 € |
| 27.000 € | 3.000 € | 3.000 € | 3.000 € | 3.000 € | 3.000 € | 3.000 € | 3.000 € | 3.000 € | 3.000 € | 3.000 € | 3.000 € | 3.000 € |
| 30.000 € | 3.000 € | 3.000 € | 3.000 € | 3.000 € | 3.000 € | 3.000 € | 3.000 € | 3.000 € | 3.000 € | 3.000 € | 3.000 € | 3.000 € |
| 33.000 € | 3.000 € | 3.000 € | 3.000 € | 3.000 € | 3.000 € | 3.000 € | 3.000 € | 3.000 € | 3.000 € | 3.000 € | 3.000 € | 3.000 € |
| 36.000 € | 3.000 € | 3.000 € | 3.000 € | 3.000 € | 3.000 € | 3.000 € | 3.000 € | 3.000 € | 3.000 € | 3.000 € | 3.000 € | 3.000 € |
| 39.000 € | 3.000 € | 3.000 € | 3.000 € | 3.000 € | 3.000 € | 3.000 € | 3.000 € | 3.000 € | 3.000 € | 3.000 € | 3.000 € | 3.000 € |
| 42.000 € | 3.000 € | 3.000 € | 3.000 € | 3.000 € | 3.000 € | 3.000 € | 3.000 € | 3.000 € | 3.000 € | 3.000 € | 3.000 € | 3.000 € |
| 45.000 € | 3.000 € | 3.000 € | 3.000 € | 3.000 € | 3.000 € | 3.000 € | 3.000 € | 3.000 € | 3.000 € | 3.000 € | 3.000 € | 3.000 € |
| 48.000 € | 3.000 € | 3.000 € | 3.000 € | 3.000 € | 3.000 € | 3.000 € | 3.000 € | 3.000 € | 3.000 € | 3.000 € | 3.000 € | 3.000 € |
| 51.000 € | 3.000 € | 3.000 € | 3.000 € | 3.000 € | 3.000 € | 3.000 € | 3.000 € | 3.000 € | 3.000 € | 3.000 € | 3.000 € | 3.000 € |
| 54.000 € | 3.000 € | 3.000 € | 3.000 € | 3.000 € | 3.000 € | 3.000 € | 3.000 € | 3.000 € | 3.000 € | 3.000 € | 3.000 € | 3.000 € |
| 57.000 € | 3.000 € | 3.000 € | 3.000 € | 3.000 € | 3.000 € | 3.000 € | 3.000 € | 3.000 € | 3.000 € | 3.000 € | 3.000 € | 3.000 € |
| 60.000 € | 3.000 € | 3.000 € | 3.000 € | 3.000 € | 3.000 € | 3.000 € | 3.000 € | 3.000 € | 3.000 € | 3.000 € | 3.000 € | 3.000 € |
| 63.000 € | 3.000 € | 3.000 € | 3.000 € | 3.000 € | 3.000 € | 3.000 € | 3.000 € | 3.000 € | 3.000 € | 3.000 € | 3.000 € | 3.000 € |
| 66.000 € | 3.000 € | 3.000 € | 3.000 € | 3.000 € | 3.000 € | 3.000 € | 3.000 € | 3.000 € | 3.000 € | 3.000 € | 3.000 € | 3.000 € |
| 69.000 € | 3.000 € | 3.000 € | 3.000 € | 3.000 € | 3.000 € | 3.000 € | 3.000 € | 3.000 € | 3.000 € | 3.000 € | 3.000 € | 3.000 € |
| 72.000 € | 3.000 € | 3.000 € | 3.000 € | 3.000 € | 3.000 € | 3.000 € | 3.000 € | 3.000 € | 3.000 € | 3.000 € | 3.000 € | 3.000 € |
| 75.000 € | 3.000 € | 3.000 € | 3.000 € | 3.000 € | 3.000 € | 3.000 € | 3.000 € | 3.000 € | 3.000 € | 3.000 € | 3.000 € | 3.000 € |
| 78.000 € | 3.000 € | 3.000 € | 3.000 € | 3.000 € | 3.000 € | 3.000 € | 3.000 € | 3.000 € | 3.000 € | 3.000 € | 3.000 € | 3.000 € |
| 81.000 € | 3.000 € | 3.000 € | 3.000 € | 3.000 € | 3.000 € | 3.000 € | 3.000 € | 3.000 € | 3.000 € | 3.000 € | 3.000 € | 3.000 € |
| 84.000 € | 3.000 € | 3.000 € | 3.000 € | 3.000 € | 3.000 € | 3.000 € | 3.000 € | 3.000 € | 3.000 € | 3.000 € | 3.000 € | 3.000 € |
| 87.000 € | 3.000 € | 3.000 € | 3.000 € | 3.000 € | 3.000 € | 3.000 € | 3.000 € | 3.000 € | 3.000 € | 3.000 € | 3.000 € | 3.000 € |
| 90.000 € | 3.000 € | 3.000 € | 3.000 € | 3.000 € | 3.000 € | 3.000 € | 3.000 € | 3.000 € | 3.000 € | 3.000 € | 3.000 € | 3.000 € |
| 93.000 € | 3.000 € | 3.000 € | 3.000 € | 3.000 € | 3.000 € | 3.000 € | 3.000 € | 3.000 € | 3.000 € | 3.000 € | 3.000 € | 3.000 € |
| 96.000 € | 3.000 € | 3.000 € | 3.000 € | 3.000 € | 3.000 € | 3.000 € | 3.000 € | 3.000 € | 3.000 € | 3.000 € | 3.000 € | 3.000 € |
| 99.000 € | 3.000 € | 3.000 € | 3.000 € | 3.000 € | 3.000 € | 3.000 € | 3.000 € | 3.000 € | 3.000 € | 3.000 € | 3.000 € | 3.000 € |
| 102.000 € | 3.000 € | 3.000 € | 3.000 € | 3.000 € | 3.000 € | 3.000 € | 3.000 € | 3.000 € | 3.000 € | 3.000 € | 3.000 € | 3.000 € |
| 105.000 € | 3.000 € | 3.000 € | 3.000 € | 3.000 € | 3.000 € | 3.000 € | 3.000 € | 3.000 € | 3.000 € | 3.000 € | 3.000 € | 3.000 € |
| 108.000 € | 3.000 € | 3.000 € | 3.000 € | 3.000 € | 3.000 € | 3.000 € | 3.000 € | 3.000 € | 3.000 € | 3.000 € | 3.000 € | 3.000 € |
| 111.000 € | 3.000 € | 3.000 € | 3.000 € | 3.000 € | 3.000 € | 3.000 € | 3.000 € | 3.000 € | 3.000 € | 3.000 € | 3.000 € | 3.000 € |
| 114.000 € | 3.000 € | 3.000 € | 3.000 € | 3.000 € | 3.000 € | 3.000 € | 3.000 € | 3.000 € | 3.000 € | 3.000 € | 3.000 € | 3.000 € |
| 117.000 € | 3.000 € | 3.000 € | 3.000 € | 3.000 € | 3.000 € | 3.000 € | 3.000 € | 3.000 € | 3.000 € | 3.000 € | 3.000 € | 3.000 € |
| 120.000 € | 3.000 € | 3.000 € | 3.000 € | 3.000 € | 3.000 € | 3.000 € | 3.000 € | 3.000 € | 3.000 € | 3.000 € | 3.000 € | 3.000 € |

# TABLA 1.C.4
## Lucro cesante del hermano/a

| Ingreso neto | Edad del hermano/a | | | | | | | |
|---|---|---|---|---|---|---|---|---|
| Hasta | 92 | 93 | 94 | 95 | 96 | 97 | 98 | 99 o más |
| 9.000 € | 3.000 € | 3.000 € | 3.000 € | 3.000 € | 3.000 € | 3.000 € | 3.000 € | 3.000 € |
| 12.000 € | 3.000 € | 3.000 € | 3.000 € | 3.000 € | 3.000 € | 3.000 € | 3.000 € | 3.000 € |
| 15.000 € | 3.000 € | 3.000 € | 3.000 € | 3.000 € | 3.000 € | 3.000 € | 3.000 € | 3.000 € |
| 18.000 € | 3.000 € | 3.000 € | 3.000 € | 3.000 € | 3.000 € | 3.000 € | 3.000 € | 3.000 € |
| 21.000 € | 3.000 € | 3.000 € | 3.000 € | 3.000 € | 3.000 € | 3.000 € | 3.000 € | 3.000 € |
| 24.000 € | 3.000 € | 3.000 € | 3.000 € | 3.000 € | 3.000 € | 3.000 € | 3.000 € | 3.000 € |
| 27.000 € | 3.000 € | 3.000 € | 3.000 € | 3.000 € | 3.000 € | 3.000 € | 3.000 € | 3.000 € |
| 30.000 € | 3.000 € | 3.000 € | 3.000 € | 3.000 € | 3.000 € | 3.000 € | 3.000 € | 3.000 € |
| 33.000 € | 3.000 € | 3.000 € | 3.000 € | 3.000 € | 3.000 € | 3.000 € | 3.000 € | 3.000 € |
| 36.000 € | 3.000 € | 3.000 € | 3.000 € | 3.000 € | 3.000 € | 3.000 € | 3.000 € | 3.000 € |
| 39.000 € | 3.000 € | 3.000 € | 3.000 € | 3.000 € | 3.000 € | 3.000 € | 3.000 € | 3.000 € |
| 42.000 € | 3.000 € | 3.000 € | 3.000 € | 3.000 € | 3.000 € | 3.000 € | 3.000 € | 3.000 € |
| 45.000 € | 3.000 € | 3.000 € | 3.000 € | 3.000 € | 3.000 € | 3.000 € | 3.000 € | 3.000 € |
| 48.000 € | 3.000 € | 3.000 € | 3.000 € | 3.000 € | 3.000 € | 3.000 € | 3.000 € | 3.000 € |
| 51.000 € | 3.000 € | 3.000 € | 3.000 € | 3.000 € | 3.000 € | 3.000 € | 3.000 € | 3.000 € |
| 54.000 € | 3.000 € | 3.000 € | 3.000 € | 3.000 € | 3.000 € | 3.000 € | 3.000 € | 3.000 € |
| 57.000 € | 3.000 € | 3.000 € | 3.000 € | 3.000 € | 3.000 € | 3.000 € | 3.000 € | 3.000 € |
| 60.000 € | 3.000 € | 3.000 € | 3.000 € | 3.000 € | 3.000 € | 3.000 € | 3.000 € | 3.000 € |
| 63.000 € | 3.000 € | 3.000 € | 3.000 € | 3.000 € | 3.000 € | 3.000 € | 3.000 € | 3.000 € |
| 66.000 € | 3.000 € | 3.000 € | 3.000 € | 3.000 € | 3.000 € | 3.000 € | 3.000 € | 3.000 € |
| 69.000 € | 3.000 € | 3.000 € | 3.000 € | 3.000 € | 3.000 € | 3.000 € | 3.000 € | 3.000 € |
| 72.000 € | 3.000 € | 3.000 € | 3.000 € | 3.000 € | 3.000 € | 3.000 € | 3.000 € | 3.000 € |
| 75.000 € | 3.000 € | 3.000 € | 3.000 € | 3.000 € | 3.000 € | 3.000 € | 3.000 € | 3.000 € |
| 78.000 € | 3.000 € | 3.000 € | 3.000 € | 3.000 € | 3.000 € | 3.000 € | 3.000 € | 3.000 € |
| 81.000 € | 3.000 € | 3.000 € | 3.000 € | 3.000 € | 3.000 € | 3.000 € | 3.000 € | 3.000 € |
| 84.000 € | 3.000 € | 3.000 € | 3.000 € | 3.000 € | 3.000 € | 3.000 € | 3.000 € | 3.000 € |
| 87.000 € | 3.000 € | 3.000 € | 3.000 € | 3.000 € | 3.000 € | 3.000 € | 3.000 € | 3.000 € |
| 90.000 € | 3.000 € | 3.000 € | 3.000 € | 3.000 € | 3.000 € | 3.000 € | 3.000 € | 3.000 € |
| 93.000 € | 3.000 € | 3.000 € | 3.000 € | 3.000 € | 3.000 € | 3.000 € | 3.000 € | 3.000 € |
| 96.000 € | 3.000 € | 3.000 € | 3.000 € | 3.000 € | 3.000 € | 3.000 € | 3.000 € | 3.000 € |
| 99.000 € | 3.000 € | 3.000 € | 3.000 € | 3.000 € | 3.000 € | 3.000 € | 3.000 € | 3.000 € |
| 102.000 € | 3.000 € | 3.000 € | 3.000 € | 3.000 € | 3.000 € | 3.000 € | 3.000 € | 3.000 € |
| 105.000 € | 3.000 € | 3.000 € | 3.000 € | 3.000 € | 3.000 € | 3.000 € | 3.000 € | 3.000 € |
| 108.000 € | 3.000 € | 3.000 € | 3.000 € | 3.000 € | 3.000 € | 3.000 € | 3.000 € | 3.000 € |
| 111.000 € | 3.000 € | 3.000 € | 3.000 € | 3.000 € | 3.000 € | 3.000 € | 3.000 € | 3.000 € |
| 114.000 € | 3.000 € | 3.000 € | 3.000 € | 3.000 € | 3.000 € | 3.000 € | 3.000 € | 3.000 € |
| 117.000 € | 3.000 € | 3.000 € | 3.000 € | 3.000 € | 3.000 € | 3.000 € | 3.000 € | 3.000 € |
| 120.000 € | 3.000 € | 3.000 € | 3.000 € | 3.000 € | 3.000 € | 3.000 € | 3.000 € | 3.000 € |

# TABLA 1.C.4.d
## Lucro cesante del hermano/a con discapacidad

| Ingreso neto | Edad del hermano/a | | | | | | | | |
|---|---|---|---|---|---|---|---|---|---|
| Hasta | hasta 6 | 7 | 8 | 9 | 10 | 11 | 12 | 13 | 14 |
| 9.000 € | 43.026 € | 42.793 € | 42.557 € | 42.321 € | 42.088 € | 41.859 € | 41.627 € | 41.390 € | 41.138 € |
| 12.000 € | 57.368 € | 57.058 € | 56.742 € | 56.427 € | 56.117 € | 55.812 € | 55.503 € | 55.186 € | 54.851 € |
| 15.000 € | 71.710 € | 71.322 € | 70.928 € | 70.534 € | 70.147 € | 69.765 € | 69.378 € | 68.983 € | 68.563 € |
| 18.000 € | 86.052 € | 85.586 € | 85.114 € | 84.641 € | 84.176 € | 83.717 € | 83.254 € | 82.779 € | 82.276 € |
| 21.000 € | 100.394 € | 99.851 € | 99.299 € | 98.748 € | 98.205 € | 97.670 € | 97.130 € | 96.576 € | 95.988 € |
| 24.000 € | 111.856 € | 111.809 € | 111.763 € | 111.716 € | 111.670 € | 111.623 € | 111.005 € | 110.372 € | 109.701 € |
| 27.000 € | 116.580 € | 116.527 € | 116.483 € | 116.459 € | 116.451 € | 116.443 € | 116.435 € | 116.428 € | 116.420 € |
| 30.000 € | 121.304 € | 121.099 € | 120.903 € | 120.725 € | 120.579 € | 120.462 € | 120.358 € | 120.254 € | 120.122 € |
| 33.000 € | 126.028 € | 125.672 € | 125.322 € | 124.992 € | 124.694 € | 124.426 € | 124.170 € | 123.912 € | 123.620 € |
| 36.000 € | 130.752 € | 130.244 € | 129.742 € | 129.259 € | 128.808 € | 128.389 € | 127.981 € | 127.569 € | 127.119 € |
| 39.000 € | 135.476 € | 134.816 € | 134.161 € | 133.525 € | 132.923 € | 132.353 € | 131.793 € | 131.227 € | 130.617 € |
| 42.000 € | 140.200 € | 139.388 € | 138.581 € | 137.792 € | 137.038 € | 136.317 € | 135.605 € | 134.885 € | 134.116 € |
| 45.000 € | 144.924 € | 143.961 € | 143.000 € | 142.059 € | 141.153 € | 140.280 € | 139.416 € | 138.542 € | 137.614 € |
| 48.000 € | 149.648 € | 148.533 € | 147.420 € | 146.325 € | 145.267 € | 144.244 € | 143.228 € | 142.200 € | 141.112 € |
| 51.000 € | 163.268 € | 161.902 € | 160.535 € | 159.184 € | 157.870 € | 156.588 € | 155.311 € | 154.020 € | 152.664 € |
| 54.000 € | 187.383 € | 185.648 € | 183.907 € | 182.179 € | 180.484 € | 178.817 € | 177.152 € | 175.468 € | 173.716 € |
| 57.000 € | 211.498 € | 209.394 € | 207.280 € | 205.175 € | 203.098 € | 201.047 € | 198.993 € | 196.916 € | 194.768 € |
| 60.000 € | 235.613 € | 233.140 € | 230.652 € | 228.170 € | 225.712 € | 223.277 € | 220.834 € | 218.364 € | 215.821 € |
| 63.000 € | 259.728 € | 256.886 € | 254.025 € | 251.165 € | 248.327 € | 245.507 € | 242.675 € | 239.812 € | 236.873 € |
| 66.000 € | 283.843 € | 280.632 € | 277.398 € | 274.160 € | 270.941 € | 267.737 € | 264.516 € | 261.260 € | 257.925 € |
| 69.000 € | 307.957 € | 304.378 € | 300.770 € | 297.155 € | 293.555 € | 289.967 € | 286.357 € | 282.709 € | 278.977 € |
| 72.000 € | 332.072 € | 328.124 € | 324.143 € | 320.150 € | 316.170 € | 312.196 € | 308.198 € | 304.157 € | 300.029 € |
| 75.000 € | 356.187 € | 351.870 € | 347.515 € | 343.146 € | 338.784 € | 334.426 € | 330.038 € | 325.605 € | 321.081 € |
| 78.000 € | 380.302 € | 375.616 € | 370.888 € | 366.141 € | 361.398 € | 356.656 € | 351.879 € | 347.053 € | 342.133 € |
| 81.000 € | 404.417 € | 399.363 € | 394.260 € | 389.136 € | 384.013 € | 378.886 € | 373.720 € | 368.501 € | 363.185 € |
| 84.000 € | 428.532 € | 423.109 € | 417.633 € | 412.131 € | 406.627 € | 401.116 € | 395.561 € | 389.949 € | 384.237 € |
| 87.000 € | 452.647 € | 446.855 € | 441.006 € | 435.126 € | 429.241 € | 423.345 € | 417.402 € | 411.397 € | 405.289 € |
| 90.000 € | 476.762 € | 470.601 € | 464.378 € | 458.121 € | 451.856 € | 445.575 € | 439.243 € | 432.845 € | 426.341 € |
| 93.000 € | 500.877 € | 494.347 € | 487.751 € | 481.117 € | 474.470 € | 467.805 € | 461.084 € | 454.294 € | 447.393 € |
| 96.000 € | 524.991 € | 518.093 € | 511.123 € | 504.112 € | 497.084 € | 490.035 € | 482.925 € | 475.742 € | 468.445 € |
| 99.000 € | 549.106 € | 541.839 € | 534.496 € | 527.107 € | 519.698 € | 512.265 € | 504.766 € | 497.190 € | 489.497 € |
| 102.000 € | 573.221 € | 565.585 € | 557.869 € | 550.102 € | 542.313 € | 534.494 € | 526.607 € | 518.638 € | 510.549 € |
| 105.000 € | 597.336 € | 589.331 € | 581.241 € | 573.097 € | 564.927 € | 556.724 € | 548.447 € | 540.086 € | 531.601 € |
| 108.000 € | 621.451 € | 613.077 € | 604.614 € | 596.092 € | 587.541 € | 578.954 € | 570.288 € | 561.534 € | 552.653 € |
| 111.000 € | 645.566 € | 636.823 € | 627.986 € | 619.087 € | 610.156 € | 601.184 € | 592.129 € | 582.982 € | 573.705 € |
| 114.000 € | 669.681 € | 660.569 € | 651.359 € | 642.083 € | 632.770 € | 623.414 € | 613.970 € | 604.431 € | 594.757 € |
| 117.000 € | 693.796 € | 684.315 € | 674.731 € | 665.078 € | 655.384 € | 645.643 € | 635.811 € | 625.879 € | 615.809 € |
| 120.000 € | 717.911 € | 708.061 € | 698.104 € | 688.073 € | 677.999 € | 667.873 € | 657.652 € | 647.327 € | 636.862 € |

## TABLA 1.C.4.d
## Lucro cesante del hermano/a con discapacidad

| Ingreso neto | | | | | | | | | Edad del hermano/a |
|---|---|---|---|---|---|---|---|---|---|
| Hasta | 15 | 16 | 17 | 18 | 19 | 20 | 21 | 22 | 23 |
| 9.000 € | 40.856 € | 40.555 € | 40.238 € | 39.890 € | 39.508 € | 39.096 € | 38.649 € | 38.172 € | 37.662 € |
| 12.000 € | 54.475 € | 54.074 € | 53.651 € | 53.186 € | 52.678 € | 52.127 € | 51.532 € | 50.896 € | 50.216 € |
| 15.000 € | 68.094 € | 67.592 € | 67.064 € | 66.483 € | 65.847 € | 65.159 € | 64.414 € | 63.620 € | 62.770 € |
| 18.000 € | 81.713 € | 81.110 € | 80.476 € | 79.780 € | 79.017 € | 78.191 € | 77.297 € | 76.344 € | 75.324 € |
| 21.000 € | 95.332 € | 94.629 € | 93.889 € | 93.076 € | 92.186 € | 91.223 € | 90.180 € | 89.068 € | 87.878 € |
| 24.000 € | 108.951 € | 108.147 € | 107.302 € | 106.373 € | 105.355 € | 104.255 € | 103.063 € | 101.792 € | 100.432 € |
| 27.000 € | 116.412 € | 116.405 € | 116.397 € | 116.219 € | 115.963 € | 115.637 € | 115.230 € | 114.516 € | 112.986 € |
| 30.000 € | 119.911 € | 119.655 € | 119.367 € | 118.996 € | 118.536 € | 117.994 € | 117.360 € | 116.650 € | 115.853 € |
| 33.000 € | 123.239 € | 122.807 € | 122.338 € | 121.774 € | 121.109 € | 120.351 € | 119.490 € | 118.543 € | 117.497 € |
| 36.000 € | 126.568 € | 125.959 € | 125.309 € | 124.552 € | 123.682 € | 122.708 € | 121.621 € | 120.436 € | 119.142 € |
| 39.000 € | 129.897 € | 129.112 € | 128.279 € | 127.329 € | 126.255 € | 125.066 € | 123.751 € | 122.329 € | 120.786 € |
| 42.000 € | 133.225 € | 132.264 € | 131.250 € | 130.107 € | 128.828 € | 127.423 € | 125.881 € | 124.222 € | 122.430 € |
| 45.000 € | 136.554 € | 135.416 € | 134.221 € | 132.884 € | 131.401 € | 129.780 € | 128.011 € | 126.114 € | 124.075 € |
| 48.000 € | 139.882 € | 138.569 € | 137.191 € | 135.662 € | 133.974 € | 132.138 € | 130.141 € | 128.007 € | 125.719 € |
| 51.000 € | 151.159 € | 149.565 € | 147.902 € | 146.080 € | 144.091 € | 141.947 € | 139.634 € | 137.176 € | 134.556 € |
| 54.000 € | 171.812 € | 169.814 € | 167.743 € | 165.511 € | 163.108 € | 160.546 € | 157.812 € | 154.928 € | 151.878 € |
| 57.000 € | 192.465 € | 190.063 € | 187.585 € | 184.942 € | 182.125 € | 179.146 € | 175.990 € | 172.680 € | 169.200 € |
| 60.000 € | 213.118 € | 210.313 € | 207.426 € | 204.373 € | 201.142 € | 197.746 € | 194.167 € | 190.433 € | 186.521 € |
| 63.000 € | 233.771 € | 230.562 € | 227.268 € | 223.803 € | 220.159 € | 216.345 € | 212.345 € | 208.185 € | 203.843 € |
| 66.000 € | 254.424 € | 250.811 € | 247.109 € | 243.234 € | 239.176 € | 234.945 € | 230.523 € | 225.937 € | 221.164 € |
| 69.000 € | 275.077 € | 271.060 € | 266.950 € | 262.665 € | 258.193 € | 253.544 € | 248.701 € | 243.689 € | 238.486 € |
| 72.000 € | 295.730 € | 291.309 € | 286.792 € | 282.096 € | 277.210 € | 272.144 € | 266.879 € | 261.441 € | 255.808 € |
| 75.000 € | 316.383 € | 311.559 € | 306.633 € | 301.527 € | 296.227 € | 290.744 € | 285.056 € | 279.193 € | 273.129 € |
| 78.000 € | 337.036 € | 331.808 € | 326.475 € | 320.958 € | 315.244 € | 309.343 € | 303.234 € | 296.946 € | 290.451 € |
| 81.000 € | 357.689 € | 352.057 € | 346.316 € | 340.389 € | 334.261 € | 327.943 € | 321.412 € | 314.698 € | 307.773 € |
| 84.000 € | 378.343 € | 372.306 € | 366.157 € | 359.820 € | 353.278 € | 346.542 € | 339.590 € | 332.450 € | 325.094 € |
| 87.000 € | 398.996 € | 392.556 € | 385.999 € | 379.251 € | 372.295 € | 365.142 € | 357.768 € | 350.202 € | 342.416 € |
| 90.000 € | 419.649 € | 412.805 € | 405.840 € | 398.682 € | 391.312 € | 383.742 € | 375.945 € | 367.954 € | 359.738 € |
| 93.000 € | 440.302 € | 433.054 € | 425.682 € | 418.113 € | 410.328 € | 402.341 € | 394.123 € | 385.707 € | 377.059 € |
| 96.000 € | 460.955 € | 453.303 € | 445.523 € | 437.544 € | 429.345 € | 420.941 € | 412.301 € | 403.459 € | 394.381 € |
| 99.000 € | 481.608 € | 473.552 € | 465.365 € | 456.975 € | 448.362 € | 439.540 € | 430.479 € | 421.211 € | 411.703 € |
| 102.000 € | 502.261 € | 493.802 € | 485.206 € | 476.405 € | 467.379 € | 458.140 € | 448.656 € | 438.963 € | 429.024 € |
| 105.000 € | 522.914 € | 514.051 € | 505.047 € | 495.836 € | 486.396 € | 476.740 € | 466.834 € | 456.715 € | 446.346 € |
| 108.000 € | 543.567 € | 534.300 € | 524.889 € | 515.267 € | 505.413 € | 495.339 € | 485.012 € | 474.468 € | 463.667 € |
| 111.000 € | 564.220 € | 554.549 € | 544.730 € | 534.698 € | 524.430 € | 513.939 € | 503.190 € | 492.220 € | 480.989 € |
| 114.000 € | 584.873 € | 574.798 € | 564.572 € | 554.129 € | 543.447 € | 532.538 € | 521.368 € | 509.972 € | 498.311 € |
| 117.000 € | 605.526 € | 595.048 € | 584.413 € | 573.560 € | 562.464 € | 551.138 € | 539.545 € | 527.724 € | 515.632 € |
| 120.000 € | 626.179 € | 615.297 € | 604.254 € | 592.991 € | 581.481 € | 569.738 € | 557.723 € | 545.476 € | 532.954 € |

# TABLA 1.C.4.d
## Lucro cesante del hermano/a con discapacidad

| Ingreso neto | | | | | | | | | Eda |
|---|---|---|---|---|---|---|---|---|---|
| Hasta | 24 | 25 | 26 | 27 | 28 | 29 | 30 | 31 | 32 |
| 9.000 € | 37.121 € | 36.555 € | 35.965 € | 35.347 € | 34.708 € | 34.048 € | 33.367 € | 32.670 € | 31.955 € |
| 12.000 € | 49.495 € | 48.740 € | 47.953 € | 47.130 € | 46.278 € | 45.397 € | 44.489 € | 43.561 € | 42.607 € |
| 15.000 € | 61.869 € | 60.925 € | 59.941 € | 58.912 € | 57.847 € | 56.746 € | 55.612 € | 54.451 € | 53.259 € |
| 18.000 € | 74.243 € | 73.110 € | 71.929 € | 70.694 € | 69.417 € | 68.095 € | 66.734 € | 65.341 € | 63.910 € |
| 21.000 € | 86.617 € | 85.296 € | 83.917 € | 82.477 € | 80.986 € | 79.445 € | 77.856 € | 76.231 € | 74.562 € |
| 24.000 € | 98.990 € | 97.481 € | 95.906 € | 94.259 € | 92.556 € | 90.794 € | 88.979 € | 87.121 € | 85.214 € |
| 27.000 € | 111.364 € | 109.666 € | 107.894 € | 106.041 € | 104.125 € | 102.143 € | 100.101 € | 98.011 € | 95.866 € |
| 30.000 € | 114.978 € | 114.041 € | 113.048 € | 111.989 € | 110.885 € | 109.734 € | 108.541 € | 107.322 € | 106.068 € |
| 33.000 € | 116.364 € | 115.160 € | 113.890 € | 112.547 € | 111.151 € | 110.657 € | 109.154 € | 107.614 € | 106.499 € |
| 36.000 € | 117.750 € | 116.279 € | 114.733 € | 113.105 € | 111.417 € | 111.417 € | 109.766 € | 107.904 € | 107.312 € |
| 39.000 € | 119.136 € | 117.397 € | 115.576 € | 113.663 € | 111.682 € | 111.682 € | 110.376 € | 108.193 € | 108.128 € |
| 42.000 € | 120.522 € | 118.516 € | 116.418 € | 114.221 € | 111.948 € | 111.948 € | 110.987 € | 108.481 € | 108.481 € |
| 45.000 € | 121.908 € | 119.634 € | 117.261 € | 114.779 € | 112.214 € | 112.214 € | 111.597 € | 108.768 € | 108.768 € |
| 48.000 € | 123.294 € | 120.753 € | 118.104 € | 115.337 € | 112.480 € | 112.480 € | 112.208 € | 109.055 € | 109.055 € |
| 51.000 € | 131.791 € | 128.904 € | 125.902 € | 122.776 € | 119.553 € | 116.231 € | 112.820 € | 109.342 € | 109.342 € |
| 54.000 € | 148.677 € | 145.351 € | 141.906 € | 138.332 € | 134.657 € | 130.878 € | 127.007 € | 123.063 € | 119.036 € |
| 57.000 € | 165.564 € | 161.799 € | 157.910 € | 153.888 € | 149.761 € | 145.525 € | 141.193 € | 136.784 € | 132.288 € |
| 60.000 € | 182.450 € | 178.246 € | 173.914 € | 169.444 € | 164.864 € | 160.172 € | 155.379 € | 150.506 € | 145.540 € |
| 63.000 € | 199.337 € | 194.693 € | 189.918 € | 185.000 € | 179.968 € | 174.819 € | 169.565 € | 164.227 € | 158.791 € |
| 66.000 € | 216.223 € | 211.141 € | 205.923 € | 200.556 € | 195.072 € | 189.467 € | 183.752 € | 177.949 € | 172.043 € |
| 69.000 € | 233.110 € | 227.588 € | 221.927 € | 216.112 € | 210.176 € | 204.114 € | 197.938 € | 191.670 € | 185.295 € |
| 72.000 € | 249.996 € | 244.035 € | 237.931 € | 231.668 € | 225.280 € | 218.761 € | 212.124 € | 205.391 € | 198.547 € |
| 75.000 € | 266.883 € | 260.483 € | 253.935 € | 247.224 € | 240.384 € | 233.408 € | 226.310 € | 219.113 € | 211.799 € |
| 78.000 € | 283.769 € | 276.930 € | 269.939 € | 262.780 € | 255.487 € | 248.056 € | 240.496 € | 232.834 € | 225.051 € |
| 81.000 € | 300.656 € | 293.377 € | 285.943 € | 278.336 € | 270.591 € | 262.703 € | 254.683 € | 246.555 € | 238.303 € |
| 84.000 € | 317.542 € | 309.824 € | 301.947 € | 293.892 € | 285.695 € | 277.350 € | 268.869 € | 260.277 € | 251.554 € |
| 87.000 € | 334.429 € | 326.272 € | 317.951 € | 309.448 € | 300.799 € | 291.997 € | 283.055 € | 273.998 € | 264.806 € |
| 90.000 € | 351.315 € | 342.719 € | 333.955 € | 325.004 € | 315.903 € | 306.644 € | 297.241 € | 287.719 € | 278.058 € |
| 93.000 € | 368.202 € | 359.166 € | 349.959 € | 340.560 € | 331.007 € | 321.292 € | 311.428 € | 301.441 € | 291.310 € |
| 96.000 € | 385.088 € | 375.614 € | 365.963 € | 356.116 € | 346.111 € | 335.939 € | 325.614 € | 315.162 € | 304.562 € |
| 99.000 € | 401.974 € | 392.061 € | 381.967 € | 371.672 € | 361.214 € | 350.586 € | 339.800 € | 328.883 € | 317.814 € |
| 102.000 € | 418.861 € | 408.508 € | 397.971 € | 387.228 € | 376.318 € | 365.233 € | 353.986 € | 342.605 € | 331.065 € |
| 105.000 € | 435.747 € | 424.956 € | 413.975 € | 402.783 € | 391.422 € | 379.881 € | 368.173 € | 356.326 € | 344.317 € |
| 108.000 € | 452.634 € | 441.403 € | 429.979 € | 418.339 € | 406.526 € | 394.528 € | 382.359 € | 370.048 € | 357.569 € |
| 111.000 € | 469.520 € | 457.850 € | 445.984 € | 433.895 € | 421.630 € | 409.175 € | 396.545 € | 383.769 € | 370.821 € |
| 114.000 € | 486.407 € | 474.297 € | 461.988 € | 449.451 € | 436.734 € | 423.822 € | 410.731 € | 397.490 € | 384.073 € |
| 117.000 € | 503.293 € | 490.745 € | 477.992 € | 465.007 € | 451.837 € | 438.469 € | 424.918 € | 411.212 € | 397.325 € |
| 120.000 € | 520.180 € | 507.192 € | 493.996 € | 480.563 € | 466.941 € | 453.117 € | 439.104 € | 424.933 € | 410.577 € |

## TABLA 1.C.4.d
## Lucro cesante del hermano/a con discapacidad

| Ingreso neto | d del hermano/a | | | | | | | | |
|---|---|---|---|---|---|---|---|---|---|
| Hasta | 33 | 34 | 35 | 36 | 37 | 38 | 39 | 40 | 41 |
| 9.000 € | 31.217 € | 30.504 € | 29.795 € | 29.039 € | 28.253 € | 27.452 € | 26.640 € | 25.790 € | 24.896 € |
| 12.000 € | 41.622 € | 40.672 € | 39.726 € | 38.719 € | 37.671 € | 36.603 € | 35.520 € | 34.386 € | 33.194 € |
| 15.000 € | 52.028 € | 50.840 € | 49.658 € | 48.398 € | 47.089 € | 45.754 € | 44.400 € | 42.983 € | 41.493 € |
| 18.000 € | 62.433 € | 61.008 € | 59.589 € | 58.078 € | 56.506 € | 54.904 € | 53.280 € | 51.579 € | 49.791 € |
| 21.000 € | 72.839 € | 71.176 € | 69.521 € | 67.758 € | 65.924 € | 64.055 € | 62.161 € | 60.176 € | 58.090 € |
| 24.000 € | 83.244 € | 81.344 € | 79.452 € | 77.438 € | 75.342 € | 73.206 € | 71.041 € | 68.772 € | 66.389 € |
| 27.000 € | 93.650 € | 91.513 € | 89.384 € | 87.117 € | 84.760 € | 82.356 € | 79.921 € | 77.369 € | 74.687 € |
| 30.000 € | 104.055 € | 101.681 € | 99.316 € | 96.797 € | 94.177 € | 91.507 € | 88.801 € | 85.965 € | 82.986 € |
| 33.000 € | 105.384 € | 101.845 € | 100.183 € | 98.507 € | 96.819 € | 95.127 € | 93.426 € | 91.735 € | 90.051 € |
| 36.000 € | 106.719 € | 103.094 € | 101.081 € | 99.043 € | 96.981 € | 96.205 € | 94.123 € | 92.037 € | 90.922 € |
| 39.000 € | 108.062 € | 104.349 € | 101.981 € | 99.578 € | 97.142 € | 97.142 € | 94.820 € | 92.338 € | 91.795 € |
| 42.000 € | 108.481 € | 105.613 € | 102.884 € | 100.114 € | 97.303 € | 97.303 € | 95.519 € | 92.638 € | 92.638 € |
| 45.000 € | 108.768 € | 106.885 € | 103.790 € | 100.649 € | 97.463 € | 97.463 € | 96.219 € | 92.937 € | 92.937 € |
| 48.000 € | 109.055 € | 108.166 € | 104.700 € | 101.185 € | 97.623 € | 97.623 € | 96.921 € | 93.236 € | 93.236 € |
| 51.000 € | 109.342 € | 109.342 € | 105.614 € | 101.721 € | 97.782 € | 97.782 € | 97.625 € | 93.535 € | 93.535 € |
| 54.000 € | 114.926 € | 110.761 € | 106.533 € | 102.259 € | 97.941 € | 97.941 € | 97.941 € | 93.833 € | 93.833 € |
| 57.000 € | 127.703 € | 123.060 € | 118.349 € | 113.587 € | 108.778 € | 103.932 € | 99.042 € | 94.132 € | 94.132 € |
| 60.000 € | 140.481 € | 135.359 € | 130.165 € | 124.916 € | 119.615 € | 114.273 € | 108.882 € | 103.468 € | 98.024 € |
| 63.000 € | 153.258 € | 147.658 € | 141.981 € | 136.244 € | 130.452 € | 124.614 € | 118.723 € | 112.804 € | 106.851 € |
| 66.000 € | 166.036 € | 159.957 € | 153.797 € | 147.573 € | 141.289 € | 134.955 € | 128.563 € | 122.140 € | 115.679 € |
| 69.000 € | 178.813 € | 172.256 € | 165.613 € | 158.902 € | 152.126 € | 145.297 € | 138.404 € | 131.476 € | 124.506 € |
| 72.000 € | 191.591 € | 184.555 € | 177.429 € | 170.230 € | 162.963 € | 155.638 € | 148.244 € | 140.812 € | 133.333 € |
| 75.000 € | 204.368 € | 196.854 € | 189.245 € | 181.559 € | 173.800 € | 165.979 € | 158.085 € | 150.148 € | 142.160 € |
| 78.000 € | 217.145 € | 209.153 € | 201.061 € | 192.888 € | 184.637 € | 176.320 € | 167.926 € | 159.484 € | 150.988 € |
| 81.000 € | 229.923 € | 221.452 € | 212.877 € | 204.216 € | 195.474 € | 186.661 € | 177.766 € | 168.821 € | 159.815 € |
| 84.000 € | 242.700 € | 233.751 € | 224.693 € | 215.545 € | 206.311 € | 197.002 € | 187.607 € | 178.157 € | 168.642 € |
| 87.000 € | 255.478 € | 246.050 € | 236.508 € | 226.874 € | 217.148 € | 207.343 € | 197.447 € | 187.493 € | 177.469 € |
| 90.000 € | 268.255 € | 258.349 € | 248.324 € | 238.202 € | 227.985 € | 217.684 € | 207.288 € | 196.829 € | 186.297 € |
| 93.000 € | 281.033 € | 270.648 € | 260.140 € | 249.531 € | 238.822 € | 228.025 € | 217.129 € | 206.165 € | 195.124 € |
| 96.000 € | 293.810 € | 282.947 € | 271.956 € | 260.860 € | 249.659 € | 238.366 € | 226.969 € | 215.501 € | 203.951 € |
| 99.000 € | 306.588 € | 295.246 € | 283.772 € | 272.188 € | 260.496 € | 248.708 € | 236.810 € | 224.837 € | 212.778 € |
| 102.000 € | 319.365 € | 307.545 € | 295.588 € | 283.517 € | 271.333 € | 259.049 € | 246.650 € | 234.173 € | 221.606 € |
| 105.000 € | 332.143 € | 319.844 € | 307.404 € | 294.846 € | 282.170 € | 269.390 € | 256.491 € | 243.509 € | 230.433 € |
| 108.000 € | 344.920 € | 332.143 € | 319.220 € | 306.174 € | 293.007 € | 279.731 € | 266.332 € | 252.845 € | 239.260 € |
| 111.000 € | 357.698 € | 344.442 € | 331.036 € | 317.503 € | 303.844 € | 290.072 € | 276.172 € | 262.182 € | 248.087 € |
| 114.000 € | 370.475 € | 356.741 € | 342.852 € | 328.831 € | 314.681 € | 300.413 € | 286.013 € | 271.518 € | 256.915 € |
| 117.000 € | 383.253 € | 369.040 € | 354.668 € | 340.160 € | 325.518 € | 310.754 € | 295.853 € | 280.854 € | 265.742 € |
| 120.000 € | 396.030 € | 381.339 € | 366.484 € | 351.489 € | 336.355 € | 321.095 € | 305.694 € | 290.190 € | 274.569 € |

## TABLA 1.C.4.d
## Lucro cesante del hermano/a con discapacidad

| Ingreso neto | Edad del hermano/a | | | | | | | | |
|---|---|---|---|---|---|---|---|---|---|
| Hasta | 42 | 43 | 44 | 45 | 46 | 47 | 48 | 49 | 50 |
| 9.000 € | 23.963 € | 23.020 € | 22.084 € | 21.156 € | 20.216 € | 19.242 € | 18.299 € | 17.358 € | 16.435 € |
| 12.000 € | 31.951 € | 30.693 € | 29.445 € | 28.208 € | 26.955 € | 25.655 € | 24.399 € | 23.145 € | 21.913 € |
| 15.000 € | 39.938 € | 38.366 € | 36.807 € | 35.260 € | 33.694 € | 32.069 € | 30.499 € | 28.931 € | 27.392 € |
| 18.000 € | 47.926 € | 46.040 € | 44.168 € | 42.311 € | 40.433 € | 38.483 € | 36.599 € | 34.717 € | 32.870 € |
| 21.000 € | 55.914 € | 53.713 € | 51.529 € | 49.363 € | 47.172 € | 44.897 € | 42.698 € | 40.503 € | 38.349 € |
| 24.000 € | 63.901 € | 61.386 € | 58.891 € | 56.415 € | 53.911 € | 51.311 € | 48.798 € | 46.289 € | 43.827 € |
| 27.000 € | 71.889 € | 69.059 € | 66.252 € | 63.467 € | 60.649 € | 57.725 € | 54.898 € | 52.075 € | 49.305 € |
| 30.000 € | 79.877 € | 76.733 € | 73.613 € | 70.519 € | 67.388 € | 64.139 € | 60.998 € | 57.861 € | 54.784 € |
| 33.000 € | 87.864 € | 84.406 € | 80.975 € | 77.571 € | 74.127 € | 70.552 € | 67.098 € | 63.648 € | 60.262 € |
| 36.000 € | 88.383 € | 84.702 € | 81.042 € | 77.915 € | 75.924 € | 73.963 € | 72.041 € | 69.434 € | 65.740 € |
| 39.000 € | 88.901 € | 84.997 € | 81.109 € | 78.452 € | 76.012 € | 74.197 € | 72.292 € | 69.660 € | 65.942 € |
| 42.000 € | 89.419 € | 85.292 € | 81.176 € | 78.990 € | 76.100 € | 74.430 € | 72.542 € | 69.886 € | 66.143 € |
| 45.000 € | 89.938 € | 85.586 € | 81.242 € | 79.528 € | 76.187 € | 74.663 € | 72.792 € | 70.112 € | 66.343 € |
| 48.000 € | 90.457 € | 85.879 € | 81.308 € | 80.068 € | 76.274 € | 74.895 € | 73.042 € | 70.337 € | 66.543 € |
| 51.000 € | 90.977 € | 86.173 € | 81.374 € | 80.609 € | 76.361 € | 75.127 € | 73.291 € | 70.562 € | 66.743 € |
| 54.000 € | 91.498 € | 86.466 € | 81.440 € | 81.152 € | 76.447 € | 75.360 € | 73.541 € | 70.787 € | 66.943 € |
| 57.000 € | 92.021 € | 86.760 € | 81.506 € | 81.506 € | 76.534 € | 75.592 € | 73.791 € | 71.012 € | 67.143 € |
| 60.000 € | 92.545 € | 87.053 € | 81.571 € | 81.571 € | 76.620 € | 75.824 € | 74.040 € | 71.237 € | 67.343 € |
| 63.000 € | 100.859 € | 94.850 € | 88.846 € | 82.794 € | 76.706 € | 76.056 € | 74.290 € | 71.462 € | 67.543 € |
| 66.000 € | 109.173 € | 102.646 € | 96.121 € | 89.542 € | 82.922 € | 76.289 € | 74.540 € | 71.688 € | 67.743 € |
| 69.000 € | 117.486 € | 110.442 € | 103.395 € | 96.290 € | 89.139 € | 81.970 € | 74.791 € | 71.914 € | 67.943 € |
| 72.000 € | 125.800 € | 118.238 € | 110.670 € | 103.038 € | 95.356 € | 87.650 € | 79.931 € | 72.140 € | 68.143 € |
| 75.000 € | 134.114 € | 126.034 € | 117.945 € | 109.786 € | 101.573 € | 93.331 € | 85.071 € | 76.734 € | 68.344 € |
| 78.000 € | 142.428 € | 133.830 € | 125.220 € | 116.535 € | 107.789 € | 99.011 € | 90.211 € | 81.327 € | 72.386 € |
| 81.000 € | 150.741 € | 141.626 € | 132.494 € | 123.283 € | 114.006 € | 104.692 € | 95.352 € | 85.921 € | 76.429 € |
| 84.000 € | 159.055 € | 149.423 € | 139.769 € | 130.031 € | 120.223 € | 110.373 € | 100.492 € | 90.515 € | 80.471 € |
| 87.000 € | 167.369 € | 157.219 € | 147.044 € | 136.779 € | 126.439 € | 116.053 € | 105.632 € | 95.109 € | 84.513 € |
| 90.000 € | 175.683 € | 165.015 € | 154.319 € | 143.527 € | 132.656 € | 121.734 € | 110.772 € | 99.703 € | 88.556 € |
| 93.000 € | 183.996 € | 172.811 € | 161.593 € | 150.276 € | 138.873 € | 127.415 € | 115.912 € | 104.297 € | 92.598 € |
| 96.000 € | 192.310 € | 180.607 € | 168.868 € | 157.024 € | 145.089 € | 133.095 € | 121.052 € | 108.891 € | 96.640 € |
| 99.000 € | 200.624 € | 188.403 € | 176.143 € | 163.772 € | 151.306 € | 138.776 € | 126.192 € | 113.485 € | 100.682 € |
| 102.000 € | 208.938 € | 196.199 € | 183.418 € | 170.520 € | 157.523 € | 144.457 € | 131.333 € | 118.079 € | 104.725 € |
| 105.000 € | 217.251 € | 203.996 € | 190.693 € | 177.269 € | 163.739 € | 150.137 € | 136.473 € | 122.673 € | 108.767 € |
| 108.000 € | 225.565 € | 211.792 € | 197.967 € | 184.017 € | 169.956 € | 155.818 € | 141.613 € | 127.267 € | 112.809 € |
| 111.000 € | 233.879 € | 219.588 € | 205.242 € | 190.765 € | 176.173 € | 161.499 € | 146.753 € | 131.860 € | 116.852 € |
| 114.000 € | 242.193 € | 227.384 € | 212.517 € | 197.513 € | 182.390 € | 167.179 € | 151.893 € | 136.454 € | 120.894 € |
| 117.000 € | 250.507 € | 235.180 € | 219.792 € | 204.261 € | 188.606 € | 172.860 € | 157.033 € | 141.048 € | 124.936 € |
| 120.000 € | 258.820 € | 242.976 € | 227.066 € | 211.010 € | 194.823 € | 178.541 € | 162.173 € | 145.642 € | 128.978 € |

## TABLA 1.C.4.d
## Lucro cesante del hermano/a con discapacidad

| Ingreso neto | Edad del hermano/a | | | | | | | | | |
|---|---|---|---|---|---|---|---|---|---|---|
| Hasta | 51 | 52 | 53 | 54 | 55 | 56 | 57 | 58 | 59 | 60 |
| 9.000 € | 15.528 € | 14.633 € | 13.739 € | 12.833 € | 12.061 € | 11.692 € | 10.051 € | 9.745 € | 9.438 € | 9.130 € |
| 12.000 € | 20.704 € | 19.510 € | 18.319 € | 17.110 € | 16.081 € | 15.589 € | 13.402 € | 12.993 € | 12.584 € | 12.173 € |
| 15.000 € | 25.880 € | 24.388 € | 22.899 € | 21.388 € | 20.101 € | 19.486 € | 16.752 € | 16.241 € | 15.730 € | 15.216 € |
| 18.000 € | 31.056 € | 29.265 € | 27.479 € | 25.666 € | 24.121 € | 23.383 € | 20.102 € | 19.490 € | 18.876 € | 18.259 € |
| 21.000 € | 36.231 € | 34.143 € | 32.058 € | 29.943 € | 28.141 € | 27.280 € | 23.453 € | 22.738 € | 22.022 € | 21.302 € |
| 24.000 € | 41.407 € | 39.020 € | 36.638 € | 34.221 € | 32.162 € | 31.178 € | 26.803 € | 25.986 € | 25.168 € | 24.345 € |
| 27.000 € | 46.583 € | 43.898 € | 41.218 € | 38.498 € | 36.182 € | 35.075 € | 30.153 € | 29.234 € | 28.313 € | 27.389 € |
| 30.000 € | 51.759 € | 48.776 € | 45.798 € | 42.776 € | 40.202 € | 38.972 € | 33.504 € | 32.483 € | 31.459 € | 30.432 € |
| 33.000 € | 56.935 € | 53.653 € | 50.377 € | 47.053 € | 44.222 € | 42.869 € | 36.854 € | 35.731 € | 34.605 € | 33.475 € |
| 36.000 € | 62.111 € | 58.531 € | 54.957 € | 51.331 € | 48.242 € | 46.766 € | 40.205 € | 38.979 € | 37.751 € | 36.518 € |
| 39.000 € | 62.204 € | 58.634 € | 55.060 € | 51.433 € | 49.549 € | 48.037 € | 43.555 € | 42.227 € | 40.897 € | 39.561 € |
| 42.000 € | 62.295 € | 58.737 € | 55.162 € | 51.445 € | 49.549 € | 48.037 € | 43.555 € | 42.227 € | 40.897 € | 39.561 € |
| 45.000 € | 62.387 € | 58.840 € | 55.263 € | 51.457 € | 49.549 € | 48.037 € | 43.555 € | 42.227 € | 40.897 € | 39.561 € |
| 48.000 € | 62.478 € | 58.942 € | 55.365 € | 51.468 € | 49.549 € | 48.037 € | 43.555 € | 42.227 € | 40.897 € | 39.561 € |
| 51.000 € | 62.570 € | 59.044 € | 55.466 € | 51.480 € | 49.549 € | 48.037 € | 43.555 € | 42.227 € | 40.897 € | 39.561 € |
| 54.000 € | 62.661 € | 59.146 € | 55.567 € | 51.491 € | 49.549 € | 48.037 € | 43.555 € | 42.227 € | 40.897 € | 39.561 € |
| 57.000 € | 62.751 € | 59.248 € | 55.668 € | 51.502 € | 49.549 € | 48.037 € | 43.555 € | 42.227 € | 40.897 € | 39.561 € |
| 60.000 € | 62.842 € | 59.350 € | 55.769 € | 51.514 € | 49.549 € | 48.037 € | 43.555 € | 42.227 € | 40.897 € | 39.561 € |
| 63.000 € | 62.933 € | 59.451 € | 55.870 € | 51.525 € | 49.549 € | 48.037 € | 43.555 € | 42.227 € | 40.897 € | 39.561 € |
| 66.000 € | 63.023 € | 59.553 € | 55.971 € | 51.537 € | 49.549 € | 48.037 € | 43.555 € | 42.227 € | 40.897 € | 39.561 € |
| 69.000 € | 63.114 € | 59.655 € | 56.071 € | 51.548 € | 49.549 € | 48.037 € | 43.555 € | 42.227 € | 40.897 € | 39.561 € |
| 72.000 € | 63.204 € | 59.756 € | 56.172 € | 51.559 € | 49.549 € | 48.037 € | 43.555 € | 42.227 € | 40.897 € | 39.561 € |
| 75.000 € | 63.294 € | 59.858 € | 56.273 € | 51.570 € | 49.549 € | 48.037 € | 43.555 € | 42.227 € | 40.897 € | 39.561 € |
| 78.000 € | 63.385 € | 59.959 € | 56.373 € | 51.582 € | 49.549 € | 48.037 € | 43.555 € | 42.227 € | 40.897 € | 39.561 € |
| 81.000 € | 66.870 € | 60.061 € | 56.474 € | 51.593 € | 49.549 € | 48.037 € | 43.555 € | 42.227 € | 40.897 € | 39.561 € |
| 84.000 € | 70.355 € | 60.162 € | 56.575 € | 51.604 € | 49.549 € | 48.037 € | 43.555 € | 42.227 € | 40.897 € | 39.561 € |
| 87.000 € | 73.840 € | 63.084 € | 56.676 € | 51.616 € | 49.549 € | 48.037 € | 43.555 € | 42.227 € | 40.897 € | 39.561 € |
| 90.000 € | 77.325 € | 66.006 € | 56.777 € | 51.627 € | 49.549 € | 48.037 € | 43.555 € | 42.227 € | 40.897 € | 39.561 € |
| 93.000 € | 80.810 € | 68.928 € | 56.878 € | 51.638 € | 49.549 € | 48.037 € | 43.555 € | 42.227 € | 40.897 € | 39.561 € |
| 96.000 € | 84.295 € | 71.850 € | 59.230 € | 51.649 € | 49.549 € | 48.037 € | 43.555 € | 42.227 € | 40.897 € | 39.561 € |
| 99.000 € | 87.780 € | 74.772 € | 61.583 € | 51.660 € | 49.549 € | 48.037 € | 43.555 € | 42.227 € | 40.897 € | 39.561 € |
| 102.000 € | 91.265 € | 77.694 € | 63.935 € | 51.672 € | 49.549 € | 48.037 € | 43.555 € | 42.227 € | 40.897 € | 39.561 € |
| 105.000 € | 94.750 € | 80.616 € | 66.288 € | 51.683 € | 49.549 € | 48.037 € | 43.555 € | 42.227 € | 40.897 € | 39.561 € |
| 108.000 € | 98.235 € | 83.538 € | 68.641 € | 53.459 € | 49.549 € | 48.037 € | 43.555 € | 42.227 € | 40.897 € | 39.561 € |
| 111.000 € | 101.721 € | 86.460 € | 70.993 € | 55.234 € | 49.549 € | 48.037 € | 43.555 € | 42.227 € | 40.897 € | 39.561 € |
| 114.000 € | 105.206 € | 89.382 € | 73.346 € | 57.010 € | 49.549 € | 48.037 € | 43.555 € | 42.227 € | 40.897 € | 39.561 € |
| 117.000 € | 108.691 € | 92.303 € | 75.698 € | 58.786 € | 49.549 € | 48.037 € | 43.555 € | 42.227 € | 40.897 € | 39.561 € |
| 120.000 € | 112.176 € | 95.225 € | 78.051 € | 60.562 € | 49.549 € | 48.037 € | 43.555 € | 42.227 € | 40.897 € | 39.561 € |

## TABLA 1.C.4.d
## Lucro cesante del hermano/a con discapacidad

| Ingreso neto | Edad del hermano/a | | | | | | | | | | |
|---|---|---|---|---|---|---|---|---|---|---|---|
| Hasta | 61 | 62 | 63 | 64 | 65 | 66 | 67 | 68 | 69 | 70 | 71 |
| 9.000 € | 8.813 € | 8.490 € | 8.186 € | 7.892 € | 7.561 € | 7.264 € | 6.976 € | 6.688 € | 6.379 € | 6.025 € | 5.715 € |
| 12.000 € | 11.751 € | 11.320 € | 10.915 € | 10.522 € | 10.082 € | 9.685 € | 9.302 € | 8.918 € | 8.505 € | 8.034 € | 7.620 € |
| 15.000 € | 14.688 € | 14.149 € | 13.643 € | 13.153 € | 12.602 € | 12.106 € | 11.627 € | 11.147 € | 10.632 € | 10.042 € | 9.526 € |
| 18.000 € | 17.626 € | 16.979 € | 16.372 € | 15.783 € | 15.122 € | 14.528 € | 13.953 € | 13.377 € | 12.758 € | 12.051 € | 11.431 € |
| 21.000 € | 20.564 € | 19.809 € | 19.101 € | 18.414 € | 17.643 € | 16.949 € | 16.278 € | 15.606 € | 14.884 € | 14.059 € | 13.336 € |
| 24.000 € | 23.502 € | 22.639 € | 21.829 € | 21.044 € | 20.163 € | 19.370 € | 18.603 € | 17.836 € | 17.011 € | 16.068 € | 15.241 € |
| 27.000 € | 26.439 € | 25.469 € | 24.558 € | 23.675 € | 22.684 € | 21.791 € | 20.929 € | 20.065 € | 19.137 € | 18.076 € | 17.146 € |
| 30.000 € | 29.377 € | 28.299 € | 27.287 € | 26.306 € | 25.204 € | 24.213 € | 23.254 € | 22.295 € | 21.263 € | 20.085 € | 19.051 € |
| 33.000 € | 32.315 € | 31.129 € | 30.016 € | 28.936 € | 27.724 € | 26.634 € | 25.580 € | 24.524 € | 23.390 € | 22.093 € | 20.956 € |
| 36.000 € | 35.252 € | 33.959 € | 32.744 € | 31.567 € | 30.245 € | 29.055 € | 27.905 € | 26.754 € | 25.516 € | 24.102 € | 22.861 € |
| 39.000 € | 38.190 € | 36.789 € | 35.473 € | 34.197 € | 32.765 € | 31.476 € | 30.231 € | 28.983 € | 27.642 € | 26.110 € | 24.766 € |
| 42.000 € | 38.190 € | 36.789 € | 35.473 € | 34.197 € | 32.765 € | 31.476 € | 30.231 € | 28.983 € | 27.642 € | 26.110 € | 24.766 € |
| 45.000 € | 38.190 € | 36.789 € | 35.473 € | 34.197 € | 32.765 € | 31.476 € | 30.231 € | 28.983 € | 27.642 € | 26.110 € | 24.766 € |
| 48.000 € | 38.190 € | 36.789 € | 35.473 € | 34.197 € | 32.765 € | 31.476 € | 30.231 € | 28.983 € | 27.642 € | 26.110 € | 24.766 € |
| 51.000 € | 38.190 € | 36.789 € | 35.473 € | 34.197 € | 32.765 € | 31.476 € | 30.231 € | 28.983 € | 27.642 € | 26.110 € | 24.766 € |
| 54.000 € | 38.190 € | 36.789 € | 35.473 € | 34.197 € | 32.765 € | 31.476 € | 30.231 € | 28.983 € | 27.642 € | 26.110 € | 24.766 € |
| 57.000 € | 38.190 € | 36.789 € | 35.473 € | 34.197 € | 32.765 € | 31.476 € | 30.231 € | 28.983 € | 27.642 € | 26.110 € | 24.766 € |
| 60.000 € | 38.190 € | 36.789 € | 35.473 € | 34.197 € | 32.765 € | 31.476 € | 30.231 € | 28.983 € | 27.642 € | 26.110 € | 24.766 € |
| 63.000 € | 38.190 € | 36.789 € | 35.473 € | 34.197 € | 32.765 € | 31.476 € | 30.231 € | 28.983 € | 27.642 € | 26.110 € | 24.766 € |
| 66.000 € | 38.190 € | 36.789 € | 35.473 € | 34.197 € | 32.765 € | 31.476 € | 30.231 € | 28.983 € | 27.642 € | 26.110 € | 24.766 € |
| 69.000 € | 38.190 € | 36.789 € | 35.473 € | 34.197 € | 32.765 € | 31.476 € | 30.231 € | 28.983 € | 27.642 € | 26.110 € | 24.766 € |
| 72.000 € | 38.190 € | 36.789 € | 35.473 € | 34.197 € | 32.765 € | 31.476 € | 30.231 € | 28.983 € | 27.642 € | 26.110 € | 24.766 € |
| 75.000 € | 38.190 € | 36.789 € | 35.473 € | 34.197 € | 32.765 € | 31.476 € | 30.231 € | 28.983 € | 27.642 € | 26.110 € | 24.766 € |
| 78.000 € | 38.190 € | 36.789 € | 35.473 € | 34.197 € | 32.765 € | 31.476 € | 30.231 € | 28.983 € | 27.642 € | 26.110 € | 24.766 € |
| 81.000 € | 38.190 € | 36.789 € | 35.473 € | 34.197 € | 32.765 € | 31.476 € | 30.231 € | 28.983 € | 27.642 € | 26.110 € | 24.766 € |
| 84.000 € | 38.190 € | 36.789 € | 35.473 € | 34.197 € | 32.765 € | 31.476 € | 30.231 € | 28.983 € | 27.642 € | 26.110 € | 24.766 € |
| 87.000 € | 38.190 € | 36.789 € | 35.473 € | 34.197 € | 32.765 € | 31.476 € | 30.231 € | 28.983 € | 27.642 € | 26.110 € | 24.766 € |
| 90.000 € | 38.190 € | 36.789 € | 35.473 € | 34.197 € | 32.765 € | 31.476 € | 30.231 € | 28.983 € | 27.642 € | 26.110 € | 24.766 € |
| 93.000 € | 38.190 € | 36.789 € | 35.473 € | 34.197 € | 32.765 € | 31.476 € | 30.231 € | 28.983 € | 27.642 € | 26.110 € | 24.766 € |
| 96.000 € | 38.190 € | 36.789 € | 35.473 € | 34.197 € | 32.765 € | 31.476 € | 30.231 € | 28.983 € | 27.642 € | 26.110 € | 24.766 € |
| 99.000 € | 38.190 € | 36.789 € | 35.473 € | 34.197 € | 32.765 € | 31.476 € | 30.231 € | 28.983 € | 27.642 € | 26.110 € | 24.766 € |
| 102.000 € | 38.190 € | 36.789 € | 35.473 € | 34.197 € | 32.765 € | 31.476 € | 30.231 € | 28.983 € | 27.642 € | 26.110 € | 24.766 € |
| 105.000 € | 38.190 € | 36.789 € | 35.473 € | 34.197 € | 32.765 € | 31.476 € | 30.231 € | 28.983 € | 27.642 € | 26.110 € | 24.766 € |
| 108.000 € | 38.190 € | 36.789 € | 35.473 € | 34.197 € | 32.765 € | 31.476 € | 30.231 € | 28.983 € | 27.642 € | 26.110 € | 24.766 € |
| 111.000 € | 38.190 € | 36.789 € | 35.473 € | 34.197 € | 32.765 € | 31.476 € | 30.231 € | 28.983 € | 27.642 € | 26.110 € | 24.766 € |
| 114.000 € | 38.190 € | 36.789 € | 35.473 € | 34.197 € | 32.765 € | 31.476 € | 30.231 € | 28.983 € | 27.642 € | 26.110 € | 24.766 € |
| 117.000 € | 38.190 € | 36.789 € | 35.473 € | 34.197 € | 32.765 € | 31.476 € | 30.231 € | 28.983 € | 27.642 € | 26.110 € | 24.766 € |
| 120.000 € | 38.190 € | 36.789 € | 35.473 € | 34.197 € | 32.765 € | 31.476 € | 30.231 € | 28.983 € | 27.642 € | 26.110 € | 24.766 € |

## TABLA 1.C.4.d
## Lucro cesante del hermano/a con discapacidad

| Ingreso neto | Edad del hermano/a | | | | | | | | | | |
|---|---|---|---|---|---|---|---|---|---|---|---|
| Hasta | 72 | 73 | 74 | 75 | 76 | 77 | 78 | 79 | 80 | 81 | 82 |
| 9.000 € | 5.393 € | 5.013 € | 4.677 € | 4.381 € | 4.075 € | 3.768 € | 3.479 € | 3.215 € | 3.000 € | 3.000 € | 3.000 € |
| 12.000 € | 7.191 € | 6.684 € | 6.235 € | 5.841 € | 5.434 € | 5.024 € | 4.639 € | 4.286 € | 3.939 € | 3.624 € | 3.340 € |
| 15.000 € | 8.989 € | 8.354 € | 7.794 € | 7.301 € | 6.792 € | 6.280 € | 5.799 € | 5.358 € | 4.923 € | 4.530 € | 4.175 € |
| 18.000 € | 10.787 € | 10.025 € | 9.353 € | 8.762 € | 8.151 € | 7.537 € | 6.958 € | 6.429 € | 5.908 € | 5.436 € | 5.011 € |
| 21.000 € | 12.584 € | 11.696 € | 10.912 € | 10.222 € | 9.509 € | 8.793 € | 8.118 € | 7.501 € | 6.893 € | 6.342 € | 5.846 € |
| 24.000 € | 14.382 € | 13.367 € | 12.471 € | 11.682 € | 10.867 € | 10.049 € | 9.278 € | 8.573 € | 7.877 € | 7.248 € | 6.681 € |
| 27.000 € | 16.180 € | 15.038 € | 14.030 € | 13.143 € | 12.226 € | 11.305 € | 10.438 € | 9.644 € | 8.862 € | 8.154 € | 7.516 € |
| 30.000 € | 17.978 € | 16.709 € | 15.589 € | 14.603 € | 13.584 € | 12.561 € | 11.597 € | 10.716 € | 9.847 € | 9.060 € | 8.351 € |
| 33.000 € | 19.775 € | 18.380 € | 17.148 € | 16.063 € | 14.943 € | 13.817 € | 12.757 € | 11.787 € | 10.831 € | 9.966 € | 9.186 € |
| 36.000 € | 21.573 € | 20.051 € | 18.706 € | 17.523 € | 16.301 € | 15.073 € | 13.917 € | 12.859 € | 11.816 € | 10.872 € | 10.021 € |
| 39.000 € | 23.371 € | 21.722 € | 20.265 € | 18.984 € | 17.660 € | 16.329 € | 15.077 € | 13.930 € | 12.801 € | 11.778 € | 10.856 € |
| 42.000 € | 23.371 € | 21.722 € | 20.265 € | 18.984 € | 17.660 € | 16.329 € | 15.077 € | 13.930 € | 12.801 € | 11.778 € | 10.856 € |
| 45.000 € | 23.371 € | 21.722 € | 20.265 € | 18.984 € | 17.660 € | 16.329 € | 15.077 € | 13.930 € | 12.801 € | 11.778 € | 10.856 € |
| 48.000 € | 23.371 € | 21.722 € | 20.265 € | 18.984 € | 17.660 € | 16.329 € | 15.077 € | 13.930 € | 12.801 € | 11.778 € | 10.856 € |
| 51.000 € | 23.371 € | 21.722 € | 20.265 € | 18.984 € | 17.660 € | 16.329 € | 15.077 € | 13.930 € | 12.801 € | 11.778 € | 10.856 € |
| 54.000 € | 23.371 € | 21.722 € | 20.265 € | 18.984 € | 17.660 € | 16.329 € | 15.077 € | 13.930 € | 12.801 € | 11.778 € | 10.856 € |
| 57.000 € | 23.371 € | 21.722 € | 20.265 € | 18.984 € | 17.660 € | 16.329 € | 15.077 € | 13.930 € | 12.801 € | 11.778 € | 10.856 € |
| 60.000 € | 23.371 € | 21.722 € | 20.265 € | 18.984 € | 17.660 € | 16.329 € | 15.077 € | 13.930 € | 12.801 € | 11.778 € | 10.856 € |
| 63.000 € | 23.371 € | 21.722 € | 20.265 € | 18.984 € | 17.660 € | 16.329 € | 15.077 € | 13.930 € | 12.801 € | 11.778 € | 10.856 € |
| 66.000 € | 23.371 € | 21.722 € | 20.265 € | 18.984 € | 17.660 € | 16.329 € | 15.077 € | 13.930 € | 12.801 € | 11.778 € | 10.856 € |
| 69.000 € | 23.371 € | 21.722 € | 20.265 € | 18.984 € | 17.660 € | 16.329 € | 15.077 € | 13.930 € | 12.801 € | 11.778 € | 10.856 € |
| 72.000 € | 23.371 € | 21.722 € | 20.265 € | 18.984 € | 17.660 € | 16.329 € | 15.077 € | 13.930 € | 12.801 € | 11.778 € | 10.856 € |
| 75.000 € | 23.371 € | 21.722 € | 20.265 € | 18.984 € | 17.660 € | 16.329 € | 15.077 € | 13.930 € | 12.801 € | 11.778 € | 10.856 € |
| 78.000 € | 23.371 € | 21.722 € | 20.265 € | 18.984 € | 17.660 € | 16.329 € | 15.077 € | 13.930 € | 12.801 € | 11.778 € | 10.856 € |
| 81.000 € | 23.371 € | 21.722 € | 20.265 € | 18.984 € | 17.660 € | 16.329 € | 15.077 € | 13.930 € | 12.801 € | 11.778 € | 10.856 € |
| 84.000 € | 23.371 € | 21.722 € | 20.265 € | 18.984 € | 17.660 € | 16.329 € | 15.077 € | 13.930 € | 12.801 € | 11.778 € | 10.856 € |
| 87.000 € | 23.371 € | 21.722 € | 20.265 € | 18.984 € | 17.660 € | 16.329 € | 15.077 € | 13.930 € | 12.801 € | 11.778 € | 10.856 € |
| 90.000 € | 23.371 € | 21.722 € | 20.265 € | 18.984 € | 17.660 € | 16.329 € | 15.077 € | 13.930 € | 12.801 € | 11.778 € | 10.856 € |
| 93.000 € | 23.371 € | 21.722 € | 20.265 € | 18.984 € | 17.660 € | 16.329 € | 15.077 € | 13.930 € | 12.801 € | 11.778 € | 10.856 € |
| 96.000 € | 23.371 € | 21.722 € | 20.265 € | 18.984 € | 17.660 € | 16.329 € | 15.077 € | 13.930 € | 12.801 € | 11.778 € | 10.856 € |
| 99.000 € | 23.371 € | 21.722 € | 20.265 € | 18.984 € | 17.660 € | 16.329 € | 15.077 € | 13.930 € | 12.801 € | 11.778 € | 10.856 € |
| 102.000 € | 23.371 € | 21.722 € | 20.265 € | 18.984 € | 17.660 € | 16.329 € | 15.077 € | 13.930 € | 12.801 € | 11.778 € | 10.856 € |
| 105.000 € | 23.371 € | 21.722 € | 20.265 € | 18.984 € | 17.660 € | 16.329 € | 15.077 € | 13.930 € | 12.801 € | 11.778 € | 10.856 € |
| 108.000 € | 23.371 € | 21.722 € | 20.265 € | 18.984 € | 17.660 € | 16.329 € | 15.077 € | 13.930 € | 12.801 € | 11.778 € | 10.856 € |
| 111.000 € | 23.371 € | 21.722 € | 20.265 € | 18.984 € | 17.660 € | 16.329 € | 15.077 € | 13.930 € | 12.801 € | 11.778 € | 10.856 € |
| 114.000 € | 23.371 € | 21.722 € | 20.265 € | 18.984 € | 17.660 € | 16.329 € | 15.077 € | 13.930 € | 12.801 € | 11.778 € | 10.856 € |
| 117.000 € | 23.371 € | 21.722 € | 20.265 € | 18.984 € | 17.660 € | 16.329 € | 15.077 € | 13.930 € | 12.801 € | 11.778 € | 10.856 € |
| 120.000 € | 23.371 € | 21.722 € | 20.265 € | 18.984 € | 17.660 € | 16.329 € | 15.077 € | 13.930 € | 12.801 € | 11.778 € | 10.856 € |

## TABLA 1.C.4.d
## Lucro cesante del hermano/a con discapacidad

| Ingreso neto | Edad del hermano/a | | | | | | | | | | | |
|---|---|---|---|---|---|---|---|---|---|---|---|---|
| Hasta | 83 | 84 | 85 | 86 | 87 | 88 | 89 | 90 | 91 | 92 | 93 | 94 |
| 9.000 € | 3.000 € | 3.000 € | 3.000 € | 3.000 € | 3.000 € | 3.000 € | 3.000 € | 3.000 € | 3.000 € | 3.000 € | 3.000 € | 3.000 € |
| 12.000 € | 3.074 € | 3.000 € | 3.000 € | 3.000 € | 3.000 € | 3.000 € | 3.000 € | 3.000 € | 3.000 € | 3.000 € | 3.000 € | 3.000 € |
| 15.000 € | 3.843 € | 3.531 € | 3.268 € | 3.029 € | 3.000 € | 3.000 € | 3.000 € | 3.000 € | 3.000 € | 3.000 € | 3.000 € | 3.000 € |
| 18.000 € | 4.611 € | 4.238 € | 3.922 € | 3.635 € | 3.383 € | 3.176 € | 3.029 € | 3.000 € | 3.000 € | 3.000 € | 3.000 € | 3.000 € |
| 21.000 € | 5.380 € | 4.944 € | 4.576 € | 4.241 € | 3.947 € | 3.706 € | 3.534 € | 3.391 € | 3.220 € | 3.040 € | 3.000 € | 3.000 € |
| 24.000 € | 6.148 € | 5.650 € | 5.229 € | 4.847 € | 4.511 € | 4.235 € | 4.039 € | 3.875 € | 3.680 € | 3.474 € | 3.057 € | 3.000 € |
| 27.000 € | 6.917 € | 6.356 € | 5.883 € | 5.453 € | 5.075 € | 4.764 € | 4.543 € | 4.360 € | 4.140 € | 3.908 € | 3.439 € | 3.267 € |
| 30.000 € | 7.685 € | 7.063 € | 6.536 € | 6.059 € | 5.639 € | 5.294 € | 5.048 € | 4.844 € | 4.600 € | 4.342 € | 3.821 € | 3.630 € |
| 33.000 € | 8.454 € | 7.769 € | 7.190 € | 6.664 € | 6.203 € | 5.823 € | 5.553 € | 5.328 € | 5.060 € | 4.776 € | 4.203 € | 3.993 € |
| 36.000 € | 9.222 € | 8.475 € | 7.844 € | 7.270 € | 6.767 € | 6.352 € | 6.058 € | 5.813 € | 5.520 € | 5.211 € | 4.585 € | 4.356 € |
| 39.000 € | 9.991 € | 9.181 € | 8.497 € | 7.876 € | 7.331 € | 6.882 € | 6.563 € | 6.297 € | 5.980 € | 5.645 € | 4.967 € | 4.719 € |
| 42.000 € | 9.991 € | 9.181 € | 8.497 € | 7.876 € | 7.331 € | 6.882 € | 6.563 € | 6.297 € | 5.980 € | 5.645 € | 4.967 € | 4.719 € |
| 45.000 € | 9.991 € | 9.181 € | 8.497 € | 7.876 € | 7.331 € | 6.882 € | 6.563 € | 6.297 € | 5.980 € | 5.645 € | 4.967 € | 4.719 € |
| 48.000 € | 9.991 € | 9.181 € | 8.497 € | 7.876 € | 7.331 € | 6.882 € | 6.563 € | 6.297 € | 5.980 € | 5.645 € | 4.967 € | 4.719 € |
| 51.000 € | 9.991 € | 9.181 € | 8.497 € | 7.876 € | 7.331 € | 6.882 € | 6.563 € | 6.297 € | 5.980 € | 5.645 € | 4.967 € | 4.719 € |
| 54.000 € | 9.991 € | 9.181 € | 8.497 € | 7.876 € | 7.331 € | 6.882 € | 6.563 € | 6.297 € | 5.980 € | 5.645 € | 4.967 € | 4.719 € |
| 57.000 € | 9.991 € | 9.181 € | 8.497 € | 7.876 € | 7.331 € | 6.882 € | 6.563 € | 6.297 € | 5.980 € | 5.645 € | 4.967 € | 4.719 € |
| 60.000 € | 9.991 € | 9.181 € | 8.497 € | 7.876 € | 7.331 € | 6.882 € | 6.563 € | 6.297 € | 5.980 € | 5.645 € | 4.967 € | 4.719 € |
| 63.000 € | 9.991 € | 9.181 € | 8.497 € | 7.876 € | 7.331 € | 6.882 € | 6.563 € | 6.297 € | 5.980 € | 5.645 € | 4.967 € | 4.719 € |
| 66.000 € | 9.991 € | 9.181 € | 8.497 € | 7.876 € | 7.331 € | 6.882 € | 6.563 € | 6.297 € | 5.980 € | 5.645 € | 4.967 € | 4.719 € |
| 69.000 € | 9.991 € | 9.181 € | 8.497 € | 7.876 € | 7.331 € | 6.882 € | 6.563 € | 6.297 € | 5.980 € | 5.645 € | 4.967 € | 4.719 € |
| 72.000 € | 9.991 € | 9.181 € | 8.497 € | 7.876 € | 7.331 € | 6.882 € | 6.563 € | 6.297 € | 5.980 € | 5.645 € | 4.967 € | 4.719 € |
| 75.000 € | 9.991 € | 9.181 € | 8.497 € | 7.876 € | 7.331 € | 6.882 € | 6.563 € | 6.297 € | 5.980 € | 5.645 € | 4.967 € | 4.719 € |
| 78.000 € | 9.991 € | 9.181 € | 8.497 € | 7.876 € | 7.331 € | 6.882 € | 6.563 € | 6.297 € | 5.980 € | 5.645 € | 4.967 € | 4.719 € |
| 81.000 € | 9.991 € | 9.181 € | 8.497 € | 7.876 € | 7.331 € | 6.882 € | 6.563 € | 6.297 € | 5.980 € | 5.645 € | 4.967 € | 4.719 € |
| 84.000 € | 9.991 € | 9.181 € | 8.497 € | 7.876 € | 7.331 € | 6.882 € | 6.563 € | 6.297 € | 5.980 € | 5.645 € | 4.967 € | 4.719 € |
| 87.000 € | 9.991 € | 9.181 € | 8.497 € | 7.876 € | 7.331 € | 6.882 € | 6.563 € | 6.297 € | 5.980 € | 5.645 € | 4.967 € | 4.719 € |
| 90.000 € | 9.991 € | 9.181 € | 8.497 € | 7.876 € | 7.331 € | 6.882 € | 6.563 € | 6.297 € | 5.980 € | 5.645 € | 4.967 € | 4.719 € |
| 93.000 € | 9.991 € | 9.181 € | 8.497 € | 7.876 € | 7.331 € | 6.882 € | 6.563 € | 6.297 € | 5.980 € | 5.645 € | 4.967 € | 4.719 € |
| 96.000 € | 9.991 € | 9.181 € | 8.497 € | 7.876 € | 7.331 € | 6.882 € | 6.563 € | 6.297 € | 5.980 € | 5.645 € | 4.967 € | 4.719 € |
| 99.000 € | 9.991 € | 9.181 € | 8.497 € | 7.876 € | 7.331 € | 6.882 € | 6.563 € | 6.297 € | 5.980 € | 5.645 € | 4.967 € | 4.719 € |
| 102.000 € | 9.991 € | 9.181 € | 8.497 € | 7.876 € | 7.331 € | 6.882 € | 6.563 € | 6.297 € | 5.980 € | 5.645 € | 4.967 € | 4.719 € |
| 105.000 € | 9.991 € | 9.181 € | 8.497 € | 7.876 € | 7.331 € | 6.882 € | 6.563 € | 6.297 € | 5.980 € | 5.645 € | 4.967 € | 4.719 € |
| 108.000 € | 9.991 € | 9.181 € | 8.497 € | 7.876 € | 7.331 € | 6.882 € | 6.563 € | 6.297 € | 5.980 € | 5.645 € | 4.967 € | 4.719 € |
| 111.000 € | 9.991 € | 9.181 € | 8.497 € | 7.876 € | 7.331 € | 6.882 € | 6.563 € | 6.297 € | 5.980 € | 5.645 € | 4.967 € | 4.719 € |
| 114.000 € | 9.991 € | 9.181 € | 8.497 € | 7.876 € | 7.331 € | 6.882 € | 6.563 € | 6.297 € | 5.980 € | 5.645 € | 4.967 € | 4.719 € |
| 117.000 € | 9.991 € | 9.181 € | 8.497 € | 7.876 € | 7.331 € | 6.882 € | 6.563 € | 6.297 € | 5.980 € | 5.645 € | 4.967 € | 4.719 € |
| 120.000 € | 9.991 € | 9.181 € | 8.497 € | 7.876 € | 7.331 € | 6.882 € | 6.563 € | 6.297 € | 5.980 € | 5.645 € | 4.967 € | 4.719 € |

## TABLA 1.C.4.d
## Lucro cesante del hermano/a con discapacidad

| Ingreso neto Hasta | 95 | 96 | 97 | 98 | 99 o más |
|---|---|---|---|---|---|
| 9.000 € | 3.000 € | 3.000 € | 3.000 € | 3.000 € | 3.000 € |
| 12.000 € | 3.000 € | 3.000 € | 3.000 € | 3.000 € | 3.000 € |
| 15.000 € | 3.000 € | 3.000 € | 3.000 € | 3.000 € | 3.000 € |
| 18.000 € | 3.000 € | 3.000 € | 3.000 € | 3.000 € | 3.000 € |
| 21.000 € | 3.000 € | 3.000 € | 3.000 € | 3.000 € | 3.000 € |
| 24.000 € | 3.000 € | 3.000 € | 3.000 € | 3.000 € | 3.000 € |
| 27.000 € | 3.000 € | 3.000 € | 3.000 € | 3.000 € | 3.000 € |
| 30.000 € | 3.250 € | 3.000 € | 3.000 € | 3.000 € | 3.000 € |
| 33.000 € | 3.576 € | 3.156 € | 3.000 € | 3.000 € | 3.000 € |
| 36.000 € | 3.901 € | 3.443 € | 3.000 € | 3.000 € | 3.000 € |
| 39.000 € | 4.226 € | 3.730 € | 3.211 € | 3.000 € | 3.000 € |
| 42.000 € | 4.226 € | 3.730 € | 3.211 € | 3.000 € | 3.000 € |
| 45.000 € | 4.226 € | 3.730 € | 3.211 € | 3.000 € | 3.000 € |
| 48.000 € | 4.226 € | 3.730 € | 3.211 € | 3.000 € | 3.000 € |
| 51.000 € | 4.226 € | 3.730 € | 3.211 € | 3.000 € | 3.000 € |
| 54.000 € | 4.226 € | 3.730 € | 3.211 € | 3.000 € | 3.000 € |
| 57.000 € | 4.226 € | 3.730 € | 3.211 € | 3.000 € | 3.000 € |
| 60.000 € | 4.226 € | 3.730 € | 3.211 € | 3.000 € | 3.000 € |
| 63.000 € | 4.226 € | 3.730 € | 3.211 € | 3.000 € | 3.000 € |
| 66.000 € | 4.226 € | 3.730 € | 3.211 € | 3.000 € | 3.000 € |
| 69.000 € | 4.226 € | 3.730 € | 3.211 € | 3.000 € | 3.000 € |
| 72.000 € | 4.226 € | 3.730 € | 3.211 € | 3.000 € | 3.000 € |
| 75.000 € | 4.226 € | 3.730 € | 3.211 € | 3.000 € | 3.000 € |
| 78.000 € | 4.226 € | 3.730 € | 3.211 € | 3.000 € | 3.000 € |
| 81.000 € | 4.226 € | 3.730 € | 3.211 € | 3.000 € | 3.000 € |
| 84.000 € | 4.226 € | 3.730 € | 3.211 € | 3.000 € | 3.000 € |
| 87.000 € | 4.226 € | 3.730 € | 3.211 € | 3.000 € | 3.000 € |
| 90.000 € | 4.226 € | 3.730 € | 3.211 € | 3.000 € | 3.000 € |
| 93.000 € | 4.226 € | 3.730 € | 3.211 € | 3.000 € | 3.000 € |
| 96.000 € | 4.226 € | 3.730 € | 3.211 € | 3.000 € | 3.000 € |
| 99.000 € | 4.226 € | 3.730 € | 3.211 € | 3.000 € | 3.000 € |
| 102.000 € | 4.226 € | 3.730 € | 3.211 € | 3.000 € | 3.000 € |
| 105.000 € | 4.226 € | 3.730 € | 3.211 € | 3.000 € | 3.000 € |
| 108.000 € | 4.226 € | 3.730 € | 3.211 € | 3.000 € | 3.000 € |
| 111.000 € | 4.226 € | 3.730 € | 3.211 € | 3.000 € | 3.000 € |
| 114.000 € | 4.226 € | 3.730 € | 3.211 € | 3.000 € | 3.000 € |
| 117.000 € | 4.226 € | 3.730 € | 3.211 € | 3.000 € | 3.000 € |
| 120.000 € | 4.226 € | 3.730 € | 3.211 € | 3.000 € | 3.000 € |

## TABLA 1.C.5
## Lucro cesante del abuelo/a

| Ingreso neto | Edad del abuelo/a | | | | | | | | | | |
|---|---|---|---|---|---|---|---|---|---|---|---|
| Hasta | hasta 76 | 77 | 78 | 79 | 80 | 81 | 82 | 83 | 84 | 85 | 86 |
| 9.000 € | 3.000 € | 3.000 € | 3.000 € | 3.000 € | 3.000 € | 3.000 € | 3.000 € | 3.000 € | 3.000 € | 3.000 € | 3.000 € |
| 12.000 € | 3.000 € | 3.000 € | 3.000 € | 3.000 € | 3.000 € | 3.000 € | 3.000 € | 3.000 € | 3.000 € | 3.000 € | 3.000 € |
| 15.000 € | 3.010 € | 3.000 € | 3.000 € | 3.000 € | 3.000 € | 3.000 € | 3.000 € | 3.000 € | 3.000 € | 3.000 € | 3.000 € |
| 18.000 € | 3.613 € | 3.273 € | 3.000 € | 3.000 € | 3.000 € | 3.000 € | 3.000 € | 3.000 € | 3.000 € | 3.000 € | 3.000 € |
| 21.000 € | 4.215 € | 3.818 € | 3.450 € | 3.110 € | 3.000 € | 3.000 € | 3.000 € | 3.000 € | 3.000 € | 3.000 € | 3.000 € |
| 24.000 € | 4.804 € | 4.354 € | 3.936 € | 3.551 € | 3.192 € | 3.000 € | 3.000 € | 3.000 € | 3.000 € | 3.000 € | 3.000 € |
| 27.000 € | 5.363 € | 4.857 € | 4.386 € | 3.952 € | 3.548 € | 3.179 € | 3.000 € | 3.000 € | 3.000 € | 3.000 € | 3.000 € |
| 30.000 € | 5.922 € | 5.359 € | 4.836 € | 4.353 € | 3.903 € | 3.492 € | 3.117 € | 3.000 € | 3.000 € | 3.000 € | 3.000 € |
| 33.000 € | 6.481 € | 5.861 € | 5.286 € | 4.754 € | 4.259 € | 3.806 € | 3.392 € | 3.013 € | 3.000 € | 3.000 € | 3.000 € |
| 36.000 € | 7.040 € | 6.364 € | 5.735 € | 5.155 € | 4.614 € | 4.119 € | 3.666 € | 3.252 € | 3.000 € | 3.000 € | 3.000 € |
| 39.000 € | 7.599 € | 6.866 € | 6.185 € | 5.556 € | 4.970 € | 4.432 € | 3.941 € | 3.491 € | 3.081 € | 3.000 € | 3.000 € |
| 42.000 € | 8.158 € | 7.369 € | 6.635 € | 5.957 € | 5.325 € | 4.746 € | 4.216 € | 3.730 € | 3.287 € | 3.000 € | 3.000 € |
| 45.000 € | 8.717 € | 7.871 € | 7.085 € | 6.358 € | 5.680 € | 5.059 € | 4.490 € | 3.969 € | 3.493 € | 3.064 € | 3.000 € |
| 48.000 € | 9.276 € | 8.374 € | 7.535 € | 6.759 € | 6.036 € | 5.372 € | 4.765 € | 4.208 € | 3.699 € | 3.240 € | 3.000 € |
| 51.000 € | 13.037 € | 11.915 € | 10.863 € | 9.882 € | 8.960 € | 8.106 € | 7.318 € | 6.586 € | 5.909 € | 5.293 € | 4.726 € |
| 54.000 € | 20.574 € | 19.039 € | 17.586 € | 16.218 € | 14.915 € | 13.696 € | 12.557 € | 11.487 € | 10.485 € | 9.561 € | 8.701 € |
| 57.000 € | 28.112 € | 26.164 € | 24.309 € | 22.553 € | 20.870 € | 19.286 € | 17.796 € | 16.388 € | 15.060 € | 13.829 € | 12.675 € |
| 60.000 € | 35.650 € | 33.288 € | 31.031 € | 28.888 € | 26.825 € | 24.875 € | 23.035 € | 21.288 € | 19.635 € | 18.096 € | 16.650 € |
| 63.000 € | 43.187 € | 40.413 € | 37.754 € | 35.224 € | 32.780 € | 30.465 € | 28.274 € | 26.189 € | 24.210 € | 22.364 € | 20.624 € |
| 66.000 € | 50.725 € | 47.538 € | 44.477 € | 41.559 € | 38.735 € | 36.054 € | 33.513 € | 31.090 € | 28.785 € | 26.632 € | 24.599 € |
| 69.000 € | 58.262 € | 54.662 € | 51.200 € | 47.895 € | 44.690 € | 41.644 € | 38.753 € | 35.991 € | 33.360 € | 30.900 € | 28.573 € |
| 72.000 € | 65.800 € | 61.787 € | 57.923 € | 54.230 € | 50.645 € | 47.233 € | 43.992 € | 40.892 € | 37.935 € | 35.168 € | 32.548 € |
| 75.000 € | 73.338 € | 68.912 € | 64.646 € | 60.565 € | 56.600 € | 52.823 € | 49.231 € | 45.793 € | 42.510 € | 39.435 € | 36.522 € |
| 78.000 € | 80.875 € | 76.036 € | 71.369 € | 66.901 € | 62.554 € | 58.412 € | 54.470 € | 50.694 € | 47.085 € | 43.703 € | 40.497 € |
| 81.000 € | 88.413 € | 83.161 € | 78.092 € | 73.236 € | 68.509 € | 64.002 € | 59.709 € | 55.595 € | 51.660 € | 47.971 € | 44.471 € |
| 84.000 € | 95.950 € | 90.285 € | 84.815 € | 79.572 € | 74.464 € | 69.592 € | 64.949 € | 60.495 € | 56.235 € | 52.239 € | 48.445 € |
| 87.000 € | 103.488 € | 97.410 € | 91.538 € | 85.907 € | 80.419 € | 75.181 € | 70.188 € | 65.396 € | 60.810 € | 56.507 € | 52.420 € |
| 90.000 € | 111.026 € | 104.535 € | 98.261 € | 92.242 € | 86.374 € | 80.771 € | 75.427 € | 70.297 € | 65.385 € | 60.774 € | 56.394 € |
| 93.000 € | 118.563 € | 111.659 € | 104.984 € | 98.578 € | 92.329 € | 86.360 € | 80.666 € | 75.198 € | 69.960 € | 65.042 € | 60.369 € |
| 96.000 € | 126.101 € | 118.784 € | 111.707 € | 104.913 € | 98.284 € | 91.950 € | 85.905 € | 80.099 € | 74.535 € | 69.310 € | 64.343 € |
| 99.000 € | 133.638 € | 125.909 € | 118.430 € | 111.248 € | 104.239 € | 97.539 € | 91.145 € | 85.000 € | 79.110 € | 73.578 € | 68.318 € |
| 102.000 € | 141.176 € | 133.033 € | 125.153 € | 117.584 € | 110.194 € | 103.129 € | 96.384 € | 89.901 € | 83.685 € | 77.846 € | 72.292 € |
| 105.000 € | 148.714 € | 140.158 € | 131.876 € | 123.919 € | 116.149 € | 108.718 € | 101.623 € | 94.801 € | 88.260 € | 82.114 € | 76.267 € |
| 108.000 € | 156.251 € | 147.282 € | 138.599 € | 130.255 € | 122.104 € | 114.308 € | 106.862 € | 99.702 € | 92.835 € | 86.381 € | 80.241 € |
| 111.000 € | 163.789 € | 154.407 € | 145.322 € | 136.590 € | 128.059 € | 119.897 € | 112.101 € | 104.603 € | 97.410 € | 90.649 € | 84.216 € |
| 114.000 € | 171.326 € | 161.532 € | 152.045 € | 142.925 € | 134.014 € | 125.487 € | 117.340 € | 109.504 € | 101.985 € | 94.917 € | 88.190 € |
| 117.000 € | 178.864 € | 168.656 € | 158.768 € | 149.261 € | 139.969 € | 131.077 € | 122.580 € | 114.405 € | 106.560 € | 99.185 € | 92.165 € |
| 120.000 € | 186.402 € | 175.781 € | 165.491 € | 155.596 € | 145.923 € | 136.666 € | 127.819 € | 119.306 € | 111.135 € | 103.453 € | 96.139 € |

## TABLA 1.C.5
## Lucro cesante del abuelo/a

| Ingreso neto | Edad del abuelo/a | | | | | | | | | | | |
|---|---|---|---|---|---|---|---|---|---|---|---|---|
| Hasta | 87 | 88 | 89 | 90 | 91 | 92 | 93 | 94 | 95 | 96 | 97 | 98 |
| 9.000 € | 3.000 € | 3.000 € | 3.000 € | 3.000 € | 3.000 € | 3.000 € | 3.000 € | 3.000 € | 3.000 € | 3.000 € | 3.000 € | 3.000 € |
| 12.000 € | 3.000 € | 3.000 € | 3.000 € | 3.000 € | 3.000 € | 3.000 € | 3.000 € | 3.000 € | 3.000 € | 3.000 € | 3.000 € | 3.000 € |
| 15.000 € | 3.000 € | 3.000 € | 3.000 € | 3.000 € | 3.000 € | 3.000 € | 3.000 € | 3.000 € | 3.000 € | 3.000 € | 3.000 € | 3.000 € |
| 18.000 € | 3.000 € | 3.000 € | 3.000 € | 3.000 € | 3.000 € | 3.000 € | 3.000 € | 3.000 € | 3.000 € | 3.000 € | 3.000 € | 3.000 € |
| 21.000 € | 3.000 € | 3.000 € | 3.000 € | 3.000 € | 3.000 € | 3.000 € | 3.000 € | 3.000 € | 3.000 € | 3.000 € | 3.000 € | 3.000 € |
| 24.000 € | 3.000 € | 3.000 € | 3.000 € | 3.000 € | 3.000 € | 3.000 € | 3.000 € | 3.000 € | 3.000 € | 3.000 € | 3.000 € | 3.000 € |
| 27.000 € | 3.000 € | 3.000 € | 3.000 € | 3.000 € | 3.000 € | 3.000 € | 3.000 € | 3.000 € | 3.000 € | 3.000 € | 3.000 € | 3.000 € |
| 30.000 € | 3.000 € | 3.000 € | 3.000 € | 3.000 € | 3.000 € | 3.000 € | 3.000 € | 3.000 € | 3.000 € | 3.000 € | 3.000 € | 3.000 € |
| 33.000 € | 3.000 € | 3.000 € | 3.000 € | 3.000 € | 3.000 € | 3.000 € | 3.000 € | 3.000 € | 3.000 € | 3.000 € | 3.000 € | 3.000 € |
| 36.000 € | 3.000 € | 3.000 € | 3.000 € | 3.000 € | 3.000 € | 3.000 € | 3.000 € | 3.000 € | 3.000 € | 3.000 € | 3.000 € | 3.000 € |
| 39.000 € | 3.000 € | 3.000 € | 3.000 € | 3.000 € | 3.000 € | 3.000 € | 3.000 € | 3.000 € | 3.000 € | 3.000 € | 3.000 € | 3.000 € |
| 42.000 € | 3.000 € | 3.000 € | 3.000 € | 3.000 € | 3.000 € | 3.000 € | 3.000 € | 3.000 € | 3.000 € | 3.000 € | 3.000 € | 3.000 € |
| 45.000 € | 3.000 € | 3.000 € | 3.000 € | 3.000 € | 3.000 € | 3.000 € | 3.000 € | 3.000 € | 3.000 € | 3.000 € | 3.000 € | 3.000 € |
| 48.000 € | 3.000 € | 3.000 € | 3.000 € | 3.000 € | 3.000 € | 3.000 € | 3.000 € | 3.000 € | 3.000 € | 3.000 € | 3.000 € | 3.000 € |
| 51.000 € | 4.208 € | 3.735 € | 3.306 € | 3.000 € | 3.000 € | 3.000 € | 3.000 € | 3.000 € | 3.000 € | 3.000 € | 3.000 € | 3.000 € |
| 54.000 € | 7.904 € | 7.170 € | 6.499 € | 5.873 € | 5.270 € | 4.689 € | 4.079 € | 3.536 € | 3.000 € | 3.000 € | 3.000 € | 3.000 € |
| 57.000 € | 11.600 € | 10.605 € | 9.693 € | 8.838 € | 8.010 € | 7.211 € | 6.361 € | 5.614 € | 4.802 € | 3.943 € | 3.000 € | 3.000 € |
| 60.000 € | 15.297 € | 14.040 € | 12.886 € | 11.803 € | 10.750 € | 9.732 € | 8.644 € | 7.692 € | 6.656 € | 5.563 € | 4.336 € | 3.000 € |
| 63.000 € | 18.993 € | 17.476 € | 16.080 € | 14.767 € | 13.491 € | 12.254 € | 10.926 € | 9.770 € | 8.510 € | 7.183 € | 5.698 € | 3.821 € |
| 66.000 € | 22.689 € | 20.911 € | 19.273 € | 17.732 € | 16.231 € | 14.775 € | 13.208 € | 11.849 € | 10.364 € | 8.804 € | 7.061 € | 4.853 € |
| 69.000 € | 26.386 € | 24.346 € | 22.466 € | 20.697 € | 18.971 € | 17.297 € | 15.490 € | 13.927 € | 12.218 € | 10.424 € | 8.423 € | 5.884 € |
| 72.000 € | 30.082 € | 27.781 € | 25.660 € | 23.661 € | 21.711 € | 19.818 € | 17.772 € | 16.005 € | 14.073 € | 12.045 € | 9.785 € | 6.915 € |
| 75.000 € | 33.779 € | 31.216 € | 28.853 € | 26.626 € | 24.451 € | 22.339 € | 20.055 € | 18.083 € | 15.927 € | 13.665 € | 11.147 € | 7.947 € |
| 78.000 € | 37.475 € | 34.652 € | 32.047 € | 29.591 € | 27.191 € | 24.861 € | 22.337 € | 20.162 € | 17.781 € | 15.285 € | 12.509 € | 8.978 € |
| 81.000 € | 41.171 € | 38.087 € | 35.240 € | 32.556 € | 29.932 € | 27.382 € | 24.619 € | 22.240 € | 19.635 € | 16.906 € | 13.871 € | 10.010 € |
| 84.000 € | 44.868 € | 41.522 € | 38.434 € | 35.520 € | 32.672 € | 29.904 € | 26.901 € | 24.318 € | 21.489 € | 18.526 € | 15.233 € | 11.041 € |
| 87.000 € | 48.564 € | 44.957 € | 41.627 € | 38.485 € | 35.412 € | 32.425 € | 29.184 € | 26.396 € | 23.343 € | 20.147 € | 16.595 € | 12.072 € |
| 90.000 € | 52.261 € | 48.392 € | 44.821 € | 41.450 € | 38.152 € | 34.947 € | 31.466 € | 28.475 € | 25.197 € | 21.767 € | 17.957 € | 13.104 € |
| 93.000 € | 55.957 € | 51.828 € | 48.014 € | 44.414 € | 40.892 € | 37.468 € | 33.748 € | 30.553 € | 27.051 € | 23.387 € | 19.319 € | 14.135 € |
| 96.000 € | 59.653 € | 55.263 € | 51.207 € | 47.379 € | 43.632 € | 39.989 € | 36.030 € | 32.631 € | 28.905 € | 25.008 € | 20.681 € | 15.166 € |
| 99.000 € | 63.350 € | 58.698 € | 54.401 € | 50.344 € | 46.373 € | 42.511 € | 38.312 € | 34.709 € | 30.760 € | 26.628 € | 22.043 € | 16.198 € |
| 102.000 € | 67.046 € | 62.133 € | 57.594 € | 53.309 € | 49.113 € | 45.032 € | 40.595 € | 36.788 € | 32.614 € | 28.249 € | 23.405 € | 17.229 € |
| 105.000 € | 70.742 € | 65.568 € | 60.788 € | 56.273 € | 51.853 € | 47.554 € | 42.877 € | 38.866 € | 34.468 € | 29.869 € | 24.767 € | 18.260 € |
| 108.000 € | 74.439 € | 69.004 € | 63.981 € | 59.238 € | 54.593 € | 50.075 € | 45.159 € | 40.944 € | 36.322 € | 31.489 € | 26.129 € | 19.292 € |
| 111.000 € | 78.135 € | 72.439 € | 67.175 € | 62.203 € | 57.333 € | 52.597 € | 47.441 € | 43.022 € | 38.176 € | 33.110 € | 27.491 € | 20.323 € |
| 114.000 € | 81.832 € | 75.874 € | 70.368 € | 65.167 € | 60.073 € | 55.118 € | 49.724 € | 45.101 € | 40.030 € | 34.730 € | 28.853 € | 21.355 € |
| 117.000 € | 85.528 € | 79.309 € | 73.562 € | 68.132 € | 62.814 € | 57.640 € | 52.006 € | 47.179 € | 41.884 € | 36.351 € | 30.215 € | 22.386 € |
| 120.000 € | 89.224 € | 82.744 € | 76.755 € | 71.097 € | 65.554 € | 60.161 € | 54.288 € | 49.257 € | 43.738 € | 37.971 € | 31.577 € | 23.417 € |

# TABLA 1.C.5
## Lucro cesante del abuelo/a

| Ingreso neto | Edad del abuelo/a |
|---|---|
| Hasta | 99 o más |
| 9.000 € | 3.000 € |
| 12.000 € | 3.000 € |
| 15.000 € | 3.000 € |
| 18.000 € | 3.000 € |
| 21.000 € | 3.000 € |
| 24.000 € | 3.000 € |
| 27.000 € | 3.000 € |
| 30.000 € | 3.000 € |
| 33.000 € | 3.000 € |
| 36.000 € | 3.000 € |
| 39.000 € | 3.000 € |
| 42.000 € | 3.000 € |
| 45.000 € | 3.000 € |
| 48.000 € | 3.000 € |
| 51.000 € | 3.000 € |
| 54.000 € | 3.000 € |
| 57.000 € | 3.000 € |
| 60.000 € | 3.000 € |
| 63.000 € | 3.000 € |
| 66.000 € | 3.000 € |
| 69.000 € | 3.000 € |
| 72.000 € | 3.186 € |
| 75.000 € | 3.786 € |
| 78.000 € | 4.386 € |
| 81.000 € | 4.986 € |
| 84.000 € | 5.586 € |
| 87.000 € | 6.186 € |
| 90.000 € | 6.786 € |
| 93.000 € | 7.386 € |
| 96.000 € | 7.986 € |
| 99.000 € | 8.586 € |
| 102.000 € | 9.186 € |
| 105.000 € | 9.786 € |
| 108.000 € | 10.386 € |
| 111.000 € | 10.986 € |
| 114.000 € | 11.586 € |
| 117.000 € | 12.186 € |
| 120.000 € | 12.786 € |

## TABLA 1.C.6
## Lucro cesante del nieto/a

| Ingreso neto | Edad del nieto/a | | | | | | | | | | | |
|---|---|---|---|---|---|---|---|---|---|---|---|---|
| Hasta | 0 | 1 | 2 | 3 | 4 | 5 | 6 | 7 | 8 | 9 | 10 | 11 |
| 9.000 € | 8.188 € | 7.911 € | 7.636 € | 7.384 € | 7.158 € | 6.961 € | 6.510 € | 6.059 € | 6.021 € | 5.983 € | 5.944 € | 5.906 € |
| 12.000 € | 10.918 € | 10.548 € | 10.181 € | 9.846 € | 9.544 € | 9.282 € | 8.680 € | 8.079 € | 8.028 € | 7.977 € | 7.926 € | 7.875 € |
| 15.000 € | 13.647 € | 13.185 € | 12.726 € | 12.307 € | 11.930 € | 11.602 € | 10.851 € | 10.099 € | 10.035 € | 9.971 € | 9.907 € | 9.844 € |
| 18.000 € | 16.377 € | 15.822 € | 15.271 € | 14.768 € | 14.316 € | 13.923 € | 13.021 € | 12.119 € | 12.042 € | 11.966 € | 11.889 € | 11.812 € |
| 21.000 € | 19.106 € | 18.459 € | 17.816 € | 17.230 € | 16.702 € | 16.243 € | 15.191 € | 14.138 € | 14.049 € | 13.960 € | 13.870 € | 13.781 € |
| 24.000 € | 21.836 € | 21.096 € | 20.362 € | 19.691 € | 19.087 € | 18.564 € | 17.361 € | 16.158 € | 16.056 € | 15.954 € | 15.852 € | 15.750 € |
| 27.000 € | 24.565 € | 23.733 € | 22.907 € | 22.153 € | 21.473 € | 20.884 € | 19.531 € | 18.178 € | 18.063 € | 17.948 € | 17.833 € | 17.719 € |
| 30.000 € | 27.295 € | 26.370 € | 25.452 € | 24.614 € | 23.859 € | 23.204 € | 21.701 € | 20.198 € | 20.070 € | 19.943 € | 19.815 € | 19.687 € |
| 33.000 € | 30.024 € | 29.007 € | 27.997 € | 27.075 € | 26.245 € | 25.525 € | 23.871 € | 22.217 € | 22.077 € | 21.937 € | 21.796 € | 21.656 € |
| 36.000 € | 32.754 € | 31.644 € | 30.542 € | 29.537 € | 28.631 € | 27.845 € | 26.041 € | 24.237 € | 24.084 € | 23.931 € | 23.778 € | 23.625 € |
| 39.000 € | 32.843 € | 31.673 € | 30.631 € | 29.539 € | 28.701 € | 27.961 € | 27.109 € | 26.257 € | 26.091 € | 25.925 € | 25.759 € | 25.594 € |
| 42.000 € | 32.933 € | 31.703 € | 30.719 € | 29.541 € | 28.771 € | 27.961 € | 27.109 € | 26.257 € | 26.091 € | 25.925 € | 25.759 € | 25.594 € |
| 45.000 € | 33.022 € | 31.732 € | 30.808 € | 29.543 € | 28.841 € | 27.961 € | 27.109 € | 26.257 € | 26.091 € | 25.925 € | 25.759 € | 25.594 € |
| 48.000 € | 33.111 € | 31.762 € | 30.896 € | 29.545 € | 28.911 € | 27.961 € | 27.109 € | 26.257 € | 26.091 € | 25.925 € | 25.759 € | 25.594 € |
| 51.000 € | 33.199 € | 31.791 € | 30.984 € | 29.548 € | 28.980 € | 27.961 € | 27.109 € | 26.257 € | 26.091 € | 25.925 € | 25.759 € | 25.594 € |
| 54.000 € | 33.288 € | 31.820 € | 31.072 € | 29.550 € | 29.050 € | 27.961 € | 27.109 € | 26.257 € | 26.091 € | 25.925 € | 25.759 € | 25.594 € |
| 57.000 € | 33.377 € | 31.849 € | 31.160 € | 29.552 € | 29.119 € | 27.961 € | 27.109 € | 26.257 € | 26.091 € | 25.925 € | 25.759 € | 25.594 € |
| 60.000 € | 33.465 € | 31.878 € | 31.248 € | 29.554 € | 29.188 € | 27.961 € | 27.109 € | 26.257 € | 26.091 € | 25.925 € | 25.759 € | 25.594 € |
| 63.000 € | 33.554 € | 31.907 € | 31.335 € | 29.556 € | 29.258 € | 27.961 € | 27.109 € | 26.257 € | 26.091 € | 25.925 € | 25.759 € | 25.594 € |
| 66.000 € | 33.643 € | 31.936 € | 31.423 € | 29.558 € | 29.327 € | 27.961 € | 27.109 € | 26.257 € | 26.091 € | 25.925 € | 25.759 € | 25.594 € |
| 69.000 € | 33.731 € | 31.965 € | 31.512 € | 29.560 € | 29.396 € | 27.961 € | 27.109 € | 26.257 € | 26.091 € | 25.925 € | 25.759 € | 25.594 € |
| 72.000 € | 33.820 € | 31.994 € | 31.600 € | 29.562 € | 29.466 € | 27.961 € | 27.109 € | 26.257 € | 26.091 € | 25.925 € | 25.759 € | 25.594 € |
| 75.000 € | 33.909 € | 32.022 € | 31.688 € | 29.565 € | 29.535 € | 27.961 € | 27.109 € | 26.257 € | 26.091 € | 25.925 € | 25.759 € | 25.594 € |
| 78.000 € | 37.977 € | 32.051 € | 31.776 € | 29.567 € | 29.567 € | 27.961 € | 27.109 € | 26.257 € | 26.091 € | 25.925 € | 25.759 € | 25.594 € |
| 81.000 € | 42.045 € | 35.563 € | 31.865 € | 29.569 € | 29.569 € | 27.961 € | 27.109 € | 26.257 € | 26.091 € | 25.925 € | 25.759 € | 25.594 € |
| 84.000 € | 46.113 € | 39.075 € | 31.953 € | 29.571 € | 29.571 € | 27.961 € | 27.109 € | 26.257 € | 26.091 € | 25.925 € | 25.759 € | 25.594 € |
| 87.000 € | 50.182 € | 42.587 € | 34.895 € | 29.573 € | 29.573 € | 27.961 € | 27.109 € | 26.257 € | 26.091 € | 25.925 € | 25.759 € | 25.594 € |
| 90.000 € | 54.250 € | 46.099 € | 37.836 € | 29.575 € | 29.575 € | 27.961 € | 27.109 € | 26.257 € | 26.091 € | 25.925 € | 25.759 € | 25.594 € |
| 93.000 € | 58.318 € | 49.611 € | 40.777 € | 31.940 € | 29.953 € | 27.961 € | 27.109 € | 26.257 € | 26.091 € | 25.925 € | 25.759 € | 25.594 € |
| 96.000 € | 62.386 € | 53.123 € | 43.719 € | 34.305 € | 30.023 € | 27.961 € | 27.109 € | 26.257 € | 26.091 € | 25.925 € | 25.759 € | 25.594 € |
| 99.000 € | 66.454 € | 56.635 € | 46.660 € | 36.669 € | 30.093 € | 27.961 € | 27.109 € | 26.257 € | 26.091 € | 25.925 € | 25.759 € | 25.594 € |
| 102.000 € | 70.522 € | 60.147 € | 49.602 € | 39.034 € | 30.164 € | 27.961 € | 27.109 € | 26.257 € | 26.091 € | 25.925 € | 25.759 € | 25.594 € |
| 105.000 € | 74.590 € | 63.659 € | 52.543 € | 41.399 € | 30.234 € | 27.961 € | 27.109 € | 26.257 € | 26.091 € | 25.925 € | 25.759 € | 25.594 € |
| 108.000 € | 78.659 € | 67.171 € | 55.484 € | 43.764 € | 32.016 € | 27.961 € | 27.109 € | 26.257 € | 26.091 € | 25.925 € | 25.759 € | 25.594 € |
| 111.000 € | 82.727 € | 70.683 € | 58.426 € | 46.128 € | 33.799 € | 27.961 € | 27.109 € | 26.257 € | 26.091 € | 25.925 € | 25.759 € | 25.594 € |
| 114.000 € | 86.795 € | 74.195 € | 61.367 € | 48.493 € | 35.581 € | 27.961 € | 27.109 € | 26.257 € | 26.091 € | 25.925 € | 25.759 € | 25.594 € |
| 117.000 € | 90.863 € | 77.707 € | 64.309 € | 50.858 € | 37.363 € | 27.961 € | 27.109 € | 26.257 € | 26.091 € | 25.925 € | 25.759 € | 25.594 € |
| 120.000 € | 94.931 € | 81.219 € | 67.250 € | 53.223 € | 39.146 € | 27.961 € | 27.109 € | 26.257 € | 26.091 € | 25.925 € | 25.759 € | 25.594 € |

# TABLA 1.C.6
## Lucro cesante del nieto/a

| Ingreso neto | Edad del nieto/a | | | | | | | | | | | |
|---|---|---|---|---|---|---|---|---|---|---|---|---|
| Hasta | 12 | 13 | 14 | 15 | 16 | 17 | 18 | 19 | 20 | 21 | 22 | 23 |
| 9.000 € | 5.868 € | 5.830 € | 5.791 € | 5.753 € | 5.715 € | 5.677 € | 5.638 € | 5.600 € | 5.562 € | 5.524 € | 5.485 € | 5.447 € |
| 12.000 € | 7.824 € | 7.773 € | 7.722 € | 7.671 € | 7.620 € | 7.569 € | 7.518 € | 7.467 € | 7.416 € | 7.365 € | 7.314 € | 7.263 € |
| 15.000 € | 9.780 € | 9.716 € | 9.652 € | 9.589 € | 9.525 € | 9.461 € | 9.397 € | 9.333 € | 9.270 € | 9.206 € | 9.142 € | 9.078 € |
| 18.000 € | 11.736 € | 11.659 € | 11.583 € | 11.506 € | 11.430 € | 11.353 € | 11.277 € | 11.200 € | 11.124 € | 11.047 € | 10.970 € | 10.894 € |
| 21.000 € | 13.692 € | 13.603 € | 13.513 € | 13.424 € | 13.335 € | 13.245 € | 13.156 € | 13.067 € | 12.977 € | 12.888 € | 12.799 € | 12.710 € |
| 24.000 € | 15.648 € | 15.546 € | 15.444 € | 15.342 € | 15.240 € | 15.138 € | 15.036 € | 14.933 € | 14.831 € | 14.729 € | 14.627 € | 14.525 € |
| 27.000 € | 17.604 € | 17.489 € | 17.374 € | 17.259 € | 17.145 € | 17.030 € | 16.915 € | 16.800 € | 16.685 € | 16.571 € | 16.456 € | 16.341 € |
| 30.000 € | 19.560 € | 19.432 € | 19.305 € | 19.177 € | 19.050 € | 18.922 € | 18.794 € | 18.667 € | 18.539 € | 18.412 € | 18.284 € | 18.157 € |
| 33.000 € | 21.516 € | 21.375 € | 21.235 € | 21.095 € | 20.954 € | 20.814 € | 20.674 € | 20.534 € | 20.393 € | 20.253 € | 20.113 € | 19.972 € |
| 36.000 € | 23.472 € | 23.319 € | 23.166 € | 23.013 € | 22.859 € | 22.706 € | 22.553 € | 22.400 € | 22.247 € | 22.094 € | 21.941 € | 21.788 € |
| 39.000 € | 25.428 € | 25.262 € | 25.096 € | 24.930 € | 24.764 € | 24.599 € | 24.433 € | 24.267 € | 24.101 € | 23.935 € | 23.769 € | 23.604 € |
| 42.000 € | 25.428 € | 25.262 € | 25.096 € | 24.930 € | 24.764 € | 24.599 € | 24.433 € | 24.267 € | 24.101 € | 23.935 € | 23.769 € | 23.604 € |
| 45.000 € | 25.428 € | 25.262 € | 25.096 € | 24.930 € | 24.764 € | 24.599 € | 24.433 € | 24.267 € | 24.101 € | 23.935 € | 23.769 € | 23.604 € |
| 48.000 € | 25.428 € | 25.262 € | 25.096 € | 24.930 € | 24.764 € | 24.599 € | 24.433 € | 24.267 € | 24.101 € | 23.935 € | 23.769 € | 23.604 € |
| 51.000 € | 25.428 € | 25.262 € | 25.096 € | 24.930 € | 24.764 € | 24.599 € | 24.433 € | 24.267 € | 24.101 € | 23.935 € | 23.769 € | 23.604 € |
| 54.000 € | 25.428 € | 25.262 € | 25.096 € | 24.930 € | 24.764 € | 24.599 € | 24.433 € | 24.267 € | 24.101 € | 23.935 € | 23.769 € | 23.604 € |
| 57.000 € | 25.428 € | 25.262 € | 25.096 € | 24.930 € | 24.764 € | 24.599 € | 24.433 € | 24.267 € | 24.101 € | 23.935 € | 23.769 € | 23.604 € |
| 60.000 € | 25.428 € | 25.262 € | 25.096 € | 24.930 € | 24.764 € | 24.599 € | 24.433 € | 24.267 € | 24.101 € | 23.935 € | 23.769 € | 23.604 € |
| 63.000 € | 25.428 € | 25.262 € | 25.096 € | 24.930 € | 24.764 € | 24.599 € | 24.433 € | 24.267 € | 24.101 € | 23.935 € | 23.769 € | 23.604 € |
| 66.000 € | 25.428 € | 25.262 € | 25.096 € | 24.930 € | 24.764 € | 24.599 € | 24.433 € | 24.267 € | 24.101 € | 23.935 € | 23.769 € | 23.604 € |
| 69.000 € | 25.428 € | 25.262 € | 25.096 € | 24.930 € | 24.764 € | 24.599 € | 24.433 € | 24.267 € | 24.101 € | 23.935 € | 23.769 € | 23.604 € |
| 72.000 € | 25.428 € | 25.262 € | 25.096 € | 24.930 € | 24.764 € | 24.599 € | 24.433 € | 24.267 € | 24.101 € | 23.935 € | 23.769 € | 23.604 € |
| 75.000 € | 25.428 € | 25.262 € | 25.096 € | 24.930 € | 24.764 € | 24.599 € | 24.433 € | 24.267 € | 24.101 € | 23.935 € | 23.769 € | 23.604 € |
| 78.000 € | 25.428 € | 25.262 € | 25.096 € | 24.930 € | 24.764 € | 24.599 € | 24.433 € | 24.267 € | 24.101 € | 23.935 € | 23.769 € | 23.604 € |
| 81.000 € | 25.428 € | 25.262 € | 25.096 € | 24.930 € | 24.764 € | 24.599 € | 24.433 € | 24.267 € | 24.101 € | 23.935 € | 23.769 € | 23.604 € |
| 84.000 € | 25.428 € | 25.262 € | 25.096 € | 24.930 € | 24.764 € | 24.599 € | 24.433 € | 24.267 € | 24.101 € | 23.935 € | 23.769 € | 23.604 € |
| 87.000 € | 25.428 € | 25.262 € | 25.096 € | 24.930 € | 24.764 € | 24.599 € | 24.433 € | 24.267 € | 24.101 € | 23.935 € | 23.769 € | 23.604 € |
| 90.000 € | 25.428 € | 25.262 € | 25.096 € | 24.930 € | 24.764 € | 24.599 € | 24.433 € | 24.267 € | 24.101 € | 23.935 € | 23.769 € | 23.604 € |
| 93.000 € | 25.428 € | 25.262 € | 25.096 € | 24.930 € | 24.764 € | 24.599 € | 24.433 € | 24.267 € | 24.101 € | 23.935 € | 23.769 € | 23.604 € |
| 96.000 € | 25.428 € | 25.262 € | 25.096 € | 24.930 € | 24.764 € | 24.599 € | 24.433 € | 24.267 € | 24.101 € | 23.935 € | 23.769 € | 23.604 € |
| 99.000 € | 25.428 € | 25.262 € | 25.096 € | 24.930 € | 24.764 € | 24.599 € | 24.433 € | 24.267 € | 24.101 € | 23.935 € | 23.769 € | 23.604 € |
| 102.000 € | 25.428 € | 25.262 € | 25.096 € | 24.930 € | 24.764 € | 24.599 € | 24.433 € | 24.267 € | 24.101 € | 23.935 € | 23.769 € | 23.604 € |
| 105.000 € | 25.428 € | 25.262 € | 25.096 € | 24.930 € | 24.764 € | 24.599 € | 24.433 € | 24.267 € | 24.101 € | 23.935 € | 23.769 € | 23.604 € |
| 108.000 € | 25.428 € | 25.262 € | 25.096 € | 24.930 € | 24.764 € | 24.599 € | 24.433 € | 24.267 € | 24.101 € | 23.935 € | 23.769 € | 23.604 € |
| 111.000 € | 25.428 € | 25.262 € | 25.096 € | 24.930 € | 24.764 € | 24.599 € | 24.433 € | 24.267 € | 24.101 € | 23.935 € | 23.769 € | 23.604 € |
| 114.000 € | 25.428 € | 25.262 € | 25.096 € | 24.930 € | 24.764 € | 24.599 € | 24.433 € | 24.267 € | 24.101 € | 23.935 € | 23.769 € | 23.604 € |
| 117.000 € | 25.428 € | 25.262 € | 25.096 € | 24.930 € | 24.764 € | 24.599 € | 24.433 € | 24.267 € | 24.101 € | 23.935 € | 23.769 € | 23.604 € |
| 120.000 € | 25.428 € | 25.262 € | 25.096 € | 24.930 € | 24.764 € | 24.599 € | 24.433 € | 24.267 € | 24.101 € | 23.935 € | 23.769 € | 23.604 € |

## TABLA 1.C.6
## Lucro cesante del nieto/a

| Ingreso neto | Edad del nieto/a | | | | | | | | | | |
|---|---|---|---|---|---|---|---|---|---|---|---|
| Hasta | 24 | 25 | 26 | 27 | 28 | 29 | 30 | 31 | 32 | 33 | 34 | 35 |
| 9.000 € | 5.409 € | 5.370 € | 5.332 € | 5.294 € | 5.294 € | 5.294 € | 5.294 € | 5.294 € | 5.293 € | 5.293 € | 5.293 € | 5.293 € |
| 12.000 € | 7.212 € | 7.161 € | 7.110 € | 7.059 € | 7.058 € | 7.058 € | 7.058 € | 7.058 € | 7.058 € | 7.058 € | 7.058 € | 7.057 € |
| 15.000 € | 9.014 € | 8.951 € | 8.887 € | 8.823 € | 8.823 € | 8.823 € | 8.823 € | 8.823 € | 8.822 € | 8.822 € | 8.822 € | 8.822 € |
| 18.000 € | 10.817 € | 10.741 € | 10.664 € | 10.588 € | 10.588 € | 10.587 € | 10.587 € | 10.587 € | 10.587 € | 10.587 € | 10.586 € | 10.586 € |
| 21.000 € | 12.620 € | 12.531 € | 12.442 € | 12.352 € | 12.352 € | 12.352 € | 12.352 € | 12.352 € | 12.351 € | 12.351 € | 12.351 € | 12.350 € |
| 24.000 € | 14.423 € | 14.321 € | 14.219 € | 14.117 € | 14.117 € | 14.117 € | 14.116 € | 14.116 € | 14.116 € | 14.115 € | 14.115 € | 14.114 € |
| 27.000 € | 16.226 € | 16.111 € | 15.996 € | 15.882 € | 15.882 € | 15.881 € | 15.881 € | 15.881 € | 15.880 € | 15.880 € | 15.879 € | 15.879 € |
| 30.000 € | 18.029 € | 17.901 € | 17.774 € | 17.646 € | 17.646 € | 17.646 € | 17.645 € | 17.645 € | 17.645 € | 17.644 € | 17.644 € | 17.643 € |
| 33.000 € | 19.832 € | 19.692 € | 19.551 € | 19.411 € | 19.411 € | 19.410 € | 19.410 € | 19.410 € | 19.409 € | 19.409 € | 19.408 € | 19.407 € |
| 36.000 € | 21.635 € | 21.482 € | 21.329 € | 21.176 € | 21.175 € | 21.175 € | 21.174 € | 21.174 € | 21.174 € | 21.173 € | 21.173 € | 21.172 € |
| 39.000 € | 23.438 € | 23.272 € | 23.106 € | 22.940 € | 22.940 € | 22.939 € | 22.939 € | 22.939 € | 22.938 € | 22.938 € | 22.937 € | 22.936 € |
| 42.000 € | 23.438 € | 23.272 € | 23.106 € | 22.940 € | 22.940 € | 22.939 € | 22.939 € | 22.939 € | 22.938 € | 22.938 € | 22.937 € | 22.936 € |
| 45.000 € | 23.438 € | 23.272 € | 23.106 € | 22.940 € | 22.940 € | 22.939 € | 22.939 € | 22.939 € | 22.938 € | 22.938 € | 22.937 € | 22.936 € |
| 48.000 € | 23.438 € | 23.272 € | 23.106 € | 22.940 € | 22.940 € | 22.939 € | 22.939 € | 22.939 € | 22.938 € | 22.938 € | 22.937 € | 22.936 € |
| 51.000 € | 23.438 € | 23.272 € | 23.106 € | 22.940 € | 22.940 € | 22.939 € | 22.939 € | 22.939 € | 22.938 € | 22.938 € | 22.937 € | 22.936 € |
| 54.000 € | 23.438 € | 23.272 € | 23.106 € | 22.940 € | 22.940 € | 22.939 € | 22.939 € | 22.939 € | 22.938 € | 22.938 € | 22.937 € | 22.936 € |
| 57.000 € | 23.438 € | 23.272 € | 23.106 € | 22.940 € | 22.940 € | 22.939 € | 22.939 € | 22.939 € | 22.938 € | 22.938 € | 22.937 € | 22.936 € |
| 60.000 € | 23.438 € | 23.272 € | 23.106 € | 22.940 € | 22.940 € | 22.939 € | 22.939 € | 22.939 € | 22.938 € | 22.938 € | 22.937 € | 22.936 € |
| 63.000 € | 23.438 € | 23.272 € | 23.106 € | 22.940 € | 22.940 € | 22.939 € | 22.939 € | 22.939 € | 22.938 € | 22.938 € | 22.937 € | 22.936 € |
| 66.000 € | 23.438 € | 23.272 € | 23.106 € | 22.940 € | 22.940 € | 22.939 € | 22.939 € | 22.939 € | 22.938 € | 22.938 € | 22.937 € | 22.936 € |
| 69.000 € | 23.438 € | 23.272 € | 23.106 € | 22.940 € | 22.940 € | 22.939 € | 22.939 € | 22.939 € | 22.938 € | 22.938 € | 22.937 € | 22.936 € |
| 72.000 € | 23.438 € | 23.272 € | 23.106 € | 22.940 € | 22.940 € | 22.939 € | 22.939 € | 22.939 € | 22.938 € | 22.938 € | 22.937 € | 22.936 € |
| 75.000 € | 23.438 € | 23.272 € | 23.106 € | 22.940 € | 22.940 € | 22.939 € | 22.939 € | 22.939 € | 22.938 € | 22.938 € | 22.937 € | 22.936 € |
| 78.000 € | 23.438 € | 23.272 € | 23.106 € | 22.940 € | 22.940 € | 22.939 € | 22.939 € | 22.939 € | 22.938 € | 22.938 € | 22.937 € | 22.936 € |
| 81.000 € | 23.438 € | 23.272 € | 23.106 € | 22.940 € | 22.940 € | 22.939 € | 22.939 € | 22.939 € | 22.938 € | 22.938 € | 22.937 € | 22.936 € |
| 84.000 € | 23.438 € | 23.272 € | 23.106 € | 22.940 € | 22.940 € | 22.939 € | 22.939 € | 22.939 € | 22.938 € | 22.938 € | 22.937 € | 22.936 € |
| 87.000 € | 23.438 € | 23.272 € | 23.106 € | 22.940 € | 22.940 € | 22.939 € | 22.939 € | 22.939 € | 22.938 € | 22.938 € | 22.937 € | 22.936 € |
| 90.000 € | 23.438 € | 23.272 € | 23.106 € | 22.940 € | 22.940 € | 22.939 € | 22.939 € | 22.939 € | 22.938 € | 22.938 € | 22.937 € | 22.936 € |
| 93.000 € | 23.438 € | 23.272 € | 23.106 € | 22.940 € | 22.940 € | 22.939 € | 22.939 € | 22.939 € | 22.938 € | 22.938 € | 22.937 € | 22.936 € |
| 96.000 € | 23.438 € | 23.272 € | 23.106 € | 22.940 € | 22.940 € | 22.939 € | 22.939 € | 22.939 € | 22.938 € | 22.938 € | 22.937 € | 22.936 € |
| 99.000 € | 23.438 € | 23.272 € | 23.106 € | 22.940 € | 22.940 € | 22.939 € | 22.939 € | 22.939 € | 22.938 € | 22.938 € | 22.937 € | 22.936 € |
| 102.000 € | 23.438 € | 23.272 € | 23.106 € | 22.940 € | 22.940 € | 22.939 € | 22.939 € | 22.939 € | 22.938 € | 22.938 € | 22.937 € | 22.936 € |
| 105.000 € | 23.438 € | 23.272 € | 23.106 € | 22.940 € | 22.940 € | 22.939 € | 22.939 € | 22.939 € | 22.938 € | 22.938 € | 22.937 € | 22.936 € |
| 108.000 € | 23.438 € | 23.272 € | 23.106 € | 22.940 € | 22.940 € | 22.939 € | 22.939 € | 22.939 € | 22.938 € | 22.938 € | 22.937 € | 22.936 € |
| 111.000 € | 23.438 € | 23.272 € | 23.106 € | 22.940 € | 22.940 € | 22.939 € | 22.939 € | 22.939 € | 22.938 € | 22.938 € | 22.937 € | 22.936 € |
| 114.000 € | 23.438 € | 23.272 € | 23.106 € | 22.940 € | 22.940 € | 22.939 € | 22.939 € | 22.939 € | 22.938 € | 22.938 € | 22.937 € | 22.936 € |
| 117.000 € | 23.438 € | 23.272 € | 23.106 € | 22.940 € | 22.940 € | 22.939 € | 22.939 € | 22.939 € | 22.938 € | 22.938 € | 22.937 € | 22.936 € |
| 120.000 € | 23.438 € | 23.272 € | 23.106 € | 22.940 € | 22.940 € | 22.939 € | 22.939 € | 22.939 € | 22.938 € | 22.938 € | 22.937 € | 22.936 € |

# TABLA 1.C.6
# Lucro cesante del nieto/a

| Ingreso neto | Edad del nieto/a | | | |
|---|---|---|---|---|
| Hasta | 36 | 37 | 38 | 39 o más |
| 9.000 € | 5.293 € | 5.292 € | 5.292 € | 5.291 € |
| 12.000 € | 7.057 € | 7.056 € | 7.056 € | 7.055 € |
| 15.000 € | 8.821 € | 8.821 € | 8.820 € | 8.819 € |
| 18.000 € | 10.585 € | 10.585 € | 10.584 € | 10.583 € |
| 21.000 € | 12.349 € | 12.349 € | 12.348 € | 12.347 € |
| 24.000 € | 14.114 € | 14.113 € | 14.112 € | 14.111 € |
| 27.000 € | 15.878 € | 15.877 € | 15.876 € | 15.874 € |
| 30.000 € | 17.642 € | 17.641 € | 17.640 € | 17.638 € |
| 33.000 € | 19.406 € | 19.405 € | 19.404 € | 19.402 € |
| 36.000 € | 21.170 € | 21.169 € | 21.168 € | 21.166 € |
| 39.000 € | 22.935 € | 22.933 € | 22.932 € | 22.930 € |
| 42.000 € | 22.935 € | 22.933 € | 22.932 € | 22.930 € |
| 45.000 € | 22.935 € | 22.933 € | 22.932 € | 22.930 € |
| 48.000 € | 22.935 € | 22.933 € | 22.932 € | 22.930 € |
| 51.000 € | 22.935 € | 22.933 € | 22.932 € | 22.930 € |
| 54.000 € | 22.935 € | 22.933 € | 22.932 € | 22.930 € |
| 57.000 € | 22.935 € | 22.933 € | 22.932 € | 22.930 € |
| 60.000 € | 22.935 € | 22.933 € | 22.932 € | 22.930 € |
| 63.000 € | 22.935 € | 22.933 € | 22.932 € | 22.930 € |
| 66.000 € | 22.935 € | 22.933 € | 22.932 € | 22.930 € |
| 69.000 € | 22.935 € | 22.933 € | 22.932 € | 22.930 € |
| 72.000 € | 22.935 € | 22.933 € | 22.932 € | 22.930 € |
| 75.000 € | 22.935 € | 22.933 € | 22.932 € | 22.930 € |
| 78.000 € | 22.935 € | 22.933 € | 22.932 € | 22.930 € |
| 81.000 € | 22.935 € | 22.933 € | 22.932 € | 22.930 € |
| 84.000 € | 22.935 € | 22.933 € | 22.932 € | 22.930 € |
| 87.000 € | 22.935 € | 22.933 € | 22.932 € | 22.930 € |
| 90.000 € | 22.935 € | 22.933 € | 22.932 € | 22.930 € |
| 93.000 € | 22.935 € | 22.933 € | 22.932 € | 22.930 € |
| 96.000 € | 22.935 € | 22.933 € | 22.932 € | 22.930 € |
| 99.000 € | 22.935 € | 22.933 € | 22.932 € | 22.930 € |
| 102.000 € | 22.935 € | 22.933 € | 22.932 € | 22.930 € |
| 105.000 € | 22.935 € | 22.933 € | 22.932 € | 22.930 € |
| 108.000 € | 22.935 € | 22.933 € | 22.932 € | 22.930 € |
| 111.000 € | 22.935 € | 22.933 € | 22.932 € | 22.930 € |
| 114.000 € | 22.935 € | 22.933 € | 22.932 € | 22.930 € |
| 117.000 € | 22.935 € | 22.933 € | 22.932 € | 22.930 € |
| 120.000 € | 22.935 € | 22.933 € | 22.932 € | 22.930 € |

## TABLA 1.C.6.d
## Lucro cesante del nieto/a con discapacidad

| Ingreso neto | Edad del nieto/a | | | | | | | | | | | |
|---|---|---|---|---|---|---|---|---|---|---|---|---|
| Hasta | 0 | 1 | 2 | 3 | 4 | 5 | 6 | 7 | 8 | 9 | 10 | 11 |
| 9.000 € | 25.933 € | 20.639 € | 20.061 € | 19.567 € | 19.140 € | 18.772 € | 17.821 € | 16.871 € | 16.871 € | 16.871 € | 16.871 € | 16.871 € |
| 12.000 € | 34.577 € | 27.518 € | 26.747 € | 26.089 € | 25.520 € | 25.029 € | 23.762 € | 22.494 € | 22.494 € | 22.494 € | 22.494 € | 22.494 € |
| 15.000 € | 43.221 € | 34.398 € | 33.434 € | 32.612 € | 31.900 € | 31.286 € | 29.702 € | 28.118 € | 28.118 € | 28.118 € | 28.118 € | 28.118 € |
| 18.000 € | 51.866 € | 41.278 € | 40.121 € | 39.134 € | 38.280 € | 37.543 € | 35.642 € | 33.742 € | 33.742 € | 33.742 € | 33.742 € | 33.742 € |
| 21.000 € | 60.510 € | 48.157 € | 46.808 € | 45.656 € | 44.660 € | 43.801 € | 41.583 € | 39.365 € | 39.365 € | 39.365 € | 39.365 € | 39.365 € |
| 24.000 € | 69.154 € | 55.037 € | 53.495 € | 52.179 € | 51.040 € | 50.058 € | 47.523 € | 44.989 € | 44.989 € | 44.989 € | 44.989 € | 44.989 € |
| 27.000 € | 77.799 € | 61.917 € | 60.182 € | 58.701 € | 57.420 € | 56.315 € | 53.464 € | 50.612 € | 50.612 € | 50.612 € | 50.612 € | 50.612 € |
| 30.000 € | 86.443 € | 68.796 € | 66.869 € | 65.223 € | 63.800 € | 62.572 € | 59.404 € | 56.236 € | 56.236 € | 56.236 € | 56.236 € | 56.236 € |
| 33.000 € | 95.087 € | 75.676 € | 73.555 € | 71.746 € | 70.180 € | 68.829 € | 65.345 € | 61.860 € | 61.860 € | 61.860 € | 61.860 € | 61.860 € |
| 36.000 € | 103.731 € | 82.555 € | 80.242 € | 78.268 € | 76.560 € | 75.087 € | 71.285 € | 67.483 € | 67.483 € | 67.483 € | 67.483 € | 67.483 € |
| 39.000 € | 103.735 € | 82.678 € | 80.295 € | 78.268 € | 76.560 € | 76.428 € | 74.767 € | 73.107 € | 73.107 € | 73.107 € | 73.107 € | 73.107 € |
| 42.000 € | 103.739 € | 82.800 € | 80.346 € | 78.268 € | 76.560 € | 76.428 € | 74.767 € | 73.107 € | 73.107 € | 73.107 € | 73.107 € | 73.107 € |
| 45.000 € | 103.743 € | 82.921 € | 80.398 € | 78.268 € | 76.560 € | 76.428 € | 74.767 € | 73.107 € | 73.107 € | 73.107 € | 73.107 € | 73.107 € |
| 48.000 € | 103.747 € | 83.042 € | 80.450 € | 78.268 € | 76.560 € | 76.428 € | 74.767 € | 73.107 € | 73.107 € | 73.107 € | 73.107 € | 73.107 € |
| 51.000 € | 103.751 € | 83.163 € | 80.501 € | 78.268 € | 76.560 € | 76.428 € | 74.767 € | 73.107 € | 73.107 € | 73.107 € | 73.107 € | 73.107 € |
| 54.000 € | 103.754 € | 83.284 € | 80.552 € | 78.268 € | 76.560 € | 76.428 € | 74.767 € | 73.107 € | 73.107 € | 73.107 € | 73.107 € | 73.107 € |
| 57.000 € | 103.758 € | 83.404 € | 80.603 € | 78.268 € | 76.560 € | 76.428 € | 74.767 € | 73.107 € | 73.107 € | 73.107 € | 73.107 € | 73.107 € |
| 60.000 € | 103.762 € | 83.524 € | 80.654 € | 78.268 € | 76.560 € | 76.428 € | 74.767 € | 73.107 € | 73.107 € | 73.107 € | 73.107 € | 73.107 € |
| 63.000 € | 103.766 € | 83.645 € | 80.705 € | 78.268 € | 76.560 € | 76.428 € | 74.767 € | 73.107 € | 73.107 € | 73.107 € | 73.107 € | 73.107 € |
| 66.000 € | 103.769 € | 83.765 € | 80.756 € | 78.268 € | 76.560 € | 76.428 € | 74.767 € | 73.107 € | 73.107 € | 73.107 € | 73.107 € | 73.107 € |
| 69.000 € | 103.773 € | 83.884 € | 80.807 € | 78.268 € | 76.560 € | 76.428 € | 74.767 € | 73.107 € | 73.107 € | 73.107 € | 73.107 € | 73.107 € |
| 72.000 € | 103.777 € | 84.004 € | 80.857 € | 78.268 € | 76.560 € | 76.428 € | 74.767 € | 73.107 € | 73.107 € | 73.107 € | 73.107 € | 73.107 € |
| 75.000 € | 103.781 € | 84.124 € | 80.908 € | 78.268 € | 76.560 € | 76.428 € | 74.767 € | 73.107 € | 73.107 € | 73.107 € | 73.107 € | 73.107 € |
| 78.000 € | 103.784 € | 84.244 € | 80.959 € | 78.268 € | 76.560 € | 76.428 € | 74.767 € | 73.107 € | 73.107 € | 73.107 € | 73.107 € | 73.107 € |
| 81.000 € | 103.788 € | 84.364 € | 81.009 € | 78.268 € | 76.560 € | 76.428 € | 74.767 € | 73.107 € | 73.107 € | 73.107 € | 73.107 € | 73.107 € |
| 84.000 € | 103.792 € | 84.484 € | 81.060 € | 78.268 € | 76.560 € | 76.428 € | 74.767 € | 73.107 € | 73.107 € | 73.107 € | 73.107 € | 73.107 € |
| 87.000 € | 103.796 € | 84.603 € | 81.110 € | 78.268 € | 76.560 € | 76.428 € | 74.767 € | 73.107 € | 73.107 € | 73.107 € | 73.107 € | 73.107 € |
| 90.000 € | 103.799 € | 84.723 € | 81.160 € | 78.268 € | 76.560 € | 76.428 € | 74.767 € | 73.107 € | 73.107 € | 73.107 € | 73.107 € | 73.107 € |
| 93.000 € | 103.803 € | 84.843 € | 81.211 € | 78.268 € | 76.560 € | 76.428 € | 74.767 € | 73.107 € | 73.107 € | 73.107 € | 73.107 € | 73.107 € |
| 96.000 € | 103.807 € | 84.963 € | 81.261 € | 78.268 € | 76.560 € | 76.428 € | 74.767 € | 73.107 € | 73.107 € | 73.107 € | 73.107 € | 73.107 € |
| 99.000 € | 107.875 € | 85.083 € | 81.312 € | 78.268 € | 76.560 € | 76.428 € | 74.767 € | 73.107 € | 73.107 € | 73.107 € | 73.107 € | 73.107 € |
| 102.000 € | 111.943 € | 85.203 € | 81.362 € | 78.268 € | 76.560 € | 76.428 € | 74.767 € | 73.107 € | 73.107 € | 73.107 € | 73.107 € | 73.107 € |
| 105.000 € | 116.011 € | 85.323 € | 81.412 € | 78.268 € | 76.560 € | 76.428 € | 74.767 € | 73.107 € | 73.107 € | 73.107 € | 73.107 € | 73.107 € |
| 108.000 € | 120.079 € | 85.443 € | 81.463 € | 78.268 € | 76.560 € | 76.428 € | 74.767 € | 73.107 € | 73.107 € | 73.107 € | 73.107 € | 73.107 € |
| 111.000 € | 124.147 € | 85.564 € | 81.513 € | 78.268 € | 76.560 € | 76.428 € | 74.767 € | 73.107 € | 73.107 € | 73.107 € | 73.107 € | 73.107 € |
| 114.000 € | 128.216 € | 89.076 € | 81.563 € | 78.268 € | 76.560 € | 76.428 € | 74.767 € | 73.107 € | 73.107 € | 73.107 € | 73.107 € | 73.107 € |
| 117.000 € | 132.284 € | 92.588 € | 81.614 € | 78.268 € | 76.560 € | 76.428 € | 74.767 € | 73.107 € | 73.107 € | 73.107 € | 73.107 € | 73.107 € |
| 120.000 € | 136.352 € | 96.100 € | 81.664 € | 78.268 € | 76.560 € | 76.428 € | 74.767 € | 73.107 € | 73.107 € | 73.107 € | 73.107 € | 73.107 € |

## TABLA 1.C.6.d
## Lucro cesante del nieto/a con discapacidad

| Ingreso neto | Edad del nieto/a | | | | | | | | | | | |
|---|---|---|---|---|---|---|---|---|---|---|---|---|
| Hasta | 12 | 13 | 14 | 15 | 16 | 17 | 18 | 19 | 20 | 21 | 22 | 23 |
| 9.000 € | 16.871 € | 16.871 € | 16.871 € | 16.871 € | 16.871 € | 16.871 € | 16.871 € | 16.871 € | 16.871 € | 16.871 € | 16.871 € | 16.871 € |
| 12.000 € | 22.494 € | 22.494 € | 22.494 € | 22.494 € | 22.494 € | 22.494 € | 22.494 € | 22.494 € | 22.494 € | 22.494 € | 22.494 € | 22.494 € |
| 15.000 € | 28.118 € | 28.118 € | 28.118 € | 28.118 € | 28.118 € | 28.118 € | 28.118 € | 28.118 € | 28.118 € | 28.118 € | 28.118 € | 28.118 € |
| 18.000 € | 33.742 € | 33.742 € | 33.742 € | 33.742 € | 33.742 € | 33.742 € | 33.742 € | 33.742 € | 33.742 € | 33.742 € | 33.742 € | 33.742 € |
| 21.000 € | 39.365 € | 39.365 € | 39.365 € | 39.365 € | 39.365 € | 39.365 € | 39.365 € | 39.365 € | 39.365 € | 39.365 € | 39.365 € | 39.365 € |
| 24.000 € | 44.989 € | 44.989 € | 44.989 € | 44.989 € | 44.989 € | 44.989 € | 44.989 € | 44.989 € | 44.989 € | 44.989 € | 44.989 € | 44.989 € |
| 27.000 € | 50.612 € | 50.612 € | 50.612 € | 50.612 € | 50.612 € | 50.612 € | 50.612 € | 50.612 € | 50.612 € | 50.612 € | 50.612 € | 50.612 € |
| 30.000 € | 56.236 € | 56.236 € | 56.236 € | 56.236 € | 56.236 € | 56.236 € | 56.236 € | 56.236 € | 56.236 € | 56.236 € | 56.236 € | 56.236 € |
| 33.000 € | 61.860 € | 61.860 € | 61.860 € | 61.860 € | 61.860 € | 61.860 € | 61.860 € | 61.860 € | 61.860 € | 61.860 € | 61.860 € | 61.860 € |
| 36.000 € | 67.483 € | 67.483 € | 67.483 € | 67.483 € | 67.483 € | 67.483 € | 67.483 € | 67.483 € | 67.483 € | 67.483 € | 67.483 € | 67.483 € |
| 39.000 € | 73.107 € | 73.107 € | 73.107 € | 73.107 € | 73.107 € | 73.107 € | 73.107 € | 73.107 € | 73.107 € | 73.107 € | 73.107 € | 73.107 € |
| 42.000 € | 73.107 € | 73.107 € | 73.107 € | 73.107 € | 73.107 € | 73.107 € | 73.107 € | 73.107 € | 73.107 € | 73.107 € | 73.107 € | 73.107 € |
| 45.000 € | 73.107 € | 73.107 € | 73.107 € | 73.107 € | 73.107 € | 73.107 € | 73.107 € | 73.107 € | 73.107 € | 73.107 € | 73.107 € | 73.107 € |
| 48.000 € | 73.107 € | 73.107 € | 73.107 € | 73.107 € | 73.107 € | 73.107 € | 73.107 € | 73.107 € | 73.107 € | 73.107 € | 73.107 € | 73.107 € |
| 51.000 € | 73.107 € | 73.107 € | 73.107 € | 73.107 € | 73.107 € | 73.107 € | 73.107 € | 73.107 € | 73.107 € | 73.107 € | 73.107 € | 73.107 € |
| 54.000 € | 73.107 € | 73.107 € | 73.107 € | 73.107 € | 73.107 € | 73.107 € | 73.107 € | 73.107 € | 73.107 € | 73.107 € | 73.107 € | 73.107 € |
| 57.000 € | 73.107 € | 73.107 € | 73.107 € | 73.107 € | 73.107 € | 73.107 € | 73.107 € | 73.107 € | 73.107 € | 73.107 € | 73.107 € | 73.107 € |
| 60.000 € | 73.107 € | 73.107 € | 73.107 € | 73.107 € | 73.107 € | 73.107 € | 73.107 € | 73.107 € | 73.107 € | 73.107 € | 73.107 € | 73.107 € |
| 63.000 € | 73.107 € | 73.107 € | 73.107 € | 73.107 € | 73.107 € | 73.107 € | 73.107 € | 73.107 € | 73.107 € | 73.107 € | 73.107 € | 73.107 € |
| 66.000 € | 73.107 € | 73.107 € | 73.107 € | 73.107 € | 73.107 € | 73.107 € | 73.107 € | 73.107 € | 73.107 € | 73.107 € | 73.107 € | 73.107 € |
| 69.000 € | 73.107 € | 73.107 € | 73.107 € | 73.107 € | 73.107 € | 73.107 € | 73.107 € | 73.107 € | 73.107 € | 73.107 € | 73.107 € | 73.107 € |
| 72.000 € | 73.107 € | 73.107 € | 73.107 € | 73.107 € | 73.107 € | 73.107 € | 73.107 € | 73.107 € | 73.107 € | 73.107 € | 73.107 € | 73.107 € |
| 75.000 € | 73.107 € | 73.107 € | 73.107 € | 73.107 € | 73.107 € | 73.107 € | 73.107 € | 73.107 € | 73.107 € | 73.107 € | 73.107 € | 73.107 € |
| 78.000 € | 73.107 € | 73.107 € | 73.107 € | 73.107 € | 73.107 € | 73.107 € | 73.107 € | 73.107 € | 73.107 € | 73.107 € | 73.107 € | 73.107 € |
| 81.000 € | 73.107 € | 73.107 € | 73.107 € | 73.107 € | 73.107 € | 73.107 € | 73.107 € | 73.107 € | 73.107 € | 73.107 € | 73.107 € | 73.107 € |
| 84.000 € | 73.107 € | 73.107 € | 73.107 € | 73.107 € | 73.107 € | 73.107 € | 73.107 € | 73.107 € | 73.107 € | 73.107 € | 73.107 € | 73.107 € |
| 87.000 € | 73.107 € | 73.107 € | 73.107 € | 73.107 € | 73.107 € | 73.107 € | 73.107 € | 73.107 € | 73.107 € | 73.107 € | 73.107 € | 73.107 € |
| 90.000 € | 73.107 € | 73.107 € | 73.107 € | 73.107 € | 73.107 € | 73.107 € | 73.107 € | 73.107 € | 73.107 € | 73.107 € | 73.107 € | 73.107 € |
| 93.000 € | 73.107 € | 73.107 € | 73.107 € | 73.107 € | 73.107 € | 73.107 € | 73.107 € | 73.107 € | 73.107 € | 73.107 € | 73.107 € | 73.107 € |
| 96.000 € | 73.107 € | 73.107 € | 73.107 € | 73.107 € | 73.107 € | 73.107 € | 73.107 € | 73.107 € | 73.107 € | 73.107 € | 73.107 € | 73.107 € |
| 99.000 € | 73.107 € | 73.107 € | 73.107 € | 73.107 € | 73.107 € | 73.107 € | 73.107 € | 73.107 € | 73.107 € | 73.107 € | 73.107 € | 73.107 € |
| 102.000 € | 73.107 € | 73.107 € | 73.107 € | 73.107 € | 73.107 € | 73.107 € | 73.107 € | 73.107 € | 73.107 € | 73.107 € | 73.107 € | 73.107 € |
| 105.000 € | 73.107 € | 73.107 € | 73.107 € | 73.107 € | 73.107 € | 73.107 € | 73.107 € | 73.107 € | 73.107 € | 73.107 € | 73.107 € | 73.107 € |
| 108.000 € | 73.107 € | 73.107 € | 73.107 € | 73.107 € | 73.107 € | 73.107 € | 73.107 € | 73.107 € | 73.107 € | 73.107 € | 73.107 € | 73.107 € |
| 111.000 € | 73.107 € | 73.107 € | 73.107 € | 73.107 € | 73.107 € | 73.107 € | 73.107 € | 73.107 € | 73.107 € | 73.107 € | 73.107 € | 73.107 € |
| 114.000 € | 73.107 € | 73.107 € | 73.107 € | 73.107 € | 73.107 € | 73.107 € | 73.107 € | 73.107 € | 73.107 € | 73.107 € | 73.107 € | 73.107 € |
| 117.000 € | 73.107 € | 73.107 € | 73.107 € | 73.107 € | 73.107 € | 73.107 € | 73.107 € | 73.107 € | 73.107 € | 73.107 € | 73.107 € | 73.107 € |
| 120.000 € | 73.107 € | 73.107 € | 73.107 € | 73.107 € | 73.107 € | 73.107 € | 73.107 € | 73.107 € | 73.107 € | 73.107 € | 73.107 € | 73.107 € |

TABLA 1.C.6.d
Lucro cesante del nieto/a con discapacidad

| Ingreso neto | Edad del nieto/a | | | | | | | | | | | |
|---|---|---|---|---|---|---|---|---|---|---|---|---|
| Hasta | 24 | 25 | 26 | 27 | 28 | 29 | 30 | 31 | 32 | 33 | 34 | 35 |
| 9.000 € | 16.871 € | 16.871 € | 16.871 € | 16.871 € | 16.871 € | 16.871 € | 16.871 € | 16.871 € | 16.871 € | 16.871 € | 16.871 € | 16.871 € |
| 12.000 € | 22.494 € | 22.494 € | 22.494 € | 22.494 € | 22.494 € | 22.494 € | 22.494 € | 22.494 € | 22.494 € | 22.494 € | 22.494 € | 22.494 € |
| 15.000 € | 28.118 € | 28.118 € | 28.118 € | 28.118 € | 28.118 € | 28.118 € | 28.118 € | 28.118 € | 28.118 € | 28.118 € | 28.118 € | 28.118 € |
| 18.000 € | 33.742 € | 33.742 € | 33.742 € | 33.742 € | 33.742 € | 33.742 € | 33.742 € | 33.742 € | 33.742 € | 33.742 € | 33.742 € | 33.742 € |
| 21.000 € | 39.365 € | 39.365 € | 39.365 € | 39.365 € | 39.365 € | 39.365 € | 39.365 € | 39.365 € | 39.365 € | 39.365 € | 39.365 € | 39.365 € |
| 24.000 € | 44.989 € | 44.989 € | 44.989 € | 44.989 € | 44.989 € | 44.989 € | 44.989 € | 44.989 € | 44.989 € | 44.989 € | 44.989 € | 44.989 € |
| 27.000 € | 50.612 € | 50.612 € | 50.612 € | 50.612 € | 50.612 € | 50.612 € | 50.612 € | 50.612 € | 50.612 € | 50.612 € | 50.612 € | 50.612 € |
| 30.000 € | 56.236 € | 56.236 € | 56.236 € | 56.236 € | 56.236 € | 56.236 € | 56.236 € | 56.236 € | 56.236 € | 56.236 € | 56.236 € | 56.236 € |
| 33.000 € | 61.860 € | 61.860 € | 61.860 € | 61.860 € | 61.860 € | 61.860 € | 61.860 € | 61.860 € | 61.860 € | 61.860 € | 61.860 € | 61.860 € |
| 36.000 € | 67.483 € | 67.483 € | 67.483 € | 67.483 € | 67.483 € | 67.483 € | 67.483 € | 67.483 € | 67.483 € | 67.483 € | 67.483 € | 67.483 € |
| 39.000 € | 73.107 € | 73.107 € | 73.107 € | 73.107 € | 73.107 € | 73.107 € | 73.107 € | 73.107 € | 73.107 € | 73.107 € | 73.107 € | 73.107 € |
| 42.000 € | 73.107 € | 73.107 € | 73.107 € | 73.107 € | 73.107 € | 73.107 € | 73.107 € | 73.107 € | 73.107 € | 73.107 € | 73.107 € | 73.107 € |
| 45.000 € | 73.107 € | 73.107 € | 73.107 € | 73.107 € | 73.107 € | 73.107 € | 73.107 € | 73.107 € | 73.107 € | 73.107 € | 73.107 € | 73.107 € |
| 48.000 € | 73.107 € | 73.107 € | 73.107 € | 73.107 € | 73.107 € | 73.107 € | 73.107 € | 73.107 € | 73.107 € | 73.107 € | 73.107 € | 73.107 € |
| 51.000 € | 73.107 € | 73.107 € | 73.107 € | 73.107 € | 73.107 € | 73.107 € | 73.107 € | 73.107 € | 73.107 € | 73.107 € | 73.107 € | 73.107 € |
| 54.000 € | 73.107 € | 73.107 € | 73.107 € | 73.107 € | 73.107 € | 73.107 € | 73.107 € | 73.107 € | 73.107 € | 73.107 € | 73.107 € | 73.107 € |
| 57.000 € | 73.107 € | 73.107 € | 73.107 € | 73.107 € | 73.107 € | 73.107 € | 73.107 € | 73.107 € | 73.107 € | 73.107 € | 73.107 € | 73.107 € |
| 60.000 € | 73.107 € | 73.107 € | 73.107 € | 73.107 € | 73.107 € | 73.107 € | 73.107 € | 73.107 € | 73.107 € | 73.107 € | 73.107 € | 73.107 € |
| 63.000 € | 73.107 € | 73.107 € | 73.107 € | 73.107 € | 73.107 € | 73.107 € | 73.107 € | 73.107 € | 73.107 € | 73.107 € | 73.107 € | 73.107 € |
| 66.000 € | 73.107 € | 73.107 € | 73.107 € | 73.107 € | 73.107 € | 73.107 € | 73.107 € | 73.107 € | 73.107 € | 73.107 € | 73.107 € | 73.107 € |
| 69.000 € | 73.107 € | 73.107 € | 73.107 € | 73.107 € | 73.107 € | 73.107 € | 73.107 € | 73.107 € | 73.107 € | 73.107 € | 73.107 € | 73.107 € |
| 72.000 € | 73.107 € | 73.107 € | 73.107 € | 73.107 € | 73.107 € | 73.107 € | 73.107 € | 73.107 € | 73.107 € | 73.107 € | 73.107 € | 73.107 € |
| 75.000 € | 73.107 € | 73.107 € | 73.107 € | 73.107 € | 73.107 € | 73.107 € | 73.107 € | 73.107 € | 73.107 € | 73.107 € | 73.107 € | 73.107 € |
| 78.000 € | 73.107 € | 73.107 € | 73.107 € | 73.107 € | 73.107 € | 73.107 € | 73.107 € | 73.107 € | 73.107 € | 73.107 € | 73.107 € | 73.107 € |
| 81.000 € | 73.107 € | 73.107 € | 73.107 € | 73.107 € | 73.107 € | 73.107 € | 73.107 € | 73.107 € | 73.107 € | 73.107 € | 73.107 € | 73.107 € |
| 84.000 € | 73.107 € | 73.107 € | 73.107 € | 73.107 € | 73.107 € | 73.107 € | 73.107 € | 73.107 € | 73.107 € | 73.107 € | 73.107 € | 73.107 € |
| 87.000 € | 73.107 € | 73.107 € | 73.107 € | 73.107 € | 73.107 € | 73.107 € | 73.107 € | 73.107 € | 73.107 € | 73.107 € | 73.107 € | 73.107 € |
| 90.000 € | 73.107 € | 73.107 € | 73.107 € | 73.107 € | 73.107 € | 73.107 € | 73.107 € | 73.107 € | 73.107 € | 73.107 € | 73.107 € | 73.107 € |
| 93.000 € | 73.107 € | 73.107 € | 73.107 € | 73.107 € | 73.107 € | 73.107 € | 73.107 € | 73.107 € | 73.107 € | 73.107 € | 73.107 € | 73.107 € |
| 96.000 € | 73.107 € | 73.107 € | 73.107 € | 73.107 € | 73.107 € | 73.107 € | 73.107 € | 73.107 € | 73.107 € | 73.107 € | 73.107 € | 73.107 € |
| 99.000 € | 73.107 € | 73.107 € | 73.107 € | 73.107 € | 73.107 € | 73.107 € | 73.107 € | 73.107 € | 73.107 € | 73.107 € | 73.107 € | 73.107 € |
| 102.000 € | 73.107 € | 73.107 € | 73.107 € | 73.107 € | 73.107 € | 73.107 € | 73.107 € | 73.107 € | 73.107 € | 73.107 € | 73.107 € | 73.107 € |
| 105.000 € | 73.107 € | 73.107 € | 73.107 € | 73.107 € | 73.107 € | 73.107 € | 73.107 € | 73.107 € | 73.107 € | 73.107 € | 73.107 € | 73.107 € |
| 108.000 € | 73.107 € | 73.107 € | 73.107 € | 73.107 € | 73.107 € | 73.107 € | 73.107 € | 73.107 € | 73.107 € | 73.107 € | 73.107 € | 73.107 € |
| 111.000 € | 73.107 € | 73.107 € | 73.107 € | 73.107 € | 73.107 € | 73.107 € | 73.107 € | 73.107 € | 73.107 € | 73.107 € | 73.107 € | 73.107 € |
| 114.000 € | 73.107 € | 73.107 € | 73.107 € | 73.107 € | 73.107 € | 73.107 € | 73.107 € | 73.107 € | 73.107 € | 73.107 € | 73.107 € | 73.107 € |
| 117.000 € | 73.107 € | 73.107 € | 73.107 € | 73.107 € | 73.107 € | 73.107 € | 73.107 € | 73.107 € | 73.107 € | 73.107 € | 73.107 € | 73.107 € |
| 120.000 € | 73.107 € | 73.107 € | 73.107 € | 73.107 € | 73.107 € | 73.107 € | 73.107 € | 73.107 € | 73.107 € | 73.107 € | 73.107 € | 73.107 € |

# TABLA 1.C.6.d
# Lucro cesante del nieto/a con discapacidad

| Ingreso neto | Edad del nieto/a | | | |
|---|---|---|---|---|
| Hasta | 36 | 37 | 38 | 39 o más |
| 9.000 € | 16.871 € | 16.871 € | 16.871 € | 16.871 € |
| 12.000 € | 22.494 € | 22.494 € | 22.494 € | 22.494 € |
| 15.000 € | 28.118 € | 28.118 € | 28.118 € | 28.118 € |
| 18.000 € | 33.742 € | 33.742 € | 33.742 € | 33.742 € |
| 21.000 € | 39.365 € | 39.365 € | 39.365 € | 39.365 € |
| 24.000 € | 44.989 € | 44.989 € | 44.989 € | 44.989 € |
| 27.000 € | 50.612 € | 50.612 € | 50.612 € | 50.612 € |
| 30.000 € | 56.236 € | 56.236 € | 56.236 € | 56.236 € |
| 33.000 € | 61.860 € | 61.860 € | 61.860 € | 61.860 € |
| 36.000 € | 67.483 € | 67.483 € | 67.483 € | 67.483 € |
| 39.000 € | 73.107 € | 73.107 € | 73.107 € | 73.107 € |
| 42.000 € | 73.107 € | 73.107 € | 73.107 € | 73.107 € |
| 45.000 € | 73.107 € | 73.107 € | 73.107 € | 73.107 € |
| 48.000 € | 73.107 € | 73.107 € | 73.107 € | 73.107 € |
| 51.000 € | 73.107 € | 73.107 € | 73.107 € | 73.107 € |
| 54.000 € | 73.107 € | 73.107 € | 73.107 € | 73.107 € |
| 57.000 € | 73.107 € | 73.107 € | 73.107 € | 73.107 € |
| 60.000 € | 73.107 € | 73.107 € | 73.107 € | 73.107 € |
| 63.000 € | 73.107 € | 73.107 € | 73.107 € | 73.107 € |
| 66.000 € | 73.107 € | 73.107 € | 73.107 € | 73.107 € |
| 69.000 € | 73.107 € | 73.107 € | 73.107 € | 73.107 € |
| 72.000 € | 73.107 € | 73.107 € | 73.107 € | 73.107 € |
| 75.000 € | 73.107 € | 73.107 € | 73.107 € | 73.107 € |
| 78.000 € | 73.107 € | 73.107 € | 73.107 € | 73.107 € |
| 81.000 € | 73.107 € | 73.107 € | 73.107 € | 73.107 € |
| 84.000 € | 73.107 € | 73.107 € | 73.107 € | 73.107 € |
| 87.000 € | 73.107 € | 73.107 € | 73.107 € | 73.107 € |
| 90.000 € | 73.107 € | 73.107 € | 73.107 € | 73.107 € |
| 93.000 € | 73.107 € | 73.107 € | 73.107 € | 73.107 € |
| 96.000 € | 73.107 € | 73.107 € | 73.107 € | 73.107 € |
| 99.000 € | 73.107 € | 73.107 € | 73.107 € | 73.107 € |
| 102.000 € | 73.107 € | 73.107 € | 73.107 € | 73.107 € |
| 105.000 € | 73.107 € | 73.107 € | 73.107 € | 73.107 € |
| 108.000 € | 73.107 € | 73.107 € | 73.107 € | 73.107 € |
| 111.000 € | 73.107 € | 73.107 € | 73.107 € | 73.107 € |
| 114.000 € | 73.107 € | 73.107 € | 73.107 € | 73.107 € |
| 117.000 € | 73.107 € | 73.107 € | 73.107 € | 73.107 € |
| 120.000 € | 73.107 € | 73.107 € | 73.107 € | 73.107 € |

## TABLA 1.C.7
## Lucro cesante del allegado/a

| Ingreso neto | Edad del allegado/a | | | | | | | | | | | |
|---|---|---|---|---|---|---|---|---|---|---|---|---|
| Hasta | hasta 16 | 17 | 18 | 19 | 20 | 21 | 22 | 23 | 24 | 25 | 26 | 27 |
| 9.000 € | 3.000 € | 3.000 € | 3.000 € | 3.000 € | 3.000 € | 3.000 € | 3.000 € | 3.000 € | 3.000 € | 3.000 € | 3.000 € | 3.000 € |
| 12.000 € | 3.000 € | 3.000 € | 3.000 € | 3.000 € | 3.000 € | 3.000 € | 3.000 € | 3.000 € | 3.000 € | 3.000 € | 3.000 € | 3.000 € |
| 15.000 € | 3.000 € | 3.000 € | 3.000 € | 3.000 € | 3.000 € | 3.000 € | 3.000 € | 3.000 € | 3.000 € | 3.000 € | 3.000 € | 3.000 € |
| 18.000 € | 3.000 € | 3.000 € | 3.000 € | 3.000 € | 3.000 € | 3.000 € | 3.000 € | 3.000 € | 3.000 € | 3.000 € | 3.000 € | 3.000 € |
| 21.000 € | 3.000 € | 3.000 € | 3.000 € | 3.000 € | 3.000 € | 3.000 € | 3.000 € | 3.000 € | 3.000 € | 3.000 € | 3.000 € | 3.000 € |
| 24.000 € | 3.000 € | 3.000 € | 3.000 € | 3.000 € | 3.000 € | 3.000 € | 3.000 € | 3.000 € | 3.000 € | 3.000 € | 3.000 € | 3.000 € |
| 27.000 € | 3.000 € | 3.000 € | 3.000 € | 3.000 € | 3.000 € | 3.000 € | 3.000 € | 3.000 € | 3.000 € | 3.000 € | 3.000 € | 3.000 € |
| 30.000 € | 3.000 € | 3.000 € | 3.000 € | 3.000 € | 3.000 € | 3.000 € | 3.000 € | 3.000 € | 3.000 € | 3.000 € | 3.000 € | 3.000 € |
| 33.000 € | 3.000 € | 3.000 € | 3.000 € | 3.000 € | 3.000 € | 3.000 € | 3.000 € | 3.000 € | 3.000 € | 3.000 € | 3.000 € | 3.000 € |
| 36.000 € | 3.000 € | 3.000 € | 3.000 € | 3.000 € | 3.000 € | 3.000 € | 3.000 € | 3.000 € | 3.000 € | 3.000 € | 3.000 € | 3.000 € |
| 39.000 € | 3.000 € | 3.000 € | 3.000 € | 3.000 € | 3.000 € | 3.000 € | 3.000 € | 3.000 € | 3.000 € | 3.000 € | 3.000 € | 3.000 € |
| 42.000 € | 3.000 € | 3.000 € | 3.000 € | 3.000 € | 3.000 € | 3.000 € | 3.000 € | 3.000 € | 3.000 € | 3.000 € | 3.000 € | 3.000 € |
| 45.000 € | 3.000 € | 3.000 € | 3.000 € | 3.000 € | 3.000 € | 3.000 € | 3.000 € | 3.000 € | 3.000 € | 3.000 € | 3.000 € | 3.000 € |
| 48.000 € | 3.000 € | 3.000 € | 3.000 € | 3.000 € | 3.000 € | 3.000 € | 3.000 € | 3.000 € | 3.000 € | 3.000 € | 3.000 € | 3.000 € |
| 51.000 € | 3.000 € | 3.000 € | 3.000 € | 3.000 € | 3.000 € | 3.000 € | 3.000 € | 3.000 € | 3.000 € | 3.000 € | 3.000 € | 3.000 € |
| 54.000 € | 3.103 € | 3.103 € | 3.103 € | 3.103 € | 3.103 € | 3.103 € | 3.103 € | 3.103 € | 3.103 € | 3.103 € | 3.103 € | 3.103 € |
| 57.000 € | 4.885 € | 4.885 € | 4.885 € | 4.885 € | 4.885 € | 4.885 € | 4.885 € | 4.885 € | 4.885 € | 4.885 € | 4.885 € | 4.885 € |
| 60.000 € | 6.668 € | 6.667 € | 6.667 € | 6.667 € | 6.667 € | 6.667 € | 6.667 € | 6.667 € | 6.667 € | 6.667 € | 6.667 € | 6.667 € |
| 63.000 € | 8.450 € | 8.449 € | 8.449 € | 8.449 € | 8.449 € | 8.449 € | 8.449 € | 8.449 € | 8.449 € | 8.449 € | 8.449 € | 8.449 € |
| 66.000 € | 10.232 € | 10.232 € | 10.231 € | 10.231 € | 10.231 € | 10.231 € | 10.231 € | 10.231 € | 10.231 € | 10.231 € | 10.231 € | 10.231 € |
| 69.000 € | 12.014 € | 12.014 € | 12.013 € | 12.013 € | 12.013 € | 12.013 € | 12.013 € | 12.013 € | 12.013 € | 12.013 € | 12.013 € | 12.013 € |
| 72.000 € | 13.797 € | 13.796 € | 13.795 € | 13.795 € | 13.795 € | 13.795 € | 13.795 € | 13.795 € | 13.795 € | 13.795 € | 13.795 € | 13.795 € |
| 75.000 € | 15.579 € | 15.578 € | 15.577 € | 15.577 € | 15.577 € | 15.577 € | 15.577 € | 15.577 € | 15.577 € | 15.577 € | 15.577 € | 15.577 € |
| 78.000 € | 17.361 € | 17.360 € | 17.359 € | 17.359 € | 17.359 € | 17.359 € | 17.359 € | 17.359 € | 17.359 € | 17.359 € | 17.359 € | 17.359 € |
| 81.000 € | 19.143 € | 19.142 € | 19.142 € | 19.141 € | 19.141 € | 19.141 € | 19.141 € | 19.141 € | 19.141 € | 19.141 € | 19.141 € | 19.141 € |
| 84.000 € | 20.926 € | 20.924 € | 20.924 € | 20.923 € | 20.923 € | 20.923 € | 20.923 € | 20.923 € | 20.923 € | 20.923 € | 20.923 € | 20.923 € |
| 87.000 € | 22.708 € | 22.706 € | 22.706 € | 22.705 € | 22.705 € | 22.705 € | 22.705 € | 22.705 € | 22.705 € | 22.705 € | 22.705 € | 22.705 € |
| 90.000 € | 24.490 € | 24.489 € | 24.488 € | 24.487 € | 24.487 € | 24.487 € | 24.487 € | 24.487 € | 24.487 € | 24.487 € | 24.487 € | 24.487 € |
| 93.000 € | 26.272 € | 26.271 € | 26.270 € | 26.269 € | 26.269 € | 26.269 € | 26.269 € | 26.269 € | 26.269 € | 26.269 € | 26.269 € | 26.269 € |
| 96.000 € | 28.055 € | 28.053 € | 28.052 € | 28.051 € | 28.051 € | 28.051 € | 28.051 € | 28.051 € | 28.051 € | 28.051 € | 28.051 € | 28.051 € |
| 99.000 € | 29.837 € | 29.835 € | 29.834 € | 29.833 € | 29.833 € | 29.833 € | 29.833 € | 29.833 € | 29.833 € | 29.833 € | 29.833 € | 29.833 € |
| 102.000 € | 31.619 € | 31.617 € | 31.616 € | 31.615 € | 31.615 € | 31.615 € | 31.615 € | 31.615 € | 31.615 € | 31.615 € | 31.615 € | 31.615 € |
| 105.000 € | 33.401 € | 33.399 € | 33.398 € | 33.397 € | 33.397 € | 33.397 € | 33.397 € | 33.397 € | 33.397 € | 33.397 € | 33.397 € | 33.397 € |
| 108.000 € | 35.184 € | 35.181 € | 35.180 € | 35.179 € | 35.179 € | 35.179 € | 35.179 € | 35.179 € | 35.179 € | 35.179 € | 35.179 € | 35.179 € |
| 111.000 € | 36.966 € | 36.964 € | 36.962 € | 36.961 € | 36.961 € | 36.961 € | 36.961 € | 36.961 € | 36.961 € | 36.961 € | 36.961 € | 36.961 € |
| 114.000 € | 38.748 € | 38.746 € | 38.744 € | 38.743 € | 38.743 € | 38.743 € | 38.743 € | 38.743 € | 38.743 € | 38.743 € | 38.743 € | 38.743 € |
| 117.000 € | 40.530 € | 40.528 € | 40.526 € | 40.526 € | 40.526 € | 40.525 € | 40.525 € | 40.525 € | 40.525 € | 40.525 € | 40.525 € | 40.525 € |
| 120.000 € | 42.312 € | 42.310 € | 42.308 € | 42.308 € | 42.308 € | 42.307 € | 42.307 € | 42.307 € | 42.307 € | 42.307 € | 42.307 € | 42.307 € |

# TABLA 1.C.7
## Lucro cesante del allegado/a

| Ingreso neto | Edad del allegado/a | | | | | | | | | | | |
|---|---|---|---|---|---|---|---|---|---|---|---|---|
| Hasta | 28 | 29 | 30 | 31 | 32 | 33 | 34 | 35 | 36 | 37 | 38 | 39 |
| 9.000 € | 3.000 € | 3.000 € | 3.000 € | 3.000 € | 3.000 € | 3.000 € | 3.000 € | 3.000 € | 3.000 € | 3.000 € | 3.000 € | 3.000 € |
| 12.000 € | 3.000 € | 3.000 € | 3.000 € | 3.000 € | 3.000 € | 3.000 € | 3.000 € | 3.000 € | 3.000 € | 3.000 € | 3.000 € | 3.000 € |
| 15.000 € | 3.000 € | 3.000 € | 3.000 € | 3.000 € | 3.000 € | 3.000 € | 3.000 € | 3.000 € | 3.000 € | 3.000 € | 3.000 € | 3.000 € |
| 18.000 € | 3.000 € | 3.000 € | 3.000 € | 3.000 € | 3.000 € | 3.000 € | 3.000 € | 3.000 € | 3.000 € | 3.000 € | 3.000 € | 3.000 € |
| 21.000 € | 3.000 € | 3.000 € | 3.000 € | 3.000 € | 3.000 € | 3.000 € | 3.000 € | 3.000 € | 3.000 € | 3.000 € | 3.000 € | 3.000 € |
| 24.000 € | 3.000 € | 3.000 € | 3.000 € | 3.000 € | 3.000 € | 3.000 € | 3.000 € | 3.000 € | 3.000 € | 3.000 € | 3.000 € | 3.000 € |
| 27.000 € | 3.000 € | 3.000 € | 3.000 € | 3.000 € | 3.000 € | 3.000 € | 3.000 € | 3.000 € | 3.000 € | 3.000 € | 3.000 € | 3.000 € |
| 30.000 € | 3.000 € | 3.000 € | 3.000 € | 3.000 € | 3.000 € | 3.000 € | 3.000 € | 3.000 € | 3.000 € | 3.000 € | 3.000 € | 3.000 € |
| 33.000 € | 3.000 € | 3.000 € | 3.000 € | 3.000 € | 3.000 € | 3.000 € | 3.000 € | 3.000 € | 3.000 € | 3.000 € | 3.000 € | 3.000 € |
| 36.000 € | 3.000 € | 3.000 € | 3.000 € | 3.000 € | 3.000 € | 3.000 € | 3.000 € | 3.000 € | 3.000 € | 3.000 € | 3.000 € | 3.000 € |
| 39.000 € | 3.000 € | 3.000 € | 3.000 € | 3.000 € | 3.000 € | 3.000 € | 3.000 € | 3.000 € | 3.000 € | 3.000 € | 3.000 € | 3.000 € |
| 42.000 € | 3.000 € | 3.000 € | 3.000 € | 3.000 € | 3.000 € | 3.000 € | 3.000 € | 3.000 € | 3.000 € | 3.000 € | 3.000 € | 3.000 € |
| 45.000 € | 3.000 € | 3.000 € | 3.000 € | 3.000 € | 3.000 € | 3.000 € | 3.000 € | 3.000 € | 3.000 € | 3.000 € | 3.000 € | 3.000 € |
| 48.000 € | 3.000 € | 3.000 € | 3.000 € | 3.000 € | 3.000 € | 3.000 € | 3.000 € | 3.000 € | 3.000 € | 3.000 € | 3.000 € | 3.000 € |
| 51.000 € | 3.000 € | 3.000 € | 3.000 € | 3.000 € | 3.000 € | 3.000 € | 3.000 € | 3.000 € | 3.000 € | 3.000 € | 3.000 € | 3.000 € |
| 54.000 € | 3.103 € | 3.103 € | 3.103 € | 3.103 € | 3.103 € | 3.102 € | 3.102 € | 3.102 € | 3.102 € | 3.102 € | 3.102 € | 3.101 € |
| 57.000 € | 4.885 € | 4.885 € | 4.884 € | 4.884 € | 4.884 € | 4.884 € | 4.884 € | 4.884 € | 4.884 € | 4.883 € | 4.883 € | 4.882 € |
| 60.000 € | 6.667 € | 6.667 € | 6.666 € | 6.666 € | 6.666 € | 6.666 € | 6.666 € | 6.666 € | 6.665 € | 6.665 € | 6.664 € | 6.664 € |
| 63.000 € | 8.449 € | 8.449 € | 8.448 € | 8.448 € | 8.448 € | 8.448 € | 8.448 € | 8.447 € | 8.447 € | 8.446 € | 8.446 € | 8.445 € |
| 66.000 € | 10.231 € | 10.230 € | 10.230 € | 10.230 € | 10.230 € | 10.230 € | 10.229 € | 10.229 € | 10.228 € | 10.228 € | 10.227 € | 10.226 € |
| 69.000 € | 12.013 € | 12.012 € | 12.012 € | 12.012 € | 12.012 € | 12.011 € | 12.011 € | 12.011 € | 12.010 € | 12.009 € | 12.008 € | 12.007 € |
| 72.000 € | 13.795 € | 13.794 € | 13.794 € | 13.794 € | 13.794 € | 13.793 € | 13.793 € | 13.792 € | 13.791 € | 13.791 € | 13.790 € | 13.788 € |
| 75.000 € | 15.577 € | 15.576 € | 15.576 € | 15.576 € | 15.576 € | 15.575 € | 15.575 € | 15.574 € | 15.573 € | 15.572 € | 15.571 € | 15.570 € |
| 78.000 € | 17.359 € | 17.358 € | 17.358 € | 17.358 € | 17.358 € | 17.357 € | 17.356 € | 17.356 € | 17.355 € | 17.354 € | 17.353 € | 17.351 € |
| 81.000 € | 19.141 € | 19.140 € | 19.140 € | 19.140 € | 19.139 € | 19.139 € | 19.138 € | 19.137 € | 19.136 € | 19.135 € | 19.134 € | 19.132 € |
| 84.000 € | 20.923 € | 20.922 € | 20.921 € | 20.921 € | 20.921 € | 20.920 € | 20.920 € | 20.919 € | 20.918 € | 20.917 € | 20.915 € | 20.913 € |
| 87.000 € | 22.705 € | 22.704 € | 22.703 € | 22.703 € | 22.703 € | 22.702 € | 22.702 € | 22.701 € | 22.699 € | 22.698 € | 22.697 € | 22.694 € |
| 90.000 € | 24.487 € | 24.486 € | 24.485 € | 24.485 € | 24.485 € | 24.484 € | 24.483 € | 24.482 € | 24.481 € | 24.480 € | 24.478 € | 24.476 € |
| 93.000 € | 26.269 € | 26.268 € | 26.267 € | 26.267 € | 26.267 € | 26.266 € | 26.265 € | 26.264 € | 26.263 € | 26.261 € | 26.259 € | 26.257 € |
| 96.000 € | 28.051 € | 28.050 € | 28.049 € | 28.049 € | 28.049 € | 28.048 € | 28.047 € | 28.046 € | 28.044 € | 28.043 € | 28.041 € | 28.038 € |
| 99.000 € | 29.833 € | 29.832 € | 29.831 € | 29.831 € | 29.831 € | 29.829 € | 29.829 € | 29.827 € | 29.826 € | 29.824 € | 29.822 € | 29.819 € |
| 102.000 € | 31.615 € | 31.614 € | 31.613 € | 31.613 € | 31.613 € | 31.611 € | 31.611 € | 31.609 € | 31.607 € | 31.605 € | 31.604 € | 31.600 € |
| 105.000 € | 33.397 € | 33.396 € | 33.395 € | 33.395 € | 33.394 € | 33.393 € | 33.392 € | 33.391 € | 33.389 € | 33.387 € | 33.385 € | 33.381 € |
| 108.000 € | 35.179 € | 35.178 € | 35.177 € | 35.177 € | 35.176 € | 35.175 € | 35.174 € | 35.172 € | 35.170 € | 35.168 € | 35.166 € | 35.163 € |
| 111.000 € | 36.961 € | 36.960 € | 36.958 € | 36.958 € | 36.958 € | 36.957 € | 36.956 € | 36.954 € | 36.952 € | 36.950 € | 36.948 € | 36.944 € |
| 114.000 € | 38.743 € | 38.742 € | 38.740 € | 38.740 € | 38.740 € | 38.739 € | 38.738 € | 38.736 € | 38.734 € | 38.731 € | 38.729 € | 38.725 € |
| 117.000 € | 40.525 € | 40.524 € | 40.522 € | 40.522 € | 40.522 € | 40.520 € | 40.519 € | 40.517 € | 40.515 € | 40.513 € | 40.510 € | 40.506 € |
| 120.000 € | 42.307 € | 42.306 € | 42.304 € | 42.304 € | 42.304 € | 42.302 € | 42.301 € | 42.299 € | 42.297 € | 42.294 € | 42.292 € | 42.287 € |

## TABLA 1.C.7
## Lucro cesante del allegado/a

| Ingreso neto | Edad del allegado/a | | | | | | | | | | | |
|---|---|---|---|---|---|---|---|---|---|---|---|---|
| Hasta | 40 | 41 | 42 | 43 | 44 | 45 | 46 | 47 | 48 | 49 | 50 | 51 |
| 9.000 € | 3.000 € | 3.000 € | 3.000 € | 3.000 € | 3.000 € | 3.000 € | 3.000 € | 3.000 € | 3.000 € | 3.000 € | 3.000 € | 3.000 € |
| 12.000 € | 3.000 € | 3.000 € | 3.000 € | 3.000 € | 3.000 € | 3.000 € | 3.000 € | 3.000 € | 3.000 € | 3.000 € | 3.000 € | 3.000 € |
| 15.000 € | 3.000 € | 3.000 € | 3.000 € | 3.000 € | 3.000 € | 3.000 € | 3.000 € | 3.000 € | 3.000 € | 3.000 € | 3.000 € | 3.000 € |
| 18.000 € | 3.000 € | 3.000 € | 3.000 € | 3.000 € | 3.000 € | 3.000 € | 3.000 € | 3.000 € | 3.000 € | 3.000 € | 3.000 € | 3.000 € |
| 21.000 € | 3.000 € | 3.000 € | 3.000 € | 3.000 € | 3.000 € | 3.000 € | 3.000 € | 3.000 € | 3.000 € | 3.000 € | 3.000 € | 3.000 € |
| 24.000 € | 3.000 € | 3.000 € | 3.000 € | 3.000 € | 3.000 € | 3.000 € | 3.000 € | 3.000 € | 3.000 € | 3.000 € | 3.000 € | 3.000 € |
| 27.000 € | 3.000 € | 3.000 € | 3.000 € | 3.000 € | 3.000 € | 3.000 € | 3.000 € | 3.000 € | 3.000 € | 3.000 € | 3.000 € | 3.000 € |
| 30.000 € | 3.000 € | 3.000 € | 3.000 € | 3.000 € | 3.000 € | 3.000 € | 3.000 € | 3.000 € | 3.000 € | 3.000 € | 3.000 € | 3.000 € |
| 33.000 € | 3.000 € | 3.000 € | 3.000 € | 3.000 € | 3.000 € | 3.000 € | 3.000 € | 3.000 € | 3.000 € | 3.000 € | 3.000 € | 3.000 € |
| 36.000 € | 3.000 € | 3.000 € | 3.000 € | 3.000 € | 3.000 € | 3.000 € | 3.000 € | 3.000 € | 3.000 € | 3.000 € | 3.000 € | 3.000 € |
| 39.000 € | 3.000 € | 3.000 € | 3.000 € | 3.000 € | 3.000 € | 3.000 € | 3.000 € | 3.000 € | 3.000 € | 3.000 € | 3.000 € | 3.000 € |
| 42.000 € | 3.000 € | 3.000 € | 3.000 € | 3.000 € | 3.000 € | 3.000 € | 3.000 € | 3.000 € | 3.000 € | 3.000 € | 3.000 € | 3.000 € |
| 45.000 € | 3.000 € | 3.000 € | 3.000 € | 3.000 € | 3.000 € | 3.000 € | 3.000 € | 3.000 € | 3.000 € | 3.000 € | 3.000 € | 3.000 € |
| 48.000 € | 3.000 € | 3.000 € | 3.000 € | 3.000 € | 3.000 € | 3.000 € | 3.000 € | 3.000 € | 3.000 € | 3.000 € | 3.000 € | 3.000 € |
| 51.000 € | 3.000 € | 3.000 € | 3.000 € | 3.000 € | 3.000 € | 3.000 € | 3.000 € | 3.000 € | 3.000 € | 3.000 € | 3.000 € | 3.000 € |
| 54.000 € | 3.101 € | 3.101 € | 3.100 € | 3.100 € | 3.099 € | 3.099 € | 3.098 € | 3.097 € | 3.097 € | 3.096 € | 3.000 € | 3.000 € |
| 57.000 € | 4.882 € | 4.882 € | 4.881 € | 4.880 € | 4.879 € | 4.879 € | 4.877 € | 4.876 € | 4.875 € | 4.874 € | 3.000 € | 3.000 € |
| 60.000 € | 6.663 € | 6.662 € | 6.661 € | 6.660 € | 6.660 € | 6.658 € | 6.657 € | 6.655 € | 6.654 € | 6.652 € | 3.000 € | 3.000 € |
| 63.000 € | 8.444 € | 8.443 € | 8.442 € | 8.440 € | 8.440 € | 8.438 € | 8.436 € | 8.434 € | 8.433 € | 8.430 € | 3.688 € | 3.000 € |
| 66.000 € | 10.225 € | 10.224 € | 10.222 € | 10.221 € | 10.220 € | 10.218 € | 10.216 € | 10.213 € | 10.211 € | 10.209 € | 4.880 € | 3.000 € |
| 69.000 € | 12.006 € | 12.005 € | 12.003 € | 12.001 € | 12.000 € | 11.998 € | 11.995 € | 11.992 € | 11.990 € | 11.987 € | 6.073 € | 3.000 € |
| 72.000 € | 13.787 € | 13.786 € | 13.784 € | 13.781 € | 13.780 € | 13.778 € | 13.774 € | 13.771 € | 13.769 € | 13.765 € | 7.265 € | 3.000 € |
| 75.000 € | 15.568 € | 15.567 € | 15.564 € | 15.561 € | 15.560 € | 15.558 € | 15.554 € | 15.550 € | 15.547 € | 15.543 € | 8.458 € | 3.000 € |
| 78.000 € | 17.349 € | 17.348 € | 17.345 € | 17.342 € | 17.340 € | 17.338 € | 17.333 € | 17.329 € | 17.326 € | 17.322 € | 9.650 € | 3.000 € |
| 81.000 € | 19.130 € | 19.129 € | 19.125 € | 19.122 € | 19.120 € | 19.117 € | 19.113 € | 19.108 € | 19.105 € | 19.100 € | 10.843 € | 3.000 € |
| 84.000 € | 20.911 € | 20.909 € | 20.906 € | 20.902 € | 20.901 € | 20.897 € | 20.892 € | 20.887 € | 20.884 € | 20.878 € | 12.036 € | 3.165 € |
| 87.000 € | 22.692 € | 22.690 € | 22.686 € | 22.682 € | 22.681 € | 22.677 € | 22.671 € | 22.666 € | 22.662 € | 22.656 € | 13.228 € | 3.765 € |
| 90.000 € | 24.474 € | 24.471 € | 24.467 € | 24.463 € | 24.461 € | 24.457 € | 24.451 € | 24.445 € | 24.441 € | 24.434 € | 14.421 € | 4.365 € |
| 93.000 € | 26.255 € | 26.252 € | 26.247 € | 26.243 € | 26.241 € | 26.237 € | 26.230 € | 26.224 € | 26.220 € | 26.213 € | 15.613 € | 4.965 € |
| 96.000 € | 28.036 € | 28.033 € | 28.028 € | 28.023 € | 28.021 € | 28.017 € | 28.010 € | 28.003 € | 27.998 € | 27.991 € | 16.806 € | 5.565 € |
| 99.000 € | 29.817 € | 29.814 € | 29.809 € | 29.803 € | 29.801 € | 29.797 € | 29.789 € | 29.782 € | 29.777 € | 29.769 € | 17.999 € | 6.165 € |
| 102.000 € | 31.598 € | 31.595 € | 31.589 € | 31.584 € | 31.581 € | 31.576 € | 31.568 € | 31.561 € | 31.556 € | 31.547 € | 19.191 € | 6.765 € |
| 105.000 € | 33.379 € | 33.376 € | 33.370 € | 33.364 € | 33.361 € | 33.356 € | 33.348 € | 33.340 € | 33.334 € | 33.326 € | 20.384 € | 7.365 € |
| 108.000 € | 35.160 € | 35.156 € | 35.150 € | 35.144 € | 35.142 € | 35.136 € | 35.127 € | 35.119 € | 35.113 € | 35.104 € | 21.576 € | 7.965 € |
| 111.000 € | 36.941 € | 36.937 € | 36.931 € | 36.925 € | 36.922 € | 36.916 € | 36.907 € | 36.898 € | 36.892 € | 36.882 € | 22.769 € | 8.565 € |
| 114.000 € | 38.722 € | 38.718 € | 38.711 € | 38.705 € | 38.702 € | 38.696 € | 38.686 € | 38.677 € | 38.670 € | 38.660 € | 23.962 € | 9.165 € |
| 117.000 € | 40.503 € | 40.499 € | 40.492 € | 40.485 € | 40.482 € | 40.476 € | 40.465 € | 40.456 € | 40.449 € | 40.438 € | 25.154 € | 9.765 € |
| 120.000 € | 42.284 € | 42.280 € | 42.273 € | 42.265 € | 42.262 € | 42.255 € | 42.245 € | 42.235 € | 42.228 € | 42.217 € | 26.347 € | 10.365 € |

# TABLA 1.C.7
## Lucro cesante del allegado/a

| Ingreso neto | Edad del allegado/a | | | | | | | | | | | |
|---|---|---|---|---|---|---|---|---|---|---|---|---|
| Hasta | 52 | 53 | 54 | 55 | 56 | 57 | 58 | 59 | 60 | 61 | 62 | 63 |
| 9.000 € | 3.000 € | 3.000 € | 3.000 € | 3.000 € | 3.000 € | 3.000 € | 3.000 € | 3.000 € | 3.000 € | 3.000 € | 3.000 € | 3.000 € |
| 12.000 € | 3.000 € | 3.000 € | 3.000 € | 3.000 € | 3.000 € | 3.000 € | 3.000 € | 3.000 € | 3.000 € | 3.000 € | 3.000 € | 3.000 € |
| 15.000 € | 3.000 € | 3.000 € | 3.000 € | 3.000 € | 3.000 € | 3.000 € | 3.000 € | 3.000 € | 3.000 € | 3.000 € | 3.000 € | 3.000 € |
| 18.000 € | 3.000 € | 3.000 € | 3.000 € | 3.000 € | 3.000 € | 3.000 € | 3.000 € | 3.000 € | 3.000 € | 3.000 € | 3.000 € | 3.000 € |
| 21.000 € | 3.000 € | 3.000 € | 3.000 € | 3.000 € | 3.000 € | 3.000 € | 3.000 € | 3.000 € | 3.000 € | 3.000 € | 3.000 € | 3.000 € |
| 24.000 € | 3.000 € | 3.000 € | 3.000 € | 3.000 € | 3.000 € | 3.000 € | 3.000 € | 3.000 € | 3.000 € | 3.000 € | 3.000 € | 3.000 € |
| 27.000 € | 3.000 € | 3.000 € | 3.000 € | 3.000 € | 3.000 € | 3.000 € | 3.000 € | 3.000 € | 3.000 € | 3.000 € | 3.000 € | 3.000 € |
| 30.000 € | 3.000 € | 3.000 € | 3.000 € | 3.000 € | 3.000 € | 3.000 € | 3.000 € | 3.000 € | 3.000 € | 3.000 € | 3.000 € | 3.000 € |
| 33.000 € | 3.000 € | 3.000 € | 3.000 € | 3.000 € | 3.000 € | 3.000 € | 3.000 € | 3.000 € | 3.000 € | 3.000 € | 3.000 € | 3.000 € |
| 36.000 € | 3.000 € | 3.000 € | 3.000 € | 3.000 € | 3.000 € | 3.000 € | 3.000 € | 3.000 € | 3.000 € | 3.000 € | 3.000 € | 3.000 € |
| 39.000 € | 3.000 € | 3.000 € | 3.000 € | 3.000 € | 3.000 € | 3.000 € | 3.000 € | 3.000 € | 3.000 € | 3.000 € | 3.000 € | 3.000 € |
| 42.000 € | 3.000 € | 3.000 € | 3.000 € | 3.000 € | 3.000 € | 3.000 € | 3.000 € | 3.000 € | 3.000 € | 3.000 € | 3.000 € | 3.000 € |
| 45.000 € | 3.000 € | 3.000 € | 3.000 € | 3.000 € | 3.000 € | 3.000 € | 3.000 € | 3.000 € | 3.000 € | 3.000 € | 3.000 € | 3.000 € |
| 48.000 € | 3.000 € | 3.000 € | 3.000 € | 3.000 € | 3.000 € | 3.000 € | 3.000 € | 3.000 € | 3.000 € | 3.000 € | 3.000 € | 3.000 € |
| 51.000 € | 3.000 € | 3.000 € | 3.000 € | 3.000 € | 3.000 € | 3.000 € | 3.000 € | 3.000 € | 3.000 € | 3.000 € | 3.000 € | 3.000 € |
| 54.000 € | 3.000 € | 3.000 € | 3.000 € | 3.000 € | 3.000 € | 3.000 € | 3.000 € | 3.000 € | 3.000 € | 3.000 € | 3.000 € | 3.000 € |
| 57.000 € | 3.000 € | 3.000 € | 3.000 € | 3.000 € | 3.000 € | 3.000 € | 3.000 € | 3.000 € | 3.000 € | 3.000 € | 3.000 € | 3.000 € |
| 60.000 € | 3.000 € | 3.000 € | 3.000 € | 3.000 € | 3.000 € | 3.000 € | 3.000 € | 3.000 € | 3.000 € | 3.000 € | 3.000 € | 3.000 € |
| 63.000 € | 3.000 € | 3.000 € | 3.000 € | 3.000 € | 3.000 € | 3.000 € | 3.000 € | 3.000 € | 3.000 € | 3.000 € | 3.000 € | 3.000 € |
| 66.000 € | 3.000 € | 3.000 € | 3.000 € | 3.000 € | 3.000 € | 3.000 € | 3.000 € | 3.000 € | 3.000 € | 3.000 € | 3.000 € | 3.000 € |
| 69.000 € | 3.000 € | 3.000 € | 3.000 € | 3.000 € | 3.000 € | 3.000 € | 3.000 € | 3.000 € | 3.000 € | 3.000 € | 3.000 € | 3.000 € |
| 72.000 € | 3.000 € | 3.000 € | 3.000 € | 3.000 € | 3.000 € | 3.000 € | 3.000 € | 3.000 € | 3.000 € | 3.000 € | 3.000 € | 3.000 € |
| 75.000 € | 3.000 € | 3.000 € | 3.000 € | 3.000 € | 3.000 € | 3.000 € | 3.000 € | 3.000 € | 3.000 € | 3.000 € | 3.000 € | 3.000 € |
| 78.000 € | 3.000 € | 3.000 € | 3.000 € | 3.000 € | 3.000 € | 3.000 € | 3.000 € | 3.000 € | 3.000 € | 3.000 € | 3.000 € | 3.000 € |
| 81.000 € | 3.000 € | 3.000 € | 3.000 € | 3.000 € | 3.000 € | 3.000 € | 3.000 € | 3.000 € | 3.000 € | 3.000 € | 3.000 € | 3.000 € |
| 84.000 € | 3.165 € | 3.165 € | 3.165 € | 3.165 € | 3.165 € | 3.165 € | 3.165 € | 3.165 € | 3.165 € | 3.165 € | 3.165 € | 3.165 € |
| 87.000 € | 3.765 € | 3.765 € | 3.765 € | 3.765 € | 3.765 € | 3.765 € | 3.765 € | 3.765 € | 3.765 € | 3.765 € | 3.765 € | 3.765 € |
| 90.000 € | 4.365 € | 4.365 € | 4.365 € | 4.365 € | 4.365 € | 4.365 € | 4.365 € | 4.365 € | 4.365 € | 4.365 € | 4.365 € | 4.365 € |
| 93.000 € | 4.965 € | 4.965 € | 4.965 € | 4.965 € | 4.965 € | 4.965 € | 4.965 € | 4.965 € | 4.965 € | 4.965 € | 4.965 € | 4.965 € |
| 96.000 € | 5.565 € | 5.565 € | 5.565 € | 5.565 € | 5.565 € | 5.565 € | 5.565 € | 5.565 € | 5.565 € | 5.565 € | 5.565 € | 5.565 € |
| 99.000 € | 6.165 € | 6.165 € | 6.165 € | 6.165 € | 6.165 € | 6.165 € | 6.165 € | 6.165 € | 6.165 € | 6.165 € | 6.165 € | 6.165 € |
| 102.000 € | 6.765 € | 6.765 € | 6.765 € | 6.765 € | 6.765 € | 6.765 € | 6.765 € | 6.765 € | 6.765 € | 6.765 € | 6.765 € | 6.765 € |
| 105.000 € | 7.365 € | 7.365 € | 7.365 € | 7.365 € | 7.365 € | 7.365 € | 7.365 € | 7.365 € | 7.365 € | 7.365 € | 7.365 € | 7.365 € |
| 108.000 € | 7.965 € | 7.965 € | 7.965 € | 7.965 € | 7.965 € | 7.965 € | 7.965 € | 7.965 € | 7.965 € | 7.965 € | 7.965 € | 7.965 € |
| 111.000 € | 8.565 € | 8.565 € | 8.565 € | 8.565 € | 8.565 € | 8.565 € | 8.565 € | 8.565 € | 8.565 € | 8.565 € | 8.565 € | 8.565 € |
| 114.000 € | 9.165 € | 9.165 € | 9.165 € | 9.165 € | 9.165 € | 9.165 € | 9.165 € | 9.165 € | 9.165 € | 9.165 € | 9.165 € | 9.165 € |
| 117.000 € | 9.765 € | 9.765 € | 9.765 € | 9.765 € | 9.765 € | 9.765 € | 9.765 € | 9.765 € | 9.765 € | 9.765 € | 9.765 € | 9.765 € |
| 120.000 € | 10.365 € | 10.365 € | 10.365 € | 10.365 € | 10.365 € | 10.365 € | 10.365 € | 10.365 € | 10.365 € | 10.365 € | 10.365 € | 10.365 € |

## TABLA 1.C.7
## Lucro cesante del allegado/a

| Ingreso neto | Edad del allegado/a | | | | | | | | | | | |
|---|---|---|---|---|---|---|---|---|---|---|---|---|
| Hasta | 64 | 65 | 66 | 67 | 68 | 69 | 70 | 71 | 72 | 73 | 74 | 75 |
| 9.000 € | 3.000 € | 3.000 € | 3.000 € | 3.000 € | 3.000 € | 3.000 € | 3.000 € | 3.000 € | 3.000 € | 3.000 € | 3.000 € | 3.000 € |
| 12.000 € | 3.000 € | 3.000 € | 3.000 € | 3.000 € | 3.000 € | 3.000 € | 3.000 € | 3.000 € | 3.000 € | 3.000 € | 3.000 € | 3.000 € |
| 15.000 € | 3.000 € | 3.000 € | 3.000 € | 3.000 € | 3.000 € | 3.000 € | 3.000 € | 3.000 € | 3.000 € | 3.000 € | 3.000 € | 3.000 € |
| 18.000 € | 3.000 € | 3.000 € | 3.000 € | 3.000 € | 3.000 € | 3.000 € | 3.000 € | 3.000 € | 3.000 € | 3.000 € | 3.000 € | 3.000 € |
| 21.000 € | 3.000 € | 3.000 € | 3.000 € | 3.000 € | 3.000 € | 3.000 € | 3.000 € | 3.000 € | 3.000 € | 3.000 € | 3.000 € | 3.000 € |
| 24.000 € | 3.000 € | 3.000 € | 3.000 € | 3.000 € | 3.000 € | 3.000 € | 3.000 € | 3.000 € | 3.000 € | 3.000 € | 3.000 € | 3.000 € |
| 27.000 € | 3.000 € | 3.000 € | 3.000 € | 3.000 € | 3.000 € | 3.000 € | 3.000 € | 3.000 € | 3.000 € | 3.000 € | 3.000 € | 3.000 € |
| 30.000 € | 3.000 € | 3.000 € | 3.000 € | 3.000 € | 3.000 € | 3.000 € | 3.000 € | 3.000 € | 3.000 € | 3.000 € | 3.000 € | 3.000 € |
| 33.000 € | 3.000 € | 3.000 € | 3.000 € | 3.000 € | 3.000 € | 3.000 € | 3.000 € | 3.000 € | 3.000 € | 3.000 € | 3.000 € | 3.000 € |
| 36.000 € | 3.000 € | 3.000 € | 3.000 € | 3.000 € | 3.000 € | 3.000 € | 3.000 € | 3.000 € | 3.000 € | 3.000 € | 3.000 € | 3.000 € |
| 39.000 € | 3.000 € | 3.000 € | 3.000 € | 3.000 € | 3.000 € | 3.000 € | 3.000 € | 3.000 € | 3.000 € | 3.000 € | 3.000 € | 3.000 € |
| 42.000 € | 3.000 € | 3.000 € | 3.000 € | 3.000 € | 3.000 € | 3.000 € | 3.000 € | 3.000 € | 3.000 € | 3.000 € | 3.000 € | 3.000 € |
| 45.000 € | 3.000 € | 3.000 € | 3.000 € | 3.000 € | 3.000 € | 3.000 € | 3.000 € | 3.000 € | 3.000 € | 3.000 € | 3.000 € | 3.000 € |
| 48.000 € | 3.000 € | 3.000 € | 3.000 € | 3.000 € | 3.000 € | 3.000 € | 3.000 € | 3.000 € | 3.000 € | 3.000 € | 3.000 € | 3.000 € |
| 51.000 € | 3.000 € | 3.000 € | 3.000 € | 3.000 € | 3.000 € | 3.000 € | 3.000 € | 3.000 € | 3.000 € | 3.000 € | 3.000 € | 3.000 € |
| 54.000 € | 3.000 € | 3.000 € | 3.000 € | 3.000 € | 3.000 € | 3.000 € | 3.000 € | 3.000 € | 3.000 € | 3.000 € | 3.000 € | 3.000 € |
| 57.000 € | 3.000 € | 3.000 € | 3.000 € | 3.000 € | 3.000 € | 3.000 € | 3.000 € | 3.000 € | 3.000 € | 3.000 € | 3.000 € | 3.000 € |
| 60.000 € | 3.000 € | 3.000 € | 3.000 € | 3.000 € | 3.000 € | 3.000 € | 3.000 € | 3.000 € | 3.000 € | 3.000 € | 3.000 € | 3.000 € |
| 63.000 € | 3.000 € | 3.000 € | 3.000 € | 3.000 € | 3.000 € | 3.000 € | 3.000 € | 3.000 € | 3.000 € | 3.000 € | 3.000 € | 3.000 € |
| 66.000 € | 3.000 € | 3.000 € | 3.000 € | 3.000 € | 3.000 € | 3.000 € | 3.000 € | 3.000 € | 3.000 € | 3.000 € | 3.000 € | 3.000 € |
| 69.000 € | 3.000 € | 3.000 € | 3.000 € | 3.000 € | 3.000 € | 3.000 € | 3.000 € | 3.000 € | 3.000 € | 3.000 € | 3.000 € | 3.000 € |
| 72.000 € | 3.000 € | 3.000 € | 3.000 € | 3.000 € | 3.000 € | 3.000 € | 3.000 € | 3.000 € | 3.000 € | 3.000 € | 3.000 € | 3.000 € |
| 75.000 € | 3.000 € | 3.000 € | 3.000 € | 3.000 € | 3.000 € | 3.000 € | 3.000 € | 3.000 € | 3.000 € | 3.000 € | 3.000 € | 3.000 € |
| 78.000 € | 3.000 € | 3.000 € | 3.000 € | 3.000 € | 3.000 € | 3.000 € | 3.000 € | 3.000 € | 3.000 € | 3.000 € | 3.000 € | 3.000 € |
| 81.000 € | 3.000 € | 3.000 € | 3.000 € | 3.000 € | 3.000 € | 3.000 € | 3.000 € | 3.000 € | 3.000 € | 3.000 € | 3.000 € | 3.000 € |
| 84.000 € | 3.165 € | 3.165 € | 3.165 € | 3.165 € | 3.165 € | 3.165 € | 3.165 € | 3.165 € | 3.165 € | 3.165 € | 3.165 € | 3.165 € |
| 87.000 € | 3.765 € | 3.765 € | 3.765 € | 3.765 € | 3.765 € | 3.765 € | 3.765 € | 3.765 € | 3.765 € | 3.765 € | 3.765 € | 3.765 € |
| 90.000 € | 4.365 € | 4.365 € | 4.365 € | 4.365 € | 4.365 € | 4.365 € | 4.365 € | 4.365 € | 4.365 € | 4.365 € | 4.365 € | 4.365 € |
| 93.000 € | 4.965 € | 4.965 € | 4.965 € | 4.965 € | 4.965 € | 4.965 € | 4.965 € | 4.965 € | 4.965 € | 4.965 € | 4.965 € | 4.965 € |
| 96.000 € | 5.565 € | 5.565 € | 5.565 € | 5.565 € | 5.565 € | 5.565 € | 5.565 € | 5.565 € | 5.565 € | 5.565 € | 5.565 € | 5.565 € |
| 99.000 € | 6.165 € | 6.165 € | 6.165 € | 6.165 € | 6.165 € | 6.165 € | 6.165 € | 6.165 € | 6.165 € | 6.165 € | 6.165 € | 6.165 € |
| 102.000 € | 6.765 € | 6.765 € | 6.765 € | 6.765 € | 6.765 € | 6.765 € | 6.765 € | 6.765 € | 6.765 € | 6.765 € | 6.765 € | 6.765 € |
| 105.000 € | 7.365 € | 7.365 € | 7.365 € | 7.365 € | 7.365 € | 7.365 € | 7.365 € | 7.365 € | 7.365 € | 7.365 € | 7.365 € | 7.365 € |
| 108.000 € | 7.965 € | 7.965 € | 7.965 € | 7.965 € | 7.965 € | 7.965 € | 7.965 € | 7.965 € | 7.965 € | 7.965 € | 7.965 € | 7.965 € |
| 111.000 € | 8.565 € | 8.565 € | 8.565 € | 8.565 € | 8.565 € | 8.565 € | 8.565 € | 8.565 € | 8.565 € | 8.565 € | 8.565 € | 8.565 € |
| 114.000 € | 9.165 € | 9.165 € | 9.165 € | 9.165 € | 9.165 € | 9.165 € | 9.165 € | 9.165 € | 9.165 € | 9.165 € | 9.165 € | 9.165 € |
| 117.000 € | 9.765 € | 9.765 € | 9.765 € | 9.765 € | 9.765 € | 9.765 € | 9.765 € | 9.765 € | 9.765 € | 9.765 € | 9.765 € | 9.765 € |
| 120.000 € | 10.365 € | 10.365 € | 10.365 € | 10.365 € | 10.365 € | 10.365 € | 10.365 € | 10.365 € | 10.365 € | 10.365 € | 10.365 € | 10.365 € |

## TABLA 1.C.7
## Lucro cesante del allegado/a

| Ingreso neto | Edad del allegado/a | | | | | | | | | | | |
|---|---|---|---|---|---|---|---|---|---|---|---|---|
| Hasta | 76 | 77 | 78 | 79 | 80 | 81 | 82 | 83 | 84 | 85 | 86 | 87 |
| 9.000 € | 3.000 € | 3.000 € | 3.000 € | 3.000 € | 3.000 € | 3.000 € | 3.000 € | 3.000 € | 3.000 € | 3.000 € | 3.000 € | 3.000 € |
| 12.000 € | 3.000 € | 3.000 € | 3.000 € | 3.000 € | 3.000 € | 3.000 € | 3.000 € | 3.000 € | 3.000 € | 3.000 € | 3.000 € | 3.000 € |
| 15.000 € | 3.000 € | 3.000 € | 3.000 € | 3.000 € | 3.000 € | 3.000 € | 3.000 € | 3.000 € | 3.000 € | 3.000 € | 3.000 € | 3.000 € |
| 18.000 € | 3.000 € | 3.000 € | 3.000 € | 3.000 € | 3.000 € | 3.000 € | 3.000 € | 3.000 € | 3.000 € | 3.000 € | 3.000 € | 3.000 € |
| 21.000 € | 3.000 € | 3.000 € | 3.000 € | 3.000 € | 3.000 € | 3.000 € | 3.000 € | 3.000 € | 3.000 € | 3.000 € | 3.000 € | 3.000 € |
| 24.000 € | 3.000 € | 3.000 € | 3.000 € | 3.000 € | 3.000 € | 3.000 € | 3.000 € | 3.000 € | 3.000 € | 3.000 € | 3.000 € | 3.000 € |
| 27.000 € | 3.000 € | 3.000 € | 3.000 € | 3.000 € | 3.000 € | 3.000 € | 3.000 € | 3.000 € | 3.000 € | 3.000 € | 3.000 € | 3.000 € |
| 30.000 € | 3.000 € | 3.000 € | 3.000 € | 3.000 € | 3.000 € | 3.000 € | 3.000 € | 3.000 € | 3.000 € | 3.000 € | 3.000 € | 3.000 € |
| 33.000 € | 3.000 € | 3.000 € | 3.000 € | 3.000 € | 3.000 € | 3.000 € | 3.000 € | 3.000 € | 3.000 € | 3.000 € | 3.000 € | 3.000 € |
| 36.000 € | 3.000 € | 3.000 € | 3.000 € | 3.000 € | 3.000 € | 3.000 € | 3.000 € | 3.000 € | 3.000 € | 3.000 € | 3.000 € | 3.000 € |
| 39.000 € | 3.000 € | 3.000 € | 3.000 € | 3.000 € | 3.000 € | 3.000 € | 3.000 € | 3.000 € | 3.000 € | 3.000 € | 3.000 € | 3.000 € |
| 42.000 € | 3.000 € | 3.000 € | 3.000 € | 3.000 € | 3.000 € | 3.000 € | 3.000 € | 3.000 € | 3.000 € | 3.000 € | 3.000 € | 3.000 € |
| 45.000 € | 3.000 € | 3.000 € | 3.000 € | 3.000 € | 3.000 € | 3.000 € | 3.000 € | 3.000 € | 3.000 € | 3.000 € | 3.000 € | 3.000 € |
| 48.000 € | 3.000 € | 3.000 € | 3.000 € | 3.000 € | 3.000 € | 3.000 € | 3.000 € | 3.000 € | 3.000 € | 3.000 € | 3.000 € | 3.000 € |
| 51.000 € | 3.000 € | 3.000 € | 3.000 € | 3.000 € | 3.000 € | 3.000 € | 3.000 € | 3.000 € | 3.000 € | 3.000 € | 3.000 € | 3.000 € |
| 54.000 € | 3.000 € | 3.000 € | 3.000 € | 3.000 € | 3.000 € | 3.000 € | 3.000 € | 3.000 € | 3.000 € | 3.000 € | 3.000 € | 3.000 € |
| 57.000 € | 3.000 € | 3.000 € | 3.000 € | 3.000 € | 3.000 € | 3.000 € | 3.000 € | 3.000 € | 3.000 € | 3.000 € | 3.000 € | 3.000 € |
| 60.000 € | 3.000 € | 3.000 € | 3.000 € | 3.000 € | 3.000 € | 3.000 € | 3.000 € | 3.000 € | 3.000 € | 3.000 € | 3.000 € | 3.000 € |
| 63.000 € | 3.000 € | 3.000 € | 3.000 € | 3.000 € | 3.000 € | 3.000 € | 3.000 € | 3.000 € | 3.000 € | 3.000 € | 3.000 € | 3.000 € |
| 66.000 € | 3.000 € | 3.000 € | 3.000 € | 3.000 € | 3.000 € | 3.000 € | 3.000 € | 3.000 € | 3.000 € | 3.000 € | 3.000 € | 3.000 € |
| 69.000 € | 3.000 € | 3.000 € | 3.000 € | 3.000 € | 3.000 € | 3.000 € | 3.000 € | 3.000 € | 3.000 € | 3.000 € | 3.000 € | 3.000 € |
| 72.000 € | 3.000 € | 3.000 € | 3.000 € | 3.000 € | 3.000 € | 3.000 € | 3.000 € | 3.000 € | 3.000 € | 3.000 € | 3.000 € | 3.000 € |
| 75.000 € | 3.000 € | 3.000 € | 3.000 € | 3.000 € | 3.000 € | 3.000 € | 3.000 € | 3.000 € | 3.000 € | 3.000 € | 3.000 € | 3.000 € |
| 78.000 € | 3.000 € | 3.000 € | 3.000 € | 3.000 € | 3.000 € | 3.000 € | 3.000 € | 3.000 € | 3.000 € | 3.000 € | 3.000 € | 3.000 € |
| 81.000 € | 3.000 € | 3.000 € | 3.000 € | 3.000 € | 3.000 € | 3.000 € | 3.000 € | 3.000 € | 3.000 € | 3.000 € | 3.000 € | 3.000 € |
| 84.000 € | 3.165 € | 3.165 € | 3.165 € | 3.165 € | 3.165 € | 3.165 € | 3.165 € | 3.165 € | 3.165 € | 3.165 € | 3.165 € | 3.165 € |
| 87.000 € | 3.765 € | 3.765 € | 3.765 € | 3.765 € | 3.765 € | 3.765 € | 3.765 € | 3.765 € | 3.765 € | 3.765 € | 3.765 € | 3.765 € |
| 90.000 € | 4.365 € | 4.365 € | 4.365 € | 4.365 € | 4.365 € | 4.365 € | 4.365 € | 4.365 € | 4.365 € | 4.365 € | 4.365 € | 4.365 € |
| 93.000 € | 4.965 € | 4.965 € | 4.965 € | 4.965 € | 4.965 € | 4.965 € | 4.965 € | 4.965 € | 4.965 € | 4.965 € | 4.965 € | 4.965 € |
| 96.000 € | 5.565 € | 5.565 € | 5.565 € | 5.565 € | 5.565 € | 5.565 € | 5.565 € | 5.565 € | 5.565 € | 5.565 € | 5.565 € | 5.565 € |
| 99.000 € | 6.165 € | 6.165 € | 6.165 € | 6.165 € | 6.165 € | 6.165 € | 6.165 € | 6.165 € | 6.165 € | 6.165 € | 6.165 € | 6.165 € |
| 102.000 € | 6.765 € | 6.765 € | 6.765 € | 6.765 € | 6.765 € | 6.765 € | 6.765 € | 6.765 € | 6.765 € | 6.765 € | 6.765 € | 6.765 € |
| 105.000 € | 7.365 € | 7.365 € | 7.365 € | 7.365 € | 7.365 € | 7.365 € | 7.365 € | 7.365 € | 7.365 € | 7.365 € | 7.365 € | 7.365 € |
| 108.000 € | 7.965 € | 7.965 € | 7.965 € | 7.965 € | 7.965 € | 7.965 € | 7.965 € | 7.965 € | 7.965 € | 7.965 € | 7.965 € | 7.965 € |
| 111.000 € | 8.565 € | 8.565 € | 8.565 € | 8.565 € | 8.565 € | 8.565 € | 8.565 € | 8.565 € | 8.565 € | 8.565 € | 8.565 € | 8.565 € |
| 114.000 € | 9.165 € | 9.165 € | 9.165 € | 9.165 € | 9.165 € | 9.165 € | 9.165 € | 9.165 € | 9.165 € | 9.165 € | 9.165 € | 9.165 € |
| 117.000 € | 9.765 € | 9.765 € | 9.765 € | 9.765 € | 9.765 € | 9.765 € | 9.765 € | 9.765 € | 9.765 € | 9.765 € | 9.765 € | 9.765 € |
| 120.000 € | 10.365 € | 10.365 € | 10.365 € | 10.365 € | 10.365 € | 10.365 € | 10.365 € | 10.365 € | 10.365 € | 10.365 € | 10.365 € | 10.365 € |

## TABLA 1.C.7
## Lucro cesante del allegado/a

| Ingreso neto | Edad del allegado/a | | | | | | | | | | | |
|---|---|---|---|---|---|---|---|---|---|---|---|---|
| Hasta | 88 | 89 | 90 | 91 | 92 | 93 | 94 | 95 | 96 | 97 | 98 | 99 o más |
| 9.000 € | 3.000 € | 3.000 € | 3.000 € | 3.000 € | 3.000 € | 3.000 € | 3.000 € | 3.000 € | 3.000 € | 3.000 € | 3.000 € | 3.000 € |
| 12.000 € | 3.000 € | 3.000 € | 3.000 € | 3.000 € | 3.000 € | 3.000 € | 3.000 € | 3.000 € | 3.000 € | 3.000 € | 3.000 € | 3.000 € |
| 15.000 € | 3.000 € | 3.000 € | 3.000 € | 3.000 € | 3.000 € | 3.000 € | 3.000 € | 3.000 € | 3.000 € | 3.000 € | 3.000 € | 3.000 € |
| 18.000 € | 3.000 € | 3.000 € | 3.000 € | 3.000 € | 3.000 € | 3.000 € | 3.000 € | 3.000 € | 3.000 € | 3.000 € | 3.000 € | 3.000 € |
| 21.000 € | 3.000 € | 3.000 € | 3.000 € | 3.000 € | 3.000 € | 3.000 € | 3.000 € | 3.000 € | 3.000 € | 3.000 € | 3.000 € | 3.000 € |
| 24.000 € | 3.000 € | 3.000 € | 3.000 € | 3.000 € | 3.000 € | 3.000 € | 3.000 € | 3.000 € | 3.000 € | 3.000 € | 3.000 € | 3.000 € |
| 27.000 € | 3.000 € | 3.000 € | 3.000 € | 3.000 € | 3.000 € | 3.000 € | 3.000 € | 3.000 € | 3.000 € | 3.000 € | 3.000 € | 3.000 € |
| 30.000 € | 3.000 € | 3.000 € | 3.000 € | 3.000 € | 3.000 € | 3.000 € | 3.000 € | 3.000 € | 3.000 € | 3.000 € | 3.000 € | 3.000 € |
| 33.000 € | 3.000 € | 3.000 € | 3.000 € | 3.000 € | 3.000 € | 3.000 € | 3.000 € | 3.000 € | 3.000 € | 3.000 € | 3.000 € | 3.000 € |
| 36.000 € | 3.000 € | 3.000 € | 3.000 € | 3.000 € | 3.000 € | 3.000 € | 3.000 € | 3.000 € | 3.000 € | 3.000 € | 3.000 € | 3.000 € |
| 39.000 € | 3.000 € | 3.000 € | 3.000 € | 3.000 € | 3.000 € | 3.000 € | 3.000 € | 3.000 € | 3.000 € | 3.000 € | 3.000 € | 3.000 € |
| 42.000 € | 3.000 € | 3.000 € | 3.000 € | 3.000 € | 3.000 € | 3.000 € | 3.000 € | 3.000 € | 3.000 € | 3.000 € | 3.000 € | 3.000 € |
| 45.000 € | 3.000 € | 3.000 € | 3.000 € | 3.000 € | 3.000 € | 3.000 € | 3.000 € | 3.000 € | 3.000 € | 3.000 € | 3.000 € | 3.000 € |
| 48.000 € | 3.000 € | 3.000 € | 3.000 € | 3.000 € | 3.000 € | 3.000 € | 3.000 € | 3.000 € | 3.000 € | 3.000 € | 3.000 € | 3.000 € |
| 51.000 € | 3.000 € | 3.000 € | 3.000 € | 3.000 € | 3.000 € | 3.000 € | 3.000 € | 3.000 € | 3.000 € | 3.000 € | 3.000 € | 3.000 € |
| 54.000 € | 3.000 € | 3.000 € | 3.000 € | 3.000 € | 3.000 € | 3.000 € | 3.000 € | 3.000 € | 3.000 € | 3.000 € | 3.000 € | 3.000 € |
| 57.000 € | 3.000 € | 3.000 € | 3.000 € | 3.000 € | 3.000 € | 3.000 € | 3.000 € | 3.000 € | 3.000 € | 3.000 € | 3.000 € | 3.000 € |
| 60.000 € | 3.000 € | 3.000 € | 3.000 € | 3.000 € | 3.000 € | 3.000 € | 3.000 € | 3.000 € | 3.000 € | 3.000 € | 3.000 € | 3.000 € |
| 63.000 € | 3.000 € | 3.000 € | 3.000 € | 3.000 € | 3.000 € | 3.000 € | 3.000 € | 3.000 € | 3.000 € | 3.000 € | 3.000 € | 3.000 € |
| 66.000 € | 3.000 € | 3.000 € | 3.000 € | 3.000 € | 3.000 € | 3.000 € | 3.000 € | 3.000 € | 3.000 € | 3.000 € | 3.000 € | 3.000 € |
| 69.000 € | 3.000 € | 3.000 € | 3.000 € | 3.000 € | 3.000 € | 3.000 € | 3.000 € | 3.000 € | 3.000 € | 3.000 € | 3.000 € | 3.000 € |
| 72.000 € | 3.000 € | 3.000 € | 3.000 € | 3.000 € | 3.000 € | 3.000 € | 3.000 € | 3.000 € | 3.000 € | 3.000 € | 3.000 € | 3.000 € |
| 75.000 € | 3.000 € | 3.000 € | 3.000 € | 3.000 € | 3.000 € | 3.000 € | 3.000 € | 3.000 € | 3.000 € | 3.000 € | 3.000 € | 3.000 € |
| 78.000 € | 3.000 € | 3.000 € | 3.000 € | 3.000 € | 3.000 € | 3.000 € | 3.000 € | 3.000 € | 3.000 € | 3.000 € | 3.000 € | 3.000 € |
| 81.000 € | 3.000 € | 3.000 € | 3.000 € | 3.000 € | 3.000 € | 3.000 € | 3.000 € | 3.000 € | 3.000 € | 3.000 € | 3.000 € | 3.000 € |
| 84.000 € | 3.165 € | 3.165 € | 3.165 € | 3.165 € | 3.165 € | 3.165 € | 3.165 € | 3.165 € | 3.165 € | 3.165 € | 3.165 € | 3.165 € |
| 87.000 € | 3.765 € | 3.765 € | 3.765 € | 3.765 € | 3.765 € | 3.765 € | 3.765 € | 3.765 € | 3.765 € | 3.765 € | 3.765 € | 3.765 € |
| 90.000 € | 4.365 € | 4.365 € | 4.365 € | 4.365 € | 4.365 € | 4.365 € | 4.365 € | 4.365 € | 4.365 € | 4.365 € | 4.365 € | 4.365 € |
| 93.000 € | 4.965 € | 4.965 € | 4.965 € | 4.965 € | 4.965 € | 4.965 € | 4.965 € | 4.965 € | 4.965 € | 4.965 € | 4.965 € | 4.965 € |
| 96.000 € | 5.565 € | 5.565 € | 5.565 € | 5.565 € | 5.565 € | 5.565 € | 5.565 € | 5.565 € | 5.565 € | 5.565 € | 5.565 € | 5.565 € |
| 99.000 € | 6.165 € | 6.165 € | 6.165 € | 6.165 € | 6.165 € | 6.165 € | 6.165 € | 6.165 € | 6.165 € | 6.165 € | 6.165 € | 6.165 € |
| 102.000 € | 6.765 € | 6.765 € | 6.765 € | 6.765 € | 6.765 € | 6.765 € | 6.765 € | 6.765 € | 6.765 € | 6.765 € | 6.765 € | 6.765 € |
| 105.000 € | 7.365 € | 7.365 € | 7.365 € | 7.365 € | 7.365 € | 7.365 € | 7.365 € | 7.365 € | 7.365 € | 7.365 € | 7.365 € | 7.365 € |
| 108.000 € | 7.965 € | 7.965 € | 7.965 € | 7.965 € | 7.965 € | 7.965 € | 7.965 € | 7.965 € | 7.965 € | 7.965 € | 7.965 € | 7.965 € |
| 111.000 € | 8.565 € | 8.565 € | 8.565 € | 8.565 € | 8.565 € | 8.565 € | 8.565 € | 8.565 € | 8.565 € | 8.565 € | 8.565 € | 8.565 € |
| 114.000 € | 9.165 € | 9.165 € | 9.165 € | 9.165 € | 9.165 € | 9.165 € | 9.165 € | 9.165 € | 9.165 € | 9.165 € | 9.165 € | 9.165 € |
| 117.000 € | 9.765 € | 9.765 € | 9.765 € | 9.765 € | 9.765 € | 9.765 € | 9.765 € | 9.765 € | 9.765 € | 9.765 € | 9.765 € | 9.765 € |
| 120.000 € | 10.365 € | 10.365 € | 10.365 € | 10.365 € | 10.365 € | 10.365 € | 10.365 € | 10.365 € | 10.365 € | 10.365 € | 10.365 € | 10.365 € |

## TABLA 1.C.7.d
## Lucro cesante del allegado/a con discapacidad

| Ingreso neto | Edad del allegado/a | | | | | | | | | | |
|---|---|---|---|---|---|---|---|---|---|---|---|
| Hasta | hasta 16 | 17 | 18 | 19 | 20 | 21 | 22 | 23 | 24 | 25 | 26 |
| 9.000 € | 39.122 € | 38.794 € | 38.435 € | 38.043 € | 37.620 € | 37.162 € | 36.675 € | 36.154 € | 35.603 € | 35.026 € | 34.425 € |
| 12.000 € | 52.162 € | 51.726 € | 51.247 € | 50.724 € | 50.160 € | 49.550 € | 48.900 € | 48.206 € | 47.471 € | 46.702 € | 45.900 € |
| 15.000 € | 65.203 € | 64.657 € | 64.059 € | 63.405 € | 62.700 € | 61.937 € | 61.125 € | 60.257 € | 59.339 € | 58.377 € | 57.375 € |
| 18.000 € | 78.243 € | 77.588 € | 76.871 € | 76.087 € | 75.240 € | 74.325 € | 73.350 € | 72.309 € | 71.206 € | 70.053 € | 68.850 € |
| 21.000 € | 91.284 € | 90.520 € | 89.682 € | 88.768 € | 87.780 € | 86.712 € | 85.575 € | 84.360 € | 83.074 € | 81.728 € | 80.325 € |
| 24.000 € | 104.324 € | 103.451 € | 102.494 € | 101.449 € | 100.320 € | 99.100 € | 97.800 € | 96.411 € | 94.942 € | 93.403 € | 91.800 € |
| 27.000 € | 116.571 € | 116.382 € | 115.306 € | 114.130 € | 112.860 € | 111.487 € | 110.025 € | 108.463 € | 106.809 € | 105.079 € | 103.275 € |
| 30.000 € | 117.698 € | 117.576 € | 117.375 € | 117.091 € | 116.729 € | 116.282 € | 115.765 € | 115.165 € | 114.494 € | 113.768 € | 112.990 € |
| 33.000 € | 118.825 € | 118.502 € | 118.089 € | 117.580 € | 116.983 € | 116.288 € | 115.982 € | 115.675 € | 114.713 € | 114.528 € | 114.343 € |
| 36.000 € | 119.952 € | 119.428 € | 118.802 € | 118.069 € | 117.236 € | 116.294 € | 116.239 € | 116.183 € | 114.931 € | 114.695 € | 114.458 € |
| 39.000 € | 121.079 € | 120.354 € | 119.516 € | 118.558 € | 117.489 € | 116.300 € | 116.300 € | 116.300 € | 115.147 € | 115.147 € | 115.147 € |
| 42.000 € | 122.206 € | 121.280 € | 120.229 € | 119.047 € | 117.743 € | 116.306 € | 116.306 € | 116.306 € | 115.363 € | 115.363 € | 115.363 € |
| 45.000 € | 123.333 € | 122.206 € | 120.943 € | 119.536 € | 117.996 € | 116.312 € | 116.312 € | 116.312 € | 115.578 € | 115.578 € | 115.578 € |
| 48.000 € | 124.460 € | 123.132 € | 121.656 € | 120.025 € | 118.249 € | 116.318 € | 116.318 € | 116.318 € | 115.792 € | 115.792 € | 115.792 € |
| 51.000 € | 133.431 € | 131.799 € | 130.010 € | 128.058 € | 125.954 € | 123.687 € | 121.278 € | 118.712 € | 116.006 € | 116.006 € | 116.006 € |
| 54.000 € | 151.655 € | 149.596 € | 147.377 € | 144.991 € | 142.450 € | 139.740 € | 136.885 € | 133.869 € | 130.707 € | 127.423 € | 124.025 € |
| 57.000 € | 169.879 € | 167.392 € | 164.744 € | 161.924 € | 158.946 € | 155.794 € | 152.493 € | 149.025 € | 145.407 € | 141.663 € | 137.801 € |
| 60.000 € | 188.103 € | 185.189 € | 182.110 € | 178.857 € | 175.441 € | 171.847 € | 168.100 € | 164.181 € | 160.108 € | 155.904 € | 151.577 € |
| 63.000 € | 206.326 € | 202.986 € | 199.477 € | 195.790 € | 191.937 € | 187.901 € | 183.708 € | 179.338 € | 174.808 € | 170.144 € | 165.353 € |
| 66.000 € | 224.550 € | 220.783 € | 216.844 € | 212.723 € | 208.433 € | 203.955 € | 199.315 € | 194.494 € | 189.509 € | 184.385 € | 179.129 € |
| 69.000 € | 242.774 € | 238.580 € | 234.211 € | 229.656 € | 224.928 € | 220.008 € | 214.923 € | 209.651 € | 204.209 € | 198.625 € | 192.905 € |
| 72.000 € | 260.998 € | 256.377 € | 251.578 € | 246.589 € | 241.424 € | 236.062 € | 230.531 € | 224.807 € | 218.910 € | 212.866 € | 206.681 € |
| 75.000 € | 279.222 € | 274.173 € | 268.944 € | 263.523 € | 257.919 € | 252.116 € | 246.138 € | 239.964 € | 233.610 € | 227.106 € | 220.457 € |
| 78.000 € | 297.446 € | 291.970 € | 286.311 € | 280.456 € | 274.415 € | 268.169 € | 261.746 € | 255.120 € | 248.311 € | 241.347 € | 234.233 € |
| 81.000 € | 315.670 € | 309.767 € | 303.678 € | 297.389 € | 290.911 € | 284.223 € | 277.353 € | 270.277 € | 263.012 € | 255.587 € | 248.009 € |
| 84.000 € | 333.894 € | 327.564 € | 321.045 € | 314.322 € | 307.406 € | 300.276 € | 292.961 € | 285.433 € | 277.712 € | 269.827 € | 261.785 € |
| 87.000 € | 352.117 € | 345.361 € | 338.412 € | 331.255 € | 323.902 € | 316.330 € | 308.568 € | 300.589 € | 292.413 € | 284.068 € | 275.561 € |
| 90.000 € | 370.341 € | 363.158 € | 355.778 € | 348.188 € | 340.398 € | 332.384 € | 324.176 € | 315.746 € | 307.113 € | 298.308 € | 289.337 € |
| 93.000 € | 388.565 € | 380.954 € | 373.145 € | 365.121 € | 356.893 € | 348.437 € | 339.783 € | 330.902 € | 321.814 € | 312.549 € | 303.113 € |
| 96.000 € | 406.789 € | 398.751 € | 390.512 € | 382.054 € | 373.389 € | 364.491 € | 355.391 € | 346.059 € | 336.514 € | 326.789 € | 316.889 € |
| 99.000 € | 425.013 € | 416.548 € | 407.879 € | 398.987 € | 389.884 € | 380.544 € | 370.999 € | 361.215 € | 351.215 € | 341.030 € | 330.665 € |
| 102.000 € | 443.237 € | 434.345 € | 425.246 € | 415.920 € | 406.380 € | 396.598 € | 386.606 € | 376.372 € | 365.915 € | 355.270 € | 344.441 € |
| 105.000 € | 461.461 € | 452.142 € | 442.612 € | 432.853 € | 422.876 € | 412.652 € | 402.214 € | 391.528 € | 380.616 € | 369.511 € | 358.217 € |
| 108.000 € | 479.684 € | 469.938 € | 459.979 € | 449.786 € | 439.371 € | 428.705 € | 417.821 € | 406.685 € | 395.317 € | 383.751 € | 371.993 € |
| 111.000 € | 497.908 € | 487.735 € | 477.346 € | 466.719 € | 455.867 € | 444.759 € | 433.429 € | 421.841 € | 410.017 € | 397.992 € | 385.769 € |
| 114.000 € | 516.132 € | 505.532 € | 494.713 € | 483.652 € | 472.363 € | 460.812 € | 449.036 € | 436.998 € | 424.718 € | 412.232 € | 399.545 € |
| 117.000 € | 534.356 € | 523.329 € | 512.080 € | 500.585 € | 488.858 € | 476.866 € | 464.644 € | 452.154 € | 439.418 € | 426.472 € | 413.321 € |
| 120.000 € | 552.580 € | 541.126 € | 529.446 € | 517.518 € | 505.354 € | 492.920 € | 480.251 € | 467.310 € | 454.119 € | 440.713 € | 427.097 € |

## TABLA 1.C.7.d
### Lucro cesante del allegado/a con discapacidad

| Ingreso neto | Edad del allegado/a | | | | | | | | | | |
|---|---|---|---|---|---|---|---|---|---|---|---|
| Hasta | 27 | 28 | 29 | 30 | 31 | 32 | 33 | 34 | 35 | 36 | 37 |
| 9.000 € | 33.797 € | 33.142 € | 32.509 € | 31.876 € | 31.188 € | 30.460 € | 29.707 € | 28.940 € | 28.121 € | 27.250 € | 26.333 € |
| 12.000 € | 45.062 € | 44.189 € | 43.345 € | 42.501 € | 41.584 € | 40.614 € | 39.609 € | 38.587 € | 37.495 € | 36.334 € | 35.111 € |
| 15.000 € | 56.328 € | 55.237 € | 54.182 € | 53.126 € | 51.980 € | 50.767 € | 49.511 € | 48.234 € | 46.869 € | 45.417 € | 43.889 € |
| 18.000 € | 67.593 € | 66.284 € | 65.018 € | 63.752 € | 62.376 € | 60.921 € | 59.414 € | 57.880 € | 56.243 € | 54.500 € | 52.667 € |
| 21.000 € | 78.859 € | 77.331 € | 75.854 € | 74.377 € | 72.772 € | 71.074 € | 69.316 € | 67.527 € | 65.616 € | 63.584 € | 61.444 € |
| 24.000 € | 90.125 € | 88.379 € | 86.691 € | 85.002 € | 83.168 € | 81.227 € | 79.218 € | 77.174 € | 74.990 € | 72.667 € | 70.222 € |
| 27.000 € | 101.390 € | 99.426 € | 97.527 € | 95.628 € | 93.564 € | 91.381 € | 89.120 € | 86.821 € | 84.364 € | 81.751 € | 79.000 € |
| 30.000 € | 112.155 € | 110.474 € | 108.363 € | 106.253 € | 103.961 € | 101.534 € | 99.023 € | 96.467 € | 93.738 € | 90.834 € | 87.778 € |
| 33.000 € | 113.188 € | 111.272 € | 108.965 € | 106.759 € | 105.454 € | 104.115 € | 102.742 € | 101.355 € | 99.950 € | 98.537 € | 96.556 € |
| 36.000 € | 114.222 € | 112.070 € | 109.566 € | 107.133 € | 105.459 € | 105.139 € | 103.385 € | 101.604 € | 100.839 € | 99.019 € | 96.676 € |
| 39.000 € | 115.147 € | 112.869 € | 110.165 € | 107.506 € | 105.464 € | 105.464 € | 104.028 € | 101.851 € | 101.730 € | 99.500 € | 96.796 € |
| 42.000 € | 115.363 € | 113.668 € | 110.764 € | 107.878 € | 105.469 € | 105.469 € | 104.671 € | 102.098 € | 102.098 € | 99.980 € | 96.915 € |
| 45.000 € | 115.578 € | 114.468 € | 111.364 € | 108.249 € | 105.474 € | 105.474 € | 105.315 € | 102.344 € | 102.344 € | 100.461 € | 97.033 € |
| 48.000 € | 115.792 € | 115.271 € | 111.964 € | 108.620 € | 105.479 € | 105.479 € | 105.479 € | 102.589 € | 102.589 € | 100.941 € | 97.152 € |
| 51.000 € | 116.006 € | 116.006 € | 112.564 € | 108.991 € | 105.484 € | 105.484 € | 105.484 € | 102.834 € | 102.834 € | 101.422 € | 97.270 € |
| 54.000 € | 120.502 € | 116.884 € | 113.166 € | 109.361 € | 105.489 € | 105.489 € | 105.489 € | 103.079 € | 103.079 € | 101.903 € | 97.387 € |
| 57.000 € | 133.809 € | 129.717 € | 125.521 € | 121.233 € | 116.873 € | 112.429 € | 107.904 € | 103.324 € | 103.324 € | 102.385 € | 97.505 € |
| 60.000 € | 147.116 € | 142.549 € | 137.875 € | 133.104 € | 128.257 € | 123.321 € | 118.299 € | 113.217 € | 108.068 € | 102.869 € | 97.622 € |
| 63.000 € | 160.422 € | 155.382 € | 150.230 € | 144.976 € | 139.641 € | 134.213 € | 128.694 € | 123.110 € | 117.455 € | 111.744 € | 105.982 € |
| 66.000 € | 173.729 € | 168.215 € | 162.584 € | 156.847 € | 151.025 € | 145.106 € | 139.088 € | 133.003 € | 126.842 € | 120.620 € | 114.341 € |
| 69.000 € | 187.035 € | 181.048 € | 174.938 € | 168.718 € | 162.409 € | 155.998 € | 149.483 € | 142.897 € | 136.228 € | 129.495 € | 122.701 € |
| 72.000 € | 200.342 € | 193.881 € | 187.293 € | 180.590 € | 173.793 € | 166.890 € | 159.878 € | 152.790 € | 145.615 € | 138.371 € | 131.061 € |
| 75.000 € | 213.649 € | 206.714 € | 199.647 € | 192.461 € | 185.178 € | 177.782 € | 170.273 € | 162.683 € | 155.002 € | 147.246 € | 139.420 € |
| 78.000 € | 226.955 € | 219.547 € | 212.002 € | 204.333 € | 196.562 € | 188.674 € | 180.668 € | 172.576 € | 164.388 € | 156.122 € | 147.780 € |
| 81.000 € | 240.262 € | 232.380 € | 224.356 € | 216.204 € | 207.946 € | 199.566 € | 191.063 € | 182.470 € | 173.775 € | 164.997 € | 156.140 € |
| 84.000 € | 253.568 € | 245.212 € | 236.711 € | 228.076 € | 219.330 € | 210.458 € | 201.457 € | 192.363 € | 183.162 € | 173.873 € | 164.499 € |
| 87.000 € | 266.875 € | 258.045 € | 249.065 € | 239.947 € | 230.714 € | 221.350 € | 211.852 € | 202.256 € | 192.548 € | 182.749 € | 172.859 € |
| 90.000 € | 280.182 € | 270.878 € | 261.420 € | 251.818 € | 242.098 € | 232.242 € | 222.247 € | 212.149 € | 201.935 € | 191.624 € | 181.219 € |
| 93.000 € | 293.488 € | 283.711 € | 273.774 € | 263.690 € | 253.483 € | 243.134 € | 232.642 € | 222.042 € | 211.322 € | 200.500 € | 189.578 € |
| 96.000 € | 306.795 € | 296.544 € | 286.129 € | 275.561 € | 264.867 € | 254.026 € | 243.037 € | 231.936 € | 220.709 € | 209.375 € | 197.938 € |
| 99.000 € | 320.101 € | 309.377 € | 298.483 € | 287.433 € | 276.251 € | 264.918 € | 253.432 € | 241.829 € | 230.095 € | 218.251 € | 206.298 € |
| 102.000 € | 333.408 € | 322.210 € | 310.837 € | 299.304 € | 287.635 € | 275.810 € | 263.827 € | 251.722 € | 239.482 € | 227.126 € | 214.658 € |
| 105.000 € | 346.715 € | 335.043 € | 323.192 € | 311.175 € | 299.019 € | 286.702 € | 274.221 € | 261.615 € | 248.869 € | 236.002 € | 223.017 € |
| 108.000 € | 360.021 € | 347.876 € | 335.546 € | 323.047 € | 310.403 € | 297.594 € | 284.616 € | 271.509 € | 258.255 € | 244.878 € | 231.377 € |
| 111.000 € | 373.328 € | 360.708 € | 347.901 € | 334.918 € | 321.787 € | 308.486 € | 295.011 € | 281.402 € | 267.642 € | 253.753 € | 239.737 € |
| 114.000 € | 386.635 € | 373.541 € | 360.255 € | 346.790 € | 333.172 € | 319.378 € | 305.406 € | 291.295 € | 277.029 € | 262.629 € | 248.096 € |
| 117.000 € | 399.941 € | 386.374 € | 372.610 € | 358.661 € | 344.556 € | 330.270 € | 315.801 € | 301.188 € | 286.416 € | 271.504 € | 256.456 € |
| 120.000 € | 413.248 € | 399.207 € | 384.964 € | 370.533 € | 355.940 € | 341.162 € | 326.196 € | 311.081 € | 295.802 € | 280.380 € | 264.816 € |

## TABLA 1.C.7.d
## Lucro cesante del allegado/a con discapacidad

| Ingreso neto | Edad del allegado/a | | | | | | | | | | |
|---|---|---|---|---|---|---|---|---|---|---|---|
| Hasta | 38 | 39 | 40 | 41 | 42 | 43 | 44 | 45 | 46 | 47 | 48 |
| 9.000 € | 25.399 € | 24.462 € | 23.537 € | 22.602 € | 21.620 € | 20.670 € | 19.734 € | 18.814 € | 17.911 € | 17.025 € | 16.161 € |
| 12.000 € | 33.866 € | 32.615 € | 31.383 € | 30.135 € | 28.826 € | 27.560 € | 26.312 € | 25.086 € | 23.881 € | 22.700 € | 21.549 € |
| 15.000 € | 42.332 € | 40.769 € | 39.229 € | 37.669 € | 36.033 € | 34.450 € | 32.890 € | 31.357 € | 29.852 € | 28.375 € | 26.936 € |
| 18.000 € | 50.799 € | 48.923 € | 47.075 € | 45.203 € | 43.239 € | 41.340 € | 39.468 € | 37.628 € | 35.822 € | 34.051 € | 32.323 € |
| 21.000 € | 59.265 € | 57.077 € | 54.920 € | 52.737 € | 50.446 € | 48.230 € | 46.046 € | 43.900 € | 41.792 € | 39.726 € | 37.710 € |
| 24.000 € | 67.731 € | 65.231 € | 62.766 € | 60.271 € | 57.652 € | 55.120 € | 52.625 € | 50.171 € | 47.762 € | 45.401 € | 43.097 € |
| 27.000 € | 76.198 € | 73.385 € | 70.612 € | 67.805 € | 64.859 € | 62.010 € | 59.203 € | 56.443 € | 53.733 € | 51.076 € | 48.484 € |
| 30.000 € | 84.664 € | 81.538 € | 78.458 € | 75.339 € | 72.065 € | 68.900 € | 65.781 € | 62.714 € | 59.703 € | 56.751 € | 53.871 € |
| 33.000 € | 93.131 € | 89.692 € | 86.303 € | 82.872 € | 79.272 € | 75.790 € | 72.359 € | 68.986 € | 65.673 € | 62.426 € | 59.259 € |
| 36.000 € | 93.828 € | 90.155 € | 86.640 € | 84.875 € | 83.117 € | 81.386 € | 78.937 € | 75.257 € | 71.644 € | 68.101 € | 64.646 € |
| 39.000 € | 94.525 € | 90.617 € | 86.842 € | 85.265 € | 83.559 € | 81.779 € | 79.260 € | 75.523 € | 71.778 € | 68.218 € | 64.741 € |
| 42.000 € | 95.224 € | 91.079 € | 87.044 € | 85.655 € | 84.001 € | 82.172 € | 79.582 € | 75.789 € | 71.912 € | 68.334 € | 64.835 € |
| 45.000 € | 95.924 € | 91.540 € | 87.245 € | 86.045 € | 84.444 € | 82.565 € | 79.903 € | 76.054 € | 72.046 € | 68.450 € | 64.930 € |
| 48.000 € | 96.626 € | 92.002 € | 87.445 € | 86.435 € | 84.886 € | 82.957 € | 80.225 € | 76.318 € | 72.179 € | 68.566 € | 65.024 € |
| 51.000 € | 97.270 € | 92.465 € | 87.646 € | 86.826 € | 85.329 € | 83.351 € | 80.547 € | 76.583 € | 72.312 € | 68.681 € | 65.117 € |
| 54.000 € | 97.387 € | 92.928 € | 87.846 € | 87.216 € | 85.773 € | 83.744 € | 80.869 € | 76.848 € | 72.445 € | 68.796 € | 65.211 € |
| 57.000 € | 97.505 € | 93.392 € | 88.046 € | 87.607 € | 86.218 € | 84.139 € | 81.191 € | 77.112 € | 72.578 € | 68.911 € | 65.304 € |
| 60.000 € | 97.622 € | 93.857 € | 88.245 € | 87.999 € | 86.664 € | 84.534 € | 81.513 € | 77.377 € | 72.710 € | 69.026 € | 65.398 € |
| 63.000 € | 100.177 € | 94.323 € | 88.445 € | 88.392 € | 87.111 € | 84.929 € | 81.836 € | 77.642 € | 72.842 € | 69.141 € | 65.491 € |
| 66.000 € | 108.016 € | 101.637 € | 95.228 € | 88.785 € | 87.559 € | 85.326 € | 82.160 € | 77.908 € | 72.975 € | 69.256 € | 65.584 € |
| 69.000 € | 115.855 € | 108.950 € | 102.012 € | 95.033 € | 88.009 € | 85.724 € | 82.484 € | 78.174 € | 73.107 € | 69.371 € | 65.677 € |
| 72.000 € | 123.694 € | 116.264 € | 108.795 € | 101.282 € | 93.717 € | 86.123 € | 82.809 € | 78.440 € | 73.239 € | 69.485 € | 65.770 € |
| 75.000 € | 131.534 € | 123.577 € | 115.579 € | 107.530 € | 99.425 € | 91.286 € | 83.134 € | 78.707 € | 73.372 € | 69.600 € | 65.863 € |
| 78.000 € | 139.373 € | 130.891 € | 122.362 € | 113.779 € | 105.133 € | 96.449 € | 87.748 € | 78.974 € | 73.504 € | 69.714 € | 65.956 € |
| 81.000 € | 147.212 € | 138.205 € | 129.146 € | 120.027 € | 110.842 € | 101.613 € | 92.361 € | 83.032 € | 73.636 € | 69.829 € | 66.049 € |
| 84.000 € | 155.051 € | 145.518 € | 135.929 € | 126.275 € | 116.550 € | 106.776 € | 96.974 € | 87.089 € | 77.133 € | 69.944 € | 66.141 € |
| 87.000 € | 162.890 € | 152.832 € | 142.713 € | 132.524 € | 122.258 € | 111.939 € | 101.588 € | 91.147 € | 80.629 € | 70.059 € | 66.234 € |
| 90.000 € | 170.729 € | 160.145 € | 149.496 € | 138.772 € | 127.966 € | 117.102 € | 106.201 € | 95.205 € | 84.126 € | 72.988 € | 66.327 € |
| 93.000 € | 178.568 € | 167.459 € | 156.279 € | 145.021 € | 133.674 € | 122.265 € | 110.815 € | 99.263 € | 87.623 € | 75.918 € | 66.420 € |
| 96.000 € | 186.407 € | 174.772 € | 163.063 € | 151.269 € | 139.383 € | 127.428 € | 115.428 € | 103.321 € | 91.119 € | 78.848 € | 66.513 € |
| 99.000 € | 194.247 € | 182.086 € | 169.846 € | 157.518 € | 145.091 € | 132.592 € | 120.041 € | 107.379 € | 94.616 € | 81.778 € | 68.871 € |
| 102.000 € | 202.086 € | 189.400 € | 176.630 € | 163.766 € | 150.799 € | 137.755 € | 124.655 € | 111.436 € | 98.112 € | 84.708 € | 71.228 € |
| 105.000 € | 209.925 € | 196.713 € | 183.413 € | 170.014 € | 156.507 € | 142.918 € | 129.268 € | 115.494 € | 101.609 € | 87.637 € | 73.585 € |
| 108.000 € | 217.764 € | 204.027 € | 190.197 € | 176.263 € | 162.216 € | 148.081 € | 133.881 € | 119.552 € | 105.106 € | 90.567 € | 75.942 € |
| 111.000 € | 225.603 € | 211.340 € | 196.980 € | 182.511 € | 167.924 € | 153.244 € | 138.495 € | 123.610 € | 108.602 € | 93.497 € | 78.300 € |
| 114.000 € | 233.442 € | 218.654 € | 203.764 € | 188.760 € | 173.632 € | 158.407 € | 143.108 € | 127.668 € | 112.099 € | 96.427 € | 80.657 € |
| 117.000 € | 241.281 € | 225.968 € | 210.547 € | 195.008 € | 179.340 € | 163.570 € | 147.721 € | 131.726 € | 115.596 € | 99.357 € | 83.014 € |
| 120.000 € | 249.120 € | 233.281 € | 217.331 € | 201.256 € | 185.049 € | 168.734 € | 152.335 € | 135.783 € | 119.092 € | 102.286 € | 85.372 € |

# TABLA 1.C.7.d
## Lucro cesante del allegado/a con discapacidad

| Ingreso neto | Edad del allegado/a | | | | | | | | | | | |
|---|---|---|---|---|---|---|---|---|---|---|---|---|
| Hasta | 49 | 50 | 51 | 52 | 53 | 54 | 55 | 56 | 57 | 58 | 59 | 60 |
| 9.000 € | 15.309 € | 14.478 € | 14.008 € | 12.087 € | 11.615 € | 11.104 € | 10.698 € | 10.362 € | 10.051 € | 9.745 € | 9.438 € | 9.130 € |
| 12.000 € | 20.411 € | 19.304 € | 18.677 € | 16.116 € | 15.486 € | 14.806 € | 14.265 € | 13.816 € | 13.402 € | 12.993 € | 12.584 € | 12.173 € |
| 15.000 € | 25.514 € | 24.130 € | 23.346 € | 20.145 € | 19.358 € | 18.507 € | 17.831 € | 17.270 € | 16.752 € | 16.241 € | 15.730 € | 15.216 € |
| 18.000 € | 30.617 € | 28.956 € | 28.016 € | 24.174 € | 23.229 € | 22.209 € | 21.397 € | 20.724 € | 20.102 € | 19.490 € | 18.876 € | 18.259 € |
| 21.000 € | 35.720 € | 33.782 € | 32.685 € | 28.203 € | 27.101 € | 25.910 € | 24.963 € | 24.178 € | 23.453 € | 22.738 € | 22.022 € | 21.302 € |
| 24.000 € | 40.823 € | 38.608 € | 37.354 € | 32.231 € | 30.972 € | 29.612 € | 28.529 € | 27.632 € | 26.803 € | 25.986 € | 25.168 € | 24.345 € |
| 27.000 € | 45.925 € | 43.434 € | 42.023 € | 36.260 € | 34.844 € | 33.313 € | 32.095 € | 31.086 € | 30.153 € | 29.234 € | 28.313 € | 27.389 € |
| 30.000 € | 51.028 € | 48.260 € | 46.693 € | 40.289 € | 38.715 € | 37.015 € | 35.662 € | 34.540 € | 33.504 € | 32.483 € | 31.459 € | 30.432 € |
| 33.000 € | 56.131 € | 53.086 € | 51.362 € | 44.318 € | 42.587 € | 40.716 € | 39.228 € | 37.994 € | 36.854 € | 35.731 € | 34.605 € | 33.475 € |
| 36.000 € | 61.234 € | 57.912 € | 56.031 € | 48.347 € | 46.458 € | 44.418 € | 42.794 € | 41.448 € | 40.205 € | 38.979 € | 37.751 € | 36.518 € |
| 39.000 € | 61.680 € | 59.713 € | 57.774 € | 52.376 € | 50.330 € | 48.119 € | 46.360 € | 44.902 € | 43.555 € | 42.227 € | 40.897 € | 39.561 € |
| 42.000 € | 61.734 € | 59.713 € | 57.774 € | 52.376 € | 50.330 € | 48.119 € | 46.360 € | 44.902 € | 43.555 € | 42.227 € | 40.897 € | 39.561 € |
| 45.000 € | 61.787 € | 59.713 € | 57.774 € | 52.376 € | 50.330 € | 48.119 € | 46.360 € | 44.902 € | 43.555 € | 42.227 € | 40.897 € | 39.561 € |
| 48.000 € | 61.841 € | 59.713 € | 57.774 € | 52.376 € | 50.330 € | 48.119 € | 46.360 € | 44.902 € | 43.555 € | 42.227 € | 40.897 € | 39.561 € |
| 51.000 € | 61.894 € | 59.713 € | 57.774 € | 52.376 € | 50.330 € | 48.119 € | 46.360 € | 44.902 € | 43.555 € | 42.227 € | 40.897 € | 39.561 € |
| 54.000 € | 61.947 € | 59.713 € | 57.774 € | 52.376 € | 50.330 € | 48.119 € | 46.360 € | 44.902 € | 43.555 € | 42.227 € | 40.897 € | 39.561 € |
| 57.000 € | 62.000 € | 59.713 € | 57.774 € | 52.376 € | 50.330 € | 48.119 € | 46.360 € | 44.902 € | 43.555 € | 42.227 € | 40.897 € | 39.561 € |
| 60.000 € | 62.053 € | 59.713 € | 57.774 € | 52.376 € | 50.330 € | 48.119 € | 46.360 € | 44.902 € | 43.555 € | 42.227 € | 40.897 € | 39.561 € |
| 63.000 € | 62.106 € | 59.713 € | 57.774 € | 52.376 € | 50.330 € | 48.119 € | 46.360 € | 44.902 € | 43.555 € | 42.227 € | 40.897 € | 39.561 € |
| 66.000 € | 62.159 € | 59.713 € | 57.774 € | 52.376 € | 50.330 € | 48.119 € | 46.360 € | 44.902 € | 43.555 € | 42.227 € | 40.897 € | 39.561 € |
| 69.000 € | 62.212 € | 59.713 € | 57.774 € | 52.376 € | 50.330 € | 48.119 € | 46.360 € | 44.902 € | 43.555 € | 42.227 € | 40.897 € | 39.561 € |
| 72.000 € | 62.265 € | 59.713 € | 57.774 € | 52.376 € | 50.330 € | 48.119 € | 46.360 € | 44.902 € | 43.555 € | 42.227 € | 40.897 € | 39.561 € |
| 75.000 € | 62.317 € | 59.713 € | 57.774 € | 52.376 € | 50.330 € | 48.119 € | 46.360 € | 44.902 € | 43.555 € | 42.227 € | 40.897 € | 39.561 € |
| 78.000 € | 62.370 € | 59.713 € | 57.774 € | 52.376 € | 50.330 € | 48.119 € | 46.360 € | 44.902 € | 43.555 € | 42.227 € | 40.897 € | 39.561 € |
| 81.000 € | 62.422 € | 59.713 € | 57.774 € | 52.376 € | 50.330 € | 48.119 € | 46.360 € | 44.902 € | 43.555 € | 42.227 € | 40.897 € | 39.561 € |
| 84.000 € | 62.475 € | 59.713 € | 57.774 € | 52.376 € | 50.330 € | 48.119 € | 46.360 € | 44.902 € | 43.555 € | 42.227 € | 40.897 € | 39.561 € |
| 87.000 € | 62.527 € | 59.713 € | 57.774 € | 52.376 € | 50.330 € | 48.119 € | 46.360 € | 44.902 € | 43.555 € | 42.227 € | 40.897 € | 39.561 € |
| 90.000 € | 62.580 € | 59.713 € | 57.774 € | 52.376 € | 50.330 € | 48.119 € | 46.360 € | 44.902 € | 43.555 € | 42.227 € | 40.897 € | 39.561 € |
| 93.000 € | 62.632 € | 59.713 € | 57.774 € | 52.376 € | 50.330 € | 48.119 € | 46.360 € | 44.902 € | 43.555 € | 42.227 € | 40.897 € | 39.561 € |
| 96.000 € | 62.685 € | 59.713 € | 57.774 € | 52.376 € | 50.330 € | 48.119 € | 46.360 € | 44.902 € | 43.555 € | 42.227 € | 40.897 € | 39.561 € |
| 99.000 € | 62.737 € | 59.713 € | 57.774 € | 52.376 € | 50.330 € | 48.119 € | 46.360 € | 44.902 € | 43.555 € | 42.227 € | 40.897 € | 39.561 € |
| 102.000 € | 62.790 € | 59.713 € | 57.774 € | 52.376 € | 50.330 € | 48.119 € | 46.360 € | 44.902 € | 43.555 € | 42.227 € | 40.897 € | 39.561 € |
| 105.000 € | 62.842 € | 59.713 € | 57.774 € | 52.376 € | 50.330 € | 48.119 € | 46.360 € | 44.902 € | 43.555 € | 42.227 € | 40.897 € | 39.561 € |
| 108.000 € | 62.895 € | 59.713 € | 57.774 € | 52.376 € | 50.330 € | 48.119 € | 46.360 € | 44.902 € | 43.555 € | 42.227 € | 40.897 € | 39.561 € |
| 111.000 € | 62.947 € | 59.713 € | 57.774 € | 52.376 € | 50.330 € | 48.119 € | 46.360 € | 44.902 € | 43.555 € | 42.227 € | 40.897 € | 39.561 € |
| 114.000 € | 64.726 € | 59.713 € | 57.774 € | 52.376 € | 50.330 € | 48.119 € | 46.360 € | 44.902 € | 43.555 € | 42.227 € | 40.897 € | 39.561 € |
| 117.000 € | 66.504 € | 59.713 € | 57.774 € | 52.376 € | 50.330 € | 48.119 € | 46.360 € | 44.902 € | 43.555 € | 42.227 € | 40.897 € | 39.561 € |
| 120.000 € | 68.282 € | 59.713 € | 57.774 € | 52.376 € | 50.330 € | 48.119 € | 46.360 € | 44.902 € | 43.555 € | 42.227 € | 40.897 € | 39.561 € |

## TABLA 1.C.7.d
## Lucro cesante del allegado/a con discapacidad

| Ingreso neto | Edad del allegado/a | | | | | | | | | | | |
|---|---|---|---|---|---|---|---|---|---|---|---|---|
| Hasta | 61 | 62 | 63 | 64 | 65 | 66 | 67 | 68 | 69 | 70 | 71 | 72 |
| 9.000 € | 8.813 € | 8.490 € | 8.186 € | 7.892 € | 7.561 € | 7.264 € | 6.976 € | 6.688 € | 6.379 € | 6.025 € | 5.715 € | 5.393 € |
| 12.000 € | 11.751 € | 11.320 € | 10.915 € | 10.522 € | 10.082 € | 9.685 € | 9.302 € | 8.918 € | 8.505 € | 8.034 € | 7.620 € | 7.191 € |
| 15.000 € | 14.688 € | 14.149 € | 13.643 € | 13.153 € | 12.602 € | 12.106 € | 11.627 € | 11.147 € | 10.632 € | 10.042 € | 9.526 € | 8.989 € |
| 18.000 € | 17.626 € | 16.979 € | 16.372 € | 15.783 € | 15.122 € | 14.528 € | 13.953 € | 13.377 € | 12.758 € | 12.051 € | 11.431 € | 10.787 € |
| 21.000 € | 20.564 € | 19.809 € | 19.101 € | 18.414 € | 17.643 € | 16.949 € | 16.278 € | 15.606 € | 14.884 € | 14.059 € | 13.336 € | 12.584 € |
| 24.000 € | 23.502 € | 22.639 € | 21.829 € | 21.044 € | 20.163 € | 19.370 € | 18.603 € | 17.836 € | 17.011 € | 16.068 € | 15.241 € | 14.382 € |
| 27.000 € | 26.439 € | 25.469 € | 24.558 € | 23.675 € | 22.684 € | 21.791 € | 20.929 € | 20.065 € | 19.137 € | 18.076 € | 17.146 € | 16.180 € |
| 30.000 € | 29.377 € | 28.299 € | 27.287 € | 26.306 € | 25.204 € | 24.213 € | 23.254 € | 22.295 € | 21.263 € | 20.085 € | 19.051 € | 17.978 € |
| 33.000 € | 32.315 € | 31.129 € | 30.016 € | 28.936 € | 27.724 € | 26.634 € | 25.580 € | 24.524 € | 23.390 € | 22.093 € | 20.956 € | 19.775 € |
| 36.000 € | 35.252 € | 33.959 € | 32.744 € | 31.567 € | 30.245 € | 29.055 € | 27.905 € | 26.754 € | 25.516 € | 24.102 € | 22.861 € | 21.573 € |
| 39.000 € | 38.190 € | 36.789 € | 35.473 € | 34.197 € | 32.765 € | 31.476 € | 30.231 € | 28.983 € | 27.642 € | 26.110 € | 24.766 € | 23.371 € |
| 42.000 € | 38.190 € | 36.789 € | 35.473 € | 34.197 € | 32.765 € | 31.476 € | 30.231 € | 28.983 € | 27.642 € | 26.110 € | 24.766 € | 23.371 € |
| 45.000 € | 38.190 € | 36.789 € | 35.473 € | 34.197 € | 32.765 € | 31.476 € | 30.231 € | 28.983 € | 27.642 € | 26.110 € | 24.766 € | 23.371 € |
| 48.000 € | 38.190 € | 36.789 € | 35.473 € | 34.197 € | 32.765 € | 31.476 € | 30.231 € | 28.983 € | 27.642 € | 26.110 € | 24.766 € | 23.371 € |
| 51.000 € | 38.190 € | 36.789 € | 35.473 € | 34.197 € | 32.765 € | 31.476 € | 30.231 € | 28.983 € | 27.642 € | 26.110 € | 24.766 € | 23.371 € |
| 54.000 € | 38.190 € | 36.789 € | 35.473 € | 34.197 € | 32.765 € | 31.476 € | 30.231 € | 28.983 € | 27.642 € | 26.110 € | 24.766 € | 23.371 € |
| 57.000 € | 38.190 € | 36.789 € | 35.473 € | 34.197 € | 32.765 € | 31.476 € | 30.231 € | 28.983 € | 27.642 € | 26.110 € | 24.766 € | 23.371 € |
| 60.000 € | 38.190 € | 36.789 € | 35.473 € | 34.197 € | 32.765 € | 31.476 € | 30.231 € | 28.983 € | 27.642 € | 26.110 € | 24.766 € | 23.371 € |
| 63.000 € | 38.190 € | 36.789 € | 35.473 € | 34.197 € | 32.765 € | 31.476 € | 30.231 € | 28.983 € | 27.642 € | 26.110 € | 24.766 € | 23.371 € |
| 66.000 € | 38.190 € | 36.789 € | 35.473 € | 34.197 € | 32.765 € | 31.476 € | 30.231 € | 28.983 € | 27.642 € | 26.110 € | 24.766 € | 23.371 € |
| 69.000 € | 38.190 € | 36.789 € | 35.473 € | 34.197 € | 32.765 € | 31.476 € | 30.231 € | 28.983 € | 27.642 € | 26.110 € | 24.766 € | 23.371 € |
| 72.000 € | 38.190 € | 36.789 € | 35.473 € | 34.197 € | 32.765 € | 31.476 € | 30.231 € | 28.983 € | 27.642 € | 26.110 € | 24.766 € | 23.371 € |
| 75.000 € | 38.190 € | 36.789 € | 35.473 € | 34.197 € | 32.765 € | 31.476 € | 30.231 € | 28.983 € | 27.642 € | 26.110 € | 24.766 € | 23.371 € |
| 78.000 € | 38.190 € | 36.789 € | 35.473 € | 34.197 € | 32.765 € | 31.476 € | 30.231 € | 28.983 € | 27.642 € | 26.110 € | 24.766 € | 23.371 € |
| 81.000 € | 38.190 € | 36.789 € | 35.473 € | 34.197 € | 32.765 € | 31.476 € | 30.231 € | 28.983 € | 27.642 € | 26.110 € | 24.766 € | 23.371 € |
| 84.000 € | 38.190 € | 36.789 € | 35.473 € | 34.197 € | 32.765 € | 31.476 € | 30.231 € | 28.983 € | 27.642 € | 26.110 € | 24.766 € | 23.371 € |
| 87.000 € | 38.190 € | 36.789 € | 35.473 € | 34.197 € | 32.765 € | 31.476 € | 30.231 € | 28.983 € | 27.642 € | 26.110 € | 24.766 € | 23.371 € |
| 90.000 € | 38.190 € | 36.789 € | 35.473 € | 34.197 € | 32.765 € | 31.476 € | 30.231 € | 28.983 € | 27.642 € | 26.110 € | 24.766 € | 23.371 € |
| 93.000 € | 38.190 € | 36.789 € | 35.473 € | 34.197 € | 32.765 € | 31.476 € | 30.231 € | 28.983 € | 27.642 € | 26.110 € | 24.766 € | 23.371 € |
| 96.000 € | 38.190 € | 36.789 € | 35.473 € | 34.197 € | 32.765 € | 31.476 € | 30.231 € | 28.983 € | 27.642 € | 26.110 € | 24.766 € | 23.371 € |
| 99.000 € | 38.190 € | 36.789 € | 35.473 € | 34.197 € | 32.765 € | 31.476 € | 30.231 € | 28.983 € | 27.642 € | 26.110 € | 24.766 € | 23.371 € |
| 102.000 € | 38.190 € | 36.789 € | 35.473 € | 34.197 € | 32.765 € | 31.476 € | 30.231 € | 28.983 € | 27.642 € | 26.110 € | 24.766 € | 23.371 € |
| 105.000 € | 38.190 € | 36.789 € | 35.473 € | 34.197 € | 32.765 € | 31.476 € | 30.231 € | 28.983 € | 27.642 € | 26.110 € | 24.766 € | 23.371 € |
| 108.000 € | 38.190 € | 36.789 € | 35.473 € | 34.197 € | 32.765 € | 31.476 € | 30.231 € | 28.983 € | 27.642 € | 26.110 € | 24.766 € | 23.371 € |
| 111.000 € | 38.190 € | 36.789 € | 35.473 € | 34.197 € | 32.765 € | 31.476 € | 30.231 € | 28.983 € | 27.642 € | 26.110 € | 24.766 € | 23.371 € |
| 114.000 € | 38.190 € | 36.789 € | 35.473 € | 34.197 € | 32.765 € | 31.476 € | 30.231 € | 28.983 € | 27.642 € | 26.110 € | 24.766 € | 23.371 € |
| 117.000 € | 38.190 € | 36.789 € | 35.473 € | 34.197 € | 32.765 € | 31.476 € | 30.231 € | 28.983 € | 27.642 € | 26.110 € | 24.766 € | 23.371 € |
| 120.000 € | 38.190 € | 36.789 € | 35.473 € | 34.197 € | 32.765 € | 31.476 € | 30.231 € | 28.983 € | 27.642 € | 26.110 € | 24.766 € | 23.371 € |

## TABLA 1.C.7.d
## Lucro cesante del allegado/a con discapacidad

| Ingreso neto | Edad del allegado/a | | | | | | | | | | | |
|---|---|---|---|---|---|---|---|---|---|---|---|---|
| Hasta | 73 | 74 | 75 | 76 | 77 | 78 | 79 | 80 | 81 | 82 | 83 | 84 | 85 |
| 9.000 € | 5.013 € | 4.677 € | 4.381 € | 4.075 € | 3.768 € | 3.479 € | 3.215 € | 3.000 € | 3.000 € | 3.000 € | 3.000 € | 3.000 € | 3.000 € |
| 12.000 € | 6.684 € | 6.235 € | 5.841 € | 5.434 € | 5.024 € | 4.639 € | 4.286 € | 3.939 € | 3.624 € | 3.340 € | 3.074 € | 3.000 € | 3.000 € |
| 15.000 € | 8.354 € | 7.794 € | 7.301 € | 6.792 € | 6.280 € | 5.799 € | 5.358 € | 4.923 € | 4.530 € | 4.175 € | 3.843 € | 3.531 € | 3.268 € |
| 18.000 € | 10.025 € | 9.353 € | 8.762 € | 8.151 € | 7.537 € | 6.958 € | 6.429 € | 5.908 € | 5.436 € | 5.011 € | 4.611 € | 4.238 € | 3.922 € |
| 21.000 € | 11.696 € | 10.912 € | 10.222 € | 9.509 € | 8.793 € | 8.118 € | 7.501 € | 6.893 € | 6.342 € | 5.846 € | 5.380 € | 4.944 € | 4.576 € |
| 24.000 € | 13.367 € | 12.471 € | 11.682 € | 10.867 € | 10.049 € | 9.278 € | 8.573 € | 7.877 € | 7.248 € | 6.681 € | 6.148 € | 5.650 € | 5.229 € |
| 27.000 € | 15.038 € | 14.030 € | 13.143 € | 12.226 € | 11.305 € | 10.438 € | 9.644 € | 8.862 € | 8.154 € | 7.516 € | 6.917 € | 6.356 € | 5.883 € |
| 30.000 € | 16.709 € | 15.589 € | 14.603 € | 13.584 € | 12.561 € | 11.597 € | 10.716 € | 9.847 € | 9.060 € | 8.351 € | 7.685 € | 7.063 € | 6.536 € |
| 33.000 € | 18.380 € | 17.148 € | 16.063 € | 14.943 € | 13.817 € | 12.757 € | 11.787 € | 10.831 € | 9.966 € | 9.186 € | 8.454 € | 7.769 € | 7.190 € |
| 36.000 € | 20.051 € | 18.706 € | 17.523 € | 16.301 € | 15.073 € | 13.917 € | 12.859 € | 11.816 € | 10.872 € | 10.021 € | 9.222 € | 8.475 € | 7.844 € |
| 39.000 € | 21.722 € | 20.265 € | 18.984 € | 17.660 € | 16.329 € | 15.077 € | 13.930 € | 12.801 € | 11.778 € | 10.856 € | 9.991 € | 9.181 € | 8.497 € |
| 42.000 € | 21.722 € | 20.265 € | 18.984 € | 17.660 € | 16.329 € | 15.077 € | 13.930 € | 12.801 € | 11.778 € | 10.856 € | 9.991 € | 9.181 € | 8.497 € |
| 45.000 € | 21.722 € | 20.265 € | 18.984 € | 17.660 € | 16.329 € | 15.077 € | 13.930 € | 12.801 € | 11.778 € | 10.856 € | 9.991 € | 9.181 € | 8.497 € |
| 48.000 € | 21.722 € | 20.265 € | 18.984 € | 17.660 € | 16.329 € | 15.077 € | 13.930 € | 12.801 € | 11.778 € | 10.856 € | 9.991 € | 9.181 € | 8.497 € |
| 51.000 € | 21.722 € | 20.265 € | 18.984 € | 17.660 € | 16.329 € | 15.077 € | 13.930 € | 12.801 € | 11.778 € | 10.856 € | 9.991 € | 9.181 € | 8.497 € |
| 54.000 € | 21.722 € | 20.265 € | 18.984 € | 17.660 € | 16.329 € | 15.077 € | 13.930 € | 12.801 € | 11.778 € | 10.856 € | 9.991 € | 9.181 € | 8.497 € |
| 57.000 € | 21.722 € | 20.265 € | 18.984 € | 17.660 € | 16.329 € | 15.077 € | 13.930 € | 12.801 € | 11.778 € | 10.856 € | 9.991 € | 9.181 € | 8.497 € |
| 60.000 € | 21.722 € | 20.265 € | 18.984 € | 17.660 € | 16.329 € | 15.077 € | 13.930 € | 12.801 € | 11.778 € | 10.856 € | 9.991 € | 9.181 € | 8.497 € |
| 63.000 € | 21.722 € | 20.265 € | 18.984 € | 17.660 € | 16.329 € | 15.077 € | 13.930 € | 12.801 € | 11.778 € | 10.856 € | 9.991 € | 9.181 € | 8.497 € |
| 66.000 € | 21.722 € | 20.265 € | 18.984 € | 17.660 € | 16.329 € | 15.077 € | 13.930 € | 12.801 € | 11.778 € | 10.856 € | 9.991 € | 9.181 € | 8.497 € |
| 69.000 € | 21.722 € | 20.265 € | 18.984 € | 17.660 € | 16.329 € | 15.077 € | 13.930 € | 12.801 € | 11.778 € | 10.856 € | 9.991 € | 9.181 € | 8.497 € |
| 72.000 € | 21.722 € | 20.265 € | 18.984 € | 17.660 € | 16.329 € | 15.077 € | 13.930 € | 12.801 € | 11.778 € | 10.856 € | 9.991 € | 9.181 € | 8.497 € |
| 75.000 € | 21.722 € | 20.265 € | 18.984 € | 17.660 € | 16.329 € | 15.077 € | 13.930 € | 12.801 € | 11.778 € | 10.856 € | 9.991 € | 9.181 € | 8.497 € |
| 78.000 € | 21.722 € | 20.265 € | 18.984 € | 17.660 € | 16.329 € | 15.077 € | 13.930 € | 12.801 € | 11.778 € | 10.856 € | 9.991 € | 9.181 € | 8.497 € |
| 81.000 € | 21.722 € | 20.265 € | 18.984 € | 17.660 € | 16.329 € | 15.077 € | 13.930 € | 12.801 € | 11.778 € | 10.856 € | 9.991 € | 9.181 € | 8.497 € |
| 84.000 € | 21.722 € | 20.265 € | 18.984 € | 17.660 € | 16.329 € | 15.077 € | 13.930 € | 12.801 € | 11.778 € | 10.856 € | 9.991 € | 9.181 € | 8.497 € |
| 87.000 € | 21.722 € | 20.265 € | 18.984 € | 17.660 € | 16.329 € | 15.077 € | 13.930 € | 12.801 € | 11.778 € | 10.856 € | 9.991 € | 9.181 € | 8.497 € |
| 90.000 € | 21.722 € | 20.265 € | 18.984 € | 17.660 € | 16.329 € | 15.077 € | 13.930 € | 12.801 € | 11.778 € | 10.856 € | 9.991 € | 9.181 € | 8.497 € |
| 93.000 € | 21.722 € | 20.265 € | 18.984 € | 17.660 € | 16.329 € | 15.077 € | 13.930 € | 12.801 € | 11.778 € | 10.856 € | 9.991 € | 9.181 € | 8.497 € |
| 96.000 € | 21.722 € | 20.265 € | 18.984 € | 17.660 € | 16.329 € | 15.077 € | 13.930 € | 12.801 € | 11.778 € | 10.856 € | 9.991 € | 9.181 € | 8.497 € |
| 99.000 € | 21.722 € | 20.265 € | 18.984 € | 17.660 € | 16.329 € | 15.077 € | 13.930 € | 12.801 € | 11.778 € | 10.856 € | 9.991 € | 9.181 € | 8.497 € |
| 102.000 € | 21.722 € | 20.265 € | 18.984 € | 17.660 € | 16.329 € | 15.077 € | 13.930 € | 12.801 € | 11.778 € | 10.856 € | 9.991 € | 9.181 € | 8.497 € |
| 105.000 € | 21.722 € | 20.265 € | 18.984 € | 17.660 € | 16.329 € | 15.077 € | 13.930 € | 12.801 € | 11.778 € | 10.856 € | 9.991 € | 9.181 € | 8.497 € |
| 108.000 € | 21.722 € | 20.265 € | 18.984 € | 17.660 € | 16.329 € | 15.077 € | 13.930 € | 12.801 € | 11.778 € | 10.856 € | 9.991 € | 9.181 € | 8.497 € |
| 111.000 € | 21.722 € | 20.265 € | 18.984 € | 17.660 € | 16.329 € | 15.077 € | 13.930 € | 12.801 € | 11.778 € | 10.856 € | 9.991 € | 9.181 € | 8.497 € |
| 114.000 € | 21.722 € | 20.265 € | 18.984 € | 17.660 € | 16.329 € | 15.077 € | 13.930 € | 12.801 € | 11.778 € | 10.856 € | 9.991 € | 9.181 € | 8.497 € |
| 117.000 € | 21.722 € | 20.265 € | 18.984 € | 17.660 € | 16.329 € | 15.077 € | 13.930 € | 12.801 € | 11.778 € | 10.856 € | 9.991 € | 9.181 € | 8.497 € |
| 120.000 € | 21.722 € | 20.265 € | 18.984 € | 17.660 € | 16.329 € | 15.077 € | 13.930 € | 12.801 € | 11.778 € | 10.856 € | 9.991 € | 9.181 € | 8.497 € |

# TABLA 1.C.7.d
## Lucro cesante del allegado/a con discapacidad

Ingreso neto — Edad del allegado/a

| Hasta | 86 | 87 | 88 | 89 | 90 | 91 | 92 | 93 | 94 | 95 | 96 | 97 | 98 | 99 o más |
|---|---|---|---|---|---|---|---|---|---|---|---|---|---|---|
| 9.000 € | 3.000 € | 3.000 € | 3.000 € | 3.000 € | 3.000 € | 3.000 € | 3.000 € | 3.000 € | 3.000 € | 3.000 € | 3.000 € | 3.000 € | 3.000 € | 3.000 € |
| 12.000 € | 3.000 € | 3.000 € | 3.000 € | 3.000 € | 3.000 € | 3.000 € | 3.000 € | 3.000 € | 3.000 € | 3.000 € | 3.000 € | 3.000 € | 3.000 € | 3.000 € |
| 15.000 € | 3.029 € | 3.000 € | 3.000 € | 3.000 € | 3.000 € | 3.000 € | 3.000 € | 3.000 € | 3.000 € | 3.000 € | 3.000 € | 3.000 € | 3.000 € | 3.000 € |
| 18.000 € | 3.635 € | 3.383 € | 3.176 € | 3.029 € | 3.000 € | 3.000 € | 3.000 € | 3.000 € | 3.000 € | 3.000 € | 3.000 € | 3.000 € | 3.000 € | 3.000 € |
| 21.000 € | 4.241 € | 3.947 € | 3.706 € | 3.534 € | 3.391 € | 3.220 € | 3.040 € | 3.000 € | 3.000 € | 3.000 € | 3.000 € | 3.000 € | 3.000 € | 3.000 € |
| 24.000 € | 4.847 € | 4.511 € | 4.235 € | 4.039 € | 3.875 € | 3.680 € | 3.474 € | 3.057 € | 3.000 € | 3.000 € | 3.000 € | 3.000 € | 3.000 € | 3.000 € |
| 27.000 € | 5.453 € | 5.075 € | 4.764 € | 4.543 € | 4.360 € | 4.140 € | 3.908 € | 3.439 € | 3.267 € | 3.000 € | 3.000 € | 3.000 € | 3.000 € | 3.000 € |
| 30.000 € | 6.059 € | 5.639 € | 5.294 € | 5.048 € | 4.844 € | 4.600 € | 4.342 € | 3.821 € | 3.630 € | 3.250 € | 3.000 € | 3.000 € | 3.000 € | 3.000 € |
| 33.000 € | 6.664 € | 6.203 € | 5.823 € | 5.553 € | 5.328 € | 5.060 € | 4.776 € | 4.203 € | 3.993 € | 3.576 € | 3.156 € | 3.000 € | 3.000 € | 3.000 € |
| 36.000 € | 7.270 € | 6.767 € | 6.352 € | 6.058 € | 5.813 € | 5.520 € | 5.211 € | 4.585 € | 4.356 € | 3.901 € | 3.443 € | 3.000 € | 3.000 € | 3.000 € |
| 39.000 € | 7.876 € | 7.331 € | 6.882 € | 6.563 € | 6.297 € | 5.980 € | 5.645 € | 4.967 € | 4.719 € | 4.226 € | 3.730 € | 3.211 € | 3.000 € | 3.000 € |
| 42.000 € | 7.876 € | 7.331 € | 6.882 € | 6.563 € | 6.297 € | 5.980 € | 5.645 € | 4.967 € | 4.719 € | 4.226 € | 3.730 € | 3.211 € | 3.000 € | 3.000 € |
| 45.000 € | 7.876 € | 7.331 € | 6.882 € | 6.563 € | 6.297 € | 5.980 € | 5.645 € | 4.967 € | 4.719 € | 4.226 € | 3.730 € | 3.211 € | 3.000 € | 3.000 € |
| 48.000 € | 7.876 € | 7.331 € | 6.882 € | 6.563 € | 6.297 € | 5.980 € | 5.645 € | 4.967 € | 4.719 € | 4.226 € | 3.730 € | 3.211 € | 3.000 € | 3.000 € |
| 51.000 € | 7.876 € | 7.331 € | 6.882 € | 6.563 € | 6.297 € | 5.980 € | 5.645 € | 4.967 € | 4.719 € | 4.226 € | 3.730 € | 3.211 € | 3.000 € | 3.000 € |
| 54.000 € | 7.876 € | 7.331 € | 6.882 € | 6.563 € | 6.297 € | 5.980 € | 5.645 € | 4.967 € | 4.719 € | 4.226 € | 3.730 € | 3.211 € | 3.000 € | 3.000 € |
| 57.000 € | 7.876 € | 7.331 € | 6.882 € | 6.563 € | 6.297 € | 5.980 € | 5.645 € | 4.967 € | 4.719 € | 4.226 € | 3.730 € | 3.211 € | 3.000 € | 3.000 € |
| 60.000 € | 7.876 € | 7.331 € | 6.882 € | 6.563 € | 6.297 € | 5.980 € | 5.645 € | 4.967 € | 4.719 € | 4.226 € | 3.730 € | 3.211 € | 3.000 € | 3.000 € |
| 63.000 € | 7.876 € | 7.331 € | 6.882 € | 6.563 € | 6.297 € | 5.980 € | 5.645 € | 4.967 € | 4.719 € | 4.226 € | 3.730 € | 3.211 € | 3.000 € | 3.000 € |
| 66.000 € | 7.876 € | 7.331 € | 6.882 € | 6.563 € | 6.297 € | 5.980 € | 5.645 € | 4.967 € | 4.719 € | 4.226 € | 3.730 € | 3.211 € | 3.000 € | 3.000 € |
| 69.000 € | 7.876 € | 7.331 € | 6.882 € | 6.563 € | 6.297 € | 5.980 € | 5.645 € | 4.967 € | 4.719 € | 4.226 € | 3.730 € | 3.211 € | 3.000 € | 3.000 € |
| 72.000 € | 7.876 € | 7.331 € | 6.882 € | 6.563 € | 6.297 € | 5.980 € | 5.645 € | 4.967 € | 4.719 € | 4.226 € | 3.730 € | 3.211 € | 3.000 € | 3.000 € |
| 75.000 € | 7.876 € | 7.331 € | 6.882 € | 6.563 € | 6.297 € | 5.980 € | 5.645 € | 4.967 € | 4.719 € | 4.226 € | 3.730 € | 3.211 € | 3.000 € | 3.000 € |
| 78.000 € | 7.876 € | 7.331 € | 6.882 € | 6.563 € | 6.297 € | 5.980 € | 5.645 € | 4.967 € | 4.719 € | 4.226 € | 3.730 € | 3.211 € | 3.000 € | 3.000 € |
| 81.000 € | 7.876 € | 7.331 € | 6.882 € | 6.563 € | 6.297 € | 5.980 € | 5.645 € | 4.967 € | 4.719 € | 4.226 € | 3.730 € | 3.211 € | 3.000 € | 3.000 € |
| 84.000 € | 7.876 € | 7.331 € | 6.882 € | 6.563 € | 6.297 € | 5.980 € | 5.645 € | 4.967 € | 4.719 € | 4.226 € | 3.730 € | 3.211 € | 3.000 € | 3.000 € |
| 87.000 € | 7.876 € | 7.331 € | 6.882 € | 6.563 € | 6.297 € | 5.980 € | 5.645 € | 4.967 € | 4.719 € | 4.226 € | 3.730 € | 3.211 € | 3.000 € | 3.000 € |
| 90.000 € | 7.876 € | 7.331 € | 6.882 € | 6.563 € | 6.297 € | 5.980 € | 5.645 € | 4.967 € | 4.719 € | 4.226 € | 3.730 € | 3.211 € | 3.000 € | 3.000 € |
| 93.000 € | 7.876 € | 7.331 € | 6.882 € | 6.563 € | 6.297 € | 5.980 € | 5.645 € | 4.967 € | 4.719 € | 4.226 € | 3.730 € | 3.211 € | 3.000 € | 3.000 € |
| 96.000 € | 7.876 € | 7.331 € | 6.882 € | 6.563 € | 6.297 € | 5.980 € | 5.645 € | 4.967 € | 4.719 € | 4.226 € | 3.730 € | 3.211 € | 3.000 € | 3.000 € |
| 99.000 € | 7.876 € | 7.331 € | 6.882 € | 6.563 € | 6.297 € | 5.980 € | 5.645 € | 4.967 € | 4.719 € | 4.226 € | 3.730 € | 3.211 € | 3.000 € | 3.000 € |
| 102.000 € | 7.876 € | 7.331 € | 6.882 € | 6.563 € | 6.297 € | 5.980 € | 5.645 € | 4.967 € | 4.719 € | 4.226 € | 3.730 € | 3.211 € | 3.000 € | 3.000 € |
| 105.000 € | 7.876 € | 7.331 € | 6.882 € | 6.563 € | 6.297 € | 5.980 € | 5.645 € | 4.967 € | 4.719 € | 4.226 € | 3.730 € | 3.211 € | 3.000 € | 3.000 € |
| 108.000 € | 7.876 € | 7.331 € | 6.882 € | 6.563 € | 6.297 € | 5.980 € | 5.645 € | 4.967 € | 4.719 € | 4.226 € | 3.730 € | 3.211 € | 3.000 € | 3.000 € |
| 111.000 € | 7.876 € | 7.331 € | 6.882 € | 6.563 € | 6.297 € | 5.980 € | 5.645 € | 4.967 € | 4.719 € | 4.226 € | 3.730 € | 3.211 € | 3.000 € | 3.000 € |
| 114.000 € | 7.876 € | 7.331 € | 6.882 € | 6.563 € | 6.297 € | 5.980 € | 5.645 € | 4.967 € | 4.719 € | 4.226 € | 3.730 € | 3.211 € | 3.000 € | 3.000 € |
| 117.000 € | 7.876 € | 7.331 € | 6.882 € | 6.563 € | 6.297 € | 5.980 € | 5.645 € | 4.967 € | 4.719 € | 4.226 € | 3.730 € | 3.211 € | 3.000 € | 3.000 € |
| 120.000 € | 7.876 € | 7.331 € | 6.882 € | 6.563 € | 6.297 € | 5.980 € | 5.645 € | 4.967 € | 4.719 € | 4.226 € | 3.730 € | 3.211 € | 3.000 € | 3.000 € |

## TABLA 1.C.1.H

**Lucro cesante del cónyuge (fallecido con dedicación a tareas del hogar)**

**Años de duración del matrimonio: 15 años**

| Ingreso neto | Edad del cónyuge | | | | | | | | |
|---|---|---|---|---|---|---|---|---|---|
| Hasta | 14 | 15 | 16 | 17 | 18 | 19 | 20 | 21 | 22 |
| 18.000 € | 128.944 € | 128.943 € | 128.943 € | 128.942 € | 128.942 € | 128.941 € | 128.941 € | 128.941 € | 128.940 € |
| 21.000 € | 150.434 € | 150.434 € | 150.433 € | 150.433 € | 150.432 € | 150.432 € | 150.431 € | 150.431 € | 150.430 € |
| 24.000 € | 171.925 € | 171.924 € | 171.924 € | 171.923 € | 171.923 € | 171.922 € | 171.921 € | 171.921 € | 171.920 € |
| 27.000 € | 193.416 € | 193.415 € | 193.414 € | 193.414 € | 193.413 € | 193.412 € | 193.411 € | 193.411 € | 193.410 € |

| Ingreso neto | Edad del cónyuge | | | | | | | | |
|---|---|---|---|---|---|---|---|---|---|
| Hasta | 23 | 24 | 25 | 26 | 27 | 28 | 29 | 30 | 31 |
| 18.000 € | 128.940 € | 128.939 € | 128.939 € | 128.938 € | 128.938 € | 128.937 € | 128.937 € | 128.936 € | 128.936 € |
| 21.000 € | 150.429 € | 150.429 € | 150.428 € | 150.428 € | 150.427 € | 150.427 € | 150.426 € | 150.426 € | 150.425 € |
| 24.000 € | 171.919 € | 171.919 € | 171.918 € | 171.918 € | 171.917 € | 171.916 € | 171.916 € | 171.915 € | 171.914 € |
| 27.000 € | 193.409 € | 193.409 € | 193.408 € | 193.407 € | 193.407 € | 193.406 € | 193.405 € | 193.404 € | 193.404 € |

| Ingreso neto | Edad del cónyuge | | | | | | | | |
|---|---|---|---|---|---|---|---|---|---|
| Hasta | 32 | 33 | 34 | 35 | 36 | 37 | 38 | 39 | 40 |
| 18.000 € | 128.935 € | 128.935 € | 128.934 € | 128.934 € | 128.933 € | 128.933 € | 128.933 € | 128.932 € | 128.932 € |
| 21.000 € | 150.425 € | 150.424 € | 150.423 € | 150.423 € | 150.422 € | 150.422 € | 150.421 € | 150.421 € | 150.420 € |
| 24.000 € | 171.914 € | 171.913 € | 171.913 € | 171.912 € | 171.911 € | 171.911 € | 171.910 € | 171.909 € | 171.909 € |
| 27.000 € | 193.403 € | 193.402 € | 193.402 € | 193.401 € | 193.400 € | 193.400 € | 193.399 € | 193.398 € | 193.397 € |

| Ingreso neto | Edad del cónyuge | | | | | | | | |
|---|---|---|---|---|---|---|---|---|---|
| Hasta | 41 | 42 | 43 | 44 | 45 | 46 | 47 | 48 | 49 |
| 18.000 € | 128.931 € | 128.931 € | 128.930 € | 128.930 € | 128.929 € | 128.929 € | 128.928 € | 128.928 € | 128.927 € |
| 21.000 € | 150.420 € | 150.419 € | 150.419 € | 150.418 € | 150.417 € | 150.417 € | 150.416 € | 150.416 € | 150.415 € |
| 24.000 € | 171.908 € | 171.908 € | 171.907 € | 171.906 € | 171.906 € | 171.905 € | 171.904 € | 171.904 € | 171.903 € |
| 27.000 € | 193.397 € | 193.396 € | 193.395 € | 193.395 € | 193.394 € | 193.393 € | 193.393 € | 193.392 € | 193.391 € |

| Ingreso neto | Edad del cónyuge | | | | | | | | |
|---|---|---|---|---|---|---|---|---|---|
| Hasta | 50 | 51 | 52 | 53 | 54 | 55 | 56 | 57 | 58 |
| 18.000 € | 128.927 € | 128.926 € | 128.926 € | 128.926 € | 128.925 € | 128.925 € | 128.924 € | 128.924 € | 128.923 € |
| 21.000 € | 150.415 € | 150.414 € | 150.414 € | 150.413 € | 150.413 € | 150.412 € | 150.411 € | 150.411 € | 150.410 € |
| 24.000 € | 171.903 € | 171.902 € | 171.901 € | 171.901 € | 171.900 € | 171.899 € | 171.899 € | 171.898 € | 171.898 € |
| 27.000 € | 193.390 € | 193.390 € | 193.389 € | 193.388 € | 193.388 € | 193.387 € | 193.386 € | 193.385 € | 193.385 € |

| Ingreso neto | Edad del cónyuge | | | | | | | | |
|---|---|---|---|---|---|---|---|---|---|
| Hasta | 14 | 15 | 16 | 17 | 18 | 19 | 20 | 21 | 22 |
| 18.000 € | 29.508 € | 29.506 € | 29.503 € | 29.500 € | 29.498 € | 29.497 € | 29.496 € | 29.496 € | 29.495 € |
| 21.000 € | 34.426 € | 34.424 € | 34.420 € | 34.416 € | 34.414 € | 34.413 € | 34.412 € | 34.412 € | 29.495 € |
| 24.000 € | 39.344 € | 39.342 € | 39.337 € | 39.333 € | 39.330 € | 39.329 € | 39.329 € | 39.328 € | 29.495 € |
| 27.000 € | 44.263 € | 44.260 € | 44.255 € | 44.249 € | 44.246 € | 44.245 € | 44.245 € | 44.243 € | 29.495 € |

| Ingreso neto | Edad del cónyuge | | | | | | | | |
|---|---|---|---|---|---|---|---|---|---|
| Hasta | 59 | 60 | 61 | 62 | 63 | 64 | 65 | 66 | 67 |
| 18.000 € | 128.923 € | 128.922 € | 128.922 € | 128.921 € | 128.921 € | 128.920 € | 128.920 € | 128.919 € | 128.919 € |
| 21.000 € | 150.410 € | 150.409 € | 150.409 € | 150.408 € | 150.408 € | 150.407 € | 150.407 € | 150.406 € | 150.405 € |
| 24.000 € | 171.897 € | 171.896 € | 171.896 € | 171.895 € | 171.894 € | 171.894 € | 171.893 € | 171.893 € | 171.892 € |
| 27.000 € | 193.384 € | 193.383 € | 193.383 € | 193.382 € | 193.381 € | 193.381 € | 193.380 € | 193.379 € | 193.378 € |

| Ingreso neto | Edad del cónyuge | | | | | | | | |
|---|---|---|---|---|---|---|---|---|---|
| Hasta | 68 | 69 | 70 | 71 | 72 | 73 | 74 | 75 | 76 |
| 18.000 € | 128.919 € | 128.918 € | 128.918 € | 128.917 € | 128.917 € | 126.052 € | 123.105 € | 120.045 € | 116.598 € |
| 21.000 € | 150.405 € | 150.404 € | 150.404 € | 150.403 € | 150.403 € | 147.060 € | 143.622 € | 140.053 € | 136.030 € |
| 24.000 € | 171.891 € | 171.891 € | 171.890 € | 171.889 € | 171.889 € | 168.069 € | 164.140 € | 160.060 € | 155.463 € |
| 27.000 € | 193.378 € | 193.377 € | 193.376 € | 193.376 € | 193.375 € | 189.077 € | 184.657 € | 180.068 € | 174.896 € |

| Ingreso neto | Edad del cónyuge | | | | | | | | |
|---|---|---|---|---|---|---|---|---|---|
| Hasta | 77 | 78 | 79 | 80 | 81 | 82 | 83 | 84 | 85 |
| 18.000 € | 112.807 € | 108.789 € | 104.627 € | 100.181 € | 95.625 € | 90.987 € | 86.247 € | 81.473 € | 76.821 € |
| 21.000 € | 131.608 € | 126.921 € | 122.065 € | 116.878 € | 111.563 € | 106.151 € | 100.621 € | 95.052 € | 89.624 € |
| 24.000 € | 150.409 € | 145.052 € | 139.503 € | 133.575 € | 127.500 € | 121.315 € | 114.995 € | 108.631 € | 102.427 € |
| 27.000 € | 169.210 € | 163.184 € | 156.941 € | 150.272 € | 143.438 € | 136.480 € | 129.370 € | 122.210 € | 115.231 € |

## TABLA 1.C.1.H

### Lucro cesante del cónyuge (fallecido con dedicación a tareas del hogar)

Años de duración del matrimonio: 15 años

| Ingreso neto | Edad del cónyuge | | | | | | | | |
|---|---|---|---|---|---|---|---|---|---|
| Hasta | 86 | 87 | 88 | 89 | 90 | 91 | 92 | 93 | 94 |
| 18.000 € | 72.254 € | 67.298 € | 62.662 € | 58.396 € | 54.389 € | 50.489 € | 46.737 € | 42.662 € | 39.338 € |
| 21.000 € | 84.296 € | 78.515 € | 73.106 € | 68.129 € | 63.454 € | 58.904 € | 54.527 € | 49.773 € | 45.895 € |
| 24.000 € | 96.339 € | 89.731 € | 83.549 € | 77.861 € | 72.519 € | 67.319 € | 62.317 € | 56.883 € | 52.451 € |
| 27.000 € | 108.381 € | 100.947 € | 93.993 € | 87.594 € | 81.584 € | 75.734 € | 70.106 € | 63.993 € | 59.008 € |

| Ingreso neto | Edad del cónyuge | | | | |
|---|---|---|---|---|---|
| Hasta | 95 | 96 | 97 | 98 | 99 o más |
| 18.000 € | 35.769 € | 32.234 € | 28.582 € | 24.040 € | 18.393 € |
| 21.000 € | 41.730 € | 37.606 € | 33.346 € | 28.047 € | 21.458 € |
| 24.000 € | 47.692 € | 42.978 € | 38.110 € | 32.054 € | 24.524 € |
| 27.000 € | 53.653 € | 48.351 € | 42.874 € | 36.061 € | 27.589 € |

## TABLA 1.C.1.H
### Lucro cesante del cónyuge (fallecido con dedicación a tareas del hogar)
### Años de duración del matrimonio: 16 años

| Ingreso neto | Edad del cónyuge | | | | | | | | |
|---|---|---|---|---|---|---|---|---|---|
| Hasta | 30 | 31 | 32 | 33 | 34 | 35 | 36 | 37 | 38 |
| 18.000 € | 160.259 € | 160.211 € | 160.151 € | 160.073 € | 159.985 € | 159.880 € | 159.760 € | 159.622 € | 159.467 € |
| 21.000 € | 186.969 € | 186.913 € | 186.843 € | 186.752 € | 186.649 € | 186.527 € | 186.387 € | 186.226 € | 186.045 € |
| 24.000 € | 213.679 € | 213.615 € | 213.535 € | 213.430 € | 213.314 € | 213.173 € | 213.013 € | 212.830 € | 212.623 € |
| 27.000 € | 240.389 € | 240.317 € | 240.227 € | 240.109 € | 239.978 € | 239.820 € | 239.640 € | 239.434 € | 239.200 € |

| Ingreso neto | Edad del cónyuge | | | | | | | | |
|---|---|---|---|---|---|---|---|---|---|
| Hasta | 39 | 40 | 41 | 42 | 43 | 44 | 45 | 46 | 47 |
| 18.000 € | 159.289 € | 159.098 € | 158.891 € | 158.660 € | 158.417 € | 158.174 € | 157.903 € | 157.611 € | 157.315 € |
| 21.000 € | 185.837 € | 185.614 € | 185.372 € | 185.103 € | 184.820 € | 184.537 € | 184.220 € | 183.880 € | 183.535 € |
| 24.000 € | 212.385 € | 212.130 € | 211.854 € | 211.547 € | 211.223 € | 210.899 € | 210.537 € | 210.148 € | 209.754 € |
| 27.000 € | 238.933 € | 238.646 € | 238.336 € | 237.990 € | 237.626 € | 237.262 € | 236.854 € | 236.417 € | 235.973 € |

| Ingreso neto | Edad del cónyuge | | | | | | | | |
|---|---|---|---|---|---|---|---|---|---|
| Hasta | 57 | 58 | 59 | 60 | 61 | 62 | 63 | 64 | 65 |
| 18.000 € | 153.765 € | 153.299 € | 152.800 € | 152.240 € | 151.579 € | 150.804 € | 150.006 € | 149.120 € | 147.936 € |
| 21.000 € | 179.392 € | 178.849 € | 178.266 € | 177.613 € | 176.842 € | 175.939 € | 175.007 € | 173.973 € | 172.592 € |
| 24.000 € | 205.020 € | 204.399 € | 203.733 € | 202.986 € | 202.105 € | 201.073 € | 200.008 € | 198.827 € | 197.248 € |
| 27.000 € | 230.647 € | 229.949 € | 229.200 € | 228.360 € | 227.368 € | 226.207 € | 225.009 € | 223.680 € | 221.904 € |

| Ingreso neto | Edad del cónyuge | | | | | | | | |
|---|---|---|---|---|---|---|---|---|---|
| Hasta | 66 | 67 | 68 | 69 | 70 | 71 | 72 | 73 | 74 |
| 18.000 € | 146.680 € | 145.216 € | 143.608 € | 141.728 € | 139.420 € | 137.088 € | 134.428 € | 131.155 € | 127.782 € |
| 21.000 € | 171.126 € | 169.419 € | 167.543 € | 165.350 € | 162.657 € | 159.936 € | 156.833 € | 153.014 € | 149.079 € |
| 24.000 € | 195.573 € | 193.621 € | 191.478 € | 188.971 € | 185.894 € | 182.784 € | 179.238 € | 174.873 € | 170.375 € |
| 27.000 € | 220.020 € | 217.824 € | 215.412 € | 212.593 € | 209.130 € | 205.633 € | 201.642 € | 196.732 € | 191.672 € |

| Ingreso neto | Edad del cónyuge | | | | | | | | |
|---|---|---|---|---|---|---|---|---|---|
| Hasta | 75 | 76 | 77 | 78 | 79 | 80 | 81 | 82 | 83 |
| 18.000 € | 124.288 € | 120.404 € | 116.175 € | 111.752 € | 107.155 € | 102.312 € | 97.382 € | 92.399 € | 87.371 € |
| 21.000 € | 145.003 € | 140.471 € | 135.537 € | 130.377 € | 125.014 € | 119.364 € | 113.612 € | 107.799 € | 101.933 € |
| 24.000 € | 165.718 € | 160.538 € | 154.900 € | 149.002 € | 142.873 € | 136.416 € | 129.842 € | 123.198 € | 116.495 € |
| 27.000 € | 186.432 € | 180.605 € | 174.262 € | 167.627 € | 160.733 € | 153.468 € | 146.073 € | 138.598 € | 131.056 € |

| Ingreso neto | Edad del cónyuge | | | | | | | | |
|---|---|---|---|---|---|---|---|---|---|
| Hasta | 84 | 85 | 86 | 87 | 88 | 89 | 90 | 91 | 92 |
| 18.000 € | 82.351 € | 77.495 € | 72.254 € | 67.298 € | 62.662 € | 58.396 € | 54.389 € | 50.489 € | 46.737 € |
| 21.000 € | 96.076 € | 90.411 € | 84.296 € | 78.515 € | 73.106 € | 68.129 € | 63.454 € | 58.904 € | 54.527 € |
| 24.000 € | 109.801 € | 103.327 € | 96.339 € | 89.731 € | 83.549 € | 77.861 € | 72.519 € | 67.319 € | 62.317 € |
| 27.000 € | 123.526 € | 116.243 € | 108.381 € | 100.947 € | 93.993 € | 87.594 € | 81.584 € | 75.734 € | 70.106 € |

| Ingreso neto | Edad del cónyuge | | | | | | |
|---|---|---|---|---|---|---|---|
| Hasta | 93 | 94 | 95 | 96 | 97 | 98 | 99 o más |
| 18.000 € | 42.662 € | 39.338 € | 35.769 € | 32.234 € | 28.582 € | 24.040 € | 18.393 € |
| 21.000 € | 49.773 € | 45.895 € | 41.730 € | 37.606 € | 33.346 € | 28.047 € | 21.458 € |
| 24.000 € | 56.883 € | 52.451 € | 47.692 € | 42.978 € | 38.110 € | 32.054 € | 24.524 € |
| 27.000 € | 63.993 € | 59.008 € | 53.653 € | 48.351 € | 42.874 € | 36.061 € | 27.589 € |

# TABLA 1.C.1.H

## Lucro cesante del cónyuge (fallecido con dedicación a tareas del hogar)

### Años de duración del matrimonio: 17 años

| Ingreso neto | Edad del cónyuge | | | | | | | | |
|---|---|---|---|---|---|---|---|---|---|
| Hasta | 31 | 32 | 33 | 34 | 35 | 36 | 37 | 38 | 39 |
| 18.000 € | 169.358 € | 169.284 € | 169.190 € | 169.086 € | 168.961 € | 168.818 € | 168.655 € | 168.474 € | 168.268 € |
| 21.000 € | 197.584 € | 197.498 € | 197.389 € | 197.267 € | 197.121 € | 196.955 € | 196.764 € | 196.553 € | 196.313 € |
| 24.000 € | 225.810 € | 225.712 € | 225.587 € | 225.448 € | 225.281 € | 225.091 € | 224.873 € | 224.632 € | 224.357 € |
| 27.000 € | 254.036 € | 253.926 € | 253.786 € | 253.629 € | 253.441 € | 253.227 € | 252.983 € | 252.711 € | 252.402 € |

| Ingreso neto | Edad del cónyuge | | | | | | | | |
|---|---|---|---|---|---|---|---|---|---|
| Hasta | 40 | 41 | 42 | 43 | 44 | 45 | 46 | 47 | 48 |
| 18.000 € | 168.050 € | 167.811 € | 167.548 € | 167.272 € | 166.995 € | 166.689 € | 166.362 € | 166.026 € | 165.691 € |
| 21.000 € | 196.058 € | 195.780 € | 195.473 € | 195.151 € | 194.828 € | 194.470 € | 194.089 € | 193.697 € | 193.306 € |
| 24.000 € | 224.066 € | 223.748 € | 223.398 € | 223.030 € | 222.660 € | 222.252 € | 221.816 € | 221.368 € | 220.921 € |
| 27.000 € | 252.075 € | 251.717 € | 251.323 € | 250.908 € | 250.493 € | 250.033 € | 249.542 € | 249.039 € | 248.536 € |

| Ingreso neto | Edad del cónyuge | | | | | | | | |
|---|---|---|---|---|---|---|---|---|---|
| Hasta | 49 | 50 | 51 | 52 | 53 | 54 | 55 | 56 | 57 |
| 18.000 € | 165.331 € | 164.962 € | 164.589 € | 164.213 € | 163.844 € | 163.434 € | 162.997 € | 162.488 € | 162.014 € |
| 21.000 € | 192.886 € | 192.456 € | 192.020 € | 191.582 € | 191.151 € | 190.673 € | 190.163 € | 189.569 € | 189.016 € |
| 24.000 € | 220.441 € | 219.949 € | 219.452 € | 218.951 € | 218.458 € | 217.912 € | 217.329 € | 216.650 € | 216.018 € |
| 27.000 € | 247.996 € | 247.443 € | 246.883 € | 246.320 € | 245.766 € | 245.151 € | 244.496 € | 243.732 € | 243.020 € |

| Ingreso neto | Edad del cónyuge | | | | | | | | |
|---|---|---|---|---|---|---|---|---|---|
| Hasta | 58 | 59 | 60 | 61 | 62 | 63 | 64 | 65 | 66 |
| 18.000 € | 161.473 € | 160.880 € | 160.218 € | 159.443 € | 158.534 € | 157.584 € | 156.530 € | 155.144 € | 153.663 € |
| 21.000 € | 188.385 € | 187.694 € | 186.921 € | 186.017 € | 184.956 € | 183.848 € | 182.618 € | 181.001 € | 179.274 € |
| 24.000 € | 215.298 € | 214.507 € | 213.624 € | 212.590 € | 211.379 € | 210.111 € | 208.706 € | 206.859 € | 204.885 € |
| 27.000 € | 242.210 € | 241.320 € | 240.327 € | 239.164 € | 237.801 € | 236.375 € | 234.795 € | 232.716 € | 230.495 € |

| Ingreso neto | Edad del cónyuge | | | | | | | | |
|---|---|---|---|---|---|---|---|---|---|
| Hasta | 67 | 68 | 69 | 70 | 71 | 72 | 73 | 74 | 75 |
| 18.000 € | 151.949 € | 150.067 € | 147.877 € | 145.223 € | 142.528 € | 139.475 € | 135.770 € | 131.960 € | 128.036 € |
| 21.000 € | 177.274 € | 175.078 € | 172.523 € | 169.427 € | 166.283 € | 162.721 € | 158.398 € | 153.953 € | 149.375 € |
| 24.000 € | 202.598 € | 200.089 € | 197.169 € | 193.631 € | 190.038 € | 185.967 € | 181.027 € | 175.947 € | 170.715 € |
| 27.000 € | 227.923 € | 225.100 € | 221.815 € | 217.835 € | 213.792 € | 209.213 € | 203.655 € | 197.940 € | 192.054 € |

| Ingreso neto | Edad del cónyuge | | | | | | | | |
|---|---|---|---|---|---|---|---|---|---|
| Hasta | 76 | 77 | 78 | 79 | 80 | 81 | 82 | 83 | 84 |
| 18.000 € | 123.718 € | 119.085 € | 114.229 € | 109.240 € | 104.024 € | 98.753 € | 93.486 € | 88.216 € | 82.995 € |
| 21.000 € | 144.338 € | 138.932 € | 133.267 € | 127.446 € | 121.362 € | 115.212 € | 109.067 € | 102.918 € | 96.828 € |
| 24.000 € | 164.957 € | 158.779 € | 152.305 € | 145.653 € | 138.699 € | 131.671 € | 124.648 € | 117.621 € | 110.660 € |
| 27.000 € | 185.577 € | 178.627 € | 171.343 € | 163.859 € | 156.037 € | 148.130 € | 140.230 € | 132.323 € | 124.493 € |

| Ingreso neto | Edad del cónyuge | | | | | | | | |
|---|---|---|---|---|---|---|---|---|---|
| Hasta | 85 | 86 | 87 | 88 | 89 | 90 | 91 | 92 | 93 |
| 18.000 € | 77.495 € | 72.254 € | 67.298 € | 62.662 € | 58.396 € | 54.389 € | 50.489 € | 46.737 € | 42.662 € |
| 21.000 € | 90.411 € | 84.296 € | 78.515 € | 73.106 € | 68.129 € | 63.454 € | 58.904 € | 54.527 € | 49.773 € |
| 24.000 € | 103.327 € | 96.339 € | 89.731 € | 83.549 € | 77.861 € | 72.519 € | 67.319 € | 62.317 € | 56.883 € |
| 27.000 € | 116.243 € | 108.381 € | 100.947 € | 93.993 € | 87.594 € | 81.584 € | 75.734 € | 70.106 € | 63.993 € |

| Ingreso neto | Edad del cónyuge | | | | | | | | |
|---|---|---|---|---|---|---|---|---|---|
| Hasta | 31 | 32 | 33 | 34 | 35 | 36 | 37 | 38 | 39 |
| 18.000 € | 34.271 € | 34.253 € | 34.231 € | 34.207 € | 34.177 € | 34.144 € | 34.105 € | 34.063 € | 34.015 € |
| 21.000 € | 39.983 € | 39.962 € | 39.937 € | 39.908 € | 39.873 € | 39.834 € | 39.790 € | 39.740 € | 34.015 € |
| 24.000 € | 45.695 € | 45.671 € | 45.642 € | 45.609 € | 45.570 € | 45.525 € | 45.474 € | 45.417 € | 34.015 € |
| 27.000 € | 51.406 € | 51.380 € | 51.347 € | 51.310 € | 51.266 € | 51.216 € | 51.158 € | 51.095 € | 34.015 € |

| Ingreso neto | Edad del cónyuge | | | | | |
|---|---|---|---|---|---|---|
| Hasta | 94 | 95 | 96 | 97 | 98 | 99 o más |
| 18.000 € | 39.338 € | 35.769 € | 32.234 € | 28.582 € | 24.040 € | 18.393 € |
| 21.000 € | 45.895 € | 41.730 € | 37.606 € | 33.346 € | 28.047 € | 21.458 € |
| 24.000 € | 52.451 € | 47.692 € | 42.978 € | 38.110 € | 32.054 € | 24.524 € |
| 27.000 € | 59.008 € | 53.653 € | 48.351 € | 42.874 € | 36.061 € | 27.589 € |

## TABLA 1.C.1.H
### Lucro cesante del cónyuge (fallecido con dedicación a tareas del hogar)
### Años de duración del matrimonio: 18 años

| Ingreso neto | Edad del cónyuge | | | | | | | | |
|---|---|---|---|---|---|---|---|---|---|
| Hasta | 32 | 33 | 34 | 35 | 36 | 37 | 38 | 39 | 40 |
| 18.000 € | 178.313 € | 178.202 € | 178.078 € | 177.930 € | 177.762 € | 177.573 € | 177.364 € | 177.131 € | 176.881 € |
| 21.000 € | 208.032 € | 207.903 € | 207.758 € | 207.585 € | 207.389 € | 207.169 € | 206.925 € | 206.652 € | 206.361 € |
| 24.000 € | 237.751 € | 237.603 € | 237.437 € | 237.241 € | 237.016 € | 236.764 € | 236.486 € | 236.174 € | 235.841 € |
| 27.000 € | 267.469 € | 267.303 € | 267.117 € | 266.896 € | 266.644 € | 266.360 € | 266.046 € | 265.696 € | 265.321 € |

| Ingreso neto | Edad del cónyuge | | | | | | | | |
|---|---|---|---|---|---|---|---|---|---|
| Hasta | 41 | 42 | 43 | 44 | 45 | 46 | 47 | 48 | 49 |
| 18.000 € | 176.610 € | 176.313 € | 176.001 € | 175.689 € | 175.347 € | 174.979 € | 174.601 € | 174.229 € | 173.827 € |
| 21.000 € | 206.045 € | 205.698 € | 205.335 € | 204.971 € | 204.572 € | 204.142 € | 203.701 € | 203.267 € | 202.799 € |
| 24.000 € | 235.480 € | 235.084 € | 234.668 € | 234.252 € | 233.796 € | 233.306 € | 232.801 € | 232.306 € | 231.770 € |
| 27.000 € | 264.915 € | 264.469 € | 264.002 € | 263.534 € | 263.021 € | 262.469 € | 261.901 € | 261.344 € | 260.741 € |

| Ingreso neto | Edad del cónyuge | | | | | | | | |
|---|---|---|---|---|---|---|---|---|---|
| Hasta | 50 | 51 | 52 | 53 | 54 | 55 | 56 | 57 | 58 |
| 18.000 € | 173.417 € | 172.998 € | 172.578 € | 172.168 € | 171.703 € | 171.205 € | 170.638 € | 170.091 € | 169.457 € |
| 21.000 € | 202.320 € | 201.831 € | 201.341 € | 200.863 € | 200.320 € | 199.740 € | 199.078 € | 198.439 € | 197.700 € |
| 24.000 € | 231.222 € | 230.664 € | 230.104 € | 229.558 € | 228.937 € | 228.274 € | 227.517 € | 226.788 € | 225.943 € |
| 27.000 € | 260.125 € | 259.498 € | 258.867 € | 258.253 € | 257.554 € | 256.808 € | 255.957 € | 255.136 € | 254.186 € |

| Ingreso neto | Edad del cónyuge | | | | | | | | |
|---|---|---|---|---|---|---|---|---|---|
| Hasta | 59 | 60 | 61 | 62 | 63 | 64 | 65 | 66 | 67 |
| 18.000 € | 168.763 € | 167.990 € | 167.083 € | 166.021 € | 164.903 € | 163.658 € | 162.047 € | 160.320 € | 158.332 € |
| 21.000 € | 196.891 € | 195.988 € | 194.930 € | 193.691 € | 192.387 € | 190.935 € | 189.055 € | 187.040 € | 184.720 € |
| 24.000 € | 225.018 € | 223.986 € | 222.778 € | 221.361 € | 219.871 € | 218.211 € | 216.062 € | 213.760 € | 211.109 € |
| 27.000 € | 253.145 € | 251.985 € | 250.625 € | 249.031 € | 247.355 € | 245.488 € | 243.070 € | 240.480 € | 237.498 € |

| Ingreso neto | Edad del cónyuge | | | | | | | | |
|---|---|---|---|---|---|---|---|---|---|
| Hasta | 68 | 69 | 70 | 71 | 72 | 73 | 74 | 75 | 76 |
| 18.000 € | 156.145 € | 153.621 € | 150.598 € | 147.517 € | 144.047 € | 139.900 € | 135.657 € | 131.306 € | 126.587 € |
| 21.000 € | 182.169 € | 179.225 € | 175.698 € | 172.103 € | 168.055 € | 163.217 € | 158.266 € | 153.190 € | 147.685 € |
| 24.000 € | 208.194 € | 204.828 € | 200.798 € | 196.689 € | 192.063 € | 186.533 € | 180.876 € | 175.075 € | 168.783 € |
| 27.000 € | 234.218 € | 230.432 € | 225.897 € | 221.275 € | 216.070 € | 209.850 € | 203.485 € | 196.959 € | 189.881 € |

| Ingreso neto | Edad del cónyuge | | | | | | | | |
|---|---|---|---|---|---|---|---|---|---|
| Hasta | 77 | 78 | 79 | 80 | 81 | 82 | 83 | 84 | 85 |
| 18.000 € | 121.523 € | 116.276 € | 110.919 € | 105.365 € | 99.812 € | 94.305 € | 88.837 € | 82.995 € | 77.495 € |
| 21.000 € | 141.777 € | 135.655 € | 129.406 € | 122.926 € | 116.448 € | 110.023 € | 103.644 € | 96.828 € | 90.411 € |
| 24.000 € | 162.031 € | 155.035 € | 147.892 € | 140.487 € | 133.083 € | 125.740 € | 118.450 € | 110.660 € | 103.327 € |
| 27.000 € | 182.285 € | 174.414 € | 166.379 € | 158.048 € | 149.718 € | 141.458 € | 133.256 € | 124.493 € | 116.243 € |

| Ingreso neto | Edad del cónyuge | | | | | | | | |
|---|---|---|---|---|---|---|---|---|---|
| Hasta | 86 | 87 | 88 | 89 | 90 | 91 | 92 | 93 | 94 |
| 18.000 € | 72.254 € | 67.298 € | 62.662 € | 58.396 € | 54.389 € | 50.489 € | 46.737 € | 42.662 € | 39.338 € |
| 21.000 € | 84.296 € | 78.515 € | 73.106 € | 68.129 € | 63.454 € | 58.904 € | 54.527 € | 49.773 € | 45.895 € |
| 24.000 € | 96.339 € | 89.731 € | 83.549 € | 77.861 € | 72.519 € | 67.319 € | 62.317 € | 56.883 € | 52.451 € |
| 27.000 € | 108.381 € | 100.947 € | 93.993 € | 87.594 € | 81.584 € | 75.734 € | 70.106 € | 63.993 € | 59.008 € |

| Ingreso neto | Edad del cónyuge | | | | |
|---|---|---|---|---|---|
| Hasta | 95 | 96 | 97 | 98 | 99 o más |
| 18.000 € | 35.769 € | 32.234 € | 28.582 € | 24.040 € | 18.393 € |
| 21.000 € | 41.730 € | 37.606 € | 33.346 € | 28.047 € | 21.458 € |
| 24.000 € | 47.692 € | 42.978 € | 38.110 € | 32.054 € | 24.524 € |
| 27.000 € | 53.653 € | 48.351 € | 42.874 € | 36.061 € | 27.589 € |

# TABLA 1.C.1.H
## Lucro cesante del cónyuge (fallecido con dedicación a tareas del hogar)
### Años de duración del matrimonio: 19 años

Ingreso neto — Edad del cónyuge

| Hasta | 33 | 34 | 35 | 36 | 37 | 38 | 39 | 40 | 41 |
|---|---|---|---|---|---|---|---|---|---|
| 18.000 € | 187.107 € | 186.961 € | 186.787 € | 186.593 € | 186.376 € | 186.140 € | 185.874 € | 185.591 € | 185.286 € |
| 21.000 € | 218.292 € | 218.121 € | 217.919 € | 217.692 € | 217.439 € | 217.163 € | 216.853 € | 216.523 € | 216.167 € |
| 24.000 € | 249.476 € | 249.281 € | 249.050 € | 248.791 € | 248.502 € | 248.186 € | 247.832 € | 247.455 € | 247.048 € |
| 27.000 € | 280.661 € | 280.441 € | 280.181 € | 279.890 € | 279.564 € | 279.210 € | 278.811 € | 278.387 € | 277.929 € |

Ingreso neto — Edad del cónyuge

| Hasta | 42 | 43 | 44 | 45 | 46 | 47 | 48 | 49 | 50 |
|---|---|---|---|---|---|---|---|---|---|
| 18.000 € | 184.953 € | 184.605 € | 184.258 € | 183.875 € | 183.463 € | 183.047 € | 182.634 € | 182.189 € | 181.733 € |
| 21.000 € | 215.778 € | 215.372 € | 214.967 € | 214.521 € | 214.040 € | 213.555 € | 213.072 € | 212.554 € | 212.021 € |
| 24.000 € | 246.604 € | 246.140 € | 245.677 € | 245.167 € | 244.617 € | 244.062 € | 243.511 € | 242.919 € | 242.310 € |
| 27.000 € | 277.429 € | 276.907 € | 276.387 € | 275.812 € | 275.194 € | 274.570 € | 273.950 € | 273.284 € | 272.599 € |

Ingreso neto — Edad del cónyuge

| Hasta | 51 | 52 | 53 | 54 | 55 | 56 | 57 | 58 | 59 |
|---|---|---|---|---|---|---|---|---|---|
| 18.000 € | 181.269 € | 180.807 € | 180.343 € | 179.817 € | 179.264 € | 178.621 € | 177.983 € | 177.250 € | 176.445 € |
| 21.000 € | 211.480 € | 210.941 € | 210.400 € | 209.787 € | 209.141 € | 208.391 € | 207.647 € | 206.791 € | 205.853 € |
| 24.000 € | 241.691 € | 241.075 € | 240.457 € | 239.756 € | 239.019 € | 238.162 € | 237.311 € | 236.333 € | 235.260 € |
| 27.000 € | 271.903 € | 271.210 € | 270.514 € | 269.726 € | 268.896 € | 267.932 € | 266.975 € | 265.874 € | 264.668 € |

Ingreso neto — Edad del cónyuge

| Hasta | 60 | 61 | 62 | 63 | 64 | 65 | 66 | 67 | 68 |
|---|---|---|---|---|---|---|---|---|---|
| 18.000 € | 175.544 € | 174.487 € | 173.256 € | 171.949 € | 170.490 € | 168.632 € | 166.636 € | 164.345 € | 161.831 € |
| 21.000 € | 204.801 € | 203.568 € | 202.132 € | 200.607 € | 198.905 € | 196.737 € | 194.409 € | 191.736 € | 188.802 € |
| 24.000 € | 234.058 € | 232.650 € | 231.008 € | 229.266 € | 227.320 € | 224.842 € | 222.181 € | 219.127 € | 215.774 € |
| 27.000 € | 263.316 € | 261.731 € | 259.884 € | 257.924 € | 255.735 € | 252.947 € | 249.954 € | 246.517 € | 242.746 € |

Ingreso neto — Edad del cónyuge

| Hasta | 69 | 70 | 71 | 72 | 73 | 74 | 75 | 76 | 77 |
|---|---|---|---|---|---|---|---|---|---|
| 18.000 € | 158.949 € | 155.533 € | 152.041 € | 148.145 € | 143.561 € | 138.888 € | 134.141 € | 128.997 € | 123.543 € |
| 21.000 € | 185.440 € | 181.456 € | 177.382 € | 172.835 € | 167.488 € | 162.036 € | 156.498 € | 150.496 € | 144.134 € |
| 24.000 € | 211.931 € | 207.378 € | 202.722 € | 197.526 € | 191.414 € | 185.184 € | 178.855 € | 171.996 € | 164.725 € |
| 27.000 € | 238.423 € | 233.300 € | 228.062 € | 222.217 € | 215.341 € | 208.333 € | 201.212 € | 193.495 € | 185.315 € |

Ingreso neto — Edad del cónyuge

| Hasta | 78 | 79 | 80 | 81 | 82 | 83 | 84 | 85 | 86 |
|---|---|---|---|---|---|---|---|---|---|
| 18.000 € | 117.930 € | 112.237 € | 106.403 € | 100.612 € | 94.910 € | 88.837 € | 82.995 € | 77.495 € | 72.254 € |
| 21.000 € | 137.585 € | 130.944 € | 124.137 € | 117.381 € | 110.728 € | 103.644 € | 96.828 € | 90.411 € | 84.296 € |
| 24.000 € | 157.240 € | 149.650 € | 141.871 € | 134.149 € | 126.547 € | 118.450 € | 110.660 € | 103.327 € | 96.339 € |
| 27.000 € | 176.895 € | 168.356 € | 159.604 € | 150.918 € | 142.365 € | 133.256 € | 124.493 € | 116.243 € | 108.381 € |

Ingreso neto — Edad del cónyuge

| Hasta | 87 | 88 | 89 | 90 | 91 | 92 | 93 | 94 | 95 |
|---|---|---|---|---|---|---|---|---|---|
| 18.000 € | 67.298 € | 62.662 € | 58.396 € | 54.389 € | 50.489 € | 46.737 € | 42.662 € | 39.338 € | 35.769 € |
| 21.000 € | 78.515 € | 73.106 € | 68.129 € | 63.454 € | 58.904 € | 54.527 € | 49.773 € | 45.895 € | 41.730 € |
| 24.000 € | 89.731 € | 83.549 € | 77.861 € | 72.519 € | 67.319 € | 62.317 € | 56.883 € | 52.451 € | 47.692 € |
| 27.000 € | 100.947 € | 93.993 € | 87.594 € | 81.584 € | 75.734 € | 70.106 € | 63.993 € | 59.008 € | 53.653 € |

Ingreso neto — Edad del cónyuge

| Hasta | 96 | 97 | 98 | 99 o más |
|---|---|---|---|---|
| 18.000 € | 32.234 € | 28.582 € | 24.040 € | 18.393 € |
| 21.000 € | 37.606 € | 33.346 € | 28.047 € | 21.458 € |
| 24.000 € | 42.978 € | 38.110 € | 32.054 € | 24.524 € |
| 27.000 € | 48.351 € | 42.874 € | 36.061 € | 27.589 € |

## TABLA 1.C.1.H
### Lucro cesante del cónyuge (fallecido con dedicación a tareas del hogar)
### Años de duración del matrimonio: 20 años

Ingreso neto / Edad del cónyuge

| Hasta | 34 | 35 | 36 | 37 | 38 | 39 | 40 | 41 | 42 |
|---|---|---|---|---|---|---|---|---|---|
| 18.000 € | 195.732 € | 195.532 € | 195.311 € | 195.066 € | 194.797 € | 194.498 € | 194.181 € | 193.840 € | 193.470 € |
| 21.000 € | 228.354 € | 228.121 € | 227.862 € | 227.577 € | 227.263 € | 226.915 € | 226.545 € | 226.146 € | 225.715 € |
| 24.000 € | 260.976 € | 260.710 € | 260.414 € | 260.088 € | 259.730 € | 259.331 € | 258.908 € | 258.453 € | 257.959 € |
| 27.000 € | 293.598 € | 293.299 € | 292.966 € | 292.599 € | 292.196 € | 291.748 € | 291.272 € | 290.760 € | 290.204 € |

Ingreso neto / Edad del cónyuge

| Hasta | 43 | 44 | 45 | 46 | 47 | 48 | 49 | 50 | 51 |
|---|---|---|---|---|---|---|---|---|---|
| 18.000 € | 193.085 € | 192.697 € | 192.271 € | 191.820 € | 191.361 € | 190.906 € | 190.415 € | 189.912 € | 189.406 € |
| 21.000 € | 225.266 € | 224.814 € | 224.316 € | 223.790 € | 223.255 € | 222.723 € | 222.151 € | 221.564 € | 220.974 € |
| 24.000 € | 257.447 € | 256.930 € | 256.361 € | 255.760 € | 255.148 € | 254.541 € | 253.887 € | 253.217 € | 252.541 € |
| 27.000 € | 289.628 € | 289.046 € | 288.406 € | 287.730 € | 287.042 € | 286.359 € | 285.623 € | 284.869 € | 284.109 € |

Ingreso neto / Edad del cónyuge

| Hasta | 52 | 53 | 54 | 55 | 56 | 57 | 58 | 59 | 60 |
|---|---|---|---|---|---|---|---|---|---|
| 18.000 € | 188.889 € | 188.367 € | 187.786 € | 187.160 € | 186.424 € | 185.688 € | 184.845 € | 183.915 € | 182.868 € |
| 21.000 € | 220.370 € | 219.762 € | 219.084 € | 218.353 € | 217.495 € | 216.637 € | 215.653 € | 214.568 € | 213.346 € |
| 24.000 € | 251.852 € | 251.156 € | 250.381 € | 249.546 € | 248.566 € | 247.585 € | 246.461 € | 245.220 € | 243.823 € |
| 27.000 € | 283.333 € | 282.551 € | 281.679 € | 280.740 € | 279.636 € | 278.533 € | 277.268 € | 275.873 € | 274.301 € |

Ingreso neto / Edad del cónyuge

| Hasta | 61 | 62 | 63 | 64 | 65 | 66 | 67 | 68 | 69 |
|---|---|---|---|---|---|---|---|---|---|
| 18.000 € | 181.647 € | 180.226 € | 178.706 € | 177.012 € | 174.884 € | 172.592 € | 169.975 € | 167.110 € | 163.846 € |
| 21.000 € | 211.921 € | 210.263 € | 208.491 € | 206.514 € | 204.032 € | 201.357 € | 198.304 € | 194.961 € | 191.154 € |
| 24.000 € | 242.196 € | 240.301 € | 238.275 € | 236.016 € | 233.179 € | 230.122 € | 226.633 € | 222.813 € | 218.462 € |
| 27.000 € | 272.470 € | 270.339 € | 268.060 € | 265.517 € | 262.327 € | 258.888 € | 254.963 € | 250.664 € | 245.770 € |

Ingreso neto / Edad del cónyuge

| Hasta | 70 | 71 | 72 | 73 | 74 | 75 | 76 | 77 | 78 |
|---|---|---|---|---|---|---|---|---|---|
| 18.000 € | 160.017 € | 156.104 € | 151.783 € | 146.766 € | 141.696 € | 136.528 € | 130.998 € | 125.179 € | 119.231 € |
| 21.000 € | 186.686 € | 182.121 € | 177.080 € | 171.227 € | 165.312 € | 159.283 € | 152.830 € | 146.042 € | 139.103 € |
| 24.000 € | 213.356 € | 208.138 € | 202.377 € | 195.688 € | 188.928 € | 182.038 € | 174.663 € | 166.905 € | 158.975 € |
| 27.000 € | 240.025 € | 234.155 € | 227.674 € | 220.149 € | 212.544 € | 204.793 € | 196.496 € | 187.768 € | 178.847 € |

Ingreso neto / Edad del cónyuge

| Hasta | 79 | 80 | 81 | 82 | 83 | 84 | 85 | 86 | 87 |
|---|---|---|---|---|---|---|---|---|---|
| 18.000 € | 113.260 € | 107.189 € | 101.204 € | 94.910 € | 88.837 € | 82.995 € | 77.495 € | 72.254 € | 67.298 € |
| 21.000 € | 132.137 € | 125.053 € | 118.071 € | 110.728 € | 103.644 € | 96.828 € | 90.411 € | 84.296 € | 78.515 € |
| 24.000 € | 151.014 € | 142.918 € | 134.938 € | 126.547 € | 118.450 € | 110.660 € | 103.327 € | 96.339 € | 89.731 € |
| 27.000 € | 169.891 € | 160.783 € | 151.806 € | 142.365 € | 133.256 € | 124.493 € | 116.243 € | 108.381 € | 100.947 € |

Ingreso neto / Edad del cónyuge

| Hasta | 88 | 89 | 90 | 91 | 92 | 93 | 94 | 95 | 96 |
|---|---|---|---|---|---|---|---|---|---|
| 18.000 € | 62.662 € | 58.396 € | 54.389 € | 50.489 € | 46.737 € | 42.662 € | 39.338 € | 35.769 € | 32.234 € |
| 21.000 € | 73.106 € | 68.129 € | 63.454 € | 58.904 € | 54.527 € | 49.773 € | 45.895 € | 41.730 € | 37.606 € |
| 24.000 € | 83.549 € | 77.861 € | 72.519 € | 67.319 € | 62.317 € | 56.883 € | 52.451 € | 47.692 € | 42.978 € |
| 27.000 € | 93.993 € | 87.594 € | 81.584 € | 75.734 € | 70.106 € | 63.993 € | 59.008 € | 53.653 € | 48.351 € |

Ingreso neto / Edad del cónyuge

| Hasta | 97 | 98 | 99 o más |
|---|---|---|---|
| 18.000 € | 28.582 € | 24.040 € | 18.393 € |
| 21.000 € | 33.346 € | 28.047 € | 21.458 € |
| 24.000 € | 38.110 € | 32.054 € | 24.524 € |
| 27.000 € | 42.874 € | 36.061 € | 27.589 € |

# TABLA 1.C.1.H

## Lucro cesante del cónyuge (fallecido con dedicación a tareas del hogar)

### Años de duración del matrimonio: 21 años

| Ingreso neto | Edad del cónyuge | | | | | | | | |
|---|---|---|---|---|---|---|---|---|---|
| Hasta | 35 | 36 | 37 | 38 | 39 | 40 | 41 | 42 | 43 |
| 18.000 € | 204.165 € | 203.916 € | 203.639 € | 203.337 € | 203.004 € | 202.650 € | 202.272 € | 201.865 € | 201.439 € |
| 21.000 € | 238.193 € | 237.902 € | 237.578 € | 237.227 € | 236.837 € | 236.425 € | 235.984 € | 235.509 € | 235.012 € |
| 24.000 € | 272.220 € | 271.888 € | 271.518 € | 271.117 € | 270.671 € | 270.200 € | 269.696 € | 269.153 € | 268.585 € |
| 27.000 € | 306.248 € | 305.874 € | 305.458 € | 305.006 € | 304.505 € | 303.975 € | 303.408 € | 302.797 € | 302.158 € |

| Ingreso neto | Edad del cónyuge | | | | | | | | |
|---|---|---|---|---|---|---|---|---|---|
| Hasta | 44 | 45 | 46 | 47 | 48 | 49 | 50 | 51 | 52 |
| 18.000 € | 201.007 € | 200.542 € | 200.048 € | 199.546 € | 199.045 € | 198.508 € | 197.962 € | 197.400 € | 196.824 € |
| 21.000 € | 234.509 € | 233.966 € | 233.389 € | 232.803 € | 232.219 € | 231.592 € | 230.956 € | 230.300 € | 229.628 € |
| 24.000 € | 268.010 € | 267.389 € | 266.730 € | 266.061 € | 265.393 € | 264.677 € | 263.949 € | 263.200 € | 262.432 € |
| 27.000 € | 301.511 € | 300.813 € | 300.072 € | 299.319 € | 298.567 € | 297.762 € | 296.943 € | 296.100 € | 295.236 € |

| Ingreso neto | Edad del cónyuge | | | | | | | | |
|---|---|---|---|---|---|---|---|---|---|
| Hasta | 53 | 54 | 55 | 56 | 57 | 58 | 59 | 60 | 61 |
| 18.000 € | 196.249 € | 195.595 € | 194.880 € | 194.045 € | 193.202 € | 192.235 € | 191.161 € | 189.953 € | 188.547 € |
| 21.000 € | 228.957 € | 228.195 € | 227.360 € | 226.386 € | 225.403 € | 224.274 € | 223.021 € | 221.612 € | 219.972 € |
| 24.000 € | 261.665 € | 260.794 € | 259.840 € | 258.727 € | 257.603 € | 256.314 € | 254.882 € | 253.271 € | 251.396 € |
| 27.000 € | 294.373 € | 293.393 € | 292.320 € | 291.067 € | 289.804 € | 288.353 € | 286.742 € | 284.930 € | 282.821 € |

| Ingreso neto | Edad del cónyuge | | | | | | | | |
|---|---|---|---|---|---|---|---|---|---|
| Hasta | 62 | 63 | 64 | 65 | 66 | 67 | 68 | 69 | 70 |
| 18.000 € | 186.914 € | 185.162 € | 183.210 € | 180.786 € | 178.174 € | 175.209 € | 171.969 € | 168.302 € | 164.048 € |
| 21.000 € | 218.066 € | 216.022 € | 213.745 € | 210.917 € | 207.870 € | 204.410 € | 200.631 € | 196.352 € | 191.389 € |
| 24.000 € | 249.219 € | 246.883 € | 244.280 € | 241.048 € | 237.565 € | 233.612 € | 229.292 € | 224.403 € | 218.731 € |
| 27.000 € | 280.371 € | 277.743 € | 274.815 € | 271.179 € | 267.261 € | 262.813 € | 257.954 € | 252.453 € | 246.072 € |

| Ingreso neto | Edad del cónyuge | | | | | | | | |
|---|---|---|---|---|---|---|---|---|---|
| Hasta | 71 | 72 | 73 | 74 | 75 | 76 | 77 | 78 | 79 |
| 18.000 € | 159.716 € | 154.974 € | 149.556 € | 144.064 € | 138.514 € | 132.621 € | 126.469 € | 120.243 € | 114.037 € |
| 21.000 € | 186.335 € | 180.803 € | 174.482 € | 168.075 € | 161.600 € | 154.725 € | 147.547 € | 140.284 € | 133.043 € |
| 24.000 € | 212.955 € | 206.632 € | 199.408 € | 192.085 € | 184.686 € | 176.828 € | 168.626 € | 160.325 € | 152.049 € |
| 27.000 € | 239.574 € | 232.461 € | 224.334 € | 216.096 € | 207.772 € | 198.932 € | 189.704 € | 180.365 € | 171.055 € |

| Ingreso neto | Edad del cónyuge | | | | | | | | |
|---|---|---|---|---|---|---|---|---|---|
| Hasta | 80 | 81 | 82 | 83 | 84 | 85 | 86 | 87 | 88 |
| 18.000 € | 107.772 € | 101.204 € | 94.910 € | 88.837 € | 82.995 € | 77.495 € | 72.254 € | 67.298 € | 62.662 € |
| 21.000 € | 125.734 € | 118.071 € | 110.728 € | 103.644 € | 96.828 € | 90.411 € | 84.296 € | 78.515 € | 73.106 € |
| 24.000 € | 143.696 € | 134.938 € | 126.547 € | 118.450 € | 110.660 € | 103.327 € | 96.339 € | 89.731 € | 83.549 € |
| 27.000 € | 161.657 € | 151.806 € | 142.365 € | 133.256 € | 124.493 € | 116.243 € | 108.381 € | 100.947 € | 93.993 € |

| Ingreso neto | Edad del cónyuge | | | | | | | | |
|---|---|---|---|---|---|---|---|---|---|
| Hasta | 89 | 90 | 91 | 92 | 93 | 94 | 95 | 96 | 97 |
| 18.000 € | 58.396 € | 54.389 € | 50.489 € | 46.737 € | 42.662 € | 39.338 € | 35.769 € | 32.234 € | 28.582 € |
| 21.000 € | 68.129 € | 63.454 € | 58.904 € | 54.527 € | 49.773 € | 45.895 € | 41.730 € | 37.606 € | 33.346 € |
| 24.000 € | 77.861 € | 72.519 € | 67.319 € | 62.317 € | 56.883 € | 52.451 € | 47.692 € | 42.978 € | 38.110 € |
| 27.000 € | 87.594 € | 81.584 € | 75.734 € | 70.106 € | 63.993 € | 59.008 € | 53.653 € | 48.351 € | 42.874 € |

| Ingreso neto | Edad del cónyuge | |
|---|---|---|
| Hasta | 98 | 99 o más |
| 18.000 € | 24.040 € | 18.393 € |
| 21.000 € | 28.047 € | 21.458 € |
| 24.000 € | 32.054 € | 24.524 € |
| 27.000 € | 36.061 € | 27.589 € |

## TABLA 1.C.1.H

### Lucro cesante del cónyuge (fallecido con dedicación a tareas del hogar)

#### Años de duración del matrimonio: 22 años

Ingreso neto | Edad del cónyuge

| Hasta | 36 | 37 | 38 | 39 | 40 | 41 | 42 | 43 | 44 |
|---|---|---|---|---|---|---|---|---|---|
| 18.000 € | 212.406 € | 212.096 € | 211.760 € | 211.389 € | 210.999 € | 210.584 € | 210.135 € | 209.665 € | 209.195 € |
| 21.000 € | 247.807 € | 247.445 € | 247.053 € | 246.621 € | 246.166 € | 245.682 € | 245.157 € | 244.609 € | 244.061 € |
| 24.000 € | 283.208 € | 282.795 € | 282.346 € | 281.852 € | 281.332 € | 280.779 € | 280.180 € | 279.553 € | 278.927 € |
| 27.000 € | 318.608 € | 318.144 € | 317.640 € | 317.084 € | 316.499 € | 315.876 € | 315.202 € | 314.497 € | 313.793 € |

Ingreso neto | Edad del cónyuge

| Hasta | 45 | 46 | 47 | 48 | 49 | 50 | 51 | 52 | 53 |
|---|---|---|---|---|---|---|---|---|---|
| 18.000 € | 208.686 € | 208.148 € | 207.600 € | 207.053 € | 206.473 € | 205.872 € | 205.251 € | 204.620 € | 203.975 € |
| 21.000 € | 243.467 € | 242.840 € | 242.200 € | 241.562 € | 240.885 € | 240.184 € | 239.459 € | 238.724 € | 237.971 € |
| 24.000 € | 278.248 € | 277.531 € | 276.800 € | 276.071 € | 275.297 € | 274.496 € | 273.668 € | 272.827 € | 271.967 € |
| 27.000 € | 313.030 € | 312.223 € | 311.400 € | 310.580 € | 309.709 € | 308.808 € | 307.876 € | 306.931 € | 305.962 € |

Ingreso neto | Edad del cónyuge

| Hasta | 54 | 55 | 56 | 57 | 58 | 59 | 60 | 61 | 62 |
|---|---|---|---|---|---|---|---|---|---|
| 18.000 € | 203.233 € | 202.422 € | 201.479 € | 200.516 € | 199.407 € | 198.175 € | 196.787 € | 195.174 € | 193.308 € |
| 21.000 € | 237.106 € | 236.159 € | 235.059 € | 233.935 € | 232.641 € | 231.204 € | 229.585 € | 227.702 € | 225.526 € |
| 24.000 € | 270.978 € | 269.896 € | 268.639 € | 267.354 € | 265.875 € | 264.233 € | 262.382 € | 260.231 € | 257.744 € |
| 27.000 € | 304.850 € | 303.633 € | 302.219 € | 300.773 € | 299.110 € | 297.263 € | 295.180 € | 292.760 € | 289.962 € |

Ingreso neto | Edad del cónyuge

| Hasta | 63 | 64 | 65 | 66 | 67 | 68 | 69 | 70 | 71 |
|---|---|---|---|---|---|---|---|---|---|
| 18.000 € | 191.302 € | 189.065 € | 186.324 € | 183.369 € | 180.033 € | 176.396 € | 172.314 € | 167.639 € | 162.890 € |
| 21.000 € | 223.186 € | 220.576 € | 217.377 € | 213.930 € | 210.038 € | 205.795 € | 201.034 € | 195.579 € | 190.039 € |
| 24.000 € | 255.069 € | 252.087 € | 248.431 € | 244.492 € | 240.043 € | 235.195 € | 229.753 € | 223.518 € | 217.187 € |
| 27.000 € | 286.953 € | 283.598 € | 279.485 € | 275.053 € | 270.049 € | 264.594 € | 258.472 € | 251.458 € | 244.336 € |

Ingreso neto | Edad del cónyuge

| Hasta | 72 | 73 | 74 | 75 | 76 | 77 | 78 | 79 | 80 |
|---|---|---|---|---|---|---|---|---|---|
| 18.000 € | 157.756 € | 151.914 € | 146.039 € | 140.130 € | 133.905 € | 127.476 € | 121.014 € | 114.615 € | 107.772 € |
| 21.000 € | 184.049 € | 177.234 € | 170.378 € | 163.485 € | 156.223 € | 148.722 € | 141.183 € | 133.717 € | 125.734 € |
| 24.000 € | 210.341 € | 202.553 € | 194.718 € | 186.840 € | 178.540 € | 169.967 € | 161.352 € | 152.819 € | 143.696 € |
| 27.000 € | 236.634 € | 227.872 € | 219.058 € | 210.195 € | 200.858 € | 191.213 € | 181.521 € | 171.922 € | 161.657 € |

Ingreso neto | Edad del cónyuge

| Hasta | 81 | 82 | 83 | 84 | 85 | 86 | 87 | 88 | 89 |
|---|---|---|---|---|---|---|---|---|---|
| 18.000 € | 101.204 € | 94.910 € | 88.837 € | 82.995 € | 77.495 € | 72.254 € | 67.298 € | 62.662 € | 58.396 € |
| 21.000 € | 118.071 € | 110.728 € | 103.644 € | 96.828 € | 90.411 € | 84.296 € | 78.515 € | 73.106 € | 68.129 € |
| 24.000 € | 134.938 € | 126.547 € | 118.450 € | 110.660 € | 103.327 € | 96.339 € | 89.731 € | 83.549 € | 77.861 € |
| 27.000 € | 151.806 € | 142.365 € | 133.256 € | 124.493 € | 116.243 € | 108.381 € | 100.947 € | 93.993 € | 87.594 € |

Ingreso neto | Edad del cónyuge

| Hasta | 36 | 37 | 38 | 39 | 40 | 41 | 42 | 43 | 44 |
|---|---|---|---|---|---|---|---|---|---|
| 18.000 € | 46.654 € | 46.573 € | 46.486 € | 46.391 € | 46.291 € | 46.185 € | 46.071 € | 45.951 € | 45.832 € |
| 21.000 € | 54.429 € | 54.335 € | 54.234 € | 54.123 € | 54.006 € | 53.882 € | 53.749 € | 53.610 € | 45.832 € |
| 24.000 € | 62.205 € | 62.097 € | 61.981 € | 61.854 € | 61.721 € | 61.580 € | 61.428 € | 61.268 € | 45.832 € |
| 27.000 € | 69.980 € | 69.860 € | 69.729 € | 69.586 € | 69.436 € | 69.277 € | 69.106 € | 68.927 € | 45.832 € |

Ingreso neto | Edad del cónyuge

| Hasta | 99 o más |
|---|---|
| 18.000 € | 18.393 € |
| 21.000 € | 21.458 € |
| 24.000 € | 24.524 € |
| 27.000 € | 27.589 € |

## TABLA 1.C.1.H

### Lucro cesante del cónyuge (fallecido con dedicación a tareas del hogar)

Años de duración del matrimonio: 23 años

| Ingreso neto | Edad del cónyuge | | | | | | | | |
|---|---|---|---|---|---|---|---|---|---|
| Hasta | 37 | 38 | 39 | 40 | 41 | 42 | 43 | 44 | 45 |
| 18.000 € | 220.437 € | 220.065 € | 219.657 € | 219.230 € | 218.773 € | 218.279 € | 217.770 € | 217.258 € | 216.706 € |
| 21.000 € | 257.176 € | 256.742 € | 256.267 € | 255.768 € | 255.236 € | 254.659 € | 254.065 € | 253.467 € | 252.823 € |
| 24.000 € | 293.916 € | 293.419 € | 292.876 € | 292.307 € | 291.698 € | 291.039 € | 290.360 € | 289.677 € | 288.941 € |
| 27.000 € | 330.655 € | 330.097 € | 329.486 € | 328.845 € | 328.160 € | 327.419 € | 326.655 € | 325.887 € | 325.059 € |

| Ingreso neto | Edad del cónyuge | | | | | | | | |
|---|---|---|---|---|---|---|---|---|---|
| Hasta | 46 | 47 | 48 | 49 | 50 | 51 | 52 | 53 | 54 |
| 18.000 € | 216.121 € | 215.526 € | 214.937 € | 214.301 € | 213.641 € | 212.965 € | 212.265 € | 211.534 € | 210.698 € |
| 21.000 € | 252.141 € | 251.447 € | 250.760 € | 250.018 € | 249.248 € | 248.460 € | 247.642 € | 246.790 € | 245.815 € |
| 24.000 € | 288.161 € | 287.368 € | 286.582 € | 285.735 € | 284.855 € | 283.954 € | 283.020 € | 282.045 € | 280.931 € |
| 27.000 € | 324.181 € | 323.289 € | 322.405 € | 321.452 € | 320.462 € | 319.448 € | 318.397 € | 317.301 € | 316.047 € |

| Ingreso neto | Edad del cónyuge | | | | | | | | |
|---|---|---|---|---|---|---|---|---|---|
| Hasta | 55 | 56 | 57 | 58 | 59 | 60 | 61 | 62 | 63 |
| 18.000 € | 209.782 € | 208.718 € | 207.616 € | 206.352 € | 204.943 € | 203.353 € | 201.513 € | 199.395 € | 197.108 € |
| 21.000 € | 244.746 € | 243.504 € | 242.219 € | 240.744 € | 239.100 € | 237.245 € | 235.099 € | 232.628 € | 229.959 € |
| 24.000 € | 279.710 € | 278.290 € | 276.821 € | 275.136 € | 273.258 € | 271.137 € | 268.684 € | 265.860 € | 262.811 € |
| 27.000 € | 314.674 € | 313.076 € | 311.424 € | 309.528 € | 307.415 € | 305.030 € | 302.270 € | 299.093 € | 295.662 € |

| Ingreso neto | Edad del cónyuge | | | | | | | | |
|---|---|---|---|---|---|---|---|---|---|
| Hasta | 64 | 65 | 66 | 67 | 68 | 69 | 70 | 71 | 72 |
| 18.000 € | 194.565 € | 191.482 € | 188.163 € | 184.433 € | 180.389 € | 175.894 € | 170.800 € | 165.663 € | 160.113 € |
| 21.000 € | 226.992 € | 223.396 € | 219.523 € | 215.172 € | 210.453 € | 205.210 € | 199.266 € | 193.273 € | 186.799 € |
| 24.000 € | 259.420 € | 255.310 € | 250.884 € | 245.911 € | 240.518 € | 234.526 € | 227.733 € | 220.884 € | 213.484 € |
| 27.000 € | 291.847 € | 287.224 € | 282.244 € | 276.650 € | 270.583 € | 263.841 € | 256.199 € | 248.494 € | 240.170 € |

| Ingreso neto | Edad del cónyuge | | | | | | | | |
|---|---|---|---|---|---|---|---|---|---|
| Hasta | 73 | 74 | 75 | 76 | 77 | 78 | 79 | 80 | 81 |
| 18.000 € | 153.885 € | 147.649 € | 141.411 € | 134.909 € | 128.243 € | 121.588 € | 114.615 € | 107.772 € | 101.204 € |
| 21.000 € | 179.533 € | 172.257 € | 164.979 € | 157.394 € | 149.617 € | 141.853 € | 133.717 € | 125.734 € | 118.071 € |
| 24.000 € | 205.180 € | 196.865 € | 188.548 € | 179.879 € | 170.991 € | 162.118 € | 152.819 € | 143.696 € | 134.938 € |
| 27.000 € | 230.828 € | 221.473 € | 212.116 € | 202.364 € | 192.365 € | 182.382 € | 171.922 € | 161.657 € | 151.806 € |

| Ingreso neto | Edad del cónyuge | | | | | | | | |
|---|---|---|---|---|---|---|---|---|---|
| Hasta | 82 | 83 | 84 | 85 | 86 | 87 | 88 | 89 | 90 |
| 18.000 € | 94.910 € | 88.837 € | 82.995 € | 77.495 € | 72.254 € | 67.298 € | 62.662 € | 58.396 € | 54.389 € |
| 21.000 € | 110.728 € | 103.644 € | 96.828 € | 90.411 € | 84.296 € | 78.515 € | 73.106 € | 68.129 € | 63.454 € |
| 24.000 € | 126.547 € | 118.450 € | 110.660 € | 103.327 € | 96.339 € | 89.731 € | 83.549 € | 77.861 € | 72.519 € |
| 27.000 € | 142.365 € | 133.256 € | 124.493 € | 116.243 € | 108.381 € | 100.947 € | 93.993 € | 87.594 € | 81.584 € |

| Ingreso neto | Edad del cónyuge | | | | | | | | |
|---|---|---|---|---|---|---|---|---|---|
| Hasta | 91 | 92 | 93 | 94 | 95 | 96 | 97 | 98 | 99 o más |
| 18.000 € | 50.489 € | 46.737 € | 42.662 € | 39.338 € | 35.769 € | 32.234 € | 28.582 € | 24.040 € | 18.393 € |
| 21.000 € | 58.904 € | 54.527 € | 49.773 € | 45.895 € | 41.730 € | 37.606 € | 33.346 € | 28.047 € | 21.458 € |
| 24.000 € | 67.319 € | 62.317 € | 56.883 € | 52.451 € | 47.692 € | 42.978 € | 38.110 € | 32.054 € | 24.524 € |
| 27.000 € | 75.734 € | 70.106 € | 63.993 € | 59.008 € | 53.653 € | 48.351 € | 42.874 € | 36.061 € | 27.589 € |

## TABLA 1.C.1.H
### Lucro cesante del cónyuge (fallecido con dedicación a tareas del hogar)
### Años de duración del matrimonio: 24 años

Ingreso neto | Edad del cónyuge

| Hasta | 38 | 39 | 40 | 41 | 42 | 43 | 44 | 45 | 46 |
|---|---|---|---|---|---|---|---|---|---|
| 18.000 € | 228.253 € | 227.808 € | 227.340 € | 226.839 € | 226.306 € | 225.753 € | 225.198 € | 224.600 € | 223.968 € |
| 21.000 € | 266.295 € | 265.777 € | 265.230 € | 264.645 € | 264.023 € | 263.378 € | 262.731 € | 262.033 € | 261.296 € |
| 24.000 € | 304.337 € | 303.745 € | 303.120 € | 302.452 € | 301.741 € | 301.004 € | 300.264 € | 299.466 € | 298.624 € |
| 27.000 € | 342.379 € | 341.713 € | 341.010 € | 340.258 € | 339.458 € | 338.629 € | 337.797 € | 336.899 € | 335.952 € |

Ingreso neto | Edad del cónyuge

| Hasta | 47 | 48 | 49 | 50 | 51 | 52 | 53 | 54 | 55 |
|---|---|---|---|---|---|---|---|---|---|
| 18.000 € | 223.330 € | 222.687 € | 221.992 € | 221.277 € | 220.532 € | 219.746 € | 218.924 € | 217.986 € | 216.952 € |
| 21.000 € | 260.551 € | 259.801 € | 258.991 € | 258.157 € | 257.287 € | 256.371 € | 255.411 € | 254.317 € | 253.110 € |
| 24.000 € | 297.773 € | 296.915 € | 295.990 € | 295.037 € | 294.042 € | 292.995 € | 291.899 € | 290.648 € | 289.269 € |
| 27.000 € | 334.995 € | 334.030 € | 332.989 € | 331.916 € | 330.798 € | 329.619 € | 328.386 € | 326.978 € | 325.428 € |

Ingreso neto | Edad del cónyuge

| Hasta | 56 | 57 | 58 | 59 | 60 | 61 | 62 | 63 | 64 |
|---|---|---|---|---|---|---|---|---|---|
| 18.000 € | 215.749 € | 214.496 € | 213.057 € | 211.451 € | 209.639 € | 207.553 € | 205.156 € | 202.566 € | 199.694 € |
| 21.000 € | 251.707 € | 250.245 € | 248.567 € | 246.692 € | 244.579 € | 242.145 € | 239.348 € | 236.327 € | 232.976 € |
| 24.000 € | 287.665 € | 285.994 € | 284.077 € | 281.934 € | 279.519 € | 276.737 € | 273.541 € | 270.088 € | 266.258 € |
| 27.000 € | 323.623 € | 321.744 € | 319.586 € | 317.176 € | 314.459 € | 311.329 € | 307.734 € | 303.849 € | 299.540 € |

Ingreso neto | Edad del cónyuge

| Hasta | 65 | 66 | 67 | 68 | 69 | 70 | 71 | 72 | 73 |
|---|---|---|---|---|---|---|---|---|---|
| 18.000 € | 196.249 € | 192.542 € | 188.408 € | 183.956 € | 179.051 € | 173.565 € | 168.016 € | 162.087 € | 155.495 € |
| 21.000 € | 228.957 € | 224.632 € | 219.809 € | 214.616 € | 208.893 € | 202.492 € | 196.019 € | 189.101 € | 181.411 € |
| 24.000 € | 261.665 € | 256.722 € | 251.210 € | 245.275 € | 238.734 € | 231.420 € | 224.022 € | 216.115 € | 207.327 € |
| 27.000 € | 294.373 € | 288.813 € | 282.611 € | 275.934 € | 268.576 € | 260.347 € | 252.025 € | 243.130 € | 233.243 € |

Ingreso neto | Edad del cónyuge

| Hasta | 74 | 75 | 76 | 77 | 78 | 79 | 80 | 81 | 82 |
|---|---|---|---|---|---|---|---|---|---|
| 18.000 € | 148.928 € | 142.415 € | 135.677 € | 128.817 € | 121.588 € | 114.615 € | 107.772 € | 101.204 € | 94.910 € |
| 21.000 € | 173.750 € | 166.150 € | 158.290 € | 150.287 € | 141.853 € | 133.717 € | 125.734 € | 118.071 € | 110.728 € |
| 24.000 € | 198.571 € | 189.886 € | 180.903 € | 171.756 € | 162.118 € | 152.819 € | 143.696 € | 134.938 € | 126.547 € |
| 27.000 € | 223.392 € | 213.622 € | 203.515 € | 193.226 € | 182.382 € | 171.922 € | 161.657 € | 151.806 € | 142.365 € |

Ingreso neto | Edad del cónyuge

| Hasta | 83 | 84 | 85 | 86 | 87 | 88 | 89 | 90 | 91 |
|---|---|---|---|---|---|---|---|---|---|
| 18.000 € | 88.837 € | 82.995 € | 77.495 € | 72.254 € | 67.298 € | 62.662 € | 58.396 € | 54.389 € | 50.489 € |
| 21.000 € | 103.644 € | 96.828 € | 90.411 € | 84.296 € | 78.515 € | 73.106 € | 68.129 € | 63.454 € | 58.904 € |
| 24.000 € | 118.450 € | 110.660 € | 103.327 € | 96.339 € | 89.731 € | 83.549 € | 77.861 € | 72.519 € | 67.319 € |
| 27.000 € | 133.256 € | 124.493 € | 116.243 € | 108.381 € | 100.947 € | 93.993 € | 87.594 € | 81.584 € | 75.734 € |

Ingreso neto | Edad del cónyuge

| Hasta | 92 | 93 | 94 | 95 | 96 | 97 | 98 | 99 o más |
|---|---|---|---|---|---|---|---|---|
| 18.000 € | 46.737 € | 42.662 € | 39.338 € | 35.769 € | 32.234 € | 28.582 € | 24.040 € | 18.393 € |
| 21.000 € | 54.527 € | 49.773 € | 45.895 € | 41.730 € | 37.606 € | 33.346 € | 28.047 € | 21.458 € |
| 24.000 € | 62.317 € | 56.883 € | 52.451 € | 47.692 € | 42.978 € | 38.110 € | 32.054 € | 24.524 € |
| 27.000 € | 70.106 € | 63.993 € | 59.008 € | 53.653 € | 48.351 € | 42.874 € | 36.061 € | 27.589 € |

# TABLA 1.C.1.H
## Lucro cesante del cónyuge (fallecido con dedicación a tareas del hogar)
### Años de duración del matrimonio: 25 años

Ingreso neto / Edad del cónyuge

| Hasta | 39 | 40 | 41 | 42 | 43 | 44 | 45 | 46 | 47 |
|---|---|---|---|---|---|---|---|---|---|
| 18.000 € | 235.840 € | 235.328 € | 234.788 € | 234.211 € | 233.615 € | 233.015 € | 232.370 € | 231.695 € | 231.003 € |
| 21.000 € | 275.147 € | 274.549 € | 273.919 € | 273.246 € | 272.551 € | 271.851 € | 271.099 € | 270.311 € | 269.503 € |
| 24.000 € | 314.454 € | 313.770 € | 313.050 € | 312.281 € | 311.487 € | 310.686 € | 309.827 € | 308.927 € | 308.004 € |
| 27.000 € | 353.760 € | 352.991 € | 352.181 € | 351.316 € | 350.422 € | 349.522 € | 348.556 € | 347.543 € | 346.504 € |

Ingreso neto / Edad del cónyuge

| Hasta | 48 | 49 | 50 | 51 | 52 | 53 | 54 | 55 | 56 |
|---|---|---|---|---|---|---|---|---|---|
| 18.000 € | 230.302 € | 229.553 € | 228.769 € | 227.939 € | 227.062 € | 226.141 € | 225.086 € | 223.919 € | 222.565 € |
| 21.000 € | 268.686 € | 267.812 € | 266.897 € | 265.929 € | 264.906 € | 263.831 € | 262.601 € | 261.238 € | 259.659 € |
| 24.000 € | 307.070 € | 306.071 € | 305.025 € | 303.919 € | 302.750 € | 301.521 € | 300.115 € | 298.558 € | 296.753 € |
| 27.000 € | 345.453 € | 344.330 € | 343.153 € | 341.908 € | 340.594 € | 339.211 € | 337.630 € | 335.878 € | 333.847 € |

Ingreso neto / Edad del cónyuge

| Hasta | 57 | 58 | 59 | 60 | 61 | 62 | 63 | 64 | 65 |
|---|---|---|---|---|---|---|---|---|---|
| 18.000 € | 221.142 € | 219.509 € | 217.685 € | 215.633 € | 213.273 € | 210.576 € | 207.662 € | 204.438 € | 200.608 € |
| 21.000 € | 257.999 € | 256.094 € | 253.966 € | 251.572 € | 248.819 € | 245.672 € | 242.273 € | 238.511 € | 234.043 € |
| 24.000 € | 294.856 € | 292.679 € | 290.247 € | 287.511 € | 284.365 € | 280.769 € | 276.883 € | 272.584 € | 267.478 € |
| 27.000 € | 331.713 € | 329.263 € | 326.528 € | 323.449 € | 319.910 € | 315.865 € | 311.493 € | 306.657 € | 300.913 € |

Ingreso neto / Edad del cónyuge

| Hasta | 66 | 67 | 68 | 69 | 70 | 71 | 72 | 73 | 74 |
|---|---|---|---|---|---|---|---|---|---|
| 18.000 € | 196.503 € | 191.965 € | 187.107 € | 181.817 € | 175.917 € | 169.991 € | 163.703 € | 156.779 € | 149.934 € |
| 21.000 € | 229.253 € | 223.959 € | 218.292 € | 212.120 € | 205.236 € | 198.323 € | 190.987 € | 182.908 € | 174.922 € |
| 24.000 € | 262.004 € | 255.953 € | 249.476 € | 242.423 € | 234.556 € | 226.655 € | 218.271 € | 209.038 € | 199.911 € |
| 27.000 € | 294.754 € | 287.947 € | 280.661 € | 272.726 € | 263.875 € | 254.987 € | 245.554 € | 235.168 € | 224.900 € |

Ingreso neto / Edad del cónyuge

| Hasta | 75 | 76 | 77 | 78 | 79 | 80 | 81 | 82 | 83 |
|---|---|---|---|---|---|---|---|---|---|
| 18.000 € | 143.184 € | 136.252 € | 128.817 € | 121.588 € | 114.615 € | 107.772 € | 101.204 € | 94.910 € | 88.837 € |
| 21.000 € | 167.048 € | 158.961 € | 150.287 € | 141.853 € | 133.717 € | 125.734 € | 118.071 € | 110.728 € | 103.644 € |
| 24.000 € | 190.912 € | 181.670 € | 171.756 € | 162.118 € | 152.819 € | 143.696 € | 134.938 € | 126.547 € | 118.450 € |
| 27.000 € | 214.776 € | 204.379 € | 193.226 € | 182.382 € | 171.922 € | 161.657 € | 151.806 € | 142.365 € | 133.256 € |

Ingreso neto / Edad del cónyuge

| Hasta | 84 | 85 | 86 | 87 | 88 | 89 | 90 | 91 | 92 |
|---|---|---|---|---|---|---|---|---|---|
| 18.000 € | 82.995 € | 77.495 € | 72.254 € | 67.298 € | 62.662 € | 58.396 € | 54.389 € | 50.489 € | 46.737 € |
| 21.000 € | 96.828 € | 90.411 € | 84.296 € | 78.515 € | 73.106 € | 68.129 € | 63.454 € | 58.904 € | 54.527 € |
| 24.000 € | 110.660 € | 103.327 € | 96.339 € | 89.731 € | 83.549 € | 77.861 € | 72.519 € | 67.319 € | 62.317 € |
| 27.000 € | 124.493 € | 116.243 € | 108.381 € | 100.947 € | 93.993 € | 87.594 € | 81.584 € | 75.734 € | 70.106 € |

Ingreso neto / Edad del cónyuge

| Hasta | 93 | 94 | 95 | 96 | 97 | 98 | 99 o más |
|---|---|---|---|---|---|---|---|
| 18.000 € | 42.662 € | 39.338 € | 35.769 € | 32.234 € | 28.582 € | 24.040 € | 18.393 € |
| 21.000 € | 49.773 € | 45.895 € | 41.730 € | 37.606 € | 33.346 € | 28.047 € | 21.458 € |
| 24.000 € | 56.883 € | 52.451 € | 47.692 € | 42.978 € | 38.110 € | 32.054 € | 24.524 € |
| 27.000 € | 63.993 € | 59.008 € | 53.653 € | 48.351 € | 42.874 € | 36.061 € | 27.589 € |

## TABLA 1.C.1.H
### Lucro cesante del cónyuge (fallecido con dedicación a tareas del hogar)
Años de duración del matrimonio: 26 años

Ingreso neto | Edad del cónyuge

| Hasta | 40 | 41 | 42 | 43 | 44 | 45 | 46 | 47 | 48 |
|---|---|---|---|---|---|---|---|---|---|
| 18.000 € | 243.201 € | 242.618 € | 241.998 € | 241.356 € | 240.711 € | 240.024 € | 239.294 € | 238.544 € | 237.790 € |
| 21.000 € | 283.734 € | 283.054 € | 282.331 € | 281.582 € | 280.830 € | 280.028 € | 279.177 € | 278.302 € | 277.422 € |
| 24.000 € | 324.267 € | 323.490 € | 322.664 € | 321.808 € | 320.948 € | 320.031 € | 319.059 € | 318.059 € | 317.054 € |
| 27.000 € | 364.801 € | 363.927 € | 362.997 € | 362.034 € | 361.067 € | 360.035 € | 358.942 € | 357.816 € | 356.685 € |

Ingreso neto | Edad del cónyuge

| Hasta | 49 | 50 | 51 | 52 | 53 | 54 | 55 | 56 | 57 |
|---|---|---|---|---|---|---|---|---|---|
| 18.000 € | 236.973 € | 236.105 € | 235.185 € | 234.210 € | 233.175 € | 231.990 € | 230.676 € | 229.153 € | 227.540 € |
| 21.000 € | 276.468 € | 275.455 € | 274.382 € | 273.244 € | 272.038 € | 270.655 € | 269.122 € | 267.345 € | 265.463 € |
| 24.000 € | 315.963 € | 314.806 € | 313.580 € | 312.279 € | 310.900 € | 309.320 € | 307.568 € | 305.537 € | 303.387 € |
| 27.000 € | 355.459 € | 354.157 € | 352.777 € | 351.314 € | 349.763 € | 347.985 € | 346.014 € | 343.729 € | 341.310 € |

Ingreso neto | Edad del cónyuge

| Hasta | 58 | 59 | 60 | 61 | 62 | 63 | 64 | 65 | 66 |
|---|---|---|---|---|---|---|---|---|---|
| 18.000 € | 225.694 € | 223.634 € | 221.315 € | 218.662 € | 215.643 € | 212.382 € | 208.783 € | 204.558 € | 200.053 € |
| 21.000 € | 263.310 € | 260.906 € | 258.201 € | 255.105 € | 251.583 € | 247.779 € | 243.581 € | 238.651 € | 233.396 € |
| 24.000 € | 300.925 € | 298.178 € | 295.086 € | 291.549 € | 287.524 € | 283.176 € | 278.378 € | 272.743 € | 266.738 € |
| 27.000 € | 338.541 € | 335.450 € | 331.972 € | 327.992 € | 323.464 € | 318.573 € | 313.175 € | 306.836 € | 300.080 € |

Ingreso neto | Edad del cónyuge

| Hasta | 67 | 68 | 69 | 70 | 71 | 72 | 73 | 74 | 75 |
|---|---|---|---|---|---|---|---|---|---|
| 18.000 € | 195.112 € | 189.873 € | 184.175 € | 177.895 € | 171.612 € | 164.994 € | 157.789 € | 150.706 € | 143.762 € |
| 21.000 € | 227.630 € | 221.519 € | 214.870 € | 207.544 € | 200.214 € | 192.493 € | 184.087 € | 175.824 € | 167.723 € |
| 24.000 € | 260.149 € | 253.164 € | 245.566 € | 237.193 € | 228.816 € | 219.992 € | 210.385 € | 200.941 € | 191.683 € |
| 27.000 € | 292.667 € | 284.810 € | 276.262 € | 266.842 € | 257.418 € | 247.491 € | 236.683 € | 226.059 € | 215.644 € |

Ingreso neto | Edad del cónyuge

| Hasta | 76 | 77 | 78 | 79 | 80 | 81 | 82 | 83 | 84 |
|---|---|---|---|---|---|---|---|---|---|
| 18.000 € | 136.252 € | 128.817 € | 121.588 € | 114.615 € | 107.772 € | 101.204 € | 94.910 € | 88.837 € | 82.995 € |
| 21.000 € | 158.961 € | 150.287 € | 141.853 € | 133.717 € | 125.734 € | 118.071 € | 110.728 € | 103.644 € | 96.828 € |
| 24.000 € | 181.670 € | 171.756 € | 162.118 € | 152.819 € | 143.696 € | 134.938 € | 126.547 € | 118.450 € | 110.660 € |
| 27.000 € | 204.379 € | 193.226 € | 182.382 € | 171.922 € | 161.657 € | 151.806 € | 142.365 € | 133.256 € | 124.493 € |

Ingreso neto | Edad del cónyuge

| Hasta | 85 | 86 | 87 | 88 | 89 | 90 | 91 | 92 | 93 |
|---|---|---|---|---|---|---|---|---|---|
| 18.000 € | 77.495 € | 72.254 € | 67.298 € | 62.662 € | 58.396 € | 54.389 € | 50.489 € | 46.737 € | 42.662 € |
| 21.000 € | 90.411 € | 84.296 € | 78.515 € | 73.106 € | 68.129 € | 63.454 € | 58.904 € | 54.527 € | 49.773 € |
| 24.000 € | 103.327 € | 96.339 € | 89.731 € | 83.549 € | 77.861 € | 72.519 € | 67.319 € | 62.317 € | 56.883 € |
| 27.000 € | 116.243 € | 108.381 € | 100.947 € | 93.993 € | 87.594 € | 81.584 € | 75.734 € | 70.106 € | 63.993 € |

Ingreso neto | Edad del cónyuge

| Hasta | 94 | 95 | 96 | 97 | 98 | 99 o más |
|---|---|---|---|---|---|---|
| 18.000 € | 39.338 € | 35.769 € | 32.234 € | 28.582 € | 24.040 € | 18.393 € |
| 21.000 € | 45.895 € | 41.730 € | 37.606 € | 33.346 € | 28.047 € | 21.458 € |
| 24.000 € | 52.451 € | 47.692 € | 42.978 € | 38.110 € | 32.054 € | 24.524 € |
| 27.000 € | 59.008 € | 53.653 € | 48.351 € | 42.874 € | 36.061 € | 27.589 € |

# TABLA 1.C.1.H

## Lucro cesante del cónyuge (fallecido con dedicación a tareas del hogar)

### Años de duración del matrimonio: 27 años

| Ingreso neto | Edad del cónyuge | | | | | | | | |
|---|---|---|---|---|---|---|---|---|---|
| Hasta | 41 | 42 | 43 | 44 | 45 | 46 | 47 | 48 | 49 |
| 18.000 € | 250.331 € | 249.666 € | 248.979 € | 248.292 € | 247.551 € | 246.765 € | 245.961 € | 245.140 € | 244.240 € |
| 21.000 € | 292.053 € | 291.277 € | 290.475 € | 289.674 € | 288.810 € | 287.892 € | 286.954 € | 285.996 € | 284.946 € |
| 24.000 € | 333.775 € | 332.888 € | 331.972 € | 331.056 € | 330.068 € | 329.020 € | 327.948 € | 326.853 € | 325.653 € |
| 27.000 € | 375.497 € | 374.499 € | 373.468 € | 372.438 € | 371.327 € | 370.147 € | 368.941 € | 367.709 € | 366.360 € |

| Ingreso neto | Edad del cónyuge | | | | | | | | |
|---|---|---|---|---|---|---|---|---|---|
| Hasta | 50 | 51 | 52 | 53 | 54 | 55 | 56 | 57 | 58 |
| 18.000 € | 243.283 € | 242.265 € | 241.179 € | 240.017 € | 238.688 € | 237.210 € | 235.498 € | 233.678 € | 231.599 € |
| 21.000 € | 283.830 € | 282.643 € | 281.375 € | 280.020 € | 278.470 € | 276.745 € | 274.748 € | 272.624 € | 270.199 € |
| 24.000 € | 324.377 € | 323.021 € | 321.572 € | 320.023 € | 318.251 € | 316.280 € | 313.998 € | 311.570 € | 308.799 € |
| 27.000 € | 364.925 € | 363.398 € | 361.768 € | 360.026 € | 358.033 € | 355.815 € | 353.247 € | 350.517 € | 347.399 € |

| Ingreso neto | Edad del cónyuge | | | | | | | | |
|---|---|---|---|---|---|---|---|---|---|
| Hasta | 59 | 60 | 61 | 62 | 63 | 64 | 65 | 66 | 67 |
| 18.000 € | 229.278 € | 226.671 € | 223.703 € | 220.340 € | 216.710 € | 212.725 € | 208.103 € | 203.199 € | 197.879 € |
| 21.000 € | 267.490 € | 264.450 € | 260.986 € | 257.063 € | 252.828 € | 248.179 € | 242.787 € | 237.066 € | 230.858 € |
| 24.000 € | 305.703 € | 302.228 € | 298.270 € | 293.787 € | 288.946 € | 283.633 € | 277.470 € | 270.933 € | 263.838 € |
| 27.000 € | 343.916 € | 340.007 € | 335.554 € | 330.510 € | 325.065 € | 319.088 € | 312.154 € | 304.799 € | 296.818 € |

| Ingreso neto | Edad del cónyuge | | | | | | | | |
|---|---|---|---|---|---|---|---|---|---|
| Hasta | 68 | 69 | 70 | 71 | 72 | 73 | 74 | 75 | 76 |
| 18.000 € | 192.235 € | 186.161 € | 179.521 € | 172.910 € | 166.013 € | 158.567 € | 151.288 € | 143.762 € | 136.252 € |
| 21.000 € | 224.275 € | 217.188 € | 209.442 € | 201.728 € | 193.682 € | 184.995 € | 176.503 € | 167.723 € | 158.961 € |
| 24.000 € | 256.314 € | 248.214 € | 239.362 € | 230.546 € | 221.350 € | 211.423 € | 201.717 € | 191.683 € | 181.670 € |
| 27.000 € | 288.353 € | 279.241 € | 269.282 € | 259.364 € | 249.019 € | 237.851 € | 226.932 € | 215.644 € | 204.379 € |

| Ingreso neto | Edad del cónyuge | | | | | | | | |
|---|---|---|---|---|---|---|---|---|---|
| Hasta | 77 | 78 | 79 | 80 | 81 | 82 | 83 | 84 | 85 |
| 18.000 € | 128.817 € | 121.588 € | 114.615 € | 107.772 € | 101.204 € | 94.910 € | 88.837 € | 82.995 € | 77.495 € |
| 21.000 € | 150.287 € | 141.853 € | 133.717 € | 125.734 € | 118.071 € | 110.728 € | 103.644 € | 96.828 € | 90.411 € |
| 24.000 € | 171.756 € | 162.118 € | 152.819 € | 143.696 € | 134.938 € | 126.547 € | 118.450 € | 110.660 € | 103.327 € |
| 27.000 € | 193.226 € | 182.382 € | 171.922 € | 161.657 € | 151.806 € | 142.365 € | 133.256 € | 124.493 € | 116.243 € |

| Ingreso neto | Edad del cónyuge | | | | | | | | |
|---|---|---|---|---|---|---|---|---|---|
| Hasta | 86 | 87 | 88 | 89 | 90 | 91 | 92 | 93 | 94 |
| 18.000 € | 72.254 € | 67.298 € | 62.662 € | 58.396 € | 54.389 € | 50.489 € | 46.737 € | 42.662 € | 39.338 € |
| 21.000 € | 84.296 € | 78.515 € | 73.106 € | 68.129 € | 63.454 € | 58.904 € | 54.527 € | 49.773 € | 45.895 € |
| 24.000 € | 96.339 € | 89.731 € | 83.549 € | 77.861 € | 72.519 € | 67.319 € | 62.317 € | 56.883 € | 52.451 € |
| 27.000 € | 108.381 € | 100.947 € | 93.993 € | 87.594 € | 81.584 € | 75.734 € | 70.106 € | 63.993 € | 59.008 € |

| Ingreso neto | Edad del cónyuge | | | | |
|---|---|---|---|---|---|
| Hasta | 95 | 96 | 97 | 98 | 99 o más |
| 18.000 € | 35.769 € | 32.234 € | 28.582 € | 24.040 € | 18.393 € |
| 21.000 € | 41.730 € | 37.606 € | 33.346 € | 28.047 € | 21.458 € |
| 24.000 € | 47.692 € | 42.978 € | 38.110 € | 32.054 € | 24.524 € |
| 27.000 € | 53.653 € | 48.351 € | 42.874 € | 36.061 € | 27.589 € |

## TABLA 1.C.1.H
### Lucro cesante del cónyuge (fallecido con dedicación a tareas del hogar)
Años de duración del matrimonio: 28 años

Ingreso neto Edad del cónyuge

| Hasta | 42 | 43 | 44 | 45 | 46 | 47 | 48 | 49 | 50 |
|---|---|---|---|---|---|---|---|---|---|
| 18.000 € | 257.218 € | 256.489 € | 255.750 € | 254.953 € | 254.113 € | 253.242 € | 252.340 € | 251.353 € | 250.300 € |
| 21.000 € | 300.088 € | 299.237 € | 298.375 € | 297.445 € | 296.465 € | 295.449 € | 294.397 € | 293.245 € | 292.017 € |
| 24.000 € | 342.958 € | 341.985 € | 341.000 € | 339.938 € | 338.817 € | 337.656 € | 336.454 € | 335.137 € | 333.733 € |
| 27.000 € | 385.827 € | 384.733 € | 383.625 € | 382.430 € | 381.169 € | 379.863 € | 378.511 € | 377.029 € | 375.450 € |

Ingreso neto Edad del cónyuge

| Hasta | 51 | 52 | 53 | 54 | 55 | 56 | 57 | 58 | 59 |
|---|---|---|---|---|---|---|---|---|---|
| 18.000 € | 249.173 € | 247.960 € | 246.659 € | 245.169 € | 243.508 € | 241.590 € | 239.542 € | 237.207 € | 234.603 € |
| 21.000 € | 290.701 € | 289.287 € | 287.769 € | 286.031 € | 284.093 € | 281.855 € | 279.466 € | 276.741 € | 273.703 € |
| 24.000 € | 332.230 € | 330.614 € | 328.879 € | 326.893 € | 324.677 € | 322.120 € | 319.390 € | 316.276 € | 312.804 € |
| 27.000 € | 373.759 € | 371.940 € | 369.989 € | 367.754 € | 365.262 € | 362.385 € | 359.313 € | 355.810 € | 351.904 € |

Ingreso neto Edad del cónyuge

| Hasta | 60 | 61 | 62 | 63 | 64 | 65 | 66 | 67 | 68 |
|---|---|---|---|---|---|---|---|---|---|
| 18.000 € | 231.688 € | 228.382 € | 224.653 € | 220.641 € | 216.269 € | 211.249 € | 205.970 € | 200.246 € | 194.229 € |
| 21.000 € | 270.302 € | 266.446 € | 262.095 € | 257.414 € | 252.314 € | 246.457 € | 240.299 € | 233.620 € | 226.601 € |
| 24.000 € | 308.917 € | 304.509 € | 299.537 € | 294.188 € | 288.358 € | 281.666 € | 274.627 € | 266.995 € | 258.972 € |
| 27.000 € | 347.532 € | 342.573 € | 336.980 € | 330.961 € | 324.403 € | 316.874 € | 308.955 € | 300.369 € | 291.344 € |

Ingreso neto Edad del cónyuge

| Hasta | 69 | 70 | 71 | 72 | 73 | 74 | 75 | 76 | 77 |
|---|---|---|---|---|---|---|---|---|---|
| 18.000 € | 187.798 € | 180.827 € | 173.936 € | 166.800 € | 159.155 € | 151.288 € | 143.762 € | 136.252 € | 128.817 € |
| 21.000 € | 219.098 € | 210.965 € | 202.926 € | 194.600 € | 185.681 € | 176.503 € | 167.723 € | 158.961 € | 150.287 € |
| 24.000 € | 250.398 € | 241.103 € | 231.915 € | 222.399 € | 212.206 € | 201.717 € | 191.683 € | 181.670 € | 171.756 € |
| 27.000 € | 281.697 € | 271.240 € | 260.904 € | 250.199 € | 238.732 € | 226.932 € | 215.644 € | 204.379 € | 193.226 € |

Ingreso neto Edad del cónyuge

| Hasta | 78 | 79 | 80 | 81 | 82 | 83 | 84 | 85 | 86 |
|---|---|---|---|---|---|---|---|---|---|
| 18.000 € | 121.588 € | 114.615 € | 107.772 € | 101.204 € | 94.910 € | 88.837 € | 82.995 € | 77.495 € | 72.254 € |
| 21.000 € | 141.853 € | 133.717 € | 125.734 € | 118.071 € | 110.728 € | 103.644 € | 96.828 € | 90.411 € | 84.296 € |
| 24.000 € | 162.118 € | 152.819 € | 143.696 € | 134.938 € | 126.547 € | 118.450 € | 110.660 € | 103.327 € | 96.339 € |
| 27.000 € | 182.382 € | 171.922 € | 161.657 € | 151.806 € | 142.365 € | 133.256 € | 124.493 € | 116.243 € | 108.381 € |

Ingreso neto Edad del cónyuge

| Hasta | 87 | 88 | 89 | 90 | 91 | 92 | 93 | 94 | 95 |
|---|---|---|---|---|---|---|---|---|---|
| 18.000 € | 67.298 € | 62.662 € | 58.396 € | 54.389 € | 50.489 € | 46.737 € | 42.662 € | 39.338 € | 35.769 € |
| 21.000 € | 78.515 € | 73.106 € | 68.129 € | 63.454 € | 58.904 € | 54.527 € | 49.773 € | 45.895 € | 41.730 € |
| 24.000 € | 89.731 € | 83.549 € | 77.861 € | 72.519 € | 67.319 € | 62.317 € | 56.883 € | 52.451 € | 47.692 € |
| 27.000 € | 100.947 € | 93.993 € | 87.594 € | 81.584 € | 75.734 € | 70.106 € | 63.993 € | 59.008 € | 53.653 € |

Ingreso neto Edad del cónyuge

| Hasta | 96 | 97 | 98 | 99 o más |
|---|---|---|---|---|
| 18.000 € | 32.234 € | 28.582 € | 24.040 € | 18.393 € |
| 21.000 € | 37.606 € | 33.346 € | 28.047 € | 21.458 € |
| 24.000 € | 42.978 € | 38.110 € | 32.054 € | 24.524 € |
| 27.000 € | 48.351 € | 42.874 € | 36.061 € | 27.589 € |

## TABLA 1.C.1.H

### Lucro cesante del cónyuge (fallecido con dedicación a tareas del hogar)

Años de duración del matrimonio: 29 años

Ingreso neto / Edad del cónyuge

| Hasta | 43 | 44 | 45 | 46 | 47 | 48 | 49 | 50 | 51 |
|---|---|---|---|---|---|---|---|---|---|
| 18.000 € | 263.878 € | 263.084 € | 262.235 € | 261.328 € | 260.378 € | 259.391 € | 258.308 € | 257.147 € | 255.896 € |
| 21.000 € | 307.857 € | 306.932 € | 305.941 € | 304.883 € | 303.774 € | 302.623 € | 301.360 € | 300.005 € | 298.545 € |
| 24.000 € | 351.837 € | 350.779 € | 349.646 € | 348.438 € | 347.170 € | 345.854 € | 344.411 € | 342.863 € | 341.195 € |
| 27.000 € | 395.817 € | 394.626 € | 393.352 € | 391.992 € | 390.567 € | 389.086 € | 387.463 € | 385.721 € | 383.844 € |

Ingreso neto / Edad del cónyuge

| Hasta | 52 | 53 | 54 | 55 | 56 | 57 | 58 | 59 | 60 |
|---|---|---|---|---|---|---|---|---|---|
| 18.000 € | 254.546 € | 253.089 € | 251.420 € | 249.557 € | 247.414 € | 245.116 € | 242.503 € | 239.595 € | 236.349 € |
| 21.000 € | 296.970 € | 295.270 € | 293.323 € | 291.150 € | 288.650 € | 285.968 € | 282.920 € | 279.528 € | 275.741 € |
| 24.000 € | 339.395 € | 337.452 € | 335.226 € | 332.743 € | 329.886 € | 326.821 € | 323.337 € | 319.460 € | 315.133 € |
| 27.000 € | 381.819 € | 379.633 € | 377.129 € | 374.336 € | 371.122 € | 367.673 € | 363.754 € | 359.393 € | 354.524 € |

Ingreso neto / Edad del cónyuge

| Hasta | 61 | 62 | 63 | 64 | 65 | 66 | 67 | 68 | 69 |
|---|---|---|---|---|---|---|---|---|---|
| 18.000 € | 232.684 € | 228.576 € | 224.180 € | 219.419 € | 214.025 € | 208.345 € | 202.248 € | 195.877 € | 189.115 € |
| 21.000 € | 271.464 € | 266.672 € | 261.544 € | 255.989 € | 249.695 € | 243.070 € | 235.956 € | 228.523 € | 220.634 € |
| 24.000 € | 310.245 € | 304.768 € | 298.907 € | 292.558 € | 285.366 € | 277.794 € | 269.665 € | 261.169 € | 252.154 € |
| 27.000 € | 349.026 € | 342.864 € | 336.271 € | 329.128 € | 321.037 € | 312.518 € | 303.373 € | 293.815 € | 283.673 € |

Ingreso neto / Edad del cónyuge

| Hasta | 70 | 71 | 72 | 73 | 74 | 75 | 76 | 77 | 78 |
|---|---|---|---|---|---|---|---|---|---|
| 18.000 € | 181.862 € | 174.731 € | 167.395 € | 159.155 € | 151.288 € | 143.762 € | 136.252 € | 128.817 € | 121.588 € |
| 21.000 € | 212.172 € | 203.852 € | 195.294 € | 185.681 € | 176.503 € | 167.723 € | 158.961 € | 150.287 € | 141.853 € |
| 24.000 € | 242.483 € | 232.974 € | 223.194 € | 212.206 € | 201.717 € | 191.683 € | 181.670 € | 171.756 € | 162.118 € |
| 27.000 € | 272.793 € | 262.096 € | 251.093 € | 238.732 € | 226.932 € | 215.644 € | 204.379 € | 193.226 € | 182.382 € |

Ingreso neto / Edad del cónyuge

| Hasta | 79 | 80 | 81 | 82 | 83 | 84 | 85 | 86 | 87 |
|---|---|---|---|---|---|---|---|---|---|
| 18.000 € | 114.615 € | 107.772 € | 101.204 € | 94.910 € | 88.837 € | 82.995 € | 77.495 € | 72.254 € | 67.298 € |
| 21.000 € | 133.717 € | 125.734 € | 118.071 € | 110.728 € | 103.644 € | 96.828 € | 90.411 € | 84.296 € | 78.515 € |
| 24.000 € | 152.819 € | 143.696 € | 134.938 € | 126.547 € | 118.450 € | 110.660 € | 103.327 € | 96.339 € | 89.731 € |
| 27.000 € | 171.922 € | 161.657 € | 151.806 € | 142.365 € | 133.256 € | 124.493 € | 116.243 € | 108.381 € | 100.947 € |

Ingreso neto / Edad del cónyuge

| Hasta | 88 | 89 | 90 | 91 | 92 | 93 | 94 | 95 | 96 |
|---|---|---|---|---|---|---|---|---|---|
| 18.000 € | 62.662 € | 58.396 € | 54.389 € | 50.489 € | 46.737 € | 42.662 € | 39.338 € | 35.769 € | 32.234 € |
| 21.000 € | 73.106 € | 68.129 € | 63.454 € | 58.904 € | 54.527 € | 49.773 € | 45.895 € | 41.730 € | 37.606 € |
| 24.000 € | 83.549 € | 77.861 € | 72.519 € | 67.319 € | 62.317 € | 56.883 € | 52.451 € | 47.692 € | 42.978 € |
| 27.000 € | 93.993 € | 87.594 € | 81.584 € | 75.734 € | 70.106 € | 63.993 € | 59.008 € | 53.653 € | 48.351 € |

Ingreso neto / Edad del cónyuge

| Hasta | 97 | 98 | 99 o más |
|---|---|---|---|
| 18.000 € | 28.582 € | 24.040 € | 18.393 € |
| 21.000 € | 33.346 € | 28.047 € | 21.458 € |
| 24.000 € | 38.110 € | 32.054 € | 24.524 € |
| 27.000 € | 42.874 € | 36.061 € | 27.589 € |

## TABLA 1.C.1.H

### Lucro cesante del cónyuge (fallecido con dedicación a tareas del hogar)

Años de duración del matrimonio: 30 años

| Ingreso neto | Edad del cónyuge | | | | | | | | |
|---|---|---|---|---|---|---|---|---|---|
| Hasta | 44 | 45 | 46 | 47 | 48 | 49 | 50 | 51 | 52 |
| 18.000 € | 270.301 € | 269.387 € | 268.401 € | 267.366 € | 266.287 € | 265.098 € | 263.815 € | 262.428 € | 260.924 € |
| 21.000 € | 315.351 € | 314.284 € | 313.135 € | 311.927 € | 310.668 € | 309.281 € | 307.784 € | 306.167 € | 304.412 € |
| 24.000 € | 360.401 € | 359.182 € | 357.869 € | 356.488 € | 355.049 € | 353.464 € | 351.753 € | 349.905 € | 347.899 € |
| 27.000 € | 405.452 € | 404.080 € | 402.602 € | 401.049 € | 399.430 € | 397.647 € | 395.722 € | 393.643 € | 391.387 € |

| Ingreso neto | Edad del cónyuge | | | | | | | | |
|---|---|---|---|---|---|---|---|---|---|
| Hasta | 53 | 54 | 55 | 56 | 57 | 58 | 59 | 60 | 61 |
| 18.000 € | 259.292 € | 257.427 € | 255.346 € | 252.954 € | 250.384 € | 247.472 € | 244.240 € | 240.640 € | 236.602 € |
| 21.000 € | 302.508 € | 300.331 € | 297.903 € | 295.113 € | 292.114 € | 288.718 € | 284.946 € | 280.747 € | 276.035 € |
| 24.000 € | 345.723 € | 343.236 € | 340.461 € | 337.272 € | 333.845 € | 329.963 € | 325.653 € | 320.854 € | 315.469 € |
| 27.000 € | 388.939 € | 386.140 € | 383.018 € | 379.431 € | 375.576 € | 371.209 € | 366.359 € | 360.960 € | 354.903 € |

| Ingreso neto | Edad del cónyuge | | | | | | | | |
|---|---|---|---|---|---|---|---|---|---|
| Hasta | 62 | 63 | 64 | 65 | 66 | 67 | 68 | 69 | 70 |
| 18.000 € | 232.113 € | 227.332 € | 222.202 € | 216.408 € | 210.358 € | 203.906 € | 197.205 € | 190.162 € | 182.665 € |
| 21.000 € | 270.799 € | 265.220 € | 259.236 € | 252.476 € | 245.418 € | 237.891 € | 230.072 € | 221.855 € | 213.109 € |
| 24.000 € | 309.485 € | 303.109 € | 296.269 € | 288.544 € | 280.478 € | 271.875 € | 262.940 € | 253.549 € | 243.553 € |
| 27.000 € | 348.170 € | 340.998 € | 333.303 € | 324.612 € | 315.537 € | 305.859 € | 295.807 € | 285.243 € | 273.997 € |

| Ingreso neto | Edad del cónyuge | | | | | | | | |
|---|---|---|---|---|---|---|---|---|---|
| Hasta | 71 | 72 | 73 | 74 | 75 | 76 | 77 | 78 | 79 |
| 18.000 € | 175.334 € | 167.395 € | 159.155 € | 151.288 € | 143.762 € | 136.252 € | 128.817 € | 121.588 € | 114.615 € |
| 21.000 € | 204.556 € | 195.294 € | 185.681 € | 176.503 € | 167.723 € | 158.961 € | 150.287 € | 141.853 € | 133.717 € |
| 24.000 € | 233.778 € | 223.194 € | 212.206 € | 201.717 € | 191.683 € | 181.670 € | 171.756 € | 162.118 € | 152.819 € |
| 27.000 € | 263.000 € | 251.093 € | 238.732 € | 226.932 € | 215.644 € | 204.379 € | 193.226 € | 182.382 € | 171.922 € |

| Ingreso neto | Edad del cónyuge | | | | | | | | |
|---|---|---|---|---|---|---|---|---|---|
| Hasta | 80 | 81 | 82 | 83 | 84 | 85 | 86 | 87 | 88 |
| 18.000 € | 107.772 € | 101.204 € | 94.910 € | 88.837 € | 82.995 € | 77.495 € | 72.254 € | 67.298 € | 62.662 € |
| 21.000 € | 125.734 € | 118.071 € | 110.728 € | 103.644 € | 96.828 € | 90.411 € | 84.296 € | 78.515 € | 73.106 € |
| 24.000 € | 143.696 € | 134.938 € | 126.547 € | 118.450 € | 110.660 € | 103.327 € | 96.339 € | 89.731 € | 83.549 € |
| 27.000 € | 161.657 € | 151.806 € | 142.365 € | 133.256 € | 124.493 € | 116.243 € | 108.381 € | 100.947 € | 93.993 € |

| Ingreso neto | Edad del cónyuge | | | | | | | | |
|---|---|---|---|---|---|---|---|---|---|
| Hasta | 89 | 90 | 91 | 92 | 93 | 94 | 95 | 96 | 97 |
| 18.000 € | 58.396 € | 54.389 € | 50.489 € | 46.737 € | 42.662 € | 39.338 € | 35.769 € | 32.234 € | 28.582 € |
| 21.000 € | 68.129 € | 63.454 € | 58.904 € | 54.527 € | 49.773 € | 45.895 € | 41.730 € | 37.606 € | 33.346 € |
| 24.000 € | 77.861 € | 72.519 € | 67.319 € | 62.317 € | 56.883 € | 52.451 € | 47.692 € | 42.978 € | 38.110 € |
| 27.000 € | 87.594 € | 81.584 € | 75.734 € | 70.106 € | 63.993 € | 59.008 € | 53.653 € | 48.351 € | 42.874 € |

| Ingreso neto | Edad del cónyuge | |
|---|---|---|
| Hasta | 98 | 99 o más |
| 18.000 € | 24.040 € | 18.393 € |
| 21.000 € | 28.047 € | 21.458 € |
| 24.000 € | 32.054 € | 24.524 € |
| 27.000 € | 36.061 € | 27.589 € |

# TABLA 1.C.1.H

## Lucro cesante del cónyuge (fallecido con dedicación a tareas del hogar)

### Años de duración del matrimonio: 31 años

| Ingreso neto | Edad del cónyuge | | | | | | | | |
|---|---|---|---|---|---|---|---|---|---|
| Hasta | 45 | 46 | 47 | 48 | 49 | 50 | 51 | 52 | 53 |
| 18.000 € | 276.399 € | 275.331 € | 274.204 € | 273.021 € | 271.712 € | 270.296 € | 268.758 € | 267.082 € | 265.259 € |
| 21.000 € | 322.466 € | 321.219 € | 319.904 € | 318.524 € | 316.997 € | 315.345 € | 313.551 € | 311.596 € | 309.469 € |
| 24.000 € | 368.532 € | 367.107 € | 365.605 € | 364.027 € | 362.283 € | 360.395 € | 358.344 € | 356.110 € | 353.678 € |
| 27.000 € | 414.599 € | 412.996 € | 411.305 € | 409.531 € | 407.568 € | 405.444 € | 403.137 € | 400.623 € | 397.888 € |

| Ingreso neto | Edad del cónyuge | | | | | | | | |
|---|---|---|---|---|---|---|---|---|---|
| Hasta | 54 | 55 | 56 | 57 | 58 | 59 | 60 | 61 | 62 |
| 18.000 € | 263.178 € | 260.855 € | 258.195 € | 255.332 € | 252.100 € | 248.519 € | 244.553 € | 240.139 € | 235.267 € |
| 21.000 € | 307.041 € | 304.331 € | 301.227 € | 297.887 € | 294.117 € | 289.939 € | 285.312 € | 280.163 € | 274.479 € |
| 24.000 € | 350.904 € | 347.806 € | 344.260 € | 340.443 € | 336.134 € | 331.359 € | 326.071 € | 320.186 € | 313.690 € |
| 27.000 € | 394.768 € | 391.282 € | 387.292 € | 382.998 € | 378.150 € | 372.779 € | 366.830 € | 360.209 € | 352.901 € |

| Ingreso neto | Edad del cónyuge | | | | | | | | |
|---|---|---|---|---|---|---|---|---|---|
| Hasta | 63 | 64 | 65 | 66 | 67 | 68 | 69 | 70 | 71 |
| 18.000 € | 230.120 € | 224.596 € | 218.432 € | 212.028 € | 205.246 € | 198.262 € | 190.976 € | 183.276 € | 175.334 € |
| 21.000 € | 268.474 € | 262.029 € | 254.838 € | 247.366 € | 239.453 € | 231.306 € | 222.805 € | 213.822 € | 204.556 € |
| 24.000 € | 306.827 € | 299.462 € | 291.243 € | 282.704 € | 273.661 € | 264.350 € | 254.634 € | 244.367 € | 233.778 € |
| 27.000 € | 345.180 € | 336.895 € | 327.648 € | 318.042 € | 307.868 € | 297.393 € | 286.463 € | 274.913 € | 263.000 € |

| Ingreso neto | Edad del cónyuge | | | | | | | | |
|---|---|---|---|---|---|---|---|---|---|
| Hasta | 72 | 73 | 74 | 75 | 76 | 77 | 78 | 79 | 80 |
| 18.000 € | 167.395 € | 159.155 € | 151.288 € | 143.762 € | 136.252 € | 128.817 € | 121.588 € | 114.615 € | 107.772 € |
| 21.000 € | 195.294 € | 185.681 € | 176.503 € | 167.723 € | 158.961 € | 150.287 € | 141.853 € | 133.717 € | 125.734 € |
| 24.000 € | 223.194 € | 212.206 € | 201.717 € | 191.683 € | 181.670 € | 171.756 € | 162.118 € | 152.819 € | 143.696 € |
| 27.000 € | 251.093 € | 238.732 € | 226.932 € | 215.644 € | 204.379 € | 193.226 € | 182.382 € | 171.922 € | 161.657 € |

| Ingreso neto | Edad del cónyuge | | | | | | | | |
|---|---|---|---|---|---|---|---|---|---|
| Hasta | 81 | 82 | 83 | 84 | 85 | 86 | 87 | 88 | 89 |
| 18.000 € | 101.204 € | 94.910 € | 88.837 € | 82.995 € | 77.495 € | 72.254 € | 67.298 € | 62.662 € | 58.396 € |
| 21.000 € | 118.071 € | 110.728 € | 103.644 € | 96.828 € | 90.411 € | 84.296 € | 78.515 € | 73.106 € | 68.129 € |
| 24.000 € | 134.938 € | 126.547 € | 118.450 € | 110.660 € | 103.327 € | 96.339 € | 89.731 € | 83.549 € | 77.861 € |
| 27.000 € | 151.806 € | 142.365 € | 133.256 € | 124.493 € | 116.243 € | 108.381 € | 100.947 € | 93.993 € | 87.594 € |

| Ingreso neto | Edad del cónyuge | | | | | | | | |
|---|---|---|---|---|---|---|---|---|---|
| Hasta | 90 | 91 | 92 | 93 | 94 | 95 | 96 | 97 | 98 |
| 18.000 € | 54.389 € | 50.489 € | 46.737 € | 42.662 € | 39.338 € | 35.769 € | 32.234 € | 28.582 € | 24.040 € |
| 21.000 € | 63.454 € | 58.904 € | 54.527 € | 49.773 € | 45.895 € | 41.730 € | 37.606 € | 33.346 € | 28.047 € |
| 24.000 € | 72.519 € | 67.319 € | 62.317 € | 56.883 € | 52.451 € | 47.692 € | 42.978 € | 38.110 € | 32.054 € |
| 27.000 € | 81.584 € | 75.734 € | 70.106 € | 63.993 € | 59.008 € | 53.653 € | 48.351 € | 42.874 € | 36.061 € |

| Ingreso neto | Edad del cónyuge |
|---|---|
| Hasta | 99 o más |
| 18.000 € | 18.393 € |
| 21.000 € | 21.458 € |
| 24.000 € | 24.524 € |
| 27.000 € | 27.589 € |

## TABLA 1.C.1.H

### Lucro cesante del cónyuge (fallecido con dedicación a tareas del hogar)

Años de duración del matrimonio: 32 años

| Ingreso neto | Edad del cónyuge | | | | | | | | |
|---|---|---|---|---|---|---|---|---|---|
| Hasta | 46 | 47 | 48 | 49 | 50 | 51 | 52 | 53 | 54 |
| 18.000 € | 282.112 € | 280.883 € | 279.583 € | 278.144 € | 276.579 € | 274.872 € | 273.008 € | 270.975 € | 268.657 € |
| 21.000 € | 329.131 € | 327.696 € | 326.180 € | 324.501 € | 322.676 € | 320.684 € | 318.509 € | 316.138 € | 313.433 € |
| 24.000 € | 376.149 € | 374.510 € | 372.777 € | 370.858 € | 368.772 € | 366.496 € | 364.011 € | 361.300 € | 358.209 € |
| 27.000 € | 423.168 € | 421.324 € | 419.374 € | 417.216 € | 414.869 € | 412.308 € | 409.512 € | 406.463 € | 402.985 € |

| Ingreso neto | Edad del cónyuge | | | | | | | | |
|---|---|---|---|---|---|---|---|---|---|
| Hasta | 55 | 56 | 57 | 58 | 59 | 60 | 61 | 62 | 63 |
| 18.000 € | 266.071 € | 263.122 € | 259.945 € | 256.370 € | 252.428 € | 248.092 € | 243.299 € | 238.063 € | 232.524 € |
| 21.000 € | 310.416 € | 306.975 € | 303.269 € | 299.099 € | 294.499 € | 289.440 € | 283.848 € | 277.740 € | 271.278 € |
| 24.000 € | 354.762 € | 350.829 € | 346.593 € | 341.827 € | 336.570 € | 330.789 € | 324.398 € | 317.417 € | 310.032 € |
| 27.000 € | 399.107 € | 394.683 € | 389.917 € | 384.555 € | 378.642 € | 372.137 € | 364.948 € | 357.094 € | 348.786 € |

| Ingreso neto | Edad del cónyuge | | | | | | | | |
|---|---|---|---|---|---|---|---|---|---|
| Hasta | 64 | 65 | 66 | 67 | 68 | 69 | 70 | 71 | 72 |
| 18.000 € | 226.633 € | 220.115 € | 213.380 € | 206.315 € | 199.087 € | 191.596 € | 183.276 € | 175.334 € | 167.395 € |
| 21.000 € | 264.406 € | 256.801 € | 248.944 € | 240.701 € | 232.268 € | 223.529 € | 213.822 € | 204.556 € | 195.294 € |
| 24.000 € | 302.178 € | 293.486 € | 284.507 € | 275.086 € | 265.449 € | 255.461 € | 244.367 € | 233.778 € | 223.194 € |
| 27.000 € | 339.950 € | 330.172 € | 320.071 € | 309.472 € | 298.630 € | 287.394 € | 274.913 € | 263.000 € | 251.093 € |

| Ingreso neto | Edad del cónyuge | | | | | | | | |
|---|---|---|---|---|---|---|---|---|---|
| Hasta | 73 | 74 | 75 | 76 | 77 | 78 | 79 | 80 | 81 |
| 18.000 € | 159.155 € | 151.288 € | 143.762 € | 136.252 € | 128.817 € | 121.588 € | 114.615 € | 107.772 € | 101.204 € |
| 21.000 € | 185.681 € | 176.503 € | 167.723 € | 158.961 € | 150.287 € | 141.853 € | 133.717 € | 125.734 € | 118.071 € |
| 24.000 € | 212.206 € | 201.717 € | 191.683 € | 181.670 € | 171.756 € | 162.118 € | 152.819 € | 143.696 € | 134.938 € |
| 27.000 € | 238.732 € | 226.932 € | 215.644 € | 204.379 € | 193.226 € | 182.382 € | 171.922 € | 161.657 € | 151.806 € |

| Ingreso neto | Edad del cónyuge | | | | | | | | |
|---|---|---|---|---|---|---|---|---|---|
| Hasta | 82 | 83 | 84 | 85 | 86 | 87 | 88 | 89 | 90 |
| 18.000 € | 94.910 € | 88.837 € | 82.995 € | 77.495 € | 72.254 € | 67.298 € | 62.662 € | 58.396 € | 54.389 € |
| 21.000 € | 110.728 € | 103.644 € | 96.828 € | 90.411 € | 84.296 € | 78.515 € | 73.106 € | 68.129 € | 63.454 € |
| 24.000 € | 126.547 € | 118.450 € | 110.660 € | 103.327 € | 96.339 € | 89.731 € | 83.549 € | 77.861 € | 72.519 € |
| 27.000 € | 142.365 € | 133.256 € | 124.493 € | 116.243 € | 108.381 € | 100.947 € | 93.993 € | 87.594 € | 81.584 € |

| Ingreso neto | Edad del cónyuge | | | | | | | | |
|---|---|---|---|---|---|---|---|---|---|
| Hasta | 91 | 92 | 93 | 94 | 95 | 96 | 97 | 98 | 99 o más |
| 18.000 € | 50.489 € | 46.737 € | 42.662 € | 39.338 € | 35.769 € | 32.234 € | 28.582 € | 24.040 € | 18.393 € |
| 21.000 € | 58.904 € | 54.527 € | 49.773 € | 45.895 € | 41.730 € | 37.606 € | 33.346 € | 28.047 € | 21.458 € |
| 24.000 € | 67.319 € | 62.317 € | 56.883 € | 52.451 € | 47.692 € | 42.978 € | 38.110 € | 32.054 € | 24.524 € |
| 27.000 € | 75.734 € | 70.106 € | 63.993 € | 59.008 € | 53.653 € | 48.351 € | 42.874 € | 36.061 € | 27.589 € |

# TABLA 1.C.1.H

## Lucro cesante del cónyuge (fallecido con dedicación a tareas del hogar)

### Años de duración del matrimonio: 33 años

| Ingreso neto | Edad del cónyuge | | | | | | | | |
|---|---|---|---|---|---|---|---|---|---|
| Hasta | 47 | 48 | 49 | 50 | 51 | 52 | 53 | 54 | 55 |
| 18.000 € | 287.394 € | 285.967 € | 284.382 € | 282.651 € | 280.759 € | 278.689 € | 276.424 € | 273.849 € | 270.980 € |
| 21.000 € | 335.293 € | 333.628 € | 331.779 € | 329.760 € | 327.552 € | 325.137 € | 322.495 € | 319.490 € | 316.143 € |
| 24.000 € | 383.192 € | 381.289 € | 379.176 € | 376.868 € | 374.345 € | 371.585 € | 368.565 € | 365.131 € | 361.306 € |
| 27.000 € | 431.091 € | 428.950 € | 426.572 € | 423.977 € | 421.139 € | 418.033 € | 414.636 € | 410.773 € | 406.470 € |

| Ingreso neto | Edad del cónyuge | | | | | | | | |
|---|---|---|---|---|---|---|---|---|---|
| Hasta | 56 | 57 | 58 | 59 | 60 | 61 | 62 | 63 | 64 |
| 18.000 € | 267.720 € | 264.206 € | 260.274 € | 255.966 € | 251.256 € | 246.103 € | 240.476 € | 234.572 € | 228.330 € |
| 21.000 € | 312.339 € | 308.240 € | 303.653 € | 298.627 € | 293.132 € | 287.120 € | 280.556 € | 273.668 € | 266.385 € |
| 24.000 € | 356.959 € | 352.274 € | 347.032 € | 341.288 € | 335.008 € | 328.137 € | 320.635 € | 312.763 € | 304.440 € |
| 27.000 € | 401.579 € | 396.308 € | 390.411 € | 383.950 € | 376.884 € | 369.154 € | 360.714 € | 351.858 € | 342.496 € |

| Ingreso neto | Edad del cónyuge | | | | | | | | |
|---|---|---|---|---|---|---|---|---|---|
| Hasta | 65 | 66 | 67 | 68 | 69 | 70 | 71 | 72 | 73 |
| 18.000 € | 221.480 € | 214.462 € | 207.150 € | 199.716 € | 191.596 € | 183.276 € | 175.334 € | 167.395 € | 159.155 € |
| 21.000 € | 258.394 € | 250.206 € | 241.675 € | 233.002 € | 223.529 € | 213.822 € | 204.556 € | 195.294 € | 185.681 € |
| 24.000 € | 295.307 € | 285.949 € | 276.200 € | 266.288 € | 255.461 € | 244.367 € | 233.778 € | 223.194 € | 212.206 € |
| 27.000 € | 332.220 € | 321.693 € | 310.725 € | 299.575 € | 287.394 € | 274.913 € | 263.000 € | 251.093 € | 238.732 € |

| Ingreso neto | Edad del cónyuge | | | | | | | | |
|---|---|---|---|---|---|---|---|---|---|
| Hasta | 74 | 75 | 76 | 77 | 78 | 79 | 80 | 81 | 82 |
| 18.000 € | 151.288 € | 143.762 € | 136.252 € | 128.817 € | 121.588 € | 114.615 € | 107.772 € | 101.204 € | 94.910 € |
| 21.000 € | 176.503 € | 167.723 € | 158.961 € | 150.287 € | 141.853 € | 133.717 € | 125.734 € | 118.071 € | 110.728 € |
| 24.000 € | 201.717 € | 191.683 € | 181.670 € | 171.756 € | 162.118 € | 152.819 € | 143.696 € | 134.938 € | 126.547 € |
| 27.000 € | 226.932 € | 215.644 € | 204.379 € | 193.226 € | 182.382 € | 171.922 € | 161.657 € | 151.806 € | 142.365 € |

| Ingreso neto | Edad del cónyuge | | | | | | | | |
|---|---|---|---|---|---|---|---|---|---|
| Hasta | 47 | 48 | 49 | 50 | 51 | 52 | 53 | 54 | 55 |
| 18.000 € | 70.533 € | 69.510 € | 68.390 € | 67.077 € | 65.544 € | 63.796 € | 61.906 € | 59.902 € | 57.839 € |
| 21.000 € | 82.289 € | 81.095 € | 79.789 € | 78.256 € | 76.468 € | 74.429 € | 72.224 € | 69.886 € | 57.839 € |
| 24.000 € | 94.045 € | 92.680 € | 91.187 € | 89.436 € | 87.392 € | 85.062 € | 82.542 € | 79.869 € | 57.839 € |
| 27.000 € | 105.800 € | 104.265 € | 102.586 € | 100.615 € | 98.316 € | 95.695 € | 92.860 € | 89.853 € | 57.839 € |

| Ingreso neto | Edad del cónyuge | | | | | | | |
|---|---|---|---|---|---|---|---|---|
| Hasta | 92 | 93 | 94 | 95 | 96 | 97 | 98 | 99 o más |
| 18.000 € | 46.737 € | 42.662 € | 39.338 € | 35.769 € | 32.234 € | 28.582 € | 24.040 € | 18.393 € |
| 21.000 € | 54.527 € | 49.773 € | 45.895 € | 41.730 € | 37.606 € | 33.346 € | 28.047 € | 21.458 € |
| 24.000 € | 62.317 € | 56.883 € | 52.451 € | 47.692 € | 42.978 € | 38.110 € | 32.054 € | 24.524 € |
| 27.000 € | 70.106 € | 63.993 € | 59.008 € | 53.653 € | 48.351 € | 42.874 € | 36.061 € | 27.589 € |

## TABLA 1.C.1.H

### Lucro cesante del cónyuge (fallecido con dedicación a tareas del hogar)

Años de duración del matrimonio: 34 años

| Ingreso neto | Edad del cónyuge | | | | | | | | |
|---|---|---|---|---|---|---|---|---|---|
| Hasta | 48 | 49 | 50 | 51 | 52 | 53 | 54 | 55 | 56 |
| 18.000 € | 292.161 € | 290.413 € | 288.501 € | 286.406 € | 284.108 € | 281.592 € | 278.738 € | 275.565 € | 271.971 € |
| 21.000 € | 340.854 € | 338.815 € | 336.584 € | 334.141 € | 331.459 € | 328.524 € | 325.195 € | 321.493 € | 317.300 € |
| 24.000 € | 389.548 € | 387.218 € | 384.668 € | 381.875 € | 378.811 € | 375.455 € | 371.651 € | 367.420 € | 362.628 € |
| 27.000 € | 438.241 € | 435.620 € | 432.751 € | 429.610 € | 426.162 € | 422.387 € | 418.107 € | 413.348 € | 407.957 € |

| Ingreso neto | Edad del cónyuge | | | | | | | | |
|---|---|---|---|---|---|---|---|---|---|
| Hasta | 57 | 58 | 59 | 60 | 61 | 62 | 63 | 64 | 65 |
| 18.000 € | 268.106 € | 263.814 € | 259.136 € | 254.069 € | 248.528 € | 242.537 € | 236.282 € | 229.710 € | 222.575 € |
| 21.000 € | 312.791 € | 307.783 € | 302.325 € | 296.413 € | 289.950 € | 282.960 € | 275.662 € | 267.995 € | 259.671 € |
| 24.000 € | 357.475 € | 351.752 € | 345.514 € | 338.758 € | 331.371 € | 323.383 € | 315.043 € | 306.281 € | 296.766 € |
| 27.000 € | 402.159 € | 395.721 € | 388.704 € | 381.103 € | 372.792 € | 363.806 € | 354.423 € | 344.566 € | 333.862 € |

| Ingreso neto | Edad del cónyuge | | | | | | | | |
|---|---|---|---|---|---|---|---|---|---|
| Hasta | 66 | 67 | 68 | 69 | 70 | 71 | 72 | 73 | 74 |
| 18.000 € | 215.309 € | 207.789 € | 199.716 € | 191.596 € | 183.276 € | 175.334 € | 167.395 € | 159.155 € | 151.288 € |
| 21.000 € | 251.194 € | 242.421 € | 233.002 € | 223.529 € | 213.822 € | 204.556 € | 195.294 € | 185.681 € | 176.503 € |
| 24.000 € | 287.078 € | 277.052 € | 266.288 € | 255.461 € | 244.367 € | 233.778 € | 223.194 € | 212.206 € | 201.717 € |
| 27.000 € | 322.963 € | 311.684 € | 299.575 € | 287.394 € | 274.913 € | 263.000 € | 251.093 € | 238.732 € | 226.932 € |

| Ingreso neto | Edad del cónyuge | | | | | | | | |
|---|---|---|---|---|---|---|---|---|---|
| Hasta | 75 | 76 | 77 | 78 | 79 | 80 | 81 | 82 | 83 |
| 18.000 € | 143.762 € | 136.252 € | 128.817 € | 121.588 € | 114.615 € | 107.772 € | 101.204 € | 94.910 € | 88.837 € |
| 21.000 € | 167.723 € | 158.961 € | 150.287 € | 141.853 € | 133.717 € | 125.734 € | 118.071 € | 110.728 € | 103.644 € |
| 24.000 € | 191.683 € | 181.670 € | 171.756 € | 162.118 € | 152.819 € | 143.696 € | 134.938 € | 126.547 € | 118.450 € |
| 27.000 € | 215.644 € | 204.379 € | 193.226 € | 182.382 € | 171.922 € | 161.657 € | 151.806 € | 142.365 € | 133.256 € |

| Ingreso neto | Edad del cónyuge | | | | | | | | |
|---|---|---|---|---|---|---|---|---|---|
| Hasta | 84 | 85 | 86 | 87 | 88 | 89 | 90 | 91 | 92 |
| 18.000 € | 82.995 € | 77.495 € | 72.254 € | 67.298 € | 62.662 € | 58.396 € | 54.389 € | 50.489 € | 46.737 € |
| 21.000 € | 96.828 € | 90.411 € | 84.296 € | 78.515 € | 73.106 € | 68.129 € | 63.454 € | 58.904 € | 54.527 € |
| 24.000 € | 110.660 € | 103.327 € | 96.339 € | 89.731 € | 83.549 € | 77.861 € | 72.519 € | 67.319 € | 62.317 € |
| 27.000 € | 124.493 € | 116.243 € | 108.381 € | 100.947 € | 93.993 € | 87.594 € | 81.584 € | 75.734 € | 70.106 € |

| Ingreso neto | Edad del cónyuge | | | | | | |
|---|---|---|---|---|---|---|---|
| Hasta | 93 | 94 | 95 | 96 | 97 | 98 | 99 o más |
| 18.000 € | 42.662 € | 39.338 € | 35.769 € | 32.234 € | 28.582 € | 24.040 € | 18.393 € |
| 21.000 € | 49.773 € | 45.895 € | 41.730 € | 37.606 € | 33.346 € | 28.047 € | 21.458 € |
| 24.000 € | 56.883 € | 52.451 € | 47.692 € | 42.978 € | 38.110 € | 32.054 € | 24.524 € |
| 27.000 € | 63.993 € | 59.008 € | 53.653 € | 48.351 € | 42.874 € | 36.061 € | 27.589 € |

# TABLA 1.C.1.H

## Lucro cesante del cónyuge (fallecido con dedicación a tareas del hogar)

### Años de duración del matrimonio: 35 años

| Ingreso neto | Edad del cónyuge | | | | | | | | |
|---|---|---|---|---|---|---|---|---|---|
| Hasta | 49 | 50 | 51 | 52 | 53 | 54 | 55 | 56 | 57 |
| 18.000 € | 296.227 € | 294.116 € | 291.798 € | 289.252 € | 286.463 € | 283.311 € | 279.810 € | 275.869 € | 271.648 € |
| 21.000 € | 345.598 € | 343.136 € | 340.430 € | 337.460 € | 334.207 € | 330.529 € | 326.445 € | 321.847 € | 316.922 € |
| 24.000 € | 394.970 € | 392.155 € | 389.063 € | 385.669 € | 381.951 € | 377.747 € | 373.080 € | 367.825 € | 362.197 € |
| 27.000 € | 444.341 € | 441.174 € | 437.696 € | 433.877 € | 429.695 € | 424.966 € | 419.715 € | 413.803 € | 407.471 € |

| Ingreso neto | Edad del cónyuge | | | | | | | | |
|---|---|---|---|---|---|---|---|---|---|
| Hasta | 58 | 59 | 60 | 61 | 62 | 63 | 64 | 65 | 66 |
| 18.000 € | 266.989 € | 261.957 € | 256.506 € | 250.603 € | 244.261 € | 237.676 € | 230.819 € | 223.434 € | 215.959 € |
| 21.000 € | 311.487 € | 305.616 € | 299.257 € | 292.370 € | 284.971 € | 277.288 € | 269.289 € | 260.673 € | 251.952 € |
| 24.000 € | 355.985 € | 349.276 € | 342.008 € | 334.137 € | 325.681 € | 316.901 € | 307.759 € | 297.911 € | 287.945 € |
| 27.000 € | 400.483 € | 392.935 € | 384.759 € | 375.904 € | 366.391 € | 356.514 € | 346.229 € | 335.150 € | 323.938 € |

| Ingreso neto | Edad del cónyuge | | | | | | | | |
|---|---|---|---|---|---|---|---|---|---|
| Hasta | 67 | 68 | 69 | 70 | 71 | 72 | 73 | 74 | 75 |
| 18.000 € | 207.789 € | 199.716 € | 191.596 € | 183.276 € | 175.334 € | 167.395 € | 159.155 € | 151.288 € | 143.762 € |
| 21.000 € | 242.421 € | 233.002 € | 223.529 € | 213.822 € | 204.556 € | 195.294 € | 185.681 € | 176.503 € | 167.723 € |
| 24.000 € | 277.052 € | 266.288 € | 255.461 € | 244.367 € | 233.778 € | 223.194 € | 212.206 € | 201.717 € | 191.683 € |
| 27.000 € | 311.684 € | 299.575 € | 287.394 € | 274.913 € | 263.000 € | 251.093 € | 238.732 € | 226.932 € | 215.644 € |

| Ingreso neto | Edad del cónyuge | | | | | | | | |
|---|---|---|---|---|---|---|---|---|---|
| Hasta | 76 | 77 | 78 | 79 | 80 | 81 | 82 | 83 | 84 |
| 18.000 € | 136.252 € | 128.817 € | 121.588 € | 114.615 € | 107.772 € | 101.204 € | 94.910 € | 88.837 € | 82.995 € |
| 21.000 € | 158.961 € | 150.287 € | 141.853 € | 133.717 € | 125.734 € | 118.071 € | 110.728 € | 103.644 € | 96.828 € |
| 24.000 € | 181.670 € | 171.756 € | 162.118 € | 152.819 € | 143.696 € | 134.938 € | 126.547 € | 118.450 € | 110.660 € |
| 27.000 € | 204.379 € | 193.226 € | 182.382 € | 171.922 € | 161.657 € | 151.806 € | 142.365 € | 133.256 € | 124.493 € |

| Ingreso neto | Edad del cónyuge | | | | | | | | |
|---|---|---|---|---|---|---|---|---|---|
| Hasta | 85 | 86 | 87 | 88 | 89 | 90 | 91 | 92 | 93 |
| 18.000 € | 77.495 € | 72.254 € | 67.298 € | 62.662 € | 58.396 € | 54.389 € | 50.489 € | 46.737 € | 42.662 € |
| 21.000 € | 90.411 € | 84.296 € | 78.515 € | 73.106 € | 68.129 € | 63.454 € | 58.904 € | 54.527 € | 49.773 € |
| 24.000 € | 103.327 € | 96.339 € | 89.731 € | 83.549 € | 77.861 € | 72.519 € | 67.319 € | 62.317 € | 56.883 € |
| 27.000 € | 116.243 € | 108.381 € | 100.947 € | 93.993 € | 87.594 € | 81.584 € | 75.734 € | 70.106 € | 63.993 € |

| Ingreso neto | Edad del cónyuge | | | | | |
|---|---|---|---|---|---|---|
| Hasta | 94 | 95 | 96 | 97 | 98 | 99 o más |
| 18.000 € | 39.338 € | 35.769 € | 32.234 € | 28.582 € | 24.040 € | 18.393 € |
| 21.000 € | 45.895 € | 41.730 € | 37.606 € | 33.346 € | 28.047 € | 21.458 € |
| 24.000 € | 52.451 € | 47.692 € | 42.978 € | 38.110 € | 32.054 € | 24.524 € |
| 27.000 € | 59.008 € | 53.653 € | 48.351 € | 42.874 € | 36.061 € | 27.589 € |

## TABLA 1.C.1.H
### Lucro cesante del cónyuge (fallecido con dedicación a tareas del hogar)
### Años de duración del matrimonio: 36 años

Ingreso neto | Edad del cónyuge

| Hasta | 50 | 51 | 52 | 53 | 54 | 55 | 56 | 57 | 58 |
|---|---|---|---|---|---|---|---|---|---|
| 18.000 € | 299.480 € | 296.918 € | 294.105 € | 291.023 € | 287.548 € | 283.706 € | 279.411 € | 274.828 € | 269.819 € |
| 21.000 € | 349.394 € | 346.405 € | 343.122 € | 339.527 € | 335.473 € | 330.990 € | 325.980 € | 320.633 € | 314.789 € |
| 24.000 € | 399.307 € | 395.891 € | 392.139 € | 388.030 € | 383.397 € | 378.274 € | 372.549 € | 366.438 € | 359.758 € |
| 27.000 € | 449.220 € | 445.377 € | 441.157 € | 436.534 € | 431.322 € | 425.559 € | 419.117 € | 412.243 € | 404.728 € |

Ingreso neto | Edad del cónyuge

| Hasta | 59 | 60 | 61 | 62 | 63 | 64 | 65 | 66 | 67 |
|---|---|---|---|---|---|---|---|---|---|
| 18.000 € | 264.406 € | 258.595 € | 252.342 € | 245.669 € | 238.798 € | 231.691 € | 224.094 € | 215.959 € | 207.789 € |
| 21.000 € | 308.474 € | 301.694 € | 294.399 € | 286.613 € | 278.597 € | 270.306 € | 261.443 € | 251.952 € | 242.421 € |
| 24.000 € | 352.541 € | 344.793 € | 336.456 € | 327.558 € | 318.397 € | 308.921 € | 298.792 € | 287.945 € | 277.052 € |
| 27.000 € | 396.609 € | 387.892 € | 378.512 € | 368.503 € | 358.196 € | 347.536 € | 336.141 € | 323.938 € | 311.684 € |

Ingreso neto | Edad del cónyuge

| Hasta | 68 | 69 | 70 | 71 | 72 | 73 | 74 | 75 | 76 |
|---|---|---|---|---|---|---|---|---|---|
| 18.000 € | 199.716 € | 191.596 € | 183.276 € | 175.334 € | 167.395 € | 159.155 € | 151.288 € | 143.762 € | 136.252 € |
| 21.000 € | 233.002 € | 223.529 € | 213.822 € | 204.556 € | 195.294 € | 185.681 € | 176.503 € | 167.723 € | 158.961 € |
| 24.000 € | 266.288 € | 255.461 € | 244.367 € | 233.778 € | 223.194 € | 212.206 € | 201.717 € | 191.683 € | 181.670 € |
| 27.000 € | 299.575 € | 287.394 € | 274.913 € | 263.000 € | 251.093 € | 238.732 € | 226.932 € | 215.644 € | 204.379 € |

Ingreso neto | Edad del cónyuge

| Hasta | 77 | 78 | 79 | 80 | 81 | 82 | 83 | 84 | 85 |
|---|---|---|---|---|---|---|---|---|---|
| 18.000 € | 128.817 € | 121.588 € | 114.615 € | 107.772 € | 101.204 € | 94.910 € | 88.837 € | 82.995 € | 77.495 € |
| 21.000 € | 150.287 € | 141.853 € | 133.717 € | 125.734 € | 118.071 € | 110.728 € | 103.644 € | 96.828 € | 90.411 € |
| 24.000 € | 171.756 € | 162.118 € | 152.819 € | 143.696 € | 134.938 € | 126.547 € | 118.450 € | 110.660 € | 103.327 € |
| 27.000 € | 193.226 € | 182.382 € | 171.922 € | 161.657 € | 151.806 € | 142.365 € | 133.256 € | 124.493 € | 116.243 € |

Ingreso neto | Edad del cónyuge

| Hasta | 86 | 87 | 88 | 89 | 90 | 91 | 92 | 93 | 94 |
|---|---|---|---|---|---|---|---|---|---|
| 18.000 € | 72.254 € | 67.298 € | 62.662 € | 58.396 € | 54.389 € | 50.489 € | 46.737 € | 42.662 € | 39.338 € |
| 21.000 € | 84.296 € | 78.515 € | 73.106 € | 68.129 € | 63.454 € | 58.904 € | 54.527 € | 49.773 € | 45.895 € |
| 24.000 € | 96.339 € | 89.731 € | 83.549 € | 77.861 € | 72.519 € | 67.319 € | 62.317 € | 56.883 € | 52.451 € |
| 27.000 € | 108.381 € | 100.947 € | 93.993 € | 87.594 € | 81.584 € | 75.734 € | 70.106 € | 63.993 € | 59.008 € |

Ingreso neto | Edad del cónyuge

| Hasta | 95 | 96 | 97 | 98 | 99 o más |
|---|---|---|---|---|---|
| 18.000 € | 35.769 € | 32.234 € | 28.582 € | 24.040 € | 18.393 € |
| 21.000 € | 41.730 € | 37.606 € | 33.346 € | 28.047 € | 21.458 € |
| 24.000 € | 47.692 € | 42.978 € | 38.110 € | 32.054 € | 24.524 € |
| 27.000 € | 53.653 € | 48.351 € | 42.874 € | 36.061 € | 27.589 € |

## TABLA 1.C.1.H

### Lucro cesante del cónyuge (fallecido con dedicación a tareas del hogar)

Años de duración del matrimonio: 37 años

| Ingreso neto | Edad del cónyuge | | | | | | | | |
|---|---|---|---|---|---|---|---|---|---|
| Hasta | 51 | 52 | 53 | 54 | 55 | 56 | 57 | 58 | 59 |
| 18.000 € | 70.770 € | 68.552 € | 66.191 € | 63.724 € | 61.214 € | 58.572 € | 55.717 € | 52.902 € | 50.072 € |
| 21.000 € | 82.565 € | 79.977 € | 77.223 € | 74.344 € | 71.416 € | 68.333 € | 65.003 € | 61.719 € | 50.072 € |
| 24.000 € | 94.360 € | 91.403 € | 88.255 € | 84.965 € | 81.619 € | 78.095 € | 74.289 € | 70.537 € | 50.072 € |
| 27.000 € | 106.155 € | 102.828 € | 99.287 € | 95.585 € | 91.821 € | 87.857 € | 83.575 € | 79.354 € | 50.072 € |

| Ingreso neto | Edad del cónyuge | | | | | | | | |
|---|---|---|---|---|---|---|---|---|---|
| Hasta | 60 | 61 | 62 | 63 | 64 | 65 | 66 | 67 | 68 |
| 18.000 € | 260.348 € | 253.765 € | 246.804 € | 239.682 € | 232.363 € | 224.094 € | 215.959 € | 207.789 € | 199.716 € |
| 21.000 € | 303.740 € | 296.059 € | 287.938 € | 279.629 € | 271.090 € | 261.443 € | 251.952 € | 242.421 € | 233.002 € |
| 24.000 € | 347.131 € | 338.353 € | 329.072 € | 319.576 € | 309.817 € | 298.792 € | 287.945 € | 277.052 € | 266.288 € |
| 27.000 € | 390.522 € | 380.647 € | 370.207 € | 359.523 € | 348.544 € | 336.141 € | 323.938 € | 311.684 € | 299.575 € |

| Ingreso neto | Edad del cónyuge | | | | | | | | |
|---|---|---|---|---|---|---|---|---|---|
| Hasta | 69 | 70 | 71 | 72 | 73 | 74 | 75 | 76 | 77 |
| 18.000 € | 191.596 € | 183.276 € | 175.334 € | 167.395 € | 159.155 € | 151.288 € | 143.762 € | 136.252 € | 128.817 € |
| 21.000 € | 223.529 € | 213.822 € | 204.556 € | 195.294 € | 185.681 € | 176.503 € | 167.723 € | 158.961 € | 150.287 € |
| 24.000 € | 255.461 € | 244.367 € | 233.778 € | 223.194 € | 212.206 € | 201.717 € | 191.683 € | 181.670 € | 171.756 € |
| 27.000 € | 287.394 € | 274.913 € | 263.000 € | 251.093 € | 238.732 € | 226.932 € | 215.644 € | 204.379 € | 193.226 € |

| Ingreso neto | Edad del cónyuge | | | | | | | | |
|---|---|---|---|---|---|---|---|---|---|
| Hasta | 78 | 79 | 80 | 81 | 82 | 83 | 84 | 85 | 86 |
| 18.000 € | 121.588 € | 114.615 € | 107.772 € | 101.204 € | 94.910 € | 88.837 € | 82.995 € | 77.495 € | 72.254 € |
| 21.000 € | 141.853 € | 133.717 € | 125.734 € | 118.071 € | 110.728 € | 103.644 € | 96.828 € | 90.411 € | 84.296 € |
| 24.000 € | 162.118 € | 152.819 € | 143.696 € | 134.938 € | 126.547 € | 118.450 € | 110.660 € | 103.327 € | 96.339 € |
| 27.000 € | 182.382 € | 171.922 € | 161.657 € | 151.806 € | 142.365 € | 133.256 € | 124.493 € | 116.243 € | 108.381 € |

| Ingreso neto | Edad del cónyuge | | | | | | | | |
|---|---|---|---|---|---|---|---|---|---|
| Hasta | 87 | 88 | 89 | 90 | 91 | 92 | 93 | 94 | 95 |
| 18.000 € | 67.298 € | 62.662 € | 58.396 € | 54.389 € | 50.489 € | 46.737 € | 42.662 € | 39.338 € | 35.769 € |
| 21.000 € | 78.515 € | 73.106 € | 68.129 € | 63.454 € | 58.904 € | 54.527 € | 49.773 € | 45.895 € | 41.730 € |
| 24.000 € | 89.731 € | 83.549 € | 77.861 € | 72.519 € | 67.319 € | 62.317 € | 56.883 € | 52.451 € | 47.692 € |
| 27.000 € | 100.947 € | 93.993 € | 87.594 € | 81.584 € | 75.734 € | 70.106 € | 63.993 € | 59.008 € | 53.653 € |

| Ingreso neto | Edad del cónyuge | | | |
|---|---|---|---|---|
| Hasta | 96 | 97 | 98 | 99 o más |
| 18.000 € | 32.234 € | 28.582 € | 24.040 € | 18.393 € |
| 21.000 € | 37.606 € | 33.346 € | 28.047 € | 21.458 € |
| 24.000 € | 42.978 € | 38.110 € | 32.054 € | 24.524 € |
| 27.000 € | 48.351 € | 42.874 € | 36.061 € | 27.589 € |

## TABLA 1.C.1.H
## Lucro cesante del cónyuge (fallecido con dedicación a tareas del hogar)
### Años de duración del matrimonio: 38 años

| Ingreso neto | Edad del cónyuge | | | | | | | | |
|---|---|---|---|---|---|---|---|---|---|
| Hasta | 52 | 53 | 54 | 55 | 56 | 57 | 58 | 59 | 60 |
| 18.000 € | 302.874 € | 299.145 € | 294.990 € | 290.445 € | 285.447 € | 280.141 € | 274.396 € | 268.277 € | 261.787 € |
| 21.000 € | 353.353 € | 349.002 € | 344.155 € | 338.853 € | 333.021 € | 326.831 € | 320.129 € | 312.990 € | 305.418 € |
| 24.000 € | 403.832 € | 398.860 € | 393.320 € | 387.261 € | 380.595 € | 373.521 € | 365.861 € | 357.702 € | 349.049 € |
| 27.000 € | 454.311 € | 448.717 € | 442.485 € | 435.668 € | 428.170 € | 420.212 € | 411.594 € | 402.415 € | 392.680 € |

| Ingreso neto | Edad del cónyuge | | | | | | | | |
|---|---|---|---|---|---|---|---|---|---|
| Hasta | 61 | 62 | 63 | 64 | 65 | 66 | 67 | 68 | 69 |
| 18.000 € | 254.915 € | 247.701 € | 240.365 € | 232.363 € | 224.094 € | 215.959 € | 207.789 € | 199.716 € | 191.596 € |
| 21.000 € | 297.401 € | 288.985 € | 280.426 € | 271.090 € | 261.443 € | 251.952 € | 242.421 € | 233.002 € | 223.529 € |
| 24.000 € | 339.887 € | 330.268 € | 320.486 € | 309.817 € | 298.792 € | 287.945 € | 277.052 € | 266.288 € | 255.461 € |
| 27.000 € | 382.373 € | 371.552 € | 360.547 € | 348.544 € | 336.141 € | 323.938 € | 311.684 € | 299.575 € | 287.394 € |

| Ingreso neto | Edad del cónyuge | | | | | | | | |
|---|---|---|---|---|---|---|---|---|---|
| Hasta | 70 | 71 | 72 | 73 | 74 | 75 | 76 | 77 | 78 |
| 18.000 € | 183.276 € | 175.334 € | 167.395 € | 159.155 € | 151.288 € | 143.762 € | 136.252 € | 128.817 € | 121.588 € |
| 21.000 € | 213.822 € | 204.556 € | 195.294 € | 185.681 € | 176.503 € | 167.723 € | 158.961 € | 150.287 € | 141.853 € |
| 24.000 € | 244.367 € | 233.778 € | 223.194 € | 212.206 € | 201.717 € | 191.683 € | 181.670 € | 171.756 € | 162.118 € |
| 27.000 € | 274.913 € | 263.000 € | 251.093 € | 238.732 € | 226.932 € | 215.644 € | 204.379 € | 193.226 € | 182.382 € |

| Ingreso neto | Edad del cónyuge | | | | | | | | |
|---|---|---|---|---|---|---|---|---|---|
| Hasta | 79 | 80 | 81 | 82 | 83 | 84 | 85 | 86 | 87 |
| 18.000 € | 114.615 € | 107.772 € | 101.204 € | 94.910 € | 88.837 € | 82.995 € | 77.495 € | 72.254 € | 67.298 € |
| 21.000 € | 133.717 € | 125.734 € | 118.071 € | 110.728 € | 103.644 € | 96.828 € | 90.411 € | 84.296 € | 78.515 € |
| 24.000 € | 152.819 € | 143.696 € | 134.938 € | 126.547 € | 118.450 € | 110.660 € | 103.327 € | 96.339 € | 89.731 € |
| 27.000 € | 171.922 € | 161.657 € | 151.806 € | 142.365 € | 133.256 € | 124.493 € | 116.243 € | 108.381 € | 100.947 € |

| Ingreso neto | Edad del cónyuge | | | | | | | | |
|---|---|---|---|---|---|---|---|---|---|
| Hasta | 88 | 89 | 90 | 91 | 92 | 93 | 94 | 95 | 96 |
| 18.000 € | 62.662 € | 58.396 € | 54.389 € | 50.489 € | 46.737 € | 42.662 € | 39.338 € | 35.769 € | 32.234 € |
| 21.000 € | 73.106 € | 68.129 € | 63.454 € | 58.904 € | 54.527 € | 49.773 € | 45.895 € | 41.730 € | 37.606 € |
| 24.000 € | 83.549 € | 77.861 € | 72.519 € | 67.319 € | 62.317 € | 56.883 € | 52.451 € | 47.692 € | 42.978 € |
| 27.000 € | 93.993 € | 87.594 € | 81.584 € | 75.734 € | 70.106 € | 63.993 € | 59.008 € | 53.653 € | 48.351 € |

| Ingreso neto | Edad del cónyuge | | |
|---|---|---|---|
| Hasta | 97 | 98 | 99 o más |
| 18.000 € | 28.582 € | 24.040 € | 18.393 € |
| 21.000 € | 33.346 € | 28.047 € | 21.458 € |
| 24.000 € | 38.110 € | 32.054 € | 24.524 € |
| 27.000 € | 42.874 € | 36.061 € | 27.589 € |

## TABLA 1.C.1.H

### Lucro cesante del cónyuge (fallecido con dedicación a tareas del hogar)

Años de duración del matrimonio: 39 años

| Ingreso neto | Edad del cónyuge | | | | | | | | |
|---|---|---|---|---|---|---|---|---|---|
| Hasta | 53 | 54 | 55 | 56 | 57 | 58 | 59 | 60 | 61 |
| 18.000 € | 302.696 € | 298.190 € | 293.304 € | 287.932 € | 282.272 € | 276.180 € | 269.730 € | 262.952 € | 255.826 € |
| 21.000 € | 353.145 € | 347.889 € | 342.189 € | 335.921 € | 329.317 € | 322.210 € | 314.685 € | 306.777 € | 298.463 € |
| 24.000 € | 403.594 € | 397.587 € | 391.073 € | 383.909 € | 376.362 € | 368.240 € | 359.640 € | 350.602 € | 341.101 € |
| 27.000 € | 454.044 € | 447.285 € | 439.957 € | 431.898 € | 423.407 € | 414.269 € | 404.595 € | 394.427 € | 383.738 € |

| Ingreso neto | Edad del cónyuge | | | | | | | | |
|---|---|---|---|---|---|---|---|---|---|
| Hasta | 62 | 63 | 64 | 65 | 66 | 67 | 68 | 69 | 70 |
| 18.000 € | 248.396 € | 240.365 € | 232.363 € | 224.094 € | 215.959 € | 207.789 € | 199.716 € | 191.596 € | 183.276 € |
| 21.000 € | 289.795 € | 280.426 € | 271.090 € | 261.443 € | 251.952 € | 242.421 € | 233.002 € | 223.529 € | 213.822 € |
| 24.000 € | 331.194 € | 320.486 € | 309.817 € | 298.792 € | 287.945 € | 277.052 € | 266.288 € | 255.461 € | 244.367 € |
| 27.000 € | 372.594 € | 360.547 € | 348.544 € | 336.141 € | 323.938 € | 311.684 € | 299.575 € | 287.394 € | 274.913 € |

| Ingreso neto | Edad del cónyuge | | | | | | | | |
|---|---|---|---|---|---|---|---|---|---|
| Hasta | 71 | 72 | 73 | 74 | 75 | 76 | 77 | 78 | 79 |
| 18.000 € | 175.334 € | 167.395 € | 159.155 € | 151.288 € | 143.762 € | 136.252 € | 128.817 € | 121.588 € | 114.615 € |
| 21.000 € | 204.556 € | 195.294 € | 185.681 € | 176.503 € | 167.723 € | 158.961 € | 150.287 € | 141.853 € | 133.717 € |
| 24.000 € | 233.778 € | 223.194 € | 212.206 € | 201.717 € | 191.683 € | 181.670 € | 171.756 € | 162.118 € | 152.819 € |
| 27.000 € | 263.000 € | 251.093 € | 238.732 € | 226.932 € | 215.644 € | 204.379 € | 193.226 € | 182.382 € | 171.922 € |

| Ingreso neto | Edad del cónyuge | | | | | | | | |
|---|---|---|---|---|---|---|---|---|---|
| Hasta | 80 | 81 | 82 | 83 | 84 | 85 | 86 | 87 | 88 |
| 18.000 € | 107.772 € | 101.204 € | 94.910 € | 88.837 € | 82.995 € | 77.495 € | 72.254 € | 67.298 € | 62.662 € |
| 21.000 € | 125.734 € | 118.071 € | 110.728 € | 103.644 € | 96.828 € | 90.411 € | 84.296 € | 78.515 € | 73.106 € |
| 24.000 € | 143.696 € | 134.938 € | 126.547 € | 118.450 € | 110.660 € | 103.327 € | 96.339 € | 89.731 € | 83.549 € |
| 27.000 € | 161.657 € | 151.806 € | 142.365 € | 133.256 € | 124.493 € | 116.243 € | 108.381 € | 100.947 € | 93.993 € |

| Ingreso neto | Edad del cónyuge | | | | | | | | |
|---|---|---|---|---|---|---|---|---|---|
| Hasta | 89 | 90 | 91 | 92 | 93 | 94 | 95 | 96 | 97 |
| 18.000 € | 58.396 € | 54.389 € | 50.489 € | 46.737 € | 42.662 € | 39.338 € | 35.769 € | 32.234 € | 28.582 € |
| 21.000 € | 68.129 € | 63.454 € | 58.904 € | 54.527 € | 49.773 € | 45.895 € | 41.730 € | 37.606 € | 33.346 € |
| 24.000 € | 77.861 € | 72.519 € | 67.319 € | 62.317 € | 56.883 € | 52.451 € | 47.692 € | 42.978 € | 38.110 € |
| 27.000 € | 87.594 € | 81.584 € | 75.734 € | 70.106 € | 63.993 € | 59.008 € | 53.653 € | 48.351 € | 42.874 € |

| Ingreso neto | Edad del cónyuge | |
|---|---|---|
| Hasta | 98 | 99 o más |
| 18.000 € | 24.040 € | 18.393 € |
| 21.000 € | 28.047 € | 21.458 € |
| 24.000 € | 32.054 € | 24.524 € |
| 27.000 € | 36.061 € | 27.589 € |

## TABLA 1.C.1.H
### Lucro cesante del cónyuge (fallecido con dedicación a tareas del hogar)
### Años de duración del matrimonio: 40 años

| Ingreso neto | Edad del cónyuge | | | | | | | | |
|---|---|---|---|---|---|---|---|---|---|
| Hasta | 54 | 55 | 56 | 57 | 58 | 59 | 60 | 61 | 62 |
| 18.000 € | 301.059 € | 295.803 € | 290.076 € | 284.070 € | 277.648 € | 270.910 € | 263.876 € | 256.532 € | 248.396 € |
| 21.000 € | 351.236 € | 345.103 € | 338.422 € | 331.416 € | 323.923 € | 316.062 € | 307.855 € | 299.287 € | 289.795 € |
| 24.000 € | 401.412 € | 394.404 € | 386.769 € | 378.761 € | 370.198 € | 361.213 € | 351.834 € | 342.043 € | 331.194 € |
| 27.000 € | 451.589 € | 443.704 € | 435.115 € | 426.106 € | 416.473 € | 406.365 € | 395.813 € | 384.798 € | 372.594 € |

| Ingreso neto | Edad del cónyuge | | | | | | | | |
|---|---|---|---|---|---|---|---|---|---|
| Hasta | 63 | 64 | 65 | 66 | 67 | 68 | 69 | 70 | 71 |
| 18.000 € | 240.365 € | 232.363 € | 224.094 € | 215.959 € | 207.789 € | 199.716 € | 191.596 € | 183.276 € | 175.334 € |
| 21.000 € | 280.426 € | 271.090 € | 261.443 € | 251.952 € | 242.421 € | 233.002 € | 223.529 € | 213.822 € | 204.556 € |
| 24.000 € | 320.486 € | 309.817 € | 298.792 € | 287.945 € | 277.052 € | 266.288 € | 255.461 € | 244.367 € | 233.778 € |
| 27.000 € | 360.547 € | 348.544 € | 336.141 € | 323.938 € | 311.684 € | 299.575 € | 287.394 € | 274.913 € | 263.000 € |

| Ingreso neto | Edad del cónyuge | | | | | | | | |
|---|---|---|---|---|---|---|---|---|---|
| Hasta | 72 | 73 | 74 | 75 | 76 | 77 | 78 | 79 | 80 |
| 18.000 € | 167.395 € | 159.155 € | 151.288 € | 143.762 € | 136.252 € | 128.817 € | 121.588 € | 114.615 € | 107.772 € |
| 21.000 € | 195.294 € | 185.681 € | 176.503 € | 167.723 € | 158.961 € | 150.287 € | 141.853 € | 133.717 € | 125.734 € |
| 24.000 € | 223.194 € | 212.206 € | 201.717 € | 191.683 € | 181.670 € | 171.756 € | 162.118 € | 152.819 € | 143.696 € |
| 27.000 € | 251.093 € | 238.732 € | 226.932 € | 215.644 € | 204.379 € | 193.226 € | 182.382 € | 171.922 € | 161.657 € |

| Ingreso neto | Edad del cónyuge | | | | | | | | |
|---|---|---|---|---|---|---|---|---|---|
| Hasta | 81 | 82 | 83 | 84 | 85 | 86 | 87 | 88 | 89 |
| 18.000 € | 101.204 € | 94.910 € | 88.837 € | 82.995 € | 77.495 € | 72.254 € | 67.298 € | 62.662 € | 58.396 € |
| 21.000 € | 118.071 € | 110.728 € | 103.644 € | 96.828 € | 90.411 € | 84.296 € | 78.515 € | 73.106 € | 68.129 € |
| 24.000 € | 134.938 € | 126.547 € | 118.450 € | 110.660 € | 103.327 € | 96.339 € | 89.731 € | 83.549 € | 77.861 € |
| 27.000 € | 151.806 € | 142.365 € | 133.256 € | 124.493 € | 116.243 € | 108.381 € | 100.947 € | 93.993 € | 87.594 € |

| Ingreso neto | Edad del cónyuge | | | | | | | | |
|---|---|---|---|---|---|---|---|---|---|
| Hasta | 90 | 91 | 92 | 93 | 94 | 95 | 96 | 97 | 98 |
| 18.000 € | 54.389 € | 50.489 € | 46.737 € | 42.662 € | 39.338 € | 35.769 € | 32.234 € | 28.582 € | 24.040 € |
| 21.000 € | 63.454 € | 58.904 € | 54.527 € | 49.773 € | 45.895 € | 41.730 € | 37.606 € | 33.346 € | 28.047 € |
| 24.000 € | 72.519 € | 67.319 € | 62.317 € | 56.883 € | 52.451 € | 47.692 € | 42.978 € | 38.110 € | 32.054 € |
| 27.000 € | 81.584 € | 75.734 € | 70.106 € | 63.993 € | 59.008 € | 53.653 € | 48.351 € | 42.874 € | 36.061 € |

| Ingreso neto | Edad del cónyuge |
|---|---|
| Hasta | 99 o más |
| 18.000 € | 18.393 € |
| 21.000 € | 21.458 € |
| 24.000 € | 24.524 € |
| 27.000 € | 27.589 € |

# TABLA 1.C.1.H

## Lucro cesante del cónyuge (fallecido con dedicación a tareas del hogar)

### Años de duración del matrimonio: 41 años

| Ingreso neto | Edad del cónyuge | | | | | | | | |
|---|---|---|---|---|---|---|---|---|---|
| Hasta | 55 | 56 | 57 | 58 | 59 | 60 | 61 | 62 | 63 |
| 18.000 € | 297.962 € | 291.890 € | 285.555 € | 278.843 € | 271.847 € | 264.594 € | 256.532 € | 248.396 € | 240.365 € |
| 21.000 € | 347.623 € | 340.539 € | 333.147 € | 325.317 € | 317.155 € | 308.693 € | 299.287 € | 289.795 € | 280.426 € |
| 24.000 € | 397.283 € | 389.187 € | 380.740 € | 371.791 € | 362.463 € | 352.792 € | 342.043 € | 331.194 € | 320.486 € |
| 27.000 € | 446.944 € | 437.836 € | 428.332 € | 418.264 € | 407.771 € | 396.891 € | 384.798 € | 372.594 € | 360.547 € |

| Ingreso neto | Edad del cónyuge | | | | | | | | |
|---|---|---|---|---|---|---|---|---|---|
| Hasta | 64 | 65 | 66 | 67 | 68 | 69 | 70 | 71 | 72 |
| 18.000 € | 232.363 € | 224.094 € | 215.959 € | 207.789 € | 199.716 € | 191.596 € | 183.276 € | 175.334 € | 167.395 € |
| 21.000 € | 271.090 € | 261.443 € | 251.952 € | 242.421 € | 233.002 € | 223.529 € | 213.822 € | 204.556 € | 195.294 € |
| 24.000 € | 309.817 € | 298.792 € | 287.945 € | 277.052 € | 266.288 € | 255.461 € | 244.367 € | 233.778 € | 223.194 € |
| 27.000 € | 348.544 € | 336.141 € | 323.938 € | 311.684 € | 299.575 € | 287.394 € | 274.913 € | 263.000 € | 251.093 € |

| Ingreso neto | Edad del cónyuge | | | | | | | | |
|---|---|---|---|---|---|---|---|---|---|
| Hasta | 73 | 74 | 75 | 76 | 77 | 78 | 79 | 80 | 81 |
| 18.000 € | 159.155 € | 151.288 € | 143.762 € | 136.252 € | 128.817 € | 121.588 € | 114.615 € | 107.772 € | 101.204 € |
| 21.000 € | 185.681 € | 176.503 € | 167.723 € | 158.961 € | 150.287 € | 141.853 € | 133.717 € | 125.734 € | 118.071 € |
| 24.000 € | 212.206 € | 201.717 € | 191.683 € | 181.670 € | 171.756 € | 162.118 € | 152.819 € | 143.696 € | 134.938 € |
| 27.000 € | 238.732 € | 226.932 € | 215.644 € | 204.379 € | 193.226 € | 182.382 € | 171.922 € | 161.657 € | 151.806 € |

| Ingreso neto | Edad del cónyuge | | | | | | | | |
|---|---|---|---|---|---|---|---|---|---|
| Hasta | 82 | 83 | 84 | 85 | 86 | 87 | 88 | 89 | 90 |
| 18.000 € | 94.910 € | 88.837 € | 82.995 € | 77.495 € | 72.254 € | 67.298 € | 62.662 € | 58.396 € | 54.389 € |
| 21.000 € | 110.728 € | 103.644 € | 96.828 € | 90.411 € | 84.296 € | 78.515 € | 73.106 € | 68.129 € | 63.454 € |
| 24.000 € | 126.547 € | 118.450 € | 110.660 € | 103.327 € | 96.339 € | 89.731 € | 83.549 € | 77.861 € | 72.519 € |
| 27.000 € | 142.365 € | 133.256 € | 124.493 € | 116.243 € | 108.381 € | 100.947 € | 93.993 € | 87.594 € | 81.584 € |

| Ingreso neto | Edad del cónyuge | | | | | | | | |
|---|---|---|---|---|---|---|---|---|---|
| Hasta | 91 | 92 | 93 | 94 | 95 | 96 | 97 | 98 | 99 o más |
| 18.000 € | 50.489 € | 46.737 € | 42.662 € | 39.338 € | 35.769 € | 32.234 € | 28.582 € | 24.040 € | 18.393 € |
| 21.000 € | 58.904 € | 54.527 € | 49.773 € | 45.895 € | 41.730 € | 37.606 € | 33.346 € | 28.047 € | 21.458 € |
| 24.000 € | 67.319 € | 62.317 € | 56.883 € | 52.451 € | 47.692 € | 42.978 € | 38.110 € | 32.054 € | 24.524 € |
| 27.000 € | 75.734 € | 70.106 € | 63.993 € | 59.008 € | 53.653 € | 48.351 € | 42.874 € | 36.061 € | 27.589 € |

# TABLA 1.C.1.H
## Lucro cesante del cónyuge (fallecido con dedicación a tareas del hogar)
### Años de duración del matrimonio: 42 años

| Ingreso neto | Edad del cónyuge | | | | | | | | |
|---|---|---|---|---|---|---|---|---|---|
| Hasta | 56 | 57 | 58 | 59 | 60 | 61 | 62 | 63 | 64 |
| 18.000 € | 293.390 € | 286.764 € | 279.794 € | 272.578 € | 264.594 € | 256.532 € | 248.396 € | 240.365 € | 232.363 € |
| 21.000 € | 342.289 € | 334.558 € | 326.427 € | 318.008 € | 308.693 € | 299.287 € | 289.795 € | 280.426 € | 271.090 € |
| 24.000 € | 391.187 € | 382.353 € | 373.059 € | 363.437 € | 352.792 € | 342.043 € | 331.194 € | 320.486 € | 309.817 € |
| 27.000 € | 440.085 € | 430.147 € | 419.691 € | 408.867 € | 396.891 € | 384.798 € | 372.594 € | 360.547 € | 348.544 € |

| Ingreso neto | Edad del cónyuge | | | | | | | | |
|---|---|---|---|---|---|---|---|---|---|
| Hasta | 65 | 66 | 67 | 68 | 69 | 70 | 71 | 72 | 73 |
| 18.000 € | 224.094 € | 215.959 € | 207.789 € | 199.716 € | 191.596 € | 183.276 € | 175.334 € | 167.395 € | 159.155 € |
| 21.000 € | 261.443 € | 251.952 € | 242.421 € | 233.002 € | 223.529 € | 213.822 € | 204.556 € | 195.294 € | 185.681 € |
| 24.000 € | 298.792 € | 287.945 € | 277.052 € | 266.288 € | 255.461 € | 244.367 € | 233.778 € | 223.194 € | 212.206 € |
| 27.000 € | 336.141 € | 323.938 € | 311.684 € | 299.575 € | 287.394 € | 274.913 € | 263.000 € | 251.093 € | 238.732 € |

| Ingreso neto | Edad del cónyuge | | | | | | | | |
|---|---|---|---|---|---|---|---|---|---|
| Hasta | 74 | 75 | 76 | 77 | 78 | 79 | 80 | 81 | 82 |
| 18.000 € | 151.288 € | 143.762 € | 136.252 € | 128.817 € | 121.588 € | 114.615 € | 107.772 € | 101.204 € | 94.910 € |
| 21.000 € | 176.503 € | 167.723 € | 158.961 € | 150.287 € | 141.853 € | 133.717 € | 125.734 € | 118.071 € | 110.728 € |
| 24.000 € | 201.717 € | 191.683 € | 181.670 € | 171.756 € | 162.118 € | 152.819 € | 143.696 € | 134.938 € | 126.547 € |
| 27.000 € | 226.932 € | 215.644 € | 204.379 € | 193.226 € | 182.382 € | 171.922 € | 161.657 € | 151.806 € | 142.365 € |

| Ingreso neto | Edad del cónyuge | | | | | | | | |
|---|---|---|---|---|---|---|---|---|---|
| Hasta | 83 | 84 | 85 | 86 | 87 | 88 | 89 | 90 | 91 |
| 18.000 € | 88.837 € | 82.995 € | 77.495 € | 72.254 € | 67.298 € | 62.662 € | 58.396 € | 54.389 € | 50.489 € |
| 21.000 € | 103.644 € | 96.828 € | 90.411 € | 84.296 € | 78.515 € | 73.106 € | 68.129 € | 63.454 € | 58.904 € |
| 24.000 € | 118.450 € | 110.660 € | 103.327 € | 96.339 € | 89.731 € | 83.549 € | 77.861 € | 72.519 € | 67.319 € |
| 27.000 € | 133.256 € | 124.493 € | 116.243 € | 108.381 € | 100.947 € | 93.993 € | 87.594 € | 81.584 € | 75.734 € |

| Ingreso neto | Edad del cónyuge | | | | | | | |
|---|---|---|---|---|---|---|---|---|
| Hasta | 92 | 93 | 94 | 95 | 96 | 97 | 98 | 99 o más |
| 18.000 € | 46.737 € | 42.662 € | 39.338 € | 35.769 € | 32.234 € | 28.582 € | 24.040 € | 18.393 € |
| 21.000 € | 54.527 € | 49.773 € | 45.895 € | 41.730 € | 37.606 € | 33.346 € | 28.047 € | 21.458 € |
| 24.000 € | 62.317 € | 56.883 € | 52.451 € | 47.692 € | 42.978 € | 38.110 € | 32.054 € | 24.524 € |
| 27.000 € | 70.106 € | 63.993 € | 59.008 € | 53.653 € | 48.351 € | 42.874 € | 36.061 € | 27.589 € |

# TABLA 1.C.1.H

## Lucro cesante del cónyuge (fallecido con dedicación a tareas del hogar)

### Años de duración del matrimonio: 43 años

| Ingreso neto | Edad del cónyuge | | | | | | | | |
|---|---|---|---|---|---|---|---|---|---|
| Hasta | 57 | 58 | 59 | 60 | 61 | 62 | 63 | 64 | 65 |
| 18.000 € | 287.730 € | 280.537 € | 272.578 € | 264.594 € | 256.532 € | 248.396 € | 240.365 € | 232.363 € | 224.094 € |
| 21.000 € | 335.685 € | 327.293 € | 318.008 € | 308.693 € | 299.287 € | 289.795 € | 280.426 € | 271.090 € | 261.443 € |
| 24.000 € | 383.640 € | 374.049 € | 363.437 € | 352.792 € | 342.043 € | 331.194 € | 320.486 € | 309.817 € | 298.792 € |
| 27.000 € | 431.594 € | 420.805 € | 408.867 € | 396.891 € | 384.798 € | 372.594 € | 360.547 € | 348.544 € | 336.141 € |

| Ingreso neto | Edad del cónyuge | | | | | | | | |
|---|---|---|---|---|---|---|---|---|---|
| Hasta | 66 | 67 | 68 | 69 | 70 | 71 | 72 | 73 | 74 |
| 18.000 € | 215.959 € | 207.789 € | 199.716 € | 191.596 € | 183.276 € | 175.334 € | 167.395 € | 159.155 € | 151.288 € |
| 21.000 € | 251.952 € | 242.421 € | 233.002 € | 223.529 € | 213.822 € | 204.556 € | 195.294 € | 185.681 € | 176.503 € |
| 24.000 € | 287.945 € | 277.052 € | 266.288 € | 255.461 € | 244.367 € | 233.778 € | 223.194 € | 212.206 € | 201.717 € |
| 27.000 € | 323.938 € | 311.684 € | 299.575 € | 287.394 € | 274.913 € | 263.000 € | 251.093 € | 238.732 € | 226.932 € |

| Ingreso neto | Edad del cónyuge | | | | | | | | |
|---|---|---|---|---|---|---|---|---|---|
| Hasta | 75 | 76 | 77 | 78 | 79 | 80 | 81 | 82 | 83 |
| 18.000 € | 143.762 € | 136.252 € | 128.817 € | 121.588 € | 114.615 € | 107.772 € | 101.204 € | 94.910 € | 88.837 € |
| 21.000 € | 167.723 € | 158.961 € | 150.287 € | 141.853 € | 133.717 € | 125.734 € | 118.071 € | 110.728 € | 103.644 € |
| 24.000 € | 191.683 € | 181.670 € | 171.756 € | 162.118 € | 152.819 € | 143.696 € | 134.938 € | 126.547 € | 118.450 € |
| 27.000 € | 215.644 € | 204.379 € | 193.226 € | 182.382 € | 171.922 € | 161.657 € | 151.806 € | 142.365 € | 133.256 € |

| Ingreso neto | Edad del cónyuge | | | | | | | | |
|---|---|---|---|---|---|---|---|---|---|
| Hasta | 84 | 85 | 86 | 87 | 88 | 89 | 90 | 91 | 92 |
| 18.000 € | 82.995 € | 77.495 € | 72.254 € | 67.298 € | 62.662 € | 58.396 € | 54.389 € | 50.489 € | 46.737 € |
| 21.000 € | 96.828 € | 90.411 € | 84.296 € | 78.515 € | 73.106 € | 68.129 € | 63.454 € | 58.904 € | 54.527 € |
| 24.000 € | 110.660 € | 103.327 € | 96.339 € | 89.731 € | 83.549 € | 77.861 € | 72.519 € | 67.319 € | 62.317 € |
| 27.000 € | 124.493 € | 116.243 € | 108.381 € | 100.947 € | 93.993 € | 87.594 € | 81.584 € | 75.734 € | 70.106 € |

| Ingreso neto | Edad del cónyuge | | | | | | |
|---|---|---|---|---|---|---|---|
| Hasta | 93 | 94 | 95 | 96 | 97 | 98 | 99 o más |
| 18.000 € | 42.662 € | 39.338 € | 35.769 € | 32.234 € | 28.582 € | 24.040 € | 18.393 € |
| 21.000 € | 49.773 € | 45.895 € | 41.730 € | 37.606 € | 33.346 € | 28.047 € | 21.458 € |
| 24.000 € | 56.883 € | 52.451 € | 47.692 € | 42.978 € | 38.110 € | 32.054 € | 24.524 € |
| 27.000 € | 63.993 € | 59.008 € | 53.653 € | 48.351 € | 42.874 € | 36.061 € | 27.589 € |

## TABLA 1.C.1.H

### Lucro cesante del cónyuge (fallecido con dedicación a tareas del hogar)

Años de duración del matrimonio: 44 años

| Ingreso neto | Edad del cónyuge | | | | | | | | |
|---|---|---|---|---|---|---|---|---|---|
| Hasta | 58 | 59 | 60 | 61 | 62 | 63 | 64 | 65 | 66 |
| 18.000 € | 280.537 € | 272.578 € | 264.594 € | 256.532 € | 248.396 € | 240.365 € | 232.363 € | 224.094 € | 215.959 € |
| 21.000 € | 327.293 € | 318.008 € | 308.693 € | 299.287 € | 289.795 € | 280.426 € | 271.090 € | 261.443 € | 251.952 € |
| 24.000 € | 374.049 € | 363.437 € | 352.792 € | 342.043 € | 331.194 € | 320.486 € | 309.817 € | 298.792 € | 287.945 € |
| 27.000 € | 420.805 € | 408.867 € | 396.891 € | 384.798 € | 372.594 € | 360.547 € | 348.544 € | 336.141 € | 323.938 € |

| Ingreso neto | Edad del cónyuge | | | | | | | | |
|---|---|---|---|---|---|---|---|---|---|
| Hasta | 67 | 68 | 69 | 70 | 71 | 72 | 73 | 74 | 75 |
| 18.000 € | 207.789 € | 199.716 € | 191.596 € | 183.276 € | 175.334 € | 167.395 € | 159.155 € | 151.288 € | 143.762 € |
| 21.000 € | 242.421 € | 233.002 € | 223.529 € | 213.822 € | 204.556 € | 195.294 € | 185.681 € | 176.503 € | 167.723 € |
| 24.000 € | 277.052 € | 266.288 € | 255.461 € | 244.367 € | 233.778 € | 223.194 € | 212.206 € | 201.717 € | 191.683 € |
| 27.000 € | 311.684 € | 299.575 € | 287.394 € | 274.913 € | 263.000 € | 251.093 € | 238.732 € | 226.932 € | 215.644 € |

| Ingreso neto | Edad del cónyuge | | | | | | | | |
|---|---|---|---|---|---|---|---|---|---|
| Hasta | 76 | 77 | 78 | 79 | 80 | 81 | 82 | 83 | 84 |
| 18.000 € | 136.252 € | 128.817 € | 121.588 € | 114.615 € | 107.772 € | 101.204 € | 94.910 € | 88.837 € | 82.995 € |
| 21.000 € | 158.961 € | 150.287 € | 141.853 € | 133.717 € | 125.734 € | 118.071 € | 110.728 € | 103.644 € | 96.828 € |
| 24.000 € | 181.670 € | 171.756 € | 162.118 € | 152.819 € | 143.696 € | 134.938 € | 126.547 € | 118.450 € | 110.660 € |
| 27.000 € | 204.379 € | 193.226 € | 182.382 € | 171.922 € | 161.657 € | 151.806 € | 142.365 € | 133.256 € | 124.493 € |

| Ingreso neto | Edad del cónyuge | | | | | | | | |
|---|---|---|---|---|---|---|---|---|---|
| Hasta | 85 | 86 | 87 | 88 | 89 | 90 | 91 | 92 | 93 |
| 18.000 € | 77.495 € | 72.254 € | 67.298 € | 62.662 € | 58.396 € | 54.389 € | 50.489 € | 46.737 € | 42.662 € |
| 21.000 € | 90.411 € | 84.296 € | 78.515 € | 73.106 € | 68.129 € | 63.454 € | 58.904 € | 54.527 € | 49.773 € |
| 24.000 € | 103.327 € | 96.339 € | 89.731 € | 83.549 € | 77.861 € | 72.519 € | 67.319 € | 62.317 € | 56.883 € |
| 27.000 € | 116.243 € | 108.381 € | 100.947 € | 93.993 € | 87.594 € | 81.584 € | 75.734 € | 70.106 € | 63.993 € |

| Ingreso neto | Edad del cónyuge | | | | | |
|---|---|---|---|---|---|---|
| Hasta | 94 | 95 | 96 | 97 | 98 | 99 o más |
| 18.000 € | 39.338 € | 35.769 € | 32.234 € | 28.582 € | 24.040 € | 18.393 € |
| 21.000 € | 45.895 € | 41.730 € | 37.606 € | 33.346 € | 28.047 € | 21.458 € |
| 24.000 € | 52.451 € | 47.692 € | 42.978 € | 38.110 € | 32.054 € | 24.524 € |
| 27.000 € | 59.008 € | 53.653 € | 48.351 € | 42.874 € | 36.061 € | 27.589 € |

# TABLA 1.C.1.H

## Lucro cesante del cónyuge (fallecido con dedicación a tareas del hogar)

### Años de duración del matrimonio: 45 años

| Ingreso neto | Edad del cónyuge | | | | | | | | |
|---|---|---|---|---|---|---|---|---|---|
| Hasta | 59 | 60 | 61 | 62 | 63 | 64 | 65 | 66 | 67 |
| 18.000 € | 272.578 € | 264.594 € | 256.532 € | 248.396 € | 240.365 € | 232.363 € | 224.094 € | 215.959 € | 207.789 € |
| 21.000 € | 318.008 € | 308.693 € | 299.287 € | 289.795 € | 280.426 € | 271.090 € | 261.443 € | 251.952 € | 242.421 € |
| 24.000 € | 363.437 € | 352.792 € | 342.043 € | 331.194 € | 320.486 € | 309.817 € | 298.792 € | 287.945 € | 277.052 € |
| 27.000 € | 408.867 € | 396.891 € | 384.798 € | 372.594 € | 360.547 € | 348.544 € | 336.141 € | 323.938 € | 311.684 € |

| Ingreso neto | Edad del cónyuge | | | | | | | | |
|---|---|---|---|---|---|---|---|---|---|
| Hasta | 68 | 69 | 70 | 71 | 72 | 73 | 74 | 75 | 76 |
| 18.000 € | 199.716 € | 191.596 € | 183.276 € | 175.334 € | 167.395 € | 159.155 € | 151.288 € | 143.762 € | 136.252 € |
| 21.000 € | 233.002 € | 223.529 € | 213.822 € | 204.556 € | 195.294 € | 185.681 € | 176.503 € | 167.723 € | 158.961 € |
| 24.000 € | 266.288 € | 255.461 € | 244.367 € | 233.778 € | 223.194 € | 212.206 € | 201.717 € | 191.683 € | 181.670 € |
| 27.000 € | 299.575 € | 287.394 € | 274.913 € | 263.000 € | 251.093 € | 238.732 € | 226.932 € | 215.644 € | 204.379 € |

| Ingreso neto | Edad del cónyuge | | | | | | | | |
|---|---|---|---|---|---|---|---|---|---|
| Hasta | 77 | 78 | 79 | 80 | 81 | 82 | 83 | 84 | 85 |
| 18.000 € | 128.817 € | 121.588 € | 114.615 € | 107.772 € | 101.204 € | 94.910 € | 88.837 € | 82.995 € | 77.495 € |
| 21.000 € | 150.287 € | 141.853 € | 133.717 € | 125.734 € | 118.071 € | 110.728 € | 103.644 € | 96.828 € | 90.411 € |
| 24.000 € | 171.756 € | 162.118 € | 152.819 € | 143.696 € | 134.938 € | 126.547 € | 118.450 € | 110.660 € | 103.327 € |
| 27.000 € | 193.226 € | 182.382 € | 171.922 € | 161.657 € | 151.806 € | 142.365 € | 133.256 € | 124.493 € | 116.243 € |

| Ingreso neto | Edad del cónyuge | | | | | | | | |
|---|---|---|---|---|---|---|---|---|---|
| Hasta | 86 | 87 | 88 | 89 | 90 | 91 | 92 | 93 | 94 |
| 18.000 € | 72.254 € | 67.298 € | 62.662 € | 58.396 € | 54.389 € | 50.489 € | 46.737 € | 42.662 € | 39.338 € |
| 21.000 € | 84.296 € | 78.515 € | 73.106 € | 68.129 € | 63.454 € | 58.904 € | 54.527 € | 49.773 € | 45.895 € |
| 24.000 € | 96.339 € | 89.731 € | 83.549 € | 77.861 € | 72.519 € | 67.319 € | 62.317 € | 56.883 € | 52.451 € |
| 27.000 € | 108.381 € | 100.947 € | 93.993 € | 87.594 € | 81.584 € | 75.734 € | 70.106 € | 63.993 € | 59.008 € |

| Ingreso neto | Edad del cónyuge | | | | |
|---|---|---|---|---|---|
| Hasta | 95 | 96 | 97 | 98 | 99 o más |
| 18.000 € | 35.769 € | 32.234 € | 28.582 € | 24.040 € | 18.393 € |
| 21.000 € | 41.730 € | 37.606 € | 33.346 € | 28.047 € | 21.458 € |
| 24.000 € | 47.692 € | 42.978 € | 38.110 € | 32.054 € | 24.524 € |
| 27.000 € | 53.653 € | 48.351 € | 42.874 € | 36.061 € | 27.589 € |

# TABLA 1.C.1.H

## Lucro cesante del cónyuge (fallecido con dedicación a tareas del hogar)

### Años de duración del matrimonio: 46 años

| Ingreso netc | Edad del cónyuge | | | | | | | | |
|---|---|---|---|---|---|---|---|---|---|
| Hasta | 60 | 61 | 62 | 63 | 64 | 65 | 66 | 67 | 68 |
| 18.000 € | 264.594 € | 256.532 € | 248.396 € | 240.365 € | 232.363 € | 224.094 € | 215.959 € | 207.789 € | 199.716 € |
| 21.000 € | 308.693 € | 299.287 € | 289.795 € | 280.426 € | 271.090 € | 261.443 € | 251.952 € | 242.421 € | 233.002 € |
| 24.000 € | 352.792 € | 342.043 € | 331.194 € | 320.486 € | 309.817 € | 298.792 € | 287.945 € | 277.052 € | 266.288 € |
| 27.000 € | 396.891 € | 384.798 € | 372.594 € | 360.547 € | 348.544 € | 336.141 € | 323.938 € | 311.684 € | 299.575 € |

| Ingreso netc | Edad del cónyuge | | | | | | | | |
|---|---|---|---|---|---|---|---|---|---|
| Hasta | 69 | 70 | 71 | 72 | 73 | 74 | 75 | 76 | 77 |
| 18.000 € | 191.596 € | 183.276 € | 175.334 € | 167.395 € | 159.155 € | 151.288 € | 143.762 € | 136.252 € | 128.817 € |
| 21.000 € | 223.529 € | 213.822 € | 204.556 € | 195.294 € | 185.681 € | 176.503 € | 167.723 € | 158.961 € | 150.287 € |
| 24.000 € | 255.461 € | 244.367 € | 233.778 € | 223.194 € | 212.206 € | 201.717 € | 191.683 € | 181.670 € | 171.756 € |
| 27.000 € | 287.394 € | 274.913 € | 263.000 € | 251.093 € | 238.732 € | 226.932 € | 215.644 € | 204.379 € | 193.226 € |

| Ingreso netc | Edad del cónyuge | | | | | | | | |
|---|---|---|---|---|---|---|---|---|---|
| Hasta | 78 | 79 | 80 | 81 | 82 | 83 | 84 | 85 | 86 |
| 18.000 € | 121.588 € | 114.615 € | 107.772 € | 101.204 € | 94.910 € | 88.837 € | 82.995 € | 77.495 € | 72.254 € |
| 21.000 € | 141.853 € | 133.717 € | 125.734 € | 118.071 € | 110.728 € | 103.644 € | 96.828 € | 90.411 € | 84.296 € |
| 24.000 € | 162.118 € | 152.819 € | 143.696 € | 134.938 € | 126.547 € | 118.450 € | 110.660 € | 103.327 € | 96.339 € |
| 27.000 € | 182.382 € | 171.922 € | 161.657 € | 151.806 € | 142.365 € | 133.256 € | 124.493 € | 116.243 € | 108.381 € |

| Ingreso netc | Edad del cónyuge | | | | | | | | |
|---|---|---|---|---|---|---|---|---|---|
| Hasta | 87 | 88 | 89 | 90 | 91 | 92 | 93 | 94 | 95 |
| 18.000 € | 67.298 € | 62.662 € | 58.396 € | 54.389 € | 50.489 € | 46.737 € | 42.662 € | 39.338 € | 35.769 € |
| 21.000 € | 78.515 € | 73.106 € | 68.129 € | 63.454 € | 58.904 € | 54.527 € | 49.773 € | 45.895 € | 41.730 € |
| 24.000 € | 89.731 € | 83.549 € | 77.861 € | 72.519 € | 67.319 € | 62.317 € | 56.883 € | 52.451 € | 47.692 € |
| 27.000 € | 100.947 € | 93.993 € | 87.594 € | 81.584 € | 75.734 € | 70.106 € | 63.993 € | 59.008 € | 53.653 € |

| Ingreso netc | Edad del cónyuge | | | |
|---|---|---|---|---|
| Hasta | 96 | 97 | 98 | 99 o más |
| 18.000 € | 32.234 € | 28.582 € | 24.040 € | 18.393 € |
| 21.000 € | 37.606 € | 33.346 € | 28.047 € | 21.458 € |
| 24.000 € | 42.978 € | 38.110 € | 32.054 € | 24.524 € |
| 27.000 € | 48.351 € | 42.874 € | 36.061 € | 27.589 € |

# TABLA 1.C.1.H

## Lucro cesante del cónyuge (fallecido con dedicación a tareas del hogar)

### Años de duración del matrimonio: 47 años

| Ingreso neto | Edad del cónyuge | | | | | | | | |
|---|---|---|---|---|---|---|---|---|---|
| Hasta | 61 | 62 | 63 | 64 | 65 | 66 | 67 | 68 | 69 |
| 18.000 € | 256.532 € | 248.396 € | 240.365 € | 232.363 € | 224.094 € | 215.959 € | 207.789 € | 199.716 € | 191.596 € |
| 21.000 € | 299.287 € | 289.795 € | 280.426 € | 271.090 € | 261.443 € | 251.952 € | 242.421 € | 233.002 € | 223.529 € |
| 24.000 € | 342.043 € | 331.194 € | 320.486 € | 309.817 € | 298.792 € | 287.945 € | 277.052 € | 266.288 € | 255.461 € |
| 27.000 € | 384.798 € | 372.594 € | 360.547 € | 348.544 € | 336.141 € | 323.938 € | 311.684 € | 299.575 € | 287.394 € |

| Ingreso neto | Edad del cónyuge | | | | | | | | |
|---|---|---|---|---|---|---|---|---|---|
| Hasta | 70 | 71 | 72 | 73 | 74 | 75 | 76 | 77 | 78 |
| 18.000 € | 183.276 € | 175.334 € | 167.395 € | 159.155 € | 151.288 € | 143.762 € | 136.252 € | 128.817 € | 121.588 € |
| 21.000 € | 213.822 € | 204.556 € | 195.294 € | 185.681 € | 176.503 € | 167.723 € | 158.961 € | 150.287 € | 141.853 € |
| 24.000 € | 244.367 € | 233.778 € | 223.194 € | 212.206 € | 201.717 € | 191.683 € | 181.670 € | 171.756 € | 162.118 € |
| 27.000 € | 274.913 € | 263.000 € | 251.093 € | 238.732 € | 226.932 € | 215.644 € | 204.379 € | 193.226 € | 182.382 € |

| Ingreso neto | Edad del cónyuge | | | | | | | | |
|---|---|---|---|---|---|---|---|---|---|
| Hasta | 79 | 80 | 81 | 82 | 83 | 84 | 85 | 86 | 87 |
| 18.000 € | 114.615 € | 107.772 € | 101.204 € | 94.910 € | 88.837 € | 82.995 € | 77.495 € | 72.254 € | 67.298 € |
| 21.000 € | 133.717 € | 125.734 € | 118.071 € | 110.728 € | 103.644 € | 96.828 € | 90.411 € | 84.296 € | 78.515 € |
| 24.000 € | 152.819 € | 143.696 € | 134.938 € | 126.547 € | 118.450 € | 110.660 € | 103.327 € | 96.339 € | 89.731 € |
| 27.000 € | 171.922 € | 161.657 € | 151.806 € | 142.365 € | 133.256 € | 124.493 € | 116.243 € | 108.381 € | 100.947 € |

| Ingreso neto | Edad del cónyuge | | | | | | | | |
|---|---|---|---|---|---|---|---|---|---|
| Hasta | 88 | 89 | 90 | 91 | 92 | 93 | 94 | 95 | 96 |
| 18.000 € | 62.662 € | 58.396 € | 54.389 € | 50.489 € | 46.737 € | 42.662 € | 39.338 € | 35.769 € | 32.234 € |
| 21.000 € | 73.106 € | 68.129 € | 63.454 € | 58.904 € | 54.527 € | 49.773 € | 45.895 € | 41.730 € | 37.606 € |
| 24.000 € | 83.549 € | 77.861 € | 72.519 € | 67.319 € | 62.317 € | 56.883 € | 52.451 € | 47.692 € | 42.978 € |
| 27.000 € | 93.993 € | 87.594 € | 81.584 € | 75.734 € | 70.106 € | 63.993 € | 59.008 € | 53.653 € | 48.351 € |

| Ingreso neto | Edad del cónyuge | | |
|---|---|---|---|
| Hasta | 97 | 98 | 99 o más |
| 18.000 € | 28.582 € | 24.040 € | 18.393 € |
| 21.000 € | 33.346 € | 28.047 € | 21.458 € |
| 24.000 € | 38.110 € | 32.054 € | 24.524 € |
| 27.000 € | 42.874 € | 36.061 € | 27.589 € |

## TABLA 1.C.1.H
### Lucro cesante del cónyuge (fallecido con dedicación a tareas del hogar)
### Años de duración del matrimonio: 48 años

| Ingreso netc | Edad del cónyuge | | | | | | | | |
|---|---|---|---|---|---|---|---|---|---|
| Hasta | 62 | 63 | 64 | 65 | 66 | 67 | 68 | 69 | 70 |
| 18.000 € | 248.396 € | 240.365 € | 232.363 € | 224.094 € | 215.959 € | 207.789 € | 199.716 € | 191.596 € | 183.276 € |
| 21.000 € | 289.795 € | 280.426 € | 271.090 € | 261.443 € | 251.952 € | 242.421 € | 233.002 € | 223.529 € | 213.822 € |
| 24.000 € | 331.194 € | 320.486 € | 309.817 € | 298.792 € | 287.945 € | 277.052 € | 266.288 € | 255.461 € | 244.367 € |
| 27.000 € | 372.594 € | 360.547 € | 348.544 € | 336.141 € | 323.938 € | 311.684 € | 299.575 € | 287.394 € | 274.913 € |

| Ingreso netc | Edad del cónyuge | | | | | | | | |
|---|---|---|---|---|---|---|---|---|---|
| Hasta | 71 | 72 | 73 | 74 | 75 | 76 | 77 | 78 | 79 |
| 18.000 € | 175.334 € | 167.395 € | 159.155 € | 151.288 € | 143.762 € | 136.252 € | 128.817 € | 121.588 € | 114.615 € |
| 21.000 € | 204.556 € | 195.294 € | 185.681 € | 176.503 € | 167.723 € | 158.961 € | 150.287 € | 141.853 € | 133.717 € |
| 24.000 € | 233.778 € | 223.194 € | 212.206 € | 201.717 € | 191.683 € | 181.670 € | 171.756 € | 162.118 € | 152.819 € |
| 27.000 € | 263.000 € | 251.093 € | 238.732 € | 226.932 € | 215.644 € | 204.379 € | 193.226 € | 182.382 € | 171.922 € |

| Ingreso netc | Edad del cónyuge | | | | | | | | |
|---|---|---|---|---|---|---|---|---|---|
| Hasta | 80 | 81 | 82 | 83 | 84 | 85 | 86 | 87 | 88 |
| 18.000 € | 107.772 € | 101.204 € | 94.910 € | 88.837 € | 82.995 € | 77.495 € | 72.254 € | 67.298 € | 62.662 € |
| 21.000 € | 125.734 € | 118.071 € | 110.728 € | 103.644 € | 96.828 € | 90.411 € | 84.296 € | 78.515 € | 73.106 € |
| 24.000 € | 143.696 € | 134.938 € | 126.547 € | 118.450 € | 110.660 € | 103.327 € | 96.339 € | 89.731 € | 83.549 € |
| 27.000 € | 161.657 € | 151.806 € | 142.365 € | 133.256 € | 124.493 € | 116.243 € | 108.381 € | 100.947 € | 93.993 € |

| Ingreso netc | Edad del cónyuge | | | | | | | | |
|---|---|---|---|---|---|---|---|---|---|
| Hasta | 89 | 90 | 91 | 92 | 93 | 94 | 95 | 96 | 97 |
| 18.000 € | 58.396 € | 54.389 € | 50.489 € | 46.737 € | 42.662 € | 39.338 € | 35.769 € | 32.234 € | 28.582 € |
| 21.000 € | 68.129 € | 63.454 € | 58.904 € | 54.527 € | 49.773 € | 45.895 € | 41.730 € | 37.606 € | 33.346 € |
| 24.000 € | 77.861 € | 72.519 € | 67.319 € | 62.317 € | 56.883 € | 52.451 € | 47.692 € | 42.978 € | 38.110 € |
| 27.000 € | 87.594 € | 81.584 € | 75.734 € | 70.106 € | 63.993 € | 59.008 € | 53.653 € | 48.351 € | 42.874 € |

| Ingreso netc | Edad del cónyuge | |
|---|---|---|
| Hasta | 98 | 99 o más |
| 18.000 € | 24.040 € | 18.393 € |
| 21.000 € | 28.047 € | 21.458 € |
| 24.000 € | 32.054 € | 24.524 € |
| 27.000 € | 36.061 € | 27.589 € |

## TABLA 1.C.1.H
## Lucro cesante del cónyuge (fallecido con dedicación a tareas del hogar)
### Años de duración del matrimonio: 49 años

| Ingreso neto | Edad del cónyuge | | | | | | | | |
|---|---|---|---|---|---|---|---|---|---|
| Hasta | 63 | 64 | 65 | 66 | 67 | 68 | 69 | 70 | 71 |
| 18.000 € | 240.365 € | 232.363 € | 224.094 € | 215.959 € | 207.789 € | 199.716 € | 191.596 € | 183.276 € | 175.334 € |
| 21.000 € | 280.426 € | 271.090 € | 261.443 € | 251.952 € | 242.421 € | 233.002 € | 223.529 € | 213.822 € | 204.556 € |
| 24.000 € | 320.486 € | 309.817 € | 298.792 € | 287.945 € | 277.052 € | 266.288 € | 255.461 € | 244.367 € | 233.778 € |
| 27.000 € | 360.547 € | 348.544 € | 336.141 € | 323.938 € | 311.684 € | 299.575 € | 287.394 € | 274.913 € | 263.000 € |

| Ingreso neto | Edad del cónyuge | | | | | | | | |
|---|---|---|---|---|---|---|---|---|---|
| Hasta | 72 | 73 | 74 | 75 | 76 | 77 | 78 | 79 | 80 |
| 18.000 € | 167.395 € | 159.155 € | 151.288 € | 143.762 € | 136.252 € | 128.817 € | 121.588 € | 114.615 € | 107.772 € |
| 21.000 € | 195.294 € | 185.681 € | 176.503 € | 167.723 € | 158.961 € | 150.287 € | 141.853 € | 133.717 € | 125.734 € |
| 24.000 € | 223.194 € | 212.206 € | 201.717 € | 191.683 € | 181.670 € | 171.756 € | 162.118 € | 152.819 € | 143.696 € |
| 27.000 € | 251.093 € | 238.732 € | 226.932 € | 215.644 € | 204.379 € | 193.226 € | 182.382 € | 171.922 € | 161.657 € |

| Ingreso neto | Edad del cónyuge | | | | | | | | |
|---|---|---|---|---|---|---|---|---|---|
| Hasta | 81 | 82 | 83 | 84 | 85 | 86 | 87 | 88 | 89 |
| 18.000 € | 101.204 € | 94.910 € | 88.837 € | 82.995 € | 77.495 € | 72.254 € | 67.298 € | 62.662 € | 58.396 € |
| 21.000 € | 118.071 € | 110.728 € | 103.644 € | 96.828 € | 90.411 € | 84.296 € | 78.515 € | 73.106 € | 68.129 € |
| 24.000 € | 134.938 € | 126.547 € | 118.450 € | 110.660 € | 103.327 € | 96.339 € | 89.731 € | 83.549 € | 77.861 € |
| 27.000 € | 151.806 € | 142.365 € | 133.256 € | 124.493 € | 116.243 € | 108.381 € | 100.947 € | 93.993 € | 87.594 € |

| Ingreso neto | Edad del cónyuge | | | | | | | | |
|---|---|---|---|---|---|---|---|---|---|
| Hasta | 90 | 91 | 92 | 93 | 94 | 95 | 96 | 97 | 98 |
| 18.000 € | 54.389 € | 50.489 € | 46.737 € | 42.662 € | 39.338 € | 35.769 € | 32.234 € | 28.582 € | 24.040 € |
| 21.000 € | 63.454 € | 58.904 € | 54.527 € | 49.773 € | 45.895 € | 41.730 € | 37.606 € | 33.346 € | 28.047 € |
| 24.000 € | 72.519 € | 67.319 € | 62.317 € | 56.883 € | 52.451 € | 47.692 € | 42.978 € | 38.110 € | 32.054 € |
| 27.000 € | 81.584 € | 75.734 € | 70.106 € | 63.993 € | 59.008 € | 53.653 € | 48.351 € | 42.874 € | 36.061 € |

| Ingreso neto | Edad del cónyuge |
|---|---|
| Hasta | 99 o más |
| 18.000 € | 18.393 € |
| 21.000 € | 21.458 € |
| 24.000 € | 24.524 € |
| 27.000 € | 27.589 € |

## TABLA 1.C.1.H

### Lucro cesante del cónyuge (fallecido con dedicación a tareas del hogar)

Años de duración del matrimonio: 50 años

| Ingreso neto | Edad del cónyuge | | | | | | | | |
|---|---|---|---|---|---|---|---|---|---|
| Hasta | 64 | 65 | 66 | 67 | 68 | 69 | 70 | 71 | 72 |
| 18.000 € | 232.363 € | 224.094 € | 215.959 € | 207.789 € | 199.716 € | 191.596 € | 183.276 € | 175.334 € | 167.395 € |
| 21.000 € | 271.090 € | 261.443 € | 251.952 € | 242.421 € | 233.002 € | 223.529 € | 213.822 € | 204.556 € | 195.294 € |
| 24.000 € | 309.817 € | 298.792 € | 287.945 € | 277.052 € | 266.288 € | 255.461 € | 244.367 € | 233.778 € | 223.194 € |
| 27.000 € | 348.544 € | 336.141 € | 323.938 € | 311.684 € | 299.575 € | 287.394 € | 274.913 € | 263.000 € | 251.093 € |

| Ingreso neto | Edad del cónyuge | | | | | | | | |
|---|---|---|---|---|---|---|---|---|---|
| Hasta | 73 | 74 | 75 | 76 | 77 | 78 | 79 | 80 | 81 |
| 18.000 € | 159.155 € | 151.288 € | 143.762 € | 136.252 € | 128.817 € | 121.588 € | 114.615 € | 107.772 € | 101.204 € |
| 21.000 € | 185.681 € | 176.503 € | 167.723 € | 158.961 € | 150.287 € | 141.853 € | 133.717 € | 125.734 € | 118.071 € |
| 24.000 € | 212.206 € | 201.717 € | 191.683 € | 181.670 € | 171.756 € | 162.118 € | 152.819 € | 143.696 € | 134.938 € |
| 27.000 € | 238.732 € | 226.932 € | 215.644 € | 204.379 € | 193.226 € | 182.382 € | 171.922 € | 161.657 € | 151.806 € |

| Ingreso neto | Edad del cónyuge | | | | | | | | |
|---|---|---|---|---|---|---|---|---|---|
| Hasta | 82 | 83 | 84 | 85 | 86 | 87 | 88 | 89 | 90 |
| 18.000 € | 94.910 € | 88.837 € | 82.995 € | 77.495 € | 72.254 € | 67.298 € | 62.662 € | 58.396 € | 54.389 € |
| 21.000 € | 110.728 € | 103.644 € | 96.828 € | 90.411 € | 84.296 € | 78.515 € | 73.106 € | 68.129 € | 63.454 € |
| 24.000 € | 126.547 € | 118.450 € | 110.660 € | 103.327 € | 96.339 € | 89.731 € | 83.549 € | 77.861 € | 72.519 € |
| 27.000 € | 142.365 € | 133.256 € | 124.493 € | 116.243 € | 108.381 € | 100.947 € | 93.993 € | 87.594 € | 81.584 € |

| Ingreso neto | Edad del cónyuge | | | | | | | | |
|---|---|---|---|---|---|---|---|---|---|
| Hasta | 91 | 92 | 93 | 94 | 95 | 96 | 97 | 98 | 99 o más |
| 18.000 € | 50.489 € | 46.737 € | 42.662 € | 39.338 € | 35.769 € | 32.234 € | 28.582 € | 24.040 € | 18.393 € |
| 21.000 € | 58.904 € | 54.527 € | 49.773 € | 45.895 € | 41.730 € | 37.606 € | 33.346 € | 28.047 € | 21.458 € |
| 24.000 € | 67.319 € | 62.317 € | 56.883 € | 52.451 € | 47.692 € | 42.978 € | 38.110 € | 32.054 € | 24.524 € |
| 27.000 € | 75.734 € | 70.106 € | 63.993 € | 59.008 € | 53.653 € | 48.351 € | 42.874 € | 36.061 € | 27.589 € |

# TABLA 1.C.1.H

## Lucro cesante del cónyuge (fallecido con dedicación a tareas del hogar)

### Años de duración del matrimonio: 51 años

| Ingreso neto | Edad del cónyuge | | | | | | | | |
|---|---|---|---|---|---|---|---|---|---|
| Hasta | 65 | 66 | 67 | 68 | 69 | 70 | 71 | 72 | 73 |
| 18.000 € | 224.094 € | 215.959 € | 207.789 € | 199.716 € | 191.596 € | 183.276 € | 175.334 € | 167.395 € | 159.155 € |
| 21.000 € | 261.443 € | 251.952 € | 242.421 € | 233.002 € | 223.529 € | 213.822 € | 204.556 € | 195.294 € | 185.681 € |
| 24.000 € | 298.792 € | 287.945 € | 277.052 € | 266.288 € | 255.461 € | 244.367 € | 233.778 € | 223.194 € | 212.206 € |
| 27.000 € | 336.141 € | 323.938 € | 311.684 € | 299.575 € | 287.394 € | 274.913 € | 263.000 € | 251.093 € | 238.732 € |

| Ingreso neto | Edad del cónyuge | | | | | | | | |
|---|---|---|---|---|---|---|---|---|---|
| Hasta | 74 | 75 | 76 | 77 | 78 | 79 | 80 | 81 | 82 |
| 18.000 € | 151.288 € | 143.762 € | 136.252 € | 128.817 € | 121.588 € | 114.615 € | 107.772 € | 101.204 € | 94.910 € |
| 21.000 € | 176.503 € | 167.723 € | 158.961 € | 150.287 € | 141.853 € | 133.717 € | 125.734 € | 118.071 € | 110.728 € |
| 24.000 € | 201.717 € | 191.683 € | 181.670 € | 171.756 € | 162.118 € | 152.819 € | 143.696 € | 134.938 € | 126.547 € |
| 27.000 € | 226.932 € | 215.644 € | 204.379 € | 193.226 € | 182.382 € | 171.922 € | 161.657 € | 151.806 € | 142.365 € |

| Ingreso neto | Edad del cónyuge | | | | | | | | |
|---|---|---|---|---|---|---|---|---|---|
| Hasta | 83 | 84 | 85 | 86 | 87 | 88 | 89 | 90 | 91 |
| 18.000 € | 88.837 € | 82.995 € | 77.495 € | 72.254 € | 67.298 € | 62.662 € | 58.396 € | 54.389 € | 50.489 € |
| 21.000 € | 103.644 € | 96.828 € | 90.411 € | 84.296 € | 78.515 € | 73.106 € | 68.129 € | 63.454 € | 58.904 € |
| 24.000 € | 118.450 € | 110.660 € | 103.327 € | 96.339 € | 89.731 € | 83.549 € | 77.861 € | 72.519 € | 67.319 € |
| 27.000 € | 133.256 € | 124.493 € | 116.243 € | 108.381 € | 100.947 € | 93.993 € | 87.594 € | 81.584 € | 75.734 € |

| Ingreso neto | Edad del cónyuge | | | | | | | |
|---|---|---|---|---|---|---|---|---|
| Hasta | 92 | 93 | 94 | 95 | 96 | 97 | 98 | 99 o más |
| 18.000 € | 46.737 € | 42.662 € | 39.338 € | 35.769 € | 32.234 € | 28.582 € | 24.040 € | 18.393 € |
| 21.000 € | 54.527 € | 49.773 € | 45.895 € | 41.730 € | 37.606 € | 33.346 € | 28.047 € | 21.458 € |
| 24.000 € | 62.317 € | 56.883 € | 52.451 € | 47.692 € | 42.978 € | 38.110 € | 32.054 € | 24.524 € |
| 27.000 € | 70.106 € | 63.993 € | 59.008 € | 53.653 € | 48.351 € | 42.874 € | 36.061 € | 27.589 € |

## TABLA 1.C.1.H

### Lucro cesante del cónyuge (fallecido con dedicación a tareas del hogar)

Años de duración del matrimonio: 52 años

Ingreso neto | Edad del cónyuge

| Hasta | 66 | 67 | 68 | 69 | 70 | 71 | 72 | 73 | 74 |
|---|---|---|---|---|---|---|---|---|---|
| 18.000 € | 215.959 € | 207.789 € | 199.716 € | 191.596 € | 183.276 € | 175.334 € | 167.395 € | 159.155 € | 151.288 € |
| 21.000 € | 251.952 € | 242.421 € | 233.002 € | 223.529 € | 213.822 € | 204.556 € | 195.294 € | 185.681 € | 176.503 € |
| 24.000 € | 287.945 € | 277.052 € | 266.288 € | 255.461 € | 244.367 € | 233.778 € | 223.194 € | 212.206 € | 201.717 € |
| 27.000 € | 323.938 € | 311.684 € | 299.575 € | 287.394 € | 274.913 € | 263.000 € | 251.093 € | 238.732 € | 226.932 € |

Ingreso neto | Edad del cónyuge

| Hasta | 75 | 76 | 77 | 78 | 79 | 80 | 81 | 82 | 83 |
|---|---|---|---|---|---|---|---|---|---|
| 18.000 € | 143.762 € | 136.252 € | 128.817 € | 121.588 € | 114.615 € | 107.772 € | 101.204 € | 94.910 € | 88.837 € |
| 21.000 € | 167.723 € | 158.961 € | 150.287 € | 141.853 € | 133.717 € | 125.734 € | 118.071 € | 110.728 € | 103.644 € |
| 24.000 € | 191.683 € | 181.670 € | 171.756 € | 162.118 € | 152.819 € | 143.696 € | 134.938 € | 126.547 € | 118.450 € |
| 27.000 € | 215.644 € | 204.379 € | 193.226 € | 182.382 € | 171.922 € | 161.657 € | 151.806 € | 142.365 € | 133.256 € |

Ingreso neto | Edad del cónyuge

| Hasta | 84 | 85 | 86 | 87 | 88 | 89 | 90 | 91 | 92 |
|---|---|---|---|---|---|---|---|---|---|
| 18.000 € | 82.995 € | 77.495 € | 72.254 € | 67.298 € | 62.662 € | 58.396 € | 54.389 € | 50.489 € | 46.737 € |
| 21.000 € | 96.828 € | 90.411 € | 84.296 € | 78.515 € | 73.106 € | 68.129 € | 63.454 € | 58.904 € | 54.527 € |
| 24.000 € | 110.660 € | 103.327 € | 96.339 € | 89.731 € | 83.549 € | 77.861 € | 72.519 € | 67.319 € | 62.317 € |
| 27.000 € | 124.493 € | 116.243 € | 108.381 € | 100.947 € | 93.993 € | 87.594 € | 81.584 € | 75.734 € | 70.106 € |

Ingreso neto | Edad del cónyuge

| Hasta | 93 | 94 | 95 | 96 | 97 | 98 | 99 o más |
|---|---|---|---|---|---|---|---|
| 18.000 € | 42.662 € | 39.338 € | 35.769 € | 32.234 € | 28.582 € | 24.040 € | 18.393 € |
| 21.000 € | 49.773 € | 45.895 € | 41.730 € | 37.606 € | 33.346 € | 28.047 € | 21.458 € |
| 24.000 € | 56.883 € | 52.451 € | 47.692 € | 42.978 € | 38.110 € | 32.054 € | 24.524 € |
| 27.000 € | 63.993 € | 59.008 € | 53.653 € | 48.351 € | 42.874 € | 36.061 € | 27.589 € |

# TABLA 1.C.1.H

## Lucro cesante del cónyuge (fallecido con dedicación a tareas del hogar)

### Años de duración del matrimonio: 53 años

| Ingreso neto | Edad del cónyuge | | | | | | | | |
|---|---|---|---|---|---|---|---|---|---|
| Hasta | 67 | 68 | 69 | 70 | 71 | 72 | 73 | 74 | 75 |
| 18.000 € | 207.789 € | 199.716 € | 191.596 € | 183.276 € | 175.334 € | 167.395 € | 159.155 € | 151.288 € | 143.762 € |
| 21.000 € | 242.421 € | 233.002 € | 223.529 € | 213.822 € | 204.556 € | 195.294 € | 185.681 € | 176.503 € | 167.723 € |
| 24.000 € | 277.052 € | 266.288 € | 255.461 € | 244.367 € | 233.778 € | 223.194 € | 212.206 € | 201.717 € | 191.683 € |
| 27.000 € | 311.684 € | 299.575 € | 287.394 € | 274.913 € | 263.000 € | 251.093 € | 238.732 € | 226.932 € | 215.644 € |

| Ingreso neto | Edad del cónyuge | | | | | | | | |
|---|---|---|---|---|---|---|---|---|---|
| Hasta | 76 | 77 | 78 | 79 | 80 | 81 | 82 | 83 | 84 |
| 18.000 € | 136.252 € | 128.817 € | 121.588 € | 114.615 € | 107.772 € | 101.204 € | 94.910 € | 88.837 € | 82.995 € |
| 21.000 € | 158.961 € | 150.287 € | 141.853 € | 133.717 € | 125.734 € | 118.071 € | 110.728 € | 103.644 € | 96.828 € |
| 24.000 € | 181.670 € | 171.756 € | 162.118 € | 152.819 € | 143.696 € | 134.938 € | 126.547 € | 118.450 € | 110.660 € |
| 27.000 € | 204.379 € | 193.226 € | 182.382 € | 171.922 € | 161.657 € | 151.806 € | 142.365 € | 133.256 € | 124.493 € |

| Ingreso neto | Edad del cónyuge | | | | | | | | |
|---|---|---|---|---|---|---|---|---|---|
| Hasta | 85 | 86 | 87 | 88 | 89 | 90 | 91 | 92 | 93 |
| 18.000 € | 77.495 € | 72.254 € | 67.298 € | 62.662 € | 58.396 € | 54.389 € | 50.489 € | 46.737 € | 42.662 € |
| 21.000 € | 90.411 € | 84.296 € | 78.515 € | 73.106 € | 68.129 € | 63.454 € | 58.904 € | 54.527 € | 49.773 € |
| 24.000 € | 103.327 € | 96.339 € | 89.731 € | 83.549 € | 77.861 € | 72.519 € | 67.319 € | 62.317 € | 56.883 € |
| 27.000 € | 116.243 € | 108.381 € | 100.947 € | 93.993 € | 87.594 € | 81.584 € | 75.734 € | 70.106 € | 63.993 € |

| Ingreso neto | Edad del cónyuge | | | | | |
|---|---|---|---|---|---|---|
| Hasta | 94 | 95 | 96 | 97 | 98 | 99 o más |
| 18.000 € | 39.338 € | 35.769 € | 32.234 € | 28.582 € | 24.040 € | 18.393 € |
| 21.000 € | 45.895 € | 41.730 € | 37.606 € | 33.346 € | 28.047 € | 21.458 € |
| 24.000 € | 52.451 € | 47.692 € | 42.978 € | 38.110 € | 32.054 € | 24.524 € |
| 27.000 € | 59.008 € | 53.653 € | 48.351 € | 42.874 € | 36.061 € | 27.589 € |

# TABLA 1.C.1.H
## Lucro cesante del cónyuge (fallecido con dedicación a tareas del hogar)
### Años de duración del matrimonio: 54 años

| Ingreso neto | Edad del cónyuge | | | | | | | | |
|---|---|---|---|---|---|---|---|---|---|
| Hasta | 68 | 69 | 70 | 71 | 72 | 73 | 74 | 75 | 76 |
| 18.000 € | 199.716 € | 191.596 € | 183.276 € | 175.334 € | 167.395 € | 159.155 € | 151.288 € | 143.762 € | 136.252 € |
| 21.000 € | 233.002 € | 223.529 € | 213.822 € | 204.556 € | 195.294 € | 185.681 € | 176.503 € | 167.723 € | 158.961 € |
| 24.000 € | 266.288 € | 255.461 € | 244.367 € | 233.778 € | 223.194 € | 212.206 € | 201.717 € | 191.683 € | 181.670 € |
| 27.000 € | 299.575 € | 287.394 € | 274.913 € | 263.000 € | 251.093 € | 238.732 € | 226.932 € | 215.644 € | 204.379 € |

| Ingreso neto | Edad del cónyuge | | | | | | | | |
|---|---|---|---|---|---|---|---|---|---|
| Hasta | 77 | 78 | 79 | 80 | 81 | 82 | 83 | 84 | 85 |
| 18.000 € | 128.817 € | 121.588 € | 114.615 € | 107.772 € | 101.204 € | 94.910 € | 88.837 € | 82.995 € | 77.495 € |
| 21.000 € | 150.287 € | 141.853 € | 133.717 € | 125.734 € | 118.071 € | 110.728 € | 103.644 € | 96.828 € | 90.411 € |
| 24.000 € | 171.756 € | 162.118 € | 152.819 € | 143.696 € | 134.938 € | 126.547 € | 118.450 € | 110.660 € | 103.327 € |
| 27.000 € | 193.226 € | 182.382 € | 171.922 € | 161.657 € | 151.806 € | 142.365 € | 133.256 € | 124.493 € | 116.243 € |

| Ingreso neto | Edad del cónyuge | | | | | | | | |
|---|---|---|---|---|---|---|---|---|---|
| Hasta | 86 | 87 | 88 | 89 | 90 | 91 | 92 | 93 | 94 |
| 18.000 € | 72.254 € | 67.298 € | 62.662 € | 58.396 € | 54.389 € | 50.489 € | 46.737 € | 42.662 € | 39.338 € |
| 21.000 € | 84.296 € | 78.515 € | 73.106 € | 68.129 € | 63.454 € | 58.904 € | 54.527 € | 49.773 € | 45.895 € |
| 24.000 € | 96.339 € | 89.731 € | 83.549 € | 77.861 € | 72.519 € | 67.319 € | 62.317 € | 56.883 € | 52.451 € |
| 27.000 € | 108.381 € | 100.947 € | 93.993 € | 87.594 € | 81.584 € | 75.734 € | 70.106 € | 63.993 € | 59.008 € |

| Ingreso neto | Edad del cónyuge | | | | |
|---|---|---|---|---|---|
| Hasta | 95 | 96 | 97 | 98 | 99 o más |
| 18.000 € | 35.769 € | 32.234 € | 28.582 € | 24.040 € | 18.393 € |
| 21.000 € | 41.730 € | 37.606 € | 33.346 € | 28.047 € | 21.458 € |
| 24.000 € | 47.692 € | 42.978 € | 38.110 € | 32.054 € | 24.524 € |
| 27.000 € | 53.653 € | 48.351 € | 42.874 € | 36.061 € | 27.589 € |

# TABLA 1.C.1.H

## Lucro cesante del cónyuge (fallecido con dedicación a tareas del hogar)

### Años de duración del matrimonio: 55 años

| Ingreso neto | Edad del cónyuge | | | | | | | | |
|---|---|---|---|---|---|---|---|---|---|
| Hasta | 69 | 70 | 71 | 72 | 73 | 74 | 75 | 76 | 77 |
| 18.000 € | 191.596 € | 183.276 € | 175.334 € | 167.395 € | 159.155 € | 151.288 € | 143.762 € | 136.252 € | 128.817 € |
| 21.000 € | 223.529 € | 213.822 € | 204.556 € | 195.294 € | 185.681 € | 176.503 € | 167.723 € | 158.961 € | 150.287 € |
| 24.000 € | 255.461 € | 244.367 € | 233.778 € | 223.194 € | 212.206 € | 201.717 € | 191.683 € | 181.670 € | 171.756 € |
| 27.000 € | 287.394 € | 274.913 € | 263.000 € | 251.093 € | 238.732 € | 226.932 € | 215.644 € | 204.379 € | 193.226 € |

| Ingreso neto | Edad del cónyuge | | | | | | | | |
|---|---|---|---|---|---|---|---|---|---|
| Hasta | 78 | 79 | 80 | 81 | 82 | 83 | 84 | 85 | 86 |
| 18.000 € | 121.588 € | 114.615 € | 107.772 € | 101.204 € | 94.910 € | 88.837 € | 82.995 € | 77.495 € | 72.254 € |
| 21.000 € | 141.853 € | 133.717 € | 125.734 € | 118.071 € | 110.728 € | 103.644 € | 96.828 € | 90.411 € | 84.296 € |
| 24.000 € | 162.118 € | 152.819 € | 143.696 € | 134.938 € | 126.547 € | 118.450 € | 110.660 € | 103.327 € | 96.339 € |
| 27.000 € | 182.382 € | 171.922 € | 161.657 € | 151.806 € | 142.365 € | 133.256 € | 124.493 € | 116.243 € | 108.381 € |

| Ingreso neto | Edad del cónyuge | | | | | | | | |
|---|---|---|---|---|---|---|---|---|---|
| Hasta | 87 | 88 | 89 | 90 | 91 | 92 | 93 | 94 | 95 |
| 18.000 € | 67.298 € | 62.662 € | 58.396 € | 54.389 € | 50.489 € | 46.737 € | 42.662 € | 39.338 € | 35.769 € |
| 21.000 € | 78.515 € | 73.106 € | 68.129 € | 63.454 € | 58.904 € | 54.527 € | 49.773 € | 45.895 € | 41.730 € |
| 24.000 € | 89.731 € | 83.549 € | 77.861 € | 72.519 € | 67.319 € | 62.317 € | 56.883 € | 52.451 € | 47.692 € |
| 27.000 € | 100.947 € | 93.993 € | 87.594 € | 81.584 € | 75.734 € | 70.106 € | 63.993 € | 59.008 € | 53.653 € |

| Ingreso neto | Edad del cónyuge | | | |
|---|---|---|---|---|
| Hasta | 96 | 97 | 98 | 99 o más |
| 18.000 € | 32.234 € | 28.582 € | 24.040 € | 18.393 € |
| 21.000 € | 37.606 € | 33.346 € | 28.047 € | 21.458 € |
| 24.000 € | 42.978 € | 38.110 € | 32.054 € | 24.524 € |
| 27.000 € | 48.351 € | 42.874 € | 36.061 € | 27.589 € |

## TABLA 1.C.1.H
## Lucro cesante del cónyuge (fallecido con dedicación a tareas del hogar)
### Años de duración del matrimonio: 56 años

| Ingreso neto | Edad del cónyuge | | | | | | | | |
|---|---|---|---|---|---|---|---|---|---|
| Hasta | 70 | 71 | 72 | 73 | 74 | 75 | 76 | 77 | 78 |
| 18.000 € | 183.276 € | 175.334 € | 167.395 € | 159.155 € | 151.288 € | 143.762 € | 136.252 € | 128.817 € | 121.588 € |
| 21.000 € | 213.822 € | 204.556 € | 195.294 € | 185.681 € | 176.503 € | 167.723 € | 158.961 € | 150.287 € | 141.853 € |
| 24.000 € | 244.367 € | 233.778 € | 223.194 € | 212.206 € | 201.717 € | 191.683 € | 181.670 € | 171.756 € | 162.118 € |
| 27.000 € | 274.913 € | 263.000 € | 251.093 € | 238.732 € | 226.932 € | 215.644 € | 204.379 € | 193.226 € | 182.382 € |

| Ingreso neto | Edad del cónyuge | | | | | | | | |
|---|---|---|---|---|---|---|---|---|---|
| Hasta | 79 | 80 | 81 | 82 | 83 | 84 | 85 | 86 | 87 |
| 18.000 € | 114.615 € | 107.772 € | 101.204 € | 94.910 € | 88.837 € | 82.995 € | 77.495 € | 72.254 € | 67.298 € |
| 21.000 € | 133.717 € | 125.734 € | 118.071 € | 110.728 € | 103.644 € | 96.828 € | 90.411 € | 84.296 € | 78.515 € |
| 24.000 € | 152.819 € | 143.696 € | 134.938 € | 126.547 € | 118.450 € | 110.660 € | 103.327 € | 96.339 € | 89.731 € |
| 27.000 € | 171.922 € | 161.657 € | 151.806 € | 142.365 € | 133.256 € | 124.493 € | 116.243 € | 108.381 € | 100.947 € |

| Ingreso neto | Edad del cónyuge | | | | | | | | |
|---|---|---|---|---|---|---|---|---|---|
| Hasta | 88 | 89 | 90 | 91 | 92 | 93 | 94 | 95 | 96 |
| 18.000 € | 62.662 € | 58.396 € | 54.389 € | 50.489 € | 46.737 € | 42.662 € | 39.338 € | 35.769 € | 32.234 € |
| 21.000 € | 73.106 € | 68.129 € | 63.454 € | 58.904 € | 54.527 € | 49.773 € | 45.895 € | 41.730 € | 37.606 € |
| 24.000 € | 83.549 € | 77.861 € | 72.519 € | 67.319 € | 62.317 € | 56.883 € | 52.451 € | 47.692 € | 42.978 € |
| 27.000 € | 93.993 € | 87.594 € | 81.584 € | 75.734 € | 70.106 € | 63.993 € | 59.008 € | 53.653 € | 48.351 € |

| Ingreso neto | Edad del cónyuge | | |
|---|---|---|---|
| Hasta | 97 | 98 | 99 o más |
| 18.000 € | 28.582 € | 24.040 € | 18.393 € |
| 21.000 € | 33.346 € | 28.047 € | 21.458 € |
| 24.000 € | 38.110 € | 32.054 € | 24.524 € |
| 27.000 € | 42.874 € | 36.061 € | 27.589 € |

## TABLA 1.C.1.H

### Lucro cesante del cónyuge (fallecido con dedicación a tareas del hogar)

Años de duración del matrimonio: 57 años

| Ingreso neto | Edad del cónyuge | | | | | | | | |
|---|---|---|---|---|---|---|---|---|---|
| Hasta | 71 | 72 | 73 | 74 | 75 | 76 | 77 | 78 | 79 |
| 18.000 € | 175.334 € | 167.395 € | 159.155 € | 151.288 € | 143.762 € | 136.252 € | 128.817 € | 121.588 € | 114.615 € |
| 21.000 € | 204.556 € | 195.294 € | 185.681 € | 176.503 € | 167.723 € | 158.961 € | 150.287 € | 141.853 € | 133.717 € |
| 24.000 € | 233.778 € | 223.194 € | 212.206 € | 201.717 € | 191.683 € | 181.670 € | 171.756 € | 162.118 € | 152.819 € |
| 27.000 € | 263.000 € | 251.093 € | 238.732 € | 226.932 € | 215.644 € | 204.379 € | 193.226 € | 182.382 € | 171.922 € |

| Ingreso neto | Edad del cónyuge | | | | | | | | |
|---|---|---|---|---|---|---|---|---|---|
| Hasta | 80 | 81 | 82 | 83 | 84 | 85 | 86 | 87 | 88 |
| 18.000 € | 107.772 € | 101.204 € | 94.910 € | 88.837 € | 82.995 € | 77.495 € | 72.254 € | 67.298 € | 62.662 € |
| 21.000 € | 125.734 € | 118.071 € | 110.728 € | 103.644 € | 96.828 € | 90.411 € | 84.296 € | 78.515 € | 73.106 € |
| 24.000 € | 143.696 € | 134.938 € | 126.547 € | 118.450 € | 110.660 € | 103.327 € | 96.339 € | 89.731 € | 83.549 € |
| 27.000 € | 161.657 € | 151.806 € | 142.365 € | 133.256 € | 124.493 € | 116.243 € | 108.381 € | 100.947 € | 93.993 € |

| Ingreso neto | Edad del cónyuge | | | | | | | | |
|---|---|---|---|---|---|---|---|---|---|
| Hasta | 89 | 90 | 91 | 92 | 93 | 94 | 95 | 96 | 97 |
| 18.000 € | 58.396 € | 54.389 € | 50.489 € | 46.737 € | 42.662 € | 39.338 € | 35.769 € | 32.234 € | 28.582 € |
| 21.000 € | 68.129 € | 63.454 € | 58.904 € | 54.527 € | 49.773 € | 45.895 € | 41.730 € | 37.606 € | 33.346 € |
| 24.000 € | 77.861 € | 72.519 € | 67.319 € | 62.317 € | 56.883 € | 52.451 € | 47.692 € | 42.978 € | 38.110 € |
| 27.000 € | 87.594 € | 81.584 € | 75.734 € | 70.106 € | 63.993 € | 59.008 € | 53.653 € | 48.351 € | 42.874 € |

| Ingreso neto | Edad del cónyuge | |
|---|---|---|
| Hasta | 98 | 99 o más |
| 18.000 € | 24.040 € | 18.393 € |
| 21.000 € | 28.047 € | 21.458 € |
| 24.000 € | 32.054 € | 24.524 € |
| 27.000 € | 36.061 € | 27.589 € |

## TABLA 1.C.1.H

### Lucro cesante del cónyuge (fallecido con dedicación a tareas del hogar)

Años de duración del matrimonio: 58 años

Ingreso neto | Edad del cónyuge

| Hasta | 72 | 73 | 74 | 75 | 76 | 77 | 78 | 79 | 80 |
|---|---|---|---|---|---|---|---|---|---|
| 18.000 € | 167.395 € | 159.155 € | 151.288 € | 143.762 € | 136.252 € | 128.817 € | 121.588 € | 114.615 € | 107.772 € |
| 21.000 € | 195.294 € | 185.681 € | 176.503 € | 167.723 € | 158.961 € | 150.287 € | 141.853 € | 133.717 € | 125.734 € |
| 24.000 € | 223.194 € | 212.206 € | 201.717 € | 191.683 € | 181.670 € | 171.756 € | 162.118 € | 152.819 € | 143.696 € |
| 27.000 € | 251.093 € | 238.732 € | 226.932 € | 215.644 € | 204.379 € | 193.226 € | 182.382 € | 171.922 € | 161.657 € |

Ingreso neto | Edad del cónyuge

| Hasta | 81 | 82 | 83 | 84 | 85 | 86 | 87 | 88 | 89 |
|---|---|---|---|---|---|---|---|---|---|
| 18.000 € | 101.204 € | 94.910 € | 88.837 € | 82.995 € | 77.495 € | 72.254 € | 67.298 € | 62.662 € | 58.396 € |
| 21.000 € | 118.071 € | 110.728 € | 103.644 € | 96.828 € | 90.411 € | 84.296 € | 78.515 € | 73.106 € | 68.129 € |
| 24.000 € | 134.938 € | 126.547 € | 118.450 € | 110.660 € | 103.327 € | 96.339 € | 89.731 € | 83.549 € | 77.861 € |
| 27.000 € | 151.806 € | 142.365 € | 133.256 € | 124.493 € | 116.243 € | 108.381 € | 100.947 € | 93.993 € | 87.594 € |

Ingreso neto

| Hasta | 90 | 91 | 92 | 93 | 94 | 95 | 96 | 97 | 98 |
|---|---|---|---|---|---|---|---|---|---|
| 18.000 € | 54.389 € | 50.489 € | 46.737 € | 42.662 € | 39.338 € | 35.769 € | 32.234 € | 28.582 € | 24.040 € |
| 21.000 € | 63.454 € | 58.904 € | 54.527 € | 49.773 € | 45.895 € | 41.730 € | 37.606 € | 33.346 € | 28.047 € |
| 24.000 € | 72.519 € | 67.319 € | 62.317 € | 56.883 € | 52.451 € | 47.692 € | 42.978 € | 38.110 € | 32.054 € |
| 27.000 € | 81.584 € | 75.734 € | 70.106 € | 63.993 € | 59.008 € | 53.653 € | 48.351 € | 42.874 € | 36.061 € |

Ingreso neto | Edad del cónyuge

| Hasta | 99 o más |
|---|---|
| 18.000 € | 18.393 € |
| 21.000 € | 21.458 € |
| 24.000 € | 24.524 € |
| 27.000 € | 27.589 € |

# TABLA 1.C.1.H

## Lucro cesante del cónyuge (fallecido con dedicación a tareas del hogar)

### Años de duración del matrimonio: 59 años

| Ingreso neto | Edad del cónyuge | | | | | | | | |
|---|---|---|---|---|---|---|---|---|---|
| Hasta | 73 | 74 | 75 | 76 | 77 | 78 | 79 | 80 | 81 |
| 18.000 € | 159.155 € | 151.288 € | 143.762 € | 136.252 € | 128.817 € | 121.588 € | 114.615 € | 107.772 € | 101.204 € |
| 21.000 € | 185.681 € | 176.503 € | 167.723 € | 158.961 € | 150.287 € | 141.853 € | 133.717 € | 125.734 € | 118.071 € |
| 24.000 € | 212.206 € | 201.717 € | 191.683 € | 181.670 € | 171.756 € | 162.118 € | 152.819 € | 143.696 € | 134.938 € |
| 27.000 € | 238.732 € | 226.932 € | 215.644 € | 204.379 € | 193.226 € | 182.382 € | 171.922 € | 161.657 € | 151.806 € |

| Ingreso neto | Edad del cónyuge | | | | | | | | |
|---|---|---|---|---|---|---|---|---|---|
| Hasta | 82 | 83 | 84 | 85 | 86 | 87 | 88 | 89 | 90 |
| 18.000 € | 94.910 € | 88.837 € | 82.995 € | 77.495 € | 72.254 € | 67.298 € | 62.662 € | 58.396 € | 54.389 € |
| 21.000 € | 110.728 € | 103.644 € | 96.828 € | 90.411 € | 84.296 € | 78.515 € | 73.106 € | 68.129 € | 63.454 € |
| 24.000 € | 126.547 € | 118.450 € | 110.660 € | 103.327 € | 96.339 € | 89.731 € | 83.549 € | 77.861 € | 72.519 € |
| 27.000 € | 142.365 € | 133.256 € | 124.493 € | 116.243 € | 108.381 € | 100.947 € | 93.993 € | 87.594 € | 81.584 € |

| Ingreso neto | Edad del cónyuge | | | | | | | | |
|---|---|---|---|---|---|---|---|---|---|
| Hasta | 91 | 92 | 93 | 94 | 95 | 96 | 97 | 98 | 99 o más |
| 18.000 € | 50.489 € | 46.737 € | 42.662 € | 39.338 € | 35.769 € | 32.234 € | 28.582 € | 24.040 € | 18.393 € |
| 21.000 € | 58.904 € | 54.527 € | 49.773 € | 45.895 € | 41.730 € | 37.606 € | 33.346 € | 28.047 € | 21.458 € |
| 24.000 € | 67.319 € | 62.317 € | 56.883 € | 52.451 € | 47.692 € | 42.978 € | 38.110 € | 32.054 € | 24.524 € |
| 27.000 € | 75.734 € | 70.106 € | 63.993 € | 59.008 € | 53.653 € | 48.351 € | 42.874 € | 36.061 € | 27.589 € |

## TABLA 1.C.1.H
## Lucro cesante del cónyuge (fallecido con dedicación a tareas del hogar)
### Años de duración del matrimonio: 60 años

| Ingreso neto | Edad del cónyuge | | | | | | | | |
|---|---|---|---|---|---|---|---|---|---|
| Hasta | 74 | 75 | 76 | 77 | 78 | 79 | 80 | 81 | 82 |
| 18.000 € | 151.288 € | 143.762 € | 136.252 € | 128.817 € | 121.588 € | 114.615 € | 107.772 € | 101.204 € | 94.910 € |
| 21.000 € | 176.503 € | 167.723 € | 158.961 € | 150.287 € | 141.853 € | 133.717 € | 125.734 € | 118.071 € | 110.728 € |
| 24.000 € | 201.717 € | 191.683 € | 181.670 € | 171.756 € | 162.118 € | 152.819 € | 143.696 € | 134.938 € | 126.547 € |
| 27.000 € | 226.932 € | 215.644 € | 204.379 € | 193.226 € | 182.382 € | 171.922 € | 161.657 € | 151.806 € | 142.365 € |

| Ingreso neto | Edad del cónyuge | | | | | | | | |
|---|---|---|---|---|---|---|---|---|---|
| Hasta | 83 | 84 | 85 | 86 | 87 | 88 | 89 | 90 | 91 |
| 18.000 € | 88.837 € | 82.995 € | 77.495 € | 72.254 € | 67.298 € | 62.662 € | 58.396 € | 54.389 € | 50.489 € |
| 21.000 € | 103.644 € | 96.828 € | 90.411 € | 84.296 € | 78.515 € | 73.106 € | 68.129 € | 63.454 € | 58.904 € |
| 24.000 € | 118.450 € | 110.660 € | 103.327 € | 96.339 € | 89.731 € | 83.549 € | 77.861 € | 72.519 € | 67.319 € |
| 27.000 € | 133.256 € | 124.493 € | 116.243 € | 108.381 € | 100.947 € | 93.993 € | 87.594 € | 81.584 € | 75.734 € |

| Ingreso neto | Edad del cónyuge | | | | | | | |
|---|---|---|---|---|---|---|---|---|
| Hasta | 92 | 93 | 94 | 95 | 96 | 97 | 98 | 99 o más |
| 18.000 € | 46.737 € | 42.662 € | 39.338 € | 35.769 € | 32.234 € | 28.582 € | 24.040 € | 18.393 € |
| 21.000 € | 54.527 € | 49.773 € | 45.895 € | 41.730 € | 37.606 € | 33.346 € | 28.047 € | 21.458 € |
| 24.000 € | 62.317 € | 56.883 € | 52.451 € | 47.692 € | 42.978 € | 38.110 € | 32.054 € | 24.524 € |
| 27.000 € | 70.106 € | 63.993 € | 59.008 € | 53.653 € | 48.351 € | 42.874 € | 36.061 € | 27.589 € |

# TABLA 1.C.1.H

## Lucro cesante del cónyuge (fallecido con dedicación a tareas del hogar)

### Años de duración del matrimonio: 61 años

| Ingreso neto | Edad del cónyuge | | | | | | | | |
|---|---|---|---|---|---|---|---|---|---|
| Hasta | 75 | 76 | 77 | 78 | 79 | 80 | 81 | 82 | 83 |
| 18.000 € | 143.762 € | 136.252 € | 128.817 € | 121.588 € | 114.615 € | 107.772 € | 101.204 € | 94.910 € | 88.837 € |
| 21.000 € | 167.723 € | 158.961 € | 150.287 € | 141.853 € | 133.717 € | 125.734 € | 118.071 € | 110.728 € | 103.644 € |
| 24.000 € | 191.683 € | 181.670 € | 171.756 € | 162.118 € | 152.819 € | 143.696 € | 134.938 € | 126.547 € | 118.450 € |
| 27.000 € | 215.644 € | 204.379 € | 193.226 € | 182.382 € | 171.922 € | 161.657 € | 151.806 € | 142.365 € | 133.256 € |

| Ingreso neto | Edad del cónyuge | | | | | | | | |
|---|---|---|---|---|---|---|---|---|---|
| Hasta | 84 | 85 | 86 | 87 | 88 | 89 | 90 | 91 | 92 |
| 18.000 € | 82.995 € | 77.495 € | 72.254 € | 67.298 € | 62.662 € | 58.396 € | 54.389 € | 50.489 € | 46.737 € |
| 21.000 € | 96.828 € | 90.411 € | 84.296 € | 78.515 € | 73.106 € | 68.129 € | 63.454 € | 58.904 € | 54.527 € |
| 24.000 € | 110.660 € | 103.327 € | 96.339 € | 89.731 € | 83.549 € | 77.861 € | 72.519 € | 67.319 € | 62.317 € |
| 27.000 € | 124.493 € | 116.243 € | 108.381 € | 100.947 € | 93.993 € | 87.594 € | 81.584 € | 75.734 € | 70.106 € |

| Ingreso neto | Edad del cónyuge | | | | | | |
|---|---|---|---|---|---|---|---|
| Hasta | 93 | 94 | 95 | 96 | 97 | 98 | 99 o más |
| 18.000 € | 42.662 € | 39.338 € | 35.769 € | 32.234 € | 28.582 € | 24.040 € | 18.393 € |
| 21.000 € | 49.773 € | 45.895 € | 41.730 € | 37.606 € | 33.346 € | 28.047 € | 21.458 € |
| 24.000 € | 56.883 € | 52.451 € | 47.692 € | 42.978 € | 38.110 € | 32.054 € | 24.524 € |
| 27.000 € | 63.993 € | 59.008 € | 53.653 € | 48.351 € | 42.874 € | 36.061 € | 27.589 € |

## TABLA 1.C.1.H
### Lucro cesante del cónyuge (fallecido con dedicación a tareas del hogar)
### Años de duración del matrimonio: 62 años

| Ingreso neto | Edad del cónyuge | | | | | | | | |
|---|---|---|---|---|---|---|---|---|---|
| Hasta | 76 | 77 | 78 | 79 | 80 | 81 | 82 | 83 | 84 |
| 18.000 € | 136.252 € | 128.817 € | 121.588 € | 114.615 € | 107.772 € | 101.204 € | 94.910 € | 88.837 € | 82.995 € |
| 21.000 € | 158.961 € | 150.287 € | 141.853 € | 133.717 € | 125.734 € | 118.071 € | 110.728 € | 103.644 € | 96.828 € |
| 24.000 € | 181.670 € | 171.756 € | 162.118 € | 152.819 € | 143.696 € | 134.938 € | 126.547 € | 118.450 € | 110.660 € |
| 27.000 € | 204.379 € | 193.226 € | 182.382 € | 171.922 € | 161.657 € | 151.806 € | 142.365 € | 133.256 € | 124.493 € |

| Ingreso neto | Edad del cónyuge | | | | | | | | |
|---|---|---|---|---|---|---|---|---|---|
| Hasta | 85 | 86 | 87 | 88 | 89 | 90 | 91 | 92 | 93 |
| 18.000 € | 77.495 € | 72.254 € | 67.298 € | 62.662 € | 58.396 € | 54.389 € | 50.489 € | 46.737 € | 42.662 € |
| 21.000 € | 90.411 € | 84.296 € | 78.515 € | 73.106 € | 68.129 € | 63.454 € | 58.904 € | 54.527 € | 49.773 € |
| 24.000 € | 103.327 € | 96.339 € | 89.731 € | 83.549 € | 77.861 € | 72.519 € | 67.319 € | 62.317 € | 56.883 € |
| 27.000 € | 116.243 € | 108.381 € | 100.947 € | 93.993 € | 87.594 € | 81.584 € | 75.734 € | 70.106 € | 63.993 € |

| Ingreso neto | Edad del cónyuge | | | | | |
|---|---|---|---|---|---|---|
| Hasta | 94 | 95 | 96 | 97 | 98 | 99 o más |
| 18.000 € | 39.338 € | 35.769 € | 32.234 € | 28.582 € | 24.040 € | 18.393 € |
| 21.000 € | 45.895 € | 41.730 € | 37.606 € | 33.346 € | 28.047 € | 21.458 € |
| 24.000 € | 52.451 € | 47.692 € | 42.978 € | 38.110 € | 32.054 € | 24.524 € |
| 27.000 € | 59.008 € | 53.653 € | 48.351 € | 42.874 € | 36.061 € | 27.589 € |

## TABLA 1.C.1.H
### Lucro cesante del cónyuge (fallecido con dedicación a tareas del hogar)
Años de duración del matrimonio: 63 años

| Ingreso neto | Edad del cónyuge | | | | | | | | |
|---|---|---|---|---|---|---|---|---|---|
| Hasta | 77 | 78 | 79 | 80 | 81 | 82 | 83 | 84 | 85 |
| 18.000 € | 128.817 € | 121.588 € | 114.615 € | 107.772 € | 101.204 € | 94.910 € | 88.837 € | 82.995 € | 77.495 € |
| 21.000 € | 150.287 € | 141.853 € | 133.717 € | 125.734 € | 118.071 € | 110.728 € | 103.644 € | 96.828 € | 90.411 € |
| 24.000 € | 171.756 € | 162.118 € | 152.819 € | 143.696 € | 134.938 € | 126.547 € | 118.450 € | 110.660 € | 103.327 € |
| 27.000 € | 193.226 € | 182.382 € | 171.922 € | 161.657 € | 151.806 € | 142.365 € | 133.256 € | 124.493 € | 116.243 € |

| Ingreso neto | Edad del cónyuge | | | | | | | | |
|---|---|---|---|---|---|---|---|---|---|
| Hasta | 86 | 87 | 88 | 89 | 90 | 91 | 92 | 93 | 94 |
| 18.000 € | 72.254 € | 67.298 € | 62.662 € | 58.396 € | 54.389 € | 50.489 € | 46.737 € | 42.662 € | 39.338 € |
| 21.000 € | 84.296 € | 78.515 € | 73.106 € | 68.129 € | 63.454 € | 58.904 € | 54.527 € | 49.773 € | 45.895 € |
| 24.000 € | 96.339 € | 89.731 € | 83.549 € | 77.861 € | 72.519 € | 67.319 € | 62.317 € | 56.883 € | 52.451 € |
| 27.000 € | 108.381 € | 100.947 € | 93.993 € | 87.594 € | 81.584 € | 75.734 € | 70.106 € | 63.993 € | 59.008 € |

| Ingreso neto | Edad del cónyuge | | | | |
|---|---|---|---|---|---|
| Hasta | 95 | 96 | 97 | 98 | 99 o más |
| 18.000 € | 35.769 € | 32.234 € | 28.582 € | 24.040 € | 18.393 € |
| 21.000 € | 41.730 € | 37.606 € | 33.346 € | 28.047 € | 21.458 € |
| 24.000 € | 47.692 € | 42.978 € | 38.110 € | 32.054 € | 24.524 € |
| 27.000 € | 53.653 € | 48.351 € | 42.874 € | 36.061 € | 27.589 € |

# TABLA 1.C.1.H

## Lucro cesante del cónyuge (fallecido con dedicación a tareas del hogar)

### Años de duración del matrimonio: 64 años

| Ingreso neto | Edad del cónyuge | | | | | | | | |
|---|---|---|---|---|---|---|---|---|---|
| Hasta | 78 | 79 | 80 | 81 | 82 | 83 | 84 | 85 | 86 |
| 18.000 € | 121.588 € | 114.615 € | 107.772 € | 101.204 € | 94.910 € | 88.837 € | 82.995 € | 77.495 € | 72.254 € |
| 21.000 € | 141.853 € | 133.717 € | 125.734 € | 118.071 € | 110.728 € | 103.644 € | 96.828 € | 90.411 € | 84.296 € |
| 24.000 € | 162.118 € | 152.819 € | 143.696 € | 134.938 € | 126.547 € | 118.450 € | 110.660 € | 103.327 € | 96.339 € |
| 27.000 € | 182.382 € | 171.922 € | 161.657 € | 151.806 € | 142.365 € | 133.256 € | 124.493 € | 116.243 € | 108.381 € |

| Ingreso neto | Edad del cónyuge | | | | | | | | |
|---|---|---|---|---|---|---|---|---|---|
| Hasta | 87 | 88 | 89 | 90 | 91 | 92 | 93 | 94 | 95 |
| 18.000 € | 67.298 € | 62.662 € | 58.396 € | 54.389 € | 50.489 € | 46.737 € | 42.662 € | 39.338 € | 35.769 € |
| 21.000 € | 78.515 € | 73.106 € | 68.129 € | 63.454 € | 58.904 € | 54.527 € | 49.773 € | 45.895 € | 41.730 € |
| 24.000 € | 89.731 € | 83.549 € | 77.861 € | 72.519 € | 67.319 € | 62.317 € | 56.883 € | 52.451 € | 47.692 € |
| 27.000 € | 100.947 € | 93.993 € | 87.594 € | 81.584 € | 75.734 € | 70.106 € | 63.993 € | 59.008 € | 53.653 € |

| Ingreso neto | Edad del cónyuge | | | |
|---|---|---|---|---|
| Hasta | 96 | 97 | 98 | 99 o más |
| 18.000 € | 32.234 € | 28.582 € | 24.040 € | 18.393 € |
| 21.000 € | 37.606 € | 33.346 € | 28.047 € | 21.458 € |
| 24.000 € | 42.978 € | 38.110 € | 32.054 € | 24.524 € |
| 27.000 € | 48.351 € | 42.874 € | 36.061 € | 27.589 € |

## TABLA 1.C.1.H

### Lucro cesante del cónyuge (fallecido con dedicación a tareas del hogar)

Años de duración del matrimonio: 65 años

| Ingreso neto | Edad del cónyuge | | | | | | | | |
|---|---|---|---|---|---|---|---|---|---|
| Hasta | 79 | 80 | 81 | 82 | 83 | 84 | 85 | 86 | 87 |
| 18.000 € | 114.615 € | 107.772 € | 101.204 € | 94.910 € | 88.837 € | 82.995 € | 77.495 € | 72.254 € | 67.298 € |
| 21.000 € | 133.717 € | 125.734 € | 118.071 € | 110.728 € | 103.644 € | 96.828 € | 90.411 € | 84.296 € | 78.515 € |
| 24.000 € | 152.819 € | 143.696 € | 134.938 € | 126.547 € | 118.450 € | 110.660 € | 103.327 € | 96.339 € | 89.731 € |
| 27.000 € | 171.922 € | 161.657 € | 151.806 € | 142.365 € | 133.256 € | 124.493 € | 116.243 € | 108.381 € | 100.947 € |

| Ingreso neto | Edad del cónyuge | | | | | | | | |
|---|---|---|---|---|---|---|---|---|---|
| Hasta | 88 | 89 | 90 | 91 | 92 | 93 | 94 | 95 | 96 |
| 18.000 € | 62.662 € | 58.396 € | 54.389 € | 50.489 € | 46.737 € | 42.662 € | 39.338 € | 35.769 € | 32.234 € |
| 21.000 € | 73.106 € | 68.129 € | 63.454 € | 58.904 € | 54.527 € | 49.773 € | 45.895 € | 41.730 € | 37.606 € |
| 24.000 € | 83.549 € | 77.861 € | 72.519 € | 67.319 € | 62.317 € | 56.883 € | 52.451 € | 47.692 € | 42.978 € |
| 27.000 € | 93.993 € | 87.594 € | 81.584 € | 75.734 € | 70.106 € | 63.993 € | 59.008 € | 53.653 € | 48.351 € |

| Ingreso neto | Edad del cónyuge | | |
|---|---|---|---|
| Hasta | 97 | 98 | 99 o más |
| 18.000 € | 28.582 € | 24.040 € | 18.393 € |
| 21.000 € | 33.346 € | 28.047 € | 21.458 € |
| 24.000 € | 38.110 € | 32.054 € | 24.524 € |
| 27.000 € | 42.874 € | 36.061 € | 27.589 € |

## TABLA 1.C.1.H
### Lucro cesante del cónyuge (fallecido con dedicación a tareas del hogar)
### Años de duración del matrimonio: 66 años

| Ingreso neto | Edad del cónyuge | | | | | | | | |
|---|---|---|---|---|---|---|---|---|---|
| Hasta | 80 | 81 | 82 | 83 | 84 | 85 | 86 | 87 | 88 |
| 18.000 € | 107.772 € | 101.204 € | 94.910 € | 88.837 € | 82.995 € | 77.495 € | 72.254 € | 67.298 € | 62.662 € |
| 21.000 € | 125.734 € | 118.071 € | 110.728 € | 103.644 € | 96.828 € | 90.411 € | 84.296 € | 78.515 € | 73.106 € |
| 24.000 € | 143.696 € | 134.938 € | 126.547 € | 118.450 € | 110.660 € | 103.327 € | 96.339 € | 89.731 € | 83.549 € |
| 27.000 € | 161.657 € | 151.806 € | 142.365 € | 133.256 € | 124.493 € | 116.243 € | 108.381 € | 100.947 € | 93.993 € |

| Ingreso neto | Edad del cónyuge | | | | | | | | |
|---|---|---|---|---|---|---|---|---|---|
| Hasta | 89 | 90 | 91 | 92 | 93 | 94 | 95 | 96 | 97 |
| 18.000 € | 58.396 € | 54.389 € | 50.489 € | 46.737 € | 42.662 € | 39.338 € | 35.769 € | 32.234 € | 28.582 € |
| 21.000 € | 68.129 € | 63.454 € | 58.904 € | 54.527 € | 49.773 € | 45.895 € | 41.730 € | 37.606 € | 33.346 € |
| 24.000 € | 77.861 € | 72.519 € | 67.319 € | 62.317 € | 56.883 € | 52.451 € | 47.692 € | 42.978 € | 38.110 € |
| 27.000 € | 87.594 € | 81.584 € | 75.734 € | 70.106 € | 63.993 € | 59.008 € | 53.653 € | 48.351 € | 42.874 € |

| Ingreso neto | Edad del cónyuge | |
|---|---|---|
| Hasta | 98 | 99 o más |
| 18.000 € | 24.040 € | 18.393 € |
| 21.000 € | 28.047 € | 21.458 € |
| 24.000 € | 32.054 € | 24.524 € |
| 27.000 € | 36.061 € | 27.589 € |

# TABLA 1.C.1.H

## Lucro cesante del cónyuge (fallecido con dedicación a tareas del hogar)

### Años de duración del matrimonio: 67 años

Ingreso neto | Edad del cónyuge

| Hasta | 81 | 82 | 83 | 84 | 85 | 86 | 87 | 88 | 89 |
|---|---|---|---|---|---|---|---|---|---|
| 18.000 € | 101.204 € | 94.910 € | 88.837 € | 82.995 € | 77.495 € | 72.254 € | 67.298 € | 62.662 € | 58.396 € |
| 21.000 € | 118.071 € | 110.728 € | 103.644 € | 96.828 € | 90.411 € | 84.296 € | 78.515 € | 73.106 € | 68.129 € |
| 24.000 € | 134.938 € | 126.547 € | 118.450 € | 110.660 € | 103.327 € | 96.339 € | 89.731 € | 83.549 € | 77.861 € |
| 27.000 € | 151.806 € | 142.365 € | 133.256 € | 124.493 € | 116.243 € | 108.381 € | 100.947 € | 93.993 € | 87.594 € |

Ingreso neto | Edad del cónyuge

| Hasta | 90 | 91 | 92 | 93 | 94 | 95 | 96 | 97 | 98 |
|---|---|---|---|---|---|---|---|---|---|
| 18.000 € | 54.389 € | 50.489 € | 46.737 € | 42.662 € | 39.338 € | 35.769 € | 32.234 € | 28.582 € | 24.040 € |
| 21.000 € | 63.454 € | 58.904 € | 54.527 € | 49.773 € | 45.895 € | 41.730 € | 37.606 € | 33.346 € | 28.047 € |
| 24.000 € | 72.519 € | 67.319 € | 62.317 € | 56.883 € | 52.451 € | 47.692 € | 42.978 € | 38.110 € | 32.054 € |
| 27.000 € | 81.584 € | 75.734 € | 70.106 € | 63.993 € | 59.008 € | 53.653 € | 48.351 € | 42.874 € | 36.061 € |

Ingreso neto | Edad del cónyuge

| Hasta | 99 o más |
|---|---|
| 18.000 € | 18.393 € |
| 21.000 € | 21.458 € |
| 24.000 € | 24.524 € |
| 27.000 € | 27.589 € |

## TABLA 1.C.1.H

### Lucro cesante del cónyuge (fallecido con dedicación a tareas del hogar)

Años de duración del matrimonio: 68 años

| Ingreso neto | Edad del cónyuge | | | | | | | | |
|---|---|---|---|---|---|---|---|---|---|
| Hasta | 82 | 83 | 84 | 85 | 86 | 87 | 88 | 89 | 90 |
| 18.000 € | 94.910 € | 88.837 € | 82.995 € | 77.495 € | 72.254 € | 67.298 € | 62.662 € | 58.396 € | 54.389 € |
| 21.000 € | 110.728 € | 103.644 € | 96.828 € | 90.411 € | 84.296 € | 78.515 € | 73.106 € | 68.129 € | 63.454 € |
| 24.000 € | 126.547 € | 118.450 € | 110.660 € | 103.327 € | 96.339 € | 89.731 € | 83.549 € | 77.861 € | 72.519 € |
| 27.000 € | 142.365 € | 133.256 € | 124.493 € | 116.243 € | 108.381 € | 100.947 € | 93.993 € | 87.594 € | 81.584 € |

| Ingreso neto | Edad del cónyuge | | | | | | | | |
|---|---|---|---|---|---|---|---|---|---|
| Hasta | 91 | 92 | 93 | 94 | 95 | 96 | 97 | 98 | 99 o más |
| 18.000 € | 50.489 € | 46.737 € | 42.662 € | 39.338 € | 35.769 € | 32.234 € | 28.582 € | 24.040 € | 18.393 € |
| 21.000 € | 58.904 € | 54.527 € | 49.773 € | 45.895 € | 41.730 € | 37.606 € | 33.346 € | 28.047 € | 21.458 € |
| 24.000 € | 67.319 € | 62.317 € | 56.883 € | 52.451 € | 47.692 € | 42.978 € | 38.110 € | 32.054 € | 24.524 € |
| 27.000 € | 75.734 € | 70.106 € | 63.993 € | 59.008 € | 53.653 € | 48.351 € | 42.874 € | 36.061 € | 27.589 € |

## TABLA 1.C.1.H

### Lucro cesante del cónyuge (fallecido con dedicación a tareas del hogar)

Años de duración del matrimonio: 69 años

| Ingreso neto | Edad del cónyuge | | | | | | | | |
|---|---|---|---|---|---|---|---|---|---|
| Hasta | 83 | 84 | 85 | 86 | 87 | 88 | 89 | 90 | 91 |
| 18.000 € | 88.837 € | 82.995 € | 77.495 € | 72.254 € | 67.298 € | 62.662 € | 58.396 € | 54.389 € | 50.489 € |
| 21.000 € | 103.644 € | 96.828 € | 90.411 € | 84.296 € | 78.515 € | 73.106 € | 68.129 € | 63.454 € | 58.904 € |
| 24.000 € | 118.450 € | 110.660 € | 103.327 € | 96.339 € | 89.731 € | 83.549 € | 77.861 € | 72.519 € | 67.319 € |
| 27.000 € | 133.256 € | 124.493 € | 116.243 € | 108.381 € | 100.947 € | 93.993 € | 87.594 € | 81.584 € | 75.734 € |

| Ingreso neto | Edad del cónyuge | | | | | | | |
|---|---|---|---|---|---|---|---|---|
| Hasta | 92 | 93 | 94 | 95 | 96 | 97 | 98 | 99 o más |
| 18.000 € | 46.737 € | 42.662 € | 39.338 € | 35.769 € | 32.234 € | 28.582 € | 24.040 € | 18.393 € |
| 21.000 € | 54.527 € | 49.773 € | 45.895 € | 41.730 € | 37.606 € | 33.346 € | 28.047 € | 21.458 € |
| 24.000 € | 62.317 € | 56.883 € | 52.451 € | 47.692 € | 42.978 € | 38.110 € | 32.054 € | 24.524 € |
| 27.000 € | 70.106 € | 63.993 € | 59.008 € | 53.653 € | 48.351 € | 42.874 € | 36.061 € | 27.589 € |

## TABLA 1.C.1.H
## Lucro cesante del cónyuge (fallecido con dedicación a tareas del hogar)
### Años de duración del matrimonio: 70 años

| Ingreso neto | Edad del cónyuge | | | | | | | | |
|---|---|---|---|---|---|---|---|---|---|
| Hasta | 84 | 85 | 86 | 87 | 88 | 89 | 90 | 91 | 92 |
| 18.000 € | 82.995 € | 77.495 € | 72.254 € | 67.298 € | 62.662 € | 58.396 € | 54.389 € | 50.489 € | 46.737 € |
| 21.000 € | 96.828 € | 90.411 € | 84.296 € | 78.515 € | 73.106 € | 68.129 € | 63.454 € | 58.904 € | 54.527 € |
| 24.000 € | 110.660 € | 103.327 € | 96.339 € | 89.731 € | 83.549 € | 77.861 € | 72.519 € | 67.319 € | 62.317 € |
| 27.000 € | 124.493 € | 116.243 € | 108.381 € | 100.947 € | 93.993 € | 87.594 € | 81.584 € | 75.734 € | 70.106 € |

| Ingreso neto | Edad del cónyuge | | | | | | |
|---|---|---|---|---|---|---|---|
| Hasta | 93 | 94 | 95 | 96 | 97 | 98 | 99 o más |
| 18.000 € | 42.662 € | 39.338 € | 35.769 € | 32.234 € | 28.582 € | 24.040 € | 18.393 € |
| 21.000 € | 49.773 € | 45.895 € | 41.730 € | 37.606 € | 33.346 € | 28.047 € | 21.458 € |
| 24.000 € | 56.883 € | 52.451 € | 47.692 € | 42.978 € | 38.110 € | 32.054 € | 24.524 € |
| 27.000 € | 63.993 € | 59.008 € | 53.653 € | 48.351 € | 42.874 € | 36.061 € | 27.589 € |

## TABLA 1.C.1.H

### Lucro cesante del cónyuge (fallecido con dedicación a tareas del hogar)

Años de duración del matrimonio: 71 años

| Ingreso neto | Edad del cónyuge | | | | | | | | |
|---|---|---|---|---|---|---|---|---|---|
| Hasta | 85 | 86 | 87 | 88 | 89 | 90 | 91 | 92 | 93 |
| 18.000 € | 77.495 € | 72.254 € | 67.298 € | 62.662 € | 58.396 € | 54.389 € | 50.489 € | 46.737 € | 42.662 € |
| 21.000 € | 90.411 € | 84.296 € | 78.515 € | 73.106 € | 68.129 € | 63.454 € | 58.904 € | 54.527 € | 49.773 € |
| 24.000 € | 103.327 € | 96.339 € | 89.731 € | 83.549 € | 77.861 € | 72.519 € | 67.319 € | 62.317 € | 56.883 € |
| 27.000 € | 116.243 € | 108.381 € | 100.947 € | 93.993 € | 87.594 € | 81.584 € | 75.734 € | 70.106 € | 63.993 € |

| Ingreso neto | Edad del cónyuge | | | | | |
|---|---|---|---|---|---|---|
| Hasta | 94 | 95 | 96 | 97 | 98 | 99 o más |
| 18.000 € | 39.338 € | 35.769 € | 32.234 € | 28.582 € | 24.040 € | 18.393 € |
| 21.000 € | 45.895 € | 41.730 € | 37.606 € | 33.346 € | 28.047 € | 21.458 € |
| 24.000 € | 52.451 € | 47.692 € | 42.978 € | 38.110 € | 32.054 € | 24.524 € |
| 27.000 € | 59.008 € | 53.653 € | 48.351 € | 42.874 € | 36.061 € | 27.589 € |

## TABLA 1.C.1.H

### Lucro cesante del cónyuge (fallecido con dedicación a tareas del hogar)

Años de duración del matrimonio: 72 años

| Ingreso neto | Edad del cónyuge | | | | | | | | |
|---|---|---|---|---|---|---|---|---|---|
| Hasta | 86 | 87 | 88 | 89 | 90 | 91 | 92 | 93 | 94 |
| 18.000 € | 72.254 € | 67.298 € | 62.662 € | 58.396 € | 54.389 € | 50.489 € | 46.737 € | 42.662 € | 39.338 € |
| 21.000 € | 84.296 € | 78.515 € | 73.106 € | 68.129 € | 63.454 € | 58.904 € | 54.527 € | 49.773 € | 45.895 € |
| 24.000 € | 96.339 € | 89.731 € | 83.549 € | 77.861 € | 72.519 € | 67.319 € | 62.317 € | 56.883 € | 52.451 € |
| 27.000 € | 108.381 € | 100.947 € | 93.993 € | 87.594 € | 81.584 € | 75.734 € | 70.106 € | 63.993 € | 59.008 € |

| Ingreso neto | Edad del cónyuge | | | | |
|---|---|---|---|---|---|
| Hasta | 95 | 96 | 97 | 98 | 99 o más |
| 18.000 € | 35.769 € | 32.234 € | 28.582 € | 24.040 € | 18.393 € |
| 21.000 € | 41.730 € | 37.606 € | 33.346 € | 28.047 € | 21.458 € |
| 24.000 € | 47.692 € | 42.978 € | 38.110 € | 32.054 € | 24.524 € |
| 27.000 € | 53.653 € | 48.351 € | 42.874 € | 36.061 € | 27.589 € |

# TABLA 1.C.1.H

## Lucro cesante del cónyuge (fallecido con dedicación a tareas del hogar)

### Años de duración del matrimonio: 73 años

| Ingreso neto | Edad del cónyuge | | | | | | | | |
|---|---|---|---|---|---|---|---|---|---|
| Hasta | 87 | 88 | 89 | 90 | 91 | 92 | 93 | 94 | 95 |
| 18.000 € | 67.298 € | 62.662 € | 58.396 € | 54.389 € | 50.489 € | 46.737 € | 42.662 € | 39.338 € | 35.769 € |
| 21.000 € | 78.515 € | 73.106 € | 68.129 € | 63.454 € | 58.904 € | 54.527 € | 49.773 € | 45.895 € | 41.730 € |
| 24.000 € | 89.731 € | 83.549 € | 77.861 € | 72.519 € | 67.319 € | 62.317 € | 56.883 € | 52.451 € | 47.692 € |
| 27.000 € | 100.947 € | 93.993 € | 87.594 € | 81.584 € | 75.734 € | 70.106 € | 63.993 € | 59.008 € | 53.653 € |

| Ingreso neto | Edad del cónyuge | | | |
|---|---|---|---|---|
| Hasta | 96 | 97 | 98 | 99 o más |
| 18.000 € | 32.234 € | 28.582 € | 24.040 € | 18.393 € |
| 21.000 € | 37.606 € | 33.346 € | 28.047 € | 21.458 € |
| 24.000 € | 42.978 € | 38.110 € | 32.054 € | 24.524 € |
| 27.000 € | 48.351 € | 42.874 € | 36.061 € | 27.589 € |

## TABLA 1.C.1.H
### Lucro cesante del cónyuge (fallecido con dedicación a tareas del hogar)
### Años de duración del matrimonio: 74 años

| Ingreso neto | Edad del cónyuge | | | | | | | | |
|---|---|---|---|---|---|---|---|---|---|
| Hasta | 88 | 89 | 90 | 91 | 92 | 93 | 94 | 95 | 96 |
| 18.000 € | 62.662 € | 58.396 € | 54.389 € | 50.489 € | 46.737 € | 42.662 € | 39.338 € | 35.769 € | 32.234 € |
| 21.000 € | 73.106 € | 68.129 € | 63.454 € | 58.904 € | 54.527 € | 49.773 € | 45.895 € | 41.730 € | 37.606 € |
| 24.000 € | 83.549 € | 77.861 € | 72.519 € | 67.319 € | 62.317 € | 56.883 € | 52.451 € | 47.692 € | 42.978 € |
| 27.000 € | 93.993 € | 87.594 € | 81.584 € | 75.734 € | 70.106 € | 63.993 € | 59.008 € | 53.653 € | 48.351 € |

| Ingreso neto | Edad del cónyuge | | |
|---|---|---|---|
| Hasta | 97 | 98 | 99 o más |
| 18.000 € | 28.582 € | 24.040 € | 18.393 € |
| 21.000 € | 33.346 € | 28.047 € | 21.458 € |
| 24.000 € | 38.110 € | 32.054 € | 24.524 € |
| 27.000 € | 42.874 € | 36.061 € | 27.589 € |

## TABLA 1.C.1.H

### Lucro cesante del cónyuge (fallecido con dedicación a tareas del hogar)

Años de duración del matrimonio: 75 años

Ingreso neto / Edad del cónyuge

| Hasta | 89 | 90 | 91 | 92 | 93 | 94 | 95 | 96 | 97 |
|---|---|---|---|---|---|---|---|---|---|
| 18.000 € | 58.396 € | 54.389 € | 50.489 € | 46.737 € | 42.662 € | 39.338 € | 35.769 € | 32.234 € | 28.582 € |
| 21.000 € | 68.129 € | 63.454 € | 58.904 € | 54.527 € | 49.773 € | 45.895 € | 41.730 € | 37.606 € | 33.346 € |
| 24.000 € | 77.861 € | 72.519 € | 67.319 € | 62.317 € | 56.883 € | 52.451 € | 47.692 € | 42.978 € | 38.110 € |
| 27.000 € | 87.594 € | 81.584 € | 75.734 € | 70.106 € | 63.993 € | 59.008 € | 53.653 € | 48.351 € | 42.874 € |

Ingreso neto / Edad del cónyuge

| Hasta | 98 | 99 o más |
|---|---|---|
| 18.000 € | 24.040 € | 18.393 € |
| 21.000 € | 28.047 € | 21.458 € |
| 24.000 € | 32.054 € | 24.524 € |
| 27.000 € | 36.061 € | 27.589 € |

## TABLA 1.C.1.H
## Lucro cesante del cónyuge (fallecido con dedicación a tareas del hogar)
### Años de duración del matrimonio: 76 años

| Ingreso neto | Edad del cónyuge | | | | | | | | |
|---|---|---|---|---|---|---|---|---|---|
| Hasta | 90 | 91 | 92 | 93 | 94 | 95 | 96 | 97 | 98 |
| 18.000 € | 54.389 € | 50.489 € | 46.737 € | 42.662 € | 39.338 € | 35.769 € | 32.234 € | 28.582 € | 24.040 € |
| 21.000 € | 63.454 € | 58.904 € | 54.527 € | 49.773 € | 45.895 € | 41.730 € | 37.606 € | 33.346 € | 28.047 € |
| 24.000 € | 72.519 € | 67.319 € | 62.317 € | 56.883 € | 52.451 € | 47.692 € | 42.978 € | 38.110 € | 32.054 € |
| 27.000 € | 81.584 € | 75.734 € | 70.106 € | 63.993 € | 59.008 € | 53.653 € | 48.351 € | 42.874 € | 36.061 € |

| Ingreso neto | Edad del cónyuge |
|---|---|
| Hasta | 99 o más |
| 18.000 € | 18.393 € |
| 21.000 € | 21.458 € |
| 24.000 € | 24.524 € |
| 27.000 € | 27.589 € |

## TABLA 1.C.1.H

### Lucro cesante del cónyuge (fallecido con dedicación a tareas del hogar)

Años de duración del matrimonio: 77 años

| Ingreso neto | Edad del cónyuge | | | | | | | | |
|---|---|---|---|---|---|---|---|---|---|
| Hasta | 91 | 92 | 93 | 94 | 95 | 96 | 97 | 98 | 99 o más |
| 18.000 € | 50.489 € | 46.737 € | 42.662 € | 39.338 € | 35.769 € | 32.234 € | 28.582 € | 24.040 € | 18.393 € |
| 21.000 € | 58.904 € | 54.527 € | 49.773 € | 45.895 € | 41.730 € | 37.606 € | 33.346 € | 28.047 € | 21.458 € |
| 24.000 € | 67.319 € | 62.317 € | 56.883 € | 52.451 € | 47.692 € | 42.978 € | 38.110 € | 32.054 € | 24.524 € |
| 27.000 € | 75.734 € | 70.106 € | 63.993 € | 59.008 € | 53.653 € | 48.351 € | 42.874 € | 36.061 € | 27.589 € |

## TABLA 1.C.1.H
### Lucro cesante del cónyuge (fallecido con dedicación a tareas del hogar)
### Años de duración del matrimonio: 78 años

| Ingreso neto | Edad del cónyuge | | | | | | | |
|---|---|---|---|---|---|---|---|---|
| Hasta | 92 | 93 | 94 | 95 | 96 | 97 | 98 | 99 o más |
| 18.000 € | 46.737 € | 42.662 € | 39.338 € | 35.769 € | 32.234 € | 28.582 € | 24.040 € | 18.393 € |
| 21.000 € | 54.527 € | 49.773 € | 45.895 € | 41.730 € | 37.606 € | 33.346 € | 28.047 € | 21.458 € |
| 24.000 € | 62.317 € | 56.883 € | 52.451 € | 47.692 € | 42.978 € | 38.110 € | 32.054 € | 24.524 € |
| 27.000 € | 70.106 € | 63.993 € | 59.008 € | 53.653 € | 48.351 € | 42.874 € | 36.061 € | 27.589 € |

# TABLA 1.C.1.H

## Lucro cesante del cónyuge (fallecido con dedicación a tareas del hogar)

### Años de duración del matrimonio: 79 años

| Ingreso neto | Edad del cónyuge | | | | | | |
|---|---|---|---|---|---|---|---|
| Hasta | 93 | 94 | 95 | 96 | 97 | 98 | 99 o más |
| 18.000 € | 42.662 € | 39.338 € | 35.769 € | 32.234 € | 28.582 € | 24.040 € | 18.393 € |
| 21.000 € | 49.773 € | 45.895 € | 41.730 € | 37.606 € | 33.346 € | 28.047 € | 21.458 € |
| 24.000 € | 56.883 € | 52.451 € | 47.692 € | 42.978 € | 38.110 € | 32.054 € | 24.524 € |
| 27.000 € | 63.993 € | 59.008 € | 53.653 € | 48.351 € | 42.874 € | 36.061 € | 27.589 € |

# TABLA 1.C.1.H

## Lucro cesante del cónyuge (fallecido con dedicación a tareas del hogar)

### Años de duración del matrimonio: 80 años

| Ingreso neto | Edad del cónyuge | | | | | |
|---|---|---|---|---|---|---|
| Hasta | 94 | 95 | 96 | 97 | 98 | 99 o más |
| 18.000 € | 39.338 € | 35.769 € | 32.234 € | 28.582 € | 24.040 € | 18.393 € |
| 21.000 € | 45.895 € | 41.730 € | 37.606 € | 33.346 € | 28.047 € | 21.458 € |
| 24.000 € | 52.451 € | 47.692 € | 42.978 € | 38.110 € | 32.054 € | 24.524 € |
| 27.000 € | 59.008 € | 53.653 € | 48.351 € | 42.874 € | 36.061 € | 27.589 € |

# TABLA 1.C.1.H

## Lucro cesante del cónyuge (fallecido con dedicación a tareas del hogar)

### Años de duración del matrimonio: 81 años

| Ingreso neto | Edad del cónyuge | | | | |
|---|---|---|---|---|---|
| Hasta | 95 | 96 | 97 | 98 | 99 o más |
| 18.000 € | 35.769 € | 32.234 € | 28.582 € | 24.040 € | 18.393 € |
| 21.000 € | 41.730 € | 37.606 € | 33.346 € | 28.047 € | 21.458 € |
| 24.000 € | 47.692 € | 42.978 € | 38.110 € | 32.054 € | 24.524 € |
| 27.000 € | 53.653 € | 48.351 € | 42.874 € | 36.061 € | 27.589 € |

## TABLA 1.C.1.H

### Lucro cesante del cónyuge (fallecido con dedicación a tareas del hogar)

### Años de duración del matrimonio: 82 años

| Ingreso netc | Edad del cónyuge | | | |
|---|---|---|---|---|
| Hasta | 96 | 97 | 98 | 99 o más |
| 18.000 € | 32.234 € | 28.582 € | 24.040 € | 18.393 € |
| 21.000 € | 37.606 € | 33.346 € | 28.047 € | 21.458 € |
| 24.000 € | 42.978 € | 38.110 € | 32.054 € | 24.524 € |
| 27.000 € | 48.351 € | 42.874 € | 36.061 € | 27.589 € |

# TABLA 1.C.1.H

## Lucro cesante del cónyuge (fallecido con dedicación a tareas del hogar)

### Años de duración del matrimonio: 83 años

| Ingreso neto | Edad del cónyuge | | |
|---|---|---|---|
| Hasta | 97 | 98 | 99 o más |
| 18.000 € | 28.582 € | 24.040 € | 18.393 € |
| 21.000 € | 33.346 € | 28.047 € | 21.458 € |
| 24.000 € | 38.110 € | 32.054 € | 24.524 € |
| 27.000 € | 42.874 € | 36.061 € | 27.589 € |

## TABLA 1.C.1.H

### Lucro cesante del cónyuge (fallecido con dedicación a tareas del hogar)

### Años de duración del matrimonio: 84 años

| Ingreso netc | Edad del cónyuge | |
|---|---|---|
| Hasta | 98 | 99 o más |
| 18.000 € | 24.040 € | 18.393 € |
| 21.000 € | 28.047 € | 21.458 € |
| 24.000 € | 32.054 € | 24.524 € |
| 27.000 € | 36.061 € | 27.589 € |

# TABLA 1.C.1.H

## Lucro cesante del cónyuge (fallecido con dedicación a tareas del hogar)

### Años de duración del matrimonio: 85 años o más

| Ingreso netc | Edad del cói |
|---|---|
| Hasta | 99 o más |
| 18.000 € | 18.393 € |
| 21.000 € | 21.458 € |
| 24.000 € | 24.524 € |

TABLA 1.C.1.H.d

Lucro cesante del cónyuge con discapacidad (fallecido con dedicación a tareas del hogar)

| Ingreso neto | | | | | Edad del cónyuge | | | | | |
|---|---|---|---|---|---|---|---|---|---|---|
| Hasta | 14 | 15 | 16 | 17 | 18 | 19 | 20 | 21 | 22 | 23 |
| 18.000 € | 429.117 € | 429.021 € | 428.926 € | 428.830 € | 428.735 € | 428.640 € | 428.544 € | 428.449 € | 428.353 € | 428.258 € |
| 21.000 € | 500.636 € | 500.525 € | 500.414 € | 500.302 € | 500.191 € | 500.079 € | 499.968 € | 499.857 € | 499.745 € | 499.634 € |
| 24.000 € | 572.156 € | 572.028 € | 571.901 € | 571.774 € | 571.647 € | 571.519 € | 571.392 € | 571.265 € | 571.138 € | 571.010 € |
| 27.000 € | 643.675 € | 643.532 € | 643.389 € | 643.246 € | 643.102 € | 642.959 € | 642.816 € | 642.673 € | 642.530 € | 642.386 € |

| Ingreso neto | | | | | Edad del cónyuge | | | | | |
|---|---|---|---|---|---|---|---|---|---|---|
| Hasta | 24 | 25 | 26 | 27 | 28 | 29 | 30 | 31 | 32 | 33 |
| 18.000 € | 428.162 € | 428.067 € | 427.971 € | 427.876 € | 427.780 € | 427.685 € | 427.589 € | 427.494 € | 427.399 € | 427.303 € |
| 21.000 € | 499.523 € | 499.411 € | 499.300 € | 499.188 € | 499.077 € | 498.966 € | 498.854 € | 498.743 € | 498.632 € | 498.520 € |
| 24.000 € | 570.883 € | 570.756 € | 570.628 € | 570.501 € | 570.374 € | 570.247 € | 570.119 € | 569.992 € | 569.865 € | 569.737 € |
| 27.000 € | 642.243 € | 642.100 € | 641.957 € | 641.814 € | 641.671 € | 641.527 € | 641.384 € | 641.241 € | 641.098 € | 640.955 € |

| Ingreso neto | | | | | Edad del cónyuge | | | | | |
|---|---|---|---|---|---|---|---|---|---|---|
| Hasta | 34 | 35 | 36 | 37 | 38 | 39 | 40 | 41 | 42 | 43 |
| 18.000 € | 427.208 € | 427.112 € | 427.017 € | 426.921 € | 426.826 € | 426.730 € | 419.330 € | 411.880 € | 404.370 € | 396.830 € |
| 21.000 € | 498.409 € | 498.298 € | 498.186 € | 498.075 € | 497.963 € | 497.852 € | 489.219 € | 480.526 € | 471.764 € | 462.968 € |
| 24.000 € | 569.610 € | 569.483 € | 569.356 € | 569.228 € | 569.101 € | 568.974 € | 559.107 € | 549.173 € | 539.159 € | 529.106 € |
| 27.000 € | 640.811 € | 640.668 € | 640.525 € | 640.382 € | 640.239 € | 640.095 € | 628.995 € | 617.820 € | 606.554 € | 595.245 € |

| Ingreso neto | | | | | Edad del cónyuge | | | | | |
|---|---|---|---|---|---|---|---|---|---|---|
| Hasta | 44 | 45 | 46 | 47 | 48 | 49 | 50 | 51 | 52 | 53 |
| 18.000 € | 389.290 € | 381.680 € | 374.022 € | 366.352 € | 358.691 € | 350.970 € | 343.232 € | 335.485 € | 327.736 € | 320.001 € |
| 21.000 € | 454.171 € | 445.294 € | 436.358 € | 427.411 € | 418.473 € | 409.465 € | 400.438 € | 391.399 € | 382.359 € | 373.335 € |
| 24.000 € | 519.053 € | 508.907 € | 498.695 € | 488.469 € | 478.255 € | 467.961 € | 457.643 € | 447.313 € | 436.982 € | 426.668 € |
| 27.000 € | 583.935 € | 572.521 € | 561.032 € | 549.528 € | 538.037 € | 526.456 € | 514.849 € | 503.227 € | 491.605 € | 480.002 € |

| Ingreso neto | | | | | Edad del cónyuge | | | | | |
|---|---|---|---|---|---|---|---|---|---|---|
| Hasta | 54 | 55 | 56 | 57 | 58 | 59 | 60 | 61 | 62 | 63 |
| 18.000 € | 312.178 € | 304.323 € | 296.362 € | 288.485 € | 280.537 € | 272.578 € | 264.594 € | 256.532 € | 248.396 € | 240.365 € |
| 21.000 € | 364.208 € | 355.043 € | 345.755 € | 336.566 € | 327.293 € | 318.008 € | 308.693 € | 299.287 € | 289.795 € | 280.426 € |
| 24.000 € | 416.237 € | 405.764 € | 395.149 € | 384.646 € | 374.049 € | 363.437 € | 352.792 € | 342.043 € | 331.194 € | 320.486 € |
| 27.000 € | 468.267 € | 456.484 € | 444.542 € | 432.727 € | 420.805 € | 408.867 € | 396.891 € | 384.798 € | 372.594 € | 360.547 € |

| Ingreso neto | | | | | Edad del cónyuge | | | | | |
|---|---|---|---|---|---|---|---|---|---|---|
| Hasta | 64 | 65 | 66 | 67 | 68 | 69 | 70 | 71 | 72 | 73 |
| 18.000 € | 232.363 € | 224.094 € | 215.959 € | 207.789 € | 199.716 € | 191.596 € | 183.276 € | 175.334 € | 167.395 € | 159.155 € |
| 21.000 € | 271.090 € | 261.443 € | 251.952 € | 242.421 € | 233.002 € | 223.529 € | 213.822 € | 204.556 € | 195.294 € | 185.681 € |
| 24.000 € | 309.817 € | 298.792 € | 287.945 € | 277.052 € | 266.288 € | 255.461 € | 244.367 € | 233.778 € | 223.194 € | 212.206 € |
| 27.000 € | 348.544 € | 336.141 € | 323.938 € | 311.684 € | 299.575 € | 287.394 € | 274.913 € | 263.000 € | 251.093 € | 238.732 € |

| Ingreso neto | | | | | Edad del cónyuge | | | | | |
|---|---|---|---|---|---|---|---|---|---|---|
| Hasta | 74 | 75 | 76 | 77 | 78 | 79 | 80 | 81 | 82 | 83 |
| 18.000 € | 151.288 € | 143.762 € | 136.252 € | 128.817 € | 121.588 € | 114.615 € | 107.772 € | 101.204 € | 94.910 € | 88.837 € |
| 21.000 € | 176.503 € | 167.723 € | 158.961 € | 150.287 € | 141.853 € | 133.717 € | 125.734 € | 118.071 € | 110.728 € | 103.644 € |
| 24.000 € | 201.717 € | 191.683 € | 181.670 € | 171.756 € | 162.118 € | 152.819 € | 143.696 € | 134.938 € | 126.547 € | 118.450 € |
| 27.000 € | 226.932 € | 215.644 € | 204.379 € | 193.226 € | 182.382 € | 171.922 € | 161.657 € | 151.806 € | 142.365 € | 133.256 € |

| Ingreso neto | | | | | Edad del cónyuge | | | | | |
|---|---|---|---|---|---|---|---|---|---|---|
| Hasta | 84 | 85 | 86 | 87 | 88 | 89 | 90 | 91 | 92 | 93 |
| 18.000 € | 82.995 € | 77.495 € | 72.254 € | 67.298 € | 62.662 € | 58.396 € | 54.389 € | 50.489 € | 46.737 € | 42.662 € |
| 21.000 € | 96.828 € | 90.411 € | 84.296 € | 78.515 € | 73.106 € | 68.129 € | 63.454 € | 58.904 € | 54.527 € | 49.773 € |
| 24.000 € | 110.660 € | 103.327 € | 96.339 € | 89.731 € | 83.549 € | 77.861 € | 72.519 € | 67.319 € | 62.317 € | 56.883 € |
| 27.000 € | 124.493 € | 116.243 € | 108.381 € | 100.947 € | 93.993 € | 87.594 € | 81.584 € | 75.734 € | 70.106 € | 63.993 € |

| Ingreso neto | | | Edad del cónyuge | | | |
|---|---|---|---|---|---|---|
| Hasta | 94 | 95 | 96 | 97 | 98 | 99 o más |
| 18.000 € | 39.338 € | 35.769 € | 32.234 € | 28.582 € | 24.040 € | 18.393 € |
| 21.000 € | 45.895 € | 41.730 € | 37.606 € | 33.346 € | 28.047 € | 21.458 € |
| 24.000 € | 52.451 € | 47.692 € | 42.978 € | 38.110 € | 32.054 € | 24.524 € |
| 27.000 € | 59.008 € | 53.653 € | 48.351 € | 42.874 € | 36.061 € | 27.589 € |

## TABLA 1.C.2.H
## Lucro cesante del hijo/a (fallecido con dedicación a tareas del hogar)

| Ingreso neto | | | | Edad del hijo | | | | | | |
|---|---|---|---|---|---|---|---|---|---|---|
| Hasta | 0 | 1 | 2 | 3 | 4 | 5 | 6 | 7 | 8 | 9 |
| 18.000 € | 104.025 € | 102.347 € | 100.320 € | 98.195 € | 95.979 € | 93.669 € | 91.265 € | 88.767 € | 86.169 € | 83.470 € |
| 21.000 € | 121.363 € | 119.405 € | 117.040 € | 114.561 € | 111.976 € | 109.280 € | 106.476 € | 103.562 € | 100.530 € | 97.382 € |
| 24.000 € | 138.700 € | 136.462 € | 133.760 € | 130.927 € | 127.972 € | 124.892 € | 121.686 € | 118.356 € | 114.892 € | 111.293 € |
| 27.000 € | 156.038 € | 153.520 € | 150.480 € | 147.293 € | 143.969 € | 140.503 € | 136.897 € | 133.151 € | 129.253 € | 125.205 € |

| Ingreso neto | | | | Edad del hijo | | | | | | |
|---|---|---|---|---|---|---|---|---|---|---|
| Hasta | 10 | 11 | 12 | 13 | 14 | 15 | 16 | 17 | 18 | 19 |
| 18.000 € | 80.672 € | 77.771 € | 74.765 € | 71.652 € | 68.432 € | 65.105 € | 61.663 € | 58.104 € | 54.432 € | 50.639 € |
| | 94.117 € | 90.733 € | 87.226 € | 83.594 € | 79.838 € | 75.956 € | 71.940 € | 67.788 € | 63.503 € | 59.079 € |
| 24.000 € | 107.562 € | 103.695 € | 99.686 € | 95.536 € | 91.243 € | 86.807 € | 82.217 € | 77.472 € | 72.575 € | 67.519 € |
| 27.000 € | 121.008 € | 116.657 € | 112.147 € | 107.478 € | 102.648 € | 97.658 € | 92.494 € | 87.156 € | 81.647 € | 75.959 € |

| Ingreso neto | | | | Edad del hijo | | | | | | |
|---|---|---|---|---|---|---|---|---|---|---|
| Hasta | 20 | 21 | 22 | 23 | 24 | 25 | 26 | 27 | 28 | 29 |
| 18.000 € | 46.724 € | 42.681 € | 38.508 € | 34.200 € | 29.754 € | 25.168 € | 20.438 € | 15.560 € | 15.560 € | 15.560 € |
| 21.000 € | 54.512 € | 49.795 € | 44.926 € | 39.900 € | 34.713 € | 29.363 € | 23.845 € | 18.154 € | 18.154 € | 18.154 € |
| 24.000 € | 62.299 € | 56.908 € | 51.344 € | 45.600 € | 39.672 € | 33.557 € | 27.251 € | 20.747 € | 20.747 € | 20.747 € |
| 27.000 € | 70.086 € | 64.022 € | 57.762 € | 51.300 € | 44.631 € | 37.752 € | 30.658 € | 23.341 € | 23.341 € | 23.341 € |

| Ingreso neto | | | | Edad del hijo | | | | | | |
|---|---|---|---|---|---|---|---|---|---|---|
| Hasta | 30 | 31 | 32 | 33 | 34 | 35 | 36 | 37 | 38 | 39 |
| 18.000 € | 15.560 € | 15.560 € | 15.560 € | 15.560 € | 15.560 € | 15.560 € | 15.560 € | 15.560 € | 15.560 € | 15.560 € |
| 21.000 € | 18.154 € | 18.154 € | 18.154 € | 18.154 € | 18.154 € | 18.154 € | 18.154 € | 18.154 € | 18.154 € | 18.154 € |
| 24.000 € | 20.747 € | 20.747 € | 20.747 € | 20.747 € | 20.747 € | 20.747 € | 20.747 € | 20.747 € | 20.747 € | 20.747 € |
| 27.000 € | 23.341 € | 23.341 € | 23.341 € | 23.341 € | 23.341 € | 23.341 € | 23.341 € | 23.341 € | 23.341 € | 23.341 € |

| Ingreso neto | | | | Edad del hijo | | | | | | |
|---|---|---|---|---|---|---|---|---|---|---|
| Hasta | 40 | 41 | 42 | 43 | 44 | 45 | 46 | 47 | 48 | 49 |
| 18.000 € | 15.560 € | 15.560 € | 15.560 € | 15.560 € | 15.560 € | 15.560 € | 15.560 € | 15.560 € | 15.560 € | 15.560 € |
| 21.000 € | 18.154 € | 18.154 € | 18.154 € | 18.154 € | 18.154 € | 18.154 € | 18.154 € | 18.154 € | 18.154 € | 18.154 € |
| 24.000 € | 20.747 € | 20.747 € | 20.747 € | 20.747 € | 20.747 € | 20.747 € | 20.747 € | 20.747 € | 20.747 € | 20.747 € |
| 27.000 € | 23.341 € | 23.341 € | 23.341 € | 23.341 € | 23.341 € | 23.341 € | 23.341 € | 23.341 € | 23.341 € | 23.341 € |

| Ingreso neto | | | | Edad del hijo | | | | | | |
|---|---|---|---|---|---|---|---|---|---|---|
| Hasta | 50 | 51 | 52 | 53 | 54 | 55 | 56 | 57 | 58 | 59 |
| 18.000 € | 15.560 € | 15.560 € | 15.560 € | 15.560 € | 15.560 € | 15.560 € | 15.560 € | 15.560 € | 15.560 € | 15.560 € |
| 21.000 € | 18.154 € | 18.154 € | 18.154 € | 18.154 € | 18.154 € | 18.154 € | 18.154 € | 18.154 € | 18.154 € | 18.154 € |
| 24.000 € | 20.747 € | 20.747 € | 20.747 € | 20.747 € | 20.747 € | 20.747 € | 20.747 € | 20.747 € | 20.747 € | 20.747 € |
| 27.000 € | 23.341 € | 23.341 € | 23.341 € | 23.341 € | 23.341 € | 23.341 € | 23.341 € | 23.341 € | 23.341 € | 23.341 € |

| Ingreso neto | | | | Edad del hijo | | | | | | |
|---|---|---|---|---|---|---|---|---|---|---|
| Hasta | 60 | 61 | 62 | 63 | 64 | 65 | 66 | 67 | 68 | 69 o más |
| 18.000 € | 15.560 € | 15.560 € | 15.560 € | 15.560 € | 15.560 € | 15.560 € | 15.560 € | 15.560 € | 15.560 € | 15.560 € |
| 21.000 € | 18.154 € | 18.154 € | 18.154 € | 18.154 € | 18.154 € | 18.154 € | 18.154 € | 18.154 € | 18.154 € | 18.154 € |
| 24.000 € | 20.747 € | 20.747 € | 20.747 € | 20.747 € | 20.747 € | 20.747 € | 20.747 € | 20.747 € | 20.747 € | 20.747 € |
| 27.000 € | 23.341 € | 23.341 € | 23.341 € | 23.341 € | 23.341 € | 23.341 € | 23.341 € | 23.341 € | 23.341 € | 23.341 € |

## TABLA 1.C.2.H.d

### Tabla 1.c.2.h.d Lucro cesante del hijo/a con discapacidad (fallecido con dedicación a tareas del hogar)

Ingreso neto — Edad del hijo

| Hasta | 0 | 1 | 2 | 3 | 4 | 5 | 6 | 7 | 8 | 9 |
|---|---|---|---|---|---|---|---|---|---|---|
| 18.000 € | 189.866 € | 189.804 € | 189.742 € | 189.680 € | 189.618 € | 189.556 € | 189.494 € | 189.432 € | 189.370 € | 189.308 € |
| 21.000 € | 221.511 € | 221.438 € | 221.366 € | 221.294 € | 221.221 € | 221.149 € | 221.076 € | 221.004 € | 220.931 € | 220.859 € |
| 24.000 € | 253.155 € | 253.073 € | 252.990 € | 252.907 € | 252.824 € | 252.741 € | 252.659 € | 252.576 € | 252.493 € | 252.410 € |
| 27.000 € | 284.800 € | 284.707 € | 284.613 € | 284.520 € | 284.427 € | 284.334 € | 284.241 € | 284.148 € | 284.055 € | 283.962 € |

Ingreso neto — Edad del hijo

| Hasta | 10 | 11 | 12 | 13 | 14 | 15 | 16 | 17 | 18 | 19 |
|---|---|---|---|---|---|---|---|---|---|---|
| 18.000 € | 189.246 € | 189.184 € | 189.121 € | 189.059 € | 188.997 € | 188.935 € | 188.873 € | 188.811 € | 188.749 € | 188.687 € |
| 21.000 € | 220.787 € | 220.714 € | 220.642 € | 220.569 € | 220.497 € | 220.424 € | 220.352 € | 220.280 € | 220.207 € | 220.135 € |
| 24.000 € | 252.328 € | 252.245 € | 252.162 € | 252.079 € | 251.996 € | 251.914 € | 251.831 € | 251.748 € | 251.665 € | 251.583 € |
| 27.000 € | 283.868 € | 283.775 € | 283.682 € | 283.589 € | 283.496 € | 283.403 € | 283.310 € | 283.217 € | 283.124 € | 283.030 € |

Ingreso neto — Edad del hijo

| Hasta | 20 | 21 | 22 | 23 | 24 | 25 | 26 | 27 | 28 | 29 |
|---|---|---|---|---|---|---|---|---|---|---|
| 18.000 € | 188.625 € | 188.563 € | 188.501 € | 188.439 € | 188.377 € | 188.314 € | 188.252 € | 188.190 € | 188.128 € | 188.066 € |
| 21.000 € | 220.062 € | 219.990 € | 219.917 € | 219.845 € | 219.773 € | 219.700 € | 219.628 € | 219.555 € | 219.483 € | 219.410 € |
| 24.000 € | 251.500 € | 251.417 € | 251.334 € | 251.251 € | 251.169 € | 251.086 € | 251.003 € | 250.920 € | 250.838 € | 250.755 € |
| 27.000 € | 282.937 € | 282.844 € | 282.751 € | 282.658 € | 282.565 € | 282.472 € | 282.379 € | 282.285 € | 282.192 € | 282.099 € |

Ingreso neto — Edad del hijo

| Hasta | 30 | 31 | 32 | 33 | 34 | 35 | 36 | 37 | 38 | 39 |
|---|---|---|---|---|---|---|---|---|---|---|
| 18.000 € | 188.004 € | 187.942 € | 187.880 € | 187.818 € | 187.756 € | 187.694 € | 187.632 € | 187.569 € | 187.507 € | 187.445 € |
| 21.000 € | 219.338 € | 219.266 € | 219.193 € | 219.121 € | 219.048 € | 218.976 € | 218.903 € | 218.831 € | 218.759 € | 218.686 € |
| 24.000 € | 250.672 € | 250.589 € | 250.507 € | 250.424 € | 250.341 € | 250.258 € | 250.175 € | 250.093 € | 250.010 € | 249.927 € |
| 27.000 € | 282.006 € | 281.913 € | 281.820 € | 281.727 € | 281.634 € | 281.540 € | 281.447 € | 281.354 € | 281.261 € | 281.168 € |

Ingreso neto — Edad del hijo

| Hasta | 40 | 41 | 42 | 43 | 44 | 45 | 46 | 47 | 48 | 49 |
|---|---|---|---|---|---|---|---|---|---|---|
| 18.000 € | 187.383 € | 187.321 € | 187.259 € | 187.197 € | 187.135 € | 187.073 € | 187.011 € | 183.176 € | 179.346 € | 175.485 € |
| 21.000 € | 218.614 € | 218.541 € | 218.469 € | 218.396 € | 218.324 € | 218.252 € | 218.179 € | 213.705 € | 209.237 € | 204.733 € |
| 24.000 € | 249.844 € | 249.762 € | 249.679 € | 249.596 € | 249.513 € | 249.430 € | 249.348 € | 244.235 € | 239.128 € | 233.980 € |
| 27.000 € | 281.075 € | 280.982 € | 280.889 € | 280.795 € | 280.702 € | 280.609 € | 280.516 € | 274.764 € | 269.019 € | 263.228 € |

Ingreso neto — Edad del hijo

| Hasta | 50 | 51 | 52 | 53 | 54 | 55 | 56 | 57 | 58 | 59 |
|---|---|---|---|---|---|---|---|---|---|---|
| 18.000 € | 171.616 € | 167.742 € | 163.868 € | 160.001 € | 156.089 € | 152.161 € | 148.181 € | 144.242 € | 140.268 € | 136.289 € |
| 21.000 € | 200.219 € | 195.700 € | 191.180 € | 186.667 € | 182.104 € | 177.522 € | 172.878 € | 168.283 € | 163.647 € | 159.004 € |
| 24.000 € | 228.822 € | 223.657 € | 218.491 € | 213.334 € | 208.119 € | 202.882 € | 197.574 € | 192.323 € | 187.025 € | 181.719 € |
| 27.000 € | 257.424 € | 251.614 € | 245.802 € | 240.001 € | 234.134 € | 228.242 € | 222.271 € | 216.364 € | 210.403 € | 204.433 € |

Ingreso neto — Edad del hijo

| Hasta | 60 | 61 | 62 | 63 | 64 | 65 | 66 | 67 | 68 | 69 o más |
|---|---|---|---|---|---|---|---|---|---|---|
| 18.000 € | 132.297 € | 128.266 € | 124.198 € | 120.182 € | 116.181 € | 112.047 € | 107.979 € | 103.895 € | 99.858 € | 95.798 € |
| 21.000 € | 154.346 € | 149.644 € | 144.897 € | 140.213 € | 135.545 € | 130.722 € | 125.976 € | 121.210 € | 116.501 € | 111.764 € |
| 24.000 € | 176.396 € | 171.021 € | 165.597 € | 160.243 € | 154.909 € | 149.396 € | 143.972 € | 138.526 € | 133.144 € | 127.731 € |
| 27.000 € | 198.445 € | 192.399 € | 186.297 € | 180.274 € | 174.272 € | 168.071 € | 161.969 € | 155.842 € | 149.787 € | 143.697 € |

## TABLA 1.C.3.H

### Lucro cesante del padre/madre (fallecido con dedicación a tareas del hogar)

| Ingreso neto | Edad del padre/madre | | | | | | | | | |
|---|---|---|---|---|---|---|---|---|---|---|
| Hasta | 46 | 47 | 48 | 49 | 50 | 51 | 52 | 53 | 54 | 55 |
| 18.000 € | 124.674 € | 122.117 € | 119.564 € | 116.990 € | 114.411 € | 111.828 € | 109.245 € | 106.667 € | 104.059 € | 101.441 € |
| 21.000 € | 145.453 € | 142.470 € | 139.491 € | 136.488 € | 133.479 € | 130.466 € | 127.453 € | 124.445 € | 121.403 € | 118.348 € |
| 24.000 € | 166.232 € | 162.823 € | 159.418 € | 155.987 € | 152.548 € | 149.104 € | 145.661 € | 142.223 € | 138.746 € | 135.255 € |
| 27.000 € | 187.011 € | 183.176 € | 179.346 € | 175.485 € | 171.616 € | 167.742 € | 163.868 € | 160.001 € | 156.089 € | 152.161 € |

| Ingreso neto | Edad del padre/madre | | | | | | | | | |
|---|---|---|---|---|---|---|---|---|---|---|
| Hasta | 56 | 57 | 58 | 59 | 60 | 61 | 62 | 63 | 64 | 65 |
| 18.000 € | 98.787 € | 96.162 € | 93.512 € | 90.859 € | 88.198 € | 85.511 € | 82.799 € | 80.122 € | 77.454 € | 74.698 € |
| 21.000 € | 115.252 € | 112.189 € | 109.098 € | 106.003 € | 102.898 € | 99.762 € | 96.598 € | 93.475 € | 90.363 € | 87.148 € |
| 24.000 € | 131.716 € | 128.215 € | 124.683 € | 121.146 € | 117.597 € | 114.014 € | 110.398 € | 106.829 € | 103.272 € | 99.597 € |
| 27.000 € | 148.181 € | 144.242 € | 140.268 € | 136.289 € | 132.297 € | 128.266 € | 124.198 € | 120.182 € | 116.181 € | 112.047 € |

| Ingreso neto | Edad del padre/madre | | | | | | | | | |
|---|---|---|---|---|---|---|---|---|---|---|
| Hasta | 66 | 67 | 68 | 69 | 70 | 71 | 72 | 73 | 74 | 75 |
| 18.000 € | 71.986 € | 69.263 € | 66.572 € | 63.865 € | 61.092 € | 58.445 € | 55.798 € | 53.052 € | 50.429 € | 47.921 € |
| 21.000 € | 83.984 € | 80.807 € | 77.667 € | 74.510 € | 71.274 € | 68.185 € | 65.098 € | 61.894 € | 58.834 € | 55.908 € |
| 24.000 € | 95.982 € | 92.351 € | 88.763 € | 85.154 € | 81.456 € | 77.926 € | 74.398 € | 70.735 € | 67.239 € | 63.894 € |
| 27.000 € | 107.979 € | 103.895 € | 99.858 € | 95.798 € | 91.638 € | 87.667 € | 83.698 € | 79.577 € | 75.644 € | 71.881 € |

| Ingreso neto | Edad del padre/madre | | | | | | | | | |
|---|---|---|---|---|---|---|---|---|---|---|
| Hasta | 76 | 77 | 78 | 79 | 80 | 81 | 82 | 83 | 84 | 85 |
| 18.000 € | 45.417 € | 42.939 € | 40.529 € | 38.205 € | 35.924 € | 33.735 € | 31.637 € | 29.612 € | 27.665 € | 25.832 € |
| 21.000 € | 52.987 € | 50.096 € | 47.284 € | 44.572 € | 41.911 € | 39.357 € | 36.909 € | 34.548 € | 32.276 € | 30.137 € |
| 24.000 € | 60.557 € | 57.252 € | 54.039 € | 50.940 € | 47.899 € | 44.979 € | 42.182 € | 39.483 € | 36.887 € | 34.442 € |
| 27.000 € | 68.126 € | 64.409 € | 60.794 € | 57.307 € | 53.886 € | 50.602 € | 47.455 € | 44.419 € | 41.498 € | 38.748 € |

| Ingreso neto | Edad del padre/madre | | | | | | | | | |
|---|---|---|---|---|---|---|---|---|---|---|
| Hasta | 86 | 87 | 88 | 89 | 90 | 91 | 92 | 93 | 94 | 95 |
| 18.000 € | 24.085 € | 22.433 € | 20.887 € | 19.465 € | 18.130 € | 16.830 € | 15.579 € | 14.221 € | 13.113 € | 11.923 € |
| 21.000 € | 28.099 € | 26.172 € | 24.369 € | 22.710 € | 21.151 € | 19.635 € | 18.176 € | 16.591 € | 15.298 € | 13.910 € |
| 24.000 € | 32.113 € | 29.910 € | 27.850 € | 25.954 € | 24.173 € | 22.440 € | 20.772 € | 18.961 € | 17.484 € | 15.897 € |
| 27.000 € | 36.127 € | 33.649 € | 31.331 € | 29.198 € | 27.195 € | 25.245 € | 23.369 € | 21.331 € | 19.669 € | 17.884 € |

| Ingreso neto | Edad del padre/madre | | | |
|---|---|---|---|---|
| Hasta | 96 | 97 | 98 | 99 o más |
| 18.000 € | 10.745 € | 9.527 € | 8.013 € | 6.131 € |
| 21.000 € | 12.535 € | 11.115 € | 9.349 € | 7.153 € |
| 24.000 € | 14.326 € | 12.703 € | 10.685 € | 8.175 € |
| 27.000 € | 16.117 € | 14.291 € | 12.020 € | 9.196 € |

TABLA 1.c.4.h
Lucro cesante del hermano/a (fallecido con dedicación a tareas del hogar)

Ingreso neto / Edad del hermano

| Hasta | 6 | 7 | 8 | 9 | 10 | 11 | 12 | 13 | 14 | 15 |
|---|---|---|---|---|---|---|---|---|---|---|
| 18.000 € | 60.843 € | 59.178 € | 57.446 € | 55.647 € | 53.781 € | 51.848 € | 49.843 € | 47.768 € | 45.621 € | 43.404 € |
| 21.000 € | 70.984 € | 69.041 € | 67.020 € | 64.921 € | 62.745 € | 60.489 € | 58.150 € | 55.729 € | 53.225 € | 50.638 € |
| 24.000 € | 81.124 € | 78.904 € | 76.594 € | 74.195 € | 71.708 € | 69.130 € | 66.458 € | 63.690 € | 60.829 € | 57.871 € |
| 27.000 € | 91.265 € | 88.767 € | 86.169 € | 83.470 € | 80.672 € | 77.771 € | 74.765 € | 71.652 € | 68.432 € | 65.105 € |

Ingreso neto / Edad del hermano

| Hasta | 16 | 17 | 18 | 19 | 20 | 21 | 22 | 23 | 24 | 25 |
|---|---|---|---|---|---|---|---|---|---|---|
| 18.000 € | 41.108 € | 38.736 € | 36.288 € | 33.759 € | 31.150 € | 28.454 € | 25.672 € | 22.800 € | 19.836 € | 16.779 € |
| 21.000 € | 47.960 € | 45.192 € | 42.336 € | 39.386 € | 36.341 € | 33.196 € | 29.951 € | 26.600 € | 23.142 € | 19.575 € |
| 24.000 € | 54.811 € | 51.648 € | 48.384 € | 45.013 € | 41.533 € | 37.939 € | 34.229 € | 30.400 € | 26.448 € | 22.371 € |
| 27.000 € | 61.663 € | 58.104 € | 54.432 € | 50.639 € | 46.724 € | 42.681 € | 38.508 € | 34.200 € | 29.754 € | 25.168 € |

Ingreso neto / Edad del hermano

| Hasta | 26 | 27 | 28 | 29 | 30 | 31 | 32 | 33 | 34 | 35 |
|---|---|---|---|---|---|---|---|---|---|---|
| 18.000 € | 13.626 € | 10.374 € | 10.373 € | 10.373 € | 10.372 € | 10.372 € | 10.372 € | 10.371 € | 10.371 € | 10.370 € |
| 21.000 € | 15.897 € | 12.102 € | 12.102 € | 12.102 € | 12.101 € | 12.101 € | 12.100 € | 12.100 € | 12.099 € | 12.099 € |
| 24.000 € | 18.167 € | 13.831 € | 13.831 € | 13.830 € | 13.830 € | 13.829 € | 13.829 € | 13.828 € | 13.828 € | 13.827 € |
| 27.000 € | 20.438 € | 15.560 € | 15.560 € | 15.559 € | 15.559 € | 15.558 € | 15.557 € | 15.557 € | 15.556 € | 15.556 € |

Ingreso neto / Edad del hermano

| Hasta | 36 | 37 | 38 | 39 | 40 | 41 | 42 | 43 | 44 | 45 |
|---|---|---|---|---|---|---|---|---|---|---|
| 18.000 € | 10.370 € | 10.370 € | 10.369 € | 10.369 € | 10.369 € | 10.368 € | 10.368 € | 10.367 € | 10.367 € | 10.367 € |
| 21.000 € | 12.098 € | 12.098 € | 12.098 € | 12.097 € | 12.097 € | 12.096 € | 12.096 € | 12.095 € | 12.095 € | 12.094 € |
| 24.000 € | 13.827 € | 13.826 € | 13.826 € | 13.825 € | 13.825 € | 13.824 € | 13.824 € | 13.823 € | 13.823 € | 13.822 € |
| 27.000 € | 15.555 € | 15.555 € | 15.554 € | 15.553 € | 15.553 € | 15.552 € | 15.552 € | 15.551 € | 15.550 € | 15.550 € |

Ingreso neto / Edad del hermano

| Hasta | 46 | 47 | 48 | 49 | 50 | 51 | 52 | 53 | 54 | 55 |
|---|---|---|---|---|---|---|---|---|---|---|
| 18.000 € | 10.366 € | 10.366 € | 10.365 € | 10.365 € | 10.365 € | 10.364 € | 10.364 € | 10.363 € | 10.363 € | 10.363 € |
| 21.000 € | 12.094 € | 12.093 € | 12.093 € | 12.093 € | 12.092 € | 12.092 € | 12.091 € | 12.091 € | 12.090 € | 12.090 € |
| 24.000 € | 13.822 € | 13.821 € | 13.821 € | 13.820 € | 13.820 € | 13.819 € | 13.818 € | 13.818 € | 13.817 € | 13.817 € |
| 27.000 € | 15.549 € | 15.549 € | 15.548 € | 15.548 € | 15.547 € | 15.546 € | 15.546 € | 15.545 € | 15.545 € | 15.544 € |

Ingreso neto / Edad del hermano

| Hasta | 56 | 57 | 58 | 59 | 60 | 61 | 62 | 63 | 64 | 65 |
|---|---|---|---|---|---|---|---|---|---|---|
| 18.000 € | 10.362 € | 10.362 € | 10.362 € | 10.361 € | 10.361 € | 10.360 € | 10.360 € | 10.360 € | 10.359 € | 10.359 € |
| 21.000 € | 12.089 € | 12.089 € | 12.088 € | 12.088 € | 12.088 € | 12.087 € | 12.087 € | 12.086 € | 12.086 € | 12.085 € |
| 24.000 € | 13.816 € | 13.816 € | 13.815 € | 13.815 € | 13.814 € | 13.814 € | 13.813 € | 13.813 € | 13.812 € | 13.812 € |
| 27.000 € | 15.543 € | 15.543 € | 15.542 € | 15.542 € | 15.541 € | 15.541 € | 15.540 € | 15.539 € | 15.539 € | 15.538 € |

Ingreso neto / Edad del hermano

| Hasta | 66 | 67 | 68 | 69 | 70 | 71 | 72 | 73 | 74 | 75 |
|---|---|---|---|---|---|---|---|---|---|---|
| 18.000 € | 10.358 € | 10.358 € | 10.358 € | 10.357 € | 10.357 € | 10.356 € | 10.356 € | 10.356 € | 10.355 € | 10.355 € |
| 21.000 € | 12.085 € | 12.084 € | 12.084 € | 12.083 € | 12.083 € | 12.083 € | 12.082 € | 12.082 € | 12.081 € | 12.081 € |
| 24.000 € | 13.811 € | 13.811 € | 13.810 € | 13.810 € | 13.809 € | 13.809 € | 13.808 € | 13.808 € | 13.807 € | 13.807 € |
| 27.000 € | 15.538 € | 15.537 € | 15.536 € | 15.536 € | 15.535 € | 15.535 € | 15.534 € | 15.534 € | 15.533 € | 15.532 € |

Ingreso neto / Edad del hermano

| Hasta | 76 | 77 | 78 | 79 | 80 | 81 | 82 | 83 | 84 | 85 |
|---|---|---|---|---|---|---|---|---|---|---|
| 18.000 € | 10.355 € | 10.354 € | 10.354 € | 10.312 € | 10.257 € | 10.198 € | 10.137 € | 10.063 € | 9.976 € | 9.886 € |
| 21.000 € | 12.080 € | 12.080 € | 12.079 € | 12.031 € | 11.967 € | 11.898 € | 11.826 € | 11.740 € | 11.639 € | 11.534 € |
| 24.000 € | 13.806 € | 13.806 € | 13.805 € | 13.750 € | 13.676 € | 13.598 € | 13.515 € | 13.417 € | 13.301 € | 13.182 € |
| 27.000 € | 15.532 € | 15.531 € | 15.531 € | 15.468 € | 15.386 € | 15.297 € | 15.205 € | 15.095 € | 14.964 € | 14.829 € |

Ingreso neto / Edad del hermano

| Hasta | 86 | 87 | 88 | 89 | 90 | 91 | 92 | 93 | 94 | 95 |
|---|---|---|---|---|---|---|---|---|---|---|
| 18.000 € | 9.783 € | 9.664 € | 9.534 € | 9.414 € | 9.296 € | 9.185 € | 9.047 € | 8.807 € | 8.668 € | 8.458 € |
| 21.000 € | 11.413 € | 11.274 € | 11.124 € | 10.983 € | 10.845 € | 10.716 € | 10.555 € | 10.275 € | 10.113 € | 9.868 € |
| 24.000 € | 13.044 € | 12.885 € | 12.713 € | 12.552 € | 12.394 € | 12.246 € | 12.062 € | 11.742 € | 11.557 € | 11.277 € |
| 27.000 € | 14.674 € | 14.496 € | 14.302 € | 14.121 € | 13.944 € | 13.777 € | 13.570 € | 13.210 € | 13.002 € | 12.687 € |

## TABLA 1.c.4.h
## Lucro cesante del hermano/a (fallecido con dedicación a tareas del hogar)

| Ingreso neto | Edad del hermano | | | |
|---|---|---|---|---|
| Hasta | 96 | 97 | 98 | 99 o más |
| 18.000 € | 8.282 € | 8.172 € | 8.013 € | 6.131 € |
| 21.000 € | 9.662 € | 9.534 € | 9.349 € | 7.153 € |
| 24.000 € | 11.042 € | 10.896 € | 10.685 € | 8.175 € |
| 27.000 € | 12.423 € | 12.258 € | 12.020 € | 9.196 € |

## TABLA 1.c.4.h.d
### Lucro cesante del hermano/a con discapacidad (fallecido con dedicación a tareas del hogar)

Ingreso neto — Edad del hermano/a con discapacidad

| Hasta | 6 | 7 | 8 | 9 | 10 | 11 | 12 | 13 | 14 | 15 |
|---|---|---|---|---|---|---|---|---|---|---|
| 18.000 € | 133.681 € | 133.643 € | 133.605 € | 133.567 € | 133.529 € | 133.491 € | 133.453 € | 133.415 € | 133.377 € | 133.339 € |
| 21.000 € | 155.961 € | 155.917 € | 155.872 € | 155.828 € | 155.784 € | 155.740 € | 155.695 € | 155.651 € | 155.607 € | 155.562 € |
| 24.000 € | 178.241 € | 178.190 € | 178.140 € | 178.089 € | 178.039 € | 177.988 € | 177.937 € | 177.887 € | 177.836 € | 177.786 € |
| 27.000 € | 200.521 € | 200.464 € | 200.407 € | 200.350 € | 200.293 € | 200.237 € | 200.180 € | 200.123 € | 200.066 € | 200.009 € |

Ingreso neto — Edad del hermano/a con discapacidad

| Hasta | 16 | 17 | 18 | 19 | 20 | 21 | 22 | 23 | 24 | 25 |
|---|---|---|---|---|---|---|---|---|---|---|
| 18.000 € | 133.301 € | 133.263 € | 133.225 € | 133.187 € | 133.149 € | 133.112 € | 133.074 € | 133.036 € | 132.998 € | 132.960 € |
| 21.000 € | 155.518 € | 155.474 € | 155.430 € | 155.385 € | 155.341 € | 155.297 € | 155.252 € | 155.208 € | 155.164 € | 155.120 € |
| 24.000 € | 177.735 € | 177.684 € | 177.634 € | 177.583 € | 177.533 € | 177.482 € | 177.431 € | 177.381 € | 177.330 € | 177.280 € |
| 27.000 € | 199.952 € | 199.895 € | 199.838 € | 199.781 € | 199.724 € | 199.667 € | 199.610 € | 199.553 € | 199.496 € | 199.440 € |

Ingreso neto — Edad del hermano/a con discapacidad

| Hasta | 26 | 27 | 28 | 29 | 30 | 31 | 32 | 33 | 34 | 35 |
|---|---|---|---|---|---|---|---|---|---|---|
| 18.000 € | 132.922 € | 132.884 € | 132.846 € | 132.808 € | 132.770 € | 132.732 € | 132.694 € | 132.656 € | 132.618 € | 132.580 € |
| 21.000 € | 155.075 € | 155.031 € | 154.987 € | 154.943 € | 154.898 € | 154.854 € | 154.810 € | 154.765 € | 154.721 € | 154.677 € |
| 24.000 € | 177.229 € | 177.178 € | 177.128 € | 177.077 € | 177.027 € | 176.976 € | 176.925 € | 176.875 € | 176.824 € | 176.774 € |
| 27.000 € | 199.383 € | 199.326 € | 199.269 € | 199.212 € | 199.155 € | 199.098 € | 199.041 € | 198.984 € | 198.927 € | 198.870 € |

Ingreso neto — Edad del hermano/a con discapacidad

| Hasta | 36 | 37 | 38 | 39 | 40 | 41 | 42 | 43 | 44 | 45 |
|---|---|---|---|---|---|---|---|---|---|---|
| 18.000 € | 132.542 € | 132.504 € | 132.466 € | 132.428 € | 132.390 € | 132.352 € | 132.315 € | 132.277 € | 129.763 € | 127.227 € |
| 21.000 € | 154.633 € | 154.588 € | 154.544 € | 154.500 € | 154.455 € | 154.411 € | 154.367 € | 154.323 € | 151.390 € | 148.431 € |
| 24.000 € | 176.723 € | 176.672 € | 176.622 € | 176.571 € | 176.521 € | 176.470 € | 176.419 € | 176.369 € | 173.018 € | 169.636 € |
| 27.000 € | 198.813 € | 198.756 € | 198.699 € | 198.643 € | 198.586 € | 198.529 € | 198.472 € | 198.415 € | 194.645 € | 190.840 € |

Ingreso neto — Edad del hermano/a con discapacidad

| Hasta | 46 | 47 | 48 | 49 | 50 | 51 | 52 | 53 | 54 | 55 |
|---|---|---|---|---|---|---|---|---|---|---|
| 18.000 € | 124.674 € | 122.117 € | 119.564 € | 116.990 € | 114.411 € | 111.828 € | 109.245 € | 106.667 € | 104.059 € | 101.441 € |
| 21.000 € | 145.453 € | 142.470 € | 139.491 € | 136.488 € | 133.479 € | 130.466 € | 127.453 € | 124.445 € | 121.403 € | 118.348 € |
| 24.000 € | 166.232 € | 162.823 € | 159.418 € | 155.987 € | 152.548 € | 149.104 € | 145.661 € | 142.223 € | 138.746 € | 135.255 € |
| 27.000 € | 187.011 € | 183.176 € | 179.346 € | 175.485 € | 171.616 € | 167.742 € | 163.868 € | 160.001 € | 156.089 € | 152.161 € |

Ingreso neto — Edad del hermano/a con discapacidad

| Hasta | 56 | 57 | 58 | 59 | 60 | 61 | 62 | 63 | 64 | 65 |
|---|---|---|---|---|---|---|---|---|---|---|
| 18.000 € | 98.787 € | 96.162 € | 93.512 € | 90.859 € | 88.198 € | 85.511 € | 82.799 € | 80.122 € | 77.454 € | 74.698 € |
| 21.000 € | 115.252 € | 112.189 € | 109.098 € | 106.003 € | 102.898 € | 99.762 € | 96.598 € | 93.475 € | 90.363 € | 87.148 € |
| 24.000 € | 131.716 € | 128.215 € | 124.683 € | 121.146 € | 117.597 € | 114.014 € | 110.398 € | 106.829 € | 103.272 € | 99.597 € |
| 27.000 € | 148.181 € | 144.242 € | 140.268 € | 136.289 € | 132.297 € | 128.266 € | 124.198 € | 120.182 € | 116.181 € | 112.047 € |

Ingreso neto — Edad del hermano/a con discapacidad

| Hasta | 66 | 67 | 68 | 69 | 70 | 71 | 72 | 73 | 74 | 75 |
|---|---|---|---|---|---|---|---|---|---|---|
| 18.000 € | 71.986 € | 69.263 € | 66.572 € | 63.865 € | 61.092 € | 58.445 € | 55.798 € | 53.052 € | 50.429 € | 47.921 € |
| 21.000 € | 83.984 € | 80.807 € | 77.667 € | 74.510 € | 71.274 € | 68.185 € | 65.098 € | 61.894 € | 58.834 € | 55.908 € |
| 24.000 € | 95.982 € | 92.351 € | 88.763 € | 85.154 € | 81.456 € | 77.926 € | 74.398 € | 70.735 € | 67.239 € | 63.894 € |
| 27.000 € | 107.979 € | 103.895 € | 99.858 € | 95.798 € | 91.638 € | 87.667 € | 83.698 € | 79.577 € | 75.644 € | 71.881 € |

Ingreso neto — Edad del hermano/a con discapacidad

| Hasta | 76 | 77 | 78 | 79 | 80 | 81 | 82 | 83 | 84 | 85 |
|---|---|---|---|---|---|---|---|---|---|---|
| 18.000 € | 45.417 € | 42.939 € | 40.529 € | 38.205 € | 35.924 € | 33.735 € | 31.637 € | 29.612 € | 27.665 € | 25.832 € |
| 21.000 € | 52.987 € | 50.096 € | 47.284 € | 44.572 € | 41.911 € | 39.357 € | 36.909 € | 34.548 € | 32.276 € | 30.137 € |
| 24.000 € | 60.557 € | 57.252 € | 54.039 € | 50.940 € | 47.899 € | 44.979 € | 42.182 € | 39.483 € | 36.887 € | 34.442 € |
| 27.000 € | 68.126 € | 64.409 € | 60.794 € | 57.307 € | 53.886 € | 50.602 € | 47.455 € | 44.419 € | 41.498 € | 38.748 € |

Ingreso netcmano/a con discapacidad — Edad del hermano/a con discapacidad

| Hasta | 86 | 87 | 88 | 89 | 90 | 91 | 92 | 93 | 94 | 95 |
|---|---|---|---|---|---|---|---|---|---|---|
| 18.000 € | 24.085 € | 22.433 € | 20.887 € | 19.465 € | 18.130 € | 16.830 € | 15.579 € | 14.221 € | 13.113 € | 11.923 € |
| 21.000 € | 28.099 € | 26.172 € | 24.369 € | 22.710 € | 21.151 € | 19.635 € | 18.176 € | 16.591 € | 15.298 € | 13.910 € |
| 24.000 € | 32.113 € | 29.910 € | 27.850 € | 25.954 € | 24.173 € | 22.440 € | 20.772 € | 18.961 € | 17.484 € | 15.897 € |
| 27.000 € | 36.127 € | 33.649 € | 31.331 € | 29.198 € | 27.195 € | 25.245 € | 23.369 € | 21.331 € | 19.669 € | 17.884 € |

TABLA 1.c.4.h.d

Lucro cesante del hermano/a con discapacidad (fallecido con dedicación a tareas del hogar)

Ingreso netcmano/a con discapacidad

| Hasta | 96 | 97 | 98 | 99 o más | 90 |
|---|---|---|---|---|---|
| 18.000 € | 10.745 € | 9.527 € | 8.013 € | 6.131 € | 18.130 € |
| 21.000 € | 12.535 € | 11.115 € | 9.349 € | 7.153 € | 21.151 € |
| 24.000 € | 14.326 € | 12.703 € | 10.685 € | 8.175 € | 24.173 € |
| 27.000 € | 16.117 € | 14.291 € | 12.020 € | 9.196 € | 27.195 € |

TABLA 1.c.5.h Lucro cesante del abuelo/a (fallecido con dedicación a tareas del hogar).

| Ingreso neto | Edad del abuelo/a | | | | | | | | | |
|---|---|---|---|---|---|---|---|---|---|---|
| Hasta | **hasta 76** | **77** | **78** | **79** | **80** | **81** | **82** | **83** | **84** | **85** |
| 18.000 € | 45.417 € | 42.939 € | 40.529 € | 38.205 € | 35.924 € | 33.735 € | 31.637 € | 29.612 € | 27.665 € | 25.832 € |
| 21.000 € | 52.987 € | 50.096 € | 47.284 € | 44.572 € | 41.911 € | 39.357 € | 36.909 € | 34.548 € | 32.276 € | 30.137 € |
| 24.000 € | 60.557 € | 57.252 € | 54.039 € | 50.940 € | 47.899 € | 44.979 € | 42.182 € | 39.483 € | 36.887 € | 34.442 € |
| 27.000 € | 68.126 € | 64.409 € | 60.794 € | 57.307 € | 53.886 € | 50.602 € | 47.455 € | 44.419 € | 41.498 € | 38.748 € |

| Ingreso neto | Edad del abuelo/a | | | | | | | | | |
|---|---|---|---|---|---|---|---|---|---|---|
| Hasta | **86** | **87** | **88** | **89** | **90** | **91** | **92** | **93** | **94** | **95** |
| 18.000 € | 24.085 € | 22.433 € | 20.887 € | 19.465 € | 18.130 € | 16.830 € | 15.579 € | 14.221 € | 13.113 € | 11.923 € |
| 21.000 € | 28.099 € | 26.172 € | 24.369 € | 22.710 € | 21.151 € | 19.635 € | 18.176 € | 16.591 € | 15.298 € | 13.910 € |
| 24.000 € | 32.113 € | 29.910 € | 27.850 € | 25.954 € | 24.173 € | 22.440 € | 20.772 € | 18.961 € | 17.484 € | 15.897 € |
| 27.000 € | 36.127 € | 33.649 € | 31.331 € | 29.198 € | 27.195 € | 25.245 € | 23.369 € | 21.331 € | 19.669 € | 17.884 € |

| Ingreso neto | Edad del abuelo/a | | |
|---|---|---|---|
| Hasta | **96** | **97** | **98** |
| 18.000 € | 10.745 € | 9.527 € | 8.013 € |
| 21.000 € | 12.535 € | 11.115 € | 9.349 € |
| 24.000 € | 14.326 € | 12.703 € | 10.685 € |
| 27.000 € | 16.117 € | 14.291 € | 12.020 € |

## TABLA 1.c.6.h Lucro cesante del nieto/a (fallecido con dedicación a tareas del hogar)

| Ingreso neto | Edad del nieto/a | | | | | | | | | |
|---|---|---|---|---|---|---|---|---|---|---|
| Hasta | 0 | 1 | 2 | 3 | 4 | 5 | 6 | 7 | 8 | 9 |
| 18.000 € | 69.350 € | 68.231 € | 66.880 € | 65.464 € | 63.986 € | 62.446 € | 60.843 € | 59.178 € | 57.446 € | 55.647 € |
| 21.000 € | 80.908 € | 79.603 € | 78.027 € | 76.374 € | 74.650 € | 72.854 € | 70.984 € | 69.041 € | 67.020 € | 64.921 € |
| 24.000 € | 92.467 € | 90.975 € | 89.174 € | 87.285 € | 85.315 € | 83.261 € | 81.124 € | 78.904 € | 76.594 € | 74.195 € |
| 27.000 € | 104.025 € | 102.347 € | 100.320 € | 98.195 € | 95.979 € | 93.669 € | 91.265 € | 88.767 € | 86.169 € | 83.470 € |

| Ingreso neto | Edad del nieto/a | | | | | | | | | |
|---|---|---|---|---|---|---|---|---|---|---|
| Hasta | 10 | 11 | 12 | 13 | 14 | 15 | 16 | 17 | 18 | 19 |
| 18.000 € | 53.781 € | 51.848 € | 49.843 € | 47.768 € | 45.621 € | 43.404 € | 41.108 € | 38.736 € | 36.288 € | 33.759 € |
| 21.000 € | 62.745 € | 60.489 € | 58.150 € | 55.729 € | 53.225 € | 50.638 € | 47.960 € | 45.192 € | 42.336 € | 39.386 € |
| 24.000 € | 71.708 € | 69.130 € | 66.458 € | 63.690 € | 60.829 € | 57.871 € | 54.811 € | 51.648 € | 48.384 € | 45.013 € |
| 27.000 € | 80.672 € | 77.771 € | 74.765 € | 71.652 € | 68.432 € | 65.105 € | 61.663 € | 58.104 € | 54.432 € | 50.639 € |

| Ingreso neto | Edad del nieto/a | | | | | | | | | |
|---|---|---|---|---|---|---|---|---|---|---|
| Hasta | 20 | 21 | 22 | 23 | 24 | 25 | 26 | 27 | 28 | 29 |
| 18.000 € | 31.150 € | 28.454 € | 25.672 € | 22.800 € | 19.836 € | 16.779 € | 13.626 € | 10.374 € | 10.374 € | 10.374 € |
| 21.000 € | 36.341 € | 33.196 € | 29.951 € | 26.600 € | 23.142 € | 19.575 € | 15.897 € | 12.102 € | 12.102 € | 12.102 € |
| 24.000 € | 41.533 € | 37.939 € | 34.229 € | 30.400 € | 26.448 € | 22.371 € | 18.167 € | 13.831 € | 13.831 € | 13.831 € |
| 27.000 € | 46.724 € | 42.681 € | 38.508 € | 34.200 € | 29.754 € | 25.168 € | 20.438 € | 15.560 € | 15.560 € | 15.560 € |

| Ingreso neto | Edad del nieto/a | | | | | | | | | |
|---|---|---|---|---|---|---|---|---|---|---|
| Hasta | 30 | 31 | 32 | 33 | 34 | 35 | 36 | 37 | 38 | 39 o más |
| 18.000 € | 10.374 € | 10.374 € | 10.374 € | 10.374 € | 10.374 € | 10.374 € | 10.374 € | 10.374 € | 10.374 € | 10.374 € |
| 21.000 € | 12.102 € | 12.102 € | 12.102 € | 12.102 € | 12.102 € | 12.102 € | 12.102 € | 12.102 € | 12.102 € | 12.102 € |
| 24.000 € | 13.831 € | 13.831 € | 13.831 € | 13.831 € | 13.831 € | 13.831 € | 13.831 € | 13.831 € | 13.831 € | 13.831 € |
| 27.000 € | 15.560 € | 15.560 € | 15.560 € | 15.560 € | 15.560 € | 15.560 € | 15.560 € | 15.560 € | 15.560 € | 15.560 € |

TABLA 1.c.6.h.d Lucro cesante del nieto/a con discapacidad (fallecido con dedicación a tareas del hogar)

| Ingreso neto | Edad del nieto/a con discapacidad | | | | | | | | | |
|---|---|---|---|---|---|---|---|---|---|---|
| Hasta | 0 | 1 | 2 | 3 | 4 | 5 | 6 | 7 | 8 | 9 |
| 18.000 € | 126.578 € | 126.578 € | 126.578 € | 126.578 € | 126.578 € | 126.578 € | 126.578 € | 126.578 € | 126.578 € | 126.578 € |
| 21.000 € | 147.674 € | 147.674 € | 147.674 € | 147.674 € | 147.674 € | 147.674 € | 147.674 € | 147.674 € | 147.674 € | 147.674 € |
| 24.000 € | 168.770 € | 168.770 € | 168.770 € | 168.770 € | 168.770 € | 168.770 € | 168.770 € | 168.770 € | 168.770 € | 168.770 € |
| 27.000 € | 189.866 € | 189.866 € | 189.866 € | 189.866 € | 189.866 € | 189.866 € | 189.866 € | 189.866 € | 189.866 € | 189.866 € |

| Ingreso neto | Edad del nieto/a con discapacidad | | | | | | | | | |
|---|---|---|---|---|---|---|---|---|---|---|
| Hasta | 10 | 11 | 12 | 13 | 14 | 15 | 16 | 17 | 18 | 19 |
| 18.000 € | 126.578 € | 126.578 € | 126.578 € | 126.578 € | 126.578 € | 126.578 € | 126.578 € | 126.578 € | 126.578 € | 126.578 € |
| 21.000 € | 147.674 € | 147.674 € | 147.674 € | 147.674 € | 147.674 € | 147.674 € | 147.674 € | 147.674 € | 147.674 € | 147.674 € |
| 24.000 € | 168.770 € | 168.770 € | 168.770 € | 168.770 € | 168.770 € | 168.770 € | 168.770 € | 168.770 € | 168.770 € | 168.770 € |
| 27.000 € | 189.866 € | 189.866 € | 189.866 € | 189.866 € | 189.866 € | 189.866 € | 189.866 € | 189.866 € | 189.866 € | 189.866 € |

| Ingreso neto | Edad del nieto/a con discapacidad | | | | | | | | | |
|---|---|---|---|---|---|---|---|---|---|---|
| Hasta | 20 | 21 | 22 | 23 | 24 | 25 | 26 | 27 | 28 | 29 |
| 18.000 € | 126.578 € | 126.578 € | 126.578 € | 126.578 € | 126.578 € | 126.578 € | 126.578 € | 126.578 € | 126.578 € | 126.578 € |
| 21.000 € | 147.674 € | 147.674 € | 147.674 € | 147.674 € | 147.674 € | 147.674 € | 147.674 € | 147.674 € | 147.674 € | 147.674 € |
| 24.000 € | 168.770 € | 168.770 € | 168.770 € | 168.770 € | 168.770 € | 168.770 € | 168.770 € | 168.770 € | 168.770 € | 168.770 € |
| 27.000 € | 189.866 € | 189.866 € | 189.866 € | 189.866 € | 189.866 € | 189.866 € | 189.866 € | 189.866 € | 189.866 € | 189.866 € |

| Ingreso neto | Edad del nieto/a con discapacidad | | | | | | | | | |
|---|---|---|---|---|---|---|---|---|---|---|
| Hasta | 30 | 31 | 32 | 33 | 34 | 35 | 36 | 37 | 38 | 39 o más |
| 18.000 € | 126.578 € | 126.578 € | 126.578 € | 126.578 € | 126.578 € | 126.578 € | 126.578 € | 126.578 € | 126.578 € | 126.578 € |
| 21.000 € | 147.674 € | 147.674 € | 147.674 € | 147.674 € | 147.674 € | 147.674 € | 147.674 € | 147.674 € | 147.674 € | 147.674 € |
| 24.000 € | 168.770 € | 168.770 € | 168.770 € | 168.770 € | 168.770 € | 168.770 € | 168.770 € | 168.770 € | 168.770 € | 168.770 € |
| 27.000 € | 189.866 € | 189.866 € | 189.866 € | 189.866 € | 189.866 € | 189.866 € | 189.866 € | 189.866 € | 189.866 € | 189.866 € |

TABLA 1.c.7.h Lucro cesante del allegado/a (fallecido con dedicación a tareas del hogar)

| Ingreso neto | Edad del allegado/a | | | | | | | | | |
|---|---|---|---|---|---|---|---|---|---|---|
| Hasta | hasta 16 | 17 | 18 | 19 | 20 | 21 | 22 | 23 | 24 | 25 |
| 18.000 € | 9.299 € | 9.299 € | 9.299 € | 9.299 € | 9.299 € | 9.299 € | 9.299 € | 9.299 € | 9.299 € | 9.299 € |
| 21.000 € | 10.849 € | 10.849 € | 10.849 € | 10.849 € | 10.849 € | 10.849 € | 10.849 € | 10.848 € | 10.848 € | 10.848 € |
| 24.000 € | 12.399 € | 12.399 € | 12.399 € | 12.399 € | 12.398 € | 12.398 € | 12.398 € | 12.398 € | 12.398 € | 12.398 € |
| 27.000 € | 13.949 € | 13.948 € | 13.948 € | 13.948 € | 13.948 € | 13.948 € | 13.948 € | 13.948 € | 13.948 € | 13.948 € |

| Ingreso neto | Edad del allegado/a | | | | | | | | | |
|---|---|---|---|---|---|---|---|---|---|---|
| Hasta | 26 | 27 | 28 | 29 | 30 | 31 | 32 | 33 | 34 | 35 |
| 18.000 € | 9.299 € | 9.299 € | 9.298 € | 9.298 € | 9.298 € | 9.298 € | 9.298 € | 9.298 € | 9.298 € | 9.298 € |
| 21.000 € | 10.848 € | 10.848 € | 10.848 € | 10.848 € | 10.848 € | 10.848 € | 10.848 € | 10.848 € | 10.848 € | 10.848 € |
| 24.000 € | 12.398 € | 12.398 € | 12.398 € | 12.398 € | 12.398 € | 12.398 € | 12.398 € | 12.398 € | 12.398 € | 12.398 € |
| 27.000 € | 13.948 € | 13.948 € | 13.948 € | 13.948 € | 13.948 € | 13.948 € | 13.947 € | 13.947 € | 13.947 € | 13.947 € |

| Ingreso neto | Edad del allegado/a | | | | | | | | | |
|---|---|---|---|---|---|---|---|---|---|---|
| Hasta | 36 | 37 | 38 | 39 | 40 | 41 | 42 | 43 | 44 | 45 |
| 18.000 € | 9.298 € | 9.298 € | 9.298 € | 9.298 € | 9.298 € | 9.298 € | 9.298 € | 9.298 € | 9.298 € | 9.298 € |
| 21.000 € | 10.848 € | 10.848 € | 10.848 € | 10.848 € | 10.848 € | 10.848 € | 10.848 € | 10.847 € | 10.847 € | 10.847 € |
| 24.000 € | 12.398 € | 12.397 € | 12.397 € | 12.397 € | 12.397 € | 12.397 € | 12.397 € | 12.397 € | 12.397 € | 12.397 € |
| 27.000 € | 13.947 € | 13.947 € | 13.947 € | 13.947 € | 13.947 € | 13.947 € | 13.947 € | 13.947 € | 13.947 € | 13.947 € |

| Ingreso neto | Edad del allegado/a | | | | | | | | | |
|---|---|---|---|---|---|---|---|---|---|---|
| Hasta | 46 | 47 | 48 | 49 | 50 | 51 | 52 | 53 | 54 | 55 |
| 18.000 € | 9.298 € | 9.298 € | 9.298 € | 9.298 € | 9.298 € | 9.297 € | 9.297 € | 9.297 € | 9.297 € | 9.297 € |
| 21.000 € | 10.847 € | 10.847 € | 10.847 € | 10.847 € | 10.847 € | 10.847 € | 10.847 € | 10.847 € | 10.847 € | 10.847 € |
| 24.000 € | 12.397 € | 12.397 € | 12.397 € | 12.397 € | 12.397 € | 12.397 € | 12.397 € | 12.397 € | 12.396 € | 12.396 € |
| 27.000 € | 13.947 € | 13.947 € | 13.946 € | 13.946 € | 13.946 € | 13.946 € | 13.946 € | 13.946 € | 13.946 € | 13.946 € |

| Ingreso neto | Edad del allegado/a | | | | | | | | | |
|---|---|---|---|---|---|---|---|---|---|---|
| Hasta | 56 | 57 | 58 | 59 | 60 | 61 | 62 | 63 | 64 | 65 |
| 18.000 € | 9.297 € | 9.297 € | 9.297 € | 9.297 € | 9.297 € | 9.297 € | 9.297 € | 9.297 € | 9.297 € | 9.297 € |
| 21.000 € | 10.847 € | 10.847 € | 10.847 € | 10.847 € | 10.847 € | 10.847 € | 10.847 € | 10.846 € | 10.846 € | 10.846 € |
| 24.000 € | 12.396 € | 12.396 € | 12.396 € | 12.396 € | 12.396 € | 12.396 € | 12.396 € | 12.396 € | 12.396 € | 12.396 € |
| 27.000 € | 13.946 € | 13.946 € | 13.946 € | 13.946 € | 13.946 € | 13.946 € | 13.946 € | 13.945 € | 13.945 € | 13.945 € |

| Ingreso neto | Edad del allegado/a | | | | | | | | | |
|---|---|---|---|---|---|---|---|---|---|---|
| Hasta | 66 | 67 | 68 | 69 | 70 | 71 | 72 | 73 | 74 | 75 |
| 18.000 € | 9.297 € | 9.297 € | 9.297 € | 9.297 € | 9.297 € | 9.297 € | 9.297 € | 9.297 € | 9.297 € | 9.296 € |
| 21.000 € | 10.846 € | 10.846 € | 10.846 € | 10.846 € | 10.846 € | 10.846 € | 10.846 € | 10.846 € | 10.846 € | 10.846 € |
| 24.000 € | 12.396 € | 12.396 € | 12.396 € | 12.396 € | 12.396 € | 12.396 € | 12.395 € | 12.395 € | 12.395 € | 12.395 € |
| 27.000 € | 13.945 € | 13.945 € | 13.945 € | 13.945 € | 13.945 € | 13.945 € | 13.945 € | 13.945 € | 13.945 € | 13.945 € |

| Ingreso neto | Edad del allegado/a | | | | | | | | | |
|---|---|---|---|---|---|---|---|---|---|---|
| Hasta | 76 | 77 | 78 | 79 | 80 | 81 | 82 | 83 | 84 | 85 |
| 18.000 € | 9.296 € | 9.296 € | 9.296 € | 9.296 € | 9.296 € | 9.296 € | 9.296 € | 9.296 € | 9.296 € | 9.296 € |
| 21.000 € | 10.846 € | 10.846 € | 10.846 € | 10.846 € | 10.846 € | 10.846 € | 10.846 € | 10.845 € | 10.845 € | 10.845 € |
| 24.000 € | 12.395 € | 12.395 € | 12.395 € | 12.395 € | 12.395 € | 12.395 € | 12.395 € | 12.395 € | 12.395 € | 12.395 € |
| 27.000 € | 13.945 € | 13.945 € | 13.945 € | 13.944 € | 13.944 € | 13.944 € | 13.944 € | 13.944 € | 13.944 € | 13.944 € |

| Ingreso neto | Edad del allegado/a | | | | | | | | | |
|---|---|---|---|---|---|---|---|---|---|---|
| Hasta | 86 | 87 | 88 | 89 | 90 | 91 | 92 | 93 | 94 | 95 |
| 18.000 € | 9.296 € | 9.296 € | 9.296 € | 9.296 € | 9.296 € | 9.185 € | 9.047 € | 8.807 € | 8.668 € | 8.458 € |
| 21.000 € | 10.845 € | 10.845 € | 10.845 € | 10.845 € | 10.845 € | 10.716 € | 10.555 € | 10.275 € | 10.113 € | 9.868 € |
| 24.000 € | 12.395 € | 12.395 € | 12.395 € | 12.394 € | 12.394 € | 12.246 € | 12.062 € | 11.742 € | 11.557 € | 11.277 € |
| 27.000 € | 13.944 € | 13.944 € | 13.944 € | 13.944 € | 13.944 € | 13.777 € | 13.570 € | 13.210 € | 13.002 € | 12.687 € |

| Ingreso neto | Edad del allegado/a | | | |
|---|---|---|---|---|
| Hasta | 96 | 97 | 98 | 99 o más |
| 18.000 € | 8.282 € | 8.172 € | 8.013 € | 6.131 € |
| 21.000 € | 9.662 € | 9.534 € | 9.349 € | 7.153 € |
| 24.000 € | 11.042 € | 10.896 € | 10.685 € | 8.175 € |
| 27.000 € | 12.423 € | 12.258 € | 12.020 € | 9.196 € |

TABLA 1.c.7.h.d Lucro cesante del allegado/a con discapacidad (fallecido con dedicación a tareas del hogar).

| Ingreso neto | | | | | Edad del allegado/a con discapacidad | | | | | |
|---|---|---|---|---|---|---|---|---|---|---|
| Hasta | hasta 16 | 17 | 18 | 19 | 20 | 21 | 22 | 23 | 24 | 25 |
| 18.000 € | 145.463 € | 145.428 € | 145.393 € | 145.358 € | 145.324 € | 145.289 € | 145.254 € | 145.219 € | 145.184 € | 145.150 € |
| 21.000 € | 169.707 € | 169.666 € | 169.625 € | 169.585 € | 169.544 € | 169.504 € | 169.463 € | 169.422 € | 169.382 € | 169.341 € |
| 24.000 € | 193.950 € | 193.904 € | 193.858 € | 193.811 € | 193.765 € | 193.718 € | 193.672 € | 193.626 € | 193.579 € | 193.533 € |
| 27.000 € | 218.194 € | 218.142 € | 218.090 € | 218.038 € | 217.985 € | 217.933 € | 217.881 € | 217.829 € | 217.776 € | 217.724 € |

| Ingreso neto | | | | | Edad del allegado/a con discapacidad | | | | | |
|---|---|---|---|---|---|---|---|---|---|---|
| Hasta | 26 | 27 | 28 | 29 | 30 | 31 | 32 | 33 | 34 | 35 |
| 18.000 € | 145.115 € | 145.080 € | 145.045 € | 145.010 € | 144.975 € | 144.941 € | 144.906 € | 144.871 € | 144.836 € | 144.801 € |
| 21.000 € | 169.301 € | 169.260 € | 169.219 € | 169.179 € | 169.138 € | 169.097 € | 169.057 € | 169.016 € | 168.976 € | 168.935 € |
| 24.000 € | 193.486 € | 193.440 € | 193.393 € | 193.347 € | 193.301 € | 193.254 € | 193.208 € | 193.161 € | 193.115 € | 193.069 € |
| 27.000 € | 217.672 € | 217.620 € | 217.568 € | 217.515 € | 217.463 € | 217.411 € | 217.359 € | 217.307 € | 217.254 € | 217.202 € |

| Ingreso neto | | | | | Edad del allegado/a con discapacidad | | | | | |
|---|---|---|---|---|---|---|---|---|---|---|
| Hasta | 36 | 37 | 38 | 39 | 40 | 41 | 42 | 43 | 44 | 45 |
| 18.000 € | 144.767 € | 144.732 € | 144.697 € | 142.243 € | 139.777 € | 137.293 € | 134.790 € | 132.277 € | 129.763 € | 127.227 € |
| 21.000 € | 168.894 € | 168.854 € | 168.813 € | 165.951 € | 163.073 € | 160.175 € | 157.255 € | 154.323 € | 151.390 € | 148.431 € |
| 24.000 € | 193.022 € | 192.976 € | 192.929 € | 189.658 € | 186.369 € | 183.058 € | 179.720 € | 176.369 € | 173.018 € | 169.636 € |
| 27.000 € | 217.150 € | 217.098 € | 217.046 € | 213.365 € | 209.665 € | 205.940 € | 202.185 € | 198.415 € | 194.645 € | 190.840 € |

| Ingreso neto | | | | | Edad del allegado/a con discapacidad | | | | | |
|---|---|---|---|---|---|---|---|---|---|---|
| Hasta | 46 | 47 | 48 | 49 | 50 | 51 | 52 | 53 | 54 | 55 |
| 18.000 € | 124.674 € | 122.117 € | 119.564 € | 116.990 € | 114.411 € | 111.828 € | 109.245 € | 106.667 € | 104.059 € | 101.441 € |
| 21.000 € | 145.453 € | 142.470 € | 139.491 € | 136.488 € | 133.479 € | 130.466 € | 127.453 € | 124.445 € | 121.403 € | 118.348 € |
| 24.000 € | 166.232 € | 162.823 € | 159.418 € | 155.987 € | 152.548 € | 149.104 € | 145.661 € | 142.223 € | 138.746 € | 135.255 € |
| 27.000 € | 187.011 € | 183.176 € | 179.346 € | 175.485 € | 171.616 € | 167.742 € | 163.868 € | 160.001 € | 156.089 € | 152.161 € |

| Ingreso neto | | | | | Edad del allegado/a con discapacidad | | | | | |
|---|---|---|---|---|---|---|---|---|---|---|
| Hasta | 56 | 57 | 58 | 59 | 60 | 61 | 62 | 63 | 64 | 65 |
| 18.000 € | 98.787 € | 96.162 € | 93.512 € | 90.859 € | 88.198 € | 85.511 € | 82.799 € | 80.122 € | 77.454 € | 74.698 € |
| 21.000 € | 115.252 € | 112.189 € | 109.098 € | 106.003 € | 102.898 € | 99.762 € | 96.598 € | 93.475 € | 90.363 € | 87.148 € |
| 24.000 € | 131.716 € | 128.215 € | 124.683 € | 121.146 € | 117.597 € | 114.014 € | 110.398 € | 106.829 € | 103.272 € | 99.597 € |
| 27.000 € | 148.181 € | 144.242 € | 140.268 € | 136.289 € | 132.297 € | 128.266 € | 124.198 € | 120.182 € | 116.181 € | 112.047 € |

| Ingreso neto | | | | | Edad del allegado/a con discapacidad | | | | | |
|---|---|---|---|---|---|---|---|---|---|---|
| Hasta | 66 | 67 | 68 | 69 | 70 | 71 | 72 | 73 | 74 | 75 |
| 18.000 € | 71.986 € | 69.263 € | 66.572 € | 63.865 € | 61.092 € | 58.445 € | 55.798 € | 53.052 € | 50.429 € | 47.921 € |
| 21.000 € | 83.984 € | 80.807 € | 77.667 € | 74.510 € | 71.274 € | 68.185 € | 65.098 € | 61.894 € | 58.834 € | 55.908 € |
| 24.000 € | 95.982 € | 92.351 € | 88.763 € | 85.154 € | 81.456 € | 77.926 € | 74.398 € | 70.735 € | 67.239 € | 63.894 € |
| 27.000 € | 107.979 € | 103.895 € | 99.858 € | 95.798 € | 91.638 € | 87.667 € | 83.698 € | 79.577 € | 75.644 € | 71.881 € |

| Ingreso neto | | | | | Edad del allegado/a con discapacidad | | | | | |
|---|---|---|---|---|---|---|---|---|---|---|
| Hasta | 76 | 77 | 78 | 79 | 80 | 81 | 82 | 83 | 84 | 85 |
| 18.000 € | 45.417 € | 42.939 € | 40.529 € | 38.205 € | 35.924 € | 33.735 € | 31.637 € | 29.612 € | 27.665 € | 25.832 € |
| 21.000 € | 52.987 € | 50.096 € | 47.284 € | 44.572 € | 41.911 € | 39.357 € | 36.909 € | 34.548 € | 32.276 € | 30.137 € |
| 24.000 € | 60.557 € | 57.252 € | 54.039 € | 50.940 € | 47.899 € | 44.979 € | 42.182 € | 39.483 € | 36.887 € | 34.442 € |
| 27.000 € | 68.126 € | 64.409 € | 60.794 € | 57.307 € | 53.886 € | 50.602 € | 47.455 € | 44.419 € | 41.498 € | 38.748 € |

| Ingreso neto | | | | | Edad del allegado/a con discapacidad | | | | | |
|---|---|---|---|---|---|---|---|---|---|---|
| Hasta | 86 | 87 | 88 | 89 | 90 | 91 | 92 | 93 | 94 | 95 |
| 18.000 € | 24.085 € | 22.433 € | 20.887 € | 19.465 € | 18.130 € | 16.830 € | 15.579 € | 14.221 € | 13.113 € | 11.923 € |
| 21.000 € | 28.099 € | 26.172 € | 24.369 € | 22.710 € | 21.151 € | 19.635 € | 18.176 € | 16.591 € | 15.298 € | 13.910 € |
| 24.000 € | 32.113 € | 29.910 € | 27.850 € | 25.954 € | 24.173 € | 22.440 € | 20.772 € | 18.961 € | 17.484 € | 15.897 € |
| 27.000 € | 36.127 € | 33.649 € | 31.331 € | 29.198 € | 27.195 € | 25.245 € | 23.369 € | 21.331 € | 19.669 € | 17.884 € |

| Ingreso netc | Edad del allegado/a con discapacidad | | | |
|---|---|---|---|---|
| Hasta | 96 | 97 | 98 | 99 o más |
| 18.000 € | 10.745 € | 9.527 € | 8.013 € | 6.131 € |
| 21.000 € | 12.535 € | 11.115 € | 9.349 € | 7.153 € |
| 24.000 € | 14.326 € | 12.703 € | 10.685 € | 8.175 € |
| 27.000 € | 16.117 € | 14.291 € | 12.020 € | 9.196 € |

# Indemnizaciones por secuelas
# Tabla II

**TABLA 2.A.1**
**BAREMO MÉDICO**
**CLASIFICACION Y VALORACIÓN DE LAS SECUELAS**

**APARTADO PRIMERO: CLASIFICACIÓN DE SECUELAS ANATÓMICO-FUNCIONALES**

**CAPÍTULO I. SISTEMA NERVIOSO**

A) NEUROLOGÍA
   1. Secuelas motoras y sensitivas de origen central y modular
   2. Secuelas motoras y sensitivo motoras de origen periférico
      2.1 Nervios Craneales
      2.2 Miembro Superior
      2.3 Miembro Inferior
   3. Trastornos Cognitivos y Daño Neuropsicológico
   4. Secuelas Anatomo-Funcionales

B) PSIQUIATRÍA
   1. Trastornos Neuróticos
   2. Trastornos Permanentes del humor
   3. Síndromes residuales
   4. Agravaciones

**CAPÍTULO II. ÓRGANOS DE LOS SENTIDOS / CARA / CUELLO**

A) SISTEMA OCULAR
B) SISTEMA AUDITIVO
C) SISTEMA OLFATORIO Y NARIZ
D) MAXILOFACIAL Y BOCA
   1. Sistema Osteoarticular
   2. Boca

E) CUELLO
   1. Faringe
   2. Laringe

**CAPÍTULO III. SISTEMA MÚSCULO ESQUELÉTICO**

A) TORAX
B) COLUMNA VERTEBRAL
   1. Traumatismos menores de la columna vertebral
   2. Columna vertebral

C) PELVIS
D) EXTREMIDAD SUPERIOR
   1. Amputaciones
   2. Cintura Escapular y Hombro
      2.1 Clavícula
      2.2 Hombro
   3. Brazo
   4. Codo
   5. Antebrazo y Muñeca
   6. Metacarpo y Dedos

E) EXTREMIDAD INFERIOR
   1. Amputaciones
   2. Dismetrías
   3. Cadera
   4. Muslo
   5. Rodilla
   6. Pierna
   7. Tobillo
   8. Pie
   9. Dedos

**CAPÍTULO IV. SISTEMA CARDIO RESPIRATORIO**

A) CORAZÓN
B) SISTEMA RESPIRATORIO
   1. Tráquea
   2. Parénquima pulmonar
   3. Función respiratoria (Insuficiencia respiratoria)

| CAPÍTULO V. SISTEMA VASCULAR |
|---|
| A) SISTEMA VENOSO<br>1. Extremidades inferiores<br>2. Extremidades superiores<br>B) SISTEMA ARTERIAL<br>C) SISTEMA LINFÁTICO<br>D) PROTESIS VASCULARES |
| **CAPÍTULO VI. SISTEMA DIGESTIVO** |
| A) ESÓFAGO<br>B) ESTOMAGO<br>C) INTESTINO DELGADO Y GRUESO<br>D) HÍGADO Y VÍAS BILIARES<br>E) PÁNCREAS<br>F) BAZO<br>G) HERNIAS Y ADHERENCIAS |
| **CAPÍTULO VII. SISTEMA URINARIO** |
| A) RIÑÓN<br>B) VEJIGA<br>C) URETRA |
| **CAPÍTULO VIII. SISTEMA REPRODUCTOR** |
| A) APARATO GENITAL FEMENINO<br>B) APARATO GENITAL MASCULINO |
| **CAPÍTULO IX. SISTEMA GLANDULAR ENDOCRINO** |
| A) HIPÓFISIS<br>B) TIROIDES<br>C) PARATIROIDES<br>D) PÁNCREAS - DIABETES INSULINO DEPENDIENTE |
| **CAPÍTULO X. SISTEMA CUTÁNEO** |
| APARTADO SEGUNDO: PERJUICIO ESTÉTICO |
| **CAPÍTULO ESPECIAL: PERJUICIO ESTÉTICO** |

TABLA 2.a.1

| Código | Descripción de las secuelas | Puntuación anatómico funcional |
|---|---|---|
| | **CAPÍTULO I . SISTEMA NERVIOSO** | |
| | **A) NEUROLOGÍA** | |
| | **1. Secuelas motoras y sensitivas de origen central y medular.** | |
| | Las escalas para la clasificación de lesiones medulares (ASIA, FRANKEL. y similares) son escalas clínicas, por lo que solo pueden ser tenidas en cuenta a efecto informativo o de anamnesis; la valoración definitiva de secuelas debe realizarse tras exploración clínica del lesionado una vez agotadas las posibilidades rehabilitadoras. | |
| 01001 | **Estado vegetativo permanente** | 100 |
| | **Tetraplejia:** | |
| 01002 | • Por encima o igual a C4 (Ninguna movilidad. Sujeto sometido a respirador automático) | 100 |
| 01003 | • C5-C6 (Movilidad cintura escapular) | 96-98 |
| 01004 | • C7-C8 (Puede utilizar miembros superiores. Posible sedestación) | 93-95 |
| | **Tetraparesia:** | |
| | Según compromiso funcional, motor, sensitivo, nivel de marcha, manipulación, compromiso sexual, de esfínteres. | |
| 01005 | • Leve (Balance muscular Oxford 4) | 40-50 |
| 01006 | • Moderada (Balance muscular Oxford 3) | 51-70 |
| 01007 | • Grave (Balance muscular Oxford 0 a 2) | 71-85 |
| | **Hemiplejia.** | |
| 01008 | Según compromiso funcional, motor, sensitivo, nivel de marcha, manipulación, compromiso sexual, de esfínteres y dominancia. | 71-80 |
| | **Hemiparesia** (según dominancia): | |
| 01009 | • Leve (Balance muscular Oxford 4) | 15-20 |
| 01010 | • Moderada (Balance muscular Oxford 3) | 21-40 |
| 01011 | • Grave (Balance muscular Oxford 0 a 2) | 41-60 |
| | **Paraplejia:** | |
| 01012 | • Paraplejia D1 | 90 |
| 01013 | • Paraplejia D2-D5 | 85-87 |
| 01014 | • Paraplejia D6-D10 | 80-84 |
| 01015 | • Paraplejia D11-L2 | 75-79 |
| 01016 | **Síndrome Medular Transverso L3-L5** | 75 |
| | (La marcha es posible con aparatos pero siempre teniendo el recurso de la silla de ruedas) | |
| | **Síndrome de Hemisección Medular (Brown Sequard):** | |
| 01017 | • Leve | 20-30 |
| 01018 | • Moderado | 31-50 |
| 01019 | • Grave | 51-70 |
| | **Paraparesia de miembros superiores o inferiores:** | |
| | Según compromiso funcional, motor, sensitivo, nivel de marcha, manipulación, compromiso sexual, de esfínteres. | |
| 01020 | • Leve (Balance muscular Oxford 4) | 20-40 |
| 01021 | • Moderada (Balance muscular Oxford 3) | 41-60 |
| 01022 | • Grave (Balance muscular Oxford 0 a 2) | 61-70 |
| 01023 | **Paresia de algún grupo muscular** | 5-15 |
| | (Comprende aquellos casos de afectación de un grupo muscular clínicamente identificable y no contemplado en el capítulo relativo a sistema nervioso periférico). | |
| | **Síndrome de cola de caballo:** | |
| 01024 | • **Síndrome completo** (incluye trastornos motores, sensitivos y de esfínteres) | 75 |

TABLA 2.a.1

| Código | Descripción de las secuelas | Puntuación anatómico funcional |
|---|---|---|
| | • **Síndrome incompleto** (incluye trastornos motores, sensitivos y de esfínteres): | |
| **01025** | * Alto (L1 y L2) | **45-65** |
| **01026** | * Medio (de L3 a L5) | **25-44** |
| **01027** | * Bajo (de S1 a S5) | **15-24** |
| | **Monoplejia de un miembro inferior o superior:** | |
| **01028** | • De miembro superior (según dominancia) | **55-60** |
| **01029** | • De miembro inferior | **50** |
| | **Monoparesia de miembros superiores o inferiores:** | |
| | Según compromiso funcional, motor, sensitivo, nivel de marcha, manipulación, compromiso sexual, de esfínteres. | |
| **01030** | • Leve (Balance muscular Oxford 4) | **10-19** |
| **01031** | • Moderada (Balance muscular Oxford 3) | **20-29** |
| **01032** | • Grave (Balance muscular Oxford 0 a 2) | **30-40** |
| | **Síndromes extrapiramidales/Síndrome Cerebeloso/Ataxia** | |
| | Según compromiso funcional, motor, nivel de marcha, equilibrio y manipulación. | |
| **01033** | • Leve (Posibilidad de la marcha sin ortesis) | **15-34** |
| **01034** | • Moderado (Posibilidad de la marcha con ortesis) | **35-55** |
| **01035** | • Grave (Imposibilidad de la marcha) | **70-85** |
| **01036** | **Apraxia postraumática** (Como manifestación aislada no contemplada en otros síntomas) | **10-35** |
| **01037** | **Disartria postraumática** (Como manifestación aislada no contemplada en otros síndromes) | **10-20** |
| **01038** | **Dolores por desaferentación** (Cuando concurre con amputaciones o en lesiones de nervios periféricos) (Son dolores excepcionales que no forman parte del cuadro clínico habitual de estos lesionados y necesitan ser acreditados con informe médico y tratamiento específico en Unidades especiales, una vez descartadas otras posibles causas objetivables de dolor) | **5-20** |
| | **2. Secuelas motoras y sensitivomotoras de origen periférico** | |
| | **2. 1 Nervios Craneales** | |
| **01039** | **I. Afectación Nervio olfatorio (ver capítulo correspondiente al sistema olfatorio)** | |
| **01040** | **II. Afectación Nervio óptico (según defecto visual)** | |
| | **III. Afectación Motor ocular común:** | |
| **01041** | • Parálisis (diplopía, midriasis paralítica que obliga a la oclusión, ptosis) | **25** |
| **01042** | • Paresia (valorar según grado y tipo de diplopia) | |
| | **IV. Afectación Motor ocular interno o patético:** | |
| **01043** | • Parálisis (según grado y tipo de diplopia) | |
| **01044** | • Paresia (valorar según grado y tipo de diplopia) | |
| | **V . Afectación Nervio trigémino:** | |
| **01045** | • Afectación de 1.ª Rama: Hipo/anestesia de rama oftálmica. | **5-10** |
| **01046** | • Afectación de 2.ª Rama: Hipo/anestesia de rama maxilar. | **5-10** |
| **01047** | • Afectación de 3.ª Rama: Hipo/anestesia de rama dento-mandibular. | **5-10** |
| **01048** | • Neuralgia intermitente - Dolores intermitentes | **5-15** |
| **01049** | • Neuralgia continua - Dolores continuos | **25-30** |
| **01050** | • Paralisis/Paresia del temporal o del masetero | **1-15** |
| | **VI. Afectación Motor ocular externo:** | |
| **01051** | • Parálisis (valorar según grado y tipo de diplopia). | |
| **01052** | • Paresia (valorar según grado y tipo de diplopia). | |
| | **VII. Afectación Nervio facial.** | |
| | • Tronco: | |

TABLA 2.a.1

| Código | Descripción de las secuelas | Puntuación anatómico funcional |
|---|---|---|
| 01053 | * Parálisis (en caso de existir obligación de oclusión permanente de globo ocular por lagoftalmos, añadir 5 puntos) | 20 |
| 01054 | * Paresia | 5-15 |
| | • Rama frontorbitaria: | |
| 01055 | * Parálisis (en caso de existir obligación de oclusión permanente de globo ocular por lagoftalmos, añadir 5 puntos) | 15 |
| 01056 | * Paresia | 5-11 |
| | • Rama mandibular: | |
| 01057 | * Parálisis | 15 |
| 01058 | * Paresia | 5-11 |
| 01059 | * Disgeusia de dos tercios anteriores de la lengua | 2-5 |
| 01060 | * Neuralgia | 1-8 |
| 01061 | VIII. **Afectación Nervio auditivo** (Ver capítulo correspondiente del sistema auditivo) | |
| | IX. **Afectación Nervio glosofaríngeo:** (Según trastorno funcional) | |
| 01062 | • Lesión completa bilateral | 25 |
| 01063 | • Lesión completa unilateral | 6-10 |
| 01064 | • Lesión incompleta - Paresia | 1-5 |
| 01065 | • Neuralgia | 10-15 |
| 01066 | X. **Parálisis de Nervio Neumogástrico-vago** | |
| | Valorar según repercusión funcional en el capítulo correspondiente | |
| | XI. **Nervio espinal** | |
| 01067 | • Parálisis bilateral | 20 |
| 01068 | • Parálisis unilateral (según repercusión funcional) | 10-20 |
| 01069 | • Paresia | 1-7 |
| | XII. **Nervio hipogloso** | |
| 01070 | • Parálisis bilateral | 20 |
| 01071 | • Parálisis unilateral | 8-12 |
| 01072 | • Paresia | 1-7 |
| | **2.2 Miembro Superior** | |
| | (La suma resultante por lesión de los nervios de la extremidad superior no puede superar a la monoplejia) | |
| 01073 | **Monoplejia por lesión plexo braquial completa** (raíces C5-D1) | 55-60 |
| 01074 | **Plejia periférica por lesión plexo braquial** (tipo Klumpke - Dejerine) (raíces C7-C8-D1) | 45-50 |
| 01075 | **Plejia por lesión plexo braquial** (tipo ERB - Duchene) (raíces C5-C6) | 30-40 |
| 01076 | **Secuelas por lesión incompleta del plexo braquial** (valorar monoparesia) | |
| | **Nervio Sub-Escapular** | |
| 01077 | • Lesión completa - Parálisis | 6-10 |
| 01078 | • Lesión incompleta - Paresia | 2-5 |
| | **Nervio Circunflejo** | |
| 01079 | • Lesión completa - Parálisis | 12-15 |
| 01080 | • Lesión incompleta - Paresia | 2-9 |
| | **Nervio Músculo Cutáneo** | |
| 01081 | • Lesión completa - Parálisis | 10-12 |
| 01082 | • Lesión incompleta - Paresia | 2-9 |
| | **Nervio Mediano** | |
| | Lesión completa valorar según afectación de músculos flexores de carpo y dedos | |

TABLA 2.a.1

| Código | Descripción de las secuelas | Puntuación anatómico funcional |
|---|---|---|
| 01083 | • Parálisis a nivel del brazo | 25-30 |
| 01084 | • Parálisis a nivel del antebrazo | 20-24 |
| 01085 | • Parálisis a nivel de la muñeca | 15-19 |
| | Lesión incompleta - Paresia en función del grado de afectación | |
| 01086 | • A nivel del brazo | 21-24 |
| 01087 | • A nivel del antebrazo | 11-20 |
| 01088 | • A nivel de la muñeca | 5-10 |
| | **Nervio Radial** | |
| | Lesión completa | |
| 01089 | • Parálisis a nivel del brazo sin/con afectación del tríceps | 20-25 |
| 01090 | • Parálisis a nivel del antebrazo con afectación de extensores de carpo y dedos | 15-19 |
| | Lesión incompleta | |
| 01091 | • A nivel del brazo sin/con afectación del tríceps | 15-19 |
| 01092 | • A nivel del antebrazo con afectación de extensores de carpo y dedos | 10-14 |
| 01093 | • A nivel de la muñeca sin afectación de extensores o a nivel de muñeca (solo sensitiva) | 2-4 |
| | **Nervio Cubital** | |
| | Lesión completa | |
| 01094 | • Parálisis a nivel del brazo. | 20-25 |
| 01095 | • Parálisis a nivel del antebrazo. Con afectación de sus flexores subsidiarios. | 15-19 |
| 01096 | • Parálisis a nivel del antebrazo. Sin afectación de sus flexores subsidiarios o en muñeca | 10-14 |
| | Lesión incompleta | |
| 01097 | • A nivel del brazo | 15-18 |
| 01098 | • A nivel del antebrazo | 10-14 |
| 01099 | • A nivel de la muñeca | 2-9 |
| | **Nervio Torácico largo** | |
| 01100 | • Lesión completa - Parálisis | 4-5 |
| 01101 | **Parestesias de partes acras** | 1-4 |
| | **2.3 Miembro Inferior** | |
| | (La suma resultante por lesión de los nervios de la extremidad inferior no puede superar a la monoplejia) | |
| | **Nervio Ciático (Nervio Ciático Común)** | |
| | Lesión completa - Parálisis | |
| 01102 | • Lesión proximal completa con afectación de flexores de la corva | 40 |
| 01103 | • Lesión distal completa sin afectación de flexores de la corva | 30 |
| | Lesión incompleta - Paresia | |
| | • Lesión Proximal: | |
| 01104 | ○ Grave | 31-39 |
| 01105 | ○ Moderada | 16-30 |
| 01106 | ○ Leve | 5-15 |
| | • Lesión Distal: | |
| 01107 | ○ Grave | 21-29 |
| 01108 | ○ Moderada | 11-20 |
| 01109 | ○ Leve | 2-10 |
| 01110 | • Neuralgia | 10-30 |
| | **Nervio Femoral (Nervio Crural)** | |
| 01111 | • Lesión completa - Parálisis | 25 |

TABLA 2.a.1

| Código | Descripción de las secuelas | Puntuación anatómico funcional |
|---|---|---|
| 01112 | • Lesión incompleta - Paresia | 6-12 |
| 01113 | • Neuralgia | 5-15 |
| | **Nervio Obturador** | |
| 01114 | • Lesión completa - Parálisis | 4 |
| 01115 | • Lesión incompleta - Paresia | 2-3 |
| | **Nervio Glúteo superior** | |
| 01116 | • Lesión completa - Parálisis | 4 |
| 01117 | • Lesión incompleta - Paresia | 1-3 |
| | **Nervio Glúteo inferior** | |
| 01118 | • Lesión completa - Parálisis | 6 |
| 01119 | • Lesión incompleta - Paresia | 1-5 |
| | **Nervio Peroneo común (Nervio Ciático Poplíteo Externo)** | |
| 01120 | • Lesión completa - Parálisis | 18 |
| 01121 | • Lesión incompleta - Paresia | 5-17 |
| | **Nervio Peroneo superficial (Nervio Músculocutáneo)** | |
| 01122 | • Lesión completa - Parálisis | 5 |
| 01123 | • Lesión incompleta - Paresia | 1-3 |
| | **Nervio Peroneo profundo (Nervio Tibial Anterior)** | |
| 01124 | • Lesión completa - Parálisis | 12 |
| 01125 | • Lesión incompleta - Paresia | 2-11 |
| | **Nervio Tibial (Nervio Ciático Poplíteo Interno)** | |
| | Lesión completa - Parálisis | |
| 01126 | • Lesión proximal (afecta grupo muscular posterior de la pierna completo) | 22 |
| 01127 | • Lesión distal (afecta musculatura intrínseca del pie) | 12 |
| | Lesión incompleta - Paresia | |
| | • Lesión Proximal: | |
| 01128 | ○ Grave | 16-21 |
| 01129 | ○ Moderada | 8-15 |
| 01130 | ○ Leve | 3-7 |
| | • Lesión Distal: | |
| 01131 | ○ Grave | 7-10 |
| 01132 | ○ Moderada | 4-6 |
| 01133 | ○ Leve | 1-3 |
| 01134 | **Parestesias de partes acras** | 1-3 |
| | **3. Trastornos Cognitivos y Daño Neuropsicológico** | |
| | **Síndrome frontal/trastorno orgánico de la personalidad / alteración de funciones cerebrales superiores integradas.** | |
| 01135 | • **Leve**: El síndrome comprende: | 13-20 |
| | a) Trastornos de la memoria que dificultan la consolidación de lo aprendido. | |
| | b) Mínima labilidad emocional (episodios aislados de irritabilidad ante frustraciones, de disminución de ánimo o de apatía). Leves alteraciones del sueño. | |
| | c) Alteraciones cognitivas transitorias. No se detectan prácticamente alteraciones del lenguaje. Es capaz de mantener su situación laboral. | |
| | d) Reducción de la actividad social manteniendo relaciones sociales significativas. | |
| | e) Autonomía completa para el cuidado personal. | |
| 01136 | • **Moderado**: El síndrome comprende: | 21-50 |

TABLA 2.a.1

| Código | Descripción de las secuelas | Puntuación anatómico funcional |
|---|---|---|
| | a) Trastornos de la memoria que producen limitaciones del aprendizaje y dificultades de evocación. | |
| | b) Sintomatología emocional moderada: Episodios de irritabilidad habituales antes situaciones de estrés o afecto aplanado con llanto fácil o apatía casi diaria. Episodios ocasionales de euforia o de expresiones inadecuadas de júbilo con descontrol e impulsos. Alteraciones del sueño habituales que inciden en la actividad diaria del paciente. | |
| | c) Alteraciones cognitivas objetivadas por terceros en los entornos del paciente: alteraciones de la memoria y la concentración. Ideas auto-referenciales o suspicacias ocasionales. Dificultad moderada para llevar a cabo la actividad laboral. Se detectan alteraciones del lenguaje durante el discurso: presencia de lenguaje circunstancial. | |
| | d) Reducción ostensible de la actividad social con desaparición paulatina de las relaciones interpersonales. | |
| | e) Precisa cierta supervisión de alguna de las actividades de la vida diaria. | |
| 01137 | • **Grave:** El síndrome comprende: | |
| | a) Trastornos graves de la memoria de fijación y evocación. Desorientación temporo- espacial. | |
| | b) No es capaz de llevar a cabo una actividad útil en la mayoría de las funciones sociales e interpersonales; presenta trastornos graves del comportamiento y/o cuadro depresivos significativos. Actúa de forma inapropiada y puede dañar a otros o a sí mismo. | |
| | c) Deterioro cognitivo importante en todos los entornos del paciente. Ideas auto-referenciales o suspicacias frecuentes. Es incapaz de mantener un empleo y no mantiene relaciones sociales. Alteraciones graves del lenguaje; es irrelevante, incoherente o ilógico. | |
| | d) No se relaciona interpersonalmente. | **51-80** |
| | e) Restricción en el hogar o en un centro con supervisión continuada. | |
| 01138 | • **Muy grave:** El síndrome comprende: | |
| | Amnesia anterógrada y retrograda impidiendo cualquier nueva adquisición de información. Incluye: amnesia de fijación, confabulaciones y paramnesias. Falsos reconocimientos. Desorientación temporo-espacial. Dependencia absoluta de otra persona para todas las actividades de la vida diaria. No es capaz de cuidar de sí mismo. | **81-95** |
| 01139 | **Síndrome Postconmocional / Trastorno cognoscitivo leve** (Evaluable clínicamente según criterios CIE-10 y DSM-V) Labilidad de atención, lentificación ideativa, dificultades de memoria, fatigabilidad intelectual, intolerancia al ruido, inestabilidad del humor, cefaleas y vértigos. | **2-12** |
| | **Trastornos del lenguaje - Trastornos de la comunicación:** | |
| 01140 | • Disfasia. Alteraciones en la denominación, en la repetición. Parafasia. Comprensión conservada. | **15-24** |
| 01141 | • Afasia motora (Broca) | **25-34** |
| 01142 | • Afasia sensitiva (Wernicke) | **35-50** |
| 01143 | • Afasia grave con jergonofasia, alexia y trastornos de la comprensión | **60-75** |
| | **Amnesia:** | |
| 01144 | • De fijación o anterógrada (incluida en deterioro de las Funciones Cerebrales Superiores Integradas). | |
| 01145 | • De evocación o retrógrada (incluida en el Síndrome Postconmocional) | |
| | **Epilepsias:** | |
| | No será considerada secuela si no existe evidencia de traumatismo cerebral con afectación craneoencefálica y de existencia de crisis previa. Tampoco se podrá proceder a determinar la tasa hasta haber agotado el periodo de estabilización o de curación espontánea, o en su caso, se haya conseguido la adaptación al tratamiento. Las anomalías aisladas del electroencefalograma en ausencia de crisis confirmadas, no permiten el diagnostico de epilepsia postraumáticas. | |
| | • **Epilepsia sin trastorno de la conciencia** | |
| 01146 | ○ Epilepsia parcial o focal simple (debidamente confirmada, según tipo y frecuencia de las crisis y los posibles efectos secundarios del tratamiento) | **5-15** |
| | • **Epilepsia con trastorno de la conciencia - generalizadas y parciales complejas:** | |
| 01147 | ○ Epilepsia bien controlada mediante un tratamiento bien tolerado | **10-15** |
| 01148 | ○ Epilepsia no controlada completamente, con crisis (hasta tres al año) | **16-34** |
| 01149 | ○ Epilepsia difícilmente controlada, con crisis (más de tres al año) | **35-54** |

TABLA 2.a.1

| Código | Descripción de las secuelas | Puntuación anatómico funcional |
|---|---|---|
| **01150** | ○ Epilepsia no controlable, refractaria a tratamiento y objetivable mediante Holter-EEG, con crisis casi semanales. | **55-79** |
| **01151** | ○ Epilepsia no controlable, refractaria a tratamiento y objetivable mediante Holter-EEG, con crisis casi diarias. | **80-90** |
| | **4. Trastornos Anatomo-Funcionales** | |
| | **Pérdida de sustancia ósea:** | |
| **01152** | • Que no requiera craneoplastia | **1-5** |
| **01153** | • Que requiera craneoplastia | **6-15** |
| **01154** | **Fístulas osteodurales** | **1-10** |
| **0155** | **Síndromes extrapiramidales (valorar según alteraciones funcionales)** | |
| **01156** | **Derivación ventrículo-peritoneal, ventrículo-vascular (por hidrocefalia postraumática) según alteración funcional.** | **15-25** |
| **01157** | **Material de osteosíntesis cráneo** | **1-8** |
| | **B) PSIQUIATRÍA Y PSICOLOGÍA CLÍNICA** | |
| | Las 4 categorías seculares de este apartado son excluyentes entre sí. En los casos calificados como grave o muy grave se podrán solicitar estudios forenses demostrativos del cumplimiento terapéutico. | |
| | **1. Trastornos Neuróticos** | |
| | **Trastorno por estrés postraumático:** Es indispensable que el cuadro clínico se produzca como consecuencia de un accidente de circulación de naturaleza excepcionalmente amenazante o catastrófica en el que se hayan producido lesiones graves o mortales, y en el que la víctima se haya visto directamente involucrada. | |
| | Se requiere que haya existido diagnóstico, tratamiento y seguimiento por especialista en psiquiatría o psicología clínica de forma continuada. Para su diagnóstico se deben cumplir los criterios del DSM-V o la CIE10. Asimismo, para establecer la secuela se precisa, tras alcanzar la estabilización del cuadro ansiosofóbico, de un informe médico psiquiátrico, con indicación de intensidad sintomática y la repercusión sobre su relación social. | |
| | Los criterios para la determinación de los grados de esta secuela se basarán en la periodicidad de los síntomas, y la gravedad de los mismos. | |
| **01158** | • **Leve:** Manifestaciones menores en tratamiento | **4-10** |
| **01159** | • **Moderado:** Fenómenos de evocación, evitación e hiperactivación frecuentes. | **11-15** |
| **01160** | • **Grave:** Síntomas recurrentes e invasivos de tipo intrusivo. Conductas de evitación sistemática, entrañando un síndrome fóbico severo. Estado de hipervigilancia en relación con los estímulos que recuerdan el trauma, pudiendo acompañarse de trastornos depresivos y disociativos. Presencia de ideación suicida. | **16-25** |
| | **Trastorno adaptativo y Otros trastornos neuróticos** | |
| | Se requiere que haya existido diagnóstico, tratamiento y seguimiento por especialistas en psiquiatría o psicología clínica de forma continuada. Para su diagnóstico se deben cumplir los criterios del DSM-V o la CIE10 y sus correspondientes actualizaciones. Asimismo, para establecer la secuela se precisa, tras alcanzar la estabilización del cuadro ansiosofóbico, de un informe médico psiquiátrico especialista en psiquiatría o de un informe psicológico de estado, con indicación de intensidad sintomática y la repercusión sobre su relación social. | |
| **01161.1** | • **Leve:** Manifestaciones menores en tratamiento | **4-10** |
| **01161.2** | • **Moderado:** Ansiedad generalizada con necesidad de control farmacológico/psicoterapéutico | **11-15** |
| | **2. Trastornos Permanentes del Humor** | |
| | En caso de graves lesiones postraumáticas con tratamientos complejos y de larga duración y con secuelas importantes, puede subsistir un estado psíquico permanente, consistente en alteraciones persistentes del humor. Se descartan en este apartado aquellos casos en los que hayan existido antecedentes de patología afectiva previa, que se valorarán como agravación de un estado previo. | |
| | Se requiere que haya existido diagnóstico, tratamiento y seguimiento por especialistas en psiquiatría o psicología clínica de forma continuada. Para su diagnóstico se deben cumplir los criterios del DSM-V o la CIE10 y sus correspondientes actualizaciones. Asimismo, para establecer la secuela se precisa, tras alcanzar la estabilización del cuadro ansiosofóbico, de un informe médico psiquiátrico especialista en psiquiatría o de un informe psicológico de estado, con indicación de intensidad sintomática y la repercusión sobre su relación social | |
| | **Trastorno depresivo mayor crónico:** | |

TABLA 2.a.1

| Código | Descripción de las secuelas | Puntuación anatómico funcional |
|---|---|---|
| 01162 | • **Leve:** El síndrome debe cumplir al menos cuatro criterios de los nueve descritos en el DSM-V o y tres de los siete del CIE10. Precisa seguimiento médico o psicológico frecuente por especialista con terapéutica específica. | **4-10** |
| 01163 | • **Moderado:** El síndrome debe cumplir al menos cinco criterios de los nueve descritos en el DSM-V o cuatro de los siete del CIE10. Precisa seguimiento médico o psicológico continuado por especialista con necesidad de tratamiento específico con o sin hospitalización en centro psiquiátrico. | **11-15** |
| 01164.1 | • **Grave:** El síndrome debe cumplir al menos siete criterios de los nueve descritos en el DSM-V o cinco de los siete del CIE10. Precisa seguimiento médico o psicológico continuado por especialista con tratamiento específico y hospitalización en centro psiquiátrico. | **16-30** |
| 01164.2 | • **Muy Grave:** Además del anterior criterio, la situación cronificada causa una total pérdida de relaciones interpersonales y sociales. Aislamiento. Tentativas autolíticas. | **31-60** |
| | **3. Síntomas residuales** | |
| 01165 | Síntomas residuales de cualquiera de los anteriores: de trastorno de estrés postraumático, de trastornos neuróticos o de otros trastornos del humor. Persisten síntomas esporádicos, que podrán precisar tratamiento de forma esporádica pero no precisan seguimiento por especialista. Pueden precisar tratamiento farmacológico. Se requiere que haya existido diagnóstico, tratamiento y seguimiento previo en las etapas anteriores por especialista en psiquiatra o psicología clínica. | **1-3** |
| | **4. Agravaciones** | |
| 01166 | **Agravación o desestabilización de demencia no traumática (incluye demencia senil)** | **1-25** |
| 01167 | **Agravación o desestabilización de otros trastornos mentales** | **1-10** |
| | **CAPÍTULO II ÓRGANOS DE LOS SENTIDOS / CARA / CUELLO** | |
| | **A) SISTEMA OCULAR** | |
| | **Globo ocular** | |
| 02001 | • **Enucleación de un globo ocular** | **30** |
| 02002 | • **Enucleación de ambos globos oculares** | **90** |
| 02003 | **Agudeza visual:** Pérdida de la agudeza visual (Ver tabla A y B) | **1-85** |
| | Nota: La determinación de la agudeza visual se realizará con corrección óptica, si precisa. Si el ojo afectado por el traumatismo tenía anteriormente algún déficit visual, la tasa de agravación será la diferencia entre el déficit actual y el preexistente. | |
| 02004 | • **Pérdida de visión de un ojo** | **25** |
| 02005 | • **Ceguera** | **85** |

**TABLA A. Agudeza visual: Visión de lejos**

| **Agudeza visual** | **Ojo derecho** | | | | | | | | | | | | |
|---|---|---|---|---|---|---|---|---|---|---|---|---|---|
| | **10/10** | **9/10** | **8/10** | **7/10** | **6/10** | **5/10** | **4/10** | **3/10** | **2/10** | **1/10** | **1/20** | **Inferior a 1/20** | **Ceguera total** |
| **10/10** | 0 | 0 | 0 | 1 | 2 | 3 | 4 | 7 | 12 | 16 | 20 | 23 | 25 |
| **9/10** | 0 | 0 | 0 | 2 | 3 | 4 | 5 | 8 | 14 | 18 | 21 | 24 | 25 |
| **8/10** | 0 | 0 | 0 | 3 | 4 | 5 | 6 | 9 | 15 | 20 | 23 | 25 | 28 |
| **7/10** | 1 | 2 | 3 | 4 | 5 | 6 | 7 | 10 | 18 | 22 | 25 | 28 | 30 |
| **6/10** | 2 | 3 | 4 | 5 | 6 | 7 | 9 | 12 | 18 | 25 | 29 | 32 | 35 |
| **5/10** | 3 | 4 | 5 | 6 | 7 | 8 | 10 | 15 | 20 | 30 | 33 | 35 | 40 |
| **4/10** | 4 | 5 | 6 | 7 | 9 | 10 | 11 | 18 | 23 | 35 | 38 | 40 | 45 |
| **3/10** | 7 | 8 | 9 | 10 | 12 | 15 | 18 | 20 | 30 | 40 | 45 | 50 | 55 |
| **2/10** | 12 | 14 | 15 | 16 | 18 | 20 | 23 | 30 | 40 | 50 | 55 | 60 | 65 |
| **1/10** | 16 | 18 | 20 | 22 | 25 | 30 | 35 | 40 | 50 | 65 | 68 | 70 | 78 |
| **1/20** | 20 | 21 | 23 | 25 | 29 | 33 | 38 | 45 | 55 | 68 | 75 | 78 | 80 |
| **Inferior a 1/20** | 23 | 24 | 25 | 28 | 32 | 35 | 40 | 50 | 60 | 70 | 78 | 80 | 82 |
| **Ceguera total** | 25 | 26 | 28 | 30 | 35 | 40 | 45 | 55 | 65 | 78 | 80 | 82 | 85 |

TABLA 2.a.1

| Código | Descripción de las secuelas | Puntuación anatómico funcional |
|---|---|---|

| TABLA B. Agudeza visual: Visión de cerca | | | | | | | | | | | | |
|---|---|---|---|---|---|---|---|---|---|---|---|---|
| **Agudeza visual** | **Ojo izquierdo** | | | | | | | | | | | |
| | **P1,5** | **P2** | **P3** | **P4** | **P5** | **P6** | **P8** | **P10** | **P14** | **P20** | **<P20** | **0** |
| **P1,5** | 0 | 0 | 2 | 3 | 6 | 8 | 10 | 13 | 16 | 20 | 23 | 25 |
| **P2** | 0 | 0 | 4 | 5 | 8 | 10 | 14 | 16 | 18 | 22 | 25 | 28 |
| **P3** | 2 | 4 | 8 | 9 | 12 | 16 | 20 | 22 | 25 | 28 | 32 | 35 |
| **P4** | 3 | 5 | 9 | 11 | 15 | 20 | 25 | 27 | 30 | 38 | 40 | 42 |
| **P5** | 6 | 8 | 12 | 15 | 20 | 26 | 30 | 33 | 36 | 42 | 46 | 50 |
| **P6** | 8 | 10 | 16 | 20 | 26 | 30 | 32 | 37 | 42 | 46 | 50 | 55 |
| **P8** | 10 | 14 | 20 | 25 | 30 | 32 | 40 | 46 | 52 | 58 | 62 | 65 |
| **P10** | 13 | 16 | 22 | 27 | 33 | 37 | 46 | 50 | 58 | 64 | 67 | 70 |
| **P14** | 16 | 18 | 25 | 30 | 36 | 42 | 52 | 58 | 65 | 70 | 72 | 76 |
| **P20** | 20 | 22 | 28 | 36 | 42 | 46 | 58 | 64 | 70 | 75 | 78 | 80 |
| **<P20** | 23 | 25 | 32 | 40 | 46 | 50 | 62 | 67 | 72 | 78 | 80 | 82 |
| **0** | 25 | 28 | 35 | 42 | 50 | 55 | 65 | 70 | 78 | 80 | 82 | 85 |

| | **Escotoma central:** | |
|---|---|---|
| **02006** | • Unilateral | **2-20** |
| **02007** | • Bilateral | **21-60** |
| | **Campo visual:** | |
| | Nota: La afectación de la visión central en las lesiones que afectan al campo visual debe priorizarse respecto de aquellas que afectan a la visión periférica. | |
| **02008** | • **Escotoma yuxtacentral o paracentral** | **2-15** |
| | **Hemianopsias** | |
| **02009** | • **Homónimas** | **20** |
| | • **Heterónimas:** | |
| **02010** | ○ Nasal | **25** |
| **02011** | ○ Temporal | **12** |
| **02012** | • **Quadrantanopsia** | **2-20** |
| | **Función oculo-motríz:** | |
| | • **Diplopía binocular postraumática** que no se pueda resolver quirúrgicamente, ni con prismas: | |
| **02013** | ○ En posiciones extremas de la mirada. | **1-2** |
| **02014** | ○ En el campo lateral o superior de la mirada. | **5-10** |
| **02015** | ○ En la parte inferior del campo visual (afecta a la lectura y deambulación). | **10-20** |
| **02016** | ○ En posición primaria de la mirada (al mirar al frente) que obliga a ocluir un ojo. | **20-25** |
| | **Polo anterior:** | |
| | • **Córnea:** | |
| **02017** | ○ Leucoma. Valorar según afectación de la agudeza visual. (Ver tabla A ) | |
| **02018** | ○ Erosión corneal recidivante | **2** |
| | • **Iris:** | |
| **02019** | ○ Alteraciones postraumáticas del iris, incluyendo recesiones angulares inferiores a 270.° | **1-5** |
| **02020** | ○ Recesiones angulares superiores a 270.° (se valora por su evolución futura a glaucoma) | **15** |
| | **Polo posterior:** | |
| **02021** | • Secuelas postraumáticas. (añadir pérdida de agudeza visual) (ver Tabla A) | **2** |
| | **Cristalino:** | |

TABLA 2.a.1

| Código | Descripción de las secuelas | Puntuación anatómico funcional |
|---|---|---|
| 02022 | • Catarata postraumática / facodonesis sin indicación quirúrgica. Valorar según trastorno de la agudeza visual y añadir 3 puntos (ver Tabla A) | |
| 02023 | • Pérdida del cristalino (afaquia) con o sin colocación de lente intraocular. Valorar según trastorno de la agudeza visual y añadir 5 puntos (ver Tabla A) | |
| 02024 | • Colocación de lente intraocular | **5** |
| | **Anejos oculares:** | |
| | Según tipo de afectación (entropion, ectropion, cicatrices viciosas, mal oclusión palpebral, ptosis, alteraciones de la secreción lacrimal) | |
| 02025 | ○ Unilateral | **1-10** |
| 02026 | ○ Bilateral | **5-20** |
| 02027 | **Manifestaciones hiperestésicas o hipoestésicas periorbitarias** | **1-3** |
| | **B) SISTEMA AUDITIVO** | |
| 02028 | **Pérdida de la agudeza auditiva. (Ver tablas B y C).** | **1-70** |
| | La evaluación de un déficit auditivo debe basarse en una exploración clínica completa y minuciosa acompañada por pruebas entre las que deben figurar, como mínimo, una audiometría tonal, una audiometría vocal y una impedanciometría (timpanometría con determinación del umbral de los reflejos estapedianos). La realidad del déficit auditivo puede confirmarse por la realización de pruebas objetivas como otoemisiones acústicas o potenciales evocados auditivos. La valoración se realiza en dos etapas; determinación de la pérdida auditiva media y evaluación de posibles distorsiones auditivas. | |
| | **Pérdida auditiva media:** | |
| | Se lleva a cabo teniendo en cuenta la deficiencia tonal en la conducción aérea, ponderando cada una de las frecuencias medidas por un coeficiente en función de su importancia para comunicación humana.La deficiencia, medida en decibelios, sobre las frecuencias 500, 1000, 2000 y 4000 Hzs., se multiplica por los coeficientes 2, 4, 3 y 1, respectivamente. La suma se divide entre 10. Seguidamente se consultará el cuadro que figura a continuación. | |

| Pérdida auditiva media en dB | 0-19 | 20-29 | 30-39 | 40-49 | 50-59 | 60-69 | 70-79 | 80 y + |
|---|---|---|---|---|---|---|---|---|
| 0-19 | 0 | 2 | 4 | 6 | 8 | 10 | 12 | 14 |
| 20-29 | 2 | 4 | 6 | 8 | 10 | 12 | 14 | 18 |
| 30-39 | 4 | 6 | 8 | 10 | 12 | 15 | 20 | 25 |
| 40-49 | 6 | 8 | 10 | 12 | 15 | 20 | 25 | 30 |
| 50-59 | 8 | 10 | 12 | 15 | 20 | 25 | 30 | 35 |
| 60-69 | 10 | 12 | 15 | 20 | 25 | 30 | 40 | 45 |
| 70-79 | 12 | 14 | 20 | 25 | 30 | 40 | 50 | 55 |
| 80 y + | 14 | 18 | 25 | 30 | 35 | 45 | 55 | 70 |

| Código | Descripción de las secuelas | Puntuación anatómico funcional |
|---|---|---|
| | **Distorsiones auditivas.** La evaluación deberá llevarse a cabo comparando esta tasa bruta con los resultados de una audiometría vocal para valorar eventuales distorsiones auditivas (en particular, el fenómeno del reclutamiento) que agravan la molestia funcional. El cuadro que figura a continuación ofrece las tasas de aumento, que, en su caso, podrán analizarse frente a los resultados de la audiometría tonal liminar | |

| % discriminación | 100 % | 90 % | 80 % | 70 % | 60 % | < 50 % |
|---|---|---|---|---|---|---|
| 100 % | 0 | 0 | 1 | 2 | 3 | 4 |
| 90 % | 0 | 0 | 1 | 2 | 3 | 4 |
| 80 % | 1 | 1 | 2 | 3 | 4 | 5 |
| 70 % | 2 | 2 | 3 | 4 | 5 | 6 |
| 60 % | 3 | 3 | 4 | 5 | 6 | 7 |
| < 50 % | 4 | 4 | 5 | 6 | 7 | 8 |

| Código | Descripción de las secuelas | Puntuación anatómico funcional |
|---|---|---|
| | **Pérdida total o parcial del pabellón auditivo:** | |
| 02029 | • Unilateral | **1-4** |
| 02030 | • Bilateral | **5-8** |
| 02031 | **Acúfenos aislados** (que no hayan sido valorados en el ámbito del síndrome postconmocional) | **1-3** |

TABLA 2.a.1

| Código | Descripción de las secuelas | Puntuación anatómico funcional |
|---|---|---|
| | **Vértigos** (objetivados con las pruebas correspondientes) | |
| 02032 | • Paroxísticos benignos | 1-3 |
| | • Afectación vestibular | |
| 02033 | ○ Unilateral | 4-10 |
| 02034 | ○ Bilateral | 11-30 |
| | Nota: Si el oído afectado por el traumatismo tenía anteriormente algún déficit de la audición, la tasa de agravación será la diferencia entre el déficit actual y el preexistente | |
| | C) SISTEMA OLFATORIO Y NARIZ | |
| 02035 | **Disosmia** | 1-5 |
| 02036 | **Anosmia** (incluye alteraciones gustativas) | 7-10 |
| | **Pérdida de la nariz:** | |
| 02037 | • Parcial | 5-24 |
| 02038 | • Total | 25 |
| 02039 | **Sinusitis crónica postraumática** | 5-12 |
| | **Alteración de la respiración nasal por deformidad ósea o cartilaginosa** | |
| 02040 | • Alteración unilateral | 1-3 |
| 02041 | • Alteración bilateral | 4-8 |
| | D) MAXILOFACIAL Y BOCA | |
| | 1. SISTEMA OSTEOARTICULAR | |
| | **Alteración traumática de la oclusión dental por lesión inoperable** (consolidación viciosa, pseudoartrosis del maxilar inferior y/o superior, pérdida de sustancia, etc.) | |
| 02042 | o Unilateral | 1-5 |
| 02043 | o Bilateral | 5-15 |
| 02044 | o Sin contacto dental | 15-30 |
| | **Deterioro estructural de maxilar superior y/o inferior** (sin posibilidad de reparación): | |
| 02045 | • Afectación completa de hueso basal de una hemiarcada y parcial de la otra | 40-75 |
| 02046 | • Afectación del hueso basal circunscrita a una hemiarcada | 20-39 |
| | **Pérdida de sustancia palatina** (paladar blando y/o duro) **incluyendo daños en huesos maxilares y/o palatinos:** | |
| 02047 | • Con comunicación con la cavidad nasal (inoperable) | 26-40 |
| 02048 | • Sin comunicación con la cavidad nasal | 20-25 |
| 02049 | • Afectación limitada a la porción alveolar de hueso maxilar o mandibular, según su repercusión funcional | 1-5 |
| | **Limitación de la apertura de la articulación temporo-mandibular (de 0 a 45 mm)** (se incluye la repercusión funcional derivada de la luxación y subluxación de la ATM) | |
| 02050 | • Apertura máxima inferior a 20 mm | 21-30 |
| 02051 | • Apertura máxima entre 20 y 30 mm | 6-20 |
| 02052 | • Apertura máxima entre 31 y 45 mm | 1-5 |
| 02053 | **Material de osteosíntesis** | 1-8 |
| | 2. BOCA | |
| | **Dientes (pérdida completa traumática):** | |
| 02054 | • Incisivo o canino | 1 |
| 02055 | • Premolar o molar | 2 |
| | En caso de tratamiento con prótesis removible se reducirá la puntuación en un 25%. Si la prótesis es fija la puntuación se reducirá en un 50%. La colocación de un implante osteointegrado supondrá la reducción de un 75%. El porcentaje se aplicará sobre el total del valor de la suma de los dientes rehabilitados. | |
| | **Lengua:** | |

TABLA 2.a.1

| Código | Descripción de las secuelas | Puntuación anatómico funcional |
|---|---|---|
| | • **Amputación:** | |
| 02056 | ○ Más del 50% | **21-45** |
| 02057 | ○ Menos del 50% | **5-20** |
| 02058 | • **Trastornos cicatriciales** (cicatrices retráctiles) de la lengua que originan alteraciones | **1-5** |
| | **E) CUELLO** | |
| | **1. FARINGE** | |
| 02059 | • **Estenosis con obstáculo a la deglución** | **12-25** |
| | **2. LARINGE** | |
| | • **Estenosis:** | |
| 02060 | ○ Estenosis cicatriciales que determinen disfonía | **5-12** |
| 02061 | ○ Estenosis cicatriciales que determinen disnea de esfuerzo sin posibilidad de prótesis | **15-30** |
| 02062 | • **Parálisis de una cuerda vocal** (disfonía) | **5-15** |
| 02063 | • **Parálisis de dos cuerdas vocales** (afonía) | **30** |
| | **CAPÍTULO III. SISTEMA MÚSCULO ESQUELÉTICO** | |
| | **A) TORAX** | |
| | **Mastectomía:** | |
| 03001 | • Unilateral parcial o total | **5-15** |
| 03002 | • Bilateral parcial o total | **16-25** |
| 03003 | **Fractura de costillas / esternón con neuralgias intercostales esporádicas** | **1-3** |
| 03004 | **Fractura de costillas / esternón con neuralgias intercostales persistentes asociadas a fracturas costales múltiples** | **4-6** |
| | **B) COLUMNA VERTEBRAL** | |
| | **1. Traumatismos menores de la columna vertebral** | |
| 03005 | **Algias postraumáticas cronificadas y permanentes y/o síndrome cervical asociado y/o agravación de artrosis previa** | **1-5** |
| | **2. Columna vertebral** (no derivada de traumatismo menor) | |
| 03006 | **Osteítis vertebral postraumática sin afectación medular** | **30-40** |
| 03007 | **Artrosis postraumática sin antecedentes previos** | **2-8** |
| 03008 | **Agravación artrosis previa** | **1-5** |
| 03009 | **Material de osteosíntesis en columna vertebral** | **5-15** |
| | **Fractura acuñamiento/aplastamiento** (se considerará globalmente todo el segmento afectado de columna cervical, dorsal o lumbar) | |
| 03010 | • Menos de 50% de altura vertebral | **2-10** |
| 03011 | • Más de 50% de altura vertebral | **11-15** |
| 03012 | **Cuadro clínico derivado de hernia/s discal/es correlacionable con el accidente.** | **1-15** |
| | (Se considera globalmente todo el segmento afectado de columna cervical, dorsal o lumbar) | |
| | **Algias postraumáticas** | |
| 03013 | • Sin compromiso radicular y/o síndrome cervical asociado | **1-5** |
| 03014 | • Con compromiso radicular (deberá objetivarse con EMG) con síndrome cervical asociado | **6-10** |
| 03015 | **Limitación de la movilidad de la columna cervical derivada de patología ósea** | **5-15** |
| | **Limitación de la movilidad de la columna dorso-lumbar de origen mecánico** | |
| 03016 | • **Limitación únicamente el segmento dorsal** | **2-10** |
| 03017 | • **Limitación de ambos segmentos dorsal y lumbar** | **11-20** |
| 03018 | **Alteración de la estática vertebral postfractura** (valorar según arco de curvatura y grados) | **1-20** |
| | **C) PELVIS** | |
| 03019 | **Disyunción púbica y sacroiliaca** (según afectación sobre estática vertebral y función locomotriz) | **5-12** |

TABLA 2.a.1

| Código | Descripción de las secuelas | Puntuación anatómico funcional |
|---|---|---|
| 03020 | **Estrechez pélvica con imposibilidad de parto por vía natural** | 5-10 |
| 03021 | **Algias pélvicas post-fractura** | 1-5 |
| | **D) EXTREMIDAD SUPERIOR** | |
| | **1. Amputaciones** | |
| | En el presente capítulo, a efectos de la valoración, se tendrá en cuenta la dominancia | |
| | **Desarticulación del miembro superior / Amputación del hombro:** | |
| 03022 | • Unilateral: | 55-60 |
| 03023 | • Bilateral | 90 |
| | **Amputación del brazo** | |
| 03024 | • Unilateral | 45-50 |
| 03025 | • Bilateral | 85 |
| | **Amputación del antebrazo** | |
| 03026 | • Unilateral | 40-45 |
| 03027 | • Bilateral | 80 |
| | **Amputación de mano (carpo y/o metacarpo):** | |
| 03028 | • Unilateral | 35-40 |
| 03029 | • Bilateral | 75 |
| | **Amputación transmetacarpiana con conservación del pulgar** | |
| 03030 | • Unilateral | 18-20 |
| 03031 | • Bilateral | 45 |
| | **Amputación metacarpo-falángica con conservación del pulgar** | |
| 03032 | • Unilateral | 15-17 |
| 03033 | • Bilateral | 40 |
| | **Amputación de dedos** | |
| | • **Pulgar** | |
| | ○ **Amputación completa del metacarpiano** (primer radio) | |
| 03034 | – Unilateral | 21-23 |
| 03035 | – Bilateral | 46 |
| | ○ **Amputación completa del primer dedo** | |
| 03036 | – Unilateral | 15-20 |
| 03037 | – Bilateral | 44 |
| | ○ **Amputación completa de la falange distal** | |
| 03038 | – Unilateral | 8-10 |
| 03039 | – Bilateral | 21 |
| | • **Segundo y tercer dedo (por cada dedo)** | |
| | ○ **Amputación completa del metacarpiano** (segundo y tercer radio) | |
| 03040 | – Unilateral | 11-12 |
| 03041 | – Bilateral | 24 |
| | ○ **Amputación completa del dedo** | |
| 03042 | – Unilateral | 9-10 |
| 03043 | – Bilateral | 21 |
| | ○ **Amputación completa a nivel de la 2.ª falange** | |
| 03044 | – Unilateral | 6-7 |
| 03045 | – Bilateral | 15 |
| | ○ **Amputación completa de la falange distal** | |

TABLA 2.a.1

| Código | Descripción de las secuelas | Puntuación anatómico funcional |
|---|---|---|
| 03046 | – Unilateral | 4-5 |
| 03047 | – Bilateral | 11 |
| | • **Cuarto y quinto dedo (por cada dedo)** | |
| | ○ **Amputación completa del metacarpiano** (cuarto y quinto radio) | |
| 03048 | – Unilateral | 9-10 |
| 03049 | – Bilateral | 21 |
| | ○ **Amputación completa del dedo** | |
| 03050 | – Unilateral | 7-8 |
| 03051 | – Bilateral | 17 |
| | ○ **Amputación completa a nivel de la 2.ª falange** | |
| 03052 | – Unilateral | 4-5 |
| 03053 | – Bilateral | 11 |
| | ○ **Amputación completa de la falange distal** | |
| 03054 | – Unilateral | 1-3 |
| 03055 | – Bilateral | 5 |
| | **2. Cintura Escapular y Hombro** | |
| | **2.1. Clavícula** | |
| 03056 | **Secuelas de luxación acromio-clavicular/esterno clavicular y/o fracturas mal consolidadas con defecto funcional y dolor** | 1-5 |
| 03057 | **Pseudoartrosis clavícula inoperable** (según limitaciones funcionales) | 5-10 |
| 03058 | **Material de osteosíntesis** | 1-3 |
| | **2.2. Hombro** | |
| 03059 | **Hombro oscilante** | 20-25 |
| | (pseudoatrosis, resecciones y amplias pérdidas de sustancia y resección de la cabeza humeral) | |
| | **Abolición de la movilidad del hombro** (artrodesis o anquilosis) | |
| 03060 | • Omoplato móvil | 20 |
| 03061 | • Omoplato fijo | 25 |
| | **Limitación de Movilidad** (se valorará el arco de movimiento posible) | |
| | • **Abducción (N: 180.º)** | |
| 03062 | ○ Mueve más de 90.º | 1-5 |
| 03063 | ○ Mueve más de 45.º y menos de 90.º | 6-10 |
| 03064 | ○ Mueve menos de 45.º | 11-15 |
| 03065 | • **Adducción (N: 30.º)** | 1-3 |
| | • **Flexión anterior (N: 180.º)** | |
| 03066 | ○ Mueve más de 90.º | 1-5 |
| 03067 | ○ Mueve más de 45.º y menos de 90.º | 6-10 |
| 03068 | ○ Mueve menos de 45.º | 11-15 |
| 03069 | • **Flexión posterior (extensión) (N: 40.º)** | 1-5 |
| 03070 | • **Rotación Externa (N: 90.º)** | 1-5 |
| 03071 | • **Rotación Interna (N: 60.º)** | 1-6 |
| 03072 | **Luxación recidivante del hombro inoperable** (según repercusión funcional) | 5-15 |
| 03073 | **Subluxación recidivante o inestabilidad de hombro** (documentada) | 2-4 |
| 03074 | **Osteoartritis séptica crónica** (según limitación funcional) | 20-25 |
| 03075 | **Artrosis postraumática y/o hombro doloroso** | 1-5 |
| 03076 | **Agravación de una artrosis previa** | 1-5 |

TABLA 2.a.1

| Código | Descripción de las secuelas | Puntuación anatómico funcional |
|---|---|---|
| 03077 | **Prótesis total del hombro** (según sus limitaciones funcionales, las cuales están incluidas) | 15-25 |
| 03078 | **Material de osteosíntesis** | 1-8 |
| | **3. Brazo** | |
| 03079 | **Consolidaciones en rotación y/o angulaciones del húmero superiores a 10.º** | 1-5 |
| | **Pseudoartrosis de húmero inoperable** | |
| 03080 | • Sin infección activa | 15 |
| 03081 | • Con infección activa | 20 |
| 03082 | **Osteomielitis activa de húmero** | 15 |
| 03083 | **Acortamiento / alargamiento del miembro superior mayor de dos centímetros** | 1-5 |
| 03084 | **Material de osteosíntesis** | 1-5 |
| | **4. Codo** | |
| | **Abolición de la movilidad del codo** (artrodesis o anquilosis) | |
| 03085 | • En posición funcional | 15-20 |
| 03086 | • En posición no funcional | 21-30 |
| | **Limitación movilidad codo (grados)**: Se considera la posición neutra (funcional) con el brazo a 90.º Desde esa posición el arco de máxima flexión es de 60.º y el de la extensión es de 90.º La limitación de la pronosupinación que afecta a las articulaciones del codo y la muñeca se valorará en el apartado «Antebrazo y muñeca». | |
| | • **Limitación de la flexión:** | |
| 03087 | ○ Mueve menos de 30.º | 6-14 |
| 03088 | ○ Mueve más de 30.º | 1-5 |
| | • **Limitación de la extensión:** | |
| 03089 | ○ Mueve menos de 60.º | 6-14 |
| 03090 | ○ Mueve más de 60.º | 1-5 |
| 03091 | **Extirpación de la cabeza del radio** (incluida limitación funcional) | 1-5 |
| 03092 | **Osteoartritis séptica crónica** (incluida limitación funcional) | 20-25 |
| 03093 | **Artrosis postraumática y/o codo doloroso** | 1-5 |
| 03094 | **Agravación de una artrosis previa** | 1-5 |
| 03095 | **Prótesis de codo** (incluida limitación funcional) | 15-20 |
| 03096 | **Material de osteosíntesis** | 1-5 |
| | **5. Antebrazo y Muñeca** | |
| | **Abolición de la movilidad de la muñeca** (artrodesis/anquilosis) | |
| 03097 | • En posición funcional | 10-12 |
| 03098 | • En posición no funcional | 13-15 |
| | **Limitación de la Prono-Supinación** | |
| 03099 | • Pronación (N: 90.º) | 1-5 |
| 03100 | • Supinación (N: 90.º) | 1-5 |
| | **Limitación de la Movilidad de la Muñeca** | |
| 03101 | • Flexión (N: 80.º) | 1-7 |
| 03102 | • Extensión (N: 70.º) | 1-8 |
| 03103 | • Inclinación radial (N: 25.º) | 1-3 |
| 03104 | • Inclinación cubital (N: 45.º) | 1-3 |
| 03105 | **Consolidación en rotación y/o angulaciones del antebrazo superiores a 10.º** | 1-3 |
| | **Pseudoartrosis inoperable de cúbito y radio** | |
| 03106 | • Sin infección activa | 18-20 |
| 03107 | • Con infección activa | 21-25 |

TABLA 2.a.1

| Código | Descripción de las secuelas | Puntuación anatómico funcional |
|---|---|---|
| | **Pseudoartrosis inoperable de cúbito** | |
| 03108 | • Sin infección activa | 8-10 |
| 03109 | • Con infección activa | 11-15 |
| | **Pseudoartrosis inoperable de radio** | |
| 03110 | • Sin infección activa | 6-8 |
| 03111 | • Con infección activa | 9-12 |
| 03112 | **Pseudoartrosis inoperable de escafoides** (según afectación funcional) | 6 |
| 03113 | **Luxación radio-cubital distal inveterada** (incluida limitación funcional) | 1-7 |
| 03114 | **Retracción isquémica de Volkmann** | 30-35 |
| 03115 | **Artrosis postraumática y/o antebrazo-muñeca dolorosa** | 1-5 |
| 03116 | **Material de osteosíntesis** | 1-5 |
| | **6. Metacarpo y Dedos** | |
| 03117 | **Síndrome residual postalgodistrofia de mano** (dolor, edema, hiperhidrosis, osteoporosis) | 1-5 |
| 03118 | **Artrosis postraumática y/o dolor en mano** | 1-3 |
| 03119 | **Material de osteosíntesis mano** | 1-3 |
| | **Anquilosis y limitación de movilidad:** | |
| | **Anquilosis/artrodesis del primer dedo** (se incluye el conjunto de las articulaciones que conforman el primer radio): | |
| 03120 | • En posición funcional | 7-10 |
| 03121 | • En posición no funcional | 11-15 |
| | **Anquilosis/artrodesis del segundo dedo** (se incluye el conjunto de las articulaciones): | |
| 03122 | • En posición funcional | 4-5 |
| 03123 | • En posición no funcional | 6-8 |
| | **Anquilosis/artrodesis de 3.º, 4.º ó 5.º dedo** (se incluye el conjunto de las articulaciones) | |
| 03124 | • En posición funcional | 2-4 |
| 03125 | • En posición no funcional | 5-6 |
| 03126 | **Limitación de la movilidad de la articulación carpo-metacarpiana del primer dedo** | 1-5 |
| | **Limitación de la movilidad de las articulaciones metacarpo-falángicas:** | |
| 03127 | • Primer dedo | 1-5 |
| 03128 | • Resto dedos (por cada dedo) | 1-2 |
| | **Limitación funcional de las articulaciones interfalángicas:** | |
| 03129 | • Primer dedo | 1-3 |
| 03130 | • Resto dedos (por cada dedo) | 1 |
| 03131 | **Material de osteosíntesis dedos mano** (por cada dedo) | 1 |
| | **E) EXTREMIDAD INFERIOR** | |
| | **1. Amputaciones** | |
| | La valoración de esta secuela dependerá del grado de la tolerancia de la prótesis (lesiones dérmicas, atrofia muscular y escala de satisfacción) | |
| | **Desarticulación del miembro inferior / Amputación a nivel de cadera:** | |
| 03132 | • Unilateral | 60-70 |
| 03133 | • Bilateral | 90-95 |
| | **Muslo:** | |
| 03134 | • Unilateral, a nivel diafisario o de la rodilla | 50-60 |
| 03135 | • Bilateral, a nivel diafisario o de la rodilla | 85-90 |
| | **Pierna:** | |

TABLA 2.a.1

| Código | Descripción de las secuelas | Puntuación anatómico funcional |
|---|---|---|
| 03136 | • Unilateral | 45-50 |
| 03137 | • Bilateral | 80-85 |
| | **Tobillo a nivel tibio-tarsiana:** | |
| 03138 | • Unilateral | 30-40 |
| 03139 | • Bilateral | 60-75 |
| | **Pie a nivel tarso y/o metatarso:** | |
| 03140 | • Unilateral | 20-30 |
| 03141 | • Bilateral | 40-60 |
| | **Amputación Primer dedo:** | |
| 03142 | • Unilateral | 10 |
| 03143 | • Bilateral | 21 |
| | **Amputación resto de los dedos (por cada dedo)** | |
| 03144 | • Unilateral | 3 |
| 03145 | • Bilateral | 7 |
| | **Amputación 2.ª falange del primer dedo** | |
| 03146 | • Unilateral | 3 |
| 03147 | • Bilateral | 7 |
| | **Amputación de 2.ª y 3.ª falange del resto de los dedos (por cada dedo)** | |
| 03148 | • Unilateral | 1 |
| 03149 | • Bilateral | 2 |
| | **2. Dismetrías de origen postraumático** | |
| | **Acortamiento de la extremidad inferior** (debe ser secundaria a una fractura y deberá acreditarse mediante prueba radiológica): | |
| 03150 | • Superior a 0,5 centímetros y hasta 3 centímetros | 1-9 |
| 03151 | • De 3,1 centímetros a 6 centímetros | 10-18 |
| 03152 | • De 6,1 centímetros a 10 centímetros | 19-27 |
| 03153 | • Superior a 10 cm | 28-40 |
| | **3. Cadera** | |
| | **Anquilosis / artrodesis:** | |
| 03154 | • En posición funcional | 25 |
| 03155 | • En posición no funcional | 26-35 |
| | **Limitación de movilidad** (se valorará el arco de movimiento posible): | |
| | • **Flexión (N: 120.º):** | |
| 03156 | ○ Mueve más de 90.º | 1-5 |
| 03157 | ○ Mueve más de 45.º y menos de 90.º | 6-10 |
| 03158 | ○ Mueve menos de 45.º | 11-15 |
| 03159 | • **Extensión (N: 20.º)** | 1-5 |
| | • **Abducción (N: 60.º):** | |
| 03160 | ○ Mueve más de 30.º | 1-3 |
| 03161 | ○ Mueve menos de 30.º | 4-8 |
| 03162 | • **Adducción (N: 20.º)** | 1-3 |
| | • **Rotación externa (N: 60.º):** | |
| 03163 | ○ Mueve más de 30.º | 1-2 |
| 03164 | ○ Mueve menos de 30.º | 3-6 |
| 03165 | • **Rotación interna (N: 30.º)** | 1-3 |

TABLA 2.a.1

| Código | Descripción de las secuelas | Puntuación anatómico funcional |
|---|---|---|
| 03166 | **Osteoartritis séptica crónica** (según limitación funcional) | 20-35 |
| 03167 | **Artrosis postraumática** (según limitación funcional y dolor) | 1-10 |
| 03168 | **Artrosis secundaria a artritis séptica sin signos de actividad séptica** | 10-15 |
| 03169 | **Artrosis secundaria a artritis séptica activa** | 16-35 |
| 03170 | **Coxalgia postraumática inespecífica** | 1-5 |
| 03171 | **Agravación de una artrosis previa** | 1-5 |
| 03172 | **Necrosis de cabeza femoral** (según limitación funcional y dolor) | 20-25 |
| | **Prótesis:** | |
| 03173 | • Parcial (según limitación funcional y dolor) | 15-19 |
| 03174 | • Total (según limitación funcional y dolor) | 20-25 |
| 03175 | **Material de osteosíntesis** | 1-10 |
| | **4. Muslo** | |
| | **Pseudoartrosis de fémur inoperable** | |
| 03176 | • Sin infección activa | 30 |
| 03177 | • Con infección activa | 40 |
| | **Consolidaciones en rotación y/o angulaciones** | |
| 03178 | • De 1.º a 10.º | 1-4 |
| 03179 | • Más de 10.º | 5-10 |
| 03180 | **Osteomielitis crónica de fémur** | 20 |
| 03181 | **Material de osteosíntesis fémur** | 1-10 |
| | **5. Rodilla** | |
| | **Anquilosis / artrodesis de rodilla:** | |
| 03182 | • En posición funcional | 20 |
| 03183 | • En posición no funcional | 21-30 |
| | **Limitación de la movilidad:** | |
| | • **Flexión (N:135.º):** | |
| 03184 | ○ Mueve más de 90.º | 1-4 |
| 03185 | ○ Mueve más de 45.º y menos de 90.º | 5-9 |
| 03186 | ○ Mueve menos de 45.º | 10-15 |
| | • **Extensión:** | |
| 03187 | ○ Déficit de menos 10.º | 1-2 |
| 03188 | ○ Déficit de 10.º a 15.º | 3-5 |
| 03189 | ○ Déficit de 16.º a 30.º | 6-15 |
| 03190 | **Osteoartritis séptica crónica** (según limitación funcional) | 20-35 |
| 03191 | y según limitaciones funcionales y dolor) | 1-10 |
| 03192 | **Artrosis secundaria a artritis séptica sin signos de actividad séptica** | 10-15 |
| 03193 | **Artrosis secundaria a artritis séptica activa** | 16-35 |
| 03194 | **Gonalgia postraumática inespecífica** | 1-5 |
| 03195 | **Agravación de una artrosis previa** (incluye dolor) | 1-5 |
| | **Secuelas de lesión de ligamentos** | |
| | (Según sintomatología, incluyendo dolor y limitaciones funcionales) | |
| 03196 | • Ligamentos laterales, operados o no | 1-10 |
| 03197 | • Ligamentos cruzados, operados o no | 1-15 |
| 03198 | **Secuelas de lesiones meniscales** (operadas o no) con sintomatología | 1-5 |

TABLA 2.a.1

| Código | Descripción de las secuelas | Puntuación anatómico funcional |
|---|---|---|
| 03199 | **Secuelas combinadas de lesiones menisco - ligamentosas** (según sintomatología, incluyendo dolor y limitación funcional) | 5-20 |
| | **Prótesis de rodilla:** | |
| 03200 | • Parcial / unicompartimental (según limitación funcional y dolor) | 15-20 |
| 03201 | • Total (según limitación funcional y dolor) | 21-25 |
| 03202 | **Material de osteosíntesis rodilla** | 1-8 |
| | **Rótula:** | |
| | • **Extirpación de la rótula** (patelectomía): | |
| 03203 | ○ Parcial | 1-10 |
| 03204 | ○ Total | 15 |
| 03205 | • **Luxación recidivante inoperable** | 1-10 |
| 03206 | • **Condropatía rotuliana postraumática** | 1-5 |
| 03207 | **Material de osteosíntesis rótula** | 1-3 |
| | **6. Pierna** | |
| | **Pseudoartrosis de tibia inoperable** | |
| 03208 | • Sin infección | 25 |
| 03209 | • Con infección activa | 30 |
| | **Consolidación en rotación y/o angulaciones** | |
| 03210 | • De 1.º a 10.º | 1-4 |
| 03211 | • Más de 10.º | 5-10 |
| 03212 | **Osteomielitis de tibia** | 20 |
| 03213 | **Material de osteosíntesis tibia o peroné** | 1-6 |
| | **7. Tobillo** | |
| | **Anquilosis / artrodesis tibio-tarsiana** | |
| 03214 | • En posición funcional | 12 |
| 03215 | • En posición no funcional | 13-20 |
| | **Limitación de la movilidad** (se valorará según el arco de movimiento posible) | |
| 03216 | • Flexión plantar (N: 45.º) | 1-7 |
| 03217 | • Flexión dorsal (N: 25.º) | 1-5 |
| 03218 | **Secuelas derivadas de lesiones ligamentosas tobillo** | 1-7 |
| 03219 | **Síndrome residual post-algodistrofia de tobillo / pie** | 5-10 |
| 03220 | **Agravación de artrosis previa al traumatismo** | 1-5 |
| 03221 | **Artrosis postraumática** (según limitaciones funcionales y dolor) | 1-8 |
| 03222 | **Material de osteosíntesis tobillo** | 1-6 |
| | **8. Pie** | |
| 03223 | **Anquilosis / artrodesis mediotarsiana (de CHOPART) y tarsometatarsiana (de LISFRANC),** en función del compromiso de la marcha | 4-6 |
| 03224 | **Anquilosis / artrodesis subastragalina** | 5-8 |
| 03225 | **Doble artrodesis / anquilosis** | 8-10 |
| 03226 | **Triple artrodesis / anquilosis** | 11 |
| | **Limitación de la movilidad:** | |
| 03227 | • Inversión (N: 30.º) | 1-3 |
| 03228 | • Eversión (N: 20.º) | 1-3 |
| 03229 | • Abducción (N: 25.º) | 1-3 |
| 03230 | • Adducción (N: 15.º) | 1-3 |

TABLA 2.a.1

| Código | Descripción de las secuelas | Puntuación anatómico funcional |
|---|---|---|
| 03231 | **Artrosis postraumática subastragalina** | 1-5 |
| 03232 | **Talalgia / Metatarsalgia postraumática inespecíficas** | 1-5 |
| 03233 | **Pseudoartrosis de astrágalo inoperable** | 10-15 |
| 03234 | **Deformidades postraumáticas del pie** | 1-15 |
| 03235 | **Material de osteosíntesis** | 1-3 |
| | **9. Dedos** | |
| | **Limitación funcional de la articulación metatarso - falángica** | |
| 03236 | • Primer dedo | 2 |
| 03237 | • Resto de los dedos (por cada dedo) | 1 |
| 03238 | **Material de osteosíntesis** (por cada dedo) | 1 |
| | **CAPÍTULO IV. SISTEMA CÁRDIO-RESPIRATORIO** | |
| | **A) CORAZÓN** | |
| | **Insuficiencia cardiaca:** | |
| 04001 | • Grado I: Disnea al realizar grandes esfuerzos (Fracción de Eyección: 60% al 50%) | 5-10 |
| 04002 | • Grado II: Disnea al realizar moderados esfuerzos (Fracción de Eyección: 50% al 40%) | 11-30 |
| 04003 | • Grado III: Disnea al realizar pequeños esfuerzos (Fracción de Eyección: 40% al 30%) | 31-60 |
| 04004 | • Grado IV: Disnea al menor esfuerzo e incluso en reposo (Fracción de Eyección: <30%) | 61-90 |
| 04005 | **Agravación de insuficiencia cardiaca previa** (se deberá valorar el diferencial de agravación) | |
| 04006 | **Secuelas tras traumatismo cardiaco** (sin insuficiencia cardiaca) básicamente pericárdicas | 5-10 |
| 04007 | **Infarto de miocardio postraumático** (sin insuficiencia cardiaca) derivado de traumatismo toraco-esternal | 10-20 |
| 04008 | **Infarto de miocardio postraumático** (sin insuficiencia cardiaca) sin traumatismo toraco-esternal por desestabilización de estado anterior y presentado en un máximo de 72 horas desde la ocurrencia del accidente | 8 |
| 04009 | **Prótesis valvulares** | 20-35 |
| | **B) SISTEMA RESPIRATORIO** | |
| | **1. Tráquea** | |
| 04010 | **Traqueotomizado con necesidad permanente de cánula** | 35-45 |
| 04011 | **Estenosis traqueal** (valorar según repercusión funcional) | |
| | **2. Parénquima pulmonar** | |
| 04012 | **Secuelas postraumáticas pleurales según repercusión funcional** | 10-15 |
| | **Resección:** | |
| 04013 | • R. Parcial de un pulmón (añadir valoración Insuficiencia Respiratoria) | 5 |
| 04014 | • R. Total de un pulmón (neumonectomía) (añadir valoración Insuficiencia Respiratoria) | 12 |
| | **3. Función respiratoria (Insuficiencia respiratoria)** | |
| | El examen clínico será practicado por un Especialista en Neumología. | |
| | CV: Capacidad Vital | |
| | CPT: Capacidad pulmonar total | |
| | VEMS: Volumen espiratorio máximo por segundo | |
| | PaO2: Presión parcial de oxígeno en sangre arterial | |
| | PaCO2:Presión parcial de anhídrido | |
| 04015 | **Parálisis del nervio frénico** (se valorará la Insuficiencia Respiratoria) | 2-90 |
| | **Insuficiencia respiratoria:** | |
| 04016 | • **Disnea para esfuerzos importantes con alteración menor de los tests funcionales** | 2-5 |
| 04017 | • **Disnea tipo I:** al subir un piso, al caminar rápido o al subir una pendiente suave con CV o CPT entre 70 y 80%; o bien VEMS entre 70 y 80%; o bien TLCO/VA entre 60 y 70% | 6-15 |

TABLA 2.a.1

| Código | Descripción de las secuelas | Puntuación anatómico funcional |
|---|---|---|
| 04018 | • **Disnea tipo II:** al caminar normalmente en terreno llano con CV o CPT entre 60 y 70%; VEMS entre 60 y 70%; o bien TLCO/VA inferior a 60% | 16-30 |
| 04019 | • **Disnea tipo III:** al caminar en terreno llano a su propio ritmo con CV o CPT entre 50 y 60%; o bien VEMS entre 40 y 60%; o bien hipoxemia en reposo (PaO2) entre 60 y 70mm Hg. | 31-60 |
| 04020 | • **Disnea tipo IV:** al mínimo esfuerzo con CV o CPT inferior a 50%; o bien VEMS inferior a 40%; o bien hipoxemia en reposo (PaO2) inferior a 60 mm Hg., asociada o no a un trastorno de CO2 (PaCO2); con posible limitación derivada de una oxigenoterapia de larga duración | 61-90 |
| | **CAPÍTULO V . SISTEMA VASCULAR** | |
| | **A) SISTEMA VENOSO** | |
| | **1. Extremidades inferiores:** | |
| | **Insuficiencia venosa de origen postraumático y/o síndrome postflebítico** | |
| | **(sin patología venosa previa):** | |
| 05001 | • **Leve** (Insuficiencia venosa que precisa media elástica indefinida) | 3-10 |
| 05002 | • **Moderado** (Edema organizado y aumento de tamaño de la extremidad y/o de aparición de varices no quirúrgicas) | 11-20 |
| 05003 | • **Grave** (aparición de úlceras y trastornos tróficos graves) y/o claudicación venosa. | 21-30 |
| 05004 | **Agravación de patología venosa superficial (varices) sin afectación profunda, incluye la varicoflebitis** | 1-3 |
| 05005 | **Agravación de patología profunda –retrombosis- y/o ulceras sobre pierna flebítica.** | 4-15 |
| | **2. Extremidades superiores:** | |
| | **Insuficiencia venosa de origen postraumático y/o síndrome postflebítico** | |
| | **(sin patología venosa previa):** | |
| 05006 | • Edema postflebítico | 3-10 |
| 05007 | • Claudicación venosa | 11-20 |
| | **B) SISTEMA ARTERIAL** | |
| | **Trastornos arteriales de origen postraumático** (sin patología arterial previa). Isquemia arterial (según la clasificación de Fontaine): | |
| 05008 | • TIPO I: Claudicación a larga distancia | 1-10 |
| | Claudicación intermitente y frialdad (según repercusión funcional) | |
| 05009 | • TIPO IIA: Claudicación intermitente en distancias superiores a 150 metros, frialdad y/o tróficos leves. | |
| | Valorable también en extremidad superior como claudicación al esfuerzo o a la abducción. Por lesión obstructiva no operada. Maniobra de Adson positiva. | 11-15 |
| 05010 | • TIPO IIB: Claudicación intermitente en distancias inferiores a 150 metros, pero sin dolor en reposo. Índice tobillo-brazo por encima de 0,45. | 16-30 |
| | • TIPO III y IV (Calificable como isquemia crítica). Requiere siempre actuación quirúrgica y se valorará después, según resultados. Índice tobillo brazo por debajo de 0,45. | |
| 05011 | **Agravación de insuficiencia arterial previa** (se deberá valorar el diferencial de agravación) | |
| 05012 | **Fístulas arteriovenosas traumática no reparada y sin repercusión funcional o repercusión funcional regional** | 1-20 |
| 05013 | **Fístulas arteriovenosas traumática no reparada con repercusión funcional central** | |
| | (valorar según insuficiencia cardíaca) | |
| | **C) SISTEMA LINFÁTICO** | |
| | **Linfedema postraumático:** | |
| 05014 | • **Leve**, que precisa tratamiento con linfotónicos con aumento discreto de diámetro de contorno. Precisa media elástica indefinida. | 3-10 |
| 05015 | • **Moderado** (postraumático o postcicatricial), con aumento mayor de diámetro y trastorno trófico que cursa con hipodermitis y ocasionalmente linfangitis. Precisa media especial y ocasionalmente soporte mediante vendajes elásticos. | 11-20 |
| 05016 | • **Grave**, de tipo elefantiásico o asociado a linfangiocelulitis; trastornos tróficos y/o ulceras. Se incluye la hipodermitis severa | 21-30 |

TABLA 2.a.1

| Código | Descripción de las secuelas | Puntuación anatómico funcional |
|---|---|---|
| | D) PRÓTESIS VASCULARES | |
| 05017 | **Prótesis valvulares y vasculares** (grandes vasos) | 20-30 |
| 05018 | **Prótesis vasculares** (By-pass, stent, injertos autólogos / heterólogos, etc.). | 8-25 |
| | CAPÍTULO VI. SISTEMA DIGESTIVO | |
| | A) ESÓFAGO | |
| 06001 | **Trastornos de la función motora** | 15-20 |
| 06002 | **Hernia de hiato esofágica** (secundaria a lesión del diafragma. Según trastorno funcional y sin posibilidad de reparación quirúrgica) | 2-20 |
| 06003 | **Fístula esófago-traqueal sin posibilidad de reparación quirúrgica** | 10-35 |
| 06004 | **Fístula externa sin posibilidad de reparación quirúrgica** | 10-25 |
| 06005 | **Estenosis esofágica sin posibilidad de reparación quirúrgica** | 10-24 |
| 06006 | **Autotransplante yeyuno** | 25-35 |
| | B) ESTÓMAGO | |
| | **Gastrectomía:** | |
| 06007 | • Parcial | 5-15 |
| 06008 | • Subtotal | 16-30 |
| 06009 | • Total | 45 |
| | C) INTESTINO DELGADO Y GRUESO | |
| 06010 | **Yeyuno-ilectomía o colectomia sin trastorno funcional** | 5 |
| | **Yeyuno-ilectomía o colectomia con trastorno funcional:** | |
| 06011 | • Necesita un seguimiento médico periódico, tratamiento intermitente, precauciones dietéticas y no existe repercusión del estado general. | 10-15 |
| 06012 | • Necesita un seguimiento médico frecuente, tratamiento casi permanente, limitación dietética estricta y presenta repercusión del estado general. | 16-25 |
| 06013 | • Necesita un seguimiento médico frecuente, tratamiento constante, limitación dietética estricta y presenta repercusión del estado general. | 26-40 |
| 06014 | • Síndrome de malabsorción con necesidad de alimentación parenteral permanente | 60 |
| 06015 | **Ostomías** (colostomía e ileostomía) | 40-50 |
| 06016 | **Incontinencia con o sin prolapso** | 20-50 |
| 06017 | **Fístulas sin posibilidad de reparación quirúrgica** | 15-30 |
| | D) HÍGADO Y VÍAS BILIARES | |
| | **Alteraciones hepáticas:** | |
| 06018 | • **Leve** (sin trastornos de la coagulación ni citolisis, pero con colestasis) | 1-15 |
| 06019 | • **Moderada** (alteración ligera de la coagulación y/o signos mínimo de citolisis) | 16-30 |
| 06020 | • **Grave** (alteración severa de la coagulación, citolisis y colestasis) | 31-70 |
| 06021 | **Lobectomía hepática sin alteración funcional** | 10 |
| 06022 | **Colecistectomía** | 5-10 |
| 06023 | **Fístulas biliares sin posibilidad de reparación quirúrgica** | 15-30 |
| | E) PÁNCREAS | |
| 06024 | **Alteraciones postraumáticas de la función exocrina.** | 1-15 |
| | F) BAZO | |
| | **Esplenectomía:** | |
| 06025 | • Sin repercusión hemato o inmunológica | 5 |
| 06026 | • Con repercusión hemato y/o inmunológica | 10-15 |
| | G) HERNIAS Y ADHERENCIAS (sin reparación quirúrgica) | |
| 06027 | **Inguinal, crural y umbilical** | 5-10 |

TABLA 2.a.1

| Código | Descripción de las secuelas | Puntuación anatómico funcional |
|---|---|---|
| 06028 | **Epigástrica y Diafragmática** | 15-20 |
| 06029 | **Adherencias peritoneales** | 8-15 |
| 06030 | **Eventraciones** | 10-20 |
| | **CAPÍTULO VII. SISTEMA URINARIO** | |
| | **A) RIÑÓ N** | |
| | **Nefrectomía:** | |
| 07001 | • Nefrectomía unilateral parcial-total. (Se deberá valorar de forma independiente la Insuficiencia Renal si existe afectación de la función renal con Filtrado Glomerular (FG) < 60 ml/min.) | 10-25 |
| 07002 | • Nefrectomía bilateral | 75 |
| | **Insuficiencia renal** (FG corresponde a Filtrado Glomerular) (estimación del grado de insuficiencia renal, se mide en mililitros / minutos) | |
| 07003 | • Grado I: FG 120-90 ml / min. | 5-10 |
| 07004 | • Grado II: FG 89-60 ml / min. | 11-20 |
| 07005 | • Grado III: FG 59-30 ml / min. | 21-40 |
| 07006 | • Grado IV: FG 29-15 ml / min. | 41-60 |
| 07007 | • Grado V: FG < de 15 ml / min. | 61-70 |
| 07008 | • Grado VD: necesidad de tratamiento renal sustitutivo (diálisis o trasplante renal). | 75 |
| | **B) VEJIGA** | |
| 07009 | **Retención crónica de orina**: Sondajes obligados | 10-20 |
| | **Incontinencia urinaria:** | |
| 07010 | • De esfuerzo | 2-15 |
| 07011 | • Permanente | 30-40 |
| | **C) URETRA** | |
| 07012 | **Estrechez sin infección ni insuficiencia renal** | 2-8 |
| 07013 | **Estrechez con infección sin insuficiencia renal** | 9-15 |
| 07014 | **Uretritis crónica** (cuadro clínico independiente que no debe formar parte de otra entidad clínica de uretra, próstata, etc.) | 2-8 |
| 07015 | **Cistitis crónica** (cuadro clínico independiente que no debe formar parte de otra entidad clínica de uretra, próstata, etc.) | 2-8 |
| | **CAPÍTULO VIII. SISTEMA REPRODUCTOR** | |
| | **A) APARATO GENITAL FEMENINO** | |
| 08001 | **Lesiones vulvares y vaginales que dificulten o imposibiliten el coito** | 20-40 |
| | (según repercusión funcional) | |
| | **Pérdida del útero:** | |
| 08002 | • Antes de la menopausia | 40 |
| 08003 | • Después de la menopausia | 10 |
| 08004 | ○ Pérdida de un ovario | 20-25 |
| 08005 | ○ Pérdida de dos ovarios | 40 |
| | **• Después de la menopausia** | |
| 08006 | ○ Pérdida de uno o dos ovarios | 10 |
| | **B) APARATO GENITAL MASCULINO** | |
| 08007 | **Desestructuración del pene** (incluye disfunción eréctil) | 30-40 |
| | **Testículos:** Según resultado del tratamiento de sustitución. En caso de verificarse antes de la pubertad, debe tenerse en cuenta el daño futuro, que se traducirá particularmente en alteraciones a nivel de crecimiento, desarrollo sexual y fecundidad. | |
| 08008 | **• Perdida traumática de un testículo** | 20-25 |
| 08009 | **• Perdida traumática de dos testículos** | 40 |

TABLA 2.a.1

| Código | Descripción de las secuelas | Puntuación anatómico funcional |
|---|---|---|
| 08010 | **Varicocele - Hematocele** (según grado y posibilidades de tratamiento). | **2-10** |
| 08011 | **Impotencia** (según respuesta terapéutica). | **2-20** |
| 08012 | **Prótesis de pene** | **1-10** |
| 08013 | **Prótesis de testículo** | **1-5** |
| | **CAPÍTULO IX. SISTEMA GLANDULAR ENDOCRINO** | |
| | El diagnostico de patología endocrina postraumática se realizará en función del resultado de los examenes clínicos y pruebas complementarias practicadas por un especialista en endocrinología. Indispensable descartar la presencia de un esatdo anterior a veces desconocido por el paciente. La valoración tendrá en cuenta la adaptación al tratamiento, la respuesta al mismo y el control de la enfermedad. | |
| | **A) HIPÓFISIS** | |
| 09001 | **Panhipopituitarismo** | **10-45** |
| | Déficit total de las funciones hipofisarias anterior y posterior por destrucción total de la glándula | |
| 09002 | **Diabetes insípida** (en función de la diuresis diaria con tratamiento adecuado) | **15-30** |
| | **B) TIROIDES** | |
| 09003 | **Hipotiroidismo** (excepcionalmente postraumático y por destrucción total de la tiroides) | **10** |
| | **C) PARATIROIDES** | |
| 09004 | **Hipoparatiroidismo** (excepcionalmente postraumático y por destrucción total de la paratiroides) | **10** |
| | **D) PÁNCREAS - DIABETES INSULINO DEPENDIENTE** | |
| | Sólo se puede considerar postraumática cuando se deriva de una lesión masiva del páncreas | |
| 09005 | **Diabetes mal controlada** (Control a través de la Hb A1c cada 3 meses. Según repercusión sobre el estado general, complicaciones y limitación de la actividad general del paciente) | **21-40** |
| 09006 | **Diabetes bien controlada** (Control a través de la Hb A1c. Según repercusión sobre la actividad general) | **15-20** |
| | **E) SUPRARRENALES** | |
| 09007 | **Insuficiencia suprarrenal** (excepcionalmente postraumático y por destrucción de alguna de las glándulas suprarrenales) | **10-25** |
| | **CAPÍTULO X. SISTEMA CUTÁNEO** | |
| | Las quemaduras graves y extensas, además de perjuicios puramente estéticos, psicológicos, amputaciones importantes repercusiones sensitivo-motoras, pueden constituir alteraciones que merecen una consideración específica. Solo serán valorables por este capítulo las quemaduras profundas que han precisado de injertos cutáneos o han dejado cicatrizaciones patológicas que ocasionen trastornos dermatológicos. El resto de las quemaduras serán valoradas exclusivamente en el apartado de perjuicio estético. | |
| | Los posibles trastornos dermatológicos son: disfunción de la termo-regulación y sudoración y fragilidad cutánea manifestada por ulceraciones, rozaduras por contacto con las prendas de vestir o intolerancia a la exposición solar. También puede aparecer sintomatología pruriginosa, eccemas, e hiperquetatosis.Dado que el prurito es una sensación subjetiva no cuantificable, deberá tenerse en cuenta para su evaluación la posible existencia de lesiones secundarias de rascado, hiperpigmentación y liquenificación. | |
| | El porcentaje de superficie corporal afectado debe medirse mediante la denominada regla de los nueves, (método de Pulaski y Tennison), que asigna un 9% a cabeza y cuello, 9% a cada extremidad superior (la palma de la mano representa el 1%), y un 18% a cada una de las restantes partes: cada una de las extremidades inferiores, parte anterior del tronco y parte posterior del tronco. El 1% restante se atribuye a la zona genital. En niños estos porcentajes se distribuyen de la forma siguiente: cabeza y cuello: 18%, parte anterior del tronco: 15%, cada una de las extremidades inferiores 15%. El resto de la superficie corporal se distribuye de igual forma que en los adultos. | |
| | Para la valoración de las alteraciones del sistema cutáneo se tendrá en cuenta la superficie de las lesiones, el modo de reparación (injertos autólogos, cultivos) y posibles trastornos de las zonas injertadas. | |
| | Cuando las cicatrices post quemadura produzcan perjuicio estético o manifestaciones en otros órganos o sistemas, la puntuación correspondiente a las alteraciones dermatológicas se complementará con la atribuible a las otras manifestaciones. | |
| | **Se valorará según porcentaje de superficie corporal total afectada** | |
| 10001 | **Hasta el 9%** | **1-4** |

TABLA 2.a.1

| Código | Descripción de las secuelas | Puntuación anatómico funcional |
|---|---|---|
| 10002 | Del 10 al 20% | 5-20 |
| 10003 | Del 21 al 40% | 21-35 |
| 10004 | Del 41 al 60% | 36-50 |
| 10005 | Más del 60% | 51-75 |
| APARTADO SEGUNDO | | |
| CAPÍTULO ESPECIAL: PERJUICIO ESTÉTICO | | |
| 11001 | Ligero | 1-6 |
| 11002 | Moderado | 7-13 |
| 11003 | Medio | 14 - 21 |
| 11004 | Importante | 22 - 30 |
| 11005 | Muy importante | 22 - 30 |
| 11006 | Importantísimo | 41 - 50 |

Nota: (1) El Baremo Médico incorpora, a su vez, en relación con el sistema ocular y el sistema auditivo, unas tablas en las que se reflejan los daños correspondientes al lado derecho de los órganos de la vista y del oído, en los ejes de las abscisas. Los del lado izquierdo de estos órganos, en el eje de las ordenadas. Por tanto, con los datos contenidos en el informe médico sobre la agudeza visual o auditiva del lesionado después del accidente se localizarán los correspondientes al lado derecho, en el eje de las abscisas, y los del lado izquierdo, en el eje de las ordenadas. Trazando líneas perpendiculares a partir de cada uno de ellos, se obtendrá la puntuación de la lesión, que corresponderá a la contenida en el cuadro donde confluyan ambas líneas. La puntuación oscila entre 0 y 85 en el órgano de la visión

TABLA 2.A.2
BAREMO ECONÓMICO

| | Edad del lesionado | | | | | | | | |
|---|---|---|---|---|---|---|---|---|---|
| Puntos | Hasta 2 | 2 | 3 | 4 | 5 | 6 | 7 | 8 | 9 |
| 1 | 1.143,07 € | 1.139,55 € | 1.136,01 € | 1.132,49 € | 1.128,96 € | 1.125,43 € | 1.121,91 € | 1.118,37 € | 1.114,85 € |
| 2 | 2.356,68 € | 2.349,40 € | 2.342,13 € | 2.334,86 € | 2.327,58 € | 2.320,31 € | 2.313,03 € | 2.305,76 € | 2.298,48 € |
| 3 | 3.630,00 € | 3.618,80 € | 3.607,59 € | 3.596,39 € | 3.585,18 € | 3.573,99 € | 3.562,78 € | 3.551,58 € | 3.540,37 € |
| 4 | 4.952,29 € | 4.937,00 € | 4.921,71 € | 4.906,43 € | 4.891,14 € | 4.875,86 € | 4.860,58 € | 4.845,29 € | 4.830,01 € |
| 5 | 6.312,62 € | 6.293,14 € | 6.273,65 € | 6.254,17 € | 6.234,69 € | 6.215,20 € | 6.195,71 € | 6.176,23 € | 6.156,75 € |
| 6 | 7.700,39 € | 7.676,62 € | 7.652,85 € | 7.629,09 € | 7.605,32 € | 7.581,55 € | 7.557,79 € | 7.534,03 € | 7.510,26 € |
| 7 | 9.176,89 € | 9.148,57 € | 9.120,24 € | 9.091,92 € | 9.063,60 € | 9.035,28 € | 9.006,96 € | 8.978,62 € | 8.950,30 € |
| 8 | 10.686,62 € | 10.653,64 € | 10.620,65 € | 10.587,67 € | 10.554,68 € | 10.521,70 € | 10.488,71 € | 10.455,74 € | 10.422,75 € |
| 9 | 12.222,30 € | 12.184,59 € | 12.146,86 € | 12.109,13 € | 12.071,41 € | 12.033,69 € | 11.995,97 € | 11.958,24 € | 11.920,52 € |
| 10 | 13.775,10 € | 13.732,58 € | 13.690,07 € | 13.647,55 € | 13.605,04 € | 13.562,52 € | 13.520,00 € | 13.477,49 € | 13.434,97 € |
| 11 | 15.683,76 € | 15.635,36 € | 15.586,95 € | 15.538,54 € | 15.490,13 € | 15.441,72 € | 15.393,32 € | 15.344,91 € | 15.296,51 € |
| 12 | 17.688,99 € | 17.634,39 € | 17.579,80 € | 17.525,21 € | 17.470,61 € | 17.416,02 € | 17.361,42 € | 17.306,82 € | 17.252,22 € |
| 13 | 19.790,80 € | 19.729,72 € | 19.668,63 € | 19.607,55 € | 19.546,47 € | 19.485,39 € | 19.424,31 € | 19.363,22 € | 19.302,14 € |
| 14 | 21.989,18 € | 21.921,31 € | 21.853,44 € | 21.785,58 € | 21.717,71 € | 21.649,84 € | 21.581,98 € | 21.514,11 € | 21.446,24 € |
| 15 | 24.284,14 € | 24.209,18 € | 24.134,23 € | 24.059,28 € | 23.984,33 € | 23.909,38 € | 23.834,43 € | 23.759,48 € | 23.684,52 € |
| 16 | 26.612,65 € | 26.530,51 € | 26.448,37 € | 26.366,24 € | 26.284,10 € | 26.201,96 € | 26.119,82 € | 26.037,69 € | 25.955,54 € |
| 17 | 29.029,86 € | 28.940,26 € | 28.850,67 € | 28.761,07 € | 28.671,46 € | 28.581,86 € | 28.492,26 € | 28.402,67 € | 28.313,07 € |
| 18 | 31.535,76 € | 31.438,43 € | 31.341,10 € | 31.243,77 € | 31.146,44 € | 31.049,11 € | 30.951,77 € | 30.854,43 € | 30.757,10 € |
| 19 | 34.130,37 € | 34.025,03 € | 33.919,69 € | 33.814,34 € | 33.709,00 € | 33.603,66 € | 33.498,33 € | 33.392,99 € | 33.287,65 € |
| 20 | 36.813,67 € | 36.700,04 € | 36.586,43 € | 36.472,80 € | 36.359,18 € | 36.245,55 € | 36.131,94 € | 36.018,31 € | 35.904,69 € |
| 21 | 39.583,86 € | 39.461,68 € | 39.339,51 € | 39.217,34 € | 39.095,17 € | 38.972,99 € | 38.850,82 € | 38.728,65 € | 38.606,48 € |
| 22 | 42.442,57 € | 42.311,58 € | 42.180,58 € | 42.049,58 € | 41.918,59 € | 41.787,59 € | 41.656,60 € | 41.525,60 € | 41.394,61 € |
| 23 | 45.389,81 € | 45.249,71 € | 45.109,63 € | 44.969,53 € | 44.829,45 € | 44.689,35 € | 44.549,25 € | 44.409,17 € | 44.269,07 € |
| 24 | 48.425,57 € | 48.276,11 € | 48.126,64 € | 47.977,18 € | 47.827,72 € | 47.678,26 € | 47.528,80 € | 47.379,34 € | 47.229,88 € |
| 25 | 51.549,85 € | 51.390,75 € | 51.231,64 € | 51.072,54 € | 50.913,44 € | 50.754,33 € | 50.595,23 € | 50.436,13 € | 50.277,02 € |
| 26 | 54.689,16 € | 54.520,36 € | 54.351,57 € | 54.182,78 € | 54.013,99 € | 53.845,19 € | 53.676,39 € | 53.507,61 € | 53.338,81 € |
| 27 | 57.911,33 € | 57.732,59 € | 57.553,85 € | 57.375,12 € | 57.196,38 € | 57.017,64 € | 56.838,90 € | 56.660,16 € | 56.481,42 € |
| 28 | 61.216,37 € | 61.027,44 € | 60.838,49 € | 60.649,55 € | 60.460,62 € | 60.271,67 € | 60.082,73 € | 59.893,80 € | 59.704,85 € |
| 29 | 64.604,28 € | 64.404,89 € | 64.205,49 € | 64.006,10 € | 63.806,70 € | 63.607,30 € | 63.407,90 € | 63.208,51 € | 63.009,11 € |
| 30 | 68.075,06 € | 67.864,95 € | 67.654,85 € | 67.444,74 € | 67.234,63 € | 67.024,52 € | 66.814,42 € | 66.604,31 € | 66.394,20 € |
| 31 | 71.543,16 € | 71.322,34 € | 71.101,53 € | 70.880,72 € | 70.659,91 € | 70.439,09 € | 70.218,28 € | 69.997,47 € | 69.776,66 € |
| 32 | 75.088,59 € | 74.856,84 € | 74.625,09 € | 74.393,33 € | 74.161,58 € | 73.929,82 € | 73.698,07 € | 73.466,31 € | 73.234,56 € |
| 33 | 78.711,39 € | 78.468,45 € | 78.225,52 € | 77.982,58 € | 77.739,64 € | 77.496,71 € | 77.253,77 € | 77.010,83 € | 76.767,89 € |
| 34 | 82.411,53 € | 82.157,17 € | 81.902,82 € | 81.648,46 € | 81.394,10 € | 81.139,74 € | 80.885,39 € | 80.631,04 € | 80.376,68 € |
| 35 | 86.189,02 € | 85.923,01 € | 85.656,99 € | 85.390,97 € | 85.124,96 € | 84.858,94 € | 84.592,93 € | 84.326,91 € | 84.060,90 € |
| 36 | 89.947,50 € | 89.669,89 € | 89.392,27 € | 89.114,66 € | 88.837,04 € | 88.559,42 € | 88.281,80 € | 88.004,19 € | 87.726,58 € |
| 37 | 93.777,98 € | 93.488,54 € | 93.199,11 € | 92.909,66 € | 92.620,23 € | 92.330,79 € | 92.041,35 € | 91.751,91 € | 91.462,48 € |
| 38 | 97.680,46 € | 97.378,98 € | 97.077,49 € | 96.776,01 € | 96.474,53 € | 96.173,04 € | 95.871,56 € | 95.570,08 € | 95.268,59 € |
| 39 | 101.654,93 € | 101.341,18 € | 101.027,43 € | 100.713,68 € | 100.399,93 € | 100.086,18 € | 99.772,43 € | 99.458,68 € | 99.144,94 € |
| 40 | 105.701,40 € | 105.375,16 € | 105.048,92 € | 104.722,68 € | 104.396,44 € | 104.070,21 € | 103.743,96 € | 103.417,73 € | 103.091,49 € |
| 41 | 109.712,55 € | 109.373,94 € | 109.035,31 € | 108.696,69 € | 108.358,08 € | 108.019,45 € | 107.680,84 € | 107.342,22 € | 107.003,59 € |
| 42 | 113.790,46 € | 113.439,26 € | 113.088,05 € | 112.736,85 € | 112.385,65 € | 112.034,44 € | 111.683,24 € | 111.332,03 € | 110.980,82 € |
| 43 | 117.935,14 € | 117.571,14 € | 117.207,14 € | 116.843,15 € | 116.479,15 € | 116.115,15 € | 115.751,16 € | 115.387,16 € | 115.023,16 € |
| 44 | 122.146,58 € | 121.769,58 € | 121.392,58 € | 121.015,58 € | 120.638,60 € | 120.261,60 € | 119.884,60 € | 119.507,61 € | 119.130,61 € |
| 45 | 126.424,78 € | 126.034,58 € | 125.644,37 € | 125.254,17 € | 124.863,97 € | 124.473,78 € | 124.083,58 € | 123.693,37 € | 123.303,17 € |
| 46 | 130.653,04 € | 130.249,80 € | 129.846,55 € | 129.443,29 € | 129.040,05 € | 128.636,80 € | 128.233,54 € | 127.830,30 € | 127.427,05 € |
| 47 | 134.943,00 € | 134.526,52 € | 134.110,02 € | 133.693,53 € | 133.277,04 € | 132.860,55 € | 132.444,06 € | 132.027,57 € | 131.611,08 € |
| 48 | 139.294,66 € | 138.864,73 € | 138.434,81 € | 138.004,89 € | 137.574,97 € | 137.145,05 € | 136.715,12 € | 136.285,20 € | 135.855,28 € |
| 49 | 143.707,99 € | 143.264,44 € | 142.820,90 € | 142.377,36 € | 141.933,81 € | 141.490,27 € | 141.046,73 € | 140.603,19 € | 140.159,65 € |
| 50 | 148.183,01 € | 147.725,66 € | 147.268,30 € | 146.810,95 € | 146.353,59 € | 145.896,24 € | 145.438,88 € | 144.981,53 € | 144.524,18 € |

TABLA 2.A.2
BAREMO ECONÓMICO

| | Edad del lesionado | | | | | | | | | |
|---|---|---|---|---|---|---|---|---|---|---|
| Puntos | Hasta 2 | 2 | 3 | 4 | 5 | 6 | 7 | 8 | 9 |
| 51 | 153.239,42 € | 152.766,45 € | 152.293,49 € | 151.820,53 € | 151.347,57 € | 150.874,61 € | 150.401,64 € | 149.928,68 € | 149.455,73 € |
| 52 | 158.377,88 € | 157.889,06 € | 157.400,24 € | 156.911,42 € | 156.422,60 € | 155.933,77 € | 155.444,96 € | 154.956,14 € | 154.467,31 € |
| 53 | 163.598,42 € | 163.093,49 € | 162.588,55 € | 162.083,62 € | 161.578,69 € | 161.073,75 € | 160.568,82 € | 160.063,89 € | 159.558,95 € |
| 54 | 168.901,02 € | 168.379,72 € | 167.858,42 € | 167.337,12 € | 166.815,82 € | 166.294,52 € | 165.773,22 € | 165.251,93 € | 164.730,63 € |
| 55 | 174.285,69 € | 173.747,77 € | 173.209,86 € | 172.671,94 € | 172.134,02 € | 171.596,09 € | 171.058,18 € | 170.520,26 € | 169.982,34 € |
| 56 | 179.707,24 € | 179.152,58 € | 178.597,94 € | 178.043,28 € | 177.488,63 € | 176.933,98 € | 176.379,33 € | 175.824,68 € | 175.270,02 € |
| 57 | 185.209,24 € | 184.637,61 € | 184.065,97 € | 183.494,34 € | 182.922,71 € | 182.351,07 € | 181.779,44 € | 181.207,80 € | 180.636,17 € |
| 58 | 190.791,69 € | 190.202,83 € | 189.613,97 € | 189.025,10 € | 188.436,24 € | 187.847,38 € | 187.258,52 € | 186.669,66 € | 186.080,79 € |
| 59 | 196.454,60 € | 195.848,27 € | 195.241,92 € | 194.635,58 € | 194.029,24 € | 193.422,90 € | 192.816,55 € | 192.210,22 € | 191.603,87 € |
| 60 | 202.197,97 € | 201.573,90 € | 200.949,83 € | 200.325,76 € | 199.701,70 € | 199.077,63 € | 198.453,56 € | 197.829,49 € | 197.205,42 € |
| 61 | 204.048,04 € | 203.418,26 € | 202.788,48 € | 202.158,71 € | 201.528,92 € | 200.899,15 € | 200.269,37 € | 199.639,59 € | 199.009,81 € |
| 62 | 210.836,43 € | 210.185,70 € | 209.534,97 € | 208.884,24 € | 208.233,51 € | 207.582,79 € | 206.932,05 € | 206.281,32 € | 205.630,59 € |
| 63 | 217.735,90 € | 217.063,88 € | 216.391,85 € | 215.719,83 € | 215.047,80 € | 214.375,78 € | 213.703,75 € | 213.031,73 € | 212.359,71 € |
| 64 | 224.746,44 € | 224.052,79 € | 223.359,12 € | 222.665,46 € | 221.971,79 € | 221.278,13 € | 220.584,47 € | 219.890,81 € | 219.197,15 € |
| 65 | 231.868,06 € | 231.152,42 € | 230.436,78 € | 229.721,14 € | 229.005,49 € | 228.289,85 € | 227.574,21 € | 226.858,57 € | 226.142,92 € |
| 66 | 237.987,45 € | 237.252,92 € | 236.518,40 € | 235.783,87 € | 235.049,33 € | 234.314,81 € | 233.580,28 € | 232.845,75 € | 232.111,22 € |
| 67 | 244.184,18 € | 243.430,52 € | 242.676,88 € | 241.923,22 € | 241.169,56 € | 240.415,91 € | 239.662,26 € | 238.908,60 € | 238.154,94 € |
| 68 | 250.458,25 € | 249.685,24 € | 248.912,21 € | 248.139,20 € | 247.366,17 € | 246.593,16 € | 245.820,14 € | 245.047,12 € | 244.274,10 € |
| 69 | 256.809,66 € | 256.017,04 € | 255.224,42 € | 254.431,79 € | 253.639,17 € | 252.846,55 € | 252.053,92 € | 251.261,30 € | 250.468,68 € |
| 70 | 263.238,41 € | 262.425,94 € | 261.613,48 € | 260.801,01 € | 259.988,55 € | 259.176,08 € | 258.363,62 € | 257.551,15 € | 256.738,69 € |
| 71 | 269.690,25 € | 268.857,88 € | 268.025,50 € | 267.193,11 € | 266.360,74 € | 265.528,36 € | 264.695,99 € | 263.863,61 € | 263.031,23 € |
| 72 | 276.217,90 € | 275.365,38 € | 274.512,85 € | 273.660,33 € | 272.807,80 € | 271.955,28 € | 271.102,76 € | 270.250,23 € | 269.397,71 € |
| 73 | 282.821,37 € | 281.948,46 € | 281.075,55 € | 280.202,65 € | 279.329,74 € | 278.456,84 € | 277.583,94 € | 276.711,04 € | 275.838,13 € |
| 74 | 289.500,65 € | 288.607,12 € | 287.713,61 € | 286.820,09 € | 285.926,56 € | 285.033,05 € | 284.139,52 € | 283.246,00 € | 282.352,48 € |
| 75 | 296.255,73 € | 295.341,37 € | 294.426,99 € | 293.512,63 € | 292.598,25 € | 291.683,89 € | 290.769,52 € | 289.855,15 € | 288.940,78 € |
| 76 | 303.030,82 € | 302.095,54 € | 301.160,26 € | 300.224,98 € | 299.289,70 € | 298.354,41 € | 297.419,14 € | 296.483,86 € | 295.548,58 € |
| 77 | 309.880,25 € | 308.923,83 € | 307.967,41 € | 307.010,99 € | 306.054,57 € | 305.098,15 € | 304.141,73 € | 303.185,31 € | 302.228,89 € |
| 78 | 316.804,02 € | 315.826,23 € | 314.848,44 € | 313.870,65 € | 312.892,86 € | 311.915,07 € | 310.937,28 € | 309.959,49 € | 308.981,69 € |
| 79 | 323.802,13 € | 322.802,74 € | 321.803,35 € | 320.803,96 € | 319.804,58 € | 318.805,19 € | 317.805,80 € | 316.806,41 € | 315.807,02 € |
| 80 | 330.874,59 € | 329.853,37 € | 328.832,15 € | 327.810,93 € | 326.789,72 € | 325.768,50 € | 324.747,28 € | 323.726,06 € | 322.704,85 € |
| 81 | 337.961,47 € | 336.918,38 € | 335.875,28 € | 334.832,19 € | 333.789,10 € | 332.746,01 € | 331.702,92 € | 330.659,83 € | 329.616,74 € |
| 82 | 345.121,21 € | 344.056,02 € | 342.990,82 € | 341.925,64 € | 340.860,45 € | 339.795,26 € | 338.730,07 € | 337.664,88 € | 336.599,70 € |
| 83 | 352.353,81 € | 351.266,29 € | 350.178,78 € | 349.091,27 € | 348.003,76 € | 346.916,25 € | 345.828,74 € | 344.741,23 € | 343.653,71 € |
| 84 | 359.659,28 € | 358.549,21 € | 357.439,16 € | 356.329,09 € | 355.219,04 € | 354.108,97 € | 352.998,92 € | 351.888,85 € | 350.778,80 € |
| 85 | 367.037,60 € | 365.904,77 € | 364.771,93 € | 363.639,11 € | 362.506,27 € | 361.373,44 € | 360.240,61 € | 359.107,78 € | 357.974,94 € |
| 86 | 374.428,41 € | 373.272,76 € | 372.117,13 € | 370.961,48 € | 369.805,83 € | 368.650,20 € | 367.494,55 € | 366.338,90 € | 365.183,27 € |
| 87 | 381.890,68 € | 380.712,01 € | 379.533,32 € | 378.354,65 € | 377.175,98 € | 375.997,30 € | 374.818,63 € | 373.639,95 € | 372.461,28 € |
| 88 | 389.424,41 € | 388.222,48 € | 387.020,56 € | 385.818,63 € | 384.616,70 € | 383.414,77 € | 382.212,85 € | 381.010,92 € | 379.808,99 € |
| 89 | 397.029,60 € | 395.804,19 € | 394.578,79 € | 393.353,40 € | 392.127,99 € | 390.902,59 € | 389.677,20 € | 388.451,79 € | 387.226,39 € |
| 90 | 404.706,24 € | 403.457,15 € | 402.208,05 € | 400.958,95 € | 399.709,86 € | 398.460,77 € | 397.211,68 € | 395.962,58 € | 394.713,49 € |
| 91 | 410.796,47 € | 409.528,57 € | 408.260,68 € | 406.992,80 € | 405.724,90 € | 404.457,01 € | 403.189,12 € | 401.921,23 € | 400.653,34 € |
| 92 | 416.921,71 € | 415.634,92 € | 414.348,13 € | 413.061,33 € | 411.774,53 € | 410.487,74 € | 409.200,94 € | 407.914,15 € | 406.627,35 € |
| 93 | 423.081,98 € | 421.776,18 € | 420.470,37 € | 419.164,56 € | 417.858,76 € | 416.552,94 € | 415.247,13 € | 413.941,33 € | 412.635,52 € |
| 94 | 429.277,28 € | 427.952,35 € | 426.627,42 € | 425.302,49 € | 423.977,57 € | 422.652,63 € | 421.327,70 € | 420.002,77 € | 418.677,85 € |
| 95 | 435.507,59 € | 434.163,44 € | 432.819,28 € | 431.475,12 € | 430.130,96 € | 428.786,80 € | 427.442,65 € | 426.098,49 € | 424.754,32 € |
| 96 | 441.772,94 € | 440.409,44 € | 439.045,94 € | 437.682,44 € | 436.318,95 € | 434.955,46 € | 433.591,96 € | 432.228,46 € | 430.864,96 € |
| 97 | 448.073,30 € | 446.690,35 € | 445.307,42 € | 443.924,47 € | 442.541,53 € | 441.158,58 € | 439.775,64 € | 438.392,70 € | 437.009,76 € |
| 98 | 454.408,68 € | 453.006,18 € | 451.603,69 € | 450.201,19 € | 448.798,70 € | 447.396,20 € | 445.993,70 € | 444.591,21 € | 443.188,71 € |
| 99 | 460.779,08 € | 459.356,93 € | 457.934,76 € | 456.512,61 € | 455.090,45 € | 453.668,29 € | 452.246,14 € | 450.823,98 € | 449.401,82 € |
| 100 | 467.184,51 € | 465.742,58 € | 464.300,65 € | 462.858,73 € | 461.416,79 € | 459.974,87 € | 458.532,94 € | 457.091,01 € | 455.649,09 € |

TABLA 2.A.2
BAREMO ECONÓMICO

| | Edad del lesionado | | | | | | | | | |
|---|---|---|---|---|---|---|---|---|---|---|
| Puntos | 10 | 11 | 12 | 13 | 14 | 15 | 16 | 17 | 18 | 19 |
| 1 | 1.111,32 € | 1.108,13 € | 1.104,93 € | 1.101,74 € | 1.098,54 € | 1.095,35 € | 1.092,15 € | 1.088,96 € | 1.085,77 € | 1.082,57 € |
| 2 | 2.291,21 € | 2.284,63 € | 2.278,04 € | 2.271,46 € | 2.264,87 € | 2.258,29 € | 2.251,70 € | 2.245,11 € | 2.238,53 € | 2.231,94 € |
| 3 | 3.529,17 € | 3.519,02 € | 3.508,88 € | 3.498,74 € | 3.488,59 € | 3.478,45 € | 3.468,30 € | 3.458,16 € | 3.448,02 € | 3.437,87 € |
| 4 | 4.814,72 € | 4.800,88 € | 4.787,04 € | 4.773,20 € | 4.759,36 € | 4.745,53 € | 4.731,69 € | 4.717,85 € | 4.704,01 € | 4.690,17 € |
| 5 | 6.137,27 € | 6.119,63 € | 6.101,99 € | 6.084,35 € | 6.066,71 € | 6.049,07 € | 6.031,43 € | 6.013,78 € | 5.996,14 € | 5.978,50 € |
| 6 | 7.486,49 € | 7.464,97 € | 7.443,45 € | 7.421,93 € | 7.400,42 € | 7.378,90 € | 7.357,38 € | 7.335,86 € | 7.314,34 € | 7.292,82 € |
| 7 | 8.921,98 € | 8.896,34 € | 8.870,69 € | 8.845,05 € | 8.819,40 € | 8.793,76 € | 8.768,11 € | 8.742,47 € | 8.716,83 € | 8.691,18 € |
| 8 | 10.389,77 € | 10.359,91 € | 10.330,04 € | 10.300,18 € | 10.270,32 € | 10.240,45 € | 10.210,59 € | 10.180,73 € | 10.150,86 € | 10.121,00 € |
| 9 | 11.882,80 € | 11.848,64 € | 11.814,49 € | 11.780,33 € | 11.746,18 € | 11.712,02 € | 11.677,87 € | 11.643,71 € | 11.609,56 € | 11.575,40 € |
| 10 | 13.392,46 € | 13.353,96 € | 13.315,47 € | 13.276,98 € | 13.238,48 € | 13.199,99 € | 13.161,49 € | 13.123,00 € | 13.084,51 € | 13.046,01 € |
| 11 | 15.248,10 € | 15.204,27 € | 15.160,44 € | 15.116,62 € | 15.072,79 € | 15.028,96 € | 14.985,13 € | 14.941,31 € | 14.897,48 € | 14.853,65 € |
| 12 | 17.197,63 € | 17.148,20 € | 17.098,77 € | 17.049,34 € | 16.999,91 € | 16.950,48 € | 16.901,05 € | 16.851,62 € | 16.802,19 € | 16.752,75 € |
| 13 | 19.241,06 € | 19.185,75 € | 19.130,45 € | 19.075,14 € | 19.019,84 € | 18.964,53 € | 18.909,23 € | 18.853,93 € | 18.798,62 € | 18.743,32 € |
| 14 | 21.378,37 € | 21.316,92 € | 21.255,47 € | 21.194,03 € | 21.132,58 € | 21.071,13 € | 21.009,68 € | 20.948,24 € | 20.886,79 € | 20.825,34 € |
| 15 | 23.609,57 € | 23.541,71 € | 23.473,85 € | 23.405,99 € | 23.338,13 € | 23.270,27 € | 23.202,41 € | 23.134,55 € | 23.066,69 € | 22.998,83 € |
| 16 | 25.873,41 € | 25.799,04 € | 25.724,67 € | 25.650,30 € | 25.575,94 € | 25.501,57 € | 25.427,20 € | 25.352,83 € | 25.278,47 € | 25.204,10 € |
| 17 | 28.223,47 € | 28.142,35 € | 28.061,23 € | 27.980,11 € | 27.898,98 € | 27.817,86 € | 27.736,74 € | 27.655,62 € | 27.574,49 € | 27.493,37 € |
| 18 | 30.659,77 € | 30.571,65 € | 30.483,52 € | 30.395,40 € | 30.307,27 € | 30.219,15 € | 30.131,02 € | 30.042,90 € | 29.954,77 € | 29.866,65 € |
| 19 | 33.182,30 € | 33.086,93 € | 32.991,55 € | 32.896,18 € | 32.800,80 € | 32.705,43 € | 32.610,05 € | 32.514,68 € | 32.419,30 € | 32.323,92 € |
| 20 | 35.791,07 € | 35.688,19 € | 35.585,32 € | 35.482,45 € | 35.379,57 € | 35.276,70 € | 35.173,82 € | 35.070,95 € | 34.968,08 € | 34.865,20 € |
| 21 | 38.484,31 € | 38.373,69 € | 38.263,08 € | 38.152,46 € | 38.041,85 € | 37.931,23 € | 37.820,62 € | 37.710,00 € | 37.599,39 € | 37.488,77 € |
| 22 | 41.263,61 € | 41.145,01 € | 41.026,40 € | 40.907,80 € | 40.789,20 € | 40.670,59 € | 40.551,99 € | 40.433,39 € | 40.314,78 € | 40.196,18 € |
| 23 | 44.128,98 € | 44.002,14 € | 43.875,30 € | 43.748,46 € | 43.621,62 € | 43.494,78 € | 43.367,94 € | 43.241,11 € | 43.114,27 € | 42.987,43 € |
| 24 | 47.080,42 € | 46.945,09 € | 46.809,77 € | 46.674,45 € | 46.539,13 € | 46.403,80 € | 46.268,48 € | 46.133,16 € | 45.997,83 € | 45.862,51 € |
| 25 | 50.117,92 € | 49.973,86 € | 49.829,81 € | 49.685,76 € | 49.541,70 € | 49.397,65 € | 49.253,60 € | 49.109,54 € | 48.965,49 € | 48.821,44 € |
| 26 | 53.170,02 € | 53.017,19 € | 52.864,36 € | 52.711,54 € | 52.558,71 € | 52.405,89 € | 52.253,06 € | 52.100,23 € | 51.947,41 € | 51.794,58 € |
| 27 | 56.302,68 € | 56.140,85 € | 55.979,02 € | 55.817,19 € | 55.655,36 € | 55.493,53 € | 55.331,70 € | 55.169,87 € | 55.008,04 € | 54.846,21 € |
| 28 | 59.515,92 € | 59.344,85 € | 59.173,79 € | 59.002,72 € | 58.831,65 € | 58.660,59 € | 58.489,52 € | 58.318,46 € | 58.147,39 € | 57.976,33 € |
| 29 | 62.809,72 € | 62.629,19 € | 62.448,65 € | 62.268,12 € | 62.087,59 € | 61.907,05 € | 61.726,52 € | 61.545,99 € | 61.365,46 € | 61.184,92 € |
| 30 | 66.184,09 € | 65.993,86 € | 65.803,63 € | 65.613,39 € | 65.423,16 € | 65.232,93 € | 65.042,70 € | 64.852,47 € | 64.662,23 € | 64.472,00 € |
| 31 | 69.555,85 € | 69.355,92 € | 69.156,00 € | 68.956,08 € | 68.756,15 € | 68.556,23 € | 68.356,31 € | 68.156,38 € | 67.956,46 € | 67.756,54 € |
| 32 | 73.002,80 € | 72.792,97 € | 72.583,14 € | 72.373,31 € | 72.163,48 € | 71.953,65 € | 71.743,82 € | 71.533,99 € | 71.324,16 € | 71.114,32 € |
| 33 | 76.524,96 € | 76.305,01 € | 76.085,05 € | 75.865,10 € | 75.645,14 € | 75.425,19 € | 75.205,23 € | 74.985,28 € | 74.765,32 € | 74.545,37 € |
| 34 | 80.122,32 € | 79.892,03 € | 79.661,73 € | 79.431,44 € | 79.201,14 € | 78.970,85 € | 78.740,55 € | 78.510,26 € | 78.279,96 € | 78.049,67 € |
| 35 | 83.794,88 € | 83.554,03 € | 83.313,18 € | 83.072,33 € | 82.831,48 € | 82.590,63 € | 82.349,78 € | 82.108,93 € | 81.868,08 € | 81.627,23 € |
| 36 | 87.448,96 € | 87.197,61 € | 86.946,25 € | 86.694,90 € | 86.443,55 € | 86.192,19 € | 85.940,84 € | 85.689,49 € | 85.438,13 € | 85.186,78 € |
| 37 | 91.173,04 € | 90.910,98 € | 90.648,92 € | 90.386,87 € | 90.124,81 € | 89.862,75 € | 89.600,69 € | 89.338,64 € | 89.076,58 € | 88.814,52 € |
| 38 | 94.967,11 € | 94.694,15 € | 94.421,19 € | 94.148,22 € | 93.875,26 € | 93.602,30 € | 93.329,34 € | 93.056,37 € | 92.783,41 € | 92.510,45 € |
| 39 | 98.831,18 € | 98.547,11 € | 98.263,04 € | 97.978,97 € | 97.694,91 € | 97.410,84 € | 97.126,77 € | 96.842,70 € | 96.558,63 € | 96.274,56 € |
| 40 | 102.765,25 € | 102.469,87 € | 102.174,50 € | 101.879,12 € | 101.583,74 € | 101.288,37 € | 100.992,99 € | 100.697,61 € | 100.402,24 € | 100.106,86 € |
| 41 | 106.664,98 € | 106.358,39 € | 106.051,81 € | 105.745,22 € | 105.438,64 € | 105.132,05 € | 104.825,47 € | 104.518,88 € | 104.212,29 € | 103.905,71 € |
| 42 | 110.629,62 € | 110.311,64 € | 109.993,66 € | 109.675,67 € | 109.357,69 € | 109.039,71 € | 108.721,73 € | 108.403,75 € | 108.085,77 € | 107.767,79 € |
| 43 | 114.659,16 € | 114.329,60 € | 114.000,04 € | 113.670,47 € | 113.340,91 € | 113.011,35 € | 112.681,78 € | 112.352,22 € | 112.022,66 € | 111.693,09 € |
| 44 | 118.753,62 € | 118.412,28 € | 118.070,95 € | 117.729,62 € | 117.388,29 € | 117.046,96 € | 116.705,62 € | 116.364,29 € | 116.022,96 € | 115.681,63 € |
| 45 | 122.912,98 € | 122.559,69 € | 122.206,40 € | 121.853,11 € | 121.499,83 € | 121.146,54 € | 120.793,25 € | 120.439,97 € | 120.086,68 € | 119.733,39 € |
| 46 | 127.023,79 € | 126.658,69 € | 126.293,59 € | 125.928,49 € | 125.563,38 € | 125.198,28 € | 124.833,18 € | 124.468,08 € | 124.102,97 € | 123.737,87 € |
| 47 | 131.194,59 € | 130.817,50 € | 130.440,41 € | 130.063,32 € | 129.686,23 € | 129.309,13 € | 128.932,04 € | 128.554,95 € | 128.177,86 € | 127.800,77 € |
| 48 | 135.425,36 € | 135.036,11 € | 134.646,85 € | 134.257,60 € | 133.868,35 € | 133.479,10 € | 133.089,85 € | 132.700,60 € | 132.311,35 € | 131.922,10 € |
| 49 | 139.716,10 € | 139.314,52 € | 138.912,93 € | 138.511,35 € | 138.109,76 € | 137.708,18 € | 137.306,60 € | 136.905,01 € | 136.503,43 € | 136.101,84 € |
| 50 | 144.066,82 € | 143.652,73 € | 143.238,64 € | 142.824,55 € | 142.410,46 € | 141.996,37 € | 141.582,28 € | 141.168,19 € | 140.754,11 € | 140.340,02 € |

TABLA 2.A.2
BAREMO ECONÓMICO

Edad del lesionado

| Puntos | 10 | 11 | 12 | 13 | 14 | 15 | 16 | 17 | 18 | 19 |
|---|---|---|---|---|---|---|---|---|---|---|
| 51 | 148.982,76 € | 148.554,54 € | 148.126,32 € | 147.698,11 € | 147.269,89 € | 146.841,67 € | 146.413,45 € | 145.985,23 € | 145.557,01 € | 145.128,79 € |
| 52 | 153.978,49 € | 153.535,92 € | 153.093,34 € | 152.650,76 € | 152.208,18 € | 151.765,60 € | 151.323,03 € | 150.880,45 € | 150.437,87 € | 149.995,29 € |
| 53 | 159.054,02 € | 158.596,85 € | 158.139,68 € | 157.682,52 € | 157.225,35 € | 156.768,18 € | 156.311,02 € | 155.853,85 € | 155.396,68 € | 154.939,52 € |
| 54 | 164.209,32 € | 163.737,34 € | 163.265,36 € | 162.793,37 € | 162.321,39 € | 161.849,40 € | 161.377,42 € | 160.905,43 € | 160.433,45 € | 159.961,46 € |
| 55 | 169.444,42 € | 168.957,39 € | 168.470,36 € | 167.983,33 € | 167.496,30 € | 167.009,26 € | 166.522,23 € | 166.035,20 € | 165.548,17 € | 165.061,14 € |
| 56 | 174.715,37 € | 174.213,19 € | 173.711,01 € | 173.208,83 € | 172.706,64 € | 172.204,46 € | 171.702,28 € | 171.200,10 € | 170.697,92 € | 170.195,73 € |
| 57 | 180.064,54 € | 179.546,98 € | 179.029,42 € | 178.511,87 € | 177.994,31 € | 177.476,75 € | 176.959,20 € | 176.441,64 € | 175.924,08 € | 175.406,53 € |
| 58 | 185.491,93 € | 184.958,77 € | 184.425,61 € | 183.892,46 € | 183.359,30 € | 182.826,14 € | 182.292,99 € | 181.759,83 € | 181.226,67 € | 180.693,51 € |
| 59 | 190.997,53 € | 190.448,55 € | 189.899,57 € | 189.350,59 € | 188.801,61 € | 188.252,63 € | 187.703,64 € | 187.154,66 € | 186.605,68 € | 186.056,70 € |
| 60 | 196.581,36 € | 196.016,33 € | 195.451,30 € | 194.886,27 € | 194.321,23 € | 193.756,20 € | 193.191,17 € | 192.626,14 € | 192.061,11 € | 191.496,08 € |
| 61 | 198.380,04 € | 197.809,83 € | 197.239,63 € | 196.669,43 € | 196.099,23 € | 195.529,03 € | 194.958,83 € | 194.388,63 € | 193.818,43 € | 193.248,23 € |
| 62 | 204.979,86 € | 204.390,69 € | 203.801,52 € | 203.212,35 € | 202.623,18 € | 202.034,01 € | 201.444,84 € | 200.855,67 € | 200.266,50 € | 199.677,33 € |
| 63 | 211.687,68 € | 211.079,23 € | 210.470,78 € | 209.862,33 € | 209.253,88 € | 208.645,42 € | 208.036,97 € | 207.428,52 € | 206.820,07 € | 206.211,62 € |
| 64 | 218.503,49 € | 217.875,44 € | 217.247,40 € | 216.619,36 € | 215.991,32 € | 215.363,28 € | 214.735,24 € | 214.107,20 € | 213.479,15 € | 212.851,11 € |
| 65 | 225.427,28 € | 224.779,34 € | 224.131,40 € | 223.483,46 € | 222.835,51 € | 222.187,57 € | 221.539,63 € | 220.891,69 € | 220.243,74 € | 219.595,80 € |
| 66 | 231.376,69 € | 230.711,65 € | 230.046,61 € | 229.381,56 € | 228.716,52 € | 228.051,48 € | 227.386,43 € | 226.721,39 € | 226.056,35 € | 225.391,31 € |
| 67 | 237.401,29 € | 236.718,93 € | 236.036,57 € | 235.354,21 € | 234.671,85 € | 233.989,49 € | 233.307,13 € | 232.624,77 € | 231.942,42 € | 231.260,06 € |
| 68 | 243.501,08 € | 242.801,19 € | 242.101,29 € | 241.401,40 € | 240.701,51 € | 240.001,62 € | 239.301,73 € | 238.601,84 € | 237.901,94 € | 237.202,05 € |
| 69 | 249.676,06 € | 248.958,42 € | 248.240,78 € | 247.523,14 € | 246.805,50 € | 246.087,86 € | 245.370,22 € | 244.652,58 € | 243.934,93 € | 243.217,29 € |
| 70 | 255.926,23 € | 255.190,62 € | 254.455,02 € | 253.719,41 € | 252.983,81 € | 252.248,20 € | 251.512,60 € | 250.776,99 € | 250.041,39 € | 249.305,78 € |
| 71 | 262.198,85 € | 261.445,22 € | 260.691,58 € | 259.937,95 € | 259.184,32 € | 258.430,68 € | 257.677,05 € | 256.923,41 € | 256.169,78 € | 255.416,14 € |
| 72 | 268.545,18 € | 267.773,31 € | 267.001,43 € | 266.229,56 € | 265.457,68 € | 264.685,81 € | 263.913,93 € | 263.142,06 € | 262.370,18 € | 261.598,30 € |
| 73 | 274.965,22 € | 274.174,89 € | 273.384,56 € | 272.594,23 € | 271.803,91 € | 271.013,58 € | 270.223,25 € | 269.432,92 € | 268.642,59 € | 267.852,26 € |
| 74 | 281.458,96 € | 280.649,97 € | 279.840,98 € | 279.031,98 € | 278.222,99 € | 277.413,99 € | 276.605,00 € | 275.796,01 € | 274.987,01 € | 274.178,02 € |
| 75 | 288.026,41 € | 287.198,54 € | 286.370,67 € | 285.542,80 € | 284.714,93 € | 283.887,06 € | 283.059,19 € | 282.231,32 € | 281.403,45 € | 280.575,58 € |
| 76 | 294.613,30 € | 293.766,50 € | 292.919,69 € | 292.072,89 € | 291.226,09 € | 290.379,28 € | 289.532,48 € | 288.685,68 € | 287.838,88 € | 286.992,07 € |
| 77 | 301.272,46 € | 300.406,52 € | 299.540,58 € | 298.674,63 € | 297.808,69 € | 296.942,75 € | 296.076,81 € | 295.210,86 € | 294.344,92 € | 293.478,98 € |
| 78 | 308.003,91 € | 307.118,62 € | 306.233,33 € | 305.348,03 € | 304.462,74 € | 303.577,45 € | 302.692,16 € | 301.806,87 € | 300.921,58 € | 300.036,29 € |
| 79 | 314.807,63 € | 313.902,78 € | 312.997,93 € | 312.093,09 € | 311.188,24 € | 310.283,39 € | 309.378,55 € | 308.473,70 € | 307.568,85 € | 306.664,01 € |
| 80 | 321.683,63 € | 320.759,02 € | 319.834,41 € | 318.909,80 € | 317.985,18 € | 317.060,57 € | 316.135,96 € | 315.211,35 € | 314.286,74 € | 313.362,13 € |
| 81 | 328.573,65 € | 327.629,23 € | 326.684,82 € | 325.740,40 € | 324.795,99 € | 323.851,57 € | 322.907,16 € | 321.962,74 € | 321.018,33 € | 320.073,92 € |
| 82 | 335.534,50 € | 334.570,08 € | 333.605,66 € | 332.641,24 € | 331.676,82 € | 330.712,39 € | 329.747,97 € | 328.783,55 € | 327.819,13 € | 326.854,71 € |
| 83 | 342.566,20 € | 341.581,57 € | 340.596,93 € | 339.612,30 € | 338.627,67 € | 337.643,04 € | 336.658,40 € | 335.673,77 € | 334.689,14 € | 333.704,50 € |
| 84 | 349.668,74 € | 348.663,69 € | 347.658,64 € | 346.653,59 € | 345.648,55 € | 344.643,50 € | 343.638,45 € | 342.633,40 € | 341.628,35 € | 340.623,31 € |
| 85 | 356.842,11 € | 355.816,44 € | 354.790,78 € | 353.765,11 € | 352.739,45 € | 351.713,78 € | 350.688,11 € | 349.662,45 € | 348.636,78 € | 347.611,12 € |
| 86 | 364.027,62 € | 362.981,30 € | 361.934,98 € | 360.888,66 € | 359.842,34 € | 358.796,02 € | 357.749,70 € | 356.703,39 € | 355.657,07 € | 354.610,75 € |
| 87 | 371.282,60 € | 370.215,43 € | 369.148,26 € | 368.081,09 € | 367.013,91 € | 365.946,74 € | 364.879,57 € | 363.812,40 € | 362.745,23 € | 361.678,05 € |
| 88 | 378.607,06 € | 377.518,84 € | 376.430,61 € | 375.342,39 € | 374.254,16 € | 373.165,94 € | 372.077,71 € | 370.989,49 € | 369.901,26 € | 368.813,04 € |
| 89 | 386.000,99 € | 384.891,51 € | 383.782,04 € | 382.672,56 € | 381.563,08 € | 380.453,61 € | 379.344,13 € | 378.234,65 € | 377.125,17 € | 376.015,70 € |
| 90 | 393.464,40 € | 392.333,47 € | 391.202,54 € | 390.071,61 € | 388.940,68 € | 387.809,75 € | 386.678,82 € | 385.547,89 € | 384.416,96 € | 383.286,03 € |
| 91 | 399.385,45 € | 398.237,50 € | 397.089,56 € | 395.941,61 € | 394.793,66 € | 393.645,71 € | 392.497,76 € | 391.349,82 € | 390.201,87 € | 389.053,92 € |
| 92 | 405.340,56 € | 404.175,49 € | 403.010,43 € | 401.845,36 € | 400.680,30 € | 399.515,23 € | 398.350,17 € | 397.185,10 € | 396.020,04 € | 394.854,98 € |
| 93 | 411.329,71 € | 410.147,43 € | 408.965,15 € | 407.782,87 € | 406.600,59 € | 405.418,31 € | 404.236,04 € | 403.053,76 € | 401.871,48 € | 400.689,20 € |
| 94 | 417.352,91 € | 416.153,32 € | 414.953,73 € | 413.754,14 € | 412.554,55 € | 411.354,96 € | 410.155,36 € | 408.955,77 € | 407.756,18 € | 406.556,59 € |
| 95 | 423.410,17 € | 422.193,16 € | 420.976,16 € | 419.759,16 € | 418.542,16 € | 417.325,16 € | 416.108,15 € | 414.891,15 € | 413.674,15 € | 412.457,15 € |
| 96 | 429.501,47 € | 428.266,96 € | 427.032,45 € | 425.797,94 € | 424.563,43 € | 423.328,92 € | 422.094,41 € | 420.859,90 € | 419.625,39 € | 418.390,88 € |
| 97 | 435.626,82 € | 434.374,70 € | 433.122,58 € | 431.870,47 € | 430.618,35 € | 429.366,24 € | 428.114,12 € | 426.862,00 € | 425.609,89 € | 424.357,77 € |
| 98 | 441.786,21 € | 440.516,39 € | 439.246,58 € | 437.976,76 € | 436.706,94 € | 435.437,12 € | 434.167,30 € | 432.897,48 € | 431.627,66 € | 430.357,84 € |
| 99 | 447.979,66 € | 446.692,04 € | 445.404,42 € | 444.116,80 € | 442.829,18 € | 441.541,55 € | 440.253,93 € | 438.966,31 € | 437.678,69 € | 436.391,07 € |
| 100 | 454.207,16 € | 452.901,64 € | 451.596,12 € | 450.290,60 € | 448.985,07 € | 447.679,55 € | 446.374,03 € | 445.068,51 € | 443.762,99 € | 442.457,47 € |

TABLA 2.A.2
BAREMO ECONÓMICO

| | Edad del lesionado | | | | | | | | | |
|---|---|---|---|---|---|---|---|---|---|---|
| Puntos | 20 | 21 | 22 | 23 | 24 | 25 | 26 | 27 | 28 | 29 |
| 1 | 1.079,38 € | 1.075,37 € | 1.071,37 € | 1.067,36 € | 1.063,35 € | 1.059,35 € | 1.055,34 € | 1.051,34 € | 1.047,34 € | 1.043,33 € |
| 2 | 2.225,35 € | 2.216,87 € | 2.208,38 € | 2.199,90 € | 2.191,41 € | 2.182,93 € | 2.174,44 € | 2.165,95 € | 2.157,46 € | 2.148,97 € |
| 3 | 3.427,73 € | 3.414,35 € | 3.400,96 € | 3.387,58 € | 3.374,19 € | 3.360,81 € | 3.347,43 € | 3.334,04 € | 3.320,66 € | 3.307,28 € |
| 4 | 4.676,33 € | 4.657,68 € | 4.639,04 € | 4.620,39 € | 4.601,74 € | 4.583,09 € | 4.564,44 € | 4.545,80 € | 4.527,15 € | 4.508,51 € |
| 5 | 5.960,87 € | 5.936,65 € | 5.912,43 € | 5.888,21 € | 5.864,00 € | 5.839,78 € | 5.815,56 € | 5.791,34 € | 5.767,12 € | 5.742,91 € |
| 6 | 7.271,31 € | 7.241,26 € | 7.211,22 € | 7.181,19 € | 7.151,15 € | 7.121,11 € | 7.091,07 € | 7.061,02 € | 7.030,99 € | 7.000,95 € |
| 7 | 8.665,54 € | 8.629,20 € | 8.592,87 € | 8.556,53 € | 8.520,20 € | 8.483,86 € | 8.447,52 € | 8.411,19 € | 8.374,85 € | 8.338,52 € |
| 8 | 10.091,14 € | 10.048,27 € | 10.005,39 € | 9.962,52 € | 9.919,64 € | 9.876,78 € | 9.833,90 € | 9.791,03 € | 9.748,15 € | 9.705,29 € |
| 9 | 11.541,25 € | 11.491,59 € | 11.441,94 € | 11.392,29 € | 11.342,63 € | 11.292,97 € | 11.243,32 € | 11.193,67 € | 11.144,01 € | 11.094,35 € |
| 10 | 13.007,52 € | 12.950,92 € | 12.894,32 € | 12.837,72 € | 12.781,11 € | 12.724,51 € | 12.667,91 € | 12.611,31 € | 12.554,71 € | 12.498,11 € |
| 11 | 14.809,82 € | 14.745,78 € | 14.681,73 € | 14.617,68 € | 14.553,63 € | 14.489,59 € | 14.425,53 € | 14.361,49 € | 14.297,44 € | 14.233,39 € |
| 12 | 16.703,32 € | 16.631,51 € | 16.559,68 € | 16.487,87 € | 16.416,04 € | 16.344,22 € | 16.272,41 € | 16.200,58 € | 16.128,76 € | 16.056,95 € |
| 13 | 18.688,01 € | 18.608,10 € | 18.528,18 € | 18.448,26 € | 18.368,35 € | 18.288,43 € | 18.208,51 € | 18.128,59 € | 18.048,68 € | 17.968,76 € |
| 14 | 20.763,89 € | 20.675,56 € | 20.587,22 € | 20.498,88 € | 20.410,54 € | 20.322,20 € | 20.233,87 € | 20.145,53 € | 20.057,18 € | 19.968,85 € |
| 15 | 22.930,97 € | 22.833,88 € | 22.736,80 € | 22.639,72 € | 22.542,63 € | 22.445,55 € | 22.348,46 € | 22.251,37 € | 22.154,28 € | 22.057,20 € |
| 16 | 25.129,73 € | 25.023,79 € | 24.917,85 € | 24.811,90 € | 24.705,95 € | 24.600,01 € | 24.494,06 € | 24.388,12 € | 24.282,17 € | 24.176,23 € |
| 17 | 27.412,25 € | 27.297,14 € | 27.182,05 € | 27.066,94 € | 26.951,84 € | 26.836,73 € | 26.721,63 € | 26.606,52 € | 26.491,43 € | 26.376,32 € |
| 18 | 29.778,52 € | 29.653,97 € | 29.529,40 € | 29.404,84 € | 29.280,28 € | 29.155,72 € | 29.031,16 € | 28.906,60 € | 28.782,04 € | 28.657,47 € |
| 19 | 32.228,55 € | 32.094,23 € | 31.959,91 € | 31.825,61 € | 31.691,29 € | 31.556,97 € | 31.422,65 € | 31.288,34 € | 31.154,02 € | 31.019,70 € |
| 20 | 34.762,33 € | 34.617,96 € | 34.473,59 € | 34.329,22 € | 34.184,84 € | 34.040,48 € | 33.896,11 € | 33.751,74 € | 33.607,37 € | 33.463,00 € |
| 21 | 37.378,16 € | 37.223,41 € | 37.068,66 € | 36.913,91 € | 36.759,16 € | 36.604,41 € | 36.449,66 € | 36.294,92 € | 36.140,16 € | 35.985,42 € |
| 22 | 40.077,58 € | 39.912,15 € | 39.746,72 € | 39.581,29 € | 39.415,86 € | 39.250,43 € | 39.085,00 € | 38.919,58 € | 38.754,14 € | 38.588,71 € |
| 23 | 42.860,59 € | 42.684,17 € | 42.507,77 € | 42.331,35 € | 42.154,95 € | 41.978,53 € | 41.802,13 € | 41.625,71 € | 41.449,31 € | 41.272,89 € |
| 24 | 45.727,19 € | 45.539,50 € | 45.351,80 € | 45.164,11 € | 44.976,42 € | 44.788,73 € | 44.601,03 € | 44.413,34 € | 44.225,65 € | 44.037,96 € |
| 25 | 48.677,38 € | 48.478,11 € | 48.278,84 € | 48.079,56 € | 47.880,28 € | 47.681,00 € | 47.481,73 € | 47.282,46 € | 47.083,18 € | 46.883,90 € |
| 26 | 51.641,75 € | 51.430,86 € | 51.219,97 € | 51.009,07 € | 50.798,18 € | 50.587,28 € | 50.376,38 € | 50.165,49 € | 49.954,59 € | 49.743,70 € |
| 27 | 54.684,38 € | 54.461,59 € | 54.238,79 € | 54.015,99 € | 53.793,19 € | 53.570,41 € | 53.347,61 € | 53.124,81 € | 52.902,01 € | 52.679,22 € |
| 28 | 57.805,26 € | 57.570,28 € | 57.335,30 € | 57.100,33 € | 56.865,35 € | 56.630,37 € | 56.395,39 € | 56.160,42 € | 55.925,44 € | 55.690,46 € |
| 29 | 61.004,39 € | 60.756,95 € | 60.509,51 € | 60.262,07 € | 60.014,63 € | 59.767,19 € | 59.519,75 € | 59.272,31 € | 59.024,87 € | 58.777,43 € |
| 30 | 64.281,78 € | 64.021,59 € | 63.761,40 € | 63.501,23 € | 63.241,04 € | 62.980,86 € | 62.720,68 € | 62.460,50 € | 62.200,31 € | 61.940,14 € |
| 31 | 67.556,61 € | 67.283,70 € | 67.010,80 € | 66.737,88 € | 66.464,97 € | 66.192,06 € | 65.919,15 € | 65.646,24 € | 65.373,33 € | 65.100,42 € |
| 32 | 70.904,49 € | 70.618,59 € | 70.332,70 € | 70.046,79 € | 69.760,89 € | 69.475,00 € | 69.189,10 € | 68.903,19 € | 68.617,29 € | 68.331,40 € |
| 33 | 74.325,42 € | 74.026,26 € | 73.727,11 € | 73.427,96 € | 73.128,81 € | 72.829,66 € | 72.530,51 € | 72.231,35 € | 71.932,20 € | 71.633,05 € |
| 34 | 77.819,37 € | 77.506,71 € | 77.194,05 € | 76.881,39 € | 76.568,72 € | 76.256,05 € | 75.943,39 € | 75.630,72 € | 75.318,06 € | 75.005,40 € |
| 35 | 81.386,38 € | 81.059,94 € | 80.733,50 € | 80.407,06 € | 80.080,62 € | 79.754,18 € | 79.427,74 € | 79.101,30 € | 78.774,86 € | 78.448,43 € |
| 36 | 84.935,43 € | 84.595,28 € | 84.255,14 € | 83.914,99 € | 83.574,85 € | 83.234,69 € | 82.894,55 € | 82.554,40 € | 82.214,26 € | 81.874,11 € |
| 37 | 88.552,46 € | 88.198,37 € | 87.844,28 € | 87.490,17 € | 87.136,08 € | 86.781,98 € | 86.427,89 € | 86.073,79 € | 85.719,69 € | 85.365,59 € |
| 38 | 92.237,49 € | 91.869,19 € | 91.500,90 € | 91.132,61 € | 90.764,32 € | 90.396,04 € | 90.027,75 € | 89.659,46 € | 89.291,17 € | 88.922,87 € |
| 39 | 95.990,49 € | 95.607,76 € | 95.225,04 € | 94.842,31 € | 94.459,58 € | 94.076,85 € | 93.694,13 € | 93.311,40 € | 92.928,67 € | 92.545,95 € |
| 40 | 99.811,48 € | 99.414,08 € | 99.016,66 € | 98.619,26 € | 98.221,85 € | 97.824,44 € | 97.427,03 € | 97.029,63 € | 96.632,22 € | 96.234,81 € |
| 41 | 103.599,13 € | 103.187,17 € | 102.775,21 € | 102.363,25 € | 101.951,29 € | 101.539,34 € | 101.127,38 € | 100.715,42 € | 100.303,47 € | 99.891,51 € |
| 42 | 107.449,81 € | 107.023,08 € | 106.596,34 € | 106.169,61 € | 105.742,89 € | 105.316,15 € | 104.889,42 € | 104.462,69 € | 104.035,96 € | 103.609,23 € |
| 43 | 111.363,53 € | 110.921,80 € | 110.480,07 € | 110.038,34 € | 109.596,61 € | 109.154,88 € | 108.713,15 € | 108.271,43 € | 107.829,70 € | 107.387,96 € |
| 44 | 115.340,29 € | 114.883,35 € | 114.426,39 € | 113.969,44 € | 113.512,48 € | 113.055,52 € | 112.598,58 € | 112.141,62 € | 111.684,66 € | 111.227,71 € |
| 45 | 119.380,11 € | 118.907,70 € | 118.435,30 € | 117.962,90 € | 117.490,49 € | 117.018,09 € | 116.545,69 € | 116.073,29 € | 115.600,88 € | 115.128,48 € |
| 46 | 123.372,77 € | 122.885,08 € | 122.397,41 € | 121.909,73 € | 121.422,05 € | 120.934,37 € | 120.446,69 € | 119.959,01 € | 119.471,33 € | 118.983,65 € |
| 47 | 127.423,68 € | 126.920,52 € | 126.417,35 € | 125.914,19 € | 125.411,02 € | 124.907,86 € | 124.404,69 € | 123.901,53 € | 123.398,36 € | 122.895,20 € |
| 48 | 131.532,85 € | 131.013,98 € | 130.495,13 € | 129.976,27 € | 129.457,42 € | 128.938,57 € | 128.419,70 € | 127.900,85 € | 127.381,99 € | 126.863,14 € |
| 49 | 135.700,26 € | 135.165,50 € | 134.630,75 € | 134.095,99 € | 133.561,23 € | 133.026,48 € | 132.491,71 € | 131.956,96 € | 131.422,20 € | 130.887,45 € |
| 50 | 139.925,92 € | 139.375,06 € | 138.824,19 € | 138.273,33 € | 137.722,47 € | 137.171,60 € | 136.620,74 € | 136.069,87 € | 135.519,01 € | 134.968,13 € |

TABLA 2.A.2
BAREMO ECONÓMICO

| | Edad del lesionado | | | | | | | | | |
|---|---|---|---|---|---|---|---|---|---|---|
| Puntos | 20 | 21 | 22 | 23 | 24 | 25 | 26 | 27 | 28 | 29 |
| 51 | 144.700,57 € | 144.131,44 € | 143.562,31 € | 142.993,18 € | 142.424,04 € | 141.854,92 € | 141.285,79 € | 140.716,66 € | 140.147,53 € | 139.578,40 € |
| 52 | 149.552,71 € | 148.965,03 € | 148.377,36 € | 147.789,67 € | 147.201,99 € | 146.614,31 € | 146.026,63 € | 145.438,95 € | 144.851,27 € | 144.263,59 € |
| 53 | 154.482,35 € | 153.875,83 € | 153.269,32 € | 152.662,80 € | 152.056,29 € | 151.449,77 € | 150.843,26 € | 150.236,75 € | 149.630,23 € | 149.023,72 € |
| 54 | 159.489,48 € | 158.863,85 € | 158.238,21 € | 157.612,58 € | 156.986,95 € | 156.361,32 € | 155.735,68 € | 155.110,05 € | 154.484,42 € | 153.858,79 € |
| 55 | 164.574,10 € | 163.929,07 € | 163.284,04 € | 162.639,00 € | 161.993,97 € | 161.348,93 € | 160.703,89 € | 160.058,86 € | 159.413,82 € | 158.768,79 € |
| 56 | 169.693,55 € | 169.028,99 € | 168.364,43 € | 167.699,88 € | 167.035,32 € | 166.370,76 € | 165.706,20 € | 165.041,65 € | 164.377,09 € | 163.712,53 € |
| 57 | 174.888,97 € | 174.204,61 € | 173.520,25 € | 172.835,89 € | 172.151,53 € | 171.467,17 € | 170.782,81 € | 170.098,45 € | 169.414,09 € | 168.729,73 € |
| 58 | 180.160,36 € | 179.455,91 € | 178.751,48 € | 178.047,04 € | 177.342,60 € | 176.638,16 € | 175.933,72 € | 175.229,28 € | 174.524,83 € | 173.820,40 € |
| 59 | 185.507,72 € | 184.782,92 € | 184.058,13 € | 183.333,32 € | 182.608,52 € | 181.883,72 € | 181.158,93 € | 180.434,13 € | 179.709,33 € | 178.984,54 € |
| 60 | 190.931,05 € | 190.185,61 € | 189.440,18 € | 188.694,75 € | 187.949,31 € | 187.203,88 € | 186.458,43 € | 185.713,00 € | 184.967,57 € | 184.222,13 € |
| 61 | 192.678,03 € | 191.925,41 € | 191.172,79 € | 190.420,17 € | 189.667,56 € | 188.914,94 € | 188.162,32 € | 187.409,70 € | 186.657,10 € | 185.904,48 € |
| 62 | 199.088,15 € | 198.311,26 € | 197.534,38 € | 196.757,49 € | 195.980,60 € | 195.203,71 € | 194.426,83 € | 193.649,94 € | 192.873,05 € | 192.096,16 € |
| 63 | 205.603,17 € | 204.801,62 € | 204.000,08 € | 203.198,54 € | 202.397,00 € | 201.595,45 € | 200.793,90 € | 199.992,36 € | 199.190,82 € | 198.389,28 € |
| 64 | 212.223,08 € | 211.396,49 € | 210.569,91 € | 209.743,31 € | 208.916,73 € | 208.090,14 € | 207.263,56 € | 206.436,98 € | 205.610,39 € | 204.783,81 € |
| 65 | 218.947,86 € | 218.095,84 € | 217.243,84 € | 216.391,83 € | 215.539,81 € | 214.687,81 € | 213.835,79 € | 212.983,78 € | 212.131,78 € | 211.279,76 € |
| 66 | 224.726,26 € | 223.852,30 € | 222.978,34 € | 222.104,38 € | 221.230,41 € | 220.356,46 € | 219.482,49 € | 218.608,53 € | 217.734,56 € | 216.860,61 € |
| 67 | 230.577,70 € | 229.681,52 € | 228.785,34 € | 227.889,16 € | 226.992,97 € | 226.096,79 € | 225.200,61 € | 224.304,43 € | 223.408,25 € | 222.512,06 € |
| 68 | 236.502,16 € | 235.583,49 € | 234.664,82 € | 233.746,16 € | 232.827,48 € | 231.908,81 € | 230.990,15 € | 230.071,48 € | 229.152,81 € | 228.234,14 € |
| 69 | 242.499,66 € | 241.558,23 € | 240.616,81 € | 239.675,38 € | 238.733,96 € | 237.792,53 € | 236.851,11 € | 235.909,69 € | 234.968,26 € | 234.026,83 € |
| 70 | 248.570,17 € | 247.605,72 € | 246.641,29 € | 245.676,84 € | 244.712,39 € | 243.747,94 € | 242.783,49 € | 241.819,04 € | 240.854,59 € | 239.890,15 € |
| 71 | 254.662,51 € | 253.674,98 € | 252.687,45 € | 251.699,92 € | 250.712,38 € | 249.724,85 € | 248.737,32 € | 247.749,79 € | 246.762,26 € | 245.774,72 € |
| 72 | 260.826,43 € | 259.815,55 € | 258.804,67 € | 257.793,79 € | 256.782,92 € | 255.772,04 € | 254.761,16 € | 253.750,29 € | 252.739,41 € | 251.728,53 € |
| 73 | 267.061,93 € | 266.027,45 € | 264.992,97 € | 263.958,48 € | 262.923,99 € | 261.889,51 € | 260.855,02 € | 259.820,53 € | 258.786,05 € | 257.751,56 € |
| 74 | 273.369,03 € | 272.310,67 € | 271.252,32 € | 270.193,96 € | 269.135,60 € | 268.077,24 € | 267.018,89 € | 265.960,53 € | 264.902,17 € | 263.843,82 € |
| 75 | 279.747,71 € | 278.665,22 € | 277.582,73 € | 276.500,25 € | 275.417,75 € | 274.335,27 € | 273.252,77 € | 272.170,29 € | 271.087,79 € | 270.005,31 € |
| 76 | 286.145,27 € | 285.038,55 € | 283.931,83 € | 282.825,11 € | 281.718,39 € | 280.611,67 € | 279.504,96 € | 278.398,23 € | 277.291,52 € | 276.184,79 € |
| 77 | 292.613,03 € | 291.481,82 € | 290.350,61 € | 289.219,41 € | 288.088,20 € | 286.957,00 € | 285.825,79 € | 284.694,58 € | 283.563,38 € | 282.432,16 € |
| 78 | 299.150,99 € | 297.995,05 € | 296.839,09 € | 295.683,14 € | 294.527,18 € | 293.371,23 € | 292.215,27 € | 291.059,32 € | 289.903,36 € | 288.747,41 € |
| 79 | 305.759,16 € | 304.578,20 € | 303.397,24 € | 302.216,28 € | 301.035,33 € | 299.854,37 € | 298.673,41 € | 297.492,46 € | 296.311,49 € | 295.130,53 € |
| 80 | 312.437,52 € | 311.231,30 € | 310.025,08 € | 308.818,86 € | 307.612,64 € | 306.406,42 € | 305.200,21 € | 303.993,98 € | 302.787,76 € | 301.581,54 € |
| 81 | 319.129,50 € | 317.898,02 € | 316.666,54 € | 315.435,06 € | 314.203,57 € | 312.972,09 € | 311.740,61 € | 310.509,13 € | 309.277,64 € | 308.046,16 € |
| 82 | 325.890,28 € | 324.633,29 € | 323.376,29 € | 322.119,30 € | 320.862,30 € | 319.605,30 € | 318.348,31 € | 317.091,31 € | 315.834,31 € | 314.577,31 € |
| 83 | 332.719,87 € | 331.437,11 € | 330.154,35 € | 328.871,58 € | 327.588,82 € | 326.306,06 € | 325.023,29 € | 323.740,54 € | 322.457,78 € | 321.175,02 € |
| 84 | 339.618,26 € | 338.309,47 € | 337.000,70 € | 335.691,92 € | 334.383,14 € | 333.074,36 € | 331.765,59 € | 330.456,81 € | 329.148,03 € | 327.839,25 € |
| 85 | 346.585,45 € | 345.250,40 € | 343.915,35 € | 342.580,31 € | 341.245,26 € | 339.910,21 € | 338.575,16 € | 337.240,12 € | 335.905,08 € | 334.570,02 € |
| 86 | 353.564,43 € | 352.203,03 € | 350.841,62 € | 349.480,22 € | 348.118,82 € | 346.757,41 € | 345.396,00 € | 344.034,60 € | 342.673,20 € | 341.311,80 € |
| 87 | 360.610,88 € | 359.222,87 € | 357.834,86 € | 356.446,86 € | 355.058,85 € | 353.670,85 € | 352.282,84 € | 350.894,84 € | 349.506,82 € | 348.118,82 € |
| 88 | 367.724,81 € | 366.309,95 € | 364.895,10 € | 363.480,24 € | 362.065,38 € | 360.650,52 € | 359.235,66 € | 357.820,80 € | 356.405,94 € | 354.991,09 € |
| 89 | 374.906,22 € | 373.464,26 € | 372.022,30 € | 370.580,35 € | 369.138,39 € | 367.696,44 € | 366.254,47 € | 364.812,52 € | 363.370,56 € | 361.928,61 € |
| 90 | 382.155,10 € | 380.685,80 € | 379.216,49 € | 377.747,19 € | 376.277,88 € | 374.808,58 € | 373.339,28 € | 371.869,97 € | 370.400,67 € | 368.931,36 € |
| 91 | 387.905,97 € | 386.414,83 € | 384.923,67 € | 383.432,53 € | 381.941,38 € | 380.450,23 € | 378.959,08 € | 377.467,93 € | 375.976,78 € | 374.485,64 € |
| 92 | 393.689,91 € | 392.176,80 € | 390.663,69 € | 389.150,57 € | 387.637,46 € | 386.124,34 € | 384.611,22 € | 383.098,11 € | 381.585,00 € | 380.071,88 € |
| 93 | 399.506,92 € | 397.971,72 € | 396.436,51 € | 394.901,32 € | 393.366,11 € | 391.830,92 € | 390.295,71 € | 388.760,51 € | 387.225,31 € | 385.690,11 € |
| 94 | 405.357,00 € | 403.799,59 € | 402.242,18 € | 400.684,77 € | 399.127,36 € | 397.569,95 € | 396.012,54 € | 394.455,13 € | 392.897,72 € | 391.340,31 € |
| 95 | 411.240,14 € | 409.660,41 € | 408.080,67 € | 406.500,93 € | 404.921,19 € | 403.341,45 € | 401.761,72 € | 400.181,98 € | 398.602,23 € | 397.022,49 € |
| 96 | 417.156,37 € | 415.554,18 € | 413.951,99 € | 412.349,80 € | 410.747,61 € | 409.145,42 € | 407.543,23 € | 405.941,04 € | 404.338,85 € | 402.736,66 € |
| 97 | 423.105,66 € | 421.480,89 € | 419.856,13 € | 418.231,37 € | 416.606,61 € | 414.981,85 € | 413.357,08 € | 411.732,32 € | 410.107,55 € | 408.482,80 € |
| 98 | 429.088,01 € | 427.440,56 € | 425.793,11 € | 424.145,65 € | 422.498,19 € | 420.850,74 € | 419.203,28 € | 417.555,83 € | 415.908,37 € | 414.260,91 € |
| 99 | 435.103,45 € | 433.433,17 € | 431.762,91 € | 430.092,64 € | 428.422,36 € | 426.752,10 € | 425.081,82 € | 423.411,55 € | 421.741,29 € | 420.071,01 € |
| 100 | 441.151,95 € | 439.458,74 € | 437.765,53 € | 436.072,33 € | 434.379,12 € | 432.685,92 € | 430.992,71 € | 429.299,50 € | 427.606,29 € | 425.913,09 € |

TABLA 2.A.2
BAREMO ECONÓMICO

| | Edad del lesionado | | | | | | | | | |
|---|---|---|---|---|---|---|---|---|---|---|
| Puntos | 30 | 31 | 32 | 33 | 34 | 35 | 36 | 37 | 38 | 39 |
| 1 | 1.039,33 € | 1.035,32 € | 1.031,31 € | 1.027,31 € | 1.023,30 € | 1.019,30 € | 1.015,29 € | 1.011,28 € | 1.007,29 € | 1.003,28 € |
| 2 | 2.140,49 € | 2.132,00 € | 2.123,52 € | 2.115,03 € | 2.106,55 € | 2.098,06 € | 2.089,57 € | 2.081,08 € | 2.072,59 € | 2.064,11 € |
| 3 | 3.293,90 € | 3.280,51 € | 3.267,13 € | 3.253,74 € | 3.240,36 € | 3.226,97 € | 3.213,59 € | 3.200,21 € | 3.186,83 € | 3.173,45 € |
| 4 | 4.489,86 € | 4.471,21 € | 4.452,57 € | 4.433,92 € | 4.415,27 € | 4.396,62 € | 4.377,97 € | 4.359,33 € | 4.340,68 € | 4.322,03 € |
| 5 | 5.718,69 € | 5.694,47 € | 5.670,25 € | 5.646,04 € | 5.621,82 € | 5.597,60 € | 5.573,38 € | 5.549,17 € | 5.524,96 € | 5.500,74 € |
| 6 | 6.970,91 € | 6.940,87 € | 6.910,82 € | 6.880,78 € | 6.850,75 € | 6.820,71 € | 6.790,67 € | 6.760,63 € | 6.730,58 € | 6.700,55 € |
| 7 | 8.302,18 € | 8.265,84 € | 8.229,51 € | 8.193,17 € | 8.156,84 € | 8.120,50 € | 8.084,16 € | 8.047,83 € | 8.011,49 € | 7.975,16 € |
| 8 | 9.662,41 € | 9.619,54 € | 9.576,66 € | 9.533,80 € | 9.490,92 € | 9.448,05 € | 9.405,17 € | 9.362,30 € | 9.319,43 € | 9.276,56 € |
| 9 | 11.044,70 € | 10.995,05 € | 10.945,39 € | 10.895,73 € | 10.846,08 € | 10.796,43 € | 10.746,77 € | 10.697,11 € | 10.647,46 € | 10.597,81 € |
| 10 | 12.441,50 € | 12.384,90 € | 12.328,31 € | 12.271,71 € | 12.215,11 € | 12.158,51 € | 12.101,90 € | 12.045,30 € | 11.988,70 € | 11.932,10 € |
| 11 | 14.169,35 € | 14.105,30 € | 14.041,25 € | 13.977,20 € | 13.913,15 € | 13.849,10 € | 13.785,06 € | 13.721,00 € | 13.656,96 € | 13.592,92 € |
| 12 | 15.985,12 € | 15.913,31 € | 15.841,48 € | 15.769,66 € | 15.697,85 € | 15.626,02 € | 15.554,21 € | 15.482,39 € | 15.410,56 € | 15.338,75 € |
| 13 | 17.888,84 € | 17.808,93 € | 17.729,01 € | 17.649,09 € | 17.569,18 € | 17.489,26 € | 17.409,34 € | 17.329,43 € | 17.249,51 € | 17.169,59 € |
| 14 | 19.880,51 € | 19.792,18 € | 19.703,83 € | 19.615,49 € | 19.527,16 € | 19.438,82 € | 19.350,48 € | 19.262,14 € | 19.173,80 € | 19.085,47 € |
| 15 | 21.960,12 € | 21.863,03 € | 21.765,95 € | 21.668,86 € | 21.571,78 € | 21.474,69 € | 21.377,61 € | 21.280,53 € | 21.183,44 € | 21.086,36 € |
| 16 | 24.070,28 € | 23.964,34 € | 23.858,39 € | 23.752,44 € | 23.646,50 € | 23.540,55 € | 23.434,62 € | 23.328,67 € | 23.222,73 € | 23.116,78 € |
| 17 | 26.261,22 € | 26.146,11 € | 26.031,01 € | 25.915,90 € | 25.800,81 € | 25.685,70 € | 25.570,60 € | 25.455,49 € | 25.340,39 € | 25.225,28 € |
| 18 | 28.532,92 € | 28.408,36 € | 28.283,80 € | 28.159,23 € | 28.034,67 € | 27.910,12 € | 27.785,56 € | 27.660,99 € | 27.536,43 € | 27.411,88 € |
| 19 | 30.885,39 € | 30.751,08 € | 30.616,76 € | 30.482,44 € | 30.348,12 € | 30.213,80 € | 30.079,50 € | 29.945,18 € | 29.810,86 € | 29.676,54 € |
| 20 | 33.318,63 € | 33.174,26 € | 33.029,89 € | 32.885,52 € | 32.741,15 € | 32.596,78 € | 32.452,41 € | 32.308,05 € | 32.163,67 € | 32.019,30 € |
| 21 | 35.830,66 € | 35.675,92 € | 35.521,17 € | 35.366,42 € | 35.211,67 € | 35.056,92 € | 34.902,17 € | 34.747,43 € | 34.592,67 € | 34.437,93 € |
| 22 | 38.423,29 € | 38.257,85 € | 38.092,43 € | 37.927,00 € | 37.761,57 € | 37.596,14 € | 37.430,71 € | 37.265,28 € | 37.099,85 € | 36.934,43 € |
| 23 | 41.096,49 € | 40.920,07 € | 40.743,67 € | 40.567,25 € | 40.390,84 € | 40.214,43 € | 40.038,02 € | 39.861,61 € | 39.685,20 € | 39.508,80 € |
| 24 | 43.850,27 € | 43.662,57 € | 43.474,88 € | 43.287,19 € | 43.099,50 € | 42.911,80 € | 42.724,11 € | 42.536,42 € | 42.348,73 € | 42.161,04 € |
| 25 | 46.684,63 € | 46.485,36 € | 46.286,08 € | 46.086,80 € | 45.887,52 € | 45.688,25 € | 45.488,98 € | 45.289,70 € | 45.090,42 € | 44.891,15 € |
| 26 | 49.532,80 € | 49.321,91 € | 49.111,01 € | 48.900,12 € | 48.689,23 € | 48.478,32 € | 48.267,43 € | 48.056,53 € | 47.845,64 € | 47.634,74 € |
| 27 | 52.456,42 € | 52.233,63 € | 52.010,83 € | 51.788,03 € | 51.565,24 € | 51.342,44 € | 51.119,64 € | 50.896,85 € | 50.674,06 € | 50.451,26 € |
| 28 | 55.455,48 € | 55.220,51 € | 54.985,53 € | 54.750,55 € | 54.515,58 € | 54.280,60 € | 54.045,62 € | 53.810,64 € | 53.575,67 € | 53.340,69 € |
| 29 | 58.529,99 € | 58.282,55 € | 58.035,11 € | 57.787,67 € | 57.540,23 € | 57.292,79 € | 57.045,35 € | 56.797,91 € | 56.550,48 € | 56.303,04 € |
| 30 | 61.679,95 € | 61.419,77 € | 61.159,59 € | 60.899,40 € | 60.639,22 € | 60.379,04 € | 60.118,86 € | 59.858,67 € | 59.598,50 € | 59.338,31 € |
| 31 | 64.827,51 € | 64.554,60 € | 64.281,69 € | 64.008,78 € | 63.735,87 € | 63.462,96 € | 63.190,05 € | 62.917,14 € | 62.644,23 € | 62.371,32 € |
| 32 | 68.045,49 € | 67.759,59 € | 67.473,69 € | 67.187,80 € | 66.901,89 € | 66.615,99 € | 66.330,10 € | 66.044,19 € | 65.758,29 € | 65.472,39 € |
| 33 | 71.333,90 € | 71.034,75 € | 70.735,60 € | 70.436,44 € | 70.137,29 € | 69.838,15 € | 69.538,99 € | 69.239,84 € | 68.940,69 € | 68.641,54 € |
| 34 | 74.692,73 € | 74.380,07 € | 74.067,40 € | 73.754,73 € | 73.442,08 € | 73.129,41 € | 72.816,75 € | 72.504,08 € | 72.191,41 € | 71.878,76 € |
| 35 | 78.121,99 € | 77.795,54 € | 77.469,10 € | 77.142,67 € | 76.816,23 € | 76.489,79 € | 76.163,35 € | 75.836,92 € | 75.510,48 € | 75.184,03 € |
| 36 | 81.533,97 € | 81.193,82 € | 80.853,67 € | 80.513,53 € | 80.173,38 € | 79.833,24 € | 79.493,09 € | 79.152,95 € | 78.812,80 € | 78.472,65 € |
| 37 | 85.011,50 € | 84.657,40 € | 84.303,31 € | 83.949,21 € | 83.595,11 € | 83.241,02 € | 82.886,92 € | 82.532,83 € | 82.178,73 € | 81.824,63 € |
| 38 | 88.554,58 € | 88.186,29 € | 87.818,00 € | 87.449,71 € | 87.081,42 € | 86.713,13 € | 86.344,85 € | 85.976,55 € | 85.608,26 € | 85.239,97 € |
| 39 | 92.163,22 € | 91.780,49 € | 91.397,76 € | 91.015,04 € | 90.632,30 € | 90.249,58 € | 89.866,86 € | 89.484,12 € | 89.101,40 € | 88.718,67 € |
| 40 | 95.837,41 € | 95.439,99 € | 95.042,59 € | 94.645,18 € | 94.247,77 € | 93.850,37 € | 93.452,96 € | 93.055,55 € | 92.658,14 € | 92.260,73 € |
| 41 | 99.479,56 € | 99.067,60 € | 98.655,64 € | 98.243,69 € | 97.831,73 € | 97.419,78 € | 97.007,82 € | 96.595,86 € | 96.183,91 € | 95.771,94 € |
| 42 | 103.182,50 € | 102.755,77 € | 102.329,04 € | 101.902,31 € | 101.475,58 € | 101.048,84 € | 100.622,11 € | 100.195,39 € | 99.768,65 € | 99.341,92 € |
| 43 | 106.946,23 € | 106.504,50 € | 106.062,78 € | 105.621,05 € | 105.179,32 € | 104.737,58 € | 104.295,85 € | 103.854,12 € | 103.412,40 € | 102.970,67 € |
| 44 | 110.770,76 € | 110.313,81 € | 109.856,85 € | 109.399,89 € | 108.942,95 € | 108.485,99 € | 108.029,04 € | 107.572,08 € | 107.115,13 € | 106.658,18 € |
| 45 | 114.656,08 € | 114.183,67 € | 113.711,27 € | 113.238,87 € | 112.766,46 € | 112.294,06 € | 111.821,66 € | 111.349,26 € | 110.876,85 € | 110.404,44 € |
| 46 | 118.495,97 € | 118.008,29 € | 117.520,61 € | 117.032,93 € | 116.545,25 € | 116.057,57 € | 115.569,89 € | 115.082,22 € | 114.594,53 € | 114.106,85 € |
| 47 | 122.392,04 € | 121.888,87 € | 121.385,71 € | 120.882,54 € | 120.379,38 € | 119.876,21 € | 119.373,05 € | 118.869,88 € | 118.366,72 € | 117.863,55 € |
| 48 | 126.344,27 € | 125.825,42 € | 125.306,56 € | 124.787,71 € | 124.268,84 € | 123.749,99 € | 123.231,13 € | 122.712,28 € | 122.193,42 € | 121.674,56 € |
| 49 | 130.352,69 € | 129.817,93 € | 129.283,17 € | 128.748,42 € | 128.213,66 € | 127.678,91 € | 127.144,15 € | 126.609,38 € | 126.074,63 € | 125.539,87 € |
| 50 | 134.417,27 € | 133.866,41 € | 133.315,54 € | 132.764,68 € | 132.213,81 € | 131.662,95 € | 131.112,09 € | 130.561,22 € | 130.010,35 € | 129.459,48 € |

TABLA 2.A.2
BAREMO ECONÓMICO

| Puntos | Edad del lesionado | | | | | | | | | |
|---|---|---|---|---|---|---|---|---|---|---|
| | 30 | 31 | 32 | 33 | 34 | 35 | 36 | 37 | 38 | 39 |
| 51 | 139.009,26 € | 138.440,13 € | 137.871,00 € | 137.301,87 € | 136.732,74 € | 136.163,61 € | 135.594,49 € | 135.025,35 € | 134.456,22 € | 133.887,09 € |
| 52 | 143.675,91 € | 143.088,22 € | 142.500,55 € | 141.912,87 € | 141.325,18 € | 140.737,51 € | 140.149,82 € | 139.562,14 € | 138.974,47 € | 138.386,78 € |
| 53 | 148.417,20 € | 147.810,69 € | 147.204,17 € | 146.597,66 € | 145.991,14 € | 145.384,63 € | 144.778,11 € | 144.171,60 € | 143.565,08 € | 142.958,57 € |
| 54 | 153.233,16 € | 152.607,51 € | 151.981,88 € | 151.356,25 € | 150.730,62 € | 150.104,98 € | 149.479,35 € | 148.853,72 € | 148.228,09 € | 147.602,46 € |
| 55 | 158.123,75 € | 157.478,71 € | 156.833,68 € | 156.188,65 € | 155.543,62 € | 154.898,58 € | 154.253,54 € | 153.608,51 € | 152.963,47 € | 152.318,43 € |
| 56 | 163.047,97 € | 162.383,40 € | 161.718,85 € | 161.054,29 € | 160.389,73 € | 159.725,17 € | 159.060,62 € | 158.396,06 € | 157.731,50 € | 157.066,94 € |
| 57 | 168.045,37 € | 167.361,01 € | 166.676,65 € | 165.992,29 € | 165.307,93 € | 164.623,57 € | 163.939,21 € | 163.254,85 € | 162.570,49 € | 161.886,13 € |
| 58 | 173.115,96 € | 172.411,52 € | 171.707,08 € | 171.002,64 € | 170.298,20 € | 169.593,76 € | 168.889,32 € | 168.184,88 € | 167.480,44 € | 166.776,00 € |
| 59 | 178.259,73 € | 177.534,93 € | 176.810,14 € | 176.085,34 € | 175.360,54 € | 174.635,75 € | 173.910,94 € | 173.186,14 € | 172.461,35 € | 171.736,55 € |
| 60 | 183.476,70 € | 182.731,27 € | 181.985,83 € | 181.240,39 € | 180.494,96 € | 179.749,52 € | 179.004,09 € | 178.258,65 € | 177.513,22 € | 176.767,79 € |
| 61 | 185.151,86 € | 184.399,24 € | 183.646,62 € | 182.894,01 € | 182.141,39 € | 181.388,77 € | 180.636,15 € | 179.883,54 € | 179.130,92 € | 178.378,30 € |
| 62 | 191.319,27 € | 190.542,39 € | 189.765,50 € | 188.988,61 € | 188.211,72 € | 187.434,84 € | 186.657,95 € | 185.881,06 € | 185.104,17 € | 184.327,29 € |
| 63 | 197.587,73 € | 196.786,19 € | 195.984,64 € | 195.183,10 € | 194.381,56 € | 193.580,01 € | 192.778,47 € | 191.976,92 € | 191.175,38 € | 190.373,84 € |
| 64 | 203.957,23 € | 203.130,64 € | 202.304,06 € | 201.477,47 € | 200.650,89 € | 199.824,30 € | 198.997,71 € | 198.171,13 € | 197.344,54 € | 196.517,96 € |
| 65 | 210.427,76 € | 209.575,74 € | 208.723,73 € | 207.871,73 € | 207.019,71 € | 206.167,70 € | 205.315,69 € | 204.463,68 € | 203.611,67 € | 202.759,66 € |
| 66 | 215.986,64 € | 215.112,68 € | 214.238,72 € | 213.364,76 € | 212.490,80 € | 211.616,83 € | 210.742,87 € | 209.868,91 € | 208.994,95 € | 208.120,98 € |
| 67 | 221.615,88 € | 220.719,70 € | 219.823,52 € | 218.927,34 € | 218.031,16 € | 217.134,97 € | 216.238,79 € | 215.342,61 € | 214.446,43 € | 213.550,25 € |
| 68 | 227.315,47 € | 226.396,80 € | 225.478,14 € | 224.559,47 € | 223.640,79 € | 222.722,13 € | 221.803,46 € | 220.884,79 € | 219.966,13 € | 219.047,45 € |
| 69 | 233.085,41 € | 232.143,99 € | 231.202,57 € | 230.261,14 € | 229.319,71 € | 228.378,29 € | 227.436,87 € | 226.495,45 € | 225.554,01 € | 224.612,59 € |
| 70 | 238.925,70 € | 237.961,25 € | 236.996,81 € | 236.032,36 € | 235.067,91 € | 234.103,46 € | 233.139,02 € | 232.174,57 € | 231.210,12 € | 230.245,67 € |
| 71 | 244.787,20 € | 243.799,67 € | 242.812,13 € | 241.824,60 € | 240.837,06 € | 239.849,54 € | 238.862,01 € | 237.874,47 € | 236.886,94 € | 235.899,42 € |
| 72 | 250.717,66 € | 249.706,77 € | 248.695,90 € | 247.685,02 € | 246.674,14 € | 245.663,27 € | 244.652,38 € | 243.641,51 € | 242.630,64 € | 241.619,75 € |
| 73 | 256.717,07 € | 255.682,59 € | 254.648,10 € | 253.613,61 € | 252.579,14 € | 251.544,65 € | 250.510,16 € | 249.475,68 € | 248.441,19 € | 247.406,70 € |
| 74 | 262.785,46 € | 261.727,11 € | 260.668,76 € | 259.610,40 € | 258.552,04 € | 257.493,69 € | 256.435,33 € | 255.376,97 € | 254.318,62 € | 253.260,26 € |
| 75 | 268.922,82 € | 267.840,33 € | 266.757,84 € | 265.675,35 € | 264.592,87 € | 263.510,38 € | 262.427,89 € | 261.345,40 € | 260.262,91 € | 259.180,42 € |
| 76 | 275.078,08 € | 273.971,35 € | 272.864,64 € | 271.757,92 € | 270.651,20 € | 269.544,48 € | 268.437,76 € | 267.331,04 € | 266.224,33 € | 265.117,60 € |
| 77 | 281.300,95 € | 280.169,75 € | 279.038,54 € | 277.907,33 € | 276.776,13 € | 275.644,92 € | 274.513,71 € | 273.382,51 € | 272.251,29 € | 271.120,08 € |
| 78 | 287.591,46 € | 286.435,51 € | 285.279,55 € | 284.123,59 € | 282.967,64 € | 281.811,68 € | 280.655,73 € | 279.499,77 € | 278.343,83 € | 277.187,87 € |
| 79 | 293.949,58 € | 292.768,62 € | 291.587,67 € | 290.406,70 € | 289.225,74 € | 288.044,79 € | 286.863,83 € | 285.682,88 € | 284.501,91 € | 283.320,95 € |
| 80 | 300.375,32 € | 299.169,10 € | 297.962,88 € | 296.756,67 € | 295.550,44 € | 294.344,22 € | 293.138,00 € | 291.931,78 € | 290.725,57 € | 289.519,34 € |
| 81 | 306.814,68 € | 305.583,20 € | 304.351,72 € | 303.120,23 € | 301.888,75 € | 300.657,27 € | 299.425,79 € | 298.194,30 € | 296.962,82 € | 295.731,34 € |
| 82 | 313.320,32 € | 312.063,32 € | 310.806,33 € | 309.549,33 € | 308.292,34 € | 307.035,34 € | 305.778,34 € | 304.521,35 € | 303.264,35 € | 302.007,35 € |
| 83 | 319.892,25 € | 318.609,49 € | 317.326,73 € | 316.043,96 € | 314.761,20 € | 313.478,44 € | 312.195,68 € | 310.912,92 € | 309.630,16 € | 308.347,40 € |
| 84 | 326.530,47 € | 325.221,69 € | 323.912,91 € | 322.604,13 € | 321.295,36 € | 319.986,58 € | 318.677,80 € | 317.369,02 € | 316.060,23 € | 314.751,46 € |
| 85 | 333.234,98 € | 331.899,93 € | 330.564,88 € | 329.229,84 € | 327.894,79 € | 326.559,74 € | 325.224,69 € | 323.889,65 € | 322.554,60 € | 321.219,55 € |
| 86 | 339.950,39 € | 338.588,99 € | 337.227,59 € | 335.866,19 € | 334.504,79 € | 333.143,37 € | 331.781,97 € | 330.420,57 € | 329.059,17 € | 327.697,76 € |
| 87 | 346.730,81 € | 345.342,80 € | 343.954,80 € | 342.566,79 € | 341.178,79 € | 339.790,77 € | 338.402,77 € | 337.014,76 € | 335.626,75 € | 334.238,75 € |
| 88 | 353.576,23 € | 352.161,37 € | 350.746,51 € | 349.331,65 € | 347.916,79 € | 346.501,94 € | 345.087,08 € | 343.672,22 € | 342.257,37 € | 340.842,51 € |
| 89 | 360.486,64 € | 359.044,69 € | 357.602,73 € | 356.160,78 € | 354.718,81 € | 353.276,86 € | 351.834,90 € | 350.392,95 € | 348.950,98 € | 347.509,03 € |
| 90 | 367.462,06 € | 365.992,75 € | 364.523,45 € | 363.054,15 € | 361.584,84 € | 360.115,54 € | 358.646,23 € | 357.176,93 € | 355.707,63 € | 354.238,32 € |
| 91 | 372.994,48 € | 371.503,34 € | 370.012,19 € | 368.521,04 € | 367.029,89 € | 365.538,75 € | 364.047,59 € | 362.556,45 € | 361.065,30 € | 359.574,15 € |
| 92 | 378.558,77 € | 377.045,66 € | 375.532,54 € | 374.019,43 € | 372.506,31 € | 370.993,19 € | 369.480,08 € | 367.966,97 € | 366.453,85 € | 364.940,74 € |
| 93 | 384.154,90 € | 382.619,71 € | 381.084,50 € | 379.549,30 € | 378.014,10 € | 376.478,90 € | 374.943,69 € | 373.408,50 € | 371.873,29 € | 370.338,10 € |
| 94 | 389.782,91 € | 388.225,50 € | 386.668,09 € | 385.110,68 € | 383.553,27 € | 381.995,86 € | 380.438,45 € | 378.881,04 € | 377.323,63 € | 375.766,22 € |
| 95 | 395.442,75 € | 393.863,02 € | 392.283,28 € | 390.703,54 € | 389.123,80 € | 387.544,06 € | 385.964,32 € | 384.384,58 € | 382.804,84 € | 381.225,10 € |
| 96 | 401.134,46 € | 399.532,27 € | 397.930,08 € | 396.327,89 € | 394.725,70 € | 393.123,51 € | 391.521,32 € | 389.919,14 € | 388.316,95 € | 386.714,76 € |
| 97 | 406.858,04 € | 405.233,27 € | 403.608,51 € | 401.983,74 € | 400.358,99 € | 398.734,23 € | 397.109,46 € | 395.484,70 € | 393.859,93 € | 392.235,18 € |
| 98 | 412.613,46 € | 410.966,01 € | 409.318,54 € | 407.671,09 € | 406.023,64 € | 404.376,18 € | 402.728,72 € | 401.081,27 € | 399.433,81 € | 397.786,36 € |
| 99 | 418.400,74 € | 416.730,48 € | 415.060,20 € | 413.389,93 € | 411.719,66 € | 410.049,39 € | 408.379,12 € | 406.708,85 € | 405.038,58 € | 403.368,31 € |
| 100 | 424.219,89 € | 422.526,68 € | 420.833,47 € | 419.140,26 € | 417.447,05 € | 415.753,85 € | 414.060,65 € | 412.367,44 € | 410.674,23 € | 408.981,02 € |

TABLA 2.A.2
BAREMO ECONÓMICO

Edad del lesionado

| Puntos | 40 | 41 | 42 | 43 | 44 | 45 | 46 | 47 | 48 | 49 |
|---|---|---|---|---|---|---|---|---|---|---|
| 1 | 999,27 € | 993,93 € | 988,59 € | 983,25 € | 977,91 € | 972,57 € | 967,22 € | 961,89 € | 956,54 € | 951,20 € |
| 2 | 2.055,62 € | 2.044,30 € | 2.032,99 € | 2.021,68 € | 2.010,36 € | 1.999,04 € | 1.987,72 € | 1.976,40 € | 1.965,08 € | 1.953,77 € |
| 3 | 3.160,06 € | 3.142,21 € | 3.124,35 € | 3.106,49 € | 3.088,64 € | 3.070,79 € | 3.052,93 € | 3.035,08 € | 3.017,22 € | 2.999,36 € |
| 4 | 4.303,38 € | 4.278,51 € | 4.253,63 € | 4.228,75 € | 4.203,88 € | 4.179,01 € | 4.154,13 € | 4.129,25 € | 4.104,37 € | 4.079,49 € |
| 5 | 5.476,52 € | 5.444,22 € | 5.411,92 € | 5.379,62 € | 5.347,31 € | 5.315,01 € | 5.282,71 € | 5.250,41 € | 5.218,10 € | 5.185,80 € |
| 6 | 6.670,51 € | 6.630,45 € | 6.590,39 € | 6.550,33 € | 6.510,27 € | 6.470,22 € | 6.430,16 € | 6.390,10 € | 6.350,04 € | 6.309,99 € |
| 7 | 7.938,82 € | 7.890,35 € | 7.841,89 € | 7.793,42 € | 7.744,96 € | 7.696,49 € | 7.648,03 € | 7.599,56 € | 7.551,10 € | 7.502,63 € |
| 8 | 9.233,68 € | 9.176,47 € | 9.119,27 € | 9.062,07 € | 9.004,86 € | 8.947,66 € | 8.890,45 € | 8.833,25 € | 8.776,05 € | 8.718,84 € |
| 9 | 10.548,15 € | 10.481,93 € | 10.415,71 € | 10.349,48 € | 10.283,26 € | 10.217,04 € | 10.150,82 € | 10.084,60 € | 10.018,37 € | 9.952,15 € |
| 10 | 11.875,50 € | 11.800,04 € | 11.724,60 € | 11.649,14 € | 11.573,70 € | 11.498,24 € | 11.422,79 € | 11.347,34 € | 11.271,89 € | 11.196,44 € |
| 11 | 13.528,86 € | 13.443,47 € | 13.358,09 € | 13.272,70 € | 13.187,32 € | 13.101,93 € | 13.016,55 € | 12.931,16 € | 12.845,77 € | 12.760,39 € |
| 12 | 15.266,92 € | 15.171,17 € | 15.075,41 € | 14.979,66 € | 14.883,90 € | 14.788,15 € | 14.692,39 € | 14.596,63 € | 14.500,88 € | 14.405,12 € |
| 13 | 17.089,68 € | 16.983,12 € | 16.876,56 € | 16.770,00 € | 16.663,44 € | 16.556,88 € | 16.450,32 € | 16.343,76 € | 16.237,20 € | 16.130,64 € |
| 14 | 18.997,13 € | 18.879,33 € | 18.761,53 € | 18.643,74 € | 18.525,94 € | 18.408,14 € | 18.290,34 € | 18.172,53 € | 18.054,73 € | 17.936,93 € |
| 15 | 20.989,27 € | 20.859,80 € | 20.730,33 € | 20.600,85 € | 20.471,39 € | 20.341,91 € | 20.212,44 € | 20.082,97 € | 19.953,49 € | 19.824,02 € |
| 16 | 23.010,83 € | 22.869,55 € | 22.728,27 € | 22.586,98 € | 22.445,69 € | 22.304,41 € | 22.163,12 € | 22.021,85 € | 21.880,56 € | 21.739,27 € |
| 17 | 25.110,19 € | 24.956,68 € | 24.803,19 € | 24.649,69 € | 24.496,20 € | 24.342,71 € | 24.189,21 € | 24.035,72 € | 23.882,23 € | 23.728,73 € |
| 18 | 27.287,31 € | 27.121,21 € | 26.955,11 € | 26.789,00 € | 26.622,91 € | 26.456,80 € | 26.290,70 € | 26.124,59 € | 25.958,50 € | 25.792,40 € |
| 19 | 29.542,23 € | 29.363,12 € | 29.184,02 € | 29.004,91 € | 28.825,80 € | 28.646,69 € | 28.467,58 € | 28.288,47 € | 28.109,38 € | 27.930,27 € |
| 20 | 31.874,93 € | 31.682,43 € | 31.489,91 € | 31.297,40 € | 31.104,90 € | 30.912,38 € | 30.719,87 € | 30.527,36 € | 30.334,85 € | 30.142,34 € |
| 21 | 34.283,17 € | 34.076,83 € | 33.870,50 € | 33.664,16 € | 33.457,82 € | 33.251,48 € | 33.045,14 € | 32.838,80 € | 32.632,46 € | 32.426,12 € |
| 22 | 36.768,99 € | 36.548,42 € | 36.327,85 € | 36.107,29 € | 35.886,72 € | 35.666,15 € | 35.445,58 € | 35.225,02 € | 35.004,45 € | 34.783,88 € |
| 23 | 39.332,38 € | 39.097,18 € | 38.861,99 € | 38.626,79 € | 38.391,60 € | 38.156,39 € | 37.921,19 € | 37.686,00 € | 37.450,80 € | 37.215,60 € |
| 24 | 41.973,34 € | 41.723,12 € | 41.472,89 € | 41.222,66 € | 40.972,43 € | 40.722,21 € | 40.471,98 € | 40.221,74 € | 39.971,52 € | 39.721,29 € |
| 25 | 44.691,88 € | 44.426,21 € | 44.160,56 € | 43.894,90 € | 43.629,25 € | 43.363,58 € | 43.097,92 € | 42.832,27 € | 42.566,61 € | 42.300,95 € |
| 26 | 47.423,85 € | 47.142,69 € | 46.861,53 € | 46.580,38 € | 46.299,22 € | 46.018,05 € | 45.736,89 € | 45.455,73 € | 45.174,58 € | 44.893,42 € |
| 27 | 50.228,46 € | 49.931,43 € | 49.634,39 € | 49.337,36 € | 49.040,33 € | 48.743,29 € | 48.446,26 € | 48.149,23 € | 47.852,19 € | 47.555,16 € |
| 28 | 53.105,71 € | 52.792,43 € | 52.479,14 € | 52.165,86 € | 51.852,58 € | 51.539,29 € | 51.226,01 € | 50.912,72 € | 50.599,43 € | 50.286,15 € |
| 29 | 56.055,60 € | 55.725,69 € | 55.395,78 € | 55.065,87 € | 54.735,96 € | 54.406,06 € | 54.076,14 € | 53.746,24 € | 53.416,33 € | 53.086,41 € |
| 30 | 59.078,13 € | 58.731,22 € | 58.384,31 € | 58.037,40 € | 57.690,49 € | 57.343,58 € | 56.996,67 € | 56.649,76 € | 56.302,85 € | 55.955,94 € |
| 31 | 62.098,41 € | 61.734,53 € | 61.370,63 € | 61.006,75 € | 60.642,86 € | 60.278,98 € | 59.915,10 € | 59.551,21 € | 59.187,33 € | 58.823,43 € |
| 32 | 65.186,50 € | 64.805,28 € | 64.424,07 € | 64.042,86 € | 63.661,66 € | 63.280,44 € | 62.899,23 € | 62.518,02 € | 62.136,81 € | 61.755,60 € |
| 33 | 68.342,39 € | 67.943,50 € | 67.544,62 € | 67.145,73 € | 66.746,85 € | 66.347,96 € | 65.949,08 € | 65.550,19 € | 65.151,31 € | 64.752,42 € |
| 34 | 71.566,09 € | 71.149,18 € | 70.732,27 € | 70.315,36 € | 69.898,45 € | 69.481,54 € | 69.064,64 € | 68.647,72 € | 68.230,82 € | 67.813,91 € |
| 35 | 74.857,59 € | 74.422,32 € | 73.987,03 € | 73.551,76 € | 73.116,47 € | 72.681,18 € | 72.245,91 € | 71.810,62 € | 71.375,35 € | 70.940,06 € |
| 36 | 78.132,50 € | 77.678,95 € | 77.225,41 € | 76.771,85 € | 76.318,30 € | 75.864,74 € | 75.411,19 € | 74.957,64 € | 74.504,08 € | 74.050,53 € |
| 37 | 81.470,53 € | 80.998,38 € | 80.526,24 € | 80.054,09 € | 79.581,94 € | 79.109,79 € | 78.637,65 € | 78.165,50 € | 77.693,35 € | 77.221,21 € |
| 38 | 84.871,68 € | 84.380,61 € | 83.889,55 € | 83.398,48 € | 82.907,41 € | 82.416,34 € | 81.925,28 € | 81.434,21 € | 80.943,15 € | 80.452,08 € |
| 39 | 88.335,95 € | 87.825,64 € | 87.315,33 € | 86.805,02 € | 86.294,70 € | 85.784,39 € | 85.274,08 € | 84.763,77 € | 84.253,46 € | 83.743,15 € |
| 40 | 91.863,32 € | 91.333,45 € | 90.803,57 € | 90.273,70 € | 89.743,81 € | 89.213,94 € | 88.684,06 € | 88.154,19 € | 87.624,30 € | 87.094,43 € |
| 41 | 95.359,98 € | 94.810,72 € | 94.261,45 € | 93.712,18 € | 93.162,91 € | 92.613,64 € | 92.064,38 € | 91.515,11 € | 90.965,84 € | 90.416,57 € |
| 42 | 98.915,19 € | 98.346,23 € | 97.777,27 € | 97.208,31 € | 96.639,35 € | 96.070,39 € | 95.501,44 € | 94.932,47 € | 94.363,51 € | 93.794,56 € |
| 43 | 102.528,94 € | 101.939,99 € | 101.351,03 € | 100.762,08 € | 100.173,13 € | 99.584,18 € | 98.995,23 € | 98.406,28 € | 97.817,33 € | 97.228,37 € |
| 44 | 106.201,22 € | 105.591,98 € | 104.982,74 € | 104.373,50 € | 103.764,25 € | 103.155,01 € | 102.545,77 € | 101.936,53 € | 101.327,29 € | 100.718,04 € |
| 45 | 109.932,05 € | 109.302,21 € | 108.672,38 € | 108.042,55 € | 107.412,72 € | 106.782,88 € | 106.153,05 € | 105.523,22 € | 104.893,39 € | 104.263,55 € |
| 46 | 113.619,18 € | 112.968,97 € | 112.318,76 € | 111.668,55 € | 111.018,34 € | 110.368,13 € | 109.717,92 € | 109.067,72 € | 108.417,51 € | 107.767,30 € |
| 47 | 117.360,40 € | 116.689,53 € | 116.018,67 € | 115.347,81 € | 114.676,95 € | 114.006,08 € | 113.335,22 € | 112.664,36 € | 111.993,50 € | 111.322,63 € |
| 48 | 121.155,71 € | 120.463,92 € | 119.772,12 € | 119.080,32 € | 118.388,53 € | 117.696,74 € | 117.004,95 € | 116.313,15 € | 115.621,36 € | 114.929,57 € |
| 49 | 125.005,12 € | 124.292,12 € | 123.579,12 € | 122.866,12 € | 122.153,11 € | 121.440,11 € | 120.727,11 € | 120.014,11 € | 119.301,11 € | 118.588,11 € |
| 50 | 128.908,62 € | 128.174,13 € | 127.439,65 € | 126.705,16 € | 125.970,68 € | 125.236,19 € | 124.501,70 € | 123.767,21 € | 123.032,73 € | 122.298,24 € |

TABLA 2.A.2
BAREMO ECONÓMICO

| | Edad del lesionado | | | | | | | | | |
|---|---|---|---|---|---|---|---|---|---|---|
| Puntos | 40 | 41 | 42 | 43 | 44 | 45 | 46 | 47 | 48 | 49 |
| 51 | 133.317,96 € | 132.559,11 € | 131.800,26 € | 131.041,41 € | 130.282,56 € | 129.523,71 € | 128.764,86 € | 128.006,00 € | 127.247,16 € | 126.488,31 € |
| 52 | 137.799,10 € | 137.015,51 € | 136.231,92 € | 135.448,32 € | 134.664,73 € | 133.881,15 € | 133.097,56 € | 132.313,96 € | 131.530,37 € | 130.746,78 € |
| 53 | 142.352,05 € | 141.543,35 € | 140.734,63 € | 139.925,92 € | 139.117,20 € | 138.308,50 € | 137.499,78 € | 136.691,06 € | 135.882,36 € | 135.073,64 € |
| 54 | 146.976,82 € | 146.142,61 € | 145.308,40 € | 144.474,18 € | 143.639,97 € | 142.805,75 € | 141.971,54 € | 141.137,33 € | 140.303,12 € | 139.468,90 € |
| 55 | 151.673,40 € | 150.813,31 € | 149.953,21 € | 149.093,12 € | 148.233,03 € | 147.372,93 € | 146.512,84 € | 145.652,75 € | 144.792,65 € | 143.932,56 € |
| 56 | 156.402,39 € | 155.516,27 € | 154.630,16 € | 153.744,04 € | 152.857,92 € | 151.971,80 € | 151.085,68 € | 150.199,57 € | 149.313,45 € | 148.427,34 € |
| 57 | 161.201,77 € | 160.289,27 € | 159.376,75 € | 158.464,25 € | 157.551,73 € | 156.639,23 € | 155.726,71 € | 154.814,21 € | 153.901,69 € | 152.989,19 € |
| 58 | 166.071,56 € | 165.132,29 € | 164.193,01 € | 163.253,74 € | 162.314,47 € | 161.375,19 € | 160.435,92 € | 159.496,65 € | 158.557,37 € | 157.618,10 € |
| 59 | 171.011,75 € | 170.045,35 € | 169.078,93 € | 168.112,53 € | 167.146,12 € | 166.179,72 € | 165.213,30 € | 164.246,90 € | 163.280,49 € | 162.314,09 € |
| 60 | 176.022,34 € | 175.028,43 € | 174.034,52 € | 173.040,61 € | 172.046,70 € | 171.052,79 € | 170.058,86 € | 169.064,95 € | 168.071,04 € | 167.077,13 € |
| 61 | 177.625,68 € | 176.622,19 € | 175.618,70 € | 174.615,20 € | 173.611,70 € | 172.608,21 € | 171.604,71 € | 170.601,22 € | 169.597,72 € | 168.594,23 € |
| 62 | 183.550,40 € | 182.514,55 € | 181.478,71 € | 180.442,87 € | 179.407,02 € | 178.371,18 € | 177.335,35 € | 176.299,50 € | 175.263,66 € | 174.227,81 € |
| 63 | 189.572,29 € | 188.503,59 € | 187.434,89 € | 186.366,18 € | 185.297,48 € | 184.228,78 € | 183.160,09 € | 182.091,38 € | 181.022,68 € | 179.953,98 € |
| 64 | 195.691,38 € | 194.589,30 € | 193.487,23 € | 192.385,15 € | 191.283,07 € | 190.181,01 € | 189.078,93 € | 187.976,86 € | 186.874,78 € | 185.772,71 € |
| 65 | 201.907,65 € | 200.771,69 € | 199.635,73 € | 198.499,77 € | 197.363,81 € | 196.227,85 € | 195.091,90 € | 193.955,94 € | 192.819,98 € | 191.684,02 € |
| 66 | 207.247,02 € | 206.081,82 € | 204.916,62 € | 203.751,41 € | 202.586,20 € | 201.421,01 € | 200.255,80 € | 199.090,59 € | 197.925,38 € | 196.760,19 € |
| 67 | 212.654,06 € | 211.459,26 € | 210.264,46 € | 209.069,65 € | 207.874,84 € | 206.680,04 € | 205.485,23 € | 204.290,42 € | 203.095,62 € | 201.900,81 € |
| 68 | 218.128,78 € | 216.904,02 € | 215.679,25 € | 214.454,49 € | 213.229,72 € | 212.004,96 € | 210.780,19 € | 209.555,43 € | 208.330,67 € | 207.105,90 € |
| 69 | 223.671,17 € | 222.416,09 € | 221.161,01 € | 219.905,93 € | 218.650,85 € | 217.395,77 € | 216.140,69 € | 214.885,61 € | 213.630,53 € | 212.375,45 € |
| 70 | 229.281,22 € | 227.995,47 € | 226.709,72 € | 225.423,97 € | 224.138,21 € | 222.852,46 € | 221.566,71 € | 220.280,96 € | 218.995,21 € | 217.709,46 € |
| 71 | 234.911,88 € | 233.595,34 € | 232.278,80 € | 230.962,26 € | 229.645,72 € | 228.329,17 € | 227.012,63 € | 225.696,09 € | 224.379,56 € | 223.063,02 € |
| 72 | 240.608,88 € | 239.261,20 € | 237.913,52 € | 236.565,84 € | 235.218,16 € | 233.870,48 € | 232.522,81 € | 231.175,13 € | 229.827,45 € | 228.479,77 € |
| 73 | 246.372,22 € | 244.993,05 € | 243.613,89 € | 242.234,72 € | 240.855,56 € | 239.476,38 € | 238.097,22 € | 236.718,05 € | 235.338,89 € | 233.959,72 € |
| 74 | 252.201,90 € | 250.790,90 € | 249.379,90 € | 247.968,90 € | 246.557,88 € | 245.146,88 € | 243.735,88 € | 242.324,88 € | 240.913,88 € | 239.502,86 € |
| 75 | 258.097,93 € | 256.654,74 € | 255.211,55 € | 253.768,36 € | 252.325,17 € | 250.881,97 € | 249.438,78 € | 247.995,59 € | 246.552,41 € | 245.109,21 € |
| 76 | 264.010,89 € | 262.535,40 € | 261.059,91 € | 259.584,43 € | 258.108,94 € | 256.633,47 € | 255.157,98 € | 253.682,49 € | 252.207,01 € | 250.731,52 € |
| 77 | 269.988,88 € | 268.480,76 € | 266.972,64 € | 265.464,52 € | 263.956,39 € | 262.448,28 € | 260.940,16 € | 259.432,03 € | 257.923,92 € | 256.415,80 € |
| 78 | 276.031,92 € | 274.490,81 € | 272.949,72 € | 271.408,61 € | 269.867,52 € | 268.326,41 € | 266.785,32 € | 265.244,21 € | 263.703,12 € | 262.162,02 € |
| 79 | 282.140,00 € | 280.565,57 € | 278.991,15 € | 277.416,73 € | 275.842,30 € | 274.267,88 € | 272.693,46 € | 271.119,04 € | 269.544,61 € | 267.970,19 € |
| 80 | 288.313,13 € | 286.705,04 € | 285.096,95 € | 283.488,86 € | 281.880,77 € | 280.272,68 € | 278.664,59 € | 277.056,50 € | 275.448,41 € | 273.840,32 € |
| 81 | 294.499,86 € | 292.858,04 € | 291.216,23 € | 289.574,42 € | 287.932,60 € | 286.290,79 € | 284.648,99 € | 283.007,17 € | 281.365,36 € | 279.723,55 € |
| 82 | 300.750,35 € | 299.074,49 € | 297.398,61 € | 295.722,75 € | 294.046,88 € | 292.371,00 € | 290.695,14 € | 289.019,26 € | 287.343,39 € | 285.667,53 € |
| 83 | 307.064,63 € | 305.354,36 € | 303.644,10 € | 301.933,84 € | 300.223,58 € | 298.513,31 € | 296.803,04 € | 295.092,78 € | 293.382,51 € | 291.672,25 € |
| 84 | 313.442,68 € | 311.697,69 € | 309.952,69 € | 308.207,69 € | 306.462,70 € | 304.717,70 € | 302.972,70 € | 301.227,72 € | 299.482,72 € | 297.737,72 € |
| 85 | 319.884,51 € | 318.104,44 € | 316.324,38 € | 314.544,31 € | 312.764,25 € | 310.984,19 € | 309.204,12 € | 307.424,07 € | 305.644,00 € | 303.863,94 € |
| 86 | 326.336,36 € | 324.521,15 € | 322.705,93 € | 320.890,70 € | 319.075,48 € | 317.260,27 € | 315.445,05 € | 313.629,83 € | 311.814,60 € | 309.999,39 € |
| 87 | 332.850,74 € | 331.000,04 € | 329.149,33 € | 327.298,63 € | 325.447,92 € | 323.597,21 € | 321.746,50 € | 319.895,81 € | 318.045,10 € | 316.194,39 € |
| 88 | 339.427,64 € | 337.541,12 € | 335.654,60 € | 333.768,08 € | 331.881,56 € | 329.995,03 € | 328.108,51 € | 326.221,98 € | 324.335,46 € | 322.448,95 € |
| 89 | 346.067,07 € | 344.144,40 € | 342.221,73 € | 340.299,06 € | 338.376,39 € | 336.453,72 € | 334.531,05 € | 332.608,38 € | 330.685,71 € | 328.763,04 € |
| 90 | 352.769,02 € | 350.809,87 € | 348.850,72 € | 346.891,58 € | 344.932,43 € | 342.973,28 € | 341.014,13 € | 339.054,98 € | 337.095,84 € | 335.136,69 € |
| 91 | 358.083,00 € | 356.094,74 € | 354.106,46 € | 352.118,20 € | 350.129,93 € | 348.141,67 € | 346.153,39 € | 344.165,13 € | 342.176,86 € | 340.188,60 € |
| 92 | 363.427,63 € | 361.410,07 € | 359.392,53 € | 357.374,98 € | 355.357,44 € | 353.339,88 € | 351.322,34 € | 349.304,79 € | 347.287,25 € | 345.269,69 € |
| 93 | 368.802,90 € | 366.755,90 € | 364.708,92 € | 362.661,92 € | 360.614,94 € | 358.567,94 € | 356.520,96 € | 354.473,96 € | 352.426,97 € | 350.379,98 € |
| 94 | 374.208,81 € | 372.132,22 € | 370.055,62 € | 367.979,03 € | 365.902,43 € | 363.825,83 € | 361.749,24 € | 359.672,65 € | 357.596,06 € | 355.519,46 € |
| 95 | 379.645,37 € | 377.539,00 € | 375.432,64 € | 373.326,29 € | 371.219,93 € | 369.113,57 € | 367.007,21 € | 364.900,85 € | 362.794,49 € | 360.688,13 € |
| 96 | 385.112,57 € | 382.976,28 € | 380.839,99 € | 378.703,71 € | 376.567,42 € | 374.431,13 € | 372.294,85 € | 370.158,57 € | 368.022,28 € | 365.886,00 € |
| 97 | 390.610,41 € | 388.444,04 € | 386.277,66 € | 384.111,29 € | 381.944,92 € | 379.778,54 € | 377.612,17 € | 375.445,79 € | 373.279,41 € | 371.113,05 € |
| 98 | 396.138,91 € | 393.942,28 € | 391.745,66 € | 389.549,04 € | 387.352,40 € | 385.155,78 € | 382.959,15 € | 380.762,53 € | 378.565,91 € | 376.369,28 € |
| 99 | 401.698,04 € | 399.471,00 € | 397.243,96 € | 395.016,94 € | 392.789,90 € | 390.562,86 € | 388.335,82 € | 386.108,79 € | 383.881,75 € | 381.654,71 € |
| 100 | 407.287,82 € | 405.030,21 € | 402.772,60 € | 400.514,99 € | 398.257,39 € | 395.999,78 € | 393.742,16 € | 391.484,55 € | 389.226,95 € | 386.969,34 € |

TABLA 2.A.2
BAREMO ECONÓMICO

Edad del lesionado

| Puntos | 50 | 51 | 52 | 53 | 54 | 55 | 56 | 57 | 58 | 59 |
|---|---|---|---|---|---|---|---|---|---|---|
| 1 | 945,86 € | 940,52 € | 935,18 € | 929,84 € | 924,50 € | 919,16 € | 911,86 € | 904,56 € | 897,26 € | 889,96 € |
| 2 | 1.942,45 € | 1.931,13 € | 1.919,82 € | 1.908,50 € | 1.897,18 € | 1.885,87 € | 1.871,20 € | 1.856,53 € | 1.841,86 € | 1.827,19 € |
| 3 | 2.981,51 € | 2.963,65 € | 2.945,81 € | 2.927,95 € | 2.910,09 € | 2.892,24 € | 2.870,17 € | 2.848,08 € | 2.826,01 € | 2.803,93 € |
| 4 | 4.054,62 € | 4.029,74 € | 4.004,86 € | 3.979,98 € | 3.955,12 € | 3.930,24 € | 3.900,77 € | 3.871,29 € | 3.841,82 € | 3.812,35 € |
| 5 | 5.153,50 € | 5.121,20 € | 5.088,89 € | 5.056,59 € | 5.024,29 € | 4.991,99 € | 4.955,17 € | 4.918,34 € | 4.881,53 € | 4.844,71 € |
| 6 | 6.269,93 € | 6.229,87 € | 6.189,80 € | 6.149,75 € | 6.109,69 € | 6.069,63 € | 6.025,53 € | 5.981,42 € | 5.937,32 € | 5.893,21 € |
| 7 | 7.454,17 € | 7.405,70 € | 7.357,24 € | 7.308,77 € | 7.260,31 € | 7.211,84 € | 7.160,17 € | 7.108,50 € | 7.056,83 € | 7.005,15 € |
| 8 | 8.661,64 € | 8.604,43 € | 8.547,22 € | 8.490,03 € | 8.432,82 € | 8.375,62 € | 8.316,40 € | 8.257,18 € | 8.197,97 € | 8.138,75 € |
| 9 | 9.885,93 € | 9.819,71 € | 9.753,49 € | 9.687,27 € | 9.621,04 € | 9.554,82 € | 9.488,09 € | 9.421,35 € | 9.354,63 € | 9.287,89 € |
| 10 | 11.120,99 € | 11.045,53 € | 10.970,09 € | 10.894,63 € | 10.819,18 € | 10.743,73 € | 10.669,56 € | 10.595,38 € | 10.521,21 € | 10.447,04 € |
| 11 | 12.675,00 € | 12.589,62 € | 12.504,23 € | 12.418,85 € | 12.333,46 € | 12.248,06 € | 12.162,51 € | 12.076,96 € | 11.991,40 € | 11.905,85 € |
| 12 | 14.309,37 € | 14.213,61 € | 14.117,85 € | 14.022,09 € | 13.926,35 € | 13.830,59 € | 13.732,93 € | 13.635,27 € | 13.537,61 € | 13.439,96 € |
| 13 | 16.024,08 € | 15.917,52 € | 15.810,96 € | 15.704,40 € | 15.597,83 € | 15.491,28 € | 15.380,79 € | 15.270,31 € | 15.159,83 € | 15.049,35 € |
| 14 | 17.819,14 € | 17.701,34 € | 17.583,54 € | 17.465,74 € | 17.347,94 € | 17.230,14 € | 17.106,12 € | 16.982,10 € | 16.858,07 € | 16.734,04 € |
| 15 | 19.694,55 € | 19.565,08 € | 19.435,60 € | 19.306,14 € | 19.176,66 € | 19.047,20 € | 18.908,90 € | 18.770,60 € | 18.632,31 € | 18.494,02 € |
| 16 | 21.597,99 € | 21.456,70 € | 21.315,43 € | 21.174,14 € | 21.032,85 € | 20.891,57 € | 20.738,75 € | 20.585,94 € | 20.433,12 € | 20.280,30 € |
| 17 | 23.575,24 € | 23.421,75 € | 23.268,25 € | 23.114,75 € | 22.961,26 € | 22.807,76 € | 22.639,77 € | 22.471,76 € | 22.303,76 € | 22.135,76 € |
| 18 | 25.626,29 € | 25.460,19 € | 25.294,08 € | 25.127,99 € | 24.961,89 € | 24.795,78 € | 24.611,93 € | 24.428,08 € | 24.244,23 € | 24.060,37 € |
| 19 | 27.751,16 € | 27.572,05 € | 27.392,94 € | 27.213,83 € | 27.034,72 € | 26.855,62 € | 26.655,26 € | 26.454,89 € | 26.254,52 € | 26.054,17 € |
| 20 | 29.949,82 € | 29.757,32 € | 29.564,81 € | 29.372,29 € | 29.179,79 € | 28.987,28 € | 28.769,74 € | 28.552,20 € | 28.334,66 € | 28.117,13 € |
| 21 | 32.219,78 € | 32.013,44 € | 31.807,11 € | 31.600,77 € | 31.394,43 € | 31.188,09 € | 30.952,81 € | 30.717,52 € | 30.482,25 € | 30.246,97 € |
| 22 | 34.563,31 € | 34.342,75 € | 34.122,18 € | 33.901,60 € | 33.681,03 € | 33.460,46 € | 33.206,78 € | 32.953,12 € | 32.699,44 € | 32.445,76 € |
| 23 | 36.980,40 € | 36.745,20 € | 36.510,01 € | 36.274,81 € | 36.039,61 € | 35.804,41 € | 35.531,69 € | 35.258,96 € | 34.986,23 € | 34.713,50 € |
| 24 | 39.471,07 € | 39.220,83 € | 38.970,61 € | 38.720,38 € | 38.470,16 € | 38.219,92 € | 37.927,49 € | 37.635,06 € | 37.342,62 € | 37.050,20 € |
| 25 | 42.035,29 € | 41.769,63 € | 41.503,98 € | 41.238,31 € | 40.972,66 € | 40.707,00 € | 40.394,21 € | 40.081,42 € | 39.768,63 € | 39.455,84 € |
| 26 | 44.612,26 € | 44.331,10 € | 44.049,94 € | 43.768,79 € | 43.487,63 € | 43.206,47 € | 42.873,19 € | 42.539,93 € | 42.206,65 € | 41.873,38 € |
| 27 | 47.258,12 € | 46.961,09 € | 46.664,06 € | 46.367,01 € | 46.069,98 € | 45.772,95 € | 45.418,58 € | 45.064,21 € | 44.709,85 € | 44.355,48 € |
| 28 | 49.972,87 € | 49.659,59 € | 49.346,30 € | 49.033,02 € | 48.719,74 € | 48.406,44 € | 48.030,37 € | 47.654,30 € | 47.278,21 € | 46.902,14 € |
| 29 | 52.756,51 € | 52.426,60 € | 52.096,69 € | 51.766,78 € | 51.436,86 € | 51.106,96 € | 50.708,56 € | 50.310,16 € | 49.911,75 € | 49.513,36 € |
| 30 | 55.609,03 € | 55.262,12 € | 54.915,22 € | 54.568,31 € | 54.221,40 € | 53.874,49 € | 53.453,15 € | 53.031,82 € | 52.610,48 € | 52.189,14 € |
| 31 | 58.459,55 € | 58.095,66 € | 57.731,78 € | 57.367,90 € | 57.004,01 € | 56.640,13 € | 56.195,88 € | 55.751,63 € | 55.307,39 € | 54.863,14 € |
| 32 | 61.374,39 € | 60.993,17 € | 60.611,97 € | 60.230,76 € | 59.849,54 € | 59.468,33 € | 59.000,60 € | 58.532,87 € | 58.065,14 € | 57.597,41 € |
| 33 | 64.353,54 € | 63.954,65 € | 63.555,76 € | 63.156,88 € | 62.757,99 € | 62.359,11 € | 61.867,32 € | 61.375,54 € | 60.883,75 € | 60.391,97 € |
| 34 | 67.397,00 € | 66.980,09 € | 66.563,19 € | 66.146,27 € | 65.729,36 € | 65.312,46 € | 64.796,04 € | 64.279,63 € | 63.763,21 € | 63.246,81 € |
| 35 | 70.504,78 € | 70.069,50 € | 69.634,21 € | 69.198,94 € | 68.763,65 € | 68.328,37 € | 67.786,76 € | 67.245,15 € | 66.703,54 € | 66.161,92 € |
| 36 | 73.596,98 € | 73.143,42 € | 72.689,88 € | 72.236,33 € | 71.782,77 € | 71.329,22 € | 70.762,48 € | 70.195,75 € | 69.629,01 € | 69.062,28 € |
| 37 | 76.749,06 € | 76.276,91 € | 75.804,76 € | 75.332,62 € | 74.860,47 € | 74.388,32 € | 73.795,93 € | 73.203,54 € | 72.611,15 € | 72.018,75 € |
| 38 | 79.961,02 € | 79.469,95 € | 78.978,88 € | 78.487,81 € | 77.996,74 € | 77.505,68 € | 76.887,09 € | 76.268,50 € | 75.649,92 € | 75.031,34 € |
| 39 | 83.232,84 € | 82.722,53 € | 82.212,22 € | 81.701,91 € | 81.191,60 € | 80.681,30 € | 80.035,98 € | 79.390,66 € | 78.745,34 € | 78.100,03 € |
| 40 | 86.564,55 € | 86.034,68 € | 85.504,79 € | 84.974,92 € | 84.445,05 € | 83.915,17 € | 83.242,59 € | 82.570,00 € | 81.897,42 € | 81.224,83 € |
| 41 | 89.867,30 € | 89.318,04 € | 88.768,77 € | 88.219,50 € | 87.670,22 € | 87.120,95 € | 86.421,34 € | 85.721,73 € | 85.022,12 € | 84.322,50 € |
| 42 | 93.225,59 € | 92.656,63 € | 92.087,67 € | 91.518,71 € | 90.949,75 € | 90.380,79 € | 89.653,65 € | 88.926,50 € | 88.199,36 € | 87.472,21 € |
| 43 | 96.639,42 € | 96.050,47 € | 95.461,52 € | 94.872,57 € | 94.283,63 € | 93.694,68 € | 92.939,50 € | 92.184,33 € | 91.429,15 € | 90.673,98 € |
| 44 | 100.108,80 € | 99.499,56 € | 98.890,32 € | 98.281,08 € | 97.671,83 € | 97.062,60 € | 96.278,89 € | 95.495,20 € | 94.711,50 € | 93.927,79 € |
| 45 | 103.633,72 € | 103.003,89 € | 102.374,06 € | 101.744,22 € | 101.114,39 € | 100.484,56 € | 99.671,84 € | 98.859,11 € | 98.046,39 € | 97.233,67 € |
| 46 | 107.117,09 € | 106.466,88 € | 105.816,67 € | 105.166,46 € | 104.516,26 € | 103.866,05 € | 103.024,70 € | 102.183,34 € | 101.342,00 € | 100.500,65 € |
| 47 | 110.651,77 € | 109.980,91 € | 109.310,05 € | 108.639,18 € | 107.968,32 € | 107.297,46 € | 106.427,03 € | 105.556,60 € | 104.686,17 € | 103.815,74 € |
| 48 | 114.237,77 € | 113.545,98 € | 112.854,19 € | 112.162,40 € | 111.470,60 € | 110.778,81 € | 109.878,84 € | 108.978,87 € | 108.078,89 € | 107.178,92 € |
| 49 | 117.875,11 € | 117.162,11 € | 116.449,11 € | 115.736,10 € | 115.023,09 € | 114.310,09 € | 113.380,12 € | 112.450,15 € | 111.520,17 € | 110.590,20 € |
| 50 | 121.563,76 € | 120.829,27 € | 120.094,77 € | 119.360,29 € | 118.625,80 € | 117.891,32 € | 116.930,89 € | 115.970,45 € | 115.010,02 € | 114.049,58 € |

## TABLA 2.A.2
## BAREMO ECONÓMICO

| Puntos | Edad del lesionado 50 | 51 | 52 | 53 | 54 | 55 | 56 | 57 | 58 | 59 |
|---|---|---|---|---|---|---|---|---|---|---|
| 51 | 125.729,46 € | 124.970,61 € | 124.211,76 € | 123.452,91 € | 122.694,06 € | 121.935,21 € | 120.940,52 € | 119.945,82 € | 118.951,12 € | 117.956,43 € |
| 52 | 129.963,18 € | 129.179,59 € | 128.396,01 € | 127.612,41 € | 126.828,82 € | 126.045,23 € | 125.015,68 € | 123.986,13 € | 122.956,58 € | 121.927,03 € |
| 53 | 134.264,93 € | 133.456,21 € | 132.647,51 € | 131.838,79 € | 131.030,07 € | 130.221,37 € | 129.156,37 € | 128.091,38 € | 127.026,39 € | 125.961,40 € |
| 54 | 138.634,69 € | 137.800,47 € | 136.966,26 € | 136.132,05 € | 135.297,84 € | 134.463,62 € | 133.362,59 € | 132.261,57 € | 131.160,55 € | 130.059,52 € |
| 55 | 143.072,47 € | 142.212,37 € | 141.352,27 € | 140.492,19 € | 139.632,09 € | 138.771,99 € | 137.634,35 € | 136.496,70 € | 135.359,05 € | 134.221,41 € |
| 56 | 147.541,22 € | 146.655,11 € | 145.768,99 € | 144.882,88 € | 143.996,76 € | 143.110,65 € | 141.936,07 € | 140.761,49 € | 139.586,91 € | 138.412,34 € |
| 57 | 152.076,68 € | 151.164,17 € | 150.251,67 € | 149.339,15 € | 148.426,65 € | 147.514,13 € | 146.302,05 € | 145.089,97 € | 143.877,87 € | 142.665,79 € |
| 58 | 156.678,83 € | 155.739,55 € | 154.800,28 € | 153.861,02 € | 152.921,74 € | 151.982,47 € | 150.732,29 € | 149.482,12 € | 148.231,94 € | 146.981,75 € |
| 59 | 161.347,67 € | 160.381,27 € | 159.414,86 € | 158.448,46 € | 157.482,04 € | 156.515,63 € | 155.226,79 € | 153.937,94 € | 152.649,10 € | 151.360,25 € |
| 60 | 166.083,22 € | 165.089,30 € | 164.095,38 € | 163.101,47 € | 162.107,56 € | 161.113,65 € | 159.785,55 € | 158.457,45 € | 157.129,36 € | 155.801,26 € |
| 61 | 167.590,73 € | 166.587,24 € | 165.583,74 € | 164.580,24 € | 163.576,75 € | 162.573,26 € | 161.234,04 € | 159.894,83 € | 158.555,62 € | 157.216,41 € |
| 62 | 173.191,97 € | 172.156,13 € | 171.120,28 € | 170.084,45 € | 169.048,61 € | 168.012,76 € | 166.626,82 € | 165.240,88 € | 163.854,96 € | 162.469,02 € |
| 63 | 178.885,27 € | 177.816,57 € | 176.747,87 € | 175.679,17 € | 174.610,47 € | 173.541,77 € | 172.108,30 € | 170.674,85 € | 169.241,39 € | 167.807,92 € |
| 64 | 184.670,64 € | 183.568,56 € | 182.466,48 € | 181.364,42 € | 180.262,34 € | 179.160,26 € | 177.678,48 € | 176.196,70 € | 174.714,92 € | 173.233,14 € |
| 65 | 190.548,05 € | 189.412,09 € | 188.276,13 € | 187.140,18 € | 186.004,22 € | 184.868,26 € | 183.337,35 € | 181.806,46 € | 180.275,55 € | 178.744,65 € |
| 66 | 195.594,98 € | 194.429,77 € | 193.264,57 € | 192.099,37 € | 190.934,16 € | 189.768,95 € | 188.196,11 € | 186.623,26 € | 185.050,41 € | 183.477,57 € |
| 67 | 200.706,00 € | 199.511,20 € | 198.316,39 € | 197.121,58 € | 195.926,78 € | 194.731,97 € | 193.116,63 € | 191.501,28 € | 189.885,93 € | 188.270,58 € |
| 68 | 205.881,14 € | 204.656,37 € | 203.431,61 € | 202.206,84 € | 200.982,07 € | 199.757,31 € | 198.098,90 € | 196.440,50 € | 194.782,09 € | 193.123,69 € |
| 69 | 211.120,37 € | 209.865,29 € | 208.610,21 € | 207.355,12 € | 206.100,05 € | 204.844,96 € | 203.142,95 € | 201.440,92 € | 199.738,90 € | 198.036,88 € |
| 70 | 216.423,70 € | 215.137,95 € | 213.852,20 € | 212.566,45 € | 211.280,70 € | 209.994,95 € | 208.248,74 € | 206.502,55 € | 204.756,36 € | 203.010,17 € |
| 71 | 221.746,48 € | 220.429,94 € | 219.113,40 € | 217.796,85 € | 216.480,31 € | 215.163,77 € | 213.373,26 € | 211.582,75 € | 209.792,25 € | 208.001,74 € |
| 72 | 227.132,10 € | 225.784,42 € | 224.436,73 € | 223.089,06 € | 221.741,38 € | 220.393,70 € | 218.558,33 € | 216.722,96 € | 214.887,59 € | 213.052,22 € |
| 73 | 232.580,56 € | 231.201,39 € | 229.822,23 € | 228.443,05 € | 227.063,89 € | 225.684,72 € | 223.803,95 € | 221.923,17 € | 220.042,39 € | 218.161,62 € |
| 74 | 238.091,86 € | 236.680,86 € | 235.269,86 € | 233.858,86 € | 232.447,85 € | 231.036,84 € | 229.110,11 € | 227.183,38 € | 225.256,66 € | 223.329,93 € |
| 75 | 243.666,02 € | 242.222,83 € | 240.779,64 € | 239.336,44 € | 237.893,25 € | 236.450,06 € | 234.476,84 € | 232.503,60 € | 230.530,38 € | 228.557,15 € |
| 76 | 249.256,05 € | 247.780,56 € | 246.305,07 € | 244.829,59 € | 243.354,10 € | 241.878,62 € | 239.858,81 € | 237.839,01 € | 235.819,20 € | 233.799,39 € |
| 77 | 254.907,67 € | 253.399,55 € | 251.891,44 € | 250.383,31 € | 248.875,19 € | 247.367,07 € | 245.300,15 € | 243.233,23 € | 241.166,31 € | 239.099,38 € |
| 78 | 260.620,91 € | 259.079,82 € | 257.538,71 € | 255.997,62 € | 254.456,51 € | 252.915,42 € | 250.800,84 € | 248.686,28 € | 246.571,71 € | 244.457,15 € |
| 79 | 266.395,77 € | 264.821,34 € | 263.246,92 € | 261.672,50 € | 260.098,07 € | 258.523,65 € | 256.360,90 € | 254.198,16 € | 252.035,40 € | 249.872,65 € |
| 80 | 272.232,23 € | 270.624,14 € | 269.016,05 € | 267.407,96 € | 265.799,87 € | 264.191,77 € | 261.980,31 € | 259.768,85 € | 257.557,38 € | 255.345,93 € |
| 81 | 278.081,73 € | 276.439,92 € | 274.798,11 € | 273.156,29 € | 271.514,49 € | 269.872,68 € | 267.612,25 € | 265.351,83 € | 263.091,41 € | 260.830,99 € |
| 82 | 283.991,65 € | 282.315,79 € | 280.639,91 € | 278.964,04 € | 277.288,18 € | 275.612,30 € | 273.302,39 € | 270.992,49 € | 268.682,58 € | 266.372,68 € |
| 83 | 289.961,99 € | 288.251,72 € | 286.541,45 € | 284.831,19 € | 283.120,92 € | 281.410,66 € | 279.050,74 € | 276.690,83 € | 274.330,90 € | 271.970,98 € |
| 84 | 295.992,73 € | 294.247,73 € | 292.502,73 € | 290.757,74 € | 289.012,74 € | 287.267,74 € | 284.857,29 € | 282.446,83 € | 280.036,37 € | 277.625,92 € |
| 85 | 302.083,88 € | 300.303,81 € | 298.523,75 € | 296.743,68 € | 294.963,62 € | 293.183,56 € | 290.722,04 € | 288.260,51 € | 285.799,00 € | 283.337,47 € |
| 86 | 308.184,17 € | 306.368,95 € | 304.553,74 € | 302.738,52 € | 300.923,29 € | 299.108,07 € | 296.595,53 € | 294.082,98 € | 291.570,45 € | 289.057,90 € |
| 87 | 314.343,69 € | 312.492,98 € | 310.642,27 € | 308.791,57 € | 306.940,87 € | 305.090,16 € | 302.526,08 € | 299.962,00 € | 297.397,91 € | 294.833,83 € |
| 88 | 320.562,42 € | 318.675,90 € | 316.789,37 € | 314.902,85 € | 313.016,33 € | 311.129,80 € | 308.513,68 € | 305.897,55 € | 303.281,41 € | 300.665,29 € |
| 89 | 326.840,37 € | 324.917,70 € | 322.995,03 € | 321.072,36 € | 319.149,69 € | 317.227,01 € | 314.558,33 € | 311.889,64 € | 309.220,94 € | 306.552,25 € |
| 90 | 333.177,53 € | 331.218,39 € | 329.259,24 € | 327.300,09 € | 325.340,95 € | 323.381,79 € | 320.660,03 € | 317.938,26 € | 315.216,49 € | 312.494,73 € |
| 91 | 338.200,32 € | 336.212,06 € | 334.223,79 € | 332.235,53 € | 330.247,26 € | 328.258,99 € | 325.495,56 € | 322.732,13 € | 319.968,70 € | 317.205,27 € |
| 92 | 343.252,14 € | 341.234,60 € | 339.217,04 € | 337.199,50 € | 335.181,95 € | 333.164,41 € | 330.359,07 € | 327.553,73 € | 324.748,39 € | 321.943,05 € |
| 93 | 348.332,99 € | 346.286,00 € | 344.239,01 € | 342.192,03 € | 340.145,03 € | 338.098,05 € | 335.250,54 € | 332.403,04 € | 329.555,53 € | 326.708,03 € |
| 94 | 353.442,87 € | 351.366,28 € | 349.289,68 € | 347.213,09 € | 345.136,49 € | 343.059,90 € | 340.169,98 € | 337.280,07 € | 334.390,15 € | 331.500,23 € |
| 95 | 358.581,77 € | 356.475,42 € | 354.369,06 € | 352.262,69 € | 350.156,33 € | 348.049,98 € | 345.117,39 € | 342.184,82 € | 339.252,23 € | 336.319,65 € |
| 96 | 363.749,71 € | 361.613,42 € | 359.477,14 € | 357.340,85 € | 355.204,56 € | 353.068,28 € | 350.092,78 € | 347.117,29 € | 344.141,78 € | 341.166,29 € |
| 97 | 368.946,67 € | 366.780,29 € | 364.613,92 € | 362.447,55 € | 360.281,18 € | 358.114,80 € | 355.096,14 € | 352.077,47 € | 349.058,81 € | 346.040,14 € |
| 98 | 374.172,66 € | 371.976,03 € | 369.779,41 € | 367.582,79 € | 365.386,16 € | 363.189,54 € | 360.127,46 € | 357.065,38 € | 354.003,29 € | 350.941,21 € |
| 99 | 379.427,69 € | 377.200,65 € | 374.973,61 € | 372.746,58 € | 370.519,54 € | 368.292,50 € | 365.186,75 € | 362.081,01 € | 358.975,26 € | 355.869,50 € |
| 100 | 384.711,73 € | 382.454,13 € | 380.196,52 € | 377.938,91 € | 375.681,29 € | 373.423,69 € | 370.274,01 € | 367.124,35 € | 363.974,68 € | 360.825,01 € |

TABLA 2.A.2
BAREMO ECONÓMICO

Edad del lesionado

| Puntos | 60 | 61 | 62 | 63 | 64 | 65 | 66 | 67 | 68 | 69 |
|---|---|---|---|---|---|---|---|---|---|---|
| 1 | 882,66 € | 875,36 € | 868,06 € | 860,76 € | 853,47 € | 846,17 € | 843,63 € | 841,09 € | 838,55 € | 836,02 € |
| 2 | 1.812,52 € | 1.797,85 € | 1.783,18 € | 1.768,51 € | 1.753,84 € | 1.739,17 € | 1.733,44 € | 1.727,72 € | 1.721,99 € | 1.716,27 € |
| 3 | 2.781,85 € | 2.759,78 € | 2.737,70 € | 2.715,63 € | 2.693,55 € | 2.671,47 € | 2.662,13 € | 2.652,78 € | 2.643,44 € | 2.634,10 € |
| 4 | 3.782,89 € | 3.753,41 € | 3.723,94 € | 3.694,47 € | 3.664,99 € | 3.635,52 € | 3.621,72 € | 3.607,91 € | 3.594,09 € | 3.580,29 € |
| 5 | 4.807,88 € | 4.771,07 € | 4.734,25 € | 4.697,43 € | 4.660,60 € | 4.623,79 € | 4.605,21 € | 4.586,65 € | 4.568,07 € | 4.549,50 € |
| 6 | 5.849,09 € | 5.804,99 € | 5.760,88 € | 5.716,78 € | 5.672,67 € | 5.628,56 € | 5.604,84 € | 5.581,11 € | 5.557,39 € | 5.533,66 € |
| 7 | 6.953,48 € | 6.901,81 € | 6.850,14 € | 6.798,46 € | 6.746,79 € | 6.695,12 € | 6.665,69 € | 6.636,24 € | 6.606,81 € | 6.577,37 € |
| 8 | 8.079,54 € | 8.020,32 € | 7.961,10 € | 7.901,89 € | 7.842,67 € | 7.783,45 € | 7.747,92 € | 7.712,40 € | 7.676,87 € | 7.641,33 € |
| 9 | 9.221,16 € | 9.154,42 € | 9.087,69 € | 9.020,96 € | 8.954,23 € | 8.887,49 € | 8.845,55 € | 8.803,60 € | 8.761,65 € | 8.719,70 € |
| 10 | 10.372,87 € | 10.298,69 € | 10.224,52 € | 10.150,35 € | 10.076,18 € | 10.002,00 € | 9.953,36 € | 9.904,73 € | 9.856,09 € | 9.807,46 € |
| 11 | 11.820,29 € | 11.734,74 € | 11.649,18 € | 11.563,63 € | 11.478,07 € | 11.392,52 € | 11.333,92 € | 11.275,31 € | 11.216,71 € | 11.158,11 € |
| 12 | 13.342,30 € | 13.244,64 € | 13.146,98 € | 13.049,32 € | 12.951,67 € | 12.854,01 € | 12.784,51 € | 12.715,00 € | 12.645,51 € | 12.576,01 € |
| 13 | 14.938,87 € | 14.828,39 € | 14.717,91 € | 14.607,43 € | 14.496,94 € | 14.386,46 € | 14.305,13 € | 14.223,81 € | 14.142,49 € | 14.061,17 € |
| 14 | 16.610,01 € | 16.485,98 € | 16.361,96 € | 16.237,93 € | 16.113,91 € | 15.989,88 € | 15.895,81 € | 15.801,73 € | 15.707,65 € | 15.613,58 € |
| 15 | 18.355,73 € | 18.217,43 € | 18.079,15 € | 17.940,85 € | 17.802,55 € | 17.664,27 € | 17.556,51 € | 17.448,76 € | 17.341,00 € | 17.233,25 € |
| 16 | 20.127,49 € | 19.974,67 € | 19.821,85 € | 19.669,04 € | 19.516,22 € | 19.363,41 € | 19.241,61 € | 19.119,80 € | 18.998,01 € | 18.876,20 € |
| 17 | 21.967,75 € | 21.799,75 € | 21.631,75 € | 21.463,75 € | 21.295,74 € | 21.127,74 € | 20.991,03 € | 20.854,33 € | 20.717,61 € | 20.580,91 € |
| 18 | 23.876,52 € | 23.692,68 € | 23.508,82 € | 23.324,97 € | 23.141,11 € | 22.957,27 € | 22.804,79 € | 22.652,32 € | 22.499,85 € | 22.347,37 € |
| 19 | 25.853,80 € | 25.653,43 € | 25.453,07 € | 25.252,71 € | 25.052,34 € | 24.851,98 € | 24.682,89 € | 24.513,79 € | 24.344,68 € | 24.175,59 € |
| 20 | 27.899,58 € | 27.682,05 € | 27.464,50 € | 27.246,97 € | 27.029,43 € | 26.811,88 € | 26.625,30 € | 26.438,73 € | 26.252,15 € | 26.065,58 € |
| 21 | 30.011,68 € | 29.776,40 € | 29.541,12 € | 29.305,83 € | 29.070,56 € | 28.835,28 € | 28.630,63 € | 28.425,99 € | 28.221,34 € | 28.016,69 € |
| 22 | 32.192,08 € | 31.938,40 € | 31.684,73 € | 31.431,05 € | 31.177,37 € | 30.923,69 € | 30.700,15 € | 30.476,60 € | 30.253,06 € | 30.029,51 € |
| 23 | 34.440,78 € | 34.168,05 € | 33.895,32 € | 33.622,59 € | 33.349,86 € | 33.077,13 € | 32.833,87 € | 32.590,59 € | 32.347,32 € | 32.104,04 € |
| 24 | 36.757,76 € | 36.465,34 € | 36.172,90 € | 35.880,47 € | 35.588,04 € | 35.295,61 € | 35.031,77 € | 34.767,94 € | 34.504,10 € | 34.240,26 € |
| 25 | 39.143,05 € | 38.830,26 € | 38.517,47 € | 38.204,68 € | 37.891,91 € | 37.579,12 € | 37.293,88 € | 37.008,65 € | 36.723,42 € | 36.438,18 € |
| 26 | 41.540,11 € | 41.206,84 € | 40.873,57 € | 40.540,29 € | 40.207,02 € | 39.873,75 € | 39.566,94 € | 39.260,12 € | 38.953,30 € | 38.646,49 € |
| 27 | 44.001,11 € | 43.646,74 € | 43.292,37 € | 42.938,01 € | 42.583,64 € | 42.229,27 € | 41.900,09 € | 41.570,91 € | 41.241,74 € | 40.912,55 € |
| 28 | 46.526,06 € | 46.149,98 € | 45.773,90 € | 45.397,83 € | 45.021,75 € | 44.645,67 € | 44.293,34 € | 43.941,02 € | 43.588,69 € | 43.236,36 € |
| 29 | 49.114,96 € | 48.716,56 € | 48.318,16 € | 47.919,76 € | 47.521,36 € | 47.122,95 € | 46.746,70 € | 46.370,45 € | 45.994,19 € | 45.617,93 € |
| 30 | 51.767,81 € | 51.346,47 € | 50.925,14 € | 50.503,80 € | 50.082,46 € | 49.661,13 € | 49.260,16 € | 48.859,18 € | 48.458,22 € | 48.057,25 € |
| 31 | 54.418,89 € | 53.974,64 € | 53.530,40 € | 53.086,15 € | 52.641,90 € | 52.197,65 € | 51.771,94 € | 51.346,24 € | 50.920,52 € | 50.494,82 € |
| 32 | 57.129,68 € | 56.661,95 € | 56.194,22 € | 55.726,48 € | 55.258,75 € | 54.791,02 € | 54.339,84 € | 53.888,65 € | 53.437,48 € | 52.986,30 € |
| 33 | 59.900,18 € | 59.408,40 € | 58.916,61 € | 58.424,82 € | 57.933,03 € | 57.441,25 € | 56.963,85 € | 56.486,46 € | 56.009,07 € | 55.531,69 € |
| 34 | 62.730,39 € | 62.213,97 € | 61.697,56 € | 61.181,15 € | 60.664,74 € | 60.148,32 € | 59.643,98 € | 59.139,66 € | 58.635,32 € | 58.130,98 € |
| 35 | 65.620,30 € | 65.078,69 € | 64.537,08 € | 63.995,47 € | 63.453,86 € | 62.912,24 € | 62.380,23 € | 61.848,22 € | 61.316,21 € | 60.784,20 € |
| 36 | 68.495,55 € | 67.928,81 € | 67.362,07 € | 66.795,34 € | 66.228,60 € | 65.661,87 € | 65.102,31 € | 64.542,76 € | 63.983,21 € | 63.423,65 € |
| 37 | 71.426,35 € | 70.833,96 € | 70.241,57 € | 69.649,18 € | 69.056,78 € | 68.464,39 € | 67.876,61 € | 67.288,83 € | 66.701,04 € | 66.113,26 € |
| 38 | 74.412,75 € | 73.794,16 € | 73.175,57 € | 72.556,98 € | 71.938,40 € | 71.319,81 € | 70.703,12 € | 70.086,42 € | 69.469,72 € | 68.853,02 € |
| 39 | 77.454,71 € | 76.809,39 € | 76.164,08 € | 75.518,76 € | 74.873,44 € | 74.228,13 € | 73.581,82 € | 72.935,53 € | 72.289,24 € | 71.642,93 € |
| 40 | 80.552,25 € | 79.879,67 € | 79.207,08 € | 78.534,50 € | 77.861,92 € | 77.189,33 € | 76.512,76 € | 75.836,17 € | 75.159,59 € | 74.483,01 € |
| 41 | 83.622,89 € | 82.923,27 € | 82.223,65 € | 81.524,04 € | 80.824,42 € | 80.124,81 € | 79.418,20 € | 78.711,59 € | 78.004,98 € | 77.298,37 € |
| 42 | 86.745,07 € | 86.017,92 € | 85.290,79 € | 84.563,64 € | 83.836,49 € | 83.109,35 € | 82.372,07 € | 81.634,80 € | 80.897,51 € | 80.160,23 € |
| 43 | 89.918,81 € | 89.163,63 € | 88.408,46 € | 87.653,29 € | 86.898,11 € | 86.142,95 € | 85.374,36 € | 84.605,78 € | 83.837,19 € | 83.068,60 € |
| 44 | 93.144,10 € | 92.360,40 € | 91.576,70 € | 90.793,00 € | 90.009,31 € | 89.225,60 € | 88.425,08 € | 87.624,54 € | 86.824,01 € | 86.023,47 € |
| 45 | 96.420,94 € | 95.608,21 € | 94.795,50 € | 93.982,77 € | 93.170,05 € | 92.357,32 € | 91.524,21 € | 90.691,09 € | 89.857,96 € | 89.024,84 € |
| 46 | 99.659,31 € | 98.817,96 € | 97.976,61 € | 97.135,27 € | 96.293,92 € | 95.452,57 € | 94.587,25 € | 93.721,92 € | 92.856,60 € | 91.991,27 € |
| 47 | 102.945,31 € | 102.074,88 € | 101.204,45 € | 100.334,02 € | 99.463,58 € | 98.593,16 € | 97.695,03 € | 96.796,91 € | 95.898,79 € | 95.000,66 € |
| 48 | 106.278,95 € | 105.378,97 € | 104.479,00 € | 103.579,04 € | 102.679,07 € | 101.779,09 € | 100.847,57 € | 99.916,05 € | 98.984,53 € | 98.053,00 € |
| 49 | 109.660,23 € | 108.730,25 € | 107.800,28 € | 106.870,30 € | 105.940,33 € | 105.010,36 € | 104.044,85 € | 103.079,34 € | 102.113,83 € | 101.148,32 € |
| 50 | 113.089,15 € | 112.128,71 € | 111.168,28 € | 110.207,84 € | 109.247,41 € | 108.286,98 € | 107.286,88 € | 106.286,78 € | 105.286,69 € | 104.286,59 € |

TABLA 2.A.2
BAREMO ECONÓMICO

| | Edad del lesionado | | | | | | | | | |
|---|---|---|---|---|---|---|---|---|---|---|
| Puntos | 60 | 61 | 62 | 63 | 64 | 65 | 66 | 67 | 68 | 69 |
| 51 | 116.961,73 € | 115.967,04 € | 114.972,34 € | 113.977,64 € | 112.982,95 € | 111.988,25 € | 110.949,67 € | 109.911,08 € | 108.872,49 € | 107.833,90 € |
| 52 | 120.897,49 € | 119.867,94 € | 118.838,38 € | 117.808,84 € | 116.779,29 € | 115.749,74 € | 114.671,94 € | 113.594,13 € | 112.516,34 € | 111.438,53 € |
| 53 | 124.896,41 € | 123.831,41 € | 122.766,42 € | 121.701,44 € | 120.636,44 € | 119.571,45 € | 118.453,71 € | 117.335,96 € | 116.218,22 € | 115.100,47 € |
| 54 | 128.958,50 € | 127.857,47 € | 126.756,45 € | 125.655,42 € | 124.554,39 € | 123.453,37 € | 122.294,96 € | 121.136,56 € | 119.978,15 € | 118.819,74 € |
| 55 | 133.083,76 € | 131.946,10 € | 130.808,46 € | 129.670,81 € | 128.533,16 € | 127.395,52 € | 126.195,72 € | 124.995,92 € | 123.796,12 € | 122.596,32 € |
| 56 | 137.237,75 € | 136.063,18 € | 134.888,60 € | 133.714,03 € | 132.539,44 € | 131.364,87 € | 130.123,34 € | 128.881,81 € | 127.640,27 € | 126.398,74 € |
| 57 | 141.453,70 € | 140.241,61 € | 139.029,53 € | 137.817,44 € | 136.605,35 € | 135.393,26 € | 134.109,29 € | 132.825,31 € | 131.541,34 € | 130.257,36 € |
| 58 | 145.731,58 € | 144.481,40 € | 143.231,23 € | 141.981,05 € | 140.730,88 € | 139.480,70 € | 138.153,57 € | 136.826,43 € | 135.499,30 € | 134.172,16 € |
| 59 | 150.071,41 € | 148.782,55 € | 147.493,71 € | 146.204,86 € | 144.916,02 € | 143.627,17 € | 142.256,17 € | 140.885,17 € | 139.514,17 € | 138.143,16 € |
| 60 | 154.473,16 € | 153.145,07 € | 151.816,97 € | 150.488,87 € | 149.160,77 € | 147.832,68 € | 146.417,10 € | 145.001,52 € | 143.585,94 € | 142.170,36 € |
| 61 | 155.877,19 € | 154.537,99 € | 153.198,77 € | 151.859,56 € | 150.520,35 € | 149.181,14 € | 147.755,42 € | 146.329,68 € | 144.903,96 € | 143.478,24 € |
| 62 | 161.083,08 € | 159.697,15 € | 158.311,21 € | 156.925,27 € | 155.539,34 € | 154.153,40 € | 152.673,86 € | 151.194,33 € | 149.714,79 € | 148.235,26 € |
| 63 | 166.374,47 € | 164.941,01 € | 163.507,55 € | 162.074,09 € | 160.640,64 € | 159.207,17 € | 157.672,84 € | 156.138,52 € | 154.604,19 € | 153.069,86 € |
| 64 | 171.751,35 € | 170.269,57 € | 168.787,79 € | 167.306,01 € | 165.824,23 € | 164.342,45 € | 162.752,34 € | 161.162,24 € | 159.572,14 € | 157.982,04 € |
| 65 | 177.213,74 € | 175.682,85 € | 174.151,94 € | 172.621,04 € | 171.090,13 € | 169.559,23 € | 167.912,37 € | 166.265,51 € | 164.618,66 € | 162.971,80 € |
| 66 | 181.904,72 € | 180.331,87 € | 178.759,03 € | 177.186,18 € | 175.613,33 € | 174.040,49 € | 172.345,73 € | 170.650,98 € | 168.956,23 € | 167.261,47 € |
| 67 | 186.655,23 € | 185.039,89 € | 183.424,54 € | 181.809,19 € | 180.193,84 € | 178.578,50 € | 176.835,16 € | 175.091,83 € | 173.348,49 € | 171.605,15 € |
| 68 | 191.465,28 € | 189.806,88 € | 188.148,47 € | 186.490,07 € | 184.831,66 € | 183.173,25 € | 181.380,65 € | 179.588,05 € | 177.795,45 € | 176.002,85 € |
| 69 | 196.334,86 € | 194.632,83 € | 192.930,81 € | 191.228,80 € | 189.526,78 € | 187.824,75 € | 185.982,20 € | 184.139,66 € | 182.297,11 € | 180.454,55 € |
| 70 | 201.263,97 € | 199.517,78 € | 197.771,58 € | 196.025,39 € | 194.279,19 € | 192.533,00 € | 190.639,82 € | 188.746,64 € | 186.853,45 € | 184.960,28 € |
| 71 | 206.211,23 € | 204.420,72 € | 202.630,21 € | 200.839,70 € | 199.049,19 € | 197.258,67 € | 195.314,65 € | 193.370,62 € | 191.426,59 € | 189.482,57 € |
| 72 | 211.216,85 € | 209.381,48 € | 207.546,11 € | 205.710,74 € | 203.875,37 € | 202.039,99 € | 200.044,45 € | 198.048,91 € | 196.053,36 € | 194.057,82 € |
| 73 | 216.280,84 € | 214.400,06 € | 212.519,28 € | 210.638,51 € | 208.757,73 € | 206.876,95 € | 204.829,23 € | 202.781,49 € | 200.733,76 € | 198.686,03 € |
| 74 | 221.403,20 € | 219.476,47 € | 217.549,74 € | 215.623,01 € | 213.696,28 € | 211.769,55 € | 209.668,97 € | 207.568,37 € | 205.467,78 € | 203.367,19 € |
| 75 | 226.583,93 € | 224.610,70 € | 222.637,48 € | 220.664,24 € | 218.691,01 € | 216.717,79 € | 214.563,67 € | 212.409,55 € | 210.255,43 € | 208.101,32 € |
| 76 | 231.779,58 € | 229.759,78 € | 227.739,96 € | 225.720,16 € | 223.700,36 € | 221.680,55 € | 219.472,73 € | 217.264,90 € | 215.057,09 € | 212.849,26 € |
| 77 | 237.032,47 € | 234.965,55 € | 232.898,62 € | 230.831,70 € | 228.764,78 € | 226.697,86 € | 224.435,68 € | 222.173,50 € | 219.911,32 € | 217.649,14 € |
| 78 | 242.342,57 € | 240.228,01 € | 238.113,44 € | 235.998,86 € | 233.884,30 € | 231.769,73 € | 229.452,54 € | 227.135,34 € | 224.818,14 € | 222.500,94 € |
| 79 | 247.709,90 € | 245.547,15 € | 243.384,41 € | 241.221,66 € | 239.058,91 € | 236.896,16 € | 234.523,29 € | 232.150,41 € | 229.777,54 € | 227.404,67 € |
| 80 | 253.134,46 € | 250.923,00 € | 248.711,53 € | 246.500,07 € | 244.288,62 € | 242.077,15 € | 239.647,95 € | 237.218,74 € | 234.789,54 € | 232.360,33 € |
| 81 | 258.570,57 € | 256.310,14 € | 254.049,72 € | 251.789,30 € | 249.528,88 € | 247.268,46 € | 244.782,82 € | 242.297,17 € | 239.811,53 € | 237.325,89 € |
| 82 | 264.062,77 € | 261.752,86 € | 259.442,95 € | 257.133,04 € | 254.823,14 € | 252.513,23 € | 249.970,51 € | 247.427,79 € | 244.885,06 € | 242.342,34 € |
| 83 | 269.611,06 € | 267.251,14 € | 264.891,23 € | 262.531,31 € | 260.171,39 € | 257.811,47 € | 255.211,02 € | 252.610,57 € | 250.010,12 € | 247.409,69 € |
| 84 | 275.215,46 € | 272.805,00 € | 270.394,54 € | 267.984,09 € | 265.573,63 € | 263.163,17 € | 260.504,36 € | 257.845,54 € | 255.186,73 € | 252.527,91 € |
| 85 | 280.875,95 € | 278.414,43 € | 275.952,91 € | 273.491,38 € | 271.029,87 € | 268.568,34 € | 265.850,51 € | 263.132,69 € | 260.414,86 € | 257.697,04 € |
| 86 | 286.545,36 € | 284.032,81 € | 281.520,27 € | 279.007,72 € | 276.495,18 € | 273.982,63 € | 271.205,66 € | 268.428,70 € | 265.651,73 € | 262.874,77 € |
| 87 | 292.269,75 € | 289.705,68 € | 287.141,60 € | 284.577,51 € | 282.013,43 € | 279.449,35 € | 276.612,62 € | 273.775,88 € | 270.939,15 € | 268.102,42 € |
| 88 | 298.049,16 € | 295.433,02 € | 292.816,90 € | 290.200,76 € | 287.584,63 € | 284.968,51 € | 282.071,37 € | 279.174,24 € | 276.277,10 € | 273.379,97 € |
| 89 | 303.883,55 € | 301.214,87 € | 298.546,17 € | 295.877,48 € | 293.208,79 € | 290.540,09 € | 287.581,93 € | 284.623,76 € | 281.665,60 € | 278.707,42 € |
| 90 | 309.772,96 € | 307.051,19 € | 304.329,42 € | 301.607,65 € | 298.885,89 € | 296.164,12 € | 293.144,28 € | 290.124,45 € | 287.104,62 € | 284.084,79 € |
| 91 | 314.441,84 € | 311.678,42 € | 308.914,99 € | 306.151,56 € | 303.388,13 € | 300.624,70 € | 297.557,22 € | 294.489,73 € | 291.422,25 € | 288.354,76 € |
| 92 | 319.137,71 € | 316.332,37 € | 313.527,03 € | 310.721,69 € | 307.916,35 € | 305.111,00 € | 301.995,55 € | 298.880,10 € | 295.764,66 € | 292.649,20 € |
| 93 | 323.860,52 € | 321.013,03 € | 318.165,52 € | 315.318,02 € | 312.470,51 € | 309.623,01 € | 306.459,29 € | 303.295,56 € | 300.131,84 € | 296.968,12 € |
| 94 | 328.610,32 € | 325.720,40 € | 322.830,48 € | 319.940,56 € | 317.050,65 € | 314.160,73 € | 310.948,42 € | 307.736,12 € | 304.523,80 € | 301.311,50 € |
| 95 | 333.387,07 € | 330.454,49 € | 327.521,91 € | 324.589,32 € | 321.656,74 € | 318.724,16 € | 315.462,96 € | 312.201,76 € | 308.940,55 € | 305.679,36 € |
| 96 | 338.190,79 € | 335.215,30 € | 332.239,79 € | 329.264,30 € | 326.288,80 € | 323.313,30 € | 320.002,90 € | 316.692,50 € | 313.382,09 € | 310.071,68 € |
| 97 | 343.021,48 € | 340.002,82 € | 336.984,15 € | 333.965,49 € | 330.946,83 € | 327.928,16 € | 324.568,24 € | 321.208,32 € | 317.848,40 € | 314.488,48 € |
| 98 | 347.879,13 € | 344.817,05 € | 341.754,97 € | 338.692,89 € | 335.630,81 € | 332.568,72 € | 329.158,98 € | 325.749,24 € | 322.339,49 € | 318.929,75 € |
| 99 | 352.763,75 € | 349.658,00 € | 346.552,25 € | 343.446,50 € | 340.340,75 € | 337.235,00 € | 333.775,12 € | 330.315,25 € | 326.855,38 € | 323.395,50 € |
| 100 | 357.675,34 € | 354.525,67 € | 351.376,00 € | 348.226,32 € | 345.076,66 € | 341.926,99 € | 338.416,67 € | 334.906,35 € | 331.396,03 € | 327.885,72 € |

TABLA 2.A.2
BAREMO ECONÓMICO

| | Edad del lesionado | | | | | | | | | |
|---|---|---|---|---|---|---|---|---|---|---|
| Puntos | 70 | 71 | 72 | 73 | 74 | 75 | 76 | 77 | 78 | 79 |
| 1 | 833,48 € | 830,94 € | 828,40 € | 825,86 € | 823,33 € | 820,80 € | 818,26 € | 815,72 € | 813,18 € | 810,64 € |
| 2 | 1.710,54 € | 1.704,80 € | 1.699,08 € | 1.693,35 € | 1.687,63 € | 1.681,90 € | 1.676,17 € | 1.670,45 € | 1.664,72 € | 1.659,00 € |
| 3 | 2.624,75 € | 2.615,41 € | 2.606,06 € | 2.596,72 € | 2.587,38 € | 2.578,04 € | 2.568,69 € | 2.559,35 € | 2.550,01 € | 2.540,66 € |
| 4 | 3.566,48 € | 3.552,67 € | 3.538,86 € | 3.525,05 € | 3.511,24 € | 3.497,43 € | 3.483,61 € | 3.469,81 € | 3.456,00 € | 3.442,19 € |
| 5 | 4.530,93 € | 4.512,35 € | 4.493,78 € | 4.475,21 € | 4.456,64 € | 4.438,06 € | 4.419,50 € | 4.400,92 € | 4.382,35 € | 4.363,78 € |
| 6 | 5.509,95 € | 5.486,22 € | 5.462,49 € | 5.438,77 € | 5.415,05 € | 5.391,33 € | 5.367,60 € | 5.343,87 € | 5.320,16 € | 5.296,43 € |
| 7 | 6.547,93 € | 6.518,50 € | 6.489,05 € | 6.459,62 € | 6.430,18 € | 6.400,74 € | 6.371,31 € | 6.341,87 € | 6.312,43 € | 6.282,99 € |
| 8 | 7.605,80 € | 7.570,27 € | 7.534,75 € | 7.499,21 € | 7.463,68 € | 7.428,15 € | 7.392,62 € | 7.357,09 € | 7.321,56 € | 7.286,03 € |
| 9 | 8.677,76 € | 8.635,81 € | 8.593,86 € | 8.551,91 € | 8.509,97 € | 8.468,02 € | 8.426,07 € | 8.384,12 € | 8.342,18 € | 8.300,23 € |
| 10 | 9.758,81 € | 9.710,18 € | 9.661,54 € | 9.612,91 € | 9.564,28 € | 9.515,63 € | 9.467,00 € | 9.418,36 € | 9.369,73 € | 9.321,09 € |
| 11 | 11.099,50 € | 11.040,89 € | 10.982,29 € | 10.923,69 € | 10.865,09 € | 10.806,48 € | 10.747,87 € | 10.689,27 € | 10.630,67 € | 10.572,07 € |
| 12 | 12.506,50 € | 12.437,01 € | 12.367,51 € | 12.298,01 € | 12.228,51 € | 12.159,01 € | 12.089,51 € | 12.020,01 € | 11.950,51 € | 11.881,02 € |
| 13 | 13.979,84 € | 13.898,52 € | 13.817,19 € | 13.735,88 € | 13.654,55 € | 13.573,23 € | 13.491,90 € | 13.410,59 € | 13.329,26 € | 13.247,94 € |
| 14 | 15.519,51 € | 15.425,44 € | 15.331,36 € | 15.237,28 € | 15.143,21 € | 15.049,14 € | 14.955,07 € | 14.860,98 € | 14.766,91 € | 14.672,84 € |
| 15 | 17.125,49 € | 17.017,75 € | 16.909,99 € | 16.802,24 € | 16.694,48 € | 16.586,73 € | 16.478,97 € | 16.371,22 € | 16.263,47 € | 16.155,72 € |
| 16 | 18.754,40 € | 18.632,59 € | 18.510,80 € | 18.388,99 € | 18.267,19 € | 18.145,38 € | 18.023,58 € | 17.901,78 € | 17.779,98 € | 17.658,18 € |
| 17 | 20.444,20 € | 20.307,49 € | 20.170,78 € | 20.034,06 € | 19.897,36 € | 19.760,65 € | 19.623,94 € | 19.487,23 € | 19.350,53 € | 19.213,81 € |
| 18 | 22.194,90 € | 22.042,42 € | 21.889,94 € | 21.737,47 € | 21.585,00 € | 21.432,53 € | 21.280,05 € | 21.127,58 € | 20.975,11 € | 20.822,63 € |
| 19 | 24.006,49 € | 23.837,40 € | 23.668,30 € | 23.499,21 € | 23.330,11 € | 23.161,01 € | 22.991,91 € | 22.822,81 € | 22.653,72 € | 22.484,62 € |
| 20 | 25.879,00 € | 25.692,41 € | 25.505,84 € | 25.319,26 € | 25.132,68 € | 24.946,11 € | 24.759,52 € | 24.572,94 € | 24.386,37 € | 24.199,79 € |
| 21 | 27.812,05 € | 27.607,40 € | 27.402,76 € | 27.198,11 € | 26.993,47 € | 26.788,83 € | 26.584,18 € | 26.379,54 € | 26.174,89 € | 25.970,25 € |
| 22 | 29.805,98 € | 29.582,43 € | 29.358,89 € | 29.135,34 € | 28.911,80 € | 28.688,25 € | 28.464,71 € | 28.241,16 € | 28.017,63 € | 27.794,08 € |
| 23 | 31.860,76 € | 31.617,49 € | 31.374,22 € | 31.130,94 € | 30.887,67 € | 30.644,39 € | 30.401,12 € | 30.157,84 € | 29.914,57 € | 29.671,30 € |
| 24 | 33.976,43 € | 33.712,58 € | 33.448,75 € | 33.184,91 € | 32.921,07 € | 32.657,24 € | 32.393,40 € | 32.129,56 € | 31.865,73 € | 31.601,88 € |
| 25 | 36.152,95 € | 35.867,71 € | 35.582,48 € | 35.297,25 € | 35.012,01 € | 34.726,79 € | 34.441,56 € | 34.156,32 € | 33.871,09 € | 33.585,86 € |
| 26 | 38.339,67 € | 38.032,86 € | 37.726,05 € | 37.419,23 € | 37.112,41 € | 36.805,61 € | 36.498,79 € | 36.191,97 € | 35.885,16 € | 35.578,34 € |
| 27 | 40.583,37 € | 40.254,20 € | 39.925,01 € | 39.595,84 € | 39.266,66 € | 38.937,47 € | 38.608,30 € | 38.279,12 € | 37.949,94 € | 37.620,76 € |
| 28 | 42.884,04 € | 42.531,71 € | 42.179,38 € | 41.827,06 € | 41.474,73 € | 41.122,41 € | 40.770,08 € | 40.417,75 € | 40.065,44 € | 39.713,11 € |
| 29 | 45.241,67 € | 44.865,43 € | 44.489,17 € | 44.112,91 € | 43.736,65 € | 43.360,40 € | 42.984,14 € | 42.607,89 € | 42.231,63 € | 41.855,38 € |
| 30 | 47.656,28 € | 47.255,32 € | 46.854,35 € | 46.453,38 € | 46.052,42 € | 45.651,44 € | 45.250,48 € | 44.849,51 € | 44.448,54 € | 44.047,58 € |
| 31 | 50.069,11 € | 49.643,39 € | 49.217,69 € | 48.791,98 € | 48.366,27 € | 47.940,56 € | 47.514,86 € | 47.089,14 € | 46.663,44 € | 46.237,73 € |
| 32 | 52.535,11 € | 52.083,93 € | 51.632,74 € | 51.181,56 € | 50.730,37 € | 50.279,19 € | 49.828,01 € | 49.376,82 € | 48.925,65 € | 48.474,46 € |
| 33 | 55.054,29 € | 54.576,90 € | 54.099,51 € | 53.622,11 € | 53.144,72 € | 52.667,33 € | 52.189,94 € | 51.712,54 € | 51.235,15 € | 50.757,77 € |
| 34 | 57.626,65 € | 57.122,31 € | 56.617,98 € | 56.113,65 € | 55.609,31 € | 55.104,97 € | 54.600,65 € | 54.096,31 € | 53.591,97 € | 53.087,64 € |
| 35 | 60.252,19 € | 59.720,18 € | 59.188,17 € | 58.656,16 € | 58.124,15 € | 57.592,14 € | 57.060,13 € | 56.528,12 € | 55.996,11 € | 55.464,10 € |
| 36 | 62.864,10 € | 62.304,55 € | 61.744,99 € | 61.185,44 € | 60.625,89 € | 60.066,33 € | 59.506,78 € | 58.947,23 € | 58.387,68 € | 57.828,11 € |
| 37 | 65.525,48 € | 64.937,70 € | 64.349,91 € | 63.762,13 € | 63.174,35 € | 62.586,57 € | 61.998,78 € | 61.411,00 € | 60.823,22 € | 60.235,43 € |
| 38 | 68.236,33 € | 67.619,63 € | 67.002,93 € | 66.386,24 € | 65.769,54 € | 65.152,84 € | 64.536,14 € | 63.919,45 € | 63.302,75 € | 62.686,05 € |
| 39 | 70.996,64 € | 70.350,35 € | 69.704,04 € | 69.057,75 € | 68.411,46 € | 67.765,15 € | 67.118,86 € | 66.472,57 € | 65.826,27 € | 65.179,97 € |
| 40 | 73.806,42 € | 73.129,84 € | 72.453,25 € | 71.776,68 € | 71.100,10 € | 70.423,51 € | 69.746,93 € | 69.070,34 € | 68.393,77 € | 67.717,19 € |
| 41 | 76.591,76 € | 75.885,15 € | 75.178,53 € | 74.471,93 € | 73.765,32 € | 73.058,71 € | 72.352,10 € | 71.645,48 € | 70.938,88 € | 70.232,27 € |
| 42 | 79.422,96 € | 78.685,68 € | 77.948,40 € | 77.211,13 € | 76.473,85 € | 75.736,56 € | 74.999,29 € | 74.262,01 € | 73.524,73 € | 72.787,46 € |
| 43 | 82.300,01 € | 81.531,43 € | 80.762,85 € | 79.994,26 € | 79.225,68 € | 78.457,09 € | 77.688,51 € | 76.919,91 € | 76.151,33 € | 75.382,75 € |
| 44 | 85.222,94 € | 84.422,40 € | 83.621,88 € | 82.821,34 € | 82.020,81 € | 81.220,28 € | 80.419,74 € | 79.619,21 € | 78.818,68 € | 78.018,15 € |
| 45 | 88.191,73 € | 87.358,61 € | 86.525,49 € | 85.692,36 € | 84.859,25 € | 84.026,13 € | 83.193,01 € | 82.359,89 € | 81.526,77 € | 80.693,65 € |
| 46 | 91.125,95 € | 90.260,62 € | 89.395,30 € | 88.529,97 € | 87.664,65 € | 86.799,32 € | 85.934,00 € | 85.068,68 € | 84.203,36 € | 83.338,03 € |
| 47 | 94.102,53 € | 93.204,41 € | 92.306,29 € | 91.408,16 € | 90.510,03 € | 89.611,91 € | 88.713,79 € | 87.815,67 € | 86.917,53 € | 86.019,41 € |
| 48 | 97.121,49 € | 96.189,97 € | 95.258,45 € | 94.326,93 € | 93.395,40 € | 92.463,89 € | 91.532,37 € | 90.600,85 € | 89.669,33 € | 88.737,80 € |
| 49 | 100.182,80 € | 99.217,30 € | 98.251,79 € | 97.286,27 € | 96.320,76 € | 95.355,25 € | 94.389,75 € | 93.424,23 € | 92.458,72 € | 91.493,21 € |
| 50 | 103.286,49 € | 102.286,39 € | 101.286,30 € | 100.286,20 € | 99.286,10 € | 98.286,01 € | 97.285,91 € | 96.285,81 € | 95.285,72 € | 94.285,62 € |

TABLA 2.A.2
BAREMO ECONÓMICO

Edad del lesionado

| Puntos | 70 | 71 | 72 | 73 | 74 | 75 | 76 | 77 | 78 | 79 |
|---|---|---|---|---|---|---|---|---|---|---|
| 51 | 106.795,31 € | 105.756,72 € | 104.718,13 € | 103.679,56 € | 102.640,97 € | 101.602,38 € | 100.563,79 € | 99.525,20 € | 98.486,61 € | 97.448,03 € |
| 52 | 110.360,72 € | 109.282,93 € | 108.205,12 € | 107.127,32 € | 106.049,52 € | 104.971,71 € | 103.893,92 € | 102.816,11 € | 101.738,31 € | 100.660,51 € |
| 53 | 113.982,74 € | 112.864,99 € | 111.747,25 € | 110.629,51 € | 109.511,76 € | 108.394,02 € | 107.276,27 € | 106.158,54 € | 105.040,79 € | 103.923,05 € |
| 54 | 117.661,33 € | 116.502,92 € | 115.344,51 € | 114.186,11 € | 113.027,70 € | 111.869,29 € | 110.710,88 € | 109.552,47 € | 108.394,07 € | 107.235,66 € |
| 55 | 121.396,52 € | 120.196,72 € | 118.996,92 € | 117.797,12 € | 116.597,32 € | 115.397,52 € | 114.197,72 € | 112.997,92 € | 111.798,13 € | 110.598,33 € |
| 56 | 125.157,21 € | 123.915,68 € | 122.674,15 € | 121.432,61 € | 120.191,08 € | 118.949,55 € | 117.708,01 € | 116.466,48 € | 115.224,95 € | 113.983,42 € |
| 57 | 128.973,38 € | 127.689,40 € | 126.405,43 € | 125.121,45 € | 123.837,48 € | 122.553,49 € | 121.269,52 € | 119.985,54 € | 118.701,57 € | 117.417,58 € |
| 58 | 132.845,03 € | 131.517,90 € | 130.190,76 € | 128.863,63 € | 127.536,50 € | 126.209,37 € | 124.882,23 € | 123.555,10 € | 122.227,97 € | 120.900,83 € |
| 59 | 136.772,16 € | 135.401,17 € | 134.030,17 € | 132.659,16 € | 131.288,16 € | 129.917,16 € | 128.546,16 € | 127.175,17 € | 125.804,16 € | 124.433,16 € |
| 60 | 140.754,78 € | 139.339,20 € | 137.923,62 € | 136.508,04 € | 135.092,46 € | 133.676,88 € | 132.261,30 € | 130.845,72 € | 129.430,14 € | 128.014,56 € |
| 61 | 142.052,51 € | 140.626,79 € | 139.201,06 € | 137.775,34 € | 136.349,61 € | 134.923,89 € | 133.498,17 € | 132.072,43 € | 130.646,71 € | 129.220,99 € |
| 62 | 146.755,73 € | 145.276,19 € | 143.796,65 € | 142.317,12 € | 140.837,58 € | 139.358,04 € | 137.878,52 € | 136.398,98 € | 134.919,44 € | 133.439,91 € |
| 63 | 151.535,54 € | 150.001,21 € | 148.466,87 € | 146.932,55 € | 145.398,22 € | 143.863,90 € | 142.329,57 € | 140.795,24 € | 139.260,92 € | 137.726,59 € |
| 64 | 156.391,94 € | 154.801,84 € | 153.211,73 € | 151.621,63 € | 150.031,53 € | 148.441,43 € | 146.851,33 € | 145.261,23 € | 143.671,13 € | 142.081,02 € |
| 65 | 161.324,94 € | 159.678,09 € | 158.031,22 € | 156.384,37 € | 154.737,51 € | 153.090,65 € | 151.443,80 € | 149.796,94 € | 148.150,09 € | 146.503,22 € |
| 66 | 165.566,72 € | 163.871,96 € | 162.177,21 € | 160.482,45 € | 158.787,70 € | 157.092,95 € | 155.398,19 € | 153.703,43 € | 152.008,67 € | 150.313,92 € |
| 67 | 169.861,82 € | 168.118,48 € | 166.375,15 € | 164.631,82 € | 162.888,47 € | 161.145,14 € | 159.401,80 € | 157.658,47 € | 155.915,14 € | 154.171,79 € |
| 68 | 174.210,25 € | 172.417,65 € | 170.625,04 € | 168.832,45 € | 167.039,84 € | 165.247,25 € | 163.454,64 € | 161.662,05 € | 159.869,45 € | 158.076,85 € |
| 69 | 178.612,01 € | 176.769,46 € | 174.926,92 € | 173.084,36 € | 171.241,81 € | 169.399,27 € | 167.556,72 € | 165.714,17 € | 163.871,62 € | 162.029,07 € |
| 70 | 183.067,09 € | 181.173,92 € | 179.280,73 € | 177.387,56 € | 175.494,37 € | 173.601,20 € | 171.708,01 € | 169.814,84 € | 167.921,65 € | 166.028,48 € |
| 71 | 187.538,54 € | 185.594,51 € | 183.650,49 € | 181.706,46 € | 179.762,43 € | 177.818,40 € | 175.874,38 € | 173.930,35 € | 171.986,32 € | 170.042,30 € |
| 72 | 192.062,28 € | 190.066,73 € | 188.071,19 € | 186.075,64 € | 184.080,09 € | 182.084,55 € | 180.089,01 € | 178.093,46 € | 176.097,92 € | 174.102,38 € |
| 73 | 196.638,30 € | 194.590,56 € | 192.542,84 € | 190.495,10 € | 188.447,37 € | 186.399,63 € | 184.351,91 € | 182.304,17 € | 180.256,44 € | 178.208,71 € |
| 74 | 201.266,60 € | 199.166,02 € | 197.065,42 € | 194.964,84 € | 192.864,24 € | 190.763,66 € | 188.663,06 € | 186.562,48 € | 184.461,88 € | 182.361,30 € |
| 75 | 205.947,20 € | 203.793,08 € | 201.638,96 € | 199.484,84 € | 197.330,73 € | 195.176,60 € | 193.022,49 € | 190.868,37 € | 188.714,26 € | 186.560,13 € |
| 76 | 210.641,45 € | 208.433,62 € | 206.225,81 € | 204.017,98 € | 201.810,15 € | 199.602,34 € | 197.394,51 € | 195.186,70 € | 192.978,87 € | 190.771,06 € |
| 77 | 215.386,96 € | 213.124,77 € | 210.862,60 € | 208.600,41 € | 206.338,24 € | 204.076,05 € | 201.813,88 € | 199.551,69 € | 197.289,51 € | 195.027,33 € |
| 78 | 220.183,74 € | 217.866,55 € | 215.549,34 € | 213.232,15 € | 210.914,96 € | 208.597,75 € | 206.280,56 € | 203.963,35 € | 201.646,16 € | 199.328,96 € |
| 79 | 225.031,80 € | 222.658,93 € | 220.286,05 € | 217.913,18 € | 215.540,31 € | 213.167,44 € | 210.794,57 € | 208.421,69 € | 206.048,81 € | 203.675,94 € |
| 80 | 229.931,13 € | 227.501,92 € | 225.072,72 € | 222.643,51 € | 220.214,31 € | 217.785,10 € | 215.355,89 € | 212.926,69 € | 210.497,48 € | 208.068,28 € |
| 81 | 234.840,25 € | 232.354,60 € | 229.868,96 € | 227.383,32 € | 224.897,68 € | 222.412,04 € | 219.926,40 € | 217.440,76 € | 214.955,12 € | 212.469,48 € |
| 82 | 239.799,62 € | 237.256,90 € | 234.714,17 € | 232.171,46 € | 229.628,73 € | 227.086,00 € | 224.543,28 € | 222.000,56 € | 219.457,84 € | 216.915,11 € |
| 83 | 244.809,24 € | 242.208,79 € | 239.608,34 € | 237.007,90 € | 234.407,45 € | 231.807,00 € | 229.206,55 € | 226.606,11 € | 224.005,66 € | 221.405,21 € |
| 84 | 249.869,09 € | 247.210,28 € | 244.551,46 € | 241.892,66 € | 239.233,84 € | 236.575,03 € | 233.916,21 € | 231.257,39 € | 228.598,58 € | 225.939,76 € |
| 85 | 254.979,21 € | 252.261,38 € | 249.543,56 € | 246.825,73 € | 244.107,90 € | 241.390,08 € | 238.672,25 € | 235.954,42 € | 233.236,59 € | 230.518,76 € |
| 86 | 260.097,81 € | 257.320,84 € | 254.543,88 € | 251.766,91 € | 248.989,95 € | 246.212,98 € | 243.436,02 € | 240.659,06 € | 237.882,09 € | 235.105,13 € |
| 87 | 265.265,69 € | 262.428,95 € | 259.592,22 € | 256.755,48 € | 253.918,74 € | 251.082,01 € | 248.245,28 € | 245.408,55 € | 242.571,81 € | 239.735,08 € |
| 88 | 270.482,84 € | 267.585,70 € | 264.688,57 € | 261.791,43 € | 258.894,30 € | 255.997,16 € | 253.100,03 € | 250.202,89 € | 247.305,75 € | 244.408,62 € |
| 89 | 275.749,26 € | 272.791,09 € | 269.832,92 € | 266.874,75 € | 263.916,59 € | 260.958,43 € | 258.000,25 € | 255.042,09 € | 252.083,92 € | 249.125,76 € |
| 90 | 281.064,97 € | 278.045,13 € | 275.025,30 € | 272.005,47 € | 268.985,64 € | 265.965,80 € | 262.945,97 € | 259.926,14 € | 256.906,31 € | 253.886,48 € |
| 91 | 285.287,27 € | 282.219,79 € | 279.152,30 € | 276.084,82 € | 273.017,33 € | 269.949,85 € | 266.882,36 € | 263.814,88 € | 260.747,39 € | 257.679,90 € |
| 92 | 289.533,75 € | 286.418,31 € | 283.302,85 € | 280.187,40 € | 277.071,96 € | 273.956,50 € | 270.841,05 € | 267.725,61 € | 264.610,15 € | 261.494,70 € |
| 93 | 293.804,39 € | 290.640,66 € | 287.476,94 € | 284.313,22 € | 281.149,50 € | 277.985,78 € | 274.822,05 € | 271.658,32 € | 268.494,60 € | 265.330,88 € |
| 94 | 298.099,19 € | 294.886,89 € | 291.674,57 € | 288.462,27 € | 285.249,96 € | 282.037,65 € | 278.825,34 € | 275.613,04 € | 272.400,74 € | 269.188,42 € |
| 95 | 302.418,15 € | 299.156,95 € | 295.895,75 € | 292.634,55 € | 289.373,34 € | 286.112,15 € | 282.850,95 € | 279.589,74 € | 276.328,55 € | 273.067,34 € |
| 96 | 306.761,28 € | 303.450,87 € | 300.140,47 € | 296.830,07 € | 293.519,66 € | 290.209,25 € | 286.898,85 € | 283.588,45 € | 280.278,04 € | 276.967,64 € |
| 97 | 311.128,57 € | 307.768,64 € | 304.408,73 € | 301.048,81 € | 297.688,89 € | 294.328,97 € | 290.969,06 € | 287.609,13 € | 284.249,22 € | 280.889,30 € |
| 98 | 315.520,01 € | 312.110,27 € | 308.700,53 € | 305.290,79 € | 301.881,05 € | 298.471,31 € | 295.061,57 € | 291.651,82 € | 288.242,08 € | 284.832,34 € |
| 99 | 319.935,62 € | 316.475,75 € | 313.015,87 € | 309.556,00 € | 306.096,13 € | 302.636,25 € | 299.176,37 € | 295.716,49 € | 292.256,63 € | 288.796,75 € |
| 100 | 324.375,40 € | 320.865,08 € | 317.354,76 € | 313.844,44 € | 310.334,12 € | 306.823,81 € | 303.313,49 € | 299.803,16 € | 296.292,85 € | 292.782,53 € |

TABLA 2.A.2
BAREMO ECONÓMICO

| | Edad del lesionado | | | | | | | | | |
|---|---|---|---|---|---|---|---|---|---|---|
| Puntos | 80 | 81 | 82 | 83 | 84 | 85 | 86 | 87 | 88 | 89 |
| 1 | 808,11 € | 805,57 € | 803,03 € | 800,49 € | 797,95 € | 795,42 € | 792,89 € | 790,35 € | 787,81 € | 785,27 € |
| 2 | 1.653,27 € | 1.647,53 € | 1.641,81 € | 1.636,08 € | 1.630,36 € | 1.624,63 € | 1.618,90 € | 1.613,18 € | 1.607,45 € | 1.601,73 € |
| 3 | 2.531,32 € | 2.521,97 € | 2.512,63 € | 2.503,28 € | 2.493,94 € | 2.484,59 € | 2.475,25 € | 2.465,90 € | 2.456,56 € | 2.447,23 € |
| 4 | 3.428,38 € | 3.414,57 € | 3.400,76 € | 3.386,95 € | 3.373,15 € | 3.359,33 € | 3.345,52 € | 3.331,71 € | 3.317,90 € | 3.304,09 € |
| 5 | 4.345,20 € | 4.326,64 € | 4.308,06 € | 4.289,48 € | 4.270,92 € | 4.252,34 € | 4.233,78 € | 4.215,20 € | 4.196,62 € | 4.178,06 € |
| 6 | 5.272,70 € | 5.248,98 € | 5.225,26 € | 5.201,54 € | 5.177,81 € | 5.154,08 € | 5.130,37 € | 5.106,64 € | 5.082,92 € | 5.059,19 € |
| 7 | 6.253,55 € | 6.224,12 € | 6.194,68 € | 6.165,24 € | 6.135,80 € | 6.106,36 € | 6.076,93 € | 6.047,49 € | 6.018,05 € | 5.988,61 € |
| 8 | 7.250,49 € | 7.214,97 € | 7.179,44 € | 7.143,91 € | 7.108,37 € | 7.072,85 € | 7.037,32 € | 7.001,79 € | 6.966,25 € | 6.930,72 € |
| 9 | 8.258,28 € | 8.216,33 € | 8.174,39 € | 8.132,45 € | 8.090,49 € | 8.048,55 € | 8.006,60 € | 7.964,66 € | 7.922,70 € | 7.880,76 € |
| 10 | 9.272,45 € | 9.223,81 € | 9.175,18 € | 9.126,54 € | 9.077,91 € | 9.029,26 € | 8.980,63 € | 8.931,99 € | 8.883,36 € | 8.834,72 € |
| 11 | 10.513,46 € | 10.454,85 € | 10.396,25 € | 10.337,65 € | 10.279,04 € | 10.220,44 € | 10.161,83 € | 10.103,23 € | 10.044,63 € | 9.986,02 € |
| 12 | 11.811,51 € | 11.742,01 € | 11.672,52 € | 11.603,02 € | 11.533,51 € | 11.464,02 € | 11.394,52 € | 11.325,01 € | 11.255,52 € | 11.186,02 € |
| 13 | 13.166,61 € | 13.085,29 € | 13.003,97 € | 12.922,65 € | 12.841,32 € | 12.760,00 € | 12.678,67 € | 12.597,36 € | 12.516,03 € | 12.434,71 € |
| 14 | 14.578,77 € | 14.484,69 € | 14.390,61 € | 14.296,54 € | 14.202,47 € | 14.108,40 € | 14.014,32 € | 13.920,24 € | 13.826,17 € | 13.732,10 € |
| 15 | 16.047,96 € | 15.940,21 € | 15.832,45 € | 15.724,70 € | 15.616,94 € | 15.509,20 € | 15.401,44 € | 15.293,69 € | 15.185,93 € | 15.078,18 € |
| 16 | 17.536,37 € | 17.414,58 € | 17.292,77 € | 17.170,97 € | 17.049,16 € | 16.927,37 € | 16.805,56 € | 16.683,76 € | 16.561,95 € | 16.440,16 € |
| 17 | 19.077,11 € | 18.940,40 € | 18.803,69 € | 18.666,98 € | 18.530,27 € | 18.393,56 € | 18.256,85 € | 18.120,14 € | 17.983,43 € | 17.846,73 € |
| 18 | 20.670,16 € | 20.517,68 € | 20.365,20 € | 20.212,73 € | 20.060,26 € | 19.907,79 € | 19.755,31 € | 19.602,84 € | 19.450,37 € | 19.297,89 € |
| 19 | 22.315,53 € | 22.146,43 € | 21.977,33 € | 21.808,23 € | 21.639,13 € | 21.470,04 € | 21.300,94 € | 21.131,85 € | 20.962,75 € | 20.793,65 € |
| 20 | 24.013,22 € | 23.826,63 € | 23.640,05 € | 23.453,48 € | 23.266,90 € | 23.080,32 € | 22.893,75 € | 22.707,16 € | 22.520,58 € | 22.334,01 € |
| 21 | 25.765,61 € | 25.560,95 € | 25.356,31 € | 25.151,66 € | 24.947,02 € | 24.742,38 € | 24.537,73 € | 24.333,09 € | 24.128,45 € | 23.923,80 € |
| 22 | 27.570,54 € | 27.347,00 € | 27.123,45 € | 26.899,91 € | 26.676,36 € | 26.452,82 € | 26.229,28 € | 26.005,74 € | 25.782,19 € | 25.558,65 € |
| 23 | 29.428,02 € | 29.184,75 € | 28.941,47 € | 28.698,19 € | 28.454,93 € | 28.211,65 € | 27.968,37 € | 27.725,10 € | 27.481,82 € | 27.238,55 € |
| 24 | 31.338,05 € | 31.074,21 € | 30.810,37 € | 30.546,54 € | 30.282,70 € | 30.018,86 € | 29.755,03 € | 29.491,18 € | 29.227,35 € | 28.963,51 € |
| 25 | 33.300,62 € | 33.015,39 € | 32.730,15 € | 32.444,92 € | 32.159,70 € | 31.874,46 € | 31.589,23 € | 31.304,00 € | 31.018,76 € | 30.733,53 € |
| 26 | 35.271,53 € | 34.964,72 € | 34.657,90 € | 34.351,08 € | 34.044,28 € | 33.737,46 € | 33.430,64 € | 33.123,83 € | 32.817,01 € | 32.510,20 € |
| 27 | 37.291,58 € | 36.962,40 € | 36.633,22 € | 36.304,05 € | 35.974,87 € | 35.645,68 € | 35.316,51 € | 34.987,33 € | 34.658,15 € | 34.328,97 € |
| 28 | 39.360,78 € | 39.008,46 € | 38.656,13 € | 38.303,80 € | 37.951,48 € | 37.599,15 € | 37.246,82 € | 36.894,50 € | 36.542,17 € | 36.189,85 € |
| 29 | 41.479,12 € | 41.102,86 € | 40.726,60 € | 40.350,36 € | 39.974,10 € | 39.597,84 € | 39.221,58 € | 38.845,33 € | 38.469,08 € | 38.092,82 € |
| 30 | 43.646,61 € | 43.245,64 € | 42.844,68 € | 42.443,70 € | 42.042,73 € | 41.641,77 € | 41.240,80 € | 40.839,83 € | 40.438,87 € | 40.037,90 € |
| 31 | 45.812,02 € | 45.386,31 € | 44.960,61 € | 44.534,89 € | 44.109,19 € | 43.683,48 € | 43.257,77 € | 42.832,06 € | 42.406,36 € | 41.980,64 € |
| 32 | 48.023,28 € | 47.572,09 € | 47.120,91 € | 46.669,73 € | 46.218,54 € | 45.767,36 € | 45.316,17 € | 44.864,99 € | 44.413,80 € | 43.962,63 € |
| 33 | 50.280,37 € | 49.802,98 € | 49.325,59 € | 48.848,20 € | 48.370,80 € | 47.893,41 € | 47.416,02 € | 46.938,62 € | 46.461,23 € | 45.983,84 € |
| 34 | 52.583,31 € | 52.078,97 € | 51.574,64 € | 51.070,30 € | 50.565,96 € | 50.061,64 € | 49.557,30 € | 49.052,96 € | 48.548,63 € | 48.044,30 € |
| 35 | 54.932,08 € | 54.400,07 € | 53.868,06 € | 53.336,05 € | 52.804,03 € | 52.272,02 € | 51.740,01 € | 51.208,00 € | 50.675,99 € | 50.143,98 € |
| 36 | 57.268,56 € | 56.709,01 € | 56.149,45 € | 55.589,90 € | 55.030,35 € | 54.470,79 € | 53.911,24 € | 53.351,69 € | 52.792,14 € | 52.232,58 € |
| 37 | 59.647,65 € | 59.059,87 € | 58.472,10 € | 57.884,31 € | 57.296,53 € | 56.708,75 € | 56.120,97 € | 55.533,18 € | 54.945,40 € | 54.357,62 € |
| 38 | 62.069,37 € | 61.452,67 € | 60.835,97 € | 60.219,27 € | 59.602,58 € | 58.985,88 € | 58.369,18 € | 57.752,48 € | 57.135,79 € | 56.519,09 € |
| 39 | 64.533,68 € | 63.887,38 € | 63.241,08 € | 62.594,79 € | 61.948,49 € | 61.302,19 € | 60.655,90 € | 60.009,60 € | 59.363,30 € | 58.717,01 € |
| 40 | 67.040,60 € | 66.364,02 € | 65.687,43 € | 65.010,85 € | 64.334,28 € | 63.657,69 € | 62.981,11 € | 62.304,53 € | 61.627,94 € | 60.951,36 € |
| 41 | 69.525,65 € | 68.819,05 € | 68.112,43 € | 67.405,83 € | 66.699,21 € | 65.992,60 € | 65.286,00 € | 64.579,38 € | 63.872,78 € | 63.166,16 € |
| 42 | 72.050,18 € | 71.312,89 € | 70.575,62 € | 69.838,34 € | 69.101,06 € | 68.363,79 € | 67.626,51 € | 66.889,23 € | 66.151,95 € | 65.414,67 € |
| 43 | 74.614,16 € | 73.845,58 € | 73.076,99 € | 72.308,41 € | 71.539,82 € | 70.771,23 € | 70.002,65 € | 69.234,06 € | 68.465,48 € | 67.696,89 € |
| 44 | 77.217,61 € | 76.417,08 € | 75.616,54 € | 74.816,01 € | 74.015,49 € | 73.214,95 € | 72.414,42 € | 71.613,88 € | 70.813,35 € | 70.012,81 € |
| 45 | 79.860,53 € | 79.027,41 € | 78.194,29 € | 77.361,17 € | 76.528,05 € | 75.694,93 € | 74.861,81 € | 74.028,70 € | 73.195,57 € | 72.362,45 € |
| 46 | 82.472,70 € | 81.607,38 € | 80.742,05 € | 79.876,73 € | 79.011,40 € | 78.146,08 € | 77.280,75 € | 76.415,43 € | 75.550,10 € | 74.684,79 € |
| 47 | 85.121,29 € | 84.223,17 € | 83.325,04 € | 82.426,91 € | 81.528,79 € | 80.630,67 € | 79.732,54 € | 78.834,42 € | 77.936,29 € | 77.038,17 € |
| 48 | 87.806,29 € | 86.874,77 € | 85.943,25 € | 85.011,72 € | 84.080,20 € | 83.148,69 € | 82.217,17 € | 81.285,65 € | 80.354,12 € | 79.422,60 € |
| 49 | 90.527,69 € | 89.562,19 € | 88.596,68 € | 87.631,17 € | 86.665,65 € | 85.700,15 € | 84.734,64 € | 83.769,12 € | 82.803,61 € | 81.838,10 € |
| 50 | 93.285,52 € | 92.285,43 € | 91.285,33 € | 90.285,23 € | 89.285,14 € | 88.285,04 € | 87.284,94 € | 86.284,84 € | 85.284,75 € | 84.284,65 € |

TABLA 2.A.2
BAREMO ECONÓMICO

| | Edad del lesionado | | | | | | | | | |
|---|---|---|---|---|---|---|---|---|---|---|
| Puntos | 80 | 81 | 82 | 83 | 84 | 85 | 86 | 87 | 88 | 89 |
| 51 | 96.409,44 € | 95.370,86 € | 94.332,27 € | 93.293,68 € | 92.255,09 € | 91.216,51 € | 90.177,92 € | 89.139,33 € | 88.100,74 € | 87.062,15 € |
| 52 | 99.582,70 € | 98.504,90 € | 97.427,10 € | 96.349,30 € | 95.271,49 € | 94.193,69 € | 93.115,89 € | 92.038,08 € | 90.960,29 € | 89.882,48 € |
| 53 | 102.805,30 € | 101.687,56 € | 100.569,82 € | 99.452,07 € | 98.334,34 € | 97.216,59 € | 96.098,85 € | 94.981,10 € | 93.863,36 € | 92.745,62 € |
| 54 | 106.077,24 € | 104.918,84 € | 103.760,43 € | 102.602,02 € | 101.443,62 € | 100.285,20 € | 99.126,80 € | 97.968,39 € | 96.809,98 € | 95.651,58 € |
| 55 | 109.398,54 € | 108.198,74 € | 106.998,94 € | 105.799,14 € | 104.599,34 € | 103.399,54 € | 102.199,74 € | 100.999,94 € | 99.800,14 € | 98.600,34 € |
| 56 | 112.741,89 € | 111.500,35 € | 110.258,82 € | 109.017,29 € | 107.775,76 € | 106.534,23 € | 105.292,69 € | 104.051,16 € | 102.809,63 € | 101.568,10 € |
| 57 | 116.133,61 € | 114.849,63 € | 113.565,66 € | 112.281,68 € | 110.997,70 € | 109.713,72 € | 108.429,75 € | 107.145,77 € | 105.861,80 € | 104.577,81 € |
| 58 | 119.573,70 € | 118.246,56 € | 116.919,44 € | 115.592,30 € | 114.265,17 € | 112.938,03 € | 111.610,91 € | 110.283,77 € | 108.956,63 € | 107.629,50 € |
| 59 | 123.062,16 € | 121.691,16 € | 120.320,15 € | 118.949,15 € | 117.578,16 € | 116.207,16 € | 114.836,15 € | 113.465,15 € | 112.094,15 € | 110.723,15 € |
| 60 | 126.598,98 € | 125.183,40 € | 123.767,83 € | 122.352,24 € | 120.936,66 € | 119.521,09 € | 118.105,50 € | 116.689,92 € | 115.274,35 € | 113.858,76 € |
| 61 | 127.795,26 € | 126.369,54 € | 124.943,81 € | 123.518,09 € | 122.092,36 € | 120.666,64 € | 119.240,92 € | 117.815,18 € | 116.389,46 € | 114.963,74 € |
| 62 | 131.960,37 € | 130.480,83 € | 129.001,30 € | 127.521,77 € | 126.042,23 € | 124.562,70 € | 123.083,16 € | 121.603,62 € | 120.124,09 € | 118.644,55 € |
| 63 | 136.192,26 € | 134.657,94 € | 133.123,60 € | 131.589,27 € | 130.054,95 € | 128.520,62 € | 126.986,29 € | 125.451,97 € | 123.917,64 € | 122.383,31 € |
| 64 | 140.490,92 € | 138.900,82 € | 137.310,72 € | 135.720,62 € | 134.130,52 € | 132.540,42 € | 130.950,31 € | 129.360,21 € | 127.770,11 € | 126.180,01 € |
| 65 | 144.856,36 € | 143.209,51 € | 141.562,65 € | 139.915,80 € | 138.268,94 € | 136.622,07 € | 134.975,22 € | 133.328,36 € | 131.681,51 € | 130.034,65 € |
| 66 | 148.619,16 € | 146.924,41 € | 145.229,66 € | 143.534,90 € | 141.840,15 € | 140.145,39 € | 138.450,64 € | 136.755,88 € | 135.061,13 € | 133.366,38 € |
| 67 | 152.428,46 € | 150.685,12 € | 148.941,79 € | 147.198,46 € | 145.455,11 € | 143.711,78 € | 141.968,44 € | 140.225,11 € | 138.481,78 € | 136.738,44 € |
| 68 | 156.284,25 € | 154.491,64 € | 152.699,05 € | 150.906,44 € | 149.113,85 € | 147.321,24 € | 145.528,65 € | 143.736,04 € | 141.943,44 € | 140.150,84 € |
| 69 | 160.186,53 € | 158.343,97 € | 156.501,42 € | 154.658,88 € | 152.816,33 € | 150.973,78 € | 149.131,23 € | 147.288,68 € | 145.446,14 € | 143.603,58 € |
| 70 | 164.135,29 € | 162.242,12 € | 160.348,93 € | 158.455,76 € | 156.562,57 € | 154.669,40 € | 152.776,21 € | 150.883,02 € | 148.989,85 € | 147.096,66 € |
| 71 | 168.098,27 € | 166.154,24 € | 164.210,22 € | 162.266,19 € | 160.322,16 € | 158.378,13 € | 156.434,11 € | 154.490,08 € | 152.546,05 € | 150.602,03 € |
| 72 | 172.106,83 € | 170.111,29 € | 168.115,75 € | 166.120,20 € | 164.124,66 € | 162.129,11 € | 160.133,56 € | 158.138,02 € | 156.142,48 € | 154.146,93 € |
| 73 | 176.160,98 € | 174.113,24 € | 172.065,52 € | 170.017,78 € | 167.970,05 € | 165.922,31 € | 163.874,59 € | 161.826,86 € | 159.779,12 € | 157.731,40 € |
| 74 | 180.260,70 € | 178.160,12 € | 176.059,53 € | 173.958,93 € | 171.858,35 € | 169.757,75 € | 167.657,17 € | 165.556,57 € | 163.455,99 € | 161.355,39 € |
| 75 | 184.406,01 € | 182.251,90 € | 180.097,78 € | 177.943,66 € | 175.789,54 € | 173.635,42 € | 171.481,31 € | 169.327,18 € | 167.173,07 € | 165.018,95 € |
| 76 | 188.563,23 € | 186.355,42 € | 184.147,59 € | 181.939,77 € | 179.731,95 € | 177.524,13 € | 175.316,31 € | 173.108,49 € | 170.900,67 € | 168.692,85 € |
| 77 | 192.765,15 € | 190.502,97 € | 188.240,79 € | 185.978,61 € | 183.716,43 € | 181.454,24 € | 179.192,07 € | 176.929,88 € | 174.667,71 € | 172.405,52 € |
| 78 | 197.011,76 € | 194.694,56 € | 192.377,37 € | 190.060,17 € | 187.742,97 € | 185.425,77 € | 183.108,57 € | 180.791,38 € | 178.474,17 € | 176.156,98 € |
| 79 | 201.303,07 € | 198.930,20 € | 196.557,32 € | 194.184,45 € | 191.811,58 € | 189.438,71 € | 187.065,84 € | 184.692,96 € | 182.320,09 € | 179.947,22 € |
| 80 | 205.639,07 € | 203.209,87 € | 200.780,66 € | 198.351,46 € | 195.922,25 € | 193.493,05 € | 191.063,84 € | 188.634,64 € | 186.205,44 € | 183.776,24 € |
| 81 | 209.983,83 € | 207.498,19 € | 205.012,55 € | 202.526,91 € | 200.041,26 € | 197.555,62 € | 195.069,98 € | 192.584,34 € | 190.098,70 € | 187.613,05 € |
| 82 | 214.372,40 € | 211.829,67 € | 209.286,95 € | 206.744,23 € | 204.201,51 € | 201.658,78 € | 199.116,06 € | 196.573,34 € | 194.030,62 € | 191.487,89 € |
| 83 | 218.804,76 € | 216.204,32 € | 213.603,87 € | 211.003,43 € | 208.402,98 € | 205.802,54 € | 203.202,09 € | 200.601,64 € | 198.001,19 € | 195.400,75 € |
| 84 | 223.280,95 € | 220.622,13 € | 217.963,31 € | 215.304,51 € | 212.645,69 € | 209.986,88 € | 207.328,06 € | 204.669,25 € | 202.010,43 € | 199.351,61 € |
| 85 | 227.800,93 € | 225.083,11 € | 222.365,28 € | 219.647,46 € | 216.929,63 € | 214.211,80 € | 211.493,98 € | 208.776,15 € | 206.058,32 € | 203.340,50 € |
| 86 | 232.328,16 € | 229.551,20 € | 226.774,23 € | 223.997,27 € | 221.220,31 € | 218.443,34 € | 215.666,38 € | 212.889,41 € | 210.112,45 € | 207.335,48 € |
| 87 | 236.898,34 € | 234.061,61 € | 231.224,87 € | 228.388,15 € | 225.551,41 € | 222.714,68 € | 219.877,94 € | 217.041,21 € | 214.204,47 € | 211.367,74 € |
| 88 | 241.511,48 € | 238.614,35 € | 235.717,21 € | 232.820,08 € | 229.922,95 € | 227.025,81 € | 224.128,68 € | 221.231,54 € | 218.334,41 € | 215.437,27 € |
| 89 | 246.167,58 € | 243.209,42 € | 240.251,25 € | 237.293,09 € | 234.334,91 € | 231.376,75 € | 228.418,58 € | 225.460,42 € | 222.502,25 € | 219.544,08 € |
| 90 | 250.866,64 € | 247.846,81 € | 244.826,98 € | 241.807,15 € | 238.787,31 € | 235.767,48 € | 232.747,65 € | 229.727,82 € | 226.707,99 € | 223.688,15 € |
| 91 | 254.612,42 € | 251.544,93 € | 248.477,45 € | 245.409,96 € | 242.342,48 € | 239.274,99 € | 236.207,51 € | 233.140,02 € | 230.072,53 € | 227.005,05 € |
| 92 | 258.379,26 € | 255.263,80 € | 252.148,35 € | 249.032,91 € | 245.917,45 € | 242.802,00 € | 239.686,56 € | 236.571,10 € | 233.455,65 € | 230.340,21 € |
| 93 | 262.167,15 € | 259.003,43 € | 255.839,71 € | 252.675,99 € | 249.512,25 € | 246.348,53 € | 243.184,81 € | 240.021,09 € | 236.857,37 € | 233.693,64 € |
| 94 | 265.976,12 € | 262.763,81 € | 259.551,50 € | 256.339,19 € | 253.126,89 € | 249.914,58 € | 246.702,27 € | 243.489,96 € | 240.277,66 € | 237.065,35 € |
| 95 | 269.806,15 € | 266.544,94 € | 263.283,74 € | 260.022,54 € | 256.761,34 € | 253.500,13 € | 250.238,94 € | 246.977,73 € | 243.716,53 € | 240.455,33 € |
| 96 | 273.657,23 € | 270.346,82 € | 267.036,43 € | 263.726,02 € | 260.415,61 € | 257.105,21 € | 253.794,80 € | 250.484,39 € | 247.174,00 € | 243.863,59 € |
| 97 | 277.529,39 € | 274.169,46 € | 270.809,55 € | 267.449,63 € | 264.089,70 € | 260.729,79 € | 257.369,87 € | 254.009,95 € | 250.650,03 € | 247.290,12 € |
| 98 | 281.422,60 € | 278.012,85 € | 274.603,11 € | 271.193,37 € | 267.783,63 € | 264.373,89 € | 260.964,14 € | 257.554,40 € | 254.144,66 € | 250.734,92 € |
| 99 | 285.336,87 € | 281.877,00 € | 278.417,13 € | 274.957,25 € | 271.497,37 € | 268.037,50 € | 264.577,62 € | 261.117,75 € | 257.657,87 € | 254.198,00 € |
| 100 | 289.272,21 € | 285.761,90 € | 282.251,58 € | 278.741,26 € | 275.230,94 € | 271.720,62 € | 268.210,31 € | 264.699,99 € | 261.189,67 € | 257.679,35 € |

TABLA 2.A.2
BAREMO ECONÓMICO

| | Edad del lesionado | | | | | | | | | | |
|---|---|---|---|---|---|---|---|---|---|---|---|
| Puntos | 90 | 91 | 92 | 93 | 94 | 95 | 96 | 97 | 98 | 99 | 100 0 más |
| 1 | 782,73 € | 780,20 € | 777,66 € | 775,12 € | 772,58 € | 770,04 € | 767,52 € | 764,98 € | 762,44 € | 759,90 € | 757,36 € |
| 2 | 1.596,00 € | 1.590,26 € | 1.584,54 € | 1.578,81 € | 1.573,09 € | 1.567,36 € | 1.561,63 € | 1.555,91 € | 1.550,18 € | 1.544,46 € | 1.538,73 € |
| 3 | 2.437,88 € | 2.428,54 € | 2.419,19 € | 2.409,85 € | 2.400,50 € | 2.391,16 € | 2.381,81 € | 2.372,47 € | 2.363,13 € | 2.353,78 € | 2.344,44 € |
| 4 | 3.290,28 € | 3.276,47 € | 3.262,67 € | 3.248,85 € | 3.235,04 € | 3.221,24 € | 3.207,42 € | 3.193,62 € | 3.179,80 € | 3.165,99 € | 3.152,19 € |
| 5 | 4.159,48 € | 4.140,91 € | 4.122,34 € | 4.103,77 € | 4.085,19 € | 4.066,62 € | 4.048,05 € | 4.029,48 € | 4.010,91 € | 3.992,33 € | 3.973,76 € |
| 6 | 5.035,47 € | 5.011,75 € | 4.988,02 € | 4.964,29 € | 4.940,58 € | 4.916,85 € | 4.893,13 € | 4.869,40 € | 4.845,68 € | 4.821,96 € | 4.798,23 € |
| 7 | 5.959,17 € | 5.929,74 € | 5.900,30 € | 5.870,86 € | 5.841,42 € | 5.811,98 € | 5.782,55 € | 5.753,11 € | 5.723,67 € | 5.694,24 € | 5.664,79 € |
| 8 | 6.895,20 € | 6.859,67 € | 6.824,13 € | 6.788,60 € | 6.753,08 € | 6.717,55 € | 6.682,01 € | 6.646,48 € | 6.610,95 € | 6.575,43 € | 6.539,89 € |
| 9 | 7.838,81 € | 7.796,87 € | 7.754,91 € | 7.712,97 € | 7.671,02 € | 7.629,08 € | 7.587,12 € | 7.545,18 € | 7.503,23 € | 7.461,29 € | 7.419,33 € |
| 10 | 8.786,08 € | 8.737,44 € | 8.688,81 € | 8.640,18 € | 8.591,54 € | 8.542,90 € | 8.494,26 € | 8.445,63 € | 8.396,99 € | 8.348,36 € | 8.299,71 € |
| 11 | 9.927,42 € | 9.868,81 € | 9.810,20 € | 9.751,61 € | 9.693,00 € | 9.634,40 € | 9.575,79 € | 9.517,18 € | 9.458,59 € | 9.399,98 € | 9.341,37 € |
| 12 | 11.116,51 € | 11.047,02 € | 10.977,52 € | 10.908,02 € | 10.838,52 € | 10.769,02 € | 10.699,52 € | 10.630,02 € | 10.560,52 € | 10.491,02 € | 10.421,52 € |
| 13 | 12.353,38 € | 12.272,06 € | 12.190,74 € | 12.109,42 € | 12.028,09 € | 11.946,77 € | 11.865,44 € | 11.784,13 € | 11.702,80 € | 11.621,48 € | 11.540,15 € |
| 14 | 13.638,02 € | 13.543,95 € | 13.449,87 € | 13.355,80 € | 13.261,72 € | 13.167,65 € | 13.073,58 € | 12.979,50 € | 12.885,42 € | 12.791,35 € | 12.697,28 € |
| 15 | 14.970,42 € | 14.862,67 € | 14.754,91 € | 14.647,17 € | 14.539,42 € | 14.431,66 € | 14.323,91 € | 14.216,15 € | 14.108,40 € | 14.000,64 € | 13.892,90 € |
| 16 | 16.318,35 € | 16.196,55 € | 16.074,74 € | 15.952,95 € | 15.831,15 € | 15.709,34 € | 15.587,54 € | 15.465,74 € | 15.343,94 € | 15.222,13 € | 15.100,33 € |
| 17 | 17.710,01 € | 17.573,31 € | 17.436,60 € | 17.299,89 € | 17.163,18 € | 17.026,47 € | 16.889,76 € | 16.753,05 € | 16.616,35 € | 16.479,63 € | 16.342,93 € |
| 18 | 19.145,42 € | 18.992,94 € | 18.840,46 € | 18.687,99 € | 18.535,52 € | 18.383,05 € | 18.230,57 € | 18.078,10 € | 17.925,63 € | 17.773,15 € | 17.620,68 € |
| 19 | 20.624,56 € | 20.455,45 € | 20.286,36 € | 20.117,26 € | 19.948,17 € | 19.779,07 € | 19.609,97 € | 19.440,88 € | 19.271,77 € | 19.102,68 € | 18.933,58 € |
| 20 | 22.147,43 € | 21.960,85 € | 21.774,27 € | 21.587,69 € | 21.401,12 € | 21.214,54 € | 21.027,96 € | 20.841,38 € | 20.654,80 € | 20.468,22 € | 20.281,65 € |
| 21 | 23.719,16 € | 23.514,51 € | 23.309,86 € | 23.105,21 € | 22.900,57 € | 22.695,93 € | 22.491,28 € | 22.286,64 € | 22.082,00 € | 21.877,35 € | 21.672,71 € |
| 22 | 25.335,10 € | 25.111,56 € | 24.888,01 € | 24.664,48 € | 24.440,93 € | 24.217,39 € | 23.993,84 € | 23.770,30 € | 23.546,75 € | 23.323,21 € | 23.099,66 € |
| 23 | 26.995,28 € | 26.752,00 € | 26.508,73 € | 26.265,45 € | 26.022,18 € | 25.778,91 € | 25.535,63 € | 25.292,36 € | 25.049,08 € | 24.805,80 € | 24.562,53 € |
| 24 | 28.699,67 € | 28.435,84 € | 28.172,00 € | 27.908,16 € | 27.644,33 € | 27.380,48 € | 27.116,65 € | 26.852,81 € | 26.588,97 € | 26.325,14 € | 26.061,30 € |
| 25 | 30.448,29 € | 30.163,06 € | 29.877,83 € | 29.592,59 € | 29.307,37 € | 29.022,14 € | 28.736,90 € | 28.451,67 € | 28.166,44 € | 27.881,20 € | 27.595,97 € |
| 26 | 32.203,39 € | 31.896,57 € | 31.589,75 € | 31.282,94 € | 30.976,13 € | 30.669,31 € | 30.362,49 € | 30.055,68 € | 29.748,87 € | 29.442,05 € | 29.135,24 € |
| 27 | 33.999,79 € | 33.670,61 € | 33.341,43 € | 33.012,26 € | 32.683,07 € | 32.353,89 € | 32.024,72 € | 31.695,53 € | 31.366,36 € | 31.037,18 € | 30.707,99 € |
| 28 | 35.837,52 € | 35.485,19 € | 35.132,87 € | 34.780,54 € | 34.428,21 € | 34.075,89 € | 33.723,56 € | 33.371,23 € | 33.018,91 € | 32.666,58 € | 32.314,25 € |
| 29 | 37.716,57 € | 37.340,31 € | 36.964,05 € | 36.587,79 € | 36.211,55 € | 35.835,29 € | 35.459,03 € | 35.082,77 € | 34.706,52 € | 34.330,27 € | 33.954,01 € |
| 30 | 39.636,94 € | 39.235,96 € | 38.834,99 € | 38.434,03 € | 38.033,06 € | 37.632,09 € | 37.231,13 € | 36.830,16 € | 36.429,18 € | 36.028,22 € | 35.627,25 € |
| 31 | 41.554,94 € | 41.129,23 € | 40.703,52 € | 40.277,81 € | 39.852,11 € | 39.426,39 € | 39.000,69 € | 38.574,98 € | 38.149,27 € | 37.723,56 € | 37.297,85 € |
| 32 | 43.511,45 € | 43.060,26 € | 42.609,08 € | 42.157,89 € | 41.706,71 € | 41.255,52 € | 40.804,34 € | 40.353,16 € | 39.901,97 € | 39.450,80 € | 38.999,61 € |
| 33 | 45.506,46 € | 45.029,06 € | 44.551,67 € | 44.074,28 € | 43.596,88 € | 43.119,49 € | 42.642,10 € | 42.164,71 € | 41.687,31 € | 41.209,92 € | 40.732,53 € |
| 34 | 47.539,96 € | 47.035,63 € | 46.531,29 € | 46.026,95 € | 45.522,63 € | 45.018,29 € | 44.513,95 € | 44.009,62 € | 43.505,29 € | 43.000,95 € | 42.496,62 € |
| 35 | 49.611,97 € | 49.079,96 € | 48.547,95 € | 48.015,94 € | 47.483,93 € | 46.951,92 € | 46.419,91 € | 45.887,89 € | 45.355,88 € | 44.823,87 € | 44.291,86 € |
| 36 | 51.673,03 € | 51.113,48 € | 50.553,91 € | 49.994,36 € | 49.434,81 € | 48.875,25 € | 48.315,70 € | 47.756,15 € | 47.196,60 € | 46.637,04 € | 46.077,49 € |
| 37 | 53.769,84 € | 53.182,05 € | 52.594,27 € | 52.006,49 € | 51.418,70 € | 50.830,92 € | 50.243,14 € | 49.655,36 € | 49.067,57 € | 48.479,79 € | 47.892,01 € |
| 38 | 55.902,39 € | 55.285,70 € | 54.669,00 € | 54.052,30 € | 53.435,60 € | 52.818,91 € | 52.202,21 € | 51.585,52 € | 50.968,83 € | 50.352,13 € | 49.735,43 € |
| 39 | 58.070,71 € | 57.424,41 € | 56.778,12 € | 56.131,82 € | 55.485,52 € | 54.839,23 € | 54.192,93 € | 53.546,64 € | 52.900,34 € | 52.254,04 € | 51.607,75 € |
| 40 | 60.274,78 € | 59.598,20 € | 58.921,62 € | 58.245,03 € | 57.568,45 € | 56.891,86 € | 56.215,29 € | 55.538,71 € | 54.862,12 € | 54.185,54 € | 53.508,95 € |
| 41 | 62.459,55 € | 61.752,95 € | 61.046,33 € | 60.339,72 € | 59.633,11 € | 58.926,50 € | 58.219,90 € | 57.513,28 € | 56.806,67 € | 56.100,06 € | 55.393,45 € |
| 42 | 64.677,39 € | 63.940,12 € | 63.202,84 € | 62.465,56 € | 61.728,29 € | 60.991,00 € | 60.253,72 € | 59.516,45 € | 58.779,17 € | 58.041,90 € | 57.304,62 € |
| 43 | 66.928,31 € | 66.159,73 € | 65.391,13 € | 64.622,55 € | 63.853,96 € | 63.085,38 € | 62.316,79 € | 61.548,21 € | 60.779,63 € | 60.011,03 € | 59.242,45 € |
| 44 | 69.212,29 € | 68.411,76 € | 67.611,22 € | 66.810,69 € | 66.010,15 € | 65.209,63 € | 64.409,09 € | 63.608,56 € | 62.808,02 € | 62.007,49 € | 61.206,96 € |
| 45 | 71.529,33 € | 70.696,22 € | 69.863,10 € | 69.029,97 € | 68.196,85 € | 67.363,74 € | 66.530,62 € | 65.697,50 € | 64.864,37 € | 64.031,26 € | 63.198,14 € |
| 46 | 73.819,46 € | 72.954,14 € | 72.088,81 € | 71.223,49 € | 70.358,16 € | 69.492,83 € | 68.627,51 € | 67.762,18 € | 66.896,86 € | 66.031,53 € | 65.166,22 € |
| 47 | 76.140,04 € | 75.241,92 € | 74.343,79 € | 73.445,67 € | 72.547,54 € | 71.649,42 € | 70.751,30 € | 69.853,17 € | 68.955,04 € | 68.056,92 € | 67.158,80 € |
| 48 | 78.491,09 € | 77.559,57 € | 76.628,05 € | 75.696,52 € | 74.765,00 € | 73.833,49 € | 72.901,97 € | 71.970,44 € | 71.038,92 € | 70.107,40 € | 69.175,89 € |
| 49 | 80.872,60 € | 79.907,08 € | 78.941,57 € | 77.976,06 € | 77.010,54 € | 76.045,04 € | 75.079,53 € | 74.114,01 € | 73.148,50 € | 72.182,99 € | 71.217,49 € |
| 50 | 83.284,55 € | 82.284,46 € | 81.284,36 € | 80.284,26 € | 79.284,17 € | 78.284,07 € | 77.283,97 € | 76.283,88 € | 75.283,78 € | 74.283,68 € | 73.283,59 € |

TABLA 2.A.2
BAREMO ECONÓMICO

| | Edad del lesionado | | | | | | | | | | |
|---|---|---|---|---|---|---|---|---|---|---|---|
| Puntos | 90 | 91 | 92 | 93 | 94 | 95 | 96 | 97 | 98 | 99 | 100 0 más |
| 51 | 86.023,57 € | 84.984,99 € | 83.946,40 € | 82.907,81 € | 81.869,22 € | 80.830,63 € | 79.792,04 € | 78.753,46 € | 77.714,88 € | 76.676,29 € | 75.637,70 € |
| 52 | 88.804,67 € | 87.726,88 € | 86.649,07 € | 85.571,26 € | 84.493,47 € | 83.415,66 € | 82.337,87 € | 81.260,06 € | 80.182,25 € | 79.104,46 € | 78.026,65 € |
| 53 | 91.627,87 € | 90.510,14 € | 89.392,39 € | 88.274,65 € | 87.156,90 € | 86.039,16 € | 84.921,41 € | 83.803,67 € | 82.685,94 € | 81.568,19 € | 80.450,45 € |
| 54 | 94.493,16 € | 93.334,75 € | 92.176,35 € | 91.017,94 € | 89.859,54 € | 88.701,12 € | 87.542,71 € | 86.384,31 € | 85.225,90 € | 84.067,49 € | 82.909,08 € |
| 55 | 97.400,54 € | 96.200,74 € | 95.000,94 € | 93.801,15 € | 92.601,35 € | 91.401,55 € | 90.201,76 € | 89.001,96 € | 87.802,16 € | 86.602,36 € | 85.402,56 € |
| 56 | 100.326,57 € | 99.085,03 € | 97.843,50 € | 96.601,97 € | 95.360,44 € | 94.118,90 € | 92.877,37 € | 91.635,84 € | 90.394,31 € | 89.152,78 € | 87.911,24 € |
| 57 | 103.293,84 € | 102.009,86 € | 100.725,89 € | 99.441,90 € | 98.157,93 € | 96.873,95 € | 95.589,98 € | 94.306,01 € | 93.022,02 € | 91.738,05 € | 90.454,07 € |
| 58 | 106.302,37 € | 104.975,24 € | 103.648,10 € | 102.320,97 € | 100.993,83 € | 99.666,70 € | 98.339,57 € | 97.012,43 € | 95.685,30 € | 94.358,17 € | 93.031,04 € |
| 59 | 109.352,15 € | 107.981,15 € | 106.610,15 € | 105.239,15 € | 103.868,14 € | 102.497,14 € | 101.126,15 € | 99.755,15 € | 98.384,14 € | 97.013,14 € | 95.642,14 € |
| 60 | 112.443,18 € | 111.027,61 € | 109.612,02 € | 108.196,44 € | 106.780,87 € | 105.365,28 € | 103.949,70 € | 102.534,13 € | 101.118,54 € | 99.702,96 € | 98.287,39 € |
| 61 | 113.538,02 € | 112.112,29 € | 110.686,56 € | 109.260,84 € | 107.835,11 € | 106.409,39 € | 104.983,67 € | 103.557,93 € | 102.132,21 € | 100.706,49 € | 99.280,77 € |
| 62 | 117.165,02 € | 115.685,49 € | 114.205,95 € | 112.726,41 € | 111.246,88 € | 109.767,34 € | 108.287,80 € | 106.808,27 € | 105.328,74 € | 103.849,20 € | 102.369,67 € |
| 63 | 120.848,99 € | 119.314,66 € | 117.780,32 € | 116.246,00 € | 114.711,67 € | 113.177,34 € | 111.643,02 € | 110.108,69 € | 108.574,37 € | 107.040,04 € | 105.505,71 € |
| 64 | 124.589,91 € | 122.999,81 € | 121.409,71 € | 119.819,60 € | 118.229,50 € | 116.639,40 € | 115.049,30 € | 113.459,20 € | 111.869,10 € | 110.278,99 € | 108.688,89 € |
| 65 | 128.387,79 € | 126.740,93 € | 125.094,07 € | 123.447,22 € | 121.800,36 € | 120.153,50 € | 118.506,65 € | 116.859,79 € | 115.212,93 € | 113.566,07 € | 111.919,21 € |
| 66 | 131.671,62 € | 129.976,87 € | 128.282,11 € | 126.587,35 € | 124.892,60 € | 123.197,84 € | 121.503,09 € | 119.808,33 € | 118.113,58 € | 116.418,82 € | 114.724,07 € |
| 67 | 134.995,10 € | 133.251,77 € | 131.508,43 € | 129.765,10 € | 128.021,76 € | 126.278,42 € | 124.535,09 € | 122.791,75 € | 121.048,42 € | 119.305,08 € | 117.561,74 € |
| 68 | 138.358,24 € | 136.565,65 € | 134.773,04 € | 132.980,45 € | 131.187,84 € | 129.395,24 € | 127.602,64 € | 125.810,04 € | 124.017,44 € | 122.224,84 € | 120.432,24 € |
| 69 | 141.761,04 € | 139.918,49 € | 138.075,94 € | 136.233,39 € | 134.390,84 € | 132.548,29 € | 130.705,75 € | 128.863,19 € | 127.020,65 € | 125.178,10 € | 123.335,55 € |
| 70 | 145.203,49 € | 143.310,30 € | 141.417,13 € | 139.523,94 € | 137.630,77 € | 135.737,58 € | 133.844,41 € | 131.951,22 € | 130.058,05 € | 128.164,86 € | 126.271,69 € |
| 71 | 148.658,00 € | 146.713,97 € | 144.769,95 € | 142.825,92 € | 140.881,89 € | 138.937,86 € | 136.993,84 € | 135.049,81 € | 133.105,78 € | 131.161,76 € | 129.217,73 € |
| 72 | 152.151,39 € | 150.155,85 € | 148.160,30 € | 146.164,76 € | 144.169,22 € | 142.173,67 € | 140.178,12 € | 138.182,58 € | 136.187,03 € | 134.191,49 € | 132.195,95 € |
| 73 | 155.683,66 € | 153.635,93 € | 151.588,19 € | 149.540,47 € | 147.492,73 € | 145.445,00 € | 143.397,27 € | 141.349,54 € | 139.301,80 € | 137.254,08 € | 135.206,34 € |
| 74 | 159.254,81 € | 157.154,22 € | 155.053,63 € | 152.953,04 € | 150.852,45 € | 148.751,86 € | 146.651,27 € | 144.550,68 € | 142.450,08 € | 140.349,50 € | 138.248,90 € |
| 75 | 162.864,84 € | 160.710,71 € | 158.556,59 € | 156.402,48 € | 154.248,36 € | 152.094,24 € | 149.940,12 € | 147.786,00 € | 145.631,89 € | 143.477,76 € | 141.323,65 € |
| 76 | 166.485,02 € | 164.277,21 € | 162.069,38 € | 159.861,57 € | 157.653,74 € | 155.445,93 € | 153.238,10 € | 151.030,29 € | 148.822,46 € | 146.614,63 € | 144.406,82 € |
| 77 | 170.143,34 € | 167.881,16 € | 165.618,98 € | 163.356,80 € | 161.094,62 € | 158.832,44 € | 156.570,26 € | 154.308,07 € | 152.045,90 € | 149.783,71 € | 147.521,54 € |
| 78 | 173.839,79 € | 171.522,58 € | 169.205,39 € | 166.888,19 € | 164.570,99 € | 162.253,79 € | 159.936,59 € | 157.619,40 € | 155.302,20 € | 152.985,00 € | 150.667,80 € |
| 79 | 177.574,35 € | 175.201,47 € | 172.828,60 € | 170.455,72 € | 168.082,85 € | 165.709,98 € | 163.337,11 € | 160.964,24 € | 158.591,36 € | 156.218,49 € | 153.845,62 € |
| 80 | 181.347,03 € | 178.917,83 € | 176.488,62 € | 174.059,42 € | 171.630,21 € | 169.201,01 € | 166.771,80 € | 164.342,60 € | 161.913,39 € | 159.484,19 € | 157.054,98 € |
| 81 | 185.127,41 € | 182.641,77 € | 180.156,13 € | 177.670,49 € | 175.184,85 € | 172.699,21 € | 170.213,57 € | 167.727,92 € | 165.242,28 € | 162.756,64 € | 160.271,00 € |
| 82 | 188.945,17 € | 186.402,45 € | 183.859,72 € | 181.317,01 € | 178.774,28 € | 176.231,56 € | 173.688,83 € | 171.146,12 € | 168.603,39 € | 166.060,67 € | 163.517,95 € |
| 83 | 192.800,30 € | 190.199,85 € | 187.599,40 € | 184.998,96 € | 182.398,51 € | 179.798,06 € | 177.197,62 € | 174.597,18 € | 171.996,73 € | 169.396,28 € | 166.795,84 € |
| 84 | 196.692,80 € | 194.033,98 € | 191.375,17 € | 188.716,35 € | 186.057,55 € | 183.398,73 € | 180.739,91 € | 178.081,10 € | 175.422,28 € | 172.763,47 € | 170.104,65 € |
| 85 | 200.622,67 € | 197.904,84 € | 195.187,02 € | 192.469,19 € | 189.751,37 € | 187.033,54 € | 184.315,71 € | 181.597,89 € | 178.880,06 € | 176.162,23 € | 173.444,41 € |
| 86 | 204.558,52 € | 201.781,56 € | 199.004,59 € | 196.227,63 € | 193.450,66 € | 190.673,70 € | 187.896,73 € | 185.119,77 € | 182.342,81 € | 179.565,84 € | 176.788,88 € |
| 87 | 208.531,01 € | 205.694,28 € | 202.857,54 € | 200.020,81 € | 197.184,07 € | 194.347,34 € | 191.510,61 € | 188.673,88 € | 185.837,14 € | 183.000,41 € | 180.163,67 € |
| 88 | 212.540,14 € | 209.643,01 € | 206.745,87 € | 203.848,74 € | 200.951,60 € | 198.054,47 € | 195.157,33 € | 192.260,20 € | 189.363,06 € | 186.465,93 € | 183.568,80 € |
| 89 | 216.585,92 € | 213.627,74 € | 210.669,58 € | 207.711,41 € | 204.753,25 € | 201.795,07 € | 198.836,91 € | 195.878,74 € | 192.920,58 € | 189.962,40 € | 187.004,24 € |
| 90 | 220.668,33 € | 217.648,50 € | 214.628,67 € | 211.608,83 € | 208.589,00 € | 205.569,17 € | 202.549,34 € | 199.529,51 € | 196.509,67 € | 193.489,84 € | 190.470,01 € |
| 91 | 223.937,56 € | 220.870,08 € | 217.802,59 € | 214.735,11 € | 211.667,62 € | 208.600,13 € | 205.532,65 € | 202.465,16 € | 199.397,68 € | 196.330,18 € | 193.262,70 € |
| 92 | 227.224,75 € | 224.109,30 € | 220.993,86 € | 217.878,41 € | 214.762,95 € | 211.647,51 € | 208.532,06 € | 205.416,60 € | 202.301,16 € | 199.185,71 € | 196.070,25 € |
| 93 | 230.529,91 € | 227.366,19 € | 224.202,47 € | 221.038,74 € | 217.875,02 € | 214.711,30 € | 211.547,58 € | 208.383,85 € | 205.220,12 € | 202.056,40 € | 198.892,68 € |
| 94 | 233.853,04 € | 230.640,73 € | 227.428,43 € | 224.216,11 € | 221.003,81 € | 217.791,50 € | 214.579,20 € | 211.366,88 € | 208.154,58 € | 204.942,28 € | 201.729,97 € |
| 95 | 237.194,13 € | 233.932,92 € | 230.671,73 € | 227.410,52 € | 224.149,32 € | 220.888,13 € | 217.626,92 € | 214.365,73 € | 211.104,52 € | 207.843,32 € | 204.582,12 € |
| 96 | 240.553,18 € | 237.242,78 € | 233.932,37 € | 230.621,97 € | 227.311,57 € | 224.001,16 € | 220.690,75 € | 217.380,35 € | 214.069,94 € | 210.759,54 € | 207.449,14 € |
| 97 | 243.930,20 € | 240.570,28 € | 237.210,36 € | 233.850,45 € | 230.490,52 € | 227.130,61 € | 223.770,69 € | 220.410,77 € | 217.050,85 € | 213.690,94 € | 210.331,01 € |
| 98 | 247.325,18 € | 243.915,44 € | 240.505,70 € | 237.095,96 € | 233.686,21 € | 230.276,47 € | 226.866,73 € | 223.456,99 € | 220.047,24 € | 216.637,50 € | 213.227,76 € |
| 99 | 250.738,12 € | 247.278,25 € | 243.818,38 € | 240.358,50 € | 236.898,62 € | 233.438,74 € | 229.978,88 € | 226.519,00 € | 223.059,12 € | 219.599,25 € | 216.139,37 € |
| 100 | 254.169,03 € | 250.658,71 € | 247.148,40 € | 243.638,08 € | 240.127,75 € | 236.617,44 € | 233.107,12 € | 229.596,80 € | 226.086,49 € | 222.576,17 € | 219.065,85 € |

| TABLA 2.B<br>PERJUICIO PERSONAL PARTICULAR | | | | |
|---|---|---|---|---|
| **PERJUICIOS PARTICULARES** | | | | |
| **1. Daños morales complementarios por perjuicio psicofisico** | | | | |
| **Cuando una sola secuela alcanza al menos 60 puntos o el resultado de las concurrentes alcanza al menos 80 puntos.** | De | 24.385,53 € | hasta | 121.927,63 € |
| **2. Daños morales complementarios por perjuicio estético** | | | | |
| **Cuando alcanza al menos 31 puntos** | De | 12.192,76 € | hasta | 60.963,82 € |
| **3. Perjuicio moral por pérdida de calidad de vida ocasionada por las secuelas** | | | | |
| **Muy Grave** | De | 127.007,96 € | hasta | 190.511,92 € |
| **Grave** | De | 63.503,98 € | hasta | 127.007,95 € |
| **Moderado** | De | 19.051,20 € | hasta | 63.503,97 € |
| **Leve** | De | 1.905,12 € | hasta | 19.051,19 € |
| **4. Perjuicio moral por pérdida de calidad de vida de los familiares de grandes lesionados** | De | 38.102,38 € | hasta | 184.161,53 € |
| **5. Perjuicio sexual del conyuge o pareja estable** | De | 41.277,59 € | hasta | 95.255,960 € |
| **5. Pérdida de feto a consecuencia del accidente** | | | | |
| Si la pérdida tuvo lugar en las primeras 12 semanas de gestación | **19.051,19 €** | | | |
| Si la pérdida tuvo lugar a partir de las 12 semanas de gestación y hasta las 32 semanas de gestación | **38.102,38 €** | | | |
| Si la pérdida tuvo lugar a partir de las 32 semanas de gestación | **59.325,42 €** | | | |
| **6. Perjuicio Excepcional** | **Hasta 25%** | | | |

| INDEMNIZACIONES POR SECUELAS | |
|---|---|
| TABLA 2.C | |
| PERJUICIO PATRIMONIAL | |
| DAÑO EMERGENTE | |
| **Gastos de asistencia sanitaria futura, prótesis y ortesis, y rehabilitación domiciliaria y ambulatoria** | |
| 1. Gastos previsibles de asistencia sanitaria futura según secuela | **Tabla 2.C.1** |
| 2. Prótesis y ortesis | **Hasta 63.503,97 € por recambio** |
| 3. Rehabilitación domiciliaria y ambulatoria | |
| Estados vegetativos crónicos y tetraplejias igual o por encima de C-4 | **Hasta 17,146,07 € anuales** |
| Tetraplejias por debajo de C-4, Tetraparesias graves, secuelas graves del lenguaje y trastornos graves neuropsicologicos | **Hasta 12.065,76 € anuales** |
| Resto de supuestos del artículo 113.3.b) y c) | **Hasta 7.429,97 € anuales** |
| Las amputaciones u otras secuelas que precisen la colocación de protesis del art.113.3.d) | **Hasta 4.086,49 € anuales** |
| **Gastos por pérdida de autonomía personal** | |
| 4. Ayudas técnicas | **Hasta 190.511,93 €** |
| 5. Adecuación de vivienda | **Hasta 190.511,93 €** |
| 6. Incremento de los costes de movilidad | **Hasta 76.204,77 €** |
| 7. Ayuda de tercera persona | |
| Tabla de horas de ayuda a domicilio según secuela | **Tabla 2.C.2** |
| Tabla de indemnizaciones de ayuda de tercera persona | **Tabla 2.C.3** |
| **TABLAS DE LUCRO CESANTE** | |
| POR INCAPACIDAD PARA REALIZAR CUALQUIER TRABAJO O ACTIVIDAD PROFESIONAL del art. 129.a) (ABSOLUTA) | **Tabla 2.C.4** |
| POR INCAPACIDAD PARA REALIZAR SU TRABAJO O ACTIVIDAD PROFESIONAL del art. 129.b) (TOTAL) | **Tabla 2.C.5** |
| POR INCAPACIDAD QUE DE ORIGEN A UNA DISMINUCIÓN PARCIAL DE INGRESOS EN EL EJERCICIO DE SU TRABAJO O ACTIVIDAD HABITUAL del art. 129.c) (PARCIAL) | **Tabla 2.C.6** |
| POR INCAPACIDAD ABSOLUTA DE LESIONADO PENDIENTE DE ACCEDER AL MERCADO LABORAL del art. 130.c) | **Tabla 2.C.7** |
| POR INCAPACIDAD TOTAL DE LESIONADO PENDIENTE DE ACCEDER AL MERCADO LABORAL del art. 130.d) | **Tabla 2.C.8** |
| DEDICACION EXCLUSIVA A LAS TAREAS DEL HOGAR POR | |
| INCAPACIDAD PARA REALIZAR LAS TAREAS DEL HOGAR del art.131.1 (ABSOLUTA) | **Tabla 2.C.4.H** |
| INCAPACIDAD PARA REALIZAR LAS TAREAS FUNDAMENTALES DEL HOGAR PERO PUEDE REALIZAR OTRAS DISTINTAS del art.131.2 (TOTAL) | **Tabla 2.C.5.H** |

| | TABLA 2.C.2 | |
|---|---|---|
| | **Horas diarias de necesidad de ayuda de tercera persona según secuela** | |
| **Código** | **DESCRIPCION DE LAS SECUELAS** | **Horas diarias de necesidad de ayuda de tercera persona según secuela** |
| | **CAPÍTULO I . SISTEMA NERVIOSO** | |
| | **A) NEUROLOGÍA** | |
| | **1. Secuelas motoras y sensitivas de origen central y medular.** | |
| **A 01001** | **Estado vegetativo permanente .** | **24** |
| | **Tetraplejia:** | |
| **A 01002** | • Por encima o igual a C4 (Ninguna movilidad. Sujeto sometido a respirador automático) | **24** |
| **A 01003** | • C5-C6 (Movilidad cintura escapular) | **12-14** |
| **A 01004** | • C7-C8 (Puede utilizar miembros superiores. Posible sedestación) | **8-10** |
| | **Tetraparesia:** | |
| | Según compromiso funcional, motor, sensitivo, nivel de marcha, manipulación, compromiso sexual, de esfínteres. | |
| **A 01005** | • Leve (Balance muscular Oxford 4) | **1-2** |
| **A 01006** | • Moderada (Balance muscular Oxford 3) | **3** |
| **A 01007** | • Grave (Balance muscular Oxford 0 a 2) | **5-6** |
| | **Hemiplejia:** | |
| **A 01008** | Según compromiso funcional, motor, sensitivo, nivel de marcha, manipulación, compromiso sexual, de esfínteres y dominancia. | **4-5** |
| | **Hemiparesia** (según dominancia)**:** | |
| **A 01011** | • Grave (Balance muscular Oxford 0 a 2) | **2** |
| | **Paraplejia:** | |
| **A 01012** | • Paraplejia D1 | **8-9** |
| **A 01013** | • Paraplejia D2-D5 | **6-7** |
| **A 01014** | • Paraplejia D6-D10 | **4-5** |
| **A 01015** | • Paraplejia D11-L2 | **3** |
| **A 01016** | **Síndrome Medular Transverso L3-L5 .** | |
| | (La marcha es posible con aparatos pero siempre teniendo el recurso de la silla de ruedas) | **3** |
| | **Síndrome de Hemisección Medular** (Brown Sequard)**:** | |
| **A 01018** | • Moderado | **1** |
| **A 01019** | • Grave | **2-3** |
| | **Paraparesia de miembros superiores o inferiores:** | |
| | Según compromiso funcional, motor, sensitivo, nivel de marcha, manipulación, compromiso sexual, de esfínteres. | |
| **A 01021** | • Moderada (Balance muscular Oxford 3) | **1-2** |
| **A 01022** | • Grave (Balance muscular Oxford 0 a 2) | **2-3** |
| | **Síndrome de cola de caballo:** | |
| **A 01024** | • Síndrome completo (incluye trastornos motores, sensitivos y de esfínteres) | **2** |
| | • Síndrome incompleto (incluye trastornos motores, sensitivos y de esfínteres): | |
| **A 01025** | ○ Alto (L1 y L2) | **1-2** |
| | **Monoplejia de un miembro inferior o superior:** | |
| **A 01028** | • De miembro superior (según dominancia) | **1-2** |
| **A 01029** | • De miembro inferior | **1** |
| | **Monoparesia de miembros superiores o inferiores:** | |
| | **Según compromiso funcional, motor, sensitivo, nivel de marcha, manipulación, compromiso sexual, de esfínteres.** | |
| | **Síndromes extrapiramidales/Síndrome Cerebeloso/Ataxia** | |
| | **Según compromiso funcional, motor, nivel de marcha, equilibrio y manipulación.** | |
| **A 01034** | • Moderado (Posibilidad de la marcha con ortesis) | **1-2** |

| | | |
|---|---|---|
| A 01035 | • Grave (Imposibilidad de la marcha) | 8-9 |
| | **2. Secuelas motoras y sensitivomotoras de origen periférico** | |
| | **2.2 Miembro Superior** | |
| A 01073 | **Monoplejia por lesión plexo braquial completa** (raíces C5-D1) | 1-2 |
| A 01074 | **Plejia periférica por lesión plexo braquial** (tipo Klumpke-Dejerine) (raíces C7-C8-D1) | 1-2 |
| A 01075 | **Plejia por lesión plexo braquial** (tipo ERB-Duchene) (raíces C5-C6) | 1 |
| | **2.3 Miembro Inferior** | |
| | (La suma resultante por lesión de los nervios de la extremidad inferior no puede superar a la monoplejia) | |
| | **Nervio Ciático (Nervio Ciático Común)** | |
| | Lesión completa-Parálisis: | |
| A 01102 | • Lesión proximal completa con afectación de flexores de la corva | 1 |
| | **3. Trastornos Cognitivos y Daño Neuropsicológico** | |
| A 01136 | • **Moderado.** El síndrome comprende: | |
| | e) Precisa cierta supervisión de alguna de las actividades de la vida diaria. | 1-5 |
| A 01137 | • **Grave:** El síndrome comprende: | 6-9 |
| | e) Restricción en el hogar o en un centro con supervisión continuada. | |
| A 01138 | • **Muy grave:** El sindrome comprende: | 10-12 |
| | **Trastornos del lenguaje-Trastornos de la comunicación:** | |
| A 01143 | • Afasia grave con jergonofasia, alexia y trastornos de la comprensión | 1-2 |
| | **Epilepsias:** | |
| | • **Epilepsia sin trastorno de la conciencia** | |
| | • **Epilepsia con trastorno de la conciencia-generalizadas y parciales compl e jas:** | |
| A 01149 | ○ Epilepsia difícilmente controlada, con crisis (más de tres al año) | 1-2 |
| A 01150 | ○ Epilepsia no controlable, refractaria a tratamiento y objetivable mediante Holter-EEG, con crisis casi semanales | 3-4 |
| A 01151 | ○ Epilepsia no controlable, refractaria a tratamiento y objetivable mediante Holter-EEG, con crisis casi diarias | 7-8 |
| | **B) PSIQUIATRÍA** | |
| | **2. Trastornos Permanentes del Humor** | |
| | **Trastorno depresivo mayor crónico:** | |
| A 01164.1 | • **Grave:** El síndrome debe cumplir al menos siete criterios de los nueve descritos on el DSM-V o cinco de los siete del CIE10. Precisa seguimiento médico continuado por especialista con tratamiento específico y hospitalización en centro psiquiátrico. | 1-3 |
| A 01164.2 | • **Muy Grave:** Además del anterior criterio la situacion cronificada causa una total pérdida de relaciones interpersonales y sociales. Aislamiento. Tentativas autoliticas | 4-8 |
| | **3. Agravaciones** | |
| A 01166 | **Agravación o desestabilización de demencia no traumática (incluye demencia senil)** | 1-3 |
| | **CAPITULO II., ÓRGANOS DE LOS SENTIDOS / CARA / CUELLO** | |
| | **A) SISTEMA OCULAR** | |
| | **Globo ocular** | |
| A 02002 | • Enucleación de ambos globos oculares | 10-12 |
| A 02005 | • Ceguera | 10-12 |
| | **Escotoma central:** | |
| A 02007 | • Bilateral | 1-2 |
| | **CAPITULO III. SISTEMA MÚSCULO ESQUELÉTICO** | |
| | **D) EXTREMIDAD SUPERIOR** | |
| | **1. Amputaciones** | |
| | **Desarticulación del miembro superior / Amputación del hombro:** | |
| A 03022 | • Unilateral | 1 |
| A 03023 | • Bilateral | 7-8 |
| | **Amputación del brazo :** | |
| A 03024 | • Unilateral | 1 |
| A 03025 | • Bilateral | 6-7 |
| | **Amputación del antebrazo :** | |
| A 03026 | • Unilateral | 1 |
| A 03027 | • Bilateral | 3-4 |

| | | |
|---|---|---|
| | **Amputación de mano (carpo y/o metacarpo):** | |
| **A 03028** | • Unilateral | **1** |
| **A 03029** | • Bilateral | **2-3** |
| | **Amputación de dedos :** | |
| | • Pulgar | |
| | Amputación completa del metacarpiano (primer radio) | |
| **A03035** | • Bilateral | **1-2** |
| | **E) EXTREMIDAD INFERIOR** | |
| | **1. Amputaciones** | |
| | **Desarticulación del miembro inferior / Amputación a nivel de cadera:** | |
| **A 03132** | • Unilateral | **1** |
| **A 03133** | • Bilateral | **4-5** |
| | **Muslo:** | |
| **A 03134** | • Unilateral, a nivel diafisario o de la rodilla | **1** |
| **A 03135** | • Bilateral, a nivel diafisario o de la rodilla | **3-4** |
| | **Pierna:** | |
| **A 03136** | • Unilateral | **1** |
| **A 03137** | • Bilateral | **3** |
| | **Tobillo a nivel tibio-tarsiana:** | |
| **A 03139** | • Bilateral | **1** |
| | **Pie a nivel tarso y/o metatarso:** | |
| **A 03141** | • Bilateral | **1** |
| | **Amputación Primer dedo:** | |
| | **CAPÍTULO IV . SISTEMA CÁRDIO-RESPIRATORIO** | |
| | **A) CORAZÓN** | |
| | **Insuficiencia cardiaca:** | |
| **A 04003** | • Grado III: Disnea al realizar pequeños esfuerzos (Fracción de Eyección: 40% al 30%) | **1** |
| **A 04004** | • Grado IV: Disnea al menor esfuerzo e incluso en reposo (Fracción de Eyección: <30%) | **2-3** |
| | **B) SISTEMA RESPIRATORIO** | |
| | **Insuficiencia respiratoria:** | |
| **A 04019** | • Disnea tipo III: al caminar en terreno llano a su propio ritmo con CV o CPT entre 50 y 60%; o bien VEMS entre 40 y 60%; o bien hipoxemia en reposo (PaO2) entre 60 y 70 mm Hg. | **1-2** |
| **A 04020** | • Disnea tipo IV: al mínimo esfuerzo con CV o CPT inferior a 50%; o bien VEMS inferior a 40%; o bien hipoxemia en reposo (PaO2) inferior a 60 mm Hg., asociada o no a un trastorno de CO2 (PaCO2); con posible limitación derivada de una oxigenoterapia de larga duración | **2-3** |
| | **CAPÍTULO VI . SISTEMA DIGESTIVO** | |
| | **c) INTESTINO DELGADO Y GRUESO** | |
| **A 06014** | • Síndrome de malabsorción con necesidad de alimentación parenteral permanente | **1** |
| | **D) HÍGADO Y VÍAS BILIARES** | |
| | Alteraciones hepáticas: | |
| **A 06020** | • Grave (alteración severa de la coagulación, citolisis y colestasis) | **1-2** |
| | **CAPÍTULO VII .SISTEMA URINARIO** | |
| | **A) RIÑÓN** | |
| | **Nefrectomía:** | |
| **A 07002** | • Nefrectomía bilateral | **2-3** |
| | **Insuficiencia renal (FG corresponde a Filtrado Glomerular) (estimación del grado de insuficiencia renal, se mide en mililitros / minutos)** | |
| **A 07006** | • Grado IV: FG 29-15 ml / min. | **2-3** |
| **A 07007** | • Grado V: FG < de 15 ml / min. | **2-3** |
| **A 07008** | • Grado VD: necesidad de tratamiento renal sustitutivo (diálisis o trasplante renal). | **2-3** |

NECESIDAD DE AYUDA DE TERCERA PERSONA

Tabla 2.C.3

Edad del lesionado

| Horas/día Hasta | 1 | 2 | 3 | 4 | 5 | 6 | 7 | 8 | 9 |
|---|---|---|---|---|---|---|---|---|---|
| 1 hora | 149.890 € | 148.251 € | 146.457 € | 144.573 € | 142.640 € | 140.686 € | 138.721 € | 136.751 € | 134.772 € |
| 1 hora 30 minutos | 261.746 € | 258.997 € | 255.972 € | 252.785 € | 249.510 € | 246.192 € | 242.852 € | 239.495 € | 236.120 € |
| 2 horas | 373.603 € | 369.743 € | 365.487 € | 360.998 € | 356.380 € | 351.698 € | 346.982 € | 342.240 € | 337.468 € |
| 2 horas 30 minutos | 426.523 € | 422.033 € | 417.095 € | 411.892 € | 406.547 € | 401.131 € | 395.680 € | 390.203 € | 384.695 € |
| 3 horas | 484.366 € | 479.177 € | 473.481 € | 467.489 € | 461.338 € | 455.111 € | 448.848 € | 442.559 € | 436.240 € |
| 3 horas 30 minutos | 596.223 € | 589.923 € | 582.996 € | 575.701 € | 568.208 € | 560.617 € | 552.978 € | 545.304 € | 537.588 € |
| 4 horas | 708.080 € | 700.668 € | 692.511 € | 683.914 € | 675.078 € | 666.124 € | 657.109 € | 648.048 € | 638.936 € |
| 4 horas 30 minutos | 819.937 € | 811.414 € | 802.026 € | 792.126 € | 781.948 € | 771.630 € | 761.239 € | 750.793 € | 740.284 € |
| 5 horas | 931.793 € | 922.160 € | 911.541 € | 900.339 € | 888.818 € | 877.136 € | 865.370 € | 853.538 € | 841.632 € |
| 5 horas 30 minutos | 1.043.650 € | 1.032.906 € | 1.021.056 € | 1.008.551 € | 995.688 € | 982.643 € | 969.500 € | 956.283 € | 942.980 € |
| 6 horas | 1.155.507 € | 1.143.651 € | 1.130.571 € | 1.116.764 € | 1.102.558 € | 1.088.149 € | 1.073.630 € | 1.059.028 € | 1.044.328 € |
| 6 horas 30 minutos | 1.207.513 € | 1.195.020 € | 1.181.250 € | 1.166.724 € | 1.151.786 € | 1.136.640 € | 1.121.384 € | 1.106.044 € | 1.090.609 € |
| 7 horas | 1.319.370 € | 1.305.765 € | 1.290.765 € | 1.274.936 € | 1.258.656 € | 1.242.146 € | 1.225.514 € | 1.208.789 € | 1.191.957 € |
| 7 horas 30 minutos | 1.431.227 € | 1.416.511 € | 1.400.280 € | 1.383.149 € | 1.365.526 € | 1.347.653 € | 1.329.645 € | 1.311.534 € | 1.293.305 € |
| 8 horas | 1.543.084 € | 1.527.257 € | 1.509.795 € | 1.491.361 € | 1.472.396 € | 1.453.159 € | 1.433.775 € | 1.414.278 € | 1.394.653 € |
| 8 horas 30 minutos | 1.654.941 € | 1.638.002 € | 1.619.309 € | 1.599.574 € | 1.579.266 € | 1.558.665 € | 1.537.905 € | 1.517.023 € | 1.496.001 € |
| 9 horas | 1.766.798 € | 1.748.748 € | 1.728.824 € | 1.707.786 € | 1.686.136 € | 1.664.172 € | 1.642.036 € | 1.619.768 € | 1.597.349 € |
| 9 horas 30 minutos | 1.878.654 € | 1.859.494 € | 1.838.339 € | 1.815.999 € | 1.793.006 € | 1.769.678 € | 1.746.166 € | 1.722.513 € | 1.698.697 € |
| 10 horas | 1.990.511 € | 1.970.240 € | 1.947.854 € | 1.924.211 € | 1.899.876 € | 1.875.184 € | 1.850.297 € | 1.825.257 € | 1.800.045 € |
| 10 horas 30 minutos | 2.102.368 € | 2.080.985 € | 2.057.369 € | 2.032.424 € | 2.006.746 € | 1.980.691 € | 1.954.427 € | 1.928.002 € | 1.901.394 € |
| 11 horas | 2.214.225 € | 2.191.731 € | 2.166.884 € | 2.140.636 € | 2.113.616 € | 2.086.197 € | 2.058.558 € | 2.030.747 € | 2.002.742 € |
| 11 horas 30 minutos | 2.326.082 € | 2.302.477 € | 2.276.399 € | 2.248.849 € | 2.220.486 € | 2.191.703 € | 2.162.688 € | 2.133.492 € | 2.104.090 € |
| 12 horas | 2.437.939 € | 2.413.222 € | 2.385.914 € | 2.357.061 € | 2.327.356 € | 2.297.210 € | 2.266.819 € | 2.236.237 € | 2.205.438 € |
| 12 horas 30 minutos | 2.549.796 € | 2.523.968 € | 2.495.429 € | 2.465.274 € | 2.434.226 € | 2.402.716 € | 2.370.949 € | 2.338.981 € | 2.306.786 € |
| 13 horas | 2.661.653 € | 2.634.714 € | 2.604.944 € | 2.573.486 € | 2.541.097 € | 2.508.222 € | 2.475.079 € | 2.441.726 € | 2.408.134 € |
| 13 horas 30 minutos | 2.773.509 € | 2.745.459 € | 2.714.459 € | 2.681.699 € | 2.647.967 € | 2.613.729 € | 2.579.210 € | 2.544.471 € | 2.509.482 € |
| 14 horas | 2.885.366 € | 2.856.205 € | 2.823.974 € | 2.789.911 € | 2.754.837 € | 2.719.235 € | 2.683.340 € | 2.647.216 € | 2.610.830 € |
| 14 horas 30 minutos | 2.997.223 € | 2.966.951 € | 2.933.489 € | 2.898.124 € | 2.861.707 € | 2.824.741 € | 2.787.471 € | 2.749.960 € | 2.712.179 € |
| 15 horas | 3.109.080 € | 3.077.697 € | 3.043.004 € | 3.006.336 € | 2.968.577 € | 2.930.248 € | 2.891.601 € | 2.852.705 € | 2.813.527 € |
| 15 horas 30 minutos | 3.220.937 € | 3.188.442 € | 3.152.519 € | 3.114.549 € | 3.075.447 € | 3.035.754 € | 2.995.732 € | 2.955.450 € | 2.914.875 € |
| 16 horas | 3.332.794 € | 3.299.188 € | 3.262.033 € | 3.222.761 € | 3.182.317 € | 3.141.260 € | 3.099.862 € | 3.058.195 € | 3.016.223 € |
| 16 horas 30 minutos | 3.444.651 € | 3.409.934 € | 3.371.548 € | 3.330.974 € | 3.289.187 € | 3.246.767 € | 3.203.993 € | 3.160.940 € | 3.117.571 € |
| 17 horas | 3.556.508 € | 3.520.679 € | 3.481.063 € | 3.439.186 € | 3.396.057 € | 3.352.273 € | 3.308.123 € | 3.263.684 € | 3.218.919 € |
| 17 horas 30 minutos | 3.668.364 € | 3.631.425 € | 3.590.578 € | 3.547.399 € | 3.502.927 € | 3.457.779 € | 3.412.254 € | 3.366.429 € | 3.320.267 € |
| 18 horas | 3.780.221 € | 3.742.171 € | 3.700.093 € | 3.655.611 € | 3.609.797 € | 3.563.286 € | 3.516.384 € | 3.469.174 € | 3.421.615 € |
| 18 horas 30 minutos | 3.891.389 € | 3.852.219 € | 3.808.903 € | 3.763.111 € | 3.715.948 € | 3.668.066 € | 3.619.781 € | 3.571.177 € | 3.522.215 € |
| 19 horas | 3.994.291 € | 3.953.903 € | 3.909.257 € | 3.862.067 € | 3.813.467 € | 3.764.127 € | 3.714.371 € | 3.664.286 € | 3.613.828 € |
| 19 horas 30 minutos | 4.097.192 € | 4.055.586 € | 4.009.611 € | 3.961.023 € | 3.910.987 € | 3.860.189 € | 3.808.962 € | 3.757.394 € | 3.705.442 € |
| 20 horas | 4.200.094 € | 4.157.270 € | 4.109.964 € | 4.059.979 € | 4.008.506 € | 3.956.251 € | 3.903.552 € | 3.850.502 € | 3.797.056 € |
| 20 horas 30 minutos | 4.302.995 € | 4.258.953 € | 4.210.318 € | 4.158.935 € | 4.106.026 € | 4.052.313 € | 3.998.143 € | 3.943.611 € | 3.888.670 € |
| 21 horas | 4.403.981 € | 4.358.699 € | 4.308.712 € | 4.255.911 € | 4.201.546 € | 4.146.354 € | 4.090.693 € | 4.034.658 € | 3.978.202 € |
| 21 horas 30 minutos | 4.499.540 € | 4.452.952 € | 4.401.555 € | 4.347.278 € | 4.291.399 € | 4.234.673 € | 4.177.462 € | 4.119.865 € | 4.061.834 € |
| 22 horas | 4.591.661 € | 4.543.727 € | 4.490.880 € | 4.435.091 € | 4.377.663 € | 4.319.365 € | 4.260.569 € | 4.201.374 € | 4.141.730 € |
| 22 horas 30 minutos | 4.677.766 € | 4.628.413 € | 4.574.051 € | 4.516.686 € | 4.457.645 € | 4.397.712 € | 4.337.266 € | 4.276.408 € | 4.215.086 € |
| 23 horas | 4.763.870 € | 4.713.100 € | 4.657.221 € | 4.598.280 € | 4.537.627 € | 4.476.060 € | 4.413.964 € | 4.351.442 € | 4.288.442 € |
| 23 horas 30 minutos | 4.849.975 € | 4.797.786 € | 4.740.392 € | 4.679.874 € | 4.617.609 € | 4.554.407 € | 4.490.662 € | 4.426.476 € | 4.361.798 € |
| 24 horas | 4.936.079 € | 4.882.473 € | 4.823.563 € | 4.761.469 € | 4.697.590 € | 4.632.755 € | 4.567.359 € | 4.501.510 € | 4.435.154 € |

| Horas/día | Edad del lesionado | | | | | | | | | |
|---|---|---|---|---|---|---|---|---|---|---|
| **Hasta** | **10** | **11** | **12** | **13** | **14** | **15** | **16** | **17** | **18** | **19** |
| **1 hora** | 132.783 € | 130.783 € | 128.779 € | 126.786 € | 124.828 € | 122.948 € | 121.100 € | 119.285 € | 117.552 € | 115.897 € |
| **1 hora 30 minutos** | 232.721 € | 229.299 € | 225.863 € | 222.439 € | 219.074 € | 215.838 € | 212.654 € | 209.520 € | 206.527 € | 203.665 € |
| **2 horas** | 332.660 € | 327.815 € | 322.947 € | 318.093 € | 313.320 € | 308.727 € | 304.207 € | 299.756 € | 295.502 € | 291.434 € |
| **2 horas 30 minutos** | 379.150 € | 373.567 € | 367.963 € | 362.378 € | 356.889 € | 351.611 € | 346.419 € | 341.310 € | 336.429 € | 331.764 € |
| **3 horas** | 429.882 € | 423.486 € | 417.071 € | 410.682 € | 404.406 € | 398.374 € | 392.443 € | 386.611 € | 381.043 € | 375.722 € |
| **3 horas 30 minutos** | 529.821 € | 522.002 € | 514.154 € | 506.336 € | 498.652 € | 491.264 € | 483.997 € | 476.847 € | 470.018 € | 463.490 € |
| **4 horas** | 629.759 € | 620.518 € | 611.238 € | 601.990 € | 592.898 € | 584.154 € | 575.551 € | 567.083 € | 558.993 € | 551.258 € |
| **4 horas 30 minutos** | 729.698 € | 719.033 € | 708.322 € | 697.644 € | 687.143 € | 677.044 € | 667.104 € | 657.319 € | 647.968 € | 639.027 € |
| **5 horas** | 829.636 € | 817.549 € | 805.406 € | 793.298 € | 781.389 € | 769.934 € | 758.658 € | 747.554 € | 736.943 € | 726.795 € |
| **5 horas 30 minutos** | 929.575 € | 916.065 € | 902.490 € | 888.952 € | 875.635 € | 862.824 € | 850.211 € | 837.790 € | 825.918 € | 814.563 € |
| **6 horas** | 1.029.513 € | 1.014.580 € | 999.574 € | 984.606 € | 969.881 € | 955.714 € | 941.765 € | 928.026 € | 914.893 € | 902.331 € |
| **6 horas 30 minutos** | 1.075.057 € | 1.059.387 € | 1.043.646 € | 1.027.950 € | 1.012.513 € | 997.664 € | 983.048 € | 968.656 € | 954.902 € | 941.749 € |
| **7 horas** | 1.174.995 € | 1.157.903 € | 1.140.730 € | 1.123.604 € | 1.106.759 € | 1.090.554 € | 1.074.601 € | 1.058.892 € | 1.043.877 € | 1.029.517 € |
| **7 horas 30 minutos** | 1.274.934 € | 1.256.418 € | 1.237.813 € | 1.219.258 € | 1.201.005 € | 1.183.444 € | 1.166.155 € | 1.149.127 € | 1.132.852 € | 1.117.285 € |
| **8 horas** | 1.374.872 € | 1.354.934 € | 1.334.897 € | 1.314.912 € | 1.295.250 € | 1.276.334 € | 1.257.708 € | 1.239.363 € | 1.221.827 € | 1.205.053 € |
| **8 horas 30 minutos** | 1.474.811 € | 1.453.450 € | 1.431.981 € | 1.410.566 € | 1.389.496 € | 1.369.224 € | 1.349.262 € | 1.329.599 € | 1.310.802 € | 1.292.821 € |
| **9 horas** | 1.574.749 € | 1.551.965 € | 1.529.065 € | 1.506.220 € | 1.483.742 € | 1.462.114 € | 1.440.816 € | 1.419.835 € | 1.399.777 € | 1.380.589 € |
| **9 horas 30 minutos** | 1.674.688 € | 1.650.481 € | 1.626.149 € | 1.601.874 € | 1.577.988 € | 1.555.004 € | 1.532.369 € | 1.510.070 € | 1.488.752 € | 1.468.358 € |
| **10 horas** | 1.774.626 € | 1.748.997 € | 1.723.233 € | 1.697.528 € | 1.672.234 € | 1.647.894 € | 1.623.923 € | 1.600.306 € | 1.577.728 € | 1.556.126 € |
| **10 horas 30 minutos** | 1.874.564 € | 1.847.512 € | 1.820.317 € | 1.793.182 € | 1.766.479 € | 1.740.784 € | 1.715.476 € | 1.690.542 € | 1.666.703 € | 1.643.894 € |
| **11 horas** | 1.974.503 € | 1.946.028 € | 1.917.400 € | 1.888.836 € | 1.860.725 € | 1.833.674 € | 1.807.030 € | 1.780.778 € | 1.755.678 € | 1.731.662 € |
| **11 horas 30 minutos** | 2.074.441 € | 2.044.543 € | 2.014.484 € | 1.984.490 € | 1.954.971 € | 1.926.564 € | 1.898.583 € | 1.871.013 € | 1.844.653 € | 1.819.430 € |
| **12 horas** | 2.174.380 € | 2.143.059 € | 2.111.568 € | 2.080.144 € | 2.049.217 € | 2.019.454 € | 1.990.137 € | 1.961.249 € | 1.933.628 € | 1.907.199 € |
| **12 horas 30 minutos** | 2.274.318 € | 2.241.575 € | 2.208.652 € | 2.175.798 € | 2.143.462 € | 2.112.344 € | 2.081.690 € | 2.051.485 € | 2.022.603 € | 1.994.967 € |
| **13 horas** | 2.374.257 € | 2.340.090 € | 2.305.736 € | 2.271.452 € | 2.237.708 € | 2.205.233 € | 2.173.244 € | 2.141.721 € | 2.111.578 € | 2.082.735 € |
| **13 horas 30 minutos** | 2.474.195 € | 2.438.606 € | 2.402.820 € | 2.367.106 € | 2.331.954 € | 2.298.123 € | 2.264.797 € | 2.231.956 € | 2.200.553 € | 2.170.503 € |
| **14 horas** | 2.574.134 € | 2.537.122 € | 2.499.903 € | 2.462.760 € | 2.426.200 € | 2.391.013 € | 2.356.351 € | 2.322.192 € | 2.289.528 € | 2.258.271 € |
| **14 horas 30 minutos** | 2.674.072 € | 2.635.637 € | 2.596.987 € | 2.558.414 € | 2.520.446 € | 2.483.903 € | 2.447.905 € | 2.412.428 € | 2.378.503 € | 2.346.040 € |
| **15 horas** | 2.774.011 € | 2.734.153 € | 2.694.071 € | 2.654.068 € | 2.614.691 € | 2.576.793 € | 2.539.458 € | 2.502.663 € | 2.467.478 € | 2.433.808 € |
| **15 horas 30 minutos** | 2.873.949 € | 2.832.669 € | 2.791.155 € | 2.749.722 € | 2.708.937 € | 2.669.683 € | 2.631.012 € | 2.592.899 € | 2.556.453 € | 2.521.576 € |
| **16 horas** | 2.973.887 € | 2.931.184 € | 2.888.239 € | 2.845.376 € | 2.803.183 € | 2.762.573 € | 2.722.565 € | 2.683.135 € | 2.645.429 € | 2.609.344 € |
| **16 horas 30 minutos** | 3.073.826 € | 3.029.700 € | 2.985.323 € | 2.941.030 € | 2.897.429 € | 2.855.463 € | 2.814.119 € | 2.773.371 € | 2.734.404 € | 2.697.112 € |
| **17 horas** | 3.173.764 € | 3.128.215 € | 3.082.407 € | 3.036.684 € | 2.991.674 € | 2.948.353 € | 2.905.672 € | 2.863.606 € | 2.823.379 € | 2.784.881 € |
| **17 horas 30 minutos** | 3.273.703 € | 3.226.731 € | 3.179.490 € | 3.132.338 € | 3.085.920 € | 3.041.243 € | 2.997.226 € | 2.953.842 € | 2.912.354 € | 2.872.649 € |
| **18 horas** | 3.373.641 € | 3.325.247 € | 3.276.574 € | 3.227.991 € | 3.180.166 € | 3.134.133 € | 3.088.779 € | 3.044.078 € | 3.001.329 € | 2.960.417 € |
| **18 horas 30 minutos** | 3.472.823 € | 3.422.998 € | 3.372.886 € | 3.322.865 € | 3.273.623 € | 3.226.226 € | 3.179.526 € | 3.133.497 € | 3.089.476 € | 3.047.346 € |
| **19 horas** | 3.562.929 € | 3.511.581 € | 3.459.935 € | 3.408.380 € | 3.357.620 € | 3.308.748 € | 3.260.588 € | 3.213.112 € | 3.167.691 € | 3.124.204 € |
| **19 horas 30 minutos** | 3.653.034 € | 3.600.163 € | 3.546.984 € | 3.493.894 € | 3.441.617 € | 3.391.271 € | 3.341.651 € | 3.292.728 € | 3.245.906 € | 3.201.062 € |
| **20 horas** | 3.743.139 € | 3.688.745 € | 3.634.032 € | 3.579.409 € | 3.525.613 € | 3.473.793 € | 3.422.713 € | 3.372.343 € | 3.324.121 € | 3.277.920 € |
| **20 horas 30 minutos** | 3.833.244 € | 3.777.327 € | 3.721.081 € | 3.664.923 € | 3.609.610 € | 3.556.316 € | 3.503.776 € | 3.451.958 € | 3.402.336 € | 3.354.778 € |
| **21 horas** | 3.921.246 € | 3.863.785 € | 3.805.983 € | 3.748.269 € | 3.691.414 € | 3.636.621 € | 3.582.594 € | 3.529.302 € | 3.478.250 € | 3.429.302 € |
| **21 horas 30 minutos** | 4.003.289 € | 3.944.223 € | 3.884.805 € | 3.825.470 € | 3.767.008 € | 3.710.643 € | 3.655.055 € | 3.600.210 € | 3.547.643 € | 3.497.215 € |
| **22 horas** | 4.081.557 € | 4.020.847 € | 3.959.773 € | 3.898.778 € | 3.838.667 € | 3.780.685 € | 3.723.488 € | 3.667.041 € | 3.612.905 € | 3.560.939 € |
| **22 horas 30 minutos** | 4.153.219 € | 4.090.798 € | 4.028.000 € | 3.965.274 € | 3.903.440 € | 3.843.762 € | 3.784.873 € | 3.726.737 € | 3.670.939 € | 3.617.333 € |
| **23 horas** | 4.224.880 € | 4.160.749 € | 4.096.227 € | 4.031.771 € | 3.968.213 € | 3.906.840 € | 3.846.259 € | 3.786.432 € | 3.728.972 € | 3.673.728 € |
| **23 horas 30 minutos** | 4.296.542 € | 4.230.700 € | 4.164.454 € | 4.098.267 € | 4.032.986 € | 3.969.917 € | 3.907.644 € | 3.846.128 € | 3.787.006 € | 3.730.122 € |
| **24 horas** | 4.368.204 € | 4.300.651 € | 4.232.680 € | 4.164.764 € | 4.097.759 € | 4.032.994 € | 3.969.029 € | 3.905.824 € | 3.845.039 € | 3.786.517 € |

| Horas/día | Edad del lesionado | | | | | | | | | |
|---|---|---|---|---|---|---|---|---|---|---|
| Hasta | 20 | 21 | 22 | 23 | 24 | 25 | 26 | 27 | 28 | 29 |
| 1 hora | 114.316 € | 112.803 € | 111.355 € | 109.967 € | 108.636 € | 107.356 € | 106.124 € | 104.937 € | 103.791 € | 102.683 € |
| 1 hora 30 minutos | 200.928 € | 198.306 € | 195.793 € | 193.380 € | 191.062 € | 188.831 € | 186.680 € | 184.603 € | 182.594 € | 180.648 € |
| 2 horas | 287.539 € | 283.808 € | 280.230 € | 276.793 € | 273.488 € | 270.306 € | 267.235 € | 264.269 € | 261.397 € | 258.612 € |
| 2 horas 30 minutos | 327.300 € | 323.026 € | 318.929 € | 314.997 € | 311.219 € | 307.583 € | 304.078 € | 300.694 € | 297.421 € | 294.250 € |
| 3 horas | 370.634 € | 365.765 € | 361.100 € | 356.626 € | 352.329 € | 348.196 € | 344.216 € | 340.377 € | 336.666 € | 333.075 € |
| 3 horas 30 minutos | 457.246 € | 451.268 € | 445.537 € | 440.039 € | 434.755 € | 429.671 € | 424.772 € | 420.042 € | 415.469 € | 411.040 € |
| 4 horas | 543.858 € | 536.770 € | 529.975 € | 523.451 € | 517.182 € | 511.146 € | 505.327 € | 499.708 € | 494.272 € | 489.004 € |
| 4 horas 30 minutos | 630.469 € | 622.272 € | 614.412 € | 606.864 € | 599.608 € | 592.621 € | 585.883 € | 579.374 € | 573.075 € | 566.969 € |
| 5 horas | 717.081 € | 707.775 € | 698.849 € | 690.277 € | 682.034 € | 674.096 € | 666.439 € | 659.040 € | 651.878 € | 644.933 € |
| 5 horas 30 minutos | 803.693 € | 793.277 € | 783.286 € | 773.690 € | 764.461 € | 755.571 € | 746.995 € | 738.706 € | 730.681 € | 722.898 € |
| 6 horas | 890.305 € | 878.780 € | 867.723 € | 857.103 € | 846.887 € | 837.046 € | 827.550 € | 818.372 € | 809.485 € | 800.863 € |
| 6 horas 30 minutos | 929.159 € | 917.097 € | 905.529 € | 894.419 € | 883.737 € | 873.449 € | 863.526 € | 853.939 € | 844.659 € | 835.659 € |
| 7 horas | 1.015.771 € | 1.002.600 € | 989.966 € | 977.832 € | 966.163 € | 954.924 € | 944.082 € | 933.605 € | 923.462 € | 913.624 € |
| 7 horas 30 minutos | 1.102.382 € | 1.088.102 € | 1.074.403 € | 1.061.245 € | 1.048.590 € | 1.036.399 € | 1.024.638 € | 1.013.271 € | 1.002.265 € | 991.589 € |
| 8 horas | 1.188.994 € | 1.173.604 € | 1.158.840 € | 1.144.658 € | 1.131.016 € | 1.117.874 € | 1.105.194 € | 1.092.937 € | 1.081.068 € | 1.069.553 € |
| 8 horas 30 minutos | 1.275.606 € | 1.259.107 € | 1.243.277 € | 1.228.071 € | 1.213.443 € | 1.199.349 € | 1.185.749 € | 1.172.602 € | 1.159.871 € | 1.147.518 € |
| 9 horas | 1.362.217 € | 1.344.609 € | 1.327.715 € | 1.311.484 € | 1.295.869 € | 1.280.824 € | 1.266.305 € | 1.252.268 € | 1.238.674 € | 1.225.483 € |
| 9 horas 30 minutos | 1.448.829 € | 1.430.112 € | 1.412.152 € | 1.394.897 € | 1.378.295 € | 1.362.299 € | 1.346.861 € | 1.331.934 € | 1.317.477 € | 1.303.447 € |
| 10 horas | 1.535.441 € | 1.515.614 € | 1.496.589 € | 1.478.309 € | 1.460.722 € | 1.443.774 € | 1.427.416 € | 1.411.600 € | 1.396.280 € | 1.381.412 € |
| 10 horas 30 minutos | 1.622.053 € | 1.601.117 € | 1.581.026 € | 1.561.722 € | 1.543.148 € | 1.525.249 € | 1.507.972 € | 1.491.266 € | 1.475.083 € | 1.459.376 € |
| 11 horas | 1.708.664 € | 1.686.619 € | 1.665.463 € | 1.645.135 € | 1.625.575 € | 1.606.724 € | 1.588.528 € | 1.570.932 € | 1.553.886 € | 1.537.341 € |
| 11 horas 30 minutos | 1.795.276 € | 1.772.122 € | 1.749.901 € | 1.728.548 € | 1.708.001 € | 1.688.199 € | 1.669.083 € | 1.650.598 € | 1.632.689 € | 1.615.306 € |
| 12 horas | 1.881.888 € | 1.857.624 € | 1.834.338 € | 1.811.961 € | 1.790.427 € | 1.769.674 € | 1.749.639 € | 1.730.264 € | 1.711.492 € | 1.693.270 € |
| 12 horas 30 minutos | 1.968.500 € | 1.943.127 € | 1.918.775 € | 1.895.374 € | 1.872.854 € | 1.851.149 € | 1.830.195 € | 1.809.930 € | 1.790.295 € | 1.771.235 € |
| 13 horas | 2.055.111 € | 2.028.629 € | 2.003.212 € | 1.978.786 € | 1.955.280 € | 1.932.624 € | 1.910.750 € | 1.889.596 € | 1.869.098 € | 1.849.200 € |
| 13 horas 30 minutos | 2.141.723 € | 2.114.132 € | 2.087.649 € | 2.062.199 € | 2.037.706 € | 2.014.099 € | 1.991.306 € | 1.969.262 € | 1.947.901 € | 1.927.164 € |
| 14 horas | 2.228.335 € | 2.199.634 € | 2.172.087 € | 2.145.612 € | 2.120.133 € | 2.095.574 € | 2.071.862 € | 2.048.928 € | 2.026.704 € | 2.005.129 € |
| 14 horas 30 minutos | 2.314.947 € | 2.285.136 € | 2.256.524 € | 2.229.025 € | 2.202.559 € | 2.177.049 € | 2.152.417 € | 2.128.593 € | 2.105.507 € | 2.083.093 € |
| 15 horas | 2.401.558 € | 2.370.639 € | 2.340.961 € | 2.312.438 € | 2.284.986 € | 2.258.524 € | 2.232.973 € | 2.208.259 € | 2.184.310 € | 2.161.058 € |
| 15 horas 30 minutos | 2.488.170 € | 2.456.141 € | 2.425.398 € | 2.395.851 € | 2.367.412 € | 2.339.998 € | 2.313.529 € | 2.287.925 € | 2.263.113 € | 2.239.023 € |
| 16 horas | 2.574.782 € | 2.541.644 € | 2.509.835 € | 2.479.263 € | 2.449.838 € | 2.421.473 € | 2.394.085 € | 2.367.591 € | 2.341.916 € | 2.316.987 € |
| 16 horas 30 minutos | 2.661.393 € | 2.627.146 € | 2.594.273 € | 2.562.676 € | 2.532.265 € | 2.502.948 € | 2.474.640 € | 2.447.257 € | 2.420.719 € | 2.394.952 € |
| 17 horas | 2.748.005 € | 2.712.649 € | 2.678.710 € | 2.646.089 € | 2.614.691 € | 2.584.423 € | 2.555.196 € | 2.526.923 € | 2.499.523 € | 2.472.917 € |
| 17 horas 30 minutos | 2.834.617 € | 2.798.151 € | 2.763.147 € | 2.729.502 € | 2.697.118 € | 2.665.898 € | 2.635.752 € | 2.606.589 € | 2.578.326 € | 2.550.881 € |
| 18 horas | 2.921.229 € | 2.883.654 € | 2.847.584 € | 2.812.915 € | 2.779.544 € | 2.747.373 € | 2.716.307 € | 2.686.255 € | 2.657.129 € | 2.628.846 € |
| 18 horas 30 minutos | 3.006.989 € | 2.968.291 € | 2.931.143 € | 2.895.434 € | 2.861.061 € | 2.827.922 € | 2.795.919 € | 2.764.959 € | 2.734.950 € | 2.705.809 € |
| 19 horas | 3.082.529 € | 3.042.551 € | 3.004.154 € | 2.967.227 € | 2.931.663 € | 2.897.356 € | 2.864.206 € | 2.832.116 € | 2.800.993 € | 2.770.750 € |
| 19 horas 30 minutos | 3.158.070 € | 3.116.810 € | 3.077.166 € | 3.039.020 € | 3.002.264 € | 2.966.790 € | 2.932.493 € | 2.899.274 € | 2.867.036 € | 2.835.691 € |
| 20 horas | 3.233.610 € | 3.191.070 € | 3.150.177 € | 3.110.814 € | 3.072.866 € | 3.036.224 € | 3.000.780 € | 2.966.431 € | 2.933.080 € | 2.900.632 € |
| 20 horas 30 minutos | 3.309.151 € | 3.265.329 € | 3.223.188 € | 3.182.607 € | 3.143.468 € | 3.105.658 € | 3.069.066 € | 3.033.588 € | 2.999.123 € | 2.965.574 € |
| 21 horas | 3.382.323 € | 3.337.184 € | 3.293.756 € | 3.251.915 € | 3.211.541 € | 3.172.516 € | 3.134.729 € | 3.098.070 € | 3.062.437 € | 3.027.729 € |
| 21 horas 30 minutos | 3.448.787 € | 3.402.225 € | 3.357.400 € | 3.314.181 € | 3.272.448 € | 3.232.078 € | 3.192.957 € | 3.154.972 € | 3.118.018 € | 3.081.993 € |
| 22 horas | 3.511.000 € | 3.462.950 € | 3.416.657 € | 3.371.987 € | 3.328.815 € | 3.287.017 € | 3.246.474 € | 3.207.072 € | 3.168.701 € | 3.131.257 € |
| 22 horas 30 minutos | 3.565.775 € | 3.516.122 € | 3.468.238 € | 3.421.987 € | 3.377.239 € | 3.333.867 € | 3.291.750 € | 3.250.769 € | 3.210.812 € | 3.171.771 € |
| 23 horas | 3.620.550 € | 3.569.294 € | 3.519.819 € | 3.471.986 € | 3.425.662 € | 3.380.717 € | 3.337.025 € | 3.294.465 € | 3.252.922 € | 3.212.286 € |
| 23 horas 30 minutos | 3.675.325 € | 3.622.466 € | 3.571.401 € | 3.521.986 € | 3.474.086 € | 3.427.567 € | 3.382.300 € | 3.338.162 € | 3.295.033 € | 3.252.800 € |
| 24 horas | 3.730.101 € | 3.675.638 € | 3.622.982 € | 3.571.985 € | 3.522.509 € | 3.474.416 € | 3.427.575 € | 3.381.858 € | 3.337.143 € | 3.293.315 € |

| Horas/día | Edad del lesionado | | | | | | | | | |
|---|---|---|---|---|---|---|---|---|---|---|
| **Hasta** | **30** | **31** | **32** | **33** | **34** | **35** | **36** | **37** | **38** | **39** |
| **1 hora** | 101.610 € | 100.569 € | 99.557 € | 98.572 € | 97.612 € | 96.674 € | 95.758 € | 94.861 € | 93.983 € | 93.123 € |
| **1 hora 30 minutos** | 178.758 € | 176.921 € | 175.130 € | 173.383 € | 171.674 € | 170.001 € | 168.360 € | 166.750 € | 165.167 € | 163.610 € |
| **2 horas** | 255.907 € | 253.273 € | 250.704 € | 248.194 € | 245.737 € | 243.328 € | 240.963 € | 238.638 € | 236.350 € | 234.097 € |
| **2 horas 30 minutos** | 291.173 € | 288.180 € | 285.265 € | 282.419 € | 279.638 € | 276.915 € | 274.245 € | 271.625 € | 269.050 € | 266.518 € |
| **3 horas** | 329.592 € | 326.210 € | 322.918 € | 319.709 € | 316.576 € | 313.513 € | 310.513 € | 307.574 € | 304.690 € | 301.859 € |
| **3 horas 30 minutos** | 406.741 € | 402.562 € | 398.491 € | 394.520 € | 390.638 € | 386.840 € | 383.116 € | 379.462 € | 375.873 € | 372.346 € |
| **4 horas** | 483.889 € | 478.913 € | 474.064 € | 469.331 € | 464.701 € | 460.166 € | 455.719 € | 451.351 € | 447.057 € | 442.833 € |
| **4 horas 30 minutos** | 561.037 € | 555.265 € | 549.638 € | 544.141 € | 538.764 € | 533.493 € | 528.321 € | 523.239 € | 518.240 € | 513.319 € |
| **5 horas** | 638.186 € | 631.617 € | 625.211 € | 618.952 € | 612.826 € | 606.820 € | 600.924 € | 595.128 € | 589.424 € | 583.806 € |
| **5 horas 30 minutos** | 715.334 € | 707.969 € | 700.785 € | 693.763 € | 686.889 € | 680.147 € | 673.527 € | 667.016 € | 660.607 € | 654.293 € |
| **6 horas** | 792.482 € | 784.321 € | 776.358 € | 768.574 € | 760.951 € | 753.474 € | 746.129 € | 738.905 € | 731.791 € | 724.780 € |
| **6 horas 30 minutos** | 826.916 € | 818.406 € | 810.106 € | 801.998 € | 794.061 € | 786.281 € | 778.644 € | 771.136 € | 763.748 € | 756.473 € |
| **7 horas** | 904.065 € | 894.758 € | 885.680 € | 876.808 € | 868.124 € | 859.608 € | 851.246 € | 843.024 € | 834.932 € | 826.960 € |
| **7 horas 30 minutos** | 981.213 € | 971.110 € | 961.253 € | 951.619 € | 942.187 € | 932.935 € | 923.849 € | 914.913 € | 906.115 € | 897.447 € |
| **8 horas** | 1.058.361 € | 1.047.462 € | 1.036.827 € | 1.026.430 € | 1.016.249 € | 1.006.262 € | 996.452 € | 986.801 € | 977.299 € | 967.934 € |
| **8 horas 30 minutos** | 1.135.510 € | 1.123.814 € | 1.112.400 € | 1.101.241 € | 1.090.312 € | 1.079.589 € | 1.069.054 € | 1.058.690 € | 1.048.482 € | 1.038.421 € |
| **9 horas** | 1.212.658 € | 1.200.166 € | 1.187.973 € | 1.176.052 € | 1.164.374 € | 1.152.916 € | 1.141.657 € | 1.130.578 € | 1.119.666 € | 1.108.908 € |
| **9 horas 30 minutos** | 1.289.806 € | 1.276.518 € | 1.263.547 € | 1.250.863 € | 1.238.437 € | 1.226.243 € | 1.214.260 € | 1.202.467 € | 1.190.849 € | 1.179.395 € |
| **10 horas** | 1.366.955 € | 1.352.870 € | 1.339.120 € | 1.325.674 € | 1.312.499 € | 1.299.570 € | 1.286.862 € | 1.274.355 € | 1.262.033 € | 1.249.882 € |
| **10 horas 30 minutos** | 1.444.103 € | 1.429.221 € | 1.414.694 € | 1.400.485 € | 1.386.562 € | 1.372.897 € | 1.359.465 € | 1.346.244 € | 1.333.216 € | 1.320.369 € |
| **11 horas** | 1.521.251 € | 1.505.573 € | 1.490.267 € | 1.475.295 € | 1.460.625 € | 1.446.224 € | 1.432.068 € | 1.418.132 € | 1.404.400 € | 1.390.856 € |
| **11 horas 30 minutos** | 1.598.400 € | 1.581.925 € | 1.565.840 € | 1.550.106 € | 1.534.687 € | 1.519.551 € | 1.504.670 € | 1.490.021 € | 1.475.583 € | 1.461.343 € |
| **12 horas** | 1.675.548 € | 1.658.277 € | 1.641.414 € | 1.624.917 € | 1.608.750 € | 1.592.878 € | 1.577.273 € | 1.561.909 € | 1.546.767 € | 1.531.829 € |
| **12 horas 30 minutos** | 1.752.696 € | 1.734.629 € | 1.716.987 € | 1.699.728 € | 1.682.812 € | 1.666.205 € | 1.649.876 € | 1.633.798 € | 1.617.950 € | 1.602.316 € |
| **13 horas** | 1.829.845 € | 1.810.981 € | 1.792.561 € | 1.774.539 € | 1.756.875 € | 1.739.532 € | 1.722.478 € | 1.705.687 € | 1.689.134 € | 1.672.803 € |
| **13 horas 30 minutos** | 1.906.993 € | 1.887.333 € | 1.868.134 € | 1.849.350 € | 1.830.937 € | 1.812.859 € | 1.795.081 € | 1.777.575 € | 1.760.317 € | 1.743.290 € |
| **14 horas** | 1.984.141 € | 1.963.685 € | 1.943.708 € | 1.924.161 € | 1.905.000 € | 1.886.186 € | 1.867.684 € | 1.849.464 € | 1.831.501 € | 1.813.777 € |
| **14 horas 30 minutos** | 2.061.290 € | 2.040.037 € | 2.019.281 € | 1.998.971 € | 1.979.063 € | 1.959.513 € | 1.940.286 € | 1.921.352 € | 1.902.684 € | 1.884.264 € |
| **15 horas** | 2.138.438 € | 2.116.389 € | 2.094.854 € | 2.073.782 € | 2.053.125 € | 2.032.840 € | 2.012.889 € | 1.993.241 € | 1.973.868 € | 1.954.751 € |
| **15 horas 30 minutos** | 2.215.586 € | 2.192.741 € | 2.170.428 € | 2.148.593 € | 2.127.188 € | 2.106.167 € | 2.085.491 € | 2.065.129 € | 2.045.051 € | 2.025.238 € |
| **16 horas** | 2.292.734 € | 2.269.093 € | 2.246.001 € | 2.223.404 € | 2.201.250 € | 2.179.494 € | 2.158.094 € | 2.137.018 € | 2.116.235 € | 2.095.725 € |
| **16 horas 30 minutos** | 2.369.883 € | 2.345.445 € | 2.321.575 € | 2.298.215 € | 2.275.313 € | 2.252.820 € | 2.230.697 € | 2.208.906 € | 2.187.418 € | 2.166.212 € |
| **17 horas** | 2.447.031 € | 2.421.797 € | 2.397.148 € | 2.373.026 € | 2.349.375 € | 2.326.147 € | 2.303.299 € | 2.280.795 € | 2.258.602 € | 2.236.699 € |
| **17 horas 30 minutos** | 2.524.179 € | 2.498.149 € | 2.472.721 € | 2.447.837 € | 2.423.438 € | 2.399.474 € | 2.375.902 € | 2.352.683 € | 2.329.785 € | 2.307.186 € |
| **18 horas** | 2.601.328 € | 2.574.500 € | 2.548.295 € | 2.522.648 € | 2.497.501 € | 2.472.801 € | 2.448.505 € | 2.424.572 € | 2.400.969 € | 2.377.672 € |
| **18 horas 30 minutos** | 2.677.453 € | 2.649.807 € | 2.622.800 € | 2.596.366 € | 2.570.445 € | 2.544.984 € | 2.519.936 € | 2.495.261 € | 2.470.923 € | 2.446.900 € |
| **19 horas** | 2.741.302 € | 2.712.572 € | 2.684.485 € | 2.656.975 € | 2.629.979 € | 2.603.442 € | 2.577.315 € | 2.551.556 € | 2.526.130 € | 2.501.010 € |
| **19 horas 30 minutos** | 2.805.152 € | 2.775.337 € | 2.746.171 € | 2.717.584 € | 2.689.513 € | 2.661.899 € | 2.634.693 € | 2.607.851 € | 2.581.336 € | 2.555.120 € |
| **20 horas** | 2.869.001 € | 2.838.101 € | 2.807.856 € | 2.778.193 € | 2.749.046 € | 2.720.356 € | 2.692.071 € | 2.664.146 € | 2.636.542 € | 2.609.230 € |
| **20 horas 30 minutos** | 2.932.850 € | 2.900.866 € | 2.869.541 € | 2.838.802 € | 2.808.580 € | 2.778.814 € | 2.749.449 € | 2.720.441 € | 2.691.748 € | 2.663.340 € |
| **21 horas** | 2.993.855 € | 2.960.725 € | 2.928.256 € | 2.896.373 € | 2.865.006 € | 2.834.090 € | 2.803.572 € | 2.773.401 € | 2.743.537 € | 2.713.947 € |
| **21 horas 30 minutos** | 3.046.800 € | 3.012.349 € | 2.978.555 € | 2.945.338 € | 2.912.627 € | 2.880.356 € | 2.848.467 € | 2.816.911 € | 2.785.643 € | 2.754.630 € |
| **22 horas** | 3.094.640 € | 3.058.758 € | 3.023.522 € | 2.988.851 € | 2.954.671 € | 2.920.913 € | 2.887.519 € | 2.854.435 € | 2.821.616 € | 2.789.026 € |
| **22 horas 30 minutos** | 3.133.546 € | 3.096.038 € | 3.059.158 € | 3.022.823 € | 2.986.954 € | 2.951.481 € | 2.916.342 € | 2.881.483 € | 2.846.854 € | 2.812.420 € |
| **23 horas** | 3.172.451 € | 3.133.319 € | 3.094.795 € | 3.056.794 € | 3.019.237 € | 2.982.049 € | 2.945.166 € | 2.908.530 € | 2.872.093 € | 2.835.813 € |
| **23 horas 30 minutos** | 3.211.357 € | 3.170.599 € | 3.130.432 € | 3.090.766 € | 3.051.519 € | 3.012.616 € | 2.973.989 € | 2.935.578 € | 2.897.332 € | 2.859.207 € |
| **24 horas** | 3.250.262 € | 3.207.879 € | 3.166.069 € | 3.124.738 € | 3.083.802 € | 3.043.184 € | 3.002.812 € | 2.962.626 € | 2.922.571 € | 2.882.601 € |

| Horas/día | Edad del lesionado | | | | | | | | | |
|---|---|---|---|---|---|---|---|---|---|---|
| Hasta | 40 | 41 | 42 | 43 | 44 | 45 | 46 | 47 | 48 | 49 |
| 1 hora | 92.280 € | 91.455 € | 90.646 € | 89.856 € | 89.085 € | 88.334 € | 87.605 € | 86.901 € | 86.223 € | 85.575 € |
| 1 hora 30 minutos | 162.078 € | 160.572 € | 159.090 € | 157.634 € | 156.205 € | 154.805 € | 153.438 € | 152.106 € | 150.815 € | 149.568 € |
| 2 horas | 231.877 € | 229.689 € | 227.533 € | 225.411 € | 223.325 € | 221.277 € | 219.271 € | 217.312 € | 215.406 € | 213.561 € |
| 2 horas 30 minutos | 264.028 € | 261.578 € | 259.170 € | 256.804 € | 254.483 € | 252.211 € | 249.991 € | 247.830 € | 245.735 € | 243.714 € |
| 3 horas | 299.079 € | 296.350 € | 293.672 € | 291.047 € | 288.478 € | 285.969 € | 283.524 € | 281.152 € | 278.860 € | 276.659 € |
| 3 horas 30 minutos | 368.877 € | 365.467 € | 362.116 € | 358.825 € | 355.598 € | 352.440 € | 349.357 € | 346.358 € | 343.452 € | 340.652 € |
| 4 horas | 438.676 € | 434.584 € | 430.559 € | 426.603 € | 422.718 € | 418.911 € | 415.190 € | 411.563 € | 408.044 € | 404.645 € |
| 4 horas 30 minutos | 508.474 € | 503.701 € | 499.003 € | 494.380 € | 489.838 € | 485.382 € | 481.022 € | 476.769 € | 472.635 € | 468.638 € |
| 5 horas | 578.272 € | 572.818 € | 567.446 € | 562.158 € | 556.958 € | 551.854 € | 546.855 € | 541.974 € | 537.227 € | 532.631 € |
| 5 horas 30 minutos | 648.070 € | 641.936 € | 635.890 € | 629.935 € | 624.078 € | 618.325 € | 612.688 € | 607.180 € | 601.819 € | 596.624 € |
| 6 horas | 717.868 € | 711.053 € | 704.333 € | 697.713 € | 691.198 € | 684.796 € | 678.520 € | 672.386 € | 666.410 € | 660.617 € |
| 6 horas 30 minutos | 749.306 € | 742.244 € | 735.288 € | 728.441 € | 721.710 € | 715.103 € | 708.633 € | 702.316 € | 696.173 € | 690.226 € |
| 7 horas | 819.104 € | 811.362 € | 803.732 € | 796.219 € | 788.830 € | 781.574 € | 774.465 € | 767.522 € | 760.765 € | 754.219 € |
| 7 horas 30 minutos | 888.903 € | 880.479 € | 872.175 € | 863.996 € | 855.950 € | 848.045 € | 840.298 € | 832.727 € | 825.356 € | 818.212 € |
| 8 horas | 958.701 € | 949.596 € | 940.619 € | 931.774 € | 923.069 € | 914.516 € | 906.131 € | 897.933 € | 889.948 € | 882.205 € |
| 8 horas 30 minutos | 1.028.499 € | 1.018.713 € | 1.009.062 € | 999.552 € | 990.189 € | 980.988 € | 971.964 € | 963.139 € | 954.540 € | 946.198 € |
| 9 horas | 1.098.297 € | 1.087.830 € | 1.077.506 € | 1.067.329 € | 1.057.309 € | 1.047.459 € | 1.037.796 € | 1.028.344 € | 1.019.131 € | 1.010.191 € |
| 9 horas 30 minutos | 1.168.095 € | 1.156.947 € | 1.145.949 € | 1.135.107 € | 1.124.429 € | 1.113.930 € | 1.103.629 € | 1.093.550 € | 1.083.723 € | 1.074.184 € |
| 10 horas | 1.237.894 € | 1.226.064 € | 1.214.392 € | 1.202.884 € | 1.191.549 € | 1.180.401 € | 1.169.462 € | 1.158.755 € | 1.148.315 € | 1.138.177 € |
| 10 horas 30 minutos | 1.307.692 € | 1.295.181 € | 1.282.836 € | 1.270.662 € | 1.258.669 € | 1.246.873 € | 1.235.294 € | 1.223.961 € | 1.212.906 € | 1.202.170 € |
| 11 horas | 1.377.490 € | 1.364.298 € | 1.351.279 € | 1.338.439 € | 1.325.789 € | 1.313.344 € | 1.301.127 € | 1.289.167 € | 1.277.498 € | 1.266.163 € |
| 11 horas 30 minutos | 1.447.288 € | 1.433.415 € | 1.419.723 € | 1.406.217 € | 1.392.909 € | 1.379.815 € | 1.366.960 € | 1.354.372 € | 1.342.089 € | 1.330.155 € |
| 12 horas | 1.517.086 € | 1.502.532 € | 1.488.166 € | 1.473.995 € | 1.460.029 € | 1.446.287 € | 1.432.793 € | 1.419.578 € | 1.406.681 € | 1.394.148 € |
| 12 horas 30 minutos | 1.586.885 € | 1.571.649 € | 1.556.610 € | 1.541.772 € | 1.527.149 € | 1.512.758 € | 1.498.625 € | 1.484.783 € | 1.471.273 € | 1.458.141 € |
| 13 horas | 1.656.683 € | 1.640.766 € | 1.625.053 € | 1.609.550 € | 1.594.269 € | 1.579.229 € | 1.564.458 € | 1.549.989 € | 1.535.864 € | 1.522.134 € |
| 13 horas 30 minutos | 1.726.481 € | 1.709.883 € | 1.693.497 € | 1.677.327 € | 1.661.389 € | 1.645.700 € | 1.630.291 € | 1.615.195 € | 1.600.456 € | 1.586.127 € |
| 14 horas | 1.796.279 € | 1.779.000 € | 1.761.940 € | 1.745.105 € | 1.728.509 € | 1.712.172 € | 1.696.123 € | 1.680.400 € | 1.665.048 € | 1.650.120 € |
| 14 horas 30 minutos | 1.866.077 € | 1.848.117 € | 1.830.383 € | 1.812.882 € | 1.795.629 € | 1.778.643 € | 1.761.956 € | 1.745.606 € | 1.729.639 € | 1.714.113 € |
| 15 horas | 1.935.876 € | 1.917.234 € | 1.898.827 € | 1.880.660 € | 1.862.748 € | 1.845.114 € | 1.827.789 € | 1.810.811 € | 1.794.231 € | 1.778.106 € |
| 15 horas 30 minutos | 2.005.674 € | 1.986.351 € | 1.967.270 € | 1.948.437 € | 1.929.868 € | 1.911.586 € | 1.893.622 € | 1.876.017 € | 1.858.823 € | 1.842.099 € |
| 16 horas | 2.075.472 € | 2.055.469 € | 2.035.714 € | 2.016.215 € | 1.996.988 € | 1.978.057 € | 1.959.454 € | 1.941.222 € | 1.923.414 € | 1.906.092 € |
| 16 horas 30 minutos | 2.145.270 € | 2.124.586 € | 2.104.157 € | 2.083.993 € | 2.064.108 € | 2.044.528 € | 2.025.287 € | 2.006.428 € | 1.988.006 € | 1.970.085 € |
| 17 horas | 2.215.068 € | 2.193.703 € | 2.172.601 € | 2.151.770 € | 2.131.228 € | 2.110.999 € | 2.091.120 € | 2.071.634 € | 2.052.597 € | 2.034.077 € |
| 17 horas 30 minutos | 2.284.867 € | 2.262.820 € | 2.241.044 € | 2.219.548 € | 2.198.348 € | 2.177.471 € | 2.156.952 € | 2.136.839 € | 2.117.189 € | 2.098.070 € |
| 18 horas | 2.354.665 € | 2.331.937 € | 2.309.488 € | 2.287.325 € | 2.265.468 € | 2.243.942 € | 2.222.785 € | 2.202.045 € | 2.181.781 € | 2.162.063 € |
| 18 horas 30 minutos | 2.423.171 € | 2.399.729 € | 2.376.571 € | 2.353.707 € | 2.331.155 € | 2.308.941 € | 2.287.105 € | 2.265.695 € | 2.244.772 € | 2.224.409 € |
| 19 horas | 2.476.177 € | 2.451.621 € | 2.427.340 € | 2.403.342 € | 2.379.644 € | 2.356.273 € | 2.333.267 € | 2.310.675 € | 2.288.558 € | 2.266.988 € |
| 19 horas 30 minutos | 2.529.183 € | 2.503.514 € | 2.478.110 € | 2.452.977 € | 2.428.133 € | 2.403.604 € | 2.379.429 € | 2.355.655 € | 2.332.344 € | 2.309.567 € |
| 20 horas | 2.582.189 € | 2.555.406 € | 2.528.879 € | 2.502.612 € | 2.476.622 € | 2.450.936 € | 2.425.591 € | 2.400.635 € | 2.376.130 € | 2.352.147 € |
| 20 horas 30 minutos | 2.635.195 € | 2.607.299 € | 2.579.648 € | 2.552.246 € | 2.525.111 € | 2.498.268 € | 2.471.753 € | 2.445.616 € | 2.419.916 € | 2.394.726 € |
| 21 horas | 2.684.609 € | 2.655.507 € | 2.626.636 € | 2.598.001 € | 2.569.616 € | 2.541.506 € | 2.513.708 € | 2.486.270 € | 2.459.252 € | 2.432.725 € |
| 21 horas 30 minutos | 2.723.847 € | 2.693.278 € | 2.662.914 € | 2.632.760 € | 2.602.830 € | 2.573.145 € | 2.543.743 € | 2.514.668 € | 2.485.979 € | 2.457.747 € |
| 22 horas | 2.756.639 € | 2.724.435 € | 2.692.407 € | 2.660.555 € | 2.628.891 € | 2.597.437 € | 2.566.226 € | 2.535.301 € | 2.504.720 € | 2.474.549 € |
| 22 horas 30 minutos | 2.778.149 € | 2.744.021 € | 2.710.026 € | 2.676.161 € | 2.642.437 € | 2.608.870 € | 2.575.494 € | 2.542.347 € | 2.509.483 € | 2.476.965 € |
| 23 horas | 2.799.659 € | 2.763.607 € | 2.727.645 € | 2.691.767 € | 2.655.982 € | 2.620.304 € | 2.584.762 € | 2.549.392 € | 2.514.245 € | 2.479.381 € |
| 23 horas 30 minutos | 2.821.169 € | 2.783.194 € | 2.745.264 € | 2.707.373 € | 2.669.527 € | 2.631.737 € | 2.594.030 € | 2.556.438 € | 2.519.008 € | 2.481.796 € |
| 24 horas | 2.842.680 € | 2.802.780 € | 2.762.882 € | 2.722.979 € | 2.683.072 € | 2.643.171 € | 2.603.298 € | 2.563.483 € | 2.523.771 € | 2.484.212 € |

| Horas/día | | | | | | | | | | |
|---|---|---|---|---|---|---|---|---|---|---|
| **Hasta** | **50** | **51** | **52** | **53** | **54** | **55** | **56** | **57** | **58** | **59** |
| **1 hora** | 84.962 € | 83.888 € | 82.841 € | 81.858 € | 80.937 € | 79.748 € | 78.357 € | 76.939 € | 75.494 € | 74.056 € |
| **1 hora 30 minutos** | 148.373 € | 146.490 € | 144.650 € | 142.915 € | 141.284 € | 139.183 € | 136.722 € | 134.207 € | 131.638 € | 129.074 € |
| **2 horas** | 211.785 € | 209.093 € | 206.458 € | 203.972 € | 201.631 € | 198.618 € | 195.086 € | 191.475 € | 187.782 € | 184.092 € |
| **2 horas 30 minutos** | 241.778 € | 238.710 € | 235.712 € | 232.886 € | 230.231 € | 226.810 € | 222.801 € | 218.707 € | 214.525 € | 210.351 € |
| **3 horas** | 274.560 € | 271.083 € | 267.689 € | 264.494 € | 261.496 € | 257.632 € | 253.106 € | 248.488 € | 243.775 € | 239.078 € |
| **3 horas 30 minutos** | 337.972 € | 333.685 € | 329.497 € | 325.551 € | 321.844 € | 317.067 € | 311.470 € | 305.755 € | 299.919 € | 294.096 € |
| **4 horas** | 401.384 € | 396.287 € | 391.306 € | 386.607 € | 382.191 € | 376.501 € | 369.835 € | 363.023 € | 356.063 € | 349.114 € |
| **4 horas 30 minutos** | 464.795 € | 458.890 € | 453.114 € | 447.664 € | 442.538 € | 435.936 € | 428.199 € | 420.291 € | 412.207 € | 404.132 € |
| **5 horas** | 528.207 € | 521.492 € | 514.923 € | 508.721 € | 502.886 € | 495.370 € | 486.564 € | 477.559 € | 468.351 € | 459.150 € |
| **5 horas 30 minutos** | 591.619 € | 584.094 € | 576.731 € | 569.778 € | 563.233 € | 554.805 € | 544.928 € | 534.827 € | 524.495 € | 514.168 € |
| **6 horas** | 655.031 € | 646.696 € | 638.539 € | 630.835 € | 623.581 € | 614.239 € | 603.293 € | 592.095 € | 580.639 € | 569.186 € |
| **6 horas 30 minutos** | 684.504 € | 675.802 € | 667.290 € | 659.256 € | 651.695 € | 641.958 € | 630.548 € | 618.882 € | 606.953 € | 595.034 € |
| **7 horas** | 747.916 € | 738.405 € | 729.099 € | 720.312 € | 712.043 € | 701.393 € | 688.913 € | 676.150 € | 663.097 € | 650.052 € |
| **7 horas 30 minutos** | 811.328 € | 801.007 € | 790.907 € | 781.369 € | 772.390 € | 760.827 € | 747.277 € | 733.418 € | 719.241 € | 705.070 € |
| **8 horas** | 874.740 € | 863.609 € | 852.716 € | 842.426 € | 832.738 € | 820.262 € | 805.642 € | 790.686 € | 775.385 € | 760.088 € |
| **8 horas 30 minutos** | 938.151 € | 926.211 € | 914.524 € | 903.483 € | 893.085 € | 879.696 € | 864.006 € | 847.954 € | 831.529 € | 815.106 € |
| **9 horas** | 1.001.563 € | 988.814 € | 976.333 € | 964.540 € | 953.433 € | 939.131 € | 922.371 € | 905.222 € | 887.673 € | 870.124 € |
| **9 horas 30 minutos** | 1.064.975 € | 1.051.416 € | 1.038.141 € | 1.025.597 € | 1.013.780 € | 998.565 € | 980.735 € | 962.490 € | 943.817 € | 925.142 € |
| **10 horas** | 1.128.387 € | 1.114.018 € | 1.099.949 € | 1.086.654 € | 1.074.128 € | 1.058.000 € | 1.039.100 € | 1.019.758 € | 999.961 € | 980.160 € |
| **10 horas 30 minutos** | 1.191.799 € | 1.176.620 € | 1.161.758 € | 1.147.711 € | 1.134.475 € | 1.117.435 € | 1.097.464 € | 1.077.026 € | 1.056.105 € | 1.035.178 € |
| **11 horas** | 1.255.210 € | 1.239.223 € | 1.223.566 € | 1.208.768 € | 1.194.822 € | 1.176.869 € | 1.155.829 € | 1.134.294 € | 1.112.249 € | 1.090.196 € |
| **11 horas 30 minutos** | 1.318.622 € | 1.301.825 € | 1.285.375 € | 1.269.825 € | 1.255.170 € | 1.236.304 € | 1.214.193 € | 1.191.562 € | 1.168.393 € | 1.145.214 € |
| **12 horas** | 1.382.034 € | 1.364.427 € | 1.347.183 € | 1.330.882 € | 1.315.517 € | 1.295.738 € | 1.272.558 € | 1.248.829 € | 1.224.537 € | 1.200.232 € |
| **12 horas 30 minutos** | 1.445.446 € | 1.427.029 € | 1.408.992 € | 1.391.939 € | 1.375.865 € | 1.355.173 € | 1.330.922 € | 1.306.097 € | 1.280.681 € | 1.255.250 € |
| **13 horas** | 1.508.858 € | 1.489.632 € | 1.470.800 € | 1.452.996 € | 1.436.212 € | 1.414.607 € | 1.389.287 € | 1.363.365 € | 1.336.825 € | 1.310.268 € |
| **13 horas 30 minutos** | 1.572.270 € | 1.552.234 € | 1.532.608 € | 1.514.052 € | 1.496.560 € | 1.474.042 € | 1.447.651 € | 1.420.633 € | 1.392.969 € | 1.365.286 € |
| **14 horas** | 1.635.681 € | 1.614.836 € | 1.594.417 € | 1.575.109 € | 1.556.907 € | 1.533.476 € | 1.506.016 € | 1.477.901 € | 1.449.113 € | 1.420.304 € |
| **14 horas 30 minutos** | 1.699.093 € | 1.677.438 € | 1.656.225 € | 1.636.166 € | 1.617.255 € | 1.592.911 € | 1.564.380 € | 1.535.169 € | 1.505.257 € | 1.475.322 € |
| **15 horas** | 1.762.505 € | 1.740.041 € | 1.718.034 € | 1.697.223 € | 1.677.602 € | 1.652.346 € | 1.622.744 € | 1.592.437 € | 1.561.401 € | 1.530.341 € |
| **15 horas 30 minutos** | 1.825.917 € | 1.802.643 € | 1.779.842 € | 1.758.280 € | 1.737.950 € | 1.711.780 € | 1.681.109 € | 1.649.705 € | 1.617.545 € | 1.585.359 € |
| **16 horas** | 1.889.329 € | 1.865.245 € | 1.841.651 € | 1.819.337 € | 1.798.297 € | 1.771.215 € | 1.739.473 € | 1.706.973 € | 1.673.689 € | 1.640.377 € |
| **16 horas 30 minutos** | 1.952.740 € | 1.927.847 € | 1.903.459 € | 1.880.394 € | 1.858.645 € | 1.830.649 € | 1.797.838 € | 1.764.241 € | 1.729.833 € | 1.695.395 € |
| **17 horas** | 2.016.152 € | 1.990.450 € | 1.965.267 € | 1.941.451 € | 1.918.992 € | 1.890.084 € | 1.856.202 € | 1.821.509 € | 1.785.977 € | 1.750.413 € |
| **17 horas 30 minutos** | 2.079.564 € | 2.053.052 € | 2.027.076 € | 2.002.508 € | 1.979.340 € | 1.949.518 € | 1.914.567 € | 1.878.776 € | 1.842.121 € | 1.805.431 € |
| **18 horas** | 2.142.976 € | 2.115.654 € | 2.088.884 € | 2.063.565 € | 2.039.687 € | 2.008.953 € | 1.972.931 € | 1.936.044 € | 1.898.265 € | 1.860.449 € |
| **18 horas 30 minutos** | 2.204.691 € | 2.176.508 € | 2.148.891 € | 2.122.761 € | 2.098.112 € | 2.066.407 € | 2.029.260 € | 1.991.219 € | 1.952.257 € | 1.913.253 € |
| **19 horas** | 2.246.051 € | 2.216.388 € | 2.187.270 € | 2.159.635 € | 2.133.470 € | 2.100.096 € | 2.061.159 € | 2.021.281 € | 1.980.431 € | 1.939.500 € |
| **19 horas 30 minutos** | 2.287.412 € | 2.256.268 € | 2.225.650 € | 2.196.508 € | 2.168.827 € | 2.133.785 € | 2.093.058 € | 2.051.342 € | 2.008.604 € | 1.965.747 € |
| **20 horas** | 2.328.772 € | 2.296.148 € | 2.264.030 € | 2.233.382 € | 2.204.185 € | 2.167.474 € | 2.124.958 € | 2.081.403 € | 2.036.777 € | 1.991.993 € |
| **20 horas 30 minutos** | 2.370.132 € | 2.336.028 € | 2.302.410 € | 2.270.255 € | 2.239.542 € | 2.201.163 € | 2.156.857 € | 2.111.464 € | 2.064.951 € | 2.018.240 € |
| **21 horas** | 2.406.776 € | 2.371.048 € | 2.335.779 € | 2.301.957 € | 2.269.555 € | 2.229.345 € | 2.183.095 € | 2.135.706 € | 2.087.142 € | 2.038.333 € |
| **21 horas 30 minutos** | 2.430.056 € | 2.392.299 € | 2.354.950 € | 2.319.002 € | 2.284.423 € | 2.241.926 € | 2.193.296 € | 2.143.461 € | 2.092.382 € | 2.040.990 € |
| **22 horas** | 2.444.871 € | 2.405.821 € | 2.367.149 € | 2.329.850 € | 2.293.885 € | 2.249.931 € | 2.199.787 € | 2.148.396 € | 2.095.717 € | 2.042.681 € |
| **22 horas 30 minutos** | 2.444.871 € | 2.405.821 € | 2.367.149 € | 2.329.850 € | 2.293.885 € | 2.249.931 € | 2.199.787 € | 2.148.396 € | 2.095.717 € | 2.042.681 € |
| **23 horas** | 2.444.871 € | 2.405.821 € | 2.367.149 € | 2.329.850 € | 2.293.885 € | 2.249.931 € | 2.199.787 € | 2.148.396 € | 2.095.717 € | 2.042.681 € |
| **23 horas 30 minutos** | 2.444.871 € | 2.405.821 € | 2.367.149 € | 2.329.850 € | 2.293.885 € | 2.249.931 € | 2.199.787 € | 2.148.396 € | 2.095.717 € | 2.042.681 € |
| **24 horas** | 2.444.871 € | 2.405.821 € | 2.367.149 € | 2.329.850 € | 2.293.885 € | 2.249.931 € | 2.199.787 € | 2.148.396 € | 2.095.717 € | 2.042.681 € |

| Horas/día | | | | | | | | | | |
|---|---|---|---|---|---|---|---|---|---|---|
| **Hasta** | **60** | **61** | **62** | **63** | **64** | **65** | **66** | **67** | **68** | **69** |
| **1 hora** | 72.623 € | 70.947 € | 69.266 € | 67.582 € | 65.894 € | 64.208 € | 62.499 € | 60.766 € | 59.086 € | 57.461 € |
| **1 hora 30 minutos** | 126.512 € | 123.576 € | 120.627 € | 117.664 € | 114.687 € | 111.705 € | 108.675 € | 105.594 € | 102.596 € | 99.682 € |
| **2 horas** | 180.400 € | 176.205 € | 171.988 € | 167.746 € | 163.480 € | 159.202 € | 154.851 € | 150.422 € | 146.105 € | 141.903 € |
| **2 horas 30 minutos** | 180.504 € | 176.337 € | 172.162 € | 167.978 € | 163.785 € | 159.597 € | 155.353 € | 151.048 € | 146.877 € | 142.843 € |
| **3 horas** | 234.392 € | 228.967 € | 223.523 € | 218.060 € | 212.578 € | 207.094 € | 201.529 € | 195.876 € | 190.387 € | 185.064 € |
| **3 horas 30 minutos** | 288.280 € | 281.596 € | 274.884 € | 268.142 € | 261.371 € | 254.591 € | 247.705 € | 240.704 € | 233.896 € | 227.285 € |
| **4 horas** | 342.169 € | 334.225 € | 326.244 € | 318.224 € | 310.163 € | 302.088 € | 293.881 € | 285.532 € | 277.406 € | 269.506 € |
| **4 horas 30 minutos** | 396.057 € | 386.855 € | 377.605 € | 368.306 € | 358.956 € | 349.585 € | 340.057 € | 330.360 € | 320.915 € | 311.727 € |
| **5 horas** | 449.945 € | 439.484 € | 428.966 € | 418.387 € | 407.749 € | 397.082 € | 386.233 € | 375.188 € | 364.425 € | 353.948 € |
| **5 horas 30 minutos** | 503.834 € | 492.113 € | 480.326 € | 468.469 € | 456.542 € | 444.579 € | 432.409 € | 420.016 € | 407.934 € | 396.169 € |
| **6 horas** | 557.722 € | 544.742 € | 531.687 € | 518.551 € | 505.335 € | 492.076 € | 478.585 € | 464.844 € | 451.443 € | 438.390 € |
| **6 horas 30 minutos** | 583.111 € | 569.554 € | 555.925 € | 542.219 € | 528.435 € | 514.614 € | 500.559 € | 486.250 € | 472.307 € | 458.737 € |
| **7 horas** | 636.999 € | 622.184 € | 607.286 € | 592.300 € | 577.228 € | 562.111 € | 546.735 € | 531.078 € | 515.817 € | 500.958 € |
| **7 horas 30 minutos** | 690.887 € | 674.813 € | 658.647 € | 642.382 € | 626.020 € | 609.609 € | 592.911 € | 575.906 € | 559.326 € | 543.179 € |
| **8 horas** | 744.776 € | 727.442 € | 710.007 € | 692.464 € | 674.813 € | 657.106 € | 639.087 € | 620.734 € | 602.836 € | 585.400 € |
| **8 horas 30 minutos** | 798.664 € | 780.072 € | 761.368 € | 742.546 € | 723.606 € | 704.603 € | 685.263 € | 665.562 € | 646.345 € | 627.622 € |
| **9 horas** | 852.552 € | 832.701 € | 812.729 € | 792.628 € | 772.399 € | 752.100 € | 731.439 € | 710.390 € | 689.855 € | 669.843 € |
| **9 horas 30 minutos** | 906.441 € | 885.330 € | 864.089 € | 842.710 € | 821.192 € | 799.597 € | 777.615 € | 755.218 € | 733.364 € | 712.064 € |
| **10 horas** | 960.329 € | 937.959 € | 915.450 € | 892.792 € | 869.985 € | 847.094 € | 823.791 € | 800.046 € | 776.874 € | 754.285 € |
| **10 horas 30 minutos** | 1.014.217 € | 990.589 € | 966.811 € | 942.874 € | 918.778 € | 894.591 € | 869.967 € | 844.874 € | 820.383 € | 796.506 € |
| **11 horas** | 1.068.106 € | 1.043.218 € | 1.018.171 € | 992.956 € | 967.570 € | 942.088 € | 916.143 € | 889.702 € | 863.893 € | 838.727 € |
| **11 horas 30 minutos** | 1.121.994 € | 1.095.847 € | 1.069.532 € | 1.043.038 € | 1.016.363 € | 989.585 € | 962.319 € | 934.530 € | 907.402 € | 880.948 € |
| **12 horas** | 1.175.882 € | 1.148.477 € | 1.120.893 € | 1.093.120 € | 1.065.156 € | 1.037.082 € | 1.008.495 € | 979.358 € | 950.911 € | 923.169 € |
| **12 horas 30 minutos** | 1.229.771 € | 1.201.106 € | 1.172.253 € | 1.143.202 € | 1.113.949 € | 1.084.580 € | 1.054.671 € | 1.024.186 € | 994.421 € | 965.390 € |
| **13 horas** | 1.283.659 € | 1.253.735 € | 1.223.614 € | 1.193.284 € | 1.162.742 € | 1.132.077 € | 1.100.847 € | 1.069.014 € | 1.037.930 € | 1.007.611 € |
| **13 horas 30 minutos** | 1.337.547 € | 1.306.364 € | 1.274.975 € | 1.243.365 € | 1.211.535 € | 1.179.574 € | 1.147.024 € | 1.113.842 € | 1.081.440 € | 1.049.833 € |
| **14 horas** | 1.391.436 € | 1.358.994 € | 1.326.335 € | 1.293.447 € | 1.260.328 € | 1.227.071 € | 1.193.200 € | 1.158.670 € | 1.124.949 € | 1.092.054 € |
| **14 horas 30 minutos** | 1.445.324 € | 1.411.623 € | 1.377.696 € | 1.343.529 € | 1.309.121 € | 1.274.568 € | 1.239.376 € | 1.203.498 € | 1.168.459 € | 1.134.275 € |
| **15 horas** | 1.499.212 € | 1.464.252 € | 1.429.057 € | 1.393.611 € | 1.357.913 € | 1.322.065 € | 1.285.552 € | 1.248.326 € | 1.211.968 € | 1.176.496 € |
| **15 horas 30 minutos** | 1.553.101 € | 1.516.882 € | 1.480.417 € | 1.443.693 € | 1.406.706 € | 1.369.562 € | 1.331.728 € | 1.293.154 € | 1.255.478 € | 1.218.717 € |
| **16 horas** | 1.606.989 € | 1.569.511 € | 1.531.778 € | 1.493.775 € | 1.455.499 € | 1.417.059 € | 1.377.904 € | 1.337.982 € | 1.298.987 € | 1.260.938 € |
| **16 horas 30 minutos** | 1.660.877 € | 1.622.140 € | 1.583.139 € | 1.543.857 € | 1.504.292 € | 1.464.556 € | 1.424.080 € | 1.382.810 € | 1.342.497 € | 1.303.159 € |
| **17 horas** | 1.714.766 € | 1.674.769 € | 1.634.500 € | 1.593.939 € | 1.553.085 € | 1.512.053 € | 1.470.256 € | 1.427.638 € | 1.386.006 € | 1.345.380 € |
| **17 horas 30 minutos** | 1.768.654 € | 1.727.399 € | 1.685.860 € | 1.644.021 € | 1.601.878 € | 1.559.551 € | 1.516.432 € | 1.472.466 € | 1.429.516 € | 1.387.601 € |
| **18 horas** | 1.822.542 € | 1.780.028 € | 1.737.221 € | 1.694.103 € | 1.650.671 € | 1.607.048 € | 1.562.608 € | 1.517.294 € | 1.473.025 € | 1.429.823 € |
| **18 horas 30 minutos** | 1.874.153 € | 1.830.312 € | 1.786.165 € | 1.741.694 € | 1.696.894 € | 1.651.893 € | 1.606.046 € | 1.559.293 € | 1.513.608 € | 1.469.010 € |
| **19 horas** | 1.898.430 € | 1.852.450 € | 1.806.112 € | 1.759.392 € | 1.712.284 € | 1.664.911 € | 1.616.620 € | 1.567.346 € | 1.519.066 € | 1.471.788 € |
| **19 horas 30 minutos** | 1.922.708 € | 1.874.589 € | 1.826.059 € | 1.777.091 € | 1.727.674 € | 1.677.929 € | 1.627.194 € | 1.575.399 € | 1.524.524 € | 1.474.566 € |
| **20 horas** | 1.946.986 € | 1.896.728 € | 1.846.005 € | 1.794.789 € | 1.743.065 € | 1.690.948 € | 1.637.768 € | 1.583.452 € | 1.529.982 € | 1.477.344 € |
| **20 horas 30 minutos** | 1.971.263 € | 1.918.866 € | 1.865.952 € | 1.812.488 € | 1.758.455 € | 1.703.966 € | 1.648.342 € | 1.591.505 € | 1.535.440 € | 1.480.122 € |
| **21 horas** | 1.989.208 € | 1.935.229 € | 1.880.695 € | 1.825.569 € | 1.769.830 € | 1.713.589 € | 1.656.157 € | 1.597.457 € | 1.539.474 € | 1.482.175 € |
| **21 horas 30 minutos** | 1.989.208 € | 1.935.229 € | 1.880.695 € | 1.825.569 € | 1.769.830 € | 1.713.589 € | 1.656.157 € | 1.597.457 € | 1.539.474 € | 1.482.175 € |
| **22 horas** | 1.989.208 € | 1.935.229 € | 1.880.695 € | 1.825.569 € | 1.769.830 € | 1.713.589 € | 1.656.157 € | 1.597.457 € | 1.539.474 € | 1.482.175 € |
| **22 horas 30 minutos** | 1.989.208 € | 1.935.229 € | 1.880.695 € | 1.825.569 € | 1.769.830 € | 1.713.589 € | 1.656.157 € | 1.597.457 € | 1.539.474 € | 1.482.175 € |
| **23 horas** | 1.989.208 € | 1.935.229 € | 1.880.695 € | 1.825.569 € | 1.769.830 € | 1.713.589 € | 1.656.157 € | 1.597.457 € | 1.539.474 € | 1.482.175 € |
| **23 horas 30 minutos** | 1.989.208 € | 1.935.229 € | 1.880.695 € | 1.825.569 € | 1.769.830 € | 1.713.589 € | 1.656.157 € | 1.597.457 € | 1.539.474 € | 1.482.175 € |
| **24 horas** | 1.989.208 € | 1.935.229 € | 1.880.695 € | 1.825.569 € | 1.769.830 € | 1.713.589 € | 1.656.157 € | 1.597.457 € | 1.539.474 € | 1.482.175 € |

| Horas/día | Edad del lesionado | | | | | | | | | |
|---|---|---|---|---|---|---|---|---|---|---|
| Hasta | 70 | 71 | 72 | 73 | 74 | 75 | 76 | 77 | 78 | 79 |
| 1 hora | 55.892 € | 53.627 € | 51.389 € | 49.176 € | 46.989 € | 44.826 € | 42.690 € | 40.581 € | 38.504 € | 36.460 € |
| 1 hora 30 minutos | 96.855 € | 92.986 € | 89.159 € | 85.372 € | 81.623 € | 77.914 € | 74.245 € | 70.620 € | 67.044 € | 63.522 € |
| 2 horas | 137.818 € | 132.346 € | 126.930 € | 121.568 € | 116.258 € | 111.001 € | 105.799 € | 100.658 € | 95.584 € | 90.585 € |
| 2 horas 30 minutos | 138.949 € | 133.315 € | 127.748 € | 122.245 € | 116.804 € | 111.426 € | 106.112 € | 100.869 € | 95.702 € | 90.619 € |
| 3 horas | 179.912 € | 172.674 € | 165.518 € | 158.440 € | 151.438 € | 144.513 € | 137.667 € | 130.907 € | 124.242 € | 117.682 € |
| 3 horas 30 minutos | 220.875 € | 212.033 € | 203.289 € | 194.636 € | 186.073 € | 177.600 € | 169.222 € | 160.945 € | 152.782 € | 144.744 € |
| 4 horas | 261.838 € | 251.393 € | 241.059 € | 230.831 € | 220.707 € | 210.687 € | 200.777 € | 190.984 € | 181.322 € | 171.807 € |
| 4 horas 30 minutos | 302.802 € | 290.752 € | 278.829 € | 267.027 € | 255.342 € | 243.775 € | 232.331 € | 221.022 € | 209.862 € | 198.869 € |
| 5 horas | 343.765 € | 330.111 € | 316.600 € | 303.223 € | 289.976 € | 276.862 € | 263.886 € | 251.060 € | 238.402 € | 225.932 € |
| 5 horas 30 minutos | 384.728 € | 369.470 € | 354.370 € | 339.418 € | 324.611 € | 309.949 € | 295.441 € | 281.099 € | 266.942 € | 252.994 € |
| 6 horas | 425.691 € | 408.830 € | 392.140 € | 375.614 € | 359.245 € | 343.037 € | 326.996 € | 311.137 € | 295.482 € | 280.057 € |
| 6 horas 30 minutos | 445.548 € | 427.847 € | 410.330 € | 392.989 € | 375.817 € | 358.817 € | 341.996 € | 325.370 € | 308.961 € | 292.797 € |
| 7 horas | 486.511 € | 467.206 € | 448.101 € | 429.184 € | 410.451 € | 391.904 € | 373.551 € | 355.409 € | 337.501 € | 319.860 € |
| 7 horas 30 minutos | 527.474 € | 506.565 € | 485.871 € | 465.380 € | 445.086 € | 424.991 € | 405.105 € | 385.447 € | 366.041 € | 346.922 € |
| 8 horas | 568.437 € | 545.924 € | 523.641 € | 501.575 € | 479.720 € | 458.078 € | 436.660 € | 415.485 € | 394.581 € | 373.985 € |
| 8 horas 30 minutos | 609.401 € | 585.284 € | 561.412 € | 537.771 € | 514.355 € | 491.166 € | 468.215 € | 445.523 € | 423.121 € | 401.047 € |
| 9 horas | 650.364 € | 624.643 € | 599.182 € | 573.966 € | 548.989 € | 524.253 € | 499.770 € | 475.562 € | 451.662 € | 428.110 € |
| 9 horas 30 minutos | 691.327 € | 664.002 € | 636.952 € | 610.162 € | 583.624 € | 557.340 € | 531.324 € | 505.600 € | 480.202 € | 455.172 € |
| 10 horas | 732.290 € | 703.361 € | 674.723 € | 646.357 € | 618.258 € | 590.428 € | 562.879 € | 535.638 € | 508.742 € | 482.235 € |
| 10 horas 30 minutos | 773.253 € | 742.721 € | 712.493 € | 682.553 € | 652.893 € | 623.515 € | 594.434 € | 565.677 € | 537.282 € | 509.297 € |
| 11 horas | 814.217 € | 782.080 € | 750.263 € | 718.749 € | 687.527 € | 656.602 € | 625.989 € | 595.715 € | 565.822 € | 536.360 € |
| 11 horas 30 minutos | 855.180 € | 821.439 € | 788.034 € | 754.944 € | 722.162 € | 689.690 € | 657.543 € | 625.753 € | 594.362 € | 563.422 € |
| 12 horas | 896.143 € | 860.798 € | 825.804 € | 791.140 € | 756.796 € | 722.777 € | 689.098 € | 655.792 € | 622.902 € | 590.485 € |
| 12 horas 30 minutos | 937.106 € | 900.158 € | 863.574 € | 827.335 € | 791.431 € | 755.864 € | 720.653 € | 685.830 € | 651.442 € | 617.547 € |
| 13 horas | 978.069 € | 939.517 € | 901.344 € | 863.531 € | 826.065 € | 788.951 € | 752.208 € | 715.868 € | 679.982 € | 644.609 € |
| 13 horas 30 minutos | 1.019.033 € | 978.876 € | 939.115 € | 899.726 € | 860.700 € | 822.039 € | 783.763 € | 745.907 € | 708.522 € | 671.672 € |
| 14 horas | 1.059.996 € | 1.018.235 € | 976.885 € | 935.922 € | 895.334 € | 855.126 € | 815.317 € | 775.945 € | 737.062 € | 698.734 € |
| 14 horas 30 minutos | 1.100.959 € | 1.057.594 € | 1.014.655 € | 972.117 € | 929.969 € | 888.213 € | 846.872 € | 805.983 € | 765.602 € | 725.797 € |
| 15 horas | 1.141.922 € | 1.096.954 € | 1.052.426 € | 1.008.313 € | 964.603 € | 921.301 € | 878.427 € | 836.022 € | 794.142 € | 752.859 € |
| 15 horas 30 minutos | 1.182.885 € | 1.136.313 € | 1.090.196 € | 1.044.509 € | 999.238 € | 954.388 € | 909.982 € | 866.060 € | 822.682 € | 779.922 € |
| 16 horas | 1.223.849 € | 1.175.672 € | 1.127.966 € | 1.080.704 € | 1.033.872 € | 987.475 € | 941.536 € | 896.098 € | 851.222 € | 806.984 € |
| 16 horas 30 minutos | 1.264.812 € | 1.215.031 € | 1.165.737 € | 1.116.900 € | 1.068.507 € | 1.020.563 € | 973.091 € | 926.137 € | 879.762 € | 834.047 € |
| 17 horas | 1.305.775 € | 1.254.391 € | 1.203.507 € | 1.153.095 € | 1.103.141 € | 1.053.650 € | 1.004.646 € | 956.175 € | 908.302 € | 861.109 € |
| 17 horas 30 minutos | 1.346.738 € | 1.293.750 € | 1.241.277 € | 1.189.291 € | 1.137.776 € | 1.086.737 € | 1.036.201 € | 986.213 € | 936.842 € | 888.172 € |
| 18 horas | 1.387.701 € | 1.333.109 € | 1.279.048 € | 1.225.486 € | 1.172.410 € | 1.119.824 € | 1.067.755 € | 1.016.252 € | 965.382 € | 915.234 € |
| 18 horas 30 minutos | 1.425.514 € | 1.369.441 € | 1.313.913 € | 1.258.898 € | 1.204.380 € | 1.150.367 € | 1.096.883 € | 1.043.979 € | 991.727 € | 940.215 € |
| 19 horas | 1.425.514 € | 1.369.441 € | 1.313.913 € | 1.258.898 € | 1.204.380 € | 1.150.367 € | 1.096.883 € | 1.043.979 € | 991.727 € | 940.215 € |
| 19 horas 30 minutos | 1.425.514 € | 1.369.441 € | 1.313.913 € | 1.258.898 € | 1.204.380 € | 1.150.367 € | 1.096.883 € | 1.043.979 € | 991.727 € | 940.215 € |
| 20 horas | 1.425.514 € | 1.369.441 € | 1.313.913 € | 1.258.898 € | 1.204.380 € | 1.150.367 € | 1.096.883 € | 1.043.979 € | 991.727 € | 940.215 € |
| 20 horas 30 minutos | 1.425.514 € | 1.369.441 € | 1.313.913 € | 1.258.898 € | 1.204.380 € | 1.150.367 € | 1.096.883 € | 1.043.979 € | 991.727 € | 940.215 € |
| 21 horas | 1.425.514 € | 1.369.441 € | 1.313.913 € | 1.258.898 € | 1.204.380 € | 1.150.367 € | 1.096.883 € | 1.043.979 € | 991.727 € | 940.215 € |
| 21 horas 30 minutos | 1.425.514 € | 1.369.441 € | 1.313.913 € | 1.258.898 € | 1.204.380 € | 1.150.367 € | 1.096.883 € | 1.043.979 € | 991.727 € | 940.215 € |
| 22 horas | 1.425.514 € | 1.369.441 € | 1.313.913 € | 1.258.898 € | 1.204.380 € | 1.150.367 € | 1.096.883 € | 1.043.979 € | 991.727 € | 940.215 € |
| 22 horas 30 minutos | 1.425.514 € | 1.369.441 € | 1.313.913 € | 1.258.898 € | 1.204.380 € | 1.150.367 € | 1.096.883 € | 1.043.979 € | 991.727 € | 940.215 € |
| 23 horas | 1.425.514 € | 1.369.441 € | 1.313.913 € | 1.258.898 € | 1.204.380 € | 1.150.367 € | 1.096.883 € | 1.043.979 € | 991.727 € | 940.215 € |
| 23 horas 30 minutos | 1.425.514 € | 1.369.441 € | 1.313.913 € | 1.258.898 € | 1.204.380 € | 1.150.367 € | 1.096.883 € | 1.043.979 € | 991.727 € | 940.215 € |
| 24 horas | 1.425.514 € | 1.369.441 € | 1.313.913 € | 1.258.898 € | 1.204.380 € | 1.150.367 € | 1.096.883 € | 1.043.979 € | 991.727 € | 940.215 € |

| Horas/día | Edad del lesionado | | | | | | | | | |
|---|---|---|---|---|---|---|---|---|---|---|
| Hasta | 80 | 81 | 82 | 83 | 84 | 85 | 86 | 87 | 88 | 89 |
| 1 hora | 34.454 € | 32.490 € | 30.574 € | 28.710 € | 26.903 € | 25.156 € | 23.474 € | 21.861 € | 20.317 € | 18.846 € |
| 1 hora 30 minutos | 60.063 € | 56.673 € | 53.361 € | 50.136 € | 47.005 € | 43.978 € | 41.060 € | 38.257 € | 35.575 € | 33.016 € |
| 2 horas | 85.671 € | 80.855 € | 76.147 € | 71.561 € | 67.108 € | 62.799 € | 58.645 € | 54.654 € | 50.833 € | 47.185 € |
| 2 horas 30 minutos | 89.398 € | 88.177 € | 86.956 € | 81.697 € | 76.594 € | 71.658 € | 66.902 € | 62.334 € | 57.962 € | 53.790 € |
| 3 horas | 111.240 € | 104.932 € | 98.772 € | 92.777 € | 86.960 € | 81.337 € | 75.920 € | 70.720 € | 65.745 € | 61.000 € |
| 3 horas 30 minutos | 136.849 € | 129.114 € | 121.559 € | 114.202 € | 107.063 € | 100.159 € | 93.505 € | 87.117 € | 81.003 € | 75.170 € |
| 4 horas | 162.458 € | 153.297 € | 144.345 € | 135.628 € | 127.165 € | 118.980 € | 111.091 € | 103.514 € | 96.260 € | 89.339 € |
| 4 horas 30 minutos | 188.067 € | 177.479 € | 167.132 € | 157.053 € | 147.268 € | 137.802 € | 128.676 € | 119.910 € | 111.518 € | 103.508 € |
| 5 horas | 213.675 € | 201.661 € | 189.919 € | 178.479 € | 167.371 € | 156.623 € | 146.262 € | 136.307 € | 126.775 € | 117.677 € |
| 5 horas 30 minutos | 239.284 € | 225.843 € | 212.705 € | 199.904 € | 187.474 € | 175.445 € | 163.847 € | 152.704 € | 142.033 € | 131.847 € |
| 6 horas | 264.893 € | 250.025 € | 235.492 € | 221.330 € | 207.576 € | 194.267 € | 181.433 € | 169.100 € | 157.290 € | 146.016 € |
| 6 horas 30 minutos | 276.911 € | 261.338 € | 246.118 € | 231.291 € | 216.894 € | 202.965 € | 189.535 € | 176.633 € | 164.281 € | 152.490 € |
| 7 horas | 302.520 € | 285.520 € | 268.905 € | 252.716 € | 236.997 € | 221.786 € | 207.121 € | 193.030 € | 179.538 € | 166.659 € |
| 7 horas 30 minutos | 328.128 € | 309.703 € | 291.691 € | 274.142 € | 257.099 € | 240.608 € | 224.706 € | 209.427 € | 194.796 € | 180.828 € |
| 8 horas | 353.737 € | 333.885 € | 314.478 € | 295.567 € | 277.202 € | 259.430 € | 242.292 € | 225.823 € | 210.053 € | 194.998 € |
| 8 horas 30 minutos | 379.346 € | 358.067 € | 337.265 € | 316.993 € | 297.305 € | 278.251 € | 259.877 € | 242.220 € | 225.311 € | 209.167 € |
| 9 horas | 404.954 € | 382.249 € | 360.051 € | 338.418 € | 317.408 € | 297.073 € | 277.462 € | 258.617 € | 240.568 € | 223.336 € |
| 9 horas 30 minutos | 430.563 € | 406.431 € | 382.838 € | 359.844 € | 337.510 € | 315.895 € | 295.048 € | 275.014 € | 255.826 € | 237.506 € |
| 10 horas | 456.172 € | 430.614 € | 405.624 € | 381.269 € | 357.613 € | 334.716 € | 312.633 € | 291.410 € | 271.083 € | 251.675 € |
| 10 horas 30 minutos | 481.781 € | 454.796 € | 428.411 € | 402.695 € | 377.716 € | 353.538 € | 330.219 € | 307.807 € | 286.341 € | 265.844 € |
| 11 horas | 507.389 € | 478.978 € | 451.197 € | 424.120 € | 397.819 € | 372.359 € | 347.804 € | 324.204 € | 301.598 € | 280.014 € |
| 11 horas 30 minutos | 532.998 € | 503.160 € | 473.984 € | 445.546 € | 417.921 € | 391.181 € | 365.389 € | 340.600 € | 316.856 € | 294.183 € |
| 12 horas | 558.607 € | 527.342 € | 496.771 € | 466.971 € | 438.024 € | 410.003 € | 382.975 € | 356.997 € | 332.113 € | 308.352 € |
| 12 horas 30 minutos | 584.215 € | 551.525 € | 519.557 € | 488.397 € | 458.127 € | 428.824 € | 400.560 € | 373.394 € | 347.371 € | 322.521 € |
| 13 horas | 609.824 € | 575.707 € | 542.344 € | 509.822 € | 478.229 € | 447.646 € | 418.146 € | 389.790 € | 362.628 € | 336.691 € |
| 13 horas 30 minutos | 635.433 € | 599.889 € | 565.130 € | 531.248 € | 498.332 € | 466.468 € | 435.731 € | 406.187 € | 377.886 € | 350.860 € |
| 14 horas | 661.042 € | 624.071 € | 587.917 € | 552.673 € | 518.435 € | 485.289 € | 453.316 € | 422.584 € | 393.143 € | 365.029 € |
| 14 horas 30 minutos | 686.650 € | 648.254 € | 610.703 € | 574.099 € | 538.538 € | 504.111 € | 470.902 € | 438.980 € | 408.401 € | 379.199 € |
| 15 horas | 712.259 € | 672.436 € | 633.490 € | 595.524 € | 558.640 € | 522.933 € | 488.487 € | 455.377 € | 423.659 € | 393.368 € |
| 15 horas 30 minutos | 737.868 € | 696.618 € | 656.276 € | 616.950 € | 578.743 € | 541.754 € | 506.073 € | 471.774 € | 438.916 € | 407.537 € |
| 16 horas | 763.476 € | 720.800 € | 679.063 € | 638.376 € | 598.846 € | 560.576 € | 523.658 € | 488.170 € | 454.174 € | 421.707 € |
| 16 horas 30 minutos | 789.085 € | 744.982 € | 701.850 € | 659.801 € | 618.948 € | 579.398 € | 541.243 € | 504.567 € | 469.431 € | 435.876 € |
| 17 horas | 814.694 € | 769.165 € | 724.636 € | 681.227 € | 639.051 € | 598.219 € | 558.829 € | 520.964 € | 484.689 € | 450.045 € |
| 17 horas 30 minutos | 840.303 € | 793.347 € | 747.423 € | 702.652 € | 659.154 € | 617.041 € | 576.414 € | 537.360 € | 499.946 € | 464.215 € |
| 18 horas | 865.911 € | 817.529 € | 770.209 € | 724.078 € | 679.257 € | 635.863 € | 594.000 € | 553.757 € | 515.204 € | 478.384 € |
| 18 horas 30 minutos | 889.550 € | 839.851 € | 791.243 € | 743.855 € | 697.813 € | 653.236 € | 610.232 € | 568.892 € | 529.288 € | 491.463 € |
| 19 horas | 889.550 € | 839.851 € | 791.243 € | 743.855 € | 697.813 € | 653.236 € | 610.232 € | 568.892 € | 529.288 € | 491.463 € |
| 19 horas 30 minutos | 889.550 € | 839.851 € | 791.243 € | 743.855 € | 697.813 € | 653.236 € | 610.232 € | 568.892 € | 529.288 € | 491.463 € |
| 20 horas | 889.550 € | 839.851 € | 791.243 € | 743.855 € | 697.813 € | 653.236 € | 610.232 € | 568.892 € | 529.288 € | 491.463 € |
| 20 horas 30 minutos | 889.550 € | 839.851 € | 791.243 € | 743.855 € | 697.813 € | 653.236 € | 610.232 € | 568.892 € | 529.288 € | 491.463 € |
| 21 horas | 889.550 € | 839.851 € | 791.243 € | 743.855 € | 697.813 € | 653.236 € | 610.232 € | 568.892 € | 529.288 € | 491.463 € |
| 21 horas 30 minutos | 889.550 € | 839.851 € | 791.243 € | 743.855 € | 697.813 € | 653.236 € | 610.232 € | 568.892 € | 529.288 € | 491.463 € |
| 22 horas | 889.550 € | 839.851 € | 791.243 € | 743.855 € | 697.813 € | 653.236 € | 610.232 € | 568.892 € | 529.288 € | 491.463 € |
| 22 horas 30 minutos | 889.550 € | 839.851 € | 791.243 € | 743.855 € | 697.813 € | 653.236 € | 610.232 € | 568.892 € | 529.288 € | 491.463 € |
| 23 horas | 889.550 € | 839.851 € | 791.243 € | 743.855 € | 697.813 € | 653.236 € | 610.232 € | 568.892 € | 529.288 € | 491.463 € |
| 23 horas 30 minutos | 889.550 € | 839.851 € | 791.243 € | 743.855 € | 697.813 € | 653.236 € | 610.232 € | 568.892 € | 529.288 € | 491.463 € |
| 24 horas | 889.550 € | 839.851 € | 791.243 € | 743.855 € | 697.813 € | 653.236 € | 610.232 € | 568.892 € | 529.288 € | 491.463 € |

| Horas/día | Edad del lesionado | | | | | | | | | |
|---|---|---|---|---|---|---|---|---|---|---|
| Hasta | 90 | 91 | 92 | 93 | 94 | 95 | 96 | 97 | 98 | 99 o más |
| 1 hora | 17.447 € | 16.120 € | 14.861 € | 13.665 € | 12.523 € | 11.422 € | 10.335 € | 9.215 € | 7.974 € | 6.419 € |
| 1 hora 30 minutos | 30.580 € | 28.267 € | 26.071 € | 23.984 € | 21.991 € | 20.066 € | 18.165 € | 16.206 € | 14.030 € | 11.302 € |
| 2 horas | 43.713 € | 40.413 € | 37.281 € | 34.303 € | 31.458 € | 28.710 € | 25.995 € | 23.196 € | 20.086 € | 16.185 € |
| 2 horas 30 minutos | 49.821 € | 46.051 € | 42.472 € | 39.072 € | 35.824 € | 32.687 € | 29.589 € | 26.397 € | 22.852 € | 18.409 € |
| 3 horas | 56.487 € | 52.201 € | 48.135 € | 44.272 € | 40.583 € | 37.023 € | 33.507 € | 29.886 € | 25.866 € | 20.831 € |
| 3 horas 30 minutos | 69.619 € | 64.348 € | 59.345 € | 54.591 € | 50.051 € | 45.667 € | 41.337 € | 36.876 € | 31.922 € | 25.714 € |
| 4 horas | 82.752 € | 76.495 € | 70.555 € | 64.910 € | 59.518 € | 54.311 € | 49.167 € | 43.866 € | 37.978 € | 30.597 € |
| 4 horas 30 minutos | 95.884 € | 88.641 € | 81.766 € | 75.229 € | 68.986 € | 62.955 € | 56.997 € | 50.856 € | 44.034 € | 35.480 € |
| 5 horas | 109.017 € | 100.788 € | 92.976 € | 85.549 € | 78.453 € | 71.599 € | 64.827 € | 57.847 € | 50.090 € | 40.363 € |
| 5 horas 30 minutos | 122.149 € | 112.935 € | 104.186 € | 95.868 € | 87.921 € | 80.243 € | 72.657 € | 64.837 € | 56.147 € | 45.246 € |
| 6 horas | 135.282 € | 125.082 € | 115.396 € | 106.187 € | 97.388 € | 88.887 € | 80.487 € | 71.827 € | 62.203 € | 50.129 € |
| 6 horas 30 minutos | 141.266 € | 130.602 € | 120.478 € | 110.853 € | 101.658 € | 92.775 € | 84.000 € | 74.954 € | 64.904 € | 52.299 € |
| 7 horas | 154.398 € | 142.749 € | 131.688 € | 121.172 € | 111.125 € | 101.419 € | 91.830 € | 81.944 € | 70.960 € | 57.182 € |
| 7 horas 30 minutos | 167.531 € | 154.896 € | 142.898 € | 131.491 € | 120.593 € | 110.063 € | 99.659 € | 88.935 € | 77.016 € | 62.065 € |
| 8 horas | 180.664 € | 167.043 € | 154.108 € | 141.810 € | 130.060 € | 118.707 € | 107.489 € | 95.925 € | 83.072 € | 66.948 € |
| 8 horas 30 minutos | 193.796 € | 179.189 € | 165.319 € | 152.130 € | 139.528 € | 127.351 € | 115.319 € | 102.915 € | 89.128 € | 71.831 € |
| 9 horas | 206.929 € | 191.336 € | 176.529 € | 162.449 € | 148.995 € | 135.996 € | 123.149 € | 109.905 € | 95.184 € | 76.715 € |
| 9 horas 30 minutos | 220.061 € | 203.483 € | 187.739 € | 172.768 € | 158.462 € | 144.640 € | 130.979 € | 116.896 € | 101.241 € | 81.598 € |
| 10 horas | 233.194 € | 215.630 € | 198.949 € | 183.087 € | 167.930 € | 153.284 € | 138.809 € | 123.886 € | 107.297 € | 86.481 € |
| 10 horas 30 minutos | 246.327 € | 227.777 € | 210.160 € | 193.406 € | 177.397 € | 161.928 € | 146.639 € | 130.876 € | 113.353 € | 91.364 € |
| 11 horas | 259.459 € | 239.924 € | 221.370 € | 203.726 € | 186.865 € | 170.572 € | 154.469 € | 137.866 € | 119.409 € | 96.247 € |
| 11 horas 30 minutos | 272.592 € | 252.070 € | 232.580 € | 214.045 € | 196.332 € | 179.216 € | 162.299 € | 144.856 € | 125.465 € | 101.130 € |
| 12 horas | 285.724 € | 264.217 € | 243.790 € | 224.364 € | 205.800 € | 187.860 € | 170.129 € | 151.847 € | 131.521 € | 106.013 € |
| 12 horas 30 minutos | 298.857 € | 276.364 € | 255.001 € | 234.683 € | 215.267 € | 196.504 € | 177.959 € | 158.837 € | 137.578 € | 110.896 € |
| 13 horas | 311.989 € | 288.511 € | 266.211 € | 245.003 € | 224.735 € | 205.148 € | 185.789 € | 165.827 € | 143.634 € | 115.779 € |
| 13 horas 30 minutos | 325.122 € | 300.658 € | 277.421 € | 255.322 € | 234.202 € | 213.792 € | 193.619 € | 172.817 € | 149.690 € | 120.662 € |
| 14 horas | 338.255 € | 312.805 € | 288.631 € | 265.641 € | 243.670 € | 222.436 € | 201.449 € | 179.808 € | 155.746 € | 125.545 € |
| 14 horas 30 minutos | 351.387 € | 324.951 € | 299.842 € | 275.960 € | 253.137 € | 231.080 € | 209.279 € | 186.798 € | 161.802 € | 130.428 € |
| 15 horas | 364.520 € | 337.098 € | 311.052 € | 286.280 € | 262.605 € | 239.724 € | 217.109 € | 193.788 € | 167.858 € | 135.312 € |
| 15 horas 30 minutos | 377.652 € | 349.245 € | 322.262 € | 296.599 € | 272.072 € | 248.368 € | 224.939 € | 200.778 € | 173.915 € | 140.195 € |
| 16 horas | 390.785 € | 361.392 € | 333.473 € | 306.918 € | 281.539 € | 257.012 € | 232.769 € | 207.769 € | 179.971 € | 145.078 € |
| 16 horas 30 minutos | 403.918 € | 373.539 € | 344.683 € | 317.237 € | 291.007 € | 265.657 € | 240.599 € | 214.759 € | 186.027 € | 149.961 € |
| 17 horas | 417.050 € | 385.686 € | 355.893 € | 327.557 € | 300.474 € | 274.301 € | 248.429 € | 221.749 € | 192.083 € | 154.844 € |
| 17 horas 30 minutos | 430.183 € | 397.832 € | 367.103 € | 337.876 € | 309.942 € | 282.945 € | 256.259 € | 228.739 € | 198.139 € | 159.727 € |
| 18 horas | 443.315 € | 409.979 € | 378.314 € | 348.195 € | 319.409 € | 291.589 € | 264.089 € | 235.729 € | 204.195 € | 164.610 € |
| 18 horas 30 minutos | 455.438 € | 421.192 € | 388.661 € | 357.721 € | 328.149 € | 299.568 € | 271.317 € | 242.182 € | 209.786 € | 169.117 € |
| 19 horas | 455.438 € | 421.192 € | 388.661 € | 357.721 € | 328.149 € | 299.568 € | 271.317 € | 242.182 € | 209.786 € | 169.117 € |
| 19 horas 30 minutos | 455.438 € | 421.192 € | 388.661 € | 357.721 € | 328.149 € | 299.568 € | 271.317 € | 242.182 € | 209.786 € | 169.117 € |
| 20 horas | 455.438 € | 421.192 € | 388.661 € | 357.721 € | 328.149 € | 299.568 € | 271.317 € | 242.182 € | 209.786 € | 169.117 € |
| 20 horas 30 minutos | 455.438 € | 421.192 € | 388.661 € | 357.721 € | 328.149 € | 299.568 € | 271.317 € | 242.182 € | 209.786 € | 169.117 € |
| 21 horas | 455.438 € | 421.192 € | 388.661 € | 357.721 € | 328.149 € | 299.568 € | 271.317 € | 242.182 € | 209.786 € | 169.117 € |
| 21 horas 30 minutos | 455.438 € | 421.192 € | 388.661 € | 357.721 € | 328.149 € | 299.568 € | 271.317 € | 242.182 € | 209.786 € | 169.117 € |
| 22 horas | 455.438 € | 421.192 € | 388.661 € | 357.721 € | 328.149 € | 299.568 € | 271.317 € | 242.182 € | 209.786 € | 169.117 € |
| 22 horas 30 minutos | 455.438 € | 421.192 € | 388.661 € | 357.721 € | 328.149 € | 299.568 € | 271.317 € | 242.182 € | 209.786 € | 169.117 € |
| 23 horas | 455.438 € | 421.192 € | 388.661 € | 357.721 € | 328.149 € | 299.568 € | 271.317 € | 242.182 € | 209.786 € | 169.117 € |
| 23 horas 30 minutos | 455.438 € | 421.192 € | 388.661 € | 357.721 € | 328.149 € | 299.568 € | 271.317 € | 242.182 € | 209.786 € | 169.117 € |
| 24 horas | 455.438 € | 421.192 € | 388.661 € | 357.721 € | 328.149 € | 299.568 € | 271.317 € | 242.182 € | 209.786 € | 169.117 € |

# TABLA 2.C.4

## Lucro cesante por incapacidad para desarrollar cualquier trabajo o actividad profesional (absoluta)

| Ingreso neto | Edad del lesionado | | | | | | | | |
|---|---|---|---|---|---|---|---|---|---|
| Hasta | 16 | 17 | 18 | 19 | 20 | 21 | 22 | 23 | 24 |
| 9.000 € | 50.758 € | 49.030 € | 47.358 € | 45.739 € | 44.168 € | 42.643 € | 41.159 € | 39.713 € | 38.303 € |
| 12.000 € | 67.677 € | 65.373 € | 63.144 € | 60.985 € | 58.891 € | 56.857 € | 54.879 € | 52.951 € | 51.070 € |
| 15.000 € | 84.596 € | 81.716 € | 78.930 € | 76.232 € | 73.614 € | 71.071 € | 68.598 € | 66.189 € | 63.838 € |
| 18.000 € | 101.516 € | 98.059 € | 94.716 € | 91.478 € | 88.337 € | 85.286 € | 82.318 € | 79.426 € | 76.606 € |
| 21.000 € | 118.435 € | 114.403 € | 110.502 € | 106.724 € | 103.060 € | 99.500 € | 96.037 € | 92.664 € | 89.373 € |
| 24.000 € | 135.354 € | 130.746 € | 126.288 € | 121.971 € | 117.783 € | 113.714 € | 109.757 € | 105.902 € | 102.141 € |
| 27.000 € | 152.273 € | 147.089 € | 142.074 € | 137.217 € | 132.505 € | 127.929 € | 123.477 € | 119.140 € | 114.908 € |
| 30.000 € | 169.193 € | 163.432 € | 157.860 € | 152.463 € | 147.228 € | 142.143 € | 137.196 € | 132.377 € | 127.676 € |
| 33.000 € | 186.112 € | 179.775 € | 173.646 € | 167.709 € | 161.951 € | 156.357 € | 150.916 € | 145.615 € | 140.444 € |
| 36.000 € | 203.031 € | 196.119 € | 189.432 € | 182.956 € | 176.674 € | 170.572 € | 164.635 € | 158.853 € | 153.211 € |
| 39.000 € | 219.951 € | 212.462 € | 205.218 € | 198.202 € | 191.397 € | 184.786 € | 178.355 € | 172.090 € | 165.979 € |
| 42.000 € | 295.513 € | 286.491 € | 277.758 € | 269.292 € | 261.075 € | 253.086 € | 245.307 € | 237.721 € | 230.311 € |
| 45.000 € | 391.060 € | 380.177 € | 369.636 € | 359.412 € | 349.480 € | 339.816 € | 330.398 € | 321.205 € | 312.215 € |
| 48.000 € | 486.606 € | 473.863 € | 461.515 € | 449.533 € | 437.886 € | 426.547 € | 415.489 € | 404.688 € | 394.119 € |
| 51.000 € | 582.152 € | 567.549 € | 553.394 € | 539.653 € | 526.291 € | 513.277 € | 500.581 € | 488.172 € | 476.023 € |
| 54.000 € | 677.699 € | 661.235 € | 645.273 € | 629.773 € | 614.696 € | 600.008 € | 585.672 € | 571.656 € | 557.927 € |
| 57.000 € | 773.245 € | 754.922 € | 737.152 € | 719.893 € | 703.102 € | 686.738 € | 670.763 € | 655.140 € | 639.831 € |
| 60.000 € | 868.791 € | 848.608 € | 829.031 € | 810.013 € | 791.507 € | 773.469 € | 755.855 € | 738.624 € | 721.735 € |
| 63.000 € | 964.338 € | 942.294 € | 920.910 € | 900.133 € | 879.912 € | 860.199 € | 840.946 € | 822.107 € | 803.639 € |
| 66.000 € | 1.059.884 € | 1.035.980 € | 1.012.789 € | 990.253 € | 968.318 € | 946.930 € | 926.037 € | 905.591 € | 885.543 € |
| 69.000 € | 1.155.430 € | 1.129.666 € | 1.104.667 € | 1.080.373 € | 1.056.723 € | 1.033.660 € | 1.011.129 € | 989.075 € | 967.447 € |
| 72.000 € | 1.250.976 € | 1.223.352 € | 1.196.546 € | 1.170.493 € | 1.145.128 € | 1.120.391 € | 1.096.220 € | 1.072.559 € | 1.049.351 € |
| 75.000 € | 1.346.523 € | 1.317.039 € | 1.288.425 € | 1.260.613 € | 1.233.533 € | 1.207.121 € | 1.181.311 € | 1.156.043 € | 1.131.255 € |
| 78.000 € | 1.442.069 € | 1.410.725 € | 1.380.304 € | 1.350.733 € | 1.321.939 € | 1.293.851 € | 1.266.403 € | 1.239.527 € | 1.213.159 € |
| 81.000 € | 1.537.615 € | 1.504.411 € | 1.472.183 € | 1.440.853 € | 1.410.344 € | 1.380.582 € | 1.351.494 € | 1.323.010 € | 1.295.063 € |
| 84.000 € | 1.633.162 € | 1.598.097 € | 1.564.062 € | 1.530.973 € | 1.498.749 € | 1.467.312 € | 1.436.585 € | 1.406.494 € | 1.376.967 € |
| 87.000 € | 1.728.708 € | 1.691.783 € | 1.655.941 € | 1.621.093 € | 1.587.155 € | 1.554.043 € | 1.521.677 € | 1.489.978 € | 1.458.871 € |
| 90.000 € | 1.824.254 € | 1.785.469 € | 1.747.819 € | 1.711.213 € | 1.675.560 € | 1.640.773 € | 1.606.768 € | 1.573.462 € | 1.540.775 € |
| 93.000 € | 1.919.801 € | 1.879.155 € | 1.839.698 € | 1.801.333 € | 1.763.965 € | 1.727.504 € | 1.691.859 € | 1.656.946 € | 1.622.679 € |
| 96.000 € | 2.015.347 € | 1.972.842 € | 1.931.577 € | 1.891.453 € | 1.852.371 € | 1.814.234 € | 1.776.951 € | 1.740.429 € | 1.704.583 € |
| 99.000 € | 2.110.893 € | 2.066.528 € | 2.023.456 € | 1.981.573 € | 1.940.776 € | 1.900.965 € | 1.862.042 € | 1.823.913 € | 1.786.487 € |
| 102.000 € | 2.206.440 € | 2.160.214 € | 2.115.335 € | 2.071.693 € | 2.029.181 € | 1.987.695 € | 1.947.133 € | 1.907.397 € | 1.868.391 € |
| 105.000 € | 2.301.986 € | 2.253.900 € | 2.207.214 € | 2.161.813 € | 2.117.587 € | 2.074.426 € | 2.032.225 € | 1.990.881 € | 1.950.295 € |
| 108.000 € | 2.397.532 € | 2.347.586 € | 2.299.093 € | 2.251.933 € | 2.205.992 € | 2.161.156 € | 2.117.316 € | 2.074.365 € | 2.032.199 € |
| 111.000 € | 2.493.079 € | 2.441.272 € | 2.390.972 € | 2.342.053 € | 2.294.397 € | 2.247.887 € | 2.202.407 € | 2.157.849 € | 2.114.103 € |
| 114.000 € | 2.588.625 € | 2.534.959 € | 2.482.850 € | 2.432.173 € | 2.382.803 € | 2.334.617 € | 2.287.499 € | 2.241.332 € | 2.196.007 € |
| 117.000 € | 2.684.171 € | 2.628.645 € | 2.574.729 € | 2.522.293 € | 2.471.208 € | 2.421.348 € | 2.372.590 € | 2.324.816 € | 2.277.911 € |
| 120.000 € | 2.779.718 € | 2.722.331 € | 2.666.608 € | 2.612.413 € | 2.559.613 € | 2.508.078 € | 2.457.681 € | 2.408.300 € | 2.359.815 € |

## TABLA 2.C.4
## Lucro cesante por incapacidad para desarrollar cualquier trabajo o actividad profesional (absoluta)

| Ingreso neto | Edad del lesionado | | | | | | | | |
|---|---|---|---|---|---|---|---|---|---|
| Hasta | 25 | 26 | 27 | 28 | 29 | 30 | 31 | 32 | 33 |
| 9.000 € | 36.925 € | 35.577 € | 34.257 € | 32.963 € | 31.692 € | 30.443 € | 29.215 € | 28.006 € | 26.816 € |
| 12.000 € | 49.233 € | 47.436 € | 45.676 € | 43.950 € | 42.256 € | 40.591 € | 38.953 € | 37.342 € | 35.754 € |
| 15.000 € | 61.542 € | 59.295 € | 57.095 € | 54.938 € | 52.820 € | 50.739 € | 48.692 € | 46.677 € | 44.693 € |
| 18.000 € | 73.850 € | 71.155 € | 68.514 € | 65.925 € | 63.384 € | 60.887 € | 58.430 € | 56.012 € | 53.631 € |
| 21.000 € | 86.158 € | 83.014 € | 79.933 € | 76.913 € | 73.948 € | 71.034 € | 68.169 € | 65.348 € | 62.570 € |
| 24.000 € | 98.467 € | 94.873 € | 91.353 € | 87.901 € | 84.512 € | 81.182 € | 77.907 € | 74.683 € | 71.508 € |
| 27.000 € | 110.775 € | 106.732 € | 102.772 € | 98.888 € | 95.076 € | 91.330 € | 87.645 € | 84.019 € | 80.447 € |
| 30.000 € | 123.083 € | 118.591 € | 114.191 € | 109.876 € | 105.640 € | 101.478 € | 97.384 € | 93.354 € | 89.385 € |
| 33.000 € | 135.392 € | 130.450 € | 125.610 € | 120.863 € | 116.204 € | 111.625 € | 107.122 € | 102.689 € | 98.324 € |
| 36.000 € | 147.700 € | 142.309 € | 137.029 € | 131.851 € | 126.768 € | 121.773 € | 116.860 € | 112.025 € | 107.262 € |
| 39.000 € | 160.008 € | 154.168 € | 148.448 € | 142.839 € | 137.332 € | 131.921 € | 126.599 € | 121.360 € | 116.201 € |
| 42.000 € | 223.064 € | 215.963 € | 208.998 € | 202.155 € | 195.424 € | 188.796 € | 182.260 € | 175.810 € | 169.438 € |
| 45.000 € | 303.411 € | 294.775 € | 286.290 € | 277.941 € | 269.713 € | 261.593 € | 253.570 € | 245.632 € | 237.771 € |
| 48.000 € | 383.759 € | 373.587 € | 363.583 € | 353.727 € | 344.002 € | 334.391 € | 324.880 € | 315.455 € | 306.103 € |
| 51.000 € | 464.107 € | 452.399 € | 440.875 € | 429.513 € | 418.290 € | 407.189 € | 396.190 € | 385.278 € | 374.436 € |
| 54.000 € | 544.455 € | 531.211 € | 518.168 € | 505.298 € | 492.579 € | 479.987 € | 467.500 € | 455.100 € | 442.769 € |
| 57.000 € | 624.803 € | 610.023 € | 595.460 € | 581.084 € | 566.867 € | 552.784 € | 538.811 € | 524.923 € | 511.101 € |
| 60.000 € | 705.151 € | 688.835 € | 672.752 € | 656.870 € | 641.156 € | 625.582 € | 610.121 € | 594.746 € | 579.434 € |
| 63.000 € | 785.499 € | 767.647 € | 750.045 € | 732.655 € | 715.445 € | 698.380 € | 681.431 € | 664.568 € | 647.767 € |
| 66.000 € | 865.847 € | 846.459 € | 827.337 € | 808.441 € | 789.733 € | 771.178 € | 752.741 € | 734.391 € | 716.099 € |
| 69.000 € | 946.195 € | 925.271 € | 904.629 € | 884.227 € | 864.022 € | 843.975 € | 824.051 € | 804.214 € | 784.432 € |
| 72.000 € | 1.026.543 € | 1.004.083 € | 981.922 € | 960.013 € | 938.310 € | 916.773 € | 895.361 € | 874.036 € | 852.764 € |
| 75.000 € | 1.106.891 € | 1.082.895 € | 1.059.214 € | 1.035.798 € | 1.012.599 € | 989.571 € | 966.671 € | 943.859 € | 921.097 € |
| 78.000 € | 1.187.239 € | 1.161.707 € | 1.136.507 € | 1.111.584 € | 1.086.888 € | 1.062.369 € | 1.037.981 € | 1.013.682 € | 989.430 € |
| 81.000 € | 1.267.587 € | 1.240.519 € | 1.213.799 € | 1.187.370 € | 1.161.176 € | 1.135.167 € | 1.109.291 € | 1.083.504 € | 1.057.762 € |
| 84.000 € | 1.347.935 € | 1.319.331 € | 1.291.091 € | 1.263.155 € | 1.235.465 € | 1.207.964 € | 1.180.601 € | 1.153.327 € | 1.126.095 € |
| 87.000 € | 1.428.283 € | 1.398.143 € | 1.368.384 € | 1.338.941 € | 1.309.753 € | 1.280.762 € | 1.251.912 € | 1.223.150 € | 1.194.428 € |
| 90.000 € | 1.508.630 € | 1.476.955 € | 1.445.676 € | 1.414.727 € | 1.384.042 € | 1.353.560 € | 1.323.222 € | 1.292.972 € | 1.262.760 € |
| 93.000 € | 1.588.978 € | 1.555.767 € | 1.522.968 € | 1.490.513 € | 1.458.331 € | 1.426.358 € | 1.394.532 € | 1.362.795 € | 1.331.093 € |
| 96.000 € | 1.669.326 € | 1.634.578 € | 1.600.261 € | 1.566.298 € | 1.532.619 € | 1.499.155 € | 1.465.842 € | 1.432.618 € | 1.399.426 € |
| 99.000 € | 1.749.674 € | 1.713.390 € | 1.677.553 € | 1.642.084 € | 1.606.908 € | 1.571.953 € | 1.537.152 € | 1.502.440 € | 1.467.758 € |
| 102.000 € | 1.830.022 € | 1.792.202 € | 1.754.846 € | 1.717.870 € | 1.681.196 € | 1.644.751 € | 1.608.462 € | 1.572.263 € | 1.536.091 € |
| 105.000 € | 1.910.370 € | 1.871.014 € | 1.832.138 € | 1.793.655 € | 1.755.485 € | 1.717.549 € | 1.679.772 € | 1.642.086 € | 1.604.423 € |
| 108.000 € | 1.990.718 € | 1.949.826 € | 1.909.430 € | 1.869.441 € | 1.829.774 € | 1.790.346 € | 1.751.082 € | 1.711.909 € | 1.672.756 € |
| 111.000 € | 2.071.066 € | 2.028.638 € | 1.986.723 € | 1.945.227 € | 1.904.062 € | 1.863.144 € | 1.822.392 € | 1.781.731 € | 1.741.089 € |
| 114.000 € | 2.151.414 € | 2.107.450 € | 2.064.015 € | 2.021.013 € | 1.978.351 € | 1.935.942 € | 1.893.703 € | 1.851.554 € | 1.809.421 € |
| 117.000 € | 2.231.762 € | 2.186.262 € | 2.141.307 € | 2.096.798 € | 2.052.639 € | 2.008.740 € | 1.965.013 € | 1.921.377 € | 1.877.754 € |
| 120.000 € | 2.312.110 € | 2.265.074 € | 2.218.600 € | 2.172.584 € | 2.126.928 € | 2.081.537 € | 2.036.323 € | 1.991.199 € | 1.946.087 € |

# TABLA 2.C.4

## Lucro cesante por incapacidad para desarrollar cualquier trabajo o actividad profesional (absoluta)

| Ingreso neto | Edad del lesionado | | | | | | | | |
|---|---|---|---|---|---|---|---|---|---|
| Hasta | 34 | 35 | 36 | 37 | 38 | 39 | 40 | 41 | 42 |
| 9.000 € | 25.642 € | 24.486 € | 23.345 € | 22.221 € | 21.112 € | 20.019 € | 18.942 € | 17.882 € | 16.838 € |
| 12.000 € | 34.190 € | 32.648 € | 31.127 € | 29.628 € | 28.149 € | 26.692 € | 25.256 € | 23.842 € | 22.451 € |
| 15.000 € | 42.737 € | 40.809 € | 38.909 € | 37.035 € | 35.187 € | 33.365 € | 31.571 € | 29.803 € | 28.063 € |
| 18.000 € | 51.285 € | 48.971 € | 46.691 € | 44.442 € | 42.224 € | 40.038 € | 37.885 € | 35.764 € | 33.676 € |
| 21.000 € | 59.832 € | 57.133 € | 54.472 € | 51.849 € | 49.262 € | 46.711 € | 44.199 € | 41.724 € | 39.289 € |
| 24.000 € | 68.379 € | 65.295 € | 62.254 € | 59.255 € | 56.299 € | 53.385 € | 50.513 € | 47.685 € | 44.902 € |
| 27.000 € | 76.927 € | 73.457 € | 70.036 € | 66.662 € | 63.336 € | 60.058 € | 56.827 € | 53.645 € | 50.514 € |
| 30.000 € | 85.474 € | 81.619 € | 77.818 € | 74.069 € | 70.374 € | 66.731 € | 63.141 € | 59.606 € | 56.127 € |
| 33.000 € | 94.022 € | 89.781 € | 85.599 € | 81.476 € | 77.411 € | 73.404 € | 69.455 € | 65.566 € | 61.740 € |
| 36.000 € | 102.569 € | 97.943 € | 93.381 € | 88.883 € | 84.448 € | 80.077 € | 75.769 € | 71.527 € | 67.352 € |
| 39.000 € | 111.117 € | 106.105 € | 101.163 € | 96.290 € | 91.486 € | 86.750 € | 82.083 € | 77.488 € | 72.965 € |
| 42.000 € | 163.139 € | 156.908 € | 150.741 € | 144.635 € | 138.588 € | 132.599 € | 126.667 € | 120.793 € | 114.977 € |
| 45.000 € | 229.976 € | 222.242 € | 214.562 € | 206.931 € | 199.344 € | 191.799 € | 184.292 € | 176.824 € | 169.394 € |
| 48.000 € | 296.814 € | 287.577 € | 278.383 € | 269.226 € | 260.100 € | 250.998 € | 241.918 € | 232.856 € | 223.810 € |
| 51.000 € | 363.651 € | 352.911 € | 342.204 € | 331.522 € | 320.855 € | 310.197 € | 299.543 € | 288.887 € | 278.226 € |
| 54.000 € | 430.488 € | 418.245 € | 406.025 € | 393.817 € | 381.611 € | 369.397 € | 357.168 € | 344.918 € | 332.643 € |
| 57.000 € | 497.326 € | 483.579 € | 469.846 € | 456.113 € | 442.366 € | 428.596 € | 414.793 € | 400.949 € | 387.059 € |
| 60.000 € | 564.163 € | 548.914 € | 533.668 € | 518.408 € | 503.122 € | 487.795 € | 472.418 € | 456.981 € | 441.475 € |
| 63.000 € | 631.001 € | 614.248 € | 597.489 € | 580.704 € | 563.877 € | 546.995 € | 530.043 € | 513.012 € | 495.891 € |
| 66.000 € | 697.838 € | 679.582 € | 661.310 € | 642.999 € | 624.633 € | 606.194 € | 587.668 € | 569.043 € | 550.308 € |
| 69.000 € | 764.675 € | 744.917 € | 725.131 € | 705.295 € | 685.389 € | 665.393 € | 645.293 € | 625.074 € | 604.724 € |
| 72.000 € | 831.513 € | 810.251 € | 788.952 € | 767.590 € | 746.144 € | 724.593 € | 702.919 € | 681.106 € | 659.140 € |
| 75.000 € | 898.350 € | 875.585 € | 852.773 € | 829.886 € | 806.900 € | 783.792 € | 760.544 € | 737.137 € | 713.556 € |
| 78.000 € | 965.187 € | 940.919 € | 916.594 € | 892.181 € | 867.655 € | 842.992 € | 818.169 € | 793.168 € | 767.973 € |
| 81.000 € | 1.032.025 € | 1.006.254 € | 980.415 € | 954.477 € | 928.411 € | 902.191 € | 875.794 € | 849.199 € | 822.389 € |
| 84.000 € | 1.098.862 € | 1.071.588 € | 1.044.236 € | 1.016.772 € | 989.166 € | 961.390 € | 933.419 € | 905.231 € | 876.805 € |
| 87.000 € | 1.165.699 € | 1.136.922 € | 1.108.057 € | 1.079.068 € | 1.049.922 € | 1.020.590 € | 991.044 € | 961.262 € | 931.222 € |
| 90.000 € | 1.232.537 € | 1.202.256 € | 1.171.878 € | 1.141.363 € | 1.110.678 € | 1.079.789 € | 1.048.669 € | 1.017.293 € | 985.638 € |
| 93.000 € | 1.299.374 € | 1.267.591 € | 1.235.699 € | 1.203.659 € | 1.171.433 € | 1.138.988 € | 1.106.294 € | 1.073.324 € | 1.040.054 € |
| 96.000 € | 1.366.211 € | 1.332.925 € | 1.299.520 € | 1.265.954 € | 1.232.189 € | 1.198.188 € | 1.163.919 € | 1.129.355 € | 1.094.470 € |
| 99.000 € | 1.433.049 € | 1.398.259 € | 1.363.341 € | 1.328.250 € | 1.292.944 € | 1.257.387 € | 1.221.545 € | 1.185.387 € | 1.148.887 € |
| 102.000 € | 1.499.886 € | 1.463.593 € | 1.427.162 € | 1.390.545 € | 1.353.700 € | 1.316.586 € | 1.279.170 € | 1.241.418 € | 1.203.303 € |
| 105.000 € | 1.566.723 € | 1.528.928 € | 1.490.983 € | 1.452.841 € | 1.414.455 € | 1.375.786 € | 1.336.795 € | 1.297.449 € | 1.257.719 € |
| 108.000 € | 1.633.561 € | 1.594.262 € | 1.554.804 € | 1.515.136 € | 1.475.211 € | 1.434.985 € | 1.394.420 € | 1.353.480 € | 1.312.135 € |
| 111.000 € | 1.700.398 € | 1.659.596 € | 1.618.625 € | 1.577.432 € | 1.535.967 € | 1.494.185 € | 1.452.045 € | 1.409.512 € | 1.366.552 € |
| 114.000 € | 1.767.235 € | 1.724.931 € | 1.682.447 € | 1.639.728 € | 1.596.722 € | 1.553.384 € | 1.509.670 € | 1.465.543 € | 1.420.968 € |
| 117.000 € | 1.834.073 € | 1.790.265 € | 1.746.268 € | 1.702.023 € | 1.657.478 € | 1.612.583 € | 1.567.295 € | 1.521.574 € | 1.475.384 € |
| 120.000 € | 1.900.910 € | 1.855.599 € | 1.810.089 € | 1.764.319 € | 1.718.233 € | 1.671.783 € | 1.624.920 € | 1.577.605 € | 1.529.800 € |

## TABLA 2.C.4
## Lucro cesante por incapacidad para desarrollar cualquier trabajo o actividad profesional (absoluta)

| Ingreso neto | Edad del lesionado | | | | | | | | |
|---|---|---|---|---|---|---|---|---|---|
| Hasta | 43 | 44 | 45 | 46 | 47 | 48 | 49 | 50 | 51 |
| 9.000 € | 15.812 € | 14.804 € | 13.815 € | 12.846 € | 11.898 € | 10.972 € | 10.070 € | 9.192 € | 8.340 € |
| 12.000 € | 21.082 € | 19.738 € | 18.420 € | 17.128 € | 15.864 € | 14.630 € | 13.427 € | 12.256 € | 11.121 € |
| 15.000 € | 26.353 € | 24.673 € | 23.025 € | 21.410 € | 19.830 € | 18.287 € | 16.783 € | 15.320 € | 13.901 € |
| 18.000 € | 31.624 € | 29.608 € | 27.630 € | 25.692 € | 23.796 € | 21.944 € | 20.140 € | 18.384 € | 16.681 € |
| 21.000 € | 36.894 € | 34.542 € | 32.235 € | 29.974 € | 27.762 € | 25.602 € | 23.496 € | 21.448 € | 19.461 € |
| 24.000 € | 42.165 € | 39.477 € | 36.840 € | 34.256 € | 31.728 € | 29.259 € | 26.853 € | 24.512 € | 22.241 € |
| 27.000 € | 47.436 € | 44.411 € | 41.445 € | 38.538 € | 35.694 € | 32.917 € | 30.210 € | 27.577 € | 25.021 € |
| 30.000 € | 52.706 € | 49.346 € | 46.050 € | 42.820 € | 39.660 € | 36.574 € | 33.566 € | 30.641 € | 27.801 € |
| 33.000 € | 57.977 € | 54.281 € | 50.654 € | 47.102 € | 43.626 € | 40.232 € | 36.923 € | 33.705 € | 30.582 € |
| 36.000 € | 63.247 € | 59.215 € | 55.259 € | 51.384 € | 47.592 € | 43.889 € | 40.280 € | 36.769 € | 33.362 € |
| 39.000 € | 68.518 € | 64.150 € | 59.864 € | 55.666 € | 51.558 € | 47.546 € | 43.636 € | 39.833 € | 36.142 € |
| 42.000 € | 109.222 € | 103.530 € | 97.903 € | 92.345 € | 86.861 € | 81.453 € | 76.127 € | 70.888 € | 65.740 € |
| 45.000 € | 162.001 € | 154.648 € | 147.335 € | 140.065 € | 132.842 € | 125.667 € | 118.546 € | 111.481 € | 104.476 € |
| 48.000 € | 214.780 € | 205.765 € | 196.767 € | 187.785 € | 178.823 € | 169.882 € | 160.965 € | 152.074 € | 143.213 € |
| 51.000 € | 267.559 € | 256.883 € | 246.198 € | 235.505 € | 224.804 € | 214.096 € | 203.384 € | 192.668 € | 181.950 € |
| 54.000 € | 320.338 € | 308.001 € | 295.630 € | 283.225 € | 270.785 € | 258.311 € | 245.803 € | 233.261 € | 220.686 € |
| 57.000 € | 373.117 € | 359.119 € | 345.062 € | 330.945 € | 316.766 € | 302.525 € | 288.221 € | 273.854 € | 259.423 € |
| 60.000 € | 425.895 € | 410.236 € | 394.494 € | 378.665 € | 362.748 € | 346.740 € | 330.640 € | 314.447 € | 298.159 € |
| 63.000 € | 478.674 € | 461.354 € | 443.926 € | 426.385 € | 408.729 € | 390.954 € | 373.059 € | 355.041 € | 336.896 € |
| 66.000 € | 531.453 € | 512.472 € | 493.357 € | 474.105 € | 454.710 € | 435.169 € | 415.478 € | 395.634 € | 375.632 € |
| 69.000 € | 584.232 € | 563.589 € | 542.789 € | 521.825 € | 500.691 € | 479.383 € | 457.897 € | 436.227 € | 414.369 € |
| 72.000 € | 637.011 € | 614.707 € | 592.221 € | 569.545 € | 546.672 € | 523.598 € | 500.316 € | 476.820 € | 453.105 € |
| 75.000 € | 689.790 € | 665.825 € | 641.653 € | 617.265 € | 592.654 € | 567.812 € | 542.735 € | 517.414 € | 491.842 € |
| 78.000 € | 742.568 € | 716.943 € | 691.085 € | 664.985 € | 638.635 € | 612.027 € | 585.153 € | 558.007 € | 530.579 € |
| 81.000 € | 795.347 € | 768.060 € | 740.516 € | 712.705 € | 684.616 € | 656.241 € | 627.572 € | 598.600 € | 569.315 € |
| 84.000 € | 848.126 € | 819.178 € | 789.948 € | 760.425 € | 730.597 € | 700.456 € | 669.991 € | 639.193 € | 608.052 € |
| 87.000 € | 900.905 € | 870.296 € | 839.380 € | 808.145 € | 776.578 € | 744.670 € | 712.410 € | 679.787 € | 646.788 € |
| 90.000 € | 953.684 € | 921.414 € | 888.812 € | 855.864 € | 822.559 € | 788.885 € | 754.829 € | 720.380 € | 685.525 € |
| 93.000 € | 1.006.463 € | 972.531 € | 938.243 € | 903.584 € | 868.541 € | 833.099 € | 797.248 € | 760.973 € | 724.261 € |
| 96.000 € | 1.059.241 € | 1.023.649 € | 987.675 € | 951.304 € | 914.522 € | 877.314 € | 839.667 € | 801.567 € | 762.998 € |
| 99.000 € | 1.112.020 € | 1.074.767 € | 1.037.107 € | 999.024 € | 960.503 € | 921.528 € | 882.086 € | 842.160 € | 801.734 € |
| 102.000 € | 1.164.799 € | 1.125.884 € | 1.086.539 € | 1.046.744 € | 1.006.484 € | 965.743 € | 924.504 € | 882.753 € | 840.471 € |
| 105.000 € | 1.217.578 € | 1.177.002 € | 1.135.971 € | 1.094.464 € | 1.052.465 € | 1.009.957 € | 966.923 € | 923.346 € | 879.208 € |
| 108.000 € | 1.270.357 € | 1.228.120 € | 1.185.402 € | 1.142.184 € | 1.098.446 € | 1.054.172 € | 1.009.342 € | 963.940 € | 917.944 € |
| 111.000 € | 1.323.136 € | 1.279.238 € | 1.234.834 € | 1.189.904 € | 1.144.428 € | 1.098.386 € | 1.051.761 € | 1.004.533 € | 956.681 € |
| 114.000 € | 1.375.915 € | 1.330.355 € | 1.284.266 € | 1.237.624 € | 1.190.409 € | 1.142.601 € | 1.094.180 € | 1.045.126 € | 995.417 € |
| 117.000 € | 1.428.693 € | 1.381.473 € | 1.333.698 € | 1.285.344 € | 1.236.390 € | 1.186.815 € | 1.136.599 € | 1.085.719 € | 1.034.154 € |
| 120.000 € | 1.481.472 € | 1.432.591 € | 1.383.130 € | 1.333.064 € | 1.282.371 € | 1.231.030 € | 1.179.018 € | 1.126.313 € | 1.072.890 € |

## TABLA 2.C.4

### Lucro cesante por incapacidad para desarrollar cualquier trabajo o actividad profesional (absoluta)

| Ingreso neto | Edad del lesionado | | | | | | | | | | |
|---|---|---|---|---|---|---|---|---|---|---|---|
| Hasta | 52 | 53 | 54 | 55 | 56 | 57 | 58 | 59 | 60 | 61 | 62 |
| 9.000 € | 7.516 € | 6.723 € | 5.962 € | 5.211 € | 4.485 € | 3.799 € | 3.157 € | 3.000 € | 3.000 € | 3.000 € | 3.000 € |
| 12.000 € | 10.021 € | 8.964 € | 7.949 € | 6.949 € | 5.980 € | 5.065 € | 4.210 € | 3.419 € | 3.000 € | 3.000 € | 3.000 € |
| 15.000 € | 12.527 € | 11.205 € | 9.937 € | 8.686 € | 7.475 € | 6.332 € | 5.262 € | 4.273 € | 3.370 € | 3.000 € | 3.000 € |
| 18.000 € | 15.032 € | 13.446 € | 11.924 € | 10.423 € | 8.970 € | 7.598 € | 6.314 € | 5.128 € | 4.044 € | 3.071 € | 3.000 € |
| 21.000 € | 17.538 € | 15.687 € | 13.911 € | 12.160 € | 10.465 € | 8.865 € | 7.367 € | 5.982 € | 4.719 € | 3.583 € | 3.000 € |
| 24.000 € | 20.043 € | 17.929 € | 15.899 € | 13.897 € | 11.960 € | 10.131 € | 8.419 € | 6.837 € | 5.393 € | 4.095 € | 3.000 € |
| 27.000 € | 22.548 € | 20.170 € | 17.886 € | 15.634 € | 13.455 € | 11.397 € | 9.471 € | 7.692 € | 6.067 € | 4.606 € | 3.322 € |
| 30.000 € | 25.054 € | 22.411 € | 19.873 € | 17.372 € | 14.950 € | 12.664 € | 10.524 € | 8.546 € | 6.741 € | 5.118 € | 3.691 € |
| 33.000 € | 27.559 € | 24.652 € | 21.861 € | 19.109 € | 16.445 € | 13.930 € | 11.576 € | 9.401 € | 7.415 € | 5.630 € | 4.060 € |
| 36.000 € | 30.064 € | 26.893 € | 23.848 € | 20.846 € | 17.940 € | 15.196 € | 12.629 € | 10.256 € | 8.089 € | 6.142 € | 4.429 € |
| 39.000 € | 32.570 € | 29.134 € | 25.835 € | 22.583 € | 19.435 € | 16.463 € | 13.681 € | 11.110 € | 8.763 € | 6.654 € | 4.798 € |
| 42.000 € | 60.689 € | 55.762 € | 50.956 € | 46.079 € | 41.214 € | 36.483 € | 31.899 € | 27.490 € | 23.266 € | 19.237 € | 15.417 € |
| 45.000 € | 97.536 € | 90.700 € | 83.959 € | 76.989 € | 69.904 € | 62.893 € | 55.967 € | 49.161 € | 42.481 € | 35.935 € | 29.529 € |
| 48.000 € | 134.384 € | 125.638 € | 116.962 € | 107.900 € | 98.595 € | 89.303 € | 80.034 € | 70.832 € | 61.697 € | 52.632 € | 43.641 € |
| 51.000 € | 171.231 € | 160.575 € | 149.965 € | 138.810 € | 127.285 € | 115.713 € | 104.102 € | 92.502 € | 80.912 € | 69.329 € | 57.753 € |
| 54.000 € | 208.079 € | 195.513 € | 182.968 € | 169.720 € | 155.976 € | 142.124 € | 128.169 € | 114.173 € | 100.127 € | 86.026 € | 71.865 € |
| 57.000 € | 244.926 € | 230.451 € | 215.971 € | 200.630 € | 184.666 € | 168.534 € | 152.237 € | 135.844 € | 119.343 € | 102.724 € | 85.977 € |
| 60.000 € | 281.774 € | 265.389 € | 248.974 € | 231.541 € | 213.357 € | 194.944 € | 176.304 € | 157.514 € | 138.558 € | 119.421 € | 100.089 € |
| 63.000 € | 318.621 € | 300.327 € | 281.978 € | 262.451 € | 242.047 € | 221.354 € | 200.372 € | 179.185 € | 157.773 € | 136.118 € | 114.201 € |
| 66.000 € | 355.469 € | 335.265 € | 314.981 € | 293.361 € | 270.738 € | 247.765 € | 224.440 € | 200.856 € | 176.989 € | 152.816 € | 128.313 € |
| 69.000 € | 392.316 € | 370.203 € | 347.984 € | 324.272 € | 299.428 € | 274.175 € | 248.507 € | 222.526 € | 196.204 € | 169.513 € | 142.425 € |
| 72.000 € | 429.163 € | 405.141 € | 380.987 € | 355.182 € | 328.119 € | 300.585 € | 272.575 € | 244.197 € | 215.420 € | 186.210 € | 156.537 € |
| 75.000 € | 466.011 € | 440.079 € | 413.990 € | 386.092 € | 356.809 € | 326.995 € | 296.642 € | 265.868 € | 234.635 € | 202.907 € | 170.649 € |
| 78.000 € | 502.858 € | 475.017 € | 446.993 € | 417.003 € | 385.500 € | 353.406 € | 320.710 € | 287.539 € | 253.850 € | 219.605 € | 184.761 € |
| 81.000 € | 539.706 € | 509.955 € | 479.996 € | 447.913 € | 414.190 € | 379.816 € | 344.777 € | 309.209 € | 273.066 € | 236.302 € | 198.873 € |
| 84.000 € | 576.553 € | 544.893 € | 513.000 € | 478.823 € | 442.881 € | 406.226 € | 368.845 € | 330.880 € | 292.281 € | 252.999 € | 212.985 € |
| 87.000 € | 613.401 € | 579.831 € | 546.003 € | 509.734 € | 471.571 € | 432.636 € | 392.912 € | 352.551 € | 311.496 € | 269.696 € | 227.097 € |
| 90.000 € | 650.248 € | 614.769 € | 579.006 € | 540.644 € | 500.262 € | 459.047 € | 416.980 € | 374.221 € | 330.712 € | 286.394 € | 241.209 € |
| 93.000 € | 687.096 € | 649.707 € | 612.009 € | 571.554 € | 528.952 € | 485.457 € | 441.047 € | 395.892 € | 349.927 € | 303.091 € | 255.321 € |
| 96.000 € | 723.943 € | 684.644 € | 645.012 € | 602.465 € | 557.643 € | 511.867 € | 465.115 € | 417.563 € | 369.142 € | 319.788 € | 269.433 € |
| 99.000 € | 760.790 € | 719.582 € | 678.015 € | 633.375 € | 586.333 € | 538.277 € | 489.183 € | 439.233 € | 388.358 € | 336.486 € | 283.545 € |
| 102.000 € | 797.638 € | 754.520 € | 711.018 € | 664.285 € | 615.024 € | 564.688 € | 513.250 € | 460.904 € | 407.573 € | 353.183 € | 297.657 € |
| 105.000 € | 834.485 € | 789.458 € | 744.022 € | 695.196 € | 643.714 € | 591.098 € | 537.318 € | 482.575 € | 426.789 € | 369.880 € | 311.769 € |
| 108.000 € | 871.333 € | 824.396 € | 777.025 € | 726.106 € | 672.405 € | 617.508 € | 561.385 € | 504.245 € | 446.004 € | 386.577 € | 325.881 € |
| 111.000 € | 908.180 € | 859.334 € | 810.028 € | 757.016 € | 701.096 € | 643.918 € | 585.453 € | 525.916 € | 465.219 € | 403.275 € | 339.993 € |
| 114.000 € | 945.028 € | 894.272 € | 843.031 € | 787.927 € | 729.786 € | 670.329 € | 609.520 € | 547.587 € | 484.435 € | 419.972 € | 354.105 € |
| 117.000 € | 981.875 € | 929.210 € | 876.034 € | 818.837 € | 758.477 € | 696.739 € | 633.588 € | 569.257 € | 503.650 € | 436.669 € | 368.217 € |
| 120.000 € | 1.018.723 € | 964.148 € | 909.037 € | 849.747 € | 787.167 € | 723.149 € | 657.655 € | 590.928 € | 522.865 € | 453.367 € | 382.329 € |

## TABLA 2.C.4
## Lucro cesante por incapacidad para desarrollar cualquier trabajo o actividad profesional (absoluta)

| Ingreso neto | Edad del lesionado | | | | |
|---|---|---|---|---|---|
| Hasta | 63 | 64 | 65 | 66 | 67 o más |
| 9.000 € | 3.000 € | 3.000 € | 3.000 € | 3.000 € | 3.000 € |
| 12.000 € | 3.000 € | 3.000 € | 3.000 € | 3.000 € | 3.000 € |
| 15.000 € | 3.000 € | 3.000 € | 3.000 € | 3.000 € | 3.000 € |
| 18.000 € | 3.000 € | 3.000 € | 3.000 € | 3.000 € | 3.000 € |
| 21.000 € | 3.000 € | 3.000 € | 3.000 € | 3.000 € | 3.000 € |
| 24.000 € | 3.000 € | 3.000 € | 3.000 € | 3.000 € | 3.000 € |
| 27.000 € | 3.000 € | 3.000 € | 3.000 € | 3.000 € | 3.000 € |
| 30.000 € | 3.000 € | 3.000 € | 3.000 € | 3.000 € | 3.000 € |
| 33.000 € | 3.000 € | 3.000 € | 3.000 € | 3.000 € | 3.000 € |
| 36.000 € | 3.000 € | 3.000 € | 3.000 € | 3.000 € | 3.000 € |
| 39.000 € | 3.214 € | 3.000 € | 3.000 € | 3.000 € | 3.000 € |
| 42.000 € | 11.820 € | 8.461 € | 5.359 € | 3.000 € | 3.000 € |
| 45.000 € | 23.275 € | 17.182 € | 11.265 € | 5.531 € | 3.000 € |
| 48.000 € | 34.730 € | 25.904 € | 17.170 € | 8.531 € | 3.000 € |
| 51.000 € | 46.185 € | 34.625 € | 23.075 € | 11.531 € | 3.000 € |
| 54.000 € | 57.640 € | 43.346 € | 28.981 € | 14.531 € | 3.000 € |
| 57.000 € | 69.095 € | 52.067 € | 34.886 € | 17.531 € | 3.000 € |
| 60.000 € | 80.549 € | 60.788 € | 40.791 € | 20.531 € | 3.000 € |
| 63.000 € | 92.004 € | 69.509 € | 46.697 € | 23.531 € | 3.000 € |
| 66.000 € | 103.459 € | 78.230 € | 52.602 € | 26.531 € | 3.000 € |
| 69.000 € | 114.914 € | 86.951 € | 58.507 € | 29.531 € | 3.000 € |
| 72.000 € | 126.369 € | 95.672 € | 64.413 € | 32.531 € | 3.000 € |
| 75.000 € | 137.824 € | 104.393 € | 70.318 € | 35.531 € | 3.000 € |
| 78.000 € | 149.279 € | 113.114 € | 76.224 € | 38.531 € | 3.000 € |
| 81.000 € | 160.734 € | 121.835 € | 82.129 € | 41.531 € | 3.000 € |
| 84.000 € | 172.189 € | 130.556 € | 88.034 € | 44.531 € | 3.000 € |
| 87.000 € | 183.644 € | 139.277 € | 93.940 € | 47.531 € | 3.000 € |
| 90.000 € | 195.099 € | 147.998 € | 99.845 € | 50.531 € | 3.000 € |
| 93.000 € | 206.554 € | 156.719 € | 105.750 € | 53.531 € | 3.000 € |
| 96.000 € | 218.009 € | 165.440 € | 111.656 € | 56.531 € | 3.000 € |
| 99.000 € | 229.464 € | 174.161 € | 117.561 € | 59.531 € | 3.000 € |
| 102.000 € | 240.918 € | 182.883 € | 123.466 € | 62.531 € | 3.000 € |
| 105.000 € | 252.373 € | 191.604 € | 129.372 € | 65.531 € | 3.000 € |
| 108.000 € | 263.828 € | 200.325 € | 135.277 € | 68.531 € | 3.000 € |
| 111.000 € | 275.283 € | 209.046 € | 141.182 € | 71.531 € | 3.000 € |
| 114.000 € | 286.738 € | 217.767 € | 147.088 € | 74.531 € | 3.000 € |
| 117.000 € | 298.193 € | 226.488 € | 152.993 € | 77.531 € | 3.000 € |
| 120.000 € | 309.648 € | 235.209 € | 158.898 € | 80.531 € | 3.000 € |

TABLA 2.c.4.h

Lucro cesante por incapacidad para realizar cualquier trabajo o actividad profesional (absoluta) y dedicación a tareas del hogar

Ingreso neto / Edad del lesionado

| Hasta | 30 | 31 | 32 | 33 | 34 | 35 | 36 | 37 | 38 | 39 |
|---|---|---|---|---|---|---|---|---|---|---|
| 18.000 € | 436.787 € | 427.861 € | 418.936 € | 409.996 € | 401.024 € | 392.006 € | 382.926 € | 373.773 € | 364.533 € | 355.196 € |
| 21.000 € | 509.584 € | 499.171 € | 488.759 € | 478.328 € | 467.861 € | 457.340 € | 446.747 € | 436.069 € | 425.289 € | 414.396 € |
| 24.000 € | 582.382 € | 570.481 € | 558.581 € | 546.661 € | 534.699 € | 522.674 € | 510.568 € | 498.364 € | 486.045 € | 473.595 € |
| 27.000 € | 655.180 € | 641.791 € | 628.404 € | 614.994 € | 601.536 € | 588.008 € | 574.389 € | 560.660 € | 546.800 € | 532.794 € |

Ingreso neto / Edad del lesionado

| Hasta | 40 | 41 | 42 | 43 | 44 | 45 | 46 | 47 | 48 | 49 |
|---|---|---|---|---|---|---|---|---|---|---|
| 18.000 € | 345.751 € | 336.187 € | 326.498 € | 316.673 € | 306.706 € | 296.591 € | 286.320 € | 275.887 € | 265.287 € | 254.513 € |
| 21.000 € | 403.376 € | 392.219 € | 380.914 € | 369.452 € | 357.824 € | 346.022 € | 334.040 € | 321.868 € | 309.501 € | 296.932 € |
| 24.000 € | 461.001 € | 448.250 € | 435.330 € | 422.231 € | 408.942 € | 395.454 € | 381.760 € | 367.849 € | 353.716 € | 339.351 € |
| 27.000 € | 518.626 € | 504.281 € | 489.746 € | 475.010 € | 460.060 € | 444.886 € | 429.479 € | 413.831 € | 397.930 € | 381.770 € |

Ingreso neto / Edad del lesionado

| Hasta | 50 | 51 | 52 | 53 | 54 | 55 | 56 | 57 | 58 | 59 |
|---|---|---|---|---|---|---|---|---|---|---|
| 18.000 € | 243.560 € | 232.419 € | 221.085 € | 209.628 € | 198.019 € | 185.462 € | 172.143 € | 158.462 € | 144.405 € | 130.024 € |
| 21.000 € | 284.153 € | 271.156 € | 257.932 € | 244.566 € | 231.022 € | 216.372 € | 200.834 € | 184.872 € | 168.473 € | 151.695 € |
| 24.000 € | 324.746 € | 309.892 € | 294.780 € | 279.503 € | 264.025 € | 247.283 € | 229.524 € | 211.282 € | 192.540 € | 173.365 € |
| 27.000 € | 365.339 € | 348.629 € | 331.627 € | 314.441 € | 297.028 € | 278.193 € | 258.215 € | 237.692 € | 216.608 € | 195.036 € |

Ingreso neto / Edad del lesionado

| Hasta | 60 | 61 | 62 | 63 | 64 | 65 | 66 o más |
|---|---|---|---|---|---|---|---|
| 18.000 € | 115.292 € | 100.184 € | 84.672 € | 68.730 € | 52.326 € | 35.432 € | 18.000 € |
| 21.000 € | 134.508 € | 116.881 € | 98.784 € | 80.184 € | 61.047 € | 41.337 € | 21.000 € |
| 24.000 € | 153.723 € | 133.578 € | 112.896 € | 91.639 € | 69.768 € | 47.243 € | 24.000 € |
| 27.000 € | 172.938 € | 150.276 € | 127.008 € | 103.094 € | 78.489 € | 53.148 € | 27.000 € |

## TABLA 2.C.5
## Lucro cesante por incapacidad para desarrollar su trabajo o actividad profesional (total)

| Ingreso neto | Edad del lesionado | | | | | | | | |
|---|---|---|---|---|---|---|---|---|---|
| Hasta | 16 | 17 | 18 | 19 | 20 | 21 | 22 | 23 | 24 |
| 9.000 € | 54.647 € | 53.684 € | 52.743 € | 51.816 € | 50.907 € | 50.014 € | 49.136 € | 48.275 € | 47.428 € |
| 12.000 € | 72.863 € | 71.579 € | 70.324 € | 69.089 € | 67.876 € | 66.685 € | 65.515 € | 64.366 € | 63.237 € |
| 15.000 € | 91.078 € | 89.474 € | 87.904 € | 86.361 € | 84.845 € | 83.356 € | 81.894 € | 80.458 € | 79.047 € |
| 18.000 € | 109.294 € | 107.369 € | 105.485 € | 103.633 € | 101.814 € | 100.027 € | 98.273 € | 96.549 € | 94.856 € |
| 21.000 € | 127.509 € | 125.264 € | 123.066 € | 120.905 € | 118.783 € | 116.699 € | 114.652 € | 112.641 € | 110.665 € |
| 24.000 € | 145.725 € | 143.158 € | 140.647 € | 138.177 € | 135.752 € | 133.370 € | 131.030 € | 128.732 € | 126.474 € |
| 27.000 € | 163.941 € | 161.053 € | 158.228 € | 155.449 € | 152.721 € | 150.041 € | 147.409 € | 144.824 € | 142.284 € |
| 30.000 € | 182.156 € | 178.948 € | 175.809 € | 172.722 € | 169.690 € | 166.712 € | 163.788 € | 160.915 € | 158.093 € |
| 33.000 € | 200.372 € | 196.843 € | 193.390 € | 189.994 € | 186.659 € | 183.384 € | 180.167 € | 177.007 € | 173.902 € |
| 36.000 € | 218.588 € | 214.738 € | 210.971 € | 207.266 € | 203.628 € | 200.055 € | 196.546 € | 193.098 € | 189.712 € |
| 39.000 € | 236.803 € | 232.632 € | 228.551 € | 224.538 € | 220.597 € | 216.726 € | 212.924 € | 209.190 € | 205.521 € |
| 42.000 € | 255.019 € | 250.527 € | 246.132 € | 241.810 € | 237.566 € | 233.397 € | 229.303 € | 225.281 € | 221.330 € |
| 45.000 € | 273.235 € | 268.422 € | 263.713 € | 259.082 € | 254.535 € | 250.069 € | 245.682 € | 241.373 € | 237.140 € |
| 48.000 € | 291.450 € | 286.317 € | 281.294 € | 276.354 € | 271.504 € | 266.740 € | 262.061 € | 257.464 € | 252.949 € |
| 51.000 € | 333.270 € | 327.535 € | 321.918 € | 316.387 € | 310.947 € | 305.597 € | 300.334 € | 295.156 € | 290.060 € |
| 54.000 € | 402.936 € | 396.269 € | 389.727 € | 383.269 € | 376.904 € | 370.628 € | 364.438 € | 358.330 € | 352.301 € |
| 57.000 € | 472.602 € | 465.004 € | 457.535 € | 450.151 € | 442.861 € | 435.659 € | 428.541 € | 421.504 € | 414.542 € |
| 60.000 € | 542.267 € | 533.738 € | 525.344 € | 517.034 € | 508.818 € | 500.690 € | 492.645 € | 484.677 € | 476.783 € |
| 63.000 € | 611.933 € | 602.472 € | 593.152 € | 583.916 € | 574.775 € | 565.721 € | 556.748 € | 547.851 € | 539.024 € |
| 66.000 € | 681.599 € | 671.206 € | 660.961 € | 650.799 € | 640.731 € | 630.751 € | 620.852 € | 611.025 € | 601.265 € |
| 69.000 € | 751.265 € | 739.940 € | 728.770 € | 717.681 € | 706.688 € | 695.782 € | 684.955 € | 674.199 € | 663.506 € |
| 72.000 € | 820.931 € | 808.674 € | 796.578 € | 784.564 € | 772.645 € | 760.813 € | 749.059 € | 737.373 € | 725.747 € |
| 75.000 € | 890.597 € | 877.408 € | 864.387 € | 851.446 € | 838.602 € | 825.844 € | 813.162 € | 800.547 € | 787.988 € |
| 78.000 € | 960.262 € | 946.142 € | 932.195 € | 918.329 € | 904.559 € | 890.875 € | 877.266 € | 863.720 € | 850.229 € |
| 81.000 € | 1.029.928 € | 1.014.876 € | 1.000.004 € | 985.211 € | 970.516 € | 955.906 € | 941.369 € | 926.894 € | 912.470 € |
| 84.000 € | 1.099.594 € | 1.083.610 € | 1.067.812 € | 1.052.094 € | 1.036.473 € | 1.020.936 € | 1.005.473 € | 990.068 € | 974.711 € |
| 87.000 € | 1.169.260 € | 1.152.344 € | 1.135.621 € | 1.118.976 € | 1.102.429 € | 1.085.967 € | 1.069.576 € | 1.053.242 € | 1.036.952 € |
| 90.000 € | 1.238.926 € | 1.221.079 € | 1.203.430 € | 1.185.859 € | 1.168.386 € | 1.150.998 € | 1.133.680 € | 1.116.416 € | 1.099.193 € |
| 93.000 € | 1.308.592 € | 1.289.813 € | 1.271.238 € | 1.252.741 € | 1.234.343 € | 1.216.029 € | 1.197.783 € | 1.179.590 € | 1.161.434 € |
| 96.000 € | 1.378.257 € | 1.358.547 € | 1.339.047 € | 1.319.624 € | 1.300.300 € | 1.281.060 € | 1.261.886 € | 1.242.763 € | 1.223.675 € |
| 99.000 € | 1.447.923 € | 1.427.281 € | 1.406.855 € | 1.386.506 € | 1.366.257 € | 1.346.091 € | 1.325.990 € | 1.305.937 € | 1.285.916 € |
| 102.000 € | 1.517.589 € | 1.496.015 € | 1.474.664 € | 1.453.389 € | 1.432.214 € | 1.411.121 € | 1.390.093 € | 1.369.111 € | 1.348.157 € |
| 105.000 € | 1.587.255 € | 1.564.749 € | 1.542.472 € | 1.520.271 € | 1.498.171 € | 1.476.152 € | 1.454.197 € | 1.432.285 € | 1.410.398 € |
| 108.000 € | 1.656.921 € | 1.633.483 € | 1.610.281 € | 1.587.154 € | 1.564.128 € | 1.541.183 € | 1.518.300 € | 1.495.459 € | 1.472.640 € |
| 111.000 € | 1.726.587 € | 1.702.217 € | 1.678.090 € | 1.654.036 € | 1.630.084 € | 1.606.214 € | 1.582.404 € | 1.558.633 € | 1.534.881 € |
| 114.000 € | 1.796.252 € | 1.770.951 € | 1.745.898 € | 1.720.919 € | 1.696.041 € | 1.671.245 € | 1.646.507 € | 1.621.806 € | 1.597.122 € |
| 117.000 € | 1.865.918 € | 1.839.685 € | 1.813.707 € | 1.787.801 € | 1.761.998 € | 1.736.276 € | 1.710.611 € | 1.684.980 € | 1.659.363 € |
| 120.000 € | 1.935.584 € | 1.908.419 € | 1.881.515 € | 1.854.683 € | 1.827.955 € | 1.801.306 € | 1.774.714 € | 1.748.154 € | 1.721.604 € |

# TABLA 2.C.5

## Lucro cesante por incapacidad para desarrollar su trabajo o actividad profesional (total)

| Ingreso neto | Edad del lesionado | | | | | | | | |
|---|---|---|---|---|---|---|---|---|---|
| Hasta | 25 | 26 | 27 | 28 | 29 | 30 | 31 | 32 | 33 |
| 9.000 € | 46.596 € | 45.784 € | 44.983 € | 44.196 € | 43.423 € | 42.666 € | 41.926 € | 41.203 € | 40.499 € |
| 12.000 € | 62.128 € | 61.045 € | 59.977 € | 58.927 € | 57.897 € | 56.888 € | 55.901 € | 54.937 € | 53.999 € |
| 15.000 € | 77.661 € | 76.306 € | 74.971 € | 73.659 € | 72.371 € | 71.110 € | 69.876 € | 68.672 € | 67.499 € |
| 18.000 € | 93.193 € | 91.567 € | 89.966 € | 88.391 € | 86.846 € | 85.332 € | 83.851 € | 82.406 € | 80.998 € |
| 21.000 € | 108.725 € | 106.828 € | 104.960 € | 103.123 € | 101.320 € | 99.554 € | 97.826 € | 96.140 € | 94.498 € |
| 24.000 € | 124.257 € | 122.089 € | 119.954 € | 117.855 € | 115.794 € | 113.776 € | 111.801 € | 109.874 € | 107.998 € |
| 27.000 € | 139.789 € | 137.351 € | 134.949 € | 132.587 € | 130.269 € | 127.998 € | 125.777 € | 123.609 € | 121.497 € |
| 30.000 € | 155.321 € | 152.612 € | 149.943 € | 147.319 € | 144.743 € | 142.220 € | 139.752 € | 137.343 € | 134.997 € |
| 33.000 € | 170.853 € | 167.873 € | 164.937 € | 162.050 € | 159.217 € | 156.442 € | 153.727 € | 151.077 € | 148.497 € |
| 36.000 € | 186.385 € | 183.134 € | 179.931 € | 176.782 € | 173.692 € | 170.663 € | 167.702 € | 164.812 € | 161.996 € |
| 39.000 € | 201.917 € | 198.395 € | 194.926 € | 191.514 € | 188.166 € | 184.885 € | 181.677 € | 178.546 € | 175.496 € |
| 42.000 € | 217.450 € | 213.657 € | 209.920 € | 206.246 € | 202.640 € | 199.107 € | 195.653 € | 192.280 € | 188.996 € |
| 45.000 € | 232.982 € | 228.918 € | 224.914 € | 220.978 € | 217.114 € | 213.329 € | 209.628 € | 206.015 € | 202.496 € |
| 48.000 € | 248.514 € | 244.179 € | 239.909 € | 235.710 € | 231.589 € | 227.551 € | 223.603 € | 219.749 € | 215.995 € |
| 51.000 € | 285.045 € | 280.134 € | 275.285 € | 270.507 € | 265.806 € | 261.188 € | 256.660 € | 252.227 € | 247.895 € |
| 54.000 € | 346.349 € | 340.502 € | 334.708 € | 328.977 € | 323.315 € | 317.730 € | 312.228 € | 306.816 € | 301.501 € |
| 57.000 € | 407.653 € | 400.870 € | 394.131 € | 387.446 € | 380.824 € | 374.272 € | 367.797 € | 361.406 € | 355.107 € |
| 60.000 € | 468.958 € | 461.238 € | 453.553 € | 445.915 € | 438.332 € | 430.813 € | 423.365 € | 415.996 € | 408.713 € |
| 63.000 € | 530.262 € | 521.606 € | 512.976 € | 504.384 € | 495.841 € | 487.355 € | 478.934 € | 470.585 € | 462.319 € |
| 66.000 € | 591.566 € | 581.973 € | 572.398 € | 562.854 € | 553.350 € | 543.897 € | 534.502 € | 525.175 € | 515.925 € |
| 69.000 € | 652.870 € | 642.341 € | 631.821 € | 621.323 € | 610.859 € | 600.438 € | 590.070 € | 579.765 € | 569.531 € |
| 72.000 € | 714.175 € | 702.709 € | 691.244 € | 679.792 € | 668.368 € | 656.980 € | 645.639 € | 634.355 € | 623.137 € |
| 75.000 € | 775.479 € | 763.077 € | 750.666 € | 738.262 € | 725.876 € | 713.521 € | 701.207 € | 688.944 € | 676.743 € |
| 78.000 € | 836.783 € | 823.445 € | 810.089 € | 796.731 € | 783.385 € | 770.063 € | 756.776 € | 743.534 € | 730.349 € |
| 81.000 € | 898.087 € | 883.813 € | 869.512 € | 855.200 € | 840.894 € | 826.605 € | 812.344 € | 798.124 € | 783.955 € |
| 84.000 € | 959.391 € | 944.181 € | 928.934 € | 913.670 € | 898.403 € | 883.146 € | 867.913 € | 852.713 € | 837.561 € |
| 87.000 € | 1.020.696 € | 1.004.549 € | 988.357 € | 972.139 € | 955.911 € | 939.688 € | 923.481 € | 907.303 € | 891.168 € |
| 90.000 € | 1.082.000 € | 1.064.917 € | 1.047.779 € | 1.030.608 € | 1.013.420 € | 996.230 € | 979.049 € | 961.893 € | 944.774 € |
| 93.000 € | 1.143.304 € | 1.125.285 € | 1.107.202 € | 1.089.078 € | 1.070.929 € | 1.052.771 € | 1.034.618 € | 1.016.483 € | 998.380 € |
| 96.000 € | 1.204.608 € | 1.185.653 € | 1.166.625 € | 1.147.547 € | 1.128.438 € | 1.109.313 € | 1.090.186 € | 1.071.072 € | 1.051.986 € |
| 99.000 € | 1.265.913 € | 1.246.020 € | 1.226.047 € | 1.206.016 € | 1.185.947 € | 1.165.854 € | 1.145.755 € | 1.125.662 € | 1.105.592 € |
| 102.000 € | 1.327.217 € | 1.306.388 € | 1.285.470 € | 1.264.485 € | 1.243.455 € | 1.222.396 € | 1.201.323 € | 1.180.252 € | 1.159.198 € |
| 105.000 € | 1.388.521 € | 1.366.756 € | 1.344.892 € | 1.322.955 € | 1.300.964 € | 1.278.938 € | 1.256.892 € | 1.234.841 € | 1.212.804 € |
| 108.000 € | 1.449.825 € | 1.427.124 € | 1.404.315 € | 1.381.424 € | 1.358.473 € | 1.335.479 € | 1.312.460 € | 1.289.431 € | 1.266.410 € |
| 111.000 € | 1.511.130 € | 1.487.492 € | 1.463.738 € | 1.439.893 € | 1.415.982 € | 1.392.021 € | 1.368.028 € | 1.344.021 € | 1.320.016 € |
| 114.000 € | 1.572.434 € | 1.547.860 € | 1.523.160 € | 1.498.363 € | 1.473.490 € | 1.448.563 € | 1.423.597 € | 1.398.610 € | 1.373.622 € |
| 117.000 € | 1.633.738 € | 1.608.228 € | 1.582.583 € | 1.556.832 € | 1.530.999 € | 1.505.104 € | 1.479.165 € | 1.453.200 € | 1.427.228 € |
| 120.000 € | 1.695.042 € | 1.668.596 € | 1.642.005 € | 1.615.301 € | 1.588.508 € | 1.561.646 € | 1.534.734 € | 1.507.790 € | 1.480.834 € |

## TABLA 2.C.5
## Lucro cesante por incapacidad para desarrollar su trabajo o actividad profesional (total)

| Ingreso neto | Edad del lesionado | | | | | | | | | |
|---|---|---|---|---|---|---|---|---|---|---|
| Hasta | 34 | 35 | 36 | 37 | 38 | 39 | 40 | 41 | 42 | 43 |
| 9.000 € | 39.815 € | 39.153 € | 38.513 € | 37.897 € | 37.307 € | 36.746 € | 36.216 € | 35.718 € | 35.258 € | 34.826 € |
| 12.000 € | 53.087 € | 52.203 € | 51.350 € | 50.529 € | 49.743 € | 48.995 € | 48.288 € | 47.625 € | 47.010 € | 46.435 € |
| 15.000 € | 66.359 € | 65.254 € | 64.188 € | 63.162 € | 62.179 € | 61.244 € | 60.359 € | 59.531 € | 58.763 € | 58.044 € |
| 18.000 € | 79.630 € | 78.305 € | 77.025 € | 75.794 € | 74.615 € | 73.492 € | 72.431 € | 71.437 € | 70.515 € | 69.653 € |
| 21.000 € | 92.902 € | 91.356 € | 89.863 € | 88.426 € | 87.051 € | 85.741 € | 84.503 € | 83.343 € | 82.268 € | 81.261 € |
| 24.000 € | 106.174 € | 104.407 € | 102.700 € | 101.059 € | 99.487 € | 97.990 € | 96.575 € | 95.249 € | 94.020 € | 92.870 € |
| 27.000 € | 119.446 € | 117.458 € | 115.538 € | 113.691 € | 111.922 € | 110.239 € | 108.647 € | 107.155 € | 105.773 € | 104.479 € |
| 30.000 € | 132.717 € | 130.509 € | 128.375 € | 126.323 € | 124.358 € | 122.487 € | 120.719 € | 119.061 € | 117.525 € | 116.088 € |
| 33.000 € | 145.989 € | 143.560 € | 141.213 € | 138.956 € | 136.794 € | 134.736 € | 132.791 € | 130.968 € | 129.278 € | 127.696 € |
| 36.000 € | 159.261 € | 156.610 € | 154.051 € | 151.588 € | 149.230 € | 146.985 € | 144.863 € | 142.874 € | 141.030 € | 139.305 € |
| 39.000 € | 172.533 € | 169.661 € | 166.888 € | 164.220 € | 161.666 € | 159.234 € | 156.935 € | 154.780 € | 152.783 € | 150.914 € |
| 42.000 € | 185.804 € | 182.712 € | 179.726 € | 176.852 € | 174.101 € | 171.482 € | 169.006 € | 166.686 € | 164.536 € | 162.523 € |
| 45.000 € | 199.076 € | 195.763 € | 192.563 € | 189.485 € | 186.537 € | 183.731 € | 181.078 € | 178.592 € | 176.288 € | 174.131 € |
| 48.000 € | 212.348 € | 208.814 € | 205.401 € | 202.117 € | 198.973 € | 195.980 € | 193.150 € | 190.498 € | 188.041 € | 185.740 € |
| 51.000 € | 243.671 € | 239.562 € | 235.578 € | 231.727 € | 228.020 € | 224.471 € | 221.092 € | 217.901 € | 214.914 € | 212.090 € |
| 54.000 € | 296.289 € | 291.189 € | 286.211 € | 281.365 € | 276.665 € | 272.123 € | 267.756 € | 263.584 € | 259.626 € | 255.830 € |
| 57.000 € | 348.907 € | 342.816 € | 336.845 € | 331.004 € | 325.309 € | 319.775 € | 314.421 € | 309.267 € | 304.338 € | 299.571 € |
| 60.000 € | 401.525 € | 394.443 € | 387.478 € | 380.643 € | 373.953 € | 367.427 € | 361.085 € | 354.950 € | 349.050 € | 343.311 € |
| 63.000 € | 454.144 € | 446.070 € | 438.111 € | 430.281 € | 422.597 € | 415.079 € | 407.749 € | 400.634 € | 393.762 € | 387.051 € |
| 66.000 € | 506.762 € | 497.697 € | 488.744 € | 479.920 € | 471.241 € | 462.731 € | 454.413 € | 446.317 € | 438.474 € | 430.792 € |
| 69.000 € | 559.380 € | 549.324 € | 539.378 € | 529.558 € | 519.886 € | 510.383 € | 501.078 € | 492.000 € | 483.185 € | 474.532 € |
| 72.000 € | 611.998 € | 600.951 € | 590.011 € | 579.197 € | 568.530 € | 558.035 € | 547.742 € | 537.683 € | 527.897 € | 518.272 € |
| 75.000 € | 664.616 € | 652.578 € | 640.644 € | 628.835 € | 617.174 € | 605.687 € | 594.406 € | 583.367 € | 572.609 € | 562.013 € |
| 78.000 € | 717.235 € | 704.205 € | 691.278 € | 678.474 € | 665.818 € | 653.339 € | 641.070 € | 629.050 € | 617.321 € | 605.753 € |
| 81.000 € | 769.853 € | 755.832 € | 741.911 € | 728.112 € | 714.462 € | 700.991 € | 687.735 € | 674.733 € | 662.033 € | 649.493 € |
| 84.000 € | 822.471 € | 807.459 € | 792.544 € | 777.751 € | 763.106 € | 748.643 € | 734.399 € | 720.416 € | 706.745 € | 693.234 € |
| 87.000 € | 875.089 € | 859.086 € | 843.177 € | 827.389 € | 811.751 € | 796.295 € | 781.063 € | 766.100 € | 751.457 € | 736.974 € |
| 90.000 € | 927.707 € | 910.712 € | 893.811 € | 877.028 € | 860.395 € | 843.947 € | 827.727 € | 811.783 € | 796.169 € | 780.714 € |
| 93.000 € | 980.326 € | 962.339 € | 944.444 € | 926.666 € | 909.039 € | 891.599 € | 874.392 € | 857.466 € | 840.881 € | 824.455 € |
| 96.000 € | 1.032.944 € | 1.013.966 € | 995.077 € | 976.305 € | 957.683 € | 939.252 € | 921.056 € | 903.149 € | 885.592 € | 868.195 € |
| 99.000 € | 1.085.562 € | 1.065.593 € | 1.045.711 € | 1.025.943 € | 1.006.327 € | 986.904 € | 967.720 € | 948.833 € | 930.304 € | 911.936 € |
| 102.000 € | 1.138.180 € | 1.117.220 € | 1.096.344 € | 1.075.582 € | 1.054.972 € | 1.034.556 € | 1.014.384 € | 994.516 € | 975.016 € | 955.676 € |
| 105.000 € | 1.190.798 € | 1.168.847 € | 1.146.977 € | 1.125.221 € | 1.103.616 € | 1.082.208 € | 1.061.049 € | 1.040.199 € | 1.019.728 € | 999.416 € |
| 108.000 € | 1.243.417 € | 1.220.474 € | 1.197.610 € | 1.174.859 € | 1.152.260 € | 1.129.860 € | 1.107.713 € | 1.085.882 € | 1.064.440 € | 1.043.157 € |
| 111.000 € | 1.296.035 € | 1.272.101 € | 1.248.244 € | 1.224.498 € | 1.200.904 € | 1.177.512 € | 1.154.377 € | 1.131.566 € | 1.109.152 € | 1.086.897 € |
| 114.000 € | 1.348.653 € | 1.323.728 € | 1.298.877 € | 1.274.136 € | 1.249.548 € | 1.225.164 € | 1.201.041 € | 1.177.249 € | 1.153.864 € | 1.130.637 € |
| 117.000 € | 1.401.271 € | 1.375.355 € | 1.349.510 € | 1.323.775 € | 1.298.192 € | 1.272.816 € | 1.247.706 € | 1.222.932 € | 1.198.576 € | 1.174.378 € |
| 120.000 € | 1.453.889 € | 1.426.982 € | 1.400.144 € | 1.373.413 € | 1.346.837 € | 1.320.468 € | 1.294.370 € | 1.268.615 € | 1.243.288 € | 1.218.118 € |

# TABLA 2.C.5

## Lucro cesante por incapacidad para desarrollar su trabajo o actividad profesional (total)

| Ingreso neto | Edad del lesionado | | | | | | | | | | |
|---|---|---|---|---|---|---|---|---|---|---|---|
| Hasta | 44 | 45 | 46 | 47 | 48 | 49 | 50 | 51 | 52 | 53 | 54 |
| 9.000 € | 34.443 € | 34.108 € | 32.445 € | 30.802 € | 29.176 € | 27.562 € | 257.960 € | 24.365 € | 22.775 € | 21.188 € | 19.601 € |
| 12.000 € | 45.924 € | 45.477 € | 43.260 € | 41.070 € | 38.901 € | 36.750 € | 34.613 € | 32.486 € | 30.366 € | 28.250 € | 26.135 € |
| 15.000 € | 57.405 € | 56.846 € | 54.075 € | 51.337 € | 48.626 € | 45.937 € | 43.266 € | 40.608 € | 37.958 € | 35.313 € | 32.668 € |
| 18.000 € | 68.886 € | 68.216 € | 64.891 € | 61.604 € | 58.351 € | 55.125 € | 51.919 € | 48.729 € | 45.550 € | 42.375 € | 39.202 € |
| 21.000 € | 80.367 € | 79.585 € | 75.706 € | 71.872 € | 68.076 € | 64.312 € | 60.572 € | 56.851 € | 53.141 € | 49.438 € | 45.736 € |
| 24.000 € | 91.848 € | 90.954 € | 86.521 € | 82.139 € | 77.802 € | 73.500 € | 69.226 € | 64.972 € | 60.733 € | 56.500 € | 52.269 € |
| 27.000 € | 103.329 € | 102.324 € | 97.336 € | 92.407 € | 87.527 € | 82.687 € | 77.879 € | 73.094 € | 68.324 € | 63.563 € | 58.803 € |
| 30.000 € | 114.810 € | 113.693 € | 108.151 € | 102.674 € | 97.252 € | 91.874 € | 86.532 € | 81.215 € | 75.916 € | 70.625 € | 65.337 € |
| 33.000 € | 126.291 € | 125.062 € | 118.966 € | 112.941 € | 106.977 € | 101.062 € | 95.185 € | 89.337 € | 83.507 € | 77.688 € | 71.870 € |
| 36.000 € | 137.773 € | 136.431 € | 129.781 € | 123.209 € | 116.702 € | 110.249 € | 103.838 € | 97.458 € | 91.099 € | 84.751 € | 78.404 € |
| 39.000 € | 149.254 € | 147.801 € | 140.596 € | 133.476 € | 126.427 € | 119.437 € | 112.492 € | 105.580 € | 98.691 € | 91.813 € | 84.938 € |
| 42.000 € | 160.735 € | 159.170 € | 151.411 € | 143.744 € | 136.153 € | 128.624 € | 121.145 € | 113.702 € | 106.282 € | 98.876 € | 91.471 € |
| 45.000 € | 172.216 € | 170.539 € | 162.226 € | 154.011 € | 145.878 € | 137.812 € | 129.798 € | 121.823 € | 113.874 € | 105.938 € | 98.005 € |
| 48.000 € | 183.697 € | 181.909 € | 173.041 € | 164.278 € | 155.603 € | 146.999 € | 138.451 € | 129.945 € | 121.465 € | 113.001 € | 104.539 € |
| 51.000 € | 209.542 € | 207.267 € | 197.471 € | 187.787 € | 178.195 € | 168.677 € | 159.215 € | 149.794 € | 140.397 € | 131.010 € | 121.618 € |
| 54.000 € | 252.332 € | 249.128 € | 237.963 € | 226.916 € | 215.965 € | 205.089 € | 194.267 € | 183.480 € | 172.708 € | 161.933 € | 151.139 € |
| 57.000 € | 295.123 € | 290.989 € | 278.455 € | 266.045 € | 253.735 € | 241.501 € | 229.319 € | 217.165 € | 205.018 € | 192.856 € | 180.660 € |
| 60.000 € | 337.914 € | 332.850 € | 318.946 € | 305.174 € | 291.505 € | 277.913 € | 264.370 € | 250.850 € | 237.328 € | 223.779 € | 210.181 € |
| 63.000 € | 380.705 € | 374.711 € | 359.438 € | 344.303 € | 329.276 € | 314.326 € | 299.422 € | 284.536 € | 269.638 € | 254.702 € | 239.702 € |
| 66.000 € | 423.495 € | 416.573 € | 399.929 € | 383.432 € | 367.046 € | 350.738 € | 334.474 € | 318.221 € | 301.949 € | 285.625 € | 269.223 € |
| 69.000 € | 466.286 € | 458.434 € | 440.421 € | 422.561 € | 404.816 € | 387.150 € | 369.526 € | 351.907 € | 334.259 € | 316.548 € | 298.744 € |
| 72.000 € | 509.077 € | 500.295 € | 480.912 € | 461.690 € | 442.586 € | 423.562 € | 404.577 € | 385.592 € | 366.569 € | 347.472 € | 328.265 € |
| 75.000 € | 551.867 € | 542.156 € | 521.404 € | 500.819 € | 480.357 € | 459.974 € | 439.629 € | 419.278 € | 398.879 € | 378.395 € | 357.786 € |
| 78.000 € | 594.658 € | 584.017 € | 561.896 € | 539.948 € | 518.127 € | 496.387 € | 474.681 € | 452.963 € | 431.190 € | 409.318 € | 387.307 € |
| 81.000 € | 637.449 € | 625.878 € | 602.387 € | 579.077 € | 555.897 € | 532.799 € | 509.732 € | 486.648 € | 463.500 € | 440.241 € | 416.828 € |
| 84.000 € | 680.239 € | 667.740 € | 642.879 € | 618.206 € | 593.668 € | 569.211 € | 544.784 € | 520.334 € | 495.810 € | 471.164 € | 446.349 € |
| 87.000 € | 723.030 € | 709.601 € | 683.370 € | 657.335 € | 631.438 € | 605.623 € | 579.836 € | 554.019 € | 528.120 € | 502.087 € | 475.870 € |
| 90.000 € | 765.821 € | 751.462 € | 723.862 € | 696.464 € | 669.208 € | 642.036 € | 614.887 € | 587.705 € | 560.431 € | 533.010 € | 505.391 € |
| 93.000 € | 808.611 € | 793.323 € | 764.354 € | 735.593 € | 706.978 € | 678.448 € | 649.939 € | 621.390 € | 592.741 € | 563.933 € | 534.911 € |
| 96.000 € | 851.402 € | 835.184 € | 804.845 € | 774.722 € | 744.749 € | 714.860 € | 684.991 € | 655.075 € | 625.051 € | 594.856 € | 564.432 € |
| 99.000 € | 894.193 € | 877.045 € | 845.337 € | 813.851 € | 782.519 € | 751.272 € | 720.042 € | 688.761 € | 657.361 € | 625.779 € | 593.953 € |
| 102.000 € | 936.983 € | 918.906 € | 885.828 € | 852.980 € | 820.289 € | 787.685 € | 755.094 € | 722.446 € | 689.672 € | 656.703 € | 623.474 € |
| 105.000 € | 979.774 € | 960.768 € | 926.320 € | 892.109 € | 858.059 € | 824.097 € | 790.146 € | 756.132 € | 721.982 € | 687.626 € | 652.995 € |
| 108.000 € | 1.022.565 € | 1.002.629 € | 966.812 € | 931.238 € | 895.830 € | 860.509 € | 825.197 € | 789.817 € | 754.292 € | 718.549 € | 682.516 € |
| 111.000 € | 1.065.355 € | 1.044.490 € | 1.007.303 € | 970.367 € | 933.600 € | 896.921 € | 860.249 € | 823.502 € | 786.602 € | 749.472 € | 712.037 € |
| 114.000 € | 1.108.146 € | 1.086.351 € | 1.047.795 € | 1.009.496 € | 971.370 € | 933.334 € | 895.301 € | 857.188 € | 818.913 € | 780.395 € | 741.558 € |
| 117.000 € | 1.150.937 € | 1.128.212 € | 1.088.286 € | 1.048.625 € | 1.009.141 € | 969.746 € | 930.352 € | 890.873 € | 851.223 € | 811.318 € | 771.079 € |
| 120.000 € | 1.193.727 € | 1.170.073 € | 1.128.778 € | 1.087.754 € | 1.046.911 € | 1.006.158 € | 965.404 € | 924.559 € | 883.533 € | 842.241 € | 800.600 € |

## TABLA 2.C.5
## Lucro cesante por incapacidad para desarrollar su trabajo o actividad profesional (total)

| Ingreso neto | Edad del lesionado | | | | | | | | | | |
|---|---|---|---|---|---|---|---|---|---|---|---|
| Hasta | 55 | 56 | 57 | 58 | 59 | 60 | 61 | 62 | 63 | 64 | 65 |
| 9.000 € | 18.013 € | 16.426 € | 14.854 € | 13.295 € | 11.751 € | 10.222 € | 8.707 € | 7.209 € | 5.728 € | 4.265 € | 3.000 € |
| 12.000 € | 24.017 € | 21.902 € | 19.805 € | 17.727 € | 15.668 € | 13.629 € | 11.610 € | 9.612 € | 7.637 € | 5.687 € | 3.763 € |
| 15.000 € | 30.022 € | 27.377 € | 24.756 € | 22.159 € | 19.585 € | 17.036 € | 14.512 € | 12.015 € | 9.547 € | 7.109 € | 4.703 € |
| 18.000 € | 36.026 € | 32.853 € | 29.708 € | 26.591 € | 23.502 € | 20.443 € | 17.414 € | 14.418 € | 11.456 € | 8.530 € | 5.644 € |
| 21.000 € | 42.030 € | 38.328 € | 34.659 € | 31.022 € | 27.419 € | 23.850 € | 20.317 € | 16.821 € | 13.365 € | 9.952 € | 6.585 € |
| 24.000 € | 48.035 € | 43.803 € | 39.610 € | 35.454 € | 31.336 € | 27.257 € | 23.219 € | 19.224 € | 15.274 € | 11.374 € | 7.525 € |
| 27.000 € | 54.039 € | 49.279 € | 44.561 € | 39.886 € | 35.253 € | 30.665 € | 26.122 € | 21.627 € | 17.184 € | 12.796 € | 8.466 € |
| 30.000 € | 60.043 € | 54.754 € | 49.513 € | 44.318 € | 39.170 € | 34.072 € | 29.024 € | 24.030 € | 19.093 € | 14.217 € | 9.407 € |
| 33.000 € | 66.048 € | 60.230 € | 54.464 € | 48.750 € | 43.088 € | 37.479 € | 31.926 € | 26.433 € | 21.002 € | 15.639 € | 10.348 € |
| 36.000 € | 72.052 € | 65.705 € | 59.415 € | 53.181 € | 47.005 € | 40.886 € | 34.829 € | 28.836 € | 22.912 € | 17.061 € | 11.288 € |
| 39.000 € | 78.056 € | 71.180 € | 64.366 € | 57.613 € | 50.922 € | 44.293 € | 37.731 € | 31.239 € | 24.821 € | 18.482 € | 12.229 € |
| 42.000 € | 84.060 € | 76.656 € | 69.318 € | 62.045 € | 54.839 € | 47.701 € | 40.634 € | 33.642 € | 26.730 € | 19.904 € | 13.170 € |
| 45.000 € | 90.065 € | 82.131 € | 74.269 € | 66.477 € | 58.756 € | 51.108 € | 43.536 € | 36.045 € | 28.640 € | 21.326 € | 14.110 € |
| 48.000 € | 96.069 € | 87.607 € | 79.220 € | 70.909 € | 62.673 € | 54.515 € | 46.438 € | 38.448 € | 30.549 € | 22.748 € | 15.051 € |
| 51.000 € | 112.211 € | 102.519 € | 92.887 € | 83.313 € | 73.796 € | 64.336 € | 54.935 € | 45.597 € | 36.326 € | 27.125 € | 18.001 € |
| 54.000 € | 140.312 € | 128.563 € | 116.836 € | 105.123 € | 93.419 € | 81.723 € | 70.032 € | 58.346 € | 46.665 € | 34.989 € | 23.320 € |
| 57.000 € | 168.412 € | 154.608 € | 140.785 € | 126.932 € | 113.043 € | 99.110 € | 85.128 € | 71.094 € | 57.004 € | 42.853 € | 28.640 € |
| 60.000 € | 196.513 € | 180.653 € | 164.734 € | 148.742 € | 132.666 € | 116.497 € | 100.225 € | 83.843 € | 67.343 € | 50.718 € | 33.959 € |
| 63.000 € | 224.614 € | 206.698 € | 188.683 € | 170.552 € | 152.290 € | 133.884 € | 115.322 € | 96.591 € | 77.682 € | 58.582 € | 39.279 € |
| 66.000 € | 252.715 € | 232.742 € | 212.631 € | 192.361 € | 171.914 € | 151.271 € | 130.418 € | 109.340 € | 88.021 € | 66.446 € | 44.598 € |
| 69.000 € | 280.816 € | 258.787 € | 236.580 € | 214.171 € | 191.537 € | 168.658 € | 145.515 € | 122.088 € | 98.360 € | 74.310 € | 49.918 € |
| 72.000 € | 308.916 € | 284.832 € | 260.529 € | 235.981 € | 211.161 € | 186.045 € | 160.611 € | 134.837 € | 108.699 € | 82.174 € | 55.237 € |
| 75.000 € | 337.017 € | 310.876 € | 284.478 € | 257.791 € | 230.785 € | 203.433 € | 175.708 € | 147.585 € | 119.038 € | 90.039 € | 60.557 € |
| 78.000 € | 365.118 € | 336.921 € | 308.427 € | 279.600 € | 250.408 € | 220.820 € | 190.805 € | 160.334 € | 129.377 € | 97.903 € | 65.876 € |
| 81.000 € | 393.219 € | 362.966 € | 332.376 € | 301.410 € | 270.032 € | 238.207 € | 205.901 € | 173.082 € | 139.716 € | 105.767 € | 71.196 € |
| 84.000 € | 421.320 € | 389.011 € | 356.325 € | 323.220 € | 289.656 € | 255.594 € | 220.998 € | 185.831 € | 150.055 € | 113.631 € | 76.515 € |
| 87.000 € | 449.420 € | 415.055 € | 380.274 € | 345.029 € | 309.279 € | 272.981 € | 236.094 € | 198.579 € | 160.394 € | 121.495 € | 81.835 € |
| 90.000 € | 477.521 € | 441.100 € | 404.223 € | 366.839 € | 328.903 € | 290.368 € | 251.191 € | 211.328 € | 170.733 € | 129.359 € | 87.154 € |
| 93.000 € | 505.622 € | 467.145 € | 428.171 € | 388.649 € | 348.526 € | 307.755 € | 266.288 € | 224.076 € | 181.072 € | 137.224 € | 92.474 € |
| 96.000 € | 533.723 € | 493.189 € | 452.120 € | 410.459 € | 368.150 € | 325.142 € | 281.384 € | 236.825 € | 191.411 € | 145.088 € | 97.793 € |
| 99.000 € | 561.824 € | 519.234 € | 476.069 € | 432.268 € | 387.774 € | 342.529 € | 296.481 € | 249.573 € | 201.750 € | 152.952 € | 103.112 € |
| 102.000 € | 589.924 € | 545.279 € | 500.018 € | 454.078 € | 407.397 € | 359.917 € | 311.577 € | 262.322 € | 212.089 € | 160.816 € | 108.432 € |
| 105.000 € | 618.025 € | 571.324 € | 523.967 € | 475.888 € | 427.021 € | 377.304 € | 326.674 € | 275.070 € | 222.428 € | 168.680 € | 113.751 € |
| 108.000 € | 646.126 € | 597.368 € | 547.916 € | 497.698 € | 446.645 € | 394.691 € | 341.771 € | 287.819 € | 232.768 € | 176.545 € | 119.071 € |
| 111.000 € | 674.227 € | 623.413 € | 571.865 € | 519.507 € | 466.268 € | 412.078 € | 356.867 € | 300.567 € | 243.107 € | 184.409 € | 124.390 € |
| 114.000 € | 702.328 € | 649.458 € | 595.814 € | 541.317 € | 485.892 € | 429.465 € | 371.964 € | 313.316 € | 253.446 € | 192.273 € | 129.710 € |
| 117.000 € | 730.428 € | 675.502 € | 619.763 € | 563.127 € | 505.515 € | 446.852 € | 387.060 € | 326.064 € | 263.785 € | 200.137 € | 135.029 € |
| 120.000 € | 758.529 € | 701.547 € | 643.711 € | 584.936 € | 525.139 € | 464.239 € | 402.157 € | 338.813 € | 274.124 € | 208.001 € | 140.349 € |

# TABLA 2.C.5
## Lucro cesante por incapacidad para desarrollar su trabajo o actividad profesional (total)

| Ingreso neto del lesionado | |
|---|---|
| Hasta | 66 o más |
| 9.000 € | 3.000 € |
| 12.000 € | 3.000 € |
| 15.000 € | 3.000 € |
| 18.000 € | 3.000 € |
| 21.000 € | 3.266 € |
| 24.000 € | 3.733 € |
| 27.000 € | 4.200 € |
| 30.000 € | 4.666 € |
| 33.000 € | 5.133 € |
| 36.000 € | 5.600 € |
| 39.000 € | 6.066 € |
| 42.000 € | 6.533 € |
| 45.000 € | 6.999 € |
| 48.000 € | 7.466 € |
| 51.000 € | 8.957 € |
| 54.000 € | 11.657 € |
| 57.000 € | 14.357 € |
| 60.000 € | 17.057 € |
| 63.000 € | 19.757 € |
| 66.000 € | 22.457 € |
| 69.000 € | 25.157 € |
| 72.000 € | 27.857 € |
| 75.000 € | 30.557 € |
| 78.000 € | 33.257 € |
| 81.000 € | 35.957 € |
| 84.000 € | 38.657 € |
| 87.000 € | 41.357 € |
| 90.000 € | 44.057 € |
| 93.000 € | 46.757 € |
| 96.000 € | 49.457 € |
| 99.000 € | 52.157 € |
| 102.000 € | 54.857 € |
| 105.000 € | 57.557 € |
| 108.000 € | 60.257 € |
| 111.000 € | 62.957 € |
| 114.000 € | 65.657 € |
| 117.000 € | 68.357 € |
| 120.000 € | 71.057 € |

## TABLA 2.c.5.h Lucro cesante por incapacidad para realizar su trabajo o actividad profesional (total) con dedicación a tareas del hogar

| Ingreso neto | Edad del lesionado | | | | | | | | | |
|---|---|---|---|---|---|---|---|---|---|---|
| Hasta | 30 | 31 | 32 | 33 | 34 | 35 | 36 | 37 | 38 | 39 |
| 18.000 € | 339.250 € | 333.411 € | 327.538 € | 321.636 € | 315.709 € | 309.762 € | 303.800 € | 297.831 € | 291.865 € | 285.912 € |
| 21.000 € | 395.791 € | 388.979 € | 382.128 € | 375.242 € | 368.327 € | 361.388 € | 354.433 € | 347.470 € | 340.509 € | 333.564 € |
| 24.000 € | 452.333 € | 444.547 € | 436.718 € | 428.849 € | 420.946 € | 413.015 € | 405.066 € | 397.108 € | 389.153 € | 381.216 € |
| 27.000 € | 508.875 € | 500.116 € | 491.307 € | 482.455 € | 473.564 € | 464.642 € | 455.700 € | 446.747 € | 437.798 € | 428.868 € |

| Ingreso neto | Edad del lesionado | | | | | | | | | |
|---|---|---|---|---|---|---|---|---|---|---|
| Hasta | 40 | 41 | 42 | 43 | 44 | 45 | 46 | 47 | 48 | 49 |
| 18.000 € | 279.985 € | 274.100 € | 268.271 € | 262.442 € | 256.744 € | 251.167 € | 242.950 € | 234.774 € | 226.622 € | 218.473 € |
| 21.000 € | 326.650 € | 319.783 € | 312.983 € | 306.182 € | 299.535 € | 293.028 € | 283.441 € | 273.903 € | 264.392 € | 254.886 € |
| 24.000 € | 373.314 € | 365.466 € | 357.695 € | 349.923 € | 342.325 € | 334.889 € | 323.933 € | 313.032 € | 302.162 € | 291.298 € |
| 27.000 € | 419.978 € | 411.149 € | 402.407 € | 393.663 € | 385.116 € | 376.750 € | 364.424 € | 352.161 € | 339.932 € | 327.710 € |

| Ingreso neto | Edad del lesionado | | | | | | | | | |
|---|---|---|---|---|---|---|---|---|---|---|
| Hasta | 50 | 51 | 52 | 53 | 54 | 55 | 56 | 57 | 58 | 59 |
| 18.000 € | 210.310 € | 202.112 € | 193.862 € | 185.539 € | 177.126 € | 168.605 € | 156.268 € | 143.693 € | 130.858 € | 117.742 € |
| 21.000 € | 245.362 € | 235.798 € | 226.172 € | 216.462 € | 206.647 € | 196.706 € | 182.313 € | 167.642 € | 152.668 € | 137.365 € |
| 24.000 € | 280.413 € | 269.483 € | 258.482 € | 247.385 € | 236.167 € | 224.806 € | 208.358 € | 191.591 € | 174.478 € | 156.989 € |
| 27.000 € | 315.465 € | 303.169 € | 290.792 € | 278.308 € | 265.688 € | 252.907 € | 234.402 € | 215.540 € | 196.287 € | 176.613 € |

| Ingreso neto | | | Edad del lesionado | | | | |
|---|---|---|---|---|---|---|---|
| Hasta | 60 | 61 | 62 | 63 | 64 | 65 | 66 o más |
| 18.000 € | 104.323 € | 90.580 € | 76.491 € | 62.034 € | 47.185 € | 31.917 € | 16.200 € |
| 21.000 € | 121.710 € | 105.676 € | 89.240 € | 72.373 € | 55.049 € | 37.236 € | 18.900 € |
| 24.000 € | 139.097 € | 120.773 € | 101.988 € | 82.712 € | 62.914 € | 42.556 € | 21.600 € |
| 27.000 € | 156.484 € | 135.869 € | 114.737 € | 93.051 € | 70.778 € | 47.875 € | 24.300 € |

## TABLA 2.C.6

### Lucro cesante por incapacidad que de origen a una disminución parcial de ingresos en su trabajo o actividad habitual (parcial)

| Ingreso neto | Edad del lesionado | | | | | | | | | | |
|---|---|---|---|---|---|---|---|---|---|---|---|
| Hasta | 16 | 17 | 18 | 19 | 20 | 21 | 22 | 23 | 24 | 25 | 26 |
| 9.000 € | 4.906 € | 4.906 € | 4.905 € | 4.905 € | 4.905 € | 4.904 € | 4.904 € | 4.904 € | 4.903 € | 4.903 € | 4.903 € |
| 12.000 € | 6.542 € | 6.541 € | 6.541 € | 6.540 € | 6.540 € | 6.539 € | 6.539 € | 6.538 € | 6.538 € | 6.537 € | 6.537 € |
| 15.000 € | 8.177 € | 8.176 € | 8.176 € | 8.175 € | 8.174 € | 8.174 € | 8.173 € | 8.173 € | 8.172 € | 8.172 € | 8.171 € |
| 18.000 € | 9.813 € | 9.812 € | 9.811 € | 9.810 € | 9.809 € | 9.809 € | 9.808 € | 9.807 € | 9.807 € | 9.806 € | 9.806 € |
| 21.000 € | 11.448 € | 11.447 € | 11.446 € | 11.445 € | 11.444 € | 11.443 € | 11.443 € | 11.442 € | 11.441 € | 11.440 € | 11.440 € |
| 24.000 € | 13.084 € | 13.082 € | 13.081 € | 13.080 € | 13.079 € | 13.078 € | 13.077 € | 13.076 € | 13.076 € | 13.074 € | 13.074 € |
| 27.000 € | 14.719 € | 14.717 € | 14.716 € | 14.715 € | 14.714 € | 14.713 € | 14.712 € | 14.711 € | 14.710 € | 14.709 € | 14.708 € |
| 30.000 € | 16.354 € | 16.353 € | 16.351 € | 16.350 € | 16.349 € | 16.348 € | 16.347 € | 16.346 € | 16.345 € | 16.343 € | 16.343 € |
| 33.000 € | 17.990 € | 17.988 € | 17.986 € | 17.985 € | 17.984 € | 17.982 € | 17.981 € | 17.980 € | 17.979 € | 17.977 € | 17.977 € |
| 36.000 € | 19.625 € | 19.623 € | 19.622 € | 19.620 € | 19.619 € | 19.617 € | 19.616 € | 19.615 € | 19.614 € | 19.612 € | 19.611 € |
| 39.000 € | 21.261 € | 21.258 € | 21.257 € | 21.255 € | 21.253 € | 21.252 € | 21.250 € | 21.249 € | 21.248 € | 21.246 € | 21.246 € |
| 42.000 € | 22.896 € | 22.894 € | 22.892 € | 22.890 € | 22.888 € | 22.887 € | 22.885 € | 22.884 € | 22.882 € | 22.880 € | 22.880 € |
| 45.000 € | 24.532 € | 24.529 € | 24.527 € | 24.525 € | 24.523 € | 24.521 € | 24.520 € | 24.518 € | 24.517 € | 24.515 € | 24.514 € |
| 48.000 € | 26.167 € | 26.164 € | 26.162 € | 26.160 € | 26.158 € | 26.156 € | 26.154 € | 26.153 € | 26.151 € | 26.149 € | 26.148 € |
| 51.000 € | 29.791 € | 29.787 € | 29.785 € | 29.783 € | 29.780 € | 29.778 € | 29.776 € | 29.774 € | 29.773 € | 29.770 € | 29.769 € |
| 54.000 € | 35.759 € | 35.755 € | 35.752 € | 35.750 € | 35.747 € | 35.744 € | 35.742 € | 35.740 € | 35.738 € | 35.734 € | 35.734 € |
| 57.000 € | 41.728 € | 41.723 € | 41.720 € | 41.717 € | 41.713 € | 41.711 € | 41.708 € | 41.705 € | 41.703 € | 41.699 € | 41.698 € |
| 60.000 € | 47.697 € | 47.691 € | 47.688 € | 47.684 € | 47.680 € | 47.677 € | 47.674 € | 47.671 € | 47.668 € | 47.663 € | 47.663 € |
| 63.000 € | 53.665 € | 53.659 € | 53.655 € | 53.651 € | 53.647 € | 53.643 € | 53.639 € | 53.636 € | 53.633 € | 53.628 € | 53.627 € |
| 66.000 € | 59.634 € | 59.627 € | 59.623 € | 59.618 € | 59.613 € | 59.609 € | 59.605 € | 59.602 € | 59.598 € | 59.593 € | 59.591 € |
| 69.000 € | 65.603 € | 65.595 € | 65.590 € | 65.585 € | 65.580 € | 65.575 € | 65.571 € | 65.567 € | 65.563 € | 65.557 € | 65.556 € |
| 72.000 € | 71.571 € | 71.563 € | 71.558 € | 71.552 € | 71.546 € | 71.541 € | 71.537 € | 71.532 € | 71.528 € | 71.522 € | 71.520 € |
| 75.000 € | 77.540 € | 77.531 € | 77.525 € | 77.519 € | 77.513 € | 77.508 € | 77.503 € | 77.498 € | 77.493 € | 77.486 € | 77.485 € |
| 78.000 € | 83.508 € | 83.499 € | 83.493 € | 83.486 € | 83.480 € | 83.474 € | 83.468 € | 83.463 € | 83.459 € | 83.451 € | 83.449 € |
| 81.000 € | 89.477 € | 89.467 € | 89.460 € | 89.453 € | 89.446 € | 89.440 € | 89.434 € | 89.429 € | 89.424 € | 89.415 € | 89.414 € |
| 84.000 € | 95.446 € | 95.435 € | 95.428 € | 95.420 € | 95.413 € | 95.406 € | 95.400 € | 95.394 € | 95.389 € | 95.380 € | 95.378 € |
| 87.000 € | 101.414 € | 101.402 € | 101.395 € | 101.387 € | 101.380 € | 101.372 € | 101.366 € | 101.360 € | 101.354 € | 101.344 € | 101.342 € |
| 90.000 € | 107.383 € | 107.370 € | 107.363 € | 107.354 € | 107.346 € | 107.339 € | 107.331 € | 107.325 € | 107.319 € | 107.309 € | 107.307 € |
| 93.000 € | 113.352 € | 113.338 € | 113.330 € | 113.321 € | 113.313 € | 113.305 € | 113.297 € | 113.290 € | 113.284 € | 113.273 € | 113.271 € |
| 96.000 € | 119.320 € | 119.306 € | 119.298 € | 119.288 € | 119.279 € | 119.271 € | 119.263 € | 119.256 € | 119.249 € | 119.238 € | 119.236 € |
| 99.000 € | 125.289 € | 125.274 € | 125.265 € | 125.255 € | 125.246 € | 125.237 € | 125.229 € | 125.221 € | 125.214 € | 125.202 € | 125.200 € |
| 102.000 € | 131.258 € | 131.242 € | 131.233 € | 131.222 € | 131.213 € | 131.203 € | 131.195 € | 131.187 € | 131.179 € | 131.167 € | 131.164 € |
| 105.000 € | 137.226 € | 137.210 € | 137.200 € | 137.189 € | 137.179 € | 137.169 € | 137.160 € | 137.152 € | 137.144 € | 137.131 € | 137.129 € |
| 108.000 € | 143.195 € | 143.178 € | 143.168 € | 143.157 € | 143.146 € | 143.136 € | 143.126 € | 143.118 € | 143.110 € | 143.096 € | 143.093 € |
| 111.000 € | 149.164 € | 149.146 € | 149.136 € | 149.124 € | 149.112 € | 149.102 € | 149.092 € | 149.083 € | 149.075 € | 149.061 € | 149.058 € |
| 114.000 € | 155.132 € | 155.114 € | 155.103 € | 155.091 € | 155.079 € | 155.068 € | 155.058 € | 155.048 € | 155.040 € | 155.025 € | 155.022 € |
| 117.000 € | 161.101 € | 161.082 € | 161.071 € | 161.058 € | 161.046 € | 161.034 € | 161.024 € | 161.014 € | 161.005 € | 160.990 € | 160.987 € |
| 120.000 € | 167.070 € | 167.050 € | 167.038 € | 167.025 € | 167.012 € | 167.000 € | 166.989 € | 166.979 € | 166.970 € | 166.954 € | 166.951 € |

TABLA 2.C.6

Lucro cesante por incapacidad que de origen a una disminución parcial de ingresos en su trabajo o actividad habitual (parcial)

| Ingreso neto | Edad del lesionado | | | | | | | | | | |
|---|---|---|---|---|---|---|---|---|---|---|---|
| Hasta | 27 | 28 | 29 | 30 | 31 | 32 | 33 | 34 | 35 | 36 | 37 |
| 9.000 € | 4.903 € | 4.902 € | 4.902 € | 4.902 € | 4.902 € | 4.901 € | 4.901 € | 4.901 € | 4.900 € | 4.899 € | 4.899 € |
| 12.000 € | 6.537 € | 6.537 € | 6.536 € | 6.536 € | 6.536 € | 6.535 € | 6.535 € | 6.534 € | 6.533 € | 6.533 € | 6.532 € |
| 15.000 € | 8.171 € | 8.171 € | 8.170 € | 8.170 € | 8.170 € | 8.169 € | 8.168 € | 8.168 € | 8.167 € | 8.166 € | 8.165 € |
| 18.000 € | 9.805 € | 9.805 € | 9.805 € | 9.804 € | 9.803 € | 9.803 € | 9.802 € | 9.801 € | 9.800 € | 9.799 € | 9.798 € |
| 21.000 € | 11.440 € | 11.439 € | 11.439 € | 11.438 € | 11.437 € | 11.437 € | 11.436 € | 11.435 € | 11.433 € | 11.432 € | 11.430 € |
| 24.000 € | 13.074 € | 13.073 € | 13.073 € | 13.072 € | 13.071 € | 13.070 € | 13.069 € | 13.068 € | 13.067 € | 13.065 € | 13.063 € |
| 27.000 € | 14.708 € | 14.707 € | 14.707 € | 14.706 € | 14.705 € | 14.704 € | 14.703 € | 14.702 € | 14.700 € | 14.698 € | 14.696 € |
| 30.000 € | 16.342 € | 16.342 € | 16.341 € | 16.340 € | 16.339 € | 16.338 € | 16.337 € | 16.335 € | 16.334 € | 16.332 € | 16.329 € |
| 33.000 € | 17.976 € | 17.976 € | 17.975 € | 17.974 € | 17.973 € | 17.972 € | 17.970 € | 17.969 € | 17.967 € | 17.965 € | 17.962 € |
| 36.000 € | 19.611 € | 19.610 € | 19.609 € | 19.608 € | 19.607 € | 19.606 € | 19.604 € | 19.602 € | 19.600 € | 19.598 € | 19.595 € |
| 39.000 € | 21.245 € | 21.244 € | 21.243 € | 21.242 € | 21.241 € | 21.239 € | 21.238 € | 21.236 € | 21.234 € | 21.231 € | 21.228 € |
| 42.000 € | 22.879 € | 22.878 € | 22.877 € | 22.876 € | 22.875 € | 22.873 € | 22.871 € | 22.869 € | 22.867 € | 22.864 € | 22.861 € |
| 45.000 € | 24.513 € | 24.512 € | 24.511 € | 24.510 € | 24.509 € | 24.507 € | 24.505 € | 24.503 € | 24.500 € | 24.497 € | 24.494 € |
| 48.000 € | 26.148 € | 26.147 € | 26.145 € | 26.144 € | 26.143 € | 26.141 € | 26.139 € | 26.136 € | 26.134 € | 26.130 € | 26.127 € |
| 51.000 € | 29.768 € | 29.767 € | 29.766 € | 29.764 € | 29.763 € | 29.761 € | 29.758 € | 29.756 € | 29.753 € | 29.749 € | 29.745 € |
| 54.000 € | 35.733 € | 35.731 € | 35.730 € | 35.728 € | 35.726 € | 35.723 € | 35.721 € | 35.717 € | 35.714 € | 35.709 € | 35.704 € |
| 57.000 € | 41.697 € | 41.695 € | 41.694 € | 41.691 € | 41.689 € | 41.686 € | 41.683 € | 41.679 € | 41.675 € | 41.670 € | 41.664 € |
| 60.000 € | 47.661 € | 47.659 € | 47.657 € | 47.655 € | 47.652 € | 47.649 € | 47.645 € | 47.641 € | 47.636 € | 47.630 € | 47.623 € |
| 63.000 € | 53.625 € | 53.623 € | 53.621 € | 53.618 € | 53.615 € | 53.611 € | 53.607 € | 53.603 € | 53.597 € | 53.591 € | 53.583 € |
| 66.000 € | 59.590 € | 59.587 € | 59.585 € | 59.582 € | 59.578 € | 59.574 € | 59.570 € | 59.564 € | 59.558 € | 59.551 € | 59.543 € |
| 69.000 € | 65.554 € | 65.552 € | 65.549 € | 65.545 € | 65.541 € | 65.537 € | 65.532 € | 65.526 € | 65.519 € | 65.511 € | 65.502 € |
| 72.000 € | 71.518 € | 71.516 € | 71.512 € | 71.509 € | 71.504 € | 71.500 € | 71.494 € | 71.488 € | 71.480 € | 71.472 € | 71.462 € |
| 75.000 € | 77.482 € | 77.480 € | 77.476 € | 77.472 € | 77.468 € | 77.462 € | 77.456 € | 77.449 € | 77.441 € | 77.432 € | 77.421 € |
| 78.000 € | 83.447 € | 83.444 € | 83.440 € | 83.436 € | 83.431 € | 83.425 € | 83.419 € | 83.411 € | 83.403 € | 83.393 € | 83.381 € |
| 81.000 € | 89.411 € | 89.408 € | 89.404 € | 89.399 € | 89.394 € | 89.388 € | 89.381 € | 89.373 € | 89.364 € | 89.353 € | 89.340 € |
| 84.000 € | 95.375 € | 95.372 € | 95.367 € | 95.362 € | 95.357 € | 95.350 € | 95.343 € | 95.335 € | 95.325 € | 95.313 € | 95.300 € |
| 87.000 € | 101.339 € | 101.336 € | 101.331 € | 101.326 € | 101.320 € | 101.313 € | 101.305 € | 101.296 € | 101.286 € | 101.274 € | 101.260 € |
| 90.000 € | 107.304 € | 107.300 € | 107.295 € | 107.289 € | 107.283 € | 107.276 € | 107.268 € | 107.258 € | 107.247 € | 107.234 € | 107.219 € |
| 93.000 € | 113.268 € | 113.264 € | 113.259 € | 113.253 € | 113.246 € | 113.239 € | 113.230 € | 113.220 € | 113.208 € | 113.195 € | 113.179 € |
| 96.000 € | 119.232 € | 119.228 € | 119.223 € | 119.216 € | 119.209 € | 119.201 € | 119.192 € | 119.181 € | 119.169 € | 119.155 € | 119.138 € |
| 99.000 € | 125.196 € | 125.192 € | 125.186 € | 125.180 € | 125.172 € | 125.164 € | 125.154 € | 125.143 € | 125.130 € | 125.115 € | 125.098 € |
| 102.000 € | 131.161 € | 131.156 € | 131.150 € | 131.143 € | 131.136 € | 131.127 € | 131.117 € | 131.105 € | 131.091 € | 131.076 € | 131.057 € |
| 105.000 € | 137.125 € | 137.120 € | 137.114 € | 137.107 € | 137.099 € | 137.089 € | 137.079 € | 137.067 € | 137.053 € | 137.036 € | 137.017 € |
| 108.000 € | 143.089 € | 143.084 € | 143.078 € | 143.070 € | 143.062 € | 143.052 € | 143.041 € | 143.028 € | 143.014 € | 142.997 € | 142.976 € |
| 111.000 € | 149.053 € | 149.048 € | 149.041 € | 149.034 € | 149.025 € | 149.015 € | 149.003 € | 148.990 € | 148.975 € | 148.957 € | 148.936 € |
| 114.000 € | 155.018 € | 155.012 € | 155.005 € | 154.997 € | 154.988 € | 154.977 € | 154.966 € | 154.952 € | 154.936 € | 154.917 € | 154.896 € |
| 117.000 € | 160.982 € | 160.976 € | 160.969 € | 160.961 € | 160.951 € | 160.940 € | 160.928 € | 160.914 € | 160.897 € | 160.878 € | 160.855 € |
| 120.000 € | 166.946 € | 166.940 € | 166.933 € | 166.924 € | 166.914 € | 166.903 € | 166.890 € | 166.875 € | 166.858 € | 166.838 € | 166.815 € |

## TABLA 2.C.6

Lucro cesante por incapacidad que de origen a una disminución parcial de ingresos en su trabajo o actividad habitual (parcial)

| Ingreso neto | Edad del lesionado | | | | | | | | | | |
|---|---|---|---|---|---|---|---|---|---|---|---|
| Hasta | 38 | 39 | 40 | 41 | 42 | 43 | 44 | 45 | 46 | 47 | 48 |
| 9.000 € | 4.898 € | 4.897 € | 4.896 € | 4.895 € | 4.894 € | 4.892 € | 4.889 € | 4.887 € | 4.885 € | 4.883 € | 4.882 € |
| 12.000 € | 6.531 € | 6.529 € | 6.528 € | 6.526 € | 6.525 € | 6.522 € | 6.519 € | 6.517 € | 6.514 € | 6.511 € | 6.509 € |
| 15.000 € | 8.163 € | 8.162 € | 8.160 € | 8.158 € | 8.156 € | 8.153 € | 8.149 € | 8.146 € | 8.142 € | 8.139 € | 8.136 € |
| 18.000 € | 9.796 € | 9.794 € | 9.792 € | 9.789 € | 9.787 € | 9.783 € | 9.779 € | 9.775 € | 9.771 € | 9.767 € | 9.763 € |
| 21.000 € | 11.429 € | 11.426 € | 11.424 € | 11.421 € | 11.419 € | 11.414 € | 11.409 € | 11.404 € | 11.399 € | 11.395 € | 11.390 € |
| 24.000 € | 13.061 € | 13.059 € | 13.056 € | 13.052 € | 13.050 € | 13.044 € | 13.039 € | 13.033 € | 13.028 € | 13.022 € | 13.017 € |
| 27.000 € | 14.694 € | 14.691 € | 14.688 € | 14.684 € | 14.681 € | 14.675 € | 14.668 € | 14.662 € | 14.656 € | 14.650 € | 14.645 € |
| 30.000 € | 16.327 € | 16.323 € | 16.320 € | 16.315 € | 16.312 € | 16.305 € | 16.298 € | 16.291 € | 16.285 € | 16.278 € | 16.272 € |
| 33.000 € | 17.959 € | 17.956 € | 17.951 € | 17.947 € | 17.944 € | 17.936 € | 17.928 € | 17.920 € | 17.913 € | 17.906 € | 17.899 € |
| 36.000 € | 19.592 € | 19.588 € | 19.583 € | 19.578 € | 19.575 € | 19.566 € | 19.558 € | 19.550 € | 19.541 € | 19.534 € | 19.526 € |
| 39.000 € | 21.224 € | 21.220 € | 21.215 € | 21.210 € | 21.206 € | 21.197 € | 21.188 € | 21.179 € | 21.170 € | 21.161 € | 21.153 € |
| 42.000 € | 22.857 € | 22.853 € | 22.847 € | 22.841 € | 22.837 € | 22.827 € | 22.817 € | 22.808 € | 22.798 € | 22.789 € | 22.781 € |
| 45.000 € | 24.490 € | 24.485 € | 24.479 € | 24.473 € | 24.468 € | 24.458 € | 24.447 € | 24.437 € | 24.427 € | 24.417 € | 24.408 € |
| 48.000 € | 26.122 € | 26.117 € | 26.111 € | 26.104 € | 26.100 € | 26.088 € | 26.077 € | 26.066 € | 26.055 € | 26.045 € | 26.035 € |
| 51.000 € | 29.740 € | 29.734 € | 29.727 € | 29.719 € | 29.714 € | 29.701 € | 29.688 € | 29.676 € | 29.663 € | 29.652 € | 29.640 € |
| 54.000 € | 35.698 € | 35.691 € | 35.683 € | 35.673 € | 35.667 € | 35.652 € | 35.637 € | 35.622 € | 35.607 € | 35.593 € | 35.579 € |
| 57.000 € | 41.657 € | 41.649 € | 41.639 € | 41.628 € | 41.621 € | 41.603 € | 41.585 € | 41.567 € | 41.550 € | 41.534 € | 41.518 € |
| 60.000 € | 47.616 € | 47.606 € | 47.595 € | 47.582 € | 47.574 € | 47.554 € | 47.533 € | 47.513 € | 47.494 € | 47.475 € | 47.457 € |
| 63.000 € | 53.574 € | 53.564 € | 53.551 € | 53.537 € | 53.528 € | 53.505 € | 53.482 € | 53.459 € | 53.437 € | 53.416 € | 53.396 € |
| 66.000 € | 59.533 € | 59.521 € | 59.507 € | 59.491 € | 59.481 € | 59.455 € | 59.430 € | 59.405 € | 59.381 € | 59.357 € | 59.335 € |
| 69.000 € | 65.491 € | 65.479 € | 65.463 € | 65.446 € | 65.435 € | 65.406 € | 65.378 € | 65.351 € | 65.324 € | 65.298 € | 65.273 € |
| 72.000 € | 71.450 € | 71.436 € | 71.420 € | 71.400 € | 71.388 € | 71.357 € | 71.327 € | 71.297 € | 71.268 € | 71.239 € | 71.212 € |
| 75.000 € | 77.408 € | 77.393 € | 77.376 € | 77.355 € | 77.342 € | 77.308 € | 77.275 € | 77.243 € | 77.211 € | 77.181 € | 77.151 € |
| 78.000 € | 83.367 € | 83.351 € | 83.332 € | 83.309 € | 83.295 € | 83.259 € | 83.223 € | 83.189 € | 83.155 € | 83.122 € | 83.090 € |
| 81.000 € | 89.326 € | 89.308 € | 89.288 € | 89.264 € | 89.249 € | 89.210 € | 89.172 € | 89.134 € | 89.098 € | 89.063 € | 89.029 € |
| 84.000 € | 95.284 € | 95.266 € | 95.244 € | 95.218 € | 95.202 € | 95.161 € | 95.120 € | 95.080 € | 95.042 € | 95.004 € | 94.968 € |
| 87.000 € | 101.243 € | 101.223 € | 101.200 € | 101.173 € | 101.156 € | 101.112 € | 101.069 € | 101.026 € | 100.985 € | 100.945 € | 100.907 € |
| 90.000 € | 107.201 € | 107.181 € | 107.156 € | 107.127 € | 107.109 € | 107.063 € | 107.017 € | 106.972 € | 106.928 € | 106.886 € | 106.846 € |
| 93.000 € | 113.160 € | 113.138 € | 113.112 € | 113.082 € | 113.062 € | 113.014 € | 112.965 € | 112.918 € | 112.872 € | 112.827 € | 112.784 € |
| 96.000 € | 119.119 € | 119.095 € | 119.068 € | 119.036 € | 119.016 € | 118.964 € | 118.914 € | 118.864 € | 118.815 € | 118.768 € | 118.723 € |
| 99.000 € | 125.077 € | 125.053 € | 125.024 € | 124.990 € | 124.969 € | 124.915 € | 124.862 € | 124.810 € | 124.759 € | 124.710 € | 124.662 € |
| 102.000 € | 131.036 € | 131.010 € | 130.980 € | 130.945 € | 130.923 € | 130.866 € | 130.810 € | 130.756 € | 130.702 € | 130.651 € | 130.601 € |
| 105.000 € | 136.994 € | 136.968 € | 136.936 € | 136.899 € | 136.876 € | 136.817 € | 136.759 € | 136.702 € | 136.646 € | 136.592 € | 136.540 € |
| 108.000 € | 142.953 € | 142.925 € | 142.892 € | 142.854 € | 142.830 € | 142.768 € | 142.707 € | 142.647 € | 142.589 € | 142.533 € | 142.479 € |
| 111.000 € | 148.911 € | 148.883 € | 148.848 € | 148.808 € | 148.783 € | 148.719 € | 148.656 € | 148.593 € | 148.533 € | 148.474 € | 148.418 € |
| 114.000 € | 154.870 € | 154.840 € | 154.804 € | 154.763 € | 154.737 € | 154.670 € | 154.604 € | 154.539 € | 154.476 € | 154.415 € | 154.356 € |
| 117.000 € | 160.829 € | 160.797 € | 160.761 € | 160.717 € | 160.690 € | 160.621 € | 160.552 € | 160.485 € | 160.420 € | 160.356 € | 160.295 € |
| 120.000 € | 166.787 € | 166.755 € | 166.717 € | 166.672 € | 166.644 € | 166.572 € | 166.501 € | 166.431 € | 166.363 € | 166.297 € | 166.234 € |

## TABLA 2.C.6

### Lucro cesante por incapacidad que de origen a una disminución parcial de ingresos en su trabajo o actividad habitual (parcial)

| Ingreso neto | Edad del lesionado | | | | | | | | | | |
|---|---|---|---|---|---|---|---|---|---|---|---|
| Hasta | 49 | 50 | 51 | 52 | 53 | 54 | 55 | 56 | 57 | 58 | 59 |
| 9.000 € | 4.880 € | 4.878 € | 4.876 € | 4.875 € | 4.873 € | 4.872 € | 4.871 € | 4.869 € | 4.868 € | 4.867 € | 4.866 € |
| 12.000 € | 6.506 € | 6.504 € | 6.502 € | 6.500 € | 6.498 € | 6.496 € | 6.494 € | 6.493 € | 6.491 € | 6.489 € | 6.488 € |
| 15.000 € | 8.133 € | 8.130 € | 8.127 € | 8.125 € | 8.122 € | 8.120 € | 8.118 € | 8.116 € | 8.114 € | 8.112 € | 8.110 € |
| 18.000 € | 9.759 € | 9.756 € | 9.753 € | 9.750 € | 9.747 € | 9.744 € | 9.741 € | 9.739 € | 9.736 € | 9.734 € | 9.732 € |
| 21.000 € | 11.386 € | 11.382 € | 11.378 € | 11.375 € | 11.371 € | 11.368 € | 11.365 € | 11.362 € | 11.359 € | 11.356 € | 11.354 € |
| 24.000 € | 13.013 € | 13.008 € | 13.004 € | 13.000 € | 12.996 € | 12.992 € | 12.988 € | 12.985 € | 12.982 € | 12.979 € | 12.976 € |
| 27.000 € | 14.639 € | 14.634 € | 14.629 € | 14.625 € | 14.620 € | 14.616 € | 14.612 € | 14.608 € | 14.605 € | 14.601 € | 14.598 € |
| 30.000 € | 16.266 € | 16.260 € | 16.255 € | 16.250 € | 16.245 € | 16.240 € | 16.236 € | 16.231 € | 16.227 € | 16.223 € | 16.219 € |
| 33.000 € | 17.892 € | 17.886 € | 17.880 € | 17.874 € | 17.869 € | 17.864 € | 17.859 € | 17.855 € | 17.850 € | 17.846 € | 17.841 € |
| 36.000 € | 19.519 € | 19.512 € | 19.506 € | 19.499 € | 19.494 € | 19.488 € | 19.483 € | 19.478 € | 19.473 € | 19.468 € | 19.463 € |
| 39.000 € | 21.146 € | 21.138 € | 21.131 € | 21.124 € | 21.118 € | 21.112 € | 21.106 € | 21.101 € | 21.096 € | 21.090 € | 21.085 € |
| 42.000 € | 22.772 € | 22.764 € | 22.757 € | 22.749 € | 22.742 € | 22.736 € | 22.730 € | 22.724 € | 22.718 € | 22.713 € | 22.707 € |
| 45.000 € | 24.399 € | 24.390 € | 24.382 € | 24.374 € | 24.367 € | 24.360 € | 24.353 € | 24.347 € | 24.341 € | 24.335 € | 24.329 € |
| 48.000 € | 26.025 € | 26.016 € | 26.007 € | 25.999 € | 25.991 € | 25.984 € | 25.977 € | 25.970 € | 25.964 € | 25.957 € | 25.951 € |
| 51.000 € | 29.629 € | 29.619 € | 29.609 € | 29.600 € | 29.591 € | 29.582 € | 29.574 € | 29.567 € | 29.559 € | 29.552 € | 29.545 € |
| 54.000 € | 35.566 € | 35.554 € | 35.542 € | 35.531 € | 35.520 € | 35.510 € | 35.500 € | 35.491 € | 35.482 € | 35.474 € | 35.465 € |
| 57.000 € | 41.503 € | 41.488 € | 41.474 € | 41.461 € | 41.449 € | 41.437 € | 41.426 € | 41.415 € | 41.405 € | 41.395 € | 41.385 € |
| 60.000 € | 47.439 € | 47.423 € | 47.407 € | 47.392 € | 47.378 € | 47.365 € | 47.352 € | 47.340 € | 47.328 € | 47.316 € | 47.305 € |
| 63.000 € | 53.376 € | 53.358 € | 53.340 € | 53.323 € | 53.307 € | 53.292 € | 53.278 € | 53.264 € | 53.251 € | 53.238 € | 53.225 € |
| 66.000 € | 59.313 € | 59.292 € | 59.273 € | 59.254 € | 59.236 € | 59.219 € | 59.204 € | 59.188 € | 59.174 € | 59.159 € | 59.145 € |
| 69.000 € | 65.250 € | 65.227 € | 65.205 € | 65.185 € | 65.165 € | 65.147 € | 65.129 € | 65.113 € | 65.096 € | 65.081 € | 65.065 € |
| 72.000 € | 71.186 € | 71.162 € | 71.138 € | 71.116 € | 71.094 € | 71.074 € | 71.055 € | 71.037 € | 71.019 € | 71.002 € | 70.985 € |
| 75.000 € | 77.123 € | 77.096 € | 77.071 € | 77.046 € | 77.023 € | 77.002 € | 76.981 € | 76.961 € | 76.942 € | 76.924 € | 76.905 € |
| 78.000 € | 83.060 € | 83.031 € | 83.003 € | 82.977 € | 82.953 € | 82.929 € | 82.907 € | 82.886 € | 82.865 € | 82.845 € | 82.825 € |
| 81.000 € | 88.996 € | 88.965 € | 88.936 € | 88.908 € | 88.882 € | 88.857 € | 88.833 € | 88.810 € | 88.788 € | 88.766 € | 88.745 € |
| 84.000 € | 94.933 € | 94.900 € | 94.869 € | 94.839 € | 94.811 € | 94.784 € | 94.759 € | 94.734 € | 94.711 € | 94.688 € | 94.665 € |
| 87.000 € | 100.870 € | 100.835 € | 100.801 € | 100.770 € | 100.740 € | 100.711 € | 100.684 € | 100.658 € | 100.634 € | 100.609 € | 100.585 € |
| 90.000 € | 106.807 € | 106.769 € | 106.734 € | 106.701 € | 106.669 € | 106.639 € | 106.610 € | 106.583 € | 106.556 € | 106.531 € | 106.505 € |
| 93.000 € | 112.743 € | 112.704 € | 112.667 € | 112.631 € | 112.598 € | 112.566 € | 112.536 € | 112.507 € | 112.479 € | 112.452 € | 112.426 € |
| 96.000 € | 118.680 € | 118.639 € | 118.600 € | 118.562 € | 118.527 € | 118.494 € | 118.462 € | 118.431 € | 118.402 € | 118.374 € | 118.346 € |
| 99.000 € | 124.617 € | 124.573 € | 124.532 € | 124.493 € | 124.456 € | 124.421 € | 124.388 € | 124.356 € | 124.325 € | 124.295 € | 124.266 € |
| 102.000 € | 130.553 € | 130.508 € | 130.465 € | 130.424 € | 130.385 € | 130.348 € | 130.313 € | 130.280 € | 130.248 € | 130.217 € | 130.186 € |
| 105.000 € | 136.490 € | 136.443 € | 136.398 € | 136.355 € | 136.314 € | 136.276 € | 136.239 € | 136.204 € | 136.171 € | 136.138 € | 136.106 € |
| 108.000 € | 142.427 € | 142.377 € | 142.330 € | 142.286 € | 142.243 € | 142.203 € | 142.165 € | 142.129 € | 142.094 € | 142.059 € | 142.026 € |
| 111.000 € | 148.364 € | 148.312 € | 148.263 € | 148.217 € | 148.172 € | 148.131 € | 148.091 € | 148.053 € | 148.016 € | 147.981 € | 147.946 € |
| 114.000 € | 154.300 € | 154.247 € | 154.196 € | 154.147 € | 154.102 € | 154.058 € | 154.017 € | 153.977 € | 153.939 € | 153.902 € | 153.866 € |
| 117.000 € | 160.237 € | 160.181 € | 160.128 € | 160.078 € | 160.031 € | 159.986 € | 159.943 € | 159.902 € | 159.862 € | 159.824 € | 159.786 € |
| 120.000 € | 166.174 € | 166.116 € | 166.061 € | 166.009 € | 165.960 € | 165.913 € | 165.868 € | 165.826 € | 165.785 € | 165.745 € | 165.706 € |

# TABLA 2.C.6

## Lucro cesante por incapacidad que de origen a una disminución parcial de ingresos en su trabajo o actividad habitual (parcial)

| Ingreso neto | Edad del lesionado | | | | | | | |
|---|---|---|---|---|---|---|---|---|
| Hasta | 60 | 61 | 62 | 63 | 64 | 65 | 66 | 67 o más |
| 9.000 € | 4.865 € | 4.863 € | 4.862 € | 4.861 € | 4.860 € | 4.858 € | 4.856 € | 4.854 € |
| 12.000 € | 6.486 € | 6.485 € | 6.483 € | 6.481 € | 6.479 € | 6.477 € | 6.475 € | 6.472 € |
| 15.000 € | 8.108 € | 8.106 € | 8.104 € | 8.102 € | 8.099 € | 8.097 € | 8.094 € | 8.091 € |
| 18.000 € | 9.729 € | 9.727 € | 9.724 € | 9.722 € | 9.719 € | 9.716 € | 9.712 € | 9.709 € |
| 21.000 € | 11.351 € | 11.348 € | 11.345 € | 11.342 € | 11.339 € | 11.335 € | 11.331 € | 11.327 € |
| 24.000 € | 12.972 € | 12.969 € | 12.966 € | 12.962 € | 12.959 € | 12.955 € | 12.950 € | 12.945 € |
| 27.000 € | 14.594 € | 14.590 € | 14.587 € | 14.583 € | 14.579 € | 14.574 € | 14.569 € | 14.563 € |
| 30.000 € | 16.216 € | 16.212 € | 16.207 € | 16.203 € | 16.198 € | 16.193 € | 16.187 € | 16.181 € |
| 33.000 € | 17.837 € | 17.833 € | 17.828 € | 17.823 € | 17.818 € | 17.812 € | 17.806 € | 17.799 € |
| 36.000 € | 19.459 € | 19.454 € | 19.449 € | 19.444 € | 19.438 € | 19.432 € | 19.425 € | 19.417 € |
| 39.000 € | 21.080 € | 21.075 € | 21.070 € | 21.064 € | 21.058 € | 21.051 € | 21.044 € | 21.035 € |
| 42.000 € | 22.702 € | 22.696 € | 22.690 € | 22.684 € | 22.678 € | 22.670 € | 22.662 € | 22.654 € |
| 45.000 € | 24.323 € | 24.317 € | 24.311 € | 24.305 € | 24.298 € | 24.290 € | 24.281 € | 24.272 € |
| 48.000 € | 25.945 € | 25.939 € | 25.932 € | 25.925 € | 25.917 € | 25.909 € | 25.900 € | 25.890 € |
| 51.000 € | 29.538 € | 29.531 € | 29.523 € | 29.515 € | 29.507 € | 29.497 € | 29.487 € | 29.475 € |
| 54.000 € | 35.457 € | 35.448 € | 35.439 € | 35.429 € | 35.419 € | 35.408 € | 35.395 € | 35.381 € |
| 57.000 € | 41.375 € | 41.365 € | 41.355 € | 41.343 € | 41.331 € | 41.318 € | 41.304 € | 41.288 € |
| 60.000 € | 47.294 € | 47.282 € | 47.270 € | 47.258 € | 47.244 € | 47.229 € | 47.212 € | 47.194 € |
| 63.000 € | 53.212 € | 53.199 € | 53.186 € | 53.172 € | 53.156 € | 53.139 € | 53.121 € | 53.100 € |
| 66.000 € | 59.131 € | 59.117 € | 59.102 € | 59.086 € | 59.069 € | 59.050 € | 59.029 € | 59.006 € |
| 69.000 € | 65.050 € | 65.034 € | 65.017 € | 65.000 € | 64.981 € | 64.960 € | 64.938 € | 64.912 € |
| 72.000 € | 70.968 € | 70.951 € | 70.933 € | 70.914 € | 70.893 € | 70.871 € | 70.846 € | 70.819 € |
| 75.000 € | 76.887 € | 76.868 € | 76.849 € | 76.828 € | 76.806 € | 76.782 € | 76.755 € | 76.725 € |
| 78.000 € | 82.806 € | 82.785 € | 82.764 € | 82.742 € | 82.718 € | 82.692 € | 82.663 € | 82.631 € |
| 81.000 € | 88.724 € | 88.703 € | 88.680 € | 88.656 € | 88.631 € | 88.603 € | 88.572 € | 88.537 € |
| 84.000 € | 94.643 € | 94.620 € | 94.596 € | 94.570 € | 94.543 € | 94.513 € | 94.480 € | 94.443 € |
| 87.000 € | 100.561 € | 100.537 € | 100.512 € | 100.485 € | 100.456 € | 100.424 € | 100.389 € | 100.350 € |
| 90.000 € | 106.480 € | 106.454 € | 106.427 € | 106.399 € | 106.368 € | 106.334 € | 106.297 € | 106.256 € |
| 93.000 € | 112.399 € | 112.371 € | 112.343 € | 112.313 € | 112.280 € | 112.245 € | 112.206 € | 112.162 € |
| 96.000 € | 118.317 € | 118.289 € | 118.259 € | 118.227 € | 118.193 € | 118.155 € | 118.114 € | 118.068 € |
| 99.000 € | 124.236 € | 124.206 € | 124.174 € | 124.141 € | 124.105 € | 124.066 € | 124.023 € | 123.974 € |
| 102.000 € | 130.155 € | 130.123 € | 130.090 € | 130.055 € | 130.018 € | 129.977 € | 129.931 € | 129.881 € |
| 105.000 € | 136.073 € | 136.040 € | 136.006 € | 135.969 € | 135.930 € | 135.887 € | 135.840 € | 135.787 € |
| 108.000 € | 141.992 € | 141.957 € | 141.921 € | 141.883 € | 141.842 € | 141.798 € | 141.748 € | 141.693 € |
| 111.000 € | 147.910 € | 147.874 € | 147.837 € | 147.797 € | 147.755 € | 147.708 € | 147.657 € | 147.599 € |
| 114.000 € | 153.829 € | 153.792 € | 153.753 € | 153.712 € | 153.667 € | 153.619 € | 153.565 € | 153.505 € |
| 117.000 € | 159.748 € | 159.709 € | 159.668 € | 159.626 € | 159.580 € | 159.529 € | 159.474 € | 159.412 € |
| 120.000 € | 165.666 € | 165.626 € | 165.584 € | 165.540 € | 165.492 € | 165.440 € | 165.382 € | 165.318 € |

## TABLA 2.C.7
## Lucro cesante por incapacidad absoluta de lesionados pendientes de acceder al mercado laboral

| Edad del lesionado | Ingreso neto: 1,5 SMI |
|---|---|
| Hasta | |
| 1 | 437.686 € |
| 2 | 442.903 € |
| 3 | 447.747 € |
| 4 | 452.401 € |
| 5 | 456.991 € |
| 6 | 461.593 € |
| 7 | 466.249 € |
| 8 | 470.970 € |
| 9 | 475.753 € |
| 10 | 480.591 € |
| 11 | 485.484 € |
| 12 | 490.454 € |
| 13 | 495.562 € |
| 14 | 500.916 € |
| 15 | 506.697 € |
| 16 | 512.742 € |
| 17 | 519.057 € |
| 18 | 525.883 € |
| 19 | 533.227 € |
| 20 | 541.094 € |
| 21 | 549.490 € |
| 22 | 558.420 € |
| 23 | 567.893 € |
| 24 | 577.913 € |
| 25 | 588.489 € |
| 26 | 599.628 € |
| 27 | 611.337 € |
| 28 | 623.626 € |
| 29 | 636.502 € |
| 30 | 649.977 € |

## TABLA 2.C.8

### Lucro cesante por incapacidad total de lesionados pendientes de acceder al mercado laboral.

| Edad del lesionado<br>Hasta | Ingreso neto: % sobre 1,5 SMI (*) |
|---|---|
| 1 | 369.984 € |
| 2 | 373.796 € |
| 3 | 377.606 € |
| 4 | 381.419 € |
| 5 | 385.243 € |
| 6 | 389.083 € |
| 7 | 392.970 € |
| 8 | 396.878 € |
| 9 | 404.824 € |
| 10 | 404.817 € |
| 11 | 404.856 € |
| 12 | 412.923 € |
| 13 | 417.056 € |
| 14 | 421.267 € |
| 15 | 425.570 € |
| 16 | 429.982 € |
| 17 | 434.522 € |
| 18 | 439.215 € |
| 19 | 444.021 € |
| 20 | 448.952 € |
| 21 | 454.006 € |
| 22 | 459.182 € |
| 23 | 464.479 € |
| 24 | 469.479 € |
| 25 | 475.424 € |
| 26 | 481.112 € |
| 27 | 486.886 € |
| 28 | 492.757 € |
| 29 | 498.737 € |
| 30 | 504.834 € |

(*) Hasta 44 años, se corresponde con el 55% de 1,5 SMI.
(*) Hasta 54 años, se corresponde con el 70% de 1,5 SMI.
(*) Más de 54 años, se corresponde con el 90% de 1,5 SM

# Indemnizaciones por lesiones temporales
# Tabla III

| INDEMNIZACIONES POR LESIONES TEMPORALES | |
| --- | --- |
| **Tabla 3** | |
| **Tabla 3.A Perjuicio Personal Básico** | |
| Indemnización por día | **38,10 €** |
| **Tabla 3.B Perjuicio Personal Particular** | |
| **Por pérdida temporal de calidad de vida** | |
| Indemnización por día (incluye la indemnización por perjuicio básico) | |
| Muy Grave | **127,01 €** |
| Grave | **95,26 €** |
| Moderado | **66,04 €** |
| **Por cada intervención quirúrgica** | **De 508,03 € hasta 2,032,12 €** |
| **Tabla 3.C Perjuicio Patrimonial** | |
| Gastos de asistencia sanitaria | **su importe** |
| Gastos diversos resarcibles | **su importe** |
| Lucro cesante | **su importe** |

Tabla técnica de coeficientes actuariales de conversión (TT1)

| Edad | Fallecimiento (Perjudicado) | Secuelas (En general) |
|---|---|---|
| 0 | 74,97 | 56,82 |
| 1 | 74,48 | 60,08 |
| 2 | 73,79 | 59,39 |
| 3 | 73,08 | 58,7 |
| 4 | 72,37 | 58 |
| 5 | 71,66 | 57,29 |
| 6 | 70,94 | 56,57 |
| 7 | 70,21 | 55,85 |
| 8 | 69,48 | 55,12 |
| 9 | 68,74 | 54,39 |
| 10 | 68 | 53,66 |
| 11 | 67,26 | 52,93 |
| 12 | 66,5 | 52,18 |
| 13 | 65,75 | 51,44 |
| 14 | 64,98 | 50,7 |
| 15 | 64,22 | 49,96 |
| 16 | 63,45 | 49,23 |
| 17 | 62,68 | 48,5 |
| 18 | 61,9 | 47,78 |
| 19 | 61,12 | 47,06 |
| 20 | 60,34 | 46,34 |
| 21 | 59,55 | 45,63 |
| 22 | 58,76 | 44,91 |
| 23 | 57,96 | 44,2 |
| 24 | 57,15 | 43,49 |
| 25 | 56,34 | 42,78 |
| 26 | 55,53 | 42,07 |
| 27 | 54,71 | 41,36 |
| 28 | 53,88 | 40,65 |
| 29 | 53,05 | 39,93 |
| 30 | 52,22 | 39,22 |
| 31 | 51,38 | 38,5 |
| 32 | 50,53 | 37,78 |
| 33 | 49,69 | 37,06 |
| 34 | 48,83 | 36,34 |
| 35 | 47,98 | 35,62 |
| 36 | 47,11 | 34,9 |
| 37 | 46,25 | 34,19 |
| 38 | 45,39 | 33,48 |
| 39 | 44,52 | 32,77 |
| 40 | 43,65 | 32,07 |
| 41 | 42,77 | 31,38 |
| 42 | 41,9 | 30,69 |
| 43 | 41,03 | 30,01 |
| 44 | 40,16 | 29,35 |
| 45 | 39,28 | 28,71 |
| 46 | 38,41 | 28,08 |
| 47 | 37,53 | 27,46 |
| 48 | 36,67 | 26,86 |
| 49 | 35,8 | 26,27 |
| 50 | 34,93 | 25,69 |
| 51 | 34,06 | 25,11 |
| 52 | 33,2 | 24,55 |
| 53 | 32,35 | 23,98 |
| 54 | 31,48 | 23,42 |
| 55 | 30,62 | 22,87 |
| 56 | 29,75 | 22,31 |
| 57 | 28,9 | 21,76 |
| 58 | 28,04 | 21,2 |
| 59 | 27,18 | 20,64 |

## Tabla técnica de coeficientes actuariales de conversión (TT1)

| Edad | Fallecimiento (Perjudicado) | Secuelas (En general) |
|---|---|---|
| 60 | 26,33 | 20,08 |
| 61 | 25,47 | 19,52 |
| 62 | 24,61 | 18,95 |
| 63 | 23,76 | 18,38 |
| 64 | 22,92 | 17,8 |
| 65 | 22,05 | 17,22 |
| 66 | 21,21 | 16,64 |
| 67 | 20,36 | 16,05 |
| 68 | 19,53 | 15,46 |
| 69 | 18,69 | 14,87 |
| 70 | 17,84 | 14,27 |
| 71 | 17,03 | 13,67 |
| 72 | 16,23 | 13,05 |
| 73 | 15,4 | 12,43 |
| 74 | 14,61 | 11,81 |
| 75 | 13,85 | 11,21 |
| 76 | 13,1 | 10,63 |
| 77 | 12,36 | 10,06 |
| 78 | 11,65 | 9,52 |
| 79 | 10,96 | 9 |
| 80 | 10,29 | 8,5 |
| 81 | 9,64 | 8,02 |
| 82 | 9,03 | 7,56 |
| 83 | 8,44 | 7,12 |
| 84 | 7,87 | 6,69 |
| 85 | 7,34 | 6,28 |
| 86 | 6,83 | 5,88 |
| 87 | 6,35 | 5,5 |
| 88 | 5,91 | 5,13 |
| 89 | 5,5 | 4,77 |
| 90 | 5,11 | 4,43 |
| 91 | 4,74 | 4,09 |
| 92 | 4,38 | 3,75 |
| 93 | 3,99 | 3,44 |
| 94 | 3,68 | 3,15 |
| 95 | 3,34 | 2,84 |
| 96 | 3,01 | 2,51 |
| 97 | 2,66 | 2,14 |
| 98 | 2,23 | 1,66 |
| 99 | 1,71 | 1 |
| 100 o más | 1 | 1 |

(1) Para convertir un capital en una renta vitalicia anual se divide el capital por el coeficiente de la tabla par nos encontramos ante una situación de fallecimiento o de secuelas, en general, o de secuelas con una pér( lugar a una pérdida de calidad de vida grave o muy grave.

(2) Para convertir una renta vitalicia anual en capital se multiplica la renta por el coeficiente de la tabla par( nos encontramos ante una situación de fallecimiento o de secuelas, en general, o de secuelas con una pér( lugar a una pérdida de calidad de vida grave o muy grave.

Tabla técnica de coeficientes actuariales de conversión (TT1)

| Secuelas (Con pérdida de autonomía que da lugar a una pérdida de calidad de vida grave o muy grave) |
|---|
| 48,35 |
| 51,93 |
| 51,28 |
| 50,58 |
| 49,85 |
| 49,11 |
| 48,35 |
| 47,59 |
| 46,84 |
| 46,07 |
| 45,31 |
| 44,54 |
| 43,77 |
| 43 |
| 42,25 |
| 41,52 |
| 40,8 |
| 40,1 |
| 39,42 |
| 38,76 |
| 38,13 |
| 37,52 |
| 36,93 |
| 36,37 |
| 35,81 |
| 35,28 |
| 34,75 |
| 34,24 |
| 33,75 |
| 33,26 |
| 32,78 |
| 32,31 |
| 31,85 |
| 31,39 |
| 30,94 |
| 30,49 |
| 30,04 |
| 29,6 |
| 29,16 |
| 28,72 |
| 28,29 |
| 27,85 |
| 27,42 |
| 26,99 |
| 26,55 |
| 26,12 |
| 25,69 |
| 25,27 |
| 24,84 |
| 24,42 |
| 24 |
| 23,58 |
| 23,17 |
| 22,77 |
| 22,39 |
| 21,92 |
| 21,4 |
| 20,87 |
| 20,33 |
| 19,79 |

## Tabla técnica de coeficientes actuariales de conversión (TT1)

| Secuelas (Con pérdida de autonomía que da lugar a una pérdida de calidad de vida grave o muy grave) |
|---|
| 19,24 |
| 18,69 |
| 18,14 |
| 17,58 |
| 17,02 |
| 16,45 |
| 15,88 |
| 15,29 |
| 14,71 |
| 14,15 |
| 13,59 |
| 13,03 |
| 12,49 |
| 11,95 |
| 11,41 |
| 10,89 |
| 10,37 |
| 9,85 |
| 9,35 |
| 8,85 |
| 8,36 |
| 7,89 |
| 7,42 |
| 6,97 |
| 6,53 |
| 6,1 |
| 5,7 |
| 5,3 |
| 4,93 |
| 4,57 |
| 4,23 |
| 3,91 |
| 3,61 |
| 3,32 |
| 3,04 |
| 2,77 |
| 2,51 |
| 2,24 |
| 1,93 |
| 1,56 |
| 1 |

a cada edad teniendo en cuenta si
dida de autonomía personal que da

a cada edad teniendo en cuenta si
dida de autonomía personal que da

Tabla técnica de esperanza de vida (TT2)

| Edad | Secuelas (En general) | Secuelas (Con pérdida de autonomía que da lugar a una pérdida de calidad de vida grave o muy grave) |
|---|---|---|
| 0 | 67,49 | 56,41 |
| 1 | 71,25 | 60,52 |
| 2 | 70,29 | 59,64 |
| 3 | 69,31 | 58,7 |
| 4 | 68,33 | 57,73 |
| 5 | 67,34 | 56,75 |
| 6 | 66,34 | 55,76 |
| 7 | 65,35 | 54,77 |
| 8 | 64,36 | 53,79 |
| 9 | 63,37 | 52,81 |
| 10 | 62,37 | 51,82 |
| 11 | 61,38 | 50,84 |
| 12 | 60,39 | 49,86 |
| 13 | 59,4 | 48,88 |
| 14 | 58,41 | 47,93 |
| 15 | 57,43 | 47,01 |
| 16 | 56,46 | 46,11 |
| 17 | 55,5 | 45,22 |
| 18 | 54,55 | 44,36 |
| 19 | 53,61 | 43,54 |
| 20 | 52,67 | 42,75 |
| 21 | 51,75 | 41,99 |
| 22 | 50,83 | 41,25 |
| 23 | 49,91 | 40,54 |
| 24 | 49 | 39,85 |
| 25 | 48,09 | 39,18 |
| 26 | 47,19 | 38,52 |
| 27 | 46,29 | 37,89 |
| 28 | 45,39 | 37,27 |
| 29 | 44,49 | 36,66 |
| 30 | 43,59 | 36,07 |
| 31 | 42,7 | 35,48 |
| 32 | 41,81 | 34,91 |
| 33 | 40,92 | 34,34 |
| 34 | 40,04 | 33,78 |
| 35 | 39,16 | 33,23 |
| 36 | 38,28 | 32,68 |
| 37 | 37,41 | 32,14 |
| 38 | 36,55 | 31,61 |
| 39 | 35,7 | 31,07 |
| 40 | 34,86 | 30,54 |
| 41 | 33,04 | 30,02 |
| 42 | 33,21 | 29,49 |
| 43 | 32,41 | 28,97 |
| 44 | 31,62 | 28,45 |
| 45 | 30,86 | 27,93 |
| 46 | 30,11 | 27,42 |
| 47 | 29,39 | 26,91 |
| 48 | 28,68 | 26,4 |
| 49 | 27,98 | 25,9 |
| 50 | 27,3 | 25,4 |
| 51 | 26,63 | 24,91 |
| 52 | 25,97 | 24,42 |
| 53 | 25,32 | 23,95 |
| 54 | 24,67 | 23,49 |
| 55 | 24,03 | 22,96 |
| 56 | 23,39 | 22,36 |
| 57 | 22,75 | 21,75 |
| 58 | 22,11 | 21,14 |